JN159694

# 日本人物レファレンス事典

## 宗教篇
（僧侶・神職<br>宗教家）

日外アソシエーツ

# BIOGRAPHY INDEX

23,033 Japanese Persons of Religion
Appearing in 652 Volumes of
460 Biographical Dictionaries and Encyclopedias

Compiled by
Nichigai Associates, Inc.


Printed in Japan

本書はディジタルデータでご利用いただくことができます。詳細はお問い合わせください。

●編集担当● 城谷 浩／山本 幸子

# 刊行にあたって

本書は、日本の宗教分野の人物が、どの事典にどんな名前で掲載されているかが一覧できる総索引である。

人物について調べようとするとき、事典類が調査の基本資料となる。しかし、人名事典、百科事典、歴史事典、テーマごとの専門事典、都道府県別・国別の事典など、数多くの事典類の中から、特定の人物がどの事典のどこに掲載されているかを把握することは容易ではない。そうした人物調査に役立つ総索引ツールとして、小社では「人物レファレンス事典」シリーズを刊行してきた。1983年から最初のシリーズを刊行開始し、1996年から、その後に出版された事典類を索引対象に追加、時代別に再構成した新訂増補版として、「古代・中世・近世編」「同　Ⅱ（1996-2006）」「同　Ⅲ（2007-2016）」「明治・大正・昭和（戦前）編」「同　Ⅱ（2000-2009）」「同　Ⅲ（2010-2018）」「昭和（戦後）・平成編」「同　Ⅱ（2003-2013）」の8種を刊行、また、地方人物事典、県別百科事典を対象とした「郷土人物編」「同　第Ⅱ期（2008-2017）」を2018年7月までに刊行した。外国人を対象とした「外国人物レファレンス事典」シリーズでは、1999年から2019年2月までに、時代別に「古代－19世紀」「同　第Ⅱ期（1999-2009）」「同　第Ⅲ期（2010-2018）」「20世紀」「20世紀 第Ⅱ期（2002-2010）」の5種を刊行した。これらのシリーズは、人物調査の第一段階の基本ツールとして、時代や地域に応じてご活用いただいているが、特定分野の人物を広範に調べるためには、日本人は10種、外国人は5種すべてを検索する必要があった。

本書では、分野別の事典総索引として、既刊の「文芸篇」「美術篇」「科学技術篇」「音楽篇」「思想・哲学・歴史篇」「芸能篇」「政治・外交篇（近現代）」「軍事篇（近現代）」「皇族・貴族篇」「女性篇」「武将篇」「江戸時代の武士篇」「商人・実業家・経営者篇」「名工・職人・技師・工匠篇」「教

育篇」「医学・医療・福祉篇」に続き、460種652冊の事典から日本の宗教分野の人物を幅広く選定。仏教・神道・キリスト教など各宗教の布教者、学僧・神学者などの研究者、近世のキリシタン、社会事業にとりくんだ篤信家、仏師・教会音楽家など23,033人を収録した。人名見出しには、人物同定に役立つよう、人名表記・読み・生没年、事典類に使われた異表記・異読み・別名を示し、加えて活動時期・地域、宗派・宗旨、肩書などを簡潔に示して人物の概要がわかるようにした。その上で、どの事典にその人物が載っているか、どんな見出し（表記・読み・生没年）で掲載されているかを一覧することができ、古代から現代までの日本の宗教分野の人物を網羅的に収録した最大級の人名ツールとして使える。

ただし誤解のないように改めて付言するが、本書はあくまでも既存の事典類の総索引である。そのため、索引対象とした事典類（収録事典一覧を参照）に掲載されていない人物は本書にも掲載されない。したがって従来の事典に全く掲載されていない人物は収録されていない。

編集にあたっては、誤りのないよう調査・確認に努めたが、人物確認や記述に不十分な点もあるかと思われる。お気づきの点はご教示いただければ幸いである。本書が、既刊の「人物レファレンス事典」シリーズと同様に、人物調査の基本ツールとして図書館・研究機関等で広く利用されることを期待したい。

2019年8月

日外アソシエーツ

# 凡　例

## 1．本書の内容

本書は、国内で刊行された人物事典、百科事典、歴史事典、地域別人名事典などに掲載されている、古代から現代までの日本の宗教分野の人物の総索引である。ただしプロフィール記載のない“職歴名簿”の類いは索引対象外とした。見出しとしての人名表記・読みのほか、異表記・異読み・別名、生没年、その人物の活動時期・地域、宗派・宗旨、肩書、業績など人物の特定に最低限必要なプロフィールを補記するとともに、その人物がどの事典にどのような表記・読みで掲載されているかを明らかにしたものである。

## 2．収録範囲と人数

(1) 別表「収録事典一覧」に示した460種652冊の事典類に掲載されている、古代から現代までの日本の宗教分野の人物を収録した。

(2) 収録対象は、仏教・神道・キリスト教など各宗教の布教者、学僧・神学者などの研究者、近世のキリシタン、社会事業にとりくんだ篤信家、仏師・教会音楽家など、日本の宗教分野の人物を幅広く収録した。神話・伝説上の人物や一部の世襲名も収録対象とした。

(3) 外国人は、原則として収録しなかった。

(4) 上記の結果として23,033人、事典項目のべ78,112件を収録した。

## 3．記載事項

(1) 人名見出し

1) 同一人物は、各事典での表記・読みに関わらず1項目にまとめた。その際、最も一般的と思われるものを代表表記・代表読みとし、太字で見出しとした。

2) 代表表記に対し同読みの異表記がある場合は、代表表記の後に（　）で囲んで示した。

例：以心崇伝（以心崇伝）

3) 代表読みに対し部分的に清濁音・拗促音の差のある読みが存在する

場合は、代表読みの後に「,」で区切って表示した。

例：あねざきまさはる，あねさきまさはる

4）事典によっては読みの「ぢ」「づ」を「じ」「ず」に置き換えているものと、両者を区別しているものとがある。本書は、代表読みでは区別する方式を採った。その上で、事典によって「ぢ」「じ」、「づ」「ず」の違いがある場合は、代表読みの後に「,」で区切って表示した。

例：えんのおづぬ，えんのおずぬ

(2) 人物説明

1）生没年表示

①対象事典に掲載されている生没年（月日）を代表生没年として示した。

②生没年に諸説ある場合、過半数の事典で一致する年（月日）があればそれを採用した。過半数の一致がない場合は＊で示した（比較は生年、没年それぞれで行った）。

③年表示は和暦と西暦の併記とした。和暦・西暦のいずれか一方だけが掲載されている場合は編集部で換算して記載した。事典類に掲載されている年単位の対応を採用、または一律に換算したため、月日によっては誤差の生じる可能性がある。およその目安としてご利用いただきたい。

④生年のみ不詳、没年は判明の場合、生年の部分には「？」を用いた。没年のみ不詳の場合も同様とした。

⑤生年・没年とも不詳の場合は、「生没年不詳」とした。

2）異表記・異読み・別名

本書の見出しと異なる表記・読みを採用している事典がある場合は、それらをまとめて㊋として掲載した。

3）プロフィール

人物を同定するための最低限の情報として、その人物の活動時期・地域、宗派・宗旨、肩書・職業、係累、業績を記載した。

①本書の活動時期はおおむね以下の目安で区分した。

・上代　6世紀半ば（仏教伝来、宣化・欽明朝の頃）まで

・飛鳥時代　8世紀初頭（奈良遷都、文武・元明朝の頃）まで

・奈良時代　8世紀末（長岡・平安遷都、桓武朝の開始頃）まで

・平安時代前期　9世紀末～10世紀初頭（醍醐朝の開始頃）まで
・平安時代中期　11世紀後半（後三条天皇即位、白河院政開始）まで
・平安時代後期　12世紀末（平氏滅亡、鎌倉幕府成立）まで
・鎌倉時代前期　13世紀後半（元寇、北条氏得宗家専制の確立）まで
・鎌倉時代後期　14世紀前半（鎌倉幕府滅亡）まで
・南北朝時代　14世紀末（南北朝の合一）まで
・室町時代　15世紀後半（応仁・文明の乱）まで
・戦国時代　16世紀半ば（織田信長上洛、室町幕府滅亡）まで
・安土桃山時代　17世紀初頭（江戸幕府成立、元和偃武）まで
・江戸時代前期　17世紀末（綱吉将軍就任、元禄時代開始）まで
・江戸時代中期　18世紀末（田沼時代終焉、家斉将軍就任）まで
・江戸時代後期　19世紀半ば（黒船来航、開国）まで
・江戸時代末期　1867～68年（王政復古、明治改元）まで
・明治期　1912年まで
・大正期　1926年まで
・昭和期　1988年まで
・平成期　1989年以降

②人物の身分・肩書、係累・業績を簡潔に記載した。

(3) 掲載事典

1) その人物が掲載されている事典を¶の後に略号で示した。（略号は別表「収録事典一覧」を参照）

2) 事典における記載が、見出しの代表表記、代表読み、生没年表示と異なるときは略号の後に（　）で囲んでその内容を示した。その際、生年は[生]、没年は[没]で表した。

3) 事典が西暦・和暦のいずれかしか記載していない場合はそれを示し、西暦・和暦の両方を記載していれば両方を示した。

(4) 共通事項

1) 漢字は原則新字体・常用漢字に統一した。また正字・俗字などの異体字も一部統一した。

2) 和暦における「元年」は「1年」と表示した。

3) 典拠に人名読みが記載されていなかったものについては編集部で読みを補記し、末尾に「★」を付した。

## 4．参照項目

見出しの代表表記、代表読みと異なる別表記・別読みからは、必要に応じて参照項目を立てた。

## 5．排　列

(1) 人名見出しの読みの五十音順に排列した。
(2)「ぢ」「づ」と「じ」「ず」は排列上も区別した。
(3) 同読みの場合は同じ表記のものをまとめた。
(4) 読み、表記とも同一の人物は、おおむね活動時期の古い順番に並べた。
(5) 掲載事典は略号の五十音順に記載した。

## 6．収録事典一覧

(1) 本書で索引対象にした事典類の一覧を次ページ以降（9 ～ 21 ページ）に掲げた。
(2) 略号は本書において掲載事典名の表示に用いたものである。
(3) 掲載は略号の五十音順とした。

# 収録事典一覧

| 略号 | 書　名 | 出版者 | 刊行年 |
|---|---|---|---|
| 愛 知 | あなたの知らない愛知県ゆかりの有名人100 | 洋泉社 | 2014.2 |
| 愛知女 | 愛知近現代女性史人名事典 | 愛知女性史研究会 | 2015.5 |
| 愛知百 | 愛知百科事典 | 中日新聞本社 | 1976.10 |
| 会 津 | 会津大事典 | 国書刊行会 | 1985.12 |
| 青森人 | 青森県人名事典 | 東奥日報社 | 2002.8 |
| 青森美 | 近現代の美術家(青森県史叢書 平成23年度) | 青森県 | 2012.3 |
| 青森百 | 青森県百科事典 | 東奥日報社 | 1981.3 |
| 秋田人2 | 秋田人名大事典(第2版) | 秋田魁新報社 | 2000.7 |
| 秋田百 | 秋田大百科事典 | 秋田魁新報社 | 1981.9 |
| 朝 日 | 朝日日本歴史人物事典 | 朝日新聞社 | 1994.11 |
| ア ナ | 日本アナキズム運動人名事典 | ぱる出版 | 2004.4 |
| 石川現九 | 石川県人名事典 現代編九 | 石川出版社 | 2005.3 |
| 石川百 | 書府太郎—石川県大百科事典 改訂版 | 北国新聞社 | 2004.11 |
| 石川文 | 石川近代文学事典 | 和泉書院 | 2010.3 |
| 維 新 | 明治維新人名辞典 | 吉川弘文館 | 1981.9 |
| 伊 豆 | 伊豆大事典 | 羽衣出版 | 2010.6 |
| 市 川 | 市川房枝と歩んだ「婦人参政権運動」の人びと | 市川房枝記念会 | 2015.3 |
| 茨城百 | 茨城県大百科事典 | 茨城新聞社 | 1981.10 |
| 茨城歴 | 茨城 歴史人物小事典 | 茨城新聞社 | 2017.3 |
| 岩 歌 | 岩波現代短歌辞典 | 岩波書店 | 1999.12 |
| 岩 史 | 岩波日本史辞典 | 岩波書店 | 1999.10 |
| 岩手人 | 岩手人名辞典 | 新渡戸基金 | 2009.6 |
| 岩手百 | 岩手百科事典 新版 | 岩手放送 | 1988.10 |
| 浮 絵 | 浮世絵大事典 | 東京堂出版 | 2008.6 |
| 海 越 | 海を越えた日本人名事典 | 日外アソシエーツ | 1985.12 |
| 海越新 | 海を越えた日本人名事典 新訂増補版 | 日外アソシエーツ | 2005.7 |
| 映 監 | 日本映画人名事典 監督篇 | キネマ旬報社 | 1997.11 |
| 映 人 | 日本の映画人 | 日外アソシエーツ | 2007.6 |
| 英 墓 | 英雄の最期と墓所の事典 | 柏書房 | 2016.3 |
| 江神奈 | 江戸時代 神奈川の100人 | 有隣堂 | 2007.3 |
| 江 人 | 江戸時代人名控1000 | 小学館 | 2007.10 |
| 江 戸 | 江戸市井人物事典 | 新人物往来社 | 1974.11 |
| 江戸東 | 江戸東京市井人物事典 | 新人物往来社 | 1976.10 |

| 略 号 | 書 名 | 出版者 | 刊行年 |
|---|---|---|---|
| 愛 媛 | 愛媛県史 人物 | 愛媛県 | 1989.2 |
| 愛媛人 | 愛媛人物博物館—人物博物館展示の愛媛の偉人たち | 愛媛県生涯学習センター | 2016.3 |
| 愛媛百 | 愛媛県百科大事典〈上，下〉 | 愛媛新聞社 | 1985.6 |
| 江 表 | 江戸期おんな表現者事典 | 現代書館 | 2015.2 |
| 江 文 | 江戸文人辞典 | 東京堂出版 | 1996.9 |
| 演 奏 | 日本の演奏家 クラシック音楽の 1400 人 | 日外アソシエーツ | 2012.7 |
| 黄 檗 | 黄檗文化人名辞典 | 思文閣出版 | 1988.12 |
| 近 江 | 近江人物伝 | 滋賀県文化振興事業団 | 2015.2 |
| 大分百 | 大分百科事典 | 大分放送 | 1980.12 |
| 大分歴 | 大分県歴史人物事典 | 大分合同新聞社 | 1996.8 |
| 大 坂 | 大坂の陣豊臣方人物事典 | 宮帯出版社 | 2016.12 |
| 大阪人 | 大阪人物辞典 | 清文堂出版 | 2000.11 |
| 大阪墓 | 大阪墓碑人物事典 | 東方出版 | 1995.11 |
| 大阪文 | 大阪近代文学事典 | 和泉書院 | 2005.5 |
| 岡 山 | あっ晴れ岡山人第 25 回国民文化祭 | 岡山県実行委員会 | 2010.10 |
| 岡山人 | 岡山人名事典 | 日本文教出版 | 1978.2 |
| 岡山百 | 岡山県大百科事典〈上，下〉 | 山陽新聞社 | 1980.1 |
| 岡山歴 | 岡山県歴史人物事典 | 山陽新聞社 | 1994.10 |
| 沖縄百 | 沖縄大百科事典〈上，中，下〉 | 沖縄タイムス社 | 1983.5 |
| 織 田 | 織田信長家臣人名辞典 | 吉川弘文館 | 1995.1 |
| 織田 2 | 織田信長家臣人名辞典 第 2 版 | 吉川弘文館 | 2010.11 |
| 音 楽 | 新音楽辞典 人名 | 音楽之友社 | 1982.10 |
| 音 人 | 音楽家人名事典 | 日外アソシエーツ | 1991.1 |
| 音人 2 | 音楽家人名事典 新訂 | 日外アソシエーツ | 1996.10 |
| 音人 3 | 音楽家人名事典 新訂第 3 版 | 日外アソシエーツ | 2001.11 |
| 外 図 | 戦前期外地活動図書館職員人名辞書 | 武久出版 | 2017.7 |
| 華 畫 | 華族畫報〈上，下〉 | 吉川弘文館 | 2011.10 |
| 画 家 | 日本画家人名事典 | 日本図書センター | 2011.10 |
| 科 学 | 事典日本の科学者—科学技術を築いた 5000 人 | 日外アソシエーツ | 2014.6 |
| 香川人 | 香川県人物・人名事典 | 四国新聞社 | 1985.6 |
| 香川百 | 香川県大百科事典 | 四国新聞社 | 1984.4 |
| 科 技 | 科学・技術人名事典 | 北樹出版 | 1986.3 |
| 革 命 | 現代革命運動事典 | 流動出版 | 1981.10 |
| 鹿児島百 | 鹿児島大百科事典 | 南日本新聞社 | 1981.9 |
| 華 請 | 華族爵位 請願人名辞典 | 吉川弘文館 | 2015.12 |
| 学 校 | 学校創立者人名事典 | 日外アソシエーツ | 2007.7 |
| 角 史 | 角川日本史辞典 新版 | 角川書店 | 1996.11 |
| 神奈川人 | 神奈川県史 別編 1 人物 神奈川歴史人名事典 | 神奈川県 | 1983.3 |

| 略 号 | 書　　名 | 出版者 | 刊行年 |
|---|---|---|---|
| 神奈川百 | 神奈川県百科事典 | 大和書房 | 1983.7 |
| 神奈女 | 時代を拓いた女たち かながわの 131 人 | 神奈川新聞社 | 2005.4 |
| 神奈女 2 | 時代を拓いた女たち 第Ⅱ集 かながわの 111 人 | 神奈川新聞社 | 2011.6 |
| 歌 舞 | 歌舞伎人名事典 | 日外アソシエーツ | 1988.9 |
| 歌舞新 | 歌舞伎人名事典 新訂増補版 | 日外アソシエーツ | 2002.6 |
| 歌舞大 | 最新歌舞伎大事典 | 柏書房 | 2012.7 |
| 鎌 倉 | 鎌倉事典 新装普及版 | 東京堂出版 | 1992.1 |
| 鎌倉新 | 鎌倉事典 新編 | 文芸社 | 2011.9 |
| 鎌 古 | 鎌倉古社寺辞典 | 吉川弘文館 | 2011.7 |
| 鎌 室 | 鎌倉・室町人名事典 | 新人物往来社 | 1985.11 |
| 眼 科 | 眼科医家人名辞書 | 思文閣出版 | 2006.10 |
| 監 督 | 日本映画監督全集 | キネマ旬報社 | 1976.12 |
| 紀伊文 | 紀伊半島近代文学事典 和歌山・三重 | 和泉書院 | 2002.12 |
| 北 墓 | 北の墓―歴史と人物を訪ねて〈上，下〉 | 柏艪舎 | 2014.6 |
| 紀 南 | 紀南の 100 人 | 紀伊民報 | 2013.2 |
| 岐阜百 | 岐阜県百科事典〈上，下〉 | 岐阜日日新聞社 | 1968.2～4 |
| 弓 道 | 弓道人名大事典 | 日本図書センター | 2003.5 |
| 教 育 | 教育人名辞典 | 理想社 | 1962.2 |
| 教 人 | 教育人名資料事典〈第 1 巻，第 2 巻(教育人名辞典)〉 | 日本図書センター | 2009.3 |
| 京近江 | 京近江の豪商列伝(淡海文庫 58) | サンライズ出版 | 2017.7 |
| 京 都 | 京都事典 新装版 | 東京堂出版 | 1993.10 |
| 郷 土 | 郷土史家人名事典 | 日外アソシエーツ | 2007.12 |
| 郷土茨城 | 郷土歴史人物事典 茨城 | 第一法規出版 | 1978.10 |
| 郷土愛媛 | 郷土歴史人物事典 愛媛 | 第一法規出版 | 1978.7 |
| 郷土香川 | 郷土歴史人物事典 香川 | 第一法規出版 | 1978.6 |
| 郷土神奈川 | 郷土歴史人物事典 神奈川 | 第一法規出版 | 1980.6 |
| 郷土岐阜 | 郷土歴史人物事典 岐阜 | 第一法規出版 | 1980.12 |
| 郷土群馬 | 郷土歴史人物事典 群馬 | 第一法規出版 | 1978.10 |
| 郷土滋賀 | 郷土歴史人物事典 滋賀 | 第一法規出版 | 1979.7 |
| 京都大 | 京都大事典 | 淡交社 | 1984.11 |
| 郷土千葉 | 郷土歴史人物事典 千葉 | 第一法規出版 | 1980.1 |
| 郷土栃木 | 郷土歴史人物事典 栃木 | 第一法規出版 | 1977.2 |
| 郷土長崎 | 郷土歴史人物事典 長崎 | 第一法規出版 | 1979.4 |
| 郷土長野 | 郷土歴史人物事典 長野 | 第一法規出版 | 1978.2 |
| 郷土奈良 | 郷土歴史人物事典 奈良 | 第一法規出版 | 1981.10 |
| 京都府 | 京都大事典 府域編 | 淡交社 | 1994.3 |
| 郷土福井 | 郷土歴史人物事典 福井 | 第一法規出版 | 1985.6 |
| 京都文 | 京都近代文学事典 | 和泉書院 | 2013.5 |

| 略 号 | 書　　名 | 出版者 | 刊行年 |
|---|---|---|---|
| 郷土和歌山 | 郷土歴史人物事典 和歌山 | 第一法規出版 | 1979.10 |
| キ リ | キリスト教人名辞典 | 日本基督教出版局 | 1986.2 |
| 近 医 | 日本近現代医学人名事典 1868-2011 | 医学書院 | 2012.12 |
| 近 現 | 日本近現代人名辞典 | 吉川弘文館 | 2001.7 |
| 近史 1 | 近現代日本人物史料情報辞典 | 吉川弘文館 | 2004.7 |
| 近史 2 | 近現代日本人物史料情報辞典 2 | 吉川弘文館 | 2005.12 |
| 近史 3 | 近現代日本人物史料情報辞典 3 | 吉川弘文館 | 2007.12 |
| 近史 4 | 近現代日本人物史料情報辞典 4 | 吉川弘文館 | 2011.3 |
| 近 女 | 近現代日本女性人名事典 | ドメス出版 | 2001.3 |
| 近 世 | 日本近世人名辞典 | 吉川弘文館 | 2005.12 |
| 近 土 | 近代日本土木人物事典 | 鹿島出版会 | 2013.6 |
| 近 美 | 近代日本美術事典 | 講談社 | 1989.9 |
| 近 文 | 日本近代文学大事典〈1～3(人名)〉 | 講談社 | 1977.11 |
| 公 卿 | 公卿人名大事典 | 日外アソシエーツ | 1994.7 |
| 公卿普 | 公卿人名大事典 普及版 | 日外アソシエーツ | 2015.10 |
| 公 家 | 公家事典 | 吉川弘文館 | 2010.3 |
| 熊本近 | 異風者伝―近代熊本の人物群像 | 熊本日日新聞社 | 2012.1 |
| 熊本人 | 言葉のゆりかご―熊本ゆかりの人物語録 | 熊本日日新聞社 | 2015.4 |
| 熊本百 | 熊本県大百科事典 | 熊本日日新聞社 | 1982.4 |
| 群新百 | 群馬新百科事典 | 上毛新聞社 | 2008.3 |
| 群馬人 | 群馬県人名大事典 | 上毛新聞社 | 1982.11 |
| 群馬百 | 群馬県百科事典 | 上毛新聞社 | 1979.2 |
| 系 西 | 戦国大名系譜人名事典 西国編 | 新人物往来社 | 1985.11 |
| 系 東 | 戦国大名系譜人名事典 東国編 | 新人物往来社 | 1985.11 |
| 芸 能 | 日本芸能人名事典 | 三省堂 | 1995.7 |
| 現 朝 | 現代日本朝日人物事典 | 朝日新聞社 | 1990.12 |
| 剣 豪 | 全国諸藩剣豪人名事典 | 新人物往来社 | 1996.3 |
| 幻 作 | 日本幻想作家名鑑 | 幻想文学出版局 | 1991.9 |
| 現 詩 | 現代詩大事典 | 三省堂 | 2008.1 |
| 現執 1 期 | 現代日本執筆者大事典〈1～4〉 | 日外アソシエーツ | 1978.5～1980.4 |
| 現執 2 期 | 現代日本執筆者大事典 77/82〈1～4〉 | 日外アソシエーツ | 1984.3～1986.3 |
| 現執 3 期 | 新現代日本執筆者大事典〈1～4〉 | 日外アソシエーツ | 1992.12～1993.6 |
| 現執 4 期 | 現代日本執筆者大事典 第 4 期〈1～4〉 | 日外アソシエーツ | 2003.11 |
| 現 情 | 現代人名情報事典 | 平凡社 | 1987.8 |
| 現 人 | 現代人物事典 | 朝日新聞社 | 1977.3 |
| 現 政 | 現代政治家人名事典 新訂 | 日外アソシエーツ | 2005.2 |
| 幻 想 | 日本幻想作家事典 | 国書刊行会 | 2009.1 |
| 現 日 | 現代日本人物事典 | 旺文社 | 1986.11 |

| 略号 | 書　名 | 出版者 | 刊行年 |
|---|---|---|---|
| 現俳 | 現代俳句大事典 | 三省堂 | 2005.11 |
| 現文 | 現代文学鑑賞辞典 | 東京堂出版 | 2002.3 |
| 広7 | 広辞苑 第7版 | 岩波書店 | 2018.1 |
| 考古 | 日本考古学人物事典 | 学生社 | 2006.2 |
| 高知経 | 高知経済人列伝 | 高知新聞社 | 2016.7 |
| 高知人 | 高知県人名事典 新版 | 高知新聞社 | 1999.9 |
| 高知先 | 高知・ふるさとの先人 | 高知新聞社 | 1992.11 |
| 高知百 | 高知県百科事典 | 高知新聞社 | 1976.6 |
| 国際 | 国際人事典 幕末・維新 | 毎日コミュニケーションズ | 1991.6 |
| 国史 | 国史大辞典〈1～15〉 | 吉川弘文館 | 1979.3～1997.4 |
| 国書 | 国書人名辞典〈1～4(本文)〉 | 岩波書店 | 1993.11～1998.11 |
| 国書5 | 国書人名辞典〈5(補遺)〉 | 岩波書店 | 1999.6 |
| 国宝 | 人間国宝事典 工芸技術編 増補最新版 | 芸艸堂 | 2012.9 |
| 古史 | 日本古代史大辞典 | 大和書房 | 2006.1 |
| 古人 | 日本古代人名辞典 | 東京堂出版 | 2009.12 |
| 古代 | 日本古代氏族人名辞典 | 吉川弘文館 | 1990.11 |
| 古代普 | 日本古代氏族人名辞典 普及版 | 吉川弘文館 | 2010.11 |
| 古中 | 日本古代中世人名辞典 | 吉川弘文館 | 2006.11 |
| 御殿場 | 御殿場の人物事典(文化財のしおり 第33集) | 御殿場市教育委員会 | 2010.9 |
| 古物 | 日本古代史人物事典 | KADOKAWA | 2014.2 |
| 後北 | 後北条氏家臣団人名辞典 | 東京堂出版 | 2006.9 |
| コン改 | コンサイス日本人名事典 改訂版 | 三省堂 | 1990.4 |
| コン4 | コンサイス日本人名事典 第4版 | 三省堂 | 2001.9 |
| コン5 | コンサイス日本人名事典 第5版 | 三省堂 | 2009.1 |
| 西郷 | 西郷隆盛事典 | 勉誠出版 | 2018.1 |
| 埼玉人 | 埼玉人物事典 | 埼玉県 | 1998.2 |
| 埼玉百 | 埼玉大百科事典〈1～5〉 | 埼玉新聞社 | 1974.3～1975.5 |
| 埼玉文 | 埼玉現代文学事典(増補改訂版) | 埼玉県高等学校国語科教育研究会 | 1999.11 |
| 佐賀百 | 佐賀県大百科事典 | 佐賀新聞社 | 1983.8 |
| 作家 | 現代作家辞典 新版 | 東京堂出版 | 1982.7 |
| 作曲 | 日本の作曲家 | 日外アソシエーツ | 2008.6 |
| 札幌 | 札幌人名事典 | 北海道新聞社 | 1993.9 |
| 薩摩 | 郷土と日本を築いた 熱き薩摩の群像700名 | 指宿白水館 | 1990.12 |
| 讃岐 | さぬきもん | 香川県話し言葉研究会 | 2015.5 |
| 詩歌 | 和漢詩歌作家辞典 | みづほ出版 | 1972.11 |
| 視覚 | 視覚障害人名事典 | 名古屋ライトハウス愛盲報恩会 | 2007.10 |
| 史学 | 歴史学事典 5 歴史家とその作品 | 弘文堂 | 1997.10 |
| 滋賀百 | 滋賀県百科事典 | 大和書房 | 1984.7 |

| 略 号 | 書 名 | 出版者 | 刊行年 |
|---|---|---|---|
| 滋賀文 | 滋賀近代文学事典 | 和泉書院 | 2008.11 |
| 史 研 | 日本史研究者辞典 | 吉川弘文館 | 1999.6 |
| 四国文 | 四国近代文学事典 | 和泉書院 | 2006.12 |
| 詩 作 | 詩歌作者事典 | 鼎書房 | 2011.11 |
| 児 作 | 現代日本児童文学作家事典 | 教育出版センター | 1991.10 |
| 史 人 | 日本史人物辞典 | 山川出版社 | 2000.5 |
| 児 人 | 児童文学者人名事典 日本人編〈上，下〉 | 出版文化研究会 | 1998.10 |
| ジ人１ | ジャーナリスト人名事典 明治～戦前編 | 日外アソシエーツ | 2014.9 |
| ジ人２ | ジャーナリスト人名事典 戦後～現代編 | 日外アソシエーツ | 2014.12 |
| 静岡女 | 道を拓いた女たち―静岡県女性先駆者の歩み 年表編 | しずおか女性の会 | 2006.3 |
| 静岡百 | 静岡大百科事典 | 静岡新聞社 | 1978.3 |
| 静岡歴 | 静岡県歴史人物事典 | 静岡新聞社 | 1991.12 |
| 思 想 | 日本の思想家 | 日外アソシエーツ | 2005.11 |
| 思想史 | 日本思想史辞典 | 山川出版社 | 2009.4 |
| 実 業 | 日本の実業家 | 日外アソシエーツ | 2003.7 |
| 児 文 | 児童文学事典 | 東京書籍 | 1988.4 |
| 島根人 | 島根県人名事典 | 伊藤菊之輔 | 1970.9 |
| 島根百 | 島根県大百科事典〈上，下〉 | 山陰中央新報社 | 1982.7 |
| 島根文 | 人物しまね文学館 | 山陰中央新報社 | 2010.5 |
| 島根文続 | 人物しまね文学館 続 | 山陰中央新報社 | 2012.5 |
| 島根歴 | 島根県歴史人物事典 | 山陰中央新報社 | 1997.11 |
| 社 運 | 日本社会運動人名辞典 | 青木書店 | 1979.3 |
| 写 家 | 日本の写真家 | 日外アソシエーツ | 2005.11 |
| 社 教 | 社会教育者事典 増補版 | 日本図書センター | 2016.5 |
| 社 史 | 近代日本社会運動史人物大事典〈1～5〉 | 日外アソシエーツ | 1997.1 |
| 写 人 | 現代写真人名事典 | 日外アソシエーツ | 2005.12 |
| 重 要 | 日本重要人物辞典 新訂版 | 教育社 | 1988.12 |
| 出 版 | 出版人物事典 | 出版ニュース社 | 1996.10 |
| 出 文 | 出版文化人物事典―江戸から近現代・出版人1600人 | 日外アソシエーツ | 2013.6 |
| 少 女 | 少女小説事典 | 東京堂出版 | 2015.3 |
| 昭 人 | 昭和人物事典 戦前期 | 日外アソシエーツ | 2017.3 |
| 小 説 | 日本現代小説大事典 増補縮刷版 | 明治書院 | 2009.4 |
| 庄 内 | 庄内人名辞典 新編 | 庄内人名辞典刊行会 | 1986.11 |
| 女 運 | 日本女性運動資料集成 別巻 | 不二出版 | 1998.12 |
| 植 物 | 植物文化人物事典―江戸から近現代・植物に魅せられた人々 | 日外アソシエーツ | 2007.4 |
| 食 文 | 日本食文化人物事典 | 筑波書房 | 2005.4 |
| 諸 系 | 日本史諸家系図人名辞典 | 講談社 | 2003.11 |
| 女 史 | 日本女性史大辞典 | 吉川弘文館 | 2008.1 |

| 略 号 | 書　　名 | 出版者 | 刊行年 |
|---|---|---|---|
| 女 性 | 日本女性人名辞典 | 日本図書センター | 1993.6 |
| 女性普 | 日本女性人名辞典 普及版 | 日本図書センター | 1998.10 |
| 女 文 | 現代女性文学辞典 | 東京堂出版 | 1990.10 |
| 新カト | 新カトリック大事典 | 研究社 | 1996.6~2010.9 |
| 新 芸 | 新撰 芸能人物事典 明治～平成 | 日外アソシエーツ | 2010.11 |
| 神 史 | 神道史大辞典 | 吉川弘文館 | 2004.7 |
| 真 宗 | 真宗人名辞典 | 法藏館 | 1999.7 |
| 信州女 | 信州女性史年表 II | 龍鳳書房 | 2013.4 |
| 信州人 | 信州の人物 余聞 | ほおずき書籍 | 2010.4 |
| 新 宿 | 新宿ゆかりの文学者 | 新宿歴史博物館 | 2007.9 |
| 新宿女 | 新宿 歴史に生きた女性一〇〇人 | ドメス出版 | 2005.9 |
| 人書 79 | 人物書誌索引 | 日外アソシエーツ | 1979.3 |
| 人書 94 | 人物書誌索引 78/91 | 日外アソシエーツ | 1994.6 |
| 人 情 | 年刊人物情報事典 81〈上，下〉 | 日外アソシエーツ | 1981.6 |
| 人情 3 | 年刊人物情報事典 82(3) | 日外アソシエーツ | 1982.10 |
| 人情 4 | 年刊人物情報事典 82(4) | 日外アソシエーツ | 1982.10 |
| 人情 5 | 年刊人物情報事典 82(5) | 日外アソシエーツ | 1982.10 |
| 神 人 | 神道人名辞典 | 神社新報社 | 1986.7 |
| 新 撰 | 「新撰組」全隊士録 | 講談社 | 2003.11 |
| 新 隊 | 新選組隊士録 | 新紀元社 | 2011.12 |
| 新 潮 | 新潮日本人名辞典 | 新潮社 | 1991.3 |
| 新 文 | 新潮日本文学辞典 増補改訂 | 新潮社 | 1988.1 |
| 人 満 | 人名事典「満州」に渡った一万人 | 皓星社 | 2012.10 |
| 人 名 | 日本人名大事典 覆刻版〈1～6〉 | 平凡社 | 1979.7 |
| 人名 7 | 日本人名大事典〈7〉現代 | 平凡社 | 1979.7 |
| 心 理 | 日本心理学者事典 | クレス出版 | 2003.2 |
| 数 学 | 日本数学者人名事典 | 現代数学社 | 2009.6 |
| 精 医 | 精神医学史人名辞典 | 論創社 | 2013.9 |
| 世 紀 | 20 世紀日本人名事典〈1,2〉 | 日外アソシエーツ | 2004.7 |
| 政 治 | 政治家人名事典 新訂 明治～昭和 | 日外アソシエーツ | 2003.10 |
| 姓氏愛知 | 角川日本姓氏歴史人物大辞典 23(愛知県) | 角川書店 | 1991.10 |
| 姓氏石川 | 角川日本姓氏歴史人物大辞典 17(石川県) | 角川書店 | 1998.12 |
| 姓氏岩手 | 角川日本姓氏歴史人物大辞典 3(岩手県) | 角川書店 | 1998.5 |
| 姓氏沖縄 | 角川日本姓氏歴史人物大辞典 47(沖縄県) | 角川書店 | 1992.10 |
| 姓氏鹿児島 | 角川日本姓氏歴史人物大辞典 46(鹿児島県) | 角川書店 | 1994.11 |
| 姓氏神奈川 | 角川日本姓氏歴史人物大辞典 14(神奈川県) | 角川書店 | 1993.4 |
| 姓氏京都 | 角川日本姓氏歴史人物大辞典 26(京都市) | 角川書店 | 1997.9 |
| 姓氏群馬 | 角川日本姓氏歴史人物大辞典 10(群馬県) | 角川書店 | 1994.12 |

| 略 号 | 書　　名 | 出版者 | 刊行年 |
|---|---|---|---|
| 姓氏静岡 | 角川日本姓氏歴史人物大辞典 22(静岡県) | 角川書店 | 1995.12 |
| 姓氏富山 | 角川日本姓氏歴史人物大辞典 16(富山県) | 角川書店 | 1992.7 |
| 姓氏長野 | 角川日本姓氏歴史人物大辞典 20(長野県) | 角川書店 | 1996.11 |
| 姓氏宮城 | 角川日本姓氏歴史人物大辞典 4(宮城県) | 角川書店 | 1994.7 |
| 姓氏山口 | 角川日本姓氏歴史人物大辞典 35(山口県) | 角川書店 | 1991.12 |
| 姓氏山梨 | 角川日本姓氏歴史人物大辞典 19(山梨県) | 角川書店 | 1989.6 |
| 世 人 | 世界人名辞典 新版 日本編 増補版 | 東京堂出版 | 1990.7 |
| 世 百 | 世界大百科事典〈1～23〉 | 平凡社 | 1964.7～1967.11 |
| 世百新 | 世界大百科事典 改訂新版〈1～30〉 | 平凡社 | 2007.9 |
| 先 駆 | 事典近代日本の先駆者 | 日外アソシエーツ | 1995.6 |
| 戦 合 | 戦国武将・合戦事典 | 吉川弘文館 | 2005.3 |
| 戦 国 | 戦国人名辞典 増訂版 | 吉川弘文館 | 1973.7 |
| 戦 西 | 戦国大名家臣団事典 西国編 | 新人物往来社 | 1981.8 |
| 戦 辞 | 戦国人名辞典 | 吉川弘文館 | 2006.1 |
| 全 書 | 日本大百科全書〈1～24〉 | 小学館 | 1984.11～1988.11 |
| 戦 人 | 戦国人名事典 | 新人物往来社 | 1987.3 |
| 戦新 2 | 戦時末期敗戦直後新聞人名事典 第 2 巻 | 金沢文圃閣 | 2015.12 |
| 全 戦 | 全国版 戦国時代人物事典 | 学研パブリッシング | 2009.11 |
| 戦 東 | 戦国大名家臣団事典 東国編 | 新人物往来社 | 1981.8 |
| 全 幕 | 全国版 幕末維新人物事典 | 学研パブリッシング | 2010.3 |
| 戦 武 | 戦国武将事典—乱世を生きた 830 人 | 新紀元社 | 2008.6 |
| 戦 補 | 戦国人名辞典 増訂版(補遺) | 吉川弘文館 | 1973.7 |
| 戦房総 | 戦国房総人名辞典 | 崙書房出版 | 2009.10 |
| 創 業 | 日本の創業者—近現代起業家人名事典 | 日外アソシエーツ | 2010.3 |
| 体 育 | 体育人名辞典 | 逍遙書院 | 1970.3 |
| 対 外 | 対外関係史辞典 | 吉川弘文館 | 2009.2 |
| 代 言 | 代言人事典 | ユニウス | 2016.11 |
| 大 百 | 大日本百科事典〈1～23〉 | 小学館 | 1967.11～1971.9 |
| 武 田 | 武田氏家臣団人名辞典 | 東京堂出版 | 2015.5 |
| 太宰府 | 太宰府百科事典—太宰府天満宮編 | 太宰府顕彰会 | 2009.3 |
| 多 摩 | 多摩の人物史 | 武蔵野郷土史刊行会 | 1977.6 |
| 短 歌 | 現代短歌大事典 | 三省堂 | 2000.6 |
| 短歌普 | 現代短歌大事典 普及版 | 三省堂 | 2004.7 |
| 男 爵 | 男爵家総覧 | 昭和会館 | 2007.9 |
| 千葉百 | 千葉大百科事典 | 千葉日報社 | 1982.3 |
| 千葉百追 | 千葉大百科事典 追訂版 | 千葉日報社 | 1982.12 |
| 茶 陶 | 近世・近代の茶陶窯場名工名鑑 | 淡交社 | 2011.4 |
| 茶 道 | 茶道人物辞典 | 柏書房 | 1981.9 |

| 略号 | 書　名 | 出版者 | 刊行年 |
| --- | --- | --- | --- |
| 中世 | 日本中世史事典 | 朝倉書店 | 2008.11 |
| 中濃 | 今を築いた中濃の人びと | 岐阜新聞社 | 2006.12 |
| 中濃続 | 今を築いた中濃の人びと 続 | 岐阜新聞社 | 2017.2 |
| 地理 | 日本地理学人物事典 近世編・近代編 1 | 原書房 | 2011.5～12 |
| 地理近代1 | 日本地理学人物事典 [ 近代編 1] | 原書房 | 2011.12 |
| 帝書 | 帝国日本の書籍商史—人物・組織・歴史 第3巻 | 金沢文圃閣 | 2017.12 |
| 哲学 | 近代日本哲学思想家辞典 | 東京書籍 | 1982.9 |
| 鉄道 | 鉄道史人物事典 | 鉄道史学会 | 2013.2 |
| テレ | テレビ・タレント人名事典 第6版 | 日外アソシエーツ | 2004.6 |
| 伝記 | 世界伝記大事典 日本・朝鮮・中国編 | ほるぷ出版 | 1978.7 |
| 天皇 | 天皇皇族歴史伝説大事典 | 勉誠出版 | 2008.12 |
| 東海 | 東海の異才・奇人列伝 | 風媒社 | 2013.4 |
| 陶芸最 | 現代陶芸作家事典 最新 | 光芸出版 | 1987.9 |
| 陶工 | 現代陶工事典 | 北辰堂 | 1998.1 |
| 東北近 | 東北近代文学事典 | 勉誠出版 | 2013.6 |
| 徳川将 | 徳川歴代将軍事典 | 吉川弘文館 | 2013.9 |
| 徳川臣 | 徳川幕臣人名辞典 | 東京堂出版 | 2010.8 |
| 徳川代 | 徳川幕府全代官人名辞典 | 東京堂出版 | 2015.3 |
| 徳川松 | 徳川・松平一族の事典 | 東京堂出版 | 2009.8 |
| 特教 | 特別支援教育史・人物事典 | 日本図書センター | 2015.6 |
| 徳島百 | 徳島県百科事典 | 徳島新聞社 | 1981.1 |
| 徳島歴 | 徳島県歴史人名鑑(徳島県人名事典 別冊) | 徳島新聞社 | 1994.6 |
| 渡航 | 幕末・明治 海外渡航者総覧 | 柏書房 | 1992.3 |
| 図人 | 図書館人物事典 | 日外アソシエーツ | 2017.9 |
| 栃木人 | 栃木人 | 石崎常蔵 | 2017.4 |
| 栃木百 | 栃木県大百科事典 | 栃木県大百科事典刊行会 | 1980.6 |
| 栃木文 | 栃木県近代文学アルバム | 栃木県文化協会 | 2000.7 |
| 栃木歴 | 栃木県歴史人物事典 | 下野新聞社 | 1995.7 |
| 鳥取百 | 鳥取県大百科事典 | 新日本海新聞社 | 1984.11 |
| 土木 | 土木人物事典 | アテネ書房 | 2004.12 |
| 富山考 | 富山県考古学研究史事典 | 橋本正春 | 2009.8 |
| 富山人 | 近現代を生きたとやま人 | 富山県図書館協会 | 2012.3 |
| 富山百 | 富山大百科事典 | 北日本新聞社 | 1994.8 |
| 富山文 | 富山県文学事典 | 桂書房 | 1992.9 |
| 内乱 | 日本中世内乱史人名事典〈上 , 下〉 | 新人物往来社 | 2007.5 |
| 長岡 | 郷土長岡を創った人びと | 長岡市 | 2009.3 |
| 長崎百 | 長崎県大百科事典 | 長崎新聞社 | 1984.8 |
| 長崎遊 | 長崎遊学者事典 | 溪水社 | 1999.10 |

| 略 号 | 書　　名 | 出版者 | 刊行年 |
|---|---|---|---|
| 長崎歴 | 長崎事典 歴史編 1988 年版 | 長崎文献社 | 1988.9 |
| 長野百 | 長野県百科事典 補訂版 | 信濃毎日新聞社 | 1981.3 |
| 長野歴 | 長野県歴史人物大事典 | 郷土出版社 | 1989.7 |
| 夏 目 | 夏目漱石周辺人物事典 | 笠間書院 | 2014.7 |
| なにわ | なにわ大坂をつくった 100 人 16 世紀～17 世紀篇 | 関西・大阪 21 世紀協会 | 2017.11 |
| 奈良文 | 奈良近代文学事典 | 和泉書院 | 1989.6 |
| 新潟人 | ふるさと人物小事典 新潟が生んだ 100 人 | 新潟日報事業社 | 2009.6 |
| 新潟百 | 新潟県大百科事典〈上 , 下〉 | 新潟日報事業社 | 1977.1 |
| 新潟百別 | 新潟県大百科事典 別巻 | 新潟日報事業社 | 1977.9 |
| 日 エ | 日本エスペラント運動人名事典 | ひつじ書房 | 2013.10 |
| 日 音 | 日本音楽大事典 | 平凡社 | 1989.3 |
| 日 画 | 20 世紀物故日本画家事典 | 美術年鑑社 | 1998.9 |
| 日 思 | 日本思想史辞典 | ぺりかん社 | 2001.6 |
| 日 史 | 日本史大事典〈1～7〉 | 平凡社 | 1992.11～1994.2 |
| 日 児 | 日本児童文学大事典〈1,2〉 | 大日本図書 | 1993.10 |
| 日史語 | 日本史用語集 改訂版 A・B 共用 | 山川出版社 | 2018.12 |
| 日 女 | 日本女性文学大事典 | 日本図書センター | 2006.1 |
| 日 人 | 講談社日本人名大辞典 | 講談社 | 2001.12 |
| 日 想 | 日本思想史事典 | 東京堂出版 | 2013.9 |
| 日 文 | 日本文化文学人物事典 | 鼎書房 | 2009.2 |
| 日 露 | 日露戦争兵器・人物事典 | 学研パブリッシング | 2012.1 |
| 日 Y | 日本 YMCA 人物事典 | 日本 YMCA 同盟 | 2013.9 |
| 日 中 | 近代日中関係史人名辞典 | 東京堂出版 | 2010.7 |
| 日 本 | 日本人名事典 | むさし書房 | 1996.7 |
| 根 千 | 根室・千島歴史人名事典 | 根室・千島歴史人名事典刊行会 | 2002.3 |
| 能狂言 | 能・狂言事典 新版 | 平凡社 | 2011.1 |
| 濃 飛 | 濃飛歴史人物伝 | 岐阜新聞社 | 2009.7 |
| 俳 諧 | 俳諧人名辞典 | 巌南堂 | 1960.6 |
| 俳 句 | 俳句人名辞典 | 金園社 | 1997.2 |
| 俳 文 | 俳文学大辞典 普及版 | 角川学芸出版 | 2008.1 |
| 幕 埼 | 幕末維新埼玉人物列伝 | さきたま出版会 | 2008.7 |
| 幕 末 | 幕末維新人名事典 | 新人物往来社 | 1994.2 |
| 幕末大 | 幕末維新大人名事典〈上 , 下〉 | 新人物往来社 | 2010.5 |
| 藩主 1 | 三百藩藩主人名事典 1 | 新人物往来社 | 1986.7 |
| 藩主 2 | 三百藩藩主人名事典 2 | 新人物往来社 | 1986.9 |
| 藩主 3 | 三百藩藩主人名事典 3 | 新人物往来社 | 1987.4 |
| 藩主 4 | 三百藩藩主人名事典 4 | 新人物往来社 | 1986.6 |
| 藩臣 1 | 三百藩家臣人名事典 1 | 新人物往来社 | 1987.12 |

| 略 号 | 書　　名 | 出版者 | 刊行年 |
|---|---|---|---|
| 藩臣 2 | 三百藩家臣人名事典 2 | 新人物往来社 | 1988.2 |
| 藩臣 3 | 三百藩家臣人名事典 3 | 新人物往来社 | 1988.4 |
| 藩臣 4 | 三百藩家臣人名事典 4 | 新人物往来社 | 1988.7 |
| 藩臣 5 | 三百藩家臣人名事典 5 | 新人物往来社 | 1988.12 |
| 藩臣 6 | 三百藩家臣人名事典 6 | 新人物往来社 | 1989.10 |
| 藩臣 7 | 三百藩家臣人名事典 7 | 新人物往来社 | 1989.5 |
| 美 家 | 美術家人名事典―古今・日本の物故画家 3500 人 | 日外アソシエーツ | 2009.2 |
| 東三河 | 近世近代 東三河文化人名事典 | 未刊国文資料刊行会 | 2015.9 |
| 美 建 | 美術家人名事典 建築・彫刻篇―古今の名匠 1600 人 | 日外アソシエーツ | 2011.9 |
| 美 工 | 美術家人名事典 工芸篇―古今の名工 2000 人 | 日外アソシエーツ | 2010.7 |
| 美 術 | 日本美術史事典 | 平凡社 | 1987.5 |
| 飛 騨 | 飛騨人物事典 | 高山市民時報社 | 2000.5 |
| 百 科 | 大百科事典〈1～15〉 | 平凡社 | 1984.11～1985.6 |
| 兵庫人 | 兵庫県人物事典〈上，中，下〉 | のじぎく文庫 | 1966.12～1968.6 |
| 兵庫百 | 兵庫県大百科事典〈上，下〉 | 神戸新聞出版センター | 1983.10 |
| 兵庫文 | 兵庫近代文学事典 | 和泉書院 | 2011.10 |
| 広島百 | 広島県大百科事典〈上，下〉 | 中国新聞社 | 1982.11 |
| 広島文 | 広島県現代文学事典 | 勉誠出版 | 2010.12 |
| 風 土 | 日本人物風土事典 | 日本図書センター | 2011.6 |
| 富 嶽 | 冨嶽人物百景―富士山にゆかりある人々 | 富士吉田市歴史民俗博物館 | 2013.6 |
| 福井俳 | 福井俳句辞典 | 福井県俳句史研究会 | 2008.4 |
| 福井百 | 福井県大百科事典 | 福井新聞社 | 1991.6 |
| 福岡百 | 福岡県百科事典〈上，下〉 | 西日本新聞社 | 1982.11 |
| 福岡文 | 福岡県文学事典 | 勉誠出版 | 2010.3 |
| 福島百 | 福島大百科事典 | 福島民報社 | 1980.11 |
| 豊 前 | ふるさと豊前 人物再発見 | 求菩提資料館 | 2015.3 |
| 仏 教 | 日本仏教人名辞典 | 法蔵館 | 1992.1 |
| 仏 史 | 日本仏教史辞典 | 吉川弘文館 | 1999.11 |
| 仏 人 | 日本仏教人名辞典 | 新人物往来社 | 1986.5 |
| ふ る | ふるさと人物伝 愛蔵版 | 北國新聞社 | 2010.8 |
| 文 学 | 日本文学小辞典 | 新潮社 | 1968.1 |
| 平 家 | 平家物語大事典 | 東京書籍 | 2010.11 |
| 平 史 | 平安時代史事典 | 角川書店 | 1994.4 |
| 平 日 | 平凡社日本史事典 | 平凡社 | 2001.2 |
| 平 和 | 平和人物大事典 | 日本図書センター | 2006.6 |
| 北 条 | 北条氏系譜人名辞典 | 新人物往来社 | 2001.6 |
| 北 文 | 北海道文学事典 | 勉誠出版 | 2013.7 |
| 北陸 20 | ほくりく 20 世紀列伝〈上，中，下〉 | 時鐘社 | 2007.12 |

| 略 号 | 書　　名 | 出版者 | 刊行年 |
|---|---|---|---|
| 北海道建 | 北海道建設人物事典 | 北海道建設新聞社 | 2008.1 |
| 北海道百 | 北海道大百科事典〈上，下〉 | 北海道新聞社 | 1981.8 |
| 北海道文 | 北海道文学大事典 | 北海道新聞社 | 1985.10 |
| 北海道歴 | 北海道歴史人物事典 | 北海道新聞社 | 1993.7 |
| ポプ人 | ポプラディアプラス人物事典〈全5巻〉 | ポプラ社 | 2017.1 |
| マス2 | 現代マスコミ人物事典 第2版 | 幸洋出版 | 1980.3 |
| マス89 | 現代マスコミ人物事典 1989版 | 二十一世紀書院 | 1989.2 |
| 町田歴 | 町田歴史人物事典 | 小島資料館 | 2005.4 |
| 漫 画 | 日本まんが賞事典 | るいべ社 | 1980.6 |
| 漫 人 | 漫画家人名事典 | 日外アソシエーツ | 2003.2 |
| 万 葉 | 万葉集歌人事典 新装版 | 雄山閣出版 | 1992.1 |
| 三 重 | 三重先賢伝 | 玄玄荘 | 1931.7 |
| 三重続 | 三重先賢伝 續 | 別所書店 | 1933.7 |
| ミ ス | 日本ミステリー事典 | 新潮社 | 2000.2 |
| 密 教 | 日本密教人物事典〈上，中〉 | 国書刊行会 | 2010.5～2014.5 |
| 宮城百 | 宮城県百科事典 | 河北新報社 | 1982.4 |
| 宮崎百 | 宮崎県大百科事典 | 宮崎日日新聞社 | 1983.10 |
| 宮崎百一 | みやざきの百一人(ふるさと再発見 1) | 宮崎日日新聞社 | 1999.3 |
| 民 学 | 民間学事典 人名編 | 三省堂 | 1997.6 |
| 武蔵人 | 中世武蔵人物列伝―時代を動かした武士とその周辺 | さきたま出版会 | 2006.3 |
| 室 町 | 室町時代人物事典 | 新紀元社 | 2014.4 |
| 名 画 | 日本名画家伝 | 青蛙房 | 1967.11 |
| 名 工 | 現代名工・職人人名事典 | 日外アソシエーツ | 1990.4 |
| 明治1 | 図説明治人物事典―政治家・軍人・言論人 | 日外アソシエーツ | 2000.2 |
| 明治2 | 図説明治人物事典―文化人・学者・実業家 | 日外アソシエーツ | 2000.11 |
| 明治史 | 明治時代史大辞典〈全4巻〉 | 吉川弘文館 | 2013.2 |
| 名 僧 | 事典日本の名僧 | 吉川弘文館 | 2005.2 |
| 明大1 | 明治大正人物事典 I 政治・軍事・産業篇 | 日外アソシエーツ | 2011.7 |
| 明大2 | 明治大正人物事典 II 文学・芸術・学術篇 | 日外アソシエーツ | 2011.7 |
| 山形百 | 山形県大百科事典 | 山形放送 | 1983.6 |
| 山形百新 | 山形県大百科事典 新版 | 山形放送 | 1993.10 |
| 山川小 | 山川 日本史小辞典 | 山川出版社 | 2016.8 |
| 山口人 | 昭和山口県人物誌 | マツノ書店 | 1990.4 |
| 山口百 | 山口県百科事典 | 大和書房 | 1982.4 |
| 山梨人 | 山梨「人物」博物館―甲州を生きた273人 | 丸山学芸図書 | 1992.10 |
| 山梨百 | 山梨百科事典 増補改訂版 | 山梨日日新聞社 | 1989.7 |
| 山梨文 | 山梨の文学 | 山梨日日新聞社 | 2001.3 |
| 洋 画 | 20世紀物故洋画家事典 | 美術年鑑社 | 1997.3 |

| 略 号 | 書　　名 | 出版者 | 刊行年 |
|---|---|---|---|
| 洋 学 | 日本洋学人名事典 | 柏書房 | 1994.7 |
| 陸 海 | 日本陸海軍総合事典 第2版 | 東京大学出版会 | 2005.8 |
| 履 歴 | 日本近現代人物履歴事典 | 東京大学出版会 | 2002.5 |
| 履歴2 | 日本近現代人物履歴事典 第2版 | 東京大学出版会 | 2013.4 |
| 歴 大 | 日本歴史大事典〈1～3〉 | 小学館 | 2000.7 |
| ＹＡ | YA人名事典 | 出版文化研究会 | 2000.10 |
| 和歌山人 | 和歌山県史 人物 | 和歌山県 | 1989.3 |
| 和 俳 | 和歌・俳諧史人名事典 | 日外アソシエーツ | 2003.1 |
| 和 モ | 和モノ事典―Hotwax presents 1970's 人名編 | ウルトラ・ヴァイヴ | 2006.12 |

# 日本人物レファレンス事典

## 宗教篇（僧侶・神職・宗教家）

## 【あ】

**愛阿** あいあ
戦国時代の僧、連歌師。北条氏綱の時代の連歌の達人。
¶後北

**相浦忠雄** あいうらただお
明治34(1901)年3月20日～
昭和期の旧約学者、牧師。関西学院大学教授、聖和大学教授。
¶キリ

**秋鹿左京亮** あいかさきょうのすけ
生没年不詳
戦国時代の遠江国の神主・武士。
¶戦辞

**秋鹿弥太郎** あいかやたろう
生没年不詳
戦国時代の遠江国府八幡宮の神主。
¶戦辞

**相川義武** あいかわよしたけ
? ～慶長18(1613)年
安土桃山時代～江戸時代前期の武将、キリシタン。
¶人名, 日人

**愛敬正元** あいきょうまさもと
→愛敬正元(あいけいまさもと)

**愛敬正元** あいけいまさもと
天保2(1831)年～明治9(1876)年 ㊞愛敬正元(あいきょうまさもと)
江戸時代末期の志士。肥後熊本の祠官。
¶熊本百(あいきょうまさもと ㊀明治9(1876)年11月3日), 神人(あいきょうまさもと ㊀文政11(1828)年), 人名, 日人(あいきょうまさもと)

**愛甲喜春** あいこうきしゅん
慶長10(1605)年～元禄10(1697)年8月16日
江戸時代前期の薩摩藩儒僧。
¶国書, 薩摩, 藩臣7

**愛甲光久** あいこうみつひさ
? ～文禄1(1592)年
戦国時代～安土桃山時代の僧。大隅国筒羽野村内小野寺27代住職。
¶姓氏鹿児島

**相沢虎治** あいさわとらじ
元治1(1864)年～大正8(1919)年
明治～大正期の牧師。
¶姓氏岩手

**愛石** あいせき
江戸時代中期の画僧。
¶人名, 日人(生没年不詳), 美家

**愛染院** あいぜんいん
生没年不詳
戦国時代の供僧・別当。
¶戦辞

**会田ヒデ** あいだひで
明治31(1898)年9月30日～昭和48(1973)年5月24日
明治～昭和期の宗教家。
¶世紀, 姓氏愛知, 日人

**阿一** あいち
生没年不詳
鎌倉時代後期の真言律宗の僧。
¶国書, 仏教

**相葉伸** あいばのぼる
明治40(1907)年～平成5(1993)年
昭和期の仏教史学者。
¶史研

**相原和光** あいはらかずみつ
大正6(1917)年2月28日～平成18(2006)年4月21日
昭和期のキリスト教徒。
¶日Y, 平和

**相原三有楽** あいはらさうら
文政12(1829)年～?
江戸時代末期～明治期の工芸家。水晶工芸界初期の名工。
¶幕末, 幕末大, 美工(㊀文政11(1828)年11月25日), 明大2, 山梨百(㊀文政11(1828)年11月25日)

**相原信達** あいはらしんたつ
明治34(1901)年～昭和57(1982)年
明治～昭和期の図書館員。川越妙養寺住職、立正大学講師、川越市立図書館長、埼玉県展運営委員、同審査委員。
¶図人

**相原但馬** あいはらたじま
生没年不詳
江戸時代後期の大住郡大山阿夫利神社祠官。
¶神奈川人

**相原直八郎** あいはらなおはちろう
明治12(1879)年～昭和46(1971)年
大正～昭和期の宮司。
¶神奈川人

**相原宗勝** あいばらむねかつ
享保20(1735)年～寛政6(1794)年11月14日
江戸時代中期～後期の神官。
¶愛媛百

**安威了佐** あいりょうさ
生没年不詳
安土桃山時代～江戸時代前期のキリシタン。豊臣秀吉の右筆、奏者を務めた。
¶朝日, コン4, コン5, 日人

**阿円** あえん
鎌倉時代の仏師。
¶人名，日人（生没年不詳），美建，仏教（生没年不詳）

**阿円我** あえんが
→円我（えんが）

**青井惟董** あおいこれただ
寛文2（1662）年～享保9（1724）年
江戸時代前期～中期の人吉・青井阿蘇神社宮司。
¶熊本百

**青蔭雪鴻** あおかげせっこう，あおかげせつこう
天保3（1832）年～明治18（1885）年8月10日
江戸時代末期～明治期の禅僧。永平寺貫主、曹洞宗管長。福井藩菩提寺の孝顕寺住職。
¶郷土福井（あおかげせつこう），日人，幕末，幕末大，福井百，明大1（[生]天保3（1832）年1月8日）

**青木伊予** あおきいよ
生没年不詳
江戸時代後期の大住郡大山阿夫利神社祠官。
¶神奈川人

**青木永弘** あおきえいこう
→青木永弘（あおきながひろ）

**青木永章** あおきえいしょう
→青木永章（あおきながあき）

**青木賢清** あおきかたきよ
→青木賢清（あおきけんせい）

**青木煥光** あおきかんこう★
安政6（1859）年～天保14（1843）年
江戸時代後期の神官、本草学者。
¶三重続

**青木恵哉** あおきけいさい
明治26（1893）年4月8日～昭和44（1969）年3月6日
[別]青木恵哉（あおきけいや）
昭和期の伝道師。沖縄の救らい事業の先覚、愛楽園を設立。
¶沖縄百，近医，現朝，コン改（あおきけいや），コン4（あおきけいや），コン5（あおきけいや），社史，世紀，姓氏沖縄，日人

**青木敬介** あおきけいすけ
昭和7（1932）年8月16日～
昭和～平成期の市民運動家、浄土真宗僧侶。西念寺住職。播磨灘を守る会世話人、磯浜復元全国ネット事務局長を務める。
¶現朝，現人，世紀，日人

**青木恵哉** あおきけいや
→青木恵哉（あおきけいさい）

**青木賢清** あおきけんせい
天正10（1582）年～明暦2（1656）年　[別]青木賢清（あおきかたきよ）
江戸時代前期の神道家。長崎諏訪神社宮司。
¶近世（あおきかたきよ　[生]1580年），国史（あおきかたきよ　[生]1580年），コン改，コン4，コン5，佐賀百（あおきかたきよ　生没年不詳），神人（あおきかたきよ　[没]明暦2（1656）年8月28日），新潮（[生]天正8（1580）年　[没]明暦2（1656）年8月28日），人名，世人（[生]天正8（1580）年），長崎百（あおきかたきよ），長崎歴（[生]天正9（1581）年），日人（あおきかたきよ）

**青木実俊** あおきさねとし
嘉永5（1852）年～明治9（1876）年　[別]青木暦太（あおきれきた）
江戸時代末期の志士。
¶神人（青木暦太　あおきれきた　[没]明治9（1876）年10月26日），人名，日人

**青木将監** あおきしょうげん
生没年不詳
江戸時代後期の大住郡大山阿夫利神社祠官。
¶神奈川人

**青木如園** あおきじょえん
文化1（1804）年～明治15（1882）年
江戸時代後期～明治期の国学者・宗教家。
¶群馬人

**青木仁蔵** あおきじんぞう
明治27（1894）年～昭和54（1979）年6月13日
明治～昭和期の弓道家、弓道錬士。
¶弓道（[生]明治27（1894）年1月27日），庄内（[生]明治27（1894）年1月30日），山形百

**青木澄子** あおきすみこ
天保11（1840）年12月21日～大正11（1922）年2月1日
明治～大正期のキリスト教伝道者。東京本郷で地方出身の学生の世話などに献身。
¶女性，女性普

**青木宗英** あおきそうえい
大正3（1914）年～昭和19（1944）年？
昭和期の僧侶。新興仏教青年同盟文芸部長。
¶社史

**青木敬麿** あおきたかまろ
明治36（1903）年2月～昭和18（1943）年2月11日
昭和期の哲学者、仏教学者。浄土教学を研究。
¶昭人，哲学

**青木達門** あおきたつもん
天保7（1836）年～大正11（1922）年10月15日
江戸時代後期～大正期の僧侶。
¶真宗

**青木澄十郎** あおきちょうじゅうろう
明治3（1870）年～昭和39（1964）年
明治～昭和期の牧師。
¶埼玉人（[没]昭和39（1964）年3月10日），渡航，兵庫百

**青木道晃** あおきどうこう
明治22（1889）年～昭和50（1975）年7月31日
大正～昭和期の天台宗僧侶。
¶埼玉人

**青木永章** あおきながあき
天明7(1787)年～弘化1(1844)年7月10日 ㊀青木永章(あおきえいしょう,あおきながふみ)
江戸時代後期の国学者。諏訪神社第9代宮司。
¶朝日(あおきながふみ ㊀弘化1年7月10日(1844年8月23日)),近世,国史,国書(あおきながふみ ㊀弘化2(1845)年7月10日),コン改,コン4,コン5,神人(あおきながふみ ㊀弘化2(1845)年),新潮,長崎百(㊀弘化2(1845)年),長崎歴(あおきえいしょう ㊀天明6(1786)年 ㊀弘化2(1845)年),日人(㊀1845年),和俳

**青木永弘** あおきながひろ
明暦2(1656)年～享保9(1724)年1月10日 ㊀青木永弘(あおきえいこう)
江戸時代中期の吉田流の神道家。
¶京都大,近世,国史,国書,コン改,コン4,コン5,史人,神史,神人,新潮,人名(あおきえいこう),姓氏京都,世人,長崎百,長崎歴(あおきえいこう ㊀明暦1(1655)年),日人

**青木永章** あおきながふみ
→青木永章(あおきながあき)

**青木陳実** あおきのぶさね
～大正7(1918)年
明治～大正期の神職。
¶神人

**青木遊雅**(青木幽雅) あおきゆうが
天保8(1837)年～明治38(1905)年
江戸時代末期～明治期の僧侶、茶道家、華道家。勝円寺住職。茶花両道の宗匠。生花では青木流をたてた。
¶人名(青木幽雅),茶道,日人

**青木融光** あおきゆうこう
明治24(1891)年5月2日～昭和60(1985)年5月20日
大正～昭和期の僧侶。真言宗豊山派の新義声明の伝承者。
¶音楽,音人,芸能,現朝,新芸,世紀,日音,日人,仏人

**青木宥敞** あおきゆうしょう
文化11(1814)年～文久2(1862)年
江戸時代後期～末期の僧。伊那郡今村香住寺住職。
¶姓氏長野

**青木暦太** あおきれきた
→青木実俊(あおきさねとし)

**青島貞賢** あおしまさだかた
文政2(1819)年～明治29(1896)年12月6日
江戸時代後期～明治期の神職。
¶国書

**青戸波江** あおとなみえ
安政4(1857)年～昭和4(1929)年
明治～大正期の神職。
¶島根百(㊀安政4(1857)年10月8日 ㊀昭和4(1929)年12月10日),島根歴,神史,神人

**青沼寂諶** あおぬまじゃくじん
明治33(1900)年10月9日～
昭和期の天台宗僧侶。寛永寺住職。
¶現情

**青野兵太郎** あおのひょうたろう
文久2(1862)年11月22日～昭和26(1951)年1月4日
明治～昭和期の牧師。
¶愛媛百

**桜男法師** あおほうし
生没年不詳
江戸時代後期の僧侶。
¶国書

**青柳花明** あおやぎかめい
明治28(1895)年～昭和36(1961)年
大正～昭和期の僧侶、童謡詩人。東寿寺住職。
¶群新百(㊀1893年),群馬人,群馬百,姓氏群馬,日児(㊀明治28(1895)年10月16日 ㊀昭和36(1961)年12月16日)

**青柳健之介**(青柳健之助) あおやぎけんのすけ
→青柳高鞆(あおやぎたかとも)

**青柳高鞆** あおやぎたかとも
天保11(1840)年1月10日～明治25(1892)年10月8日 ㊀青柳健之介(あおやぎけんのすけ),青柳健之助(あおやぎけんのすけ)
江戸時代末期～明治期の国学者、祠官。鹿島神宮小宮司。「やまと叢書」を刊行して皇国思想を説いた。
¶維新(青柳健之介 あおやぎけんのすけ),江文,国書,神人,人名,日人,幕末(青柳健之助 あおやぎけんのすけ),幕末大(青柳健之助 あおやぎけんのすけ),明治史

**青山景通**(青山景道,青山景道・直道) あおやまかげみち
文政2(1819)年～明治24(1891)年12月11日
江戸時代末期～明治期の国学者。神祇少祐。苗木藩の神仏分離を推進。神宮改革に参与。
¶朝日,江文,近現,近世,国史,史人,神史,神人,新潮,人名,日人,濃飛(青山景道・直道),藩臣3,明治史(青山景道),明大2

**青山重鑒** あおやましげのり
明治2(1869)年～昭和7(1932)年
明治～昭和期の神職。
¶神人

**青山秀泰** あおやましゅうたい
明治8(1875)年～昭和9(1934)年
明治～昭和期の僧侶(真言宗)。仏教の米国布教に取り組む。
¶明大1

**青山俊董** あおやましゅんどう
昭和8(1933)年1月15日～
昭和～平成期の曹洞宗尼僧。愛知専門尼僧堂堂長、正法寺住職。道元の禅を研究。
¶現執3期,現執4期

あ

**青山昇三郎** あおやましょうざぶろう
天保14(1843)年1月4日～大正7(1918)年2月22日
明治～大正期の牧師。
¶キリ

**青山悳次**(1) あおやましんじ
→青山悳次(あおやまのりつぐ)

**青山悳次**(2) あおやましんじ
明治期の神職。三島神社大宮司。
¶神人

**青山敏文** あおやまとしぶみ,あおやまとしふみ
寛文11(1671)年～宝暦4(1754)年
江戸時代前期～中期の国学者。
¶国書,福岡百(あおやまとしふみ)

**青山直虎** あおやまなおとら
文化1(1804)年8月～明治5(1872)年1月
江戸時代後期～明治期の神道家。
¶国書

**青山央** あおやまなかば
昭和17(1942)年9月14日～
昭和～平成期の宗教ジャーナリスト。雑誌「だーま」「女性仏教」を編集。著書に「現代の霊能者たち」など。
¶現執3期

**青山悳次** あおやまのりつぐ
天保3(1832)年～明治26(1893)年4月27日　㊀青山悳次(あおやましんじ)
江戸時代末期～明治期の加賀藩家老。藩主父子と勤皇派との周旋に尽力。
¶神人(あおやましんじ　生没年不詳),人名,日人,幕末,幕末大

**青山彦太郎** あおやまひこたろう
文久3(1863)年8月2日～昭和19(1944)年12月21日
江戸時代末期～昭和期の神学者。
¶渡航

**青山政徳** あおやままさのり
明治18(1885)年4月24日～昭和44(1969)年9月15日
明治～昭和期の伝道士。東京関口教会の伝道師(カテキスタ)。
¶新カト

**青山守胤** あおやまもりたね
安永6(1777)年～明治5(1872)年1月
江戸時代中期～明治期の神職・歌人。
¶国書

**赤井義勇** あかいぎゆう
明治5(1872)年1月3日～昭和24(1949)年12月29日
明治～昭和期の臨済禅僧。
¶島根人(㊐明治4(1871)年),島根百,島根歴

**赤岩栄** あかいわさかえ
明治36(1903)年4月6日～昭和41(1966)年11月28日
大正～昭和期のキリスト教思想家、牧師。上原教会を創立。のち共産党に入党。
¶アナ,愛媛,愛媛百,革命,キリ,近文,現朝,現情,現人,現日,コン改,コン4,コン5,四国文,社史,新潮,人名7,世紀,世百新,全書,哲学,日史,日人,日本,百科,広島百,平和,歴大

**赤岡重樹** あかおかしげき
明治17(1884)年7月8日～昭和40(1965)年8月11日
明治～昭和期の郷土史家。
¶郷土,世紀,日人,山梨百

**赤尾道宗** あかおどうしゅう
→道宗(2)(どうしゅう)

**赤尾の道宗**(赤尾道宗) あかおのどうしゅう
→道宗(2)(どうしゅう)

**赤川敬三** あかがわけいぞう
天保14(1843)年～大正10(1921)年1月20日
江戸時代末期～明治期の長州(萩)藩士。
¶幕末,幕末大,藩臣6,明大1(㊐天保14(1843)年10月),山口百(㊐1863年)

**赤川戇助** あかがわこうすけ
明治期の神職。広田神社宮司、松尾神社宮司。
¶神人

**赤城泰** あかぎたい
大正9(1920)年3月28日～
昭和～平成期のキリスト教学者。北星学園大学学長。
¶現情

**赤木忠春** あかぎただはる
文化13(1816)年10月13日～慶応1(1865)年4月16日　㊀赤木宗春(あかぎむねはる)
江戸時代末期の黒住教の高弟、布教者。
¶朝日(㊐文化13年10月13日(1816年12月1日)　㊏慶応1年4月16日(1865年5月10日)),維新,岡山人,岡山百(㊏慶応3(1867)年4月16日),岡山歴,近世,国史,国書,コン改(赤木宗春　あかぎむねはる),コン4,コン5,史人,神史,神人(㊏慶応1(1865)年4月),新潮,姓氏京都,世人,日人,幕末(㊏1867年5月19日),幕末大

**赤木日正** あかぎにっしょう
文政12(1829)年～明治41(1908)年6月22日
㊀釈日正(しゃくにっしょう),日正(にっしょう)
江戸時代末期～明治期の日蓮宗不受不施派僧侶。
¶維新(日正　にっしょう　㊐文政12(1829)年11月7日),岡山人(日正　にっしょう),岡山百(釈日正　しゃくにっしょう　㊐文政12(1829)年11月7日),岡山歴(釈日正　しゃくにっしょう　㊐文政12(1829)年11月7日),史人(日正　にっしょう),人名(日正　にっしょう),日人,幕末(釈日正　しゃくにっしょう),幕末大(釈日正　しゃくにっしょう),仏教(㊐文政10(1827)年11月),明治史,明大1(㊐文政12(1829)年11月7日)

あ

**赤木宗春** あかぎむねはる
→赤木忠春（あかぎただはる）

**赤木盛常** あかぎもりつね
？ ～明治6（1873）年
江戸時代後期～明治期の神主・実業家。若狭の守。
¶岡山歴

**赤沢文治** あかざわぶんじ
→川手文治郎（かわてぶんじろう）

**赤沢亦吉** あかざわまたきち
慶応3（1867）年10月15日～昭和26（1951）年4月8日
明治～昭和期の文具商・印刷業、仏教篤信家。
¶岩手人，姓氏岩手

**赤沢元造** あかざわもとぞう
明治8（1875）年8月10日～昭和11（1936）年5月12日
明治～昭和期の牧師。日本メソジスト教会第4代提督。
¶岡山人，岡山百（没昭和11（1936）年5月14日），キリ，昭人，兵庫百，明大1

**明石恵達**（赤石恵達） あかしえたつ
明治26（1893）年3月1日～昭和45（1970）年1月21日
大正～昭和期の浄土真宗本願寺派僧侶、仏教学者。龍谷大学学監。
¶現情，昭人，真宗，人名7，世紀，日人，仏教（赤石恵達），仏人

**明石掃部** あかしかもん
？ ～元和4（1618）年 別赤石全登（あかしたけのり），明石守重（あかしもりしげ），明石全登（あかしぜんとう，あかしてるずみ），明石掃部守重（あかしかもんもりしげ），明石掃部頭（あかしかもんのかみ），ジョバンニ
安土桃山時代～江戸時代前期の武将、キリシタン。宇喜多家に仕え、大坂の陣で豊臣方につく。
¶朝日（生没年不詳），大坂（明石掃部頭 あかしかもんのかみ），大阪人（赤石全登 あかしたけのり 生没年不詳），岡山人（明石全登 あかしてるずみ），岡山歴（明石全登 あかしてるずみ），角史（明石守重 あかしもりしげ 生没年不詳），近世，高知人（明石掃部守重 あかしかもんもりしげ），高知百（明石掃部守重 あかしかもんもりしげ），国史，コン改（生没年不詳），コン4（生没年不詳），コン5，史人（没1617年），新潮（没元和4（1618）年？），人名（明石守重 あかしもりしげ），世人（明石守重 あかしもりしげ 生没年不詳），戦合，戦国（明石全登 あかしぜんとう），戦西（明石全登 あかしてるずみ），戦人（明石全登 あかしてるずみ 生没年不詳），全戦（明石全登 あかしてるずみ），戦武（明石全登 あかしてるずみ 生永禄9（1566）年），日史（生没年不詳），日人（生没年不詳），百科（生没年不詳），歴大（明石守重 あかしもりしげ 生没年不詳）

**明石掃部頭** あかしかもんのかみ
→明石掃部（あかしかもん）

**明石掃部守重** あかしかもんもりしげ
→明石掃部（あかしかもん）

**赤司繁太郎** あかししげたろう
→赤司繁太郎（あかしはんたろう）

**明石静栄** あかししずえ
明治20（1887）年～昭和19（1944）年6月8日 別神田静栄
明治～昭和期のキリスト教徒。灯台社メンバー。
¶近女，社史（生1877年），女運，平和

**明石順三** あかしじゅんぞう，あかしじゆんぞう
明治22（1889）年7月1日～昭和40（1965）年11月14日
大正～昭和期のキリスト教徒。エホバの証人の信者となり、燈台社を設立。
¶アナ，角史，キリ，近文，現朝，現情，現人，コン改，コン4，コン5，滋賀百，滋賀文，思想史，社史，昭人，新潮，世紀，全書，日史語（あかしじゆんぞう），日人，兵庫百，平和，ポプ人，民学，明治史，履歴，履歴2，歴大

**明石全登** あかしぜんとう
→明石掃部（あかしかもん）

**赤石全登** あかしたけのり
→明石掃部（あかしかもん）

**明石智成** あかしちじょう
文政12（1829）年～明治18（1885）年5月27日
江戸時代末期・明治期の龍谷山東雲寺住職。教育者。
¶町田歴

**明石全登** あかしてるずみ
→明石掃部（あかしかもん）

**赤司繁太郎** あかしはんたろう
*～昭和40（1965）年1月9日 別赤司繁太郎（あかししげたろう）
明治～昭和期のキリスト教伝道者、教師。日本自由キリスト教会牧師。東郷坂普及福音協会を設立。
¶キリ（あかししげたろう 生明治5年9月17日（1872年10月19日）），社史（あかししげたろう 生1872年9月17日），世紀（生明治6（1873）年9月17日），哲学（生1873年）

**明石真人** あかしまさと
大正6（1917）年～？
昭和期のキリスト教徒。灯台社メンバー。
¶社史，平和

**赤司道雄** あかしみちお
大正9（1920）年12月7日～
昭和期の牧師、聖書学者。立教大学教授。
¶キリ

**明石守重** あかしもりしげ
→明石掃部（あかしかもん）

**赤須勝通** あかずかつみち，あかすかつみち
戦国時代の神主。佐竹氏家臣。
¶戦辞（あかすかつみち 生没年不詳），戦東

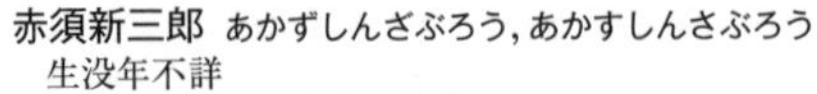
**赤須新三郎** あかずしんざぶろう, あかすしんさぶろう
生没年不詳
安土桃山時代の神主・神官。
¶戦辞（あかすしんさぶろう），戦人，戦東



**県石見** あがたいわみ
江戸時代末期～明治期の神職。遠江国敷知郡三ケ日宿の浜名総社神明社の神主。
¶姓氏静岡

**安形寛備** あがたかんび
生没年不詳
江戸時代後期の俳人・神官。
¶東三河

**安形貴林** あがたきりん
天明4（1784）年～安政5（1858）年4月17日
江戸時代後期の神官。
¶東三河

**安形讃岐** あがたさぬき
天明4（1784）年～安政5（1858）年4月17日
江戸時代中期～末期の神道家。
¶国書

**県大和** あがたやまと
江戸時代末期～明治期の神職。遠江国敷知郡三ケ日宿の浜名総社神明社の小禰宜。
¶姓氏静岡

**赤津隆基** あかづりゅうき
天保2（1831）年～明治30（1897）年
江戸時代末期～明治期の僧侶。大僧正。著書に「真言開庫集」。
¶人名

**赤沼智善** あかぬまちぜん
明治17（1884）年～昭和12（1937）年11月30日
大正～昭和期の浄土真宗大谷派僧侶。大谷大学教授。留学後大谷大学で原始仏教を講じた。主著に「印度佛教固有名詞辞典」など。
¶昭人（㊀明治18（1885）年8月25日），真宗（㊀明治17（1884）年8月25日），全書，日人（㊀明治17（1884）年8月25日,（異説）明治18（1885）年8月25日），仏教（㊀明治18（1885）年8月25日）

**赤沼澄璿** あかぬまちょうえい
昭和1（1926）年～昭和63（1988）年
昭和期の僧。三沢市の住職。
¶青森人

**赤禰謙次** あかねけんじ
天保8（1837）年～明治27（1894）年1月15日
江戸時代末期～明治期の神官倅，教員。第二奇兵隊の創立に尽力。のち教員となる。
¶幕末，幕末大

**赤根祥一** あかねしょういち
→赤根祥道（あかねしょうどう）

**赤根祥道** あかねしょうどう
昭和5（1930）年12月20日～　㊞赤根祥一（あかねしょういち）
昭和～平成期の評論家、作家。生活の中での禅について発言。著書は「自己修養のすすめ」「禅の生死観」など。
¶現執2期（赤根祥一　あかねしょういち），現執3期，現執4期，児人，世紀

**赤星仙太** あかほしせんた
明治13（1880）年～大正12（1923）年
明治～大正期の教育家、キリスト教伝道者。
¶宮城百

**赤堀禅稲** あかほりぜんとう
明治23（1890）年～昭和39（1964）年
大正～昭和期の僧。桂林寺住職。
¶姓氏愛知

**赤松円純** あかまつえんじゅん
天保13（1842）年～大正9（1920）年
江戸時代後期～大正期の僧侶。
¶真宗（㊀天保13（1842）年2月1日　㊁大正9（1920）年9月11日），飛驒（㊁大正9（1920）年8月11日）

**赤松月船** あかまつげっせん, あかまつげつせん
明治30（1897）年3月22日～平成9（1997）年8月5日
大正～昭和期の詩人、僧侶。小説「永平寺」、詩集「秋冷」「花粉の日」など刊行。
¶岡山百，近文，現詩，現情，世紀，日児（あかまつげつせん），日人

**赤松光映** あかまつこうえい
→竹林坊光映（ちくりんぼうこうえい）

**赤松照幢** あかまつしょうどう
文久2（1862）年～大正10（1921）年8月24日
明治～大正期の僧、社会事業家。
¶世紀，姓氏山口，日人，明大1，山口百

**赤松宗典** あかまつそうてん
生没年不詳
昭和・平成期の禅僧。
¶紀南

**赤松則祐** あかまつそくゆう
→赤松則祐（あかまつのりすけ）

**赤松智城** あかまつちじょう
明治19（1886）年12月23日～昭和35（1960）年3月12日
明治～昭和期の宗教学者。京城帝国大学教授。欧米の宗教学説を広く紹介した。
¶現情，昭人，真宗，新潮，人名7，世紀，哲学，日人，仏教，仏人，山口人，山口百

**赤松則祐** あかまつのりすけ
応長1（1311）年～建徳2/応安4（1371）年11月29日
㊞赤松則祐（あかまつそくゆう），則祐（そくゆう）
南北朝時代の武将、播磨・摂津・備前守護。
¶朝日（あかまつそくゆう　㊁応安4/建徳2年11月29日（1372年1月5日）），岩史，岡山人（㊀正和3（1314）年），岡山百（あかまつそくゆう），岡山歴（あかまつそくゆう），角史（あかまつそくゆう），鎌室，系西（㊀1314年），国史（あかまつそくゆう），国書（則祐　そくゆう），古中（あかまつそくゆう），コン改，コン4，コン5，

史人（あかまつそくゆう），諸系（㊀1372年），人書94（㊐1314年），新潮，人名（㊐1314年），姓氏京都，世人（㊐正和3（1314）年），全書（あかまつそくゆう），茶道（㊐1314年），内乱（あかまつそくゆう），日史（あかまつそくゆう），日人（㊀1372年），百科（あかまつそくゆう），兵庫百（あかまつそくゆう），室町，歴大（あかまつそくゆう）

**赤松安子**　あかまつやすこ
慶応1（1865）年～大正2（1913）年2月2日
明治期の社会事業家。孤児救済の先駆者。地方への仏教思想の普及に尽力。
¶学校，女性，女性普，世紀，先駆，日人，明大1

**赤松連城**　あかまつれんじょう
天保12（1841）年1月17日～大正8（1919）年7月20日
明治～大正期の浄土真宗西本願寺派僧侶。初めて欧米を視察した日本の僧侶の一人。
¶朝日，石川百，岩史，海越，海越新，京都大（㊐天保11（1840）年），近現，国際，国史，コン改，コン5，史人，真宗，新潮，人名，世紀，姓氏石川，全書，大百，哲学，渡航，日史（㊐天保12（1841）年1月），日人，百科，仏教（㊐天保12（1841）年1月），仏人，ふる，民学，明治史，明大1，山口百，歴大

**赤山得誓**　あかやまとくせい
明治41（1908）年12月7日～平成8（1996）年10月19日
昭和期の僧侶。
¶真宗

**阿川貫達**　あがわかんたつ
明治23（1890）年10月14日～昭和48（1973）年1月7日
明治～昭和期の仏教学者、僧。
¶世紀，日人

**阿観**　あかん
保延2（1136）年～承元1（1207）年
平安時代後期～鎌倉時代前期の真言宗の僧。
¶朝日（㊀承元1年11月14日（1207年12月4日）），鎌室，古人，コン改，コン4，コン5，新潮（㊀承元1（1207）年11月14日），人名，日人，仏教（㊀承元1（1207）年11月14日），平史

**秋上孝重**　あきあげのりしげ
生没年不詳
戦国時代の神魂社神主、初代の正神主。
¶島根歴

**秋岡善長**　あきおかぜんちょう
生没年不詳
明治期の神職。鎌倉郡江ノ島神社祠職。
¶神奈川人

**秋岡保治**　あきおかやすじ
明治19（1886）年6月1日～昭和46（1971）年3月7日
明治～昭和期の神官・神社本庁事務総長。
¶岡山歴

**秋篠禅師**　あきしのぜんじ
生没年不詳
平安時代前期の僧。嵯峨天皇の皇子。
¶仏教

**秋月観暎**　あきずきかんえい
→秋月観暎（あきづきかんえい）

**秋月辰一郎**　あきずきたついちろう
→秋月辰一郎（あきづきたついちろう）

**秋月竜珉**　あきずきりょうみん
→秋月竜珉（あきづきりょうみん）

**秋田弘子**　あきたこうこ
明治24（1891）年10月20日～昭和55（1980）年2月2日
大正・昭和期の宗教家。
¶飛騨

**秋田幸次郎**　あきたこうじろう
明治15（1882）年1月1日～昭和44（1969）年9月17日
明治～昭和期の吉城郡議・宗教家。
¶飛騨

**秋田光彦**　あきたみつひこ
昭和30（1955）年11月13日～
昭和～平成期の僧侶。大蓮寺（浄土宗）住職、應典院主幹、上町台地からまちを考える会代表理事。
¶現執4期

**安芸椿坊**　あきちんぼう
戦国時代の僧。
¶人名，日人（生没年不詳）

**秋月観暎**　あきづきかんえい，あきずきかんえい
大正11（1922）年1月2日～
昭和～平成期の宗教・歴史学者。弘前大学教授。東洋宗教史・道教史・文化史を研究。著書に「道教と宗教文化」など。
¶現執1期，現執3期（あきずきかんえい）

**穐月聖憲**　あきづきせいけん
明治21（1888）年～昭和13（1938）年
大正・昭和期の僧。東予市実報寺（真言宗）住職。
¶愛媛

**秋月辰一郎**　あきづきたついちろう，あきずきたついちろう
大正5（1916）年1月3日～平成17（2005）年10月20日
昭和～平成期の医師、平和運動家。長崎証言の会会長。長崎で被爆。欧米各地で反核を訴え、カトリック信者としてローマ法王に接見した。
¶科学（あきずきたついちろう），郷土長崎，近医，現朝，現情，現人，現日，新潮，世紀，日人，平和

**秋月竜珉**　あきづきりょうみん，あきずきりょうみん
大正10（1921）年～
昭和～平成期の臨済正宗妙心寺派僧侶、神学者。花園大学教授。著書に「鈴木禅学と西田哲学」「新大乗―仏教のポスト-モダン」など。

¶現執1期，現執2期（あきずきりょうみん），現執3期（あきずきりょうみん ㊤大正10（1921）年10月1日）

あ

**秋津智承** あきつちしょう
昭和33（1958）年2月21日～
昭和～平成期のチェロ奏者、僧侶。
¶音人，音人2，音人3

**秋野孝道** あきのこうどう
安政5（1858）年4月18日～昭和9（1934）年2月20日
㊙秋野孝道（あきのたかみち）
明治～昭和期の宗教家。
¶静岡歴，昭人，人名，世紀，姓氏静岡（あきのたかみち），日人，仏教，仏人，明大1

**秋野信妙** あきのしんみょう
生没年不詳
江戸時代中期の神道家。
¶国書5

**秋野孝道** あきのたかみち
→秋野孝道（あきのこうどう）

**秋葉社別当義源** あきはしゃべっとうぎげん
寛政11（1799）年～明治8（1875）年6月3日
江戸時代後期～明治期の歌僧。
¶東三河

**秋葉盛事** あきばせいじ
明治37（1904）年9月28日～平成9（1997）年6月23日
明治～平成期の教員、牧師、YMCA会員。
¶日Y

**秋庭貞山** あきばていざん
安政1（1854）年～明治40（1907）年
明治～大正期の臨済宗僧侶。沢庵の語録を蒐集出版。文庫を開放。戦死者遺族保護のため托鉢してその費を募った。
¶人名，日人，明大1（㊤嘉永7（1854）年9月26日 ㊦明治40（1907）年3月29日）

**顕広王** あきひろおう
嘉保2（1095）年～治承4（1180）年
平安時代後期の貴族。神祇伯、白川家の祖。
¶朝日（㊦治承4年7月19日（1180年8月11日）），鎌室，古史，古人，諸系，神人，新潮（㊦治承4（1180）年7月19日），世人（㊦治承4（1180）年7月19日），日人，平史

**秋保親晴** あきほちかはる
万延1（1860）年2月25日～昭和14（1939）年1月22日
明治～昭和期の牧師。
¶庄内

**秋元梅吉** あきもとうめきち
明治25（1892）年8月26日～昭和50（1975）年2月8日
大正～昭和期の社会福祉事業家、伝道者。
¶キリ，視覚，多摩

**秋元式弥** あきもとしきや
？ ～明治11（1878）年
江戸時代末期～明治期の神職。
¶日人

**秋元茂雄** あきもとしげお
明治6（1873）年1月7日～昭和19（1944）年5月22日
明治～大正期の日本基督教会牧師。
¶キリ

**秋元巳太郎** あきもとみたろう
明治19（1886）年～昭和48（1973）年2月6日
明治～昭和期の救世軍士官。
¶埼玉人

**秋谷栄之助** あきやえいのすけ
昭和5（1930）年7月15日～
昭和～平成期の宗教家。創価学会会長。聖教新聞編集局長、主幹などを歴任。5代目会長に就任、創価学会インターナショナル（SGI）会長代行を兼務。
¶現朝，現情，世紀，日人

**秋山基一** あきやまきいち
明治26（1893）年12月1日～昭和51（1976）年6月8日
大正～昭和期の牧師。聖三一教会主任司祭。
¶キリ

**秋山厳山** あきやまげんざん
文化4（1807）年～文久3（1863）年 ㊙秋山惟恭（あきやまこれいや，あきやまこれたか）
江戸時代末期の祠官。
¶維新，考古（秋山惟恭 あきやまこれたか ㊤文化4年（1807年9月1日） ㊦文久3年（1863年4月1日）），国書（㊤文化4（1807）年9月1日 ㊦文久3（1863）年4月10日），人書94，人名，日人，幕末（秋山惟恭 あきやまこれいや ㊦1863年5月27日），幕末大（秋山惟恭 あきやまこれいや ㊦文久3（1863）年4月10日），藩臣6（秋山惟恭 あきやまこれいや）

**秋山惟恭** あきやまこれいや
→秋山厳山（あきやまげんざん）

**秋山惟恭** あきやまこれたか
→秋山厳山（あきやまげんざん）

**秋山光条** あきやまてるえ
天保14（1843）年～明治35（1902）年
江戸時代末期～明治期の国学者・神職。
¶江文，神人，徳川臣

**秋山知守** あきやまとももり
？ ～明和6（1769）年
江戸時代中期の安芸の神道家。
¶神人

**秋山文陽** あきやまぶんよう
明治19（1886）年7月14日～昭和60（1985）年9月7日
明治～昭和期の住職。大雲寺住職。
¶日エ

**秋山由五郎**　あきやまよしごろう
慶応1(1865)年6月14日～昭和23(1948)年5月4日
明治～昭和期の巡回牧師。
¶キリ

**阿吸房即伝**　あきゅうぼうそくでん
生没年不詳
戦国時代の権少僧都。
¶福岡百

**秋良敦之助**　あきらあつのすけ
→秋良貞温(あきらさだあつ)

**秋良貞温**　あきらさだあつ
文化8(1811)年～明治23(1890)年　[別]秋良貞温(あきらさだよし),秋良敦之助(あきらあつのすけ)
江戸時代後期～明治期の武士、神職。
¶維新，角史，近現，近世，国史，国書([生]文化8(1811)年9月4日　[没]明治23(1890)年10月16日)，コン改(あきらさだよし)，コン4(あきらさだよし)，コン5(あきらさだよし)，神人，新潮([生]文化8(1811)年9月4日　[没]明治23(1890)年10月16日)，人名(あきらさだよし)，姓氏山口(秋良敦之助　あきらあつのすけ)，世人(あきらさだよし)，日人，幕末(秋良敦之助　あきらあつのすけ　[没]1890年10月16日)，幕末大(秋良敦之助　あきらあつのすけ　[生]文化8(1811)年9月4日　[没]明治23(1890)年10月16日)，藩臣6(秋良敦之助　あきらあつのすけ)，山口百

**秋良貞温**　あきらさだよし
→秋良貞温(あきらさだあつ)

**芥川義天**　あくたがわぎてん
弘化4(1847)年～大正4(1915)年10月23日
江戸時代末期～明治期の住職。真宗僧侶の僧練隊を創設し上ノ関防衛に尽力。
¶姓氏山口，幕末，幕末大([生]弘化4(1847)年1月16日)，山口百

**阿久津政吉**　あくつまさきち
安政3(1856)年3月～？
明治期の宗教家。
¶渡航

**阿久津盛為**　あくつもりため
天保14(1843)年～大正11(1922)年10月24日
江戸時代末期～大正期の国学者、神職。神職取締所長。児島神社を創建した。著書に「児島高徳朝臣墳墓考」がある。
¶神人([没]大正12(1923)年10月)，人名，世紀，日人，明大2

**悪坂坊**　あくはんぼう
？～承久1(1219)年
鎌倉時代前期の僧。
¶人名

**暁烏依然**　あけがらすいねん
？～明治26(1893)年
江戸時代後期～明治期の真宗大谷派の僧。
¶姓氏石川

**暁烏敏**　あけがらすはや
明治10(1877)年7月12日～昭和29(1954)年8月27日
明治～昭和期の真宗大谷派僧侶、仏教学者、歌人。仏教近代化運動を行った。
¶石川百，石川文，岩史，京都文，近現，近文，現朝，現情，現人，国史，コン改，コン4，コン5，視覚，史人，思想，思想史，社史，昭人，真宗，新潮，人名7，世紀，姓氏石川，世百新，全書，哲学，富山文，日エ，日史，日人，百科，風土，仏教，仏人，ふる，北陸20，民学，明治史，履歴，履歴2，歴大

**明野儀海**　あけのぎかい★
元治1(1864)年～昭和8(1933)年
江戸時代末期～昭和期の僧侶。
¶三重続

**明峯栄泉**　あけみねえいせん
明治5(1872)年～*
明治・大正期の僧侶、教育者。
¶群新百([没]1922年)，群馬人([没]大正12(1923)年)

**亜元**　あげん
安永2(1773)年～天保13(1842)年
江戸時代後期の歌人。
¶国書([没]天保13(1842)年9月21日)，コン改，コン4，コン5，詩歌，新潮([没]天保13(1842)年9月21日)，人名，日人，和俳

**阿子丸仙人**　あこまるせんにん
上代の天台宗の僧。
¶姓氏鹿児島

**阿佐**　あさ
江戸時代前期の女性。武芸者、尼僧。
¶江表(阿佐(新潟県))，女性(生没年不詳)，人名，日人(生没年不詳)

**浅井家之**　あさいいえゆき
生没年不詳
江戸時代中期の神道家。
¶国書

**浅井猪三郎**　あさいいさぶろう
明治20(1887)年8月30日～昭和23(1948)年7月16日
明治～昭和期の僧侶。「大逆事件」関係者。
¶アナ，社史

**浅井円道**　あさいえんどう
昭和2(1927)年～
昭和～平成期の宗教学者。立正大学教授。
¶現執1期

**浅井慶遵**　あさいきょうじゅん
？～明治30(1897)年
江戸時代末期～明治期の真宗大谷派の僧。
¶姓氏石川

あ

**浅井清長** あさいきよなが
明治期の神職。明治33年駒形神社より丹生川上神社宮司に就任、34年大和神社へ転任。
¶神人

**浅井堅教** あさいけんきょう
明治43(1910)年1月6日～昭和56(1981)年7月30日
昭和期の真言宗豊山派の僧侶。
¶埼玉人

**浅井春栄** あさいしゅんえい
明治29(1896)年～？
大正～昭和期の宗教家・社会事業家。
¶姓氏京都

**浅井成海** あさいなるみ
昭和10(1935)年5月28日～
昭和期の仏教学者、僧侶。龍谷大学教授。
¶現執1期，現執2期

**浅井兵左衛門** あざいひょうざえもん
～寛永18(1641)年2月16日
江戸時代前期の興福寺僧坊窪転経院の主人。平尾城主細井戸右近丞の子。
¶大坂

**浅井弁海** あさいべんかい
？～明治21(1888)年
江戸時代後期～明治期の真宗大谷派、加賀国能美郡北浅井村の妙永寺の僧。
¶姓氏石川

**浅井要麟** あさいようりん
明治16(1883)年2月19日～昭和17(1942)年12月30日
明治～昭和期の日蓮宗僧侶、仏教学者。立正大学教授。
¶昭人，人名7，世紀，日人，仏教，仏人

**浅井了意** あさいりょうい
？～元禄4(1691)年1月1日　㊀釈了意(しゃくりょうい)，了意(りょうい)
江戸時代前期の真宗大谷派の仮名草子作者、唱導僧。
¶朝日(㉝元禄4年1月1日(1691年1月29日))，岩史，江人(㊤？)，角史，京都，京都大(㊤慶長17(1612)年)，近世，国史，国書，コン改(㊤慶長17(1612)年)，コン4(㊤慶長17(1612)年)，コン5(㊤慶長17(1612)年)，史人(㊤1612年？)，思想史，重要(㊤慶長17(1612)年？)，人書94(㊤1612年)，新潮(㊤慶長17(1612)年頃)，新文，人名(釈了意　しゃくりょうい　㉝1690年)，人名，人名(了意　りょうい)，姓氏京都(㊤1612年)，世人(㊤慶長17(1612)年)，世百，全書，大百，日史(㊤慶長17(1612)年　㉝元禄4(1691)年9月27日)，日人(㊤1612年？)，日文，百科，仏教，仏史，文学，歴大

**朝枝実彬** あさえだじつひん
明治41(1908)年～昭和61(1986)年11月21日
昭和期の浄土真宗本願寺派の宗政家。
¶真宗

**朝枝善照** あさえだぜんしょう
昭和19(1944)年3月8日～
昭和～平成期の仏教学者、浄土真宗僧侶。龍谷大学教授、市木浄泉寺住職。日本仏教史学を研究。
¶現執2期，現執3期，現執4期

**朝風文将** あさかぜのふみまさ
→朝風文将(あさかぜのぶんしょう)

**朝風文将** あさかぜのぶんしょう
㊀朝風文将(あさかぜのふみまさ)
飛鳥時代の仏師。
¶古人(あさかぜのふみまさ)，古代，古代普，日人(生没年不詳)，美建

**浅川潔** あさかわきよし
～大正9(1920)年
大正期の神職。建部神社宮司。
¶神人

**浅川範明** あさかわのりあき
弘化3(1864)年11月～
江戸時代末期の国学者、神職。
¶神人

**朝木義栴** あさきぎせん
明治25(1892)年～昭和27(1952)年
大正～昭和期の僧侶。
¶多摩

**朝倉暁海** あさくらぎょうかい
*～大正8(1919)年2月18日
明治～大正期の真宗大谷派の僧。
¶真宗(㊤弘化2(1845)年)，姓氏石川(㊤？)

**朝倉暁瑞** あさくらぎょうずい
明治10(1877)年9月19日～昭和43(1968)年3月28日
明治～昭和期の僧侶。
¶真宗，福井百

**朝倉玉雅** あさくらぎょくが
～大正4(1915)年
明治～大正期の僧侶・歌人。
¶多摩

**朝倉崇恩** あさくらすうおん
？～明治38(1905)年5月
江戸時代末期～明治期の僧侶。
¶真宗

**朝倉正臣** あさくらまさおみ
享和3(1803)年～安政元(1854)年閏7月6日
江戸時代後期の歌人・国学者・神官。
¶東三河

**朝倉正茂** あさくらまさしげ
～天保4(1833)年5月28日
江戸時代後期の国学者・神官。
¶東三河

**朝倉正只** あさくらまさただ
宝暦2(1752)年～文政3(1820)年8月8日
江戸時代後期の国学者・神官。

¶東三河

**朝倉正種** あさくらまさたね
生没年不詳
江戸時代中期の国学者・神官。
¶東三河

**朝倉了昌** あさくらりょうしょう
安政3(1856)年1月6日～明治43(1910)年2月21日
江戸時代末期～明治期の僧侶。
¶真宗

**浅田玄道** あさだげんどう
明治18(1885)年～昭和33(1958)年
明治～昭和期の僧。西之保宝円寺の住職。
¶姓氏愛知

**麻田真浄** あさだのまきよ
奈良時代の僧。座主。
¶古人

**朝戸円教** あさとえんきょう
天保2(1831)年9月9日～明治35(1902)年6月2日
江戸時代末期・明治期の僧。高山市の神通寺10世。朝戸家初代。
¶飛騨

**浅野研真** あさのけんしん
明治31(1898)年7月25日～昭和14(1939)年7月7日
昭和期の教育運動家、浄土真宗大谷派僧侶。東京労働学校開設・運営に尽力。
¶近現，国史，コン改，コン5，社運，社史，昭人，真宗(㊀昭和14(1939)年7月10日)，新潮，人名7，世紀，哲学，日エ，日人(㊀昭和14(1939)年7月7日，(異説)7月10日)，仏教(㊀昭和14(1939)年7月10日)，平和

**浅野三智** あさのさんち
明治45(1912)年3月20日～平成4(1992)年1月19日
明治～平成期の住職。浄土真宗本願寺派万福寺住職。
¶日エ

**浅野順一** あさのじゅんいち
明治32(1899)年12月12日～昭和56(1981)年6月10日
大正～昭和期の牧師、聖書学者。青山学院大学教授。旧約聖書学の開拓的業績を残す。
¶キリ，現朝，現執1期，現執2期，現情，現人，コン改，コン4，コン5，新カト，新潮，世紀，世百新，哲学，日人，日Y，百科，福岡百，平和

**浅野祥雲** あさのしょううん★
明治24(1891)年～昭和53(1978)年
昭和期のコンクリート仏師。
¶東海

**浅野孝之** あさのたかゆき
明治21(1888)年2月3日～昭和23(1948)年7月25日
大正～昭和期の教育家。山口経済専門学校長。仏教哲学を専攻し、社会教育面に貢献。
¶現情，昭人，人名7，世紀，日人

**浅野忠** あさのただし
文政2(1819)年～明治25(1892)年11月14日
㊙浅野忠(あさのただす，あさのちゅう)，浅野遠江(あさのとおとうみ)
江戸時代末期～明治期の広島藩士、宮司。幕末は藩の群生改革にあたり、維新後は厳島神社などの宮司を務めた。
¶維新(あさのちゅう ㊐1817年)，華請(あさのただす)，国書(あさのただす ㊐文政2(1819)年10月18日 ㊀明治25(1892)年12月14日)，コン改，コン4，コン5，新潮(㊐文政5(1822)年)，人名(あさのちゅう)，全幕(浅野遠江 あさのとおとうみ ㊐文化14(1817)年)，日人，幕末(あさのただす)，幕末大(あさのただす ㊐文化14(1817)年)，藩臣6(あさのただす)

**浅野忠** あさのただす
→浅野忠(あさのただし)

**浅野忠** あさのちゅう
→浅野忠(あさのただし)

**浅野長遵** あさのちょうじゅん
江戸時代後期～明治期の僧侶。
¶真宗

**浅野遠江** あさのとおとうみ
→浅野忠(あさのただし)

**浅野猶三郎** あさのなおさぶろう
明治11(1878)年10月9日～昭和19(1944)年3月20日
明治～昭和期の伝道者。
¶キリ

**浅野兵左衛門尉** あさのひょうざえもんのじょう
安土桃山時代のキリシタン。
¶人名

**朝野泰彦** あさのやすひこ
文政9(1826)年～明治35(1902)年12月26日
江戸時代後期～明治期の神職。
¶国書

**浅野温知**(朝野温知) あさのよしとも
明治39(1906)年5月14日～昭和57(1982)年8月2日
大正～昭和期の社会運動家。
¶アナ，真宗(朝野温知)

**朝野温知** あさのよしとも
明治39(1906)年5月14日～昭和57(1982)年8月2日
大正～昭和期の社会運動家。
¶アナ，社史，真宗

**浅原才市** あさはらさいいち
→浅原才市(あさはらさいち)

**浅原才市**(浅原才一) あさはらさいち
嘉永3(1850)年～昭和7(1932)年1月17日 ㊙浅原才市(あさはらさいいち)

あ

明治～昭和期の浄土真宗の篤信者。信仰生活を詠んだ詩歌を多く残す。篤実な在家念仏者。
¶朝日（浅原才一　㊀嘉永3年2月20日（1850年4月2日）），島根人（㊀嘉永4（1851）年），島根百，島根歴，真宗（㊀嘉永3（1850）年2月10日　㊁昭和7（1937）年1月17日），世紀（㊀嘉永3（1850）年2月20日），日人，仏教（㊀嘉永3（1850）年2月20日），仏人（あさはらさいいち　㊁1933年），明大1（㊀嘉永3（1850）年2月20日）

**麻原彰晃** あさはらしょうこう
昭和30（1955）年3月2日～
昭和～平成期の宗教家。オウム真理教を開祖。
¶現執3期，履歴，履歴2

**旭岡中順** あさひおかちゅうじゅん
弘化1（1844）年～大正5（1916）年
江戸時代末期～大正期の僧。春日岡山惣宗寺第37世。
¶栃木歴

**旭恢恩** あさひかいおん
元治1（1864）年～昭和6（1931）年8月10日
江戸時代末期～昭和期の僧侶。
¶真宗

**朝彦親王** あさひこしんのう
文政7（1824）年1月28日～明治24（1891）年　㊂久邇宮朝彦（くにのみやあさひこ），久邇宮朝彦親王（くにのみやあさひこしんのう，くにのみやあさひこ），青蓮院宮（しょうれんいんのみや），尊応法親王（そんのうほうしんのう），尊融（そんゆう），中川宮朝彦親王（なかがわのみやあさひこしんのう）
江戸時代末期～明治期の皇族。伏見宮邦家親王の子。公武合体に努め、政変を推進。維新後は伊勢神宮祭主などを務めた。
¶朝日（㊀文政7年1月28日（1824年2月27日）㊁明治24（1891）年10月29日），維新，岩史（㊁明治24（1891）年10月25日），角史，近現，近世，広7，国史，国書（㊁明治24（1891）年10月29日），コン改，コン4，コン5，史人（中川宮朝彦親王　なかがわのみやあさひこしんのう　㊁1891年10月25日），重要（青蓮院宮　しょうれんいんのみや　㊁明治24（1891）年10月29日），諸系（中川宮朝彦親王　なかがわのみやあさひこしんのう），神史，真宗（尊融　そんゆう　㊀文政7（1824）年5月8日　㊁明治24（1891）年10月24日），神人，新潮（㊁明治24（1891）年10月29日），人名，世人，全書，全幕，天皇（尊応法親王　そんのうほうしんのう　㊁？），日史（㊁明治24（1891）年10月25日），日人（中川宮朝彦親王　なかがわのみやあさひこしんのう），日本，幕末（㊁1891年10月29日），幕末大（㊁明治24（1891）年10月29日），百科，明治史，明大1（久邇宮朝彦　くにのみやあさひこ　㊁明治24（1891）年10月29日），履歴2（久邇宮朝彦親王　くにのみやあさひこ　㊁明治24（1891）年10月29日），歴大

**朝比奈宗源** あさひなそうげん
明治24（1891）年1月9日～昭和54（1979）年8月25日
明治～昭和期の臨済宗僧侶。円覚寺派管長。円覚寺住職を経て円覚寺派管長。戦後「世界連邦日本仏教徒協議会」結成、「日本を守る会」を主導。
¶鎌倉新，近現，現朝，現情，現日，静岡歴，昭人，新潮，世紀，姓氏静岡，哲学，日人，仏教，仏人，履歴，履歴2

**朝比奈泰吉** あさひなやすきち
明治期の元荘内藩士、神職。
¶神人

**朝日阿闍梨** あさひのあじゃり
生没年不詳
南北朝時代以前の僧侶・連歌作者。
¶国書

**旭野正信** あさひのしょうしん
明治38（1905）年11月28日～昭和58（1983）年2月20日
大正・昭和期の僧侶。萩原町長。
¶飛驒

**朝日巫女** あさひのみこ
安土桃山時代の巫女。逆櫓神社に居住した。
¶大阪人

**朝日保寧** あさひほねい
慶応1（1865）年4月8日～昭和7（1932）年4月28日
江戸時代末期～昭和期の僧侶。
¶真宗

**朝日真澄** あさひますみ
文化14（1817）年～明治20（1887）年
江戸時代後期～明治期の俳人。
¶埼玉人，埼玉百

**朝日芳太郎** あさひよしたろう
明治4（1871）年12月7日～
明治期の神職。
¶神人

**浅平宗成** あさひらむねなり
？～昭和38（1963）年2月11日
昭和期の僧侶。
¶真宗

**旭隆応** あさひりゅうおう
文政11（1828）年～明治21（1888）年10月5日
江戸時代後期～明治期の学僧。
¶徳島百

**浅見定雄** あさみさだお
昭和6（1931）年10月12日～
昭和～平成期の宗教学者。東北学院大学教授。旧約聖書学・古代イスラエル宗教史を研究。著書に「聖書と日本人」など。
¶現執3期，現執4期

**浅見仙作** あさみせんさく
慶応4（1868）年4月8日～昭和27（1952）年10月3日
明治～昭和期の無教会主義キリスト教徒。「喜の音」「純福音」を発刊して非戦論を展開。
¶キリ，現朝（㊀慶応4年4月8日（1868年4月30日）），現情，現人，思想史，社史（㊀1868年4

月30日)，昭人，新潮，世紀，哲学，日人，平和，北海道百，北海道歴

**阿佐光也** あさみつや
昭和22(1947)年6月30日～
昭和期の牧師。
¶視覚

**阿佐見出羽正光包** あさみでわのしょうみつかね
？ ～天保3(1832)年
江戸時代後期の宮大工。
¶群馬人

**阿佐見光包** あさみみつかね
？ ～天保3(1832)年
江戸時代後期の宮大工。
¶美建

**朝見安臣** あさみやすおみ
天保4(1833)年～明治25(1892)年
江戸時代後期～明治期の渋川神社の神職。
¶姓氏愛知

**朝山晧** あさやまあきら
明治28(1895)年2月13日～昭和32(1957)年3月4日
明治～昭和期の郷土史家。
¶郷土，島根人，島根百，島根歴，日人

**朝山意林庵** あさやまいりんあん
天正17(1589)年～寛文4(1664)年9月21日 ㊙朝山素心(あさやまそしん)
江戸時代前期の儒者。
¶朝日(㊣天正17年9月8日(1589年10月17日) ㊥寛文4年9月21日(1664年11月8日))，近世，国史，国書(㊣天正17(1589)年9月8日)，コン改，コン4，コン5，思想史，新潮(㊣天正17(1589)年9月8日)，人名(朝山素心 あさやまそしん)，姓氏京都，世人，日人，歴大

**浅山円祥** あさやまえんしょう
明治44(1911)年～昭和51(1976)年
昭和期の宗教学者。
¶姓氏神奈川

**浅山九郎左衛門** あさやまくろうざえもん
文政9(1826)年～明治27(1894)年6月15日 ㊙浅山純尹(あさやますみただ)
江戸時代末期～明治期の地方功労者。神官壱岐住吉神社宮司となり同神社を再築復興。九十九国立銀行頭取などを歴任。
¶国書(浅山純尹 あさやますみただ ㊣文政9(1826)年1月24日)，神人(浅山純尹 あさやますみただ)，人名(浅山純尹 あさやますみただ)，日人(浅山純尹 あさやますみただ)，幕末，幕末大，藩臣7

**浅山純尹** あさやますみただ
→浅山九郎左衛門(あさやまくろうざえもん)

**朝山素心** あさやまそしん
→朝山意林庵(あさやまいりんあん)

**朝山利綱** あさやまとしつな
生没年不詳
戦国時代の武士。
¶島根歴，戦西，戦人

**朝山日乗** あさやまにちじょう
？ ～天正5(1577)年 ㊙朝山日乗(ちょうざんにちじょう)，日乗(にちじょう)，日乗朝山(にちじょうちょうざん)
戦国時代～安土桃山時代の日蓮宗の僧。キリスト教を排斥。
¶朝日，岩史，織田(㊥天正5(1577)年9月19日)，織田2(㊥天正5(1577)年9月15日)，角史，京都，京都大，国史(日乗 にちじょう)，コン改，コン4，コン5，史人，思想史，島根百(㊥天正5(1577)年9月)，島根歴，新潮(㊥天正5(1577)年9月15日)，人名，姓氏京都，世人(㊥天正5(1577)年9月)，世百(日乗 にちじょう)，全書(ちょうざんにちじょう)，戦人(日乗 にちじょう)，全戦(㊥天正5(1577)年？)，戦補(日乗 にちじょう)，対外(日乗 にちじょう)，日史(日乗朝山 にちじょうちょうざん ㊥天正5(1577)年9月15日)，日人，百科(日乗朝山 にちじょうちょうざん)，仏教(日乗朝山 にちじょうちょうざん ㊥天正5(1577)年9月15日)

**朝山梵灯庵** あさやまぼんちょうあん
→朝山梵灯庵(あさやまぼんとうあん)

**朝山梵灯** あさやまぼんとう
→朝山梵灯庵(あさやまぼんとうあん)

**朝山梵灯庵** あさやまぼんとうあん
正平4/貞和5(1349)年～？ ㊙朝山梵灯(あさやまぼんとう)，朝山梵灯庵(あさやまぼんちょうあん)，梵灯(ぼんとう)，梵灯庵(ぼんとうあん)，梵灯庵主(ぼんとうあんしゅ)，朝山師綱(あさやまもろつな)
南北朝時代～室町時代の歌人、連歌師。
¶角史(梵灯 ぼんとう)，鎌室，国史，国書(梵灯庵 ぼんとうあん)，古中，コン改(㊥文安5(1448)年)，コン4(㊥文安5(1448)年)，コン5(㊥文安5(1448)年)，史人(梵灯庵 ぼんとうあん)，新潮(梵灯庵 ぼんとうあん)，新文(朝山梵灯 あさやまぼんとう ㊥応永末年(1427年頃)？)，人名(あさやまぼんちょうあん)，姓氏京都(㊥1417年？)，世人(㊥応永24(1417)年)，全書(梵灯 ぼんとう)，大百(梵灯 ぼんとう)，日史(梵灯庵主 ぼんとうあんしゅ)，日人，日文(梵灯庵 ぼんとうあん ㊥応永34(1427)年？)，俳句(梵灯 ぼんとう ㊥応永27(1420)年)，俳文(梵灯 ぼんとう)，百科(梵灯庵主 ぼんとうあんしゅ)，仏教(梵灯庵 ぼんとうあん)，文学(㊥1427年頃)，歴大(梵灯 ぼんとう)，和俳

**浅山吉成** あさやまよしなり
～元禄4(1691)年9月15日
江戸時代前期～中期の神職。島根佐陀大社正神主。
¶神人

**浅山芳房**（朝山芳房） あさやまよしふさ
→勝部芳房（かつべよしふさ）

**浅利大賢** あさりひろかた
→浅利太賢（あさりふとかた）

**浅利太賢** あさりふとかた
生没年不詳 ㊊浅利太賢（あさりもとかた），浅利大賢（あさりひろかた）
江戸時代中期の神道家。
¶近世，国史，国書（あさりもとかた），コン改，コン4，コン5，神史，神人（浅利大賢 あさりひろかた），新潮，世人，日人

**浅利太賢** あさりもとかた
→浅利太賢（あさりふとかた）

**阿三** あさん
？ ～享保9（1724）年9月24日
江戸時代中期の浄土宗の僧。
¶仏教

**芦慧潭** あしえたん
文化5（1808）年～明治28（1895）年
江戸時代末期～明治期の臨済宗妙心寺派僧侶。妙心寺派管長。
¶仏人

**味岡良戒** あじおかりょうかい
明治36（1903）年～昭和63（1988）年
大正・昭和期の僧。真言宗大覚寺派大本山大覚寺の第55世門跡。
¶熊本人

**足利瑩含** あしかがえいがん
明治期の僧侶。
¶真宗

**足利演正** あしかがえんしょう
明治43（1910）年～昭和59（1984）年
昭和期の仏教学者。
¶仏人

**足利義覚** あしかがぎかく
応仁2（1468）年～文明15（1483）年 ㊊義覚（ぎかく）
室町時代～戦国時代の真言宗の僧。足利義政の第4子、三宝院門跡。
¶人名，日人（義覚 ぎかく）

**足利義山** あしかがぎざん
文政7（1824）年12月30日～明治43（1910）年6月16日
江戸時代末期～明治期の浄土真宗本願寺派学僧。仏教大学名誉講師。
¶真宗，幕末，幕末大，仏教，仏人，明大1

**足利義承** あしかがぎしょう
応永13（1406）年～応仁1（1467）年 ㊊義承（ぎしょう）
室町時代の僧。
¶諸系（義承 ぎしょう），人名，日人（義承 ぎしょう）

**足利義昭** あしかがぎしょう
*～嘉吉1（1441）年 ㊊義昭（ぎしょう），大覚寺義昭（だいかくじぎしょう）
室町時代の僧、武将。6代将軍足利義教の異母弟。謀反して自刃。
¶朝日（㊤応永11（1404）年 ㊦嘉吉1年3月13日（1441年4月4日）），鎌室（㊤応永12（1405）年？），諸系（義昭 ぎしょう ㊤1405年？），新潮（㊤応永12（1405）年？ ㊦嘉吉1（1441）年3月13日），人名（㊤？），日人（㊤1405年？），宮崎百（㊤応永1（1394）年），室町（大覚寺義昭 だいかくじぎしょう ㊤応永11（1404）年）

**足利源左衛門** あしかがげんざえもん
天保13（1842）年4月18日～昭和5（1930）年2月28日
江戸時代末期～昭和期の浄土真宗の篤信者。
¶仏教

**足利紫山** あしかがしざん
安政6（1859）年4月11日～昭和34（1959）年12月30日
明治～昭和期の臨済宗僧侶。臨済宗13派合同の初代管長、社会事業にも尽力。
¶大分百，大分歴，鎌倉新（㊤安政6（1859）年4月1日），現情，静岡歴，昭人，新潮（㊤安政6（1859）年4月1日），人名7，世紀，姓氏静岡，日人，仏教，仏人

**足利浄円** あしかがじょうえん
明治11（1878）年4月15日～昭和35（1960）年5月25日
明治～昭和期の浄土真宗本願寺派僧侶。
¶京都大，昭人，真宗，世紀，日人

**足利瑞義** あしかがずいぎ
明治4（1871）年～昭和19（1944）年8月20日
明治～昭和期の浄土真宗本願寺派学僧。竜谷大学学長。
¶昭人，真宗（㊤明治5（1872）年），姓氏京都，仏教

**足利尊満** あしかがそんまん
弘和1/永徳1（1381）年～応永10（1403）年 ㊊尊満（そんまん）
室町時代の僧。3代将軍義満の第3子。京都法性寺の座主。
¶鎌室，諸系（尊満 そんまん），人名，日人

**足利法尊** あしかがほうそん
→法尊（ほうそん）

**足利義兼** あしかがよしかね
？ ～正治1（1199）年3月8日 ㊊源義兼（みなもとのよしかね，みなもとよしかね）
平安時代後期～鎌倉時代前期の武将。
¶朝日（㊦正治1年3月8日（1199年4月5日）），神奈川人，鎌倉（㊤久寿1（1154）年），鎌室，郷土栃木（㊤1153年 ㊦1190年），国史，古人（源義兼 みなもとのよしかね ㊤？），古中，コン改，コン4，コン5，史人，重要，諸系，新潮，人名，世人，全書，栃木歴，内乱（㊤久安4（1148）年），日史（㊤久寿1（1154）年），日人，

百科（㊤久寿1（1154）年），平史（源義兼　みなもとのよしかね），北条

**足利義尊** あしかがよしたか
応永20（1413）年～嘉吉2（1442）年3月
室町時代の武士。
¶岡山歴，内乱，室町

**安食助宣** あじきすけのぶ
明治期の神職。
¶神人

**葦沢明義** あしざわめいぎ
大正12（1923）年3月26日～昭和63（1988）年12月5日
昭和期の僧侶、政治家。小布施町（長野県）町長、玄照寺住職。
¶現政

**葦津磯夫** あしずいそお，あしずいそを
→葦津磯夫（あしづいそお）

**葦津珍彦** あしずうずひこ
→葦津珍彦（あしづうずひこ）

**葦津耕次郎** あしずこうじろう
→葦津耕次郎（あしづこうじろう）

**蘆津実全** あしずじつぜん
→蘆津実全（あしづじつぜん）

**葦津洸造** あしずせんぞう
→葦津洸造（あしづせんぞう）

**芦田慶治**（蘆田慶治） あしだけいじ
慶応3（1867）年10月23日～昭和11（1936）年8月18日
明治～昭和期の神学者。
¶キリ（蘆田慶治），渡航，兵庫百

**芦田定市**（蘆田定市） あしださだいち
明治18（1885）年6月22日～昭和7（1932）年9月6日
大正～昭和期の歌人。自然詠に優れていた。遺集「芦田定市歌集」がある。
¶岡山人，岡山歴，昭人，人名，世紀，日人（蘆田定市）

**芦田守良** あしだもりよし
明治12（1879）年～昭和4（1929）年
明治～昭和期の神職。
¶神人

**葦津磯夫** あしづいそお，あしずいそお
天保11（1840）年～明治35（1902）年　㊐葦津磯夫（あしずいそお，あしずいそを）
江戸時代末期～明治期の祠官。筥崎宮宮司、香椎宮宮司。神道のために尽力し、宗教と神社を区別することを提議した。
¶神人（あしずいそを），人名，日人，明大1（あしずいそお　㊤天保11（1840）年10月　㊦明治35（1902）年10月30日）

**葦津珍彦** あしづうずひこ，あしずうずひこ
明治42（1909）年7月17日～平成4（1992）年6月10日
昭和期の神道思想家。独自の政治活動を行う。戦後は神道護持に活躍。
¶アナ，現朝，現執1期，現情，現人，現日，ジ人2（あしずうずひこ），社史（あしずうずひこ），新潮，世紀，日人，マス2，マス89，民学，履歴，履歴2

**葦津耕次郎** あしづこうじろう，あしずこうじろう
明治11（1878）年～昭和15（1940）年6月30日
明治～昭和期の神職。
¶神人（あしずこうじろう），日中（あしずこうじろう　㊤明治11（1878）年1月11日）

**蘆津実全**（葦津実全，芦津実全） あしづじつぜん，あしずじつぜん
嘉永3（1850）年9月4日～大正10（1921）年3月9日
明治～大正期の臨済宗永源寺派学僧。永源寺140世。
¶日人，仏教，仏人（芦津実全），明大1（葦津実全　あしずじつぜん）

**葦津洸造** あしづせんぞう，あしずせんぞう
明治8（1875）年～昭和2（1927）年1月3日
明治～昭和期の神職。
¶神人（あしずせんぞう）

**葦名信円** あしなしんえん
寛政10（1798）年5月12日～明治17（1884）年10月24日
江戸時代後期～明治期の僧侶。
¶真宗

**芦名武雄** あしなたけお
明治23（1890）年5月12日～昭和18（1943）年12月27日
大正～昭和期の牧師。
¶キリ

**芦野胤恭**（蘆野胤恭） あしのたねやす
宝暦10（1760）年～天保3（1832）年11月18日
江戸時代後期の仏師。
¶人名，日人（蘆野胤恭　㊦1833年），美建（蘆野胤恭）

**足羽雪艇** あしばせってい
明治20（1887）年～昭和30（1955）年
明治～昭和期の僧侶。
¶鳥取百

**葦原寂照** あしはらじゃくしょう
天保4（1833）年1月3日～大正2（1913）年2月19日
江戸時代末期～大正期の真言声明南山新流声明家。
¶日音

**安心院蔵海** あじむぞうかい
享保14（1729）年～天明8（1788）年
江戸時代中期～後期の僧。
¶大分百

**蘆屋道満**（芦屋道満） あしやどうまん
平安時代の架空の法師、陰陽師。
¶朝日，コン4，コン5，史人（生没年不詳），新潮（生没年不詳），人名（芦屋道満），日史，日人，

百科，仏教（生没年不詳）

あ

**阿清** あしょう
生没年不詳
遊行僧。
¶日人，仏教

**阿証** あしょう★
慶長15（1610）年～明暦2（1656）年閏4月8日
江戸時代前期の佐竹義重の第5子。尊寿院を再興して住職。
¶秋田人2

**網代智海** あじろちかい
明治24（1891）年10月7日～昭和44（1969）年3月17日
大正～昭和期の真言宗室生寺派僧侶。室生寺派管長、長谷寺71世。
¶現情，人名7，世紀，日人，仏教，仏人

**足代弘氏** あじろひろうじ
寛永17（1640）年～天和3（1683）年
江戸時代前期の神職・俳人。
¶国書（㊀天和3（1683）年8月18日），三重続

**足代弘興** あじろひろおき
？ ～天正2（1574）年
戦国時代～安土桃山時代の祠官。
¶諸系，神人（㊀天正2（1574）年1月17日），人名，日人

**足代弘臣** あじろひろおみ
寛延3（1750）年～寛政10（1798）年
江戸時代中期～後期の神職・俳人。
¶国書5（㊀寛政10（1798）年8月2日），三重続

**足代弘早** あじろひろとし
宝暦6（1756）年11月25日～寛政12（1800）年7月23日
江戸時代中期～後期の神職。
¶国書

**足代弘魚** あじろひろな
天明7（1787）年～文化14（1817）年
江戸時代中期～後期の神職・国学者。
¶国書（㊐天明7（1787）年10月6日　㊀文化14（1817）年12月4日），三重続

**足代弘敷** あじろひろのぶ
文化6（1809）年9月23日～天保4（1833）年8月16日
江戸時代後期の神職。
¶国書

**足代弘訓** あじろひろのり
天明4（1784）年11月26日～安政3（1856）年11月5日
江戸時代後期の国学者。
¶朝日（㊐天明4年11月26日（1785年1月6日）㊀安政3年11月5日（1856年12月2日）），維新，岩史，大阪人（㊀安政3（1856）年11月），角史，近世，国史，国書，コン改，コン4，コン5，詩歌，史人，神史，神人，新潮，人名，世人，世百，全書，大百，日史，日人（㊐1785年），幕末（㊀1856年12月2日），幕末大（㊐天明4（1785）年11月26日），百科，三重，歴大，和俳

**飛鳥井義天** あすかいぎてん
明治～昭和期の僧侶。
¶真宗

**小豆沢錦潮** あずきざわきんちょう
明治25（1892）年～昭和37（1962）年
大正～昭和期の歌人、僧職。
¶島根人，島根歴

**足羽住夏** あすはすみなつ
生没年不詳
江戸時代中期の神職・国学者。
¶国書

**足羽敬明** あすはたかあき
→足羽敬明（あすわもりあき）

**足羽敬明** あすはもりあき
→足羽敬明（あすわもりあき）

**足羽敬明** あすはよしあき
→足羽敬明（あすわもりあき）

**東義班** あずまぎはん
江戸時代後期～明治期の僧侶。
¶真宗

**東光敬** あずまこうけい
大正2（1913）年12月19日～昭和21（1946）年6月29日
昭和期の児童文学作家、研究者。仏教児童博物館主事。
¶昭人，日児

**東智教** あずまちきょう
明治40（1907）年～
昭和期の僧侶。
¶群馬人

**東忍敬** あずまにんきょう
明治13（1880）年～昭和5（1930）年5月29日
明治～昭和期の僧侶。
¶真宗

**東隆真** あずまりゅうしん
昭和10（1935）年12月20日～
昭和～平成期の仏教学者、僧侶。駒沢女子大学教授、弥勒寺住職。
¶現執1期，現執2期，現執4期

**安積鋭二** あずみえいじ
→安積鋭二（あづみえいじ）

**足羽敬明** あすわたかあき
→足羽敬明（あすわもりあき）

**足羽敬明** あすわもりあき
寛文12（1672）年1月25日～宝暦9（1759）年2月10日　㊞足羽敬明（あすはたかあき，あすはもりあき，あすはよしあき，あすわたかあき，あすわもりはる）
江戸時代中期の国学者、神道家。
¶国書（あすはもりあき），コン改，コン4，コン

5，神史（あすわもりはる），人書94，神人（あすはよしあき），新潮，人名（あすはたかあき），世人，日人，平史（あすわたかあき）

**足羽敬明** あすわもりはる
→足羽敬明（あすわもりあき）

**阿清** あせい
遊行僧。
¶岡山歴

**畔上賢造** あぜがみけんぞう
明治17（1884）年10月28日～昭和13（1938）年6月25日
明治～昭和期の宗教家。無教会主義キリスト教の伝道者。訳書に「歩みし跡」など。
¶キリ，近文，昭人，世紀，姓氏長野，哲学，長野百，長野歴，日人

**畔上楳仙** あぜがみばいせん
文政8（1825）年7月15日～明治34（1901）年12月27日
江戸時代末期～明治期の曹洞宗の僧。大本山総持寺独住二世貫首。「曹洞教会修証義」を編纂、近代教化の基本を定めた。著書に「座禅用心記落草談」など。
¶人書94（[没]？），人名，全書，大百，長野百，長野歴（[没]明治33（1900）年），日人，仏教，仏人，明大1

**麻生志摩守** あそうしまのかみ
生没年不詳
江戸時代後期の国学者、神官。
¶徳島歴

**阿蘇惟敦** あそこれあつ
文政13（1830）年8月17日～明治26（1893）年2月9日
江戸時代後期～明治期の神職。
¶国書，神人，男爵

**阿蘇惟馨** あそこれか
→阿蘇惟馨（あそこれきよ）

**阿蘇惟賢** あそこれかた
生没年不詳 [別]阿蘇内記（あそないき），玄斎（げんさい），玄与（げんよ），黒斎玄与（こくさいげんよ）
安土桃山時代の神主・神官。
¶諸系，人名，戦人，戦補，日人

**阿蘇惟馨** あそこれきよ
安永2（1773）年～文政3（1820）年 [別]阿蘇惟馨（あそこれか）
江戸時代後期の神官（阿蘇大神宮大宮司）。阿蘇大神宮大宮司阿蘇惟典の子。
¶公卿，公卿普，公家（惟馨〔阿蘇神社大宮司阿蘇家〕 これか [没]文政3（1820）年4月3日），国書（あそこれか [没]文政3（1820）年4月3日）

**阿蘇惟前** あそこれさき
生没年不詳
戦国時代の武将、神主・神官。
¶系西，諸系，戦人，日人

**阿蘇惟郷** あそこれさと
？～文明2（1470）年
室町時代の武将。
¶鎌室（生没年不詳），諸系，日人

**阿蘇惟典** あそこれすけ
→阿蘇惟典（あそこれのり）

**阿蘇惟澄** あそこれずみ，あそこれすみ
？～正平19/貞治3（1364）年 [別]恵良惟澄（えらこれずみ）
南北朝時代の武将、阿蘇大宮司。
¶朝日，鎌室，鎌室（恵良惟澄 えらこれずみ），熊本百，国史，国書（あそこれすみ [没]正平16（1361）年8月），古中，コン改，コン4，コン5，史人（[没]1364年9月29日），諸系，神人（あそこれすみ [没]正平16（1361）年），新潮（[没]貞治3/正平19（1364）年9月29日），人名（[没]1365年），世人，全書，中世（[生]？），内乱，日史（[没]貞治3/正平19（1364）年9月29日），日人，百科，室町，歴大

**阿蘇惟孝** あそこれたか
元治1（1864）年2月24日～昭和11（1936）年2月28日
明治～昭和期の神職。阿蘇神社宮司。日露戦争の功により勲六等瑞宝章受章。
¶神人，人名，世紀，日人，明大1

**阿蘇惟武** あそこれたけ
？～天授3/永和3（1377）年
南北朝時代の武将、阿蘇大宮司。
¶鎌室，国史，古中，コン改，コン4，コン5，史人（[没]1377年1月13日），諸系，神人（[没]天授3（1377）年8月），新潮（[没]永和3/天授3（1377）年8月12日），人名，世人，日史（[没]永和3/天授3（1377）年8月），日人

**阿蘇惟紀** あそこれただ
昭和期の神職。昭和4年熊本県阿蘇神社宮司に就任。
¶神人

**阿蘇惟忠** あそこれただ
応永22（1415）年～文明17（1485）年
室町時代～戦国時代の阿蘇大宮司。
¶朝日（[没]文明17（1485）年5月），熊本百，諸系，戦人，日人

**阿蘇惟種** あそこれたね
天文9（1540）年～天正12（1584）年
戦国時代～安土桃山時代の阿蘇社大宮司。
¶全戦

**阿蘇惟時** あそこれとき
？～正平8/文和2（1353）年 [別]宇治惟時（うじこれとき）
南北朝時代の武将、阿蘇大宮司。
¶朝日，鎌室，熊本百，国史，古中，コン改，コン4，コン5，史人，重要，諸系，新潮，世人，全書，日史（[没]文和2/正平8（1353）年？），日人，百科（[没]正平8/文和2（1353）年？），室町，歴大

**阿蘇惟蔵** あそこれとし
文安1（1444）年～？
室町時代～戦国時代の神主・神官。
¶戦人

あ

**阿蘇惟豊** あそこれとよ
明応2（1493）年～永禄2（1559）年
戦国時代の阿蘇大宮司。
¶朝日（生明応2（1493）年？　没永禄2年11月7日（1559年12月5日）），熊本百（生？），系西，諸系，人名（生？　没1584年），戦人，全戦（生明応2（1493）年？），戦武，日人，室町

**阿蘇惟直** あそこれなお
？～建武3/延元1（1336）年
南北朝時代の武将。
¶鎌室，熊本百（没建武3/延元1（1336）年3月），コン改，コン4，コン5，佐賀百，史人（没1336年3月），諸系，神人（没延元1（1336）年3月2日），新潮（没建武3/延元1（1336）年3月2日），人名，世人，中世（生？），日人，室町，歴大

**阿蘇惟長** あそこれなが
文明12（1480）年～天文6（1537）年　別菊池武経（きくちたけつね）
戦国時代の神主・神官、武将。
¶系西，諸系（菊池武経　きくちたけつね　生？），人名（菊池武経　きくちたけつね），戦人，全戦，日人（菊池武経　きくちたけつね　生？），室町（菊池武経　きくちたけつね）

**阿蘇惟教** あそこれのり
明治5（1872）年～
明治期の神職。
¶神人

**阿蘇惟憲** あそこれのり
生没年不詳
戦国時代の神主・神官。
¶戦人

**阿蘇惟典** あそこれのり
享保17（1732）年～寛政5（1793）年　別阿蘇惟典（あそこれすけ）
江戸時代中期の歌人。
¶国書（あそこれすけ　没寛政5（1793）年9月26日），人名，日人，和俳

**阿蘇惟治** あそこれはる
文化5（1808）年5月8日～明治10（1877）年9月12日
江戸時代末期～明治期の阿蘇神社大宮司。
¶維新，熊本百，国書，神人（没明治10（1879）年9月12日），幕末，幕末大，明大1

**阿蘇惟将** あそこれまさ
？～天正11（1583）年
安土桃山時代の神主・神官。
¶系西，諸系，人名，戦人，戦武（生永正17（1520）年？），日人

**阿蘇惟政** あそこれまさ
生没年不詳
南北朝時代の武将。阿蘇大宮司。
¶鎌室，国史，古中，コン改，コン4，コン5，史人，諸系，新潮，日人

**阿蘇惟光** あそこれみつ
天正10（1582）年～文禄2（1593）年
安土桃山時代の神主・神官。
¶諸系，人名（生1581年），戦人，全戦，戦武，日人

**阿蘇友隆** あそともたか
？～享保3（1718）年6月25日
江戸時代前期～中期の神職。
¶国書

**安蘇谷正彦** あそやまさひこ
昭和15（1940）年11月30日～
昭和～平成期の神道学者。国学院大学教授。神道思想史を研究。著書に「神道思想の形成」「日本の伝統と宗教」など。
¶現執2期，現執3期，現執4期

**麻生野養慶** あそやようけい
～寛文3（1663）年4月20日
江戸時代前期の高山大成院（一本杉白山神社）の開祖・修験者。麻生野慶盛の2男。飛州修験頭。
¶飛騨

**安達景盛** あだちかげもり
？～宝治2（1248）年5月18日　別覚智（かくち）
鎌倉時代前期の武士。秋田城介。
¶秋田人2（生？），朝日（没宝治2年5月18日（1248年6月11日）），岩史，角史，神奈川人，神奈川百，鎌倉，鎌室，郷土神奈川，国史，国書（覚智　かくち），古人（生？），古中，コン改，コン4，コン5，史人，重要，諸系，新潮，人名，人名（覚智　かくち），世人，世百，全書，中世（生？），内乱，日史，日人，百科，仏教（覚智　かくち），仏人（覚智　かくち），平日（没1248），北条，密教（覚智　かくち　生？），山川小（生？），歴大，和歌山人

**足立慈雲** あだちじうん
昭和7（1932）年5月2日～
昭和～平成期の臨済宗円覚寺派僧侶。円覚寺住職。
¶現情

**足立順道** あだちじゅんどう
天保11（1840）年～明治20（1887）年
江戸時代後期～明治期の西尾市上町の浄土宗鎮西派紅樹院住職、中興開山。
¶姓氏愛知

**足立尚計** あだちしょうけい
昭和35（1960）年6月30日～
昭和～平成期の評論家、歌人、博物館学芸員、神職。福井市立郷土歴史博物館学芸員・副主幹、氣比神社宮司。
¶現執4期

**安達達淳** あだちたつじゅん
安政5（1858）年～明治37（1904）年
江戸時代末期～明治期の僧。廃仏毀釈に反対した。
¶姓氏長野，長野百（生1822年　没1905年），長

野歴

**足立法鼓　あだちほうこ**
？　～明治39（1906）年11月27日
江戸時代末期～明治期の僧侶。
¶真宗

**安達本政　あだちほんせい**
大正4（1915）年1月17日～平成2（1990）年4月21日
昭和期の僧侶。新興仏教青年同盟メンバー。
¶社史

**足立和人　あだちわじん**
生没年不詳
江戸時代後期の国学者・神官。
¶東三河

**新貞老　あたらしさだお**
文政10（1827）年～明治32（1899）年　[別]新貞老（あたらしさだおい，あたらしていろう，しんさだおい）
江戸時代末期～明治期の歌人。佐渡相川県権知事などを経て、晩年は因幡一富の宇部神社宮司となり歌道振興に尽くす。
¶維新（[没]1900年），国書（[生]文政10（1827）年9月18日　[没]明治32（1899）年3月9日），人名（しんさだおい），鳥取百（あたらしさだおい），新潟百（あたらしていろう　生没年不詳），日人，藩臣5（あたらしさだおい）

**新貞老　あたらしさだおい**
→新貞老（あたらしさだお）

**新貞老　あたらしていろう**
→新貞老（あたらしさだお）

**阿茶　あちゃ**
明和3（1766）年～天明1（1781）年
江戸時代中期の浄土真宗の僧。
¶国書

**安知和安彦　あちわやすひこ**
明治6（1873）年10月29日～？
明治～大正期の朝鮮神宮宮司。
¶神人

**熱田大宮司季兼　あつただいぐうじすえかね**
寛徳1（1044）年～康和3（1101）年
平安時代中期～後期の祠官。
¶諸系，人名，日人

**熱田大宮司季範　あつただいぐうじすえのり**
→藤原季範（ふじわらのすえのり）

**熱田大宮司親昌　あつただいぐうじちかまさ**
生没年不詳
南北朝時代の神職。
¶日人

**熱田大宮司範直　あつただいぐうじのりなお**
生没年不詳
鎌倉時代前期の神官、武将。熱田大宮司、尾張地方南党の総帥。
¶国史，古中，史人，日人

**熱田大宮司昌能　あつただいぐうじまさよし**
→熱田大宮司昌能（あつたのだいぐうじまさよし）

**熱田大宮司昌能　あつたのだいぐうじまさよし**
生没年不詳　[別]藤原昌能（ふじわらのまさよし，ふじわらまさよし），熱田大宮司昌能（あつただいぐうじまさよし）
南北朝時代の熱田摂津大宮司。
¶鎌室（藤原昌能　ふじわらまさよし），国史（あつただいぐうじまさよし），古中（あつただいぐうじまさよし），史人（あつただいぐうじまさよし），新潮（藤原昌能　ふじわらのまさよし），人名（藤原昌能　ふじわらのまさよし），姓氏愛知，日人（あつただいぐうじまさよし）

**熱田霊知　あつたれいち**
安政1（1854）年11月27日～大正7（1918）年11月3日
明治～大正期の僧侶。
¶真宗

**安積鋭二　あづみえいじ，あずみえいじ**
大正4（1915）年9月19日～
昭和期の宗教学者。鹿児島経済大学教授。
¶現執1期，現執2期（あずみえいじ）

**渥美契縁　あつみかいえん**
天保11（1840）年7月～明治39（1906）年4月16日
江戸時代末期～明治期の僧。伊勢の法因寺快雲の子。
¶朝日，維新，近現，国際，国史，コン改（[生]1841年），コン5（[生]天保12（1841）年），史人，真宗，新潮，人名（[生]1839年），姓氏石川（[生]？），日人，飛驒，仏教，三重続，明治2，明治史，明大1

**渥美契誠　あつみかいじょう**
明治期の僧侶。
¶真宗

**厚見真幸　あつみまさき**
安政2（1855）年～？
明治期の神職。
¶神人

**跡部良顕　あとべよしあき**
万治1（1658）年～享保14（1729）年1月27日　[別]跡部良顕（あとべよしあきら）
江戸時代中期の垂加神道家、旗本。
¶朝日（あとべよしあきら　[没]享保14年1月27日（1729年2月24日）），江人（あとべよしあきら），江文（あとべよしあきら），角史（あとべよしあきら），近世（あとべよしあきら），国史（あとべよしあきら），国書（あとべよしあきら），コン改（[生]万治2（1659）年），コン4（[生]万治2（1659）年），コン5（[生]万治2（1659）年），史人（あとべよしあきら），思想史（あとべよしあきら），神史（あとべよしあきら），神人（[生]万治2（1659）年），新潮（[生]万治1（1658）年2月12日），人名（[生]1659年），世人（[生]万治2（1659）年），世百（[生]1659年），全書（あとべよしあきら），大百（[生]1659年），日思（あとべよしあきら），日史，日人（あとべよしあきら），百科（あとべよしあきら　[生]万治2（1659）年），

歴大（あとべよしあきら）

**跡部良顕** あとべよしあきら
→跡部良顕（あとべよしあき）



**穴沢太右衛門** あなざわたえもん
？ ～＊ ㊞穴沢半右衛門（あなざわはんえもん）
江戸時代前期のキリシタン、殉教者。
¶人名（㊦1628年），日人（穴沢半右衛門　あなざわはんえもん　㊦1629年）

**穴沢半右衛門** あなざわはんえもん
→穴沢太右衛門（あなざわたえもん）

**阿日** あにち
生没年不詳
鎌倉時代の法相宗の僧。
¶仏教

**阿忍** あにん
生没年不詳
鎌倉時代の伊甘郷地頭、石見安国福園寺の開基。
¶島根歴

**姉小路孝祐** あねがこうじこうゆう
生没年不詳
室町時代の飛騨国司の姉小路持言の子。勝言の弟。興福寺孝俊僧正の弟子。
¶飛騨

**姉川栄蔵** あねかわえいぞう
天保5（1834）年～明治33（1900）年8月19日
江戸時代末期～明治期の久留米藩士。尊攘運動に奔走。
¶維新，日人，幕末，幕末大

**姉川行道**(1) あねかわゆきみち
明治期の神職。
¶神人

**姉川行道**(2) あねがわゆきみち，あねかわゆきみち
＊～明治23（1890）年
江戸時代末期～明治時代の志士、筑後久留米藩士。
¶コン改（㊤文政7（1824）年），コン4（㊤天保5（1834）年），コン5（㊤天保5（1834）年），神人（あねかわゆきみち　生没年不詳），人名（㊤1824年）

**姉崎嘲風** あねざきちょうふう
→姉崎正治（あねざきまさはる）

**姉崎正治** あねざきまさはる，あねさきまさはる
明治6（1873）年7月25日～昭和24（1949）年7月23日　㊞姉崎嘲風（あねざきちょうふう）
明治～昭和期の宗教学者、評論家。東京帝国大学宗教学講座教授。キリシタン等日本宗教の研究多数。著書に「宗教学概論」「現身仏と法身仏」など。
¶岩史（あねさきまさはる），角史，神奈川人（姉崎嘲風　あねざきちょうふう），京都文（姉崎嘲風　あねざきちょうふう），キリ（あねさきまさはる　㊦昭和24（1949）年7月24日），近現，近史3（あねさきまさはる），近史4，近文（姉崎嘲風　あねざきちょうふう），現朝（あねさきまさはる），現情（あねさきまさはる），広7（あねさきまさはる），国史，コン改，コン4，コン5，詩歌，史研，史人（あねさきまさはる　㊦1949年7月24日），思想，思想史（あねさきまさはる），昭人，新カト（あねさきまさはる），真宗（㊦昭和24（1949）年7月24日），新潮（あねさきまさはる），新文（姉崎嘲風　あねざきちょうふう），人名7，世紀，姓氏京都，世人（㊤明治6（1873）年7月），世百（あねさきまさはる），全書（あねさきまさはる），大百，哲学，渡航（姉崎正治・姉崎嘲風　あねざきまさはる・あねざきちょうふう），図人（あねさきまさはる），日思，日史（あねさきまさはる），日人，日本，百科（あねさきまさはる），仏教，仏人（あねさきまさはる），文学（姉崎嘲風　あねざきちょうふう），明治史，明大2，履歴，履歴2，歴大（あねさきまさはる）

**安濃恒生** あのうつねお
天保4（1833）年～明治32（1899）年6月4日
江戸時代末期～明治期の大阪阿部野神社初代宮司。国学や皇朝医学を研究。
¶秋田人2（㊤天保4年3月23日），幕末，幕末大

**阿野全成** あのぜんじょう
仁平3（1153）年～建仁3（1203）年6月23日　㊞阿野全成（あののぜんせい），全成（ぜんじょう，ぜんせい）
平安時代後期～鎌倉時代前期の僧籍の武将。頼朝の異母弟，義経の同母兄。
¶朝日（㊦建仁3年6月23日（1203年8月1日）），岩史，神奈川人，神奈川百（㊤？），鎌倉（㊤？），鎌倉新，鎌室，国史，古人（全成　ぜんじょう），古中，コン改（㊤？），コン4（㊤？），コン5（㊤？），史人，静岡百（あののぜんせい　㊤？），静岡歴（あののぜんせい　㊤？），諸系，新潮，人名（全成　ぜんじょう　㊤？），姓氏静岡，世人（㊤？），中世，内乱，日史（㊤仁平3（1153）年？），日人，百科（㊤仁平3（1153）年？），平史（全成　ぜんじょう），北条，歴大

**阿野全成** あののぜんせい
→阿野全成（あのぜんじょう）

**安孫子義遵** あびこぎじゅん
明治12（1879）年8月7日～昭和12（1937）年6月9日
明治～昭和期の僧侶。
¶真宗

**阿仏房** あぶつぼう
文治5（1189）年～弘安2（1279）年
鎌倉時代前期の日蓮宗の僧。
¶新潟百，日人，仏教（㊦弘安2（1279）年3月21日）

**油谷治郎七** あぶらたにじろうしち
→油谷治郎七（あぶらだにじろしち）

**油谷治郎七** あぶらだにじろしち，あぶらたにじろしち
＊～昭和10（1935）年10月9日　㊞油谷治郎七（あぶらたにじろうしち）
大正～昭和期の牧師、社会運動家。友愛会教育部長、廓清会理事。
¶社運（あぶらたにじろうしち），社史（あぶらた

にじろしち　㊀?），渡航（㊀1871年1月4日）

**安部磯雄**（安倍磯雄）　あべいそお
慶応1（1865）年2月4日～昭和24（1949）年2月10日
明治～昭和期の社会運動家、キリスト教社会主義者。衆議院議員、日本学生野球協会会長、早稲田大学教授。社会主義の啓蒙に努めた。また、早稲田大学に野球部を創設。
¶朝日（㊀元治2年2月4日（1865年3月1日）），市川，岩史，海越新，岡山人（安倍磯雄），岡山百，岡山歴，角史，京都文，キリ（㊀慶応1年2月4日（1865年3月1日）），近現，近史1，近文，現朝（㊀元治2年2月4日（1865年3月1日）），現情，現人，現日，広7，国史，コン改，コン4，史人，ジ人1，思想史，社運，社史（㊀元治2（1865）年2月4日），重要，昭人，女史，新カト（㊀慶応1（1865）年3月1日），新潮，新文，人名7，世紀，政治，世人，世百，先駆，全書，体育，大百，哲学，伝記，渡航，日史，日史語，日人，日Y（㊀慶応1（1865）年3月1日），日本，百科，福岡百，文学，平日，平和，ポプ人，明治1，明治史，明大1，履歴，履歴2，歴大

**阿部慧行**　あべえぎょう
文政3（1820）年5月～明治21（1888）年5月6日
江戸時代後期～明治期の僧侶。
¶真宗

**阿部景器**　あべかげき
天保11（1840）年～明治9（1876）年
江戸時代末期の肥後熊本藩世臣、敬神党の幹部。
¶熊本百（㊁明治9（1876）年10月30日），人名，日人

**阿部慶昭**　あべきょうしょう
明治41（1908）年～昭和60（1985）年11月29日
昭和期の僧侶。
¶真宗

**阿部欽次郎**　あべきんじろう
生没年不詳
明治期のキリスト教主義教育者。
¶新潟百別

**安部桂司**　あべけいじ
文政5（1822）年～明治23（1890）年
江戸時代後期～明治期の金屋子神社宮司、俳人。
¶島根歴

**阿部現亮**　あべげんりょう
明治27（1894）年5月13日～昭和49（1974）年11月30日
大正～昭和期の教育家、真宗大谷派僧侶。光華女子大学学長。
¶現情，真宗，人名7，世紀，日人，仏教，仏人

**阿部行蔵**　あべこうぞう
明治41（1908）年2月25日～昭和56（1981）年4月28日
昭和期の宗教家、政治家。
¶現朝，現執1期（㊀1907年），現情，現人，コン改，コン4，コン5，社史，新潮，世紀，政治，日人（㊀明治40（1907）年2月25日），兵庫百，平和

**阿部真臣**　あべさねみ
明治25（1892）年～昭和48（1973）年
大正～昭和期の教育者・神官。
¶姓氏岩手

**阿部俊道**　あべしゅんどう
明治37（1904）年1月～
昭和期の教育者・僧侶。
¶群馬人

**阿部真造**　あべしんぞう
天保2（1831）年～明治21（1888）年3月21日　㊞貞方良輔（さだかたりょうすけ）
江戸時代末期～明治期の唐通事筆者、キリスト教教導職。浦上教徒事件の際香港に逃れ、のち教導職。
¶朝日（㊁明治11（1878）年3月21日），維新，近現，国史，コン改（生没年不詳），コン4（生没年不詳），コン5，史人，新カト（㊀天保2（1831）年頃），人書94，新潮，対外，渡航，日人，幕末，幕末大，明治史，明大1，歴大（㊁1878年）

**安部正義**　あべせいぎ
明治24（1891）年5月18日～昭和49（1974）年6月4日
大正～昭和期の教会音楽家。
¶キリ，作曲

**安倍千太郎**　あべせんたろう
明治19（1886）年～昭和7（1932）年3月10日
大正～昭和期のホーリネス教会伝道者、ハンセン病患者伝道者。
¶キリ

**阿部泰葊**　あべたいあん
明治24（1891）年～昭和25（1950）年
明治～昭和期の福島市の金源寺16世住職。福島県初代社会教育主事、福島県立図書館館長。
¶図人

**安倍大円**　あべだいえん
文化6（1809）年～明治13（1880）年12月
江戸時代後期～明治期の僧侶。
¶真宗

**阿部隆延**　あべたかのぶ
文化13（1816）年～明治19（1886）年3月1日
江戸時代後期～明治期の神官。
¶岡山歴

**阿部道山**　あべどうざん
明治29（1896）年11月21日～昭和53（1978）年6月13日
大正～昭和期の曹洞宗の僧。
¶埼玉人

**安倍豊造**　あべとよぞう
明治24（1891）年～昭和54（1979）年
明治～昭和期のキリスト教徒。
¶平和

**阿部能文**　あべのうぶん
?　～明治38（1905）年3月
江戸時代末期～明治期の神学者。

¶渡航

あ

**安倍近忠**　あべのちかただ
平安時代中期の大宮司。
¶古人

**阿部文助**　あべぶんすけ
天保10(1839)年〜大正12(1923)年
明治期の神職。村長から神職界に入り神社に奉仕。最初の奏任待遇となる。
¶人名，世紀([生]天保10(1839)年4月2日　[没]大正12(1923)年1月15日)，日人

**阿部正雄**　あべまさお
大正4(1915)年2月9日〜
昭和期の哲学者、宗教学者。奈良教育大学教授。
¶現執2期

**安部正法**　あべまさのり
明治30(1897)年〜昭和56(1981)年
大正〜昭和期の政治家。比田村村長、金屋子神社宮司。
¶島根歴

**阿部光子**　あべみつこ
大正1(1912)年12月25日〜平成20(2008)年2月26日
昭和〜平成期の小説家。日本基督教団和泉多摩川教会正牧師。田村俊子賞、女流文学賞を受ける。作品に「遅い目覚めながらも」がある。
¶近文，現執2期，現情，小説，女文，新文，世紀，日児，日女，日人，マス89

**安部宗久**　あべむねひさ
*〜明治2(1869)年9月
江戸時代後期〜明治期の神職。
¶高知人([生]1785年)，国書([生]天明1(1781)年)，幕末([生]1784年　[没]1869年10月6日)，幕末大([生]天明5(1784)年10月)

**阿部義宗**　あべよしむね
明治19(1886)年12月3日〜昭和55(1980)年3月1日
大正〜昭和期の日本メソジスト教会監督。
¶青森百，キリ，現情，世紀，渡航，日Y([生]明治19(1886)年12月6日)

**阿部美哉**　あべよしや
昭和12(1937)年3月18日〜
昭和〜平成期の宗教学者。愛知学院大学教授。比較宗教学を研究。著書に「宗教学を学ぶ」「政教分離」など。
¶現執3期，現執4期

**阿保迪斎**　あぼうてきさい
天保元(1830)年10月10日〜明治23(1890)年1月
江戸時代後期〜明治期の詩歌人・俳人・僧侶・教育家。
¶東三河

**阿本**　あほん
？〜永禄7(1564)年　[別]木食上人(もくじきしょうにん)
戦国時代の真言宗の僧。
¶人名，日人，仏教([没]永禄7(1564)年5月)，仏人

**甘糟右衛門**　あまかすうえもん
？〜寛永5(1628)年
江戸時代前期の出羽米沢藩士、キリシタン。
¶藩臣1

**甘糟信綱**　あまかすのぶつな
？〜*
江戸時代前期のキリシタン、出羽米沢藩士。
¶人名([没]1628年)，日人([没]1629年)

**安満願慧**　あまがんえい
天保6(1835)年〜明治26(1893)年
江戸時代末期・明治期の僧。性応寺17代の住職。
¶薩摩

**天木喜久三**　あまききくぞう
明治11(1878)年9月1日〜昭和41(1966)年10月14日
明治〜昭和期の神職。
¶飛騨

**天木蔀**　あまきしとみ
〜明治9(1876)年3月30日
明治期の神職。
¶飛騨

**天木哲夫**　あまきてつお
明治38(1905)年1月3日〜平成3(1911)年6月10日
昭和・平成期の学校長・神職。
¶飛騨

**天木秀春**　あまきひではる
文政10(1827)年2月12日〜嘉永1(1848)年9月2日
江戸時代後期の神職(吉城郡古川郷杉本神社)。天木蔀の子。
¶飛騨

**天木賀次**　あまきよしつぐ
天保1(1830)年12月15日〜慶応3(1867)年3月11日
江戸時代末期の神職。天木蔀の2男。兄秀春の職を継ぐ。
¶飛騨

**天岫接三**　あまくきせつさん
明治11(1878)年〜昭和36(1961)年
明治〜昭和期の僧。妙心寺派宗務総長。
¶姓氏愛知

**天草四郎**　あまくさしろう
→益田時貞(ますだときさだ)

**天草四郎時貞**　あまくさしろうときさだ
→益田時貞(ますだときさだ)

**天草久種**　あまくさひさたね
生没年不詳　[別]ジョアン，天草太郎左衛門(あまくさたろうざえもん)
安土桃山時代のキリシタン、武将。
¶朝日，史人，戦人，日人

**天田愚庵**(天田愚案)　あまだぐあん，あまたぐあん
安政元(1854)年7月20日〜明治37(1904)年1月17

あ

日 ㊙愚庵（ぐあん）
明治期の歌人、漢詩人、僧。万葉調の歌風を成し、正岡子規等に影響を与えた。著書に「巡礼日記」「愚庵遺稿」など。
¶朝日（㊐安政1年7月20日（1854年8月13日）），紀伊文（天田愚案），京都文（あまたぐあん），近現，近文（あまたぐあん），現俳（あまたぐあん），広7，国史，コン改，コン5，詩歌，滋賀文（あまたぐあん），史人，ジ人1，静岡歴，写家，新潮（あまたぐあん），新文（あまたぐあん），人名（愚庵　ぐあん），姓氏静岡，世人，世百，全書，大百，短歌普，東北近（あまたぐあん），奈良文（あまたぐあん　㊐安政1年7月2日），日人，俳句（愚庵　ぐあん），幕末，幕末大，兵庫文，福島百，仏教，文学（あまたぐあん），北海道文（あまたぐあん），宮城百（あまたぐあん），明治史，明大2

**天津孟雄** あまつおさお
→天津孟雄（あまつたけお）

**天津孟雄** あまつたけお
寛政9（1797）年～嘉永6（1853）年　㊙天津孟雄（あまつおさお）
江戸時代末期の国学者、神職。
¶神人（あまつおさお　㊚嘉永6（1853）年10月23日），人名，日人

**阿満得聞** あまとくもん
文政9（1826）年6月13日～明治39（1906）年8月12日
江戸時代後期～明治期の僧侶。
¶真宗

**阿満利麿** あまとしまろ
昭和14（1939）年12月20日～
昭和～平成期の宗教学者。明治学院大学教授。宗教学・民俗学・日本思想史を研究。著書に「宗教が甦るとき」など。
¶現執3期，現執4期

**天野延秋** あまのえんしゅう
明治28（1895）年12月30日～
大正～昭和期の僧侶。
¶群馬人

**天野快道** あまのかいどう
弘化3（1846）年12月～大正12（1923）年2月5日
明治～大正期の真言宗醍醐派僧侶。醍醐寺93世、醍醐派管長4世。
¶島根歴，仏教，明大1

**天野若円** あまのじゃくえん
嘉永4（1851）年5月15日～明治42（1909）年12月4日
江戸時代後期～明治期の僧侶。
¶真宗，明治史

**天野若空** あまのじゃっくう
文政2（1819）年3月13日～明治31（1898）年3月9日
江戸時代後期～明治期の僧侶。
¶真宗

**天野十郎太夫** あまのじゅうろうだいう
生没年不詳
江戸時代後期の小田原宿古新宿町北条稲荷社神主。
¶神奈川人

**尼某** あまのそれがし
奈良時代の尼僧。
¶万葉

**天納中海** あまのちゅうかい
明治13（1880）年～昭和17（1942）年4月2日
大正～昭和期の大原流天台声明家。
¶日音

**海成忠** あまのなりただ
平安時代後期の宇佐宮の神官。
¶古人

**安満法顕** あまほっけん
元治1（1864）年～昭和17（1942）年
明治～昭和期の僧。加治木性応寺の第2世。
¶鹿児島百，姓氏鹿児島

**天安渓道** あまやすけいどう
大正3（1914）年～
昭和期の漢詩作家、政治家。永明寺住職、市之倉町長。
¶詩歌

**天利秀雄** あまりひでお
明治42（1909）年～
昭和期の僧、教育者、桐生文化史談会長。
¶群馬人

**阿弥陀院大僧正** あみだいんだいそうじょう
仁治3（1242）年～永仁1（1293）年
鎌倉時代後期の僧。醍醐寺第43代。
¶人名

**阿弥陀房** あみだぼう
？　～弘安1（1278）年3月15日
鎌倉時代前期の浄土宗の僧。
¶仏教

**網野新五左衛門尉** あみのしんござえもんのじょう
戦国時代～安土桃山時代の甲斐国山梨郡仏師原郷の土豪。武田氏滅亡後、徳川氏に仕えた。
¶武田

**阿妙尼** あみょうに
？　～長治1（1104）年3月11日
平安時代後期の天台宗の僧。
¶仏教

**亜武巣マーガレット** あむすまーがれっと
明治10（1877）年～昭和35（1960）年1月18日
明治～昭和期の宣教師。日本に帰化したカナダ人宣教師。日本の幼児教育にその生涯をささげる。
¶女性，女性普，ふる

**阿牟人足** あむのひとたり
平安時代前期の大安寺の僧。漏刻を完成させた。弘仁2年外従五位下。
¶古人

**雨宮栄一** あめみやえいいち
昭和2(1927)年1月7日～
昭和期の牧師、ドイツ近代キリスト教史学者。
¶現執1期，現執2期

あ

**漢山口直大口** あやのやまぐちのあたいおおぐち
生没年不詳 ㊀漢山口大口(あやのやまぐちのおおぐち),山口大口(やまぐちのおおくち),山口大口費(やまぐちのおおくちのあたい,やまぐちのおおぐちのあたい),山口直大口(やまぐちのあたいおおくち,やまぐちのあたいおおぐち)，薬師徳保(くすしのとくほ)
飛鳥時代の仏師。
¶朝日(漢山口大口 あやのやまぐちのおおぐち)，国史(山口大口 やまぐちのおおくち)，古史(山口大口費 やまぐちのおおぐちのあたい)，古人(山口大口 やまぐちのおおくち)，古代，古代普，古中(山口大口 やまぐちのおおくち)，コン改，コン4，コン5，史人(山口大口費 やまぐちのおおくちのあたい)，新潮，人名，世人(山口直大口 やまぐちのあたいおおくち)，日史(山口大口費 やまぐちのおおぐちのあたい)，日人(漢山口大口 あやのやまぐちのおおぐち)，美建，百科(山口大口費 やまぐちのおおぐちのあたい)，仏教(山口直大口 やまぐちのあたいおおぐち)

**漢山口大口** あやのやまぐちのおおぐち
→漢山口直大口(あやのやまぐちのあたいおおぐち)

**阿宥** あゆう
？ ～応永2(1395)年
室町時代の真言宗僧侶。
¶埼玉人

**鮎貝真観** あゆかいしんかん
明治35(1902)年～昭和53(1978)年
昭和期の僧。観音寺58世。
¶姓氏宮城

**阿由葉宗三郎** あゆばそうさぶろう，あゆばそうざぶろう
文久2(1862)年9月～昭和8(1933)年
明治・大正期の北海道道会議員。札幌大工組合長。
¶札幌，神人(あゆばそうざぶろう)，北海道建(㊀昭和8(1933)年9月21日)

**荒井悦三** あらいえつぞう
寛政8(1796)年～明治6(1873)年
江戸時代後期～明治期の僧侶。
¶姓氏群馬

**新井奥邃**(荒井奥邃，新井奥邃) あらいおうすい
弘化3(1846)年～大正11(1922)年6月16日 ㊀新井常之進(あらいつねのしん)
明治～大正期の宗教家。キリスト教徒。講和舎を起こす。著書に「奥邃広録」など。
¶アナ(㊀弘化3(1846)年5月5日)，海越(荒井奥邃)，海越新，キリ(㊀弘化3年5月5日(1846年5月29日))，近文，コン改，コン5，思想史(㊀弘化3(1864)年)，社史(新井常之進 あらいつねのしん ㊀1846年5月29日)，人名，世紀(㊀弘化3(1846)年5月5日)，姓氏宮城，東北近(㊀弘化3(1846)年5月5日)，渡航(新井奥邃・新井常之進 あらいおうすい・あらいつねのしん)，日人，幕末大(㊀弘化3(1846)年5月5日)，平和，宮城百，民学，明治史(新井奥邃)，明大1(㊀弘化3(1846)年5月5日)，歴大

**荒井勝三郎** あらいかつさぶろう
明治37(1904)年10月17日～平成2(1990)年7月25日
明治～平成期の司教。横浜司教区長。
¶新カト

**荒井寛方** あらいかんぽう，あらいかんぼう
明治11(1878)年8月15日～昭和20(1945)年4月21日 ㊀荒井寛方(あらいひろかた)
明治～昭和期の日本画家。法隆寺金堂壁画模写に従事。作品に「乳糜供養」など。
¶画家(㊀明治11(1878)年8月 ㊀昭和20(1945)年3月11日)，角史，郷土栃木，近美(㊀昭和20(1945)年4月16日)，近文，広7，コン改，コン5，昭人，新潮，人名7，世紀，全書(あらいかんぼう)，大百，栃木百，栃木歴(あらいひろかた)，日画(㊀昭和20(1945)年4月16日)，日人，日本，美家，名画

**荒井古春** あらいこしゅん
江戸時代中期～後期の仏師。
¶栃木歴，美建

**荒井献** あらいささぐ
昭和5(1930)年5月6日～
昭和～平成期の聖書学者。東京大学教授、日本聖書学研究所主事。西洋古典学、古代キリスト教文学が専門。著書に「新約聖書の女性観」など。
¶現朝，現執1期，現執2期，現執4期，現情，世紀，日人

**新井智** あらいさとし
大正15(1926)年12月4日～
昭和～平成期の宗教学者。玉川大学教授。
¶キリ，YA

**新井石禅** あらいせきぜん
元治1(1864)年12月19日～昭和2(1927)年12月7日
明治～大正期の曹洞宗の僧。各地の住職を経て総持寺再建部総裁、のち貫主。
¶朝日(㊀元治1年12月19日(1865年1月16日))，神奈川人，コン改，コン5，新潮，人名，世紀(㊀元治1(1865)年12月19日)，姓氏神奈川，全書，大百，新潟百，日人(㊀1865年)，福島百，仏教(㊀元治1(1864)年12月9日)，仏人，明大1

**新井常之進** あらいつねのしん
→新井奥邃(あらいおうすい)

**荒井鶴賀** あらいつるが★
生没年不詳
仙北郡西木村西新井の修験。
¶秋田人2

**新井日薩**(新居日薩) あらいにっさつ
→日薩(にっさつ)

**新井如禅** あらいにょぜん
文化8(1811)年～明治23(1890)年
江戸時代後期～明治期の僧。新井石禅の師。
¶福島百

**新井久之助** あらいひさのすけ
慶応3(1867)年4月12日～昭和9(1934)年4月4日
明治～昭和期の宗教家。天理教秩父大教会2代会長。
¶埼玉人

**荒井寛方** あらいひろかた
→荒井寛方(あらいかんぽう)

**新居守村**(新井守村) あらいもりむら
文化5(1808)年～明治26(1893)年4月19日
江戸時代末期～明治期の国学者。皇典学に通じ学士職授与。
¶維新，江文，郷土群馬，群新百，群馬人，群馬百(新井守村)，国書([生]文化5(1808)年8月15日)，人書94，人名，姓氏群馬，日人，幕末([生]1806年)，幕末大([生]文化3(1806)年8月15日)

**荒尾成章** あらおしげあきら
文政9(1826)年～明治36(1903)年　[別]荒尾成章(あらおなりあき)
江戸時代末期～明治期の鳥取藩士。大神山神社宮司。家老となって藩をまとめ、討幕軍に参加。維新後は宇倍・大神山神社宮司を務めた。
¶維新，近現，近世，国史，新潮([没]明治36(1903)年9月21日)，人名，鳥取百(あらおなりあき)，日人，幕末([没]1903年9月21日)，幕末大([没]明治36(1903)年9月11日)，藩臣5(あらおなりあき)

**荒尾恒就** あらおつねなり
文政1(1818)年～明治31(1898)年
江戸時代末期～明治期の神官。黒住教大教正。
¶鳥取百，藩臣5

**荒尾成章** あらおなりあき
→荒尾成章(あらおしげあきら)

**新垣カマド** あらかきかまど
明治6(1873)年？～？
昭和期の宗教団体幹部。
¶社史

**新垣義志** あらかきぎし
明治36(1903)年～昭和61(1986)年
昭和期の普天満神宮の宮司。古典舞踊の研究家。
¶姓氏沖縄

**荒金天倫** あらがねてんりん
大正9(1920)年～平成2(1990)年
昭和～平成期の臨済宗の僧。
¶静岡歴，姓氏静岡

**荒川久太郎** あらかわきゅうたろう
文政10(1827)年4月16日～明治15(1882)年2月17日　[別]荒川秀種(あらかわひでたね)
江戸時代末期～明治期の出羽秋田藩士。
¶秋田人2(荒川秀種)，秋田百(荒川秀種　あらかわひでたね)，維新，国書(荒川秀種　あらかわひでたね　[没]明治15(1882)年1月17日)，コン改，コン4，コン5，新潮，人名(荒川秀種　あらかわひでたね)，日人(荒川秀種　あらかわひでたね)，幕末(荒川秀種　あらかわひでたね)，幕末大(荒川秀種　あらかわひでたね)，藩臣1(荒川秀種　あらかわひでたね)

**荒川道隆** あらかわどうりゅう
万延1(1860)年～昭和2(1927)年
明治～昭和期の僧侶。
¶姓氏山口

**荒川秀種** あらかわひでたね
→荒川久太郎(あらかわきゅうたろう)

**荒木計三** あらきけいぞう
明治37(1904)年～？
昭和期の新興仏教青年同盟広島支部関係者。
¶社史

**荒木源理** あらきげんり
安政2(1855)年～大正1(1912)年
江戸時代末期～明治期の僧侶。
¶真宗

**荒木照定** あらきしょうじょう
明治25(1892)年4月28日～昭和40(1965)年9月20日
大正～昭和期の真言宗智山派僧侶、俳人。成田山新勝寺貫主、成田山文化事業財団総裁。
¶現情，人名7，世紀，千葉百，図人，日人，仏教

**荒木庄兵衛** あらきしょうべえ
江戸時代前期のキリシタン、殉教者。
¶人名([生]？　[没]1625年)，日人([生]1585年　[没]1626年)

**荒木田氏貞** あらきだうじさだ
慶安2(1649)年～正徳2(1712)年9月12日
江戸時代前期～中期の神官(伊勢神宮内宮禰宜)。
¶公卿，公卿普，公家(氏貞〔伊勢内宮禰宜荒木田氏〕　うじさだ)

**荒木田氏筠** あらきだうじたけ
享保4(1719)年～寛延4(1751)年　[別]荒木田斎震(あらきださいしん)
江戸時代中期の神官、漢学者。
¶国書(荒木田斎震　あらきださいしん　[没]寛延4(1751)年5月10日)，人名([生]1717年)，日人，三重

**荒木田氏忠** あらきだうじただ
安貞2(1228)年～文永12(1275)年4月20日
鎌倉時代前期～後期の神職・歌人。
¶国書

**荒木田氏倫** あらきだうじつぐ
延享1(1744)年～享和1(1801)年8月7日
江戸時代中期～後期の神官(伊勢神宮内宮二禰宜)。
¶公卿，公卿普，公家(氏倫〔伊勢内宮禰宜荒木田氏〕　うじみち)

あ

**荒木田氏経(1)** あらきだうじつね
～長治1(1104)年
平安時代後期の神官。伊勢内宮三禰宜。父は満経。
¶古人

**荒木田氏経(2)** あらきだうじつね
応永9(1402)年～文明19(1487)年1月12日　[別]藤波氏経(ふじなみうじつね)
室町時代の祠官(伊勢神宮)。「氏経卿神事日次記」の著者。
¶鎌室，国史，国書(藤波氏経　ふじなみうじつね)，古中，史人，思想史，神史，神人([没]長享1(1487)年10月12日)，新潮，人名，日史，日人

**荒木田氏富** あらきだうじとみ
*～貞享4(1687)年
江戸時代前期の神宮祠官。
¶人名([生]1605年)，日人([生]1606年)

**荒木田氏朝** あらきだうじとも
享和3(1803)年～
江戸時代後期の神官(伊勢神宮内宮一禰宜)。
¶公卿(生没年不詳)，公卿普，公家(氏朝〔伊勢内宮禰宜荒木田氏〕　うじとも)

**荒木田氏長** あらきだうじなが
～長保3(1001)年
平安時代中期の神官。二禰宜。父は興忠。
¶古人

**荒木田氏式** あらきだうじのり
宝暦8(1758)年～享和1(1801)年10月27日
江戸時代中期～後期の神官(伊勢神宮内宮四禰宜)。
¶公卿，公卿普，公家(氏式〔伊勢内宮禰宜荒木田氏〕　うじのり)

**荒木田氏範** あらきだうじのり
長和1(1012)年～応徳2(1085)年
平安時代中期～後期の神官。一禰宜。
¶古人

**荒木田氏彦** あらきだうじひこ
享保10(1725)年～天明1(1781)年9月8日　[別]藤波氏彦(ふじなみうじひこ)
江戸時代中期の神官(伊勢神宮内宮一禰宜)。
¶公卿，公卿普，公家(氏彦〔伊勢内宮禰宜荒木田氏〕　うじひこ)，国書(藤波氏彦　ふじなみうじひこ)

**荒木田氏養** あらきだうじやす
享和1(1801)年～安政2(1855)年12月14日　[別]藤波氏養(ふじなみうじもり)
江戸時代末期の神官(伊勢神宮内宮二禰宜)。
¶公卿，公卿普，公家(氏養〔伊勢内宮禰宜荒木田氏〕　うじやす)，国書(藤波氏養　ふじなみうじもり)

**荒木田氏之** あらきだうじゆき
生没年不詳
鎌倉時代後期の神職・歌人。
¶国書

**荒木田氏良** あらきだうじよし
仁平2(1152)年～承久4(1222)年　[別]荒木田氏良(あらきだのうじよし)
平安時代後期～鎌倉時代前期の神職・歌人。
¶国書([没]承久4(1222)年3月10日)，古人，平史(あらきだのうじよし)，三重続

**荒木田興忠** あらきだおきただ
？～天元4(981)年2月22日　[別]荒木田興忠(あらきだのおきただ)
平安時代中期の神職。
¶国書，古人([生]？)，平史(あらきだのおきただ　[没]979年)

**荒木田興正** あらきだおきまさ
江戸時代の伊勢山田の祠官。
¶人名，日人(生没年不詳)，三重

**荒木田首麻呂** あらきだかんぬしおびとまろ
→荒木田神主首麻呂(あらきだのかんぬしおびとまろ)

**荒木田公成** あらきだきみなり
生没年不詳
平安時代前期の神職。
¶国書

**荒木田茎貞** あらきだくきさだ
→荒木田茎貞(あらきだもとさだ)

**荒木田斎震** あらきださいしん
→荒木田氏筠(あらきだうじたけ)

**荒木田定制** あらきださだせい
文政9(1826)年～文久2(1862)年6月30日
江戸時代末期の神官(伊勢神宮内宮三禰宜)。
¶公卿，公卿普，公家(定制〔伊勢内宮禰宜荒木田氏〕　さだのり)

**荒木田定綱** あらきださだつな
享保2(1742)年～文化10(1813)年7月3日
江戸時代中期～後期の神官(伊勢神宮内宮一禰宜)。
¶公卿，公卿普，公家(定綱〔伊勢内宮禰宜荒木田氏〕　さだつな)

**荒木田定平** あらきださだひら
～寛治5(1091)年
平安時代後期の神官。四禰宜。父は宮常。
¶古人

**荒木田貞頼** あらきださだより
平安時代中期の内宮権禰宜。
¶古人

**荒木田成長** あらきだしげなが
→荒木田成長(あらきだなりなが)

**荒木田重頼** あらきだしげより
平安時代中期の神官。伊勢内宮禰宜。
¶古人

**荒木田季長** あらきだすえなが
生没年不詳
鎌倉時代後期の神職・歌人。

¶国書

**荒木田末寿** あらきだすえほぎ
明和1(1764)年〜文政11(1828)年8月16日　[別]益谷末寿(ますたにすえほぎ)
江戸時代中期〜後期の神道家、伊勢内宮祠官。
¶朝日([没]文政11年8月16日(1828年9月24日)), 近世, 国史, 国書(益谷末寿　ますたにすえほぎ), コン改, コン4, コン5, 史人, 神史, 神人, 新潮, 人名([生]?), 世人, 日人, 三重続(益谷末寿), 歴大

**荒木田季宗** あらきだすえむね
?　〜正平22/貞治6(1367)年11月29日
鎌倉時代後期〜南北朝時代の神職・歌人。
¶国書

**荒木田武雄** あらきだたけお
生没年不詳
江戸時代後期の神職。
¶国書

**荒木田武因** あらきだたけより
万治3(1660)年11月12日〜正徳1(1711)年12月28日
江戸時代前期〜中期の神職。
¶国書

**荒木田忠連** あらきだただつら
平安時代中期の内宮権禰宜。
¶古人

**荒木田忠俊** あらきだただとし
平安時代後期の神官。四禰宜。
¶古人

**荒木田忠仲** あらきだただなか
生没年不詳
鎌倉時代前期の神職。
¶国書

**荒木田忠元** あらきだただもと
→荒木田忠元(あらきだのただもと)

**荒木田経相** あらきだつねあい
元文5(1740)年〜寛政9(1797)年7月27日
江戸時代中期の神官(伊勢神宮内宮二禰宜)。
¶公卿, 公卿普, 公家(経相〔伊勢内宮禰宜荒木田氏〕　つねすけ)

**荒木田経顕** あらきだつねあき
生没年不詳
鎌倉時代後期の神職・歌人。
¶国書

**荒木田経晃** あらきだつねあきら
慶安3(1650)年〜享保9(1724)年11月16日
江戸時代前期〜中期の神官(伊勢神宮内宮禰宜)。
¶公卿, 公卿普, 公家(経晃〔伊勢内宮禰宜荒木田氏〕　つねあきら)

**荒木田経陰** あらきだつねかげ
宝暦14(1764)年〜天保1(1830)年3月30日
江戸時代中期〜後期の神官(伊勢神宮内宮一禰宜)。
¶公卿, 公卿普, 公家(経陰〔伊勢内宮禰宜荒木田氏〕　つねかげ　[生]1761年)

**荒木田経竿** あらきだつねかず
明和7(1770)年〜弘化1(1844)年4月13日
江戸時代後期の神官(伊勢神宮内宮一禰宜)。
¶公卿, 公卿普, 公家(経竿〔伊勢内宮禰宜荒木田氏〕　つねかず)

**荒木田経林** あらきだつねしげ
元禄12(1699)年〜宝暦12(1762)年4月2日　[別]中川経林(なかがわつねしげ)
江戸時代中期の神官(伊勢神宮内宮二禰宜)。
¶公卿, 公卿普, 公家(経林〔伊勢内宮禰宜荒木田氏〕　つねしげ), 国書(中川経林　なかがわつねしげ)

**荒木田経高** あらきだつねたか
江戸時代中期〜後期の神官(伊勢神宮内宮一禰宜)。
¶公卿([生]寛延3(1750)年　[没]文化7(1824)年10月22日), 公卿普([生]元文1(1736)年　[没]文化7(1810)年10月22日)

**荒木田経雅** あらきだつねただ
寛保2(1742)年〜文化2(1805)年　[別]荒木田経雅(あらきだつねまさ, あらきだのつねただ), 中川経雅(なかがわつねただ, なかがわつねまさ)
江戸時代中期〜後期の神官、国学者(伊勢神宮内宮三禰宜)。
¶朝日([生]寛保2年9月4日(1742年10月2日)　[没]文化2年3月13日(1805年4月12日)), 公卿(あらきだつねまさ　[生]寛保3(1743)年9月4日　[没]文化2(1805)年3月13日), 公卿普(あらきだつねまさ　[生]寛保3(1743)年9月4日　[没]文化2(1805)年3月13日), 公家(経雅〔伊勢内宮禰宜荒木田氏〕　つねただ　[没]文化2(1805)年3月13日), 国書(中川経雅　なかがわつねただ　[生]寛保2(1742)年9月4日　[没]文化2(1805)年3月13日), コン改([生]寛保3(1743)年), コン4, コン5, 神史, 神人, 新潮([生]寛保2(1742)年9月4日　[没]文化2(1805)年3月13日), 人名([生]1743年), 人名(中川経雅　なかがわつねまさ), 世人([生]寛保2(1742)年9月　[没]文化2(1805)年3月), 日人, 平史(あらきだのつねただ), 三重(中川経雅　[生]寛保3年9月4日)

**荒木田経豊** あらきだつねとよ
延宝4(1676)年〜寛保1(1741)年3月24日　[別]中川経豊(なかがわつねとよ)
江戸時代中期の神官(伊勢神宮内宮禰宜)。
¶公卿, 公卿普, 公家(経豊〔伊勢内宮禰宜荒木田氏〕　つねとよ), 国書(中川経豊　なかがわつねとよ)

**荒木田経直** あらきだつねなお
?　〜元中2/至徳2(1385)年6月3日
南北朝時代の神職・歌人。
¶国書

**荒木田経冬** あらきだつねふゆ
慶安1(1648)年〜宝永1(1704)年4月13日　[別]中

川経冬（なかがわつねふゆ）
江戸時代前期～中期の神官（伊勢神宮内宮禰宜）。
¶公卿，公卿普，公家（経冬〔伊勢内宮禰宜荒木田氏〕　つねふゆ），国書（中川経冬　なかがわつねふゆ）

あ

**荒木田経雅**　あらきだつねまさ
→荒木田経雅（あらきだつねただ）

**荒木田経盛**　あらきだつねもり
元和4（1618）年～元禄7（1694）年10月26日　㊙中川経盛（なかがわつねもり）
江戸時代前期の神官（伊勢神宮内宮禰宜）。
¶公卿，公卿普，公家（経盛〔伊勢内宮禰宜荒木田氏〕　つねもり），国書（中川経盛　なかがわつねもり）

**荒木田経美**　あらきだつねよし
寛政10（1798）年～安政3（1856）年8月8日　㊙中川経美（なかがわつねはる）
江戸時代末期の神官（伊勢神宮内宮二禰宜）。
¶公卿，公卿普，公家（経美〔伊勢内宮禰宜荒木田氏〕　つねよし），国書（中川経美　なかがわつねはる）

**荒木田利方**　あらきだとしかた
平安時代中期の神宮禰宜。敏忠の子。
¶古人

**荒木田豊平**　あらきだとよひら
平安時代後期の内宮権禰宜。
¶古人

**荒木田豊元**　あらきだとよもと
平安時代後期の神官。太神宮大内人。
¶古人

**荒木田永親**　あらきだながちか
承応2（1653）年～享保15（1730）年8月24日
江戸時代前期～中期の神官（伊勢神宮内宮禰宜）。
¶公卿，公卿普，公家（永親〔伊勢内宮禰宜荒木田氏〕　ながちか）

**荒木田長延**　あらきだながのぶ
生没年不詳
鎌倉時代前期の神職・歌人。
¶国書

**荒木田長範**　あらきだながのり
生没年不詳
南北朝時代以前の神職・連歌作者。伊勢神宮の神官。
¶国書

**荒木田永春**　あらきだながはる
生没年不詳
江戸時代中期の神職。
¶国書

**荒木田成長**　あらきだなりなが
保延6（1140）年～建久4（1193）年　㊙荒木田成長（あらきだしげなが）
平安時代後期～鎌倉時代前期の神職・歌人。
¶国書（㊣建久4（1193）年10月11日），神人（あらきだしげなが　㊣建久4（1193）年10月），三重続

**荒木田成良**　あらきだなりよし
長寛2（1164）年～？
平安時代後期～鎌倉時代前期の神職・歌人。
¶国書

**荒木田南陵**　あらきだなんりょう
→釜谷南陵（かまやなんりょう）

**荒木田氏良**　あらきだのうじよし
→荒木田氏良（あらきだうじよし）

**荒木田興忠**　あらきだのおきただ
→荒木田興忠（あらきだおきただ）

**荒木田神主首麻呂**　あらきだのかんぬしおびとまろ
㊙荒木田首麻呂（あらきだかんぬしおびとまろ）
飛鳥時代の皇大神宮神主。
¶古人（荒木田首麻呂　あらきだかんぬしおびとまろ），古代，古代普，日人（生没年不詳）

**荒木田忠元**　あらきだのただもと
天喜1（1053）年～大治1（1126）年　㊙荒木田忠元（あらきだただもと）
平安時代後期の神宮祠官。
¶古人（あらきだただもと），平史

**荒木田経雅**　あらきだのつねただ
→荒木田経雅（あらきだつねただ）

**荒木田延季**　あらきだのぶすえ
*～弘安5（1282）年　㊙荒木田延季（あらきだのぶすえ）
鎌倉時代前期～後期の神職・歌人。
¶国書（あらきだのぶすえ　㊤正治2（1200）年　㊣弘安5（1282）年6月24日），神人（あらきだのぶすえ　㊤正治2（1220）年　㊣弘安5（1282）年6月），三重続

**荒木田宣綱**　あらきだののぶつな
？　～康和5（1103）年　㊙荒木田宣綱（あらきだのぶつな）
平安時代後期の神宮祠官。
¶古人（あらきだのぶつな　㊤？），平史

**荒木田延利**　あらきだののぶとし
？　～長元3（1030）年　㊙荒木田延利（あらきだのぶとし）
平安時代中期の神宮祠官。
¶古人（あらきだのぶとし　㊤？），平史

**荒木田延成**　あらきだののぶなり
建久3（1192）年～建治4（1278）年　㊙荒木田延成（あらきだのぶしげ，あらきだのぶなり）
平安時代後期～鎌倉時代後期の神職・歌人。
¶国書（あらきだのぶなり　㊣建治4（1278）年1月10日），神人（あらきだのぶしげ　㊣建治4（1278）年1月），三重続

**荒木田延基**　あらきだののぶもと
長和2（1013）年～承暦2（1078）年　㊙荒木田延基（あらきだのぶもと）

平安時代中期～後期の神宮祠官。
¶古人(あらきだのぶもと)，平史

**荒木田徳雄** あらきだののりお
→荒木田徳雄(あらきだのりお)

**荒木田延明** あらきだのぶあき
平安時代後期の神宮権禰宜、稲木村刀禰。
¶古人

**荒木田延清** あらきだのぶきよ
平安時代後期の神官。伊勢内宮三禰宜。
¶古人

**荒木田延成** あらきだのぶしげ
→荒木田延成(あらきだののぶなり)

**荒木田延季** あらきだのぶすえ
→荒木田延季(あらきだののぶすえ)

**荒木田宣綱** あらきだのぶつな
→荒木田宣綱(あらきだののぶつな)

**荒木田延利** あらきだのぶとし
→荒木田延利(あらきだののぶとし)

**荒木田延長** あらきだのぶなが
平安時代中期の内宮権禰宜。
¶古人

**荒木田延成** あらきだのぶなり
→荒木田延成(あらきだののぶなり)

**荒木田延基** あらきだのぶもと
→荒木田延基(あらきだののぶもと)

**荒木田延行** あらきだのぶゆき
？ ～延慶3(1310)年
鎌倉時代後期の神職・歌人。
¶国書

**荒木田延能** あらきだのぶよし
平安時代後期の神官。
¶古人

**荒木田元定** あらきだのもとさだ
㊕荒木田元定(あらきだもとさだ)
平安時代後期の神宮祠官。
¶古人(あらきだもとさだ)，平史(生没年不詳)

**荒木田範明** あらきだのりあき
平安時代後期の神宮権禰宜。元定の子。
¶古人

**荒木田徳雄** あらきだのりお
？ ～延喜13(913)年12月22日 ㊕荒木田徳雄(あらきだののりお)
平安時代前期～中期の神職。
¶国書，古人(㊀？)，平史(あらきだののりお)

**荒木田彦晴** あらきだひこはる
天暦6(952)年～万寿4(1027)年
平安時代中期の神宮禰宜。康平の子。
¶古人

**荒木田久老** あらきだひさおい
→荒木田久老(あらきだひさおゆ)

**荒木田久老** あらきだひさおゆ
延享3(1746)年～文化1(1804)年8月14日 ㊕荒木田久老(あらきだひさおい)
江戸時代中期～後期の国学者、歌人、伊勢内宮権禰宜。
¶朝日(㊀延享3年11月21日(1747年1月1日) ㊁文化1年8月14日(1804年9月17日))，岩史(㊀延享3(1746)年11月21日)，江人，角史，近世，考古(㊀延享3年(1746年11月2日))，国史，国書(㊀延享3(1746)年11月21日)，コン改(あらきだひさおい)，コン4(あらきだひさおい)，コン5(あらきだひさおい)，史人(㊀1746年11月21日)，思想史，神史，神人(㊀延享3(1764)年)，新潮(あらきだひさおい ㊀延享3(1746)年11月21日)，人名(あらきだひさおい)，世人，世百(あらきだひさおい)，全書，大百，長野歴，日史，日人(㊀1747年)，百科(あらきだひさおい)，三重，歴大，和俳

**荒木田尚賢** あらきだひさかた
元文4(1739)年～天明8(1788)年 ㊕蓬莱尚賢(ほうらいひさかた)
江戸時代中期の神宮祠官。
¶国書(蓬莱尚賢 ほうらいひさかた ㊀元文4(1739)年9月18日 ㊁天明8(1788)年7月2日)，神人(蓬莱尚賢 ほうらいひさかた ㊁天明8(1788)年7月)，人名，日人

**荒木田久樹** あらきだひさき
元禄7(1694)年～寛延3(1750)年10月14日
江戸時代中期の神職。
¶国書

**荒木田尚国** あらきだひさくに
生没年不詳
鎌倉時代の神職。
¶国書

**荒木田久守** あらきだひさもり
安永8(1779)年～嘉永6(1853)年 ㊕度会久守(わたらいひさもり)
江戸時代後期の国学者、伊勢内宮の祠官。
¶国書(㊀安永8(1779)年3月1日 ㊁嘉永6(1853)年5月8日)，コン改(㊀天明8(1788)年 ㊁安政5(1858)年)，コン4(㊀天明8(1788)年 ㊁安政5(1858)年)，コン5(㊀天明8(1788)年 ㊁安政5(1858)年)，神史，神人(㊀天明8(1788)年 ㊁安政5(1858)年)，新潮(㊁嘉永6(1853)年5月8日)，人名(度会久守 わたらいひさもり)，世人，日人，百科，三重，歴大，和俳

**荒木田房継** あらきだふさつぐ
？ ～天授2/永和2(1376)年
南北朝時代の神職・歌人。
¶国書

**荒木田正富** あらきだまさとみ
平安時代後期の神官。口入神主。
¶古人

あ

**荒木田満経** あらきだみつつね
平安時代後期の神官。伊勢内宮二禰宜。
¶古人

**荒木田茎貞** あらきだもとさだ
？～延喜23(923)年2月21日　㊐荒木田茎貞(あらきだくきさだ)
平安時代前期～中期の神職。
¶国書，古人(あらきだくきさだ)

**荒木田元定** あらきだもとさだ
→荒木田元定(あらきだのもとさだ)

**荒木田守相** あらきだもりあい
承応1(1652)年～享保3(1718)年閏10月9日
㊐薗田守相(そのだもりすけ)
江戸時代前期～中期の神官(伊勢神宮内宮禰宜)。
¶公卿，公卿普，公家(守相〔伊勢内宮禰宜荒木田氏〕　もりすけ)，国書(薗田守相　そのだもりすけ)

**荒木田守浮** あらきだもりうき
享保3(1718)年～天明1(1781)年6月27日　㊐薗田守浮(そのだもりちか)
江戸時代中期の神官(伊勢神宮内宮一禰宜)。
¶公卿，公卿普，公家(守浮〔伊勢内宮禰宜荒木田氏〕　もりうき)，国書(薗田守浮　そのだもりちか)

**荒木田守氏** あらきだもりうじ
生没年不詳
室町時代～戦国時代の神職・連歌作者。
¶国書

**荒木田守緒** あらきだもりお
宝暦8(1758)年～文化9(1812)年8月13日
江戸時代中期～後期の神官(伊勢神宮内宮二禰宜)。
¶公卿，公卿普，公家(守緒〔伊勢内宮禰宜荒木田氏〕　もりお)

**荒木田守和** あらきだもりかず
宝永2(1705)年～安永2(1773)年　㊐井面守和(いのももりかず)
江戸時代中期の神官(伊勢神宮内宮一禰宜)。
¶公卿(㊀安永2(1773)年8月8日)，公卿普(㊀安永2(1773)年8月8日)，公家(守和〔伊勢内宮禰宜荒木田氏〕　もりかず　㊀安永2(1773)年10月21日)，国書(井面守和　いのももりかず　㊁宝永2(1705)年4月21日　㊀安永2(1773)年10月21日)

**荒木田盛員** あらきだもりかず
寛永12(1635)年～貞享4(1687)年　㊐堤盛員(つつみもりかず)
江戸時代前期の国学者、伊勢内宮権禰宜。
¶朝日(㊁寛永9年9月9日(1632年10月22日)　㊀貞享4年9月26日(1687年10月31日))，国書(堤盛員　つつみもりかず　㊁寛永9(1632)年9月9日　㊀貞享4(1687)年9月26日)，コン改，コン4，コン5，新潮(㊀貞享4(1687)年9月26日)，人名，日人(㊁1632年)

**荒木田守堅** あらきだもりかた
文政12(1829)年～
江戸時代末期の神官(伊勢神宮内宮三禰宜)。
¶公卿(生没年不詳)，公卿普，公家(守堅〔伊勢内宮禰宜荒木田氏〕　もりかた)

**荒木田守訓** あらきだもりくに
→荒木田守訓(あらきだもりのり)

**荒木田守洪** あらきだもりこう
寛永18(1641)年～宝永2(1705)年閏4月11日
㊐薗田守洪(そのだもりひろ)
江戸時代前期～中期の神官(伊勢神宮内宮禰宜)。
¶公卿，公卿普，公家(守洪〔伊勢内宮禰宜荒木田氏〕　もりひろ)，国書(薗田守洪　そのだもりひろ)

**荒木田守重** あらきだもりしげ
文政9(1826)年～
江戸時代末期の神官(伊勢神宮内宮二禰宜)。
¶公卿(生没年不詳)，公卿普，公家(守重〔伊勢内宮禰宜荒木田氏〕　もりしげ)

**荒木田盛徴** あらきだもりずみ，あらきだもりすみ
文禄5(1596)年～寛文3(1663)年2月15日　㊐堤盛徴(つつみもりずみ)
江戸時代前期の国学者、伊勢内宮の祠官。
¶国書(堤盛徴　つつみもりずみ　㊁文禄5(1596)年5月24日)，コン改(あらきだもりすみ)，コン4(あらきだもりすみ)，コン5(あらきだもりすみ)，新潮，人名，日人

**荒木田守敬** あらきだもりたか
元禄2(1689)年～宝暦2(1752)年　㊐薗田守敬(そのだもりよし)
江戸時代中期の神官(伊勢神宮内宮禰宜)。
¶公卿(㊀宝暦2(1752)年9月29日)，公卿普(㊀宝暦2(1752)年9月29日)，公家(守敬〔伊勢内宮禰宜荒木田氏〕　もりたか　㊀宝暦2(1752)年9月19日)，国書(薗田守敬　そのだもりよし　㊀宝暦2(1752)年9月19日)

**荒木田守武** あらきだもりたけ
文明5(1473)年～天文18(1549)年8月8日　㊐守武(もりたけ)
戦国時代の連歌・俳諧作者、伊勢内宮神官。
¶朝日(㊀天文18年8月8日(1549年8月30日))，岩史，角史，国史，国書，古中，コン改，コン4，コン5，詩歌，詩作，史人，思想史，神史，神人，新潮(守武　もりたけ)，新文，人名，世人，世百(守武　もりたけ)，全書(守武　もりたけ)，戦人，大百，中世，日史，日人，日文，俳諧(守武　もりたけ　㊁？)，俳句(守武　もりたけ)，俳文(守武　もりたけ)，百科，文学，三重，山川小，歴大，和俳

**荒木田守民** あらきだもりたみ
天明8(1788)年～天保13(1842)年8月7日
江戸時代後期の神官(伊勢神宮内宮二禰宜)。
¶公卿，公卿普，公家(守民〔伊勢内宮禰宜荒木田氏〕　もりたみ)

**荒木田守為** あらきだもりため
生没年不詳
神職。
¶姓氏愛知

**荒木田守晨** あらきだもりとき
文正1(1466)年～永正13(1516)年11月17日
㊊薗田守晨(そのだもりあさ,そのだもりとき)
戦国時代の伊勢内宮の禰宜、神宮学者。
¶国史,国書(薗田守晨　そのだもりとき),古中,史人,思想史,神史,神人(薗田守晨　そのだもりあさ),新潮,人名(薗田守晨　そのだもりとき),戦人,日人,三重続(薗田守晨)

**荒木田守脩** あらきだもりなが
享保11(1726)年～天明1(1781)年3月22日
江戸時代中期の神官(伊勢神宮内宮二禰宜)。
¶公卿,公卿普,公家(守脩〔伊勢内宮禰宜荒木田氏〕　もりおさ)

**荒木田守夏** あらきだもりなつ
寛文8(1668)年～享保9(1724)年　㊊薗田守夏(そのだもりなつ)
江戸時代中期の国学者、神道家。
¶国書(薗田守夏　そのだもりなつ　㊍享保9(1724)年8月8日),神史,神人(薗田守夏　そのだもりなつ　㊍享保9(1724)年8月),人名,日人

**荒木田守宣** あらきだもりのぶ
→薗田守宣(そのだもりのぶ)

**荒木田守訓** あらきだもりのり
*～天保13(1842)年9月13日　㊊井面守訓(いのもりのり),荒木田守訓(あらきだもりくに)
江戸時代中期～後期の神官、国学者(伊勢神宮内宮一禰宜)。
¶公卿(あらきだもりくに　㊐明和7(1770)年),公卿普(あらきだもりくに　㊐明和7(1770)年),公家(守訓〔伊勢内宮禰宜荒木田氏〕　もりくに　㊐1767年),国書(井面守訓　いのもりのり　㊐明和4(1767)年10月29日),コン改(㊐明和2(1765)年),コン4(㊐明和2(1765)年),コン5(㊐明和2(1765)年),新潮(㊐明和2(1765)年),人名(㊐1765年),日人(㊐1767年)

**荒木田守則** あらきだもりのり
文安3(1446)年～永正13(1516)年11月12日
室町時代～戦国時代の神職・連歌作者。
¶国書

**荒木田守秀** あらきだもりひで
元禄9(1696)年～安永2(1773)年6月21日　㊊薗田守秀(そのだもりひで)
江戸時代中期の神官(伊勢神宮内宮一禰宜)。
¶公卿,公卿普,公家(守秀〔伊勢内宮禰宜荒木田氏〕　もりひで),国書(薗田守秀　そのだもりひで)

**荒木田守平** あらきだもりひら
？～慶長2(1597)年
戦国時代～安土桃山時代の神職・連歌作者。
¶国書

**荒木田守藤** あらきだもりふじ
生没年不詳
南北朝時代の神職・歌人。
¶国書

**荒木田守雅** あらきだもりまさ
寛政8(1796)年～安政5(1858)年5月18日　㊊井面守雅(いのもりつね)
江戸時代末期の神官(伊勢神宮内宮一禰宜)。
¶公卿,公卿普,公家(守雅〔伊勢内宮禰宜荒木田氏〕　もりまさ),国書(井面守雅　いのもりつね　㊐寛政8(1796)年8月18日)

**荒木田守宗** あらきだもりむね
元和5(1619)年～元禄11(1698)年11月4日　㊊薗田守宗(そのだもりむね)
江戸時代前期の神官(伊勢神宮内宮禰宜)。
¶公卿,公卿普,公家(守宗〔伊勢内宮禰宜荒木田氏〕　もりむね),国書(薗田守宗　そのだもりむね)

**荒木田守世** あらきだもりよ
寛文10(1670)年～享保11(1726)年3月22日
江戸時代中期の神官(伊勢神宮内宮禰宜)。
¶公卿,公卿普,公家(守世〔伊勢内宮禰宜荒木田氏〕　もりよ)

**荒木田師平** あらきだもろひら
平安時代後期の神官。太神宮一禰宜。
¶古人

**荒木田泰国**(荒木田泰圀) あらきだやすくに
明治5(1872)年～昭和17(1942)年1月24日
明治期の神職。
¶神人,男爵(荒木田泰圀　㊐明治5(1872)年3月18日)

**荒木田行真** あらきだゆきざね
～天延1(973)年
平安時代中期の神官。伊勢内宮禰宜。
¶古人

**荒木田頼親** あらきだよりちか
平安時代中期の神官。伊勢内宮禰宜。延利の子。
¶古人

**荒木田頼光** あらきだよりみつ
天元1(978)年～治安1(1021)年
平安時代中期の神官。伊勢内宮禰宜。延利の子。
¶古人

**荒木トマス** あらきとます
？～正保3(1646)年頃　㊊トマス荒木(とますあらき),荒木了順(あらきりょうじゅん),荒木了伯(あらきりょうはく)
江戸時代前期のキリシタン、司祭。1612年頃司祭昇任のためイタリアに渡る。
¶海越(トマス荒木　とますあらき　㊍正保3(1646)年頃),海越新(トマス荒木　とますあらき),コン改(荒木了順　あらきりょうじゅん　㊍慶安2(1649)年),コン4(荒木了順　あらきりょうじゅん　㊍慶安2(1649)年),コン5

（荒木了順　あらきりょうじゅん　㊀慶安2（1649）年），史人（㊀1646年，（異説）1649年），新潮（荒木了順　あらきりょうじゅん　㊀慶安2（1649）年），世人（荒木了順　あらきりょうじゅん　㊀慶安2（1649）年），戦人（生没年不詳），戦補，日史，日人（荒木了伯　あらきりょうはく），百科，歴大

**荒木了順** あらきりょうじゅん
→荒木トマス（あらきとます）

**荒木良仙** あらきりょうせん
明治12（1879）年9月18日～昭和22（1947）年1月22日
明治～昭和期の僧侶。
¶群馬人

**荒木了伯** あらきりょうはく
→荒木トマス（あらきとます）

**荒崎良道** あらさきりょうどう
明治35（1902）年～昭和51（1976）年
昭和期の僧侶。
¶石川百

**荒崎良徳** あらさきりょうとく
昭和3（1928）年10月21日～
昭和～平成期の教師、曹洞宗僧侶。雲龍寺住職。著書に「ほとけさまと子どもたち」「心眼をひらく」など。
¶現執3期

**荒瀬信泰** あらせのぶやす
明治1（1868）年～昭和24（1949）年
昭和期の神官。
¶山口人

**新弘栄** あらたこうえい
弘化3（1846）年～明治44（1911）年12月6日　㊀弘栄（こうえい）
明治期の僧。
¶岡山人（弘栄　こうえい），岡山百，岡山歴

**荒原見山** あらはらけんざん
明治20（1887）年5月20日～昭和28（1953）年9月23日
大正・昭和期の僧侶。
¶飛騨

**荒深道斉** あらふかみちなり
明治4（1872）年6月27日～昭和24（1949）年3月2日
明治～昭和期の神職。道ひらき会初代道主。
¶神人

**荒牧孫三郎** あらまきまごさぶろう，あらまきまござぶろう
弘化4（1847）年～大正7（1918）年
明治～大正期の政治家。群馬県議会議員。
¶群馬人，姓氏群馬（あらまきまござぶろう）

**有賀忠義** ありがただよし
明治16（1883）年1月2日～昭和43（1968）年12月7日
明治～昭和期の神職。氷川神社宮司、初代埼玉県神社庁長。
¶埼玉人

**有賀鉄太郎**（有賀鐵太郎） ありがてつたろう
明治32（1899）年4月1日～昭和52（1977）年5月25日
大正～昭和期のプロテスタント神学者、教会史・教理史学者。京都大学教授。ヘブライ思想とギリシア思想の出会いに独自の解釈を提示。
¶大阪人（㊀昭和52（1977）年5月），キリ，現情，広7，新カト，新潮，人名7，世紀，世百新，哲学，日人，日Y（有賀鐵太郎），百科

**有賀祥隆** ありがよしたか
昭和15（1940）年11月6日～
昭和～平成期の美術史学者。東北大学教授。東洋・日本仏教絵画史を研究。著書に「日本の美術 法華経絵」など。
¶現執2期，現執3期

**在田如山** ありたにょさん
安政5（1858）年12月29日～大正7（1918）年12月17日
明治～大正期の僧。高岡養老院の創始者。
¶富山百

**有永霊城** ありながれいじょう
明治21（1888）年2月13日～
大正～昭和期の僧侶、農民運動家。浄福寺行橋説教所主任、行橋町議会議員。
¶社史

**在原善淵** ありはらのよしふち
→在原善淵（ありわらのよしふち）

**有馬ジュスタ** ありまじゅすた
？～慶安2（1649）年
江戸時代前期の女性。キリシタン。武将有馬晴信の妻。
¶女性，日人

**有馬俊平** ありましゅんぺい
嘉永4（1851）年～大正12（1923）年
江戸時代末期～大正期のキリスト教伝道者、実業家。高山村長。名久多教会設立者。
¶群馬人，姓氏群馬

**有馬純彦** ありますみひこ
明治23（1890）年～昭和50（1975）年
大正～昭和期の社会事業家・牧師。
¶神奈川人

**有馬清雄** ありませいゆう
大正2（1913）年5月22日～平成7（1995）年2月5日
昭和期の僧侶。
¶真宗

**有馬道智** ありまどうち
天文11（1542）年～寛永17（1640）年　㊀道智（どうち）
安土桃山時代～江戸時代前期の長崎5僧の最古参者。
¶人名，長崎歴（道智　どうち），日人（道智　どうち）

**有馬晴信** ありまはるのぶ
永禄10（1567）年～慶長17（1612）年5月6日
[別]ジョアン
安土桃山時代～江戸時代前期の大名、キリシタン。肥前日之江藩主。
¶朝日（[生]永禄4（1561）年頃　[没]慶長17年5月6日（1612年6月5日）），岩史（[生]永禄10（1567）年？），江人，角史（[生]永禄10（1567）年？），郷土長崎，キリ（[没]慶長17年5月6日（1612年6月5日）），近世，国史，古中，コン改，コン4，コン5，史人（[生]1561年，（異説）1567年），重要，諸系，新潮，人名，世人，世百，戦合，戦国，全書，戦人（[生]永禄10（1567）年？），全戦，戦武，対外，大百，中世，長崎百（[生]永禄4（1561）年），日史，日人，藩主4，百科，平日（[生]1567　[没]1612），山川小（[生]1561年，1567年），山梨人，山梨百，歴大（[生]1567年？）

**有馬百鞭** ありまひゃくべん
天保6（1835）年～明治39（1906）年5月30日
江戸時代末期～明治期の儒者、神職。
¶維新，人名（[生]？），日人，幕末，幕末大，藩臣4，美家（[生]天保6（1835）年10月25日），三重（[生]天保6年10月25日），明大2（[生]天保6（1835）年10月25日）

**有馬義貞** ありまよしさだ
大永1（1521）年～天正4（1576）年12月27日　[別]有馬義直（ありまよしなお），アンドレ
戦国時代～安土桃山時代の武将。肥前国有馬城主。
¶国史，古中，諸系（[没]1577年），新潮，人名（有馬義直　ありまよしなお），戦合，戦国，戦人，全戦，戦武，長崎百（ありまよしさだ（よしなお）），日人（[没]1577年）

**有馬義直** ありまよしなお
→有馬義貞（ありまよしさだ）

**有馬良橘** ありまりょうきち
→有馬良橘（ありまりょうきつ）

**有馬良橘** ありまりょうきつ
文久1（1861）年～昭和19（1944）年5月1日　[別]有馬良橘（ありまりょうきち）
明治～昭和期の海軍軍人。大将。明治神宮宮司。国民精神総動員体制を推進。
¶海越新（[生]文久1（1861）年11月），郷土和歌山，近現，現朝（ありまりょうきち　[生]文久1（1861）年11月），国史，コン改，コン5，史人（[生]1861年11月15日），社教，神人，人名7，世紀（[生]文久1（1861）年11月），政治（[生]文久1（1861）年11月），渡航（[生]1861年11月），日人，日露，日中（[生]文久1（1861）年11月15日），明治史，明大1（[生]文久1（1861）年11月15日），陸海（[生]文久1年11月15日），和歌山人

**有村れん**（有村連，有村蓮）ありむられん
→有村連寿尼（ありむられんじゅに）

**有村蓮子** ありむられんこ
→有村連寿尼（ありむられんじゅに）

**有村連寿** ありむられんじゅ
→有村連寿尼（ありむられんじゅに）

**有村蓮寿院** ありむられんじゅいん
→有村連寿尼（ありむられんじゅに）

**有村連寿尼** ありむられんじゅに
文化6（1809）年～明治28（1895）年10月2日　[別]有村れん（ありむられん），有村連（ありむられん），有村蓮（ありむられん），有村蓮子（ありむられんこ），有村蓮寿院（ありむられんじゅいん），有村連寿（ありむられんじゅ）
江戸時代後期～明治期の女性。
¶朝日（有村連寿　ありむられんじゅ　[生]文化6年6月10日（1809年7月22日）），江表（蓮寿院（鹿児島県）），鹿児島百（有村蓮子　ありむられんこ），近現（有村連　ありむられん），近世（有村蓮　ありむられん），国史（有村連　ありむられん），コン改（[生]文化5（1808）年），コン4（[生]文化5（1808）年），コン5（[生]文化5（1808）年），薩摩（有村蓮　ありむられん），女性（[生]文化6（1809）年6月10日），女性普（[生]文化6（1809）年6月10日），新潮（[生]文化5（1808）年6月10日），人名（[生]1808年），姓氏鹿児島（有村れん　ありむられん　[生]1808年），日人，幕末（有村蓮　ありむられん），幕末大（有村蓮　ありむられん），藩臣7（有村蓮寿院　ありむられんじゅいん　[生]文化4（1807）年），明治史（有村連　ありむられん），歴大（有村れん　ありむられん），和俳（[生]文化5（1808）年）

**有安秀之進** ありやすひでのしん
安政2（1855）年～昭和9（1934）年
江戸時代末期～昭和期の初代日本人カトリック司祭。
¶史人，福岡百（[没]昭和14（1939）年1月7日），明治史

**在原善淵** ありわらのよしふち
弘仁7（816）年～貞観17（875）年2月　[別]在原善淵（ありはらのよしふち）
平安時代前期の神祇伯。
¶古人（ありはらのよしふち），神人，平史（ありはらのよしふち）

**有賀文八郎** あるがふみはちろう
慶応4（1868）年3月5日～昭和21（1946）年8月19日
明治～昭和期の実業家、宗教家。イスラムの布教に尽力。
¶現朝（[生]慶応4年3月5日（1868年3月28日）），世紀，日人，明大1

**粟津高明**（粟津高明）あわずたかあきら
→粟津高明（あわづたかあきら）

**粟田口定孝** あわたぐちさだのり
天保8（1837）年～大正7（1918）年
江戸時代後期～大正期の神職。
¶神人（[没]大正7（1918）年12月），男爵（[生]天保8（1837）年12月21日　[没]大正7（1918）年12月17日）

**粟田国雄** **あわたくにお**
生没年不詳
神職。尾張熱田社社家。
¶国書

**粟田知周** **あわたともかね**
→粟田知周（あわたともちか）

**粟田知周** **あわたともちか**
元文2（1737）年～享和1（1801）年　(別)粟田知周（あわたともかね）
江戸時代中期の熱田の神官、歌人。
¶国書（あわたともかね　(没)享和1（1801）年7月26日），人名，日人，飛騨（生没年不詳），和俳（生没年不詳）

**粟田広治** **あわたひろはり**
天保5（1834）年～明治5（1872）年
江戸時代後期～明治期の神職。熱田神宮権禰宜、神宮主典。
¶姓氏愛知

**粟田守道** **あわたもりみち**
生没年不詳
江戸時代後期～末期の神職。
¶国書

**粟津高明** **あわづこうめい**
→粟津高明（あわづたかあきら）

**粟津高明** **あわづたかあき**
→粟津高明（あわづたかあきら）

**粟津高明** **あわづたかあきら，あわずたかあきら**
天保9（1838）年～明治13（1880）年10月29日
(別)粟津高明（あわずたかあきら，あわづこうめい，あわづたかあき）
明治期のキリスト教伝道者。麻布に日本公会を組織。
¶朝日（あわづたかあき　(生)天保9年4月29日（1838年5月22日）），キリ（あわづこうめい　(生)天保9年4月29日（1838年5月22日）），近現，国史，史人（(生)1838年4月29日），新潮（(生)天保9（1838）年4月29日），日人，明治史（あわづたかあき），明大1（あわずたかあきら　(生)天保9（1838）年4月29日），洋学

**粟津元及** **あわづもとたか**
宝永7（1710）年5月29日～明和4（1767）年閏9月11日
江戸時代中期の公家。浄土真宗の僧。
¶国書

**粟津元陳** **あわづもとのぶ**
安永5（1776）年2月18日～文政4（1821）年8月27日
江戸時代中期～後期の公家。浄土真宗の僧。
¶国書

**粟津元好** **あわづもとよし**
享和1（1801）年3月5日～？
江戸時代後期の公家。浄土真宗の僧。
¶国書

**粟野経麻** **あわのつねあさ**
宝永7（1710）年～宝暦2（1752）年6月13日
江戸時代中期の神職。
¶国書5

**安毓** **あんいく**
平安時代前期の南都の僧。
¶古人，平史（生没年不詳）

**安慧(1)（安恵）** **あんえ**
延暦13（794）年～貞観10（868）年4月3日　(別)安恵（あんね），安慧（あんね）
平安時代前期の僧。天台座主。
¶岩史（(生)延暦14（795）年），国史，国書，古人（安恵　(生)795年），古代（安恵　あんね），古代普（安恵　あんね），古中，コン改，コン4，コン5，史人，庄内（(生)延暦14（795）年），新潮（(生)延暦24（805）年？），人名（あんね　(生)795年），世人，日人（(生)795年），仏教（(生)延暦13（794）年，（異説）延暦14（795）年），仏史，平史（安恵　(生)795年），山形百（あんね），歴大（安恵　(生)805年）

**安慧(2)** **あんえ**
文政2（1819）年～明治34（1901）年12月9日
江戸時代後期～明治期の浄土真宗の僧。
¶国書

**安遠** **あんえん**
承和9（842）年～延長1（923）年12月21日
平安時代前期～中期の三論宗の僧。
¶国書

**安快** **あんかい**
？～永観1（983）年？
平安時代中期の元興寺三論宗の学僧。
¶古人（(生)？），平史

**安海(1)** **あんかい**
？～昌泰1（898）年
平安時代前期の三論宗の僧。
¶古人（(生)？），仏教（生没年不詳），平史

**安海(2)** **あんかい**
生没年不詳
平安時代中期の天台宗の学僧。
¶国史，国書，古人，古中，コン改，コン4，コン5，史人，新潮，人名，日人，仏教，仏史，平史

**安海(3)** **あんかい**
文政3（1820）年～明治19（1886）年12月27日
江戸時代後期～明治期の僧侶。
¶国書，真宗

**安覚良祐** **あんかくりょうゆう**
→良祐(4)（りょうゆう）

**安寛** **あんかん**
奈良時代の東大寺の僧。
¶古人，古代，古代普，仏教（生没年不詳）

**安環** **あんかん**
生没年不詳

江戸時代中期の浄土真宗の僧。
¶国書

**安願** あんがん
平安時代前期の僧。
¶古人，古代，古代普，日人（生没年不詳）

**安軌** あんき
弘仁4（813）年～元慶5（881）年
平安時代前期の東大寺僧。
¶古人，平史

**安曁** あんき
生没年不詳
奈良時代の律宗の僧。
¶仏教

**安鏡** あんきょう
*～貞元2（977）年
平安時代中期の天台宗の僧。
¶古人（[生]？），仏教（[生]仁和3（887）年），平史（[生]？）

**安慶** あんきょう
生没年不詳 [別]安慶（あんげい）
平安時代中期の律宗の僧。
¶人名，日人（あんげい），仏教

**安行** あんぎょう
生没年不詳
平安時代前期の真言宗の僧。
¶仏教

**安敬尼** あんきょうに
生没年不詳
奈良時代の女性。法華寺最初の尼僧。
¶女性，日人

**安慶** あんけい
生没年不詳
平安時代中期の律宗の僧。
¶神奈川人

**安敬** あんけい
生没年不詳
奈良時代の法相宗の僧。
¶仏教

**安慶** あんげい
→安慶（あんきょう）

**安居院浄俊** あんごいんじょうしゅん
？ ～*
鎌倉時代後期の僧。
¶人名（[没]1334年），日人（[没]1335年）

**安興** あんこう
生没年不詳
江戸時代中期の日蓮宗の僧。
¶国書

**安高** あんこう
～嘉祥2（849）年
平安時代前期の僧。
¶古人，古代，古代普，日人（生没年不詳）

**案考融察** あんこうゆうさつ
生没年不詳
戦国時代の曹洞宗の僧。
¶仏教

**安国** あんこく
弘安2（1279）年～延元2/建武4（1337）年12月3日
鎌倉時代後期の時宗の僧。
¶神奈川人，姓氏神奈川，姓氏宮城，仏教

**安国寺恵瓊** あんこくじえけい
？ ～慶長5（1600）年10月1日 [別]恵瓊（えけい），瑤甫恵瓊（ようほえけい），瑤甫（ようほ）
安土桃山時代の臨済宗の僧、大名。
¶朝日（[没]慶長5年10月1日（1600年11月6日）），岩史，愛媛（[生]？），角史，京都，京都大，近世，国史，国書（瑤甫恵瓊 ようほえけい [生]天文7（1538）年），古中，コン改，コン4，コン5，詩歌（恵瓊 えけい），史人，新潮，人名，姓氏京都，世人，世百，戦合，戦国，戦辞（[没]慶長5年10月1日（1600年11月6日）），全書，戦人（恵瓊 えけい），全戦，戦武（[生]天文8（1539）年），対外（[生]？），大百，茶道，日史（[生]天文7（1538）年？），日人，百科（[生]天文7（1538）年？），広島百，仏教（瑤甫恵瓊 ようほえけい），仏人（恵瓊 えけい [生]1538年），平日（[生]1538？ [没]1600），山川小（[生]？），歴大

**安国寺留雲斎** あんこくじりゅううんさい
戦国時代の武士、僧。
¶姓氏石川，戦西，戦人（生没年不詳）

**安西**(1) あんさい
永禄3（1560）年～寛永7（1630）年3月15日
江戸時代前期の浄土宗の僧。
¶仏教

**安西**(2) あんさい
寛永17（1640）年～宝永7（1710）年3月15日
江戸時代前期の浄土宗の僧。
¶愛媛百

**安斎ジュアン** あんざいじゅあん
？ ～元和9（1623）年
江戸時代前期のキリシタン。
¶人名

**安斎ジョアン** あんざいじょあん
？ ～寛永1（1624）年
安土桃山時代～江戸時代前期のキリシタン。
¶日人

**安斎伸** あんざいしん
大正12（1923）年3月15日～
昭和期の宗教社会学者。上智大学教授。
¶現執1期，現執2期

**安左衛門** あんざえもん
戦国時代の武士。小山田信茂の与力。もと下吉田月江寺の住僧。還俗して仕官。
¶武田

あ

**案山吉道** あんざんきちどう
→案山吉道(あんざんきつどう)

**案山吉道** あんざんきつどう
慶長13(1608)年～延宝5(1677)年8月15日　㊞案山吉道(あんざんきちどう)
江戸時代前期の曹洞宗の僧。
¶黄檗，人名(あんざんきちどう)，日人，仏教，山梨百(あんざんきちどう)

**安之** あんし
明応8(1499)年～永禄2(1559)年11月2日
戦国時代の僧。武田信虎の菩薩所、曹洞宗万年山大泉寺第4世の住持。
¶山梨百

**安室永忍** あんしつえいにん
? ～享禄2(1529)年12月18日
戦国時代の曹洞宗の僧。
¶人名，日人(㊣1530年)，仏教

**安室宗閑** あんしつそうかん
天正18(1590)年～正保4(1647)年4月14日
江戸時代前期の臨済宗の僧。
¶仏教

**安宗** あんしゅう
弘仁4(813)年～仁和3(887)年
平安時代前期の僧。
¶古人，古代，古代普，日人，平史

**安修** あんしゅう
生没年不詳
平安時代中期の天台宗の僧。
¶仏教

**安秀** あんしゅう
*～天禄2(971)年
平安時代中期の法相宗の僧。
¶古人(㊀?)，人名(㊀879年)，日人(㊀?)，仏教(㊀寛平2(890)年，(異説)寛平4(892)年 ㊣天禄2(971)年4月26日)，平史(㊀?)

**安州玄貞** あんしゅうげんてい
? ～宝永7(1710)年1月9日
江戸時代前期～中期の曹洞宗の僧。
¶国書

**安春** あんしゅん
生没年不詳
平安時代前期の法相宗の僧。
¶古人，人名(㊣877年)，日人，仏教，平史

**安助** あんじょ
? ～長久3(1042)年8月16日
平安時代中期の天台宗の僧。
¶仏教

**安性** あんしょう
生没年不詳
平安時代後期～鎌倉時代前期の僧侶・歌人。
¶国書

**安定**(安貞) あんじょう
延宝5(1677)年～元文2(1737)年5月12日
江戸時代前期～中期の浄土真宗本願寺派の学僧。
¶姓氏富山(安貞)，富山百

**安祥寺継尊** あんしょうじけいそん
享和1(1801)年～元治1(1864)年8月27日
江戸時代後期～末期の僧侶。
¶庄内

**アンジロー**
永正9(1512)年～?　㊞アンジロウ，ヤジロー，ヤジロウ，弥次郎(やじろう)，里見ヤジロウ(さとみやじろう)，パウロ・ダ・サンタフェ
戦国時代の日本人最初のキリシタン。
¶朝日(生没年不詳)，岩史(生没年不詳)，角史(生没年不詳)，キリ(弥次郎　やじろう ㊀1512年3月頃)，国史(生没年不詳)，古中(生没年不詳)，コン改(生没年不詳)，コン4(生没年不詳)，コン5，薩摩(弥次郎　やじろう)，史人(ヤジロウ　㊀?　㊣1551年?)，思想史，新潮(生没年不詳)，人名(弥次郎　やじろう)，世人(生没年不詳)，世百(ヤジロー)，全書(アンジロウ　㊀1512年，(異説)1513年)，戦人(里見ヤジロウ　さとみやじろう　生没年不詳)，戦補(里見ヤジロウ　さとみやじろう)，対外，中世，日史(生没年不詳)，日人(㊀永正9(1512)年，(異説)永正10(1513)年)，平日，室町，山川小(ヤジロウ　㊀?　㊣1551年?)，歴大(生没年不詳)

**アンジロウ**
→アンジロー

**安真** あんしん
? ～長徳4(998)年
平安時代中期の天台僧。
¶古人(㊀?)，平史

**安勢** あんせい
天長5(828)年～延喜9(909)年
平安時代前期～中期の興福寺の僧。
¶古人，平史

**安静** あんせい
平安時代後期の大宰府天満宮の別当寺安楽寺の僧侶。
¶姓氏鹿児島

**安説** あんせつ
生没年不詳
安土桃山時代～江戸時代前期の浄土宗の僧。
¶仏教

**安叟宗楞** あんそうしゅうりょう
→安叟宗楞(あんそうそうりょう)

**安叟珠養** あんそうしゅよう
? ～*
安土桃山時代の曹洞宗の僧。
¶日人(㊣1605年)，仏教(㊣慶長9(1604)年12月)

**安叟宗楞** あんそうそうりょう
元中4/嘉慶1(1387)年～文明16(1484)年　㊞安叟宗楞(あんそうしゅうりょう)
室町時代の曹洞宗の僧。
¶神奈川人(あんそうしゅうりょう), 戦辞(㊎文明16年9月22日(1484年10月11日)), 日人, 仏教(㊎文明16(1484)年9月22日)

**安尊** あんそん
？ ～応徳(1084～1087)年
平安時代中期の天台宗の僧。
¶人名, 日人(生没年不詳), 仏教(㊎応徳年間(1084～1087年))

**安達** あんだち
生没年不詳
飛鳥時代の留学僧。
¶日人, 仏教

**安仲了康** あんちゅうりょうこう
生没年不詳
戦国時代の曹洞宗の僧。
¶仏教

**安澄** あんちょう
天平宝字7(763)年～弘仁5(814)年3月1日
奈良時代～平安時代前期の大安寺の学僧。
¶国史, 国書, 古人, 古代, 古代普, 古中, コン改, コン4, コン5, 史人, 新潮, 人名, 全書, 日人, 仏教, 仏史, 平史

**安定尼公** あんていにこう
生没年不詳
奈良時代の女性。尼僧。
¶女性

**安藤覚** あんどうかく
明治32(1899)年6月～昭和42(1967)年11月27日
昭和期の政治家、僧侶。衆議院議員。厚生政務次官、衆院日韓特別委員長などを歴任。
¶神奈川人, 神奈川百, 現情(㊐1899年6月16日), コン改, コン4, コン5, ジ人1, 人名7, 世紀, 政治, 姓氏神奈川, 日人(㊐明治32(1899)年6月16日)

**安藤国重** あんどうくにしげ
明治2(1869)年～昭和14(1939)年
明治～昭和期の神職。
¶神人

**安藤重満** あんどうしげみつ
天明3(1783)年～弘化2(1845)年
江戸時代中期～後期の神官。
¶福島百

**安藤州一** あんどうしゅういち
明治～昭和期の僧侶。
¶真宗

**安藤順正** あんどうじゅんせい
？ ～永禄7(1564)年
戦国時代～安土桃山時代の僧。円光寺の住職。
¶姓氏愛知

**安藤徇之介** あんどうじゅんのすけ
明治39(1906)年8月8日～昭和37(1962)年7月26日
大正～昭和期の童謡詩人、僧侶。下田海善寺住職。
¶日児

**安藤大心** あんどうたいしん
江戸時代末期～明治期の僧。
¶人名, 日人

**安藤親重** あんどうちかしげ
宝暦7(1757)年～天保5(1834)年12月25日
江戸時代中期～後期の神職。
¶国書5, 福島百

**安藤道契** あんどうどうけい
明治7(1874)年～大正4(1915)年
明治～大正期の僧。玉村川気噴の薬師堂住職。
¶姓氏愛知

**安藤俊雄** あんどうとしお
明治42(1909)年10月12日～昭和48(1973)年12月26日
昭和期の仏教学者、真宗大谷派僧侶。大谷大学学長。
¶現執1期, 現情, 真宗, 人名7, 世紀, 日人, 仏教, 仏人(㊐1910年　㊎1974年)

**安藤仲市** あんどうなかいち
明治33(1900)年2月13日～
大正～昭和期の牧師。日本キングスガーデン理事長、東京キリスト教学園理事長。
¶キリ

**安藤肇** あんどうはじめ
昭和1(1926)年10月14日～
昭和～平成期の牧師。日本基督教団新津田沼教会牧師。
¶現情, 現人, 世紀

**安東平右衛門尉蓮聖** あんどうへいえもんのじょうれんしょう
→安東蓮聖(あんどうれんしょう)

**安藤正純** あんどうまさずみ
明治9(1876)年9月25日～昭和30(1955)年10月14日
昭和期の政治家、日本宗教連盟理事長。東京朝日新聞編集局長を経て衆議院議員。国務相・文相を歴任。
¶近現, 近史2, 現朝, 現情, 現日(㊐1876年9月), 国史, コン改, コン4, コン5, 史人, ジ人1, 社史, 昭人, 真宗, 新潮(㊐明治9(1876)年9月), 人名7, 世紀, 政治, 世人(㊐明治9(1879)年9月25日), 日史, 日人, 履歴, 履歴2

**安東正胤** あんどうまさたね
明治5(1872)年～昭和4(1929)年
明治～昭和期の神職。
¶神人

**安東守季** あんどうもりすえ★
～応永21(1414)年2月2日
室町時代の補陀寺を開基した武将。

¶秋田人2

**安藤嶺丸** あんどうれいがん
明治3(1870)年4月10日～昭和18(1943)年10月29日
明治～昭和期の浄土真宗大谷派僧侶。仏教青年伝道会を創立、鉄道共敬会を結成。
¶朝日(㊤明治3年4月10日(1870年5月10日)), コン改, コン5, 昭人, 新潮, 世紀, 日人, 仏教(㊦昭和18(1943)年12月29日)

**安東蓮聖**(安藤蓮聖) あんどうれんしょう
延応1(1239)年～元徳1(1329)年 ㊀安東平右衛門尉蓮聖(あんどうへいえもんのじょうれんしょう)
鎌倉時代後期の武士、得宗被官、摂津守護代。
¶朝日, 角史(生没年不詳), 鎌室(生没年不詳), 古中, コン改(安東平右衛門尉蓮聖 あんどうへいえもんのじょうれんしょう 生没年不詳), コン4(安東平右衛門尉蓮聖 あんどうへいえもんのじょうれんしょう 生没年不詳), コン5(安東平右衛門尉蓮聖 あんどうへいえもんのじょうれんしょう), 史人(安藤蓮聖), 新潮(生没年不詳), 全書, 中世, 内乱, 日史(㊦元徳1(1329)年6月19日), 日人, 百科, 兵庫百(生没年不詳), 平日(㊤1239 ㊦1329), 北条, 山川小(安藤蓮聖), 歴大

**アントニオ**
天正12(1584)年～慶長1(1596)年
安土桃山時代のキリシタン。日本二十六聖人。
¶長崎歴

**安恵**(安慧) あんね
→安慧(1)(あんえ)

**安然** あんねん
承和8(841)年～? ㊀阿覚大師(あかくだいし), 五大院大徳(ごだいいんだいとく)
平安時代前期～中期の天台宗の僧。天台密教の大成者。
¶朝日, 岩史(生没年不詳), 音楽, 角史, 神奈川人, 郷土滋賀(生没年不詳), 国史(生没年不詳), 国書(生没年不詳), 古史(生没年不詳), 古人, 古代, 古代普, 古中(生没年不詳), コン改(生没年不詳), コン4(生没年不詳), コン5, 史人(㊤841年? ㊦915年?), 思想史, 人書94, 新潮(生没年不詳), 人名, 姓氏神奈川(㊦901年), 姓氏京都(生没年不詳), 世人(㊦延喜15(915)年2月15日), 全書(㊦915年?), 大百, 日音(㊦延喜15(915)年), 日思(㊦寛平1、一説延喜15没(889、一説915没)年), 日史, 日人, 百科, 仏教(㊤承和8(841)年? ㊦延喜15(915)年?), 仏史(生没年不詳), 仏人(㊤? ㊦884年), 平史(生没年不詳), 名僧(生没年不詳), 山形百, 歴大(㊦902年)

**安然蘭渚** あんねんらんしゃ
生没年不詳
江戸時代前期の曹洞宗の僧。
¶国書

**安宝** あんぽう
平安時代前期の僧。
¶古代, 古代普, 日人(生没年不詳)

**安法** あんぽう
生没年不詳 ㊀安法法師(あんぽうほうし), 源趁(みなもとのちん)
平安時代の歌人。
¶朝日, 国史, 国書, 古人, 古中, 詩作(安法法師 あんぽうほうし), 史人, 新潮, 人名(源趁 みなもとのちん), 日人, 平史, 和俳, 和俳(源趁 みなもとのちん)

**安法法師** あんぽうほうし
→安法(あんぽう)

**安楽** あんらく
→遵西(じゅんさい)

**安楽庵策伝** あんらくあんさくでん
天文23(1554)年～寛永19(1642)年1月8日 ㊀策伝(さくでん)
安土桃山時代～江戸時代前期の浄土宗の僧。落語家の元祖。
¶朝日(策伝 さくでん ㊦寛永19年1月8日(1642年2月7日)), 岩史, 江人, 角史, 京都, 京都大, 近世(策伝 さくでん), 芸能, 国史(策伝 さくでん), 国書, コン改, コン4, コン5, 詩歌, 史人, 植物(㊦寛永19年1月8日(1642年2月7日)), 人書79, 人書94, 人情3, 新潮, 新文, 人名(策伝 さくでん), 姓氏京都, 世人, 全書, 大百, 茶道, 日史, 日人, 日文, 飛騨, 百科, 仏教(策伝 さくでん), 仏史(策伝 さくでん), 仏人(策伝 さくでん), 文学, 名僧(策伝 さくでん), 歴大, 和俳

**安楽寺顕阿** あんらくじけんあ
生没年不詳
江戸時代後期の歌僧。
¶東三河

**安楽寺善喜** あんらくじぜんき
生没年不詳
江戸時代中期の高根村の安楽寺の開基。
¶飛騨

**安楽尼** あんらくに
承平4(934)年～寛弘8(1011)年
平安時代中期の女性往生者。
¶朝日(㊦寛弘8年1月1日(1011年2月6日)), 日人, 仏教(㊦寛弘8(1011)年1月1日)

**安立坊周玉** あんりつぼうしゅうぎょく
→安立坊周玉(あんりゅうぼうしゅうぎょく)

**安竜智穏** あんりゅうちおん
生没年不詳
江戸時代後期の曹洞宗の僧。
¶国書

**安立坊周玉** あんりゅうぼうしゅうぎょく
生没年不詳 ㊀安立坊周玉(あんりつぼうしゅうぎょく)
江戸時代前期の浄土宗高田派安立寺の僧、池坊の

奥義伝承者。
¶朝日(㊤慶長12(1607)年　㊦貞享2年8月1日(1685年8月30日)), 京都大, 国書(あんりつぼうしゅうぎょく), 新潮, 姓氏京都(あんりつぼうしゅうぎょく), 世人(あんりつぼうしゅうぎょく), 日人(㊤1607年　㊦1685年)

## 【い】

**惟庵** いあん
？ ～明治13(1880)年
江戸時代後期～明治期の僧侶。
¶大分歴

**以安智察** いあんちさつ
永正11(1514)年～天正15(1587)年　㊕智察(ちさつ)
戦国時代～安土桃山時代の臨済宗の僧。
¶国書(㊦天正15(1587)年3月26日), 人名, 日人, 仏教(㊦天正15(1587)年2月26日), 仏人(智察　ちさつ)

**飯清** いいきよし
大正11(1922)年2月9日～平成7(1995)年8月10日
昭和～平成期の牧師。
¶現情, 日Y

**飯久保貞次** いいくぼていじ
慶応3(1867)年11月23日～昭和13(1938)年10月23日
明治～昭和期の日本メソジスト協会牧師。
¶埼玉人

**飯坂円収** いいざかえんしゅう
明治7(1874)年～昭和9(1934)年
明治～昭和期の僧侶・文学者。
¶姓氏岩手

**飯坂弥五郎** いいざかやごろう, いいさかやごろう
文化5(1808)年～明治23(1890)年
江戸時代後期～明治期の宮大工。
¶姓氏岩手(いいさかやごろう), 美建

**飯篠盛繁** いいざさもりしげ
生没年不詳
戦国時代の神道流の刀槍術を継承。香取新福寺住持秀繁代。飯篠盛秀の子。
¶戦房総

**飯篠盛綱** いいざさもりつな
生没年不詳
戦国時代の神道流の刀槍術継承者。飯篠盛信の子。
¶戦房総

**飯篠盛秀** いいざさもりひで
生没年不詳
戦国時代の神道流の刀槍術継承者。香取新福寺住持秀鑑和尚代。飯篠盛綱の子。
¶戦房総

**飯山寺善行** いいざんじぜんぎょう
生没年不詳
江戸時代前期の真言の行者。
¶飛騨

い

**飯塚哲英** いいずかてつえい★
明治23(1890)年3月27日～昭和28(1953)年11月30日
大正・昭和期の僧。和田の陽田寺住職。
¶秋田人2

**飯田岩治郎** いいだいわじろう
安政5(1858)年～明治40(1907)年
明治期の宗教家。
¶日人, 明大1(㊤安政5(1858)年3月23日　㊦明治40(1907)年5月16日)

**飯田栄次郎** いいだえいじろう
嘉永4(1851)年9月13日～大正13(1924)年6月3日
江戸時代末期～大正期の日本聖公会司祭。
¶埼玉人

**飯田主膳** いいだしゅぜん
生没年不詳
江戸時代中期の峯ヶ岡八幡神社の神官。
¶埼玉人

**飯田武郷** いいだたけさと
文政10(1827)年12月6日～明治33(1900)年8月26日
江戸時代末期～明治期の国学者、信濃高島藩士。尊皇運動に奔走。維新後は東大などで教鞭を執る。著書に「日本書紀通釈」。
¶朝日(㊤文政10年12月6日(1828年1月22日)), 維新, 江文, 郷土長野, 近現, 近世, 近文(㊤1829年　㊦1901年), 広7, 国史, コン改, コン4, コン5, 詩歌, 史研, 史人, 神史, 神人(㊦明治33(1900)年8月27日), 新潮, 人名, 姓氏長野, 世百(㊤1828年　㊦1901年), 長野百, 長野歴, 日史, 日人(㊤1828年), 幕末, 幕末大, 藩臣3, 百科, 明治史, 明大2, 歴大, 和俳

**飯田忠純** いいだただすみ
明治31(1898)年10月12日～昭和11(1936)年12月14日
明治～昭和期のイスラム研究家、歌人、作詞家。
¶日エ

**飯田梲隠** いいだとういん
文久3(1863)年～昭和12(1937)年
明治～昭和期の曹洞宗の僧、医師。
¶仏人

**飯田俊子** いいだとしこ
文化14(1817)年～明治16(1883)年
江戸時代末期～明治期の歌人。本居大平に師事し、歌集に「飯田俊子集」。
¶江表(俊子(鳥取県)), 女性(㊤文化14(1817)年5月10日　㊦明治16(1883)年12月26日), 女性普(㊤文化14(1817)年5月10日　㊦明治16(1883)年12月26日), 人名, 日人, 和俳

い

**飯田年平**　いいだとしひら
文政3（1820）年～明治19（1886）年6月26日
江戸時代末期～明治期の国学者、歌人。鳥取藩国学所教授。明治以後は神祇大録、式部大属を歴任。
¶朝日，維新，近文，国書（㊐文政3（1820）年8月），コン改，コン4，コン5，神人（㊐文政3（1820）年8月6日），新潮（㊐文政3（1820）年8月），人名，鳥取百，日人，幕末，幕末大，藩臣5，百科，和俳

**飯田秀臣**　いいだひでおみ
文化12（1815）年～嘉永2（1849）年7月30日
江戸時代後期の神職。
¶国書

**飯田文吉**　いいだぶんきち
明治6（1873）年～昭和25（1950）年
明治～昭和期の宗教家。
¶神奈川人

**飯田正紀**　いいだまさのり
宝永5（1708）年～宝暦3（1753）年
江戸時代中期の歌人。
¶人名，日人（㊀1754年），山梨百（㊐宝永4（1707）年），和俳

**飯田利行**　いいだりぎょう
明治44（1911）年～
昭和期の中国語・中国文学者、僧侶。専修大学教授。
¶現執1期

**飯田良伝**　いいだりょうでん
明治13（1880）年～昭和29（1954）年
明治～昭和期の僧侶。
¶神奈川人

**飯田和平**　いいだわへい
～明治9（1876）年10月24日
江戸時代後期～明治期の神職。
¶神人

**以一**　いいち
？　～元中5/嘉慶2（1388）年1月25日？
南北朝時代の曹洞宗の僧。永安寺7世。
¶仏教

**惟一成允**　いいちじょういん
寛政1（1789）年～文久1（1861）年11月1日
江戸時代後期～末期の曹洞宗の僧。
¶国書

**伊井智量**　いいちりょう
嘉永4（1851）年3月6日～明治44（1911）年3月26日
江戸時代後期～明治期の僧侶。
¶真宗，和歌山人

**飯塚栄山**　いいづかえいざん
明治25（1892）年～昭和33（1958）年
大正～昭和期の僧侶。
¶群馬人

**飯塚正人**　いいづかまさと
昭和35（1960）年9月26日～
昭和～平成期のイスラム教、中東地域研究者。東京外国語大学アジア・アフリカ言語文化研究所助教授。
¶現執4期

**飯沼伊勢**　いいぬまいせ
生没年不詳
江戸時代後期の大住郡戸川村天王社祠官。
¶神奈川人

**飯沼竜遠**　いいぬまりゅうおん
明治21（1888）年6月22日～昭和44（1969）年6月24日
明治～昭和期の心理学者、日蓮宗僧侶。立正大学教授・学長。
¶現情，昭人，心理，世紀，仏教

**飯野吉三郎**　いいのきちさぶろう
慶応3（1867）年～昭和19（1944）年2月3日　㊙穏田の行者（おんでんのぎょうじゃ）
明治～大正期の宗教家、神道行者。予言能力により政財界・皇室に影響を及ぼした。
¶近現，現日，国史，コン改，コン5，史人，神史，新潮，人名7，世紀，日史，日人，百科，明治史，明大1，履歴（㊐慶応3（1867）年8月2日），履歴2（㊐慶応3（1867）年8月2日），歴大

**飯野十造**　いいのじゅうぞう
明治19（1886）年～昭和42（1967）年
明治～昭和期の牧師、救癩運動の先駆者。
¶静岡百，静岡歴，姓氏静岡

**飲間覚順**　いいまかくじゅん★
昭和期の人。樺太大泊町真言寺住職。
¶外図

**怡雲元悦**　いうんげんえつ
？　～元禄1（1688）年
江戸時代前期の黄檗宗の僧。
¶人名，日人

**怡雲宗悦**　いうんしゅうえつ
→怡雲宗悦（いうんそうえつ）

**怡雲浄育**　いうんじょういく
生没年不詳
江戸時代中期の黄檗宗の僧。
¶黄檗

**怡雲宗悦**　いうんそうえつ
永正15（1518）年～天正17（1589）年　㊙宗悦（そうえつ），怡雲宗悦（いうんしゅうえつ）
室町時代の臨済宗の僧。
¶大分歴，人名（いうんしゅうえつ　㊐1501年），戦人（宗悦　そうえつ），日人，仏教（㊀天正17（1589）年8月8日）

**怡雲如欣**　いうんにょごん
？　～文安5（1448）年
室町時代の曹洞宗の僧。
¶日人，仏教（㊀文安5（1448）年9月5日）

**家貞**　いえさだ
承応1（1652）年～享保7（1722）年9月23日

い

江戸時代前期〜中期の平野神社禰宜。
¶公家

**家田荘子** いえだしょうこ
昭和33(1958)年7月22日〜
昭和〜平成期のノンフィクション作家、尼僧。主な著書に「極道の妻たち」「私を抱いてそしてキスして」など。
¶小説, 世紀, テレ, 日女, 日人, マス89

**家田隆現** いえだりゅうげん
昭和2(1927)年〜
昭和〜平成期の浄土真宗本願寺派僧侶。西雲院住職。人形劇団や幼稚園を設置・運営。著書「み仏と幼育行動」「言葉と表現」など。
¶現執3期

**伊江朝貞** いえちょうてい
明治8(1875)年11月28日〜昭和26(1951)年12月21日
明治〜昭和期の医師、牧師。
¶沖縄百

**以円** いえん
？　〜天喜(1053〜1058)年
平安時代中期の天台宗の僧。
¶古人, 人名, 日人(生没年不詳), 仏教(㊣天喜年間(1053〜1058年)), 平史(生没年不詳)

**惟琰** いえん
享保12(1727)年〜文化14(1817)年
江戸時代中期〜後期の臨済宗の僧。
¶仏人

**意翁円浄** いおうえんじょう
生没年不詳
鎌倉時代後期の臨済宗の僧。
¶仏教

**伊福部久経** いおきべのひさつね
平安時代後期の祀官。
¶古人, 平史(生没年不詳)

**井貝智賢** いがいちけん
安政3(1856)年〜昭和6(1931)年7月1日
明治〜昭和期の学僧。
¶徳島百

**伊覚** いかく
平安時代後期の東大寺僧。
¶古人, 平史(生没年不詳)

**意覚** いかく
？　〜元禄15(1702)年1月25日
江戸時代前期〜中期の浄土宗の僧。
¶仏教(㊣元禄15(1702)年1月25日, (異説)1月22日？)

**伊香子厚行** いかごあつゆき
生没年不詳
平安時代前期〜中期の神職・歌人。
¶国書

**井門富二夫** いかどふじお
大正13(1924)年10月2日〜
昭和〜平成期の宗教学者。筑波大学教授。比較文化論・大学論などを研究。著書に「市民の大学」「世俗社会の宗教」など。
¶現執1期, 現執3期, 現情, 世紀, マス89

**五十嵐顕道** いからしけんどう
明治21(1888)年4月5日〜昭和54(1979)年5月3日
大正〜昭和期の僧侶。
¶庄内

**五十嵐賢隆** いがらしけんりゅう★
明治39(1906)年〜昭和60(1985)年3月26日
明治〜昭和期の住職、保護司、教誨師。荒川区慈眼寺住職。
¶外図

**五十嵐正** いがらしただし
明治5(1872)年10月19日〜昭和22(1947)年1月5日
明治〜昭和期の教育者、牧師。東北学院中学部長。
¶埼玉人

**五十嵐久貞** いがらしひささだ
享保18(1733)年〜寛政11(1799)年8月18日
江戸時代中期〜後期の神道家。
¶国書

**五十嵐明宝** いがらしみょうほう
昭和10(1935)年8月22日〜
昭和〜平成期の仏教学者、浄土真宗本願寺派僧侶。大東文化大学教授。著書に「私たちの浄土真宗」「大宝海」など。
¶現執3期

**五十嵐嶺秀** いからしれいしゅう
明治6(1873)年3月10日〜昭和34(1959)年12月18日
明治〜昭和期の僧侶。
¶庄内

**井川定慶** いかわじょうけい
明治31(1898)年12月18日〜昭和52(1977)年5月27日
昭和期の歴史学者。羽衣学園短期大学教授。仏教史(浄土宗史)を研究。
¶史研, 世紀, 仏教

**以貫** いかん
文明3(1471)年〜天文9(1540)年10月5日
戦国時代の曹洞宗の僧。
¶仏教(㊤文明3(1471)年, (異説)文明2(1470)年)

**惟寛** いかん
〜安政1(1854)年
江戸時代後期〜末期の画僧。
¶新潟百

**維寛** いかん
生没年不詳
平安時代後期の真言宗の僧。

¶仏教

**威巌瑞雄** いがんずいゆう
？　～天正12（1584）年1月13日
安土桃山時代の曹洞宗の僧。
¶仏教（[没]天正12（1584）年1月13日，（異説）永禄6（1563）年）

**伊岐則政（正）** いきののりまさ
平安時代中期の神祇官人。
¶古人（伊岐則政）

**伊岐正真** いきのまさざね
平安時代中期の神祇官人。
¶古人

**伊伎雪雄** いきのゆきお
～延喜22（922）年
平安時代中期の神官。松尾月読社長官。
¶古人

**噫慶** いきょう
寛永18（1641）年～享保3（1718）年
江戸時代前期～中期の浄土真宗の僧。
¶国書，仏教（[没]享保3（1718）年11月24日）

**伊堯** いぎょう
→天室伊堯（てんしついぎょう）

**意楽** いぎょう
寛正6（1465）年～永正15（1518）年10月9日
室町時代～戦国時代の僧。相模の清浄光寺22代遊行上人。
¶戦辞

**惟杏永哲** いきょうえいてつ
→永哲（えいてつ）

**以空** いくう
寛永13（1636）年～享保4（1719）年7月13日
江戸時代前期～中期の真言宗の僧。
¶国書，仏教，仏人

**生江家道女** いくえのいえみちめ
[別]生江臣家道女（いくえのおみいえみちめ）
奈良時代～平安時代前期の女性。優婆夷。
¶古人，古代（生江臣家道女　いくえのおみいえみちめ），古代普（生江臣家道女　いくえのおみいえみちめ），女史，女性（生没年不詳），姓氏京都（生没年不詳），日人（生没年不詳），平史（生没年不詳）

**生江臣家道女** いくえのおみいえみちめ
→生江家道女（いくえのいえみちめ）

**生島瑞穂** いくしまみずほ
？　～明治29（1896）年1月17日
江戸時代末期～明治期の国学者、神官。
¶徳島歴

**生田長浩** いくたながひろ
明治11（1878）年～昭和18（1943）年
明治～昭和期の神職。
¶神人

**生玉慈照** いくたまじしょう
明治11（1878）年～昭和47（1972）年
明治～昭和期の僧、日曜学校開設。
¶青森人

**井口喜源治** いぐちきげんじ
明治3（1870）年～昭和13（1938）年7月21日　[別]井口喜源治（いのぐちきげんじ）
明治～昭和期の教育家。研成義塾を創立し、青年教育に当たる。
¶郷土長野，キリ（[生]明治3年4月3日（1870年5月3日）），思想史，世紀（[生]明治3（1870）年5月2日），姓氏長野，哲学，長野百，長野歴，日人（[生]明治3（1870）年6月1日），民学（[没]昭和3（1928）年），明治史（いのぐちきげんじ），明大2（[生]明治3（1870）年5月2日），歴大

**井口喜四郎** いぐちきしろう
明治3（1870）年～昭和17（1942）年
明治～昭和期の神道実行教の教師大教正。
¶静岡歴，姓氏静岡

**井口糺**（井口糾） いぐちただす
天保14（1843）年8月13日～明治38（1905）年1月16日　[別]井口糺（いのくちただす，いのぐちただす）
江戸時代末期～明治期の教育者、祠官。
¶秋田人2，維新，人名（井口糾　[生]1835年　[没]1897年），世紀（いのくちただす），日人，幕末（いのぐちただす），幕末大（いのぐちただす），藩臣1（いのぐちただす），明大2（いのくちただす）

**井口貞法尼** いぐちていほうに
嘉永4（1851）年～大正10（1921）年7月23日
明治～大正期の尼僧。柳原庵3代。独力で孤児、貧困児の救済に尽力。
¶女性，女性普，世紀（[生]嘉永4（1851）年2月25日），日人，仏人，明大1（[生]嘉永4（1851）年2月25日）

**井口知行** いぐちともゆき
大正10（1921）年1月1日～
昭和～平成期の歌人、僧職。
¶富山文

**郁芳随円** いくほうずいえん
慶応3（1867）年～昭和20（1945）年
明治～昭和期の浄土宗僧侶。浄土宗管長、知恩院81世。
¶仏人

**生馬仙** いくません
→生馬仙（いこません）

**伊久間隆本** いくまりゅうほん
明治30（1897）年～昭和43（1968）年
大正～昭和期の政治家。群馬県議会議員、僧侶。
¶群馬人

**生桑完明** いくわかんみょう
明治25（1892）年11月21日～昭和50（1975）年1月20日
明治～昭和期の僧侶。

¶真宗

**池穴伊豆** いけあないず
江戸時代前期の紀伊国牟婁郡熊野本宮大社の神官。
¶大坂

**渭継** いけい
生没年不詳 ㊙渭継尼（いけいに）
戦国時代の女性。尼僧。小弓御所足利義明の妹。
¶朝日，女性（渭継尼 いけいに），戦辞（渭継尼 いけいに），日人

**怡渓宗悦** いけいしゅうえつ
→怡渓宗悦（いけいそうえつ）

**惟馨周徳** いけいしゅうとく
㊙周徳（しゅうとく）
戦国時代の画僧。
¶新潮（生没年不詳），人名（周徳 しゅうとく），日人（生没年不詳），美家，仏教（生没年不詳），名画

**怡渓宗悦** いけいそうえつ
正保1（1644）年～正徳4（1714）年5月2日 ㊙怡渓宗悦（いけいしゅうえつ），宗悦（そうえつ）
江戸時代前期～中期の茶人。石州流怡渓派の祖。
¶近世，国史，国書，コン改，コン4，コン5，史人，新潮，人名（いけいしゅうえつ），茶道，日人，仏教，仏史

**渭継尼**(1) いけいに
→渭継（いけい）

**渭継尼**(2) いけいに
生没年不詳
戦国時代の東慶寺（鎌倉）住職。松岡殿。小弓公方足利義明の妹。
¶戦房総

**維馨梵桂**（惟馨梵桂） いけいぼんけい
*～延徳2（1490）年12月5日
室町時代～戦国時代の五山禅僧。
¶鎌室（㊐応永10（1403）年），国書（㊐応永11（1404）年），人名（惟馨梵桂 ㊐1403年），日人（㊐1404年 ㊎1491年）

**池上慧澄** いけがみえちょう
安政3（1856）年2月29日～昭和3（1928）年9月22日
明治～昭和期の僧。
¶世紀，日人，明大1

**池上太郎右衛門** いけがみたろうえもん
鎌倉時代後期の池上本門寺の開基。
¶江戸

**池上僧都** いけがみのそうず
延喜6（906）年～貞元2（977）年
平安時代中期の僧。宇多天皇皇孫、敦固親王王子。
¶人名

**池上雪枝** いけがみゆきえ
文政9（1826）年2月1日～明治24（1891）年5月2日
明治期の社会事業家。易断を営み神道大成教の神官となり祈禱所を設け、感化院を開く。感化院的施設の先駆者。
¶朝日（㊐文政9年2月1日（1826年3月9日）），大阪人（㊎明治24（1891）年5月），大阪墓（㊐文政8（1825）年），近現，近女，国史，女性，女性普，先駆，日人，明大1

**池上良正** いけがみよしまさ
昭和24（1949）年1月1日～
昭和～平成期の宗教学者。駒沢大学文学部教授。
¶現執4期

**池口恵観** いけぐちえかん
昭和11（1936）年11月15日～
昭和～平成期の真言宗密教僧侶。最福寺法主、高野山真言宗伝燈大阿闍梨。真言密教の海外布教に尽力。著書に「密教の秘密」「凶悪霊の法則」など。
¶現執3期，現執4期

**池崎見嶺** いけざきけんれい
？ ～明治39（1906）年
江戸時代末期～明治期の真宗大谷派の僧。
¶姓氏石川

**池田厚子** いけだあつこ
昭和6（1931）年3月7日～
昭和～平成期の女性。伊勢神宮祭主、神社本庁総裁。昭和天皇第四皇女子。伊勢神宮祭主、神社本庁第2代総裁を歴任。
¶岡山百，現朝，現日，諸系，世紀，日人

**池田海晃** いけだかいこう
大正3（1914）年2月3日～平成9（1997）年7月
昭和期の僧侶。空襲により失明、マッサージ治療院を設立。
¶視覚

**池田清直** いけだきよなお
文化9（1812）年～安政5（1858）年
江戸時代末期の大名。因幡鳥取西館藩主。
¶諸系，神人（生没年不詳），日人，藩主4（㊐文化9（1812）年8月15日 ㊎安政5（1858）年8月6日）

**池田栄** いけださかえ
明治34（1901）年9月30日～
昭和期の宗教学者。京都大学教授。
¶現執1期，現執2期

**池田里之助** いけださとのすけ
明治元（1868）年8月8日～昭和14（1939）年9月19日
明治～昭和期の神官。3代目。
¶町田歴

**池田純義** いけだすみよし
大正14（1925）年7月15日～平成8（1996）年11月11日
昭和～平成期の歌人、神官。同人誌「面」を創刊。歌集に「黄沙」「風響む」。
¶現情，世紀，日人

**池田大作** いけだだいさく
昭和3（1928）年1月2日～
昭和～平成期の宗教家。創価学会インタナショナ

い

ル会長。創価学会会長をつとめ、国内外の布教活動で組織を拡大。創価大学、富士美術館などを創立・開設。
¶現朝，現執1期，現執2期，現執3期，現執4期，現情，現人，現日，コン4，コン5，新潮，世紀，世人，日児，日人，日本，平和，履歴，履歴2

**池田千代蔵** いけだちよぞう
文政5(1822)年～明治19(1886)年
江戸時代後期～明治期の宗教家。
¶岡山百

**池田月子** いけだつきこ
明治7(1874)年～昭和9(1934)年7月18日
明治～昭和期の新聞経営者・オークランド仏教会会長。
¶埼玉人

**池田貞道** いけだていどう
？ ～大正6(1917)年8月23日
明治～大正期の僧侶・慈善事業家。
¶埼玉人

**池田道林** いけだどうりん
天保5(1834)年～大正5(1916)年
明治～大正期の僧、政治家。岩手県議会議員、第20世正覚寺住職。
¶姓氏岩手

**池田敏雄** いけだとしお
昭和3(1928)年～
昭和期のカトリック司祭、哲学・神学者。聖パウロ学園理事長。
¶現執1期

**池田豊人** いけだとよと
昭和3(1928)年8月24日～
昭和期の禅学者、僧侶。
¶現執2期

**池田祐孝** いけだゆうこう
昭和12(1937)年8月14日～昭和63(1988)年9月5日
昭和期の宗教家、作曲家、指揮者。
¶富山百

**池田良慶** いけだりょうけい
寛政5(1793)年～文久1(1861)年
江戸時代後期～末期の僧侶。
¶姓氏長野

**池田魯参** いけだろさん
昭和16(1941)年6月12日～
昭和～平成期の仏教学者。駒沢大学教授。中国仏教、天台教学を研究。著書に「国清百録の研究」「摩訶止観研究序説」など。
¶現執1期，現執2期，現執3期

**池永厚** いけながあつし
明治期の神職。明治6年宇佐神宮少宮司に就任した。
¶神人

**池永重業** いけながしげなり
嘉永2(1849)年～明治38(1905)年
明治期の神職。
¶神人(㊊嘉永2(1849)年10月　㊦明治38(1905)年8月18日)，日人

**池永重則** いけながしげのり
？ ～慶長5(1600)年
安土桃山時代の神主・神官、武将。大友氏家臣。
¶戦人

**池永静馬** いけながしずま
嘉永2(1849)年～明治38(1905)年
明治期の祠官。神職委員総代。神職委員総代として各臣、貴衆両議員に諜り、神社局の設立に尽力。
¶人名，長崎遊

**池野観了** いけのかんりょう
宝暦3(1753)年～天保1(1830)年
江戸時代中期～後期の絵師、僧侶。
¶石川百

**池辺氷田** いけのべのひた
→池辺氷田(いけべのひた)

**池坊専永** いけのぼうせんえい
昭和8(1933)年7月21日～
昭和～平成期の華道家、僧侶。池坊家元(45代目)、六角堂頂法寺住職。比叡山で修行し、流派の改革をめざす。著書に「池坊いけばな入門」。
¶現朝，現情，現人，現日，世紀，日人

**池坊専応** いけのぼうせんおう
文明14(1482)年～天文12(1543)年　㊎池坊専応(いけのぼうせんのう)
戦国時代の立花の宗匠。
¶朝日(生没年不詳)，角史(生没年不詳)，京都(生没年不詳)，京都大(いけのぼうせんのう ㊊？)，国書，コン改(生没年不詳)，コン4(生没年不詳)，コン5，史人(いけのぼうせんのう)，重要(生没年不詳)，植物，新潮(生没年不詳)，姓氏京都(生没年不詳)，世人(生没年不詳)，全書(いけのぼうせんのう)，戦人，戦補，大百，茶道，日思(いけのぼうせんのう ㊊？　㊦？)，日人，仏教(生没年不詳)，山川小(いけのぼうせんのう)，歴大(生没年不詳)

**池坊専慶** いけのぼうせんけい
生没年不詳
室町時代の僧、立花巧者。池坊花道の元祖。
¶朝日，岩史，鎌室，教育，国史，古中，コン改，コン4，コン5，史人，重要，新潮，姓氏京都，世人，全書，戦補，中世，伝記，日史，日人，仏教，山川小

**池坊専好** いけのぼうせんこう
世襲名　安土桃山時代～江戸時代前期のいけ花作者。
¶京都，京都大，近世，国史，国書，姓氏京都，山川小

**池坊専好〔1代〕** いけのぼうせんこう
＊～元和7(1621)年

安土桃山時代～江戸時代前期の華道家。
¶岩史(㊐天文5(1536)年)，コン改(㊐?)，コン4(池坊専〔1世〕　㊐?)，コン5(――〔1世〕　㊐?)，史人(㊐1536年)，重要(㊐?)，植物(㊐天文10(1541)年)，新潮(㊐1536年?)，人名(㊐1541年)，世百(㊐1540年?　㊍1620年?)，戦人(――〔代数なし〕　生没年不詳)，大百(㊐1541年)，茶道(㊐1541年)，伝記(㊐1535年)，日史(㊐天文10(1541)年)，日人(㊐?)，百科(㊐?)，歴大(生没年不詳)

**池坊専好〔2代〕** いけのぼうせんこう
＊～万治1(1658)年
安土桃山時代～江戸時代前期の僧、専応花道の宗匠。
¶朝日(――〔代数なし〕　㊐天正3(1575)年)，岩史(㊐元亀1(1570)年)，江人(㊐1570年)，コン改(㊐?　㊍万治1(1658)年?)，コン4(㊐?　㊍万治1(1658)年?)，コン5(㊐?　㊍万治1(1658)年?)，史人(㊐1570年)，重要(㊐?　㊍万治1(1658)年?)，植物(㊐天正3(1575)年)，新潮(㊐天正3(1575)年)，人名(㊐1575年)，世人(㊐?)，世百(㊐?　㊍1661年)，全書(㊐1570年)，茶道(㊐1575年)，伝記(㊐1575年)，日史(㊐天正3(1575)年)，日人(㊐1575年?)，百科(㊐?　㊍1659年)，仏教(――〔代数なし〕　㊐?　㊍万治2(1659)年)，歴大(㊐?)

**池坊専順** いけのぼうせんじゅん
→専順(せんじゅん)

**池坊専定** いけのぼうせんじょう
明和6(1769)年～天保3(1832)年
江戸時代中期～後期の華道池坊家元。
¶京都大，国書(㊍天保3(1832)年9月7日)，姓氏京都，日人，仏教

**池坊専応** いけのぼうせんのう
→池坊専応(いけのぼうせんおう)

**池坊専明** いけのぼうせんみょう
寛政5(1793)年3月18日～元治1(1864)年7月22日
江戸時代後期～末期の華道家。
¶京都大，国書，姓氏京都

**池坊由紀** いけのぼうゆき
昭和40(1965)年9月20日～
昭和～平成期の華道家。華道家元池坊次期家元、池坊華道会理事、池坊学園お茶の水学院長、(宗)頂法寺副住職。
¶現執4期

**池原雅寿** いけはらがじゅ
嘉永3(1850)年11月27日～大正13(1924)年9月18日
明治～大正期の仏教学者、真宗大谷派僧侶。大谷大学名誉教授。
¶真宗，姓氏富山(㊐1851年　㊍?)，富山百，仏教，明大2

**溝辺直(欠名)** いけべのあたい
飛鳥時代の仏師。
¶古代(溝辺直)，古代普(溝辺直)

**池辺直氷田** いけべのあたいひた，いけべのあたいひだ
→池辺氷田(いけべのひた)

**池辺氷田** いけべのひた
生没年不詳　㊀池辺直氷田(いけべのあたいひた，いけべのあたいひだ)，池辺氷田(いけのべのひた)
飛鳥時代の仏教信者。
¶朝日，古人(いけのべのひた)，古代(池辺直氷田　いけべのあたいひた)，古代普(池辺直氷田　いけべのあたいひた)，史人(いけのべのひた)，新潮(池辺直氷田　いけべのあたいひだ)，日史，日人，美建，百科

**池本重臣** いけもとじゅうしん
大正2(1913)年1月3日～昭和43(1968)年12月17日
昭和期の浄土真宗本願寺派学僧。光照寺住職、龍谷大学教授。
¶真宗，仏教

**池山栄吉** いけやまえいきち
＊～昭和13(1938)年11月8日
明治～昭和期の篤信者。
¶昭人(㊐明治6(1873)年)，真宗(㊐明治5(1872)年3月15日)

**池山之徳** いけやましとく
明治14(1881)年～昭和53(1978)年
明治～昭和期の神職。乃木神社の宮司。
¶姓氏愛知

**惟賢** いけん
→惟賢(ゆいけん)

**惟高** いこう
→惟高妙安(いこうみょうあん)

**葦航道然** いこうどうぜん
→葦航道然(いこうどうねん)

**葦航道然**(韋航道然) いこうどうねん
承久1(1219)年～正安3(1301)年12月6日　㊀葦航道然(いこうどうぜん)
鎌倉時代の臨済宗の僧。
¶神奈川人(韋航道然)，鎌倉，鎌室，新潮，人名，長野百(いこうどうぜん)，長野歴，日人(㊍1302年)，仏教

**惟高妙安** いこうみょうあん
文明12(1480)年～永禄10(1567)年12月3日
㊀惟高(いこう，ゆいこう)，惟高妙安(ゆいこうみょうあん)，妙安(みょうあん)
戦国時代の臨済宗の僧。
¶朝日(㊍永禄10年12月3日(1568年1月2日))，国書，史人，思想史，島根歴，新潮，世人，戦辞(㊍永禄10年12月2日(1568年1月1日))，戦人(妙安　みょうあん)，武田(㊐天文15(1546)年　㊍天正10(1582)年)，日史，日人(㊍1568年)，百科，仏教(ゆいこうみょうあん)，山梨百(惟高　ゆいこう)

い

**生駒孝彰** いこまこうしょう
昭和13(1938)年6月28日～
昭和～平成期の宗教学者。米国史・アメリカ現代宗教を研究。著書に「迷えるアメリカの心」「ブラウン管の神々」など。
¶現執3期，現執4期

**生馬仙** いこません
生没年不詳 [別]生馬仙(いくません)
平安時代前期～中期の行者。
¶大阪人(いくません)，人名(いくません)，日人，仏教

**惟済** いさい
生没年不詳 [別]惟済(ゆいせい)
平安時代前期の僧侶・歌人。
¶国書，古人(ゆいせい)，平史(ゆいせい)

**井坂徳辰** いさかあつとき
→井坂徳辰(いざかのりとき)

**井阪徳辰** いさかあつとき★
文化8(1811)年5月4日～明治14(1881)年
江戸時代後期～明治期の神官。
¶三重

**井坂徳辰** いざかのりとき
文化8(1811)年5月4日～明治14(1881)年7月31日 [別]井坂徳辰(いさかあつとき)
江戸時代末期～明治期の国学者。
¶国書(いさかあつとき)，神人，人名，日人

**率川秀宣** いさがわひでのり
江戸時代末期～明治期の僧侶。元興福寺学侶・春日大社新社司。
¶華請

**伊佐庭如矢** いさにわゆきや
文政11(1828)年～明治40(1907)年9月4日
江戸時代末期～明治期の漢学者、官僚。維新後、愛媛県の幹部。
¶愛媛，愛媛人，愛媛百([生]文政11(1828)年9月12日)，郷土愛媛，日人，幕末，幕末大

**砂山せつ子** いさやませつこ
明治44(1911)年12月18日～平成14(2002)年2月26日
昭和期のキリスト教徒。
¶視覚

**井沢十郎左衛門** いざわじゅうろうざえもん
→井沢蟠竜(いざわばんりゅう)

**井沢勝什** いざわしょうじゅう
明治期の僧侶。
¶真宗

**井沢勝詮** いざわしょうせん
明治期の僧侶。
¶真宗

**伊沢善助** いざわぜんすけ
天明6(1786)年～？
江戸時代中期の仏師。
¶神奈川人，姓氏神奈川，美建

**井沢長秀** いざわながひで
→井沢蟠竜(いざわばんりゅう)

**井沢蟠竜** いざわばんりゅう
寛文8(1668)年～享保15(1730)年12月3日 [別]井沢十郎左衛門(いざわじゅうろうざえもん)，井沢長秀(いざわながひで)，井沢蟠竜(いざわばんりょう)
江戸時代中期の神道家。肥後熊本藩士。
¶朝日(井沢長秀　いざわながひで　[没]享保15年12月3日(1731年1月10日))，教育，近世，熊本人，熊本百，剣豪(井沢十郎左衛門　いざわじゅうろうざえもん)，考古(井沢長秀　いざわながひで)，国史，国書(いざわばんりょう　[没]享保15(1730)年12月30日)，史人，神史，人書94(いざわばんりょう)，神人，新潮，人名(いざわばんりょう)，日人(いざわばんりょう　[没]1731年)，藩臣7

**井沢蟠竜** いざわばんりょう
→井沢蟠竜(いざわばんりゅう)

**位産** いさん
天正15(1587)年～慶安5(1652)年8月20日
江戸時代前期の浄土宗の僧。
¶国書，日人，仏教

**惟三宗叔** いさんしゅうしゅく
→惟三宗叔(いさんそうしゅく)

**伊山祖安** いさんそあん
天明8(1788)年～元治1(1864)年
江戸時代後期の臨済宗の僧。
¶人名，日人，仏教([没]元治1(1864)年5月16日)

**惟三宗叔** いさんそうしゅく
生没年不詳 [別]惟三宗叔(いさんしゅうしゅく)
室町時代～戦国時代の臨済宗の僧。大徳寺38世。
¶人名(いさんしゅうしゅく)，日人，仏教

**石井伊左衛門** いしいいざえもん
江戸時代中期の下野国下稲葉村の義民。
¶コン改(生没年不詳)，コン4(生没年不詳)，コン5，人名，栃木歴，日人(生没年不詳)

**石井以豆美** いしいいずみ
天保11(1840)年～大正3(1914)年
江戸時代末期～大正期の神官・教育者。
¶多摩

**石井勝弥** いしいかつや
安政4(1857)年～昭和21(1946)年
明治～昭和期の福島県の自由民権運動家、のちプロテスタントの牧師。
¶福島百

**石井教道** いしいきょうどう
明治19(1886)年12月23日～昭和37(1962)年8月9日
明治～昭和期の仏教学者、浄土宗僧侶。大正大学名誉教授、准司教。
¶現情，昭人，人名7，世紀，日人，仏教，仏人

**石井愚鑑** いしいぐかん
天保10(1839)年1月14日～昭和3(1928)年10月17日
明治～昭和期の僧侶・特殊教育者。
¶埼玉人

**石井研士** いしいけんじ
昭和29(1954)年8月13日～
昭和～平成期の宗教学者。国学院大学神道文化学部教授。
¶現執4期

**石井左近** いしいさこん
→石井佐兵衛(いしいさひょうえ)

**石井佐兵衛** いしいさひょうえ
文化11(1814)年～明治2(1869)年 ㊊石井左近(いしいさこん),石井佐兵衛(いしいさへえ)
江戸時代後期～明治期の宮大工。
¶郷土(石井左近 いしいさこん ㊐明治28(1895)年5月14日 ㊍?), 姓氏長野(いしいさへえ), 長野歴, 美建

**石井佐兵衛** いしいさへえ
→石井佐兵衛(いしいさひょうえ)

**石井鹿之助** いしいしかのすけ
明治14(1881)年～昭和28(1953)年
明治～昭和期の教育家、神職。
¶神人

**石井十次** いしいじゅうじ,いしいじゆうじ
慶応1(1865)年4月11日～大正3(1914)年1月30日
明治期のキリスト教社会事業家。岡山孤児院の創立者で、里親村の企画など生涯孤児教育事業に携わる。
¶朝日(㊐慶応1年4月11日(1865年5月5日)), 岩史, 岡山, 岡山人, 岡山百(㊍大正3(1914)年2月4日), 岡山歴(㊍大正3(1914)年2月4日), 教育, 教人, キリ, 近医, 近現, 近史3, 広7, 国史, コン改, コン5, 史人, 新潮, 人名, 世紀, 世人, 世百, 先駆, 全書, 大百, 哲学, 日史, 日史語(いしいじゆうじ), 日人, 日Y(㊐慶応1(1865)年5月5日), 百科, 風土(いしいじゆうじ), ポプ人, 宮崎百, 宮崎百一, 民学, 明治史, 明大1, 履歴, 履歴2, 歴大

**石井修道** いしいしゅうどう
昭和18(1943)年8月10日～
昭和～平成期の中国禅宗史研究者。
¶現執1期, 現執2期, 現執4期

**石井常覚** いしいじょうかく
天保10(1839)年5月5日～明治37(1904)年5月27日
江戸時代末期・明治期の僧。
¶飛騨

**石井真峯** いしいしんほう
明治26(1893)年～昭和58(1983)年
昭和期の浄土宗僧侶。浄土宗大本山光明寺法主。
¶仏人

**石井日章** いしいにっしょう
明治27(1894)年12月7日～昭和45(1970)年7月18日
明治～昭和期の声明家、僧侶。
¶音人, 新芸, 日音

**石井昌胤** いしいまさたね
明治34(1901)年～平成2(1990)年
大正～平成期の神官。
¶青森人

**石居正己** いしいまさみ
昭和3(1928)年～
昭和期のキリスト教学者。日本ルーテル神学大学教授。
¶現執1期

**石岡信一** いしおかしんいち
昭和6(1931)年～
昭和期の仏教学者。東洋大学東洋研究所勤務。
¶現執1期

**石尾乾介** いしおけんすけ
*～安政6(1859)年
江戸時代後期の岡山藩士、黒住教の篤信者。
¶岡山百(㊐安永5(1776)年), 岡山歴(㊐安永4(1775)年4月25日 ㊍安政6(1859)年11月17日)

**石生隆光** いしおたかみつ
? ～
昭和期の僧侶。安生寺(福岡県京都郡今川村)住職。
¶社史

**石尾有則** いしおゆうそく
安永5(1776)年～
江戸時代中期の神道家・謡曲家。
¶岡山人

**石谷重信** いしがいしげのぶ
生没年不詳
戦国時代の神主・神官。
¶戦人

**イシガオサム**(石賀修)
明治43(1910)年4月1日～平成6(1994)年10月17日
昭和期のキリスト教徒。筑陽学園高教諭。良心的兵役拒否を実行。
¶現朝, 現人, 社史, 世紀, 日エ(石賀修), 日人, 平和

**石垣永将** いしがきえいしょう
? ～尚豊15(1635)年
江戸時代前期の琉球の八重山キリシタン事件の指導者。
¶朝日, 沖縄百(生没年不詳), 史人(㊍1635年?), 姓氏沖縄, 日人

**石上皆応** いしがみかいおう
安政2(1856)年～昭和33(1958)年
明治～昭和期の僧。

¶世紀（[生]安政2（1856）年12月18日　[没]昭和33（1958）年8月3日），日人

**石上清治**　いしがみきよはる
大正期の神職。大正12年竈山神社宮司に就任。
¶神人



**石上善応**　いしがみぜんおう
昭和4（1929）年8月8日～
昭和～平成期の仏教学者。大正大学教授。著書に「東の智恵西の智恵」「仏像―その語りかけるもの」など。
¶現執3期，現執4期

**石神忠真郎**　いしがみただまろ
大正9（1920）年12月1日～平成26（2014）年10月25日
大正～平成期の司教。カトリック那覇司教区初代教区司教。
¶新カト

**石川音次郎**　いしかわおとじろう
明治7（1874）年～昭和28（1953）年6月27日
明治～昭和期のカトリック教会の伝道士（カテキスタ）、文筆家。
¶新カト

**石川角次郎**　いしかわかくじろう
慶応3（1867）年7月3日～昭和4（1929）年12月29日
明治～昭和期の牧師、キリスト教教育者。
¶海越新，キリ，渡航，栃木歴（[没]昭和5（1930）年），明大2（[没]昭和5（1930）年12月）

**石川喜三郎**　いしかわきさぶろう
文久3（1864）年～昭和7（1932）年2月5日
明治～昭和期の神学者。「正教新報」主筆。キリスト教と天皇制の問題に取り組んだ日本正教会の理論的指導者。
¶朝日（[生]文久3年12月16日（1864年1月24日）），キリ（[生]文久4年（1864年1月24日）），ジ人1（[生]文久3（1863）年12月16日），世紀（[生]文久3（1864）年12月16日），日人，明大2（[生]文久3（1863）年12月16日），歴大（[生]1863年）

**石川教張**　いしかわきょうちょう
昭和16（1941）年1月9日～平成14（2002）年
昭和～平成期の日蓮宗僧侶。本仏寺住職。日蓮宗現代宗教研究所所長も務める。著書に「日蓮聖人のものがたり世界」など。
¶現執3期，現執4期

**石川熊太郎**　いしかわくまたろう
天保14（1844）年～大正6（1917）年6月7日　[別]石川呉山（いしかわござん）
江戸時代末期～明治時代の画家、伝道者。
¶キリ（[生]天保14年11月5日（1844年）），富山百，美家（石川呉山　いしかわござん　[生]天保15（1844）年11月15日　[没]大正6（1917）年5月7日）

**石川呉山**　いしかわござん
→石川熊太郎（いしかわくまたろう）

**石川貞澄**　いしかわさだずみ
文政2（1819）年～明治32（1899）年9月17日
江戸時代後期～明治期の神官。
¶神人

**石川舜台**　いしかわしゅんたい，いしかわしゅんだい
天保13（1842）年10月～昭和6（1931）年12月31日
明治期の僧侶。真宗大谷派寺務総長。廃仏毀釈に反対し慎憲塾開設、のち宗政の改革に携わり、朝鮮・中国で布教活動。
¶石川百，維新，海越，海越新，近現，国際（いしかわしゅんだい），国史，コン改（いしかわしゅんだい），コン4（いしかわしゅんだい），コン5（いしかわしゅんだい），史人，真宗，新潮（[生]天保13（1842）年10月8日），世紀（[生]天保12（1841）年10月8日），姓氏石川，姓氏富山，哲学（[生]1841年），渡航，富山百，日人，日中，幕末大，仏教，仏人（[生]1841年），ふる，明治2，明治史，明大1（[生]天保12（1841）年10月8日）

**石川照勤**　いしかわしょうきん
明治2（1869）年10月10日～大正13（1924）年1月31日　[別]石川照勤（いしかわしょうごん）
明治～大正期の僧侶。成田山新勝寺住職。成田山五大事業を完成させ、留学後は各地に新寺の建立、廃寺の復興に尽力。
¶朝日（[生]明治2年10月10日（1869年11月13日）），コン改，コン5，新潮，人名（いしかわしょうごん），世紀，千葉百，渡航，図人，日エ（[生]明治2年10月10日（1869年11月13日）），日人，仏人，明大1

**石川照勤**　いしかわしょうごん
→石川照勤（いしかわしょうきん）

**石川素童**（石川素堂）　いしかわそどう
天保12（1841）年12月1日～大正9（1920）年11月16日
江戸時代末期～大正期の曹洞宗の僧。曹洞宗管長。総持寺中興と称される。教学に加え宗門の政治・経営に卓越した力量を発揮。
¶朝日（石川素堂　[生]天保12年12月1日（1842年1月12日）），神奈川人，コン改（石川素堂　[没]1924年），コン5（石川素堂　[没]大正13（1924）年），新潮（[没]大正9（1920）年11月4日），人名，世紀（[生]天保12（1842）年12月1日），姓氏愛知，姓氏神奈川（[没]1924年），日人（[生]1842年），仏教，仏人（石川素堂），明治2（石川素堂　[生]1842年），明大1

**石川台嶺**　いしかわたいれい
天保14（1843）年1月1日～明治4（1871）年12月29日　[別]台嶺（たいれい）
江戸時代末期～明治期の真宗僧侶。三河護法会幹事。三河大浜事件の首謀者として有名。
¶朝日（[生]天保14年1月1日（1843年1月30日）　[没]明治4（1872）年12月27日），維新，コン改（台嶺　たいれい），コン4（台嶺　たいれい），コン5（台嶺　たいれい），真宗（[没]明治4（1871）年12月19日），新潮（台嶺　たいれい），姓氏愛知，日人（[没]1872年），幕末，幕末大（[没]明治4（1871）年12月27日），明大1

**石川年足** いしかわとしたり
→石川年足（いしかわのとしたり）

**石川直幹** いしかわなおもと
文化1（1804）年〜明治9（1876）年
江戸時代末期〜明治期の国学者。維新後は館林の長良神社の神官をつとめる。
¶藩臣2

**石川朝臣年足** いしかわのあそみとしたり
→石川年足（いしかわのとしたり）

**石川朝臣年足** いしかわのあそんとしたり
→石川年足（いしかわのとしたり）

**石川年足** いしかわのとしたり
持統天皇2（688）年〜天平宝字6（762）年 ㊊石川朝臣年足（いしかわのあそみとしたり，いしかわのあそんとしたり），石川年足（いしかわとしたり，いしかわのとしたる）
飛鳥時代〜奈良時代の学者、官人（御史大夫）。蘇我連子の曽孫、中納言小花下安麿の孫、権参議石川石足の子。
¶朝日（㊣天平宝字6年9月30日（762年10月21日）），岩史（㊣天平宝字6（762）年9月30日），角史，公卿（いしかわのとしたる ㊣天平宝字6（762）年9月），公卿普（いしかわのとしたる ㊣天平宝字6（762）年9月），国史，国書（いしかわとしたり ㊣天平宝字6（762）年9月30日），古史，古人（㊐688年），古代（石川朝臣年足 いしかわのあそんとしたり），古代普（石川朝臣年足 いしかわのあそんとしたり ㊐688年），古中，コン改，コン4，コン5，史人（㊣762年9月30日），島根歴（いしかわとしたり），諸系，神人（㊐？ ㊣天平宝字6（762）年9月），新潮（㊣天平宝字6（762）年9月30日），人名，世人（㊣天平宝字6（762）年9月30日），全書，日史（㊣天平宝字6（762）年9月30日），日人，百科，万葉（石川朝臣年足 いしかわのあそみとしたり），歴大

**石川年足** いしかわのとしたる
→石川年足（いしかわのとしたり）

**石川暮人** いしかわぼじん
明治27（1894）年7月5日〜昭和41（1966）年3月22日
明治〜昭和期の歌人、臨済宗僧侶。
¶世紀，栃木文，栃木歴，日人

**石川住次** いしかわゆきつぐ
宝永3（1706）年〜寛延1（1748）年11月3日
江戸時代中期の神道家。
¶神人

**石川力山** いしかわりきざん
昭和18（1943）年11月4日〜平成9（1997）年
昭和〜平成期の仏教学者。駒沢大学教授。日本禅宗史を研究。
¶現執2期，現執3期，史研，世紀（㊣平成9（1997）年8月4日）

**石川隆惇** いしかわりゅうじん
明治20（1887）年〜昭和54（1979）年4月27日
明治〜昭和期の真言宗豊山派の僧侶。
¶埼玉人

**石川了因** いしかわりょういん
天保14（1843）年8月15日〜大正11（1922）年7月16日
江戸時代後期〜大正期の僧侶。
¶真宗

**石川了整** いしかわりょうせい
大正期の僧侶。
¶真宗

**石川和助** いしかわわすけ
文久2（1862）年6月5日〜昭和19（1944）年11月16日
明治〜昭和期のメソジスト教会牧師、廃娼運動家。
¶埼玉人

**石倉マツエ** いしくらまつえ
明治38（1905）年3月3日〜昭和59（1984）年1月8日
昭和期の宗教家。大慧会教団創立者。
¶女性，女性普

**石黒淳** いしぐろあつし
昭和20（1945）年7月30日〜
昭和期の仏教美術史研究者。
¶現執2期

**石黒衛守** いしぐろえもり
生没年不詳
江戸時代中期の国学者・神官。
¶東三河

**石黒観道** いしぐろかんどう
明治8（1875）年〜昭和40（1965）年8月7日
明治〜昭和期の学僧。
¶徳島歴

**石黒須賀雄** いしぐろすがお
文政9（1826）年〜明治22（1889）年1月24日
江戸時代末期〜明治期の神官・教育者。
¶姓氏愛知，東三河

**石黒猛次郎** いしぐろたけじろう
明治4（1871）年1月23日〜大正7（1918）年4月14日
明治〜大正期の牧師。
¶渡航

**石黒俊雄** いしぐろとしお
？ 〜
昭和期の僧侶。
¶社史

**石毛正督** いしげまさよし
明和3（1766）年4月27日〜文政3（1820）年10月19日
江戸時代中期〜後期の下総国海上郡猿田神社神主。
¶神人

**石坂主税** いしざかかずえ
生没年不詳
江戸時代後期の高座郡浜ノ郷村鶴嶺八幡宮神主。
¶神奈川人

い

**石坂亀治** いしざかかめじ
慶応1(1865)年～*
明治～大正期の日本メソジスト教会牧師。
¶キリ(㊀慶応1年1月15日(1865年2月10日) ㊁大正15(1926)年10月8日), 埼玉人(㊁大正14(1925)年)

**石崎貞作** いしざきていさく
生没年不詳
明治期のキリスト教牧師。
¶社史

**石沢慈興** いしざわじこう
慶応1(1865)年6月16日～昭和15(1940)年12月8日
明治～昭和期の僧。
¶青森人, 世紀, 日人, 明大1

**石沢完** いしざわたもつ
明治35(1902)年～昭和52(1977)年
昭和期のむつ徳玄寺の学僧。
¶青森人

**石沢柏州** いしざわはくしゅう
文化2(1805)年～明治25(1892)年 ㊙柏州(はくしゅう)
江戸時代末期～明治期の臨済宗の勤王僧。廃寺となった大慈寺を再興。
¶鹿児島百(柏州 はくしゅう), 国書(㊁明治25(1892)年4月), 人名, 姓氏鹿児島, 日人, 日人(柏州 はくしゅう)

**石島雉子郎** いしじまきじろう
明治20(1887)年8月26日～昭和16(1941)年4月18日 ㊙雉子郎(きじろう)
明治～昭和期の俳人。繊細さの中に誠実さのある句風。「浮城」主宰。句集に「雉子郎句集」がある。
¶近文, 現俳, 埼玉人(㊁昭和16(1941)年4月16日), 埼玉文, 昭人, 新文, 世紀, 俳諧(雉子郎 きじろう), 俳文(㊁昭和16(1941)年4月16日), 文学

**石島三郎** いしじまさぶろう
明治37(1904)年8月24日～昭和50(1975)年8月10日
大正～昭和期の牧師。フォーサイスの神学を研究。
¶キリ, 世紀, 哲学

**石塚資元** いしずかすけもと
→石塚資元(いしづかすけもと)

**石塚尊俊** いしずかたかとし
→石塚尊俊(いしづかたかとし)

**石津照璽** いしずてるじ
→石津照璽(いしづてるじ)

**石津和風** いしずわふう
→石津和風(いしづわふう)

**石田アントニヨ** いしだあんとによ
*～寛永9(1632)年
安土桃山時代～江戸時代前期のキリシタン。
¶人名(㊀1568年), 日人(㊀1570年)

**石田果** いしだか
文政5(1822)年～明治18(1885)年6月6日
江戸時代末期～明治期の浄土真宗本願寺派学僧。
¶仏教

**石田学而** いしだがくじ
大正1(1912)年12月23日～平成4(1992)年12月30日
昭和期の僧侶。
¶学校

**石田吉次郎** いしだきちじろう
天保7(1836)年～明治38(1905)年9月16日
江戸時代末期・明治期の宮大工。
¶飛騨

**石田慶心** いしだけいしん
明治3(1870)年? ～昭和33(1958)年
明治～昭和期の僧。仏音寺の9世住職。
¶姓氏愛知

**石田圭介** いしだけいすけ
大正14(1925)年3月29日～
昭和～平成期の思想史学者。日本文化大学教授、神社新報論説委員。著書に「神武天皇論・宮崎神宮史」「戦後天皇論の軌跡」など。
¶現執3期

**石田佐々雄** いしだささお
明治28(1895)年～昭和41(1966)年
大正・昭和期の教育者・宗教家。
¶愛媛

**石田重家** いしだしげいえ
? ～貞享3(1686)年 ㊙宗享(そうきょう)
江戸時代前期の武士。
¶人名(㊁1600年), 戦人, 日人

**石田忠兵衛** いしだちゅうべえ
～天保5(1834)年6月17日
江戸時代後期の宮大工。
¶飛騨

**石田徳行** いしだとくゆき
昭和期の中国仏教史研究者。
¶現執1期

**石田友治** いしだともじ
明治14(1881)年～昭和17(1942)年
大正期の宗教家。キリスト教の教化指導者。大正デモクラシーの中で新しい人道主義を標榜した。
¶アナ(㊀明治14(1881)年5月20日 ㊁昭和17(1942)年5月16日), コン改, コン5, ジ人1, 社史(㊀1881年5月20日 ㊁1942年5月16日), 昭人, 世紀, 日人(㊀明治14(1881)年5月20日 ㊁昭和17(1942)年5月17日), 日Y(㊀明治14(1881)年5月20日 ㊁昭和17(1942)年5月17日), 明大1

**石田半兵衛** いしだはんべい
→石田半兵衛(いしだはんべえ)

**石田半兵衛** いしだはんべえ
*～明治4(1871)年 ㊙石田半兵衛(いしだはんべ

い)
江戸時代末期〜明治期の彫刻家。
¶伊豆(いしだはんべい　㊤?), 静岡歴(㊤?), 姓氏神奈川(㊤1805年), 姓氏静岡(㊤1801年?), 幕末(㊤?), 幕末大(㊤?), 美建(㊤文化2(1805)年)

**石田尚豊** いしだひさとよ
大正11(1922)年8月9日〜
昭和〜平成期の美術史学者。淑徳大学教授、青山学院大学教授。専門は日本仏教美術史。東京国立博物館文化財調査官などを歴任。著書に「曼荼羅の研究」など。
¶現執1期, 現執3期, 現情, 世紀, 日人

**石田秀堅** いしだひでかた
享和2(1802)年〜嘉永6(1853)年10月27日
江戸時代後期の国学者・茶人・神官。
¶東三河

**石田兵四郎** いしだひょうしろう
享保12(1727)年〜文化10(1813)年7月16日
江戸時代後期の宮大工。
¶飛騨

**石田正方** いしだまさかた
元文2(1737)年〜寛政元(1789)年閏6月25日
江戸時代中期の国学者・神官。
¶東三河

**石田正保** いしだまさやす
安永9(1780)年〜安政6(1859)年11月17日
江戸時代後期の国学者・神官。
¶東三河

**石田正祐** いしだまさゆき
弘化元(1844)年〜明治34(1901)年8月19日
明治期の歌人・国学者・神官。
¶東三河

**石田瑞麿** いしだみずまろ
大正6(1917)年6月25日〜平成11(1999)年11月17日
昭和期の仏教学者。東海大学教授。
¶現執1期, 現執3期, 現情, 世紀, 日人

**石田充之** いしだみつゆき
明治44(1911)年10月8日〜平成3(1991)年
昭和期の仏教学者、浄土真宗本願寺派僧侶。明厳寺住職、龍谷大学教授。
¶現執1期, 真宗(㊦平成3(1991)年2月6日), 世紀(㊦平成3(1991)年8月2日), 日人(㊦平成3(1991)年8月2日), 仏教(㊦平成3(1991)年7月2日)

**石田茂作** いしだもさく
明治27(1894)年11月10日〜昭和52(1977)年8月10日
明治〜昭和期の仏教考古学者。奈良国立博物館館長。仏教遺物・遺跡を対象とする仏教考古学を提唱、法隆寺再建説を実証。文化功労者。
¶近現, 現朝, 現執1期, 現情, 考古(㊦昭和52(1977)年8月1日), 国史, コン改, コン4, コン5, 史研, 史人, 新潮, 人名7, 世紀, 姓氏愛知, 世百新, 哲学, 日史, 日人, 日本, 百科, 仏教, 仏人, 歴大

**石田慶和** いしだよしかず
昭和3(1928)年11月9日〜
昭和〜平成期の宗教学者。龍谷大学教授。
¶現執1期, 現執2期

**石田順朗** いしだよしろう
昭和3(1928)年10月26日〜
昭和期の牧師、神学者。日本ルーテル神学大学学長代行、ルーテル世界連盟研究部門総主事。
¶キリ

**石田冷雲** いしだれいうん
文政5(1822)年〜明治18(1885)年
江戸時代末期の僧。
¶和歌山人

**伊地知九郎** いじちくろう
→伊地知九郎(いぢちくろう)

**石塚宮内** いしづかくない
?　〜元禄2(1689)年
江戸時代前期〜中期の神主、笛の名手。出雲大社注連職石塚和泉の子。
¶島根歴

**石塚資元** いしづかすけもと, いしずかすけもと
安永7(1778)年12月27日〜嘉永3(1850)年
江戸時代末期の国学者、神職。
¶国書(㊦嘉永3(1850)年8月7日), 神史, 人名, 日人(㊤1779年), 福井百(いしずかすけもと)

**石塚尊俊** いしづかたかとし, いしずかたかとし
大正7(1918)年9月21日〜
昭和〜平成期の民俗学研究家、神官。雲根神社宮司。
¶現執1期, 現執2期(いしずかたかとし), 現執4期, 現情, 世紀

**石塚中将** いしづかちゅうじょう
?　〜元禄11(1698)年
江戸時代前期〜中期の女性。出雲大社巫女、神楽の名手。出雲大社注連職石塚壱岐の娘。
¶島根歴

**石附賢道** いしづきけんどう
明治29(1896)年〜昭和43(1968)年
大正〜昭和期の僧侶。
¶群新百, 群馬人, 群馬百

**石附周行** いしづきしゅうこう
昭和12(1937)年〜
昭和期の僧侶。
¶郷土群馬

**石津照璽** いしづてるじ, いしずてるじ
明治36(1903)年2月26日〜昭和47(1972)年6月6日
大正〜昭和期の宗教哲学者。東北大学教授、慶応義塾大学教授。著書に「天台実相論の研究」「宗教哲学の場面と根底」など。

¶学校（いしずてるじ），現朝，現執1期，現情，新カト，世紀，姓氏山口，哲学，日人，仏教，仏人，宮城百，山口人，山口百

い

**石津和風** いしづわふう，いしずわふう
大正期の神職。大正13年宮崎神宮宮司に就任し、15年退職した。
¶神人（いしずわふう）

**石堂豊** いしどうゆたか
大正1（1912）年2月9日～
昭和期の教育者、僧侶。広島大学教授。
¶現執1期，現情

**石埜大和** いしのやまと
天保11（1840）年～慶応4（1868）年8月
江戸時代末期～明治期の神主。勤王の国学に共鳴。
¶静岡歴，姓氏静岡，幕末（㉒1886年），幕末大

**石橋誡道** いしばしかいどう
明治11（1878）年～昭和40（1965）年
昭和期の仏教学者。仏教専門学校長。
¶仏人

**石橋愚道** いしばしぐどう
昭和21（1946）年11月23日～
昭和～平成期の尺八奏者（虚無僧流）。
¶音人2

**石橋智信** いしばしとものぶ
明治19（1886）年5月15日～昭和22（1947）年12月21日
明治～昭和期の宗教学者。東京帝国大学教授。旧約聖書を研究。帝国学士院賞受賞。
¶キリ，現情，昭人，新カト，人名7，世紀，哲学，渡航，日人，日Y

**石橋百仙** いしばしひゃくせん
？ ～昭和20（1945）年
昭和期の岡山県蓮華寺住職。金剛窟図書館として公開。
¶図人

**石橋蘿空** いしばしらそう
文化12（1815）年～明治33（1900）年
江戸時代後期～明治期の僧侶。
¶姓氏愛知

**石原運四郎** いしはらうんしろう
*～明治9（1876）年
江戸時代後期～明治期の神職。
¶熊本百（㊤天保13（1842）年 ㉒明治9（1876）年10月30日），神人（㊤天保12（1841）年）

**石原キク** いしはらきく
明治17（1884）年6月16日～昭和42（1967）年11月27日
明治～昭和期の児童教育者。キリスト教保育連盟関東部会会長。欧米の保育法を導入して学生を指導。
¶昭人，女性（㊤明治14（1881）年6月16日），女性普（㊤明治14（1881）年6月16日），世紀，先駆（㊤明治14（1881）年6月16日），渡航，日人

**石原謙** いしはらけん
明治15（1882）年8月1日～昭和51（1976）年7月4日
㊊石原謙（いしわらけん）
明治～昭和期のキリスト教史学者。東京女子大学学長。「キリスト教の源流」「キリスト教の展開」を著す。文化勲章受章。
¶キリ，近現，現朝，現執1期，現情，現人（いしわらけん），広7（いしわらけん），国史，コン改，コン4，コン5，史研，史人，昭人，新カト，新潮，人名7，世紀，全書，哲学，日人，日Y（㉒昭和46（1971）年7月4日），日本，宮城百，履歴，履歴2，歴大

**石原堅正** いしはらけんしょう
明治17（1884）年～昭和54（1979）年
明治～昭和期の教育者。
¶石川百，学校，ふる

**石原重殷** いしはらしげたか
明治40（1907）年～昭和39（1964）年
昭和期の神職。古峰神社宮司。
¶栃木歴

**石原醜男** いしはらしこお
明治7（1874）年3月26日～昭和11（1936）年10月20日
明治～昭和期の神風連の研究家、教育者。
¶熊本人，熊本百

**石原僧宣** いしはらそうせん
文政4（1821）年～明治16（1883）年9月10日
江戸時代後期～明治期の僧侶。
¶真宗

**石原春吉** いしはらはるきち
明治12（1879）年～昭和36（1961）年
明治～昭和期の神官・郷土史家。
¶姓氏群馬

**石原兵永** いしはらひょうえい
明治28（1895）年4月12日～昭和59（1984）年8月17日
大正～昭和期のキリスト教伝道者、著述家。東京府青山師範学校教諭。
¶キリ

**石原保太郎** いしはらやすたろう
安政5（1858）年1月30日？ ～大正8（1919）年7月11日？
明治～大正期の日本基督教会牧師。
¶キリ（㊤安政5年1月30日？（1858年？））

**石松量蔵** いしまつりょうぞう
明治21（1888）年9月28日～昭和49（1974）年4月23日
明治～昭和期の盲人伝道者。
¶キリ，視覚

**石丸忠胤** いしまるただたね
明治期の神職。明治31年滋賀県多賀神社宮司に就任、32年転任した。
¶神人

**石室孝暢** いしむろこうちょう
天保8(1837)年8月4日～明治32(1899)年5月31日
㊊石室孝暢(せきしつこうちょう)
江戸時代末期～明治期の天台宗僧侶。天台座主239世。
¶埼玉人(せきしつこうちょう ㊀明治33(1900)年5月31日), 仏教, 明大1

**石室静洞** いしむろじょうとう
安政5(1858)年～大正10(1921)年12月15日
江戸時代末期～大正期の大原流天台声明家。
¶日音

**石本恵明** いしもとけいみょう
昭和1(1926)年～昭和59(1984)年
昭和期の日蓮宗僧侶。
¶仏人

**石山覚湛** いしやまかくたん★
天保9(1838)年～
江戸時代後期～明治期の僧。天台宗真盛派貫主。
¶三重

**石山僧都** いしやまのそうず
万寿2(1025)年～承暦1(1077)年
平安時代中期の僧。花山天皇皇孫、昭登親王王子。
¶人名

**維秀** いしゅう
生没年不詳
江戸時代中期の浄土真宗の僧。
¶国書

**以州順栄** いしゅうじゅんえい
? ～永正16(1519)年
戦国時代の曹洞宗の僧。
¶日人, 仏教(㊀永正16(1519)年5月26日)

**惟宗徳輔** いしゅうとくほ
建徳1/応安3(1370)年～寛正7(1466)年2月6日
室町時代の臨済宗の僧。東福寺113世。
¶仏教

**惟肖** いしょう
→惟肖得巌(いしょうとくがん)

**維章** いしょう
生没年不詳
江戸時代中期の僧、俳人。
¶庄内

**倚松軒帰誉** いしょうけんきよ
明暦3(1657)年～享保18(1733)年
江戸時代前期～中期の僧。大善寺6世。
¶姓氏愛知

**以成東規** いじょうとうき
? ～貞享2(1685)年
江戸時代前期の臨済宗の僧。建仁寺第309世。
¶国書(㊀貞享2(1685)年4月24日), 人名, 日人

**惟肖得巌**(惟肖得岩) いしょうとくがん
正平15/延文5(1360)年～永享9(1437)年4月20日
㊊惟肖(いしょう), 得巌(とくがん)
南北朝時代～室町時代の臨済宗の僧、五山文学僧。
¶朝日(㊀永享9年4月20日(1437年5月24日)), 岡山人, 鎌室(惟肖得岩), 国史, 国書, 古中, 史人, 新潮(惟肖得岩), 人名, 世人(惟肖 いしょう), 全書, 大百, 日史, 日人, 百科, 仏教, 仏史, 名僧

**井尻神力坊** いじりじんりきぼう
? ～天正3(1575)年
戦国時代の修験僧(山伏)。島津日新斎のころ重用された。
¶薩摩, 姓氏鹿児島

**石原謙** いしわらけん
→石原謙(いしはらけん)

**葦津** いしん
→葦津慧隆(いしんえりゅう)

**葦津慧隆** いしんえりゅう
享保2(1717)年～明和6(1769)年 ㊊葦津(いしん)
江戸時代中期の臨済禅僧。
¶島根人(葦津 いしん), 島根百, 島根歴

**以心浄伝** いしんじょうでん
元禄4(1691)年3月～宝暦7(1757)年7月11日
江戸時代中期の黄檗宗の僧。
¶黄檗

**以心崇伝**(以心祟伝) いしんすうでん
永禄12(1569)年～寛永10(1633)年1月20日
㊊金地院崇伝(こんちいんすうでん), 崇伝(すうでん), 円照本光国師(えんしょうほんこうこくし), 伝長老(でんちょうろう), 本光国師(ほんこうこくし)
安土桃山時代～江戸時代前期の臨済宗の僧。徳川家康に重用された。
¶朝日(㊀寛永10年1月20日(1633年2月28日)), 岩史, 江人, 角史, 鎌倉, 京都(金地院崇伝 こんちいんすうでん), 近世, 国史, 国書(㊀寛永10(1633)年10月3日), コン改, コン4, コン5, 史人, 静岡百(崇伝 すうでん ㊐永禄10(1567)年), 静岡歴(崇伝 すうでん ㊐永禄10(1567)年), 思想史, 重要(金地院崇伝 こんちいんすうでん), 諸系, 新潮, 人名, 姓氏京都, 姓氏静岡(崇伝 すうでん), 世人, 世百(崇伝 すうでん), 戦合, 戦国(崇伝 すうでん ㊐1570年), 全書, 戦人, 全戦, 戦武, 対外, 大百(崇伝 すうでん), 茶道(金地院崇伝 こんちいんすうでん), 伝記, 徳川将(金地院崇伝 こんちいんすうでん), 日史(㊀寛永10(1633)年10月3日), 日人, 百科, 仏教, 仏史, 仏人(崇伝 すうでん), 平日(以心崇伝 ㊐1569 ㊀1633), 名僧, 山川小, 歴大

**井筒俊彦** いずつとしひこ
→井筒俊彦(いづつとしひこ)

**泉舎暉** いずみいえてる
宝暦5(1755)年～天保5(1834)年12月21日
江戸時代中期～後期の神職。
¶国書

**和泉乙三** **いずみおとぞう**
明治17(1884)年6月1日～昭和35(1960)年8月19日
明治～昭和期の宗教家。
¶岡山歴

**泉吉治** **いずみきちじ**
→泉吉治(いずみよしじ)

**泉田荒吉** **いずみだあらきち**
明治22(1889)年～昭和10(1935)年
明治～昭和期の神職。
¶埼玉人，神人

**泉武夫** **いずみたけお**
昭和29(1954)年～
昭和～平成期の仏教美術研究者。京都国立博物館学芸課資料管理室長。
¶現執4期

**泉智等** **いずみちとう**
嘉永2(1849)年～昭和3(1928)年
江戸時代末期～明治期の古義真言宗僧侶。金剛峰寺座主。
¶人名，世紀([生]嘉永2(1849)年1月12日　[没]昭和3(1928)年9月25日)，徳島百([生]嘉永2(1849)年1月11日　[没]昭和3(1928)年9月26日)，徳島歴([没]昭和13(1938)年)，日人，幕末([没]1928年9月26日)，幕末大([没]昭和3(1928)年9月26日)，仏人，明大1([生]嘉永2(1849)年1月12日　[没]昭和3(1928)年9月25日)

**泉亭某(俊彦力)** **いずみてい**
江戸時代末期～明治期の神主。旧賀茂御祖神社神主。
¶華請(泉亭某)

**泉亭俊彦** **いずみていとしひこ**
天保4(1833)年～?
江戸時代後期～明治期の神主。旧賀茂御祖神社神主。
¶華請

**泉道雄** **いずみどうゆう**
明治11(1878)年8月18日～昭和17(1942)年5月17日
明治～昭和期の僧侶。
¶真宗

**泉治典** **いずみはるのり**
昭和3(1928)年9月16日～
昭和～平成期の哲学・キリスト教神学者。東洋大学教授。
¶現執1期，現執2期，現執4期

**泉芳璟** **いずみほうけい**
明治17(1884)年2月4日～昭和22(1947)年12月28日
明治～昭和期の仏教学者、真宗大谷派学僧。大谷大学図書館館長。
¶昭人，真宗，仏教

**和泉真佐子** **いずみまさこ**
大正13(1924)年4月26日～平成23(2011)年
大正～昭和期の点字図書館職員。
¶視覚，図人

**泉吉治** **いずみよしじ**
明治41(1908)年～昭和14(1939)年　[別]泉吉治(いずみきちじ，いずみよしはる)
昭和期の社会運動家。救世軍メンバー。
¶群馬人(いずみよしはる)，社運，社史(いずみきちじ　[没]1939年9月21日)

**泉吉治** **いずみよしはる**
→泉吉治(いずみよしじ)

**出雲** **いずも**
江戸時代前期の仏師。
¶鎌倉(生没年不詳)，美建

**出雲路英淳** **いずもじえいじゅん**
昭和～平成期の指揮者、僧侶。
¶音人2

**出雲路定信** **いずもじさだのぶ**
文化9(1812)年～明治19(1886)年　[別]春原定信(はるはらさだのぶ)
江戸時代後期～明治期の国学者。
¶京都大，神人，人名(春原定信　はるはらさだのぶ)，日人

**出雲路善尊** **いずもじぜんそん**
明治31(1898)年6月7日～昭和49(1974)年7月25日
明治～昭和期の僧侶。
¶真宗

**出雲路信直** **いずもじのぶなお**
慶安3(1650)年～元禄16(1703)年3月20日
江戸時代中期の垂加神道家。
¶近世，国史，国書([生]慶安3(1650)年3月2日)，史人([生]1650年3月2日)，思想史，神史，神人，姓氏京都，日人

**出雲路通次郎** **いずもじみちじろう**
明治11(1878)年8月8日～昭和14(1939)年11月26日
明治～昭和期の有識故実研究家、神職。京都帝国大学講師、京都下御霊神社社司。
¶近現，国史，史研，史人，昭人，神史，神人，世紀，日人，明治史

**出雲聖人** **いずもしょうにん**
平安時代後期の念仏聖。四天王寺周辺で活躍。
¶古人，平史(生没年不詳)

**出雲清孝** **いずものきよのり**
→国造清孝(くにのみやつこきよたか)

**出雲孝房** **いずものたかふさ**
→出雲孝房(いずもののりふさ)

**出雲孝時** **いずもののりとき**
→出雲孝時(いずものりとき)

**出雲孝房** **いずもののりふさ**
生没年不詳　[別]出雲孝房(いずものたかふさ，いずものりふさ)

鎌倉時代の神職。
¶古人(いずものたかふさ)，島根歴(いずものりふさ)，諸系，日人

**出雲孝時** いずものりとき
生没年不詳　[別]出雲孝時(いずもののりとき)
鎌倉時代後期～南北朝時代の神官。
¶鎌室，諸系(いずもののりとき)，日人(いずもののりとき)

**出雲孝房** いずものりふさ
→出雲孝房(いずもののりふさ)

**伊豆盛継** いずもりつぐ
生没年不詳
鎌倉時代後期の歌人、神職。伊豆三島神社祠官。
¶国書，人名，日人，和俳

**惟政** いせい
天文12(1543)年～慶長15(1610)年　[別]松雲大師(しょううんだいし)
安土桃山時代～江戸時代前期の朝鮮の僧。
¶近世，史人([生]1544年)，戦人，対外，日人

**惟清光淑** いせいこうしゅく
？ ～延徳3(1491)年1月5日
室町時代～戦国時代の天竜寺香厳院の僧。
¶戦辞

**井関充美** いぜきあつよし
享保21(1736)年1月21日～文化4(1807)年8月30日
江戸時代中期～後期の神職・国学者。
¶国書

**為拙** いせつ
延享1(1744)年～文政13(1830)年3月22日
江戸時代中期～後期の曹洞宗の僧。
¶国書

**異雪慶珠** いせつけいじゅ
文亀2(1502)年～永禄7(1564)年
戦国時代の曹洞宗の僧。
¶日人，仏教([没]永禄7(1564)年10月17日)

**伊勢恒吉** いせつねよし
生没年不詳
平安時代後期の伊勢大神宮の神主の仮名か。
¶神奈川人

**伊勢時雄** いせときお
安政4(1857)年12月8日～昭和2(1927)年9月13日
明治～昭和期の牧師・代議士。
¶愛媛，愛媛百

**伊勢上人** いせのしょうにん
→慶光院清順(けいこういんせいじゅん)

**威仙宗猊** いせんそうげい
生没年不詳
室町時代～戦国時代の曹洞宗の僧。
¶仏教

**以船文済** いせんぶんさい
長禄1(1457)年～天文16(1547)年
戦国時代の曹洞宗の僧。
¶人名，武田([生]康正2(1456)年)，日人，仏教([没]天文16(1547)年9月10日)

**偉仙方裔** いせんほうえい
建武1(1334)年～応永21(1414)年　[別]方裔(ほうえい)
南北朝時代～室町時代の僧。
¶鎌室，人名，日人，仏教([生]建武1(1334)年8月15日　[没]応永21(1414)年1月25日)，仏人(方裔　ほうえい)

**伊叟祥訓** いそうしょうきん
生没年不詳
戦国時代の下総国木内庄小見河の種徳寺(香取市小見川虫幡字地徳寺)住持・首座。
¶戦房総

**為宗仲心** いそうちゅうしん
？ ～永正2(1505)年1月3日
戦国時代の曹洞宗の僧。
¶仏教

**礒貝寰山** いそがいかんざん
明治9(1876)年～昭和30(1955)年
明治～昭和期の僧侶。
¶群馬人

**伊束** いそく
生没年不詳
安土桃山時代の僧侶。
¶国書

**磯九兵衛** いそくへえ
？ ～承応2(1653)年
江戸時代前期のキリシタン。
¶人名

**磯前山城** いそざきやましろ
生没年不詳
江戸時代後期の神職。
¶国書

**磯島敬音** いそじまけいおん
天保10(1839)年～明治44(1911)年7月29日
江戸時代後期～明治期の僧・茶人。
¶徳島百，徳島歴

**磯田熙文** いそだひろふみ
昭和13(1938)年～
昭和～平成期のインド仏教史研究者。
¶現執1期

**礒上奉忠** いそのかみのともただ
平安時代中期の仏師。正暦1年藤原実資の命により金毗沙門天などを鋳造。
¶古人

**磯彦左衛門尉** いそひこざえもんのじょう
戦国時代の北条氏の家臣。
¶後北(彦左衛門尉〔磯(1)〕　ひこざえもんのじょう)，戦辞(生没年不詳)

い

い

**磯久美登** いそひさびとう
明治2(1869)年～昭和14(1939)年
明治～昭和期のキリスト教伝動師。
¶徳島歴

**磯部出雲** いそべいずも
寛政2(1790)年～天保10(1839)年7月2日
江戸時代後期の神職。
¶国書

**磯部久作** いそべきゅうさく
明治10(1877)年12月10日～昭和12(1937)年4月17日
明治～昭和期の牧師、キリスト教社会主義者。
¶社史

**磯部重浪** いそべしげなみ
天保10(1839)年12月30日～?
江戸時代後期～末期の神職・国学者。
¶国書

**磯部昭介** いそべしょうすけ
昭和2(1927)年10月9日～?
昭和期のキリスト教徒。
¶視覚

**磯部祐続** いそべすけつぐ
寛政11(1799)年12月～天保5(1834)年5月19日
江戸時代後期の茨城県の神職。
¶神人

**磯辺正富**(磯部正富) いそべまさとみ
元禄5(1692)年～明和1(1764)年
江戸時代中期の神職。
¶人名, 日人(磯部正富)

**磯部最信** いそべよしのぶ
文政4(1821)年～明治31(1898)年
明治期の神道家。大成教管長。神道教法の弘布および国体の宣明を任じた。著書に「安心立命説」「説教講本」など。
¶人名, 日人, 明大1(㊤文政3(1820)年 ㊦明治30(1897)年1月7日)

**磯部竜淵斎** いそべりゅうえんさい
? ～天正3(1575)年5月21日
安土桃山時代の甲斐国三宮の国玉神社宮司。
¶武田

**意尊** いそん
生没年不詳
平安時代後期の僧侶・歌人。
¶国書

**井田金洞** いだきんどう
文政13(1830)年4月4日～明治40(1907)年7月14日
江戸時代後期～明治期の日蓮宗の僧・漢詩人。
¶国書, 新潟百

**板倉勝重** いたくらかつしげ
天文14(1545)年～寛永1(1624)年4月29日
安土桃山時代～江戸時代前期の初代京都所司代。
¶朝日(㊦寛永1年4月29日(1624年6月14日)), 岩史, 江人, 江戸東, 角史, 京都, 京都大, 京都府, 近世, 国史, 国書, コン改, コン4, コン5, 史人, 諸系, 新潮, 人名, 姓氏京都, 世人, 世百, 戦合, 戦国(㊤1546年), 全書, 戦人, 戦武, 大百, 茶道, 伝記, 徳川将, 徳川代, 日史, 日人, 百科, 平日(㊤1545 ㊦1624), 山川小, 歴大

**板倉茂九郎** いたくらしげくろう
? ～元和3(1617)年
安土桃山時代～江戸時代前期のキリシタン、殉教者。
¶人名

**板倉新治郎** いたくらしんじろう
? ～大永1(1521)年
戦国時代の下古沢竜栖寺開基。
¶姓氏神奈川

**板倉豊** いたくらゆたか
明治36(1903)年4月12日～
大正～昭和期のカトリック神父。天使の園保育園園長。
¶現情, 現人, 世紀

**板津忠夫** いたづただお
昭和9(1934)年3月8日～
昭和期の一級建築士・神職。
¶飛騨

**板橋興宗** いたばしこうしゅう
昭和2(1927)年～
昭和～平成期の僧侶。
¶石川百

**依田徧無為** いだへんむい
→依田貞鎮(よださだしず)

**伊丹光淳** いたみこうじゅん
大正6(1917)年2月25日～
昭和期の本山修験宗僧侶。聖護院門主。
¶現情

**一阿弥陀仏** いちあみだぶつ
? ～正応6(1293)年
鎌倉時代後期の僧。
¶北条

**一庵一麟**(一菴一麟) いちあんいちりん
元徳1(1329)年～応永14(1407)年12月2日 ㊀天祥一麟(てんしょういちりん)
南北朝時代～室町時代の僧。
¶鎌室(一菴一麟), 国書(天祥一麟 てんしょういちりん), 新潮, 日人, 仏教

**一庵如清** いちあんにょしょう
生没年不詳
室町時代の曹洞宗の僧。
¶日人, 仏教

**一以** いちい
→大道一以(だいどういちい)

**一欅兵庫助** いちいひょうごのすけ
生没年不詳
戦国時代の伊勢神宮の下総国葛西庄内神領(葛西御厨)代官。
¶戦房総

**一宇** いちう
生没年不詳
江戸時代中期の僧侶・俳人。
¶国書

**一宇俊箇** いちうしゅんこ
? ～永正5(1508)年
戦国時代の曹洞宗の僧。
¶日人, 仏教(㉀永正5(1508)年1月29日)

**一運** いちうん
? ～貞享3(1686)年
江戸時代前期の大仏師。
¶人名, 日人, 美建(㉀貞享3(1686)年11月11日)

**一雲** いちうん
戦国時代の北条氏の家臣。
¶後北, 戦辞(生没年不詳)

**一雲斎一茎** いちうんさいいっけい
文政7(1824)年～明治42(1909)年
明治期の僧侶。
¶御殿場

**壱叡** いちえい
生没年不詳
伝説上の法華持経者。
¶仏教

**市右衛門** いちえもん
? ～寛永1(1624)年
江戸時代前期のキリシタン。
¶人名, 日人

**一円** いちえん
→無住道暁(むじゅうどうぎょう)

**壱演** いちえん
延暦22(803)年～貞観9(867)年
平安時代前期の真言宗の僧(権僧正)。
¶朝日(㉀貞観9年7月12日(867年8月15日)), 国史, 国書(㉀貞観9(867)年7月12日), 古史, 古人, 古代, 古代普, 古中, コン改, コン4, コン5, 史人, 新潮(㉀貞観9(867)年7月12日), 人名, 日人, 仏教(㉀貞観9(867)年7月12日), 仏史, 平史

**一円道暁** いちえんどうぎょう
→無住道暁(むじゅうどうぎょう)

**一翁** いちおう
永正4(1507)年～文禄1(1592)年
戦国時代～安土桃山時代の臨済宗の僧。
¶世人

**一翁院豪** いちおういんごう
承元4(1210)年～弘安4(1281)年 ㊀一翁院豪(いっとういんごう), 院豪(いんごう), 院豪一翁(いんごういちおう)
鎌倉時代後期の臨済宗仏光派の僧。
¶朝日(㉀弘安4年8月21日(1281年10月5日)), 岩史(㉀弘安4(1281)年8月21日), 神奈川人, 鎌室, 郷土群馬(院豪一翁 いんごういちおう), 群新百, 群馬人(いっとういんごう), 群馬百, 国史, 古中, コン改, コン4, コン5, 新潮(㉀弘安4(1281)年8月21日), 人名, 世人(院豪 いんごう), 対外, 日史(㉀弘安4(1281)年8月21日), 日人, 仏教(㉀弘安4(1281)年8月21日), 仏史

**一音** いちおん
～? ㊀一音(いっとん)
江戸時代中期の俳人(涼袋門)。
¶国書(生没年不詳), 国書5(生没年不詳), 人名, 日人(生没年不詳), 俳諧, 俳句, 俳文(いっとん), 和俳(生没年不詳)

**一鶚** いちがく
? ～元和2(1616)年
安土桃山時代～江戸時代前期の禅僧。
¶徳島百(㉀元和2(1616)年5月8日), 徳島歴

**一雅禅師** いちがぜんじ
興国2/暦応4(1341)年～応永2(1395)年9月26日
南北朝時代～室町時代の臨済宗の僧・淡路円鏡寺の開山。
¶岡山歴

**市川栄之助** いちかわえいのすけ
天保2(1831)年～明治5(1872)年
江戸時代末期～明治期の日本語教師、キリスト教殉難者。
¶キリ(㊒天保6年頃(1835年頃) ㉀明治5(1872)年11月26日), 近現, 国史, コン改, コン5, 史人(㊒1831年,(異説)1833年? ㉀1872年11月26日), 新潮(㉀明治5(1872)年11月25日), 先駆(㉀明治5(1872)年11月26日), 日人(㊒1831年?), 兵庫百(㊒?), 明大1(㉀明治5(1872)年12月26日), 洋学

**市川喜左衛門** いちかわきざえもん
*～慶長2(1597)年2月5日
安土桃山時代の切支丹殉難者。
¶岡山人(㊒天文3(1534)年), 岡山百(㊒?), 岡山歴(㊒天文2(1533)年)

**市川禅海** いちかわぜんかい
明治16(1883)年9月24日～昭和29(1954)年4月21日
明治～昭和期の海軍軍人、僧侶。戦争記録文学に「残花一輪発心録」がある。
¶近文, 世紀

**市川竹麿** いちかわたけまろ
明治10(1877)年～昭和25(1950)年
大正～昭和期の神職。
¶神奈川人, 姓氏神奈川

**市川白弦**(市川白玄) いちかわはくげん
明治35(1902)年2月28日～昭和61(1986)年6月7日

昭和期の禅思想家。花園大学教授。社会主義に基づく独自の禅思想を提唱。
¶アナ，現朝，現執1期，現情，現人，世紀，日人，仏教，平和，民学（市川白玄）

**市川白玄** いちかわはくげん
明治35（1902）年～昭和61（1986）年
大正～昭和期の宗教家、反戦運動家。
¶民学

**市川森広** いちかわもりひろ
生没年不詳
明治期の牧師。
¶姓氏京都

**一櫟兵庫助** いちきひょうごのすけ
生没年不詳
戦国時代の伊勢豊受大神宮（外宮）の神官。
¶戦辞

**一慶** いちきょう
→雲章一慶（うんしょういっけい）

**一行** いちぎょう
文政1（1818）年～明治22（1889）年7月1日
江戸時代末期～明治期の声明家。
¶日音

**一行花** いちぎょうはな
享保9（1724）年～寛政1（1789）年
江戸時代中期～後期の女性。富士講教主。
¶朝日（[没]寛政1年9月17日（1789年11月4日）），江表（一行花（東京都）），女性（[没]寛政1（1789）年9月17日），日人

**一具** いちぐ
天明1（1781）年～嘉永6（1853）年11月17日　[別]高梨一具（たかなしいちぐ），一具菴一具（いちぐあんいちぐ）
江戸時代後期の俳人。
¶国書，詩歌，人名（高梨一具　たかなしいちぐ），日人（高梨一具　たかなしいちぐ），俳諧（[生]？），俳句，俳文，和俳

**一源会統** いちげんえとう
*～応永6（1399）年
南北朝時代～室町時代の僧。
¶鎌室（[生]嘉暦3（1328）年），人名（[生]1328年），日人（[生]1329年），仏教（[生]元徳1（1329）年　[没]応永6（1399）年4月25日）

**一元啓諸** いちげんけいしょ
生没年不詳
室町時代の臨済宗の僧。
¶人名，日人，仏教

**一間祖峰** いちけんそほう
生没年不詳
江戸時代前期の曹洞宗の僧。
¶国書

**一牛** いちご
？～寛永16（1639）年7月1日
江戸時代前期の浄土宗の僧。
¶仏教

**一山** いちざん
？～寛永14（1637）年6月1日　[別]一山（いつざん）
江戸時代前期の浄土宗の僧。
¶岡山歴（いつざん），仏教

**一山一寧** いちざんいちねい
→一山一寧（いっさんいちねい）

**一樹存松** いちじゅそんしょう
？～天文2（1533）年
戦国時代の曹洞宗の僧。
¶武田

**一遵** いちじゅん
→大路一遵（だいろいちじゅん）

**一定**（壱定） いちじょう
元慶8（884）年～天慶10（947）年2月9日
平安時代中期の真言宗の僧。
¶国書，古人（壱定），人名（[生]885年　[没]946年），日人，仏教，平史（壱定）

**一条昭良** いちじょうあきよし
慶長10（1605）年4月26日～寛文12（1672）年
[別]一条恵観（いちじょうえかん），一条昭良（いちじょうあきら），一条兼遐（いちじょうかねとお），恵観（えかん）
江戸時代前期の公家（摂政・関白・左大臣）。後陽成天皇の第9皇子で、左大臣・関白一条内基の嗣。
¶朝日（[生]慶長10年4月26日（1605年6月12日）[没]寛文12年2月12日（1672年3月11日）），岩史（[没]寛文12（1672）年2月12日），京都，京都大（いちじょうあきら），近世，公卿（[没]寛文12（1672）年3月12日），公卿普（[没]寛文12（1672）年3月12日），公家（昭良〔一条家〕　あきよし　[没]寛文12（1672）年3月12日），国史，国書（[没]寛文12（1672）年2月12日），コン4，コン5，史人（[没]1672年2月12日），諸系，新潮（[没]寛文12（1672）年2月12日），人名，姓氏京都，茶道（一条恵観　いちじょうえかん），日人，歴大

**一条昭良** いちじょうあきら
→一条昭良（いちじょうあきよし）

**一乗院経覚** いちじょういんきょうかく
→経覚(2)（きょうかく）

**一乗院宮真敬法親王** いちじょういんのみやしんけいほうしんのう
慶安2（1649）年～宝永3（1706）年　[別]真敬（しんけい），真敬親王（しんけいしんのう），真敬入道親王（しんけいにゅうどうしんのう），真敬法親王（しんけいほうしんのう）
江戸時代前期～中期の法相宗の僧。後水尾天皇の皇子。興福寺215世。
¶黄檗（[生]慶安2（1649）年4月　[没]宝永3（1706）年7月7日），国書（真敬親王　しんけいしんのう　[生]慶安2（1649）年4月24日　[没]宝永3（1706）年7月6日），人名（真敬法親王　しんけいほうしんのう），茶道，日人（真敬入道親王　しんけいにゅうどうしんのう），仏教（真敬　しんけい

㊀慶安2(1649)年4月24日　㊁宝永3(1706)年7月6日)

**一条恵観**　いちじょうえかん
→一条昭良(いちじょうあきよし)

**一条兼定**　いちじょうかねさだ
天文12(1543)年～天正13(1585)年
安土桃山時代の武将(土佐国司・権中納言)。土佐国司・右中将・阿波権守一条房基の子。
¶朝日(㊁天正13年7月1日(1585年7月27日)),愛媛,愛媛百(㊁天正13(1585)年7月1日),角史,公卿(㊁天正1(1573)年),公卿普(㊁天正1(1573)年),公家(兼定〔土佐一条家(絶家)〕かねさだ　㊁天正13(1585)年7月1日),系西,高知人,高知百,国史,古中,コン改(㊁天正13(1585)年,(異説)1573年),コン4(㊁天正13(1585)年,(異説)1573年),コン5(㊁天正13(1585年,1573)年),史人(㊁1585年7月1日),諸系,新潮(㊁天正13(1585)年7月),人名(㊁1573年),戦合,戦国,戦人,全戦,戦武,日史(㊁天正13(1585)年7月1日),日人,百科,室町,歴大

**一丈玄長**　いちじょうげんちょう
元禄6(1693)年4月～宝暦3(1753)年7月7日
江戸時代中期の曹洞宗の僧。
¶国書,仏教

**一条実輝**(一條實輝)　いちじょうさねてる
慶応2(1866)年8月24日～大正13(1924)年7月8日
明治～大正期の海軍軍人。大佐、明治神宮宮司。日清・日露戦争に功績をあげた。東宮侍従長などを歴任し、明治神宮宮司となる。
¶海越新,華畫(一條實輝),諸系,神人,人名,世紀,渡航,日人,明大1

**一条尊昭**　いちじょうそんしょう
大正8(1919)年3月25日～
昭和期の中宮寺門跡。公爵一条実孝の養女。
¶近女,現朝,世紀,日人

**一条智光**　いちじょうちこう
明治40(1907)年10月23日～平成12(2000)年1月25日
昭和期の浄土宗尼僧。全日本婦人連盟などの役職をつとめ女性の向上につくす。
¶郷土長野,現朝,現情,信州女,世紀,日人

**一乗房円琳**　いちじょうぼうえんりん
鎌倉時代前期の臨済宗の僧。建仁寺第7世。
¶人名

**一瑞中曇**　いちずいちゅうどん
生没年不詳
室町時代の臨済宗の僧。
¶国書

**伊地知九郎**　いぢちくろう,いじちくろう
生没年不詳
明治期の牧師。
¶社史(いじちくろう)

**一伝**　いちでん
生没年不詳
室町時代の浄土宗の僧。
¶仏教

**一道**(1)　いちどう
?　～*
江戸時代前期の浄土宗の僧。
¶岡山歴(㊁元和4(1618)年12月15日),日人(㊁1619年),仏教(㊁元和4(1618)年12月15日?)

**一道**(2)　いちどう
?　～*
江戸時代中期の浄土宗の僧。
¶日人(㊁1752年),仏教(㊁宝暦1(1751)年12月14日),三重続

**一道**(3)　いちどう
文政10(1827)年8月10日～明治38(1905)年4月28日
江戸時代後期～明治期の僧侶。
¶真宗

**一曇聖瑞**　いちどんしょうずい
～*
鎌倉時代後期の僧。円覚・南禅寺主。
¶鎌倉新(㊁応永年間),国書(生没年不詳),人名,日人(生没年不詳)

**一入覚門**　いちにゅうかくもん
元禄4(1691)年5月15日～明和4(1767)年6月4日
江戸時代中期の曹洞宗の僧。
¶仏教

**一如**　いちにょ
慶安2(1649)年7月1日～元禄13(1700)年4月12日
江戸時代前期～中期の浄土真宗の僧。
¶仏教

**一如孝順**　いちにょこうじゅん
?　～寛保3(1743)年9月25日
江戸時代中期の曹洞宗の僧。
¶国書

**一如素信**　いちにょそしん
～正徳3(1713)年5月25日
江戸時代中期の尼僧。高山市の霊泉寺開基。
¶飛騨

**一寧**　いちねい
→一山一寧(いっさんいちねい)

**一寧補天**　いちねいほてん
?　～天保6(1835)年
江戸時代後期の僧。羽布村光照寺の住職。
¶姓氏愛知

**一念**(1)　いちねん
承応2(1653)年～天和2(1682)年9月12日
江戸時代前期の浄土宗の僧。
¶仏教

い

**一念**(2) **いちねん**
＊〜安政5(1858)年5月4日　㊞他阿一念(たあいちねん)
江戸時代後期の時宗の僧。
¶神奈川人(他阿一念　たあいちねん　㊐1785年), 神奈川百(㊐1779年), 仏教(㊐安永9(1780)年)

**一念寺道了** **いちねんじどうりょう**
〜永正16(1519)年2月2日
戦国時代の清見村の一念寺の開基。
¶飛驒

**一念坊** **いちねんぼう**
？〜寛文10(1670)年
江戸時代前期の僧。
¶郷土千葉

**一戸兵衛** **いちのえひょうえ**
→一戸兵衛(いちのへひょうえ)

**一ノ瀬義法** **いちのせよしのり**
昭和9(1934)年1月27日〜
昭和〜平成期の教師、曹洞宗僧侶。法正寺住職。武田信玄、伊那地方史を研究。著書に「伊那のむかし話」「激戦川中島」など。
¶現執3期

**一戸兵衛** **いちのへひょうえ**
安政2(1855)年6月20日〜昭和6(1931)年9月2日
㊞一戸兵衛(いちのえひょうえ)
明治〜大正期の陸軍軍人。大将、教育総監。日露戦争で成果をあげ勇名を轟かせる。学習院院長、明治神宮宮司を歴任。
¶青森人, 青森百, 朝日(㊐安政2年6月20日(1855年8月2日)), 岡山人(いちのえひょうえ), 華請, 近現, 国史, コン5, 史人, 神人(㊀昭和6(1932)年9月2日), 人名, 世紀, 日人, 日露, 日中(㊐安政2(1855)年6月20日), 明治史, 明大1, 陸海(いちのえひょうえ)

**一宮氏忠** **いちのみやうじただ**
戦国時代の上野国衆。
¶姓氏山梨, 戦辞(生没年不詳), 武田

**一宮重富** **いちのみやしげとみ**
生没年不詳
江戸時代中期の神職。
¶国書

**一宮如寉** **いちのみやじょかく**
生没年不詳
江戸時代中期の神職・俳人。
¶国書

**一宮豊氏** **いちのみやとようじ**
戦国時代の上野国衆。
¶戦辞(生没年不詳), 武田

**一宮長綱** **いちのみやながつな**
生没年不詳
戦国時代の神職。飛驒一の宮郷・久々野郷代々の社家12の内の1人。
¶飛驒

**一宮成助**(一宮成祐) **いちのみやなりすけ**
？〜天正10(1582)年11月7日
安土桃山時代の神職。阿波一宮神社宮司。
¶人名, 徳島百, 徳島歴(一宮成祐), 日人

**一宮廖松** **いちのみやりょうしょう**
生没年不詳
江戸時代後期の神職。
¶国書

**櫟本憲昌** **いちのもとのりまさ**
大正〜昭和期の神職。気比神宮宮司、宗像神社宮司。
¶神人

**市場崇文** **いちばたかふみ★**
弘化1(1844)年6月〜大正11(1922)年
江戸時代後期〜大正期の伊勢桑名の神官。
¶三重続

**市原盛宏** **いちはらせいこう**
→市原盛宏(いちはらもりひろ)

**市原盛宏**(市原盛広) **いちはらもりひろ**
安政5(1858)年4月5日〜大正4(1915)年10月4日
㊞市原盛宏(いちはらせいこう)
明治期の銀行家。朝鮮銀行初代総裁。
¶海越新, 神奈川人(いちはらせいこう), 神奈川百, 熊本人, 人名(いちはらせいこう), 世紀, 姓氏京都(市原盛広), 渡航(いちはらせいこう), 日人, 明大1

**櫟屋** **いちびのや**
戦国時代の仏画師。
¶人名, 日人(生没年不詳)

**一妙** **いちみょう★**
生没年不詳
秋田市薬王山蓮住寺の僧。
¶秋田人2

**一明道源** **いちみょうどうげん**
寛永12(1635)年4月12日〜貞享2(1685)年2月17日
江戸時代前期の黄檗宗の僧。
¶黄檗

**市村成章** **いちむらせいしょう**
文政10(1827)年12月12日〜明治9(1876)年8月8日
江戸時代末期・明治期の高山の地役人・神職。市村家7世。
¶飛驒

**市村操一** **いちむらそういち**
昭和14(1939)年1月〜
昭和〜平成期の心理学者、僧侶。筑波大学教授、鎌田吉祥院住職。専門はスポーツ心理学。著書に「プレッシャーに強くなる法」など。
¶現執3期, 現執4期

**市村与市** **いちむらよいち**
明治14(1881)年4月10日〜昭和28(1953)年4月8日

い

明治～昭和期の教育者、宗教家、私学経営者。
¶愛知百，姓氏愛知，姓氏長野，長野歴

**一柳幾三郎** いちやなぎいくさぶろう
安政2（1855）年～大正12（1923）年
江戸時代末期～大正期の宮大工。
¶姓氏愛知，美建

**一雄** いちゆう
生没年不詳
江戸時代前期の浄土真宗の僧。
¶国書

**惟忠守勤** いちゅうしゅごん
？ ～文安4（1447）年3月25日
室町時代の曹洞宗の僧。総持寺71世。
¶国書，兵庫百，仏教

**怡中全順** いちゅうぜんじゅん
南北朝時代～室町時代の僧。天竜寺第149代。
¶人名

**惟忠通恕** いちゅうつうじょ
正平4/貞和5（1349）年～永享1（1429）年9月25日
㊀通恕（つうじょ）
室町時代の臨済宗の僧。
¶角史，鎌室（㊤？），国書，コン改，コン4，コン5，新潮，人名，世人（㊤正平3/貞和4（1348）年），日人，仏教，和俳

**異忠明穎** いちゅうめいえい
生没年不詳
室町時代の三木雲竜寺の開山。
¶兵庫百

**鴨脚某** いちょう
江戸時代末期～明治期の人。旧賀茂御祖神社神主家系。
¶華請

**鴨脚秀文** いちょうひでふみ
天保4（1833）年～？
江戸時代末期～明治期の神職。
¶華請，国書（生没年不詳）

**一誉円廊** いちよえんろう
？ ～
江戸時代中期の僧。八戸朔日町の来迎寺15世和尚。
¶青森人

**一螺** いちら★
生没年不詳
山本町森岳の教覚院僧。
¶秋田人2

**一来** いちらい
長寛2（1164）年～治承4（1180）年　㊀一来法師（いちらいほうし）
平安時代後期の僧。
¶鎌室，日人，平家（一来法師　いちらいほうし　㊤？）

**一来法師** いちらいほうし
→一来（いちらい）

**一蓮** いちれん
生没年不詳
平安時代中期の真言宗の僧。
¶仏教

**一路** いちろ
？ ～宝暦9（1759）年8月21日
江戸時代中期の浄土宗の僧・俳人。
¶国書

**壱和** いちわ
寛平2（890）年～康保4（967）年
平安時代中期の法相宗の僧。
¶古人，人名，日人，仏教（㊦天禄1（970）年），平史

**惟通桂儒**（惟通圭儒） いつうけいじゅ
？ ～永正16（1519）年10月7日
戦国時代の曹洞宗の僧。
¶国書（惟通圭儒），埼玉人，仏教

**一海** いっかい
永久4（1116）年～治承3（1179）年9月26日
平安時代後期の真言宗の僧。
¶国書，古人，仏教，平史，密教

**一覚** いっかく
戦国時代の時宗の僧・連歌作者。
¶国書（生没年不詳），俳文

**一華碩由** いっかせきゆ
文安4（1447）年3月4日～永正4（1507）年3月4日
室町時代～戦国時代の臨済宗の僧。
¶仏教

**一方井快孝** いっかたいかいこう，いつかたいかいこう
天保10（1839）年～明治7（1874）年5月30日
江戸時代末期～明治期の修験者。修験道の再興に奔走。
¶岩手人（㊤？），姓氏岩手（いつかたいかいこう），幕末，幕末大，藩臣1

**一華堂乗阿** いっかどうじょうあ
→乗阿（じょうあ）

**一華堂切臨** いっかどうせつりん
天正19（1591）年～寛文2（1662）年
安土桃山時代～江戸時代前期の時宗の僧・和学者。
¶国書

**一華文英** いっかぶんえい
応永32（1425）年～永正6（1509）年　㊀一華文英（いっかもんえい，いっけぶんえい），文英（ぶんえい）
室町時代～戦国時代の曹洞宗の僧。中山広厳院2世。
¶戦人（文英　ぶんえい），武田（㊤？），多摩（㊤応永22（1415）年），日人（いっけぶんえい），仏教（いっけぶんえい　㊦永正6（1509）年6月6日），山梨百（いっかもんえい　㊦永正6（1509）年6月6日）

**一華文英** いっかもんえい
→一華文英（いっかぶんえい）

**一関周玄** いっかんしゅうげん
南北朝時代の僧。天竜・南禅寺主。
¶人名，日人（生没年不詳）

**一韓智翃** いっかんちこう
生没年不詳
戦国時代の臨済宗の僧。
¶国書

**逸岩文瑛** いつがんぶんえい
生没年不詳
江戸時代前期～中期の黄檗宗の僧。
¶黄檗，国書

**五木兼善** いつきかねよし
天保5（1843）年～
江戸時代後期～末期の官吏、神職。
¶神人

**逸木盛照** いつきせいしょう
明治18（1885）年～昭和46（1971）年
昭和期の地方史研究家。粉河観音宗管長。和歌山県史を研究。
¶郷土（[生]明治18（1885）年4月1日 [没]昭和46（1971）年6月22日），史研，和歌山人

**一休** いっきゅう
→一休宗純（いっきゅうそうじゅん）

**一休宗純** いっきゅうそうじゅん
応永1（1394）年～文明13（1481）年11月21日
[別]一休（いっきゅう），宗純（しゅうじゅん，そうじゅん）
室町時代の臨済宗の僧。
¶朝日（[没]文明13年11月21日（1481年12月12日）），岩史，大阪人（[生]明徳5（1394）年1月1日），角史，鎌室，教育，京都，京都大，京都府，国史，国書（[生]明徳5（1394）年1月1日），古中，コン改，コン4，コン5，詩歌，詩作（一休 いっきゅう [生]応永1（1394）年1月1日），史人，思想史，重要，食文（[生]明徳5（1394）年1月1日），諸系，人書79，人書94，人情（[没]？），人情5，新潮（[生]応永1（1394）年1月1日），新文（[生]応永1（1394）年1月1日），人名，姓氏京都，世人，世百，全書，大百，茶道，中世，伝記，天皇（一休 いっきゅう），内乱，日思，日史（一休 いっきゅう [生]応永1（1394）年1月1日），日人，日文，美術（一休 いっきゅう），百科（一休 いっきゅう），仏教（[生]明徳5（1394）年1月1日），仏史，仏人（一休 いっきゅう），文学，室町，名僧，山川小，歴大，和俳

**一響** いっきょう
生没年不詳
南北朝時代の僧侶・歌人。
¶国書

**一径永就** いっきょうえいじゅ
？ ～応永10（1403）年
南北朝時代～室町時代の曹洞宗の僧。
¶日人，仏教（[没]応永10（1403）年10月25日，（異説）応永6（1399）年10月25日）

**一空** いっくう
永禄10（1567）年～承応3（1654）年4月10日
安土桃山時代～江戸時代前期の浄土宗の僧。
¶国書（[生]？），埼玉人，仏教

**厳島内侍** いつくしまのないし
生没年不詳
平安時代後期の女性。厳島神社の巫女。平清盛の愛妾。
¶女史，女性，人名，日人，歴大

**一圭** いっけい
寛政7（1795）年～天保2（1831）年
江戸時代後期の僧。
¶人名，長崎遊

**一慶** いっけい
→雲章一慶（うんしょういっけい）

**一憩** いっけい
生没年不詳
江戸時代中期の浄土真宗の僧。
¶国書，島根百（[生]享保20（1735）年 [没]享和2（1802）年），島根歴，富山百

**一景** いっけい
生没年不詳
室町時代～戦国時代の僧侶。
¶国書

**一渓宗統** いっけいしゅうとう
→一渓宗統（いっけいそうとう）

**一渓宗什** いっけいそうじゅう
元和4（1618）年～貞享1（1684）年6月16日
江戸時代前期の臨済宗の僧。大徳寺211世。
¶仏教

**一渓宗統** いっけいそうとう
？ ～延徳3（1491）年 [別]一渓宗統（いっけいしゅうとう）
室町時代の臨済宗の僧。大徳寺54世。
¶人名（いっけいしゅうとう），日人，仏教（[没]延徳3（1491）年5月2日）

**一華心林** いっけしんりん
天授2/永和2（1376）年～文安3（1446）年
室町時代の僧。建長寺主。
¶人名，日人

**一華文英** いっけぶんえい
→一華文英（いっかぶんえい）

**逸巌理秀** いつげんりしゅう
→理秀女王（りしゅうにょおう）

**一向** いっこう
→俊聖（しゅんじょう）

**一向俊聖** いっこうしゅんじょう
→俊聖（しゅんじょう）

**一向上人** いっこうしょうにん
→俊聖（しゅんじょう）

**一山** いつざん
→一山（いちざん）

**佚山** いつざん
生没年不詳
江戸時代後期の僧、書家。
¶大阪人，人名，仏教

**一山一寧** いっさんいちねい
モンゴル・定宗2（1247）年～文保1（1317）年10月24日　㊙一山一寧（いちざんいちねい），一寧（いちねい），寧一山（ねいいっさん），一寧一山（いちねいいっさん）
鎌倉時代後期の日本に来た元の僧、南禅寺住持。
¶朝日（㊀文保1年10月24日（1317年11月28日）），岩史，神奈川人，鎌倉，鎌倉新（寧一山　ねいいっさん），鎌古，鎌室，教育（一寧　いちねい），京都，京都大，群馬人，国史，国書，古中，コン改，コン4，コン5，詩歌，史人，思想史，新潮，人名（いちざんいちねい），姓氏京都，姓氏長野，世人（㊀文保1（1317）年10月25日），世百，全書，対外，大百，中世，長野歴，日思，日史，日人，日文（いちざんいちねい・いっさんいちねい），美術，百科，仏教（㊀文保1（1317）年9月24日），仏史，仏人（一寧　いちねい），名僧，山川小，歴大，和俳

**一衫青洲** いっさんせいしゅう
享保19（1734）年～文化4（1807）年
江戸時代中期～後期の僧。曹洞宗万年山総心寺第8世住職。
¶姓氏愛知

**逸山祖仁** いつざんそにん
承応4（1655）年3月5日～享保19（1734）年6月11日
江戸時代前期～中期の臨済宗の僧。
¶国書

**一山通勉** いっさんつうべん
生没年不詳
江戸時代末期の黄檗宗の僧。
¶黄檗

**佚山黙隠** いつざんもくいん
元禄15（1702）年～安永7（1778）年
江戸時代中期の僧、書家。
¶国書（㊀安永7（1778）年2月24日），日人

**一糸** いっし
→一糸文守（いっしぶんしゅ）

**一之** いっし
？～応永1（1394）年
室町時代の画僧。
¶人名，茶道，日人，美家，仏教，名画

**一色雅文** いっしきまさふみ
江戸時代末期～明治期の僧侶。元興福寺学侶・春日大社新社司。
¶華請

**一獅金猊** いっしきんげい
延宝4（1676）年～寛延3（1750）年
江戸時代前期～中期の僧。聖寿寺12世。
¶姓氏岩手

**一志文惟** いっしふみただ
元和6（1620）年～元禄8（1695）年8月25日
江戸時代前期～中期の神職。
¶国書5

**一糸文守** いっしぶんしゅ
慶長13（1608）年～正保3（1646）年3月19日　㊙一糸（いっし），一糸文守（いっしもんしゅ，いっしもんじゅ），仏頂国師（ぶっちょうこくし），文守（もんじゅ）
江戸時代前期の臨済宗の僧。
¶朝日（㊀正保3年3月19日（1646年5月4日）），京都（㊐慶長12（1607）年　㊀正保2（1645）年），京都大，京都府，近世（いっしもんじゅ），国史（いっしもんじゅ），国書，コン改（一糸　いっし），コン4（一糸　いっし），コン5（いっしもんじゅ），史人（いっしもんじゅ），思想史（いっしもんじゅ），諸系，新潮（いっしもんじゅ），人名（いっしもんしゅ），姓氏京都，世人，茶道，日史（いっしもんじゅ），日人，百科（いっしもんじゅ），仏教，仏史（いっしもんじゅ），名僧（いっしもんじゅ）

**一糸文守** いっしもんしゅ，いっしもんじゅ
→一糸文守（いっしぶんしゅ）

**一州正伊** いっしゅうしょうい
応永23（1416）年～長享1（1487）年
室町時代～戦国時代の曹洞宗の僧。
¶群馬人，国書（㊀長享1（1487）年11月4日），姓氏群馬，日人，仏教（㊀長享1（1487）年11月4日）

**一宗紹麟** いっしゅうしょうりん
→一宗紹麟（いっそうしょうりん）

**一笑禅慶** いっしょうぜんけい
？～長禄4（1460）年10月20日
室町時代の臨済宗の僧。
¶国書

**一心(1)** いっしん
元和3（1617）年～貞享4（1687）年10月15日
江戸時代前期の浄土宗の僧。
¶仏教

**一心(2)** いっしん
寛永2（1625）年～貞享3（1686）年10月22日
江戸時代前期の日蓮宗の僧。
¶仏教

**一心(3)** いっしん
明和8（1771）年～文政4（1821）年
江戸時代後期の木曽御岳の行者。木曽御嶽講の4大講祖の一人。
¶朝日（㊐明和8年4月2日（1771年5月15日）㊀文政4年10月2日（1821年10月27日）），近世，国史，埼玉人（㊐不詳　㊀文政4（1821）年10月），新潮（㊐明和8（1771）年4月2日　㊀文政4（1821）年10月2日），長野歴（㊀明治16（1883）年），日人，仏史

**一清** いっせい
？ ～正平23/応安1（1368）年
鎌倉時代後期～南北朝時代の臨済宗の僧。
¶岡山百

**一僊** いっせん★
生没年不詳
土崎の僧侶。伊勢山田寂照寺の僧日遷に学ぶ。
¶秋田人2

**一先祖道** いっせんそどう
？ ～延享4（1747）年2月24日
江戸時代中期の曹洞宗の僧。
¶国書

**一川智済** いっせんちさい
？ ～大永1（1521）年
戦国時代の曹洞宗の僧。
¶日人，仏教（[没]永正18（1521）年7月26日）

**一宗紹麟** いっそうしょうりん，いっそうじょうりん
康正1（1455）年～永正13（1516）年 [別]一宗紹麟（いっしゅうしょうりん）
戦国時代の臨済宗の僧。
¶人名（いっしゅうしょうりん），日人（いっそうじょうりん），仏教（[没]永正13（1516）年11月27日）

**一柱禅易** いっちゅうぜんえき
？ ～慶長3（1598）年4月11日
安土桃山時代の臨済宗の僧。
¶仏教

**一宙東黙** いっちゅうとうもく
天文21（1552）年～元和7（1621）年3月19日
戦国時代～江戸時代前期の臨済宗の僧。
¶国書

**一鎮** いっちん
建治3（1277）年～正平10/文和4（1355）年
鎌倉時代後期～南北朝時代の時宗の僧。
¶国史，古中，新潟百（生没年不詳），日人（[没]1356年），仏史

**井筒俊彦** いづつとしひこ，いずつとしひこ
大正3（1914）年5月4日～平成5（1993）年1月7日
昭和期の言語学者、哲学者。日本で最初の「コーラン」原典訳を刊行。他に「マホメット」「アラビア思想史」など。
¶近現，現朝，現執1期，現執2期（いずつとしひこ），現執3期（いずつとしひこ），現情，現日，広7，史学，新潮，世紀，日人

**乙艇元津** いっていげんしん
寛文1（1661）年2月16日～享保19（1734）年7月11日
江戸時代中期の黄檗宗の僧。
¶黄檗，国書，人名（[生]？ [没]1702年），日人

**一庭融頓** いっていゆうとん
*～万治2（1659）年 [別]融頓（ゆうとん）
江戸時代前期の曹洞宗の僧。
¶人名（[生]1587年），日人（[生]1587年），仏教（[生]永禄5（1562）年 [没]万治2（1659）年7月10日），仏人（融頓 ゆうとん [生]1562年）

**一的** いってき
？ ～寛文3（1663）年6月6日
江戸時代前期の浄土宗の僧。
¶仏教

**一天玄清** いってんげんしょう
正平9/文和3（1354）年～応永7（1400）年
南北朝時代～室町時代の曹洞宗の僧。
¶日人，仏教（[没]応永7（1400）年5月11日）

**一東異寅** いっとういいん
慶長19（1614）年～元禄11（1698）年 [別]一東異寅（いつとういえん）
江戸時代前期～中期の僧。円祥山大安寺を開山。
¶青森人，姓氏岩手（いつとういえん）

**一東異寅** いつとういえん
→一東異寅（いっとういいん）

**一翁院豪** いっとういんごう
→一翁院豪（いちおういんごう）

**乙堂喚丑** いつどうかんちゅう
→乙堂喚丑（おつどうかんちゅう）

**逸堂察応** いつどうさつおう
？ ～享保9（1724）年
江戸時代前期～中期の曹洞宗の僧。
¶国書

**逸堂定頴** いつどうじょうえい
生没年不詳
江戸時代中期の黄檗宗の僧。
¶黄檗

**一凍紹滴** いっとうしょうてき
天文2（1533）年～慶長11（1606）年4月23日 [別]紹滴（しょうてき，じょうてき）
安土桃山時代～江戸時代前期の禅僧。
¶国書，人名，戦人（紹滴 しょうてき），茶道，日人（[生]1539年 [没]1612年），俳文（紹滴 じょうてき），仏教（[生]天文8（1539）年 [没]慶長17（1612）年4月23日）

**一徳斉助則** いっとくさいすけのり
江戸時代後期～明治期の神官。
¶山梨百

**一音** いっとん
→一音（いちおん）

**逸然** いつねん
明・万暦29（1601）年～寛文8（1668）年 [別]逸然性融（いつねんしょうゆう）
江戸時代前期の渡来僧、南画伝来者。
¶朝日（[生]万暦29年8月1日（1601年8月28日） [没]寛文8年7月14日（1668年8月21日）），岩史（[生]明万暦29（1601）年8月1日 [没]寛文8（1668）年7月14日），黄檗（逸然性融 いつねんしょうゆう [没]寛文7（1668）年7月14日），角史，郷土長崎，近世，国史，コン改，コン4，コン5，新

潮(没寛文8(1668)年7月), 人名, 世人, 茶道, 長崎百, 日人(逸然性融 いつねんしょうゆう), 仏教(逸然性融 いつねんしょうゆう [生]明・万暦29(1601)年8月1日 [没]寛文8(1668)年7月14日), 名画, 歴大

**逸然性融** いつねんしょうゆう
→逸然(いつねん)

**一栢** いっぱく
生没年不詳
戦国時代の僧。陰陽に通じた。
¶朝日, 国史, 古中, 新潮, 日人

**逸彦宗米** いつひこそうまい
延宝2(1674)年〜延享4(1747)年
江戸時代前期〜中期の僧。盛岡聖寿寺11世。
¶姓氏岩手

**一瓢** いっぴょう
→川原一瓢(かわはらいっぴょう)

**一遍** いっぺん
延応1(1239)年2月15日〜正応2(1289)年8月23日
[別]一遍上人(いっぺんしょうにん), 一遍智真(いっぺんちしん), 智真(ちしん), 円照大師(えんしょうだいし), 証誠大師(しょうじょうだいし), 遊行上人(ゆぎょうしょうにん)
鎌倉時代後期の時宗の僧(開祖)。念仏唱名を称えて各地を遍歴・遊行して「遊行上人」とも呼ばれる。
¶愛知百, 朝日([生]延応1年2月15日(1239年3月21日) [没]正応2年8月23日(1289年9月9日)), 伊豆, 岩史, 岩手人, 岩手百(一遍上人 いっぺんしょうにん), 愛媛, 愛媛人, 愛媛百, 大分百(一遍上人 いっぺんしょうにん), 大阪人, 岡山歴(一遍智真 いっぺんちしん), 角史, 神奈川人, 神奈川百, 鎌倉(一遍智真 いっぺんちしん), 鎌倉新, 鎌古, 鎌室([生]嘉禎3(1237)年), 教育, 京都, 郷土愛媛, 京都大, 郷土長野, 群新百, 群馬人, 芸能, 国史, 国書(智真 ちしん), 古中, コン改, コン4, コン5, 埼玉人, 史人, 思想史, 重要, 諸系, 人書79, 人書94, 神人, 新潮, 人名, 姓氏岩手, 姓氏京都, 姓氏群馬, 世人, 世百, 全書, 大百, 中世, 伝記, 内乱, 長野百, 長野歴, 日音, 日思, 日史, 日人, 百科, 兵庫百(一遍智真 いっぺんちしん), 冨嶽, 仏教, 仏史, 仏人, 平日([生]1239 [没]1289), 名僧, 山川小, 歴大, 和歌山人

**一遍上人** いっぺんしょうにん
→一遍(いっぺん)

**一遍智真** いっぺんちしん
→一遍(いっぺん)

**一法** いっぽう
寛文4(1664)年〜享保10(1725)年6月29日
江戸時代中期の時宗の僧。清浄光寺25世。
¶神奈川百([生]1663年), 国書, 仏教

**一峰通玄** いっぽうつうげん
生没年不詳
南北朝時代の臨済宗の僧。
¶国書, 人名, 日人, 仏教

**一峯明一**(一峰明一) いっぽうみょういち
? 〜正平4/貞和5(1349)年
鎌倉時代後期〜南北朝時代の僧。東福寺8世。
¶人名, 日人(一峰明一)

**一峰麟曹** いっぽうりんそう
永禄10(1567)年〜元和9(1623)年
安土桃山時代〜江戸時代前期の曹洞宗の僧。
¶日人, 仏教([没]元和9(1623)年11月8日)

**井出今滋** いでいましげ
明治期の神職。
¶神人

**井出嘉沺**(井出嘉仙) いでかせん
明治7(1874)年5月10日〜昭和18(1943)年12月23日
明治〜昭和期の仏師。
¶長野百(井出嘉仙), 長野歴, 美建

**井出観覚** いでかんかく
正徳1(1711)年〜天明2(1782)年
江戸時代中期の僧侶。
¶姓氏長野

**意的** いてき
天文23(1554)年〜正保2(1645)年8月2日
江戸時代前期の浄土宗の僧。
¶仏教

**出口一太郎** いでぐちいちたろう
明治17(1884)年10月1? 日〜昭和33(1958)年2月14? 日
明治〜昭和期のカトリック司祭。第3代鹿児島教区長。
¶新カト

**井手口三代市** いでぐちみよいち
明治35(1902)年8月18日〜昭和18(1943)年11月23日
昭和期のカトリック司祭。
¶神奈川人, 新カト

**井出道貞** いでみちさだ
宝暦6(1756)年〜天保10(1839)年
江戸時代中期〜後期の神職。
¶考古([生]宝暦7(1757)年 [没]天保13(1842)年), 国書([生]宝暦7(1757)年 [没]天保13(1842)年1月22日), 姓氏長野, 長野百, 長野歴

**井手義久** いでよしひさ
安政6(1859)年5月8日〜明治40(1907)年12月11日
明治期の牧師。
¶社史

**意天** いてん
? 〜寛永17(1640)年10月26日
江戸時代前期の浄土宗の僧。
¶仏教

い

い

**意伝** いでん
生没年不詳
江戸時代前期の浄土宗の僧。
¶国書

**以天宗清** いてんしゅうしょう
→以天宗清(いてんそうせい)

**以天宗清** いてんそうせい
文明4(1472)年～天文23(1554)年1月19日　㊞以天宗清(いてんしゅうしょう),宗清(そうせい),以天機雪(いてんきせつ)
戦国時代の臨済宗の僧。
¶神奈川人,国史,国書,古中,新潮,人名(いてんしゅうしょう),姓氏神奈川,世人,戦辞(㊞天文23年1月19日(1554年2月20日)),戦人(宗清　そうせい),茶道(㊞1552年),日人,仏教

**韋天祖昶** いてんそちょう
？～寛文11(1671)年
江戸時代前期の僧、建仁寺第305世。
¶人名,日人

**伊藤朝子** いとうあさこ
明治14(1881)年8月1日～昭和31(1956)年10月12日
明治～昭和期の宗教家。
¶市川,近女,女運,女史

**伊藤新** いとうあらた
明治2(1869)年～大正15(1926)年
明治～大正期の神職。
¶神人

**伊藤斎** いとういつき
㊞伊藤葦天(いとういてん)
大正～昭和期の俳人、郷土史家、宗教家。丸山教2代管長。
¶大分歴(㊐明治29(1896)年　㊞昭和50(1975)年),神奈川百(伊藤葦天　いとういてん　㊐1883年　㊞1974年)

**伊藤葦天** いとういてん
→伊藤斎(いとういつき)

**伊東慧明** いとうえみょう
昭和5(1930)年～
昭和期の仏教学者、僧侶。
¶現執1期

**伊藤馨** いとうかおる
明治19(1886)年～昭和36(1961)年
明治～昭和期の牧師。
¶昭人,世紀,日人,北海道百,北海道歴

**伊東覚念** いとうかくねん
万延1(1860)年～昭和19(1944)年
明治～昭和期の僧侶・教育家。
¶神奈川人,姓氏神奈川

**伊藤景祐** いとうかげひろ
嘉永1(1848)年～明治40(1907)年
江戸時代後期～明治期の神職。
¶神人

**伊藤貫宗** いとうかんそう
？～明治41(1908)年
大正期の僧侶。金閣寺の保存会を設立すると共に、療病館を建てて貧困者に施薬。
¶人名,日人

**伊藤義教** いとうぎきょう
明治42(1909)年2月23日～
昭和期のイラン語・イラン文学者、浄土真宗本願寺派僧侶。京都大学教授。
¶現執1期,現執2期

**伊東希元** いとうきげん
天保8(1837)年～明治43(1910)年3月20日
江戸時代末期～明治期の僧侶。善福寺住職。私塾敬業学舎を創設。
¶神奈川人,姓氏神奈川,幕末,幕末大

**伊藤義賢** いとうぎけん
明治18(1885)年1月3日～昭和44(1969)年8月25日　㊞伊藤義賢(いとうよしたか)
明治～昭和期の僧侶。
¶真宗,山口人(いとうよしたか),山口百(いとうよしたか)

**伊藤恭治** いとうきょうじ
明治28(1895)年11月14日～昭和53(1978)年7月24日
昭和期の牧師、伝道者。
¶キリ

**伊藤愚渓** いとうぐけい
明治13(1880)年10月25日～昭和43(1968)年4月23日
明治～昭和期の禅僧。
¶徳島百,徳島歴

**伊藤敬宗** いとうけいじゅう
明治14(1881)年～昭和10(1935)年
明治～昭和期の僧侶。
¶和歌山人

**伊東恵聡** いとうけいそう
明治11(1878)年～昭和42(1967)年
明治～昭和期の南洲寺開山。
¶薩摩

**伊藤賢道** いとうけんどう
明治～昭和期の僧侶、教育者。
¶外図,日中

**伊藤康安** いとうこうあん
明治23(1890)年9月23日～昭和40(1965)年12月10日
大正～昭和期の国文学者、臨済宗僧侶。早稲田大学名誉教授、春雨寺主管。
¶現情,人名7,世紀,日人,仏教,仏人

**伊藤古鑑** いとうこかん
明治23(1890)年～昭和47(1972)年
昭和期の仏教学者。
¶仏人

**伊藤参行** いとうさんぎょう
延享2(1745)年～文化6(1809)年8月10日
江戸時代中期～後期の富士講2代教主。
¶朝日([生]延享3(1746)年)，近世([生]1746年)，国史([生]1746年)，国書，コン改，コン4，コン5，史人，新潮，日人，仏史([生]1746年)

**伊藤秀憲** いとうしゅうけん
昭和22(1947)年9月5日～
昭和期の曹洞宗学者。
¶現執2期

**伊藤宗盛** いとうしゅうせい
→伊藤宗盛(いとうそうせい)

**伊東畯次郎** いとうしゅんじろう
明治～昭和期の神職。
¶神人

**伊東照司** いとうしょうじ
昭和19(1944)年10月23日～
昭和～平成期の美術史学者。専門はインド・東南アジア宗教美術史。著書に「原始仏教美術図典」など。
¶現執2期，現執3期

**伊東聖純** いとうしょうじゅん
昭和2(1927)年～平成8(1996)年
昭和～平成期の僧侶。
¶高知人

**伊藤庄治郎** いとうしょうじろう
明治42(1909)年3月13日～平成5(1993)年3月13日
明治～平成期の司教。初代新潟教区司教、日本カトリック・エキュメニズム委員長。
¶新カト

**伊藤証信** いとうしょうしん
明治9(1876)年9月10日～昭和38(1963)年1月14日
明治～昭和期の宗教運動家。無我苑主宰。無我苑を開き、雑誌「無我の愛」を発刊、他力主義、利他主義の無我愛の真理を説く。
¶アナ，岩史，紀伊文，近現，近文，現情([生]1874年9月10日)，国史，コン改，コン4，コン5，史人，社史([没]1968年1月14日)，真宗，新潮，新文，世紀，姓氏愛知([没]1905年)，哲学，日人，仏教，仏人，文学([生]？ [没]1928年)，平和([没]昭和43(1968)年)，民学，明治史，履歴，履歴2

**伊藤真乗** いとうしんじょう
明治39(1906)年3月28日～平成1(1989)年7月19日
昭和期の宗教家。宗教法人「真如苑」教主。
¶現朝，コン改，コン4，コン5，世紀，日人

**伊藤真徹** いとうしんてつ
明治37(1904)年～昭和59(1984)年
昭和期の仏教学者。
¶現執1期，仏人

**伊藤瑞叡** いとうずいえい
昭和17(1942)年5月20日～
昭和～平成期の仏教学者。立正大学教授。専門は日本仏教文化史。
¶現執1期，現執2期，現執3期，現執4期

**到津公著** いとうずきみあき
→到津公著(いとうづきみあき)

**到津公斉** いとうずきみなり
昭和12(1937)年11月4日～
昭和～平成期の神官。宇佐神宮宮司、大分県神社庁長。
¶現情

**到津公凞** いとうずきみひろ
→到津公凞(いとうづきみひろ)

**到津公古** いとうずきみふる
→到津公古(いとうづきみふる)

**到津公誼** いとうずきみよし
→到津公誼(いとうづきみよし)

**伊藤祐之** いとうすけゆき
→伊藤祐之(いとうゆうし)

**伊東祐帰**(伊藤祐帰) いとうすけより
安政2(1855)年～明治27(1894)年
江戸時代末期～明治期の飫肥藩知事、子爵。
¶諸系，神人(伊藤祐帰)，日人，藩主4([生]安政2(1855)年11月3日 [没]明治27(1894)年4月25日)，宮崎百

**伊藤仙峰** いとうせんぽう
明治2(1869)年11月3日～昭和37(1962)年1月10日
明治期の牧師、教員。ユニヴァーサリスト教会牧師。
¶社史

**伊藤宗盛** いとうそうせい
弘化1(1844)年～大正8(1919)年 [別]伊藤宗盛(いとうしゅうせい)
江戸時代末期～大正期の真言宗豊山派の僧侶。
¶埼玉人，埼玉百，庄内(いとうしゅうせい [生]弘化1(1844)年4月15日 [没]大正8(1919)年12月16日)

**伊藤大忍** いとうたいにん
安政5(1858)年～昭和13(1938)年
明治期の僧侶。
¶神奈川人

**伊藤隆寿** いとうたかとし
昭和19(1944)年12月1日～
昭和～平成期の中国仏教学者。
¶現執1期，現執2期

**伊藤千可良** いとうちから
大正期の神職。
¶神人

**到津公著** いとうづきみあき，いとうずきみあき
天和2(1682)年10月6日～宝暦6(1756)年2月5日

江戸時代前期～中期の神職。
¶大分歴，国書，神人（いとうずきみあき）

**到津公凞**（到津公凞，到津公熙） **いとうづきみひろ，いとうずきみひろ**
明治2（1869）年8月19日～昭和11（1936）年8月7日
明治～昭和期の神職。男爵。大分県宇佐町で官幣大社宇佐神宮宮司を務める。
¶神人（到津公凞　いとうずきみひろ），人名，世紀，日人（到津公熙），明大1（到津公凞　いとうずきみひろ）

**到津公古** **いとうづきみふる，いとうずきみふる**
享保19（1734）年～享和2（1802）年1月23日　㊊宇佐公古（うさきんこ）
江戸時代中期～後期の宇佐宮大宮司。
¶公卿普（宇佐公古　うさきんこ），公家（公古〔宇佐八幡宮大宮司到津家〕　きんこ），神人（いとうずきみふる　㊤元文1（1736）年8月8日）

**到津公誼**（到津公誼） **いとうづきみよし，いとうずきみよし**
弘化2（1845）年10月18日～明治34（1901）年
江戸時代後期～明治期の神職。宇佐神宮宮司。
¶神人（いとうずきみよし　㊦明治34（1901）年6月），男爵（到津公誼　㊦明治34（1901）年6月22日）

**伊藤常足** **いとうつねたり**
→伊藤常足（いとうつねたる）

**伊藤常足** **いとうつねたる**
安永3（1774）年12月21日～安政5（1858）年　㊊伊藤常足（いとうつねたり）
江戸時代後期の国学者。「太宰管内志」の著者。
¶朝日（㊤安永3年12月21日（1775年1月22日）㊦安政5年11月9日（1858年12月13日）），維新（いとうつねたり），大分歴（いとうつねたり），考古（㊦安政5年（1858年11月9日）），国書（㊦安政5（1858）年11月19日），コン改，コン4，コン5，神人（いとうつねたり　㊦安政5（1858）年11月19日），新潮（㊦安政5（1858）年11月19日），人名，世人，太宰府（いとうつねたり），日人（㊤1775年），幕末（㊦1858年12月13日），幕末大（㊤安永3（1775）年12月21日㊦安政5（1858）年11月9日），福岡百（いとうつねたり　㊦安政5（1858）年11月19日），平史（いとうつねたり）

**伊藤常信** **いとうつねのぶ**
延宝4（1676）年～宝暦9（1759）年
江戸時代前期～中期の鞍手郡古門村の神官。淡路守常重の嫡子。
¶太宰府，福岡百

**伊藤哲英** **いとうてつえい**
明治8（1875）年～明治44（1911）年
明治期の僧。黒河西養寺住職。
¶姓氏富山

**伊藤道海** **いとうどうかい**
明治7（1874）年5月18日～昭和15（1940）年7月16日
明治～昭和期の曹洞宗の僧。総持寺独住9世、曹洞宗管長。
¶神奈川人，昭人，人名7，世紀，新潟人（㊦昭和15年7月15日），新潟百，日人（㊤明治7（1874）年5月8日，（異説）5月18日），仏教，仏人

**伊藤徳衛** **いとうとくえ**
明治27（1894）年～
昭和期の新興仏教青年同盟員。
¶社史

**伊藤紀** **いとうとし**
明治～大正期の神職。
¶神人

**伊藤友司** **いとうともし，いとうともじ**
大正1（1912）年5月9日～昭和42（1967）年8月6日
昭和期の宗教家。不動尊教会を設立。戦後は「まこと教団」（のちに「真如苑」と改称）の苑主となる。
¶現情，女性，女性普，人名7，世紀，日人（いとうともじ），仏教，仏人

**伊藤直江** **いとうなおえ**
文政12（1829）年11月26日～明治9（1876）年2月28日
江戸時代後期～明治期の神官・国学者。
¶福岡百

**伊藤八郎** **いとうはちろう**
大正14（1925）年6月15日～平成15（2003）年7月16日
大正～平成期の教師。広島女学院高数学科教諭。アメンの友教会牧師。
¶日エ

**伊藤隼人佑** **いとうはやとのすけ**
生没年不詳
戦国時代の上総国小櫃川下流域坂戸山の坂戸大明神社（袖ヶ浦市坂戸市場）の神主。
¶戦房総

**伊藤文雄** **いとうふみお**
明治22（1889）年10月1日～大正14（1925）年2月4日
明治・大正期の神職。
¶飛驒

**伊藤平左衛門** **いとうへいざえもん**
文政12（1829）年～大正2（1913）年5月11日
明治期の建築家。現存する代表作に京都東本願寺の阿弥陀堂、大師堂、明治初期洋風建築の見付学校など。
¶朝日，角史（㊤文政12（？）年），真宗（㊦？），新潮（㊤？），人名（㊤？），姓氏愛知，日人，幕末，幕末大，美建（――〔9代〕　㊤文政12（1829）年11月19日），美建（㊤文政12（1829）年11月19日），北海道建（㊤文政12（1829）年11月19日　㊦大正2（1913）年5月3日），明大2

**伊藤平左エ門〔11代〕〔11代〕**（伊藤平左エ門） **いとうへいざえもん**
明治28（1895）年4月22日～昭和51（1976）年2月3

日
明治〜昭和期の建築家、宮大工。1級建築士。
¶美建（伊藤平左エ門〔11代〕），美建（伊藤平左エ門〔11代目〕）

**甑正敏** いとうまさとし
昭和22（1947）年4月11日〜
昭和〜平成期の僧侶、政治家。参議院議員、正光寺（真宗大谷派）住職。
¶石川百，現政

**伊藤健** いとうますら
安政3（1856）年〜明治9（1876）年
江戸時代末期〜明治期の神職。
¶神人

**伊藤真広** いとうまひろ
〜昭和3（1927）年
明治〜昭和期の神職。
¶神人

**伊東マンショ**（伊東満所） いとうまんしょ
元亀1（1570）年〜慶長17（1612）年　㊀伊東祐益（いとうすけます）
安土桃山時代〜江戸時代前期の天正遣欧少年使節正使、神父。1582年正使として渡欧。
¶朝日（伊東満所　㊤永禄12（1569）年頃　㊦慶長17年10月21日（1612年11月13日）），岩史（㊤永禄12（1569）年頃　㊦慶長17（1612）年10月21日），海越（伊東満所　㊤永禄12（1569）年　㊦慶長17（1612）年閏10月21日），海越新（伊東満所　㊤永禄12（1569）年　㊦慶長17（1612）年閏10月21日），大分歴，角史，キリ（㊤元亀1（1570）年頃　㊦慶長17年10月21日（1612年11月13日）），近世，国史，古中，コン改（伊東満所　㊤元亀1（1570）年？），コン4（伊東満所　㊤元亀1（1570）年？），コン5（伊東満所　㊤元亀1（1570）年？），史人（㊤1569年？　㊦1612年10月21日），重要（㊦慶長17（1612）年10月21日），新潮（㊦慶長17（1612）年10月21日），人名，世人（伊東満所　㊦慶長17（1612）年10月21日），世百，戦国（伊東満所），全書（㊤1569年？），戦人，全戦（㊤？），対外，大百，中世，日史（㊦慶長17年10月21日（1612年11月13日）），日人，百科，宮崎百（伊東満所），山川小（㊤1569年？　㊦1612年10月21日），歴大（㊤1569年ころ）

**伊藤道保** いとうみちやす
寛政3（1791）年〜明治4（1871）年10月
江戸時代後期〜明治期の神職・国学者。
¶国書

**伊東光世** いとうみつよ
明治36（1903）年3月9日〜昭和38（1963）年10月16日
昭和期の日本聖公会司祭。
¶埼玉人

**伊藤八重喜** いとうやえき
江戸時代末期〜明治期の遠江国豊田郡敷地村野辺神社（山王社）の神官。
¶姓氏静岡

**伊藤泰歳** いとうやすとし
天保11（1840）年〜大正8（1919）年1月27日
江戸時代末期〜明治期の神職。香取神宮に奉仕。
¶国書（㊤天保11（1840）年8月15日），幕末，幕末大

**伊藤祐之** いとうゆうし
明治29（1896）年6月17日〜昭和44（1969）年1月17日　㊀伊藤祐之（いとうすけゆき）
大正〜昭和期の無教会伝道者。西南学院大学教授、茨城キリスト教大学教授。
¶キリ，社史（いとうすけゆき）

**伊藤義賢** いとうよしたか
→伊藤義賢（いとうぎけん）

**伊藤六郎兵衛** いとうろくろべい
→伊藤六郎兵衛(1)（いとうろくろべえ）

**伊藤六郎兵衛(1)** いとうろくろべえ
文政12（1829）年7月15日〜明治27（1894）年3月30日　㊀伊藤六郎兵衛（いとうろくろべい）
江戸時代末期〜明治期の宗教家。丸山教の教祖で、明治政府の宗教政策には合致する方針をとる。
¶朝日（㊤文政12年7月15日（1829年8月14日）），維新，神奈川人，神奈川百，近現，国史，コン改，コン4，コン5，史人，思想，神史，人書94，神人（いとうろくろべい），新潮，姓氏神奈川，全書，日思（いとうろくろべい），日人，幕末（㊤1829年8月14日），幕末大，平和，明治史，明大1

**伊藤六郎兵衛(2)** いとうろくろべえ
明治16（1883）年〜昭和49（1974）年
明治〜昭和期の神道家。丸山教第3代教主。
¶神奈川人

**石徹白五郎** いとしろごろう
生没年不詳
江戸時代前期の石徹白彦右衛門長澄の家臣・白山中居神社の神主。
¶飛騨

**石徹白豊前** いとしろぶぜん
？〜宝暦8（1758）年
江戸時代中期の中居神社の神主。
¶藩臣3

**糸姫** いとひめ
→京姫（きょうひめ）

**糸山貞幹** いとやまさだもと
天保2（1831）年2月26日〜大正8（1919）年5月6日
㊀糸山貞幹（いとやまていかん）
江戸時代末期〜明治期の国学者。
¶郷土，国書，佐賀百（いとやまていかん　㊦大正8（1919）年5月），神人，日人

**糸山貞幹** いとやまていかん
→糸山貞幹（いとやまさだもと）

**糸若柳子** いとわかりゅうこ
明治23（1890）年9月22日〜昭和59（1984）年5月16日

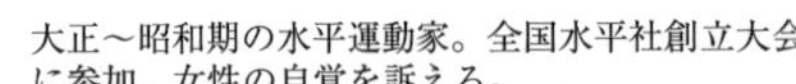

大正〜昭和期の水平運動家。全国水平社創立大会に参加、女性の自覚を訴える。
¶近女，社運，社史，女運，女性，女性普，世紀，日人

い

**稲岡覚順** いなおかかくじゅん
明治38(1905)年11月9日〜平成7(1995)年10月8日
昭和〜平成期の浄土宗僧侶。
¶埼玉人

**稲生誠吉** いなおせいきち
？ 〜
明治期のキリスト教社会主義者。
¶社史

**稲尾冨造** いなおとみぞう
明治25(1892)年2月8日〜昭和27(1952)年4月23日
大正・昭和期の宮大工。
¶飛騨

**稲垣信** いながきあきら
嘉永1(1848)年12月3日〜大正15(1926)年4月9日
明治〜大正期の旧日本基督教会牧師。
¶神奈川人，神奈川百，キリ(生嘉永2(1850)年12月30日)，世紀，姓氏長野(生1849年)，長野百(生1849年)，長野歴(生嘉永2(1849)年)，日人，明大1

**稲垣瑞剣** いながきずいけん
明治18(1885)年10月5日〜昭和56(1981)年1月13日
明治〜昭和期の僧侶。
¶真宗

**稲垣寿恵子** いながきすえこ
万延元(1860)年5月5日〜昭和6(1931)年7月28日
明治〜大正期の社会事業家。横浜婦人慈善会会長。貧困者のため根岸慈善病院を設立したほか、失業者、娼妓救済等に尽力。
¶愛知女，神奈女，キリ，女性，女性普

**稲垣堪空**(稲垣湛空) いながきたんくう
天保9(1838)年10月17日〜明治23(1890)年
江戸時代末期〜明治期の真宗高田派学僧。権少教正。
¶真宗(稲垣湛空　没明治23(1890)年9月3日)，仏教(没明治23(1890)年9月)

**稲垣陽一郎** いながきよういちろう
明治9(1876)年12月22日〜昭和24(1949)年4月1日
明治〜昭和期の日本聖公会司祭、神学者。
¶キリ，渡航

**稲木黙雷** いなぎもくらい
享和1(1801)年〜明治8(1875)年
江戸時代後期〜明治期の宇都宮浄土真宗稲木山開華院観専寺第22代、文人画家、勤王思想家。
¶栃木歴

**伊奈教勝** いなきょうしょう
大正11(1922)年3月5日〜平成7(1995)年12月26日
昭和〜平成期の僧侶。
¶真宗

**稲田海素** いなだかいそ
明治2(1869)年11月1日〜昭和31(1956)年2月26日
明治〜昭和期の日蓮宗学僧。「日蓮聖人御遺文」編集主任。
¶世紀，日人，仏教

**伊奈建彦** いなたけひこ
安永7(1778)年12月〜弘化2(1845)年8月29日
江戸時代中期〜後期の神職・国学者。
¶国書，長崎歴

**稲田勝芸** いなだしょうげい
江戸時代末期〜明治期の僧侶。
¶真宗

**稲田泰堂** いなだたいどう
明治31(1898)年2月28日〜昭和47(1972)年12月21日
大正・昭和期の宗教家。
¶岩手人

**稲田良水** いなだりょうすい
延享4(1747)年〜文化5(1808)年
江戸時代中期〜後期の僧。笠間藩領茨城郡上稲田村の浄土真宗西念寺の21代住職。
¶茨城百，茨城歴

**稲葉栄寿** いなばえいじゅ
元治1(1864)年4月20日〜？
明治期の僧侶。
¶真宗

**稲葉円成** いなばえんじょう
明治14(1881)年1月21日〜昭和25(1950)年6月21日
明治〜昭和期の真宗大谷派学僧。真宗大学教授。
¶昭人，真宗，姓氏愛知，仏教，仏人

**稲葉寛治郎** いなばかんじろう
明治16(1883)年〜昭和29(1954)年
明治〜昭和期の神職。
¶神人

**稲葉教山** いなばきょうざん
大正〜昭和期の僧侶。
¶真宗

**稲葉幸平** いなばこうへい
天保10(1839)年12月12日〜明治35(1902)年7月24日
江戸時代末期・明治期の神職。
¶飛騨

**稲葉秀賢** いなばしゅうけん
明治34(1901)年〜
昭和期の真宗学者、僧侶。
¶現執1期

**稲葉正就** いなばしょうじゅ
大正4(1915)年1月11日～平成2(1990)年7月8日
昭和期の仏教学者、真宗大谷派僧侶。
¶現執1期，仏教

**稲葉心田** いなばしんでん
明治39(1906)年11月10日～昭和61(1986)年1月19日
昭和期の宗教家。
¶姓氏富山，富山百

**稲葉道意** いなばどうい
明治15(1882)年8月19日～昭和43(1968)年3月20日
明治～昭和期の真宗大谷派僧侶、政治家。大谷派宗議議長、教化研究所内務局局長、衆議院議員。
¶現情，真宗，人名7，世紀，政治，日人，仏教

**稲葉道貫** いなばどうかん
文政5(1822)年～明治29(1896)年
江戸時代末期～明治期の真宗大谷派学僧。光慶寺住職。
¶真宗([生]文政5(1822)年4月1日　[没]明治29(1896)年5月20日)，仏教，仏人，明大1

**稲葉道教** いなばどうきょう
*～明治27(1894)年1月5日
江戸時代末期～明治期の真宗大谷派学僧。
¶真宗([生]文化13(1816)年)，仏教([生]文化14(1817)年)

**稲葉道寿** いなばどうじゅ
明治33(1900)年7月～昭和60(1985)年8月5日
明治～昭和期の僧侶。
¶日エ

**稲葉昌丸** いなばまさまる
元治2(1865)年3月4日～昭和19(1944)年1月29日
明治～昭和期の浄土真宗大谷派僧侶。大谷大学学長。
¶昭人，真宗，人名7，世紀，姓氏京都，日人，仏教，仏人

**稲村英隆** いなむらえいりゅう
天保9(1838)年7月13日～明治43(1910)年5月16日
江戸時代後期～明治期の真言宗僧侶。
¶埼玉人

**稲村貞雄** いなむらさだお
明治42(1909)年9月～
昭和期の僧侶。
¶群馬人

**稲村真里** いなむらまさと
慶応3(1867)年11月15日～昭和36(1961)年12月23日
江戸時代末期～昭和期の神職・祝詞研究家。
¶神人

**稲本寿山** いなもとじゅさん
嘉永3(1850)年2月12日～明治31(1898)年6月24日
江戸時代後期～明治期の神職。
¶神人

**稲荷日信** いなりにっしん
昭和3(1928)年7月13日～
昭和～平成期の宗教家。最上稲荷教管長。
¶現情

**稲荷日宣** いなりにっせん
明治21(1888)年6月14日～昭和54(1979)年8月3日
大正～昭和期の宗教家。最上稲荷教管長、最上稲荷教総本山妙教寺貫首。
¶岡山歴

**乾憲雄** いぬいのりお
大正13(1924)年～
昭和～平成期の僧侶、芭蕉研究家。
¶滋賀文

**乾満昭** いぬいみつあき
明治期の神職。明治9年出雲大社少宮司より広田神社少宮司に就任。
¶神人

**犬飼政一** いぬがいまさかず
昭和9(1934)年5月12日～
昭和期のドイツ神学者。神奈川大学教授。
¶現執2期

**井上篤好** いのうえあつよし
貞享1(1684)年7月9日～享保20(1735)年2月28日
江戸時代前期～中期の神道家。
¶国書，兵庫人(生没年不詳)，兵庫百

**井上伊之助** いのうえいのすけ
明治15(1882)年9月2日～昭和41(1966)年6月20日
明治～昭和期のキリスト教伝道者。台湾で父が殺害され、台湾伝道を志す。医師として山地人に伝道。著書に「台湾山地伝道記」。
¶キリ，現情，高知人([没]1965年)，高知百([没]1965年)，昭人，新潮，人名7，世紀，日人

**井上石見** いのうえいわみ
？～明治1(1868)年　[別]井上長秋(いのうえながあき)
江戸時代末期～明治期の薩摩藩士。参与。岩倉具視の側近として行動。沿岸視察中に海難事故で死亡。箱館府判事を歴任。
¶朝日([生]天保2(1831)年　[没]明治1(1868)年8月)，維新，鹿児島百，薩摩(井上長秋　いのうえながあき　[生]？)，神人(生没年不詳)，人名(井上長秋　いのうえながあき)，姓氏鹿児島，日人([生]1831年)，幕末，幕末大，藩臣7

**井上浦造** いのうえうらぞう
慶応3(1867)年～昭和27(1952)年4月5日
明治～昭和期の教育者。
¶群新百，群馬人，世紀([生]慶応3(1867)年11月11日)，姓氏群馬，日人

**井上円了**(井上延陵，井上圓了) いのうええんりょう，いのうええんりよう
安政5(1858)年2月4日～大正8(1919)年6月6日

[別]井上八郎（いのうえはちろう）
明治期の仏教哲学者。怪異を合理的に論じた「妖怪学講義」を普及させ妖怪博士と呼ばれた。東洋大学創設者。
¶朝日（[生]安政5年2月4日（1858年3月18日）[没]大正8（1919）年6月5日），維新（井上八郎　いのうえはちろう　[生]文化13（1816）年9月16日　[没]明治30（1897）年4月2日），岩史，海越新，科学，学校，角史，教育，教人（井上圓了　[生]安政5（1859）年），キリ，近現，近史1，近史3，近文，幻想，広7，国史，コン改，コン5，埼玉人，詩歌，詩作，史人，思想，思想史，重要，真宗，新潮（[生]安政5（1858）年2月），新文（[没]大正8（1919）年6月2日），人名，人名（井上延陵　[生]1816年　[没]1897年），心理，世紀，世人，世百，先駆，全書，大百，哲学（[生]1858年2月2日），伝記，渡航，長岡，新潟人，新潟百，日思，日史，日史語（いのうええんりよう），日人，日本，飛驒（[没]大正8（1919）年6月5日），百科，福岡百，仏教，仏人，文学，ポプ人，民学，明治2，明治史，明大2，山形百新，履歴（[没]大正8（1919）年6月5日），履歴2（[没]大正8（1919）年6月5日），歴大

**井上薫** いのうえかおる
大正6（1917）年3月28日～
昭和期の古代政治・古代宗教学者。奈良大学教授。
¶現執1期，現執2期

**井上一広** いのうえかずひろ
明治31（1898）年？　～
昭和期の新興仏教青年同盟メンバー。
¶社史

**井上弘円** いのうえこうえん
明治5（1872）年～昭和14（1939）年
明治～昭和期の僧。大谷探検隊の一員。
¶姓氏長野

**井上香木** いのうえこうぼく★
明治4（1871）年2月～
明治～昭和期の長春神社神職。
¶人満

**井上治助** いのうえじすけ
天保11（1840）年～明治40（1907）年
明治期の神職、教育家。鎌倉宮主典、松輪小学校長。大和神社禰宜、肥前国県宮主典、鎌倉宮主典を歴任。育英事業にも尽力。
¶人名

**井上寂英** いのうえじゃくえい
天保13（1842）年8月2日～大正5（1916）年10月16日
江戸時代後期～大正期の僧侶。
¶真宗，長野歴

**井上重厚** いのうえじゅうこう
*～享和4（1804）年1月18日　[別]重厚（じゅうこう，ぢゅうこう）
江戸時代中期～後期の俳人。
¶国書（重厚　じゅうこう　[生]元文3（1738）年），人名（[生]1742年），姓氏京都（[生]1742年），日人（[生]1738年），俳諧（重厚　じゅうこう　[生]？），俳句（重厚　じゅうこう），俳句（重厚　ぢゅうこう），俳文（重厚　じゅうこう　[生]元文3（1738）年），和俳（[生]寛保2（1742）年）

**井上春甫** いのうえしゅんぽ
明治22（1889）年～昭和45（1970）年
大正・昭和期の神職・教員・俳人。
¶愛媛

**井上宗環** いのうえしょうかん
明治9（1876）年～昭和14（1939）年
明治期の僧侶。
¶神奈川人

**井上信一** いのうえしんいち
*～？
大正～昭和期の僧侶、画工。日本無政府共産党関係者。
¶アナ（[生]明治37（1904）年），社史（[生]1905年？）

**井上尽済** いのうえじんさい
嘉永5（1852）年～昭和1（1926）年　[別]日野尽斉（ひのじんさい）
江戸時代末期～大正期の出水西照寺の創立者。
¶鹿児島百（井上尽斉　いのうえじんさい（ひのじんさい）），姓氏鹿児島

**井上静照** いのうえせいしょう
→静照(2)（じょうしょう）

**井上善右衛門** いのうえぜんうえもん
明治41（1908）年～
昭和期の倫理学・仏教学者。神戸女子大学教授。
¶現執1期

**井上善性** いのうえぜんしょう
？　～承久2（1220）年
鎌倉時代前期の浄土真宗の僧、二十四輩の第九座。
¶姓氏長野，長野歴

**井上禅定** いのうえぜんじょう
明治44（1911）年1月20日～
昭和期の臨済宗の僧。
¶鎌倉新，郷土神奈川

**井上宣宗** いのうえせんそう
？　～万延1（1860）年
江戸時代後期～末期の彦山修験道の岡坊から出た学僧。
¶福岡百

**井上大智** いのうえだいち
明治35（1902）年1月23日～昭和59（1984）年2月25日
昭和期の宗教家。少林窟道場四代。多くの門下を育成し、社会的影響力をもった。
¶女性，女性普，世紀，日人

**井上正** いのうえただし
昭和4（1929）年～
昭和期の仏教美術史研究者。
¶現執1期

**井上道隆** いのうえどうりゅう
～明治40(1907)年11月19日
明治期の僧。高山市の相応院2世。
¶飛騨

**井上徳命** いのうえとくめい
明治20(1887)年～昭和41(1966)年
明治～昭和期の僧、政治家。西照寺住職。
¶姓氏鹿児島

**井上長秋** いのうえながあき
→井上石見(いのうえいわみ)

**井上日竜** いのうえにちりゅう
天保1(1830)年9月9日～明治36(1903)年11月21日
江戸時代後期～明治期の日蓮宗僧侶。
¶埼玉人

**井上日召** いのうえにっしょう, いのうえにつしよう
明治19(1886)年4月12日～昭和42(1967)年3月4日
明治～昭和期の国家主義者。血盟団事件を起こし無期判決、大赦で出獄、戦後は護国団団長。
¶茨城百，茨城歴，岩史，角史，郷土群馬，近現，群新百，群馬人，群馬百，現朝，現情，現日，広7，国史，コン改，コン4，コン5，史人，社史，重要，昭人，新潮，人名7，世紀，姓氏群馬，世人，世百，世百新，全書，大百，日史，日史語(いのうえにつしよう)，日人，日中，日本，百科，仏教，平日，ポプ人，民学，山川小，履歴，履歴2，歴大

**井上順孝** いのうえのぶたか
昭和23(1948)年2月21日～
昭和～平成期の宗教学者。国学院大学教授。
¶現執3期，現執4期

**井上信義** いのうえのぶよし★
明治27(1894)年6月～
明治～昭和期の僧。浄土宗安東寺布教師。
¶人満

**井上八郎** いのうえはちろう
→井上円了(いのうええんりょう)

**井上博嗣** いのうえひろつぐ
昭和10(1935)年1月24日～
昭和～平成期のカトリック司祭、英米文学者。英知大学教授。
¶現執3期

**井上富山** いのうえふざん★
明治13(1880)年3月～
明治～昭和期の僧。旅順曹洞宗竜心寺布教師。
¶人満

**井上豊忠** いのうえぶんちゅう
→井上豊忠(いのうえほうちゅう)

**井上豊忠** いのうえほうちゅう
文久3(1863)年～大正12(1923)年　㊕井上豊忠(いのうえぶんちゅう)
明治期の僧侶。
¶真宗，図人(いのうえぶんちゅう)，山形百新(いのうえぶんちゅう)

**井上正香** いのうえまさか
文政2(1819)年～明治33(1900)年
江戸時代末期～明治期の国学者、医師、神官。貫前神社権宮司、竜田神社禰宜なども務める。
¶郷土群馬，群馬人，姓氏群馬，日人，幕末(㊀1900年11月20日)，幕末大(㊀明治33(1900)年11月20日)，藩臣2

**井上正鉄** いのうえまさかね, いのうえまさがね
寛政2(1790)年8月4日～嘉永2(1849)年2月18日
江戸時代後期の神道家。禊教の教祖。
¶朝日(㊐寛政2年8月4日(1790年9月12日)㊀嘉永2年2月18日(1849年3月12日))，江人，江戸東，角史，近世，群新百，国史，国書，コン改，コン4，コン5，埼玉人，史人，思想史，神史，神人，新潮，人名，世人(いのうえまさがね)，世百，全書，大百，日思，日史，日人，百科

**井上真平** いのうえまひら
明治～大正期の神職。
¶神人

**井上雪** いのうえゆき
昭和6(1931)年2月9日～平成11(1999)年4月2日
昭和～平成期の作家、俳人、浄土真宗東本願寺派僧侶。光徳寺坊守。
¶石川百，石川文，現執2期，現執3期，現情，現俳，世紀，ふる，マス89

**井上洋治** いのうえようじ
昭和2(1927)年3月28日～
昭和～平成期のカトリック司祭。風の家主宰。
¶キリ，現執1期，現執2期，現執3期，現執4期，世紀

**井上良雄** いのうえよしお
明治40(1907)年9月25日～平成15(2003)年6月10日
昭和～平成期の文芸評論家、神学者。東京神学大学教授。キリスト教神学を研究。著書に「宿命と文学に就いて」、訳書にバルト「和解論」など。
¶キリ，近文，現朝，現執1期，現情，現人，社史，新潮，新文，世紀，全書，日人，兵庫文，文学，平和

**井上与平** いのうえよへい
文政5(1822)年～明治31(1898)年
明治期の神職、歌人。国幣中社忌部神社禰宜。県より史誌編纂を命じられた。著書に「橘香舎歌集」など。
¶人名

**井上頼定** いのうえよりさだ
天明5(1785)年～慶応2(1866)年
江戸時代後期の歌人、神職。安芸東山八幡神社祠官。
¶人名，日人，和俳

い

**井上頼文** いのうえよりふみ,いのうえよりぶみ
文久1(1861)年2月9日～昭和7(1932)年2月11日
明治期の国文学者。神宮皇学館教授。
¶史研(いのうえよりぶみ),神人,三重続([生]天保14年),明大2(いのうえよりぶみ)

**伊能穎則** いのうひでのり
文化2(1805)年～明治10(1877)年7月11日
江戸時代末期～明治期の国学者。平田篤胤らに学び、江戸で家塾を開く。大学大教授、香取神宮少宮司を歴任。
¶朝日,維新,江文,近現,近世,国史,国書([生]文化2(1805)年10月),コン改,コン4,コン5,神史,神人,新潮,人名,千葉百,日人,幕末([没]1877年7月1日),幕末大,平史,明治史,明大2,和俳

**井口丑二** いのくちうしじ
明治4(1871)年～昭和5(1930)年
明治～昭和期の神道家。大日本神国教の創始者。
¶コン改,コン5([生]慶応1(1865)年　[没]昭和2(1927)年),人名,世紀,日エ,日人,明大1

**井口喜源治** いのぐちきげんじ
→井口喜源治(いぐちきげんじ)

**井口糺** いのくちただす,いのぐちただす
→井口糺(いぐちただす)

**猪熊浅麻呂**(猪熊浅麿) いのくまあさまろ
明治3(1870)年5月21日～昭和20(1945)年5月1日
明治～昭和期の有職故実学者。京都帝国大学講師。旧宮廷文化を伝承し、古典文化を研究。
¶京都大(猪熊浅麿),近現,国史,史研,史人,昭人,神人([生]明治3(1871)年5月21日),世紀,日人,明治史,明大2

**猪熊方主** いのくまかたぬし
享和3(1803)年11月25日～明治10(1877)年8月31日
江戸時代後期～明治期の神職。
¶国書

**猪熊千倉** いのくまちくら
*～延宝6(1678)年
江戸時代前期の神官、国学者。
¶香川人([生]?),香川百([生]?),郷土香川(生没年不詳),国書(生没年不詳),人名,日人([生]1602年),藩臣6([生]慶長7(1602)年)

**猪熊夏樹** いのくまなつき
天保6(1835)年6月1日～大正1(1912)年8月7日
江戸時代末期～明治期の国学者。京都に白峰神宮を造営し神官となり、伊勢神宮の神楽改正取調を命ぜられる。
¶維新,京都大,神人,新潮,人名,世紀,姓氏京都,日人,明大2

**井面守和** いのもりかず
→荒木田守和(あらきだもりかず)

**井面守城** いのももりき
生没年不詳
江戸時代後期の神職。
¶国書

**井面守重** いのももりしげ
文政9(1826)年10月18日～明治3(1870)年2月15日
江戸時代後期～明治期の神職。
¶国書

**井面守純** いのももりずみ
江戸時代末期～明治期の神主。旧伊勢神宮内宮神主。井面守存の一族。
¶華請

**井面守雅** いのももりつね
→荒木田守雅(あらきだもりまさ)

**井面守訓** いのももりのり
→荒木田守訓(あらきだもりのり)

**井面守存** いのももりまさ
江戸時代末期～明治期の神主。旧伊勢神宮内宮神主。
¶華請

**井面守易** いのももりやす
生没年不詳
江戸時代中期の神職。
¶国書

**以八** いはち
天文8(1539)年～慶長19(1614)年9月14日
戦国時代～江戸時代前期の浄土宗の傑僧。
¶広島百

**茨木パウロ** いばらぎぱうろ
? ～慶長2(1597)年　[別]茨城ポーロ(いばらきぽーろ)
安土桃山時代のキリシタン。26聖人の1人。
¶キリ([生]1547年以前　[没]1597年2月5日),人名,世人(茨城ポーロ　いばらきぽーろ),日人

**茨城ポーロ** いばらきぽーろ
→茨木パウロ(いばらぎぱうろ)

**茨木ルイス** いばらきるいす,いばらぎるいす
天正13(1585)年～慶長2(1597)年　[別]茨木ルドビコ(いばらぎるどびこ)
安土桃山時代のキリシタン。26聖人の1人。
¶キリ(茨木ルドビコ　いばらぎるどびこ　[没]1597年2月5日),人名,世百,日人(いばらぎるいす)

**茨木ルドビコ** いばらぎるどびこ
→茨木ルイス(いばらきるいす)

**井深梶之助** いぶかかじのすけ
嘉永7(1854)年6月10日～昭和15(1940)年6月24日
明治～昭和期のプロテスタント教育家。明治学院総理。明治学院創立に尽力、著書に「新約聖書神学」など。
¶会津,維新,海越,海越新,神奈川人,キリ([生]安政1年6月10日(1854年7月4日)),近現,現朝([生]嘉永7年6月10日(1854年7月4日)),広

7，国史，コン改，コン5，史人，思想史，新カト（[生]安政1（1854）年7月4日　[没]昭和15（1940）年6月28日），新潮，人名7，世紀，世百，全書，大百，哲学，渡航，日史，日人，日Y（[生]安政1（1854）年7月5日），幕末（[生]1854年7月5日），幕末大，百科，福島百（[没]昭和10（1935）年），明治史，明大1，歴大

**伊吹岩五郎** いぶきいわごろう
元治1（1864）年12月27日～昭和30（1955）年
明治～昭和期の教育者。
¶岡山百（[没]昭和30（1955）年1月9日），岡山歴（[没]昭和30（1955）年1月8日）

**伊吹勘右衛門** いぶきかんうえもん
→伊吹正健（いぶきまさよし）

**伊吹勘右衛門** いぶきかんえもん
→伊吹正健（いぶきまさよし）

**伊吹正健** いぶきまさよし
天保8（1837）年～明治23（1890）年　[別]伊吹勘右衛門（いぶきかんうえもん，いぶきかんえもん）
江戸時代末期～明治期の神職。鳥取藩大主簿。大神山宮司、宇部神社宮司などを歴任。
¶維新，国書（[没]明治23（1890）年8月21日），神人（伊吹勘右衛門　いぶきかんうえもん　[生]天保7（1836）年），人名（伊吹勘右衛門　いぶきかんえもん），日人

**指宿元陸** いぶすきもとむつ
江戸時代中期の鹿籠領主の菩提寺長善寺の住職か。
¶姓氏鹿児島

**飯降伊蔵** いぶりいぞう
天保4（1833）年12月28日～明治40（1907）年6月9日
江戸時代末期～明治期の宗教家。天理教本席。教祖の死後、主導権を確立して教団運営の指針を打ち出し、天理教の基礎を築く。
¶朝日（[生]天保4年12月28日（1834年2月6日）），維新，近現，国史，コン改（[生]文政6（1823）年），コン5（[生]文政6（1823）年），史人，神史，新潮，日史，日人（[生]1834年），百科，明治史，明大1

**伊兵衛** いへえ
？　～寛永1（1624）年
江戸時代前期の殉教者。
¶人名，日人

**井部栄範** いべえいはん
天保13（1842）年1月25日～大正3（1914）年2月22日　[別]井部栄範（いべよしのり）
明治～大正期の僧侶。環俗して杉の植林にはげみ、大山林地主となる。
¶愛媛（いべよしのり），愛媛人（いべよしのり），愛媛百（いべよしのり），郷土愛媛，植物，幕末（いべよしのり），幕末大（いべよしのり），風土，明大1

**井部栄範** いべよしのり
→井部栄範（いべえいはん）

**惟宝** いほう
寛文3（1663）年～享保11（1726）年8月22日
江戸時代前期～中期の真言宗の僧。
¶国書

**維宝** いほう
貞享4（1687）年～延享4（1747）年4月19日
江戸時代中期の真言宗の僧。
¶国書，徳島百，徳島歴，仏教，仏人

**惟方梵梁** いほうぼんりょう
室町時代の臨済宗の僧。南禅寺第137世、五山衆。
¶人名，日人（生没年不詳）

**今井円照** いまいえんしょう
明治期の僧侶。
¶真宗

**今井清彦** いまいきよひこ
万延1（1860）年～大正11（1922）年
明治期の神官。官幣大社稲荷神社宮司。気比神社宮司、金崎宮宮司、藤島神社宮司等を歴任。
¶神人（[生]安政4（1857）年），人名，世紀（[生]万延1（1860）年5月10日　[没]大正11（1922）年10月3日），日人，三重続（[生]万延1年5月1日），明大1（[生]万延1（1860）年5月10日　[没]大正11（1922）年10月3日）

**今井栄** いまいさかえ
明治34（1901）年1月1日～昭和36（1961）年7月24日
大正～昭和期の神職。白鬚神社宮司。
¶世紀，日人

**今井三郎** いまいさぶろう
明治18（1885）年5月31日～昭和17（1942）年3月10日
大正～昭和期の旧メソジスト教会牧師。
¶キリ，姓氏宮城，渡航

**今井新太郎** いまいしんたろう
明治24（1891）年～昭和43（1968）年12月
大正～昭和期のキリスト者。
¶愛媛百

**今泉なみえ** いまいずみなみえ
明治35（1902）年～昭和51（1976）年
昭和期の女性。日蓮宗観音教会を創立。
¶姓氏宮城

**今泉真幸** いまいずみまさき
明治4（1871）年9月13日～昭和41（1966）年7月17日
明治～昭和期の牧師。日本組合基督教会総会議長、日本聖書協会理事長。
¶キリ，福島百

**今井千年** いまいせんねん
寛政9（1797）年1月11日～弘化2（1845）年5月5日　[別]今村千年（いまむらちとせ）
江戸時代末期の歌人。
¶岡山人，岡山歴（今村千年　いまむらちとせ）

い

**今井素牛** いまいそぎゅう
文化2(1805)年〜明治11(1878)年
江戸時代末期〜明治期の漢詩人。
¶姓氏長野, 長野歴

**今井鉄巌** いまいてつがん
明治15(1882)年〜?
明治期の僧侶。藤原姓で熊本県人吉在住。
¶華請

**今井徳順** いまいとくじゅん
明治6(1873)年〜昭和12(1937)年12月3日
大正〜昭和期の僧、日光山第77世輪王寺門跡。
¶昭人, 姓氏群馬(㊀1871年), 栃木歴

**今井寿道** いまいとしみち
文久3(1863)年10月2日〜大正8(1919)年9月3日
明治〜大正期の日本聖公会東京聖アンデレ教会牧師。聖公会神学院初代校長。
¶キリ, 新カト, 歴大

**今井信古** いまいのぶふる
→金刺信古(かなざしのぶふる)

**今井文右衛門** いまいぶんえもん
生没年不詳
江戸時代後期の神職。大住郡羽根村天王、住吉両社の神主。
¶神奈川人

**今井真澄** いまいますみ
明治10(1877)年〜昭和5(1930)年
明治〜昭和期の僧侶・社会福祉家。
¶愛媛

**今井祐精** いまいゆうしょう
明治期の僧侶。
¶真宗

**今大路智観** いまおおじちかん
明治4(1871)年〜明治34(1901)年
明治期の僧。深浦の浄念寺17世住職。
¶青森人

**今岡脩吉** いまおかしゅうきち
明治期の神職。明治26年吉野神宮宮司に就任。
¶神人

**今岡信一良** いまおかしんいちろう
明治14(1881)年9月16日〜昭和63(1988)年4月11日
明治〜昭和期の宗教家。一宗一派に拘泥しない立場をとる。日本自由宗教連盟などを設立。
¶キリ, 現朝, 島根歴, 世紀, 日人, 日Y, 民学

**今岡達音** いまおかたつおん
明治4(1871)年〜昭和14(1939)年
明治〜昭和期の浄土宗僧侶。浄土宗学者、大正大学教授。
¶仏人

**今川海厳** いまがわかいごん
明治17(1884)年11月12日〜昭和32(1957)年2月19日
明治〜昭和期の僧。薬王寺住職。
¶徳島歴

**今川覚神** いまがわかくしん
安政6(1860)年〜昭和11(1936)年6月9日
江戸時代末期〜昭和期の僧侶。
¶真宗

**今川宗恒** いまがわそうこう
文政9(1826)年〜明治38(1905)年
江戸時代末期〜明治期の臨済宗僧侶。妙心寺派管長。
¶仏人

**今川貞山** いまがわていざん
文政9(1826)年〜明治38(1905)年
江戸時代後期〜明治期の僧。妙心寺派管長。
¶姓氏愛知

**今北洪川** いまきたこうせん, いまきたこうぜん
文化13(1816)年7月10日〜明治25(1892)年1月16日
江戸時代末期〜明治期の臨済宗僧侶。学僧として高名、居士禅の興隆に努め、儒仏一致を説き、「禅海一瀾」を著す。
¶朝日(㊀文化13年7月10日(1816年8月3日)), 維新, 大阪人, 神奈川人, 近現, 近世, 近文(いまきたこうぜん), 国史, 国書, コン改, コン4, コン5, 史人, 思想史, 新潮, 人名(いまきたこうぜん), 全書, 哲学, 日人, 幕末大, 仏教, 明治史, 明大1, 山口百

**新漢人日文** いまきのあやひとにちもん
→旻(みん)

**新漢人旻**(新漢人旻) いまきのあやひとみん
→旻(みん)

**今小路覚瑞** いまこうじかくずい
明治31(1898)年12月18日〜昭和52(1977)年1月21日
明治〜昭和期の僧侶。
¶真宗

**今駒泰成** いまこまやすしげ
大正15(1926)年3月10日〜
大正〜昭和期の牧師。
¶視覚

**今坂徳之進** いまさかとくのしん
生没年不詳
江戸時代後期の神職。大住郡大山阿夫利神社祠官。
¶神奈川人

**今里遊玄**(今里激玄) いまざとゆうげん
万延1(1860)年9月19日〜昭和8(1933)年4月11日
江戸時代末期〜昭和期の僧侶。
¶香川人(今里激玄), 真宗

**今沢石見守** いまざわいわみかみ
戦国時代の府中八幡神社の神主。
¶武田

**今瀬仲** いませなか
江戸時代末期の武茂郷健武山神社の宮司、馬頭郷校館守。
¶栃木歴

**今園国暎** いまぞのくにてる
嘉永4(1851)年5月～明治26(1893)年4月
江戸時代後期～明治期の神職。明治6年石上神社少宮司に就任、7年依頼免本官兼職。
¶神人

**今園国映**(今園國映) いまぞのこくえい★
嘉永4(1851)年5月25日～明治26(1893)年4月12日
江戸時代後期～明治期の貴族院議員、興福寺賢聖院住職。
¶男爵(今園國映)

**今田斐男** いまだあやお
昭和4(1929)年～
昭和～平成期の僧侶・平和運動家。
¶平和

**今田普勧** いまだふかん
明治11(1878)年9月3日～?
明治～大正期の僧侶。
¶真宗

**今田恵** いまだめぐみ, いまためぐみ
明治27(1894)年8月26日～昭和45(1970)年11月25日
大正～昭和期の理論・宗教心理学者。関西学院大学院長。著書に「現代の心理学」「心理学史」など。
¶現朝, 現執1期, 現情, 新カト, 人名7(いまためぐみ), 心理, 世紀, 日人, 兵庫百, 山口人, 山口百

**今出川兼季** いまでがわかねすえ
弘安4(1281)年～延元4/暦応2(1339)年1月16日
鎌倉時代後期～南北朝時代の公卿(太政大臣)。今出川家の祖。太政大臣西園寺実兼の三男。
¶朝日(㊀暦応2/延元4年1月16日(1339年2月25日)), 鎌室, 公卿, 公卿普, 公家(兼季〔今出川家〕 かねすえ), 国史, 国書, 古中, コン改, コン4, コン5, 史人, 諸系, 新潮, 人名(㊀1280年 ㊀1338年), 世人, 日人

**今寺儀右衛門** いまでらぎえもん
安政5(1858)年12月29日～昭和9(1934)年6月24日
明治～昭和期の神職。小桜社社長。
¶飛驒

**今成元昭** いまなりげんしょう
大正14(1925)年～
昭和期の日本中世文学・仏教文学者、僧侶。国士舘大学教授。
¶現執1期

**今西順吉** いまにしじゅんきち
昭和10(1935)年3月3日～
昭和～平成期のインド哲学・仏教学者。
¶現執1期, 現執2期

**今西正立斎** いまにししょうりつさい
→今西正立斎(いまにししょうりゅうさい)

**今西正立斎** いまにししょうりゅうさい
天和3(1683)年～宝暦11(1761)年 ㊞今西正立斎(いまにししょうりつさい)
江戸時代前期～中期の医師、神職。
¶大阪人(㊀宝暦11(1761)年7月), 大阪墓(㊀宝暦11(1761)年7月29日), 国書(いまにししょうりつさい ㊀宝暦11(1761)年7月29日), 日人

**今村恵猛** いまむらえみょう
*～昭和7(1932)年
明治～大正期の宗教家。真宗本願寺派の僧。ハワイの仏教開教使。
¶現朝(㊐慶応3年5月27日(1867年6月29日) ㊀1932年12月23日), コン改(㊐1867年), コン5(㊐慶応3(1867)年), 真宗(㊐慶応2(1866)年5月27日 ㊀昭和7(1932)年12月22日), 世紀(㊐慶応3(1867)年5月27日 ㊀昭和7(1932)年12月23日), 全書(㊐1866年), 日人(㊐1866年), 仏教(㊐慶応2(1866)年5月27日 ㊀昭和7(1932)年12月22日), 仏人(㊐1865年), 明大1(㊐慶応3(1867)年5月27日 ㊀昭和7(1932)年12月23日)

**今村謙吉** いまむらけんきち
天保13(1842)年7月7日～明治31(1898)年8月20日
江戸時代後期～明治期の福音社社主。
¶キリ(㊐天保13年7月7日(1842年8月12日)), ジ人1, 出文, 兵庫百

**今村善励** いまむらぜんれい★
明治28(1895)年8月～
明治～昭和期の僧。浄土宗支那派遣布教師。
¶人満

**今村辰四郎** いまむらたつしろう★
安政3(1856)年3月～
江戸時代末期～明治期の神職、貸家業。
¶人満

**今村千年** いまむらちとせ
→今井千年(いまいせんねん)

**今村智本** いまむらちほん
明治9(1876)年～昭和27(1952)年
明治～昭和期の僧。曹洞宗慈恩院住職。
¶姓氏宮城

**今村好太郎** いまむらよしたろう
明治16(1883)年9月20日～昭和48(1973)年3月3日
明治～昭和期の牧師。神戸中央神学校校長、神戸神学院院長。
¶キリ, 兵庫百

**畏満浄中** いまんじょうちゅう
? ～文政2(1819)年10月24日
江戸時代中期～後期の黄檗宗の僧。
¶黄檗

い

**惟明瑞智** いみょうずいち
生没年不詳
室町時代の僧。
¶日人

**惟明道光** いみょうどうこう
慶長19(1614)年～寛文10(1670)年6月29日
江戸時代前期の黄檗宗の僧。
¶黄檗

**伊牟田泉** いむたいずみ
明治期の神職。明治8年(1875)宮崎神社宮司に就任、11年退職。
¶神人

**井村準眺** いむらじゅうちょう
～昭和29(1954)年
昭和期の僧侶。
¶山口人

**井村智宗** いむらちそう
安政5(1858)年～大正5(1916)年9月5日
明治～大正期の僧侶。兵庫県真浄寺住職。大阪事件の同士が寄寓したのが縁で本堂天井裏に爆薬刀剣を保管した。
¶人名，世紀，日人，明大1

**維明**(維名) いめい
享保16(1731)年～文化5(1808)年
江戸時代中期の画僧。
¶姓氏京都，日人，名画(維名)

**井元麟之**(井元麟氏) いもとりんし
明治38(1905)年1月16日～昭和59(1984)年2月13日
昭和期の社会運動家。水平運動指導者。部落解放全国委員会初代書記長。
¶現朝，コン改，コン4，コン5(井元麟氏)，コン5，社運，社史(㊤1905年1月6日)，真宗，世紀(㊦昭和59(1984)年3月13日)，平和

**いや女** いやおんな
生没年不詳
鎌倉時代後期の女性。親鸞の下人。
¶朝日

**弥永信美** いやながのぶみ
昭和23(1948)年1月22日～
昭和～平成期の宗教史・教育問題著述家。
¶現執3期，現執4期

**井山惟誠** いやまいせい
慶応3(1867)年～明治38(1905)年
明治期の僧侶。国会開設運動に各地を遊説。大阪事件に連坐。
¶人名，日人，明大1(㊤慶応3(1867)年12月6日 ㊦明治38(1905)年7月7日)

**いよ〈東京都〉**
享和1(1801)年～
江戸時代後期の女性。宗教。富士講の伊藤参行と先妻の娘。
¶江表(いよ(東京都))

**以翼長佑** いよくちょうゆう
応永23(1416)年～文亀2(1502)年
室町時代～戦国時代の曹洞宗の僧。
¶日人，仏教(㊦文亀2(1502)年4月27日)

**伊従直子** いよりなおこ
昭和6(1931)年6月19日～
昭和～平成期の修道女。
¶現執3期

**入江清雄** いりえきよお
明治5(1872)年～
明治期の神職。
¶神人

**入江殿** いりえどの
応永4(1397)年～応永22(1415)年 ㊊性仙禅尼(せいせんぜんに)，性仙尼(せいせんに)，覚窓性仙(かくそうしょうせん)
室町時代の女性。足利義満の娘。
¶朝日(㊦応永22年3月1日(1415年4月10日))，女性(性仙禅尼 せいせんぜんに ㊦応永22(1415)年3月1日)，日人(性仙尼 せいせんに)

**入江真佐喜** いりえまさき
弘化3(1846)年～明治23(1890)年
江戸時代後期～明治期の神職。
¶神人

**入沢学禅** いりさわがくぜん
安政1(1854)年～明治6(1873)年
江戸時代末期～明治期の僧侶。
¶姓氏群馬

**異倫** いりん★
享保19(1734)年～享和3(1803)年12月23日
江戸時代後期の天徳寺32世、詩僧。
¶秋田人2

**入間坊** いるまぼう
生没年不詳
江戸時代後期の入間川村延命寺の当山派修験者。
¶埼玉人

**岩井宅道** いわいいえみち
天保10(1839)年～明治15(1882)年
江戸時代後期～明治期の神職。
¶埼玉人，神人

**岩井掃部** いわいかもん
生没年不詳
戦国時代の武蔵一宮氷川神社神主。
¶戦辞

**岩石千代松** いわいしちよまつ
明治21(1888)年～？
昭和期の新興仏教青年同盟広島支部関係者。
¶社史

**石井大宣** いわいだいせん
享和2(1802)年～明治17(1884)年
江戸時代後期～明治期の僧。
¶日人，明大1(㊦明治17(1884)年1月29日)

い

**岩井田尚織** いわいだひさおり
生没年不詳
戦国時代の神職・連歌作者。
¶国書

**岩井田尚重** いわいだひさしげ
永享4(1432)年～？
室町時代～戦国時代の神職。
¶国書，三重続

**岩井田尚友** いわいだひさとも
享保13(1728)年～寛政6(1794)年3月21日
江戸時代中期～後期の神職。
¶国書

**岩井田尚行** いわいだひさゆき
天保10(1839)年4月18日～明治29(1896)年4月16日
江戸時代後期～明治期の神職。
¶国書

**岩井智海** いわいちかい
文久3(1863)年～昭和17(1942)年5月24日
明治～昭和期の浄土宗僧侶。浄土宗管長、増上寺80世、知恩院80世。
¶昭人(㊐文久3(1863)年5月17日)，人名7，世紀(㊐文久3(1863)年5月17日)，日人，福岡百(㊐文久3(1863)年5月27日)，仏教(㊐文久3(1863)年5月27日)，仏人

**岩井文男** いわいふみお
明治35(1902)年～昭和58(1983)年8月12日
昭和期の教育者・牧師。
¶群新百，群馬人，姓氏群馬，日Y(㊐明治35(1902)年8月9日)

**岩城庄之丈** いわきしょうのじょう
天保14(1843)年～昭和3(1928)年
江戸時代後期～昭和期の建築家、宮大工。
¶姓氏富山，美建

**岩隈直** いわくまなおし
明治42(1909)年10月5日～
昭和期の無教会独立伝道者、著述家。
¶キリ

**岩倉政治** いわくらまさじ
明治36(1903)年3月4日～平成12(2000)年5月6日
㊊巌木勝,木村勝次
昭和期の宗教研究者、小説家。政治運動へ参加、検挙、転向を経て帰農、作品に「稲熱病」「村長日記」など。
¶近文，現情，児人，児文，社史，小説，新潮，新文，世紀，富山文，日児，日人，ふる，文学

**岩崎珍豊** いわさきうずとよ
寛保元(1741)年～
江戸時代中期の国学者・神官。
¶東三河

**岩崎敲玄** いわさきこうげん
明治7(1874)年1月8日～昭和23(1948)年11月9日
明治～昭和期の仏教学者、浄土宗僧侶。西福寺住職。
¶昭人，世紀，日人

**岩崎照皇** いわさきしょうおう
昭和9(1934)年11月14日～
昭和～平成期の宗教家、財団代表。グリーンクロスジャパン代表(理事長)、GCI国連代表。
¶現執4期

**岩崎忠雄** いわさきただお
*～明治43(1910)年8月10日
江戸時代末期～明治期の神官、医師。父の私塾東雲舎を継ぎ多くの人に教授。
¶幕末(㊐1806年)，幕末大(㊐？)

**岩崎俊雄** いわさきとしお
明治42(1909)年7月17日～平成4(1992)年1月21日
昭和期の僧侶。
¶真宗

**岩崎兌健** いわさきとしたけ
寛政10(1798)年～天保元(1830)年8月25日
江戸時代後期の国学者・神官。
¶東三河

**岩崎巴人** いわさきはじん
大正6(1917)年11月12日～
昭和～平成期の日本画家、僧侶(西山禅林寺派)。禅と東洋思想を学び、日本表現派を結成主宰。代表作に「百鬼夜行図」、著書に「蛸壺談義」。
¶近美，現朝，現情，世紀，日人

**岩佐静諦** いわさじょうたい
明治期の僧侶。
¶真宗

**岩佐普潤** いわさふにん
文政12(1829)年10月2日～明治34(1901)年1月4日 ㊊普潤(ふじゅん)
江戸時代末期～明治期の天台宗僧侶。天台宗中学林校長。
¶国書5，仏教，仏人(普潤 ふじゅん)，明大1

**岩沢丙吉** いわざわへいきち,いわさわへいきち
文久3(1863)年8月7日～昭和18(1943)年10月23日 ㊊アルセニイ,三里野人(みりやにん)
明治～昭和期の神学者。陸軍大学教授。モスクワ神学校に学ぶため留学。ロシア語教育と普及に尽力。
¶伊豆(いわさわへいきち ㊐文久2(1862)年)，海越(㊐安政6(1859)年)，海越新(㊐安政6(1859)年)，キリ(いわさわへいきち)，静岡歴(いわさわへいきち ㊐文久2(1862)年)，昭人(いわさわへいきち)，世紀(いわさわへいきち)，姓氏静岡(いわさわへいきち ㊐1862年)，渡航(いわさわへいきち)，日人(いわさわへいきち)，明大2(いわさわへいきち)

**岩下公幸** いわしたきみさち
→岩下公幸(いわしたきんざき)

**岩下亀代** いわしたきよ
明治27(1894)年4月20日～昭和59(1984)年2月

19日
大正〜昭和期の教育者。聖心女子大学教授。日本で最初の聖心会修道女となる。刑務所や少年院で服従者の更正に尽力。
¶女性，女性普，世紀，日人



**岩下公幸** いわしたきんざき
寛政3(1791)年2月22日〜明治12(1879)年9月20日　㊞岩下公幸(いわしたきみさち)
江戸時代後期〜明治期の神職、国学者。
¶熊本百(いわしたきみさち)，神人

**岩下瑞邦** いわしたずいほう
享和2(1802)年〜明治7(1874)年
江戸時代後期〜明治期の僧。鹿児島の大竜寺、伊集院の広済寺の住職。
¶姓氏鹿児島

**岩下壮一** いわしたそういち
明治22(1889)年9月18日〜昭和15(1940)年12月3日
大正〜昭和期の司祭、カトリック神学者。神山復生病院院長。カトリック思想を中央の知識層、思想界に広め、ハンセン氏患者の救済に尽力。
¶キリ，近現，現朝，広7，国史，御殿場，コン改(㊗1887年)，コン5，史人，静岡百，静岡歴，思想，思想史，昭人，新カト，新潮，人名7，世紀，姓氏静岡，世百，全書，大百，哲学，日史，日人，百科，民学，履歴，履歴2，歴大

**岩島公** いわしまとおる
明治39(1906)年7月15日〜平成14(2002)年1月29日
明治・大正期の国語教育者・キリスト教伝道師。
¶視覚，飛騨

**岩清水一雄** いわしみずかずお
大正〜昭和期の僧侶。
¶真宗

**岩瀬覚栄** いわせかくえい
元治1(1864)年〜昭和3(1928)年2月9日
明治〜昭和期の僧。
¶世紀，日人，明大1

**磐瀬重喬** いわせしげたか
天保6(1835)年〜大正4(1915)年6月28日
江戸時代末期〜大正期の神官。皇学を修め石背国造戸上大神宮の大宮司。
¶幕末，幕末大

**磐瀬弘治** いわせひろはる
明治期の神職。明治29年石上神宮宮司に就任、30年伊佐須美神社へ転任した。
¶神人

**岩田茂穂** いわたいかしほ
明治期の神職。明治6年気比神社宮司に任ぜられ、また兼ねて権大講義に補せられた。
¶神人

**岩田大学** いわただいがく
江戸時代後期の神道家。
¶埼玉人(生没年不詳)，埼玉百

**岩田大法** いわたたいほう
慶応2(1866)年〜昭和27(1952)年
明治〜昭和期の犬山市の寂光院住職、大僧正。
¶姓氏愛知

**巌谷勝雄** いわたにしょうゆう
大正3(1914)年〜昭和60(1985)年
昭和期の浄土宗僧侶。祐天寺住職。
¶仏人

**岩田涼菟**(岩田凉菟) いわたりょうと
→涼菟(りょうと)

**岩永マキ** いわながまき
嘉永2(1849)年〜大正9(1920)年1月27日
明治〜大正期のキリスト教信者、社会事業家。浦上修道院院長。ド・ロー神父の指導で民家を買い取り、浦上養育院設立、孤児の養育にあたる。
¶朝日(㊗嘉永2年3月3日(1849年3月26日))，郷土長崎，キリ(㊗嘉永2(1849)年3月3日)，近現，近女，国史，史人(㊗1849年3月3日)，女性，女性普，新カト(㊗嘉永2(1849)年3月26日)，新潮(㊗嘉永2(1849)年3月3日)，先駆，長崎百(㊗嘉永1(1848)年)，長崎歴(㊗嘉永1(1848)年)，日人，明治史，明大1(㊗嘉永2(1849)年3月3日)，歴大

**岩波弾正** いわなみだんじょう
生没年不詳
戦国時代の安房国丸郡宮下村(南房総市)惣大社・莫越山神社の祠官(社司)。
¶戦房総

**岩野真雄** いわのしんゆう
明治26(1893)年2月12日〜昭和43(1968)年1月9日
明治〜昭和期の浄土宗僧侶。
¶出文，仏教，仏人

**岩坊** いわのぼう
？　〜元中4/嘉慶1(1387)年5月9日
南北朝時代の真言宗の僧。
¶国書

**岩原諦信** いわはらたいしん
明治16(1883)年1月1日〜昭和40(1965)年3月29日
明治〜昭和期の声明家。
¶岡山歴，音人，現情(㊗1883年1月)，新芸，世紀，日音，日人，仏教(㊗明治16(1883)年1月㊀昭和44(1969)年3月31日)

**岩堀至道** いわぼりしどう
明治42(1909)年〜昭和57(1982)年
昭和期の新義真言宗僧侶。
¶仏人

**岩堀智道** いわほりちどう，いわぼりちどう
文久1(1861)年〜昭和9(1934)年
明治〜昭和期の僧。真言宗豊山派宗務総長、長谷寺管長。
¶姓氏長野(いわぼりちどう)，長野歴

**岩間乙二** いわまおつに
→乙二（おつに）

**岩松正秋** いわまつまさあき
文久3（1863）年3月17日～明治33（1900）年9月8日
江戸時代末期～明治期の神職。
¶神人

**岩松益男** いわまつますお
文政4（1821）年～明治6（1873）年
江戸時代後期～明治期の神官、私塾「岩松塾」経営。
¶栃木歴

**岩満重武** いわみつしげたけ
明治期の神職。浅間神社宮司。
¶神人

**岩村信二** いわむらしんじ
大正9（1920）年～
昭和～平成期の牧師、キリスト教倫理・家庭教育研究者。
¶現執1期

**岩村清四郎** いわむらせいしろう
明治22（1889）年1月9日～昭和53（1978）年4月20日
大正～昭和期の牧師。日本日曜学会協会理事。
¶キリ

**岩本光徹** いわもとこうてつ
明治17（1884）年～昭和57（1982）年
昭和期の修験宗僧侶。
¶仏人

**岩本将監** いわもとしょうげん
生没年不詳
明治期の神職。鎌倉郡江ノ島神主。
¶神奈川人

**巌本善治**（巖本善治） いわもとぜんじ
→巌本善治（いわもとよしはる）

**岩本為雄** いわもとためお
明治21（1888）年12月23日～昭和47（1972）年12月3日
大正～昭和期の僧侶・弘徳学園長。
¶岡山歴

**岩本尚賢** いわもとなおかた
天保6（1835）年2月16日～明治40（1907）年12月20日　[別]岩本尚賢（いわもとひさかた）
江戸時代後期～明治期の神職。
¶国書，神人（いわもとひさかた）

**岩本尚賢** いわもとひさかた
→岩本尚賢（いわもとなおかた）

**巌本善治** いわもとよしはる
文久3（1863）年6月15日～昭和17（1942）年10月6日　[別]巌本善治（いわもとぜんじ），巖本善治（いわもとぜんじ）
明治～昭和期の女子教育家。明治女学院校長、「基督教新聞」主筆。キリスト教に基づく女子教育と女性の地位向上に尽力、「女学雑誌」創刊。
¶岩史，角史（[没]昭和18（1943）年），教育（いわもとぜんじ　[生]1868年），教人（巖本善治　いわもとぜんじ　[生]文久3（1868）年），キリ（[生]文久3年6月15日（1863年7月30日）　[没]昭和18（1943）年10月6日），近現（いわもとぜんじ），近文，現朝（[生]文久3年6月15日（1863年7月30日）），広7，国史（いわもとぜんじ），コン改，コン5，史人，ジ人1，思想史，児文，出版，出文，少女，女史（いわもとぜんじ），新カト，新潮，新文，人名7，世紀，世人（いわもとぜんじ），世百（[没]1943年），先駆，全書，大百（[没]1943年），哲学（[没]1943年），日史，日児（[生]文久3（1863）年7月30日），日人，日本，百科（[没]昭和18（1943）年），兵庫人（いわもとぜんじ　[没]昭和18（1943）年11月5日），兵庫文（[没]昭和18（1943）年10月6日），文学，民学，明治史，明大2，履歴，履歴2，歴大

**院恵** いんえ
生没年不詳　[別]院恵（いんけい）
鎌倉時代後期の仏師。
¶朝日，鎌倉（いんけい），新潮（いんけい），日人（いんけい），美建（いんけい）

**胤栄** いんえい
→宝蔵院胤栄（ほうぞういんいんえい）

**院円** いんえん
平安時代後期～鎌倉時代前期の仏師。
¶古人，美建，平史（生没年不詳）

**胤海** いんかい
慶長18（1613）年～元禄2（1689）年4月7日
江戸時代前期～中期の天台宗の僧・歌人。
¶国書，庄内

**院海** いんかい
平安時代後期～鎌倉時代前期の仏師。
¶古人，美建，平史（生没年不詳）

**院覚** いんかく
生没年不詳
平安時代後期の院派系仏師。
¶朝日，角史，鎌室，京都大，国史，古史，古人，古中，史人，新潮，人名，姓氏京都，世人，全書，日史，日人，美建，美術，百科，仏教，仏史，平史

**因果居士** いんがこじ
大永5（1525）年～？
安土桃山時代の茶人。
¶国書，人名，茶道，日人

**院寛** いんかん
鎌倉時代前期の仏師。
¶古人，平史（生没年不詳）

**隠巌衍真** いんがんえんしん
寛文3（1663）年～享保17（1732）年　[別]隠巌衍真尼（いんがんえんしんに）
江戸時代中期の黄檗宗の尼僧。
¶朝日（[没]享保17年1月22日（1732年2月17日）），黄檗（隠巌衍真尼　いんがんえんしんに　[没]享

保17(1731)年1月22日)，国書(隠巌衍真尼　いんがんえんしんに　㊀享保17(1732)年1月22日)，日人(隠巌衍真尼　いんがんえんしんに)

**隠巌衍真尼** いんがんえんしんに
→隠巌衍真(いんがんえんしん)

い

**院救** いんぐ
永祚1(989)年～長久2(1041)年
平安時代中期の石清水八幡宮の別当。
¶古人，平史

**印具徹** いんぐとおる
明治44(1911)年8月10日～
大正～昭和期の中世思想家、牧師。関西学院・広島大学教授。
¶キリ，現執1期，世紀

**院恵** いんけい
→院恵(いんえ)

**院慶** いんけい
？～治承3(1179)年
平安時代後期の仏師。
¶角史，鎌室(生没年不詳)，古人，新潮(㊀治承3(1179)年4月)，世人，日人，美建，平史

**隠渓智脱** いんけいちだつ
江戸時代前期の臨済宗の僧。
¶国書(生没年不詳)，思想史

**胤憲** いんけん
延享3(1746)年～文化5(1808)年　㊞宝蔵院胤憲(ほうぞういんいんけん)
江戸時代中期～後期の法相宗の僧。宝蔵院流5世。
¶人名(宝蔵院胤憲　ほうぞういんいんけん)，日人(宝蔵院胤憲　ほうぞういんいんけん)，仏教(㊀文化5(1808)年7月17日)

**院賢** いんけん
生没年不詳
鎌倉時代前期の仏師。
¶朝日，鎌室，国史，古人，古中，史人，新潮，世人，日人，美建，仏教，平史

**印元** いんげん
→古先印元(こせんいんげん)

**印玄** いんげん
弘安1(1278)年～正平1/貞和2(1346)年8月5日
鎌倉時代後期の真言宗の僧。
¶国書，仏教

**院源** いんげん
*～長元1(1028)年
平安時代中期の天台宗の僧(天台座主26世)。
¶朝日(㊐天暦5(951)年　㊀長元1年5月24日(1028年6月19日))，国史(㊐？)，国書(㊐天暦5(951)年　㊀万寿5(1028)年5月24日)，古人(㊐971年)，古中(㊐？)，コン改(㊐天暦8(954)年)，コン4(㊐天暦8(954)年)，コン5(㊐天暦8(954)年)，史人(㊐951年，(異説)952年　㊀1028年5月16日)，新潮(㊐天暦5(951)年　㊀長元1(1028)年5月24日)，人名(㊐954年)，姓氏京都(㊐951年)，日人(㊐951年)，仏教(㊐天暦5(951)年，(異説)天暦6(952)年　㊀万寿5(1028)年5月16日)，仏史(㊐？)，平史(㊐971年)

**隠元** いんげん
→隠元隆琦(いんげんりゅうき)

**隠元隆琦** いんげんりゅうき
明・万暦20(1592)年11月4日～寛文13(1673)年4月3日　㊞隠元(いんげん)
江戸時代前期の来日明僧、日本黄檗宗の開祖。
¶朝日(㊐万暦20年11月4日(1592年12月7日)　㊀延宝1年4月3日(1673年5月19日))，岩史，江人(隠元　いんげん)，江戸，黄檗，角史，京都(隠元　いんげん)，京都大，郷土長崎(隠元　いんげん)，京都府，近世，国史，国書，コン改，コン4，コン5，詩歌(隠元　いんげん)，史人，思想史，重要(隠元　いんげん)，植物(隠元　いんげん　㊀延宝1年4月3日(1673年5月19日))，食文(隠元　いんげん　㊀寛文13年4月3日(1673年5月19日))，人書94，人情(隠元　いんげん)，新潮，人名(隠元　いんげん)，姓氏京都，世人(㊐1594年)，世百(隠元　いんげん)，対外，大百(隠元　いんげん)，茶道(隠元　いんげん)，伝記(隠元　いんげん)，徳川将(隠元　いんげん)，長崎百(隠元　いんげん)，長崎歴，日史(隠元　いんげん)，日人，百科(隠元　いんげん)，仏教，仏史，仏人(隠元　いんげん)，平日(隠元　いんげん　㊐1592　㊀1673)，名僧，山川小，歴大

**印孝** いんこう
室町時代～戦国時代の日蓮宗の僧・連歌作者。
¶国書(生没年不詳)，俳文

**飲光** いんこう
→慈雲(3)(じうん)

**胤康** いんこう
文政4(1821)年～慶応2(1866)年　㊞慈眼寺胤康(じげんじいんこう)
江戸時代末期の僧、志士。
¶維新，国書(㊀慶応3(1867)年5月17日)，人名(慈眼寺胤康　じげんじいんこう　㊐1823年)，全幕，日人，幕末(㊀1866年6月30日)，幕末大(㊀慶応2(1866)年5月18日)，宮崎百(㊀慶応2(1866)年4月17日)

**院興** いんこう
生没年不詳
鎌倉時代後期の仏師。
¶神奈川人，鎌倉，美建，仏教

**院康** いんこう
平安時代後期～鎌倉時代前期の院派仏師。
¶古人，美建，平史(生没年不詳)

**院豪(1)** いんごう
→一翁院豪(いちおういんごう)

**院豪(2)** いんごう
鎌倉時代後期の仏師。

¶島根歴（生没年不詳），美建

**院豪一翁** いんごういちおう
→一翁院豪（いちおういんごう）

**印光道明** いんこうどうみょう
？ ～明和3（1766）年10月6日
江戸時代中期の曹洞宗の僧。
¶国書，仏教（生没年不詳）

**院厳** いんごん
承暦4（1080）年～久寿1（1154）年
平安時代後期の僧。醍醐寺釈迦堂阿闍梨。
¶密教（[没]1154年以後）

**印西** いんさい
[別]印西（いんせい，いんぜい）
鎌倉時代前期の浄土宗の僧。
¶古人（いんぜい），内乱（いんせい），仏教（生没年不詳），平史（いんぜい　生没年不詳）

**寅載**（寅載） いんさい
慶安3（1650）年～享保6（1721）年
江戸時代前期～中期の浄土宗の僧。
¶国書（[没]享保6（1721）年9月28日），人名（寅載），日人，仏教（[没]享保6（1721）年9月28日），三重続（[生]慶安3年1月24日）

**隠山惟琰** いんざんいえん
宝暦4（1754）年～*
江戸時代後期の臨済宗の僧。
¶国書（[没]文化14（1817）年11月29日），中濃続（[生]宝暦1（1751）年　[没]文化11（1814）年），日人（[没]1818年），仏教（[没]文化14（1817）年11月29日）

**殷山旭昌** いんざんきょくしょう
生没年不詳
江戸時代中期の曹洞宗の僧。
¶国書

**印持** いんじ
*～明治3（1870）年4月21日
江戸時代後期～明治期の浄土真宗の僧。
¶国書（[生]？），富山百（[生]寛政5（1793）年）

**院実** いんじつ
生没年不詳
鎌倉時代前期の仏師、法印。
¶朝日，鎌室，京都大，国史，古人，古中，史人，新潮，世人，日人，美建，仏教，平史

**隠之道顕** いんしどうけん
寛文3（1663）年2月4日～享保14（1729）年7月1日
[別]道顕（どうけん）
江戸時代中期の曹洞宗の僧。
¶黄檗，国書，仏教，仏人（道顕　どうけん）

**允執元中** いんしゅうげんちゅう
生没年不詳
江戸時代中期の黄檗宗の僧。
¶国書

**印充紹要** いんじゅうじょうよう
寛永12（1635）年～元禄13（1700）年5月10日
江戸時代前期～中期の臨済宗の僧。
¶国書

**印俊** いんしゅん
生没年不詳
鎌倉時代後期の真言宗の僧。
¶仏教

**胤舜** いんしゅん
→宝蔵院胤舜（ほうぞういんいんしゅん）

**院俊** いんしゅん
治承3（1179）年？ ～
鎌倉時代前期の仏師。
¶古人，美建，平史（生没年不詳）

**院助** いんじょ
？ ～天仁1（1108）年12月12日
平安時代後期の院派系仏師。七条大宮仏所を興す。
¶朝日（[没]天仁1年12月12日（1109年1月14日）），角史，京都大，国史，古史，古人（[生]？），古中，コン改，コン4，コン5，史人，新潮，人名，姓氏京都，世人，日史，日人（[没]1109年），美建，美術，百科，仏教，平史

**印勝** いんしょう
生没年不詳
鎌倉時代前期の仏師。
¶朝日，日人，美建，平史

**印紹** いんしょう
仁寿3（853）年～？
平安時代前期の真言宗の僧。
¶仏教

**印性**（院性） いんしょう
長承1（1132）年～建永2（1207）年7月3日
平安時代後期の真言宗の僧。東寺長者51世。
¶国書，古人（院性），仏教（[没]建永2（1207）年7月3日，（異説）7月30日？），平史

**院勝** いんしょう
平安時代後期の仏師。元暦2年奈良春日大社の舞楽面を作る。
¶古人

**院尚** いんしょう，いんじょう
生没年不詳
平安時代後期～鎌倉時代前期の院派系仏師。法印。
¶朝日（いんじょう），鎌室，国史，古人，古中，史人（いんじょう），新潮，世人，日人，美建，仏教，平史

**院承** いんしょう
鎌倉時代前期の仏師。
¶美建，仏教（生没年不詳）

**印定** いんじょう
安永6（1777）年～嘉永4（1851）年1月10日
江戸時代後期の浄土真宗の僧。
¶国書，人名，日人，仏教

い

**院定** いんじょう
平安時代後期～鎌倉時代前期の仏師。
¶古人，美建，平史(生没年不詳)

**院尋** いんじん
室町時代の仏師。
¶美建，仏教(生没年不詳)

**音吹** いんすい
江戸時代中期の僧。福野町弥勒山安居寺の10世住職。
¶富山文

**印西** いんせい，いんぜい
→印西(いんさい)

**因静** いんせい
享保10(1725)年～寛政3(1791)年9月27日
江戸時代中期～後期の浄土宗の僧。
¶国書(生没年不詳)，国書5

**胤清** いんせい
寛永11(1634)年～元禄12(1699)年 [別]宝蔵院胤清(ほうぞういんいんせい)
江戸時代前期の法相宗の僧、槍術家。
¶人名(宝蔵院胤清 ほうぞういんいんせい)，日人(宝蔵院胤清 ほうぞういんいんせい)，仏教([没]元禄12(1699)年4月4日)

**印禅** いんぜん
建保3(1215)年～？
鎌倉時代前期の真言声明醍醐流の声明家。
¶日音

**印蔵** いんぞう
生没年不詳
鎌倉時代前期の浄土宗の僧。
¶仏教

**院尊**(1) いんそん
生没年不詳
平安時代後期の比叡山の僧。
¶古人，仏教，平史

**院尊**(2) いんそん
保安1(1120)年～建久9(1198)年10月29日
平安時代後期～鎌倉時代前期の院派系仏師。
¶朝日([没]建久9年10月29日(1198年11月29日))，角史，鎌室，京都大，国史，国書(生没年不詳)，古人，古中，史人，新潮，人名，世人，全書，日史，日人，美建，美術，百科，仏教，仏史，平史

**院智** いんち
鎌倉時代前期の仏師。
¶美建，仏教(生没年不詳)

**院朝** いんちょう
生没年不詳
平安時代後期の院派系仏師。六条万里小路仏所の祖。
¶朝日，古人，コン改，コン4，コン5，新潮，世人，日史，日人，美建，美術，百科，仏教，平史

**印南渓竜** いんなみけいりゅう
明治38(1905)年2月16日～昭和58(1983)年5月31日
昭和期の書家、天台宗僧侶。竜門書道会主催。
¶現情，栃木歴

**印融** いんにゅう
→印融(いんゆう)

**允能** いんのう
生没年不詳
室町時代の医師、僧。
¶鎌室，国書，人名，日人

**院応** いんのう
南北朝時代の仏師。
¶鎌倉(生没年不詳)，美建

**院能** いんのう
平安時代後期～鎌倉時代前期の仏師。
¶古人，美建，平史(生没年不詳)

**院範** いんぱん，いんばん
生没年不詳
鎌倉時代前期の仏師。法印。
¶朝日，鎌室，古人，コン改，コン4，コン5，新潮，世人，日人，美建，仏教，平史(いんばん)

**胤風** いんぷう
貞享3(1686)年～享保16(1731)年12月6日 [別]宝蔵院胤風(ほうぞういんいんぷう)
江戸時代中期の法相宗の僧、槍術家。
¶国書(宝蔵院胤風 ほうぞういんいんぷう)，人名(宝蔵院胤風 ほうぞういんいんぷう)，日人(宝蔵院胤風 ほうぞういんいんぷう [没]1732年)，仏教([生]貞享1(1684)年)

**忌部坦斎** いんべたんさい
生没年不詳
江戸時代前期の神道家。
¶近世，国史，史人，神史，日人

**忌部儀時** いんべののりとき
平安時代後期の神祇官人。
¶古人

**忌部正通**(忌部正道) いんべのまさみち
生没年不詳 [別]忌部正通(いんべまさみち)
南北朝時代の神道学者。「日本書紀神代巻口訣」の著者。
¶朝日，国史，国書(いんべまさみち)，古中，コン改(忌部正道)，コン4(忌部正道)，コン5(忌部正道)，史人，思想史，神史，神人(いんべまさみち)，新潮，人名，世人，世百，全書，日思(いんべまさみち)，日史，日人，百科

**斎部守親** いんべのもりちか
平安時代中期の神祇大史。安茂の子。
¶古人

**忌部正弘** いんべまさひろ
文政13(1830)年～明治37(1904)年11月3日
江戸時代末期～明治期の宮司。文武館設置の歎願運動を展開。

¶島根百（[生]文政13（1830）年9月15日　[没]明治37（1904）年11月13日），島根歴，幕末，幕末大

**忌部正通** いんべまさみち
→忌部正通（いんべのまさみち）

**允澎** いんぽう
→東洋允澎（とうよういんぽう）

**允芳慧菊** いんぽうえきく
？ ～天文22（1553）年
戦国時代の臨済宗の僧。
¶国書

**印融** いんゆう
永享7（1435）年～永正16（1519）年8月15日　[別]印融（いんにゅう），印融法印（いんゆうほういん）
室町時代～戦国時代の真言宗の僧。関東東密の大家。
¶朝日（[没]永正16年8月15日（1519年9月8日）），神奈川人，神奈川百，郷土神奈川，国史，国書，古中，埼玉人，埼玉百，思想史，新潮，人名，戦辞（[没]永正16年8月15日（1519年9月8日）），戦人，多摩（印融法印　いんゆうほういん　[生]永享6（1434）年），日史，日人，仏教，仏史，仏人（いんにゅう），名僧，和歌山人（いんにゅう）

**印融法印** いんゆうほういん
→印融（いんゆう）

**隠竜** いんりょう
？ ～後老明1（1651）年
江戸時代前期の僧侶。
¶徳島歴

**ヴィセンテ**
→ビセンテ

## 【う】

**ヴィセンテ洞院** うぃせんてとういん
→ビセンテ

**惟一道実** ういどうじつ
→道実（どうじつ）

**宇井伯寿** ういはくじゅ
明治15（1882）年6月1日～昭和38（1963）年7月14日
明治～昭和期のインド哲学者、仏教学者。東京帝国大学教授、駒沢大学総長。インド哲学研究の開拓・発展に尽力、文化勲章受章者。
¶愛知百，近現，現朝，現情，広7，国史，コン改，コン4，コン5，史人，昭人，新潮，人名7，世紀，姓氏愛知，世百，世百新，全書，大百，哲学，日人，日本，百科，仏教，仏人，宮城百，履歴，履歴2

**ヴィンセンテ**
→ビセンテ

**植木憲道** うえきけんどう
明治4（1871）年9月17日～昭和42（1967）年5月26日　[別]植木義雄（うえきよしお）
明治～昭和期の臨済宗僧侶。雲巌寺住職。
¶郷土栃木（植木義雄　うえきよしお），世紀，栃木百（植木義雄　うえきよしお　[生]明治11（1878）年），栃木歴，日人

**植木貴恒** うえきたかつね
文化13（1816）年～明治33（1900）年
江戸時代後期～明治期の神職。
¶神人

**植木徹誠** うえきてつじょう
明治28（1895）年1月21日～昭和53（1978）年2月19日
大正～昭和期の僧侶、社会運動家。
¶社史，昭人，真宗，平和

**植木義雄** うえきよしお
→植木憲道（うえきけんどう）

**植木良佐** うえきりょうすけ
明治27（1894）年1月11日～昭和11（1936）年10月15日
大正～昭和期の医師、旧約聖書研究家、伝道者。
¶キリ

**上里次介** うえさとじすけ
明治10（1877）年～昭和12（1937）年
明治～昭和期の小学校長、寺僧。
¶姓氏沖縄

**植島啓司** うえしまけいじ
昭和22（1947）年～
昭和～平成期の宗教学者、倫理学者。関西大学教授。
¶現執3期，現執4期，世紀，マス89

**上嶋貞義** うえしまさだよし
文化2（1805）年～
江戸時代後期の国学者・神官。
¶東三河

**上杉快尊** うえすぎかいそん
→快尊(3)（かいそん）

**上杉斎二郎** うえすぎさいじろう
安政1（1854）年11月5日～昭和10（1935）年5月31日
明治～昭和期の小鷹利村長・神職。
¶飛騨

**上杉周清** うえすぎしゅうせい★
応永4（1397）年～文明1（1469）年4月28日
室町時代の修験僧。
¶秋田人2

**上杉千郷** うえすぎちさと
大正12（1923）年4月3日～
昭和期の長崎市の鎮西大社諏訪神社宮司。
¶飛騨

う

**上杉文秀** うえすぎぶんしゅう
慶応3(1867)年2月1日～昭和11(1936)年2月10日
明治～昭和期の仏教学者。
¶石川百，昭人，真宗，人名，世紀，姓氏石川(㊀1923年)，姓氏京都，日人，仏教，明大2

**上勢頭亨** うえせどとおる
明治43(1910)年10月25日～昭和59(1984)年8月18日
昭和期の浄土真宗僧侶。喜宝院住職・蒐集館館長。
¶社史，姓氏沖縄

**上田右近** うえだうこん
寛政10(1798)年～明治9(1876)年
江戸時代後期～明治期の養福寺6代目住職で中興の祖。
¶姓氏富山

**上田及淵** うえだきゅうえん
→上田及淵(うえだしきぶち)

**上田賢治** うえだけんじ
昭和2(1927)年9月20日～
昭和～平成期の神道神学者、宗教心理学者。国学院大学教授、国学院大学研究所長。
¶現執2期，現執3期

**上田及淵** うえだしきのぶ
→上田及淵(うえだしきぶち)

**上田及淵** うえだしきぶち
文政2(1819)年～明治12(1879)年6月12日 ㊀上田及淵(うえだきゅうえん，うえだしきのぶ)
江戸時代末期～明治期の国学者。平田門国学を学び、岡山藩儒員、維新後神祇官を務め、著書に「大道安神妙説約」。
¶岡山人(うえだきゅうえん)，岡山百(うえだきゅうえん)，岡山歴(うえだきゅうえん ㊀文政2(1819)年7月2日)，眼科(うえだきゅうえん)，熊本人，熊本百(㊀文政2(1819)年7月2日)，国書(㊀文政2(1819)年7月2日 ㊀明治12(1879)年6月13日)，コン改(うえだしきのぶ)，コン4(うえだしきのぶ)，コン5(うえだしきのぶ)，新潮(うえだしきのぶ ㊀明治12(1879)年6月)，人名(うえだしきのぶ)，日人，幕末，幕末大

**植田重雄** うえだしげお
大正11(1922)年12月24日～
昭和～平成期の宗教学者、歌人。早稲田大学教授。
¶近文，現執1期，現執2期，現執3期，現情，世紀

**植田重治** うえだしげはる
生没年不詳
江戸時代中期の神職。
¶国書

**上田照遍** うえだしょうへん
文政11(1828)年8月10日～明治40(1907)年9月22日 ㊀照遍(しょうへん)
江戸時代末期～明治期の真言宗学僧。高野山大学林教師、大僧正。
¶徳島百，徳島歴(照遍 しょうへん ㊀明治40(1907)年9月24日)，日人，仏教，仏人，明大1

**上田胤比古** うえだたねひこ
慶応1(1865)年～昭和9(1934)年
江戸時代末期～昭和期の神道家。
¶神人

**上田貞治郎** うえだていじろう
万延1(1860)年8月14日～昭和19(1944)年12月11日
明治～昭和期のキリスト教文書収集家。
¶キリ

**上田天瑞** うえだてんずい
明治32(1899)年7月1日～昭和49(1974)年8月27日
大正～昭和期の高野山真言宗僧侶、仏教学者、戒律思想研究家。高野山大学学長。
¶岡山人，岡山歴，現情，人名7，世紀，日人，仏教，仏人

**上田虎吉** うえだとらきち
大正期の大工棟梁。
¶栃木歴，美建

**上田義文** うえだよしふみ
明治37(1904)年8月19日～平成5(1993)年4月26日
大正～平成期の僧侶。
¶現執1期，真宗

**上田頼石** うえだらいせき
明治41(1908)年～平成3(1991)年
昭和～平成期の僧。対泉院住職。
¶青森人

**上田霊城** うえだれいじょう
昭和3(1928)年～
昭和期の僧侶、仏教学者。延命寺住職。
¶現執1期

**上野英俊** うえのえいしゅん
弘化4(1847)年～大正2(1913)年
江戸時代末期～大正期の僧侶。
¶姓氏岩手

**上野教道** うえのきょうどう
→上野教道尼(うえのきょうどうに)

**上野教道尼** うえのきょうどうに
安政2(1855)年1月3日～昭和7(1932)年6月19日
㊀上野教道(うえのきょうどう)
明治～昭和期の曹洞宗尼僧。托鉢と質素倹約による浄財を元に幅広い慈善活動、社会事業に尽力。
¶朝日(上野教道 うえのきょうどう ㊀安政2年1月3日(1855年2月19日))，昭人(上野教道 うえのきょうどう)，女性，女性普，世紀(上野教道 うえのきょうどう)，日人，仏人，明大1(上野教道 うえのきょうどう)

**上野幸源** うえのこうげん
？ ～慶長13(1608)年
安土桃山時代～江戸時代前期の住職。
¶戦人，戦東

う

**上野三郎五郎** うえのさぶろうごろう
戦国時代の甲斐国二宮神社神主。
¶武田

**上野相憲** うえのそうけん
天保3(1832)年〜明治31(1898)年12月20日
江戸時代末期〜明治期の新義真言宗僧侶。長谷寺56世。
¶仏教, 仏人, 明大1

**上野泰応** うえのたいおう
? 〜明治13(1880)年
江戸時代後期〜明治期の教育者・僧侶。
¶姓氏群馬

**上野丹山** うえのたんざん
→丹山(たんざん)

**上野清永** うえののきよなが
㊀上野清永(かみつけぬのきよなが)
平安時代後期の官人。
¶古人, 古人(かみつけぬのきよなが)

**上野法梁** うえのほうりょう
? 〜明治7(1874)年
江戸時代後期〜明治期の真宗大谷派の僧。
¶姓氏石川

**上野松次郎** うえのまつじろう
生没年不詳
明治期の牧師、社会主義シンパ。
¶社史

**上野隆誠** うえのりゅうせい
明治29(1896)年5月11日〜昭和18(1943)年1月4日
大正〜昭和期の宗教学者。宗教心理学、宗教哲学を研究。
¶昭人, 心理, 世紀, 哲学, 仏人

**上野凌弘** うえのりょうこう
*〜
昭和〜平成期の小説家、宗教家。
¶郷土奈良(㊐1912年), 奈良文(㊐明治39年10月3日)

**上原愛子** うえはらあいこ
明治15(1882)年7月16日〜昭和47(1972)年3月10日 ㊀上原ナビー
大正〜昭和期の牧師。台湾、石垣島、沖縄で伝道活動を行う。コザ教会、蒲生教会などを創立。
¶社史(㊐1881年), 女性, 女性普, 世紀, 日人

**上原お三** うえはらおさん
? 〜宝暦8(1758)年5月8日
江戸時代中期の女性。尼僧。
¶女性

**上原和種** うえはらかずたね
文化10(1813)年〜明治25(1892)年5月
江戸時代後期〜明治期の神職。
¶国書

**上原佐助** うえはらさすけ
嘉永3(1850)年〜明治45(1912)年3月11日
江戸時代後期〜明治期の天理教東大教会初代会長。
¶埼玉人

**上原宣正** うえはらせんしょう
*〜明治12(1879)年5月1日
江戸時代後期〜明治期の僧。
¶大分歴(㊐文化2(1805)年), 真宗(㊐文化11(1814)年11月25日)

**上平主税** うえひらちから
文政7(1824)年〜明治24(1891)年 ㊀上平主税(かみひらちから)
江戸時代末期〜明治期の十津川郷士。天誅組の郷内退去を周旋。
¶維新, 人名(かみひらちから), 日人, 幕末(㊦1891年3月30日), 幕末大(㊐文政7(1824)年9月14日 ㊦明治24(1891)年3月20日)

**植松有園** うえまつありその
文政12(1829)年〜明治15(1882)年 ㊀植松有園(うえまつゆうえん)
江戸時代後期〜明治期の神職。
¶神人, 姓氏愛知(うえまつゆうえん)

**植松玄慶** うえまつげんけい
江戸時代後期の仏師。
¶埼玉人(生没年不詳), 美建

**植松有園** うえまつゆうえん
→植松有園(うえまつありその)

**上村観光** うえむらかんこう
明治5(1872)年〜大正15(1926)年6月11日 ㊀上村観光(かみむらかんこう)
明治〜大正期の僧侶、歴史学者。臨済宗大学講師。禅宗史(五山文学)を研究。
¶史研, 人名(かみむらかんこう ㊐1873年), 世紀, 日人(かみむらかんこう ㊐明治6(1873)年), 明大2

**上村教仁** うえむらきょうにん
明治8(1875)年4月1日〜昭和11(1936)年1月30日
明治〜昭和期の新義真言宗智山派声明家、布教家。贈権大僧正。
¶音人, 新芸, 日音

**植村諦** うえむらたい
明治36(1903)年8月6日〜昭和34(1959)年7月1日 ㊀植村諦聞(うえむらたいもん)
昭和期の詩人、編集者。アナキスト。詩集に「異邦人」「愛と憎しみの中で」など。
¶アナ, 革命, 近文, 現朝, 現詩, 現情, コン改, コン4, コン5, 社運(植村諦聞 うえむらたいもん), 社史(植村諦聞 うえむらたいもん), 昭人, 新文(㊐明治37(1904)年8月6日), 人名7, 世紀, 奈良文, 日人, 文学(㊐1904年), 平和

**植村諦聞** うえむらたいもん
→植村諦(うえむらたい)

**植村環**(上村環) うえむらたまき
明治23(1890)年8月24日〜昭和57(1982)年5月

26日
大正～昭和期のキリスト教牧師。日本YWCA会長、世界YWCA副会長。柏木に柏木教会設立、世界平和アピール七人委員会のメンバーになり、平和運動に尽力。
¶近現，近女，現朝，現情，現人，現日，国史，コン改，コン4，コン5，史人(上村環)，史人，社教，社史，女史，女性，女性普，新宿女，新潮，世紀，世百新，全書，渡航，日史，日女，日人，日本，百科，平和，履歴，履歴2，歴大，和歌山人

**植村信久** うえむらのぶひさ
明治43(1910)年～
昭和期の宗教哲学・組織神学者。プール学院短期大学学長、日本聖公会司祭。
¶現執1期

**植村正久** うえむらまさひさ
安政4(1857)年12月1日～大正14(1925)年1月8日
明治～大正期の牧師。日本基督公会、一致教会、日本基督教会の指導者で、海老名弾正と基督論争を展開。
¶朝日([生]安政4年12月1日(1858年1月15日))，維新，岩史，海越([生]安政4(1858)年12月1日)，海越新([生]安政4(1858)年12月1日)，角史，キリ([生]安政4年12月1日(1858年1月15日))，近現，近文，広7([生]安政5(1858)年)，国史，コン改([生]1858年)，コン5([生]安政5(1858)年)，埼玉人，史人，ジ人1，思想([生]安政4(1858)年12月1日)，思想史，社史([生]安政1(1854)年12月1日　[没]1925年1月25日)，重要，新カト([生]安政5(1858)年1月15日)，新潮，新文，人名，世紀([生]安政4(1858)年12月1日)，姓氏神奈川([生]1858年)，世人，世百，先駆，全書([生]1858年)，大百([生]1858年)，哲学，伝記，渡航，日思([生]安政4(1858)年)，日史([生]安政4(1858)年12月1日)，日史語，日人([生]1858年)，日想，日Y([生]安政4(1858)年1月15日)，日本，幕末([生]1858年1月15日　[没]1926年1月8日)，幕末大([生]安政4(1858)年12月1日)，百科([生]安政4(1858)年)，文学，平日([生]1858　[没]1925)，ポプ人，民学([生]安政4(1858)年)，明治2([生]1858年)，明治史，明大1，履歴，履歴2([生]安政4(1858)年12月1日)，歴大([生]1858年)

**植村益蔵** うえむらますぞう
明治18(1885)年12月12日～昭和44(1969)年1月14日
明治～昭和期の宗教家。救世軍中将。渡英し、救世軍参謀士官学校で学ぶ。救世軍士官学校校長、日本司令官を歴任。
¶キリ，現情，昭人，新潮，人名7，世紀，哲学，日人

**上山大峻** うえやまだいしゅん
昭和9(1934)年～
昭和～平成期の仏教学者。
¶現執1期

**上山昇** うえやまのぼる
明治38(1905)年～昭和59(1984)年
昭和期の神官。
¶山口人

**魚木忠一** うおきただかず
明治25(1892)年7月31日～昭和29(1954)年12月10日
大正～昭和期の神学者。同志社大学教授、同志社大学神学部長。
¶愛媛百([没]昭和29(1954)年12月)，キリ，日Y

**魚津弘吉** うおずひろきち
→魚津弘吉(うおづひろきち)

**魚住往寿** うおずみおうじゅ
？～正徳5(1715)年8月9日
江戸時代前期～中期の神職。
¶国書

**魚住松巌**(魚住松厳) うおずみしょうがん
明治20(1887)年～昭和43(1968)年
明治～昭和期の僧、政治家。
¶静岡歴，姓氏静岡(魚住松厳)

**魚田金次郎** うおだきんじろう
明治22(1889)年～
昭和期の料理人。新興仏教青年同盟中央委員。
¶社史

**魚谷常吉** うおたにつねきち
明治27(1894)年8月14日～昭和39(1964)年4月14日
明治～昭和期の料理人、僧侶。
¶食文，世紀，日人

**魚津弘吉** うおづひろきち，うおずひろきち
～昭和58(1983)年1月17日
昭和期の宮大工。魚津工務店代表。
¶美建(うおずひろきち)

**鵜飼啓潭** うかいけいたん
文政11(1828)年～明治18(1885)年11月25日
江戸時代後期～明治期の僧侶。
¶真宗

**鵜飼貞義** うかいさだよし
寛保3(1743)年5月15日～安永8(1779)年2月28日
江戸時代中期の神職。
¶国書

**鵜飼大俊** うがいだいしゅん，うかいたいしゅん，うがいたいしゅん
弘化3(1846)年～明治11(1878)年　[別]大俊(たいしゅん)
江戸時代末期～明治期の僧。
¶詩歌(大俊　たいしゅん)，人名(うがいたいしゅん)，姓氏愛知(うかいたいしゅん)，日人，明大1(うがいたいしゅん　[生]弘化3(1846)年8月4日　[没]明治11(1878)年1月15日)，和俳(大俊　たいしゅん)

**鵜飼猛** うかいたけし
*～昭和23(1948)年5月6日
明治～昭和期の牧師。日本基督教団日曜学校局長。
¶キリ([生]慶応1年12月13日(1866年1月29日))，

渡航（[生]？）

**養鸕徹定**（鵜飼徹定） **うがいてつじょう，うかいてつじょう**
文化11（1814）年3月15日～明治24（1891）年3月15日
江戸時代末期～明治期の浄土宗僧侶。浄土宗管長、知恩院住職七十五世。「南蛮寺荒廃記」を復刻、積極的にキリスト教排撃を試みる。仏教考証史家、鑑識家としても著名。
¶京都大，キリ（鵜飼徹定　うかいてつじょう），近現（うかいてつじょう），国史（うかいてつじょう），コン改（鵜飼徹定），コン5（鵜飼徹定），埼玉人（うかいてつじょう），史人，新カト（うかいてつじょう），新潮（鵜飼徹定），全書，日史，日人，幕末（鵜飼徹定　[没]1891年3月5日），幕末大（鵜飼徹定），百科，仏教，仏人，明治史（うかいてつじょう），明大1

**養鸕徳定** **うがいとくさだ**
大正4（1915）年～
昭和期の住職・社会活動家。
¶多摩

**有願** **うがん**
元文2（1737）年～文化5（1808）年
江戸時代中期～後期の僧。
¶新潟百

**浮岳堯文**（浮岳尭文） **うきおかぎょうもん**
明治2（1869）年4月8日～大正9（1920）年
明治期の僧侶。
¶神奈川人，姓氏神奈川，明大1（浮岳尭文）

**宇喜多休閑** **うきたきゅうかん**
生没年不詳
江戸時代前期の武将。
¶近世，国史，新潮（[没]元和5（1619）年），戦合，日人（[没]1620年頃）

**有慶** **うきょう**
→有慶（ゆうきょう）

**雨月庵破笠** **うげつあんはりゅう**
？ ～寛政2（1790）年
江戸時代中期～後期の姫田川畔の荒神堂普門院10世の僧。柳井俳壇2世宗匠。
¶姓氏山口

**有厳**（右厳） **うごん**
文治2（1186）年～建治1（1275）年　[別]長忍有厳（ちょうにんうごん），有厳（ゆうごん）
鎌倉時代前期の律宗の僧。斎戒衆の祖。
¶朝日（[没]建治1年11月11日（1275年11月29日）），鎌室（長忍有厳　ちょうにんうごん），国史，古人（右厳），古人（長忍有厳　ちょうにんうごん　[没]1276年），古中，新潮（[没]建治1（1275）年11月11日），人名，日人（ゆうごん），仏教（ゆうごん　[没]建治1（1275）年11月11日），仏史

**鵜崎庚午郎** **うざきこうごろう**
明治3（1870）年3月17日～昭和5（1930）年4月3日
明治～昭和期の旧南部メソジスト教会牧師。
¶キリ，昭人，人名，世紀，渡航，日人，日Y（[生]明治3（1870）年4月17日），兵庫百，明大1

**宇佐公矩** **うさきみのり★**
嘉永5（1852）年8月17日～明治31（1898）年4月30日
江戸時代後期～明治期の男爵。宇佐国造、宇佐神宮大宮司。
¶男爵

**宇佐公通** **うさきみみち**
→宇佐公通（うさのきんみち）

**宇佐公悦** **うさきんえつ**
宝暦3（1753）年～文政4（1821）年9月21日
江戸時代中期～後期の公家（非参議）。文化10年従三位に叙される。
¶公卿，公卿普，公家（公悦〔宇佐八幡宮大宮司到津家〕　きんえつ）

**宇佐公古** **うさきんこ**
→到津公古（いとうづきみふる）

**宇佐公通** **うさきんみち**
→宇佐公通（うさのきんみち）

**宇佐玄雄** **うさげんゆう**
明治19（1886）年～昭和32（1957）年
明治～昭和期の医師、僧。精神科医。
¶近医，民学

**宇佐重栄** **うさしげひで**
生没年不詳
鎌倉時代後期～南北朝時代の神職。
¶国書

**宇佐池守** **うさのいけもり**
生没年不詳　[別]宇佐公池守（うさのきみいけもり，うさのきみのいけもり）
奈良時代の宇佐八幡宮大宮司。
¶朝日，大分百（宇佐公池守　うさのきみのいけもり），大分歴（宇佐公池守　うさのきみいけもり），古人，古代（宇佐公池守　うさのきみいけもり），古代普（宇佐公池守　うさのきみいけもり），日人

**宇佐公池守** **うさのきみいけもり**
→宇佐池守（うさのいけもり）

**宇佐公池守** **うさのきみのいけもり**
→宇佐池守（うさのいけもり）

**宇佐公則** **うさのきみのり**
[別]宇佐公則（うさのきんのり）
平安時代後期の宇佐前大宮司。
¶大分歴（うさのきんのり　生没年不詳），古人

**宇佐公房** **うさのきみふさ**
生没年不詳
平安時代後期～鎌倉時代前期の神官。宇佐八幡宮大宮司。
¶国史，古中，重要，神史，日人

**宇佐公通** **うさのきみみち**
→宇佐公通（うさのきんみち）

う

**宇佐公則** うさのきんのり
→宇佐公則(うさのきみのり)

**宇佐公通** うさのきんみち
生没年不詳　㊙宇佐公通(うさきみみち, うさきんみち, うさのきみみち)
平安時代後期～鎌倉時代前期の八幡宇佐宮大宮司。
¶朝日, 大分百, 大分歴(㊳建久4(1193)年), 鎌室(うさきみみち), 古人(うさのきみみち), 新潮(うさきんみち), 日人(うさのきみみち), 平家(うさきんみち)

**宇佐相規** うさのすけのり
平安時代中期の宇佐八幡大宮司。
¶古人

**宇佐益人** うさますんど
天保9(1838)年～明治22(1889)年
江戸時代末期～明治期の筑後三池藩神主。
¶藩臣7

**宇佐美右京** うさみうきょう
生没年不詳
江戸時代後期の大住郡曽屋村宇佐八幡宮神主。
¶神奈川人

**宇佐美九内** うさみくない
生没年不詳
江戸時代後期の大住郡曽屋村宇佐八幡宮神主。
¶神奈川人

**宇佐美景堂** うさみけいどう
生没年不詳
昭和期の宗教家。
¶幻想

**潮神主** うしおかんぬし
安土桃山時代の信濃国筑摩郡明科の潮神明宮の神主。
¶武田

**潮田千勢子** うしおだちせこ
天保15(1844)年9月21日～明治36(1903)年7月4日
明治期の婦人運動家。矯風会会頭。禁酒・廃娼運動を展開し、慈愛館を設立。
¶岩史, キリ, 近現, 近女(㊤弘化2(1845)年), 国史, コン改, コン5, 女運, 女史, 女性(㊤弘化2(1845)年10月9日), 女性普(㊤弘化2(1845)年10月9日), 信州女(㊤弘化2(1845)年), 新潮, 人名, 姓氏長野, 先駆(㊤弘化2(1845)年10月9日), 全書, 長野百, 長野歴, 日人, 明治史, 明大1, 歴大

**潮見清鞆** うしおみきよとも
生没年不詳
江戸時代末期の山口県の神職。
¶神人

**潮見琢磨**(潮見啄磨) うしおみたくま
安政元(1854)年～大正3(1914)年
明治～大正期の神道家。
¶愛媛(潮見啄磨), 神人

**牛尾三千夫** うしおみちお
明治40(1907)年4月5日～昭和61(1986)年9月17日
大正～昭和期の民俗学者、神官。
¶郷土, 島根文続, 島根歴, 広島文

**宇治木一郎** うじきいちろう
明治37(1904)年～？　㊙宇治木玄中, 宇治木行忠
大正～昭和期の保険外交員、僧侶、社会運動家。
¶アナ, 社運, 社史(㊤1904年？)

**氏家昭夫** うじけあきお
昭和13(1938)年～
昭和期の仏教学者。
¶現執1期

**氏家覚勝** うじけかくしょう
昭和13(1938)年～昭和60(1985)年
昭和期の仏教学者。
¶仏人

**宇治谷祐顕** うじたにゆうけん
大正5(1916)年10月18日～平成11(1999)年9月7日
昭和期のインド仏教学者。
¶現執1期, 現執2期, 現情, 世紀

**宇治土公磯部小紲** うじつちぎみいそべおつな
生没年不詳
平安時代前期の神職。
¶国書

**宇治土公貞幹** うじどこさだもと
明治33(1900)年4月11日～昭和19(1944)年2月16日　㊙宇治土公貞幹(うちとこうさだもと)
明治～昭和期の神職、弓道家。
¶弓道(うちとこうさだもと)

**宇治惟宣** うじのこれのぶ
平安時代後期の阿蘇大宮司。
¶古人

**宇治惟泰** うじのこれやす
平安時代後期の阿蘇・健軍両社の大宮司。
¶古人

**牛袋聖** うしぶくろのひじり
生没年不詳
室町時代の僧侶。
¶姓氏宮城

**牛山雪鞋** うしやませつあい
慶応1(1865)年～昭和14(1939)年
明治～昭和期の信濃毎日新聞、信濃日報の主筆。
¶姓氏長野, 長野歴

**後宮俊夫** うしろくとしお
大正11(1922)年4月12日～
昭和～平成期の牧師。日本基督教団総会議長。
¶現情

**有信** うしん
生没年不詳
鎌倉時代後期の真言宗の僧。

う

¶仏教

**臼井元成** うすいげんじょう
昭和8(1933)年3月18日〜
昭和期の仏教哲学者。大谷大学教授。
¶現執1期, 現執2期

**臼井接伝** うすいしょうでん
寛文8(1668)年1月18日〜宝永2(1705)年8月4日
江戸時代前期〜中期の神職。
¶国書, 姓氏京都

**臼井史朗** うすいしろう
大正9(1920)年1月27日〜平成22(2010)年9月2日
昭和〜平成期の宗教評論家。淡交社副社長。
¶現執3期, 出文

**臼井孟雅** うすいたけまさ
生没年不詳
江戸時代中期〜後期の神道家。
¶国書

**臼井囚獄** うすいひとや
生没年不詳
安土桃山時代の金山師、天台宗浄土寺を開基。
¶姓氏岩手

**臼井雅胤** うすいまさたね
生没年不詳
江戸時代中期の神道家。伯家神道学頭。
¶近世, 国史, 国書, 史人, 神史, 神人, 新潮, 世人, 日人

**臼井正継** うすいまさつぐ
戦国時代の伊豆下田の大工。
¶伊豆, 後北(正継〔臼井〕 まさつぐ), 戦辞(生没年不詳)

**烏赤如顕** うせきにょけん
生没年不詳
江戸時代中期の黄檗宗の僧。
¶黄檗

**有節瑞保** うせつずいほう
天文17(1548)年〜寛永10(1633)年 ㊙有節瑞保(ゆうせつずいほ)
戦国時代〜江戸時代前期の僧。
¶国書(ゆうせつずいほ ㊥寛永10(1633)年11月7日), 日人

**宇高良哲** うだかよしあき
昭和17(1942)年〜
昭和期の日本仏教史研究者。
¶現執1期

**宇田川典行** うだがわのりゆき
生没年不詳
江戸時代後期の神職。
¶国書

**菟田茂丸** うだしげまる
明治6(1873)年〜?
明治〜大正期の神官。
¶姓氏神奈川

**歌田靭雄** うただゆきお
安政1(1854)年〜明治35(1902)年4月15日
江戸時代末期〜明治期の神職、教育者。公立円野学校初代校長や諸社の祠官を務める。
¶維新, 山梨百

**内ケ崎作三郎** うちがさきさくさぶろう
明治10(1877)年4月8日〜昭和22(1947)年2月4日
明治〜昭和期の教育者、政治家。早稲田大学教授、衆議院議員。近衛内閣文部政務次官。戦後は民本主義者として活躍。
¶キリ, 近現, 近文, 現朝, 現日(㊤1877年4月3日), 国史, コン改, コン5, 社運, 社史, 昭人, 新潮(㊤明治10(1877)年4月3日), 人名7, 世紀, 政治, 姓氏宮城, 全書, 東北近(㊤明治10(1877)年4月3日), 渡航, 日人(㊤明治10(1877)年4月3日), 日Y, 宮城百, 明治史, 履歴, 履歴2, 歴大

**内ケ島勘左衛門** うちがしまかんざえもん
生没年不詳
江戸時代中期の長滝寺の社僧。
¶藩臣3

**内田寛寧** うちだかんねい
寛政9(1797)年〜明治12(1879)年12月13日
㊙寛寧(かんねい)
江戸時代末期〜明治期の浄土真宗本願寺派学僧。
¶国書(寛寧 かんねい), 真宗, 仏教

**内田晄融** うちだこうゆう
明治9(1876)年〜昭和35(1960)年6月5日
明治〜昭和期の僧侶。
¶佐賀百(㊤明治9(1876)年3月9日), 真宗(㊤明治9(1876)年3月6日)

**内田正** うちだただし
安政4(1857)年〜昭和12(1937)年
江戸時代末期〜昭和期の牧師。プロテスト派、後に組合協会牧師。
¶兵庫百

**内田貞音** うちだていおん
→内田貞音尼(うちだていおんに)

**内田貞音尼** うちだていおんに
文化11(1814)年11月13日〜大正7(1918)年4月17日 ㊙内田貞音(うちだていおん)
明治〜大正期の尼僧。尼衆教場初代監督。尼衆教場教授を歴任。生涯尼僧教育に尽くす。
¶朝日(内田貞音 うちだていおん ㊤文化11年11月13日(1814年12月24日)), 世紀(内田貞音 うちだていおん), 日人(㊤1840年), 明大1(内田貞音 うちだていおん)

**内田はま** うちだはま
弘化4(1847)年12月21日〜昭和11(1936)年3月12日
明治〜昭和期のキリスト教伝道師。水戸、仙台、根室等で伝導活動を行う。その後仙台で尚絅女学校の舎監。
¶キリ(㊤弘化4年11月4日(1847年12月11日)), 女性, 女性普, 先駆, 明大1

**内田法全** うちだほうぜん
明治4(1871)年～昭和11(1936)年
明治～昭和期の僧侶。
¶姓氏神奈川

**内田満寿子** うちだますこ
元和6(1620)年～寛文10(1670)年
江戸時代前期の女性。宗教家。
¶女性(㊀寛文10(1670)年3月16日), 日人, 宮崎百

**内田了譲** うちだりょうじょう
弘化4(1847)年8月15日～明治19(1886)年7月22日
江戸時代後期～明治期の僧侶。
¶真宗

**宇治土公貞幹** うちとこうさだもと
→宇治土公貞幹(うじどこさだもと)

**内海静造** うちのうみせいぞう
天保14(1843)年～明治43(1910)年
江戸時代後期～明治期の神職。
¶神人

**内野作蔵** うちのさくぞう
明治9(1876)年8月22日～昭和35(1960)年1月16日
明治～昭和期のカトリック神父。
¶群新百, 群馬人, 群馬百, 埼玉人, 新カト

**内堀作右衛門** うちぼりさくえもん
？ ～寛永4(1627)年
江戸時代前期のキリシタン。
¶人名, 日人

**内村鑑三** うちむらかんぞう
文久1(1861)年～昭和5(1930)年3月28日
明治～大正期のキリスト教伝道者、思想家。福音主義信仰に立ち、日露戦争で非戦論を唱える。
¶朝日(㊐文久1年2月13日(1861年3月23日)), 石川文, 岩史(㊐万延2(1861)年2月13日), 海越(㊐文久1(1861)年3月23日), 海越新(㊐文久1(1861)年3月23日), 英墓(㊐万延2(1861)年2月13日), 角史, 北墓, 教育, 教人, 郷土群馬, 京都文(㊐万延2(1861)年2月13日(新暦3月23日)), キリ(㊐万延2年2月13日(1861年3月23日)), 近現, 近史1, 近文, 群新百, 群馬人, 群馬百, 現朝(㊐万延2年2月13日(1861年3月23日)), 現日(㊐1861年2月13日), 広7, 国史, コン改, コン5, 西郷, 札幌(㊐文久1年2月13日), 史人(㊐1861年2月13日), ジ人1(㊐万延2(1861)年2月13日), 思想(㊐万延2(1861)年2月13日), 思想史, 社史(㊐文久1(1861)年3月27日), 重要(㊐文久1(1861)年3月23日), 小説(㊐文久1年2月13日(1861年3月23日)), 新カト(㊐万延2(1861)年3月23日), 新潮(㊐文久1(1861)年2月13日), 新文(㊐万延2(1861)年2月13日), 人名, 世紀(㊐万延2(1861)年2月13日), 姓氏群馬, 世人(㊐文久1(1861)年3月23日), 世百, 先駆(㊐万延2(1861)年2月13日), 全書, 大百, 地理近代1(㊀昭和14(1939)年), 哲学, 伝記, 特教, 渡航(㊐1861年2月13日), 新潟百別, 日エ(㊐万延2年2月13日(1861年3月26日)), 日思, 日史(㊐万延2(1861)年2月13日), 日史語, 日人, 日想, 日Y(㊐万延2(1861)年3月23日), 日中(㊐万延2(1861)年2月13日), 日本, 百科, 風土, 文学, 平日, 平和, 北文, 北海道百, 北海道文(㊐文久1(1861)年3月23日), 北海道歴, ポプ人, 民学, 明治2, 明治史, 明大1(㊐万延2(1861)年2月13日), 履歴(㊐万延2(1861)年2月13日), 履歴2(㊐万延2(1861)年2月13日), 歴大

**内山愚童**(内山愚堂) うちやまぐどう
明治7(1874)年5月17日～明治44(1911)年1月24日
明治期の曹洞宗の僧、無政府主義者。箱根林泉寺住職。「無政府共産」を秘密出版し逮捕され、大逆事件に連座し、刑死する。
¶朝日, アナ, 角史, 神奈川人, 神奈川百(㊀1910年), 近現, 国史, コン改, コン5, 史人, 思想史, 社運, 社史, 新潮, 人名(内山愚堂), 世紀, 姓氏神奈川, 哲学, 新潟百(内山愚堂), 日史, 日人, 百科, 仏教(㊐明治7(1874)年5月7日), 仏人, 平和, 明治史, 明大1, 歴大

**内山興正** うちやまこうしょう
明治45(1912)年7月15日～平成10(1998)年3月13日
昭和～平成期の僧侶、折り紙作家。
¶美工

**内山正如** うちやましょうにょ
慶応1(1865)年9月15日～大正11(1922)年9月26日
江戸時代末期～大正期の声明家。贈権少僧正。
¶音人, 新芸, 日音, 明大1

**内山末太郎** うちやますえたろう
慶応1(1865)年～昭和11(1936)年
明治～昭和期の宗教家・政治家。
¶多摩

**内山純子** うちやますみこ
昭和8(1933)年10月7日～
昭和～平成期の日本仏教史作家。
¶現執3期

**内山稔** うちやまみのる
昭和6(1931)年10月22日～昭和57(1982)年1月4日
昭和期の倫理学・ドイツ文学・神学者。日本大学教授。
¶現執1期, 現執2期

**宇津木久岑** うつぎひさみね
天保6(1835)年4月12日～明治29(1896)年4月30日
江戸時代後期～明治期の神職。
¶神人

**宇都宮堯民**(宇津宮堯珉, 宇都宮堯珉) うつのみやぎょうみん
文政3(1820)年～慶応2(1866)年
江戸時代末期の修験僧。

う

¶維新（宇都宮堯珉），コン改，コン4（宇都宮堯珉），コン5（宇都宮堯珉），神人（宇都宮堯珉 ㊐文政2（1819）年），新潮（㊥慶応2（1866）年8月1日），人名（宇津宮堯珉），日人（宇都宮堯珉），幕末（宇都宮堯珉 ㊥1866年9月9日），幕末大（宇都宮堯珉 ㊥慶応2（1866）年8月1日）

**宇都宮綱根** うつのみやこうこん
→宇都宮綱根（うつのみやつなね）

**宇都宮善道** うつのみやぜんどう
安政3（1856）年5月15日～昭和3（1928）年8月23日
明治～大正期の僧。
¶世紀，日人，明大1

**宇都宮綱根** うつのみやつなね
？ ～元治1（1864）年3月16日 ㊚宇都宮綱根（うつのみやこうこん）
江戸時代後期～末期の神職・歌人。
¶国書，姓氏愛知（うつのみやこうこん）

**宇都宮尚綱** うつのみやなおつな
元禄3（1690）年～宝暦12（1762）年
江戸時代中期の神職。津島神社神官。
¶姓氏愛知

**宇都宮正** うつのみやはじめ
明治39（1906）年11月3日～昭和17（1942）年11月28日
明治～昭和期のメソジスト派牧師。
¶日エ

**宇都宮夫木** うつのみやふぼく
天明2（1782）年～弘化1（1844）年
江戸時代中期～後期の津島神社の神官。
¶姓氏愛知

**宇都宮真名介** うつのみやまなすけ
→宇都宮黙霖（うつのみやもくりん）

**宇都宮黙霖** うつのみやもくりん
文政7（1824）年9月～明治30（1897）年9月15日
㊚宇都宮真名介（うつのみやまなすけ）
江戸時代末期～明治期の勤王僧。勤王の志士と交わり安政の大獄に連座、僧籍のため釈放さる。維新後は湊川神社・男山八幡宮の神官。
¶朝日，維新，角史，近現，近世，国史，コン改（㊐天保4（1833）年 ㊥明治39（1906）年），コン4，コン5，史人，思想史，真宗，人書94，神人，新潮，人名（宇都宮真名介 うつのみやまなすけ ㊐1833年 ㊥1906年），全書（㊥1896年），日史，日人，幕末，幕末大，百科，広島百，仏教，明治史，山口百，歴大，和俳

**宇都宮頼綱** うつのみやよりつな
承安2（1172）年～正元1（1259）年11月12日 ㊚蓮生（れんしょう）
鎌倉時代前期の武将、歌人。
¶朝日（㊐治承2（1178）年？ ㊥正元1年11月12日（1259年12月26日）），岩史（㊐治承2（1178）年？），角史（生没年不詳），神奈川人，鎌倉，鎌室，郷土神奈川，京都大，郷土栃木，国史，国書（蓮生 れんしょう ㊐治承2（1178）年），古人，古中，コン改，コン4，コン5，史人，諸系，人書94，新潮，人名，世人（生没年不詳），全書，中世，栃木歴（㊐治承2（1178）年），内乱，日史，日人，百科，仏教（蓮生 れんしょう），北条，歴大，和俳

**内海右近** うつみうこん
生没年不詳
江戸時代後期の淘綾郡二宮村吾妻宮神主。
¶神奈川人

**内海景弓** うつみかげゆ
明治～大正期の神職。
¶神奈川人（㊐1845年 ㊥1923年），神人（㊐弘化3（1864）年 ㊥大正12（1922）年）

**内海三太夫** うつみさんだいう
生没年不詳
江戸時代後期の大住郡大山阿夫利神社祠官。
¶神奈川人

**内海式部太夫** うつみしきぶだいう
生没年不詳
江戸時代後期の大住郡大山大山師職兼阿夫利神社祠官。
¶神奈川人

**内海正名** うつみまさな
？ ～昭和20（1945）年11月25日
明治～昭和期の僧侶。
¶真宗

**海上甚五兵衛** うなかみじんごべえ
永正2（1504）年～大永6（1526）年頃
戦国時代の下総国海上郡猿田神社神主。
¶神人

**海上晴帆** うながみはるほ
明治27（1894）年4月3日～昭和40（1965）年4月23日
大正～昭和期の天崇教教祖。
¶埼玉人

**海上広秀** うなかみひろひで
生没年不詳
戦国時代の下総国海上郡・猿田神社神主。
¶神人

**宇那蓋八左衛門** うなぶたはちざえもん
元和3（1617）年～万治1（1658）年
江戸時代前期の農民・キリシタン。
¶姓氏群馬

**雲丹亀いと** うにがめいと
明治9（1876）年2月15日～昭和51（1976）年12月28日
大正～昭和期の宗教家。婚家没落後、神がかりで神道新教を起こし教祖となる。
¶女性，女性普

**宇仁富元** うにとみもと
安永8（1779）年～天保12（1841）年6月10日
江戸時代中期～後期の神職・占卜家。
¶国書

う

**采沢信光** うねざわしんこう
明治40 (1907) 年5月20日～平成4 (1992) 年
昭和期の教育家、浄土宗僧侶。三宝院住職。
¶現情，栃木歴

**宇野円空** うのえんくう
明治18 (1885) 年11月27日～昭和24 (1949) 年1月1日
大正～昭和期の宗教学者。東洋文化研究所所長、龍谷大学教授。「マライシアに於ける稲米礼儀」で学士院恩賜賞受賞、著書に「宗教学」など。
¶近現，現朝，広7，国史，コン改，コン5，史人(㊐1885年11月28日)，思想史，昭人，新カト，真宗(㊥昭和24 (1949) 年2月15日)，新潮，人名7，世紀，姓氏京都，世百，全書，大百，哲学，日人，仏教，歴大

**宇野玄機** うのげんき
安政2 (1855) 年～昭和5 (1930) 年
明治～昭和期の宗教家。
¶郷土福井

**宇野茂樹** うのしげき
大正10 (1921) 年3月9日～
昭和～平成期の宗教彫刻研究者。
¶郷土滋賀，滋賀文

**宇野即成** うのそくせい★
明治16 (1883) 年2月～
明治～昭和期の僧。日蓮宗大蓮寺住職、権僧正。
¶人満

**生方一麿** うぶかたいちまろ
→生方一麿（うぶかたかずまろ）

**生方一麿** うぶかたかずまろ
元治1 (1864) 年～昭和28 (1953) 年 ㊙生方一麿（うぶかたいちまろ）
明治～昭和期の教育者。
¶群馬人，姓氏群馬（うぶかたいちまろ）

**宇夫方広明** うぶかたひろあき
天保1 (1830) 年～明治33 (1900) 年11月28日
江戸時代後期～明治期の神職。
¶国書

**馬井六右衛門** うまいろくえもん
？ ～寛永1 (1624) 年 ㊙馬井六左衛門（うまいろくざえもん）
江戸時代前期の殉教者。
¶人名，日人（馬井六左衛門 うまいろくざえもん）

**馬井六左衛門** うまいろくざえもん
→馬井六右衛門（うまいろくえもん）

**馬岡晃** うまおかこう
明治23 (1890) 年～昭和45 (1970) 年5月
大正～昭和期の神職。
¶徳島歴

**馬田行啓** うまだぎょうけい
明治18 (1885) 年9月3日～昭和20 (1945) 年12月17日
明治～昭和期の仏教学者。立正大学教授。「妙法蓮華経」「無量義経」などを国訳。
¶学校，昭人，世紀，哲学，仏人

**海浦義観** うみうらぎかん
安政2 (1855) 年～大正10 (1921) 年
明治～大正期の僧。日本初の修験道概説書を著した。深浦町円覚寺26世住職。
¶青森人

**梅〈東京都〉** うめ★
正徳4 (1714) 年～明和6 (1769) 年
江戸時代中期の女性。宗教。富士講中興の祖、食行身禄こと伊藤伊兵衛と吟の長女。
¶江表（梅（東京都））

**梅井順正** うめいよりまさ
江戸時代末期～明治期の僧侶。元興福寺学侶・春日大社新社司。
¶華請

**梅尾禅牛** うめおぜんぎゅう
文政4 (1821) 年～明治40 (1907) 年
江戸時代後期～明治期の僧。衣川村の曹洞宗雲際寺住職。
¶姓氏岩手

**梅上尊融** うめがみそんゆう
明治14 (1881) 年5月21日～昭和23 (1948) 年4月4日
大正期の茶人。蜂庵会会員。
¶真宗，茶道

**梅上沢融** うめがみたくゆう
天保6 (1835) 年～明治40 (1907) 年1月4日
江戸時代末期～明治期の僧侶。西本願寺執行長。宗教事情視察のためヨーロッパに赴く。日本人僧侶の洋行第1号。
¶海越，海越新，真宗，渡航，日人，明大1

**梅小路亮湛** うめこうじりょうたん
天保2 (1831) 年～明治27 (1894) 年
江戸時代後期～明治期の高僧。
¶宮城百

**梅園惟朝** うめぞのこれとも
生没年不詳
江戸時代中期の神道家。
¶近世，国史，国書，史人，神史，人書94，神人，新潮，人名，世人，日人

**梅園春男** うめぞのはるお
文政1 (1818) 年～明治24 (1891) 年1月20日
江戸時代後期～明治期の神職・国学者。
¶国書

**梅高秀山** うめたかしゅうざん
嘉永3 (1850) 年～明治40 (1907) 年
江戸時代後期～明治期の僧侶、教育家。
¶大分歴，学校，豊前(㊐嘉永3 (1850) 年3月9日 ㊥明治40 (1907) 年7月2日)，明大1

**梅田謙敬** うめだけんきょう
明治2 (1869) 年～昭和13 (1938) 年

明治〜昭和期の僧侶。
¶島根百，島根歴，真宗（㊐明治2（1869）年7月26日　㊍昭和13（1938）年10月29日）

**梅田春濤** うめだしゅんとう★
天保4（1833）年3月〜明治36（1903）年
江戸時代後期〜明治期の国学者、僧侶。
¶三重

**梅田信隆** うめだしんりゅう
明治39（1906）年2月22日〜
昭和期の曹洞宗の僧。曹洞宗大本山総持寺貫主。
¶現情

**梅田高起** うめだたかおき
天明6（1786）年3月〜安政5（1858）年8月15日
江戸時代中期〜末期の神職・国学者。
¶国書

**梅谷真猊** うめたにしんげい
明治10（1877）年〜昭和35（1960）年
明治〜昭和期の僧侶。
¶大分歴

**梅谷雪堂** うめだにせつどう
明治18（1885）年〜昭和25（1950）年
明治〜昭和期の僧。御影伝芳院住職。
¶姓氏富山

**梅谷二雲**（楳谷二雲） うめたににうん
天保2（1831）年〜明治41（1908）年　㊙二雲（にうん）
明治期の僧。
¶岡山人（二雲　にうん），岡山百（楳谷二雲　㊐天保2（1831）年3月　㊍明治41（1908）年5月26日），岡山歴（㊍明治41（1908）年5月）

**梅辻秋漁** うめつじしゅうぎょ
*〜明治30（1897）年4月28日
江戸時代末期〜明治期の漢学者。
¶国書（㊐文政7（1824）年），人名（㊐1828年　㊍1901年），日人（㊐1824年），明大2（㊐文政11（1828）年）

**梅辻春樵** うめつじしゅんしょう
安永5（1776）年〜安政4（1857）年2月17日
江戸時代後期の漢詩人。
¶朝日（㊍安政4年2月17日（1857年3月12日）），京都大，国書，コン改（㊐安永6（1777）年），コン4，コン5，詩歌，新潮，人名，姓氏京都，日人，和俳

**梅辻規清** うめつじのりきよ
寛政10（1798）年〜文久1（1861）年　㊙賀茂規清（かもののりきよ，かものりきよ），加茂規清（かもののりきよ）
江戸時代後期の神学者。烏伝神道の創始者。
¶朝日（㊍文久1年7月21日（1861年8月26日）），江文（賀茂規清　かもののりきよ　㊐寛政11（1799）年），角史（賀茂規清　かもののりきよ），京都（㊐寛政11（1799）年），京都大，近世（賀茂規清　かもののりきよ），国史（賀茂規清　かもののりきよ），国書（賀茂規清　かもののりきよ　㊐寛政10（1798）年5月19日　㊍文久1（1861）年7月21日），コン改（㊐寛政11（1799）年），コン4（㊐寛政11（1799）年），コン5（㊐寛政11（1799）年），史人（賀茂規清　かもののりきよ　㊍1861年7月21日），思想史（賀茂規清　かもののりきよ），神史（賀茂規清　かもののりきよ），神人，新潮（賀茂規清　かもののりきよ　㊍文久1（1861）年7月21日），人名（賀茂規清　かものりきよ），姓氏京都，世人（㊍文久1（1861）年6月），日人（賀茂規清　かもののりきよ），歴大

**梅辻希烈** うめつじまれつら
天明4（1784）年〜文久2（1862）年2月24日
江戸時代中期〜末期の神職・漢学者。
¶国書

**梅辻職久** うめつじもとひさ
寛永18（1641）年〜元禄14（1701）年2月23日
江戸時代前期〜中期の神職。上賀茂神主氏久の系統。
¶神人

**梅津教知** うめつのりとも
明治期の神職。明治6年札幌神社宮司に就任、同年7月退職。
¶神人

**梅の坊** うめのぼう
江戸時代前期の紀伊国牟婁郡熊野本宮大社の神官。
¶大坂

**梅宮** うめのみや
→文智女王（ぶんちじょおう）

**梅宮皇女** うめのみやこうじょ
→文智女王（ぶんちじょおう）

**梅原賢融** うめはらけんゆう
→梅原融（うめはらとおる）

**梅原真隆** うめはらしんりゅう
明治18（1885）年11月11日〜昭和41（1966）年7月7日
明治〜昭和期の宗教家、政治家。衆議院議員。浄土真宗本願寺派僧侶。著書に「歎異抄」の意訳、講話など。
¶現朝，現執1期，現情，社史，真宗，人名7，世紀，政治，姓氏京都，姓氏富山，哲学，富山人，富山百，富山文，日史，日人，仏教，仏人，ふる

**梅原融** うめはらとおる
慶応1（1865）年〜明治40（1907）年12月30日
㊙梅原賢融（うめはらけんゆう）
明治期の教育家。中央商業学校創立者。同校主監の傍ら慶応義塾大学で教えた。
¶学校，真宗（梅原賢融　うめはらけんゆう　㊐慶応4（1865）年11月23日），人名，日人，福井百，明大2

**梅原正紀** うめはらまさき
昭和4（1929）年2月11日〜平成4（1992）年11月9日
昭和〜平成期の宗教評論家。
¶現執1期，現執2期，現執3期，現情，世紀，マス

う

89

**梅原譲** うめはらゆずる
嘉永6(1853)年9月〜大正3(1914)年4月16日
江戸時代後期〜大正期の僧侶。
¶真宗

**梅原隆章** うめはらりゅうしょう
大正8(1919)年11月23日〜平成11(1999)年3月21日
昭和期の僧侶。
¶真宗

**梅丸** うめまる
→日藻(にっそう)

**梅村相保** うめむらすけやす
? 〜明治25(1892)年
江戸時代後期〜明治期の神職。
¶神人

**梅森豪勇** うめもりひでお
明治22(1889)年12月25日〜昭和29(1954)年10月16日
明治〜昭和期の伝道者。
¶キリ

**梅山円了** うめやまえんりょう
明治36(1903)年8月2日〜平成9(1997)年1月20日
昭和期の僧侶。延暦寺住職。
¶世紀，日人

**梅山玄秀** うめやまげんしゅう
安政5(1858)年〜大正9(1920)年
明治〜大正期の臨済宗僧侶。臨済宗大学学長。
¶仏人

**禹門道肇** うもんどうちょう
生没年不詳
江戸時代前期の黄檗宗の僧。
¶黄檗，国書

**浦井亮玄** うらいりょうげん
明治24(1891)年〜昭和49(1974)年
大正〜昭和期の天台宗の僧。
¶福井百

**浦江一知** うらえかずとも
天保5(1834)年〜明治32(1899)年
江戸時代後期〜明治期の神官、国学者。
¶宮城百

**浦上隆応** うらかみりゅうおう，うらがみりゅうおう
安政3(1856)年〜大正15(1926)年11月10日
明治〜大正期の真言宗僧侶。無量寿院門主、御室派管長。
¶人名，世紀，日人，仏人(うらがみりゅうおう)，明大1

**浦川和三郎** うらかわわさぶろう
明治9(1876)年4月6日〜昭和30(1955)年11月24日
明治〜昭和期のキリシタン史研究家。長崎公教神学校校長、仙台司教。キリシタン史を研究。
¶キリ，現情(㊀1876年4月7日)，史研，昭人，新カト，人名7，世紀，長崎歴，日人

**浦田改亭** うらたかいてい★
天保11(1840)年3月1日〜明治26(1893)年
江戸時代後期〜明治期の内宮祠官。
¶三重

**浦田長民** うらたちょうみん
→浦田長民(うらたながたみ)

**浦楯記** うらたてき
弘化4(1847)年〜明治9(1876)年
江戸時代後期〜明治期の神職。
¶神人

**浦田長民** うらたながたみ
天保11(1840)年〜明治26(1893)年10月26日
㊊浦田長民(うらたちょうみん)
江戸時代末期〜明治期の神道家。伊勢神宮少宮司。神宮の祭儀式典を整備、祭式を制定。
¶朝日(㊀天保11年1月28日(1840年3月1日) ㊁明治26(1893)年10月2日)，維新，近現，国際，国史，コン改，コン5，史人(㊀1840年1月28日)，神史，神人(㊀天保11(1840)年3月1日)，新潮(㊀天保11(1840)年1月28日)，人名(うらたちょうみん ㊁1891年)，日人，幕末，幕末大(㊀天保11(1840)年3月1日)，明治史，明大1(㊀天保11(1840)年1月28日 ㊁明治26(1893)年10月2日)，歴大

**浦田長次** うらたながつぐ
慶長9(1604)年〜?
江戸時代前期の神職。
¶国書

**浦谷道三** うらたにみちぞう
明治43(1910)年〜
昭和期の牧師。
¶郷土滋賀

**裏多政定** うらたまささだ
生没年不詳
鎌倉時代後期の神職。
¶国書

**浦毎保** うらつねやす
? 〜文政5(1822)年8月25日
江戸時代中期〜後期の志麻郡桜井神社の神主。
¶福岡百

**浦野大蔵** うらのだいぞう
天保12(1841)年1月22日〜大正5(1916)年3月18日
江戸時代後期〜大正期のキリスト者。日本最初の正教会三使徒の一人。
¶明大1

**浦野安** うらのやすし
*〜昭和20(1945)年
明治〜昭和期の政治家。長野原町長、神官。
¶神人(㊀元治1(1864)年)，姓氏群馬(㊀1863年)

**卜部伊伎守風**　うらべいきのもりかぜ
平安時代中期の月読禰宜。
¶古人

**卜部兼章**　うらべかねあき
延宝5(1677)年8月6日～宝永6(1709)年12月25日
[別]吉田兼章(よしだかねあき)
江戸時代前期～中期の神職。
¶国書，神人(吉田兼章　よしだかねあき)

**卜部兼敦**　うらべかねあつ
→吉田兼敦(よしだかねあつ)

**卜部兼起**　うらべかねおき
元和4(1618)年～明暦3(1657)年4月7日　[別]吉田兼起(よしだかねおき)
江戸時代前期の神職。
¶国書，神人(吉田兼起　よしだかねおき)

**卜部兼方**　うらべかねかた
生没年不詳　[別]吉田兼方(よしだかねかた)，卜部兼方(うらべのかねかた)
鎌倉時代中期～後期の神道家、古典学者。「日本書紀」の注釈書「釈日本紀」を編集。
¶朝日，岩史(うらべのかねかた)，角史，鎌室，国史(うらべのかねかた)，国書，古中(うらべのかねかた)，コン改，コン4，コン5，史人(うらべのかねかた)，思想史，重要，諸系，神史(うらべのかねかた)，神人，新潮，人名(吉田兼方　よしだかねかた)，世人，全書，大百，中世，日史(うらべのかねかた)，日人，山川小(うらべのかねかた)，歴大

**卜部兼邦**　うらべかねくに
生没年不詳
室町時代～戦国時代の神職。
¶国書

**卜部兼貞**　うらべかねさだ
[別]卜部兼貞(うらべのかねさだ)
平安時代後期～鎌倉時代前期の神祇官人。
¶古人(うらべのかねさだ)，神人(生没年不詳)

**卜部兼繁**　うらべかねしげ
生没年不詳
南北朝時代の神職・連歌作者。
¶国書

**卜部兼茂**　うらべかねしげ
生没年不詳
鎌倉時代前期の神職。
¶国書，神人

**卜部兼忠**　うらべかねただ
[別]卜部兼忠(うらべのかねただ)
平安時代中期の神祇官人。
¶古人(うらべのかねただ)，神人(生没年不詳)

**卜部兼親**　うらべかねちか
[別]卜部兼親(うらべのかねちか)
平安時代中期～後期の神祇官人。
¶古人(うらべのかねちか)，神人(生没年不詳)

**卜部兼俊**　うらべかねとし
[別]卜部兼俊(うらべのかねとし)
平安時代後期の神職。
¶国書([生]承保3(1076)年　[没]大治4(1129)年3月25日)，古人(うらべのかねとし)，神人([生]承暦2(1078)年　[没]天承1(1131)年3月25日)

**卜部兼富**　うらべかねとみ
→吉田兼富(よしだかねとみ)

**卜部兼倶**　うらべかねとも
→吉田兼倶(よしだかねとも)

**卜部兼友**　うらべかねとも
生没年不詳　[別]卜部兼友(うらべのかねとも)
鎌倉時代前期の神職。
¶国書，古人(うらべのかねとも)，平史(うらべのかねとも)

**卜部兼豊**　うらべかねとよ
嘉元3(1305)年～天授2/永和2(1376)年8月21日
鎌倉時代後期～南北朝時代の神職。
¶国書，神人

**卜部兼魚**　うらべかねな
元和6(1620)年～？
江戸時代前期の神職。
¶国書

**卜部兼名**　うらべかねな
→吉田兼名(よしだかねな)

**卜部兼直**　うらべかねなお
生没年不詳　[別]卜部兼直(うらべのかねなお)
鎌倉時代前期の古学者、神道家、歌人。
¶国史(うらべのかねなお)，国書，古中(うらべのかねなお)，史人(うらべのかねなお)，思想史，諸系，神史(うらべのかねなお)，神人，新潮，日人，和俳

**卜部兼永**　うらべかねなが
応仁1(1467)年～天文5(1536)年7月27日　[別]吉田兼永(よしだかねなが)，卜部兼永(うらべのかねなが)
戦国時代の公卿(非参議)。従二位吉田兼倶の子。
¶鎌室，公卿，公卿普，公家(兼永〔藤井家〕かねなが)，国史(うらべのかねなが)，国書，古中(うらべのかねなが)，史人(うらべのかねなが)，思想史，諸系，神史(うらべのかねなが)，神人，新潮，戦人(吉田兼永　よしだかねなが)，日人

**卜部兼夏**　うらべかねなつ
鎌倉時代後期の神職。
¶国書(生没年不詳)，神人

**卜部兼延**　うらべかねのぶ
→吉田兼延(よしだかねのぶ)

**卜部兼熙**　うらべかねひろ
→吉田兼熙(よしだかねひろ)

**卜部兼藤**　うらべかねふじ
仁治1(1240)年～弘長1(1261)年6月8日

鎌倉時代前期～後期の神祇官人。
¶神人

**卜部兼文** うらべかねふみ, うらべかねぶみ
生没年不詳　[別]卜部兼文(うらべのかねふみ)
鎌倉時代前期の神道家。
¶鎌室, 国史(うらべのかねふみ), 国書, 古中(うらべのかねふみ), コン改, コン4, コン5, 史人(うらべのかねふみ), 思想史, 諸系, 神史(うらべのかねふみ), 神人, 新潮, 世人(うらべかねぶみ), 日人

**卜部兼古** うらべかねふる
江戸時代前期の国学者、平野家第28世の祠官。
¶神人(生没年不詳), 人名

**卜部兼政** うらべかねまさ
? ～天承1(1131)年　[別]卜部兼政(うらべのかねまさ)
平安時代後期の神祇官人。
¶古人(うらべのかねまさ), 神人

**卜部兼益** うらべかねます
生没年不詳
鎌倉時代の神祇官人。
¶神人

**卜部兼前** うらべかねます
生没年不詳
南北朝時代の神職・連歌作者。
¶国書

**卜部兼満** うらべかねみつ
→吉田兼満(よしだかねみつ)

**卜部兼康** うらべかねやす
生没年不詳
平安時代後期の神祇官人。
¶神人

**卜部兼好** うらべかねよし
→吉田兼好(よしだけんこう)

**卜部兼頼** うらべかねより
生没年不詳　[別]卜部兼頼(うらべのかねより)
鎌倉時代前期の古典学者、神道家。
¶国史(うらべのかねより), 古中(うらべのかねより), 史人(うらべのかねより), 諸系, 神史(うらべのかねより), 神人, 新潮, 日人

**占部観順** うらべかんじゅん
文政7(1824)年～明治43(1910)年1月19日
江戸時代末期～明治期の真宗興正派学僧。真宗大学初代学監、三河一乗寺創立者。
¶真宗([生]文政7(1824)年7月), 仏教, 仏人, 明大1

**卜部兼好** うらべけんこう
→吉田兼好(よしだけんこう)

**卜部智治麿** うらべちちまろ
宝亀10(779)年～弘仁7(816)年12月5日
奈良時代～平安時代前期の神職。
¶国書

**卜部良連** うらべながつら
→吉田良連(よしだよしつれ)

**卜部兼継** うらべのかなつぐ
平安時代後期の神祇官人。
¶古人

**卜部兼方** うらべのかねかた
→卜部兼方(うらべかねかた)

**卜部兼貞** うらべのかねさだ
→卜部兼貞(うらべかねさだ)

**卜部兼忠** うらべのかねただ
→卜部兼忠(うらべかねただ)

**卜部兼親** うらべのかねちか
→卜部兼親(うらべかねちか)

**卜部兼俊** うらべのかねとし
→卜部兼俊(うらべかねとし)

**卜部兼倶** うらべのかねとも
→吉田兼倶(よしだかねとも)

**卜部兼友** うらべのかねとも
→卜部兼友(うらべかねとも)

**卜部兼直** うらべのかねなお
→卜部兼直(うらべかねなお)

**卜部兼永** うらべのかねなが
→卜部兼永(うらべかねなが)

**卜部兼延** うらべのかねのぶ
→吉田兼延(よしだかねのぶ)

**卜部兼文** うらべのかねふみ
→卜部兼文(うらべかねふみ)

**卜部兼政** うらべのかねまさ
→卜部兼政(うらべかねまさ)

**卜部兼宗** うらべのかねむね
平安時代後期の宮主。園韓社の僧理を要請。
¶古人

**卜部兼好** うらべのかねよし
→吉田兼好(よしだけんこう)

**卜部兼頼** うらべのかねより
→卜部兼頼(うらべかねより)

**卜部貞景**(1) うらべのさだかげ
平安時代後期の神祇大史。父は儀時。
¶古人

**卜部貞景**(2) うらべのさだかげ
平安時代後期の神祇官人。
¶古人

**卜部宿禰平麻呂**(1) うらべのすくねひらまろ
→卜部平麻呂(うらべのひらまろ)

**卜部宿禰平麻呂**(2) うらべのすくねひらまろ
大同2(807)年～元慶5(881)年
平安時代前期の伊豆三島大社の神祇官。

¶姓氏静岡

**占部業基** うらべのなりもと
平安時代前期の神官。
¶古人，平史（生没年不詳）

**卜部平麻呂**（占部平麻呂） うらべのひらまろ
大同2（807）年～元慶5（881）年 ㊐卜部宿禰平麻呂（うらべのすくねひらまろ），卜部平麻呂（うらべひらまろ），卜部平麿（うらべひらまろ）
平安時代前期の亀卜家。
¶伊豆（㊊？ ㊍元慶5（881）年12月5日），古人，古代（卜部宿禰平麻呂 うらべのすくねひらまろ），古代普（卜部宿禰平麻呂 うらべのすくねひらまろ），コン改，コン4，コン5，諸系，神史，神人（うらべひらまろ ㊍元慶5（881）年12月），新潮（卜部平麿 うらべひらまろ ㊍元慶5（881）年12月5日），人名（㊊？），日人，平史（占部平麻呂）

**卜部政長** うらべのまさなが
平安時代後期の神祇官人。兼政の子。
¶古人

**卜部正麿** うらべのまさまろ
平安時代前期の神祇大史兼宮主。
¶古人

**卜部正光** うらべのまさみつ
平安時代後期の太神宮司。
¶古人

**卜部正元** うらべのまさもと
平安時代後期の太神宮司。
¶古人

**卜部平麻呂**（卜部平麿） うらべひらまろ
→卜部平麻呂（うらべのひらまろ）

**卜部良長** うらべよしおさ
→吉田良長（よしだよしなが）

**浦部頼子** うらべよりこ
昭和11（1936）年～
昭和～平成期のキリスト教徒。
¶平和

**瓜生津隆雄** うりうずりゅうゆう
→瓜生津隆雄（うりうづりゅうゆう）

**瓜生津隆雄** うりうづりゅうゆう，うりうずりゅうゆう
明治34（1901）年2月20日～平成3（1991）年 ㊐瓜生津隆雄（うりうずりゅうゆう，うりゅうづりゅうゆう）
昭和期の僧侶、真宗学者。龍谷大学教授。
¶現執1期，真宗（うりゅうづりゅうゆう ㊍平成3（1991）年9月22日），日エ（うりうずりゅうゆう ㊍平成3（1991）年9月20日）

**瓜生津隆英** うりゅうづりゅうえい
文政3（1820）年12月6日～明治36（1903）年8月24日
江戸時代後期～明治期の僧侶。
¶真宗

**瓜生津隆雄** うりゅうづりゅうゆう
→瓜生津隆雄（うりうづりゅうゆう）

**有隣徳** うりんとく
？ ～応永17（1410）年 ㊐有林（ゆうりん）
室町時代の臨済宗の僧。
¶国書（有林 ゆうりん），仏教（㊍応永17（1410）年9月5日）

**漆原真学** うるしはらしんがく
生没年不詳
明治期の僧、実業家。
¶徳島歴

**漆間正徳** うるましょうとく
～昭和41（1966）年
大正～昭和期の僧侶。
¶岡山人

**漆間徳定** うるまとくじょう
明治2（1869）年9月9日～昭和19（1944）年10月20日
明治～昭和期の僧侶。
¶昭人，世紀，日人

**上部貞多** うわべさだかず
宝暦12（1762）年～文政9（1826）年3月21日
江戸時代中期～後期の神職。
¶国書5

**上部貞季** うわべさだすえ
正保3（1646）年～正徳4（1714）年1月26日
江戸時代前期～中期の神職。
¶国書5

**上部貞雄** うわべさだたけ
天正16（1588）年～元和8（1622）年7月16日
安土桃山時代～江戸時代前期の神職。
¶国書5

**上部貞永** うわべさだなが
*～天正19（1591）年5月5日 ㊐上部貞永（かみべさだなが）
戦国時代～安土桃山時代の武将。秀吉馬廻。
¶織田（㊊享禄2（1529）年），織田2（㊊享禄2（1529）年），人名（かみべさだなが ㊊1528年），戦国（㊊1528年），戦人（生没年不詳），全戦（㊊享禄2（1529）年），日人（㊊1528年）

**上部永武** うわべながたけ
宝暦7（1757）年～寛政5（1793）年
江戸時代中期～後期の神職。
¶国書5

**上部光昱** うわべみつあきら
享保2（1717）年～明和9（1772）年1月16日
江戸時代中期の神職。
¶国書5

**雲阿** うんあ
文化5（1808）年～明治13（1880）年1月12日
江戸時代後期～明治期の神職・僧侶。
¶国書

**雲庵透竜** うんあんとうりゅう
→雲庵透竜(うんなんとうりゅう)

**雲英宗偉** うんえいそうい
永禄3(1560)年～慶長8(1603)年10月4日　[別]宗偉(そうい)
安土桃山時代の臨済宗の僧。
¶戦人(宗偉　そうい)，茶道，仏教

**運円** うんえん
生没年不詳
南北朝時代の僧侶・歌人。
¶国書

**雲翁** うんおう
生没年不詳
江戸時代中期の真言宗の僧。
¶国書

**雲屋慧輪** うんおくえりん
宝治2(1248)年～元亨1(1321)年
鎌倉時代後期の臨済宗の僧。円覚寺13世。
¶神奈川人(生没年不詳)，人名，日人，仏教([没]元亨1(1321)年5月10日)

**雲窠** うんか★
文政2(1819)年～文久2(1862)年8月
江戸時代末期の秋田市の真宗西法寺12世。
¶秋田人2

**運賀** うんが
生没年不詳
鎌倉時代前期の仏師。運慶の子。
¶朝日，古人，日人，美建，仏教，平史

**雲臥** うんが
寛永19(1642)年～宝永7(1710)年
江戸時代前期～中期の浄土宗の僧。
¶国書([没]宝永7(1710)年8月18日)，仏教([没]宝永7(1710)年閏8月18日)

**雲雅** うんが
生没年不詳
鎌倉時代後期～南北朝時代の天台宗の僧・歌人。
¶国書

**雲快** うんかい
生没年不詳
鎌倉時代前期の天台宗の僧。
¶国書

**雲蓋** うんがい
寛政7(1795)年～万延1(1860)年3月29日
江戸時代後期～末期の浄土真宗の僧。
¶国書

**雲外玄嶂** うんがいげんしょう
戦国時代～安土桃山時代の臨済宗の僧。
¶人名，日人(生没年不詳)

**雲外智竜** うんがいちりゅう
生没年不詳
江戸時代前期の曹洞宗の僧。
¶国書

**雲外東竺** うんがいとうじく
?　～享保15(1730)年4月11日
江戸時代中期の臨済宗の僧。建仁寺第310世。
¶国書，人名

**雲崖道岱** うんがいどうたい
生没年不詳
江戸時代中期の臨済宗の僧。
¶国書

**運覚(1)** うんかく
?　～康治2(1143)年
平安時代後期の真言宗の僧。
¶平史

**運覚(2)** うんかく
?　～康治2(1143)年2月
平安時代後期～鎌倉時代前期の仏師。
¶古人([生]?)，美建，仏教，平史(生没年不詳)

**運覚(3)** うんかく
鎌倉時代前期の仏師。定覚の子。興福寺北円堂法法苑林像を造る。
¶古人

**雲鶴** うんかく
生没年不詳
江戸時代中期の僧侶・歌人。
¶国書

**雲壑永集** うんかくえいしゅう
?　～享保2(1717)年5月8日
江戸時代前期～中期の臨済宗の僧。
¶国書

**雲岳性慶** うんがくしょうけい
戦国時代の僧、三河妙厳寺(豊川稲荷)第2世。
¶人名，日人(生没年不詳)

**雲巌道巍** うんがんどうぎ
寛永12(1635)年10月24日～享保6(1721)年12月7日
江戸時代前期～中期の黄檗宗の僧。
¶黄檗，国書

**雲居** うんきょ
?　～慶応3(1867)年
江戸時代末期の画僧。
¶島根人，島根歴

**雲華** うんげ
安永2(1773)年4月1日～嘉永3(1850)年　[別]大含(たいがん，だいがん)，末広雲華(すえひろうんげ)
江戸時代後期の真宗の僧。
¶朝日([生]安永2年4月1日(1773年5月21日)[没]嘉永3年10月9日(1850年11月12日))，大分百(末広雲華　すえひろうんげ　[生]1772年)，大分歴(末広雲華　すえひろうんげ　[生]天明3(1783)年)，国書(大含　だいがん　[没]嘉永3(1850)年10月9日)，コン改([生]天明3(1783)年)，コン4([生]天明3(1783)年)，コン5([生]天明3(1783)年)，植物([生]安永2年4月1日(1773

年5月21日）　㊀嘉永3年10月9日（1850年11月12日）），新潮（㊀天明3（1783）年　㊀嘉永3（1850）年10月8日），人名（大含　たいがん），日人（大含　だいがん），藩臣7（末広雲華　すえひろうんげ），美家（㊀嘉永3（1850）年10月9日），仏教（大含　だいがん　㊀嘉永3（1850）年10月9日），仏人（大含　だいがん），名画，和俳

**運慶** うんけい
？　～貞応2（1223）年12月11日
平安時代後期～鎌倉時代前期の仏師。鎌倉時代彫刻様式の祖。代表作に快慶との合作の「東大寺金剛力士像」や興福寺北円堂の諸像などがある。
¶朝日（㊀貞応2年12月11日（1224年1月3日）），伊豆（㊀久安6（1150）年），岩史，角史，神奈川人，神奈川百，鎌倉，鎌倉新（㊀？），鎌室，郷土神奈川，京都大，郷土奈良（生没年不詳），国史，古史，古人（㊀？　㊀1233年），古中，コン改，コン4，コン5，史人，静岡百（㊀久安6（1150）年？），静岡歴（㊀久安6（1150）年？），思想史，重要，人書94，新潮，人名，姓氏京都，世人（生没年不詳），世百（㊀1148年），全書，大百，中世（㊀？），伝記，日史，日人（㊀1224年），美建，美術，百科，仏教，仏史，仏人，平史，平日（㊀1223），山川小（㊀？），歴大

**雲慶** うんけい
生没年不詳
平安時代後期の仏師。
¶岩手百，姓氏岩手，美建

**雲景** うんけい
生没年不詳
南北朝時代の修験者。
¶庄内

**雲渓(1)** うんけい
→桃水雲渓（とうすいうんけい）

**雲渓(2)** うんけい
→蓮井雲渓（はすいうんけい）

**雲渓(3)** うんけい
天保1（1830）年～明治34（1901）年2月29日
江戸時代末期～明治期の画僧。
¶埼玉人

**雲冏** うんげい
弘治1（1555）年～寛永3（1626）年7月12日
江戸時代前期の浄土宗の僧。
¶仏教

**雲渓支山** うんけいしざん
元徳2（1330）年～元中8/明徳2（1391）年　㊀支山（しざん）
南北朝時代の臨済宗の僧。相国寺の第5世。
¶朝日（㊀明徳2/元中8年11月14日（1391年12月10日）），鎌室，郷土岐阜，国史，国書（㊀明徳2（1391）年11月14日），古中，コン改（㊀元徳1（1329）年），コン4（㊀元徳1（1329）年），コン5（㊀元徳1（1329）年），詩歌，新潮（㊀元徳1（1329）年　㊀明徳2/元中8（1391）年6月19日），人名，世人（支山　しざん），日人，仏教（㊀明徳2/元中8（1391）年11月14日），仏史

**蘊賢** うんけん
生没年不詳
南北朝時代の僧侶・歌人。
¶国書

**薀謙戒琬**（蘊謙戒琬） うんけんかいわん
明・万暦38（1610）年6月27日～寛文13（1673）年6月23日
江戸時代前期の黄檗宗の僧。
¶黄檗（蘊謙戒琬），国書（蘊謙戒琬），仏教

**雲居** うんご
→雲居希膺（うんごきよう）

**雲岡栄玖** うんこうえいきゅう
生没年不詳　㊀栄玖（えいく）
室町時代の曹洞宗の僧。
¶人名（栄玖　えいく），日人，仏教

**雲岡舜徳** うんこうしゅんとく
永享10（1438）年～永正13（1516）年　㊀舜徳（しゅんとく），雲岡（うんこう）
室町時代～戦国時代の曹洞宗の僧。
¶国史，古中，人名，戦辞（㊀永正13年5月15日（1516年6月15日）），戦人（舜徳　しゅんとく），日人，仏教（㊀永正13（1516）年5月15日）

**雲居希膺** うんごきよう
天正10（1582）年～万治2（1659）年8月8日　㊀雲居（うんご），希膺（きよう，けよう），大悲円満国師（だいひえんまんこくし）
江戸時代前期の臨済宗の僧。
¶朝日（㊀万治2年8月8日（1659年9月24日）），近世，高知人（雲居　うんご），高知百（雲居　うんご），国史，国書（㊀天正10（1582）年1月25日），コン改（雲居　うんご），コン4（雲居　うんご），コン5，思想史，新潮，人名（雲居　うんご），姓氏宮城（雲居　うんご），日人，藩臣1（雲居　うんご），仏教，仏史，仏人（希膺　けよう）

**雲谷玄祥** うんこくげんしょう
応永9（1402）年～康正2（1456）年7月8日
室町時代の臨済宗の僧。
¶国書（㊀？），国書5，人名（㊀？），日人，仏教

**雲左** うんさ
明和4（1767）年～天保11（1840）年10月5日
江戸時代中期～後期の俳人。日蓮宗の僧。
¶国書5，俳文

**雲山** うんざん
文永11（1274）年～興国5/康永3（1344）年
鎌倉時代後期～南北朝時代の禅僧。
¶姓氏鹿児島

**雲山愚白** うんざんぐはく
元和5（1619）年11月28日～元禄15（1702）年2月18日
江戸時代前期～中期の曹洞宗の僧。
¶黄檗，熊本百，国書，人名，長崎遊，日人（㊀1620年），仏教

う

**雲山宗峨** **うんざんしゅうが**
→雲山宗峨(うんざんそうが)

**雲山宗峨** **うんざんそうが**
生没年不詳　㊙雲山宗峨(うんざんしゅうが)
南北朝時代の臨済宗の僧。妙心寺4世。
¶人名(うんざんしゅうが), 日人, 仏教

**雲山智越** **うんざんちえつ**
→雲山智越(うんざんちおつ)

**雲山智越** **うんざんちおつ**
弘安3(1280)年～正平13/延文3(1358)年　㊙雲山智越(うんざんちえつ)
鎌倉時代後期～南北朝時代の臨済宗の僧。円覚寺27世。
¶人名(うんざんちえつ　㊤?), 日人, 仏教(㊦延文3/正平13(1358)年5月21日)

**雲岫** **うんしう**
→雲岫宗竜(うんしゅうそうりゅう)

**雲室(1)** **うんしつ**
?　～元和8(1622)年
安土桃山時代～江戸時代前期の僧。
¶京都府

**雲室(2)** **うんしつ**
宝暦3(1753)年～文政10(1827)年5月9日　㊙雲室鴻漸(うんしつこうざん), 雲室上人(うんしつしょうにん), 武田雲室(たけだうんしつ)
江戸時代中期～後期の南画僧。
¶朝日(㊤宝暦3年3月5日(1753年4月8日)　㊦文政10年5月9日(1827年6月3日)), 国書(㊤宝暦3(1753)年3月5日), コン改, コン4, コン5, 埼玉人, 埼玉百(雲室鴻漸　うんしつこうざん), 新潮(㊤宝暦3(1753)年3月5日), 人名, 姓氏長野(武田雲室　たけだうんしつ), 長野百, 長野歴(武田雲室　たけだうんしつ), 日人, 美家(㊤宝暦3(1753)年3月5日), 仏教(㊤宝暦3(1753)年3月5日, (異説)宝暦7年3月5日), 名画(雲室上人　うんしつしょうにん), 和俳(㊤宝暦3(1753)年3月5日)

**雲室鴻漸** **うんしつこうざん**
→雲室(2)(うんしつ)

**雲室上人** **うんしつしょうにん**
→雲室(2)(うんしつ)

**雲集** **うんしゅう**
→調雲集(しらべうんしゅう)

**雲岫** **うんしゅう**
生没年不詳
江戸時代前期の僧侶。
¶国書

**雲岫宗竜** **うんしゅうしゅうりゅう**
→雲岫宗竜(うんしゅうそうりゅう)

**雲岫宗竜** **うんしゅうしゅうりょう**
→雲岫宗竜(うんしゅうそうりゅう)

**雲宗浄機** **うんしゅうじょうき**
元禄16(1703)年～?
江戸時代中期の黄檗宗の僧。
¶黄檗

**雲岫宗竜** **うんしゅうそうりゅう**
応永1(1394)年～文明10(1478)年12月9日　㊙雲岫(うんしう), 雲岫宗竜(うんしゅうしゅうりゅう, うんしゅうしゅうりょう, うんちゅうそうりゅう)
室町時代の曹洞宗の僧。
¶島根人(雲岫　うんしう), 島根歴, 人名(うんしゅうしゅうりゅう), 武田(うんちゅうそうりゅう), 日人(㊦1479年), 仏教(㊤明徳5(1394)年7月3日), 山梨百(うんしゅうしゅうりょう)

**雲叔宗慶** **うんしゅくしゅうけい**
→雲叔宗慶(うんしゅくそうきょう)

**雲叔宗慶** **うんしゅくそうきょう**
明応4(1495)年～永禄9(1566)年1月9日　㊙雲叔宗慶(うんしゅくしゅうけい, うんしゅくそうけい)
戦国時代の臨済宗の僧。大徳寺101世。
¶国書(うんしゅくそうけい), 人名(うんしゅくしゅうけい), 日人, 仏教

**雲叔宗慶** **うんしゅくそうけい**
→雲叔宗慶(うんしゅくそうきょう)

**運助** **うんじょ**
生没年不詳
鎌倉時代前期の仏師。運慶の子。
¶朝日, 国書, 古人, 日人, 美建, 平史

**雲恕** **うんじょ**
文禄3(1594)年～寛文7(1667)年9月24日
江戸時代前期の浄土宗の僧。
¶仏教

**運昭** **うんしょう**
仁和1(885)年～?
平安時代前期～中期の天台僧。
¶古人(㊦?), 平史

**運敞**(雲敞) **うんしょう, うんじょう**
慶長19(1614)年10月19日～元禄6(1693)年9月10日
江戸時代前期の真言宗の僧。
¶朝日(㊤慶長19年10月19日(1614年11月20日)　㊦元禄6年9月10日(1693年10月9日)), 江人, 近世, 国史, 国書, コン改, コン4, コン5, 史人, 新潮, 人名(うんじょう), 全書, 戦人(雲敞), 大百, 日人, 仏教, 仏史, 仏人

**雲照**(雲昭) **うんしょう**
文政10(1827)年～明治42(1909)年4月13日
㊙雲照律師(うんしょうりっし), 釈雲照(しゃくうんしょう), 渡辺雲照(わたなべうんしょう)
江戸時代末期～明治期の僧侶、仏教家。著書に「仏教大意」など。
¶朝日(㊤文政10年3月20日(1827年4月15日)),

維新，岡山人（雲昭），岡山歴（㊤文政10（1827）年3月20日），近現，近文（釈雲照　しゃくうんしょう），広7，国史，コン4（釈雲照　しゃくうんしょう），コン5（釈雲照　しゃくうんしょう），史人（㊤1827年3月20日），思想史（釈雲照　しゃくうんしょう），島根人（釈雲照　しゃくうんしょう），島根百（釈雲照　しゃくうんしょう），島根歴，人書79（釈雲照　しゃくうんしょう），新潮（㊤文政10（1827）年3月20日），全書（渡辺雲照　わたなべうんしょう），大百（渡辺雲照　わたなべうんしょう），哲学（釈雲照　しゃくうんしょう），栃木歴（雲照律師　うんしょうりっし），日人，幕末（釈雲照　しゃくうんしょう），幕末大（釈雲照　しゃくうんしょう　㊤文政10（1827）年4月15日），仏教（渡辺雲照　わたなべうんしょう　㊤文政10（1827）年3月20日），仏人（釈雲照　しゃくうんしょう），民学（釈雲照　しゃくうんしょう），明治史，明大1（釈雲照　しゃくうんしょう　㊤文政10（1827）年3月20日）

**雲聖** うんしょう
？～元亨3（1323）年6月23日
鎌倉時代後期の天台宗の僧・歌人。
¶国書

**雲浄** うんじょう
生没年不詳
伝説上の法華持経者。
¶日人，仏教

**雲章一慶** うんしょういっきょう
→雲章一慶（うんしょういっけい）

**雲章一慶** うんしょういっけい
元中3/至徳3（1386）年～寛正4（1463）年1月23日
㊗一慶（いちきょう，いっけい），雲章一慶（うんしょういっきょう）
室町時代の臨済宗の僧。
¶朝日（㊤至徳3/元中3年5月12日（1386年6月9日）㊦寛正4年1月23日（1463年2月11日）），鎌室，国史，国書（㊤至徳3（1386）年5月12日），古中，コン改，コン4，コン5，史人，思想史，諸系，新潮，人名（うんしょういっきょう），世人（一慶　いっけい），世人（㊦寛正3（1462）年），日史，日人，百科，仏教（㊤至徳3/元中3（1386）年5月12日），仏史，仏人（一慶　いちきょう），名僧

**雲上軒田守** うんじょうけんたもり
？～文化7（1810）年
江戸時代後期の神官、寺子屋師匠。
¶長野歴

**雲荘徳慶** うんしょうとくけい
室町時代の臨済宗の僧。建仁・南禅の寺主。
¶人名，日人（生没年不詳）

**雲照律師** うんしょうりっし
→雲照（うんしょう）

**運真** うんしん
？～延長3（925）年
平安時代前期～中期の僧。
¶古人（㊤？），平史

**雲晴** うんせい
生没年不詳
江戸時代中期の真言宗の僧。
¶国書5

**雲晴風月** うんせいふうげつ
～寛永13（1636）年
江戸時代前期の大住郡伊勢原村照見山神宮寺の開基。
¶神奈川人

**雲説** うんせつ
宝永3（1706）年～安永2（1773）年2月28日
江戸時代中期の浄土宗の僧。
¶仏教

**雲禅** うんぜん
生没年不詳
南北朝時代の僧侶・歌人。
¶国書

**蘊善** うんぜん
安永4（1775）年～？
江戸時代後期の真言声明南山進流の声明家。
¶国書，日音

**雲泉大極** うんせんたいぎょく
応永28（1421）年～？
室町時代の臨済宗聖一派の僧。
¶姓氏京都

**雲泉太極** うんぜんたいきょく
→太極（たいきょく）

**雲聡** うんそう
生没年不詳
飛鳥時代の渡来僧。
¶仏教

**雲叟元云** うんそうげんうん
？～正徳1（1711）年
江戸時代中期の臨済宗の僧。南禅寺第285世。
¶人名，日人

**雲窓祖慶** うんそうそきょう
生没年不詳　㊗雲窓祖慶（うんそうそけい）
室町時代の曹洞宗の僧。
¶人名（うんそうそけい），日人，仏教

**雲窓祖慶** うんそうそけい
→雲窓祖慶（うんそうそきょう）

**雲沢韶興** うんたくしょうこう
生没年不詳
室町時代の曹洞宗の僧。総持寺69世。
¶人名，日人，仏教

**雲岫宗竜** うんちゅうそうりゅう
→雲岫宗竜（うんしゅうそうりゅう）

**運朝** うんちょう
生没年不詳

南北朝時代の仏師。
¶神奈川人，鎌倉，美建

**運長** うんちょう
江戸時代中期の仏師。
¶美建，和歌山人（生没年不詳）

**雲潮** うんちょう
？ ～文禄2（1593）年2月4日
安土桃山時代の浄土宗鎮西義の学僧。
¶近世，国史，仏教（㊐天文8（1539）年），仏史

**雲頂** うんちょう
延宝7（1679）年～宝暦3（1753）年2月5日
江戸時代前期～中期の浄土宗の僧。
¶国書

**雲哲** うんてつ
江戸時代前期の日蓮宗の僧侶。
¶岡山百（生没年不詳），岡山歴

**雲堂** うんどう
？ ～元禄5（1692）年4月9日
江戸時代前期の真言宗の僧。
¶国書，仏教，仏人

**雲幢** うんどう
宝暦9（1759）年～文政7（1824）年
江戸時代後期の浄土真宗の僧。
¶国書（㊚文政7（1824）年2月1日），人名，日人，広島百（㊚文政7（1824）年2月1日），仏教（㊚文政7（1824）年2月），仏人

**雲藤義道** うんどうぎどう
大正3（1914）年7月8日～
昭和期の宗教学者。武蔵野女子大学教授。
¶現情

**雲庵透竜** うんなんとうりゅう
？ ～永禄2（1559）年　㊀雲庵透竜（うんあんとうりゅう）
戦国時代の曹洞宗の僧。
¶人名（うんあんとうりゅう），日人，仏教（㊚永禄2（1559）年7月10日）

**海野三朗**（海野三郎） うんのさぶろう
明治22（1889）年9月～昭和36（1961）年1月14日
大正～昭和期の政治家、浄土真宗本願寺派僧侶。衆議院議員。山形市立産業科学研究所所長、社会党山形県支部連合会会長を歴任。
¶科学，現情，人名7，世紀，政治，日人（㊐明治22（1889）年9月21日），仏教（海野三郎），山形百

**雲歩** うんぽ
寛永5（1628）年～元禄11（1698）年12月8日
江戸時代前期～中期の曹洞宗の僧。
¶国書

**雲峰元慶** うんぽうげんけい
？ ～宝暦9（1759）年7月1日
江戸時代中期の黄檗宗の僧。
¶黄檗

**雲峰元冲** うんぽうげんちゅう
正保4（1647）年8月21日～宝永8（1711）年1月6日
江戸時代前期～中期の黄檗宗の僧。
¶黄檗，国書

**雲峰等悦** うんぽうとうえつ
生没年不詳　㊀等悦（とうえつ）
室町時代の画僧。
¶鎌室，鎌室（等悦　とうえつ），国史，古中，新潮，人名（等悦　とうえつ），世人，対外，日人，美家，名画

**雲歩行厳** うんぽこうがん
寛永5（1628）年～元禄11（1698）年12月8日
江戸時代前期～中期の曹洞宗の僧、飽田郡柿原霊松山天福寺の開山。
¶熊本人，熊本百

**雲門即道** うんもんそくどう
*～明和2（1765）年1月4日
江戸時代中期の曹洞宗の僧。
¶国書（㊐元禄3（1690）年9月14日），仏教（㊐元禄4（1691）年）

**雲鷹玄俊** うんようげんしゅん
？ ～永正13（1516）年
戦国時代の曹洞宗の僧。
¶人名，戦辞（㊚永正13年9月26日（1516年10月21日）），日人，仏教（㊚永正13（1516）年9月26日）

**雲誉円也** うんよえんや
→円也（えんや）

**雲竜** うんりゅう
天正2（1574）年～明暦2（1656）年3月12日
江戸時代前期の浄土宗の僧。
¶仏教

**運亮** うんりょう
慶長13（1608）年？ ～寛文8（1668）年8月11日
江戸時代前期の浄土宗の僧。
¶仏教

**運良** うんりょう
→恭翁運良（きょうおううんりょう）

**雲櫺泰禅**（雲櫺泰禅） うんれいたいぜん
宝暦2（1752）年9月26日～文化13（1816）年2月17日
江戸時代後期の曹洞宗の僧。
¶国書（雲櫺泰禅），仏教

## 【え】

**永胤** えいいん
生没年不詳　㊀永胤（よういん）
平安時代中期の天台宗の僧・歌人。
¶国書，古人（よういん），平史（よういん）

**叡運** えいうん
嘉永1（1848）年～大正6（1917）年

江戸時代末期〜大正期の僧侶。
¶大阪人

**栄運** えいうん
生没年不詳
南北朝時代の天台宗の僧・歌人。
¶国書

**永運** えいうん
生没年不詳
南北朝時代の僧、連歌師。
¶国書，日人，俳文

**栄叡** えいえい
？ 〜天平勝宝1(749)年 [別]栄叡(ようえい)
奈良時代の法相宗の僧。鑑真に日本への渡航を懇請。
¶朝日，角史([没]天平勝宝1(749)年？)，国史(生没年不詳)，古史，古人([生]？)，古代，古代普([生]？)，古中(生没年不詳)，史人(ようえい)，新潮([没]天平勝宝1(749)年頃)，世人，対外，日史(ようえい)，日人，百科(ようえい)，仏教(ようえい)，仏史(生没年不詳)

**永円** えいえん
天元3(980)年〜寛徳1(1044)年 [別]永円(ようえん)
平安時代中期の天台宗の僧。
¶古人(ようえん)，諸系，新潮([没]寛徳1(1044)年5月20日，(異説)5月22日)，人名，日人，平史(ようえん)

**永縁** えいえん
→永縁(ようえん)

**永衍** えいえん
康暦1/建徳5(1379)年〜宝徳2(1450)年2月24日
室町時代の天台宗の僧。
¶仏教

**睿荷** えいか
平安時代中期の僧侶。叡山西塔の武芸僧。
¶古人，平史(生没年不詳)

**永雅** えいが
安永8(1779)年〜安政3(1856)年10月18日
江戸時代後期の新義真言宗の僧。
¶国書，埼玉人，仏教

**英雅** えいが
〜慶応3(1867)年
江戸時代後期〜末期の大里郡妻沼町の名刹歓喜院住職で私塾両宜塾の創始者。
¶埼玉百

**叡海** えいかい
生没年不詳
室町時代の僧侶。
¶姓氏群馬

**栄快** えいかい
生没年不詳
鎌倉時代前期の仏師。快慶の弟子。
¶朝日，鎌室，新潮，世人，日人，美建

**栄懐** えいかい
生没年不詳
南北朝時代の真言宗の僧・連歌作者。
¶国書

**栄海** えいかい
弘安1(1278)年〜正平2/貞和3(1347)年8月16日
[別]栄海(ようかい)
鎌倉時代後期〜南北朝時代の真言宗の僧、後醍醐天皇の国師、東寺長者。
¶朝日([没]貞和3/正平2年8月16日(1347年9月21日))，鎌室([生]文永5(1268)年)，国史(ようかい)，国書，古中(ようかい)，新潮([生]文永5(1268)年)，人名([生]1268年)，日人，仏教，仏史(ようかい)

**永快** えいかい
？ 〜治暦(1065〜1069)年
平安時代中期の真言宗の僧。
¶仏教([没]治暦年間(1065〜1069年))

**永海** えいかい
生没年不詳
江戸時代前期の画僧。
¶日人

**叡覚** えいかく
*〜？ [別]藤原信綱(ふじわらののぶつな)
平安時代中期〜後期の僧侶・歌人。
¶国書([生]万寿2(1025)年？)，古人，古人(藤原信綱 ふじわらののぶつな [生]1025年 [没]？)，平史(生没年不詳)

**永覚**(1) えいかく
生没年不詳 [別]永覚(ようかく)
平安時代中期〜後期の天台宗の僧。
¶古人(ようかく)，人名，日人，仏教，平史(ようかく)

**永覚**(2) えいかく
天保3(1832)年〜明治28(1895)年4月6日
江戸時代後期〜明治期の浄土真宗の僧。
¶国書

**英岳** えいがく
寛永16(1639)年〜正徳2(1712)年11月1日
江戸時代前期〜中期の真言宗の僧。
¶近世，国史，国書，コン改，コン4，コン5，新潮，人名，日人，仏教，仏史，仏人([生]1640年)

**英岳景洪** えいがくけいこう
？ 〜寛永5(1628)年11月7日
安土桃山時代〜江戸時代前期の臨済宗の僧。
¶国書

**叡桓** えいかん
生没年不詳
平安時代の天台宗の僧。
¶古人，日人，仏教，平史

**永観** えいかん
→永観(ようかん)

え

**英厳** えいがん
生没年不詳
江戸時代後期の浄土真宗の僧。
¶国書

**英岩希雄**(英巌希雄) えいがんきゆう
応永24(1417)年～延徳3(1491)年
室町時代の曹洞宗の僧。
¶人名(英巌希雄), 日人, 仏教([没]延徳3(1491)年7月8日)

**栄厳元秀** えいがんげんしゅう
? ～永禄10(1567)年1月6日
戦国時代の曹洞宗の僧。
¶埼玉人

**永厳章傑** えいがんしょうけつ
? ～永享7(1435)年5月13日
室町時代の高僧。
¶岡山歴

**英厳通璋** えいがんつうしょう
天保13(1842)年3月18日～大正15(1926)年7月6日
江戸時代末期～大正期の黄檗宗僧侶。黄檗第45代。
¶黄檗

**永基** えいき
生没年不詳
平安時代後期の真言宗の僧。
¶仏教

**永錤** えいき
生没年不詳
鎌倉時代後期の臨済宗の僧。
¶国書, 仏教

**英義** えいぎ★
生没年不詳
江戸時代中期の僧。本荘市貴法山常覚寺別当金剛院の法印で、本荘当山派触頭。
¶秋田人2

**永慶** えいきょう
長徳2(996)年～治暦2(1066)年12月21日 [別]永慶(えいけい, ようけい)
平安時代中期～後期の天台宗の僧。
¶国書(えいけい), 古人(ようけい), 仏教(生没年不詳), 平史(ようけい)

**穎教** えいきょう
奈良時代の僧、薬師寺寺主。
¶古人

**裔翹** えいぎょう
生没年不詳
鎌倉時代後期～南北朝時代の臨済宗の僧。
¶国書

**裔堯** えいぎょう
生没年不詳
鎌倉時代後期～南北朝時代の臨済宗の僧。
¶仏教

**永瑾** えいきん
→雪嶺永瑾(せつれいえいきん)

**栄久** えいく
? ～永正12(1515)年10月25日
戦国時代の浄土宗の僧。
¶仏教

**栄玖** えいく
→雲岡栄玖(うんこうえいきゅう)

**英弘** えいぐ
→英弘(えいこう)

**叡空**(1) えいくう
? ～治承3(1179)年
平安時代後期の天台宗の学僧。法然の師。
¶朝日([没]治承3年4月2日(1179年5月10日)), 鎌室, 国史, 国書([没]治承3(1179)年4月2日), 古人([生]?), 古中, コン改, コン4, コン5, 史人([没]1179年2月), 新潮([没]治承3(1179)年4月2日, (異説)2月2日), 人名, 姓氏京都, 世人(生没年不詳), 全書(生没年不詳), 大百, 日人, 仏教([没]治承3(1179)年4月2日, (異説)2月2日), 仏史, 仏人, 平史

**叡空**(2) えいくう
元弘3/正慶2(1333)年～応永19(1412)年3月23日
南北朝時代～室町時代の真言律宗の僧。
¶仏教

**英訓** えいくん
文明8(1476)年～弘治4(1558)年1月19日
戦国時代の三論宗の僧。
¶国書(生没年不詳), 仏教

**永慶** えいけい
→永慶(えいきょう)

**永賢** えいけん
? ～弘和2/永徳2(1382)年3月25日
南北朝時代の日蓮宗の僧。
¶仏教

**英憲** えいけん
? ～天文3(1534)年1月
戦国時代の三論宗の僧。
¶国書(生没年不詳), 仏教

**英賢** えいけん
生没年不詳
鎌倉時代前期の真言宗の僧。
¶国書

**永源** えいげん
生没年不詳 [別]永源(ようげん)
平安時代中期～後期の三論宗の僧・歌人。
¶国書, 古人(ようげん), 戦辞, 平史(ようげん)

**穎玄** えいげん
→法界坊(ほうかいぼう)

**叡効** えいこう
康保2(965)年～治安1(1021)年

え

平安時代の天台宗の僧。
¶古人，仏教（生没年不詳），平史

**栄弘** えいこう
応永27（1420）年～文明19（1487）年4月
室町時代～戦国時代の真言宗・律宗兼学の僧。
¶対外，仏教

**永興** えいこう
㊙永興（ようこう）
奈良時代の僧。
¶古人（ようこう），古代，古代普，日人（生没年不詳），仏教（生没年不詳）

**英弘** えいこう
永暦1（1160）年～？　㊙英弘（えいぐ）
平安時代後期～鎌倉時代前期の法相宗の僧。
¶国書（えいぐ　生没年不詳），仏教

**英洪** えいこう
宝永4（1707）年～？
江戸時代中期の天台宗の僧。
¶国書

**睿好** えいこう
生没年不詳
平安時代中期の天台宗の僧。
¶仏教

**裔綱** えいこう
生没年不詳
鎌倉時代後期～南北朝時代の臨済宗の僧。
¶国書

**永悟入道親王** えいごにゅうどうしんのう
→永悟法親王（えいごほうしんのう）

**永悟法親王** えいごほうしんのう
万治2（1659）年～延宝4（1676）年　㊙永悟入道親王（えいごにゅうどうしんのう），貴平親王（たかひらしんのう）
江戸時代前期の僧。後西天皇第3皇子。
¶人名，天皇（㊤万治2（1659）年9月　㊦延宝4（1676）年11月1日），日人（永悟入道親王　えいごにゅうどうしんのう）

**栄厳** えいごん
文化11（1814）年1月3日～明治33（1900）年12月28日　㊙別所栄厳（べっしょえいごん）
江戸時代末期～明治期の真言宗の僧。東寺長者242世、仁和寺32世。
¶国書，仏教（別所栄厳　べっしょえいごん），仏人，明大1（別所栄厳　べっしょえいごん）

**永厳(1)** えいごん
→永厳(1)（ようごん）

**永厳(2)** えいごん
→永厳（ようげん）

**栄西** えいさい
永治1（1141）年～建保3（1215）年　㊙栄西（ようさい），明庵栄西（みょうあんえいさい，みょうあんようさい，みんなんえいさい），千光国師（せんこうこくし），千光祖師（せんこうそし），千光法師（せんこうほうし），明菴栄西（みょうあんえいさい），葉上房（ようじょうぼう）
平安時代後期～鎌倉時代前期の臨済宗の僧（開祖）。2度入宋して臨済宗を伝え、建仁寺を開く。また茶を初めて日本にもたらした。著作に「興禅護国論」。
¶朝日（明庵栄西　みょうあんようさい　㊤永治1年4月20日（1141年5月27日）　㊦建保3年7月5日（1215年8月1日）），岩史（㊤保延7（1141）年4月20日　㊦建保3（1215）年7月5日），岡山（えいさい（ようさい）），岡山人，岡山百，岡山歴（㊤保延7（1141）年4月20日　㊦建保3（1215）年7月5日），角史（明庵栄西　みょうあんえいさい），神奈川人（明庵栄西　みょうあんえいさい），神奈川百（えい（よう）さい），鎌倉（明庵栄西　みょうあんえいさい），鎌倉新（ようさい　㊦建保3（1215）年7月5日），鎌室（明庵栄西　みょうあんえいさい　㊤？），京都（えいさい（ようさい）），京都大，郷土長崎（明庵栄西　みょうあんえいさい），国史（明庵栄西　みょうあんえいさい），国書（明庵栄西　みょうあんようさい　㊤保延7（1141）年4月20日　㊦建保3（1215）年7月5日），古史，古人（ようさい），古中（明庵栄西　みょうあんえいさい），コン改（明庵栄西　みょうあんようさい），コン4（明庵栄西　みょうあんようさい），コン5（明庵栄西　みょうあんようさい），史人（㊤1141年4月20日　㊦1215年6月5日，（異説）7月5日），静岡百，静岡歴，思想史，重要（㊦建保3（1215）年7月5日），植物（㊤永治1年4月20日（1141年5月27日）　㊦建保3年7月5日（1215年8月1日）），食文（㊤保延7（1141）年4月20日　㊦建保3（1215）年6月5日，（異説）7月5日），人書79，人書94（明庵栄西　みょうあんようさい），人情5，神人，新潮（明庵栄西　みょうあんようさい　㊦建保3（1215）年7月5日），人名（明庵栄西　みょうあんえいさい），姓氏神奈川（明庵栄西　みょうあんえいさい），姓氏京都（明庵栄西　みょうあんえいさい），姓氏山口，世人（明庵栄西　みょうあんようさい　㊦建保3（1215）年7月5日），世百，全書，対外（明庵栄西　みょうあんえいさい），大百，茶道，中世，伝記，長崎百，日思，日史，日人（明庵栄西　みょうあんえいさい），美術，百科，福岡百，仏教（明庵栄西　みょうあんえいさい　㊤保延7（1141）年4月20日　㊦建保3（1215）年7月5日），仏史（明庵栄西　みんなんえいさい），仏人，平史（ようさい），平日（㊤1141　㊦1215），宮崎百（えいさい（ようさい）），名僧（明庵栄西　みんなんえいさい），山川小（㊤1141年4月20日　㊦1215年6月，7月5日），歴大

**栄算** えいさん
生没年不詳
鎌倉時代後期の僧侶・歌人。
¶国書

**永算** えいさん
生没年不詳
南北朝時代の僧。
¶飛騨

**栄山**(1)　えいざん
→志道軒〔1代〕(しどうけん)

**栄山**(2)　えいざん
明和4(1767)年～文政11(1828)年6月1日
江戸時代中期～後期の僧。
¶仏教([没]文政11(1828)年6月1日,(異説)3月1日?)

**瑩山**　えいざん
→瑩山紹瑾(けいざんじょうきん)

**瑩山紹瑾**　えいざんしょうきん,えいざんじょうきん
→瑩山紹瑾(けいざんじょうきん)

**永山本興**　えいざんほんこう
?　～天文3(1534)年
戦国時代の曹洞宗の僧。
¶人名,日人,仏教([没]天文3(1534)年4月3日)

**永実**(1)　えいじつ
生没年不詳　[別]永実(ようじつ)
平安時代後期の社僧。源頼朝を兄とともに箱根山にかくまった。
¶鎌室,古人(よう(えい)じつ),新潮,日人,平史(ようじつ)

**永実**(2)　えいじつ
治暦2(1066)年～大治1(1126)年　[別]永実(ようじつ)
平安時代後期の天台宗園城寺の僧。関白藤原師実の子。
¶古人(よう(えい)じつ),仏教([生]寛治5(1091)年),平史(ようじつ)

**睿実**　えいじつ
生没年不詳
平安時代中期の天台宗の僧。
¶人名,日人,仏教

**英種**　えいしゅ
→万安英種(ばんなんえいしゅ)

**栄宗**　えいしゅう
?　～正平9/文和3(1354)年
鎌倉時代後期～南北朝時代の僧侶。
¶姓氏群馬

**英秀**　えいしゅう
生没年不詳
江戸時代前期～中期の真言宗の僧。
¶国書

**詠宗**　えいしゅう
文中1/応安5(1372)年～応永33(1426)年
室町時代の曹洞宗の僧。
¶人名

**永寿坊徳歓**　えいじゅぼうのりきよ
寛政5(1793)年～明治17(1884)年
江戸時代後期～明治期の修験者。
¶姓氏岩手

**叡俊**(1)　えいしゅん
平安時代後期の比叡山の僧。系譜未詳。
¶平家

**叡俊**(2)　えいしゅん
生没年不詳
鎌倉時代後期の僧侶・歌人。
¶国書

**栄俊**　えいしゅん
享禄2(1529)年～?
戦国時代の真言宗僧侶。
¶埼玉人

**英俊**　えいしゅん
永正15(1518)年～文禄5(1596)年
戦国時代～安土桃山時代の学僧。
¶国書([没]文禄5(1596)年1月),新潮,戦人,戦補([生]1517年),日人

**永俊尼**　えいしゅんに
?　～慶安1(1648)年
江戸時代前期のキリシタン。
¶姓氏鹿児島

**栄助**　えいじょ
興国4/康永2(1343)年～応永31(1424)年10月21日　[別]栄助(えいすけ)
南北朝時代～室町時代の真言宗の僧。仁和寺16世。
¶海越新(えいすけ　生没年不詳),仏教

**永助**　えいじょ
生没年不詳　[別]永助(ようじょ)
平安時代の僧。
¶古人(ようじょ),日人,平史(ようじょ)

**栄昭**　えいしょう
生没年不詳
鎌倉時代後期の僧侶・歌人。
¶国書

**栄祥**　えいしょう
寛政9(1797)年～安政3(1856)年10月16日
江戸時代末期の真言宗の僧。
¶国書,人名,日人,仏教,仏人

**栄性**　えいしょう
明和5(1768)年～天保8(1837)年10月13日
江戸時代後期の新義真言宗の僧。
¶国書([生]明和5(1768)年4月14日),人名,長野歴,日人,仏教,仏人,和歌山人([生]1769年)

**永承**　えいしょう
建治1(1275)年～正平8/文和2(1353)年10月20日
鎌倉時代後期～南北朝時代の浄土真宗の僧。
¶仏教

**永昭**　えいしょう
永祚1(989)年～長元3(1030)年3月21日　[別]永昭(ようしょう)
平安時代中期の法相宗の僧。
¶古人(ようしょう),仏教([生]永延2(988)年),平史(ようしょう)

**英松** えいしょう
永禄6(1563)年〜寛永20(1643)年
江戸時代前期の浄土宗の僧。
¶日人，仏教([没]寛永20(1643)年7月1日)

**英性** えいしょう
慶長16(1611)年〜延宝5(1677)年
江戸時代前期の華厳宗の僧。
¶人名，日人，仏教([没]延宝5(1677)年9月12日)

**恵招** えいしょう
→恵招(えしょう)

**栄常** えいじょう
生没年不詳
奈良時代の法華持経者。
¶日人，仏教

**永成**(1) えいじょう
生没年不詳 [別]永成(ようじょう)
平安時代中期の僧侶・歌人。
¶国書，古人(ようじょう)，平史(ようじょう)

**永成**(2) えいじょう
生没年不詳
南北朝時代〜室町時代の天台宗の僧。
¶国書

**栄照尼** えいしょうに
文久3(1863)年〜昭和10(1935)年1月17日
明治〜昭和期の観音信仰者。四国剣山で修行。雲照寺開山雲照律師から一字を与えられ栄照尼と称した。
¶埼玉人，女性，女性普

**叡信** えいしん
天養1(1144)年〜建久2(1191)年
平安時代後期の勧修寺の僧。
¶密教([生]1144年以前 [没]1191年以後)

**栄心** えいしん
？ 〜天文15(1546)年8月26日
戦国時代の天台宗の僧。
¶国書

**栄真** えいしん
生没年不詳
鎌倉時代の真言律宗の僧。
¶仏教

**永真** えいしん
生没年不詳
平安時代前期の真言僧。
¶姓氏群馬

**英心** えいしん
正応2(1289)年〜？
鎌倉時代の真言律宗の僧。
¶国書，仏教(生没年不詳)

**永尋** えいじん
長暦3(1039)年〜大治4(1129)年1月30日 [別]永尋(ようじん)
平安時代中期〜後期の天台宗の僧。
¶古人(ようじん)，仏教([没]大治4(1129)年1月30日，(異説)1月31日？)，平史(ようじん)

**栄晋斎** えいしんさい
生没年不詳
室町時代の画僧。
¶日人

**栄助** えいすけ
→栄助(えいじょ)

**栄専** えいせん
？ 〜正徳3(1713)年10月14日
江戸時代中期の新義真言宗の僧。
¶仏教

**永暹** えいせん，えいぜん
？ 〜天仁1(1108)年10月8日 [別]永暹(ようせん)
平安時代後期の新義真言宗の僧。
¶古人(ようせん [生]？)，島根歴(えいぜん [没]天仁2(1109)年)，仏教，平史(ようせん)

**英仙** えいせん
生没年不詳
江戸時代前期〜中期の真言宗の僧・神道家。
¶国書，神人

**栄禅** えいぜん
生没年不詳
鎌倉時代前期の僧侶・歌人。
¶国書

**英禅** えいぜん
生没年不詳
南北朝時代の真言宗の僧。
¶国書

**盈禅安臥** えいぜんあんが
延宝3(1675)年6月16日〜寛保3(1743)年2月10日
江戸時代中期の曹洞宗の僧。
¶仏教

**叡尊** えいそん，えいぞん
建仁1(1201)年5月〜正応3(1290)年8月25日
[別]叡尊思円(えいそんしえん，えいぞんしえん)，思円(しえん)，興正菩薩(こうしょうぼさつ)
鎌倉時代後期の律宗の僧。西大寺の中興開山。
¶愛知百，朝日([没]正応3年8月25日(1290年9月29日))，岩史，大阪人，角史，神奈川人，鎌倉，鎌倉新，鎌古(えいぞん)，鎌室，鎌室(思円 しえん)，京都大，郷土奈良，京都府，国史(えいぞん)，国書(えいぞん)，古中(えいぞん)，コン改(えいぞん)，コン4(えいぞん)，コン5(えいぞん)，史人(えいぞん)，思想史(えいぞん)，重要，人書94，神人(えいぞん)，新潮，人名，精医，姓氏京都，世人(叡尊思円 えいそんしえん)，世百，全書(えいぞん)，大百，茶道，中世，伝記，日音，日思(えいぞん)，日史(えいぞん)，日人，百科，兵庫百(叡尊思円 えいぞんしえん)，仏教，仏史(えいぞん)，仏人，平日(えいぞん [生]1201 [没]1290)，名僧(えいぞん)，山川小(えいぞん)，歴大

**栄尊(1)　えいそん**
→神子栄尊（しんしえいそん）

**栄尊(2)　えいそん**
生没年不詳
鎌倉時代前期の真言宗の僧。
¶国書，仏教

**叡尊思円　えいそんしえん，えいぞんしえん**
→叡尊（えいそん）

**永泰正真　えいたいしょうしん**
*～享保6（1721）年6月21日
江戸時代前期～中期の黄檗宗の僧。
¶黄檗（[生]1652年），国書（[生]承応1（1652）年？）

**永琢　えいたく**
→盤珪永琢（ばんけいようたく）

**永智　えいち**
→永智（ようち）

**永忠　えいちゅう**
天平15（743）年～弘仁7（816）年　[別]永忠（ようちゅう）
奈良時代～平安時代前期の三論集の入唐僧。
¶朝日（[没]弘仁7年4月5日（816年5月5日）），岩史（[没]弘仁7（816）年4月5日），京都（えい（よう）ちゅう　[生]天平14（742）年），国史，国書（[没]弘仁7（816）年4月），古人，古代，古代普，古中，コン4，コン5，滋賀百，史人（[没]816年4月），人名，対外，茶道，日人，仏教（[没]弘仁7（816）年4月5日），仏史，平史（ようちゅう）

**英忠玄賢　えいちゅうげんけん**
？～元禄8（1695）年8月23日
江戸時代前期～中期の臨済宗の僧。
¶国書

**英仲法俊　えいちゅうほうしゅん**
興国1/暦応3（1340）年～応永23（1416）年
南北朝時代～室町時代の禅僧。
¶鎌室，人名，日人，兵庫百，仏教（[生]暦応3/興国1（1340）年5月21日　[没]応永23（1416）年2月26日）

**叡澄　えいちょう**
？～徳治2（1307）年6月17日
鎌倉時代後期の浄土宗の僧。
¶仏教

**栄朝　えいちょう**
長寛3（1165）年～宝治1（1247）年9月26日　[別]釈円栄朝（しゃくえんえいちょう），釈円房（しゃくえんぼう）
平安時代後期～鎌倉時代前期の臨済宗の僧。栄西門下。
¶朝日（[生]？　[没]宝治1年9月26日（1247年10月26日）），鎌倉（[生]？），鎌室（[生]？），郷土群馬（[生]？），群新百，群馬人（[生]長寛2（1164）年），群馬百（[生]1164年），国史，古人，古中，コン4（[生]永万1（1165）年？），コン5（[生]永万1（1165）年？），埼玉人，埼玉百，新潮，人名（釈円栄朝　しゃくえんえいちょう　[生]？），姓氏群馬（[生]1164年），日史，日人（釈円栄朝　しゃくえんえいちょう），仏教，仏史，武蔵人

**栄長　えいちょう**
～享保20（1735）年
江戸時代中期の僧侶。
¶高知人

**永超　えいちょう**
長和3（1014）年～嘉保2（1095）年　[別]永超（ようちょう）
平安時代中期～後期の学僧。
¶朝日（[没]嘉保2年12月29日（1096年1月27日）），国史，国書（[没]嘉保2（1095）年11月30日），古人，古中，史人（[没]1095年12月29日），新潮（[没]嘉保2（1095）年12月29日），人名，日人（[没]1096年），仏教（[没]嘉保2（1095）年11月30日），仏史，平史（ようちょう）

**英朝　えいちょう**
→東陽英朝（とうようえいちょう）

**栄朝浄陽　えいちょうじょうよう**
？～安永1（1772）年10月23日
江戸時代中期の黄檗宗の僧。
¶黄檗

**永哲　えいてつ**
？～慶長8（1603）年　[別]惟杏永哲（いきょうえいてつ，ゆいこうえいてつ），惟杏（いきょう）
安土桃山時代の臨済宗の僧。
¶国書（惟杏永哲　いきょうえいてつ　[没]慶長18（1613）年6月12日），人名（惟杏永哲　ゆいこうえいてつ），戦人（生没年不詳），日人（惟杏永哲　いきょうえいてつ）

**永徹　えいてつ**
？～永禄1（1558）年5月27日
戦国時代の浄土宗の僧。
¶仏教

**栄天　えいてん**
元文2（1737）年～享和1（1801）年7月17日
江戸時代中期～後期の新義真言宗の僧。
¶国書，仏教

**英同　えいどう**
寛文5（1665）年5月12日～寛保2（1742）年10月6日
江戸時代前期～中期の真言宗の僧。
¶国書

**英道　えいどう**
明治15（1882）年～昭和50（1975）年
明治～昭和期の周桑郡周布村密乗院住持。
¶愛媛

**栄仁　えいにん**
生没年不詳　[別]栄仁（ようにん）
平安時代前期の法相宗の僧。
¶古人（ようにん），仏教，平史（ようにん）

**盈仁　えいにん**
明和1（1764）年～文政13（1830）年11月23日
[別]盈仁親王（えいにんしんのう），盈仁入道親王

（えいにんにゅうどうしんのう），嘉種親王（よしたねしんのう）
江戸時代後期の天台宗の僧。園城寺154世、聖護院門跡。閑院宮典仁親王の第7王子。
¶国書（盈仁親王　えいにんしんのう　[生]明和9（1772）年10月8日），日人（盈仁入道親王　えいにんにゅうどうしんのう　[没]1831年），仏教（[生]明和1（1764）年10月8日）

**盈仁親王** えいにんしんのう
→盈仁（えいにん）

**叡仁入道親王** えいにんにゅうどうしんのう
享保15（1730）年～宝暦3（1753）年　[別]叡仁法親王（えいにんほうしんのう）
江戸時代中期の僧。梶井門主。
¶人名，天皇（叡仁法親王　えいにんほうしんのう　[生]享保15（1730）年11月21日　[没]宝暦3（1753）年7月22日），日人

**盈仁入道親王** えいにんにゅうどうしんのう
→盈仁（えいにん）

**叡仁法親王** えいにんほうしんのう
→叡仁入道親王（えいにんにゅうどうしんのう）

**栄然** えいねん
承安2（1172）年～正元1（1259）年8月13日
平安時代後期～鎌倉時代後期の真言宗の僧。
¶国書

**栄範** えいはん
天正8（1580）年～延宝4（1676）年9月21日
江戸時代前期の真言宗の僧。高野山検校242世。
¶仏教

**英範** えいはん
享保15（1730）年～文化1（1804）年8月15日
江戸時代後期の新義真言宗の僧。智積院27世。
¶国書，仏教，仏人

**永平道元** えいへいどうげん
→道元（どうげん）

**永遍** えいへん
生没年不詳
室町時代の真言宗の僧。
¶国書

**栄弁** えいべん
？～天平勝宝2（750）年
奈良時代の僧。
¶古人（[生]？），仏教

**永弁** えいべん
寛永3（1626）年～？
江戸時代前期の華厳宗の僧。
¶国書

**栄宝** えいほう
生没年不詳
南北朝時代の僧侶・歌人。
¶国書

**栄峰覚秀** えいほうかくしゅう
？～享徳2（1453）年
室町時代の曹洞宗の僧。
¶人名，日人，仏教（[没]享徳2（1453）年9月25日）

**暎芳寺順和** えいほうじじゅんわ
～明治27（1894）年7月31日
明治期の僧。高山市の暎芳寺18世。
¶飛騨

**暎芳寺是心** えいほうじぜしん
～文安3（1446）年5月8日
室町時代の僧。高山市の暎芳寺の開基。もと飛騨国司・姉小路尹綱の家臣。
¶飛騨

**暎芳寺弁了** えいほうじべんりょう
～慶応2（1866）年1月21日
江戸時代末期の僧。高山市の暎芳寺16世。天亮の子。
¶飛騨

**永宝寺豊純** えいほうじほうじゅん
生没年不詳
江戸時代後期の歌人・修験僧。
¶東三河

**英甫永雄** えいほえいゆう
*～慶長7（1602）年9月16日　[別]英甫永雄（えいほようゆう），雄長老（ゆうちょうろう），永雄（えいゆう）
安土桃山時代の臨済宗無窓派の僧。近世狂歌の祖。
¶朝日（[生]天文16（1547）年　[没]慶長7年9月16日（1602年10月30日）），近世（[生]？），国史（[生]？），国書（えいほようゆう　[生]天文16（1547）年），コン4（[生]天文16（1547）年），コン5（[生]天文16（1547）年），詩歌（[生]？），思想史（えいほようゆう　[生]天文16（1547）年），新潮（[生]？），人名（[生]？），姓氏京都（[生]？），世人（[生]？），全書（雄長老　ゆうちょうろう　[生]1535年），大百（雄長老　ゆうちょうろう　[生]1535年），日史（雄長老　ゆうちょうろう　[生]天文4（1535）年），日人（[生]1547年），俳文（えいほようゆう　[生]天文16（1547）年），百科（雄長老　ゆうちょうろう　[生]天文4（1535）年），仏教（[生]天文16（1547）年），仏史（[生]？），和俳（[生]天文4（1535）年）

**英穆** えいぼく
→悦堂英穆（えつどうえいぼく）

**英甫永雄** えいほようゆう
→英甫永雄（えいほえいゆう）

**栄明** えいみょう
？～天保13（1842）年9月19日
江戸時代後期の新義真言宗の僧。長谷寺44世。
¶仏教

**英明** えいみょう
？～宝暦6（1756）年12月6日
江戸時代中期の真言宗の僧。
¶国書

え

**栄宥** えいゆう
生没年不詳
江戸時代中期の真言宗の僧。
¶国書

**栄誉** えいよ
慶長8（1603）年～延宝6（1678）年
江戸時代前期の新義真言宗の僧。
¶人名（㊤1593年），日人，仏教（㊦延宝6（1678）年2月10日）

**永養寺了敬** えいようじりょうけい
生没年不詳
戦国時代の僧。萩原町の永養寺の開基。
¶飛驒

**永隆院〈和歌山県〉** えいりゅういん★
元禄15（1702）年～天明1（1781）年
江戸時代中期の女性。宗教。伊予津根八日市の浪人服部幸右衛門一則の娘。
¶江表（永隆院（和歌山県））

**英良** えいりょう★
生没年不詳
江戸時代中期の僧。本荘市貴法山常覚寺。本荘当山派触頭。
¶秋田人2

**慧印** えいん
→指月慧印（しげつえいん）

**恵運** えうん
延暦17（798）年～貞観11（869）年　㊙安祥寺僧都（あんじょうじそうず）
平安時代前期の真言宗の僧。入唐八家の一人。
¶朝日（㊦貞観11年9月23日（869年10月31日）），岩史（㊦貞観11（869）年9月23日），角史，国史，国書（㊦貞観11（869）年9月23日），古史，古人（㊦871年），古代，古代普，古中，コン改，コン4，コン5，史人（㊦869年9月23日，（異説）871年9月），新潮（㊦貞観11（869）年9月23日），人名，姓氏京都，世人，全書，対外，大百，日人，仏史，仏人，平史（㊦871年）

**恵雲(1)** えうん
生没年不詳
飛鳥時代の僧侶。
¶古史

**恵雲(2)** えうん
生没年不詳
奈良時代の渡来僧。鑑真に従って来日した。
¶古史

**恵雲(3)** えうん
生没年不詳
平安時代前期の唐僧。
¶古史，古人，平史

**慧雲(1)** えうん
生没年不詳
奈良時代の渡来僧。
¶仏教

**慧雲(2)** えうん
→山叟慧雲(1)（さんそうえうん）

**慧雲(3)** えうん
慶長18（1613）年～元禄4（1691）年5月15日
江戸時代前期の浄土真宗の僧。
¶仏教

**慧雲(4)**（恵雲） えうん
？～元禄12（1699）年
江戸時代前期～中期の浄土宗西山派の僧。
¶近世，国史，国書（恵雲　㊤慶長18（1613）年　㊦元禄4（1691）年5月15日），史人，日人（恵雲），仏教（恵雲），仏史

**慧雲(5)** えうん
享保15（1730）年1月14日～天明2（1782）年12月22日
江戸時代中期の浄土真宗の学僧。
¶近世，国史，国書，コン改，コン4，コン5，史人，新潮，人名，日人（㊦1783年），仏教，仏史，仏人

**慧雲(6)** えうん
生没年不詳
江戸時代中期の浄土真宗の僧。
¶仏教

**慧雲元貞** えうんげんてい
？～享保15（1730）年9月25日
江戸時代中期の黄檗宗の僧。
¶黄檗

**懐円** ええん
→懐円(1)（かいえん）

**恵応**（慧応） えおう
→曇英慧応（どんえいえおう）

**慧応曇英** えおうどんえい
→曇英慧応（どんえいえおう）

**懐音** えおん
？～正徳4（1714）年5月5日
江戸時代中期の浄土宗の僧。
¶国書，人名，日人，仏教

**恵隠** えおん
生没年不詳
飛鳥時代の入唐学問僧。
¶朝日，国史，古史，古人，古代，古代普，古中，古物，コン改，コン4，コン5，史人，新潮，人名，対外，日人，仏史

**恵音** えおん
宝暦9（1759）年～天保13（1842）年
江戸時代中期～後期の浄土真宗の僧。
¶仏人

**慧隠** えおん
生没年不詳
飛鳥時代の留学僧。
¶世人，仏教

**慧恩** えおん
？ ～明和1(1764)年8月11日
江戸時代中期の律宗の僧。
¶仏教

**慧園了志尼** えおんりょうしに
正徳5(1715)年9月～天明6(1786)年9月29日
江戸時代中期の黄檗宗の尼僧。
¶黄檗

**恵海**(1) えかい
元和3(1617)年～貞享2(1685)年
江戸時代前期の浄土真宗の僧。西教寺開基。
¶仏人

**恵海**(2) えかい
江戸時代中期の僧。普門院9世)。
¶茶道

**慧海**(1) えかい
生没年不詳
鎌倉時代後期～南北朝時代の真言律宗の僧。
¶仏教

**慧海**(2) えかい
万治2(1659)年～享保3(1718)年3月23日
江戸時代前期～中期の真言宗の僧。
¶国書5

**慧海**(3)(恵海) えかい
宝永4(1707)年～明和8(1771)年
江戸時代中期の浄土真宗の僧。
¶国書(恵海 ㊦明和8(1771)年8月13日), コン改, コン4, コン5, 新潮, 人名(㊤1701年 ㊦1765年), 日人, 仏教(㊤元禄14(1701)年, (異説)宝永4(1707)年 ㊦明和2(1765)年8月, (異説)明和8(1771)年8月13日), 仏人(㊤1701年 ㊦1765年)

**慧海**(4) えかい
寛文2(1662)年～延享2(1745)年4月29日
江戸時代中期の新義真言宗の僧。
¶国書, 仏教(㊤寛文8(1668)年), 仏人

**慧海**(5) えかい
天明3(1783)年～天保7(1836)年
江戸時代後期の浄土真宗の僧。西教寺住職。
¶国書(㊦天保7(1836)年1月1日), 日人, 仏人

**慧海**(6)(恵海) えかい
寛政10(1798)年～嘉永7(1854)年
江戸時代末期の浄土真宗の僧。
¶国書(恵海 ㊦嘉永7(1854)年7月7日), 幕末, 幕末大, 仏教(㊦嘉永7(1854)年7月7日), 仏人

**慧鎧**(1) えがい
？ ～天明1(1781)年
江戸時代中期の浄土真宗の僧。
¶国書

**慧鎧**(2) えがい
？ ～明治7(1874)年
江戸時代後期～明治期の浄土真宗の僧。
¶国書

**慧海元宣** えかいげんせん
元和3(1617)年～延宝7(1679)年5月5日
江戸時代前期の黄檗宗の僧。
¶黄檗

**会覚** えかく
～宝永4(1707)年12月30日
江戸時代前期～中期の僧侶。
¶庄内

**慧鶴** えかく
→白隠慧鶴(はくいんえかく)

**恵岳**(1) えがく
享保4(1719)年～寛政1(1789)年
江戸時代中期の真言宗の僧、歌人。
¶江文, 国書(㊦天明9(1789)年1月16日), 人名, 日人, 仏教(㊦天明9(1789)年1月16日), 仏人, 和俳

**恵岳**(2) えがく
宝暦10(1760)年～文政10(1827)年
江戸時代中期～後期の僧、歌人。
¶日人

**恵蕚**(恵蕚, 慧蕚, 慧蕚) えがく
生没年不詳
平安時代前期の僧、唐の補陀落寺の開山。
¶角史, 国史, 古人(恵蕚), 古代, 古代普, 古中(恵蕚), コン改(慧蕚), コン4(慧蕚), コン5(慧蕚), 史人(恵蕚), 新潮(慧蕚), 人名(慧蕚), 世人(慧蕚), 対外(恵蕚), 日人(恵蕚), 仏教(恵蕚), 仏史, 平史(恵蕚)

**慧豁** えかつ
→鄂隠慧豁(がくいんえかつ)

**江賀寅三** えがとらぞう
明治27(1894)年12月5日～昭和43(1968)年6月28日
昭和期のキリスト教伝道師、教育者、代書業者。北海道アイヌ協会理事。
¶社史, 北海道百, 北海道歴

**江上澄** えがみすめる
明治期の神職。明治8年宗像神社宮司に就任。
¶神人

**江川桜堂** えがわおうどう
明治38(1905)年3月15日～昭和13(1938)年3月20日
大正～昭和期の宗教運動家。
¶履歴, 履歴2

**江川碧潭**(江川碧譚) えがわへきたん
明治26(1893)年4月16日～昭和48(1973)年1月31日
大正～昭和期の曹洞宗の僧。
¶現情(江川碧譚), 仏教

**懐鑑** えかん
？ ～建長3(1251)年8月13日

鎌倉時代の曹洞宗の僧。
¶仏教(㊣建長3(1251)年8月13日,(異説)建長2年8月13日)

え

**恵灌**(慧灌) えかん
生没年不詳
飛鳥時代の高句麗の僧。三論宗を伝えた。
¶朝日,国史,古史,古人,古代,古代普,古中,コン改,コン4,コン5,史人,思想史,新潮,人名(慧灌),世人(慧灌),全書(慧灌),対外,日史(慧灌),日人,百科(慧灌),仏教(慧灌),仏史,仏人(慧灌 ㊣695年?)

**慧観** えかん
生没年不詳
鎌倉時代後期の浄土宗の僧。
¶国書,仏教

**慧鑑** えかん
宝永3(1706)年~宝暦13(1763)年5月16日
江戸時代中期の真言宗の僧。
¶国書

**恵含** えがん
生没年不詳
江戸時代中期~後期の天台宗の僧。
¶国書

**慧岩** えがん
? ~元文5(1740)年
江戸時代中期の浄土宗の僧。
¶日人,仏教(㊣元文5(1740)年10月18日)

**慧眼真輝** えがんしんき
寛政9(1797)年~明治7(1874)年
江戸時代末期~明治期の黄檗宗僧侶。大年寺第25代住持。
¶黄檗

**恵観通光** えかんつうこう
宝暦13(1763)年~天保6(1835)年
江戸時代中期~後期の僧。盛岡の大慈寺9世。
¶姓氏岩手

**慧喜** えき
生没年不詳
奈良時代の法相宗の僧。
¶仏教

**えき〈熊本県〉**
文政5(1822)年~明治24(1891)年
江戸時代後期~明治時代の女性。宗教。人吉藩藩士田代氏の娘。
¶江表(えき(熊本県))

**慧曦** えぎ
延宝7(1679)年~延享4(1747)年6月22日
江戸時代中期の真言宗の僧。
¶仏教

**益之正謙** えきししょうけん
? ~明応6(1497)年
室町時代の曹洞宗の僧。
¶日人,仏教(㊣明応6(1497)年1月18日)

**益之宗箴** えきしそうしん
応永17(1410)年~長享1(1487)年11月16日
㊕益之集箴(えくししゅうしん),益之宗箴(えくししゅうしん),宗箴(そうしん)
室町時代~戦国時代の臨済宗の僧。
¶鎌室(益之集箴 えくししゅうしん),国史,古中,新潮,日人,仏教,仏史

**益之万孚** えきしまんぷ
正徳1(1711)年~寛政1(1789)年3月25日
江戸時代中期~後期の曹洞宗の僧。
¶国書(㊤正徳1(1711)年8月8日),仏教

**役赤城** えきせきじょう
享保8(1723)年~天明1(1781)年7月17日
江戸時代中期の修験僧。
¶国書

**役尊為** えきたかため
→平田尊為(ひらたそんい)

**役尊閑** えきたかやす
→平田尊閑(ひらたそんかん)

**奕堂** えきどう
→諸岳奕堂(もろたけえきどう)

**奕堂栴崖** えきどうせんがい
文化2(1805)年1月1日~明治12(1879)年8月24日
江戸時代後期~明治期の曹洞宗の僧。
¶国書

**易誉** えきよ
延徳2(1490)年~永禄9(1566)年10月8日
戦国時代の曹洞宗の僧。
¶仏教

**慧恭** えきょう
元禄6(1693)年12月15日~安永9(1780)年
江戸時代中期の浄土宗の僧。
¶国書(㊣安永9(1780)年6月26日),仏教(㊣安永9(1780)年6月26日,(異説)明和1(1764)年8月15日)

**恵凝** えぎょう
生没年不詳
江戸時代後期の浄土真宗の僧。
¶国書

**恵暁** えぎょう
応徳2(1085)年~?
平安時代後期の興福寺僧。
¶古人(㊣?),平史

**恵慶** えぎょう
生没年不詳 ㊕恵慶(えけい),恵慶法師(えぎょうほうし)
平安時代中期の僧、歌人。「拾遺集」などに入集。
¶朝日,岩史,国史,国書,古人,古中,コン改(えけい),コン4(えけい),コン5(えけい),詩歌(えけい),詩作(恵慶法師 えぎょうほうし),史人,新潮,人名(えけい),日史,日人,日文(恵慶法師 えぎょうほうし),百科,仏教,平史,和俳

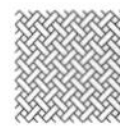

え

**恵行** えぎょう
奈良時代の越中国分寺の学僧。
¶古人，人名，富山百（生没年不詳），日人（生没年不詳），万葉

**慧暁**(1) えぎょう
→白雲慧暁（はくうんえぎょう）

**慧暁**(2)（恵暁） えぎょう
延宝5（1677）年～？
江戸時代中期の浄土真宗の僧。
¶国書（恵暁），国書5（恵暁），富山百，仏教

**恵慶法師** えぎょうほうし
→恵慶（えぎょう）

**恵旭** えぎょく，えきょく
生没年不詳
江戸時代中期の浄土真宗の僧。
¶国書，人名（えきょく），日人，仏教

**役藍泉** えきらんせん
→役藍泉（えんのらんせん）

**懐空** えくう
長保2（1000）年～寛治5（1091）年
平安時代中期～後期の天台宗延暦寺僧。
¶古人，平史

**恵空** えくう
寛永20（1643）年～元禄4（1691）年
江戸時代前期～中期の僧。
¶国書，日人

**慧空**（恵空） えくう
正保1（1644）年～享保6（1721）年12月8日
江戸時代前期～中期の真宗の僧。東本願寺学寮初代講師。
¶朝日（恵空 ㊌正保1年5月15日（1644年6月19日） ㊐享保6年12月8日（1722年1月24日）），国書（恵空 ㊌寛永21（1644）年5月15日），人名，日人（㊐1722年），仏教（㊌寛永21（1644）年5月15日），仏人

**益之集箴** えくししゅうしん
→益之宗箴（えきしそうしん）

**江口信順** えぐちしんじゅん
明治37（1904）年10月～ ㊍江口末男，湊南雄
昭和期の僧侶。新興仏教青年同盟本部中央執行委員。
¶社史

**江口武憲** えぐちたけのり
昭和期の牧師、聖書学者。
¶現執1期

**江口篤生** えぐちとくお
？ ～大正13（1924）年8月18日
明治期の牧師。
¶社史

**慧薫** えくん
→風外慧薫（ふうがいえくん）

**慧訓** えくん
生没年不詳
江戸時代中期の臨済宗の僧。
¶仏教

**会慶** えけい
生没年不詳
鎌倉時代前期の真言宗の僧。
¶国書，仏教

**恵慶** えけい
→恵慶（えぎょう）

**恵瓊** えけい
→安国寺恵瓊（あんこくじえけい）

**慧恵** えけい
平安時代後期の僧。
¶平家

**慧景**（恵景） えけい
？ ～文政11（1828）年9月25日
江戸時代後期の浄土真宗の僧。
¶国書（恵景），仏教

**慧月**（恵月） えげつ
？ ～文久3（1863）年8月13日
江戸時代末期の浄土真宗の僧。
¶国書（恵月），姓氏富山（恵月 ㊌1797年），富山百，仏教

**恵剣** えけん
生没年不詳
鎌倉時代後期～南北朝時代の真言僧。
¶神奈川人，仏史

**恵見** えけん
宝暦13（1763）年～天保12（1841）年
江戸時代中期の真宗大谷派の僧。
¶姓氏石川

**慧剣**（恵剣） えけん
？ ～文政13（1830）年5月25日
江戸時代後期の浄土真宗の僧。
¶国書（恵剣），仏教

**慧堅** えけん
慶安2（1649）年～元禄17（1704）年3月4日 ㊍戒山（かいざん）
江戸時代前期～中期の天台宗の僧。
¶近世，国史，国書，日人，仏教，仏史，仏人

**慧見**（恵見） えけん
？ ～文化13（1816）年10月19日
江戸時代後期の浄土真宗の僧。
¶国書（恵見），仏教，仏教（生没年不詳）

**慧巘** えけん
？ ～寛政8（1796）年3月18日
江戸時代中期の浄土真宗の僧。
¶国書，仏教

**懐玄** えげん
？ ～寛政2（1790）年11月29日 ㊍懐玄（かいげ

ん)
江戸時代中期の新義真言宗の僧。
¶国書(かいげん), 仏教

え

**慧玄(1)** えげん
→関山慧玄(かんざんえげん)

**慧玄(2)** えげん
生没年不詳
江戸時代中期の曹洞宗の僧。
¶国書

**恵興** えこう
奈良時代の弘福寺の僧。
¶古人

**恵晃** えこう
明暦2(1656)年～元文2(1737)年6月8日
江戸時代前期～中期の真言宗の僧。
¶国書, 日人, 仏教

**恵航** えこう
生没年不詳
江戸時代中期の天台宗の僧。
¶国書

**慧光(1)** えこう
生没年不詳
飛鳥時代の留学僧。
¶仏教

**慧光(2)** えこう
寛文6(1666)年～享保19(1734)年
江戸時代中期の真言宗の僧。
¶国書(㊀享保19(1734)年12月4日), 仏教(㊀享保19(1734)年11月4日), 仏人

**慧広** えこう
→天岸慧広(てんがんえこう)

**慧晃** えこう
? ～安永5(1776)年9月24日
江戸時代中期の浄土真宗の僧。
¶国書

**慧洪** えこう
生没年不詳
江戸時代中期の曹洞宗の僧。
¶国書

**慧航**(恵航) えこう
? ～文政12(1829)年5月15日
江戸時代後期の浄土真宗本願寺派学僧。
¶国書(恵航), 富山百

**慧皓** えこう
? ～天明4(1784)年9月17日
江戸時代中期の浄土真宗の僧。
¶国書, 仏教

**慧光尼〈長野県〉** えこうに
江戸時代後期の女性。宗教。善光寺町の町医者塚田旭嶺と母千賀子の5男。文化2年に死去した慈延のため供養塔を造立。
¶江表(慧光尼(長野県))

**恵光房律師** えこうぼうりっし
平安時代後期の僧。
¶平家

**慧極禅師** えごくぜんじ
→慧極道明(えごくどうみょう)

**慧極道明** えごくどうみょう
寛永9(1632)年4月11日～享保6(1721)年 ㊀慧極禅師(えごくぜんじ)
江戸時代前期～中期の黄檗宗の僧。
¶黄檗(㊀享保6(1721)年8月23日), 国書(㊀享保6(1721)年8月24日), 人名(㊀?), 姓氏山口(慧極禅師 えごくぜんじ), 長崎遊, 日人, 仏教(㊀享保6(1721)年8月25日), 山口百

**会言** えごん
? ～慶安2(1649)年12月14日
江戸時代前期の浄土宗の僧。
¶仏教

**恵厳(1)** えごん
? ～元中3/至徳3(1386)年10月17日 ㊀華林恵厳(かりんえごん)
南北朝時代の女性。光厳天皇の皇女。夢窓国師の弟子。
¶朝日(華林恵厳 かりんえごん), 女性, 人名, 日人(華林恵厳 かりんえごん 生没年不詳)

**恵厳(2)** えごん
生没年不詳
江戸時代中期の天台宗の僧。
¶国書

**慧厳** えごん
? ～文久1(1861)年
江戸時代後期～末期の僧。
¶日人

**慧済** えさい
→川僧慧済(せんそうえさい)

**慧斉** えさい
生没年不詳
飛鳥時代の留学僧。
¶仏教

**江崎小秋** えざきこあき
明治35(1902)年～?
昭和期の童謡・民謡詩人。仏教信仰を基軸とした童謡・民謡を創作。
¶児文

**江沢兵庫助** えざわひょうごのすけ
生没年不詳
戦国時代の僧。上総国夷隅郡串浜村日蓮宗恵日寺の寺司か。
¶戦房総

**懐山** えざん
生没年不詳
江戸時代前期～中期の浄土宗の僧。

¶国書，仏教

**恵施** えし
→恵施(えせ)

**恵至** えし
生没年不詳
奈良時代の三論宗の僧。
¶仏教

**恵資** えし
飛鳥時代の僧。
¶古人，古代，古代普，日人(生没年不詳)，仏教(生没年不詳)

**慧師** えし
生没年不詳
奈良時代の三論宗の僧。
¶仏教

**恵慈**(慧慈) えじ
？ ～推古31(623)年
飛鳥時代の高句麗の僧。聖徳太子の師、「三宝の棟梁」。
¶朝日(慧慈 ㊣推古31年2月22日(623年3月28日))，岩史(㊣推古31(623)年2月22日)，角史(慧慈)，国史(生没年不詳)，古史(慧慈 生没年不詳)，古人(慧慈 ㊤？ ㊣620年)，古代，古代普，古中(生没年不詳)，古物(慧慈 ㊣623年？)，コン改(慧慈)，コン4(慧慈)，コン5(慧慈)，史人(㊣623年2月22日)，思想史(慧慈 ㊤？ ㊣623年)，重要，新潮(慧慈)，人名(慧慈)，世人(生没年不詳)，対外，日人(慧慈)，仏史(生没年不詳)，名僧(生没年不詳)，山川小(㊤？ ㊣623年2月22日)，歴大(慧慈)

**恵実** えじつ
生没年不詳
江戸時代中期の浄土真宗の僧。
¶日人，仏教

**慧実本明** えじつほんみょう
？ ～宝暦8(1758)年10月11日
江戸時代中期の曹洞宗の僧。
¶国書

**江島恵教** えじまやすのり
昭和14(1939)年～
昭和期のインド哲学・仏教学者。東京大学教授。
¶現執1期

**慧寂** えじゃく
*～宝暦12(1762)年
江戸時代中期の浄土真宗の僧。
¶日人(㊤1695年)，仏教(㊤？)

**懐寿** えじゅ
→懐寿(かいじゅ)

**慧秀** えしゅう
慶長14(1609)年？ ～延宝6(1678)年8月5日
江戸時代前期の浄土宗の僧。筑後善導寺33世。
¶仏教(㊣延宝6(1678)年8月5日，(異説)貞享3(1686)年4月5日)

**恵什** えじゅう
生没年不詳
平安時代後期の真言宗の僧。
¶国書，古人，仏教，平史

**懐州周潭** えしゅうしゅうたん
？ ～永禄9(1566)年 ㊕懐州周潭(かいしゅうしゅうたん)
戦国時代の曹洞宗の僧。
¶人名(かいしゅうしゅうたん)，日人，仏教(㊣永禄9(1566)年2月28日)

**慧重万休** えじゅうばんきゅう
慶長8(1603)年～寛文4(1664)年
江戸時代前期の禅僧。
¶京都府

**慧淑** えしゅく
生没年不詳
江戸時代中期の真言律宗の僧。
¶国書

**懐俊** えしゅん
万寿3(1026)年～？
平安時代後期の真言宗の僧。
¶仏教

**恵俊** えしゅん
生没年不詳
室町時代の僧、連歌師。
¶国書，日人，俳文

**恵春** えしゅん
安土桃山時代の南蛮流医僧。
¶人名

**慧春** えしゅん
→慧春尼(えしゅんに)

**恵純** えじゅん
文政10(1827)年～明治33(1900)年9月24日
江戸時代末期～明治期の僧侶。萩の徳隣寺に入り修行のため諸国を遊歴。
¶幕末，幕末大

**慧順** えじゅん
永禄11(1568)年～寛永17(1640)年10月20日
江戸時代前期の浄土宗の僧。
¶仏教

**慧春尼** えしゅんに
？ ～応永15(1408)年5月25日，応永18年 ㊕慧春(えしゅん)
南北朝時代～室町時代の女性。曹洞宗の尼僧。
¶朝日(慧春 えしゅん)，鎌室(㊣応永18(1411)年)，国史，古中，コン改(慧春 えしゅん ㊣応永18(1411)年)，コン4(慧春 えしゅん ㊣応永18(1411)年)，コン5(慧春 えしゅん ㊤？ ㊣応永18(1411)年)，史人(㊣1408年5月25日，(異説)1411年5月25日)，女性，新潮，人名(㊣1411年)，世人(慧春 えしゅん 生没年不詳)，日人，仏教(㊣応永18(1411)年5月25日)，仏史，仏人，室町(㊤？)

え

**恵助** えじょ
正応2(1289)年〜嘉暦3(1328)年9月9日 ㊗恵助親王(えじょしんのう)
鎌倉時代後期の天台宗の僧。園城寺85世。
¶国書(恵助親王 えじょしんのう), 仏教

**恵勝**(1) えしょう
奈良時代の大安寺の僧。延興寺に住した恵勝と同一人物か。
¶古人, 古人, 古代, 古代普, 日人(生没年不詳), 仏教(生没年不詳)

**恵勝**(2) えしょう
奈良時代の薬師寺の僧。
¶古人

**恵昌** えしょう
天正9(1581)年〜慶安2(1649)年6月13日
江戸時代前期の浄土宗の僧。
¶仏教

**恵照** えしょう
生没年不詳
江戸時代前期の真言宗の僧。
¶国書

**恵章** えしょう
生没年不詳
平安時代後期の僧侶・歌人。
¶国書, 古人, 平史

**恵清** えしょう
生没年不詳 ㊗恵清(えせい)
平安時代中期の医僧。
¶眼科(えせい), 日人, 仏教

**恵珸** えしょう
文政5(1822)年〜明治13(1880)年6月4日 ㊗恵珸(えいしょう)
江戸時代末期〜明治期の禅僧。
¶岡山人, 岡山歴(えいしょう)

**慧敞** えしょう
? 〜寛政5(1793)年2月15日
江戸時代後期の浄土真宗の僧。
¶国書, 仏教

**懐奘**(懐弉) えじょう
→孤雲懐奘(こうんえじょう)

**慧常** えじょう
生没年不詳
奈良時代の留学僧。
¶仏教

**慧定**(恵定) えじょう
? 〜天保13(1842)年2月23日
江戸時代後期の浄土真宗の僧。
¶国書(恵定), 仏教

**慧定真戒** えじょうしんかい
天明4(1784)年〜嘉永6(1853)年11月28日
江戸時代後期の黄檗宗の僧。
¶黄檗, 国書

**慧昌尼** えしょうに
生没年不詳
江戸時代中期の臨済宗の尼僧。白隠慧鶴の弟子。
¶朝日

**恵助親王** えじょしんのう
→恵助(えじょ)

**懐真** えしん
寛弘4(1007)年〜嘉保1(1094)年
平安時代中期〜後期の興福寺僧。
¶古人, 平史

**恵心**(1) えしん
→源信(1)(げんしん)

**恵心**(2) えしん
〜天正3(1575)年
戦国時代〜安土桃山時代の僧侶。
¶島根人

**恵新** えしん
奈良時代の東大寺の僧。
¶古人

**恵眕** えしん
天長7(830)年〜昌泰3(900)年2月26日
平安時代前期の華厳宗の僧。
¶古人, 仏教(㊀天長8(831)年), 平史

**慧信**(恵信) えしん
*〜承安1(1171)年
平安時代後期の法相宗の僧。興福寺39世。
¶古人(恵信 ㊀1114年), 日人(㊀1124年), 仏教(㊀天治1(1124)年 ㊁承安1(1171)年9月25日), 平史(恵信 ㊀1114年)

**慧新** えしん
生没年不詳
奈良時代の律宗の僧。
¶仏教

**懐尋** えじん
→懐尋(かいじん)

**恵尋** えじん
? 〜*
鎌倉時代の天台宗の僧。
¶国書(㊁弘安1(1278)年10月28日), 仏教(㊁正応2(1289)年6月28日)

**慧深**(恵深) えじん
? 〜文永7(1270)年6月6日
鎌倉時代の真言宗の僧。
¶仏教, 和歌山人(恵深)

**恵信僧都** えしんそうず
平安時代後期の僧。興福寺別当。
¶伊豆

**恵心僧都源信** えしんそうずげんしん
→源信(1)(げんしん)

**恵信尼**(恵心尼, 慧信尼) えしんに
寿永1(1182)年〜*

鎌倉時代前期の女性。親鸞の妻。
¶朝日(㊀?),茨城百(㊀1268年?),茨城歴(㊀文永5(1268?)年),岩史(㊀?),角史(㊀?),鎌室(㊀?),京都(㊀文永5(1268)年頃),京都大(㊀文永5(1268)年?),国史(㊀?),国書(㊀文永5(1268)年?),古人(㊀?),古中(㊀?),コン改(㊀文永5(1268)年?,(異説)1263年),コン4(㊀文永5(1268)年?,(異説)1263年?),コン5(㊀文永5(1268年,1263)年?),史人(㊀?),思想史(㊀?),重要(㊀?),女史(㊀?),女性(㊀?),人書94(㊀1268年以降),新潮(㊀文永5(1268)年以降),人名(慧信尼 ㊐1185年 ㊀1263年),姓氏京都(㊀1268年?),世人(㊀文永5(1268)年),世百(恵心尼 ㊐1178年 ㊀1268年?),全書(㊀1268年),大百(㊐1181年 ㊀?),中世(㊀?),新潟百(㊀1268年),日史(㊀文永5(1268)年?),日人(㊀1268年?),百科(㊀文永5(1268)年?),仏教(㊀?),仏史(㊀?),平日(㊐1182 ㊀1268?),名僧(㊀?),歴大(㊀?)

**恵崇**(慧崇) **えすう**
→白雲慧崇(はくうんえすう)

**江塚咲太郎 えずかさくたろう**
→江塚咲太郎(えづかさくたろう)

**江角ヤス えずみやす,えすみやす**
明治32(1899)年2月15日〜昭和55(1980)年11月30日
昭和期の社会事業家、教育家。純心女子学院校長。原爆孤児の福祉事業に尽力、長崎、鹿児島、川内、八王子に純心女子学園を設立。
¶学校,郷土長崎,島根百,島根歴,女性(えすみやす),女性普(えすみやす),世紀,長崎百(えすみやす),日人(えすみやす)

**恵施 えせ**
? 〜(3.21)大宝1(701)年 ㊊恵施(えし)
飛鳥時代の入唐僧。
¶古人(えし ㊐?),古代(えし),古代普(えし ㊐?),日人(えし),仏教

**恵清 えせい**
→恵清(えしょう)

**恵善尼 えぜんに**
生没年不詳 ㊊恵善尼(えぜんのあま)
飛鳥時代の女性。尼僧。漢人錦織壺の娘。
¶朝日,古人,古代(えぜんのあま),古代普(えぜんのあま),コン改,コン4,コン5,女性,人名,日人,仏教

**恵善尼 えぜんのあま**
→恵善尼(えぜんに)

**恵琮 えそう**
生没年不詳
江戸時代後期の浄土宗の僧。
¶国書,日人,仏教

**慧聡**(恵総,恵聡) **えそう**
生没年不詳
飛鳥時代の百済の渡来僧。推古天皇3年(595)に来日。三宝の棟梁として聖徳太子の師となった。
¶朝日(恵聡),岩史(恵聡),国史(恵聡),古史,古人,古代(恵総),古代,古代普(恵総),古代普,古中(恵聡),古物,コン改,コン4,コン5,史人,新潮,人名(恵聡),世人,対外(恵聡),日人(恵総),日人,仏教,仏史(恵聡)

**恵増 えぞう**
生没年不詳
平安時代中期の真言宗の僧。
¶古人,仏教,平史

**恵尊 えそん**
生没年不詳
飛鳥時代の画僧。
¶日人

**慧存 えぞん**
生没年不詳
江戸時代前期の浄土宗の僧。
¶仏教

**恵達 えたつ**
平安時代前期の薬師寺僧。
¶古人,平史(生没年不詳)

**慧達**(1) **えたつ**
生没年不詳
奈良時代の渡来僧。
¶仏教

**慧達**(2) **えたつ**
延暦15(796)年〜元慶2(878)年
平安時代前期の法相宗の僧。
¶郷土岐阜,日人,仏教(㊀元慶2(878)年8月2日)

**恵谷隆戒 えたにりゅうかい**
明治35(1902)年〜昭和54(1979)年
昭和期の浄土宗僧侶。
¶仏人

**恵湛 えたん**
? 〜享保18(1733)年7月12日
江戸時代中期の禅僧。
¶岡山歴

**恵端 えたん**
寛永19(1642)年〜享保6(1721)年
江戸時代前期〜中期の臨済宗の僧で、正受庵主。
¶郷土長野,姓氏長野,長野百,長野歴

**恵中 えちゅう**
寛永5(1628)年〜元禄16(1703)年 ㊊草庵恵中(そうあんえちゅう)
江戸時代前期〜中期の僧、仮名草子作者。
¶国書(㊀元禄16(1703)年2月4日),思想史(草庵恵中 そうあんえちゅう),日人

**恵忠 えちゅう**
奈良時代の僧。
¶古代,古代普,日人(生没年不詳),仏教(生没年不詳)

え

**慧忠** えちゅう
生没年不詳
三論宗の僧。
¶仏教

**慧澄** えちょう
安永9（1780）年12月5日～文久2（1862）年3月2日
[別]痴空（ちくう）
江戸時代中期～後期の天台宗の学僧。
¶近世，国史，国書（痴空　ちくう），人名，日人，仏教（痴空　ちくう），仏史，仏人，仏人（痴空　ちくう）

**慧潮** えちょう
宝暦9（1759）年～文政13（1830）年5月16日
江戸時代後期の浄土真宗の僧。
¶国書，仏教

**恵珍** えちん
元永1（1118）年～嘉応1（1169）年10月15日
平安時代後期の三論宗の僧。大安寺51世。
¶国書，古人，仏教，平史

**恵鎮** えちん
→円観(2)（えんかん）

**恵鎮円観**（慧鎮円勧） えちんえんかん
→円観(2)（えんかん）

**慧通** えつう
？～延享3（1746）年
江戸時代中期の僧・歴史家。
¶長崎歴

**悦翁建誾** えつおうけんぎん
元応2（1320）年1月18日～応永25（1418）年10月23日
南北朝時代～室町時代の臨済宗の僧。方広寺2世。
¶仏教

**越翁周超** えつおうしゅうちょう
？～天文9（1540）年
戦国時代の曹洞宗の僧。
¶人名，日人，仏教

**江塚咲太郎** えづかさくたろう，えずかさくたろう
明治12（1879）年～？　[別]三浦咲太郎
明治期の伝道師、教員、歯科医師。
¶社史（えずかさくたろう）

**悦巌** えつがん
～宝暦12（1762）年
江戸時代中期の僧。
¶新潟百

**越岸海登** えつがんかいと
？～享保18（1733）年3月26日
江戸時代前期～中期の黄檗宗の僧。
¶黄檗

**悦岩思咲** えつがんししょう
生没年不詳
室町時代の覚園寺復興に尽力した僧。
¶神奈川人

**悦巌東悆**（悦岩東悆） えつがんとうよ
＊～享禄2（1529）年12月11日
戦国時代の臨済宗の僧。建仁寺266世。
¶国書（悦岩東悆　[生]？），人名（悦岩東悆　[生]？），日人（[生]1458年　[没]1530年），仏教（[生]長禄2（1458）年）

**悦巌不禅** えつがんふぜん
元和2（1616）年～天和1（1681）年
江戸時代前期の曹洞宗の僧。
¶黄檗（[没]天和1（1681）年12月7日），人名，長崎遊，長野歴，日人（[没]1682年），仏教（[没]天和1（1681）年12月8日）

**越渓(1)** えっけい
宝暦7（1757）年～天保7（1836）年
江戸時代末期～明治期の曹洞宗の僧。可睡斎第38世。
¶静岡百，静岡歴，姓氏静岡

**越渓(2)** えつけい
→越渓守謙（えっけいしゅけん）

**越渓秀格** えっけいしゅうかく
？～応永20（1413）年
室町時代の臨済宗の僧。
¶人名，日人，仏教（[没]応永20（1413）年4月19日）

**悦渓宗悆** えっけいしゅうご
→悦渓宗悟（えっけいそうご）

**越渓周文** えっけいしゅうぶん
→周文（しゅうぶん）

**越渓守謙** えっけいしゅけん
文化7（1810）年～明治17（1884）年　[別]越渓（えつけい）
江戸時代末期～明治期の臨済宗の僧。妙心寺住持。
¶維新（越渓　えつけい　[生]文化3（1806）年　[没]明治17（1884）年10月13日），人名，日人，幕末（越渓　えつけい　[生]1806年　[没]1884年10月13日），幕末大（越渓　えつけい　[生]文化3（1806）年　[没]明治17（1884）年10月13日），仏教（[没]明治17（1884）年1月12日），明大1（[没]明治17（1884）年1月12日）

**悦渓宗悟** えっけいそうご，えつけいそうご
寛正3（1462）年～大永5（1525）年5月26日　[別]悦渓宗悆（えっけいしゅうご）
戦国時代の臨済宗の僧。大徳寺79世。
¶国書（えつけいそうご），人名（悦渓宗悆　えっけいしゅうご），日人，仏教

**越渓麟易** えっけいりんい
→越渓麟易（えっけいりんえき）

**越渓麟易** えっけいりんえき
？～永正11（1514）年　[別]越渓麟易（えっけいりんい）
戦国時代の曹洞宗の僧。
¶人名（えっけいりんい），日人，仏教（[没]永正11（1514）年8月26日）

え

**悦厳智誾** えつげんちぎん
生没年不詳
室町時代の臨済宗の僧。
¶仏教

**悦崗宗怡** えっこうそうたい
～元亀3(1572)年4月3日
安土桃山時代の僧。
¶飛騨

**悦山道宗** えっさんどうしゅう,えつさんどうしゅう
明・崇禎2(1629)年8月22日～宝永6(1709)年7月29日
江戸時代前期～中期の黄檗宗の僧。方福寺7世。
¶黄檗，国書，人名(えつさんどうしゅう　㊐？)，日人，仏教

**悦水** えっすい
生没年不詳
江戸時代中期の俳人・僧侶。
¶国書

**越叟義格** えっそうぎかく
天保8(1837)年～明治17(1884)年
江戸時代末期～明治期の僧侶、国泰寺主。
¶人名，日人，明大1(㊐天保8(1837)年5月3日　㊞明治17(1884)年6月18日)

**説叟宗演** えっそうそうえん
寛永4(1627)年～宝永4(1707)年4月20日
江戸時代前期～中期の臨済宗の僧。大徳寺221世。
¶仏教(㊞宝永4(1707)年4月20日,(異説)3月20日)

**悦窓祖誾** えっそうそきん,えっそうそぎん
江戸時代前期の曹洞宗の僧。
¶人名，日人(えっそうそぎん　生没年不詳)

**悦叟妙怡** えっそうみょうい
寛政5(1793)年～文久1(1861)年9月29日
江戸時代後期～末期の臨済宗の僧。
¶国書

**越叟良閩** えっそうりょうびん
生没年不詳
室町時代の曹洞宗の僧。
¶日人，仏教

**越叟了閩** えっそうりょうみん
鎌倉時代後期の僧、羽州竜雲寺開山。
¶人名

**越伝道付** えつでんどうふ
元和2(1616)年7月13日～天和3(1683)年4月7日
江戸時代前期の黄檗宗の僧。
¶黄檗，国書

**悦堂英穆** えつどうえいぼく
？～永正9(1512)年　㊎英穆(えいぼく)
戦国時代の曹洞宗の僧。
¶人名(英穆　えいぼく)，日人，仏教(㊞永正9(1512)年4月23日)

**悦堂元逸** えつどうげんいつ
寛文1(1661)年～享保12(1727)年7月15日
江戸時代中期の黄檗宗の僧。
¶黄檗，国書

**悦堂宗懌** えつどうしゅうえき
→悦堂宗懌(えつどうそうえき)

**悦堂常喜** えっどうじょうき,えつどうじょうき
？～応永14(1407)年
室町時代の曹洞宗の僧。
¶人名(えつどうじょうき)，日人(えつどうじょうき)，仏教(㊞応永14(1407)年1月1日)

**悦堂宗懌** えつどうそうえき
生没年不詳　㊎悦堂宗懌(えつどうしゅうえき)
室町時代の臨済宗の僧。大徳寺63世、妙心寺14世。
¶人名(えつどうしゅうえき)，日人，仏教

**悦堂宗最** えつどうそうさい
？～元和8(1622)年7月29日
安土桃山時代～江戸時代前期の臨済宗の僧。
¶国書

**悦堂宗穆** えつどうそうぼく
？～永正9(1512)年
戦国時代の禅僧。
¶長野歴

**悦堂妙可** えつどうみょうか
南北朝時代の臨済宗の僧。建仁寺111世。
¶人名，日人(生没年不詳)

**越傅** えつふ★
～天和3(1683)年
江戸時代前期の僧侶。
¶三重続

**悦峰道章** えっぽうどうしょう
明・永暦9(1655)年～享保19(1734)年5月9日
江戸時代前期～中期の黄檗宗の僧。万福寺8世。
¶国書，人名(㊐？　㊞1724年)，日人，仏教，山梨百(㊐？　㊞享保9(1724)年5月9日)

**恵徹** えてつ
奈良時代の僧。
¶古人

**慧徹** えてつ
→無極慧徹(むごくえてつ)

**慧天** えてん
？～元和3(1617)年10月16日
江戸時代前期の浄土宗の僧。
¶埼玉人(生没年不詳)，仏教(㊞元和3(1617)年10月16日,(異説)11月16日)

**慧伝** えでん
永禄3(1560)年～寛永12(1635)年3月1日
安土桃山時代～江戸時代前期の浄土宗の僧。
¶戦人，仏教，仏人

**慧灯** えとう
飛鳥時代の仏師。

¶古代，古代普，日人（生没年不詳），美建，仏教（生没年不詳）



**慧鐺**（恵鐺） **えとう**
元禄7（1694）年～宝暦1（1751）年11月15日
江戸時代中期の浄土真宗の僧。
¶国書（恵鐺），仏教

**衛藤即応** **えとうそくおう**
明治21（1888）年4月14日～昭和33（1958）年10月13日
明治～昭和期の仏教学者。駒沢大学総長。「華厳経」の国訳・注や道元「正法眼蔵」の校注を行う。
¶現情，昭人，人名7，世紀，哲学，日人，仏教，仏人

**江藤正澄** **えとうまさずみ**
天保7（1836）年10月12日～明治44（1911）年11月22日
明治期の神職、考古学者。太宰府神社宮司。考古学を研究。社会教育家、歌人としても活躍。
¶考古，国書，史研，神人，世紀，藩臣7，福岡百，明大1

**慧篤** **えとく**
応永20（1413）年～明応1（1492）年8月9日
戦国時代の浄土宗の僧。
¶仏教

**絵所左京** **えどころさきょう**
生没年不詳
江戸時代の絵仏師。
¶姓氏京都

**絵所了縁** **えどころりょうえん**
生没年不詳
江戸時代の絵仏師。
¶姓氏京都

**絵所了琢** **えどころりょうたく**
世襲名　江戸時代の絵仏師。
¶姓氏京都

**江戸為之** **えどためゆき**
天明5（1785）年～天保1（1830）年12月22日
江戸時代中期～後期の神職。
¶国書

**恵頓** **えとん**
享保10（1725）年～天明5（1785）年10月23日
江戸時代中期の浄土宗の僧。
¶神奈川人，国書

**慧頓** **えとん**
享禄3（1530）年～慶長16（1611）年5月20日
安土桃山時代～江戸時代前期の浄土宗の僧。
¶仏教

**恵南** **えなん**
明暦3（1657）年～享保9（1724）年11月6日
江戸時代中期の浄土真宗の僧。
¶仏教

**慧日** **えにち**
→東明慧日（とうみょうえにち）

**恵日道光** **えにちどうこう**
？～元禄7（1694）年12月19日
江戸時代前期～中期の黄檗宗の僧。
¶黄檗

**恵日房成忍** **えにちぼうじょうにん**
→成忍（じょうにん）

**恵忍**(1) **えにん**
生没年不詳
江戸時代中期の浄土真宗の僧。
¶国書

**恵忍**(2) **えにん**
生没年不詳
江戸時代中期の浄土真宗の僧。
¶国書

**恵忍**(3) **えにん**
生没年不詳
江戸時代中期の浄土真宗の僧。
¶国書

**恵忍**(4) **えにん**
元禄6（1693）年～天明3（1783）年9月19日
江戸時代中期の浄土真宗の僧。
¶国書，仏教

**慧仁** **えにん**
？～大永7（1527）年8月27日
室町時代の浄土宗の僧。鎌倉光明寺11世。
¶仏教（[没]大永7（1527）年8月27日，（異説）8月24日？）

**慧任** **えにん**
寛文5（1665）年～寛保2（1742）年5月22日
江戸時代中期の新義真言宗の僧。
¶国書，仏教，仏人

**慧然** **えねん**
元禄6（1693）年1月1日～宝暦14（1764）年1月15日
江戸時代中期の浄土真宗の僧。
¶国書，人名，日人，仏教，仏人（[生]1692年）

**慧然義性** **えねんぎしょう**
元禄5（1692）年～宝暦13（1763）年10月18日
江戸時代中期の曹洞宗の僧。
¶国書，仏教

**榎倉杉斎** **えのくらさんさい★**
寛政11（1799）年1月28日～慶応3（1867）年
江戸時代後期～末期の伊勢神宮の神官。
¶三重続

**榎倉武因** **えのくらたけより★**
万治3（1660）年～正徳1（1711）年
江戸時代前期～中期の神官。
¶三重続

**榎倉長兵衛** **えのくらちょうべえ**
生没年不詳

戦国時代の伊勢神宮の御師。
¶戦房総

**愛宮真備** えのみやまきび
明治31(1898)年11月11日～平成2(1990)年7月7日
昭和～平成期の神父。上智大学教授。イエズス会日本布教区上長。広島で被爆し、同地に世界平和記念聖堂の建設をすすめる。
¶新カト，日人

**榎本豊後** えのもとぶんご
生没年不詳
江戸時代後期の大住郡曽屋村天王宮祠官。
¶神奈川人

**榎本保郎** えのもとやすろう
大正14(1925)年5月5日～昭和52(1977)年7月27日
昭和期の牧師、アシュラム運動推進者。
¶キリ

**恵白** えはく
？ ～天保14(1843)年10月6日
江戸時代後期の浄土真宗の僧。
¶国書，仏教

**恵舶** えはく
享保12(1727)年～安永8(1779)年12月11日
江戸時代中期の浄土真宗の僧。
¶国書，仏教

**慧白浄光** えはくじょうこう
宝永3(1706)年～安永6(1786)年3月22日
江戸時代中期の黄檗宗の僧。
¶黄檗

**江原代三郎** えはらだいざぶろう
生没年不詳
明治期の宗教家。天理教埼玉県真明組講元。
¶埼玉人

**江原万里** えはらばんり，えばらばんり
明治23(1890)年8月14日～昭和8(1933)年8月7日
[別]江原万里(えはらまさと)
大正～昭和期のキリスト教無教会伝道者、経済学者。東京帝国大学助教授。結核に倒れ、伝道のための個人雑誌「思想と生活」を刊行、著書に「聖書的現代経済観」。
¶岡山歴，キリ(えはらまさと)，現朝(えばらばんり)，コン改(えばらばんり)，コン5(えばらばんり)，昭人，新潮，人名，世紀，日人(えばらばんり)，平和(えばらばんり)，履歴，履歴2

**江原万里** えはらまさと
→江原万里(えはらばんり)

**恵範**(1) えはん
＊～慶安2(1649)年 [別]恵範(けいはん)
平安時代後期の僧。法隆寺別当。
¶国書(けいはん [生]慶長13(1608)年 [没]慶安2(1649)年1月9日)，古人，仏教(けいはん [生]慶長15(1610)年 [没]慶安2(1649)年5月9日)，平史(生没年不詳)

**恵範**(2) えはん
寛正2(1461)年～＊
戦国時代の真言宗の僧。
¶茨城百([没]？)，茨城歴([没]天文6(1537)年)

**海老沢亮** えびさわあきら
明治16(1883)年1月23日～昭和34(1959)年1月6日
昭和期の宗教教育者、牧師。日本基督教協議会総幹事。
¶キリ，現情

**海老沢有道** えびさわありみち
明治43(1910)年11月20日～平成4(1992)年1月3日
昭和期の日本史学者。立教大学教授。近世史(キリシタン史)を研究。キリスト教史学会を設立。
¶キリ，近現，現朝，現執1期，現情，史研，新カト，世紀，日人，歴大

**海老沢義道**(海老澤義道) えびさわよしみち
大正12(1923)年2月22日～平成5(1993)年5月22日
大正～平成期の牧師。北海道YMCA総主事。
¶日Y(海老澤義道)

**海老塚義隆** えびづかよしたか
明治28(1895)年～昭和33(1958)年
大正～昭和期の僧侶。
¶高知人

**海老名弾正**(海老名彈正) えびなだんじょう，えびなだんじよう
安政3(1856)年～昭和12(1937)年5月22日
明治～大正期の牧師、キリスト教指導者。同志社総長。熊本英学校、熊本女学校創設、基督同志会を組織、本郷教会を再建し牧師となる。
¶朝日([生]安政3年8月20日(1856年9月18日))，アナ([生]安政3(1856)年8月20日)，岩史([生]安政3(1856)年8月20日)，学校([生]安政3(1856)年8月20日)，角史，教育，教人(海老名彈正)，郷土群馬，京都大，京都文([生]安政3(1856)年9月18日)，キリ([生]安政3年8月20日(1856年9月18日))，近現，近文，熊本人，熊本百([生]安政3(1856)年9月18日)，群新百，群馬人，群馬百，現朝([生]安政3年8月20日(1856年9月18日))，広7，国史，コン改，コン5，史人([生]1856年8月20日)，思想史，社史([生]安政3年8月20日(1856年9月18日))，重要([生]安政3(1856)年8月20日)，昭人([生]安政3(1856)年8月20日)，新カト([生]安政3(1856)年9月18日)，新潮([生]安政3(1856)年8月20日)，新文([生]安政3(1856)年9月18日)，人名，世紀([生]安政3(1856)年8月20日)，姓氏京都，姓氏群馬，世人([生]安政3(1856)年8月)，世百，全書，大百，哲学，日史([生]安政3(1856)年8月20日)，日史語(えびなだんじよう)，日人，日想([没]昭和22(1947)年)，日Y([生]安政2(1856)年9月18日)，日本，百科，兵庫百，福岡百([生]安政3(1856)年6月18日)，福岡文，文学，平日，平和，ポプ人，民学，明治2，明治史，明大1([生]安政3(1856)年8月20日)，履歴([生]安政3(1856)年8月20日)，

え

履歴2（㊤安政3（1856）年8月20日），歴大

え

**海老名みや** えびなみや
文久2（1862）年11月6日～昭和27（1952）年3月4日
明治～昭和期のキリスト教伝道者。キリスト教連合会婦人会会長。牧師の夫を助けて宣教に励む。日本婦人会、基督教婦人矯風会等の会長を歴任。
¶キリ（㊤文久3年9月15日（1863年10月27日）），近女，女性，女性普，世紀，日人，明大1

**海老沼友喜** えびぬまともき
万延1（1860）年～大正11（1921）年
明治～大正期の神職。栃木県神職取締所理事。
¶神人

**海老原静観** えびはらじょうかん
天保4（1833）年9月20日～明治34（1901）年8月27日
江戸時代後期～明治期の僧侶。
¶真宗

**海老原平次郎** えびはらへいじろう
明治4（1861）年～昭和22（1942）年
江戸時代末期～昭和期の神職。
¶神人

**恵便**（慧便） えびん
生没年不詳 ㊗恵便（えべん）
飛鳥時代の高句麗僧。
¶古代（えべん），古代普（えべん），コン改，コン4，コン5，人名（慧便），日人（えべん），兵庫百（えべん），仏教

**江部鴨村** えべおうそん
明治17（1884）年10月5日～昭和44（1969）年10月16日
明治～昭和期の仏教学者、評論家。岩野泡鳴の「女の執着」所収付録の追憶録「泡鳴氏の臨終」は有名。
¶近文，現情，ジ人1，人名7，世紀，日人，仏教，仏人

**恵便** えべん
→恵便（えびん）

**慧弁**（恵弁） えべん
？ ～明和5（1768）年6月26日
江戸時代中期の浄土真宗の僧。
¶国書（恵弁），仏教

**慧鳳** えほう
元禄1（1688）年～明和5（1768）年5月16日
江戸時代前期～中期の真言律宗の僧。
¶国書

**慧龐** えほう
室町時代の画家。
¶人名，日人（生没年不詳）

**江馬尭因** えまぎょういん
～享保18（1733）年11月25日
江戸時代中期の高山市の松泰寺の開基。麻生野家4代江馬長風の嫡子。
¶飛騨

**江馬盛慶** えまもりよし
～明治6（1873）年8月17日
明治期の神職。高山の大成院9世。盛良の子。
¶飛騨

**慧満** えまん
生没年不詳
江戸時代後期の浄土宗の僧。
¶国書

**恵弥** えみ
飛鳥時代の百済僧。
¶古代，古代普，日人（生没年不詳），仏教（生没年不詳）

**江見河原入道** えみがわらにゅうどう
生没年不詳
室町時代の物語僧。
¶兵庫百

**江見清風** えみきよかぜ
→江見清風（えみせいふう）

**江見啓斎**（江見啓斉） えみけいさい
宝暦8（1758）年～文政12（1829）年
江戸時代中期～後期の国学者、神職。
¶神人（㊦文政12（1829）年7月），人名（㊤1759年），新潟百（江見啓斉），日人

**江見清風** えみせいふう
明治1（1868）年～昭和14（1939）年 ㊗江見清風（えみきよかぜ）
明治～昭和期の神官、春日神社宮司。
¶神史（えみきよかぜ），神人（えみきよかぜ），新潟百（㊦1941年）

**恵妙** えみょう
？ ～天武9（680）年
飛鳥時代の僧。
¶古代，古代普（㊤？ ㊦680年），日人，仏教（㊦天武9（680）年11月17日）

**慧明** えみょう
享保17（1732）年～寛政7（1795）年4月2日
江戸時代中期～後期の天台宗の僧。
¶国書

**慧猛** えみょう
慶長18（1613）年5月1日～延宝3（1675）年3月21日
㊗慈忍（じにん）
江戸時代前期の律宗の僧。
¶近世，国史，国書（㊤慶長19（1614）年），史人，思想史（㊤慶長19（1614）年），新潮，戦人，日人，仏教（㊤慶長19（1614）年5月1日，（異説）5月19日？），仏史

**江村秀山** えむらしゅうざん
天保13（1842）年8月6日～明治38（1905）年10月3日
江戸時代後期～明治期の僧侶。
¶真宗

**江森幸平** えもりこうへい
明治20（1887）年～昭和30（1955）年

明治～昭和期の神官。
¶群馬人

**恵門** えもん
江戸時代後期～末期の僧。浄土真宗本願寺派福専寺の住職。
¶兵庫百

**慧門禅智** えもんぜんち
宝暦8(1758)年～文政13(1830)年7月
江戸時代中期～後期の曹洞宗の僧。
¶国書, 島根歴

**慧友** えゆう
？ ～享保9(1724)年
江戸時代中期の浄土真宗の僧。
¶国書, 仏教([没]享保9(1724)年,(異説)正徳4(1714)年9月)

**恵瑤** えよう
奈良時代の東大寺の僧。天平宝字8年少都維那。
¶古人

**恵良惟澄** えらこれずみ
→阿蘇惟澄(あそこれずみ)

**会理** えり
仁寿2(852)年～承平5(935)年12月24日
平安時代前期～中期の真言宗の僧。絵画彫刻に長じる。
¶朝日([没]承平5年12月24日(936年1月20日)), 京都大, 古人, 古中, コン4, コン5, 史人, 新潮([生]仁寿2(852)年,(異説)斉衡2(855)年), 全書, 大百([生]？), 日人([没]936年), 仏教, 仏史, 仏人, 平史, 名画

**江里宗平** えりそうへい
明治41(1908)年11月17日～平成17(2005)年5月16日
大正～平成期の仏師。本願寺仏師、京都仏像彫刻研究所理事。
¶美建

**江利山義顕** えりやまぎけん
明治26(1893)年～昭和40(1965)年
大正～昭和期の僧。遠光寺21世住職。
¶青森人

**恵隆** えりゅう
江戸時代後期の新義真言宗の僧。
¶仏教([生]？　[没]文政年間(1818～1830年)12月16日), 仏人([生]1760年　[没]1818年)

**慧流** えりゅう
生没年不詳
江戸時代前期の浄土宗の僧。
¶仏教

**恵亮**(慧亮) えりょう
延暦21(802)年～貞観2(860)年5月26日
平安時代前期の天台宗の僧。西塔宝幢院の検校。
¶朝日([生]弘仁3(812)年　[没]貞観2年5月6日(860年5月29日)), 郷土長野(慧亮　[生]？), 国史, 国書(慧亮), 古人, 古代, 古代普, 古中, 史人([生]802年,(異説)812年), 新潮, 人名, 長野百([生]？　[没]？), 長野歴(慧亮　[生]延暦20(801)年　[没]貞観1(859)年), 日人([生]802年,(異説)812年), 仏教([生]延暦21(802)年,(異説)弘仁3(812)年), 仏史, 平家, 平史([生]802年？)

**慧亮** えりょう
享保4(1719)年～安永3(1774)年
江戸時代中期の浄土真宗の僧。
¶国書([没]安永3(1774)年5月28日), 日人, 仏教([生]？　[没]安永3(1774)年7月28日)

**慧良** えりょう
生没年不詳
奈良時代の渡来僧。
¶仏教

**慧亮忘光** えりょうぼうこう
生没年不詳
江戸時代末期の曹洞宗の僧。
¶国書

**恵隣** えりん
生没年不詳
飛鳥時代の僧。
¶日人

**慧琳**(恵琳) えりん
正徳5(1715)年5月1日～寛政1(1789)年5月25日
江戸時代中期の浄土真宗の僧。
¶国書(恵琳), 人名, 全書(恵琳), 日人, 仏教, 仏人

**慧輪** えりん
生没年不詳
飛鳥時代の三論宗の僧。
¶国書, 仏教

**慧隣**(恵隣) えりん
飛鳥時代の僧。
¶古代(恵隣), 古代普(恵隣), 仏教(生没年不詳)

**慧麟** えりん
天明8(1788)年～明治2(1869)年9月27日
江戸時代後期～明治期の僧侶。
¶真宗

**恵林寺正了** えりんじしょうりょう
生没年不詳
戦国時代の清見村の恵林寺の開基。
¶飛騨

**慧林性機** えりんしょうき
明・万暦37(1609)年9月8日～天和1(1681)年
[別]性機(しょうき)
江戸時代前期の黄檗宗の僧。
¶国書([没]天和1(1681)年11月9日), 人書94, 人名, 日人, 仏教([没]天和1(1681)年11月11日), 仏人(性機　しょうき)

**慧琳尼** えりんに
享保3(1718)年～寛政1(1789)年
江戸時代中期の真言宗の尼僧。

え

¶朝日（[没]寛政1年5月22日（1789年6月15日）），江表（慧林尼（京都府）），日人，仏教（[没]寛政1（1789）年5月22日）

**円阿弥　えんあみ**
戦国時代の岩付城主北条氏房の家臣。
¶後北，戦辞（生没年不詳）

**円伊(1)　えんい**
生没年不詳
鎌倉時代の画家。
¶国書

**円伊(2)　えんい**
生没年不詳
鎌倉時代後期の画家。
¶朝日，角史，鎌室，京都大，コン改，コン4，コン5，史人，重要，新潮，人名，世人，伝記，日人，美家，仏教，名画，山川小

**円意　えんい**
？～元禄12（1699）年3月8日
江戸時代前期の浄土宗の僧。
¶仏教

**延惟　えんい**
承和8（841）年～？　[別]延惟（えんゆい）
平安時代前期の法相宗の僧。東大寺37世。
¶古人（[没]？），人名（えんゆい），日人，仏教，平史

**円一　えんいち**
生没年不詳
鎌倉時代の律宗の僧。
¶人名，日人，仏教

**円胤(1)　えんいん**
生没年不詳
鎌倉時代後期の浄土宗の僧・歌人。
¶国書

**円胤(2)　えんいん**
応永14（1407）年～文安4（1447）年
室町時代の僧。後村上天皇の孫。
¶鎌室，人名，日人（[没]1448年）

**延殷　えんいん**
安和1（968）年～永承5（1050）年
平安時代中期の天台宗の僧。
¶国書（[没]永承5（1050）年3月5日），古人，コン改（[生]？），コン4（[生]？），コン5（[生]？），人名，日人，仏教（[没]永承5（1050）年3月26日），平史

**円運　えんうん**
生没年不詳
平安時代後期の真言宗の僧。
¶仏教

**円雲　えんうん**
？～寿永1（1182）年
平安時代後期の天台僧。
¶古人（[生]？），平史

**円恵(1)　えんえ**
→円恵法親王（えんえほっしんのう）

**円恵(2)　えんえ**
？～天授2/永和2（1376）年頃
南北朝時代の真言宗の僧・連歌作者。
¶国書

**円慧　えんえ**
→可庵円慧（かあんえんえ）

**延恵　えんえ**
応永25（1418）年～？
室町時代の法相宗の僧・修験僧。
¶国書5

**円恵法親王　えんえほうしんのう**
→円恵法親王（えんえほっしんのう）

**円恵法親王　えんえほっしんのう**
*～寿永2（1183）年　[別]円恵（えんえ，えんけい），円恵法親王（えんえほうしんのう，えんけいほうしんのう，えんけいほっしんのう）
平安時代後期の僧。後白河天皇の皇子。
¶鎌室（[生]仁平2（1152）年），古人（えんけいほっしんのう　[生]？），人名（えんえほうしんのう　[生]1152年），天皇（えんえほうしんのう　[生]仁平3（1153）年），内乱（円恵　えんけい　[生]仁平3（1153）年），日人（えんけいほうしんのう　[生]1152年　[没]1184年），仏教（円恵　えんえ　[生]仁平1（1151）年　[没]寿永2（1183）年11月19日），平家（えんけいほっしんのう　[生]仁平3（1153）年？），平史（えんけいほうしんのう　[生]？）

**円縁　えんえん**
正暦1（990）年～康平3（1060）年
平安時代中期の法相宗の僧。西大寺28世、興福寺25世。
¶国書（[没]康平3（1060）年5月2日），古人，仏教（[没]康平3（1060）年5月1日），平史

**延円　えんえん**
？～長久1（1040）年
平安時代中期の絵師、石立僧。
¶岩史，国史，古人（[生]？），古中，コン4，コン5，史人，新潮，世人（生没年不詳），日人，美家，平史，名画

**円応　えんおう**
？～天保8（1837）年
江戸時代後期の烏山・天性寺住職、天保の大飢饉の際に尊徳仕法を実施した。
¶栃木歴

**円嘉　えんか**
生没年不詳
鎌倉時代前期の天台宗の僧・歌人。
¶国書

**円我　えんが**
文化10（1813）年～明治23（1890）年　[別]阿円我（あえんが）

江戸時代後期～明治期の真言宗の僧。
¶人名（阿円我　あえんが），日人，和歌山人

**円賀** えんが
延喜6（906）年～永祚1（989）年
平安時代中期の天台宗の僧。
¶古人，人名（㊣992年），日人，仏教（㊣正暦3（992）年7月23日，（異説）永祚1（989）年8月11日），平史

**円雅** えんが
生没年不詳
江戸時代前期の浄土真宗の僧。
¶国書，日人，仏教（㊤天正17（1589）年　㊣慶安1（1648）年5月16日）

**円快** えんかい
生没年不詳
平安時代の仏師。
¶国史，古人，古中，新潮，人名，日人，美建，仏教，平史

**円懐** えんかい
生没年不詳
鎌倉時代後期の僧侶・連歌作者。
¶国書

**円海**(1) えんかい
生没年不詳
鎌倉時代の律宗の僧。
¶仏教

**円海**(2) えんかい
生没年不詳
鎌倉時代後期の天台宗の僧・連歌作者。
¶国書

**円海**(3) えんかい
→月感（げっかん）

**円海**(4) えんかい
～享保4（1719）年11月10日
江戸時代前期～中期の僧。
¶庄内

**円海**(5) えんかい
生没年不詳
浄土真宗の僧。三河光輪寺の住職。
¶国書

**演海** えんかい
生没年不詳
江戸時代中期の真言宗の僧。
¶仏教

**円覚** えんかく
平安時代前期の僧。
¶古人，対外，日人（生没年不詳），平史（生没年不詳）

**延覚** えんかく
承保3（1076）年～？
平安時代後期の興福寺僧。
¶古人（㊣？），平史

**円月** えんがつ
→中巌円月（ちゅうがんえんげつ）

**円環** えんかん
元禄9（1696）年～享保19（1734）年5月21日
江戸時代中期の浄土真宗の僧。
¶国書，人名，日人，仏教，仏人

**円観**(1) えんかん
？～康平5（1062）年
平安時代中期～後期の念仏往生者。
¶古人（㊤？），平史

**円観**(2) えんかん
弘安4（1281）年～正平11/延文1（1356）年3月1日
㊊円観慧鎮（えんかんえちん），恵鎮（えちん），恵鎮円観（えちんえんかん），慧鎮円勧（えちんえんかん），慧鎮（えちん），慈威和尚（じいおしょう）
鎌倉時代後期～南北朝時代の天台宗の僧。
¶朝日（㊣延文1/正平11年3月1日（1356年4月2日）），岩史，角史，神奈川人，鎌倉（恵鎮　えちん），鎌倉新（円観慧鎮　えんかんえちん），鎌古，鎌室，京都大（恵鎮　えちん），国史，国書（恵鎮　えちん　㊤弘安4（1281）年閏7月14日），古中，コン改，コン4，コン5，史人，新潮，人名，姓氏京都（恵鎮円観　えちんえんかん），姓氏山口（恵鎮　えちん），世人，世百，全書，内乱，日史，日人，百科，仏教，仏史，仏人，室町，歴大（慧鎮円勧　えちんえんかん）

**延鑑**（延鑒） えんかん
寛平3（891）年～康保2（965）年
平安時代中期の浄土真宗の僧。
¶古人（延鑒），人名（延鑒），日人，仏教（㊣康保2（965）年3月27日），平史（延鑒）

**円眼** えんがん
生没年不詳
江戸時代中期の僧。
¶藩臣7

**円観慧鎮** えんかんえちん
→円観(2)（えんかん）

**円龕昭覚** えんがんしょうがく
→昭覚（しょうかく）

**円鑑梵相** えんかんぼんそう
正平1/貞和2（1346）年～応永17（1410）年
南北朝時代～室町時代の臨済宗の僧。
¶人名，日人，仏教（㊣応永17（1410）年2月10日）

**円喜** えんき
生没年不詳
鎌倉時代の律宗の僧。
¶仏教

**円禧** えんき
文化14（1817）年1月17日～文久1（1861）年5月8日
江戸時代末期の浄土真宗の僧。専修寺20世。
¶仏教

**延義** えんぎ
生没年不詳

平安時代中期の三論宗の僧。
¶日人，仏教

え

**円玖** えんきゅう
天文15(1546)年～寛永2(1625)年8月1日
戦国時代～江戸時代前期の僧侶・連歌作者。
¶国書(生没年不詳)，国書5，俳文

**円鏡** えんきょう
天正2(1574)年～正保3(1646)年2月7日
江戸時代前期の浄土宗の僧。
¶仏教

**円慶** えんきょう
生没年不詳　別円慶(えんけい)
平安時代中期の天台宗の僧。
¶古人(えんけい)，仏教，平史(えんけい)

**円経** えんきょう
*～？
鎌倉時代前期の法相宗の僧。元興寺57世。
¶国書(生承安2(1172)年)，仏教(生承安3(1173)年，(異説)治承2(1178)年)

**延教** えんきょう
生没年不詳
奈良時代の女性。尼僧。
¶女性

**延慶** えんきょう
→延慶(えんけい)

**円行(1)** えんぎょう
延暦18(799)年～仁寿2(852)年3月6日
平安時代前期の真言宗の僧。入唐八家の一人。
¶朝日(没仁寿2年3月6日(852年3月29日))，岩史，国史，国書，古人，古代，古代普，古中，コン改，コン4，コン5，史人，新潮，人名，世人，対外，日人，仏教，仏史，仏人，平史

**円行(2)** えんぎょう
？～康治2(1143)年
平安時代後期の僧。白河天皇の皇子。
¶古人，人名，天皇，日人(生没年不詳)，平史(生没年不詳)

**円行(3)** えんぎょう
？～文政2(1819)年4月2日
江戸時代中期～後期の僧。山梨郡上今井村浄土真宗浄恩寺18世。
¶山梨百

**円久** えんく
生没年不詳
平安時代中期の天台宗の僧。
¶古人，日人，仏教，平史

**延救** えんく，えんぐ
長徳4(998)年～治暦3(1067)年1月14日
平安時代中期の真言宗の僧。
¶古人，埼玉人(えんぐ)，人名(えんぐ)，日人(生没年不詳)，仏教，平史(生没年不詳)

**厭求** えんぐ
寛永11(1634)年～正徳5(1715)年
江戸時代前期～中期の浄土宗鎮西義の学僧。
¶近世，国史，人名，日人，仏教(生寛永10(1633)年2月4日　没正徳5(1715)年5月11日)，仏史

**円空(1)** えんくう
生没年不詳
鎌倉時代前期の浄土宗の僧。
¶仏教

**円空(2)** えんくう
？～寛正3(1462)年11月
室町時代の真言宗・律宗兼学の僧。
¶仏教

**円空(3)** えんくう
寛永9(1632)年～元禄8(1695)年7月15日
江戸時代前期の僧。遊行して数多くの木彫仏を残す。
¶愛知百，青森人，朝日(没元禄8年7月15日(1695年8月24日))，岩史，江人，角史，郷土岐阜(没1689年)，近世，群新百，群馬人，群馬百，国史，国書，コン改(生寛永9(1632)年？)，コン4(生寛永9(1632)年？)，コン5(生寛永9(1632)年？)，埼玉人，史人，思想史，重要(生寛永9(1632)年？)，人書79(生1632年？)，人書94(生1632年頃)，人情5(生1632年？)，新潮，人名(生1632年？)，世人(生？　没元禄2(1689)年)，世百(生？)，全書，大百(生？　没1689年)，中濃続，栃木歴，日史，日人，濃飛，美建，美術，飛驒，百科，仏教，仏史，仏人，北海道歴，名僧，山川小，山梨百(生没年不詳)，歴大

**円空(4)** えんくう
？～元禄9(1696)年8月7日
江戸時代前期の浄土宗の僧。粟生光明寺33世。
¶仏教

**円空(5)** えんくう
？～宝暦10(1760)年12月
江戸時代中期の浄土真宗の僧。
¶国書

**延空** えんくう
*～康保4(967)年
平安時代前期～中期の興福寺法相宗の学僧。
¶古人(生890年？)，平史(生890年)

**円解** えんげ
明和4(1767)年～天保11(1840)年6月23日
江戸時代中期～後期の浄土真宗の僧。
¶国書，仏教

**円恵** えんけい
→円恵法親王(えんえほっしんのう)

**円慶(1)** えんけい
→円慶(えんきょう)

**円慶(2)** えんけい
生没年不詳

え

室町時代の仏師。
¶神奈川人，戦辞，美建

**円慶(3)　えんけい**
明暦1(1655)年～寛延3(1750)年
江戸時代前期～中期の大山寺智蔵院の僧。
¶鳥取百

**円桂　えんけい**
→円桂祖純(えんけいそじゅん)

**円継　えんけい**
？～明和7(1770)年6月6日
江戸時代中期の浄土真宗の僧。
¶仏教

**延慶　えんけい**
生没年不詳　(別)延慶(えんきょう)
奈良時代の入唐僧。鑑真の通訳。
¶朝日，国史，国書，古人(えんきょう)，古代，古代普，古中，史人，新潮，日史，日人，百科，仏教(えんきょう)，仏史

**演冏　えんけい**
？～文政6(1823)年10月5日
江戸時代中期～後期の浄土宗の僧。
¶国書5

**淵慶　えんけい**
生没年不詳
安土桃山時代の法相宗の僧・連歌作者。
¶国書5

**厭冏　えんげい**
天正3(1575)年～寛永11(1634)年
安土桃山時代～江戸時代前期の浄土宗の僧。
¶仏教

**円冏　えんげい，えんけい**
寛永11(1634)年～宝永3(1706)年　(別)友琴(ゆうきん)
江戸時代前期～中期の浄土宗の僧。知恩寺41世。
¶国書(没宝永3(1706)年9月15日)，人名(えんけい)，日人，俳諧(友琴　ゆうきん　(生)？)，仏教(没宝永3(1706)年8月15日)

**遠谿元脈　えんけいげんみゃく**
生没年不詳
江戸時代前期～中期の黄檗宗の僧。
¶国書

**遠谿禅師　えんけいぜんじ**
→遠谿祖雄(えんけいそゆう)

**円桂壮裔　えんけいそうえい**
文化5(1808)年～明治23(1890)年
江戸時代後期～明治期の僧。
¶日人

**遠渓祖雄　えんけいそおう**
→遠谿祖雄(えんけいそゆう)

**円桂祖純　えんけいそじゅん**
正徳4(1714)年～明和4(1767)年　(別)円桂(えんけい)
江戸時代中期の臨済宗の僧。
¶国書(生没年不詳)，島根人(円桂　えんけい)，島根百，島根歴

**遠谿祖雄**(遠渓祖雄)　**えんけいそゆう**
弘安9(1286)年～興国5/康永3(1344)年　(別)遠渓祖雄(えんけいそおう)，遠谿禅師(えんけいぜんじ)
鎌倉時代後期～南北朝時代の臨済宗幻住派の僧。
¶朝日(没康永3/興国5年6月27日(1344年8月6日))，人名(遠渓祖雄)，日人(遠渓祖雄)，兵庫人(遠谿禅師　えんけいぜんじ　(没)興国5(1344)年6月27日)，兵庫百，仏教(遠渓祖雄　えんけいそおう　(没)康永3/興国5(1344)年6月27日)

**円恵法親王　えんけいほうしんのう**
→円恵法親王(えんえほっしんのう)

**円恵法親王　えんけいほっしんのう**
→円恵法親王(えんえほっしんのう)

**円月(1)　えんげつ**
→中巌円月(ちゅうがんえんげつ)

**円月(2)　えんげつ**
→東陽円月(とうようえんげつ)

**淵月　えんげつ**
？～元禄8(1695)年5月23日
江戸時代前期の僧。京都虚霊山明暗寺14世住職。
¶日音

**円月江寂　えんげつこうじゃく**
元禄7(1694)年～寛延3(1750)年11月20日
江戸時代中期の曹洞宗の僧。永平寺42世。
¶仏教(没寛延3(1750)年11月20日，(異説)10月27日？)

**円憲(1)　えんけん**
生没年不詳
平安時代後期の僧。
¶日人

**円憲(2)　えんけん**
建久8(1197)年～建長3(1251)年
鎌倉時代前期～後期の法相宗の僧。
¶国書

**円顕　えんけん**
生没年不詳
鎌倉時代後期の天台宗の僧。
¶国書，仏教

**延憲(1)　えんけん**
平安時代前期～中期の僧、貞観寺座主、祇園検校。
¶古人

**延憲(2)　えんけん**
生没年不詳
平安時代中期の僧。
¶平史

え

**縁憲** えんけん
生没年不詳
南北朝時代の法相宗の僧。
¶国書

**円元(1)** えんげん
霊亀2(716)年～天応2(782)年2月26日
奈良時代の僧。
¶仏教

**円元(2)** えんげん
承安3(1173)年～延応1(1239)年2月26日
平安時代後期～鎌倉時代前期の天台宗の僧。
¶国書

**円玄(1)** えんげん
生没年不詳
平安時代後期の僧侶・歌人。
¶国書，古人，平史

**円玄(2)** えんげん
安元1(1175)年～？
鎌倉時代前期の法相宗の僧。興福寺57世。
¶古人(㊀？)，仏教，平史

**延源** えんげん
？ ～永長1(1096)年
平安時代中期～後期の絵仏師。
¶古人(㊀？)，日人，平史，名画

**円興** えんこう
㊗円興禅師(えんこうぜんじ)
奈良時代の僧。
¶公卿普(円興禅師　えんこうぜんじ)，古人，古代，古代普，諸系(生没年不詳)，日人(生没年不詳)

**円光(1)** えんこう
生没年不詳
鎌倉時代後期の真言宗の僧。
¶国書

**円光(2)** えんこう
？ ～応永27(1420)年
南北朝時代～室町時代の僧。
¶姓氏群馬

**延幸** えんこう
寛和1(985)年～治暦2(1066)年12月21日
平安時代中期の華厳宗の僧。東大寺68世。
¶古人，人名，日人(㊁1067年)，仏教，平史

**衍劫** えんこう
→石窓衍劫(せきそうえんごう)

**延杲** えんごう,えんこう
保安4(1123)年～元久3(1206)年3月12日
平安時代後期～鎌倉時代前期の真言宗の僧。東寺長者50世、東大寺90世。
¶古人(えんこう)，仏教，平史(えんこう)

**円光院(1)** えんこういん
→園文英(そのぶんえい)

**円光院(2)** えんこういん
慶長14(1609)年～延宝8(1680)年
江戸時代前期の尼僧。京都円通寺開基。
¶女史

**円光寺元佶** えんこうじげんきつ
→閑室元佶(かんしつげんきつ)

**円光寺正祐** えんこうじしょうゆう
～永禄5(1562)年3月3日
安土桃山時代の古川町の円光寺の開基。
¶飛騨

**円興禅師** えんこうぜんじ
→円興(えんこう)

**円光坊道珍** えんこうぼうどうちん
生没年不詳
戦国時代の吉城郡舟原村にあった円照寺の開基。
¶飛騨

**円載** えんさい
？ ～元慶1(877)年
平安時代前期の天台宗の僧。最澄の弟子。
¶朝日，岩史(㊁元慶1(877)年10月)，角史，国史，古史，古人(㊀？)，古代，古代普(㊀？)，古中，コン4，コン5，史人，新潮，人名，世人，対外(㊀？)，日史(㊁元慶1(877)年10月)，日人，百科，仏教，仏史，仏人，平史

**円西** えんさい
鎌倉時代後期の仏師。
¶鎌倉，美建

**延最** えんさい
平安時代前期の僧。
¶古人，古代，古代普，日人(生没年不詳)，仏教(生没年不詳)，平史(生没年不詳)

**円策** えんさく
？ ～享保10(1725)年9月30日
江戸時代前期～中期の浄土真宗の僧。
¶国書

**円山素明** えんざんそみょう
？ ～寛保2(1742)年1月18日
江戸時代中期の曹洞宗の僧。
¶国書

**縁山大因** えんざんだいいん
？ ～文政9(1826)年4月28日
江戸時代後期の曹洞宗の僧。永平寺55世。
¶仏教

**円旨** えんし
→別源円旨(べつげんえんし)

**円慈** えんじ
→東嶺円慈(とうれいえんじ)

**円耳** えんじ
永禄2(1559)年～元和5(1619)年4月19日　㊗虚応円耳(きょおうえんに，こおうえんに)
安土桃山時代～江戸時代前期の臨済宗の僧。興聖

寺開祖。
¶国書(虚応円耳　こおうえんに)，日人(虚応円耳　こおうえんに)，仏教(虚応円耳　きょおうえんに)，仏人

**円識** えんしき
寛政5(1793)年3月15日～嘉永5(1852)年5月1日
江戸時代末期の浄土真宗の僧。
¶国書，仏教，仏人

**円実**(1) えんじつ
保延4(1138)年～？
平安時代後期の僧。平清盛の側近。
¶古人，平家，平史(生没年不詳)

**円実**(2) えんじつ
建保2(1214)年～文永9(1272)年
鎌倉時代前期の僧。
¶鎌室，諸系，新潮([没]文永9(1272)年11月26日)，日人

**円爾弁円** えんじべんえん
→円爾弁円(えんにべんえん)

**円守** えんしゅ
生没年不詳
鎌倉時代後期の天台宗の僧。
¶国書，仏教

**円珠** えんしゅ
生没年不詳
鎌倉時代後期の天台宗の僧。
¶国書，仏教

**円種** えんしゅ
嘉禎1(1235)年～？
鎌倉時代前期～後期の天台僧。
¶仏史

**延寿** えんじゅ
弘仁9(818)年～仁和1(885)年
平安時代前期の僧。
¶古代，古代普，日人

**円珠庵羅城** えんしゅあんらじょう
享保19(1734)年～文化4(1807)年　[別]羅城(らいじょう，らじょう)
江戸時代中期～後期の俳人。
¶国書(羅城　らじょう　[生]享保19(1734)年5月8日　[没]文化4(1807)年11月8日)，日人，俳句(羅城　らいじょう)，俳文(羅城　らじょう　[没]文化4(1807)年11月8日)

**円宗** えんしゅう
？～元慶7(883)年12月22日
平安時代前期の僧。
¶国書，古人([生]？)，古代，古代普([生]？)，日人([没]884年)，仏教，平史

**円修** えんしゅう
平安時代前期の天台宗の僧。
¶古人，古代，古代普，日人(生没年不詳)

**円秀**(1) えんしゅう
？～文安6(1449)年5月28日
室町時代の天台宗の僧。
¶仏教

**円秀**(2) えんしゅう
*～明和3(1766)年11月11日
江戸時代中期の新義真言宗の僧。
¶仏教([生]貞享3(1686)年)，仏人([生]1687年)

**円従** えんじゅう
文化8(1811)年～明治16(1883)年9月7日
江戸時代後期の僧侶。
¶岡山歴

**円宗空寂** えんじゅうくうじゃく
生没年不詳
鎌倉時代後期の曹洞宗の僧。
¶国書

**円珠尼** えんじゅに
？～天正10(1582)年
戦国時代～安土桃山時代の女性。尼僧。
¶江表(円珠尼(群馬県))，群馬人，群馬百，女性(生没年不詳)

**円俊**(1) えんしゅん
生没年不詳
鎌倉時代後期の僧侶・歌人。
¶国書

**円俊**(2) えんしゅん
生没年不詳
南北朝時代～室町時代の天台宗の僧。
¶国書

**円俊**(3) えんしゅん
生没年不詳
室町時代～戦国時代の法相宗の僧。
¶仏教

**円春** えんしゅん
生没年不詳
平安時代後期の仏師。
¶古人，コン改，コン4，コン5，新潮，人名，日人，美建，平史

**円舜** えんしゅん
？～延徳2(1490)年2月25日
室町時代の日蓮宗の僧。
¶仏教([没]延徳2(1490)年2月25日，(異説)8月28日？)

**円倩** えんしゅん
生没年不詳
平安時代中期の真言宗の僧。
¶仏教

**衍舜** えんしゅん
？～応永4(1397)年2月15日
南北朝時代～室町時代の天台宗の僧。
¶仏教

え

え

**円遵** えんじゅん
延享3(1746)年11月〜文政2(1819)年
江戸時代後期の浄土真宗の僧。専修寺18世。
¶国書(㊀文政2(1819)年10月22日), 諸系, 人名, 日人, 仏教(㊀文政2(1819)年10月22日), 仏人, 三重

**円順** えんじゅん
*〜建長8(1256)年7月6日
鎌倉時代の天台宗の僧。
¶国書(㊤養和1(1181)年), 仏教(㊤文治5(1189)年)

**円助** えんじょ
→円助法親王(えんじょほっしんのう)

**円恕**(1) えんじょ
延宝1(1673)年〜享保18(1733)年7月25日
江戸時代前期〜中期の天台宗の僧。
¶国書

**円恕**(2) えんじょ
生没年不詳
江戸時代中期の浄土宗の僧。
¶日人, 仏教

**円勝** えんしょう
南北朝時代の仏師。
¶美建, 福島百(生没年不詳)

**円昭**(1) えんしょう
平安時代中期の僧。
¶古人, 平史(生没年不詳)

**円昭**(2) えんしょう
生没年不詳
南北朝時代の僧侶・歌人。
¶国書

**円照**(1) えんしょう
長保2(1000)年〜永承2(1047)年9月3日
平安時代中期の僧。醍醐寺の入道法師。
¶密教

**円照**(2) えんしょう
保延5(1139)年〜治承1(1177)年 ㊙藤原是憲(ふじわらのこれのり)
平安時代後期の遁世僧。藤原信西の子。
¶朝日, 国書(生没年不詳), 古人, 日人, 仏教, 平史

**円照**(3) えんしょう
承久3(1221)年〜建治3(1277)年10月22日 ㊙実相房(じっそうぼう)
鎌倉時代前期の律宗の僧。東大寺戒壇院中興開山。
¶朝日(㊀建治3年10月22日(1277年11月18日)), 岩史, 国史, 古中, コン4, コン5, 新潮, 人名(㊤1220年), 全書(㊤1220年), 日人, 仏教, 仏史, 仏人, 歴大

**円照**(4) えんしょう
生没年不詳
南北朝時代の僧侶・歌人。
¶国書

**円祥** えんしょう
天明8(1788)年7月10日〜天保8(1837)年
江戸時代後期の浄土真宗の僧。専修寺19世。
¶国書(㊀天保8(1837)年12月3日), 仏教(㊀天保8(1837)年11月21日), 三重

**円証** えんしょう
生没年不詳
鎌倉時代の律宗の僧。
¶仏教

**円性**(1) えんしょう
生没年不詳
鎌倉時代の法華寺の尼僧。
¶朝日

**円性**(2) えんしょう
生没年不詳
鎌倉時代後期の行者。
¶仏教

**円性**(3) えんしょう
元和9(1623)年6月17日〜宝永5(1708)年4月17日
江戸時代前期〜中期の浄土真宗の僧。
¶国書, 仏教

**円聖** えんしょう
寛文4(1664)年〜延享4(1747)年
江戸時代前期〜中期の天台宗の僧。
¶国書

**延昌** えんしょう
元慶4(880)年〜康保1(964)年1月15日 ㊙慈念僧正(じねんそうじょう)
平安時代中期の天台宗の僧。天台座主。
¶国史, 古人, 古中, コン改, コン4, コン5, 史人, 新潮, 人名, 姓氏石川, 姓氏京都, 日人, 仏教, 仏史, ふる, 平史

**延祥** えんしょう
神護景雲3(769)年〜仁寿3(853)年
奈良時代〜平安時代前期の法相宗の僧。
¶朝日(㊀仁寿3年9月9日(853年10月14日)), 古人, コン改(㊤天平神護2(766)年), コン4(㊤天平神護2(766)年), コン5(㊤天平神護2(766)年), 新潮(㊀仁寿3(853)年9月9日), 人名, 日人, 仏教(㊀仁寿3(853)年9月8日), 平史

**延証** えんしょう
生没年不詳
奈良時代の女性。尼僧。
¶女性

**延性** えんしょう
貞観1(859)年〜延長7(929)年10月28日
平安時代前期〜中期の真言宗の僧。
¶古人, コン改, コン4, コン5, 新潮, 人名, 日人, 仏教, 平史

**円浄** えんじょう
文治5(1189)年〜康元1(1256)年

鎌倉時代前期の僧。
¶鎌室，古人，日人，仏教（㊀建長8（1256）年4月19日）

**円静** えんじょう
生没年不詳
平安時代後期の真言宗の僧。
¶仏教

**延晟** えんじょう
？ ～承平3（933）年
平安時代前期～中期の石清水別当。
¶古人（㊁？），平史

**延敒** えんじょう
*～延長6（928）年 ㊐延敒（えんちん）
平安時代前期～中期の真言宗の僧。東寺長者10世、醍醐寺2世。
¶古人（えんちん ㊁？），人名（えんちん ㊁861年），日人（㊁861年 ㊀929年），仏教（㊁貞観4（862）年 ㊀延長7（929）年2月13日），平史（えんちん ㊁？）

**円城院南渓** えんじょういんなんけい
寛政2（1790）年～明治6（1873）年
江戸時代後期～明治期の僧侶。
¶大分歴

**円性教雅** えんしょうきょうが
戦国時代の甲斐・法善寺住職。
¶武田

**円常元嶺** えんしょうげんれい
？ ～享保7（1722）年5月3日
江戸時代前期～中期の曹洞宗の僧。
¶国書

**円城寺定竜** えんじょうじじょうりゅう
生没年不詳
江戸時代前期の朝日村の円城寺の開基。
¶飛騨

**円城寺憲之** えんじょうじのりゆき
明治2（1869）年12月18日～昭和12（1937）年12月11日
明治～昭和期の神職。
¶神人

**円城寺立真** えんじょうじりゅうしん
生没年不詳
鎌倉時代後期の神岡町の円城寺の僧。
¶飛騨

**円助法親王** えんじょほうしんのう
→円助法親王（えんじょほっしんのう）

**円助法親王** えんじょほっしんのう
嘉禎2（1236）年～弘安5（1282）年 ㊐円助（えんじょ），円助法親王（えんじょほうしんのう）
鎌倉時代後期の僧。後嵯峨天皇の第1皇子。
¶鎌室，人名（えんじょほうしんのう），天皇（えんじょほうしんのう），日人（えんじょほうしんのう），仏教（円助 えんじょ ㊁嘉禎2（1236）年11月 ㊀弘安5（1282）年8月12日）

**円信(1)** えんしん
寛弘1（1004）年～天喜1（1053）年
平安時代中期～後期の天台宗延暦寺僧。
¶古人，平史

**円信(2)** えんしん
平安時代後期の絵仏師。
¶朝日（生没年不詳），古人，人名，日人（生没年不詳），美建，平史（生没年不詳）

**円心** えんしん，えんじん
生没年不詳
平安時代後期の円派系の仏師。
¶朝日，国書，古人，史人（えんじん），新潮，人名，日人，仏教（えんじん），平史，名画

**円深** えんしん
平安時代中期の画僧。
¶古人，平史（生没年不詳）

**宴深** えんしん
正安3（1301）年～元弘4（1334）年1月18日
室町時代の僧。
¶岡山人，岡山歴

**宴真** えんしん
生没年不詳
平安時代中期の真言宗の僧。
¶仏教

**延信** えんしん
正応5（1292）年～文中1/応安5（1372）年4月3日
鎌倉時代後期～南北朝時代の天台宗の僧。
¶仏教

**延深** えんしん
平安時代後期の絵仏師。
¶古人，平史（生没年不詳）

**延真** えんしん
生没年不詳
鎌倉時代の天台宗の僧・歌人。
¶国書

**延尋** えんじん
正暦3（992）年～*
平安時代中期の真言宗の僧。
¶国書（㊀永承4（1049）年5月2日），古人（㊀1048年），コン改（㊀？），コン4（㊀？），コン5（㊀？），新潮（㊀永承3（1048）年5月3日），人名（㊀？），日人（㊀1048年，（異説）1049年），仏教（㊀永承4（1049）年5月2日），平史（㊀1048年）

**円瑞** えんずい
文政11（1828）年～明治26（1893）年5月13日
江戸時代末期～明治期の浄土宗西山流僧侶。粟生光明寺64世。
¶仏教

**円瑞即心** えんずいそくしん
？ ～享保21（1736）年1月6日
江戸時代中期の曹洞宗の僧。
¶仏教

え

**円通道成　えんずうどうじょう**
→円通道成（えんづうどうじょう）

**円世　えんせい**
生没年不詳
鎌倉時代後期の僧侶・歌人。
¶国書

**円勢(1)　えんせい**
生没年不詳
飛鳥時代の渡来僧。
¶仏教

**円勢(2)　えんせい**
？　～長承3（1134）年閏12月21日
平安時代後期の円派系の仏師、法印。
¶朝日（没長承3年閏12月21日（1135年2月5日）），角史，京都大，国史，古人（生？），古中，コン4，コン5，史人，新潮，姓氏京都，世人，日史，日人（没1135年），美建，美術，百科，仏教，仏史，平史

**円勢(3)　えんせい**
文化7（1810）年～文久3（1863）年
江戸時代後期～末期の浄土真宗の僧。
¶国書

**円晴　えんせい**
治承4（1180）年～仁治2（1241）年
鎌倉時代前期の律宗の僧。
¶仏教

**円説　えんせつ**
元禄9（1696）年～宝暦9（1759）年8月1日
江戸時代中期の浄土宗の僧。
¶仏教

**円宣　えんせん**
*～寛政4（1792）年5月2日
江戸時代中期の浄土宗の僧。増上寺52世。
¶国書（生享保3（1718）年），仏教（生享保2（1717）年）

**円善(1)　えんぜん**
生没年不詳
平安時代の天台宗の僧。
¶日人，仏教

**円善(2)　えんぜん**
生没年不詳
鎌倉時代の浄土真宗の僧。
¶姓氏愛知

**延全　えんぜん**
生没年不詳
鎌倉時代後期の天台宗の僧・歌人。
¶国書

**円聡　えんそう**
安元2（1176）年～建長3（1251）年7月4日
鎌倉時代前期の天台宗の僧。
¶仏教

**円尊　えんそん**
生没年不詳
平安時代後期の真言宗の僧。
¶仏教

**縁達師　えんたちし**
別縁達師（えんだちほうし）
奈良時代の僧。
¶人名，日人（えんだちほうし　生没年不詳）

**縁達師　えんだちほうし**
→縁達師（えんたちし）

**円潭　えんたん**
*～明治34（1901）年6月1日
江戸時代後期～明治期の画僧。
¶庄内（生文化14（1817）年2月28日），山形百（生文化13（1816）年）

**円知　えんち**
？　～明暦4（1658）年2月29日
江戸時代前期の浄土宗の僧。
¶仏教

**円智(1)　えんち**
？　～正安3（1301）年2月18日
鎌倉時代後期の浄土宗の僧。金戒光明寺5世。
¶仏教

**円智(2)　えんち**
？　～正平12/延文2（1357）年3月27日
南北朝時代の浄土宗の僧。知恩院11世。
¶仏教

**円智(3)　えんち**
生没年不詳
江戸時代前期の浄土真宗の僧。
¶国書

**円智(4)　えんち**
？　～寛文3（1663）年2月11日
江戸時代前期の浄土宗の僧。
¶仏教

**円智(5)　えんち**
寛永16（1639）年～享保6（1721）年3月27日
江戸時代前期～中期の浄土宗の僧。
¶国書

**円智(6)　えんち**
？　～元禄16（1703）年
江戸時代前期～中期の浄土宗の僧。
¶国書，仏教

**演智　えんち**
*～正徳2（1712）年7月7日
江戸時代中期の浄土宗の僧。
¶国書（生寛永10（1633）年），仏教（生寛永9（1632）年）

**円忠(1)　えんちゅう**
→諏訪円忠（すわえんちゅう）

**円忠(2) えんちゅう**
？ ～文明5(1473)年3月27日
室町時代の禅僧。
¶岡山百

**円澄(1) えんちょう**
宝亀2(771)年～承和4(837)年10月26日 ㊿寂光大師(じゃくこうだいし,じゃっこうだいし)
平安時代前期の天台宗の僧。
¶国史(㊀772年), 国書(㊀宝亀3(772)年), 古人(㊁836年), 古代(㊀772年), 古代普(㊀772年), 古中(㊀772年), コン改, コン4, コン5, 埼玉人(㊁承和3(836)年10月26日), 史人(㊀772年), 新潮, 人名, 姓氏群馬(生没年不詳), 世人, 日人(㊀772年), 仏教(㊀宝亀2(771)年,(異説)宝亀3年 ㊁承和3(836)年10月26日,(異説)承和4年10月26日), 仏史(㊀772年), 仏人, 平史(㊁836年)

**円澄(2) えんちょう**
生没年不詳
安土桃山時代～江戸時代前期の浄土宗の僧。
¶仏教

**円澄(3) えんちょう**
慶安3(1650)年～元禄2(1689)年2月4日
江戸時代前期の浄土真宗の僧。
¶仏教

**円澄(4) えんちょう**
貞享2(1685)年～享保11(1726)年2月13日
江戸時代中期の浄土真宗の僧。
¶国書, 仏教(㊀貞享2(1685)年8月15日), 仏人

**円朝 えんちょう**
文永9(1272)年～？
鎌倉時代後期の天台宗の僧・歌人。
¶国書(生没年不詳), 北条

**円超 えんちょう**
貞観3(861)年～延長3(925)年
平安時代中期の華厳宗の僧。
¶国書(㊁延長3(925)年5月), 古人, 人名, 日人, 仏教(㊀？ ㊁延長3(925)年6月19日), 平史

**円長(1) えんちょう**
？ ～長寛3(1165)年1月18日
平安時代後期の真言宗の僧。
¶仏教

**円長(2) えんちょう**
？ ～元禄6(1693)年10月4日
江戸時代前期の浄土宗の僧。
¶仏教

**円珍 えんちん**
弘仁5(814)年～寛平3(891)年10月29日 ㊿智証大師(ちしょうだいし)
平安時代前期の天台宗の僧(天台座主,寺門派の祖)。
¶朝日(㊁寛平3年10月29日(891年12月4日)), 岩史, 香川人, 香川百, 角史, 郷土香川, 郷土滋賀, 京都大, 国史, 国書(㊀弘仁5(814)年3月15日), 古史, 古人, 古代, 古代普, 古中, コン改, コン4, コン5, 滋賀百, 史人(㊀814年2月15日,(異説)3月15日), 思想史, 重要, 神史, 人書94, 神人, 新潮(㊀弘仁5(814)年3月15日,(異説)2月15日), 人名, 姓氏京都, 世人, 世百, 全書(㊀815年), 対外, 大百, 太宰府, 伝記, 日音(㊀弘仁5(814)年3月15日,(異説)2月15日), 日思, 日史, 日人, 百科, 福岡百, 仏教(㊀弘仁5(814)年3月15日,(異説)2月15日), 仏史, 仏人, 平史, 平日(㊀814 ㊁891), 名僧, 山川小(㊀814年2月, 3月15日), 歴大

**円琛 えんちん**
？ ～嘉永3(1850)年
江戸時代末期の浄土真宗の僧。
¶仏教

**延珍 えんちん**
寛平2(890)年～応和1(961)年
平安時代前期～中期の興福寺僧。
¶古人, 平史

**延鎮 えんちん**
？ ～弘仁12(821)年
平安時代前期の法相宗の僧。京都清水寺の開祖。
¶朝日(生没年不詳), 古人(㊀？), 古代, 古代普, コン改(生没年不詳), コン4(生没年不詳), コン5, 新潮(生没年不詳), 人名, 日人(生没年不詳), 仏教(生没年不詳), 平史

**延敒 えんちん**
→延敒(えんじょう)

**円通(1) えんつう**
寛永20(1643)年～享保11(1726)年
江戸時代前期～中期の僧。黄檗宗光明寺開祖。
¶和歌山人

**円通(2) えんつう**
？ ～寛政3(1791)年1月23日
江戸時代中期の浄土真宗の僧。
¶国書, 仏教

**円通(3) えんつう**
宝暦4(1754)年～天保5(1834)年9月4日
江戸時代後期の天台宗の学僧。
¶朝日(㊁天保5年9月4日(1834年10月6日)), 近世, 国史, 国書, コン改, コン4, コン5, 史人, 思想史, 新潮, 人名, 世人, 日人, 仏教, 仏人

**円通道成 えんづうどうじょう,えんずうどうじょう,えんつうどうじょう**
寛永20(1643)年6月23日～享保11(1726)年
江戸時代前期～中期の黄檗宗の僧。
¶黄檗, 国書(えんつうどうじょう ㊁享保11(1726)年2月), 日人(えんずうどうじょう), 仏教(えんずうどうじょう)

**延庭 えんてい**
平安時代前期の十禅師。
¶古代, 古代普, 日人(生没年不詳), 仏教(生没年不詳)

え

**円的** えんてき
？ ～寛文5（1665）年12月
江戸時代前期の浄土宗の僧。
¶仏教

**円道** えんどう
生没年不詳
鎌倉時代後期の僧侶・歌人。
¶国書

**遠藤衛守** えんどうえもり
生没年不詳
江戸時代後期の高座郡遠藤村御嶽明神神主。
¶神奈川人

**遠藤清** えんどうきよし
明治40（1907）年1月5日～？
昭和期の新興仏教青年同盟金沢支部メンバー。
¶社史

**遠藤玄雄** えんどうげんゆう
*～明治14（1881）年7月5日
江戸時代末期～明治期の浄土真宗本願寺派学僧。勧学。
¶真宗（[生]文化1（1804）年3月25日），仏教（[生]文化2（1805）年）

**遠藤栄** えんどうさかえ
明治37（1904）年3月1日～昭和54（1979）年8月8日
大正～昭和期の牧師。
¶キリ，福島百

**遠藤允信** えんどうさねのぶ
天保7（1836）年～明治32（1899）年　[別]遠藤允信（えんどうたかのぶ），遠藤文七郎（えんどうぶんしちろう）
江戸時代末期～明治期の仙台藩士、宮司。仙台藩大参事、塩釜神社宮司。幕政弾劾、尊皇攘夷を主張、幕内勤王派のために尽力。上洛して版籍奉還に参画。
¶朝日（[没]明治32（1899）年4月20日），維新，近現，近世，国史，国書（[没]明治32（1899）年4月20日），コン改（えんどうたかのぶ　[生]1835年），コン4（えんどうたかのぶ　[生]天保6（1835）年），コン5（えんどうたかのぶ　[生]天保6（1835）年），埼玉人，神人（[没]明治32（1899）年4月），新潮（[没]明治32（1899）年4月），姓氏宮城，全幕，日人，幕末（[没]1899年4月20日），幕末大（遠藤文七郎　えんどうぶんしちろう　[没]明治32（1899）年4月），藩臣1，宮城百，明治史，明大1（[没]明治32（1899）年4月20日）

**遠藤シモン** えんどうしもん
江戸時代前期のキリスト教伝道士。
¶人名

**遠藤允信** えんどうたかのぶ
→遠藤允信（えんどうさねのぶ）

**遠藤滝次郎** えんどうたきじろう
明治36（1903）年～
昭和期の僧侶。新興仏教青年同盟中央委員。
¶社史

**遠藤敏雄** えんどうとしお
明治31（1898）年7月17日～昭和46（1971）年10月23日
大正～昭和期の牧師。日本聖公会司祭。
¶キリ

**遠藤日秀** えんどうにっしゅう
元治1（1864）年1月28日～昭和9（1934）年8月31日
明治～大正期の声明家。身延山久遠寺支院恵善坊七世。
¶日音

**遠藤備前** えんどうびぜん★
生没年不詳
江戸時代中期の神主。
¶江神奈

**遠藤仏眼** えんどうぶつがん
安政5（1858）年～昭和14（1939）年
明治～昭和期の竜雲寺中興の僧。
¶姓氏宮城

**遠藤文七郎** えんどうぶんしちろう
→遠藤允信（えんどうさねのぶ）

**遠藤祐純** えんどうゆうじゅん
昭和10（1935）年1月1日～
昭和～平成期の真言学者、真言宗智山派僧侶。蓮花寺住職。
¶現執2期

**遠藤ヨアキン** えんどうよあきん
？ ～寛永4（1627）年
江戸時代前期のキリシタン。
¶人名

**遠藤理左衛門**（遠藤理佐衛門） えんどうりざえもん
？ ～寛永9（1632）年
江戸時代前期のキリシタン。
¶岡山人（遠藤理佐衛門），岡山歴，人名，日人

**円徳寺浄安** えんとくじじょうあん
生没年不詳
戦国時代の僧。高山市の円徳寺の開基。
¶飛驒

**円徳寺浄信** えんとくじじょうしん
～天正19（1591）年9月12日
安土桃山時代の僧。高山市の円徳寺3世。
¶飛驒

**円爾** えんに
→円爾弁円（えんにべんえん）

**円耳真流** えんにしんりゅう
→真流（しんりゅう）

**円爾弁円** えんにべんえん
建仁2（1202）年～弘安3（1280）年10月17日　[別]円爾（えんに），円爾弁円（えんじべんえん，えんにべんねん），聖一国師（しょういちこくし，しよういちこくし），弁円（べんえん），弁円円爾（べんえんえんに，べんねんえんに）
鎌倉時代前期の臨済宗の僧。

¶朝日（えんにべんねん　[生]建仁2年10月15日（1202年11月1日）　[没]弘安3年10月17日（1280年11月10日）），岩史（円爾　えんに　[生]建仁2（1202）年10月15日），岡山歴（えんにべんねん　[生]建仁2（1202）年10月15日），角史（円爾　えんに），神奈川人（円爾　えんに　[生]1201年），鎌倉（弁円円爾　べんえんえんに），鎌倉新（弁円円爾　べんねんえんに），鎌古（円爾　えんに），鎌室（円爾　えんに），京都，京都大（えんにべんねん），群馬人，群馬百（えんじべんえん），国史（円爾　えんに），国書（円爾　えんに　[生]建仁2（1202）年10月15日），古中（円爾　えんに），コン改，コン4，コン5，史人（円爾　えんに　[生]1202年10月15日），静岡百，静岡歴，思想史（円爾　えんに），重要（円爾　えんに），食文（聖一国師　しょういちこくし　[生]建仁2（1202）年10月15日），新潮（えんにべんねん　[生]建仁2（1202）年10月15日），人名（弁円　べんえん），姓氏京都（えんにべんねん），姓氏静岡（聖一国師　しょういちこくし），世人（弁円円爾　べんねんえんに　[生]建仁2（1208）年），世百，世百（弁円　べんえん），全書（円爾　えんに），対外（円爾　えんに），大百，太宰府（聖一国師　しよういちこくし），茶道，中世（円爾　えんに），日思（円爾　えんに），日史（円爾　えんに），日人（円爾　えんに），百科（弁円　べんえん），福岡百，仏教（えんにべんねん　[生]建仁2（1202）年10月15日　[没]弘安3（1280）年10月），仏史（円爾　えんに），仏人（円爾　えんに），名僧（円爾　えんに），歴大（円爾　えんに）

**円爾弁円**　えんにべんねん
→円爾弁円（えんにべんえん）

**円如**(1)　えんにょ
平安時代前期の僧。
¶古人，平史（生没年不詳）

**円如**(2)　えんにょ
延徳3（1491）年～大永1（1521）年
戦国時代の浄土真宗の僧。
¶人名，戦人，日人，仏教（[没]永正18（1521）年8月20日）

**円如**(3)　えんにょ
生没年不詳
江戸時代中期～後期の天台宗の僧。
¶国書

**円如**(4)　えんにょ
？　～安政2（1855）年
江戸時代中期～後期の天台宗の僧。
¶姓氏愛知

**円仁**　えんにん
延暦13（794）年～貞観6（864）年1月14日　[別]慈覚大師（じかくたいし，じかくだいし），慈覚大師円仁（じかくたいしえんにん）
平安時代前期の天台宗の僧。山門派の祖。「入唐求法巡礼行記」の著者。
¶朝日（[没]貞観6年1月14日（864年2月24日）），茨城百（慈覚大師　じかくだいし），茨城歴（慈覚大師　じかくだいし），岩史，岩手人（慈覚大師　じかくだいし　[没]864年2月24日），岩手百（慈覚大師　じかくだいし），角史，神奈川百，京都，郷土滋賀，京都大，郷土栃木（慈覚大師　じかくだいし），群馬人，芸能，国史，国書，古史，古人，古代，古代普，古中，コン改，コン4，コン5，埼玉人，埼玉百，詩歌，滋賀百，史人，思想史，重要，神史，人書94，人情，新潮，人名，姓氏岩手（慈覚大師　じかくだいし），姓氏京都，姓氏宮城（慈覚大師　じかくだいし），世人，世百，全書，対外，大百，太宰府，伝記，栃木百（慈覚大師円仁　じかくたいしえんにん　[没]貞観4（862）年），栃木歴，日音，日思，日史，日人，百科，福岡百，福島百（えんじん（じかくたいし）　[生]延暦11（792）年），仏教，仏史，仏人，平史，平日（[生]794　[没]864），名僧，山形百，山川小，歴大

**円忍**　えんにん
慶長14（1609）年～延宝5（1677）年12月25日
[別]真政（しんせい），真政円忍（しんせいえんにん）
江戸時代前期の真言宗僧。
¶黄檗（真政円忍　しんせいえんにん），国書（[生]慶長14（1609）年4月20日），人名（真政　しんせい），姓氏石川（[生]？），日人（[没]1678年），仏教（[生]慶長14（1609）年4月20日　[没]延宝5（1677）年12月20日），仏人

**縁忍**　えんにん
生没年不詳
平安時代後期の天台宗の僧・歌人。
¶国書

**円然**　えんねん
→奇山円然（きざんえんねん）

**円能**　えんのう
？　～仁平1（1151）年
平安時代後期の僧。
¶日人，仏教（[没]久安7（1151）年1月24日）

**円応性瑩**　えんのうしょうえい
生没年不詳
室町時代の曹洞宗の僧。
¶日人，仏教

**役小角**　えんのおずぬ
→役小角（えんのおづぬ）

**役小角**　えんのおずの
→役小角（えんのおづぬ）

**役小角**　えんのおづぬ，えんのおずぬ
生没年不詳　[別]役君小角（えんのきみおづの，えんのきみのおづぬ），役行者（えんのぎょうじゃ），役小角（えんのおずの，えんのおづの）
飛鳥時代の宗教家。修験道の開祖。
¶朝日，伊豆（役君小角　えんのきみのおづぬ），岩史（えんのおづの），岡山百（役行者　えんのぎょうじゃ），角史（えんのおづの），郷土奈良，国史（えんのおづの），国書，古史，古人（[没]701年），古代（役君小角　えんのきみおづの），古代普（役君小角　えんのきみおづの），

古中（えんのおづの），御殿場，コン改（えんのおずぬ），コン4（えんのおずぬ），コン5（えんのおずぬ），埼玉人（えんのおづぬ（おづの）），史人（えんのおづの），静岡百，静岡歴，思想（えんのおずぬ），思想史（役行者　えんのぎょうじゃ），神史（えんのおづの），人書94（えんのおずぬ），神人（えんのおずの），新潮，人名（㊐634年），世人，世百（役行者　えんのぎょうじゃ），全書（役行者　えんのぎょうじゃ），大百（役行者　えんのぎょうじゃ　㊐634年　㊎701年？），長野歴（㊐舒明6（634）年），日思，日史（役行者　えんのぎょうじゃ），日人，美術（役行者　えんのぎょうじゃ），飛驒，百科（役行者　えんのぎょうじゃ），富嶽（役行者　えんのぎょうじゃ），仏教，仏史（えんのおづの），仏人（㊐634年　㊎701年），平家，名僧（えんのおづの），山川小（えんのおづの），山梨人，山梨百，歴大

**役小角** えんのおづの
→役小角（えんのおづぬ）

**役君小角** えんのきみおづの
→役小角（えんのおづぬ）

**役君小角** えんのきみのおづぬ
→役小角（えんのおづぬ）

**役行者** えんのぎょうじゃ
→役小角（えんのおづぬ）

**役秀養** えんのしゅうよう★
生没年不詳
上代期の修験者。
¶秋田人2

**役藍泉** えんのらんせん
宝暦1（1751）年～文化6（1809）年　㊗役藍泉（えきらんせん）
江戸時代中期～後期の修験者。徂徠学派の儒者。
¶朝日（㊎文化6年9月29日（1809年11月6日）），国書（えきらんせん　㊐宝暦3（1753）年　㊎文化6（1809）年9月28日），コン改，コン4，コン5，新潮，人名（㊐1750年　㊎1806年），日人，藩臣6（えきらんせん　㊐宝暦3（1753）年），山口百（えきらんせん　㊐1753年），和俳

**役良春法印** えんのりょうしゅんほういん
安永6（1777）年～嘉永5（1852）年
江戸時代中期～後期の僧侶・文人。
¶多摩

**円範**(1) えんはん
万寿4（1027）年～寛治6（1092）年8月29日
平安時代中期～後期の天台宗の僧。
¶国書，仏教

**円範**(2) えんはん
生没年不詳
鎌倉時代以前の僧侶・歌人。「続拾遺和歌集」に入集。
¶国書

**延福** えんぷく
生没年不詳
奈良時代の華厳宗の僧。
¶仏教

**延保** えんほ
㊗延保（えんぽう）
平安時代前期の僧。
¶古人（えんぽう），古代（えんぽう），古代普（えんぽう），仏教（生没年不詳）

**延宝** えんほう
奈良時代の僧、山階寺寺主。
¶古人

**延保** えんぽう
→延保（えんほ）

**円妙** えんみょう
？～元文3（1738）年11月27日
江戸時代中期の真言律宗の僧。
¶国書

**円明** えんみょう
？～仁寿1（851）年
平安時代前期の真言宗の僧。空海十大弟子の1人。
¶国史，国書，古人（㊐？），古代，古代普（㊐？），古中，史人，人名，日人，仏教，仏史，平史

**延命院日潤** えんみょういんにちじゅん
江戸時代中期の僧。「日月星享和政談」のモデル。
¶江戸

**円明海** えんみょうかい
*～文政5（1822）年　㊗円明海（えんめいかい）
江戸時代後期の出羽湯殿山の即神仏。
¶朝日（㊐明和5（1768）年頃　㊎文政5年5月8日（1822年6月26日）），コン4（㊐明和5（1768）年？），コン5（㊐明和5（1768）年？），庄内（えんめいかい　㊐明和5（1768）年　㊎文政5（1822）年5月8日），日人（㊐1768年），仏人（㊐1767年）

**縁妙尼** えんみょうに
生没年不詳
平安時代中期の尼僧、往生者。
¶朝日，日人

**円明** えんめい
天明4（1784）年3月～弘化2（1845）年5月10日
江戸時代後期の僧。
¶岡山人，岡山歴

**延命** えんめい
寛政8（1796）年～文政2（1819）年
江戸時代後期の修験者、甲斐駒ヶ嶽の開山。
¶長野歴

**延命院日道** えんめいいんにちどう
明和1（1764）年？～享和3（1803）年　㊗日道（にちどう）
江戸時代中期～後期の日蓮宗の破戒僧。延命院住職。
¶朝日（日道　にちどう　㊐？），新潮，日史

([没]享和3(1803)年12月13日)，日人，百科

**円明海** えんめいかい
→円明海(えんみょうかい)

**円門** えんもん
？ ～寛政6(1794)年
江戸時代中期の浄土真宗の僧。
¶国書，仏教

**円也** えんや
？ ～天正12(1584)年　[別]雲誉円也(うんよえんや)
安土桃山時代の浄土宗の僧。
¶戦辞(雲誉円也　うんよえんや　[没]天正12年9月5日(1584年10月8日))，戦人，仏教([没]天正12(1584)年9月5日)

**延惟** えんゆい
→延惟(えんい)

**円勇** えんゆう
生没年不詳
鎌倉時代の天台宗の僧・歌人。
¶国書

**円猷** えんゆう
元禄7(1694)年～宝暦3(1753)年1月2日
江戸時代中期の浄土真宗の僧。専修寺17世。
¶国書([生]元禄7(1694)年1月2日)，国書5(生没年不詳)，人名，日人，仏教([生]元禄7(1694)年1月22日)

**円誉** えんよ
永正1(1504)年～天正12(1584)年11月6日
戦国時代～安土桃山時代の浄土宗の僧。
¶仏教

**縁誉** えんよ
？ ～元和8(1622)年9月15日
江戸時代前期の浄土宗の僧。
¶仏教

**衍耀** えんよう
→璞巌衍曜(はくがんえんよう)

**円楽坊重雄** えんらくぼうしげかつ
生没年不詳
戦国時代の松崎神社の社僧。
¶姓氏山口

**円理** えんり
寛永14(1637)年～享保10(1725)年9月5日
江戸時代前期～中期の浄土宗の僧。鎌倉光明寺54世、知恩院43世。
¶仏教

**円隆(1)** えんりゅう
？ ～文化8(1811)年6月17日
江戸時代後期の浄土真宗の僧。
¶仏教

**円隆(2)** えんりゅう
寛政7(1795)年～明治4(1871)年
江戸時代後期～明治期の僧。
¶庄内

**円竜** えんりゅう
？ ～弘化2(1845)年6月18日
江戸時代後期の浄土真宗の僧。
¶国書，仏教

**淵竜寺祖秀** えんりゅうじそしゅう
元禄7(1694)年～寛保3(1743)年12月27日
江戸時代中期の漢学者・詩僧。
¶東三河

**円竜寺雄峰** えんりゅうじゆうほう
生没年不詳
戦国時代の僧。円竜寺住職。
¶姓氏山口

**円竜寺了祥** えんりゅうじりょうしょう
天保13(1842)年8月～明治44(1911)年5月5日
江戸時代末期・明治期の僧。高山市の円竜寺7世。
¶飛騨

**円良** えんりょう
平安時代後期～鎌倉時代前期の天台僧。
¶古人，平家，平史(生没年不詳)

**円蓮** えんれん
生没年不詳
鎌倉時代後期の僧侶・歌人。
¶国書

**延朗** えんろう
大治5(1130)年～承元2(1208)年
平安時代後期～鎌倉時代前期の天台宗の僧。
¶鎌室，古人，人名([没]1207年)，日人，兵庫百，仏教([没]承元2(1208)年1月12日)，平史

## 【お】

**及川松庵** おいかわしょうあん
文化3(1816)年～明治29(1896)年
江戸時代後期～明治期の神職。
¶神人

**及川惣太郎** おいかわそうたろう
天明2(1782)年～天保6(1835)年
江戸時代中期～後期の宮大工。
¶姓氏岩手，美建

**追塩千尋** おいしおちひろ
昭和24(1949)年4月6日～
昭和～平成期の研究者。北海学園大学人文学部教授。
¶現執4期

**生沼是麟** おいぬまぜりん
明治36(1903)年～
昭和期の僧侶。
¶群馬人

**往阿弥陀仏** おうあみだぶつ
生没年不詳

鎌倉時代前期〜後期の念仏僧か。
¶神奈川人

**往海玄古** おうかいげんこ
→往海玄古（おおみげんこ）

**応覚** おうかく
永承5（1050）年〜大治3（1128）年
平安時代中期〜後期の僧。
¶古人，平史

**扇子道融** おうぎどうゆう
天保7（1836）年〜明治28（1895）年
江戸時代後期〜明治期の僧、教育者。
¶姓氏宮城

**応源** おうげん
生没年不詳
平安時代後期の絵仏師。
¶朝日，国史，古人，古中，新潮，姓氏京都，日史，日人，美術，百科，仏教，平史，名画

**往還寺善正** おうげんじぜんしょう
〜天文3（1534）年3月8日
戦国時代の僧。宮村の往還寺の開基。
¶飛騨

**往還寺竜舟** おうげんじりゅうしゅう
文久1（1861）年2月16日〜大正11（1922）年2月21日
明治・大正期の僧。大谷派本願寺内事局長・宮村の往還寺16世。
¶飛騨

**央元密巌** おうげんみつがん
？　〜宝暦11（1761）年6月18日
江戸時代中期の曹洞宗の僧。永平寺43世。
¶仏教

**応其** おうご
天文5（1536）年〜慶長13（1608）年10月1日　[別]応其（おうそ），木喰応其（もくじきおうご），木喰上人（もくじきしょうにん），木食応其（もくじきおうご），興山上人（こうざんしょうにん），木食上人（もくじきしょうにん）
安土桃山時代〜江戸時代前期の木食僧、連歌師。
¶朝日（[没]慶長13年10月1日（1608年11月8日）），岩史（木食応其　もくじきおうご），角史（木喰上人　もくじきしょうにん），郷土和歌山（[生]1537年），近世，国史，国書，コン改（木食応其　もくじきおうご），コン4（木食応其　もくじきおうご），コン5（木食応其　もくじきおうご），史人（木食応其　もくじきおうご），新潮（木食応其　もくじきおうご），人名（木食応其　もくじきおうご　[生]1537年），世人（木食応其　もくじきおうご），世百（木食応其　もくじきおうご　[生]1536年，（異説）1537年），戦国（[生]1537年），全書（[生]1537年），戦人（[生]天文6（1537）年），全戦（[生]天文6（1537）年），大百（[生]1537年），伝記（木食応其　もくじきおうご），日史（木食応其　もくじきおうご），日人，日文，俳句（おうそ），俳文（[生]天文6（1537）年），百科（木食応其　もくじきおうご），仏教（[生]天文6（1537）年，（異説）天文5年），仏史，仏人（[生]1537年），名僧，山川小（木食応其　もくじきおうご），歴大（木喰応其　もくじきおうご　[生]1537年），和歌山人（[生]1537年？），和俳

**逢坂信忢** おうさかしんご
明治15（1882）年9月9日〜昭和56（1981）年1月7日　[別]逢坂信忢（おおさかしんご）
明治〜昭和期の牧師、無教会伝道者。
¶キリ，札幌（おおさかしんご），北海道文，北海道歴

**逢坂元吉郎** おうさかもときちろう
明治13（1880）年6月25日〜昭和20（1945）年6月10日
明治〜昭和期の牧師、神学者。
¶キリ，渡航

**横川景三** おうさんけいさん
→横川景三（おうせんけいさん）

**黄色瑞華** おうしきずいけ
昭和11（1936）年4月26日〜
昭和〜平成期の僧侶、近世文学者。城西大学経済学部教授。
¶現執1期，現執3期，現執4期

**往寿** おうじゅ
？　〜万治4（1661）年3月28日
江戸時代前期の浄土真宗の僧。
¶仏教

**応住** おうじゅう
寛文2（1662）年〜元文5（1740）年7月9日
江戸時代前期〜中期の真言律宗の僧。
¶国書

**応準行然** おうじゅんぎょうねん
？　〜弘安3（1280）年
鎌倉時代前期〜後期の僧。無量寿福寺開山。
¶姓氏石川

**応昌** おうしょう
天正9（1581）年5月〜正保2（1645）年5月24日
[別]深乗（しんじょう）
江戸時代前期の真言宗の僧。
¶国書，戦人，仏教

**応照** おうしょう
生没年不詳
平安時代中期の行者。
¶日人，仏教

**応真** おうしん
延徳2（1490）年〜天文6（1537）年5月25日
戦国時代の浄土真宗の僧。専修寺11世。
¶仏教

**横川景三** おうせんけいさん，おうせんけいざん
永享1（1429）年〜明応2（1493）年11月17日　[別]横川景三（おうさんけいさん，わんせんけいさん），景三（けいさん）
室町時代〜戦国時代の臨済宗の僧、五山文学僧。
¶朝日（[没]明応2年11月17日（1493年12月25日）），

岩史，角史，鎌室（おうせんけいざん），京都，京都大，国史，国書，古中，コン改，コン4，コン5，詩歌，史人，思想史，新潮，姓氏京都，世人，全書，日史，日人，俳文（おうさんけいさん），百科（おうせんけいざん），兵庫百，仏教（おうせんけいざん），仏史，名僧，歴大，和俳

**黄泉無著** おうせんむじゃく
→黄泉無著（こうせんむじゃく）

**応其** おうそ
→応其（おうご）

**横超慧日** おうちょうえにち
明治39（1906）年～
昭和期の中国仏教思想学者。大谷大学教授。
¶現執1期

**応通** おうつう
？～文保2（1318）年
鎌倉時代後期の僧。東福寺開山聖一国師の高弟。
¶姓氏愛知

**応汀** おうてい
生没年不詳
江戸時代後期の俳人・神職。
¶国書5

**王藤内** おうとうない
？～建久4（1193）年
平安時代後期～鎌倉時代前期の備前吉備津宮の神職。
¶古人（㊐？），平史

**雄誉霊巌** おうによれいがん
→霊巌（れいがん）

**応仁** おうにん
？～仁平3（1153）年
平安時代後期の後三条天皇皇孫、三品輔仁親王の王子。
¶人名，日人

**黄年** おうねん
*～嘉永6（1853）年6月17日
江戸時代中期～後期の俳人・僧侶。
¶国書（㊐安永6（1777）年），姓氏石川（㊐？）

**近江岸弁之助** おうみぎしべんのすけ
明治19（1886）年5月10日～昭和47（1972）年1月7日
明治～昭和期のキリスト教信徒伝道者、船舶業者。
¶キリ

**近江幸正** おうみこうしょう
昭和5（1930）年～
昭和～平成期の僧侶・書家。
¶平和

**淡海真人三船** おうみのまひとみふね
→淡海三船（おうみのみふね）

**淡海三船** おうみのみふね
養老6（722）年～延暦4（785）年7月17日 ㊍淡海三船（おうみみふね），淡海真人三船（おうみのまひとみふね）
奈良時代の貴族、文人。「唐大和上東征伝」の著者。
¶朝日（㊀延暦4年7月17日（785年8月26日）），岩史，角史，国史，国書（おうみみふね），古史，古人，古代（淡海真人三船 おうみのまひとみふね），古代普（淡海真人三船 おうみのまひとみふね），古中，コン改（㊐養老5（721）年），コン4（㊐養老5（721）年），コン5（㊐養老5（721）年），埼玉人，詩歌，史人，思想史，重要（㊀延暦4（785）年7月14日），諸系，新潮，人名，姓氏愛知，世人，世百，全書，大百，伝記，日音，日史，日人，日文，百科，仏教，平日（㊐722 ㊀785），万葉（淡海真人三船 おうみのまひとみふね），山川小，歴大，和俳

**淡海三船** おうみみふね
→淡海三船（おうみのみふね）

**奥竜** おうりゅう
享保5（1720）年～文化10（1813）年 ㊍玄楼奥竜（げんろうおうりゅう，げんろうおくりゅう）
江戸時代中期～後期の曹洞宗の僧。
¶国書（玄楼奥竜 げんろうおうりゅう ㊀文化10（1813）年11月12日），人名（玄楼奥竜 げんろうおくりゅう），日人（玄楼奥竜 げんろうおうりゅう），仏教（玄楼奥竜 げんろうおうりゅう ㊀文化10（1813）年10月12日），仏人

**麻植持光** おえもちみつ
？～天文22（1553）年
戦国時代の武将、神主・神官。
¶戦人

**大池真澄** おおいけますみ
嘉永5（1852）年6月15日～大正12（1923）年9月18日
明治・大正期の宮村の水無神社の宮司。
¶飛騨

**大石秀典** おおいししゅうてん
明治36（1903）年9月24日～平成8（1996）年10月22日
昭和期の宗教家。新宗連初代事務局長。新宗教教団相互の協力、連帯ないし新宗教の社会的認知、地位向上に貢献。
¶現朝，現情，現人，世紀，日人

**大石順教** おおいしじゅんきょう
明治21（1888）年3月14日～昭和43（1968）年4月21日
明治～昭和期の尼僧。身障者の福祉活動に専念。京都に仏光院を建立。日本人発の世界身体障害者芸術協会会員。
¶現朝，現情，昭人，女史，女性，女性普，新潮，人名7，世紀，日人，仏教，仏人

**大石順教尼** おおいしじゅんきょうに
明治21（1888）年～昭和43（1968）年
大正～昭和期の尼僧。
¶大阪人

**大石清安** おおいしせいあん
生没年不詳

江戸時代前期の鎌倉の絵仏師。
¶神奈川人，鎌倉，姓氏神奈川

お

**大石保** おおいしたもつ
明治3(1870)年1月～大正13(1924)年12月3日
明治～大正期の実業家、牧師。東京府議会議長。韓海漁業を創立。人造麻布を発明、特許を獲得。
¶朝日，高知経(㊀1868年 ㊁1934年)，高知人(㊀1868年)，コン改，コン5，新潮，人名，世紀，先駆，日人(㊀慶応4(1868)年1月4日)，明大1(㊀慶応4(1868)年1月4日)

**大石余平** おおいしよへい
安政1(1854)年4月16日～明治24(1891)年10月28日
明治期のキリスト教徒。
¶アナ，社史

**大石若王** おおいしわかおう
生没年不詳
江戸時代後期の鎌倉鶴岡八幡宮の巫女。
¶神奈川人

**大井菅麻呂** おおいすがまろ
生没年不詳
江戸時代末期の神職・国学者。
¶国書

**大泉孝** おおいずみたかし
明治35(1902)年4月12日～昭和53(1978)年9月7日
昭和期の哲学者、カトリック司祭。上智大学教授。
¶キリ(㊀明治35(1902)年12月4日 ㊁昭和53(1978)年7月9日)，現情，新カト，姓氏宮城

**大泉ハル** おおいずみはる
大正3(1914)年4月14日～昭和50(1975)年8月14日
大正～昭和期の修道女。長崎純心聖母会修道女。
¶新カト

**大磯作也** おおいそさくや
享保12(1727)年～寛政3(1791)年
江戸時代中期～後期の仏師。
¶姓氏鹿児島，美建

**大井田斎** おおいださい
万延1(1860)年～大正13(1924)年
明治～大正期の神官、歌人。官幣大社広瀬神社宮司。新派の短歌を修めた。遺歌集「竹聲集」は天覧台覧を賜った。
¶人名

**大井田斉** おおいだひとし
安政7(1860)年～大正13(1924)年
明治～大正期の神官、歌人。官幣大社広瀬神社宮司。新派の短歌を修めた。遺歌集「竹聲集」は天覧台覧を賜った。
¶世紀(㊀安政7(1860)年3月17日 ㊁大正13(1924)年4月25日)，日人

**大井経豊** おおいつねとよ
文化13(1816)年～明治30(1897)年
明治期の神職。
¶神奈川人

**大井秀延** おおいひでのぶ
文政10(1827)年～明治29(1896)年
明治期の神職。
¶神奈川人，姓氏神奈川

**大井竜跳** おおいりゅうちょう
明治10(1877)年～昭和23(1948)年
明治～昭和期の教育者、僧侶。
¶学校，神奈川人

**大内海山** おおうちかいざん
? ～明治10(1877)年9月21日
江戸時代末期～明治期の僧。
¶幕末，幕末大

**大内国久** おおうちくにひさ
? ～元文5(1740)年
江戸時代中期の鷲宮神社大宮司。
¶埼玉人

**大内青巒** おおうちせいらん
弘化2(1845)年4月17日～大正7(1918)年12月16日
明治期の曹洞宗の僧。東洋大学学長。仏教界初の雑誌「報四叢談」などを創刊。活版印刷所秀英舎を創立。
¶朝日(㊀弘化2年4月17日(1845年5月22日))，岩史，角史，近現，近文，国際，国史，コン改，コン5，史人，ジ人1，思想史，出版，出文，真宗，新潮，人名，世紀，姓氏宮城，世人(㊁大正7(1918)年12月)，全書，大百，哲学，日人，仏教，仏人，宮城百，民学，明治史，明大1，歴大

**大内晴泰** おおうちはるやす
生没年不詳
戦国時代の武蔵国太田荘の鷲宮神社神主。
¶後北(晴泰〔大内〕 はるやす)，埼玉人，戦辞

**大内文雄** おおうちふみお
昭和22(1947)年6月1日～
昭和期の仏教史研究者。
¶現執2期

**大内泰秀** おおうちやすひで
戦国時代～安土桃山時代の鷲宮神社神主。
¶後北(泰秀〔大内〕 やすひで)，埼玉人(㊀天文20(1551)年 ㊁不詳)，戦辞(㊀天文21(1552)年 ㊁慶長7年6月21日(1602年8月8日))

**大内祐象** おおうちゆうぞう
文政13(1830)年1月7日～明治43(1910)年7月29日
江戸時代後期～明治期の僧侶。
¶真宗

**大江淳誠** おおえじゅんじょう
明治25(1892)年6月1日～昭和60(1985)年3月25日
明治～昭和期の僧侶。
¶真宗，福井百

**大江真道** おおえしんどう
昭和6(1931)年1月31日〜
昭和期の聖職者。京都聖ヨハネ教会牧師・日本聖公会歴史研究会長。
¶飛騨

**大江助高** おおえすけたか
生没年不詳
平安時代後期の神職。大江匡房の孫で正3位参議。一宮大江家の祖。
¶飛騨

**大江大道** おおえだいどう
文政12(1829)年〜明治30(1897)年
江戸時代後期〜明治期の僧。大徳寺管長。
¶姓氏愛知

**大江琢成** おおえたくじょう
明治期の僧侶。
¶真宗

**大江雄松** おおえたけまつ
嘉永3(1850)年〜大正6(1917)年
明治期の伝道士。北蒲原・新潟・佐渡のカトリック布教に功績があった。
¶新潟百別

**大江田博璘** おおえだはくりん
明治22(1889)年〜昭和43(1968)年
大正〜昭和期の僧。間西方寺住職。
¶姓氏宮城

**大江親通** おおえちかみち
→大江親通(おおえのちかみち)

**大江知言** おおえともこと
安永3(1774)年〜弘化3(1846)年
江戸時代後期の国学者。
¶人名,日人,幕末(㊀1846年9月)

**大江定基** おおえのさだもと
→寂照(1)(じゃくしょう)

**大江親通** おおえのちかみち
? 〜仁平1(1151)年10月15日 ㊐大江親通(おおえちかみち)
平安時代後期の貴族。「七大寺巡礼私記」著者。
¶国書(おおえちかみち),古人(㊀?),思想史,人名,日人,仏教,平史

**大江文坡** おおえぶんぱ
? 〜寛政2(1790)年
江戸時代中期〜後期の戯作者、神道家。
¶国書(㊀寛政2(1790)年8月8日),思想史,日人

**大岡俊謙** おおおかしゅんけん
明治29(1896)年〜昭和58(1983)年
大正〜昭和期の宗教家。
¶香川人,香川百

**大神壱岐** おおがいき
天保5(1834)年〜慶応1(1865)年 ㊐大神茂興(おおがしげおき),三輪松之助(みわまつのすけ)
江戸時代末期の祠官。
¶維新,神人(㊤天保4(1833)年),人名(大神茂興 おおがしげおき),日人(大神茂興 おおがしげおき),幕末(㊀1865年12月10日),幕末大(㊀慶応1(1865)年10月23日),藩臣7

**大賀旭川** おおがきょくせん
文政2(1819)年〜明治39(1906)年
江戸時代後期〜明治期の儒者、僧侶。
¶三重(㊤文政2年11月),明大1(㊤文政2(1819)年11月29日 ㊀明治39(1906)年1月24日)

**大神茂興** おおがしげおき
→大神壱岐(おおがいき)

**大膳武忠** おおかしわのたけただ
平安時代中期の筑前国香椎宮の神官。
¶古人,平史(生没年不詳)

**大門了康** おおかどりょうこう
嘉永4(1851)年〜昭和3(1928)年
大正期の僧侶。
¶神奈川人

**大神朝臣田麻呂** おおがのあそんたまろ
→大神田麻呂(おおがのたまろ)

**大神朝臣社女** おおがのあそんもりめ
生没年不詳
奈良時代の八幡宇佐宮禰宜。
¶大分百(大神杜女・田麻呂 おおがのもりめたまろ),大分歴

**大神朝臣杜女** おおがのあそんもりめ
→大神杜女(おおみわのもりめ)

**大神邦利** おおがのくにとし
平安時代中期の官人。
¶大分歴(生没年不詳),古人

**大神忠行** おおがのただゆき
平安時代後期の八幡宇佐宮権少宮司。
¶古人

**大神田麻呂** おおがのたまろ
生没年不詳 ㊐大神朝臣田麻呂(おおがのあそんたまろ),大神田麻呂(おおみわのたまろ)
奈良時代の宇佐八幡宮の神官。
¶朝日,大分百(大神杜女・田麻呂 おおがのもりめたまろ),大分歴(大神朝臣田麻呂 おおがのあそんたまろ),古史(おおみわのたまろ),古人,古代(大神朝臣田麻呂 おおがのあそんたまろ),古代普(大神朝臣田麻呂 おおがのあそんたまろ),コン改,コン4,コン5,新潮(おおみわのたまろ),日人

**大神延可** おおがののぶよし
平安時代後期の八幡宇佐宮権擬小宮司。
¶古人

**大神比義** おおがのひぎ
生没年不詳
上代の霊媒。
¶大分百,大分歴,日人

お

**大神広房**　おおがのひろふさ
生没年不詳
平安時代後期の由原八幡宮の大宮司、官長。
¶大分歴

**大神社女**　おおがのもりめ
生没年不詳
奈良時代の女性。宇佐八幡宮憑坐。
¶女史

**大神杜女**　おおがのもりめ
→大神杜女（おおみわのもりめ）

**大神安子**　おおがのやすこ
平安時代後期の八幡宇佐宮女禰宜。
¶古人

**大神正盈**　おおがみまさみつ
？　～明治37（1904）年
江戸時代末期～明治期の神職。建部神社宮司。
¶神人

**大川**　おおかわ
→大川（だいせん）

**大川武雄**　おおかわたけお
明治28（1895）年9月14日～昭和55（1980）年3月1日
大正～昭和期の神職。
¶庄内，山形百

**大川隆法**　おおかわりゅうほう
昭和31（1956）年7月7日～
昭和～平成期の宗教家。幸福の科学主宰。
¶現執3期，履歴，履歴2

**大木右京**　おおきうきょう
江戸時代前期の宇都宮在の仏師。
¶栃木歴，美建

**正親含英**　おおぎがんえい
明治28（1895）年11月16日～昭和44（1969）年12月28日
明治～昭和期の僧侶。
¶真宗，兵庫百

**大木伍兵衛**　おおきごへい
寛政9（1797）年10月15日～明治4（1871）年2月29日　[別]大木伍兵衛柳眠（おおきごへいりゅうみん）
江戸時代後期～明治期の神道無念流剣術家。
¶埼玉人，埼玉百（大木伍兵衛柳眠　おおきごへいりゅうみん）

**大木伍兵衛柳眠**　おおきごへいりゅうみん
→大木伍兵衛（おおきごへい）

**正親大宣**　おおぎだいせん★
～明治20（1887）年
江戸時代後期～明治期の僧。
¶三重

**大喜多善成**　おおきたよししげ
江戸時代末期～明治期の僧侶。元興福寺学侶・春日大社新社司。
¶華請

**大木英夫**　おおきひでお
昭和3（1928）年10月28日～
昭和～平成期の牧師、倫理学者。東京神学大学教授。
¶現執1期，現情，世紀

**正親町公通**　おおぎまちきんみち
承応2（1653）年閏6月26日～享保18（1733）年
江戸時代前期～中期の神道家、公家（権大納言）。権大納言正親町実豊の子、母は権中納言藤谷為賢の娘。
¶朝日（[生]承応2年閏6月26日（1653年8月19日）[没]享保18年7月11日（1733年8月20日）），江人，近世，公卿（[没]享保18（1733）年7月12日），公卿普（[没]享保18（1733）年7月12日），公家（公通〔正親町家〕　きんみち　[没]享保18（1733）年7月12日），国史，国書（[没]享保18（1733）年7月11日），コン改，コン4，コン5，史人（[没]1733年7月11日），思想史，諸系，神史，神人（[没]享保18（1733）年7月12日），新潮（[没]享保18（1733）年7月11日），人名，姓氏京都，世人（[没]享保18（1733）年7月12日），世百，全書，大百，日思，日史（[没]享保18（1733）年7月11日），日人，百科，和俳（[没]享保18（1733）年7月11日）

**大儀見元一郎**　おおぎみもといちろう
弘化2（1845）年～昭和16（1941）年12月27日
江戸時代末期～明治期の旧日本基督教会牧師、教育者。
¶海越新（[生]弘化2（1845）年1月15日），キリ（[生]弘化2年1月15日（1845年2月21日）　[没]？），静岡歴，姓氏静岡，渡航（[生]1845年2月21日），日人

**大木聟治**　おおきむこじ
文久3（1863）年～明治17（1942）年
江戸時代末期～昭和期の神職。
¶神人

**大草唯明**　おおくさいめい
安政6（1859）年～昭和7（1932）年
明治～昭和期の浄土真宗の僧。
¶姓氏鹿児島

**大草慧実**（大草恵実）　おおくさえじつ
安政5（1858）年～明治45（1912）年
明治期の僧侶。真宗大谷派の興隆に尽力。釈放者の収容保護施設を設けるなど社会改善に尽くした。
¶真宗，人名（大草恵実　[生]1857年），日人，明大1（[没]明治45（1912）年1月30日）

**大草水雲**　おおくさすいうん
文化14（1817）年～明治7（1874）年
江戸時代末期～明治期の僧侶。南画と詩文を愛し蘭竹画を学ぶ。
¶静岡百，静岡歴，姓氏静岡，幕末，幕末大，美家

**大国隆正**（大國隆正）　おおくにたかまさ
寛政4（1792）年11月29日～明治4（1871）年8月17日　[別]野々口隆正（ののぐちたかまさ）
江戸時代末期～明治期の国学者。内国事務局権判事。帰正館を設立。著書に「学統弁論」「本学挙要」など。

¶朝日（[生]寛政4年11月29日（1793年1月11日）[没]明治4（1871）年8月17日），維新，岩史，江戸東，江文，大阪人（[没]明治4（1871）年8月），教育，教人（大國隆正），京都大，近現，近世，広7，国史，国書，コン改，コン4，コン5，詩歌，史人，思想，思想史，島根人，島根百，島根歴，神史，人書79，人書94，神人，新潮，人名，姓氏京都，世人，世百，全書，大百，哲学，長崎遊，日思，日史，日人（[生]1793年），日想，日本，幕末（[生]1793年），幕末大（[生]寛政4（1793）年11月29日），藩臣5，藩臣6（野々口隆正　ののぐちたかまさ），百科，兵庫人，兵庫百，平史，平日，民学，明治史，歴大

**大国盛業**　おおくにもりなり
安永6（1777）年4月15日～天保15（1844）年10月27日
江戸時代中期～後期の神職。
¶国書

**大国盛宗**　おおくにもりむね
文化4（1807）年9月25日～慶応1（1865）年5月7日
江戸時代後期～末期の神職。
¶国書

**大久保堅磐**　おおくぼかきわ
安政6（1859）年～昭和3（1928）年
明治期の神職。
¶神人，図人

**大久保きく**　おおくぼきく
明治44（1911）年11月3日～昭和50（1975）年7月7日
昭和期の牧師、幼児教育家。
¶キリ

**大久保三連星**　おおくぼさんれんぼし
大正1（1912）年～昭和50（1975）年
昭和期の僧。曾於郡大崎町浄満寺住職。
¶鹿児島百，薩摩，姓氏鹿児島

**大久保真次郎**　おおくぼしんじろう
*～大正3（1914）年5月10日
明治～大正期の日本組合基督教会牧師。
¶キリ（[生]安政2年3月10日（1855年4月26日）），群新百（[生]1885年），埼玉人（[生]安政2（1855）年3月10日），社史（[生]？）

**大久保忠尚**　おおくぼただなお
→大久保忠尚（おおくぼただひさ）

**大久保忠尚**　おおくぼただひさ
文政8（1825）年～明治13（1880）年　[別]大久保忠尚（おおくぼただなお），大久保縫殿之助（おおくぼぬいどののすけ）
江戸時代末期～明治期の祠官、海軍軍人。淡海国玉社、海軍主計大監。報国隊を結成。
¶維新（大久保縫殿之助　おおくぼぬいどののすけ），コン改，コン4，コン5，静岡歴（おおくぼただなお），神人，新潮（[没]明治13（1880）年6月18日），人名，姓氏静岡（おおくぼただなお），日人

**大久保千濤**　おおくぼちなみ
明治10（1877）年～昭和18（1943）年
明治～昭和期の神職、教育者、郷土史家。
¶高知人，神人

**大久保道舟**　おおくぼどうしゅう
明治29（1896）年7月1日～平成6（1994）年9月5日
明治～平成期の歴史学者。駒沢大学総長。中世史（曹洞宗史）を研究。
¶郷土福井，史研，世紀，日人，福井百

**大久保利貞**　おおくぼとしさだ
弘化3（1846）年～大正7（1918）年
明治期の陸軍軍人。中将。日清・日露戦争で功があった。
¶薩摩，神人，人名，世紀（[没]大正7（1918）年9月30日），日人，明大1（[没]大正7（1918）年9月30日）

**大久保縫殿之助**　おおくぼぬいどののすけ
→大久保忠尚（おおくぼただひさ）

**大久保春野**　おおくぼはるの
弘化3（1846）年8月18日～大正4（1915）年
江戸時代末期～大正期の陸軍軍人。大将、男爵。フランスに留学し軍事刑法学を修める。
¶維新，海越（[没]大正4（1915）年1月25日），海越新（[没]大正4（1915）年1月25日），華畫，近史3，コン5，静岡百，静岡歴，神人（[没]大正4（1915）年1月25日），世紀（[没]大正4（1915）年1月25日），姓氏静岡，全幕（[生]天保15（1844）年），男爵（[没]大正4（1915）年1月28日），渡航（大久保春野・堀江提次郎　おおくぼはるの・ほりえていじろう　[没]1915年1月25日），日人，日露，日中（[生]弘化3（1846）年8月18日　[没]大正4（1915）年1月26日），幕末大（[没]大正4（1915）年1月28日），明治史，明大1（[没]大正4（1915）年1月25日），陸海（[没]大正4年1月26日）

**大熊弁玉**　おおくまべんぎょく
文政1（1818）年～明治13（1880）年4月25日　[別]弁玉（べんぎょく）
江戸時代末期～明治期の歌人。旧派歌人として長歌にすぐれる。門人編集の歌集に「由良牟呂集」など。
¶維新（弁玉　べんぎょく　[生]？），江文（弁玉　べんぎょく），神奈川人，神奈川百，郷土神奈川（弁玉　べんぎょく），近文，国書（弁玉　べんぎょく），詩歌（弁玉　べんぎょく），人書94，新文，人名，人名（弁玉　べんぎょく），姓氏神奈川，日人，幕末（弁玉　べんぎょく），幕末大（弁玉　べんぎょく　[生]？），仏教，文学，和俳

**大蔵院日珠**　おおくらいんにちじゅ
戦国時代～安土桃山時代の武田氏の使僧。
¶武田

**大蔵勘解由**　おおくらかげゆ
？　～天明2（1782）年
江戸時代中期の神職・書家。
¶大阪人（[没]天明2（1782）年6月），国書（[没]天明2（1782）年6月29日）

お

**大蔵長盛** おおくらちょうせい
戦国時代の鎌倉の仏師。
¶戦辞（生没年不詳），美建

**大蔵法眼** おおくらほうげん
生没年不詳
室町時代～安土桃山時代の鎌倉仏師。
¶埼玉人

**大栗道栄** おおぐりどうえい
昭和7（1932）年3月12日～
昭和～平成期の随筆家、僧侶。心の修行塾塾長、代々木八幡大日寺住職。
¶現執3期，現執4期

**大桑光行** おおくわみつゆき
鎌倉時代の白山本宮の神主。
¶姓氏石川

**大河内了悟** おおこうちりょうご
明治30（1897）年5月3日～昭和51（1976）年10月13日
明治～昭和期の僧侶。
¶真宗

**大河戸挺秀** おおこうどていしゅう
弘化2（1845）年～大正10（1921）年10月18日
江戸時代後期～大正期の僧侶。
¶真宗

**大胡実秀** おおごさねひで
→大胡実秀（おおごのさねひで）

**大胡実秀** おおごのさねひで
？ ～寛元4（1246）年 ㊞大胡実秀（おおごさねひで）
鎌倉時代前期の念仏者。
¶群新百（㊤？），群馬人（おおごさねひで）

**逢坂信悉** おおさかしんご
→逢坂信悉（おうさかしんご）

**大坂鷹司** おおさかたかし
明治30（1897）年4月15日～昭和46（1971）年6月14日
明治～昭和期の牧師、社会事業。仙台基督教育児院長。
¶岩手人，世紀，日人，宮城百

**大崎行智** おおさきぎょうち
*～明治17（1884）年1月24日
江戸時代末期～明治期の新義真言宗僧侶。東寺定額位。
¶新潟百（㊤1846年），仏教（㊤天保10（1839）年4月8日）

**大幸頓慧** おおさきとんえ
明治～昭和期の僧侶。
¶真宗

**大沢清臣** おおさわきよおみ
天保4（1833）年1月3日～明治25（1892）年9月15日 ㊞大沢清臣（おおさわすがおみ）
江戸時代末期～明治期の山陵研究家。勅命で山稜調査を実施。著書に「皇朝紀事」など。
¶国書（おおさわすがおみ），神人（おおさわすがおみ），人名，日人（おおさわすがおみ），幕末（㊤1832年），幕末大（㊤天保3（1832）年）

**大沢清臣** おおさわすがおみ
→大沢清臣（おおさわきよおみ）

**大沢深臣** おおさわふかおみ，おおざわふかおみ
江戸時代末期の国学者。
¶岡山人（おおざわふかおみ），岡山歴，国書（生没年不詳）

**大沢宮王** おおさわみやおう
生没年不詳
江戸時代後期の鎌倉鶴岡八幡宮の巫女。
¶神奈川人

**大沢竜海** おおさわりゅうかい
？ ～弘化1（1844）年
江戸時代後期の修験者。寺子屋師匠。
¶姓氏群馬

**大沢亮勉** おおさわりょうべん
明治22（1889）年～昭和42（1967）年
大正～昭和期の僧侶。
¶群馬人

**大鹿愍成** おおしかみんじょう
安政4（1857）年6月23日～大正14（1925）年11月18日
明治～大正期の仏教学者。
¶世紀，日人，明大2

**大下角一** おおしたかくいち
→大下角一（おおしもかくいち）

**大下豊道** おおしたほうどう
大正2（1913）年11月12日～昭和61（1986）年10月13日
昭和期の僧侶。
¶植物

**大島恭竜** おおしまきょうりゅう
大正2（1913）年～昭和56（1981）年
昭和期の僧侶。
¶群馬人，高知人

**大島見道** おおしまけんどう
明治29（1896）年3月25日～昭和62（1987）年6月18日
大正～昭和期の天台宗僧侶。
¶埼玉人

**大島丈輔** おおしまじょうすけ
弘化2（1845）年～明治36（1903）年
明治期のギリシャ正教の宣教師。
¶姓氏宮城

**大島為足** おおしまためたり
嘉永4（1851）年～大正4（1915）年
江戸時代末期～大正期の熱田神宮権禰宜。
¶姓氏愛知

お

**大島徹水** おおしまてっすい,おおしまてつすい
明治4(1871)年3月15日〜昭和20(1945)年1月24日
昭和期の浄土宗僧侶。浄土宗第5教校教授。家政女学校校長。増上寺法王。
¶昭人,新潮(㊐明治4(1871)年3月),人名7,世紀,姓氏愛知(おおしまてつすい　㊟1946年),日人,仏教,仏人

**大島正健** おおしままさかね
→大島正健(おおしままさたけ)

**大島正健** おおしままさたけ
安政6(1859)年〜昭和13(1938)年3月11日　㊊大島正健(おおしままさかね)
明治〜昭和期の教育者、牧師。同志社大学教授。キリスト教に基づく全人教育を施したクラーク精神を説いて教育界に大きな足跡を残す。
¶朝日(㊐安政6年7月15日(1859年8月13日)),神奈川百(おおしままさかね),キリ(㊐安政6年7月25日(1859年8月23日)),コン5,札幌(㊐安政6年7月25日),人名,世紀(㊐安政6(1859)年7月15日),姓氏神奈川,全書(㊟1936年),大百(㊟1949年),日人,北海道百(㊐安政5(1858)年),北海道文(㊐安政5(1858)年7月25日),北海道歴(㊐安政5(1858)年),明治史,明大2(㊐安政6(1859)年7月15日),山梨百

**大島芳太郎** おおしまよしたろう
明治24(1891)年〜昭和46(1971)年11月4日
大正〜昭和期の至誠真柱教教祖。
¶埼玉人

**大下角一** おおしもかくいち
明治32(1899)年9月20日〜昭和37(1962)年4月21日　㊊大下角一(おおしたかくいち)
昭和期の牧師、神学者。
¶キリ,現情(おおしたかくいち),人名7(おおしたかくいち),世紀,日人

**大城カメ** おおしろかめ
明治5(1872)年5月1日〜昭和47(1972)年5月17日
明治〜昭和期のキリスト教伝道師。巫女からキリスト教に転向。生涯を日夜伝道に捧げ、バプテスト玉城教会堂を献堂。
¶沖縄百,社史,女史,女性,女性普,世紀,日人

**大城兼義** おおしろけんぎ
明治4(1871)年6月25日〜昭和26(1951)年11月11日
明治〜昭和期のキリスト教伝道師、実業家、政治家。沖縄県議会議員、貴族院議員。
¶沖縄百,社史

**大須賀潔** おおすがきよし
大正3(1914)年5月1日〜
昭和期の宗教哲学者。立教大学教授。
¶現情

**大須賀秀道** おおすがしゅうどう
明治9(1876)年2月5日〜昭和37(1962)年2月18日
明治〜昭和期の仏教学者、真宗大谷派僧侶。大谷大学学長。
¶現情(㊟1962年2月1日),昭人,真宗,人名7,世紀,日人,仏教(㊟昭和37(1962)年2月1日),仏人

**大須賀亮源** おおすがりょうげん
明治6(1873)年〜昭和28(1953)年
明治〜昭和期の僧侶。
¶群馬人

**大洲鉄然**(大州鉄然) おおずてつねん,おおすてつねん
天保5(1834)年11月5日〜明治35(1902)年4月25日
明治期の浄土真宗本願寺派僧侶。本山執行長。本山改革に尽力。朝鮮布教にも尽力。
¶朝日(㊐天保5年11月5日(1834年12月5日)),維新,角史,京都大,近現,国史,コン改,コン4,コン5,西郷,史人,真宗,新潮,人名,姓氏山口,日史,日人,幕末(㊟1902年4月24日),幕末大(㊟明治35(1902)年4月24日),百科,仏教,仏人(大州鉄然　おおすてつねん　㊐?),明治史,明大1,山口百,歴大

**大隅実山** おおすみじつざん
明治37(1904)年12月25日〜　㊊大隅史朗,大隅実
昭和期の僧侶。新興仏教青年同盟メンバー。
¶社史

**大住舜** おおすみしゅん
*〜大正12(1923)年11月13日　㊊大住舜岳(おおすみしゅんがく),大住嘯風(おおすみしょうふう)
明治〜大正期の思想家。大谷大学教授。著書に「現代思想講話」など。
¶近文(大住嘯風　おおすみしょうふう　㊐1881年),真宗(大住舜岳　おおすみしゅんがく　㊐?),人名(㊐?),世紀(大住嘯風　おおすみしょうふう　㊐明治14(1881)年4月20日),日人(㊐?),明大2(大住嘯風　おおすみしょうふう　㊐明治14(1881)年4月20日)

**大住舜岳** おおすみしゅんがく
→大住舜(おおすみしゅん)

**大隅松亭** おおすみしょうてい
生没年不詳
江戸時代後期の神職。
¶国書

**大住嘯風** おおすみしょうふう
→大住舜(おおすみしゅん)

**大角友信** おおすみとものぶ
明治期の神職。明治45年白峯宮宮司に就任、昭和2年退職。
¶神人

**大住誠** おおすみまこと
昭和27(1952)年1月31日〜
昭和〜平成期の僧侶、臨床心理士。法閑寺(浄土真宗大谷派)住職。
¶現執4期

**大関良忠** おおぜきよしただ
?〜明治25(1892)年
江戸時代後期〜明治期の修験僧、真岡の算法塾西

光院塾主。
¶栃木歴

**太田愛人** おおたあいと
昭和3(1928)年8月20日～
昭和～平成期のエッセイスト、牧師。日本基督教団大町教会牧師。自然と山麓に住む人々のエッセイを書く。著書に「大地からの贈り物」など。
¶現朝，現執2期，現執3期，現執4期，現情，現日，児人，世紀，東北近，日人，マス89(㊐1929年)

**太田アウグスチノ** おおたあうぐすちの
？ ～元和8(1622)年
江戸時代前期のキリスト教伝道士。
¶人名，日人

**太田あさ** おおたあさ
明治27(1894)年～昭和43(1968)年
大正～昭和期の霊感の鋭いイダコ(巫女)。
¶青森人

**太田稲主** おおたいなぬし
天保11(1840)年12月～大正13(1924)年7月7日
江戸時代末期～大正期の神官。戊辰戦争では新田官軍に属し会津藩と参戦。
¶維新，郷土，群新百，群馬人，群馬百(㊐1841年)，神人，姓氏群馬，幕末，幕末大

**大田垣蓮月**(太田垣蓮月) おおたがきれんげつ
寛政3(1791)年1月8日～明治8(1875)年12月10日
㊞太田垣蓮月尼(おおたがきれんげつに)，太田垣蓮月尼(おおたがきれんげつに)，大田垣蓮月尼(おおたがきれんげつに)，蓮月尼(れんげつに)，蓮月(れんげつ)
江戸時代後期～明治期の歌人、陶芸家、浄土宗僧。
¶朝日(㊐寛政3年1月8日(1791年2月10日))，維新，岩史，江表(蓮月(京都府))，角史，京都(太田垣蓮月)，京都大，京都文，近現，近女，近世，近文，広7，国史，国書，コン改，コン4，コン5，詩歌，詩作(太田垣蓮月尼　おおたがきれんげつに)，詩作(太田垣蓮月尼　おおたがきれんげつに)，史人，女史，女性，女性普，女文，人書79(太田垣蓮月)，人書94，新潮，新文，人名(蓮月尼　れんげつに)，姓氏京都(太田垣蓮月)，世人，世百(蓮月尼　れんげつに)，全書，全幕，大百，茶陶(太田垣蓮月)，茶道(太田垣蓮月)，伝記(太田垣蓮月)，日史，日女(大田垣蓮月尼　おおたがきれんげつに)，日人，日文，日本，俳句(蓮月尼　れんげつに)，幕末，幕末大，百科，仏教，仏人(蓮月尼　れんげつに　㊐1790年)，文学，ポプ人，三重，明治史(太田垣蓮月)，歴大，和俳

**太田垣蓮月尼**(太田垣蓮月尼，大田垣蓮月尼) おおたがきれんげつに
→大田垣蓮月(おおたがきれんげつ)

**太田覚眠** おおたかくみん
慶応2(1866)年～昭和19(1944)年
明治～昭和期の真宗本願寺派僧侶。日露戦争中奥地の在留民慰問に赴き強制送還される。
¶コン改，コン5，昭人，真宗(㊐慶応2(1866)年9月16日　㊥昭和19(1944)年11月30日)，新潮(㊐慶応2(1866)年9月16日　㊥昭和19(1944)年11月30日)，世紀，日人，仏教(㊐慶応2(1866)年9月16日　㊥昭和19(1944)年12月30日)

**太田菊太夫** おおたきくだいう
生没年不詳
江戸時代後期の大住郡大山阿夫利神社祠官。
¶神奈川人

**大滝宗雄** おおたきしゅうゆう
明治37(1904)年～昭和60(1985)年
昭和期の僧。酒田市の持地院38世住職。
¶山形百新

**大滝宗淵** おおたきそうえん
万延1(1860)年9月21日～昭和8(1933)年1月26日
明治～昭和期の僧侶。
¶庄内

**太田久紀** おおたきゅうき
昭和3(1928)年～
昭和期の仏教学者。駒沢女子短期大学教授。
¶現執1期

**太田黒伴雄**(大田黒伴雄) おおたぐろともお
天保6(1835)年～明治9(1876)年
江戸時代末期～明治期の志士。復古的尊攘主義者。敬神党を組織した。
¶朝日(㊐天保5(1834)年　㊥明治9(1876)年10月25日)，維新(㊐1834年)，英墓(㊥明治9(1876)年10月24日)，近現，近世，熊本百(㊐天保5(1834)年　㊥明治9(1876)年10月24日)，国史，コン改(大田黒伴雄)，コン4(大田黒伴雄)，コン5(大田黒伴雄)，史人(㊥1876年10月24日)，神人，新潮(㊥明治9(1876)年10月24日)，人名(大田黒伴雄)，全幕(㊐天保5(1834)年)，日史(㊥明治9(1876)年10月24日)，日人，日本，幕末(大田黒伴雄　㊐1834年　㊥1876年10月25日)，幕末大(大田黒伴雄　㊐天保5(1834)年　㊥明治9(1876)年10月25日)，百科，風土，明治1(㊐1834年)，明治史，明大1(㊥明治9(1876)年10月25日)，履歴(㊐天保5(1834)年　㊥明治9(1876)年10月25日)，履歴2(㊐天保5(1834)年　㊥明治9(1876)年10月25日)，歴大(㊐1834年)

**大岳菊三郎** おおたけきくさぶろう
文久1(1861)年～明治30(1897)年9月18日
江戸時代末期～明治期の日本聖公会伝道師。
¶埼玉人

**大竹政文** おおたけまさぶみ，おおたけまさふみ
寛延3(1750)年～文政2(1819)年12月1日
江戸時代中期～後期の陸奥会津藩士、神道学者。
¶会津，江文，国書(おおたけまさふみ)，藩臣2

**太田健太郎** おおたけんたろう
弘化2(1845)年～明治1(1868)年
江戸時代末期の神主、赤心隊士。
¶維新，神人，新潮(㊐弘化2(1845)年8月24日　㊥明治1(1868)年12月18日)，人名，日人(㊥1869年)

**太田幸吉** おおたこうきち★
明治13(1880)年4月5日～昭和36(1961)年4月17日
明治～昭和期の神職。村会議員。
¶秋田人2

**大田秀三** おおたしゅうぞう
大正11(1922)年11月12日～
昭和期の僧侶。
¶群馬人

**太田淳昭** おおたじゅんしょう
明治31(1898)年2月15日～昭和60(1985)年8月2日
明治～昭和期の僧侶。
¶真宗

**太田常正** おおたじょうしょう
明治9(1876)年～昭和26(1951)年
明治～昭和期の僧侶。
¶神奈川人

**太田捨** おおたすて
明治5(1872)年～大正7(1918)年
明治・大正期の女性。牧師夫人。赤心幼稚園主任保母。
¶群新百

**太田楯臣** おおたたておみ
弘化4(1847)年～大正2(1913)年
江戸時代末期～大正期の国学者、祠職。大講義。各郡四十余の神社に奉仕し、下毛郡神官取締支所長、大講義となった。
¶神人，人名，日人，明大2(㊤弘化4(1847)年9月4日 ㊦大正2(1913)年2月19日)

**太田忠左衛門尉** おおたちゅうざえもんのじょう
安土桃山時代の駿河国三宮の御穂神社の神主。
¶武田

**太田悌蔵** おおたていぞう
明治33(1900)年4月8日～昭和51(1976)年12月7日
昭和期の倫理学者、仏教学者。法政大学教授、大東文化大学教授。「弘明集」「寒山詩」「禅海一瀾」などの訳注をする。
¶現情，人名7，世紀，哲学，日人，仏教，仏人

**大館禅操** おおだてぜんそう
明治26(1893)年～昭和42(1967)年8月10日
大正～昭和期の大山流引声阿弥陀経作法伝承者。天台宗大山洞明院住職。
¶日音

**大館尚氏** おおだてひさうじ
天保7(1836)年～
江戸時代後期～末期の神職。
¶神人

**太田伝融** おおたでんゆう
明治8(1875)年～昭和7(1932)年
明治～昭和期の僧。碧祥寺住職。
¶姓氏岩手

**太田十三男** おおたとみお
明治13(1880)年9月17日～昭和43(1968)年2月28日
明治～昭和期の海軍軍人、キリスト教伝道者。横須賀鎮守府機関長官、海軍少将。
¶キリ

**大谷栄庵** おおたにえいあん
安永4(1775)年1月24日～天保6(1835)年2月8日
江戸時代中期～後期の天台宗の僧・書家。
¶国書

**大谷永庵** おおたにえいあん
元禄11(1698)年～安永9(1780)年
江戸時代中期の書家。
¶国書(㊦安永9(1780)年7月11日)，人名(㊤1699年)，日人

**大谷瑩俊** おおたにえいしゅん
明治～昭和期の僧侶。
¶真宗

**大谷瑩潤** おおたにえいじゅん
明治23(1890)年1月13日～昭和48(1973)年5月23日
大正～昭和期の真宗大谷派僧侶、政治家。衆議院・参議院議員、函館大谷女学校名誉校長。
¶現情，人名7，世紀，政治，日人，仏教，仏人

**大谷瑩韶** おおたにえいしょう
明治19(1886)年5月16日～昭和37(1962)年12月24日
明治～昭和期の僧侶。
¶真宗

**大谷瑩誠** おおたにえいじょう
明治11(1878)年11月3日～昭和23(1948)年4月28日
明治～昭和期の僧侶。
¶真宗

**大谷瑩亮** おおたにえいりょう
明治13(1880)年11月25日～昭和11(1936)年5月14日
明治～昭和期の僧侶。
¶真宗

**大谷馨** おおたにかおる
明治～昭和期の僧侶。
¶真宗

**大谷籌子** おおたにかずこ
明治15(1882)年11月5日～明治44(1911)年12月27日
明治期の女性。浄土真宗本願寺派法王大谷光瑞の妻。裏方として法王の活動を支援、仏教婦人会で活躍。
¶女性，女性普，真宗(㊦明治44(1911)年1月27日)，世紀，日人(㊦明治44(1911)年1月27日)，明大1

**大谷紝子** おおたにきぬこ
明治26(1893)年5月15日～昭和49(1974)年4月1日

明治〜昭和期の女性。西本願寺仏教婦人総連盟総裁。浄土真宗本願寺派法王光明の妻。貞明皇后の妹。京都女子大学等の名誉学長。
¶現情，女性，女性普，真宗（㊐明治26（1893）年3月15日），人名7，世紀，日人，仏教

お

**大谷旧旅** おおたにきゅうりょ
慶安2（1649）年〜元禄13（1700）年　㊊旧旅（きゅうりょ）
江戸時代中期の貞徳系の俳人、僧。東本願寺第16世法主。
¶詩歌，人名，日人，俳諧（旧旅　きゅうりょ　㊐？），俳句（旧旅　きゅうりょ　㊍元禄13（1700）年4月12日），俳文（旧旅　きゅうりょ　㊍元禄13（1700）年4月12日），和俳

**大谷句仏** おおたにくぶつ
→大谷光演（おおたにこうえん）

**大谷光威** おおたにこうい
文政9（1826）年〜明治1（1868）年
江戸時代末期の西本願寺法嗣。
¶維新，人名，日人（㊐1827年），幕末（㊍1868年5月6日），幕末大（㊍慶応4（1868）年4月14日）

**大谷光瑩**（大谷光蛍） おおたにこうえい
嘉永5（1852）年7月27日〜大正12（1923）年2月8日
明治期の僧侶。真宗大谷派東本願寺法主、二十二代。東本願寺阿弥陀堂など再建。数学振興や教団の近代的発展に努めた。伯爵。
¶朝日（㊐嘉永5年7月27日（1852年9月10日）），維新，海越（㊐嘉永5（1852）年7月17日　㊍大正12（1923）年7月2日），海越新（㊐嘉永5（1852）年7月17日　㊍大正12（1923）年7月2日），華畫，華請，北墓，近現，国際，国史，コン改，コン5，札幌，史人，真宗（㊍大正12（1923）年2月6日），新潮，人名，世紀，渡航（大谷光蛍），日人，幕末，幕末大，仏教，北海道建，北海道百，北海道歴，明治2，明治史，明大1

**大谷光演** おおたにこうえん
明治8（1875）年2月27日〜昭和18（1943）年2月6日
㊊句仏（くぶつ），大谷句仏（おおたにくぶつ）
明治〜昭和期の真宗大谷派僧侶。本願寺23代法主。多芸で謡曲、弓道などに堪能。句集に「夢の跡」「我は我」。伯爵。
¶学校，京都大，京都文（大谷句仏　おおたにくぶつ），近現，近文（大谷句仏　おおたにくぶつ），現朝，現俳（大谷句仏　おおたにくぶつ），広7（大谷句仏　おおたにくぶつ），国史，コン改，コン5，札幌，詩歌（大谷句仏　おおたにくぶつ），滋賀文（大谷句仏　おおたにくぶつ），史人，昭人，真宗，新潮，新文（大谷句仏　おおたにくぶつ），人名7，世紀，大百（大谷句仏　おおたにくぶつ），富山文（大谷句仏　おおたにくぶつ），日人，俳諧（句仏　くぶつ），俳句（句仏　くぶつ），俳文（大谷句仏　おおたにくぶつ），仏教，文学（大谷句仏　おおたにくぶつ），北海道文（大谷句仏　おおたにくぶつ），明治史，明大1

**大谷光勝** おおたにこうしょう
文化14（1817）年3月7日〜明治27（1894）年1月15日
江戸時代末期〜明治期の真宗大谷派僧侶。東本願寺円状に際し復興に尽力。海外布教にも着手。伯爵。
¶朝日（㊐文化14年3月7日（1817年4月22日）），維新，華請，コン改，コン4，コン5，史人，真宗，新潮，人名，日人，幕末，幕末大，仏教，北海道建，明治史，明大1

**大谷光照** おおたにこうしょう
明治44（1911）年11月1日〜平成14（2002）年6月14日
昭和〜平成期の浄土真宗本願寺派僧侶。浄土真宗本願寺派門主、西本願寺住職。
¶現情，日エ

**大谷光紹** おおたにこうしょう
大正14（1925）年3月9日〜平成11（1999）年12月24日
昭和〜平成期の僧侶。東京本願寺住職。真宗大谷派を離脱し、浄土真宗東本願寺派を開き"東京本願寺第25世法主"を名のった。
¶世紀，日人

**大谷光真** おおたにこうしん
昭和20（1945）年8月12日〜
昭和〜平成期の浄土真宗本願寺派僧侶。浄土真宗本願寺派門主、西本願寺住職。
¶現情

**大谷光瑞** おおたにこうずい
明治9（1876）年12月27日〜昭和23（1948）年10月5日
明治〜大正期の真宗大谷派僧侶。本願寺22代法主。大谷探検隊を中央アジアに派遣。南進論を支持。
¶岩史，大分歴，華畫（㊐明治9（1876）年12月29日），角史，京都大，近現，近史4，現朝，現情，現人，現日（㊍1948年10月4日），広7，考古，国史，コン改，コン4，コン5，史学，史人，昭人，食文，真宗，新潮，人名7，世紀，世人（㊐明治9（1876）年12月），世百，全書，大百，茶道，地理近代1，哲学，伝記，渡航，日史，日人，日中，日本，百科，仏教，仏人（㊐1875年），ポプ人，民学，明治2（㊐1878年），明治史，明大1，履歴，履歴2，歴大

**大谷光尊** おおたにこうそん
嘉永3（1850）年〜明治36（1903）年1月18日
明治期の真宗大谷派僧侶。本願寺21代法主。明治政府の教務省の大教正。刑務所教誨、軍務布教などを推進した。明如上人。
¶朝日（㊐嘉永3年2月4日（1850年3月17日）），維新，華請，学校（㊐嘉永3（1850）年2月5日），京都，京都大，近現，国際，国史，コン改，コン5，史人（㊐1850年2月4日），真宗（㊐嘉永3（1850）年2月4日），新潮（㊐嘉永3（1850）年2月4日），人名，姓氏京都，全書，大百，日人，幕末，幕末大，仏教（㊐嘉永3（1850）年2月4日），明治史，明大1（㊐嘉永3（1850）年2月5日），歴大

**大谷光沢** おおたにこうたく
寛政10（1798）年6月1日〜明治4（1871）年8月19日
㊊光沢（こうたく），広如（こうにょ）

江戸時代末期～明治期の浄土真宗の僧。西本願寺第20世。
¶朝日(広如　こうにょ　㊐寛政10年6月1日(1798年7月14日)),維新,近現(広如　こうにょ),近世(広如　こうにょ),国史(広如　こうにょ),国書(光沢　こうたく),コン改,コン4,コン5,新潮,日人,幕末(㊡1871年10月3日),幕末大,仏教(広如　こうにょ),仏史(広如　こうにょ)

**大谷光暢** おおたにこうちょう
明治36(1903)年10月1日～平成5(1993)年4月13日
昭和期の僧侶、京都・東本願寺門首。「門首」新設をめぐる“お東さんの内紛”でさまざまな議論を巻き起こす。
¶現朝,現情,昭人,真宗,世紀,日人,履歴,履歴2

**大谷光明** おおたにこうみょう
明治18(1885)年4月26日～昭和36(1961)年4月3日
明治～昭和期のアマゴルファー、浄土真宗本願寺派僧侶。日本ゴルフ協会創立。日本のゴルフ界における最も偉大な“ルールの番人”。
¶現朝,現情,昭人,真宗,人名7,世紀,日人,仏教

**大谷古益** おおたにこえき
寛永20(1643)年～宝永6(1709)年　㊎古益(こえき)
江戸時代前期～中期の貞徳系の俳人、僧。伊勢桑名本統寺3世。
¶人名,日人(㊡1710年),俳諧(古益　こえき　㊐?),俳句(古益　こえき　㊡宝永6(1709)年12月6日),和俳

**大谷智子** おおたにさとこ
明治39(1906)年9月1日～平成1(1989)年11月15日
大正～昭和期の女性。全日本仏教婦人会連盟会長、光華女子学園総裁。浄土真宗大谷派法王大谷光暢の妻。昭和天皇の皇后良子の妹。仏教音楽の創作にも尽力。
¶学校,女性(㊐明治39(1906)年9月),女性普(㊐明治39(1906)年9月),世紀,日人

**大谷暫酔** おおたにざんすい
寛永3(1626)年～天和1(1681)年　㊎暫酔(ざんすい)
江戸時代前期の貞徳系の俳人、僧。大通寺1世。
¶人名,日人(㊡1682年),俳諧(暫酔　ざんすい　㊐?),俳句(暫酔　ざんすい　㊡天和1(1681)年11月25日),俳文(暫酔　ざんすい　㊐寛永4(1627)年　㊡延宝8(1680)年),和俳

**大谷枝子** おおたにしげこ
安政5(1858)年10月9日～昭和6(1931)年3月11日
江戸時代末期～昭和期の浄土真宗本願寺派の裏方。
¶真宗

**大谷照乗** おおたにしょうじょう
?　～昭和47(1972)年1月5日
昭和期の僧侶。
¶真宗

**大谷勝信** おおたにしょうしん
明治11(1878)年9月23日～昭和26(1951)年6月26日
明治～昭和期の僧侶。
¶真宗

**大谷勝真**(大谷勝眞) おおたにしょうしん
明治18(1885)年3月～昭和16(1941)年12月7日
昭和期の僧侶。
¶外図(大谷勝眞),昭人,真宗

**大谷勝尊** おおたにしょうそん
安政5(1858)年2月14日～大正2(1913)年3月24日
明治～大正期の僧侶。
¶真宗

**大谷勝珍** おおたにしょうちん
明治期の僧侶。
¶真宗

**大谷昭道** おおたにしょうどう
明治23(1890)年12月11日～昭和39(1964)年12月20日
明治～昭和期の僧侶。
¶真宗

**大谷心斎** おおたにしんさい
明治19(1886)年～昭和14(1939)年
大正～昭和期の浄土真宗僧呂、政治家。拓務大臣、貴族院議員、光悦会会長。
¶茶道

**大谷千正** おおたにせんしょう
昭和31(1956)年8月7日～
昭和～平成期の作曲家、音楽学者、僧侶。
¶音人2,音人3,作曲

**大谷尊由** おおたにそんゆ
明治19(1886)年8月19日～昭和14(1939)年8月1日　㊎尊由(そんゆう),大谷尊由(おおたにそんゆう)
明治～昭和期の真宗大谷派僧侶、政治家。近衛内閣拓務相。事務取扱等宗派の要職を務めた。貴族院議員。北支開発総裁。
¶学校,コン改(おおたにそんゆう),コン5(おおたにそんゆう),史人,昭人,真宗,新潮,人名7,世紀,政治,日人,日中,俳句(尊由　そんゆう),仏教,仏人,明治史,明大1,履歴(おおたにそんゆう),履歴2(おおたにそんゆう)

**大谷尊由** おおたにそんゆう
→大谷尊由(おおたにそんゆ)

**大谷喬子** おおたにたかこ
明治28(1895)年11月～昭和53(1978)年1月30日
明治～昭和期の女性。仏教女子青年会連盟会長。浄土真宗大谷派の僧大谷榮潤の妻。大谷婦人会顧問などをつとめる。
¶女性,女性普

お

お

**大谷暢順** おおたにちょうじゅん
昭和4(1929)年3月19日～
昭和～平成期のフランス文学者、仏教学者。名古屋外国語大学教授、東本願寺東山浄苑苑主。
¶京都文，現執3期，現執4期

**大谷哲夫** おおたにてつお
昭和14(1939)年8月22日～
昭和～平成期の仏教学・東洋哲学者、曹洞宗僧侶。長泰寺住職。
¶現執1期，現執4期

**大谷洞岳** おおたにとうがく
？ ～明治40(1907)年
江戸時代末期～明治期の隠岐の廃仏運動に抗した禅僧。
¶島根歴

**大谷朴子** おおたになおこ
文久3(1863)年9月15日～大正6(1917)年2月8日
明治～大正期の浄土真宗本願寺派の女性。
¶真宗

**大谷浪江** おおたになみえ
生没年不詳
江戸時代末期の下畑村の河内神社神官。
¶姓氏山口

**大谷白話** おおたにはくわ
寛永2(1625)年～寛文11(1671)年4月14日 [別]白話(はくわ)
江戸時代前期の貞徳系の俳人、僧。東本願寺14世。
¶人名，俳諧(白話 はくわ [生]？)，俳句(白話 はくわ)，俳文(白話 はくわ)，和俳

**大谷泰子** おおたにひろこ
明治25(1892)年8月21日～昭和32(1957)年7月9日
明治～昭和期の浄土真宗本願寺派の裏方。
¶真宗

**大谷風喬** おおたにふうきょう
寛文8(1668)年～享保2(1717)年 [別]風喬(ふうきょう)
江戸時代中期の俳人(貞徳系)。
¶人名，日人，俳諧(風喬 ふうきょう [生]？)，俳句(風喬 ふうきょう [没]享保2(1717)年3月24日)，和俳

**大谷藤子** おおたにふじこ
？ ～昭和14(1938)年11月30日
明治～昭和期の浄土真宗本願寺派の裏方。
¶真宗

**大谷章子** おおたにふみこ
明治9(1876)年10月～昭和47(1972)年3月12日
明治～昭和期の女性。浄土真宗大谷派法王大谷光演の妻。大谷婦人会総裁などをつとめた。
¶女性，女性普，真宗

**大谷愍成** おおたにみんじょう
明治4(1871)年3月17日～昭和3(1928)年7月11日
明治～昭和期の僧侶。
¶世紀，日人，明大1

**大谷六枳** おおたにりっき
*～延享2(1745)年3月23日 [別]大谷六枳(おおたにろくし)，六枳(ろくき，ろくし)
江戸時代中期の俳人、僧越前福井本瑞寺5世。
¶国書(六枳 ろくし [生]元禄1(1688)年)，人名([生]1691年)，日人(おおたにろくし [生]1688年)，俳諧(六枳 ろくき [生]？)，俳句(六枳 ろくき)，俳文(六枳 ろくし [生]元禄1(1688)年)，和俳([生]元禄4(1691)年)

**大谷六枳** おおたにろくし
→大谷六枳(おおたにりっき)

**太田呑竜** おおたのどんりゅう
→呑竜(どんりゅう)

**太田秀彪** おおたひでとら
安永9(1780)年～天保9(1838)年
江戸時代後期の神官。
¶長野歴

**太田開** おおたひらく
→太田包宗(おおたほうそう)

**太田包宗** おおたほうそう
文政6(1823)年～明治8(1875)年 [別]太田開(おおたひらく)
江戸時代末期～明治期の神官。
¶大分百，人名(太田開 おおたひらく)，日人(太田開 おおたひらく)，幕末，幕末大

**太田正雄** おおたまさお
→木下杢太郎(きのしたもくたろう)

**太田百世** おおたももよ
天保3(1832)年～明治37(1904)年
江戸時代後期～明治期の神道家。
¶神人

**太田祐円** おおたゆうえん
天保12(1841)年～大正5(1916)年
江戸時代末期～大正期の僧。阿久根市光接寺の開基住職。
¶鹿児島百，姓氏鹿児島

**太田良** おおたりょう
明治20(1887)年11月29日～昭和39(1964)年6月23日
昭和期の聖職教師。念仏信者。
¶豊前

**大塚右京** おおつかうきょう
江戸時代後期の仏師。
¶栃木歴，美建

**大塚清明** おおつかきよあき
大正4(1915)年1月14日～昭和41(1966)年2月24日
昭和期の牧師。教育者。のぞみ保育園長。
¶飛騨

**大塚承一** おおつかしょういち
明治13(1880)年3月13日～？

お

明治～大正期の神道家。国学院大学講師。
¶神人

**大塚節治** おおつかせつじ
明治20(1887)年3月3日～昭和52(1977)年11月18日
明治～昭和期の神学者。同志社大学総長。キリスト教を研究。同志社大学の学部長、学長、総長を歴任。
¶キリ，現情，人名7，世紀，姓氏京都，哲学，日人，広島百

**大塚信明** おおつかのぶあき
昭和18(1943)年1月8日～
昭和期の牧師。
¶飛騨

**大塚信正** おおつかのぶまさ
？ ～明治25(1892)年3月6日
江戸時代末期～明治期の国学者・足次山神社祠官。
¶岡山歴

**大塚山城** おおつかやましろ
生没年不詳
江戸時代中期の神職。
¶国書

**大槻快尊** おおつきかいそん
明治13(1880)年～昭和11(1936)年6月2日
明治～昭和期の心理学者。智山勧学院教授、新義真言宗僧侶。科学的心理学を我が国へ初めて導入した。
¶心理([生]明治13(1880)年4月15日)，哲学，明大2([生]明治13(1880)年4月13日)

**大槻重助** おおつきじゅうすけ
天保9(1838)年～明治26(1893)年4月6日
江戸時代末期～明治期の僧月照の僕。安政の大獄が起こると月照に従い薩摩入り。
¶維新，幕末，幕末大([生]天保9(1838)年11月17日)

**大津健一** おおつけんいち
昭和18(1943)年～
昭和～平成期のキリスト教徒。
¶平和

**大津首** おおつのおびと
生没年不詳　[別]大津連首(おおつのむらじおびと)
奈良時代の陰陽家。
¶朝日，国史，古人，古代(大津連首　おおつのむらじおびと)，古代普(大津連首　おおつのむらじおびと)，古中，史人，新潮，人名，世人，対外，日人，歴大(大津連首　おおつのむらじおびと)

**大津連首** おおつのむらじおびと
→大津首(おおつのおびと)

**大坪周右衛門** おおつぼしゅうえもん
～明治38(1905)年9月27日
明治期の仏師。
¶飛騨

**大坪善一** おおつぼぜんいち
～安政2(1855)年8月11日
江戸時代後期の仏師。
¶飛騨

**大坪ふさ** おおつぼふさ
生没年不詳
江戸時代後期の仏師。
¶飛騨

**大津霊瑞** おおつれいずい
文化12(1815)年～？
江戸時代後期～末期の僧。豊浦山神上寺住職61世。
¶姓氏山口

**大友永貞** おおともえいてい★
明暦3(1657)年～享保8(1723)年11月14日
江戸時代中期の波宇志別社神官。
¶秋田人2

**大友義正** おおともぎせい
生没年不詳
戦国時代の僧。
¶諸系，日人

**大友教蔵** おおともきょうぞう★
天保1(1830)年11月23日～大正8(1919)年2月17日
明治・大正期の波宇志別神社の神官。大森町戸長。
¶秋田人2

**大伴清芳** おおともきよよし
？ ～弘化4(1847)年　[別]大伴清芳(おおともせいほう)
江戸時代後期の神職。鶴岡八幡宮神主職。
¶神奈川人(おおともせいほう　生没年不詳)，神人

**大伴公時** おおともきんとき
永正10(1513)年6月21日～天文16(1547)年9月晦日
戦国時代の鶴岡八幡宮の神主。
¶後北(公時〔大伴〕　きみとき)，戦辞(生没年不詳)

**大伴定弘** おおともさだひろ
鎌倉時代後期の木工。
¶人名，日人(生没年不詳)

**大伴清芳** おおともせいほう
→大伴清芳(おおともきよよし)

**大友宗麟** おおともそうりん
享禄3(1530)年～天正15(1587)年　[別]大友義鎮(おおともよししげ)，フランシスコ
戦国時代～安土桃山時代のキリシタン、大名。豊後守護、九州探題。
¶朝日([没]天正15年5月23日(1587年6月28日))，岩史(大友義鎮　おおともよししげ　[没]天正15(1587)年5月23日)，愛媛，大分歴，角史，キリ(大友義鎮　おおともよししげ)，熊本百([生]享禄3(1530)年5月4日　[没]天正15(1587)年5月23日)，系西(大友義鎮　おおともよししげ)，国史，古中，コン改，コン4，コン5，史

お

人（㊊1530年1月3日，（異説）5月4日 ㊍1587年5月23日），思想史，重要（大友義鎮 おおともよししげ ㊍天正15（1587）年5月23日），諸系，人書79，人書94，新潮（㊊享禄3（1530）年1月3日，（異説）5月4日 ㊍天正15（1587）年5月6日，（異説）5月23日），人名，世人（㊍天正15（1587）年5月23日），世百，戦合，戦国（大友義鎮 おおともよししげ），全書，戦人（大友義鎮 おおともよししげ），全戦（大友義鎮 おおともよししげ），戦武（大友義鎮 おおともよししげ），対外，大百，茶道，中世（大友義鎮 おおともよししげ（そうりん） ㊍1589年），伝記，長崎歴，日史（㊍天正15（1587）年5月23日），日人，百科，福岡百，平日（㊊1530 ㊍1587），宮崎百，室町（大友義鎮 おおともよししげ），山川小（㊊1530年1月3日，5月4日 ㊍1587年5月23日），歴大（大友義鎮 おおともよししげ）

**大伴忠男** おおともただお
宝暦4（1754）年～文化13（1816）年
江戸時代中期～後期の神職。
¶神奈川人，国書（㊍文化13（1816）年6月18日），神人（㊊？）

**大友親久** おおともちかひさ
？ ～文化1（1804）年
江戸時代後期の神官。
¶秋田人2（㊊？ ㊍文化1年12月20日），秋田百，神人

**大伴時孝** おおともときたか
？ ～慶長17（1612）年
安土桃山時代～江戸時代前期の神職。鶴岡八幡宮神主職。
¶後北（時孝〔大伴〕 ときたか ㊍慶長17年3月8日），神人，戦辞（生没年不詳）

**大伴時信** おおともときのぶ
長禄3（1459）年3月16日～天文5（1536）年7月17日
戦国時代の鶴岡八幡宮の神主。
¶後北（時信〔大伴〕 ときのぶ），姓氏神奈川，戦辞（㊊？ ㊍天文9年7月17日（1540年8月19日））

**大友直枝** おおともなおえ
天明5（1785）年～文政12（1829）年 ㊎大友吉言（おおともよしとき）
江戸時代後期の出羽秋田藩士、国学者。
¶秋田人2（㊊天明5年1月25日 ㊍文政12年6月12日），秋田百，国書（大友吉言 おおともよしとき ㊊天明5（1785）年1月25日 ㊍文政12（1829）年6月12日），神人，日人，藩臣1

**大伴狛夫人** おおとものこまのふじん
生没年不詳
飛鳥時代の女性。尼僧。善信尼と共に百済から帰国した四尼の一人。
¶女性

**大伴宣光** おおとものぶみつ
文化8（1811）年11月12日～明治15（1882）年3月17日
江戸時代後期～明治期の神職。
¶国書，姓氏愛知

**大友福命** おおともふくめい★
天和1（1681）年5月23日～延享2（1745）年10月18日
江戸時代中期の神主。
¶秋田人2

**大伴持時** おおとももちとき
生没年不詳
戦国時代の鶴岡八幡宮神主。
¶戦辞

**大友義鎮** おおともよししげ
→大友宗麟（おおともそうりん）

**大友吉言** おおともよしとき
→大友直枝（おおともなおえ）

**大鳥居昭三郎**（大鳥居照三郎） おおとりいしょうざぶろう
天保8（1837）年～明治6（1873）年8月12日
江戸時代後期～明治期の神職・勤王家。
¶維新（大鳥居照三郎），神人，幕末（大鳥居照三郎），幕末大（大鳥居照三郎）

**大鳥居信寛** おおとりいしんかん
天文22（1553）年～慶長5（1600）年8月23日
戦国時代～安土桃山時代の社僧・連歌作者。
¶国書

**大鳥居信観** おおとりいしんかん
文化1（1804）年～安政4（1857）年7月3日
江戸時代後期～末期の社僧・連歌作者。
¶国書

**大鳥居信貫** おおとりいしんかん
享保12（1727）年～天明3（1783）年5月3日
江戸時代中期の社僧・連歌作者。
¶国書，太宰府

**大鳥居信岩** おおとりいしんがん
元亀3（1572）年～正保4（1647）年1月30日
安土桃山時代～江戸時代前期の社僧・連歌作者。
¶国書

**大鳥居信恭** おおとりいしんきょう
元禄10（1697）年5月13日～享保18（1733）年5月3日
江戸時代中期の社僧・連歌作者。
¶国書

**大鳥居信芸** おおとりいしんげい
生没年不詳
戦国時代の社僧・連歌作者。
¶国書

**大鳥居信兼** おおとりいしんけん
寛永6（1629）年～享保6（1721）年
江戸時代前期～中期の社僧・連歌作者。
¶国書

**大鳥居信賢** おおとりいしんけん
宝暦9（1759）年2月26日～文政9（1826）年3月16日

江戸時代中期～後期の社僧・連歌作者。
¶国書

**大鳥居信顕** おおとりいしんけん
生没年不詳
室町時代の社僧・連歌作者。
¶国書

**大鳥居信助** おおとりいしんじょ
慶長9(1604)年～明暦3(1657)年7月2日
江戸時代前期の社僧・連歌作者。
¶国書

**大鳥居信仙** おおとりいしんせん
延宝3(1675)年～享保1(1716)年9月26日
江戸時代前期～中期の社僧・連歌作者。
¶国書

**大鳥居信全** おおとりいしんぜん
文政5(1822)年4月6日～明治4(1871)年4月24日
江戸時代後期～明治期の社僧・連歌作者。
¶国書(㊤?), 太宰府, 福岡百

**大鳥居信祐** おおとりいしんゆう
生没年不詳
江戸時代前期の社僧・連歌作者。
¶国書

**大鳥居信廉** おおとりいしんれん
生没年不詳
江戸時代中期～後期の社僧・連歌作者。
¶国書

**大鳥居理兵衛**(大鳥居利兵衛) おおとりいりへえ
文化14(1817)年～文久2(1862)年
江戸時代末期の志士。
¶維新(㊤1818年 ㊦1863年), 近世(大鳥居利兵衛), 国史(大鳥居利兵衛), コン改, コン4, コン5, 神人(㊤文化13(1816)年), 新潮(大鳥居利兵衛 ㊤文化14(1817)年8月22日 ㊦文久2(1862)年2月20日), 人名, 日人, 幕末(㊤1818年 ㊦1862年5月6日), 幕末大(㊤文政1(1818)年 ㊦文久3(1863)年3月19日)

**鴻雪爪** おおとりせっそう, おおとりせつそう
文化11(1814)年1月1日～明治37(1904)年6月18日
江戸時代末期～明治期の宗教家、神道家。教部省御用掛。東京金刀比羅神社祠官、大教正。御嶽教二代官長。
¶朝日(㊤文化11年1月1日(1814年2月20日)), 維新, 郷土福井(おおとりせつそう), 近現, 近世, 国史, コン改, コン4, コン5, 史人, 神史, 神人, 新潮, 人名, 日人, 幕末, 幕末大, 広島百(㊤文化12(1815)年1月1日), 風土(おおとりせつそう), 福井百, 仏人, 明治史, 明大1, 履歴, 履歴2

**鴻雪年** おおとりせつねん
文久1(1861)年～昭和11(1936)年11月21日
明治～大正期の祠官。御嶽教管長に多年在任。
¶人名, 世紀, 日人, 明大1

**大中臣明親** おおなかとみあきちか
生没年不詳 ㊍大中臣明親(おおなかとみのあきちか)
平安時代後期～鎌倉時代前期の歌人。
¶国書, 古人(おおなかとみのあきちか), 平史(おおなかとみのあきちか)

**大中臣家賢** おおなかとみいえかた
文明16(1484)年～天文22(1553)年1月11日
㊍大中臣家賢(おおなかとみのいえかた)
戦国時代の神官(春日社神主)。
¶公卿(おおなかとみのいえかた), 公卿普(おおなかとみのいえかた), 公家(家賢〔春日神社神主大中臣諸家〕 いえかた), 戦人

**大中臣公長** おおなかとみきんなが
→大中臣公長(おおなかとみのきみなが)

**大中臣国親** おおなかとみくにちか
生没年不詳
平安時代後期の神職・連歌作者。
¶国書

**大中臣国房** おおなかとみくにふさ
生没年不詳
戦国時代の香取大宮司。直房の子。
¶戦房総

**大中臣伊長** おおなかとみこれなが
生没年不詳
戦国時代の神職。
¶国書

**大中臣定隆** おおなかとみさだたか
永治1(1141)年～養和1(1181)年 ㊍大中臣定隆(おおなかとみのさだたか)
平安時代後期の神官。
¶古人(おおなかとみのさだたか), 平家

**大中臣定忠** おおなかとみさだただ
→大中臣定忠(おおなかとみのさだただ)

**大中臣定長** おおなかとみさだなが
? ～康治1(1142)年12月9日 ㊍大中臣定長(おおなかとみのさだなが)
平安時代後期の神職・歌人。
¶国書, 古人(おおなかとみのさだなが ㊤?), 平史(おおなかとみのさだなが)

**大中臣実勝** おおなかとみさねかつ
生没年不詳
戦国時代の香取大禰宜(53代)。実隆の子。
¶戦房総

**大中臣実隆** おおなかとみさねたか
永正17(1520)年～? ㊍大中臣実隆(おおなかとみのさねたか)
戦国時代の香取大禰宜(52代)。実長の子。
¶戦辞(おおなかとみのさねたか), 戦房総

**大中臣実直** おおなかとみさねなお
生没年不詳
室町時代の神職・連歌作者。
¶国書

お

お

**大中臣実長** おおなかとみさねなが
生没年不詳
戦国時代の香取大禰宜(51代)。実之の子。
¶戦房総

**大中臣実之** おおなかとみさねゆき
生没年不詳
戦国時代の香取大禰宜(50代)。胤房の子。
¶戦房総

**大中臣輔親** おおなかとみすけちか
→大中臣輔親(おおなかとみのすけちか)

**大中臣輔弘** おおなかとみすけひろ
→大中臣輔弘(おおなかとみのすけひろ)

**大中臣隆実** おおなかとみたかざね
→大中臣隆実(おおなかとみのたかざね)

**大中臣隆昌** おおなかとみたかまさ
生没年不詳
南北朝時代の神職・歌人。
¶国書

**大中臣隆通** おおなかとみたかみち
承元2(1208)年～建長1(1249)年8月30日　㊞大中臣隆通(おおなかとみのたかみち),藤波隆通(ふじなみたかみち)
鎌倉時代前期の神官(祭主・神祇権大副)。
¶鎌室,公卿(おおなかとみのたかみち),公卿普(おおなかとみのたかみち),公家(隆通〔藤波家〕　たかみち),諸系(おおなかとみのたかみち),神人(おおなかとみのたかみち),日人(おおなかとみのたかみち)

**大中臣隆基** おおなかとみたかもと
生没年不詳
南北朝時代の神職・歌人。
¶国書

**大中臣胤房** おおなかとみたねふさ
生没年不詳　㊞大中臣胤房(おおなかとみのたねふさ)
戦国時代の香取大禰宜(49代)。秀房の子。
¶戦辞(おおなかとみのたねふさ),戦房総

**大中臣為定** おおなかとみためさだ
久安5(1149)年～建暦2(1212)年5月17日　㊞大中臣為定(おおなかとみのためさだ)
平安時代後期～鎌倉時代前期の神職・歌人。
¶国書,古人(おおなかとみのためさだ),平史(おおなかとみのためさだ　生没年不詳)

**大中臣為実** おおなかとみためざね
？　～建仁2(1202)年
平安時代後期～鎌倉時代前期の神職・歌人。
¶国書

**大中臣親隆** おおなかとみちかたか
→大中臣親隆(おおなかとみのちかたか)

**大中臣親俊** おおなかとみちかとし
→大中臣親俊(おおなかとみのちかとし)

**大中臣親守** おおなかとみちかもり
生没年不詳
平安時代後期～鎌倉時代前期の神職・歌人。
¶国書

**大中臣経有** おおなかとみつねあり
南北朝時代の連歌作者。
¶国書(㊊？　㊐延文3(1358)年5月27日),国書5(㊊建武2(1335)年　㊐？)

**大中臣経員** おおなかとみつねかず
*～正平13/延文3(1358)年5月27日
鎌倉時代後期～南北朝時代の神職・連歌作者。
¶国書(㊊？),国書5(㊊徳治1(1306)年)

**大中臣経茂** おおなかとみつねしげ
宝治1(1247)年～？
鎌倉時代前期～後期の神職。
¶国書5

**大中臣常長** おおなかとみつねなが
生没年不詳
戦国時代の神職。
¶国書

**大中臣経憲** おおなかとみつねのり
→大中臣経憲(おおなかとみのつねのり)

**大中臣経栄** おおなかとみつねひで
文亀3(1503)年～天正9(1581)年10月　㊞大中臣経栄(おおなかとみのつねしげ)
戦国時代～安土桃山時代の神官(春日社神主)。
¶公卿(おおなかとみのつねしげ),公卿普(おおなかとみのつねしげ),公家(経栄〔春日神社神主大中臣諸家〕　つねひで),戦人

**大中臣時有** おおなかとみときあり
？　～応永30(1423)年9月19日
南北朝時代～室町時代の神職。
¶国書5

**大中臣時俊** おおなかとみときとし
正和1(1312)年～？
鎌倉時代後期～南北朝時代の神職。
¶国書5

**大中臣時具** おおなかとみときとも
延徳2(1490)年～永禄2(1559)年3月5日　㊞大中臣時具(おおなかとみのときとも)
戦国時代の神官(春日社権神主)。
¶公卿(おおなかとみのときとも),公卿普(おおなかとみのときとも),公家(時具〔春日神社神主大中臣諸家〕　ときとも),戦人

**大中臣時就** おおなかとみときなり
？　～大永7(1527)年12月2日
戦国時代の神職・連歌作者。
¶国書

**大中臣時宣** おおなかとみときのぶ
永正1(1504)年～？　㊞大中臣時宣(おおなかとみのときのぶ)
戦国時代の神官(春日社神主)。
¶公卿(おおなかとみのときのぶ),公卿普(おお

なかとみのときのぶ), 公家(時宣〔春日神社神主大中臣諸家〕 ときのぶ ㊀?), 戦人

**大中臣時昌** おおなかとみときまさ
天正15(1587)年〜?
安土桃山時代〜江戸時代前期の神職。
¶国書(生没年不詳), 国書5

**大中臣直房** おおなかとみなおふさ
生没年不詳
戦国時代の香取大宮司。憲房の子。
¶戦房総

**大中臣永胤** おおなかとみながたね
生没年不詳
鎌倉時代後期の神職・歌人。
¶国書

**大中臣長則** おおなかとみながのり
承元2(1208)年〜建治2(1276)年 ㊥河辺長則(かわべながのり)
鎌倉時代前期〜後期の神職。
¶国書(㊀建治2(1276)年4月), 神人(河辺長則 かわべながのり)

**大中臣明親** おおなかとみのあきちか
→大中臣明親(おおなかとみあきちか)

**大中臣朝臣有本** おおなかとみのあそんありもと
? 〜寛平6(894)年 ㊥大中臣有本(おおなかとみのありもと)
平安時代前期の神祇官人。
¶古人(大中臣有本 おおなかとみのありもと ㊤?), 古代, 古代普(㊤?), 諸系(大中臣有本 おおなかとみのありもと), 神人(大中臣有本 おおなかとみのありもと), 日人(大中臣有本 おおなかとみのありもと)

**大中臣朝臣国雄** おおなかとみのあそんくにお
→大中臣国雄(おおなかとみのくにお)

**大中臣朝臣常道** おおなかとみのあそんつねみち
㊥大中臣常道(おおなかとみのつねみち)
平安時代前期の神祇官人。
¶古人(大中臣常道 おおなかとみのつねみち), 古代, 古代普, 日人(大中臣常道 おおなかとみのつねみち 生没年不詳)

**大中臣朝臣豊雄** おおなかとみのあそんとよお
? 〜貞観12(870)年? ㊥大中臣豊雄(おおなかとみのとよお)
平安時代前期の神祇官人。
¶古人(大中臣豊雄 おおなかとみのとよお ㊤?), 古代, 古代普(㊤?), 諸系(大中臣豊雄 おおなかとみのとよお ㊀870年), 神人(大中臣豊雄 おおなかとみのとよお 生没年不詳), 日人(大中臣豊雄 おおなかとみのとよお ㊀870年)

**大中臣朝臣淵魚** おおなかとみのあそんふちうお
→大中臣淵魚(おおなかとみのふちな)

**大中臣有長** おおなかとみのありなが
永久4(1116)年〜寿永1(1182)年
平安時代後期の六条・高倉朝の伊勢大神宮司。
¶古人, 平史

**大中臣有本** おおなかとみのありもと
→大中臣朝臣有本(おおなかとみのあそんありもと)

**大中臣家賢** おおなかとみのいえかた
→大中臣家賢(おおなかとみいえかた)

**大中臣家統** おおなかとみのいえつね
康正2(1456)年〜天文12(1543)年1月19日
戦国時代の神官(春日社神主)。
¶公卿, 公卿普, 公家(家統〔春日神社神主大中臣諸家〕 いえもち)

**大中臣家知** おおなかとみのいえとも
寛永3(1626)年〜元禄8(1695)年1月5日
江戸時代前期の神官(春日社権神主)。
¶公卿, 公卿普, 公家(家知〔春日神社神主大中臣諸家〕 いえとも ㊀元禄8(1695)年1月5日?)

**大中臣磯守** おおなかとみのいそもり
? 〜嘉祥2(894)年6月
平安時代前期の祭主(16代)。大中臣二門出身。
¶神人

**大中臣毛人** おおなかとみのえみし
生没年不詳
平安時代前期の十七代祭主。大中臣二門出身。
¶神人

**大中臣奥生** おおなかとみのおくお
貞観14(872)年〜天慶2(939)年 ㊥大中臣奥生(おおなかとみのおくなり)
平安時代前期〜中期の祭主。父は二門の利常。
¶古人(おおなかとみのおくなり ㊤?), 神人

**大中臣奥生** おおなかとみのおくなり
→大中臣奥生(おおなかとみのおくお)

**大中臣景忠** おおなかとみのかげただ
→藤波景忠(ふじなみかげただ)

**大中臣蔭直** おおなかとみのかげなお
? 〜延元2/建武4(1337)年12月
鎌倉時代後期〜南北朝時代の神官(祭主・神祇大副)。
¶公卿, 公卿普, 公家(蔭直〔大中臣家(絶家)4〕 かげなお ㊤?), 神人(㊤建治1(1275)年)

**大中臣兼興** おおなかとみのかねおき
→大中臣兼興(おおなかとみのかねき)

**大中臣兼興** おおなかとみのかねき
天禄3(972)年〜永承2(1047)年 ㊥大中臣兼興(おおなかとみのかねおき)
平安時代中期の祭主(32代)。父は一門の春日宮神主理平。
¶古人(おおなかとみのかねおき), 神人, 平史(おおなかとみのかねおき)

**大中臣兼任(遠)** おおなかとみのかねとう
平安時代中期の大宮司。兼興の子。
¶古人(大中臣兼任)

お

**大中臣公枝** おおなかとみのきみえだ
正暦2(991)年～万寿3(1026)年
平安時代中期の伊勢大宮司。父は千枝。寛弘4年第66代伊勢大宮司。
¶古人

**大中臣公清** おおなかとみのきみきよ
平安時代後期の伊勢大宮司。
¶古人

**大中臣公長** おおなかとみのきみなが
延久3(1071)年～保延4(1138)年9月14日　㊙大中臣公長(おおなかとみきんなが,おおなかとみのきんなが)
平安時代後期の神官(祭主・神祇大副)。右大臣大中臣清麻呂の十一世の孫。
¶公卿,公卿普,国書(おおなかとみきんなが),古人(おおなかとみのきんなが),神人,平史(おおなかとみのきんなが)

**大中臣公衡** おおなかとみのきみひら
㊙大中臣公衡(おおなかとみのきんひら)
平安時代後期の大宮司。天永3年第83代大宮司。
¶古人,古人(おおなかとみのきんひら)

**大中臣公房** おおなかとみのきみふさ
長元7(1034)年～天永2(1111)年
平安時代中期～後期の大宮司。寛治6年第79代大宮司。
¶古人

**大中臣公節** おおなかとみのきみふし
寛平6(894)年～?　㊙大中臣公節(おおなかとみのきんとき)
平安時代前期～中期の祭主(26代)。大中臣二門出身。
¶古人(おおなかとみのきんとき),神人

**大中臣公義** おおなかとみのきみよし
長久1(1040)年～嘉保1(1094)年　㊙大中臣清国(おおなかとみのきよくに),藤波清国(ふじなみきよくに)
平安時代中期～後期の大宮司。治暦4年第76代大宮司。
¶公卿(大中臣清国　おおなかとみのきよくに　生没年不詳),公卿普(大中臣清国　おおなかとみのきよくに),公家(清国〔藤波家〕　きよくに),古人

**大中臣清国** おおなかとみのきよくに
→大中臣公義(おおなかとみのきみよし)

**大中臣清忠** おおなかとみのきよただ
?～文明1(1469)年　㊙藤波清忠(ふじなみきよただ)
室町時代～戦国時代の神宮祭主。
¶公卿普(藤波清忠　ふじなみきよただ),公家(清忠〔藤波家〕　きよただ　㊔?),神人

**大中臣清親** おおなかとみのきよちか
寛治1(1087)年～保元2(1157)年8月7日
平安時代後期の神官(祭主神祇大副)。神祇大副大中臣輔清の子。
¶公卿,公卿普,公家(清親〔大中臣家(絶家)1〕　きよちか　㊔?),古人(㊔?),平史(㊔?)

**大中臣清持** おおなかとみのきよもち
平安時代前期の伊勢大神宮司。
¶古人,平史(生没年不詳)

**大中臣公賢** おおなかとみのきんかた
平安時代後期の伊勢大神宮司。
¶古人,平史(生没年不詳)

**大中臣公輔** おおなかとみのきんすけ
～長寛1(1163)年
平安時代後期の神祇官人。
¶古人

**大中臣公隆** おおなかとみのきんたか
応徳2(1085)年～久安6(1150)年
平安時代後期の神職。従五位下伊勢大神宮司公義の二男。
¶古人,平史

**大中臣公忠** おおなかとみのきんただ
平安時代中期の大宮司。
¶古人

**大中臣公節** おおなかとみのきんとき
→大中臣公節(おおなかとみのきみふし)

**大中臣公俊** おおなかとみのきんとし
?～治承4(1180)年
平安時代後期の高倉朝の伊勢大神宮司。
¶古人(㊔?),平史

**大中臣公利** おおなかとみのきんとし
平安時代中期の鹿島神宮司。
¶古人

**大中臣公長** おおなかとみのきんなが
→大中臣公長(おおなかとみのきみなが)

**大中臣公衡** おおなかとみのきんひら
→大中臣公衡(おおなかとみのきみひら)

**大中臣公宗** おおなかとみのきんむね
?～治承2(1178)年
平安時代後期の公盛の二男。
¶古人(㊔?),平史

**大中臣公盛** おおなかとみのきんもり
～大治2(1127)年
平安時代後期の伊勢大宮司。
¶古人

**大中臣国雄** おおなかとみのくにお
㊙大中臣朝臣国雄(おおなかとみのあそんくにお)
平安時代前期の神祇官人。
¶古人,古代(大中臣朝臣国雄　おおなかとみのあそんくにお),古代普(大中臣朝臣国雄　おおなかとみのあそんくにお),諸系(生没年不詳),神人(生没年不詳),人名,日人(生没年不詳)

**大中臣国房** おおなかとみのくにふさ
平安時代後期の大宮司。広徳3年第78代大宮司。
¶古人

お

**大中臣伊忠** おおなかとみのこれただ
長禄2(1458)年～大永2(1522)年9月10日 ㊊藤波伊忠(ふじなみこれただ),藤波伊忠(ふじなみよしただ)
室町時代～戦国時代の神宮祭主。
¶公卿普(藤波伊忠 ふじなみよしただ ㊐応仁2(1468)年), 公家(伊忠〔藤波家〕 これただ), 神人

**大中臣惟経** おおなかとみのこれつね
平安時代後期の神祇官人、伊勢例幣使。
¶古人

**大中臣定祐** おおなかとみのさだすけ
平安時代後期の伊勢大神宮司。
¶古人, 平史(生没年不詳)

**大中臣定隆** おおなかとみのさだたか
→大中臣定隆(おおなかとみさだたか)

**大中臣定忠** おおなかとみのさだただ
*～正和5(1316)年1月24日 ㊊大中臣定忠(おおなかとみさだただ),藤波定忠(ふじなみさだただ)
鎌倉時代後期の神官(祭主神祇大副)。祭主神祇大副非参議大中臣定世の子。
¶公卿(㊐?), 公卿普(㊐?), 公家(定忠〔藤波家〕 さだただ ㊐?), 国書(おおなかとみさだただ ㊐文永9(1272)年), 神人(㊐文永9(1272)年)

**大中臣定長** おおなかとみのさだなが
→大中臣定長(おおなかとみさだなが)

**大中臣貞世** おおなかとみのさだよ
平安時代前期の神官。太神宮司。
¶古人

**大中臣定世** おおなかとみのさだよ
? ～永仁5(1297)年12月13日 ㊊藤波定世(ふじなみさだよ)
鎌倉時代後期の神官(祭主神祇大副)。祭主神祇権大副非参議大中臣隆世の子。
¶公卿, 公卿普, 公家(定世〔藤波家〕 さだよ ㊐?), 神人(㊐宝治1(1247)年)

**大中臣実隆** おおなかとみのさねたか
→大中臣実隆(おおなかとみさねたか)

**大中臣真継** おおなかとみのさねつぐ
→大中臣真継(おおなかとみまつぎ)

**大中臣真平** おおなかとみのさねひら
平安時代後期の香取社大禰宜。助員の子。
¶古人

**大中臣真房** おおなかとみのさねふさ
平安時代後期の神官。大禰宜。
¶古人

**大中臣真頼** おおなかとみのさねより
平安時代中期の僧忠耀の子。
¶古人

**大中臣清世** おおなかとみのすがよ
*～応永16(1409)年 ㊊藤波清世(ふじなみきよよ)
南北朝時代～室町時代の祭主(77代)。
¶公卿普(藤波清世 ふじなみきよよ ㊐暦応4/興国2(1341)年 ㊋応永16(1409)年11月5日), 公家(清世〔藤波家〕 きよよ ㊐? ㊋応永16(1409)年11月), 神人(㊐貞和1/興国6(1345)年)

**大中臣輔清** おおなかとみのすけきよ
～保安2(1121)年
平安時代後期の神祇権少副。
¶古人

**大中臣佐国** おおなかとみのすけくに
康保2(965)年～?
平安時代中期の祭主(31代)。
¶伊豆, 古人, 神人, 平史(生没年不詳)

**大中臣祐成** おおなかとみのすけしげ
平安時代後期の伊勢大神宮司。
¶古人, 平史(生没年不詳)

**大中臣輔親** おおなかとみのすけちか
天暦8(954)年～長暦2(1038)年 ㊊大中臣輔親(おおなかとみすけちか)
平安時代中期の歌人、神官(祭主・神祇伯)。参議大中臣諸魚の弟今麿の裔。
¶朝日(㊋長暦2年6月22日(1038年7月26日)), 公卿(㊋長暦2(1038)年6月), 公卿普(㊋長暦2(1038)年6月), 国史, 国書(おおなかとみすけちか ㊋長暦2(1038)年6月22日), 古人, 古中, コン改, コン4, コン5, 詩作(㊋長暦2(1038)年6月2日), 史人(㊋1038年6月22日), 諸系, 神人, 新潮(㊋長暦2(1038)年6月22日), 人名, 姓氏京都, 全書, 日史(㊋長暦2(1038)年6月22日), 日人, 百科, 平史, 和俳(㊋長暦2(1038)年6月22日)

**大中臣輔経** おおなかとみのすけつね
寛弘6(1009)年～永保1(1081)年
平安時代中期～後期の伊勢大神宮祭主。散位従五位下輔隆男。
¶古人, 神人, 平史

**大中臣佐俊** おおなかとみのすけとし
～寛仁2(1018)年
平安時代中期の神祇権少副。公高の子。
¶古人

**大中臣輔直** おおなかとみのすけなお
生没年不詳
室町時代の祭主。
¶神人

**大中臣輔長** おおなかとみのすけなが
～寛治2(1088)年
平安時代後期の神祇官人。
¶古人

**大中臣輔弘** おおなかとみのすけひろ
*～? ㊊大中臣輔弘(おおなかとみすけひろ)
平安時代中期～後期の神職・歌人。
¶国書(おおなかとみすけひろ ㊐長元1(1028)

年)，古人，新潟百([生]893年)，平史(生没年不詳)

**大中臣隆蔭** おおなかとみのたかかげ
?　～弘安2(1279)年12月21日
鎌倉時代前期の神官(祭主神祇大副)。祭主神祇権大副非参議大中臣隆通の次男。
¶公卿，公卿普，公家(隆蔭〔大中臣家(絶家)4〕　たかかげ　[生]?　[没]弘安2(1279)年12月21日)，神人([生]貞永1(1232)年)

**大中臣隆実** おおなかとみのたかざね
*～建武2(1335)年1月23日　[別]大中臣隆実(おおなかとみたかざね)
鎌倉時代後期～南北朝時代の神官(祭主・神祇権大副)。祭主神祇大副非参議大中臣隆蔭の子。
¶公卿([生]文永8(1271)年)，公卿普([生]文永8(1271)年)，公家(隆実〔大中臣家(絶家)4〕　たかざね　[生]?)，国書(おおなかとみたかざね　[生]文永9(1272)年)，神人([生]文永9(1272)年)

**大中臣隆直** おおなかとみのたかなお
?　～永仁6(1298)年12月25日
鎌倉時代後期の神官(祭主・神祇権大副)。祭主神祇大副非参議大中臣隆蔭の子、母は神祇権少副正四位下卜部兼頼宿禰の娘。
¶公卿，公卿普，公家(隆直〔大中臣家(絶家)4〕　たかなお　[生]?)，神人([生]宝治2(1248)年)

**大中臣隆通** おおなかとみのたかみち
→大中臣隆通(おおなかとみたかみち)

**大中臣隆宗** おおなかとみのたかむね
仁安3(1168)年～嘉禄2(1226)年
平安時代後期～鎌倉時代前期の祭主(46代)。
¶神人

**大中臣隆職** おおなかとみのたかもと
平安時代中期の鹿嶋社宮司。
¶古人

**大中臣隆世** おおなかとみのたかよ
元仁1(1224)年～正元1(1259)年8月27日　[別]藤波隆世(ふじなみたかよ)
鎌倉時代前期の神官(祭主・神祇権大副)。祭主神祇権大副非参議大中臣隆通の長男。
¶公卿，公卿普，公家(隆世〔藤波家〕　たかよ)，神人

**大中臣忠直** おおなかとみのただなお
興国1/暦応3(1340)年～天授3/永和3(1377)年8月2日
南北朝時代の神官(神祇権大副)。祭主神祇大副非参議大中臣親忠の子か。
¶公卿，公卿普，公家(忠直〔大中臣家(絶家)4〕　ただなお)，神人

**大中臣忠正** おおなかとみのただまさ
平安時代中期の大和国添上郡菟足社神主。
¶古人

**大中臣種忠** おおなかとみのたねただ
天正15(1587)年～寛永21(1644)年
安土桃山時代～江戸時代前期の神宮祭主。
¶神人

**大中臣種敷** おおなかとみのたねのぶ
宝暦3(1753)年～文化12(1815)年1月2日
江戸時代中期～後期の神官(春日社神主)。
¶公卿，公卿普，公家(種敷〔春日神社神主大中臣諸家〕　たねのぶ)

**大中臣胤房** おおなかとみのたねふさ
→大中臣胤房(おおなかとみたねふさ)

**大中臣為清** おおなかとみのためきよ
平安時代中期の大宮司。
¶古人

**大中臣為定** おおなかとみのためさだ
→大中臣為定(おおなかとみためさだ)

**大中臣為継** おおなかとみのためつぐ
承久3(1221)年～徳治3(1308)年
鎌倉時代後期の神官(祭主・神祇大副)。祭主神祇権少副大中臣為仲の曽孫。
¶公卿([没]徳治3(1308)年5月22日)，公卿普([没]徳治3(1308)年5月22日)，公家(為継〔大中臣家(絶家)2〕　ためつぐ　[生]1221年?　[没]徳治3(1308)年6月)，神人

**大中臣為連** おおなかとみのためつら
建長4(1252)年～?
鎌倉時代後期の祭主(61代)。父は為継。
¶神人

**大中臣為仲** おおなかとみのためなか
康和4(1102)年～治承4(1180)年
平安時代後期の祭主(41代)。
¶古人([生]?)，神人

**大中臣為元** おおなかとみのためもと
平安時代中期の春日社常住神主。僧基応の子。
¶古人

**大中臣親章** おおなかとみのちかあき
康和5(1103)年～応保1(1161)年1月　[別]藤波親章(ふじなみちかあき)
平安時代後期の神官(祭主・神祇大副)。祭主神祇伯非参議大中臣親定の孫。
¶公卿([生]?)，公卿普([生]?)，公家(親章〔藤波家〕　ちかあき　[生]?)，古人，神人，平史

**大中臣親定** おおなかとみのちかさだ
長久4(1043)年～保安3(1122)年2月28日
平安時代後期の神官(祭主・神祇伯)。大中臣輔親の孫。
¶公卿([生]?)，公卿普([生]?)，古人，神人，平史

**大中臣親隆** おおなかとみのちかたか
長治2(1105)年～文治3(1187)年　[別]大中臣親隆(おおなかとみちかたか)，藤波親隆(ふじなみちかたか)，中臣親隆(なかとみちかたか)
平安時代後期の神官(祭主・神祇大副)。祭主神祇伯非参議大中臣親定の孫。
¶鎌室(おおなかとみちかたか)，公卿([生]長治1(1104)年　[没]?)，公卿普([生]長治1(1104)年　[没]?)，公家(親隆〔藤波家〕　ちかたか　[没]文

治3(1187)年9月28日), 古人, 諸系, 神人, 新潮(㊱文治3(1187)年9月29日), 日人, 平史

**大中臣親忠** おおなかとみのちかただ
永仁3(1295)年～＊ ㊊藤波親忠(ふじなみむつただ)
鎌倉時代後期～南北朝時代の神官(祭主・神祇大副)。祭主神祇大副非参議大中臣定忠の子。
¶公卿(㊱観応2/正平6(1351)年), 公卿普(㊱観応2/正平6(1351)年), 公家(親忠〔藤波家〕 むつただ ㊱観応3(1352)年7月29日), 神人(㊱観応3/正平7(1352)年)

**大中臣親俊** おおなかとみのちかとし
天永2(1111)年～文治1(1185)年11月 ㊊大中臣親俊(おおなかとみちかとし)
平安時代後期の神官(祭主神祇権大副)。祭主神祇伯非参議大中臣親定の孫。
¶公卿(㊐?), 公卿普(㊐?), 公家(親俊〔大中臣家(絶家)3〕 ちかとし ㊐?), 国書(おおなかとみちかとし ㊱文治1(1185)年11月9日), 古人, 神人, 平家(おおなかとみちかとし ㊐天永1(1110)年), 平史

**大中臣親直** おおなかとみのちかなお
元亨3(1323)年～正平5/観応1(1350)年
鎌倉時代後期～南北朝時代の祭主(70代)。
¶神人

**大中臣親仲** おおなかとみのちかなか
延久5(1073)年～保延6(1140)年
平安時代後期の神祇官人。
¶古人, 平史

**大中臣親成** おおなかとみのちかなり
～久寿1(1154)年
平安時代後期の神祇官人。長承1年賀茂祭に奉仕。
¶古人

**大中臣親宣** おおなかとみのちかのぶ
承暦2(1078)年～永暦1(1160)年
平安時代後期の神職。伊勢大神宮祭主親定の二男。
¶古人, 平史

**大中臣親世** おおなかとみのちかよ
? ～弘和3/永徳3(1383)年 ㊊藤波親世(ふじなみむつよ)
南北朝時代の神官(神祇権大副)。祭主神祇大副非参議大中臣親忠の子か。
¶公卿, 公卿普, 公家(親世〔藤波家〕 むつよ ㊐?), 神人(㊐正和5(1316)年 ㊱?)

**大中臣経蔭** おおなかとみのつねかげ
生没年不詳
鎌倉時代前期の祭主(62代)。
¶神人

**大中臣経賢** おおなかとみのつねかた
寛永18(1641)年～享保10(1725)年7月17日
江戸時代前期～中期の神官(春日社神主)。
¶公卿, 公卿普, 公家(経賢〔春日神社神主大中臣諸家〕 つねかた)

**大中臣経栄** おおなかとみのつねしげ
→大中臣経栄(おおなかとみつねひで)

**大中臣経就** おおなかとみのつねなり
慶長10(1605)年～貞享1(1684)年11月6日
江戸時代前期の神官(春日社神主)。
¶公卿, 公卿普, 公家(経就〔春日神社神主大中臣諸家〕 つねなり ㊐1604年)

**大中臣経憲** おおなかとみのつねのり
慶安1(1648)年～享保14(1729)年 ㊊大中臣経憲(おおなかとみつねのり)
江戸時代前期～中期の神官(春日社神主)。
¶公卿(㊱享保14(1729)年9月23日), 公卿普(㊱享保14(1729)年9月23日), 公家(経憲〔春日神社神主大中臣諸家〕 つねのり ㊱享保14(1729)年9月24日), 国書(おおなかとみつねのり ㊱享保14(1729)年9月24日)

**大中臣経房** おおなかとみのつねふさ
平安時代後期の春日社神官。
¶古人

**大中臣常道** おおなかとみのつねみち
→大中臣朝臣常道(おおなかとみのあそんつねみち)

**大中臣経芳** おおなかとみのつねよし
宝永6(1709)年～明和3(1766)年3月24日
江戸時代中期の神官(春日社権神主)。
¶公卿, 公卿普, 公家(経芳〔春日神社神主大中臣諸家〕 つねよし)

**大中臣都盛** おおなかとみのつもり
寛政5(1793)年～嘉永2(1849)年9月14日 ㊊河辺都盛(かわべくにもり)
江戸時代後期の神官(神祇権大副・伊勢大宮司)。
¶公卿, 公卿普, 公家(都盛〔伊勢内宮大宮司大中臣氏〕 つもり), 国書(河辺都盛 かわべくにもり)

**大中臣時方** おおなかとみのときかた
貞享2(1685)年～宝暦10(1760)年4月17日
江戸時代中期の神官(春日社神主)。
¶公卿, 公卿普, 公家(時方〔春日神社神主大中臣諸家〕 ときかた)

**大中臣時貞** おおなかとみのときさだ
宝永5(1708)年～明和5(1768)年3月14日
江戸時代中期の神官(春日社神主)。
¶公卿, 公卿普, 公家(時貞〔春日神社神主大中臣諸家〕 ときさだ)

**大中臣時真(1)** おおなかとみのときざね
寛永20(1643)年～享保4(1719)年6月4日
江戸時代前期～中期の神官(春日社権神主)。
¶公卿, 公卿普, 公家(時真〔春日神社神主大中臣諸家〕 ときざね)

**大中臣時真(2)** おおなかとみのときざね
享和3(1803)年～?
江戸時代後期の神官(春日社神主)。
¶公卿, 公卿普, 公家(時真〔春日神社神主大中臣諸家〕 ときざね ㊐1802年 ㊱?)

お

**大中臣時副** おおなかとみのときすけ
文政6(1823)年～？
江戸時代末期の神官(春日社権神主)。
¶公卿，公卿普，公家(時副〔春日神社神主大中臣諸家〕　ときそえ　㊀？)

**大中臣時啻** おおなかとみのときただ
元文1(1736)年～寛政4(1792)年6月8日
江戸時代中期の神官(春日社神主)。
¶公卿，公卿普，公家(時啻〔春日神社神主大中臣諸家〕　ときただ)

**大中臣時経** おおなかとみのときつね
～長治1(1104)年
平安時代後期の春日神主。
¶古人

**大中臣時具** おおなかとみのときとも
→大中臣時具(おおなかとみときとも)

**大中臣時成** おおなかとみのときなり
元禄12(1699)年～宝暦9(1759)年12月13日
江戸時代中期の神官(春日社神主)。
¶公卿，公卿普，公家(時成〔春日神社神主大中臣諸家〕　ときなり)

**大中臣時宣** おおなかとみのときのぶ
→大中臣時宣(おおなかとみときのぶ)

**大中臣時徳** おおなかとみのときのり
？　～応永7(1400)年
南北朝時代～室町時代の神官(春日社神主)。
¶公卿，公卿普，公家(時徳〔春日神社神主大中臣諸家〕　ときのり　㊐？)

**大中臣時雅** おおなかとみのときまさ
寛永11(1634)年～宝永2(1705)年11月6日
江戸時代前期～中期の神官(春日社神主)。
¶公卿，公卿普，公家(時雅〔春日神社神主大中臣諸家〕　ときまさ)

**大中臣時資** おおなかとみのときもと
寛文11(1671)年～享保20(1735)年11月4日
江戸時代中期の神官(春日社神主)。
¶公卿，公卿普，公家(時資〔春日神社神主大中臣諸家〕　ときとも)

**大中臣時康** おおなかとみのときやす
慶長16(1611)年～貞享2(1685)年10月8日
江戸時代前期の神官(春日社神主)。
¶公卿，公卿普，公家(時康〔春日神社神主大中臣諸家〕　ときやす)

**大中臣時廉** おおなかとみのときやす
享保3(1718)年～天明3(1783)年7月6日
江戸時代中期の神官(春日社神主)。
¶公卿，公卿普，公家(時廉〔春日神社神主大中臣諸家〕　ときかど　㊐1728年)

**大中臣時芳** おおなかとみのときよし
寛政12(1800)年～嘉永6(1853)年12月29日
江戸時代末期の神官(春日社権神主)。
¶公卿，公卿普，公家(時芳〔春日神社神主大中臣諸家〕　ときよし)

**大中臣時令** おおなかとみのときりょう
寛文12(1672)年～宝暦2(1752)年2月29日
江戸時代中期の神官(春日社神主)。
¶公卿，公卿普，公家(時令〔春日神社神主大中臣諸家〕　ときのり)

**大中臣利明** おおなかとみのとしあきら
平安時代中期の神祇官人。
¶古人

**大中臣敏忠** おおなかとみのとしただ
戦国時代の神官(神祇権大副)。
¶公卿(生没年不詳)，公卿普，公家(敏忠〔藤波家〕　としただ)

**大中臣朝忠** おおなかとみのともただ
→藤波朝忠(ふじなみともただ)

**大中臣友忠** おおなかとみのともただ
慶長7(1602)年～寛文8(1668)年
安土桃山時代～江戸時代前期の神宮祭主。
¶神人

**大中臣知房** おおなかとみのともふさ
平安時代後期の神官。神崎社宮司。
¶古人

**大中臣豊雄** おおなかとみのとよお
→大中臣朝臣豊雄(おおなかとみのあそんとよお)

**大中臣長量** おおなかとみのながかず
享和3(1803)年～明治1(1868)年8月21日
江戸時代末期の神官(伊勢大宮司)。
¶公卿，公卿普，公家(長量〔伊勢内宮大宮司大中臣氏〕　ながかず　㊐1837年　㊀慶応3(1867)年8月21日)

**大中臣永輔** おおなかとみのながすけ
長保1(999)年～延久3(1071)年
平安時代中期～後期の祭主(33代)。
¶古人，神人(㊐長保4(1002)年)，平史

**大中臣長堯** おおなかとみのながたか
寛文12(1672)年～文化3(1806)年8月19日
江戸時代中期の神官(皇太神宮司・神祇少副)。
¶公卿，公卿普

**大中臣長都** おおなかとみのながと
明和3(1766)年～文化4(1807)年9月21日　㊔河辺長都(かわべながくに)
江戸時代中期～後期の神官(伊勢大宮司・神祇少副)。
¶公卿，公卿普，公家(長都〔伊勢内宮大宮司大中臣氏〕　ながと)，国書(河辺長都　かわべながくに)

**大中臣長矩** おおなかとみのながのり
享保4(1719)年～安永5(1776)年11月5日
江戸時代中期の神官(伊勢大宮司・神祇少副)。
¶公卿，公卿普，公家(長矩〔伊勢内宮大宮司大中臣氏〕　ながのり)

**大中臣仲房** おおなかとみのなかふさ
平安時代後期の伊勢大神宮司。

¶古人，平史（生没年不詳）

**大中臣永政**　**おおなかとみのながまさ**
永観1（983）年～康平1（1058）年
平安時代中期～後期の後一条朝の伊勢大神宮司。
¶古人，平史

**大中臣長祥**　**おおなかとみのながよし**
寛政3（1791）年～天保4（1833）年2月28日
江戸時代後期の神官（神祇少副・伊勢大宮司）。
¶公卿，公卿普，公家（長祥〔伊勢内宮大宮司大中臣氏〕　ながよし）

**大中臣永頼**(1)　**おおなかとみのながより**
？　～長保2（1000）年
平安時代中期の祭主（29代）。大中臣二門出身。
¶古人（[生]？），神人，平史

**大中臣永頼**(2)　**おおなかとみのながより**
平安時代後期の神祇官人。
¶古人

**大中臣成卿**　**おおなかとみのなりきみ**
宝暦10（1760）年～文政10（1827）年6月21日
江戸時代中期～後期の神官（春日社神主）。
¶公卿，公卿普，公家（成卿〔春日神社神主大中臣諸家〕　なりさと）

**大中臣成職**　**おおなかとみのなりしき**
明和4（1767）年～文政5（1822）年9月19日
江戸時代中期～後期の神官（春日社権神主）。
¶公卿，公卿普，公家（成職〔春日神社神主大中臣諸家〕　なりもと）

**大中臣成隆**　**おおなかとみのなりたか**
元文2（1737）年～文化7（1810）年8月5日
江戸時代中期～後期の神官（春日社神主）。
¶公卿，公卿普，公家（成隆〔春日神社神主大中臣諸家〕　なりたか）

**大中臣成紀**　**おおなかとみのなりのり**
享保8（1723）年～安永8（1779）年5月13日
江戸時代中期の神官（春日社権神主）。
¶公卿，公卿普，公家（成紀〔春日神社神主大中臣諸家〕　なりのり）

**大中臣宣孝**　**おおなかとみののぶたか**
平安時代後期の第80代神宮司。
¶古人

**大中臣宣衡**　**おおなかとみののぶひら**
～寛治4（1090）年
平安時代後期の伊勢大宮司。治暦4年第75代伊勢大宮司。
¶古人

**大中臣宣頼**　**おおなかとみののぶより**
平安時代中期の神官。二宮禰宜。
¶古人

**大中臣範祐**　**おおなかとみののりすけ**
平安時代後期の神官。
¶古人

**大中臣義任**　**おおなかとみののりとう**
平安時代中期の伊勢大神宮司。
¶古人，平史（生没年不詳）

**大中臣稗守**　**おおなかとみのひえもり**
？　～貞観3（861）年
平安時代前期の祭主（19代）。父は三門の散位正七位上清山。
¶古人，神人

**大中臣久富**　**おおなかとみのひさとみ**
元和9（1623）年～宝永5（1708）年2月9日
江戸時代前期～中期の神官（平野社禰宜）。
¶公卿，公卿普，公家（久富〔平野神社禰宜中西家〕　ひさとみ）

**大中臣秀忠**　**おおなかとみのひでただ**
？　～延徳3（1491）年　[別]藤波秀忠（ふじなみひでただ）
室町時代～戦国時代の神宮祭主。
¶公卿普（藤波秀忠　ふじなみひでただ），公家（秀忠〔藤波家〕　ひでただ　[生]？），神人（[没]延徳3（1489）年）

**大中臣淵魚**　**おおなかとみのふちうお**
→大中臣淵魚（おおなかとみのふちな）

**大中臣淵魚**　**おおなかとみのふちな**
宝亀5（774）年～嘉祥3（850）年　[別]大中臣朝臣淵魚（おおなかとみのあそんふちうお），大中臣淵魚（おおなかとみのふちうお）
平安時代前期の神祇官人。
¶古人（おおなかとみのふちうお），古代（大中臣朝臣淵魚　おおなかとみのあそんふちうお），古代普（大中臣朝臣淵魚　おおなかとみのあそんふちうお），コン改，コン4，コン5，諸系，神人（おおなかとみのふちうお　[生]宝亀年間　[没]嘉祥3（850）年3月），人名，日人

**大中臣正廉**　**おおなかとみのまさかど**
平安時代中期の神祇官人。
¶古人

**大中臣正直**　**おおなかとみのまさなお**
平安時代中期の神祇官人。
¶古人

**大中臣理信**　**おおなかとみのまさのぶ**
平安時代中期の大宮司。時用の子。
¶古人

**大中臣理平**　**おおなかとみのまさひら**
平安時代中期の春日正神主。時用の子。
¶古人

**大中臣理望**　**おおなかとみのまさもち**
平安時代中期の神祇権少副。
¶古人

**大中臣益足**　**おおなかとみのますたり**
平安時代中期の伊勢神宮大司。
¶古人

**大中臣益人** おおなかとみのますひと
平安時代後期の神宮祭主。
¶古人

**大中臣通時** おおなかとみのみちとき
平安時代中期の神官。神宮少司。
¶古人

**大中臣通直** おおなかとみのみちなお
？ ～正長1（1428）年4月20日
室町時代の神官（神祇大副）。
¶公卿，公卿普，公家（通直〔大中臣家（絶家）4〕 みちなお [生]？），神人（[生]康暦1/天授5（1379）年）

**大中臣通能** おおなかとみのみちよし
平安時代後期の神官。神宮少司。
¶古人

**大中臣宗直** おおなかとみのむねなお
？ ～宝徳2（1450）年1月
室町時代の神官（神祇権大副・祭主・造内宮使）。
¶公卿，公卿普，公家（宗直〔大中臣家（絶家）4〕 むねなお [生]？），神人（生没年不詳）

**大中臣宗幹** おおなかとみのむねもと
平安時代中期の春日神主。
¶古人

**大中臣宗行** おおなかとみのむねゆき
平安時代中期の神祇官人。
¶古人

**大中臣元鑒** おおなかとみのもとあき
平安時代中期の鹿島宮司。
¶古人

**大中臣基直** おおなかとみのもとなお
？ ～明徳4（1393）年12月23日
南北朝時代の神官（神祇大副）。
¶公卿，公卿普，公家（基直〔大中臣家（絶家）4〕 ともなお [生]？），神人（[生]貞治1/正平17（1363）年）

**大中臣元範** おおなかとみのもとのり
長徳1（995）年～延久3（1071）年
平安時代中期～後期の祭主（34代）。
¶古人，神人，平史

**大中臣元房** おおなかとみのもとふさ
昌泰2（899）年～天禄3（972）年
平安時代前期～中期の祭主。大中臣二門出身。
¶神人

**大中臣基行** おおなかとみのもとゆき
平安時代後期の神祇官人。
¶古人

**大中臣盛家** おおなかとみのもりいえ
長承3（1134）年～？
平安時代後期の第92代伊勢大神宮司。
¶古人（[没]？），平史

**大中臣守孝** おおなかとみのもりたか
天禄2（971）年～長元4（1031）年
平安時代中期の神祇官人。
¶古人

**大中臣師興** おおなかとみのもろおき
寛文4（1664）年～延享1（1744）年12月5日
江戸時代中期の神官（春日社権神主）。
¶公卿，公卿普，公家（師興〔春日神社神主大中臣諸家〕 もろおき [生]1681年）

**大中臣師応** おおなかとみのもろかず
享和3（1803）年～元治1（1864）年2月27日
江戸時代末期の神官（春日社権神主）。
¶公卿，公卿普，公家（師応〔春日神社神主大中臣諸家〕 もろまさ [生]1812年）

**大中臣師重** おおなかとみのもろしげ
→大中臣師重（おおなかとみもろしげ）

**大中臣師証** おおなかとみのもろたか
寛政12（1800）年～天保9（1838）年4月13日
江戸時代後期の神官（春日社権神主）。
¶公卿，公卿普，公家（師証〔春日神社神主大中臣諸家〕 もろあき）

**大中臣師親** おおなかとみのもろちか
康和3（1101）年～？
平安時代後期の祭主（42代）。
¶古人，神人，平史（生没年不詳）

**大中臣諸人** おおなかとみのもろと
延暦12（793）年～？
奈良時代～平安時代前期の祭主（14代）。
¶神人

**大中臣師寿** おおなかとみのもろとし
安永2（1773）年～弘化1（1844）年8月28日 [別]大中臣師寿（おおなかとみもろとし）
江戸時代後期の神官（春日社神主）。
¶公卿，公卿普，公家（師寿〔春日神社神主大中臣諸家〕 もろとし），国書5（おおなかとみもろとし [没]天保15（1844）年8月25日）

**大中臣師直** おおなかとみのもろなお
元和2（1616）年～元禄10（1697）年3月5日
江戸時代前期の神官（春日社神主）。
¶公卿，公卿普，公家（師直〔春日神社神主大中臣諸家〕 もろなお）

**大中臣師典** おおなかとみのもろのり
正徳2（1712）年～明和7（1770）年9月7日
江戸時代中期の神官（春日社権神主）。
¶公卿，公卿普，公家（師典〔春日神社神主大中臣諸家〕 もろのり）

**大中臣師尋** おおなかとみのもろひろ
寛永12（1635）年～宝永7（1710）年3月11日
江戸時代前期～中期の神官（春日社神主）。
¶公卿，公卿普，公家（師尋〔春日神社神主大中臣諸家〕 もろひろ）

**大中臣師孟** おおなかとみのもろもう
元文3（1738）年～文化4（1807）年9月19日
江戸時代中期～後期の神官（春日社権神主）。
¶公卿，公卿普，公家（師孟〔春日神社神主大中臣

諸家〕 もろたけ ㊀文化4(1807)年9月25日)

**大中臣師盛** おおなかとみのもろもり
? ～応永31(1424)年6月14日 ㊀大中臣師盛(おおなかとみもろもり)
室町時代の神官(春日社権神主・刑部卿)。
¶公卿，公卿普，公家(師盛〔春日神社神主大中臣諸家〕 もろもり ㊀?)，国書(おおなかとみもろもり ㊀暦応2(1339)年)

**大中臣康忠** おおなかとみのやすただ
天文1(1532)年～元亀3(1572)年
戦国時代～安土桃山時代の神宮祭主。
¶神人

**大中臣泰時** おおなかとみのやすとき
平安時代後期の春日権神主。
¶古人

**大中臣安則** おおなかとみのやすのり
→大中臣安則(おおなかとみやすのり)

**大中臣良兼** おおなかとみのよしかね
平安時代後期の神祇官人。長承1年奉幣使として春日社に赴く。
¶古人，古人

**大中臣良実** おおなかとみのよしざね
平安時代中期の大和国菟足社の神主。
¶古人

**大中臣良扶** おおなかとみのよしすけ
平安時代中期の大宮司。
¶古人

**大中臣能隆** おおなかとみのよしたか
久安2(1146)年～天福2(1234)年 ㊀大中臣能隆(おおなかとみよしたか)，藤波能隆(ふじなみよしたか)，中臣能隆(なかとみよしたか)
平安時代後期～鎌倉時代前期の神官(祭主・神祇大副)。祭主神祇権大副非参議大中臣親俊の次男、母は正四位上神祇大副卜部兼支宿禰の娘。
¶鎌室(おおなかとみよしたか)，公卿(㊀久安1(1145)年 ㊀?)，公卿普(㊀久安1(1145)年 ㊀?)，公家(能隆〔藤波家〕 よしたか ㊀天福2(1234)年4月)，古人，諸系，神人，新潮(㊀文暦1(1234)年4月4日)，日人，平史

**大中臣慶忠** おおなかとみのよしただ
弘治3(1558)年～慶長4(1599)年
戦国時代～安土桃山時代の神宮祭主。
¶神人

**大中臣能宣** おおなかとみのよしのぶ
延喜21(921)年～正暦2(991)年8月 ㊀大中臣能宣(おおなかとみよしのぶ)
平安時代中期の神職、歌人。三十六歌仙の一人。
¶朝日，岩史，角史，国史，国書(おおなかとみよしのぶ ㊀正暦2(991)年八月)，古史，古人，古中，コン改，コン4，コン5，詩歌，詩作，史人，諸系，神人，新潮，人名(㊀922年)，世人，全書，大百，日史，日人，日文，百科，平史，歴大，和俳

**大中臣吉見** おおなかとみのよしみ
～正暦3(992)年?
平安時代中期の大和国添上郡の菟足社神主。
¶古人

**大中臣善道** おおなかとみのよしみち
平安時代中期の造伊勢神宮使。
¶古人

**大中臣頼隆** おおなかとみのよりたか
平安時代後期の神官。石橋山合戦にも従軍。
¶古人，平史(生没年不詳)

**大中臣頼宣** おおなかとみのよりのぶ
長徳3(997)年～寛治5(1091)年
平安時代中期～後期の祭主(36代)。
¶古人，神人，平史

**大中臣頼基** おおなかとみのよりもと
? ～天徳2(958)年 ㊀大中臣頼基(おおなかとみよりもと)
平安時代中期の神祇官人、歌人。三十六歌仙の一人。
¶国史，国書(おおなかとみよりもと)，古人(㊀886年)，古中，コン改(生没年不詳)，コン4(生没年不詳)，コン5，詩作(㊀仁和2(886)年頃)，史人，諸系，人書94(おおなかとみよりもと 生没年不詳)，神人(㊀元慶8(884)年 ㊀天暦10(956)年)，新潮(㊀天徳2(958)年，(異説)天暦10(956)年)，人名，日人，平史(㊀886年)，和俳

**大中臣頼行** おおなかとみのよりゆき
平安時代中期の伊勢大神宮司。
¶古人，平史(生没年不詳)

**大中臣春雄** おおなかとみはるお
生没年不詳
南北朝時代～室町時代の神職。
¶国書

**大中臣治房** おおなかとみはるふさ
生没年不詳
戦国時代の香取大宮司。清房の子。
¶戦房総

**大中臣真継** おおなかとみまつぎ
? ～大同2(807)年 ㊀大中臣真継(おおなかとみのさねつぐ)
奈良時代～平安時代前期の神職。
¶国書，古人(おおなかとみのさねつぐ ㊀?)，平史(おおなかとみのさねつぐ)

**大中臣盛房** おおなかとみもりふさ
生没年不詳
戦国時代の香取大宮司。治房の子。
¶戦房総

**大中臣師淳** おおなかとみもろあつ
永享5(1433)年～文亀4(1504)年1月19日 ㊀大中臣師淳(おおなかとみもろきよ)
室町時代～戦国時代の神職。
¶国書(生没年不詳)，国書5(おおなかとみもろきよ)

お

**大中臣師淳** おおなかとみもろきよ
→大中臣師淳（おおなかとみもろあつ）

**大中臣師重** おおなかとみもろしげ
明応1（1492）年～永禄9（1566）年9月　㊞大中臣師重（おおなかとみのもろしげ）
戦国時代の神官（春日社神主）。春日社正遷宮賞の大中臣師和の子。
¶公卿（おおなかとみのもろしげ），公卿普（おおなかとみのもろしげ），公家（師重〔春日神社神主大中臣諸家〕　もろしげ），戦人（㊐文明14（1482）年）

**大中臣師寿** おおなかとみもろとし
→大中臣師寿（おおなかとみのもろとし）

**大中臣師順** おおなかとみもろなお
寛正5（1464）年～享禄4（1531）年8月1日
室町時代～戦国時代の神職。
¶国書5

**大中臣師周** おおなかとみもろひろ
元禄13（1700）年～宝暦5（1755）年5月28日
江戸時代中期の神職。
¶国書5

**大中臣師盛** おおなかとみもろもり
→大中臣師盛（おおなかとみのもろもり）

**大中臣泰方** おおなかとみやすかた
生没年不詳
鎌倉時代以前の神職・歌人。「玉葉和歌集」に入集。
¶国書

**大中臣安則** おおなかとみやすのり
？　～延長6（928）年　㊞大中臣安則（おおなかとみのやすのり）
平安時代前期～中期の神職。
¶国書（㊦延長6（928）年1月24日），古人（おおなかとみのやすのり　㊐？），神人（おおなかとみのやすのり　㊐嘉祥3（848）年），平史（おおなかとみのやすのり）

**大中臣能隆** おおなかとみよしたか
→大中臣能隆（おおなかとみのよしたか）

**大中臣能宣** おおなかとみよしのぶ
→大中臣能宣（おおなかとみのよしのぶ）

**大中臣頼基** おおなかとみよりもと
→大中臣頼基（おおなかとみのよりもと）

**大並隼人** おおなみはやと
江戸時代の神主。
¶姓氏富山

**大西愛治郎** おおにしあいじろう
明治14（1881）年8月26日～昭和33（1958）年11月29日
大正～昭和期の宗教家。ほんみち教祖。天理研究会を設立、「ほんみち」開教。
¶現朝，現情，現人，コン改，コン4，コン5，社史，昭人，新潮，人名7，世紀，日人，仏教，平和，履歴（㊐明治15（1882）年1月15日），履歴2（㊐明治15（1882）年1月15日）

**大西猒介** おおにしけんすけ
明治13（1880）年1月5日～昭和41（1966）年4月16日
明治～昭和期の牧師。日本聖公会中部教区主教。
¶キリ

**大西親臣** おおにしちかおみ
→秦親臣（はたちかおみ）

**大西親真** おおにしちかざね
天保1（1830）年～？
江戸時代後期～明治期の神主。旧山城国稲荷神社神主。
¶華請

**大西親業** おおにしちかなり
→秦親業（はたちかかず）

**大西親盛** おおにしちかもり
→秦親盛（はたちかもり）

**大西良慶** おおにしりょうけい
明治8（1875）年12月21日～昭和58（1983）年2月15日
明治～昭和期の僧、宗教家。清水寺貫主。日本宗教者平和協議会会長。
¶郷土奈良，現朝，現情，現人，コン改，コン4，コン5，新潮，世紀，世百新，日人，百科，仏教，仏人，平和

**大貫左近** おおぬきさこん
生没年不詳
江戸時代後期の大住郡三宮明神社の神主。
¶神奈川人

**大貫小膳** おおぬきしょうぜん
生没年不詳
江戸時代後期の大住郡三宮村比々多神社神主。
¶神奈川人

**大貫図書** おおぬきずしょ
生没年不詳
江戸時代中期～後期の大住郡三宮村比々多神社神主。
¶神奈川人

**大貫忠紀** おおぬきただのり
生没年不詳
江戸時代後期の大住郡三宮村比々多神社神主。
¶神奈川人

**大貫真浦** おおぬきまうら
嘉永3（1850）年～大正5（1916）年
明治～大正期の神職。京都府皇典講究分所長。稲荷神社宮司などを歴任。著書に「稲荷神社史料」「羽倉春満伝」がある。
¶神人，人名，世紀（㊐嘉永3（1850）年11月　㊦大正5（1916）年12月31日），栃木歴，日人，明大1（㊐嘉永3（1850）年11月　㊦大正5（1916）年12月31日）

お

**大主耕雨**　おおぬしこうう
天保6(1835)年～大正4(1915)年　㊀耕雨(こうう)
江戸時代末期～明治期の神職、俳人。
¶国書(耕雨　こうう　㊤天保6(1835)年5月19日　㊦大正4(1915)年10月7日), 日人, 俳文, 三重続(㊤天保6年5月)

**大沼善隆**　おおぬまぜんりゅう
明治1(1868)年～昭和5(1930)年12月3日
江戸時代末期～昭和期の僧侶。
¶真宗

**大沼正信**　おおぬままさのぶ
大正2(1913)年1月25日～平成6(1994)年4月20日
昭和・平成期の宮大工。
¶飛騨

**大野可円**　おおのかえん
大正6(1917)年9月10日～
昭和期の聖徳宗僧侶。管長、法隆寺住職。
¶現情

**大野寛一郎**　おおのかんいちろう
明治22(1889)年5月12日～昭和50(1975)年7月28日
大正～昭和期の牧師。
¶福岡百

**大野義渓**　おおのぎけい
文政6(1823)年～明治24(1891)年3月25日
江戸時代末期～明治期の説教師、浄土真宗本願寺派僧侶。
¶仏教

**大野新一**　おおのしんいち
明治24(1891)年～昭和49(1974)年
明治～昭和期の宮大工。
¶美建

**大野栄人**　おおのひでと
昭和19(1944)年12月28日～
昭和期の中国仏教学者、僧侶。
¶現執2期

**大野法音**　おおのほうおん
安政3(1856)年～昭和6(1931)年
明治～昭和期の浄土宗僧侶、布教家。
¶仏人

**大野法童**　おおのほうどう
大正6(1917)年7月9日～平成2(1990)年11月5日
昭和・平成期の金山町の顕真寺開基。
¶飛騨

**大野法道**　おおのほうどう
明治16(1883)年～昭和60(1985)年
昭和期の浄土宗僧侶。大本山増上寺法主。
¶仏人

**大野操**　おおのみさお
明治期の神職。明治22年宮崎宮宮司に就任、29年退職。
¶神人

**大野道夫**　おおのみちお
昭和6(1931)年10月6日～
昭和～平成期の牧師。独立教会“ヒノ・コイノニア”を創設。良心的軍事費拒否の会を結成、代表を務める。
¶現朝, 現情, 現人, 世紀, 日人, 平和

**大法嶺外**　おおのりれいがい
文久1(1861)年～昭和5(1930)年
明治～昭和期の曹洞宗の僧侶。
¶姓氏富山

**大庭和泉**　おおばいずみ
生没年不詳
江戸時代後期～明治期の神職。鎌倉鶴岡八幡宮神主。
¶神奈川人

**大場磐雄**　おおばいわお
明治32(1899)年9月3日～昭和50(1975)年6月7日
昭和期の考古学者。国学院大学教授。神道考古学を提唱する基礎。日本考古学協会委員長。著書に「神道考古学論攷」など。
¶近現, 現朝, 現執1期, 現情, 考古, 国史, 史研, 史人, 神史, 新潮, 人名7, 世紀, 多摩, 長野歴, 新潟百別, 日人, 町田歴, 歴大

**大場雄淵**　おおばおぶち
宝暦8(1758)年～文政12(1829)年8月29日　㊀大場雄淵(おおばゆうえん), 雄淵(おぶち, ゆうえん)
江戸時代中期～後期の神道家。
¶国書(雄淵　ゆうえん), 神人(㊤宝暦7(1757)年), 人名, 姓氏宮城, 日人(おおばゆうえん), 俳句(雄淵　ゆうえん　㊦文政3(1820)年), 俳文(雄淵　おぶち), 宮城百

**大橋五男**　おおはしいつお
→大橋五男(おおはしかずお)

**大橋景足**　おおはしかげたり
弘化2(1845)年～明治45(1912)年12月2日
江戸時代後期～明治期の歌人・教育家・神官。
¶東三河

**大橋五男**　おおはしかずお
明治14(1881)年5月21日～昭和38(1963)年11月23日　㊀大橋五男(おおはしいつお)
明治～昭和期の盲人牧師、医療社会事業家。日本健康会無料診療所理事長。
¶キリ(㊦昭和39(1964)年11月23日), 視覚, 図人(おおはしいつお)

**大橋清尚**　おおはしきよひさ
～昭和19(1944)年
明治～昭和期の神職。吉野神宮司。
¶神人

**大橋シゲ**　おおはししげ
明治13(1880)年6月4日～昭和39(1964)年3月3日
明治～昭和期の教会役員。
¶神奈女

お

**大橋俊雄**　おおはししゅんのう
→大橋俊雄(おおはしとしお)

**大橋知伸**　おおはしちしん
天保7(1836)年2月13日～明治39(1906)年8月14日　㊐大橋知伸(おおはしとものぶ)
江戸時代末期～明治期の仏師。
¶会津，国書(おおはしとものぶ)，幕末，幕末大，美建，明大2

**大橋俊雄**　おおはしとしお
大正14(1925)年9月1日～　㊐大橋俊雄(おおはししゅんのう)
昭和～平成期の僧侶、日本中世仏教史学者。西林寺住職、日本文化研究所講師。
¶現執1期，現執3期(おおはししゅんのう)

**大橋知伸**　おおはしとものぶ
→大橋知伸(おおはしちしん)

**大橋広能**　おおはしひろよし
生没年不詳
江戸時代中期の神道家。
¶国書

**大橋黙仙**　おおはしもくせん
？　～明治3(1870)年
江戸時代末期～明治期の僧侶。
¶維新

**大橋芳樹**　おおはしよしき
天保3(1832)年閏11月19日～明治38(1905)年8月28日
江戸時代後期～明治期の神官。
¶神人

**大橋隆憲**　おおはしりゅうけん
大正1(1912)年1月22日～昭和58(1983)年3月11日
昭和期の僧侶、経済学者。京都大学教授。
¶現執1期，社史，世紀

**大橋鐐輔**　おおはしりょうすけ
明治期の神職。明治33年竈門神社より丹生川上神社宮司に就任、大正3年退職。
¶神人

**大畠清**　おおはたきよし
明治37(1904)年9月25日～昭和58(1983)年2月5日
昭和期の宗教学者。東京大学教授。
¶現情

**大畑弘国**　おおはたひろくに
明治期の神職。
¶神人

**大林信允**　おおばやししんいん
生没年不詳
江戸時代後期の歌人・神官。
¶東三河

**大林友吉**　おおばやしともきち
生没年不詳
江戸時代中期の神官・国学者。
¶東三河

**大林埴彦**　おおばやしはにひこ
文政4(1821)年～明治38(1905)年2月8日
江戸時代後期～明治期の国学者・神官。
¶東三河

**大林広蔭**　おおばやしひろかげ
生没年不詳
江戸時代後期の神官・国学者。
¶東三河

**大林真樹**　おおばやしまさき
生没年不詳
江戸時代末期の歌人・神官・国学者。
¶東三河

**大林吉賢**　おおばやしよしかた
生没年不詳
江戸時代中期の神官・国学者。
¶東三河

**大場雄淵**　おおばゆうえん
→大場雄淵(おおばおぶち)

**大庭義師**　おおばよしおさ
天保10(1839)年～？
江戸時代後期～末期の神職。鶴岡八幡宮に奉仕した。
¶神人

**大原山清**　おおはらさんせい
正徳3(1713)年～宝暦5(1755)年6月26日
江戸時代中期の神職。
¶国書

**大原性実**　おおはらしょうじつ
明治30(1897)年11月5日～昭和54(1979)年4月25日
明治～昭和期の僧侶。
¶現執1期，真宗

**大原武直**　おおはらたけなお
生没年不詳
江戸時代中期の神職。
¶国書

**大原千晴**　おおはらちはる
明治5(1872)年1月16日～大正6(1917)年1月4日
明治～大正期の沖縄・波上宮宮司。
¶神人

**大原正延**　おおはらまさのぶ
弘化5(1848)年2月20日～大正8(1919)年12月24日
明治～大正期の神官・政治家。
¶愛媛，愛媛百

**大原美城**　おおはらよしき
生没年不詳
江戸時代の神職。
¶国書

**大東延慶** おおひがしのぶよし
江戸時代末期～明治期の神主。旧春日大社神主。
¶華請

**大藤高雅** おおふじたかつね
→藤井高雅（ふじいたかつね）

**大藤信基** おおふじのぶもと
→大藤信基（だいとうのぶもと）

**大生部多** おおふべのおお
生没年不詳　[別]大生部多（おおふべのおおし）
飛鳥時代の宗教家。常世の神を祭る宗教運動を起こした。
¶朝日，古史，古人（おおふべのおおし），古代，古代普，コン改，コン4，コン5，静岡歴（おおふべのおおし），新潮，姓氏静岡，日人

**大生部多** おおふべのおおし
→大生部多（おおふべのおお）

**大祝頼崇** おおほうりよりたか
江戸時代末期～明治期の神職。旧信濃国諏訪神社大祝職。
¶華請

**大町橘洲** おおまちきっしゅう
安政3（1856）年～昭和9（1934）年
明治～昭和期の天満宮神職。
¶大阪人

**大松博典** おおまつひろのり
昭和27（1952）年11月12日～
昭和期の中国仏教学者。
¶現執2期

**往海玄古** おおみげんこ
？～寛文3（1663）年　[別]往海玄古（おうかいげんこ）
江戸時代前期の曹洞宗の僧、煙草の殖産家。
¶姓氏長野（おうかいげんこ），長野歴

**大溝節子** おおみぞせつこ
大正14（1925）年1月30日～昭和60（1985）年7月8日
昭和期の教育者。コングレガシオン・ド・ノートルダム修道会日本管区長をつとめる。
¶女性，女性普，世紀，日人

**大峯あきら**（大峯顯） おおみねあきら
昭和4（1929）年7月1日～
昭和期の哲学者、宗教学者、俳人。
¶現執1期（大峯顯），現執3期（大峯顯），現執4期（大峯顯），現俳，滋賀文，奈良文，俳文

**大宮智栄** おおみやちえい
明治18（1885）年6月1日～昭和59（1984）年7月5日
大正～昭和期の尼僧。仏教婦人救護会総裁。半世紀にわたって善光寺尼上人として尊敬される。全日本仏教尼僧法団総裁などもつとめた。
¶昭人，女性，女性普，信州女，世紀，姓氏長野，長野歴，日人，仏人

**大宮兵馬** おおみやひょうま
慶応2（1866）年～大正12（1923）年　[別]大宮兵馬（おおみやへいま）
明治～大正期の教育者、神職。天理教校教頭、官幣大社龍田神社宮司。華族女学校、国学院大学等で神典を教授した。
¶神人（おおみやへいま），人名，日人

**大宮兵馬** おおみやへいま
→大宮兵馬（おおみやひょうま）

**大三輪信哉** おおみわしんさい
明治1（1868）年～昭和27（1952）年
明治～昭和期の僧侶。
¶神奈川人

**大神多麿** おおみわたまろ
生没年不詳
奈良時代の宇佐八幡宮の神官。
¶神人

**大神一斉** おおみわのいっさい
平安時代中期の宇佐八幡宮大宮司。長保5年「雑事九か条」を申請。
¶古人

**大神真元** おおみわのさねもと
平安時代後期の神官。豊受太神宮内人。
¶古人

**大神武次** おおみわのたけつぐ
平安時代後期の豊受大神宮権内人。
¶古人

**大神田麻呂** おおみわのたまろ
→大神田麻呂（おおがのたまろ）

**大神杜女**（大神社女） おおみわのもりめ
生没年不詳　[別]大神朝臣杜女（おおがのあそんもりめ），大神杜女（おおがのもりめ，おおみわもりめ）
奈良時代の女性。宇佐八幡の禰宜尼僧。
¶朝日，国史，古代（大神朝臣杜女　おおがのあそんもりめ），古代普（大神朝臣杜女　おおがのあそんもりめ），古中（大神社女），コン改（おおがのもりめ），コン4（おおがのもりめ），コン5（おおがのもりめ），史人，女史（おおがのもりめ），女性，神史，神人（おおみわもりめ），新潮，人名，世人，日史，日人（おおがのもりめ），百科

**大神杜女** おおみわもりめ
→大神杜女（おおみわのもりめ）

**大村勇** おおむらいさむ
明治34（1901）年12月1日～平成3（1991）年4月10日
昭和期の牧師、教育者。日本基督教団総会議長。
¶キリ，現情，世紀

**大村英昭** おおむらえいしょう
昭和17（1942）年10月2日～
昭和～平成期の僧侶、宗教学者。大阪大学教授、円龍寺住職。

お

¶現執2期，現執3期，現執4期

**大村桂巌** おおむらけいがん
明治13（1880）年2月10日～昭和29（1954）年10月2日
明治～昭和期の教育家、宗教教育学者。大正大学長、宝仙短期大学教授。宗教教育の理念と実践に関して先駆的な役割を果たす。
¶昭人，世紀，哲学，日人，仏人

**大村純忠** おおむらすみただ
天文2（1533）年～天正15（1587）年 [別]大村民部大輔純忠入道理専斎（おおむらみんぶのたゆうすみただにゅうどうりせんさい），バルトロメウ，バルトロメオ
戦国時代～安土桃山時代の武将、キリシタン。
¶朝日（[没]天正15年4月18日（1587年5月25日）），岩史（[没]天正15（1587）年4月18日），角史，郷土長崎，キリ（[没]天正15年5月18日（1587年6月23日）），国史，古中，コン改，コン4，コン5，史人（[没]1587年4月18日，（異説）5月18日），重要（[没]天正15（1587）年4月17日），諸系，人書94，新潮（[没]天正15（1587）年4月18日，（異説）5月18日），人名，世人（[没]天正15（1587）年4月17日），世百，戦合，戦国，戦西（大村民部大輔純忠入道理専斎 おおむらみんぶのたゆうすみただにゅうどうりせんさい），全書，戦人，全戦，戦武，対外，大百，中世，長崎百，長崎歴，日史（[没]天正15（1587）年5月18日），日人，百科，平日（[生]1533 [没]1587），山川小（[没]1587年4月18日，5月18日），歴大

**大村西崖** おおむらせいがい
明治1（1868）年10月12日～昭和2（1927）年3月8日
明治～大正期の美術史家。東京美術学校教授。仏教美術史が専門。「東京日日新聞」で美術評論を執筆。「密教発達志」で学士院賞を受賞。
¶角史，京都大，近現，近文，考古（[生]明治1（1868）年7月13日），国史，コン改，コン5，史人，静岡歴，新潮，人名，世紀，姓氏京都，姓氏静岡，世人，世百，全書，大百，日人，日本，美術，百科，仏教（[没]昭和2（1927）年3月7日），仏人，明治史，明大2

**大村民部大輔純忠入道理専斎** おおむらみんぶのたゆうすみただにゅうどうりせんさい
→大村純忠（おおむらすみただ）

**大村メンシア** おおむらめんしあ
→松浦マンシャ（まつらまんしゃ）

**大村メンシヤ** おおむらめんしや
→松浦マンシャ（まつらまんしゃ）

**大村由己** おおむらゆうき
→大村由己（おおむらゆうこ）

**大村由己** おおむらゆうこ
？ ～慶長1（1596）年 [別]大村由己（おおむらゆうき），由己（ゆうこ），梅庵（ばいあん）
安土桃山時代の文化人。豊臣秀吉の御伽衆。
¶朝日（[生]天文5（1536）年頃？ [没]慶長1年5月7日（1596年6月2日）），岩史（[生]天文5（1536）年？ [没]慶長1（1596）年5月7日），大阪人（おおむらゆうき [生]天文5（1536）年 [没]慶長1（1596）年5月），近世，国史，国書（[生]天文5（1536）年？ [没]文禄5（1596）年5月7日），コン4（[生]天文5（1536）年？），コン5（[生]天文5（1536）年？），思想史，新潮（[生]天文5（1536）年？ [没]慶長1（1596）年5月7日），人名，姓氏京都，世人，戦合，戦国，戦辞（[没]慶長1（1596）年6月頃），戦人（[生]天文5（1536）年？），茶道，日史，日人，俳句（由己 ゆうこ），俳文（由己 ゆうこ [生]天文5（1536）年 [没]文禄5（1596）年5月7日），百科，兵庫百，歴大，和俳

**大室勝四郎** おおむろかつしろう
明治39（1906）年～平成10（1998）年
大正～平成期の宮大工。
¶青森人，美建

**大森喜右衛門** おおもりきえもん
？ ～*
江戸時代前期のキリシタン、殉教者。
¶人名（[没]1631年），日人（[没]1632年）

**大森惟長** おおもりこれなが
南北朝時代の武士・備前国一宮吉備津彦神社の社務（神主）。
¶岡山歴

**大森定久** おおもりさだひさ
文化3（1806）年10月～明治19（1886）年1月5日
江戸時代末期～明治期の神官。神仏分離に尽力。
¶維新，国書，神人，姓氏富山（[生]1808年），富山文，幕末（[生]1806年11月），幕末大，明大1

**大森重健** おおもりしげたけ
大正15（1926）年2月5日～平成14（2002）年1月5日
昭和・平成期の大地主神社宮司。
¶石川現九

**大森茂忠** おおもりしげただ
室町時代の武士・備前国一宮吉備津彦神社の社務（神主）。
¶岡山歴

**大森禅戒** おおもりぜんかい
明治4（1871）年7月14日～昭和22（1947）年2月4日
明治～昭和期の曹洞宗の僧。十七代管長、駒沢大学九代学長。
¶郷土福井，昭人，世紀，渡航，日人，福井百，仏人

**大森曹玄** おおもりそうげん
明治37（1904）年3月10日～平成6（1994）年8月18日
昭和期の禅僧。ハワイ国際禅道場師家、花園大学教授などを歴任。
¶現朝，現執1期，現情，世紀，日人，履歴，履歴2

**大森太痴** おおもりたいち
？ ～明治14（1881）年
江戸時代末期～明治期の俳人、曹洞宗僧侶。
¶仏教

**大守隆公** おおもりたかきみ
文政4 (1821) 年～明治20 (1887) 年11月2日
江戸時代後期～明治期の歌人・神職。
¶岡山歴

**大守隆基** (大森隆基) おおもりたかもと
永正6 (1509) 年～天正19 (1591) 年7月19日
安土桃山時代の神職。
¶岡山人 (大森隆基), 岡山歴

**大森智祥** おおもりちしょう
明治33 (1900) 年～
大正～昭和期の宗教家。
¶郷土奈良

**大森智弁** おおもりちべん
明治42 (1909) 年3月31日～昭和42 (1967) 年2月15日
昭和期の宗教家。智弁学園長。弁天宗の教組。
¶現情, 女性, 女性普, 新潮, 人名7, 世紀 ([没]昭和42 (1967) 年2月), 日人, 仏教, 仏人

**大森能登権守** おおもりのとごんのかみ
生没年不詳
戦国時代の沼津日吉神社の神主。
¶戦辞

**大森亮順** おおもりりょうじゅん
明治11 (1878) 年12月12日～昭和25 (1950) 年6月7日
明治～昭和期の天台宗僧侶、仏教学者。大正大学学長、天台宗宗務総長。
¶現情, 昭人 ([生]明治11 (1878) 年12月), 人名7, 世紀 ([生]明治11 (1878) 年12月), 日人, 仏教, 仏人

**大谷内越山** おおやうちえつざん
明治18 (1885) 年8月～昭和21 (1946) 年1月20日
明治～昭和期の講釈師、宗教家。
¶芸能, 新芸

**大矢戒淳** おおやかいじゅん
明治6 (1873) 年～昭和21 (1946) 年
明治～昭和期の曹洞宗の僧・教育者。
¶姓氏岩手

**大八木諦聴** おおやぎたいちょう
天保8 (1837) 年～明治31 (1898) 年
江戸時代後期～明治期の坊津町久志広泉寺の開山。
¶鹿児島百, 姓氏鹿児島

**大矢敬香** おおやけいこう
明治7 (1874) 年7月22日～昭和17 (1942) 年12月30日
明治～昭和期の日本聖公会司祭・廃娼運動家。
¶埼玉人

**大宅助澄** おおやけのすけずみ
[別]大宅助澄 (おおやすけずみ)
平安時代後期の神職。出雲国揖夜社別火職。
¶古人, 島根歴 (おおやすけずみ　生没年不詳)

**大宅助宗** おおやけのすけむね
平安時代後期の神職。出雲国揖夜社別火職。
¶古人

**大屋瑞彦** おおやずいげん
昭和7 (1932) 年～平成12 (2000) 年
昭和～平成期の僧、教誨師。
¶青森人

**大宅助澄** おおやすけずみ
→大宅助澄 (おおやけのすけずみ)

**大屋徳城** おおやとくじょう
明治15 (1882) 年7月20日～昭和25 (1950) 年11月25日
大正～昭和期の歴史学者。大谷大学教授。仏教史を研究。
¶現情, 史研, 昭人, 真宗, 人名7, 世紀, 日人, 福岡百 ([生]明治15 (1882) 年7月), 仏教, 仏人

**大矢野作左衛門** おおやのさくざえもん
？ ～寛永15 (1638) 年
江戸時代前期のキリシタン、島原の乱叛徒。
¶人名

**大矢野松右衛門** おおやのまつえもん
？ ～寛永15 (1638) 年
江戸時代前期のキリシタン、島原の乱叛徒。
¶人名, 日人

**大藪文雄** おおやぶあやお
天保9 (1838) 年～明治35 (1902) 年
江戸時代末期～明治期の神職。
¶日人, 兵庫人 ([没]明治35 (1902) 年4月)

**大屋芳嶙** おおやほうりん
嘉永6 (1853) 年1月29日～明治27 (1894) 年
江戸時代末期・明治期の日本画家・住吉神社の神職。
¶飛騨

**大山公淳** おおやまこうじゅん
明治28 (1895) 年7月7日～平成4 (1992) 年
大正～昭和期の真言宗学僧、声明研究家。高野山大学教授。真言宗史、天台宗史、声明史を研究。
¶音人, 音人2 ([没]平成4年4月), 史研, 世紀 ([没]平成4 (1992) 年4月17日), 日音

**大山澄太** おおやますみた
明治32 (1899) 年10月21日～平成6 (1994) 年9月26日
昭和期の宗教家、俳人。種田山頭火の顕彰につとめ、「定本山頭火全集」を編集。
¶岡山百, 近文, 熊本人, 現執1期, 現執2期, 現情, 現俳, 世紀, 俳文, 広島文

**大山為起** おおやまためおき
慶安4 (1651) 年～正徳3 (1713) 年3月17日
江戸時代前期～中期の垂加派の神道家。
¶朝日 ([没]正徳3年3月17日 (1713年4月11日)), 愛媛, 愛媛百, 郷土愛媛, 京都大, 近世, 国史, 国書, コン改, コン4, コン5, 史人, 思想史, 神史, 神人, 新潮, 人名, 姓氏京都, 世人, 日人

**大和武次** おおやまとのたけつぐ
平安時代後期の豊受大神宮権内人。

¶古人

**大山仁快** おおやまにんかい
昭和8(1933)年～
昭和期の日本仏教史研究者、僧侶。
¶現執1期

**大山吉久** おおやまよしひさ
生没年不詳
戦国時代の仏師。
¶戦辞

**大和田貞策** おおわだていさく
明治13(1880)年～昭和22(1947)年
明治～昭和期の神職。
¶神人

**大和田豊平** おおわだとよへい
～明治24(1891)年
江戸時代後期～明治期の神職。気比神社宮司、金崎宮宮司。
¶神人

**丘球学** おかきゅうがく
明治10(1877)年～昭和28(1953)年
大正～昭和期の曹洞宗の僧。
¶伊豆，静岡歴，姓氏静岡，仏人

**岡邦俊** おかくにとし
明治40(1907)年～
昭和期の宗教学者。相愛女子短期大学教授。
¶現執1期

**岡熊臣** おかくまおみ
天明3(1783)年3月9日～嘉永4(1851)年8月6日
江戸時代後期の神官、国学者。石見津和野藩改革運動の指導者。
¶朝日([生]天明3年3月9日(1783年4月10日)　[没]嘉永4年8月6日(1851年9月1日))，維新，岩史([没]嘉永4(1851)年8月5日)，近世，国史，国書，コン改，コン4，コン5，史人，思想史，島根人，島根百，島根歴，神史，人書94，神人，新潮，人名，世人([生]天明3(1783)年3月　[没]嘉永4(1851)年8月5日)，日思，日人，藩臣5，歴大

**岡崎五百世** おかざきいおよ
文化14(1817)年～明治23(1890)年11月19日
江戸時代後期～明治期の歌人・神官。
¶岡山歴

**岡崎宇右衛門** おかざきうえもん
生没年不詳
江戸時代後期の鎌倉鶴岡八幡宮大工棟梁。
¶神奈川人

**岡崎源内** おかざきげんない
生没年不詳
江戸時代後期の鎌倉鶴岡八幡宮大工棟梁。
¶神奈川人

**岡崎五郎兵衛** おかざきごろうべえ
生没年不詳
戦国時代の安房国山下郡大神宮村(館山市)の安房神社神主。
¶戦房総

**岡崎(岳崎)正鈍** おかざきしょうどん
天保7(1836)年9月7日～明治19(1886)年11月20日
江戸時代後期～明治期の僧侶。
¶日中(岡崎正鈍)

**岡崎信光** おかざきしんこう
明治30(1897)年～昭和58(1983)年
大正～昭和期の古門堂焼創始者、清水寺蓮乗院住職。
¶島根歴

**岡崎正純** おかざきまさずみ
天保7(1836)年～明治19(1886)年
江戸時代後期～明治期の宗教家。
¶郷土福井

**岡崎祐次郎**(岡崎裕次郎) おかざきゆうじろう
明治29(1896)年3月29日～昭和51(1976)年8月2日
昭和期の神父。
¶島根百(岡崎裕次郎)，島根歴，新カト，世紀，日人(岡崎裕次郎)

**岡崎霊夢** おかざきれいむ
明治38(1905)年～昭和14(1939)年6月7日
明治～昭和期の大僧都。
¶日エ

**小笠原英法** おがさはらえいほう
大正3(1914)年～
昭和期の僧侶。
¶郷土滋賀

**小笠原アンデレア** おがさわらあんでれあ
[別]小笠原アンドレア(おがさわらあんどれあ)
安土桃山時代のキリシタン。
¶人名，日人(小笠原アンドレア　おがさわらあんどれあ　生没年不詳)

**小笠原アンドレア** おがさわらあんどれあ
→小笠原アンデレア(おがさわらあんでれあ)

**小笠原右京** おがさわらうきょう
生没年不詳
江戸時代後期の大住郡大山阿夫利神社祠官。
¶神奈川人

**小笠原貫道** おがさわらかんどう
生没年不詳
鎌倉時代前期の僧侶。
¶徳島百，徳島歴

**小笠原義雄** おがさわらぎゆう
明治28(1895)年8月10日～昭和46(1971)年6月25日
明治～昭和期の僧侶。
¶真宗

**小笠原玄也** おがさわらげんや
？　～寛永12(1635)年12月23日
江戸時代前期のキリシタン、武士。細川忠興の

重臣。
¶近世，熊本百，国史，新潮，戦人，日人（㊙1636年），藩臣7

**小笠原秀実** おがさわらしゅうじつ
明治18(1885)年1月1日～昭和33(1958)年11月16日　㊊小笠原秀実(おがさわらひでみ)
明治～昭和期の哲学者、詩人、仏教アナキスト。仏教大学教授。美学を専攻し、西洋哲学と仏教哲学の比較などを講義。著書に「純粋美学原論」「近代史の思想的省察」など。
¶アナ，社史，民学(おがさわらひでみ　㊐明治17(1884)年)

**小笠原彰真** おがさわらしょうしん
明治29(1896)年7月20日～昭和52(1977)年
大正～昭和期の僧。
¶徳島百(㊙昭和52(1977)年6月27日)，徳島歴(㊙昭和52(1977)年6月29日)

**小笠原宣秀** おがさわらせんしゅう
明治36(1903)年9月30日～昭和59(1984)年4月13日
大正～昭和期の中国仏教史学者。
¶真宗

**小笠原日英** おがさわらにちえい
大正3(1914)年～昭和63(1988)年3月29日
昭和期の尼僧。
¶女性，女性普，世紀(㊐大正3(1914)年3月20日)，日人(㊐大正3(1914)年3月20日)

**小笠原日凰** おがさわらにちおう
大正3(1914)年3月15日～平成14(2002)年3月20日　㊊桜緋紗子(さくらひさこ)
昭和期の女優。
¶滋賀文(桜緋紗子　さくらひさこ)，新芸，世紀

**小笠原登** おがさわらのぼる
明治21(1888)年7月10日～昭和45(1970)年12月12日
大正～昭和期の医師、仏教者。ハンセン病体質病説を唱え絶対隔離主義と対立、外来治療を行う。
¶愛知，近医，現朝，昭人，世紀，日人，民学

**小笠原春夫** おがさわらはるお
大正14(1925)年4月26日～
昭和～平成期の神道史学者、国学者。東京農業大学教授。
¶現執2期，現執3期

**小笠原秀実** おがさわらひでみ
→小笠原秀実(おがさわらしゅうじつ)

**小笠原みや** おがさわらみや
～寛永12(1635)年
江戸時代前期のキリシタン。
¶熊本人

**岡島成邦** おかじまなりくに
？～享保17(1732)年10月15日
江戸時代中期の神職。
¶国書

**岡檣秀造** おかしょうしゅうぞう★
明治10(1877)年6月～
明治～昭和期のキリスト者。大連聖公会伝道師。
¶人満

**岡周防守** おかすおうのかみ
江戸時代の畸人、備前岡山酒折宮の祠官。
¶岡山人，織田(生没年不詳)，神人(生没年不詳)，人名

**丘宗潭** おかそうたん
万延1(1860)年～大正10(1921)年
明治～大正期の曹洞宗の僧、仏教学者、師家。曹洞宗大学学長。
¶熊本百(㊐万延1(1860)年9月　㊙大正10(1921)年8月17日)，日人，飛騨(㊐？　㊙大正10(1921)年8月7日)，仏教(㊐万延1(1860)年9月9日　㊙大正10(1921)年8月19日)，仏人，明大1(㊐万延1(1860)年9月9日　㊙大正10(1921)年8月19日)

**緒方稜威雄** おかたいずお
明治6(1873)年～昭和20(1945)年
明治～昭和期の神職。
¶神人

**岡田伊太夫** おかだいだいう
生没年不詳
江戸時代後期の大住郡大山阿夫利神社祠官。
¶神奈川人

**緒方一誠** おがたいっせい
大正14(1925)年～？
大正～昭和期の牧師。
¶視覚

**岡喬** おかたかし
安政4(1857)年～大正13(1924)年
明治期の志士、神職。住吉神社祠官。玄洋社の発展に尽くした。
¶人名，日人，明大1

**岡田宜法** おかだぎほう
明治15(1882)年4月7日～昭和36(1961)年12月29日
明治～昭和期の曹洞宗の僧、仏教学者。駒沢大学学長。
¶現情，埼玉人，人名7，世紀，日人，仏教，仏人

**岡田久吾右衛門** おかだきゅうごうえもん
天明5(1785)年～弘化4(1847)年
江戸時代中期～後期の宮大工。
¶姓氏山口，美建

**岡田刑部** おかだぎょうぶ
生没年不詳
江戸時代後期の橘樹郡保土ヶ谷宿神明宮神主。
¶神奈川人

**岡田元亨** おかだげんこう
明治35(1902)年12月13日～昭和63(1988)年2月22日
昭和期の宗教家。
¶岡山歴

お

**岡田謙道** おかだけんどう
天保7（1836）年～明治22（1889）年
江戸時代末期～明治期の医師、神職。
¶人名，日人

**岡田光玉** おかだこうたま
明治34（1901）年2月27日～昭和49（1974）年6月23日
大正～昭和期の宗教家。世界真光文明教団教組。
¶現朝，現情，現人，新潮，人名7，世紀，日人

**岡田五作** おかだごさく
明治33（1900）年3月28日～昭和52（1977）年12月23日
昭和期の牧師。日本聖書神学校校長、日本基督教団総会副議長。
¶キリ

**緒方小太郎** おがたこたろう
天保15（1844）年～大正9（1920）年11月4日
江戸時代末期～明治時代の神職。健軍神社祠官。神風連志士。
¶熊本人，熊本百，神人

**岡田式部** おかだしきぶ
～文化5（1808）年
江戸時代後期の橘樹郡保土ヶ谷宿神明宮神主。
¶神奈川人

**緒方繁造** おがたしげぞう
明治19（1886）年3月15日～昭和36（1961）年9月25日
明治～昭和期の牧師。
¶愛媛百

**小方仙之助** おがたせんのすけ
嘉永6（1853）年12月26日～昭和17（1942）年9月22日
明治～昭和期の日本メソジスト教会牧師。青山学院第3代院長。
¶キリ（㊤嘉永6年12月26日（1854年1月24日）），渡航（㉝1942年9月），明大1

**岡田大吉** おかだだいきち
安政3（1856）年～昭和15（1940）年4月11日
明治～昭和期のキリスト教牧師。
¶富山百

**岡田為子** おかだためこ
文政9（1826）年2月15日～明治44（1911）年10月1日
江戸時代後期～明治期の浄土真宗本願寺派20世広如の側室。
¶真宗

**小方登一** おがたといち
明治6（1873）年～大正15（1926）年
明治～大正期の神職。
¶神人

**小方道憲** おがたどうけん
明治44（1911）年～
昭和期の僧侶。
¶群馬人

**岡田日帰** おかだにちき
→岡田日帰（おかだにっき）

**岡田日淳** おかだにちじゅん
明治9（1876）年～
明治～大正期の僧、法華宗総本山本成寺大僧正。
¶新潟百

**岡田日帰** おかだにっき
*～昭和6（1931）年11月16日　㊙岡田日帰（おかだにちき）
明治～昭和期の日蓮宗僧侶。立正高等女学校創立者。
¶学校（㊤？），仏人（おかだにちき　㊤1864年）

**岡田盤斎**（岡田磐斎） おかだばんさい
→岡田正利（おかだまさとし）

**岡田弘** おかだひろし
天保10（1839）年～
江戸時代後期～末期の神職。
¶神人

**岡田普理衛** おかだふりえ
安政6（1859）年11月14日～昭和22（1947）年7月1日　㊙プーリエ
明治～昭和期の当別トラピスト修道院長。
¶キリ，新カト（プーリエ），世紀，日人，風土，北海道百，北海道歴，ポプ人，明大1

**岡田正利** おかだまさとし
寛文1（1661）年～延享1（1744）年6月15日　㊙岡田盤斎（おかだばんさい），岡田磐斎（おかだばんさい）
江戸時代中期の神道家。垂加神道を関東に広めた。
¶朝日（㉝延享1年6月15日（1744年7月24日）），江文，近世，国史，国書（岡田磐斎　おかだばんさい），コン改，コン4，コン5，史人，神史，人書94（岡田磐斎　おかだばんさい　㊤1667年），神人（岡田盤斎　おかだばんさい），新潮，人名（岡田盤斎　おかだばんさい　㊤1667年），世人，日人

**岡田実** おかだみのる
明治41（1908）年～昭和55（1980）年
昭和期の神官、日本史研究者。
¶史研

**岡田稔** おかだみのる
明治35（1902）年12月11日～
大正～昭和期の神学者、牧師。神戸改革派神学校校長、四国学院大学教授。
¶キリ，現執1期

**岡田茂吉** おかだもきち
明治15（1882）年12月23日～昭和30（1955）年2月10日
昭和期の宗教家。箱根美術館を開設。大日本観音会を創立。
¶伊豆，現朝，現情，現人，現日（㊤1882年12月13日　㉝1980年2月10日），コン改，コン4，コン5，史人，静岡歴，昭人，新潮，人名7，世紀，

姓氏静岡，全書，日人，仏教，民学

**岡田宥秀** おかだゆうしゅう
明治40（1907）年9月5日～昭和60（1985）年10月16日
昭和期の真言宗醍醐派僧侶。総本山醍醐寺座主。
¶現情，仏教，仏人

**小方芳輔** おがたよしすけ
明治21（1887）年～昭和23（1948）年
明治～昭和期の神職。
¶神人

**丘道徹** おかどうてつ
安政6（1859）年7月20日～昭和21（1946）年1月12日
江戸時代末期～昭和期の僧侶。
¶真宗

**岡直盧** おかなおり
弘化4（1847）年7月28日～昭和8（1933）年4月22日
明治～昭和期の歌人。
¶岡山人，岡山百，岡山歴

**岡庭柴魚** おかにわさいぎょ
生没年不詳
江戸時代末期の神職。
¶国書

**岡野貴美子** おかのきみこ
明治35（1902）年10月27日～昭和51（1976）年12月21日
昭和期の宗教家。孝道婦人会会長、国際仏教交流センター理事。孝道教団創立者。仏教による国際親善に尽力。「昭和の勝鬘夫人」などと慕われた。
¶神奈女，女性，女性普，世紀，日人，仏人

**岡野金太郎** おかのきんたろう
昭和4（1929）年～平成16（2004）年
昭和・平成期の保護司。カトリック教徒。
¶熊本人

**岡野正道** おかのしょうどう
明治33（1900）年2月24日～昭和53（1978）年8月15日
昭和期の宗教家。孝道教団教祖。天台宗大僧正位。
¶現朝，コン改，コン4，コン5，世紀，全書，日人，仏教，仏人

**岡野聖憲** おかのせいけん
明治14（1881）年11月28日～昭和23（1948）年11月4日
明治～昭和期の宗教者。解脱報恩感謝会創設者。
¶埼玉人，昭人，神人，仏教

**岡谷繁実** おかのやしげざね
天保6（1835）年3月12日～大正9（1920）年12月9日　㊀岡谷繁実（おかやしげざね）
江戸時代末期～明治期の志士。館林藩士。著書に「名将言行録」「館林藩史料」。
¶維新（㊁1919年），華請（㊁大正8（1919）年），郷土群馬，近現，群新百（㊁1919年），群馬人，群馬百，国書（おかやしげざね），コン改（おかやしげざね　㊁1919年），コン4（おかやしげざね　㊁大正8（1919）年），コン5（おかやしげざね　㊁大正8（1919）年），史研，神人，新潮（おかやしげざね　㊐天保6（1835）年3月　㊁大正8（1919）年12月9日），人名（おかやしげざね　㊁1919年），姓氏群馬，全書，日人，幕末，幕末大，藩臣2，明大2，歴大（おかやしげざね　㊁1919年）

**岡平保** おかひらやす
文化7（1810）年～明治15（1882）年3月23日
江戸時代後期～明治期の神職・国学者。
¶国書

**岡部太郎** おかべたろう
文久2（1862）年1月2日～昭和19（1944）年4月9日
明治～昭和期の牧師。
¶世紀，日人，明大1

**岡部又右衛門** おかべまたえもん
？～天正10（1582）年　㊀岡部以言（おかべもちとき）
安土桃山時代の大工。織田信長の熱田神宮造営参加。
¶愛知（㊐？），朝日（㊁天正10年6月2日（1582年6月21日）），織田（生没年不詳），織田2（岡部以言　おかべもちとき），コン4，コン5，姓氏愛知（生没年不詳），日人（㊁1582年？），美建（㊁天正10（1582）年6月2日）

**岡部光澄** おかべみつすみ
明治期の神職。
¶神人

**岡部以言** おかべもちとき
→岡部又右衛門（おかべまたえもん）

**岡部譲** おかべゆずる
嘉永2（1849）年～昭和12（1937）年
江戸時代末期～昭和期の神職。
¶静岡歴，神人，姓氏静岡

**岡正治** おかまさはる
大正7（1918）年～平成6（1994）年
昭和期の牧師・平和運動家。
¶平和

**尾上寛仲** おかみかんちゅう
大正1（1912）年～
昭和期の僧侶。成菩提院住職。
¶現執1期

**小神富春** おがみとみはる
→小神富春（こがみとみはる）

**岡村阜一** おかむらふいち
天保10（1839）年～大正2（1913）年
江戸時代末期～大正期の御嶽教大教正、歌人。
¶姓氏長野，長野歴

**岡村御蔭** おかむらみかげ
弘化4（1847）年5月13日～明治41（1908）年8月27日
江戸時代末期・明治期の神道家。
¶飛騨

お

**岡本氏臣** おかもとうじおみ
文政6(1823)年～明治6(1873)年
江戸時代末期の加茂の祠官。
¶国書(㊤文政6(1823)年4月3日　㊦明治6(1873)年9月25日), 人名, 日人

**岡本氏足** おかもとうじたり
寛政2(1790)年～天保11(1840)年
江戸時代後期の神職、書家。
¶日人(㊤1790年,(異説)1792年)

**岡本一馬** おかもとかずま
文化9(1812)年11月15日～明治32(1899)年7月3日
江戸時代後期～明治期の神官。
¶埼玉人

**岡本兼貞** おかもとかねさだ
生没年不詳
戦国時代の石見国三宮の大祭天石門彦神社神主。
¶島根歴

**岡本清茂** おかもときよしげ
延宝6(1678)年～宝暦3(1753)年12月23日
江戸時代前期～中期の神職。賀茂氏,従四位上。
¶神人

**岡本邦氏** おかもとくにうじ
元禄15(1702)年～明和2(1765)年
江戸時代中期の神職、書家。
¶日人

**岡本顕逸** おかもとけんいつ
永禄2(1559)年～天正19(1591)年　㊥好雪斎顕逸(こうせつさいけんいつ)
安土桃山時代の武士。佐竹氏家臣。
¶戦辞(生没年不詳), 戦人(生没年不詳), 全戦, 戦東, 戦武

**岡本慈航** おかもとじこう
慶応2(1866)年～昭和32(1957)年9月7日
明治～昭和期の学僧。
¶徳島百, 徳島歴

**岡本禅哲** おかもとぜんてつ
？～天正11(1583)年11月11日　㊥梅江斎禅哲(ばいこうさいぜんてつ)
安土桃山時代の武士。佐竹氏家臣。
¶戦辞, 戦人, 全戦, 戦東, 戦武(㊤享禄1(1528)年)

**岡本素光** おかもとそこう
明治31(1898)年10月8日～昭和53(1978)年8月22日
大正～昭和期の曹洞宗の僧、宗教哲学者。駒沢大学学長。
¶現情, 人名7, 世紀, 日人, 仏教, 仏人

**岡本大八** おかもとだいはち
？～慶長17(1612)年　㊥パウロ
江戸時代前期のキリシタン、武士。
¶朝日(㊦慶長17年3月21日(1612年4月21日)), 江人(㊤？), 角史, 近世, 国史, コン改, コン4, コン5, 史人(㊦1612年3月21日), 静岡歴, 新潮(㊦慶長17(1612)年3月21日), 世人(㊦慶長17(1612)年3月21日), 戦合, 全書, 戦人, 対外(㊤？), 日人

**岡本大鵬** おかもとたいほう
明治10(1877)年～昭和40(1965)年
明治～昭和期の曹洞宗の高僧、貞祥寺住職。
¶長野歴

**岡本道寿** おかもとどうじゅ
安政6(1859)年10月23日～大正7(1918)年1月9日
明治～大正期の僧侶。
¶真宗

**岡本日盛** おかもとにちじょう
明治9(1876)年～昭和19(1944)年
明治～昭和期の法華宗(本門流)僧侶。勝劣三派合同法華宗初代管長。
¶仏人

**岡本寧甫**(岡本寧浦) おかもとねいほ
寛政1(1789)年～嘉永1(1848)年
江戸時代後期の乗光寺僧。
¶国書(岡本寧浦　㊦嘉永1(1848)年10月4日), コン改, コン4, コン5, 人名(岡本寧浦), 日人(岡本寧浦), 幕末(岡本寧浦　㊦1848年11月4日), 幕末大(岡本寧浦　㊤寛政6(1794)年10月4日　㊦嘉永6(1853)年10月4日), 藩臣6

**岡本信家** おかもとのぶいえ
生没年不詳
戦国時代の石見国大祭天石門彦神社神主、三子山城主。
¶島根歴

**岡本保孝**(岡本保考) おかもとやすたか
寛延2(1749)年～*
江戸時代後期の書家。
¶京都大(㊦文化14(1817)年), 人名(㊤1751年　㊦1818年), 姓氏京都(岡本保考　㊦1817年), 日人(岡本保考　㊦1818年)

**岡本保足** おかもとやすたり
生没年不詳
江戸時代中期～後期の神職、書家。
¶日人

**岡本保益** おかもとやすます
嘉永1(1848)年～明治40(1907)年
江戸時代後期～明治期の神主。旧賀茂別雷神社神主。
¶華請

**岡本保可** おかもとやすよし
寛永2(1625)年～天和3(1683)年7月21日
江戸時代前期の神職。
¶国書

**岡元錬城** おかもとれんじょう
昭和17(1942)年～
昭和～平成期の僧侶。本妙寺住職。
¶現執3期

**岡谷繁実** おかやしげざね
→岡谷繁実（おかのやしげざね）

**岡泰雄** おかやすお
明治4（1871）年～昭和16（1941）年
明治～昭和期の神職。
¶佐賀百，神人（[生]明治4（1871）年3月13日　[没]昭和16（1941）年2月15日）

**岡吉胤** おかよしたね
天保2（1831）年～明治40（1907）年7月13日
江戸時代末期～明治期の神官、国学者。九州総督で皇道祭典教授方。
¶国書（[生]天保2（1831）年10月28日），佐賀百（[生]天保4（1833）年），神人（[生]天保4（1833）年），人名（[生]1833年），日人，幕末（[没]1911年），幕末大（[没]明治44（1911）年），三重（[生]天保2年10月），明大2（[生]天保2（1831）年10月28日）

**岡亮二** おかりょうじ
昭和8（1933）年4月16日～
昭和期の真宗学者、僧侶。龍谷大学教授。
¶現執1期，現執2期

**小川一乗** おがわいちじょう
昭和11（1936）年～
昭和～平成期の仏教学者、僧侶。
¶現執1期

**小川貫弌** おがわかんいち
大正1（1912）年～
昭和期の仏教史研究者。龍谷大学教授。
¶現執1期

**小川渙三** おがわかんぞう
明治17（1884）年～昭和46（1971）年
明治～昭和期のキリスト教の牧師。
¶福島百

**小川義章** おがわぎしょう
明治24（1891）年～昭和44（1969）年
大正～昭和期の哲学者、僧侶。女子学習院大学教授、高山寺住職。
¶哲学

**小川久五郎** おがわきゅうごろう
弘化2（1845）年～大正2（1913）年　[別]小川久五郎演重（おがわきゅうごろうのぶしげ）
江戸時代末期～大正期の神道無念流剣術家。
¶埼玉人，埼玉百（小川久五郎演重　おがわきゅうごろうのぶしげ）

**小川久五郎演重** おがわきゅうごろうのぶしげ
→小川久五郎（おがわきゅうごろう）

**小川考運** おがわこううん
明治～昭和期の仏師。
¶栃木歴

**小川光義** おがわこうぎ
嘉永6（1853）年～昭和4（1929）年12月14日　[別]小川光義（おがわみつよし）
江戸時代末期～明治期の僧。
¶人名（おがわみつよし），世紀（[生]嘉永6（1853）年3月30日），徳島百（[生]嘉永6（1853）年3月30日），徳島歴（[生]嘉永6（1853）年13月　[没]昭和3（1928）年12月14日），日人，幕末（[没]1928年12月14日），幕末大（[没]昭和3（1928）年12月14日），明大1（[生]嘉永6（1853）年3月30日）

**小川地喜広** おがわじよしひろ
→小川地喜広（おがわぢよしひろ）

**小川清流** おがわすがる
文政3（1820）年～明治25（1892）年9月21日
江戸時代末期～明治期の神官、歌人。
¶会津，幕末，幕末大，和俳

**小川宗道** おがわそうどう
生没年不詳
明治期の僧侶、社会主義シンパ。
¶社史

**小川大膳** おがわだいぜん
生没年不詳
江戸時代後期の大住郡大山阿夫利神社祠官。
¶神奈川人

**小川武満** おがわたけみつ
大正2（1913）年～平成15（2003）年
昭和期の医師・牧師。
¶平和

**小川仲造** おがわちゅうぞう
天保13（1842）年～明治45（1912）年5月28日
[別]小川仲蔵（おがわなかぞう），小川仲造（おがわなかぞう）
江戸時代後期～明治期の真宗の篤信者、妙好人。
¶島根百（おがわなかぞう），島根歴（小川仲蔵　おがわなかぞう），真宗

**小川地喜広** おがわぢよしひろ, おがわじよしひろ
文化5（1808）年12月9日～明治5（1872）年2月17日
江戸時代後期～明治期の神職。
¶国書（おがわじよしひろ）

**小川仲蔵**（小川仲造） おがわなかぞう
→小川仲造（おがわちゅうぞう）

**小川操** おがわみさお
天保12（1841）年～大正2（1913）年
明治期の神職。
¶神奈川人

**小川三夫** おがわみつお
昭和22（1947）年～
昭和～平成期の宮大工。西岡常一に師事。
¶名工，YA

**小川光義** おがわみつよし
→小川光義（おがわこうぎ）

**小川義夫**（小川義男，小川義雄） おがわよしお
明治32（1899）年～昭和11（1936）年
大正～昭和期の僧侶、社会運動家。
¶アナ，社運（小川義雄），社史（小川義男）

お

**小川義局** おがわよしちか
寛政7(1795)年3月15日～安政5(1858)年11月25日
江戸時代後期～末期の神職。
¶国書

**小川義倫** おがわよしひと
文政8(1825)年9月16日～明治7(1874)年5月5日
江戸時代後期～明治期の神職。
¶国書

**小川義綏** おがわよしやす
天保2(1831)年～大正1(1912)年12月19日
明治期の基督教牧師。日本基督公会を創立。
¶朝日，維新(㊤1833年)，神奈川人，近現，群新百，国史，コン改(㊤1833年)，コン5(㊤天保4(1833)年)，埼玉人(㊤天保2(1831)年10月)，史人(㊤1831年10月)，新潮(㊤天保2(1831)年10月)，人名(㊤1833年)，世紀，世人(㊤天保2(1831)年10月)，多摩(㊤天保4(1833)年)，日人，幕末(㊤1833年)，幕末大(㊤天保4(1833)年1月)，百科，明治史，明大1，洋学

**億岐幸生** おきさちなり
延享3(1746)年～文化10(1813)年
江戸時代中期～後期の玉若酢神社神官、国学者、歌人。
¶島根人，島根歴

**荻須純道** おぎすじゅんどう
明治40(1907)年～昭和61(1986)年
昭和期の仏教史学者。妙心寺塔頭福寿院住職。
¶現執1期，史研

**小木曽猪兵衛** おぎそいへえ
文化12(1815)年～明治22(1889)年
江戸時代末期～明治期の義民、神官。過去の一揆を研究し、南山一揆を指導し成功させる。大平のお師匠様とよばれる。
¶朝日(㊤文化12年1月23日(1815年3月3日)㊦明治22(1889)年9月3日)，江人，郷土長野，コン改，コン4，コン5，姓氏長野，全書，長野歴，日人，歴大

**興津藤左衛門尉** おきつとうざえもんのじょう
？　～天正4(1576)年
安土桃山時代の駿河国駿東郡青野郷にある愛鷹明神社の神主。
¶武田

**沖野岩三郎** おきのいわさぶろう，おきのいわざぶろう
明治9(1876)年1月5日～昭和31(1956)年1月31日
明治～昭和期の小説家、牧師。自らの体験「宿命」が懸賞小説に入選。他に「生まれざりせば」「宿命論者のことば」など。
¶アナ，紀伊文，郷土和歌山，近現，近文，現朝，幻作，現情，現人，幻想，国史，コン改，コン4，コン5，滋賀文，児作(おきのいわざぶろう)，史人，児文，社運，社史，昭人，小説，新宿，新潮，新文(㊦昭和31(1956)年1月30日)，人名7，世紀，全書，大百，哲学，図人，日児，日人，兵庫文，文学，平和，民学，明治史，明大2，履歴，履歴2，歴大，和歌山人

**荻野独園** おぎのどくえん
→荻野独園(おぎのどくおん)

**荻野独園** おぎのどくおん
文政2(1819)年6月～明治28(1895)年8月10日
㊕荻野独園(おぎのどくえん)，独園(どくおん)
明治期の臨済宗僧侶。相国寺住職。大教院設置。院長兼禅門三宗総官長となり神仏両宗意交説を主張。
¶朝日，維新，岡山人(おぎのどくえん)，岡山人(独園　どくおん)，岡山歴，近現，国史，コン改，コン4，コン5，史人，新潮，人名，日史，日人，幕末(㊦1895年7月10日)，幕末大(㊦明治28(1895)年7月10日)，百科，仏教，仏人，明治史，明大1

**荻野美孝** おぎのびこう
文化8(1811)年～明治3(1870)年
江戸時代後期～明治期の柴町八幡宮神主・書家。
¶姓氏群馬

**荻野光陶** おぎのみつすえ
安永9(1780)年～安政3(1856)年9月18日
江戸時代中期～末期の神職。
¶国書

**荻原晃** おぎはらあきら
明治29(1896)年6月21日～平成3(1991)年8月26日
明治～平成期のクリスチャン。元広島教区長、イエズス会員。
¶新カト

**荻原雲来** おぎはらうんらい
→荻原雲来(おぎわらうんらい)

**興文丈** おきぶんじょう
明治32(1899)年7月21日～昭和51(1976)年12月5日
大正～昭和期の曹洞宗の僧侶。
¶埼玉人

**沖正弘** おきまさひろ
大正10(1921)年11月8日～
昭和期の宗教家。求道実行会密教ヨガ修道場導師、国際総合ヨガ協会会長。
¶現執1期，現執2期

**荻生瑞智** おぎゅうずいち
元治1(1864)年～昭和18(1943)年5月1日
江戸時代末期～昭和期の僧侶。
¶真宗

**荻原雲台** おぎわらうんだい
文政11(1828)年～明治36(1903)年
明治期の僧侶。
¶神奈川人

**荻原雲来** おぎわらうんらい
明治2(1869)年2月10日～昭和12(1937)年12月20日　㊕荻原雲来(おぎはらうんらい)
明治～昭和期の仏教学者、梵語学者。大正大教授。「梵漢対訳仏教辞典」「漢訳対照梵和大辞典」など編纂。

¶コン改，コン5，新潮，人名（おぎはらうんらい），世紀，全書，哲学，渡航，日人，仏教，仏人，明大2，和歌山人

**荻原貞興** おぎわらていこう
大正5（1916）年～平成7（1995）年
昭和～平成期の僧。日光山輪王寺門跡、天台宗大僧正、法門院住職。
¶栃木歴

**荻原円** おぎわらまどか
安政2（1855）年2月13日～昭和2（1927）年7月13日
明治～昭和期の宗教家。
¶庄内

**奥五十鈴** おくいすず
安政1（1854）年～昭和2（1927）年3月16日
江戸時代末期～昭和期の神職。
¶神人

**奥御賀丸** おくおんがまる
生没年不詳
室町時代の僧。足利義道の寵童。
¶朝日，日人

**奥月渓** おくげっけい
明治7（1874）年12月18日～昭和22（1947）年12月18日
明治～昭和期の僧。
¶徳島百，徳島歴

**奥沢市蔵** おくざわいちぞう
文久3（1863）年11月10日～*
明治～昭和期の神道無念流剣術家。奥沢家剣初代梅次郎の長男。
¶埼玉人（㊀昭和17（1942）年1月3日），埼玉百（㊀1941年）

**興地観円** おくじかんえん
明治6（1873）年～大正3（1914）年4月5日
明治～大正期の僧侶。
¶真宗

**小串重威** おぐししげよし
明治11（1878）年～昭和2（1927）年
明治～昭和期の神職。
¶神人

**奥蔵院** おくぞういん
戦国時代の日蓮宗の僧、槍術家。
¶戦人（生没年不詳），戦補

**奥大節** おくたいせつ，おくだいせつ
明治22（1889）年10月19日～昭和45（1970）年1月24日
明治～昭和期の臨済宗方広寺派僧侶。方広寺527・530世、花園大学学長、広寺派管長。
¶大分歴，現情，島根人，島根歴（おくだいせつ），人名7，世紀（㊐明治32（1899）年10月19日），日人，仏教（おくだいせつ），仏人

**奥田快雄** おくだかいゆう
江戸時代の山伏。
¶姓氏鹿児島

**奥田貫昭** おくだかんしょう
弘化3（1846）年3月16日～明治33（1900）年 ㊕貫昭（かんしょう）
明治期の天台宗僧侶。高徳の僧。監獄の教誨、養育院などにつとめる。
¶人名，日人，仏教（貫昭 かんしょう ㊀明治33（1900）年10月2日），仏人（貫昭 かんしょう），明大1（㊀明治33（1900）年9月22日）

**奥田政次郎** おくだまさじろう
生没年不詳
江戸時代後期の愛甲郡温水村春日社神主。
¶神奈川人

**小口偉一** おぐちいいち
明治43（1910）年2月27日～昭和61（1986）年12月15日
昭和期の宗教学者。阿藤教帝国大学教授。シャーマニズム・新宗教研究を開拓した。著書に「日本宗教の社会的性格」など。
¶現朝，現情，新潮，世紀，日人

**小口玄順** おぐちげんじゅん
？ ～享保5（1720）年
江戸時代中期の小口堰開削者。
¶姓氏長野，長野歴

**屋道** おくどう
？ ～寛永21（1644）年9月14日
江戸時代前期の浄土宗の僧。
¶仏教

**憶道** おくどう
天正12（1584）年～寛文3（1663）年9月6日
江戸時代前期の浄土宗の僧。
¶仏教

**奥並継** おくなみつぐ
文政6（1823）年～明治27（1894）年
江戸時代末期～明治期の祠官。御許山挙兵に参加。
¶大分百，幕末，幕末大

**小国重年** おぐにしげとし，おくにしげとし
明和3（1766）年～文政2（1819）年
江戸時代後期の遠江の国学者。
¶朝日（㊐明和3年4月12日（1766年5月20日）㊀文政2年1月7日（1819年2月1日）），国書（㊐明和3（1766）年4月12日 ㊀文政2（1819）年1月7日），コン改，コン4，コン5，静岡百（おくにしげとし），静岡歴（おくにしげとし），新潮，人名（おくにしげとし），姓氏静岡，世人（㊐明和3（1766）年4月12日 ㊀文政2（1819）年1月7日），日人（おくにしげとし），和俳

**憶念寺善性** おくねんじぜんしょう
～明応3（1494）年2月24日
戦国時代の古川町の憶念寺の開基。
¶飛騨

**奥野昌綱** おくのまさつな
文政6（1823）年4月4日～明治43（1910）年
明治期の牧師、基督教。ヘボンの「和英語林集成」の編集を助けた。新訳聖書の翻訳、賛美歌の

お

編集に従事。
¶朝日(㊤文政6年4月4日(1823年5月14日) ㊣明治43(1910)年12月5日), 維新, 神奈川人, 神奈川百, 近現, 近世, 国史, 国書(㊣明治43(1910)年12月12日), コン改, コン4, コン5, 埼玉人(㊣明治43(1910)年12月2日), 史人(㊣1910年12月5日), 新潮(㊣明治43(1910)年12月5日), 人名, 先駆(㊣明治43(1910)年12月12日), 哲学, 日史(㊣明治43(1910)年12月2日), 日人, 幕末(㊤1823年5月14日 ㊣1910年12月12日), 幕末大(㊣明治43(1910)年12月12日), 百科, 風土, 明治史, 明大1(㊣明治43(1910)年12月5日), 洋学, 歴大

**奥宮正由** おくのみやまさよし
文政1(1818)年～明治15(1882)年5月30日
江戸時代後期～明治期の儒者、神道家。
¶神人

**小熊豊雲** おぐまほううん
明治16(1883)年～昭和22(1947)年2月26日
明治～昭和期の僧。
¶徳島百, 徳島歴

**奥海正** おくみただし
文政10(1827)年～明治18(1885)年11月1日
江戸時代後期～明治期の神職。黄金山神社社司。
¶神人

**屋苗** おくみょう
生没年不詳
江戸時代後期の曹洞宗の僧。
¶国書

**奥村一郎** おくむらいちろう
大正12(1923)年4月16日～平成26(2014)年6月4日
大正～平成期の司祭。跣足カルメル修道会(カルメル会)司祭。
¶新カト

**奥村円心** おくむらえんしん
天保14(1843)年～大正2(1913)年
明治期の僧侶。東本願寺朝鮮布教の先駆者。
¶真宗, 人名, 日人, 明大1

**奥村三郎太夫** おくむらさぶろうだいう
生没年不詳
江戸時代後期の大住郡大山阿夫利神社の祠官兼師職。
¶神奈川人

**奥村多喜衛** おくむらたきえ
慶応1(1865)年～昭和26(1951)年
明治～昭和期のキリスト教伝道者。
¶高知人, 高知百

**奥村栄滋**(奥村榮滋, 奥村築滋) おくむらてるしげ
嘉永6(1853)年9月7日～大正12(1923)年3月17日
明治期の金沢市長、男爵。尾山神社神官、金沢市参事会員を経て金沢市長となった。
¶華畫(奥村榮滋), 華請, 人名, 世紀, 政治, 男爵(奥村築滋), 日人, 明大1

**奥山賢竜** おくやまけんりゅう★
明治18(1885)年1月15日～昭和36(1961)年3月8日
明治～昭和期の曹洞宗布教師。
¶秋田人2

**奥山作市** おくやまさくいち
明治43(1910)年2月20日～平成14(2002)年2月13日
明治～平成期の日本基督教団牧師、YMCA会員。
¶日Y

**奥山桃雲** おくやまとううん★
～宝暦9(1759)年
江戸時代中期の伊勢神宮の御師。
¶三重続

**奥山富五郎** おくやまとみごろう
天保3(1832)年4月10日～明治23(1890)年1月1日
江戸時代後期～明治期の宮大工。
¶庄内, 美建

**奥山直司** おくやまなおじ
昭和31(1956)年6月19日～
昭和～平成期の研究者。高野山大学文学部密教学科教授。
¶現執4期

**奥矢学** おくやまなぶ
*～?
大正期の僧侶。大阪労組連盟メンバー。
¶アナ(㊤明治27(1894)年), 社史(㊤1895年?)

**奥山平吉** おくやまへいきち
明治9(1876)年～昭和31(1956)年
明治～昭和期の牧師。
¶神奈川人

**奥屋求馬** おくやもとめ
嘉永3(1850)年～明治25(1892)年
江戸時代後期～明治期の神職。
¶神人

**小倉玄照** おぐらげんしょう
昭和12(1937)年4月20日～
昭和～平成期の曹洞宗の僧。成興寺住職。著書に「永平寺の聯と額」「道元禅師旧蹟紀行」など。
¶現執3期

**小倉清言** おぐらせいげん★
大正13(1924)年9月～平成9(1997)年11月
昭和・平成期の僧。慈福院第31世大僧正。
¶栃木人

**小倉豊文** おぐらとよふみ
明治32(1899)年8月20日～平成8(1996)年6月10日
昭和期の歴史学者。広島大学教授。古代仏教史(聖徳太子)、広島県史を研究。被爆体験記も著名。
¶郷土, 史研, 日エ, 広島文

**小倉霊現** おぐられいげん
明治19(1886)年～昭和57(1982)年3月5日

明治～昭和期の宗教家。天台宗金剛教会を設立。教義で病人、生活困窮者などの救済を約束。
¶現朝(㊍1886年9月9日), 現情(㊍1886年9月19日), 現人, 世紀(㊍明治19(1886)年9月19日), 日人(㊍明治19(1886)年9月9日), 仏人

**小栗憲一** おぐりけんいち
天保5(1834)年5月20日～大正4(1915)年5月15日
江戸時代後期～大正期の僧侶。
¶真宗

**小栗栖香頂** おぐりすこうちょう
→小栗栖香頂(おぐるすこうちょう)

**小栗宗湛**(小栗宗丹) おぐりそうたん
応永20(1413)年～文明13(1481)年 ㊊宗湛(そうたん)
室町時代～戦国時代の小栗派の画家。
¶朝日(㊍応永20(1413)年? ㊀文明13(1481)年?), 角史, 鎌室, 京都, 国史(宗湛 そうたん), 古中, コン改, コン4, コン5, 史人, 新潮(宗湛 そうたん), 人名(小栗宗丹), 姓氏京都, 世人(小栗宗丹 ㊍? ㊀文明18(1486)年), 世百(宗湛 そうたん), 全書(宗湛 そうたん), 茶道, 日史, 日人, 美家, 美術, 百科, 仏教, 名画, 歴大

**小栗了雲** おぐりりょううん
? ～享保14(1729)年
江戸時代中期の普化宗の僧か。
¶姓氏京都

**小栗栖香頂** おぐるすこうちょう
天保2(1831)年8月4日～明治38(1905)年3月18日 ㊊小栗栖香頂(おぐりすこうちょう)
明治期の僧侶。真宗大谷派、本山教授。中国布教の先駆者。
¶朝日(㊍天保2年8月4日(1831年9月9日)), 大分歴, 国際, コン改, コン5, 詩歌(㊀1899年), 真宗, 新潮, 人名(おぐりすこうちょう ㊍1830年), 日人, 日中(㊍天保2(1831)年8月4日), 仏教(㊀明治38(1905)年3月8日), 仏人(㊍1829年), 明大1

**小栗栖元凞** おぐるすもとあき
明治7(1874)年～昭和28(1953)年
明治～昭和期の神職。
¶神人

**尾崎氏俊** おざきうじとし
戦国時代の上野国衆国峰小幡氏の家臣。
¶群馬人(生没年不詳), 姓氏山梨, 武田

**尾崎主計** おざきかずえ
生没年不詳
江戸時代後期の大住郡大山阿夫利神社祠官。
¶神奈川人

**尾崎光尋** おざきこうじん
明治43(1910)年2月10日～昭和34(1959)年2月8日
昭和期の俳人、僧侶。
¶滋賀文

**尾崎信太郎** おざきしんたろう
→尾崎信太郎(おさきのぶたろう)

**尾崎双** おざきそう
生没年不詳
江戸時代後期の足柄下郡曽我里6村の総鎮守小沢明神社の神主。
¶神奈川人

**小崎トマス** おざきとます
→小崎トマス(こざきとます)

**尾崎信太郎** おさきのぶたろう
明治4(1871)年1月16日～昭和12(1937)年5月3日 ㊊尾崎信太郎(おざきしんたろう)
明治～昭和期の宗教家。
¶世紀, 鳥取百(㊍明治1(1868)年), 日人, 風土(おざきしんたろう ㊍明治2(1869)年 ㊀昭和15(1940)年), 明大1

**尾崎容** おざきひろし
嘉永5(1852)年～大正5(1916)年
江戸時代末期～大正期のロシア正教伝教者。
¶伊豆, 静岡歴, 姓氏静岡

**小崎弘道** おざきひろみち
→小崎弘道(こざきひろみち)

**小崎ミカエル** おざきみかえる
安土桃山時代のキリシタン。
¶人名

**尾崎迷堂** おざきめいどう
明治24(1891)年8月19日～昭和45(1970)年3月13日 ㊊迷堂(めいどう)
明治～昭和期の俳人、僧侶。仏教学に深く、句集に「孤輪」がある。
¶神奈川人, 鎌倉新, 近文, 現情, 現俳, 世紀, 奈良文, 日人, 俳句(迷堂 めいどう), 俳文

**尾崎元親** おざきもとちか
明治33(1900)年2月21日～平成8(1996)年8月15日
明治～平成期の宗教家。
¶日エ

**尾崎行政**(尾崎行正) おざきゆきまさ
天保4(1833)年～大正5(1916)年
江戸時代後期の八王子千人同心。
¶神奈川人, 姓氏神奈川(尾崎行正)

**小篠源三** おざさげんぞう
安政5(1858)年～明治9(1876)年
明治期の士族。神風連の一人。
¶熊本人

**長田賢忠** おさだかたただ
戦国時代の石見物部神社の祭祀。
¶人名, 日人(生没年不詳)

**長田兼持** おさだかねもち
江戸時代中期の神職、金子男爵家の祖。
¶人名, 日人(生没年不詳)

お

**長田時行** おさだときゆき
万延1(1860)年6月9日～昭和14(1939)年8月18日
江戸時代末期～昭和期の神学者。
¶渡航

**長田真幸** おさだまさき
明治15(1882)年～
明治～大正期の神職。
¶神人

**長田道章** おさだみちあき
上代の神官。
¶人名，日人(生没年不詳)

**長田道美** おさだみちよし
生没年不詳
鎌倉時代の神職。
¶日人

**長田宗忠** おさだむねただ
生没年不詳
南北朝時代の武将、神官。
¶鎌室，人名，日人

**小山内建麿** おさないたけまろ
天保2(1831)年～明治35(1902)年12月14日
[別]小山内建麿(おさないたてまろ)
江戸時代末期～明治期の津軽弘前藩士。藩論統一の時奥羽列藩同盟脱退を進言。
¶維新，人名(おさないたてまろ)，日人，幕末，幕末大

**小山内建麿** おさないたてまろ
→小山内建麿(おさないたけまろ)

**長行任** おさのゆきとう
平安時代中期の紀伊国宮省符荘の住人。僧範勝の父。
¶古人

**小佐野能秀** おさのよしひで
戦国時代の冨士御室浅間社の神主。
¶武田

**長利仲聴** おさりちゅうちょう
→長利仲聴(おさりなかあきら)

**長利仲聴** おさりなかあきら
文政6(1823)年～明治36(1903)年4月22日　[別]長利仲聴(おさりちゅうちょう)
江戸時代末期～明治期の神職、国学者、歌人。稽古館皇学学士取扱、助教皇学掛などを歴任。
¶青森人(おさりちゅうちょう)，神人，人名([生]1830年)，日人，幕末，幕末大，和俳

**小沢三郎** おざわさぶろう
明治42(1909)年9月3日～昭和44(1969)年6月19日
昭和期の神学者、歴史学者。日本プロテスタント史研究の基礎を築く。
¶キリ，世紀，哲学，歴大

**尾沢鼎信** おざわていしん
明治45(1912)年～
昭和期の僧侶。
¶群馬人

**小沢久子** おざわひさこ
明治30(1897)年6月1日～昭和45(1970)年9月22日
大正～昭和期の牧師。
¶埼玉人

**小沢文隆** おざわぶんりゅう
明治9(1876)年～昭和19(1944)年
明治～昭和期の僧侶。
¶姓氏宮城

**小塩高恒** おしおたかひさ
明治5(1872)年11月25日～昭和18(1943)年1月6日
明治～昭和期の牧師。
¶キリ

**小塩力** おしおつとむ
明治36(1903)年3月16日～昭和33(1958)年6月12日
昭和期の牧師、聖書学者。日本基督教団井草協会。「福音と世界」主筆。著書に「聖書入門」など。
¶キリ，現朝，現情，新潮，世紀，世百新，哲学，日人，百科

**押川方義** おしかわほうぎ
→押川方義(おしかわまさよし)

**押川方義** おしかわまさよし
*～昭和3(1928)年1月10日　[別]押川方義(おしかわほうぎ)
明治期のキリスト教伝道者、政治家。東北学院院長、衆議院議員。仙台神学校を創設、初代院長。
¶朝日([生]嘉永4年12月16日(1852年1月7日))，愛媛([生]嘉永4(1851)年)，愛媛百([生]嘉永4(1851)年12月16日)，学校([生]嘉永4(1851)年12月16日)，教育([生]1849年)，教人([生]嘉永2(1849)年)，郷土愛媛([生]1849年)，キリ([生]嘉永2年12月5日(1850年1月17日))，近現([生]1851年)，近文([生]1851年)，国史([生]1851年)，コン改([生]1849年)，コン5([生]嘉永2(1849)年)，四国文([生]嘉永2年12月5日)，史人([生]1849年12月5日，(異説)1851年12月16日)，社史([生]嘉永2年12月16日(1850年1月28日))，新潮([生]嘉永2(1849)年12月16日)，人名([生]1849年)，世紀([生]嘉永4(1852)年12月16日)，政治([生]嘉永4(1851)年12月16日)，姓氏宮城([生]1849年)，世百([生]1849年)，哲学([生]1852年)，東北近([生]嘉永2(1849)年12月5日)，新潟百別([生]1849年)，日史([生]嘉永2(1849)年12月5日)，日人([生]1852年)，百科([生]嘉永2(1849)年)，風土(おしかわほうぎ [生]嘉永4(1851)年)，福島百(おしかわほうぎ [生]嘉永2(1849)年)，宮城百([生]嘉永4(1851)年)，明治史([生]嘉永4(1851)年)，明大1([生]嘉永4(1851)年12月16日)，履歴([生]嘉永2(1849)年12月16日)，履歴2([生]嘉永2(1850)年12月16日)，歴大([生]1850年)

**押田成人** おしだしげと
大正11(1922)年1月15日～平成15(2003)年11月6日
昭和期のカトリック司祭。
¶現執1期，新カト

**押野慶浄** おしのけいじょう★
明治15(1882)年3月～
明治～昭和期の仏教家。本派本願寺ハルビン出張所長、ハルビン仏教青年会会長。
¶人満

**尾島真治** おじまさねはる
慶応3(1867)年9月27日～昭和26(1951)年6月18日
明治～昭和期の牧師。
¶キリ

**尾関宗園** おぜきそうえん
昭和7(1932)年4月17日～
昭和～平成期の臨済宗大徳寺北派僧侶。大徳寺塔頭大仙院住職、南宗寺住職。著者に「いま頑張らずにいつ頑張る！」「大安心」など。
¶現執3期，現執4期

**尾関滝右衛門** おぜきたきえもん
文化2(1805)年～明治7(1874)年2月25日
江戸時代後期～明治期の宮大工。
¶岡山歴，美建

**尾関本孝** おぜきほんこう
明治7(1874)年～昭和19(1944)年
明治～昭和期の臨済宗僧侶。東福寺派管長。
¶仏人

**おたあジュリア**
生没年不詳　㊙おたユリア，ジュリアおたあ，ユリア
安土桃山時代～江戸時代前期の女性。キリシタン。朝鮮貴族の娘。
¶朝日(ジュリアおたあ)，岩史，江人，江表(ジュリアおたあ(東京都))，角史，キリ(ジュリアおたあ)，コン4，コン5，静岡歴(ジュリアおたあ)，女史，女性，新潮，全書，戦人(ジュリアおたあ)，戦補(おたユリア)，日人，百科(ジュリアおたあ)，歴大

**小田垣雅也** おだがきまさや
昭和4(1929)年12月30日～
昭和～平成期のキリスト教神学者。国立音楽大学教授。
¶現執1期，現執2期，現執4期

**織田金雄** おだかねお
明治34(1901)年10月6日～昭和40(1965)年2月28日
大正～昭和期の牧師。自由メソヂスト神学校教授、日本自由メソヂスト教団総理。
¶キリ

**織田厳浄** おだげんじょう★
天保12(1841)年8月8日～明治33(1900)年
江戸時代後期～明治期の僧侶。
¶三重続

**小田慈舟** おだじしゅう
明治23(1890)年3月27日～昭和53(1978)年4月28日
大正～昭和期の真言宗御室派僧侶、密教学者。仁和寺42世、種智院大学名誉教授、御室派管長。
¶現情，人名7，世紀，日人，仏教，仏人

**小田島大孝** おだしまたいこう
天保6(1835)年～明治35(1902)年
江戸時代後期～明治期の春徳寺住職。書家、画家。
¶姓氏岩手

**小田清雄** おだすがお
？　～明治27(1894)年
明治期の国学者、神職。住吉神社主典。奈良県中学校で教鞭を執った。著書に「国文全書」がある。
¶神人(㊞明治27(1894)年7月)，人名，日人

**織田雪厳** おだせつげん
天保14(1843)年～大正5(1916)年
江戸時代末期～大正期の曹洞宗の僧。
¶姓氏愛知

**小田雪窓** おだせっそう
明治34(1901)年～昭和41(1966)年
昭和期の禅僧。
¶茶道，鳥取百

**小田尊順** おだそんじゅん
？　～大正12(1923)年9月5日
明治～大正期の僧侶。
¶真宗

**織田得能** おだとくのう
万延1(1860)年10月3日～明治44(1911)年8月18日
明治期の仏教学者。真宗大谷派。「三国仏教略史」を著す。「仏教大辞典」を編纂したが完成を目前に病死。死後出版。
¶朝日(㊐万延1年10月3日(1860年11月15日))，郷土福井，コン改，コン5，史人，真宗，新潮，人名，全書(㊞1910年)，大百，哲学，日人，福井百，仏教，仏人(㊐1859年)，明治史，明大2

**織田楢次** おだならじ
明治41(1908)年～昭和55(1980)年
昭和期の牧師。
¶兵庫百

**小田成胤** おだなりたね
万治3(1660)年～正徳6(1716)年
江戸時代中期の国学者。
¶国書(㊞正徳6(1716)年6月11日)，神人(生没年不詳)，人名，日人，三重続

**小田成近** おだなりちか
寛永13(1636)年～寛文12(1672)年閏6月2日
江戸時代前期の神職。
¶国書

**小谷三志** おたにさんし，おだにさんし
→小谷三志(こだにさんし)

お

お

**小谷庄兵衛** おたにしょうべえ
→小谷三志(こだにさんし)

**尾谷直春** おだになおはる
江戸時代末期～明治期の僧侶。元興福寺学侶・春日大社新社司。
¶華請

**小谷兵庫** おたにひょうご
生没年不詳
江戸時代後期の高座郡小谷村稲荷大明神神主。
¶神奈川人

**小谷古蔭** おたにふるかげ
文政4(1821)年～明治15(1882)年 [別]小谷古蔭(こたにひさかげ,こだにひさかげ,こだにふるかげ)
江戸時代末期～明治期の国学者。宇部神社の禰宜もつとめる。
¶維新(こだにひさかげ),神人(こたにひさかげ [生]文政4(1821)年4月19日 [没]明治15(1882)年2月13日),人名,鳥取百(こだにふるかげ),日人,藩臣5(こだにふるかげ)

**小田延経** おだのぶつね
明暦3(1657)年～正徳4(1714)年8月21日
江戸時代前期～中期の神職。
¶国書

**小田野声** おだやせい
→小田頼造(おだらいぞう)

**おたユリア**
→おたあジュリア

**小田頼造** おだらいぞう
明治14(1881)年～大正7(1918)年 [別]小田野声(おだやせい)
明治～大正期の社会主義者、宗教家。平民社に関係し、社会主義伝道行商を計画実行。著書に「人道主義」。
¶アナ([生]明治14(1881)年1月15日 [没]大正8(1919)年6月18日),キリ([生]明治14(1881)年6月11日 [没]大正7(1918)年6月30日),近文,コン5,社運,社史([生]1881年1月15日 [没]1919年6月18日),人名,世紀,日人,明大1,山口百,和歌山人(小田野声 おだやせい)

**落合寛茂** おちあいかんも
明治30(1897)年～昭和47(1972)年
大正～昭和期の僧、政治家。天台宗大僧正、衆議院議員。
¶長野歴

**落合吉之助** おちあいきちのすけ
明治3(1870)年4月5日～昭和17(1942)年4月1日
明治～昭和期の日本聖公会司祭、神学者。
¶キリ,渡航

**落合直亮** おちあいなおあき
文政10(1827)年8月26日～明治27(1894)年12月11日 [別]落合直亮(おちあいなおすけ)
江戸時代末期～明治期の勤王家。刑法官監察司。尊皇攘夷のために奔走。陸前志波彦神社、塩釜神社などの宮司、教導職就任。
¶朝日([生]文政10年8月26日(1827年10月16日)),維新,近現,近世,国史,コン改,コン4,コン5,史人,神史,神人,新潮,人名([生]1828年),姓氏長野(おちあいなおすけ),多摩(おちあいなおすけ),長野歴(おちあいなおすけ),日人,幕末大,宮城百([没]明治28(1895)年),明治史

**落合直亮** おちあいなおすけ
→落合直亮(おちあいなおあき)

**落合直澄** おちあいなおずみ,おちあいなおすみ
天保11(1840)年～明治24(1891)年1月6日
江戸時代末期～明治期の国学者。皇典講究所講師。出雲大社少宮司、大教正などを歴任。著書に「古事記後伝」「日本古代文学考」など。
¶朝日(おちあいなおすみ),江文,近現,考古,国史,国書,コン改,コン4,コン5,史研,神史,神人,新潮,人名,多摩([生]天保2(1831)年),日人,明治史,明大2,歴大

**落合仁司** おちあいひとし
昭和28(1953)年10月19日～
昭和～平成期の宗教学者。同志社大学教授。著書に「保守主義の社会理論」「〈神〉の証明—なぜ宗教は成り立つか」など。
¶現執2期,現執3期,現執4期

**越智寛雄** おちかんゆう
享保3(1718)年～寛政9(1797)年
江戸時代中期・後期の高野山三宝院の住職。
¶愛媛

**越智橘園** おちきつえん
天保7(1836)年～明治39(1906)年
江戸時代末期～明治期の僧。
¶郷土奈良,日人,明大1([生]天保7(1836)年11月5日 [没]明治39(1906)年5月1日)

**越智専明** おちせんみょう
嘉永3(1850)年10月11日～大正11(1922)年9月14日
明治～大正期の僧。
¶世紀,日人,明大1

**越智洞観** おちどうかん
? ～明治12(1879)年3月
江戸時代後期～明治期の僧侶。
¶真宗

**越知若光** おちのわかみつ
平安時代中期の大神宮使使部。
¶古人

**越智正勝** おちまさかつ
元禄12(1699)年頃～?
江戸時代中期の神職。
¶国書

**乙二** おつじ
→乙二(おつに)

**乙堂喚丑** おつどうかんちゅう
? ～宝暦10(1760)年 [別]乙堂喚丑(いつどうか

んちゅう)
江戸時代中期の曹洞宗の僧。
¶国書(いつどうかんちゅう ㊀宝暦10(1760)年12月11日),思想史,仏教(㊀宝暦10(1760)年11月11日)

**乙二** おつに
宝暦6(1756)年～文政6(1823)年7月9日 ㊞乙二(おつじ),岩間乙二(いわまおつに),亘理乙二(わたりおつに)
江戸時代中期～後期の俳人、千手院第10代住職、権大僧都。
¶朝日(岩間乙二 いわまおつに ㊀文政6年7月9日(1823年8月14日)),国書,詩歌(㊁1755年),人書94(岩間乙二 いわまおつに),新潮,人名(亘理乙二 わたりおつに ㊁1758年),大百,日人(岩間乙二 いわまおつに),日文(㊁宝暦5(1755)年),俳諧(㊁?),俳句(おつじ),俳文(㊁宝暦5(1755)年),藩臣1(㊁宝暦5(1755)年),百科,和俳

**小手** おて
生没年不詳 ㊞小手尼(おてのあま)
奈良時代の女性。百済からの渡来人。
¶女性,日人(小手尼 おてのあま)

**小手尼** おてのあま
→小手(おて)

**尾寺新之丞** おでらしんのじょう
文政10(1827)年～明治34(1901)年9月21日
㊞尾寺信(おてらまこと)
江戸時代末期～明治期の長州(萩)藩士。
¶維新,神人(尾寺信 おてらまこと),全幕,幕末,幕末大,藩臣6

**尾寺信**(1) おてらまこと
文政10(1827)年～明治34(1901)年
江戸時代後期～明治期の神官。
¶神人

**尾寺信**(2) おてらまこと
→尾寺新之丞(おでらしんのじょう)

**音無新太郎** おとなししんたろう
明治期の神職。熊野坐神社宮司。
¶神人

**男也〈東京都〉** おなり
享和2(1802)年～明治11(1878)年
江戸時代後期～明治時代の女性。宗教。上総久留里藩藩士安西正久の娘。
¶江表(男也(東京都))

**鬼木沃洲**(鬼木沃州) おにきようしゅう
文政1(1818)年～明治17(1884)年6月4日
江戸時代末期～明治期の浄土真宗本願寺派学僧。勧学。
¶真宗,仏教(鬼木沃州)

**鬼沢大海** おにざわおおうみ
→鬼沢大海(おにざわおおみ)

**鬼沢大海** おにざわおおみ,おにさわおおみ
寛政5(1793)年～明治8(1875)年 ㊞鬼沢大海(おにざわおおうみ,きさわおおみ)
江戸時代末期～明治期の国学者。笠間藩、志筑藩に招かれて国学と和歌を教授。
¶茨城百(おにざわおおうみ),茨城歴,国書(おにさわおおみ ㊁寛政3(1791)年 ㊀明治6(1873)年11月19日),人書94(おにざわおおうみ),神人(おにさわおおみ),人名(きさわおおみ ㊁1791年 ㊀1873年),日人,幕末(おにざわおおうみ ㊀1875年11月19日),幕末大(おにざわおおうみ ㊀明治8(1875)年11月19日)

**鬼丸競** おにまるきそう
天保6(1836)年～明治9(1876)年
江戸時代後期～明治期の神職。
¶神人

**鬼丸競** おにまるきそう
～明治9(1876)年
明治期の役人。神風連員。
¶熊本人

**小野一良** おのいちろう
明治44(1911)年11月27日～平成18(2006)年9月10日
明治～平成期の牧師。潮来教会牧師、潮来幼稚園園長。
¶日エ

**小野盤根**(小野磐根) おのいわね
天保4(1833)年～明治22(1889)年
江戸時代後期～明治期の弘前八幡宮宮司、国学者。
¶青森人,神人(小野磐根)

**尾上光純** おのえこうじゅん
明治20(1887)年～昭和36(1961)年
明治～昭和期の僧侶。
¶和歌山人

**小野悦斎** おのえっさい
文化13(1816)年～明治19(1886)年
江戸時代後期～明治期の佐賀関町早吸日女神社神官。
¶大分百

**小野景光** おのかげみつ
生没年不詳
平安時代中期の神職。
¶日人

**小野木重次室** おのぎしげつぐしつ
? ～慶長5(1600)年 ㊞小野木シメオン(おのぎしめおん),シメオン
安土桃山時代の女性。キリシタン。
¶朝日(小野木シメオン おのぎしめおん ㊀慶長5(1600)年10月?),戦人,戦補,日人(小野木シメオン おのぎしめおん)

**小野木シメオン** おのぎしめおん
→小野木重次室(おのぎしげつぐしつ)

お

**小野清典** おのきよのり
？ ～文化15（1818）年
江戸時代後期の安蘇郡上彦間村の修験者、和塾教師。
¶栃木歴

**小野玄妙**(1) おのげんみょう
明治16（1883）年2月28日～昭和14（1939）年6月27日
大正～昭和期の僧侶、仏教学学者。高野山大学教授。「大日本仏教全書」などを編纂。著書に「小野玄妙仏教芸術著作集」など。
¶考古，コン改，コン5，史研，史人，昭人，新潮，人名7，世紀，全書，大百（㊀1925年），哲学，日人，仏教，仏人

**小野玄妙**(2) おのげんみょう
→小野晃嗣（おのこうじ）

**小野晃嗣** おのこうじ
明治37（1904）年12月18日～昭和17（1942）年3月24日　㊊小野玄妙（おのげんみょう）
昭和期の歴史家。東京帝国大学史料編纂所史料編纂官。中・近世史、産業史を研究。主著に「近世城下町の研究」など。
¶神奈川人（小野玄妙　おのげんみょう　㊐1883年　㊀1939年），神奈川百（小野玄妙　おのげんみょう　㊐1883年　㊀1939年），近現，国史，史研，史人，昭人，世紀，姓氏神奈川（小野玄妙　おのげんみょう　㊐1883年　㊀1939年），日史，日人

**小野光洋** おのこうよう
明治33（1900）年4月4日～昭和40（1965）年11月19日
昭和期の日蓮宗僧侶、政治家。立正学園創立者、参議院議員、文部政務次官。
¶学校，現情，人名7，世紀，政治，日人，仏人（㊐1898年），山梨百

**小野功竜** おのこうりゅう
昭和11（1936）年11月18日～
昭和～平成期の日本伝統音楽研究者、僧侶。相愛大学学長、願泉寺住職。
¶音人，音人2，音人3

**小野斎美** おのさいみ
天保7（1836）年～明治28（1895）年
江戸時代後期～明治期の安蘇郡下彦間村の修験者、神主、和塾教師。
¶栃木歴

**小野崎通亮** おのざきみちあきら
→小野崎通亮（おのざきみちすけ）

**小野崎通亮** おのざきみちすけ
天保4（1833）年～明治36（1903）年7月21日　㊊小野崎通亮（おのざきみちあきら）
江戸時代末期～明治期の祠官。秋田県神道界に長老として君臨、著書に「大日本史列女伝蒙求」「古四王神社考」など。
¶秋田人2（㊐天保4年2月29日），維新，神人（㊐天保4（1833）年2月19日），人名（おのざきみちあきら），日人，幕末，幕末大（㊐天保4（1833）年2月29日），藩臣1，明治史，明大1（㊐天保4（1833）年2月29日）

**小野島観順** おのじまかんじゅん
文政3（1820）年～明治11（1878）年9月3日
江戸時代末期～明治期の住職。田布施円立寺に僧練隊を創設。
¶幕末，幕末大

**小野島行薫** おのじまぎょうくん
弘化4（1847）年～昭和2（1927）年12月23日
江戸時代末期～大正期の僧侶。第二奇兵隊に属し隊士に句読を教授。
¶群新百，人書94，幕末，幕末大（㊐弘化4（1847）年2月7日）

**小野樟蔭** おのしょういん
明治4（1871）年11月20日～昭和18（1943）年12月5日
明治～昭和期の雅楽演奏者、研究者。
¶大阪人（㊀昭和18（1943）年12月），音人，芸能，新芸，世紀，日音，日人，明大2

**小野荘五郎**（小野庄五郎） おのしょうごろう
天保12（1841）年～明治40（1907）年8月2日
江戸時代末期～明治期の宗教家。ハリストス正教司祭。同志らと勇義隊を組織し隊長。
¶社史（小野庄五郎　㊐天保12年（1841年2月6日）），姓氏宮城（小野庄五郎　㊐1840年），幕末，幕末大，明治史，明大1

**小野塚与澄** おのずかよちょう
→小野塚与澄（おのづかよちょう）

**小野摂竜** おのせつりゅう
明治39（1906）年～昭和61（1986）年
大正～昭和期の天王寺楽所雅亮会楽頭、願泉寺住職。
¶大阪人（㊀昭和61（1986）年5月），音人（㊐明治39年10月17日　㊀昭和61年5月31日）

**小野尊光**（小野尊光） おのたかてる
嘉永2（1849）年12月8日～昭和12（1937）年11月20日　㊊小野尊光（おのたかみつ）
明治～昭和期の神職、政治家。貴族院議員、日御碕神社95代宮司。
¶華畫，華請，島根人（おのたかみつ），島根百，島根歴，世紀（㊐嘉永2（1850）年12月8日），男爵（小野尊光），日人（㊐1850年），明大1

**小野高光** おのたかみつ
明治期の祠官。出雲日御碕神社宮司。天葺根命60世の孫。
¶人名

**小野尊光** おのたかみつ
→小野尊光（おのたかてる）

**小野田元** おのだはじめ
明治期のキリスト者・教育者。
¶岡山人

**小野田温道** おのだはるみち
弘化2（1845）年～大正8（1919）年
明治・大正期の歌人・神官。
¶東三河

**小野田又蔵** おのだまたぞう
安政2（1855）年2月8日～昭和14（1939）年6月13日
江戸時代末期～昭和期の宮大工。
¶姓氏愛知，美建

**小野塚与澄** おのづかよちょう，おのずかよちょう
明治8（1875）年5月15日～昭和22（1947）年1月19日
明治～昭和期の真言宗豊山派僧侶、声明・事相家。豊山派法式調査局主査、大僧正。
¶現情，昭人（おのずかよちょう），新芸，人名7，世紀，日音（生明治8（1875）年5月1日　没昭和22（1947）年1月17日），日人，仏教，仏人

**小野寺源太夫** おのでらげんだゆう
明和6（1769）年～天保2（1831）年
江戸時代中期～後期の宮大工。
¶姓氏岩手，美建

**小野寺初吉** おのでらはつきち
安政5（1858）年～明治19（1886）年
江戸時代末期～明治期のギリシャ正教の伝導師。
¶姓氏岩手

**小野寺久幸** おのでらひさゆき
昭和4（1929）年5月18日～平成23（2011）年3月1日
昭和～平成期の彫刻師、仏師。美術院国宝修理所所長。
¶美建

**小野行相房** おののぎょうそうぼう
平安時代後期の東大寺の僧。
¶古人

**小野尊安** おののたかやす
文化10（1813）年～？
江戸時代後期の神官（出雲国御碕社検校）。
¶公卿，公卿普，公家（尊安〔日御碕社検校小野家〕　たかやす　没明治13（1880）年12月7日）

**小野文星** おのぶんせい
明治41（1908）年3月10日～
昭和期の僧侶。
¶群馬人

**小野政光**(1) おのまさみつ
生没年不詳
平安時代後期の神職。
¶日人

**小野政光**(2) おのまさみつ
生没年不詳
戦国時代の神職。日御崎社神主。
¶島根歴

**小野政光**(3) おのまさみつ
江戸時代の宮司、出雲日御碕神社第66代。
¶人名

**小野村胤信** おのむらたねのぶ
元治1（1864）年～
明治期の神職。
¶神人

**小野村林蔵** おのむらりんぞう
明治16（1883）年1月22日～昭和36（1961）年
明治～昭和期の牧師。
¶キリ（没昭和36（1961）年10月11日），札幌（生明治16年11月22日），社史（生1882年　没？），平和，北海道百，北海道文（没昭和33（1958）年10月11日），北海道歴

**小野祖教** おのもとなり
明治37（1904）年～
昭和期の神道神学・哲学者。国学院大学教授。
¶現執1期

**小野盛次** おのもりつぐ
明治40（1907）年8月31日～昭和54（1979）年5月7日
昭和期の吉備楽演奏者。黒住教奏楽寮楽長。
¶芸能，日音

**小野家寿子** おのやすこ
安政2（1855）年8月26日～昭和5（1930）年12月28日
明治～大正期のキリスト教伝道師。丹後・兵庫・今治教会を経て、岡山ミッション伝道師となる。その後組合教会伝道師。
¶女性，女性普

**小野泰博** おのやすひろ
昭和2（1927）年4月8日～
昭和期の宗教心理学・図書館学者。図書館情報大学教授。
¶現執1期，現執2期

**小野山竜心** おのやまりゅうしん
？　～大正1（1912）年
明治期の明照寺住職。私立明照寺図書室設立。
¶図人

**小野勇道** おのゆうどう
明治3（1870）年～昭和21（1946）年
明治～昭和期の僧。深浦町宝泉寺18世住職。
¶青森人

**小野美真** おのよしまさ
生没年不詳
江戸時代中期の神職。
¶国書

**小野亮哉** おのりょうや
大正12（1923）年5月29日～平成3（1991）年1月22日
昭和期の雅楽研究者、小野照崎神社宮司。
¶音人，音人2，芸能，世紀，日音

**小野蓮明** おのれんみょう
昭和期の真宗学者。
¶現執1期

お

お

**小畑進** おばたすすむ
昭和3(1928)年〜
昭和〜平成期の翻訳家、牧師。
¶児人

**小幡義信** おばたよしのぶ
昭和13(1938)年11月16日〜
昭和期のカトリック神学・中世哲学者。
¶現執2期

**お浜** おはま
生没年不詳
江戸時代前期の女性。キリシタン。出羽秋田藩主佐竹左京大夫義宣の側室。
¶女性，人名，日人

**小原安喜子** おばらあきこ
昭和8(1933)年4月21日〜平成16(2004)年2月26日
昭和〜平成期の医師。専門はハンセン病医療。
¶近医，新宿女

**尾原英吉** おはらえいきち，おばらえいきち
明治期の伝道者。
¶姓氏愛知(おばらえいきち　生没年不詳)，日人

**小原兄麿** おばらえまろ
明治6(1873)年〜昭和21(1946)年
明治〜昭和期の神職。
¶神人

**小原教応** おはらきょうおう
明治16(1883)年4月20日〜昭和14(1939)年2月17日
明治〜昭和期の赤岡町光明寺第12代住職。
¶高知先

**小原実雄** おはらさねお
天保14(1843)年〜明治5(1872)年
江戸時代末期〜明治期の僧。
¶幕末(㉒1872年11月30日)，幕末大(㉒明治5(1872)年10月30日)

**小原実風** おばらさねかぜ，おはらさねかぜ
文政11(1828)年4月22日〜明治33(1900)年
㊙小原実風(おばらじっぷう，おばらじつぷう)
江戸時代後期〜明治期の神道家。
¶岩手人(おばらじっぷう　㉒1900年1月11日)，国書(おはらさねかぜ　㉒明治31(1898)年1月11日)，神人(㊐文政10(1827)年)，姓氏岩手(おばらじつぷう)

**小原実風** おばらじっぷう，おばらじつぷう
→小原実風(おばらさねかぜ)

**小原鈴子** おばらすずこ，おはらすずこ
明治24(1891)年12月30日〜昭和51(1976)年4月12日
大正〜昭和期のキリスト教布伝道師、作家。ホーリネス系諸教会に対する弾圧事件の際、牧師家族援助に尽力。著書に「隠れし力」。
¶キリ，昭人(おはらすずこ)，女性，女性普

**小原十三司** おばらとさじ
明治23(1890)年1月23日〜昭和47(1972)年1月25日
明治〜昭和期の牧師。ホーリネスの群中央委員長、東京聖書学校長。
¶キリ，埼玉人

**小原正憲** おはらまさのり
昭和22(1947)年6月15日〜
昭和期の僧。高山市の専念寺17世。
¶飛驒

**小比賀信近** おびがのぶちか
天保6(1835)年〜明治32(1899)年
明治期の神職。田村神社神官。「神道葬祭式」などの著書がある。
¶人名，日人

**大日向大梅** おびなたたいばい
天和2(1682)年〜宝暦7(1757)年　㊙圭立法環(けいりつほうせん)，大梅(だいばい)
江戸時代前期〜中期の僧。佐久正安寺の第16世住職。
¶姓氏長野，長野百(大梅　だいばい)，長野歴(圭立法環　けいりつほうせん)

**帯谷玄明** おびやげんみょう
明治10(1877)年4月25日〜昭和39(1964)年4月25日
明治〜昭和期の僧侶。
¶庄内

**雄淵** おぶち
→大場雄淵(おおばおぶち)

**小保内孫陸** おぼないまごりく
文化9(1812)年〜明治24(1891)年
江戸時代後期〜明治期の神職。
¶姓氏岩手

**尾前広吉** おまえひろきち
明治14(1881)年5月10日〜昭和10(1935)年11月30日
明治〜昭和期の御嶽教管長。
¶飛驒

**小俣蠖庵** おまたかくあん
→小俣蠖庵(こまたかくあん)

**小町巌** おまちいわお
明治27(1894)年〜
大正〜昭和期の教育家・神官。
¶多摩

**面屋竜門** おもやりゅうもん
明治41(1908)年〜？
昭和期の僧侶。新興仏教青年同盟福井支部メンバー。
¶社史

**小山空誓** おやまくうせい
天文14(1545)年〜慶長19(1614)年
戦国時代〜江戸時代前期の僧。本證寺10代住職。
¶姓氏愛知

お

**小山田貞行** おやまださだゆき
生没年不詳
鎌倉時代後期の宇佐宮神宮。
¶大分歴

**尾山道智** おやまどうち
天文11(1542)年～慶長5(1600)年
戦国時代～安土桃山時代の浄土真宗僧侶。
¶島根歴

**尾山令仁** おやまれいじ
昭和2(1927)年1月15日～
昭和期の牧師。東京神学校校長、日本プロテスタント聖書信仰同盟実行委員長。
¶キリ

**折井光輪** おりいこうりん
天保9(1838)年～明治31(1898)年10月30日
江戸時代末期～明治期の曹洞宗の僧。曹洞宗大学林学監。
¶仏教

**折立長老** おりたちちょうろう
→折立長老(おりたちのちょうろう)

**折立長老** おりたちのちょうろう
㊐折立長老(おりたちちょうろう)
江戸時代前期の僧、義民。
¶姓氏長野(おりたちちょうろう), 長野歴

**折田年秀** おりたとしひで
→折田要蔵(おりたようぞう)

**折田要蔵** おりたようぞう
文政8(1825)年～明治30(1897)年　㊐折田年秀(おりたとしひで)
江戸時代後期～明治期の武士。
¶維新, 国書(折田年秀　おりたとしひで　㊐文政8(1825)年7月7日　㊥明治30(1897)年11月5日), 神人(折田年秀　おりたとしひで　㊐文政7(1824)年), 人名(折田年秀　おりたとしひで), 姓氏鹿児島, 日人, 幕末(㊥1897年11月5日), 幕末大, 藩臣7, 明治史(折田年秀　おりたとしひで), 明大1(㊐文政8(1825)年7月7日　㊥明治30(1897)年11月5日)

**折茂なみ** おりもなみ
明治26(1893)年～昭和41(1966)年8月7日
昭和期の宗教家。霊能を受け、西新宿に教会を設立。戦後、大日然教を名のり教祖となる。
¶埼玉人, 女性, 女性普

**尾張員職** おわりかずもと
生没年不詳
平安時代後期の熱田大宮司。
¶姓氏愛知

**尾張宿禰員信** おわりのすくねかずのぶ
？～寛徳2(1045)年？
平安時代中期の熱田大宮司。
¶姓氏愛知

**尾張久末** おわりのひさすえ
平安時代後期の伊勢正神主。
¶古人

**尾張連清稲** おわりのむらじきよいね
生没年不詳
平安時代前期の神宮別当。
¶姓氏愛知

**恩賀** おんが
平安時代前期の僧侶。
¶和歌山人

**恩覚** おんかく
生没年不詳
平安時代後期の法相宗の僧。
¶国書, 古人, 仏教, 平史

**遠慶** おんきょう
天明5(1785)年～文政5(1822)年
江戸時代中期～後期の真宗大谷派の僧。
¶姓氏石川

**音空** おんくう
？～明治9(1876)年6月2日
江戸時代後期～明治期の浄土宗の僧。
¶国書

**恩冏** おんげい
生没年不詳
戦国時代の浄土宗の僧。
¶仏教

**飲光** おんこう
→慈雲(3)(じうん)

**恩叔** おんしゅく
生没年不詳
江戸時代前期の僧侶。
¶沖縄百, 姓氏沖縄

**恩正** おんしょう
平安時代前期の僧。
¶古代, 古代普

**園城謙道**(遠城謙道) おんじょうけんどう
文政6(1823)年～明治34(1901)年5月12日
江戸時代末期～明治期の彦根藩足軽、僧侶。幕府の彦根藩追罰に抗議。
¶維新(遠城謙道), 幕末, 幕末大(遠城謙道　㊐文政6(1823)年12月12日)

**恩清** おんせい★
江戸時代の僧侶。
¶三重続

**穏達** おんたつ
？～文化10(1813)年2月26日　㊐祖道穏達(そどうおんだつ)
江戸時代後期の曹洞宗の僧。
¶国書, 仏教(祖道穏達　そどうおんだつ), 仏人

**恩地左近** おんちさこん
生没年不詳
南北朝時代の勤王家。
¶国書, 神人, 人名, 日人

**温仲宗純** おんちゅうしゅうじゅん
→温中宗純(おんちゅうそうじゅん)

**温中清瑜** おんちゅうしょうゆ
? ～応永4(1397)年
南北朝時代～室町時代の僧。
¶日人



**温中宗純**(温仲宗純) おんちゅうそうじゅん
? ～永正8(1511)年 ㊀温仲宗純(おんちゅうしゅうじゅん)
戦国時代の禅僧。
¶鎌室, 人名(温仲宗純 おんちゅうしゅうじゅん), 日人(温仲宗純), 仏教(㊋明応8(1499)年6月24日)

**音澂** おんちょう
宝暦7(1757)年～天保4(1833)年10月13日
江戸時代後期の浄土宗の僧。
¶国書, 日人, 仏教

**恩智養宗** おんちようしゅう
文政4(1821)年～明治24(1891)年
江戸時代後期～明治期の僧。駿河国富士郡杉田村の安養寺の住職。
¶姓氏静岡

**恩徳行聖** おんとくぎょうじょう
～明治35(1902)年
明治期の僧。
¶岡山人

**温伯正琇** おんぱくしょうしゅう
? ～康正1(1455)年
室町時代の僧。
¶日人

**恩融** おんゆう
伝説上の僧。
¶日人, 仏教(生没年不詳)

**音誉** おんよ
生没年不詳
戦国時代の浄土宗の僧。
¶仏教

**遠誉慧照** おんよえしょう
元禄8(1695)年～明和6(1769)年11月17日
江戸時代中期の信蓮社の高僧で高山市の大雄寺14世。
¶飛驒

**音誉聖観** おんよしょうかん
→聖観(3)(しょうかん)

**温老宗興** おんろうそうこう
元弘3/正慶2(1333)年～応永13(1406)年11月8日
南北朝時代～室町時代の曹洞宗の僧。
¶仏教

## 【か】

**可庵円慧**(可菴円慧) かあんえんえ
文永6(1269)年～興国4/康永2(1343)年 ㊀円慧(えんえ), 可菴円慧(かあんえんね)
鎌倉時代後期～南北朝時代の僧。
¶鎌室(可菴円慧 かあんえんね), 人名(可菴円慧), 日人, 仏教(㊋康永2/興国4(1343)年11月6日), 仏人(円慧 えんえ)

**可菴円慧** かあんえんね
→可庵円慧(かあんえんえ)

**和庵清順** かあんせいじゅん
→和庵清順(わあんしょうじゅん)

**槐安** かいあん
? ～明治38(1905)年
明治期の禅僧。臨済宗、永得寺。多くの雲水・信者を指導、強化した。
¶コン改, コン5, 人名, 日人

**海庵尖智** かいあんせんち
文亀2(1502)年～永禄1(1558)年
戦国時代の曹洞宗の僧。
¶戦辞(㊋永禄1年5月5日(1558年5月22日)), 仏教(㊋永禄1(1558)年5月5日)

**快庵妙慶**(快菴明慶) かいあんみょうきょう
→妙慶(みょうけい)

**快庵妙慶** かいあんみょうけい
→妙慶(みょうけい)

**快意** かいい
? ～享保9(1724)年7月9日
江戸時代中期の真言宗の僧。
¶仏教, 仏人

**海印** かいいん
→海印律師(かいいんりっし)

**芥隠** かいいん
? ～尚真19(1495)年 ㊀芥隠承琥(かいいんしょうこ), 承誂(しょうこ)
室町時代～戦国時代の臨済宗の僧。琉球の人。
¶朝日(㊋尚真19年5月16日(1495年6月8日)), 沖縄百(㊋尚真19(1495)年5月16日), 鎌室, コン改, コン4, コン5, 新潮, 姓氏沖縄, 戦人, 日人(芥隠承琥 かいいんしょうこ)

**芥隠承琥** かいいんしょうこ
→芥隠(かいいん)

**海印律師** かいいんりっし
正徳2(1712)年～天明6(1786)年4月13日 ㊀海印(かいいん)
江戸時代中期の僧。
¶岡山人(海印 かいいん), 岡山百

**快運(1)** かいうん
？ ～慶長9(1604)年7月4日
安土桃山時代の浄土宗の僧。
¶仏教

**快運(2)** かいうん
？ ～天明7(1787)年3月14日
江戸時代中期の新義真言宗の僧。長谷寺29世。
¶国書，埼玉人，仏教

**海雲(1)** かいうん
奈良時代の東大寺の僧。
¶人名

**海雲(2)** かいうん
生没年不詳
平安時代前期の僧。
¶日人

**海雲(3)** かいうん
元文1(1736)年～文政10(1827)年
江戸時代中期の僧。
¶人名，新潟百

**海雲道会** かいうんどうえ
生没年不詳
室町時代の曹洞宗の僧。
¶日人，仏教

**海恵** かいえ
承安2(1172)年～建永2(1207)年
平安時代後期～鎌倉時代前期の僧。
¶国書([没]建永2(1207)年9月16日)，古人，諸系，日人，平史

**懐英** かいえい
寛永19(1642)年～享保12(1727)年
江戸時代中期の高野山の学僧。寺務検校。
¶近世，国史，国書([没]享保12(1727)年7月21日)，日人，仏教，仏史，仏人

**快円(1)** かいえん
生没年不詳
鎌倉時代の学僧。
¶鎌室，国書，人名，日人，仏教

**快円(2)** かいえん
文明15(1483)年～天文17(1548)年
戦国時代の僧。横田岩屋寺院主。
¶島根歴

**快円(3)** かいえん
生没年不詳
戦国時代～安土桃山時代の仏師。
¶神奈川人，鎌倉，新潮，姓氏神奈川，戦辞，日人，美建

**快円(4)** かいえん
生没年不詳
江戸時代の浄土宗の僧。
¶仏教

**懐円(1)** かいえん
生没年不詳　[別]懐円(ええん)
平安時代中期の天台宗の僧・歌人。
¶国書，古人(ええん)，平史(ええん)

**懐円(2)**(懐園) かいえん
延享3(1746)年～文政8(1825)年12月19日
江戸時代中期～後期の真言宗の僧。
¶国書，徳島百，徳島歴(懐園)

**界遠護洲** かいえんごしゅう
寛永14(1637)年～元禄10(1697)年11月21日
[別]界遠護州(かいおんごしゅう)
江戸時代前期の曹洞宗の僧。
¶人名(界遠護州　かいおんごしゅう)，日人([没]1698年)，仏教

**海圓梵覚** かいえんぼんかく
生没年不詳
南北朝時代の曹洞宗の僧。越前総持寺住持。
¶日人，仏教

**快翁** かいおう
文明11(1479)年～永禄12(1569)年
戦国時代～安土桃山時代の阿久比草木の正盛寺開山。
¶姓氏愛知

**海応** かいおう
明和8(1771)年～天保4(1833)年11月29日
江戸時代後期の新義真言宗の僧。知積院32世。
¶国書([生]明和8(1771)年3月)，神人，人名，日人([没]1834年)，仏教，仏人

**海雄** かいおう
→海雄(かいゆう)

**快翁玄俊** かいおうげんしゅん
室町時代の禅僧。
¶人名，日人(生没年不詳)

**海翁師頫** かいおうしかい
生没年不詳
南北朝時代の臨済宗の僧。
¶仏教

**晦翁宝暠** かいおうほうこう
寛永12(1635)年2月3日～正徳2(1712)年6月19日
[別]晦翁宝暠(まいおうほうこう)
江戸時代前期～中期の黄檗宗の僧。
¶黄檗，国書(まいおうほうこう)

**海音** かいおん
→望月海音(もちづきかいおん)

**界遠護州** かいおんごしゅう
→界遠護洲(かいえんごしゅう)

**快雅(1)** かいが
生没年不詳
鎌倉時代前期の天台宗の僧・歌人。
¶国書

**快雅(2)** かいが
？ ～永享5(1433)年2月26日
室町時代の真言宗の僧。

か

¶国書，仏教

**快雅(3)** かいが
寛政11(1799)年～安政2(1855)年
江戸時代後期～末期の僧、文化財保護功労者。
¶静岡歴，姓氏静岡



**快覚** かいかく
生没年不詳
平安時代中期～後期の天台宗の僧・歌人。
¶国書，古人，平史

**戒覚** かいかく
平安時代中期～後期の天台宗の僧。
¶国書(生没年不詳)，古人，対外，平史(生没年不詳)

**海覚(1)** かいかく
鎌倉時代の仏師。
¶人名，日人(生没年不詳)，美建

**海覚(2)** かいかく
明応8(1499)年～享禄4(1531)年11月9日　㊐海覚親王(かいかくしんのう)，海覚法親王(かいかくほうしんのう)
戦国時代の真言宗の僧。
¶国書(海覚親王　かいかくしんのう)，人名(海覚法親王　かいかくほうしんのう)，日人(海覚法親王　かいかくほうしんのう)，仏教

**快岳** かいがく
？～元和1(1615)年8月11日
安土桃山時代～江戸時代前期の僧。甲斐国分寺・府中和田村法泉寺中興、府中百石町竜華院准開山。
¶山梨百

**海覚親王** かいかくしんのう
→海覚(2)(かいかく)

**海覚法親王** かいかくほうしんのう
→海覚(2)(かいかく)

**甲斐一彦** かいかずひこ
生没年不詳
江戸時代末期の神道家。
¶神人

**快侃** かいがん
天和2(1682)年～宝暦6(1756)年2月12日
江戸時代中期の新義真言宗の僧。知積院17世。
¶仏教

**晦巌** かいがん
→晦巌(まいがん)

**海侃** かいがん，かいかん
*～天保14(1843)年6月11日
江戸時代後期の天台宗僧侶。
¶埼玉人(かいかん　㊤不詳)，長野歴(㊤明和7(1770)年)

**海眼浄光** かいがんじょうこう
→海眼浄光(かいげんじょうこう)

**海巌宗奕** かいがんそうえき
？～元和7(1621)年3月23日
江戸時代前期の曹洞宗の僧。永平寺21世。
¶仏教

**晦巌道廓** かいがんどうかく
→晦巌(まいがん)

**晦巌道熙** かいがんどうき
生没年不詳
江戸時代前期～中期の黄檗宗の僧。
¶黄檗，国書

**海岸道崇** かいがんどうすう
？～延享3(1746)年10月8日
江戸時代中期の黄檗宗の僧。
¶黄檗

**界巌繁越** かいがんはんえつ
永享7(1435)年～永正7(1510)年
室町時代～戦国時代の曹洞宗の僧。
¶人名，戦辞(㊦永正7年4月27日(1510年6月3日))，日人，仏教(㊦永正7(1510)年4月27日)

**海岸了義** かいがんりょうぎ
生没年不詳
南北朝時代の臨済宗の僧。
¶人名，日人，仏教

**快季** かいき
生没年不詳
室町時代の真言宗の僧。
¶国書

**懐義** かいぎ
生没年不詳
鎌倉時代前期の曹洞宗の尼僧。
¶朝日

**皆虚** かいきょ
元和2(1616)年～延宝6(1678)年1月8日
江戸時代前期の俳人(貞徳系)。
¶高知人，国書，人名，日人，俳諧，俳句(㊦？)，俳文，和俳(生没年不詳)

**介行まん** かいぎょうまん
享保2(1717)年～文化4(1807)年
江戸時代後期の女性。富士講行者。
¶江表(介行まん(東京都))，女性(㊦文化4(1807)年10月26日)，日人

**懐玉道温** かいぎょくどうおん
寛永16(1639)年～宝永4(1707)年7月15日
江戸時代前期～中期の黄檗宗の僧。
¶黄檗，国書

**快慶(1)** かいけい
生没年不詳　㊐安阿弥(あんなみ)
鎌倉時代前期の慶派の仏師。康慶の弟子。運慶とともに鎌倉彫刻の代表的仏師。運慶との合作になる「東大寺金剛力士像」が有名。
¶朝日，伊豆，岩史，岡山百，岡山歴，角史，鎌室，京都，京都大，国史，古史，古人，古中，コン改，コン4，コン5，史人，重要，人書94，

新潮，人名，世人，世百，全書，大百，中世，伝記，日史，日人，美建，美術，百科，仏教，仏史，仏人，平史，平日，山川小，歴大

**快慶(2)** かいけい
？ ～元禄16（1703）年
江戸時代前期～中期の僧。稗貫郡大迫村の早池峰大権現別当寺真言宗早池峰山妙泉寺18世。
¶姓氏岩手

**海外亮天** かいげりょうてん
享保11（1726）年12月14日～寛政12（1800）年12月7日
江戸時代中期～後期の曹洞宗の僧。
¶国書

**快賢(1)** かいけん
？ ～保延1（1135）年11月9日
平安時代後期の仏師。
¶古人，美建，仏教（㊀保延1（1135）年11月9日，（異説）天承1（1131）年），平史（生没年不詳）

**快賢(2)** かいけん
生没年不詳
鎌倉時代の真言宗の僧。高野版普及に貢献。
¶朝日

**懐謙** かいけん
生没年不詳
奈良時代の渡来僧。
¶仏教

**快元(1)** かいげん
？ ～文明1（1469）年4月21日
室町時代の学僧。足利学校の初代庠主。
¶朝日（㊀文明1年4月21日？（1469年6月1日？）），鎌室（生没年不詳），国史（生没年不詳），古中（生没年不詳），コン改，コン4，コン5，史人，新潮（生没年不詳），人名，世人，中世（㊀？），栃木歴，日史，日人，百科，仏教，仏史（生没年不詳），山川小（㊀？），歴大

**快元(2)** かいげん
長享1（1487）年～？
戦国時代の鶴岡八幡宮供僧。
¶神奈川人，国書（生没年不詳），後北（㊀永享3年），神人，姓氏神奈川，戦辞，戦房総

**快元(3)** かいげん
生没年不詳
安土桃山時代～江戸時代前期の行者。
¶国書，仏教

**懐玄** かいげん
→懐玄（えげん）

**戒言** かいげん
？ ～寛政3（1791）年10月29日
江戸時代中期～後期の天台宗の僧・歌人。
¶国書

**海眼浄光** かいげんじょうこう
享保7（1722）年～天明5（1785）年12月24日　㊕海眼浄光（かいがんじょうこう）
江戸時代中期の画僧。
¶黄檗（かいがんじょうこう），日人（㊀1786年），仏教

**戒光(1)** かいこう
生没年不詳
鎌倉時代前期の尼僧、中御門宗行の妻。
¶朝日

**戒光(2)** かいこう
？ ～文化3（1806）年2月9日
江戸時代中期～後期の禅僧、書家。
¶庄内，山形百

**槐国万貞** かいこくまんてい
慶安5（1652）年7月10日～享保12（1727）年10月12日
江戸時代前期～中期の曹洞宗の僧。
¶国書

**海後磋磯之介**（海後嵯磯之介） かいごさきのすけ
文政11（1828）年～明治36（1903）年5月19日
江戸時代末期～明治期の神官。井伊直弼襲撃に参加。
¶維新，茨城歴（㊀文政9（1826）年），人名（海後嵯磯之介　㊀？），全幕，日人，幕末，幕末大（㊀文政11（1828）年5月7日）

**快山** かいざん
？ ～寛文5（1665）年6月3日
江戸時代前期の浄土宗の僧。
¶仏教

**戒算** かいざん，かいさん
応和3（963）年～天喜1（1053）年
平安時代中期の天台宗の僧。
¶人名（かいさん），日人，仏教（㊀天喜1（1053）年1月27日）

**海山(1)** かいざん
～天保8（1837）年
江戸時代後期の僧侶。
¶庄内

**海山(2)** かいざん★
～明治10（1877）年9月21日
明治期の名僧。
¶秋田人2

**海山元珠** かいさんげんしゅ
永禄9（1566）年9月1日～寛永19（1642）年1月23日
安土桃山時代～江戸時代前期の臨済宗の僧。
¶国書

**海山宗恪** かいさんそうかく
明和6（1769）年～弘化3（1846）年
江戸時代中期～後期の臨済宗の僧。妙心寺490世。
¶日人，仏教

**槐山宗三** かいさんそうさん
生没年不詳
江戸時代前期の臨済宗の僧。
¶国書

か

**快識** かいしき
？ ～慶応3(1867)年11月12日
江戸時代末期の新義真言宗の僧。長谷寺51世。
¶埼玉人，仏教

**快実** かいじつ
生没年不詳
鎌倉時代前期の行者。
¶仏教

**海実** かいじつ
生没年不詳
戦国時代の神職。箱根大権現社第39世別当。
¶戦辞

**戒寂** かいじゃく
平安時代中期の僧。
¶岡山人

**快寿** かいじゅ
慶長19(1614)年～寛文6(1666)年5月15日
江戸時代前期の新義真言宗の僧。長谷寺8世。
¶仏教，仏人

**懐寿** かいじゅ
天禄1(970)年～万寿3(1026)年4月28日 ㊀懐寿(えじゅ)
平安時代中期の天台宗の僧・歌人。
¶国書，古人(えじゅ(かいじゅ))，平史(えじゅ)

**海寿** かいじゅ
→椿庭海寿(ちんていかいじゅ)

**快修** かいしゅう
康和2(1100)年～承安2(1172)年6月12日
平安時代後期の天台宗の僧。天台座主52・54世。
¶国書，古人，仏教，平史

**戒秀** かいしゅう
？ ～長和4(1015)年閏6月12日頃
平安時代中期の天台宗の僧・歌人。
¶国書，古人(㊤？)，平史

**懐州周潭** かいしゅうしゅうたん
→懐州周潭(えしゅうしゅうたん)

**海州疎棟** かいじゅうそとう
文化4(1807)年～明治11(1878)年4月21日
江戸時代末期～明治期の臨済宗僧侶。東福寺288世、永源寺134世。
¶仏教

**懐宗通仁** かいじゅうつうにん
生没年不詳
江戸時代後期の黄檗宗の僧。
¶国書

**海寿椿庭** かいじゅちんてい
→椿庭海寿(ちんていかいじゅ)

**快俊** かいしゅん
平安時代後期の仏師。
¶古人，美建，仏教(生没年不詳)，平史(生没年不詳)

**懐俊** かいしゅん
延久3(1071)年～天治1(1124)年
平安時代後期の僧。上醍醐松本房の阿闍梨。
¶密教(㊤1071年以前 ㊦1124年以後)

**快順** かいじゅん
生没年不詳
平安時代後期の名東郡延命院の僧侶。「河人成俊等問注申詞記」に見える。
¶徳島歴

**戒順** かいじゅん
生没年不詳
室町時代の僧、善光寺前立本尊新造と勧進の推進者。
¶長野歴

**皆遵** かいじゅん
生没年不詳
江戸時代中期の浄土真宗の僧。
¶国書

**海如** かいじょ
→海如(かいにょ)

**快勝** かいしょう
生没年不詳
戦国時代の法相宗の僧・連歌作者。
¶国書

**快成** かいじょう
→快成(かいせい)

**戒定** かいじょう
？ ～文化2(1805)年1月23日
江戸時代後期の新義真言宗の僧。
¶近世，国史，国書(㊤寛延3(1750)年)，人名，日人(㊤1750年)，仏教，仏史，仏人(㊤1751年)

**海縄** かいじょう
平安時代後期～鎌倉時代前期の仏師。
¶古人，美建，平史(生没年不詳)

**開成** かいじょう
神亀1(724)年～天応1(781)年 ㊀開成王(かいじょうおう)
奈良時代の山林修行僧。摂津国勝尾寺の初代座主。
¶朝日(㊦天応1年10月4日(781年10月25日))，国史，古人，古代，古代普，古中，コン改，コン4，コン5，史人(㊦781年10月4日)，新潮(㊦天応1(781)年10月4日)，人名，世人，天皇(開成王 かいじょうおう)，日人，仏教(㊦天応1(781)年10月4日)，仏史

**開成王** かいじょうおう
→開成(かいじょう)

**快深** かいしん
南北朝時代の新義真言宗の僧。
¶和歌山人

**戒心** かいしん
天保10(1839)年～大正9(1920)年

江戸時代末期～大正期の真言宗僧侶。河内高貴寺第九世、真言宗聯合京都大学名誉教授。
¶仏人

**戒深** かいしん
生没年不詳
平安時代後期の天台宗の僧。
¶日人，仏教

**快深** かいじん，かいしん
生没年不詳
南北朝時代の新義真言宗の僧。
¶国書（かいしん），仏教

**懐深** かいじん
康平2（1059）年～承徳2（1098）年7月7日
平安時代後期の真言宗の僧。上醍醐別当（准胝堂別当）。
¶密教（㊤1059年以前）

**懐尋** かいじん
康平2（1059）年～？　㊊懐尋（えじん）
平安時代後期の法相宗の僧・歌人。
¶国書，古人（えじん　㊦？），平史（えじん）

**快成** かいせい
？ ～正平22/貞治6（1367）年1月13日　㊊快成（かいじょう）
南北朝時代の真言宗の僧。
¶国書（かいじょう），仏教

**甲斐静也** かいせいや
明治16（1883）年8月10日～昭和49（1974）年2月1日
明治～昭和期の僧侶。
¶日児

**快説** かいせつ
宝永6（1709）年～寛政5（1793）年9月8日
江戸時代中期の新義真言宗智山派の声明家。
¶日音

**戒仙** かいせん
生没年不詳
平安時代中期の天台宗の僧・歌人。
¶国書，古人，平史

**戒撰** かいせん
承和8（841）年～延喜8（908）年
平安時代前期～中期の法相宗の僧。東大寺36世。
¶古人，人名（㊤843年　㊦907年），日人，仏教（㊦？），平史

**海泉** かいせん
仁平1（1151）年～文暦1（1234）年
平安時代後期～鎌倉時代前期の浄土宗の僧侶。
¶大阪人

**快善** かいぜん
寛永11（1634）年～元禄14（1701）年
江戸時代前期～中期の僧侶。
¶姓氏鹿児島

**快全** かいぜん，かいせん
？ ～応永31（1424）年1月28日
室町時代の真言宗の僧。
¶国書，仏教（かいせん），仏人

か

**快禅**(1) かいぜん
長久3（1042）年～康和2（1100）年6月2日
平安時代中期～後期の真言宗の僧。
¶仏教

**快禅**(2) かいぜん
？ ～文明7（1475）年9月24日
室町時代の真言声明南山進流の声明本の開板者。
¶日音，日人（生没年不詳）

**快禅**(3) かいぜん
㊊小松快禅（こまつかいぜん）
江戸時代中期の浄土宗の僧。
¶人名，人名（小松快禅　こまつかいぜん），仏教（生没年不詳）

**戒全** かいぜん
寛政2（1790）年～安政4（1857）年
江戸時代後期の浄土宗の僧。
¶長野歴

**開善寺球山** かいぜんじきゅうざん
生没年不詳
安土桃山時代の開善寺の住持。甲斐永岳寺の開山と伝わる。
¶武田（㊦？　年8月12日）

**快川紹喜** かいせんじょうき，かいせんしょうき
？ ～天正10（1582）年4月3日　㊊紹喜（しょうき，じょうき），大通智勝国師（だいつうちしょうこくし）
戦国時代～安土桃山時代の臨済宗の僧。恵林寺の住持。
¶朝日（㊦天正10年4月3日（1582年4月25日）），岩史，角史，郷土岐阜（かいせんしょうき），国史，国書，古中，コン改，コン4，コン5，詩歌（かいせんしょうき），史人，思想史，新潮，人名（かいせんしょうき），世人，戦国（紹喜　しょうき），戦辞（かいせんしょうき　㊦天正10年4月3日（1582年4月26日）），戦人（紹喜　しょうき），全戦，武田（かいせんしょうき　㊤文亀2（1502）年），日史，日人，百科，仏教（かいせんしょうき），仏史，仏人（紹喜　しょうき），名僧，山梨人（㊤？），山梨百，歴大，和俳

**快宗** かいそう
生没年不詳
江戸時代中期の僧侶・連歌作者。
¶国書

**海蔵** かいぞう
生没年不詳
江戸時代中期の天台宗の僧。
¶国書

**魁叟永梅**（魁叟英梅） かいそうえいばい
？ ～応仁1（1467）年8月6日

室町時代の曹洞宗の僧。
¶国書（魁叟英梅），日人，仏教

**海蔵寺** かいぞうじ
生没年不詳
戦国時代の北条氏の使僧。
¶戦辞



**快叟良慶** かいそうりょうけい
？ ～天正6（1578）年
戦国時代の曹洞宗の僧。
¶戦辞（生永正4（1507）年　没天正6年8月8日（1578年9月9日）），日人，仏教（没天正6（1578）年8月8日）

**快尊(1)** かいそん
平安時代後期～鎌倉時代前期の仏師。
¶古人，美建，平史（生没年不詳）

**快尊(2)** かいそん
元中8/明徳2（1391）年～文正1（1466）年
室町時代の僧。
¶鎌室，人名，日人，仏教（没文正1（1466）年7月23日）

**快尊(3)** かいそん
明徳4（1393）年～応永24（1417）年　別上杉快尊（うえすぎかいそん）
室町時代の僧。上杉禅秀の子。
¶神奈川人，鎌室，諸系（上杉快尊　うえすぎかいそん），人名（上杉快尊　うえすぎかいそん　生？　没1416年），日人（上杉快尊　うえすぎかいそん）

**快尊(4)** かいそん
元禄16（1703）年～安永2（1773）年4月15日
江戸時代中期の新義真言宗の僧。長谷寺27世。
¶仏教，仏人

**海尊** かいそん
生没年不詳
平安時代後期の天台宗の僧。
¶仏教

**快存(1)** かいぞん
正保4（1647）年3月21日～享保9（1724）年8月29日
江戸時代前期～中期の新義真言宗の僧。知積院13世。
¶国書，仏教，仏人

**快存(2)** かいぞん，かいそん
＊～宝暦3（1753）年11月9日
江戸時代中期の時宗の僧。
¶神奈川百（かいそん　生1670年），国書（生寛文11（1671）年）

**海達松一** かいたつまついち
明治24（1891）年～昭和21（1946）年
大正・昭和期の天理教教師。海達公子の父。
¶熊本人

**快澄** かいちょう
宝暦10（1760）年～？
江戸時代中期～後期の真言宗の僧。
¶国書

**回天慧杲** かいてんえこう
寛政6（1794）年～嘉永6（1853）年8月3日
江戸時代末期の曹洞宗の僧。
¶国書，仏教

**回天慶文** かいてんきょうぶん
→回夫慶文（かいふきょうもん）

**快道(1)** かいどう
宝暦1（1751）年～文化7（1810）年
江戸時代後期の新義真言宗の僧。
¶近世，国史，国書（没文化7（1810）年2月22日），コン改（生？），コン4（生？），コン5（生？），埼玉百，史人（没1810年2月21日），新潮（没文化7（1810）年3月21日），人名，姓氏群馬，世人（生？），日人，仏教（没文化7（1810）年2月22日），仏史，仏人

**快道(2)** かいどう
弘化3（1846）年～大正12（1923）年
江戸時代末期～大正期の僧。真言宗醍醐派管長。
¶島根人

**晦堂義秀** かいどうぎしゅう
？ ～寛政11（1799）年4月22日
江戸時代中期～後期の曹洞宗の僧。
¶国書

**戒如** かいにょ
生没年不詳
鎌倉時代の律宗の僧。
¶鎌室，国書，人名，日人，仏教

**海如** かいにょ
享和3（1803）年4月8日～明治6（1873）年　別海如（かいじょ）
江戸時代末期～明治期の新義真言宗の僧。
¶郷土奈良（かいじょ），国書（没明治6（1873）年10月28日），仏教（没明治6（1873）年12月28日）

**介然維石** かいねんいせき
享保13（1728）年～天明6（1786）年10月30日
江戸時代中期の臨済宗の僧。
¶仏教

**甲斐の祐天** かいのゆうてん
？ ～文久3（1863）年10月15日
江戸時代後期～末期の甲府元柳町の修験者。
¶山梨百

**快旻** かいびん
？ ～永禄9（1566）年3月14日
戦国時代～安土桃山時代の真言宗の僧。
¶国書

**回夫慶文** かいふきょうもん
？ ～大永4（1524）年　別回天慶文（かいてんきょうぶん）
戦国時代の曹洞宗の僧。
¶人名（回天慶文　かいてんきょうぶん），戦辞（没大永4年4月20日（1524年5月23日）），日人，仏教（没大永4（1524）年4月20日）

**快弁** かいべん
元禄10(1697)年～安永9(1780)年10月29日
江戸時代中期の真言宗の僧。
¶国書

**快弁法印** かいべんほういん
戦国時代の駿河国久能寺の住職。
¶武田

**甲斐道清** かいみちきよ
昭和12(1937)年11月11日～
昭和～平成期の僧侶、政治家。守山市長。
¶現政

**戒明**(1) かいみょう
生没年不詳
奈良時代の大安寺の僧。
¶国史，古代，古代普，古中，コン改，コン4，コン5，史人，新潮，人名，世人，日人，仏教，仏史

**戒明**(2) かいみょう
→戒明(かいめい)

**快明** かいめい
文化2(1805)年12月13日～天保3(1832)年3月22日
江戸時代後期の真言宗の僧。
¶国書

**戒明** かいめい
? ～嘉祥3(850)年 ㊀戒明(かいみょう)
平安時代前期の薬師寺の僧。
¶古人(かいみょう ㊤?)，平史

**海門** かいもん
→海門承朝(かいもんじょうちょう)

**海門元曠** かいもんげんこう
生没年不詳
江戸時代前期の曹洞宗の僧。
¶国書

**海門元東** かいもんげんとう
? ～宝暦9(1759)年6月8日
江戸時代中期の臨済宗の僧。建長寺197世。
¶神奈川人，国書，埼玉人(㊤元禄4(1691)年)，仏教

**海門興徳** かいもんこうとく
? ～文明8(1476)年
室町時代の曹洞宗の僧。
¶人名，日人，仏教(㊦文明8(1476)年1月26日)

**海門承朝** かいもんじょうちょう
文中3/応安7(1374)年～嘉吉3(1443)年 ㊀海門(かいもん)
室町時代の臨済宗の僧。
¶人名(海門 かいもん)，日人，仏教(㊦嘉吉3(1443)年5月9日)

**魁門真定** かいもんしんじょう
寛政1(1789)年1月28日～明治4(1871)年10月25日
江戸時代末期～明治期の黄檗宗僧侶。雲松寺住持。
¶黄檗

**海門禅恪** かいもんぜんかく
寛保3(1743)年～文化10(1813)年4月12日
江戸時代中期～後期の臨済宗の僧。妙心寺440世。
¶仏教

**貝山日勇** かいやまにちゆう
安政5(1858)年～昭和4(1929)年
明治～大正期の僧侶。
¶神奈川人

**快祐** かいゆう
平安時代後期～鎌倉時代前期の仏師。
¶古人，美建，平史(生没年不詳)

**海雄** かいゆう
? ～慶応3(1867)年6月9日 ㊀海雄(かいおう)
江戸時代末期の僧。
¶国書(かいおう ㊦慶応2(1866)年6月9日)，新潮，人名，全幕，徳島歴，日人，幕末(㊦1867年7月10日)，幕末大，仏教

**回隆** かいりゅう
? ～元禄17(1704)年1月3日
江戸時代前期～中期の浄土宗の僧。
¶国書5

**快竜** かいりゅう
元和5(1619)年～元禄11(1698)年9月10日
江戸時代前期の浄土宗の僧。清浄華院46世。
¶仏教

**恢竜** かいりゅう
? ～延宝4(1676)年12月25日
江戸時代前期の浄土宗の僧。
¶仏教

**快竜** かいりゅう★
～享保18(1733)年11月15日
江戸時代中期の僧。
¶秋田人2

**海量** かいりょう
享保18(1733)年～文化14(1817)年11月21日
㊀佐々木海量(ささきかいりょう)
江戸時代中期～後期の漢学者。近江彦根藩学の興隆に貢献。
¶朝日(㊤享保8(1723)年 ㊦文化4年11月21日(1807年12月19日))，郷土滋賀(佐々木海量 ささきかいりょう)，国書(㊤享保18(1733)年8月14日)，コン改，コン4，コン5，滋賀百(佐々木海量 ささきかいりょう)，新潮，人名，世人，富山文，日史，日人，飛驒(㊤享保8(1723)年 ㊦文化4(1807)年11月21日)，百科，仏教(㊤享保8(1723)年 ㊦文化4(1807)年11月21日)，歴大，和俳

**快倫** かいりん
天正4(1576)年～寛永21(1644)年8月18日
安土桃山時代～江戸時代前期の天台宗の僧。
¶国書

**恢麟** かいりん
？ ～文政7(1824)年1月30日
江戸時代後期の浄土宗の僧。
¶国書，仏教

**界輪元車** かいりんげんしゃ
？ ～宝永6(1709)年10月7日
江戸時代前期～中期の黄檗宗の僧。
¶国書

か

**恢嶺** かいれい
天保10(1839)年8月8日～明治18(1885)年2月15日
明治期の僧侶。浄土宗の教学振興に尽力。
¶人名，明大1

**海蓮** かいれん
？ ～天徳1(957)年
平安時代中期の法華持経者。
¶古人((生)？)，仏教，平史

**臥雲** がうん
？ ～寛保2(1742)年
江戸時代中期の浄土宗の僧。
¶国書5((没)寛保2(1742)年7月3日)，徳島百，徳島歴

**臥雲禅師** がうんぜんし
江戸時代末期の福昌寺住職。曹洞宗大本山越前永平寺住職。孝明天皇の侍講。
¶薩摩

**臥雲童竜** がうんどうりゅう
寛政8(1796)年～明治3(1870)年11月3日　(別)童竜(どうりゅう)
江戸時代末期～明治期の曹洞宗の僧。永平寺60世。
¶国書，仏教，仏人(童竜　どうりゅう)

**楓玄哲** かえでげんてつ
明治期の僧侶。
¶真宗

**可円** かえん
元禄6(1693)年～安永9(1780)年
江戸時代中期の浄土宗の僧、歌人。
¶長野歴

**雅縁** がえん
保延4(1138)年～貞応2(1223)年
平安時代後期～鎌倉時代前期の僧、興福寺別当。
¶朝日((没)貞応2年2月21日(1223年3月24日))，岩史((没)貞応2(1223)年2月21日)，国史，国書((没)貞応2(1223)年2月21日)，古人，古中，コン4，コン5，新潮((生)保延6(1140)年　(没)貞応2(1223)年2月27日)，日人，仏史，平史

**可翁** かおう
生没年不詳　(別)可翁仁賀(かおうにんが)
南北朝時代の画家。
¶朝日(可翁仁賀　かおうにんが)，角史，鎌室(可翁仁賀　かおうにんが)，国史(可翁仁賀　かおうにんが)，古中(可翁仁賀　かおうにんが)，コン改(可翁仁賀　かおうにんが)，コン4(可翁仁賀　かおうにんが)，コン5(可翁仁賀　かおうにんが)，史人，重要，人書94(可翁仁賀　かおうにんが)，新潮，人名，世人(可翁仁賀　かおうにんが)，世百，全書(可翁仁賀　かおうにんが)，大百(可翁仁賀　かおうにんが)，茶道，中世，日史，日人(可翁仁賀　かおうにんが)，美家，美術，百科，福岡百，仏教，仏史(可翁仁賀　かおうにんが)，歴大

**〓翁禅師** かおうぜんじ
尚清20(1546)年～尚豊5(1625)年6月29日
戦国時代～江戸時代前期の臨済宗の僧。
¶沖縄百

**可翁宗然** かおうそうねん
？ ～興国6/貞和1(1345)年4月25日　(別)宗然(そうねん)
鎌倉時代後期～南北朝時代の臨済宗の僧。南禅寺18世。
¶鎌室，国史，古中，新潮((没)貞和1/興国6(1345)年4月25日，(異説)8月24日)，対外((生)？)，日人，仏教，仏史

**可翁仁賀** かおうにんが
→可翁(かおう)

**可翁妙悦** かおうみょうえつ
？ ～天授3/永和3(1377)年
南北朝時代の臨済宗の僧。
¶鎌室，人名，日人

**可翁良全** かおうりょうせん
→良全(りょうぜん)

**珂憶** かおく
寛永12(1635)年～宝永5(1708)年11月21日
江戸時代前期～中期の浄土宗の僧。
¶仏教

**華屋英曇** かおくえいどん
？ ～天文1(1532)年
戦国時代の曹洞宗の僧。
¶日人，仏教((没)天文1(1532)年11月1日)

**華屋宗厳** かおくそうごん
？ ～永正4(1507)年頃？ 頃？
室町時代～戦国時代の臨済宗の僧。
¶国書

**瓦屋能光** がおくのうこう
？ ～承平3(933)年
平安時代中期の留学僧。
¶日人，仏教

**加賀(1)** かが
江戸時代前期の仏師。宗円と称した。
¶神奈川人(生没年不詳)，美建

**加賀(2)** かが
寛永6(1629)年～？
江戸時代前期の仏師。大工加賀と称した。
¶神奈川人，鎌倉，美建

**雅海** がかい
平安時代後期～鎌倉時代前期の真言宗の僧。

¶仏教（[生]保延4（1138）年　[没]貞応1（1222）年8月11日），密教（[生]1134年以前　[没]1186年以後）

**利井興弘** かがいこうぐ
明治43（1910）年2月26日～平成2（1990）年8月23日
昭和期の僧侶。
¶真宗

**利井興隆** かがいこうりゅう
明治16（1883）年10月14日～昭和21（1946）年1月15日
明治～昭和期の僧侶。
¶真宗

**利井鮮妙**（利井鮮明） かがいせんみょう
天保6（1835）年～大正3（1914）年1月1日
明治～大正期の浄土真宗本願寺派学僧。専精舎を設立し、行信教校を創めて学徒を導き、興学につとめた。著書に「宗要論題」。
¶真宗（[生]天保6（1835）年10月14日），人名（利井鮮明），日人，仏教（[生]天保6（1835）年4月10日，（異説）10月14日？），仏人（[生]1834年），明大1（[生]天保6（1835）年4月10日）

**利井明朗** かがいみょうろう
天保3（1832）年11月14日～大正7（1918）年11月19日　[別]利井明朗（かがいめいろう）
江戸時代末期～大正期の浄土真宗本願寺派学僧。京都西本願寺執行長。
¶真宗，人名（かがいめいろう），日人，仏教，仏人，明大1

**利井明朗** かがいめいろう
→利井明朗（かがいみょうろう）

**加賀尾秀忍** かがおしゅうにん
明治34（1901）年1月5日～昭和52（1977）年5月14日　[別]加賀尾僧忍（かがおそうにん）
昭和期の僧侶、高野山真言宗。高野山東京別院の主監、教誨師。十四人の戦犯処刑に立ち会う。モンテンルパの父と慕われる。
¶岡山百（加賀尾僧忍　かがおそうにん），岡山歴，現朝，現情，新潮，人名7，世紀，日人，仏教，仏人

**加賀尾僧忍** かがおそうにん
→加賀尾秀忍（かがおしゅうにん）

**華岳建冑** かがくけんちゅう
元中3/至徳3（1386）年～文明2（1470）年2月22日
南北朝時代～戦国時代の臨済宗の僧。
¶国書

**曜日蒼竜** かがひそうりゅう
安政2（1855）年～大正6（1917）年1月29日
明治期の僧侶。浄土真宗本願寺派。ハワイに渡り、在留邦人に布教をおこなった。
¶大分歴，コン改，コン5，真宗，日人，仏教，明大1

**加賀美桜塢** かがみおうう
→加賀美光章（かがみみつあき）

**加賀美七郎右衛門** かがみしちろうえもん
？～天正10（1582）年
安土桃山時代の神主・神官。
¶戦人，戦補

**鏡島元隆** かがみしまげんりゅう
大正1（1912）年～
昭和期の禅宗学者、曹洞宗僧侶。駒沢大学教授。
¶現執1期

**加賀美光章**（加賀見光章） かがみみつあき
正徳1（1711）年～天明2（1782）年5月29日　[別]加賀美桜塢（かがみおうう）
江戸時代中期の神官、国学者。
¶朝日（加賀見光章　[生]正徳1年2月15日（1711年4月2日）　[没]天明2年5月29日（1782年7月9日）），近世，国史，国書（[生]宝永8（1711）年2月15日），コン改（加賀見光章），コン4（加賀見光章），コン5（加賀見光章），史人（[生]1711年2月15日），思想史（加賀美桜塢　かがみおうう），神史，神人，新潮（[生]正徳1（1711）年2月15日），人名，日人，山梨百（[生]宝永5（1708）年2月15日）

**加賀美光起** かがみみつおき
元文3（1738）年～明和4（1767）年
江戸時代中期の神職。
¶人名，日人，山梨百

**加賀美嘉寿** かがみよしひさ
天保6（1835）年～明治19（1886）年
江戸時代末期～明治期の神官。
¶人名

**加賀山隼人** かがやまはやと
永禄9（1566）年～元和5（1619）年
安土桃山時代～江戸時代前期のキリシタン、武士。
¶キリ（[没]元和5年9月11日（1619年10月18日）），近世，国史，史人（[没]1619年9月11日），新潮（[没]元和5（1619）年9月11日），人名（[生]1565年），戦合，戦人，日人，藩臣7（[生]永禄8（1565）年），福岡百（[生]永禄8（1565）年　[没]元和5（1619）年10月15日）

**香川景継** かがわかげつぐ
？～享保20（1735）年
江戸時代中期の歌人。
¶姓氏山口（[生]1647年），藩臣6，和俳

**香川将監** かがわしょうげん
享保6（1721）年～寛政9（1797）年
江戸時代中期の神道家。
¶朝日（[没]寛政9年10月17日（1797年12月4日）），国書（[生]享保6（1721）年2月　[没]寛政9（1797）年10月17日），コン改，コン4，コン5，新潮（[没]寛政9（1797）年10月17日），人名（[生]1723年），日人

**香川静爾** かがわせいじ
明治19（1886）年～昭和43（1968）年
明治～昭和期の住職で教育者。
¶姓氏山口，山口人，山口百

**香川孝雄** かがわたかお
昭和5(1930)年〜
昭和期の浄土教学者。仏教大学教授。
¶現執1期

**賀川豊彦** かがわとよひこ
明治21(1888)年7月10日〜昭和35(1960)年4月23日
明治〜昭和期の宗教家、キリスト教社会運動家。日本基督教会牧師。日米開戦を避けるため非戦論を説いた。著書に「死線を越えて」「一粒の麦」など。
¶朝日，アナ，岩史，岡山歴，香川人([没]昭和34(1959)年)，香川百([没]昭和34(1959)年)，革命，角史，キリ，近現，近史1，近文，群新百，現朝，現詩，現情，現人，幻想，現日，広7，国史，御殿場，コン改，コン4，コン5，埼玉人，滋賀文，四国文，史人，ジ人1，静岡歴，思想，思想史，児文，社運，社教，社史，重要，昭人，小説，新カト，新潮，新文，人名7，心理，世紀，政治，姓氏静岡，世人([生]明治21(1888)年7月12日)，世百，世百新，全書，創業，大百，哲学，伝記，徳島百，徳島歴，図人，日思，日史，日児([生]明治21(1888)年7月14日)，日史語，日人，日Y，日中，日本，百科，兵庫人([生]明治21(1888)年7月12日)，兵庫百，兵庫文，広島文，風土，文学，平日，平和，北海道文，ポプ人，町田歴，民学，明治史，明大1，履歴，履歴2，歴大

**香川葆晃** かがわほうこう
*〜明治31(1898)年10月13日
江戸時代後期〜明治期の僧。西本願寺の宗教改革に尽くした。
¶真宗([生]文化12(1815)年)，姓氏山口([生]1835年)

**香川芦角**(香川蘆角) かがわろかく
享和3(1803)年〜文久3(1863)年
江戸時代末期の修験者。
¶静岡歴，姓氏静岡(香川蘆角)，幕末，幕末大

**家寛** かかん
→家寛(けかん)

**垣越昇導** かきごししょうどう
明治40(1907)年1月3日〜昭和35(1960)年1月28日
大正・昭和期の僧。丹生川村の還来寺15世。
¶飛騨

**蠣崎好子** かきざきよしこ
明治17(1884)年5月6日〜昭和13(1938)年12月30日
明治〜昭和期のキリスト教徒。公娼廃止運動などで活躍。
¶女運

**垣添吉郷** かきぞえよしさと
明治23(1890)年1月2日〜昭和38(1963)年4月9日
大正・昭和期の飛騨護国神社宮司。
¶飛騨

**柿梨了我** かきなしりょうが
？ 〜昭和36(1961)年
昭和期の浄土宗智光寺住職。私立笠岡図書館設立。
¶図人

**柿沼広身** かきぬまひろみ
文政10(1827)年〜明治26(1893)年
江戸時代末期〜明治期の神職。
¶神人，人名，栃木歴，日人

**垣見周瑞** かきみしゅうずい
明治42(1909)年〜昭和53(1978)年
昭和期の弁護士、僧侶。
¶社史

**瑕丘宗興** かきゅうしゅうこう
文化12(1815)年〜明治13(1880)年9月2日　[別]宗興(しゅうこう)，瑕丘宗興(きずおかしゅうこう)
江戸時代末期〜明治期の浄土真宗本願寺派学僧。勧学。
¶国書(宗興　しゅうこう)，真宗，姓氏京都(きずおかしゅうこう)，仏教，仏人(宗興　しゅうこう)

**雅慶** がきょう
→雅慶(がけい)

**瓦鏡和尚** がきょうおしょう
元禄16(1703)年〜寛政4(1792)年
江戸時代中期〜後期の八戸の禅僧。
¶青森百

**覚阿**(1) かくあ
康治2(1143)年〜？
平安時代後期の天台宗の僧。
¶朝日，鎌室，国史，国書，国書([生]永治1(1141)年)，古人([没]？)，古中，コン改，コン4，コン5，史人，新潮，人名，世人(生没年不詳)，世百，全書，対外([没]？)，大百，日史，日人，百科(生没年不詳)，仏教，仏史，仏人，平史，名僧，歴大

**覚阿**(2) かくあ
生没年不詳
鎌倉時代前期の浄土宗の僧。
¶仏教

**覚阿**(3) かくあ
生没年不詳
鎌倉時代後期の律宗の僧。
¶仏教

**覚阿**(4) かくあ
生没年不詳
室町時代〜戦国時代の時宗の僧・連歌作者。
¶国書

**覚阿**(5) かくあ
戦国時代の僧侶・連歌作者。
¶国書(生没年不詳)，俳文

**覚阿**(6) かくあ
生没年不詳

江戸時代中期の高僧。
¶姓氏長野

**覚晏** かくあん
生没年不詳 ㊊仏地覚晏(ぶっちかくあん)
鎌倉時代前期の僧。
¶鎌室, 国史, 国書, 古中, 新潮, 日人, 仏教(仏地覚晏 ぶっちかくあん), 仏史

**覚意**(1) かくい
永承6(1051)年～嘉承2(1107)年3月21日
平安時代後期の浄土宗の僧。
¶国書(生没年不詳), 古人, 日人(生没年不詳), 仏教(㊀永承7(1052)年), 平史

**覚意**(2) かくい
嘉禎3(1237)年～?
鎌倉時代後期の真言宗の声明家。
¶朝日, 鎌室(生没年不詳), 人名, 日音, 仏教(生没年不詳), 仏人(生没年不詳)

**覚為** かくい
生没年不詳
南北朝時代の天台宗の僧・歌人。
¶国書

**角井義雄** かくいよしお
大正2(1913)年～平成9(1997)年
昭和～平成期の牧師、ボーイスカウト島根県連盟理事長。
¶島根歴

**覚印** かくいん
承徳1(1097)年～長寛2(1164)年4月14日
平安時代後期の真言宗の僧。
¶国書, 仏教

**覚隠永本** かくいんえいほん
天授6/康暦2(1380)年～享徳2(1453)年12月18日
室町時代の曹洞宗の僧。
¶人名, 日人(㊁1454年), 仏教

**顎隠慧䔮** がくいんえかく
→鄂隠慧䔮(がくいんえかつ)

**鄂隠慧䔮**(鄂隠恵䔮) がくいんえかつ
正平21/貞治5(1366)年～応永32(1425)年2月18日 ㊊顎隠慧䔮(がくいんえかく), 慧䔮(えかつ), 愕隠慧䔮(がくいんけいさい), 仏慧正続国師(ぶつえしょうぞくこくし)
南北朝時代～室町時代の臨済宗の僧、五山文学僧。
¶朝日(㊁応永32年2月18日(1425年3月8日)), 鎌室(鄂隠恵䔮), 高知人(㊀1357年), 高知百(慧䔮 えかつ ㊀1357年), 国史(㊀1357年), 国書(㊀延文2(1357)年), 古中(㊀1357年), コン改, コン4, コン5, 詩歌, 史人(㊀1357年), 新潮, 人名(顎隠慧䔮 がくいんえかく ㊀1357年), 世人(㊀正平12/延文2(1357)年), 対外(㊀1357年), 徳島歴(愕隠慧䔮 がくいんけいさい ㊀正平12(1357)年), 日史, 日人, 百科, 仏教, 仏史(㊀1357年), 和俳

**愕隠慧䔮** がくいんけいさい
→鄂隠慧䔮(がくいんえかつ)

**鶴隠周音** かくいんしゅうおん
? ～*
安土桃山時代～江戸時代前期の僧。鎌倉五山第二位の円覚寺塔頭仏日庵主。
¶神奈川人(㊁1611年), 戦辞(㊁慶長17年9月12日(1612年10月6日))

**覚隠真知** かくいんしんち
南北朝時代～室町時代の僧、臨済宗仏通寺主。
¶人名, 日人(生没年不詳)

**果空** かくう
? ～元和9(1623)年9月2日
安土桃山時代～江戸時代前期の浄土宗の僧。
¶国書

**覚運** かくうん
天暦7(953)年～寛弘4(1007)年10月30日 ㊊檀那僧正(だんなそうじょう), 檀那僧都(だんなそうず)
平安時代中期の天台宗の僧。檀那流の祖。
¶朝日(㊁寛弘4年10月30日(1007年12月12日)), 岩史, 国史, 国書, 古人, 古中, コン改(㊀?), コン4(㊀?), コン5(㊀?), 史人, 新潮, 人名(㊀?), 世人, 世百, 全書, 大百(㊀953年, (異説)957年), 日史, 日人, 百科, 仏教(㊁寛弘4(1007)年11月1日), 仏史, 平史, 歴大

**覚雲**(1) かくうん
→覚雲法親王(かくうんほっしんのう)

**覚雲**(2) かくうん
天正16(1588)年～延宝2(1674)年6月2日
江戸時代前期の天台宗の僧。天台座主104・108世。
¶仏教

**覚雲**(3) かくうん
生没年不詳
江戸時代前期～中期の浄土宗の僧。
¶国書

**覚雲親王** かくうんしんのう
→覚雲法親王(かくうんほっしんのう)

**覚云祖庭** かくうんそてい
? ～文政1(1818)年8月28日
江戸時代後期の曹洞宗の僧。
¶国書, 仏教

**覚雲法親王** かくうんほうしんのう
→覚雲法親王(かくうんほっしんのう)

**覚雲法親王** かくうんほっしんのう
文永9(1272)年～元亨3(1323)年10月18日 ㊊覚雲(かくうん), 覚雲親王(かくうんしんのう), 覚雲法親王(かくうんほうしんのう)
鎌倉時代後期の天台宗の僧(天台座主)。亀山天皇の皇子。
¶鎌室, 国書(覚雲親王 かくうんしんのう), 人名(かくうんほうしんのう), 日人(かくうんほうしんのう), 仏教(覚雲 かくうん)

**覚恵**(1) かくえ
平安時代後期の僧。崇徳天皇の第2皇子。

か

¶鎌室 (生没年不詳), 古人, 人名

**覚恵(2) (覚慧)** かくえ
＊～徳治2 (1307) 年 別宗恵 (そうえ)
鎌倉時代後期の僧、本願寺創建者覚如の父。
¶国史 (生?), 古中 (生?), 日人 (生1239年), 仏教 (生仁治・寛元年間 (1240～1247年) 没徳治2 (1307) 年4月12日), 仏史 (生?), 仏人 (覚慧 生1239年)



**覚恵(3)** かくえ
慶長9 (1604) 年～?
江戸時代前期の真言宗の僧。
¶国書, 人名, 日人, 仏教

**覚瑛** かくえい
? ～文政9 (1826) 年3月24日
江戸時代中期～後期の浄土真宗の僧。
¶国書5

**覚英** かくえい
永久5 (1117) 年～保元2 (1157) 年2月17日
平安時代後期の法相宗の僧、歌人。
¶コン改, コン4, コン5, 新潮, 人名, 日人 (生?), 仏教, 和俳

**覚瑩** かくえい
? ～宝暦4 (1754) 年11月6日
江戸時代中期の浄土宗の僧。鎌倉光明寺64世。
¶仏教

**学栄** がくえい
? ～慶長20 (1615) 年6月11日
安土桃山時代～江戸時代前期の浄土宗の僧。
¶仏教

**覚英通才尼** かくえいつうさいに
安永2 (1773) 年～天保11 (1840) 年7月6日
江戸時代後期の黄檗宗の尼僧。
¶黄檗

**岳英徳林** がくえいとくりん
生没年不詳
戦国時代の臨済宗の禅僧。
¶戦辞

**廓円(1)** かくえん
弘治2 (1556) 年? ～寛永11 (1634) 年2月17日
安土桃山時代～江戸時代前期の浄土宗の僧。
¶仏教

**廓円(2)** かくえん
? ～慶安4 (1651) 年4月25日
江戸時代前期の浄土宗の僧。
¶仏教

**覚円(1)** かくえん
長元4 (1031) 年～承徳2 (1098) 年4月16日 別宇治僧正 (うじそうじょう, うじのそうじょう)
平安時代中期～後期の僧。天台座主。
¶国史, 古人, 古中, コン改, コン4, コン5, 史人, 諸系, 新潮, 人名, 世人, 日人, 仏教, 仏史, 平史, 名画

**覚円(2)** かくえん
平安時代後期～鎌倉時代前期の仏師。
¶古人, 平史 (生没年不詳)

**覚円(3)** かくえん
建治3 (1277) 年～興国1/暦応3 (1340) 年6月19日
鎌倉時代後期～南北朝時代の法相宗の僧・歌人。
¶国書

**覚円(4)** かくえん
? ～興国5/康永3 (1344) 年1月3日
鎌倉時代後期～南北朝時代の日蓮宗の僧。
¶仏教

**覚延** かくえん
生没年不詳
鎌倉時代前期の真言宗の僧・歌人。
¶国書, 古人, 平史

**覚縁(1)** かくえん
? ～長保4 (1002) 年
平安時代中期の真言宗の僧。
¶古人 (生?), 人名, 日人, 仏教 (没長保4 (1002) 年4月29日), 平史

**覚縁(2)** かくえん
平安時代後期～鎌倉時代前期の仏師。
¶古人, 美建, 平史 (生没年不詳)

**覚淵** かくえん
平安時代後期の走湯山 (伊豆山権現) の住侶。
¶古人, 平史 (生没年不詳)

**廓翁** かくおう
天正19 (1591) 年～承応4 (1655) 年2月22日
江戸時代前期の浄土宗の僧。
¶仏教 (生没年不詳), 仏教

**覚応(1)** かくおう
平安時代後期の僧。
¶平家

**覚応(2)** かくおう
生没年不詳
鎌倉時代前期の高野真言宗僧。加賀美山法善寺の中興の住持。
¶山梨百

**覚応(3)** かくおう
寛政5 (1793) 年～安政3 (1856) 年
江戸時代末期の浄土真宗の僧。
¶国書 (没安政3 (1856) 年9月23日), 仏教 (没安政3 (1856) 年8月23日), 仏人

**覚翁(1)** かくおう
寛文5 (1665) 年～享保13 (1728) 年7月18日
江戸時代中期の新義真言宗の僧。
¶国書, 人名, 日人, 仏教

**覚翁(2)** かくおう
生没年不詳
江戸時代中期の臨済宗の僧。
¶沖縄百

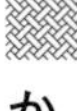

**覚雄** かくおう
？ ～正平24/応安2(1369)年6月18日 [別]覚雄(かくゆう)
南北朝時代の真言宗の僧。東寺長者133世、醍醐寺67世、地蔵院流覚雄方の祖。
¶国書，諸系，人名(かくゆう)，日人，仏教

**鶴翁** かくおう
生没年不詳
戦国時代の僧侶。
¶沖縄百

**覚王院義観** かくおういんぎかん
文政6(1823)年～明治2(1869)年 [別]義観(ぎかん)
江戸時代末期の天台宗の僧。彰義隊を援助。
¶朝日(義観 ぎかん [生]文政6年10月3日(1823年11月5日) [没]明治2年2月26日(1869年4月7日))，維新，コン改(義観 ぎかん)，コン4(義観 ぎかん)，コン5(義観 ぎかん)，埼玉人(義観 ぎかん [生]文政6(1823)年10月30日 [没]明治2(1869)年2月26日)，埼玉百，新潮(義観 ぎかん [生]文政6(1823)年10月 [没]明治2(1869)年2月26日)，人名(義観 ぎかん)，全幕，日人(義観 ぎかん)，幕埼，幕末([没]1869年4月7日)，幕末大([生]文政6(1823)年10月29日 [没]明治2(1869)年2月26日)

**覚翁慧等** かくおうえとう
？ ～慶長15(1610)年
安土桃山時代～江戸時代前期の曹洞宗の僧。
¶人名，日人，仏教([没]慶長15(1610)年5月18日)

**格翁桂逸** かくおうけいいつ
永正8(1511)年～元亀4(1573)年2月23日
戦国時代の曹洞宗の僧。
¶埼玉人，日人，仏教

**格翁舜逸** かくおうしゅんいつ
？ ～
安土桃山時代の僧。弘前の曹洞宗長勝寺8世住職。
¶青森人，青森百

**岳翁蔵丘** がくおうぞうきゅう
生没年不詳 [別]蔵丘(ぞうきゅう)
室町時代の禅僧、画家。
¶朝日，角史，鎌室，京都大，古中，コン改，コン4，コン5，史人，新潮，人名，世人，世百，全書，茶道，日史，日人，美家，美術，百科，仏史，名画

**廓翁宗周** かくおうそうしゅう
生没年不詳
室町時代～戦国時代の曹洞宗の僧。
¶日人，仏教

**岳翁長甫** がくおうちょうほ
？ ～正平17/貞治1(1362)年8月2日
南北朝時代の臨済宗の僧。
¶人名，日人，仏教，宮崎百

**覚翁能正** かくおうのうしょう
生没年不詳
戦国時代の曹洞宗の僧。
¶日人，仏教

**格翁門越** かくおうもんえつ
～寛永7(1630)年4月16日
江戸時代前期の僧侶。
¶飛騨

**覚遠** かくおん
元禄4(1691)年～明和8(1771)年4月14日
江戸時代中期の新義真言宗の僧。知積院19世。
¶国書，仏教，仏人

**覚音**(1) かくおん
～天保13(1842)年9月8日
江戸時代後期の僧。
¶庄内

**覚音**(2) かくおん
寛政3(1791)年～元治1(1864)年5月1日
江戸時代後期～末期の浄土真宗の僧。
¶国書

**覚雅** かくが
寛治4(1090)年～久安2(1146)年8月17日
平安時代後期の三論宗の僧・歌人。
¶国書，古人，平史，密教

**覚悔**(覚海) かくかい
？ ～寛永14(1637)年6月6日
江戸時代前期の黄檗宗の僧。
¶黄檗，人名(覚海)，日人，仏教

**覚懐** かくかい
生没年不詳
南北朝時代の法相宗の僧・歌人。
¶国書

**覚海**(1) かくかい
嘉承2(1107)年～元暦1(1184)年12月24日
平安時代後期の醍醐寺の僧。
¶密教

**覚海**(2) かくかい
康治1(1142)年～貞応2(1223)年
平安時代後期～鎌倉時代前期の真言宗の僧。「而二不二」説提唱者。
¶朝日([没]貞応2年8月17日(1223年9月13日))，鎌室，国史，国書([没]貞応2(1223)年8月17日)，古人，古中，コン改，コン4，コン5，史人([没]1223年8月17日)，新潮([没]貞応2(1223)年8月17日)，人名，日人，仏教([没]貞応2(1223)年5月17日)，仏史，和歌山人

**覚海円成** かくかいえんじょう
生没年不詳
鎌倉時代後期～南北朝時代の臨済宗の外護者、尼僧。執権北条高時の母。
¶朝日

**覚海真禅** かくかいしんぜん
？ ～天保1(1830)年12月22日
江戸時代後期の曹洞宗の僧。
¶国書

**覚快法親王** かくかいほうしんのう
→覚快法親王(かくかいほっしんのう)

**覚快法親王** かくかいほっしんのう
長承3(1134)年～養和1(1181)年11月6日 ㊙覚快(かっかい),覚快法親王(かくかいほうしんのう,かっかいほっしんのう)
平安時代後期の天台宗の僧(天台座主)。鳥羽上皇の第7皇子。
¶朝日(㊀養和1年11月16日(1181年12月23日)),岩史(かっかいほっしんのう),鎌室,国史(かっかいほっしんのう),古人,古中(かっかいほっしんのう),コン改(かくかいほうしんのう),コン4(かくかいほうしんのう),コン5(かくかいほうしんのう),史人(かっかいほっしんのう),諸系(かくかいほうしんのう),新潮,人名(かくかいほうしんのう),天皇(かくかいほうしんのう),日人(かくかいほうしんのう),仏教(覚快 かっかい),仏史(かっかいほっしんのう),平家,平史(かくかいほうしんのう)

**角々** かくかく
? ～宝暦4(1754)年
江戸時代中期の俳人、僧。近江堅田本福寺第13世。
¶人名,日人,俳諧,俳句(㊀宝暦4(1754)年7月29日),和俳

**覚寛** かくかん
生没年不詳
平安時代後期の真言宗の僧。
¶国書,仏教

**覚観**(1) かくかん
平安時代後期の寺門派の僧。
¶古人,平史(生没年不詳)

**覚観**(2) かくかん
大治3(1128)年～
平安時代後期の僧。広隆寺の阿闍梨。
¶密教(㊍1128年以前)

**廓含** かくがん
? ～寛永8(1631)年6月21日
江戸時代前期の浄土宗の僧。
¶仏教

**覚巌** かくがん
安永7(1778)年～安政3(1856)年2月18日
江戸時代中期～末期の僧。
¶岡山人(㊀安政6(1859)年),岡山百,岡山歴

**覚巌玄了** かくがんげんりょう
生没年不詳
室町時代の曹洞宗の僧。
¶人名,日人,仏教

**覚巌実明** かくがんじつみょう
寛政5(1793)年1月13日～安政4(1857)年11月2日
江戸時代末期の曹洞宗の僧。
¶仏教

**覚巌心梁** かくがんしんりょう
安永7(1778)年～安政3(1856)年3月18日
江戸時代中期～末期の曹洞宗の僧。
¶国書

**覚基**(1) かくき
治暦4(1068)年～康治1(1142)年
平安時代後期の園城寺僧。
¶古人,平史

**覚基**(2) かくき
承保1(1074)年～?
平安時代後期の延暦寺僧。
¶古人(㊀?),平史

**覚基**(3) かくき
長承2(1133)年～建保5(1217)年7月25日
平安時代後期～鎌倉時代前期の真言宗の僧。
¶国書,古人,仏教,平史,和歌山人

**覚久** かくきゅう
弘安7(1284)年～?
鎌倉時代後期の僧。
¶北条

**覚教** かくきょう
仁安2(1167)年～仁治3(1242)年1月8日
平安時代後期～鎌倉時代前期の僧。
¶鎌室,国書,古人,諸系,人名,日人,仏教

**覚鏡** かくきょう
永久1(1113)年～建久3(1192)年
平安時代後期の真言宗の僧。遮那院流の祖。
¶人名,日人,仏教(生没年不詳),密教(㊀1192年9月9日)

**覚斅**(1) かくきょう
生没年不詳 ㊙覚斅(かくこう)
鎌倉時代の真言宗の僧。高野山に町石卒都婆を立てた。
¶国書(かくこう),日人,仏人(かくこう),和歌山人

**覚暁** かくぎょう
永久3(1115)年～承安3(1173)年
平安時代後期の真言僧。
¶古人,平史

**覚慶** かくぎょう
→覚慶(かくけい)

**覚行** かくぎょう
→覚行法親王(かくぎょうほっしんのう)

**角行** かくぎょう
天文10(1541)年～正保3(1646)年
戦国時代～江戸時代前期の富士講の創始者。
¶静岡歴,姓氏静岡

**覚行親王** かくぎょうしんのう
→覚行法親王(かくぎょうほっしんのう)

**覚行法親王** かくぎょうほうしんのう
→覚行法親王(かくぎょうほっしんのう)

か

**覚行法親王** かくぎょうほっしんのう
承保2(1075)年4月～長治2(1105)年11月18日
㊊覚行(かくぎょう),覚行親王(かくぎょうしんのう),覚行法親王(かくぎょうほうしんのう,かくこうほっしんのう), 中御室(なかのおむろ)
平安時代後期の白河天皇の第3皇子。法親王の初例。
¶朝日(㊍長治2年11月18日(1105年12月26日)), 国史, 国書(覚行親王　かくぎょうしんのう), 古史, 古人, 古中, コン改(かくぎょうほうしんのう　㊍長治1(1104)年), コン4(かくぎょうほうしんのう), コン5(かくぎょうほうしんのう), 史人, 諸系(かくぎょうほうしんのう), 新潮(かくこうほっしんのう), 人名(かくぎょうほうしんのう), 姓氏京都, 天皇(かくぎょうほうしんのう　㊍長治2(1105)年11月19日), 日史, 日人(かくぎょうほうしんのう), 仏教(覚行　かくぎょう), 仏史, 平史(かくぎょうほうしんのう)

**覚空**(1) かくくう
？～長元2(1029)年
平安時代中期の延暦寺僧。
¶古人(㊐？), 平史

**覚空**(2) かくくう
生没年不詳
南北朝時代の僧侶・歌人。
¶国書

**覚家** かくけ
嘉暦2(1327)年～？
鎌倉時代後期～南北朝時代の法相宗の僧・歌人。
¶国書

**覚慶** かくけい
延長5(927)年～長和3(1014)年　㊊覚慶(かくぎょう)
平安時代中期の天台宗の僧。
¶国書(㊐延長6(928)年　㊍長和3(1014)年11月23日), 古人(かくぎょう), コン改, コン4, コン5, 新潮(㊍長和3(1014)年11月22日), 人名, 日人(㊐928年), 仏教(㊐延長6(928)年, (異説)延長5(927)年　㊍長和3(1014)年11月12日, (異説)11月23日？), 平史(かくぎょう)

**覚憲** かくけん
天承1(1131)年～延暦2(1212)年　㊊壺坂僧正(つぼさかのそうじょう)
平安時代後期～鎌倉時代前期の興福寺の学僧。
¶朝日(㊍延暦2(1212)年12月), 鎌室, 国史, 国書(㊍建暦2(1212)年12月17日), 古人, 古中, コン改, コン4, コン5, 史人(㊍1212年12月27日), 諸系(㊍1213年), 新潮(㊍建暦2(1212)年12月27日), 人名, 日人(㊍1213年), 仏教(㊍建暦2(1212)年12月17日), 仏史, 平史, 歴大

**覚賢** かくけん
？～徳治1(1306)年2月16日
鎌倉時代後期の律宗の僧。
¶鎌倉, 新潮

**覚顕** かくけん
建暦1(1211)年～正応3(1290)年4月17日
鎌倉時代後期の天台宗の僧。
¶国書, 仏教

**廓源** かくげん
天正5(1577)年～慶安1(1648)年7月4日
安土桃山時代～江戸時代前期の浄土宗の僧。鎌倉光明寺34世、知恩院33世。
¶埼玉人, 仏教

**覚眼** かくげん
寛永20(1643)年～享保10(1725)年11月8日
江戸時代前期～中期の新義真言宗の僧。知積院11世。
¶国書, 人名, 日人, 仏教, 仏人

**覚源**(1) かくげん
長保2(1000)年～治暦1(1065)年
平安時代中期の真言宗の僧。
¶国書(㊍治暦1(1065)年8月18日), 古人, コン改, コン4, コン5, 新潮(㊍治暦1(1065)年8月16日, (異説)8月18日, 7月17日), 人名, 天皇, 日人, 仏教(㊐長保1(999)年　㊍治暦1(1065)年8月18日), 平史, 密教(㊐999年, 1000年　㊍1065年8月18日, 7月17日)

**覚源**(2) かくげん
建保3(1215)年？～？
鎌倉時代前期～後期の天台宗の僧・歌人。
¶国書

**覚玄**(1) かくげん
*～寛文1(1661)年6月16日
江戸時代前期の浄土宗の僧。
¶埼玉人(㊐慶長2(1597)年), 仏教(㊐慶長12(1607)年)

**覚玄**(2) かくげん
享保19(1734)年～？
江戸時代中期の天台宗の僧。
¶国書

**覚玄**(3) かくげん
～明和7(1770)年5月24日
江戸時代中期の僧。
¶庄内

**覚彦** かくげん
→浄厳(1)(じょうごん)

**覚綱** かくこう
生没年不詳
平安時代後期～鎌倉時代前期の天台宗の僧・歌人。
¶国書, 古人, 平史

**覚斅** かくこう
→覚斅(1)(かくきょう)

**覚豪**(1) かくごう
？～久安4(1148)年？
平安時代後期の延暦寺僧。
¶古人(㊐？), 古人(㊐？　㊍1148年), 平史

**覚豪(2)　かくごう**
生没年不詳
南北朝時代の僧侶・連歌作者。
¶国書

**覚行法親王　かくこうほっしんのう**
→覚行法親王(かくぎょうほっしんのう)



**覚厳　かくごん**
平安時代後期〜鎌倉時代前期の仏師。
¶古人，美建，平史(生没年不詳)

**廓三　かくさん**
延宝3(1675)年〜宝永3(1706)年6月5日
江戸時代中期の浄土宗の僧。
¶仏教

**覚参　かくさん**
慶長15(1610)年〜寛文12(1672)年2月3日
江戸時代前期の曹洞宗の僧。
¶岡山人，岡山百，岡山歴，国書

**覚山　かくさん**
建長4(1252)年〜徳治1(1306)年
鎌倉時代後期の臨済宗の尼僧。
¶鎌古

**覚算　かくさん**
生没年不詳
南北朝時代〜室町時代の社僧。
¶国書

**覚讃　かくさん**
*〜治承4(1180)年9月5日
平安時代後期の天台宗の僧。園成寺37世。
¶古人([生]?)，仏教([生]嘉保2(1095)年)，平史([生]?)

**廓山　かくざん**
元亀3(1572)年〜寛永2(1625)年8月26日　[別]一実(いちじつ)
江戸時代前期の浄土宗鎮西義の学僧。
¶岩史，江人，近世，国史，国書，コン4，コン5，史人，思想史，新潮，人名，世人，全書，戦人，大百，日史，日人，百科，仏教，仏史，仏人([生]1571年)，歴大

**覚山心暁　かくさんしんぎょう**
生没年不詳
鎌倉時代後期の臨済宗の僧。
¶鎌室，日人

**覚山天誉上人　かくざんてんよしょうにん**
永禄6(1563)年〜元和10(1624)年1月10日
安土桃山時代〜江戸時代前期の高僧、足利の子孫。
¶兵庫人

**廓山道昭　かくさんどうしょう**
寛永17(1640)年〜享保2(1717)年11月8日
江戸時代前期〜中期の黄檗宗の僧。
¶黄檗，国書

**鶴洲　かくしう**
明暦1(1655)年〜延享3(1746)年
江戸時代中期の祥福寺住職、大和絵画家。
¶名画

**覚芝広本　かくしこうほん**
貞享3(1686)年〜延享3(1746)年5月14日　[別]広本(こうほん)
江戸時代中期の黄檗宗の僧。
¶黄檗，国書，人名(広本　こうほん)，日人，仏教

**覚実(1)　かくじつ**
永承7(1052)年〜*
平安時代後期の園城寺の僧。
¶古人([没]1092年)，諸系([没]1093年)，日人([没]1093年)，平史([没]1092年)

**覚実(2)　かくじつ**
延久1(1069)年〜?
平安時代後期の天台宗延暦寺僧。
¶古人([没]?)，平史

**覚実(3)　かくじつ**
延慶3(1310)年〜正平6/観応2(1351)年
鎌倉時代後期〜南北朝時代の僧。
¶国書([没]観応2(1351)年5月18日)，日人

**確車如輪　かくしゃにょりん**
?　〜正徳1(1711)年4月4日
江戸時代中期の黄檗宗の僧。
¶黄檗

**覚守　かくしゅ**
生没年不詳
鎌倉時代後期の天台宗の僧・歌人。
¶国書

**覚樹　かくじゅ**
*〜保延5(1139)年2月14日
平安時代後期の三論宗の僧。
¶国書([生]永保1(1081)年)，古人([生]1079年)，仏教([生]永保1(1081)年)，平史([生]1079年)

**覚寿院賢秀　がくじゅいんけんしゅう，かくじゅいんけんしゅう**
正徳5(1715)年〜安永7(1778)年11月30日
江戸時代中期の儒者、修験者。
¶庄内(かくじゅいんけんしゅう)，山形百

**覚州**(覚洲)　**かくしゅう**
?　〜宝暦6(1756)年5月26日
江戸時代中期の華厳宗の僧。
¶国書(覚洲)，人名(覚洲)，日人，仏教

**覚秀　かくしゅう**
文化14(1817)年〜明治16(1883)年
江戸時代末期〜大正期の声明家。
¶日音

**鶴州　かくしゅう**
寛永18(1641)年〜享保15(1730)年1月1日　[別]鶴洲元翯(かくしゅうげんこう)
江戸時代前期〜中期の黄檗宗の画僧。
¶黄檗(鶴洲元翯　かくしゅうげんこう)，香川人，人名([生]1650年　[没]1731年)，藩臣6，美家

**格宗** かくしゅう★
正徳1(1711)年2月15日～寛政2(1790)年
江戸時代中期～後期の僧侶。
¶三重

**覚什** かくじゅう
承安1(1171)年～？
鎌倉時代前期の真言宗の僧。
¶国書(生没年不詳)，仏教

**学宗** がくしゅう
？ ～天文8(1539)年3月9日
戦国時代の浄土宗の僧。
¶仏教

**学秀** がくしゅう
→奇峰学秀(きほうがくしゅう)

**鶴洲元翯** かくしゅうげんこう
→鶴州(かくしゅう)

**格宗浄超** かくしゅうじょうちょう
正徳1(1711)年2月15日～寛政2(1790)年8月21日
江戸時代中期の黄檗宗の僧。万福寺22世。
¶黄檗，仏教

**鶴洲宗寿** かくしゅうそうじゅ
寛文10(1670)年～享保10(1725)年10月1日
江戸時代前期～中期の臨済宗の僧。
¶国書

**廓春** かくしゅん
？ ～承応4(1655)年3月12日
江戸時代前期の浄土宗の僧。
¶仏教

**覚俊(1)** かくしゅん
長元3(1030)年～承暦4(1080)年
平安時代中期～後期の真言宗の僧。
¶国書(生没年不詳)，密教(㊤1030年以前 ㊦1080年以後)

**覚俊(2)** かくしゅん
？ ～治承2(1178)年
平安時代後期の僧。
¶古人(㊤？)，平史

**覚俊(3)** かくしゅん
生没年不詳
平安時代後期の僧侶・歌人。藤原重房の子。
¶国書，古人(㊤1059年)，平史

**覚俊(4)** かくしゅん
治暦3(1067)年～大治1(1126)年3月29日
平安時代後期の天台宗の僧。
¶国書，古人(㊤1069年)，仏教

**覚諄** かくじゅん
宝暦12(1762)年～弘化4(1847)年8月11日
江戸時代中期～後期の僧侶。
¶庄内

**覚助(1)** かくじょ
？ ～承暦1(1077)年10月
平安時代中期の仏師。定朝の後継者で、七条仏所を開く。
¶朝日，角史，神奈川人(生没年不詳)，京都大(生没年不詳)，国史，古史，古人(㊤？)，古中，コン改(生没年不詳)，コン4(生没年不詳)，コン5，史人，新潮，姓氏京都，世人，日史，日人，美建，美術，百科，仏教，仏史，平史

**覚助(2)** かくじょ
長和2(1013)年～康平6(1063)年
平安時代中期の天台宗の僧。
¶朝日(㊦康平6年11月11日(1063年12月3日))，角史，国史，古人，古中，史人(㊦1063年11月11日)，新潮(㊦康平6(1063)年11月11日)，人名(㊤？)，世人(㊤？)，日人，仏教(㊦康平6(1063)年11月11日)，仏史，平史

**覚助(3)** かくじょ
→覚助法親王(かくじょほっしんのう)

**覚恕** かくじょ
大永1(1521)年12月18日～天正2(1574)年 ㊗覚恕親王(かくじょしんのう)，覚恕法親王(かくじょほうしんのう)
戦国時代～安土桃山時代の天台宗の僧(天台座主)。後奈良天皇の子。
¶朝日(㊤大永1年12月18日(1522年1月15日) ㊦天正2年1月3日(1574年1月25日))，国史，国書(㊤大永1(1521)年12月12日 ㊦天正2(1574)年1月3日)，古中，史人(㊦1574年1月3日)，諸系(覚恕法親王 かくじょほうしんのう ㊤1522年)，新潮(㊦天正2(1574)年1月3日)，人名(㊤1515年)，武田(覚恕親王 かくじょしんのう)，天皇(㊦天正2(1574)年1月3日，天正20年1月3日)，日人(覚恕法親王 かくじょほうしんのう ㊤1522年)，仏教(㊤永正12(1515)年 ㊦天正2(1574)年1月3日，(異説)天正20(1592)年1月3日)，仏史

**鶴女** かくじょ★
生没年不詳
明治期の久保田城中の小八幡神社の巫女。
¶秋田人2

**覚勝(1)** かくしょう
生没年不詳
飛鳥時代の留学僧。
¶人名，日人，仏教

**覚勝(2)** かくしょう
弘安2(1279)年～興国6/貞和1(1345)年1月26日
鎌倉時代後期～南北朝時代の僧侶・連歌作者。
¶国書

**覚昭** かくしょう
？ ～延慶1(1308)年
鎌倉時代後期の僧。興福寺別当。
¶国書(生没年不詳)，諸系，日人

**覚照(1)** かくしょう
生没年不詳
鎌倉時代の浄土宗の僧。
¶仏教

か

**覚照(2)** かくしょう
寛政9(1797)年〜嘉永1(1848)年9月5日
江戸時代後期の浄土真宗の僧。
¶国書

**覚証(1)** かくしょう
承徳2(1098)年〜?
平安時代後期の真言宗の僧。西院流覚証方の祖。
¶仏教

**覚証(2)** かくしょう
? 〜正嘉2(1258)年
鎌倉時代前期〜後期の僧。西方寺中興の開基。
¶姓氏愛知

**覚性** かくしょう
→覚性法親王(かくしょうほうしんのう)

**赫照** かくしょう
正徳5(1715)年3月10日〜寛政3(1791)年7月11日
江戸時代中期の浄土真宗の僧。
¶仏教

**覚乗(1)** かくじょう
久安6(1150)年〜?
平安時代後期の興福寺僧。
¶古人([没]?), 平史

**覚乗(2)** かくじょう
承久3(1221)年7月6日〜永仁7(1299)年
鎌倉時代後期の天台宗の僧。
¶国書([没]永仁7(1299)年1月8日), 仏教([没]永仁7(1299)年1月7日)

**覚城** かくじょう
貞享2(1685)年〜宝暦4(1754)年
江戸時代前期〜中期の僧。
¶日人

**覚成** かくじょう
大治1(1126)年〜建久9(1198)年10月21日 [別]覚成(かくぜい)
平安時代後期〜鎌倉時代前期の僧(東寺長者)。
¶鎌室, 国書, 古人, 諸系(かくぜい), 人名, 日人(かくぜい), 仏教(かくぜい), 平家, 平史

**覚晴** かくじょう
寛治4(1090)年〜久安4(1148)年5月17日 [別]覚晴(かくせい)
平安時代後期の法相宗の僧。法隆寺34世、興福寺37世。
¶国書(かくせい), 古人(かくせい), 仏教, 平史(かくせい)

**覚盛(1)** かくじょう, かくしょう
生没年不詳
鎌倉時代前期の天台宗の僧・歌人。
¶国書, 古人(かくしょう), 平史(かくしょう)

**覚盛(2)** かくじょう
建久5(1194)年〜建長1(1249)年5月19日 [別]大悲菩薩(だいひぼさつ)
鎌倉時代前期の律宗の僧。唐招提寺の中興開山。
¶朝日([生]建久4(1193)年 [没]建長1年5月19日(1249年7月1日)), 岩史, 鎌室, 郷土奈良, 国史, 国書, 古中, コン改, コン4, コン5, 史人, 新潮, 人名, 世人, 全書, 大百, 日人, 仏教, 仏史, 仏人, 歴大([生]1193年)

**覚定** かくじょう
慶長12(1607)年〜寛文1(1661)年
江戸時代前期の僧。
¶諸系, 日人

**角上** かくじょう
*〜延享4(1747)年
江戸時代中期の浄土真宗の僧、俳人。
¶人名([生]1664年), 俳諧([生]?), 俳句([没]延享4(1747)年5月8日), 俳文([生]延宝3(1675)年 [没]延享4(1747)年5月8日), 仏教([生]延宝4(1676)年 [没]延享4(1747)年5月), 和俳([生]寛文4(1664)年)

**角丈** かくじょう
? 〜嘉永2(1849)年
江戸時代後期の浄土真宗の僧・俳人。
¶国書(生没年不詳), 姓氏石川

**覚勝院** かくしょういん
生没年不詳
戦国時代の真言宗の僧。
¶国書

**覚照元宗** かくしょうげんしゅう
正保4(1647)年12月25日〜享保5(1720)年9月3日
江戸時代前期〜中期の黄檗宗の僧。
¶黄檗, 国書

**覚性親王** かくしょうしんのう
→覚性法親王(かくしょうほうしんのう)

**覚性入道親王** かくしょうにゅうどうしんのう
→覚性法親王(かくしょうほうしんのう)

**覚性法親王** かくしょうほうしんのう
大治4(1129)年〜嘉応1(1169)年12月11日 [別]覚性(かくしょう),覚性親王(かくしょうしんのう),覚性入道親王(かくしょうにゅうどうしんのう),覚性法親王(かくしょうほっしんのう),本仁親王(もとひとしんのう)
平安時代後期の真言宗の僧。初代総法務。鳥羽天皇の第5皇子。
¶朝日(かくしょうほっしんのう [生]大治4年閏7月20日(1129年9月5日) [没]嘉応1年12月11日(1169年12月30日)), 岩史(覚性入道親王 かくしょうにゅうどうしんのう [生]大治4(1129)年閏7月20日), 芸能, 国史(覚性入道親王 かくしょうにゅうどうしんのう), 国書(覚性親王 かくしょうしんのう [生]大治4(1129)年閏7月20日), 古人(かくしょうほっしんのう), 古中(覚性入道親王 かくしょうにゅうどうしんのう), コン改, コン4, コン5, 史人(覚性入道親王 かくしょうにゅうどうしんのう [生]1129年閏7月20日), 諸系(覚性入道親王 かくしょうにゅうどうしんのう), 新潮(覚性入道親王 かくしょうにゅうどうしんのう [生]大治4(1129)

年閏7月20日)，人名，姓氏京都(かくしょうほっしんのう)，世人(覚性親王　かくしょうしんのう)，天皇(本仁親王　もとひとしんのう　[生]大治4(1129)年7月20日)，日音(覚性　かくしょう　[生]大治4(1129)年7月25日)，日人(覚性入道親王　かくしょうにゅうどうしんのう)，日文(かくしょうほっしんのう)，仏教(覚性　かくしょう　[生]大治4(1129)年閏7月20日)，仏史(覚性入道親王　かくしょうにゅうどうしんのう)，仏人(覚性　かくしょう)，平史

**覚性法親王** かくしょうほっしんのう
→覚性法親王(かくしょうほうしんのう)

**覚助親王** かくじょしんのう
→覚助法親王(かくじょほっしんのう)

**覚恕親王** かくじょしんのう
→覚恕(かくじょ)

**覚助法親王** かくじょほうしんのう
→覚助法親王(かくじょほっしんのう)

**覚恕法親王** かくじょほうしんのう
→覚恕(かくじょ)

**覚助法親王** かくじょほっしんのう
宝治1(1247)年～延元1/建武3(1336)年9月17日
[別]覚助(かくじょ)，覚助親王(かくじょしんのう)，覚助法親王(かくじょほうしんのう)
鎌倉時代後期～南北朝時代の真言宗の僧。後嵯峨天皇の第10皇子。
¶鎌室，国書(覚助親王　かくじょしんのう　[生]建長2(1250)年)，諸系(かくじょほうしんのう)，新潮，人名(かくじょほうしんのう　[生]1250年)，天皇(かくじょほうしんのう)，日人(かくじょほうしんのう)，仏教(覚助　かくじょ　[生]建長2(1250)年)

**覚信**(1) かくしん
治暦1(1065)年～保安2(1121)年
平安時代後期の法相宗の僧。興福寺30世。
¶古人，人名([生]1067年)，日人，仏教([没]保安2(1121)年5月8日)，平史

**覚信**(2) かくしん
生没年不詳
鎌倉時代前期の浄土真宗の僧。
¶仏教

**覚信**(3) かくしん
生没年不詳
鎌倉時代前期の浄土真宗の僧。
¶仏教

**覚信**(4) かくしん
正和1(1312)年～弘和1/永徳1(1381)年9月5日
鎌倉時代後期～南北朝時代の天台宗の僧・歌人。
¶国書

**覚審** かくしん
生没年不詳
平安時代後期の天台宗の僧・歌人。
¶国書，古人，平史

**覚心**(1) かくしん
平安時代後期の醍醐・高野の住僧。
¶密教

**覚心**(2) かくしん
延久1(1069)年～永治1(1141)年
平安時代後期の園城寺僧。
¶古人，平史

**覚心**(3) かくしん
生没年不詳
鎌倉時代の浄土宗の僧。
¶仏教

**覚心**(4) かくしん
鎌倉時代前期の大和海住山寺僧。
¶人名

**覚心**(5) かくしん
承元1(1207)年～永仁6(1298)年10月13日　[別]心地覚心(しんじかくしん，しんちかくしん，しんぢかくしん)，無本覚心(むほんかくしん)，法灯(ほうとう)，法灯円明国師(ほうとうえんみょうこくし)，法灯国師(ほっとうこくし)
鎌倉時代後期の臨済宗の僧。法灯派の祖。
¶朝日(心地覚心　しんちかくしん　[没]永仁6年10月13日(1298年11月18日))，岩史(無本覚心　むほんかくしん)，神奈川人(心地覚心　しんちかくしん)，鎌倉(心地覚心　しんちかくしん)，鎌室(無本覚心　むほんかくしん)，郷土和歌山，国史(無本覚心　むほんかくしん)，国書(無本覚心　むほんかくしん)，古中(無本覚心　むほんかくしん)，コン改(心地覚心　しんちかくしん)，コン4(心地覚心　しんちかくしん)，コン5(心地覚心　しんちかくしん)，埼玉人(無本覚心　むほんかくしん)，史人，食文，新潮(無本覚心　むほんかくしん)，人名，人名(心地覚心　しんぢかくしん)，姓氏長野(無本覚心　むほんかくしん)，世人，世百，全書(心地覚心　しんちかくしん)，対外(無本覚心　むほんかくしん)，大百(心地覚心　しんちかくしん)，長野百(無本覚心　むほんかくしん)，長野歴(無本覚心　むほんかくしん)，日音，日思(心地覚心　しんちかくしん)，日史(無本覚心　むほんかくしん)，日人(無本覚心　むほんかくしん)，百科，仏教(無本覚心　むほんかくしん)，仏史(無本覚心　むほんかくしん)，仏人，名僧(無本覚心　むほんかくしん)，歴大(無本覚心　むほんかくしん)，和歌山人(無本覚心　むほんかくしん　[生]1206年)

**覚真**(1) かくしん
？～延久3(1071)年
平安時代後期の浄土真宗の僧。
¶古人([生]？)，仏教(生没年不詳)，平史

**覚真**(2) かくしん
嘉応2(1170)年～仁治4(1243)年
平安時代後期～鎌倉時代前期の法相宗の僧。
¶京都府

か

**覚真**(3) **かくしん**
→藤原長房（ふじわらのながふさ）

**覚深**(1) **かくじん**
生没年不詳
南北朝時代の僧侶・歌人。
¶国書



**覚深**(2) **かくじん**
→覚深入道親王（かくじんにゅうどうしんのう）

**覚尋**(1) **かくじん**
長和1（1012）年～永保1（1081）年10月1日
平安時代中期～後期の天台宗の僧。天台座主35世。
¶国書，古人，人名，日人，仏教（㊀長和2（1013）年，（異説）長和1（1012）年），平史

**覚尋**(2) **かくじん**
天承1（1131）年～？
平安時代中期～後期の天台宗の僧。天台座主35世。
¶和歌山人

**学信** **がくしん**
享保7（1722）年～寛政元（1789）年　㊊敬阿（きょうあ）
江戸時代中期の浄土宗鎮西義の僧。
¶愛媛，愛媛百，郷土愛媛，近世，国史，国書（㊁寛政1（1789）年閏6月7日），人名（㊀1724年），日人，仏教（㊀享保9（1724）年　㊁寛政1（1789）年6月7日），仏史

**学心** **がくしん**
生没年不詳
江戸時代後期の浄土真宗の僧。
¶国書

**覚深親王** **かくじんしんのう**
→覚深入道親王（かくじんにゅうどうしんのう）

**覚深入道親王** **かくじんにゅうどうしんのう**
天正16（1588）年～正保5（1648）年閏1月21日
㊊覚深（かくじん），覚深親王（かくじんしんのう），覚深法親王（かくしんほうしんのう），良仁親王（かたひとしんのう），良仁（りょうにん）
江戸時代前期の後陽成天皇の第1皇子。仁和寺第21代の門跡。
¶近世，国史，国書（覚深親王　かくじんしんのう　㊀天正16（1588）年4月5日），コン改（覚深法親王　かくしんほうしんのう），コン4（覚深法親王　かくしんほうしんのう），コン5（覚深法親王　かくしんほうしんのう），史人（㊀1588年5月5日），諸系，新潮（㊀天正16（1588）年5月5日），人名（覚深法親王　かくしんほうしんのう），戦人（覚深　かくじん），全戦（良仁親王　かたひとしんのう），天皇（覚深法親王　かくしんほうしんのう　㊀天正16（1588）年5月5日），日人，仏教（覚深　かくじん　㊀天正16（1588）年5月29日）

**覚深法親王** **かくしんほうしんのう**
→覚深入道親王（かくじんにゅうどうしんのう）

**覚深法親王** **かくしんほっしんのう**
天正16（1588）年～慶安1（1648）年
江戸時代前期の真言宗の僧。
¶姓氏京都

**覚晴** **かくせい**
→覚晴（かくじょう）

**覚西** **かくせい**
鎌倉時代後期の仏師。
¶人名，日人（生没年不詳），美建

**覚済** **かくぜい**
安貞1（1227）年～乾元2（1303）年1月22日
鎌倉時代後期の真言僧。
¶鎌室，国書，人名，日人，仏教

**覚成** **かくぜい**
→覚成（かくじょう）

**覚仙** **かくせん**
治暦4（1068）年～仁平1（1151）年
平安時代後期の園城寺僧。
¶古人，平史

**覚千** **かくせん**
宝暦6（1756）年～文化3（1806）年
江戸時代後期の天台宗の僧。
¶国書（生没年不詳），日人，仏教（㊁文化3（1806）年5月26日）

**覚詮** **かくせん**
？～寛元1（1243）年4月8日
鎌倉時代前期の天台宗僧侶。
¶埼玉人

**覚暹** **かくせん**
万寿2（1025）年～保安4（1123）年
平安時代中期～後期の僧。
¶古人，平史

**覚善** **かくぜん**
長承2（1133）年～建久7（1196）年10月
平安時代後期～鎌倉時代前期の真言宗の僧。
¶鎌室，古人，コン改（生没年不詳），コン4（生没年不詳），コン5，新潮，人名，日人，仏教，和歌山人

**覚禅**(1) **かくぜん**
康治2（1143）年～？
平安時代後期～鎌倉時代前期の密教白描図像研究家。
¶朝日，国史，国書，古人（㊁？），古中，新潮，人名，日人，仏教，仏史，平史，密教（㊁1213年以後），名僧

**覚禅**(2) **かくぜん**
生没年不詳
鎌倉時代前期の法相宗の僧・歌人。
¶国書，古人，平史

**覚禅**(3) **かくぜん**
生没年不詳
鎌倉時代前期の法相宗の僧・歌人。
¶京都大

**学善坊** がくぜんぼう
生没年不詳
戦国時代の大山寺の修験者。
¶姓氏神奈川

**覚宗**(1) かくそう
承暦2(1078)年～仁平2(1152)年
平安時代後期の天台宗の僧。園城寺33世。
¶古人，仏教，平史

**覚宗**(2) かくそう
? ～文永8(1271)年3月21日
鎌倉時代前期～後期の真言宗の僧・歌人。
¶国書

**廓三** かくぞう
文禄3(1594)年～寛永3(1626)年
安土桃山時代～江戸時代前期の僧。
¶姓氏愛知

**覚増** かくぞう
? ～元中7/明徳1(1390)年11月19日
南北朝時代の天台宗の僧。
¶仏教

**覚増親王** かくぞうしんのう
→覚増法親王(かくぞうほっしんのう)

**噩叟宗俊** がくそうそうしゅん
? ～寛正6(1465)年
室町時代の曹洞宗の僧。
¶戦辞([没]寛正6年11月19日(1465年12月7日)),日人，仏教([没]寛正6(1465)年11月19日)

**覚増法親王** かくぞうほうしんのう
→覚増法親王(かくぞうほっしんのう)

**覚増法親王** かくぞうほっしんのう
正平18/貞治2(1363)年～元中7/明徳1(1390)年
[別]覚増親王(かくぞうしんのう)，覚増法親王(かくぞうほうしんのう)
南北朝時代の僧。後光厳院の皇子。
¶鎌室，国書(覚増親王 かくぞうしんのう [没]明徳1(1390)年11月19日)，人名(かくぞうほうしんのう)，天皇(かくぞうほうしんのう)，日人(かくぞうほうしんのう)

**覚尊**(1) かくそん
平治1(1159)年～正治1(1199)年
平安時代後期～鎌倉時代前期の園城寺僧。
¶古人，平史

**覚尊**(2) かくそん
鎌倉時代の仏師。
¶美建，仏教(生没年不詳)

**覚尊**(3) かくそん
? ～延元4/暦応2(1339)年
鎌倉時代後期～南北朝時代の天台宗の僧。
¶鎌室，人名，日人

**覚尊**(4) かくそん
生没年不詳
江戸時代中期の天台宗の僧。
¶国書

**廓存** かくぞん
? ～延宝2(1674)年6月20日
江戸時代前期の浄土宗の僧。
¶仏教

**覚存** かくぞん
生没年不詳
江戸時代の日蓮宗の僧。
¶国書

**覚潭** かくたん
寛延2(1749)年～文化13(1816)年10月
江戸時代中期～後期の融通念仏宗の僧。
¶仏教

**廓湛智亮** かくたんちりょう
慶安3(1650)年12月24日～享保3(1718)年9月6日
江戸時代前期～中期の曹洞宗の僧。
¶仏教

**覚智**(1) かくち
長治2(1105)年～元暦1(1184)年
平安時代後期の園城寺僧。
¶古人，平史

**覚智**(2) かくち
→安達景盛(あだちかげもり)

**覚忠** かくちゅう
元永1(1118)年～治承1(1177)年10月16日
平安時代後期の天台宗の僧。天台座主50世、園城寺36世。
¶国書，古人，諸系，人名，日人，仏教，平史

**学仲原周** がくちゅうげんしゅう
生没年不詳
室町時代の曹洞宗の僧。
¶日人，仏教

**覚澄** かくちょう
生没年不詳
鎌倉時代の法相宗の僧。
¶仏教

**覚朝**(1) かくちょう
永暦1(1160)年～寛喜3(1231)年11月1日
平安時代後期～鎌倉時代前期の仏師。
¶古人，美建，仏教([没]寛喜3(1231)年11月1日，(異説)10月1日)，平史(生没年不詳)

**覚朝**(2) かくちょう
生没年不詳
江戸時代前期の高山市の飯山寺の僧。
¶飛騨

**覚超** かくちょう
天徳4(960)年～長元7(1034)年
平安時代中期の天台宗の僧。
¶朝日([生]応和2(962)年 [没]長元7年1月24日(1034年2月15日))，岩史([没]長元7(1034)年1月27日)，大阪人([生]天暦6(952)年 [没]長元7(1034)年2月)，角史，国史，国書([没]長元7

(1034)年1月27日)，古史，古人，古中，コン改(㊐？)，コン4(㊐？)，コン5(㊐？)，史人(㊎1034年1月24日)，思想史，新潮(㊎長元7(1034)年1月24日)，人名(㊐952年)，姓氏京都，世人(㊐天暦6(952)年,(異説)康保3(966)年　㊎長元7(1034)年,(異説)長暦1(1037)年)，日人，仏教(㊎長元7(1034)年1月24日,(異説)1月14日？)，仏史，仏人(㊐？㊎1028年)，平史，名画(㊐？)，歴大



**覚長** かくちょう
天永1(1110)年～？
平安時代後期の興福寺僧。
¶古人(㊎？)，平史

**覚珍** かくちん
康和1(1099)年～安元1(1175)年
平安時代後期の興福寺僧。
¶古人，平史

**鶴亭** かくてい
享保7(1722)年～天明5(1785)年
江戸時代中期の南蘋派の画僧。
¶朝日(㊎天明5年12月24日(1786年1月23日))，コン改，コン4，コン5(㊎？)，新潮，人名(㊐？)，世人(㊐？)，美家，名画(㊐？)

**廓伝** かくでん
？～寛文3(1663)年9月14日
江戸時代前期の浄土宗の僧。
¶仏教

**学天** がくてん
文化1(1804)年～明治3(1870)年11月26日
江戸時代末期～明治期の浄土宗の僧。鎌倉光明寺95世、知恩院73世。
¶国書，仏教，仏人

**覚天元朗** かくてんげんろう
明暦3(1657)年1月～延享2(1745)年8月28日
江戸時代前期～中期の黄檗宗の僧。
¶黄檗，国書

**廓同** かくどう
？～寛永15(1638)年10月13日
江戸時代前期の浄土宗の僧。
¶仏教

**廓道** かくどう
？～寛永21(1644)年1月29日
江戸時代前期の浄土宗の僧。
¶仏教

**覚同** かくどう
万治1(1658)年～元文5(1740)年11月5日
江戸時代中期の天台宗の僧。
¶仏教

**覚道** かくどう
明応9(1500)年8月11日～大永7(1527)年10月23日　㊊覚道親王(かくどうしんのう)，覚道法親王(かくどうほうしんのう)
戦国時代の真言宗の僧。仁和寺19世。
¶国書(覚道親王　かくどうしんのう)，人名(覚道法親王　かくどうほうしんのう)，天皇(覚道法親王　かくどうほうしんのう)，日人(覚道法親王　かくどうほうしんのう)，仏教

**覚道親王** かくどうしんのう
→覚道(かくどう)

**廓堂祖宗** かくどうそしゅう
？～天保3(1832)年
江戸時代後期の曹洞宗の僧。
¶国書

**覚道法親王** かくどうほうしんのう
→覚道(かくどう)

**廓呑** かくどん
？～承応3(1654)年9月18日
江戸時代前期の浄土宗の僧。
¶姓氏愛知，仏教

**覚入** かくにゅう
生没年不詳
鎌倉時代前期の浄土宗の僧。
¶仏教

**覚如**(1) かくにょ
生没年不詳
平安時代前期～中期の真言宗の僧。
¶仏教

**覚如**(2) かくにょ
生没年不詳
鎌倉時代前期の真言律宗の僧。
¶仏教

**覚如**(3) かくにょ
文永7(1270)年12月28日～正平6/観応2(1351)年1月19日　㊊宗昭(しゅうしょう,そうしょう)
鎌倉時代後期～南北朝時代の真宗の僧。本願寺第3世。
¶朝日(㊐文永7年12月28日(1271年2月9日)㊎観応2/正平6年1月19日(1351年2月15日))，岩史，角史，鎌室，京都，京都大，国史，国書(宗昭　そうしょう)，古中，コン改，コン4，コン5，詩歌，史人，思想史，重要，人書94，新潮，人名，姓氏京都，世人，世百，全書，大百，中世，日音，日思，日史，日人(㊐1271年)，百科，福井百，仏教，仏史，仏人，平日(㊐1270㊎1351)，名僧，山川小，歴大(㊐1271年)

**学如** がくにょ
享保1(1716)年11月14日～安永2(1773)年5月11日
江戸時代中期の真言宗の僧。
¶国書

**廓忍** かくにん
安永4(1775)年～天保9(1838)年11月27日
江戸時代中期～後期の浄土真宗の僧。
¶国書

**覚仁**(1) かくにん
生没年不詳
平安時代後期の僧。

¶朝日，岩史，角史，国史，古人，古中，コン改，コン4，コン5，史人，新潮，世人，日人，仏教，仏史，平史，名画，歴大

**覚仁(2) かくにん**
？～天仁3（1110）年5月8日？
平安時代後期の真言宗の僧。
¶仏教

**覚仁(3) かくにん**
生没年不詳
鎌倉時代前期の真言宗の僧。
¶仏教

**覚任 かくにん**
寛治2（1088）年～仁平2（1152）年
平安時代後期の真言宗の僧。
¶古人，人名（㊐1086年），日人，仏教（㊞仁平2（1152）年3月1日），平史

**覚忍 かくにん**
延喜10（910）年～正暦2（991）年
平安時代中期の天台宗の僧。
¶古人，平史

**覚念(1) かくねん**
？～永承（1046～1053）年
平安時代中期の天台宗の僧。
¶国書（生没年不詳），古人，仏教（㊞永承年間（1046～1053年）），平史（生没年不詳）

**覚念(2) かくねん**
？～延慶2（1309）年
鎌倉時代後期の浄土真宗の僧。
¶埼玉人

**鶴搏海天 かくはくかいてん**
明・崇禎4（1631）年～寛文12（1672）年4月15日
江戸時代前期の黄檗宗の僧。
¶黄檗

**覚範 かくはん**
平安時代後期の僧。台密智泉流の祖。
¶人名，日人（生没年不詳）

**覚鑁 かくばん，かくはん**
嘉保2（1095）年～康治2（1143）年12月12日 ㊕覚鑁上人（かくばんしょうにん），興教大師（こうきょうだいし，こうぎょうだいし），自性大師（じしょうだいし）
平安時代後期の真言宗の僧、新義真言宗の開祖。
¶朝日（㊞康治2年12月12日（1144年1月18日）），岩史，角史，郷土和歌山，国史，国書（㊐嘉保2（1095）年6月17日），古史，古人，古中，コン改，コン4，コン5，佐賀百（覚鑁上人 かくばんしょうにん ㊐嘉保2（1095）年6月17日），史人，思想史，人書79，新潮，人名，姓氏京都，世人，世百，全書，大百，日思，日史，日人（㊞1144年），百科，仏教，仏史，仏人，平史，密教，名画（かくはん），名僧，歴大，和歌山人

**廓盤高徹 かくばんこうてつ**
寛文12（1672）年6月17日～享保14（1729）年8月5日
江戸時代前期～中期の曹洞宗の僧。
¶国書

**覚鑁上人 かくばんしょうにん**
→覚鑁（かくばん）

**覚敏 かくびん**
平安時代後期の東大寺僧。
¶古人，平史（生没年不詳）

**覚弁 かくべん**
？～建久9（1198）年
平安時代後期～鎌倉時代前期の天台宗の僧。
¶鎌室，国書（㊐長承1（1132）年 ㊞正治1（1199）年11月27日），古人（㊐？），人名，日人，仏教，平史（㊐1132年 ㊞1199年）

**廓法 かくほう**
？～天和3（1683）年9月15日
江戸時代前期の浄土宗の僧。
¶仏教

**覚宝 かくほう**
文政4（1821）年～明治12（1879）年2月17日
江戸時代後期～明治期の真言宗の僧。
¶国書

**覚峰 かくほう**
*～文化12（1815）年4月4日
江戸時代中期～後期の僧。上代の研究者、一弦琴中興の祖。
¶朝日（㊐享保14（1729）年 ㊞文化12年4月4日（1815年5月12日）），大阪墓，芸能（㊐享保14（1729）年？），国書（㊐享保17（1732）年7月），日音（㊐享保14（1729）年2月2日？）

**覚法 かくほう**
→覚法法親王（かくほうほっしんのう）

**覚芳 かくほう**
元禄8（1695）年～寛延3（1750）年
江戸時代中期の僧。
¶国書（㊞寛延3（1750）年2月），人名（㊐？），日人

**格峰実外 かくほうじつがい**
承応1（1652）年～正徳5（1715）年6月18日
江戸時代前期～中期の黄檗宗の僧。
¶国書（生没年不詳），国書5

**覚法親王 かくほうしんのう**
→覚法法親王（かくほうほっしんのう）

**覚法法親王 かくほうほうしんのう**
→覚法法親王（かくほうほっしんのう）

**覚法法親王 かくほうほっしんのう**
寛治5（1091）年12月29日～仁平3（1153）年12月6日 ㊕覚法（かくほう），覚法親王（かくほうしんのう），覚法法親王（かくほうほうしんのう），高野御室（こうやおむろ）
平安時代後期の真言宗の僧。白河天皇の第4子。仁和御流の祖。

¶朝日（㊐寛治5年12月29日（1092年2月9日）㊀仁平3年12月6日（1153年12月22日）），岩史，国史，国書（覚法親王　かくほうしんのう），古人，古中，コン改（かくほうほうしんのう），コン4（かくほうほうしんのう），コン5（かくほうほうしんのう），史人，諸系（かくほうほうしんのう　㊐1092年），新潮，人名（かくほうほうしんのう），姓氏京都，天皇（かくほうほうしんのう　㊐寛治5（1092）年12月29日），日人（かくほうほうしんのう　㊐1092年），仏教（覚法　かくほう），仏史，平史（かくほうほうしんのう），和歌山人（覚法　かくほう）

か

**覚満** かくまん
建保2（1214）年～？
鎌倉時代前期～後期の真言宗の僧。
¶国書

**覚卍** かくまんじ
？　～永享9（1437）年
室町時代の僧侶。
¶姓氏鹿児島

**覚満禅師** かくまんぜんじ
生没年不詳
鎌倉時代後期の僧。松島円福寺の5世住持。
¶姓氏宮城

**覚明**(1) かくみょう
保元2（1157）年～仁治2（1241）年1月28日　㊞覚明（かくめい），信救（しんぎゅう），西仏（さいぶつ）
平安時代後期～鎌倉時代前期の浄土真宗の僧。康楽寺の開基。
¶朝日（かくめい　生没年不詳），岩史（かくめい　生没年不詳），鎌室（生没年不詳），鎌室（西仏　さいぶつ），郷土長野，国書（信救　しんぎゅう），古人，古人（西仏　さいぶつ），コン改（西仏　さいぶつ），コン4（西仏　さいぶつ），コン5（西仏　さいぶつ），新潮（西仏　さいぶつ），人名，人名（西仏　さいぶつ），内乱（かくめい），長野百（㊐1156年），長野歴（㊐保元1（1156）年　㊀仁治3（1242）年），日史（㊐保元1（1156）年？），日人（西仏　さいぶつ），百科（㊐保元1（1156）年？），仏教（西仏　さいぶつ），仏人（西仏　さいぶつ　㊐1156年），平家（かくめい），平史（生没年不詳）

**覚明**(2) かくみょう
→孤峰覚明（こほうかくみょう）

**廓無** かくむ
生没年不詳
江戸時代前期の浄土宗の僧。
¶仏教

**覚夢** かくむ
？　～寛永9（1632）年9月1日
江戸時代前期の浄土宗の僧。
¶仏教

**覚明**(1) かくめい
→覚明(1)（かくみょう）

**覚明**(2) かくめい
享保3（1718）年3月3日～天明6（1786）年
江戸時代中期の御岳行者。御岳講開祖。
¶近世，国史，コン改，コン4，コン5，史人（㊀1786年6月），新潮（㊀天明6（1786）年6月20日），姓氏愛知（㊐1719年　㊀1787年），姓氏長野，長野歴，日人，飛騨（㊐？　㊀寛政3（1791）年5月）

**学門** がくもん
生没年不詳
平安時代前期の戸隠寺開山、初代別当。
¶長野歴

**廓門貫徹** かくもんかんてつ
？　～享保15（1730）年1月27日
江戸時代中期の曹洞宗の僧。
¶国書，仏教

**学問行者**（学門行者） がくもんぎょうじゃ
平安時代前期の信濃国戸隠山の伝説上の開山者。
¶朝日，日人（学門行者），仏教（学門行者　生没年不詳），歴大（学門行者　生没年不詳）

**覚瑜** かくゆ
保元3（1158）年～貞永2（1233）年1月30日
平安時代後期～鎌倉時代前期の天台宗の僧。
¶国書

**覚有** かくゆう
平安時代後期の大仏師。
¶古人，美建，平史（生没年不詳）

**覚猷** かくゆう
天喜1（1053）年～保延6（1140）年9月15日　㊞鳥羽僧上覚猷（とばそうじょうかくゆう），鳥羽僧正（とばそうじょう），鳥羽僧正覚猷（とばそうじょうかくゆう）
平安時代後期の天台宗の僧（天台座主）。
¶朝日（㊀保延6年9月15日（1140年10月27日）），岩史，角史，国史，国書，古史，古人，古中，コン改，コン4，コン5，史人，思想史，重要（鳥羽僧上覚猷　とばそうじょうかくゆう），新潮，人名（鳥羽僧正　とばそうじょう），世人（鳥羽僧正覚猷　とばそうじょうかくゆう），世百，全書，大百，伝記，日史，日人，日文，美家（鳥羽僧正　とばそうじょう），百科，仏教，仏史，平史，名画，名僧，山川小，歴大（鳥羽僧正　とばそうじょう）

**覚祐** かくゆう
生没年不詳
鎌倉時代後期の僧。神岡町の小萱薬師堂の堂主。
¶飛騨

**覚雄** かくゆう
→覚雄（かくおう）

**覚融**(1) かくゆう
→行観(2)（ぎょうかん）

**覚融**(2) かくゆう
文明5（1473）年～弘治1（1555）年5月4日

戦国時代の真言宗の僧。
¶戦辞

**覚融**(3)　かくゆう
?　～天明8(1788)年8月5日
江戸時代中期の新義真言宗の僧。
¶国書(㊤元禄15(1702)年)，仏教，仏人

**覚誉**(1)　かくよ
治暦4(1068)年～*
平安時代後期の法相宗の僧・歌人。
¶国書(㊦久安2(1146)年12月17日)，古人(㊦?)，平史(㊦?)

**覚誉**(2)　かくよ
→覚誉法親王(かくよほっしんのう)

**覚誉**(3)　かくよ
?　～永禄5(1562)年
戦国時代～安土桃山時代の僧。
¶諸系，日人

**覚誉**(4)　かくよ
生没年不詳
江戸時代中期の浄土宗の僧。
¶国書

**覚誉親王**　かくよしんのう
→覚誉法親王(かくよほっしんのう)

**覚誉入道親王**　かくよにゅうどうしんのう
→覚誉法親王(かくよほっしんのう)

**覚誉法親王**　かくよほうしんのう
→覚誉法親王(かくよほっしんのう)

**覚誉法親王**　かくよほっしんのう
元応2(1320)年～弘和2/永徳2(1382)年5月28日
㊟覚誉(かくよ)，覚誉親王(かくよしんのう)，覚誉入道親王(かくよにゅうどうしんのう)，覚誉法親王(かくよほうしんのう)
南北朝時代の僧。花園天皇の第1皇子。
¶鎌室，国書(覚誉親王　かくよしんのう)，人名(かくよほうしんのう)，天皇(かくよほうしんのう)，日人(覚誉入道親王　かくよにゅうどうしんのう)，仏教(覚誉　かくよ)

**廓竜**　かくりゅう
生没年不詳
江戸時代中期の時宗の僧。
¶国書，仏教

**覚隆**(1)　かくりゅう
平安時代後期の寺門派の僧。清成の子か弟。
¶古人，平史(生没年不詳)

**覚隆**(2)　かくりゅう
応保2(1162)年～建久4(1193)年
平安時代後期～鎌倉時代前期の僧。円光院供僧か。権律師。資隆の子。
¶密教(㊤1162年以前　㊦1193年以後)

**覚了**(1)　かくりょう
?　～安政3(1856)年
江戸時代末期の浄土真宗の僧。勧学職。
¶仏人

**覚了**(2)　かくりょう
文政5(1822)年4月9日～明治13(1880)年3月2日
江戸時代末期～明治期の浄土真宗本願寺派僧侶。伊勢西福寺住職。
¶仏教(㊤文政5(1822)年，(異説)文政9?(1826)年4月9日)

**覚林**　かくりん
?　～文政5(1822)年(1822)12月16日
江戸時代後期の僧。象潟町蚶満寺の24世。
¶秋田人2(㊤?)，秋田百

**角麟□欽**　かくりん□□きん
?　～寛保3(1743)年10月28日
江戸時代中期の曹洞宗の僧。
¶国書

**覚連**(覚蓮)　かくれん
康治1(1142)年～?
平安時代後期の歌人。
¶国書(覚蓮　生没年不詳)，古人(㊦?)，平史

**岳輅**　がくろ
?　～文政4(1821)年5月11日　㊟缶輅(かんろ)
江戸時代中期～後期の俳人。浄土真宗の僧。
¶国書，俳句(缶輅　かんろ　㊦文政4(1821)年5月)，俳文

**覚和**　かくわ
生没年不詳
鎌倉時代後期の真言宗の僧。
¶鎌室，国書，新潮，人名，日人，仏教，仏人(㊤1260年頃　㊦1324年頃)，和歌山人

**蝦芸**　かげい
享保6(1721)年～寛政3(1791)年9月10日
江戸時代中期～後期の俳人。浄土真宗の僧。
¶国書

**雅慶**　がけい
*～長和1(1012)年10月25日　㊟雅慶(がきょう)，勧修寺雅慶(かじゅうじまさよし)
平安時代中期の真言宗の僧。
¶古人(㊤926年?)，コン改(がきょう　㊤延長4(926)年)，コン4(がきょう　㊤延長4(926)年)，コン5(がきょう　㊤延長4(926)年)，史人(がきょう　㊤924年，(異説)926年，932年)，諸系(㊤926年)，新潮(㊤承平2(932)年，(異説)延長4(926)年，延長2(924)年)，人名(がきょう　㊤924年)，人名(勧修寺雅慶　かじゅうじまさよし　㊤926年)，日史(㊤延長3(925)年)，日人(㊤926年)，百科(㊤延長3(925)年)，仏教(㊤延長4(926)年)，平史(㊤926年?)

**筧耕亭**　かけいこうてい
?　～嘉永4(1851)年
江戸時代後期の僧、教育者。
¶姓氏群馬

か

**華渓正稷** かけいしょうしょく
？ ～慶長8（1603）年10月13日
安土桃山時代の臨済宗の僧。
¶国書

**筧潮風** かけいちょうふう
明治23（1890）年～昭和44（1969）年
大正～昭和期の僧。西五城信行寺住職。
¶姓氏愛知

**筧光顕** かけいみつあき
明治19（1886）年12月14日～昭和44（1969）年6月5日
明治～昭和期のキリスト教伝道者、大学講師。日本YMCA同盟総主事、コンテンポラリー・ジャパン副主筆。
¶キリ，日Y

**蔭木英雄** かげきひでお
昭和2（1927）年3月30日～
昭和～平成期の研究者。相愛大学名誉教授。
¶現執4期

**掛橋和泉** かけはしいずみ
*～文久3（1863）年
江戸時代末期の志士。
¶維新（㊀1836年），高知人（㊀1835年　㊁1862年），コン改（㊀？），コン4（㊀？），コン5（㊀？），日人（㊀1836年），幕末（㊀1835年　㊁1863年7月17日），幕末大（㊀天保6（1835）年3月　㊁文久2（1863）年6月2日），藩臣6（㊀天保7（1836）年）

**梯実円** かけはしじつえん
昭和2（1927）年10月3日～
昭和～平成期の僧侶。浄土真宗本願寺派勧学、本願寺派宗学院講師、行信教校教授。
¶現執4期

**掛橋富松** かけはしとみまつ
明治15（1882）年2月8日～昭和42（1967）年6月27日
明治～昭和期の神職。
¶高知先，世紀，日人

**筧大行** かけひだいぎょう
？ ～明治40（1907）年
江戸時代末期～明治期の僧侶。
¶真宗

**景山あき子** かげやまあきこ
生没年不詳
昭和～平成期の児童文学作家、修道女。
¶児人

**影山堯雄** かげやまぎょうゆう
明治19（1886）年～昭和58（1983）年
昭和期の仏教学者。
¶仏人

**景山筍吉** かげやまじゅんきち
明治32（1899）年3月15日～昭和54（1979）年7月23日
明治～昭和期の俳人。
¶京都文，現俳，新カト，俳文

**影山範文** かげやまのりふみ
昭和20（1945）年3月3日～
昭和期の伝道者、牧師。
¶視覚

**景山浩** かげやまひろし
明治30（1897）年～昭和32（1957）年
大正～昭和期の由来八幡宮宮司。
¶島根歴

**花厳院〔20代〕** かげんいん
元禄11（1698）年～宝暦3（1753）年
江戸時代中期の盛岡藩三戸支配頭の修験者。
¶青森人

**花光坊長弁** かこうぼうちょうべん
南北朝時代の僧侶。
¶多摩

**鹿児島のベルナルド** かごしまのべるなるど
→ベルナルド

**籠谷真智子** かごたにまちこ
昭和6（1931）年12月8日～
昭和～平成期の仏教文化史・芸能史研究者。京都女子大学教授。
¶現執2期

**雅厳** がごん
天文17（1548）年～文禄4（1595）年3月20日
安土桃山時代の真言宗の僧。
¶仏教

**雅西** がさい
？ ～正治3（1201）年1月4日
鎌倉時代前期の真言宗の僧。金剛王院雅西方の祖。
¶人名，日人，仏教，密教（㊀1123年）

**笠井恵二** かさいけいじ
昭和16（1941）年3月9日～
昭和～平成期の牧師。京都産業大学教授。専門は倫理学。著書に「ブルトマン」など。
¶現執3期

**笠井昭道** かさいしょうどう
大正8（1919）年～
昭和～平成期の僧侶。
¶福井百

**可西大秀** かさいだいしゅう，かさいたいしゅう
明治22（1889）年～昭和47（1972）年3月26日
明治～昭和期の僧侶。
¶真宗（㊀明治22（1889）年11月），富山百（かさいたいしゅう　㊀明治22（1889）年11月15日）

**笠井喬** かさいたかし
？ ～昭和6（1931）年
明治～昭和期の神職。
¶神人

**笠井貞** かさいただし
大正15（1926）年8月19日～

か

昭和期の宗教哲学・倫理学者。群馬大学教授。
¶現執1期，現執2期

**笠井福松** かさいふくまつ
明治23(1890)年3月25日～昭和54(1979)年7月15日
大正～昭和期の日本基督教団久美愛教会牧師。
¶埼玉人，特教

**葛西実** かさいみのる
昭和7(1932)年6月13日～
昭和期のアジア宗教・比較宗教学者。国際基督教大学教授。
¶現執2期

**笠岡金光大神** かさおかこんこうだいじん
文政6(1823)年1月24日～明治28(1895)年4月3日
江戸時代後期～明治期の宗教家。金光教笠岡教会初代。
¶岡山百

**笠川隼之介** かさかわはやのすけ
大正～昭和期の神職。
¶神人

**笠朝臣麻呂** かさのあそんまろ
→笠麻呂(かさのまろ)

**風野忠寛** かざのただひろ
寛政12(1800)年～明治7(1874)年
江戸時代後期～明治期の芳賀郡東郷村大前神社神官、塾主。
¶栃木歴

**笠麻呂** かさのまろ
生没年不詳　㊀笠朝臣麻呂(かさのあそんまろ)，笠麻呂(かさまろ)，沙弥満誓(さみまんせい，さみまんぜい，しゃみまんせい，しゃみまんぜい)，満誓(まんせい，まんぜい)
奈良時代の官人、僧、万葉歌人。
¶朝日，岡山百，郷土岐阜，国史，国書(満誓　まんぜい)，古史(沙弥満誓　しゃみまんぜい)，古人，古代(笠朝臣麻呂　かさのあそんまろ)，古代普(笠朝臣麻呂　かさのあそんまろ)，古中，コン改，コン4，コン5，詩歌(沙弥満誓　さみまんせい)，史人，思想史(満誓　まんぜい)，新潮，人名，世人(満誓　まんぜい)，長野歴(笠朝臣麻呂　かさのあそんまろ)，日史(沙弥満誓　しゃみまんせい)，日人，日文(満誓　まんせい)，百科(沙弥満誓　さみまんせい)，福岡文(満誓　まんせい・まんぜい)，万葉(満誓　まんせい)，歴大(かさまろ)

**風早公紀** かざはやきんこと
天保12(1841)年～明治38(1905)年2月28日
江戸時代末期～明治期の公家。禁門の変の直前、長州兵の嘆願を容れるよう建言。
¶維新，諸系，神人，人名，日人，幕末，幕末大(㊐天保12(1841)年8月21日)，明大1(㊐天保12(1841)年8月21日)

**風早禅師** かざはやのぜんじ
平安時代後期の僧。
¶古人，平史(生没年不詳)

**笠原研寿** かさはらけんじゅ
嘉永5(1852)年～明治16(1883)年7月16日
明治期の仏教学者、僧侶。真宗大谷派。梵文無量寿経、金剛経を翻訳。
¶朝日(㊐嘉永5年5月5日(1852年6月22日))，海越，海越新，近現，国際，国史，コン改，コン5，真宗(㊐嘉永5(1852)年5月5日)，新潮(㊐嘉永5(1852)年5月5日)，人名，姓氏富山，哲学，渡航，富山百(㊐嘉永5(1852)年5月5日)，日人，幕末，幕末大，仏教，仏人，明治史，明大2(㊐嘉永5(1852)年5月5日)

**笠原芳光** かさはらよしみつ
昭和2(1927)年5月23日～
昭和～平成期のキリスト教学者。京都精華大学教授、木野学園理事長。広く自由な視点に立ち現代日本の宗教上の諸問題を論評。著書に「キリスト教の戦争責任」など。
¶現朝，現執1期，現執3期，現執4期，現情，現人，世紀，日人，平和，マス89

**風間康静** かざまこうじょう
昭和～平成期の僧侶、政治家。白石市長。
¶現政

**笠松仙英** かさまつせんえい
明治17(1884)年10月20日～昭和34(1959)年12月20日
明治～昭和期の僧侶・特殊教育家。
¶埼玉人

**風間日法** かざまにっぽう
文久1(1861)年6月1日～昭和13(1938)年2月20日
明治～昭和期の僧侶。大僧正、日蓮宗管長。日蓮宗大学の設置、立正大学の開設など教学のために尽力。
¶昭人，人名，世紀，日人，明大1

**風間信昭** かざまのぶあき
生没年不詳
鎌倉時代後期の武将。本山村田妙法寺を開基。
¶長岡

**笠麻呂** かさまろ
→笠麻呂(かさのまろ)

**風間六右衛門尉** かざまろくえもんのじょう
元亀3(1572)年～元和4(1618)年
安土桃山時代～江戸時代前期の日蓮宗徒。
¶人名，日人

**嵩俊海** かさみしゅんかい
天保8(1837)年11月9日～大正8(1919)年3月10日
明治～大正期の僧、漢詩人。
¶埼玉人，埼玉百，日人，明大1

**笠因清雄** かさよりすがお
生没年不詳
江戸時代後期の神職・歌人。
¶国書

か

**珂山** かざん
？～寛文11（1671）年
江戸時代前期の浄土宗の僧。
¶仏教

**禾山** かざん
→西山禾山（にしやまかざん）

**霞山** かざん
天明8（1788）年～明治5（1872）年
江戸時代後期～明治期の僧。
¶高知人，高知百，日人

**峨山** がざん
嘉永6（1853）年～明治33（1900）年
明治期の禅僧。義堂に師事。鹿王院を再興。
¶人名

**花山院長親** かざんいんながちか
？～永享1（1429）年7月10日 ㊗耕雲（こううん），藤原長親（ふじわらのながちか）
南北朝時代～室町時代の臨済宗の僧、歌人。
¶朝日（㊀永享1年7月10日（1429年8月10日）），角史，鎌室，公卿，公卿普，国史，国書（耕雲 こううん ㊐正平5（1350）年頃），古中，コン改（㊐正平1/貞和2（1346）年？），コン4（㊐貞和2/正平1（1346）年？），コン5（㊐正平1/貞和2（1346）年？），詩歌，詩作，史人（㊐1345年？），思想史，諸系，新潮，新文，人名，人名（藤原長親 ふじわらのながちか），世人（㊐正平1/貞和2（1346）年），全書（㊐1350年？），日史，日人，百科，文学，平史（耕雲 こううん），室町，歴大（耕雲 こううん ㊐1350年ころ），和俳

**華山恵光** かざんえこう
明治37（1904）年5月27日～平成2（1990）年12月18日
昭和～平成期の禅僧・国清寺住職。
¶岡山歴

**華山海応** かざんかいおう
明治5（1872）年9月28日～昭和24（1949）年10月17日 ㊗華山海応（はなやまかいおう）
明治～昭和期の臨済宗の僧侶・国清寺住職。
¶岡山人（はなやまかいおう），岡山歴

**家山子真** かざんししん
寛永13（1636）年～元禄4（1691）年11月20日
江戸時代前期～中期の臨済宗の僧。
¶国書

**峨山慈棹**（峩山慈棹） がさんじとう，がざんじとう
＊～寛政9（1797）年1月14日
江戸時代中期の臨済宗妙心寺派の僧。
¶茶道（峩山慈棹 がざんじとう ㊐1729年），仏教（㊐享保12（1727）年）

**華山周潘** かさんしゅうばん
？～応永6（1399）年7月6日
南北朝時代～室町時代の臨済宗の僧。円覚寺59世。
¶仏教

**峨山韶碩**（峨山紹碩，峩山韶碩） がさんじょうせき，かざんじょうせき，がざんしょうせき，がざんじょうせき
建治1（1275）年～正平21/貞治5（1366）年10月20日
鎌倉時代後期～南北朝時代の曹洞宗の僧。総持寺2世。
¶朝日（㊐建治2（1276）年 ㊀貞治5/正平21年10月20日（1366年11月23日）），石川百（がざんじょうせき ㊐1276年），鎌室（峨山紹碩 がざんしょうせき ㊀貞治4/正平20（1365）年），国史（がざんしょうせき），国書（がざんじょうせき ㊐建治2（1276）年），古中（がざんしょうせき），コン改（峩山韶碩 かざんじょうせき ㊀正平20/貞治4（1365）年），コン4（峩山韶碩 かざんじょうせき ㊀正平20/貞治4（1365）年），コン5（峩山韶碩 かざんじょうせき ㊀正平20/貞治4（1365）年），史人，思想史（㊐建治2（1276年，1275）年），新潮（峨山紹碩 がざんしょうせき），人名（峨山紹碩 がざんしょうせき ㊀1365年），姓氏石川（がざんしょうせき），全書（㊐1276年），大百（峨山紹碩 ㊐1276年），日史（㊀貞治4/正平20（1365）年10月20日），日人，百科（㊀正平20/貞治4（1365）年），仏教（㊀貞治4/正平20（1365）年10月20日），仏史（がざんしょうせき），ふる（がざんしょうせき ㊐1276年），名僧（がざんしょうせき），歴大

**可山禅悦** かざんぜんえつ
生没年不詳
江戸時代中期の臨済宗の僧。
¶国書

**家山禅梁** かざんぜんりょう
生没年不詳
江戸時代中期の僧。
¶姓氏宮城

**果参得成** かさんとくじょう
～明治15（1882）年10月11日
明治期の僧。高山市の大隆寺10世。
¶飛騨

**花山院親忠** かさんのいんちかただ
大正7（1918）年8月3日～
昭和～平成期の神官。春日大社宮司。
¶郷土奈良，現情

**梶井照陰** かじいしょういん
昭和51（1976）年7月26日～
平成期の写真家、僧侶。
¶写人

**梶浦逸外** かじうらいつがい
明治29（1896）年7月10日～昭和56（1981）年2月10日
大正～昭和期の臨済宗僧侶。妙心寺派管長、正眼短期大学創立者、日華仏教文化交流協会会長。
¶学校，世紀，日人，仏人

**梶浦恵然** かじうらえねん
文久3（1863）年～昭和12（1937）年
明治～昭和期の僧。通明寺第12世住職。
¶姓氏愛知

**梶浦真了** かじうらしんりょう
明治25(1892)年8月2日～昭和22(1947)年6月27日
明治～昭和期の仏教学者。
¶真宗

**梶浦得聞** かじうらとくもん
文政5(1822)年～明治24(1891)年
江戸時代後期～明治期の僧。通明寺第11住職。
¶姓氏愛知

**梶川乾堂** かじかわけんどう
慶応3(1867)年～昭和17(1942)年
明治～昭和期の曹洞宗の僧。曹洞宗大学林教授。
¶仏人

**梶川義雄** かじかわよしお
明治42(1909)年2月20日～？
昭和期の浄土真宗大谷派僧侶。新興仏教青年連盟金沢支部メンバー。
¶社史

**梶川竜文** かじかわりゅうぶん
明治36(1903)年～？
昭和期の日蓮宗僧侶。新興仏教青年連盟福井支部メンバー。
¶社史

**梶田義賢** かじたぎけん
明治29(1896)年～昭和58(1983)年
大正～昭和期の感応寺住職・俳人。
¶姓氏愛知

**梶谷宗忍** かじたにそうにん
大正3(1914)年7月8日～
昭和～平成期の臨済宗相国寺派僧侶。大本山相国寺住職、鹿苑寺住職。
¶現情

**加地哲定** かじてつじょう, かぢてつじょう
明治23(1890)年10月26日～昭和47(1972)年12月1日
大正～昭和期の中国哲学者、仏教学者、高野山真言宗僧侶。高野山大学学長、大僧正。
¶現情, 昭人, 人名7(かぢてつじょう), 世紀, 日人, 仏教, 仏人

**梶野行篤** かじのゆきあつ
天保4(1833)年～明治38(1905)年
明治期の僧侶。男爵。無量寿院で薙髪、のちに復飾して一家を創立し、梶野氏を称す。
¶華請, 人名, 男爵(㊐天保4(1833)年10月12日 ㊎明治38(1905)年4月21日), 日人

**柏原源次郎** かしはらげんじろう
明治8(1875)年10月5日～昭和32(1957)年2月28日
明治～昭和期の宗教家。
¶徳島百, 徳島歴

**柏原義則** かしはらよしのり
明治33(1900)年2月25日～昭和46(1971)年4月30日
昭和期の政治家、宗教家。衆議院議員、天理教名東大教会長。
¶現情, 徳島百, 徳島歴(㊎昭和49(1974)年4月30日)

**鹿島鶴翁** かしまかくおう
天明6(1786)年～明治7(1874)年 ㊀鹿島則瓊(かしまのりよし)
江戸時代後期の国学者、常陸鹿島神宮大宮司。
¶国書(鹿島則瓊 かしまのりよし ㊐天明6(1786)年2月28日 ㊎明治7(1874)年11月27日), 人名, 日人

か

**鹿島武主** かしまたけぬし
生没年不詳 ㊀鹿島武主(かしまのたけぬし)
平安時代の神職。
¶神人, 人名, 日人(かしまのたけぬし)

**鹿島武主** かしまのたけぬし
→鹿島武主(かしまたけぬし)

**鹿島則敦** かしまのりあつ
寛永5(1628)年～貞享1(1684)年
江戸時代前期の常陸鹿島神宮の大宮司。
¶人名

**鹿島則孝** かしまのりたか
文化10(1813)年～明治25(1892)年10月2日
江戸時代後期～明治期の神職。
¶国書

**鹿島則広** かしまのりひろ
天正19(1591)年～承応2(1653)年9月3日
安土桃山時代～江戸時代前期の神職。
¶国書5

**鹿島則文** かしまのりぶみ, かしまのりふみ
天保10(1839)年1月13日～明治34(1901)年10月10日
江戸時代末期～明治期の神職、勤王家。伊勢神宮大宮司。「古事記宛」などの編纂・刊行に尽力。
¶朝日(㊐天保10年1月13日(1839年2月26日)), 維新, 華請(かしまのりふみ), 近現, 国史, 国書(かしまのりふみ), コン改(かしまのりふみ), コン4(かしまのりふみ), コン5(かしまのりふみ), 史人, 神史, 神人, 新潮, 人名, 日人, 幕末, 幕末大, 明治史, 明大1

**鹿島則峰** かしまのりみね
宝暦6(1756)年11月21日～享和4(1804)年2月10日
江戸時代中期～後期の神職。
¶国書5

**鹿島則盛** かしまのりもり
永禄11(1568)年～慶長19(1614)年4月19日
安土桃山時代～江戸時代前期の神職。
¶国書5

**鹿島則泰** かしまのりやす
慶応3(1867)年～？
明治期の神職。鹿島神宮宮司。
¶神人, 図人

**鹿島則幸** かじまのりゆき
明治41（1908）年9月1日～平成5（1993）年12月30日
明治～平成期の宮司。鹿島神宮宮司家の69代。
¶日エ

**鹿島則瓊** かしまのりよし
→鹿島鶴翁（かしまかくおう）

か

**柏村直条** かしむらなおえだ
生没年不詳
江戸時代中期の神職。
¶国書

**梶村昇** かじむらのぼる
大正14（1925）年1月1日～
昭和～平成期の宗教学者。亜細亜大学教授。専門は日本仏教思想史、アジアの宗教。著書に「法然のことば」など。
¶現執1期，現執2期，現執3期，現執4期

**梶山雄一** かじやまゆういち
大正14（1925）年1月2日～平成16（2004）年3月29日
昭和～平成期の仏教学者。
¶現執2期，現執3期，現情，世紀，日人

**荷洲** かしゅう
？ ～明治5（1872）年10月
江戸時代末期～明治期の真宗大谷派学僧。
¶国書，真宗，仏教

**可什** かじゅう
→物外可什（もつがいかじゅう）

**勧修寺尚顕** かじゅうじなおあき
→勧修寺尚顕（かじゅうじひさあき）

**勧修寺尚顕** かじゅうじひさあき
文明10（1478）年～永禄2（1559）年8月28日 ㊐勧修寺尚顕（かじゅうじなおあき）
戦国時代の公卿（権大納言）。権中納言勧修寺政顕の子。
¶公卿（かじゅうじなおあき），公卿普（かじゅうじなおあき），公家（尚顕〔勧修寺家〕 ひさあき），国書，戦人

**勧修寺雅慶** かじゅうじまさよし
→雅慶（がけい）

**賀順** がじゅん
？ ～元禄14（1701）年5月28日
江戸時代前期の天台宗の僧。
¶仏教

**賀静** がじょう
仁和3（887）年～*
平安時代前期～中期の天台宗の僧。
¶古人（㊀969年），平史（㊀967年）

**雅静** がじょう
？ ～寛弘2（1005）年
平安時代中期の法相宗の僧。
¶古人（㊐？），平史

**梶芳光運** かじよしこううん
明治37（1904）年～昭和59（1984）年
昭和期の仏教学者。
¶仏人

**柏井園** かしわいえん
明治3（1870）年～大正9（1920）年6月25日 ㊐柏井園（かしわいその）
明治～大正期の牧師、神学者。明治学院講師。「福音新報」を編集。目覚しい評論活動を続けた。著書に「基督教史」。
¶朝日（㊐明治3年6月24日（1870年7月22日）），キリ（㊐明治3年6月24日（1870年7月22日）），近現，高知人，高知百（かしわいその），国史，コン改，コン5，史人（㊐1870年6月24日），新潮（㊐明治3（1870）年6月24日），人名，世紀（㊐明治3（1870）年6月24日），世百，哲学，渡航（㊐1870年7月22日），日史（㊐明治3（1870）年6月26日），日人（㊐明治3（1870）年6月24日），日Y（㊐明治3（1870）年7月22日），百科，明治史，明大1（㊐明治3（1870）年6月24日）

**柏井光蔵** かしわいこうぞう
明治34（1901）年8月2日～昭和48（1973）年12月22日
大正～昭和期の牧師、伝道者。日本基督教団東京教区総会議長、日本盲人キリスト教伝道協議会議長。
¶キリ，高知人

**柏井園** かしわいその
→柏井園（かしわいえん）

**柏木義円**（柏木義圓） かしわぎぎえん
万延1（1860）年～昭和13（1938）年1月8日
昭和期のキリスト教思想家、牧師。安中教会牧師、熊本英学校校長代理。「上毛教界月報」を創刊。
¶朝日（㊐万延1年3月9日（1860年3月30日）），アナ（㊐万延1（1860）年3月9日），岩史（㊐安政7（1860）年2月17日），角史，郷土群馬，キリ（㊐安政7年3月9日（1860年3月30日）），近現，近史1（柏木義圓），近文，群新百，群馬人，群馬百，現朝（㊐安政7年2月17日（1860年3月9日）），広7，国史，コン改，コン5，史人（㊐1860年3月9日），思想史，社史（㊐万延1（1860）年3月9日），新潮（㊐万延1（1860）年3月9日），世紀（㊐安政7（1860）年3月9日），姓氏群馬，全書，哲学，新潟百別，日思，日史（㊐万延1（1860）年2月17日），日人，日本，百科，平和（㊀大正9（1920）年），民学，明治史，明大1（㊐安政7（1860）年3月9日），履歴（㊐安政7（1860）年2月17日），履歴2（㊐安政7（1860）年2月17日），歴大

**柏木隼雄** かしわぎはやお
明治26（1893）年3月15日～昭和40（1965）年1月5日
大正～昭和期の牧師、教育者。ニューヨークYMCA主事、新島学園校長。
¶キリ，群新百，姓氏群馬

**柏木安則** かしわぎやすのり
宝暦10（1760）年～天保5（1834）年

江戸時代中期～後期の大工。
¶姓氏神奈川，美建

**柏宮内丞** かしわくないのじょう
生没年不詳
戦国時代の神主。葛山氏元家臣。
¶戦辞

**柏原重禧** かしわばらしげよし
文政9(1826)年～明治31(1898)年
江戸時代末期～明治期の神職。
¶人名，日人

**柏原祐義** かしわはらゆうぎ
明治17(1884)年1月17日～昭和49(1974)年12月29日
明治～昭和期の僧侶。
¶真宗

**柏原祐泉** かしわばらゆうせん
大正5(1916)年～
昭和期の日本近世仏教史研究者。大谷大学教授。
¶現執1期

**梶原舎熊** かじわらいえくま
享保8(1723)年～享和1(1801)年
江戸時代中期～後期の神職。
¶国書(㉒享和1(1801)年3月11日)，飛騨(㉒享和1(1801)年3月21日)

**梶原性全**(梶原性善) かじわらしょうぜん
文永3(1266)年～建武4(1337)年1月22日 ㉑梶原性全(かじわらせいぜん)，性全(しょうぜん)
鎌倉時代後期～南北朝時代の僧医。「万安方」の著者。
¶朝日(㉒建武4/延元2年1月22日(1337年2月23日))，神奈川人，鎌倉，鎌倉新，鎌室，国史，国書，古中，コン改(梶原性善 ㊀？)，コン4(梶原性善 ㊀？)，コン5(梶原性善 ㊀？)，史人，新潮，人名(かじわらせいぜん)，人名(性全 しょうぜん)，精医(㊀文永2(3？)年)，姓氏神奈川，世人(かじわらせいぜん 生没年不詳)，世百，全書(生没年不詳)，大百，日史，日人，百科，歴大

**梶原性全** かじわらせいぜん
→梶原性全(かじわらしょうぜん)

**梶原長八郎** かじわらちょうはちろう
明治期の神学者。
¶渡航

**梶原笠人** かじわらりゅうじん
明治26(1893)年10月26日～大正14(1925)年12月29日
大正期の僧侶・俳人。
¶徳島歴

**可伸** かしん
～？
江戸時代の蕉門の俳人、僧。
¶俳諧，俳句，和俳(生没年不詳)

**雅真** がしん
？ ～長保1(999)年
平安時代中期の真言宗の僧、高野山初代検校。
¶朝日(㉒長保1年3月21日(999年4月9日))，古人(㊀？)，コン4，コン5，人名，日人，仏教(㉒長保1(999)年3月21日)，平史，和歌山人

か

**カスイ岐部** かすいきべ
天正15(1587)年～寛永16(1639)年 ㉑ペドロ・カスイ・岐部(ぺどろ・かすい・きべ)，岐部カスイ＝ペドロ(きべかすいぺとろ，きべかすいぺどろ)，岐部ペテロ(きべぺてろ)，岐部ペトロ(きべぺとろ)
江戸時代前期のイエズス会神父。日本人で初めてエルサレムに巡礼。
¶朝日(岐部カスイペドロ きべかすいぺどろ ㉒寛永16(1639)年6月頃)，海越(ペドロ・カスイ・岐部 ぺどろ・かすい・きべ ㉒寛永16(1639)年7月4日)，海越新(ペドロ・カスイ・岐部 ぺどろ・かすい・きべ ㉒寛永16(1639)年7月4日)，近世(Pedro Cassui 岐部 ぺどろ・かすい・きべ)，国史(ペドロ＝カスイ＝岐部 ぺどろ＝かすい＝きべ)，史人(ペドロ・カスイ・岐部 ぺどろ・かすい・きべ ㉒1639年6月？)，人書94(岐部ペテロ きべぺてろ)，対外(ペドロ＝カスイ＝岐部 ぺどろ・かすい・きべ)，日史(㉒寛永16(1639)年7月)，日人(岐部カスイ＝ペドロ きべかすいぺとろ)，百科，歴大(岐部ペトロ きべぺとろ)

**春日末彦** かすがすえひこ
？ ～明治9(1876)年
江戸時代後期～明治期の神職。
¶神人

**春日老** かすがのおゆ
→春日倉老(かすがのくらのおゆ)

**春日倉首老**(春日蔵首老) かすがのくらのおびとおゆ
→春日倉老(かすがのくらのおゆ)

**春日倉老** かすがのくらのおゆ
㉑春日倉首老(かすがのくらのおびとおゆ)，春日蔵首老(かすがのくらのおびとおゆ)，春日老(かすがのおゆ)
奈良時代の官人、僧、万葉歌人。
¶朝日(生没年不詳)，古人(春日老 かすがのおゆ)，古代(春日倉首老 かすがのくらのおびとおゆ)，古代普(春日倉首老 かすがのくらのおびとおゆ)，コン改(生没年不詳)，コン4(生没年不詳)，コン5，詩歌(春日老 かすがのおゆ)，史人(春日老 かすがのおゆ 生没年不詳)，人名(春日老 かすがのおゆ)，日人(生没年不詳)，万葉(春日蔵首老 かすがのくらのおびとおゆ)，和俳(生没年不詳)

**春日信風** かすがのぶかぜ
→春日易重(かすがやすしげ)

**春日延重** かすがのぶしげ
元禄10(1697)年～宝暦9(1759)年
江戸時代中期の神職。
¶人名，日人

か

**春日紀重** かすがのりしげ
享保9(1724)年〜享和2(1802)年
江戸時代中期〜後期の神職、歌人。
¶人名, 日人, 和俳

**春日白水** かすがはくすい
天保14(1843)年〜大正5(1916)年12月16日
江戸時代末期〜明治期の儒者。平野神社禰宜。京都府史編纂係、奈良師範学校教授など。著書に「竹林培養備考」。
¶コン改, コン4, コン5, 新潮, 人名, 姓氏京都, 日人, 明大2(㊀天保14(1843)年9月8日)

**春日易重** かすがやすしげ
宝暦2(1752)年〜文化7(1810)年　㊞春日信風(かすがのぶかぜ)
江戸時代後期の神職。
¶国書(春日信風　かすがのぶかぜ　㊁文化7(1810)年7月17日), 神人(春日信風　かすがのぶかぜ　㊀宝暦1(1751)年　㊁文化7(1810)年7月), 人名, 日人

**春日了** かすがりょう
平成期の声楽家(テノール)、僧侶、エッセイスト。證願寺(浄土真宗)住職、プラネターリアム銀河座館長、日本奇術協会参与・名誉会員。
¶演奏

**春日礼智** かすがれいち
明治40(1907)年6月14日〜
昭和期の中国仏教史研究者、僧侶。
¶現執1期, 現執2期

**粕川胆衲** かすかわたんのう
明治25(1892)年〜昭和54(1979)年
大正〜昭和期の僧侶。
¶群馬人

**糟谷右馬允** かすやうまのじょう
文政6(1823)年〜明治20(1887)年　㊞糟屋武文(かすやたけぶみ), 糟谷武文(かすやたけぶみ)
江戸時代末期〜明治期の因幡鳥取藩士。
¶維新, 人名(糟屋武文　かすやたけぶみ), 日人(糟谷武文　かすやたけぶみ)

**粕谷甲一** かすやこういち
大正12(1923)年〜
昭和期のカトリック司祭、哲学者。
¶現執1期

**粕谷好助** かすやこうすけ★
明治10(1877)年11月〜
明治〜昭和期の宗教家。天理教大連宣教所長。
¶人満

**糟屋武文**(糟谷武文) かすやたけぶみ
→糟谷右馬允(かすやうまのじょう)

**糟谷武文** かすやたけぶみ
文政6(1823)年〜明治20(1887)年
江戸時代末期〜明治期の因幡鳥取藩士。
¶日人

**糟屋太和** かすややまと
生没年不詳
戦国時代の安房国長狭郡池田村(鴨川市)八幡神社の神主。
¶戦房総

**葛木半笑** かずらぎはんしょう
? 〜寛永1(1624)年
安土桃山時代〜江戸時代前期の殉教したキリシタン。
¶大分歴

**葛原秀藤** かずらはらひでふじ
→葛原秀藤(かつらはらひでふじ)

**葛山景倫** かずらやまかげとも
→願性(がんしょう)

**夏静** かせい
文化1(1804)年〜明治25(1892)年8月26日
江戸時代後期〜明治期の僧侶。
¶庄内

**河清祖瀏** かせいそりゅう
生没年不詳
戦国時代の五山文学者、建仁寺主。
¶国書, 人名, 日人

**珂碩** かせき
元和4(1618)年〜元禄7(1694)年
江戸時代前期の浄土宗鎮西義の僧。
¶近世, 国史, 国書(㊀元和4(1618)年1月1日　㊁元禄7(1694)年10月7日), 人名(㊀1616年　㊁1695年), 日人, 仏教(㊁元禄7(1694)年10月), 仏史

**臥叟玄溟** がそうげんめい
? 〜安永1(1772)年
江戸時代中期の曹洞宗の僧。
¶国書

**華叟正蕚** かそうしょうがく
応永19(1412)年6月18日〜文明14(1482)年6月6日
室町時代の曹洞宗の僧。
¶仏教

**華叟宗曇** かそうそうどん
正平7/文和1(1352)年〜正長1(1428)年6月27日
㊞華叟宗曇(けそうそうどん)
南北朝時代〜室町時代の臨済宗の僧。養叟宗頤、一休宗純の師。
¶朝日(㊁正長1年6月27日(1428年8月8日)), 鎌室(けそうそうどん), 京都大, 国書, コン改, コン4, コン5, 新潮, 姓氏京都, 茶道, 日人, 兵庫百, 仏教

**可足僧正** かそくそうじょう
慶安2(1649)年〜宝永6(1709)年
江戸時代前期〜中期の僧。弘前3代藩主津軽信義と悪戸御前の子。
¶青森人

**可存** かそん
生没年不詳
江戸時代前期の画僧。
¶仏教

**訶提** かだい
文化9(1812)年～嘉永7(1854)年8月
江戸時代末期の浄土真宗の僧。
¶国書，仏教

**片岡次郎四郎** かたおかじろしろう
天保11(1840)年8月5日～明治32(1899)年8月8日
江戸時代末期の宗教家。
¶岡山人，岡山歴

**片岡正占** かたおかまさうら
文政10(1827)年～明治28(1895)年
江戸時代末期～明治期の国学者、神職。
¶岡山人，岡山歴(㊀明治28(1895)年11月1日)，神人，人名，日人

**片岡弥吉** かたおかやきち
明治41(1908)年～昭和55(1980)年2月21日
大正～昭和期のキリシタン研究家。純心女子短期大学副学長。
¶郷土長崎，キリ(㊃明治41(1908)年1月12日)，現執1期，現情(㊃1908年1月2日)，史研，新カト(㊃明治41(1908)年1月12日)，世紀(㊃明治41(1908)年1月2日)，長崎百，長崎歴，日人(㊃明治41(1908)年1月12日)，民学

**片岡良和** かたおかよしかず
昭和8(1933)年2月21日～
昭和～平成期の作曲家、僧侶。
¶音人，音人2，音人3

**片桐清治** かたぎりせいじ
安政3(1856)年～昭和3(1928)年1月21日
明治～昭和期の神学者。
¶岩手人(㊃1856年1月17日)，日エ(㊃安政3年1月17日(1856年2月22日))

**片桐哲** かたぎりてつ
明治21(1888)年3月3日～昭和57(1982)年7月3日
昭和期の神学者。同志社大学教授。
¶岩手人，現情

**片子沢千代松** かたこざわちよまつ
明治43(1910)年3月13日～平成3(1991)年1月14日
明治～平成期のキリスト教学者、YMCA会員。
¶日Y

**片島幸吉** かたしまこうきち
明治17(1884)年11月10日～昭和37(1962)年10月19日
明治～昭和期の宗教家・金光教教師。
¶岡山歴

**堅田修** かたたおさむ
大正14(1925)年11月21日～
昭和～平成期の日本史学者。専門は古代史、仏教史。著書に「真宗史料集成第二巻蓮如とその教団」など。
¶現執3期

**堅田広吼** かたたこうく
嘉永6(1853)年3月2日～昭和3(1928)年12月31日
江戸時代末期～昭和期の僧侶。
¶真宗

**堅田麗厳** かただれいごん
安政4(1857)年～昭和20(1945)年4月18日
江戸時代末期～昭和期の僧侶。
¶真宗

**華達** かたつ
奈良時代の薬師寺の僧。天平宝字4年僧範曜を殺害。
¶古人

**片津敏夫** かたつとしお
明治40(1907)年～昭和50(1975)年
昭和期の浄土真宗の僧侶。
¶姓氏富山

**交野時万** かたのときつむ
天保3(1832)年5月19日～大正3(1914)年1月17日
江戸時代末期～大正期の公家。条約幕府委任反対八十八卿列参に参加。
¶維新，公卿，公卿普，公家(時万〔交野家〕ときつむ)，神人，人名，日人，幕末，幕末大，明大1

**堅野二右衛門** かたのにえもん
弘化1(1844)年6月1日～明治45(1912)年6月26日
江戸時代末期・明治期の書家・神職。
¶飛騨

**荷田信言** かだのぶこと
明和5(1768)年3月19日～寛政2(1790)年10月16日
江戸時代中期～後期の神職。
¶国書

**荷田信郷** かだのぶさと
→羽倉信郷(はくらのぶさと)

**荷田延純** かだのぶずみ
慶安1(1648)年～享保5(1720)年9月26日
江戸時代前期～中期の神職。
¶国書

**荷田延次** かだのぶつぐ
天正5(1577)年1月22日～慶安4(1651)年2月8日
安土桃山時代～江戸時代前期の神職。
¶国書

**荷田信章** かだのぶのり
宝永4(1707)年～享保20(1735)年11月17日
江戸時代中期の神職。
¶国書

**荷田信愛** かだのぶひで
→羽倉信愛(はぐらのぶひで)

**荷田信資** かだのぶもと
天明8(1788)年～天保8(1837)年2月18日
江戸時代後期の神職。

¶国書

**良仁親王** かたひとしんのう
→覚深入道親王（かくじんにゅうどうしんのう）

**片山一良** かたやまいちろう
昭和17（1942）年11月～
昭和期のパーリー仏教研究者。
¶現執2期



**片山徹** かたやまとおる
明治38（1905）年11月25日～昭和43（1968）年8月16日
大正～昭和期の教育者、独立伝道者。
¶キリ

**片山文彦** かたやまふみひこ
昭和11（1936）年～
昭和～平成期の神官、医師。花園神社宮司。著書に「神社神道と日本人のこころ」など。公衆衛生学の著作もある。
¶現執3期，現執4期（㊐1936年9月18日）

**カタリナ**
安土桃山時代～江戸時代前期の薩摩藩士、キリシタン。
¶江表（永俊尼（鹿児島県）　㊐天正3（1575）年　㊙慶安2（1649）年），藩臣7（㊐天正2（1574）年？　㊙慶安1（1648）年）

**加地哲定** かぢてつじょう
→加地哲定（かじてつじょう）

**賀仲** がちゅう
生没年不詳
平安時代中期の真言宗の僧。
¶仏教

**歌鳥** かちょう
貞享3（1686）年～享保16（1731）年
江戸時代前期～中期の僧、俳人。
¶日人

**賀朝** がちょう
生没年不詳
平安時代前期の天台宗の僧・歌人。
¶国書，古人，平史

**華頂文秀** かちょうぶんしゅう
元文5（1740）年2月15日～文政10（1827）年1月15日
江戸時代後期の黄檗宗の僧。万福寺25世。
¶黄檗，国書，仏教

**可直斎長純** かちょくさいちょうじゅん
戦国時代の北条氏康の家臣。真言宗金剛王院の僧侶か。
¶後北

**喝雲道威** かつうんどうい
生没年不詳
江戸時代前期の黄檗宗の僧。
¶黄檗

**勝枝利潤** かつえだりじゅん
明治33（1900）年10月25日～平成2（1990）年9月24日
明治～平成期の住職。寿泉寺住職。
¶日エ

**勝尾清隠** かつおせいいん
明治7（1874）年～昭和2（1927）年
明治～昭和期の南宋寺僧堂の師家。
¶姓氏愛知

**覚快** かっかい
→覚快法親王（かくかいほっしんのう）

**黠外愚中** かつがいぐちゅう
延宝7（1679）年～元文2（1737）年12月25日
江戸時代前期～中期の曹洞宗の僧。
¶国書

**覚快法親王** かっかいほっしんのう
→覚快法親王（かくかいほっしんのう）

**香月乗光** かつきじょうこう
明治43（1910）年～昭和47（1972）年
昭和期の仏教学者。
¶仏人

**喝山衍雷** かっさんえんらい
延享4（1747）年～文化4（1807）年10月12日
江戸時代中期～後期の黄檗宗の僧。
¶黄檗

**月山周枢** がっさんしゅうすう
嘉元3（1305）年～応永6（1399）年
鎌倉時代後期～室町時代の僧。
¶茨城百，茨城歴

**月舟** がっしゅう
貞享2（1685）年～享保20（1735）年1月6日
江戸時代中期の浄土宗の僧。
¶仏教

**豁州達翁**（豁洲達翁） かっしゅうたつおう
？～寛永15（1638）年
江戸時代前期の曹洞宗の僧。
¶人名（豁洲達翁），日人，仏教（㊙寛永15（1638）年10月5日）

**活宗如眼** かっしゅうにょげん
生没年不詳
江戸時代中期の黄檗宗の僧。
¶黄檗

**月船禅慧** がっせんぜんえ
元禄15（1702）年～天明1（1781）年6月12日　㊀月船禅慧（げっせんぜんえ，げっせんぜんね）
江戸時代中期の臨済宗の僧。
¶神奈川人（㊐1701年），国書（げっせんぜんね），藩臣2（げっせんぜんえ），仏教（げっせんぜんね）

**喝禅道和** かつぜんどうわ
明・崇禎7（1634）年9月1日～宝永4（1707）年12月13日

江戸時代前期～中期の黄檗宗の僧。
¶国書

**喝伝衍灯** かつでんえんとう
寛文12(1672)年～享保19(1734)年8月11日
江戸時代中期の黄檗宗の僧。
¶黄檗，国書

**瞎道本光** かつどうほんこう
宝永7(1710)年～安永2(1773)年11月5日 [別]本光(ほんこう)
江戸時代中期の曹洞宗の僧。
¶国書，埼玉人，人書94(本光 ほんこう)，仏教，仏人(本光 ほんこう)

**勝野隆信** かつのたかのぶ
→勝野隆信(かつのりゅうしん)

**勝野秀雄** かつのひでお
文政12(1829)年～明治41(1908)年
江戸時代末期～明治期の歌人、神職。
¶人名，日人，和俳

**勝野隆信** かつのりゅうしん
明治32(1899)年～昭和44(1969)年 [別]勝野隆信(かつのたかのぶ)
昭和期の日本史研究者。
¶史研，多摩(かつのたかのぶ)

**月坡道印** がっぱどういん
寛永14(1637)年～享保1(1716)年10月13日
[別]月坡道印(げっぱどういん)，道印(どういん)
江戸時代前期～中期の曹洞宗の僧。
¶黄檗(げっぱどういん)，近世，国史，国書(げっぱどういん [生]寛永14(1637)年9月9日)，日人，仏教([生]寛永14(1637)年9月9日)，仏史

**勝平宗徹** かつひらそうてつ
大正11(1922)年8月12日～昭和58(1983)年
昭和期の臨済禅僧、南禅寺派管長。
¶島根百，島根歴

**勝平大喜** かつひらたいき
明治20(1887)年8月27日～昭和19(1944)年4月1日
明治～昭和期の臨済禅僧、国泰寺派管長。
¶島根人，島根百，島根歴，日人

**活文了道尼** かつぶんりょうどうに
宝永2(1705)年～明和6(1769)年2月8日
江戸時代中期の黄檗宗の尼僧。
¶黄檗

**勝部四郎丸** かつべしろうまる
生没年不詳
鎌倉時代前期の佐陀神社神主。
¶島根歴

**勝部嘉伯** かつべよしのり
寛政3(1791)年～文久3(1863)年10月25日
江戸時代後期～末期の神職。
¶国書

**勝部芳房** かつべよしふさ
寛文12(1672)年～享保12(1727)年 [別]浅山芳房(あさやまよしふさ)，朝山芳房(あさやまよしふさ)
江戸時代中期の神職、歌人。
¶国書([没]享保12(1727)年6月19日)，島根人(朝山芳房 あさやまよしふさ)，島根百(朝山芳房 あさやまよしふさ [没]享保12(1727)年6月19日)，島根歴(朝山芳房 あさやまよしふさ)，神人([没]享保12(1727)年6月19日)，神人(浅山芳房 あさやまよしふさ)，人名，日人，和俳

**活歩祖玄** かっぽそげん
延享4(1747)年～文政13(1830)年11月9日
江戸時代中期～後期の曹洞宗の僧。
¶仏教

**勝又俊教** かつまたしゅんきょう
明治42(1909)年4月22日～
昭和期の真言宗豊山派僧侶。大正大学教授。
¶現執1期，現情

**月明** がつみょう
元中3/至徳3(1386)年～永享12(1440)年9月8日
室町時代の日蓮宗の僧。
¶国書，姓氏京都，仏教

**葛民浄養** かつみんじょうよう
天和3(1683)年～享保18(1733)年12月2日
江戸時代中期の黄檗宗の僧。
¶黄檗

**活文** かつもん
安永4(1775)年～弘化2(1845)年
江戸時代中期～後期の学僧。
¶姓氏長野，長崎遊，長野百，長野歴

**勝山〈岩手県〉** かつやま★
江戸時代前期の女性。宗教。最上坂田の浪人留田左兵衛の娘。盛岡藩主南部重直の側室。
¶江表(勝山(岩手県))

**勝山善譲** かつやまぜんじょう
慶応2(1866)年2月11日～昭和26(1951)年3月8日
江戸時代末期～昭和期の僧侶。
¶真宗

**桂川小右衛門** かつらがわこえもん
生没年不詳
江戸時代前期の仏師。
¶飛騨

**桂川孫兵衛** かつらがわまごべえ
～文禄2(1593)年11月10日
安土桃山時代の宮大工。
¶飛騨

**葛城泰信**(葛城泰心) かつらぎたいしん
天保1(1830)年～明治13(1880)年
江戸時代後期～明治期の修験者・神官。
¶神人(葛城泰心)，姓氏宮城

**葛城真純** かつらぎますみ
天保14(1843)年～明治38(1905)年

江戸時代末期〜明治期の国学者、神職。
¶郷土奈良，日人

**桂木由富**　かつらぎよしとみ
江戸時代末期〜明治期の僧侶。元興福寺学侶・春日大社新社司。
¶華請



**桂木頼千代**　かつらぎよりちよ
明治11(1878)年3月〜明治38(1905)年10月3日
㊊ペートル(日本ハリストス正教会信徒),伴水
明治期の慈善事業家。東京孤児院幹事。
¶社史

**桂宗謙**　かつらそうけん
元治1(1864)年〜昭和19(1944)年
明治〜昭和期の僧。蓮光寺住職。
¶姓氏山口

**桂誉恕**　かつらたかひろ
天保9(1838)年6月3日〜明治14(1881)年2月1日
江戸時代末期〜明治期の志士。青海神社の祠官。官軍に従い居宅が征東総督宮の本営となる。
¶維新，神人，新潮，人名，新潟百(㊤1839年　㊦1882年)，日人，幕末，幕末大，明大1

**葛原対月**　かつらはらたいげつ
文政9(1826)年12月1日〜明治43(1910)年11月8日
江戸末期・明治期の宗教家。歌人。
¶岩手人

**葛原秀藤**　かつらはらひでふじ
明和5(1768)年3月〜万延1(1860)年　㊊葛原秀藤(かずらはらひでふじ,くずはらひでふじ)
江戸時代中期〜後期の勤王家。
¶国書(くずはらひでふじ　㊦万延1(1860)年6月12日)，神人(くずはらひでふじ　㊤明和4(1767)年)，人名(くずはらひでふじ)，姓氏石川(かずらはらひでふじ)，日人(くずはらひでふじ)，幕末(㊦1860年7月29日)，幕末大(㊦万延1(1860)年6月12日)

**月林道皎**　がつりんどうこう
→月林道皎(げつりんどうこう)

**喝浪方浄**　かつろうほうじょう
清・康熙2(1663)年〜宝永3(1706)年7月23日
江戸時代中期の黄檗宗の僧。
¶黄檗，国書

**華庭良椿**　かていりょうちん
？〜長享2(1488)年1月2日　㊊良椿(りょうちん)
室町時代の曹洞宗の僧。
¶岡山歴，戦人(良椿　りょうちん)，日人，仏教

**珂天**　かてん
慶長12(1607)年〜延宝4(1676)年6月13日
江戸時代前期の浄土宗の僧。鎌倉光明寺43世、増上寺27世。
¶仏教

**可透**　かとう
天和2(1682)年〜享保19(1734)年
江戸時代前期〜中期の天台宗の僧。
¶国書

**加藤昭正**　かとうあきまさ
〜昭和3(1928)年3月5日
昭和期の神職。
¶飛驒

**加藤会元**　かとうえげん
明治32(1899)年1月1日〜昭和57(1982)年7月30日
大正〜昭和期の僧。武田信玄菩提寺の塩山市小屋敷、臨済宗恵林寺貫主。
¶山梨百

**加藤恵証**　かとうえしょう
*〜大正5(1916)年
明治〜大正期の僧侶。
¶熊本百(㊤安政1(1854)年4月8日　㊦大正5(1916)年7月31日)，真宗(㊤安政5(1858)年4月　㊦大正5(1916)年7月21日)

**加藤吉彦**　かとうえひこ
宝暦12(1762)年〜？　㊊加藤吉彦(かとうよしひこ)
江戸時代中期〜後期の国学者。
¶石川百，姓氏石川(かとうよしひこ)

**加藤万治**　かとうかずはる
安政2(1855)年〜昭和7(1932)年7月9日
明治〜昭和期のフレンド派伝道者、平和運動家。農村医療伝道を志し、伝道と社会実践に生涯を捧げた。「日本平和会」の創設に尽力。
¶朝日(㊤安政2年6月14日(1855年7月27日))，キリ(㊤安政2(1855)年7月14日)，世紀(㊤安政2(1855)年6月14日)，日人，平和，明大1(㊤安政2(1855)年6月14日)

**加藤勘助藤原重正**　かとうかんすけふじわらしげまさ
天正2(1574)年〜正保2(1645)年
安土桃山時代〜江戸時代前期の清巌院中興の開基。
¶多摩

**加藤観澄**　かとうかんちょう
明治1(1868)年？〜昭和13(1938)年5月3日
江戸時代末期〜昭和期の住職。天台宗瀧泉寺住職、大僧正。
¶日エ

**加藤木畯叟**　かとうぎしゅんそう
→加藤木賞三(かとうぎしょうぞう)

**加藤木賞三**　かとうぎしょうぞう
文化12(1815)年〜明治26(1893)年4月18日
㊊加藤木畯叟(かとうぎしゅんそう,かとぎしゅんそう)，平野正太郎(ひらのしょうたろう)
江戸時代末期〜明治期の神官。
¶茨城歴，人名(加藤木畯叟　かとぎしゅんそう)，日人(加藤木畯叟　かとうぎしゅんそう)，幕末，幕末大

**加藤行海** かとうぎょうかい
天保5 (1834) 年～大正2 (1913) 年1月15日
江戸時代後期～大正期の僧侶。
¶真宗

**加藤行信** かとうぎょうしん
明治32 (1899) 年～昭和47 (1972) 年10月5日
明治～昭和期の僧侶。
¶真宗

**加藤ぎん** かとうぎん
安政6 (1859) 年～昭和8 (1933) 年
明治～昭和期の宗教家。
¶神奈川人

**加藤馨之助** かとうけいのすけ
生没年不詳
明治期の牧師。
¶社史

**加藤源右衛門** かとうげんうえもん
生没年不詳
戦国時代の安房国山下郡真倉村山王社 (日枝神社/館山市) の禰宜。
¶戦房総

**加藤玄智** かとうげんち
明治6 (1873) 年6月17日～昭和40 (1965) 年5月8日
明治～昭和期の宗教学者、神道学者。明治聖徳記念学会理事。明治聖徳記念学会設立に参加。著書に「本邦生祠の研究」など。
¶近現, 現朝, 現情, 国史, 御殿場, コン改, コン4, コン5, 思想史, 昭人, 神史, 神人, 新潮, 人名7, 心理, 世紀, 哲学, 日人, 明治史, 明大2

**加藤幸三郎** かとうこうざぶろう
明治19 (1886) 年7月12日～昭和41 (1966) 年8月1日
明治～昭和期の神職。
¶飛騨

**加藤里路** かとうさとみち
天保11 (1840) 年～明治44 (1911) 年
江戸時代末期～明治期の加賀藩士、国学者。著書に「椎の葉」など。
¶神人, 人名, 日人, 幕末 (㊀1840年11月 ㊁1911年2月), 幕末大 (㊀天保11 (1840) 年10月 ㊁明治44 (1911) 年2月)

**加藤三郎** かとうさぶろう
明治19 (1886) 年～昭和46 (1971) 年
明治～昭和期の内科医、牧師。
¶近医

**加藤重春** かとうしげはる
生没年不詳
江戸時代後期の神道家。
¶国書

**加藤滋** かとうしげる
＊～？
大正～昭和期のオルグ、社会運動家。友愛会大阪連合会主務、草津栗生楽生園双葉寮長。
¶社運 (㊀1892年頃), 社史 (㊀1887年12月26日)

**加藤至道** かとうしどう
＊～昭和19 (1944) 年7月19日
明治～昭和期の僧。臨済宗大学長、臨済宗南禅寺派の管長。
¶昭人 (㊀元治1 (1864) 年12月20日), 世紀 (㊀元治1 (1865) 年12月20日), 姓氏愛知 (㊀1864年), 日人 (㊀1865年)

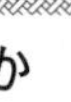
か

**加藤正廓** かとうしょうかく
嘉永5 (1852) 年5月9日～明治36 (1903) 年9月9日
江戸時代後期～明治期の僧侶。
¶真宗

**加藤松月庵** かとうしょうげつあん★
明治7 (1874) 年～
明治期の秋田市川尻一乗院住職。
¶秋田人2

**加藤精一** かとうせいいち
昭和11 (1936) 年6月27日～
昭和～平成期の真言宗豊山派僧侶。南蔵院住職、大正大学教授。真言学、弘法大師空海の思想を研究。著書に「密教の仏身観」など。
¶現執3期, 現執4期

**加藤精神** かとうせいしん
明治5 (1872) 年9月29日～昭和31 (1956) 年10月18日
明治～昭和期の僧侶、仏教学者。真言宗、同宗豊山派管長。豊山大学長。大正大学、東洋大学長を歴任。
¶現情, 昭人, 新潮, 人名7, 世紀, 哲学, 日人, 仏教, 仏人

**加藤諦見** かとうたいけん
元治1 (1864) 年～昭和15 (1940) 年
明治～昭和期の僧侶、高野山古義真言宗管長。金剛峰寺座主。真言宗随一の長老であり、学徳兼備の高僧。
¶昭人 (㊁昭和15 (1940) 年12月15日), 人名7, 日人

**加藤太信** かとうたいしん
明治42 (1909) 年～
昭和期の僧侶。
¶群馬人

**加藤タカ** かとうたか
明治20 (1887) 年10月17日～昭和54 (1979) 年10月25日
明治～昭和期のキリスト教婦人運動家、政治家。駿河台女学院院長、八幡村村会議員。戦前のYMCAの基礎を築く。戦後郷里で村会議員。東京婦人愛市協会理事なども務めた。
¶市川, 近女, 昭人, 女性, 女性普, 世紀, 日人

**加藤隆** かとうたかし
昭和32 (1957) 年～
昭和～平成期の神学者。
¶現執4期

**加藤隆久** かとうたかひさ
昭和9(1934)年～
昭和期の神道史・和歌史研究者。生田神社宮司。
¶現執1期

**加藤たけ** かとうたけ
天保13(1842)年～明治32(1899)年9月18日
明治期の宗教家。幼い頃から菅谷の不動尊を信仰し、不動産を信仰する人々の中心的存在となる。
¶女性，女性普

**加藤千秋** かとうちあき
天保7(1836)年～明治35(1902)年7月19日
江戸時代後期～明治期の歌人・神官。
¶東三河

**加藤智学** かとうちがく
明治16(1883)年6月1日～昭和36(1961)年
明治～大正期の僧侶。
¶石川百，真宗([没]?)，姓氏石川

**加藤智見** かとうちけん
昭和18(1943)年8月15日～
昭和～平成期の僧侶。東京工芸大学教授、光専寺住職。専門は宗教学、哲学。著書に「親鸞とルター」など。
¶現執3期，現執4期

**加藤ちょう** かとうちょう
～昭和38(1963)年
昭和期のキリスト教社会運動家。
¶愛知女

**加藤常昭** かとうつねあき
昭和4(1929)年4月15日～
昭和～平成期の牧師。日本基督教団鎌倉雪ノ下教会牧師、東京神学大学教授。専門はキリスト教神学、実践神学。著書に「聖書の読み方」など。
¶現執1期，現執2期，現執3期，現執4期

**加藤常子** かとうつねこ
安政3(1856)年9月20日～昭和21(1946)年5月1日
明治～大正期の伝道師。神戸教会婦人伝道師を経て、米子、札幌、仙台等の教会で伝道活動に従事。
¶女性，女性普

**加藤洞源** かとうとうげん
明治25(1892)年～昭和27(1952)年
大正～昭和期の曹洞宗の僧。
¶姓氏愛知

**加藤咄堂** かとうとつどう
明治3(1870)年11月2日～昭和24(1949)年4月2日
明治～大正期の仏教学者、著述家。中央教化団体連合会の中心的存在として、国民教化に貢献。雑誌「新修養」などを主宰。
¶近文，現情，コン改，コン4，コン5，社教，出文，新潮，人名7，世紀，全書，大百，哲学，奈良文，日人，仏教，仏人，民学，明治史，明大2

**加藤豊八** かとうとよはち
天明6(1786)年～？
江戸時代中期の宮大工。
¶姓氏愛知，美建

**加藤直士** かとうなおし
明治6(1873)年9月5日～昭和27(1952)年2月12日
明治～昭和期の宗教哲学者、雑誌新聞記者、実業家。「我懺悔」の翻訳を機にトルストイの紹介に励んだ。
¶キリ，近文，現情，ジ人1，庄内([没]昭和27(1952)年2月11日)，世紀，東北近，明大2

**加藤直久** かとうなおひさ
明治8(1875)年～昭和12(1937)年
明治～昭和期の神職。
¶神人

**加藤日政** かとうにっせい
？～明治11(1878)年8月31日
江戸時代後期～明治期の日蓮宗の僧。
¶国書5

**加藤忍阿** かとうにんあ★
天明8(1788)年～安政6(1859)年
江戸時代後期～末期の僧侶。
¶三重続

**加藤忍厳** かとうにんごん
嘉永3(1850)年～大正12(1923)年10月10日
江戸時代後期～大正期の僧侶。
¶真宗

**加藤信清** かとうのぶきよ
江戸時代末期の仏画家。
¶人名

**加藤広信** かとうひろのぶ
？～天正18(1590)年
戦国時代～安土桃山時代の相模の武士。浄土宗正福寺開基。小田原北条氏に仕えた。法名は光誉念信。
¶姓氏神奈川

**加藤広光** かとうひろみつ
嘉永6(1853)年～昭和8(1933)年
江戸時代末期～昭和期の神職。
¶神人

**加藤仏眼** かとうぶつげん
明治34(1901)年12月22日～昭和44(1969)年7月31日
大正～昭和期の僧侶。
¶真宗

**加藤文雅** かとうぶんが
慶応3(1867)年～大正1(1912)年
明治期の僧。
¶日人

**加藤弁三郎** かとうべんざぶろう
明治32(1899)年8月10日～昭和58(1983)年8月15日
大正～昭和期の仏教者、実業家。協和発酵工業社長・会長、在家仏教協会理事長。ストレプトマイシンの大量生産など有用物質の製造に成功、世界の市場を支配。

¶科学（㊐明治32（1899）年4月27日），科技，現朝，実業，島根百，島根歴，食文，真宗，世紀，創業（㊐明治32（1899）年4月27日），日人，仏教

**加藤法城** かとうほうじょう
？ ～明治24（1891）年7月
江戸時代後期～明治期の僧侶。
¶真宗

**加藤法定** かとうほうてい★
～天保11（1840）年
江戸時代後期の僧侶。
¶三重続

**加藤邁宗** かとうまいぞう
生没年不詳
江戸時代末期～明治期の僧、教育者。稲橋村瑞竜寺11世住職。
¶姓氏愛知

**加藤梁守** かとうやなもり
生没年不詳
江戸時代中期の国学者・神官。
¶東三河

**加藤雄山** かとうゆうざん
寛延2（1749）年～寛政10（1798）年2月12日
江戸時代中期～後期の神道家。
¶国書

**加藤嘉貴** かとうよしたか
文化3（1806）年～
江戸時代後期の国学者・歌人・神官。
¶東三河

**加藤吉彦** かとうよしひこ
→加藤吉彦（かとうえひこ）

**加藤和楽** かとうわらく
元文5（1740）年～？
江戸時代中期の神道家。
¶国書

**加藤木畯叟** かとぎしゅんそう
→加藤木賞三（かとうぎしょうぞう）

**香取某** かとり
江戸時代末期～明治期の神主。旧香取神宮神主。
¶華請

**香取和雄** かとりかずお
貞享1（1684）年～元文2（1737）年2月21日
江戸時代前期～中期の神職。
¶国書

**香取総麿** かとりふさまろ
～大正8（1919）年
明治～大正期の神職。
¶神人

**香取文夫** かとりふみお
大正期の神職。
¶神人

**香取実弼** かとりみのり
文化10（1813）年7月16日～明治10（1877）年2月2日
江戸時代後期～明治期の神職。
¶国書

**香取保礼** かとりやすのり
江戸時代末期～明治期の神主。旧香取神宮神主。
¶華請

**門脇佳吉** かどわきかきち
大正15（1926）年1月6日～
昭和～平成期のカトリック司祭。上智大学教授。禅とキリスト教の対話などについて執筆。著書に「対話に関する十二章」など。
¶現執1期，現執3期

**門脇探玄** かどわきたんげん
明治11（1878）年～昭和20（1945）年
明治～昭和期の僧。寒冷用の水稲を導入した。
¶島根歴

**金井広詮** かないこうせん
～明治5（1872）年2月15日
江戸時代後期～明治期の僧侶。
¶庄内

**金井為一郎** かないためいちろう
明治20（1887）年3月10日～昭和38（1963）年5月22日
明治～昭和期の牧師。教育、社会事業の分野で活躍。日本聖書神学校を創立。
¶キリ，現情（㊐1887年3月30日），世紀，哲学，長野歴，日エ

**金井登** かないのぼる
？ ～明治21（1888）年2月6日
江戸時代後期～明治期の日本聖公会伝道師。
¶埼玉人

**金浦正弘** かなうらしょうこう
明治期の僧侶。
¶真宗

**鼎竜暁** かなえりゅうぎょう
天保9（1838）年9月15日～大正3（1914）年2月5日
江戸時代末期～大正期の真言宗僧侶。東寺長者245世、真言宗長者、大僧正。
¶仏教

**金岡秀友** かなおかしゅうゆう
昭和2（1927）年7月31日～
昭和～平成期の真言宗僧侶。妙薬寺住職、東洋大学教授。専門は印度哲学、仏教学。著書に「愛と智と業」など。
¶現執1期，現執2期，現執3期，現執4期，現情，世紀

**金倉儀一** かなくらぎいち
昭和期の僧侶。
¶真宗

**金崎恵厚** かなざきえこう
明治6（1873）年1月21日～大正15（1926）年6月2日

明治〜大正期の僧侶。
¶熊本百，渡航

**金刺忠兵衛** かなざしちゅうべえ
〜嘉永元(1848)年
江戸時代後期の宮大工、彫刻師。
¶伊豆

**金刺貞長** かなさしのさだなが
平安時代前期の官人、祠官。
¶古人，平史(生没年不詳)

**金刺信古** かなざしのぶふる
文政1(1818)年〜安政6(1859)年　[別]今井信古(いまいのぶふる)
江戸時代末期の国学者、歌人。
¶国書(今井信古　いまいのぶふる　[生]文政1(1818)年12月　[没]安政6(1859)年12月21日)，姓氏長野(今井信古　いまいのぶふる　[没]1886年)，長野歴(今井信古　いまいのぶふる)，藩臣3，和俳

**金刺盛澄** かなさしのもりずみ
[別]金刺盛澄(かなさしのもろずみ,かなさしもりずみ)
平安時代後期の武士。
¶古人(かなさしのもろずみ)，中世(かなさしもりずみ)，長野歴(かなさしもりずみ　生没年不詳)，平史(生没年不詳)

**金刺盛澄** かなさしのもろずみ
→金刺盛澄(かなさしのもりずみ)

**金刺盛澄** かなさしもりずみ
→金刺盛澄(かなさしのもりずみ)

**金刺盛久** かなさしもりひさ
生没年不詳
鎌倉時代後期の神職・歌人。
¶国書，姓氏長野，長野歴

**金鑽宮守**(金鑚宮守) かなさなみやもり
文久3(1863)年〜*
明治期の神職。
¶埼玉人(金鑚宮守　[生]文久3(1863)年1月3日　[没]昭和17(1942)年6月13日)，神人([没]?)

**金沢恂** かなざわじゅん
昭和2(1927)年3月29日〜
昭和期の身障者問題ライター。カトリック身障者の会「心の灯」会長。
¶現執2期

**金沢常雄** かなざわつねお
明治25(1892)年3月17日〜昭和33(1958)年3月4日
大正〜昭和期の無教会伝道者、牧師。
¶キリ，群新百，群馬百，社史

**金沢求馬** かなざわもとめ
生没年不詳
江戸時代後期の神官。
¶東三河

**金治勇** かなじいさむ
明治41(1908)年〜
昭和期の仏教学・インド学者。四天王寺女子大学教授。
¶現執1期

**金田徳光** かなだとくみつ
文久3(1863)年〜大正8(1919)年1月4日　[別]金田徳光(かねだとくみつ)
大正期の宗教家。徳光教の教祖。教えを「神訓」18箇条として提示。
¶朝日([生]文久3年9月20日(1863年11月1日))，近現，国史，コン改(かねだとくみつ)，コン5(かねだとくみつ)，史人([生]1863年9月20日)，新潮([生]文久3(1863)年9月28日)，世紀([生]文久3(1863)年9月20日)，日人，明治史，明大1([生]文久3(1863)年9月20日)

**金松空覚** かなまつくうかく
文化4(1807)年〜明治4(1871)年10月3日
江戸時代後期〜明治期の僧侶。
¶真宗

**金森顕順** かなもりけんじゅん
天保4(1833)年〜明治6(1873)年4月4日
江戸時代後期〜明治期の僧侶。
¶真宗

**金森祐盛** かなもりすけもり
寛永4(1627)年〜慶安2(1649)年3月26日
江戸時代前期の僧。金森重頼の子。
¶飛騨

**金森通倫** かなもりつうりん
安政4(1857)年8月15日〜昭和20(1945)年3月4日
[別]金森通倫(かなもりみちとも)
明治〜昭和期の牧師、社会教育家。「日本現今之基督教並ニ将来之基督教」を著し、「新神学」のリーダー。
¶岡山人([没]昭和22(1947)年)，岡山百([生]安政6(1859)年)，岡山歴(かなもりみちとも　[生]安政4(1857)年8月18日)，キリ([生]安政4年8月15日(1857年10月2日))，近現，近文，熊本人(かなもりみちとも)，熊本百(かなもりみちとも)，現朝(かなもりみちとも　[生]安政4年8月15日(1857年10月2日))，国史，コン改，コン5，史人，新潮，人名7([生]1859年)，世紀，姓氏京都(かなもりみちとも)，世人([没]昭和20(1945)年3月2日)，世百，全書，哲学，日史(かなもりみちとも)，日人，幕末(かなもりみちとも)，幕末大(かなもりみちとも)，百科，明治史(かなもりみちとも)，明大1，履歴，履歴2，歴大(かなもりみちとも)

**金森文竜** かなもりぶんりゅう
明治〜昭和期の僧侶。
¶真宗

**金森通倫** かなもりみちとも
→金森通倫(かなもりつうりん)

**金谷善応** かなやぜんおう
天保1(1830)年〜明治26(1893)年

江戸時代後期～明治期の僧。金沢下百々女木町の臨済宗献珠寺の住持。
¶姓氏石川

**金谷斧叟** かなやふそう
→横井金谷（よこいきんこく）

**金山活牛** かなやまかつぎゅう
明治4（1871）年～昭和37（1962）年
明治～昭和期の宗教家。
¶宮城百

**金山仏乗** かなやまぶつじょう
文政8（1825）年～明治35（1902）年
江戸時代後期～明治期の僧。真福寺の住職。
¶姓氏山口

**金山穆韶** かなやまぼくしょう
明治9（1876）年10月30日～昭和33（1958）年6月11日
明治～昭和期の僧侶、仏教学者。高野山真言宗、高野山大学長。金剛峰寺座主、高野山真言宗官長。行学兼備と高徳を提唱。
¶現朝，現情，コン改，コン4，コン5，昭人，新潮，人名7，世紀，姓氏富山（㊤1877年），哲学，富山人，富山百，日人，仏教，仏人，ふる

**榎南足也** かなんたるや
文政10（1827）年～明治14（1881）年7月19日
江戸時代後期～明治期の羽黒神社神職・漢詩人。
¶岡山歴

**金子有郷** かねこありさと
弘化2（1845）年12月～大正11（1922）年1月16日
江戸時代末期～大正期の神職、国学者。
¶島根人，島根百，島根歴

**金子有卿** かねこありのり
弘化2（1845）年～大正12（1923）年1月16日
江戸時代後期～大正期の男爵、物部神社宮司。
¶華請，神人（㊤弘化2（1845）年12月　㊦大正12（1922）年1月），男爵（㊤弘化2（1845）年12月21日）

**金子有道** かねこありみち
明治2（1869）年8月29日～昭和13（1938）年3月18日
明治～昭和期の歌人。男爵、貴族院議員。「明治天皇御集」「昭憲皇太后御集」の編纂に従事。民間歌道の発展にも尽力。
¶昭人，神人（㊦昭和11（1936）年），人名，世紀，日人，明大2

**金子喜助** かねこきすけ
安政6（1859）年1月6日～昭和12（1937）年2月19日
明治～昭和期の天理教四丁野分教会初代会長。
¶埼玉人

**金子金五郎** かねこきんごろう
明治35（1902）年1月6日～平成2（1990）年1月6日
大正～昭和期の将棋棋士。名誉9段。序盤の金子の異名あり。その近代理論は棋界に影響を残す。
¶弓道（㊤大正6（1917）年7月1日　㊦昭和56（1981）年10月9日），群馬人，現朝，昭人，世紀，日人

**金子大栄** かねこだいえい
明治14（1881）年5月3日～昭和51（1976）年10月20日
明治～昭和期の僧侶，仏教学者。真宗大谷派、真宗大谷大学教授。機関紙「精神界」の主筆。待董寮頭。
¶京都大，現朝，現執1期，現情，コン改，コン4，コン5，史人（㊤1881年1月3日，（異説）5月3日），思想，思想史，真宗，新潮（㊤明治14（1881）年1月3日），人名7，世紀，姓氏京都，全書，哲学，新潟百，日人，仏教，仏人

か

**金子親範** かねこちかのり
→平親範（たいらのちかのり）

**兼子常五郎** かねこつねごろう
安政5（1858）年8月5日～昭和15（1940）年10月14日
明治～昭和期の牧師。
¶キリ

**金子豊雄** かねことよお
文政12（1829）年～明治33（1900）年
江戸時代末期～明治期の神職。
¶人名，日人

**金子日威** かねこにちい
明治39（1906）年12月18日～昭和62（1987）年12月10日
昭和期の日蓮宗僧侶。立正女子大学学長。経営の才に恵まれ大伽藍を復興。庶民的な一面を持ち社会的信望を得る。
¶現朝，現情，世紀，日人

**金子白夢** かねこはくむ
明治6（1873）年2月4日～昭和25（1950）年4月20日
㊞金子卯吉
明治期の名古屋愛知教会牧師。
¶愛知女，社史

**金子杜駿** かねこもりとし
享和2（1802）年～明治10（1877）年
江戸時代末期～明治期の国学者、神職。
¶島根人，島根百，島根歴，人名，日人

**金子安平** かねこやすへい
明治44（1911）年～
昭和期の神官。
¶群馬人

**金子吉祗**（金子吉祇） かねこよしただ
文久1（1861）年～大正13（1924）年
江戸時代末期～明治期の神官。西寒多神社、気比神宮などの宮司を歴任。正六位に叙された。
¶神人，人名，世紀（㊤万延2（1861）年1月　㊦大正13（1924）年5月），日人（金子吉祇）

**金子隆一** かねこりゅういち
昭和23（1948）年5月18日～
昭和～平成期の写真評論家、僧侶。
¶写人

**金子良運** かねこりょううん
大正12(1923)年～平成7(1995)年
昭和期の僧侶、仏教美術研究者。
¶史研

**金子亮淵** かねこりょうえん
天保12(1841)年～昭和5(1930)年
明治～大正期の僧侶。
¶神奈川人

**金坂宥栄** かねさかゆうえい
*～？
昭和期の僧侶、印刷工。
¶アナ(生明治44(1911)年)，社史(生1912年？)

**鐘田顕昌** かねたけんしょう
文政2(1819)年～明治26(1893)年
江戸時代後期～明治期の浄土宗の僧侶。
¶岡山歴

**金田徳光** かねだとくみつ
→金田徳光(かなだとくみつ)

**金田隆一** かねだりゅういち
昭和3(1928)年～
昭和～平成期のキリスト教思想史研究者。
¶平和

**金築中久** かねつきなかひさ
生没年不詳
江戸時代後期の神職。
¶国書

**金築春久** かねつきはるひさ
文化1(1804)年～明治5(1872)年
江戸時代後期～明治期の神職。
¶国書

**兼広教真** かねひろきょうしん
慶応1(1865)年～昭和11(1936)年
明治～昭和期の真宗の僧侶、大願寺住職。
¶姓氏鹿児島

**珂然** かねん
寛文9(1669)年～延享2(1745)年　別真阿(しんあ)
江戸時代中期の浄土宗鎮西義の学僧。
¶大阪人(没延享2(1745)年10月)，近世，国史，国書(没延享2(1745)年10月11日)，人名，日人，仏教(没延享2(1745)年10月11日)，仏史，仏人

**嘉念坊善俊** かねんぼうぜんしゅん
建保2(1214)年～弘安5(1282)年3月3日
鎌倉時代後期の僧。親鸞の弟子。飛騨に真宗を広めた。
¶濃飛，飛騨

**加納数馬** かのうかずま
江戸時代中期の仏師。
¶鎌倉(生没年不詳)，美建

**狩野源助ペドロ** かのうげんすけぺどろ
生没年不詳
江戸時代前期のキリシタン、狩野派絵師。京都のフランシスコ会の財産管理人。
¶朝日，日人，美家

**狩野利房** かのうとしふさ
天保8(1837)年～明治40(1907)年
江戸時代末期～明治期の歌人、神官。湯之上神社の祠官を歴任。生涯の詠歌1万首におよぶ。
¶郷土群馬(生1836年)，群馬人，群馬百，神人(生天保8(1837)年12月26日　没明治40(1907)年3月17日)，人名，姓氏群馬，日人(生1838年)

**協日熈** かのうにちき
弘化3(1846)年～昭和2(1927)年　別協日熈(かのうにっき)
明治～昭和期の僧侶。
¶青森人(かのうにちき(にっき))

**協日熈** かのうにっき
→協日熈(かのうにちき)

**叶坊光幡** かのうぼうこうはん
安土桃山時代の徳川家康の使僧。
¶静岡歴(生没年不詳)，姓氏静岡

**蒲清澄** かばきよすみ
文化9(1812)年6月15日～明治8(1875)年9月11日
江戸時代後期～明治期の弓道家、惣検校、蒲神明宮禰宜。
¶弓道

**蒲善恵** かばぜんね
文化8(1811)年～明治14(1881)年
江戸時代末期～明治期の僧侶。横須賀造船所のフランス人に日本語を教授。
¶神奈川人，幕末，幕末大

**蒲正村** かばまさむら
→蒲正村(がままさむら)

**樺山資雄** かばやますけお
享和1(1801)年～明治11(1878)年7月13日
江戸時代末期～明治期の国学者。松原神社宮司。「薩隅日地理纂考」を編纂。著書に「山陵遺考」。
¶朝日(生享和1年10月14日(1801年11月19日))，岐阜百，近現，近世，国史，国書，コン改，コン4，コン5，新潮(生享和1(1801)年10月14日)，人名，栃木歴(生天保10(1839)年　没明治32(1899)年)，日人，幕末(生？)，幕末大(生？)，明大2(生享和1(1801)年10月14日)，和俳(生享和1(1801)年10月14日)

**蕪城賢順** かぶらぎけんじゅん
大正～昭和期の僧侶。
¶真宗

**鏑木岑男** かぶらぎみねお，かぶらきみねお
昭和6(1931)年～
昭和～平成期の能楽師。宝生流ワキ方、宮司。愛宕神社宮司。
¶芸能(かぶらきみねお　生昭和6(1931)年5月24日)，能狂言

**鏑木幸雄** かぶらきゆきお,かぶらぎゆきお
生没年不詳
江戸時代末期の神職、歌人。
¶江文(かぶらぎゆきお),人名,日人

**ガブリエル**
天正6(1578)年～慶長1(1596)年
安土桃山時代のキリシタン。日本二十六聖人。
¶長崎歴

**可部赤邇** かべあかに
天保15(1844)年～明治14(1881)年
江戸時代末期～明治期の神官。大神神社主典などを歴任。著書に「官社祭神記」「大和国大神神社調書」など。
¶国書(㊐天保15(1844)年10月27日 ㊞明治14(1881)年12月5日),人名,日人,藩臣5

**加部厳夫** かべいずお
嘉永2(1849)年～大正11(1922)年
江戸時代末期～大正期の神祇官、教育者、郷土史家。
¶島根人,島根歴

**賀兵衛** かへえ
? ～*
江戸時代前期のキリシタン。
¶人名(㊞1623年),日人(㊞1624年)

**我宝** がほう
延応1(1239)年～正和6(1317)年1月27日
鎌倉時代後期の真言宗の僧。
¶国書,仏教(㊐?),仏人

**雅宝** がほう
天承1(1131)年～建久1(1190)年5月13日
平安時代後期の真言宗の僧。東大寺85世。
¶国書,古人(㊐1132年 ㊞1189年),諸系,人名,日人,仏教,密教(㊞1189/1190年5月13日)

**伽峰真霊尼** かほうしんれいに
? ～安永4(1775)年3月29日
江戸時代中期の黄檗宗の尼僧。
¶黄檗

**蒲池勢至** がまいけせいし
昭和26(1951)年～
昭和～平成期の僧侶、仏教学者。長善寺(真宗大谷派)住職。
¶現執4期

**鎌数謙譲** かまかずけんじょう
天保13(1842)年～明治24(1891)年
江戸時代後期～明治期の大願寺開基。
¶鹿児島百,姓氏鹿児島

**鎌田観応** かまたかんおう
嘉永2(1849)年5月11日～大正12(1923)年8月8日
㊊鎌田観応(かまたかんのう)
明治～大正期の真言宗僧侶。高野派管長、金剛峰寺座主。
¶人名,世紀,日人,仏教,仏人(かまたかんのう),明大1

**鎌田観応** かまたかんのう
→鎌田観応(かまたかんおう)

**鎌田五根** かまたごこん
享保5(1720)年～享和1(1801)年9月14日
江戸時代中期～後期の神道家。
¶愛媛百

**鎌田茂雄** かまたしげお
昭和2(1927)年12月10日～平成13(2001)年5月12日
昭和～平成期の宗教史学者。国際仏教学大学院大学教授、東京大学教授。中国仏教史研究の第一人者。著書に「中国仏教史」「中国の仏教儀礼」など。
¶現朝,現執1期,現執2期,現執3期,現情,考古(㊞平成13(2001)年5月1日),世紀,日人,マス89

**鎌田純一** かまたじゅんいち
大正12(1923)年～
昭和期の神道史研究者。皇学館大学教授。
¶現執1期

**鎌田東二** かまたとうじ
昭和26(1951)年3月20日～
昭和～平成期の宗教哲学研究家。専門は神道学、日本思想史。著書に「神界のフィールドワーク」など。
¶幻作,現執3期,現執4期,幻想,世紀

**鎌田直記** かまたなおき★
安永2(1773)年8月8日～天保12(1841)年2月20日
江戸時代後期の寺内古四王社の末社田村堂神主。
¶秋田人2

**鎌胤賀** かまたねます
江戸時代末期～明治期の僧侶。元興福寺学侶・春日大社新社司。
¶華請

**鎌田正行** かまだまさゆき
弘化4(1847)年～明治37(1904)年
江戸時代後期～明治期の神官。
¶大分歴

**鎌津田三右衛門** かまつださんえもん
生没年不詳
江戸時代前期の修験。
¶姓氏岩手

**蒲之坊雑雲** がまのぼうぞううん
*～明治17(1884)年
江戸時代末期～明治期の浄土真宗本願寺派学僧。大教校教授、勧学。
¶真宗(㊐文政5(1822)年 ㊞明治17(1884)年2月18日),仏教(㊐文政7(1824)年 ㊞明治17(1884)年4月18日)

**蒲正村** がままさむら
天保3(1832)年2月20日～明治19(1886)年12月27日 ㊊蒲正村(かばまさむら)
江戸時代末期～明治期の神職。
¶人名,飛騨(かばまさむら)

**釜谷南陵**　かまやなんりょう
寛延2（1749）年〜文化9（1812）年　㊀荒木田南陵（あらきだなんりょう）
江戸時代中期〜後期の本草学者。
¶国書（荒木田南陵　あらきだなんりょう　㊋文化9（1812）年2月23日），人名，三重続

**上井栄雄**　かみいひでお
明治期の神職。
¶神人

**神居琳応**　かみいりんのう
明治7（1874）年11月12日〜昭和44（1969）年9月19日
明治〜昭和期の浄土宗僧侶。知恩寺住職、浄土宗管長。
¶世紀，日人

**上大路能順**　かみおおじのうじゅん
寛永5（1628）年〜宝永3（1706）年11月28日　㊀能順（のうじゅん）
江戸時代前期〜中期の連歌師、僧。
¶国書（能順　のうじゅん），人名，人名（能順　のうじゅん），日人（㊋1707年），俳句（能順　のうじゅん），俳文（能順　のうじゅん）

**神白朝興**　かみしろともおき
天明2（1782）年〜安政4（1857）年　㊀神白朝興（こうじろともおき，こおじろともおき）
江戸時代後期の神職、歌人。
¶島根人（こおじろともおき），島根歴（こうじろともおき），人名

**上司永純**　かみつかさえいじゅん
元治1（1864）年〜昭和12（1937）年2月7日
明治〜昭和期の僧侶。華厳宗管長。東大寺別当。東大寺長老。
¶昭人，人名，世紀，日人

**上司海雲**　かみつかさかいうん
明治39（1906）年2月15日〜昭和50（1975）年1月25日
大正〜昭和期の僧侶、随筆家。東大寺別当となり、大仏殿の大修理に着手。著書に「東大寺」など。
¶近文，現情，人名7，世紀，奈良文，日人，仏教，仏人

**上司延興**　かみつかさのぶおき
→紀延興（きののぶおき）

**上野清永**　かみつけぬのきよなが
→上野清永（うえののきよなが）

**上出雅孝**　かみでまさたか
明治26（1893）年7月29日〜昭和52（1977）年8月
大正・昭和期の牧師・新聞社主筆。
¶飛騨

**上平主税**　かみひらちから
→上平主税（うえひらちから）

**上部貞永**　かみべさだなが
→上部貞永（うわべさだなが）

**上村観光**　かみむらかんこう
→上村観光（うえむらかんこう）

**神守空観**　かみもりくうかん
文政1（1818）年12月24日〜明治22（1889）年2月18日
江戸時代後期〜明治期の僧侶。
¶真宗

**神谷円舜**　かみやえんしゅん
〜昭和26（1951）年
明治〜昭和期の僧。
¶岡山人

**神谷大周**　かみやだいしゅう
天保12（1841）年〜大正9（1920）年2月15日
明治〜大正期の高僧。
¶人名，世紀，日人，仏人，明大1

**神谷備後**　かみやびんご
江戸時代中期の妙好人。
¶島根百，島根歴（生没年不詳）

**上山恒寿**　かみやまつねひさ
明治5（1872）年〜昭和22（1947）年
明治〜昭和期の神職。
¶神人

**神山東三郎忠昭**　かみやまとうざぶろうただあき★
明治16（1883）年1月11日〜
明治期の栃木県社神明宮宮司。
¶栃木人

**神山亮円**　かみやまりょうえん
文政1（1818）年？　〜明治15（1882）年
江戸時代後期〜明治期の僧。知立神社別当総持寺の最後の住職。
¶姓氏愛知

**神谷幸恵**　かみやゆきえ
天保7（1836）年1月23日〜明治43（1910）年11月23日
江戸時代後期〜明治期の神職。牛頭天王祠官。
¶神人

**香村宜円**　かむらぎえん
明治13（1880）年12月1日〜昭和21（1946）年1月6日
明治〜昭和期の仏教学者。妙心寺派高等布教講習所所長。東洋哲学、とくに因明倫理学を研究。
¶昭人，世紀，哲学，仏人

**禿諦住**　かむろたいじゅう
明治40（1907）年7月〜？
大正〜昭和期の僧侶。
¶真宗

**亀井一郎**　かめいいちろう
明治17（1884）年〜昭和7（1932）年4月
明治〜昭和期の僧。寺門を捨てて、上海に渡り、第一革命に参加、革命軍を援助した。
¶人名，日人，明大1

**亀井重範** かめいしげのり
文政7(1824)年～明治31(1898)年2月18日
江戸時代後期～明治期の歌人・吉田藩士・神官。
¶東三河

**亀井真澄** かめいますみ
大正期の神職。
¶神人

**亀谷凌雲** かめがいりょううん
明治21(1888)年4月9日～昭和48(1973)年3月16日
大正～昭和期の牧師。
¶キリ，世紀，姓氏富山，富山百，日人，ふる

**亀川教信** かめかわきょうしん
明治24(1891)年12月10日～昭和31(1956)年8月8日
明治～昭和期の僧侶。
¶真宗

**亀田如心** かめだじょしん
生没年不詳
江戸時代前期の神職。
¶国書

**亀田末雅** かめだすえまさ
宝暦11(1761)年～文政6(1823)年12月7日 ㊀亀田末雅(かめだすえもと)
江戸時代後期の国学者、伊勢の祠官。
¶国書(かめだすえもと)，神人(かめだすえもと)，人名，日人(かめだすえもと ㊁1824年)，三重続

**亀田末雅** かめだすえもと
→亀田末雅(かめだすえまさ)

**亀田末盛** かめだすえもり
天正17(1589)年～明暦3(1657)年9月14日
安土桃山時代～江戸時代前期の神職。
¶国書

**亀田千巌** かめだせんがん
明治19(1886)年～昭和39(1964)年5月13日
大正～昭和期の真宗大谷派僧侶。
¶仏教

**亀田大夫** かめだだゆう
戦国時代の伊勢御師。
¶戦辞(生没年不詳)，武田

**亀田孜** かめだつとむ
明治39(1906)年3月4日～昭和57(1982)年12月5日
昭和期の美術史学者。東北大学教授。仏教美術史を研究。
¶現執1期，現情，史研，世紀，仏教

**亀谷繁集** かめたにしげとう
？ ～明治7(1874)年8月3日
江戸時代末期～明治期の志士。八幡宮神官として子弟の教育に尽力。
¶幕末，幕末大

**亀田三衛** かめだみつえ
明治期の神職。
¶神人

**亀田佳彦** かめだよしひこ
元禄16(1703)年～安永3(1774)年12月27日
江戸時代中期の神職。
¶国書5

**亀原嘉博** かめはらよしひろ
寛政11(1799)年～明治3(1870)年 ㊀亀原和太四郎嘉博(かめはらわたしろうよしひろ)
江戸時代末期～明治期の社寺建築棟梁。
¶姓氏長野(㊀1798年)，長野歴(亀原和太四郎嘉博 かめはらわたしろうよしひろ)，美建

**亀原和太四郎嘉博** かめはらわたしろうよしひろ
→亀原嘉博(かめはらよしひろ)

**亀谷聖馨**(亀屋聖馨) かめやせいけい
安政3(1856)年～昭和5(1930)年5月7日
明治～昭和期の仏教研究家、教育家。名教中学校長。華厳哲学、仏陀とカントの比較等を研究。
¶人名(亀屋聖馨 ㊀1858年)，世紀，哲学，日人，仏人，明大2

**亀山円明** かめやまえんみょう
嘉永6(1853)年～大正6(1917)年
江戸時代末期～大正期の僧。稗貫郡亀ケ森村の真宗亀通山浄円寺13世。
¶姓氏岩手

**亀山弘応** かめやまこうおう
明治25(1892)年1月10日～昭和51(1976)年2月3日
大正～昭和期の真言宗僧侶、社会福祉事業家。高野山真言宗管長、老人ホーム嵐山寮設立者。
¶弓道(㊀明治24(1891)年1月10日)，現情，人名7，世紀，日人，仏教，仏人

**亀山浩由** かめやまこうゆう
大正1(1912)年10月30日～昭和52(1977)年5月7日
昭和期の保護司・高山市の雲竜寺33世。
¶飛驒

**蒲生氏郷** がもううじさと，かもううじさと
弘治2(1556)年～文禄4(1595)年2月7日 ㊀蒲生賦秀(がもうますひで)，会津少将(あいづしょうしょう)，松坂少将(まつざかしょうしょう)，松島侍従(まつがしまじじゅう)
安土桃山時代の武将、若松若松城主。
¶会津，朝日(㊁文禄4年2月7日(1595年3月17日))，岩史，岩手百(㊀1555年)，江戸東，近江，織田(蒲生賦秀 がもうますひで)，織田2(蒲生賦秀 がもうますひで)，角史，郷土滋賀，京都大，キリ，近世，系西，国史，国書，古中，コン改，コン4，コン5，滋賀百(かもううじさと)，史人，重要，諸系，人書94，新潮，人名，姓氏岩手，姓氏京都，世人，世百，戦合，戦国，戦辞(㊁文禄4年2月7日(1595年3月14日))，全書，戦人，全戦，戦武，大百，茶道，内乱，日史，日人，百科，福島百，山川小，歴大

か

**蒲生佐夜憩** がもうさやけ
～大正4(1915)年
明治～大正期の神職。
¶神人

**賀茂氏侍** かもうじとも
寛永10(1633)年～元禄15(1702)年9月4日
江戸時代前期～中期の神職。
¶国書

**賀茂氏徳** かもうじのり
元和5(1619)年～元禄5(1692)年12月19日
江戸時代前期～中期の神職。
¶国書

**賀茂氏久** かもうじひさ
建暦1(1211)年～正応1(1288)年9月6日
鎌倉時代前期～後期の神職・歌人。
¶国書

**賀茂氏之** かもうじひさ
文禄4(1595)年～寛文2(1662)年9月11日
安土桃山時代～江戸時代前期の神職。
¶国書

**加茂内直** かもうちなお
文化11(1814)年6月26日～安政3(1856)年3月18日
江戸時代後期～末期の神職。
¶国書

**蒲生弘** がもうひろし
？ ～明治19(1886)年
明治期の漢学者。教部省に出仕し、のち有栖川宮に仕える。
¶神人，人名

**蒲生賦秀** がもうますひで
→蒲生氏郷(がもううじさと)

**賀茂景久** かもかげひさ
生没年不詳
鎌倉時代後期の神職・歌人。
¶国書

**鴨棄祐** かもきゆう
正徳2(1712)年～？
江戸時代中期の神職。
¶国書

**賀茂清茂** かもきよしげ
→賀茂清茂(かものきよしげ)

**賀茂清足** かもきよたり
正徳2(1712)年～寛政3(1791)年10月18日
江戸時代中期～後期の神職。
¶国書

**賀茂清豊** かもきよとよ
正保4(1647)年6月21日～宝永5(1708)年8月8日
江戸時代前期～中期の神職。
¶国書

**賀茂清宣** かもきよのぶ
生没年不詳
鎌倉時代の神職・歌人。
¶国書

**賀茂清令** かもきよのり
寛永12(1635)年～正徳1(1711)年7月14日
江戸時代前期～中期の神職。
¶国書

**鴨邦祐** かもくにすけ
生没年不詳
鎌倉時代後期の神職・歌人。
¶国書

**賀茂惟久** かもこれひさ
生没年不詳
南北朝時代の神職・歌人。
¶国書

**賀茂定済** かもさだなり
生没年不詳
神職。
¶国書

**賀茂貞久** かもさだひさ
？ ～延徳2(1490)年1月28日
室町時代～戦国時代の神職。
¶国書

**賀茂定久** かもさだひさ
生没年不詳
南北朝時代の神職・歌人。
¶国書

**賀茂重員** かもしげかず
生没年不詳
鎌倉時代の神職・歌人。
¶国書

**鴨重忠** かもしげただ
寛政元(1789)年～安政2(1855)年7月19日　㊀鴨重忠(かものしげただ)
江戸時代後期～末期の伊予国高鴨大明神の神主。
¶愛媛(かものしげただ)，神人

**賀茂重延** かもしげのぶ
生没年不詳　㊀賀茂重延(かものしげのぶ)
平安時代後期の神職・歌人。
¶国書，古人(かものしげのぶ)，平史(かものしげのぶ)

**賀茂重政** かもしげまさ
康治1(1142)年～嘉禄1(1225)年　㊀賀茂重政(かものしげまさ)
鎌倉時代の歌人。
¶国書(㊁嘉禄1(1225)年7月28日)，古人(かものしげまさ)，人名，日人，平史(かものしげまさ)

**賀茂重保** かもしげやす
元永2(1119)年～建久2(1191)年　㊀賀茂重保(かものしげやす)
平安時代後期の歌人。歌林苑会衆。

¶朝日（かものしげやす　[没]建久2年1月12日（1191年2月7日）），国書（[没]建久2（1191）年1月12日），古人（かものしげやす），人書94，人名，日人（かものしげやす），平史（かものしげやす），和俳

**賀茂季前** かもすえさき
生没年不詳
江戸時代後期の神職。
¶国書

**賀茂季鷹** かもすえたか
→賀茂季鷹（かものすえたか）

**賀茂季宝** かもすえたか
元禄15（1702）年～安永3（1774）年6月3日
江戸時代中期の神職。
¶国書

**賀茂季栄** かもすえひで
享保18（1733）年5月8日～寛政5（1793）年7月12日
江戸時代中期～後期の神職。
¶国書

**賀茂季通** かもすえみち
元和5（1619）年～元禄6（1693）年8月1日
江戸時代前期～中期の神職・国学者。
¶国書

**賀茂季保** かもすえやす
生没年不詳　[別]賀茂季保（かものすえやす）
鎌倉時代前期の神職・歌人。
¶国書，古人（かものすえやす），平史（かものすえやす）

**賀茂祐篤** かもすけあつ
生没年不詳
戦国時代の神職。
¶国書

**鴨祐敦** かもすけあつ
生没年不詳
鎌倉時代後期の神職・歌人。
¶国書

**鴨祐雄** かもすけたけ
生没年不詳
戦国時代の神職。
¶国書

**鴨祐為** かもすけため
→梨木祐為（なしのきすけため）

**鴨祐俊** かもすけとし
生没年不詳
鎌倉時代前期の神職。
¶国書

**鴨祐夏** かもすけなつ
生没年不詳
鎌倉時代後期の神職・歌人。
¶国書

**鴨祐信** かもすけのぶ
天正14（1586）年～寛文7（1667）年12月20日
安土桃山時代～江戸時代前期の神職。
¶国書

**鴨祐治** かもすけはる
生没年不詳
鎌倉時代後期の神職・歌人。
¶国書

**鴨祐煕** かもすけひろ
明和7（1770）年～文政5（1822）年4月29日
江戸時代中期～後期の神職・歌人。
¶公家（祐煕〔鴨社社家鴨県主泉亭・梨木家〕　すけひろ），国書

**賀茂祐正** かもすけまさ
生没年不詳
平安時代後期の神職。
¶国書

**鴨祐光** かもすけみつ
生没年不詳
鎌倉時代後期の神職・歌人。
¶国書

**鴨祐邑** かもすけむら
生没年不詳
江戸時代前期の神職。
¶国書

**鴨祐守** かもすけもり
生没年不詳
鎌倉時代後期の神職・歌人。
¶国書

**鴨祐之** かもすけゆき
→鴨祐之（かものすけゆき）

**鴨祐世** かもすけよ
生没年不詳
鎌倉時代後期の神職・歌人。
¶国書

**賀茂忠久** かもただひさ
生没年不詳
鎌倉時代の神職・歌人。
¶国書

**賀茂忠頼** かもただより
？～寛弘7（1010）年　[別]賀茂忠頼（かものただより）
平安時代中期の神職・歌人。
¶国書，古人（かものただより　[生]？），平史（かものただより　生没年不詳）

**賀茂種平** かもたねひら
生没年不詳
鎌倉時代前期の神職・歌人。
¶国書

**鴨長明** かもちょうめい
→鴨長明（かものちょうめい）

**賀茂経樹** かもつねき
文化7（1810）年10月3日～天保9（1838）年閏4月28日

か

江戸時代後期の神職。
¶国書

**賀茂経春**　かもつねはる
文政2(1819)年5月20日～明治13(1880)年3月23日
江戸時代後期～明治期の神職・歌人。
¶国書



**賀茂経久**　かもつねひさ
生没年不詳
鎌倉時代後期の神職・歌人。
¶国書，神人

**賀茂遠久**　かもとおひさ
？　～延慶2(1309)年
鎌倉時代後期の神職・歌人。
¶国書

**鴨俊永**　かもとしなが
→鴨俊永(かものとしなが)

**鴨俊春**　かもとしはる
→鴨俊春(かものとしはる)

**賀茂脩久**　かもながひさ
生没年不詳
南北朝時代の神職・歌人。
¶国書

**賀茂夏久**　かもなつひさ
生没年不詳
室町時代の神職・歌人。
¶国書

**賀茂成助**　かもなりすけ
長元7(1034)年～永保2(1082)年　[別]賀茂成助(かものしげすけ)
平安時代中期～後期の神職・歌人。
¶国書，古人(かものしげすけ)，平史(かものしげすけ)

**賀茂成保**　かもなりやす
生没年不詳　[別]賀茂成保(かものしげやす)
平安時代後期の神職・歌人。
¶国書，古人(かものしげやす)，平史(かものしげやす)

**賀茂禰宜真髪部津守**　かもねぎまかべのつもり
生没年不詳
奈良時代の上賀茂神社の神官。
¶姓氏京都

**賀茂県主親経**　かものあがたぬしちかつね
平安時代中期の神官。賀茂社禰宜。
¶古人

**賀茂順久**　かものありひさ
承応1(1652)年～享保6(1721)年5月7日
江戸時代前期～中期の神官(賀茂社神主)。
¶公卿，公卿普

**賀茂応平**　かものおうひら
元禄14(1701)年～明和4(1767)年9月22日
江戸時代中期の神官(別雷社神主)。
¶公卿，公卿普，公家(応平〔賀茂社社家賀茂県主〕　まさひら)

**賀茂起久**　かものおきひさ
元和3(1617)年～元禄2(1689)年3月8日
江戸時代前期の神官(賀茂社神主)。
¶公卿，公卿普，公家(起久〔賀茂社社家賀茂県主〕　おきひさ)

**賀茂業久**　かものかずひさ
元文5(1740)年～文化9(1812)年10月15日
江戸時代中期～後期の神官(別雷社神主)。
¶公卿，公卿普，公家(業久〔賀茂社社家賀茂県主〕　なりひさ)

**賀茂清茂**　かものきよしげ
延宝7(1679)年～宝暦3(1753)年12月23日　[別]賀茂清茂(かもきよしげ)
江戸時代中期の神道家。賀茂三手文庫を設立。
¶朝日([生]延宝7年11月22日(1679年12月24日)　[没]宝暦3年12月23日(1754年1月16日))，近世，国史，国書(かもきよしげ　[生]延宝7(1679)年11月22日)，神史，新潮([生]延宝7(1679)年11月22日)，世人(かもきよしげ)，日人([没]1754年)

**鴨惟貞**　かものこれさだ
寛永13(1636)年～元禄6(1693)年6月12日
江戸時代前期の神官(鴨社祝)。
¶公卿，公卿普，公家(惟貞〔鴨社社家鴨県主鴨脚家3〕　これさだ　[生]1639年　[没]元禄9(1696)年6月12日)

**賀茂惟季**　かものこれすえ
平安時代後期の賀茂下社神主。嘉保2年従四位下。
¶古人

**賀茂維久**　かものこれひさ
寛永9(1632)年～元禄3(1690)年6月29日　[別]森維久(もりこれひさ)
江戸時代前期の神官(賀茂社神主)。
¶公卿，公卿普，公家(維久〔賀茂社社家賀茂県主〕　これひさ)，国書(森維久　もりこれひさ)

**賀茂職久**　かものしきひさ
寛永19(1642)年～元禄14(1701)年3月22日
江戸時代前期～中期の神官(賀茂社神主)。
¶公卿，公卿普，公家(職久〔賀茂社社家賀茂県主〕　もとひさ)

**賀茂成助**　かものしげすけ
→賀茂成助(かもなりすけ)

**鴨重忠**　かものしげただ
→鴨重忠(かもしげただ)

**賀茂重統**　かものしげつな
寛文3(1663)年～享保15(1730)年11月27日
江戸時代中期の神官(賀茂社神主)。
¶公卿，公卿普，公家(重統〔賀茂社社家賀茂県主〕　しげむね)

**賀茂重豊**　かものしげとよ
正保1(1644)年～享保1(1716)年9月11日

江戸時代前期～中期の神官(賀茂社正祝)。
¶公卿，公卿普，公家(重豊〔賀茂社社家賀茂県主〕　しげとよ)

**賀茂重延** かものしげのぶ
→賀茂重延(かもしげのぶ)

**賀茂成平** かものしげひら
→賀茂成平(かものなりひら)

**賀茂重政** かものしげまさ
→賀茂重政(かもしげまさ)

**賀茂重殖** かものしげます
宝暦5(1753)年～文政10(1827)年閏6月23日
江戸時代中期～後期の神官(別雷社正祝)。
¶公卿，公卿普，公家(重殖〔賀茂社社家賀茂県主〕　しげたね)

**賀茂重保** かものしげやす
→賀茂重保(かもしげやす)

**賀茂成保** かものしげやす
→賀茂成保(かもなりやす)

**賀茂季鷹**(加茂季鷹) かものすえたか
*～天保12(1841)年　㊊賀茂季鷹(かもすえたか),季鷹(きおう)
江戸時代中期～後期の歌人、国学者。
¶朝日(㊐宝暦4年2月6日(1754年2月27日)　㊡天保12年10月9日(1841年11月21日))，岩史(㊐宝暦4(1754)年2月6日　㊡天保12(1841)年10月9日)，江文(㊐宝暦1(1751)年)，京都(加茂季鷹　㊐宝暦1(1751)年)，京都大(㊐宝暦1(1751)年)，近世(加茂季鷹　㊐1754年)，国史(加茂季鷹　㊐1754年)，国書(かもすえたか　㊐宝暦4(1754)年2月6日　㊡天保12(1841)年10月9日)，コン改(加茂季鷹　㊐宝暦1(1751)年)，コン4(㊐宝暦1(1751)年)，コン5(㊐宝暦1(1751)年)，史人(㊐1754年2月6日　㊡1841年10月9日)，神史(㊐1754年)，新潮(㊐宝暦2(1752)年　㊡天保12(1841)年10月9日)，人名(㊐1751年)，姓氏京都(㊐1751年)，世人(加茂季鷹　㊐宝暦1(1751)年　㊡天保12(1841)年9月18日)，日人(㊐1754年)，俳句(季鷹　きおう　㊡天保10(1839)年)，百科(㊐宝暦4(1754)年)，和俳(㊐宝暦1(1751)年)

**鴨季治** かものすえはる
元和7(1621)年～元禄1(1688)年1月16日
江戸時代前期の神官(鴨社祝)。
¶公卿，公卿普

**賀茂季保** かものすえやす
→賀茂季保(かもすえやす)

**鴨祐有** かものすけあり
室町時代の神官。
¶公卿(生没年不詳)，公卿普，公家(祐有〔鴨社社家鴨県主泉亭・梨木家〕　すけあり)

**鴨祐季** かものすけすえ
平安時代後期の賀茂御祖社(下鴨社)の禰宜。
¶古人，平史(生没年不詳)

**鴨祐之** かものすけのり
→鴨祐之(かものすけゆき)

**鴨祐熈** かものすけひろ
明和6(1769)年～文政5(1822)年4月29日
江戸時代中期～後期の神官(鴨社権禰宜)。
¶公卿，公卿普

か

**鴨祐持** かものすけもち
安永6(1777)年～安政4(1857)年9月10日
江戸時代後期の神官(御祖社正禰宜)。
¶公卿，公卿普，公家(祐持〔鴨社社家鴨県主泉亭・梨木家〕　すけもち)

**鴨祐保** かものすけやす
寛保1(1741)年～文化8(1811)年5月18日
江戸時代中期～後期の神官(御祖社正禰宜)。
¶公卿，公卿普，公家(祐保〔鴨社社家鴨県主泉亭・梨木家〕　すけやす)

**鴨祐之** かものすけゆき
万治2(1659)年～享保8(1723)年　㊊鴨祐之(かもすけゆき,かものすけのり),梨木祐之(なしのきすけゆき)
江戸時代前期～中期の国学者、神官(鴨社禰宜)。
¶朝日(㊡享保8年1月29日(1723年3月5日))，近世，公卿(かものすけのり　㊐万治3(1660)年　㊡享保9(1724)年1月29日)，公卿普(かものすけのり　㊐万治3(1660)年　㊡享保9(1724)年1月29日)，公家(祐之〔鴨社社家鴨県主泉亭・梨木家〕　すけゆき　㊐1660年　㊡享保9(1724)年1月29日)，国史，国書(かもすけゆき　㊐万治3(1660)年　㊡享保9(1724)年1月29日)，コン5，思想史，神史，神人(かもすけゆき　㊡享保8(1723)年1月29日)，新潮(㊡享保8(1723)年1月29日)，人名(かもすけゆき)，人名(梨木祐之　なしのきすけゆき　㊐？)，日人，平史

**鴨祐喜** かものすけよし
享保18(1733)年～？
江戸時代中期の神官(御祖社正禰宜)。
¶公卿，公卿普，公家(祐喜〔鴨社社家鴨県主泉亭・梨木家〕　すけよし　㊡？)

**賀茂喬久** かものたかひさ
宝暦8(1758)年～寛政12(1800)年8月17日
江戸時代中期～後期の神官(別雷社正禰宜)。
¶公卿，公卿普，公家(喬久〔賀茂社社家賀茂県主〕　たかひさ)

**賀茂孝久** かものたかひさ
寛政3(1791)年～安政4(1857)年1月28日
江戸時代末期の神官(別雷社神主)。
¶公卿，公卿普，公家(孝久〔賀茂社社家賀茂県主〕　たかひさ)

**賀茂賞久** かものたかひさ
正徳5(1715)年～天明1(1781)年3月12日　㊊賀茂賞久(かもよしひさ)
江戸時代中期の神官(別雷社正禰宜)。
¶公卿，公卿普，公家(賞久〔賀茂社社家賀茂県

主〕　よしひさ），国書（かもよしひさ）

**賀茂忠頼** かものただより
→賀茂忠頼（かもただより）

**鴨長明** かものちょうめい
*～建保4（1216）年　㊊鴨長明（かもちょうめい，かものながあきら），蓮胤（れんいん）
平安時代後期～鎌倉時代前期の歌人、随筆家、文学者。「方丈記」の著者。
¶朝日（㊐久寿2（1155）年　㊍建保4年閏6月8日（1216年7月24日）），岩史（㊐久寿2（1155）年　㊍建保4（1216）年閏6月8日），角史（㊐久寿2（1155）年？），鎌倉（㊐仁平3（1153）年），鎌倉新（㊐仁平3（1153）年），鎌室（㊐仁平3（1153）年），京都（㊐久寿2（1155）年），京都大（㊐久寿2（1155）年），芸能（㊐久寿2（1155）年　㊍建保4（1216）年閏6月），国史（㊐1155年），国書（かもちょうめい　㊐久寿2（1155）年頃　㊍建保4（1216）年閏6月8日），古人（かものながあきら　㊐1155年），古中（㊐1155年），コン改（㊐久寿2（1155）年？），コン4（㊐久寿2（1155）年？），コン5（㊐久寿2（1155）年？），詩歌（㊐1155年），詩作（㊐久寿2（1155）年　㊍建保4（1216）年閏6月10日），史人（㊐1155年？　㊍1216年閏6月），思想史（㊐久寿2（1155）年），重要（㊐久寿2（1155）年？　㊍建保4（1216）年閏6月8日），神史（㊐1155年），人書94（かもちょうめい　㊐1153年頃），新潮（㊐仁平3（1153）年？　㊍建保4（1216）年閏6月），新文（㊐久寿2（1155）年　㊍建保4（1216）年閏6月8日），人名（㊐1153年），姓氏京都（㊐1155年？），世人（㊐仁平3（1153）年　㊍建保4（1216）年10月13日），世百（㊐1155年？），全書（㊐1155年？），大百（㊐1155年），中世（㊐1155年？），伝記（㊐1155年？），内乱（㊐久寿2（1155）年？），日音（㊐久寿2（1155）年），日史（㊐久寿2（1155）年？　㊍建保4（1216）年閏6月），日人（㊐1155年？），日文（㊐久寿2（1155）年），百科（㊐久寿2（1155）年？），兵庫百（㊐久寿2（1155）年），仏教（㊐久寿2（1155）年？　㊍建保4（1216）年閏6月），仏史（㊐1155年），仏人（蓮胤　れんいん　㊐？），文学（㊐1155年），平史（かものながあきら　㊐1155年），平日（㊐1155？　㊍1216），山川小（㊐1155年？　㊍1216年閏6月），歴大（かものながあきら　㊐1155年？），和俳（㊐久寿2（1155）年　㊍建保4（1216）年閏6月）

**鴨継貞** かものつぐさだ
平安時代後期の河合社禰宜。
¶古人

**賀茂督久** かものとくひさ
寛文12（1672）年～元文5（1740）年5月25日
江戸時代中期の神官（賀茂社神主）。
¶公卿，公卿普，公家（督久〔賀茂社社家賀茂県主〕　すけひさ）

**鴨俊永** かものとしなが
*～天明5（1785）年2月18日　㊊鴨俊永（かもとしなが）
江戸時代中期の神官（御祖社正禰宜）。
¶公卿（㊐宝永6（1709）年），公卿普（㊐宝永6（1709）年），公家（俊永〔鴨社社家鴨県主泉亭・梨木家〕　としなが　㊐1712年），国書（かもとしなが　㊐正徳2（1712）年）

**鴨俊春** かものとしはる
*～天明5（1785）年11月28日　㊊鴨俊春（かもとしはる）
江戸時代中期の神官（御祖社正禰宜）。
¶公卿（㊐享保18（1733）年），公卿普（㊐享保18（1733）年），公家（俊春〔鴨社社家鴨県主泉亭・梨木家〕　としはる　㊐1734年），国書（かもとしはる　㊐享保19（1734）年）

**鴨俊彦** かものとしひこ
天保4（1833）年～？
江戸時代末期の神官（御祖社権禰宜）。
¶公卿，公卿普，公家（俊彦〔鴨社社家鴨県主泉亭・梨木家〕　としひこ　㊍？）

**鴨俊益** かものとします
寛政9（1797）年～？
江戸時代後期の神官（御祖社正禰宜）。
¶公卿，公卿普，公家（俊益〔鴨社社家鴨県主泉亭・梨木家〕　とします　㊍？）

**鴨長明** かものながあきら
→鴨長明（かものちょうめい）

**鴨永祐** かものながすけ
江戸時代前期の神官（鴨社禰宜）。
¶公卿（生没年不詳），公卿普，公家（永祐〔鴨社社家鴨県主泉亭・梨木家〕　ながすけ）

**鴨長継** かものながつぐ
？　～*
平安時代後期の長明の父。
¶古人（㊐？　㊍1172年？），平史（㊍1172年，（異説）1173年頃）

**賀茂成真** かものなりざね
～永承3（1048）年
平安時代中期の賀茂別雷社神主。
¶古人

**賀茂就久** かものなりひさ
寛永20（1643）年～？
江戸時代前期の神官（賀茂社神主）。
¶公卿，公卿普，公家（就久〔賀茂社社家賀茂県主〕　なりひさ　㊍？）

**賀茂成平** かものなりひら
？　～長治2（1105）年　㊊賀茂成平（かものしげひら）
平安時代後期の蹴鞠名家、山城賀茂神社の祠官。
¶古人（かものしげひら　㊐？），人名，日人（生没年不詳），平史（かものしげひら）

**賀茂信平** かもののぶひら
*～天保9（1838）年9月18日　㊊賀茂信平（かものぶひら）
江戸時代中期～後期の神官（別雷社神主）。
¶公卿（㊐明和4（1767）年），公卿普（㊐明和4

(1767)年)，公家(信平〔賀茂社社家賀茂県主〕のぶひら [生]1775年)，姓氏京都(かものぶひら [生]1775年)

**賀茂規清　かもののりきよ**
→梅辻規清(うめつじのりきよ)

**鴨春武　かものはるたけ**
明和7(1770)年〜文政11(1828)年10月14日
江戸時代後期の神官(御祖社正禰宜)。
¶公卿，公卿普，公家(春武〔鴨社社家鴨県主泉亭・梨木家〕　はるたけ)

**鴨春光　かものはるみつ**
江戸時代中期の神官(鴨社祝)。
¶公卿(生没年不詳)，公卿普，公家(春光〔鴨社社家鴨県主鴨脚家2〕　はるみつ)

**鴨久祐　かものひさすけ**
明暦3(1657)年〜享保1(1716)年7月20日
江戸時代前期〜中期の神官(鴨社禰宜)。
¶公卿，公卿普，公家(久祐〔鴨社社家鴨県主泉亭・梨木家〕　ひさすけ)

**鴨秀静　かものひでしず**
文化4(1807)年〜？
江戸時代後期の神官(御祖社正祝)。
¶公卿，公卿普，公家(秀静〔鴨社社家鴨県主鴨脚家1〕　ひでしず　[没]？)

**鴨秀隆　かものひでたか**
*〜宝暦8(1758)年10月30日
江戸時代中期の神官(御祖社正祝)。
¶公卿(生没年不詳)，公卿普([生]？)，公家(秀隆〔鴨社社家鴨県主鴨脚家1〕　ひでたか　[生]1679年)

**鴨秀豊　かものひでとよ**
[別]鴨秀豊(かもひでとよ)
江戸時代中期〜後期の神官(御祖社正祝)。
¶公卿([生]宝暦4(1754)年　[没]天保6(1835)年7月27日)，公卿普([生]宝暦4(1754)年　[没]天保6(1835)年7月27日)，公家(秀豊〔鴨社社家鴨県主鴨脚家1〕　ひでとよ　[生]1756年　[没]天保8(1837)年7月27日)，国書(かもひでとよ　[生]宝暦6(1756)年　[没]天保8(1837)年7月27日)

**鴨秀長　かものひでなが**
享保5(1720)年〜文化4(1807)年2月4日
江戸時代中期〜後期の神官(御祖社正祝)。
¶公卿，公卿普，公家(秀長〔鴨社社家鴨県主鴨脚家1〕　ひでなが)

**鴨秀久　かものひでひさ**
明暦2(1656)年〜元文2(1737)年11月8日
江戸時代前期〜中期の神官(鴨社祝)。
¶公卿，公卿普，公家(秀久〔鴨社社家鴨県主鴨脚家1〕　ひでひさ)

**鴨秀文　かものひでふみ**
天保4(1833)年〜？　[別]鴨秀文(かもひでぶみ)
江戸時代末期の神官(鴨河合社祝)。
¶公卿，公卿普，公家(秀文〔鴨社社家鴨県主鴨脚家1〕　ひでふみ　[没]？)，国書(かもひでぶみ)

**鴨秀政　かものひでまさ**
江戸時代前期の神官(鴨社祝)。
¶公卿(生没年不詳)，公卿普，公家(秀政〔鴨社社家鴨県主鴨脚家1〕　ひでまさ)

**賀茂博久　かものひろひさ**
寛保1(1741)年〜天明2(1782)年8月24日
江戸時代中期の神官(別雷社神主)。
¶公卿，公卿普，公家(博久〔賀茂社社家賀茂県主〕　ひろひさ)

**賀茂太久　かものふとひさ**
文政8(1825)年〜？
江戸時代末期の神官(別雷社神主)。
¶公卿，公卿普，公家(太久〔賀茂社社家賀茂県主〕　ふとひさ　[没]？)

**賀茂信久　かものぶひさ**
生没年不詳
南北朝時代の神職・歌人。
¶国書

**賀茂信平　かものぶひら**
→賀茂信平(かもののぶひら)

**賀茂正久　かものまさひさ**
正徳2(1712)年〜安永7(1778)年2月9日
江戸時代中期の神官(別雷社神主)。
¶公卿，公卿普，公家(正久〔賀茂社社家賀茂県主〕　まさひさ)

**賀茂政平　かものまさひら**
→賀茂政平(かもまさひら)

**賀茂径久　かものみちひさ**
文化12(1815)年〜？
江戸時代後期の神官(別雷社神主)。
¶公卿，公卿普，公家(径久〔賀茂社社家賀茂県主〕　みちひさ　[没]？)

**鴨光連　かものみつつら**
明和2(1765)年〜天保13(1842)年7月10日
江戸時代中期〜後期の神官(御祖社権祝・従三位)。
¶公卿，公卿普，公家(光連〔鴨社社家鴨県主鴨脚家2〕　みつつら)

**鴨光条　かものみつなが**
享保12(1727)年〜天明8(1788)年9月24日
江戸時代中期の神官(御祖社権祝)。
¶公卿，公卿普，公家(光条〔鴨社社家鴨県主鴨脚家2〕　みつなが)

**鴨光陳　かものみつのり**
天明1(1781)年〜天保7(1836)年8月5日
江戸時代後期の神官(御祖社権祝)。
¶公卿，公卿普，公家(光陳〔鴨社社家鴨県主鴨脚家2〕　みつのぶ)

**鴨光寛　かものみつひろ**
文化11(1814)年〜元治1(1864)年2月15日
江戸時代末期の神官(御祖社権祝)。
¶公卿，公卿普，公家(光寛〔鴨社社家鴨県主鴨脚家2〕　みつひろ)

か

**鴨光行** かものみつゆき
慶安4(1650)年～元文1(1736)年8月5日
江戸時代前期～中期の神官(鴨社祝・正三位)。
¶公卿，公卿普，公家(光行〔鴨社社家鴨県主鴨脚家2〕 みつゆき)

**賀茂望久** かものもちひさ
安永9(1780)年～天保8(1837)年8月9日
江戸時代後期の神官(別雷社神主)。
¶公卿，公卿普，公家(望久〔賀茂社社家賀茂県主〕 もちひさ)

**賀茂基久** かものもとひさ
→賀茂基久(かももとひさ)

**賀茂保喬** かものやすたか
寛文9(1669)年～享保4(1719)年11月25日
江戸時代中期の神官(賀茂社神主)。
¶公卿，公卿普，公家(保喬〔賀茂社社家賀茂県主〕 やすたか)

**賀茂保暠** かものやすたか
享保15(1730)年～享和2(1802)年3月8日 [別]賀茂保暠(かもやすあきら)
江戸時代中期～後期の神官。
¶公卿，公卿普，公家(保暠〔幸徳井家(絶家)〕 やすたか)，国書(かもやすあきら [生]享保15(1730)年1月4日)

**賀茂保韶** かものやすつぐ
享保16(1731)年～文化4(1807)年11月9日
江戸時代中期～後期の神官(別雷社神主)。
¶公卿，公卿普，公家(保韶〔賀茂社社家賀茂県主〕 やすあき)

**賀茂保敬** かものやすのり
延享1(1744)年～文政2(1819)年3月1日 [別]賀茂保敬(かもやすゆき)
江戸時代中期～後期の神官(陰陽寮)。
¶公卿，公卿普，公家(保敬〔幸徳井家(絶家)〕 やすたか)，国書(かもやすゆき [生]延享1(1744)年5月28日)

**賀茂保盛** かものやすもり
文政8(1825)年～？
江戸時代末期の神官(別雷社神主)。
¶公卿，公卿普，公家(保盛〔賀茂社社家賀茂県主〕 やすもり [没]？)

**賀茂保麗** かものやすよし
宝暦2(1752)年～文政2(1819)年1月13日
江戸時代中期～後期の神官(別雷社神主)。
¶公卿，公卿普，公家(保麗〔賀茂社社家賀茂県主〕 やすよし)

**賀茂幸平** かものゆきひら
→賀茂幸平(かもゆきひら)

**賀茂能久** かものよしひさ
承安1(1171)年～貞応2(1223)年 [別]賀茂能久(かもよしひさ)
鎌倉時代前期の神官。上賀茂社神主、後鳥羽上皇の近臣。
¶岡山歴(かもよしひさ)，鎌室(かもよしひさ 生没年不詳)，国史，古人，古中，史人([没]1223年6月10日)，神史，神人(かもよしひさ [生]嘉応2(1170)年)，新潮([没]貞応2(1223)年6月10日)，人名(かもよしひさ)，姓氏京都，日人

**賀茂規清** かものりきよ
→梅辻規清(うめつじのりきよ)

**賀茂教久** かものりひさ
弘安7(1284)年～正平6/観応2(1351)年2月15日
鎌倉時代後期～南北朝時代の神職・歌人。
¶国書

**賀茂久宗** かもひさむね
生没年不詳
鎌倉時代の神職・歌人。
¶国書

**賀茂久世** かもひさよ
寛元1(1243)年～？
鎌倉時代前期～後期の神職・歌人。
¶国書

**鴨秀豊** かもひでとよ
→鴨秀豊(かものひでとよ)

**賀茂秀久** かもひでひさ
生没年不詳
室町時代の神職・歌人。
¶国書，国書5

**鴨秀文** かもひでぶみ
→鴨秀文(かものひでふみ)

**鴨秀行** かもひでゆき
永正14(1517)年～？
戦国時代の神職。
¶国書

**賀茂雅久** かもまさひさ
永仁6(1298)年～正平8/文和2(1353)年1月16日
鎌倉時代後期～南北朝時代の神職・歌人。
¶国書

**賀茂政平** かもまさひら
？ ～安元2(1176)年6月 [別]賀茂政平(かものまさひら)
平安時代後期の神職・歌人。
¶国書，古人(かものまさひら [生]？)，平史(かものまさひら)

**賀茂益久** かもますひさ
？ ～文明3(1471)年1月29日
室町時代～戦国時代の神職・歌人。
¶国書

**賀茂水穂** かもみずほ
天保11(1840)年5月12日～明治42(1909)年3月1日
江戸時代末期～明治期の神主。戊辰戦争では遠州報国隊に参加し官軍の東征に従軍。
¶維新，静岡歴，神人，人名，姓氏静岡，日人，幕末，幕末大，明大1

**鴨光兼** かもみつかね
生没年不詳
鎌倉時代前期の神職・歌人。
¶国書

**賀茂基久** かももとひさ
生没年不詳　㊀賀茂基久（かものもとひさ）
鎌倉時代の神職、歌人。
¶国書，人名，日人（かものもとひさ）

**賀茂元久** かももとひさ
弘治1（1555）年～元和9（1623）年11月1日
戦国時代～江戸時代前期の神職・連歌作者。
¶国書5

**加茂百十** かもももとお
文化7（1810）年～明治27（1894）年
江戸時代末期・明治期の神職。
¶愛媛

**賀茂師久** かももろひさ
生没年不詳
鎌倉時代後期の神職・歌人。
¶国書

**賀茂保嵩** かもやすあきら
→賀茂保嵩（かものやすたか）

**賀茂保考** かもやすたか
寛延2（1749）年9月21日～文化14（1817）年4月19日
江戸時代中期～後期の神職・書家。
¶国書

**賀茂保遠** かもやすとお
文政7（1824）年～明治22（1889）年7月15日
江戸時代後期～明治期の神職。
¶国書

**賀茂保永** かもやすひさ
宝暦10（1760）年～天保3（1832）年9月27日
江戸時代中期～後期の神職。
¶国書

**賀茂保望** かもやすもち
天文7（1538）年～寛永7（1630）年12月13日
戦国時代～江戸時代前期の神職。
¶国書

**賀茂保敬** かもやすゆき
→賀茂保敬（かものやすのり）

**賀茂行久** かもゆきひさ
生没年不詳
鎌倉時代後期の神職・歌人。
¶国書

**賀茂幸平** かもゆきひら
康治1（1142）年～建保2（1214）年9月2日　㊀賀茂幸平（かものゆきひら）
平安時代後期～鎌倉時代前期の神職・歌人。
¶国書，古人（かものゆきひら），平史（かものゆきひら）

**賀茂賞久** かもよしひさ
→賀茂賞久（かものたかひさ）

**賀茂能久** かもよしひさ
→賀茂能久（かものよしひさ）

**掃部** かもん
文禄2（1593）年～明暦3（1657）年1月28日
安土桃山時代～江戸時代前期の児玉郡渡瀬村のキリシタン。
¶埼玉人

**賀陽為徳** かやためのり
江戸時代中期の備中吉備津宮神官。
¶岡山歴

**萱津宥海** かやつゆうかい
明治25（1892）年～昭和17（1942）年
大正～昭和期の僧。大岡村高峰寺住職。
¶姓氏長野

**萱沼義兵衛** かやぬまぎへえ
～寛政12（1800）年
安土桃山時代の修験者。
¶御殿場

**賀陽貞政** かやのさだまさ
㊀賀陽貞政（かようさだまさ）
平安時代後期の神官。備中国吉備津社神主代。
¶岡山人（かようさだまさ），岡山歴，古人

**賀陽豊恒** かやのとよつね
平安時代前期の神官。
¶岡山歴

**香山長一** かやまちょういち
明治13（1880）年3月～昭和50（1975）年1月4日
明治～昭和期の牧師。長崎YMCA主事、大阪YMCA主事。
¶日Y

**香山良実** かやまよしざね
天保9（1838）年～明治18（1885）年
江戸時代後期～明治期の神職。
¶神人

**加友** かゆう
生没年不詳
江戸時代の俳人（貞門）。
¶国書，俳諧，俳句，俳文，和俳

**嘉祐** かゆう
安土桃山時代の連歌作者。尾張国熱田社僧のうち、円定坊。
¶俳文

**賀陽貞政** かようさだまさ
→賀陽貞政（かやのさだまさ）

**唐崎士愛** からさきことちか
→唐崎常陸介（からさきひたちのすけ）

**唐崎常陸介** からさきひたちのすけ
元文2（1737）年～寛政8（1796）年　㊀唐崎士愛（からさきことちか）

江戸時代中期の神官、国学者、勤皇志士。
¶朝日(唐崎士愛　からさきことちか　㊀寛政8年11月18日(1796年12月16日)), 国書(㊐元文2(1737)年5月19日　㊀寛政8(1796)年11月18日), コン改, コン4, コン5, 新潮(㊀寛政8(1796)年2月18日), 人名, 日人, 広島百(㊀寛政8(1796)年11月18日)

か

**辛島勝波豆米** からしまのすぐりはずめ
生没年不詳
奈良時代の宇佐宮禰宜。
¶大分歴

**辛島勝与曽売** からしまのすぐりよそめ
生没年不詳
奈良時代の宇佐八幡宮称宜兼酒井社司祝部。
¶大分百, 大分歴

**辛島勝代豆米** からしまのまさよずめ
生没年不詳　㊙辛島代豆米(からしまのよずめ)
奈良時代の女性。宇佐神宮の禰宜。
¶女性, 人名, 日人(辛島代豆米　からしまのよずめ)

**辛島代豆米** からしまのよずめ
→辛島勝代豆米(からしまのまさよずめ)

**ガラシャ**
→細川ガラシャ(ほそかわがらしゃ)

**烏丸レオ** からすまれお
天文16(1547)年頃～慶長2(1597)年2月5日
安土桃山時代のキリシタン。26聖人の1人。
¶キリ

**苅谷定彦** かりやさだひこ
昭和12(1937)年～
昭和期の仏教学者。
¶現執1期

**苅宿仲衛** かりやどなかえ
安政1(1854)年～明治40(1907)年12月23日
江戸時代末期～明治期の神官、教員。自由党福島部の創立に尽力。
¶近史1, 社史(㊀1907年10月12日), 幕末(㊐1854年8月7日), 幕末大(㊐嘉永7(1854)年7月14日)

**迦陵瑞迦** かりょうずいか
寛政5(1793)年～安政6(1859)年3月
江戸時代末期の臨済宗の僧。
¶仏教

**華林恵厳** かりんえごん
→恵厳(1)(えごん)

**苅萱** かるかや
伝説上の僧(高野聖)。
¶コン改, コン4, コン5, 日人, 仏教

**軽間鳥麻呂** かるまのとりまろ
→軽間連鳥麻呂(かるまのむらじとりまろ)

**軽間連鳥麻呂** かるまのむらじとりまろ
㊙軽間鳥麻呂(かるまのとりまろ)
奈良時代の建築家。
¶人名, 日人(軽間鳥麻呂　かるまのとりまろ　生没年不詳), 美建(軽間鳥麻呂　かるまのとりまろ)

**瓦礫舎朴巌** がれきしゃぼくがん
生没年不詳
江戸時代中期の社僧。
¶国書

**川井運吉** かわいうんきち
明治2(1869)年～昭和23(1948)年
明治～昭和期の神学者。
¶秋田人2(㊐明治2年3月10日　㊀昭和23年11月23日), 渡航(㊐1869年4月　㊀1948年10月)

**河合亀輔** かわいかめすけ
慶応3(1867)年5月3日～昭和8(1933)年3月17日
江戸時代末期～昭和期の神学者。
¶渡航

**川合寛聴** かわいかんちょう
天保14(1843)年～大正12(1923)年
明治～大正期の神職。京都北野神社社家、裏千家流茶道教授、今日庵名誉教授。
¶茶道

**河井喜右衛門** かわいきえもん
？　～寛永1(1624)年
江戸時代前期のキリシタン、殉教者。
¶人名, 日人

**川合清丸** かわいきよまる
嘉永1(1848)年11月21日～大正6(1917)年6月24日　㊙川合清丸(かわいきよまろ)
明治期の社会教育家。太一垣神社社掌。国教創設を提唱、日本国教大道社を創立。「大同叢誌」を発行。
¶朝日(㊐嘉永1年11月21日(1848年12月16日)), 近現, 国史, コン改, コン5, 史人, 神史, 神人(㊐嘉永6(1848)年11月　㊀大正6(1917)年6月), 新潮, 人名, 世紀, 鳥取百(かわいきよまろ), 日人, 明治史, 明大1

**川合清丸** かわいきよまろ
→川合清丸(かわいきよまる)

**河合さだ** かわいさだ
明治10(1877)年～？
明治～大正期のキリスト教伝道者。郷里秋田で教員となり、婦人伝道師として布教につとめる。
¶女性, 女性普

**河合繁樹** かわいしげき
明治23(1890)年5月10日～昭和47(1972)年4月3日
大正～昭和期の神職。
¶飛騨, 宮崎百

**川合信水** かわいしんすい
慶応3(1867)年～昭和37(1962)年7月3日
明治～昭和期の宗教家、教育家。前橋市共愛女学校長。著書に「孔子の教育と吾が体験」。
¶キリ(㊐慶応3年10月22日(1867年11月17日)),

近文，現情（[生]慶応3（1867）年10月22日），世紀（[生]慶応3（1867）年10月22日），山梨百（[生]慶応3（1867）年11月17日），山梨文

**河井善順** かわいぜんじゅん
天保7（1836）年～明治26（1893）年8月20日
江戸時代末期～明治期の僧侶。真龍寺の第10世住職。
¶会津，幕末，幕末大

**川合田夏丸** かわいだなつまろ
～大正6（1917）年2月9日
明治・大正期の歌人・神職。
¶飛騨

**河合禎三** かわいていぞう
明治6（1873）年1月3日～昭和24（1949）年2月10日
明治～昭和期のキリスト教徒。
¶渡航

**河合日辰** かわいにっしん
安政2（1855）年4月14日～昭和18（1943）年6月18日
明治～昭和期の僧。
¶岡山歴，世紀，日人，明大1

**川合梁定** かわいりょうじょう
安政6（1859）年～昭和7（1932）年
明治～昭和期の僧。
¶世紀（[生]安政6（1859）年7月1日 [没]昭和7（1932）年4月1日），日人

**川勝宗賢** かわかつそうけん
明治45（1912）年～昭和51（1976）年
昭和期の僧侶。
¶多摩

**川勝鉄弥** かわかつてつや
嘉永3（1850）年10月26日～大正4（1915）年6月11日
明治期の牧師。N.ブラウンを手伝い日本最初の「新訳聖書」の全訳を完成。
¶神奈川人，神奈川百，キリ，国史，史人，社史（[生]嘉永3年10月26日（1850年11月29日）），日人，福岡百，明治史，明大1

**河上市蔵** かわかみいちぞう
嘉永1（1848）年～大正15（1926）年
江戸時代末期～大正期の宗教家。
¶岡山人

**河上市之丞** かわかみいちのじょう
→河上忠晶（かわかみただあき）

**河上鶴立** かわかみかくりつ
文政10（1827）年～明治32（1899）年
江戸時代末期・明治期の僧。浄土真宗西法寺。
¶熊本人

**川上孤山** かわかみこざん
明治7（1874）年～昭和7（1932）年2月15日
明治～昭和期の臨済宗妙心寺派僧侶。臨済宗4派主事、臨済宗大学教授。
¶愛媛，愛媛百，昭人，仏教

**川上薩摩** かわかみさつま
生没年不詳
江戸時代中期の桂本神社の神主。
¶飛騨

**川上清吉** かわかみせいきち
明治29（1896）年4月20日～昭和34（1959）年6月1日
明治～昭和期の宗教学者。
¶佐賀百，島根人，島根百，島根歴，真宗，世紀，日人

**河上忠晶** かわかみただあき
寛政7（1795）年～文久2（1862）年8月22日 [別]河上市之丞（かわかみいちのじょう）
江戸時代末期の漢学者、黒住教徒。
¶岡山人，岡山百（[生]寛政7（1795）年7月7日），岡山歴（河上市之丞 かわかみいちのじょう [生]寛政7（1795）年7月7日），国書，人名，日人

**川上貞信** かわかみていしん
文久4（1864）年～大正11（1922）年
明治・大正期の仏教学者。チベット潜入をめざした。
¶熊本近

**河上正雄** かわかみまさお
大正～昭和期の僧侶。
¶真宗

**川上正秀** かわかみまさひで
～天文4（1535）年8月5日
戦国時代の修験者。
¶飛騨

**川喜田玄無** かわきたげんむ★
貞享2（1685）年～宝暦5（1755）年
江戸時代前期～中期の僧侶。
¶三重続

**川口卯吉** かわぐちうきち
明治16（1883）年8月12日～昭和43（1968）年8月24日
明治～昭和期の神学者。
¶渡航

**河口慧海** かわぐちえかい
慶応2（1866）年1月12日～昭和20（1945）年2月24日
明治～昭和期の仏教学者、探検家。東洋大学教授。チベット探険家、チベット学の創始者。著書に「西蔵文典」。
¶朝日（[生]慶応2年1月12日（1866年2月26日）），岩史，近現，近文，現朝（[生]慶応2年1月12日（1866年2月26日）），現人，広7，国史，コン改，コン5，史人，思想史，植物，新潮，人名7，世紀，世百，先駆，全書，大百，哲学，伝記，日史，日史語，日人，日中（[生]慶応2（1866）年1月12日），日本，百科，仏教，仏人，ポプ人，民学，明治2，明治史，明大2，履歴，履歴2，歴大

**川口希逸** かわぐちきいつ
生没年不詳

江戸時代後期の漢詩人。臨済宗の僧。
¶国書

**川口高風** かわぐちこうふう
昭和23(1948)年3月16日～
昭和～平成期の僧侶、日本仏教史学者。愛知学院大助教授、法持寺副住職。
¶現執2期，現執3期



**川口常文** かわぐちつねぶみ
天保13(1842)年4月～明治25(1892)年
江戸時代末期～明治期の国学者、神職。
¶神人(㊀明治25(1892)年10月12日)，人名(㊥？)，日人，三重

**川口信之** かわぐちのぶゆき
大正期の神職。
¶神人

**川越重定** かわごえしげさだ
文化8(1811)年～明治3(1870)年
江戸時代後期～明治期の神官。
¶神人

**川越重凞** かわごえしげひろ
天保11(1840)年～明治42(1909)年12月1日
江戸時代後期～明治期の神官。
¶神人

**川崎清厚**(河崎清厚) かわさききよあつ
天明8(1788)年～弘化3(1846)年
江戸時代後期の国学者。
¶国書(河崎清厚　㊥天明8(1788)年4月21日　㊀弘化3(1846)年8月4日)，人名，日人(河崎清厚)，三重続(河崎清厚　㊥天明8年4月22日)

**河崎顕成** かわさきけんじょう
明治期の僧侶。
¶真宗(㊥？　㊀明治42(1909)年)，日中(㊥文政11(1828)年　㊀明治44(1911)年)

**河崎顕了** かわさきけんりょう
明治4(1871)年1月14日～昭和25(1950)年11月17日
明治～昭和期の僧侶。
¶真宗

**川崎権太夫** かわさきごんだゆう
？～
江戸時代前期の青森津軽の義人。
¶青森人，青森百，人名，日人(生没年不詳)

**川崎升** かわさきしょう
明治3(1870)年～昭和11(1936)年7月3日　㊐川崎升(かわさきのぼる)
明治～昭和期の牧師。
¶渡航(㊥1870年6月6日)，日Y(かわさきのぼる　㊥明治3(1870)年11月3日)

**川崎信定** かわさきしんじょう
昭和10(1935)年12月14日～
昭和～平成期の宗教学者。東洋大学文学部印度哲学科教授、筑波大学教授。宗教学やインド哲学を専門。訳書に「原典訳 チベットの死者の書」。
¶世紀，日人

**川崎田豆雄** かわさきたずお
文政11(1828)年～明治33(1900)年9月2日
江戸時代末期～明治期の神官、社軍隊幹部。勤王に奔走。
¶岡山人，岡山百(㊥文政11(1828)年10月21日)，岡山歴(㊥文政11(1828)年10月21日)，神人(㊥文政11(1828)年10月2日)，人名，日人，幕末，幕末大，明大1(㊥文政11(1828)年10月21日)

**河崎延貞** かわさきのぶさだ
寛永11(1634)年8月1日～宝永6(1709)年
江戸時代前期の国学者、伊勢の祠官。
¶国書(㊀宝永6(1709)年10月23日)，神人(㊀宝永6(1709)年10月23日)，人名(㊀？)，日人，三重続

**河崎延治** かわさきのぶはる
寛文10(1670)年～正徳4(1714)年10月7日
江戸時代前期～中期の神職。
¶国書5

**川崎升** かわさきのぼる
→川崎升(かわさきしょう)

**河崎秀憲** かわさきひでのり
*～享保11(1726)年10月24日
江戸時代前期～中期の神職・俳人。
¶国書(㊥寛文3(1663)年)，姓氏石川(㊥？)

**川崎法蓮** かわさきほうれん
*～明治17(1884)年8月17日
江戸時代末期～明治期の浄土真宗本願寺派学僧。筑前長楽寺住職、西本願寺皇学教授。
¶神人(㊥寛政8(1796)年)，人名(㊥1796年)，日人(㊥1797年)，仏教(㊥寛政9(1797)年)

**川島実忠** かわしまじっちゅう
明治19(1886)年～昭和27(1952)年
明治～昭和期の住職、合掌による教化活動者。
¶島根歴

**川島真量** かわしましんりょう
明治25(1892)年8月25日～昭和58(1983)年5月22日
明治～昭和期の僧侶。
¶真宗

**川嶋末之進** かわしますえのしん
明治2(1869)年頃～昭和31(1956)年
明治～昭和期の牧師。上海日本人YMCA初代総主事。
¶日Y

**川島兵庫** かわしまひょうご
*～昭和18(1943)年2月12日　㊐川島兵庫源正剛(かわしまひょうごみなもとのせいごう)
明治～昭和期の神道無念流剣術家。
¶埼玉人(㊥嘉永6(1853)年7月21日)，埼玉百(川島兵庫源正剛　かわしまひょうごみなもとのせいごう　㊥1852年)

**川島兵庫源正剛**　かわしまひょうごみなもとのせいごう
→川島兵庫（かわしまひょうご）

**河尻秀昉**（川尻秀昉）　かわじりしゅうぼう，かわしりしゅうほう
？～明治44（1911）年10月1日
明治期の浄土真宗大谷派の僧侶。
¶真宗，姓氏石川（川尻秀昉　かわしりしゅうほう）

**川面凡児**　かわずらぼんじ
→川面凡児（かわつらぼんじ）

**川瀬小太郎**　かわせこたろう
慶応3（1867）年2月9日～大正13（1924）年1月6日
江戸時代末期～大正期の牧師。
¶渡航

**河瀬秀治**　かわせしゅうじ
→河瀬秀治（かわせひではる）

**河瀬秀治**　かわせひでじ
→河瀬秀治（かわせひではる）

**河瀬秀治**　かわせひではる
天保10（1839）年12月15日～＊　[別]河瀬秀治（かわせしゅうじ，かわせひでじ）
明治期の官吏、実業家。武蔵知事、横浜同神社長。内国勧業博の事務担当。「中外物価新報」創刊。竜池会設立に助力。
¶朝日（[生]天保10年12月15日（1840年1月19日）[没]昭和3（1928）年4月2日），維新（かわせひでじ　[生]1841年　[没]1907年），海越（[生]天保12（1842）年12月15日　[没]明治40（1907）年），海越新（[生]天保12（1842）年12月15日　[没]明治40（1907）年），近現（かわせひでじ　[没]1928年），群新百（[没]1907年），群馬人（[没]明治40（1907）年），群馬百（[没]1907年），国際（[生]天保12（1841）年　[没]明治40（1907）年），国史（かわせひでじ　[没]1928年），コン改（[生]1841年　[没]1907年），コン5（[没]昭和3（1928）年），埼玉人（[生]天保12（1841）年12月15日　[没]昭和3（1928）年4月2日），埼玉百（[没]1907年），史人（[没]1928年4月2日），ジ人1（[没]昭和3（1928）年4月2日），新潮（[没]昭和3（1928）年4月2日），人名（[没]1907年），政治（[没]昭和3（1928）年4月2日），姓氏群馬（かわせひでじ　[没]1928年），千葉百（かわせしゅうじ　[没]明治40（1907）年），渡航（かわせひでじ　[生]1841年12月15日　[没]1907年），日史（かわせひでじ　[没]昭和3（1928）年4月2日），日人（[生]1840年　[没]1928年），幕末（[生]1841年　[没]1907年），幕末大（[生]天保12（1842）年12月15日　[没]明治40（1907）年），明治史（かわせひでじ　[没]昭和3（1928）年），明大1（[没]昭和3（1928）年4月2日）

**川瀬良琛**　かわせりょうじん
慶応2（1866）年～昭和11（1936）年9月15日
江戸時代末期～昭和期の僧侶。
¶真宗

**川添徳治**　かわぞえとくじ
明治20（1887）年～昭和41（1966）年
明治～昭和期の牧師、学生労働会主宰。
¶高知人，高知百

**川添万寿得**　かわぞえますえ
明治3（1870）年～昭和13（1938）年7月11日
明治～昭和期の牧師、伝道者。
¶キリ（[生]明治3年9月26日（1870年10月20日）），高知人，渡航（[生]1870年9月26日）

**川田聖見**　かわだしょうけん
明治34（1901）年2月1日～
昭和期の真言宗豊山派僧侶。
¶現情

**川田秀穎**　かわたひでかい
文政9（1826）年～明治30（1897）年3月30日
江戸時代後期～明治期の国学者・歌人。
¶徳島百（[生]文政9（1826）年2月28日），徳島歴（[生]文政9（1826）年3月28日）

**河内玉琳**　かわちぎょくりん
？～慶長17（1612）年7月19日
江戸時代前期の山伏。
¶岡山歴

**河内勝学**　かわちしょうがく
寛政12（1800）年～明治10（1877）年
江戸時代末期の教育家、修験者。
¶栃木歴

**川地白江守**　かわちはくえのかみ
安永9（1780）年～慶応3（1867）年
江戸時代中期～末期の宮大工。
¶姓氏愛知，美建

**川津毎鎮**　かわづつねしず
文政12（1829）年～明治3（1870）年
江戸時代末期の志士、祠官。
¶人名，日人

**川面凡児**　かわつらぼんじ，かわづらぼんじ
文久2（1862）年～昭和4（1929）年2月23日　[別]川面凡児（かわずらぼんじ）
明治～昭和期の神道家。「自由党党報」を主宰。稜威会を創立、大日本世界教を宣布する。
¶朝日（[生]文久2年4月1日（1862年4月29日）），大分歴，近現，現朝（[生]文久2年4月1日（1862年4月29日）），国史，コン改（かわづらぼんじ），コン5（かわづらぼんじ），史人（[生]1862年4月1日），ジ人1（[生]文久2（1862）年4月1日），神史，神人（かわずらぼんじ　[生]文久2（1862）年4月），新潮（かわづらぼんじ），人名，世紀（[生]文久2（1862）年4月1日），世人，全書（かわづらぼんじ），大百（かわづらぼんじ），哲学（かわづらぼんじ），日人，明治史，明大1（[生]文久2（1862）年4月1日）

**川出清彦**　かわできよひこ
明治35（1902）年～昭和62（1987）年
昭和期の菟足神社宮司。
¶姓氏愛知

**川出直吉**　かわでなおきち
明治8（1875）年～昭和6（1931）年

明治～昭和期の神職、教育者。菟足神社宮司、川出裁縫女学校長。
¶姓氏愛知

**川出直隣** かわでなおちか
延享3（1746）年～天保3（1832）年
江戸時代後期の国学者・神官。
¶東三河

か

**川手文治郎** かわてぶんじろう
文化11（1814）年8月16日～明治16（1883）年10月10日　㊙金光大神（こんこうだいじん），金光大陣（こんこうたいじん，こんこうだいじん），赤沢文治（あかざわぶんじ）
江戸時代末期～明治期の宗教家。金光教教祖。祟り神とされていた金神を守り神とし、現実生活に即した教えを説く。
¶朝日（㊤文化11年8月16日（1814年9月29日）），維新（金光大神　こんこうだいじん），江人（金光大神　こんこうだいじん），岡山（金光大神　こんこうだいじん），岡山人（金光大神　こんこうだいじん），岡山歴（金光大神　こんこうだいじん），近現，近世，国史，コン改，コン4，コン5，史人，思想，重要，神史，人書94，神人（金光大陣　こんこうたいじん），神人（赤沢文治　あかざわぶんじ），新潮，人名（金光大陣　こんこうたいじん），世人，全書（金光大神　こんこうだいじん），大百，哲学（金光大陣　こんこうだいじん），日思（赤沢文治　あかざわぶんじ），日史（金光大神　こんこうだいじん），日人（金光大神　こんこうだいじん），日本，幕末（金光大神　こんこうだいじん　㊦1877年10月10日），幕末大（金光大神　こんこうだいじん），百科（金光大神　こんこうだいじん），ポプ人，明治史，明大1，山川小

**川出宗直** かわでむねなお
寛永16（1639）年～正徳元（1711）年6月11日
江戸時代中期の神官。
¶東三河

**川那辺願了** かわなべがんりょう
享和1（1801）年～明治7（1874）年
江戸時代後期～明治期の僧侶。医術をまなび医師として活躍。
¶維新，幕末，幕末大（㊤寛政13（1801）年1月）

**川並香順** かわなみこうじゅん
明治31（1898）年4月4日～昭和41（1966）年4月27日
明治～昭和期の僧侶、教育者。
¶学校

**河野彦契** かわのげんけい
元禄16（1703）年～寛延2（1749）年
江戸時代中期の曹洞宗の僧。
¶大分歴

**川野三暁** かわのさんぎょう
明治43（1910）年3月31日～平成1（1989）年12月18日
昭和期の僧侶。
¶真宗，政治

**河野主一郎** かわのしゅういちろう
→河野主一郎（こうのしゅいちろう）

**河野天鱗** かわのてんりん
→天鱗（てんりん）

**川端市郎** かわばたいちろう
元治1（1864）年～昭和3（1928）年
明治～昭和期の政治家。群馬県議会議員、宗教家。
¶群馬人

**川畑默志** かわばたもくし
明治20（1887）年11月27日～昭和20（1945）年4月19日
明治～昭和期の寄留商人。那覇市議会議員、沖縄仏教青年会会長。
¶沖縄百

**川原一瓢** かわはらいっぴょう
*～天保11（1840）年　㊙一瓢（いっぴょう），清水一瓢（しみずいっぴょう）
江戸時代中期の俳僧。
¶伊豆（㊤明和8（1771）年），神奈川人（㊤1711年），国書（一瓢　いっぴょう　㊤明和7（1770）年　㊦天保11（1840）年7月7日），静岡百（一瓢　いっぴょう　㊤明和8（1771）年），静岡歴（㊤明和8（1771）年），人名（清水一瓢　しみずいっぴょう　㊤1770年），姓氏静岡（㊤1771年），日人（一瓢　いっぴょう　㊤1770年），俳諧（一瓢　いっぴょう　㊤？），俳句（一瓢　いっぴょう），俳文（一瓢　いっぴょう　㊤明和8（1771）年　㊦天保11（1840）年7月7日），和俳（清水一瓢　しみずいっぴょう　㊤明和7（1770）年）

**川原快俊** かわはらかいしゅん
明治38（1905）年～昭和57（1982）年
昭和期の僧侶。
¶和歌山人

**河原松声** かわはらしょうせい
明治期の国学者、神職。
¶神人

**河人成高** かわひとなりたか
→河人成高（かわひとのしげたか）

**河人成高** かわひとのしげたか
㊙河人成高（かわひとなりたか）
平安時代後期の阿波一宮の祠官。
¶古人，徳島歴（かわひとしげたか（なりたか）生没年不詳）

**河辺精長** かわべきよなが
慶長6（1601）年12月6日～元禄1（1688）年
江戸時代前期の伊勢大宮司。内外両宮の摂社の復興に尽力。
¶朝日（㊤慶長6年12月6日（1602年1月28日）㊦元禄1年8月29日（1688年9月23日）），近世，国史，国書（㊦貞享5（1688）年8月29日），コン改，コン4，コン5，史人（㊦1688年8月29日），神史，神人，新潮（㊦元禄1（1688）年8月29日），人名，世人（㊦元禄1（1688）年8月29日），日人（㊤1602年），三重続，歴大

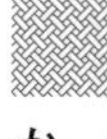



**河辺都盛** かわべくにもり
→大中臣都盛（おおなかとみのつもり）

**河辺慶縁** かわべけいえん
明治18（1885）年5月5日～？
明治～大正期の僧侶。
¶真宗

**河辺貞吉** かわべていきち
元治1（1864）年6月26日～昭和28（1953）年1月17日
明治～昭和期の牧師。日本自由メソジスト協会を建設。聖書塾大阪伝導学館を始める。「河辺貞吉説教集」。
¶海越新，学校，キリ（㊓元治1年6月26日（1864年7月29日）），近現，現情，国史，史人，新潮，人名7，世紀，渡航，日人，兵庫百，明治史，明大1

**河辺長都** かわべながくに
→大中臣長都（おおなかとみのながと）

**河辺長堯** かわべながたか
元文5（1740）年～文化3（1806）年8月19日
江戸時代中期～後期の神職。
¶公家（長堯〔伊勢内宮大宮司大中臣氏〕 ながあき），国書

**河辺長則** かわべながのり
→大中臣長則（おおなかとみながのり）

**河辺長春** かわべながはる
万治1（1658）年11月29日～元禄6（1693）年5月19日
江戸時代中期の祠官。
¶国書，神人，人名（㊓1654年），日人

**河辺故長** かわべひさなが
生没年不詳
江戸時代前期の神職。
¶国書

**河辺博長**（河邊博長，河邉博長） かわべひろなが
慶応1（1865）年3月21日～昭和5（1930）年4月4日
江戸時代末期～昭和期の男爵。旧公卿。
¶華畫（河邊博長），男爵（河邉博長）

**河辺満甕** かわべみつかめ
明治30（1897）年7月29日～昭和45（1970）年5月9日
大正～昭和期の牧師。関西学院教授、関西学院大学予科科長。
¶キリ，兵庫百

**河辺隆次**（河邊隆次） かわべりゅうじ★
元治1（1864）年2月13日～
江戸時代末期～明治期の男爵。興福寺勧修坊住職。
¶男爵（河邊隆次）

**川村輝典** かわむらあきのり
昭和3（1928）年10月20日～
昭和～平成期の新約聖書学者。
¶現執2期，現執4期

**川村邦光** かわむらくにみつ
昭和25（1950）年～
昭和～平成期の宗教学者。天理大学助教授。
¶現執3期，現執4期（㊓1950年5月27日）

**河村孝道** かわむらこうどう
昭和8（1933）年2月7日～
昭和期の日本曹洞宗学者。駒沢大学教授。
¶現執1期，現執2期

**川村作摩** かわむらさくま
明治期の神職。
¶神人

**川村坦応** かわむらたんのう
明治8（1875）年～昭和13（1938）年
明治～昭和期の僧。青森県初の青少年感化院を設立。
¶青森人

**河村常造** かわむらつねぞう
明治～大正期の神職。
¶神人

**河村秀影** かわむらひでかげ
？ ～永禄5（1562）年
安土桃山時代の織田信長の家臣。津島社禰宜。
¶織田2

**河村秀綱** かわむらひでつな
？ ～天正2（1574）年
安土桃山時代の織田信長の家臣。津島社禰宜。
¶織田2

**河村政任** かわむらまさとう
明治20（1887）年7月21日～昭和51（1976）年4月3日
明治～昭和期の医療伝道者。広島信徒会長、国際ギデオン協会広島支部長。
¶キリ

**河本泰祐** かわもとたいすけ
文政8（1825）年～明治32（1899）年
江戸時代後期～明治期の宗教家。
¶岡山百

**川本鉄石** かわもとてっせき，かわもとてつせき
文政9（1826）年～明治29（1896）年
江戸時代後期～明治期の漢詩人、僧侶。
¶島根人（かわもとてつせき），島根歴

**川守田英二** かわもりたえいじ
明治24（1891）年～昭和36（1961）年
大正～昭和期の神学博士・ヘブライ語研究者。
¶姓氏岩手

**観阿**(1) かんあ
生没年不詳
鎌倉時代前期の僧。
¶兵庫百

**観阿**(2) かんあ
生没年不詳
江戸時代前期の浄土宗の僧。

¶国書

**観阿**(3) かんあ
生没年不詳
江戸時代末期の浄土真宗の僧。
¶国書



**願阿** がんあ
～文明18(1486)年
室町時代後期の勧進僧。
¶ふる

**願阿弥** がんあみ
生没年不詳
室町時代の時宗の僧。
¶鎌室，京都大，新潮，姓氏京都，世人，内乱，日人

**願安** がんあん
生没年不詳
平安時代前期の法相宗の僧。
¶仏教

**寛伊** かんい
嘉禎2(1236)年～永仁3(1295)年4月25日
鎌倉時代後期の真言宗の僧。
¶国書，仏教(生没年不詳)

**寛意** かんい
天喜2(1054)年～康和3(1101)年6月15日
平安時代後期の真言宗の僧。観音院流の祖。
¶国史，古人，古中，コン改(㊀天喜1(1053)年 ㊁康和2(1100)年)，コン4(㊀天喜1(1053)年 ㊁康和2(1100)年)，コン5(㊀天喜1(1053)年 ㊁康和2(1100)年)，史人，新潮，人名，日人，仏教，仏史，平史，和歌山人

**観意** かんい
生没年不詳
鎌倉時代の僧侶・歌人。
¶国書

**寛印** かんいん
生没年不詳
平安時代中期の天台宗の僧。
¶朝日，国史，古人，古中，コン改，コン4，コン5，史人，新潮，人名，世人，日人，仏教，仏史，平史

**寛胤** かんいん
→寛胤法親王(かんいんほっしんのう)

**貫允** かんいん
生没年不詳
江戸時代中期の天台宗の僧。
¶国書

**閑陰** かんいん
生没年不詳
江戸時代前期の天台宗の僧。
¶国書

**寛胤親王** かんいんしんのう
→寛胤法親王(かんいんほっしんのう)

**寛胤法親王** かんいんほうしんのう
→寛胤法親王(かんいんほっしんのう)

**寛胤法親王** かんいんほっしんのう
延慶2(1309)年～天授2/永和2(1376)年4月3日
㊙寛胤(かんいん)，寛胤親王(かんいんしんのう)，寛胤法親王(かんいんほうしんのう)
鎌倉時代後期～南北朝時代の僧。伏見天皇皇子。
¶鎌室，国書(寛胤親王　かんいんしんのう)，人名(かんいんほうしんのう)，天皇(かんいんほうしんのう　㊀延慶1(1308)年)，日人(かんいんほうしんのう)，仏教(寛胤　かんいん)

**甘雨** かんう
→甘雨為霖(かんういりん)

**甘雨為霖** かんういりん
天明6(1786)年2月8日～明治5(1872)年2月8日
㊙甘雨(かんう)
江戸時代末期～明治期の曹洞宗の曹洞宗学僧。竜台院・長仙庵・清月庵開山各地の授戒会戒師。
¶国書，島根歴，日人，仏教，仏人(甘雨　かんう)

**寛運** かんうん
？～保延5(1139)年4月
平安時代後期の真言宗の僧。
¶古人(㊀？)，仏教，平史

**寛雲** かんうん
生没年不詳
平安時代前期の華厳宗の僧。東大寺19世。
¶仏教

**観雲慈音** かんうんじおん
？～天文7(1538)年　㊙慈音(じおん)
戦国時代の僧、念流の剣術創始者。
¶人名，体育(慈音　じおん)，日人

**寛恵** かんえ
康平7(1064)年～永治1(1141)年
平安時代後期の仁和寺僧。
¶古人，平史

**寛慧** かんえ
乾元1(1302)年～興国4/康永2(1343)年2月22日
鎌倉時代後期～南北朝時代の真言宗の僧。
¶仏教

**桓恵** かんえ
生没年不詳
南北朝時代～室町時代の天台宗の僧・歌人。
¶国書

**看栄稟閲** かんえいひんえつ
？～天正19(1591)年4月23日
安土桃山時代の曹洞宗の僧。
¶仏教

**観益道人** かんえきどうじん
生没年不詳
江戸時代後期の僧侶。
¶国書

か

**堪円** かんえん
生没年不詳　㊀堪円（たんえん）
平安時代中期の天台宗の僧・歌人。
¶国書，古人（たんえん），平史（たんえん）

**寛円** かんえん
平安時代後期～鎌倉時代前期の仏師。
¶古人，美建，平史（生没年不詳）

**観円**(1) かんえん
生没年不詳
平安時代後期の天台宗の僧。
¶古人，仏教，平史

**観円**(2) かんえん
平安時代後期の長谷寺の僧。
¶古人

**観円**(3) かんえん
生没年不詳
平安時代後期の華厳宗の僧。
¶仏教

**願演** がんえん
生没年不詳
平安時代前期の天台宗の僧。
¶仏教

**元円** がんえん
平安時代後期の仏師。
¶古人，美建，平史（生没年不詳）

**菅円吉** かんえんきち
明治28（1895）年12月20日～昭和47（1972）年9月23日
大正～昭和期の神学者、聖公会司祭。立教大学教授。バルト神学の理解と紹介に尽力。
¶キリ，現執1期，現情，人名7，世紀，哲学，日人，日Y（㊤明治18（1885）年12月20日）

**観応** かんおう
明暦2（1656）年～宝永7（1710）年8月28日
江戸時代前期～中期の新義真言宗の僧。
¶国書，仏教

**関翁玄機** かんおうげんき
慶長18（1613）年～寛文1（1661）年11月19日
江戸時代前期の曹洞宗の僧。
¶仏教

**鑑翁士昭** かんおうししょう
？～正平15/延文5（1360）年11月4日　㊀鑑翁士昭（かんのうししょう）
鎌倉時代後期～南北朝時代の臨済宗の僧。東福寺29世。
¶国書（かんのうししょう），日人，仏教

**関翁殊門**（関翁殊門） かんおうしゅもん
大永1（1521）年～慶長8（1603）年
戦国時代～安土桃山時代の曹洞宗の僧。
¶人名（関翁殊門），日人，仏教（㊦慶長8（1603）年2月15日）

**寛雅** かんが
生没年不詳
平安時代後期～鎌倉時代前期の真言宗の僧。
¶古人，諸系，日人，仏教，平家（㊤康和4（1102）年？），平史

**寛海**(1) かんかい
生没年不詳
鎌倉時代の真言宗の僧。
¶仏教

**寛海**(2) かんかい
？～正応5（1292）年6月10日
鎌倉時代後期の浄土宗の僧。
¶仏教

**寛海**(3)（観海） かんかい
正平3/貞和4（1348）年～応永9（1402）年
南北朝時代～室町時代の木寺宮邦世親王の王子、後二条天皇の皇曽孫。
¶人名，日人（観海）

**寛海**(4) かんかい
天正19（1591）年～万治2（1659）年12月13日
江戸時代前期の真言宗の僧。
¶戦人，仏教

**寛海**(5) かんかい
慶長19（1614）年～延宝6（1678）年10月1日
江戸時代前期の真言宗の僧。東寺長者193世。
¶仏教

**寛海**(6) かんかい
寛文1（1661）年9月～享保10（1725）年8月24日
江戸時代前期～中期の高僧。
¶兵庫人

**寛海**(7) かんかい
寛延2（1749）年～天保6（1835）年
江戸時代中期～後期の天台宗の僧。比叡山で学ぶ。
¶仏人

**寛海**(8) かんかい
享和1（1801）年～明治4（1871）年7月16日
江戸時代後期～明治期の僧。
¶庄内

**観海** かんかい
明和6（1769）年～文化12（1815）年2月24日
江戸時代中期～後期の真言宗の僧。
¶国書

**願海** がんかい
文政6（1823）年～明治6（1873）年5月7日　㊀大行満願海（だいぎょうまんがんかい）
江戸時代末期～明治期の天台宗の僧。
¶群馬人（大行満願海　だいぎょうまんがんかい），国書，長野歴，仏教

**元海** がんかい
→元海（げんかい）

**観海恵眼** かんかいえげん
～明治14（1881）年

明治期の禅僧。
¶神奈川人

**寰海周契** かんかいしゅうけい
享保15(1730)年～明和4(1767)年
江戸時代中期の臨済宗の僧・漢詩人。
¶国書



**函海禅慧** かんかいぜんね
宝暦3(1753)年～文化11(1814)年8月25日
江戸時代中期～後期の臨済宗の僧。
¶国書

**寰海宗晙** かんかいそうしゅん
宝暦2(1752)年～文化14(1817)年7月26日
江戸時代中期～後期の臨済宗の僧。大徳寺415世。
¶仏教

**館開僧生** かんかいそうしょう
生没年不詳
南北朝時代の曹洞宗の僧。
¶国書，姓氏石川，仏教

**観海祖倫** かんかいそりん
明和5(1768)年～天保12(1841)年3月1日
江戸時代後期の禅僧・画家。
¶埼玉人

**堪覚** かんかく
生没年不詳
室町時代の僧侶・歌人。
¶国書

**寛覚** かんかく
生没年不詳
鎌倉時代後期の僧。
¶北条

**桓覚** かんかく
生没年不詳
南北朝時代の天台宗の僧・歌人。
¶国書

**観覚**(1) かんかく
生没年不詳
平安時代後期～鎌倉時代前期の真言宗の僧。
¶岡山百，岡山歴，仏教

**観覚**(2) かんがく
生没年不詳
平安時代後期の天台宗の僧。
¶仏教

**観岳** かんがく
?　～明治11(1878)年
江戸時代後期～明治期の浄土真宗の僧。
¶国書

**願覚** がんかく
生没年不詳
平安時代の天台宗の僧。
¶古人，仏教，平史

**勧学屋大助** かんがくやだいすけ
江戸時代前期の僧、薬商。
¶江戸東

**寒巌** かんがん
→寒巌義尹(かんがんぎいん)

**寒巌義尹**(寒厳義尹) かんがんぎいん
建保5(1217)年～正安2(1300)年8月21日　㊞寒巌(かんがん)，義尹(ぎいん)
鎌倉時代後期の曹洞宗の僧。後鳥羽天皇の皇子。
¶朝日(㊀正安2年8月21日(1300年10月4日))，鎌室，熊本人(寒厳義尹)，熊本百，国史，古中，コン改，コン4，コン5，史人，新潮，人名(寒巌　かんがん)，世人，対外，日史，日人，百科，仏教，仏史，仏人(義尹　ぎいん)，歴大

**閑々子** かんかんし
宝暦2(1752)年～文政10(1827)年
江戸時代中期～後期の僧、書・画家。
¶徳島百(㊀文政10(1827)年閏6月5日)，徳島歴

**寛巌春登** かんがんしゅんとう
明暦2(1656)年～延享4(1747)年
江戸時代前期～中期の曹洞宗の僧。
¶国書

**観規**(観岐) かんき
?　～延暦1(782)年
奈良時代の僧、仏師。
¶朝日(㊀延暦1年2月15日(782年4月2日))，国史(生没年不詳)，古人(㊊?)，古代，古代普，古中(生没年不詳)，史人(生没年不詳)，新潮(生没年不詳)，世人，日人(㊀782年?)，美建，仏教(㊀天応2(782)年2月15日)，和歌山人(観岐)

**頑極官慶** がんきかんぎょう
→官慶(かんぎょう)

**堪久** かんきゅう
㊞堪久(たんきゅう)
奈良時代の桓武天皇の皇子。
¶人名，日人(たんきゅう　生没年不詳)

**含牛** がんぎゅう
天文18(1549)年～寛永7(1630)年12月8日
安土桃山時代～江戸時代前期の浄土宗の僧。
¶仏教

**観教** かんきょう
承平4(934)年～寛弘9(1012)年11月26日
平安時代中期の天台宗の僧・歌人。
¶国書，古人，平史

**官慶** かんぎょう
*～明和4(1767)年12月10日　㊞頑極官慶(がんきかんぎょう，がんごくかんけい)
江戸時代中期の曹洞宗の僧。
¶国書(頑極官慶　がんきかんぎょう　㊊天和3(1683)年10月27日)，日人(頑極官慶　がんごくかんけい　㊊1682年　㊀1768年)，仏教(頑極官慶　がんごくかんけい　㊊天和2(1682)年

10月27日），仏人（[生]1683年）

**寛暁** かんぎょう
康和5（1103）年～保元4（1159）年1月8日
平安時代後期の真言宗の僧。東大寺79世。
¶国書，コン改，コン4，コン5，人名，天皇，日人，仏教，平史（[生]1102年）

**元慶** がんきょう
平安時代中期～後期の僧。筑紫国大山寺の別当。父は藤原茂規。
¶古人

**願暁**(1) がんぎょう
？ ～貞観16（874）年
平安時代前期の元興寺三論宗の学僧。
¶国史，国書（[没]貞観16（874）年2月27日），古人（[生]？），古代，古代普（[生]？），古中，コン改（生没年不詳），コン4（生没年不詳），コン5，史人（[没]874年3月），新潮（[没]貞観16（874）年3月27日），人名，日人，仏教（生没年不詳），仏史，平史

**願暁**(2) がんぎょう
康和4（1102）年～平治1（1159）年
平安時代後期の僧。大僧正。堀河天皇の皇子。寛暁とも。
¶古人

**願行** がんぎょう
→憲静（けんじょう）

**元慶** がんぎょう
→松雲元慶（しょううんげんけい）

**願教寺願覚** がんきょうじがんかく
生没年不詳
戦国時代の僧。河合村の願教寺の開基。
¶飛驒

**寛教入道親王** かんきょうにゅうどうしんのう
文中2/応安6（1373）年～応永12（1405）年
南北朝時代～室町時代の僧。後光厳院の皇子。
¶鎌室，人名

**願行房憲静** がんぎょうぼうけんじょう
→憲静（けんじょう）

**頑極宣謙** がんきょくせんけん
～明治32（1899）年9月5日
明治期の僧。萩原町の禅昌寺22世。
¶飛驒

**寛欽** かんきん
永正11（1514）年～永禄6（1563）年 [別]寛欽親王（かんきんしんのう），寛欽入道親王（かんきんにゅうどうしんのう），寛欽法親王（かんきんほうしんのう）
戦国時代の真言宗の僧。
¶国書（寛欽親王 かんきんしんのう [没]永禄6（1563）年11月10日），人名（寛欽法親王 かんきんほうしんのう），日人（寛欽入道親王 かんきんにゅうどうしんのう），仏教（[没]永禄6（1563）年11月11日）

**寛欽親王** かんきんしんのう
→寛欽（かんきん）

**寛欽入道親王** かんきんにゅうどうしんのう
→寛欽（かんきん）

**寛欽法親王** かんきんほうしんのう
→寛欽（かんきん）

**寛救** かんく，かんぐ
仁和1（885）年～？
平安時代中期の真言宗の僧。東大寺42・44世。
¶古人（[没]？），仏教，平史（かんぐ）

**寛空** かんくう，かんぐう
元慶8（884）年～天禄3（972）年 [別]蓮台寺僧正（れんだいじのそうじょう），蓮台僧正（れんたいそうじょう）
平安時代中期の真言宗の僧。東寺の長者。
¶国史，国書（かんぐう [没]天禄3（972）年2月6日），古史，古人，古中，コン改（[生]元慶6（882）年 [没]天禄1（970）年），コン4（[生]元慶6（882）年 [没]天禄1（970）年），コン5（[生]元慶6（882）年 [没]天禄1（970）年），史人（[没]972年閏2月6日），新潮（[没]天禄3（972）年閏2月5日），人名，姓氏京都，世人（[没]天禄3（972）年閏2月6日），全書（かんぐう），大百，日人（かんぐう），仏教（かんぐう [没]天禄3（972）年2月6日），仏史，平史

**環空** かんくう
生没年不詳
江戸時代中期の天台宗の僧。
¶国書，仏教

**観空**(1) かんくう
元久2（1205）年～？
鎌倉時代前期の浄土宗の僧。
¶国書

**観空**(2) かんくう
？ ～享保4（1719）年
江戸時代前期～中期の浄土宗の僧。
¶国書5

**関空** かんくう
寛永10（1633）年～延宝9（1681）年6月13日
江戸時代前期の浄土宗の僧。
¶国書，姓氏愛知，仏教

**寛慶**(1) かんけい
*～保安3（1123）年11月3日
平安時代中期～後期の天台宗の僧。天台座主43世。
¶古人（[生]？），仏教（[生]寛徳1（1044）年），平史（[生]？）

**寛慶**(2) かんけい
生没年不詳
南北朝時代の仏師。
¶国史，古中，新潮，日人，美建，仏教，仏史

**観景** かんけい
慶長17（1612）年～延宝2（1674）年12月27日
江戸時代前期の律宗の僧。

¶国書

**観月** かんげつ
天明7(1787)年～安政6(1859)年7月4日
江戸時代後期の浄土真宗の僧。
¶国書，仏教

**観月庵恵海** かんげつあんえかい
宝暦3(1753)年～文政6(1823)年
江戸時代中期～後期の茶人。
¶島根百，島根歴(生没年不詳)

**観月元心** かんげつげんしん
寛永18(1641)年～元禄5(1692)年2月8日
江戸時代前期～中期の黄檗宗の僧。
¶黄檗

**漢月禅胡** かんげつぜんこ
? ～明和6(1769)年9月16日
江戸時代中期の曹洞宗の僧。
¶国書

**関月祖屋** かんげつそおく
天保2(1645)年～享保6(1721)年8月14日
江戸時代中期の禅僧。益田郡下原村の玉竜寺の中興。
¶飛騨

**関月尼** かんげつに
文政6(1823)年～明治18(1885)年　㊞小山関月(こやまかんげつ)
江戸時代末期～明治期の尼僧。延岡で生け花、和歌などを多くの女弟子に教え、有名になる。
¶江表(関月尼(宮崎県))，大阪人，大阪人(小山関月　こやまかんげつ)，女性，女性普，日人，宮崎百一

**完憲** かんけん
平安時代後期の延暦寺の僧。保元2年石見国に流された。
¶古人

**寛建** かんけん
生没年不詳
平安時代中期の興福寺の学僧。
¶国史，古人，古中，コン4，コン5，史人，新潮，日人，仏史，平史

**観兼** かんけん
延応1(1239)年～徳治3(1308)年5月29日
鎌倉時代後期の天台宗の僧。
¶仏教

**観賢** かんげん,かんけん
*～延長3(925)年6月11日　㊞般若寺僧正(はんにゃじのそうじょう)
平安時代前期～中期の真言宗の僧、東寺長者。
¶朝日(かんけん　㊐仁寿3(853)年　㊡延長3年6月11日(925年7月4日))，香川人(かんけん　㊐仁寿3(853)年)，香川百(かんけん　㊐仁寿3(853)年)，国史(㊐854年)，国書(㊐斉衡1(854)年)，古人(かんけん　㊐853年)，古代(㊐854年)，古代普(㊐854年)，古中(㊐854年)，コン改(かんけん　㊐仁寿3(853)年)，コン4(かんけん　㊐仁寿3(853)年)，コン5(かんけん　㊐仁寿3(853)年)，史人(㊐854年)，新潮(かんけん　㊐仁寿3(853)年,(異説)斉衡1(854)年)，人名(かんけん　㊐853年)，姓氏京都(㊐854年)，世人(㊐斉衡1(854)年)，全書(㊐853年)，日人(㊐854年)，仏教(㊐斉衡1(854)年　㊡延長3(925)年6月21日)，仏史(㊐854年)，仏人(㊐853年)，平家(㊐斉衡1(854)年)，平史(かんけん　㊐853年)，歴大(㊐834年)，和歌山人(㊐853年)

**観験** かんげん
生没年不詳
平安時代後期の真言宗進流の声明家。
¶朝日，日音，日人

**鑑源興寿** かんげんこうじゅ
? ～天啓5(1625)年1月
江戸時代前期の黄檗宗の僧。
¶黄檗

**寛光** かんこう
元文1(1736)年～?
江戸時代中期～後期の真言声明南山進流の声明家。
¶国書，日音(㊡文政6(1823)年3月16日)，仏教

**観光** かんこう
永正9(1512)年～
戦国時代の糠部三十三観音巡礼の選者。
¶青森人(㊐永正9(1512)年ころ)，姓氏岩手(生没年不詳)

**観高** かんこう
生没年不詳
安土桃山時代～江戸時代前期の真言宗の僧。
¶仏教

**勧豪** かんごう
文化14(1817)年～明治11(1878)年5月9日
江戸時代後期～明治期の天台宗の僧侶。
¶岡山歴

**桓豪** かんごう
正和1(1312)年～正平19/貞治3(1364)年5月12日
南北朝時代の天台宗の僧。天台座主137世。
¶国書，仏教(生没年不詳)

**観豪** かんごう
延享4(1747)年～文化10(1813)年6月24日
江戸時代中期～後期の新義真言宗の僧。智積院29世。
¶国書，仏教，仏人

**観杲** かんごう
生没年不詳
平安時代中期～後期の真言宗の僧。
¶仏教

**貫豪** かんごう
宝暦2(1752)年～?
江戸時代中期～後期の天台宗の僧。
¶国書

**元杲** がんごう
→元杲（げんごう）

**元興寺僧** かんごうじのほうし
奈良時代の元興寺僧。万葉歌人。
¶万葉

**観光尼** かんこうに
天明5（1785）年～明治1（1868）年
江戸時代後期の女性。尼僧。
¶女性，日人

**観国** かんこく
元禄10（1697）年～安永3（1774）年5月24日
江戸時代中期の天台宗の僧。
¶国書，仏教

**頑極官慶** がんごくかんけい
→官慶（かんぎょう）

**観厳** かんごん
生没年不詳
平安時代後期の天台宗の僧。
¶仏教

**寛佐** かんさ
*～寛永19（1642）年
安土桃山時代～江戸時代前期の僧、連歌師。
¶大分歴（[生]？），国書（[生]天正12（1584）年 [没]寛永19（1642）年閏9月27日），日人（[生]1584年），俳文（[生]天正10（1582）年 [没]寛永19（1642）年9月27日）

**寛済** かんさい
→寛済（かんぜい）

**感西** かんさい
？ ～正治2（1200）年
平安時代後期～鎌倉時代前期の浄土宗の僧。
¶仏教

**閑斎**（閑斉） かんさい
？ ～天保8（1837）年
江戸時代中期の俳人。
¶国書（[没]天保8（1837）年頃？），人名，日人（[没]1837年頃），俳諧，俳句（閑斉），俳文（[没]天保8（1837）年頃），和俳

**願西** がんさい
天喜5（1057）年～天承1（1131）年7月15日
平安時代後期の念仏の行者。
¶鎌室，古人，新潮，人名（[生]1062年），日人，仏教，平史

**願西尼** がんさいに
生没年不詳
平安時代中期の尼僧。源信の姉。
¶朝日，コン4，コン5，日人，仏教（[没]寛弘年間（1004～1012年））

**神崎一作** かんざきいっさく
慶応3（1867）年～昭和13（1938）年
明治～昭和期の神道家。神道官長。神道大教学会を創設、神道教師の養成に尽力。宗教制度調査委員、神社制度調査委員など歴任。
¶神奈川人（[生]1870年），神奈川百，コン改，コン5，昭人（[没]昭和13（1938）年3月3日），神人（[没]昭和13（1938）年3月），新潮（[没]昭和13（1938）年3月），人名，世紀（[没]昭和13（1938）年3月3日），日人

**神崎勝海** かんざきかつみ
天保11（1841）年～
江戸時代後期～末期の神職。
¶神人

**神崎富太夫** かんざきとみだいう
生没年不詳
江戸時代後期の大住郡大山阿夫利神社祠官。
¶神奈川人

**神崎宣武** かんざきのりたけ
昭和19（1944）年6月28日～
昭和～平成期の観光民俗学研究者、民族学研究者。近畿日本ツーリスト日本観光文化研究所所長。
¶現執3期，現執4期，児人，世紀

**神崎半太夫** かんざきはんだいう
生没年不詳
江戸時代後期の大住郡大山阿夫利神社祠官。
¶神奈川人

**神崎茂太夫** かんざきもだいう
生没年不詳
江戸時代後期の大住郡大山阿夫利神社祠官。
¶神奈川人

**菅貞男** かんさだお
明治8（1875）年～大正13（1924）年
明治～大正期の神職。
¶神人

**桓算** かんさん
平安時代中期の僧。
¶古人，平史（生没年不詳）

**観算** かんさん
平安時代前期の僧。
¶古人，古代，古代普，日人（生没年不詳）

**貫三** かんさん
生没年不詳
江戸時代後期の真言宗の僧。
¶国書

**寛山** かんざん
江戸時代後期の僧。比企郡菅谷村の曹洞宗東昌寺の住職。
¶埼玉百

**観山**(1) かんざん
江戸時代前期の茶人。
¶国書（生没年不詳），茶道

**観山**(2) かんざん
享保10（1725）年～天明7（1787）年11月22日
江戸時代中期の融通念仏宗の僧。
¶国書，仏教，仏人

**関山(1)　かんざん**
→関山慧玄(かんざんえげん)

**関山(2)　かんざん★**
〜明和2(1765)年12月4日
江戸時代中期の僧。由利郡象潟町の蚶満寺(曹洞宗)の16世。
¶秋田人2

か

**含山　がんさん**
享保6(1721)年〜寛政3(1791)年
江戸時代中期の僧、俳人。近江長浜大通寺5世。
¶人名，日人，俳諧(生?)，俳句(没寛政3(1791)年9月10日)，和俳

**関山慧玄(関山恵玄)　かんざんえげん**
建治3(1277)年〜正平15/延文5(1360)年12月12日　別関山(かんざん)，関山慧玄(かんざんけいげん)，慧玄(えげん)，仏光覚照国師(ぶっこうかくしょうこくし)，本有円成国師(ほんゆうえんじょうこくし)，無相大師(むそうだいし)
鎌倉時代後期〜南北朝時代の臨済宗の僧。京都妙心寺開山。
¶朝日(没延文5/正平15年12月12日(1361年1月19日))，岩史(生?)，角史，鎌室，岐阜百(かんざんけいげん)，京都大，郷土長野，国史(生?)，国書(生建治3(1277)年1月7日)，古中(生?)，コン改，コン4，コン5，史人(生1277年?)，思想史，新潮，人名，姓氏京都，姓氏長野，世人，世百，全書，大百，茶道，中世，長野百(関山恵玄)，長野歴，日思，日史，日人(没1361年)，百科，仏教(生建治3(1277)年1月7日)，仏史(生?)，仏人(関山かんざん)，仏人(慧玄　えげん)，名僧(生?)，歴大(生1277年?)

**関山慧玄　かんざんけいげん**
→関山慧玄(かんざんえげん)

**幹山師貞　かんざんしてい**
延宝4(1676)年〜延享2(1745)年　別幹山師貞(けんさんしてい)
江戸時代中期の臨済宗の僧。
¶京都府，国書(けんさんしてい)，仏教

**貫山祖通　かんざんそつう**
元文2(1737)年4月25日〜寛政7(1795)年7月23日
江戸時代中期〜後期の曹洞宗の僧。
¶国書

**元三大師　がんさんたいし，がんさんだいし，がんざんだいし**
→良源(りょうげん)

**元三大師良源　がんざんたいしりょうげん**
→良源(りょうげん)

**漢三道一　かんざんどういつ，かんさんどういつ**
宝暦7(1757)年〜文政8(1825)年10月3日
江戸時代中期〜後期の曹洞宗の僧。
¶国書(かんさんどういつ)，仏教

**灌実　かんじつ**
永久1(1113)年〜正治2(1200)年閏2月6日
平安時代後期〜鎌倉時代前期の真言宗の僧。
¶国書，和歌山人

**閑室元佶　かんしつげんきつ**
天文17(1548)年〜慶長17(1612)年5月20日
別円光寺元佶(えんこうじげんきつ)，元佶(げんきつ)，三要(さんよう)，三要元佶(さんようげんきつ)，閑室(かんしつ)，佶長老(きっちょうろう)
安土桃山時代〜江戸時代前期の臨済宗の僧、足利学校庠主。
¶朝日(没慶長17年5月20日(1612年6月19日))，岩史，角史，京都大，近世，国史，国書，コン改，コン4，コン5，佐賀百(円光寺元佶　えんこうじげんきつ)，史人(没1612年5月20日，(異説)5月21日)，思想史，新潮(没慶長17(1612)年5月20日，(異説)5月21日)，人名(生1544年)，姓氏京都，世人，世百，戦国(元佶　げんきつ　生1549年)，戦辞(三要　さんよう)，全書(三要元佶　さんようげんきつ)，戦人(元佶　げんきつ)，全戦，栃木歴(三要　さんよう)，日史，日人，百科，仏教，仏史，仏人(元佶　げんきつ)，名僧，歴大，歴大(三要元佶　さんようげんきつ)

**関室徐天　かんしつじょてん**
*〜慶安3(1650)年1月1日
江戸時代前期の曹洞宗の僧。
¶姓氏石川(生?)，仏教(生天正2(1574)年)

**頑芝普福　がんしふふく**
?　〜寛政9(1797)年12月5日
江戸時代中期〜後期の黄檗宗の僧。
¶黄檗

**貫之梵鶴　かんしぼんかく**
生没年不詳
戦国時代〜安土桃山時代の曹洞宗の僧。
¶国書

**甘蔗要　かんじゃかなめ**
明治43(1910)年10月〜昭和14(1939)年1月4日
明治〜昭和期の住職。西雲寺住職。
¶日エ

**桓守　かんしゅ**
弘安5(1282)年〜?
鎌倉時代後期の天台宗の僧。天台座主118世。
¶国書，仏教(生没年不詳)

**観修　かんしゅ**
天慶8(945)年〜寛弘5(1008)年7月8日　別勧修(かんしゅう)，観修(かんしゅう)
平安時代中期の天台宗の僧。
¶朝日(没寛弘5年7月8日(1008年8月11日))，国史，国書(かんしゅう)，古人(かんしゅう)，古中，コン改(勧修　かんしゅう)，コン4(勧修　かんしゅう)，コン5(勧修　かんしゅう)，新潮，人名(勧修　かんしゅう)，姓氏京都(かんしゅう)，日人(勧修　かんしゅう)，仏教(勧修　かんしゅう)，仏史，平史(かんしゅう)

**勧修**(観修) **かんしゅう**
→観修(かんしゅ)

**観秀**(1) **かんしゅう**
? ～寛政2(1790)年10月24日
江戸時代中期～後期の浄土真宗の僧。
¶国書

**観秀**(2) **かんしゅう**
生没年不詳
真言宗の僧。
¶国書

**寛秀 かんしゅう★**
文化9(1812)年～明治3(1870)年
江戸時代後期～明治期の僧、高田派学頭准講師。
¶三重

**観什 かんじゅう**
? ～明治6(1873)年
江戸時代後期～明治期の浄土真宗の僧。
¶国書

**願秀 がんしゅう**
? ～承応1(1652)年
江戸時代前期の浄土宗の僧。
¶仏教

**元秀 がんしゅう**
生没年不詳
江戸時代中期の浄土真宗の僧。
¶国書

**関州全透 かんしゅうぜんとう**
文化7(1810)年3月18日～明治14(1881)年5月11日
江戸時代末期・明治期の僧。上宝村の桂峰寺の14世で中興開山。
¶飛騨

**観宿 かんしゅく**
承和11(844)年～延長6(928)年12月19日
平安時代前期～中期の真言宗の僧。東寺長者11世、高野山座主5世。
¶古人，仏教，平史

**巌宿 がんしゅく**
慶長15(1610)年～貞享4(1687)年12月8日
江戸時代前期の浄土宗の僧。増上寺29世。
¶国書，仏教

**寛舜 かんしゅん**
鎌倉時代の仏画師。
¶人名，日人(生没年不詳)，名画

**桓舜 かんしゅん**
天元1(978)年～天喜5(1057)年
平安時代中期の天台宗の僧。叡山の四傑の一人。
¶国史，古人，古中，コン改，コン4，コン5，史人([没]1057年9月9日，(異説)9月10日)，新潮([没]天喜5(1057)年9月9日)，人名，世人([没]天喜5(1057)年9月10日)，日人，仏教([没]天喜5(1057)年9月10日，(異説)9月9日?)，仏史，平史

**観俊 かんしゅん**
建永1(1206)年～文永7(1270)年1月16日
鎌倉時代前期～後期の僧。理性院々主。
¶密教

**寛順 かんじゅん**
生没年不詳
江戸時代中期の真言宗の僧。
¶国書

**歓順 かんじゅん**
? ～延宝6(1678)年11月18日
江戸時代前期の浄土真宗の僧。
¶国書

**寛助 かんじょ**
天喜5(1057)年～天治2(1125)年1月15日
平安時代後期の真言宗の僧。白河上皇の護持僧。
¶朝日([没]天治2年1月15日(1125年2月19日))，岩史，角史，国史，国書，古史，古人，古中，コン改，コン4，コン5，史人，新潮，人名，姓氏京都，世人，世百，全書，日史，日人，百科，仏教([生]永承7(1052)年)，仏史，平史，歴大

**観助 かんじょ**
生没年不詳
江戸時代前期の真言宗の僧。
¶国書

**寒松 かんしょう**
→竜派禅珠(りゅうはぜんしゅ)

**寛昌 かんしょう**
生没年不詳
鎌倉時代前期の学僧。
¶鎌室，国書，古人，人名，日人，仏教

**寛昭 かんしょう**
保延2(1136)年～?
平安時代後期の仁和寺僧。
¶古人([没]?)，平史

**寛照 かんしょう**
生没年不詳
平安時代後期の真言宗の僧。
¶仏教

**観昭 かんしょう**
正嘉2(1258)年～元弘1/元徳3(1331)年2月11日
鎌倉時代後期の天台宗の僧。
¶仏教([没]元徳3(1331)年2月11日，(異説)2月10日?)

**観性 かんしょう**
生没年不詳
平安時代後期の天台宗の僧。
¶国書，古人，日人，仏教，平史

**貫昭 かんしょう**
→奥田貫昭(おくだかんしょう)

**閑唱 かんしょう**
*～天和4(1684)年2月3日
江戸時代前期の浄土宗の僧。

¶長野歴(㊤寛永2(1625)年), 仏教(㊤寛永3(1626)年)

**観照** かんしょう★
〜宝暦3(1753)年1月1日
江戸時代中期の僧。天徳寺25世。
¶秋田人2



**寛乗** かんじょう
建永1(1206)年〜弘安9(1286)年9月28日
鎌倉時代後期の天台宗の僧。
¶仏教

**寛静** かんじょう
延喜1(901)年〜天元2(979)年
平安時代中期の真言宗の僧。
¶古人, コン改, コン4, コン5, 新潮, 人名, 日人, 仏教(㊦天元2(979)年10月11日), 平史

**寛朝** かんじょう
→寛朝(かんちょう)

**環定** かんじょう
*〜明治2(1869)年
江戸時代末期〜明治期の真宗大谷派学僧。加賀即願寺住職。
¶国書(㊤文化4(1807)年　㊦明治2(1869)年7月), 真宗(㊤文化3(1806)年　㊦明治2(1869)年7月5日), 仏教(㊤?)

**観成** かんじょう
生没年不詳
飛鳥時代〜奈良時代の三論宗の僧。
¶国書, 仏教

**願照** がんしょう
奈良時代の僧、師寺寺主。
¶古人

**願証** がんしょう
生没年不詳
奈良時代の女性。尼僧。
¶女性, 日人

**願性** がんしょう
? 〜建治2(1276)年4月23日　㊙葛山景倫(かずらやまかげとも)
鎌倉時代前期の武士、僧。源実朝の近臣。
¶鎌室, 国史(葛山景倫　かずらやまかげとも), 古中(葛山景倫　かずらやまかげとも), 史人(葛山景倫　かずらやまかげとも), 新潮, 人名, 日人, 仏教(㊦文永12(1275)年4月23日)

**願生** がんしょう
永享5(1433)年〜永正3(1506)年
戦国時代の浄土真宗の僧。願行寺開基。
¶仏人

**元性** がんしょう
仁平1(1151)年〜元暦1(1184)年　㊙元性(げんしょう)
平安時代後期の僧。
¶古人, 天皇(げんしょう　㊤仁平1(1151)年, 仁平3年　㊦寿永3(1184)年10月17日), 内乱(げんしょう　㊤仁平1(1151)年, 仁平3年　㊦?), 日人, 平史

**願生寺願誓** がんしょうじがんせい
生没年不詳
安土桃山時代の僧。高山市の願生寺9世。
¶飛騨

**願生寺顕了** がんしょうじけんりょう
〜文化14(1817)年2月4日
江戸時代後期の僧。高山市の願生寺7世。
¶飛騨

**願生寺慈孝** がんしょうじじこう
天保14(1843)年9月25日〜明治7(1874)年10月15日
江戸時代末期・明治期の僧。高山市の願生寺21世。
¶飛騨

**願生寺慈弁** がんしょうじじべん
弘化2(1845)年3月24日〜明治10(1877)年9月1日
江戸時代末期・明治期の僧。高山市の願生寺22世。
¶飛騨

**願成寺俊虎** がんじょうじしゅんこ
戦国時代の鳳凰山願成寺の住持。
¶武田

**願生寺道智** がんしょうじどうち
〜慶長14(1609)年10月1日
安土桃山時代・江戸時代前期の僧。高山市の願生寺10世。
¶飛騨

**願生寺芳縁** がんしょうじほうえん
嘉永1(1848)年3月16日〜明治43(1910)年4月25日
江戸時代末期・明治期の僧。高山市の願生寺24世。
¶飛騨

**寛信** かんしん, かんじん
応徳2(1085)年〜仁平3(1153)年3月7日
平安時代後期の僧。真言宗勧修寺流の祖。
¶岩史, 角史, 国史, 国書(かんじん　㊤応徳1(1084)年), 古史(かんじん　㊤1084年, (異説)1085年), 古人, 古中, コン4, コン5, 史人(かんじん　㊤1084年), 新潮, 人名(㊤1084年), 姓氏京都(かんじん　㊤1084年), 世人(かんじん　㊤応徳1(1084)年), 日史, 日人(かんじん　㊤1084年), 仏教(かんじん　㊤応徳1(1084)年), 仏史, 仏人(かんじん　㊤1084年), 平史

**寛深** かんしん
享保8(1723)年5月7日〜天明7(1787)年3月1日
江戸時代中期の真言宗の僧。
¶国書

**寛真**(1) かんしん
生没年不詳
平安時代後期の真言宗の僧。
¶仏教

**寛真**(2) **かんしん**
生没年不詳
鎌倉時代前期の真言宗の僧。
¶仏教

**寛儆** **かんしん**
延喜6(906)年～天元4(981)年
平安時代中期の天台宗延暦寺僧。
¶古人，平史

**観信**(1) **かんしん**
生没年不詳
江戸時代中期の浄土真宗の僧。
¶国書

**観信**(2) **かんしん**
寛政3(1791)年～文久2(1862)年
江戸時代後期の天台宗の僧。新庄藩松厳寺住職。
¶庄内

**観心** **かんしん**
生没年不詳
平安時代後期～鎌倉時代前期の真言宗の僧。
¶国書，仏教

**観真** **かんしん**
天暦5(951)年～長元2(1029)年
平安時代中期の華厳宗の僧。東大寺61世。
¶古人，人名，日人，仏教(㊣長元2(1029)年3月19日)，平史

**元真** **がんしん**
？ ～寛弘5(1008)年
平安時代中期の真言僧。
¶古人(㊐？)，平史

**鑑真** **がんじん**
唐・垂拱4(688)年～天平宝字7(763)年5月6日
㊞鑑真和上(がんじんわじょう)，過海大師(かかいだいし)
飛鳥時代～奈良時代の唐の学僧、日本律宗の開祖。数度の失敗により盲目となったが、日本に戒律を伝え唐招提寺を開く。
¶朝日(㊣天平宝字7年5月6日(763年6月21日))，岩史，角史，郷土奈良，国史，古史(㊐688年？)，古人(㊐688年)，古代，古代普(㊐688年)，古中，コン改(㊐持統3(689)年)，コン4(㊐持統3(689)年)，コン5(㊐持統3(689)年)，薩摩(㊐700年代頃 ㊣？)，詩歌，史人(㊐688年？)，思想史，重要，食文，人書79，人書94，人情(㊐689年)，新潮，人名，世人，世百，全書(㊐687年)，対外(㊐688年)，大百，太宰府(鑑真和上 がんじんわじょう)，伝記，日思，日史，日人，美術，百科(㊣769年)，福岡百，仏教，仏史，仏人(㊐687年)，平日(㊐688 ㊣763)，名僧，山川小(㊐688年？)，歴大

**鑑真和上** **がんじんわじょう**
→鑑真(がんじん)

**灌水** **かんすい**
？ ～
江戸時代中期の僧。八戸城二の丸の豊山寺2世和尚。
¶青森人

**感随** **かんずい**
？ ～*
江戸時代前期の浄土宗の僧。
¶人名，日人(㊣1664年)，仏教(㊣寛文3(1663)年12月27日)

**感世** **かんせい**
平安時代中期の仏師。
¶古人，日人(生没年不詳)，美建，平史(生没年不詳)

**観盛** **かんせい**
生没年不詳
平安時代の画僧。
¶日人

**寛済** **かんぜい**
慶長1(1596)年～寛文3(1663)年 ㊞寛済(かんさい)
江戸時代前期の真言宗の僧。東寺長者194世。
¶国書(かんさい ㊣寛文3(1663)年6月23日)，仏教(㊣寛文3(1663)年3月23日)

**願西** **がんせい**
生没年不詳
平安時代後期の三好郡雲辺寺の僧。
¶徳島歴

**頑石曇生** **がんせきどんしょう**
？ ～天授2/永和2(1376)年7月27日
南北朝時代の臨済宗の僧。建仁寺52世。
¶国書，仏教

**観暹** **かんせん**
生没年不詳
平安時代の僧侶・歌人。
¶国書，古人，平史

**観禅** **かんぜん**
？ ～天和3(1683)年5月16日
江戸時代前期の浄土宗の僧。
¶仏教

**観禅眺宗** **かんぜんちょうしゅう**
？ ～嘉永1(1848)年
江戸時代後期の臨済宗の僧。永平寺59世。
¶国書(㊣嘉永1(1848)年8月9日)，仏教(㊣弘化5(1848)年1月9日，(異説)8月9日？)

**乾叟** **かんそう**
？ ～延宝8(1680)年
江戸時代前期の僧。府内蒋山万寿寺の中興。
¶大分歴

**寛宗**(1) **かんそう**
天仁1(1108)年～平治1(1159)年4月1日
平安時代後期の僧。法琳寺別当(太元阿闍梨)。
¶密教(㊣1159年4月1日，21日，閏5月29日)

**寛宗**(2) **かんそう**
大治1(1126)年～治承1(1177)年

か

平安時代後期の中御門右大臣藤原宗忠の息宗能の子。
¶古人，平史

**寛宗(3)** かんそう
生没年不詳
南北朝時代の僧侶・歌人。
¶国書

か

**貫三** かんぞう
寛政5(1793)年～文久2(1862)年
江戸時代後期の僧。
¶高知人

**頑叟** がんそう
?　～天和2(1682)年
江戸時代前期の僧。
¶徳島百

**鑑窓永鑑** かんそうえいかん
生没年不詳
室町時代の法相宗の僧。
¶日人，仏教

**乾叟全享**(乾叟禅享) かんそうぜんきょう
?　～永正6(1509)年
戦国時代の曹洞宗の僧、大沢寺2世。
¶姓氏長野，長野歴(乾叟禅享)

**関叟梵機** かんそうぼんき
生没年不詳
室町時代の曹洞宗の僧。
¶岡山百，人名，日人，仏教

**観尊(1)** かんそん
享保1(1716)年～安永5(1776)年8月16日
江戸時代中期の天台宗の僧。
¶国書

**観尊(2)** かんそん
生没年不詳
江戸時代後期の真言宗の僧・歌人。
¶国書

**神田寛雄** かんだかんゆう
明治31(1898)年11月27日～昭和56(1981)年12月27日
明治～昭和期の僧侶。
¶真宗

**甘沢宗霖** かんたくそうりん
?　～長享2(1488)年11月14日
室町時代～戦国時代の臨済宗の僧。
¶国書

**神田佐一郎** かんださいちろう
文久3(1863)年9月22日～昭和19(1944)年10月3日
明治～昭和期のユニテリアン布教者、編集者。ユニテリアン弘道会幹事、「六合雑誌」発行兼印刷人。
¶キリ([生]文久3(1863)年9月22日)，社史，渡航，和歌山人

**神田宗庭** かんだそうてい
天正18(1590)年～寛文2(1662)年
江戸時代前期の仏画師。
¶人名，栃木歴，日人

**神田千秋** かんだちあき
江戸時代前期の伯家神道家。
¶神人

**感達** かんたつ
慶長14(1609)年～寛文9(1669)年2月5日
江戸時代前期の浄土宗の僧。
¶仏教

**寛湛** かんたん
寛平9(897)年～応和3(963)年
平安時代前期～中期の僧。中納言橘公頼の子。権律師。
¶古人

**寛智** かんち
*～天永2(1111)年12月18日
平安時代後期の真言宗の僧。
¶国書([生]永承1(1046)年)，古人([生]1045年)，仏教([生]永承1(1046)年)，平史([生]1045年)

**観智(1)** かんち
飛鳥時代の留学僧。
¶古人，仏教(生没年不詳)

**観智(2)** かんち
平安時代後期の天台寺門派の僧。
¶古人，平史(生没年不詳)

**観智(3)** かんち
寛喜3(1231)年～正和2(1313)年6月12日
鎌倉時代後期の浄土宗の僧。
¶国書，仏教(生没年不詳)

**願知** がんち
永享11(1439)年～大永7(1527)年　[別]願如(がんにょ)
室町時代～戦国時代の浄土真宗の僧。
¶人名(願如　がんにょ)，戦人，日人，仏教([没]大永7(1527)年1月28日)

**観智院** かんちいん
?　～文安4(1447)年4月29日
室町時代の女性。室町幕府6代将軍足利義教の室。
¶朝日(生没年不詳)，国書

**願智坊覚淳** がんちぼうかくじゅん
～正平8/文和2(1353)年10月29日
南北朝時代の僧。神岡町の常蓮寺の開基。
¶飛騨

**寛忠** かんちゅう
延喜6(906)年～貞元2(977)年4月2日
平安時代中期の真言宗の僧。宇多法皇の孫、東寺三長者。
¶国史，古人([生]907年)，古中，諸系，新潮([生]延喜7(907)年，(異説)延喜6(906)年)，人名，日人，仏教，仏史，平史([生]907年)

**環中(1)** かんちゅう
生没年不詳
江戸時代中期の浄土真宗の僧。
¶国書

**環中(2)** かんちゅう
宝暦9(1759)年～天保12(1841)年
江戸時代中期の浄土真宗の僧。
¶岡山人([生]宝暦8(1758)年)，岡山百，岡山歴([没]天保12(1841)年2月7日)

**環中(3)** かんちゅう
寛政2(1790)年～安政6(1859)年
江戸時代後期の臨済宗の僧。須弥山説擁護者。
¶朝日(生没年不詳)，国書([没]安政6(1859)年9月18日)，日人，仏教(生没年不詳)，仏人([生]1800年前後 [没]?)

**観中(1)** かんちゅう
→観中中諦(かんちゅうちゅうたい)

**観中(2)** かんちゅう
生没年不詳
江戸時代中期の天台宗の僧。
¶国書

**巌中** がんちゅう★
生没年不詳
江戸時代前期の宗教家。
¶秋田人2

**寰中元志** かんちゅうげんし
正平1/貞和2(1346)年～正長1(1428)年
南北朝時代～室町時代の臨済宗の僧。
¶熊本百，人名，日人，仏教([没]応永35(1428)年3月13日)

**鑑仲真遠** かんちゅうしんおん
? ～文安6(1449)年5月29日
室町時代の臨済宗の僧。東福寺128世。
¶仏教

**観中中諦** かんちゅうちゅうたい
興国3/康永1(1342)年～応永13(1406)年4月3日
[別]観中(かんちゅう)
南北朝時代～室町時代の臨済宗の僧。
¶鎌室，高知人，国書，新潮，世人(観中 かんちゅう)，徳島歴，日人，仏教

**寛忠の姉**(寛忠姉) かんちゅうのあね
生没年不詳
平安時代中期の尼僧。往生者。
¶朝日，日人(寛忠姉)

**寛朝** かんちょう，かんぢょう
延喜16(916)年～長徳4(998)年6月12日 [別]寛朝(かんじょう)
平安時代中期の真言宗の僧。広沢流の祖。宇多天皇の孫。
¶朝日([没]長徳4年6月12日(998年7月8日))，岩史(かんじょう)，京都大，芸能(かんぢょう)，国史(かんじょう)，国書，古人([生]915年)，古中(かんじょう)，コン改([生]承平6(936)年)，コン4，コン5，史人，諸系，新潮，人名，姓氏京都，世人，全書，大百([生]936年)，日音，日史，日人，百科，仏教，仏史(かんじょう)，仏人，平史([生]915年)，歴大

**願長** がんちょう
? ～万治3(1660)年
江戸時代前期の開拓事業家、僧侶。
¶島根歴

**関通** かんつう
元禄9(1696)年～明和7(1770)年2月2日
江戸時代中期の浄土宗の僧。関通流の祖。
¶朝日([生]元禄9年4月8日(1696年5月8日) [没]明和7年2月2日(1770年2月27日))，近世，国史，国書([生]元禄9(1696)年4月8日)，新潮([生]元禄9(1696)年4月8日)，人名，姓氏愛知，世人，日人，仏教，仏史，仏人

**岩通** がんつう
? ～宝暦10(1760)年3月14日
江戸時代中期の秋田市誓願寺15世。
¶秋田人2([生]?)，国書

**感貞** かんてい
? ～天正2(1574)年
戦国時代の浄土宗の僧。
¶埼玉人，仏教

**澗庭** かんてい
生没年不詳
天台宗の僧。
¶仏教

**鑑貞** かんてい
室町時代の画家。
¶人名，日人(生没年不詳)

**鑑禎** がんてい
生没年不詳
奈良時代の僧。
¶仏教

**澗庭隠士** かんていいんし
生没年不詳
天台宗の僧。
¶国書

**閑的** かんてき
文禄4(1595)年～天和3(1683)年5月7日
江戸時代前期の浄土宗の僧。
¶仏教

**巌的** がんてき
生没年不詳
江戸時代中期の浄土宗の僧。
¶国書，仏教

**観徹** かんてつ
明暦3(1657)年～享保16(1731)年12月18日
江戸時代前期～中期の浄土宗の僧。鎌倉光明寺59世。
¶神奈川人，国書，仏教，仏人

**関徹** かんてつ
天正16(1588)年〜慶安4(1651)年
江戸時代前期の浄土宗の僧。
¶日人，仏教([没]慶安4(1651)年11月13日)，仏人

**閑徹宗安** かんてつそうあん
？ 〜元禄8(1695)年4月16日
江戸時代前期の臨済宗の僧。大徳寺234世。
¶仏教



**観纏** かんてん
康治1(1142)年〜元久2(1205)年
平安時代後期〜鎌倉時代前期の僧、日光山第19世別当。
¶栃木歴

**官田** かんでん
〜明治5(1872)年2月5日
江戸時代後期〜明治期の僧侶。
¶庄内

**寛伝** かんでん
康治1(1142)年〜元久2(1205)年
鎌倉時代前期の僧侶。
¶姓氏愛知

**寒殿司** かんでんす
鎌倉時代後期の画僧、東福寺の殿司。
¶人名，日人(生没年不詳)

**観導** かんどう
生没年不詳
南北朝時代の浄土宗の僧。
¶国書5

**観道**(1) かんどう
明和5(1768)年〜？
江戸時代中期の時宗の僧。
¶国書，仏教

**観道**(2) かんどう
宝暦2(1752)年〜文政5(1822)年8月7日
江戸時代中期〜後期の浄土真宗の僧。
¶国書，人名，日人，仏教，仏人，山口百

**貫道** かんどう
生没年不詳
江戸時代中期の浄土真宗の僧。
¶国書

**元灯** がんとう
平安時代中期の僧。寂照に随従して渡宋。
¶古人，平史(生没年不詳)

**貫道周一** かんどうしゅういつ
文政8(1825)年〜明治37(1904)年9月15日
明治期の建長寺中興の僧。
¶神奈川人，鎌倉，鎌倉新

**厳竇明投** がんとうめいとう
生没年不詳
鎌倉時代の臨済宗の僧。
¶国書

**願徳寺願誓** がんとくじがんせい
文明5(1473)年〜天文11(1542)年2月12日
戦国時代の僧。河合村の願徳寺の開基。
¶飛騨

**菅寅吉** かんとらきち
慶応2(1866)年1月15日〜昭和12(1937)年9月4日
明治〜昭和期の日本聖公会司祭。
¶キリ

**香取繁右衛門** かんどりしげえもん
文政6(1823)年〜明治22(1889)年7月22日
江戸時代末期〜明治期の祈禱師。香取金光教教祖。金神信仰の小野はると出会い入信、自身の病気を契機に金神の神がかり状態になる。
¶朝日([生]文政6年6月2日(1823年7月9日))，岡山歴([生]文政6(1823)年6月2日)，コン4，コン5，日人

**ガントレット恒** がんとれっとつね,ガントレットつね
→ガントレット恒子(がんとれっとつねこ)

**ガントレット恒子** がんとれっとつねこ
明治6(1873)年10月26日〜昭和28(1953)年11月29日　[別]ガントレット恒(がんとれっとつね,ガントレットつね)
明治〜昭和期の女性運動家、教師。日本基督教婦人矯風会会員、会頭。女性解放、孤児問題などに尽力。
¶愛知女(ガントレット恒　がんとれっとつね)，市川，キリ(ガントレット恒　がんとれっとつね)，近現，近女，群新百(ガントレット恒　がんとれっとつね)，現朝(ガントレット恒　がんとれっとつね)，現情(ガントレット恒　がんとれっとつね)，現人(ガントレット恒　がんとれっとつね)，国史，史人(ガントレット恒　がんとれっとつね)，社史(ガントレット恒　がんとれっとつね)，昭人(ガントレット恒　がんとれっとつね)，女運，女史(ガントレット恒　ガントレットつね)，女性(ガントレット恒　がんとれっとつね)，女性普(ガントレット恒　がんとれっとつね)，新宿女(ガントレット恒　がんとれっとつね)，新潮(ガントレット恒　がんとれっとつね)，人名7(ガントレット恒　がんとれっとつね)，世紀(ガントレット恒　がんとれっとつね)，先駆，日エ，日人(ガントレット恒　がんとれっとつね)，明治史(ガントレット恒　がんとれっとつね)，歴大

**菅長好** かんながよし
→菅原長好(すがはらながよし)

**金成マツ** かんなりまつ
明治8(1875)年11月10日〜昭和36(1961)年
明治〜昭和期のキリスト教伝道師。ユーカラ伝承者。
¶キリ([没]昭和36(1961)年4月6日)，近女，現朝([没]1961年4月6日)，現情([没]1961年4月5日)，コン改，コン4，コン5，史人([没]1961年4月5日)，社史([没]1961年4月6日)，昭人([没]昭和36(1961)年4月5日)，女史，女性([没]昭和36(1961)年4月6日)，女性普([没]昭和36(1961)年4月6日)，新潮([没]昭和36(1961)年4月5日)，

か

人名7，世紀（㊀昭和36（1961）年4月5日），世百新，全書，日史（㊀昭和36（1961）年4月5日），日人（㊀昭和36（1961）年4月6日），風土，北文，北海道百，北海道文（㊀昭和36（1961）年4月10日），北海道歴，明治史，歴大

**観日** かんにち
生没年不詳
鎌倉時代の浄土宗の僧。
¶仏教

**寛如** かんにょ
正徳3（1713）年9月～明和7（1770）年6月29日
江戸時代中期の浄土真宗の僧。仏光寺21世。
¶仏教

**願如** がんにょ
→願知（がんち）

**神主磯守** かんぬしのいそもり
奈良時代の伊勢大神宮禰宜。
¶古人

**神主首名** かんぬしのおびとな
奈良時代の伊勢大神宮禰宜。
¶古人

**神主五月麻呂** かんぬしのさつきまろ
奈良時代の豊受大神宮禰宜。
¶古人

**寛寧** かんねい
→内田寛寧（うちだかんねい）

**願念寺賢恵** かんねんじけんえい
～文化7（1810）年10月14日
江戸時代後期の和算家。浄土真宗の寺の7代目住職。
¶数学

**願念寺大廉** がんねんじだいれん
明和4（1767）年3月～弘化2（1845）年9月28日
江戸時代後期の河合村の願念寺の僧。
¶飛驒

**願念寺典隆** かんねんじてんりゅう
安永8（1779）年～安政4（1857）年5月1日
江戸時代中期～末期の和算家。浄土真宗の寺の住職。
¶数学

**感応院快山** かんのういんかいざん
～天保2（1831）年
江戸時代後期の花里天満社の社僧。
¶飛驒

**願翁元志** がんのうげんし
→願翁元志（げんおうげんし）

**鑑翁士昭** かんのうししょう
→鑑翁士昭（かんおうししょう）

**喚応是誰** かんのうぜすい
～天保5（1834）年11月20日
江戸時代後期の僧。串柿仙人のモデル。
¶飛驒

**菅野千秋** かんのちあき
弘化4（1847）年～明治27（1894）年11月6日
江戸時代後期～明治期の神職。
¶神人

**観音寺住持某** かんのんじじゅうじぼう
安土桃山時代の僧。
¶戦国，戦人（生没年不詳）

**観音寺舜興** かんのんじしゅんこう
？～寛文2（1662）年7月3日
江戸時代前期の僧、代官、琵琶湖水船奉行。第11代芦浦観音寺住職。
¶徳川代

**観音寺朝舜** かんのんじちょうしゅん
？～元禄3（1690）年8月10日
江戸時代中期の僧、代官、琵琶湖水船奉行。第13代芦浦観音寺住職。
¶徳川代

**観音寺豊舜** かんのんじほうしゅん
？～寛文5（1665）年10月18日
江戸時代前期の僧、代官、琵琶湖水船奉行。第12代芦浦観音寺住職。
¶徳川代

**観音寺北萊** かんのんじほくらい
享保10（1725）年～寛政10（1798）年8月23日
江戸時代後期の華人。吉田指笠町観音寺（浄土宗）9世懐顔。
¶東三河

**観音房** かんのんぼう
平安時代後期の興福寺の僧。系譜未詳。
¶平家

**神林周堂** かんばやししゅうどう
明治9（1876）年～昭和21（1946）年
明治～昭和期の僧侶・俳人。
¶神奈川人

**上林むめ** かんばやしむめ
慶応2（1866）年～昭和20（1945）年
大正期の仏教家。
¶神奈川人

**神林隆浄** かんばやしりゅうじょう
明治9（1876）年7月7日～昭和38（1963）年2月11日
明治～昭和期の真言宗豊山派僧侶、仏教学者。大正大学教授、真言宗豊山派相事専門道場長。
¶現情，昭人，人名7，世紀，日人，仏教，仏人

**寛範** かんはん
生没年不詳
鎌倉時代後期の真言宗の僧。高野山検校77世。
¶仏教

**寛敏** かんびん
？～寿永1（1182）年
平安時代後期の僧、太秦広隆寺の別当。
¶古人（㊤？），コン改（生没年不詳），コン4（生

没年不詳)，コン5，諸系，人名，日人，平史

**菅夫一郎** かんぶいちろう
安政5(1858)年～明治9(1876)年
江戸時代末期～明治期の神職。
¶神人

**歓夫崇酋** かんぶすうしゅう
生没年不詳
室町時代の曹洞宗の居士。
¶仏教

**神戸大汀** かんべおおはま
文政9(1826)年～明治14(1881)年
江戸時代末期～明治期の武士、神職。
¶日人

**神戸三生** かんべさんせい
生没年不詳
江戸時代後期の宗教家。呉服町の菓子業老舗の絹屋主人。
¶東三河

**神戸正寿** かんべまさひさ
天保4(1833)年～明治41(1908)年12月6日
江戸時代後期～明治期の歌人・神官。
¶東三河

**寛遍** かんぺん，かんべん
康和2(1100)年～永万2(1166)年6月30日
平安時代後期の真言宗の僧。広沢六流の一つ忍辱山流の祖。
¶岩史(かんべん)，国史，古人(かんべん)，古中，コン改，コン4，コン5，史人，新潮，人名(かんべん)，日人，仏教，仏史，平史

**観峯** かんぽう
平安時代中期の仁和寺の僧。
¶古人，平史(生没年不詳)

**元方** がんぽう
→元方(げんぽう)

**菅政友** かんまさすけ
→菅政友(かんまさとも)

**菅政友** かんまさとも
文政7(1824)年～明治30(1897)年10月22日
㊞菅政友(かんまさすけ，すがまさとも)
江戸時代末期～明治期の歴史学者。大和石上神社大宮司。会沢正志斎の門下、彰考館館員となる。修史館、修史局などで修史事業に従事。
¶朝日(㊤文政7年1月14日(1824年2月13日))，維新，茨城百，茨城歴(かんまさすけ)，郷土茨城，近現，近世，考古(すがまさとも ㊤文政7(1824)年1月 ㊦明治30(1897)年10月20日)，国史，国書(㊤文政7(1824)年1月14日)，古史，コン改(すがまさとも)，コン4(すがまさとも)，コン5(すがまさとも)，史研(㊤文政7(1824)年1月14日)，史人(㊤1824年1月14日)，神史，神人，新潮(すがまさとも ㊤文政7(1824)年1月 ㊦明治30(1897)年10月20日)，人名(すがまさとも)，日人，幕末(かんまさすけ)，幕末大(㊤文政7(1824)年1月14日)，藩臣2(かんまさすけ)，明治史，明大2(㊤文政7(1824)年1月14日)

**寛命** かんみょう
生没年不詳
平安時代後期の真言宗の僧。
¶国書，仏教，密教(㊤1156年以前 ㊦1161年以後)

**観明** かんみょう
生没年不詳
鎌倉時代の浄土宗の僧。
¶国書，仏教

**元命** がんみょう
天禄2(971)年～永承6(1051)年 ㊞元命(げんみょう)
平安時代中期～後期の石清水八幡宮寺の祠官。
¶大分歴(げんみょう ㊤天禄1(970)年)，古人，平史

**冠賢一** かんむりけんいち
昭和14(1939)年～
昭和期の日蓮宗学者。
¶現執1期

**寛瑜** かんゆ
保延1(1135)年～建保2(1214)年2月8日
平安時代後期～鎌倉時代前期の真言宗の僧。
¶仏教

**桓瑜** かんゆ
生没年不詳
南北朝時代の僧侶・歌人。
¶国書

**寛祐** かんゆう
生没年不詳
平安時代中期の僧侶・歌人。
¶国書，古人，平史

**寛雄**(1) かんゆう
生没年不詳
江戸時代中期の浄土真宗の僧。
¶国書

**寛雄**(2) かんゆう
文化2(1805)年～安政3(1856)年
江戸時代後期の鎌倉鶴岡八幡宮供僧。
¶神奈川人，姓氏神奈川

**観勇** かんゆう
*～文永6(1269)年11月12日
鎌倉時代前期の天台宗の僧。
¶国書(㊤建久9(1198)年)，長野歴(㊤？)，仏教(㊤正治2(1200)年)

**観祐** かんゆう
天永1(1110)年～*
平安時代後期の絵仏師。
¶古人(㊦？)，仏教(生没年不詳)，平史(㊦？)，密教(㊦1172年以後)

か

**寛祐** かんゆう★
文化5(1808)年～明治16(1883)年9月27日
江戸時代末期・明治期の僧。大館市の宗福寺(曹洞宗)の28世。
¶秋田人2

**観誉** かんよ
？～宝永4(1707)年5月5日
江戸時代前期～中期の真言宗の僧。高野山検校266世。
¶仏教

**願誉** がんよ
？～寛永5(1628)年10月10日
江戸時代前期の浄土真宗の僧。
¶仏教

**寛耀** かんよう
生没年不詳
南北朝時代の僧侶・歌人。
¶国書

**寛燿** かんよう
鎌倉時代後期の画僧。
¶名画

**感誉存貞** かんよぞんてい
→存貞(ぞんてい)

**観誉祐崇** かんよゆうすう
→祐崇(ゆうそう)

**観誉祐崇** かんよゆうそう
→祐崇(ゆうそう)

**観理** かんり
寛平6(894)年～天延2(974)年3月
平安時代中期の真言宗の僧。東大寺47世、醍醐寺9世。
¶国書，古人(㊐895年)，日人，仏教，平史(㊐895年)

**寛隆(1)** かんりゅう
寛文12(1672)年～宝永4(1707)年　㊊寛隆入道親王(かんりゅうにゅうどうしんのう)，寛隆法親王(かんりゅうほうしんのう)
江戸時代中期の真言宗の僧。仁和寺23世。
¶人名(寛隆法親王　かんりゅうほうしんのう)，天皇(寛隆法親王　かんりゅうほうしんのう　㊐寛文12(1672)年9月12日　㊀宝永4(1707)年9月14日)，日人(寛隆入道親王　かんりゅうにゅうどうしんのう)，仏教(㊀宝永4(1707)年9月16日)

**寛隆(2)** かんりゅう
明和7(1770)年～嘉永7(1854)年8月22日
江戸時代中期～末期の浄土真宗の僧。
¶国書

**観隆** かんりゅう
生没年不詳
江戸時代中期の曹洞宗の僧。
¶国書

**寛隆入道親王** かんりゅうにゅうどうしんのう
→寛隆(1)(かんりゅう)

**寛隆法親王** かんりゅうほうしんのう
→寛隆(1)(かんりゅう)

**寛亮** かんりょう
鎌倉時代後期の仏師。
¶美建，仏教(生没年不詳)

**観了** かんりょう
宝暦3(1753)年～天保9(1838)年
江戸時代中期～後期の真宗大谷派の僧。
¶姓氏石川

**岸了** がんりょう
正保4(1647)年～享保1(1716)年7月17日
江戸時代前期～中期の浄土宗の僧。鎌倉光明寺56世、知恩院44世。
¶国書，仏教

**観輪** かんりん
→観輪行乗(かんりんぎょうじょう)

**観輪行乗** かんりんぎょうじょう
文政9(1826)年1月14日～明治29(1896)年9月1日　㊊観輪(かんりん)
江戸時代末期～明治期の黄檗宗僧侶。万福寺40世、黄檗宗管長。
¶黄檗，国書，人名(観輪　かんりん　㊐1827年)，日人，仏教，明大1

**寛令** かんれい
？～明治1(1868)年9月22日　㊊善長寺寛令(ぜんちょうじかんれい)
江戸時代末期～明治期の僧。
¶維新，人名(善長寺寛令　ぜんちょうじかんれい)，日人，幕末，幕末大

**歓励** かんれい
寛政6(1794)年～安政2(1855)年6月
江戸時代後期～末期の浄土真宗の僧。
¶国書

**観霊** かんれい
慶長9(1604)年～寛文1(1661)年7月11日
江戸時代前期の浄土宗の僧。
¶仏教

**韓嶺良雄** かんれいりょうゆう
？～元和1(1615)年
安土桃山時代～江戸時代前期の曹洞宗の僧。
¶日人，仏教(㊀慶長20(1615)年6月13日)

**寛蓮** かんれん
貞観16(874)年～？
平安時代前期の洛北弥勒寺の僧。
¶国書(㊐貞観18(876)年)，古人(㊀？)，人名，日人，平史

**願蓮** がんれん
生没年不詳
鎌倉時代後期の僧侶・歌人。
¶国書

き

**缶輅** かんろ
→岳輅(がくろ)

**関浪磨甎**(関浪磨甎) かんろうません
宝暦9(1759)年～天保9(1838)年閏4月16日
江戸時代中期～後期の曹洞宗の僧。
¶国書(関浪磨甎), 仏教

**甘露英泉** かんろえいせん
生没年不詳
江戸時代前期～中期の曹洞宗の僧。
¶国書

**観勒** かんろく
生没年不詳
飛鳥時代の僧。わが国初の僧正。
¶朝日, 岩史, 角史, 国史, 古史, 古人, 古代, 古代普, 古中, 古物, コン改, コン4, コン5, 史人, 思想史, 重要, 新潮, 人名, 世人, 世百, 全書, 対外, 日史, 日人, 仏教, 仏史, 仏人([没]620年頃), 山川小, 歴大

**甘露寺受長** かんろじおさなが
明治13(1880)年10月5日～昭和52(1977)年6月20日
大正～昭和期の宮内官僚。明治神宮宮司。東宮侍従、宮内省御用掛を経て掌典長。著書に「天皇様」「背広の天皇」など。
¶現情, 昭人, 人名7, 世紀, 日人, 履歴, 履歴2

**甘露泡子** かんろほうし
生没年不詳
江戸時代後期の曹洞宗の僧。
¶国書

## 【き】

**喜安** きあん
永禄8(1566)年～尚質6(1653)年 [別]蕃元(ばんげん)
安土桃山時代～江戸時代前期の僧。琉球国尚寧王に仕えた。
¶朝日([生]永禄8年12月29日(1566年1月20日) [没]尚質6年閏6月18日(1653年8月10日)), 沖縄百([生]尚元11(1566)年1月20日 [没]尚質6(1653)年8月10日), 国書, コン改([生]?), コン4([生]?), コン5([生]?), 新潮, 人名, 姓氏沖縄, 戦人, 茶道, 日史([生]永禄9(1566)年1月20日 [没]承応2(1653)年8月10日), 日人, 百科, 歴大

**希庵** きあん
? ～元亀1(1570)年11月27日
戦国時代～安土桃山時代の臨済宗の名僧。
¶山梨百

**帰庵** きあん
明治24(1891)年4月5日～昭和34(1959)年8月23日
大正～昭和期の僧、書家。
¶岡山百, 岡山歴

**希庵玄密** きあんげんみつ
? ～*
戦国時代の臨済宗の僧。妙心寺38世。
¶戦辞([没]元亀3年11月27日(1572年12月31日)), 武田, 仏教([没]文亀1(1501)年11月27日)

**岐庵宗揚** きあんそうよう
生没年不詳
室町時代～戦国時代の臨済宗の僧。大徳寺45世。
¶仏教

**規庵祖円**(規菴祖円) きあんそえん
弘長1(1261)年～正和2(1313)年4月2日 [別]祖円(そえん)
鎌倉時代後期の臨済宗仏光派の僧。南禅寺2世。
¶朝日([生]弘長1年1月8日(1261年2月8日) [没]正和2年4月2日(1313年4月28日)), 神奈川人, 鎌倉(規菴祖円), 鎌室, 京都大, 国史, 国書([生]文応2(1261)年1月7日), 古中, コン4, コン5, 新潮([生]弘長1(1261)年1月8日), 人名(規菴祖円), 姓氏長野, 世人, 長野百, 長野歴, 日人, 仏教([生]文応2(1261)年1月8日), 仏史, 仏人(祖円 そえん)

**紀忠雄** きいただお
? ～天正18(1590)年
安土桃山時代の神職。
¶人名, 日人

**紀親文** きいちかふみ
生没年不詳 [別]紀親文(きちかふみ)
南北朝時代の神職、歌人。
¶国書(きちかふみ), 日人

**紀俊連** きいとしつら
室町時代の神職。
¶人名, 日人(生没年不詳)

**紀俊長** きいとしなが
→紀俊長(きのとしなが)

**紀俊文** きいとしぶみ
生没年不詳 [別]紀俊文(きとしぶみ)
南北朝時代の廷臣。
¶国書(きとしぶみ), 人名, 日人

**紀行文** きいゆきぶみ
→紀行文(きのゆきぶみ)

**澱允** きいん
生没年不詳
鎌倉時代後期～南北朝時代の真言僧。
¶神奈川人

**義因** ぎいん
生没年不詳
江戸時代中期の天台宗の僧。
¶国書

**義淵** ぎいん
→義淵(ぎえん)

**義尹** ぎいん
→寒巌義尹(かんがんぎいん)

**紀氏辰** きうじとき
明暦2(1656)年6月18日～正徳1(1711)年6月20日
江戸時代前期～中期の公家・神職。
¶国書

**木内堯央** きうちぎょうおう
昭和14(1939)年～
昭和期の天台密教学者、僧侶。
¶現執1期

**木内武男** きうちたけお
大正9(1920)年～
昭和期の仏教考古学研究者。東京国立博物館法隆寺宝物館室長。
¶現執1期

**木内保旧** きうちやすひさ
文化7(1810)年～明治8(1875)年7月22日
江戸時代後期～明治期の神職。
¶国書

**基運** きうん
生没年不詳
南北朝時代の天台宗の僧・歌人。
¶国書

**義運** ぎうん
元中3/至徳3(1386)年～?
南北朝時代～室町時代の天台宗の僧・歌人。
¶国書

**義雲** ぎうん
建長5(1253)年12月～元弘3/正慶2(1333)年10月12日
鎌倉時代後期の曹洞宗の僧。永平寺第5世。
¶朝日(㊀正慶2/元弘3年10月12日(1333年11月19日)), 鎌室, 国史, 国書, 古中, コン改, コン4, コン5, 人書94, 新潮, 人名, 世人(㊐建長5(1253)年12月1日), 日人, 福井百, 仏教, 仏史, 仏人

**季雲永岳** きうんえいがく
? ～大永6(1526)年
戦国時代の曹洞宗の僧。
¶埼玉人(㊀大永6(1526)年2月15日), 静岡歴(㊐嘉吉3(1443)年), 人名, 姓氏静岡(㊐1443年), 戦辞(㊀大永6年2月15日(1526年3月27日)), 日人, 仏教(㊀大永6(1526)年2月15日)

**希雲慧沢** きうんえたく
? ～永正13(1516)年11月24日
戦国時代の臨済宗の僧。
¶仏教

**帰雲軒宗存** きうんけんそうぞん
戦国時代の僧。武田信昌の子。
¶武田

**儀雲示敦** ぎうんじとん
? ～大永7(1527)年4月5日
戦国時代の臨済宗の僧。
¶国書, 仏教

**輝雲秀旭** きうんしゅうぎょく
? ～永禄4(1561)年
戦国時代～安土桃山時代の曹洞宗の僧。
¶国書

**旗雲祖旭** きうんそぎょく, きうんそきょく
室町時代の曹洞宗の僧。
¶国書(㊐応永31(1424)年 ㊀明応1(1492)年11月28日), 埼玉人(㊐永享3(1431)年 ㊀明応8(1499)年), 人名(きうんそきょく ㊐1424年 ㊀1492年), 富山百(㊐永享3(1431)年 ㊀明応8(1499)年), 日人(㊐1424年 ㊀1492年), 仏教(㊐永享3(1431)年 ㊀明応8(1499)年)

き

**希雲楚見** きうんそけん
寛正6(1465)年～天文5(1536)年
室町時代～戦国時代の臨済宗の僧。
¶人名, 日人, 仏教(㊀天文5(1536)年4月6日)

**貴雲嶺胤** きうんれいいん
? ～元和5(1619)年
安土桃山時代～江戸時代前期の曹洞宗の僧。
¶人名, 日人, 仏教(㊀元和5(1619)年7月25日)

**義慧** ぎえ
生没年不詳
平安時代前期の真言宗の僧。
¶仏教

**義叡**(1) ぎえい
弘仁4(813)年～寛平4(892)年
平安時代前期の僧。
¶古人(㊐814年), 古代, 古代普, 日人, 仏教(㊀寛平4(892)年10月20日), 平史(㊐814年)

**義叡**(2) ぎえい
? ～寿永1(1182)年
平安時代後期の法相宗の僧。
¶仏教

**喜淵** きえん
建長6(1254)年～?
鎌倉時代後期の天台宗大原流の声明家。
¶朝日, 国書, 日音, 日人(㊀1319年?), 仏教(㊀元応1(1319)年?)

**義円**(1) ぎえん
久寿2(1155)年～養和1(1181)年3月10日 ㊞源義円(みなもとぎえん)
平安時代後期の僧、武将。源義朝の子。
¶鎌室(㊐?), 国史, 古人, 古中, 史人, 新潮(㊐?), 人名(㊐?), 内乱, 日人, 平家(㊐?), 平史

**義円**(2) ぎえん
生没年不詳
鎌倉時代後期の僧・歌人。
¶国書

**義円**(3) ぎえん
? ～享和2(1802)年9月28日
江戸時代中期～後期の真言宗の僧。
¶国書(生没年不詳), 仏教

**義演(1)　ぎえん**
平安時代前期の僧。
¶古人，古代，古代普

**義演(2)　ぎえん**
？　～正和3(1314)年
鎌倉時代後期の曹洞宗の僧。永平寺4世。
¶人名，日人，仏教(没正和3(1314)年10月26日)

**義演(3)　ぎえん**
永禄1(1558)年8月20日～寛永3(1626)年閏4月21日
安土桃山時代～江戸時代前期の真言宗の僧、醍醐寺座主。
¶朝日(生永禄1年8月20日(1558年10月1日)　没寛永3年閏4月21日(1626年6月15日))，岩史，角史，京都，近世，国史，国書，コン改，コン4，コン5，史人，思想史，諸系，新潮，人名，姓氏京都，世人(生永禄1(1558)年8月10日　没寛永3(1626)年4月21日)，全書，戦人，戦補(生1557年)，大百，茶道，日史，日人，百科，仏教，仏史，名僧，歴大

**義淵　ぎえん**
？　～神亀5(728)年10月20日　別義淵(ぎいん)
飛鳥時代～奈良時代の法相宗の僧。
¶朝日(没神亀5年10月20日(728年11月25日))，岩史，角史，京都府，国史(ぎいん)，古史，古人(生？)，古代(ぎいん)，古代普(ぎいん　生？)，古中(ぎいん)，古物(生？)，コン改，コン4，コン5，史人，新潮，人名，世人，世百，全書，大百，日史，日人(ぎいん)，百科，仏教(ぎいん)，仏史(ぎいん)，仏人，歴大

**季鷹　きおう**
→賀茂季鷹(かものすえたか)

**宜翁　ぎおう**
寛永1(1624)年～寛文1(1661)年
江戸時代前期の学僧。
¶香川人

**希膺雲居　きおううんご**
天正10(1582)年～万治2(1659)年
安土桃山時代～江戸時代前期の高僧。
¶宮城百

**岐翁紹偵**(岐翁紹禎)　**きおうしょうてい，きおうじょうてい，ぎおうしょうてい**
室町時代の画家、僧。南周寺集雲庵の開山。
¶人名，茶道(岐翁紹禎　きおうじょうてい)，日人(岐翁紹禎　ぎおうしょうてい　生没年不詳)

**岐翁紹禎　きおうしょうてい**
～明応7(1498)年
室町時代の禅僧。
¶大阪墓

**義翁紹仁　ぎおうしょうにん**
建保5(1217)年～弘安4(1281)年
鎌倉時代後期の臨済宗の僧。建仁寺12世、建長寺4世。
¶日人，仏教(没弘安4(1281)年6月2日)

**義翁盛訓　ぎおうせいくん**
？　～天正14(1586)年
安土桃山時代の曹洞宗の僧。
¶日人，仏教(没天正14(1586)年5月6日)

**貴屋　きおく**
慶長4(1599)年～万治3(1660)年1月21日　別遵誉貴屋(じゅんよきおく)
江戸時代前期の増上寺23世住職、声明家。
¶日音(遵誉貴屋　じゅんよきおく)，仏教

**喜海　きかい**
*～建長2(1250)年12月20日
鎌倉時代前期の華厳宗の僧。明恵の高弟。
¶朝日(生治承2(1178)年　没建長2年12月20日(1251年1月13日))，岩史(生治承2(1178)年)，鎌室(生承安4(1174)年)，国史(生1178年)，国書(生治承2(1178)年)，古人(生1174年)，古中(生1178年)，コン改(生？)，コン4(生？)，コン5(生？)，史人(生1178年)，新潮(生？)，人名(生1174年)，姓氏京都(生1174年)，世人(生？)，日人(生1178年　没1251年)，仏教(生治承2(1178)年)，仏史(生1178年)

**機外　きがい**
文化5(1808)年～安政4(1857)年
江戸時代後期～末期の僧。
¶群馬人

**義介**(義价)　**ぎかい**
→徹通義介(てっつうぎかい)

**義海(1)　ぎかい**
生没年不詳
平安時代前期の華厳宗の僧。東大寺15世。
¶仏教

**義海(2)　ぎかい**
貞観13(871)年～天慶9(946)年
平安時代前期～中期の天台宗の僧。天台座主14世。
¶大分歴(生貞観12(870)年)，古人，日人，仏教(没天慶9(946)年5月10日)，平史

**義海(3)　ぎかい**
生没年不詳
鎌倉時代の三論宗の僧。
¶仏教

**義海(4)　ぎかい**
生没年不詳
室町時代の三好郡昼間長福寺の僧。
¶徳島歴

**義海(5)　ぎかい**
？　～宝暦5(1755)年1月10日
江戸時代中期の浄土宗の僧。
¶国書，日人，仏教

**義海(6)　ぎかい**
元禄15(1702)年～安永2(1773)年
江戸時代中期の僧。
¶姓氏群馬

**義海(7)　ぎかい**
天明8(1788)年〜天保3(1832)年
江戸時代後期の僧。
¶諸系，日人

**箕外需糠　きがいじゅこう**
生没年不詳
室町時代〜戦国時代の曹洞宗の僧。
¶日人，仏教

**義海昌宣　ぎかいしょうせん**
？　〜＊
江戸時代前期〜中期の僧。円覚寺中興。
¶神奈川人([没]1714年)，鎌倉([没]元文2(1737)年)

**機外坦道　きがいたんどう**
文化6(1809)年〜安政4(1857)年10月11日
江戸時代後期〜末期の曹洞宗の僧。
¶国書

**規外霊長　きがいれいちょう**
？　〜宝暦6(1756)年
江戸時代中期の曹洞宗の僧。
¶姓氏石川

**姫岳　きがく**
宝暦10(1760)年〜文政6(1823)年
江戸時代中期〜後期の僧、俳人。
¶国書([没]文政6(1823)年4月5日)，日人

**機岳　きがく★**
文化7(1810)年〜明治22(1889)年3月28日
江戸時代末期・明治期の曹洞僧。禅風を広めた。
¶秋田人2

**義覚(1)　ぎかく**
飛鳥時代の百済僧。
¶古人，古代，古代普，人名，日人(生没年不詳)，仏教(生没年不詳)

**義覚(2)　ぎかく**
→足利義覚(あしかがぎかく)

**岐岳妙周　ぎがくみょうしゅう**
生没年不詳
室町時代の臨済宗の僧。大徳寺20世。
¶仏教

**輝岳隆杲　きがくりゅうこう**
生没年不詳
江戸時代中期の曹洞宗の僧。
¶国書

**狭川月甫　きがわげつほ**
明治24(1891)年11月4日〜昭和63(1988)年
大正〜昭和期の俳人、宗教家。
¶奈良文

**義寛　ぎかん**
生没年不詳
江戸時代中期の浄土宗の僧。
¶仏教

**義観(1)　ぎかん**
？　〜延宝8(1680)年
江戸時代前期の浄土宗の僧。
¶日人，仏教([没]延宝8(1680)年8月6日)

**義観(2)　ぎかん**
？　〜享保2(1717)年
江戸時代中期の黄檗宗の僧。
¶日人，仏教([没]享保2(1717)年3月)

**義観(3)　ぎかん**
享保7(1722)年〜寛政2(1790)年2月2日
江戸時代中期〜後期の真言律宗の僧。
¶国書

**義観(4)　ぎかん**
→覚王院義観(かくおういんぎかん)

**義鑑　ぎかん**
？　〜延元2/建武4(1337)年
鎌倉時代後期〜南北朝時代の僧。
¶日人

**義観元諦　ぎかんげんたい**
生没年不詳
江戸時代中期の黄檗宗の僧。
¶国書

**奇巌法泉　きがんほうせん**
？　〜文政12(1829)年
江戸時代後期の曹洞宗の僧。
¶国書

**喜冠竜慶　きかんりゅうきょう**
→喜冠竜慶(きかんりゅうけい)

**喜冠竜慶　きかんりゅうけい**
生没年不詳　[別]喜冠竜慶(きかんりゅうきょう)
戦国時代の曹洞宗の僧。
¶人名(きかんりゅうきょう　[没]1559年)，日人，仏教

**喜慶　ききょう**
寛平1(889)年〜康保3(966)年7月17日　[別]喜慶(きけい)
平安時代中期の天台宗の僧。天台座主17世。
¶国書，古人(きけい)，仏教，平史(きけい)

**義教　ぎきょう**
元禄7(1694)年〜明和5(1768)年6月6日
江戸時代中期の浄土真宗の僧。
¶国書，人名，姓氏富山，富山百，日人，仏教，ふる

**義鏡　ぎきょう**
生没年不詳
江戸時代中期の浄土真宗の僧。
¶国書

**義堯　ぎぎょう**
永正2(1505)年〜＊
戦国時代〜安土桃山時代の醍醐寺三宝院の門跡。
¶国書([生]永正2(1505)年3月23日　[没]永禄7(1564)年2月5日)，戦辞([生]永正2年3月23日

(1505年4月27日) [没]?)

**桔梗屋ジョアン** ききょうやじょあん
? ～元和5(1619)年
江戸時代前期の京都のキリシタン。
¶姓氏京都

**希項周顓** きぎょくしゅうせん
生没年不詳
戦国時代の臨済宗の僧。
¶国書

**きく**
? ～天明8(1788)年10月17日
江戸時代中期の浄土真宗の篤信者。
¶島根百

**菊阿弥**(菊阿ミ) きくあみ
戦国時代の武将。後北条氏家臣。
¶後北(菊阿ミ), 戦辞(生没年不詳), 戦東

**菊庵** きくあん
飛鳥時代の菊屋索麵の祖。
¶人名, 日人(生没年不詳)

**菊隠** きくいん
? ～尚寧32(1620)年 [別]菊隠国師(きくいんこくし)
江戸時代前期の臨済宗の僧。沖縄円覚寺の第18代住持。
¶朝日([没]尚寧32年8月27日(1620年9月23日)), 沖縄百([没]元和6(1620)年8月27日), コン改, コン4, コン5, 新潮, 人名(菊隠国師 きくいんこくし), 姓氏沖縄, 世人, 戦人, 日人

**菊隠国師** きくいんこくし
→菊隠(きくいん)

**菊隠瑞潭** きくいんずいたん
文安4(1447)年～大永4(1524)年12月8日 [別]瑞潭(ずいたん)
室町時代～戦国時代の曹洞宗の僧。
¶国書, 人名, 戦人(瑞潭 ずいたん), 武田([生]文安3(1446)年), 新潟百(瑞潭 ずいたん), 日人([没]1525年), 仏教

**義空**(1) ぎくう
平安時代前期の僧。承和14年唐から来朝した禅僧。
¶古人

**義空**(2) ぎくう
*～仁治2(1241)年
鎌倉時代前期の僧。
¶鎌室([生]承安2(1172)年), 国書([生]承安1(1171)年 [没]仁治2(1241)年4月29日), 古人([生]1172年), 人名([生]1172年), 日人([生]1171年), 仏教([生]承安1(1171)年 [没]仁治2(1241)年4月30日)

**義空**(3) ぎくう
貞享4(1687)年～宝暦3(1753)年
江戸時代前期～中期の天台宗の僧。
¶国書

**義空性忠** ぎくうしょうちゅう
生没年不詳
南北朝時代の臨済宗の僧。
¶仏教

**菊英浄芳** きくえいじょうほう
元禄11(1698)年～明和6(1769)年9月24日
江戸時代中期の黄檗宗の僧。
¶黄檗

**菊大路某** きくおおじ
明治期の神職。元石清水八幡宮社務職。
¶華請

**菊大路纓清** きくおおじやすきよ
江戸時代末期～明治期の神職。元石清水八幡宮社務職。
¶華請

**菊岡義衷** きくおかぎちゅう
慶応1(1865)年8月29日～昭和11(1936)年2月18日
明治～昭和期の僧、教育者。
¶昭人, 世紀, 日人, 明大1

**菊川宝城** きくかわほうじょう
明治39(1906)年12月～平成8(1996)年12月
明治～平成期の住職。法教寺住職。
¶日エ

**菊径宗存** きくけいそうそん
永禄元(1558)年～寛永4(1627)年6月21日
安土桃山時代～江戸時代前期の臨済宗の僧。大徳寺165世。
¶江神奈, 仏教

**菊嗽** きくそう
生没年不詳
江戸時代中期～後期の俳人・修験僧。
¶国書

**菊田縫之丞** きくたぬいのじょう
天保5(1834)年～大正5(1916)年9月15日
江戸時代末期～大正期の教育者。漢学、国学を学び修験道寿宝院4代住職。
¶姓氏愛知, 幕末, 幕末大

**菊田和平** きくたわへい
文政10(1827)年～明治36(1903)年3月1日
江戸時代末期～明治期の歌人、神官。「陸奥保原薬師堂奉額会」に活躍。
¶幕末([生]1827年8月15日), 幕末大([生]文政10(1827)年閏6月23日)

**菊地和久** きくちかずひさ
安永8(1779)年～嘉永5(1852)年
江戸時代後期の伊方八幡神社神主。
¶愛媛

**菊池吉弥** きくちきちや
大正2(1913)年～昭和61(1986)年
昭和期の牧師。「いのちの電話」を創設。
¶青森人

**菊池重賢** きくちしげかた
天保4(1833)年9月19日～＊ ㊙菊池重賢(きくちしげたか)
江戸時代後期～明治期の函館八幡宮社家菊池家第81代神職。
¶札幌(きくちしげたか ㊎明治35年2月6日), 神人(きくちしげたか ㊎明治33(1900)年2月6日), 北海道百(㊎明治37(1904)年), 北海道歴(㊎明治37(1904)年)

**菊池重賢** きくちしげたか
→菊池重賢(きくちしげかた)

**菊池秀言** きくちしゅうごん
安政2(1855)年8月15日～?
明治期の僧侶。
¶真宗

**菊地専武** きくちせんぶ
生没年不詳
江戸時代前期の神職。
¶国書

**菊池祖睛** きくちそせい
享保12(1727)年～文化3(1806)年
江戸時代中期～後期の行者。
¶姓氏岩手

**菊池武経** きくちたけつね
→阿蘇惟長(あそこれなが)

**菊池武信** きくちたけのぶ
生没年不詳
明治期のキリスト教伝道師。
¶社史

**菊池武文** きくちたけふみ
明治4(1871)年～昭和14(1939)年
明治～昭和期の神職。
¶神人

**菊地正**(菊地ただし) きくちただし
昭和2(1927)年10月24日～平成18(2006)年
昭和～平成期の児童文学作家。
¶幻作(菊地ただし), 現執2期, 幻想(菊地ただし), 児作, 児人, 児文, 世紀, 日児

**菊池竹庵** きくちちくあん
文政7(1824)年～明治元(1868)年
江戸時代末期・明治期の勤王僧。
¶薩摩

**菊池隼人正** きくちはやとのしょう
安土桃山時代の伊豆国日守熊野三社大権現神主。
¶伊豆, 後北(隼人正〔菊池(2)〕 はやとのしょう)

**菊地無涯** きくちむがい
文化13(1816)年～明治16(1883)年10月13日
㊙無涯(むがい)
江戸時代末期～明治期の浄土真宗本願寺派学僧。勧学。
¶国書(無涯 むがい), 真宗(㊐文政1(1818)年), 仏教

**菊池祐義** きくちゆうぎ
文化12(1815)年～明治15(1882)年
江戸時代後期～明治期の僧・教育者。
¶青森人

**菊池嘉典** きくちよしのり
? ～明和5(1768)年4月
江戸時代中期の神職。
¶国書

**菊地良一** きくちりょういち
大正2(1913)年～
昭和期の僧侶、仏教文学者。足利工業大学教授。
¶現執1期

**菊村紀彦** きくむらのりひこ
大正13(1924)年12月15日～
昭和～平成期の作曲家、僧侶。寂光檀林管主、日本仏教学院長。
¶音人3, 現執3期

**菊本東隣** きくもととうりん
天保1(1830)年～明治42(1909)年
江戸時代後期～明治期の僧。真宗宿縁寺住職。
¶姓氏岩手

**菊屋末耦**(菊屋末偶) きくやすえとも
享保20(1735)年12月1日～享和1(1801)年12月7日
江戸時代中期～後期の国学者、伊勢内宮祠官。
¶国書(菊屋末偶), 神人(菊屋末偶), 人名, 日人(菊屋末偶 ㊐1736年 ㊎1802年), 三重続(菊屋末偶 ㊐享保20年12月 ㊎享和1年12月7日)

**喜慶** きけい
→喜慶(ききょう)

**基継** きけい
嘉祥3(850)年～延長9(931)年2月4日
平安時代前期～中期の法相宗の僧。興福寺12世。
¶古人, 仏教(㊎延長9(931)年2月4日, (異説)2月16日?), 平史

**貴慶** きけい
康保4(967)年～?
平安時代中期の天台宗の僧。
¶古人(㊎?), 平史

**義慶** ぎけい
? ～承徳1(1097)年
平安時代後期の天台宗。
¶古人(㊐?), 平史

**季瓊真蘂**(季瓊夏蘂) きけいしんずい
応永8(1401)年～文明1(1469)年8月11日 ㊙季瓊真蘂(きにしんしゅう), 真蘂(しんずい)
室町時代の臨済宗の僧。応仁の乱の一因。
¶朝日(㊎文明1年8月11日(1469年9月16日)), 岩史, 岡山歴, 角史(生没年不詳), 鎌室, 京都大, 国史, 国書, 古中, コン改, コン4, コン5, 史人, 新潮, 人名(きにしんしゅう), 姓氏京都, 世人(生没年不詳), 内乱, 日史, 日人, 百科, 兵庫百(季瓊夏蘂 ㊐?), 仏教(㊎文明1(1469)年8月), 仏史, 名僧, 歴大

き

**其諺** きげん
→四時堂其諺(しじどうきげん)

**義賢** ぎけん
応永6(1399)年～応仁2(1468)年閏10月2日
室町時代の真言宗の僧。
¶国書，人名，戦人，日人，仏教

**撝謙** ぎけん
文化3(1806)年～慶応1(1865)年12月12日
江戸時代末期の浄土真宗の僧。
¶国書，人名，日人(㊀1866年)，仏教

**義元** ぎげん
天智天皇7(668)年～天平宝字1(757)年
飛鳥時代～奈良時代の修験僧。
¶国書

**義源** ぎげん
生没年不詳
鎌倉時代後期の天台宗の僧。
¶国書，仏教

**希玄道元** きげんどうげん
→道元(どうげん)

**季弘** きこう
→季弘大叔(きこうだいしゅく)

**義光** ぎこう
延喜5(905)年～天元5(982)年
平安時代中期の法相宗の僧。
¶人名(㊀908年 ㊀978年)，日人，仏教(㊀天元5(982)年8月5日)

**義向** ぎこう
生没年不詳
飛鳥時代の留学僧。
¶仏教

**義高** ぎこう
寛永1(1624)年～享保3(1718)年6月7日
江戸時代前期～中期の真言宗の僧。
¶仏教

**義剛** ぎこう
寛文5(1665)年～正徳5(1715)年3月11日
江戸時代中期の真言宗の僧。
¶国書，仏教

**季亨玄厳** きこうげんごん
？ ～長禄1(1457)年12月25日
室町時代の五山文学者、東福寺主。別号紫府真人、霊松道人。
¶国書，人名，日人(㊀1458年)

**喜江禅師** きこうぜんし
生没年不詳
戦国時代の僧。建長寺広徳庵や長寿寺に住した。
¶鎌倉

**季弘大叔**(季弘大淑) きこうだいしゅく
応永28(1421)年8月25日～長享1(1487)年8月7日
㊀季弘(きこう)，大叔(だいしゅく)，大淑(だいしゅく)
室町時代の臨済宗の僧、東福寺の第174世。
¶朝日(㊀応永28年8月25日(1421年9月21日) ㊀長享1年8月7日(1487年8月25日))，岡山百，岡山歴，鎌室，国史，国書，古中，コン改(季弘大淑)，コン4(季弘大淑)，コン5(季弘大淑)，史人，新潮，人名(季弘大淑)，世人(季弘 きこう)，日史，日人，百科，仏教，仏史，名僧

**義晃雄禅** ぎこうゆうぜん
寛文11(1671)年～元文5(1740)年9月2日
江戸時代中期の曹洞宗の僧。永平寺41世。
¶仏教

**凞極** きごく
生没年不詳
平安時代中期の真言宗の僧。
¶仏教

**季厳** きごん
文治1(1185)年～建保1(1213)年
平安時代後期～鎌倉時代前期の僧。六条若宮(八幡宮)初代別当。
¶密教(㊀1185年以前 ㊀1213年以後)

**義厳**(1) ぎごん
生没年不詳
江戸時代中期の天台宗の僧。
¶国書

**義厳**(2) ぎごん
生没年不詳
江戸時代後期の天台宗の僧。
¶国書

**義済** ぎさい
承和10(843)年～*
平安時代前期の僧。
¶古代(㊀？)，古代普(㊀？)，日人(㊀922年)

**喜斎Diego**(喜斎ディエゴ) きさいでぃえご
天文3(1534)年～慶長2(1597)年 ㊀喜左衛(きさえ)，喜佐衛Jacobo(きさえやこぼ)，喜左衛Diego(きさえでぃえご)，喜斎Jacobo(きさいやこぼ)
安土桃山時代のキリシタン。26聖人の1人。
¶キリ(㊀1597年2月5日)，人名(喜左衛 きさえ)，日人(喜斎ディエゴ)

**喜左衛** きさえ
→喜斎Diego(きさいでぃえご)

**喜左衛門**(1) きざえもん
生没年不詳
江戸時代前期のキリシタン訴人。
¶大分歴

**喜左衛門**(2) きざえもん
江戸時代前期の伝道支援者。甑島郡下甑島長浜村南屋敷の人。
¶姓氏鹿児島

**鬼沢大海** きさわおおみ
→鬼沢大海(おにざわおおみ)

**木沢源平** **きざわげんぺい**
昭和期の宮大工。延暦寺東塔を復元。
¶名工

**木沢津多** **きざわつた**
享和2(1802)年～天保7(1836)年5月4日
江戸時代後期の歌人。
¶江表(津多(長野県) つた), 国書

**耆山** **きざん, きさん**
正徳2(1712)年～寛政6(1794)年4月17日
江戸時代中期の浄土宗の僧。
¶国書(きさん), 仏教

**義産** **ぎさん**
→実苗義産(じつみょうぎさん)

**義璨** **ぎさん**
延宝7(1679)年～延享4(1747)年6月22日
江戸時代前期～中期の真言宗の僧。
¶国書

**義産** **ぎさん★**
安永4(1775)年10月19日～天保9(1838)年1月3日
江戸時代後期の僧。42世天徳寺住職。
¶秋田人2

**儀山** **ぎざん**
→儀山善来(ぎさんぜんらい)

**義山**(1) **ぎざん**
正保3(1646)年～享保7(1722)年7月4日
江戸時代前期～中期の新義真言宗の僧。智積院12世。
¶国書, 戦辞(生没年不詳), 仏教

**義山**(2) **ぎざん**
慶安1(1648)年～享保2(1717)年11月13日 [別]良照(りょうしょう)
江戸時代前期～中期の浄土宗学僧。
¶近世, 国史, 国書([生]正保4(1647)年), 史人, 新潮, 人名, 日人([生]1647年), 仏教([生]正保4(1647)年), 仏史, 仏人([生]1647年)

**義山**(3) **ぎざん**
? ～寛政7(1795)年
江戸時代中期～後期の僧、大慈寺第19世。
¶姓氏岩手

**奇山円然** **きざんえんねん**
? ～正和5(1316)年 [別]円然(えんねん)
鎌倉時代後期の臨済宗の僧。
¶人名(円然 えんねん), 人名, 日人, 仏教

**棊山賢仙** **きさんけんせん**
→賢仙(けんせん)

**起山師振** **きざんししん**
文保2(1318)年～元中3/至徳3(1386)年
南北朝時代の臨済宗の僧。東福寺48世。
¶国書([没]至徳3(1386)年10月18日), 人名, 日人, 仏教([没]至徳3/元中3(1386)年10月18日, (異説)至徳1/元中1(1384)年10月18日)

**喜山宗忻** **きざんしゅうきん**
→喜山宗忻(きさんそうきん)

**輝山宗珠** **きざんしゅうじゅ**
→輝山宗珠(きざんそうじゅ)

**熙山周雍** **きざんしゅうよう**
生没年不詳
室町時代の僧侶。
¶沖縄百

**喜山性讃** **きざんしょうさん**
天授3/永和3(1377)年～嘉吉2(1442)年7月4日
[別]喜山性讃(きやませいさん)
室町時代の曹洞宗の僧。総持寺100世。
¶岡山人(きやませいさん), 岡山歴, 人名, 長野歴, 日人, 仏教

**輝山宗珠** **きざんしょうじゅ**
→輝山宗珠(きざんそうじゅ)

**麒山瑞麟** **きざんずいりん**
江戸時代中期の僧。
¶姓氏石川

**儀山善来** **ぎさんぜんらい, ぎざんぜんらい**
享和2(1802)年～明治11(1878)年3月28日 [別]儀山(ぎざん)
江戸時代末期～明治期の臨済宗僧侶。妙心寺523世。
¶岡山人(儀山 ぎざん), 岡山歴(儀山 ぎざん), 国書, 日人, 福井百(ぎざんぜんらい [生]寛政12(1800)年), 仏教

**喜山宗忻** **きさんそうきん**
? ～弘治2(1556)年 [別]喜山宗忻(きざんしゅうきん)
戦国時代の曹洞宗の僧。
¶人名(きざんしゅうきん), 日人, 仏教([没]弘治2(1556)年2月29日)

**輝山宗珠** **きざんそうじゅ**
応永15(1408)年～享禄1(1528)年 [別]輝山宗珠(きざんしゅうじゅ, きざんしょうじゅ)
室町時代～戦国時代の曹洞宗の僧。
¶人名(きざんしゅうじゅ), 武田(きざんしょうじゅ [生]?), 日人, 仏教([没]大永8(1528)年1月12日)

**起山洞虎** **きざんどうこ**
? ～元和6(1620)年11月12日
江戸時代前期の曹洞宗の僧。
¶埼玉人

**義山等仁** **ぎざんとうじん**
元中3/至徳3(1386)年～寛正3(1462)年 [別]義山等仁(ぎさんとうにん, ぎざんとうにん)
室町時代の曹洞宗の僧。
¶人名(ぎさんとうにん), 姓氏石川([生]?), 日人(ぎざんとうにん), 仏教(ぎざんとうにん [没]寛正3(1462)年10月1日)

**義山等仁** **ぎさんとうにん, ぎざんとうにん**
→義山等仁(ぎざんとうじん)

**義山理忠**　ぎざんりちゅう
→理忠女王（りちゅうじょおう）

**義山亮勇**　ぎさんりょうゆう
生没年不詳
江戸時代末期の曹洞宗の僧。
¶国書

**器之為璠**　きしいばん，きしいはん
*～応仁2（1468）年5月24日
室町時代の曹洞宗の僧。
¶国書（[生]応永11（1404）年），人名（[生]1404年），日人（きしいはん　[生]1405年），仏教（[生]応永12（1405）年）

**岸上恢嶺**　きしがみかいれい
天保10（1839）年～明治18（1885）年
江戸時代末期～明治期の浄土宗学僧。浄土宗学校西部大学林司教、宇治平等院住職。
¶日人，仏教（[生]天保10（1839）年8月8日　[没]明治18（1885）年2月15日），仏人

**紀重基**　きしげもと
承応3（1654）年～元禄2（1689）年閏1月17日
江戸時代前期～中期の公家・神職。
¶国書

**岸沢維安**（岸沢惟安）　きしざわいあん
慶応1（1865）年7月25日～昭和30（1955）年3月26日
明治～昭和期の曹洞宗の僧。生涯を道元著「正法眼蔵」の解明に尽くす。旭伝院を開創。
¶埼玉人，世紀，全書（岸沢惟安），日人，仏教

**岸信宏**　きししんこう
明治22（1889）年～昭和54（1979）年
大正～昭和期の僧侶。
¶郷土和歌山（[生]1891年），姓氏愛知，和歌山人

**岸田愛治**　きしだあいじ
明治35（1902）年11月22日～昭和51（1976）年5月13日
大正～昭和期の牧師。日本基督教団第七部伝道部長。
¶キリ

**岸田英山**　きしだえいざん
明治38（1905）年～昭和57（1982）年
昭和期の真言宗醍醐派僧侶。
¶仏人

**岸田福太郎**　きしだふくたろう
安政5（1858）年9月20日～昭和16（1941）年11月29日
明治～昭和期の天理教仙波分教会初代会長。
¶埼玉人

**岸千年**　きしちとせ
明治31（1898）年1月15日～平成1（1989）年6月30日
昭和期のキリスト教神学者。日本各地の日本福音ルーテル教会の牧師を歴任。日本聖書教会理事長も務める。
¶キリ，現朝，現執1期，現情，世紀，日人

**岸豊後守**　きしぶんごのかみ
享保20（1735）年～天明3（1783）年
江戸時代中期の宮大工。
¶姓氏群馬，美建

**貴島磯麿**　きじまいそまろ
～明治43（1910）年
明治期の神職。白峯宮宮司、石清水八幡宮宮司。
¶神人

**岸本義導**　きしもとぎどう
？　～昭和13（1938）年11月
明治～昭和期の僧侶。
¶真宗

**岸本玉竿**　きしもとぎょくかん
元禄15（1702）年～明和8（1771）年
江戸時代中期の神道学者。
¶長崎歴

**岸本能武太**　きしもとのぶた
慶応1（1865）年～昭和3（1928）年11月16日
明治～大正期の宗教学者。早稲田大学教授。比較宗教学会を設立。著書に「社会学」「宗教研究」。
¶朝日（[生]慶応1年12月16日（1866年2月1日）），海越新（[生]慶応1（1866）年12月6日），岡山歴（[生]慶応1（1865）年12月16日），キリ（[生]慶応1年12月16日（1866年2月1日）），近文，コン改，コン5，思想史，社史（[生]慶応1年12月16日（1866年2月1日）），新潮（[生]慶応1（1865）年12月16日），人名，世紀（[生]慶応1（1866）年12月6日），全書，哲学（[生]1866年），渡航，日人（[生]1866年），明治史，明大2（[生]慶応1（1865）年12月6日）

**岸本英夫**　きしもとひでお
明治36（1903）年6月27日～昭和39（1964）年1月25日
大正～昭和期の宗教学者。東京帝国大学教授。連合軍民間情報教育局の宗教行政顧問。国学院大学日本文化研究所創設に関与。
¶岡山人，キリ，現朝，現情，現人，コン改，コン5，新潮，人名7，心理，世紀，全書，哲学，図人，日人，兵庫百，山形百，履歴，履歴2

**岸本芳秀**　きしもとよしひで
文政4（1821）年～明治23（1890）年6月3日
江戸時代末期～明治期の音楽家。管楽器本位の雅楽を歌と箏本位に改めた吉備楽の創始者。
¶朝日，岡山人，岡山百，岡山歴，音人，芸能，コン改，コン4，コン5，新芸，人書94，人名，世百，日音，日人，明大2

**基秀**　きしゅう
生没年不詳
平安時代前期の華厳宗の僧。
¶仏教

**帰住**　きじゅう
？　～天養2（1145）年4月10日
平安時代後期の真言宗の僧。

¶仏教

**喜州玄欣** きしゅうげんきん
？ ～天文5（1536）年 ㊊喜州玄欣（きしゅうげんごん）
戦国時代の曹洞宗の僧。
¶人名（きしゅうげんごん），日人，飛騨（きしゅうげんごん ㊐？），仏教（㊏天文5（1536）年9月20日，（異説）天文6（1537）年9月20日）

**喜州玄欣** きしゅうげんごん
→喜州玄欣（きしゅうげんきん）

**岐秀元伯** ぎしゅうげんぱく
？ ～永禄5（1562）年 ㊊元伯（げんぱく）
戦国時代～安土桃山時代の臨済宗の僧。京都妙心寺20世大宗玄弘法嗣の学僧。
¶戦辞（㊏永禄5年10月23日（1562年11月19日）），戦人（元伯 げんぱく 生没年不詳），武田（㊏永禄5（1562）年3月23日），日人（生没年不詳），仏教（㊐文禄3（1594）年 ㊏？），山梨百（㊏永禄5（1562）年10月23日）

**僖首座** きしゅそ
元和2（1616）年～元禄9（1696）年
江戸時代前期の茶人、僧。竜安寺塔頭大珠院住持。
¶茶道，日人

**基舜** きしゅん
？ ～長寛2（1164）年8月29日
平安時代後期の真言宗の僧。
¶国書，仏教

**喜純** きじゅん
貞和4/正平3（1348）年～応永8（1401）年3月5日
南北朝時代～室町時代の曹洞宗の僧。永平寺8世。
¶仏教（㊐貞和4/正平3（1348）年，（異説）貞和3/正平2（1347）年）

**義俊** ぎしゅん
永正1（1504）年～永禄10（1567）年
戦国時代～安土桃山時代の僧、連歌師。
¶国書（㊏永禄10（1567）年1月12日），戦辞（㊏永禄10年1月12日（1567年2月20日）），日人，俳文

**義準** ぎじゅん
生没年不詳
鎌倉時代後期の禅僧。
¶鎌室，人名，日人，仏教

**義純**(1) ぎじゅん
生没年不詳
鎌倉時代後期の天台宗の僧。
¶国書

**義純**(2) ぎじゅん
？ ～明治22（1889）年
江戸時代後期～明治期の僧侶。
¶真宗

**義順** ぎじゅん
寛政3（1791）年～安政5（1858）年12月5日
江戸時代末期の浄土真宗の僧。
¶国書，仏教

**煕春竜喜** きしゅんりゅうき
*～文禄3（1594）年
戦国時代～安土桃山時代の僧。
¶国書（㊐永正8（1511）年 ㊏文禄3（1594）年1月3日），日人（㊐？）

き

**灊助** きじょ
？ ～元亨1（1321）年
鎌倉時代後期の僧。
¶北条

**義承** ぎしょう
→足利義承（あしかがぎしょう）

**義昭**(1) ぎしょう
生没年不詳
平安時代前期の真言宗の僧。
¶国書

**義昭**(2) ぎしょう
→足利義昭（あしかがぎしょう）

**義照**（義昭） ぎしょう
延喜20（920）年～安和2（969）年1月3日
平安時代中期の三論宗の僧。
¶古人（義昭），コン改，コン4，コン5，新潮（義昭），人名，日人，仏教，平史（義昭）

**義清** ぎしょう
→義清（ぎせい）

**宜成** ぎじょう
安永6（1777）年～万延2（1861）年1月3日
江戸時代後期の浄土真宗の僧。
¶国書，仏教

**義浄** ぎじょう
→滝山義浄（たきやまぎじょう）

**義譲** ぎじょう
寛政8（1796）年～安政5（1858）年2月4日
江戸時代末期の浄土真宗の僧。
¶国書，仏教

**義成** ぎじょう
？ ～大宝2（702）年
飛鳥時代の僧。
¶日人，仏教

**義静** ぎじょう
㊊義静（ぎせい）
奈良時代の唐僧。
¶古人，古代（ぎせい），古代普（ぎせい），日人（生没年不詳），仏教（生没年不詳）

**雉子郎** きじろう
→石島雉子郎（いしじまきじろう）

**基真** きしん
生没年不詳 ㊊基真禅師（きしんぜんじ）
奈良時代の僧。道鏡政権を支えた僧の一人。
¶朝日，公卿普（基真禅師 きしんぜんじ），国史，古史，古人，古代，古代普，古中，新潮，日人，飛驒，仏史

き

**祈親** きしん
天徳2(958)年～永承2(1047)年　㊟定誉(じょうよ),祈親上人(きしんしょうにん)
平安時代中期の僧。高野山復興につとめた3大勧進上人の随一。
¶朝日(㊀永承2年2月2日(1047年3月1日)),国史(定誉　じょうよ　㊐957年),古人(定誉　じょうよ),古中(定誉　じょうよ　㊐957年),コン改,コン4,コン5,新潮(㊐？　㊀永承2(1047)年2月2日),人名(㊐1018年　㊀1107年),日人(定誉　じょうよ),仏教(定誉　じょうよ　㊀永承2(1047)年2月2日),仏史(定誉　じょうよ　㊐957年),仏人,平家(㊐天徳2(958)年？),平史(定誉　じょうよ),歴大(定誉　じょうよ　㊐957年),和歌山人

**義真** ぎしん
天応1(781)年～天長10(833)年7月4日　㊟修禅大師(しゅぜんだいし)
平安時代前期の天台宗の僧。
¶朝日(㊀天長10年7月4日(833年7月24日)),岩史,神奈川人,郷土滋賀,国史,国書(㊐？),古史,古人,古代,古代普,古中,コン改,コン4,コン5,滋賀百(㊐780年),史人,新潮(㊐宝亀10(779)年,(異説)天応1(781)年),人名,姓氏神奈川,姓氏京都,世人(㊐？),全書,対外,大百,日人,仏教,仏史,仏人,平史,名僧,歴大

**基真禅師** きしんぜんじ
→基真(きしん)

**瑕丘宗興** きずおかしゅうこう
→瑕丘宗興(かきゅうしゅうこう)

**木付玄聖** きずきげんせい★
明治8(1875)年～
明治～昭和期の仏教家。浄土宗満州開教区長、大連布教所(明照寺)。
¶人満

**木津無庵** きずむあん
→木津無庵(きづむあん)

**希世** きせい
→希世霊彦(きせいれいげん)

**義清** ぎせい
㊟義清(ぎしょう)
平安時代後期の比叡山無動寺の住僧。
¶古人,人名,日人(ぎしょう　生没年不詳),平史(生没年不詳)

**義静** ぎせい
→義静(ぎじょう)

**希世霊彦** きせいれいげん
応永10(1403)年～長享2(1488)年　㊟希世(きせい),希世霊彦(きせいれんげん,きせれいげん),霊彦(れいげん),村庵(そんあん,そんなん),村庵霊彦(そんあんれいげん)
室町時代～戦国時代の五山文学僧。
¶朝日(きせいれんげん　㊀長享2年6月26日(1488年8月3日)),角史,鎌室(㊐明徳4(1393)年),国史,国書(㊀長享2(1488)年6月26日),古中,コン改,コン4,コン5,詩歌,史人(㊀1488年6月26日),新潮(㊀長享2(1488)年6月26日),人名(希世　きせい　㊐1404年　㊀1489年),姓氏京都(きせれいげん　㊐1404年　㊀1489年),世人(㊐応永11(1404)年　㊀延徳1(1489)年6月26日),戦辞(霊彦　れいげん　㊐応永11(1404)年　㊀長享3(1489)年),戦人(霊彦　れいげん　㊐応永11(1404)年),日史(㊀長享2(1488)年6月26日),日人,仏教(㊐応永11(1404)年　㊀長享3(1489)年6月26日,(異説)長享2(1488)年6月26日),仏史,名僧,和俳

**希世霊彦** きせいれんげん
→希世霊彦(きせいれいげん)

**希世霊彦** きせれいげん
→希世霊彦(きせいれいげん)

**喜撰** きせん
生没年不詳　㊟喜撰法師(きせんほうし,きせんほっし)
平安時代前期の僧、歌人。六歌仙の一人。
¶朝日,角史,京都(喜撰法師　きせんほっし),京都大,京都府,国史,国書,古人,古中,コン改,コン4,コン5,詩歌,史人,重要,新潮,人名,姓氏京都,世人,全書,大百(㊐810年　㊀848年),日史,日人,日文(喜撰法師　きせんほうし),百科(喜撰法師　きせんほうし),仏教,平史,山川小,歴大,和俳(㊐弘仁1(810)年)

**亀泉** きせん
→亀泉集証(きせんしゅうしょう)

**機禅** きぜん
生没年不詳
江戸時代中期の曹洞宗の僧。
¶国書

**義仙** ぎせん
？～安永9(1780)年
江戸時代中期の僧・寺子屋師匠。
¶姓氏神奈川

**義暹** ぎせん
承暦2(1078)年～？
平安時代後期の仏師。
¶古人(㊀？),美建,仏教(生没年不詳),平史

**棊山賢仙** きせんけんせん
？～正平7/文和1(1352)年
鎌倉時代後期～南北朝時代の臨済宗僧。
¶姓氏山口

**亀泉集証** きせんしゅうしょう
応永31(1424)年～明応2(1493)年9月27日　㊟亀泉(きせん),集証(しゅうしょう)
室町時代～戦国時代の臨済宗の僧、五山文学者。
¶朝日(㊀明応2年9月27日(1493年11月6日)),岡山歴,鎌室,京都大,国史,国書,古中,コン改(㊐応永30(1423)年),コン4,コン5,史人,新潮,人名(亀泉　きせん　㊐？),姓氏京都,

日人，兵庫百（[生]？），仏教，仏史，名僧，和俳

**規川宗策** きせんそうさく
生没年不詳
室町時代～戦国時代の曹洞宗の僧。
¶日人，仏教

**喜撰法師** きせんほうし
→喜撰（きせん）

**喜撰法師** きせんほっし
→喜撰（きせん）

**基増** きぞう
平安時代中期の仁和寺の木（喜）寺の僧。
¶古人

**基蔵** きぞう
？ ～貞観15（873）年
平安時代前期の僧。
¶古人，古代，古代普，日人

**義霜** ぎそう
安永9（1780）年～天保2（1831）年
江戸時代中期～後期の浄土真宗の僧。
¶国書，姓氏富山，富山百（[生]宝暦10（1760）年 [没]文政13（1830）年8月25日）

**義蔵** ぎぞう
天暦4（950）年～？
平安時代中期の東大寺僧。
¶古人（[没]？），平史

**奇叟異珍** きそういちん
生没年不詳
室町時代の曹洞宗の僧。総持寺34世。
¶日人，仏教

**希叟宗罕** きそうそうかん
？ ～慶長15（1610）年9月8日
安土桃山時代～江戸時代前期の臨済宗の僧。大徳寺132世。
¶仏教

**木曽恵禅** きそえぜん
*～明治29（1896）年
江戸時代末期～明治期の浄土宗本願寺派僧侶。囂外嚢創立者。
¶新潟百（[生]1818年），仏人（[生]1814年）

**喜早清在** きそきよあり
天和2（1682）年～元文1（1736）年
江戸時代中期の国学者、神道家。
¶国書（[生]天和2（1682）年2月9日 [没]元文1（1736）年9月29日），神人（[没]元文1（1737）年），人名，日人，三重（[生]天和2年2月9日）

**喜早清主** きそきよぬし
正徳4（1714）年～安永7（1778）年1月18日
江戸時代中期の神職。
¶国書

**木曽源太郎**（木曾源太郎） きそげんたろう
天保10（1839）年～大正7（1918）年
江戸時代末期～明治期の志士。熊本藩士。尊王論を唱える。湊川神社などの宮司を歴任。
¶維新，コン改，コン4，コン5，神人，新潮，人名，多摩，日人，幕末，幕末大（木曾源太郎），幕末大，明大1

**喜早定中** きそさだなか
宝暦13（1763）年6月11日～文政6（1823）年7月26日
江戸時代中期～後期の神職。
¶国書

**義尊** ぎそん
？ ～寛文1（1661）年
天台宗の僧。
¶日人，仏教（生没年不詳）

**義諦** ぎたい
明和8（1771）年～文政5（1822）年
江戸時代後期の浄土真宗の僧。
¶姓氏富山，富山百（[没]明治15（1882）年1月17日），日人，仏教（[没]文政5（1822）年閏1月17日）

**義台** ぎだい
？ ～*
江戸時代後期の僧侶。
¶島根人（[没]弘化3（1846）年），島根歴（[没]弘化2（1845）年）

**北尾日大** きたおにちだい
明治10（1877）年6月28日～昭和21（1946）年5月29日
明治～昭和期の日蓮宗僧侶。立正大学教授、芳心寺住職。
¶昭人，世紀，日人

**北方心泉** きたかたしんせん，きたがたしんせん
嘉永3（1850）年～明治38（1905）年
明治期の僧侶、学者。浄土真宗大谷派、全陵東文学堂学長。絵画、詩文、書に優れる。殊に篆書をよくする。
¶石川百（きたがたしんせん），コン改（[没]1904年），コン5，新潮（[生]嘉永3（1850）年4月28日 [没]明治38（1905）年7月29日），姓氏石川（きたがたしんせん），日人，日中（[生]嘉永3（1850）年4月28日 [没]明治38（1905）年7月28日），ふる（きたがたしんせん），明大1（[没]明治37（1904）年）

**北方祐央** きたかたゆうおう
明治期の僧侶。
¶真宗

**北川愛山** きたがわあいざん
文化13（1816）年～明治24（1891）年
江戸時代末期～明治期の漢学者。
¶高知人，高知百，人名，日人

**北川谷水** きたがわこくすい
生没年不詳
江戸時代前期の瑞応寺脇寺の僧侶。
¶高知人

**喜田川信** きたがわしん
*～

昭和～平成期の牧師、神学者。日本ナザレン神学校教授、日本キリスト教短期大学学長。
¶現執1期（㊐1924年），現執3期（㊐大正11（1922）年7月20日）



**北川台輔** きたがわだいすけ
明治43（1910）年10月23日～昭和45（1970）年3月27日
昭和期の牧師。アメリカ聖公会司祭、アメリカ聖公会教務院国内伝道部総主事。
¶キリ

**北川千代吉** きたがわちよきち
慶応1（1865）年2月15日～昭和14（1939）年11月23日
明治～昭和期の日本聖公会司教。
¶キリ

**喜田川広** きたがわひろし
明治21（1888）年1月11日～昭和49（1974）年12月7日
大正～昭和期のキリスト教伝道者。ナザレン教団日本部長、日本福音連盟委員長。
¶キリ

**北川正福** きたがわまさとみ
寛政8（1796）年～明治12（1879）年
江戸時代後期～明治期の修験。
¶姓氏岩手

**北河原公憲** きたかわらきみのり
弘化2（1845）年～明治25（1892）年
江戸時代後期～明治期の男爵、神職。
¶神人，男爵（㊐弘化2（1845）年11月15日　㊱明治25（1892）年3月8日）

**北河原公典** きたがわらこうてん
大正4（1915）年11月13日～
昭和期の華厳宗僧侶。管長、東大寺別当。
¶現情

**木田献一** きだけんいち
昭和5（1930）年10月13日～
昭和～平成期のイスラエル宗教史、聖書学者。立教大学教授、日本基督教団正教師。
¶現執1期，現執2期，現執3期，現執4期

**北沢金平** きたざわきんぺい
天保1（1830）年～明治28（1895）年
江戸時代後期～明治期の山家神社神職。
¶姓氏長野

**北島貞孝** きたじまさだのり
生没年不詳
南北朝時代の神職。
¶島根歴，諸系，神人，日人

**北島資孝** きたじますけのり
生没年不詳
南北朝時代の神職、第57世国造、出雲大社御杖代。
¶島根歴，諸系，神人

**北島全孝** きたじまたけのり
享和3（1803）年～明治19（1886）年
江戸時代末期～明治期の出雲国造。出雲大社敬講社を結成し、宗派神道の大社教に発展させる。
¶華請，島根人，島根百（㊱明治19（1886）年6月18日），島根歴，諸系，神人，幕末（㊱1886年10月2日），幕末大（㊐享和3（1803）年8月5日　㊱明治19（1886）年10月2日）

**北島恒孝** きたじまつねのり
江戸時代前期の神職、第66世国造、出雲大社御杖代。
¶諸系（生没年不詳），神人

**北島艶** きたじまつや
明治23（1890）年9月7日～昭和48（1973）年11月25日
明治～昭和期の伝道師。青山学院神学校教授、活水学院理事長。メソジスト教会伝道師などを経て、佐賀少年刑務所などの教誨師などを歴任。
¶女性，女性普，世紀，日人

**北島脩孝**（北島修孝） きたじまながのり
天保5（1834）年～明治26（1893）年
明治期の神職。
¶華請，島根人（北島修孝　㊐明治頃），諸系，神人，男爵（㊐天保5（1834）年8月4日　㊱明治26（1893）年3月7日）

**北島斎孝** きたじまなりたか
→北島斉孝（きたじまなりのり）

**北島斉孝**（北島齊孝） きたじまなりのり
文久3（1863）年7月29日～大正7（1918）年　㊙北島斎孝（きたじまなりたか）
明治～大正期の神職。貴族院議員、男爵。権宮司を経て神道出雲教管長となる。
¶華畫（北島齊孝），神人（北島斎孝　きたじまなりたか　㊐文久2（1862）年），人名，世紀（㊱大正7（1918）年11月9日），日人，明大1（㊱大正7（1918）年11月9日）

**北島孝玄** きたじまのりはる
生没年不詳
江戸時代中期の神職。
¶国書

**北島英孝** きたじまふさのり
大正14（1925）年4月16日～
昭和～平成期の神官。出雲大社国造家現主、出雲教代表役員。
¶現情

**北庄蔵**（北勝蔵） きたしょうぞう
？～慶長5（1600）年
安土桃山時代～江戸時代前期の神主・神官。
¶戦人（北勝蔵　生没年不詳），戦補

**北白川宮房子** きたしらかわのみやふさこ
→北白川房子（きたしらかわふさこ）

**北白川房子** きたしらかわふさこ
明治23（1890）年1月28日～昭和49（1974）年8月11日　㊙房子内親王（ふさこないしんのう），北白川宮房子（きたしらかわのみやふさこ）
明治～昭和期の皇族。伊勢神宮奉賛会総裁。明治

き

天皇第7皇女で、北白川宮成久の妻。戦後伊勢神宮祭主となり皇籍を離れる。
¶現情，昭人（北白川宮房子　きたしらかわのみやふさこ），諸系，女性，女性普，人名7，世紀，天皇（房子内親王　ふさこないしんのう），日人

**北白川道久** きたしらかわみちひさ
昭和12（1937）年5月2日～
昭和～平成期の旧皇族。伊勢神宮大宮司。
¶履歴2

**木田韜光** きだとうこう
嘉永6（1853）年～大正4（1915）年7月11日
明治～大正期の曹洞宗の僧、宗政家。曹洞宗大学林教授、曹洞宗宗議会議長。
¶仏教，明大1

**北西弘** きたにしひろむ
大正14（1925）年～
昭和～平成期の日本中世仏教史研究者。大谷大学教授。
¶現執1期

**北野元峰** きたのげんぽう
天保13（1842）年11月1日～昭和8（1933）年10月19日
江戸時代末期～昭和期の曹洞宗の僧。永平寺67世、曹洞宗管長。
¶郷土福井，人名，世紀，日人，福井百，仏教，仏人（㊐1832年），明大1

**北野高野** きたのこうや
慶応3（1867）年1月10日～？
明治期の牧師。
¶渡航

**北畠教真** きたばたけきょうしん
明治37（1904）年～昭和44（1969）年2月14日
大正～昭和期の僧侶。
¶真宗（㊐明治37（1904）年8月18日），政治（㊐明治37（1904）年8月）

**北畠清徳** きたばたけきよのり
江戸時代末期～明治期の和歌山県平民、僧侶。浄土真宗大谷派僧侶。長覚寺住職。北畠親房の末裔を称する。
¶華請

**北畠道竜** きたばたけどうりゅう
文政3（1820）年～明治40（1907）年　㊙北畠道竜（きたばたどうりゅう），法福寺道龍（ほうふくじどうりゅう）
明治期の僧侶。仏教大学創立を志そうとした。教義と僧侶改良論を提唱。
¶朝日（㊐明治40（1907）年11月15日），維新（㊐文政11（1828）年9月26日　㊏明治40（1907）年10月15日），海越新（㊐文政3（1820）年9月16日　㊏明治40（1907）年11月15日），郷土和歌山，コン改，コン4，コン5，真宗（㊐文政3（1820）年9月26日　㊏明治40（1907）年10月15日），新潮（㊐文政3（1820）年9月26日　㊏明治40（1907）年10月15日），人名（㊐1828年），渡航（㊏1907年10月15日），日人，幕末（㊐1828年　㊏1907年10月15日），幕末大（㊐文政11（1828）年9月26日　㊏明治40（1907）年10月15日），仏教（㊐文政3（1820）年9月16日　㊏明治40（1907）年11月15日），仏人（きたばたどうりゅう　㊐1821年），明治史，明大1（㊐文政3（1820）年9月16日　㊏明治40（1907）年11月15日），和歌山人

**北畠通城** きたばたけみちくに
嘉永2（1849）年10月5日～明治21（1888）年10月15日
明治期の華族。男爵。三等中警部心得、陸軍少尉試補、宮中祗候、霊山神社宮司などを務めた。
¶維新，神人，男爵，明大1

**北畠道竜** きたばたどうりゅう
→北畠道竜（きたばたけどうりゅう）

**北原隆太郎** きたはらりゅうたろう
大正11（1922）年～平成16（2004）年
昭和・平成期の禅研究家。北原白秋の長男。
¶熊本人

**木田文治** きだぶんじ
慶応4（1868）年6月24日～昭和30（1955）年2月2日
明治～昭和期の伝道者。
¶キリ，渡航

**北村久助** きたむらきゅうすけ
元和9（1623）年～宝永2（1705）年6月
江戸時代前期～中期の京都・新玉津島神社祠官。
¶神人

**北村教厳** きたむらきょうごん
明治5（1872）年～？
明治期の僧侶。
¶真宗

**北村サヨ**（北村さよ） きたむらさよ
明治33（1900）年1月1日～昭和42（1967）年12月28日
昭和期の宗教家。天照皇大神宮教の教祖。辻説法から天照皇大神宮教を立教。集団での無我の舞による踊り宗教として著名。
¶岩史，近女，現朝，現情，現人，現日，コン改，コン4，コン5，女史，女性，女性普，新潮，人名7，世紀，姓氏山口，世人，世百新，全書，日史，日人，百科（北村さよ），マス89，山口人，山口百

**北本豊三郎** きたもととよさぶろう
明治34（1901）年1月14日～昭和56（1981）年
昭和期のキリスト教伝道者。
¶現人，社史，世紀，平和

**北森嘉蔵** きたもりかぞう
大正5（1916）年2月1日～平成10（1998）年9月29日
昭和期のキリスト教神学者。「神の痛みの神学」を出版し注目される。
¶キリ，近文，熊本人，現朝，現執1期，現情，現人，現日，広7，コン改，コン4，コン5，新潮，世紀，日人，日Y

**北山淳友** きたやまじゅんゆう
明治35(1902)年1月29日〜昭和37(1962)年1月19日
大正〜昭和期の仏教哲学者。マールブルク大学名誉教授。仏教哲学体系の構築、東西思想の交流、日本文化の紹介。
¶昭人, 世紀, 哲学, 仏人

**喜譚** きたん★
文政8(1825)年7月14日〜明治35(1902)年
江戸時代後期〜明治期の僧侶。
¶三重続

**儀丹** ぎたん
奈良時代の僧。真言宗智山派大聖金剛山明王寺の開山。
¶山梨百

**義端** ぎたん
享保17(1732)年〜享和3(1803)年2月16日
江戸時代中期〜後期の浄土真宗の僧・漢学者。
¶大阪墓, 国書([生]享保17(1732)年1月13日)

**義潭** ぎたん
寛文8(1668)年〜元文3(1738)年11月12日
江戸時代前期〜中期の真言律宗の僧。
¶国書

**紀親文** きちかふみ
→紀親文(きいちかふみ)

**吉山** きちざん
→明兆(みんちょう)

**吉山明兆** きちざんみょうちょう
→明兆(みんちょう)

**吉山明兆** きちさんみんちょう, きちざんみんちょう
→明兆(みんちょう)

**吉州梵貞** きちしゅうぼんてい
→吉州梵貞(きっしゅうぼんてい)

**義冲** ぎちゅう
→大陽義冲(たいようぎちゅう)

**儀中宗演** ぎちゅうそうえん
生没年不詳
室町時代の臨済宗の僧。
¶仏教

**義澄** ぎちょう
生没年不詳
江戸時代前期〜中期の律宗の僧。
¶国書

**義超** ぎちょう★
〜寛政7(1795)年7月14日
江戸時代中期・後期の僧。久保田城下の真言宗一乗院17世。
¶秋田人2([没]寛政7年7月14日、一説に9月24日)

**義通** ぎつう
飛鳥時代の僧。
¶古代, 古代普, 日人(生没年不詳)

**吉川惟足** きっかわこれたり, きつかわこれたり
→吉川惟足(よしかわこれたり)

**吉川惟足** きっかわこれたる, きつかわこれたる
→吉川惟足(よしかわこれたり)

**吉川彰準** きっかわしょうじゅん
明治37(1904)年5月17日〜平成5(1993)年9月11日
昭和〜平成期の僧侶・俳人。
¶岡山歴

**吉川日鑑** きっかわにちかん
*〜明治19(1886)年1月13日 [別]日鑑(にっかん)
江戸時代末期〜明治期の日蓮宗の僧。久遠寺74世、日連宗4代管長。
¶高知人([生]1827年), 高知百(日鑑 にっかん [生]1826年), 人名(日鑑 にっかん [生]1826年), 日人([生]1828年), 仏教([生]文政10(1827)年11月17日), 明大1([生]文政10(1827)年11月17日)

**吉山明兆** きっさんみんちょう
→明兆(みんちょう)

**吉岫舜利** きっしゅうしゅんり
大永4(1524)年〜慶長8(1603)年
戦国時代〜安土桃山時代の曹洞宗の僧。
¶日人, 仏教([没]慶長8(1603)年10月21日)

**吉州梵貞** きっしゅうぼんてい
? 〜永禄1(1558)年 [別]吉州梵貞(きちしゅうぼんてい)
戦国時代の曹洞宗の僧。
¶人名(きちしゅうぼんてい), 戦辞([没]永禄1(1558)年6月), 日人, 仏教([没]永禄1(1558)年6月20日)

**木津無庵** きづむあん, きずむあん
慶応3(1867)年2月18日〜昭和18(1943)年9月12日
明治〜昭和期の仏教家。真宗大谷派僧侶。仏教協会を興した。「新訳仏教聖典」を刊行。
¶コン改([生]1866年), コン5, 昭人(きずむあん), 真宗, 世紀, 哲学, 日人, 福井百([生]慶応2(1866)年), 仏教, 仏人

**木津祐謙** きづゆうけん
文政10(1827)年〜明治8(1875)年8月5日
江戸時代後期〜明治期の僧侶。
¶真宗

**儀貞** ぎてい
享保17(1732)年3月21日〜享和2(1802)年3月11日
江戸時代中期〜後期の新義真言宗の僧。長谷寺33世。
¶仏教

**義提尼** ぎていに
宝暦11(1761)年〜天保8(1837)年6月9日
江戸時代後期の曹洞宗の尼僧。
¶朝日, 江表(義提尼(岡山県))

**義哲** ぎてつ
別義哲西堂（ぎてつせいどう）
戦国時代の禅僧。
¶群馬人（義哲西堂　ぎてつせいどう），姓氏群馬（生没年不詳）

**義哲西堂** ぎてつせいどう
→義哲（ぎてつ）

**義天(1)** ぎてん
慶長4（1599）年～天和3（1683）年5月13日
江戸時代前期の浄土宗の僧。清浄華院44世。
¶仏教

**義天(2)** ぎてん
慶安4（1651）年～宝永4（1707）年
江戸時代前期～中期の天台宗の僧。
¶庄内（没宝永4（1707）年10月6日），仏教（没宝永4（1707）年10月1日）

**義天(3)** ぎてん
寛政2（1790）年～天保8（1837）年10月13日
江戸時代後期の真言宗の僧・国学者。
¶国書，兵庫百

**義天(4)** ぎてん
→橘義天（たちばなぎてん）

**義天(5)** ぎてん
→宮地義天（みやぢぎてん）

**義天玄承**（義天玄詔） ぎてんげんしょう
明徳4（1393）年～寛正3（1462）年3月18日　別玄詔（げんしょう）
室町時代の臨済宗の僧。妙心寺第5世。
¶鎌室（生応永3（1396）年　没寛正6（1465）年），京都府，高知人（義天玄詔），国史（義天玄詔），国書（義天玄詔），古中（義天玄詔），史人（義天玄詔），新潮，人名（義天玄詔　生1396年　没1465年），世人（生応永3（1396）年　没寛正6（1465）年），日人（義天玄詔），仏教（義天玄詔）

**基灯** きとう
生没年不詳
平安時代の法華持経者。
¶日人，仏教

**寄堂** きどう
生没年不詳
鎌倉時代後期の元（中国）から渡来した画僧。
¶日人

**義統** ぎとう
→大心義統（だいしんぎとう）

**義陶** ぎとう
元文5（1740）年～文政4（1821）年1月26日
江戸時代後期の浄土真宗の僧。
¶国書，仏教

**義導** ぎどう
→福田義導（ふくだぎどう）

**義道** ぎどう
生没年不詳
江戸時代前期～中期の天台宗の僧。
¶国書，仏教，三重続

**義堂** ぎどう★
～正徳2（1712）年2月26日
江戸時代前期の僧。新義真言宗を広めた。
¶秋田人2

**鬼頭覚道** きとうかくどう
明治1（1868）年11月11日～大正15（1926）年4月16日
明治～大正期の僧侶。
¶真宗

**義堂周信** ぎどうしゅうしん
正中2（1325）年～元中5/嘉慶2（1388）年4月4日
別周信（しゅうしん），空華（くうげ），空華道人（くうげどうにん）
南北朝時代の臨済宗の僧。五山文学僧。
¶朝日（生正中2年閏1月16日（1325年3月1日）没嘉慶2/元中5年4月4日（1388年5月10日）），岩史（生正中2（1325）年1月），角史，神奈川人，神奈川百，鎌倉，鎌倉新（生正中1（1324）年），鎌室（生嘉暦1（1326）年　没康応1/元中6（1389）年），京都，京都大，高知人，高知百，国史，国書（生正中2（1325）年閏1月16日），古中，コン改（生嘉暦1（1326）年　没元中6/康応1（1389）年），コン4，コン5，埼玉人（生正中2（1325）年閏11月6日），詩歌（生1326年），詩作（生正中2（1325）年閏1月16日），史人（生1325年閏1月16日），思想史，重要（生嘉暦1（1326）年　没元中6/康応1（1389）年），人書94（生1324年），新潮（生正中1（1324）年），人名（生1326年　没1389年），姓氏神奈川，姓氏京都，世人，世百（生1324年），全書，大百，茶道，中世，伝記，内乱，日思，日史（生正中2（1325）年閏1月），日人，俳文（生正中2（1325）年閏1月16日），百科，仏教（生正中2（1325）年閏1月16日），仏史，仏人（周信　しゅうしん　没1389年），平日（生1325　没1388），室町，名僧，山川小（生1325年閏1月16日），歴大，和俳

**義堂昌碩** ぎどうしょうせき
生没年不詳
江戸時代後期の臨済宗の僧。
¶仏教

**季東宗溟** きとうそうめい
生没年不詳
室町時代の臨済宗の僧。大徳寺33世。
¶仏教

**義堂知信** ぎどうちしん
？～天授6/康暦2（1380）年9月5日
南北朝時代の臨済宗の僧。東福寺38世。
¶仏教

**機堂長応** きどうちょうおう
？～応永17（1410）年
室町時代の曹洞宗の僧。
¶鳥取百，日人，仏教（没応永17（1410）年1月3

日）

**義徳** ぎとく
飛鳥時代の僧。
¶古代，古代普，日人（生没年不詳）



**亀徳一男** きとくかずお
明治23（1890）年～昭和54（1979）年
大正～昭和期のキリスト教教育者。
¶兵庫百

**木戸香雪** きどこうせつ
明治18（1885）年～昭和38（1963）年
明治～昭和期の僧。洞滝山正萬寺住職。
¶島根歴

**紀俊長** きとしなが
→紀俊長（きのとしなが）

**紀俊文** きとしぶみ
→紀俊文（きいとしぶみ）

**城戸順子** きどじゅんこ
明治～大正期の神学校講師。
¶渡航

**希曇宗璵** きどんそうよ
？ ～正長2（1429）年
室町時代の曹洞宗の僧。
¶京都府，日人，仏教（㉒正長2（1429）年6月21日）

**木南広峰** きなみこうほう
昭和28（1953）年2月28日～
昭和期の僧侶。貞善院副住職。
¶現執2期

**義南** ぎなん
生没年不詳
南北朝時代の臨済宗の僧。
¶島根歴，人名，日人，仏教

**季瓊真蘂** きにしんしゅう
→季瓊真蘂（きけいしんずい）

**絹屋のジョアン** きぬやのじょあん
永禄12（1569）年～慶長1（1596）年
安土桃山時代のキリシタン。日本二十六聖人。
¶長崎歴

**亀年** きねん
→亀年禅愉（きねんぜんゆ）

**巍然** ぎねん
？ ～寛文8（1668）年3月22日
江戸時代前期の浄土宗の僧。
¶仏教

**亀年禅愉** きねんぜんゆ
？ ～永禄4（1561）年12月13日 ㊎亀年（きねん），禅愉（ぜんゆ）
戦国時代の臨済宗の僧。京都妙心寺の住持。
¶国書，人名（亀年 きねん），戦人（禅愉 ぜんゆ），日人（㉒1562年），兵庫百，仏教

**幾年豊隆** きねんほうりゅう
？ ～永正3（1506）年8月2日
戦国時代の曹洞宗の僧。
¶仏教

**紀朝臣益女** きのあそんますめ
→紀益女（きのますめ）

**義能** ぎのう
生没年不詳
鎌倉時代の真言宗の僧。義能方の祖。
¶人名，日人，仏教

**紀野一義** きのかずよし
大正11（1922）年8月9日～
昭和～平成期の仏教学者。真如会主幹、宝仙学園短期大学学長。
¶現執1期，現執2期，現執3期，現執4期

**紀兼孝** きのかねたか
平安時代後期の石清水八幡宮神主。康和5年従四位下。
¶古人

**紀兼仲** きのかねなか
平安時代後期の石清水八幡宮俗別当・神主。正五位下。
¶古人

**紀清規** きのきよのり
寛政6（1794）年～？
江戸時代後期の神官（石清水社俗別当）。
¶公卿，公卿普，公家（清規〔石清水神社俗別当紀氏〕 きよのり ㉒？）

**木下伊都麿** きのしたいずまろ
大正期の神職。
¶神人

**木下祝夫** きのしたいわお
明治27（1894）年3月7日～昭和55（1980）年10月25日
大正～昭和期の香椎宮宮司。
¶福岡百

**木下弘道** きのしたこうどう
明治25（1892）年～昭和39（1964）年
大正～昭和期の僧。西法寺住職。
¶姓氏岩手

**木下寂善** きのしたじゃくぜん
明治9（1876）年～昭和17（1942）年7月23日
明治～昭和期の天台宗僧侶、宗政家。天台宗庶務部長、宗会議長。
¶昭人，人名7，世紀，日人，仏教

**木下杢太郎** きのしたもくたろう
明治18（1885）年8月1日～昭和20（1945）年10月15日 ㊎太田正雄（おおたまさお）
明治～昭和期の詩人、医学者、キリシタン史研究家。東京帝国大学教授。パンの会を創設。耽美派の代表的存在。
¶愛知百（太田正雄 おおたまさお），アナ，伊豆，岩史，科学（太田正雄 おおたまさお），角

史，歌舞大，京都文，キリ，近医（太田正雄　おおたまさお），近医，近現，近文，現朝，幻作，現詩，現情，幻想，広7，国史，コン改，コン4，コン5，詩歌，滋賀文，史研（太田正雄　おおたまさお），史人，静岡百，静岡歴，思想史，児文，社史，昭人，植物，新潮，新文，人名7，世紀，姓氏静岡，世人（[生]明治18（1885）年8月），世百，全書，大百，短歌，哲学，夏目，日史，日児，日人，日中，日本，俳文，美術，百科，兵庫文，文学，宮城百（太田正雄　おおたまさお），民学，明治史，明大2，履歴，履歴2，歴大

**木下美重** きのしたよししげ
嘉永6（1853）年～明治44（1911）年
江戸時代後期～明治期の神職。
¶神人

**紀季兼** きのすえかね
生没年不詳
平安時代中期の宇佐八幡宮の神官。
¶大分歴

**紀末包** きのすえかね
平安時代後期の伊勢神宮権禰宜。
¶古人

**木野戸勝隆** きのとかつたか
安政1（1854）年11月9日～昭和4（1929）年11月13日　[別]木野戸勝隆（きのべかつたか）
江戸時代末期～大正期の国学者、神官。近江多賀神社宮司。神官皇学館長、徴古館長などを歴任。従四位に叙せられた。
¶愛媛，愛媛百，神史，神人（[生]安政1（1854）年12月9日），人名（きのべかつたか），世紀，日人，明大1

**紀俊尚** きのとしなお★
天保6（1835）年8月13日～明治29（1896）年8月4日
江戸時代後期～明治期の男爵。紀伊国造、日前・国懸両神宮宮司。
¶男爵

**紀俊長** きのとしなが
[別]紀俊長（きいとしなが，きとしなが）
室町時代の歌人、公卿（非参議）。応永4年従三位に叙される。
¶公卿（生没年不詳），公卿普，公家（俊長〔日前国懸宮神主紀家〕　としなが），国書（きとしなが　生没年不詳），人名（きいとしなが），日人（きいとしなが　生没年不詳）

**紀友包** きのともかね
平安時代後期の伊勢神宮権別当。
¶古人

**紀友真** きのともざね
平安時代後期の伊勢神宮正検校。
¶古人

**紀延興** きののぶおき
宝暦6（1756）年～文政11（1828）年7月　[別]上司延興（かみつかさのぶおき）
江戸時代中期～後期の神官（南都八幡宮神主）。
¶公卿，公卿普，公家（延興〔南都八幡宮神主上司家〕　のぶおき），国書（上司延興　かみつかさのぶおき　[生]宝暦6（1756）年4月1日　[没]文政11（1828）年7月8日）

**紀延夏** きののぶなつ
享保2（1717）年～享和1（1801）年1月5日
江戸時代中期～後期の神官（東大寺八幡宮神主）。
¶公卿，公卿普，公家（延夏〔南都八幡宮神主上司家〕　のぶなつ）

**紀春主** きのはるぬし
生没年不詳
平安時代前期の遣唐使。
¶古人，日人，平史

**木野戸勝隆** きのべかつたか
→木野戸勝隆（きのとかつたか）

**紀益女** きのますめ
？～天平神護1（765）年8月　[別]紀朝臣益女（きのあそんますめ）
奈良時代の女性。和気王謀反事件に連坐して処刑された。
¶朝日，国史，古人（[生]？），古代（紀朝臣益女　きのあそんますめ），古代普（紀朝臣益女　きのあそんますめ　[生]？），古中，コン改，コン4，コン5，史人，女性，新潮，日人

**紀御豊** きのみとよ
平安時代前期の石清水八幡宮第一代神主。
¶古人，神人（生没年不詳）

**木本成理** きのもとなりまさ
→木本成理（きのもとなりみち）

**木本成理** きのもとなりみち
元禄11（1698）年～明和8（1771）年2月　[別]木本成理（きのもとなりまさ，きもとしげのり）
江戸時代中期の陸奥会津藩士、神道学者。
¶会津，国書（きのもとなりまさ），藩臣2（きもとしげのり　[生]元禄1（1688）年）

**紀行文** きのゆきぶみ
[別]紀行文（きいゆきぶみ，きゆきふみ）
室町時代の歌人、公卿（非参議）。永享元年従三位に叙される。
¶公卿（生没年不詳），公卿普，公家（行文〔日前国懸宮神主紀家〕　ゆくぶみ），国書（きゆきふみ　生没年不詳），人名（きいゆきぶみ），日人（きいゆきぶみ　生没年不詳）

**紀良守（盛）** きのよしもり
平安時代後期の紀伊国造、神官職。
¶古人（紀良守）

**木庭勝次郎** きばかつじろう
明治期のキリスト教伝道師。
¶岡山歴

**既白** きはく
？～安永1（1772）年
江戸時代中期の俳人。
¶国書（生没年不詳），人名，日人（生没年不詳），

俳諧，俳句，俳文，和俳（生没年不詳）

**義伯** ぎはく
生没年不詳
江戸時代中期の僧侶。
¶国書



**規伯玄方** きはくげんぼう，きはくげんほう
天正16（1588）年～寛文1（1661）年10月23日
[別]玄方（げんぽう）
江戸時代前期の対馬以酊庵の朝鮮外交僧。
¶朝日，国書（きはくげんほう），対外，日史，日人，仏教，仏人（玄方　げんぽう），歴大

**既白寿采** きはくじゅさい
生没年不詳
江戸時代前期の画僧。
¶日人

**奇伯瑞龐** きはくずいほう
寛正4（1463）年～天文16（1547）年
戦国時代の曹洞宗の僧。
¶日人，仏教（[没]天文16（1547）年4月7日，（異説）天文11（1542）年4月7日）

**木庭袋連** きばくらむらじ
慶応3（1867）年～明治38（1905）年
江戸時代末期～明治期の深浦町神明宮宮司。
¶青森人

**紀春昌** きはるまさ
享保15（1730）年12月15日～文化8（1811）年2月14日
江戸時代中期～後期の公家・神職。
¶国書

**義範**(1) ぎはん
治安3（1023）年～寛治2（1088）年閏10月5日
平安時代後期の真言宗の僧。白河天皇、掘河天皇の護持僧。
¶朝日（[没]寛治2年閏10月5日（1088年11月20日）），国史，国書，古人，古中，新潮，日人，仏教，仏史，平史，密教

**義範**(2) ぎはん
天和2（1682）年～宝暦11（1761）年
江戸時代中期の僧。
¶群馬人，姓氏群馬

**沂風** きふう
宝暦2（1752）年～寛政12（1800）年
江戸時代後期の真宗高田派の僧、俳人。
¶国書（[没]寛政12（1800）年4月），人名，日人，俳諧（[生]？），俳句（[没]寛政12（1800）年4月），俳文（[没]寛政12（1800）年4月30日），和歌山人，和俳

**鬼仏** きぶつ
宝暦1（1751）年～？
江戸時代中期～後期の狂歌僧。
¶姓氏神奈川

**亀阜豊寿** きふほうじゅ
永享7（1435）年～明応10（1501）年1月5日
室町時代～戦国時代の曹洞宗の僧。
¶鎌室，人名，富山百，日人，仏教

**奇文禅才** きぶんぜんさい
→奇文禅才（きもんぜんざい）

**岐部カスイ＝ペドロ** きべかすいぺとろ，きべかすいぺどろ
→カスイ岐部（かすいきべ）

**木辺賢慈** きべけんじ
天保13（1842）年10月11日～明治18（1885）年1月3日
江戸時代後期～明治期の僧侶。
¶真宗

**木辺孝慈**（木邊孝慈） きべこうじ
明治14（1881）年4月11日～昭和44（1969）年1月23日
明治～昭和期の真宗木辺派僧侶。錦織寺20世。
¶現情，昭人，真宗，人名7，世紀，男爵（木邊孝慈），日人，仏教，仏人

**木部功隆** きべこうりゅう
昭和期の僧。常得寺住職。
¶姓氏富山

**木辺淳慈** きべじゅんじ
明治4（1871）年2月6日～明治32（1899）年2月14日
明治期の僧侶。
¶華請，真宗

**木辺宣慈** きべせんじ
明治45（1912）年4月1日～平成2（1990）年6月2日
昭和期の真宗木辺派僧侶。錦織寺21世、滋賀県仏教会会長、東亜天文学会名誉理事長。
¶科学（[没]平成2（1990）年5月2日），郷土滋賀，真宗，世紀（[没]平成2（1990）年5月2日），日人，仏教

**岐部ペテロ** きべぺてろ
→カスイ岐部（かすいきべ）

**岐部ペトロ** きべぺとろ
→カスイ岐部（かすいきべ）

**基遍** きへん
貞観15（873）年～？
平安時代前期～中期の華厳宗の僧。東大寺41世。
¶古人（[没]？），仏教，平史

**基弁** きべん
享保7（1722）年～＊
江戸時代中期の法相宗の僧。
¶国書（[没]寛政3（1791）年12月27日），人名（[生]1681年　[没]1750年），日人（[没]1792年），仏教（[没]寛政3（1791）年12月27日），仏人（[生]1681年　[没]1750年）

**義遍** ぎへん
正徳1（1711）年～？
江戸時代中期の天台宗の僧。
¶国書

き

**義弁**(1) ぎべん
享保6(1721)年～寛政2(1790)年
江戸時代中期の僧、智海山宝栄寺第20世。
¶人名, 日人

**義弁**(2) ぎべん
? ～万延1(1860)年4月4日
江戸時代末期の浄土真宗の僧。
¶仏教

**喜峰** きほう
生没年不詳
平安時代中期の真言宗の僧。
¶仏教

**義宝**(1) ぎほう
生没年不詳
南北朝時代の真言宗の僧。
¶国書

**義宝**(2) ぎほう
生没年不詳
室町時代の僧侶・歌人。
¶国書

**義宝**(3) ぎほう
? ～天明5(1785)年6月23日
江戸時代中期の融通念仏宗の僧。
¶岡山歴, 仏教

**義法** ぎほう
飛鳥時代の僧。慶雲4年学問僧として新羅から帰国。
¶古人

**奇峰学秀** きほうがくしゅう
? ～元文4(1739)年 ㊀学秀(がくしゅう)
江戸時代中期の僧、仏師。
¶青森人, 青森百(学秀 がくしゅう), 姓氏岩手, 美建

**季芳覚曇** きほうかくどん
生没年不詳
室町時代の臨済宗の僧。
¶仏教

**義芳光訓** ぎほうこうくん
生没年不詳
室町時代の曹洞宗の僧。
¶日人, 仏教

**奇峰志雄** きほうしゆう
生没年不詳
室町時代の臨済宗の僧。
¶仏教

**紀俊** きまさり
明治6(1873)年～
明治～大正期の神職、男爵。和歌山県・日前・国懸神宮宮司。
¶神人

**喜美候部圭吾** きみこうべけいご
大正13(1924)年～
昭和期の僧侶。
¶群馬人

**公澄法親王** きみずみほうしんのう
→公澄(3)(こうちょう)

**君利美** きみとしみ
昭和期の宮大工。現代の名工(1987)。
¶名工

**希明清良** きみょうせいりょう
? ～文安2(1445)年
室町時代の曹洞宗の僧。総持寺52世。
¶人名, 日人, 仏教(㊦文安2(1445)年9月16日)

**木村重任** きむらおもとう
→木村重任(きむらしげとう)

**木村観空** きむらかんくう
嘉永7(1854)年～昭和3(1928)年
明治～大正期の僧。
¶世紀(㊤嘉永7(1854)年11月5日 ㊦昭和3(1928)年3月26日), 日人

**木村宜豊** きむらぎほう
明治13(1880)年～昭和39(1964)年
明治～昭和期の僧侶。
¶多摩

**木村清孝** きむらきよたか
昭和15(1940)年12月19日～
昭和～平成期の中国仏教学者、印度哲学者。東京大学教授。
¶現執1期, 現執3期, 現執4期

**木村熊二** きむらくまじ
弘化2(1845)年～昭和2(1927)年2月28日
明治期の教育家、宗教家。明治女学校の創立に妻の鐙と共に参加。
¶朝日(㊤弘化2年1月25日(1845年3月3日)), 海越(㊤弘化2(1845)年2月25日), 海越新(㊤弘化2(1845)年2月25日), 学校(㊤弘化2(1845)年1月25日), 郷土長野, キリ(㊤弘化2年2月25日(1845年4月1日)), 近現, 近文, 国史, コン5, 静岡歴, 女史, 新潮(㊤弘化2(1845)年2月25日), 世紀(㊤弘化2(1845)年1月25日), 姓氏長野, 徳川臣, 渡航(㊤1845年2月25日), 長野百, 長野歴, 日人, 日Y(㊤弘化2(1845)年4月1日), 幕末大(㊤弘化2(1845)年1月25日), 明治史, 明大2(㊤弘化2(1845)年1月25日), 履歴(㊤弘化2(1845)年1月25日), 履歴2(㊤弘化2(1845)年1月25日), 歴大

**木村五竜斎** きむらごりゅうさい★
生没年不詳
仏師。
¶秋田人2

**木村三郎** きむらさぶろう
→木村重任(きむらしげとう)

**木村重任** きむらしげとう
文化14(1817)年～明治17(1884)年 ㊀木村重任(きむらおもとう, きむらしげとし), 木村三郎(き

むらさぶろう), 木村松陵（きむらしょうりょう）
江戸時代末期〜明治期の久留米藩少参事。久留米藩難の際、混乱を収拾し廃藩置県の業務を遂行。
¶維新（㉒明治17（1884）年11月11日），国書（木村松陵　きむらしょうりょう　㊀文化14（1817）年2月13日　㉒明治17（1884）年12月10日），神人（きむらしげとし），人名，日人，幕末（きむらおもとう　㉒1884年11月11日），幕末大（㉒明治17（1884）年11月11日），藩臣7（木村三郎　きむらさぶろう），福岡百（木村三郎　きむらさぶろう　㊀文政10（1827）年　㉒明治17（1884）年12月10日）

**木村重任** きむらしげとし
→木村重任（きむらしげとう）

**木村志津摩** きむらしずま
→木村志津摩（きむらしづま）

**木村志津摩** きむらしづま, きむらしずま
生没年不詳
江戸時代後期の舞戸村の正八幡宮神官、寺子屋師匠。
¶青森人（きむらしずま）

**木村肇好** きむらじょうこう
江戸時代末期の僧。遠江国榛原郡金谷河原町西照寺の10世。
¶姓氏静岡

**木村松陵** きむらしょうりょう
→木村重任（きむらしげとう）

**木村崇山** きむらすうざん
明治28（1895）年〜？
昭和期の新興仏教青年同盟本部メンバー。
¶社史

**木村清松** きむらせいまつ
明治7（1874）年4月7日〜昭和33（1958）年1月14日
明治〜昭和期のキリスト教伝道者。日本基督教団牧師。洛陽教会、上海中日教会、軽井沢教会などの牧師、日本基督教団の巡回教師を勤めた。
¶海越新，キリ（㉒昭和33（1958）年1月4日），現情，世紀，世百新，渡航，新潟百別，日人，百科

**木村セバスチャン** きむらせばすちゃん
永禄9（1566）年〜元和8（1622）年
安土桃山時代〜江戸時代前期の宣教師。
¶江人（㊀1565/66年），キリ（㊀永禄9（1566）年頃　㉒元和8年8月5日（1622年9月10日）），コン改，コン4，コン5，新潮（㊀永禄8（1565）年頃　㉒元和8（1622）年8月5日），世人，全書（㊀1565年，（異説）1566年），戦人，戦補，大百，日人，歴大（㊀1565年）

**木村桑雨** きむらそうう
明治14（1881）年〜昭和20（1945）年
明治〜昭和期の教育者。神官。甲佐、阿蘇高女の校長を歴任。北岡神社の社司。
¶熊本人

**木村泰賢** きむらたいけん
明治14（1881）年8月11日〜昭和5（1930）年5月16日
大正〜昭和期のインド哲学・仏教学者。東京帝国大学教授。近代インド学・仏教学の開拓者。
¶岩手人，岩手百，近現，現朝，広7，国史，コン改，コン5，史人，思想，思想史，真宗，新潮，人名，世紀，姓氏岩手，全書，大百，哲学，日人，百科，風土，仏教，仏人，明大2

**木村澄覚** きむらちょうかく
明治22（1889）年3月5日〜昭和50（1975）年12月30日
明治〜昭和期の真言宗東寺派僧侶。真言宗東寺派管長、真言宗京都学園理事長。
¶現情，人名7，世紀，日人，仏教，仏人

**木村徹量** きむらてつりょう
？　〜＊
明治〜大正期の説教師、浄土真宗本願寺派僧侶。
¶真宗（㉒大正15（1926）年5月16日），仏教（㉒大正9（1920）年5月16日）

**木村徳太郎** きむらとくたろう
大正4（1915）年9月4日〜
昭和期の神職、小説家。
¶日児

**木村日紀** きむらにちき
明治15（1882）年12月25日〜昭和40（1965）年11月25日　㊕木村日紀（きむらにっき，きむらにつき），木村日記（きむらにっき）
明治〜昭和期のインド哲学者、仏教学者。立正大学教授。インド哲学、現代インド思想を研究。
¶現情（きむらにっき），昭人，人名7（きむらにっき），世紀，哲学，渡航（木村日記　きむらにっき），日人，仏教，仏人（きむらにつき）

**木村日紀**（木村日記） きむらにっき，きむらにつき
→木村日紀（きむらにちき）

**木村日保** きむらにっぽ
明治11（1878）年9月9日〜昭和17（1942）年5月5日
明治〜昭和期の顕本法華宗僧侶、仏教学者。妙満寺278世、統合宗学林学長、顕本法華宗管長。
¶昭人，人名7，世紀，千葉百，日人，仏教，仏人

**木村半雨** きむらはんう
弘化1（1844）年〜明治43（1910）年
江戸時代末期〜明治期の画僧。
¶静岡歴

**木村博** きむらひろし
大正15（1926）年7月13日〜平成21（2009）年6月7日
昭和期の仏教民俗学者。
¶伊豆，現執1期

**木村文邦** きむらぶんぽう
文政11（1828）年〜明治36（1903）年
江戸時代末期〜明治期の仏画師。東本願寺絵表所の仏画師となる。
¶人名，日人

**木村文明** きむらぶんめい
嘉永5（1852）年〜大正10（1921）年

江戸時代末期～大正期の僧侶。
¶宮城百

**木村蓬伍** きむらほういつ
明治22(1889)年～昭和39(1964)年
大正～昭和期の牧師。
¶兵庫百

**木村鳳郭** きむらほうかく
生没年不詳
江戸時代後期の仏画師。
¶日人

**木村正忠** きむらまさただ
明治7(1874)年6月2日～昭和26(1951)年12月8日
明治～昭和期の白川村長・神職。
¶飛騨

**木村利兵衛** きむらりへえ
? ～万治1(1658)年10月14日
江戸時代前期のキリシタン。
¶埼玉人

**木村レオナルド** きむられおなるど
天正4(1576)年～元和5(1619)年
安土桃山時代～江戸時代前期のイエズス会の殉教者・修道士。
¶全書，大百(㊐1578年)，長崎歴，日人

**季黙** きもく
生没年不詳
江戸時代中期の曹洞宗の僧。
¶国書

**宜牧** ぎもく
→由利適水(ゆりてきすい)

**宜黙玄契** ぎもくげんかい
生没年不詳
江戸時代中期の曹洞宗の僧。
¶国書

**木本成理** きもとしげのり
→木本成理(きのもとなりみち)

**義聞** ぎもん
生没年不詳
江戸時代後期の浄土宗の僧。
¶国書

**義門** ぎもん
天明6(1786)年7月7日～天保14(1843)年8月15日
㊛東条義門(とうじょうぎもん)，妙玄寺義門(みょうげんじぎもん)，霊伝(れいでん)
江戸時代後期の真宗の僧。
¶朝日(㊐天明6年7月7日(1786年7月31日) ㊏天保14年8月15日(1843年9月8日))，近世，国史，国書，コン改(妙玄寺義門 みょうげんじぎもん)，コン4(妙玄寺義門 みょうげんじぎもん)，コン5(妙玄寺義門 みょうげんじぎもん)，詩歌，思想史(東条義門 とうじょうぎもん)，新潮(東条義門 とうじょうぎもん)，人名(妙玄寺義門 みょうげんじぎもん)，世人，世百，全書(東条義門 とうじょうぎもん)，大百(東条義門 とうじょうぎもん)，日史，日人(東条義門 とうじょうぎもん)，百科(東条義門 とうじょうぎもん)，仏教，仏史，仏人，平史(東条義門 とうじょうぎもん)，歴大(東条義門 とうじょうぎもん)，和俳

き

**義門浄統** ぎもんじょうとう
享保18(1733)年12月30日～文政4(1821)年9月8日
江戸時代中期～後期の黄檗宗の僧。
¶黄檗

**奇文禅才** きもんぜんざい，きもんぜんさい
*～元亀2(1571)年12月14日 ㊛奇文禅才(きぶんぜんさい)
戦国時代の臨済宗の僧。円覚寺154世。
¶神奈川人(きもんぜんさい)，国書(きぶんぜんさい ㊐明応2(1493)年)，埼玉人(㊐不詳)，人名(㊐? ㊏1502年)，戦辞(㊐明応2(1493)年 ㊏元亀2年12月14日(1571年12月30日))，日人(㊐1493年)，仏教(㊐?)

**逆翁宗順** ぎゃくおうしゅうじゅん
→逆翁宗順(げきおうそうじゅん)

**逆翁宗順** ぎゃくおうそうじゅん
→逆翁宗順(げきおうそうじゅん)

**逆水洞流** ぎゃくすいとうりゅう
貞享1(1684)年～明和3(1766)年8月21日
江戸時代前期～中期の曹洞宗の僧。
¶国書

**逆流衍雷** ぎゃくりゅうえんらい
? ～正徳1(1711)年10月8日
江戸時代中期の黄檗宗の僧。
¶黄檗

**木屋石門** きやせきもん
享和3(1803)年8月10日～明治25(1892)年7月2日
江戸時代後期～明治期の僧・学者。
¶福岡百

**木山惟久** きやまこれひさ
? ～文禄2(1593)年 ㊛紹宅(じょうたく)，木山紹宅(きやましょうたく)
安土桃山時代の武士、連歌師。
¶国書(木山紹宅 きやましょうたく ㊏文禄2(1593)年閏9月2日)，戦人，日人(木山紹宅 きやましょうたく)，俳文(紹宅 じょうたく ㊏慶長2(1597)年7月16日)

**木山紹印** きやましょういん
? ～元和1(1615)年 ㊛紹印(じょういん)
安土桃山時代～江戸時代前期の社僧・連歌作者。
¶国書，俳文(紹印 じょういん)

**木山紹完** きやましょうかん
享和3(1803)年～明治14(1881)年2月21日
江戸時代後期～明治期の社僧・連歌作者。
¶国書

**木山昌謙** きやましょうけん
? ～寛政11(1799)年6月25日

江戸時代中期～後期の社僧・連歌作者。
¶国書

**木山昌言** きやましょうげん
天保6(1835)年～明治34(1901)年6月24日
江戸時代後期～明治期の社僧・連歌作者。
¶国書



**木山紹宅** きやましょうたく
→木山惟久(きやまこれひさ)

**喜山性讃** きやませいさん
→喜山性讃(きざんしょうさん)

**木山与作** きやまよさく
昭和期の宮大工。森田建設棟梁。護国八幡宮の解体修理にあたった。
¶名工

**義勇** ぎゆう
生没年不詳
江戸時代後期の浄土真宗の僧。
¶国書

**義融** ぎゆう
延宝1(1673)年～元文1(1736)年
江戸時代中期の真言宗の僧。
¶人名, 日人, 仏教(㊀元文1(1736)年8月22日)

**牛庵** ぎゅうあん
寛永12(1635)年～元禄1(1688)年
江戸時代前期の僧、茶人。
¶茶道

**久庵僧可** きゅうあんそうか
*～応永24(1417)年1月26日
室町時代の臨済宗の僧。建長寺73世、円覚寺72世。
¶神奈川人(㊀1350年), 仏教(㊀?)

**九庵宗鑑** きゅうあんそうかん
生没年不詳
戦国時代の臨済宗の僧。
¶仏教

**久永** きゅうえい
生没年不詳
鎌倉時代前期の神職。
¶庄内

**久右衛門** きゅうえもん
? ～明暦2(1656)年6月25日
江戸時代前期のキリシタン。
¶埼玉人

**救円** きゅうえん
生没年不詳　㊀救円(ぐえん)
平安時代中期の絵仏師。
¶国史, 古人, 古人(ぐえん), 古中, 史人, 平史(ぐえん)

**九淵竜賝** きゅうえんりゅうしん, きゅうえんりゅうじん
→九淵竜賝(きゅうえんりゅうちん)

**九淵竜賝** きゅうえんりゅうちん
? ～文明6(1474)年3月11日　㊀九淵竜賝(きゅうえんりゅうしん, きゅうえんりゅうじん)
室町時代の臨済宗の僧。
¶鎌室(きゅうえんりゅうしん), 国書, 新潮, 人名(きゅうえんりゅうじん　㊀1498年), 日人(㊀1498年)

**岌往**(1) きゅうおう
? ～文禄5(1596)年3月23日
安土桃山時代の浄土宗の僧。
¶仏教

**岌往**(2) きゅうおう
文亀2(1502)年～天正13(1585)年
安土桃山時代の浄土宗の僧。
¶長野歴

**休翁宗万** きゅうおうそうまん
→宗万(そうまん)

**休屋** きゅうおく
? ～慶安3(1650)年1月30日
江戸時代前期の浄土宗の僧。
¶仏教

**九華** きゅうか
→玉崗瑞璵(ぎょくこうずいよ)

**久外呑良** きゅうがいどんりょう
? ～慶安4(1651)年8月19日
江戸時代前期の曹洞宗の僧。
¶国書, 仏教

**九華玉崗** きゅうかぎょくこう
→玉崗瑞璵(ぎょくこうずいよ)

**岌廓** きゅうかく
天正12(1584)年～慶安4(1651)年2月19日
江戸時代前期の浄土宗の僧。
¶仏教

**久岳祖参** きゅうがくそさん
～文亀1(1501)年4月3日
戦国時代の越中射水郡の国泰寺の僧。
¶飛驒

**久学融貞** きゅうがくゆうてい
生没年不詳
戦国時代の曹洞宗の僧。
¶日人, 仏教

**九華瑞璵** きゅうかずいよ
→玉崗瑞璵(ぎょくこうずいよ)

**岌観** きゅうかん
? ～貞享5(1688)年8月11日
江戸時代前期の浄土宗の僧。
¶仏教

**休岸**(1) きゅうがん
天文12(1543)年? ～慶長3(1598)年11月29日
安土桃山時代の浄土宗の僧。清浄華院33世、金戒光明寺24世。
¶仏教

**休岸⑵ きゅうがん**
天文16(1547)年〜元和5(1619)年
江戸時代前期の浄土宗の僧。
¶仏教

**九巌中達 きゅうがんちゅうたつ**
? 〜万治4(1661)年3月20日
江戸時代前期の臨済宗の僧。
¶国書

**久巌理昌 きゅうがんりしょう**
→理昌女王(りしょうじょおう)

**急渓中韋 きゅうけいちゅうい**
生没年不詳
南北朝時代〜室町時代の臨済宗の僧。
¶国書

**及賢 きゅうけん**
天保2(1831)年12月24日〜明治38(1905)年1月21日
江戸時代後期〜明治期の僧侶。
¶庄内

**吸江 ぎゅうこう**
文明8(1476)年〜天文24(1555)年1月5日
戦国時代の僧侶。
¶山梨百

**岌興 ぎゅうこう**
生没年不詳
安土桃山時代の浄土宗の僧。
¶国書，戦人

**吸江英心 きゅうこうえいしん**
? 〜弘治1(1555)年
戦国時代の曹洞宗雲岫派の僧。
¶武田

**九江慈淵 きゅうこうじえん**
寛正4(1463)年〜大永5(1525)年
戦国時代の曹洞宗の僧。
¶人名，日人，仏教([没]大永5(1525)年2月2日)

**九皐真鶴尼 きゅうこうしんかくに**
? 〜明和3(1766)年5月25日
江戸時代中期の黄檗宗の尼僧。
¶黄檗

**宮谷寺弘徳 きゅうこくじこうとく**
〜天正1(1573)年8月1日
安土桃山時代の僧。荒城郡小島郷にあった宮谷寺の開山。
¶飛驒

**急西 きゅうさい**
? 〜正保4(1647)年
江戸時代前期の浄土宗の僧。
¶人名，日人，仏教([没]正保4(1647)年3月23日)

**久三郎 きゅうさぶろう**
? 〜寛永8(1631)年
安土桃山時代〜江戸時代前期のキリシタン。
¶姓氏愛知

**九山元鼎 きゅうざんげんてい**
生没年不詳
江戸時代中期の黄檗宗の僧。
¶黄檗

**旧山宗英 きゅうさんそうえい**
慶長10(1605)年〜明暦2(1656)年7月25日
江戸時代前期の臨済宗の僧。大徳寺194世。
¶仏教

**久室 きゅうしつ**
? 〜正徳3(1713)年
江戸時代前期〜中期の足利学校第14世庠主、臨済宗の僧。
¶栃木歴

**汲実 きゅうじつ**
生没年不詳
南北朝時代の僧侶・連歌作者。
¶国書

**久室玄長 きゅうしつげんちょう**
? 〜天正13(1585)年
安土桃山時代の曹洞宗の僧。
¶人名，日人，仏教([没]天正13(1585)年6月23日)

**牛秀 ぎゅうしゅう**
大永4(1524)年〜慶長10(1605)年6月12日 [別]讃誉牛秀(さんよぎゅうしゅう)
戦国時代〜安土桃山時代の浄土宗の僧。
¶国書，戦辞(讃誉牛秀 さんよぎゅうしゅう [没]慶長10年6月12日(1605年7月27日))，戦人([生]大永5(1525)年)，仏教，仏人([生]1525年)

**岌州 ぎゅうしゅう**
? 〜文禄1(1592)年10月14日
戦国時代〜安土桃山時代の百万遍知恩寺の第三十世。
¶会津，戦辞

**球首座 きゅうしゅそ**
安土桃山時代の臨済宗の僧。
¶戦人(生没年不詳)，茶道

**牛次郎 ぎゅうじろう**
昭和15(1940)年5月19日〜
昭和〜平成期の劇画原作者、僧侶。願行寺住職。
¶現執2期，現執3期，世紀，日児，マス89，漫画，漫人

**救済 きゅうせい，きゅうぜい**
→救済(ぐさい)

**及雪 きゅうせつ**
安土桃山時代の画僧。
¶人名，日人(生没年不詳)

**岌善 ぎゅうぜん**
? 〜天正7(1579)年
戦国時代〜安土桃山時代の僧。
¶戦人

**久曽神備後 きゅうそじんびんご**
生没年不詳

江戸時代中期の国学者・神官。
¶東三河

**及存** きゅうそん
？ ～寛永5(1628)年12月15日
江戸時代前期の浄土宗の僧。
¶仏教

**究諦** きゅうたい
天正18(1590)年～寛永16(1639)年
江戸時代前期の浄土宗の僧。
¶仏教

**牛沢** ぎゅうたく
→牛沢(ごたく)

**九鼎器重** きゅうていきじゅう
室町時代～戦国時代の五山文学者。
¶人名

**九鼎竺重** きゅうていじくじゅう
生没年不詳
室町時代の僧。
¶国書，日人

**笈禎法庵** きゅうていほうあん
？ ～元和4(1618)年
安土桃山時代～江戸時代前期の弘前の浄土宗貞昌寺、誓願寺の開祖。
¶青森人

**休的** きゅうてき
慶長5(1600)年～寛永17(1640)年5月29日
江戸時代前期の浄土宗の僧。
¶仏教

**旧典** きゅうてん
天正18(1590)年～正保4(1647)年2月2日
江戸時代前期の浄土宗の僧。
¶仏教

**岌天** きゅうてん
宝徳1(1449)年～天文6(1537)年9月28日
室町時代の浄土宗の僧。
¶仏教

**岌伝** きゅうでん
生没年不詳
室町時代の浄土宗の僧。
¶仏教

**休道** きゅうどう
？ ～寛文6(1666)年10月11日
江戸時代前期の浄土宗の僧。
¶仏教

**牛歩** ぎゅうほ
明治11(1878)年～昭和17(1942)年8月14日
明治～昭和期の俳人、僧侶。自由律俳句に転じ、「新緑後期第一句集」の刊行に携わるが、晩年は定型句に復した。
¶俳諧，俳句

**九峰以成** きゅうほういじょう
？ ～文明15(1483)年
室町時代の臨済宗の僧。
¶人名，日人，仏教(生没年不詳)

**九峰為鼎** きゅうほういてい
生没年不詳
江戸時代中期の曹洞宗の僧。
¶国書

**九方慧歅** きゅうほうえいいん
文化14(1817)年～慶応2(1866)年7月17日
江戸時代末期の臨済宗の僧。
¶仏教

**九峰元桂** きゅうほうげんけい
生没年不詳
江戸時代前期～中期の黄檗宗の僧。
¶国書

**九峰主拙** きゅうほうしゅせつ
享保16(1731)年～寛政9(1797)年9月24日
江戸時代中期～後期の臨済宗の僧。
¶国書

**九峰韶奏**(九峯韶奏) きゅうほうしょうそう，きゅうほうじょうそう
正中2(1325)年～応永12(1405)年
南北朝時代～室町時代の禅僧。
¶鎌室，人名(九峯韶奏)，日人(きゅうほうじょうそう)，仏教(きゅうほうじょうそう ㉒応永12(1405)年11月12日)

**九峰信虔** きゅうほうしんけん
？ ～元中1/至徳1(1384)年
南北朝時代の臨済宗の僧。
¶人名，日人，仏教(㉒永徳1/弘和1(1381)年6月13日)

**九峰宗成** きゅうほうそうせい
生没年不詳
戦国時代の臨済宗の僧。
¶国書

**玖峰長玄** きゅうほうちょうげん
生没年不詳
室町時代の曹洞宗の僧。
¶日人，仏教

**九峯如珊** きゅうほうにょさん
→九峰恕珊(くほうにょさん)

**久峰文昌** きゅうほうぶんしょう
？ ～享禄2(1529)年
戦国時代の曹洞宗の僧。
¶人名，日人，仏教(㉒享禄2(1529)年2月25日)

**久甫淳長** きゅうほじゅんちょう
応永29(1422)年？ ～永正5(1508)年3月22日
室町時代～戦国時代の僧。鎌倉五山第二位円覚寺の搭頭雲頂庵庵主。
¶神奈川人，戦辞

**球命** きゅうめい
生没年不詳
平安時代後期の大瀧寺の僧侶。

¶徳島歴

**旧門** きゅうもん
？ ～寛文12(1672)年11月9日
江戸時代前期の浄土宗の僧。
¶仏教

**牛欄鑑心** ぎゅうらんかんしん
→牛欄鑑心(ごらんかんしん)

**旧旅** きゅうりょ
→大谷旧旅(おおたにきゅうりょ)

**紀行文** きゆきふみ
→紀行文(きのゆきぶみ)

**虚庵普観** きょあんふかん
寛文10(1670)年～元文1(1736)年10月4日
江戸時代前期～中期の曹洞宗の僧。
¶国書

**清井湛霊** きよいたんれい
天保6(1835)年～明治41(1908)年8月
江戸時代後期～明治期の僧侶。
¶真宗

**希膺** きよう
→雲居希膺(うんごきよう)

**岐陽** ぎよう
→岐陽方秀(ぎようほうしゅう)

**教阿** きょうあ
生没年不詳
鎌倉時代前期の浄土宗の僧。
¶仏教

**暁阿** ぎょうあ
生没年不詳
南北朝時代の僧侶・連歌作者。
¶国書

**行阿**(1) ぎょうあ
生没年不詳
鎌倉時代後期の僧侶・歌人・連歌作者。
¶国書

**行阿**(2) ぎょうあ
天文23(1554)年～元和2(1616)年12月1日
安土桃山時代～江戸時代前期の浄土宗の僧。
¶仏教

**行阿**(3) ぎょうあ
文化1(1804)年～明治8(1875)年4月14日
江戸時代末期～明治期の行者。
¶国書，仏教

**恭畏** きょうい
永禄8(1565)年～寛永7(1630)年6月12日
安土桃山時代～江戸時代前期の真言僧。嵯峨法輪寺の中興。
¶近世，国史，国書，人名，姓氏京都，戦人，日人，仏教，仏史

**慶意** きょうい
→慶意(けいい)

**行意**(1) ぎょうい
*～建保5(1217)年
平安時代後期～鎌倉時代前期の僧、歌人。
¶国書(㊀承安1(1171)年　㊁建保5(1217)年11月29日)，古人(㊀1177年)，日人(㊀1171年)，平史(㊀1177年)

き

**行意**(2) ぎょうい
？ ～元和8(1622)年11月10日
江戸時代前期の浄土宗の僧。
¶仏教

**敬一** きょういつ
貞観10(868)年～天暦3(949)年
平安時代前期～中期の天台僧。
¶古人，平史

**教尹** きょういん
文治1(1185)年～？
鎌倉時代前期の法相宗の僧。
¶仏教

**鏡胤** きょういん
？ ～宝永7(1710)年8月7日
江戸時代中期の真言宗豊山派の僧侶。
¶埼玉人

**経因** きょういん
生没年不詳
平安時代後期の僧侶・歌人。
¶国書，古人，平史

**行胤** ぎょういん
生没年不詳
鎌倉時代後期の真言宗の僧・歌人。
¶国書

**堯胤** ぎょういん
文明4(1472)年～享禄3(1530)年3月26日
戦国時代の天台宗の僧。天台座主163世。
¶仏教

**慶運** きょううん
生没年不詳
鎌倉時代前期の律宗の僧。
¶仏教

**慶雲** きょううん
→慶運(1)(けいうん)

**匡雲元竜** きょううんげんりょう
？ ～享保11(1726)年
江戸時代中期の黄檗宗の僧。
¶黄檗

**教懐** きょうえ
→教懐(きょうかい)

**暁恵** ぎょうえ
享保16(1731)年～享和3(1803)年3月1日
江戸時代中期～後期の新義真言宗の僧。長谷寺

き

35世。
¶仏教

**行恵** ぎょうえ
*〜仁平3(1153)年11月11日
平安時代後期の新義真言宗の僧。高野山検校20世、根来寺3世。
¶古人(㊀1068年), 日人(生没年不詳), 仏教(㊀治暦2(1066)年,(異説)康平7(1064)年 ㊁仁平3(1153)年11月11日,(異説)11月12日?), 平史(㊀1068年), 和歌山人(㊀1066年)

**堯恵(1)** ぎょうえ
? 〜応永2(1395)年7月20日
南北朝時代〜室町時代の浄土宗の僧。
¶国書

**堯恵(2)** ぎょうえ
永享2(1430)年〜* ㊇堯恵(ぎょうけい)
室町時代〜戦国時代の歌人。二条派常光院流の後継者。
¶朝日(㊁明応7(1498)年以降), 群馬人(ぎょうけい　生没年不詳), 国書(㊁?), 埼玉人(㊁不詳), 姓氏群馬(生没年不詳), 姓氏長野(㊁1498年?), 戦辞(㊁明応7(1498)年?), 富山百(㊁明応7(1498)年ごろ), 富山文(㊁明応7(1498)年), 長野歴(㊁明応7(1498)年), 新潟百(生没年不詳), 日人(㊁?), 和俳(㊁明応7(1498)年以降)

**堯恵(3)** ぎょうえ
永享2(1430)年〜明応7(1498)年
戦国時代の歌人。天台僧。
¶飛騨

**堯慧** ぎょうえ
大永7(1527)年〜慶長14(1609)年
戦国時代〜安土桃山時代の僧。真宗高田派専修寺第12世住職。
¶近世, 国史, 諸系, 人名, 戦人, 日人, 仏教(㊁慶長14(1609)年1月21日), 仏史

**行叡** ぎょうえい
奈良時代の僧。
¶古代, 古代普, 日人

**教円(1)** きょうえん
天元2(979)年〜永承2(1047)年6月10日
平安時代中期の僧。天台座主。
¶国史, 国書, 古人(㊀978年), 古中, 史人, 新潮, 日人, 仏教, 仏史, 平史(㊀978年)

**教円(2)** きょうえん
生没年不詳
平安時代後期の仏師。寿永1年常楽寺の十一面観音像を造る。
¶朝日, 国書, 古人, 美建, 平史

**教縁** きょうえん
康和1(1099)年〜治承3(1179)年
平安時代後期の興福寺の僧。
¶古人, 平史

**鏡円** きょうえん
→通翁鏡円(つうおうきょうえん)

**慶円(1)** きょうえん
→慶円(1)(けいえん)

**慶円(2)** きょうえん
→慶円(2)(けいえん)

**慶円(3)** きょうえん
保延6(1140)年〜貞応2(1223)年
平安時代後期〜鎌倉時代前期の法相僧。
¶鎌室, 人名, 日人, 仏教(㊁貞応2(1223)年1月27日)

**慶円(4)** きょうえん
生没年不詳
鎌倉時代前期の浄土真宗の僧。
¶仏教

**慶円(5)** きょうえん
建長6(1254)年〜興国2/暦応4(1341)年6月15日
鎌倉時代後期〜南北朝時代の律宗の僧。
¶仏教(㊀建長6(1254)年,(異説)弘長2(1262)年 ㊁暦応4/興国2(1341)年6月15日,(異説)9月19日)

**慶延** きょうえん
→慶延(けいえん)

**経円(1)** きょうえん
寛弘8(1011)年〜応徳1(1084)年
平安時代中期〜後期の園城寺僧。
¶古人, 平史

**経円(2)** きょうえん
生没年不詳
鎌倉時代前期の仏師。
¶国書, 古人, 美建, 仏教, 平史

**行円(1)** ぎょうえん
天元1(978)年〜永承2(1047)年
平安時代中期の天台宗の僧。
¶古人, 人名(㊀986年), 日人, 仏教(㊀寛和2(986)年 ㊁永承2(1047)年1月8日), 平史

**行円(2)** ぎょうえん
生没年不詳
平安時代中期の僧。
¶京都, 姓氏京都

**行円(3)** ぎょうえん
生没年不詳
平安時代後期の僧。
¶岩史, 国史, 国書, 古史, 古人, 古中, コン改, コン4, コン5, 史人, 思想史, 新潮, 人名, 世人, 日史, 日人, 仏教, 仏史, 平史, 歴大

**行円(4)** ぎょうえん
平治1(1159)年〜?
鎌倉時代前期の仮面・楽器作者。
¶朝日, 日人, 平史(生没年不詳)

**行円(5) ぎょうえん**
寛元4(1246)年～弘安9(1286)年4月11日
鎌倉時代前期～後期の僧侶・歌人。
¶国書

**行円(6) ぎょうえん**
寛政11(1799)年～文政8(1825)年
江戸時代後期の浄土真宗の僧。
¶国書

**行宴 ぎょうえん**
大治5(1130)年～正治2(1200)年7月7日
平安時代後期～鎌倉時代前期の真言宗の僧。
¶国書，仏教

**堯円(1) ぎょうえん**
平安時代後期～鎌倉時代前期の仏師。
¶古人，美建，平史(生没年不詳)

**堯円(2) ぎょうえん**
元亀1(1570)年～寛永13(1636)年7月25日
安土桃山時代～江戸時代前期の真言宗の僧。東寺長者190世。
¶国書，仏教

**堯円(3) ぎょうえん**
寛永18(1641)年～享保1(1716)年7月27日
江戸時代前期～中期の浄土真宗の僧。専修寺16世。
¶仏教

**堯延 ぎょうえん**
延宝4(1676)年12月28日～享保3(1718)年11月29日 [別]堯延親王(ぎょうえんしんのう)，堯延入道親王(ぎょうえんにゅうどうしんのう)，堯延法親王(ぎょうえんほうしんのう)，周慶親王(ちかよししんのう)
江戸時代中期の天台宗の僧。天台座主191・193・195世、妙法寺門跡。
¶国書(堯延親王 ぎょうえんしんのう [没]享保3(1718)年11月28日)，人名(堯延法親王 ぎょうえんほうしんのう)，天皇(堯延法親王 ぎょうえんほうしんのう)，日人(堯延入道親王 ぎょうえんにゅうどうしんのう [生]1677年 [没]1719年)，仏教

**堯延親王 ぎょうえんしんのう**
→堯延(ぎょうえん)

**堯延入道親王 ぎょうえんにゅうどうしんのう**
→堯延(ぎょうえん)

**行円房顕尊 ぎょうえんぼうけんそん**
嘉禎3(1237)年～正安2(1300)年
鎌倉時代前期～後期の西大寺系の律宗僧侶。
¶兵庫百

**堯延法親王 ぎょうえんほうしんのう**
→堯延(ぎょうえん)

**敬雄 きょうおう**
正徳3(1713)年～天明2(1782)年 [別]金竜敬雄(きんりゅうけいゆう)
江戸時代中期の天台宗の僧。
¶国書([生]正徳2(1712)年 [没]天明2(1782)年1月8日)，埼玉人，日人(金竜敬雄 きんりゅうけいゆう [生]1712年)，仏教，仏人

**行応 ぎょうおう**
宝暦6(1756)年～天保2(1831)年
江戸時代中期～後期の臨済宗の僧。
¶愛媛百

**恭翁運良 きょうおううんりょう**
文永4(1267)年～興国2/暦応4(1341)年8月12日 [別]運良(うんりょう)
鎌倉時代後期～南北朝時代の臨済宗法灯派の僧。
¶国書，人名(運良 うんりょう)，姓氏石川([生]?)，富山百，日人，仏教，仏人(運良 うんりょう)

**行応玄節 ぎょうおうげんせつ**
宝暦6(1756)年3月21日～天保2(1831)年11月20日
江戸時代中期～後期の臨済宗の僧。
¶国書，日人，仏教

**敬翁性遵 きょうおうしょうじゅん**
? ～元亀1(1570)年4月23日
戦国時代の曹洞宗の僧。
¶埼玉人

**慶屋定紹 きょうおくじょうしょう**
→慶屋定紹(けいおくじょうしょう)

**慶恩 きょうおん**
天明2(1782)年～嘉永1(1848)年11月5日
江戸時代後期の浄土真宗の僧。
¶国書，仏教

**敬恩 きょうおん**
生没年不詳
江戸時代中期の浄土真宗の僧。
¶国書

**堯音 ぎょうおん**
*～文政3(1820)年
江戸時代後期の真言宗の僧。第46番札所浄瑠璃寺中興(慶安～)第11世住職。
¶愛媛([生]享保17(1732)年)，愛媛百([生]?)

**教雅 きょうが**
永正17(1520)年～? [別]万福寺教雅(まんぷくじきょうが)
戦国時代～安土桃山時代の甲斐国の僧。
¶戦辞，武田(万福寺教雅 まんぷくじきょうが)

**慶賀 きょうが**
平安時代後期～鎌倉時代前期の仏師。
¶古人，美建，平史(生没年不詳)

**行賀 ぎょうが**
天平1(729)年～延暦22(803)年
奈良時代～平安時代前期の僧、興福寺別当。
¶朝日([没]延暦22年2月8日(803年3月4日))，岩史([没]延暦22(803)年3月8日)，国史，国書([没]延暦22(803)年2月11日)，古人，古代([生]728年)，古代普([生]728年)，古中，コン改([生]神亀5(728)年 [没]延暦22(803)年?)，コ

ン4（㊀神亀5（728）年　㊁延暦22（803）年？），コン5（㊀神亀5（728）年　㊁延暦22（803）年？），史人（㊁803年3月8日），新潮（㊁延暦22（803）年2月），人名，対外，日史（㊁延暦22（803）年2月），日人，百科，仏教（㊁延暦22（803）年2月11日），仏史，仏人，平史

き

**行雅** ぎょうが
生没年不詳
室町時代の僧侶・歌人。
¶国書

**堯雅** ぎょうが
永正8（1511）年～文禄1（1592）年
戦国時代～安土桃山時代の真言宗の僧。
¶戦辞（㊁文禄1年10月8日（1592年11月11日）），戦人，仏教（㊁天正20（1592）年10月8日）

**教懐** きょうかい
長保3（1001）年～寛治7（1093）年5月28日　㊞教懐（きょうえ）
平安時代中期～後期の顕密の僧。高野聖の祖。
¶朝日（㊁寛治7年5月28日（1093年6月24日）），岩史，国史，古人（きょうえ），古中，コン改，コン4，コン5，史人，新潮，人名，日史，日人，百科，仏教，仏史，平史（きょうえ），名画，和歌山人

**教戒** きょうかい
寛政8（1796）年～嘉永7（1854）年7月11日
江戸時代末期の歌人。
¶岡山人，岡山歴，三重続

**教海** きょうかい
平安時代後期の熊野の僧。
¶古人，平史（生没年不詳）

**慶海** きょうかい
生没年不詳
江戸時代中期～後期の浄土真宗の僧。
¶国書

**景戒** きょうかい
→景戒（けいかい）

**経海**(1) きょうかい
生没年不詳
鎌倉時代の天台宗の僧。
¶国書，仏教

**経海**(2) きょうかい
慶長11（1606）年5月3日～明暦2（1656）年7月28日
江戸時代前期の浄土真宗の僧。仏光寺18世。
¶仏教

**凝海** ぎょうかい
大永2（1522）年～慶長4（1599）年8月2日
戦国時代～安土桃山時代の律宗の僧。
¶国書

**業海** ぎょうかい
弘安7（1284）年～正平7/文和1（1352）年7月27日
鎌倉時代後期～南北朝時代の大和村天目山棲雲寺の開山。
¶山梨百

**行快**(1) ぎょうかい
生没年不詳
鎌倉時代前期の仏師。快慶の弟子。
¶朝日，国史，日史，日人，美建，美術，百科，仏教

**行快**(2) ぎょうかい
生没年不詳
江戸時代中期の神職。
¶近世，国書，史人，神史，日人

**行海**(1) ぎょうかい
天仁2（1109）年～治承4（1180）年12月18日
平安時代後期の真言宗の僧。勧修寺流行海方の祖。
¶国書，古人，人名，日人（㊁1181年），仏教，平史，密教（㊀1108年），名画

**行海**(2) ぎょうかい
生没年不詳
平安時代後期の画僧。
¶日人

**行界** ぎょうかい
享保12（1727）年5月5日～安永3（1774）年3月13日
江戸時代中期の浄土真宗の僧。
¶国書

**行誡** ぎょうかい
→福田行誡（ふくだぎょうかい）

**堯海**(1) ぎょうかい
生没年不詳
江戸時代中期の浄土宗の僧。
¶国書

**堯海**(2) ぎょうかい
生没年不詳
江戸時代後期の天台宗の僧。
¶国書

**行海** ぎょうかい★
天保5（1834）年4月7日～大正2（1913）年
江戸時代後期～大正期の僧。
¶三重

**教覚**(1) きょうかく
嘉承1（1106）年～？
平安時代後期の法相宗興福寺僧。
¶古人（㊁？），平史

**教覚**(2) きょうかく
？　～永久5（1117）年8月25日
平安時代後期の真言宗の僧。
¶仏教

**教覚**(3) きょうかく
生没年不詳
室町時代の天台宗の僧。天台座主。
¶国書（㊀応永31（1424）年），諸系，日人

**慶覚** きょうかく
永承4（1049）年～保延4（1138）年

平安時代中期〜後期の天台宗園城寺僧。
¶古人，平史

**経覚(1)** きょうかく
平安時代後期の興福寺の僧。
¶古人，平史（生没年不詳）

**経覚(2)** きょうかく，きょうがく
応永2（1395）年〜文明5（1473）年8月27日　㊊一乗院経覚（いちじょういんきょうかく），経覚（けいかく），大乗院経覚（だいじょういんきょうがく）
室町時代の法相宗の僧、興福寺別当。
¶朝日（㊀文明5年8月27日（1473年9月19日）），鎌室，鎌室（けいかく），国書（きょうがく　㊐応永2（1395）年11月6日），コン改（一乗院経覚　いちじょういんきょうかく），コン4（一乗院経覚　いちじょういんきょうかく），コン5（一乗院経覚　いちじょういんきょうかく），諸系（きょうがく），新潮，中世（大乗院経覚　だいじょういんきょうがく），内乱，日人（きょうがく），仏教

**敬学** きょうがく
→敬学（けいがく）

**教覚寺教明** きょうがくじきょうみょう
永禄1（1558）年〜慶長15（1610）年1月8日
江戸時代前期の僧。国府町の教覚寺の開基。
¶飛驒

**教覚寺明意** きょうがくじみょうい
慶長7（1602）年〜延宝3（1675）年8月8日
江戸時代前期の吉城郡茂住村の教覚寺の僧。
¶飛驒

**京月** きょうがつ
→京月（きょうげつ）

**教寛** きょうかん
弘安4（1281）年〜延元2/建武4（1337）年1月20日
鎌倉時代後期の真言宗の僧。東大寺118・120世、東寺長者107・111世。
¶仏教

**鏡寛** きょうかん
生没年不詳
江戸時代中期の新義真言宗智山派の声明家。
¶国書，日音

**鏡観** きょうかん
生没年不詳
江戸時代中期の僧侶・連歌作者。
¶国書

**慶観** きょうかん
生没年不詳
江戸時代中期の浄土真宗の僧。
¶国書

**慶岩** きょうがん
天文23（1554）年〜元和3（1617）年　㊊慶巌（けいがん），慶岩（けいがん），源誉慶巌（げんよけいがん）
安土桃山時代〜江戸時代前期の浄土宗鎮西義の僧。
¶近世，国史，新潮（㊀元和3（1617）年1月21日），戦辞（源誉慶巌　げんよけいがん），戦人（けいがん），日人，仏教（慶巌　けいがん），仏史

**暁歓** ぎょうかん
享保16（1731）年〜寛政10（1798）年5月2日
江戸時代中期〜後期の修験僧。
¶国書

き

**行寛(1)** ぎょうかん
生没年不詳
鎌倉時代前期の真言宗の僧。
¶国書

**行寛(2)** ぎょうかん
生没年不詳
南北朝時代の真言宗の僧・連歌作者。
¶国書

**行感** ぎょうかん
生没年不詳
江戸時代中期の浄土真宗の僧。
¶国書

**行観(1)** ぎょうかん
長和2（1013）年〜延久5（1073）年
平安時代中期の天台宗の僧。
¶朝日（㊀延久5年3月28日（1073年5月7日）），古人，コン改（生没年不詳），コン4（生没年不詳），コン5，諸系，新潮（㊀延久5（1073）年3月28日），人名，日人，仏教（㊀延久5（1073）年3月26日，（異説）延久2（1070）年3月26日），平史

**行観(2)** ぎょうかん
仁治2（1241）年5月18日〜正中2（1325）年　㊊覚融（かくゆう）
鎌倉時代の浄土宗西山派の僧。
¶国史，国書（㊀正中2（1325）年6月9日），古中，新潮（㊀正中2（1325）年6月9日，（異説）5月9日），人名（覚融　かくゆう），日人（覚融　かくゆう），仏教（覚融　かくゆう　㊀正中2（1325）年9月5日），仏史

**行観(3)** ぎょうかん
生没年不詳
室町時代の僧侶・歌人。
¶国書

**行観(4)** ぎょうかん
貞享2（1685）年12月12日〜享保19（1734）年10月6日
江戸時代中期の天台宗の僧。
¶国書，仏教

**行願** ぎょうがん
生没年不詳
江戸時代中期の真言宗の僧。
¶国書，人名，日人，仏教

**仰巌元尊** ぎょうがんげんそん
？　〜延享1（1744）年5月
江戸時代中期の黄檗宗の僧。
¶国書

き

**鏡巌宗光** きょうがんそうこう
寛永20(1643)年～宝永7(1710)年6月20日
江戸時代前期～中期の臨済宗の僧。大徳寺257世。
¶仏教

**慶喜** きょうき
？～文久1(1861)年5月9日
江戸時代末期の浄土真宗の僧。
¶仏教

**敬己** きょうき
→敬己(けいき)

**教義** きょうぎ
奈良時代の真言宗の僧。
¶国書(生没年不詳)，古人

**行基** ぎょうき，ぎょうぎ
天智天皇7(668)年～天平21(749)年2月2日
飛鳥時代～奈良時代の僧。東大寺大仏造立の勧進活動を行い、大僧正に任じられる。
¶朝日(㉚天平勝宝1年2月2日(749年2月23日))，伊豆(㉚天平感宝1(天平勝宝元)(749)年)，岩史，大阪人，香川人，香川百，角史，神奈川百，鎌古(㊤668年)，教育，京都大，郷土奈良，京都府，高知人，高知百，国史，国書，古史，古人(㊤668年)，古代，古代普(㊤668年)，古中，コン改，コン4，コン5，埼玉人，詩作(㊤？)，史人，思想史，重要，神史，人書79，人書94，新潮，人名，姓氏京都，世人，世百，全書，大百，多摩，伝記，新潟百，日思，日史，日人，飛驒，百科，兵庫百，仏教，仏史，仏人(ぎょうぎ)，平日(㊤668　㉚749)，町田歴，名僧，山形百(㊤天智天皇6(667)年)，山川小(㊤668年)，山梨人，山梨百，歴大

**経救** きょうきゅう
→経救(きょうく)

**慶堯** きょうぎょう
天文4(1535)年10月3日～永禄11(1568)年3月15日
戦国時代の浄土真宗の僧。興正寺16世。
¶仏教

**経堯** きょうぎょう
？～文明4(1472)年3月20日
室町時代～戦国時代の天台宗の僧。
¶国書

**行教** ぎょうきょう
生没年不詳
平安時代前期の大安寺の僧。石清水八幡宮の創立者。
¶朝日，大分歴，京都府，国史，国書，古人，古代，古代普，古中，コン改，コン4，コン5，史人，思想史，神史，神人，新潮，人名，日人，仏教，仏史，平史，歴大

**行経** ぎょうきょう
生没年不詳
南北朝時代の真言宗の僧・歌人。
¶国書

**堯恭** ぎょうきょう
享保2(1717)年4月3日～明和1(1764)年閏12月4日
江戸時代中期の天台宗の僧。天台座主204・207・209・211世、妙法院門跡。
¶仏教

**行暁** ぎょうぎょう
永久2(1114)年～建仁2(1202)年
平安時代後期～鎌倉時代前期の園城寺僧。
¶古人，平史

**教如上人** きょうぎょしょうにん
→教如(1)(きょうにょ)

**経救** きょうく，きょうぐ
天元1(978)年～寛徳1(1044)年　㊐経救(きょうきゅう)
平安時代中期の法相宗の僧。興福寺23世。
¶古人(きょうぐ)，人名(きょうぐ　㊤？)，日人，仏教(㉚長久5(1044)年5月2日)，平史(きょうきゅう)

**境空** きょうくう
？～明徳5(1394)年4月7日
南北朝時代～室町時代の僧侶・歌人。
¶国書

**鏡空** きょうくう
？～永禄10(1567)年
戦国時代～安土桃山時代の善光寺大本願、甲斐善光寺の開山。
¶長野歴

**慶遇** きょうぐう
寛保3(1743)年～寛政11(1799)年
江戸時代中期の浄土真宗の僧。
¶国書(㉚寛政11(1799)年7月9日)，仏教(㉚寛政11(1799)年7月)

**行空**(1) ぎょうくう
生没年不詳
平安時代中期の法華持経者。
¶日人，仏教

**行空**(2) ぎょうくう
生没年不詳
鎌倉時代前期の浄土宗の僧。
¶国史，国書，古中，新潮，姓氏京都，新潟百，日人，仏教，仏史

**鏡空上人** きょうくうしょうにん
→鏡空智冠(きょうくうちかん)

**鏡空智冠** きょうくうちかん
？～永禄10(1567)年4月15日　㊐鏡空上人(きょうくうしょうにん)
戦国時代～安土桃山時代の善光寺(甲府)開山。
¶戦辞，武田(鏡空上人　きょうくうしょうにん)

**行慶**(1) ぎょうけい
平安時代後期の仁和寺の僧。系譜未詳。
¶平家

**行慶(2)　ぎょうけい**
＊〜永万1（1165）年7月16日
平安時代後期の天台宗の僧。園城寺34世、円満院門跡。
¶国書（㊐康和3（1101）年），古人（㊐1101年），コン改（㊐？），コン4（㊐？），コン5（㊐？），人名（㊐1105年），天皇（㊐長治2（1105）年），日人（㊐1101年），仏教（㊐康和3（1101）年），平史（㊐1101年）

**堯恵　ぎょうけい**
→堯恵(2)（ぎょうえ）

**京月　きょうげつ**
㊿京月（きょうがつ）
鎌倉時代前期の天台宗の僧・歌人・連歌作者。
¶国書（生没年不詳），俳文（きょうがつ）

**教外得蔵　きょうげとくぞう**
？ 〜正平20/貞治4（1365）年
南北朝時代の禅僧。
¶鎌室，人名，日人，仏教（㊦貞治4/正平20（1365）年1月3日）

**経賢　きょうけん**
生没年不詳
南北朝時代の僧、歌人。
¶国書，日人

**敬彦　きょうげん**
文化4（1807）年〜万延1（1860）年4月13日
江戸時代末期の天台宗の僧。
¶国書（㊐文化4（1807）年10月15日），仏教

**経源(1)　きょうげん**
→経暹(1)（きょうせん）

**経源(2)　きょうげん**
生没年不詳
江戸時代後期の天台宗の僧。
¶仏教

**経玄(1)　きょうげん**
永暦1（1160）年〜寛喜3（1231）年閏1月17日
平安時代後期〜鎌倉時代前期の天台宗の僧。
¶仏教

**経玄(2)　きょうげん**
生没年不詳
鎌倉時代の声明家。
¶日音

**行兼　ぎょうけん**
平安時代後期の興福寺僧。
¶古人，平史（生没年不詳）

**行謙　ぎょうけん**
元禄1（1688）年〜？
江戸時代前期〜中期の天台宗の僧。
¶国書

**行賢(1)　ぎょうけん**
寛徳1（1044）年〜永久3（1115）年
平安時代中期〜後期の興福寺僧。
¶古人，平史

**行賢(2)　ぎょうけん**
生没年不詳
鎌倉時代前期の真言宗の僧・歌人。
¶国書

**行顕　ぎょうけん**
生没年不詳
鎌倉時代の天台宗の僧・歌人。
¶国書

**堯憲(1)　ぎょうけん**
生没年不詳
室町時代の僧、歌人。
¶国書，日人

**堯憲(2)　ぎょうけん**
生没年不詳
江戸時代前期の天台宗の僧。
¶国書

**行玄　ぎょうげん**
承徳1（1097）年〜久寿2（1155）年
平安時代後期の天台宗の僧（天台座主）。
¶朝日（㊦久寿2年11月5日（1155年12月1日）），国書（㊦久寿2（1155）年11月5日），古人，コン改，コン4，コン5，人名，姓氏鹿児島（㊦1154年），姓氏京都，日人，仏教（㊦久寿2（1155）年11月5日），平史

**堯儼　ぎょうげん**
生没年不詳
鎌倉時代の絵仏師。
¶国史，古中，日人，名画

**行古　ぎょうこ**
生没年不詳
室町時代の曹洞宗の僧。
¶仏教

**行故　ぎょうこ**
？ 〜延宝6（1678）年5月14日
江戸時代前期の浄土宗の僧。
¶仏教

**暁悟　ぎょうご**
文化7（1810）年7月13日〜文久1（1861）年3月19日
江戸時代後期〜末期の浄土真宗の僧。
¶国書

**行悟　ぎょうご**
天授3/永和3（1377）年〜応永13（1406）年
室町時代の長慶天皇の皇子。
¶人名，日人

**教興　きょうこう**
生没年不詳
平安時代前期の浄院寺の僧侶。
¶姓氏群馬

**教昊　きょうこう**
生没年不詳
奈良時代の僧、教昊寺の建立者。

¶島根歴

**敬光** きょうこう
→敬光（けいこう）

**経光** きょうこう
文亀3（1503）年6月～永禄12（1569）年8月24日
戦国時代の浄土真宗の僧。仏光寺15世。
¶仏教

き

**経厚** きょうこう
文明8（1476）年～天文13（1544）年4月26日
戦国時代の天台宗の僧・歌学者。
¶国書

**経孝** きょうこう
天文14（1545）年～元和6（1620）年9月15日
戦国時代～江戸時代前期の天台宗の僧。
¶国書

**経杲** きょうこう
元仁1（1224）年～正応2（1289）年
鎌倉時代前期～後期の真言宗の僧。
¶熊本百

**経豪**(1) きょうごう
生没年不詳
鎌倉時代後期の曹洞宗の僧。
¶国書，仏教

**経豪**(2) きょうごう
→蓮教（れんきょう）

**暁幸** ぎょうこう
文永11（1274）年～延慶3（1310）年5月17日
鎌倉時代後期の天台宗の僧。
¶仏教

**行康** ぎょうこう
天文21（1552）年～元和2（1616）年2月9日
戦国時代～江戸時代前期の天台宗の僧。
¶国書

**堯孝** ぎょうこう
元中8/明徳2（1391）年～享徳4（1455）年7月5日
室町時代の歌人。二条派の中心人物。
¶朝日（㉗康正1年7月5日（1455年8月17日）），鎌室，国書，詩歌，人書94，新潮，新文，人名，全書，日人，仏教，文学，和俳

**京極逸蔵** きょうごくいつぞう
明治20（1887）年1月8日～昭和28（1953）年9月4日
大正～昭和期の浄土真宗本願寺派僧侶。
¶仏教

**京極彰心** きょうごくしょうしん
明治14（1881）年11月14日～昭和39（1964）年12月1日
明治～昭和期の僧侶。
¶真宗

**京極マリア** きょうごくまりあ
？ ～元和4（1618）年7月1日 ㊀京極高吉室（きょうごくたかよししつ）
安土桃山時代～江戸時代前期の女性。キリシタン。京極高吉の妻。
¶朝日（㊐天文11（1542）年頃 ㉗元和4年7月1日（1618年8月20日）），近世，国史，コン4，コン5（㊐天文11（1542）年？），史人（㊐1542年？），諸系，女性，人書94（㊐1543年），新潮（㊐天文11（1542）年？），世人（生没年不詳），戦人，全戦，日人

**経厳** きょうごん
→経厳（けいげん）

**行厳**(1) ぎょうごん
長久4（1043）年～保安4（1123）年9月16日
平安時代後期の天台宗の僧。仏頂流の祖。
¶国書，人名，日人，仏教（㊐？）

**行厳**(2) ぎょうごん
治承2（1178）年～嘉禎2（1236）年頃
平安時代後期～鎌倉時代前期の真言宗の僧。
¶仏教（生没年不詳），密教

**行済** ぎょうさい
生没年不詳
鎌倉時代の真言宗の僧・歌人。
¶国書

**教算** きょうさん
生没年不詳
鎌倉時代の僧侶。
¶和歌山人

**慶算**(1) きょうさん
保延4（1138）年～？
平安時代後期の天台宗の僧・歌人。
¶国書，古人（㉗？），平史

**慶算**(2) きょうさん
寛永7（1630）年～元禄7（1694）年2月10日
江戸時代前期～中期の天台宗の僧。
¶国書

**教山** きょうざん
生没年不詳
安土桃山時代～江戸時代前期の浄土宗の僧・連歌作者。
¶国書

**鏡残** きょうざん
生没年不詳
江戸時代前期の浄土宗の僧。
¶仏教

**慶山** きょうざん
生没年不詳
江戸時代前期の浄土真宗の僧。
¶国書

**夾山** きょうざん
？ ～寛永16（1639）年
安土桃山時代～江戸時代前期の真言宗禅林寺中興の祖。
¶和歌山人

**行算(1)** ぎょうさん
平安時代中期の仁和寺の僧。
¶古人

**行算(2)** ぎょうさん
平安時代後期の大衆(僧兵)。
¶古人，平史(生没年不詳)

**楽山** ぎょうざん
文化8(1811)年～弘化3(1846)年11月23日
江戸時代後期の行者。
¶仏教

**行慈** ぎょうじ
久安3(1147)年～嘉禄2(1226)年
平安時代後期～鎌倉時代前期の僧、歌人。
¶古人，日人，平史，和歌山人

**行之正順** ぎょうししょうじゅん
？ ～永正12(1515)年
戦国時代の曹洞宗の僧。
¶人名，戦辞([没]永正12年6月19日(1515年7月30日))，日人，仏教([没]永正12(1515)年6月9日)

**慶実** きょうじつ
治暦1(1065)年～久安4(1148)年
平安時代後期の園城寺僧。
¶古人，平史

**行実** ぎょうじつ
生没年不詳
平安時代後期の僧。
¶神奈川人，古人，平史

**慶宝定紹** きょうしつじょうしょう
？ ～応永14(1407)年
南北朝時代～室町時代の曹洞宗の僧。
¶姓氏石川

**教寂芸訓** きょうじゃくげいくん
？ ～元禄13(1700)年5月21日
江戸時代前期～中期の曹洞宗の僧。
¶国書

**敬首** きょうじゅ
天和3(1683)年3月15日～寛延1(1748)年9月20日
江戸時代中期の浄土宗の僧。
¶国書，仏教，仏人

**慶秀(1)** きょうしゅう
[別]慶秀(けいしゅう)
平安時代中期の仏師。
¶古人，美建，仏教(けいしゅう 生没年不詳)，平史(生没年不詳)

**慶秀(2)** きょうしゅう
[別]慶秀(けいしゅう)
平安時代後期の天台宗園城寺の僧。
¶古人，平家(けいしゅう)，平史(生没年不詳)

**敬宗** きょうしゅう
承久1(1219)年～延慶4(1311)年3月11日
鎌倉時代後期の天台宗の僧。
¶仏教

**行宗** ぎょうしゅう
大治2(1127)年～承元5(1211)年2月4日
平安時代後期～鎌倉時代前期の天台宗の僧。
¶仏教

**堯州** ぎょうしゅう
生没年不詳
江戸時代中期の僧、茶人。
¶日人

**堯秀** ぎょうしゅう
天正10(1582)年～寛文6(1666)年12月19日
江戸時代前期の浄土真宗の僧。専修寺14世。
¶仏教

**亀洋宗鑑** きようしゅうかん
→亀洋宗鑑(きようそうかん)

**堯州宗寛** ぎょうしゅうそうかん
享保3(1718)年～天明7(1787)年7月25日
江戸時代中期の臨済宗の僧。
¶国書

**教舜** きょうしゅん，きょうじゅん
鎌倉時代後期の真言宗の僧。
¶国書([生]天福1(1233)年 [没]？)，仏教(きょうじゅん 生没年不詳)，仏人([生]？ [没]1270年頃)

**慶俊(1)** きょうしゅん
生没年不詳 [別]慶俊(けいしゅん)
奈良時代の三論宗の僧。
¶朝日，国史，国書，古史，古人(けいしゅん)，古代，古代普，古中，コン改，コン4，コン5，史人，新潮，人名，日史(けいしゅん)，日人，百科(けいしゅん)，仏教，仏史

**慶俊(2)** きょうしゅん
生没年不詳
平安時代後期～鎌倉時代前期の華厳宗の僧。
¶国書，仏教

**慶俊(3)** きょうしゅん
生没年不詳
戦国時代～安土桃山時代の真言宗の僧・連歌作者。
¶国書

**慶舜** きょうしゅん
生没年不詳 [別]慶舜(けいしゅん)
鎌倉時代の律宗の僧。
¶国書(けいしゅん)，仏教

**経舜** きょうしゅん
生没年不詳
鎌倉時代の真言宗・律宗兼学の僧。
¶国書，仏教

**京順** きょうじゅん
元和6(1620)年～元禄8(1695)年
江戸時代前期～中期の薩摩の名僧。
¶姓氏鹿児島

**恭順** きょうじゅん
文化5(1808)年～明治28(1895)年

江戸時代後期〜明治期の天台宗の高僧。
¶長野歴

**教遵** きょうじゅん
元禄16(1703)年〜安永7(1778)年1月28日
江戸時代中期の浄土真宗の僧。
¶国書，仏教



**教順** きょうじゅん
延宝7(1679)年〜享保15(1730)年
江戸時代前期〜中期の僧侶。
¶姓氏群馬

**経順** きょうじゅん
生没年不詳
平安時代後期の真言宗の僧。
¶仏教

**行春** ぎょうしゅん
生没年不詳
鎌倉時代後期の天台宗の僧。
¶国書5

**行舜** ぎょうしゅん
永暦1(1160)年〜*
平安時代後期〜鎌倉時代前期の天台宗の僧。
¶古人([没]?)，仏教([生]久安1(1145)年　[没]承元2(1208)年11月5日)，平史([没]?)

**行巡** ぎょうじゅん
生没年不詳
平安時代前期の真言宗の僧。
¶朝日，古人，古代，古代普，コン改，コン4，コン5，人名，日人，仏教，平史

**行順** ぎょうじゅん
文永2(1265)年〜元弘3/正慶2(1333)年10月10日
鎌倉時代後期の天台宗の僧。
¶国書，仏教

**堯順坊** ぎょうじゅんぼう
安土桃山時代の高野山高室院の僧。
¶後北

**教助** きょうじょ
? 〜徳治2(1307)年2月2日
鎌倉時代後期の真言宗の僧。東寺長者88・93世。
¶仏教

**慶助** きょうじょ
延喜22(922)年〜長徳1(995)年
平安時代中期の真言宗の僧。醍醐寺10世。
¶古人，日人，仏教([没]長徳1(995)年9月10日)，平史

**経助** きょうじょ
? 〜永久2(1114)年2月6日
平安時代後期の真言宗の僧。
¶仏教，平史

**行助** ぎょうじょ
応永12(1405)年〜文明1(1469)年
室町時代の連歌師。連歌七賢の一人。
¶鎌室([生]応永26(1419)年　[没]?)，国史，国書([没]応仁3(1469)年3月24日)，古中，新潮([生]応永12(1405)年?　[没]文明1(1469)年3月24日)，人名([生]1419年　[没]1489年)，日人，俳句([没]文明1(1469)年2月)，俳文([没]応仁3(1469)年3月24日)，和俳

**堯助** ぎょうじょ
天文5(1536)年〜慶長6(1601)年12月6日
戦国時代〜安土桃山時代の真言宗の僧。
¶国書

**堯恕** ぎょうじょ
→堯恕入道親王(ぎょうじょにゅうどうしんのう)

**教性** きょうしょう
貞応1(1222)年〜文応1(1260)年1月17日
鎌倉時代前期〜後期の釈迦堂供僧(定額僧)。
¶密教([生]1222年以前)

**敬称** きょうしょう
生没年不詳
奈良時代の女性。尼僧。
¶女性

**教乗** きょうじょう
? 〜安永2(1773)年3月13日
江戸時代中期の浄土真宗の僧。
¶国書

**教静** きょうじょう
天慶7(944)年〜寛仁2(1018)年
平安時代中期の天台僧。
¶古人，平史

**経乗**(1) きょうじょう
生没年不詳
鎌倉時代前期の真言宗の僧・歌人。
¶国書

**経乗**(2) きょうじょう
永正8(1511)年〜天文18(1549)年10月27日
戦国時代の天台宗の僧・歌人。
¶国書

**経正** きょうじょう
生没年不詳
鎌倉時代の僧。
¶日人

**暁勝** ぎょうしょう
生没年不詳
鎌倉時代後期の僧侶・歌人。
¶国書

**幸清** ぎょうしょう
治承1(1177)年〜文暦2(1235)年7月11日　[別]幸清(こうじょう)
平安時代後期〜鎌倉時代前期の社僧・歌人。
¶国書，古人(こうじょう)，平史(こうじょう)

**行勝**(1) ぎょうしょう
永承4(1049)年〜天治1(1124)年
平安時代後期の僧(大僧都)。三条天皇の曾孫。
¶古人，人名，日人，平史

**行勝(2)** ぎょうしょう
大治5(1130)年～建保5(1217)年
平安時代後期～鎌倉時代前期の真言宗の僧。木食上人として有名。
¶朝日(㊀建保5年5月7日(1217年6月12日)), 鎌室, 古人, コン改(㊐仁安2(1167)年 ㊀建長6(1254)年), コン4(㊐仁安2(1167)年 ㊀建長6(1254)年), コン5(㊐仁安2(1167)年 ㊀建長6(1254)年), 新潮(㊀建保5(1217)年5月7日), 人名, 日人, 仏教(㊀建保5(1217)年5月7日), 仏人, 平史, 和歌山人

**行昭** ぎょうしょう
寛喜3(1231)年～乾元2(1303)年1月5日
鎌倉時代後期の天台宗の僧。園城寺70世。
¶国書, 仏教

**行照** ぎょうしょう
*～文久2(1862)年8月27日
江戸時代末期の浄土真宗の僧。
¶国書(㊐寛政6(1794)年), 姓氏富山(㊐1793年), 富山百(㊐寛政5(1793)年), 仏教(㊐寛政6(1794)年)

**行性** ぎょうしょう
生没年不詳
鎌倉時代後期の浄土宗の僧。
¶仏教

**行清** ぎょうしょう
寛喜1(1229)年4月15日～弘安2(1279)年10月19日
鎌倉時代前期～後期の社僧・歌人。
¶国書

**行生** ぎょうしょう
生没年不詳
鎌倉時代の僧侶・歌人。
¶国書

**行聖** ぎょうしょう
仁安3(1168)年～天福1(1233)年7月22日
鎌倉時代前期の天台宗の僧。
¶仏教

**行乗(1)** ぎょうじょう
天治2(1125)年～元暦1(1184)年
平安時代後期の園城寺僧。
¶古人, 平史

**行乗(2)** ぎょうじょう
生没年不詳
鎌倉時代後期の僧侶・歌人。
¶国書

**堯恕親王** ぎょうじょしんのう
→堯恕入道親王(ぎょうじょにゅうどうしんのう)

**堯恕入道親王** ぎょうじょにゅうどうしんのう
寛永17(1640)年10月16日～元禄8(1695)年4月16日 ㊙完敏親王(さだとししんのう), 堯恕(ぎょうじょ), 堯恕親王(ぎょうじょしんのう), 堯恕法親王(ぎょうじょほうしんのう, ぎょうじょほっしんのう), 堯如法親王(ぎょうじょほうしんのう), 逸堂(いつどう)
江戸時代前期の天台宗の僧(天台座主)。後水尾上皇の第10皇子。
¶朝日(㊐寛永17年10月16日(1640年11月29日) ㊀元禄8年4月16日(1695年5月28日)), 京都(堯如法親王 ぎょうじょほうしんのう ㊀元禄7(1694)年), 京都大(堯恕法親王 ぎょうじょほうしんのう ㊀元禄7(1694)年), 近世, 国史, 国書(堯恕親王 ぎょうじょしんのう), コン改(堯恕 ぎょうじょ ㊀元禄7(1694)年), コン4(堯恕 ぎょうじょ ㊀元禄7(1694)年), コン5(堯恕 ぎょうじょ ㊀元禄7(1694)年), 詩歌(完敏親王 さだとししんのう), 史人, 諸系, 新潮, 人名(堯恕法親王 ぎょうじょほうしんのう), 姓氏京都(堯恕法親王 ぎょうじょほっしんのう), 世人(堯恕法親王 ぎょうじょほうしんのう ㊀元禄7(1694)年4月16日), 日人, 俳句(堯恕 ぎょうじょ), 仏教(堯恕 ぎょうじょ), 仏人(堯恕 ぎょうじょ ㊀1694年), 歴大(堯恕法親王 ぎょうじょほっしんのう), 和俳

**堯恕法親王**(堯如法親王) ぎょうじょほうしんのう
→堯恕入道親王(ぎょうじょにゅうどうしんのう)

**堯恕法親王** ぎょうじょほっしんのう
→堯恕入道親王(ぎょうじょにゅうどうしんのう)

**教信** きょうしん
? ～貞観8(866)年
平安時代前期の念仏聖。
¶朝日, 岩史(㊀貞観8(866)年8月15日), 国史, 古人(㊐?), 古代, 古代普(㊐?), 古中, コン改, コン4, コン5, 史人(㊀866年8月15日?), 新潮(㊀貞観8(866)年8月15日?), 人名(㊀865年), 世人, 日史(㊀貞観8(866)年8月15日), 日人, 百科, 兵庫百(生没年不詳), 仏教(㊀貞観8(866)年8月15日), 仏史, 仏人(㊐786年), 平史, 歴大

**教真** きょうしん
? ～天仁2(1109)年
平安時代後期の天台宗の僧。
¶古人(㊐?), 日人, 仏教(㊀天仁2(1109)年11月18日), 平史

**教僘** きょうしん
生没年不詳
鎌倉時代後期の真言宗の声明家。声明仁和寺相応院流菩提院方。
¶日音

**鏡真** きょうしん
? ～弘化5(1848)年2月16日
江戸時代後期の新義真言宗の僧。長谷寺45世。
¶仏教

**慶信** きょうしん
長久2(1041)年～嘉保2(1095)年5月9日
平安時代中期～後期の三論宗の僧。東大寺71世。
¶古人, 仏教, 平史

き

**慶心** きょうしん
室町時代の真宗大谷派の僧。
¶姓氏石川

**慶深** きょうしん
治安1(1021)年～承保1(1074)年
平安時代中期～後期の興福寺の僧。
¶古人，平史

**慶真** きょうしん
生没年不詳
平安時代中期の真言宗の僧。
¶仏教

**敬信** きょうしん
生没年不詳
平安時代前期の僧侶、歌人。
¶国書，古人，平史

**敬心** きょうしん
生没年不詳 ㊗敬心(けいしん)
鎌倉時代の僧、連歌師。
¶国書(けいしん)，日人，俳文

**教尋** きょうじん
? ～保延7(1141)年3月23日
平安時代後期の真言宗の僧。
¶国書，コン改，コン4，コン5，人名，日人，仏教，仏人

**慶尋** きょうじん
生没年不詳
平安時代中期の天台宗の僧・歌人。
¶国書，平史

**経深(1)** きょうじん
正応4(1291)年～正平19/貞治3(1364)年8月14日
鎌倉時代後期～南北朝時代の真言宗の僧。
¶仏教

**経深(2)** きょうじん
正中2(1325)年～天授5/康暦1(1379)年2月14日
南北朝時代の天台宗の僧。
¶国書，仏教

**経尋(1)** きょうじん
→経尋(けいじん)

**経尋(2)** きょうじん
康平3(1060)年～長承1(1132)年
平安時代後期の興福寺僧。
¶古人，平史

**経尋(3)** きょうじん
明応8(1499)年～大永6(1526)年
戦国時代の僧。
¶国書(㊐明応7(1498)年 ㊚大永6(1526)年7月28日)，諸系，日人

**行信(1)** ぎょうしん
生没年不詳
奈良時代の薬師寺の僧。
¶朝日，コン改，コン4，コン5，新潮，世人，日人

**行信(2)** ぎょうしん
? ～天平勝宝2(750)年
奈良時代の法相宗の僧。法隆寺、元興寺で活躍。
¶朝日(生没年不詳)，岩史(生没年不詳)，国史(生没年不詳)，国書(生没年不詳)，古人(㊐?)，古代，古代普，古中(生没年不詳)，コン改，コン4，コン5，史人(生没年不詳)，思想史，新潮(生没年不詳)，人名，世人，日史(生没年不詳)，日人(生没年不詳)，百科(㊚天平勝宝4(752)年?)，仏教(㊚天平勝宝2(750)年?)，仏史(生没年不詳)，歴大(生没年不詳)

**行信(3)** ぎょうしん
生没年不詳
真言宗の僧。
¶仏教

**行心** ぎょうしん
飛鳥時代の新羅の沙門。
¶古人，古代，古代普，日人(生没年不詳)，飛騨(生没年不詳)，仏教(生没年不詳)

**行深** ぎょうしん
生没年不詳
鎌倉時代後期の真言宗の僧・歌人。
¶国書

**行真** ぎょうしん
生没年不詳
平安時代中期の天台宗の僧。藤原道長の第2子。
¶朝日，コン改，コン4，コン5，新潮，人名，日人，仏教

**堯真(1)** ぎょうしん
生没年不詳
安土桃山時代の真言宗の僧・連歌作者。
¶国書5

**堯真(2)** ぎょうしん
天文18(1549)年～元和5(1619)年9月20日
安土桃山時代～江戸時代前期の浄土真宗の僧。
¶戦人，仏教

**堯真(3)** ぎょうしん
享保14(1729)年～?
江戸時代中期の天台宗の僧。
¶国書

**行尋** ぎょうじん
白山行者。
¶姓氏石川

**堯尋** ぎょうじん
生没年不詳
南北朝時代～室町時代の歌人、僧。
¶国書，日人

**教信上人** きょうしんしょうにん
天応1(781)年～貞観8(866)年
奈良時代～平安時代前期の聖僧。
¶兵庫人

**凝翠** ぎょうすい
生没年不詳

江戸時代中期の浄土真宗の僧。
¶国書

**慶政** きょうせい
→慶政（けいせい）

**慶清** きょうせい
→田中慶清（たなかけいせい）

**慶盛** きょうせい
生没年不詳
平安時代後期の真言宗の僧。
¶仏教

**仰誓** ぎょうせい
→仰誓（ごうせい）

**行清** ぎょうせい
平安時代後期の僧。
¶平家

**教暹** きょうせん
平安時代後期の絵仏師。
¶古人，平史（生没年不詳）

**経暹**(1) きょうせん
長暦3（1039）年～保安4（1123）年12月10日　㊊経源（きょうげん）
平安時代中期～後期の法相宗・真言宗兼学の僧。
¶古人（経源　きょうげん），日人（経源　きょうげん　生没年不詳），仏教（㊀保安4（1123）年12月10日，（異説）寛治7（1093）年3月20日），平史（経源　きょうげん）

**経暹**(2) きょうせん
？～長治1（1104）年
平安時代後期の天台僧。
¶古人（㊐？），平史

**教禅** きょうぜん
？～承保2（1075）年3月
平安時代中期の絵仏師。僧綱の位に叙任された最初の絵仏師。
¶朝日，国史，古史，古人（㊐？），古中，コン改，コン4，コン5，史人，新潮，人名，日人，仏教，平史，名画

**慶禅** きょうぜん
平安時代後期の園城寺の僧。
¶古人，平史（生没年不詳）

**経禅** きょうぜん
平安時代後期の仏師。
¶美建，平史（生没年不詳）

**慶暹** ぎょうせん，きょうせん
正暦4（993）年～康平7（1064）年4月24日　㊊慶暹（けいせん）
平安時代中期の天台宗の僧。
¶国書（けいせん），古人（きょうせん），コン改（生没年不詳），コン4（生没年不詳），コン5，人名（きょうせん），日人（けいせん），仏教（けいせん），平史（きょうせん）

**行仙** ぎょうせん
？～弘安1（1278）年　㊊行仙坊（ぎょうせんぼう）
鎌倉時代前期の念仏行者。
¶郷土群馬（行仙坊　ぎょうせんぼう），群馬人，国書，人名，姓氏群馬，日人，仏教

き

**行暹** ぎょうせん
長元4（1031）年～天治1（1124）年12月21日
平安時代後期の真言宗の僧。
¶古人，仏教，平史

**堯暹** ぎょうせん
生没年不詳
平安時代後期の江刺郡益沢院の修行僧。
¶姓氏岩手

**行善** ぎょうぜん
奈良時代の興福寺の僧。
¶朝日（生没年不詳），古人，古代，古代普，コン改（生没年不詳），コン4（生没年不詳），コン5，人名，日人（生没年不詳），仏教（生没年不詳）

**行禅**(1) ぎょうぜん
万寿4（1027）年～永保2（1082）年11月29日
平安時代中期の真言宗の僧。
¶古人，仏教（㊐万寿3（1026）年），平史

**行禅**(2) ぎょうぜん
建暦2（1212）年～？
鎌倉時代前期の真言宗の声明家。
¶日音

**堯全** ぎょうぜん
生没年不詳
南北朝時代～室町時代の天台宗の僧・歌人。
¶国書

**行仙坊** ぎょうせんぼう
→行仙（ぎょうせん）

**慶祚** きょうそ
→慶祚（けいそ）

**教蔵** きょうぞう
応長1（1311）年～元中7/明徳1（1390）年1月2日
南北朝時代の浄土宗の僧。
¶埼玉人，仏教

**慶増** きょうぞう
→慶増（けいぞう）

**亀洋宗鑑** きようそうかん
長享1（1487）年～永禄6（1563）年　㊊亀洋宗鑑（きようしゅうかん）
戦国時代の曹洞宗の僧。
¶人名（きようしゅうかん），日人，仏教（㊀永禄6（1563）年8月19日）

**京僧安太夫**（慶増安太夫） きょうそうやすだゆう
江戸時代前期の槍術家、京僧流の祖。
¶人名，日人（慶増安太夫　生没年不詳）

き

**教存** きょうそん
安永8(1779)年〜天保2(1831)年7月24日
江戸時代中期〜後期の僧。
¶岡山人, 岡山歴, 国書, 日人

**教尊** きょうそん
生没年不詳
室町時代の真言宗の僧。
¶日人, 仏教

**慶尊** きょうそん
生没年不詳 ㊟慶尊(けいそん)
平安時代後期の仏師。
¶徳島歴(けいそん), 美建, 平史

**経尊** きょうそん
生没年不詳
鎌倉時代前期の真言僧。
¶国書

**行尊** ぎょうそん
天喜3(1055)年〜長承4(1135)年2月5日
平安時代後期の僧、歌人。鳥羽天皇の護持僧。
¶朝日(㊙保延1年2月5日(1135年3月21日)), 岩史, 大阪人(㊤天喜5(1057)年), 京都大(㊤天喜5(1057)年), 国史, 国書, 古史, 古人, 古中, コン改(㊤天喜5(1057)年), コン4(㊤天喜5(1057)年), コン5(㊤天喜5(1057)年), 詩歌, 詩作, 史人, 新潮, 人名(㊤1057年), 世人(㊤?), 全書(㊤1047年,(異説)1057年), 大百(㊤1057年?), 日史(㊤天喜5(1057)年), 日人, 百科(㊤天喜5(1057)年), 仏教, 仏史, 平史, 名画(㊤1057年), 和歌山人(㊤1057年), 和俳(㊤天喜5(1057)年)

**堯尊(1)** ぎょうそん
鎌倉時代の絵仏師。
¶日人(生没年不詳), 名画

**堯尊(2)** ぎょうそん
? 〜永禄2(1559)年 ㊟堯尊親王(ぎょうそんしんのう), 堯尊法親王(ぎょうそんほうしんのう)
戦国時代の天台宗の僧。天台座主166世。
¶国書(堯尊親王 ぎょうそんしんのう ㊙永禄2(1559)年9月2日), 人名(堯尊法親王 ぎょうそんほうしんのう), 日人(堯尊法親王 ぎょうそんほうしんのう), 仏教(㊙永禄2(1559)年9月5日)

**堯尊親王** ぎょうそんしんのう
→堯尊(2)(ぎょうそん)

**堯尊法親王** ぎょうそんほうしんのう
→堯尊(2)(ぎょうそん)

**教待** きょうたい
平安時代前期の園城寺の僧。
¶古人, 古代, 古代普, 人名, 日人, 仏教(生没年不詳), 平史(生没年不詳)

**教諦** きょうたい
? 〜寛政1(1789)年閏6月1日
江戸時代中期の浄土真宗の僧。
¶仏教

**行達** ぎょうたつ
〜天平勝宝6(754)年
奈良時代の薬師寺法相宗の僧。
¶古人

**堯端** ぎょうたん
享保4(1719)年〜文化3(1806)年10月24日
江戸時代中期〜後期の天台宗の僧。
¶国書

**鏡智** きょうち
生没年不詳
南北朝時代の僧、意宇郡八幡庄宝光寺・観音寺開山。
¶島根歴

**慶智** きょうち
大治4(1129)年〜?
平安時代後期の天台宗園城寺僧。
¶古人(㊙?), 平史

**行智(1)** ぎょうち
生没年不詳
平安時代後期の僧、絵師。
¶諸系, 日人

**行智(2)** ぎょうち
安永7(1778)年〜天保12(1841)年
江戸時代後期の山伏、修験道の教学者、悉曇学者。
¶朝日(㊙天保12年3月13日(1841年5月3日)), 近世, 国史, 国書(㊙天保12(1841)年3月13日), 史人(㊙1841年3月13日), 思想史, 新潮, 世人(㊤?), 日史(㊙天保12(1841)年3月13日), 日人, 百科, 仏教(㊙天保12(1841)年3月13日), 仏史, 仏人, 和俳

**堯智** ぎょうち
生没年不詳
室町時代〜戦国時代の僧、歌人。
¶国書, 日人

**慶忠** きょうちゅう
保延3(1137)年〜嘉禄2(1226)年6月13日
平安時代後期〜鎌倉時代前期の僧侶・歌人。
¶国書

**行忠(1)** ぎょうちゅう
明和6(1769)年〜嘉永4(1851)年1月3日
江戸時代中期〜後期の浄土真宗本願寺派の学僧。
¶姓氏富山, 富山百

**行忠(2)** ぎょうちゅう
→武田行忠(たけだぎょうちゅう)

**堯忠** ぎょうちゅう
生没年不詳
室町時代の真言宗の僧。
¶国書

**慶仲周賀** きょうちゅうしゅうが
→慶仲周賀(けいちゅうしゅうが)

**教澄** **きょうちょう**
生没年不詳
平安時代前期の僧侶。
¶姓氏群馬

**慶朝**(慶明) **きょうちょう**
→慶朝(けいちょう)

**敬長** **きょうちょう**
安永8(1779)年～天保7(1836)年2月7日　㊎敬長(けいちょう)
江戸時代後期の天台宗の僧。
¶国書(けいちょう), 島根歴, 日人(けいちょう), 仏教, 仏人

**行朝** **ぎょうちょう**
永久3(1115)年～承安2(1172)年
平安時代後期の真言宗の僧。
¶仏教(生没年不詳), 密教(㊐1115年以前 ㊀1172年以後)

**行超** **ぎょうちょう**
鎌倉時代前期の後鳥羽天皇の皇子。
¶人名, 天皇, 日人(生没年不詳)

**堯朝** **ぎょうちょう**
元和1(1615)年～正保3(1646)年8月22日
江戸時代前期の浄土真宗の僧。専修寺15世。
¶仏教

**経珍** **きょうちん**
平安時代前期の天台宗の僧。
¶古人, 古代, 古代普, 日人(生没年不詳)

**堯珍** **ぎょうちん**
生没年不詳
戦国時代の天台宗の僧・連歌作者。
¶国書

**行徹** **ぎょうてつ**
生没年不詳
江戸時代中期の曹洞宗の僧。
¶国書

**敬天** **きょうてん**
→敬天(けいてん)

**暁天** **ぎょうてん**
？ ～寛文9(1669)年1月25日
江戸時代前期の浄土宗の僧。
¶仏教

**鏡堂** **きょうどう**
→鏡堂覚円(きょうどうかくえん)

**暁堂** **ぎょうどう**
～文禄1(1592)年
戦国時代～安土桃山時代の曹洞宗の僧。
¶神奈川人

**行道** **ぎょうどう**
→木喰五行(もくじきごぎょう)

**堯導** **ぎょうどう**
寛永11(1634)年6月15日～元禄2(1689)年3月29日
江戸時代前期～中期の浄土真宗の僧。
¶国書

**鏡堂覚円**(経堂覚円) **きょうどうかくえん**
寛元2(1244)年～嘉元4(1306)年9月26日　㊎鏡堂(きょうどう), 大円禅師(だいえんぜんじ), 覚円(かくえん)
鎌倉時代後期の臨済宗の中国人僧。鏡堂派の祖。
¶会津(大円禅師　だいえんぜんじ), 朝日(㊀徳治1年9月26日(1306年11月3日)), 神奈川人, 鎌倉, 鎌室, 国史, 国書, 古中, 新潮, 人名(鏡堂　きょうどう), 全書, 対外, 茶道, 日人, 福島百(経堂覚円　㊀徳治6(1305)年), 仏教, 仏史

**恭堂元髄** **きょうどうげんずい**
寛文3(1663)年～享保15(1730)年8月19日
江戸時代中期の黄檗宗の僧。
¶黄檗, 国書

**仰堂宗高** **きょうどうそうこう**
寛永5(1628)年～貞享4(1687)年9月4日
江戸時代前期の臨済宗の僧。大徳寺222世。
¶仏教

**暁堂道収** **ぎょうどうどうしゅう**
→弢玄道収(とうげんどうしゅう)

**敬徳** **きょうとく**
天保5(1834)年9月13日～明治18(1885)年12月14日　㊎桜井敬徳(さくらいきょうとく, さくらいけいとく)
江戸時代末期～明治期の天台宗の僧。
¶国書(桜井敬徳　さくらいきょうとく　㊐文政13(1830)年9月13日), 滋賀百(桜井敬徳　さくらいけいとく), 仏教(桜井敬徳　さくらいきょうとく), 仏人, 明大1(桜井敬徳　さくらいきょうとく　㊀明治22(1889)年)

**経得** **きょうとく**
生没年不詳
平安時代後期の真言宗の僧。
¶仏教

**教徳坊** **きょうとくぼう**
江戸時代中期の浄円寺の僧、茶人。
¶茶道

**鏡日** **きょうにち**
生没年不詳
平安時代前期の僧侶。
¶和歌山人

**敬日** **きょうにち**
生没年不詳
鎌倉時代の浄土宗の僧。
¶仏教

**教如**(1) **きょうにょ**
永禄1(1558)年～慶長19(1614)年10月5日　㊎教如光寿(きょうにょこうじゅ), 教如上人(きょうぎょしょうにん), 光寿(こうじゅ), 本願寺教如(ほんがんじきょうにょ), 本願寺光寿(ほんがん

じこうじゅ)
安土桃山時代～江戸時代前期の真宗の僧。大谷派本願寺初代。
¶朝日([生]永禄1年9月16日(1558年10月27日) [没]慶長19年10月5日(1614年11月6日)),岩史,大阪人,角史,岐阜百(教如上人　きょうぎょしょうにん),京都,京都大,近世,国史,国書(光寿　こうじゅ　[生]永禄1(1558)年9月16日),コン改(教如光寿　きょうにょこうじゅ),コン4(教如光寿　きょうにょこうじゅ),コン5(教如光寿　きょうにょこうじゅ),史人([生]1558年9月16日),新潮,人名(教如光寿　きょうにょこうじゅ),姓氏石川,姓氏京都,世人(教如光寿　きょうにょこうじゅ),戦合,戦国(光寿　こうじゅ　[生]1559年),戦辞(教如光寿　きょうにょこうじゅ　[生]永禄1年9月16日(1558年10月27日)　[没]慶長19年10月5日(1614年11月6日)),全書,戦人,全戦,戦武(本願寺教如　ほんがんじきょうにょ),大百(教如光寿　きょうにょこうじゅ),中世,伝記(教如光寿　きょうにょこうじゅ),富山百([生]永禄1(1558)年9月16日),なにわ,日史([生]永禄1(1558)年9月16日),日人,百科,仏教([生]永禄1(1558)年9月16日),仏史,仏人,名僧,山川小([生]1558年9月16日),歴大,和歌山人

**教如(2)　きょうにょ**
弘化4(1847)年7月12日～昭和3(1928)年12月20日　[別]瑜伽教如(ゆがきょうにょ)
江戸時代末期～大正期の声明家。大僧正。
¶音人(瑜伽教如　ゆがきょうにょ),新芸(瑜伽教如　ゆがきょうにょ),人名,世紀(瑜伽教如　ゆがきょうにょ),日音(瑜伽教如　ゆがきょうにょ),日人,仏人(瑜伽教如　ゆがきょうにょ),明大2(瑜伽教如　ゆがきょうにょ)

**巧如　ぎょうにょ**
天授2/永和2(1376)年4月6日～永享12(1440)年10月14日　[別]玄康(げんこう),巧如(こうにょ)
室町時代の僧。本願寺第6代法主。
¶国史,古中,新潮,日人,仏教,仏史

**教如光寿　きょうにょこうじゅ**
→教如(1)(きょうにょ)

**教仁　きょうにん**
平安時代後期の僧。
¶古人,平史(生没年不詳)

**鏡忍　きょうにん**
?　～延暦3(784)年
奈良時代の華厳宗の僧。
¶古人,人名,姓氏愛知,日人,仏教

**堯仁　ぎょうにん**
永享2(1430)年～文亀3(1503)年3月12日
室町時代～戦国時代の浄土真宗の僧。
¶国書

**鏡忍坊日暁　きょうにんぼうにちぎょう**
建仁2(1202)年～文永1(1264)年
鎌倉時代前期～後期の僧。
¶日人

**教念　きょうねん**
?　～寛文5(1665)年
江戸時代前期の浄土真宗大谷派の僧。永養山蓮心寺開山。
¶青森人

**慶念　きょうねん**
→慶念(けいねん)

**凝然　ぎょうねん**
仁治1(1240)年～元亨1(1321)年9月5日
鎌倉時代後期の律宗の僧、東大寺戒壇院主。
¶朝日([生]仁治1年3月6日(1240年3月30日) [没]元亨1年9月5日(1321年9月26日)),岩史([生]延応2(1240)年3月6日),愛媛,愛媛百,角史,鎌室,郷土愛媛,国史,国書([生]延応2(1240)年3月6日),古中,コン改,コン4,コン5,史人([生]1240年3月6日),思想史,人書94,新潮([生]仁治1(1240)年3月6日),人名,世人([生]仁治1(1240)年3月6日),世百,全書,大百,日音,日思,日史([生]仁治1(1240)年3月6日),日人,百科,仏教,仏史,仏人,名僧,歴大

**凝念　ぎょうねん**
?　～天文2(1533)年5月24日
戦国時代の浄土宗の僧。
¶仏教

**行然(1)　ぎょうねん**
?　～弘安3(1280)年5月28日
鎌倉時代前期の律宗の僧。
¶仏教

**行然(2)　ぎょうねん**
?　～享禄4(1531)年4月18日
戦国時代の浄土宗の僧。
¶仏教

**行念　ぎょうねん**
?　～嘉禄1(1225)年12月2日
平安時代後期～鎌倉時代前期の僧侶・歌人。
¶国書

**堯然　ぎょうねん**
→堯然入道親王(ぎょうねんにゅうどうしんのう)

**堯然親王　ぎょうねんしんのう**
→堯然入道親王(ぎょうねんにゅうどうしんのう)

**堯然入道親王　ぎょうねんにゅうどうしんのう**
慶長7(1602)年10月3日～寛文1(1661)年　[別]堯然(ぎょうねん),堯然親王(ぎょうねんしんのう),堯然法親王(ぎょうねんほうしんのう,ぎょうねんほっしんのう),常嘉親王(つねよししんのう)
江戸時代前期の僧(天台座主)。後陽成天皇の第6子。
¶朝日([生]慶長7年10月3日(1602年11月16日) [没]寛文1年閏8月22日(1661年10月15日)),京都(堯然法親王　ぎょうねんほうしんのう　[生]慶長2(1597)年),京都大(堯然法親王　ぎょうねんほうしんのう),近世,国史,国書(堯然親王　ぎょうねんしんのう　[没]寛文1(1661)年

閏8月22日)，コン改(堯然親王　ぎょうねんしんのう)，コン4(堯然親王　ぎょうねんしんのう)，コン5(堯然親王　ぎょうねんしんのう)，史人(没1661年8月22日)，諸系，新潮(没寛文1(1661)年閏8月22日)，人名(堯然法親王　ぎょうねんほうしんのう)，姓氏京都(堯然法親王　ぎょうねんほっしんのう)，茶道(堯然法親王　ぎょうねんほうしんのう)，日人，仏教(堯然　ぎょうねん　没寛文1(1661)年8月22日)，和俳(没寛文1(1661)年閏8月22日)

**慶念坊** きょうねんぼう
文政3(1820)年～明治14(1881)年
江戸時代末期～明治期の真宗大谷派僧侶。
¶人名，姓氏宮城(没1871年)，日人

**堯然法親王** ぎょうねんほうしんのう
→堯然入道親王(ぎょうねんにゅうどうしんのう)

**堯然法親王** ぎょうねんほっしんのう
→堯然入道親王(ぎょうねんにゅうどうしんのう)

**暁把** ぎょうは
永正13(1516)年～天正4(1576)年7月4日
戦国時代～安土桃山時代の浄土宗の僧。
¶仏教

**教範** きょうはん
生没年不詳
鎌倉時代後期の真言宗の僧・歌人。
¶国書

**慶範**(1) きょうはん
→慶範(1)(けいはん)

**慶範**(2) きょうはん
平安時代後期の大仏師。
¶古人，美建，平史(生没年不詳)

**慶範**(3) きょうはん
→慶範(2)(けいはん)

**経範**(1) きょうはん
→経範(けいはん)

**経範**(2) きょうはん
永禄2(1559)年3月3日～天正19(1591)年11月9日
安土桃山時代の浄土真宗の僧。
¶仏教

**鏡鑁** きょうばん
平安時代後期の園城寺の悪僧。
¶平家

**行範**(1) ぎょうはん
生没年不詳
平安時代後期の天台宗の僧。
¶仏教

**行範**(2) ぎょうはん
生没年不詳
平安時代後期～鎌倉時代前期の行者。
¶仏教

**行鑁** ぎょうばん
江戸時代前期～中期の僧。邑楽郡新里村の地蔵寺住職。
¶群馬人(生寛永18(1641)年　没享保2(1717)年)，姓氏群馬(生1640年　没1713年)

き

**京姫** きょうひめ
寛永3(1626)年6月16日～延宝2(1674)年8月23日　別糸姫(いとひめ)，寂淵(じゃくえん)
江戸時代前期の女性。初代尾張藩主徳川義直の娘。
¶江表(京(愛知県))，江表(京姫(京都府))，国書(寂淵　じゃくえん　生没年不詳)，女性，女性(糸姫　いとひめ)，日人(糸姫　いとひめ)

**行表** ぎょうひょう
神亀1(724)年～延暦16(797)年
奈良時代の僧。最澄の出家の師。
¶朝日(没延暦16(797)年2月)，国史，古人，古代，古代普，古中，史人(生722年)，新潮(没延暦16(797)年2月)，人名(生722年)，全書(生722年)，大百(生722年)，日人，仏教，仏史，仏人(生722年)，平史

**亨風兼政** きょうふうかねまさ
生没年不詳
江戸時代の修験者。
¶姓氏愛知

**恭副** きょうふく
寛保1(1741)年～?
江戸時代中期の天台宗の僧。
¶国書

**教弁** きょうべん
?　～嘉元(1303～1306)年
鎌倉時代後期の律宗の僧。
¶仏教(没嘉元年間(1303～1306年))

**敬勉** きょうべん
延享4(1747)年～文政3(1820)年
江戸時代中期～後期の僧。長蓮寺住職。
¶島根人

**経弁** きょうべん
寛元4(1246)年～?
鎌倉時代前期～後期の華厳宗の僧。
¶国書

**行遍**(1) ぎょうへん
平安時代後期～鎌倉時代前期の熊野僧。
¶古人，平史(生没年不詳)

**行遍**(2) ぎょうへん
養和1(1181)年～文永1(1264)年12月15日
鎌倉時代前期の真言宗の僧。東寺長者。
¶岩史，鎌室，国史，国書，古人，古中，コン改，コン4，コン5，史人，新潮，人名，姓氏京都，中世，日音，日人(没1265年)，仏教(生寿永1(1182)年)，仏史，歴大

**巧便** ぎょうべん
天明2(1782)年～嘉永4(1851)年8月1日　別妙覚寺巧便(みょうかくじぎょうべん)

江戸時代中期～後期の浄土真宗本願寺派の学僧。
¶姓氏富山（妙覚寺巧便　みょうかくじぎょうべん），富山百

**敬輔** きょうほ
生没年不詳
江戸時代中期の浄土宗の僧。
¶国書



**敬法** きょうぼう
元応2（1320）年～応永7（1400）年3月28日
南北朝時代～室町時代の浄土宗の僧。清浄華院8世。
¶仏教

**岐陽方秀** ぎようほうしゅう，きようほうしゅう，ぎようぼうしゅう
正平16/康安1（1361）年～応永31（1424）年2月3日
[別]岐陽（ぎよう），方秀（ほうしゅう），不二道人（ふにどうにん）
南北朝時代～室町時代の臨済宗の僧。東福寺の第80世。
¶朝日（ぎようぼうしゅう　[没]応永31年2月3日（1424年3月3日）），鎌室，郷土香川，国史，国書（[生]康安1（1361）年12月25日），古中，コン改（きようほうしゅう），コン4（きようほうしゅう），コン5（きようほうしゅう），詩歌（きようほうしゅう），史人（[生]1361年12月25日），新潮（きようほうしゅう），人名（きようほうしゅう　[生]1363年），世人，世百（岐陽　ぎよう　[生]1363年），全書（きようほうしゅう），日史（[生]康安1/正平16（1361）年12月25日），日人（きようほうしゅう　[生]1362年），百科，仏教（[生]康安1/正平16（1361）年12月25日），仏史，仏人（方秀　ほうしゅう），名僧，和俳

**境妙** きょうみょう
？～大治1（1126）年
平安時代中期の天台宗の僧。
¶古人（[生]？），仏教（生没年不詳），平史

**教名** きょうみょう
*～？
鎌倉時代前期の浄土真宗の僧。
¶国書（[生]文治5（1189）年），仏教（[生]文治4（1188）年）

**教明** きょうみょう
奈良時代の僧。「七代記」をつくる。
¶古人

**慶命** きょうみょう
→慶命（けいみょう）

**行妙** ぎょうみょう
寛政3（1791）年～嘉永3（1850）年
江戸時代後期の僧。
¶群馬人

**行明(1)** ぎょうみょう
平安時代中期の僧。
¶古人

**行明(2)** ぎょうみょう
？～延久5（1073）年
平安時代中期の真言宗の僧。高野山検校9世。
¶日人（生没年不詳），仏教，平史（生没年不詳），和歌山人

**行明(3)** ぎょうみょう
[別]行明（ぎょうめい）
平安時代後期の仏師。
¶古人，新潮（生没年不詳），世人（ぎょうめい　生没年不詳），美建

**堯明** ぎょうみょう
寛保1（1741）年～？
江戸時代中期の天台宗の僧。
¶国書5

**行明** ぎょうめい
→行明(3)（ぎょうみょう）

**堯也** ぎょうや
生没年不詳
江戸時代前期の僧。真言宗松生院住職。
¶和歌山人

**行勇** ぎょうゆう
→退耕行勇（たいこうぎょうゆう）

**行祐(1)** ぎょうゆう
生没年不詳
鎌倉時代の律宗の僧。
¶国書，仏教

**行祐(2)** ぎょうゆう
生没年不詳
安土桃山時代の天台宗の僧・連歌作者。
¶国書

**経誉** きょうよ
康正1（1455）年10月～永正9（1512）年9月14日
戦国時代の浄土真宗の僧。
¶戦人，仏教

**行誉(1)** ぎょうよ
寛平5（893）年～天禄1（970）年
平安時代前期～中期の天台僧。
¶古人，平史

**行誉(2)** ぎょうよ
生没年不詳
平安時代後期の行者。
¶仏教

**行誉(3)** ぎょうよ
生没年不詳
室町時代の真言宗の僧。
¶国書

**堯誉** ぎょうよ
生没年不詳
室町時代の僧、歌人。
¶日人

**慶耀** きょうよう
長元1（1028）年～？　[別]慶耀（けいよう）
平安時代中期～後期の天台宗の僧。
¶国書（けいよう　生没年不詳），古人（[没]？），コン改（生没年不詳），コン4（生没年不詳），コン5，人名，日人（けいよう），仏教（けいよう　生没年不詳），平史

**行耀** ぎょうよう
天治2（1125）年～応保2（1162）年
平安時代後期の真言宗の僧。
¶仏教（生没年不詳），密教（[生]1125年以前　[没]1162年以後）

**堯庸** ぎょうよう
寛永18（1641）年2月10日～享保6（1721）年7月17日
江戸時代前期～中期の浄土真宗の僧。
¶国書

**堯養** ぎょうよう
興国2/暦応4（1341）年～
南北朝時代の僧。八戸の東善寺初代住職。
¶青森人（[生]興国2（1341）年ころ）

**経理** きょうり
？～長元2（1029）年
平安時代中期の興福寺僧。
¶古人（[生]？），平史

**経歴** きょうれき
元文5（1740）年～文化7（1810）年11月20日
江戸時代中期～後期の浄土宗の僧。
¶国書

**行蓮** ぎょうれん
生没年不詳
鎌倉時代の僧医。
¶国書，日人

**虚応円耳** きょおうえんに
→円耳（えんじ）

**清川円誠** きよかわえんじょう
文久3（1863）年～昭和22（1947）年
明治期の僧侶。
¶札幌（[生]文久3年4月13日），真宗（[没]？），北海道百，北海道歴

**玉巌悟心** ぎょがんごしん
？～応永14（1407）年？　[別]玉巌悟心（ぎょくがんごしん）
南北朝時代～室町時代の臨済宗の尼僧。比丘尼御所大聖寺の開山。
¶朝日，日人（ぎょくがんごしん　生没年不詳）

**玉庵** ぎょくあん
？～天文13（1544）年
戦国時代の禅僧、遠州諸目表の導入者。
¶静岡歴，姓氏静岡

**玉隠英璵**（玉隠永璵） ぎょくいんえいよ
永享4（1432）年～大永4（1524）年8月1日
室町時代の臨済宗の僧。建長寺164世。
¶神奈川人，鎌倉，国書，姓氏長野，戦辞（[没]大永4年8月1日（1524年8月29日）），長野歴，仏教（玉隠永璵）

**玉運** ぎょくうん
？～天文6（1537）年
戦国時代の僧（浄土宗）。
¶戦辞

**玉雲浄玄** ぎょくうんじょうげん
生没年不詳
戦国時代の仏師。
¶戦辞

**玉雲宗麟** ぎょくうんそうりん
～寛永8（1631）年11月2日
江戸時代前期の僧。萩原町の禅昌寺6世。
¶飛驒

**旭永** きょくえい
生没年不詳
鎌倉時代前期～後期の臨済宗の僧。
¶神奈川人

**玉英慶瑜** ぎょくえいきょうゆ
？～文明13（1481）年
室町時代～戦国時代の五山文学者、天竜寺主。
¶人名，日人

**玉淵玄顥** ぎょくえんげんせん
生没年不詳
戦国時代の臨済宗の僧。
¶仏教

**玉畹梵芳** ぎょくえんぼんぽう
正平3/貞和4（1348）年～？　[別]梵芳（ぼんぽう）
南北朝時代～室町時代の臨済宗の僧、画家。南禅寺第81世。
¶朝日，鎌室，国史，国書，古中，コン改（生没年不詳），コン4（生没年不詳），コン5，史人，新潮，人名，世人（生没年不詳），世百（梵芳ぼんぽう），茶道，日史（[没]応永27（1420）年？），日人，美家（[没]応永27（1420）年），百科（[生]？　[没]応永27（1420）年），仏教（生没年不詳），仏史，和俳（[没]応永27（1420）年）

**玉翁**(1) ぎょくおう
寛正1（1460）年～大永1（1521）年　[別]団誉（だんよ）
戦国時代の浄土宗の僧。
¶戦人，日人，仏教（[没]永正18（1521）年1月17日）

**玉翁**(2) ぎょくおう
元文5（1740）年～文政5（1822）年
江戸時代中期～後期の画僧。
¶人名，日人

**玉応** ぎょくおう★
～明治15（1882）年
江戸時代後期～明治期の僧侶。
¶三重続

**玉翁正光** ぎょくおうしょうこう
？～嘉吉2（1442）年？

室町時代の曹洞宗の僧。
¶日人(生没年不詳), 仏教

**玉翁紹璵** ぎょくおうしょうよ
永禄8(1565)年〜寛永17(1640)年11月22日
江戸時代前期の臨済宗の僧。大徳寺158世。
¶仏教



**玉翁徳杲** ぎょくおうとくこう
生没年不詳
鎌倉時代後期〜南北朝時代の臨済宗の僧。
¶国書

**玉翁融林** ぎょくおうゆうりん
興国5/康永3(1344)年〜応永16(1409)年
南北朝時代〜室町時代の曹洞宗の僧。
¶人名, 日人, 仏教([没]応永16(1409)年6月5日)

**旭雅** きょくが
→佐伯旭雅(さえききょくが)

**玉界** ぎょくかい
文政12(1829)年〜大正4(1915)年10月29日
江戸時代末期〜大正期の僧。国清寺住職。
¶岡山歴

**玉崖受環** ぎょくがいじゅかん
? 〜長禄3(1459)年8月15日
室町時代の臨済宗の僧。
¶国書

**玉潤元寔** ぎょくかんげんしょく
明和8(1771)年〜安政3(1856)年5月17日 [別]玉潤元寔(ぎょっかんげんしょく, ぎょっかんげんぜ, ぎよっかんげんぜ)
江戸時代後期の臨済宗の僧。
¶国書, 徳島歴(ぎょっかんげんぜ), 日人(ぎょっかんげんしょく), 幕末(ぎよっかんげんぜ [没]1856年6月19日), 幕末大(ぎよっかんげんぜ), 仏教(生没年不詳)

**玉巌悟心** ぎょくがんごしん
→玉巌悟心(ぎょがんごしん)

**玉渓慧琫** ぎょくけいえしゅん
生没年不詳 [別]玉渓慧琫(ぎょっけいえしゅん), 玉谿慧椿(ぎょくけいえちん)
鎌倉時代後期の臨済宗の僧。
¶人名(玉谿慧椿　ぎょくけいえちん), 日人(ぎょっけいえしゅん), 仏教

**玉谿慧椿** ぎょくけいえちん
→玉渓慧琫(ぎょくけいえしゅん)

**玉岡** ぎょくこう
寛永19(1642)年〜元禄6(1693)年
江戸時代前期〜中期の黄檗宗の僧。
¶長崎歴, 仏教(生没年不詳)

**玉崗** ぎょくこう
→玉崗瑞璵(ぎょくこうずいよ)

**玉岡海崑** ぎょくこうかいこん
明・崇禎15(1642)年〜元禄6(1693)年10月6日
江戸時代前期の黄檗宗の僧。
¶仏教

**玉岡慶琳** ぎょくこうきょうりん
→玉岡慶琳(ぎょっこうけいりん)

**玉岡如金** ぎょくこうじょきん
→玉岡如金(ぎょっこうにょきん)

**玉崗瑞璵** ぎょくこうずいよ
明応9(1500)年〜天正6(1578)年8月10日 [別]玉崗(ぎょくこう), 玉崗瑞璵(ぎょっこうずいよ), 九華(きゅうか), 九華玉崗(きゅうかぎょくこう), 九華瑞璵(きゅうかずいよ), 瑞璵(ずいよ)
戦国時代〜安土桃山時代の臨済宗の僧。足利学校第7世庠主。
¶国史(ぎょっこうずいよ), 国書, 古中(ぎょっこうずいよ), 史人(ぎょっこうずいよ), 新潮, 人名(玉崗　ぎょくこう), 世人(九華玉崗　きゅうかぎょくこう), 戦辞(九華　きゅうか [没]天正6年8月10日(1578年9月11日)), 戦人(瑞璵　ずいよ), 日人(九華瑞璵　きゅうかずいよ), 仏教(九華瑞璵　きゅうかずいよ), 仏史(ぎょっこうずいよ)

**玉岡如金** ぎょくこうにょこん
→玉岡如金(ぎょっこうにょきん)

**玉山玄堤**(玉山玄提) ぎょくざんげんてい, ぎょくさんげんてい
? 〜正平6/観応2(1351)年5月25日
鎌倉時代後期〜南北朝時代の臨済宗の僧。
¶国書(玉山玄提　ぎょくさんげんてい), 薩摩(玉山玄提　ぎょくさんげんてい), 姓氏鹿児島(玉山玄提), 長野歴(玉山玄提 [没]永正10(1513)年), 仏教(生没年不詳)

**玉山徳璇**(玉山徳旋) ぎょくざんとくせん, ぎょくさんとくせん
建長7(1255)年〜元弘4(1334)年
鎌倉時代後期の臨済宗の僧。建長寺21世。
¶鎌倉(ぎょくさんとくせん), 人名, 姓氏長野([生]1244年), 長野百(玉山徳旋 [生]?), 長野歴([生]寛元2(1244)年), 日人(ぎょくさんとくせん), 仏教(ぎょくさんとくせん [没]建武1(1334)年10月18日)

**旭山尼** きょくさんに
〜弘治3(1557)年
戦国時代の女性。尼僧。
¶神奈川人, 女性(生没年不詳)

**旭山法暘** きょくざんほうよう
? 〜弘治3(1557)年7月10日
戦国時代の臨済宗の尼僧。
¶朝日, 戦辞, 日人

**玉獅元璞** ぎょくしげんぱく
寛文5(1665)年〜貞享3(1686)年8月16日
江戸時代中期の黄檗宗の僧。
¶黄檗

**玉室宗珀** ぎょくしつそうはく
元亀3(1572)年〜寛永18(1641)年5月14日 [別]宗珀(そうはく), 玉室(ぎょくしつ)

安土桃山時代～江戸時代前期の臨済宗の僧。
¶京都，京都大，国書，姓氏京都，全書，戦人（宗珀　そうはく），茶道，日人，仏教

**玉質宗樸**　ぎょくしつそうぼく
天正14（1586）年～？
安土桃山時代～江戸時代前期の臨済宗の僧。
¶国書

**玉室融椿**　ぎょくしつゆうちん
生没年不詳
室町時代の曹洞宗の僧。
¶日人，仏教

**玉周**　ぎょくしゅう
生没年不詳
江戸時代前期～中期の律宗の僧。
¶国書

**玉洲**　ぎょくしゅう
生没年不詳
江戸時代後期の画僧。
¶日人

**玉洲海琳**　ぎょくしゅうかいりん
寛文9（1669）年～享保14（1729）年4月1日
江戸時代中期の曹洞宗の僧。
¶国書，仏教

**玉洲観鏡**　ぎょくしゅうかんきょう
寛文12（1672）年2月2日～寛延1（1748）年12月9日
江戸時代中期の曹洞宗の僧。
¶仏教

**玉舟宗播**　ぎょくしゅうしゅうばん
→玉舟宗璠（ぎょくしゅうそうばん）

**玉舟宗璠**　ぎょくしゅうそうばん，ぎょくしゅうそうはん
慶長5（1600）年～寛文8（1668）年11月18日　㊀玉舟宗播（ぎょくしゅうしゅうばん）
江戸時代前期の臨済宗の僧。大徳寺185世。
¶国書（ぎょくしゅうそうはん），人名（玉舟宗播　ぎょくしゅうしゅうばん），茶道，日人，仏教

**玉洲大泉**　ぎょくしゅうだいせん
元文4（1739）年～文化11（1814）年3月8日
江戸時代中期～後期の曹洞宗の僧。
¶国書

**玉宗了珠尼**　ぎょくしゅうりょうしゅに
享保5（1720）年～寛政8（1796）年8月7日
江戸時代中期～後期の黄檗宗の尼僧。
¶黄檗

**玉成慈璇**　ぎょくじょうじせん
生没年不詳
戦国時代の臨済宗の僧。
¶国書

**玉振**　ぎょくしん
延享2（1745）年～文化11（1814）年8月4日
江戸時代中期～後期の浄土真宗の僧。
¶国書

**旭岑瑞杲**　きょくしんずいこう，ぎょくしんずいこう
＊～享禄1（1528）年9月26日
戦国時代の臨済宗の僧。
¶高知人（ぎょくしんずいこう　㊐1451年ごろ），国書（㊐？）

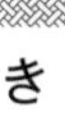

き

**玉屑**　ぎょくせつ
＊～文政9（1826）年　㊀栗本玉屑（くりのもとぎょくせつ）
江戸時代後期の播磨米田村神官寺の僧、俳人。
¶国書（㊐宝暦2（1752）年　㊚文政9（1826）年8月24日），人名（㊐？　㊚1827年），人名（栗本玉屑　くりのもとぎょくせつ　㊐1753年　㊚1827年），日人（栗本玉屑　くりのもとぎょくせつ　㊐1752年），俳諧（㊐？），俳句（㊚文政9（1826）年8月14日），俳文（㊐宝暦2（1752）年　㊚文政9（1826）年8月14日），兵庫百（㊐宝暦2（1752）年），和俳（㊐？　㊚文政10（1827）年）

**玉泉**　ぎょくせん
文亀1（1501）年4月8日～天正16（1588）年2月17日
戦国時代～安土桃山時代の浄土宗の僧。
¶仏教

**玉善**　ぎょくぜん
寛政9（1797）年2月～万延1（1860）年
江戸時代後期～末期の真言宗の僧。
¶岡山人，岡山歴（㊚万延1（1860）年4月28日），国書（㊚安政7（1860）年2月29日）

**玉叟良珍**　ぎょくそうりょうちん
？～明応7（1498）年
室町時代の曹洞宗の僧。総持寺66世。
¶人名，姓氏石川，日人，仏教（㊚永享10（1438）年8月，（異説）明応7（1498）年8月）

**玉諦**　ぎょくたい
→楠玉諦（くすのきぎょくたい）

**玉潭**　ぎょくたん
享保7（1722）年7月18日～天明2（1782）年7月23日
江戸時代中期の浄土真宗の僧。
¶国書

**玉仲宗琇**　ぎょくちゅうそうしゅう
大永2（1522）年～慶長9（1604）年11月16日　㊀宗琇（そうしゅう），玉仲（ぎょくちゅう）
戦国時代～安土桃山時代の臨済宗の僧。
¶国書，戦人（宗琇　そうしゅう），茶道，日人（㊚1605年），仏教

**玉諦**　ぎょくてい
文政1（1818）年～明治32（1899）年
江戸時代後期～明治期の僧侶。
¶岡山人，岡山百

**玉田栄珠**　ぎょくでんえいしゅ
生没年不詳
室町時代の曹洞宗の僧。
¶人名，日人，仏教

**玉田存麟**　ぎょくでんそんりん
？～天正14（1586）年
安土桃山時代の曹洞宗の僧。

¶人名，日人，仏教（[没]天正14（1586）年4月26日）

**玉堂** ぎょくどう
→玉堂宗条（ぎょくどうそうじょう）

**玉堂宗条** ぎょくどうそうじょう
文明12（1480）年～永禄4（1561）年1月17日 [別]玉堂（ぎょくどう），宗条（そうじょう）
戦国時代の臨済宗の僧。大徳寺の第92世。
¶朝日（[生]文明13（1481）年 [没]永禄4年1月17日（1561年2月1日）），国史，古中，コン改（玉堂 ぎょくどう），コン4（玉堂 ぎょくどう），コン5（玉堂 ぎょくどう），史人，新潮，戦人（玉堂 ぎょくどう），茶道，日人，仏教（[生]文明13（1481）年），仏史

き

**玉堂梅山** ぎょくどうばいざん
生没年不詳
江戸時代後期の尺八家、浜松普大寺住職。
¶日音

**旭如蓮昉** きょくにょれんぼう
寛文4（1664）年～享保4（1719）年3月26日
江戸時代中期の黄檗宗の僧。万福寺10世。
¶仏教

**玉念** ぎょくねん
？ ～天正14（1586）年
安土桃山時代の浄土宗の僧。
¶群馬人，仏教（[没]天正14（1586）年1月11日）

**旭弁** きょくべん
享保15（1730）年～寛政1（1789）年閏6月9日
江戸時代中期の浄土真宗の僧。
¶仏教

**玉鳳元鸞** ぎょくほうげんらん
生没年不詳
江戸時代中期の黄檗宗の僧。
¶国書

**玉峯光璘** ぎょくほうこうりん
生没年不詳
江戸時代前期の臨済宗の僧。
¶国書

**玉峰智琢** ぎょくほうちたく
室町時代の臨済宗の僧。建仁寺99世。
¶日人（生没年不詳），仏教

**玉甫紹琮** ぎょくほじょうそう
天文15（1546）年～慶長18（1613）年6月18日
[別]紹琮（じょうそう），玉甫（ぎょくほ）
安土桃山時代～江戸時代前期の臨済宗の僧。
¶国書，戦人（紹琮 じょうそう），茶道（[生]1526年），日人，仏教

**玉浦宗珉** ぎょくほそうみん
→宗珉（そうみん）

**玉竜** ぎょくりゅう
？ ～宝暦6（1756）年8月29日
江戸時代中期の浄土真宗の僧。
¶国書

**玉竜寺文隣** ぎょくりゅうじぶんりん
寛政12（1800）年～文久3（1863）年 [別]文隣（ぶんりん）
江戸時代末期の義民。出羽庄内藩の一揆指導者。
¶朝日（[没]文久3年9月13日（1863年10月25日）），日人（文隣 ぶんりん）

**玉滝坊乗与** ぎょくりゅうぼうじょうよ
[別]玉滝坊（ぎょくろぼう）
戦国時代の僧。小田原城城下の松原明神社の別当。
¶後北（玉滝坊 ぎょくろぼう），戦辞（生没年不詳）

**玉林**(1) ぎょくりん
戦国時代の日蓮宗の僧。
¶後北，戦辞（生没年不詳）

**玉林**(2) ぎょくりん
延徳1（1489）年～天正7（1579）年
戦国時代～安土桃山時代の臨済宗の僧。木曽家16代木曽義元の子。
¶姓氏長野

**玉潾** ぎょくりん
宝暦1（1751）年～文化11（1814）年
江戸時代中期～後期の画僧。
¶人名，日人

**玉麟詔天** ぎょくりんしょうてん
？ ～永享2（1430）年
室町時代の曹洞宗の僧。総持寺31世。
¶日人，仏教（[没]永享2（1430）年3月20日）

**玉林聖贇** ぎょくりんせいいん
延徳2（1490）年～天正7（1579）年1月1日
戦国時代～安土桃山時代の木曽定勝寺の3世住持。木曽義元の子で義在の弟。
¶武田

**玉林宗播** ぎょくりんそうばん
生没年不詳
室町時代の臨済宗の僧。
¶仏教

**玉嶺** ぎょくれい
文化4（1807）年～明治3（1870）年
江戸時代後期～明治期の画僧。
¶日人

**玉蕗** ぎょくろ
？ ～文政9（1826）年
江戸時代中期～後期の俳人・僧侶。
¶国書

**玉滝坊** ぎょくろぼう
→玉滝坊乗与（ぎょくりゅうぼうじょうよ）

**浄定行者** きよさだぎょうじゃ
生没年不詳 [別]賢江祥啓（けんこうしょうけい），祥啓（しょうけい）
奈良時代の僧。泰澄大師の弟子。
¶朝日（祥啓 しょうけい），角史（祥啓 しょうけい），鎌室（賢江祥啓 けんこうしょうけい），国史（賢江祥啓 けんこうしょうけい），国書

（賢江祥啓　けんこうしょうけい），古中（賢江祥啓　けんこうしょうけい），コン改（賢江祥啓　けんこうしょうけい），コン4（賢江祥啓　けんこうしょうけい），コン5（賢江祥啓　けんこうしょうけい），史人（祥啓　しょうけい），人書94（賢江祥啓　けんこうしょうけい），新潮（賢江祥啓　けんこうしょうけい），人名（祥啓　しょうけい），世人（賢江祥啓　けんこうしょうけい），世人（祥啓　しょうけい），世百（祥啓　しょうけい），戦辞（賢江祥啓　けんこうしょうけい），全書（祥啓　しょうけい），茶道（祥啓　しょうけい），栃木歴（祥啓　しょうけい），日史（祥啓　しょうけい），日人（賢江祥啓　けんこうしょうけい），美家（祥啓　しょうけい），美術（祥啓　しょうけい），百科（祥啓　しょうけい），福井百，仏教（賢江祥啓　けんこうしょうけい），仏史（賢江祥啓　けんこうしょうけい），名画（賢江祥啓　けんこうしょうけい），歴大（祥啓　しょうけい）

**清沢満之** きよざわまんし，きよさわまんし
文久3（1863）年6月26日～明治36（1903）年6月6日
明治期の僧侶。真宗大学監。愛知県大浜西方寺住職となり清沢性を継ぐ。「精神界」を刊行し精神主義を唱え、絶対信仰を鼓舞した。
¶愛知，愛知百，朝日（㊐文久3年6月26日（1863年8月10日）），岩史（きよさわまんし），角史，京都大（きよさわまんし），京都文，近現，近史1，近文，広7，国史，コン改（きよさわまんし），コン5，史人，思想，思想史，社史，重要（㊐文久3（1863）年9月），真宗，新潮，新文，人名，世紀，姓氏愛知，世人（きよさわまんし ㊚明治36（1903）年6月5日），世百，全書，大百，哲学，日思，日史，日史語，日人，日想，日本（きよさわまんし），百科，仏教，仏人，文学，ポプ人，民学，明治史，明大1，履歴（きよさわまんし），履歴2（きよさわまんし），歴大

**魚潜** ぎょせん
元文3（1738）年～？
江戸時代中期の俳人。浄土真宗の僧。
¶国書

**巨泉良珍** きょせんりょうちん
㊞巨泉良珍（こせんりょうちん）
室町時代の僧、奥州万年寺（曹洞宗）主。
¶人名，日人（こせんりょうちん　生没年不詳）

**虚窓** きょそう
生没年不詳
戦国時代の僧。黒石正法寺第9世。
¶姓氏岩手

**義誉諦仁** ぎよたいにん
～明治3（1870）年5月25日
明治期の僧。高山市の大雄寺22世。
¶飛驒

**清田寂雲** きよたじゃくうん
大正4（1915）年～
昭和期の天台宗僧侶。
¶現執1期

**清田寂栄** きよたじゃくえい
明治9（1876）年6月7日～昭和22（1947）年3月20日
明治～昭和期の社会事業家、僧侶。
¶岡山百，岡山歴

**清田寂坦** きよたじゃくたん
明治24（1891）年1月18日～昭和42（1967）年7月13日
大正～昭和期の僧。
¶岡山人，岡山歴

**清田ジュスタ** きよたじゅすた
生没年不詳
安土桃山時代の女性。キリシタン。豊後国主大友宗麟の娘。
¶女性，戦人，日人

**居中** きょちゅう
→崇山居中（すうざんきょちゅう）

**玉澗元寔** ぎょっかんげんしょく
→玉澗元寔（ぎょくかんげんしょく）

**玉澗元寔** ぎょっかんげんぜ，ぎよっかんげんぜ
→玉澗元寔（ぎょくかんげんしょく）

**玉渓慧瑃** ぎょっけいえしゅん
→玉渓慧瑃（ぎょくけいえしゅん）

**玉渓慧瑨** ぎょっけいえせん
？～正平7/文和1（1352）年2月23日
鎌倉時代後期～南北朝時代の臨済宗の高僧。
¶岡山歴

**玉岡慶琳** ぎょっこうけいりん
応永17（1410）年～長享1（1487）年　㊞玉岡慶琳（ぎょくこうきょうりん）
室町時代の曹洞宗の僧。
¶人名（ぎょくこうきょうりん　㊐1420年），日人，仏教（㊐応永17（1410）年1月18日）

**玉崗瑞璵** ぎょっこうずいよ
→玉崗瑞璵（ぎょくこうずいよ）

**玉崗蔵珍** ぎょっこうぞうちん
正和4（1315）年～応永2（1395）年
鎌倉時代後期～室町時代の僧。
¶日人

**玉岡如金** ぎよっこうにょきん
元弘2/正慶1（1332）年～応永9（1402）年　㊞玉岡如金（ぎょくこうじょきん，ぎょくこうにょこん，ぎょっこうにょこん）
南北朝時代～室町時代の曹洞宗の僧。建仁寺61世、天竜寺28世。
¶国書（ぎょくこうじょきん　㊐嘉暦2（1327）年　㊚応永4（1397）年8月26日），人名（ぎょくこうにょこん），日人（ぎょっこうにょこん），仏教

**玉岡如金** ぎょっこうにょこん
→玉岡如金（ぎよっこうにょきん）

**虚白** きょはく
安永2（1773）年～弘化4（1847）年
江戸時代後期の俳人。

¶国書(㊀弘化4(1847)年10月26日), 日人, 俳諧(㊤?), 俳句(㊀弘化4(1847)年10月30日), 俳文(㊀弘化4(1847)年10月晦日), 和俳(㊤?)

き

**清原淵道　きよはらえんどう**
明治4(1871)年2月4日～昭和12(1937)年11月20日
明治～昭和期の僧侶。
¶真宗

**清原国貞　きよはらくにさだ**
㊞清原国貞(きよはらのくにさだ)
平安時代中期の建築工匠。白河法皇による造営の大半に従事。
¶朝日(生没年不詳), 古人(きよはらのくにさだ), 日人(きよはらのくにさだ　生没年不詳), 美建(きよはらのくにさだ)

**清原国貞　きよはらのくにさだ**
→清原国貞(きよはらくにさだ)

**清原恒久　きよはらのつねひさ**
～長治2(1105)年
平安時代後期の香椎宮権大宮司。長治2年藤原頼貞により殺害された。
¶古人

**清原マリア　きよはらのまりあ**
生没年不詳　㊞清原マリア(きよはらまりあ), おいとのかた,小侍従(こじじゅう)
安土桃山時代の女性。キリシタン。細川忠興の妻玉子(ガラシャ)の侍女。
¶朝日, 大阪人(きよはらまりあ　㊤永禄8(1565)年), 国史, 古中, 思想史, 諸系, 女史(きよはらまりあ), 女性(㊤永禄8(1565)年), 新潮, 戦人(きよはらまりあ), 日人, 歴大(きよはらまりあ)

**清原博見　きよはらひろみ**
嘉永6(1853)年～明治39(1896)年
江戸時代後期～明治期の神道家。
¶神人

**清原マリア　きよはらまりあ**
→清原マリア(きよはらのまりあ)

**炬範　きょはん**
正保2(1645)年～享保10(1725)年7月24日
江戸時代前期～中期の浄土宗の僧。
¶国書

**喜代吉栄徳　きよよしえいとく**
昭和22(1947)年8月21日～
昭和～平成期の僧侶、遍路研究家。
¶郷土

**虚櫺了廓　きょれいりょうかく**
慶長5(1600)年～元禄4(1691)年
江戸時代前期の臨済宗の僧。
¶黄檗

**雲英晃耀**(雲英晃燿)　**きらこうよう**
天保2(1831)年7月5日～明治43(1910)年2月14日
㊞雲英晃耀(きららこうよう)
明治期の真宗大谷派学僧。とくにインドの論理学といわれる因明の研究に尽力、大きな業績をのこす。
¶真宗, 人名, 姓氏愛知(雲英晃燿), 世百, 哲学, 日人, 仏教, 仏人(きららこうよう), 明大2

**雲英晃耀　きららこうよう**
→雲英晃耀(きらこうよう)

**桐渓印順**(桐谷印順)　**きりたにいんじゅん, きりだにいんじゅん**
文政1(1818)年8月10日～明治22(1889)年7月18日
江戸時代末期～明治期の浄土宗本願寺派の僧。光雲寺住職。
¶真宗, 姓氏富山(桐谷印順　きりだにいんじゅん), 仏人

**桐谷可道　きりたにかどう**
明治44(1911)年8月21日～昭和60(1985)年4月8日
大正・昭和期の僧。高山市の清伝寺19世。
¶飛騨

**桐渓順忍　きりたにじゅんにん**
明治28(1895)年7月18日～昭和60(1985)年10月4日
昭和期の真宗学者、浄土真宗本願寺派僧侶。龍谷大学教授。
¶現執1期, 真宗, 富山百

**桐原光三　きりはらこうぞう**
明治11(1878)年～昭和38(1963)年
明治～昭和期の僧侶。
¶青森人

**桐山靖雄　きりやませいゆう**
大正10(1921)年1月5日～　㊞桐山靖雄(きりやまやすお)
昭和～平成期の宗教家。阿含宗管長、平河出版会長。観音慈恵会を設立し阿含宗を立宗。著書に「密教・超能力の秘密」など。
¶現朝, 現執2期, 現執3期, 現情, 現日(きりやまやすお　㊤1921年4月20日), 世紀, 日人

**桐山靖雄　きりやまやすお**
→桐山靖雄(きりやませいゆう)

**宜竜　ぎりゅう**
寛保1(1741)年～文政4(1821)年4月20日
江戸時代中期～後期の真言律宗の僧。
¶国書

**義柳　ぎりゅう**
?　～文政12(1829)年
江戸時代後期の浄土宗の僧。
¶国書, 仏教

**義竜　ぎりゅう**
元文1(1736)年～天明2(1782)年1月27日
江戸時代中期の浄土真宗の僧。
¶国書, 仏教

**起竜永春　きりゅうえいしゅん**
？～文明2（1470）年
室町時代の臨済宗の僧。
¶人名，日人，仏教（㊀文明2（1470）年5月29日）

**季竜周興　きりゅうしゅうこう**
？～天正7（1579）年8月18日　㊋周興（しゅうこう）
室町時代の臨済宗の僧。
¶神奈川人，戦辞，戦東（周興　しゅうこう）

**義亮　ぎりょう**
寛政12（1800）年～慶応1（1865）年
江戸時代後期～末期の画僧。
¶日人

**義麟　ぎりん**
生没年不詳
江戸時代中期の天台宗の僧。
¶国書

**黒木徳次郎　きろきとくじろう**
→黒木徳次郎（くろきとくじろう）

**きん〈長野県〉**
文化7（1810）年～明治8（1875）年
江戸時代後期～明治時代の女性。宗教。上穂村柏木の小町谷文八の娘。
¶江表（きん（長野県））

**瑾英　きんえい**
文政4（1821）年～明治43（1910）年
江戸時代末期～明治期の曹洞宗の僧。能登総持寺3世。
¶仏人

**金猊浄踞　きんげいじょうきょ**
→金猊浄踞（きんげいじょうこ）

**金猊浄踞　きんげいじょうこ**
宝暦9（1759）年～文政9（1826）年11月16日　㊋金猊浄踞（きんげいじょうきょ）
江戸時代中期～後期の黄檗宗の僧。万福寺27世。
¶黄檗（きんげいじょうきょ），国書（きんげいじょうきょ），仏教

**琴渓承舜　きんけいしょうしゅん**
？～享禄2（1529）年5月20日
戦国時代の臨済禅僧。
¶戦辞

**錦江玄文　きんこうげんぶん**
生没年不詳
室町時代の曹洞宗の僧。
¶日人，仏教

**金岡用兼　きんこうようけん**
永享10（1438）年～？
室町時代～戦国時代の曹洞宗の僧。
¶国書（㊀永享8（1436）年），徳島百，徳島歴，日人（㊀1436年，（異説）1438年），広島百（㊀永正10（1513）年），仏教（㊀永正10（1513）年11月5日）

**琴江令薫　きんこうれいくん**
？～文安1（1444）年
室町時代の臨済宗の僧。
¶広島百，仏教（㊀文安1（1444）年8月11日）

**金谷　きんこく**
→横井金谷（よこいきんこく）

**径山　きんざん★**
～天明3（1783）年
江戸時代中期の僧侶。
¶三重続

**金山明昶　きんざんみょうちょう，きんさんみょうちょう**
正平4/貞和5（1349）年～応永20（1413）年11月13日
南北朝時代～室町時代の臨済宗の僧。東福寺70世。
¶国書（きんさんみょうちょう），仏教

**吟市　ぎんし**
？～天和2（1682）年
江戸時代前期の僧、俳人。
¶日人，俳文

**金獅広威　きんしこうい**
文政6（1823）年4月16日～明治11（1878）年6月12日
江戸時代末期～明治期の黄檗宗僧侶。万福寺6世。
¶黄檗，日人，仏教，明大1

**琴叔　きんしゅく**
→琴叔景趣（きんしゅくけいしゅ）

**琴叔景趣　きんしゅくけいしゅ**
？～永正4（1507）年　㊋琴叔（きんしゅく）
戦国時代の臨済宗の僧。南禅寺251世。
¶国書，人名（琴叔　きんしゅく），日人，仏教

**昕叔顕晫　きんしゅくけんたく**
天正8（1580）年～明暦4（1658）年1月20日
江戸時代前期の臨済宗の僧。
¶国書，仏教

**誾助　ぎんじょ**
元亀3（1572）年～正保3（1646）年2月25日
安土桃山時代～江戸時代前期の浄土宗の僧。
¶仏教

**金城重明　きんじょうしげあき**
昭和4（1929）年～
昭和～平成期の牧師。
¶平和

**誾雪　ぎんせつ**
慶長3（1598）年～明暦2（1656）年5月3日
江戸時代前期の浄土宗の僧。
¶仏教

**吟達　ぎんたつ**
？～享保8（1723）年3月2日
江戸時代中期の浄土宗の僧。知恩寺43世。
¶仏教

く

**金武朝芳** きんちょうほう
文久1（1861）年3月12日～明治41（1908）年3月20日
江戸時代末期～明治期の沖縄・波上宮宮司。
¶神人

**金鍔次兵衛** きんつばじひょうえ
*～寛永14（1637）年
安土桃山時代～江戸時代前期のアウグスチノ会司祭。
¶郷土長崎（㊤1602年），長崎歴（㊤？）

**吟徹** ぎんてつ
文禄4（1595）年～寛文7（1667）年2月21日
江戸時代前期の浄土宗の僧。
¶仏教

**金堂良菊** きんどうりょうきく
応永15（1408）年～文明9（1477）年
室町時代～戦国時代の曹洞宗の僧。
¶国書

**誾堂良誾** ぎんどうりょうぎん
生没年不詳
南北朝時代～室町時代の曹洞宗の僧。
¶日人，仏教

**誾如** ぎんにょ
享保15（1730）年～文化1（1804）年2月25日
江戸時代中期～後期の浄土真宗の僧。
¶国書，仏教

**金原周防**(1) きんばらすおう
世襲名　室町時代～江戸時代前期の大工。
¶姓氏長野，長野歴

**金原周防**(2) きんばらすおう
江戸時代前期の宮大工。
¶美建

**金鳳行儀** きんぽうぎょうぎ
？～文久2（1862）年4月25日
江戸時代末期の黄檗宗の僧。
¶黄檗

**欽明天皇** きんめいてんのう
？～欽明32（571）年　㊿天国排開広庭尊（あめくにおしはらきひろにわのみこと）
上代の第29代の天皇。仏教渡来を受け入れた。
¶朝日，岩史（㊦欽明32（571）年4月），角史（㊤509年？），国史，古史（㊤509年？），古人（㊤？　㊦571年），古代，古代普，古中，古物（㊤継体天皇3（509）年　㊦欽明天皇32（571）年4月15日），コン改（生没年不詳），コン4（生没年不詳），コン5，史人，思想史（㊤509年？　㊦571年），重要（生没年不詳），諸系，新潮（㊦欽明32（571）年4月），人名，世人（生没年不詳），世百，全書（㊤510年），対外，大百（㊤510年　㊦570年），伝記（㊤510年），天皇（㊤継体3（509）年　㊦欽明32（571）年4月15日），日史，日人，百科，仏教（㊦欽明32（571）年4月15日），平日（㊤509？　㊦571），山川小，歴大

**金毛元猊** きんもうげんげい
生没年不詳
江戸時代前期の黄檗宗の僧。
¶国書

**金竜** きんりゅう
明和7（1770）年～文政2（1819）年7月9日
江戸時代中期～後期の僧。鶴渡川原青原寺26世。
¶庄内，山形百

**金竜院** きんりゅういん
～宝暦1（1751）年12月25日
江戸時代中期の修験者。
¶飛驒

**金竜敬雄** きんりゅうけいゆう
→敬雄（きょうおう）

## 【く】

**愚庵**(1) ぐあん
生没年不詳
江戸時代中期～後期の画僧。
¶日人

**愚庵**(2) ぐあん
→天田愚庵（あまだぐあん）

**愚庵義竜** ぐあんぎりゅう
生没年不詳
江戸時代中期の臨済宗の僧。
¶仏教

**愚庵等堅** ぐあんとうけん
生没年不詳
戦国時代の禅僧。
¶戦辞

**空阿**(1) くうあ
保元1（1155）年～安貞2（1228）年1月15日
鎌倉時代前期の浄土宗の僧。
¶鎌室，国史，古人，古中，新潮，人名（㊤？），中世（㊤1156年），日音（㊤？），日人，仏教（㊤保元1（1156）年），仏史

**空阿**(2) くうあ
→如日（にょにち）

**空阿**(3) くうあ
生没年不詳
江戸時代後期の浄土宗の僧。
¶国書，国書5

**空庵** くうあん
文化4（1807）年～明治2（1869）年
江戸時代後期～明治期の僧侶。
¶姓氏群馬

**空慧** くうえ
寛文1（1661）年～延享3（1746）年9月4日
江戸時代前期～中期の浄土真宗の僧。

¶国書

**空円** くうえん
文永3(1266)年～正平2/貞和3(1347)年10月13日
鎌倉時代後期～南北朝時代の浄土宗の僧。知恩寺8世。
¶仏教

**空雄** くうおう
生没年不詳
南北朝時代の真言宗の僧。
¶仏教

**藕華** ぐうか
延享1(1744)年～文政6(1823)年
江戸時代中期～後期の僧。
¶日人

**空海** くうかい
宝亀5(774)年～承和2(835)年3月21日 [別]弘法(こうぼう),弘法大師(こうぼうだいし), 高野大師(こうやだいし)
平安時代前期の真言宗の開祖。唐に留学、帰国後の816年高野山金剛峯寺を、823年平安京に教王護国寺を開き、真言密教を布教した。書道にも優れていた。
¶朝日([没]承和2年3月21日(835年4月22日)), 伊豆([生]宝亀1(770)年), 岩史, 愛媛, 愛媛百, 香川人, 香川百, 角史, 神奈川百, 教育, 京都, 郷土香川, 京都大, 京都府, 郷土和歌山, 高知人, 国史, 国書([生]宝亀5(774)年6月15日), 古史, 古人, 古代, 古代普, 古中, コン改, コン4, コン5, 詩歌, 詩作, 史人, 思想史, 重要, 神史, 人書79, 人書94, 神人([生]宝亀5(774)年6月), 新潮, 新文, 人名, 姓氏京都, 世人([生]宝亀5(774)年6月15日), 世百, 全書, 対外, 大百([没]834年), 太宰府, 茶道, 伝記, 徳島百(弘法大師 こうぼうだいし [生]宝亀5(774)年6月15日), 徳島歴, 日音([生]宝亀5(774)年6月15日), 日思, 日史, 日人, 日文, 美術, 百科, 福岡百, 福島百(弘法大師 こうぼうだいし), 仏教([生]宝亀5(774)年,(異説)宝亀4(773)年), 仏史, 仏人, 文学, 平家(弘法大師 こうぼうだいし), 平史, 平日([生]774 [没]835), 名僧, 山形百, 山川小, 山梨百(弘法 こうぼう), 歴大, 和歌山人, 和俳

**空覚**(1) くうかく
飛鳥時代の高僧。
¶姓氏鹿児島

**空覚**(2) くうかく
? ～元禄4(1691)年
江戸時代前期～中期の浄土宗の僧。
¶国書

**空覚**(3) くうかく
*～明治4(1871)年10月3日
江戸時代末期～明治期の真宗大谷派学僧。京都伏見西方寺住持。
¶仏教([生]文化4(1807)年), 仏人([生]1803年)

**空観栄覚** くうかんえいかく
応永10(1403)年～明応1(1492)年
室町時代～戦国時代の僧。浄土宗常楽寺創建。
¶姓氏愛知

**空居** くうきょ
生没年不詳
江戸時代後期の僧侶。
¶姓氏群馬

**空暁** くうぎょう
生没年不詳
南北朝時代の僧侶・歌人。
¶国書

**藕華** ぐうげ
→藕華敬光(ぐうげけいこう)

**藕華敬光** ぐうげけいこう, ぐうけけいこう
元文5(1740)年～文政6(1823)年 [別]藕華(ぐうげ)
江戸時代中期～後期の学僧。
¶島根人(藕華 ぐうげ [生]寛保3(1743)年 [没]文政5(1822)年), 島根百(ぐうけけいこう), 島根歴

**空月** くうげつ
生没年不詳
鎌倉時代の律宗の僧。
¶日人, 仏教

**空源** くうげん
永禄6(1563)年～元和5(1619)年
安土桃山時代～江戸時代前期の僧。
¶歴大

**空興** くうこう
生没年不詳
平安時代の真言宗僧侶。
¶埼玉人

**空谷** くうこく
明和3(1766)年～天保5(1834)年
江戸時代後期の詩僧。
¶島根人, 人名, 日人

**空極実興** くうごくじっこう
延宝2(1674)年～寛延2(1749)年1月15日
江戸時代中期の黄檗宗の僧。
¶黄檗

**空谷如印** くうこくにょいん
生没年不詳
江戸時代前期～中期の黄檗宗の僧。
¶黄檗

**空谷明応** くうこくみょうおう
嘉暦3(1328)年～応永14(1407)年1月16日 [別]明応(みょうおう), 空谷(くうごく),常光国師(じょうこうこくし),仏日常光国師(ぶつにちじょうこうこくし)
南北朝時代～室町時代の臨済宗の僧。叢林の二甘露門と称された。
¶朝日([没]応永14年1月16日(1407年2月23日)),

鎌室(明応　みょうおう), 国史, 国書(㊤嘉暦3(1328)年6月24日), 古中, コン改, コン4, コン5, 史人, 新潮, 人名, 姓氏京都, 全書, 大百(明応　みょうおう), 日史, 日人, 仏教, 仏史, 仏人(明応　みょうおう)



**空撮** くうさつ
？ ～永正5(1508)年2月13日
戦国時代の浄土宗の僧。栗生光明寺15世。
¶仏教

**空山** くうざん
～寛政11(1799)年5月11日
江戸時代中期～後期の僧。出田寺の住職。
¶大阪人

**空山和尚** くうざんおしょう
→空山玄東(くうさんげんとう)

**空山玄東** くうさんげんとう
*～寛永16(1639)年2月26日　㊙空山和尚(くうざんおしょう)
江戸時代の禅僧。
¶京都府(㊤天正11(1583)年), 兵庫人(空山和尚　くうざんおしょう　㊤？)

**空実** くうじつ
明応4(1495)年～天正4(1576)年10月2日
戦国時代～安土桃山時代の法相宗の僧。
¶国書

**空室妙空** くうしつみょうくう
生没年不詳
南北朝時代の臨済宗の僧。
¶仏教

**空寂** くうじゃく
生没年不詳
鎌倉時代の浄土宗の僧。
¶国書, 仏教

**空順** くうじゅん
寛文3(1663)年～元文3(1738)年
江戸時代中期の島津氏第22代吉貴、23代継豊公の護侍僧。
¶薩摩, 姓氏鹿児島

**空照** くうしょう
生没年不詳
安土桃山時代～江戸時代前期の真言宗の僧。
¶仏教

**空性(1)** くうしょう
保延6(1140)年9月2日～応保2(1162)年1月
平安時代後期の真言宗の僧。
¶仏教

**空性(2)** くうしょう
→了源(りょうげん)

**空性(3)** くうしょう
生没年不詳
江戸時代前期の真言宗の僧。
¶国書

**空盛** くうじょう
→空盛(くうせい)

**空晴** くうせい
元慶2(878)年～天徳1(957)年12月9日
平安時代中期の学僧。興福寺別当。
¶国史, 古人, 古中, 史人, 新潮(㊤貞観18(876)年), 人名(㊤877年), 日人(㊦958年), 仏教, 仏史, 平史

**空盛** くうせい
㊙空盛(くうじょう)
江戸時代前期の社僧・連歌作者。
¶国書(生没年不詳), 俳文(くうじょう)

**空誓(1)** くうせい
生没年不詳
鎌倉時代前期の浄土真宗の僧。親鸞の関東教化の折に帰依。
¶埼玉人, 仏教

**空誓(2)** くうせい
生没年不詳
戦国時代の浄土真宗の僧。愛知県野寺本証寺。
¶戦辞

**空誓(3)** くうせい
慶長8(1603)年～元禄5(1692)年11月3日
江戸時代前期の浄土真宗の僧。
¶国書, 仏教, 仏人(㊤1602年)

**宮清** ぐうせい
→善法寺宮清(ぜんぽうじみやきよ)

**空専** くうせん
生没年不詳
戦国時代の僧。馬瀬村の名丸俗道場の祖。
¶飛騨

**空善** くうぜん
生没年不詳
室町時代～戦国時代の浄土真宗の僧。
¶国書, 仏教

**空禅** くうぜん
？ ～宝徳2(1450)年4月28日
室町時代の浄土宗の僧。
¶国書

**空操** くうそう
嘉祥2(849)年～延喜4(904)年
平安時代前期の法相宗の僧。
¶仏教

**空蔵主** くうぞうす
応永2(1395)年～？
室町時代の学僧。
¶国書

**空叟智玄** くうそうちげん
？ ～正平5/観応1(1350)年
南北朝時代の臨済宗の僧。
¶鎌室, 日人

**空陀** くうだ
生没年不詳
戦国時代の僧。
¶戦辞

**空胎上人** くうたいしょうにん
天明5(1785)年～文久2(1862)年
江戸時代後期の三ッ峠開山者。
¶富嶽

**空体房** くうたいぼう
生没年不詳
鎌倉時代の医僧。
¶日人

**空潭** くうたん
生没年不詳
江戸時代中期の天台宗の僧。
¶国書

**空道**(1) くうどう
生没年不詳
戦国時代の僧。
¶飛騨

**空道**(2) くうどう
？ ～安永1(1772)年
江戸時代中期の旗本設楽家の家臣。増瑞寺末大宮般若寺の住職。
¶姓氏愛知

**空如** くうにょ
→八条院高倉(はちじょういんのたかくら)

**空人** くうにん
生没年不詳
平安時代後期の僧侶・歌人。
¶国書

**空仁** くうにん
生没年不詳
平安時代後期の僧、歌人。
¶古人, 日人, 平史

**空念** くうねん
戦国時代～安土桃山時代の僧。長宗我部氏家臣。
¶戦西

**空莫** くうばく
天文15(1546)年～？
戦国時代～安土桃山時代の真言宗の僧。
¶国書

**空仏** くうぶつ
正和3(1314)年6月～天授6/康暦2(1380)年4月14日
南北朝時代の浄土真宗の僧。専修寺6世。
¶仏教

**空弁** くうべん
正保3(1646)年～元禄13(1700)年
江戸時代前期の真言宗の僧。
¶神奈川人, 国書(生没年不詳)

**空也** くうや
延喜3(903)年～天禄3(972)年9月11日 ㊞空也(こうや), 光勝(こうしょう), 弘也(こうや), 市上人(いちのしょうにん), 市聖(いちのひじり, いちひじり)
平安時代中期の浄土教の民間布教僧。踊念仏の祖。市聖、阿弥陀聖などと尊称され、浄土教信仰が広がる契機を作った。
¶愛知(㊍延喜3年(903)年？, ㊎天禄3年9月11日(972年10月20日)), 岩史, 愛媛百, 角史, 京都(こうや(くうや)), 郷土愛媛, 京都大, 芸能, 国史, 国書, 古史, 古人(こう(くう)や), 古中, コン改, コン4, コン5, 史人, 思想史, 重要, 新潮(こうや), 人名, 姓氏京都(こうや), 世人, 世百(㊍900年？ ㊎970年？), 全書, 大百, 伝記(こうや), 鳥取百, 日音, 日思(こうや), 日史, 日人, 百科, 福島百, 仏教, 仏史, 仏人(こうや ㊎973年), 平史(こうや), 平日(㊍903 ㊎972), 名僧, 山川小, 歴大

**空了** くうりょう
生没年不詳
江戸時代前期の浄土真宗の僧。
¶姓氏京都

**空蓮** くうれん
生没年不詳
江戸時代後期の浄土宗の僧。
¶仏教

**救円** ぐえん
→救円(きゅうえん)

**求厭** ぐえん
？ ～元禄1(1688)年
江戸時代前期の浄土宗の僧。
¶人名(㊍1609年), 日人, 仏教

**愚翁宗碩** ぐおうそうせき
生没年不詳
鎌倉時代後期～南北朝時代の臨済宗の僧。大徳寺3世。
¶仏教

**久我環渓** くがかんけい
文化1(1804)年～明治17(1884)年
江戸時代後期～明治期の禅僧、永平寺第11世管長。
¶新潟百

**久我高照** くがこうしょう
大正10(1921)年～
昭和期の尼僧。
¶郷土奈良

**久我建通** くがたけみち
→久我建通(こがたけみち)

**久我篤立** くがとくりゅう
文久3(1863)年～昭和19(1944)年3月
明治～昭和期の曹洞宗の僧、社会教育家。曹洞宗竜拈寺管長、大僧正、永平寺貫主。
¶昭人, 人名7, 世紀, 日人(㊍1861年 ㊎1943

年)，仏教(㊥文久1(1861)年8月1日　㊨昭和18(1943)年3月19日)

**久我密雲**　くがみつうん
文化14(1817)年3月8日～明治17(1884)年12月7日
江戸時代末期～明治期の曹洞宗の僧。曹洞宗管長、永平寺61世。
¶仏教



**求願**　ぐがん
？～明暦2(1656)年7月8日
江戸時代前期の浄土宗の僧。
¶仏教

**弘願**(1)　ぐがん
生没年不詳
南北朝時代の浄土真宗の僧。
¶仏教

**弘願**(2)　ぐがん
？～元禄6(1693)年5月23日
江戸時代前期の浄土宗の僧。
¶仏教

**九鬼家隆**　くきいえたか
生没年不詳
平成期の熊野本宮大社宮司。
¶紀南

**釘宮辰生**　くぎみやときお
明治5(1872)年3月13日～昭和22(1947)年9月11日
明治～昭和期の牧師。日本メソジスト教会監督。
¶キリ

**釘宮義人**　くぎみやよしと
大正11(1922)年～
昭和～平成期のキリスト教徒。
¶平和

**九鬼盛隆**　くきもりたか
明治2(1869)年～？
明治～昭和期の神道系新興宗教の開祖。断易家。
¶幻想

**愚丘妙智**　ぐきゅうみょうち
？～長享1(1487)年
室町時代の曹洞宗の僧。
¶人名，日人，仏教(㊨長享1(1487)年10月24日)

**公暁**　くぎょう
正治2(1200)年～建保7(1219)年1月27日　㊐善哉(ぜんや)
鎌倉時代前期の僧。2代将軍源頼家の子。
¶朝日(㊨承久1年1月27日(1219年2月13日))，岩史，角史，神奈川人，神奈川百，鎌倉，鎌倉新，鎌室，郷土神奈川，国史，古人，古中，コン改，コン4，コン5，史人，重要，諸系，新潮，人名，世人，世百，全書，大百，中世，内乱，日史，日人，百科，仏教，平日(㊥1200 ㊨1219)，山川小，歴大

**愚極礼才**　ぐきょくれいさい
建徳1/応安3(1370)年～宝徳4(1452)年6月6日
㊐愚極礼才(ぐごくれいさい)
室町時代の臨済宗の僧。東福寺149世、南禅寺145世。
¶国書(㊥貞治2(1363)年)，茶道(ぐごくれいさい)，日史，日人(ぐごくれいさい　㊥1363年)，美術，百科，仏教(ぐごくれいさい　㊥応安2/正平24(1369)年)

**愚渓右慧**　ぐけいうえ
→愚渓右慧(ぐけいゆうえ)

**愚渓自哲**　ぐけいじてつ
文政3(1820)年～明治18(1885)年
江戸時代末期～明治期の臨済宗僧侶。
¶日人，仏教(㊥文政3(1820)年，(異説)文化9(1812)年　㊨明治18(1885)年8月8日，(異説)明治10(1877)年)

**愚渓浄慧**　ぐけいじょうえ
生没年不詳
南北朝時代の僧。
¶日人

**愚渓宗智**　ぐけいそうち
元和3(1617)年～延宝5(1677)年2月25日
江戸時代前期の臨済宗の僧。大徳寺209世。
¶仏教

**愚渓智至**　ぐけいちし
生没年不詳
南北朝時代の臨済宗の僧。
¶人名，日人，仏教

**愚渓等厚**　ぐけいとうこう
寛永1(1624)年～延宝3(1675)年12月22日
江戸時代前期の臨済宗の僧。
¶国書

**愚渓得哲**　ぐけいとくてつ
？～応永12(1405)年2月16日
南北朝時代～室町時代の臨済宗の僧。建長寺72世。
¶仏教

**愚渓右慧**　ぐけいゆうえ
㊐愚渓右慧(ぐけいうえ)
南北朝時代の禅僧、画家。初期水墨画人の一人。
¶朝日(生没年不詳)，人名(ぐけいうえ)，日人(生没年不詳)，美家

**愚公魯洲**　ぐこうろしゅう
享保20(1735)年～安永8(1779)年9月20日
江戸時代中期の臨済宗の僧。
¶国書5

**愚谷常賢**　ぐこくじょうけん
？～延元4/暦応2(1339)年11月3日
鎌倉時代後期～南北朝時代の曹洞宗の僧。
¶熊本百(㊥文永4(1267)年)，人名，日人，仏教

**愚極礼才**　ぐごくれいさい
→愚極礼才(ぐきょくれいさい)

**救済　ぐさい**
㊙救済（きゅうせい, きゅうぜい）
鎌倉時代後期～南北朝時代の連歌師。連歌道の三賢の一人。
¶朝日（きゅうぜい　㊐弘安7（1284）年　㊙永和4/天授4年3月8日（1378年4月5日））, 角史（㊐弘安5（1282）年？　㊙永和2（1376）年？）, 鎌室（㊐弘安4（1281）年？　㊙永和1/天授1（1375）年？）, 京都大（㊐弘安7（1284）年　㊙永和4（1378）年）, 国史（きゅうぜい　㊐1282年　㊙1376年）, 国書（㊐弘安7（1284）年　㊙永和4（1378）年3月8日）, 古中（きゅうぜい　㊐1282年　㊙1376年）, コン改（㊐弘安4（1281）年？　㊙天授1/永和1（1375）年？）, コン4（㊐弘安4（1281）年？　㊙永和1/天授1（1375）年？）, コン5（㊐弘安4（1281）年？　㊙天授1/永和1（1375）年？）, 詩歌（㊐1284年　㊙1378年）, 史人（きゅうぜい　㊐1283年？　㊙1376年？）, 思想史（きゅうぜい　㊐弘安5（1282）年　㊙永和4/天授4（1378）年）, 新潮（㊐弘安4（1281）年？　㊙永和1/天授1（1375）年？）, 新文（㊐弘安5（1282）年　㊙永和2（1376）年3月8日）, 人名, 姓氏京都（㊐1282年　㊙1376年？）, 世人（生没年不詳）, 世百（㊐1281年？　㊙1375年？）, 大百（㊐1282年　㊙1376年）, 日史（㊐弘安3（1280）年？　㊙永和2/天授2（1376）年3月8日？）, 日人（㊐1284年　㊙1378年）, 日文（ぐさい・きゅうせい・きゅうぜい　㊐弘安5（1282）年　㊙天授2/永和2（1376）年）, 俳句（㊙天授4（1378）年）, 俳文（きゅうぜい　㊐弘安5（1282）年　㊙永和4（1378）年3月8日）, 百科（㊐弘安3（1280）年？　㊙天授2/永和2（1376）年？）, 仏教（㊐？　㊙永和2/天授2（1376）年3月8日？）, 文学（㊐1284年　㊙1378年）, 歴大（㊐1282年　㊙1376年）, 和俳（㊐弘安5（1282）年　㊙永和2/天授2（1376）年）

**弘済　ぐさい**
→弘済(1)（こうさい）

**日下大痴　くさかだいち**
慶応4（1868）年4月26日～昭和24（1949）年2月28日
江戸時代末期～昭和期の僧侶。
¶真宗, 姓氏石川

**草鹿砥延重　くさかどのぶしげ**
享保9（1724）年～宝暦12（1762）年11月24日
江戸時代中期の歌人・神官。
¶東三河

**草鹿砥宣隆　くさかどのぶたか**
文化15（1818）年4月9日～明治2（1869）年6月21日
江戸時代末期～明治期の神官。
¶維新, 国書, 神史, 神人, 人名, 姓氏愛知, 日人, 幕末, 幕末大, 東三河

**草鹿砥宣輝　くさかどのぶてる**
寛政9（1797）年～慶応3（1867）年4月1日
江戸時代末期の歌人・神官。
¶東三河

**草鹿砥宣紀　くさかどのぶのり**
宝暦6（1756）年～文政11（1828）年1月20日
江戸時代後期の歌人・華人・神官。
¶東三河

**草鹿砥宣譲　くさかどのぶよし**
嘉永3（1850）年～大正11（1922）年12月7日
明治・大正期の神官。
¶東三河

**日下無倫　くさかむりん**
*～昭和26（1951）年12月23日
明治～昭和期の仏教史学者、真宗大谷派僧侶。大谷大学教授、日本仏教学史学会創設者。
¶真宗（㊐明治21（1889）年9月1日）, 仏教（㊐明治21（1888）年9月1日）

**草繋全宜　くさなぎぜんぎ**
明治16（1883）年7月25日～昭和44（1969）年10月12日
昭和期の真言宗大覚寺派僧侶。
¶仏教, 仏人

**草野栄竜　くさのえいりょう**
大正6（1917）年～昭和61（1986）年
昭和期の僧。真言宗東寺派管長。
¶栃木歴

**草野純英　くさのすみひで**
大正15（1926）年10月17日～
昭和期のカトリック司祭、高校教師。
¶現執2期

**草野経永　くさのつねなが**
生没年不詳
鎌倉時代後期の武将、神官。
¶鎌室, 人名, 日人

**草野永平　くさのながひら**
生没年不詳　㊙草野永平（くさののながひら）
鎌倉時代前期の武将。
¶鎌室, 古人（くさののながひら）, 人名, 日人, 福岡百

**草野永平　くさののながひら**
→草野永平（くさのながひら）

**草間碩　くさませき**
嘉永7（1854）年～昭和20（1945）年
明治～昭和期の牧師。
¶世紀（㊐嘉永7（1854）年6月16日　㊙昭和20（1945）年1月18日）, 日人

**草山朝子　くさやまあさこ**
大正8（1919）年9月30日～昭和61（1986）年5月27日
昭和期の神職。
¶神奈女2, 女性, 女性普

**草山貞胤　くさやまさだたね**
文政6（1823）年～明治38（1905）年
江戸時代末期～明治期の神主。煙草を改良、煙草刻み機を考案、煙草の大量生産をする。
¶江神奈（㊐文政6（1823）年5月）, 神奈川人, 神

奈川百，郷土神奈川，神人（㊱明治28（1895）年），姓氏神奈川，日人，幕末，幕末大，風土，明大1（㊤文政6（1823）年5月1日　㊱明治38（1905）年8月25日）

**愚直師侃** ぐじきしがん
→愚直師侃（ぐちょくしかん）



**櫛田心法** くしだしんぽう
明治24（1891）年～昭和22（1947）年
大正～昭和期の社会教育家、僧。
¶島根歴

**櫛田良洪** くしだりょうこう
明治38（1905）年11月28日～昭和55（1980）年11月4日
昭和期の僧侶、歴史学者。大正大学長。仏教史を研究。
¶現執1期，史研，世紀，仏教，仏人

**櫛淵弥平衛** くしぶちやへえ
江戸時代後期の神道一心流道場主。
¶江戸

**九嶋義保** くじまよしやす
生没年不詳
江戸時代後期の神道家。
¶国書

**久志本常庸** くしもとじょうよう
→久志本常庸（くしもとつねのぶ）

**久志本常彰** くしもとつねあきら
→度会常彰（わたらいつねあきら）

**久志本常方** くしもとつねかた
生没年不詳
江戸時代前期の神職。
¶国書5

**久志本常武** くしもとつねたけ
＊～明和8（1771）年
江戸時代中期の神官、本草学者。
¶人名（㊤1709年），日人（㊤1707年）

**久志本常貫** くしもとつねつら
文化5（1808）年～明治5（1872）年6月11日
江戸時代後期～明治期の神職・国学者。
¶国書5

**久志本常任** くしもとつねとう
寛弘4（1007）年～寛治5（1091）年
平安時代後期の祠官、医師。
¶国書（生没年不詳），諸系，神人，人名，日人，三重続

**久志本常晨** くしもとつねとき
天正10（1582）年～寛文2（1662）年
江戸時代前期の神官、本草学者。
¶人名

**久志本常陳** くしもとつねのぶ
→度会常陳（わたらいつねのり）

**久志本常庸** くしもとつねのぶ
文化14（1817）年12月16日～明治21（1888）年7月28日　㊕久志本常庸（くしもとじょうよう）
江戸時代後期～明治期の神職。
¶国書5，和歌山人（くしもとじょうよう　生没年不詳）

**久志本常達** くしもとつねみち
天明8（1788）年～嘉永3（1850）年9月7日
江戸時代後期の神職・国学者。
¶国書

**久志本常幸** くしもとつねゆき
安政2（1855）年～昭和2（1927）年
江戸時代末期～昭和期の神主。旧伊勢神宮外宮神主。
¶華請

**愚春** ぐしゅん
天明1（1781）年～嘉永6（1853）年11月17日
江戸時代後期の浄土宗の僧。
¶仏教

**九条武子** くじょうたけこ
明治20（1887）年10月20日～昭和3（1928）年2月7日
大正期の歌人。夫への思慕と孤閨の悲愁を歌った処女歌集「金鈴」は世の同情を誘った。
¶朝日，岩歌，岩手人，京都大，京都文，近現，近女，近文，現朝，広7，国史，コン改，コン5，詩歌，滋賀文，史人，女史，女性，女性普，女文，真宗，新宿，新宿女，新潮，新文，人名，世紀，姓氏京都，世人，世百，全書，大百，短歌普，茶道，奈良文，日史，日女，日人，日本，百科，兵庫文，仏教，仏人，文学，北海道文（㊱昭和3（1928）年3月7日），ポプ人，明治史，明大2，歴大

**九条日浄** くじょうにちじょう
明治29（1896）年10月28日～昭和37（1962）年9月20日
大正～昭和期の尼僧。日蓮宗瑞龍寺門跡。村雲尼公と呼ばれ、村雲会総裁として尊敬を集める。著書に「日本婦人の信仰」。
¶現情，昭人，女性，女性普，人名7，世紀，日人，仏教

**九条道教** くじょうみちのり
正和4（1315）年～正平4/貞和5（1349）年7月6日
㊕已心院殿（いしんいんどの）
鎌倉時代後期～南北朝時代の公卿（関白・左大臣）。摂政・関白九条師教の三男、母は兵部卿守良親王の娘。
¶朝日（㊱貞和5/正平4年7月6日（1349年8月20日）），鎌室，公卿，公卿普，公家（道教〔九条家〕　みちのり），国史，国書，古中，史人，諸系，新潮，人名，日人

**九頭井大夫** くずいだゆう
戦国時代の諏訪大社末の九頭井神社の神主。実姓未詳。
¶武田

**薬師徳保** くすしとくほ
[別]薬師徳保（くすしのとくほ）
飛鳥時代の仏師。
¶朝日（生没年不詳），古代（くすしのとくほ），古代普（くすしのとくほ），新潮（生没年不詳），日人（くすしのとくほ　生没年不詳），美建

**薬師徳保** くすしのとくほ
→薬師徳保（くすしとくほ）

**薬師のフランシスコ** くすしのふらんしすこ
天文20（1551）年～慶長1（1596）年
戦国時代～安土桃山時代のキリシタン。日本二十六聖人。
¶長崎歴

**楠玉諦** くすのきぎょくたい
文政1（1818）年～明治32（1899）年9月17日　[別]玉諦（ぎょくたい）
江戸時代末期～明治期の真言宗の僧。大覚寺門跡、真言宗長者。
¶岡山歴（[生]文政1（1818）年11月27日），国書（玉諦　ぎょくたい　[生]文政1（1818）年11月），仏人

**楠秀丸** くすのきしゅうがん
昭和期の僧侶。
¶真宗

**楠潜竜** くすのきせんりゅう
天保5（1834）年～明治29（1896）年2月26日
江戸時代末期～明治期の真宗大谷派学僧。高倉学寮学監。
¶真宗，仏教（[生]天保5（1834）年12月22日）

**楠正弘** くすのきまさひろ
大正10（1921）年7月10日～
昭和期の宗教学者。東北大学教授、日本宗教学会理事。
¶現執1期，現執2期

**楠葉西忍** くすばさいにん，くすはさいにん，くずはさいにん，くずばさいにん
応永2（1395）年～文明18（1486）年2月14日　[別]西忍（さいにん）
室町時代の商人。
¶朝日（[没]文明18年2月14日（1486年3月19日）），岩史，角史（くずはさいにん），鎌室，国史，国書（西忍　さいにん），古中，コン改，コン4，コン5，史人，思想史，新潮，世人，全書，対外，中世（くすはさいにん），内乱，日史，日人，百科，仏教（西忍　さいにん　[生]至徳1/元中1（1384）年），室町（くずばさいにん），山川小，歴大（くすはさいにん）

**葛原秀藤** くずはらひでふじ
→葛原秀藤（かつらはらひでふじ）

**久須見宣尹** くすみのぶただ
宝永1（1704）年9月21日～宝暦6（1756）年3月5日
江戸時代中期の医者・神道家。
¶国書

**葛山五雀** くずやまごじゃく
文化11（1814）年～明治23（1890）年
江戸時代後期～明治期の尼僧、俳人。
¶日人

**救世** くせ，ぐせ
寛平2（890）年～天延1（973）年　[別]救世（ぐせい）
平安時代中期の真言宗の僧。東寺長者16世、高野山座主10世。
¶古人（ぐせい），人名（ぐせ），日人，仏教，仏人，平史（ぐせい），和歌山人

**救世** ぐせい
→救世（くせ）

**弘誓寺教誓** くぜいじきょうせい
～文亀3（1503）年2月2日
戦国時代の僧。清見村の弘誓寺の開基。
¶飛騨

**久世隆猪** くぜたかお
明治32（1899）年6月7日～昭和59（1984）年6月24日
大正～昭和期の日本基督教団川口教会牧師・いずみ保育園園長。
¶埼玉人

**愚禅実智** ぐぜんじっち
寛永12（1635）年～宝永7（1710）年2月4日
江戸時代前期～中期の黄檗宗の僧。
¶黄檗，国書（[生]寛永12（1635）年7月13日）

**愚袋正栄** ぐたいしょうえい
延宝7（1679）年4月11日～宝暦6（1756）年6月12日
江戸時代中期の黄檗宗の僧。
¶黄檗

**百済忠敬** くだらただたか
嘉永6（1853）年～大正13（1924）年
江戸時代後期～大正期の神職。
¶神人

**百済智山** くだらちざん
文化4（1807）年～明治16（1883）年
江戸時代後期～明治期の僧。真宗大谷派に属する永林寺第21代住職。
¶姓氏岩手

**愚中周及** ぐちゅうしゅうきゅう，ぐちゅうしゅうぎゅう
元亨3（1323）年～応永16（1409）年8月25日　[別]周及（しゅうきゅう），大通禅師（だいつうぜんじ），仏徳大通禅師（ぶっとくだいつうぜんじ）
南北朝時代～室町時代の臨済宗の僧。愚中派の祖。
¶朝日（[没]応永16年8月25日（1409年10月4日）），岩史，鎌室，郷土岐阜，京都府，国史，国書（ぐちゅうしゅうぎゅう），古中，コン改（[生]元亨2（1322）年），コン4，コン5，詩歌，史人，新潮，人名，世人，対外，茶道，日史，日人，百科，広島百，仏教，仏史，仏人（周及　しゅうきゅう　[生]1334年），名僧，和俳

**愚仲善愚** ぐちゅうぜんぐ
文政11（1828）年～明治24（1891）年

江戸時代後期～明治期の僧侶。
¶高知人

**愚直師侃** ぐちょくしかん
生没年不詳 ㊋愚直師侃（ぐじきしがん）
鎌倉時代後期の臨済宗の僧。
¶人名（ぐじきしがん），日人，仏教



**愚底(1)** ぐてい
文安2（1445）年～永正13（1516）年 ㊋勢誉愚底（せいよぐてい）
室町時代～戦国時代の浄土宗の僧。知恩院23世。
¶国書（㊊文安1（1444）年 ㊍永正13（1516）年4月11日），人名（㊊1444年），戦辞（勢誉愚底 せいよぐてい ㊍永正13年4月11日（1516年5月12日）），日人，仏教（㊍永正13（1516）年4月11日）

**愚底(2)** ぐてい
？ ～永正14（1517）年6月6日
戦国時代の浄土宗の僧。
¶仏教

**愚徹三休** ぐてつさんきゅう
？ ～延宝3（1675）年
江戸時代前期の僧。阿武郡川上村立野の梅岳寺の第6世。
¶姓氏山口

**工藤勇人** くどういさんど
嘉永2（1849）年～明治40（1907）年
江戸時代後期～明治期の神職。
¶神人

**工藤伊保佐** くどういほさ
？ ～
江戸時代後期の神官。
¶青森人

**工藤成樹** くどうしげき
昭和6（1931）年～
昭和期のインド仏教史研究者。四天王寺女子大学教授。
¶現執1期

**工藤真導** くどうしんどう
明治41（1908）年～昭和13（1938）年
昭和期の僧。今別本覚寺住職。
¶青森人

**工藤天瑞** くどうてんずい★
宝暦4（1754）年～文政9（1826）年
江戸時代後期の僧。増田町縫殿の通覚寺14代住職。
¶秋田人2

**愚堂東寔** ぐどうとうしょく，くどうとうしょく
天正5（1577）年4月8日～寛文1（1661）年10月1日 ㊋東寔（とうしょく），東寔愚堂（とうしょくぐどう），大円宝鑑禅師（だいえんほうかんぜんじ）
江戸時代前期の臨済宗の僧。
¶朝日（㊊天正5年4月8日（1577年4月25日） ㊍寛文1年10月1日（1661年11月22日）），黄檗，郷土岐阜（㊍1663年），京都大，近世，国史，国書，コン改，コン4，コン5，史人，思想史（㊊天正7（1579）年），新潮（くどうとうしょく），人名（東寔愚堂 とうしょくぐどう ㊊1579年），姓氏京都，世人，日人，仏教，仏史，仏人（東寔 とうしょく ㊊1579年）

**工藤虎雄** くどうとらお
明治27（1894）年～昭和37（1962）年
大正～昭和期の警察官、学校事務員、弘前東照宮宮司。
¶青森人

**工藤直太郎** くどうなおたろう
明治28（1895）年9月25日～？
大正～昭和期の英文学者、宗教学者。早稲田大学教授。著書に「西洋古典物語」など。
¶近文，現情，世紀

**工藤日諒** くどうにちりょう
天保11（1840）年～大正11（1922）年
江戸時代末期～大正期の高僧。
¶青森人

**工藤むら** くどうむら
明治20（1887）年頃～昭和40（1965）年2月16日
大正～昭和期の宗教家。八幡神社に祈願した際天啓をうけ、赤倉山に修行所を建設。のち、赤倉一心講を開く。
¶女性（㊊明治20（1887）年頃），女性普

**工藤与作** くどうよさく★
弘化3（1846）年7月～大正14（1925）年10月31日
明治・大正期のキリスト教信者。
¶秋田人2

**工藤圭章** くどうよしあき
昭和4（1929）年1月18日～
昭和～平成期の美術史学者（仏教美術、建築史）。
¶現執1期，現執3期

**愚咄** ぐとつ
？ ～正平7/文和1（1352）年1月22日
南北朝時代の浄土真宗の僧。
¶仏教

**国井清廉** くにいきよかど
天保10（1839）年～大正8（1919）年8月 ㊋国井清廉（くにいせいれん）
江戸時代末期～明治期の加納藩士。
¶神人，幕末，幕末大，飛驒（くにいせいれん ㊊天保10（1839）年8月10日 ㊍大正8（1919）年7月14日）

**国井清廉** くにいせいれん
→国井清廉（くにいきよかど）

**国重半山** くにしげはんざん
→国重正文（くにしげまさぶみ）

**国重正文** くにしげまさぶみ，くにしげまさふみ
天保11（1840）年～明治34（1901）年10月27日
㊋国重半山（くにしげはんざん）
江戸時代末期～明治期の官吏。内務省神社局長、富山県令。東京国学院長、伏見稲荷神社宮司をつ

とめる。
¶維新，神人，人名(㊀？)，政治(㊀天保11(1840)年10月15日)，姓氏富山，富山百(くにしげまさふみ ㊀天保11(1840)年10月15日)，富山文(国重半山 くにしげはんざん ㊀天保11(1840)年10月15日 ㊁明治34(1901)年10月25日)，日人，幕末，幕末大，ふる(くにしげまさふみ)，明治史(くにしげまさふみ)，明大1(㊀天保11(1840)年10月15日)

**国司畠相 くにしこうしょう**
明治6(1873)年〜？
明治期の図書館人。別称昭快。大阪府豊能郡細河村久安寺の住職。国司図書館を開設。
¶図人

**国田敬武 くにたけいぶ**
→国田敬武(くにたたかたけ)

**国田敬武 くにたたかたけ**
文政10(1827)年〜明治6(1873)年6月 ㊔国田敬武(くにたけいぶ)，国田弥五郎(くにたやごろう)
江戸時代末期〜明治期の国学者。米町川の改修、徳田・高浜間の道路開削等に尽力。
¶国書(国田弥五郎 くにたやごろう)，神人(くにたけいぶ ㊀文政9(1826)年)，人名(くにたけいぶ)，姓氏石川(国田弥五郎 くにたやごろう)，日人，幕末(国田弥五郎 くにたやごろう)，幕末大(国田弥五郎 くにたやごろう)

**国田弥五郎 くにたやごろう**
→国田敬武(くにたたかたけ)

**国経 くにつね**
㊔仏師国経(ぶっしくにつね)
南北朝時代の仏師。
¶埼玉人(生没年不詳)，埼玉百(仏師国経 ぶっしくにつね)，美建

**国仲寛一 くになかかんいち**
明治43(1910)年〜昭和24(1949)年
昭和期の宮古におけるキリスト教伝道の草分。
¶姓氏沖縄

**国中公麻呂 くになかのきみまろ**
？ 〜宝亀5(774)年10月3日 ㊔国君麻呂(くにのきみまろ)，国中連公麻呂(くになかのむらじきみまろ)
奈良時代の大仏師、造東大寺次官。
¶朝日(㊁宝亀5年10月3日(774年11月11日))，岩史，角史，国史，古史，古人(国君麻呂 くにのきみまろ ㊀？)，古代(国君麻呂 くにのきみまろ)，古代普(国君麻呂 くにのきみまろ ㊀？)，古中，コン改，コン4，コン5，史人，重要，新潮，人名，世人(国中連公麻呂 くになかのむらじきみまろ)，世百(国中連公麻呂 くになかのむらじきみまろ)，全書，大百，日史，日人，美建，美術，百科，仏教，仏史，平日(㊁774)，山川小(㊀？)，歴大

**国中連公麻呂 くになかのむらじきみまろ**
→国中公麻呂(くになかのきみまろ)

**国君麻呂 くにのきみまろ**
→国中公麻呂(くになかのきみまろ)

**久邇宮朝彦**(久邇宮朝彦親王) **くにのみやあさひこ**
→朝彦親王(あさひこしんのう)

**久邇宮朝彦親王 くにのみやあさひこしんのう**
→朝彦親王(あさひこしんのう)

**国造清孝 くにのみやつこきよたか**
？ 〜興国4/康永2(1343)年 ㊔出雲清孝(いずものきよのり)
鎌倉時代後期〜南北朝時代の神職、出雲国造。
¶諸系(出雲清孝 いずものきよのり)，人名，日人(出雲清孝 いずものきよのり)

**国造孝時 くにのみやつこたかとき**
鎌倉時代後期〜南北朝時代の神職。
¶人名

**国造孝房 くにのみやつこたかふさ**
鎌倉時代前期の神職。
¶人名

**国光順豊 くにみつじゅんぼう**
？ 〜昭和17(1942)年
明治期の僧侶。願成就寺住職。
¶社史

**国安州道 くにやすしゅうどう★**
明治23(1890)年8月28日〜昭和30(1955)年6月15日
大正・昭和期の宝蔵山重福寺住職。
¶秋田人2

**愚仁尼 ぐにんに**
生没年不詳
鎌倉時代の尼僧。
¶日人

**久野健 くのたけし**
大正9(1920)年4月19日〜
昭和〜平成期の美術史学者。日本彫刻史研究の基礎を築く。著書に「仏像」など。
¶現朝，現執1期，現執2期，現執3期，現情，世紀，日人

**久野弾政 くのただまさ**
生没年不詳
江戸時代中期の神道家。
¶国書

**久場カマド くばかまど**
明治6(1873)年？ 〜
昭和期の宗教団体教祖。
¶社史

**久布白落実**(久布白落實) **くぶしろおちみ**
明治15(1882)年12月16日〜昭和47(1972)年10月23日
大正〜昭和期の婦人解放運動家。廃娼運動に尽力。婦人参政権獲得期成同盟会を結成。
¶市川，岩史，海越(㊀明治15(1882)年12月6日)，海越新(㊀明治15(1882)年12月6日)，角

史，郷土群馬，キリ，近現，近史1（久布白落實），近女，熊本人，熊本百，群新百，群馬人，現朝，現情（[生]1882年12月6日），現人，国史，コン改，コン4，コン5，史人，思想史，社教，社史（[生]1882年12月6日），女運，女史，女性，女性普，新宿女，新潮（[生]明治15（1882）年12月6日），人名7，世紀，世百新，全書，渡航（久布白落実・大久保落実　くぶしろおちみ・おおくぼおちみ），日史（[生]明治15（1882）年12月6日），日人，百科，平和，マス89，明治史，履歴，履歴2，歴大

**久布白直勝** くぶしろなおかつ
明治12（1879）年2月11日～大正9（1920）年6月3日
明治～大正期の牧師。東京市民教会創立者。
¶キリ，明大1

**句仏** くぶつ
→大谷光演（おおたにこうえん）

**公方俊良** くぼうしゅんりょう
昭和16（1941）年3月20日～
昭和～平成期の僧侶。相乗宗宗務総長、国際仏教伝道学院長。
¶現執3期

**九峰恕珊** くほうにょさん
？ ～天正19（1591）年12月25日　[別]九峯如珊（きゅうほうにょさん）
安土桃山時代の曹洞宗の僧。
¶人名（九峯如珊　きゅうほうにょさん），日人（[没]1592年），仏教

**久保角太郎** くぼかくたろう
明治25（1892）年1月7日～昭和19（1944）年11月18日
昭和期の宗教家。法華信仰を学び、大日本霊友会を組織。
¶現日，コン改，コン5，史人，昭人，新潮，人名7，世紀，全書，大百，日人，仏教，仏人

**窪川旭丈** くぼかわぎょくじょう
明治7（1874）年～昭和18（1943）年
明治～昭和期の僧侶。
¶神奈川人

**久保権太夫**（久保権大夫，久保権大輔） くぼごんだゆう
元亀2（1571）年～寛永17（1640）年
安土桃山時代～江戸時代前期の茶人、禰宜。
¶人名，戦補（久保権大夫），茶道（久保権大輔）

**久保季玆**（久保季兹） くぼすえじ
→久保季玆（くぼすえしげ）

**久保季玆**（久保季玆，久保季滋） くぼすえしげ
天保1（1830）年～明治19（1886）年3月5日　[別]久保季玆（くぼすえじ），久保季兹（くぼすえじ）
江戸時代末期～明治期の国学者。大神神社大宮司、皇典講究所文学部教授。神祇官書記、宮内省御用掛などを歴任。
¶維新，江文（久保季滋），国書（[生]文政13（1830）年5月12日），コン改（久保季玆），コン改，コン4，コン5（久保季玆），コン5，神史，神人，新潮（[生]天保1（1830）年5月12日），人名（久保季玆），人名，日人，幕末（久保季玆　くぼすえじ　[生]1830年7月2日），幕末（くぼすえじ　[生]1830年7月2日），幕末大（くぼすえじ　[生]文政13（1830）年5月12日），明治史，明大2（[生]天保1（1830）年5月12日），歴大

**久保田カツ** くぼたかつ
明治42（1909）年～
昭和期の新興仏教青年同盟中央委員・婦人部責任者。
¶社史

**久保田正文** くぼたしょうぶん
明治29（1896）年～
昭和期の仏教学者。立正大学教授。
¶現執1期

**久保田日亀** くぼたにちき
天保12（1841）年～明治44（1911）年4月13日
明治期の日蓮宗僧侶。日蓮宗15代管長。
¶日人，仏教，明大1

**久保田展弘** くぼたのぶひろ
昭和16（1941）年～
昭和～平成期の宗教思想家。アジア宗教・文化研究所代表。
¶現執3期，現執4期

**窪田文治郎** くぼたぶんじろう
明治23（1890）年8月10日～昭和50（1975）年8月23日
明治～昭和期の宮大工。愛媛県無形文化財保持者（社寺の建築）。
¶愛媛，愛媛百，美建

**久保継成** くぼつぐなり
昭和11（1936）年7月24日～
昭和～平成期の宗教家。霊友会理事長、国際仏教学研究所所長。霊友会青年部長、同教団理事を経て、霊友会会長に就任。
¶現朝，現執2期，現執3期，現情，現人，世紀，日人

**久保悳鄰** くぼのりちか
安政5（1858）年～大正8（1919）年
明治～大正期の神職。東京府神職会長。東京府神職取締所長、官幣中社日枝神社宮司などを歴任。
¶神人，人名，世紀（[生]安政5（1858）年8月　[没]大正8（1919）年2月），日人，明大1（[生]安政5（1858）年8月　[没]大正8（1919）年2月）

**久保盛丸** くぼもりまる
明治25（1892）年～＊
大正～昭和期の神職。
¶愛媛（[没]昭和31（1956）年），昭人（[没]昭和30（1955）年）

**久保了寛** くぼりょうかん
文政12（1829）年～明治31（1898）年
江戸時代後期～明治期の僧。
¶日人

**熊谷可昌**　くまがいかしょう
仏画師。
¶人名，日人（生没年不詳）

**熊谷賢二**　くまがいけんじ
昭和7（1932）年〜
昭和期のキリスト教学者。
¶現執1期

**熊谷小太郎**　くまがいこたろう
元治1（1864）年〜昭和19（1944）年
江戸時代末期〜昭和期の神宮少宮司。
¶神人

**熊谷鉄太郎**　くまがいてつたろう
明治16（1883）年5月28日〜昭和54（1979）年7月11日
明治〜昭和期の盲学校教師、牧師。
¶キリ（㊤明治16（1883）年5月27日），視覚，社史，日エ

**熊谷直清**　くまがいなおきよ
文政6（1823）年〜明治38（1905）年
江戸時代末期〜明治期の神官、国学者。
¶人名，日人

**熊谷直実**　くまがいなおざね
永治1（1141）年〜承元2（1208）年9月14日　㊐熊谷直実（くまがえなおざね），平直実（たいらのなおざね），蓮生（れんじょう，れんせい）
平安時代後期〜鎌倉時代前期の武士。一の谷の戦で平敦盛を討つ。
¶朝日（㊦承元2年9月14日（1208年10月25日）），岩史，江戸，角史（㊤？），鎌倉，鎌倉新，鎌室，京都大，京都府，国史，国書（蓮生　れんせい），古人（平直実　たいらのなおざね），古中，コン改，コン4，コン5，埼玉人，埼玉百（㊤1114年），史人，重要，諸系，人書94，新潮，人名，姓氏京都，姓氏宮城，世人（㊤？），世百，全書，大百，中世，内乱（㊤保延4（1138）年），日史，日人，百科，仏教（蓮生　れんせい），平家（くまがえなおざね　㊤保延4（1138）年？　㊦建永2（1207）年？），平史（平直実　たいらのなおざね），平日（㊤1141　㊦1208），武蔵人（㊦承元1（1207）年），山川小，歴大，和歌山人

**熊谷元直**　くまがいもとなお
弘治1（1555）年〜慶長10（1605）年　㊐熊谷元直（くまがやもとなお），ベルシオル，メルキヨル，メルチョル
安土桃山時代〜江戸時代前期のキリシタン、武将、長州（萩）藩士。
¶近世，国史，コン改（㊤天文22（1553）年，（異説）1555年），コン4（㊤天文22（1553）年，（異説）1555年），コン5（㊤天文22（1553）年），史人（㊦1605年7月2日），思想史，諸系，新潮（㊦慶長10（1605）年7月2日），姓氏山口，世人（㊤天文22（1553）年，（異説）弘治1（1555）年），戦合，戦人，全戦，戦補（くまがやもとなお　㊤1556年），日人，藩臣6

**熊谷離蓋**　くまがいりがい
寛政10（1798）年〜明治19（1886）年10月1日
江戸時代後期〜明治期の僧侶。
¶真宗

**熊谷直実**　くまがえなおざね
→熊谷直実（くまがいなおざね）

**熊谷松陰**　くまがやしょういん★
文政6（1823）年10月1日〜明治38（1905）年5月17日
江戸時代末期・明治期の熊野神社の宮司。
¶秋田人2

**熊谷元直**　くまがやもとなお
→熊谷元直（くまがいもとなお）

**熊木長松**　くまきちょうまつ
天和1（1681）年〜安永4（1775）年
江戸時代前期〜中期の僧侶。
¶青森人

**熊崎とも**　くまざきとも
明治15（1882）年12月20日〜昭和50（1975）年6月21日
明治〜昭和期の小坂町の湯屋寺開基。
¶飛騨

**熊沢泰禅**　くまざわたいぜん
明治6（1873）年5月1日〜昭和43（1968）年1月7日
明治〜昭和期の曹洞宗の僧。永平寺73世、総持寺独住16世。
¶現情，人名7，世紀，日人，福井百（㊦昭和18（1943）年），仏教，仏人

**熊沢義宣**　くまざわよしのぶ
昭和4（1929）年2月27日〜
昭和〜平成期の神学者、牧師。日本組織神学会会長、東京神学大学学長。
¶現執1期，現執2期

**熊代繁里**　くましろしげさと
文政1（1818）年〜明治9（1876）年6月5日
江戸時代末期〜明治期の学者。安藤家国学教授、皇学教授。熊野本宮権宮司・中講義となる。
¶国書，人名，日人，幕末，幕末大（㊤文政1（1818）年6月），和歌山人

**熊懐行礼**　くまだきゆきあや
文化2（1805）年〜安政5（1858）年
江戸時代後期〜末期の祠官。
¶神人

**熊田良得**　くまだりょうとく
文政12（1829）年〜明治28（1895）年10月13日
江戸時代末期〜明治期の藩鍼医。幼時に痘瘡のため失明。二本松に救世軍支部をつくる。
¶長崎遊，幕末，幕末大

**熊野意宇麿**　くまのおうまろ
天保8（1837）年〜？
江戸時代後期〜末期の神職。
¶国書

**熊野季若**　くまのすえわか
大正〜昭和期の神職。

¶神人

**熊野宗純**　くまのそうじゅん
明治11（1878）年～昭和21（1946）年
明治～昭和期の宗教家。
¶山口人，山口百

**熊野比丘尼**　くまのびくに
熊野三山に属し勧進を行った女性宗教・芸能者。
¶岩史

**熊野雄七**　くまのゆうしち
嘉永5（1852）年2月15日～大正10（1921）年1月10日
明治～大正期の日本基督教会会員。明治学院幹事・教授。
¶神奈川人，神奈川百，キリ，日Y

**熊野義孝**　くまのよしたか
明治32（1899）年5月9日～昭和56（1981）年8月20日
明治～昭和期の教義学者。
¶キリ，現執1期，現情，世紀

**隅部慈明**　くまべじめい
明治14（1881）年9月19日～大正8（1919）年2月16日
明治～大正期の僧侶。
¶真宗

**久米仙人**（久米の仙人）　くめのせんにん
伝説上の仙人。
¶朝日，岩史，国史，古史，古人，古代，古代普，古中，コン改，コン4，コン5，史人，新潮，世百，全書，大百，日史（久米の仙人），百科（久米の仙人），仏教

**久米師真**　くめのもろざね
奈良時代～平安時代前期の僧侶。
¶岡山歴

**久米長稲**　くめひさいな
寛文7（1667）年～寛延2（1749）年
江戸時代前期～中期の神職。
¶国書

**久米法印**　くめほういん
生没年不詳
僧侶（真言密教）。
¶姓氏沖縄

**久米幹文**　くめもとぶみ，くめもとふみ
文政11（1828）年10月20日～明治27（1894）年11月10日
江戸時代末期～明治期の歌人、国学者。東京大学講師、第一高等中学校教授。保守系の歌文学会（大八洲学会）の会主となり、古典派歌人として重きをなした。
¶維新，江文，国書，史研，神史，神人，人名，日人，幕末，幕末大，百科（くめもとふみ），明大2

**雲居玄導**　くもいげんどう
文政12（1829）年～明治44（1911）年
江戸時代末期～明治期の僧侶。
¶神奈川人

**雲井玄明**　くもいげんみょう
天保9（1838）年～明治10（1877）年9月1日
江戸時代後期～明治期の高野山真言宗の僧侶。
¶岡山歴

**雲井昭善**　くもいしょうぜん
大正4（1915）年12月24日～
昭和～平成期のインド哲学者、仏教学者。大谷大学教授。
¶現執1期，現執2期，現情，世紀

**雲出鶴太郎**　くもいでつるたろう
生没年不詳
明治期の大住郡八幡村八幡大明神神主。
¶神奈川人

**雲井春影**　くもいはるかげ
江戸時代末期～明治期の僧侶。元興福寺学侶・春日大社新社司。
¶華請

**愚蒙**　ぐもう
[別]祐海（ゆうかい）
江戸時代中期の浄土宗の僧。
¶国書（祐海　ゆうかい　[生]天和2（1682）年　[没]宝暦10（1760）年1月2日），人名（[生]1683年　[没]1761年），日人（[生]1683年　[没]1761年），仏教（[生]天和2（1682）年　[没]宝暦10（1760）年1月2日）

**公文名永護**　くもなえいご
文化9（1812）年～明治25（1892）年2月17日
江戸時代後期～明治期の僧侶。
¶真宗（[生]文化9（1812）年7月17日），富山百

**雲山竜珠**　くもやまりゅうじゅ
明治5（1872）年3月10日～昭和31（1956）年11月8日
明治～昭和期の僧侶。
¶真宗

**久山宗彦**　くやまむねひこ
昭和14（1939）年8月31日～
昭和～平成期の宗教学者。法政大学教授。
¶現執1期，現執3期

**久山康**　くやまやすし
大正4（1915）年8月12日～平成6（1994）年12月30日
昭和～平成期の哲学者。関西学院院長。
¶キリ，現執1期，現情，世紀

**愚有**　ぐゆう
生没年不詳
江戸時代後期の曹洞宗の僧。
¶国書

**倉内松堂**　くらうちしょうどう
明治38（1905）年～平成3（1991）年
昭和～平成期の僧、臨済宗妙心寺派の元管長。
¶静岡歴，姓氏静岡

**倉沢義随** くらさわぎずい
天保3(1832)年11月24日～大正10(1921)年7月22日 [別]倉沢義随(くらさわよしゆき)
江戸時代末期～大正期の庄屋、酒造屋・神官。小野村戸長、開産社社長、矢彦神社神官などの任につく。
¶維新，神人，姓氏長野(くらさわよしゆき)，幕末，幕末大

**倉沢清也** くらさわきよなり
天保3(1832)年～大正10(1921)年
江戸時代末期～大正期の国学者、神職、開産社長。
¶長野百，長野歴

**倉沢義随** くらさわよしゆき
→倉沢義随(くらさわぎずい)

**倉島元弥** くらしまもとや
明治7(1874)年～昭和33(1958)年
明治～昭和期の宗教家、「仏都新報」社長。
¶姓氏長野，長野歴

**倉田績** くらたいさお
文政10(1827)年7月20日～大正8(1919)年4月2日 [別]倉田績(くらたつむぐ)，倉田柚岡(くらたゆうこう)
江戸時代末期～大正期の陽明学者、神職。竈山神社宮司。陽明学の塾を開き多くの弟子を育てる。
¶国書，神人，人名(倉田柚岡　くらたゆうこう)，図人(くらたつむぐ)，日人(倉田柚岡　くらたゆうこう)，幕末(くらたつむぐ)，幕末大(くらたつむぐ)，和歌山人(くらたつむぐ)

**蔵田蔵** くらたおさむ
明治40(1907)年8月8日～昭和49(1974)年10月13日
昭和期の美術史学者。奈良国立博物館長。仏教美術・日本金工史を研究。
¶現執1期，現情，考古，史研，人名7，世紀，日人

**倉田為吉** くらたためきち
弘化3(1846)年～明治13(1880)年
江戸時代後期～明治期の修験者、有明山の開祖。
¶姓氏長野，長野歴

**倉田績** くらたつむぐ
→倉田績(くらたいさお)

**倉谷哲僧** くらたにてっそう
享和2(1802)年～明治16(1883)年7月20日
江戸時代後期～明治期の僧侶。
¶真宗

**倉田柚岡** くらたゆうこう
→倉田績(くらたいさお)

**鞍作止利**(鞍作鳥) くらつくりとり
→鞍作鳥(くらつくりのとり)

**鞍部司馬達等** くらつくりのしばたっと
→司馬達等(しばたっと)

**鞍部村主司馬達等** くらつくりのすぐりしばたっと
→司馬達等(しばたっと)

**鞍作多須奈**(鞍部多須奈) くらつくりのたすな
生没年不詳 [別]徳斎(とくさい)，徳斉(とくさい，とくせい)
飛鳥時代の仏師、僧。
¶朝日，岩史，国史，古史，古代(鞍部多須奈)，古代普(鞍部多須奈)，古中，古物，コン改，コン4，コン5，史人，新潮，世人，日人，美建，飛驒，仏史

**鞍作徳積**(鞍部徳積) くらつくりのとくしゃく
→徳積(とくしゃく)

**鞍作鳥**(鞍作止利) くらつくりのとり
生没年不詳 [別]鞍作止利(くらつくりとり)，鞍作鳥(くらつくりとり)，止利(とり)，止利仏師(とりぶっし)
飛鳥時代の仏師。止利派の祖。
¶朝日，岩史，大阪人(鞍作止利　くらつくりとり)，角史(鞍作止利)，国史，古史，古人，古代，古代普，古中，古物，コン改，コン4，コン5，史人，重要，新潮(鞍作止利)，人名(くらつくりとり)，世人(鞍作止利)，全書(止利仏師　とりぶっし)，対外，大百(止利仏師　とりぶっし)，日史(鞍作止利)，日人，美建，飛驒，百科(鞍作止利)，仏教(鞍作止利)，仏史，仏人(止利　とり)，平日(鞍作止利)，山川小，歴大(止利仏師　とりぶっし)

**倉八隣** くらはちとなり
明治期の神職。
¶神人

**倉持治休** くらもちじきゅう
明治期の神道家。
¶明治史

**倉持秀峰** くらもちしゅうほう
明治24(1891)年8月～昭和47(1972)年3月2日
大正～昭和期の真言宗智山派僧侶。真言宗智山派管長、全日本仏教会副会長、智山中学校長。
¶埼玉人，埼玉百，世紀，日人，仏人

**蔵本イト** くらもといと
明治28(1895)年4月10日～昭和60(1985)年5月12日
昭和期の宗教家。福岡県宮地岳神社参拝の際に神威を受け、天壌教を開教。
¶女性，女性普

**庫本恵範** くらもとけいはん
文化1(1804)年～明治21(1888)年
江戸時代末期～明治期の僧侶。
¶人名，日人，明大1([没]明治21(1888)年12月25日)

**栗木峯隆** くりきみねたか
生没年不詳
江戸時代中期の神職・国学者。
¶国書

**栗太恵成** くりたえじょう
大正～昭和期の僧侶。
¶真宗

**栗田恵成** くりたえせい
明治22(1889)年〜昭和21(1946)年
大正〜昭和期の僧侶。
¶姓氏愛知

**栗田寛斎** くりたかんさい
？ 〜明治31(1898)年
江戸時代末期〜明治期の神官、事業家。
¶長野歴

**栗田顕善** くりたけんぜん★
明治18(1885)年4月〜
明治〜昭和期の宗教家。旅順明照寺僧侶。
¶人満

**栗田直政** くりたなおまさ
文化4(1807)年〜明治24(1891)年10月24日
江戸時代末期〜明治期の神官、国学者。
¶国書(㊤文化4(1807)年8月20日), 姓氏愛知, 幕末, 幕末大

**栗田宣秋** くりたのりあき
生没年不詳
江戸時代後期の神職・国学者。
¶国書

**栗田土満** くりたひじまろ
元文2(1737)年〜文化8(1811)年
江戸時代中期〜後期の国学者、歌人。
¶朝日(㊦文化8年7月8日(1811年8月26日)), 国書(㊦文化8(1811)年7月8日), コン改, コン4, コン5, 静岡百, 静岡歴, 思想史, 神史, 人書94, 神人(㊦文化8(1811)年7月8日), 新潮(㊦文化8(1811)年7月8日), 人名, 姓氏静岡, 日人, 百科, 和俳

**栗本玉屑** くりのもとぎょくせつ
→玉屑(ぎょくせつ)

**栗原伊賀守** くりはらいがのかみ
安土桃山時代の北野天神社神主。もと大石道俊・太田資正、のち武蔵国滝山城主北条氏照に属した。
¶後北(伊賀守〔栗原(1)〕 いがのかみ), 埼玉人(生没年不詳)

**栗原右近** くりはらうこん
生没年不詳
明治期の大住郡今泉村白笹稲荷社神主。
¶神奈川人

**栗原耕淵** くりはらこうえん
？ 〜文政2(1819)年6月
江戸時代中期〜後期の俳人・神主。
¶埼玉人

**栗原茂景** くりはらしげかげ
寛政11(1799)年〜明治15(1882)年6月21日
江戸時代後期〜明治期の歌人。
¶埼玉人, 埼玉百

**栗原青牛** くりはらせいぎゅう
享保8(1723)年〜寛政9(1797)年1月29日
江戸時代中期の俳諧作者・神主。
¶埼玉人

**栗原宣太郎** くりはらせんたろう
元治1(1864)年〜昭和18(1943)年 ㊔栗原宣太郎(くりはらのぶたろう)
明治〜昭和期の神職・政治家。
¶神奈川人, 神人(㊦昭和10(1935)年), 姓氏神奈川(くりはらのぶたろう)

**栗原宣太郎** くりはらのぶたろう
→栗原宣太郎(くりはらせんたろう)

**栗原主水** くりはらもんど
生没年不詳
江戸時代後期の大住郡今泉村白笹稲荷社神主。
¶神奈川人

**栗原陽太郎** くりはらようたろう
明治16(1883)年〜昭和44(1969)年
明治〜昭和期の農村伝道者。中央農村教化研究所(現・農村伝道神学校)主事。
¶キリ(㊤明治16(1883)年12月17日 ㊦昭和44(1969)年8月16日), 群新百, 群馬人, 群馬百, 姓氏群馬

**栗原良介** くりはらりょうすけ
明治18(1885)年1月19日〜昭和33(1958)年1月2日
明治〜昭和期の神官。
¶埼玉人

**栗山泰音** くりやまたいおん
万延1(1860)年4月28日〜昭和12(1937)年6月2日
明治〜大正期の仏教史学者、宗政家、僧侶。総持寺独住8世。
¶昭人, 仏教, 仏人(㊦1923年), 明大2

**厨亮俊** くりやりょうしゅん
天保5(1834)年〜明治10(1877)年
明治期の天台宗の僧侶。
¶熊本人

**黒金座主(1)** くるかにじゃーし
→黒金座主(2)(くるかにじゃーしー)

**黒金座主(2)** くるかにじゃーしー
㊔黒金座主(くるかにじゃーし)
近世琉球の伝説上の悪僧。
¶朝日, コン改(くるかにじゃーし), コン4(くるかにじゃーし), コン5(くるかにじゃーし), 日人

**クルス**
天正8(1580)年〜明暦2(1656)年
安土桃山時代〜江戸時代前期の女性。キリシタン。
¶女性

**訓覇信雄** くるべしんゆう
明治39(1906)年10月8日〜平成10(1998)年7月26日 ㊔訓覇信雄(くるべのぶお)
昭和期の僧侶。東本願寺宗務総長。「家の宗教より個人の宗教へ」をモットーに教団刷新を目指す。
¶現朝, 現情, 現人(くるべのぶお), 真宗(㊦平成10(1998)年7月27日), 世紀, 日人

**訓覇信雄** くるべのぶお
→訓覇信雄（くるべしんゆう）

**車田秋次** くるまだあきじ
明治20（1887）年4月10日～
明治～昭和期の牧師。東京聖書学院院長、日本ホーリネス教団総理。
¶キリ

**来馬琢道** くるまたくどう
明治10（1877）年11月28日～昭和39（1964）年7月10日
明治～昭和期の仏教家、政治家。参議院議員。曹洞宗僧侶。雑誌「仏教」の主幹として仏教精神の鼓吹に尽力。
¶現朝，現情，コン改，コン4，コン5，人名7，世紀，政治，哲学，日人，仏教，仏人

**車館末真** くるまだてすえまさ
天明7（1787）年～明治2（1869）年2月5日
江戸時代中期～明治期の神職。
¶国書

**車戸宗功** くるまどむねいさ
天保6（1835）年～明治36（1903）年1月8日 [別]車戸宗功（くるまどむねたか）
江戸時代末期～明治期の神職。高宮神社神職。長州藩の桂小五郎等を彦根藩に紹介、両藩の意志疎通をはかった。
¶維新（くるまどむねたか），人名，日人，幕末（くるまどむねたか），幕末大（くるまどむねたか [生]天保6（1835）年2月10日），明大1（[生]天保6（1835）年2月10日）

**車戸宗功** くるまどむねたか
→車戸宗功（くるまどむねいさ）

**来宮法山** くるみやほうさん
大正15（1926）年8月～
昭和～平成期の宗教団体役員、著述家。六燿会理事長。
¶現執3期

**伎人戒心** くれどかいしん
天保10（1839）年2月12日～大正9（1920）年11月16日
江戸時代末期～大正期の高野山真言宗学僧。河内高貴寺9世。
¶仏教

**榑林皓堂** くればやしこうどう
明治26（1893）年10月1日～昭和63（1988）年1月6日
大正～昭和期の宗学者、曹洞宗僧侶。駒沢大学総長。
¶現執1期，静岡歴（[没]昭和62（1987）年），姓氏静岡，仏教

**黒井蓮渓** くろいれんけい
嘉永4（1851）年1月1日～大正13（1924）年3月23日
明治～大正期の詩僧。
¶岡山歴

**黒神直臣** くろかみなおおみ
天保6（1835）年～明治15（1882）年
江戸時代後期～明治期の神官。
¶山口百

**黒神直民** くろかみなおたみ
寛政6（1794）年12月～明治7（1874）年3月11日
江戸時代末期～明治期の遠石八幡大宮司。
¶国書，姓氏山口，幕末（[生]1795年），幕末大（[生]寛政6（1795）年12月），山口百

**黒神直宣** くろかみなおのぶ
生没年不詳
江戸時代前期～中期の神職。
¶国書

**黒神直久** くろかみなおひさ
明治40（1907）年～昭和62（1987）年
昭和期の徳山市長、神官。
¶山口人

**黒川勝清** くろかわかつきよ
安永9（1780）年～安政3（1856）年6月7日
江戸時代中期～末期の神職。
¶国書

**縮川涀城** くろかわけんじょう
明治23（1890）年6月3日～昭和38（1963）年6月9日
大正～昭和期の宗教家。
¶島根人（[生]明治24（1891）年），島根百，島根歴

**黒川寿庵** くろかわじゅあん
？ ～元禄10（1697）年
江戸時代前期の伝道師。
¶コン改，コン4，コン5，新潮（[没]元禄10（1697）年8月18日），人名，日人

**黒川豊麿** くろかわとよまろ
天保13（1842）年～明治37（1904）年
江戸時代後期～明治期の壬生・雄琴神社神官、利鎌隊々長。
¶栃木歴

**黒川松王** くろかわまつおう
生没年不詳
江戸時代後期の鎌倉鶴岡八幡宮の巫女。
¶神奈川人

**黒木内海** くろきうつみ
天保3（1832）年～大正8（1919）年1月25日
江戸時代後期～大正期の神職。
¶神人

**黒木茂矩** くろきしげのり
天保3（1832）年～明治38（1905）年9月26日
江戸時代末期～明治期の国学者。高松藩講道館皇学寮教授、金比羅宮禰宜。漢詩・和歌に長ず。
¶維新，人名，日人，幕末，幕末大，明大2（[生]天保3（1832）年9月11日）

**黒木千尋** くろきちひろ
明治3（1870）年～
明治期の神道家。神宮皇学館教授。
¶神人

**黒木徳次郎** くろきとくじろう
安政3（1856）年～昭和15（1940）年　[別]黒木徳次郎（きろきとくじろう）
明治～昭和期の宮大工。
¶大分歴（きろきとくじろう），美建

**黒鍬谷の亀治** くろくわだにのかめじ
江戸時代中期の念仏乞食。
¶江戸

**黒阪昌芳** くろさかまさたか
→黒阪昌芳（くろさかまさよし）

**黒阪昌芳** くろさかまさよし
文化13（1816）年～明治37（1904）年　[別]黒阪昌芳（くろさかまさたか）
江戸時代末期～明治期の神職。
¶人名（くろさかまさたか），日人

**黒崎幸吉** くろさきこうきち
明治19（1886）年5月2日～昭和45（1970）年6月6日
大正～昭和期の無教会主義キリスト教伝道者。内村鑑三門下。個人雑誌「永遠の命」を刊行。
¶現朝，現執1期，現情，コン改，コン4，コン5，庄内（[生]明治19（1886）年5月），新潮，世紀，世百新，全書，日史，日人，百科，兵庫百，平和，山形百，履歴，履歴2

**黒崎禅翁** くろさきぜんおう
明治3（1870）年～昭和18（1943）年
明治～昭和期の僧。雲竜寺住職。
¶群馬人

**黒崎登喜寿** くろさきときじゅ
安政1（1854）年～
明治期の神職。
¶神人

**黒沢覚堂** くろさわがくどう
明治11（1878）年～昭和18（1943）年
明治～昭和期の幼児教育者、僧。光明山善導寺第29世。
¶姓氏岩手

**黒沢忠栄** くろさわちゅうえい★
生没年不詳
江戸時代中期の神道家。
¶秋田人2

**黒沢広忠** くろさわひろただ
慶長16（1611）年～延宝6（1678）年1月16日
江戸時代前期の神道家。
¶神人

**黒沢道毅** くろさわみちたけ★
～明治17（1884）年
明治期の祠官。
¶秋田人2

**黒住宗篤** くろずみむねあつ
嘉永1（1848）年6月21日～明治22（1889）年9月27日
江戸時代末期～明治期の黒住教第3代教主。神道黒住派として別派独立し、初代管長。
¶維新，岡山人，岡山百，岡山歴，神人，人名（[生]？），日人，幕末，幕末大，明大1

**黒住宗和** くろずみむねかず
明治38（1905）年11月1日～昭和48（1973）年5月13日
昭和期の神道家。黒住教第5代管長、教主。社会福祉活動を積極的に行い、天心寮、旭川児童院を設立。
¶岡山人，現情，新潮，人名7，世紀，日人

**黒住宗忠** くろずみむねただ
安永9（1780）年11月26日～嘉永3（1850）年2月25日
江戸時代後期の神道家、黒住教の教祖。
¶朝日（[生]安永9年11月26日（1780年12月21日）[没]嘉永3年2月25日（1850年3月7日）），維新，江人，岡山，岡山人，岡山百，岡山歴，角史，近世，国史，国書，コン改，コン4，コン5，史人，思想史，重要，神史，人書94，神人，新潮，人名，姓氏京都，世人，全書，大百，日思，日史，日人，幕末大，百科，山川小

**黒住宗子** くろずみむねちか
→黒住宗子（くろずみむねやす）

**黒住宗信** くろずみむねのぶ
文政5（1822）年～安政3（1856）年9月5日
江戸時代末期の黒住教第2世の祖。
¶岡山人，岡山百，岡山歴（[生]文政5（1822）年6月21日），人名，日人

**黒住宗晴** くろずみむねはる
昭和12（1937）年9月18日～
昭和～平成期の宗教家。黒住教6代目教主。
¶現情

**黒住宗子** くろずみむねやす
明治9（1876）年11月28日～昭和11（1936）年7月9日　[別]黒住宗子（くろずみむねちか）
明治～大正期の教派神道家。黒住教の管長。天皇制下における教団組織の整備にあたった。
¶岡山人，コン改（くろずみむねちか），コン5（くろずみむねちか），神人，人名（くろずみむねちか），世紀，日人，明大1

**黒瀬益弘** くろせますひろ
→度会益弘（わたらいますひろ）

**黒瀬可弘** くろせよしひろ
享保16（1731）年～文政3（1820）年6月3日
江戸時代中期～後期の神職。
¶国書

**黒田清兼** くろだきよかね
～大正4（1915）年
明治～大正期の神職。
¶神人

**黒田真洞** くろだしんとう，くろだしんどう
安政2（1855）年2月15日～大正5（1916）年1月25日
明治～大正期の浄土宗僧侶。宗教大学学長。
¶世紀，日人，仏人（くろだしんどう），明大2

**黒田晴嵐** くろだせいらん
明治32(1899)年2月16日〜昭和20(1945)年2月16日
大正〜昭和期の舞踊家。
¶新芸，福岡百

**黒田寿郎** くろだとしお
昭和8(1933)年8月27日〜
昭和〜平成期のイスラム学者。国際大学教授。
¶現執1期，現執2期，現執3期，現執4期，現情，世紀

**黒谷上人** くろだにしょうにん
? 〜大治4(1129)年2月15日
平安時代後期の比叡山延暦寺の高僧。
¶岡山歴

**黒田平左衛門** くろだへいざえもん
? 〜寛永1(1624)年
江戸時代前期のキリシタン、殉教者。
¶人名

**黒丸寛之** くろまるかんじ
昭和5(1930)年〜
昭和期の仏教学者。駒沢大学教授。
¶現執1期

**桑門秀我** くわかどしゅうが
安政6(1859)年〜*
明治〜昭和期の浄土宗僧侶。宗教大学教授。
¶島根人([没]昭和13(1938)年)，島根百([没]昭和14(1939)年)，島根歴([没]昭和13(1938)年)，仏人([没]1939年)

**桑沢正方** くわさわまさかた
宝暦4(1754)年〜文政11(1828)年7月9日
江戸時代中期〜後期の神道家。
¶国書

**桑島光山** くわじまこうざん
文化14(1817)年〜明治15(1882)年8月13日
江戸時代末期・明治期の僧。龍沢山祥雲寺第18代住職。
¶町田歴

**桑田佑賢** くわだいうけん
文政3(1820)年〜明治39(1906)年
江戸時代後期〜明治期の宗教家。
¶多摩

**桑田永覚** くわたえいかく
天保2(1831)年〜明治28(1895)年4月6日
江戸時代末期〜明治期の学者。眼病のため失明。最福寺内に学舎摂心斎を建設。
¶神奈川人，姓氏神奈川，幕末，幕末大

**桑田寛随** くわだかんずい
慶応3(1867)年9月1日〜昭和14(1939)年5月20日
明治〜昭和期の僧。
¶昭人，世紀，日人

**桑田秀延** くわだしゅうえん
→桑田秀延(くわだひでのぶ)

**桑谷観宇** くわたにかんう
明治39(1906)年9月1日〜?
大正〜昭和期の僧侶。
¶真宗

**桑田秀延** くわだひでのぶ，くわたひでのぶ
明治28(1895)年2月28日〜昭和50(1975)年4月16日 [別]桑田秀延(くわだしゅうえん)
明治〜昭和期の神学者、教育家。東京神学大学学長、フェリス女学院院長。「基督教神学概論」で神学思想を体系化。
¶香川人(くわたひでのぶ)，香川百(くわたひでのぶ)，神奈川人(くわたひでのぶ)，キリ([没]昭和50(1975)年4月10日)，現情，人名7，世紀，哲学(くわだしゅうえん)，日人(くわたひでのぶ)

**桑月信天** くわづきしんてん
明治28(1895)年11月2日〜昭和12(1937)年10月18日
大正・昭和期の僧。本光寺副住職。
¶飛騨

**桑名休務** くわなきゅうむ
元和1(1615)年〜天和1(1681)年
江戸時代前期のキリシタン。
¶人名

**桑名古庵** くわなこあん
慶長12(1607)年〜元禄2(1689)年
江戸時代前期の医師、キリシタン。
¶高知人，高知百，人名，日人([没]1690年)

**桑幡公幸** くわはたきみゆき
安政3(1856)年〜昭和6(1931)年
明治〜昭和期の神職、書家。
¶世紀([生]安政3(1856)年7月20日 [没]昭和6(1931)年12月16日)，姓氏鹿児島，日人

**桑原義顕** くわはらぎけん
明治13(1880)年11月21日〜明治43(1910)年10月19日
明治期の僧侶。龍巌寺住職。
¶社史

**桑原真清** くわばらさねきよ
→桑原真清(くわばらまきよ)

**桑原自彊** くわばらじきょう
明治33(1900)年2月5日〜昭和63(1988)年1月17日
大正〜昭和期の僧侶、口演童話家。
¶日児

**桑原重夫** くわばらしげお
大正15(1926)年3月29日〜
昭和期の牧師。日本基督教団社会委員長、日本基督教団出版局理事。
¶現執2期

**桑原至道** くわばらしどう
明治18(1885)年〜昭和22(1947)年
明治〜昭和期の僧。西幡豆安泰寺の住職。

¶姓氏愛知

**桑原泉寿院** くわはらせんじゅいん
江戸時代後期の山伏。
¶姓氏鹿児島

**桑原楯雄** くわばらたてお
嘉永4(1851)年～大正7(1918)年
江戸時代末期～大正期の志士。
¶人名(㉝?),日人,明大1(㉑嘉永4(1851)年10月　㉝大正7(1918)年4月10日)

**桑原俊郎** くわばらとしろう
明治6(1873)年4月20日～明治39(1906)年3月9日
明治期の宗教家、霊術家。催眠術を治療術・精神療法へ転換。精神哲学を提唱。
¶朝日,明大2

**桑原弘雄** くわばらひろお
生没年不詳
江戸時代中期の神道家。
¶国書

**桑原真清** くわばらまきよ
文政4(1821)年～明治36(1903)年　㊀桑原真清(くわばらさねきよ,くわばらますが)
江戸時代末期～明治期の神主、報国隊士。
¶維新,国書(くわばらますが　㉑文政4(1821)年3月20日　㉝明治36(1903)年2月5日),静岡歴,神人(くわばらさねきよ　㉑文政3(1820)年),人名(くわばらさねきよ　㉑1820年),姓氏静岡,日人

**桑原真清** くわばらますが
→桑原真清(くわばらまきよ)

**桑原芳樹** くわばらよしき
文久1(1861)年～昭和18(1943)年3月21日
江戸時代末期～昭和期の神職。
¶神人

**桑本真定** くわもとしんじょう
嘉永5(1852)年12月～大正6(1917)年7月23日
江戸時代末期～大正期の声明家。
¶日音

**桑山新右衛門** くわやましんえもん
生没年不詳
安土桃山時代の宮大工。
¶飛驒

**訓営** くんえい
元中3/至徳3(1386)年～文安4(1447)年7月2日
南北朝時代～室町時代の法相宗の僧。
¶国書

**訓円** くんえん
生没年不詳
江戸時代前期の法相宗の僧。
¶国書

**訓海** くんかい
生没年不詳
室町時代の僧侶。
¶国書

**訓公** くんこう
?　～永正17(1520)年8月15日
戦国時代の僧。
¶戦人,仏教

**郡司幹雄** ぐんじみきお
大正11(1922)年～
昭和期の古美術研究家・神官。
¶郷土千葉

**軍多利淡路** ぐんだりあわじ
生没年不詳
江戸時代後期の愛甲郡上古沢村五頭稲荷社祠官。
¶神奈川人

**軍荼利日向介** ぐんだりひゅうがのすけ
生没年不詳
江戸時代後期の津久井県佐野川村式内社石楯尾神社の神主。
¶神奈川人

**薫的** くんてき
寛永2(1625)年～寛文11(1671)年
江戸時代前期の曹洞宗の僧。瑞応寺の住職。
¶朝日,高知人,高知百,コン改,コン4,コン5,新潮,日人,藩臣6

**薫動** くんどう
生没年不詳
江戸時代中期の曹洞宗の僧。
¶国書

**薫誉養国** くんよようこく★
～宝暦11(1761)年
江戸時代中期の勧進僧。鎌倉大仏を復興した。
¶江神奈

## 【け】

**希庵玄密** けあんげんみつ
～元亀3(1572)年11月26日
安土桃山時代の僧。萩原町の禅昌寺4世。
¶飛驒

**解意阿** げいあ
生没年不詳
鎌倉時代前期の時宗の僧。
¶国史,古中,新潮,日人,仏教(㉑建永1(1206)年　㉝永仁1(1293)年),仏史

**景愛** けいあい
江戸時代の尼僧。
¶人名

**慶安**(1) けいあん
安土桃山時代の医師、キリシタン。
¶人名,日人(生没年不詳)

**慶安**(2) けいあん
→源慶安(みなもとよしやす)

け

**桂庵** けいあん
→桂庵玄樹（けいあんげんじゅ）

**圭庵伊白** けいあんいはく
？　～天文7（1538）年
戦国時代の曹洞宗の僧。
¶日人，仏教（㊀天文7（1538）年1月9日，（異説）5月9日）

**桂庵玄樹** けいあんげんじゅ
応永34（1427）年～永正5（1508）年6月15日　㊀桂庵（けいあん），玄樹（げんじゅ），伊地知佐衛門尉重貞（いぢちさえもんのじょうしげさだ），伊地知左衛門尉重貞（いじちさえもんのじょうしげさだ），島隠（とういん）
室町時代～戦国時代の臨済宗の僧。薩南学派の祖。
¶朝日（㊀永正5年6月15日（1508年7月12日）），岩史，鹿児島百，角史，鎌室，国史，国書，古中，コン改，コン4，コン5，薩摩，詩歌，史人，思想史，重要，新潮，人名，姓氏鹿児島，姓氏山口（㊀1507年），世人，世百（桂庵　けいあん），全書，戦人（玄樹　げんじゅ），対外，大百，中世，日史，日人，百科，仏教，仏史，仏人（玄樹　げんじゅ），平日（㊀1427　㊀1508），室町，名僧，山川小，歴大，和俳

**慶意** けいい
寛弘3（1006）年～治暦3（1067）年　㊀慶意（きょうい）
平安時代中期の天台宗の僧。
¶国書（㊀治暦3（1067）年2月30日），古人（きょうい），人名（きょうい），日人，仏教（㊀？），平史（きょうい）

**慶怡** けいい
生没年不詳
鎌倉時代の天台宗の僧。
¶仏教

**景筠玄洪** けいいんげんこう
生没年不詳
戦国時代の臨済宗の僧。
¶仏教

**桂隠宗仙** けいいんそうせん
寛文1（1661）年～元文6（1741）年1月2日
江戸時代中期の臨済宗の僧。大徳寺284世。
¶仏教

**慶運**(1)（慶雲） けいうん
生没年不詳　㊀慶雲（きょううん）
南北朝時代の歌人。父は法印浄弁。
¶朝日（㊀永仁年間（1293～1299年）？　㊀応安2/正平24（1369）年6月以降），角史，鎌室（慶雲　きょううん），鎌室（慶雲），国史，国書，コン改，コン4，コン5，詩歌（慶雲　きょううん），詩作（㊀正平24/応安2（1369）年頃），史人，新潮（㊀応安2/正平24（1369）年頃），人名（慶雲　きょううん），世人，日史，日人（㊀1369年頃），日文（慶雲），俳句，百科，仏教，歴大，和俳

**慶運**(2) けいうん
生没年不詳
安土桃山時代～江戸時代前期の真言宗の僧。
¶国書

**慶運**(3)（慶雲） けいうん
寛文3（1663）年～享保14（1729）年
江戸時代前期～中期の天台宗の僧、善光寺金堂の再建者。
¶郷土長野（慶雲），姓氏長野，長野百（慶雲），長野歴

**慶雲**(1) けいうん
生没年不詳
江戸時代中期の天台宗の僧。
¶国書

**慶雲**(2) けいうん
生没年不詳
江戸時代中期の浄土真宗の僧。
¶国書，古中

**敬運** けいうん
？　～天保6（1835）年
江戸時代後期の僧。
¶茶道

**慶雲海量** けいうんかいりょう
天保4（1833）年～明治33（1900）年10月9日
江戸時代末期～明治期の新義真言宗僧侶。豊山派管長、伝法院（根来寺）座主。
¶仏教，仏人，明大1

**景恵** けいえ
生没年不詳
戦国時代～安土桃山時代の真言宗の僧・連歌作者。
¶国書

**慶円**(1) けいえん
天慶7（944）年～寛仁3（1019）年9月3日　㊀慶円（きょうえん）
平安時代中期の天台宗の僧。天台座主24世。
¶国書（きょうえん），古人（きょうえん），日人，仏教（㊀天慶7（944）年，（異説）天慶9（946）年），平史（きょうえん）

**慶円**(2) けいえん
生没年不詳　㊀慶円（きょうえん）
平安時代後期の仏師。
¶古人（きょうえん），姓氏長野，長野歴，美建（きょうえん），平史（きょうえん）

**慶延** けいえん
天養1（1144）年～文治2（1186）年4月8日　㊀慶延（きょうえん）
平安時代後期の真言宗の僧。
¶国書（生没年不詳），古人（きょうえん），平史（きょうえん　生没年不詳），密教（㊀1144年以前　㊀1186年4月8日以後）

**慶往** けいおう
生没年不詳
江戸時代中期の浄土真宗の僧。
¶国書

**慶屋定紹** けいおくじょうしょう
延元4/暦応2(1339)年～応永14(1407)年　[別]慶屋定紹(きょうおくじょうしょう)
南北朝時代～室町時代の僧。
¶鎌室，人名(きょうおくじょうしょう)，姓氏山口([生]？　[没]1405年)，日人，仏教([没]応永14(1407)年6月20日)



**契雅** けいが
生没年不詳
戦国時代～安土桃山時代の天台宗の僧・連歌作者。
¶国書

**景雅** けいが
康和5(1103)年～文治1(1185)年11月30日
平安時代後期の華厳宗の僧。
¶国書，古人，仏教，平史(生没年不詳)

**圭海** けいかい
寛永9(1632)年～元禄7(1694)年1月23日
江戸時代前期～中期の僧侶。
¶庄内

**景戒** けいかい
生没年不詳　[別]景戒(きょうかい)
平安時代前期の僧。日本最初の仏教説話集である「日本霊異記」の著者。
¶朝日(きょうかい)，国史，国書(きょうかい)，古人，古代，古代普，古中，コン改(きょうかい)，コン4(きょうかい)，コン5(きょうかい)，史人(きょうかい)，思想史(きょうかい)，重要，人書94(きょうかい)，新潮，人名，世人，世百([生]782年　[没]825年)，日史，日人，日文，百科，仏教，仏史，平史，名僧，山川小(きょうかい)，歴大

**経覚** けいかく
→経覚(2)(きょうかく)

**敬学** けいがく
明治10(1877)年～昭和32(1957)年　[別]敬学(きょうがく)
明治～昭和期の僧。臨済宗向獄寺派管長。
¶島根人(きょうがく)，島根歴

**雞岳** けいがく
永仁5(1297)年～応永9(1402)年8月8日
鎌倉時代後期～室町時代の僧侶。
¶山梨百

**圭岳珠白** けいがくしゅはく
？～天正16(1588)年
室町時代の曹洞宗の僧。
¶人名，日人，仏教(生没年不詳)

**慶閑** けいかん
慶長14(1609)年～承応2(1653)年4月19日
江戸時代前期の浄土宗の僧。
¶仏教

**慶巌**(慶岩) けいがん
→慶岩(きょうがん)

**景巌** けいがん
生没年不詳
安土桃山時代の真言宗の僧。
¶国書

**冏鑑** げいかん
承応2(1653)年～享保17(1732)年12月5日
江戸時代前期～中期の浄土宗の僧。鎌倉光明寺58世、増上寺39世。
¶国書，仏教

**桂巌英昌** けいがんえいしょう
元亨1(1321)年～応永19(1412)年7月10日
南北朝時代～室町時代の曹洞宗の僧。
¶国書，人名，日人，仏教

**桂巌慧芳**(桂巌慧方) けいがんえほう
？～天文15(1546)年
戦国時代の曹洞宗の僧。
¶人名(桂巌慧方)，日人，仏教([没]天文15(1546)年8月28日)

**勁巌珠端** けいがんしゅたん
生没年不詳
室町時代の曹洞宗の僧。
¶仏教

**桂岩徳芳** けいがんとくほう
戦国時代の臨済宗円蔵院2世住職。
¶武田

**桂巌明幢** けいがんみょうどう
寛永4(1627)年1月15日～宝永7(1710)年3月6日
江戸時代前期～中期の黄檗宗の僧。
¶黄檗，国書

**渓関濂** けいかんれん
生没年不詳
戦国時代の臨済宗の僧。
¶仏教

**敬己** けいき
？～宝暦6(1756)年　[別]敬己(きょうき)
江戸時代中期の天台宗の僧。
¶人名(きょうき)，日人，仏教([没]宝暦6(1756)年4月14日)

**慶宜** けいぎ
寛永16(1639)年～元禄13(1700)年7月11日
江戸時代前期～中期の新義真言宗智山派の声明家。
¶国書(生没年不詳)，日音

**慶義** けいぎ
生没年不詳
江戸時代後期の真言宗の僧。
¶国書

**奚疑** けいぎ★
～明治14(1881)年2月8日
明治期の僧。秋田市鱗勝院24世。
¶秋田人2

**景玖** けいきゅう
生没年不詳

戦国時代の天台宗の僧。
¶国書

**慶経** けいきょう
生没年不詳
平安時代後期の天台宗の僧・歌人。
¶国書

**圭賢** けいけん
寛文9(1669)年～寛延2(1749)年9月23日
江戸時代中期の新義真言宗の僧。長谷寺23世。
¶仏教，仏人

**慶憲** けいけん
生没年不詳
江戸時代前期の天台宗の僧。
¶国書

**慶源(1)** けいげん
生没年不詳
室町時代の僧侶・歌人。
¶国書

**慶源(2)** けいげん
生没年不詳
戦国時代の仏師。
¶姓氏神奈川，戦辞，美建

**慶源(3)** けいげん
生没年不詳
戦国時代の天台宗の僧。
¶国書

**経厳** けいげん
？～正平8/文和2(1353)年 ㊗経厳(きょうごん)
鎌倉時代後期～南北朝時代の僧。
¶鎌室(㊀貞和2/正平1(1346)年)，諸系(きょうごん)，日人(きょうごん)，仏教(きょうごん生没年不詳)

**桂悟** けいご
→了庵桂悟(りょうあんけいご)

**慶幸** けいこう
？～承久2(1220)年
鎌倉時代前期の僧。
¶鎌室，日人

**敬光** けいこう
元文5(1740)年～寛政7(1795)年8月22日 ㊗敬光(きょうこう)
江戸時代中期の天台宗の学僧。
¶近世，国史，国書，人名，日人，仏教，仏史，仏人(きょうこう)

**慶豪** けいごう
生没年不詳
南北朝時代の僧侶・連歌作者。
¶国書

**慶光院周清** けいこういんしゅうせい
→慶光院周清(けいこういんしゅせい)

**慶光院周養** けいこういんしゅうよう
→慶光院周養(けいこういんしゅよう)

**慶光院守悦** けいこういんしゅえつ
？～永正6(1509)年 ㊗慶光院守悦尼(けいこういんしゅえつに)
戦国時代の女性。尼僧。
¶朝日(生没年不詳)，女性(㊀永正6(1509)年7月18日)，神人，人名，日人(慶光院守悦尼 けいこういんしゅえつに)，三重続

**慶光院守悦尼** けいこういんしゅえつに
→慶光院守悦(けいこういんしゅえつ)

**慶光院周清** けいこういんしゅせい
？～慶安1(1648)年 ㊗慶光院周清(けいこういんしゅうせい)，慶光院周清尼(けいこういんしゅせいに)
江戸時代前期の女性。臨済宗の尼僧、慶光院5世。
¶朝日(㊀慶安1年9月2日(1648年10月18日))，近世，国史，コン改(けいこういんしゅうせい)，コン4(けいこういんしゅうせい)，コン5(けいこういんしゅうせい)，史人(㊀1648年9月2日)，女性(㊀慶安1(1648)年9月2日)，神史，新潮(けいこういんしゅうせい ㊀慶安1(1648)年9月2日)，世人，日人(慶光院周清尼 けいこういんしゅせいに)，三重続

**慶光院周清尼** けいこういんしゅせいに
→慶光院周清(けいこういんしゅせい)

**慶光院周養** けいこういんしゅよう
？～慶長16(1611)年 ㊗慶光院周養(けいこういんしゅうよう)，慶光院周養尼(けいこういんしゅようし)，周養(しゅうよう)
安土桃山時代～江戸時代前期の女性。臨済宗の尼僧、慶光院4世。
¶朝日(㊀慶長16年4月25日(1611年6月6日))，近世，国史，思想史，女性(㊀慶長16(1611)年4月26日)，神史，神人(けいこういんしゅうよう)，人名(けいこういんしゅうよう)，戦人(周養 しゅうよう)，日人(慶光院周養尼 けいこういんしゅように)，三重続

**慶光院周養尼** けいこういんしゅように
→慶光院周養(けいこういんしゅよう)

**慶光院清順** けいこういんせいじゅん
？～永禄9(1566)年4月3日 ㊗伊勢上人(いせのしょうにん)，慶光院清順尼(けいこういんせいじゅんに)，清順尼(せいじゅんに)
戦国時代の女性。臨済宗の尼僧、慶光院3世。
¶朝日(㊀永禄9年4月3日(1566年4月22日))，岩史，角史，国史，古中，コン改，コン4，コン5，史人，女性，神史，神人，新潮，人名(伊勢上人 いせのしょうにん)，人名，世人，日史，日人(慶光院清順尼 けいこういんせいじゅんに)，飛驒(㊐？)，三重続

**慶光院清順尼** けいこういんせいじゅんに
→慶光院清順(けいこういんせいじゅん)

**慶光院盈子** けいこういんみつこ
嘉永6(1853)年～昭和8(1933)年

江戸時代後期～昭和期の住職。旧慶光院住職・伏見宮邦家親王末女。
¶華請

**慶光院利敬**　けいこういんよしゆき
明治8(1875)年～昭和13(1938)年
明治～昭和期の住職。旧慶光院住職・伊勢神宮禰宜。
¶華請



**慶香省賀**　けいこうしょうが
？ ～天文19(1550)年4月5日
戦国時代の曹洞宗の僧。
¶仏教

**敬斎**　けいさい
→渡部敬斎(わたなべけいさい)

**慶讃**(1)　けいさん
生没年不詳
室町時代の天台宗の僧。
¶国書

**慶讃**(2)　けいさん
生没年不詳
江戸時代中期の僧。
¶姓氏群馬

**景賛**　けいさん
生没年不詳
戦国時代の医師、僧。
¶日人

**稽山**　けいざん
寛政7(1795)年～嘉永3(1850)年11月7日
江戸時代後期の僧侶。
¶徳島歴

**瑩山**　けいざん
→瑩山紹瑾(けいざんじょうきん)

**圭三衍藍**　けいさんえんらん
生没年不詳
江戸時代中期～後期の黄檗宗の僧。
¶黄檗，国書

**珪山際宗**　けいさんさいしゅう
寛文11(1671)年～享保11(1726)年11月1日
江戸時代中期の黄檗宗の僧。
¶黄檗

**瑩山紹瑾**　けいざんじょうきん，けいざんしょうきん
文永5(1268)年10月8日～正中2(1325)年8月15日
㊞紹瑾(しょうきん，じょうきん)，瑩山(えいざん，けいざん)，瑩山紹瑾(えいざんしょうきん，えいざんじょうきん)，常済大師(じょうさいだいし)
鎌倉時代後期の曹洞宗の僧。
¶朝日(㊤文永1(1264)年　㊦正中2年8月15日(1325年9月22日))，石川百，岩史，角史，鎌室，郷土福井(瑩山　けいざん)，国史，国書，古中，コン改，コン4，コン5，史人，思想史(㊤文永1(1264)年)，重要，人書79，人書94，新潮，人名(けいざんしょうきん)，姓氏石川，世人(えいざんじょうきん)，世人(㊦正中3(1328)年8月15日)，世百(紹瑾　じょうきん)，全書，大百，中世，徳島歴，日音，日思，日史，日人(㊤1264年，(異説)1268年)，百科(紹瑾　じょうきん)，福井百，仏教(㊤文永1(1264)年10月8日，(異説)文永5(1268)年10月8日)，仏史，仏人(瑩山　けいざん)，ふる，名僧，山川小，歴大

**珪山宗璜**　けいさんそうおう
慶長17(1612)年～元禄4(1691)年11月12日
江戸時代前期の臨済宗の僧。大徳寺206世。
¶仏教

**径山宗模**　けいさんそうも
？ ～慶応4(1868)年6月29日
江戸時代後期～末期の臨済宗の僧。
¶国書

**景茝**　けいし
→蘭坡景茝(らんぱけいし)

**慶竺**　けいじく
応永10(1403)年～長禄3(1459)年1月24日
室町時代の浄土宗の僧。知恩寺19世、知恩院21世。
¶仏教

**恵実**　けいじつ
江戸時代中期の浄土真宗の僧。
¶岡山歴

**桂質藹芳**　けいしついほう
？ ～天文7(1538)年8月22日
戦国時代の曹洞宗の僧。
¶仏教

**桂室秀芳**　けいしつしゅうほう
？ ～天文18(1549)年6月18日
戦国時代の曹洞宗の僧。
¶埼玉人

**桂室清嫩**　けいしつせいどん
？ ～元亀3(1572)年
戦国時代の禅僧。
¶長野歴

**啓室宗栄**　けいしつそうえい
慶長2(1597)年～寛文6(1666)年2月25日
江戸時代前期の臨済宗の僧。大徳寺187世。
¶仏教

**慧釈**　けいしゃく
？ ～享保5(1720)年
江戸時代前期～中期の学僧。
¶長野歴

**慶秀**(1)　けいしゅう
→慶秀(1)(きょうしゅう)

**慶秀**(2)　けいしゅう
→慶秀(2)(きょうしゅう)

**慶秀**(3)　けいしゅう
南北朝時代～室町時代の仏師。
¶美建，仏教(生没年不詳)

**慶秀**(4)　**けいしゅう**
応永6 (1399) 年～？
室町時代の天台宗の僧。
¶国書

**慶秀**(5)　**けいしゅう**
文明8 (1476) 年～永禄2 (1559) 年9月10日
戦国時代の僧。
¶戦人，仏教 (㊐永禄2 (1559) 年9月10日，(異説) 天文17 (1548) 年)

**慶秀**(6)　**けいしゅう**
永禄1 (1558) 年～慶長14 (1609) 年3月16日
戦国時代～江戸時代前期の浄土真宗の僧。
¶国書

**桂洲**　**けいしゅう**
生没年不詳
江戸時代前期の臨済宗の僧。
¶国書

**稽洲**　**けいしゅう**
生没年不詳
江戸時代後期の臨済宗の僧。
¶国書

**慶什**　**けいじゅう**
明応8 (1499) 年～？
戦国時代の天台宗の僧。
¶国書

**荊州恵文**　**けいしゅうえもん**
？ ～慶安2 (1649) 年
江戸時代前期の僧。新徳寺2世住職。
¶姓氏愛知

**慧洲上人**　**けいしゅうしょうにん**
文化3 (1806) 年～明治3 (1870) 年
江戸時代末期～明治期の僧。
¶幕末，幕末大

**桂州宗𡡉**　**けいしゅうそうらん**
延宝1 (1673) 年～享保17 (1732) 年12月19日
江戸時代中期の臨済宗の僧。大徳寺305世。
¶仏教

**桂州道倫** (桂洲道倫)　**けいしゅうどうりん**
正徳4 (1714) 年～寛政6 (1794) 年4月2日
江戸時代中期の臨済宗の僧。天竜寺221世。
¶国書 (桂洲道倫)，仏教

**稽主勲**　**けいしゅくん**
奈良時代の仏師。
¶朝日，国史 (生没年不詳)，古代，古代普，古中 (生没年不詳)，新潮 (生没年不詳)，日人 (生没年不詳)，美建，仏教

**髻珠秀岳**　**けいしゅしゅうがく**
？ ～宝暦7 (1757) 年
江戸時代中期の曹洞宗の僧。
¶国書

**慶首座**　**けいしゅそ**
安土桃山時代の禅僧。土佐国安芸浦妙山寺。
¶茶道

**慶俊**(1)　**けいしゅん**
→慶俊(1) (きょうしゅん)

**慶俊**(2)　**けいしゅん**
建久1 (1190) 年～文永3 (1266) 年12月28日　㊞慶俊 (きょうしゅん)
鎌倉時代前期の天台宗の僧。
¶仏教 (㊐文永3 (1266) 年12月28日，(異説) 文永2 (1265) 年12月28日)

け

**慶俊**(3)　**けいしゅん**
生没年不詳
安土桃山時代の僧侶。尾浦城主武藤義興の子。
¶庄内

**慶舜**　**けいしゅん**
→慶舜 (きょうしゅん)

**慶浚**　**けいしゅん**
→明叔慶浚 (みょうしゅくけいしゅん)

**慶順**(1)　**けいじゅん**
生没年不詳
室町時代の浄土宗の僧。鎌倉光明寺8世。
¶国書，仏教

**慶順**(2)　**けいじゅん**
天保14 (1843) 年～？
江戸時代後期～末期の天台宗の僧。
¶国書

**敬順**　**けいじゅん**
宝暦12 (1762) 年～天保3 (1832) 年
江戸時代中期～後期の浄土真宗の僧。
¶国書

**経尋**　**けいじゅん**
→経尋 (けいじん)

**契昭**　**けいしょう**
治承3 (1179) 年～？
平安時代後期～鎌倉時代前期の天台宗の僧。
¶国書

**敬常**　**けいじょう**
→原敬常 (はらけいじょう)

**景静**　**けいじょう**
奈良時代の僧。行基の弟子。
¶古人

**継成**　**けいじょう**
？ ～安永3 (1774) 年4月25日
江戸時代中期の浄土真宗の僧。
¶国書

**敬勝寺浄了**　**けいしょうじじょうりょう**
生没年不詳
戦国時代の僧。白川村の敬勝寺の開基。
¶飛驒

**景徐周麟**　**けいじょしゅうりん**
永享12 (1440) 年～永正15 (1518) 年3月2日　㊞周

麟（しゅうりん，しゅりん），宜竹（ぎちく）
室町時代～戦国時代の臨済宗の僧。五山官寺を司る僧録。
¶朝日（㊀永正15年3月2日（1518年4月11日）），岩史，角史，鎌室，京都，京都大，国史，国書，古中，コン改，コン4，コン5，詩歌，史人，思想史，諸系，新潮，人名，姓氏京都，世人（㊀文安3（1446）年），全書，戦人（周麟　しゅりん　㊀？），大百（㊀1446年），日史，日人，俳文，百科，仏教，仏史，名僧，歴大，和俳



**敬心　けいしん**
→敬心（きょうしん）

**景深　けいじん**
平安時代前期の僧。
¶古人，古代，古代普，日人（生没年不詳）

**経尋　けいじん**
生没年不詳　㊀経尋（きょうじん，けいじゅん）
平安時代後期の僧、仏師。
¶岡山歴（きょうじん），古人（きょうじん），徳島百（けいじゅん），徳島歴，美建（きょうじん），仏教，平史（きょうじん）

**慶政　けいせい**
文治5（1189）年～文永5（1268）年10月6日　㊀慶政（きょうせい）
鎌倉時代前期の僧、説話集編者。九条良経の子で道家の兄。
¶朝日（㊀文永5年10月6日（1268年11月11日）），国書，古人（きょうせい），史人，姓氏京都（㊀1266年），日人，日文，仏教，仏人（㊀？），平史（きょうせい），歴大

**慶清　けいせい**
生没年不詳
江戸時代前期の僧。真宗長覚寺住職。
¶和歌山人

**桂節　けいせつ**
応永8（1401）年～明応5（1496）年5月2日
室町時代～戦国時代の僧侶。
¶山梨百

**桂節宗昌　けいせつしゅうしょう**
→桂節宗昌（けいせつそうしょう）

**桂節宗昌　けいせつそうしょう**
応永8（1401）年～明応5（1496）年　㊀桂節宗昌（けいせつしゅうしょう）
室町時代の曹洞宗の僧。
¶人名（けいせつしゅうしょう），日人，仏教（㊀明応5（1496）年5月2日）

**慶暹　けいせん**
→慶暹（ぎょうせん）

**慶善(1)　けいぜん**
享禄3（1530）年～天正15（1587）年
戦国時代～安土桃山時代の僧。乗永寺11世。
¶姓氏富山

**慶善(2)　けいぜん**
慶長9（1604）年～万治1（1658）年
江戸時代前期の浄土宗の僧。
¶国書

**慶禅(1)　けいぜん**
生没年不詳
鎌倉時代の仏師。
¶鎌倉，埼玉人，美建

**慶禅(2)　けいぜん**
生没年不詳
室町時代～戦国時代の天台宗の僧。
¶国書

**慶禅(3)　けいぜん**
？　～明治14（1881）年2月1日
江戸時代末期～明治期の僧。妙高寺に入門、お馬にかんざしを買い評判、兄が引き取り禅昌寺住職と成る。
¶幕末，幕末大

**景川宗隆　けいせんしゅうりゅう**
→景川宗隆（けいせんそうりゅう）

**景川宗隆　けいせんそうりゅう**
応永32（1425）年～明応9（1500）年3月1日　㊀景川宗隆（けいせんしゅうりゅう），宗隆（そうりゅう），紹隆（しょうりゅう）
室町時代～戦国時代の僧。臨済宗竜泉派の祖。
¶鎌室，国史，国書，古中，新潮，人名（けいせんしゅうりゅう），世人，戦人（宗隆　そうりゅう），日人，仏教，仏史

**慶祚　けいそ**
天暦9（955）年～寛仁3（1019）年12月22日　㊀慶祚（きょうそ）
平安時代中期の天台宗の僧。余慶の四神足の一人。
¶朝日（㊀天暦7（953）年　㊀寛仁3年12月22日（1020年1月19日）），岩史（㊀天暦7（953）年），国史，国書，古人（きょうそ），古人，古中，コン改（きょうそ），コン4（きょうそ），コン5（きょうそ），史人，新潮（㊀天暦7（953）年，（異説）天暦9（955）年，天暦1（947）年），人名（きょうそ），日人（㊀1020年），仏教，仏史，平史（きょうそ），歴大

**慶宗　けいそう**
生没年不詳
鎌倉時代後期の僧侶・歌人。
¶国書

**慧聡　けいそう**
→鈍庵慧聡（どんあんえそう）

**桂窓　けいそう**
江戸時代末期の僧。
¶岡山人

**慶増　けいぞう**
寛仁1（1017）年～嘉承2（1107）年　㊀慶増（きょうぞう）
平安時代中期～後期の天台宗の僧。

¶国書（生没年不詳），古人（きょうぞう），平史（きょうぞう）

**慶造** けいぞう
生没年不詳
江戸時代後期の淘綾郡国府新宿六所明神社神宮。
¶神奈川人

**景聡興勗** けいそうこうぎょく，けいそうこうきょく
生没年不詳
室町時代の臨済宗の僧。
¶国書（けいそうこうきょく），仏教

**荊叟東玟** けいそうとうぶん
？～明治19（1886）年1月21日
江戸時代後期～明治期の臨済宗の僧。
¶国書

**景蘇泉首座** けいそせんしゅそ
？～明応1（1492）年
室町時代～戦国時代の画僧。
¶日人

**慶尊**(1) けいそん
→慶尊（きょうそん）

**慶尊**(2) けいそん
南北朝時代の仏師。
¶岡山歴，美建

**継尊** けいそん
生没年不詳
鎌倉時代の天台宗の僧・歌人。
¶国書

**桂潭** けいたん
宝暦12（1762）年～文政4（1821）年
江戸時代後期の浄土真宗の僧。
¶大分歴，国書（㊆文政4（1821）年6月8日），日人，仏教（生没年不詳）

**契沖** けいちゅう
寛永17（1640）年～元禄14（1701）年1月25日
㊐円珠庵契沖（えんじゅあんけいちゅう）
江戸時代前期～中期の和学者。「万葉代匠記」の著者。
¶朝日（㊆元禄14年2月25日（1701年4月3日）），岩史（㊆元禄14（1701）年2月25日），江人，大阪人，大阪墓，角史，教育，近世，国史，国書（㊤寛永17（1640）年8月），コン改，コン4，コン5，詩歌，詩作，史人（㊆1701年2月25日），思想史，重要，神史，人書94，神人（㊆元禄14（1701）年1月），新潮，新文，人名，世人，世百，全書，大百，伝記，徳川将，なにわ，日思，日史，日人，日文，百科，兵庫人（㊤寛永17（1640）年8月），兵庫百，仏教，仏史，仏人，文学，平史，平日（㊤1640 ㊆1701），山川小（㊆1701年2月25日），歴大，和俳

**契中** けいちゅう
生没年不詳
平安時代後期の天台宗の僧。
¶国書，仏教

**慶忠** けいちゅう
生没年不詳
戦国時代の仏師。
¶戦辞

**慶仲周賀**（慶中周賀） けいちゅうしゅうが
正平18/貞治2（1363）年～応永32（1425）年 ㊐慶仲周賀（きょうちゅうしゅうが）
南北朝時代～室町時代の禅僧。
¶鎌室（㊤貞治3/正平19（1364）年），人名（きょうちゅうしゅうが），日人（慶中周賀），仏教（慶中周賀 ㊆応永32（1425）年8月28日）

け

**慶朝** けいちょう
万寿4（1027）年～嘉承2（1107）年9月24日 ㊐慶朝（きょうちょう），慶明（きょうちょう）
平安時代中期～後期の天台宗の僧。天台座主38世。
¶古人（慶明 きょうちょう），仏教，平史（きょうちょう）

**慶超** けいちょう
生没年不詳
江戸時代中期の浄土真宗の僧。
¶国書

**敬長** けいちょう
→敬長（きょうちょう）

**景趙宗諗** けいちょうそうしん
？～永正17（1520）年7月5日
戦国時代の臨済宗の僧。
¶仏教

**景轍玄蘇**（景徹玄蘇） けいてつげんそ
天文6（1537）年～慶長16（1611）年 ㊐玄蘇（げんそ），中原玄蘇（なかはらげんそ），景轍（けいてつ）
安土桃山時代～江戸時代前期の外交僧。
¶朝日，岩史（㊆慶長16（1611）年10月22日），角史，近世，国史，国書（㊆慶長16（1611）年10月22日），古中，コン改（中原玄蘇 なかはらげんそ），コン4，コン4（中原玄蘇 なかはらげんそ），コン5，コン5（中原玄蘇 なかはらげんそ），史人（㊆1611年10月22日），新潮（㊆慶長16（1611）年10月22日），人名（玄蘇 げんそ），人名（中原玄蘇 なかはらげんそ），世人（中原玄蘇 なかはらげんそ），戦人（玄蘇 げんそ），対外，日人，仏教（景徹玄蘇），歴大

**慶典** けいてん
生没年不詳
戦国時代の真言宗の僧・連歌作者。
¶国書

**敬天** けいてん
*～文化14（1817）年4月12日 ㊐敬天（きょうてん），敬天律師（けいてんりっし）
江戸時代中期～後期の天台宗の僧。
¶岩手百（敬天律師 けいてんりっし ㊤1745年），国書（㊤宝暦8（1758）年），姓氏岩手（㊤1745年），仏教（きょうてん ㊤宝暦8（1758）年）

け

**継天** けいてん
元禄6(1693)年〜？
江戸時代中期の天台宗の僧。
¶国書

**慶伝** けいでん
生没年不詳
修験僧。大口村光明院開基。
¶埼玉人

**璟鈿** けいでん
奈良時代の東大寺の僧。
¶古人

**継天寿戩** けいてんじゅしん
→継天寿戩(けいてんじゅせん)

**継天寿戩** けいてんじゅせん
明応4(1495)年〜天文18(1549)年　[別]継天寿戩(けいてんじゅしん)
戦国時代の臨済宗の僧。建仁寺284世。
¶国書，人名(けいてんじゅしん)，日人，仏教

**敬天律師** けいてんりっし
→敬天(けいてん)

**慶道** けいどう
生没年不詳
安土桃山時代の浄土宗の僧。
¶神奈川人

**桂堂応物** けいどうおうぶつ
？〜嘉永1(1848)年
江戸時代後期の僧。
¶人名，日人

**桂堂瓊林** けいどうけいりん
生没年不詳
鎌倉時代後期の臨済宗の僧。
¶仏教

**桂堂原佐** けいどうげんさ
？〜文明18(1486)年1月24日
室町時代〜戦国時代の曹洞宗の僧。
¶国書，日人，仏教

**景堂玄訥** けいどうげんとつ
生没年不詳
戦国時代の僧。金山町の玉竜寺の開基。
¶飛驒

**桂堂香林** けいどうこうりん
寛永6(1629)年〜元禄4(1691)年
江戸時代前期の曹洞宗の僧。
¶人名，日人，仏教([没]元禄4(1691)年3月7日)

**慶徳家雅** けいとくいえただ
享保9(1724)年〜寛政3(1791)年8月21日
江戸時代中期〜後期の神職。
¶国書

**慶徳克明** けいとくかつあき
生没年不詳
江戸時代中期の神職。
¶国書

**恵徳上人** けいとくしょうにん
江戸時代末期の僧。八朔の発見者。
¶食文

**慶徳誠之** けいとくのぶゆき
生没年不詳
江戸時代中期の神職。
¶国書

**圭頓** けいとん
→悟宗圭頓(ごしゅうけいどん)

**景南英文** けいなんえいぶん
*〜享徳3(1454)年
南北朝時代〜室町時代の臨済宗の僧。南禅寺132世，五山文学者。
¶国書([生]貞治4(1365)年　[没]享徳3(1454)年9月23日)，仏教([生]応安5/文中1(1372)年　[没]享徳3(1454)年9月22日)

**慶日** けいにち
生没年不詳
平安時代の天台宗の僧。
¶日人，仏教

**慶忍(1)** けいにん
生没年不詳
鎌倉時代の絵仏師。長らく住吉慶恩と誤読されていた。
¶角史，鎌室，国史，国書，古中，コン改，コン4，コン5，新潮，人名，世人，茶道，日人，仏教，名画

**慶忍(2)** けいにん
→田丸慶忍(たまるきょうにん)

**慶念** けいねん
天文5(1536)年〜*　[別]慶念(きょうねん)
室町時代〜江戸時代前期の浄土真宗の僧。
¶大分歴(きょうねん　[没]慶長11(1606)年)，内乱([没]慶長16(1611)年)

**継然** けいねん
生没年不詳
鎌倉時代後期の天台宗の僧。
¶国書

**恵範(1)** けいはん
→恵範(1)(えはん)

**恵範(2)** けいはん
戦国時代の真言宗の僧。
¶国書([生]寛正2(1461)年　[没]天文6(1537)年頃)，戦辞([生]寛正2(1461)年　[没]天文6年，(異説)7年頃)，戦人([生]寛正3(1462)年　[没]天文8(1539)年)，仏教([生]寛正3(1462)年　[没]天文8(1539)年)

**慶範(1)** けいはん
長徳3(997)年〜康平4(1061)年　[別]慶範(きょうはん)
平安時代中期〜後期の僧。藤原安隆の子。

¶国書(生没年不詳), 古人(きょうはん), 日人, 平史(きょうはん)

**慶範(2)　けいはん**
久寿2(1155)年～承久3(1221)年11月1日　㊊慶範(きょうはん)
平安時代後期～鎌倉時代前期の天台宗の僧。中原致行の子。
¶国書, 古人(きょうはん), 仏教, 平史(きょうはん　生没年不詳)

**慶範(3)　けいはん**
寛永12(1635)年～元禄12(1699)年10月9日
江戸時代前期～中期の真言律宗の僧。
¶国書

**経範　けいはん**
長元4(1031)年～長治1(1104)年3月17日　㊊経範(きょうはん)
平安時代中期～後期の真言宗の僧。東大寺72世、東寺長者35世。
¶国書, 古人(きょうはん), 日人, 仏教, 平史(きょうはん)

**慶盤　けいばん**
?　～延享2(1745)年6月2日
江戸時代中期の真言宗の僧。
¶国書

**稽文会　けいぶんかい**
㊊稽文会(けいもんえ)
奈良時代の仏師。
¶古代, 古代普, 日人(けいもんえ　生没年不詳), 美建(けいもんえ)

**慶宝　けいほう**
→慶宝尼(けいほうに)

**桂鳳　けいほう**
生没年不詳
江戸時代中期の浄土宗の僧。
¶国書

**桂芳全久　けいほうぜんきゅう**
生没年不詳
江戸時代前期の臨済宗の僧。
¶国書

**敬峯宗恭　けいほうそうきょう**
?　～延享3(1746)年5月29日
江戸時代中期の臨済宗の僧。
¶国書

**慶宝尼　けいほうに**
生没年不詳　㊊慶宝(けいほう)
安土桃山時代の女性。尼僧。
¶朝日, 女史, 女性, 人名(慶宝　けいほう), 日人

**慶命　けいみょう**
康保2(965)年～長暦2(1038)年9月7日　㊊慶命(きょうみょう)
平安時代中期の天台宗の僧。天台座主27世。
¶国書, 古人(きょうみょう), 日人, 仏教, 平史(きょうみょう)

**契聞　けいもん**
→不聞契聞(ふもんかいもん)

**稽文会　けいもんえ**
→稽文会(けいぶんかい)

け

**経聞坊弘讃　けいもんぼうこうさん**
生没年不詳
室町時代の僧。白山長滝寺経聞坊。
¶飛騨

**経瑜　けいゆ**
生没年不詳
鎌倉時代の真言宗の僧。
¶仏教

**慶有　けいゆう**
生没年不詳
南北朝時代の僧侶・歌人。
¶国書

**慶祐(1)　けいゆう**
生没年不詳
戦国時代の僧侶・連歌作者。
¶国書

**慶祐(2)　けいゆう**
生没年不詳
江戸時代前期の天台宗の僧。
¶国書

**慶融　けいゆう**
生没年不詳
鎌倉時代の僧、歌人。
¶国書, 日人

**景祐　けいゆう**
生没年不詳
安土桃山時代～江戸時代前期の真言宗の僧・連歌作者。
¶国書5

**慶誉　けいよ**
?　～寛永11(1634)年7月28日
江戸時代前期の浄土宗の僧。
¶国書(生没年不詳), 仏教

**慶耀　けいよう**
→慶耀(きょうよう)

**景庸　けいよう**
→庸山景庸(ようざんけいよう)

**桂葉　けいよう**
寛永1(1624)年～宝永3(1706)年6月27日
江戸時代前期～中期の僧、歌人。
¶秋田人2, 人名, 俳文

**経誉正運　けいよしょううん**
?　～永正2(1505)年
室町時代～戦国時代の浄土宗の高僧。
¶長野歴

け

**圭立法環⑴** けいりつほうせん
→大日向大梅（おびなたたいばい）

**圭立法環⑵** けいりつほうせん
→大梅法環（たいばいほうせん）

**圭立法環** けいりゅうほうせん
→大梅法環（たいばいほうせん）

**桂林寺円乗** けいりんじえんじょう
永享6（1434）年～文亀3（1503）年3月7日
戦国時代の僧。馬瀬村の桂林寺9世。
¶飛驒

**桂林寺厳了** けいりんじげんりょう
天保8（1837）年1月8日～明治27（1894）年2月19日
江戸時代末期・明治期の僧。馬瀬村の桂林寺25世。
¶飛驒

**桂林寺静空** けいりんじじょうくう
仁平3（1153）年～建長2（1250）年7月10日
鎌倉時代前期の僧。馬瀬村の桂林寺の開基。
¶飛驒

**桂林寺了界** けいりんじりょうかい
寛延2（1749）年～寛政8（1796）年7月30日
江戸時代中期の僧。馬瀬村の桂林寺21世。
¶飛驒

**桂林崇琛** けいりんすうしん
承応2（1653）年～享保13（1728）年8月5日　㊀桂林崇琛（けいりんそうちん）
江戸時代前期～中期の臨済宗の僧。妙心寺313世。
¶黄檗（㊐承応1（1652）年），国書（けいりんそうちん），仏教

**桂林崇琛** けいりんそうちん
→桂林崇琛（けいりんすうしん）

**桂林祖香** けいりんそこう
生没年不詳
室町時代の曹洞宗の僧。
¶日人，仏教

**荊林廸粋**（荊林迪粋） けいりんてきすい
明和3（1766）年～天保14（1843）年9月4日
江戸時代中期～後期の臨済宗の僧。飛驒萩原町の禅昌寺18世。
¶国書，飛驒（荊林迪粋　㊐？）

**桂林徳昌** けいりんとくしょう
㊀徳昌（とくしょう），桂林（けいりん）
室町時代～戦国時代の臨済宗の僧。
¶国書（㊐永享1（1429）年　㊵？），新潮（㊐正長1（1428）年　㊵？），人名，世人（㊐？　㊵明応8（1499）年），戦人（徳昌　とくしょう　㊐応永34（1427）年　㊵永正8（1511）年），日人（㊐1428年　㊵？），仏教（㊐？　㊵明応8（1499）年）

**気賀重躬** けがしげみ
明治34（1901）年8月8日～昭和33（1958）年3月24日
大正～昭和期の牧師、教会史家。青山学院学長。渡米し太平洋神学校に学ぶ。著書に「概説教会史」など。
¶現情，人名7，世紀，日人

**家寛** けかん
生没年不詳　㊀家寛（かかん）
平安時代後期の天台宗大原流の声明家。
¶朝日，国書，古人（かかん），日音，日人，仏教，平史（かかん）

**逆翁宗順** げきおうそうじゅん
永享5（1433）年～長享2（1488）年　㊀逆翁宗順（ぎゃくおうしゅうじゅん，ぎゃくおうそうじゅん）
室町時代～戦国時代の曹洞宗の僧。
¶国書（㊵長享2（1488）年8月15日），人名（ぎゃくおうしゅうじゅん），姓氏愛知（ぎゃくおうしゅうじゅん），姓氏静岡（ぎゃくおうそうじゅん），戦辞（ぎゃくおうそうじゅん），日人（ぎゃくおうそうじゅん），仏教（㊵長享2（1488）年8月15日）

**希勤** けごん
慶安3（1650）年～天和1（1681）年
江戸時代前期の浄土宗の僧。
¶日人，仏教（㊵延宝9（1681）年5月17日）

**華厳曹海** けごんそうかい
→曹海（そうかい）

**袈裟丸時男** けさまるときお
大正12（1923）年1月8日～
昭和期の宮大工。
¶飛驒

**華蔵義曇⑴** けぞうきどん
？～応永19（1412）年
室町時代の臨済宗の僧。
¶コン改，コン4，コン5

**華蔵義曇⑵** けぞうぎどん，けぞうきどん
天授1/永和1（1375）年～康正1（1455）年
南北朝時代～室町時代の曹洞宗の僧。普済寺13門派を形成。
¶朝日（㊵康正1年4月1日（1455年4月17日）），鎌室，国書（㊵享徳4（1455）年4月1日），コン改（けぞうきどん），コン4（けぞうきどん），コン5（けぞうきどん），新潮（㊵康正1（1455）年4月1日），戦辞（㊐？），日人，仏教（㊵享徳4（1455）年4月1日）

**華叟宗曇** けそうそうどん
→華叟宗曇（かそうそうどん）

**月庵晄瑛** げつあんこうえい
？～興国6/貞和1（1345）年
鎌倉時代後期～南北朝時代の曹洞宗の僧。
¶日人，仏教（㊵康永5/興国6（1345）年10月3日，（異説）3月3日）

**月菴宗光** げつあんしゅうこう
→月庵宗光（げったんそうこう）

**月庵紹清** げつあんしょうせい
生没年不詳
南北朝時代の僧。
¶日人

**月庵宗光** げつあんそうこう
→月庵宗光（げったんそうこう）

**月庵良円**（月菴良円） げつあんりょうえん
正平3/貞和4（1348）年～応永32（1425）年7月27日
[別]月庵良円（げつたんりょうえん）
南北朝時代～室町時代の僧。
¶鎌室（げつたんりょうえん　[生]貞和1/興国6（1345）年），庄内，人名（月菴良円　[生]1345年），日人，仏教（[生]貞和4/正平3（1348）年4月8日）

**月因性初** げついんしょうしょ
？～永享5（1433）年
室町時代の曹洞宗の僧。
¶人名，日人，仏教（[没]永享5（1433）年9月25日）

**月翁周鏡** げつおうしゅうきょう
？～明応9（1500）年9月26日　[別]周鏡（しゅうきょう）
室町時代～戦国時代の臨済宗の禅僧、五山文学者。南禅寺住持。
¶岩史（[生]応永25（1418）年），鎌室，国史，国書（[生]応永26（1419）年），古中，コン4（[生]応永25（1418）年？），コン5（[生]応永25（1418）年？），詩歌，新潮，人名，世人，日人，仏教，仏史，和俳

**傑翁是英** けつおうぜえい
？～天授4/永和4（1378）年3月12日
南北朝時代の禅僧。
¶鎌室，国書，埼玉人，埼玉百，人名，日人，仏教

**月翁智鏡** げつおうちきょう
→智鏡（ちきょう）

**月海**(1) げっかい
？～寛延3（1750）年2月29日
江戸時代中期の真言宗の僧。
¶国書

**月海**(2) げっかい
享和2（1802）年～明治5（1872）年
江戸時代後期～明治期の修験者。
¶姓氏群馬

**月海**(3) げっかい
生没年不詳
江戸時代末期の僧、博物蒐集家。
¶高知人，国書，人名，日人

**月海**(4) げっかい★
天保1（1830）年12月17日～
江戸時代末期の真言宗の僧。
¶三重

**傑外雲英** けつがいうんえい
？～延宝2（1674）年
江戸時代前期の曹洞宗の僧。
¶人名，姓氏石川（[没]1673年），日人，仏教（[没]延宝2（1674）年2月27日）

**月海元昭** げっかいげんしょう
延宝3（1675）年5月16日～宝暦13（1763）年7月16日　[別]元昭（げんしょう），高遊外（こうゆうがい），梅茶翁（ばいさおう），売茶翁（ばいさおう，まいさおう）
江戸時代中期の黄檗宗の僧、煎茶人。煎茶道の始祖。
¶朝日（高遊外　こうゆうがい　[生]延宝3年5月16日（1675年7月8日）　[没]宝暦13年7月16日（1763年8月24日）），岩史（売茶翁　ばいさおう），江人（売茶翁　ばいさおう），黄檗，京都（高遊外　こうゆうがい　[生]延宝2（1674）年），京都大（高遊外　こうゆうがい　[没]宝暦12（1762）年），京都府（高遊外　こうゆうがい　[没]宝暦12（1762）年），近世，国史，国書，コン改（高遊外　こうゆうがい　[生]延宝2（1674）年），コン4（高遊外　こうゆうがい　[生]延宝2（1674）年），コン5（高遊外　こうゆうがい），佐賀百（売茶翁　ばいさおう　[生]延宝3（1675）年5月），史人，思想史（高遊外　こうゆうがい），新潮（高遊外　こうゆうがい），人名（売茶翁　ばいさおう），姓氏京都（高遊外　こうゆうがい　[没]1762年），姓氏宮城（梅茶翁　ばいさおう　[生]1683年），世人（売茶翁　ばいさおう），世百（売茶翁　ばいさおう），全書（売茶翁　ばいさおう），大百（元昭　げんしょう），大百（高遊外　こうゆうがい），茶道（売茶翁　ばいさおう），長崎遊，日史（売茶翁　まいさおう），日人，藩臣7（売茶翁　ばいさおう），百科（売茶翁　ばいさおう），仏教，仏史，仏人（元昭　げんしょう），歴大（売茶翁　ばいさおう）

**月海浄印** げっかいじょういん
？～宝暦9（1759）年
江戸時代後期の真言宗僧侶。
¶島根歴

**月海白明** げっかいはくみょう
貞享1（1684）年～？
江戸時代前期～中期の臨済宗の僧。
¶国書5

**月感** げっかん
慶長5（1600）年～延宝2（1674）年9月5日　[別]円海（えんかい）
江戸時代前期の真宗の僧。
¶近世，国史，国書（円海　えんかい　生没年不詳），国書（[生]慶長5（1600）年12月20日），人名，長崎遊，日人（[生]1601年），仏教（[生]慶長5（1600）年12月），仏史，仏人（円海　えんかい），仏人

**月澗義光** げっかんぎこう，げつかんぎこう
承応2（1653）年～元禄15（1702）年9月16日
江戸時代前期～中期の曹洞宗の僧。
¶姓氏富山（げつかんぎこう），富山百，仏教，ふる

**月鑑虚焞** げっかんきょどん
生没年不詳

け

鎌倉時代後期～南北朝時代の曹洞宗の僧。
¶日人，仏教

**傑岩禅偉** **けつがんぜんい**
生没年不詳
室町時代～戦国時代の臨済宗の僧。
¶国書

**月暁** **げっきょう，げつぎょう**
文化6(1809)年～文久2(1862)年
江戸時代末期の金剛福寺住職。
¶高知人，国書(げつぎょう　[没]文久2(1862)年10月16日)，幕末([没]1862年11月27日)，幕末大([没]文久2(1862)年10月6日)

**月渓**(1) **げっけい**
生没年不詳
江戸時代中期の浄土真宗の僧。
¶仏教

**月渓**(2) **げっけい**
文政5(1822)年～明治15(1882)年
江戸時代後期～明治期の学僧。
¶高知人

**月渓聖澄** **げっけいしょうちょう**
天文5(1536)年～慶長20(1615)年
戦国時代～江戸時代前期の僧。
¶国書([生]天文5(1536)年3月8日　[没]慶長20(1615)年7月7日)，日人

**月渓宗呑** **げっけいそうとん**
寛永17(1640)年～元禄6(1693)年7月26日
江戸時代前期の臨済宗の僧。大徳寺247世。
¶仏教([没]元禄6(1693)年7月26日，(異説)元禄7(1694)年7月26日)

**月渓中珊** **げっけいちゅうさん**
天授3/永和3(1377)年～永享6(1434)年
室町時代の僧、五山文学者、相国寺主。
¶国書([没]永享6(1434)年1月28日)，人名，日人

**月桂立乗** **げっけいりゅうじょう**
正平1/貞和2(1346)年～応永33(1426)年
南北朝時代～室町時代の曹洞宗の僧。総持寺48世。
¶富山百，日人，仏教([没]応永33(1426)年8月)

**月湖** **げっこ**
生没年不詳
室町時代の医僧。
¶国書，日人，仏教

**月江** **げっこう**
？～宝暦5(1755)年
江戸時代中期の臨済宗の僧。足利学校第16世庠主。
¶栃木歴

**月航** **げっこう**
明応4(1495)年～天正14(1586)年7月11日
戦国時代～安土桃山時代の妙心寺44世・恵林寺30世の名僧。
¶山梨百

**月郊** **げっこう**
寛政4(1792)年～安政6(1859)年
江戸時代後期～末期の僧。上千俵村得法寺19世。
¶姓氏富山

**月畊**(月耕) **げっこう**
寛永5(1628)年～元禄14(1701)年
江戸時代前期～中期の臨済宗の僧。
¶姓氏宮城，宮城百(月耕)

**月江応雲** **げっこうおううん**
？～永享10(1438)年9月29日
室町時代の曹洞宗の僧。
¶富山百，日人，仏教

**月航玄津** **げっこうげんしん**
？～天正14(1586)年7月11日
戦国時代の臨済宗の僧。妙心寺44世。
¶国書，武田，仏教

**月江元澄** **げっこうげんちょう**
？～宝暦5(1755)年
江戸時代中期の臨済宗の僧。
¶仏教

**月江正文** **げっこうしょうぶん**
→月江正文(げっこうしょうもん)

**月江正文** **げっこうしょうもん**
？～寛正3(1462)年　[別]月江正文(げっこうしょうぶん)，正文月江(しょうぶんげつこう)
室町時代の宗教家。
¶郷土群馬(正文月江　しょうぶんげつこう)，群新百(げっこうしょうぶん　[生]？)，群馬人(げっこうしょうぶん)，群馬百(げっこうしょうぶん)，国史(げっこうしょうぶん　[没]1463年)，古中(げっこうしょうぶん　[没]1463年)，埼玉人(げっこうしょうぶん　[没]寛正3(1462)年1月23日)，埼玉百(げっこうしょうぶん　[生]1378年　[没]1463年)，新潮(げっこうしょうぶん　[没]寛正4(1463)年1月22日)，人名(げっこうしょうぶん)，姓氏群馬(げっこうしょうぶん)，日人(げっこうしょうぶん　[没]1462年，(異説)1463年)，仏教(げっこうしょうぶん　[没]寛正3(1462)年1月23日，(異説)寛正4(1463)年1月22日)，仏史(げっこうしょうぶん　[没]1463年)，町田歴([生]？　[没]寛正2(1463)年)

**月耕道稔** **げっこうどうにん**
→月畊道念(げっこうどうねん)

**月畊道念**(月耕道稔) **げっこうどうねん**
寛永5(1628)年～元禄14(1701)年1月1日　[別]月耕道稔(げっこうどうにん)
江戸時代前期～中期の臨済宗の僧。
¶黄檗(月耕道稔　げっこうどうにん　[生]寛永5(1628)年9月1日)，国書(月耕道稔　[生]寛永5(1628)年9月1日)，日人(月耕道稔　げっこうどうにん)，仏教

**月谷宗忠** **げっこくそうちゅう**
生没年不詳
鎌倉時代の臨済宗の高僧。

¶長野歴

**月湖宗冲** げっこそうちゅう
生没年不詳
戦国時代の臨済宗の僧。
¶仏教

**月西上人** げつさいしょうにん
寛永15(1638)年～享保9(1724)年
江戸時代前期～中期の高僧。
¶兵庫人

**月珊** げっさん
寛政2(1790)年～安政2(1855)年4月9日
江戸時代末期の禅僧。
¶岡山人，岡山歴

**月山** げつざん
生没年不詳
戦国時代の若藤村普光院の僧。
¶高知人

**月珊古鏡** げっさんこきょう
寛政1(1789)年～安政2(1855)年4月9日
江戸時代後期の臨済宗の僧。妙心寺507世。
¶仏教

**傑山道逸** けつざんどういつ，けっさんどういつ
文明12(1480)年～永禄8(1565)年
戦国時代の曹洞宗の僧。
¶人名，姓氏石川([生]?)，日人，仏教(けっさんどういつ　[没]永禄8(1565)年5月8日)

**月山融照** げっさんゆうしょう
生没年不詳
室町時代の曹洞宗の僧。
¶仏教

**月枝元皓** げっしげんこう
→大潮元皓(だいちょうげんこう)

**月珠** げっしゅ，げつしゅ
寛政7(1795)年～安政3(1856)年11月3日
江戸時代末期の浄土真宗の僧。
¶国書(げつしゅ)，仏教，仏人([生]?)

**月秀** げっしゅう
? ～寛正4(1463)年
室町時代の僧。上山温泉の湧出を最初に発見した人物とされる。
¶山形百

**月舟** げっしゅう
慶長18(1613)年～貞享4(1687)年
江戸時代前期の僧。晧台寺三代住持。
¶長崎歴

**月重** げつじゅう
? ～延宝5(1677)年
江戸時代前期の僧。敬台寺開山。
¶徳島歴

**月嘯虎白** げっしゅうこはく
→月嘯虎白(げっしょうこはく)

**月舟周勲** げっしゅうしゅうくん
? ～元中5/嘉慶2(1388)年9月22日
南北朝時代の臨済宗高僧。
¶山梨百

**月舟宗胡** げっしゅうしゅうこ
→月舟宗胡(げっしゅうそうこ)

**月舟寿桂** げっしゅうじゅけい
*～天文2(1533)年12月8日　[別]寿桂(じゅけい)，月舟(げっしゅう)，幻雲(げんうん)
戦国時代の臨済宗の僧、五山文学僧。
¶朝日([生]文明2(1470)年　[没]天文2年12月8日(1533年12月23日))，国史([生]?)，国書([生]寛正1(1460)年)，古中([生]?)，コン改([生]寛正1(1460)年)，コン4([生]寛正1(1460)年)，コン5([生]寛正1(1460)年)，詩歌([生]1460年)，史人([生]?)，思想史([生]?)，新潮([生]?)，世人([生]寛正1(1460)年)，戦辞([生]?　[没]天文2年12月8日(1533年12月23日))，戦人(寿桂　じゅけい　[生]寛正1(1460)年)，日史([生]文明2(1470)年)，日人([生]?)，百科([生]文明2(1470)年)，仏教([生]文明2(1470)年)，仏史([生]?)，名僧([生]?)，和俳([生]寛正1(1460)年)

**月舟宗胡** げっしゅうそうこ
元和4(1618)年4月5日～元禄9(1696)年1月10日
[別]月舟宗胡(げっしゅうしゅうこ)，宗胡(そうこ)
江戸時代前期の曹洞宗の僧。曹洞宗中興の祖。
¶朝日([生]元和4年4月5日(1618年5月28日)　[没]元禄9年1月10日(1696年2月12日))，黄檗，近世，国史，国書，コン改，コン4，コン5，史人，新潮，人名，姓氏石川([生]?)，世人，全書，大百(げっしゅうしゅうこ)，長崎遊，日人，仏教，仏史，仏人(宗胡　そうこ)，名僧

**月舟宗林**(月舟宗琳) げっしゅうそうりん
慶長19(1614)年～貞享4(1687)年6月3日
江戸時代前期の曹洞宗の僧。
¶黄檗(月舟宗琳)，国書，日人，仏教

**月春融鑑** げっしゅんゆうかん
生没年不詳
室町時代の曹洞宗の僧。
¶人名，日人，仏教

**月照** げっしょう，げつしょう
文化10(1813)年～安政5(1858)年11月16日
[別]月照上人(げっしょうしょうにん)，忍向(にんきょう，にんこう)
江戸時代末期の勤王僧。大坂。井伊幕政打倒工作に参画。
¶朝日([没]安政5年11月16日(1858年12月20日))，維新，岩史，江人，大阪人，香川人([生]?)，香川百([生]?)，鹿児島百，角史，京都(月照上人　げっしょうしょうにん)，郷土香川(げつしょう　[没]1856年)，京都大(げつしょう)，近世(忍向　にんこう)，国史(忍向　にんこう)，国書，コン改，コン4，コン5，薩摩，詩歌，史人，思想史，人書94，神人，新潮，人名，姓氏鹿児島，姓氏京都，世人，世百，全書，全幕，大百，太

宰府，日史，日人，幕末大，百科，仏教，仏史（忍向　にんこう），仏人，山川小，歴大

**月性** げっしょう
文化14（1817）年9月27日～安政5（1858）年5月11日
江戸時代末期の真宗の勤王僧。周防国大島郡遠崎村妙円寺住職。
¶朝日（㊐文化14年9月27日（1817年11月6日）㊀安政5年5月11日（1858年6月21日）），維新，岩史，江人，角史，近世，国史，国書，コン改，コン4，コン5，詩歌，詩作，史人，思想史，人書94，神人，新潮，人名，姓氏山口，世人，世百，全書，全幕，大百，長崎遊，日史，日人，幕末（㊀1858年6月28日），幕末大（㊀安政5（1858）年5月10日），百科，仏教，仏史，仏人，名僧，山口百，歴大，和俳

**月嘯虎白** げっしょうこはく
？～元禄12（1699）年　㊙月嘯虎白（げっしゅうこはく）
江戸時代前期～中期の曹洞宗の僧。
¶人名，姓氏石川（げっしゅうこはく），日人，仏教（㊀元禄12（1699）年8月20日）

**月照上人** げっしょうしょうにん
→月照（げっしょう）

**月初栄三尼** げっしょえいさんに
慶長12（1607）年～元禄12（1699）年1月5日
江戸時代前期～中期の黄檗宗の尼僧。
¶黄檗

**月渚永乗** げっしょえいじょう
寛正6（1465）年～天文10（1541）年　㊙月渚玄得（げっしょげんとく），永乗（えいじょう）
戦国時代の臨済宗の僧。蘭南学派を大成。
¶朝日（㊀天文10年2月9日（1541年3月6日）），国史，古中，新潮（㊀天文10（1541）年2月9日），世人（㊐文明12（1480）年），対外，日人，仏教（月渚玄得　げっしょげんとく　㊐？　㊀天文10（1541）年2月9日），仏史

**月渚玄得** げっしょげんとく
→月渚永乗（げっしょえいじょう）

**月心慶円** げっしんけいえん
生没年不詳
南北朝時代の臨済宗の僧。建仁寺56世、建長寺58世、南禅寺52世。
¶仏教

**月岑元昶** げっしんげんちょう
享保8（1723）年～寛政1（1789）年7月25日
江戸時代中期～後期の臨済宗の僧。
¶国書

**月心性湛** げっしんしょうたん
生没年不詳
江戸時代前期の臨済宗の僧。
¶国書

**月岑宗印** げっしんそういん
永禄3（1560）年～元和8（1622）年4月5日
安土桃山時代～江戸時代前期の臨済宗の僧。大徳寺142世。
¶仏教

**月船** げっせん
→月船琛海（げっせんしんかい）

**月僊**（月僲） げっせん，げつせん
寛保1（1741）年～文化6（1809）年1月12日
江戸時代中期～後期の画僧。
¶朝日（㊀文化6年1月12日（1809年2月25日）），江人（㊐1721年），近世，国史，国書（月僲　㊐元文6（1741）年1月1日），コン改（㊐享保5（1720）年），コン4（㊐享保5（1720）年），コン5（㊐享保5（1720）年），史人，新潮（㊐享保5（1720）年），人名，姓氏愛知（げつせん），姓氏京都，世人（㊐享保5（1720）年），世百（㊐1721年），全書（㊐1721年），茶道（㊐1721年），日史，日人，俳句，美家（㊐享保5（1720）年），美術，百科，福島百（㊐享保6（1721）年），仏教，三重，名画（㊐1721年），歴大

**月筌** げっせん
寛文11（1671）年～享保14（1729）年11月15日
江戸時代中期の浄土真宗の僧。
¶国書，日人（㊀1730年），仏教，仏人

**月船** げっせん
生没年不詳
戦国時代の五山派禅僧。
¶戦辞

**月泉** げっせん★
元応1（1319）年～応永7（1400）年2月24日
室町時代の禅僧。
¶秋田人2

**月泉性印** げっせんしょういん
応永15（1408）年～文明2（1470）年12月28日
室町時代の曹洞宗の僧。
¶人名，日人（㊀1471年），仏教（㊐応永15（1408）年1月20日）

**月泉祥洵** げっせんしょうじゅん
元中7/明徳1（1390）年～文明14（1482）年
室町時代～戦国時代の僧、五山文学者、天竜・東福・南禅寺主。
¶国書（㊀文明14（1482）年3月26日），人名（㊐？），日人

**月船浄潭** げっせんじょうたん
？～明和6（1769）年12月10日
江戸時代中期の黄檗宗の僧。
¶黄檗，国書

**月船琛海**（月船深海） げっせんしんかい，げつせんしんかい
寛喜3（1231）年～延慶1（1308）年　㊙琛海（しんかい，たんかい），月船（げっせん），月船琛海（げっせんちんかい）
鎌倉時代後期の禅僧。
¶鎌室（㊐寛喜3（1231）年，（異説）文暦1（1234）年　㊀延慶1（1308）年，（異説）応長1（1311）

年)，郷土群馬(月船深海　げつせんしんかい)，群新百，群馬人(げつせんしんかい)，群馬百，人名(月船　げっせん)，姓氏群馬，日人，兵庫百(げっせんちんかい)，仏教(㉒徳治3(1308)年6月26日)，仏人(琛海　たんかい)

**月船禅慧　げっせんぜんえ**
→月船禅慧(がっせんぜんえ)

**月船禅慧　げっせんぜんね**
→月船禅慧(がっせんぜんえ)

**月船琛海　げっせんちんかい**
→月船琛海(げっせんしんかい)

**月泉良印　げつせんりょういん，げっせんりょういん**
元応1(1319)年～応永7(1400)年2月23日
南北朝時代～室町時代の曹洞宗の僧。
¶岩手百(げっせんりょういん)，国書(げっせんりょういん)，人名(げっせんりょういん)，姓氏石川(げっせんりょういん　㊀?)，姓氏宮城，日人(げっせんりょういん)，仏教(げっせんりょういん)

**月窓明潭**(月叟明潭)　**げっそうみょうたん**
応永32(1425)年～明応5(1496)年　㊞明潭(めいたん)
室町時代の曹洞宗の僧。
¶人名(月叟明潭)，新潟百(明潭　めいたん)，日人，仏教(㉒明応5(1496)年6月9日)，三重続

**月村元皎　げっそんげんこう**
万治3(1660)年～享保16(1731)年3月22日
江戸時代中期の黄檗宗の僧。
¶黄檗，国書

**月庵　げったん**
→月庵宗光(げったんそうこう)

**月菴　げったん**
嘉暦元(1326)年～康応元(1389)年
南北朝時代の臨済宗の僧。西明寺(現北条市)中興開山。
¶愛媛

**月庵珖瑛　げったんこうえい**
鎌倉時代の禅宗僧。
¶姓氏石川

**月潭全竜　げったんぜんりゅう**
?　～慶応1(1865)年6月24日
江戸時代末期の曹洞宗の僧。
¶国書，日人，仏教

**月庵宗光　げったんそうこう**
嘉暦1(1326)年～元中6/康応1(1389)年　㊞月庵(げったん)，月庵宗光(げつあんそうこう)，月菴宗光(げつあんしゅうこう)，宗光(そうこう)
南北朝時代の禅僧。
¶愛媛百(月庵　げったん)，鎌室，国史，国書(㊀正中3(1326)年4月8日　㉒康応1(1389)年3月23日)，古中，新潮(㊀嘉暦1(1326)年4月8日　㉒康応1/元中6(1389)年3月23日)，人名(月菴宗光　げつあんしゅうこう)，世人(げつあんそうこう　㉒元中6/康応1(1389)年3月22日)，日人(げつあんそうこう)，兵庫百，仏教(げつあんそうこう　㊀正中3(1326)年4月8日　㉒康応1/元中6(1389)年3月22日)，仏史

**月潭道澄　げったんどうちょう**
寛永13(1636)年10月1日～正徳3(1713)年8月6日
江戸時代前期～中期の黄檗宗の僧。
¶黄檗，国書，仏教

け

**月庵良円　げったんりょうえん**
→月庵良円(げつあんりょうえん)

**月珍　げつちん**
生没年不詳
江戸時代中期の真言僧。
¶長崎歴

**月亭　げってい**
?　～天保9(1838)年
江戸時代後期の画僧。
¶日人

**月庭周朗　げっていしゅうろう**
元亨2(1322)年～応永10(1403)年
南北朝時代～室町時代の臨済宗の僧。天竜寺34世、南禅寺65世。
¶日人，仏教(㉒応永10(1403)年5月2日)

**月殿昌桂　げつでんしょうけい**
生没年不詳
戦国時代の曹洞宗の僧。
¶日人，仏教

**傑伝禅長　けつでんぜんちょう**
?　～明応9(1500)年
室町時代～戦国時代の曹洞宗の僧。
¶日人，仏教(㉒明応9(1500)年8月10日)

**月田宗種　げつでんそうしゅ**
生没年不詳
室町時代の曹洞宗の僧。
¶日人，仏教

**傑堂　けつどう**
→能勝(のうしょう)

**月堂円心　げつどうえんしん**
生没年不詳
南北朝時代～室町時代の臨済宗の僧。
¶人名，日人，仏教

**月堂寂峰　げつどうじゃくほう**
?　～享保20(1735)年
江戸時代中期の曹洞宗の僧。
¶国書

**月堂宗規　げつどうしゅうき**
→宗規(しゅうき)

**月堂宗規　げつどうそうき**
→宗規(しゅうき)

**月堂如空　げつどうにょくう**
元和8(1622)年～延宝4(1676)年3月5日

江戸時代前期の黄檗宗の僧。
¶黄檗

**傑堂能勝** けつどうのうしょう，げつどうのうしょう
正平10/文和4（1355）年～応永34（1427）年8月7日
南北朝時代～室町時代の曹洞宗の僧。
¶朝日（㊣応永34年8月7日（1427年8月29日）），国史，国書（㊥観応2（1351）年　㊣応永30（1423）年8月7日），古中（げつどうのうしょう），新潮，人名，日史，日人，仏教，仏史

け

**月坡道印** げっぱどういん
→月坡道印（がっぱどういん）

**月峰**（月峯） げっぽう
宝暦10（1760）年～天保10（1839）年11月9日
㊞辰亮（しんりょう）
江戸時代後期の画僧。
¶コン改，コン4，コン5，新潮（月峯），人名，日人（辰亮　しんりょう），美家，仏教（辰亮　しんりょう），名画，和俳

**月蓬円見** げっぽうえんけん
永仁3（1295）年～建徳1/応安3（1370）年
鎌倉時代後期～南北朝時代の曹洞宗の僧。建仁寺46世。
¶日人，仏教（㊣応安3/建徳1（1370）年12月2日）

**月峰道喜** げっぽうどうき
生没年不詳
江戸時代前期の黄檗宗の僧。
¶国書

**月峯了然**（月峰了然） げっぽうりょうねん
生没年不詳
鎌倉時代前期の臨済宗の僧。鎌倉浄妙寺住持。
¶鎌古，鎌室，国書（月峰了然），人名，日人（月峰了然）

**月浦元照** げっぽげんしょう
正保2（1645）年1月6日～？
江戸時代前期～中期の黄檗宗の僧。
¶黄檗，国書

**月甫清光** げっぽせいこう
生没年不詳
戦国時代の臨済宗の僧。
¶国書

**月輪院道久** げつりんいんどうきゅう
戦国時代～安土桃山時代の僧。古河公方足利義氏の護持僧。鎌倉12所の月輪院の僧侶。
¶後北（道久〔月輪院〕　どうきゅう）

**月林道皎** げつりんどうきょう
→月林道皎（げつりんどうこう）

**月林道皎** げつりんどうこう
永仁1（1293）年～正平6/観応2（1351）年2月25日
㊞月林道皎（がつりんどうこう，げつりんどうきょう），道皎（どうこう），普光大幢国師（ふこうたいとうこくし）
鎌倉時代後期～南北朝時代の五山禅僧。
¶神奈川人，鎌室，国史，国書（げつりんどうきょう），古中，詩歌（げつりんどうきょう），史人，新潮，人名，世人，対外，茶道，日史（げつりんどうきょう），日人，仏教（がつりんどうこう），仏史，仏人（道皎　どうこう），和俳

**月嶺** げつれい
→松田月嶺（まつだげつれい）

**気比氏治** けひうじはる
？～延元2/建武4（1337）年
鎌倉時代後期～南北朝時代の越前敦賀気比神宮神官。
¶朝日（㊣建武4/延元2年3月6日（1337年4月7日）），鎌室，国史，古中，コン改，コン4，コン5，史人（㊣1337年3月6日），神人，新潮（㊣建武4/延元2（1337）年3月6日），人名，世人，日人，室町

**希膺** けよう
→雲居希膺（うんごきよう）

**華梁霊重** けりょうれいじゅう
？～元禄7（1694）年
江戸時代前期～中期の曹洞宗の僧。
¶国書

**化林** けりん
明・万暦25/慶長2（1597）年～寛文7（1667）年
安土桃山時代～江戸時代前期の崇福寺唐僧。
¶長崎歴

**化霖道竜** けりんどうりゅう
寛永11（1634）年1月23日～享保5（1720）年11月9日
江戸時代前期～中期の黄檗宗の僧。
¶黄檗，国書，仏教

**剣阿** けんあ
→剣阿（けんな）

**賢阿** けんあ
生没年不詳
南北朝時代の僧侶・連歌作者。
¶国書

**元阿** げんあ
寛政11（1799）年～安政5（1858）年8月29日
江戸時代末期の僧。
¶秋田人2，幕末（㊣1858年10月5日），幕末大

**賢安** けんあん
？～天安2（858）年
平安時代前期の行者。
¶仏教（㊣天安2（858）年2月4日），山梨百（㊣天安2（858）年11月4日）

**兼意** けんい
延久4（1072）年～？
平安時代後期の真言宗の僧。
¶朝日，国書，古人（㊣？），日人，仏教，平史

**顕意** けんい
暦仁2（1239）年～嘉元2（1304）年　㊞顕意（けんに，けんね），道教（どうきょう）

鎌倉時代の浄土宗西山義の僧。
¶鎌室，国史，国書（けんに [生]暦仁1（1238）年 [没]嘉元2（1304）年5月19日），古中，新潮（[没]嘉元2（1304）年5月19日），人名（けんね [生]1240年），日人，仏教（[没]嘉元2（1304）年5月19日，（異説）嘉元3年5月19日），仏史

**源意**(1) **げんい**
生没年不詳
鎌倉時代の律宗の僧。
¶仏教

**源意**(2) **げんい**
生没年不詳
南北朝時代の僧侶・歌人。
¶国書

**源意**(3) **げんい**
生没年不詳
南北朝時代の天台宗の僧・歌人。
¶国書

**源為** **げんい**
生没年不詳
鎌倉時代の天台宗の僧・歌人。
¶国書

**賢一** **けんいつ**
平安時代前期の僧。
¶古人，古代，古代普，日人（生没年不詳）

**玄乙** **げんいつ**
？ ～延宝4（1676）年10月24日
江戸時代前期の僧侶。
¶国書

**賢印** **けんいん**
生没年不詳
奈良時代～平安時代前期の僧侶。
¶国書

**玄殷** **げんいん**
永享7（1435）年～？
室町時代～戦国時代の天台宗の僧。
¶国書

**賢運** **けんうん**
生没年不詳
室町時代～戦国時代の天台宗の僧。
¶国書

**源運** **げんうん**
天永3（1112）年～治承4（1180）年8月18日
平安時代後期の真言宗の僧。
¶国書，仏教，密教

**源雲** **げんうん**
鎌倉時代前期の雅成親王の王子、後鳥羽天皇の皇孫。
¶人名，日人（生没年不詳）

**玄雲**(1) **げんうん**
平安時代後期の鶴岡八幡宮の別当。
¶古人

**玄雲**(2) **げんうん**
弘安6（1283）年～？
鎌倉時代後期～南北朝時代の大原流天台声明家。
¶国書，日音，仏教（生没年不詳），平史（生没年不詳）

**兼慧** **けんえ**
生没年不詳
鎌倉時代後期の真言宗の僧。
¶仏教

**堅慧** **けんえ**
生没年不詳 [別]堅慧（けんね）
平安時代前期の僧、大和室生寺主。
¶国書，人名，日人（けんね）

**賢恵** **けんえ**
生没年不詳
戦国時代の供僧。
¶戦辞

**顕恵**(1) **けんえ**
→顕恵（けんね）

**顕恵**(2) **けんえ**
嘉元3（1305）年～？
鎌倉時代後期～南北朝時代の天台宗寺門派の僧。
¶北条

**顕慧** **けんえ**
生没年不詳
江戸時代中期の浄土宗の僧。
¶国書，仏教

**源恵**(1) **げんえ**
応徳3（1086）年～康治1（1142）年
平安時代後期の天台宗の僧。
¶古人，平史

**源恵**(2) **げんえ**
？ ～徳治2（1307）年10月20日 [別]源恵（げんね）
鎌倉時代後期の天台宗の僧。天台座主98世。
¶国書，栃木歴（げんね [生]寛元2（1244）年），仏教

**玄恵**（玄慧） **げんえ**
？ ～正平5/観応1（1350）年3月2日 [別]玄恵法印（げんえほういん），玄慧（げんね），玄恵（げんね）
鎌倉時代後期～南北朝時代の天台宗の僧。
¶秋田人2（[生]文永6年 [没]正平5年6月10日），朝日（[没]観応1/正平5年3月2日（1350年4月9日）），岩史（玄慧），角史（玄慧 [生]弘安2（1279）年），鎌室（玄慧），教育（玄慧 [生]1269年），京都大（玄慧），芸能（玄恵法印 げんえほういん），国史（玄慧），国書（[生]弘安2（1279）年），古中（玄慧），コン改，コン4，コン5，詩歌（玄慧 [生]1269年），史人（玄慧），思想史，重要（[生]弘安2（1279）年？），新潮（玄慧），人名（玄慧 [生]1269年），姓氏京都（[生]1279年），世人（玄慧 [没]正平5/観応3（1350）年2月），世百（玄慧 げんね），全書（玄慧 げんね），大百（[没]1349年），茶道（玄恵法印 げんえほういん），中世（[生]？），内乱，日史（玄慧），日人，能狂言

(㊐文永6(1269)年?), 百科(玄慧), 仏教(玄慧), 仏史(玄慧), 室町, 山川小(玄慧㊐?), 歴大, 和俳(玄慧)

**憲栄** けんえい
正徳1(1711)年～宝暦13(1763)年9月16日
江戸時代中期の浄土真宗の僧。摂津常光寺住持。
¶国書, 仏人

け

**賢栄** けんえい
生没年不詳
戦国時代の天台宗の僧。
¶国書

**賢永**(1) けんえい
生没年不詳
平安時代前期の僧。
¶仏教

**賢永**(2) けんえい
生没年不詳
戦国時代の天台宗の僧。
¶国書

**顕栄** けんえい
永正6(1509)年～*
戦国時代～安土桃山時代の僧。越中真宗寺院勝興寺住持。
¶姓氏富山(㊊1580年), 戦辞(㊊天正12年12月1日(1585年1月1日))

**顕英** けんえい
生没年不詳
南北朝時代の僧侶・連歌作者。
¶国書

**元栄** げんえい
? ～享和2(1802)年6月13日
江戸時代中期～後期の真言宗の僧。長谷寺34世。
¶埼玉人, 仏教(㊊享和2(1802)年6月13日, (異説)6月14日?)

**元睿** げんえい
平安時代前期の僧、大和西大寺主。
¶人名

**源栄**(1) げんえい
生没年不詳
鎌倉時代後期の真言宗の僧。
¶神奈川人

**源栄**(2) げんえい
? ～元和4(1618)年11月10日
江戸時代前期の浄土宗の僧。
¶神奈川人, 鎌古(㊐?), 国書, 姓氏神奈川, 仏教

**玄叡** げんえい
? ～承和7(840)年
平安時代前期の西大寺三論宗の学僧。
¶国史, 国書, 古史, 古人(㊐?), 古代, 古代普(㊐?), 古中, コン改(生没年不詳), コン4(生没年不詳), コン5, 史人, 新潮, 日人, 仏教, 仏史, 平史, 名僧

**玄栄** げんえい
生没年不詳
平安時代前期の華厳宗の僧。
¶仏教

**乾英宗単** けんえいそうたん
慶長16(1611)年～寛文12(1672)年12月29日
江戸時代前期の臨済宗の僧。大徳寺198世。
¶仏教

**玄恵法印** げんえほういん
→玄恵(げんえ)

**兼円** けんえん
生没年不詳
室町時代の法相宗の僧。
¶国書

**兼縁** けんえん
応仁2(1468)年～天文12(1543)年7月18日
戦国時代の浄土真宗の僧。
¶国書

**憲円**(1) けんえん
生没年不詳
鎌倉時代前期の法相宗の僧。
¶仏教

**憲円**(2) けんえん
生没年不詳
南北朝時代の仏師。
¶神奈川人, 鎌倉, 美建, 仏教

**賢円**(1) けんえん
生没年不詳
平安時代後期の仏師。
¶仏教

**賢円**(2) けんえん
生没年不詳
平安時代後期の円派の仏師。円勢の次男。鳥羽安楽寿院の阿弥陀如来像が現存。
¶朝日, 京都大, 国史, 古史, 古人, 古中, 史人, 新潮, 姓氏京都, 世人, 日人, 美建, 仏教, 仏史, 平史

**賢円**(3) けんえん
康平1(1058)年～大治2(1127)年7月2日
平安時代後期の僧。醍醐寺執行・修理別当。
¶密教

**顕円** けんえん
南北朝時代の僧、嵯峨大覚寺の院務。
¶人名, 日人(生没年不詳)

**源円** げんえん
正平6/観応2(1351)年～応永22(1415)年2月5日
南北朝時代～室町時代の真言宗の僧。
¶国書

**源延** げんえん
保元1(1156)年～?
平安時代後期～鎌倉時代前期の天台浄土教の僧。加藤景員の3男。

¶朝日，鎌室（生没年不詳），国史，古中，新潮，人名，長野歴（生没年不詳），日人，仏教（㊍久寿2（1155）年），仏史

**源縁** けんえん
生没年不詳
平安時代中期～後期の天台山門派の僧侶・歌人。
¶国書，古人，平史

**玄円** げんえん
？～正平3/貞和4（1348）年　㊐玄円法親王（げんえんほうしんのう）
鎌倉時代後期～南北朝時代の僧。後醍醐天皇の皇子。
¶国書（生没年不詳），人名（玄円法親王　げんえんほうしんのう），天皇（玄円法親王　げんえんほうしんのう），日人（玄円法親王　げんえんほうしんのう），仏教（㊎貞和4/正平3（1348）年7月27日）

**玄縁** げんえん
永久1（1113）年～治承4（1180）年
平安時代後期の興福寺僧。
¶古人，平史

**玄円法親王** げんえんほうしんのう
→玄円（げんえん）

**兼応** けんおう
生没年不詳
戦国時代の天台宗の僧。
¶国書

**賢応** けんおう
？～貞観10（868）年
平安時代前期の元興寺の僧。
¶古代，古代普（㊍？），人名，日人，仏教（㊎貞観10（868）年3月6日）

**源翁** げんおう
→源翁心昭（げんのうしんしょう）

**願翁元志** げんおうげんし
文化9（1812）年～明治5（1872）年　㊐願翁元志（がんのうげんし）
江戸時代末期～明治期の臨済宗僧侶。建長寺224世。
¶神奈川人（がんのうげんし），仏教

**源翁心昭** げんおうしんしょう
→源翁心昭（げんのうしんしょう）

**謙翁宗為** けんおうそうい
？～*
南北朝時代～室町時代の臨済宗の僧。
¶日人（㊎1415年），仏教（㊎応永21（1414）年12月）

**元翁本元** げんおうほんげん
弘安5（1282）年～元弘2/正慶1（1332）年7月4日　㊐元翁本元（げんのうほんげん）
鎌倉時代後期の臨済宗の僧。
¶鎌室（げんのうほんげん），郷土岐阜，国書（げんのうほんげん），人名，日人（げんのうほんげん），仏教

**賢嘉** けんが
～文禄2（1593）年
戦国時代～安土桃山時代の真言宗の僧。
¶神奈川人

け

**賢賀** けんが
貞享1（1684）年～明和6（1769）年9月24日
江戸時代前期～中期の真言宗の僧。
¶国書

**賢雅** けんが
生没年不詳
室町時代の僧侶・歌人。
¶国書

**元可** げんか
生没年不詳
南北朝時代の歌僧。
¶国書，人名，和俳

**源可** げんか
生没年不詳
戦国時代の浄土宗の僧。鎌倉光明寺16世。
¶仏教

**玄可** げんか
？～元禄14（1701）年
江戸時代前期～中期の青森市堤町、浄土真宗大谷派静養山蓮得寺の開山。
¶青森人

**元雅** げんが
生没年不詳
江戸時代中期の真言宗の僧。
¶国書

**源雅** げんが
延徳3（1491）年～永禄5（1562）年
戦国時代の真言宗の僧。
¶国書（㊎永禄5（1562）年12月8日），戦人，仏教（㊎永禄5（1562）年10月8日）

**玄賀** げんが
生没年不詳
室町時代の僧侶。
¶国書

**兼海** けんかい
嘉承2（1107）年～久寿2（1155）年
平安時代後期の真言宗の僧。高野山光厳院2世。
¶国史，古史，古人，古中，史人（㊎1155年5月10日，（異説）5月30日），人名（㊍？），日人，仏教（㊎久寿2（1155）年5月10日，（異説）5月30日？），仏史，密教（㊎1155年5月30日）

**憲海**(1) けんかい
生没年不詳
南北朝時代の真言声明南山進流の声明家。
¶日音，仏教

**憲海**(2) けんかい
文明17（1485）年～？

戦国時代の丹後国の修験僧。
¶京都府

**憲海(3)** けんかい
寛政10(1798)年～元治1(1864)年9月3日
江戸時代末期の新義真言宗の僧、絵師。
¶国書, 仏教

け

**賢海(1)** けんかい
応保2(1162)年～嘉禎3(1237)年10月23日
平安時代後期～鎌倉時代前期の真言宗の僧。醍醐寺32世。
¶国書, 仏教, 密教

**賢海(2)** けんかい
生没年不詳
南北朝時代の天台宗の僧・連歌作者。
¶国書

**乾外** けんがい
生没年不詳
江戸時代後期の僧侶。
¶国書

**剣海** けんがい
生没年不詳
鎌倉時代前期の真言声明南山進流の声明家。
¶日音

**元海** げんかい
寛治7(1093)年～保元1(1156)年8月18日 ㊊元海(がんかい)
平安時代後期の真言宗の僧。醍醐寺第16世座主。
¶国史, 国書(㊌嘉保1(1094)年), 古史, 古人(がんかい ㊀1157年), 古人(㊀1157年), 古中, 史人, 日人(㊌1094年 ㊀1157年), 仏教(㊌嘉保1(1094)年 ㊀保元2(1157)年8月18日), 仏史, 仏人, 平史(がんかい ㊀1157年), 密教(㊌1094年)

**厳海** げんかい
生没年不詳
鎌倉時代前期の真言宗の僧。
¶山梨百

**源海(1)** げんかい
生没年不詳
平安時代前期の僧。
¶仏教

**源海(2)** げんかい
承久3(1221)年～建治4(1278)年2月23日
鎌倉時代前期の浄土真宗の僧。仏光寺3世、興正寺3世。
¶埼玉人, 仏教(㊌承久3(1221)年, (異説)建仁1(1201)年)

**玄海(1)** げんかい
生没年不詳
平安時代前期の僧。
¶仏教

**玄海(2)** げんかい
鎌倉時代の仏師。嵯峨清凉寺の釈迦像を模刻。
¶日人(生没年不詳), 美建

**玄海(3)** げんかい
文永4(1267)年～正平2/貞和3(1347)年3月17日
鎌倉時代後期～南北朝時代の真言宗の僧。
¶朝日(㊀貞和3/正平2年3月17日(1347年4月28日)), 鎌室(生没年不詳), 鎌室, 国書, 新潮(生没年不詳), 新潮, 世人(生没年不詳), 日人, 仏教, 仏人, 和歌山人

**玄海(4)** げんかい
～寛永2(1625)年6月24日
江戸時代前期の僧。丹生川村の千光寺の中興3世。
¶飛騨

**玄海(5)** げんかい
？ ～慶長1(1596)年8月8日
江戸時代中期の浄土宗の僧。
¶仏教

**玄海(6)** げんかい
「今昔物語集」にみえる僧。
¶日人

**玄海(7)** げんかい
日蓮宗の僧。
¶人名

**玄愷** げんがい
奈良時代の僧。
¶古人, 古代, 古代普

**嶮崖巧安** けんがいきょうあん
→嶮崖巧安(けんがいこうあん)

**乾外元漢** けんがいげんかん
生没年不詳
江戸時代中期の黄檗宗の僧。
¶国書

**嶮崖巧安** けんがいこうあん
建長4(1252)年～元弘1/元徳3(1331)年 ㊊嶮崖巧安(けんがいきょうあん)
鎌倉時代後期の臨済宗の僧。
¶神奈川人(けんがいきょうあん), 人名, 日人, 仏教(㊀元徳3(1331)年7月23日)

**言外宗忠** げんがいそうちゅう
→言外宗忠(ごんがいそうちゅう)

**弦外智逢** げんがいちほう
寛永4(1627)年～宝永5(1708)年9月18日
江戸時代前期～中期の臨済宗の僧。
¶国書

**源開呑海** げんかいどんかい
生没年不詳
江戸時代後期の曹洞宗の僧。
¶国書

**兼覚(1)** けんかく
平安時代後期の園城寺の僧。源季兼の子。
¶古人

**兼覚₍₂₎ けんかく**
治暦4(1068)年～保延1(1135)年6月
平安時代後期の真言宗の僧。
¶仏教

**兼覚₍₃₎ けんかく**
正平16/康安1(1361)年～応永29(1422)年
南北朝時代～室町時代の僧。
¶鎌室，国書(生没年不詳)，日人，平史(生没年不詳)

**堅覚 けんかく**
文治1(1185)年～？
鎌倉時代前期の四天王寺の声明家。
¶日音

**憲覚 けんかく**
？ ～治承2(1178)年
平安時代後期の天台宗園城寺僧。
¶古人([生]？)，平史

**顕覚₍₁₎ けんかく**
生没年不詳
平安時代後期～鎌倉時代前期の真言宗の僧。
¶国書，仏教

**顕覚₍₂₎ けんかく**
生没年不詳
鎌倉時代後期の僧侶・歌人。
¶国書

**賢覚 げんかく，けんかく**
承暦4(1080)年～久寿3(1156)年3月16日
平安時代後期の真言宗の僧。醍醐六流の一つ理性院流の祖。
¶国史，国書，古人(けんかく)，古中，日人，仏教，仏史，平史(けんかく)，密教，歴大

**元鶴 げんかく**
生没年不詳
江戸時代中期の黄檗宗の僧。
¶国書

**厳覚 げんかく**
→厳覚(ごんかく)

**源覚₍₁₎ げんかく**
平安時代後期の僧徒。
¶古人，平家，平史(生没年不詳)

**源覚₍₂₎ げんかく**
承暦3(1079)年～保延2(1136)年4月7日
平安時代後期の真言宗の僧。
¶古人，仏教，平史

**玄廓 げんかく**
？ ～寛永2(1625)年12月1日
安土桃山時代～江戸時代前期の浄土宗の僧。
¶仏教

**玄覚₍₁₎ げんかく**
康和1(1099)年～保延4(1138)年9月21日
平安時代後期の法相宗の僧。興福寺34世。
¶古人，仏教，平史

**玄覚₍₂₎ げんかく**
生没年不詳
鎌倉時代の天台宗の僧。
¶国書，人名，日人

**玄覚₍₃₎ げんかく**
生没年不詳
江戸時代前期の浄土真宗の僧。
¶国書

**玄覚₍₄₎ げんかく**
生没年不詳
江戸時代前期の天台宗の僧。
¶国書

**玄覚道成 げんかくどうじょう**
慶長18(1613)年～延宝6(1678)年9月17日
江戸時代前期の黄檗宗の僧。
¶黄檗

**玄鑒(玄鑑) げんかん**
貞観3(861)年～延長4(926)年
平安時代前期～中期の天台宗の僧。天台座主12世。
¶古人，仏教(玄鑑)，平史

**謙巌原冲 けんがんげんちゅう**
？ ～応永28(1421)年9月21日
室町時代の臨済宗の僧。東福寺79世、天竜寺51世。
¶仏教

**見岩紹及 けんがんしょうきゅう**
慶長13(1608)年～元禄5(1692)年7月28日
江戸時代前期～中期の臨済宗の僧。大徳寺200世。
¶仏教

**賢巌禅悦 けんがんぜんえつ**
元和4(1618)年～元禄9(1690)年12月16日
江戸時代前期の臨済宗の僧。
¶黄檗

**謙巌蔵雲 けんがんぞううん**
生没年不詳
江戸時代後期の曹洞宗の僧。
¶国書

**憲基 けんき**
生没年不詳
鎌倉時代後期の天台宗の僧・歌人。
¶国書

**賢基 けんき**
生没年不詳
江戸時代中期の僧侶。
¶国書

**賢季 けんき**
？ ～正平13/延文3(1358)年1月30日
南北朝時代の真言宗の僧。
¶仏教

**玄基₍₁₎ げんき**
生没年不詳
奈良時代の法相宗の僧。
¶仏教

**玄基(2)　げんき**
生没年不詳
鎌倉時代の真言律宗の僧。
¶仏教

**元宜　げんぎ**
生没年不詳
江戸時代後期の僧侶・歌人。
¶国書

**源義　げんぎ**
生没年不詳
南北朝時代の僧侶・連歌作者。
¶国書

**元佶　げんきつ**
→閑室元佶(かんしつげんきつ)

**元休　げんきゅう**
生没年不詳
鎌倉時代後期の律宗の僧。
¶国書

**玄牛　げんぎゅう★**
生没年不詳
明治期の僧。秋田城外西来院6世。
¶秋田人2

**玄虚　げんきょ**
平安時代前期の広隆寺の大別当。
¶古人, 古代, 古代普, 日人(生没年不詳)

**兼経　けんきょう**
生没年不詳
平安時代後期の僧侶・歌人。
¶国書

**賢璟(賢憬)　けんきょう**
→賢憬(けんけい)

**元慶　げんきょう**
→松雲元慶(しょううんげんけい)

**頑極　けんきょく★**
〜文化5(1808)年
江戸時代中期〜後期の僧侶。
¶三重続

**見玉尼　けんぎょくに**
室町時代の真宗の尼僧。蓮如の次女。本願寺に生まれる。
¶朝日([生]?　[没]文明5年7月14日(1473年8月7日)), 日人([生]1448年　[没]1472年)

**幻吁　げんく**
→大顛梵千(だいてんぼんせん)

**還愚　げんぐ**
生没年不詳
江戸時代前期の浄土宗の僧。
¶仏教

**兼空(1)　けんくう**
生没年不詳
鎌倉時代後期〜南北朝時代の浄土宗の僧・歌人。
¶国書

**兼空(2)　けんくう**
生没年不詳
江戸時代前期の天台宗の僧。
¶国書

**見空　けんくう**
生没年不詳
鎌倉時代の真言律宗の僧。
¶仏教

**源空　げんくう**
→法然(ほうねん)

**玄空　げんくう**
生没年不詳
鎌倉時代の律宗の僧。
¶国書, 仏教

**兼慶　けんけい**
平安時代後期の中央正系の仏師。
¶古人, 美建, 平史(生没年不詳)

**賢慶(1)　けんけい**
生没年不詳
鎌倉時代の画僧。
¶日人

**賢慶(2)　けんけい**
永正14(1517)年〜?
戦国時代の天台宗の僧。
¶国書

**賢憬　けんけい**
和銅7(714)年〜延暦12(793)年　[別]賢璟(けんきょう,けんよう),賢憬(けんきょう)
奈良時代の法相宗の僧。
¶朝日(賢璟　けんよう　[没]延暦12年11月8日(793年12月15日)), 岩史(賢璟　けんきょう　[没]延暦12(793)年10月), 国史(賢璟　けんきょう), 古史(賢璟　けんきょう), 古人(賢璟　けんきょう), 古代(賢璟　けんきょう), 古代普(賢璟　けんきょう), 古中(賢璟　けんきょう), コン改([生]慶雲2(705)年), コン4([生]慶雲2(705)年), コン5([生]慶雲2(705)年), 埼玉人(賢璟　けんきょう(けんけい)　[生]慶雲2(705)年), 史人([没]793年10月7日), 思想史(賢璟　けんきょう), 新潮, 人名([生]705年), 姓氏愛知(賢璟　けんきょう　[生]?), 姓氏京都(けんきょう), 世人([生]慶雲2(705)年), 日史, 日人(賢璟　けんきょう), 百科, 仏教(賢璟　けんきょう　[生]慶雲2(705)年　[没]延暦12(793)年11月8日), 仏史(賢璟　けんきょう), 平史(賢璟　けんきょう)

**兼芸　けんげい**
生没年不詳
平安時代中期の歌僧。
¶国書, 仏教, 平史

**元慶　げんけい**
→松雲元慶(しょううんげんけい)

**源慶(1) げんけい**
生没年不詳
平安時代後期の僧侶・歌人。
¶国書

**源慶(2) げんけい**
生没年不詳
鎌倉時代の画僧。
¶朝日，古人，人名，日人，日人，美建，仏教，平史，平史，名画

**玄契 げんけい**
生没年不詳
江戸時代中期の黄檗宗の僧。
¶国書

**玄慶 げんけい**
建保6(1218)年〜*
鎌倉時代後期の真言宗醍醐流の声明家。
¶朝日(㊟永仁6年12月6日(1299年1月9日))，国書(㊟永仁6(1298)年12月6日)，日音(㊟永仁6(1298)年12月6日)，日人(㊟1299年)，仏教(生没年不詳)

**兼賢 けんげん**
寛治2(1088)年〜保元2(1157)年6月13日
平安時代後期の真言宗の僧。高野山検校21世。
¶仏教

**兼源 けんげん**
生没年不詳
南北朝時代の僧侶・連歌作者。
¶国書

**賢源 けんげん**
長和1(1012)年〜延久2(1070)年7月25日
平安時代中期〜後期の法相宗の僧。
¶仏教(㊀長和1(1012)年，(異説)治安1(1021)年)

**源賢 げんけん**
貞元2(977)年〜寛仁4(1020)年6月18日
平安時代中期の天台宗の僧、歌人。
¶朝日(㊟寛仁4年6月18日(1020年7月11日))，国史，国書，古人，古中，諸系，新潮，人名(㊀943年 ㊟986年)，日人，平史(㊀？)，和俳

**賢悟 けんご**
延慶1(1308)年〜元中9/明徳3(1392)年
鎌倉時代後期〜南北朝時代の僧。
¶日人

**賢護 けんご**
生没年不詳
平安時代前期の法相宗の僧。
¶仏教

**還故 げんこ**
？ 〜寛永16(1639)年10月4日
江戸時代前期の浄土宗の僧。
¶仏教

**玄故 げんこ**
？ 〜万治4(1661)年2月13日
江戸時代前期の浄土宗の僧。
¶仏教

**兼好 けんこう**
→吉田兼好(よしだけんこう)

**堅光 けんこう**
→寂室堅光(じゃくしつけんこう)

け

**建綱 けんこう**
*〜文明1(1469)年11月26日
室町時代の曹洞宗の僧。永平寺13世。
¶国書(㊀応永20(1413)年)，仏教(㊀応永19(1412)年，(異説)応永20年)

**謙光 けんこう**
生没年不詳
江戸時代中期の浄土宗の僧。
¶国書

**賢厚 けんこう**
生没年不詳
江戸時代前期の天台宗の僧。
¶国書

**賢広 けんこう**
寛永14(1637)年〜元禄10(1697)年5月3日
江戸時代前期の新義真言宗の僧。
¶仏教

**賢篁 けんこう**
生没年不詳
江戸時代中期の浄土真宗の僧。
¶国書

**顕孝 けんこう**
生没年不詳
江戸時代中期の曹洞宗の僧。
¶国書

**顕幸(1) けんこう**
永仁5(1297)年〜？
鎌倉時代後期〜南北朝時代の天台宗の僧。
¶国書

**顕幸(2) けんこう**
弘治1(1555)年〜慶長9(1604)年
安土桃山時代の浄土真宗の僧。越中勝興寺住寺。
¶姓氏富山

**甄洪 けんこう**
生没年不詳
江戸時代中期の浄土真宗の僧。
¶国書

**兼豪(兼毫) けんごう**
元永2(1119)年〜文治5(1189)年1月22日
平安時代後期の真言宗の僧。
¶古人，仏教(兼毫)，平史

**賢豪 けんごう**
？ 〜永久5(1117)年7月
平安時代後期の天台宗の僧。
¶仏教

**顕杲** **げんごう**
保安3(1122)年～治承1(1177)年
平安時代後期の醍醐寺の学僧。
¶密教

**元光** **げんこう**
→寂室元光(じゃくしつげんこう)

**元皓** **げんこう**
→大潮元皓(だいちょうげんこう)

**源光**(1) **げんこう**
平安時代後期の僧。
¶古人，平史(生没年不詳)

**源光**(2) **げんこう**
生没年不詳
平安時代後期の天台宗の僧。法然の最初の師。
¶日人

**玄興** **げんこう**
→南化玄興(なんかげんこう)

**玄光** **げんこう**
→独庵玄光(どくあんげんこう)

**玄広** **げんこう**
弘治2(1556)年～元和2(1616)年5月4日
戦国時代～江戸時代前期の真言宗の僧。
¶国書

**玄弘** **げんこう**
生没年不詳　[別]大宗玄弘(たいそうげんこう，だいしゅうげんこう)，大宗(たいそう)
戦国時代の臨済宗の僧。
¶国書(大宗玄弘　だいしゅうげんこう)，戦人，仏教(大宗玄弘　たいそうげんこう)

**元轟** **げんごう**
→黙山元轟(もくざんげんごう)

**元杲**(玄杲) **げんごう，げんこう**
延喜14(914)年～長徳1(995)年2月27日　[別]元杲(がんごう)
平安時代中期の真言宗の僧。号は延命院。
¶朝日([没]長徳1年2月27日(995年3月30日))，国史，国書，古人(がんごう)，古中，コン改(玄杲)，コン4(玄杲)，コン5(玄杲)，史人([生]911年，(異説)914年)，新潮(げんこう　[生]延喜11(911)年，(異説)延喜14(914)年)，人名(玄杲　[生]911年)，世人，日人，仏教，仏史，仏人，平史(がんごう)

**厳豪** **げんごう**
正平5/観応1(1350)年～応永23(1416)年
南北朝時代～室町時代の天台宗の僧。
¶国書

**源豪** **げんごう**
？　～応永5(1398)年1月29日
南北朝時代の天台宗の僧。
¶国書，仏教

**玄広恵探** **げんこうえたん**
永正14(1517)年～天文5(1536)年6月10日
戦国時代の華蔵山遍照光寺の僧。
¶戦辞([生]永正14(1517)年？)，全戦，室町

**玄興寺覚信** **げんこうじかくしん**
～延徳3(1491)年8月8日
戦国時代の高山市の玄興寺の開基。信州吉田村の郷士。
¶飛騨

**元興寺玄朝** **げんこうじげんちょう**
→玄朝(げんちょう)

**謙光寂泰** **けんこうじゃくたい**
延宝6(1678)年～延享3(1746)年3月10日
江戸時代中期の黄檗宗の僧。
¶黄檗，国書，長崎遊

**賢江祥啓**(1) **けんこうしょうけい**
→浄定行者(きよさだぎょうじゃ)

**賢江祥啓**(2) **けんこうしょうけい**
生没年不詳
室町時代の画僧。
¶神奈川人，鎌倉，鎌倉新，郷土栃木

**謙光真関尼** **けんこうしんかんに**
明和2(1765)年～文政2(1824)年4月5日
江戸時代後期の黄檗宗の尼僧。
¶黄檗

**元亨通泉** **げんこうつうせん**
生没年不詳
室町時代の臨済宗の僧。
¶国書

**元賡有雅** **げんこうゆうが**
生没年不詳
江戸時代前期の臨済宗の僧。
¶国書5

**賢谷宗良** **けんこくそうりょう**
弘治3(1557)年～元和7(1621)年10月25日
安土桃山時代～江戸時代前期の臨済宗の僧。大徳寺159世。
¶国書，仏教

**原古志稽** **げんこしけい**
応永8(1401)年～文明7(1475)年
室町時代～戦国時代の僧。
¶国書([没]文明7(1475)年3月15日)，日人

**拳骨和尚** **げんこつおしょう**
寛政6(1794)年～慶応3(1867)年
江戸時代後期～末期の曹洞宗の僧、武術家。
¶江戸，大阪人

**顕厳** **けんごん**
永久4(1116)年～寿永2(1183)年
平安時代後期の真言宗の僧。
¶日人，仏教([生]永久4(1116)年，(異説)永久2(1114)年　[没]寿永2(1183)年8月14日，(異説)養和1(1181)年8月14日)

**元厳** けんごん
生没年不詳
平安時代後期の真言宗の僧。
¶仏教

**源左** げんざ
天保13(1842)年4月18日～昭和5(1930)年2月20日
江戸時代末期～昭和期の浄土真宗本願寺派の真宗の篤信者、妙好人。
¶真宗

**堅済** けんさい
生没年不詳
室町時代の真言宗の僧。
¶仏教

**厳斎** げんさい
？ ～弘長1(1261)年
鎌倉時代前期～後期の僧。
¶北条

**玄察** げんさつ
？ ～延宝6(1678)年5月13日
江戸時代前期の真言宗の僧。
¶仏教([没]延宝6(1678)年5月13日,(異説)元禄4(1691)年2月19日)

**乾三** けんさん
生没年不詳
戦国時代の僧侶。
¶国書

**兼算** けんさん
平安時代前期の浄土宗の僧。
¶日人,仏教(生没年不詳)

**源算** げんさん
永観1(983)年～康和1(1099)年
平安時代中期～後期の天台宗の僧。
¶朝日([没]康和1(1099)年3月),鎌室,古人,コン改([没]康和1(1099)年,(異説)1107年),コン4([没]康和1(1099)年,(異説)1107年),コン5([没]康和1(1099年,1107)年),新潮([没]康和1(1099)年3月29日),人名([生]992年 [没]1107年),日人,仏教([生]？ [没]承徳3(1099)年3月29日),平史

**源讃** げんさん
元亨2(1322)年11月～応永7(1400)年6月22日
鎌倉時代後期～室町時代の浄土真宗の僧。
¶国書5

**幹山師貞** けんさんしてい
→幹山師貞(かんざんしてい)

**見山崇喜** けんざんすうき
？ ～元亨3(1323)年 [別]崇喜(すうき)
鎌倉時代後期の禅僧。
¶鎌室([生]文永1(1264)年),郷土群馬(崇喜 すうき),人名,長野歴,日人,仏教([没]元亨3(1323)年6月8日)

**県山道正** けんざんどうしょう
→道正隆英(どうしょうりゅうえい)

**源次** げんじ
生没年不詳
戦国時代～安土桃山時代の仏師。
¶朝日,日人,美建,仏教

**元竺** げんじく
生没年不詳
室町時代の僧侶。
¶国書

**憲実** けんじつ
生没年不詳
鎌倉時代後期の天台宗の僧・歌人。
¶国書

**顕実** けんじつ
生没年不詳
鎌倉時代の浄土宗僧。
¶兵庫百

**玄室** げんしつ
文安元(1444)年～永正11(1514)年
室町時代～戦国時代の曹洞宗の僧。
¶愛媛,愛媛百

**源実** げんじつ
保延3(1137)年～？
平安時代後期の天台山門派の僧。
¶古人([没]？),平史

**玄実** げんじつ
平安時代後期の興福寺僧。
¶古人,平史(生没年不詳)

**玄日** げんじつ
*～延喜22(922)年 [別]玄日(げんにち)
平安時代前期～中期の僧。
¶国書(げんにち [生]？ [没]延喜21(921)年8月14日),古人([生]850年),古代([生]850年),古代普([生]850年),日人(げんにち [生]846年),ふる([生]847年)

**賢室自超** けんしつじちょう
？ ～文亀2(1502)年 [別]自超(じちょう)
室町時代～戦国時代の曹洞宗の僧。
¶人名(自超 じちょう),日人,仏教(生没年不詳)

**玄室守腋** げんしつしゅえき
文安2(1445)年～永正11(1514)年11月2日
室町時代～戦国時代の曹洞宗の僧。
¶仏教

**玄室碩圭** げんしつせっけい
生没年不詳
室町時代の臨済宗の僧。
¶仏教

**建室宗寅** けんしつそういん
？ ～慶長19(1614)年8月23日
安土桃山時代～江戸時代前期の曹洞宗の僧。

¶仏教

**謙室大奕** けんしつだいえき
？　～天正6（1578）年
安土桃山時代の曹洞宗雲岫派の僧。甲斐・永昌院の六世住職。
¶武田

**顕室等誠** けんしつとうせい
生没年不詳
戦国時代の臨済宗の僧。
¶国書

**玄砂** げんしゃ
生没年不詳
江戸時代中期の浄土宗の僧。
¶仏教

**健守** けんしゅ
生没年不詳
平安時代中期の僧侶・歌人。
¶国書，古人，平史

**賢珠** けんしゅ
生没年不詳
鎌倉時代後期の僧侶・歌人。
¶国書

**兼寿** けんじゅ
→蓮如（れんにょ）

**憲寿** けんじゅ
明和5（1768）年～安政4（1857）年8月29日
江戸時代中期～末期の真言宗の僧・書家。
¶国書，長野歴

**見寿** けんじゅ
？　～寛文1（1661）年8月7日
江戸時代前期の浄土宗の僧。
¶仏教

**玄守** げんしゅ
生没年不詳
鎌倉時代後期の天台宗の僧・歌人。
¶国書

**元寿** げんじゅ
天正3（1575）年～正保5（1648）年
安土桃山時代～江戸時代前期の真言宗の僧。
¶国書（㊀正保5（1648）年閏1月13日），人名，戦人，栃木歴，日人，仏教（㊀正保5（1648）年1月13日），仏人

**玄樹** げんじゅ
→桂庵玄樹（けいあんげんじゅ）

**兼琇** けんしゅう
文明16（1484）年～大永3（1523）年
戦国時代の名塩教行寺の開基。
¶兵庫百

**謙宗** けんしゅう
→南英謙宗（なんえいけんそう）

**賢洲** けんしゅう
？　～文化9（1812）年2月2日
江戸時代中期～後期の浄土宗の僧。
¶国書

**賢舟** けんしゅう
江戸時代前期の飛驒高山の僧。陶窯を開いた。
¶人名，日人（生没年不詳）

**兼什** けんじゅう
弘安3（1280）年～正平5/観応1（1350）年
鎌倉時代後期～南北朝時代の真言声明仁和寺新相応院流の声明家。
¶日音

**顕重** けんじゅう
文永10（1273）年～正平14/延文4（1359）年12月15日
鎌倉時代後期～南北朝時代の天台宗の僧。
¶仏教

**厳秀** げんしゅう
生没年不詳
鎌倉時代の真言宗の僧。
¶国書

**源秀** げんしゅう
建久4（1193）年～？
鎌倉時代前期の真言律宗の僧。
¶仏教

**玄周(1)** げんしゅう
？　～貞享1（1684）年2月24日
江戸時代前期の浄土宗の僧。尾張清洲の正念寺を開創。
¶仏教

**玄周(2)** げんしゅう
慶長18（1613）年～天和2（1682）年2月20日
江戸時代前期の浄土宗の僧。酒田雲照寺2代目住職。
¶庄内

**玄宗** げんしゅう
平安時代前期の僧。
¶古代，古代普，日人（生没年不詳）

**玄秀(1)** げんしゅう
永享7（1435）年～大永7（1527）年9月21日
室町時代～戦国時代の浄土真宗の僧。
¶仏教

**玄秀(2)** げんしゅう
生没年不詳
江戸時代中期の浄土宗の僧。
¶国書

**玄秀(3)** げんしゅう
寛文1（1661）年～元禄16（1703）年12月23日
江戸時代中期の時宗の僧。
¶国書，仏教

**玄脩** げんしゅう
平安時代前期の僧。

¶古代，古代普，日人（生没年不詳）

**源重** げんじゅう
生没年不詳
南北朝時代の天台宗の僧。
¶仏教

**賢洲元養** けんしゅうげんよう
生没年不詳
江戸時代中期の黄檗宗の僧。
¶国書

**謙宗真益尼** けんしゅうしんえきに
？ ～安永4（1775）年2月26日
江戸時代中期の黄檗宗の尼僧。
¶黄檗

**乾州普沢** けんしゅうふたく
？ ～文化11（1814）年5月16日
江戸時代中期～後期の黄檗宗の僧。
¶黄檗

**乾舟妙一** けんしゅうみょういち
寛永8（1631）年～元禄14（1701）年3月25日 [別]乾舟妙一（けんしゅうみょういつ）
江戸時代前期～中期の臨済宗の僧。大徳寺248世。
¶飛驒（けんしゅうみょういつ [生]？），仏教

**乾舟妙一** けんしゅうみょういつ
→乾舟妙一（けんしゅうみょういち）

**玄粛** げんしゅく
明和5（1768）年～天保12（1841）年4月9日
江戸時代中期～後期の浄土真宗の僧。
¶国書

**兼俊** けんしゅん
康平5（1062）年～？
平安時代後期の真言宗の僧。
¶仏教

**兼舜** けんしゅん
生没年不詳
南北朝時代の僧侶・歌人。
¶国書

**憲春** けんしゅん
？ ～天正18（1590）年
戦国時代～安土桃山時代の僧。薩摩国高城郡新田宮社家の菩提寺九品寺の住職。
¶姓氏鹿児島

**憲舜** けんしゅん
生没年不詳
天台宗の僧。
¶国書

**賢俊** けんしゅん
正安1（1299）年～正平12/延文2（1357）年 [別]賢俊良永（けんしゅんりょうえい），三宝院賢俊（さんぼういんけんしゅん），日野賢俊（ひのけんしゅん）
鎌倉時代後期～南北朝時代の真言宗の僧、歌人。武家の護持僧。日野俊光の子。
¶朝日（[没]延文2/正平12年7月16日（1357年8月2日）），岩史（[没]延文2（1357）年閏7月16日），角史，鎌室，国史，国書（[没]延文2（1357）年閏7月16日），古中，コン改，コン4，コン5（賢俊良永 けんしゅんりょうえい），史人（[没]1357年閏7月16日），思想史，諸系，新潮（[没]延文2/正平12（1357）年閏7月16日），姓氏京都，世人，中世（三宝院賢俊 さんぼういんけんしゅん），内乱，日史（[没]延文2/正平12（1357）年閏7月16日），日人，俳句（[没]延文2（1357）年7月16日），俳文，百科，仏教（[没]延文2/正平12（1357）年7月16日），仏史，室町，名僧，歴大，和俳

**賢舜** けんしゅん
？ ～大永7（1527）年9月2日
戦国時代の日蓮宗の僧。
¶仏教

**顕俊** けんしゅん
生没年不詳
鎌倉時代後期の法相宗の僧・歌人。
¶国書

**顕春** けんしゅん
生没年不詳
鎌倉時代後期の天台宗の僧。
¶国書

**兼順** けんじゅん
明応8（1499）年～元亀1（1570）年10月24日
戦国時代～安土桃山時代の浄土真宗の僧。
¶国書

**憲淳** けんじゅん
正嘉2（1258）年～徳治3（1308）年8月23日
鎌倉時代後期の真言宗の僧。
¶朝日（[没]延慶1年8月23日（1308年9月8日）），岩史，国史，国書，古中，新潮，日人，仏教，仏史

**憲順** けんじゅん
生没年不詳
江戸時代前期の天台宗の僧。
¶国書

**謙順** けんじゅん
元文5（1740）年～文化9（1812）年9月16日
江戸時代後期の新義真言宗の僧。智積院28世。
¶国書，埼玉人，仏教，仏人

**賢淳** けんじゅん
建暦1（1211）年～仁治2（1241）年
鎌倉時代前期の僧。悉地院々主。
¶密教（[生]1211年以前 [没]1241年以後）

**元春** げんしゅん
生没年不詳
江戸時代中期の黄檗宗の僧。
¶国書

**源俊** げんしゅん
生没年不詳 [別]源俊（みなもとすぐる，みなもとのすぐる）
鎌倉時代後期の律宗の僧。
¶国書（みなもとすぐる），仏教（[生]建保2（1214）

け

年 [没]弘安5(1282)年9月11日),平史(みなもとのすぐる)

**源順** げんじゅん
平安時代後期の絵仏師。
¶古人,平史(生没年不詳)



**玄淳** げんじゅん
生没年不詳
江戸時代後期の浄土真宗の僧。
¶国書

**玄順** げんじゅん
寛政1(1789)年~安政6(1859)年7月11日
江戸時代後期~末期の浄土宗の僧。
¶富山百

**賢俊良永** けんしゅんりょうえい
→賢俊(けんしゅん)

**兼助** けんじょ
長治1(1104)年~治承4(1180)年
平安時代後期の真言宗の僧。
¶仏教

**賢助** けんじょ
弘安3(1280)年~*
鎌倉時代後期の真言宗の僧。東寺長者113世、醍醐寺56・60・62世。
¶国書([没]?),日人([没]1333年),仏教(生没年不詳)

**賢女** けんじょ
弘安3(1280)年~正慶2/元弘1(1333)年
鎌倉時代後期の僧。
¶鎌室

**顕助** けんじょ
永仁2(1294)年~元徳2(1330)年7月21日
鎌倉時代後期の真言宗の僧。
¶仏教,北条

**彦如** げんじょ
天明5(1785)年~弘化1(1844)年
江戸時代中期~後期の僧侶。
¶高知人

**玄恕** げんじょ
天正7(1579)年~寛文5(1665)年
安土桃山時代~江戸時代前期の浄土宗の僧。鎮西派大智寺の開基。
¶和歌山人

**見性**(1) けんしょう
生没年不詳
鎌倉時代後期の浄土宗の僧。
¶国書,仏教

**見性**(2) けんしょう
生没年不詳
鎌倉時代後期の僧侶・歌人。
¶国書

**賢昭** けんしょう
? ~寛治(1087~1094)年
平安時代中期~後期の僧。
¶仏教([没]寛治年間(1087~1094年))

**賢紹** けんしょう
生没年不詳
戦国時代の真言宗の僧。
¶仏教

**賢証** けんしょう
? ~応永32(1425)年10月11日
室町時代の日蓮宗の僧。
¶国書(生没年不詳),仏教

**賢性** けんしょう
生没年不詳
戦国時代の真言宗の僧。東寺長者173世。
¶仏教

**顕昭**(1) けんしょう
大治5(1130)年? ~* [別]藤原顕昭(ふじわらのけんしょう)
平安時代後期~鎌倉時代前期の僧歌人。藤原顕輔の養子。
¶朝日([生]大治5(1130)年頃 [没]承元3(1209)年頃),岩史([生]1130(大治5)年頃 [没]?),角史([没]承元3(1209)年?),鎌室([没]?),京都大([生]大治5(1130)年頃 [没]承元3(1209)年頃),国史(生没年不詳),国書([生]大治5(1130)年頃 [没]?),古人([没]?),古中(生没年不詳),コン改([没]承元4(1210)年以降),コン4([没]承元4(1210)年以降),コン5([没]承元4(1210)年以降),詩歌,史人([没]1209年?),諸系([没]1209年?),新潮([生]大治5(1130)年頃 [没]?),新文([没]承元4(1210)年以後),人名,世人(生没年不詳),世百,全書(生没年不詳),大百([没]1210年?),日史([没]承元4(1210)年?),日人([没]1209年?),日文([生]大治5(1130)年頃),百科([生]大治5(1130)年頃 [没]承元4(1210)年頃),仏教(生没年不詳),文学([没]?),平史(生没年不詳),歴大([生]1130年ころ [没]1209年ころ),和俳([生]大治5(1130)年 [没]承元3(1209)年頃)

**顕昭**(2) けんしょう
文永1(1264)年~元徳1(1329)年
鎌倉時代後期の歌人。
¶鎌室,国書(生没年不詳),日人

**顕証**(1) けんしょう
生没年不詳
鎌倉時代後期の浄土宗の僧。
¶仏教

**顕証**(2) けんしょう
慶長2(1597)年~延宝6(1678)年2月13日
江戸時代前期の真言宗の僧。
¶国書([生]慶長2(1597)年12月1日),戦人,仏教

**憲静**(賢静) けんじょう
? ~永仁3(1295)年4月17日 [別]願行(がんぎょう),願行房憲静(がんぎょうぼうけんじょう),憲

静（けんせい）
鎌倉時代後期の真言宗の僧。京都泉涌寺第6世。
¶岩史，神奈川人（賢静），神奈川百（願行房憲静 がんぎょうぼうけんじょう），鎌倉（願行 がんぎょう），鎌倉新（願行 がんぎょう [生]？），鎌古（[生]？），国史，国書（けんせい），古中，コン4，コン5，新潮，人名（願行 がんぎょう），日人，仏教，仏史，歴大（[生]1215年）

**賢乗** **けんじょう**
～永禄7（1564）年
戦国時代～安土桃山時代の真言宗の僧。
¶神奈川人

**賢浄** **けんじょう**
正保4（1647）年～？
江戸時代前期の天台宗の僧。
¶国書

**顕乗** **けんじょう**
生没年不詳
江戸時代の浄土真宗の僧。
¶国書

**元昭** **げんしょう**
→月海元昭（げっかいげんしょう）

**元性** **げんしょう**
→元性（がんしょう）

**元敞** **げんしょう**
生没年不詳
江戸時代中期の浄土宗の僧。
¶国書

**源承** **げんしょう**
元仁1（1224）年～＊
鎌倉時代後期の歌人、藤原為家の子、比叡山の僧、法眼。
¶朝日（[没]嘉元1（1303）年以後），国書（[没]？），日人（[没]？），和俳（[没]嘉元1（1303）年以後）

**源性** **げんしょう**
→源性入道親王（げんしょうにゅうどうしんのう）

**玄勝** **げんしょう**
南北朝時代の僧侶・歌人。
¶国書（生没年不詳），万葉

**玄昌** **げんしょう**
→文之玄昌（ぶんしげんしょう）

**玄昭**（玄照） **げんしょう**
＊～延喜17（917）年2月3日
平安時代前期～中期の天台宗の僧。
¶国書（[生]承和13（846）年），古人（玄照 [生]844年），古代（[生]846年），古代普（[生]846年），人名（[生]？ [没]915年），日人（玄照 [生]846年），仏教（玄照 [生]承和11（844）年），平史（玄照 [生]844年）

**玄照** **げんしょう**
生没年不詳
奈良時代の僧。
¶コン改，コン4，コン5，日人

**玄紹** **げんしょう**
生没年不詳
戦国時代の僧。曹洞宗深向院開山。
¶山梨百

**玄証** **げんしょう，げんじょう**
久安2（1146）年～＊
平安時代後期～鎌倉時代前期の真言宗の僧。密教の白描図像研究家。
¶朝日（[没]？），鎌室（生没年不詳），国史（[没]？），国書（[没]？），古人（[没]？），古中（[没]？），コン改（[没]元久1（1204）年？），コン4（[没]元久1（1204）年？），コン5（[没]元久1（1204）年？），新潮（[没]貞応1（1222）年），人名（[没]1204年？），世人（生没年不詳），日人（[没]1222年），仏教（[生]久安2（1146）年？ [没]貞応1（1222）年？），平史（[没]？），名画（げんじょう [没]1204年？）

**玄性** **げんしょう**
生没年不詳
戦国時代の新義真言宗の僧。
¶国書，日人，仏教

**玄正** **げんしょう★**
～寛永11（1634）年
江戸時代前期の僧。大館市の浄応寺（真宗）第3世。
¶秋田人2

**元乗** **げんじょう**
康正1（1455）年～？
室町時代～戦国時代の法相宗の僧。
¶国書

**幻成** **げんじょう**
？ ～文久2（1862）年8月27日
江戸時代末期の浄土真宗の僧。
¶国書，仏教

**源盛** **げんじょう**
→源盛（げんせい）

**玄常** **げんじょう**
生没年不詳
平安時代の天台宗の僧。播磨雪彦山で修行。
¶人名，日人，兵庫百，仏教

**玄静** **げんじょう**
生没年不詳
平安時代前期～中期の天台宗の僧。「水尾灌頂式」著者。
¶国書，仏人

**玄仗** **げんじょう**
元文3（1738）年～寛政4（1792）年12月15日
江戸時代中期～後期の浄土真宗の僧。
¶国書

**元章周郁** **げんしょうしゅういく**
元亨1（1321）年～元中3/至徳3（1386）年9月22日
南北朝時代の臨済宗の僧。天竜寺22世。
¶仏教

け

**見性宗般** けんしょうそうはん
嘉永1(1848)年～大正11(1922)年
江戸時代末期～大正期の僧。京都紫野臨済宗大徳寺第485代管長。
¶石川百，熊本人，姓氏石川

**源性入道親王** げんしょうにゅうどうしんのう
嘉暦2(1327)年～文和2/正平8(1353)年1月29日 ㊎源性(げんしょう)，源性法親王(げんせいほうしんのう)
南北朝時代の花園天皇の皇子。
¶鎌室，人名，天皇(源性法親王 げんせいほうしんのう)，日人，仏教(源性 げんしょう)

**憲真** けんしん
？ ～天和3(1683)年11月6日
江戸時代前期の大原流天台声明家。
¶日音，仏教

**見真** けんしん
寛政11(1799)年～明治6(1873)年9月25日
江戸時代末期～明治期の浄土真宗本願寺派学僧。長徳寺住職。
¶真宗，仏教

**賢信(1)** けんしん，げんしん
元永1(1118)年～文治3(1187)年
平安時代後期の真言宗の僧。理性院流賢信方の祖。
¶日人，仏教(㊀文治3(1187)年4月8日)，密教(げんしん ㊀1187年1月8日，4月8日)

**賢信(2)** けんしん
生没年不詳
室町時代の真言宗の僧。
¶仏教

**賢心** けんしん
延徳1(1489)年～天文21(1552)年
戦国時代の浄土真宗の僧。
¶国書(㊀天文21(1552)年1月)，姓氏富山(㊐1488年)，富山百(㊀天文21(1552)年1月5日)

**賢真** けんしん
生没年不詳
平安時代前期の法相宗の僧。
¶古人，仏教，平史

**賢辰** けんしん
生没年不詳
平安時代後期の天台宗の僧・歌人。
¶国書

**顕真(1)** けんしん
天承1(1131)年～建久3(1192)年11月14日
平安時代後期の天台宗の僧。天台座主。
¶朝日(㊀建久3年11月14日(1192年12月20日))，鎌室，国史，国書，古人，古中，コン改，コン4，コン5，史人，新潮，人名，姓氏京都(㊐1130年)，世人(㊐大治5(1130)年)，日史(㊐大治5(1130)年)，日人，百科(㊐大治5(1130)年)，仏教，仏史，仏人(㊐1130年)，平家，平史，歴大

**顕真(2)** けんしん
生没年不詳
平安時代後期の三論宗の僧。
¶国書，仏教

**憲深** けんじん
建久3(1192)年～弘長3(1263)年9月6日
鎌倉時代前期の真言僧。報恩院流の流祖。
¶岩史，国史，国書，古中，コン4，コン5，新潮，日史，日人，仏教，仏史，仏人，密教

**賢深** けんじん
永享2(1430)年～文亀4(1504)年1月29日
室町時代～戦国時代の真言宗の僧。東寺長者184世。
¶仏教

**賢尋(1)** けんじん
平安時代中期の僧。東寺定額僧。
¶古人

**賢尋(2)** けんじん
平安時代中期の法成寺の僧。
¶古人

**賢尋(3)** けんじん
正暦3(992)年～天喜3(1055)年9月17日
平安時代中期の真言宗の僧。
¶古人，仏教，平史(㊐？)

**顕深** けんじん
生没年不詳
鎌倉時代後期の天台宗の僧・歌人。
¶国書

**顕尋** けんじん
生没年不詳
鎌倉時代前期の僧侶・歌人。
¶国書

**源信(1)** げんしん
天慶5(942)年～寛仁1(1017)年6月10日 ㊎恵心(えしん)，恵心僧都源信(えしんそうずげんしん)，横川僧都(よかわのそうず)，恵心僧都(えしんそうず)
平安時代中期の天台宗の学僧、浄土教家。比叡山延暦寺で良源に天台教学を学ぶ。のち「往生要集」を書き、自身も念仏運動を指導し、浄土信仰が広まる礎となった。
¶朝日(㊀寛仁1年6月10日(1017年7月6日))，岩史，近江(恵心僧都源信 えしんそうずげんしん ㊀寛仁1(1017)年6月)，角史，教育，京都，郷土滋賀，京都大，郷土奈良，京都府，芸能，国史，国書，古人，古中，コン改，コン4，コン5，詩歌，滋賀百，史人，思想史，重要，人書79，人書94，新潮，新文，人名(恵心 えしん)，姓氏京都，世人，世百，全書，対外，大百，伝記，日音，日思，日史，日人，日文，百科，仏教，仏史，仏人，文学，平史，平日(㊐942 ㊀1017)，名画，名僧，山川小，歴大

**源信(2)** げんしん
鎌倉時代前期の僧。

¶鎌室（生没年不詳），古人

**源心** けんしん
天禄2（971）年〜天喜1（1053）年10月11日
平安時代中期の天台宗の僧。天台座主30世。
¶国書，古人，人名，日人，仏教（㊀安和2（969）年），平史

**源深** げんしん
生没年不詳
鎌倉時代前期の僧侶・歌人。
¶国書

**玄津**(1) げんしん
大同2（807）年〜仁和1（885）年
平安時代前期の僧。
¶古人，古代（㊀？），古代普（㊀？），日人，仏教，平史

**玄津**(2) げんしん
生没年不詳
戦国時代の天台宗の僧・連歌作者。
¶国書

**彦岑** げんしん
正保2（1645）年〜享保12（1727）年8月24日
江戸時代前期〜中期の真言宗の僧。
¶国書

**見瑞** けんずい
？ 〜慶応3（1867）年7月23日
江戸時代末期の浄土真宗の僧。
¶国書，仏教

**賢随** けんずい
生没年不詳
江戸時代中期の浄土真宗の僧。
¶国書

**元水** げんすい
？ 〜宝暦10（1760）年1月10日
江戸時代中期の僧侶・俳人。
¶国書

**元翠** げんすい
生没年不詳
江戸時代前期の僧侶・歌人。
¶国書

**憲静** けんせい
→憲静（けんじょう）

**賢正** けんせい
生没年不詳
戦国時代の画僧。
¶日人

**賢清** けんせい
久寿2（1155）年〜元久1（1204）年10月11日
平安時代後期〜鎌倉時代前期の真言宗の僧。
¶国書

**賢誓** けんせい
永禄10（1567）年〜寛永19（1642）年
安土桃山時代〜江戸時代前期の浄土真宗の僧。
¶戦人

**顕誓** けんせい
明応8（1499）年〜元亀1（1570）年
戦国時代の浄土真宗の僧。
¶戦人，日人，仏教（㊁元亀1（1570）年10月24日）

け

**建撕** けんぜい
応永22（1415）年〜＊
室町時代の曹洞宗の僧。永平寺14世。
¶国書（㊁文明6（1474）年7月3日），仏教（㊁文明6（1475）年7月3日）

**厳成** げんせい
平安時代後期の仏師。
¶岡山歴，美建

**元政** げんせい
元和9（1623）年〜寛文8（1668）年2月18日 ㊙深草の元政（ふかくさのげんせい），深草元政（ふかくさげんせい，ふかくさのげんせい），日政（にっせい）
江戸時代前期の日蓮宗の僧。
¶朝日（㊀元和9年2月23日（1623年3月23日）㊁寛文8年2月18日（1668年3月30日）），岩史（㊀元和9（1623）年2月23日），江人，江戸東（深草の元政　ふかくさのげんせい），角史，京都大，近世，国史，国書（㊀元和9（1623）年2月23日），コン改，コン4，コン5，詩歌，詩歌（深草元政　ふかくさのげんせい），詩作，史人（㊀1623年2月23日），思想史，人書94，人書94（深草元政　ふかくさげんせい），新潮（㊀元和9（1623）年2月23日），人名，姓氏京都，世人，世人（深草元政　ふかくさのげんせい），世百，全書，大百，茶道，日人，日文，百科，仏教（㊀元和9（1623）年2月23日），仏史，仏人（㊀1615年　㊁1667年），名僧，山梨百（㊀元和9（1623）年2月23日），歴大，和俳

**元晴** げんせい
生没年不詳
鎌倉時代の律宗の僧。
¶仏教

**厳成** げんせい
→厳成（ごんじょう）

**源盛** げんせい
嘉元1（1303）年〜正平13/延文3（1358）年12月13日 ㊙源盛（げんじょう）
鎌倉時代後期〜南北朝時代の天台宗の僧。
¶朝日（㊁延文3/正平13年12月13日（1359年1月12日）），鎌室（生没年不詳），国史（げんじょう），古中（げんじょう），コン改（生没年不詳），コン4（生没年不詳），コン5，史人（げんじょう），新潮（げんじょう），人名，鳥取百，日人（㊁1359年），仏教（生没年不詳）

**源誠** げんせい
〜興国5/康永3（1344）年12月26日
南北朝時代の僧。小坂町の長谷寺の開基。
¶飛騨

け

**源誓** げんせい
～文亀1(1501)年
室町時代～戦国時代の浄土宗の僧。
¶神奈川人

**源逝** げんせい
生没年不詳
江戸時代前期の浄土宗の僧。
¶仏教

**玄清**(1) げんせい
室町時代の連歌師。
¶茶道, 平史(生没年不詳)

**玄清**(2) げんせい
嘉吉3(1443)年～大永1(1521)年11月13日
室町時代～戦国時代の僧、連歌師。
¶国書, 姓氏京都(㊤1442年), 日人, 俳句, 俳文

**玄盛** げんせい
寛元4(1246)年～?
鎌倉時代前期～後期の僧。
¶北条

**現成** げんせい
? ～弘化4(1847)年
江戸時代後期の僧。
¶日人

**元説** げんぜい
生没年不詳
江戸時代後期の僧侶。
¶国書

**賢誓寺空正** げんせいじくうしょう
生没年不詳
戦国時代の僧。萩原町の賢誓寺の祖。
¶飛騨

**賢誓寺淳正** げんせいじじゅんしょう
生没年不詳
鎌倉時代後期の僧。萩原町の賢誓寺2世。高原郷の城主・江馬左衛門の2男。
¶飛騨

**玄清法印** げんせいほういん
天平神護2(766)年～弘仁14(823)年10月 ㊥橘定玄(たちばなのじょうげん)
奈良時代～平安時代前期の盲僧琵琶中興の祖。
¶芸能, 人名(橘定玄 たちばなのじょうげん), 日音, 日人(橘定玄 たちばなのじょうげん)

**源性法親王** げんせいほうしんのう
→源性入道親王(げんしょうにゅうどうしんのう)

**賢仙** けんせん
文永4(1267)年～正平7/文和1(1352)年12月12日
㊥棊山賢仙(きさんけんせん)
鎌倉時代後期～南北朝時代の禅僧。
¶鎌室, 人名, 日人(棊山賢仙 きさんけんせん ㊦1353年), 仏教(棊山賢仙 きさんけんせん)

**賢暹**(顕暹) けんせん
長元2(1029)年～天永3(1112)年12月23日
平安時代中期～後期の天台宗の僧。天台座主41世。
¶国書, 古人(顕暹), 仏教, 平史

**顕詮** けんせん
生没年不詳
南北朝時代の社僧・歌人。
¶国書

**元選** げんせん
→無文元選(むもんげんせん)

**源泉** げんせん
貞元2(977)年～天喜3(1055)年
平安時代中期の天台宗の僧。天台座主31世。
¶古人, 人名, 日人, 仏教(㊦天喜3(1055)年3月18日), 平史

**源暹** げんせん
生没年不詳
鎌倉時代後期の真言宗の僧。
¶国書

**玄仙** げんせん
? ～慶長17(1612)年6月3日
安土桃山時代～江戸時代前期の真言宗の僧。
¶国書

**源全** げんぜん
生没年不詳
鎌倉時代の天台宗の僧・歌人。
¶国書

**玄全** げんぜん
生没年不詳
鎌倉時代後期の天台宗の僧・歌人。
¶国書

**元選王** げんせんおう
→無文元選(むもんげんせん)

**源祖** げんそ
生没年不詳
鎌倉時代後期の曹洞宗の僧。
¶国書

**玄蘇** げんそ
→景轍玄蘇(けいてつげんそ)

**見叟** けんそう
慶長18(1613)年～貞享4(1687)年
江戸時代前期の禅僧。
¶京都府

**賢聡** けんそう
生没年不詳
平安時代前期の真言宗の僧。
¶仏教

**賢蔵** けんぞう
*～文政7(1824)年
江戸時代後期の浄土真宗の僧。
¶国書(㊤宝暦13(1763)年 ㊦文政7(1824)年7月27日), 仏教(㊤?)

**源増** **げんぞう**
平安時代後期の仏師。
¶古人，美建，平史（生没年不詳）

**顕窓慶字** **けんそうきょうじ**
？ 〜永享5（1433）年1月22日 ㊿顕窓慶字（けんそうけいじ）
室町時代の禅僧。
¶鎌室（けんそうけいじ），国書（けんそうけいじ），人名，日人（けんそうけいじ），仏教

**顕窓慶字** **けんそうけいじ**
→顕窓慶字（けんそうきょうじ）

**謙叟紹彦** **けんそうじょうげん**
元禄16（1703）年〜宝暦9（1759）年11月30日
江戸時代中期の臨済宗の僧。大徳寺360世。
¶仏教

**賢窓常俊** **けんそうじょうしゅん**
？ 〜永正4（1507）年
室町時代〜戦国時代の曹洞宗の僧。
¶人名，戦辞（㊀永正4年11月4日（1517年12月7日）），日人，仏教（㊀永正4（1507）年11月4日）

**玄蔵主** **げんぞうす**
安土桃山時代の僧。北条氏政の家臣。
¶後北

**乾叟禅亨** **けんそうぜんこう**
？ 〜永正3（1506）年
室町時代〜戦国時代の曹洞宗の僧。
¶国書（㊀永正6（1509）年10月14日），日人，仏教（㊀永正3（1506）年10月14日，（異説）永正6年10月14日）

**乾叟禅淳** **けんそうぜんじゅん**
？ 〜文亀3（1503）年
戦国時代の禅僧。
¶人名

**乾叟禅貞** **けんそうぜんてい**
寛永1（1624）年〜延宝8（1680）年5月25日
江戸時代前期の臨済宗の僧。
¶黄檗

**見叟智徹** **けんそうちてつ**
慶長18（1613）年〜貞享4（1687）年8月24日
江戸時代前期の臨済宗の僧。
¶国書

**元総尼**（元聡尼） **げんそうに**
正保3（1646）年〜正徳1（1711）年9月18日 ㊿了然（りょうねん），了然元総（りょうねんげんそう），了然元総尼（りょうねんげんそうに），了然元聡尼（りょうねんげんそうに），了然尼（りょうねんに）
江戸時代前期〜中期の女性。黄檗宗の尼僧。
¶朝日（了然元総 りょうねんげんそう ㊀正徳1年9月18日（1711年10月29日）），江表（了然（東京都）），黄檗（了然元総尼 りょうねんげんそうに），近世，国史，国書（了然尼 りょうねんに），コン改（了然元総 りょうねんげんそう），コン4（了然元総 りょうねんげんそう），コン5（了然元総 りょうねんげんそう），史人（了然 りょうねん），女史（了然尼 りょうねんに），女性，人書94（了然尼 りょうねんに），新潮，人名（元聡尼），人名（了然尼 りょうねんに），日女（了然尼 りょうねんに），日人（了然元総尼 りょうねんげんそうに），仏教（了然元聡尼 りょうねんげんそうに），仏人（元聡尼）

け

**賢尊** **けんそん**
生没年不詳
平安時代後期の真言宗の僧。
¶仏教

**顕尊**(1) **けんそん**
平安時代後期の法印大僧都。
¶古人，平史（生没年不詳）

**顕尊**(2) **けんそん**
永禄7（1564）年1月23日〜慶長4（1599）年3月3日
安土桃山時代の浄土真宗の僧。
¶戦人，仏教

**源尊**(1) **げんそん**
平安時代後期の仏師。
¶古人，美建，平史（生没年不詳）

**源尊**(2) **げんそん**
㊿巨勢源尊（こせのげんそん）
鎌倉時代の画僧。
¶人名，日人（生没年不詳），名画（巨勢源尊 こせのげんそん）

**源泰** **げんたい**
享保14（1729）年7月18日〜天明6（1786）年9月23日
江戸時代中期の天台宗の僧。
¶国書

**堅卓** **けんたく**
？ 〜元文5（1740）年10月18日
江戸時代中期の僧、江戸駒込蓮光寺8世。
¶国書，人名

**玄宅和尚** **げんたくおしょう**
江戸時代前期の禅僧。辛子蓮根の考案者。
¶食文

**顕達** **けんたつ**
生没年不詳
鎌倉時代後期の僧侶。
¶国書5

**元湛** **げんたん**
生没年不詳
江戸時代前期の曹洞宗の僧。
¶国書

**兼智** **けんち**
天仁2（1109）年〜文治5（1189）年
平安時代後期の園城寺僧。
¶古人，平史

**賢智** **けんち**
生没年不詳
平安時代の天台宗の僧・歌人。

¶国書，古人，平史

**顕智** けんち
嘉禄2(1226)年～延慶3(1310)年
鎌倉時代後期の真宗の僧。親鸞の弟子。
¶朝日(生没年不詳)，鎌室，国史(生没年不詳)，国書(㊀延慶3(1310)年7月4日)，古中(生没年不詳)，コン改(㊀延慶3(1310)年，(異説)1335年)，コン4(㊀延慶3(1310)年，(異説)1335年)，コン5(㊀延慶3(1310年，1335)年)，史人(㊀？　㊀1310年7月4日？)，新潮，人名，世百(㊀？)，栃木歴，日史(生没年不詳)，日人，百科(㊀？　㊀建武1(1334)年)，仏教(㊀延慶3(1310)年7月4日)，仏史(生没年不詳)，仏人，歴大

**元智** げんち
寛永16(1639)年～享保3(1718)年閏10月24日
江戸時代前期～中期の真言宗の僧。
¶国書

**厳智** げんち
生没年不詳　㊀厳智(ごんち)
奈良時代の華厳宗の僧。
¶コン改，コン4，コン5，人名，日人(ごんち)，仏教(ごんち)

**源智** げんち
寿永2(1183)年～暦仁1(1238)年12月12日　㊀勢観房(せいかんぼう)
鎌倉時代前期の浄土宗の僧。父は平師盛。「法然上人伝記」の著者。
¶朝日(㊀暦仁1年12月12日(1239年1月18日))，鎌室，国史，国書，古人，古中，新潮，人名，姓氏京都，日人(㊀1239年)，仏教，仏史，仏人，歴大

**玄智** げんち
享保19(1734)年～寛政6(1794)年10月4日
江戸時代中期～後期の浄土真宗の僧。
¶国書，人名，日人，仏教，仏人

**兼忠** けんちゅう
寛正4(1463)年～天文20(1551)年3月25日
室町時代～戦国時代の浄土真宗の僧。
¶国書

**謙忠** けんちゅう
生没年不詳
鎌倉時代前期の天台宗の僧。
¶国書

**謙冲** けんちゅう
生没年不詳
江戸時代中期の浄土真宗の僧。
¶国書

**厳中** げんちゅう
→厳中周噩(げんちゅうしゅうがく)

**源忠** げんちゅう
生没年不詳
南北朝時代の僧侶・歌人。
¶国書

**玄忠**(1) げんちゅう
生没年不詳
鎌倉時代前期の僧侶・連歌作者。
¶国書

**玄忠**(2) げんちゅう
生没年不詳
鎌倉時代後期の真言宗の僧・歌人。
¶国書

**堅中圭密** けんちゅうけいみつ
室町時代の禅僧・外交僧。
¶角史(生没年不詳)，中世

**顕忠賢恵** けんちゅうけんえ
？～天文11(1542)年
戦国時代の僧。葉栗郡曼荼羅寺第12世。
¶姓氏愛知

**厳中周噩** げんちゅうしゅうがく
正平14/延文4(1359)年～正長1(1428)年6月26日
㊀厳中(げんちゅう)，厳中周噩(ごんちゅうしゅうがく)，儼仲周噩(ごんちゅうしゅうがく)
室町時代の臨済宗の僧。
¶鎌室，国書，新潮(ごんちゅうしゅうがく)，人名(儼仲周噩　ごんちゅうしゅうがく)，世人(厳中　げんちゅう)，日人，仏教

**間中定泉** けんちゅうじょうせん
明治42(1909)年1月30日～
昭和期の聖徳宗僧侶。法隆寺住職、管長。
¶郷土奈良，現情

**幻仲瑞宗**(幻中瑞秀，幻仲瑞秀) げんちゅうずいしゅう
生没年不詳
室町時代の曹洞宗の僧。
¶人名(幻中瑞秀)，日人(幻仲瑞秀)，仏教

**賢仲繁哲** けんちゅうはんてつ
永享10(1438)年～永正9(1512)年
戦国時代の曹洞宗の僧。
¶岡山人，人名，姓氏静岡(㊀？)，戦辞(㊀永正9年6月24日(1512年8月5日))，日人，仏教(㊀永正9(1512)年6月24日)

**堅中妙弥** けんちゅうみょうみ
生没年不詳
室町時代の臨済宗の僧。
¶仏教

**兼澄**(1) けんちょう
？～建仁2(1202)年8月3日
平安時代後期～鎌倉時代前期の真言宗の学僧。
¶仏教

**兼澄**(2) けんちょう
？～寛延1(1748)年12月16日
江戸時代中期の新義真言宗の学僧。
¶国書，仏教

**賢朝** けんちょう
延元3/暦応1(1338)年～応永6(1399)年5月3日
南北朝時代の天台宗の僧。

¶仏教

**賢超** けんちょう
生没年不詳
室町時代～戦国時代の真言宗の僧。
¶国書

**賢長** けんちょう
生没年不詳
室町時代の真言宗の僧。
¶仏教

**顕超** けんちょう
生没年不詳
南北朝時代の天台宗の僧。
¶国書

**元澄** げんちょう
生没年不詳
江戸時代前期の黄檗宗の僧。
¶国書

**原澄** げんちょう
宝暦2(1752)年～文政3(1820)年7月7日
江戸時代中期～後期の浄土宗の僧。
¶国書

**源朝** げんちょう
天正4(1576)年～寛永10(1633)年7月4日
江戸時代前期の真言宗の僧。
¶仏教

**源長**(1) げんちょう
? ～元和9(1623)年2月8日
安土桃山時代～江戸時代前期の浄土宗の僧。
¶仏教

**源長**(2) げんちょう
寛文12(1672)年～元文1(1736)年8月18日
江戸時代前期～中期の真言宗の僧。
¶国書

**玄澄** げんちょう
生没年不詳
室町時代の天台宗の僧。
¶国書

**玄朝** げんちょう
生没年不詳 [別]元興寺玄朝(げんこうじげんちょう)
平安時代中期の奈良地方の絵仏師。
¶朝日，角史，国史，古人，古中，コン改，コン4，コン5，史人，新潮，世人，日人，美術，百科，仏教，平史，名画(元興寺玄朝 げんこうじげんちょう)

**玄長** げんちょう
? ～享保20(1735)年
江戸時代中期の僧侶・武道家。
¶国書

**慳通** けんつう
慶長5(1600)年～寛文4(1664)年閏5月4日
江戸時代前期の律宗の僧。
¶仏教

**顕貞** けんてい
? ～永禄7(1564)年7月13日
戦国時代の浄土宗の僧。
¶国書，仏教

**源貞** げんてい
? ～明暦3(1657)年1月28日
江戸時代前期の浄土宗の僧。
¶仏教

**源底** げんてい
? ～慶安5(1652)年7月19日
江戸時代前期の浄土宗の僧。鎌倉光明寺36世。
¶埼玉人，仏教

**玄貞** げんてい
生没年不詳
江戸時代前期～中期の僧。
¶国書，日人

**玄定恵岳** げんていえがく
? ～嘉永3(1850)年2月29日
江戸時代後期の曹洞宗の僧。
¶国書

**源底道派** げんていどうは
生没年不詳
江戸時代中期の臨済宗の僧。
¶国書

**源的** げんてき
? ～寛永15(1638)年7月27日
江戸時代前期の浄土宗の僧。知恩寺35世。
¶仏教

**源哲** げんてつ
? ～寛文6(1666)年
江戸時代前期の浄土宗の僧。
¶仏教

**見塔** けんとう
生没年不詳
鎌倉時代の三論宗の僧。
¶仏教

**憲道** けんどう
生没年不詳
江戸時代後期の僧侶。
¶徳島歴

**見道** けんどう
生没年不詳
江戸時代前期の浄土宗の僧。
¶仏教

**賢幢** けんどう
? ～*
江戸時代後期の浄土真宗の僧。
¶国書([没]天保14(1843)年1月26日)，仏教([没]天保12(1841)年)

け

**顕道** **けんどう**
寛政2(1790)年〜安政5(1858)年
江戸時代後期〜末期の僧。
¶日人

**玄棟** **げんとう**
生没年不詳
室町時代の天台宗の僧・説話編纂者。
¶国書

**源導** **げんどう**
生没年不詳
平安時代中期の真言宗の僧。
¶仏教

**玄道**(1) **げんどう**
生没年不詳
戦国時代の天台宗の僧・連歌作者。
¶国書

**玄道**(2) **げんどう**
生没年不詳
江戸時代後期の天台宗の僧。
¶国書

**憲幢威烈** **けんどういれつ**
宝暦9(1759)年〜文政12(1829)年6月6日
江戸時代中期〜後期の臨済宗の僧。
¶国書

**謙道衍尊** **けんどうえんそん**
享保18(1733)年〜安永6(1777)年2月23日
江戸時代中期の黄檗宗の僧。
¶黄檗

**玄堂元要** **げんどうげんよう**
明暦2(1656)年〜元禄3(1690)年10月23日
江戸時代前期〜中期の黄檗宗の僧。
¶黄檗，国書

**玄道宗圭** **げんどうそうけい**
明和1(1764)年〜天保4(1833)年11月6日
江戸時代後期の臨済宗の僧。大徳寺428世。
¶仏教

**謙道宗設** **けんどうそうせつ**
→宗設(そうせつ)

**玄透即中** **げんとうそくちゅう**
享保14(1729)年〜文化4(1807)年4月28日
江戸時代中期〜後期の曹洞宗の僧。永平寺50世。
¶国書，仏教

**憲道等慧** **けんどうとうえ**
？ 〜文政3(1820)年11月28日
江戸時代後期の臨済宗の僧。
¶仏教

**剣阿** **けんな**
弘長1(1261)年〜延元3/暦応1(1338)年11月16日
[別]剣阿(けんあ)
鎌倉時代後期の真言密教の学僧。
¶岩史(けんあ)，神奈川人，国史，国書，古中，コン4(けんあ)，コン5(けんあ)，思想史，新潮，日音，日史，日人，仏史，名僧

**賢爾** **けんに**
寛元1(1243)年〜元亨2(1322)年
鎌倉時代前期〜後期の真言宗の僧。
¶国書

**顕意** **けんに**
→顕意(けんい)

**顕日** **けんにち**
→高峰顕日(こうほうけんにち)

**玄日** **げんにち**
→玄日(げんじつ)

**顕如** **けんにょ**
天文12(1543)年〜天正20(1592)年11月24日
[別]顕如光佐(けんにょこうさ)，光佐(こうさ)，本願寺顕如(ほんがんじけんにょ)，本願寺光佐(ほんがんじこうさ)
安土桃山時代の真宗の僧。石山合戦を主導。
¶朝日([生]天文12年1月6日(1543年2月9日) [没]文禄1年11月24日(1592年12月27日))，岩史，大阪人([没]天正20(1592)年11月)，角史，京都大，郷土和歌山，近世，国史，国書(光佐 こうさ [生]天文12(1543)年1月6日)，コン改(顕如光佐 けんにょこうさ)，コン4(顕如光佐 けんにょこうさ)，コン5(顕如光佐 けんにょこうさ)，史人([生]1543年1月6日)，思想史，重要，新潮([生]天文12(1543)年1月6日)，人名(顕如光佐 けんにょこうさ)，姓氏京都，世人(顕如光佐 けんにょこうさ)，世百(顕如光佐 けんにょこうさ)，戦合，戦国(光佐 こうさ [生]？)，全書，戦人，全戦，戦武(本願寺顕如 ほんがんじけんにょ)，大百(顕如光佐 けんにょこうさ)，中世，なにわ，日思，日史([生]天文12(1543)年1月6日)，日人，百科，仏教([生]天文12(1543)年1月7日)，仏史，仏人，平日([生]1543 [没]1592)，名僧，山川小([生]1543年1月6日)，山梨百(本願寺顕如 ほんがんじけんにょ)，歴大，和歌山人

**元如** **げんにょ**
生没年不詳
戦国時代〜安土桃山時代の天台宗の僧。
¶国書

**玄如** **げんにょ**
安永7(1778)年〜天保4(1833)年
江戸時代後期の浄土僧、国学者。
¶岡山歴([没]天保4(1833)年1月7日)，人名([生]？ [没]1839年)，日人

**顕如光佐** **けんにょこうさ**
→顕如(けんにょ)

**元如尼** **げんにょに**
延宝8(1680)年6月7日〜？
江戸時代中期の女性。尼僧。
¶江表(元如尼(京都府))，女性，日人，仏教，仏人

**源仁** げんにん
弘仁9(818)年～仁和3(887)年11月22日 ㊔池上僧都(いけがみのそうず)
平安時代前期の真言宗の僧。東寺二長者。
¶国史，国書，古人，古代(㊀817年)，古代普(㊀817年)，古中，コン改，コン4，コン5，史人，新潮，人名，日人，仏教(㊁仁和3(887)年11月22日，(異説)寛平2(890)年10月22日)，仏史，平史

**玄忍** げんにん
建暦2(1212)年～宝治1(1247)年12月10日
鎌倉時代前期の律宗の僧。
¶仏教

**堅恵** けんね
？ ～貞観4(862)年
平安時代前期の僧。南都で三論・法相を研鑽。
¶古人(㊀？ ㊁862年，872年？)，平史

**堅慧** けんね
→堅慧(けんえ)

**顕意** けんね
→顕意(けんい)

**顕恵** けんね
永久4(1116)年～承安5(1175)年2月23日 ㊔顕恵(けんえ)
平安時代後期の三論宗の僧。東大寺81世。
¶古人(けんえ)，仏教，平史(けんえ)

**源恵** げんね
→源恵(2)(げんえ)

**玄慧** げんね
→玄恵(げんえ)

**源翁** げんのう
→源翁心昭(げんのうしんしょう)

**源翁心昭** げんのうしんしょう
元徳1(1329)年～応永7(1400)年1月7日 ㊔源翁(げんおう，げんのう)，源翁心昭(げんおうしんしょう)，心昭(しんしょう)
南北朝時代～室町時代の曹洞宗の僧。
¶会津(源翁 げんのう ㊀？ ㊁応永3(1396)年)，秋田人2(源翁 ㊀元徳年間 ㊁応永3年？1月7日)，朝日(㊀元徳1年2月19日(1329年3月20日) ㊁応永7年1月7日(1400年2月2日))，岡山百(㊀嘉暦1(1326)年 ㊁応永3(1396)年)，岡山歴(㊀嘉暦4(1329)年2月9日)，鎌室，国史，古中，史人(㊀1329年2月19日)，庄内(源翁 げんおう)，新潮(㊀元徳1(1329)年？ ㊁応永7(1400)年1月7日？)，人名(げんおうしんしょう ㊀1326年 ㊁1396年)，姓氏鹿児島(源翁 げんおう ㊀？ ㊁1396年)，全書，大百(㊀1326年 ㊁1396年)，新潟百(心昭 しんしょう ㊀1326年 ㊁1396年)，日人，仏教(㊀嘉暦4(1329)年2月19日)，仏史

**元翁本元** げんのうほんげん
→元翁本元(げんおうほんげん)

**元伯** げんぱく
→岐秀元伯(ぎしゅうげんぱく)

**顕範(1)** けんはん
生没年不詳
鎌倉時代後期の法相宗の僧・歌人。
¶国書

**顕範(2)** けんはん
生没年不詳
鎌倉時代後期～南北朝時代の法相宗の僧。
¶国書

**玄範** げんはん，げんぱん
生没年不詳
平安時代後期の真言宗の僧・歌人。
¶国書，古人(げんぱん)，平史(げんぱん)

**玄賓** げんぴん，げんびん
？ ～弘仁9(818)年6月17日
奈良時代～平安時代前期の法相宗の僧。河内国の人。
¶朝日(㊀天平6(734)年 ㊁弘仁9年6月17日(818年7月23日))，岩史(げんびん)，岡山人，岡山百，岡山歴，国史(げんびん)，国書(げんびん)，古史(げんびん)，古人(㊀？)，古代(げんびん)，古代普(げんびん ㊀？)，古中(げんびん)，コン改，コン4，コン5，史人(げんびん)，新潮(㊀天平6(734)年？)，人名，世人(㊀天平6(734)年)，日人，仏教(げんびん)，仏史(げんびん)，仏人(げんびん)，平史，名僧(げんびん)，歴大

**見仏(1)** けんぶつ
生没年不詳
平安時代後期の僧。奥州松島で布教。
¶朝日，国書(㊁仁治3(1242)年1月24日？)，古人，コン改，コン4，コン5，人名，姓氏宮城，姓氏宮城，日音，日人，仏教

**見仏(2)** けんぶつ
生没年不詳
江戸時代後期の天台宗の僧。
¶国書

**顕遍** けんへん
生没年不詳
鎌倉時代後期の法相宗の僧・歌人。
¶国書

**顕弁** けんべん
文永6(1269)年～元弘1/元徳3(1331)年
鎌倉時代後期の僧。
¶神奈川人，鎌倉，仏史，北条，歴大

**源甫** げんぽ
生没年不詳
室町時代の浄土宗の僧。鎌倉光明寺17世。
¶仏教

**玄甫** げんぽ
？ ～享保17(1732)年12月5日
江戸時代中期の浄土真宗の僧。

¶国書，仏教

**謙芳**　けんぽう
生没年不詳
江戸時代中期の浄土真宗の僧。
¶国書

**顕宝**　けんぽう
生没年不詳
鎌倉時代後期の僧。
¶北条

**玄昉**　げんぼう
？ ～天平18（746）年6月18日
奈良時代の僧。唐で学問を修め、帰朝後橘諸兄に登用された。
¶朝日，岩史，角史，郷土奈良，国史，古史，古人（[生]？），古代，古代普（[生]？），古中，コン改，コン4，コン5，史人，思想史，重要，新潮，人名，世人，世百，全書，対外（[生]？），大百，太宰府（[生]？），伝記，日史，日人，百科，仏教，仏史，仏人，平家，平日（[没]746），名僧，山川小（[生]？），歴大

**賢宝**　げんぽう
元弘3/正慶2（1333）年～応永5（1398）年
南北朝時代～室町時代の真言宗の僧。東寺の密教哲学研究を完成。
¶朝日（[没]応永5年6月30日（1398年8月12日）），国書（[没]応永5（1398）年6月30日），日人，仏教（[没]応永5（1398）年6月30日），仏人

**元方**　げんぽう
生没年不詳　[別]元方（がんぽう）
平安時代中期の真言宗の僧。
¶古人（がんぽう），仏教，平史（がんぽう）

**厳宝**　げんぽう
？ ～文明13（1481）年
室町時代～戦国時代の僧。
¶国書（[没]文明13（1481）年12月2日），諸系，日人

**玄方**　げんぽう
→規伯玄方（きはくげんぽう）

**玄峯淵竜**　げんぽうえんりゅう
寛永20（1643）年～？
江戸時代前期の曹洞宗の僧。
¶国書

**乾峰士曇**（乾峯士曇）　けんぽうしどん，けんぽうしどん
弘安8（1285）年～正平16/康安1（1361）年12月11日　[別]士曇（しどん），乾峰士曇（かんぽうしどん）
鎌倉時代後期～南北朝時代の臨済宗の僧。筑前博多の人。
¶朝日（[没]康安1/正平16年12月11日（1362年1月7日）），岩史（けんぽうしどん），神奈川人（乾峯士曇），鎌倉（乾峯士曇　けんぽうしどん），鎌室，国史（乾峯士曇），国書（乾峯士曇），古中（乾峯士曇），コン改，コン4，コン5，史人，新潮，人名（乾峯士曇），世人（乾峯士曇），茶道（乾峯士曇），日史（乾峯士曇），日人（[没]1362年），仏教（[没]康安1/正平16（1361）年12月11日，（異説）12月13日），仏史（乾峯士曇），仏人（士曇　しどん）

**堅峰紹益**　けんぽうしょうえき
元和3（1617）年～元禄5（1692）年11月4日
江戸時代前期の臨済宗の僧。大徳寺212世。
¶仏教

**元芳正楞**　げんぽうしょうりょう
生没年不詳
室町時代の僧。
¶日人

**玄峰真悟尼**　げんぽうしんごに
天明2（1782）年～天保11（1840）年1月2日
江戸時代後期の黄檗宗の尼僧。
¶黄檗

**玄峰通聳**　げんぽうつうしょう
文政5（1822）年10月17日～明治13（1880）年8月16日
江戸時代末期～明治期の黄檗宗僧侶。黄檗宗管長代理。
¶黄檗

**賢甫義哲**　けんぽぎてつ
生没年不詳
戦国時代の上野国世良田長楽寺の住持。
¶戦辞

**原璞慧珙**（元璞慧珙，元璞慧瑛）　げんぼくえきょう
文中2/応安6（1373）年～正長2（1429）年
南北朝時代～室町時代の禅僧。
¶鎌室，人名（元璞慧瑛），日人（元璞慧珙），仏教（元璞慧珙　[没]正長2（1429）年3月15日）

**献甫光璞**　けんほこうぼく
永正3（1506）年～天正19（1591）年3月4日
戦国時代～安土桃山時代の臨済宗の僧。
¶国書

**元甫有良**　げんぽゆうりょう
生没年不詳
戦国時代の臨済宗の僧。幕府の使僧。
¶戦辞

**玄圃霊三**　げんぽれいさん，げんぽれいさん
天文4（1535）年～慶長13（1608）年10月26日
戦国時代～江戸時代前期の臨済宗の僧。
¶京都大，京都府，国書，姓氏京都（げんぽれいさん）

**賢明**　けんみょう
？ ～慶応1（1865）年
江戸時代末期の浄土真宗の僧。
¶国書（生没年不詳），仏教

**顕明**(1)　けんみょう
生没年不詳
江戸時代後期の浄土真宗の僧。
¶国書

**顕明**(2) **けんみょう**
生没年不詳
江戸時代後期の浄土真宗の僧。
¶国書

**元妙 げんみょう**
生没年不詳
南北朝時代の僧侶・歌人。
¶国書

**元命 げんみょう**
→元命(がんみょう)

**玄妙 げんみょう**
寛政6(1794)年～文久2(1862)年
江戸時代後期～末期の浄土真宗の僧。
¶国書

**玄明 げんみょう**
平安時代後期の南都興福寺の僧。
¶古人，平史(生没年不詳)

**賢明慈済 けんみょうじさい**
生没年不詳
鎌倉時代後期の律宗の僧。
¶神奈川人

**還無 げんむ**
天正7(1579)年～慶安3(1650)年6月20日
江戸時代前期の浄土宗の僧。鎌倉光明寺35世。
¶仏教

**玄無 げんむ**
貞享2(1685)年～宝暦5(1755)年11月27日
江戸時代前期～中期の歌人。真言宗の僧。
¶国書

**剣持嘉右衛門**(劔持嘉右衛門) **けんもちかえもん**
文化7(1810)年4月8日～明治22(1889)年10月6日
江戸時代後期～明治期の宮大工。
¶庄内，美建，美建(劔持嘉右衛門)

**玄門**(1) **げんもん**
? ～明暦4(1658)年2月15日
江戸時代前期の浄土宗の僧。
¶仏教

**玄門**(2) **げんもん**
寛文5(1665)年～宝暦2(1752)年
江戸時代中期の天台宗の僧、比叡山安楽律院の中興の祖。
¶人名

**玄門**(3) **げんもん★**
～宝永2(1705)年
江戸時代中期の天台宗の僧、比叡山安楽律院の中興の祖。
¶三重続

**賢瑜 けんゆ**
生没年不詳
南北朝時代の真言宗の僧。
¶国書

**顕瑜 けんゆ**
弘安9(1286)年～?
鎌倉時代後期の天台宗寺門派の僧。
¶北条

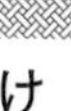

け

**元瑜**(1) **げんゆ**
安貞2(1228)年～元応1(1319)年10月1日
鎌倉時代後期の真言宗の僧。西院流元瑜方の祖。
¶国書，仏教，仏人

**元瑜**(2) **げんゆ**
宝暦6(1756)年～文政9(1826)年
江戸時代後期の新義真言宗の僧。
¶国書，仏教，仏人

**源愉 げんゆ**
生没年不詳
鎌倉時代後期～南北朝時代の天台宗の僧。
¶国書

**兼有**(1) **けんゆう**
生没年不詳
鎌倉時代の僧。
¶日人

**兼有**(2) **けんゆう**
正平4/貞和5(1349)年～?
南北朝時代の天台宗の僧。
¶国書

**憲雄 けんゆう**
延享2(1745)年～寛政9(1797)年8月18日
江戸時代中期～後期の天台宗の僧。
¶国書

**顕祐 けんゆう**
? ～応永19(1412)年7月27日
南北朝時代～室町時代の真言宗の僧。
¶仏教

**元湧 げんゆう**
生没年不詳
江戸時代前期の黄檗宗の僧。
¶国書

**玄宥 げんゆう**
享禄2(1529)年～慶長10(1605)年10月4日
戦国時代～安土桃山時代の新義真言宗の学僧。真言宗智山派の開祖。
¶朝日(㊣慶長10年10月4日(1605年11月14日))，近世，国史，国書，コン4，コン5，新潮，人名，姓氏京都，戦人，栃木歴，日人，仏教，仏史，仏人，和歌山人

**玄祐**(1) **げんゆう**
生没年不詳
南北朝時代の僧侶・連歌作者。
¶国書

**玄祐**(2) **げんゆう**
生没年不詳
江戸時代中期の江名子村の錦山神社の社人・金剛院の僧。

¶飛騨

**玄雄** **げんゆう**
文化1(1804)年～明治14(1881)年7月5日
江戸時代後期～明治期の浄土真宗の僧。
¶国書

**玄侑宗久** **げんゆうそうきゅう**
昭和31(1956)年4月28日～
昭和～平成期の僧侶、小説家。福聚寺(臨済宗)副住職。"死の周辺での心の交流"を主題として執筆活動を行う。「中陰の花」で芥川賞を受賞。
¶幻想, 小説, 東北近, 日人

**乾用宗梵** **けんゆうそうぼん**
生没年不詳
室町時代の臨済宗の僧。大徳寺19世。
¶仏教

**兼誉(1)** **けんよ**
生没年不詳
鎌倉時代後期の天台宗の僧・歌人。
¶国書

**兼誉(2)** **けんよ**
→蓮淳(れんじゅん)

**憲誉** **けんよ**
安永3(1774)年～天保9(1838)年12月30日
江戸時代中期～後期の真言宗の僧。
¶国書

**賢誉** **けんよ**
生没年不詳
安土桃山時代の真言宗の僧。
¶仏教

**顕誉** **けんよ**
建治1(1275)年～正中2(1325)年
鎌倉時代後期の僧。
¶鎌室, 日人, 仏教(㊀正中2(1325)年9月7日)

**源誉** **げんよ**
→慈昌(じしょう)

**玄誉(1)** **げんよ**
生没年不詳
戦国時代の新義真言宗の僧。
¶仏教

**玄誉(2)** **げんよ**
生没年不詳
戦国時代～安土桃山時代の浄土宗の僧。
¶仏教

**賢耀** **けんよう**
元亨2(1322)年～応永1(1394)年12月19日
鎌倉時代後期～室町時代の真言宗の僧。
¶国書

**賢璟** **けんよう**
→賢憬(けんけい)

**源誉慶巌** **げんよけいがん**
→慶岩(きょうがん)

**源誉受徳** **げんよじゅとく**
～寛永1(1624)年5月20日
江戸時代前期の僧。高山市の大雄寺の中興開山で、同市の天照寺の開基。
¶飛騨

**玄誉万無** **げんよまんむ**
慶長12(1607)年～天和1(1681)年
江戸時代前期の浄土宗の僧。
¶姓氏京都

**還来寺方巨** **げんらいじほうきょ**
～文政6(1823)年11月1日
江戸時代後期の僧。丹生川村の還来寺9世。窯を築いて楽焼の茶器を造り「方巨焼」「還来楽」と呼ばれる。
¶飛騨

**還来寺了政** **げんらいじりょうせい**
～慶長8(1603)年9月14日
安土桃山時代の僧。丹生川村の還来寺の開基。
¶飛騨

**還来寺了養** **げんらいじりょうよう**
～明治12(1879)年4月27日
明治期の僧。丹生川村の還来寺12世。
¶飛騨

**源鸞** **げんらん**
元応1(1319)年12月4日～正平2/貞和3(1347)年8月28日
南北朝時代の浄土真宗の僧。仏光寺8世、興正寺8世。
¶仏教(㊀貞和3/正平2(1347)年8月28日, (異説)8月23日)

**元理** **げんり**
～永禄9(1566)年
戦国時代～安土桃山時代の僧、連歌師。
¶国書(生没年不詳), 日人(生没年不詳), 俳句, 俳文

**玄理** **げんり**
元永2(1119)年～?
平安時代後期の天台宗延暦寺僧。
¶古人(㊀?), 平史

**研立** **けんりつ**
生没年不詳
江戸時代中期の浄土真宗の僧。
¶国書

**賢隆(1)** **けんりゅう**
承安1(1171)年～?
鎌倉時代前期の真言宗の僧。
¶仏教

**賢隆(2)** **けんりゅう**
? ～弘安7(1284)年2月28日
鎌倉時代後期の真言宗の僧。高野山検校71世。
¶仏教, 仏人

**賢隆(3)** **けんりゅう**
慶安2(1649)年～?

江戸時代前期～中期の真言宗の僧。
¶国書

**玄隆(1) げんりゅう**
生没年不詳
江戸時代中期の日蓮宗の僧。
¶国書

**玄隆(2) げんりゅう**
生没年不詳
天台宗の僧。
¶国書

**彦竜周興 げんりゅうしゅうこう**
長禄2(1458)年～延徳3(1491)年6月3日 ㊙彦竜周興(げんりゅうしょうきょう,げんりょうしゅうきょう,げんりょうしゅうこう),周興(しゅうこう),半陶子(はんとうし)
室町時代～戦国時代の臨済宗の僧。
¶鎌室,国史,国書(げんりょうしゅうこう),古中,詩歌(げんりゅうしょうきょう),思想史,新潮,人名(げんりょうしゅうきょう),世人,全書,大百,日人,仏教,仏史,名僧,和俳

**彦竜周興 げんりゅうしょうきょう**
→彦竜周興(げんりゅうしゅうこう)

**兼了 けんりょう**
明応1(1492)年～天正11(1583)年11月25日
戦国時代～安土桃山時代の浄土真宗の僧。
¶国書

**堅亮 けんりょう**
寛保1(1741)年～寛政9(1797)年12月27日
江戸時代中期～後期の浄土真宗の僧。
¶国書

**見霊 けんりょう**
天正8(1580)年～慶安2(1649)年8月28日
江戸時代前期の浄土宗の僧。
¶仏教

**顕了 けんりょう**
? ～天保2(1831)年3月13日
江戸時代後期の浄土宗の僧。
¶国書

**玄了(1) げんりょう**
生没年不詳
江戸時代前期の浄土真宗の僧。
¶国書

**玄了(2) げんりょう**
? ～宝暦9(1759)年
江戸時代中期の※の僧。
¶和歌山人

**絃良 げんりょう**
? ～元禄8(1695)年2月19日
江戸時代前期の浄土宗の僧。
¶仏教

**彦竜周興 げんりょうしゅうきょう**
→彦竜周興(げんりゅうしゅうこう)

**彦竜周興 げんりょうしゅうこう**
→彦竜周興(げんりゅうしゅうこう)

**顕了道快 けんりょうどうかい**
天正2(1574)年～寛永20(1643)年 ㊙武田道快(たけだどうかい)
安土桃山時代～江戸時代前期の僧。
¶諸系,戦辞(武田道快 たけだどうかい ㊣寛永20年3月4日(1643年4月22日)),武田(㊤?),日人

け

**元輪 げんりん**
生没年不詳
鎌倉時代後期の法相宗の僧。
¶国書

**玄憐 げんりん**
奈良時代～平安時代前期の僧。
¶古人,平史(生没年不詳)

**賢励 けんれい**
生没年不詳
江戸時代後期の浄土真宗の僧。
¶国書

**顕令通憲 けんれいつうけん**
? ～天和1(1681)年12月22日
江戸時代前期の臨済宗の僧。
¶国書

**源歴 げんれき**
天正14(1586)年～承応3(1654)年
江戸時代前期の浄土宗の僧。
¶仏教

**元魯 げんろ**
生没年不詳
江戸時代中期の臨済宗の僧。
¶国書

**玄朗 げんろう**
寛政6(1794)年～?
江戸時代後期の浄土真宗の僧。
¶国書

**玄楼 げんろう★**
享保5(1720)年～
江戸時代中期の僧。
¶三重

**玄楼奥竜 げんろうおうりゅう**
→奥竜(おうりゅう)

**玄楼奥竜 げんろうおくりゅう**
→奥竜(おうりゅう)

**玄路統玄 げんろとうげん**
生没年不詳
南北朝時代の曹洞宗の僧。
¶日人,仏教

**賢和 けんわ**
生没年不詳
平安時代前期の法相宗の僧。神宮寺を建立。

¶朝日，国史，古人，古代，古代普，古中，史人，日人，仏教，仏史，平史

## 【こ】



**悟阿** ごあ
？ ～弘安6（1283）年11月17日
鎌倉時代後期の華厳宗の僧。
¶国書，人名，日人，仏教

**其阿**(1) ごあ
生没年不詳
室町時代の時宗の僧・連歌作者。
¶国書

**其阿**(2) ごあ
生没年不詳
室町時代～戦国時代の時宗の僧・連歌作者。
¶国書

**其阿**(3) ごあ
長享1（1487）年～元亀2（1571）年9月25日
戦国時代～安土桃山時代の時宗の僧。
¶国書

**其阿**(4) ごあ
連歌作者。時宗僧の法名。時代にわたって何人も見える。
¶俳文

**悟庵** ごあん
元禄15（1702）年～宝暦1（1751）年
江戸時代中期の旅僧。
¶姓氏岩手

**壺庵至簡**（壺菴至簡） こあんしかん
？ ～興国2/暦応4（1341）年9月16日
鎌倉時代後期～南北朝時代の華厳宗の僧。
¶人名（壺菴至簡），姓氏石川，姓氏富山，富山百，日人，仏教

**悟庵智徹** ごあんちてつ
？ ～正平22/貞治6（1367）年
南北朝時代の禅僧。
¶大分歴

**小池内広**（小池内弘） こいけうちひろ
天保3（1832）年～明治10（1877）年1月13日
江戸時代末期～明治期の商人、神職。新潟皇学校の設立者。弥彦神社権宮司、伊勢神宮禰宜などを務めた。
¶維新，国書（㊀天保3（1832）年3月），新潟百（小池内弘），幕末（㊁1878年1月13日），幕末大

**小池義人** こいけぎにん
大正9（1920）年11月26日～
昭和～平成期の僧侶。真言宗須磨寺派管長、須磨琴保存会会長。
¶現執3期

**小池貞景** こいけさだかげ
文化7（1810）年～明治12（1879）年
江戸時代末期～明治期の国学者、神官。
¶国書，神人，人名，日人

**小池全道** こいけぜんどう★
明治21（1888）年2月～
明治～昭和期の仏教家。曹洞宗布教師。
¶人満

**小池宣輝** こいけのぶてる
生没年不詳
江戸時代後期の神職。
¶国書

**小池政臣** こいけまさおみ
昭和15（1940）年～
昭和～平成期の僧侶、政治家。三島市長、妙法華寺貫首。
¶伊豆，現政（㊀昭和15年9月13日）

**小池米王** こいけよねおう
生没年不詳
江戸時代後期の鎌倉鶴岡八幡宮の巫女。
¶神奈川人

**小泉顕雄** こいずみあきお
昭和26（1951）年7月27日～
昭和～平成期の僧侶、政治家。参議院議員、教伝寺住職。
¶現政

**小泉檀山** こいずみだんざん
明和3（1766）年～嘉永7（1854）年7月5日
江戸時代中期～末期の神職・漢学者・画家。
¶国書

**小泉日慈** こいずみにちじ
天保12（1841）年1月15日～大正12（1923）年3月23日
明治～大正期の僧。久遠寺貫主、日蓮宗管長。稲門普通学校長、日蓮宗大学長などを歴任。
¶石川百，人名（㊀1835年），世紀，姓氏石川，日人，明大1

**小泉義照** こいずみよしてる
明治16（1883）年～昭和32（1957）年
昭和期の僧侶。
¶山口人

**小泉了諦** こいずみりょうたい
嘉永4（1851）年～昭和13（1938）年1月6日
明治～昭和期の僧。
¶郷土福井，世紀（㊀嘉永4（1851）年11月5日），渡航，日人，福井百，明大1（㊀嘉永4（1851）年11月5日）

**五井禅休** ごいぜんきゅう
安土桃山時代の画僧。
¶人名，日人（生没年不詳）

**小出朋治** こいでともはる
＊～昭和20（1945）年
明治～昭和期の牧師。

¶キリ（㊐明治21（1888）年3月9日 ㊀昭和20（1945）年9月10日），社史（㊐1887年 ㊀1945年9月9日）

**小出憲宗** こいでのりむね
明治35（1902）年12月3日～昭和56（1981）年8月6日
昭和期の僧。佐賀県立図書館第8代館長、佐賀市北川副町八田大應禅寺住職。
¶佐賀百，図人

**小出有三** こいでゆうぞう
明治26（1893）年3月26日～昭和40（1965）年3月29日
大正～昭和期の教育家、宗教家、曹洞宗僧侶。愛知学院初代院長、短期大学協会会長。
¶愛知百，現情，人名7，世紀，姓氏愛知，日人，仏教，仏人

**鯉淵要人** こいぶちかなめ
文化7（1810）年1月7日～万延1（1860）年3月3日
江戸時代末期の水戸藩の尊攘志士。桜田門外の変に参加。
¶維新，茨城百，茨城歴，近世，国史，コン改，コン4，コン5，史人，神人，新潮，人名，全幕，日人，幕末（㊀1860年3月24日），幕末大

**五井昌久** ごいまさひさ
大正5（1916）年11月22日～昭和55（1980）年8月17日
昭和期の宗教家。白光真宏会会長、日本紅卍字会理事。
¶現執2期

**固胤** こいん
～寛政1（1789）年6月21日
江戸時代中期～後期の僧侶。
¶庄内

**公阿** こうあ
文政5（1822）年～明治12（1879）年3月19日
江戸時代後期～明治期の浄土宗の僧。
¶国書

**向阿** こうあ
→証賢（しょうけん）

**幸阿** こうあ
承安3（1173）年～暦仁1（1238）年12月2日
鎌倉時代前期の浄土宗の僧。栗生光明寺3世。
¶京都府，仏教

**弘阿**(1) こうあ
寛政4（1792）年～明治5（1872）年
江戸時代後期の浄土宗の僧、歌人。
¶長野歴

**弘阿**(2) こうあ
？ ～安政5（1858）年6月22日
江戸時代後期～末期の真言宗の僧。
¶国書

**高庵永薫** こうあんえいくん
？ ～天正15（1587）年4月16日
戦国時代の曹洞宗の僧。
¶埼玉人

**広庵芸長** こうあんげいちょう
戦国時代の武蔵天寧寺の5世住持。天正寺開山。
¶武田

**高庵芝丘** こうあんしきゅう
？ ～応永8（1401）年10月5日
南北朝時代～室町時代の臨済宗の僧。東福寺42世。
¶仏教

**巧安順智** こうあんじゅんち
寛正2（1461）年～天文2（1533）年10月1日
室町時代～戦国時代の曹洞宗の僧。
¶仏教

**綱庵性宗**（綱菴性宗） こうあんしょうしゅう
正平7/文和1（1352）年～永享6（1434）年
南北朝時代～室町時代の曹洞宗の僧。
¶岡山歴（綱菴性宗），人名（綱菴性宗），日人，仏教（㊀永享6（1434）年8月1日）

**亨庵宗元** こうあんそうげん
生没年不詳
鎌倉時代前期の臨済宗の僧。
¶国書

**光意** こうい
天平9（737）年～弘仁5（814）年
奈良時代～平安時代前期の僧。
¶古人，古代，古代普，コン改，コン4，コン5，新潮（㊀弘仁5（814）年3月4日），人名，日人，仏教（㊀弘仁5（814）年3月），平史

**公伊** こうい
永承7（1052）年～長承3（1134）年閏12月19日
㊊公伊（こういん）
平安時代後期の天台宗園城寺の僧。藤原伊房の子。
¶朝日（㊀長承3年閏12月18日（1135年2月2日）），古人（㊐1051年），コン改（㊐永承5（1050）年），コン4，コン5，人名，日人（こういん ㊀1135年），仏教（こういん），平史（㊐1051年）

**公意** こうい
生没年不詳
室町時代の天台宗の僧・連歌作者。
¶国書

**弘意** こうい
？ ～応永10（1403）年7月6日
南北朝時代～室町時代の真言宗の僧。
¶仏教

**興胤** こういん
応永1（1394）年～正長1（1428）年
室町時代の僧。
¶鎌室，人名（㊐1393年），日人，仏教（㊀正長1（1428）年5月27日）

**光因** こういん
生没年不詳
奈良時代の女性。尼僧。
¶女性

こ

こ

**光胤** こういん
応永3(1396)年〜応仁2(1468)年
室町時代〜戦国時代の法相宗の僧。
¶国書

**公伊** こういん
→公伊(こうい)

**公胤** こういん
久安1(1145)年〜建保4(1216)年
平安時代後期〜鎌倉時代前期の天台宗の僧。僧行顕の子。
¶朝日(㊤建保4年閏6月20日(1216年8月5日)), 岩史(㊤建保4(1216)年閏6月24日), 鎌室(㊥天養1(1144)年), 国史, 国書(㊤建保4(1216)年閏6月24日), 古人, 古中, コン改(㊥天養1(1144)年), コン4(㊥天養1(1144)年), コン5(㊥天養1(1144)年), 史人(㊤1216年閏6月20日,(異説)閏6月24日), 新潮(㊥天養1(1144)年 ㊤建保4(1216)年閏6月20日), 人名, 日人, 仏史, 平史, 歴大

**江隠宗顕** こういんそうけん
*〜永禄4(1561)年2月6日 ㊟宗顕(そうけん)
戦国時代の臨済宗の僧。
¶国書(㊥永正3(1506)年), 戦人(宗顕 そうけん ㊥?), 茶道(㊥?), 仏教(㊥永正3(1506)年)

**耕隠智訓** こういんちくん
? 〜嘉永3(1850)年
江戸時代末期の臨済宗の僧。妙心寺493世。
¶人名, 日人, 仏教(㊤嘉永3(1850)年7月3日)

**耕雨** こうう
→大主耕雨(おおぬしこうう)

**興雲**(1) こううん
生没年不詳
平安時代前期の華厳宗の僧。東大寺18世。
¶古人, 仏教, 平史

**興雲**(2) こううん
? 〜文政3(1820)年
江戸時代後期の浄土宗の僧。
¶人名, 新潟百, 日人

**幸運** こううん
生没年不詳
江戸時代前期の天台宗の僧。
¶国書

**康運** こううん
生没年不詳
鎌倉時代の仏師。運慶の次男。
¶朝日, 国史, 古人, 古中, 史人, 新潮, 姓氏京都, 世人, 日人, 美建, 仏教, 仏史, 平史

**弘運** こううん
生没年不詳
室町時代の真言宗の僧。
¶国書

**耕雲** こううん
→花山院長親(かざんいんながちか)

**仰雲** こううん★
〜慶応4(1868)年5月17日
江戸時代末期の僧。秋田市浄土宗当福寺29世。
¶秋田人2

**豪運** ごううん
平安時代後期の比叡山西塔の僧。
¶平家

**光雲寺西了** こううんじさいりょう
生没年不詳
戦国時代の僧。萩原町の光雲寺の開基。
¶飛驒

**江雲宗竜** こううんそうりゅう
慶長4(1599)年〜延宝7(1679)年6月17日
江戸時代前期の臨済宗の僧。大徳寺184世。
¶国書, 茶道, 仏教

**高雲祖稜** こううんそりょう
寛永13(1636)年〜元禄9(1696)年2月1日
江戸時代前期〜中期の曹洞宗の僧。
¶国書, 日人, 仏教

**高雲得宗** こううんとくしゅう
天明8(1788)年〜嘉永6(1853)年11月25日
江戸時代後期の奇僧。
¶新潟人, 藩臣2

**光雲明秀** こううんめいしゅう
生没年不詳
室町時代の僧侶。
¶和歌山人

**光恵** こうえ
生没年不詳
平安時代前期の僧侶。
¶大分歴

**公恵** こうえ
文治4(1188)年〜嘉禎2(1236)年1月11日
平安時代後期〜鎌倉時代前期の天台宗の僧・歌人。
¶国書

**広慧** こうえ
生没年不詳
江戸時代中期の浄土真宗の僧。
¶国書

**恒恵** ごうえ,こうえ
平治1(1159)年〜建永1(1206)年
平安時代後期〜鎌倉時代前期の天台宗の僧。円満院門跡。
¶古人(こうえ), 人名(こうえ), 天皇(㊥永暦1(1160)年), 日人, 仏教(㊤建永1(1206)年4月29日), 平史(こうえ)

**豪恵** ごうえ
応永19(1412)年〜?
室町時代の天台宗の僧。
¶国書

**光映** こうえい
→竹林坊光映(ちくりんぼうこうえい)

**光栄** こうえい
生没年不詳
江戸時代中期の天台宗の僧。
¶国書

**公英** こうえい
元禄9(1696)年～宝暦6(1756)年
江戸時代中期の僧。
¶新潮(㊤元禄9(1696)年11月　㊦宝暦6(1756)年7月27日), 日人

**弘栄**(1) こうえい
延享3(1746)年～天保2(1831)年8月20日
江戸時代中期～後期の真言宗の僧。
¶国書(㊤延享1(1744)年　㊦文政13(1830)年8月20日), 徳島百, 徳島歴

**弘栄**(2) こうえい
→新弘栄(あらたこうえい)

**豪栄** ごうえい
生没年不詳
江戸時代後期の天台宗の僧。
¶国書

**交易** こうえき
寛永12(1635)年～元禄7(1694)年11月22日
㊕連山交易(れんざんこうえき)
江戸時代前期の曹洞宗の僧。
¶国書(連山交易　れんざんこうえき　㊤寛永12(1635)年8月15日), 仏教(連山交易　れんざんこうえき), 仏人

**光悦** こうえつ
文禄3(1594)年～寛文6(1666)年3月29日
江戸時代前期の浄土宗の僧。
¶仏教

**興円** こうえん
弘長2(1262)年～文保1(1317)年4月26日
鎌倉時代後期の天台宗の僧。
¶国書(㊤弘長3(1263)年), 仏教, 歴大

**光円** こうえん
慶長17(1612)年12月7日～寛文2(1662)年9月7日
江戸時代前期の浄土真宗の僧。
¶国書

**光延** こうえん
生没年不詳
奈良時代の女性。尼僧。
¶女性

**公円**(1) こうえん
天喜1(1053)年～長治2(1105)年月29日
平安時代後期の天台宗の僧・歌人。
¶国書, 古人, 平史

**公円**(2) こうえん
仁安3(1168)年～嘉禎1(1235)年
平安時代後期～鎌倉時代前期の僧。
¶鎌室, 古人, 諸系, 日人, 仏教(㊦嘉禎1(1235)年9月20日)

**公延** こうえん
宝暦12(1762)年～享和3(1803)年　㊕公延入道親王(こうえんにゅうどうしんのう), 公延法親王(こうえんほうしんのう)
江戸時代後期の天台宗の僧。天台座主215世。
¶人名(公延法親王　こうえんほうしんのう), 天皇(公延法親王　こうえんほうしんのう　㊤安永5(1776)年10月30日　㊦文政11(1828)年8月7日), 日人(公延入道親王　こうえんにゅうどうしんのう), 仏教(㊤宝暦12(1762)年11月29日　㊦享和3(1803)年5月27日)

こ

**公縁**(1) こうえん
元暦1(1184)年～文永2(1265)年
鎌倉時代前期の僧。
¶鎌室(㊤?), 日人, 仏教(㊦建長4(1252)年)

**公縁**(2) こうえん
*～弘長1(1261)年10月29日
鎌倉時代前期の僧。
¶鎌室(㊤?), 仏教(㊤承安4(1174)年)

**幸円**(1) こうえん
生没年不詳
鎌倉時代の真言律宗の僧。
¶国書, 仏教

**幸円**(2) こうえん
生没年不詳
鎌倉時代後期の僧侶・歌人。
¶国書

**広円** こうえん
天平勝宝7(755)年～大同3(808)年?
奈良時代～平安時代前期の大安寺の僧。
¶古人, 古代, 古代普, 日人(㊦?)

**広延** こうえん
元禄14(1701)年～?
江戸時代中期の修験僧。
¶国書

**康円**(1) こうえん
承元1(1207)年～?
鎌倉時代前期の仏師。康運の子。運慶3代。
¶朝日, 鎌室, 京都大, 国史, 古中, コン改(㊤承元1(1207)年?), コン4(㊤承元1(1207)年?), コン5(㊤承元1(1207)年?), 史人, 新潮, 人名(㊤1217年　㊦1275年), 姓氏京都(㊦1275年), 世人(㊤建保5(1217)年　㊦建治1(1275)年), 全書, 大百(㊤1217年　㊦1275年), 日史, 日人, 美建(㊦建治1(1275)年), 美術, 百科, 仏教(㊤承元1(1207)年, (異説)建保5(1217)年　㊦建治1(1275)年?), 仏史

**康円**(2) こうえん
鎌倉時代前期の僧。
¶姓氏石川

**弘円(1)　こうえん**
生没年不詳
南北朝時代の僧侶・連歌作者。
¶国書

**弘円(2)　こうえん**
嘉吉2(1442)年～享禄2(1529)年
戦国時代の仏師。
¶神奈川人，鎌倉，埼玉人(生没年不詳)，新潮(没?)，姓氏神奈川，戦辞(生没年不詳)，日人(没?)，美建，仏教(生嘉吉2(1442)年? 没?)

**晃演　こうえん**
?　～文政3(1820)年
江戸時代中期～後期の真言宗の僧・歌人。
¶京都大，国書，姓氏京都

**皇円　こうえん**
?　～嘉応1(1169)年　別功徳院阿闍梨(くどくいんのあじゃり)
平安時代後期の天台宗の僧。豊前守重兼の子。
¶朝日(生没年不詳)，岩史(生没年不詳)，角史(生没年不詳)，鎌室(没嘉応1(1169)年?)，国史(生没年不詳)，国書(没嘉応1(1169)年6月)，古史(生没年不詳)，古人(生?　没1169年?)，古中(生没年不詳)，コン改(生没年不詳)，コン4(生没年不詳)，コン5，史人(没1169年?)，静岡歴，思想史，神人(没嘉応1(1169)年6月13日)，新潮(没嘉応1(1169)年6月13日?)，人名，姓氏京都，姓氏静岡，世人，日人，仏教(没嘉応1(1169)年6月?)，仏史(生没年不詳)，平史，名僧(生没年不詳)，歴大(没1169年?)

**考円**(孝円)　**こうえん**
天授4/永和4(1378)年～応永17(1410)年
室町時代の僧。
¶鎌室，諸系(孝円)，日人(孝円)

**高演　こうえん**
明和2(1765)年～弘化5(1848)年1月16日
江戸時代後期の真言宗の僧。東寺長者226・234世、醍醐寺52世。
¶国書，諸系，日人，仏教

**豪円　ごうえん**
*～慶長16(1611)年6月5日　別豪円僧正(ごうえんそうじょう)
安土桃山時代～江戸時代前期の天台宗の僧。
¶岡山人(生天文5(1536)年)，岡山百(生天文4(1535)年)，岡山歴(生天文4(1535)年)，国書(生?)，人名，鳥取百(豪円僧正　ごうえんそうじょう　生天文5(1536)年)，日史(生天文4(1535)年)，日人(生?)，百科(生天文4(1535)年)，仏教(生?)

**豪円僧正　ごうえんそうじょう**
→豪円(ごうえん)

**公延入道親王　こうえんにゅうどうしんのう**
→公延(こうえん)

**公延法親王　こうえんほうしんのう**
→公延(こうえん)

**公雄　こうおう**
～元禄4(1691)年12月30日
江戸時代前期～中期の僧侶。
¶庄内

**孝雄　こうおう**
寛永5(1628)年～貞享5(1688)年5月27日
江戸時代前期の真言宗の僧。
¶仏教

**香遠　こうおん**
?　～慶応4(1868)年7月29日
江戸時代後期～末期の浄土真宗の僧。
¶国書

**広音寂梵　こうおんじゃくぼん**
寛永18(1641)年9月8日～享保6(1721)年7月25日
江戸時代前期～中期の黄檗宗の僧。
¶黄檗

**公音道鏞　こうおんどうよう**
元禄14(1701)年～?
江戸時代中期の曹洞宗の僧。
¶国書

**興雅　こうが**
?　～元中4/嘉慶1(1387)年10月15日
南北朝時代の真言宗の僧。
¶国書，仏教，仏人

**光雅　こうが**
正平15/延文5(1360)年～応永34(1427)年4月28日
南北朝時代～室町時代の法相宗の僧。
¶国書

**公雅　こうが**
久寿2(1155)年～*
平安時代後期～鎌倉時代前期の天台宗の僧。
¶古人(没?)，仏教(生康治2(1143)年　没承久2(1220)年12月10日)，平史(没?)

**光海　こうかい**
慶安2(1649)年7月1日～元禄13(1700)年4月12日
江戸時代前期～中期の浄土真宗の僧。
¶国書

**公海(1)　こうかい**
生没年不詳
鎌倉時代の天台宗の僧。
¶国書

**公海(2)　こうかい**
慶長12(1607)年12月12日～元禄8(1695)年10月16日
江戸時代前期の天台宗の僧。天海の高弟。
¶朝日(生慶長12年12月12日(1608年1月29日)　没元禄8年10月16日(1695年11月22日))，岩史，近世，国史，国書，コン4，コン5，新潮，人名，栃木歴，日人(生1608年)，仏教，仏史，仏人(生1606年)，歴大

**孝戒(1) こうかい**
生没年不詳
江戸時代後期の僧。栗原村久昌山保国寺の住持。
¶姓氏神奈川

**孝戒(2) こうかい**
生没年不詳
江戸時代末期の天台宗の僧。
¶国書

**孝海 こうかい**
生没年不詳
江戸時代後期の天台宗の僧。
¶国書

**宏海 こうかい**
→南洲宏海(なんしゅうこうかい)

**幸海(1) こうかい**
生没年不詳
戦国時代の天台宗の僧。
¶国書，戦辞

**幸海(2) こうかい**
生没年不詳
江戸時代中期の天台宗の僧。
¶国書

**広海 こうかい**
生没年不詳
江戸時代の天台宗の僧。
¶国書

**晃海 こうかい**
生没年不詳
安土桃山時代の天台宗の僧。
¶国書

**杲海 こうかい**
～天正12(1584)年10月15日
安土桃山時代の飛州千光寺権大僧都。
¶飛騨

**豪海(1) ごうかい**
生没年不詳
南北朝時代の天台宗の僧。
¶国書

**豪海(2) ごうかい**
永享12(1440)年～？
室町時代～戦国時代の天台宗の僧。
¶国書

**杲海 ごうかい，こうかい**
生没年不詳
鎌倉時代前期の真言宗の僧。
¶鎌室，古人，コン改(こうかい)，コン4(こうかい)，コン5(こうかい)，新潮，人名，日人，仏教，密教(㊤1122年 ㊦1187年3月19日)

**江外海長 こうがいかいちょう**
正保1(1644)年～享保14(1729)年7月11日
江戸時代前期～中期の黄檗宗の僧。
¶黄檗，仏教

**香外石蘭 こうがいせきらん**
？ ～安永6(1777)年2月1日
江戸時代中期の曹洞宗の僧。
¶国書

**高外全国 こうがいぜんこく**
寛文11(1671)年5月26日～寛保2(1742)年9月18日 ㊙高外全国(こうげぜんこく)
江戸時代中期の曹洞宗の僧。
¶埼玉人，仏教，町田歴(こうげぜんこく ㊤寛文9(1669)年)

**業海本浄 ごうかいほんじょう**
？ ～正平7/文和1(1352)年7月27日
鎌倉時代後期～南北朝時代の臨済宗の僧。
¶国書，人名，日人，仏教

**剛外令柔 ごうがいれいじゅう**
永禄6(1563)年～寛永4(1627)年8月7日
安土桃山時代～江戸時代前期の臨済宗の僧。
¶国書

**甲賀金蔵 こうがきんぞう**
明治19(1886)年～昭和47(1972)年
大正～昭和期の神職。
¶神奈川人

**光覚 こうかく**
康和1(1099)年～？
平安時代後期の法相宗興福寺僧。
¶古人(㊦？)，平史

**公覚 こうかく**
長和1(1012)年～承暦4(1080)年
平安時代中期～後期の天台宗園城寺の僧。
¶古人，平史

**孝覚(1) こうかく**
元応1(1319)年～正平23/応安1(1368)年
南北朝時代の僧。
¶鎌室，国書(㊦応安1(1368)年9月19日)，諸系，日人

**孝覚(2) こうかく**
天文3(1534)年～？
戦国時代～安土桃山時代の天台宗の僧。
¶国書

**皇覚 こうかく**
生没年不詳
平安時代後期の天台宗の僧。椙生流の祖。
¶国書，古人，人名，日人，仏教，平史

**孝岳 こうがく**
？ ～元文1(1736)年
江戸時代中期の江戸麻布天真寺住僧。
¶神奈川人，姓氏神奈川

**高岳 こうがく**
寛文7(1667)年～？
江戸時代前期～中期の天台宗の僧。
¶国書

**豪覚** ごうかく
生没年不詳
江戸時代中期の天台宗の僧。
¶国書



**香岳院法秀** こうがくいんほうしゅう
享和3(1803)年～明治19(1886)年
江戸時代末期～明治期の僧侶。
¶維新

**広岳慶文** こうがくけいぶん
～永享11(1439)年4月26日
室町時代の吉城郡高原郷の赤桶村にあった赤桶寺の僧。
¶飛騨

**江岳元策** こうがくげんさく
生没年不詳
江戸時代前期の臨済宗の僧。
¶国書

**高岳親王** こうがくしんのう
→真如(1)(しんにょ)

**洪岳宗演** こうがくそうえん
安政6(1859)年～大正8(1919)年
明治～大正期の臨済宗の僧。
¶鎌倉，姓氏神奈川

**高雅愚伝** こうがぐでん
？～文化9(1812)年8月20日
江戸時代後期の曹洞宗の僧。
¶仏教

**杲岳如秀** こうがくにょしゅう
明和8(1771)年～天保6(1835)年10月24日
江戸時代後期の黄檗宗の僧。
¶黄檗

**香月院深励** こうがついんじんれい
寛延2(1749)年～文化14(1817)年
江戸時代中期～後期の真宗大谷派の僧。
¶福井百

**光鑒** こうかん
元禄6(1693)年～享保3(1718)年8月18日
江戸時代中期の真言宗の僧。
¶国書

**公寛(1)** こうかん
生没年不詳
南北朝時代の真言宗の僧・歌人。
¶国書

**公寛(2)** こうかん
元禄10(1697)年2月21日～元文3(1738)年3月15日　㊊公寛親王(こうかんしんのう)，公寛入道親王(こうかんにゅうどうしんのう)，公寛法親王(こうかんほうしんのう)
江戸時代中期の天台宗の僧。天台座主198・201世。
¶国書(公寛親王　こうかんしんのう)，人名(公寛法親王　こうかんほうしんのう)，天皇(公寛法親王　こうかんほうしんのう)，日人(公寛入道親王　こうかんにゅうどうしんのう)，仏教

**公観** こうかん
延久3(1071)年～長承1(1132)年
平安時代後期の真言宗の僧。
¶仏教(生没年不詳)，密教(㊐1071年以前　㊚1132年以後)

**宏観** こうかん
生没年不詳
江戸時代中期の天台宗の僧。
¶国書

**広貫** こうかん
文政1(1818)年～明治39(1906)年
江戸時代末期～明治期の天台宗の僧。伊勢西来寺住持。
¶国書(生没年不詳)，仏人

**弘寒** こうかん
？～寛文8(1668)年
江戸時代前期の大岩山日石寺の中興開山。
¶姓氏富山

**高観** こうかん
慶長7(1602)年～？
江戸時代前期の天台宗の僧。
¶国書(㊚慶安4(1651)年)，埼玉人，仏教

**公巌** こうがん
*～文政4(1821)年8月11日
江戸時代後期の真宗大谷派の学僧。
¶近世(㊐1757年)，国史(㊐1757年)，国書(㊐宝暦8(1758)年)，庄内(㊐宝暦8(1758)年)，人名(㊐1758年)，日人(㊐1757年)，仏教(㊐宝暦8(1758)年)，仏史(㊐1757年)

**弘巌** こうがん
寛延1(1748)年4月27日～文政4(1821)年5月17日
㊊弘巌和尚(こうげんおしょう)
江戸時代中期～後期の僧、禅画家、書家。
¶新潟百，兵庫人(弘巌和尚　こうげんおしょう)

**豪寛** ごうかん
？～宝永4(1707)年3月3日
江戸時代中期の天台宗の僧。
¶国書，仏教

**豪観** ごうかん
宝暦6(1756)年～？
江戸時代中期～後期の天台宗の僧。
¶国書

**行巌雲歩** こうがんうんぽ
寛永5(1628)年～元禄12(1699)年
江戸時代前期～中期の僧。
¶日人

**江岸寒沢** こうがんかんたく
慶長18(1613)年～元禄7(1694)年8月15日
江戸時代前期～中期の曹洞宗の僧。
¶仏教

**高巌薫道** こうがんくんどう
？～明暦2(1656)年
江戸時代前期の曹洞宗の僧。

¶人名，日人，仏教（㉆明暦2（1656）年9月5日）

**弘巌玄猊** こうがんげんげい
延享5（1748）年4月27日～文政4（1821）年5月27日
江戸時代中期～後期の臨済宗の僧。
¶国書

**功巌玄策** こうがんげんさく
？ ～永正11（1514）年
戦国時代の曹洞宗の僧。
¶日人，仏教（㉆永正11（1514）年8月19日）

**興巌賢隆** こうがんけんりゅう
？ ～元禄10（1697）年
江戸時代前期～中期の曹洞宗の僧。
¶国書

**光巌正伝** こうがんしょうでん
建武1（1334）年～永享3（1431）年
南北朝時代～室町時代の曹洞宗の僧。
¶国書

**公寛親王** こうかんしんのう
→公寛(2)（こうかん）

**杲観祖晦** こうかんそかい
応永28（1421）年～文亀2（1502）年3月27日
室町時代～戦国時代の臨済宗の僧。
¶仏教

**公寛入道親王** こうかんにゅうどうしんのう
→公寛(2)（こうかん）

**孝巌父戒** こうがんふかい
生没年不詳
江戸時代中期の臨済宗の僧。
¶国書

**公寛法親王** こうかんほうしんのう
→公寛(2)（こうかん）

**高巌理柏** こうがんりはく
生没年不詳
室町時代の曹洞宗の僧。
¶日人，仏教

**光暉** こうき
延享1（1744）年4月19日～寛政11（1799）年6月14日
江戸時代中期～後期の浄土真宗の僧。
¶国書

**弘喜** こうき
？ ～寛正3（1462）年6月9日
室町時代の真言宗の僧。
¶仏教

**弘基** こうき
宝暦2（1752）年～文政5（1822）年11月6日
江戸時代中期～後期の新義真言宗の僧。智積院30世。
¶国書，仏教

**興義** こうぎ
平安時代中期の画僧。
¶古人，日人（生没年不詳），平史（生没年不詳），名画

**公義** こうぎ
仁治2（1241）年～？
鎌倉時代前期～後期の僧。
¶北条

こ

**弘義** こうぎ
寛喜3（1231）年～？
鎌倉時代後期の真言宗の僧。
¶仏教

**豪喜** ごうき
生没年不詳
室町時代の天台宗の僧。
¶国書

**高貴王** こうきおう
飛鳥時代の渡来僧。
¶人名

**神喜久男** こうきくお
明治20（1887）年～昭和44（1969）年
明治～昭和期の神職。別府市の八幡朝見神社の社掌（第36代）。
¶大分歴

**洪基紹陻** こうきじょういん
？ ～享保3（1718）年3月1日
江戸時代前期～中期の臨済宗の僧。
¶国書

**康吉** こうきつ
室町時代の仏師、能面作者。康永の前代。
¶朝日（生没年不詳），日人（生没年不詳），美建，美工

**光教(1)** こうきょう
永享2（1430）年2月～文亀3（1503）年5月6日
室町時代～戦国時代の浄土真宗の僧。
¶戦人，仏教（㉆文亀3（1503）年5月6日，（異説）3月12日？）

**光教(2)** こうきょう
→証如(2)（しょうにょ）

**公教** こうきょう
生没年不詳
江戸時代後期の浄土真宗の僧・茶人。
¶秋田人2，国書

**公慶** こうきょう
→公慶（こうけい）

**公経** こうきょう
康和4（1102）年～？
平安時代後期の園城寺僧。
¶古人（㉆？），平史

**光暁** こうぎょう
正平18/貞治2（1363）年～永享5（1433）年
南北朝時代～室町時代の僧。
¶鎌室，国書（㉆永享5（1433）年7月4日），日人

こ

**公暁** こうぎょう
生没年不詳
鎌倉時代後期の華厳宗の僧。東大寺117世。
¶仏教

**宏教** こうぎょう
元暦1(1184)年～建長7(1255)年10月23日
鎌倉時代前期の真言僧。
¶鎌室，国書，古人，人名，日人，仏教

**光欽** こうきん
生没年不詳
戦国時代の天台宗の僧。
¶国書

**高金蔵** こうきんぞう
奈良時代の陰陽家。
¶古人，古代，古代普，日人(生没年不詳)

**恒久** ごうく
生没年不詳
平安時代中期の天台寺門宗の僧。
¶仏教

**光空** こうくう
生没年不詳
平安時代中期の天台宗の僧。
¶人名，日人，仏教

**後慶** こうけい
生没年不詳
戦国時代～安土桃山時代の画僧。
¶日人

**光啓** こうけい
享保1(1716)年6月27日～寛保1(1741)年6月8日
江戸時代中期の浄土真宗の僧。
¶国書

**光慶** こうけい
鎌倉時代後期の仏師。
¶埼玉人(生没年不詳)，美建

**公啓** こうけい
享保17(1732)年3月18日～明和9(1772)年7月16日　[別]公啓親王(こうけいしんのう)，公啓入道親王(こうけいにゅうどうしんのう)，公啓法親王(こうけいほうしんのう)，寛義親王(ひろよししんのう)
江戸時代中期の天台宗の僧。天台座主210世。
¶国書(公啓親王　こうけいしんのう)，人名(公啓法親王　こうけいほうしんのう)，天皇(公啓法親王　こうけいほうしんのう)，日人(公啓入道親王　こうけいにゅうどうしんのう)，仏教([没]明和9(1772)年7月16日，(異説)6月25日？)

**公恵** こうけい
建治2(1276)年～嘉暦1(1326)年
鎌倉時代後期の僧。
¶北条

**公慶** こうけい
慶安1(1648)年11月15日～宝永2(1705)年7月12日　[別]公慶(こうきょう)
江戸時代前期～中期の東大寺三論宗の僧。東大寺大仏、大仏殿の復興に尽力。
¶朝日([生]慶安1年11月15日(1648年12月29日)　[没]宝永2年7月12日(1705年8月30日))，岩史，江人，角史，郷土奈良，近世，国史，国書，コン改，コン4，コン5，史人，新潮，人名，世人，全書，日史，日人，百科，仏教，仏史，仏人(こうきょう)，名僧，山川小，歴大

**幸慶** こうけい
平安時代後期～鎌倉時代前期の慶派の仏師。
¶古人，美建，平史(生没年不詳)

**康慶** こうけい
生没年不詳
平安時代後期～鎌倉時代前期の奈良仏師。運慶の父、快慶の師。
¶朝日，岩史，鎌室，国史，古史，古人，古中，コン改，コン4，コン5，史人，新潮，人名，姓氏京都，世人，全書，大百，日史，日人，美建，美術，百科，仏教，仏史，平史，山川小，歴大

**皇慶**(1) こうけい
平安時代中期の東大寺の僧。藤原頼光の子。
¶古人

**皇慶**(2) こうけい
平安時代中期の杵原八幡宮宮師僧。
¶古人

**皇慶**(3) こうけい，こうげい
貞元2(977)年～永承4(1049)年7月26日　[別]池上阿闍梨(いけがみのあじゃり)
平安時代中期の天台宗の僧。
¶朝日(こうげい　[没]永承4年7月26日(1049年8月27日))，岩史(こうげい)，神奈川人，京都府(こうげい)，国史(こうげい)，国書(こうげい)，古人，古中(こうげい)，コン改，コン4，コン5，史人(こうげい)，新潮，人名，世人，全書，大百([生]976年)，日人(こうげい)，仏教(こうげい)，仏史(こうげい)，平史，名僧(こうげい)，歴大(こうげい)

**皇慶**(4) こうけい
生没年不詳
平安時代中期の由原八幡宮第7代の宮師僧。
¶大分歴

**高慶** こうけい
貞享4(1687)年～宝暦1(1751)年
江戸時代前期～中期の僧。鎌倉鶴岡八幡宮の供僧で25坊の一つ最勝院(静慮坊)の住持。
¶神奈川人

**杲慶** こうけい
生没年不詳
江戸時代前期の真言宗智山派の僧侶。
¶埼玉人

**光冏** こうげい
？～明応1(1492)年
室町時代の浄土宗の僧。増上寺4世。

¶日人，仏教（㊀明応1（1492）年5月14日，（異説）5月13日？）

**幸芸 こうげい**
生没年不詳
室町時代の天台宗の僧。
¶国書

**香芸 こうげい**
～明治14（1881）年
江戸時代末期～明治期の俳人、曹洞宗僧侶。
¶俳句

**豪慶 ごうけい**
生没年不詳
江戸時代前期の天台宗の僧。
¶国書

**公啓親王 こうけいしんのう**
→公啓（こうけい）

**高慶大師 こうけいだいし**
正平19/貞治3（1364）年～応永23（1416）年
南北朝時代～室町時代の天台僧。即身成仏を志し入定。
¶栃木歴

**公啓入道親王 こうけいにゅうどうしんのう**
→公啓（こうけい）

**公啓法親王 こうけいほうしんのう**
→公啓（こうけい）

**高外全国 こうげぜんこく**
→高外全国（こうがいぜんこく）

**耕月 こうげつ**
文政7（1824）年～慶応3（1867）年2月2日
江戸時代後期～末期の僧侶。
¶庄内

**江月宗玩 こうげつそうがん**
天正2（1574）年11月21日～寛永20（1643）年10月1日 ㊀宗玩（そうがん）
安土桃山時代～江戸時代前期の臨済宗の僧。堺の豪商・茶人津田宗及の子。
¶朝日（㊀天正2年11月21日（1574年12月4日）㊀寛永20年10月1日（1643年11月12日）），岩史，京都，京都大，近世，国史，国書，コン改（㊀元亀1（1570）年），コン4，コン5，史人，人書94，新潮，人名，姓氏京都，世百，全書，茶道，日史，日人，百科，仏教，仏史，歴大，和俳

**皓月尼 こうげつに**
宝暦6（1756）年～*
江戸時代中期～後期の真言宗の僧。
¶江表（皓月尼（京都府）㊀天保4（1833）年），国書（㊀天保3（1832）年）

**亨謙 こうけん**
天明2（1782）年6月15日～？
江戸時代中期～後期の真言宗の僧。
¶国書

**光兼 こうけん**
→実如(1)（じつにょ）

**光憲 こうけん**
生没年不詳
江戸時代前期の天台宗の僧。
¶国書

**光謙 こうけん**
→霊空（れいくう）

**光賢(1) こうけん**
元久1（1204）年～？
鎌倉時代前期の真言宗の僧。
¶国書

**光賢(2) こうけん**
生没年不詳
鎌倉時代後期の真言宗の僧。
¶仏教

**公賢 こうけん**
元永1（1118）年～建久3（1192）年8月9日
平安時代後期の真言宗の僧。
¶国書

**公顕(1) こうけん**
天永1（1110）年～建久4（1193）年9月17日
平安時代後期の僧。天台座主。
¶鎌室，国史，古人，古中，神人，新潮，日人，仏教，仏史，平家，平史（㊀1109年），歴大

**公顕(2) こうけん**
*～？
南北朝時代の僧。
¶鎌室（㊀応永29（1322）年），日人（㊀1422年）

**孝賢(1) こうけん**
建保1（1213）年～嘉禎1（1235）年
鎌倉時代前期の僧。醍醐寺観心院々主。
¶密教（㊀1213年以前 ㊀1235年以後）

**孝賢(2) こうけん**
元禄12（1699）年～明和5（1768）年3月26日
江戸時代中期の天台宗の僧。
¶国書

**弘賢 こうけん**
嘉暦1（1326）年～応永17（1410）年
南北朝時代～室町時代の僧。
¶神奈川人，鎌室，国書（㊀応永17（1410）年5月4日），姓氏神奈川，日人

**弘顕 こうけん**
元応1（1319）年～弘和2/永徳2（1382）年9月2日
南北朝時代の真言宗の僧。
¶仏教

**高賢 こうけん**
？ ～宝永4（1707）年
江戸時代前期～中期の真言宗の僧。醍醐寺82世。
¶国書（㊀宝永4（1707）年11月5日），日人，仏教

**興玄** こうげん
生没年不詳
平安時代後期～鎌倉時代前期の法相宗の僧。
¶国書

**光厳** こうげん
生没年不詳
南北朝時代の曹洞宗の僧。
¶国書



**光源** こうげん
生没年不詳
平安時代中期の天台宗の僧・歌人。
¶国書

**光玄** こうげん
→存覚（ぞんかく）

**孝源** こうげん
寛永15（1638）年～元禄15（1702）年7月19日
江戸時代前期の真言宗の僧。東寺長者200世。
¶国書，仏教，仏人

**宏元** こうげん
生没年不詳
南北朝時代の僧侶・連歌作者。
¶国書

**宏源** こうげん
寛永3（1626）年～天和2（1682）年11月14日
江戸時代前期の真言宗の僧。
¶国書，人名，日人，仏教

**康玄** こうげん
応永18（1411）年～文正1（1466）年4月9日
室町時代の天台宗の僧。
¶国書

**弘現** こうげん
文政1（1818）年～明治11（1878）年12月1日
江戸時代末期～明治期の真言宗僧侶。智積院40世、教部省権少教正。
¶国書，人名（[生]1819年　[没]1879年），日人，仏教，仏人，明大1

**豪建** ごうけん
生没年不詳
江戸時代中期の天台宗の僧。
¶国書

**豪憲** ごうけん
？～明応9（1500）年
室町時代～戦国時代の天台宗の僧。
¶国書

**弘厳和尚** こうげんおしょう
→弘厳（こうがん）

**高玄岱** こうげんたい
→深見玄岱（ふかみげんたい）

**公豪(1)** こうごう
？～文治5（1189）年
平安時代後期の僧。
¶古人（[生]？），平史

**公豪(2)** こうごう
建久7（1196）年8月～弘安4（1281）年10月22日
鎌倉時代前期～後期の天台宗の僧・歌人。
¶国書

**光国** こうこく
生没年不詳
江戸時代中期の真言宗の僧。
¶国書

**光岳** こうごく★
～寛政4（1792）年8月11日
江戸時代中期・後期の詩僧。
¶秋田人2

**高国英峻** こうこくえいしゅん
→嶺厳英峻（れいがんえいしゅん）

**興国玄晨** こうこくげんしん
？～応永1（1394）年
南北朝時代の曹洞宗の僧。
¶人名，戦辞（[没]応仁1年8月9日（1467年9月7日）），日人，仏教（[没]応永1（1394）年8月9日）

**江国弘春** こうこくこうしゅん
天保13（1842）年1月～明治33（1899）年2月5日
江戸時代末期～明治期の黄檗宗僧侶。正明寺第23代住持。
¶黄檗（[没]明治33（1899）年2月5日）

**光国舜玉** こうこくしゅんぎょく，こうごくしゅんぎょく
文明9（1477）年～永禄4（1561）年
戦国時代の曹洞宗の僧。
¶人名（こうごくしゅんぎょく），姓氏愛知，日人，仏教（[没]永禄4（1561）年8月11日）

**孝国祖養** こうこくそよう
？～文禄2（1593）年
戦国時代～安土桃山時代の曹洞宗の僧。
¶国書

**香国道蓮** こうこくどうれん
承応1（1652）年10月5日～享保8（1723）年8月6日
江戸時代前期～中期の黄檗宗の僧。
¶黄檗，国書

**幸金** こうこん
？～正応1（1288）年12月26日
鎌倉時代後期の天台宗の僧。
¶仏教

**綱厳** こうごん
建武1（1334）年～応永26（1419）年
南北朝時代～室町時代の僧。
¶鎌室，国書（[生]建武1（1334）年2月7日　[没]応永26（1419）年3月2日），人名（[生]？　[没]1395年），日人

**光厳洞水** こうごんどうすい
？～享和3（1803）年
江戸時代中期～後期の禅僧。
¶人名

**光佐** こうさ
→顕如(けんにょ)

**光済** こうさい
嘉暦1(1326)年〜天授5/康暦1(1379)年閏4月22日
南北朝時代の真言宗の僧。
¶鎌室,国書,諸系,新潮,日人,仏教

**光西** こうさい
治承2(1178)年〜康元2(1257)年1月23日
平安時代後期〜鎌倉時代後期の僧侶・歌人。
¶国書

**向西** こうさい
? 〜寛永12(1635)年
江戸時代前期の江戸増上寺の僧。
¶人名

**幸西** こうさい
長寛1(1163)年〜宝治1(1247)年4月14日 ㊙成覚房(じょうかくぼう)
鎌倉時代前期の浄土教の僧。
¶鎌室,国史,国書,古人,古中,コン改(生没年不詳),コン4(生没年不詳),コン5,史人,新潮,人名,姓氏京都,徳島百,徳島歴,日人,仏教,仏史,仏人,歴大

**康哉** こうさい
? 〜天保3(1832)年
江戸時代中期の僧、歌人。
¶人名,日人

**康済** こうさい
*〜昌泰2(899)年2月8日
平安時代前期の天台宗の僧。天台座主8世、園城寺4世。
¶古人(㊐817年),人名(㊐828年),富山百(㊐天長5(828)年?),日人(㊐828年),仏教(㊐天長5(828)年),平史(㊐827年)

**弘済**(1) こうさい
生没年不詳 ㊙弘済(ぐさい)
飛鳥時代の渡来僧。
¶日人(ぐさい),仏教

**弘済**(2) こうさい
嘉暦2(1327)年〜明徳4(1393)年2月10日 ㊙弘済(ぐさい)
南北朝時代の真言宗の僧。
¶仏教

**弘済**(3) こうさい
文化2(1805)年〜明治12(1879)年8月24日
江戸時代後期〜明治期の僧。
¶庄内

**迎西** ごうさい
? 〜保延1(1135)年
平安時代後期の高野山僧。
¶古人(㊐?),平史

**浩斎契養** こうさいけいよう
生没年不詳
室町時代の曹洞宗の僧。総持寺53世。
¶仏教

**江西宗寛** こうさいそうかん
寛文7(1667)年〜享保7(1722)年11月10日
江戸時代中期の臨済宗の僧。大徳寺291世。
¶仏教

**江西竜派** こうさいりゅうは
→江西竜派(こうぜいりゅうは)

**上里済** こうざとわたる
文政3(1820)年12月30日〜明治37(1904)年12月6日
江戸時代後期〜明治期の神職。
¶神人

**光璨** こうさん
生没年不詳
江戸時代後期の天台宗の僧。
¶国書

**公算** こうさん
生没年不詳
天台宗の僧。
¶国書

**広算** こうさん
長和2(1013)年〜承暦4(1080)年
平安時代中期〜後期の天台宗の僧。
¶古人,平史

**高算** こうさん
生没年不詳
平安時代中期〜後期の行者。
¶仏教

**広山** こうざん
? 〜寛文12(1672)年
江戸時代前期の禅僧。
¶徳島百

**高山** こうざん
? 〜天正10(1582)年4月3日
戦国時代〜安土桃山時代の僧。長禅寺3世住持。
¶山梨百

**鼇山** ごうざん
? 〜宝暦9(1759)年1月21日
江戸時代中期の画僧。
¶岡山歴,日人(生没年不詳)

**鰲山恵顒** ごうざんえぎょう
? 〜宝暦9(1759)年
江戸時代中期の画僧。
¶岡山百

**恒山快順** こうざんかいじゅん
? 〜宝暦13(1763)年
江戸時代中期の曹洞宗の僧。
¶国書

**恒山画竜** こうざんがりゅう
享保3(1718)年〜寛政4(1792)年11月23日

江戸時代中期～後期の曹洞宗の僧。
¶国書，仏教

**鰲山見雪**（鼇山見雪） ごうざんけんせつ
寛永3（1626）年～貞享2（1685）年
江戸時代前期の曹洞宗の僧。
¶人名（鼇山見雪），日人，仏教（㊙貞享2（1685）年9月10日）



**耕三寺耕三** こうさんじこうぞう
明治24（1891）年12月2日～昭和45（1970）年10月25日 ㊐金本耕三（かねもとこうぞう）
大正～昭和期の僧。耕三寺初代住職。
¶広島百

**高山慈照** こうざんじしょう，こうさんじしょう
文永3（1266）年～興国4/康永2（1343）年 ㊐慈照（じしょう）
鎌倉時代後期～南北朝時代の禅僧。
¶鎌室，国書（㊙康永2（1343）年12月25日），人名（こうさんじしょう），人名（慈照 じしょう），日人（㊙1344年），仏教（㊙康永2/興国4（1343）年12月25日，（異説）貞和2/正平1（1346）年12月25日），仏人（慈照 じしょう），和歌山人

**光山寺泰成** こうざんじたいせい
寛政10（1798）年～安政5（1858）年
江戸時代後期～末期の僧侶。
¶姓氏山口

**香山自聞** こうざんじもん
文政3（1820）年～明治18（1885）年
江戸時代後期～明治期の僧侶。
¶神奈川人

**高山順京** こうざんじゅんきょう
? ～慶長6（1601）年
戦国時代の曹洞宗の僧侶。
¶長野歴

**香山淳碩** こうざんじゅんせき
? ～*
江戸時代中期の曹洞宗の僧。
¶日人（㊙1626年），仏教（㊙宝永6（1709）年12月3日）

**広山恕陽** こうざんじょよう
? ～元和9（1623）年
江戸時代前期の曹洞宗の僧。
¶人名，姓氏富山，日人，仏教（㊙元和9（1623）年1月14日）

**孝山祚養** こうざんそよう
? ～永正17（1520）年
戦国時代の曹洞宗の僧。
¶日人，仏教（㊙永正17（1520）年3月11日）

**高山通妙** こうざんつうみょう
生没年不詳
南北朝時代の臨済宗の僧。円覚寺52世。
¶仏教

**恒山鉄磨** こうざんてつま
? ～天保10（1839）年2月
江戸時代後期の曹洞宗の僧。
¶国書

**香山仁璵** こうざんにんよ
生没年不詳
室町時代の臨済宗の僧。天竜寺19世。
¶仏教

**光山文明** こうざんぶんみょう
宝暦13（1763）年～天保5（1834）年7月29日
江戸時代中期～後期の僧。四国霊場15番国分寺住職。
¶徳島歴

**翺之慧鳳**（翺子慧鳳，翺之恵鳳） こうしえほう
応永21（1414）年～? ㊐慧鳳（えほう）
室町時代の臨済宗の僧。
¶鎌室（翺之恵鳳 生没年不詳），国史，国書（生没年不詳），古中，詩歌，史人，新潮，世人（翺子慧鳳 生没年不詳），対外（㊙？），日史，日人，仏教（翺之恵鳳），仏史，和俳

**翺之恵鳳** ごうしえほう
生没年不詳
室町時代の高僧。
¶郷土岐阜

**郷司慥爾** ごうしぞうじ
明治20（1887）年2月21日～昭和23（1948）年1月11日
明治～昭和期の牧師、神学者。日本神学校講師。
¶キリ

**香志田久重** こうしたひさしげ
生没年不詳
南北朝時代の神官武士。
¶大分歴

**豪実** ごうじつ
? ～天保3（1832）年3月16日
江戸時代後期の天台宗の僧。
¶国書

**香積寺風外** こうしゃくじふうがい
安永8（1779）年～弘化4（1847）年
江戸時代中期～後期の画僧。
¶島根歴

**康守** こうしゅ
生没年不詳
平安時代前期の真言宗の僧。
¶仏教

**光寿** こうじゅ
→教如(1)（きょうにょ）

**孝寿** こうじゅ
生没年不詳
江戸時代中期の日蓮宗の僧。
¶国書

**広寿** こうじゅ
天暦2（948）年～長和2（1013）年6月28日
平安時代中期の真言宗の僧。

¶仏教

**杲守　ごうしゅ**
生没年不詳
南北朝時代の真言宗の僧・歌人。
¶国書

**光寿院　こうじゅいん**
→細川マリア（ほそかわまりあ）

**光周　こうしゅう**
永享1（1429）年～？
室町時代の曹洞宗の僧。永平寺15世。
¶仏教（㊤永享1（1429）年，（異説）永享6（1434）年）

**光宗　こうしゅう，こうじゅう**
建治2（1276）年～正平5/観応1（1350）年
鎌倉時代後期～南北朝時代の天台宗の学僧。
¶朝日（㊵観応1/正平5年10月12日（1350年11月12日）），国書（㊵観応1（1350）年10月12日），人名，日人，仏教（㊵観応1/正平5（1350）年10月12日），歴大（こうじゅう）

**康秀　こうしゅう**
室町時代後期の仏師。
¶島根歴（生没年不詳），美建

**江舟　こうしゅう**
？～安政4（1857）年
江戸時代後期～末期の綾戸隧道の開削者。
¶群馬人，姓氏群馬

**江州　こうしゅう★**
江戸時代の僧侶。
¶三重続

**光什　こうじゅう**
？～天文2（1533）年6月13日
戦国時代の天台宗の僧。
¶国書

**光従　こうじゅう**
慶長9（1604）年2月21日～万治1（1658）年7月25日
江戸時代前期の浄土真宗の僧。
¶国書

**公什　こうじゅう**
暦仁1（1238）年～正和3（1314）年11月20日
鎌倉時代後期の天台宗の僧。天台座主105世。
¶国書，仏教

**豪充　ごうじゅう**
生没年不詳
江戸時代前期の天台宗の僧。
¶国書

**杭州克文　こうしゅうこくぶん**
宝暦10（1760）年～天保2（1831）年10月26日
江戸時代中期～後期の臨済宗の僧。
¶国書

**興宗宗松　こうしゅうしゅうしょう**
→興宗宗松（こうじゅうそうしょう）

**興宗宗松　こうじゅうそうしょう**
文安2（1445）年～大永2（1522）年　㊞興宗宗松（こうしゅうしゅうしょう）
室町時代～戦国時代の禅僧。
¶鎌室，人名（こうしゅうしゅうしょう），日人，仏教（㊵大永2（1522）年6月21日）

こ

**洪州麐察　こうしゅうどんさつ**
？～慶安1（1648）年11月4日
江戸時代前期の曹洞宗の僧。
¶埼玉人，仏教

**功叔　こうしゅく**
？～文禄3（1594）年　㊞妙喜庵功叔（みょうきあんこうしゅく）
安土桃山時代の禅僧。
¶戦人，茶道（妙喜庵功叔　みょうきあんこうしゅく），日人

**功叔宗輔　こうしゅくしゅうほ**
戦国時代の臨済宗妙心寺派の僧。
¶武田

**考叔宗穎　こうしゅくそうえい**
生没年不詳
室町時代の臨済宗の僧。
¶国書

**功叔宗輔　こうしゅくそうゆう**
～慶長14（1609）年6月7日
安土桃山時代・江戸時代前期の僧。萩原町の禅昌寺5世。
¶飛驒

**かう首座　こうしゅそ**
？～元弘3/正慶2（1333）年
鎌倉時代後期の僧。
¶北条

**光俊　こうしゅん**
元禄4（1691）年～？
江戸時代中期の天台宗の僧。
¶国書

**公舜　こうしゅん**
寛治5（1091）年～承安3（1173）年
平安時代後期の天台寺門派の僧。
¶古人，平史

**康俊　こうしゅん**
生没年不詳
鎌倉時代後期～南北朝時代の運慶末流の仏師。南都大仏師、南都興福寺大仏師。
¶朝日，岡山百，岡山歴，鎌室，国史，コン改，コン4，コン5，史人，新潮，世人，日史，日人，美建，美術，百科，仏教，仏史，仏史

**弘俊　こうしゅん**
生没年不詳
飛鳥時代の僧侶。
¶庄内

**弘舜　こうしゅん**
生没年不詳

鎌倉時代後期の真言宗の僧。東寺長者106世。
¶仏教

**光純** こうじゅん
明和6(1769)年4月19日～天保14(1843)年11月14日
江戸時代中期～後期の天台宗の僧。
¶国書



**公遵** こうじゅん
享保7(1722)年1月3日～天明8(1788)年3月25日
㊀公遵親王(こうじゅんしんのう),公遵入道親王(こうじゅんにゅうどうしんのう),公遵法親王(こうじゅんほうしんのう)
江戸時代中期～後期の天台宗の僧。天台座主205・208世。
¶国書(公遵親王　こうじゅんしんのう),人名(公遵法親王　こうじゅんほうしんのう),天皇(公遵法親王　こうじゅんほうしんのう),日人(公遵入道親王　こうじゅんにゅうどうしんのう),仏教

**公順(1)** こうじゅん
生没年不詳
鎌倉時代後期～南北朝時代の僧、歌人。
¶国書,日人

**公順(2)** こうじゅん
文明16(1484)年～?
戦国時代の華厳宗の僧。
¶国書

**孝順(1)** こうじゅん
元文5(1740)年～?
江戸時代中期の真言宗の僧。
¶国書

**孝順(2)** こうじゅん
天明2(1782)年～嘉永1(1848)年
江戸時代後期の僧。
¶姓氏岩手

**巧遵** こうじゅん
?～大永3(1523)年
戦国時代の真宗の僧。
¶姓氏石川

**豪春** ごうしゅん
生没年不詳
安土桃山時代の天台宗の僧。
¶国書

**杲俊** ごうしゅん
生没年不詳
南北朝時代～室町時代の真言宗の僧。
¶国書

**豪淳** ごうじゅん
生没年不詳
江戸時代中期の天台宗の僧。
¶国書

**公遵親王** こうじゅんしんのう
→公遵(こうじゅん)

**江春瑞超** こうしゅんずいちょう
永正11(1514)年～天正13(1585)年
戦国時代～安土桃山時代の僧。
¶日人

**公遵入道親王** こうじゅんにゅうどうしんのう
→公遵(こうじゅん)

**公遵法親王** こうじゅんほうしんのう
→公遵(こうじゅん)

**光助** こうじょ
正平5/観応1(1350)年～元中6/康応1(1389)年1月13日
南北朝時代の真言宗の僧。醍醐寺71世。
¶仏教

**公助** こうじょ
生没年不詳
戦国時代の天台宗の僧・連歌作者。
¶国書

**康助** こうじょ
生没年不詳
平安時代後期の仏師、法眼。
¶朝日,岩史,角史,京都大,国史,古史,古人,古中,コン4,コン5,史人,新潮,人名,世人,日史,日人,美建,美術,百科,仏教,仏史,平史

**豪恕** ごうじょ
享保18(1733)年～文政7(1824)年4月24日
江戸時代中期～後期の天台宗の僧。
¶郷土滋賀,国書

**興昭**(興照) こうしょう
?～元慶7(883)年
平安時代前期の僧。
¶古人(興照　㊤?),古代(興照),古代普(興照　㊤?),人名(㊦877年),日人,仏教(㊦元慶7(883)年1月28日),平史(興照)

**光昭** こうしょう
→准如(じゅんにょ)

**光性** こうしょう
天和2(1682)年2月10日～延享1(1744)年10月2日
江戸時代前期～中期の浄土真宗の僧。
¶国書

**光清** こうしょう
*～保延3(1137)年　㊀光清(こうせい),垂井光清(たるいこうせい)
平安時代後期の僧侶・歌人。
¶国書(㊤応徳1(1084)年　㊦保延3(1137)年9月24日),古人(こうせい　㊤1083年?),神人(垂井光清　たるいこうせい　㊤応徳3(1084)年),平史(こうせい　㊤1083年)

**光摂** こうしょう
→本如(2)(ほんにょ)

**公承** こうしょう
応永13(1406)年～文明18(1486)年

室町時代～戦国時代の僧。
¶諸系，日人

**公祥 こうしょう**
生没年不詳
江戸時代中期の華厳宗の僧。
¶国書

**公紹(1) こうしょう**
？ ～元亨1（1321）年8月10日
鎌倉時代後期の僧。
¶鎌室，国書，日人，仏教

**公紹(2) こうしょう**
文化12（1815）年9月12日～＊ [別]公紹法親王（こうしょうほうしんのう）
江戸時代後期の天台宗の僧。
¶天皇（公紹法親王　こうしょうほうしんのう [没]弘化2（1845）年10月1日），仏教（[没]弘化3（1846）年10月19日）

**公聖 こうしょう**
生没年不詳
鎌倉時代の真言宗の僧。
¶仏教

**公璋 こうしょう**
宝暦10（1760）年～安永5（1776）年 [別]公璋入道親王（こうしょうにゅうどうしんのう），公璋法親王（こうしょうほうしんのう）
江戸時代中期の天台宗の僧。
¶人名（公璋法親王　こうしょうほうしんのう），天皇（公璋法親王　こうしょうほうしんのう），日人（公璋入道親王　こうしょうにゅうどうしんのう），仏教（[生]宝暦10（1760）年2月14日 [没]安永5（1776）年7月10日）

**幸承 こうしょう**
生没年不詳
南北朝時代の天台宗の僧。
¶国書

**広彰 こうしょう**
？ ～安政1（1854）年
江戸時代後期～末期の真宗大谷派の僧。
¶姓氏石川

**広清 こうしょう**
生没年不詳
天台宗の僧。
¶仏教

**康勝 こうしょう**
生没年不詳 [別]康海（こうかい）
鎌倉時代前期の仏師。運慶の4男。法眼。
¶朝日，岩史，鎌室（[没]嘉禎3（1237）年），京都大，国史，古人，古中，コン改，コン4，コン5，史人，重要，新潮（[没]嘉禎3（1237）年11月27日），人名，姓氏京都，世人，日史，日人（[没]1237年），美建（[没]嘉禎3（1237）年11月27日），美術，百科，仏教，仏史，平史，山川小

**康正 こうしょう**
天文3（1534）年～元和7（1621）年1月10日
安土桃山時代～江戸時代前期の仏師、定朝21代、康秀の子。
¶朝日（[没]元和7年1月10日（1621年3月3日）），近世，国史，史人，新潮，世人，戦人，日史，日人，美建，美術，百科，仏教（[生]天文3（1534）年？），仏史

**弘勝 こうしょう**
→弘勝空範（こうしょうくうはん）

**光常 こうじょう**
→寂如（じゃくにょ）

**光定 こうじょう**
宝亀10（779）年～天安2（858）年8月10日 [別]別当大師（べっとうだいし）
平安時代前期の天台宗の僧。最澄の弟子。
¶朝日（[没]天安2年8月10日（858年9月20日）），岩史，愛媛，愛媛百，郷土愛媛，郷土滋賀（[没]851年），国史，国書，古人，古代，古代普，古中，コン改，コン4，コン5，史人，思想史，新潮，人名，姓氏京都，世人，全書，大百，日人，仏教，仏史，仏人，平史，名僧，歴大

**公盛 こうじょう**
？ ～享保9（1724）年
江戸時代前期～中期の華厳宗の僧。
¶国書

**幸清 こうじょう**
→幸清（ぎょうしょう）

**康尚 こうじょう，こうしょう**
生没年不詳
平安時代の仏師。定朝の父、師。
¶朝日，岩史，角史，京都大（こうしょう），国史（こうしょう），古史（こうしょう），古人（こうしょう），古中（こうしょう），コン4，コン5，史人，新潮，人名（こうしょう），姓氏京都（こうしょう），世人（こうしょう），世百（こうしょう），日史，日人，美建，美術，百科，仏教，仏史（こうしょう），平史，歴大

**高定 こうじょう**
生没年不詳
室町時代の医僧。
¶鎌室，人名，日人

**豪盛 ごうじょう**
生没年不詳
安土桃山時代～江戸時代前期の天台宗の僧。
¶国書

**弘勝空範 こうしょうくうはん**
＊～文政5（1822）年 [別]弘勝（こうしょう）
江戸時代中期～後期の真言宗の僧侶。
¶岡山百（[生]宝暦5（1755）年），岡山歴（弘勝　こうしょう [生]？ [没]文政5（1822）年8月28日）

**光紹智堂 こうしょうちどう**
？ ～寛文10（1670）年
江戸時代前期の曹洞宗の僧。永平寺30世。
¶国書（[没]寛文10（1670）年8月18日），仏教（[没]寛文10（1670）年8月15日）

こ

**公璋入道親王** こうしょうにゅうどうしんのう
→公璋(こうしょう)

**弘宗万明** こうじょうばんみょう
生没年不詳
江戸時代の曹洞宗の僧。
¶国書

**公紹法親王** こうしょうほうしんのう
→公紹(2)(こうしょう)

**公璋法親王** こうしょうほうしんのう
→公璋(こうしょう)

**恒助親王** こうじょしんのう
→恒助法親王(こうじょほっしんのう)

**恒助法親王** こうじょほうしんのう
→恒助法親王(こうじょほっしんのう)

**恒助法親王** こうじょほっしんのう
正応4(1291)年～延慶3(1310)年7月24日 [別]恒助親王(こうじょしんのう),恒助法親王(こうじょほうしんのう)
鎌倉時代後期の天台宗寺門派の僧。後深草法皇の皇子。
¶朝日([没]延慶3年7月24日(1310年8月19日)),鎌室,国書(恒助親王 こうじょしんのう [生]正応1(1288)年),新潮,人名(こうじょほうしんのう),天皇(こうじょほうしんのう [生]正応1(1288)年),日人(こうじょほうしんのう [生]1288年)

**神代峻通** こうじろたかみち
明治25(1892)年7月19日～昭和34(1959)年6月20日
大正～昭和期の倫理学者。真言宗高野山大学教授。弘法大師教典を英訳、真言密教を研究した。
¶現情,昭人,人名7,世紀,哲学,日人

**神白朝興** こうじろともおき
→神白朝興(かみしろともおき)

**神代朝広**(神白朝広) こうじろともひろ
天保5(1834)年10月5日～明治25(1892)年12月14日
江戸時代後期～明治期の神職、歌人。
¶島根人(神白朝広),島根百

**興信**(1) こうしん
生没年不詳
鎌倉時代後期の僧侶・歌人。
¶国書

**興信**(2) こうしん
正平13/延文3(1358)年～元中8/明徳2(1391)年 [別]興信法親王(こうしんほうしんのう)
南北朝時代の真言宗の僧。
¶人名(興信法親王 こうしんほうしんのう),日人(興信法親王 こうしんほうしんのう),仏教([没]明徳2/元中8(1391)年4月5日)

**興心** こうしん
生没年不詳
鎌倉時代の医僧。
¶日人

**光信**(1) こうしん
生没年不詳
奈良時代の女性。尼僧。
¶鎌室,女性

**光信**(2) こうしん
承久3(1221)年～建治4(1278)年2月23日
鎌倉時代前期～後期の浄土真宗の僧。
¶国書

**孝信** こうしん
生没年不詳
南北朝時代～室町時代の僧。
¶諸系,日人

**孝臻** こうしん
生没年不詳
江戸時代後期の天台宗の僧。
¶国書

**弘心** こうしん
生没年不詳
室町時代の天台宗の僧。
¶国書

**弘真** こうしん
→文観(もんかん)

**考諶** こうしん
安永4(1775)年～?
江戸時代中期～後期の天台宗の僧。
¶国書

**高信** こうしん
建久4(1193)年～文永1(1264)年6月5日
鎌倉時代前期の僧。
¶鎌室(生没年不詳),国書,人名,日人,仏教

**孝尋** こうじん
? ～正長1(1428)年 [別]大乗院孝尋(だいじょういんこうじん)
室町時代の僧。
¶鎌室,諸系,日人

**豪信** ごうしん
生没年不詳 [別]藤原豪信(ふじわらごうしん,ふじわらのごうしん)
鎌倉時代後期～南北朝時代の天台宗の僧。似絵の事跡で知られる。
¶朝日(藤原豪信 ふじわらのごうしん),岩史,角史,鎌室,京都大,国史,国書,古中,コン改,コン4,コン5,史人,諸系(藤原豪信 ふじわらのごうしん),新潮(藤原豪信 ふじわらのごうしん),人名,世人,全書(藤原豪信 ふじわらのごうしん),大百(藤原豪信 ふじわらごうしん),日史,日人(藤原豪信 ふじわらのごうしん),美家,美術,百科,仏教,名画(藤原豪信 ふじわらごうしん)

**豪親** ごうしん
生没年不詳

江戸時代前期の天台宗の僧。
¶国書

**江心承董** こうしんしょうとう
生没年不詳
戦国時代の僧、天竜・南禅寺主、五山文学者。
¶国書，人名，日人

**江心全理** こうしんぜんり
？ ～
江戸時代中期の僧。八戸糠塚村の南宗寺2世。
¶青森人

**興信法親王** こうしんほうしんのう
→興信(2)（こうしん）

**上月為蔭** こうずきためかげ
→上月為蔭（こうづきためかげ）

**上月信敬** こうずきのぶたか
→上月信敬（こうづきのぶたか）

**上野殿の母** こうずけどののはは
生没年不詳
鎌倉時代の日蓮の信者。
¶朝日

**高妻勝彦** こうずまかつひこ
→高妻勝彦（こうづまかつひこ）

**光晴** こうせい
寛永18（1641）年5月4日～元禄7（1694）年5月22日
江戸時代前期～中期の浄土真宗の僧。
¶国書

**光清** こうせい
→光清（こうしょう）

**光盛** こうせい
安永5（1776）年～天保11（1840）年8月8日
江戸時代中期～後期の真言宗の僧。
¶国書

**康成** こうせい
鎌倉時代後期～南北朝時代の仏師。
¶美建，仏教（生没年不詳）

**康清** こうせい
生没年不詳
鎌倉時代の仏師。
¶朝日，埼玉人，日人，美建，仏教

**江西** こうせい
→江西竜派（こうぜいりゅうは）

**仰誓** ごうせい，こうせい
享保6（1721）年～寛政6（1794）年4月2日　㊗仰誓（ぎょうせい）
江戸時代中期の浄土真宗の僧。
¶国書，島根人（ぎょうせい），島根百，島根歴，人書94（ぎょうせい），人名（こうせい），日人，仏教，仏人

**江西竜派** こうぜいりゅうは，こうせいりゅうは
天授1/永和1（1375）年～文安3（1446）年8月5日　㊗江西（こうせい），江西竜派（こうさいりゅうは，こうせいりょうは）
南北朝時代～室町時代の臨済宗の僧、五山文学僧。
¶朝日（㊀文安3年8月5日（1446年8月27日）），鎌室（こうせいりゅうは　㊀？），郷土岐阜（こうせいりょうは　㊀1377年），国史（こうせいりゅうは），国書（こうせいりゅうは），古中（こうせいりゅうは），コン改，コン4，コン5，詩歌（こうせいりゅうは），諸系，新潮，人名（こうさいりゅうは　㊀？），姓氏京都（こうせいりゅうは），世人（江西　こうせい），大百（こうせいりゅうは），日人，仏教（㊀？），仏史（こうせいりゅうは），名僧（こうせいりゅうは），和俳

こ

**江西竜派** こうせいりょうは
→江西竜派（こうぜいりゅうは）

**光摂** こうせつ
→本如(2)（ほんにょ）

**江雪宗立** こうせつそうりゅう
文禄4（1595）年～寛文6（1666）年6月19日　㊗宗立（そうりつ，そうりゅう），江雪（こうせつ）
江戸時代前期の臨済宗の僧。
¶国書，人名（宗立　そうりつ），戦人（宗立　そうりゅう），茶道，日人，仏教

**光宣** こうせん
応永2（1395）年～？
室町時代の法相宗の僧。
¶仏教

**光闡** こうせん
宝永4（1707）年10月9日～寛政1（1789）年10月24日
江戸時代中期～後期の浄土真宗の僧。
¶国書

**康仙** こうせん
生没年不詳
平安時代中期の天台宗の僧。
¶仏教

**弘宣** こうせん
享徳3（1454）年～永正11（1514）年9月17日
戦国時代の真言宗の僧。
¶仏教

**講仙** こうせん
平安時代の僧。
¶人名，日人（生没年不詳）

**高泉** こうせん
江戸時代前期の明僧。
¶姓氏石川

**興然** こうぜん
→興然(1)（こうねん）

**公禅** こうぜん
生没年不詳
鎌倉時代の僧侶・歌人。
¶国書

**宏善** こうぜん
文明7(1475)年～弘治3(1557)年7月23日
戦国時代の浄土宗の僧。禅林寺34世、栗生光明寺18世。
¶国書，仏教



**弘全(1)** こうぜん
生没年不詳
南北朝時代の僧侶・連歌作者。
¶国書

**弘全(2)** こうぜん
応永10(1403)年～文明1(1469)年8月19日
室町時代～戦国時代の真言宗の僧。
¶国書

**浩然** こうぜん
延享3(1746)年～文化12(1815)年
江戸時代中期～後期の僧侶。
¶庄内

**耕禅** こうぜん
元禄13(1700)年～宝暦5(1755)年
江戸時代の僧、伊勢等観寺(浄土宗)主。
¶人名，日人，三重続

**豪禅** ごうぜん
生没年不詳
江戸時代中期の天台宗の僧。
¶国書

**向善寺大乗** こうぜんじだいじょう
～文明5(1473)年7月28日
戦国時代の僧。古川町の向善寺の開基。
¶飛驒

**高泉性潡** こうせんしょうとん
明・崇禎6(1633)年10月8日～元禄8(1695)年10月16日　[別]性潡(しょうとん)，大円広慧国師(だいえんこうえこくし)
江戸時代前期の渡来僧。黄檗中興の祖。
¶朝日([生]崇禎6年10月8日(1633年11月9日)[没]元禄8年10月16日(1695年11月22日))，江人，近世，国史，国書，コン改，コン4，コン5，史人，新潮，人名，世人，全書，対外，日史，日人，百科，仏教，仏史，仏人(性潡　しょうとん)

**洪川宗温** こうせんそうおん，こうぜんそうおん
文化13(1816)年～明治25(1892)年
江戸時代後期～明治期の僧。臨済宗円覚寺派の初代管長。
¶鎌倉，姓氏神奈川(こうぜんそうおん)

**恒川白竜** こうせんはくりゅう
生没年不詳
江戸時代中期の曹洞宗の僧。
¶国書

**恒善普長** こうぜんふちょう
安永5(1776)年～天保10(1839)年10月19日
江戸時代後期の黄檗宗の僧。
¶黄檗

**黄泉無著** こうせんむじゃく
安永4(1775)年～天保9(1838)年12月17日　[別]黄泉無著(おうせんむじゃく，こうせんむちゃく)
江戸時代後期の曹洞宗の僧。
¶国書(おうせんむじゃく)，姓氏愛知(こうせんむちゃく)，仏教

**黄泉無著** こうせんむちゃく
→黄泉無著(こうせんむじゃく)

**豪宗** ごうそう
元中1/至徳1(1384)年～？
南北朝時代～室町時代の天台宗の僧。
¶国書

**耕叟仙原**(耕叟仙源)　こうそうせんげん
生没年不詳
鎌倉時代の禅僧。
¶鎌室(耕叟仙源)，国書，人名，日人，仏教

**高祖敏明** こうそとしあき
昭和22(1947)年1月1日～
昭和～平成期のカトリック司祭、西洋教育史学者。上智大学教授。
¶現執2期，現執3期

**光遜** こうそん
享保17(1732)年～享和2(1802)年9月17日
江戸時代中期～後期の真言宗の僧。
¶国書

**孝尊** こうそん
生没年不詳
南北朝時代の僧。
¶諸系，日人

**幸尊(1)** こうそん
生没年不詳
鎌倉時代前期の真言律宗の僧。
¶仏教

**幸尊(2)** こうそん
嘉禄1(1225)年～嘉元1(1303)年9月11日
鎌倉時代後期の天台宗の僧。
¶仏教

**弘尊** こうそん
生没年不詳
室町時代の真言宗の僧。
¶神奈川人，戦辞，仏教

**功存** こうぞん，こうそん
享保5(1720)年～寛政8(1796)年
江戸時代中期の真宗本願寺派の学僧。「願生帰命弁」の著者。
¶近世，国史，国書([没]寛政8(1796)年9月23日)，人名(こうそん)，日人，仏教([没]寛政8(1796)年9月3日)，仏史，仏人

**豪尊(1)** ごうそん
？　～応永7(1400)年10月5日
南北朝時代～室町時代の天台宗の僧。
¶鎌室，埼玉人，人名，日人，仏教

こ

**豪尊**(2) ごうそん
生没年不詳
江戸時代中期の天台宗の僧。
¶国書

**光沢** こうたく
→大谷光沢(おおたにこうたく)

**光沢宗温** こうたくそうおん
天正18(1590)年～寛永12(1635)年6月9日
江戸時代前期の臨済宗の僧。大徳寺168世。
¶仏教

**神武斎宮之助** こうたけさいぐうのすけ
江戸時代末期の筑前宇美宮大宮司。筑前藩神祇道復興運動の同志。
¶神人

**神田繁太郎** こうだしげたろう
明治15(1882)年～昭和35(1960)年
明治～昭和期のキリスト者。
¶兵庫百

**広達** こうたつ,こうだつ
奈良時代の元興寺の僧。
¶古人(こうだつ), 古代, 古代普, 日人(生没年不詳)

**幸田光隆** こうだみつたか
享保10(1725)年～*
江戸時代中期～後期の神職。
¶国書(㊀寛政11(1799)年7月16日), 三重続(㊀寛政10年7月16日)

**神田モード** こうだもーど
明治17(1884)年～昭和41(1966)年
明治～昭和期のキリスト者。
¶兵庫百

**神田大和** こうだやまと
寛政5(1793)年～安政4(1857)年9月13日
江戸時代末期の神官。
¶岡山歴

**孝端** こうたん
生没年不詳
江戸時代中期の天台宗の僧。
¶国書

**高湛** こうたん
元亨3(1323)年～応永15(1408)年
南北朝時代～室町時代の律宗の僧。
¶鎌室, 人名, 日人, 仏教(㊀応永15(1408)年9月25日)

**繁潭智諾** ごうたんちだく
～享保6(1721)年11月4日
江戸時代中期の僧。高山市の宗猷寺と上宝村の本覚寺中興。飛騨安国寺の住職を兼務。
¶飛騨

**興智** こうち
生没年不詳
平安時代前期の華厳宗の僧。
¶仏教

**光智**(光知) こうち
寛平6(894)年～天元2(979)年3月10日
平安時代中期の華厳宗の僧。良緒に師事。
¶朝日(㊀天元2年3月10日(979年4月9日)), 岩史, 国史, 古人, 古中, コン4, コン5, 史人, 新潮, 人名(光知), 世人(㊐?), 日史(㊐?), 日人, 仏教, 仏史, 平史

**広智** こうち
生没年不詳
平安時代前期の天台宗の僧。広智菩薩。
¶朝日, 国史, 国書, 古人, 古代, 古代普, 古中, 新潮, 栃木歴, 日人, 仏教, 仏史, 平史, 名僧

**康知** こうち
元和3(1617)年～寛文1(1661)年11月22日
江戸時代前期の仏師。
¶美建, 仏教

**弘智** こうち
? ～正平18/貞治2(1363)年
鎌倉時代後期～南北朝時代の行者。新潟県西生寺の現存する最古の即身仏。
¶朝日, 人名, 日人, 仏教(㊀貞治2/正平18(1363)年10月2日), 仏人(㊐1281年)

**光地英学** こうちえいがく
大正2(1913)年3月26日～
昭和期の僧侶。西光寺住職、駒沢大学教授。
¶現執1期, 現執2期

**宏智聚覚** こうちしゅうかく
? ～永禄4(1561)年
戦国時代～安土桃山時代の僧侶。
¶青森百

**弘智法印** こうちほういん
弘安5(1282)年～正平18/貞治2(1363)年
鎌倉時代後期～南北朝時代の仏教の僧。
¶郷土千葉, 千葉百, 千葉百追

**孝忠** こうちゅう
弘仁6(815)年～元慶6(882)年5月20日
平安時代前期の法相宗の僧。興福寺8世。
¶古人, 仏教(㊀元慶6(882)年5月20日,(異説)5月8日?), 平史

**剛中** ごうちゅう
江戸時代前期～中期の僧、起信論学者。
¶人名

**豪忠** ごうちゅう
元中6/康応1(1389)年～?
南北朝時代～室町時代の天台宗の僧。
¶国書

**剛中玄柔** ごうちゅうげんじゅう
文保2(1318)年～元中5/嘉慶2(1388)年5月27日
㊞剛中玄柔(ごうちゅうげんにゅう,ごんちゅうげんじゅう)
南北朝時代の臨済宗の僧。
¶鎌室, 国書(ごんちゅうげんじゅう), 薩摩, 新

潮，人名（ごうちゅうげんにゅう），姓氏鹿児島（ごうちゅうげんにゅう），日人，仏教

**剛中玄柔** ごうちゅうげんにゅう
→剛中玄柔（ごうちゅうげんじゅう）

**興儔心越** こうちゅうしんえつ
→心越興儔（しんえつこうちゅう）

こ

**亨仲崇泉** こうちゅうすうせん
？ ～天文18（1549）年4月5日
戦国時代の臨済宗の僧。
¶仏教

**江中梵巴** こうちゅうぼんぱ，こうちゅうぼんは
？ ～文安3（1446）年3月23日
室町時代の曹洞宗の僧。
¶岡山人，岡山歴，人名（こうちゅうぼんは），日人，仏教

**光超** こうちょう
生没年不詳
室町時代の真言宗の僧。東寺長者151世。
¶仏教

**公澄(1)** こうちょう
生没年不詳
鎌倉時代の天台宗の僧・歌人。
¶国書

**公澄(2)** こうちょう
生没年不詳
鎌倉時代後期の天台宗の僧。
¶国書

**公澄(3)** こうちょう
安永5（1776）年～文政11（1828）年 ㊊公澄入道親王（こうちょうにゅうどうしんのう），公澄法親王（きみずみほうしんのう，こうちょうほうしんのう），弘道親王（ひろみちしんのう）
江戸時代後期の天台宗の僧。天台座主218世。
¶人名（公澄法親王　こうちょうほうしんのう），天皇（公澄法親王　きみずみほうしんのう），日人（公澄入道親王　こうちょうにゅうどうしんのう），仏教（㊤安永5（1776）年10月29日 ㉝文政11（1828）年8月7日）

**公朝** こうちょう
？ ～永仁4（1296）年
鎌倉時代後期の天台宗の僧・歌人。
¶国書，北条

**康朝** こうちょう
生没年不詳
平安時代後期の奈良仏師。康助の子、成朝の父。
¶朝日，国史，古人，古中，史人，新潮，日人，美建，仏教，平史

**豪潮(1)** ごうちょう
寛延2（1749）年～天保6（1835）年
江戸時代中期・後期の天台宗の僧。
¶熊本人，太宰府

**豪潮(2)** ごうちょう
→豪潮律師（ごうちょうりっし）

**光澄慧湛** こうちょうえたん
寛永15（1638）年～宝永3（1706）年7月19日
江戸時代前期～中期の曹洞宗の僧。
¶国書

**公澄入道親王** こうちょうにゅうどうしんのう
→公澄(3)（こうちょう）

**公澄法親王** こうちょうほうしんのう
→公澄(3)（こうちょう）

**豪潮律師** ごうちょうりっし
寛延2（1749）年6月18日～天保6（1835）年閏7月3日 ㊊豪潮（ごうちょう）
江戸時代後期の書画家、仏教者。
¶国書（豪潮　ごうちょう），人情4，人情5

**好地由太郎** こうちよしたろう
慶応1（1865）年5月15日～？
明治期のキリスト者。
¶キリ

**宏珍** こうちん
生没年不詳
江戸時代末期の天台宗の僧。
¶国書

**豪珍** ごうちん
生没年不詳
江戸時代前期の天台宗の僧。
¶国書

**豪鎮** ごうちん
？ ～文中1/応安5（1372）年9月20日
南北朝時代の天台宗の僧。
¶国書，仏教

**恒鎮法親王** こうちんほうしんのう
→恒鎮法親王（こうちんほっしんのう）

**恒鎮法親王** こうちんほっしんのう
？ ～文中1/応安5（1372）年 ㊊恒鎮法親王（こうちんほうしんのう）
南北朝時代の僧。亀山皇の皇孫。
¶鎌室，人名（こうちんほうしんのう），日人（こうちんほうしんのう）

**上月専庵** こうづきせんあん
宝永1（1704）年～宝暦2（1752）年2月6日
江戸時代中期の医師、神道家。
¶大阪墓，国書（㊤宝永1（1704）年8月8日），日人

**上月為蔭** こうづきためかげ，こうずきためかげ
～大正14（1925）年
明治～大正期の神職。
¶神人（こうずきためかげ）

**神月智性** こうづきちしょう
明治12（1879）年～昭和12（1937）年
明治～昭和期の臨済宗僧侶。臨済宗大学学長。
¶仏人

**上月豊蔭** こうづきとよかげ
天保11(1840)年～明治33(1900)年
明治期の歌人。国幣中社海神宮司などを歴任。著書に「桜花一枝」。
¶人名，日人

**上月信敬** こうづきのぶたか，こうずきのぶたか
～宝暦2(1752)年
江戸時代中期の山本復斎の神道の弟子。
¶神人(こうずきのぶたか)

**洪恒太郎** こうつねたろう
安政3(1856)年6月12日～昭和13(1938)年3月31日
明治～昭和期の日本聖公会司祭。
¶キリ

**高妻勝彦** こうづまかつひこ，こうずまかつひこ
慶応3(1867)年～昭和16(1941)年
江戸時代末期～昭和期の神職。
¶神人(こうずまかつひこ)

**光天** こうてん
正徳1(1711)年～寛保3(1743)年2月6日
江戸時代中期の真言宗の僧。
¶国書，埼玉人，仏教

**弘典** こうてん
応永14(1407)年～文明18(1486)年11月29日
室町時代の真言宗の僧。
¶仏教

**康伝** こうでん
明暦3(1657)年～元禄13(1700)年2月25日
江戸時代前期～中期の仏師。
¶黄檗，美建

**豪天** ごうてん
正徳4(1714)年～宝暦11(1761)年11月3日
江戸時代中期の天台宗の僧。
¶国書(生没年不詳)，国書5

**晃天園瑞** こうてんえんずい
元禄15(1702)年～*
江戸時代中期の僧。野沢菜を育成。
¶植物([没]安永4年12月11日(1776年1月2日))，食文([生]？ [没]安永4年12月11日(1776年1月2日))，姓氏長野([没]1775年)，長野歴([没]安永4(1775)年)

**杲天慧紹** こうてんけいしょう
～天文12(1543)年9月29日
戦国時代の僧。萩原町の禅昌寺2世で金山町の万福寺の開基。
¶飛騨

**衡天真元尼** こうてんしんげんに
明和6(1758)年1月～文化13(1816)年2月23日
江戸時代中期～後期の黄檗宗の尼僧。
¶黄檗

**甲天総寅** こうてんそういん
戦国時代の曹洞宗雲岫派の僧。
¶武田

**衡田祖量** こうでんそりょう
元禄15(1702)年～安永8(1779)年
江戸時代中期の曹洞宗の僧。
¶国書

**亘天要播** ごうてんようはん
生没年不詳
戦国時代の曹洞宗の僧。
¶仏教

**光道** こうどう
生没年不詳
江戸時代中期の真言宗の僧。
¶国書

**孝道** こうどう
寛政9(1797)年～明治9(1876)年3月23日
江戸時代末期～明治期の二本松藩菩提寺大隣寺住職。戊辰戦争で藩主の帰順運動に奔走。「戦死郡霊塔」を建立。
¶幕末，幕末大

**幸道** こうどう
文化2(1805)年～明治3(1870)年
江戸時代後期～明治期の僧。舎利尊勝寺中興。
¶大阪人

**広幢** こうどう
生没年不詳
室町時代の僧、連歌師。
¶国書，日人，俳文

**弘道** こうどう
享保10(1725)年～？
江戸時代中期の新義真言宗の僧。
¶国書，仏教(生没年不詳)

**杲堂元昶** こうどうげんちょう
清・康熙2(1663)年2月16日～享保18(1733)年6月28日
江戸時代中期の黄檗宗の僧。万福寺12世。
¶黄檗，国書，仏教([没]享保18(1733)年6月2日)

**高憧慈光** こうどうじこう
生没年不詳
江戸時代中期の僧。松倉馬頭尊の願主。
¶飛騨

**香道超雲** こうどうちょううん
～明暦3(1657)年11月7日
江戸時代前期の僧。萩原町の禅昌寺7世。
¶飛騨

**香南** こうなん
慶長3(1598)年～寛文9(1669)年
安土桃山時代～江戸時代前期の禅僧。
¶徳島百([没]寛文9(1669)年11月13日)，徳島歴

**光日** こうにち
生没年不詳
平安時代中期の天台宗の僧。
¶仏教

こ

**光日尼** こうにちに
生没年不詳
鎌倉時代の日蓮の信者。安房国天津の弥四郎の母。
¶朝日，日人

**広如** こうにょ
→大谷光沢（おおたにこうたく）

**光仁** こうにん
平安時代後期の仏師僧。
¶古人，美建，平史（生没年不詳）

**豪仁** ごうにん
生没年不詳
戦国時代～安土桃山時代の天台宗の僧。
¶国書

**興然**(1) こうねん
保安2（1121）年～建仁3（1203）年11月30日　㊞興然（こうぜん）
平安時代後期～鎌倉時代前期の真言宗の僧。勧修寺系の密教僧。
¶朝日（㊡建仁3年11月30日（1204年1月3日）），岩史，国史，国書（こうぜん），古人，古中，コン4，コン5，史人，新潮，姓氏京都（こうぜん），日人（こうぜん　㊡1204年），仏教（こうぜん），仏史，仏人（こうぜん），平史，密教（こうぜん　㊡1203年11月20日/30日）

**興然**(2) こうねん
嘉永2（1849）年～大正13（1924）年　㊞釈興然（しゃくこうぜん，しゃくこうねん）
明治～大正期の真言宗（高野山）僧侶。伯父釈雲照の勧めでセイロンに渡り、南方仏教の戒律を受けた。帰国後南方僧団の移植を企て、釈尊正風会を結成。
¶コン改（釈興然　しゃくこうねん），コン5（釈興然　しゃくこうねん），島根百（釈興然　しゃくこうぜん），島根歴，新潮（釈興然　しゃくこうねん　㊤嘉永2（1849）年4月14日　㊡大正13（1924）年3月15日），世紀（㊤嘉永2（1849）年4月14日　㊡大正13（1924）年3月15日），日人，明大1（㊤嘉永2（1849）年4月14日　㊡大正13（1924）年3月15日），明大1（釈興然　しゃくこうねん）

**光然** こうねん
？～天文24（1555）年7月24日
戦国時代の僧。
¶戦人，仏教（㊡天文24（1555）年7月24日，（異説）7月20日？）

**公然**(1) こうねん
建長4（1252）年～？
鎌倉時代後期の真言宗の僧。
¶国書

**公然**(2) こうねん
寛文9（1669）年～享保15（1730）年
江戸時代中期の僧。
¶新潮（㊤寛文9（1669）年6月　㊡享保15（1730）年11月20日），日人

**国府尼御前** こうのあまごぜん
生没年不詳
鎌倉時代の日蓮の信者。佐渡に流された日蓮に帰依。
¶朝日，日人

**河野往阿** こうのおうあ
天保10（1839）年12月～明治39（1906）年3月20日
江戸時代末期～明治期の時宗学僧。真光寺住職、大悲学校開設者。
¶仏教

**河野覚阿** こうのかくあ
文政1（1818）年～明治36（1903）年
明治期の僧侶。
¶神奈川人

**河野監物** こうのかんもつ
？～文政8（1825）年
江戸時代中期～後期の宮司。
¶島根歴

**河野清美**（河野清実） こうのきよみ
明治11（1878）年～昭和27（1952）年
明治～昭和期の郷土史家、神職。柞原神社神官。
¶大分百，大分歴（河野清実），郷土

**河野憲善** こうのけんぜん
明治43（1910）年～
昭和期の仏教哲学者。島根大学教授。
¶現執1期

**河野固浄** こうのこじょう
延享1（1744）年～享和2（1802）年
江戸時代中期～後期の僧、歌人。
¶香川人，香川百，日人（㊡1803年）

**河野主一郎** こうのしゅいちろう
弘化3（1846）年～大正11（1922）年2月12日　㊞河野主一郎（かわのしゅういちろう）
江戸時代末期～大正期の鹿児島県士族。西南戦争で懲役10年。
¶鹿児島百，西郷，薩摩，神人（かわのしゅういちろう），人名，姓氏鹿児島，渡航（㊤1846年11月25日），日人（㊤1847年），幕末，幕末大，明大1（㊤弘化3（1846）年11月25日）

**河野純孝** こうのじゅんこう
文久2（1862）年9月22日～昭和4（1929）年3月26日
江戸時代末期～昭和期の教誨師。
¶高知人，高知百，真宗

**河野誠恵** こうのじょうえい
明治8（1875）年～昭和37（1962）年10月21日
明治～昭和期の住職、ローマ字論者。報恩寺住職。
¶日エ

**河野省三** こうのしょうぞう
→河野省三（こうのせいぞう）

**河野進** こうのすすむ
明治37（1904）年9月1日～平成2（1990）年11月2日
昭和～平成期の宗教家・社会事業家。
¶岡山歴

**鴻巣盛雄** こうのすもりお
天保13(1842)年〜大正2(1913)年
江戸時代後期〜大正期の神職。飛騨東照宮祠掌。
¶神人(㊀大正2(1913)年12月), 飛騨(㊐?㊀大正2(1913)年12月23日)

**河野清晃** こうのせいこう
明治39(1906)年〜
昭和期の宗教家。
¶郷土奈良

**河野省三** こうのせいぞう
明治15(1882)年8月10日〜昭和38(1963)年1月8日 ㊕河野省三(こうのしょうぞう)
明治〜昭和期の神道学者。国学院大学教授。神祇院参与、宗教教化中央指導員などを歴任。
¶近現, 現朝, 現情(㊐1882年8月15日), 国史, 埼玉人, 埼玉百(こうのしょうぞう), 史研, 昭人, 神史, 新潮, 人名7, 世紀, 哲学, 日人

**河野諦円** こうのたいえん
嘉永5(1852)年2月6日〜昭和9(1934)年2月15日
明治〜大正期の部落改善事業家。仏教青年公道会設立者。
¶社史, 真宗

**河野太通** こうのたいつう
昭和5(1930)年1月2日〜
昭和〜平成期の僧侶。祥福寺専門道場師家。
¶現執4期

**河野鉄南** こうのてつなん
明治7(1874)年1月16日〜昭和15(1940)年11月26日
明治〜昭和期の歌人。浄土真宗覚応寺19代目住職。与謝野鉄幹と竹馬の友で晶子と同郷。「よしあし草」などに歌を発表。
¶大阪文, 近文, 世紀, 日人, 明大2

**河野天鱗** こうのてんりん
→天鱗(てんりん)

**河野法雲** こうのほううん
慶応3(1867)年10月19日〜昭和21(1946)年10月16日
江戸時代末期〜昭和期の僧侶。
¶真宗

**河野法善** こうのほうぜん
安政2(1855)年10月〜大正12(1923)年1月9日
明治〜大正期の僧。時宗管長、大僧正。時宗会議を興して宗門の向上を図る。遊行寺第64世の法位を嗣ぐ。
¶神奈川人(㊐1835年), 人名, 世紀, 日人, 明大1

**河野通文**(高野通文) こうのみちふみ
天保12(1841)年〜明治30(1897)年8月13日
江戸時代末期〜明治期の神官。伊佐須美神社禰宜。神社炎上の時御神体を出そうと火に入り殉職。
¶会津(高野通文), 幕末, 幕末大

**河野霧海** こうのむかい
元治1(1864)年〜昭和11(1936)年
明治〜昭和期の僧。南禅寺管長。
¶姓氏愛知

**河野頼善** こうのらいぜん
文久2(1862)年〜昭和4(1929)年
明治〜大正期の僧侶。
¶神奈川人

**河野李由** こうのりゆう
→李由(りゆう)

**公般** こうはん
生没年不詳
江戸時代後期の華厳宗の僧。
¶国書

**公範**(1) こうはん
寛弘6(1009)年〜応徳3(1086)年10月19日
平安時代中期〜後期の法相宗の僧。法隆寺26世。
¶古人, 仏教, 平史

**公範**(2) こうはん
永享7(1435)年〜長享3(1489)年4月10日
室町時代〜戦国時代の天台宗の僧。
¶国書

**高半** こうはん
生没年不詳
江戸時代中期の「禅宗落草義」の著者。
¶国書

**高範** こうはん
明暦1(1655)年〜享保8(1723)年
江戸時代前期〜中期の法相宗の僧。
¶国書

**弘鑁** こうばん
正平17/貞治1(1362)年〜応永33(1426)年
南北朝時代〜室町時代の真言宗の僧。
¶国書(㊀応永33(1426)年5月3日), 仏教(㊀応永33(1426)年5月2日)

**毫範** ごうはん
伝承上の人物。庚申信仰の祖とされる。
¶大阪人

**高福院** こうふくいん
安土桃山時代の高野山高室院の僧侶。北条氏への使者を務める。
¶後北

**興福寺明暹** こうふくじめいせん
→明暹(めいせん)

**幸福虎勝** こうぶくとらかつ
室町時代〜戦国時代の伊勢大神宮外宮御師。
¶武田

**江父徳源** こうふとくげん
応永28(1421)年〜明応5(1496)年
室町時代の曹洞宗の僧。
¶人名, 日人, 仏教(㊀明応5(1496)年11月15日)

**光遍** こうへん
延享1(1744)年11月9日〜寛政4(1792)年2月22日
江戸時代中期〜後期の浄土真宗の僧。

¶国書

**亨弁** こうべん
？ ～宝暦5（1755）年7月20日
江戸時代中期の和学者・歌人。
¶江文，国書



**公弁** こうべん
→公弁法親王（こうべんほっしんのう）

**康弁** こうべん
生没年不詳
鎌倉時代の仏師。運慶の3男。東寺の造像・修理に参加。
¶朝日，岩史，鎌室，京都大，国史，古人，古中，コン改，コン4，コン5，史人，重要，新潮，人名，姓氏京都，世人，日史，日人，美建，美術，百科，仏教，仏史，山川小

**高弁** こうべん
→明恵（みょうえ）

**宏弁若訥** こうべんじゃくとつ
→宏弁若訥（こうべんにゃくとつ）

**公弁親王** こうべんしんのう
→公弁法親王（こうべんほっしんのう）

**宏弁若訥** こうべんにゃくとつ
建保5（1217）年～永仁1（1293）年12月27日　㊙宏弁若訥（こうべんじゃくとつ）
鎌倉時代後期の臨済宗の僧。
¶佐賀百（㊐？），人名，日人（こうべんじゃくとつ　㊣1294年），仏教（こうべんじゃくとつ）

**公弁入道親王** こうべんにゅうどうしんのう
→公弁法親王（こうべんほっしんのう）

**公弁法親王** こうべんほうしんのう
→公弁法親王（こうべんほっしんのう）

**公弁法親王** こうべんほっしんのう
寛文9（1669）年8月21日～正徳6（1716）年4月17日
㊙公弁（こうべん），公弁親王（こうべんしんのう），公弁入道親王（こうべんにゅうどうしんのう），公弁法親王（こうべんほうしんのう）
江戸時代中期の後西天皇の第6皇子。
¶朝日（㊐寛文9年8月21日（1699年9月16日）㊣享保1年4月17日（1716年6月6日）），国書（公弁親王　こうべんしんのう），諸系（公弁入道親王　こうべんにゅうどうしんのう），新潮（㊣享保1（1716）年3月24日），人名（こうべんほうしんのう），世人（こうべんほうしんのう），天皇（こうべんほうしんのう），栃木歴，日人（公弁入道親王　こうべんにゅうどうしんのう），仏教（公弁　こうべん）

**黄峰** こうほう
安永1（1772）年～天保6（1835）年
江戸時代後期の画僧。
¶人名

**光宝** こうほう，こうぼう
治承1（1177）年～延応1（1239）年4月20日
鎌倉時代前期の僧。
¶鎌室（㊐？），国書，古人（㊐？），諸系，人名，日人，仏教，密教（こうぼう　㊣1238年4月17日）

**光豊** こうほう
平安時代前期の僧。大宰府観世音寺講師。
¶古人，平史（生没年不詳）

**弘法** こうぼう
→空海（くうかい）

**杲宝** ごうほう，こうほう
徳治1（1306）年～正平17/貞治1（1362）年7月7日
鎌倉時代後期～南北朝時代の真言宗の学僧。東寺三宝と称された。
¶朝日（㊣貞治1/正平17年7月7日（1362年7月28日）），岩史，角史，鎌室（こうほう），国史，国書，古中，コン改（こうほう），コン4（こうほう），コン5（こうほう），史人，思想史，新潮（こうほう），人名（こうほう），姓氏京都，世人，全書，大百，日史，日人，仏教，仏史，仏人，名僧，歴大

**鰲峯元店** ごうほうげんてん
？ ～宝永3（1706）年8月7日
江戸時代前期～中期の黄檗宗の僧。
¶黄檗

**高峰顕日**（高峯顕日） こうほうけんにち
仁治2（1241）年～正和5（1316）年10月20日　㊙顕日（けんにち），仏国国師（ぶっこくこくし），仏国応供広済国師（ぶっこくおうぐこうさいこくし），仏国禅師（ぶっこくぜんじ）
鎌倉時代後期の臨済宗仏光派の僧。後嵯峨天皇の皇子。
¶朝日（㊣正和5年10月20日（1316年11月5日）），岩史，角史，神奈川人，鎌倉，鎌倉新，鎌古（高峯顕日），鎌室，郷土栃木（仏国国師　ぶっこくこくし），京都府，国史（高峯顕日），国書，古中（高峯顕日），コン改，コン4，コン5，史人，思想史，新潮，人名，姓氏京都，世人，全書，大百，茶道，天皇（顕日　けんにち），栃木百（仏国国師　ぶっこくこくし），栃木歴（仏国国師　ぶっこくこくし），日史，日人，百科，仏教，仏史（高峯顕日），仏人（顕日　けんにち），名僧（高峯顕日），歴大

**興豊建隆** こうほうけんりゅう
生没年不詳
戦国時代の曹洞宗の僧。
¶日人，仏教

**江峯宗澂** こうほうそうちょう
？ ～享保15（1730）年1月12日
江戸時代中期の臨済宗の僧。
¶国書

**弘法大師** こうぼうだいし
→空海（くうかい）

**高峰東晙** こうほうとうしゅん
→東晙（とうしゅん）

**合浦永琮** ごうほえいそう
永享3(1431)年～文明18(1486)年
室町時代の臨済宗の僧。建仁寺225世。
¶国書(㊀文明18(1486)年4月16日), 仏教

**功甫玄勲** こうほげんくん
? ～大永4(1524)年4月26日
室町時代～戦国時代の臨済宗の僧。
¶国書, 仏教

**岡甫宗琨** こうほそうこん
天正14(1586)年～寛永5(1628)年1月10日
江戸時代前期の臨済宗の僧。大徳寺173世。
¶仏教

**功甫洞舟** こうほとうしゅう
生没年不詳
戦国時代の臨済宗の僧。
¶国書

**広本** こうほん
→覚芝広本(かくしこうほん)

**幸明** こうみょう
? ～永仁5(1297)年8月24日
鎌倉時代後期の真言宗の僧。
¶国書

**高明** こうみょう
生没年不詳
平安時代中期の天台宗の僧。
¶人名, 日人, 仏教

**光明院智乗尼** こうみょういんちじょうに
生没年不詳
江戸時代後期の女性。尼僧。
¶女性

**光妙寺以然** こうみょうじいぜん
弘化4(1847)年～明治8(1875)年4月6日
明治期の僧侶。宗教事情調査のためにドイツに留学。
¶海越, 海越新

**光明寺膏舎** こうみょうじこうしゃ
生没年不詳
江戸時代中期の俳僧。宝飯郡小坂井村(豊川市)光明寺の僧侶。
¶東三河

**光明房** こうみょうぼう
生没年不詳
鎌倉時代前期の浄土宗の僧。
¶仏教

**河本香芽子** こうもとかめこ
慶応2(1866)年8月22日～昭和31(1956)年5月30日
明治～昭和期のキリスト教伝道者。日本基督教会婦人伝道会理事。日本基督教会の最初の女性長老。
¶女性, 女性普, 世紀, 日人, 明大1

**空也** こうや
→空也(くうや)

**高野山昶遍** こうやさんちょうへん
寛文9(1669)年～宝暦元(1751)年12月12日
江戸時代中期の学僧。
¶東三河

**高屋禅学** こうやぜんがく
弘化3(1846)年～明治35(1902)年
江戸時代後期～明治期の僧。和賀地方に養蚕業を普及、拡大させた。
¶姓氏岩手

**神山諦鑁** こうやまたいばん
明治22(1889)年12月10日～昭和48(1973)年5月6日
大正～昭和期の真言宗僧侶。
¶愛媛, 愛媛百

**光宥** こうゆう
天正16(1588)年～承応1(1652)年9月23日
安土桃山時代～江戸時代前期の真言宗の僧。
¶国書

**光融** こうゆう
延徳3(1491)年～永正18(1521)年8月20日
戦国時代の浄土真宗の僧。
¶国書

**公有** こうゆう
生没年不詳
鎌倉時代の僧。
¶北条

**公猷** こうゆう
生没年不詳
鎌倉時代前期の天台宗の僧・歌人。
¶国書, 古人, 平史

**幸有** こうゆう
生没年不詳
鎌倉時代の仏師。
¶朝日, 神奈川人, 鎌倉, 新潮, 日人, 美建, 仏教

**幸雄** こうゆう
寛永2(1625)年～元禄15(1702)年8月15日
江戸時代前期～中期の大原流天台の声明家。
¶国書(生没年不詳), 日音

**康猶** こうゆう
? ～寛永9(1632)年6月11日
安土桃山時代～江戸時代前期の仏師。
¶美建, 仏教

**康祐** こうゆう
寛永8(1631)年～元禄2(1689)年12月2日
江戸時代前期の仏師。
¶黄檗, 美建

**弘融** こうゆう
生没年不詳
鎌倉時代後期～南北朝時代の真言宗の僧。
¶国書

**綱猷** こうゆう
生没年不詳

江戸時代中期の浄土真宗の僧。
¶国書

**豪猷** ごうゆう
建武1(1334)年～応永31(1424)年12月12日
南北朝時代～室町時代の天台宗の僧。
¶仏教



**豪祐** ごうゆう
生没年不詳
南北朝時代の天台宗の僧。
¶国書

**高遊外** こうゆうがい
→月海元昭(げっかいげんしょう)

**杲宥寂堂** こうゆうじゃくどう
？ ～元禄9(1696)年12月25日
江戸時代前期～中期の真言宗の僧。
¶国書

**光誉(1)** こうよ
生没年不詳
鎌倉時代後期の真言宗の僧。
¶仏教

**光誉(2)** こうよ
？ ～寛永1(1624)年12月19日
安土桃山時代～江戸時代前期の真言宗の僧。
¶国書

**光誉(3)** こうよ
？ ～寛永3(1626)年
安土桃山時代～江戸時代前期の浄土宗の僧。宇津重慶の子。号は宗心。斎教院光福寺に住した。
¶京都府

**公誉** こうよ
生没年不詳
鎌倉時代の天台宗の僧・歌人。
¶国書

**厚誉** こうよ
生没年不詳
江戸時代中期の僧侶。
¶国書

**広誉** こうよ
慶長4(1599)年～延宝7(1679)年12月17日
江戸時代前期の浄土宗の僧。
¶仏教

**康誉** こうよ
生没年不詳
鎌倉時代後期～南北朝時代の仏師。
¶朝日，日史，日人，美建，美術，百科，仏教

**弘誉** こうよ
生没年不詳
安土桃山時代～江戸時代前期の浄土宗の僧。
¶仏教

**弘曜**(弘耀) こうよう
奈良時代の法相宗の僧。薬師寺1世。
¶古人(弘耀)，古代(弘耀)，古代普(弘耀)，日人(生没年不詳)，仏教(生没年不詳)

**晃誉貞吟** こうよていぎん
戦国時代の浄土宗寺の僧。
¶武田

**康楽寺浄賀** こうらくじじょうが
→浄賀(じょうが)

**小浦芳雄** こうらよしお
明治36(1903)年2月3日～昭和54(1979)年
昭和期の宗教家。宗教法人ほんみち代表役員。
¶社史，平和

**興隆(1)** こうりゅう
元禄4(1691)年～明和6(1769)年10月26日　[別]興隆宝巌(こうりゅうほうがん)，宝巌興隆(ほうがんこうりゅう)
江戸時代中期の曹洞宗の僧。
¶国書(宝巌興隆　ほうがんこうりゅう)，人名，日人(宝巌興隆　ほうがんこうりゅう)，藩臣2(興隆宝巌　こうりゅうほうがん)，仏教(宝巌興隆　ほうがんこうりゅう)，仏人

**興隆(2)** こうりゅう
宝暦9(1759)年～天保13(1842)年
江戸時代中期～後期の浄土真宗の僧。
¶日人，仏教([生]宝暦9(1759)年2月　[没]天保13(1842)年7月3日)，仏人([生]？)

**興隆(3)** こうりゅう
天保6(1835)年～明治41(1908)年
江戸時代後期～明治期の僧侶。
¶真宗

**高隆** こうりゅう
元文2(1737)年～文化5(1808)年7月15日
江戸時代中期～後期の真言宗の僧。長谷寺37世。
¶仏教

**興隆宝巌** こうりゅうほうがん
→興隆(1)(こうりゅう)

**興良** こうりょう
延喜12(912)年～永延2(988)年
平安時代中期の天台宗延暦寺僧。
¶古人，平史

**杲隣** ごうりん，こうりん
神護景雲1(767)年～？
奈良時代～平安時代前期の真言宗の僧。空海の弟子、伊豆修善寺の開山。
¶朝日，国史，古人([没]？)，古代([没]837年？)，古代普([没]837年？)，古中，史人，人名(こうりん)，姓氏静岡(こうりん)，日人，仏教，仏史，仏人([没]837年以後)，平史

**香林慧厳** こうりんえごん
？ ～応仁2(1468)年
室町時代～戦国時代の臨済宗の僧。定勝寺再興。
¶長野歴

**孝林和尚** こうりんおしょう
江戸時代の僧侶。
¶多摩

**光輪寺浄法** こうりんじじょうほう
生没年不詳
戦国時代の僧。関市の光輪寺の開基。
¶飛騨

**香林讖桂** こうりんしんけい
正和2(1313)年～元中2/至徳2(1385)年 ㊀香林讖桂(こうりんせんけい)
南北朝時代の臨済宗の僧。円覚寺48世。
¶人名(こうりんせんけい), 日人, 仏教(㊐正和2(1313)年, (異説)応長1(1311)年 ㊍至徳2/元中2(1385)年2月18日)

**香林讖桂** こうりんせんけい
→香林讖桂(こうりんしんけい)

**香林宗簡** こうりんそうかん
? ～享徳2(1453)年11月21日
室町時代の臨済宗の僧。南禅寺139世、大徳寺21世。
¶仏教

**衡嶺崇松** こうれいすうしょう
生没年不詳
江戸時代中期の曹洞宗の僧。
¶国書

**光蓮社伝誉** こうれんしゃでんよ
安土桃山時代の浄土宗僧侶。永禄10(1567)年三宝山紹隆院勝楽寺開山。
¶町田歴

**紅蓮尼** こうれんに★
建長4(1252)年～嘉暦4(1329)年8月13日
鎌倉時代後期の尼僧。紅蓮せんべいを創始。
¶秋田人2

**光和** こうわ
寛延1(1748)年～寛政3(1791)年5月2日
江戸時代中期～後期の真言宗の僧。
¶国書5

**古雲** こうん
生没年不詳
江戸時代中期の天台宗の僧。
¶国書

**孤雲** こうん
? ～元禄4(1691)年
江戸時代前期の浄土宗の僧。鎌倉光明寺49世、知恩院40世。
¶人名(㊐1616年), 日人, 仏教(㊍元禄4(1691)年11月6日, (異説)元禄2年11月6日)

**虎云郁繍** こうんいくしゅう
? ～文政11(1828)年4月7日
江戸時代後期の曹洞宗の僧。
¶国書

**孤雲懐奘**(孤雲懐弉) こうんえじょう
建久9(1198)年～弘安3(1280)年8月24日 ㊀懐奘(えじょう), 懐弉(えじょう)
鎌倉時代前期の曹洞宗の僧。永平寺道元の高弟。
¶朝日(㊍弘安3年8月24日(1280年9月19日)), 岩史, 角史, 鎌室, 郷土福井(懐弉 えじょう), 国史, 国書(孤雲懐弉), 古中, コン改, コン4, コン5, 史人(懐奘 えじょう), 重要(懐奘 えじょう), 人書94(孤雲懐弉), 人情, 新潮, 人名, 姓氏京都, 世人(懐奘 えじょう), 世人, 全書, 大百, 中世(懐奘 えじょう), 日史(懐奘 えじょう), 日人(懐奘 えじょう), 百科(懐奘 えじょう), 仏教(懐奘 えじょう), 仏史, 仏人(懐弉 えじょう), 名僧, 山川小(懐奘 えじょう), 歴大

**語雲元豊** ごうんげんぽう
寛文4(1664)年～元文1(1736)年2月16日
江戸時代中期の黄檗宗の僧。
¶黄檗

**古雲智云** こうんちうん
永享10(1438)年～長享2(1488)年
室町時代の禅僧。
¶長野歴

**呉雲法曇** ごうんほうどん
承応3(1654)年～享保5(1720)年1月25日
江戸時代前期～中期の曹洞宗の僧。
¶国書

**古益** こえき
→大谷古益(おおたにこえき)

**条周存** こえだしゅうぞん
→条周存(じょうしゅうぞん)

**悟円** ごえん
天暦6(952)年～長久2(1041)年2月20日
平安時代中期の天台宗の僧。
¶仏教(㊐天暦6(952)年, (異説)天暦5(951)年)

**牛雄** ごおう
? ～元和8(1622)年5月5日
安土桃山時代～江戸時代前期の浄土宗の僧。
¶仏教

**虚応円耳** こおうえんに
→円耳(えんじ)

**虚屋性宙** こおくしょうちゅう
? ～永禄3(1560)年
戦国時代の曹洞宗の僧。
¶日人, 仏教(㊍永禄3(1560)年4月29日)

**神白朝興** こおじろともおき
→神白朝興(かみしろともおき)

**郡葆淙** こおりほそう
弘化4(1847)年～大正7(1918)年
江戸時代末期～大正期の有志民権家。衆議院議員。筑前地方の大有志家として勢力を有し、筑前共愛会などの首領として民論の指導にあたる。
¶人名, 日人, 明大1(㊐弘化4(1847)年4月2日

[没]大正7(1918)年3月27日)

**巨海匡津**　こかいきょうしん
?　～寛政2(1790)年2月29日
江戸時代中期～後期の曹洞宗の僧。
¶国書

**巨海宗如**　こかいそうにょ
元禄9(1696)年～明和7(1770)年7月6日
江戸時代中期の臨済宗の僧。
¶国書

**巨海祖綱**　こかいそこう
生没年不詳
戦国時代の曹洞宗の僧。
¶日人，仏教

**瑚海仲珊**(瑚海中珊)　こかいちゅうさん
応永10(1403)年～文明1(1469)年　[別]仲珊(ちゅうさん)
室町時代の曹洞宗の僧。
¶岡山人，岡山人(仲珊　ちゅうさん)，鎌室(瑚海中珊　[生]明徳1/元中7(1390)年)，国書([生]明徳1(1390)年4月8日　[没]応仁3(1469)年1月24日)，人名，戦辞([没]文明1年1月24日(1469年3月7日))，新潟百(仲珊　ちゅうさん)，日人([生]1390年)，仏教([生]明徳1/元中7(1390)年4月8日，(異説)応永10(1403)年4月8日　[没]応仁3(1469)年1月24日)

**巨海東流**　こかいとうりゅう
*～嘉永6(1853)年9月9日
江戸時代後期の曹洞宗の僧。
¶国書([生]安永9(1780)年)，仏教([生]安永8(1779)年)

**湖海理元**　こかいりげん
建徳1/応安3(1370)年～永享4(1432)年4月10日
南北朝時代～室町時代の僧侶。
¶庄内

**巨海良達**　こかいりょうたつ
?　～慶長4(1599)年11月29日
安土桃山時代の曹洞宗の僧。
¶国書，仏教

**虎角**　こかく
天文8(1539)年～文禄2(1593)年
安土桃山時代の浄土宗の僧。大巌寺2世。
¶国書([没]文禄2(1593)年2月4日)，人名，日人，仏人

**故岳**　こがく
生没年不詳
江戸時代前期の浄土宗の僧。
¶仏教

**牛廓**　ごかく
?　～寛永8(1631)年11月17日
江戸時代前期の浄土宗の僧。
¶仏教

**箇学光真**　こがくこうしん
明応5(1496)年～永禄1(1558)年
戦国時代の曹洞宗の僧。
¶武田([生]明応4(1495)年)，日人，仏教([没]永禄1(1558)年3月7日)

**古岳宗亘**　こがくしゅうこう
→古岳宗亘(こがくそうこう)

**古岳宗亘**　こがくそうこう,こがくそうごう,ごがくそうこう
寛正6(1465)年～天文17(1548)年6月24日　[別]古岳宗亘(こがくしゅうこう),宗亘(しゅうこう,そうこう)
戦国時代の臨済宗大徳寺派の僧。大徳寺76世住持。
¶京都大，国史，国書(こがくそうごう)，古中，新潮，人名(こがくしゅうこう)，戦人(宗亘　そうこう)，茶道，日人，仏教(ごがくそうこう)，仏史，仏人(宗亘　しゅうこう)

**虚廓長清**　こかくちょうせい
?　～康正1(1455)年
室町時代の曹洞宗の僧。
¶日人，仏教([没]享徳4(1455)年5月23日)

**古岳日峻**　こがくにっしゅん
寛文10(1670)年8月30日～寛保2(1742)年8月30日
江戸時代中期の曹洞宗の僧。
¶国書，仏教

**久我誓円**　こがせいえん
→久我誓円尼(こがせいえんに)

**久我誓円尼**　こがせいえんに
文政11(1828)年1月7日～明治43(1910)年　[別]久我誓円(こがせいえん)
江戸時代末期～明治期の尼僧。善光寺大本願122代住持。善光寺焼失の際、再建に尽力。京都に得浄明院を創建、開山となる。
¶江表(誓円尼(長野県))，女性(久我誓円　こがせいえん　[没]明治43(1910)年12月16日)，女性普(久我誓円　こがせいえん　[没]明治43(1910)年12月16日)，人名(久我誓円　こがせいえん)，日人，明大1(久我誓円　こがせいえん　[没]明治43(1910)年12月12日)

**久我建通**　こがたけみち
文化12(1815)年2月1日～明治36(1903)年　[別]久我建通(くがたけみち,こがたてみち)
江戸時代末期～明治期の公家。朝幕間の調整に努めた。
¶維新，京都大(こがたてみち)，公卿([没]明治36(1903)年9月28日)，公卿普([没]明治36(1903)年9月28日)，公家(建通〔久我家〕　たけみち　[没]明治36(1903)年9月28日)，国書([没]明治36(1903)年9月28日)，諸系，神人([没]明治36(1903)年9月26日)，人名(こがたてみち)，姓氏京都，全幕(くがたけみち)，日人，幕末([没]1903年9月26日)，幕末大([没]明治36(1903)年9月26日)

**久我建通**　こがたてみち
→久我建通(こがたけみち)

**小神富春**（小神冨春）**こがみとみはる**
天明4（1784）年～安政5（1858）年　[別]小神富春（おがみとみはる）
江戸時代末期～明治期の国学者、祠官。
¶岡山人，岡山百（小神冨春　[没]安政5（1858）年9月6日），岡山歴（[没]安政5（1858）年9月5日），国書（おがみとみはる　[没]安政5（1858）年9月6日），人名，日人

**古貫　こかん**
生没年不詳
江戸時代中期の浄土真宗の僧。
¶国書，仏教

**古磵　こかん**
承応2（1653）年～享保2（1717）年
江戸時代中期の画僧。
¶国書（[没]享保2（1717）年5月22日），コン改，コン4，コン5，新潮（[没]享保2（1717）年5月25日），人名（[生]？），日人，美家，名画

**虎関**(1)　**こかん**
→虎関師錬（こかんしれん）

**虎関**(2)　**こかん**
生没年不詳
江戸時代中期の曹洞宗の僧。
¶国書

**顧鑑古范　こかんこはん**
明和7（1770）年～天保14（1843）年8月20日　[別]古范顧鑑（こはんこかん）
江戸時代後期の臨済宗の僧。
¶国書，人名（古范顧鑑　こはんこかん），日人，仏教

**古澗慈稽**（古澗慈稽，古澗滋稽）**こかんじけい**
*～寛永10（1633）年9月10日
安土桃山時代～江戸時代前期の臨済宗の僧。
¶京都大（[生]天文6（1537）年），国書（古澗慈稽　[生]天文13（1544）年），新潮（[生]天文6（1537）年），人名（[生]1544年），姓氏京都（[生]1537年），長野百（古澗滋稽　[生]1543年），長野歴（[生]天文13（1544）年），日人（[生]1544年）

**虎関師錬**（虎関師練）**こかんしれん**
弘安1（1278）年～正平1/貞和2（1346）年7月24日　[別]虎関（こかん），虎関師錬（こげんしれん），師錬（しれん），海蔵和尚（かいぞうおしょう），本覚国師（ほんかくこくし）
鎌倉時代後期～南北朝時代の臨済宗聖一派の僧。仏教史家。五山文学の先駆。
¶朝日（[生]弘安1年4月16日（1278年5月9日）　[没]貞和2/正平1年7月24日（1346年8月11日）），岩史，角史，神奈川人（虎関師練），鎌倉，鎌倉新（虎関師練），鎌室，京都，京都大，国史，国書（[生]弘安1（1278）年4月26日），古中，コン改，コン4，コン5，詩歌（[没]1347年），史人，思想史，重要，人書94，新潮，人名，姓氏京都，世人（[生]弘安1（1278）年4月16日），世百（虎関　こかん），全書，大百，茶道（こげんしれん），中世，内乱，日思，日史，日人，百科，兵庫百，仏教（[生]弘安1（1278）年4月16日），仏史，仏人（師錬　しれん），平日（[生]1278　[没]1346），名僧，山川小，歴大，和俳

**古潤仁泉　こかんじんせん**
→古澗仁泉（こかんにんせん）

**虎巌宗乙　こがんそうおつ**
正保1（1644）年～元禄10（1697）年10月29日
江戸時代前期～中期の臨済宗の僧。大徳寺252世。
¶仏教

**古澗仁泉**（古澗仁泉，古磵仁泉）**こかんにんせん**
天授5/康暦1（1379）年～長禄2（1458）年　[別]古澗仁泉（こかんじんせん）
室町時代の曹洞宗の僧。総持寺96世。
¶岡山人（古磵仁泉），岡山百（古澗仁泉），岡山歴（こかんじんせん　[没]長禄2（1458）年2月2日），人名（[生]？），長野歴（こかんじんせん），日人，仏教（[没]長禄2（1458）年2月）

**小北寅之助　こきたとらのすけ**
慶応1（1865）年～昭和7（1932）年8月26日
明治～昭和期の牧師。天塩教会、札幌北部教会を設立。小北同胞会を組織し一族あげて伝道牧会に尽くす。
¶朝日（[生]慶応1年8月18日（1865年10月7日）），世紀（[生]慶応1（1865）年8月18日），日人，明大1（[生]慶応1（1865）年8月18日）

**吾吉　ごきち**
天明3（1783）年～天保7（1836）年6月7日
江戸時代中期～後期の宮大工。
¶庄内，美建

**古木虎三郎　こきとらさぶろう**
安政3（1854）年7月17日～大正2（1913）年2月1日
江戸時代末期～大正期の牧師、YMCA会員。大阪基督教会初代幹事長。
¶日Y

**五弓雪窓　ごきゅうせっそう，ごきゅうせつそう**
文政6（1823）年～明治19（1886）年1月17日　[別]五弓久文（ごきゅうひさふみ，ごきゅうひさぶみ），五弓豊太郎（ごきゅうとよたろう，ごゆみとよたろう）
江戸時代末期～明治期の史学者。
¶維新（五弓久文　ごきゅうひさぶみ），江文（ごきゅうせつそう），国書（五弓久文　ごきゅうひさぶみ　[生]文政6（1823）年1月24日），コン5（五弓久文　ごきゅうひさふみ），神人（五弓久文　ごきゅうひさぶみ　[生]文政6（1823）年1月24日），神人（五弓豊太郎　ごきゅうとよたろう），人名（五弓久文　ごきゅうひさぶみ　[生]1822年），日人（五弓久文　ごきゅうひさぶみ），幕末，幕末大（[生]文政6（1823）年1月24日），藩臣6，広島百，明治史（五弓豊太郎　ごゆみとよたろう），明大2（[生]文政6（1823）年1月24日）

**五弓豊太郎　ごきゅうとよたろう**
→五弓雪窓（ごきゅうせっそう）

**五弓久範　ごきゅうひさのり**
生没年不詳

江戸時代後期の神職。
¶国書

**五弓久文** ごきゅうひさふみ，ごきゅうひさぶみ
→五弓雪窓（ごきゅうせっそう）

**五行** ごぎょう
→木喰五行（もくじきごぎょう）

こ

**古鏡道明** こきょうどうみょう
寛永4（1627）年1月17日～元禄13（1700）年8月23日
江戸時代前期～中期の黄檗宗の僧。
¶黄檗

**古鏡明千** こきょうみょうせん
？～正平15/延文5（1360）年
南北朝時代の僧。
¶鎌室，人名，姓氏長野，長野歴，日人，仏教（㊀延文5/正平15（1360）年5月22日）

**国阿** こくあ
正和3（1314）年～応永12（1405）年　㊊随心（ずいしん）
室町時代の僧。時宗国阿派・霊山派の派祖。
¶鎌室，国史，古中，史人（㊀1405年9月11日），新潮（㊐正和3（1314）年2月　㊀応永12（1405）年8月15日，（異説）9月11日），人名，姓氏京都，日人，兵庫百，仏教（㊐正和3（1314）年2月17日　㊀応永12（1405）年9月11日），仏史，和歌山人

**悟空敬念** ごくうきょうねん
→悟空敬念（ごくうけいねん）

**悟空敬念** ごくうけいねん
建保5（1217）年～文永9（1272）年　㊊悟空敬念（ごくうきょうねん）
鎌倉時代前期の臨済宗の僧。
¶人名（ごくうきょうねん），日人，仏教（㊀文永9（1272）年10月8日）

**極円** ごくえん
生没年不詳
江戸時代前期の僧。
¶日人

**谷翁道空** こくおうどうくう
→谷翁道空（よくおうどうくう）

**国嵬宗珍** こくがいそうちん
？～寛永9（1632）年
安土桃山時代～江戸時代前期の曹洞宗の僧。
¶日人，仏教（㊀寛永9（1632）年4月27日，（異説）寛永11（1634）年4月27日）

**国巌大佐** こくがんだいさ
？～元和2（1616）年
安土桃山時代～江戸時代前期の曹洞宗の僧。
¶人名，日人，仏教（㊀元和2（1616）年6月1日）

**国司遠江** こくしとうとうみ
生没年不詳
明治期の鎌倉鶴岡八幡宮神主。
¶神奈川人

**克譲** こくじょう
天明7（1787）年1月～元治2（1865）年1月1日
江戸時代中期～末期の浄土真宗の僧・歌人。
¶国書

**克譲真恭** こくじょうしんきょう
享保12（1728）年～文化3（1806）年4月25日
江戸時代中期～後期の黄檗宗の僧。
¶黄檗

**国常雪荘** こくじょうせっそう
→国常禅師（こくじょうぜんじ）

**国常禅師** こくじょうぜんじ
安永7（1778）年～安政5（1858）年　㊊国常雪荘（こくじょうせっそう）
江戸時代中期～末期の禅僧、総持寺住職。
¶石川百（国常雪荘　こくじょうせっそう），姓氏石川

**国仙** こくせん
＊～寛政3（1791）年3月18日
江戸時代中期の僧。
¶岡山人（㊐享保7（1722）年），岡山歴（㊐享保8（1723）年）

**黒珍** こくちん
天平13（741）年～弘仁1（810）年
奈良時代～平安時代前期の行者。
¶庄内，仏教

**国道** こくどう
天正7（1579）年～明暦3（1657）年6月1日
江戸時代前期の浄土宗の僧。
¶仏教

**克補契嶷** こくほかいぎょく
？～＊
戦国時代の曹洞宗の僧。
¶人名（㊀1523年），日人（生没年不詳），仏教（㊀大永3（1523）年5月28日？）

**小久保妙哲尼** こくぼみょうてつに
明治26（1893）年7月8日～昭和56（1981）年1月10日
明治～昭和期の社会事業家、尼僧。愛国婦人会会長。農繁託児所を開設し、農村婦人会結成などに尽力。「中条氏と常光院」を刊行。
¶埼玉人，女性，女性普

**極楽院** ごくらくいん
戦国時代の上野国群馬郡箕輪郷の本山派修験寺院住職。
¶武田

**居敬** こけい
生没年不詳
江戸時代中期～後期の僧。
¶日人

**古圭** こけい
生没年不詳
江戸時代末期の修験者。
¶姓氏宮城

**虎渓　こけい**
→虎渓永義（こけいえいぎ）

**悟渓　ごけい**
→悟渓宗頓（ごけいそうとん）

**虎渓永義　こけいえいぎ**
正保1（1644）年～享保8（1723）年　[別]虎渓（こけい）
江戸時代前期～中期の臨済宗の僧。東福寺246世。
¶人名（虎渓　こけい），日人，仏教（[没]享保8（1723）年9月18日）

**古桂弘稽　こけいぐけい**
生没年不詳　[別]古桂弘稽（こけいこうけい）
戦国時代の僧、五山文学者、建仁寺主。
¶国書（こけいこうけい），人名，日人（こけいこうけい）

**虎渓元義　こけいげんぎ**
生没年不詳
南北朝時代の臨済宗の僧。
¶仏教

**古桂弘稽　こけいこうけい**
→古桂弘稽（こけいぐけい）

**古渓宗陳　こけいしゅうちん**
→古渓宗陳（こけいそうちん）

**悟渓宗頓　ごけいしゅうとん**
→悟渓宗頓（ごけいそうとん）

**古渓秀蓮　こけいしゅうれん**
？～宝暦11（1761）年
江戸時代中期の曹洞宗の僧。
¶国書

**虎渓正淳　こけいしょうじゅん**
？～弘治1（1555）年
戦国時代の曹洞宗の僧。
¶人名，日人，仏教（[没]天文24（1555）年2月2日）

**古渓上人　こけいしょうにん**
→古渓宗陳（こけいそうちん）

**虎渓昌隆　こけいしょうりゅう**
？～永正2（1505）年
室町時代～戦国時代の曹洞宗の僧。
¶人名，日人，仏教（[没]永正2（1505）年8月9日）

**古渓宗陳　こけいそうちん**
天文1（1532）年～慶長2（1597）年　[別]蒲庵古渓（ほあんこけい），蒲庵宗陳（ほあんそうちん），古渓宗陳（こけいしゅうちん），古渓上人（こけいしょうにん），宗陳（しゅうちん，そうちん），蒲庵（ほあん），古渓（こけい）
戦国時代～安土桃山時代の臨済宗の僧。豊臣秀吉の帰依を受ける。
¶朝日（蒲庵宗陳　ほあんそうちん　[没]慶長2年1月17日（1597年3月5日）），京都，京都大，近世，国史，国書（[没]慶長2（1597）年1月17日），コン改（蒲庵古渓　ほあんこけい），コン4（蒲庵古渓　ほあんこけい），コン5（蒲庵古渓　ほあんこけい），新潮（[没]慶長2（1597）年1月17日），人名（こけいしゅうちん），姓氏京都，世人（蒲庵古渓　ほあんこけい），戦人（宗陳　そうちん），全戦（[生]天文1（1531）年），戦補（宗陳　そうちん），茶道，茶道（宗陳　そうちん），日史（[没]慶長2（1597）年1月17日），日人，百科，福岡百（古渓上人　こけいしょうにん），仏教（[没]慶長2（1597）年1月17日），仏史，仏人（宗陳　しゅうちん）

**悟渓宗頓　ごけいそうとん**
応永23（1416）年～明応9（1500）年9月6日　[別]悟渓（ごけい），悟渓宗頓（ごけいしゅうとん），宗頓（しゅうとん，そうとん），心宗禅師（しんしゅうぜんじ）
室町時代～戦国時代の僧。東海派の派祖。
¶鎌室，郷土岐阜，国史（[生]1415年），国書，古中（[生]1415年），新潮，人名（ごけいしゅうとん），姓氏愛知，戦辞（悟渓　ごけい　生没年不詳），戦人（宗頓　そうとん），日人，仏教，仏史（[生]1415年），仏人（宗頓　しゅうとん）

**古啓堂　こけいどう**
江戸時代末期の僧。
¶岡山人

**虎渓道壬　こけいどうじん**
？～天授3/永和3（1377）年
南北朝時代の臨済宗の僧。大徳寺4世。
¶人名，日人，仏教（生没年不詳）

**虎渓良乳　こけいりょうにゅう**
正平8/文和2（1353）年～応永29（1422）年
南北朝時代～室町時代の曹洞宗の僧。
¶人名，日人，仏教（[生]文和2/正平8（1353）年4月8日　[没]応永29（1422）年11月13日）

**湖月　こげつ**
生没年不詳
江戸時代中期の曹洞宗の僧。
¶国書

**虎月　こげつ**
明治16（1883）年10月8日～昭和29（1954）年1月29日
明治～昭和期の佛教史とくに禅宗史研究の学僧。
¶愛媛百

**湖月自音　こげつじおん**
？～永享3（1431）年
南北朝時代～室町時代の曹洞宗の僧。
¶国書

**湖月信鏡　こげつしんきょう**
？～*
戦国時代の臨済宗の僧。東福寺196世。
¶国書（[没]天文2（1533）年12月16日），人名（[没]1534年），日人（[没]1535年），仏教（[没]天文3（1534）年12月6日）

**湖月瑞桂　こげつずいけい**
？～永禄1（1558）年
戦国時代の僧。

¶日人

**古月禅材** こげつぜんざい
寛文7(1667)年～宝暦1(1751)年 ㊀禅材(ぜんざい)
江戸時代中期の臨済宗の僧。黄檗禅も学ぶ。
¶朝日(㊀寛文7年9月12日(1667年10月29日) ㊀宝暦1年4月25日(1751年5月20日)), 黄檗(㊀寛文7(1667)年9月12日 ㊀宝暦1(1751)年5月25日), 近世, 国史, 国書(㊀寛文7(1667)年9月12日 ㊀寛延4(1751)年5月25日), 人名, 日人, 仏教(㊀寛延4(1751)年4月24日), 仏史, 仏人(禅材 ぜんざい)

**古剣** こけん
→古剣妙快(こけんみょうかい)

**古源邵元** こげんしょうげん
永仁3(1295)年～正平19/貞治3(1364)年11月11日
鎌倉時代後期～南北朝時代の臨済宗の僧。
¶朝日(㊀貞治3/正平19年11月11日(1364年12月4日)), 鎌室, 新潮, 人名, 世人, 日人, 仏教

**虎関師錬** こげんしれん
→虎関師錬(こかんしれん)

**古剣智訥** こけんちとつ
? ～弘和2/永徳2(1382)年
南北朝時代の臨済宗の僧。
¶高知人, 人名, 日人, 仏教(㊀永徳2/弘和2(1382)年5月17日)

**古剣妙快** こけんみょうかい
生没年不詳 ㊀古剣(こけん)
南北朝時代の臨済宗の僧。
¶神奈川人, 国書, 詩歌, 人名, 世人(古剣 こけん), 日人, 仏教, 和俳

**後神秀運** ごこうひでかず
嘉永2(1849)年～大正3(1914)年
江戸時代後期～大正期の神職。
¶神人

**故極** ここく
? ～万治3(1660)年9月17日
江戸時代前期の浄土宗の僧。
¶仏教

**虎哉** こさい
享禄3(1530)年～慶長16(1611)年5月8日 ㊀虎哉宗乙(こさいそうおつ),宗乙(そうおつ)
安土桃山時代～江戸時代前期の臨済宗の僧。
¶国書(虎哉宗乙 こさいそうおつ), 人書94, 姓氏宮城, 戦人(宗乙 そうおつ), 日人(虎哉宗乙 こさいそうおつ), 藩臣1, 仏教(虎哉宗乙 こさいそうおつ), 宮城百, 山形百

**巨済元佐** こさいげんさ
生没年不詳
室町時代の臨済宗の僧。東福寺157世。
¶仏教

**虎哉宗乙** こさいそうおつ
→虎哉(こさい)

**小坂順子** こさかじゅんこ
*～平成5(1993)年10月26日
昭和期の俳人・宗教家。
¶女文(㊀大正7(1919)年4月28日), 俳文(㊀大正7(1918)年4月28日)

**小坂忠** こさかちゅう
昭和23(1948)年7月8日～
昭和～平成期のミュージシャン、牧師。秋津福音教会。フローラル、エイプリル・フール、小坂忠とフォー・ジョー・ハーフ、小坂忠&ウルトラで活動。
¶作曲, テレ, 和モ

**小坂森王** こさかもりおう
生没年不詳
江戸時代後期の鎌倉鶴岡八幡宮の巫女。
¶神奈川人

**古坂保恵** こさかやすえ
明治22(1889)年6月1日～昭和48(1973)年9月30日
大正～昭和期の伝道師。久留米、熊本の教会で伝道活動に従事。
¶女性, 女性普

**小崎トマス** こざきとます
*～慶長2(1597)年 ㊀小崎トマス(おざきとます)
安土桃山時代のキリシタン。26聖人の1人。
¶キリ(㊀1582年頃 ㊀1597年2月5日), 人名(おざきとます), 日人(㊀1583年)

**小崎弘道** こざきひろみち
安政3(1856)年4月14日～昭和13(1938)年2月26日 ㊀小崎弘道(おざきひろみち)
明治～昭和期のキリスト教伝道者、牧師。同志社英学校社長。東京YMCA建設に参加、会長となる。赤坂霊南坂に教会堂を建堂。「東京毎週新誌」刊行。
¶岩史, 角史, 教育(おざきひろみち), 教人(おざきひろみち), 京都大, キリ(㊀安政3年4月14日(1856年5月17日)), 近現, 近文, 熊本人, 熊本百(おざきひろみち), 現朝(㊀安政3年4月14日(1856年5月17日)), 広7, 国史, コン改(㊀1939年), コン5(㊀昭和14(1939)年), 史人, 思想, 思想史, 重要(㊀昭和14(1939)年), 昭人, 新潮, 新文(㊀安政3(1856)年4月12日), 人名, 世紀, 姓氏京都, 世人, 世百, 先駆, 全書, 哲学, 日思, 日史, 日史語, 日人, 日Y(㊀安政3(1856)年5月17日), 日本, 幕末(おざきひろみち), 幕末大, 百科, 文学, ポプ人, 明治史, 明大1, 履歴, 履歴2, 歴大

**小崎ミゲル** こざきみげる
? ～慶長2(1597)年
戦国時代～安土桃山時代のキリシタン。
¶日人

**小崎道雄** こざきみちお
明治21(1888)年11月16日～昭和48(1973)年6月18日
大正～昭和期の牧師。日本基督教協議会議長、世界教会協議会中央委員を務める。
¶キリ, 現情, 現人, 昭人, 人名7, 世紀, 哲学, 日人

**小崎隆正** こさきりゅうしょう
大正12(1923)年7月6日～
昭和期の農業団体役員・僧侶。
¶群馬人

**小佐々祖伝尼** こざさそでんに
明治5(1872)年8月28日～昭和23(1948)年2月9日
明治～昭和期の臨済宗光桂寺住職で養護老人ホーム・養護施設済昭園の創設者。
¶佐賀百

**固山一鞏** こざんいちきょう
→固山一鞏(こざんいっきょう)

**固山一鞏** こざんいっきょう
弘安7(1284)年～正平15/延文5(1360)年2月12日
㊙固山一鞏(こざんいちきょう)
鎌倉時代後期～南北朝時代の臨済宗の僧。東福寺22世、天竜寺4世。
¶佐賀百(㊊弘安7(1284)年?), 人名(こざんいちきょう), 日人, 仏教

**虎山永隆** こざんえいりゅう
応永10(1403)年～嘉吉2(1442)年
室町時代の僧。
¶諸系, 日人

**孤山至遠** こざんしおん, こさんしおん
弘安1(1278)年～正平21/貞治5(1366)年7月9日
鎌倉時代後期～南北朝時代の禅僧。
¶鎌室(㊊建治3(1277)年), 国書, 人名(こさんしおん ㊊1291年), 日人(こさんしおん), 仏教

**古山崇永** こざんすうえい
応永8(1401)年～応仁1(1467)年
室町時代の曹洞宗の僧。
¶戦辞, 日人, 仏教(㊀応仁1(1467)年7月13日)

**巨山泉滴** こざんせんてき
永禄4(1561)年～寛永18(1641)年
安土桃山時代～江戸時代前期の曹洞宗の僧。
¶日人, 仏教(㊀寛永18(1641)年10月25日)

**後三普楽** ごさんふらく
? ～寛政2(1790)年6月29日
江戸時代中期の黄檗宗の僧。
¶黄檗

**古山良空** こざんりょうくう
正平18/貞治2(1363)年～応永22(1415)年
室町時代の曹洞宗の僧。
¶庄内(㊊正平19(1364)年 ㊀応永23(1416)年3月1日), 人名, 日人, 仏教(㊀応永22(1415)年3月1日)

**五字庵鶴亭** ごじあんかくてい
享保7(1722)年～天明5(1785)年
江戸時代中期の画僧。
¶大阪人

**輿石守郷** こしいしもりさと
天保8(1837)年～*
江戸時代後期～明治期の神職。
¶神人(㊀明治43(1910)年), 山梨百(㊊天保8(1837)年2月 ㊀明治44(1911)年8月)

**護持院隆光** ごじいんりゅうこう
→隆光(2)(りゅうこう)

**越賀悦翁** こしがえつおう
慶応3(1867)年6月10日～昭和22(1947)年7月1日
明治～昭和期の高僧。
¶山梨百

**虚室希白** こしつきはく
生没年不詳
鎌倉時代後期の臨済宗の僧。
¶国書

**越優婆夷** こしのうばい
生没年不詳
奈良時代の女性宗教家。
¶朝日

**小柴豊岳** こしばほうがく
万延1(1860)年～大正6(1917)年
明治～大正期の真言宗僧侶。智山派初代宗務長、新義派大学林長。
¶仏人

**小島愛之助** こじまあいのすけ
明治16(1883)年～昭和48(1973)年
昭和期の日蓮宗信者。法華クラブ取締役社長。
¶仏人

**小島叡成** こじまえいじょう
大正1(1912)年10月7日～平成8(1996)年8月10日
昭和期の僧侶。
¶真宗

**小島恵見** こじまえけん
明治13(1880)年4月12日～昭和12(1937)年9月21日
明治～昭和期の僧侶。
¶真宗

**小島杉王** こじますぎおう
生没年不詳
江戸時代後期の鎌倉鶴岡八幡宮の巫女。
¶神奈川人

**小島蔵界** こじまぞうかい
天保14(1843)年～大正6(1917)年
明治～大正期の僧侶。
¶神奈川人

**小島庸和** こじまつねかず
昭和19(1944)年5月12日～
昭和～平成期の商法学者、弁理士。

¶現執1期，現執4期

**小島邇一郎** こじまにいちろう
嘉永2(1849)年～大正2(1913)年
明治～大正期の政治家。群馬県議会議員、糸繭商・神官。
¶群馬人



**小島法師** こじまほうし
？ ～文中3/応安7(1374)年
南北朝時代の僧。「太平記」成立に関わったといわれる。
¶朝日(㊀応安7/文中3年4月28日(1374年6月8日),(異説)4月29日(6月9日)),岩史,岡山人,岡山歴(㊀文中3/応安7(1374)年4月29日),鎌室,国史,古中,コン改(生没年不詳),コン4(生没年不詳),コン5,詩歌,史人,新潮(㊀応安7/文中3(1374)年4月28日,(異説)4月29日),人名,姓氏京都,世人(㊀文中3/応安7(1374)年4月),日史(㊀応安7/文中3(1374)年4月),日人,日文,百科,仏教(㊀応安7/文中3(1374)年4月28日,(異説)4月29日),歴大

**小島通正** こじまみちまさ
大正3(1914)年11月29日～
昭和期の仏教学者。龍谷大学教授。
¶現執2期

**児島基隆** こじまもとたか
文政2(1819)年～明治20(1887)年
江戸時代末期～明治時代の画家、神職。
¶人名,姓氏愛知(㊐1818年),日人,美家(㊀明治20(1887)年7月28日)

**小島盛可** こじまもりよし
*～明治19(1886)年
江戸時代末期～明治期の国学者、越後村上藩士。
¶人名(㊐？),日人(㊐1846年)

**小島霊光** こじまれいこう
大正2(1913)年～昭和20(1945)年
大正～昭和期の住職。曹洞宗大雄寺住職。
¶日エ

**小清水外記** こしみずげき
生没年不詳
江戸時代後期の足柄上郡井之口村蓑笠明神社祠官。
¶神奈川人

**孤舟** こしゅう
？ ～元和6(1620)年2月29日
安土桃山時代～江戸時代前期の浄土宗の僧。
¶国書(生没年不詳),仏教

**悟宗圭頓** ごしゅうけいどん,ごしゅうけいとん
文明5(1473)年～弘治1(1555)年 ㊥圭頓(けいとん)
戦国時代の曹洞宗の僧。
¶人名(圭頓 けいとん),人名(ごしゅうけいとん),日人,仏教(㊀天文24(1555)年8月14日)

**悟宗純嘉** ごしゅうじゅんか
？ ～永禄3(1560)年9月20日
戦国時代の曹洞宗の僧。
¶埼玉人,武田,仏教

**孤岫宗竣** こしゅうそうしゅん
生没年不詳
戦国時代の臨済宗の僧。
¶国書,仏教

**固浄** こじょう
延享1(1744)年～享和2(1802)年
江戸時代中期～後期の僧、歌人。
¶国書(㊀享和2(1802)年12月27日),人名,和俳

**五升庵** ごしょうあん
？ ～寛政8(1796)年
江戸時代中期の僧、茶人。
¶茶道

**五升庵蝶夢** ごしょうあんちょうむ
→蝶夢(ちょうむ)

**御昇天のマルチノ** ごしょうてんのまるちの
永禄10(1567)年～慶長1(1596)年
安土桃山時代のフランシスコ会司祭。日本二十六聖人。
¶長崎歴

**コショロ〈長崎県〉**
江戸時代前期の女性。ジャガタラ文。素性は不明で、コショロは洗礼名。
¶江表(コショロ(長崎県))

**故信** こしん
生没年不詳
江戸時代前期の浄土宗の僧。
¶仏教

**虎森** こしん
？ ～応永20(1413)年
室町時代の名僧。山川町正龍寺の開山。
¶鹿児島百,薩摩(㊐？),姓氏鹿児島(㊀1400年)

**悟心元明** ごしんげんみょう
正徳3(1713)年～天明5(1785)年7月25日
江戸時代中期の黄檗宗の僧。
¶黄檗,国書

**悟真寺因静** ごしんじいんじょう
享保10(1725)年～寛政3(1791)年9月27日
江戸時代後期の学僧・詩文家・歌人。
¶東三河

**悟真寺祐厳** ごしんじゆうげん
文化11(1814)年～明治17(1884)年2月19日
江戸時代後期～明治期の歌人・俳人・学僧。
¶東三河

**湖心碩鼎** こしんせきてい
文明13(1481)年～永禄7(1564)年
戦国時代の僧、南禅寺主、五山文学者。
¶国書,人名,日人

**古心融鏡** こしんゆうきょう
生没年不詳
戦国時代の曹洞宗の僧。
¶仏教

**梧水** **ごすい**
享保11(1726)年～寛政9(1797)年2月12日
江戸時代中期～後期の俳人。天台宗の僧。
¶国書

**小杉尅次** **こすぎかつじ**
昭和17(1942)年～
昭和～平成期の牧師、朝鮮キリスト教史研究者。
¶現執1期

**小杉実照** **こすぎじっしょう**
？ ～
明治期の曹洞宗の僧。両毛社会党支持者。
¶社史

**小菅是道** **こすげこれみち**
寛政12(1800)年～明治8(1875)年8月31日
江戸時代後期～明治期の僧侶・神官。
¶埼玉人

**コスメ竹屋** **こすめたけや**
？ ～慶長1(1596)年
戦国時代～安土桃山時代のキリシタン。日本二十六聖人。
¶長崎歴

**巨勢源尊** **こせのげんそん**
→源尊(2)(げんそん)

**胡僊** **こせん**
→卓洲胡僊(たくじゅうこせん)

**古先印元** **こせんいんげん**
永仁3(1295)年～文中3/応安7(1374)年1月24日
[別]印元(いんげん)
鎌倉時代後期～南北朝時代の臨済宗の僧。奥羽須賀川の普応寺を開いた。
¶朝日([没]応安7/文中3年1月24日(1374年3月7日)), 岩史, 神奈川人, 鎌倉, 鎌古, 鎌室, 国史, 国書, 古中, コン4, コン5, 埼玉人, 新潮, 人名, 世人, 対外, 日人, 仏教, 仏史, 仏人(印元　いんげん)

**古泉性信** **こせんしょうしん**
安政3(1856)年～大正8(1919)年8月17日
明治～大正期の僧。
¶世紀, 日人, 明大1

**古泉利蒙** **こせんりもう**
生没年不詳
室町時代の曹洞宗の僧。
¶仏教

**巨泉良珍** **こせんりょうちん**
→巨泉良珍(きょせんりょうちん)

**牛存** **ごぞん**
？ ～寛永20(1643)年8月21日
江戸時代前期の浄土宗の僧。
¶仏教

**五大庵一米** **ごだいあんいちべい**
寛政3(1791)年～安政6(1859)年
江戸時代末期の華道家、活花三雅流の始祖。
¶人名, 日人

**五代重氏** **ごだいしげうじ**
生没年不詳
安土桃山時代の神職・郷土史家。
¶国書

**五代浄阿** **ごだいじょうあ**
南北朝時代～室町時代の僧侶。
¶島根百

**小平国雄** **こだいらくにお**
明治17(1884)年4月7日～昭和45(1970)年4月10日
明治～昭和期の牧師。
¶キリ

**牛沢** **ごたく**
永禄6(1563)年～寛永18(1641)年10月12日
[別]牛沢(ぎゅうたく)
江戸時代前期の浄土宗の僧。
¶国書(ぎゅうたく), 仏教

**小谷喜美** **こたにきみ**
明治34(1901)年1月10日～昭和46(1971)年2月9日
昭和期の宗教家。法華経信仰に入り霊能者となる。大日本霊友会を設立し、会長。立正佼成会など多くの分派を出した。
¶神奈川人, 神奈川百, 神奈女2, 近女, 現朝, 現情, 現人, 現日, コン改([生]1900年), コン4([生]明治33(1900)年), コン5([生]明治33(1900)年), 史人, 昭人, 女史, 女性, 女性普, 新潮, 人名7, 世紀, 姓氏神奈川, 世百新, 全書, 日史, 日人, 百科, 仏教, 仏人, マス89

**小谷三志** **こだにさんし, こたにさんし**
明和2(1765)年～天保12(1841)年9月17日　[別]小谷三志(おたにさんし, おだにさんし), 小谷庄兵衛(おたにしょうべえ), 禄行三志(ろくぎょうさんし)
江戸時代中期～後期の不二道の開祖。女人富士登頂を強行。
¶朝日([生]明和2年12月25日(1766年2月4日)　[没]天保12年9月17日(1841年10月31日)), 岩史(こたにさんし　[生]明和2(1765)年12月25日), 角史(こたにさんし), 近世(こたにさんし), 国史(こたにさんし), 国書(おたにさんし　[生]明和2(1765)年12月15日), コン改([生]明和1(1764)年), コン4([生]明和1(1764)年), コン5([生]明和1(1764)年), 埼玉人(おたにさんし　[生]明和2(1765)年12月25日), 埼玉百(おだにさんし), 史人(こたにさんし　[生]1765年12月25日), 思想史, 神史(こたにさんし), 人書94([生]1764年), 新潮(こたにさんし　[生]明治2(1765)年12月15日), 人名(小谷庄兵衛　おたにしょうべえ), 世人(おだにさんし　[没]天保12(1841)年9月7日), 日人(こたにさんし　[生]1766年), 冨嶽(こたにさんし), 歴大(こたにさんし)

**小谷古蔭** **こたにひさかげ, こだにひさかげ**
→小谷古蔭(おたにふるかげ)

**小谷古蔭　こだにふるかげ**
→小谷古蔭(おたにふるかげ)

**児玉円蔵　こだまえんぞう**
？～慶応1(1865)年
江戸時代末期の僧。
¶幕末([没]1865年7月31日)，幕末大([没]慶応1(1865)年9月6日)

**児玉怪骨　こだまかいこつ**
→児玉充次郎(こだまじゅうじろう)

**児玉菊子　こだまきくこ**
安政4(1857)年～昭和8(1933)年
明治～昭和期のロシア正教徒、教育者。
¶伊豆，静岡歴，姓氏静岡

**児玉充次郎　こだまじゅうじろう**
明治11(1878)年11月14日～昭和36(1961)年10月30日　[別]児玉怪骨(こだまかいこつ)
明治～昭和期の牧師。日本基督教団粉河教会牧師。
¶紀伊文，キリ，社史(児玉怪骨　こだまかいこつ)，世紀，日人，和歌山人

**児玉雪玄　こだませつげん**
明治26(1893)年3月11日～昭和40(1965)年9月28日
明治～昭和期の声明家。大僧正、種智院大学教授。
¶音人，新芸，日音

**児玉達童　こだまたつどう**
明治26(1893)年6月4日～昭和37(1962)年1月30日
明治～昭和期の哲学者。駒沢大学教授。カント研究者。晩年は道元の思想を研究。
¶神奈川人，昭人，世紀，哲学，仏人

**児玉忠次　こだまちゅうじ**
安政2(1855)年～明治9(1876)年
江戸時代末期～明治期の神職。
¶神人

**児玉尚高　こだまひさたか**
文化6(1809)年～明治17(1884)年1月31日
江戸時代後期～明治期の神職・国学者。
¶国書

**児玉浩憲　こだまひろのり**
昭和9(1934)年8月9日～
昭和～平成期の医科学ジャーナリスト、仏教解説家。朝日新聞社東京本社編集委員、「モダンメディシン」編集長。
¶現執3期，現執4期

**五智院但馬　ごちいんのたじま**
平安時代後期の僧。
¶日人(生没年不詳)，平家

**虚竹朗庵　こちくろうあん**
生没年不詳
室町時代の普化宗の僧。
¶京都府

**虎竹朗庵　こちくろうあん**
生没年不詳
室町時代の普化宗の僧。
¶仏教

**居中　こちゅう**
→崇山居中(すうざんきょちゅう)

**兀菴普寧　こつあんふねい**
→兀庵普寧(ごったんふねい)

**小塚知隆　こづかともたか**
天明7(1787)年5月～天保13(1842)年1月29日
江戸時代中期～後期の神職。
¶国書，姓氏愛知

**兀庵　ごったん**
→兀庵孏徵(ごったんらんちょう)

**兀庵普寧**(兀菴普寧)　**ごったんふねい**
南宋・慶元3(1197)年～元・至元13(1276)年
[別]普寧(ふねい)，兀菴普寧(こつあんふねい)，宗覚禅師(そうかくぜんじ)
鎌倉時代前期の宋の渡来僧。臨済宗楊岐派。
¶朝日([没]至元13年11月24日(1276年12月30日))，角史，神奈川人，鎌倉(兀菴普寧)，鎌倉新([没]1276(宋の慶元3)年2月24日)，鎌古，鎌室，京都大，国史，古中，コン改，コン4，コン5，史人([没]1276年11月24日)，重要，新潮，人名(兀菴普寧　こつあんふねい　[生]？)，姓氏神奈川，世人(普寧　ふねい　[没]1277年)，対外，茶道，中世，日思，日人，仏教([没]元・至元13(1276)年11月24日)，仏史，仏人(普寧　ふねい　[生]？)，歴大

**兀庵孏徵　ごったんらいちょう**
→兀庵孏徵(ごったんらんちょう)

**兀庵孏徵　ごったんらんちょう**
？～文政12(1829)年　[別]兀庵(ごったん)，兀庵孏徵(ごったんらいちょう)
江戸時代後期の臨済宗の僧。
¶愛媛(ごったんらいちょう　[生]？)，愛媛百(兀庵　ごったん　[没]文政12(1829)年2月13日)，国書

**菰堂　こつどう**
明治9(1876)年～昭和34(1959)年3月23日　[別]菰堂(こどう)
明治～昭和期の俳人、神官。雑誌「種ふくべ」を刊行したが、「懸葵」創刊にあたり合併し、同人となる。
¶俳諧(こどう)，俳句

**小妻啓真　こづまけいしん**
文政11(1828)年子月子日～大正9(1920)年
江戸時代末期～大正期の僧侶。常念寺住職。
¶茶道，三重続

**小妻隆文　こづまりゅうぶん**
明治24(1891)年12月1日～昭和52(1977)年8月16日
明治～昭和期の僧侶。
¶真宗

**古庭浄琇** こていじょうしゅう
天和2 (1682) 年～宝暦6 (1756) 年7月29日
江戸時代中期の黄檗宗の僧。
¶黄檗

**籠手田安一** こてだやすかず
安土桃山時代の武将、キリシタン。
¶全戦

**籠手田安経** こてだやすつね
？ ～天正10 (1582) 年
戦国時代のキリシタン、武将。平戸松浦氏。
¶国史，古中，史人 (㊀1581年，(異説) 15/82年)，新潮 (㊀天正9 (1581) 年)，世人，戦合，全戦，対外 (㊐？)，日人 (㊀1581年)

**小寺清先** こでらきよさき
寛延1 (1748) 年～文政10 (1827) 年
江戸時代中期～後期の国学者、神道家。
¶朝日 (㊀文政10年閏6月26日 (1827年8月18日))，岡山人，岡山百 (㊀文政10 (1827) 年6月26日)，岡山歴 (㊀文政10 (1827) 年6月26日)，近世，国史，国書 (㊀文政10 (1827) 年閏6月26日)，神史，神人 (㊐寛保6 (1741) 年 ㊀文政3 (1820) 年閏6月26日)，新潮 (㊀文政10 (1827) 年閏6月26日)，人名 (㊐1741年 ㊀1820年)，日人，飛驒 (㊐？ ㊀文政3 (1820) 閏6月26日)

**小寺清之** こでらきよゆき
明和7 (1770) 年～天保14 (1843) 年
江戸時代後期の備後福山藩士、国学者。
¶岡山人，岡山歴 (㊀天保14 (1843) 年11月10日)，国書 (㊐明和7 (1770) 年4月14日 ㊀天保14 (1843) 年11月10日)，神人 (㊐明和6 (1769) 年)，人名，日人，藩臣6

**小寺文穎** こてらぶんえい
昭和7 (1932) 年～
昭和期の天台宗学者。叡山学院教授。
¶現執1期

**小寺好房** こでらよしふさ
？ ～明治18 (1885) 年9月4日
江戸時代後期～明治期の祠官・勤王家。
¶岡山歴

**小天狗清蔵** こてんぐせいぞう★
～寛永9 (1632) 年
安土桃山時代～江戸時代前期の役行者。
¶三重

**古田啓学** こでんけいがく
生没年不詳
室町時代の臨済宗の僧。
¶仏教

**壺天玄晟** こてんげんじょう
？ ～＊
室町時代の曹洞宗の僧。
¶日人 (㊀1431年)，仏教 (㊀永享2 (1430) 年12月26日)

**古篆元文** こてんげんぶん
明暦2 (1656) 年5月25日～享保20 (1735) 年3月28日
江戸時代前期～中期の黄檗宗の僧。
¶黄檗

**古篆周印** こてんしゅういん
生没年不詳
鎌倉時代後期の臨済宗の僧。建仁寺98世、天竜寺54世。
¶国書，仏教

**巨東** ことう
？ ～天保13 (1842) 年
江戸時代後期の僧。
¶日人

**孤灯** ことう
天明1 (1781) 年～文政10 (1827) 年4月12日
江戸時代後期の浄土宗の僧。
¶国書，人名 (㊐1782年)，日人，仏教

**菰堂** こどう
→菰堂 (こつどう)

**後藤晃** ごとうあきら
昭和16 (1941) 年7月22日～
昭和期のイスラム史研究者。山形大学教授。
¶現執2期

**悟東あすか** ごとうあすか
平成期の漫画家、僧侶。
¶漫人

**後藤今四郎** ごとういましろう
→後藤碩田 (ごとうせきでん)

**後藤右近** ごとううこん
江戸時代前期の仏師。
¶神奈川人 (生没年不詳)，美建

**後藤円明** ごとうえんめい
嘉永5 (1852) 年～大正3 (1914) 年
江戸時代末期～大正期の書家。
¶静岡歴，姓氏静岡

**後藤掃部** ごとうかもん
生没年不詳
江戸時代後期の神職。国府新宿六所明神社宮使。
¶神奈川人

**後藤環爾** ごとうかんじ
明治4 (1871) 年4月1日～昭和11 (1936) 年2月23日
明治～昭和期の僧侶。西本願寺集会上首。関東大震災後、復興局理事として築地本願寺の復興に貢献。
¶高知人，高知百，昭人，真宗，人名，世紀，日人，明大1

**後藤暁斗** ごとうぎょうと
寛延元 (1748) 年～文政7 (1824) 年7月1日
江戸時代後期の俳人・神官・本陣主人。
¶東三河

**後藤今四郎** ごとうきんしろう
→後藤碩田 (ごとうせきでん)

こ

**後藤熊四郎** ごとうくましろう
文政10(1827)年～明治41(1908)年
江戸時代後期～明治期の宮大工。
¶大分歴，美建

**後藤粂吉** ごとうくめきち
明治15(1882)年5月1日～昭和6(1931)年7月7日
明治～昭和期の日本聖公会司祭。
¶キリ

**後藤光一郎** ごとうこういちろう
昭和5(1930)年～
昭和期の宗教史研究者。
¶現執1期

**後藤幸平** ごとうこうへい
？ ～昭和41(1966)年
大正～昭和期の霧島神宮宮司。
¶姓氏鹿児島

**後藤伍佺** ごとうごせん
安永8(1779)年～嘉永6(1853)年10月5日
江戸時代後期の俳人・神官。
¶東三河

**後藤斎宮** ごとうさいぐう
江戸時代後期の仏師。
¶神奈川人(生没年不詳)，美建

**後藤重房** ごとうしげふさ
承応3(1654)年～？
江戸時代前期の仏師。
¶神奈川人，美建

**後藤寿庵**(後藤寿安) ごとうじゅあん
生没年不詳 ㊀ジョバンニ，ジョヴァンニ，五島ジョアン(ごとうのじょあん)
安土桃山時代～江戸時代前期のキリシタン、武士。大崎・葛西一揆に加担。
¶朝日(後藤寿安)，岩手人(㊔1578年 ㊊1623年)，岩手百，キリ(㊔天正6(1578)年 ㊊元和9(1623)年)，近世，国史，コン改(後藤寿安 ㊔天正6(1578)年 ㊊元和9(1623)年)，コン4(後藤寿安 ㊔天正6(1578)年 ㊊元和9(1623)年)，コン5(後藤寿安 ㊔天正6(1578)年 ㊊元和9(1623)年)，史人，新潮，人名，姓氏岩手，姓氏宮城，世人(㊔天正6(1578)年 ㊊元和9(1623)年)，世百，全書，戦人(後藤寿安 ㊔天正6(1578)年 ㊊元和9(1623)年)，戦補，対外，日史，日人，藩臣1(㊔天正5(1577)年？ ㊊寛永15(1638)年？)，百科，宮城百，歴大

**古幢周勝**(古旛周勝) こどうしゅうしょう，ことうしゅうしょう
建徳1/応安3(1370)年～永享5(1433)年2月22日 ㊀周勝(しゅうしょう)
室町時代の臨済宗の僧。
¶鎌室(ことうしゅうしょう)，国史(ことうしゅうしょう)，古中(ことうしゅうしょう)，新潮(ことうしゅうしょう)，人名(古旛周勝)，世人(周勝 しゅうしょう)，徳島百(㊔？)，日人，仏教(㊊永享5(1433)年2月12日，(異説)2月22日？)，仏史(ことうしゅうしょう)，仏人(周勝 しゅうしょう)

**後藤周次郎** ごとうしゅうじろう
明治～昭和期の神職。
¶神人

**後藤真慶** ごとうしんけい
安永1(1772)年～？
江戸時代中期の仏師。
¶神奈川人，美建

**後藤瑞巌** ごとうずいがん
明治12(1879)年10月18日～昭和40(1965)年3月20日
明治～昭和期の臨済宗僧侶。妙心寺派管長、大徳寺派管長。
¶現情，人名7，世紀，茶道，日人，仏教，仏人

**後藤碩田** ごとうせきでん
文化2(1805)年2月20日～明治15(1882)年5月25日 ㊀後藤真守(ごとうまもり)，後藤今四郎(ごとういましろう，ごとうきんしろう)
江戸時代末期～明治期の神職、国学者。豊後西寒多神社権大講義。
¶維新，大分百，大分歴，画家(㊔文政1(1818)年 ㊊明治20(1887)年)，郷土，考古(後藤真守 ごとうまもり)，国書(後藤真守 ごとうまもり)，コン改(後藤今四郎 ごとういましろう)，コン4(後藤今四郎 ごとういましろう)，コン5(後藤今四郎 ごとういましろう)，神人(㊊明治15(1882)年5月20日)，新潮(後藤今四郎 ごとうきんしろう)，人名(後藤今四郎 ごとういましろう)，日人，幕末，幕末大，名画(㊔1818年 ㊊1887年)

**後藤宗印** ごとうそういん
？ ～寛永4(1627)年
安土桃山時代～江戸時代前期の長崎町年寄、キリシタン。武雄の後藤貴明の一族。
¶朝日(㊔天文14(1545)年頃 ㊊寛永4年11月24日(1627年12月31日))，郷土長崎，近世，国史，コン改，コン4，コン5，史人(㊊1627年11月24日)，新潮(㊊寛永4(1627)年11月24日)，人名，世人，対外(㊔？)，長崎百，日人，歴大

**後藤宗旭** ごとうそうきょく
明治5(1872)年～昭和3(1928)年
明治～昭和期の僧侶。
¶大分歴

**後藤泰助** ごとうたいすけ
弘化3(1846)年～明治39(1906)年
明治期の宗教家。
¶中濃続

**後藤澄心** ごとうちょうしん
明治16(1883)年1月1日～昭和42(1967)年12月17日
明治～昭和期の浄土真宗僧侶、教育。京都女子専門学校(現京都女子大学)校長。
¶佐賀百，真宗(㊊昭和42(1967)年2月17日)，世紀，日人

**後藤伝兵衛** ごとうでんべえ
明治11(1878)年～昭和20(1945)年
明治～昭和期の大工棟梁。
¶島根歴，美建

**後藤真** ごとうまこと
明治42(1909)年7月27日～
昭和期の牧師。立教女学院理事長、日本聖公会東京教区主教。
¶キリ，現執1期

**後藤正利** ごとうまさとし
明治18(1885)年5月15日～昭和20(1945)年12月11日
明治～昭和期の神職・教育者。
¶愛媛，愛媛百

**後藤政彦** ごとうまさひこ
安政1(1854)年～明治9(1876)年
江戸時代末期～明治期の神職。
¶神人

**後藤真守** ごとうまもり
→後藤碩田(ごとうせきでん)

**後藤行綱** ごとうゆきつな
延宝6(1678)年～？
江戸時代前期～中期の神職。
¶国書

**後藤義真** ごとうよしざね
安土桃山時代の仏師。北条氏に属した。斎宮。
¶後北(義真〔後藤(2)〕 よしざね)

**後藤義貴** ごとうよしたか
元禄7(1694)年～？
江戸時代中期の仏師。
¶神奈川人，美建

**後藤了順** ごとうりょうじゅん
生没年不詳
江戸時代前期のキリシタン。
¶日人

**琴陵光熙**(琴陵光凞，琴陵光凞) ことおかてるさと
明治8(1875)年9月5日～昭和21(1946)年8月25日
[別]琴陵光熙(ことひらてるさと)
明治～昭和期の神職。
¶香川人(琴陵光凞)，香川百(琴陵光凞)，華請(ことひらてるさと)，神人(琴陵光凞)，世紀，図人，日人

**琴陵光重** ことおかみつしげ
大正3(1914)年8月21日～
昭和期の神官。金刀比羅宮宮司。
¶郷土香川，現情

**琴陵光熙** ことひらてるさと
→琴陵光熙(ことおかてるさと)

**小鳥居寛二郎** ことりいかんじろう
明治25(1892)年～昭和60(1985)年
昭和期の神職。太宰府天満宮へ奉職。
¶太宰府

**小鳥居信重** ことりいしんじゅう
生没年不詳
江戸時代前期の社僧・連歌作者。
¶国書

**古仲鳳洲** こなかほうじゅう
明治11(1878)年4月10日～昭和21(1946)年1月21日
明治～昭和期の僧。臨済宗妙心寺派管長。
¶秋田人2，秋田百

**湖南** こなん
文政6(1823)年～明治16(1883)年11月11日
江戸時代後期～明治期の僧侶。
¶庄内

**児仁井秀時** こにいひでとき
宝暦13(1763)年～弘化3(1846)年4月23日
江戸時代後期の神官。
¶岡山人，岡山百，岡山歴

**児仁井秀直** こにいひでなお
？ ～明治9(1876)年11月6日
江戸時代末期～明治期の神官。
¶岡山人，岡山歴

**小西孤剣** こにしこけん
明治3(1870)年11月20日～明治27(1894)年10月17日
明治期の宗教家。
¶岡山人，岡山歴

**小西如安**(小西如庵) こにしじょあん
→内藤如安(ないとうじょあん)

**小西如清** こにしじょせい
生没年不詳 [別]小西如清(こにしにょせい)
安土桃山時代のキリシタン。小西行長の兄。
¶国史，古中，コン改，コン4，コン5，史人，新潮，人名([没]1593年)，世人，戦合，戦国([没]1593年)，戦人，茶道(こにしにょせい [没]1593年)，日人

**小西存祐** こにしぞんゆう
明治19(1886)年1月2日～昭和30(1955)年5月15日
明治～昭和期の仏教学者、浄土宗僧侶。宗教大学教授、仏教大学学長。
¶世紀，日人

**小西如清** こにしにょせい
→小西如清(こにしじょせい)

**小西増太郎** こにしますたろう
文久2(1862)年4月4日～昭和15(1940)年12月10日
明治～昭和期の神学者、翻訳家。トルストイと「老子」を共訳。著書に「トルストイを語る」など。
¶海越，海越新，岡山歴([生]文久1(1861)年4月4日 [没]昭和14(1939)年12月11日)，キリ([生]元治1(1864)年 [没]1925年)，近文，人名7([没]1939年)，世紀，哲学，渡航，日児([生]文久2(1862)年5月2日)，日人，民学，明大2([生]文久1(1861)年4月4日 [没]昭和14(1939)年12月

11日），歴大（㊤1861年　㊦1939年）

**小西マリア** こにしまりあ
？～慶長10（1605）年？
安土桃山時代～江戸時代前期の女性。キリシタン。小西行長の娘。対馬藩主宗義智の妻。
¶女性（生没年不詳），日人

**小西マンショ** こにしまんしょ
慶長5（1600）年～正保1（1644）年　㊞マンショ小西（まんしょこにし）
江戸時代前期のイエズス会日本人神父。
¶朝日，海越（マンショ小西　まんしょこにし　㊦正保1（1644）年頃），海越新（マンショ小西　まんしょこにし），日人，歴大（㊤？）

**小西行長** こにしゆきなが
？～慶長5（1600）年10月1日　㊞アウグスティヌス，アグスチン
安土桃山時代の大名。肥後宇土藩主。朝鮮出兵では加藤清正らとともに活躍したが、関ヶ原の戦いでは西軍に加担し、石田三成らとともに六条河原で刑死した。
¶朝日（㊦慶長5年10月1日（1600年11月6日）），岩史（㊤永禄1（1558）年頃），大阪墓，岡山人，岡山百（㊤弘治3（1557）年），岡山歴，角史，京都大，キリ，近世，熊本人（㊤1555年），熊本百（㊤弘治1（1555）年），国史，古中，コン改，コン4，コン5，史人（㊤1558年），重要，人書94，人情，新潮，人名，姓氏京都，世人，世百，戦合，戦国，全書，戦人，全戦（㊤弘治1（1555）年），戦武（㊤弘治1（1555）年？），対外（㊤？），大百，茶道，中世（㊤？），伝記，内乱，なにわ（㊤1558年），日史，日人，藩主4（㊤弘治1（1555）年？），百科，兵庫百，平日（㊦1600），山川小（㊤1558年），歴大

**小西隆佐**（小西立佐） こにしりゅうさ
*～文禄1（1592）年　㊞ジアチン，小西常珍（こにしじょうちん）
戦国時代～安土桃山時代の武士、キリシタン。堺の町衆で、商才を買われて秀吉に仕えた。一方キリシタンで信者の中心的人物でもあった。秀吉の武将小西行長は二男。
¶朝日（㊤？　㊦文禄1（1592）年9月），近世（小西立佐　㊤？），国史（小西立佐　㊤？），コン改（㊤永正15（1520）年？　㊦文禄2（1593）年），コン4（㊤永正15（1520）年？　㊦文禄2（1593）年），コン5（㊤永正15（1520）年？　㊦文禄2（1593）年），史人（小西立佐　㊤1533年？　㊦1592年？），新潮（㊤？），世人（㊤永正17（1520）年？　㊦文禄2（1593）年），戦合（小西立佐　㊤？），戦国（小西立佐），全書（㊤？），戦人（小西立佐　㊤？），茶道（小西立佐　㊤？　㊦1593年），中世（㊤1533年），日史（㊤永正17（1520）年？），日人（㊤？），百科（㊤永正17（1520）年？　㊦文禄2（1593）年），山川小（小西立佐　㊤1533年？　㊦1592年？），歴大（㊤1520年　㊦1593年）

**護忍** ごにん
平安時代中期の真言宗の僧。具平親王の子。
¶仏教（生没年不詳），密教

**木場清生**(1) こばきよお
→木場伝内（こばでんない）

**木場清生**(2) こばきよお
*～明治24（1891）年
江戸時代末期～明治期の薩摩藩士。大坂藩邸留守居。戊辰戦争が始まると大坂藩邸から3万両を持って脱出。
¶神人（㊤文化4（1807）年），日人（㊤1817年）

**木場清生** こばきよふ
→木場伝内（こばでんない）

**古白** こはく
→古白（こびゃく）

**虎伯大宣** こはくだいせん
？～寛文13（1673）年8月17日
江戸時代前期の臨済宗の僧。
¶国書

**木庭次守** こばつぐもり
大正6（1917）年～平成5（1993）年
昭和・平成期の大本教の出口王仁三郎の高弟。
¶熊本人

**木場伝内** こばでんない
文化14（1817）年～明治24（1891）年　㊞木場清生（こばきよお，こばきよふ）
江戸時代末期～明治期の薩摩藩士。
¶維新，大阪人（木場清生　こばきよふ　㊦明治24（1891）年1月），鹿児島百，薩摩，神人（木場清生　こばきよお　㊤文化4（1807）年），人名（木場清生　こばきよふ），姓氏鹿児島，日人（木場清生　こばきよお），幕末（㊦1891年1月30日），幕末大（㊦明治24（1891）年1月30日）

**小早川随康** こばやかわずいこう
明治7（1874）年～昭和23（1948）年
明治～昭和期の僧侶。
¶和歌山人

**小早川大船** こばやかわたいせん
明治期の僧侶。
¶真宗

**小早川鉄仙** こばやかわてっせん
？～大正11（1922）年5月17日
明治～大正期の僧侶。
¶真宗

**小林一郎** こばやしいちろう
明治9（1876）年10月20日～昭和19（1944）年3月18日
明治～昭和期の仏教思想家。法華会を創設。法華思想普及に尽力。
¶昭人，世紀，哲学，仏人，明大2

**小林逸雲** こばやしいつうん
明治24（1891）年～昭和40（1965）年
大正～昭和期の曹洞宗の禅僧、長野県第二教区長。
¶長野歴

**小林雲道人** こばやしうんどうじん
明治26(1893)年〜昭和47(1972)年
大正〜昭和期の禅者、書・画・篆刻家。
¶山口人，山口百

**小林円照** こばやしえんしょう
昭和9(1934)年11月11日〜
昭和期の仏教学者。花園大学教授。
¶現執1期，現執2期

**小林公仁麿** こばやしきみひとまろ★
明治7(1874)年1月〜
明治期の栃木県神職会下都賀支部会長。
¶栃木人

**小林藕塘** こばやしぐうとう
天保3(1832)年〜明治41(1908)年
明治期の画家、宗教家。黒住教大教正。大草水雲、渡辺小華に師事し、牡丹を得意とした。
¶人名，日人，明大2(㊐天保3(1832)年2月 ㊟明治41(1908)年1月)

**小林憲生** こばやしけんせい
昭和11(1936)年2月1日〜平成16(2004)年3月1日
昭和・平成期の写真家。
¶石川現九

**小林倹造** こばやしけんぞう
文化5(1808)年〜万延1(1860)年
江戸時代後期〜末期の宗教家。
¶岡山百(生没年不詳)，岡山歴

**小林健三** こばやしけんぞう
明治36(1903)年〜
昭和期の神道学・教育史研究者。
¶現執1期

**小林源蔵** こばやしげんぞう
→小林杢之助(こばやしもくのすけ)

**小林茂園** こばやししげぞの
〜大正13(1924)年10月17日
明治・大正期の教師・神職。
¶飛騨

**小林重規** こばやししげのり
明和6(1769)年〜天保6(1835)年11月27日
江戸時代中期〜後期の神職。
¶国書

**小林紫山** こばやししざん
明治10(1877)年1月16日〜昭和13(1938)年11月27日
明治〜昭和期の明暗尺八家。明暗寺36世管主。
¶音人，新芸，日音，日人

**小林鎮** こばやししずめ
明治19(1886)年12月22日〜昭和21(1946)年8月25日
明治〜昭和期の宗教家・金光教教師。
¶岡山歴

**小林実玄** こばやしじつげん
昭和3(1928)年〜
昭和期の華厳宗学者。
¶現執1期

**小林秀順** こばやししゅうじゅん
天保9(1838)年〜明治42(1909)年
江戸時代後期〜明治期の僧侶。
¶姓氏群馬

**小林什尊** こばやしじゅうそん
明治期の僧侶。
¶真宗

**小林順三** こばやしじゅんぞう
明治9(1876)年〜昭和19(1944)年
明治〜昭和期の神職。
¶神奈川人，神人

**小林正盛** こばやししょうせい
明治9(1876)年6月11日〜昭和12(1937)年6月18日 ㊊小林正盛(こばやしせいせい)
明治〜昭和期の僧侶。
¶昭人，人名(こばやしせいせい)，世紀，栃木歴，日人，仏人

**小林正盛** こばやしせいせい
→小林正盛(こばやししょうせい)

**小林全信** こばやしぜんしん
安政1(1854)年〜大正5(1916)年
明治〜大正期の僧侶。京都相国寺慈照院住職。支那関係の志士の後援に奔走、禅門の豪僧として重きをなした。
¶人名，日人，明大1(㊟大正5(1916)年9月5日)

**小林宗輔** こばやしそうほ
天保10(1839)年〜明治36(1903)年
明治期の禅僧。臨済宗本山花園妙心寺派管長に推薦された。
¶人名，日人，明大1(㊐天保10(1839)年3月5日 ㊟明治36(1903)年3月16日)

**小林大巌** こばやしだいがん
明治27(1894)年10月25日〜昭和51(1976)年7月30日
大正〜昭和期の浄土宗僧侶、教育者。浄土宗宗務総長。
¶現情，人名7，世紀，日人，仏教，仏人

**小林日昇** こばやしにっしょう
天保3(1832)年〜明治24(1891)年
江戸時代後期〜明治期の僧。
¶新潟百

**小林日董** こばやしにっとう
嘉永1(1848)年〜明治38(1905)年
明治期の日蓮宗僧侶。日蓮宗大学(現・立正大学)創立。
¶新潟百，日人，仏人，明大1(㊐弘化5(1848)年1月17日 ㊟明治38(1905)年7月31日)

**小林元** こばやしはじめ
明治37(1904)年〜昭和38(1963)年7月3日
昭和期のイスラム史学者。大東文化大学教授。
¶現情

こ

**小林彦五郎**　こばやしひこごろう
慶応3(1867)年7月1日～昭和19(1944)年4月28日
明治～昭和期の日本聖公会司祭。立教女学校校長。
¶キリ

**小林秀臣**　こばやしひでおみ
大正3(1914)年～
昭和期の浄土宗僧侶。善導寺住職。
¶社史

**小林政助**　こばやしまさすけ
明治16(1883)年6月2日～昭和15(1940)年10月10日
明治～昭和期の伝道者。救世軍士官。
¶キリ

**小林真中**　こばやしまなか
天保9(1838)年12月7日～明治18(1885)年9月24日
江戸時代後期～明治期の神職。
¶国書5

**小林美登利**　こばやしみどり
明治25(1892)年～昭和36(1961)年
大正～昭和期のキリスト教海外伝道者。
¶福島百

**小林杢之助**　こばやしもくのすけ
寛政7(1795)年～安政5(1858)年　㊊小林源蔵(こばやしげんぞう)
江戸時代後期の棟梁。
¶姓氏長野，長野歴(小林源蔵　こばやしげんぞう)

**小林盛哉**　こばやしもりや
明治16(1883)年4月11日～？
明治～大正期の沖縄・波上宮宮司。
¶神人

**小林弥太郎**(小林彌太郎)　こばやしやたろう
*～昭和44(1969)年4月9日
昭和期の耶蘇基督之新約教会信者。
¶社史(㊐1886年)，日Y(小林彌太郎　㊐明治21(1888)年7月24日)

**小林洋吉**　こばやしようきち
明治6(1873)年～昭和12(1937)年
明治～昭和期のキリスト教布教者。
¶長野歴

**小林珍雄**　こばやしよしお
明治35(1902)年3月2日～昭和55(1980)年4月10日
昭和期のカトリック経済学者。上智大学教授。著書に「宗教と政治」「法王庁」など。英・独・仏語に堪能、訳書多数。
¶現朝，現執1期，現情，世紀，日人

**小林隆彰**　こばやしりゅうしょう
昭和3(1928)年10月20日～
昭和～平成期の僧侶。千手院住職、比叡山延暦寺学問所長。
¶現執4期

**小林隆仁**　こばやしりゅうにん
明治41(1908)年1月8日～
昭和期の真言宗御室派僧侶。仁和寺門跡。
¶現情

**木庭保久**　こばやすひさ
弘化2(1845)年～
明治期の神官。
¶神人

**小原克博**　こはらかつひろ
昭和40(1965)年11月20日～
昭和～平成期の牧師。同志社大学神学部助教授。
¶現執4期

**古芿**　こはん
明和6(1769)年？～天保14(1843)年
江戸時代後期の臨済宗の僧。江戸東輝庵主。
¶仏人

**虎班**　こはん
？～文政7(1824)年
江戸時代中期～後期の曹洞宗の僧。
¶国書

**古范顧鑑**　こはんこかん
→顧鑑古范(こかんこはん)

**古帆周信**　こはんしゅうしん
？～寛永18(1641)年2月1日
安土桃山時代～江戸時代前期の臨済宗の僧。
¶国書

**古白**　こびゃく
？～正徳2(1712)年　㊊古白(こはく)
江戸時代中期の浄土宗西山派の学僧。
¶国書(こはく　㊦正徳2(1712)年5月1日)，人名，日人

**呉服屋安右衛門**　ごふくややすえもん
？～天正16(1588)年
安土桃山時代のキリシタン、殉教者。
¶人名，日人

**孤峰**　こほう
？～寛永21(1644)年9月13日
江戸時代前期の浄土宗の僧。
¶仏教

**孤峰覚明**(孤峯覚明)　こほうかくみょう
文永8(1271)年～正平16/康安1(1361)年5月24日
㊊覚明(かくみょう)
鎌倉時代後期～南北朝時代の臨済宗法灯派の僧。会津の人。
¶会津(覚明　かくみょう　㊐文永9(1272)年　㊦正平1(1346)年)，朝日(㊦康安1/正平16年5月24日(1361年6月27日))，岩史，角史，鎌室，京都府，国史(孤峯覚明)，国書，古中(孤峯覚明)，コン改(㊐？)，コン4(㊐？)，コン5(㊐？)，史人，島根人(覚明　かくみょう)，島根百(㊦正平16(1361)年5月2日)，島根歴，新潮，人名(覚明　かくみょう)，姓氏京都，世人，対外(孤峯覚明)，日史，日人，仏教，仏史(孤峯覚明)，仏人(覚明　かくみょう)，歴大

**吾宝宗璋　ごほうしゅうさん**
→吾宝宗璨（ごほうそうさん）

**吾宝宗璨　ごほうそうさん**
元中5/嘉慶2（1388）年～長禄1（1457）年　[別]吾宝宗璋（ごほうしゅうさん）
室町時代の曹洞宗の僧。
¶人名（吾宝宗璋　ごほうしゅうさん），日人，仏教（[生]嘉慶2/元中5（1388）年4月8日　[没]長禄1（1457）年10月6日）

**古峰宗順　こほうそうじゅん**
慶長10（1605）年～延宝8（1680）年10月5日
江戸時代前期の臨済宗の僧。妙心寺220世。
¶仏教

**古宝智璨　こほうちさん**
？～明和1（1764）年11月19日
江戸時代中期の曹洞宗の僧。
¶仏教

**孤峰智璨　こほうちさん**
明治12（1879）年8月16日～昭和42（1967）年11月1日
明治～昭和期の曹洞宗の僧、仏教学者。総持寺貫主。
¶現情，人名7，世紀，富山百，日人，仏教，仏人

**孤峰呑雪　こほうどんせつ**
？～文禄3（1594）年7月3日
戦国時代～安土桃山時代の曹洞宗の僧。
¶埼玉人

**孤峰白巌**（孤峯白巌）　**こほうはくがん**
弘化2（1845）年～明治42（1909）年
明治期の禅僧。能州永光寺110世の法統を嗣ぎ、同寺の復興に尽力。
¶人名（孤峯白巌），日人，明大1（[生]弘化2（1845）年5月10日　[没]明治42（1909）年3月8日）

**古法万英　こほうばんえい**
→古法万英（こほうまんえい）

**古法万英　こほうまんえい**
寛永4（1627）年～貞享4（1687）年12月10日　[別]古法万英（こほうばんえい）
江戸時代前期の曹洞宗の僧。
¶国書（こほうばんえい），仏教

**孤峰竜札　こほうりゅうさつ**
？～正保3（1646）年8月1日
江戸時代前期の曹洞宗の僧。永平寺24世。
¶仏教（[没]正保3（1646）年8月1日，（異説）正保1（1644）年8月1日）

**枯木紹栄　こぼくしょうえい**
生没年不詳
南北朝時代～室町時代の僧。
¶日人

**古璞良玄　こぼくりょうげん**
生没年不詳
江戸時代中期の曹洞宗の僧。
¶国書

**高麗采女　こまうねめ**
生没年不詳
明治期の淘綾郡高麗明神社神主。
¶神奈川人

**狛精房　こまきよふさ**
承応1（1652）年～享保12（1727）年5月22日
江戸時代前期～中期の神官（大原野社神主）。
¶公卿，公卿普，公家（精房〔大原野神社神主狛氏中沢家〕　きよふさ）

**狛郡房　こまくにふさ**
享保12（1727）年～天明6（1786）年9月21日
江戸時代中期の神官（大原野社神主）。
¶公卿，公卿普，公家（郡房〔大原野神社神主狛氏中沢家〕　くにふさ）

**高麗邦元　こまくにもと**
明治2（1869）年～大正14（1925）年
明治～大正期の神職。
¶神奈川人

**駒沢琛道　こまざわたんどう**
昭和15（1940）年8月28日～
昭和～平成期の写真家、エッセイスト、僧侶。
¶写人

**高麗大記　こまだいき**
文政9（1826）年10月21日～明治33（1900）年3月2日
江戸時代後期～明治期の神官・教育者。
¶埼玉人，埼玉百

**小俣蠖庵　こまたかくあん**
明和2（1765）年～天保8（1837）年　[別]小俣蠖庵（おまたかくあん）
江戸時代後期の篆刻家。
¶国書（[没]天保8（1837）年7月9日），人名（[生]1766年），日人（おまたかくあん），三重

**小町谷常宣　こまちやつねのり**
文政2（1819）年～明治32（1899）年
江戸時代後期～明治期の神職、歌人。
¶長野歴

**小松快禅　こまつかいぜん**
→快禅(3)（かいぜん）

**小松月尚　こまつげっしょう，こまつげつしょう**
明治16（1883）年7月18日～昭和20（1945）年3月20日
明治～昭和期の俳人。
¶石川文，現俳，昭人，姓氏石川（こまつげつしょう），俳文

**小松谷公範　こまつだにきみのり**
生没年不詳
戦国時代の僧侶。
¶高知人

**小松智教尼　こまつちきょうに**
明治5（1872）年～昭和40（1965）年7月18日
明治～昭和期の尼僧。京都大原の寂光院院主となり、法灯を守った。

¶女性，女性普

**小松智光** こまつちこう
明治43（1910）年～
昭和期の僧侶。
¶郷土滋賀

**小松韜蔵** こまつとうぞう
＊～明治45（1912）年1月6日
明治期のハリストス正教会司祭。
¶姓氏宮城（㊐1833年），根千（㊐天保13（1842）年）

**小松原賢誉** こまつばらけんよ
明治44（1911）年9月20日～平成7（1995）年1月30日
昭和期の学校創立者。
¶学校，埼玉人

**小松勇道** こまつゆうどう
天保6（1835）年～慶応2（1866）年
江戸時代末期の僧。
¶維新，高知人，日人

**小松雄道** こまつゆうどう
＊～昭和54（1979）年
大正～昭和期の浄土真宗本願寺派僧侶。西本願寺元老、日本大学顧問。
¶長野歴（㊐明治25（1892）年），仏人（㊐1893年）

**小松行俊** こまつゆきとし
弘化3（1846）年～明治14（1881）年
江戸時代後期～明治期の僧侶。一代華族・旧興福寺学侶（不動院）。
¶華請

**狛治房** こまはるふさ
生没年不詳
室町時代の神職。
¶国書5

**狛秀房** こまひでふさ
生没年不詳
鎌倉時代後期の神職・歌人。
¶国書

**狛光房** こまみつふさ
生没年不詳
鎌倉時代後期の神職・歌人。
¶国書

**狛宗房** こまむねふさ
元禄9（1696）年～明和1（1764）年5月9日
江戸時代中期の神官（大原野社神主）。
¶公卿，公卿普，公家（宗房〔大原野神社神主狛氏中沢家〕　むねふさ）

**小見山三学** こみやまさんがく
文政12（1829）年3月18日～大正5（1916）年11月19日
江戸時代末期～大正期の御流儀分派独立僧。
¶岡山人，岡山百

**虚明** こみょう
宝永6（1709）年～天明8（1788）年1月21日
江戸時代中期の新義真言宗の僧。長谷寺30世。
¶国書，埼玉人，仏教，仏人（㊐1710年）

**護命**(1) ごみょう
天平勝宝2（750）年～承和1（834）年9月11日
奈良時代～平安時代前期の僧。美濃国各務郡の生まれ。
¶朝日（㊀承和1年9月11日（834年10月16日）），郷土岐阜，国史，国書，古人，古代，古代普，古中，コン改（㊐天平勝宝1（749）年），コン4（㊐天平勝宝2（749）年），コン5，史人，新潮，人名，世人，全書，日史，日人，百科，仏教，仏史，仏人，平史，歴大

**護命**(2) ごみょう
寛政10（1798）年～明治3（1870）年
江戸時代後期～明治期の僧侶。
¶国書，真宗（㊀明治3（1870）年9月14日）

**護明** ごみょう
享保20（1735）年～安永9（1780）年8月17日
江戸時代中期の真言宗の僧。
¶国書

**小村鄰** こむらちかし
嘉永1（1848）年11月9日～大正9（1920）年2月5日
明治～大正期の神官。神宮禰宜。二荒山神社権宮司、札幌神社宮司などを歴任。
¶人名，世紀，日人，明大1

**米糞聖人** こめくそひじり
平安時代前期の聖人。
¶古人，平史

**古森厚茂** こもりあつしげ
文化10（1813）年～明治17（1884）年
江戸時代末期～明治期の歌人。
¶人名，日人，三重続，和俳

**小森谷常吉** こもりやじょうきち
弘化5（1848）年～明治28（1895）年
江戸時代末期・明治期の島村教会初代牧師。
¶群新百

**木屋得令** こやとくりょう
享和3（1803）年～明治25（1892）年7月2日
江戸時代後期～明治期の僧侶。
¶真宗

**小山関月** こやまかんげつ
→関月尼（かんげつに）

**小山憲栄** こやまけんえい
文政10（1827）年～明治36（1903）年5月12日
江戸時代末期～明治期の浄土真宗本願寺派学僧。仏教専門大学初代学長。
¶真宗（㊐文政11（1828）年），仏教，仏人，明大1

**小山進** こやますすむ
天保7（1836）年～明治41（1908）年
明治期の神道家。大教正。諏訪神社宮司、松本神道事務局長などを歴任。「樺太概覧」五十八巻を

編纂。
¶人名，姓氏長野，長野百，長野歴，日人，明大1（[没]明治41（1908）年10月3日）

**小山宗祐** こやまそうすけ
大正4（1915）年～昭和17（1942）年
昭和期の牧師。
¶平和

**小山白哲** こやまはくてつ
明治29（1896）年～昭和55（1980）年
明治～昭和期の僧侶。
¶平和

**小山法城** こやまほうじょう
明治20（1887）年～昭和48（1973）年2月4日
明治～昭和期の僧侶。
¶真宗

**五由** ごゆう
生没年不詳
江戸時代中期の俳人。浄土真宗の僧。
¶国書5

**五弓豊太郎** ごゆみとよたろう
→五弓雪窓（ごきゅうせっそう）

**五来重** ごらいしげる
明治41（1908）年3月7日～平成5（1993）年12月11日
昭和期の日本宗教史・民俗学者。大谷大学教授。日本仏教史、民間信仰、仏教民俗学などの分野で業績あり。
¶近現，現朝，現執1期，現執2期，現執3期，現情，現人，現日（[生]1908年6月27日），史研，世紀，日人，マス2，マス89，民学

**牛欄鑑心** ごらんかんしん
？～長享1（1487）年　[別]牛欄鑑心（ぎゅうらんかんしん）
室町時代の曹洞宗の僧。
¶人名（ぎゅうらんかんしん），日人（ぎゅうらんかんしん），仏教（[没]文明19（1487）年3月5日）

**古梁紹岷** こりょうしょうみん
宝暦6（1756）年～天保10（1839）年11月8日
江戸時代中期～後期の臨済宗の僧。
¶国書

**巨梁真棟尼** こりょうしんとうに
？～安永9（1780）年
江戸時代中期の黄檗宗の尼僧。
¶黄檗

**虎林善威** こりんぜんい
生没年不詳
江戸時代前期の臨済宗の僧。
¶国書

**虎林中虔** こりんちゅうけん
？～延宝6（1678）年9月27日
江戸時代前期の臨済宗の僧。
¶黄檗，国書，対外（[生]1627年）

**虎林曄嘯** こりんようしょう
天保6（1835）年3月5日～明治35（1902）年10月15日
江戸時代末期～明治期の黄檗宗僧侶。黄檗宗務総裁。
¶黄檗

**惟高** これたか
生没年不詳
平安時代中期の神職。
¶日人

**是山恵覚** これやまえかく
安政4（1857）年～昭和6（1931）年1月10日
明治～大正期の浄土宗本願寺派僧侶。仏教大学教授。
¶昭人，真宗（[生]安政4（1857）年12月8日），世紀，日人，仏人，明大1

**厳阿** ごんあ
生没年不詳
南北朝時代の時宗の僧・歌人。
¶国書

**滾庵密源** こんあんみつげん
？～天保1（1830）年
江戸時代後期の曹洞宗の僧。
¶国書

**厳吽** ごんうん
生没年不詳
鎌倉時代後期の天台宗の僧。
¶国書

**厳恵** ごんえ
生没年不詳
鎌倉時代の真言宗の僧・歌人。
¶国書

**金王丸** こんおうまる
→土佐房昌俊（とさぼうしょうしゅん）

**厳雅** ごんが
生没年不詳
鎌倉時代の僧侶・歌人。
¶国書

**混外** こんがい
天明1（1781）年～弘化4（1847）年
江戸時代中期～後期の僧。
¶日人

**厳海** ごんかい
承安3（1173）年～建長3（1251）年　[別]厳海（げんかい）
鎌倉時代前期の真言宗の僧。
¶鎌室，古人，新潮（[没]建長3（1251）年4月25日），日人

**言外宗忠** ごんがいそうちゅう
嘉元3（1305）年～元中7/明徳1（1390）年　[別]言外宗忠（げんがいそうちゅう，ごんげしゅうちゅう）
鎌倉時代後期～南北朝時代の禅僧。
¶鎌室（げんがいそうちゅう），鎌室（[生]正和4

(1315)年），人名（ごんげしゅうちゅう），日人，仏教（㊀明徳1/元中7(1390)年10月9日）

**厳覚** ごんかく
天喜4(1056)年～保安2(1121)年閏5月8日 ㊿厳覚（げんかく）
平安時代後期の真言宗の僧。仁和寺の覚意、源基平の子。
¶朝日（㊀保安2年閏5月8日(1121年6月24日)），国書（げんかく），古人，コン改，コン4，コン5，人名，日人，仏教（げんかく），平史，密教

**厳寛** ごんかん
生没年不詳
平安時代後期の真言宗の僧。
¶仏教

**金亀和尚** こんきおしょう
生没年不詳
平安時代前期の僧侶。
¶大分歴

**厳教** ごんきょう
生没年不詳
鎌倉時代後期の僧侶・歌人。
¶国書

**厳久(1)** ごんく
平安時代中期の仏師僧。
¶古人，美建，平史（生没年不詳）

**厳久(2)** ごんく
天慶7(944)年～寛弘5(1008)年
平安時代中期の天台宗の僧。
¶古人，平史

**欣求寺良厳** ごんぐうじりょうげん
？ ～文久3(1863)年 ㊿欣求寺良厳（ごんぐじりょうけん）
江戸時代末期の勤王僧。
¶維新（ごんぐじりょうけん），幕末，幕末大

**欣求寺良厳** ごんぐじりょうけん
→欣求寺良厳（ごんぐうじりょうげん）

**厳家** ごんけ
建治1(1275)年～延慶1(1308)年 ㊿厳家（げんか）
鎌倉時代後期の真言僧。
¶鎌室（㊐文永10(1273)年），諸系，人名，日人，仏教（㊀嘉元4(1306)年11月3日）

**言外宗忠** ごんげしゅうちゅう
→言外宗忠（ごんがいそうちゅう）

**金光** こんこう
*～建保5(1217)年 ㊿金光上人（こんこうしょうにん）
平安時代後期～鎌倉時代前期の僧侶。浄土宗祖法然の門弟。
¶青森人（㊐？），青森百（金光上人 こんこうしょうにん ㊐久寿2(1155)年），秋田人2（㊐久寿2年），姓氏宮城（㊐1167年）

**金光家邦** こんこういえくに
明治21(1888)年10月21日～昭和63(1988)年3月29日
大正～昭和期の宗教家、金光教2代管長。
¶岡山歴

**金光宅吉** こんこういえよし
安政1(1854)年12月25日～明治26(1893)年12月20日
江戸時代末期～明治期の宗教家・金光教2代神前奉仕者。
¶岡山歴

**金光鑑太郎** こんこうかがみたろう
明治42(1909)年4月26日～平成3(1991)年1月10日
昭和～平成期の宗教家。金光教4代目教主。
¶岡山歴，現情，図人

**金光金吉** こんこうかねよし
弘化2(1845)年2月8日～明治40(1907)年3月26日
江戸時代後期～明治期の宗教家・金光教副管長。
¶岡山歴

**金剛重光** こんごうしげみつ
飛鳥時代の宮大工。
¶創業（㊀？），美建

**金光上人** こんこうしょうにん
→金光（こんこう）

**金光真整** こんこうしんせい
大正3(1914)年5月26日～昭和53(1978)年7月29日
昭和期の宗教家。
¶岡山歴

**金光整雄** こんこうせいお
大正15(1926)年8月8日～平成5(1993)年2月23日
昭和～平成期の宗教家・金光図書館長。
¶岡山歴

**金光摂胤** こんこうせついん
→金光摂胤（こんこうせつたね）

**金光摂胤** こんこうせつたね
明治13(1880)年8月5日～昭和38(1963)年4月13日 ㊿金光摂胤（こんこうせついん）
明治～昭和期の宗教家。金光教教主。70年にわたり神前に終日座り、人々の救済に専念する。
¶岡山人（こんこうせついん），岡山歴，現朝，現情，現人，昭人，新潮，人名7，世紀，日人

**金光大神**（金光大陣） こんこうだいじん，こんこうたいじん
→川手文治郎（かわてぶんじろう）

**金光萩雄** こんこうはぎお
嘉永2(1849)年4月25日～大正8(1919)年12月17日
江戸時代末期～大正期の宗教家・金光教初代管長。
¶岡山歴

**金光房** こんこうぼう
久寿2(1155)年～建保5(1217)年
平安時代後期～鎌倉時代前期の浄土宗の僧。法然の弟子。奥州に浄土教を広めた開教者。
¶朝日(㊀建保5年3月25日(1217年5月2日)),国史,古人(㊀1154年),古中,新潮(㊀建保5(1217)年3月25日),日人,仏教(㊀久寿2(1155)年2月18日 ㊀建保5(1217)年3月25日),仏史,平史(㊀1154年)

**金剛宥性** こんごうゆうしょう
文政4(1821)年～明治28(1895)年1月13日 ㊀宥性(ゆうしょう)
江戸時代末期～明治期の新義真言宗僧侶。智積院43世、根来寺中興4世、大僧正。
¶国書(宥性 ゆうしょう ㊀文政4(1821)年2月15日),人名(宥性 ゆうしょう),日人,仏教,仏人,明大1

**金剛よしゑ** こんごうよしえ
明治27(1894)年5月25日～昭和50(1975)年3月8日
昭和期の宮大工棟梁。旧江戸城田安・清水門の復元、東本願寺天満院建立などの仕事を手がけた。
¶女性,女性普,美建,名工

**欣西** ごんさい
生没年不詳
鎌倉時代前期の浄土宗の僧。
¶仏教

**厳実** ごんじつ
生没年不詳
平安時代後期の真言宗の僧。
¶仏教

**金鐘** こんしゅ
㊀益田直金鐘(ますだのあたいこんしょう),益田金鐘(ますだのこんしょう)
奈良時代の僧。
¶古代(益田直金鐘 ますだのあたいこんしょう),古代普(益田直金鐘 ますだのあたいこんしょう),コン改(生没年不詳),コン4(生没年不詳),コン5

**金鷲優婆塞** こんじゅうばそく
㊀金鷲(こんす)
奈良時代の行者。
¶古代,古代普,日人(生没年不詳)

**権十郎** ごんじゅうろう
生没年不詳
江戸時代前期のキリシタン。
¶庄内

**厳順** ごんじゅん
宝暦9(1759)年10月14日～文政7(1824)年11月8日
江戸時代中期～後期の真言宗の僧。
¶国書

**厳助** ごんじょ
明応2(1493)年～永禄5(1562)年
戦国時代の真言宗の僧。
¶国書(㊀明応3(1494)年8月15日 ㊀?),姓氏長野,長野歴

**金昭** こんしょう
? ～寛仁2(1018)年
平安時代中期の僧。
¶古人(㊀?),平史

**厳勝** ごんしょう
寛徳1(1044)年～元永1(1118)年
平安時代中期～後期の僧。
¶古人,平史

**闇勝** ごんしょう
生没年不詳
室町時代の僧。
¶姓氏神奈川

**厳乗** ごんじょう
天授2/永和2(1376)年～永享5(1433)年閏7月18日
南北朝時代～室町時代の法相宗の僧。
¶国書

**厳城(1)** ごんじょう
生没年不詳
江戸時代後期の浄土真宗の僧。
¶国書,仏教

**厳城(2)** ごんじょう
天保1(1830)年～明治43(1910)年3月2日
江戸時代後期～明治期の僧侶。
¶真宗

**厳浄** ごんじょう
生没年不詳
江戸時代中期～後期の浄土真宗の僧。
¶国書

**厳成** ごんじょう,ごんしょう
㊀厳成(げんせい)
平安時代後期の大仏師。
¶岡山百(げんせい 生没年不詳),古人(ごんしょう),美建,平史(生没年不詳)

**欣真** ごんしん
? ～寛文2(1662)年8月15日
江戸時代前期の浄土宗の僧。
¶仏教

**厳真** ごんしん
生没年不詳
鎌倉時代前期の真言律宗の僧。
¶人名,日人,仏教

**金鷲** こんす
生没年不詳
奈良時代の優婆塞、僧。
¶朝日

**コンスタンチノ**
生没年不詳
戦国時代の尾張のキリシタン。

¶姓氏愛知

**厳清** ごんせい
応徳1(1084)年～仁平2(1152)年
平安時代後期の石清水第二十七代別当。
¶古人，平史

**厳靖** ごんせい
？ ～正平22/貞治6(1367)年5月3日
鎌倉時代後期～南北朝時代の天台宗の僧。
¶国書



**厳専** ごんせん
生没年不詳
南北朝時代の僧侶・連歌作者。
¶国書

**勤操** ごんぞう，ごんそう
天平勝宝6(754)年～天長4(827)年5月8日 ㊙勤操(きんぞう)，石淵僧正(いわぶちのそうじょう)
奈良時代～平安時代前期の僧。石淵寺で法華八講を創始。
¶朝日(㉝天長4年5月8日(827年6月5日))，岩史，国史，古史，古人，古代，古代普，古中，コン改(㊤天平宝字2(758)年)，コン4(㊤天平宝字2(758)年)，コン5(㊤天平宝字2(758)年)，史人，新潮，人名(ごんそう ㊤758年)，世人(㊤天平宝字2(758)年 ㉝天長4(827)年5月7日)，世百，全書(ごんそう ㊤758年)，大百(ごんそう ㊤754年，(異説)758年)，日史(㊤天平宝字2(758)年)，日人，百科(ごんそう ㊤天平宝字2(758)年)，仏教，仏史，仏人(ごんそう ㊤758年)，平史，歴大

**厳蔵** ごんぞう
？ ～文政7(1824)年5月21日
江戸時代後期の真言宗の僧。
¶国書(生没年不詳)，仏教

**金蔵主** こんぞうす
？ ～嘉吉3(1443)年
室町時代の南朝皇族の後裔。後亀山天皇の皇子と伝えられている。
¶朝日(㉝嘉吉3年9月26日(1443年10月19日))，鎌室，コン改，コン4，コン5，新潮(㉝嘉吉3(1443)年9月25日)，人名，日人

**勤息義城** ごんそくぎじょう
嘉永1(1848)年～大正10(1921)年
明治～大正期の浄土宗僧侶、学僧。一心院住職、小石川伝通院69世。
¶仏人

**勤尊** ごんそん
文治4(1188)年～文永7(1270)年2月
鎌倉時代前期の天台宗の僧。
¶岡山歴，仏教

**権田年助** ごんだとしすけ
天保7(1836)年11月12日～明治7(1874)年4月30日
江戸時代後期～明治期の神官。
¶埼玉人

**権田雷斧** ごんだらいふ
弘化3(1846)年11月～昭和9(1934)年2月7日
明治～昭和期の密教学者。近代密教学の泰斗。著書に「密教綱要」など。
¶現朝(㊤弘化3年12月22日(1847年2月7日))，コン改，コン5，史人，人名，世紀(㊤弘化3(1847)年12月22日)，全書，大百，哲学，新潟百(㉝1933年)，日人(㊤1847年)，仏教，仏人，明治史，明大1(㊤弘化3(1846)年12月22日)

**厳智** ごんち
→厳智(げんち)

**金地院崇伝** こんちいんすうでん
→以心崇伝(いしんすうでん)

**剛中玄柔** ごんちゅうげんじゅう
→剛中玄柔(ごうちゅうげんじゅう)

**厳中周噩**(儼仲周噩) ごんちゅうしゅうがく
→厳中周噩(げんちゅうしゅうがく)

**勤超** ごんちょう
？ ～宝永3(1706)年11月26日
江戸時代前期～中期の浄土宗の僧。
¶国書

**近藤秋里** こんどうあきさと
寛政1(1789)年～慶応2(1866)年2月6日
江戸時代後期～末期の黒島神社祠官。
¶神人

**近藤因幡** こんどういなば
室町時代の武士。
¶岡山人，神奈川人(生没年不詳)

**近藤右馬允** こんどううめのすけ
生没年不詳
江戸時代後期の神職、六所明神社執事。
¶神奈川人

**近藤清** こんどうきよし
昭和7(1932)年4月16日～
昭和期の社寺葺師。
¶飛驒

**近藤清石** こんどうきよし
天保4(1833)年4月17日～大正5(1916)年1月4日
明治期の地方史研究者。防府玉祖神社宮司。山口県地方史研究の先駆者。
¶郷土，考古，国書，史研，人名，姓氏山口，図人，日人，幕末，幕末大，藩臣6，風土(㉝大正4(1915)年)，山口百

**近藤源光** こんどうげんこう
明治12(1879)年11月2日～昭和16(1941)年10月8日
明治～昭和期の僧。高山市の正雲寺8世。
¶飛驒

**今東光** こんとうこう
明治31(1898)年3月26日～昭和52(1977)年9月19日
昭和期の小説家。参議院議員。天台宗大僧正。「文

藝春秋」創刊時の同人。作品に「お吟さま」など。
¶青森人，青森百，岩手人，岩手百，大阪人（[没]昭和52（1977）年9月），大阪文，神奈川百，京都文，近現，近文，現朝，現執1期，現情，現人，現日，広7，国史，コン改，コン4，コン5，作家，滋賀文，四国文，史人，社史，小説，新潮，新文，人名7，世紀，政治，姓氏岩手，全書，大百，東北近，奈良文，日人，日本，兵庫百，兵庫文，広島文，仏教，仏人，文学，北海道文，歴大

**近藤主膳** こんどうしゅぜん
生没年不詳
江戸時代後期の神職、六所明神社催促役。
¶神奈川人

**近藤純悟** こんどうじゅんご
明治32（1899）年～？
明治～昭和期の僧侶。
¶真宗

**近藤正栄** こんどうしょうえい
昭和7（1932）年11月30日～
昭和～平成期の英文学者、神学者。神奈川大学教授。
¶現執1期，現執3期

**近藤照真** こんどうしょうしん
安政5（1858）年～大正14（1925）年
明治～大正期の天台宗僧正。
¶長野歴

**近藤政寛** こんどうせいかん
明治7（1874）年6月6日～昭和28（1953）年7月4日
明治～昭和期の神職。
¶神人，長野歴

**近藤清周** こんどうせいしゅう
生没年不詳
明治期の淘綾郡国府本郷村六所明神社神主。
¶神奈川人

**近藤忠直** こんどうただなお
文政5（1822）年12月29日～明治31（1898）年5月20日
江戸時代後期～明治期の神職、歌人。
¶徳島百，徳島歴，日人（[生]1823年）

**近藤信吉** こんどうのぶきち
慶応1（1865）年2月10日～大正13（1924）年11月26日
明治～大正期の天理教埼玉分教会3代会長・埼玉教区初代主事。
¶埼玉人

**近藤久顕** こんどうひさあき
～昭和14（1939）年
明治～昭和期の神職。
¶神人

**近藤弘記** こんどうひろき
文政11（1828）年～明治24（1891）年 [別]近藤弘記（こんどうひろぶみ）
明治期の神職。貴船神社祠官。私塾を開いて、和漢詩歌を教授した。
¶大分百（[生]1818年），大分歴（こんどうひろぶみ），神人（こんどうひろぶみ），人名（こんどうひろぶみ），日人（こんどうひろぶみ）

**近藤弘記** こんどうひろぶみ
→近藤弘記（こんどうひろき）

**近藤藤守** こんどうふじもり
安政2（1855）年8月20日～大正6（1917）年1月28日
明治～大正期の宗教家。
¶岡山百，岡山歴

**近藤仏海** こんどうぶつかい
→仏海(2)（ぶっかい）

**近藤古逵** こんどうふるみち
天保6（1835）年～明治42（1909）年7月19日
江戸時代後期～明治期の神職。愛媛県黒島神社祠官。
¶神人

**近藤益雄** こんどうますお
慶応3（1867）年～昭和6（1931）年
江戸時代末期～昭和期の神職。
¶神人

**近藤芳介** こんどうよしすけ
文政5（1822）年～明治31（1898）年12月29日
江戸時代末期～明治期の官吏。京都伏見稲荷宮司、豊国神社宮司。明倫館助教。教部省出仕。
¶神人（[生]文政5（1822）年1月23日），人名，姓氏京都，日人，幕末，幕末大，明大2

**近藤喜博** こんどうよしひろ
明治44（1911）年3月12日～
昭和期の宗教文化史学者。文化財保護審議会専門委員。
¶現執1期，現執2期

**近藤竜翁** こんどうりゅうおう
生没年不詳
江戸時代中期の神職。
¶国書

**近藤良空** こんどうりょうくう
安政5（1858）年12月12日～大正13（1924）年12月11日
江戸時代末期～大正期の声明家。
¶音人，新芸，日音，明大1

**厳如** ごんにょ
文化14（1817）年～明治27（1894）年
江戸時代末期～明治期の真宗僧侶。大谷派本願寺第21世。宗教改革を行い、現存堂宇を再建し、大谷派を称した。
¶近現，近世，国史，仏史，仏人

**言如円遵** ごんにょえんじゅん
永禄3（1560）年～寛永14（1637）年9月8日
安土桃山時代～江戸時代前期の臨済宗の僧。
¶国書

**厳潘** ごんは
生没年不詳

室町時代の画僧。
¶日人

**金毘羅多聞院宥喔** こんぴらたもんいんゆうせい
天正14(1586)年～万治2(1659)年
安土桃山時代～江戸時代前期の修験者、讃岐金毘羅多聞院初代上人。
¶高知人

**金輪寺宥相** こんりんじゆうそう
江戸時代中期の僧侶。
¶江戸

**金蓮** こんれん
生没年不詳
奈良時代の僧。
¶日人，歴大



## 【さ】

**作阿** さあ
→作阿(さくあ)

**西阿**(1) さいあ
？～正平3/貞和4(1348)年
鎌倉時代後期～南北朝時代の※の僧。
¶郷土奈良

**西阿**(2) さいあ
生没年不詳
室町時代の法相宗の僧。
¶国書

**在阿** ざいあ
生没年不詳
鎌倉時代の浄土宗の僧。
¶仏教

**柴庵** さいあん
生没年不詳
室町時代の画僧。
¶日人

**載庵禹隣** さいあんうりん
？～弘化2(1845)年2月3日
江戸時代後期の曹洞宗の僧。永平寺57世。
¶仏教

**在庵円有**(在菴円有) ざいあんえんう
文永3(1266)年～正平4/貞和5(1349)年
鎌倉時代後期～南北朝時代の臨済宗の僧。
¶人名(在菴円有)，日人，仏教(㊀貞和5/正平4(1349)年11月21日)

**在庵普在**(在菴普在) ざいあんふざい
永仁6(1298)年～天授2/永和2(1376)年閏7月4日
南北朝時代の臨済宗の僧。
¶鎌室，国書，新潮，人名(在菴普在)，徳島百，日人，仏教

**最胤** さいいん
永禄8(1565)年～寛永16(1639)年1月13日　㊀最胤親王(さいいんしんのう)，最胤入道親王(さいいんにゅうどうしんのう)
安土桃山時代～江戸時代前期の天台宗の僧。天台座主171世。
¶国書(最胤親王　さいいんしんのう　㊐永禄6(1563)年8月)，日人(最胤入道親王　さいいんにゅうどうしんのう)，仏教

**西因** さいいん
？～保安2(1121)年6月1日
平安時代後期の天台宗の僧。
¶古人，仏教，平史(生没年不詳)

**西胤俊承** さいいんしゅんしょう
→西胤俊承(せいいんしゅんしょう)

**最胤親王** さいいんしんのう
→最胤(さいいん)

**最胤入道親王** さいいんにゅうどうしんのう
→最胤(さいいん)

**最雲** さいうん
→最雲法親王(さいうんほっしんのう)

**西運** さいうん
？～元文5(1740)年　㊀西運上人(さいうんしょうにん)
江戸時代の浄土宗の僧。
¶江戸(西運上人　さいうんしょうにん)，京都府

**西運上人** さいうんしょうにん
→西運(さいうん)

**斉雲道棟** さいうんどうとう
寛永14(1637)年11月15日～正徳3(1713)年8月24日
江戸時代前期～中期の黄檗宗の僧。
¶黄檗，国書

**最雲法親王** さいうんほうしんのう
→最雲法親王(さいうんほっしんのう)

**最雲法親王** さいうんほっしんのう
長治1(1104)年～応保2(1162)年2月16日　㊀最雲(さいうん)，最雲法親王(さいうんほうしんのう)
平安時代後期の堀河天皇の第3皇子。
¶鎌室，古人，コン改(さいうんほうしんのう)，コン4(さいうんほうしんのう)，コン5(さいうんほうしんのう)，諸系(さいうんほうしんのう)，新潮，人名(さいうんほうしんのう　㊐1105年)，天皇(さいうんほうしんのう)，日人(さいうんほうしんのう)，仏教(最雲　さいうん)，平史(さいうんほうしんのう　㊐1105年)

**最恵** さいえ
平安時代後期の僧。文治1年権大僧都。
¶古人

**菜英** さいえい
→高柳信之(たかやなぎのぶゆき)

**最円**(1) さいえん
天長2(825)年～？
平安時代前期の天台宗の僧。
¶国書(生没年不詳)，古人(㊀？)，平史

**最円**(2) さいえん
永延2(988)年～永承5(1050)年
平安時代中期の僧。
¶古人，日人，平史

**宰円** さいえん
生没年不詳
鎌倉時代後期の大原流天台の声明家。
¶国書，日音，仏教

**済延** さいえん
*～延久3(1071)年10月14日
平安時代中期の真言宗の僧。
¶国書(㊀長和1(1012)年)，古人(㊀1013年)，仏教(㊀長和1(1012)年)，平史(㊀1013年)

**西円** さいえん
鎌倉時代の僧侶・歌人。
¶国書(生没年不詳)，栃木歴

**済翁** さいおう
南北朝時代の画僧。
¶人名，日人(生没年不詳)

**済翁証救** さいおうしょうく
？ ～文応1(1260)年
鎌倉時代前期～後期の僧。
¶日人

**才翁総芸** さいおうそうげい
？ ～永禄3(1560)年11月23日
戦国時代の曹洞宗の僧。
¶国書，仏教

**西音** さいおん
生没年不詳
鎌倉時代の浄土宗の僧・歌人。
¶国書

**斉遠** さいおん
平安時代の真言宗の僧、法華の行者。
¶人名，日人

**西園寺公衡** さいおんじきんひら
文永1(1264)年～正和4(1315)年9月25日
鎌倉時代後期の公卿(左大臣)。太政大臣西園寺実兼の長男。
¶朝日(㊀正和4年9月25日(1315年10月23日))，角史，鎌室，公卿，公卿普，公家(公衡〔西園寺家〕 きんひら)，国史，国書，古中，コン改，コン4，コン5，史人，諸系，新潮，人名，姓氏京都，世人，中世，日史，日人，百科，平日(㊀1264 ㊀1315)，歴大

**西海枝静** さいかいししずか
明治1(1868)年～昭和14(1939)年10月4日
明治～昭和期の神学者。神学の研究のためロシアに留学。ロシア語学校を開設。
¶海越，海越新，世紀，日人，明大2

**斉覚** さいかく
治安3(1023)年～承暦2(1078)年
平安時代中期～後期の天台僧。
¶古人，平史

**最岳元良** さいがくげんりょう
？ ～明暦3(1657)年4月15日
江戸時代前期の臨済宗の僧。
¶国書

**材岳宗佐** ざいがくそうさ
？ ～天正14(1586)年8月14日
安土桃山時代の臨済宗の僧。妙心寺54世。
¶武田，仏教

**財賀寺義観** ざいがじぎかん
生没年不詳
江戸時代末期の歌僧。
¶東三河

**財賀寺義宣** ざいがじぎせん
文政8(1825)年～明治9(1876)年2月17日
江戸時代後期～明治期の歌僧。
¶東三河

**西月** さいがつ
？ ～明暦4(1658)年1月15日
江戸時代前期の浄土宗の僧。
¶仏教

**最寛** さいかん
天承1(1131)年～承元4(1210)年12月10日
平安時代後期～鎌倉時代前期の真言宗の僧。
¶国書，仏教

**西巌意伯** さいがんいはく
？ ～永禄5(1562)年
戦国時代～安土桃山時代の臨済宗の僧。
¶姓氏石川

**西願寺西善** さいがんじさいぜん
生没年不詳
戦国時代の西願寺の開基。
¶飛騨

**西磵子曇** さいかんしどん
→西磵子曇(せいかんしどん)

**西岸寺任口** さいがんじにんこう
→任口(にんこう)

**済関崇透** さいかんすうとう
生没年不詳
戦国時代の僧。
¶日人

**斉祇** さいぎ
永観1(983)年～永承2(1047)年
平安時代中期の天台僧。
¶古人，平史

**斎木瑞枝** さいきみずえ
文化7(1810)年5月5日～明治7(1874)年12月21日
江戸時代後期～明治期の神職・歌人。

¶国書

**最教** さいきょう
？ ～貞観14(872)年
平安時代前期の僧。
¶古人([生]？)，古代，古代普([生]？)，コン改(生没年不詳)，コン4(生没年不詳)，コン5，人名，日人，仏教(生没年不詳)



**済慶** さいきょう
寛和1(985)年～永承2(1047)年　[別]済慶(さいけい),斉慶(さいけい)
平安時代中期の三論宗の僧。東大寺63世。
¶国書(さいけい　[没]永承2(1047)年10月1日)，古人(斉慶　さいけい)，諸系(さいけい)，日人(さいけい)，仏教([没]永承2(1047)年10月14日，(異説)10月1日？)，平史(斉慶　さいけい)

**西行** さいぎょう
元永1(1118)年～文治6(1190)年2月16日　[別]西行法師(さいぎょうほうし)，佐藤義清(さとうのりきよ),佐藤憲清(さとうのりきよ),佐藤則清(さとうのりきよ)
平安時代後期の歌人、僧。藤原秀郷の末裔。各地を遍歴して歌を詠む。歌集に「山家集」がある。
¶朝日([没]建久1年2月16日(1190年3月23日))，岩史，岩手人(西行法師　さいぎょうほうし)，岩手百(西行法師　さいぎょうほうし)，大阪墓，香川人，香川百，角史，神奈川人，神奈川百，鎌倉，鎌倉新，鎌室，京都(西行法師　さいぎょうほうし)，郷土香川，京都大，国史，国書，古史，古人，古中，コン改，コン4，コン5，詩歌，詩作，史人，静岡百，静岡歴，思想史，重要，人書79，人書94，人情，人情3，神人，新潮，新文，人名，姓氏岩手，姓氏静岡，姓氏宮城，世人，世百，全書，大百，茶道，中世，伝記，栃木歴，内乱，日思，日史，日人，日文，俳句，百科，福井百，仏教，仏史，仏人，文学，平家，平史，平日([生]1118　[没]1190)，町田歴，宮城百，山形百，山川小，歴大，和歌山人，和俳

**西教寺宗周** さいきょうじそうしゅう
～天文2(1533)年10月10日
戦国時代の朝日村の西教寺の開基。
¶飛驒

**西行法師** さいぎょうほうし
→西行(さいぎょう)

**西吟** さいぎん
慶長10(1605)年～寛文3(1663)年8月15日
江戸時代前期の浄土真宗本願寺派の学僧。
¶近世，国史，国書，コン改，コン4，コン5，史人，思想史，新潮，人名，日人，仏教，仏史，仏人([生]1606年　[没]1664年)

**三枝蓊** さいぐさしげる
天保6(1835)年～明治1(1868)年　[別]三枝蓊(さえぐさしげる)，青木精一郎(あおきせいいちろう)
江戸時代末期の勤王僧。
¶維新，新潮([没]慶応4(1868)年3月4日)，人名，日人，幕末(さえぐさしげる　[没]1868年4月14日)，幕末大(さえぐさしげる　[没]慶応4(1868)年3月4日)，歴大

**三枝昇純** さいぐさしょうじゅん
？ ～昭和9(1934)年
明治～昭和期の真宗大谷派の僧。
¶姓氏石川

**三枝徹中** さいぐさてっちゅう
？ ～明治32(1899)年
江戸時代末期～明治期の真宗大谷派の僧。
¶姓氏石川

**三枝充悳** さいぐさみつよし
大正12(1923)年4月18日～
昭和～平成期の宗教研究者。日本大学教授。
¶現執1期，現執2期，現執3期，現執4期，現情，世紀

**三枝義夫** さいぐさよしお
明治34(1901)年3月27日～昭和19(1944)年12月31日
昭和期の宗教学者。明治大学教授。H.ショルツ「宗教哲学」を訳出、宗教学界に貢献。
¶昭人，哲学

**済慶**(斉慶) さいけい
→済慶(さいきょう)

**最憲** さいけん
生没年不詳
平安時代後期の延暦寺の悪僧。
¶平史

**最源**(1) さいげん
永承1(1046)年～大治1(1126)年
平安時代中期～後期の仁和寺宝乗院の僧。
¶古人，平史

**最源**(2) さいげん
長治2(1105)年～文治1(1185)年
平安時代後期の仁和寺僧。
¶古人，平史

**最源**(3) さいげん
安貞2(1228)年～？
鎌倉時代前期の天台宗の僧。
¶鎌室，日人，仏教(生没年不詳)

**才玄** さいげん
宝暦12(1762)年～文政12(1829)年
江戸時代中期～後期の浄土真宗の僧。
¶国書

**済源** さいげん
*～天徳4(960)年
平安時代中期の三論宗の僧。薬師寺15世。
¶古人([生]882年　[没]964年)，人名([生]？)，日人([生]885年)，仏教([生]仁和1(885)年　[没]天徳4(960)年4月5日)，平史([生]882年　[没]964年)

**済高** さいこう
*～天慶5(942)年11月25日　[別]済高(せいこう)
平安時代前期～中期の真言宗の僧。勧修寺第2世。

¶国史（せいこう　[生]870年），古人（[生]852年），古中（せいこう　[生]870年），コン改（[生]仁寿1（851）年　[没]天慶4（941）年），コン4（[生]仁寿1（851）年　[没]天慶4（941）年），コン5（[生]仁寿1（851）年　[没]天慶4（941）年），新潮（せいこう　[生]仁寿2（852）年，（異説）天安1（857）年，貞観12（870）年），人名（[生]852年），世人（[生]貞観12（870）年），日人（[生]870年　[没]943年），仏教（[生]貞観12（870）年），仏史（せいこう　[生]870年），平史（[生]852年），和歌山人（せいこう　[生]870年）

**西光** さいこう
？～治承1（1177）年　[別]藤原師光（ふじわらのもろみつ,ふじわらもろみつ），藤原西光（ふじわらのさいこう）
平安時代後期の廷臣、僧。
¶朝日，岩史（藤原師光　ふじわらのもろみつ　[没]安元3（1177）年6月1日），角史（藤原師光　ふじわらのもろみつ），鎌室，国史（藤原師光　ふじわらのもろみつ），国書（藤原師光　ふじわらもろみつ　生没年不詳），古史（藤原師光　ふじわらのもろみつ），古人（[生]？），古中（藤原師光　ふじわらのもろみつ），コン改（藤原師光　ふじわらのもろみつ），コン4（藤原師光　ふじわらのもろみつ），コン5（藤原師光　ふじわらのもろみつ），史人（藤原師光　ふじわらのもろみつ），重要（[没]治承1（1177）年6月1日），諸系（藤原師光　ふじわらのもろみつ），新潮，人名（藤原師光　ふじわらのもろみつ），姓氏京都，世人（藤原師光　ふじわらのもろみつ　[没]治承1（1177）年6月1日），全書（藤原師光　ふじわらのもろみつ），大百（藤原師光　ふじわらのもろみつ），中世（[生]？），徳島百（[没]治承1（1177）年6月2日），徳島歴（藤原師光　ふじわらもろみつ　[没]治承1（1177）年6月2日），内乱，日史（[没]治承1（1177）年6月1日），日人（藤原師光　ふじわらのもろみつ），百科，平家，平史，山川小（藤原師光　ふじわらのもろみつ　[生]？），歴大（藤原師光　ふじわらのもろみつ）

**西光義遵** さいこうぎじゅん
明治20（1887）年5月3日～昭和20（1945）年9月4日
明治～昭和期の僧侶。
¶真宗

**西光義敞** さいこうぎしょう
大正14（1925）年6月30日～平成16（2004）年3月20日
昭和～平成期の仏教社会事業家、浄土真宗僧侶。
¶現執1期，日エ

**西光寺如石** さいこうじじょせき
生没年不詳
江戸時代中期の俳僧。
¶東三河

**西光寺泉石** さいこうじせんせき
慶安2（1649）年～享保16（1731）年3月14日
江戸時代中期の俳僧。
¶東三河

**西光寺善明** さいこうじぜんみょう
生没年不詳
戦国時代の古川町の西光寺の開基。
¶飛騨

**西光寺法祐** さいこうじほうゆう
生没年不詳
安土桃山時代の清見村の西光寺の開基。
¶飛騨

**西郷頼母** さいごうたのも
天保1（1830）年～明治36（1903）年
江戸時代末期～明治期の会津藩士。家老。戊辰戦争で出撃作戦を主張して篭城論に敗れ、軍将を辞職。
¶会津，朝日（[生]天保1年閏3月24日（1830年5月16日）　[没]明治36（1903）年4月28日），維新，英墓（[生]文政13（1830）年閏3月24日　[没]明治36（1903）年4月28日），江人，神奈川人（[生]1771年　[没]1819年），コン改（[没]明治38（1905）年），コン4（[没]明治38（1905）年），コン5（[没]明治38（1905）年），新潮（[没]明治36（1903）年4月30日），人名（[没]1905年），姓氏静岡，全書，全幕（[生]文政12（1829）年），日人，幕末（[没]1903年4月28日），幕末大（[没]明治36（1903）年4月30日），藩臣2，福島百（[没]明治38（1905）年），明治史，和歌山人（生没年不詳）

**西光万吉** さいこうまんきち
明治28（1895）年4月17日～昭和45（1970）年3月20日
明治～昭和期の部落解放運動家、農民運動家。全国水平社の創立者の一人で、「水平社宣言」起草者。3.15事件で検挙。
¶アナ，岩史，革命，角史，紀伊文，近現，近文，現朝，現情，現人，現日，コン改，コン4，コン5，史人，社運，社史，重要，真宗，新潮，人名7，世紀，姓氏京都，世人，世百新，全書，哲学，奈良文，日エ，日史，日人，日本，百科，平日，平和，ポプ人，民学，山川小，歴大，和歌山人

**最厳** さいごん
生没年不詳
平安時代後期の天台宗の僧・歌人。
¶国書，古人，平史

**在山素璿** ざいさんそせん
？～元中1/至徳1（1384）年3月12日
南北朝時代の臨済宗の僧。東福寺49世。
¶国書，仏教

**在山曇璿** ざいさんどんせん
？～文安2（1445）年6月25日
室町時代の臨済宗の僧。
¶仏教

**在山融松** ざいさんゆうしょう
元中2/至徳2（1385）年～享徳2（1453）年5月14日
室町時代の臨済宗の僧。
¶仏教

**最守** さいしゅ
元仁1（1224）年～建長8（1256）年

さ

鎌倉時代前期の僧。
¶鎌室，国書（㊐建保1（1213）年　㊊建長8（1256）年9月25日），日人

**西住** さいじゅう
生没年不詳
平安時代後期の真言宗の僧。
¶国書，古人，仏教，平史



**済宗祖運** さいしゅうそうん
元和6（1620）年～元禄12（1699）年9月27日
江戸時代前期～中期の臨済宗の僧。
¶黄檗

**済俊** さいしゅん
永長1（1096）年～治承3（1179）年3月1日
平安時代後期の真言宗の僧。高野山検校27世。
¶古人，仏教，平史

**西春** さいしゅん
寛永16（1639）年～寛文7（1667）年
江戸時代前期の僧。
¶郷土千葉，千葉百

**西順** さいじゅん
元和2（1616）年～？
江戸時代前期～中期の連歌師。
¶国書，日人（㊊1694年？），俳文，仏教（生没年不詳）

**最助** さいじょ
→最助法親王（さいじょほっしんのう）

**済助** さいじょ
生没年不詳
鎌倉時代の天台宗の僧。
¶仏教

**税所篤** さいしょあつし，ざいしょあつし
文政10（1827）年11月5日～明治43（1910）年6月21日
江戸時代末期～明治期の鹿児島藩士、政治家。子爵。薩長連合締結の伏線を準備。維新後は境県・奈良県の知事、元老院議官など。
¶朝日（㊐文政10年11月5日（1827年12月22日）），維新，鹿児島百（㊐文政11（1828）年），近現，近史4，近世，考古（㊐文政10（1827）年11月　㊊明治43（1910）年6月），国史，コン改，コン4，コン5，薩摩，史人，神人，新潮，人名，政治，姓氏鹿児島（㊐1828年），全幕，日史，日人，幕末，幕末大，藩臣7，兵庫人（ざいしょあつし　㊐文政10（1827）年11月），兵庫百，明治史，明大1，履歴，履歴2

**税所篤人** さいしょあつと
→税所篤人（さいしょあつひと）

**税所篤人** さいしょあつひと
天保7（1836）年～明治43（1910）年　㊍税所篤人（さいしょあつと）
明治期の神官、岡山藩士。日向霧島神社宮司を務めた。
¶神人（さいしょあつと　㊊明治43（1909）年），人名，日人

**宰承** さいしょう
生没年不詳
鎌倉時代後期の天台宗の僧・歌人。
¶国書

**済承** さいしょう
嘉吉2（1442）年～？
室町時代～戦国時代の真言宗の僧。
¶国書

**西笑**(1) さいしょう
→西笑承兌（せいしょうじょうたい）

**西笑**(2) さいしょう
生没年不詳
江戸時代後期の僧。
¶日人，仏教

**最勝院桃州** さいしょういんとうしゅう
生没年不詳
江戸時代中期の俳僧。
¶東三河

**斉聳弘宗** さいしょうこうしゅう
？～慶応3（1867）年10月19日
江戸時代末期の黄檗宗の僧。
¶黄檗

**西正寺西順** さいしょうじさいじゅん
生没年不詳
戦国時代の清見村の西正寺の開基。
¶飛騨

**栽松青牛** さいしょうしょうご
？～永正3（1506）年　㊍栽松青牛（さいしょうせいぎゅう），青牛（せいぎゅう）
室町時代～戦国時代の曹洞宗の僧。
¶人名（さいしょうせいぎゅう），人名（青牛　せいぎゅう），日人（さいしょうせいぎゅう），仏教（㊊永正3（1506）年6月26日）

**西笑承兌** さいしょうしょうだ
→西笑承兌（せいしょうじょうたい）

**西笑承兌** さいしょうしょうたい，さいしょうしょうだい，さいしょうじょうたい
→西笑承兌（せいしょうじょうたい）

**栽松青牛** さいしょうせいぎゅう
→栽松青牛（さいしょうしょうご）

**西条寛雄** さいじょうひろお
明治6（1873）年～昭和45（1970）年11月1日
明治～昭和期の牧師、教育者。鎮西学院院長。
¶キリ（㊐明治6（1873）年2月23日），福岡百（㊐明治6（1873）年12月23日）

**最助法親王** さいじょほうしんのう
→最助法親王（さいじょほっしんのう）

**最助法親王** さいじょほっしんのう
建長5（1253）年～永仁1（1293）年　㊍最助（さいじょ），最助法親王（さいじょほうしんのう）
鎌倉時代後期の天台宗の僧。後嵯峨天皇の子。

¶朝日（[生]寛元3（1245）年　[没]永仁1年2月4日（1293年3月13日）），鎌室，新潮（[没]永仁1（1293）年2月3日），人名（さいじょほうしんのう），天皇（さいじょほうしんのう　[生]建長7（1256）年），日人（さいじょほうしんのう），仏教（最助　さいじょ　[没]正応6（1293）年2月4日）

**最信** さいしん
生没年不詳
鎌倉時代前期の天台宗の僧・歌人。
¶国書

**済信** さいしん
天暦8（954）年～長元3（1030）年　[別]済信（せいじん）
平安時代中期の真言宗の僧。左大臣源雅信の子。
¶朝日（[没]長元3年6月11日（1030年7月14日）），国史（せいじん），国書（[没]長元3（1030）年6月11日），古人，古中（せいじん），コン改，コン4，コン5，史人（せいじん　[没]1030年6月11日），新潮（せいじん　[没]長元3（1030）年6月11日），人名，日人，仏教（[没]長元3（1030）年6月11日，（異説）長元4（1031）年6月11日），仏史（せいじん），平史

**西信** さいしん
？～万治1（1658）年10月15日
江戸時代前期の僧。
¶仏教

**済深** さいじん
→済深入道親王（さいじんにゅうどうしんのう）

**済尋** さいじん
長元2（1029）年～嘉保2（1095）年
平安時代中期～後期の興福寺の法相宗僧。
¶古人，平史

**済甚** さいじん
生没年不詳
鎌倉時代前期の真言宗の僧。
¶仏教

**済深親王** さいじんしんのう
→済深入道親王（さいじんにゅうどうしんのう）

**済深入道親王** さいじんにゅうどうしんのう
寛文11（1671）年8月16日～元禄14（1701）年12月2日　[別]済深（さいじん），済深親王（さいじんしんのう），済深法親王（さいしんほうしんのう），一宮（いちのみや）
江戸時代中期の霊元天皇の第1皇子。東大寺別当。
¶近世，国史，国書（済深親王　さいじんしんのう），史人，諸系，人名（済深法親王　さいしんほうしんのう），天皇（済深法親王　さいしんほうしんのう　[生]寛文11（1671）年8月17日，16日　[没]元禄14（1701）年11月29日，12月2日），日人，仏教（済深　さいじん）

**済深法親王** さいしんほうしんのう
→済深入道親王（さいじんにゅうどうしんのう）

**最仙** さいせん
生没年不詳
奈良時代～平安時代前期の天台宗の僧。
¶茨城百，茨城歴，古人，人名，日人，仏教，平史

**済暹** さいせん
万寿2（1025）年～永久3（1115）年11月26日
平安時代中期～後期の真言宗の僧。朝臣文綱の子。
¶朝日（[没]永久3年11月26日（1115年12月13日）），国史，国書，古人，古中，コン改，コン4，コン5，史人，新潮，人名，世人，日人，仏教，仏史，仏人，平史

**斉詮** さいせん
→斉詮（せいせん）

**在禅** ざいぜん
元文4（1739）年～文政3（1820）年3月21日
江戸時代中期～後期の浄土宗の僧。鎌倉光明寺80世、増上寺55世。
¶国書，仏教

**在先希譲** ざいせんきじょう
建武2（1335）年～応永10（1403）年3月4日　[別]在先希譲（ぜいせんきじょう）
南北朝時代～室町時代の臨済宗の僧。東福寺62世。
¶国書，人名，富山百（ぜいせんきじょう），日人，仏教

**在先元混** ざいせんげんこん
？～寛保3（1743）年11月13日
江戸時代中期の黄檗宗の僧。
¶黄檗

**西川宗洵** さいせんそうじゅん
生没年不詳　[別]西川宗洵（せいせんそうじゅん）
室町時代～戦国時代の臨済宗の僧。妙心寺16世。
¶国書（せいせんそうじゅん），仏教

**西蔵寺暢明** さいぞうじちょうめい
文政6（1823）年～明治21（1888）年9月24日
江戸時代後期～明治期の歌僧。
¶東三河

**最蔵坊** さいぞうぼう
？～慶安1（1648）年
江戸時代前期の僧。
¶高知人，コン改，コン4，コン5，日人

**斉尊** さいそん
天喜1（1053）年～長治2（1105）年
平安時代後期の天台宗の僧。
¶古人，コン改（生没年不詳），コン4（生没年不詳），コン5，人名，日人，仏教（[没]長治2（1105）年2月22日），平史

**座田太氏** さいだひろうじ
文化10（1813）年～明治25（1892）年
江戸時代末期～明治期の京都上賀茂社の祠官。
¶国書（[没]明治25（1892）年5月5日），人名（[生]1818年），日人

**座田司氏** さいだもりうじ
明治18（1885）年～＊

明治〜昭和期の神職、歴史研究家。賀茂別雷神社宮司。神道史を研究。
¶神奈川人(没1960年)，史研(没1962年)，神史(没1962年)，姓氏神奈川(没1960年)

**最忠** さいちゅう
？ 〜嘉応2(1170)年
平安時代後期の延暦寺梶井門跡僧(園城寺僧とも)。
¶古人(生？)，平史



**在中広衍** ざいちゅうこうえん
元亨1(1321)年〜？
南北朝時代の禅僧。
¶鎌倉

**在仲宗宥** ざいちゅうそうゆう
生没年不詳
室町時代の曹洞宗の僧。
¶日人，仏教

**在中中淹** ざいちゅうちゅうえん
興国3/康永1(1342)年〜正長1(1428)年
南北朝時代〜室町時代の臨済宗の僧。南禅寺70世、天竜寺38世、相国寺13世。
¶人名，姓氏石川(生？)，日人，仏教(没正長1(1428)年10月7日)

**最澄** さいちょう
神護景雲1(767)年〜弘仁13(822)年6月4日
別伝教大師(でんきょうだいし,でんぎょうだいし)，叡山大師(えいざんだいし)
奈良時代〜平安時代前期の僧。日本天台宗の祖。804年唐に渡り、密教を学ぶ。延暦寺は最澄が初めて草庵をむすんだもので、北嶺と称され天台宗の中心となった。
¶朝日(没弘仁13年6月4日(822年6月26日))，岩史，角史，教育，京都，郷土滋賀，京都大，群新百，群馬人，群馬百，国史，国書，古史(生？)，古人(生766年，767年)，古代(生766年)，古代普(生766年)，古中，コン改(生天平神護2(766)年)，コン4(生天平神護2(766)年)，コン5(生天平神護2(766)年)，詩歌(伝教大師　でんぎょうだいし)，滋賀百，詩作(伝教大師　でんきょうだいし　生天平神護2(766)年)，史人，思想史，重要(生神護景雲1(767)年8月18日？)，神史，人書79(生762年)，人書94，神人，新潮，新文(生神護景雲1(767)年8月18日)，人名，姓氏京都，姓氏群馬(生766年)，世人(生神護景雲1(767)年8月18日)，世百，全書(生766年,(異説)767年)，対外，大百，太宰府，伝記，日思，日史，日人，美術，百科，福岡百，仏教(生神護景雲1(767)年8月18日)，仏史，仏人，文学，平家(伝教大師　でんぎょうだいし)，平史(生766年,(異説)767年)，平日(生767　没822)，名僧，山川小，歴大(生766年,(異説)767年)，和俳

**最珍**(1) さいちん
生没年不詳
平安時代中期の僧。京都北野にある朝日寺(観音寺)の北野天満宮を造立した。
¶太宰府

**最珍**(2) さいちん
康治2(1143)年〜承久1(1219)年11月2日
平安時代後期〜鎌倉時代前期の天台宗の僧。
¶国書，仏教

**最鎮** さいちん
生没年不詳
平安時代中期の社僧。
¶国書，古人，姓氏京都，平史

**在天宗鳳** ざいてんそうほう
延徳2(1490)年〜元亀3(1572)年
戦国時代の曹洞宗の僧。
¶人名，日人，仏教(没元亀3(1572)年1月23日)

**済棟** さいとう
*〜延喜5(905)年
平安時代前期〜中期の法相宗の僧。東大寺34世。
¶古人(生825年？)，人名(生839年)，日人(生839年)，仏教(生弘仁14(823)年　没延喜5(905)年6月18日)，平史(生825年？)

**斎藤昭俊** さいとうあきとし
昭和5(1930)年3月15日〜
昭和〜平成期の仏教教育学者、インド宗教学者。大正大学教授。
¶現執1期，現執2期，現執3期，現執4期

**斎藤一諾斎** さいとういちだくさい
文化10(1813)年〜明治7(1874)年12月18日
別斎藤秀全(さいとうひでたけ)
江戸時代末期〜明治期の住職、新撰組隊士、教育者。
¶新撰(斎藤秀全　さいとうひでたけ)，新隊(斎藤秀全　さいとうひでたけ)，全幕，幕末，幕末大

**斎藤英明** さいとうえいめい
明治26(1893)年〜昭和60(1985)年
明治〜昭和期の僧侶、教育者。
¶学校，庄内(生明治26(1893)年9月15日　没昭和60(1985)年7月18日)，山形百新

**斎藤普春** さいとうかたはる
安政1(1854)年1月26日〜大正2(1913)年3月26日
別斎藤普春(さいとうひろはる)
明治期の神職。国学歌道に通じた。
¶神人(さいとうひろはる)，人名，徳島百(さいとうひろはる)，徳島歴(さいとうひろはる)，日人，明大1

**斎藤兼綱** さいとうかねつな
？ 〜弘安10(1287)年
鎌倉時代前期〜後期の藻原寺の開基。
¶千葉百

**斎藤清澄** さいとうきよと
嘉永6(1853)年〜明治29(1896)年
江戸時代後期〜明治期の上都賀郡入粟野村賀蘇山神社宮司、自由民権運動家。
¶栃木歴

**斎藤現英** さいとうげんえい
万延1(1860)年2月15日～？
明治期の僧侶。
¶真宗

**斎藤監物** さいとうけんもつ
文政5(1822)年～万延1(1860)年3月8日 ㊙佐々木馬之介(ささきうまのすけ)
江戸時代末期の水戸藩尊攘派。桜田門外の変で死亡した。
¶朝日(㊱万延1年3月8日(1860年3月29日)), 維新, 茨城百, 茨城歴, 近世, 国史, 国書, コン改, コン4, コン5, 詩歌, 詩作, 史人, 新潮, 人名, 世人, 全幕, 日人, 幕末(㊱1860年3月29日), 幕末大, 和俳

**斎藤剛毅** さいとうごうき
昭和11(1936)年8月29日～
昭和～平成期の牧師、キリスト教教派史研究者。福岡女学院大学教授、筑紫野二日市教会牧師。
¶現執2期

**斎藤小左衛門** さいとうこざえもん
天正5(1577)年～寛永10(1633)年 ㊙斎藤小左衛門パウロ(さいとうござえもんぱうろ), パウロ
安土桃山時代～江戸時代前期のイエズス会司祭、殉教者。
¶朝日(斎藤小左衛門パウロ さいとうござえもんぱうろ ㊐天正4(1576)年 ㊱寛永10年10月2日(1633年11月3日)), 近世, 国史, コン改, コン4, コン5, 史人(㊐1576年,(異説)1577年 ㊱1633年10月2日), 新潮(㊱寛永10(1633)年8月29日), 世人, 戦人, 対外, 日人

**斎藤小左衛門パウロ** さいとうござえもんぱうろ
→斎藤小左衛門(さいとうこざえもん)

**斎藤重右衛門** さいとうじゅうえもん
文政6(1823)年～明治28(1895)年4月3日
江戸時代末期～明治期の金光教大教正。金光教布教。笠岡代官所に捕らえられる。後、金光大権現の神号を許される。
¶維新, 岡山人, 岡山歴(㊐文政6(1823)年1月24日), 幕末, 幕末大

**斎藤述久** さいとうじゅつきゅう
～寛保2(1742)年5月21日
江戸時代中期の神職。
¶庄内

**斎藤純忠** さいとうじゅんちゅう
大正7(1918)年8月18日～
昭和～平成期の僧侶、政治家。戸田市長、妙顕寺住職。
¶現政

**斎藤照因** さいとうしょういん
安政2(1855)年～昭和8(1933)年
明治～昭和期の僧。青森市横内常福院住職。
¶青森人

**斎藤松寿** さいとうしょうじゅ
→斎藤松寿(さいとうまつとし)

**斎藤信吉** さいとうしんきち
？ ～
大正期のキリスト教社会主義者。兵庫県工業懇談会常務幹事。
¶社史

**斎藤真成** さいとうしんじょう
大正6(1917)年6月5日～
昭和～平成期の洋画家、僧侶。真如堂53世貫主、京都教育大学教授。真如堂住職を務める傍ら、絵も描く。作品に「行者の家」「黄色の風景」など。
¶近美, 世紀, 日人

さ

**斎藤善次郎** さいとうぜんじろう
明治17(1884)年～昭和49(1974)年
明治～昭和期の神官。
¶群馬人

**斎藤惣一**(斉藤惣一, 齊藤惣一) さいとうそういち
明治19(1886)年7月9日～昭和35(1960)年7月5日
大正～昭和期のキリスト教社会運動家。日本YMCA同盟総主事。日本YMCA同盟主事となり、世界的に活躍。戦後引揚援護院長官として数100万人の帰国を果たす。
¶キリ(斉藤惣一), 近現(斉藤惣一), 現朝, 現情, 現人, 国史(斉藤惣一), 史人, 社教, 昭人, 新潮(斉藤惣一), 人名7, 世紀, 日人(斉藤惣一), 日Y(齊藤惣一), 福岡百(斉藤惣一), 履歴(斉藤惣一), 履歴2(斉藤惣一)

**斎藤宗次郎** さいとうそうじろう
明治10(1877)年2月20日～昭和43(1968)年1月2日
明治～昭和期の小学校教諭。
¶岩手百, キリ, 姓氏岩手

**斉藤宗次郎** さいとうそうじろう
明治10(1877)年2月20日～昭和43(1968)年1月2日
明治～昭和期の宗教家。
¶岩手人

**斎藤則庸** さいとうそくよう★
安永4(1775)年～嘉永5(1852)年2月9日
江戸時代後期の諏訪神社の神官で19代目。
¶秋田人2

**斎藤大恵** さいとうだいけい
嘉永元(1848)年4月19日～大正15(1926)年5月15日
明治・大正期の根室の和田山耕雲寺(曹洞宗)創立者。
¶根千

**斎藤多須久** さいとうたすく
天保6(1835)年～明治26(1893)年8月16日
江戸時代末期～明治期の神道家。医学・国学を修め、神仏分離に努める。大成教創立。
¶維新, 郷土群馬, 群馬人, 神人(㊐天保1(1835)年8月17日), 人名, 姓氏群馬, 日人, 幕末, 幕末大(㊐天保6(1835)年8月17日), 明大1(㊐天保6(1835)年8月17日)

さ

**斉藤通雄**　さいとうつうゆう
〜平成6(1994)年12月16日
昭和〜平成期の僧侶、郷土史研究家。
¶郷土

**斎藤司**　さいとうつかさ
慶応1(1865)年1月〜昭和12(1937)年1月25日
明治〜昭和期の神官、農事指導者。麦作専門書「発明・麦作改良新書」を著す。笠松神社をはじめ数社の神職を兼務。
¶朝日，世紀，日人，明大1

**斉藤常吉**　さいとうつねきち
文化8(1811)年〜明治24(1891)年
江戸時代後期〜明治期の宮大工。
¶姓氏長野，美建

**斎藤時頼**　さいとうときより
生没年不詳　㊀滝口・横笛(たきぐち・よこぶえ)，滝口入道(たきぐちにゅうどう)，滝口入道時頼(たきぐちにゅうどうときより)，藤原時頼(ふじわらのときより)
平安時代後期の武士、高野聖、平重盛の臣。
¶朝日(滝口入道時頼　たきぐちにゅうどうときより)，古人(藤原時頼　ふじわらのときより　㊤1164年)，コン改，コン4，コン5，史人(滝口入道　たきぐちにゅうどう)，新潮，人名，内乱(㊤長寛2(1164)年)，日史(滝口・横笛　たきぐち・よこぶえ)，日人，仏教(滝口入道　たきぐちにゅうどう)，平家(㊤長寛2(1164)年)

**斉藤直芳**　さいとうなおよし
明治34(1901)年12月12日〜昭和45(1970)年3月2日
大正〜昭和期の弓道家、神職、武具研究家。
¶弓道

**斎藤信幸**　さいとうのぶゆき
宝永6(1709)年〜安永5(1776)年
江戸時代中期の歌人。
¶国書(㊤宝永6(1709)年10月　㊦安永5(1776)年11月13日)，静岡歴，人名，姓氏静岡，日人，和俳

**斎藤秀雄**　さいとうひでお
明治37(1904)年〜昭和59(1984)年
大正〜昭和期の白光真宏会事務局長、副理事長。童話作家。
¶幻想

**斎藤秀全**　さいとうひでたけ
→斎藤一諾斎(さいとういちだくさい)

**斎藤博**　さいとうひろし
昭和期の仏教学者。
¶現執2期

**斎藤博宣**　さいとうひろのり
明治44(1911)年〜昭和43(1968)年
昭和期の僧侶。
¶山口人

**斎藤普春**　さいとうひろはる
→斎藤普春(さいとうかたはる)

**斎藤楓山**　さいとうふうざん
天保13(1842)年〜明治41(1908)年月12・17日
明治・大正期の俳人。
¶町田歴

**斎藤法如**　さいとうほうにょ
安政3(1856)年〜昭和5(1930)年
明治〜昭和期の僧。東林寺住職。
¶姓氏神奈川

**斎藤政隣**　さいとうまさちか
生没年不詳
江戸時代後期の神職。
¶国書

**斎藤松寿**　さいとうまつとし
弘化3(1846)年〜大正7(1918)年　㊀斎藤松寿(さいとうしょうじゅ)
江戸時代後期〜大正期の神職。
¶神人，栃木歴(さいとうしょうじゅ)

**斎藤操**　さいとうみさお
天保5(1834)年〜大正6(1917)年
江戸時代後期〜大正期の神職。
¶神人

**斉藤宗治**　さいとうむねはる
明治19(1886)年〜昭和44(1969)年
明治〜昭和期の牧師。
¶兵庫百

**斎藤元宜**　さいとうもとのぶ
大正3(1914)年？〜？
昭和期の僧侶。新興仏教青年同盟メンバー。
¶社史

**斉藤聞精**(斎藤聞精)　さいとうもんしょう
天保11(1840)年9月26日〜明治37(1904)年6月2日
明治期の浄土宗本願寺派僧侶、学僧。願成寺副住職、本山大学林教授。
¶真宗，仏人(斎藤聞精)

**斎藤唯信**(斉藤唯信)　さいとうゆいしん
元治1(1864)年12月18日〜昭和32(1957)年12月22日
明治〜昭和期の仏教学者。大谷大学教授。仏教教学の展開と啓蒙のために尽力。
¶現情，昭人，真宗(斉藤唯信)，人名7，世紀(㊤元治1(1865)年12月18日)，哲学，新潟百，日人(㊤1865年)，仏教，仏人，明大2

**斎藤祐円**　さいとうゆうえん
寛政10(1798)年〜明治3(1870)年4月28日
江戸時代末期〜明治期の修験者・歌人。
¶岡山歴

**斎藤美澄**　さいとうよしずみ，さいとうよしすみ
安政4(1857)年〜大正4(1915)年3月26日
明治〜大正期の郷土史家、日枝神社社司。
¶郷土，庄内，神人(さいとうよしすみ)，山形百(㊤？)

**斉藤芳太郎** さいとうよしたろう
安政6(1859)年～大正9(1920)年
江戸時代末期～大正期の宮大工。
¶姓氏長野, 美建

**斎藤義彦** さいとうよしひこ
天明5(1785)年～天保12(1841)年3月21日
江戸時代中期～後期の神道家。
¶国書, 埼玉人, 埼玉百

**斎藤義丸** さいとうよしまる
明治5(1872)年～昭和14(1939)年
明治～昭和期の神職。
¶神人

**斎藤義基** さいとうよしもと
安政6(1859)年～昭和8(1933)年
明治～昭和期の加賀国河北郡大根布村の小浜神社第31代宮司。
¶姓氏石川

**斎藤隆現** さいとうりゅうげん
明治1(1868)年～昭和22(1947)年
昭和期の真言宗智山派僧侶。
¶仏人

**西日** さいにち
生没年不詳
平安時代後期の僧侶・歌人。
¶国書, 古人, 平史

**斉入寺西円** さいにゅうじさいえん
生没年不詳
戦国時代の白川村の斉入寺の開基。
¶飛騨

**最仁** さいにん
大治2(1127)年～安元2(1176)年
平安時代後期の僧。
¶古人, 平史

**済仁** さいにん
寛政9(1797)年3月7日～弘化4(1847)年12月24日
㊕済仁親王(せいにんしんのう),済仁入道親王(さいにんにゅうどうしんのう),済仁法親王(さいにんほうしんのう), 修道親王(ながみちしんのう)
江戸時代後期の真言宗の僧。仁和寺29世。
¶国書(済仁親王　せいにんしんのう), 人名(済仁入道親王　さいにんにゅうどうしんのう), 天皇(済仁法親王　さいにんほうしんのう　㊣弘化4(1847)年12月19日), 日人(済仁入道親王　さいにんにゅうどうしんのう　㊣1848年), 仏教

**済忍** さいにん
江戸時代末期の浄土真宗の僧。
¶国書(㊐天明7(1787)年7月8日　㊣嘉永6(1853)年4月13日), 仏教(㊐?　㊣安政1(1854)年)

**西忍**(1) さいにん
生没年不詳
鎌倉時代前期の浄土宗の僧。
¶仏教

**西忍**(2) さいにん
→楠葉西忍(くすばさいにん)

**済仁入道親王** さいにんにゅうどうしんのう
→済仁(さいにん)

**済仁法親王** さいにんほうしんのう
→済仁(さいにん)

さ

**西念**(1) さいねん
生没年不詳
平安時代後期の僧侶。
¶国書, 古人, 古中, 仏史, 平史

**西念**(2) さいねん
平安時代後期の僧。
¶古人, 平史(生没年不詳)

**西念**(3) さいねん
? ～治承2(1178)年
平安時代後期の真言宗の僧。
¶人名, 日人, 仏教

**西念**(4) さいねん
寿永1(1182)年～正応2(1289)年3月
鎌倉時代前期の浄土真宗の僧。
¶鎌室(㊐文治1(1185)年　㊣正応4(1291)年), 郷土長野, 古人(㊐1185年　㊣1291年), コン改, コン4, コン5, 埼玉人, 埼玉百, 新潮(㊐元暦1(1184)年　㊣正応4(1291)年3月15日), 人名, 長野百(㊣1291年), 長野歴(㊐寿永2(1183)年), 日人(㊐1184年　㊣1291年), 仏教(㊣正応2(1289)年3月15日?)

**西念寺慧航** さいねんじえこう
? ～文政12(1829)年
江戸時代後期の僧。西念寺第16世の住職。
¶姓氏富山

**西念寺西念** さいねんじさいねん
生没年不詳
戦国時代の国府町の西念寺の開基。
¶飛騨

**西福院** さいふくいん
室町時代の茶僧。
¶茶道, 日人(生没年不詳)

**西仏** さいぶつ
→覚明(1)(かくみょう)

**最弁** さいべん
生没年不詳
鎌倉時代後期の真言宗の僧。
¶国書

**済宝** さいほう
生没年不詳
鎌倉時代の律宗の僧。
¶コン改, コン4, コン5, 新潮, 人名, 日人, 仏教

**済法** さいほう
生没年不詳

鎌倉時代前期の僧。
¶鎌室

**西法** さいほう
天喜2(1054)年～大治1(1126)年
平安時代後期の天台宗の僧。
¶人名，日人，仏教([没]大治1(1126)年9月23日)

**西方寺了西** さいほうじりょうさい
生没年不詳
戦国時代の僧。清見村の西方寺の開基。
¶飛騨

さ

**西浦宗粛** さいほそうしゅく
生没年不詳
室町時代～戦国時代の臨済宗の僧。大徳寺55世。
¶仏教

**斎明** さいみょう
? ～寿永2(1183)年 [別]斎命(さいめい)，斎明(さいめい)，斉命(さいめい)
平安時代後期の僧、平泉寺の長吏、威儀師。
¶古人(斉命 さいめい [生]?)，人名，日人(斎命 さいめい)，平家(さいめい)，平史(斉命 さいめい)

**西明寺重賢** さいみょうじじゅうけん
生没年不詳
江戸時代中期の詩文僧。
¶東三河

**斎命**(斎明，斉命) さいめい
→斎明(さいみょう)

**済門敬冲** さいもんけいちゅう
→済門文幢(さいもんぶんどう)

**済門文幢** さいもんぶんどう
文政7(1824)年11月16日～明治38(1905)年9月4日 [別]済門敬冲(さいもんけいちゅう)
江戸時代末期～明治期の臨済宗の僧。東福寺291世。
¶人名(済門敬冲 さいもんけいちゅう)，日人([生]1825年)，仏教，明大1

**在融** ざいゆう
生没年不詳
江戸時代後期の浄土宗の僧。
¶国書

**最蘭** さいらん
生没年不詳
江戸時代中期の日蓮宗の僧。
¶国書

**西蓮** さいれん
生没年不詳
室町時代の僧侶・歌人。
¶国書

**西蓮寺慶雲** さいれんじけいうん
～明応9(1437)年
室町時代の僧。高山市の西蓮寺の開基。
¶飛騨

**西蓮寺慶哉** さいれんじけいさい
文政9(1826)年5月13日～明治26(1893)年10月17日
江戸時代末期・明治期の僧。高山市の西蓮寺4世。
¶飛騨

**最蓮房** さいれんぼう
生没年不詳
鎌倉時代の僧。
¶日人

**西鷺軒橋泉** さいろけんきょうせん
生没年不詳
江戸時代前期の浮世草子作者。黄檗宗の僧。
¶国書5

**佐運** さうん
天文9(1540)年～天正15(1587)年頃
戦国時代～安土桃山時代の越中真宗寺院瑞泉寺住持。
¶戦辞

**佐伯有頼** さえきありより
奈良時代の伝説上の人物。越中立山の開山者。
¶ふる

**佐伯有若** さえきありわか
生没年不詳
平安時代の僧。
¶コン改，コン4，コン5

**佐伯快勝** さえきかいしょう
昭和7(1932)年4月18日～
昭和～平成期の真言律宗僧侶。浄瑠璃寺住職。
¶現情

**佐伯覚灯** さえきかくとう
嘉永6(1853)年～大正3(1914)年6月
江戸時代末期～大正期の僧、女子教育の先駆。
¶大阪人

**佐伯景弘** さえきかげひろ
生没年不詳 [別]佐伯景弘(さえきのかげひろ)
平安時代後期～鎌倉時代前期の安芸国厳島神社の神主。古代の佐伯直の子孫。
¶朝日，鎌室，京都(さえきのかげひろ)，京都大，国史，古人，古中，コン改，コン4，コン5，史人，神史，新潮，中世，内乱，日史，日人，広島百，平家，平史(さえきのかげひろ)

**佐伯旭雅** さえききょくが
文政11(1828)年～明治24(1891)年1月31日 [別]旭雅(きょくが)
江戸時代末期～明治期の真言宗学僧。随新院37世、泉涌寺143世。
¶国書(旭雅 きょくが)，人名(旭雅 きょくが)，徳島百([生]文政12(1829)年)，徳島歴([生]文政12(1829)年)，日人，幕末([生]1829年)，幕末大([生]文政12(1829)年)，仏教，仏人，明大1

**佐伯慶助** さえきけいすけ
天保1(1830)年～明治31(1898)年
江戸時代後期～明治期の彫刻師、宮大工。

¶島根百，島根歴（[生]天保9（1838）年），美建

**佐伯興人** さえきこうにん
明治10（1877）年～昭和25（1950）年
大正～昭和期の僧侶。
¶神奈川人

**佐伯悟竜** さえきごりょう
明治8（1875）年8月24日～昭和17（1942）年9月6日
明治～昭和期の真言律宗僧侶。真言律宗管長。
¶昭人，人名7，世紀，日人，仏教

**佐伯慈明** さえきじみょう
文化13（1816）年～明治11（1878）年12月8日
江戸時代末期～明治期の真言宗僧侶。西国寺・道隆寺管掌。
¶仏教

**佐伯定胤** さえきじょういん
慶応3（1867）年6月25日～昭和27（1952）年11月23日
明治～昭和期の僧侶。法隆寺住職。法相宗を離脱し聖徳宗を創設。東京帝国大学、京都帝国大学で唯識学を講じた。
¶郷土奈良（[生]1866年　[没]1950年），現朝（[生]慶応3年6月25日（1867年7月26日）），現情，広7，コン改，コン4，コン5，昭人，新潮（[没]昭和27（1952）年10月24日），人名7，世紀，大百，哲学，日人，仏教，仏人，履歴，履歴2

**佐伯真光** さえきしんこう
昭和5（1930）年11月1日～
昭和～平成期の倫理学者、仏教学者。宝生寺住職、湘南工科大学教授。
¶現執3期

**佐伯忠胤** さえきただたね
弘化3（1846）年～昭和3（1928）年
明治～昭和期の宗教家。
¶姓氏富山

**佐伯景弘** さえきのかげひろ
→佐伯景弘（さえきかげひろ）

**佐伯昌助** さえきのまさすけ
平安時代後期の筑前国住吉社の神官。
¶古人，平史（生没年不詳）

**佐伯昌長** さえきのまさなが
平安時代後期の筑前国住吉社の神官。
¶古人，平史（生没年不詳）

**佐伯晴郎** さえきはるお
昭和2（1927）年4月21日～
昭和～平成期の牧師、キリスト教神学者。宮城学院女子大学学芸学部教授、日本基督教団西仙台伝道所「家の教会」正教師。
¶現執1期，現執3期，現執4期

**佐伯美敬** さえきびけい
文政4（1821）年～明治43（1910）年2月19日　[別]佐伯美敬（さえきよしゆき）
江戸時代末期～明治期の周防国都濃郡富田八幡宮宮司。和歌に巧みで入門者多数。神殿を改築、敬神講を設けた。
¶姓氏山口（さえきよしゆき），幕末，幕末大

**佐伯妙用** さえきみょうゆう
嘉永2（1849）年～明治20（1887）年8月1日
明治期の真言宗僧侶。
¶神奈川人，仏教

**佐伯本雄** さえきもとお
寛永2（1625）年～？
江戸時代前期の神職。
¶神人

**佐伯幸長** さえきゆきなが
明治42（1909）年～昭和62（1987）年
昭和期の神官。
¶姓氏富山

**佐伯美敬** さえきよしゆき
→佐伯美敬（さえきびけい）

**佐伯頼憲** さえきらいけん
明治35（1902）年3月17日～昭和55（1980）年3月7日
昭和期の僧、政治家。町村長。
¶埼玉人

**佐伯隆基** さえきりゅうき
天保2（1831）年～明治30（1897）年10月3日
江戸時代末期～明治期の新義真言宗僧侶。大僧正、智積院44世。荒れ果てた智積院を再興。
¶日人，幕末（[没]1903年10月30日），幕末大（[没]明治36（1903）年10月30日），仏教（[生]文政12（1829）年），明大1（[生]天保2（1831）年11月）

**佐伯良謙** さえきりょうけん，さえきりょうげん
明治13（1880）年～昭和38（1963）年3月8日
明治～昭和期の聖徳宗僧侶。第104代法隆寺住職。
¶現情（さえきりょうげん），人名7，世紀，日人，仏教，仏人

**三枝蓊** さえぐさしげる
→三枝蓊（さいぐさしげる）

**佐枝元雄** さえだげんゆう
生没年不詳
明治期の曹洞宗の僧。
¶埼玉人

**左衛門大夫** さえもんたゆう
生没年不詳
戦国時代の千葉妙見宮社の禰宜。
¶戦房総

**佐衛門太郎** さえもんたろう
生没年不詳
高根村にあった安楽寺の開基。
¶飛驒

**佐保山晋園** さおやましんえん
弘化3（1846）年～大正4（1915）年
明治～大正期の僧。華厳宗管長。東大寺住職在任中、大仏殿の修理等を完成。
¶人名

**酒井勝軍** さかいかついさ
明治7(1874)年3月15日〜昭和15(1940)年7月6日
明治〜昭和期の教育者。
¶渡航，日エ，履歴，履歴2

**酒井寛隆** さかいかんりゅう
？〜明治9(1876)年
江戸時代後期〜明治期の真宗大谷派の僧。
¶姓氏石川

**酒井紫朗** さかいしろう
明治41(1908)年〜
昭和期の密教文化研究者、僧侶。高野山大学教授、遍照光院住職。
¶現執1期

**酒井新二** さかいしんじ
大正9(1920)年1月4日〜平成28(2016)年12月18日
大正〜平成期のカトリック信徒、ジャーナリスト。
¶新カト

**酒井真典** さかいしんてん
明治41(1908)年12月11日〜昭和63(1988)年5月8日
昭和期の仏教学者、高野山真言宗僧侶。
¶仏教

**酒井勝** さかいすぐる
平安時代前期の神職。豊前国宇佐八幡宮の神官、桑原郷の大領。
¶姓氏鹿児島

**酒井大岳** さかいだいがく
昭和10(1935)年〜
昭和〜平成期の僧侶。長徳寺(曹洞宗)住職。
¶現執3期([生]昭和10(1935)年3月)，現執4期([生]1935年3月13日)

**酒井多治郎** さかいたじろう
文化14(1816)年〜明治32(1899)年
明治期の宮大工棟梁。
¶伊豆

**酒井篤礼** さかいとくれい
*〜明治14(1881)年3月14日
明治期の日本ハリストス正教会司祭。
¶キリ([生]？)，姓氏宮城([生]1835年)，明治史([生]天保7(1836)年)

**酒井日慎** さかいにっしん
安政2(1855)年〜昭和19(1944)年
明治〜昭和期の日蓮宗僧侶。日蓮宗第25代管長、大日本仏教会長。
¶仏人

**坂井日清** さかいにっせい
天保3(1832)年〜明治4(1871)年
江戸時代末期〜明治期の若松城下の大法寺住職。戊辰の籠城戦で熱血僧として戦う。
¶幕末([没]1871年8月25日)，幕末大([没]明治4(1871)年7月10日)

**境野黄洋** さかいのこうよう
明治4(1871)年8月12日〜昭和8(1933)年11月11日
明治〜昭和期の僧侶、仏教学者。東洋大学長。浄土真宗大谷派僧侶。仏教史を研究。
¶近現，近文，国史，史研，思想史，社史([没]1933年11月)，真宗，人名，世紀，哲学，日人，仏教，仏人，民学，明治史，明大2

**栄井蓑麻呂** さかいのみのまろ
平安時代前期の高僧。
¶人名

**酒井仁義** さかいみよし
昭和期の宮大工。富山市の八幡社で労働大臣賞を受賞。
¶名工

**酒井明道** さかいめいどう★
大正15(1926)年4月26日〜平成6(1994)年5月18日
昭和・平成期の正仙寺第38世住職。
¶栃木人

**阪上寛** さかうえひろし
大正12(1923)年10月2日〜
昭和期の岐阜県警部・神職。
¶飛騨

**酒枝義旗** さかえだよしたか
*〜昭和56(1981)年3月30日
昭和期の経済学者、キリスト教思想家。富士短期大学長、富士大学長。
¶キリ([生]明治31(1898)年1月10日)，世紀([生]明治32(1899)年1月10日)，哲学([生]1899年)，日Y([生]明治31(1898)年1月10日)

**坂上真浄** さかがみしんじょう
天保13(1842)年〜大正3(1914)年
江戸時代末期〜大正期の臨済宗僧侶。初代臨済宗大学学長。
¶仏人

**坂上宗詮**(阪上宗詮) さかがみそうせん，さかがみそうぜん
天保13(1842)年〜大正3(1914)年　[別]坂上宗詮(さかのうえそうせん)
江戸時代末期〜大正期の禅僧、臨済宗大学長。
¶姓氏長野(さかがみそうぜん)，長野百(さかのうえそうせん)，長野歴(阪上宗詮　さかがみそうぜん)

**嵯峨義貫** さがぎかん★
明治31(1898)年〜昭和45(1970)年6月16日
大正・昭和期の従軍僧。
¶秋田人2

**榊原ジョアチン** さかきばらじょあちん
弘治3(1557)年頃〜元亀3(1572)年2月5日　[別]榊原ヨアキム(さかきばらよあきむ)
安土桃山時代のキリシタン。26聖人の1人。
¶キリ

**榊原主殿**　さかきばらとのも
生没年不詳
明治期の高座郡亀井野村亀井大明神神主。
¶神奈川人

**榊原信友**　さかきばらのぶとも
生没年不詳
江戸時代前期の神職。
¶国書

**榊原宣安**　さかきばらのぶやす
文政2(1819)年〜明治28(1895)年
江戸時代後期〜明治期の野田八幡宮の神主。尊王家・国学者。
¶姓氏愛知

**榊原康夫**　さかきばらやすお
昭和6(1931)年9月21日〜
昭和期の牧師。日本基督改革派東京恩寵教会牧師。
¶現執1期，現執2期

**榊原胖夫**　さかきばらやすお
昭和4(1929)年1月23日〜
昭和〜平成期の僧侶。大雄寺住職。
¶現執1期，現執2期，現執4期

**榊亮三郎**　さかきりょうざぶろう
明治5(1872)年5月11日〜昭和21(1946)年8月24日
明治〜昭和期のサンスクリット学者。京都帝国大学教授。サンスクリット学習をインド・イラン学の視野でとらえた日本最初の先覚者。
¶昭人，真宗，世紀，全書，哲学，渡航(㊐1872年4月)，日人(㊐明治5(1872)年4月5日)，仏教，仏人，明治史，明大2，和歌山人

**尺一顕正**　さかくにけんしょう
昭和4(1929)年〜
昭和〜平成期の浄土真宗僧侶。
¶平和

**坂倉茂樹**　さかくらしげき
宝暦13(1763)年〜寛政11(1799)年8月12日
江戸時代中期〜後期の神職・国学者。
¶国書

**阪下甚吉**(1)　さかしたじんきち
天保4(1833)年9月16日〜明治40(1907)年11月1日
江戸時代末期・明治期の宮大工。
¶飛驒

**阪下甚吉**(2)　さかしたじんきち
万延1(1860)年10月2日〜昭和5(1928)年2月3日
明治〜昭和期の宮大工。
¶飛驒

**阪下甚吉**(3)　さかしたじんきち
明治37(1904)年5月18日〜昭和7(1932)年8月14日
大正・昭和期の宮大工。
¶飛驒

**坂士仏**　さかしぶつ
？　〜応永22(1415)年3月3日
南北朝時代〜室町時代の医師。
¶朝日(㊣応永22年3月3日(1415年4月12日))，鎌室(生没年不詳)，国史，国書(㊐嘉暦2(1327)年)，古中，コン改(生没年不詳)，コン4(生没年不詳)，コン5，史人(㊐1327年，(異説)1328年)，思想史，新潮，人名，姓氏京都，日史(㊐嘉暦2(1327)年)，日人(㊐1327年)，歴大

さ

**坂十仏**　さかじゅうぶつ
生没年不詳　㊊十仏(じゅうぶつ)
南北朝時代の連歌師、医僧。
¶朝日，鎌室，国書，コン改，コン4，コン5，新潮，人名，姓氏京都，世人，日人，俳文(十仏じゅうぶつ)，和俳

**坂浄運**　さかじょううん
生没年不詳
室町時代の医師。坂士仏の子浄快の玄孫。
¶朝日，鎌室，国書，古中，コン改，コン4，コン5，史人，新潮，人名，姓氏京都，世人，対外，日人，歴大

**坂詰秀一**　さかずめひでいち
→坂詰秀一(さかづめひでいち)

**坂田鉄安**　さかたかねやす
文政3(1820)年〜明治23(1890)年3月18日
江戸時代末期〜明治期の宗教家。神道禊教長。禊教の布教に尽力。井上神社を創建。
¶朝日，日人，明大1

**坂田莠**(阪田莠)　さかたはぐさ
天保1(1830)年〜明治24(1891)年
江戸時代末期〜明治期の高鍋藩士。物頭、下局議長。兵制改革を行う。西南の役で政府軍に貢献。
¶維新(㊐？)，神人(阪田莠)，富山百，日人，幕末(㊣1891年3月30日)，幕末大(㊣明治24(1891)年3月30日)

**坂田諸潔**　さかたもろきよ
弘化2(1845)年〜明治10(1877)年
江戸時代末期〜明治期の高鍋藩士。神祇大史。西南の役で日向参軍となり活躍、城山で捕まり刑死。
¶西郷，人名，日人，幕末(㊣1877年10月23日)，宮崎百

**坂田安儀**　さかたやすよし
昭和9(1934)年2月26日〜
昭和〜平成期の宗教家。禊教6代目管長。
¶現情，現人，世紀

**坂詰秀一**　さかづめひでいち，さかずめひでいち
昭和11(1936)年1月26日〜
昭和〜平成期の仏教考古学者。立正大学教授。
¶現執1期，現執2期(さかずめひでいち)，現執3期(さかずめひでいち)，現執4期，現情，世紀

**栄名井聡翁**　さかないそうおう
→栄名井広聡(さかないひろとし)

**栄名井広聡** さかないひろとし
享保18(1733)年～文化11(1814)年　㊞栄名井聡翁(さかないそうおう)
江戸時代中期～後期の神道学者。
¶江文(栄名井聡翁　さかないそうおう), 近世, 国史, 国書(㊐享保18(1733)年5月5日　㊊文化11(1814)年11月16日), 神史, 神人, 日人, 山梨百(栄名井聡翁　さかないそうおう　㊐享保18(1733)年10月1日　㊊文化11(1814)年11月18日)

**坂上宗詮** さかのうえそうせん
→坂上宗詮(さかがみそうせん)

**坂野常俊** さかのつねとし
生没年不詳
江戸時代後期の宮大工。
¶飛驒

**坂部宥海** さかべゆうかい
天正5(1577)年？～元禄7(1694)年
安土桃山時代～江戸時代中期の知立神社神宮寺堂主。
¶姓氏愛知

**坂本秋郷** さかもとあきさと
文政3(1820)年～明治18(1885)年9月1日　㊞坂本秋郷(さかもとしゅうきょう)
江戸時代末期～明治期の長崎神官。長崎諏訪神社祠官、長崎県神社教導取締。維新前後、神官の育成に尽くす。
¶人名(さかもとしゅうきょう), 日人, 幕末, 幕末大

**坂本厳雄** さかもといずお
弘化4(1847)年～昭和3(1928)年
江戸時代末期～昭和期の神職。
¶神人

**坂本光浄** さかもとこうじょう
明治8(1875)年～昭和44(1969)年
昭和期の真言宗僧侶。
¶仏人

**坂本才一郎** さかもとさいいちろう
昭和期の宮大工。全国の山車を研究。
¶名工

**阪本作之助** さかもとさくのすけ
明治14(1881)年～昭和21(1946)年
明治～昭和期の神職。
¶神人

**坂本左源太** さかもとさげんた
天保8(1837)年～明治31(1898)年2月17日
江戸時代末期～明治期の日吉神社別当。勤王派の寄兵隊を組織してゲリラ活動を行う。
¶秋田人2, 幕末, 幕末大

**坂本三太夫** さかもとさんだゆう
？～寛永8(1631)年12月10日
江戸時代前期の武士。
¶コン改, コン4, コン5, 新潮, 人名, 日人(㊊1632年)

**坂本重孝** さかもとしげたか
安政2(1855)年～明治9(1876)年
江戸時代末期～明治期の神職。
¶神人

**坂本秋郷** さかもとしゅうきょう
→坂本秋郷(さかもとあきさと)

**坂本真楽** さかもとしんらく
天保1(1830)年～明治21(1888)年10月7日
江戸時代後期～明治期の日蓮宗不受不施派の有力信徒。
¶岡山百, 岡山歴

**坂本堯** さかもとたかし
昭和2(1927)年～
昭和期の宗教学・医学的心理学者。聖マリアンナ医科大学教授。
¶現執1期

**坂本民造** さかもとたみぞう★
明治13(1880)年12月～
明治～昭和期の仏教家。奉天市公署工務処庶務科員、仏教青年会顧問。
¶人満

**阪本直寛** さかもとちょっかん
→坂本直寛(さかもとなおひろ)

**坂本経堯**(1) さかもとつねたか
明治30(1897)年5月5日～昭和49(1974)年9月14日
明治～昭和期の考古学者。肥後考古学会会長。
¶郷土, 熊本百, 考古, 世紀, 日人

**坂本経堯**(2) さかもとつねたか
明治30(1897)年～昭和49(1974)年
大正・昭和期の日吉神社の神主。考古学者。
¶熊本人

**坂本直寛** さかもとなおひろ
嘉永6(1853)年10月5日～明治44(1911)年9月6日
㊞阪本直寛(さかもとちょっかん)
明治期の自由民権家、牧師。「土陽雑誌」などに南海男・才谷梅次郎の筆名で活躍。立志社の憲法草案起草委員。
¶朝日(㊐嘉永6年10月5日(1853年11月5日)), 北墓, キリ(㊐嘉永6年10月5日(1853年11月5日)), 近現, 高知人, 高知百, 国史, コン改, コン5, 札幌, 史人, 社史(阪本直寛　さかもとちょっかん), 新潮, 世紀, 政治, 全書, 日人, 北海道百, 北海道文, 明治史, 明大1, 歴大

**坂本弘** さかもとひろし
大正2(1913)年～
昭和期の宗教学者。大谷大学教授。
¶現執1期

**阪本広太郎** さかもとひろたろう
明治13(1880)年3月19日～昭和21(1946)年1月1日
大正～昭和期の日本史学者、神職。神宮皇学館教授、加茂別雷神社宮司。神道史、考証学を研究。

¶史研，昭人，神史，神人

**坂本正仁** さかもとまさひと
昭和24(1949)年1月6日～
昭和期の仏教史研究者。大正大学専任講師。
¶現執2期

**坂本幸男** さかもとゆきお
明治32(1899)年9月12日～昭和48(1973)年2月10日
大正～昭和期の仏教学者。立正大学長。著書に「華厳教学の研究」「大乗仏教の研究」など。
¶現情，世紀，哲学，仏人

**嵯峨柚子** さがゆうし
明治39(1906)年3月～昭和60(1985)年11月10日
昭和期の俳人。
¶福井俳，福井百

**相良国太郎** さがらくにたろう
安政5(1858)年～明治32(1899)年
江戸時代末期～明治期の鶴岡八幡宮総神主。
¶姓氏神奈川

**相良亮太** さがらりょうた
生没年不詳
江戸時代末期の神職。
¶神人

**狭川明俊** さがわみょうしゅん
明治24(1891)年～
大正～昭和期の宗教家・俳人。
¶郷土奈良

**佐木秋夫** さきあきお
明治39(1906)年11月16日～昭和63(1988)年8月20日
昭和期の宗教学者、評論家。唯物論の立場からの宗教研究、とくに新宗教に関する研究を続ける。
¶現朝，現執1期，現執2期，現情，現人，社史，昭人，世紀，日人，平和，マス2，マス89

**鷺原量長** さぎはらりょうちょう★
安政5(1858)年12月20日～
江戸時代末期～明治期の男爵。興福寺恵海院住職。
¶男爵

**先光右衛門** さきみつえもん
天保7(1836)年～明治32(1899)年
江戸時代後期～明治期の駿府浅間神社の神主。
¶姓氏静岡

**桜木谷慈薫** さきやじくん
天保5(1834)年～明治40(1907)年 ㊎桜木谷慈薫(さくらぎだにじくん)
江戸時代末期～明治期の天台学者。神仏分離、廃仏毀釈政策に対し神仏一致を主張、仏教擁護に尽力。
¶人名，哲学，日人，仏人(さくらぎだにじくん)，明大2(㊐天保5(1834)年2月10日)

**崎山信邦** さきやましんぽう
大正2(1913)年12月21日～昭和61(1986)年8月18日
昭和期の宗教家、政治家、ジャーナリスト。石垣市議会議長、日本基督教団平真教会牧師。
¶社史

**作阿** さくあ
？ ～＊ ㊎作阿(さあ)
鎌倉時代後期の時宗の僧。市屋派の祖。
¶鎌古，国史(生没年不詳)，古中(生没年不詳)，日史(㊦永仁2(1294)年4月2日？)，仏教(さあ ㊦永仁2(1294)年4月2日)，仏史(生没年不詳)

さ

**策彦** さくげん
→策彦周良(さくげんしゅうりょう)

**策彦周良** さくげんしゅうりょう
文亀1(1501)年～天正7(1579)年 ㊎策彦(さくげん)，周良(しゅうりょう)，周良策彦(しゅうりょうさくげん)
戦国時代～安土桃山時代の臨済宗の僧。細川氏被官井上宗信の3子。
¶朝日(㊐文亀1年4月2日(1501年4月19日) ㊦天正7年6月30日(1579年7月23日))，岩史(㊐文亀1(1501)年4月2日 ㊦天正7(1579)年6月30日)，角史，京都大，京都府，国史，国書(㊐文亀1(1501)年4月2日 ㊦天正7(1579)年6月30日)，古中，コン改，コン4，コン5，史人(㊐1501年4月2日 ㊦1579年6月30日)，思想史，重要，新潮(㊐文亀1(1501)年4月2日 ㊦天正7(1579)年6月30日)，人名(周良策彦 しゅうりょうさくげん)，姓氏京都，姓氏山口，世人，戦辞(㊐文亀1年4月2日(1501年4月19日) ㊦天正7年6月30日(1579年7月23日))，全書，戦人(周良 しゅうりょう)，対外，大百，武田(㊦天正7(1579)年6月30日)，日史(㊐文亀1(1501)年4月2日 ㊦天正7(1579)年6月30日)，日人，俳文(㊐文亀1(1501)年4月2日 ㊦天正7(1579)年6月晦日)，百科，仏教(㊐文亀1(1501)年4月2日 ㊦天正7(1579)年6月30日)，仏史，仏人(周良 しゅうりょう)，名僧，山川小(㊐1501年4月2日 ㊦1579年6月30日)，山口百(策彦 さくげん)，山梨百(策彦 さくげん ㊦天正7(1579)年6月1日)，歴大

**策伝** さくでん
→安楽庵策伝(あんらくあんさくでん)

**佐久間宇太夫** さくまうだいう
生没年不詳
江戸時代後期の大住郡大山阿夫利神社祠官。
¶神奈川人

**佐久間甘海** さくまかんかい
文化10(1813)年～明治13(1880)年
江戸時代末期～明治期の鹿沼の俳人、僧侶。
¶栃木歴

**佐久間彪** さくまたけし
昭和3(1928)年2月25日～
昭和期のカトリック神父、翻訳家。白百合女子大学教授。
¶児人，日児

**佐久目晴勝** さくめはるかつ
寛永4(1627)年～元禄14(1701)年4月24日
江戸時代前期～中期の神職。
¶国書

**桜井昭悳** さくらいあきのり
弘化2(1845)年～大正6(1917)年
江戸時代末期～大正期の牧師。
¶北海道百，北海道歴

**桜井稲麿** さくらいいなまろ
明治17(1884)年～？
明治～大正期の神職。
¶神人

**桜井景雄** さくらいかげお
明治42(1909)年～平成3(1991)年
昭和期の僧侶、禅宗史学者。
¶史研

**桜井勝之進** さくらいかつのしん
明治42(1909)年10月28日～
昭和期の神職、神道研究者。滋賀県多賀大社宮司。伊勢大神宮禰宜の時遷宮に関わる。神道文化の向上にも力を注ぐ。
¶現朝，現情，世紀，日人

**桜井義肇** さくらいぎちょう
明治1(1868)年10月16日～大正15(1926)年7月30日
明治期の僧侶。浄土真宗。「反省雑報」の編集。仏教の海外宣教に尽力した。
¶コン改，コン5，真宗，渡航，日人，仏教，明大1

**桜井敬徳** さくらいきょうとく
→敬徳(きょうとく)

**桜井軍記** さくらいぐんき
天保14(1843)年～慶応3(1867)年
江戸時代末期の僧。
¶幕末(㊀1867年12月13日)，幕末大(㊀慶応3(1867)年11月18日)

**桜井敬徳** さくらいけいとく
→敬徳(きょうとく)

**桜井秀雄** さくらいしゅうゆう
大正5(1916)年9月11日～
昭和期の仏教学者。駒沢大学教授。
¶現情

**桜井仁八** さくらいじんぱち
生没年不詳
明治期の救世軍横須賀小隊員。
¶社史

**桜井辰之介**(桜井辰之助) さくらいたつのすけ
弘化1(1844)年～慶応1(1865)年2月16日
江戸時代末期の神官、水戸天狗党。水戸筑波勢の挙兵に参加。
¶維新，神人(桜井辰之助)，幕末(㊀1865年3月13日)，幕末大

**桜井肇山**(櫻井肇山) さくらいちょうざん
明治13(1880)年4月11日～昭和20(1945)年11月10日
明治～昭和期の教育者。
¶姓氏岩手，日エ(櫻井肇山)，宮城百(㊀昭和18(1943)年)

**桜井俊基** さくらいとしもと
戦国時代の神官。
¶ふる

**桜井豊記** さくらいとよき
？～明治24(1891)年
明治期の神官。幕府の神道方ののち磐椅神社祠官となる。
¶人名

**桜井治男** さくらいはるお
昭和24(1949)年3月5日～
昭和期の宗教民俗学者。皇学館大学教授。
¶現執2期

**桜井政賢** さくらいまさかた
→桜井政賢(さくらまさかた)

**桜井正賢** さくらいまさかた
文化9(1812)年～明治31(1898)年
江戸時代末期～明治期の伊勢神宮祠官。
¶人名

**桜井政重** さくらいまさしげ
文政2(1819)年2月15日～明治24(1891)年7月15日
江戸時代後期～明治期の神道家。
¶国書

**桜川シン** さくらかわしん
文久3(1863)年3月14日～？
明治期の伝道者。東京城西教会に赴任後、長年伝道活動に専念。
¶女性，女性普

**桜木清臣** さくらぎきよおみ
明治19(1886)年～昭和20(1945)年
明治～昭和期の神官。
¶大分歴

**桜木谷慈薫** さくらぎだにじくん
→桜木谷慈薫(さきやじくん)

**桜沢堂山** さくらざわどうざん
文政4(1821)年～明治40(1907)年
江戸時代末期～明治期の僧侶。
¶神奈川人

**桜緋紗子** さくらひさこ
→小笠原日凰(おがさわらにちおう)

**桜部建** さくらべはじめ
大正14(1925)年～
昭和期の仏教学者。大谷大学教授。
¶現執1期

**桜井政賢** さくらまさかた
文化10(1813)年～明治31(1898)年　㊀桜井政賢

（さくらいまさかた）
江戸時代後期～明治期の神職。
¶日人（さくらいまさかた），三重続

**桜本坊宗安** さくらもとぼうそうあん
？ ～慶長6（1601）年
戦国時代の僧。日光山桜本坊第18世住職、法印。
¶栃木歴

**桜山識雄** さくらやましきお
～明治22（1889）年11月18日
明治期の高山市の相応院の開基。
¶飛驒

**酒君** さけぎみ
上代の学僧。朝鮮から渡来。
¶大阪人

**鮭延旭処** さけのべきょくしょ
明治40（1907）年～昭和51（1976）年
昭和期の僧。最上郡真室川町新町正源寺の住職。
¶山形百

**提山暢堂** さげやまちょうどう
万延1（1860）年12月17日～明治40（1907）年5月4日
江戸時代末期～明治期の僧侶。
¶真宗

**座古愛子** ざこあいこ
明治11（1878）年12月31日～昭和20（1945）年3月10日
明治～昭和期のキリスト教信徒伝道者。
¶兵庫百，兵庫文

**酒生慧眼** さこうえげん
慶応1（1865）年～明治43（1910）年9月26日
江戸時代末期～明治期の僧侶。
¶真宗

**佐後淳一郎** さごじゅんいちろう
*～昭和23（1948）年
大正～昭和期の歌人、俳人、僧侶。
¶滋賀文（㊥1906年5月28日 ㊨1948年5月23日），昭人（㊥？）

**左近義慈** さこんよししげ
明治39（1906）年5月13日～
昭和期の牧師、聖書学者。東京神学大学教授、日本旧約学会会長。
¶キリ，現執1期

**左近義弼** さこんよしすけ
慶応1（1865）年9月5日～昭和19（1944）年9月1日
明治～昭和期の聖書学者、ジャーナリスト。青山学院大学神学部長。
¶キリ，社史，渡航，日エ（㊥慶応1（1865）年9月5日）

**笹岡泊斎** ささおかはくさい
生没年不詳
江戸時代中期の神職。
¶日人

**笹尾鉄三郎** ささおてつさぶろう
慶応4（1868）年8月15日～大正3（1914）年12月30日
明治～大正期の伝道者。
¶キリ，渡航

さ

**佐々木英鎧** ささきえいがい
文政12（1829）年5月5日～明治25（1892）年7月20日
江戸時代後期～明治期の僧侶。
¶真宗

**佐々木海量**(1) ささきかいりょう
→海量（かいりょう）

**佐々木海量**(2) ささきかいりょう
享保18（1733）年～文化14（1817）年
江戸時代後期の浄土真宗の僧侶。
¶長崎遊

**佐々木観十** ささきかんじゅう
江戸時代後期～明治期の僧侶。
¶真宗

**佐々木桔梗** ささきききょう
大正11（1922）年～平成19（2007）年2月24日
昭和～平成期の出版人。プレス・ビブリオマーヌ主宰。
¶出文

**佐々木吉左衛門** ささききちざえもん
？ ～宝暦12（1762）年
江戸時代中期の宮大工。
¶島根人，島根歴，美建

**佐々木義範** ささきぎはん
*～明治11（1878）年9月10日
江戸時代末期～明治期の新義真言宗の僧。智積院41世。
¶国書（㊥天保1（1830）年），仏教（㊥天保2（1831）年）

**佐々木教悟** ささききょうご
大正4（1915）年～
昭和期の仏教学・仏教史研究者。大谷大学教授。
¶現執1期

**佐々木教正** ささききょうしょう
明治32（1899）年～昭和23（1948）年
大正～昭和期の浄土真宗本願寺派の僧侶。
¶姓氏鹿児島

**佐々木狂介** ささききょうすけ
嘉永3（1850）年2月15日～明治42（1909）年
江戸時代後期～明治期の僧。光蓮寺住職。
¶三重，明治史

**佐々木邦麿** ささきくにまろ
昭和17（1942）年～
昭和期の天台宗史研究者、僧侶。中尊寺円乗院住職。
¶現執1期

**佐々木慶成** ささきけいせい
安政3 (1856) 年～大正14 (1925) 年
明治～大正期の僧。西方寺22世住職。
¶姓氏富山

**佐々木月樵** ささきげっしょう
明治8 (1875) 年4月13日～大正15 (1926) 年3月6日
明治～大正期の真宗大谷派の僧。真宗大学教授、大谷大学長。学園を世界の仏教学研究のセンターにすべく尽力。一乗教、浄土教に造詣が深かった。
¶朝日，近現，国史，コン改，コン5，史人，思想史，真宗，新潮，人名，世紀，姓氏京都，全書，哲学，日人，仏教，仏人，明治史，明大2



**佐々木顕綱** ささきけんこう
明治期の僧侶。
¶真宗

**佐々木現順** ささきげんじゅん
大正4 (1915) 年～
昭和期のインド学・仏教学者。大谷大学教授。
¶現執1期

**佐々木元孫** ささきげんそん
嘉永6 (1853) 年3月10日～大正13 (1924) 年5月30日
江戸時代末期～大正期の神官。
¶岡山人，岡山歴

**佐々木憲徳** ささきけんとく
明治19 (1886) 年1月3日～昭和47 (1972) 年7月16日
明治～昭和期の僧侶。
¶熊本百，真宗，日エ

**佐々木宏幹** ささきこうかん
昭和5 (1930) 年5月17日～
昭和～平成期の宗教人類学者。駒沢大学教授。
¶現執1期，現執2期，現執3期，現執4期，世紀，マス89

**佐崎宰相** さざきさいしょう
文政10 (1827) 年～明治21 (1888) 年12月11日
㊞佐崎了重（さきりょうじゅう，さざきりょうじゅう）
江戸時代末期～明治期の竜厳寺住職。
¶国書（佐崎了重　さきりょうじゅう），人名（佐崎了重　さざきりょうじゅう），日人（佐崎了重　さざきりょうじゅう），幕末，幕末大，明大1（佐崎了重　さざきりょうじゅう　㊐文政10 (1827) 年10月5日）

**佐々木指月** ささきしげつ
明治15 (1882) 年3月10日～昭和19 (1944) 年2月17日
明治～昭和期の彫刻家、詩人、宗教家。作品に、詩集「郷愁」、随想「米国を放浪して」など。
¶紀伊文，近文，現詩（㊎1945年5月17日），世紀，千葉百（㊎昭和20 (1945) 年）

**佐々木茂丸** ささきしげまる
明治15 (1882) 年～昭和37 (1962) 年
明治～昭和期の浜田警察署長、松江市助役、日原神社宮司。
¶島根歴

**佐々木実高** ささきじっこう，ささきじつこう
明治37 (1904) 年～昭和52 (1977) 年1月7日
昭和期の僧、能楽・喜多流教授。
¶岩手人，岩手百，姓氏岩手（ささきじつこう）

**佐々木順三** ささきじゅんぞう
明治23 (1890) 年3月2日～昭和51 (1976) 年5月2日
昭和期の神学者、教育家。立教大学総長。立教小学校の開設など、立教学院の発展に貢献。
¶現情，人名7，世紀，日人

**佐々木定右衛門** ささきじょうえもん
？～
江戸時代前期の仏教家。川除村芦屋の七面山道円寺を開基。
¶青森人

**佐々木定信** ささきじょうしん
明治5 (1872) 年～昭和25 (1950) 年
明治～昭和期の僧侶。
¶和歌山人

**佐々木鎮次** ささきしんじ
明治18 (1885) 年3月11日～昭和21 (1946) 年12月21日
明治～昭和期の日本聖公会中部地方部主教、東京教区主教。
¶キリ，平和

**佐々木信章** ささきしんしょう
明治10 (1877) 年～昭和45 (1970) 年
明治～昭和期の宗教家。
¶和歌山人

**佐々木正凞** ささきせいき
明治20 (1887) 年2月15日～昭和62 (1987) 年2月1日
明治～昭和期の僧侶。
¶真宗

**佐々木素行** ささきそこう
明治期の神職。明治16年大阪・枚岡神社宮司に就任、20年退職。
¶神人

**佐々木祖淳** ささきそじゅん★
～大正15 (1926) 年
明治・大正期の阿仁町小渕の耕田寺僧。
¶秋田人2

**佐々木大道** ささきだいどう
明治期の真宗大谷派の信者。
¶真宗

**佐々木高成** ささきたかなり
生没年不詳
江戸時代中期の神道家。
¶国書

**佐々木高安** ささきたかやす
生没年不詳

江戸時代中期の神職。
¶国書

**笹木千影** ささきちかげ
天保13(1842)年〜？
江戸時代後期〜末期の青森県出身の神官。
¶神人

**佐々木鉄治** ささきてつじ
明治42(1909)年12月29日〜昭和47(1972)年5月5日
明治〜昭和期の司祭。カトリック大阪教区司祭。財団法人日本カトリック移住協議会、神戸少年の町を創立。
¶新カト

**佐々木徹周** ささきてっしゅう
文化15(1818)年2月3日〜明治27(1894)年7月11日　㊞徹周(てっしゅう)
江戸時代末期〜明治期の真宗大谷派学僧。越前専久寺住職。
¶国書(徹周　てっしゅう)，真宗，福井百(㊐文政2(1819)年)，仏教

**佐々木鉄城** ささきてつじょう
明治18(1885)年4月10日〜昭和35(1960)年4月16日
明治〜昭和期の僧侶。
¶真宗

**佐々木徹真** ささきてっしん
明治41(1908)年〜
昭和期の真宗学者。京都女子大学教授。
¶現執1期

**佐々木常磐** ささきときわ★
明治10(1877)年4月〜
明治〜昭和期の神職。撫順神社主任。
¶人満

**佐々木篤祐** ささきとくゆう
明治21(1888)年12月1日〜昭和46(1971)年11月21日
明治〜昭和期の僧侶。
¶真宗

**佐々木巴渓** ささきはけい
天保11(1840)年〜昭和6(1931)年4月8日
明治〜昭和期の書家、神職。
¶神人，世紀，姓氏宮城(㊐1842年　㊀1932年)，日人，宮城百(㊐天保13(1842)年　㊀昭和7(1932)年)

**佐々木蓮麿** ささきはすまろ
明治29(1986)年7月18日〜昭和53(1978)年3月4日
明治〜昭和期の僧侶。
¶真宗

**佐々木文太夫** ささきぶんだいう
生没年不詳
江戸時代後期の大住郡大山阿夫利神社祠官。
¶神奈川人

**佐々木求巳** ささきもとみ
明治42(1909)年7月14日〜昭和62(1987)年11月24日
昭和期の僧侶。
¶真宗

**佐々木守信** ささきもりのぶ
文化12(1815)年〜明治3(1870)年
江戸時代後期〜明治期の諏訪神社の神官。
¶姓氏長野

さ

**佐々木悠** ささきゆう
明治41(1908)年〜
昭和期の僧侶。日本労働組合全国協議会繊維部門キャップ。
¶社史

**佐々木宥尊** ささきゆうそん
文政5(1822)年〜昭和7(1932)年
明治〜昭和期の真言宗の僧侶。
¶姓氏岩手

**佐佐木行忠**(佐々木行忠) ささきゆきただ
明治26(1893)年7月26日〜昭和50(1975)年8月10日
大正〜昭和期の神道家、政治家。伊勢神宮大宮司、衆議院議員。皇典講究所理事、所長、国学院大学長などを務める。遷宮に奉仕。
¶華畫，近現，現朝，現情，コン改(佐々木行忠)，コン4，コン5，昭人，新潮，人名7，世紀，栃木人，日エ(佐々木行忠)，日人，履歴，履歴2

**佐々木容道** ささきようどう
昭和28(1953)年10月28日〜
昭和〜平成期の僧侶。天龍寺僧堂師家。
¶現執4期

**佐々木慶成** ささきよしなり
明治18(1885)年〜昭和34(1959)年
明治〜昭和期の富山県福野町の西方寺住職。福野授眼蔵仏教図書館創設、福野町立授眼図書館長。
¶図人

**佐々木綾華** ささきりょうか
明治30(1897)年3月18日〜昭和47(1972)年11月21日
明治〜昭和期の俳人。
¶昭人，俳文

**佐々木了綱** ささきりょうこう
文政9(1826)年〜明治34(1901)年
江戸時代末期〜明治期の僧侶、歌人。
¶人名，姓氏長野(㊐1812年)，長野百，長野歴，日人，明大1(㊐文政9(1826)年2月15日　㊀明治34(1901)年1月2日)

**佐々木霊秀** ささきりょうしゅう
？　〜大正4(1915)年
明治〜大正期の僧侶。
¶真宗

**佐崎了重** ささきりょうじゅう，さざきりょうじゅう
→佐崎宰相(さざきさいしょう)

さ

**笹倉弥吉** ささくらやきち
慶応4(1868)年5月19日～昭和21(1946)年2月4日
明治～昭和期の日本基督教会牧師。
¶神奈川人，神奈川百，キリ，渡航

**笹子嘉太夫** ささごかだいう
生没年不詳
江戸時代後期の大住郡大山阿夫利神社祠官。
¶神奈川人

**笹田留之助** ささだとめのすけ
慶応1(1865)年～昭和19(1944)年
明治～昭和期の教育者・神官。
¶姓氏岩手

**佐々中崇説** ささなかそうせつ
安政3(1856)年～昭和5(1930)年
明治～昭和期の僧。祐信寺の住職。
¶姓氏鹿児島

**笹原如是観** ささはらにょぜかん
？　～天保3(1832)年
江戸時代後期の国学者、僧。
¶人名

**笹目恒雄** ささめつねお
明治35(1902)年1月～
昭和期の宗教家、著述家。多摩道院統掌。
¶現執2期

**笹本戒浄** ささもとかいじょう
明治7(1874)年1月14日～昭和12(1937)年7月26日
明治～昭和期の心理学者。仏教心理学を研究。光明会の初代総監。
¶神奈川人，哲学，日人，明大2

**笹森卯一郎**(笹森宇一郎) ささもりういちろう
慶応3(1867)年～明治44(1911)年6月12日
明治期の教育家。鎮西学院院長となり子弟の教養に尽力。
¶青森人，人名(笹森宇一郎)，渡航(笹森宇一郎 ㊤1867年1月)，日人，日Y(㊤慶応3(1867)年2月18日)，明大1(㊤慶応3(1867)年1月14日)

**笹森トメ** ささもりとめ
明治45(1912)年～平成10(1998)年
昭和～平成期のカトリック修道女。
¶青森人

**桟敷尼** さじきのあま
文治3(1187)年～文永11(1274)年
平安時代後期～鎌倉時代後期の尼僧。
¶日人

**佐治実然** さじじつねん
安政3(1856)年9月15日～大正10(1921)年7月31日　㊙督丸(としまる)
明治期の宗教家、社会運動家。東京市議会議員。著書に「四十三年間の我」。
¶キリ(㊦大正9(1920)年7月31日)，近文，社運，社史(㊤安政3年9月15日(1856年10月13日))，明治史，明大1

**指田静** さしだしず
明治15(1882)年9月26日～昭和59(1984)年
昭和期の宗教者。
¶神奈女2(㊦昭和59(1984)年3月21日)，昭人

**指田詮** さしだせん
寛政7(1795)年～明治4(1871)年　㊙指田藤詮(さしだふじあきら)
江戸時代後期～明治期の神職。
¶維新(指田藤詮　さしだふじあきら)，日人

**指田藤詮** さしだふじあきら
→指田詮(さしだせん)

**左素** さそ
室町時代の画僧。
¶人名，日人(生没年不詳)

**佐田介石** さだかいせき，さたかいせき
文政1(1818)年4月8日～明治15(1882)年12月9日
江戸時代末期～明治期の真宗本願寺派僧侶、国粋主義者。仏教の須弥山説を擁護して天動説を主張。国産品の奨励など文明開化の風潮に反対。
¶朝日(㊤文政1年4月8日(1818年5月12日))，維新，江戸東(さたかいせき)，科学，角史，近現，近文，熊本近(さたかいせき)，熊本人(さたかいせき)，熊本百(さたかいせき)，広7，国際，国史，国書，コン改，コン4，コン5，史人，真宗，新潮，人名，姓氏京都(さたかいせき)，世人，全書，全幕，哲学，鉄道(㊤1818年5月12日)，日史，日人，幕末，幕末大，百科，仏教，仏人，民学，明治史，明大1，歴大

**佐竹織江** さたけおりえ
文化13(1816)年～元治1(1864)年7月20日
江戸時代末期の彦山修験僧。
¶維新，コン改，コン4，コン5，神人(㊤文化12(1815)年)，新潮，人名，日人，幕末(㊦1864年8月21日)，幕末大

**完敏親王** さだとししんのう
→堯恕入道親王(ぎょうじょにゅうどうしんのう)

**佐津川良仙** さつかわりょうせん
文政2(1819)年～明治39(1906)年
江戸時代後期～明治期の僧。塩沢の善勝寺住職。
¶姓氏愛知

**察冏** さつげい
？　～天明2(1782)年3月13日
江戸時代中期の浄土宗の僧。
¶国書

**雑華蔵海** ざっけぞうかい
享保15(1730)年～天明8(1788)年4月26日　㊙雑華蔵海(ぞうけぞうかい)
江戸時代中期の曹洞宗の僧。
¶国書(ぞうけぞうかい)，仏教

**佐々鶴城**(佐佐鶴城) さっさかくじょう
→佐々鶴城(さっさたずき)

**佐々鶴城** さっさたずき
天保3(1832)年～明治38(1905)年3月17日

㊞佐々鶴城（さっさかくじょう），佐佐鶴城（さっさかくじょう）
江戸時代末期〜明治期の国学者。出雲大社主典。教部省出仕。京都梅宮神社等の宮司になる。
¶国書（㊐天保9（1838）年6月7日），島根人（佐佐鶴城　さっさかくじょう　㊣明治36（1903）年），島根百（さっさかくじょう），島根歴（さっさかくじょう），日人（㊐1838年），幕末（さっさかくじょう　㊣1903年），幕末大（さっさかくじょう　㊣明治36（1903）年），明大1（㊐天保9（1838）年6月7日）

**佐々易直**　さっさやすなお
天保9（1838）年〜明治38（1905）年
明治期の神職。出雲大社主典。教部省、内務省に出仕。各社の神職となる。
¶人名

**薩生**　さっしょう
生没年不詳
鎌倉時代の浄土宗の僧。
¶仏教

**薩水宗箴**　さっすいそうしん
文政7（1824）年〜大正5（1916）年
明治〜大正期の禅僧。瑞巌寺住職。
¶茶道

**颯田諦真**　さったたいしん
嘉永1（1848）年〜大正13（1924）年
明治〜大正期の尼僧。
¶日人

**颯田本真**　さったほんしん
弘化2（1845）年〜昭和3（1928）年8月8日
江戸時代末期〜大正期の尼僧。慈教庵住職。三河を襲った津波を機に難民救済に生涯を捧げる決意をし、慈善事業に尽力。
¶朝日（㊐弘化2年11月28日（1845年12月26日）），神奈川人，神奈女（㊐弘化2（1845）年11月28日），近女，庄内，女性（㊐弘化2（1845）年11月），女性普（㊐弘化2（1845）年11月），世紀（㊐弘化2（1845）年11月28日），日人，仏教（㊐弘化2（1845）年11月28日），仏人，明大1（㊐弘化2（1845）年11月28日）

**薩天**　さつてん
生没年不詳
安土桃山時代の僧。九戸郡長興寺村の鳳朝山長興寺住職。
¶姓氏岩手

**薩麻比売**　さつまのひめ
上代の女酋（巫女）。
¶姓氏鹿児島

**薩門宗温**　さつもんそうおん
文化2（1805）年〜明治4（1871）年1月11日
江戸時代末期〜明治期の臨済宗僧侶。妙心寺515世。
¶仏教

**佐藤市五郎**　さとういちごろう
明治22（1889）年〜昭和49（1974）年
明治〜昭和期の沖ノ島の神職の使夫。
¶日露

**佐藤瑛幢**　さとうえいどう
明治35（1902）年〜
昭和期の僧侶。
¶群馬人

さ

**佐藤一夫**　さとうかずお
明治16（1883）年6月1日〜昭和45（1970）年7月4日
明治〜昭和期の金光教教師。
¶岡山歴

**左藤義詮**　さとうぎせん
明治32（1899）年6月3日〜昭和60（1985）年1月9日
昭和期の政治家。衆議院議員、参議院議員大阪府知事。岸内閣防衛庁長官を経て、大阪府知事。「万博知事」と呼ばれる。
¶現朝，現情，コン改，コン4，コン5，真宗，世紀，政治，世人，日人

**佐藤行通**　さとうぎょうつう
大正7（1918）年12月5日〜
昭和〜平成期の僧侶、平和運動家。日本山妙法寺住職、原水協国際部長。宗教者の平和活動の指導的オルグ。原水爆禁止運動、ベトナム人民支援運動などに参加。
¶現朝，現情，現人，世紀，日人，平和

**佐藤清臣**　さとうきよおみ
天保4（1833）年〜明治43（1910）年3月17日
江戸時代末期〜明治期の国学者。三浦秀波と変名して志士活動。各地を巡回して古道学師を務める。
¶維新，岐阜百，近現，近世，国史，国書（㊐天保4（1833）年4月16日），神人（㊐天保4（1833）年4月16日），新潮（㊐天保4（1833）年4月16日），人名，姓氏愛知，日人，幕末，幕末大（㊐天保4（1833）年4月6日）

**佐藤くみ**　さとうくみ
生没年不詳
明治期のキリスト教伝道者。渡米し、ハイラム大学で学ぶ。帰国後キリスト教の伝道活動に従事。
¶秋田人2，女性

**佐藤賢順**　さとうけんじゅん
明治32（1899）年8月2日〜昭和37（1962）年3月28日
大正〜昭和期の宗教哲学者。浄土宗僧侶、大正大学教授。倫理学、仏教哲学を研究。仏教思想、浄土信仰の普及に貢献。
¶現情，人名7，世紀，哲学，日人，仏教，仏人

**佐藤定吉**　さとうさだきち
明治20（1887）年11月20日〜昭和35（1960）年12月23日
明治〜昭和期の化学者、伝道者、YMCA会員。
¶日Y

**佐藤佐之四郎**　さとうさのしろう
生没年不詳

江戸時代の神道家。
¶姓氏愛知

**佐藤繁彦** さとうしげひこ
明治20(1887)年9月24日〜昭和10(1935)年4月16日
明治〜昭和期の神学者。日本基督教会牧師となったがのち、ルター派教会に転じた。
¶会津，キリ，近現，国史，史人，昭人，世紀，哲学，日人，百科，福島百

さ

**佐藤実英** さとうじつえい
安政2(1855)年〜昭和3(1928)年
明治期の僧侶。
¶神奈川人

**佐藤重三郎** さとうじゅうざぶろう
明治16(1883)年〜昭和27(1952)年
明治〜昭和期の神職。
¶神人

**佐藤誠実**(佐藤誠實) さとうじょうじつ
天保10(1839)年11月23日〜明治41(1908)年3月11日 ㊊佐藤誠実(さとうせいじつ, さとうのぶざね)
明治期の国学者。文部省、元老院等に出仕。「古事類苑」の編纂に関わり、完成させた。
¶朝日(㊐天保10年11月23日(1839年12月28日))，江文(さとうのぶざね)，教育，教人(佐藤誠實)，近現(さとうのぶざね)，広7，国史(さとうのぶざね)，コン改，コン5(さとうのぶざね)，史研(さとうのぶざね)，史人(さとうのぶざね)，真宗，神人，新潮，人名(さとうせいじつ)，世紀，哲学(さとうせいじつ)，日人，仏人(㊐1840年)，明治史(さとうのぶざね)，明大2

**佐藤心雅** さとうしんが
大正8(1919)年〜
昭和期の僧侶。
¶群馬人

**佐藤心岳** さとうしんがく
昭和5(1930)年2月11日〜
昭和期の宗教学者。仏教大学助教授。
¶現執1期，現執2期

**佐藤清司** さとうせいじ
天保4(1833)年7月3日〜明治39(1906)年2月10日
江戸時代後期〜明治期の郷土史家、神道家。
¶秋田人2，郷土

**佐藤誠実** さとうせいじつ
→佐藤誠実(さとうじょうじつ)

**佐藤石牕** さとうせきそう
嘉永1(1848)年〜大正12(1923)年
明治〜大正期の僧侶。
¶神奈川人

**佐藤禅忠** さとうぜんちゅう
明治16(1883)年〜昭和10(1935)年
明治〜大正期の僧侶。
¶青森人，神奈川人

**佐藤泰舜** さとうたいしゅん
明治23(1890)年12月1日〜昭和50(1975)年2月28日
大正〜昭和期の曹洞宗の僧、仏教学者。東洋大学教授、永平寺貫首。宗門の興隆に尽力。中国仏教史、禅宗史も研究。
¶現朝，現情，人名7，世紀，姓氏愛知，日人，仏教，仏人

**佐藤達玄** さとうたつげん
大正13(1924)年3月10日〜
昭和〜平成期の僧侶。駒沢大学教授、円通寺住職。
¶現執1期，現執3期

**佐藤たつ子** さとうたつこ
文久2(1862)年1月〜
明治期のキリスト教伝道者。
¶女運

**佐藤種徳** さとうたねのり★
明治19(1886)年3月〜
明治〜昭和期の神職。撫順神社主任。
¶人満

**佐藤千敬** さとうちひろ
大正15(1926)年3月31日〜平成14(2002)年11月12日
大正〜平成期の司教。ドミニコ会員、第4代仙台司教。
¶新カト

**佐藤千英** さとうちふさ
天保3(1832)年11月9日〜明治42(1909)年12月5日
江戸時代後期〜明治期の神職・国学者。
¶国書

**佐藤津義夫** さとうつぎお
明治42(1909)年8月28日〜平成9(1997)年1月5日
明治〜平成期のYMCA会員。牧師・日本ハイY連盟指導者・全国ハイY指導者会委員長・埼玉Y第2代理事長。
¶日Y

**佐藤津太夫** さとうつだいう
生没年不詳
江戸時代後期の大住郡大山阿夫利神社祠官。
¶神奈川人

**佐藤努** さとうつとむ
大正13(1924)年〜
昭和〜平成期の宗教画家。多摩美術大学助教授。
¶児人

**佐藤庸男** さとうつねお
文久2(1862)年〜大正11(1922)年
明治〜大正期の牧師。
¶姓氏宮城，宮城百

**佐藤哲英** さとうてつえい
明治35(1902)年4月19日〜昭和59(1984)年10月28日
大正〜昭和期の浄土真宗本願寺派僧侶。龍谷大学名誉教授。

¶現執1期，真宗，仏人

**佐藤照** さとうてる
文久2(1862)年8月25日～昭和23(1948)年4月8日
明治～昭和期の宗教家。
¶岡山歴

**佐藤伝兵衛** さとうでんべい
文化11(1818)年～明治38(1905)年
明治期の宮大工棟梁。彫刻師。
¶伊豆

**佐藤得聞** さとうとくもん
明治9(1876)年12月15日～昭和17(1942)年12月20日
明治～昭和期の僧侶。
¶真宗

**佐藤敏夫** さとうとしお
大正12(1923)年1月1日～平成19(2007)年6月5日
昭和～平成期の牧師、神学者。中村町教会牧師、東京神学大学学長。
¶現執1期，現執3期，現情，新カト，世紀

**佐藤叔治** さとうとしはる
文久3(1863)年7月19日～明治37(1904)年 [別]佐藤叔治(さとうよしはる)
明治期の神学者。
¶海越([没]明治37(1904)年9月)，海越新([没]明治37(1904)年9月)，キリ(さとうよしはる [没]明治37(1904)年7月18日)，渡航(さとうよしはる [没]1904年7月18日)

**佐藤徳行** さとうとっこう★
明治30(1897)年4月19日～昭和58(1983)年1月17日
大正・昭和期の僧。第44世星住山円通寺住職。
¶栃木人

**佐藤中務** さとうなかつかさ
生没年不詳
江戸時代後期の寺社職。大住郡大山寺師職・神職兼帯。
¶神奈川人

**佐藤誠実** さとうのぶざね
→佐藤誠実(さとうじょうじつ)

**佐藤範雄** さとうのりお
安政3(1856)年8月6日～昭和17(1942)年6月20日
明治～昭和期の宗教家・教育者。
¶岡山人，岡山百，岡山歴，明大1

**佐藤久顕** さとうひさあき
生没年不詳
江戸時代後期の神道家。
¶国書

**佐藤寛雄** さとうひろお
宝暦3(1753)年～文化12(1815)年
江戸時代中期～後期の神職。
¶国書(生没年不詳)，姓氏群馬

**佐藤博敏** さとうひろとし
明治35(1902)年7月21日～昭和63(1988)年8月30日
昭和期の金光教教師。
¶岡山歴

**佐藤正人** さとうまさと
明治19(1886)年～？
明治～大正期の神道家。神宮皇学館教授。
¶神人

**佐藤密雄** さとうみつお
明治34(1901)年10月9日～
昭和期の浄土宗僧侶、仏教哲学者。鎌倉大仏殿高徳院住職。
¶現情

**佐藤杢之助** さとうもくのすけ
生没年不詳
江戸時代後期の大住郡曽谷村金毘羅権現祠官。
¶神奈川人

**佐藤元祐** さとうもとすけ
生没年不詳
戦国時代の青森県出身の神主。
¶神人

**佐藤一徳** さとうもとのり
明治42(1909)年12月6日～昭和61(1986)年7月7日
昭和期の教育者・宗教家。
¶岡山歴

**佐藤叔治** さとうよしはる
→佐藤叔治(さとうとしはる)

**佐藤隆賢** さとうりゅうけん
昭和1(1926)年～
昭和～平成期の真言密教学者、真言宗智山派僧侶。大正大学教授、円能院住職。
¶現執1期

**左藤了秀** さとうりょうしゅう
明治1(1868)年～昭和20(1945)年
明治～昭和期の真宗大谷派僧侶。大谷学園創立者、大谷裁縫女学校設立者。
¶仏人

**佐藤霊山** さとうれいざん
嘉永4(1851)年～昭和2(1927)年9月2日
江戸時代末期～昭和期の僧侶。学校給食の発案者。
¶庄内([生]嘉永4(1851)年7月15日)，食文([生]嘉永4年7月15日(1851年8月11日))，山形百

**里中法禅** さとなかほうぜん
生没年不詳
明治期の曹洞宗の僧。
¶埼玉人

**里見ヤジロウ** さとみやじろう
→アンジロー

**里村紹巴** さとむらじょうは，さとむらしょうは
*～慶長7(1602)年4月12日 [別]紹巴(じょうは)

戦国時代～安土桃山時代の連歌師。松井昌祐の子。
¶朝日（[生]大永5（1525）年　[没]慶長7年4月12日（1602年6月2日）），伊豆（[生]？），岩史（[生]大永5（1525）年？），角史（紹巴　じょうは　[生]大永5（1525）年），神奈川人（さとむらしょうは　[生]1527年），京都（[生]大永4（1524）年），京都大（[生]大永4（1524）年），近世（[生]1525年），国史（[生]1525年），国書（紹巴　じょうは　[生]大永4（1524）年），古中（[生]1525年），コン改（[生]？），コン4（[生]？），コン5（[生]？），詩歌（さとむらしょうは　[生]1527年），史人（紹巴　じょうは　[生]1525年），人書79（[生]1524年），新潮（紹巴　じょうは　[生]大永5（1525）年），新文（[生]大永4（1524）年，（異説）大永5（1525）年），人名（さとむらしょうは　[生]1527年），姓氏京都（[生]1525年），世人（[生]大永4（1524）年），世百（紹巴　じょうは　[生]1524年），戦国（[生]？），戦辞（[生]大永4年または5（1524）年　[没]慶長7年4月12日（1602年6月2日）），全書（紹巴　じょうは　[生]1525年？），戦人（紹巴　じょうは　[生]大永5（1525）年），全戦（[生]大永5（1525）年），大百（紹巴　じょうは　[生]1524年），茶道（[生]1524年），日史（紹巴　じょうは　[生]大永5（1525）年？），日人（[生]1525年），俳句（紹巴　じょうは），俳文（紹巴　じょうは　[生]大永4（1524）年），百科（紹巴　じょうは　[生]大永5（1525）年？），仏教（[生]大永5（1525）年），文学（[生]1524年），平史（[生]1524年），歴大（紹巴　じょうは　[生]1525年？），和俳（[生]大永4（1524）年）

**里脇浅次郎**　さとわきあさじろう
明治37（1904）年2月1日～平成8（1996）年8月8日
昭和期のカトリック枢機卿。
¶新カト，長崎百

**真田源二郎**　さなだげんじろう
生没年不詳
江戸時代の修験者。
¶国書

**真田式部少輔**　さなだしきぶしょうゆ
？　～元和6（1620）年
安土桃山時代～江戸時代前期の羽黒派の修験者。
¶青森人

**真那田浄円**　さなだじょうえん
寛永18（1641）年～延享2（1745）年5月3日
江戸時代中期の僧。106歳という高齢で没する。
¶飛騨

**真田昇連**　さなだしょうれん
明治39（1906）年～昭和52（1977）年12月3日
明治～昭和期の住職。真宗寺住職。奈良公共職業安定所長、中央児童相談所長。
¶日エ

**真田清鏡**　さなだせいきょう
～元和6（1620）年2月3日
安土桃山時代～江戸時代前期の僧侶。
¶庄内

**真田太古**（真田大古）　さなだだいこ，さなだたいこ
*～明治24（1891）年
明治期の政府転覆計画の首謀者。
¶青森百（さなだたいこ　[生]？），岩手人（さなだたいこ　[生]1847年），姓氏岩手（真田大古　[生]1847年），日人（さなだたいこ　[生]1845年，（異説）1847年），根千（[生]？）

**真田増丸**　さなだますまる
明治10（1877）年7月25日～大正15（1926）年2月17日
明治～大正期の僧、宗教活動家。大日本仏教済世軍を組織、生涯を通じて仏教徒の立場で伝道に傾倒。
¶朝日，コン改（[没]1925年），コン5（[没]大正14（1925）年），真宗，世紀，哲学，日エ，日人，福岡百，豊前，仏教，仏人，民学，明大1

**讃岐の庄松**　さぬきのしょうまつ
寛政11（1799）年～明治4（1871）年2月4日
江戸時代末期～明治期の真宗篤信者。
¶仏教（[没]明治4（1871）年2月4日，（異説）3月4日）

**佐野明光**　さのあかし
明治23（1890）年～昭和41（1966）年
大正～昭和期の神職。
¶神奈川人

**佐野勝也**　さのかつや
明治21（1888）年5月15日～昭和21（1946）年8月19日
大正～昭和期の宗教学者。
¶現情，福岡百

**佐野源一郎**　さのげんいちろう
明治18（1885）年9月15日～昭和45（1970）年8月2日
明治～昭和期の牧師。
¶キリ

**佐野監物**　さのけんもつ
貞享4（1687）年～明和6（1769）年11月13日
江戸時代前期～中期の真言宗の僧・地誌作者。
¶国書

**佐野克州**　さのこくしゅう
明治29（1896）年～昭和39（1964）年
明治～昭和期の仏師。
¶青森人，青森美，美建

**佐野清順**　さのせいじゅん
天正4（1576）年～慶安3（1650）年　[別]清順（せいじゅん）
安土桃山時代～江戸時代前期の羽黒の別当。
¶庄内（清順　せいじゅん），山形百

**佐野前励**　さのぜんれい
安政6（1859）年2月18日～大正1（1912）年9月7日
明治期の法華宗僧侶。朝鮮布教開始、日宗財団の設立などを行った。
¶人名，世紀，日人，明大1

**佐野経彦** さのつねひこ
天保5(1834)年2月16日～明治39(1906)年10月16日
明治期の宗教家。九州北部、中国地方を歴遊。教導職試補、小倉に神理協会を設立。
¶朝日(㊤天保5年2月16日(1834年3月25日)), 維新, 近現, 国史, 国書, コン改, コン4, コン5, 史人, 神史, 神人, 新潮, 人名, 世百, 全書, 大百, 日史, 日人, 幕末, 幕末大, 百科, 福岡百, 明治史, 明大1, 歴大

**佐野久成** さのひさなり
天保11(1840)年～明治40(1907)年
明治期の神職。京都の豊国神社、大阪の生国魂神社の祠官を務めた。
¶人名, 日人

**佐野大和** さのひろかず
大正10(1921)年～平成7(1995)年
昭和～平成期の神官、日本史研究者。
¶考古(㊤大正10(1921)年4月19日　㊦平成7(1995)年10月14日), 史研

**佐野僖一** さのよしかず
文化9(1812)年～明治2(1869)年
江戸時代後期～明治期の神職。
¶神人

**佐八定綱** さはちさだつな
生没年不詳
江戸時代後期の神職。
¶国書

**佐原清太夫** さはらせいだゆう
生没年不詳
江戸時代中期の神官・国学徒。
¶東三河

**佐原祖田** さはらそでん
生没年不詳
江戸時代末期～明治期の僧侶。
¶姓氏長野

**佐原俊江** さはらとしえ
明治37(1904)年12月10日～昭和44(1969)年3月28日
昭和期の宗教家。妙道会教団創設者。
¶女性, 女性普

**佐波亘** さばわたる
明治14(1881)年4月24日～昭和33(1958)年4月8日
明治～昭和期の牧師。大森教会牧師。日本基督教団離脱後、日本基督教会の創立に尽力。
¶キリ, 現情, 昭人, 新潮, 人名7, 世紀, 日人

**作仏** さぶつ
生没年不詳
鎌倉時代前期の行者。
¶仏教

**佐分清円** さぶりきよのぶ
→佐分清円(さぶりせいえん)

**佐分清円** さぶりせいえん
延宝8(1680)年～明和2(1765)年　㊥佐分清円(さぶりきよのぶ, さわけせいえん)
江戸時代中期の神官。
¶国書(さぶりきよのぶ　㊦明和2(1765)年1月22日), 神人(さわけせいえん), 人名, 日人(さぶりきよのぶ)

**左兵衛** さへえ
？～元禄6(1693)年5月31日
江戸時代前期～中期の転キリシタン。
¶富山百

さ

**佐保山堯海** さほやまぎょうかい
明治40(1907)年4月22日～平成2(1990)年11月3日
昭和期の僧侶、写真家。
¶写家

**佐保山晋円** さほやましんえん
弘化3(1846)年～大正4(1915)年2月12日
明治～大正期の僧侶。華厳宗管長。東大寺住職在任中、大仏殿の修理等を完成。
¶世紀, 日人, 明大1

**沙弥満誓** さみまんせい, さみまんぜい
→笠麻呂(かさのまろ)

**覚井乗厳** さめいじょうごん
明治4(1871)年～昭和22(1947)年8月26日
明治～昭和期の僧侶。
¶真宗

**茶来** さらい
享保20(1735)年～天明元(1781)年
江戸時代中期の僧侶、俳人。
¶愛媛

**猿渡弘伸** さるわたりひろのぶ
天保11(1841)年～明治9(1876)年
江戸時代後期～明治期の神職。
¶神人

**沢木興道** さわきこうどう
明治13(1880)年6月16日～昭和40(1965)年12月21日
大正～昭和期の曹洞宗の僧、仏教学者。参禅道場を開き座禅一筋の生涯を貫く。正伝の仏法の実践も説いた。
¶熊本人, 熊本百, 現朝, 現情, コン4, コン5, 人名7, 世紀, 全書, 日人, 仏教, 仏人

**佐和九華** さわきゅうか
寛政1(1789)年～明治8(1875)年
江戸時代後期～明治期の僧、教育者。
¶島根歴

**佐分清円** さわけせいえん
→佐分清円(さぶりせいえん)

**沢崎堅造** さわざきけんぞう, さわさきけんぞう
明治40(1907)年3月13日～昭和20(1945)年
昭和期の経済学者、キリスト教伝道者。
¶キリ(㊦昭和20(1945)年8月3日？), 現朝

(没1945年8月3日頃), 現人(さわさきけんぞう 没1945年?), 昭人(没昭和20(1945)年8月), 世紀(没昭和20(1945)年8月), 日人(没?), 日中, 平和

**佐和莘斎** さわしんさい
寛延2(1749)年～天保2(1831)年2月22日
江戸時代中期～後期の漢学者。真言宗の僧。
¶国書

**沢田和夫** さわだかずお
大正8(1919)年～
昭和期のカトリック司祭、キリスト教哲学者。
¶現執1期

**沢田幸一郎** さわだこういちろう
明治5(1872)年～昭和17(1942)年
明治～昭和期の神職。旧伊勢神宮内宮神主。
¶華請

**沢田清宗** さわだせいそう
明治40(1907)年4月25日～平成14(2002)年8月1日
昭和期の僧侶、俳人。
¶郷土

**沢田総重** さわだふさしげ
明治7(1874)年～昭和22(1947)年
明治～昭和期の神職。
¶神人

**沢田美喜** さわだみき
明治34(1901)年9月19日～昭和55(1980)年5月12日
昭和期の社会事業家。混血孤児の養育施設「エリザベス・サンダース・ホーム」の創設者。
¶岩史, 神奈川百, 神奈女, キリ, 近現, 近女, 現朝, 現情, 現人, 現日, 広7, 国史, コン改, コン4, コン5, 史人, 社教, 女史, 女性, 女性普, 新潮, 世紀, 姓氏神奈川, 世百新, 全書, 大百, 鳥取百, 日史, 日人, 日本, 百科, マス89, 民学, 歴大

**沢田泰圀**(澤田泰圀) さわだやすくに
明治5(1872)年3月18日～
明治期の男爵。神宮権禰宜。
¶華畫(澤田泰圀)

**沢田泰綱** さわだやすつな
天保1(1830)年～大正5(1916)年7月16日
江戸時代後期～明治期の神職。
¶華請, 国書

**沢田頼徳** さわだよりのり
*～明治29(1896)年
明治期の国学者。武蔵入間郡藤沢村熊野神社、石上神社などの祠官を務めた。
¶人名(生1827年), 日人(生1823年)

**沢渡広孝** さわたりひろたか
明治期の神職。
¶神人

**猿渡容盛** さわたりひろもり
文化8(1811)年～明治17(1884)年8月8日
江戸時代末期～明治期の国学者。
¶江文, 国書(生文化8(1811)年5月17日), 神史, 神人(生文化8(1811)年5月17日), 人名, 多摩, 日人, 町田歴(生文化8(1811)年5月), 明治史

**猿渡盛章** さわたりもりあき
寛政2(1790)年～文久3(1863)年7月1日　[別]猿渡盛章(さわたりもりあきら)
江戸時代後期の国学者。
¶江文, 国書(生寛政2(1790)年5月22日), コン改, コン4, コン5, 神人, 新潮(生寛政2(1790)年1月22日), 人名, 日人, 町田歴(さわたりもりあきら 生寛政2(1790)年1月22日), 和俳

**猿渡盛章** さわたりもりあきら
→猿渡盛章(さわたりもりあき)

**猿渡盛厚** さわたりもりあつ
明治8(1875)年～昭和40(1965)年
明治～昭和期の宗教家。
¶多摩

**猿渡盛愛** さわたりもりえ
天保15(1844)年5月23日～明治38(1905)年10月3日
江戸時代後期～明治期の神職・歌人。
¶国書

**猿渡盛道** さわたろもりみち
天正5(1577)年5月3日～寛永5(1628)年2月25日
安土桃山時代～江戸時代前期の神職。
¶国書

**沢野忠庵** さわのちゅうあん
天正8(1580)年～慶安3(1650)年　[別]フェレイラ
安土桃山時代～江戸時代前期のポルトガル人司祭。
¶郷土長崎(没1652年), 姓氏京都(生?), 長崎百, 長崎歴(フェレイラ)

**沢辺琢磨** さわのべたくま
→沢辺琢磨(さわべたくま)

**沢辺琢磨** さわべたくま
*～大正2(1913)年6月25日　[別]パーヴェル沢辺(ぱーゔぇるさわべ), 沢辺琢磨(さわのべたくま), 山本数馬(やまもとかずま)
江戸時代末期～明治期の日本ハリスト正教会最初の日本人司祭。
¶青森人(生天保5(1834)年), 朝日(生天保5年1月5日(1834年2月13日)), 維新(生1835年), 北墓, キリ(生1833年), 近現(生1834年), 高知人(生1835年), 高知百(生1835年), 国際(パーヴェル沢辺 ぱーゔぇるさわべ 生天保6(1835)年), 国史(生1834年), 神史(生1834年), 新潮(生天保6(1835)年1月5日), 先駆(生天保5(1834)年1月5日), 全書(生1834年), 日人(生1835年), 幕末(生1835年 没1913年6月35日), 幕末大(生天保6(1835)年1月5日), 福島百(さわのべたくま 生天保4(1833)年), 北海道百(生天保6(1835)年), 北海道歴(生天保6(1835)年), 明治史(生天保

5(1834)年), 明大1(㊤天保5(1834)年1月5日), 歴大(㊤1835年)

**沢辺徳幸** さわべのりゆき
～明治35(1902)年6月22日
明治期の根室の金刀比羅神社初代祠官。
¶根千

**沢村五郎** さわむらごろう
明治20(1887)年6月9日～昭和52(1977)年6月5日
明治～昭和期の牧師。関西聖書神学校校長。
¶キリ, 兵庫百

**沢山保羅** さわやまぼうろ, さわやまぽうろ
嘉永5(1852)年～明治20(1887)年3月27日　㊙沢山保羅(さわやまぽーろ)
明治期の牧師、教育家。日本の教会自給論を発表。浪花公会、梅花女学校を創設。地方伝道に尽力。
¶朝日(㊤嘉永5年3月22日(1852年5月10日)), 海越(㊤嘉永5(1852)年2月25日), 海越新(㊤嘉永5(1852)年2月25日), 大阪人(㊦明治20(1887)年3月), 学校(㊤嘉永5(1852)年3月22日), キリ(㊤嘉永5年3月22日(1852年5月10日)), 近現, 国史, コン改, コン5, 史人(㊤1852年3月22日), 人名, 姓氏山口(さわやまぼうろ), 世百, 哲学, 渡航, 日史(㊤嘉永5(1852)年3月22日), 日人, 日Y(さわやまぽーろ　㊤嘉永5(1852)年3月26日), 百科, 兵庫百(さわやまぼうろ), 明治史(さわやまぽーろ), 明大1(㊤嘉永5(1852)年3月22日), 山口百, 歴大

**沢山保羅** さわやまぽーろ
→沢山保羅(さわやまぼうろ)

**佐原隆応** さわらりゅうおう
文久3(1863)年～昭和6(1931)年
明治～昭和期の僧。時宗大本山蓮華寺49世住職。
¶山形百

**佐和隆研** さわりゅうけん
明治44(1911)年3月9日～昭和58(1983)年1月5日
昭和期の美術史家、僧侶(真言宗醍醐派)。京都市立芸術大学学長、醍醐寺霊宝館館長。
¶現朝, 現執1期, 現執2期, 現情, 史研, 世紀, 日人, 仏教, 仏人(㊤1912年)

**三阿** さんあ
生没年不詳
南北朝時代の僧侶・連歌作者。
¶国書

**山陰徹翁** さんいんてつおう
? ～元禄13(1700)年4月25日
江戸時代前期～中期の曹洞宗の僧。永平寺33世。
¶仏教

**三栄本秀** さんえいほんしゅう
? ～万治2(1659)年
江戸時代前期の曹洞宗の僧侶。
¶姓氏愛知

**三益永因** さんえきえいいん
生没年不詳
室町時代～戦国時代の臨済宗の僧。
¶国書, 人名, 日人, 仏教

**山海** さんかい
～嘉永7(1854)年閏7月5日
江戸時代中期の俳人。
¶庄内

**三汲** さんきゅう
慶長8(1603)年～寛文6(1666)年7月21日
江戸時代前期の浄土宗の僧。
¶仏教

さ

**三級** さんきゅう
生没年不詳
安土桃山時代～江戸時代前期の天台宗の僧。
¶国書

**参行禄王** さんぎょうろくおう
延享4(1747)年～文化6(1809)年
江戸時代中期～後期の富士講教理組成者。
¶歴大

**三休** さんく
永正15(1518)年～元亀1(1570)年4月27日
戦国時代の浄土宗の僧。清浄華院28世。
¶仏教

**参玄** さんげん
生没年不詳
鎌倉時代後期の僧侶・歌人。
¶国書

**三江紹益** さんこうじょうえき
元亀3(1572)年～慶安3(1650)年8月22日
安土桃山時代～江戸時代前期の臨済宗の僧。
¶国書

**三光坊** さんこうぼう
生没年不詳
戦国時代の能面作者。加賀平泉寺の僧。
¶朝日(㊦天文1(1532)年?), 国史, 古中, コン改, コン4, コン5, 史人, 新潮(㊦天文1(1532)年), 人名, 世人, 日人(㊦1532年), 百科

**山重民** さんしげたみ
生没年不詳
安土桃山時代の神職。
¶国書

**三修** さんじゅ
→三修(さんしゅう)

**三修** さんしゅう
天長6(829)年～昌泰2(899)年　㊙三修(さんじゅ)
平安時代前期の法相宗・真言宗の僧。
¶朝日(㊦昌泰2年5月12日(899年6月23日)), 国史(さんじゅ　㊦900年), 古人(さんじゅ　㊦900年), 古代(さんじゅ), 古代普(さんじゅ), 古中(さんじゅ　㊦900年), コン4(さんじゅ　㊦昌泰3(900)年), コン5(さんじゅ　㊦昌泰3(900)年), 新潮(㊦昌泰2(899)年5月12日, (異説)延喜1(901)年5月12日), 人名

(㊐？)，日人，仏教(㊨昌泰2(899)年5月12日,(異説)昌泰3(900)年5月12日)，仏史(さんじゅ　㊨900年)，平史

**三洲白竜** さんしゅうはくりゅう
寛文9(1669)年4月1日～宝暦10(1760)年4月8日
江戸時代中期の曹洞宗の僧。
¶国書，埼玉人，仏教

**三恕** さんじょ
？～寛永16(1639)年1月3日
江戸時代前期の浄土宗の僧。
¶仏教

さ

**三条実春** さんじょうさねはる
大正2(1913)年3月2日～
昭和期の神官。平安神宮宮司、貴族院議員。
¶現情

**三条西公允** さんじょうにしきんあえ
→三条西実義(さんじょうにしさねよし)

**三条西実義** さんじょうにしさねよし
*～明治37(1904)年6月13日　㊙三条西公允(さんじょうにしきんあえ),西三條實義(にしさんじょうさねよし)，西三条実義(にしさんじょうさねよし)
江戸時代末期～昭和期の伯爵、神宮大宮司。
¶華畫(西三條實義　にしさんじょうさねよし　㊐慶応2(1866)年10月29日)，神人(㊐慶応2(1866)年　㊨昭和25(1950)年)，幕末大(三条西公允　さんじょうにしきんあえ　㊐天保12(1841)年5月22日)，明大1(三条西公允　さんじょうにしきんあえ　㊐天保12(1841)年5月22日)

**暫酔** ざんすい
→大谷暫酔(おおたにざんすい)

**山叟慧雲**(1)(山亥慧雲) さんそうえうん
安貞1(1227)年～正安3(1301)年7月9日　㊙慧雲(えうん)
鎌倉時代後期の臨済宗聖一派の僧。東福寺5世。
¶鎌室，国史，国書，古中，コン改(慧雲　えうん　㊐？)，コン4(慧雲　えうん　㊐？)，コン5(慧雲　えうん　㊐？)，埼玉人，埼玉百(慧雲　えうん)，史人(慧雲　えうん)，新潮，人名(山亥慧雲)，世人(慧雲　えうん　㊐嘉禄3(1225)年)，対外，日人，仏教(㊐貞永1(1232)年)，仏史，仏人(慧雲　えうん)

**山叟慧雲**(2) さんそうえうん
正中3(1326)年～天授1/永和1(1375)年
鎌倉時代後期の臨済宗聖一派の僧。東福寺5世。
¶福島百

**山叟海浦** さんそうかいほ
天正12(1584)年～寛永18(1641)年11月10日
江戸時代前期の曹洞宗の僧。
¶仏教

**三蔵蓮体** さんぞうれんたい
明治11(1978)年1月18日～昭和30(1955)年1月2日
明治～昭和期の丹生川村の千光寺住職。
¶飛騨

**三田全信** さんだぜんしん
明治36(1903)年～昭和57(1982)年
昭和期の浄土宗学者、浄土宗僧侶。仏教大学教授。
¶現執1期，図人

**三澄** さんちょう
平安時代前期の僧。
¶古人，古代，古代普，人名，日人(生没年不詳)，平史(生没年不詳)

**三笛** さんてき
？～寛文1(1661)年9月25日
江戸時代前期の浄土宗の僧。
¶仏教

**三徹** さんてつ
～永享2(1430)年
南北朝時代～室町時代の浄土宗の僧。
¶神奈川人

**三等** さんとう
延宝6(1678)年～延享3(1746)年6月
江戸時代前期～中期の真言宗の僧。
¶国書

**三等法印** さんとうほういん
延宝6(1678)年～延享3(1746)年
江戸時代前期～中期の僧侶。
¶香川人，香川百

**三洞要玄** さんどうようげん
安土桃山時代の尼僧。
¶姓氏石川

**三如** さんにょ
宝永1(1704)年～天明1(1781)年
江戸時代中期の日蓮宗の僧・歌人。
¶国書

**残応** ざんのう
永正15(1518)年～慶長9(1604)年1月4日
戦国時代～安土桃山時代の浄土宗の僧。
¶仏教

**三宮千春** さんのみやちはる
明治19(1886)年～昭和19(1944)年
明治～昭和期の神職。
¶神人

**三伯昌伊** さんぱくしょうい
天文7(1538)年～*
戦国時代～江戸時代前期の僧。鎌倉円覚寺156世住山。
¶神奈川人(㊨1613年)，戦辞(㊨慶長18年12月5日(1614年1月14日))

**三部豊** さんべゆたか
明治41(1908)年～？
昭和期の神道布教師。神道丸山教会本院メンバー。
¶アナ，社史

**三甫　さんぽ**
生没年不詳
江戸時代前期の浄土宗の僧。
¶国書，日人，仏教（[没]寛永8（1631）年3月2日）

**三宝院賢俊　さんぼういんけんしゅん**
→賢俊（けんしゅん）

**三宝院定忠　さんぼういんじょうちゅう**
室町時代の真言宗の僧、山城醍醐山73代の座主。
¶人名

**三宝院満済　さんぼういんまんさい**
→満済（まんさい）

**三明寺菊潭　さんみょうじきくたん**
生没年不詳
江戸時代中期の俳僧。
¶東三河

**三明房　さんみょうぼう**
～寛永15（1638）年11月26日
江戸時代前期の僧侶。
¶飛騨

**残夢　ざんむ**
→日白残夢（にちはくざんむ）

**三誉(1)　さんよ**
？　～天正6（1578）年8月8日
戦国時代の浄土宗の僧。
¶仏教

**三誉(2)　さんよ**
？　～正保2（1645）年10月22日
江戸時代前期の浄土宗の僧。
¶仏教

**三要　さんよう**
→閑室元佶（かんしつげんきつ）

**三要元佶　さんようげんきつ**
→閑室元佶（かんしつげんきつ）

**讃誉牛秀　さんよぎゅうしゅう**
→牛秀（ぎゅうしゅう）

**讃誉上人牛秀助給大和尚　さんよしょうにん**
永正10（1513）年～慶長10（1605）年
戦国時代～江戸時代前期の僧侶。
¶多摩

**暫竜　ざんりゅう**
？　～寛永18（1641）年3月
江戸時代前期の浄土宗の僧。
¶仏教

**三了麟達　さんりょうりんたつ**
弘治1（1555）年～元和2（1616）年2月8日
安土桃山時代～江戸時代前期の曹洞宗の僧。
¶仏教

**残嶺　ざんれい**
？　～万治3（1660）年9月4日
江戸時代前期の浄土宗の僧。
¶仏教

**三嶺懶竜　さんれいらんりゅう**
永正14（1517）年～文禄4（1595）年5月27日
戦国時代～安土桃山時代の曹洞宗の僧。
¶仏教

## 【し】

**之庵道貫　しあんどうかん**
？　～暦応5（1342）年
鎌倉時代後期の臨済宗の僧。
¶鎌倉，仏教（生没年不詳）

**椎尾弁匡　しいおべんきょう**
明治9（1876）年7月6日～昭和46（1971）年4月7日
大正～昭和期の仏教学者。大正大学長、衆議院議員。仏教を現実生活に生かす共生運動を興した。増上寺法王。
¶愛知百，学校，現朝，現情，現人，コン改，コン4，コン5，史人，思想史，昭人，新潮，人名7，世紀，姓氏愛知，全書，日人，仏教，仏人，平和，明治史

**志一　しいち**
生没年不詳
南北朝時代の僧。
¶仏教

**椎名宏雄　しいなこうゆう**
昭和9（1934）年10月3日～
昭和期の曹洞宗の僧。駒沢大学講師。
¶現執1期，現執2期

**思允　しいん**
生没年不詳
鎌倉時代前期の律宗の僧。
¶仏教

**慈胤　じいん**
元和3（1617）年3月13日～元禄12（1699）年12月2日　[別]慈胤親王（じいんしんのう），慈胤法親王（じいんほうしんのう，じいんほっしんのう）
江戸時代前期～中期の天台宗の僧。天台座主174・178・182世。
¶国書（慈胤親王　じいんしんのう），人名（慈胤法親王　じいんほうしんのう），茶道（慈胤法親王　じいんほっしんのう），仏教（[生]元和3（1617）年3月13日，（異説）3月24日？）

**慈胤親王　じいんしんのう**
→慈胤（じいん）

**慈胤法親王　じいんほうしんのう**
→慈胤（じいん）

**慈胤法親王　じいんほっしんのう**
→慈胤（じいん）

**周文　しうぶん**
→周文（しゅうぶん）

**士雲** しうん
→南山士雲(なんざんしうん)

**似雲** じうん
寛文13(1673)年1月2日～宝暦3(1753)年7月8日
江戸時代中期の歌人。伏見屋彦兵衛、木屋喜右衛門と称す。
¶朝日(㊐延宝1年1月2日(1673年2月18日) ㊀宝暦3年7月8日(1753年8月6日)),大阪墓,京都大,国書,コン改,コン4,コン5,詩歌,新潮,人名,姓氏京都,長野歴,日人,広島百,仏教,仏人,和俳

し

**慈運(1)** じうん
*～天文6(1537)年　㊎慈運法親王(じうんほうしんのう),慈雲法親王(じうんほっしんのう,じうんほつしんのう)
戦国時代の伏見宮貞常親王の王子。
¶国書(㊐文正1(1466)年　㊀天文6(1537)年6月29日),人名(㊐?),茶道(慈雲法親王　じうんほっしんのう　㊐?),日人(慈運法親王　じうんほうしんのう　㊐1466年)

**慈運(2)** じうん
生没年不詳
江戸時代中期の天台宗の僧。
¶国書

**慈雲(1)** じうん
天平宝字3(759)年～大同1(806)年
奈良時代～平安時代前期の僧。
¶国書(㊀大同2(807)年),古人(㊐758年),古代(㊐758年),古代普(㊐758年),コン改(㊀大同2(807)年),コン4(㊀大同2(807)年),コン5(㊀大同2(807)年),新潮(㊀大同2(807)年),日人(㊀806年,(異説)807年),仏教(㊀大同1(806)年,(異説)大同2(807)年8月24日),仏教(生没年不詳),平史(㊐758年)

**慈雲(2)** じうん
→慈雲妙意(じうんみょうい)

**慈雲(3)** じうん
享保3(1718)年7月28日～文化1(1804)年12月22日　㊎飲光(いんこう,おんこう),慈雲飲光(じうんいんこう,じうんおんこう),慈雲尊者(じうんそんじゃ)
江戸時代中期～後期の真言宗の僧。
¶朝日(㊐享保3年7月28日(1718年8月24日) ㊀文化1年12月22日(1805年1月22日)),岩史(慈雲飲光　じうんおんこう),江人(飲光　おんこう),大阪人,大阪墓(㊀文化1(1804)年12月12日),香川人(飲光　おんこう),香川百(飲光　おんこう),角史,近世(飲光　おんこう),国史(飲光　おんこう),国書(飲光　おんこう　㊀文化1(1804)年12月23日),コン改(慈雲尊者　じうんそんじゃ),コン4(慈雲尊者　じうんそんじゃ),コン5(慈雲尊者　じうんそんじゃ),詩歌,史人(飲光　おんこう),思想史,神史(飲光　おんこう),人書94,神人,新潮,人名(慈雲尊者　じうんそんじゃ),世人(慈雲尊者　じうんそんじゃ),世百,全書(飲光　おんこう),大百(飲光　おんこう),茶道(慈雲飲光　じうんいんこう),徳島百(慈雲尊者　じうんそんじゃ),日思(慈雲飲光　じうんおんこう),日史,日人(飲光　おんこう　㊀1805年),百科,兵庫人(㊀文化1(1804)年12月23日),仏教(飲光　おんこう　㊀文化1(1804)年12月23日),仏史(飲光　おんこう),仏人(飲光　おんこう),名僧(飲光　おんこう),歴大(慈雲飲光　じうんおんこう),和俳

**慈雲(4)** じうん
?　～明治1(1868)年
江戸時代後期～末期の僧。托鉢で近郷村民の窮状を救済。
¶栃木歴

**慈雲飲光** じうんいんこう
→慈雲(3)(じうん)

**慈雲飲光** じうんおんこう
→慈雲(3)(じうん)

**慈雲寺明心** じうんじみょうしん
～永正16(1519)年2月26日
戦国時代の萩原町の慈雲寺の開基。もと白川郷牧戸の城主・内島為氏の家臣。
¶飛騨

**慈雲尊者** じうんそんじゃ
→慈雲(3)(じうん)

**紫雲達瑞** しうんたつずい
生没年不詳
江戸時代後期の黄檗宗の僧。
¶黄檗

**紫雲探月** しうんたんげつ
弘化3(1846)年～大正2(1913)年
江戸時代末期～大正期の僧。加久藤徳応寺開基。
¶鹿児島百

**慈運法親王** じうんほうしんのう
→慈運(1)(じうん)

**慈雲法親王** じうんほっしんのう,じうんほつしんのう
→慈運(1)(じうん)

**慈雲妙意**(慈運妙意) じうんみょうい
文永11(1274)年～興国6/貞和1(1345)年6月3日
㊎慈雲(じうん),妙意慈雲(みょういじうん),恵日聖光国師(えにちしょうこうこくし),慧日光明国師(えにちこうみょうこくし),妙意(みょうい)
鎌倉時代後期～南北朝時代の臨済宗法灯派の僧。恵日聖光国師。
¶朝日(㊀貞和1/興国6年6月3日(1345年7月2日)),鎌室,国史,古中,コン改,コン4,コン5,史人,新潮,人名,姓氏富山,世人(慈雲　じうん),富山百(㊐?),長野百,長野歴,新潟百(妙意慈雲　みょういじうん),日人,仏教,ふる(慈運妙意)

**慈恵** じえ
→良源(りょうげん)

**慈栄** じえい
生没年不詳
江戸時代後期の天台宗の僧。
¶国書

**慈永** じえい
→青山慈永(せいざんじえい)

**慈英** じえい
→天章慈英(てんしょうじえい)

**自悦守懌** じえつしゅえき
文安1(1444)年～永正17(1520)年12月1日
室町時代～戦国時代の臨済宗の僧。
¶国書

**自悦道雲** じえつどううん
寛永6(1629)年～元禄5(1692)年9月15日
江戸時代前期～中期の黄檗宗の僧。
¶黄檗

**思円** しえん
→叡尊(えいそん)

**慈円** じえん
久寿2(1155)年4月15日～嘉禄1(1225)年9月25日
㊀吉水僧正(よしみずのそうじょう),慈鎮(じちん),道快(どうかい)
平安時代後期～鎌倉時代前期の天台宗の僧。
¶朝日(㊐久寿2年4月15日(1155年5月17日) ㊞嘉禄1年9月25日(1225年10月28日)),岩史,大阪人,角史,神奈川百,鎌倉(㊐久安3(1147)年),鎌室,京都,京都大,国史,国書,古史,古人,古中,コン改,コン4,コン5,詩歌,滋賀百,詩作,史人,思想史,重要,諸系,人書79,人書94,神人,新潮,新文,人名,姓氏京都,世人(㊐久寿2(1155)年4月5日),世百,全書,大百,中世,伝記,内乱,日音,日思,日史,日人,日文,百科,仏教,仏史,仏人,文学,平史,平日(㊐1155 ㊞1225),名僧,山川小,歴大,和俳

**慈延**(1) じえん
生没年不詳
江戸時代中期の天台宗の僧。
¶国書

**慈延**(2) じえん
寛延1(1748)年～文化2(1805)年7月8日 ㊀塚田大愚(つかだたいぐ),冢田慈延(つかだじえん),冢田大愚(つかだたいぐ)
江戸時代中期～後期の天台宗の歌人、僧。
¶朝日(㊐寛延2(1749)年 ㊞文化2年7月8日(1805年8月2日)),京都大(冢田大愚 つかだたいぐ),近世,国史,国書,詩歌,詩作,新潮,人名,姓氏京都,姓氏京都(塚田大愚 つかだたいぐ ㊞1804年),長野歴(冢田慈延 つかだじえん),日人,仏教,和俳

**慈瑗** じえん
? ～宝暦5(1755)年9月
江戸時代中期の天台宗の僧。
¶国書

**持円** じえん
生没年不詳
室町時代の僧。
¶鎌室,日人

**自淵** じえん
? ～延徳1(1489)年
室町時代～戦国時代の禅僧。
¶人名

し

**塩入亮忠** しおいりりょうちゅう
明治22(1889)年6月23日～昭和46(1971)年12月23日 ㊀塩入亮忠(しおりりょうちゅう)
明治～昭和期の天台宗僧侶、仏教学者。大正大学名誉教授、天台宗務庁宗務総長。
¶現情,埼玉人,埼玉百,人名7,世紀,長野歴(しおりりょうちゅう ㊞昭和47(1972)年),日人,仏教,仏人

**塩入良道** しおいりりょうどう
大正11(1922)年～平成1(1989)年
昭和期の僧侶、仏教学者。信濃国分寺(天台宗)住職。
¶考古(㊐大正11(1922)年5月5日 ㊞平成1(1989)年12月16日),史研

**慈応**(1) じおう
生没年不詳
奈良時代の法相宗の僧。
¶仏教

**慈応**(2) じおう
生没年不詳
鎌倉時代前期の天台宗の僧。
¶国書,古人,新潟百,仏教,平史

**塩沢大定** しおざわだいじょう
大正8(1919)年11月24日～
昭和期の臨済宗南禅寺派僧侶。管長。
¶現情

**塩尻和子** しおじりかずこ
昭和19(1944)年4月18日～
昭和～平成期の宗教学者。筑波大学哲学・思想学系助教授。
¶現執4期

**塩塚ルイス** しおずかるいす
→塩塚ルイス(しおづかるいす)

**塩田義遜** しおたぎせん
明治22(1889)年10月11日～昭和39(1964)年12月21日
大正～昭和期の僧。甲府市信立寺住職。
¶山梨百

**塩塚ルイス** しおづかるいす,しおずかるいす
天正5(1577)年～寛永14(1637)年
安土桃山時代～江戸時代前期のキリシタン。
¶朝日(㊞寛永14年8月11日(1637年9月29日)),新潮(㊐天正5(1557)年頃 ㊞寛永14(1637)年8月11日),世人(しおずかるいす ㊞?),日人

**塩月賢太郎** しおづきけんたろう
大正13(1924)年2月21日～平成22(2010)年7月9日
昭和～平成期の神学者、キリスト教徒。
¶日Y, 平和

**潮留延子** しおどめのぶこ
*～大正15(1926)年
明治～大正期の婦人運動家。
¶市川(㊐?　㊍大正15(1926)年6月29日), 女運(㊐1895年?　㊍1926年6月)

し

**塩野和夫** しおのかずお
昭和27(1952)年11月2日～
昭和～平成期の宗教学者。西南学院大学文学部国際文化学科教授。
¶現執4期

**塩谷俊太郎** しおのやしゅんたろう
明治9(1876)年～昭和20(1945)年10月12日
明治～昭和期の神官・社会教育家。
¶埼玉人(㊐明治9(1876)年9月23日), 埼玉百, 神人(㊍昭和20(1947)年)

**潮見勝平** しおみかつへい
天保4(1833)年～明治12(1879)年3月18日
江戸時代末期～明治期の周防国の八幡宮宮司。権少宣教師、皇太神宮禰宜などつとめる。
¶幕末, 幕末大(㊐天保3(1833)年12月22日)

**塩入亮忠** しおりりょうちゅう
→塩入亮忠(しおいりりょうちゅう)

**志遠** しおん
仁治2(1241)年～延慶3(1310)年2月13日
鎌倉時代前期～後期の天台宗の僧・歌人。
¶国書

**慈音** じおん
→観雲慈音(かんうんじおん)

**慈恩寺大進** じおんじだいしん
鎌倉時代後期の仏師。
¶埼玉人(生没年不詳), 美建

**持賀** じが
平安時代後期の仏師。
¶古人, 美建, 平史(生没年不詳)

**慈快** じかい
嘉元3(1305)年～興国5/康永3(1344)年3月12日
鎌倉時代後期～南北朝時代の天台宗の僧・歌人。
¶国書

**慈海**(1) じかい
寛永1(1624)年～元禄6(1693)年2月16日
江戸時代前期の天台宗の僧。
¶国書, 埼玉人, 埼玉百, 人名(㊐?　㊍1696年), 日人, 仏教

**慈海**(2) じかい
天和1(1681)年～延享3(1746)年6月18日
江戸時代中期の浄土真宗の僧。
¶国書, 仏教

**志賀忌寸** しがいみき
生没年不詳
江戸時代中期の神道家。
¶国書

**慈岳定琛** じがくじょうじん
明・崇禎5(1632)年～元禄2(1689)年1月12日
㊊慈岳道琛(じがくどうちん)
江戸時代前期の浄土真宗の僧。
¶国書(慈岳道琛　じがくどうちん), 仏教

**慈覚大師** じかくたいし,じかくだいし
→円仁(えんにん)

**慈覚大師円仁** じかくたいしえんにん
→円仁(えんにん)

**慈岳道琛** じがくどうちん
→慈岳定琛(じがくじょうじん)

**志賀親次** しがちかつぐ
*～?　㊊ドン=パウロ,志賀小左衛門尉(しがこざえもんのじょう)
安土桃山時代のキリシタン、武将。
¶近世(生没年不詳), 国史(生没年不詳), 新潮(生没年不詳), 人名(㊐1569年), 戦合(生没年不詳), 戦西(㊐1569年), 戦人(㊐永禄9(1566)年), 全戦(㊐永禄9(1566)年), 戦武(㊐永禄9(1566)年), 日人(㊐1566年?)

**志賀仁右衛門** しがにえもん
江戸時代後期の旗本奴、大小神祇組の領袖、徳川麾下士。
¶人名, 日人(生没年不詳)

**志賀恵隠** しがのえおん
飛鳥時代の学問僧。
¶古人

**信ケ原良文** しがはらりょうぶん
大正3(1914)年3月7日～平成10(1998)年1月1日
昭和期の僧侶。檀王法林寺(浄土宗)住職、全国夜間保育園連盟名誉会長。
¶世紀, 日人

**信楽真純** しがらきしんじゅん
明治28(1895)年～昭和47(1972)年
大正～昭和期の宗教家、歌人。
¶奈良文

**信楽峻麿** しがらきたかまろ
大正15(1926)年9月19日～
昭和～平成期の浄土教思想史研究者、僧侶。龍谷大学教授。
¶現執1期, 現執4期

**紫巌** しがん
元文3(1738)年～文化8(1811)年閏2月5日
江戸時代中期～後期の天台宗の僧侶。
¶岡山歴

**只丸**(1) しがん
→弄松閣只丸(2)(ろうしょうかくしがん)

**只丸(2)** しがん
寛永17(1640)年〜正徳2(1712)年　㊀弄松閣只丸(ろうしょうかくしがん)
江戸時代前期〜中期の浄土真宗の僧、俳人。
¶国書(㊀正徳2(1712)年11月2日)，人名，日人(弄松閣只丸　ろうしょうかくしがん)，俳諧(㊀?)，俳句(㊀正徳2(1712)年11月2日)，俳文，仏教(㊀正徳2(1712)年11月2日)，和俳

**慈寛** じかん
生没年不詳
鎌倉時代後期の僧侶・歌人。
¶国書

**慈観(1)** じかん
生没年不詳
鎌倉時代後期の浄土宗の僧。
¶国書，仏教

**慈観(2)** じかん
建武1(1334)年2月7日〜応永26(1419)年3月2日
南北朝時代〜室町時代の僧。
¶鎌室，人名(㊀?　㊀1395年)，仏教

**慈観(3)** じかん
生没年不詳
江戸時代中期の新義真言宗の僧。
¶国書，仏教

**慈観(4)** じかん
生没年不詳
江戸時代中期の天台宗の僧。
¶国書

**慈観(5)** じかん
生没年不詳
江戸時代中期の天台宗の僧。
¶国書

**慈観(6)** じかん
寛政6(1794)年〜慶応2(1866)年8月11日
江戸時代末期の天台宗の僧。
¶国書，栃木歴，日人，仏教

**慈願** じがん
生没年不詳
南北朝時代の僧侶・連歌作者。
¶国書

**獅岩如吼** しがんにょく
?　〜天和2(1682)年3月19日
江戸時代前期の黄檗宗の僧。
¶黄檗，国書

**獅巌梅腑** しがんばいふ
寛永14(1637)年〜延宝9(1681)年3月20日
江戸時代前期の曹洞宗の僧。
¶仏教

**只皈** しき
生没年不詳
南北朝時代の僧侶・歌人。
¶国書

**慈基** じき
生没年不詳
鎌倉時代後期の天台宗の僧。天台座主99世。
¶仏教

**識阿空寂** しきあくうじゃく
?　〜応永13(1406)年
南北朝時代〜室町時代の僧侶。
¶姓氏群馬

**直菴宗観** じきあんしゅうかん
→直庵宗観(じきあんそうかん)

**直庵宗観** じきあんそうかん
生没年不詳　㊀直菴宗観(じきあんしゅうかん)
室町時代の曹洞宗の僧。
¶人名(直菴宗観　じきあんしゅうかん)，日人，仏教

**色井秀譲** しきいしゅうじょう
明治38(1905)年〜平成2(1990)年
明治〜平成期の天台真盛宗管長、天台真宗総本山西教寺貫主、三重県立図書館館長、高田短期大学教授。
¶図人

**直翁裔正** じきおうえいしょう
?　〜大永3(1523)年1月5日
戦国時代の曹洞宗の僧。
¶仏教

**直翁宗廉** じきおうそうれん
?　〜文安3(1446)年
室町時代の曹洞宗の僧。
¶日人，仏教(㊀文安3(1446)年11月24日)

**直翁智侃** じきおうちかん,じきおうちがん
寛元3(1245)年〜元亨2(1322)年　㊀智侃(ちかん),直翁智侃(ちょくおうちかん)
鎌倉時代後期の臨済宗の僧。
¶大分歴，鎌室，郷土群馬(智侃　ちかん)，国書(ちょくおうちかん　㊀元亨2(1322)年4月16日)，人名(じきおうちがん)，日人，仏教(㊀元亨2(1322)年4月14日,(異説)元亨3(1323)年4月16日)

**直翁道侃** じきおうどうかん
*〜享保3(1718)年10月15日　㊀直翁道侃(ちょくおうどうかん)
江戸時代中期の黄檗宗の僧。
¶黄檗(ちょくおうどうかん　㊀寛文2(1662)年)，仏教(㊀寛文1(1661)年)

**直翁梅指** じきおうばいし
生没年不詳
江戸時代末期の曹洞宗の僧。
¶国書

**直海** じきかい
南北朝時代の天台宗の僧。
¶国書

**食行身禄** じきぎょうみろく
寛文11(1671)年1月17日〜享保18(1733)年

㊙食行身禄（じきぎょくみろく），身禄（みろく）
江戸時代中期の富士講身禄派の祖。
¶朝日（㊥享保18年7月17日（1733年8月26日）），岩史（㊥享保18（1733）年7月13日），近世，国史，国書（じきぎょくみろく　㊥享保18（1733）年7月17日），コン改（㊐寛文10（1670）年），コン4（㊐寛文10（1670）年），コン5（㊐寛文10（1670）年），史人（㊥1733年7月13日），女史，神史，人書94（㊐1670年），新潮（㊥享保18（1733）年7月13日），世人，日人，富嶽，仏教（身禄　みろく　㊥享保18（1733）年7月13日），仏史，歴大（㊐1670年）



**食行身禄** じきぎょくみろく
→食行身禄（じきぎょうみろく）

**直兼** じきけん
生没年不詳
南北朝時代の天台宗の僧。
¶国書

**直指玄端** じきしげんたん
？　～安永5（1776）年6月23日
江戸時代中期の曹洞宗の僧。
¶国書，仏教

**直指宗諤** じきしそうがく
生没年不詳
戦国時代の臨済宗の僧。妙心寺51世。
¶仏教

**色定** しきじょう
平治1（1159）年～仁治3（1242）年11月6日
平安時代後期～鎌倉時代前期の禅僧。
¶古中，福岡百

**志貴小岳** しきしょうがく
生没年不詳
明治～大正期の僧侶。
¶大阪人

**敷田年治** しきだとしはる，しきたとしはる
文化14（1817）年7月20日～明治35（1902）年1月30日　㊙敷田年治（しきたねんじ）
江戸時代末期～明治期の国学者。神宮皇学館学頭。和学講談所、大阪の国学講習所などで教えた。著書「古事記標注」。
¶朝日（しきたとしはる　㊐文化14年7月20日（1817年9月1日）），大分歴（しきたとしはる），大阪人（しきたねんじ　㊥明治35（1902）年1月），角史，近現，近世，広7，国史，国書（しきたとしはる），コン改，コン4，コン5，史研（しきたとしはる），史人，神史，神人（しきたとしはる），新潮，人名，日人，明治史（しきたとしはる），明大2

**敷田年治** しきたねんじ
→敷田年治（しきだとしはる）

**直伝玄賢** じきでんげんけん
正和5（1316）年～応永20（1413）年9月24日
南北朝時代～室町時代の曹洞宗の僧。
¶仏教

**直伝正祖** じきでんしょうそ
？　～＊
室町時代の曹洞宗の僧。総持寺35世。
¶人名，日人（㊥1447年），仏教（㊥文安3（1446）年12月27日）

**直原玉青** じきはらぎょくせい
明治37（1904）年8月1日～平成17（2005）年9月30日
昭和～平成期の日本画家、僧侶。日本南画院会長、国清禅寺（淡路島）住職。南画の青玲社を主宰。作品に「雨逆風餐」「弘法大師修行図」著書に「人物画入門」など。
¶世紀，日人，美家

**志貴昌興** しきまさおき
？　～寛文11（1671）年
江戸時代前期の神官。
¶国書（㊥寛文11（1671）年5月4日），人名，日人

**志貴昌勝** しきまさかつ
？　～＊
江戸時代前期の神官。
¶人名（㊥1659年），日人（㊥1660年）

**志貴昌澄** しきまさずみ
元禄1（1688）年～宝暦3（1753）年
江戸時代中期の神官、国学者。
¶国書（㊥宝暦3（1753）年2月3日），静岡百，静岡歴，人名，姓氏静岡，日人

**式見市左衛門** しきみいちざえもん
生没年不詳
安土桃山時代～江戸時代前期のイエズス会司祭。洗礼名マルティーニョ。
¶朝日（㊐天正4（1576）年頃　㊥寛永18（1641）年頃），コン改，コン4，コン5，新潮，日人

**慈教** じきょう
天保7（1836）年～明治39（1906）年
江戸時代後期～明治期の僧侶、補陀落寺住職。
¶明大1

**慈鏡** じきょう
正平23/応安1（1368）年～？
室町時代の真言声明南山進流の声明家。
¶国書，日音

**斯経恵梁** しきょうえりょう
生没年不詳
江戸時代中期の臨済宗の僧。
¶国書

**斯経慧梁** しきょうえりょう
享保8（1723）年～天明7（1787）年
江戸時代中期の禅僧。
¶京都府

**直鷹正暾** じきようしょうとん
生没年不詳
室町時代の曹洞宗の僧。
¶仏教

**志玉(1) しぎょく**
生没年不詳
南北朝時代の天台宗の僧。
¶国書

**志玉(2) しぎょく**
弘和3/永徳3(1383)年～寛正4(1463)年9月6日
㊀総円志玉(そうえんしぎょく)
室町時代の僧。東大寺戒壇院の長老。
¶鎌室，国史，国書，古中，コン改，コン4，コン5，史人，新潮，人名，対外，日人，仏教，仏史，名僧

**慈訓 じきん**
→慈訓(じくん)

**竺庵 じくあん**
室町時代の画僧。
¶人名

**竺庵浄印 じくあんじょういん**
清・康熙35(1696)年～宝暦6(1756)年7月6日
江戸時代中期の黄檗宗の僧。万福寺13世。
¶国書，日人，仏教

**竺庵宗仙 じくあんそうせん**
生没年不詳
室町時代～戦国時代の曹洞宗の僧。
¶仏教

**竺隠崇五 じくいんすうご**
？ ～元禄10(1697)年6月23日
江戸時代前期～中期の臨済宗の僧。
¶国書

**竺印祖門 じくいんそもん**
慶長15(1610)年12月30日～延宝5(1677)年
江戸時代前期の臨済宗の僧。
¶黄檗，国書(㊦延宝5(1677)年9月30日)

**慈空(1) じくう**
？ ～正平6/観応2(1351)年7月7日
鎌倉時代後期～南北朝時代の浄土真宗の僧。
¶仏教

**慈空(2) じくう**
正保3(1646)年～享保4(1719)年
江戸時代中期の僧、山城真空院の中興。
¶人名

**慈空(3) じくう**
文化5(1808)年～明治23(1890)年6月21日
江戸時代末期～明治期の浄土真宗の僧。近江円照寺住職。
¶国書，仏人

**示空 じくう**
生没年不詳
鎌倉時代後期の浄土宗の僧・歌人。
¶国書

**自空 じくう**
元徳1(1329)年～応永19(1412)年3月11日
南北朝時代～室町時代の時宗の僧。清浄光寺6世。
¶仏教

**竺雲慧心 じくうんえしん**
＊～天正7(1579)年 ㊀仏智大照国師(ぶっちだいしょうこくし)
戦国時代～安土桃山時代の僧、東福寺・南禅寺主、五山文学者。
¶国書(㊤？ ㊦天正7(1579)年8月3日)，島根歴(㊤大永2(1522)年)，人名(㊤？)，日人(㊤1522年)

し

**竺雲顕騰 じくうんけんとう**
生没年不詳
戦国時代の臨済宗の僧。
¶国書

**竺雲等連**(竺雲等蓮) **じくうんとうれん**
弘和3/永徳3(1383)年～文明3(1471)年1月7日
㊀自彊(じきょう)，等連(とうれん)
室町時代の臨済宗の僧。
¶朝日(㊦文明3年1月7日(1471年1月27日))，鎌室(㊤明徳1/元中7(1390)年 ㊦文明2(1470)年)，国史，国書，古中，コン改(竺雲等蓮 ㊤元中7/明徳1(1390)年 ㊦文明2(1470)年)，コン4，コン5，史人，新潮，人名(竺雲等蓮 ㊤1390年 ㊦1470年)，日人，仏教(㊤明徳1/元中7(1390)年)，仏史

**竺雲梵仙 じくうんぼんせん**
生没年不詳
室町時代～戦国時代の曹洞宗の僧。
¶仏教

**竺翁仲仙 じくおうちゅうせん**
生没年不詳
室町時代の曹洞宗の僧。
¶人名，日人，仏教

**竺遠中曇 じくおんちゅうどん**
？ ～康正2(1456)年2月8日
室町時代の臨済宗の僧。南禅寺177世、天竜寺157世。
¶仏教

**竺華梵萼 じくかぼんがく**
？ ～寛正6(1465)年
室町時代の臨済宗の僧。
¶国書

**竺関瑞要 じくかんずいよう**
生没年不詳
戦国時代の臨済宗の僧。
¶国書

**竺巌梅仙 じくがんばいせん**
慶安2(1649)年～正徳5(1715)年2月23日
江戸時代中期の曹洞宗の僧。
¶国書，仏教

**竺源慧梵 じくげんえぼん**
正平16/康安1(1361)年～？
南北朝時代～室町時代の臨済宗の僧・歌人。
¶国書

し

**竺源玄獅** じくげんげんし
宝暦2(1752)年～寛政6(1794)年1月21日
江戸時代中期～後期の臨済宗の僧。
¶国書

**竺源超西** じくげんちょうさい
生没年不詳
南北朝時代の曹洞宗の僧。
¶日人，仏教

**竺源徳厚** じくげんとくこう
寛政11(1799)年～明治8(1875)年2月9日
江戸時代後期～明治期の臨済宗の僧。
¶国書

**竺山得仙**(竺山得僊) じくさんとくせん
興国5/康永3(1344)年～応永20(1413)年　㊙竺山得山(じくせんとくせん)，竺山得仙(ちくさんとくせん)
南北朝時代～室町時代の禅僧。
¶鎌室，国書(竺山得僊　㊚応永20(1413)年3月19日)，人名(竺山得山　じくせんとくせん)，日人(ちくさんとくせん)，仏教(ちくさんとくせん　㊚応永20(1413)年3月18日)

**竺信** じくしん
→梅峰竺信(ばいほうじくしん)

**竺心慶仙** じくしんけいせん
？～寛正3(1462)年12月10日
室町時代の曹洞宗の僧。
¶仏教

**竺西等梵** じくせいとうぼん
？～正長(1428～1429)年
室町時代の曹洞宗の僧。
¶仏教(㊚正長年間(1428～1429年))

**竺山得山** じくせんとくせん
→竺山得仙(じくさんとくせん)

**竺仙梵僊** じくせんぼんじん
→竺仙梵僊(じくせんぼんせん)

**竺仙梵僊**(竺仙梵仙) じくせんぼんせん，じくせんぼんせん
元・至元29(1292)年～正平3/貞和4(1348)年7月16日　㊙竺仙梵僊(じくせんぼんじん)，梵僊(ぼんせん)
鎌倉時代後期～南北朝時代の臨済宗古林派の僧。五山文芸興起の基礎をつくった。
¶朝日(㊐至元29年11月15日(1292年12月24日)㊚貞和4/正平3年7月16日(1348年8月11日))，岩史(㊐中国至元29(1292)年11月15日)，角史，神奈川人，鎌倉，鎌倉新，鎌室，京都大，国史，国書(㊐元の至元29(1292)年11月15日)，古中，コン改(竺仙梵仙)，コン4(竺仙梵仙)，コン5(竺仙梵仙)，史人(㊐1292年11月15日)，思想史，新潮，人名(竺仙梵仙)，姓氏京都，世人，全書，対外，日史(じくせんぼんじん)，日人，百科，仏教(㊐元・至元29(1292)年11月15日)，仏史，仏人(梵僊　ぼんせん)，名僧(じくせんぽんせん)，歴大，和俳

**竺坦道** じくたんどう
文化3(1806)年～明治7(1874)年
江戸時代後期～明治期の丹羽郡小淵村出身の僧侶・漢詩人。
¶姓氏愛知

**竺堂円瞿** じくどうえんく
？～天授4/永和4(1378)年10月18日
南北朝時代の臨済宗の僧。
¶仏教

**竺道契** じくどうかい
→道契(どうけい)

**竺道契** じくどうけい
→道契(どうけい)

**竺芳正旃** じくほうしょうせん
生没年不詳
南北朝時代～室町時代の臨済宗の僧。
¶国書

**竺芳祖裔** じくほうそえい
正和1(1312)年～応永1(1394)年
南北朝時代の僧。
¶鎌室，人名，日人，仏教(㊚応永1(1394)年7月27日)

**志熊直人** しくまなおと
？～明治35(1902)年
江戸時代末期～明治期の神職。
¶神人

**直頼高** じくよりたか
安政6(1859)年10月12日～大正8(1919)年2月8日
㊙直頼高(なおよりたか)
明治～大正期の歌人。
¶岡山人(なおよりたか)，岡山歴

**慈訓** じくん
持統5(691)年～宝亀8(777)年　㊙慈訓(じきん)
奈良時代の僧。渡来系氏族船氏。
¶朝日，岩史(じきん)，国史，国書，古史(㊐691年？)，古人，古代，古代普(㊐691年)，古中，コン改(㊐？)，コン4(㊐？)，コン5(㊐？)，埼玉人，史人，新潮，人名(㊐？)，世人(㊐？)，日史(じきん　㊐？　㊚宝亀8(777)年？)，日人，百科(じきん　㊐？　㊚宝亀8(777)年？)，仏教，仏史，仏人(㊐？)，歴大(じきん)

**慈慶** じけい
永仁4(1296)年～興国1/暦応3(1340)年5月29日
鎌倉時代後期～南北朝時代の天台宗の僧・歌人。
¶国書

**時芸** じけい，じげい
→綽如(しゃくにょ)

**自蹊** じけい
元禄16(1703)年～宝暦10(1760)年
江戸時代中期の僧、俳人。
¶国書(㊐元禄14(1701)年　㊚宝暦8(1758)年3月4日)，日人，俳文(㊚宝暦10(1760)年3月4

日）

**茂泉昭男**　しげいずみてるお
昭和2（1927）年2月10日～
昭和～平成期の倫理学・哲学・キリスト教学者。東北学院大学教授。
¶現執1期，現執4期

**滋岡長松**　しげおかちょうしょう
宝暦7（1757）年～文政13（1830）年2月
江戸時代後期の神職。
¶大阪人

**滋岡辰長**　しげおかときなが
？　～宝暦9（1759）年
江戸時代中期の神職。
¶国書

**滋岡長祗**　しげおかながまさ
生没年不詳
江戸時代前期の神職。
¶国書

**滋岡長松**　しげおかながます
生没年不詳
江戸時代後期の神職。
¶国書

**滋岡功長**　しげおかなるなが
文化1（1804）年6月24日～明治20（1887）年8月21日
江戸時代後期～明治期の大阪天満宮神主、滋岡家第12代。
¶神人

**滋岡芳長**　しげおかよしなが
生没年不詳
江戸時代後期の神職。
¶国書

**滋岡従長**　しげおかよりなが
安政5（1858）年12月16日～大正4（1915）年11月22日
明治～大正期の神職。大阪天満宮社司。
¶神人

**指月**　しげつ★
享保12（1727）年～安永2（1773）年12月18日
江戸時代中期の詩僧。
¶秋田人2

**指月慧印**　しげつえいん
元禄2（1689）年～明和1（1764）年12月6日　㊞慧印（えいん），指月慧印（しげつけいいん）
江戸時代中期の曹洞宗の学僧。
¶近世，国史，国書，埼玉人，埼玉百，人書94（しげつけいいん），姓氏神奈川，日人，仏教，仏史，仏人（慧印　えいん）

**指月慧印**　しげつけいいん
→指月慧印（しげつえいん）

**指月通桂**　しげつつうけい
？　～寛政2（1790）年10月27日
江戸時代中期～後期の黄檗宗の僧。
¶黄檗

**指月通標**　しげつつうひょう
寛政4（1792）年4月3日～明治11（1878）年7月15日
江戸時代末期～明治期の黄檗宗僧侶。緑樹院住持。
¶黄檗

**滋野井恬**　しげのいしずか
昭和5（1930）年～
昭和期の唐代仏教史研究者。大谷大学教授。
¶現執1期

し

**滋野七郎**　しげのしちろう
天保6（1835）年12月19日～明治19（1886）年3月16日
江戸時代末期～明治期の志士、神官。弥彦神社禰宜。糸魚川藩の祈願所持命院の院主。大村益次郎暗殺事件の被疑者隠匿の廉で投獄。
¶維新，近現，近世，国史，コン改，コン4，コン5，神史，新潮，日人（㊐1836年），幕末（㊐1836年　㊚1886年3月），幕末大（㊐天保6（1836）年12月19日），明治史，明大1

**重藤円亮**　しげふじえんりょう
明治19（1886）年1月19日～昭和33（1958）年8月30日
明治～昭和期の宗教家。
¶佐賀百

**重松明久**　しげまつあきひさ
大正8（1919）年4月26日～平成1（1989）年4月4日
昭和期の日本史研究者。
¶大分歴，現執1期，現執2期，現情，史研，真宗，世紀，仏教

**重松俊章**　しげまつしゅんしょう
明治16（1883）年11月18日～昭和36（1961）年10月6日
明治～昭和期の東洋史学者、真言宗豊山派僧侶。九州帝国大学教授、権大僧正。
¶愛媛，愛媛百，現情，昭人，人名7，世紀，日人，仏教，仏人

**重松宗育**　しげまつそういく
昭和18（1943）年10月13日～
昭和～平成期の僧侶、翻訳家。静岡大学教授、承元寺（臨済宗妙心寺派）副住職。
¶現執3期

**重山澄月**　しげやまちょうげつ
～安政3（1856）年12月24日
江戸時代後期の僧・能書家。
¶飛騨

**志玄**　しげん
→無極志玄（むきょくしげん）

**思玄**　しげん
天明6（1786）年～弘化2（1845）年
江戸時代後期の画僧。
¶静岡百，静岡歴，姓氏静岡

**孜元** しげん
？　～天保8(1837)年8月18日
江戸時代中期～後期の禅僧・曹源寺住職。
¶岡山歴

**獅絃** しげん
享保14(1729)年～文化4(1807)年6月16日
江戸時代中期～後期の浄土真宗の僧。
¶国書

**慈賢**(1) じけん，じげん
安元1(1175)年～仁治2(1241)年3月3日　㊊慈教(じきょう)
鎌倉時代前期の天台宗の僧。
¶鎌室，国書(じげん)，古人，新潮，日人(じげん)，仏教(じげん)

**慈賢**(2) じけん
応永2(1395)年～寛正4(1463)年6月20日
室町時代の浄土真宗の僧。錦織寺7世。
¶仏教

**自謙** じけん
宝暦1(1751)年～弘化3(1846)年3月4日
江戸時代中期～後期の浄土真宗の僧。
¶国書，島根百，島根歴，仏教

**慈厳** じげん
→慈厳(じごん)

**慈源** じげん
承久1(1219)年～建長7(1255)年7月18日
鎌倉時代前期の僧。
¶鎌室，姓氏京都，仏教

**慈玄** じげん
*～正安3(1301)年
鎌倉時代後期の僧、法性寺座主。
¶人名(㊐？)，日人(㊐1270年)

**持玄** じげん
室町時代の僧。本覚院門跡、鎌倉大御堂勝長寿院別当、日光山第37世別当。
¶栃木歴

**時厳** じげん
？　～応長1(1311)年
鎌倉時代後期の僧。
¶北条

**慈眼寺胤康** じげんじいんこう
→胤康(いんこう)

**慈眼寺尊長** じげんじそんちょう
戦国時代の慈眼寺実相院住職。
¶武田

**子賢宗遊** しけんそうゆう
？　～文亀2(1502)年6月27日
室町時代～戦国時代の曹洞宗の僧。
¶仏教

**志晃**(1) しこう
応永1(1394)年～？
室町時代の天台宗の僧。
¶国書

**志晃**(2) しこう
寛文2(1662)年～享保15(1730)年6月4日
江戸時代中期の天台宗の僧。
¶仏教

**慈興** じこう
伝説上の立山開山。
¶朝日，姓氏富山，日人，仏教

**慈光**(1) じこう
慶長16(1611)年～寛文2(1662)年10月15日
江戸時代前期の時宗の僧。清浄光寺17世。
¶仏教

**慈光**(2) じこう
寛保1(1741)年～享和1(1801)年12月27日
江戸時代中期～後期の真言宗の僧。
¶国書

**慈孝** じこう
江戸時代後期～明治期の僧侶。
¶真宗

**慈恒**(滋恒) じこう
天平宝字7(763)年～天長4(827)年
奈良時代～平安時代前期の法相宗興福寺の僧。
¶古人(滋恒　㊐736年)，古代，古代普，日人，仏教(㊦天長4(827)年2月)

**慈航**(1) じこう
正保1(1644)年～享保12(1727)年1月10日
江戸時代中期の浄土真宗の僧。
¶国書，日人，仏教，仏人

**慈航**(2) じこう
天明7(1787)年～天保13(1842)年3月25日
江戸時代後期の浄土真宗の僧。近江円照寺住職。
¶国書，仏人

**滋厚**(慈厚) じこう
平安時代前期の僧。
¶古人(慈厚)，平史(生没年不詳)

**慈業** じごう
生没年不詳
鎌倉時代前期の真言宗の声明家。
¶朝日，日音，日人

**慈光院〈秋田県〉** じこういん★
～元禄13(1700)年
江戸時代中期の女性。宗教。豊前中津藩主小笠原長次の娘。
¶江表(慈光院(秋田県))

**之綱真維尼** しこうしんいに
宝暦8(1758)年～文化4(1807)年1月8日
江戸時代中期～後期の黄檗宗の尼僧。
¶黄檗

**之綱宗見** しこうそうけん
？　～享禄1(1528)年1月27日

戦国時代の曹洞宗の僧。
¶戦辞

**芝岡宗田** しこうそうでん
？ ～明応9(1500)年
室町時代～戦国時代の曹洞宗の僧。
¶人名，戦辞，日人(生没年不詳)，仏教(㊥明応9(1500)年3月3日)

**字岡祖文** じこうそもん
生没年不詳
室町時代～戦国時代の曹洞宗の僧。
¶姓氏石川，日人，仏教

**璽光尊** じこうそん
明治36(1903)年4月22日～昭和59(1984)年7月7日
昭和期の宗教家。新宗教璽宇教祖。しばしば神がかりに陥り世を救う神勅を示す。
¶岩史，岡山歴(㊥昭和58(1983)年8月16日)，近女，現朝(㊥1983年8月16日)，現情，現人，現日，コン改，コン4，コン5，女史，女性，女性普，世紀，全書，日人(㊥昭和58(1983)年8月16日)，履歴，履歴2，歴大

**慈厳** じごん
永仁6(1298)年～正平14/延文4(1359)年9月28日
㊋慈厳(じげん)
鎌倉時代後期～南北朝時代の天台宗の僧。
¶朝日(㊥延文4/正平14年9月28日(1359年10月20日))，鎌室(じげん ㊥？)，国史，国書，古中，諸系，新潮(じげん)，日人，仏教，仏史

**思偲** しさい
→友山思偲(ゆうざんしさい)

**慈済** じさい
生没年不詳
鎌倉時代前期の真言律宗の僧。
¶仏教

**自在院啓伝** じざいいんけいでん
文政7(1824)年～明治4(1871)年
江戸時代末期～明治期の住職。雲井龍雄事件の中心人物、獄死する。
¶幕末(㊥1871年2月1日)，幕末大(㊥明治3(1871)年12月12日)

**子才清鄴**(1) しさいせいごう
生没年不詳
室町時代の臨済宗の僧。建仁寺219世。
¶日人

**子才清鄴**(2) しさいせいごう
生没年不詳
室町時代の臨済宗の僧。建仁寺219世。
¶仏教

**治左衛門の母〈宮崎県〉** じざえもんのはは★
江戸時代中期の女性。宗教。都城諸県の某村の神社を再興した。
¶江表(治左衛門の母(宮崎県))

**支山** しざん
→雲渓支山(うんけいしざん)

**慈山** じざん
寛永14(1637)年～元禄3(1690)年7月3日 ㊋妙立(みょうりゅう)，妙立慈山(みょうりゅうじざん)
江戸時代前期の僧。天台安楽律の創唱者。
¶岡山人(妙立 みょうりゅう)，岡山歴，近世，国史，国書，コン改，コン4，コン5，史人，思想史(妙立 みょうりゅう)，新潮，人名(妙立 みょうりゅう)，全書，大百，日思(妙立慈山 みょうりゅうじざん)，日史，日人(妙立 みょうりゅう)，百科，仏教(妙立 みょうりゅう)，仏史，仏人

し

**此山玄淵** しざんげんえん
享保6(1721)年～天明3(1783)年4月8日
江戸時代中期の臨済宗の僧。
¶国書

**只山宗友** しざんそうゆう
？ ～弘治3(1557)年 ㊋宗友(そうゆう)
戦国時代の曹洞宗の僧。
¶人名(宗友 そうゆう)，日人，仏教(㊥弘治3(1557)年5月9日)

**自山得吾** じさんとくご，じざんとくご
永享11(1439)年～大永2(1522)年
室町時代～戦国時代の曹洞宗の僧。
¶人名，武田(じざんとくご ㊤永享10(1438)年)，日人，仏教(㊥大永2(1522)年5月16日)

**志山梵俊** しざんぼんしゅん
*～天保4(1833)年7月21日
江戸時代中期～後期の臨済宗の僧。
¶国書(㊤安永4(1775)年)，姓氏岩手(㊤1774年)

**此山妙在** しざんみょうざい
永仁4(1296)年～天授3/永和3(1377)年
鎌倉時代後期～南北朝時代の臨済宗の僧。
¶神奈川人，鎌室，国書(㊥永和3(1377)年1月12日)，詩歌，人名，長野百(㊤？)，長野歴，日人，仏教(㊥永和3/天授3(1377)年1月12日)，和俳

**自山臨罷** じさんりんぱ
？ ～永禄8(1565)年7月8日
戦国時代の曹洞宗の僧。
¶仏教

**獅子吼観定** ししくかんじょう
文政2(1819)年～明治32(1899)年
江戸時代末期～明治期の浄土宗僧侶。
¶人名，日人，明大1(㊤文政2(1819)年6月2日 ㊥明治32(1899)年1月10日)

**慈実** じじつ
暦仁1(1238)年～正安2(1300)年5月9日
鎌倉時代後期の天台宗の僧。
¶鎌室，諸系，新潮，人名，日人，仏教

**四時堂其諺** しじどうきげん
寛文6（1666）年～元文1（1736）年8月23日　[別]其諺（きげん）
江戸時代中期の貞徳系の俳人、僧。
¶国書（其諺　きげん），人名，姓氏京都，日人，俳諧（其諺　きげん　[生]？），俳句（其諺　きげん），俳文（其諺　きげん），和俳

**宍戸隆時** ししどたかとき
延宝1（1673）年～？
江戸時代前期～中期の笠島道祖神社の神主。
¶姓氏宮城

**宍戸隆光** ししどたかみつ
寛政7（1795）年～明治16（1883）年
江戸時代後期～明治期の笠島道祖神社神主。
¶姓氏宮城

**宍野半** ししのなかば
弘化1（1844）年9月9日～明治17（1884）年5月13日
江戸時代末期～明治期の神道家。富士山本宮浅間神社の宮司。
¶朝日（[生]弘化1年9月9日（1844年10月20日）），近現，国史，コン改，コン4，コン5，埼玉人，史人，神史，神人，新潮，全書，大百，日人，幕末，幕末大，明治史，明大1，山梨百（[生]？　[没]明治17（1884）年5月12日），歴大

**慈守** じしゅ
生没年不詳
南北朝時代の天台宗の僧。
¶国書

**慈周** じしゅう
→六如（りくにょ）

**慈什** じじゅう
生没年不詳
鎌倉時代後期の天台宗の僧。
¶国書

**師準** しじゅん
宝暦8（1758）年6月6日～文化12（1815）年6月6日
江戸時代中期～後期の臨済宗の僧・歌人。
¶京都大，国書，姓氏京都

**思淳** しじゅん
弘安1（1278）年～正平18/貞治2（1363）年8月16日
鎌倉時代後期～南北朝時代の律宗の僧。
¶国書，仏教

**思順** しじゅん
生没年不詳
鎌倉時代の律宗の僧。
¶国書，仏教

**慈俊** じしゅん
永仁3（1295）年～正平15/延文5（1360）年6月20日
鎌倉時代後期～南北朝時代の僧。
¶鎌室，国書

**慈順**(1) じじゅん
生没年不詳
鎌倉時代後期の天台宗の僧・歌人。
¶国書

**慈順**(2) じじゅん
享保20（1735）年～文化13（1816）年9月19日
江戸時代中期～後期の新義真言宗の僧。智積院25世。
¶国書，埼玉人，埼玉百，仏教（[没]文化13（1816）年9月19日，（異説）文化12（1815）年9月19日）

**時助**(1) じじょ
生没年不詳
鎌倉時代後期の僧。
¶北条

**時助**(2) じじょ
生没年不詳
鎌倉時代後期の僧。
¶北条

**慈勝** じしょう
？～正平5/観応1（1350）年9月13日
鎌倉時代後期の天台宗の僧。天台座主109世。
¶国書，仏教（生没年不詳）

**慈昌** じしょう
天文13（1544）年～元和6（1620）年11月2日　[別]源誉（げんよ），存応（ぞんおう，ぞんのう），普光観智国師（ふこうかんちこくし）
安土桃山時代～江戸時代前期の浄土宗の僧。浄土宗発展の基礎を築いた。
¶朝日（存応　ぞんのう　[生]天文13年1月10日（1544年2月2日）　[没]元和6年11月2日（1620年11月25日）），近世，国史，国書（存応　ぞんのう），コン改，コン4，コン5，埼玉人（存応　ぞんおう），埼玉百（源誉　げんよ），史人，新潮，人名（源誉　げんよ　[生]1542年），世人（[生]天文13（1544）年1月10日），世百（存応　ぞんおう），全書（存応　ぞんのう），戦人，大百（存応　ぞんのう），日史（存応　ぞんのう），日人（存応　ぞんのう），百科（存応　ぞんのう），仏教（存応　ぞんおう），仏史，仏人，名僧，歴大（存応　ぞんのう）

**慈昭** じしょう
生没年不詳
南北朝時代の天台宗の僧。
¶国書

**慈照** じしょう
→高山慈照（こうざんじしょう）

**慈成** じしょう
生没年不詳
南北朝時代の僧侶・歌人。
¶国書

**慈静** じしょう
生没年不詳
南北朝時代の天台宗の僧・歌人。
¶国書

**示証** じしょう
生没年不詳
鎌倉時代後期の浄土宗の僧・歌人。

¶国書

**自性** じしょう
生没年不詳
鎌倉時代後期の僧侶・歌人。
¶国書

**持浄** じじょう
生没年不詳
江戸時代末期〜明治期の浄土真宗の僧。
¶国書

**四聖坊** ししょうぼう
安土桃山時代の東大寺四聖坊の僧。
¶茶道

**慈性了智尼** じしょうりょうちに
寛文11(1671)年〜寛保2(1742)年3月19日
江戸時代中期の黄檗宗の尼僧。
¶黄檗

**慈信**(1) じしん
生没年不詳
平安時代前期の僧(空鉢上人)。
¶古人,人名,日人,仏教,平史

**慈信**(2) じしん
正嘉1(1257)年〜*
鎌倉時代後期の僧。
¶鎌室([没]正中2(1325)年),仏教([没]元亨4(1324)年10月2日,(異説)正中2(1325)年1月26日)

**慈心**(1)(慈信) じしん
生没年不詳
平安時代後期〜鎌倉時代前期の天台宗の僧。
¶コン改(慈信),コン4(慈信),コン5(慈信),人名,日人,仏教

**慈心**(2) じしん
仁安3(1168)年〜仁治4(1243)年1月16日
平安時代後期〜鎌倉時代前期の法相宗の僧。
¶国書

**慈心**(3) じしん
生没年不詳
鎌倉時代前期の律宗の僧。
¶鎌室,コン改,コン4,コン5,新潮,人名

**慈心**(4) じしん
? 〜慶安3(1650)年
江戸時代前期の浄土宗の僧。
¶日人,仏教([没]慶安3(1650)年4月20日)

**子晋明魏** ししんみょうぎ
? 〜永享1(1429)年
室町時代の僧侶。
¶和歌山人

**静慈円** しずかじえん
昭和17(1942)年11月16日〜
昭和〜平成期の僧侶、密教学者。高野山大学文学部密教学科教授、清涼院副住職。
¶現執2期,現執3期,現執4期

**静谷正雄** しずたにまさお
大正5(1916)年〜
昭和期の大乗仏教学者。龍谷大学教授。
¶現執1期

**志津里得隣** しずりとくりん
→志津里得隣(しづりとくりん)

**志静** しせい
天明4(1784)年〜安政1(1854)年
江戸時代中期〜末期の僧侶。
¶高知人

**紫石聯珠** しせきれんしゅ
天保13(1842)年11月10日〜大正3(1914)年10月26日
江戸時代末期〜明治期の黄檗宗僧侶。黄檗宗管長。
¶黄檗

**思宣** しせん
生没年不詳
鎌倉時代前期の律宗の僧。
¶仏教

**至善** しぜん
寛政11(1799)年〜明治2(1869)年9月27日
江戸時代末期〜明治期の真宗大谷派学僧。伊勢源正寺住職。
¶国書,真宗,仏教([没]明治2(1869)年9月27日,(異説)慶応2(1866)年10月11日)

**慈泉** じせん
正保2(1645)年〜宝永4(1707)年11月17日
江戸時代前期〜中期の浄土真宗の僧。
¶国書,仏教

**慈仙** じせん★
〜文政4(1821)年
江戸時代中期〜後期の僧。四日市不動寺第七代住職。
¶三重

**慈善**(1) じぜん
天元3(980)年〜永保2(1082)年
平安時代中期〜後期の興福寺僧。
¶古人,平史

**慈善**(2) じぜん
文治3(1187)年〜? [別]慈善尼(じぜんに)
鎌倉時代前期の律宗の尼僧。法華時中興第1世長老。
¶朝日,女史,歴大(慈善尼 じぜんに)

**慈善**(3) じぜん
生没年不詳
鎌倉時代後期の浄土真宗の僧。親鸞の直弟。
¶仏教

**慈禅**(1) じぜん
寛喜3(1231)年〜建治2(1276)年8月7日
鎌倉時代前期の僧。
¶鎌室,仏教

し

**慈禅**(2)　**じぜん**
生没年不詳
江戸時代中期の真言宗の僧。
¶国書

**慈善尼**　**じぜんに**
→慈善(2)(じぜん)

**地蔵坊正元**　**じぞうぼうしょうげん**
江戸時代中期の僧。六体の地蔵尊を勧進建立した。
¶江戸

し

**自息軒常観**　**じそくけんじょうかん**
→常観(1)(じょうかん)

**志大道**　**しだいどう**
生没年不詳
奈良時代の歌人。
¶高知人

**思託**　**したく**
生没年不詳
奈良時代の律宗の渡来僧。鑑真の弟子。
¶朝日，岩史，国書，古史，古人，古代，古代普，古中，コン改，コン4，コン5，史人，新潮，人名，世人，日史，日人，仏教，仏史，平史

**慈達**　**じたつ**
正平20/貞治4(1365)年～永享3(1431)年5月7日
室町時代の浄土真宗の僧。錦織寺6世。
¶仏教

**信太寿之**　**しだとしゆき**
文久3(1863)年4月29日～昭和4(1929)年10月30日
明治～昭和期の北海道同志教育会農場監督、牧師。
¶秋田人2，キリ

**志多良雄**　**しだよしお**
大正14(1925)年11月10日～
昭和期の宮大工。
¶飛騨

**七位坊栄海**　**しちいぼうえいかい**
？～享保10(1725)年
江戸時代前期～中期の僧。高松市鬼無町の薬師寺中興第1世。
¶香川人，香川百

**実運**　**じちうん**
長治2(1105)年～永暦1(1160)年2月24日　㊙実運(じつうん)
平安時代後期の真言宗の僧。醍醐寺17世。
¶国書(じつうん)，古人(じつうん)，日人(じつうん)，仏教(じつうん)，仏人，平史(じつうん)，密教

**実恵**(実慧)　**じちえ**
→実慧(1)(じつえ)

**実範**　**じちはん**
→実範(1)(じっぱん)

**慈忠**　**じちゅう**
？～宝永4(1707)年8月18日
江戸時代前期～中期の浄土真宗の僧。
¶国書(生没年不詳)，仏教

**慈澄**　**じちょう**
長享3(1489)年7月3日～元亀4(1573)年2月10日
戦国時代の浄土真宗の僧。錦織寺10世。
¶国書(生没年不詳)，仏教

**慈朝**　**じちょう**
天平宝字1(757)年～承和5(838)年
奈良時代～平安時代前期の西大寺の僧。
¶古人

**慈潮**　**じちょう**
？～文政9(1826)年1月26日
江戸時代中期～後期の浄土真宗の僧。
¶国書

**時朝**　**じちょう**
生没年不詳
鎌倉時代の僧。
¶北条

**自超**　**じちょう**
→賢室自超(けんしつじちょう)

**七里円長**　**しちりえんちょう**
元治1(1864)年11月5日～？
明治期の僧侶。
¶真宗

**七里恒順**　**しちりごうじゅん，しちりこうじゅん**
天保6(1835)年7月11日～明治33(1900)年1月29日
明治期の真宗本願寺派の僧。万行寺住職となり甘露窟を開き学生の教育に当たった。北畠道龍と大洲鉄然の軋轢を調停した。
¶朝日，コン改，コン4，コン5，真宗，新潮，人名，日人，福岡百，仏教，仏人(しちりこうじゅん)，明大1

**七里順之**　**しちりじゅんし**
明治～大正期の僧侶。
¶真宗

**実庵祥参**(実菴祥参)　**じつあんしょうさん**
？～応仁1(1467)年
室町時代の曹洞宗の僧。
¶人名(実菴祥参)，日人，仏教(㊡文正2(1467)年1月19日)

**実庵融参**　**じつあんゆうさん**
？～永享3(1431)年11月10日
室町時代の曹洞宗の僧。
¶仏教

**実伊**　**じつい**
貞応2(1223)年～弘安4(1281)年8月26日
鎌倉時代後期の天台宗の僧。
¶国書，仏教

し

**実位** じつい
弘安6(1283)年〜?
鎌倉時代後期の僧。
¶北条

**実意**(1) じつい
平安時代後期の東大寺僧。
¶古人，平史(生没年不詳)

**実意**(2) じつい
明徳4(1393)年〜享徳3(1454)年12月8日
室町時代の法相宗の僧・歌人。
¶国書

**実印** じついん
久安5(1149)年〜文治1(1185)年
平安時代後期の天台宗園城寺僧。
¶古人，平史

**実因**(1) じついん
天慶8(945)年〜長保2(1000)年8月12日
平安時代中期の天台宗の僧。
¶国書，古人，人名，日人，仏教，平史

**実因**(2) じついん
文政3(1820)年〜明治22(1889)年11月30日
江戸時代末期〜明治期の新義真言宗僧侶。東寺長者253世、智積院42世、根来寺中興2世。
¶仏教

**実胤** じついん
〜延宝5(1677)年8月6日
江戸時代前期の僧侶。
¶庄内

**慈通** じつう
生没年不詳
江戸時代後期の日蓮宗の僧。
¶国書

**実運** じつうん
→実運(じちうん)

**実慧**(1)(実恵) じつえ
延暦5(786)年〜承和14(847)年11月13日 ㊞実恵(じちえ)，実慧(じちえ)，道興大師(どうこうだいし)，檜尾僧都(ひのおのそうず)
平安時代前期の真言宗の僧。
¶朝日(実恵 ㊀承和14年11月13日(847年12月24日))，岩史(実恵 じちえ)，香川人(じちえ)，香川百(じちえ)，国史(実恵 じちえ)，国書，古人(実恵)，古代(実恵 じちえ)，古代普(実恵 じちえ)，古中(実恵 じちえ)，コン改，コン4，コン5，史人(実恵 じちえ ㊀847年11月13日，(異説)12月12日)，新潮(㊀承和14(847)年11月13日?)，人名，世人，全書(じちえ)，大百(じちえ ㊐785年)，日人(実恵 じちえ)，仏教(実恵 じちえ ㊀承和14(847)年11月13日，(異説)12月12日?)，仏史(実恵 じちえ)，仏人，平史(実恵)，名僧(実恵 じちえ)

**実慧**(2) じつえ
生没年不詳
戦国時代の浄土宗の僧。
¶国書

**実睿** じつえ
→実睿(じつえい)

**実叡** じつえい
生没年不詳
平安時代後期〜鎌倉時代前期の法相宗の僧・歌人。
¶国書

**実永** じつえい
平安時代末期の僧。川津祐泰の子。伊東禅師。
¶伊豆

**実睿** じつえい
生没年不詳 ㊞実睿(じつえ)
平安時代中期の天台宗の僧。
¶国書，古人(じつえ)，平史(じつえ)

**実円**(1) じつえん
保延3(1137)年〜?
平安時代後期の天台宗延暦寺僧。
¶古人(㊀?)，平史

**実円**(2) じつえん
平安時代後期〜鎌倉時代前期の仏師。
¶古人，美建，平史(生没年不詳)

**実円**(3) じつえん
*〜嘉元4(1306)年
鎌倉時代後期の天台宗の僧。
¶国書(㊐貞永1(1232)年 ㊀嘉元4(1306)年11月1日)，仏教(㊐文暦1(1234)年 ㊀嘉元4(1306)年4月11日)

**実円**(4) じつえん
生没年不詳
鎌倉時代後期〜南北朝時代の画僧。
¶日人

**実円**(5) じつえん
生没年不詳
戦国時代の真言宗の僧・連歌作者。
¶国書

**実円**(6) じつえん
〜弘化5(1848)年1月24日
江戸時代後期の僧。
¶庄内

**実宴** じつえん
保延2(1136)年〜文治1(1185)年
平安時代後期の延暦寺僧。
¶古人，平史

**実衍** じつえん
建保5(1217)年〜正応3(1290)年11月23日
鎌倉時代後期の天台宗の僧。
¶仏教

**実翁聡秀　じつおうそうしゅう**
？ ～建徳2/応安4 (1371) 年
南北朝時代の僧。
¶鎌室，人名，日人，仏教 (没応安4/建徳2 (1371) 年3月27日)

**実懐　じっかい**
*～正応4 (1291) 年
鎌倉時代後期の僧。
¶鎌室 (生？)，日人 (生1235年)

**実海(1)　じっかい, じつかい**
*～文保2 (1318) 年
鎌倉時代後期の僧。
¶鎌室 (生文永5 (1268) 年)，人名 (じつかい　生1268年)，日人 (生1269年)，仏教 (生文永6 (1269) 年　没文保2 (1318) 年5月7日)

**実海(2)　じっかい, じつかい**
文安3 (1446) 年～天文2 (1533) 年
室町時代～戦国時代の天台宗の僧。
¶国書，埼玉人 (没天文2 (1533) 年8月17日)，人名 (じつかい)，日人，仏教

**実海(3)　じっかい**
？ ～文政3 (1820) 年2月9日
江戸時代中期～後期の浄土宗の僧。
¶国書

**実快　じつかい, じっかい**
仁平3 (1153) 年～？
平安時代後期～鎌倉時代前期の天台宗の僧・歌人。
¶国書，古人 (じっかい　没？)，平史

**実海　じつかい, じっかい**
保延1 (1135) 年～寿永1 (1182) 年10月25日
平安時代後期の真言宗醍醐寺僧。
¶古人 (じっかい)，平史，密教 (じっかい)

**実戒亮阿　じつかいりょうあ**
生没年不詳
江戸時代末期～明治期の僧。長栄寺2世。
¶姓氏愛知

**実利　じつかが**
天保14 (1843) 年～明治17 (1884) 年4月21日
明治期の修験者。
¶仏教

**実覚(1)　じっかく**
治承3 (1179) 年～寛喜2 (1230) 年1月8日
平安時代後期～鎌倉時代前期の僧。准胝堂別当 (上醍醐別当)。
¶密教 (生1179年以前)

**実覚(2)　じつかく, じっかく**
康平6 (1063) 年～大治5 (1130) 年
平安時代後期の興福寺僧。
¶古人 (じっかく)，平史，和歌山人 (生没年不詳)

**実貫　じっかん**
？ ～享保5 (1720) 年4月6日
江戸時代中期の新義真言宗の僧。
¶国書，日人 (生1666年)，仏教

**実寛　じつかん, じっかん**
天仁1 (1108) 年～寿永1 (1182) 年
平安時代後期の比叡山の僧。
¶古人 (じっかん)，平史

**実観　じつかん**
万治4 (1661) 年3月22日～寛保4 (1744) 年1月23日
江戸時代前期～中期の天台宗の僧。
¶国書

**実巌　じつがん**
宝暦4 (1754) 年～文政4 (1821) 年
江戸時代中期～後期の足利学校第19世庠主、臨済宗の僧。
¶栃木歴

**実巌照海　じつがんしょうかい**
元禄10 (1697) 年1月2日～？
江戸時代中期の曹洞宗の僧。
¶国書

**実教　じつきょう**
？ ～天文2 (1533) 年
戦国時代の真宗の僧。
¶姓氏石川

**実慶　じつきょう**
？ ～享禄4 (1531) 年
戦国時代の浄土真宗の僧。
¶姓氏石川

**実慶(1)　じっけい**
平安時代後期の奈良の仏師。運慶の弟子。
¶伊豆

**実慶(2)　じっけい, じつけい**
*～承元1 (1207) 年
鎌倉時代前期の僧。
¶鎌室 (生？)，古人 (生？)，新潮 (生？　没承元1 (1207) 年11月28日)，日人 (生1117年)，平史 (じつけい　生1117年)

**実継　じっけい, じつけい**
久寿1 (1154) 年～建仁4 (1204) 年1月21日
平安時代後期～鎌倉時代前期の真言宗の僧。醍醐寺23世。
¶国書 (じつけい)，古人，人名 (じつけい)，日人，仏教，平家，平史 (じつけい)，密教

**実賢　じっけん**
？ ～正平11/延文1 (1356) 年2月29日
南北朝時代の日蓮宗の僧。
¶仏教

**実顕　じっけん, じつけん**
延元4/暦応2 (1339) 年～元中7/明徳1 (1390) 年6月21日
南北朝時代の天台宗の僧。
¶国書 (じつけん)，仏教

**実賢　じつけん, じっけん, じつげん**
安元2 (1176) 年～建長1 (1249) 年9月4日

鎌倉時代前期の僧。
¶鎌室(じっけん), 国書, 古人(じっけん), 人名, 日人(じつげん), 仏教, 仏人(じつげん), 密教(じつげん)

**実顕(1)** じつけん
天治2(1125)年～?
平安時代後期の天台宗の僧・歌人。
¶国書

**実顕(2)** じつけん
室町時代の浄土真宗の僧。
¶姓氏石川

**実眼** じつげん
生没年不詳
鎌倉時代前期の仏師。康慶の弟。
¶朝日, 古人, 日人, 美建, 仏教, 平史

**実厳** じつげん
→実厳(2)(じつごん)

**実源(1)** じつげん
万寿1(1024)年～嘉保3(1096)年1月23日
平安時代中期～後期の天台宗の僧・歌人。
¶国書, 古人, 平史

**実源(2)** じつげん
文永8(1271)年～正平8/文和2(1353)年5月3日
鎌倉時代後期～南北朝時代の法相宗の僧・連歌作者。
¶国書

**実源(3)** じつげん
生没年不詳
南北朝時代の僧侶・歌人。
¶国書

**実源(4)** じつげん
生没年不詳
室町時代の天台宗の僧。
¶国書

**実玄(1)** じつげん
? ～元中4/嘉慶1(1387)年
南北朝時代の法相宗の僧。
¶日人, 仏教(生没年不詳)

**実玄(2)** じつげん
文明11(1479)年～天文14(1545)年
戦国時代の僧。勝興寺を安養寺村に再興。
¶姓氏富山

**実悟** じつご
明応1(1492)年～天正11(1583)年
戦国時代～安土桃山時代の浄土真宗の僧。
¶石川百, 姓氏石川, 戦人, 仏教(㊦天正12(1584)年, (異説)天正11(1583)年)

**実弘** じっこう
生没年不詳
鎌倉時代後期の真言宗の僧。東寺長者105世。
¶仏教

**実孝** じつこう
明応4(1495)年～天文22(1553)年1月26日
戦国時代の浄土真宗の僧。
¶国書

**実弘** じつこう
? ～弘長2(1262)年12月5日?
鎌倉時代前期の華厳宗の僧。
¶国書, 仏教

し

**実厳(1)** じつごん
平安時代後期の法勝寺の僧。
¶古人

**実厳(2)** じつごん
? ～元暦2(1185)年5月14日 ㊞実厳(じつげん)
平安時代後期の真言宗の僧。
¶国書, 古人, 仏教, 平家(じつげん), 平史(生没年不詳)

**実厳(3)** じつごん
平安時代後期～鎌倉時代前期の仏師。
¶古人, 美建, 平史(生没年不詳)

**実厳(4)** じつごん
延元3/暦応1(1338)年～?
南北朝時代の天台宗の僧。
¶国書

**実済** じっさい, じつさい
元徳1(1329)年～応永10(1403)年8月24日
南北朝時代～室町時代の真言宗の僧。
¶国書(じつさい 生没年不詳), 仏教

**実際法如** じっさいほうにょ
享保16(1731)年～文政4(1821)年
江戸時代中期～後期の僧。円覚寺中興。
¶鎌倉

**実算(1)** じっさん
治承2(1178)年～文永7(1270)年8月
鎌倉時代前期の法相宗の僧。
¶仏教

**実算(2)** じつさん
? ～正平7/文和1(1352)年8月23日
南北朝時代の新義真言宗の僧。
¶国書(生没年不詳), 仏教

**実山永秀** じつざんえいしゅう, じっさんえいしゅう, じつさんえいしゅう
? ～長享1(1487)年
室町時代～戦国時代の僧。
¶鎌室, 人名(じつさんえいしゅう), 戦辞(㊦長享1年9月9日(1487年9月25日)), 日人(じっさんえいしゅう), 仏教(じっさんえいしゅう ㊦長享1(1487)年9月9日)

**実山瑞門** じつざんずいもん
生没年不詳
江戸時代前期～中期の曹洞宗の僧。
¶国書

**実寿** じつじゅ
生没年不詳
鎌倉時代後期の僧侶・歌人。
¶国書

**実修** じつしゅう, じっしゅう
久安1(1145)年～?
平安時代後期の天台宗の僧・歌人。
¶国書, 古人(じっしゅう ㊀?), 平史

し

**実秀** じつしゅう
永禄3(1560)年～慶長20(1615)年2月
安土桃山時代～江戸時代前期の法相宗の僧。
¶国書

**実従** じつじゅう
明応7(1498)年～永禄7(1564)年6月1日
戦国時代の浄土真宗の僧。
¶国書, 戦人

**十洲補道** じっしゅうほどう
? ～正保3(1646)年 ㊁十洲補道(じゅうしゅうほどう)
江戸時代前期の曹洞宗の僧。
¶人名(じゅうしゅうほどう), 日人, 仏教(㊀正保3(1646)年3月11日)

**実俊** じつしゅん
元和4(1618)年～元禄15(1702)年8月11日
江戸時代前期～中期の天台宗の僧。
¶国書

**実順** じつじゅん
生没年不詳
南北朝時代～室町時代の真言宗の僧。
¶国書

**実助**(1) じつじょ
建治3(1276)年～?
鎌倉時代後期の真言宗の僧。
¶仏教(生没年不詳), 北条

**実助**(2) じつじょ
応永26(1419)年～文明14(1482)年1月10日
室町時代～戦国時代の天台宗の僧。
¶国書

**実恕** じつじょ
正徳4(1714)年～?
江戸時代中期の天台宗の僧。
¶国書

**実如** じつじょ
→実如(1)(じつにょ)

**実勝** じっしょう, じつしょう
仁治2(1241)年～正応4(1291)年3月13日
鎌倉時代後期の真言宗の僧。醍醐寺42世。
¶国書(じつしょう), 人名(じつしょう), 日人, 仏教

**実掌** じっしょう, じつしょう
宝暦6(1756)年～天保6(1835)年11月3日
江戸時代中期～後期の新義真言宗の僧。長谷寺43世。
¶国書(じつしょう), 仏教

**十声** じっしょう
正平4/貞和5(1349)年? ～応永34(1427)年11月24日
南北朝時代～室町時代の浄土宗の僧。
¶仏教

**実承** じつしょう
生没年不詳
鎌倉時代後期の天台宗の僧・歌人。
¶国書

**実性**(1) じつしょう, じっしょう
寛平4(892)年～天暦10(956)年
平安時代前期～中期の天台僧。
¶古人(じっしょう), 平史

**実性**(2) じつしょう
建保1(1213)年～建治3(1277)年
鎌倉時代前期～後期の法相宗の僧。
¶国書

**実性**(3) じつしょう
生没年不詳
鎌倉時代後期の天台宗の僧・歌人。
¶国書

**実清** じつしょう
生没年不詳
鎌倉時代後期の僧侶・歌人。
¶国書

**実乗**(1) じつじょう
? ～寛永4(1627)年頃
安土桃山時代～江戸時代前期の僧。
¶日人

**実乗**(2) じつじょう
生没年不詳
江戸時代後期の天台宗の僧。
¶国書

**実浄** じつじょう
延宝3(1675)年～寛保4(1744)年1月18日
江戸時代前期～中期の真言宗の僧。
¶国書

**実成** じつじょう
生没年不詳
鎌倉時代前期の浄土宗の僧。
¶福島百

**実定** じつじょう
生没年不詳
江戸時代前期の真言宗の僧。
¶仏教

**実仍**(1) じつじょう
生没年不詳
鎌倉時代前期の真言宗の僧。
¶仏教

**実芿**(2) **じつじょう**
生没年不詳
鎌倉時代後期の真言宗の僧。
¶仏教

**実真** **じっしん**
建治2(1276)年〜正平9/文和3(1354)年
鎌倉時代後期〜南北朝時代の僧。
¶神奈川人

**実深** **じつじん, じっしん**
建永1(1206)年〜建治3(1277)年9月6日
鎌倉時代前期の僧。
¶鎌室(じっしん ㊐建永2(1207)年), 国書(㊟文永11(1274)年9月6日), 人名, 日人(㊟1274年, (異説)1277年), 仏教(㊟建治3(1277)年9月6日, (異説)文永11(1274)年9月6日)

**実甚** **じつじん**
生没年不詳
鎌倉時代後期の僧侶・歌人。
¶国書

**実誓** **じっせい, じつせい**
天禄3(972)年〜万寿4(1027)年7月7日
平安時代中期の天台宗の僧・歌人。
¶国書, 古人, 平史(じつせい)

**実西** **じつせい**
永万1(1165)年〜仁治2(1241)年
平安時代後期〜鎌倉時代前期の僧。金剛王院の阿闍梨。
¶密教(㊟1241年以後)

**実宣** **じっせん**
生没年不詳
鎌倉時代後期の天台宗の僧。
¶仏教

**実泉**(1) **じっせん**
生没年不詳
南北朝時代の真言宗の僧。
¶国書5

**実泉**(2) **じっせん**
生没年不詳
安土桃山時代〜江戸時代前期の社僧。
¶国書5

**実詮** **じっせん, じつせん**
寛文3(1663)年〜元文5(1740)年3月10日
江戸時代中期の真言宗の僧。
¶国書, 人名(じつせん ㊐1662年), 日人, 仏教, 仏人

**実善** **じつぜん**
生没年不詳
安土桃山時代〜江戸時代前期の天台宗の僧。
¶国書

**実全**(1) **じつぜん**
保延6(1140)年〜承久3(1221)年
平安時代後期〜鎌倉時代前期の天台宗の僧(天台座主)。
¶鎌室, 古人(㊐1141年), 諸系(㊐1140年, (異説)1141年), 人名, 日人(㊐1140年, (異説)1141年), 仏教(㊐保延6(1140)年, (異説)永治1(1141)年 ㊟承久3(1221)年5月10日), 平史(㊐1141年)

し

**実全**(2) **じつぜん**
生没年不詳
戦国時代〜安土桃山時代の天台宗の僧。
¶国書

**実聡** **じっそう**
建長2(1250)年〜嘉暦3(1328)年1月4日
鎌倉時代前期〜後期の法相宗の僧・歌人。
¶国書

**実蔵** **じつぞう**
生没年不詳
南北朝時代の僧侶・歌人。
¶国書

**実相院古道** **じっそういんこどう**
? 〜嘉永5(1852)年10月16日
江戸時代後期の歌人。真言宗の僧。
¶国書

**実尊**(1) **じっそん**
治承4(1180)年〜嘉禎2(1236)年 ㊞大乗院実尊(だいじょういんじっそん)
鎌倉時代前期の法相宗の僧、興福寺、大乗院の僧。
¶朝日(㊟嘉禎2年2月19日(1236年3月27日)), 岩史(㊟嘉禎2(1236)年2月19日), 鎌室, 国史, 古人, 古中, コン改(大乗院実尊 だいじょういんじっそん), コン4(大乗院実尊 だいじょういんじっそん), コン5(大乗院実尊 だいじょういんじっそん), 新潮(㊐治承4(1180)年10月 ㊟嘉禎2(1236)年2月19日), 世人(大乗院実尊 だいじょういんじっそん), 日人, 仏教(㊐治承4(1180)年10月 ㊟嘉禎2(1236)年2月19日), 仏史

**実尊**(2) **じっそん**
生没年不詳
南北朝時代の真言宗の僧。
¶国書

**十達** **じったつ**
→俊才(しゅんさい)

**十達俊才** **じったつしゅんさい, じったつしゅんざい**
→俊才(しゅんさい)

**十竹** **じっちく**
寛政6(1794)年3月〜嘉永4(1851)年6月16日
江戸時代後期の俳人・修験僧。
¶国書

**実中** **じっちゅう**
生没年不詳
戦国時代の臨済宗の僧・連歌作者。
¶国書

**実忠** じっちゅう, じつちゅう
神亀3(726)年～?
奈良時代の僧。東大寺造営などに活躍。
¶朝日(生没年不詳), 岩史(生没年不詳), 国史, 国書([生]天平3(731)年), 古史, 古人([生]731年 [没]815年), 古代, 古代普([没]?), 古中, コン改(生没年不詳), コン4(生没年不詳), コン5, 史人, 新潮, 人名(じつちゅう), 日史(生没年不詳), 日人, 美術(生没年不詳), 百科(生没年不詳), 仏教, 仏史, 平史(じつちゅう), 歴大



**実澄** じっちょう
乾元1(1302)年～?
鎌倉時代後期～南北朝時代の真言宗の僧・歌人。
¶国書

**実朝** じっちょう
永享2(1430)年～?
室町時代の真言声明西大寺相応院流の声明家。
¶日音

**実超** じっちょう
? ～元亨2(1322)年9月8日
鎌倉時代後期の天台宗の僧・歌人。
¶国書

**実底超真** じっていちょうしん
? ～応永30(1423)年7月2日
室町時代の曹洞宗の僧。
¶熊本百, 仏教

**実徹** じってつ
生没年不詳
江戸時代末期～明治期の天台宗の僧。
¶国書

**実典** じつでん
生没年不詳
鎌倉時代後期の日蓮宗の僧。
¶仏教

**実伝宗真** じつでんしゅうしん
→実伝宗真(じつでんそうしん)

**実伝宗真** じつでんそうしん
永享6(1434)年～永正4(1507)年4月8日　[別]実伝宗真(じつでんしゅうしん), 宗真(そうしん), 実伝(じつでん)
室町時代～戦国時代の臨済宗の僧。
¶鎌室, 国書, 人名(じつでんしゅうしん), 戦人(宗真　そうしん), 茶道, 日人, 仏教

**実伝道鈞** じつでんどうきん
寛永4(1627)年5月5日～宝永1(1704)年9月7日
江戸時代前期～中期の黄檗宗の僧。
¶黄檗, 国書

**実導** じつどう
延慶2(1309)年～元中5/嘉慶2(1388)年11月11日
[別]仁空(にんくう)
南北朝時代の浄土宗西山派の学僧。
¶国史, 国書, 古中, 姓氏京都, 日人, 仏教([生]徳治2(1307)年), 仏史, 歴大

**実憧** じつどう
元文3(1738)年～*
江戸時代後期の真言宗の僧。
¶岡山百([没]文化12(1815)年11月20日), 岡山歴([没]文化10(1813)年11月20日)

**実堂宗伝** じつどうそうでん
慶長18(1613)年～延宝4(1676)年9月18日
江戸時代前期の臨済宗の僧。大徳寺202世。
¶仏教

**実如(1)** じつにょ
長禄2(1458)年8月10日～大永5(1525)年2月2日
[別]光兼(こうけん), 実如(じつじょ), 実如光兼(じつにょこうけん), 教恩院(きょうおんいん)
戦国時代の真宗の僧。本願寺9世。
¶朝日([生]長禄2年8月10日(1458年9月17日) [没]大永5年2月2日(1525年2月23日)), 石川百, 岩史, 角史, 鎌室, 京都大, 国史, 国書(光兼　こうけん), 古中, コン改(実如光兼　じつにょこうけん), コン4(実如光兼　じつにょこうけん), コン5(実如光兼　じつにょこうけん), 史人, 重要([生]長禄2(1458)年2月8日), 新潮, 人名, 姓氏石川, 姓氏京都, 世人(実如光兼　じつにょこうけん　[生]長禄2(1458)年2月8日), 戦合, 戦人(じつじょ), 日史, 日人, 百科, 仏教, 仏史, 名僧, 山川小, 歴大

**実如(2)** じつにょ
寛延3(1750)年～?
江戸時代中期～後期の天台宗の僧。
¶国書

**実如光兼** じつにょこうけん
→実如(1)(じつにょ)

**実如鉄心** じつにょてっしん
? ～文政11(1828)年
江戸時代後期の僧侶。
¶静岡歴, 姓氏静岡

**実任(1)** じつにん
平安時代後期の真言宗の僧。権大僧都・法印。
¶古人, 平史(生没年不詳)

**実任(2)** じつにん
承徳1(1097)年～嘉応1(1169)年4月27日
平安時代後期の真言宗の僧。
¶仏教

**実任(3)** じつにん
保延4(1138)年～?
平安時代後期～鎌倉時代前期の真言宗の僧。威徳寺方の祖。
¶国書, 仏教

**実然** じつねん
生没年不詳
安土桃山時代～江戸時代前期の天台宗の僧。
¶国書

**実範(1)** じっぱん, じつはん, じつぱん
? ～天養1(1144)年9月10日　[別]実範(じちはん)

平安時代後期の真言宗、律宗の僧。成身院の開祖。
¶朝日([没]天養1年9月10日(1144年10月8日)), 岩史, 国史, 国書, 古人(じっぱん [生]?), 古中, コン改(生没年不詳), コン4(生没年不詳), コン5, 史人, 新潮, 人名, 日思(じつはん), 日史, 日人, 仏教, 仏史, 仏人(じつはん), 平史, 密教(じちはん [生]1094年以前), 歴大

**実範(2)** じっぱん
生没年不詳
安土桃山時代の真言宗の僧・連歌作者。
¶国書

**実敏** じつびん
延暦7(788)年～斉衡3(856)年
平安時代前期の三論宗の僧。
¶朝日([没]斉衡3年9月3日(856年10月5日)), 国書([没]斉衡3(856)年9月5日), 古人, 古代, 古代普, コン改([没]仁寿3(853)年), コン4([没]仁寿3(853)年), コン5([没]仁寿3(853)年), 人名, 姓氏愛知, 日人, 仏教([没]斉衡3(856)年9月5日), 平史

**実聞** じつぶん
生没年不詳
江戸時代中期の僧。
¶日人

**石屏子介** しっぺいしかい
→石屏子介(せきびょうしかい)

**石屏子介** しっぺいすかい
→石屏子介(せきびょうしかい)

**実宝** じつほう
寛元2(1244)年～?
鎌倉時代後期の真言宗の僧。東寺長者81世。
¶仏教

**実峰良秀**(実峯良秀) じっぽうりょうしゅう, じつぽうりょうしゅう
*～応永12(1405)年6月12日
南北朝時代～室町時代の僧。
¶岡山人, 岡山百(実峯良秀 [生]? [没]応永16(1409)年), 岡山歴([生]?), 鎌室([生]文保2(1318)年), 国書([生]文保2(1318)年), 人名([生]?), 姓氏石川(じつぽうりょうしゅう [生]1318年 [没]1408年), 長野歴(生没年不詳), 日人([生]1318年), 仏教([生]?)

**実苗義産** じつみょうぎさん
安永4(1775)年～天保9(1838)年1月3日 [別]義産(ぎさん)
江戸時代中期～後期の曹洞宗の僧。
¶国書(義産 ぎさん [生]安永4(1775)年10月19日), 国書([生]安永4(1775)年10月9日)

**実門浄如** じつもんじょうにょ
延宝7(1679)年～宝暦12(1762)年2月17日
江戸時代中期の黄檗宗の僧。
¶黄檗

**実瑜** じつゆ
建仁1(1201)年～文永1(1264)年7月6日
鎌倉時代前期の真言宗の僧。東寺長者67世。
¶国書, 仏教

**実祐(1)** じつゆう
生没年不詳
鎌倉時代後期～南北朝時代の僧。
¶仏教

**実祐(2)** じつゆう
永正2(1505)年～天正19(1591)年
戦国時代～安土桃山時代の天台宗の僧。
¶国書

**実祐(3)** じつゆう
元和4(1618)年～?
江戸時代前期の華厳宗の僧。
¶国書

**実雄(1)** じつゆう
生没年不詳
戦国時代の天台宗の僧。
¶国書

**実雄(2)** じつゆう
天文13(1544)年～元和4(1618)年
戦国時代～江戸時代前期の古義真言宗の僧。
¶姓氏神奈川

**実融(1)** じつゆう
建長2(1250)年～延元4/暦応2(1339)年1月19日
鎌倉時代後期～南北朝時代の真言宗の僧。証道流の祖。
¶鎌室, 国史([生]1247年), 国書([生]宝治1(1247)年), 古中([生]1247年), 新潮, 人名, 日人, 仏教([没]暦応2/延元4(1339)年1月19日, (異説)1月15日), 仏史([生]1247年)

**実融(2)** じつゆう
生没年不詳
江戸時代後期の天台宗の僧。
¶国書

**実誉** じつよ
生没年不詳
鎌倉時代後期の僧侶・歌人。
¶国書

**実養** じつよう
? ～元禄15(1702)年4月4日
江戸時代中期の新義真言宗の僧。
¶国書, 仏教(生没年不詳)

**志津里得隣** しづりとくりん, しずりとくりん
文政5(1822)年3月5日～明治31(1898)年11月5日
江戸時代末期～明治期の浄土真宗本願寺派学僧。大学林教授。
¶真宗, 仏教, 明大1(しずりとくりん)

**実了師慶** じつりょうしけい
? ～天正10(1582)年3月?
戦国時代の甲斐長延寺の住持。武田信玄の御伽衆。
¶戦辞(生没年不詳), 武田

し

**実倫** じつりん
生没年不詳
江戸時代後期の天台宗の僧。
¶国書

**実霊** じつれい
？ ～寛政12（1800）年閏4月19日
江戸時代中期～後期の天台宗の僧。
¶国書

**慈鼎九峯**（慈鼎九峰） じていきゅうほう
？ ～文化12（1815）年4月26日
江戸時代中期～後期の曹洞宗の僧。
¶国書，姓氏石川（慈鼎九峰）

**慈鉄** じてつ
生没年不詳
室町時代の僧。
¶仏教

**慈伝** じでん
？ ～正平17/貞治1（1362）年7月1日
鎌倉時代後期～南北朝時代の天台宗の僧・歌人。
¶国書

**翅天鷲翔** してんじゅしょう
生没年不詳
戦国時代の曹洞宗の僧。
¶仏教

**自天宗承** じてんそうじょう
天文14（1545）年～慶長16（1611）年6月28日
安土桃山時代～江戸時代前期の臨済宗の僧。大徳寺143世。
¶仏教

**子登** しとう
生没年不詳
江戸時代中期の僧侶。
¶国書

**至道** しどう
→至道無難（しどうぶなん）

**慈等** じとう
？ ～文政2（1819）年12月5日
江戸時代後期の天台宗の僧。
¶国書，日人（㊀1820年），仏教

**慈統** じとう
慶安3（1650）年～万治3（1660）年3月12日
江戸時代前期の浄土真宗の僧。錦織寺13世。
¶仏教

**慈道** じどう
→慈道法親王（じどうほっしんのう）

**示導** じどう
弘安9（1286）年～正平1/貞和2（1346）年9月11日
㊊広慧（こうえ），康空（こうくう）
鎌倉時代後期～南北朝時代の浄土宗西山派の学僧。本山義流の流祖。
¶国史，国書，古中，新潮，姓氏京都，日人，仏教，仏史，歴大

**字堂覚卍** じどうかくまん
正平12/延文2（1357）年～永享9（1437）年9月7日
南北朝時代～室町時代の曹洞宗の僧。
¶仏教

**志道軒〔1代〕**（代数なし） しどうけん
*～明和2（1765）年3月7日　㊊栄山（えいざん），深井志道軒（ふかいしどうけん）
江戸時代中期の講釈師。
¶朝日（深井志道軒　ふかいしどうけん　㊐延宝8（1680）年？　㊀明和2年3月7日（1765年4月26日）），岩史（深井志道軒　ふかいしどうけん　㊐延宝8（1680）年？），浮絵（代数なし　㊐延宝8（1680）年？），江人（代数なし　㊐？），角史（深井志道軒　ふかいしどうけん　㊐延宝8（1680）年？），芸能（㊐延宝8（1680）年？），国書（――〔代数なし〕　㊐？），コン改（深井志道軒　ふかいしどうけん　㊐天和2（1682）年），コン4（深井志道軒　ふかいしどうけん　㊐天和2（1682）年），コン5（深井志道軒　ふかいしどうけん　㊐天和2（1682）年），史人（深井志道軒　ふかいしどうけん　㊐？），新潮（深井志道軒　ふかいしどうけん　㊐延宝8（1680）年），人名（――〔代数なし〕　㊐1682年），全書（――〔代数なし〕　㊐？），大百（――〔代数なし〕　㊐？），日人（深井志道軒　ふかいしどうけん　㊐1680年？），仏教（栄山　えいざん　㊐天和3（1683）年），仏人（栄山　えいざん　㊐1683年），歴大（深井志道軒　ふかいしどうけん　㊐1680年？）

**斯道紹由** しどうしょうゆ
→斯道紹由（しどうしょうゆう）

**斯道紹由** しどうしょうゆう
？ ～正安3（1301）年　㊊斯道紹由（しどうしょうゆ）
鎌倉時代後期の曹洞宗の僧。
¶熊本百（しどうしょうゆ），人名（しどうしょうゆ），日人，仏教

**司東真海** しとうしんかい
明治16（1883）年～昭和56（1981）年
明治～昭和期の僧侶・郷土史家。
¶姓氏岩手

**慈道親王** じどうしんのう
→慈道法親王（じどうほっしんのう）

**司東真雄** しとうしんゆう
明治39（1906）年10月15日～平成6（1994）年12月25日
昭和期の真言宗僧侶。安楽寺、国見山極楽寺住職、奥州大学教授。
¶岩手人，郷土，現執1期，現執2期，姓氏岩手

**嗣堂東緝** しどうとうしゅう
？ ～天保7（1836）年12月26日
江戸時代後期の臨済宗の僧。
¶国書

**紫藤宣安** しどうのぶやす
嘉永1（1848）年～昭和21（1946）年

明治〜昭和期の神官。
¶埼玉人

**柴藤宣安** しとうのりやす
嘉永1(1848)年7月13日〜昭和21(1946)年1月22日
江戸時代末期〜昭和期の神職。
¶神人

**至道無難** しどうぶなん
慶長8(1603)年〜延宝4(1676)年　㊕至道(しどう),至道無難(しどうむなん),無難(ぶなん,むなん),至道庵無難(しどうあんむなん)
江戸時代前期の臨済宗の僧。
¶朝日(しどうむなん　㊍延宝4年8月19日(1676年9月26日)),郷土岐阜(しどうむなん　㊐1607年　㊍1674年),近世(しどうむなん),国史(しどうむなん),国書(㊍延宝4(1676)年8月19日),コン改,コン4,コン5,思想史,人書94,新潮(しどうむなん　㊍延宝4(1676)年8月19日),人名(無難　むなん),世人,全書,大百,茶道,日人,仏教(しどうむなん　㊍延宝4(1676)年8月19日),仏史(しどうむなん),仏人(至道　しどう)

**慈道法親王** じどうほうしんのう
→慈道法親王(じどうほっしんのう)

**慈道法親王** じどうほっしんのう
弘安5(1282)年〜興国2/暦応4(1341)年4月11日　㊕慈道(じどう),慈道親王(じどうしんのう),慈道法親王(じどうほうしんのう)
鎌倉時代後期の天台宗の僧(天台座主)。亀山天皇の皇子。
¶鎌室,国書(慈道親王　じどうしんのう),諸系(じどうほうしんのう),新潮,人名(じどうほうしんのう),天皇(じどうほうしんのう　㊐?　㊍興国2(1341)年4月,4月11日),日人(じどうほうしんのう),仏教(慈道　じどう)

**至道無難** しどうむなん
→至道無難(しどうぶなん)

**自得** じとく
生没年不詳
飛鳥時代の僧。
¶仏教

**自徳** じとく
?　〜永正5(1508)年　㊕積桂自徳(せきけいじとく,せっけいじとく),積桂(せきけい)
戦国時代の曹洞宗の僧。
¶戦人,武田(積桂自徳　せきけいじとく),仏教(積桂自徳　せっけいじとく)

**士曇** しどん
→乾峰士曇(けんぽうしどん)

**子曇** しどん
→西礀子曇(せいかんしどん)

**品田俊平** しなだしゅんぺい
明治6(1873)年6月7日〜昭和10(1935)年4月14日
明治〜昭和期の心教教祖。静岡県富士郡に心教総本山を創設。
¶昭人,人名,世紀,日人

**島津忠欽** しなづただかた
→島津忠欽(しまづただたか)

**自南聖薫** じなんしょうくん
生没年不詳
室町時代の臨済宗の僧。
¶国書

し

**慈仁** じにん
生没年不詳
江戸時代前期の浄土真宗の僧。
¶仏教

**時仁** じにん
平安時代前期の仏師。
¶古人,美建,平史(生没年不詳)

**慈念** じねん
平安時代中期の高僧。
¶人名

**自然玄悦** じねんげんえつ
?　〜天正15(1587)年
戦国時代〜安土桃山時代の僧。子持村雙林寺11世。
¶群馬人

**自然居士** じねんこじ
生没年不詳
鎌倉時代前期の禅宗系の説教師、勧進聖。
¶朝日,岩史,コン4,コン5,日人,歴大(㊐1247年?　㊍1309年?)

**慈能** じのう
?　〜天授2/永和2(1376)年7月13日
南北朝時代の天台宗の僧・歌人。
¶国書

**時能** じのう
生没年不詳
安土桃山時代の天台宗の僧・連歌作者。
¶国書

**篠崎桂之助** しのざきけいのすけ
嘉永5(1852)年5月15日〜明治9(1876)年9月25日
江戸時代末期〜明治期の幕臣。日本基督公会長老。
¶キリ(㊐嘉永5年5月15日(1852年7月2日)),コン改,コン4,コン5,静岡歴,新潮,先駆,日人,明大1

**篠田幸雄** しのださきお
文久3(1863)年〜昭和9(1934)年5月19日
江戸時代末期〜昭和期の神宮禰宜。
¶神人

**篠田時化雄** しのだしげお
安政3(1856)年〜昭和11(1936)年
江戸時代末期〜昭和期の教育家、宗教家。
¶学校,神人(㊐安政3(1856)年12月　㊍昭和11(1936)年4月),姓氏京都,明大2(㊐安政3(1856)年12月14日)

**篠田美知足**　しのだみちたり
？　～　㊞篠田美知足（しのだみちたる）
江戸時代後期の神官・国学者。
¶島根人（しのだみちたる），島根百，島根歴（生没年不詳）

**篠田美知足**　しのだみちたる
→篠田美知足（しのだみちたり）

し

**篠塚荻浦**　しのづかてきほ
文化12（1815）年～安政2（1855）年
江戸時代末期の僧。
¶姓氏石川（㊀？），幕末（㊁1855年11月），幕末大（㊁安政2（1855）年10月）

**篠塚不着**　しのづかふちゃく
天保14（1843）年～明治37（1904）年10月
江戸時代後期～明治期の僧侶。
¶真宗，姓氏石川

**篠原順明**　しのはらじゅんみょう
→篠原順明（しのはらじゅんめい）

**篠原順明**　しのはらじゅんめい
？　～明治39（1906）年　㊞篠原順明（しのはらじゅんみょう）
明治期の寺務職。真宗大谷派の寺務総長。
¶真宗（しのはらじゅんみょう　㊀天保7（1836）年　㊁明治39（1906）年1月13日），人名，日人

**篠原四郎**　しのはらしろう
明治31（1898）年～昭和53（1978）年
大正～昭和期の熊野那智大社宮司。
¶和歌山人

**篠原竜**　しのはらりゅう
昭和21（1946）年9月14日～
昭和～平成期の神職、写真家。
¶写人

**四戸慈文**　しのへじぶん
明治10（1877）年～昭和27（1952）年
明治～昭和期の在家仏教家。
¶岩手人，姓氏岩手

**四戸潤弥**　しのへじゅんや
昭和27（1952）年9月7日～
昭和～平成期のイスラム法学者。大東文化大学講師。
¶現執3期，現執4期

**四戸長安**　しのへちょうあん
？　～
江戸時代の神職。盛岡藩上名久井の諏訪神社神官。
¶青森人

**四宮織部**　しのみやおりべ
生没年不詳
明治期の大住郡四之宮村前鳥神社神主。
¶神奈川人

**芝観深**　しばかんしん
室町時代の仏画師。
¶人名，日人（生没年不詳）

**慈栢**　じはく
生没年不詳　㊞森侍者（しんじしゃ）
室町時代の尼僧。一休の女弟子。
¶朝日

**慈伯道順**　じはくどうじゅん
？　～延徳3（1491）年3月18日
室町時代の曹洞宗の僧。
¶仏教

**芝慶舜**　しばけいしゅん
室町時代の仏画師。
¶人名，日人（生没年不詳）

**芝小路豊訓**　しばこうじとよのり
文政11（1828）年～
江戸時代後期～末期の神職。
¶神人

**芝崎好高**　しばざきよしたか
寛文7（1667）年～享保18（1733）年
江戸時代中期の神官。
¶江文，コン改，コン4，コン5，新潮，日人，和俳

**柴崎宜弘**　しばざきよしひろ
天保9（1838）年～明治45（1912）年
江戸時代後期～明治期の神職。
¶神人

**芝侍従**　しばじじゅう
生没年不詳
安土桃山時代の絵仏師。
¶日人

**芝尊海**　しばそんかい
㊞尊海（そんかい）
室町時代の仏画師。
¶人名，日人（生没年不詳），名画（尊海　そんかい）

**柴田顕光**　しばたあきみつ
天保9（1838）年～大正2（1913）年
江戸時代末期～大正期の神職。伊賀八幡宮11代社司。
¶姓氏愛知

**柴田一能**　しばたいちのう
明治6（1873）年11月10日～＊
明治～大正期の宗教学者。
¶渡航（㊁？），明治史（㊁昭和26（1951）年）

**柴田興宣**　しばたおきのぶ
生没年不詳
江戸時代中期の神職。
¶国書

**柴田さだ**　しばたさだ★
明治10（1877）年～
明治期の教員。婦人伝道師。
¶秋田人2

**柴田政文**　しばたせいぶん
明治32（1899）年3月8日～昭和48（1973）年3月9日
明治～昭和期の僧侶。

¶真宗

**司馬達等** しばたっと, しばたつと
生没年不詳 [別]鞍部司馬達等(くらつくりのしばたっと), 鞍部村主司馬達等(くらつくりのすぐりしばたっと), 司馬達等(しばのたちと), 達等(たつとう), 鞍作司馬達等(くらつくりのしばたっとな)
飛鳥時代の渡来人鞍部氏の祖先。
¶朝日(鞍部司馬達等 くらつくりのしばたっと), 岩史(しばたつと), 角史, 国史, 古史, 古人, 古代(鞍部村主司馬達等 くらつくりのすぐりしばたっと), 古代普(鞍部村主司馬達等 くらつくりのすぐりしばたっと), 古中, 古物(しばたつと), コン改(しばのたちと), コン4(しばのたちと), コン5(しばのたちと), 史人, 思想史, 重要, 新潮(しばたつと), 人名(しばたつと), 世人, 世百, 全書, 対外, 大百(しばたつと), 伝記(しばたつと), 日史, 日人, 飛騨(しばたつと), 百科, 仏教, 仏史, 仏人(達等 たつとう [生]510年), 山川小, 歴大

**芝田徹心** しばたてっしん
明治12(1879)年2月25日～昭和25(1950)年2月6日
大正～昭和期の宗教学者、教育行政家。東京美術学校長、女子学習院長などを歴任。宮中顧問官も務めた。
¶現情, 昭人, 人名7, 世紀, 日人

**柴田道賢** しばたどうけん
明治37(1904)年～
昭和期の宗教学者。駒沢大学教授。
¶現執1期

**柴田得雲** しばたとくうん
明治12(1879)年～
明治～大正期の学僧。
¶新潟百

**柴田直胤** しばたなおたね
明治22(1889)年～昭和16(1941)年4月
明治～昭和期の神職。
¶神人

**柴谷竜寛** しばたにりゅうかん
生没年不詳
明治期の僧侶。
¶富山百

**柴田花守** しばたはなもり
文化6(1809)年～明治23(1890)年7月11日
江戸時代末期～明治期の神道家。不二道の10世教主、実行社初代管長。富士信仰を中核とし、復古神道的色彩を加えた教えを説く。
¶朝日([生]文化6年1月8日(1809年2月21日)), 近現, 近世, 国史, 国書([生]文化6(1809)年1月8日), コン改, コン4, コン5, 埼玉人([生]文化6(1809)年5月8日), 佐賀百([生]文化6(1809)年1月 [没]明治23(1890)年7月), 史人([生]1809年1月8日), 神史, 神人([生]文化6(1809)年1月8日 [没]明治27(1894)年), 人名, 全書, 大百, 長崎遊, 長野歴, 日人, 幕末, 幕末大, 明治史, 明大1([生]文化6(1809)年1月8日)

**柴田善直** しばたよしなお
安政6(1859)年～昭和2(1927)年
江戸時代末期～昭和期の神職。
¶神人

**司馬達等** しばのたちと
→司馬達等(しばたっと)

**芝原将監**(柴原将監) しばはらしょうげん
鎌倉時代後期の能登国羽咋郡柴垣村の郷士。日蓮宗妙成寺の開基檀越。
¶石川百(柴原将監 生没年不詳), 姓氏石川

**芝博一** しばひろかず
昭和25(1950)年4月21日～
昭和～平成期の神官、政治家。参議院議員、椿大神社権禰宜。
¶現政

**柴宮長左衛門** しばみやちょうざえもん
→柴宮長左衛門矩重(しばみやちょうざえもんのりしげ)

**柴宮長左衛門矩重** しばみやちょうざえもんのりしげ
延享4(1747)年～寛政12(1800)年 [別]柴宮長左衛門(しばみやちょうざえもん)
江戸時代後期の宮大工。
¶姓氏長野(柴宮長左衛門 しばみやちょうざえもん), 長野歴

**柴山全慶** しばやまぜんけい
明治27(1894)年11月30日～昭和49(1974)年8月29日
昭和期の仏教学者、僧侶。大谷大学教授、南禅寺派管長。ヘインズ財団の招きで渡米9回、クレアモント大などで禅学を講じた。
¶現朝, 現情, 社史, 新潮, 人名7, 世紀, 日エ, 日人, 仏教, 仏人

**柴山長左衛門** しばやまちょうざえもん
? ～寛永9(1632)年
安土桃山時代～江戸時代前期のキリシタン。
¶会津

**柴山不言** しばやまふげん
安政4(1857)年～昭和10(1935)年
明治～昭和期のハリストス正教司祭。
¶茶道

**芝琳玄** しばりんげん
鎌倉時代後期の仏画師。
¶人名

**師蛮** しばん
→卍元師蛮(まんげんしばん)

**慈般** じはん
生没年不詳
江戸時代後期の天台宗の僧・国学者。
¶国書

**慈範** じはん
文安3(1446)年～延徳1(1489)年11月2日

室町時代の浄土真宗の僧。錦織寺9世。
¶国書，仏教

**師蛮卍元　しばんまんげん**
寛永3(1626)年～宝永7(1710)年
江戸時代前期～中期の仏教家。延宝伝燈録と日本高僧伝の著者。
¶岐阜百

**渋江公木　しぶえきみき**
→渋江晩香(しぶえばんこう)

**渋江公正　しぶえきみまさ**
寛保3(1743)年～文化11(1814)年5月6日　別渋江松石(しぶえしょうせき)
江戸時代中期～後期の神職者、儒学者。
¶熊本百，国書(渋江松石　しぶえしょうせき)，人名(渋江松石　しぶえしょうせき)，日人(渋江松石　しぶえしょうせき)，藩臣7

**渋江公木　しぶえこうぼく**
→渋江晩香(しぶえばんこう)

**渋江松石　しぶえしょうせき**
→渋江公正(しぶえきみまさ)

**渋江長四郎　しぶえちょうしろう**
安政1(1854)年～昭和4(1929)年
江戸時代末期～昭和期の仏師、人形師。
¶美建，山形百新

**渋江晩香　しぶえばんこう**
天保4(1833)年～大正3(1914)年1月26日　別渋江公木(しぶえきみき，しぶえこうぼく)
江戸時代末期～明治期の菊池神社宮司。
¶熊本人，熊本百(渋江公木　しぶえこうぼく　生天保4(1833)年5月10日)，人名(渋江公木　しぶえきみき)，日人，幕末(生1832年)，幕末大(渋江公木　しぶえこうぼく)

**渋川栄承　しぶかわえいしょう**
文政10(1827)年～慶応2(1866)年
江戸時代末期の豊前英彦山の修験僧。長州(萩)藩尊攘運動に同調。
¶朝日(没慶応2年8月1日(1866年9月9日))，維新，神人，人名，日人，幕末(没1866年9月9日)，幕末大(没慶応2(1866)年8月1日)

**渋谷治　しぶたにおさむ**
明治26(1893)年9月21日～昭和47(1972)年10月7日
明治～昭和期のカトリック司祭。
¶新カト

**渋谷家教　しぶたにかきょう**
文久2(1862)年5月23日～大正12(1923)年7月13日
明治～大正期の僧侶。
¶真宗

**渋谷達性　しぶたにたっしょう**
弘化3(1846)年6月15日～明治31(1898)年11月29日
江戸時代後期～明治期の僧侶。
¶真宗

**渋谷篷子　しぶたにとまこ**
明治24(1891)年3月～昭和40(1965)年1月13日
明治～昭和期の女性。浄土真宗仏光寺派管長渋谷隆教の妻。大正天皇皇后節子は姉。
¶女性，女性普，真宗(生明治24(1891)年3月21日)

**渋谷隆教**(澁谷隆教)　**しぶたにりゅうきょう**
明治18(1885)年1月5日～昭和37(1962)年2月21日　別澁谷隆教(しぶやりゅうきょう)，渋谷隆教(しぶやりゅうきょう)
明治～昭和期の僧侶。
¶華畫(澁谷隆教　しぶやりゅうきょう)，華請，真宗，男爵(澁谷隆教)

**渋谷国安　しぶやくにやす**
＊～明治22(1889)年
江戸時代末期～明治期の歌人、神学者。霧島神宮宮司、霧島神宮教会会長。地方をまわり神道の布教に努める。
¶薩摩(生天保5(1834)年　没明治32(1899)年)，人名(生1825年)，日人(生1825年)，幕末(生1826年)，幕末大(生文政9(1826)年)

**渋谷金王丸　しぶやこんのうまる**
→土佐房昌俊(とさぼうしょうしゅん)

**渋谷慈鎧　しぶやじがい**
明治9(1876)年8月1日～昭和22(1947)年10月6日
明治～昭和期の僧。天台座主。
¶岡山歴，昭人

**渋谷真意　しぶやしんい**
嘉永3(1850)年～大正13(1924)年
江戸時代末期～明治期の女性。浄土真宗仏光寺派の尼公上人、27代法主。
¶女性，女性普，世紀(生嘉永3(1851)年12月26日　没大正13(1924)年5月19日)，日人(生1851年)，仏人，明大1(生嘉永3(1850)年12月26日　没大正13(1924)年5月19日)

**渋谷正重　しぶやまさしげ**
？～元和4(1618)年
安土桃山時代～江戸時代前期の僧。吉岡村済運寺の中興開基。
¶姓氏神奈川

**渋谷隆教　しぶやりゅうきょう**
→渋谷隆教(しぶたにりゅうきょう)

**渋谷了喜　しぶやりょうき**
明治33(1900)年～昭和31(1956)年
大正・昭和期の僧。葦北郡芦北町専妙寺の住職。保護司。
¶熊本人

**慈遍　じへん**
生没年不詳
鎌倉時代後期～南北朝時代の天台宗の僧。神道論に精通。
¶朝日，角史，鎌室，国史，国書，古中，コン改，コン4，コン5，史人，思想史，諸系，神史，神

人，新潮，人名，世人，全書，日思，日史，日人，百科，仏教，仏史，歴大

**慈弁** じべん
正平9/文和3（1354）年～応永20（1413）年
平安時代末期の延暦寺の僧・歌人。
¶鎌室，国書（生没年不詳），古人，諸系，日人，平史（生没年不詳）

**慈宝** じほう
天平宝字2（758）年～弘仁10（819）年
奈良時代～平安時代前期の法相宗の僧。
¶古人，古代，古代普，人名，日人，仏教（㊀弘仁10（819）年11月）

**慈峰** じほう
延宝1（1673）年～延享4（1747）年6月6日
江戸時代前期～中期の臨済宗の僧。
¶国書

**慈芳** じほう
享保16（1731）年～文化1（1804）年3月22日
江戸時代中期～後期の天台宗の僧。
¶国書

**持宝** じほう
応永23（1416）年～？
室町時代の華厳宗の僧。
¶国書5

**時宝** じほう
生没年不詳
鎌倉時代後期～南北朝時代の華厳宗の僧・連歌作者。
¶国書，北条

**士峰宋山** しほうそうざん
天文12（1543）年～寛永12（1635）年
安土桃山時代～江戸時代前期の曹洞宗の僧。
¶人名，日人，仏教（㊀寛永12（1635）年9月29日）

**慈本** じほん
寛政7（1795）年～明治2（1869）年
江戸時代末期の僧。
¶維新，国書，神人，仏教

**滋本豪英尼** じほんごうえいに
文化1（1804）年～弘化4（1847）年
江戸時代後期の僧侶。
¶姓氏愛知

**慈本尼** じほんに
文化5（1808）年～弘化4（1847）年
江戸時代後期の女性。尼僧。
¶女性

**島計富**（嶋計富） しまかずとみ
寛永3（1626）年～宝永6（1709）年
江戸時代前期～中期の神官。
¶国書（嶋計富　㊤寛永3（1626）年10月　㊀宝永6（1709）年5月14日），人名，日人

**島川瀬織** しまかわせおり
文政10（1827）年～明治23（1890）年8月23日
江戸時代末期～明治期の盛岡藩士。神官。奥羽鎮撫総督府へ謝罪嘆願の時藩主名代に随行。
¶幕末，幕末大

**島互道** しまこうどう
明治24（1891）年～昭和33（1958）年
大正～昭和期の僧。林松寺住職。
¶姓氏長野

**島崎正樹** しまざきまさき
天保2（1831）年5月4日～明治19（1886）年11月29日
江戸時代末期～明治期の中山道馬篭宿本陣。島崎藤村の父で小説「夜明け前」の主人公のモデル。中山道馬篭宿の本陣、庄屋、問屋を兼ねた。
¶朝日（㊤天保2年5月4日（1831年6月13日）），維新，近現，国史，国書，コン5，神史，神人，新潮，人名，姓氏長野，長野百，長野歴，日人，幕末，幕末大，飛騨，明治史，明大2，歴大

し

**島重老** しましげおい
寛政4（1792）年～明治3（1870）年
江戸時代末期の出雲の歌人。
¶国書（㊀明治3（1870）年11月6日），詩歌，島根人，島根百（㊤寛政4（1792）年11月6日　㊀明治3（1870）年11月20日），島根歴，人名，日人（㊀1871年），和俳

**島重養**(1) しましげかい
文化9（1812）年～明治16（1883）年
江戸時代後期～明治期の神職。
¶島根人，島根百（㊤文化9（1812）年11月　㊀明治16（1883）年3月29日），日人

**島重養**(2) しましげかい
→島重胤（しましげたね）

**島重胤** しましげたね
文化9（1812）年～明治16（1883）年　㊕島重養（しましげかい）
江戸時代末期～明治期の出雲大社禰宜。
¶人名，日人（島重養　しましげかい）

**島重道** しましげみち
文化14（1817）年～明治27（1894）年
江戸時代末期～明治期の肥前長崎の神職。
¶人名，日人

**島地大等** しまじだいとう，しまぢだいとう
明治8（1875）年10月8日～昭和2（1927）年7月4日
㊕島地大等（しまちだいとう，しまぢたいとう，しまぢだいとう）
明治～大正期の学僧。勧学。財政不正事件で執行公選制を中心とする本山改革案を提唱。
¶朝日（しまぢだいとう），岩手人，岩手百，コン改（しまぢだいとう），コン5（しまぢだいとう），真宗，人名（しまぢたいとう），世紀，姓氏岩手，全書，哲学（しまぢだいとう），新潟百（しまちだいとう　㊤1885年），日人，仏教，仏人，明大1

**島地黙雷** しまじもくらい，しまぢもくらい
天保9（1838）年2月15日～明治44（1911）年2月3日

㊞島地黙雷(しまちもくらい,しまぢもくらい),黙雷(もくらい)
明治期の僧侶。政府の神仏習合策を批判し、真宗各派の大教院からの分離を唱え廃止に追い込んだ。
¶朝日(しまぢもくらい　㊀天保9年2月15日(1838年3月10日)),維新(しまぢもくらい),岩史,岩手人,岩手百,海越,海越新,江戸東,学校,角史,京都文,近現,近史1(しまぢもくらい),近文(しまぢもくらい),広7,国際,国史,コン改(しまぢもくらい),コン5(しまぢもくらい),詩作(黙雷　もくらい),史人,思想,思想史,重要,真宗,神人,新潮,新文,人名(しまぢもくらい),姓氏岩手,姓氏山口,世人,世百(しまぢもくらい),先駆,全書,大百(しまぢもくらい),哲学(しまぢもくらい),伝記(しまぢもくらい),渡航,日思,日史,日史語,日人,日本,幕末,幕末大,百科,風土,仏教,仏人,文学(しまぢもくらい),平日,ポプ人,民学,明治史,明大1,山川小,山口百,履歴(しまちもくらい),履歴2(しまちもくらい),歴大

し

**島丈道** しまじょうどう
明治5(1872)年8月13日～昭和20(1945)年10月2日
明治～昭和期の僧侶・俳人。
¶俳文

**島津珍彦** しまずうずひこ
→島津珍彦(しまづうずひこ)

**島津久籌** しまずひさとし
→島津久籌(しまづひさとし)

**島津岬** しまずみさき
→島津岬(しまづみさき)

**島薗進** しまぞのすすむ
昭和23(1948)年12月10日～
昭和～平成期の宗教思想史学者、宗教社会学者。東京大学助教授。
¶現執2期(㊀昭和23(1948)年12月),現執3期,現執4期

**島田袈裟光** しまだけさみつ
昭和期の宮大工。善光寺仁王門の改修工事などを手がけた。
¶名工

**島田興介** しまだこうすけ
生没年不詳
明治期の牧師。
¶社史

**島田左近** しまださこん
？　～文久2(1862)年
江戸時代末期の九条家家士。
¶朝日(㊁文久2年7月20日(1862年8月15日)),維新,京都大(㊀文政7(1824)年),コン4,コン5,新潮(㊁文久2(1862)年7月20日),人名,姓氏京都,全幕,日人,幕末(㊁1862年8月15日),幕末大(㊁文久2(1862)年7月20日)

**島田芝香** しまだしこう
大正3(1914)年～平成12(2000)年
昭和・平成期の書家、僧侶。
¶群新百

**島田照賢** しまだしょうけん
大正3(1914)年～
昭和期の僧侶。
¶群馬人

**嶋田襄平** しまだじょうへい
大正13(1924)年12月16日～平成2(1990)年5月23日
昭和～平成期のイスラム史学者。中央大学教授。
¶現情,史学,世紀

**島田信保** しまだしんぽ
大正1(1912)年～平成7(1995)年
昭和～平成期の僧、最御崎寺中興第33世大僧正。
¶高知人

**島田信了** しまだしんりょう
大正3(1914)年～昭和57(1982)年
昭和期の僧、高野山真言宗大僧正。
¶高知人

**島多豆夫** しまたずお
天保3(1832)年3月28日～大正11(1922)年7月1日
江戸時代末期～大正期の歌人。
¶島根人(㊀天保13(1842)年),島根百,島根歴

**島田千秋** しまだちあき
明治41(1908)年～平成8(1996)年
昭和・平成期の教員、神職、郷土史家。
¶伊豆

**島田蕃根** しまだばんこん
文政10(1827)年～明治40(1907)年9月2日　㊞島田蕃根(しまだみつね)
江戸時代末期～明治期の仏教学者。明治初期の宗教行政の確立に尽力。弘教書院を設立し、「縮刷大蔵経」を刊行。
¶朝日(㊀文政10年11月8日(1827年12月25日)),江戸東(しまだみつね),コン改,コン4,コン5,人名,姓氏山口,全書,大百,日人,幕末(しまだみつね　㊀1828年),幕末大(しまだみつね　㊀文政9(1828)年11月8日),仏教(しまだみつね),明治史,明大2(㊀文政10(1827)年11月8日)

**島田裕巳** しまだひろみ
昭和28(1953)年11月8日～
昭和～平成期の宗教学者。日本女子大学助教授。
¶現執3期,現執4期,YA

**島田蕃根** しまだみつね
→島田蕃根(しまだばんこん)

**島地大等** しまぢだいとう,しまちだいとう,しまぢたいとう
→島地大等(しまじだいとう)

**島地黙雷** しまぢもくらい,しまちもくらい
→島地黙雷(しまじもくらい)

**島津珍彦** しまづうずひこ, しまずうずひこ
弘化1(1844)年10月22日～明治43(1910)年6月16日
江戸時代末期～明治期の政治家。貴族院議員、男爵。照国神社宮司、鹿児島高等中学造士館長などを歴任。
¶維新, 鹿児島百(しまずうずひこ), 華請, コン5, 薩摩(しまずうずひこ), 人名, 政治(しまずうずひこ), 姓氏鹿児島, 男爵, 日人, 幕末([没]1910年6月1日), 幕末大, 藩臣7, 明大1(しまずうずひこ)

**島津忠欽** しまづただかた
→島津忠欽(しまづただたか)

**島津忠欽** しまづただたか
弘化2(1845)年～大正4(1915)年4月 [別]島津忠欽(しなづただかた, しまづただかた)
江戸時代末期～大正期の薩摩藩士。鹿児島銀行頭取、貴族院議員。国事に尽力。維新後、殖産興業につとめる。
¶華請(しなづただかた), 姓氏鹿児島(しまづただかた), 男爵([生]弘化2(1845)年11月22日 [没]大正4(1915)年4月17日), 幕末, 幕末大

**島津籌峰** しまづちゅうほう
文政7(1824)年2月7日～明治44(1911)年10月9日
江戸時代末期～明治期の尼僧。曹洞宗の尼僧。多くの修行者を集め「正法眼蔵」を参究し、全国で禅を説く。
¶朝日

**島津久明** しまづひさあき
天保13(1842)年5月28日～大正3(1914)年4月21日
江戸時代末期～大正期の薩摩国領主。照国神社宮司、男爵。長州征伐に出征、戊辰戦争で奥羽を転戦。
¶華請, 姓氏鹿児島, 男爵, 幕末([没]1914年4月), 幕末大

**島津久籌**(島津久寿) しまづひさとし, しまずひさとし
文政8(1825)年～明治44(1911)年9月26日 [別]島津又七(しまづまたしち)
江戸時代末期～明治期の武士、神職。
¶維新(島津又七 しまづまたしち [生]1827年), 鹿児島百(しまずひさとし), 人名(島津久寿), 姓氏鹿児島, 日人([生]1827年), 幕末([生]1827年), 幕末大, 藩臣7

**島津正長** しまづまさなが
天保10(1839)年2月～明治34(1901)年11月25日
江戸時代後期～明治期の歌人・神官。
¶岡山歴

**島津又七** しまづまたしち
→島津久籌(しまづひさとし)

**島津岬** しまづみさき, しまずみさき
明治10(1877)年～昭和50(1975)年1月12日
明治～昭和期の牧師。シカゴ日本人YMCA主事、上海日本人YMCA総主事。
¶キリ([生]明治10(1877)年5月), 日Y(しまずみさき [生]明治10(1877)年5月2日)

**島富重** しまとみしげ
宝暦3(1753)年～文化5(1808)年
江戸時代後期の出雲大社の祠官。
¶人名, 日人

**島貫兵太夫** しまぬきひょうだゆう
慶応2(1866)年7月9日～大正2(1913)年9月6日
明治～大正期の牧師。日本力行会創立者。開化思想とキリスト教を連続させた明治のキリスト者。
¶朝日([生]慶応2年7月9日(1866年8月18日)), 人名([没]1912年), 世紀, 姓氏宮城, 日エ([没]大正1(1912)年9月6日), 日人([没]1912年), 宮城百, 明大1

**島雅重** しままさしげ
寛延2(1749)年～寛政9(1797)年
江戸時代中期の長崎皇大神宮の祠官。
¶人名, 日人

**島村亀鶴** しまむらきかく
明治33(1900)年12月25日～平成5(1993)年4月27日
昭和期の牧師。日本キリスト伝道会会長。
¶キリ, 現情, 高知人, 世紀

**島村光津**(島村みつ) しまむらみつ
天保2(1831)年3月18日～明治37(1904)年2月13日
江戸時代末期～明治期の祈禱師。連門教女性教祖。神道大成教に属し、連門講社と称して公認布教、伝染病が流行するなかで驚異的に発展。
¶朝日([生]天保2年3月18日(1831年4月30日)), 近現, 国史, 女性(島村みつ), 女性普, 日人, 明治史, 明大1

**島本玄誠** しまもとげんせい
明治1(1868)年～昭和21(1946)年
江戸時代末期～昭和期の和歌山県甘露寺住職。甘露寺記念図書館創設。
¶図人

**嶋保道** しまやすみち
明治期の神職。
¶神人

**島義勇** しまよしたけ
文政5(1822)年9月12日～明治7(1874)年4月13日
江戸時代末期～明治期の佐賀藩士、政治家。蝦夷・樺太を探検し、蝦夷開拓首席判官になり、札幌市街地の建設に尽力。佐賀憂国党を率い佐賀の乱を戦ったが、敗れ処刑。
¶秋田人2, 秋田百, 朝日([生]文政5年9月12日(1822年10月26日)), 維新, 北墓, 近現, 近世, 広7, 国史, 国書, コン改, コン4, コン5, 佐賀百, 札幌, 史人, 人書94([没]1875年), 神人, 新潮, 人名, 政治, 全幕, 日史, 日人, 幕末, 幕末大, 百科, 北海道建, 北海道百, 北海道文, 北海道歴, 明治1, 明治史, 明大1, 履歴, 履歴2, 歴大

**清水一瓢**(1) しみずいっぴょう
→川原一瓢（かわはらいっぴょう）

**清水一瓢**(2) しみずいっぴょう
江戸時代後期の僧、俳人。
¶江戸

**清水久次郎** しみずきゅうじろう
生没年不詳
明治期の札幌北一条教会の牧師。
¶札幌

し

**清水宮内** しみずくない
生没年不詳
明治期のプロテスタント受洗者、受難者。
¶キリ

**清水玄道** しみずげんどう
明治20（1887）年3月7日～昭和28（1953）年1月7日
明治～昭和期の真宗大谷派僧侶、社会事業家。
¶世紀，姓氏愛知，日人

**清水公俊** しみずこうしゅん
明治18（1885）年～昭和20（1945）年
明治～昭和期の宗教家。
¶郷土奈良

**清水公照** しみずこうしょう
明治44（1911）年1月3日～平成11（1999）年5月6日
昭和期の僧侶。文人画をよくし、「文人画12カ月」、画文集「花ぼとけ」など。
¶郷土奈良，現朝，現執2期，現執3期，現情，世紀，日人

**清水広田** しみずこうでん
天保11（1840）年6月7日～
江戸時代後期～明治期の僧侶。
¶庄内

**清水浩竜** しみずこうりゅう
明治17（1884）年～昭和51（1976）年
明治～昭和期の僧侶。
¶群馬人

**清水真行** しみずしんぎょう
大正2（1913）年～昭和19（1944）年9月19日
昭和期の僧侶。新興仏教青年同盟メンバー。
¶社史

**清水真三郎** しみずしんざぶろう
→清水真三郎（しみずなおさぶろう）

**清水助五郎** しみずすけごろう
文化3（1806）年～明治14（1881）年
江戸時代後期～明治期の宮大工。
¶群馬人，美建

**清水善三** しみずぜんぞう
昭和6（1931）年～
昭和～平成期の日本仏教美術史研究者。
¶現執1期

**清水谷恭順** しみずだにきょうじゅん，しみずたにきょうじゅん
明治24（1891）年～昭和54（1979）年
明治～昭和期の仏教学者。大正大学教授。密教事相の研究者。組織的台密史を樹立。
¶郷土群馬，群馬人（しみずたにきょうじゅん），世紀（㊐明治24（1891）年3月14日　㊛昭和54（1979）年8月8日），哲学，仏人

**清水谷善晃** しみずだにぜんこう
明治42（1909）年～昭和54（1979）年
大正～昭和期の僧。天台宗清水寺第5世貫主。
¶島根歴

**清水真三郎** しみずなおさぶろう
明治12（1879）年～昭和2（1927）年　㊞清水真三郎（しみずしんざぶろう）
明治～昭和期の神職。
¶島根人（しみずしんざぶろう），島根百（しみずしんざぶろう　㊛昭和2（1927）年3月18日），島根歴（しみずしんざぶろう），神人

**清水平一郎** しみずへいいちろう
明治3（1870）年～大正11（1922）年
明治～大正期の神職。
¶神人

**清水三春** しみずみはる
文政1（1818）年～明治1（1868）年
江戸時代後期～末期の宗教家、富士講布教者。
¶長野歴

**清水以義** しみずもちよし
生没年不詳
江戸時代中期の神道家。
¶国書，神人

**清水安三** しみずやすぞう
明治24（1891）年6月1日～昭和63（1988）年1月17日
昭和期の教育者、牧師、桜美林学園創設者。
¶学校，郷土滋賀，キリ，現朝，現情，現人，滋賀文，世紀，日人，日中，町田歴

**清水義樹** しみずよしき
明治42（1909）年6月28日～
昭和期の牧師、組織神学者。関東学院大学教授、関東学院大学神学部長。
¶キリ

**清水里安** しみずりあん
大永6（1526）年～天正4（1576）年　㊞清水レアン（しみずれあん）
戦国時代～安土桃山時代のキリシタン。京都南蛮寺建立に尽力。
¶国史，古中，新潮（㊛天正4（1576）年7月），姓氏京都（清水レアン　しみずれあん　生没年不詳），戦人，日人

**清水隆慶** しみずりゅうけい
万治2（1659）年～享保17（1732）年11月　㊞隆慶（りゅうけい）
江戸時代前期～中期の仏師。人形作家。
¶朝日，近世，国史，コン改（隆慶　りゅうけい

生没年不詳），コン4（隆慶　りゅうけい　生没年不詳），コン5，コン5（隆慶　りゅうけい），新潮，人名，世人（生没年不詳），茶道，日人，美建，美工，美術（㊀？），百科（㊀？），仏史

**清水竜山** しみずりゅうざん
明治3（1870）年1月15日～昭和18（1943）年1月8日
明治～昭和期の仏教学者、日蓮宗僧侶。立正大学学長。
¶昭人，日人，仏教，仏人

**清水レアン** しみずれあん
→清水里安（しみずりあん）

**清水蓮成** しみずれんじょう
天保1（1830）年～明治35（1902）年
江戸時代末期～明治期の歌人。
¶人名，日人，明大2（㊁明治35（1902）年3月19日），和俳

**志密** しみつ
生没年不詳
江戸時代中期の浄土真宗の僧。
¶国書

**慈妙**(1) じみょう
正応4（1291）年～正平23/応安1（1368）年
鎌倉時代後期～南北朝時代の僧。
¶鎌室，人名，日人，仏教（㊀正応4（1291）年4月8日　㊁応安1/正平23（1368）年8月8日）

**慈妙**(2) じみょう
寛文1（1661）年～享保14（1729）年4月22日
江戸時代中期の真言宗の僧。
¶国書，仏教

**慈明** じみょう
生没年不詳
江戸時代末期の僧侶。
¶国書

**慈猛** じみょう
*～建治3（1277）年
鎌倉時代前期の僧。真言宗意教流慈猛方の祖。
¶国史（㊀1211年），古中（㊀1211年），人名（㊀1212年），日人（㊀1212年），仏教（㊀建暦2（1212）年2月　㊁建治3（1277）年4月21日），仏史（㊀1211年），仏人（㊀1212年），歴大（㊀1211年）

**滋妙** じみょう
正応4（1291）年～正平16/康安1（1361）年
鎌倉時代後期～南北朝時代の僧。
¶姓氏愛知

**志村卯三郎** しむらうさぶろう
明治37（1904）年1月27日～平成19（2007）年7月6日
明治～平成期のYMCA会員、牧師。
¶日Y

**志村武** しむらたけし
大正12（1923）年2月7日～
昭和期の哲学者、比較宗教学者。武蔵野女子大学教授。
¶現執1期，現執2期

**思明** しめい
生没年不詳
室町時代の鎌倉極楽寺の僧侶。
¶姓氏群馬

**下井延清** しもいのぶきよ
生没年不詳
江戸時代中期の神職。
¶国書

し

**下島一郎** しもじまいちろう
明治40（1907）年6月6日～昭和59（1984）年6月4日
大正・昭和期の宮大工。
¶飛驒

**下間仲孝** しもずまなかたか
→下間少進（しもつましょうしん）

**下間頼慶** しもずまらいけい
→下間頼慶（しもづまらいけい）

**下間頼竜** しもずまらいりゅう
→下間頼竜（しもつまらいりゅう）

**下間頼廉** しもずまらいれん
→下間頼廉（しもつまらいれん）

**下間蓮宗** しもずまれんしゅう
→下間蓮崇（しもつまれんそう）

**下瀬加守** しもせかもり
明治10（1877）年1月1日～昭和30（1955）年5月
明治～昭和期の牧師。
¶渡航

**下田尾次郎** しもたおじろう
昭和37（1962）年～
昭和～平成期の神学者。
¶児人

**下田義照** しもだよしてる
嘉永5（1852）年～昭和4（1929）年8月12日
明治～大正期の国学者。祝詞を研究。神宮皇学館教授などを務めた。
¶神人（㊀安政1（1854）年　㊁？），人名，世紀，日人，明大2

**下間空教** しもつまくうきょう
明治11（1878）年～昭和6（1931）年6月17日
明治～昭和期の僧侶、宗教法学者。宗教専門の弁護士。
¶昭人，真宗，人名

**下間少進** しもつましょうしん，しもつましょうじん
天文20（1551）年～元和2（1616）年5月15日　㊇下間少進仲孝（しもつましょうしんなかたか），下間仲孝（しもずまなかたか，しもつまなかたか）
安土桃山時代～江戸時代前期の本願寺坊官。能の名手。
¶朝日（下間仲孝　しもつまなかたか　㊁元和2年5月15日（1616年6月28日）），京都（下間少進仲孝　しもつましょうしんなかたか），近世（下

間仲孝　しもつまなかたか)，芸能，国史(下間仲孝　しもつまなかたか)，国書(下間仲孝　しもつまなかたか)，コン改(下間少進仲孝　しもつましょうしんなかたか)，コン4(下間少進仲孝　しもつましょうしんなかたか)，コン5(下間少進仲孝　しもつましょうしんなかたか)，史人(下間仲孝　しもつまなかたか)，諸系(下間仲孝　しもつまなかたか)，新潮，姓氏京都，戦合(下間仲孝　しもつまなかたか)，戦人(下間仲孝　しもずまなかたか)，戦武(下間仲孝　しもつまなかたか)，日音(しもつましょうじん)，日史，日人(下間仲孝　しもつまなかたか)，能狂言，百科，歴大(下間仲孝　しもつまなかたか)

**下間少進仲孝** しもつましょうしんなかたか
→下間少進(しもつましょうしん)

**下間仲潔** しもつまなかきよ
文化2(1805)年～明治4(1871)年2月20日
江戸時代後期～明治期の浄土真宗本願寺派の家臣。
¶真宗

**下間仲稠** しもつまなかしげ
文化14(1817)年～明治3(1871)年2月20日
江戸時代後期～明治期の浄土真宗本願寺派の家臣。
¶真宗

**下間仲孝** しもつまなかたか
→下間少進(しもつましょうしん)

**下間仲昌** しもつまなかまさ
天保12(1841)年～明治2(1869)年10月20日
江戸時代後期～明治期の浄土真宗本願寺派の家臣。
¶真宗

**下間仲充** しもつまなかみつ
天保3(1832)年6月7日～明治44(1911)年12月19日
江戸時代後期～明治期の浄土真宗本願寺派の家臣。
¶真宗

**下間仲甫** しもつまなかもと
嘉永3(1850)年～明治9(1876)年8月30日
江戸時代後期～明治期の浄土真宗本願寺派の家臣。
¶真宗

**下間宗重** しもつまむねしげ
？～弘安1(1278)年
鎌倉時代前期～後期の僧。
¶諸系

**下間頼廉** しもつまよりかど
→下間頼廉(しもつまらいれん)

**下間頼和** しもつまよりちか
文化2(1805)年～明治6(1873)年
江戸時代末期～明治期の西本願寺坊官、歌人。法印に昇任したが坊官制の廃止に伴い還俗。和歌を有栖川宮幟仁親王に学び歌人としても有名。
¶京都大，真宗(㊌文化2(1805)年6月1日　㊎明治6(1873)年8月3日)，新潮，姓氏京都，日人

**下間頼秀** しもつまよりひで
→下間頼秀(しもつまらいしゅう)

**下間頼恭** しもつまよりゆき
天保3(1832)年11月21日～明治33(1900)年3月3日
江戸時代後期～明治期の浄土真宗本願寺派の家臣。
¶真宗

**下間頼慶** しもづまらいけい，しもずまらいけい，しもつまらいけい
？～天文10(1541)年6月11日　㊟蓮秀(れんしゅう)
戦国時代の浄土宗の僧。
¶国書(しもつまらいけい)，諸系(しもつまらいけい)，姓氏富山，戦人(しもずまらいけい　生没年不詳)

**下間頼秀** しもつまらいしゅう
？～天文7(1538)年　㊟下間頼秀(しもつまよりひで)
戦国時代の本願寺家宰。
¶諸系，姓氏石川(しもつまよりひで)，全書(しもつまよりひで)，日人(しもつまよりひで)，飛驒(㊌？)

**下間頼竜** しもつまらいりゅう
？～慶長14(1609)年　㊟下間頼竜(しもずまらいりゅう)
戦国時代～安土桃山時代の本願寺宗主顕如・教如の坊官、奏者。
¶諸系，戦辞(㊎慶長2(1597)年6月)，戦人(しもずまらいりゅう　生没年不詳)，日人

**下間頼廉** しもつまらいれん，しもづまらいれん
天文6(1537)年～寛永3(1626)年　㊟下間頼廉(しもずまらいれん，しもつまよりかど)
安土桃山時代～江戸時代前期の坊官。
¶諸系，新潮，姓氏石川(しもつまよりかど)，姓氏京都(しもつまよりかど)，戦辞(㊌？　㊎寛永3年10月20日(1626年12月8日))，戦人(しもずまらいれん)，全戦，戦武，戦補(しもづまらいれん)，日人

**下間蓮宗**(下間蓮崇)　しもつまれんしゅう
→下間蓮崇(しもつまれんそう)

**下間蓮崇** しもつまれんそう
？～明応8(1499)年　㊟下間蓮宗(しもずまれんしゅう，しもつまれんしゅう)，下間蓮崇(しもつまれんしゅう)，蓮崇(れんそう)
室町時代～戦国時代の本願寺門徒。蓮如に近仕。
¶朝日(㊎明応8年3月28日(1499年5月8日))，石川百，鎌室，コン改(しもつまれんしゅう)，コン4(しもつまれんしゅう)，コン5(しもつまれんしゅう)，新潮(㊎明応8(1499)年3月28日)，人名(下間蓮宗　しもつまれんしゅう)，戦人(下間蓮宗　しもずまれんしゅう)，日人，福井百(㊎長享1(1487)年)，仏教(蓮崇　れんそう)

**下生成信** しものふしげのぶ
文化1(1804)年～明治12(1879)年

江戸時代末期〜明治期の神官。
¶人名，日人

**下村泰中** しもむらたいちゅう
文化15（1818）年1月11日〜*
江戸時代後期〜明治期の僧。報恩寺27世。
¶岩手人（[没]1898年2月7日），姓氏岩手（[没]1899年）

**下村鉄之助** しもむらてつのすけ
生没年不詳
江戸時代末期のキリシタン。
¶コン改，コン4，コン5，新潮，日人，兵庫百（[生]嘉永2（1849）年　[没]大正11（1922）年）

**下山応助** しもやまおうすけ
？　〜明治23（1890）年
江戸時代末期〜明治期の神道家、御岳教の組織者。
¶朝日（生没年不詳），維新，コン改，コン4，コン5，史人，神人，新潮（生没年不詳），全書（生没年不詳），日人，仏教（生没年不詳），明治史（生没年不詳）

**シモン円甫** しもんえんぽ
？　〜元和9（1623）年10月13日
安土桃山時代〜江戸時代前期のキリシタン。
¶日人

**慈門尼** じもんに
元禄13（1700）年〜安永4（1775）年7月19日
江戸時代中期の女性。尼僧。
¶江表（慈門尼（滋賀県）），国書，滋賀百，女性

**ジャガタラお春**（ジャガタラおはる） じゃがたらおはる
*〜元禄10（1697）年
江戸時代前期〜中期の女性。イタリア人航海士ニコラス・マリンの娘。混血女性として国外追放された。
¶朝日（[生]寛永2（1625）年），岩史（[生]寛永2（1625）年），江表（春（長崎県）　[生]寛永2（1625）年），角史（ジャガタラおはる　[生]寛永1（1624）年），コン改（[生]寛永3（1626）年），コン4（[生]寛永3（1626）年），コン5（[生]寛永3（1626）年），史人（[生]1625年），女史（[生]1626年），女性（[生]寛永3（1626）年），新潮（[生]寛永3（1626）年），世人（[生]寛永2（1625）年　[没]？），日史（[生]寛永1（1624）年），日人（[生]1626年），百科（[生]寛永1（1624）年），歴大（[生]1625年ころ）

**綽阿** しゃくあ
生没年不詳
鎌倉時代後期の浄土宗の僧。
¶仏教

**寂阿** じゃくあ
生没年不詳
鎌倉時代の僧侶・連歌作者。
¶国書

**寂庵玄定** じゃくあんげんじょう
延享3（1746）年〜文化9（1812）年1月24日
江戸時代中期〜後期の臨済宗の僧。
¶国書

**寂庵上昭**（寂庵上照） じゃくあんじょうしょう
寛喜1（1229）年〜正和5（1316）年
鎌倉時代後期の僧。
¶鎌室（寂庵上照），人名，日人，仏教（[没]正和5（1316）年6月16日）

**寂意** じゃくい
生没年不詳
鎌倉時代後期〜南北朝時代の連歌師。
¶国書，日人，俳文

**寂印** じゃくいん
鎌倉時代の僧、万葉学者。
¶人名，日人（生没年不詳）

**寂因** じゃくいん
治暦4（1068）年〜久安6（1150）年11月11日
平安時代後期の天台宗の僧。
¶仏教

**寂雲** じゃくうん
奈良時代の東大寺の僧。
¶古人

**釈雲照** しゃくうんしょう
→雲照（うんしょう）

**寂恵** じゃくえ
生没年不詳
鎌倉時代の歌僧。
¶国書，人名，日人

**寂永** じゃくえい
寛文11（1671）年2月28日〜宝暦4（1754）年7月17日
江戸時代中期の浄土真宗の僧。興正寺22世。
¶仏教

**叔悦禅懌** しゃくえつぜんえき
→叔悦禅懌（しゅくえつぜんえき）

**寂恵良暁** じゃくえりょうぎょう
建長3（1251）年〜嘉暦3（1328）年3月1日
鎌倉時代後期の浄土宗の僧。相模国生れ。
¶鎌倉新

**寂円**(1) じゃくえん
生没年不詳
平安時代前期の天台宗の僧。
¶仏教

**寂円**(2) じゃくえん
長徳2（996）年頃〜承暦4（1080）年8月5日
平安時代中期〜後期の上醍醐理趣坊の僧（入道）。
¶密教（[没]1080年8月5日以後）

**寂円**(3) じゃくえん
南宋・開禧3（1207）年〜正安1（1299）年9月13日
[別]寂円智琛（じゃくえんちちん），寂円智深（じゃくえんちしん）
鎌倉時代後期の曹洞宗の渡来禅僧。
¶朝日（[没]正安1年9月13日（1299年10月8日）），

鎌室，郷土福井（生？），国史，古中，コン改（寂円智深　じゃくえんちしん），コン4（寂円智深　じゃくえんちしん），コン5（寂円智深　じゃくえんちしん），史人，新潮，人名（寂円智琛　じゃくえんちちん　生？），世人，対外，日人，仏教，仏史，歴大

**寂円(4)　じゃくえん**
生没年不詳
江戸時代前期～中期の天台宗の僧。
¶兵庫百

**寂縁　じゃくえん**
生没年不詳
鎌倉時代前期の僧侶・歌人。
¶国書

**寂淵　じゃくえん**
→京姫（きょうひめ）

**釈円栄朝　しゃくえんえいちょう**
→栄朝（えいちょう）

**寂円智深　じゃくえんちしん**
→寂円(3)（じゃくえん）

**寂円智琛　じゃくえんちちん**
→寂円(3)（じゃくえん）

**寂翁　じゃくおう**
江戸時代中期の歌僧。
¶人名，日人（生没年不詳）

**寂岩元照　じゃくがんげんしょう**
生没年不詳
江戸時代前期の黄檗宗の僧。
¶黄檗

**寂岸心羹　じゃくがんしんこう**
生没年不詳
南北朝時代の臨済宗の僧。
¶国書

**釈環中　しゃくかんちゅう**
天明7（1787）年～安政3（1856）年
江戸時代後期の福城寺住職。
¶幕末（没1856年10月16日），幕末大（没安政3（1856）年9月18日）

**寂慧良暁　じゃくけいりょうぎょう**
建長3（1251）年～嘉暦3（1328）年
鎌倉時代後期の浄土宗の僧。
¶神奈川人

**綽玄　しゃくげん**
南北朝時代の僧。
¶姓氏富山

**寂源(1)　じゃくげん**
*～万寿1（1024）年
平安時代中期の天台宗の僧。
¶朝日（生康保2（965）年　没万寿1年3月2日（1024年4月12日）），古人（生968年），コン改（生没年不詳），コン4（生没年不詳），コン5，新潮（生康保2（965）年　没万寿1（1024）年3月2日），人名，姓氏京都（生965年），日人（生960年，（異説）965年），仏教（生天徳4（960）年　没治安4（1024）年3月2日），平史（生968年）

**寂源(2)　じゃくげん**
寛永7（1630）年～元禄9（1696）年2月23日
江戸時代前期～中期の社僧、書家。
¶国書，日人，福岡百（生寛永7（1630）年7月）

**寂玄　じゃくげん**
生没年不詳
江戸時代中期の浄土真宗の僧。
¶国書

**釈興然　しゃくこうぜん**
→興然(2)（こうねん）

**釈興然　しゃくこうねん**
→興然(2)（こうねん）

**寂厳　じゃくごん**
元禄15（1702）年9月17日～明和8（1771）年8月3日
江戸時代中期の真言宗の僧。
¶岡山人，岡山百，岡山歴（生元禄15（1702）年9月7日），近世，国史，国書，コン改，コン4，コン5，史人，人書94，新潮，人名，世人，日人，仏教，仏史，名僧

**釈志静　しゃくしじょう**
天明4（1784）年～安政1（1854）年
江戸時代後期の真如寺住職。
¶幕末（没1854年5月26日），幕末大（没嘉永7（1854）年4月30日）

**寂室　じゃくしつ**
→寂室元光（じゃくしつげんこう）

**寂室円応　じゃくしつえんおう**
→寂室元光（じゃくしつげんこう）

**寂室堅光　じゃくしつけんこう**
宝暦3（1753）年5月18日～文政13（1830）年7月10日　別堅光（けんこう）
江戸時代中期～後期の臨済宗の僧。永源寺の開祖。
¶国書，人名（堅光　けんこう），日人，仏教

**寂室元光　じゃくしつげんこう**
正応3（1290）年5月15日～正平22/貞治6（1367）年9月1日　別元光（げんこう），寂室（じゃくしつ），寂室円応（じゃくしつえんおう），円応禅師（えんのうぜんじ）
鎌倉時代後期～南北朝時代の臨済宗の禅僧。
¶朝日（生正応3年5月15日（1290年6月23日）　没貞治6/正平22年9月1日（1367年9月25日）），岡山人（寂室　じゃくしつ），岡山百，岡山歴，角史，神奈川人，鎌倉，鎌室，郷土滋賀，国史，国書，古中，コン改，コン4，コン5，詩歌，滋賀百，詩作，史人，思想史，人書94，新潮，人名，姓氏静岡（寂室円応　じゃくしつえんおう），世人，全書，対外，茶道，日史，日人，仏教，仏史，仏人（元光　げんこう），名僧，和俳

**寂室了光　じゃくしつりょうこう**
生没年不詳
南北朝時代の曹洞宗の僧。
¶人名，日人，仏教

**寂宗道盛　じゃくしゅうどうじょう**
？　～延宝8(1680)年2月25日
江戸時代前期の黄檗宗の僧。
¶黄檗

**寂潤　じゃくじゅん**
生没年不詳
江戸時代中期の天台宗の僧。
¶国書

**寂昌　じゃくしょう**
生没年不詳
南北朝時代以前の僧侶・歌人。
¶国書

**寂照(1)**(寂昭)　**じゃくしょう**
？　～長元7(1034)年　[別]大江定基(おおえのさだもと)，円通大師(えんつうだいし)
平安時代中期の天台宗の僧。大江斉光の子。
¶朝日，岩史，角史，国史，国書(寂昭)，古人([生]？)，古中，コン改(寂昭　[生]康保1(964)年　[没]長元9(1036)年)，コン4(寂昭　[生]康保1(964)年　[没]長元9(1036)年)，コン5(寂昭　[生]康保1(964)年　[没]長元9(1036)年)，史人，諸系，新潮，人名(寂昭　[生]962年)，姓氏愛知(大江定基　おおえのさだもと　[生]962年)，姓氏京都，世人，全書([生]962年)，対外([生]？)，大百([生]962年)，日史，日人，百科，仏教([生]応和2(962)年？)，仏史，仏人([生]964年　[没]1036年)，平史，歴大，和俳([生]応和2(962)年)

**寂照(2)　じゃくしょう**
生没年不詳
平安時代中期以前の僧侶・歌人。
¶国書

**寂照(3)　じゃくしょう**
？　～文化7(1810)年8月8日
江戸時代中期～後期の浄土真宗の僧。
¶国書

**寂証　じゃくしょう**
元亨1(1321)年～？
鎌倉時代後期～南北朝時代の天台宗の僧。
¶国書

**寂照宗昕**(寂照宗斤)　**じゃくしょうそうきん**
？　～天文5(1536)年
戦国時代の曹洞宗の僧。
¶戦辞(寂照宗斤　[没]天文5年2月1日(1536年2月22日))，仏教([没]天文5(1536)年2月1日)

**釈氏力精　しゃくしりきしょう**
文化14(1817)年～明治12(1879)年2月3日　[別]力精(りきしょう)
江戸時代末期～明治期の浄土真宗本願寺派学僧。勧学。
¶国書(力精　りきしょう)，真宗，仏教

**寂信　じゃくしん**
生没年不詳
鎌倉時代後期の僧侶・歌人。
¶国書

**寂心　じゃくしん**
→慶滋保胤(よししげのやすたね)

**寂真　じゃくしん**
生没年不詳
室町時代の僧侶・歌人。
¶国書

**寂身　じゃくしん**
建久2(1191)年～？
鎌倉時代前期の歌僧。
¶国書(生没年不詳)，古人([没]？)，人名，日人(生没年不詳)，平史，和俳(生没年不詳)

**寂水　じゃくすい**
？　～寛永6(1629)年9月18日
安土桃山時代～江戸時代前期の浄土宗の僧。
¶仏教

**釈清潭　しゃくせいたん**
明治3(1870)年～昭和17(1942)年
明治～昭和期の僧侶、漢詩人。
¶明治史

**若拙　じゃくせつ**
？　～安永7(1778)年
江戸時代中期の真宗本願寺派の学僧。
¶人名

**寂仙(1)　じゃくせん**
？　～天平宝字2(758)年
奈良時代の石鎚山の修験僧。
¶朝日，愛媛(生没年不詳)，愛媛百，古代，古代普([生]？)，日人，仏教，歴大

**寂仙(2)　じゃくせん**
正保1(1644)年～宝永6(1709)年
江戸時代中期の浄土宗の僧。金戒光明寺36世。
¶国書([没]宝永6(1709)年1月17日)，仏教([没]宝永6(1709)年1月17日，(異説)元禄16(1703)年1月17日)

**寂然(1)　じゃくせん,じゃくぜん**
→藤原頼業(ふじわらのよりなり)

**寂然(2)　じゃくせん,じゃくぜん**
→寂然(4)(じゃくねん)

**寂禅　じゃくぜん**
寛和1(985)年～治暦3(1067)年
平安時代中期の天台宗の僧。
¶古人，人名，日人，仏教([没]治暦3(1067)年8月21日)，平史

**釈宗演　しゃくそうえん**
安政6(1859)年12月18日～大正8(1919)年11月1日　[別]宗演(そうえん)
明治～大正期の臨済宗僧侶。円覚寺派官長、建長寺派管長などを歴任後、積極的に海外へ渡り、布

し

教伝道に努めた。
¶朝日（[生]安政6年12月18日（1860年1月10日）），岩史，海越新（[生]安政6（1860）年12月18日），神奈川人，鎌倉新，郷土福井，近現，近文，広7，国史，コン改，コン5，思想，思想史，新潮，人名，世紀（[生]安政6（1860）年12月18日），世百（宗演　そうえん），先駆，全書，大百，哲学，渡航，夏目，日人（[生]1860年），福井百，仏教，仏人，民学，明治史，明大1，履歴，履歴2（[生]安政6（1860）年12月18日），歴大



**釈宗活** しゃくそうかつ
明治3（1870）年11月15日～昭和29（1954）年7月6日
明治～昭和期の臨済宗僧侶。師・今北洪川が創立した禅会「両忘会」を再興。
¶昭人，新潮，世紀（[生]明治3（1871）年11月15日），夏目，日人（[生]明治3（1871）年11月15日），民学

**若存通用** じゃくそんつうよう
安永5（1776）年3月6日～嘉永3（1850）年12月18日
江戸時代後期の黄檗宗の僧。万福寺31世。
¶黄檗，国書，仏教

**寂潭** じゃくたん
明暦1（1655）年～享保18（1733）年
江戸時代前期～中期の黄檗宗の僧。
¶鳥取百

**寂潭俊竜** じゃくたんしゅんりゅう
生没年不詳
江戸時代末期の曹洞宗の僧。
¶国書

**若冲衍盈** じゃくちゅうえんえい
？　～文化4（1807）年5月23日
江戸時代中期～後期の黄檗宗の僧。
¶黄檗

**寂澄** じゃくちょう
生没年不詳
江戸時代中期の浄土真宗の僧。
¶国書

**寂聴** じゃくちょう
元禄15（1702）年9月4日～天明7（1787）年6月18日
江戸時代中期の浄土真宗の僧。興正寺23世。
¶仏教（[没]天明7（1787）年6月18日，（異説）6月29日？）

**寂超**(1) じゃくちょう
→藤原為経（ふじわらのためつね）

**寂超**(2) じゃくちょう
生没年不詳
平安時代後期の※の僧、歌人。
¶姓氏京都

**寂超**(3) じゃくちょう
万治3（1660）年12月～元文1（1736）年5月22日
江戸時代中期の天台宗の僧。
¶国書，仏教，仏人

**釈智輪** しゃくちりん
文政2（1819）年～明治30（1897）年4月18日　[別]智輪（ちりん）
江戸時代後期～明治期の天台宗僧。
¶島根人（智輪　ちりん），島根百，島根歴（智輪　ちりん）

**寂堂** じゃくどう
生没年不詳
江戸時代前期の真言宗の僧。
¶国書

**寂堂呑空** じゃくどうどんくう
生没年不詳
江戸時代中期の曹洞宗の僧。
¶国書

**釈呑水** しゃくとんすい
？　～享保14（1729）年
江戸時代中期の犬山妙感寺の僧。
¶姓氏愛知

**釈日学** しゃくにちがく
明治29（1896）年7月13日～昭和51（1976）年1月13日
大正～昭和期の僧侶。
¶岡山人，岡山百，岡山歴

**釈日研** しゃくにっけん
安政6（1859）年～昭和2（1927）年10月24日
明治～昭和期の僧侶・社会事業家。
¶岡山歴

**釈日正** しゃくにっしょう
→赤木日正（あかぎにっしょう）

**釈日心** しゃくにっしん
文久2（1862）年～明治40（1907）年3月19日
江戸時代末期～明治期の日蓮宗不受不施講門派の僧侶。
¶岡山歴

**寂入** じゃくにゅう
？　～弘安4（1281）年6月
鎌倉時代前期の律宗の僧。
¶仏教

**綽如** しゃくにょ
正平5/観応1（1350）年3月15日～明徳4（1393）年4月24日　[別]時芸（じけい，じげい）
南北朝時代の真宗の僧。越中国井波瑞泉寺を建てた。
¶朝日（[生]観応1/正平5年3月15日（1350年4月22日）　[没]明徳4年4月24日（1393年6月4日）），鎌室，国史，国書（時芸　じげい），古中，コン改，コン4，コン5，新潮，人名（時芸　じげい　[生]1349年），人名，姓氏富山（[生]1349年），日史，日人，飛騨，福井百，仏教，仏史，ふる

**寂如** じゃくにょ
慶安4（1651）年6月28日～享保10（1725）年7月8日
[別]光常（こうじょう）
江戸時代前期～中期の声明法式変革者。

¶国書（光常　こうじょう），人名，日音，日人，仏教，仏人

**寂忍** じゃくにん
生没年不詳
鎌倉時代前期の四天王寺の声明家。
¶国書，日音，日人

**寂然(1)**（寂念） じゃくねん
→藤原頼業（ふじわらのよりなり）

**寂然(2)** じゃくねん
天和2（1682）年～宝暦6（1756）年1月25日
江戸時代前期～中期の真言宗の僧。
¶国書

**寂然(3)** じゃくねん
宝永3（1706）年～天明1（1781）年
江戸時代前期～中期の真言宗の僧。
¶岡山人，岡山百（㊦天明1（1781）年7月13日），岡山歴

**寂然(4)** じゃくねん
㊀寂然（じゃくせん，じゃくぜん）
明治期の僧。
¶岡山人（㊤天保4（1833）年　㊦大正2（1913）年），詩作（じゃくぜんじゃくせん　㊤？　㊦？），姓氏京都（じゃくぜん　生没年不詳）

**寂念(1)** じゃくねん
→藤原為業（ふじわらのためなり）

**寂念(2)** じゃくねん
生没年不詳
平安時代後期の僧・歌人。
¶姓氏京都

**寂然恵空** じゃくねんえくう
生没年不詳
江戸時代の曹洞宗の僧。
¶国書

**釈法伝** しゃくほうでん
明治3（1870）年9月27日～昭和20（1945）年1月22日
明治～昭和期の真言宗の高僧。
¶岡山歴

**寂本** じゃくほん
寛永8（1631）年～元禄14（1701）年10月15日
江戸時代前期～中期の真言宗の僧。
¶国書，人名，徳島歴（㊦？），日人，仏教

**寂本達道** じゃくほんたつどう
生没年不詳
江戸時代中期の曹洞宗の僧。
¶国書

**釈妙** しゃくみょう
？～正暦3（992）年
平安時代中期の女性。尼僧。
¶朝日，女性，人名，日人

**寂明** じゃくみょう
生没年不詳
江戸時代中期の歌僧。
¶国書，人名，日人

**寂明覚厳** じゃくみょうかくがん
寛政5（1793）年～安政4（1857）年
江戸時代末期の摂津般若林の禅僧。
¶人名

**寂岷** じゃくみん
寛文12（1672）年12月3日～元禄2（1689）年1月4日
江戸時代前期～中期の浄土真宗の僧。興正寺21世。
¶仏教

**寂滅** じゃくめつ
生没年不詳
鎌倉時代前期の僧侶。
¶国書

**寂黙** じゃくもく
生没年不詳
江戸時代中期の真言宗の僧。
¶国書

**寂門** じゃくもん
生没年不詳
江戸時代前期の僧侶。
¶国書

**寂門崇祐** じゃくもんすうゆう
？～応永29（1422）年　㊀崇祐（しゅゆう）
室町時代の曹洞宗の僧。
¶人名（崇祐　しゅゆう），日人，仏教（㊦応永29（1422）年6月6日）

**寂門道律** じゃくもんどうりつ
慶安4（1651）年7月10日～元禄15（1730）年3月7日
江戸時代前期～中期の黄檗宗の僧。
¶黄檗，国書

**寂用英順** じゃくゆうえいじゅん
→寂用英順（じゃくようえいじゅん）

**寂誉** じゃくよ
文禄3（1594）年～寛文5（1665）年10月8日
江戸時代前期の浄土宗の僧。
¶国書（生没年不詳），仏教

**寂用英順** じゃくようえいじゅん
永正13（1516）年～慶長19（1614）年　㊀寂用英順（じゃくゆうえいじゅん）
戦国時代～江戸時代前期の曹洞宗幻派の禅僧。
¶伊豆（じゃくゆうえいじゅん），静岡歴（じゃくゆうえいじゅん），姓氏静岡（じゃくゆうえいじゅん），戦辞（㊦慶長19年2月6日（1614年3月16日））

**釈庸徳** しゃくようとく
生没年不詳
江戸時代後期の赤坂宿の華僧。
¶東三河

**釈了意** しゃくりょうい
→浅井了意(あさいりょうい)

**若霖** じゃくりん
延宝3(1675)年～享保20(1735)年 ㊞汝岱(じょたい)
江戸時代中期の浄土真宗本願寺派の学匠。
¶近世(汝岱 じょたい),国史(汝岱 じょたい),国書(汝岱 じょたい ㊀享保20(1735)年9月17日),詩歌,人名,日人,仏教(㊀享保20(1735)年9月17日),仏史(汝岱 じょたい),仏人,和俳

**寂林** じゃくりん
生没年不詳
奈良時代の僧侶。
¶和歌山人

**寂林心宗** じゃくりんしんそう
生没年不詳
江戸時代中期の曹洞宗の僧。
¶国書

**寂蓮** じゃくれん
*～建仁2(1202)年7月20日 ㊞藤原定長(ふじわらさだなが,ふじわらのさだなが)
平安時代後期～鎌倉時代前期の歌人。阿闍梨俊海の子。
¶朝日(㊐保延5(1139)年? ㊀建仁2年7月20日頃(1202年8月9日頃)),岩史(㊐保延5(1139)年?),角史(㊐保延5(1139)年?),鎌室(㊐?),京都大(㊐保延5(1139)年?),国史(㊐?),国書(㊐? ㊀建仁2(1202)年7月20日頃),古史(㊐?),古人(㊐?),コン改(㊐保延5(1139)年),コン4(㊐保延5(1139)年),コン5(㊐保延5(1139)年),詩歌(㊐1139年?),詩作(㊐?),史人(㊐1139年?),新潮(㊐? ㊀建仁2(1202)年7月20日頃),新文(㊐保延5(1139)年?),人名(㊐?),姓氏京都(㊐1139年?),世人(㊐?),世百(㊐?),全書(㊐1139年頃),大百(㊐1139年?),中世(㊐?),日史(㊐保延5(1139)年?),日人(㊐1139年?),日文(㊐保延5(1139)年?),百科(㊐?),仏教(㊐保延5(1139)年?),文学(㊐1139年?),平史(㊐?),歴大(㊐1139年ころ),和歌山人(㊐?),和俳(㊐保延5(1139)年)

**蛇足** じゃそく
→曽我蛇足(そがじゃそく)

**遮莫** しゃばく
生没年不詳
室町時代の画僧。
¶日人

**沙弥満誓** しゃみまんせい,しゃみまんぜい
→笠麻呂(かさのまろ)

**沙弥蓮明** しゃみれんみょう
生没年不詳
南北朝時代の僧侶。
¶姓氏神奈川

**沙門俊道** しゃもんしゅんどう
昭和16(1941)年～
昭和～平成期の僧侶。相乗宗宗務庁教学部長、国際仏教伝道学院理事。
¶現執3期

**舎利** しゃり
天平勝宝2(750)年11月15日～? ㊞舎利尼(しゃりに)
奈良時代の女性。尼僧。
¶女性(生没年不詳),人名,日人(舎利尼 しゃりに 生没年不詳),仏教(舎利尼 しゃりに)

**舎利尼**(1) しゃりに
→舎利(しゃり)

**舎利尼**(2) しゃりに
生没年不詳
奈良時代の尼僧。
¶熊本人

**舎利菩薩** しゃりぼさつ
生没年不詳
奈良時代の尼僧、女性宗教家。
¶朝日

**寿阿弥** じゅあみ
生没年不詳
室町時代の医僧。
¶人名,戦辞,日人

**寿庵** じゅあん
生没年不詳
江戸時代のキリシタン。
¶埼玉人

**主一** しゅいち
? ～元文5(1740)年
江戸時代中期の浄土宗の僧。
¶国書

**守印** しゅいん
延暦2(783)年～承和10(843)年12月28日
平安時代前期の法相宗の僧。
¶人名,日人(㊀844年),仏教

**示右** じゆう,しゅう
? ～宝永2(1705)年
江戸時代前期～中期の俳人・神職。
¶国書(㊀宝永2(1705)年4月19日),俳文(しゅう ㊀宝永2(1705)年閏4月19日)

**重阿** じゅうあ
生没年不詳
室町時代の僧、連歌作者。
¶国書,日人,俳文

**十阿弥** じゅうあみ
生没年不詳
鎌倉時代後期の僧侶。
¶庄内

**州安** しゅうあん
応永7(1400)年～延徳2(1490)年9月15日

室町時代〜戦国時代の曹洞宗州安派の祖。
¶山梨百

**就安斎玄幽** しゅうあんさいげんゆう
天正8(1580)年〜慶安3(1650)年
安土桃山時代〜江戸時代前期の医者。真言宗の僧。
¶国書

**州庵宗彭** しゅうあんそうほう
？ 〜延徳2(1490)年10月15日
室町時代の曹洞宗の僧。
¶仏教

**宗意(1)** しゅうい
→宗意(そうい)

**宗意(2)** しゅうい
万治2(1659)年〜享保17(1732)年4月7日
江戸時代前期〜中期の浄土真宗の僧。
¶国書

**宗渭** しゅうい
→大清宗渭(たいせいそうい)

**秀意** しゅうい
天文11(1542)年〜元和2(1616)年
安土桃山時代〜江戸時代前期の浄土真宗の僧。
¶戦人

**住意** じゅうい
天文12(1543)年〜寛永7(1630)年
安土桃山時代〜江戸時代前期の浄土宗の僧。
¶仏教

**重怡** じゅうい
承保2(1075)年〜保延6(1140)年　㊊重怡(ちょうい)
平安時代後期の天台宗の僧。
¶古人(ちょうい)，人名，日人，仏教，平史(ちょうい)

**秀胤(1)** しゅういん
生没年不詳
鎌倉時代後期以前の僧侶・歌人。
¶国書

**秀胤(2)** しゅういん
生没年不詳
江戸時代後期の天台宗の僧。
¶国書

**集雲止水** しゅううんしすい
？ 〜正徳6(1716)年2月12日
江戸時代前期〜中期の臨済宗の僧。
¶国書

**集雲守藤** しゅううんしゅとう
*〜元和7(1621)年
戦国時代〜江戸時代前期の僧。
¶国書(㊐天正11(1583)年　㊎元和7(1621)年7月6日)，日人(㊐1559年)

**宗叡** しゅうえい
大同4(809)年〜元慶8(884)年3月26日　㊊宗叡(しゅえい)，禅林寺僧正(ぜんりんじそうじょう，ぜんりんじのそうじょう)
平安時代前期の真言宗の僧。禅林寺開山真紹の甥。
¶朝日(㊎元慶8年3月26日(884年4月25日))，岩史，国史(しゅえい)，国書，古人(しゅえい)，古代，古代普，古中(しゅえい)，コン改，コン4，コン5，史人(しゅえい)，新潮，人名(しゅえい)，全書，対外(しゅえい)，大百，日史(しゅえい)，日人(しゅえい)，仏教，仏史(しゅえい)，仏人，平史(しゅえい)

し

**宗英** しゅうえい
生没年不詳
安土桃山時代〜江戸時代前期の法相宗の僧。
¶国書

**就英** しゅうえい
生没年不詳
江戸時代中期の僧侶。
¶国書

**修栄** しゅうえい
生没年不詳　㊊修栄(しゅえい)
奈良時代の僧。
¶国書，人名(しゅえい)，日人，仏教

**周円** しゅうえん
元文元(1736)年〜安永4(1775)年
江戸時代中期の歌人。
¶愛媛，愛媛百

**宗円(1)** しゅうえん
生没年不詳　㊊宗円(そうえん)
鎌倉時代前期の真言宗の僧。
¶国書(そうえん)，仏教

**宗円(2)** しゅうえん
生没年不詳
鎌倉時代前期の浄土宗の僧。
¶仏教

**宗淵** しゅうえん
天明6(1786)年10月25日〜安政6(1859)年8月27日　㊊宗淵(そうえん)
江戸時代後期の天台宗大原流の声明家。
¶朝日(㊐天明6年10月25日(1786年11月15日)　㊎安政6年8月27日(1859年9月23日))，音楽，京都大(そうえん)，国書，姓氏京都(そうえん)，日音，日人，仏教

**修円** しゅうえん
宝亀2(771)年〜承和2(835)年6月15日　㊊修円(しゅえん)
平安時代前期の法相宗の僧。
¶朝日(㊎承和1年6月13日(834年7月22日))，国史(しゅえん)，国書(しゅえん)，古人，古代(㊐？)，古代普(㊐？)，古中(しゅえん)，コン改，コン4，コン5，史人(しゅえん)，人名(しゅえん)，日人(しゅえん　㊎834年，(異説)835年)，仏教(しゅえん)，仏史(しゅえん)，平史

**秀円** しゅうえん
生没年不詳
江戸時代後期の浄土真宗の僧。
¶国書

**秀翁** しゅうおう
寛永3(1626)年～元禄12(1699)年12月15日
江戸時代前期の真言宗の僧。高野山検校265世。
¶国書，仏教

**州翁寿欣** しゅうおうじゅきん
生没年不詳
戦国時代～安土桃山時代の曹洞宗の僧。
¶日人，仏教

**秀雅** しゅうが
？～文亀1(1501)年　[別]普門院僧正(ふもんいんそうじょう)
戦国時代の東大寺別当。
¶国書(生没年不詳)，戦人

**重賀** じゅうが
生没年不詳
戦国時代の真言宗の僧。
¶国書

**守海** しゅうかい
元久2(1205)年～文永3(1266)年1月7日
鎌倉時代前期～後期の僧。鎌倉佐々目遺身院院主。
¶密教

**周海(1)** しゅうかい
生没年不詳
江戸時代中期の天台宗の僧。
¶国書

**周海(2)** しゅうかい
宝永2(1705)年～寛政1(1789)年11月5日
江戸時代中期の新義真言宗の僧。
¶国書，仏教([生]？)，仏人

**宗快** しゅうかい
鎌倉時代前期の大原流天台の声明家。
¶国書(生没年不詳)，日音

**宗海(1)** しゅうかい
生没年不詳　[別]宗海(そうかい)
平安時代後期の真言宗の僧。
¶国書(そうかい)，仏教

**宗海(2)** しゅうかい
正平15/延文5(1360)年～正長2(1429)年6月15日
南北朝時代～室町時代の真言宗の僧。
¶国書

**秀海** しゅうかい
生没年不詳
戦国時代の天台宗の僧。
¶国書

**衆鎧** しゅうがい
→衆鎧(しゅがい)

**重懐** じゅうかい
生没年不詳
南北朝時代の僧侶。
¶国書

**秀涯全俊** しゅうがいぜんしゅん
生没年不詳
南北朝時代の臨済宗僧侶。
¶長野歴

**守覚** しゅうかく
→守覚法親王(しゅかくほっしんのう)

**従覚** じゅうかく
永仁3(1295)年～正平15/延文5(1360)年6月20日
鎌倉時代後期～南北朝時代の浄土真宗の僧。
¶仏教，仏人

**周観** しゅうかん
生没年不詳
江戸時代前期の僧侶。
¶国書

**周鑑** しゅうかん
→石庵周鑑(せきあんしゅうかん)

**宗寛** しゅうかん
永久1(1113)年～？
平安時代後期の真言宗の僧。
¶仏教

**宗観** しゅうかん
生没年不詳　[別]宗観(そうかん)
平安時代後期の真言の声明家。
¶日音

**秀岸** しゅうがん
？～天保14(1843)年1月7日
江戸時代後期の浄土真宗の僧。
¶仏教

**秋礀道泉** しゅうかんどうせん
弘長3(1263)年～元亨3(1323)年7月10日
鎌倉時代後期の臨済宗の僧。
¶国書，人名，日人，仏教

**宗規** しゅうき
弘安8(1285)年～正平16/康安1(1361)年9月27日
[別]月堂宗規(げつどうしゅうき，げつどうそうき)
鎌倉時代後期～南北朝時代の臨済宗の僧。
¶国書(月堂宗規　げつどうそうき　[生]弘安8(1285)年1月16日)，人名(月堂宗規　げつどうしゅうき)，日人(月堂宗規　げつどうそうき)，仏教(月堂宗規　げつどうそうき)，仏人

**宗己** しゅうき
→復庵宗己(ふくあんそうき)

**宗熙** しゅうき
→宗熙(そうき)

**周休** しゅうきゅう
生没年不詳
江戸時代中期～後期の僧、上野群馬郡渋川遍照寺

の住職。
¶国書，人名，日人

**周及 しゅうきゅう**
→愚中周及（ぐちゅうしゅうきゅう）

**秀享 しゅうきょう**
生没年不詳
江戸時代中期の真言宗の僧。
¶国書

**秀旭 しゅうぎょく**
？ ～天文20（1551）年12月5日
戦国時代の浄土真宗の僧。粟生光明寺16世。
¶仏教

**宗訢 しゅうきん**
→笑嶺宗訢（しょうれいそうきん）

**周慶 しゅうけい**
生没年不詳
戦国時代の僧。
¶戦人

**宗慶 しゅうけい**
→宗慶（そうけい）

**秀馨 しゅうけい**
？ ～天文8（1539）年
戦国時代の浄土宗の僧。金戒光明寺16世、清浄華院22世。
¶国書（[没]天文8（1539）年7月9日），仏教（[没]天文8（1539）年7月29日，（異説）永正8（1511）年2月12日）

**秀啓 しゅうけい**
生没年不詳
江戸時代中期の浄土真宗の僧。
¶国書

**秀慶 しゅうけい**
承応2（1653）年4月15日～享保5（1720）年7月21日
江戸時代中期の新義真言宗の僧。長谷寺18世。
¶仏教，仏人

**集慶 しゅうけい**
室町時代の仏師。
¶美建，仏教（生没年不詳）

**什慶 じゅうけい**
生没年不詳
戦国時代の天台宗の僧。
¶国書

**重慶(1) じゅうけい**
→重慶（ちょうけい）

**重慶(2) じゅうけい**
応永16（1409）年～文安4（1447）年9月13日
室町時代の天台宗の僧。
¶国書

**重慶(3) じゅうけい**
天文22（1553）年～慶長17（1612）年
安土桃山時代～江戸時代前期の浄土宗の僧。
¶日人，仏教（[没]慶長17（1612）年10月15日）

**秋月 しゅうげつ**
生没年不詳 [別]高城秋月（たかぎしゅうげつ）
室町時代の画僧。
¶角史，人名，歴大

**秋月等観 しゅうげつとうかん**
生没年不詳 [別]等観（とうかん）
室町時代の画僧。雪舟の弟子。
¶朝日，国史，古中，コン改，コン4，コン5，薩摩，新潮，姓氏鹿児島，世人，世百，全書，茶道，日史，日人，美家，美術，百科，仏教，仏史，名画

**周乾 しゅうけん**
→周健周乾（しゅうけんしゅうかん）

**宗賢(1) しゅうけん**
→宗賢(1)（そうけん）

**宗賢(2) しゅうけん**
延宝2（1674）年～元文1（1736）年10月15日
江戸時代前期～中期の浄土真宗の僧。
¶国書

**宗賢(3) しゅうけん**
享和2（1802）年3月20日～明治23（1890）年11月14日
江戸時代後期～明治期の僧侶。
¶庄内

**秀憲(1) しゅうけん**
文明1（1469）年～？
戦国時代の天台宗の僧。
¶国書

**秀憲(2) しゅうけん**
生没年不詳
安土桃山時代～江戸時代前期の天台宗の僧。
¶国書

**集賢 しゅうけん**
鎌倉時代後期の仏師。
¶岡山歴，美建

**宗源(1) しゅうげん**
→双峰宗源（そうほうそうげん）

**宗源(2) しゅうげん**
慶長9（1604）年～延宝2（1674）年5月4日
江戸時代前期の臨済宗の僧。
¶国書

**秀源 しゅうげん**
生没年不詳
戦国時代の僧。大山寺の開基、住持をつとめる。
¶戦辞

**秀言 しゅうげん**
安政2（1855）年8月15日～昭和19（1944）年10月14日
明治～昭和期の僧侶。
¶庄内

**崇言** しゆうげん
→崇言(そうごん)

**充賢** じゆうけん
江戸時代後期の浄土真宗本願寺派の僧。西本願寺に出仕し説教に優れた。
¶国書([生]? [没]天保7(1836)年7月), 姓氏富山([生]1777年 [没]1834年), 富山百([生]安永6(1777)年 [没]天保5(1834)年6月3日), 仏教([生]? [没]天保7(1836)年7月)

し

**重玄** じゆうげん
江戸時代後期～明治期の僧侶。
¶真宗

**宗玄居山** しゆうげんきよざん
生没年不詳
江戸時代後期の曹洞宗の僧。
¶国書

**周健周乾** しゆうけんしゆうかん
天授2/永和2(1376)年～永享3(1431)年 [別]周乾(しゆうけん),用健周乾(ようけんしゆうけん)
南北朝時代～室町時代の僧。
¶鎌室, 人名(周乾 しゆうけん), 日人(用健周乾 ようけんしゆうけん)

**周興**(1) しゆうこう
→季竜周興(きりゆうしゆうこう)

**周興**(2) しゆうこう
宝徳2(1450)年～?
戦国時代の僧。
¶日音

**周仰** しゆうこう
? ～天文20(1551)年3月19日
戦国時代の浄土宗の僧。増上寺7世。
¶仏教

**周公** しゆうこう
? ～永正3(1506)年1月25日
戦国時代の浄土宗の僧。
¶仏教

**周耕** しゆうこう
生没年不詳
室町時代～戦国時代の画僧。
¶日人

**宗興**(1) しゆうこう
→南化玄興(なんかげんこう)

**宗興**(2) しゆうこう
→瑕丘宗興(かきゆうしゆうこう)

**宗亘** しゆうこう
→古岳宗亘(こがくそうこう)

**修広** しゆうこう
貞応2(1223)年～応長1(1311)年
鎌倉時代後期の僧、山城法金剛院の中興。
¶人名

**秀幸** しゆうこう
生没年不詳
鎌倉時代後期以前の僧侶・歌人。
¶国書

**秀高** しゆうこう
生没年不詳
江戸時代前期の僧侶。
¶国書

**秀槁** しゆうこう
～天正12(1584)年11月11日
安土桃山時代の千光寺の僧。
¶飛騨

**周豪** しゆうごう
生没年不詳
鎌倉時代後期～南北朝時代の画僧。
¶日人

**重厚** じゆうこう
→井上重厚(いのうえじゆうこう)

**宗綱慧統** しゆうこうえとう
? ～永享11(1439)年12月27日
室町時代の臨済宗の僧。
¶国書

**周剛宗厳** しゆうこうそうごん
生没年不詳
室町時代の曹洞宗の僧。
¶仏教

**周国** しゆうこく
生没年不詳
平安時代の修験僧。
¶長野歴

**秀誠** しゆうこん
寛永19(1642)年～元禄4(1691)年
江戸時代前期の浄土真宗の僧。誠照寺15世。
¶仏人

**宗厳** しゆうごん
*～承元3(1209)年9月14日
平安時代後期～鎌倉時代前期の真言宗の僧。
¶仏教([生]保延6(1140)年,(異説)久安1(1145)年), 密教([生]1145年)

**宗佐** しゆうさ
天正3(1575)年～?
安土桃山時代～江戸時代前期の天台宗の僧。
¶国書

**周再賜** しゆうさいし
明治21(1888)年8月13日～昭和44(1969)年
大正～昭和期の教育者。
¶郷土群馬, 群馬人, 姓氏群馬

**秀算**(1) しゆうさん
元亀3(1572)年～寛永18(1641)年10月16日
安土桃山時代～江戸時代前期の真言宗の僧。
¶国書, 人名, 戦人, 日人, 仏教, 仏人

**秀算**(2) **しゅうさん**
寛永2(1625)年～宝永3(1706)年4月11日
江戸時代前期～中期の天台宗の僧。
¶仏教

**秀山 しゅうざん**
宝永5(1708)年～安永6(1777)年
江戸時代中期の僧。尾張花正の法光寺17代住職。
¶姓氏愛知

**秀山瑞藤 しゅうざんずいとう**
正保1(1644)年～享保15(1730)年11月5日
江戸時代前期～中期の臨済宗の尼僧。鷹司信房の娘。
¶朝日

**秋山総菊 しゅうざんそうきく**
長享2(1488)年～天文24(1555)年10月7日
戦国時代の曹洞宗の僧。
¶仏教

**宗山等貴**(1) **しゅうざんとうき**
寛正5(1464)年～大永6(1526)年2月16日
室町時代～戦国時代の臨済宗の僧。
¶国書

**宗山等貴**(2) **しゅうざんとうき**
→等貴(2)(とうき)

**周嗣 しゅうし**
生没年不詳
南北朝時代の僧。
¶国書，人名，日人

**周相 しゅうじ**
生没年不詳
戦国時代の画僧。
¶日人

**周宗 しゅうしゅう**
→南英周宗(なんえいしゅうそう)

**宗秀 しゅうしゅう**
→宗秀(そうしゅう)

**十洲補道 じゅうしゅうほどう**
→十洲補道(じっしゅうほどう)

**宗俊 しゅうしゅん**
→日峰宗舜(にっぽうそうしゅん)

**秀舜 しゅうしゅん**
生没年不詳
安土桃山時代の僧侶・連歌作者。
¶国書

**秀順**(1) **しゅうじゅん**
生没年不詳
戦国時代の天台宗の僧・連歌作者。
¶国書

**秀順**(2) **しゅうじゅん**
生没年不詳
江戸時代中期～後期の天台宗の僧。
¶国書

**重俊 じゅうしゅん**
正平12/延文2(1357)年～？
南北朝時代～室町時代の天台宗の僧。
¶国書

**秀恕 しゅうじょ**
生没年不詳
戦国時代の天台宗の僧。
¶国書

し

**周勝 しゅうしょう**
→古幢周勝(こどうしゅうしょう)

**宗昭 しゅうしょう**
→覚如(3)(かくにょ)

**宗性 しゅうしょう**
→宗性(そうしょう)

**周乗 しゅうじょう**
天保13(1842)年～慶応2(1866)年
江戸時代末期の僧、護国団器械方。
¶維新，人名，日人

**十乗 じゅうじょう**
生没年不詳
鎌倉時代前期の天台宗の僧。
¶仏教

**周信 しゅうしん**
→義堂周信(ぎどうしゅうしん)

**宗信 しゅうしん**
→宗信(そうしん)

**宗深 しゅうじん**
→雪江宗深(せっこうそうしん)

**宗仞 しゅうじん**
生没年不詳
江戸時代前期の臨済宗の僧。
¶仏教

**住信 じゅうしん**
承元4(1210)年～？
鎌倉時代前期の僧。
¶国書，日人

**充真院 じゅうしんいん**
寛政12(1800)年～明治13(1880)年10月 ㊊内藤充真院(ないとうじゅうしんいん)，内藤繁子(ないとうしげこ)
江戸時代末期～明治時代の大名夫人、尼僧。彦根藩主井伊直中の娘。夫に死別後、髪をおろす。ユーモラスな題名の道中日記を記す。
¶朝日(㊛明治13(1880)年10月24日)，江表(充真院(宮崎県) ㊐享和1(1801)年)，女史(内藤充真院 ないとうじゅうしんいん)，女性，女性，女性(内藤繁子 ないとうしげこ)，日人

**周瑞 しゅうずい**
南北朝時代の僧侶。
¶福岡百

し

**宗瑞** しゅうずい
→祥山宗瑞(しょうざんそうずい)

**周崇** しゅうすう
→大岳周崇(だいがくしゅうすう)

**宗誓** しゅうせい
正保2(1645)年～享保13(1728)年
江戸時代前期～中期の浄土真宗の僧。
¶国書(㉚享保13(1728)年10月14日), 富山百

**秀盛** しゅうせい
文化13(1816)年～明治23(1890)年8月22日
江戸時代末期～明治期の新義真言宗僧侶。長谷寺54世。
¶仏教

**秋声寺慶空** しゅうせいじけいくう
～永正3(1506)年10月18日
戦国時代の高山市の秋声寺の開基。
¶飛驒

**周清尼〈三重県〉** しゅうせいに★
～慶安1(1648)年
江戸時代前期の女性。宗教。伊勢山田の伊勢神宮外宮の祠官河合氏の娘。
¶江表(周清尼(三重県))

**宗暹** しゅうせん
建長6(1254)年～正平3/貞和4(1348)年4月14日
鎌倉時代後期～南北朝時代の天台宗の僧。
¶仏教

**秀善** しゅうぜん
文化9(1812)年～明治19(1886)年12月14日
江戸時代末期～明治期の新義真言宗僧侶。長谷寺53世、根来寺中興1世。
¶仏教

**重禅** じゅうぜん
生没年不詳
鎌倉時代の律宗の僧。
¶仏教

**秀全法眼** しゅうぜんほうがん★
安政4(1857)年～昭和6(1931)年
明治～昭和期の修験僧。乗鞍岳の開山に尽力。
¶中濃

**周崇** しゅうそう
→大岳周崇(だいがくしゅうすう)

**周孫** しゅうそん
生没年不詳
戦国時代の画僧。
¶日人

**秀存** しゅうそん
生没年不詳
江戸時代前期の真言宗の僧。利益院の住職。
¶和歌山人

**秀尊** しゅうそん
生没年不詳
戦国時代～安土桃山時代の真言宗の僧。
¶国書

**周存** しゅうぞん
天正2(1574)年～寛永10(1633)年9月20日
江戸時代前期の浄土宗の僧。
¶仏教

**秀存(1)** しゅうぞん
？ ～慶長3(1598)年8月10日
安土桃山時代の浄土真宗の僧。
¶仏教

**秀存(2)** しゅうぞん, しゅうそん
天明8(1788)年～万延1(1860)年
江戸時代後期の天台宗の僧。
¶京都大(しゅうそん), 国書(しゅうそん ㉚万延1(1860)年閏3月29日), 人名, 姓氏京都(しゅうそん), 日人, 仏教(㉚万延1(1860)年閏3月27日), 仏人

**什尊** じゅうそん
？ ～文中2/応安6(1373)年
鎌倉時代後期～南北朝時代の真言僧。
¶神奈川人, 仏史

**秀諦** しゅうたい
宝暦8(1758)年～天保8(1837)年
江戸時代中期～後期の僧侶・宗教家。
¶姓氏岩手

**秋沢** しゅうたく
生没年不詳
戦国時代の画僧。
¶日人

**宗築** しゅうちく
天正12(1584)年～寛文9(1669)年7月16日 ㊙大愚宗築(たいぐしゅうちく, たいぐそうちく, だいぐそうちく)
江戸時代前期の臨済宗の僧。
¶国書(大愚宗築 だいぐそうちく), 思想史(大愚宗築 たいぐしゅうちく), 仏教(大愚宗築 たいぐそうちく), 仏人

**柔仲宗隆** じゅうちゅうそうりゅう
→柔仲宗隆(にゅうちゅうそうりゅう)

**周樗** しゅうちょ
→誠拙周樗(せいせつしゅうちょ)

**宗陳** しゅうちん
→古渓宗陳(こけいそうちん)

**重倣** じゅうちん
？ ～元和5(1619)年6月19日
安土桃山時代～江戸時代前期の真言宗智山派の僧侶。
¶埼玉人, 埼玉百

**重貞** じゅうてい
慶長1(1596)年～延宝2(1674)年6月14日
江戸時代前期の浄土宗の僧。
¶仏教

**周鼎中易　しゅうていちゅうえき**
？ ～永正16(1519)年7月
戦国時代の曹洞宗の僧。
¶国書

**周厎　しゅうてつ**
→綿谷周厎(めんこくしゅうてつ)

**修哲　しゅうてつ**
→修哲(しゅてつ)

**住鉄　じゅうてつ**
生没年不詳
江戸時代前期の浄土宗の僧。
¶仏教

**周天　しゅうてん**
？ ～元文4(1739)年4月17日
江戸時代中期の浄土宗の僧。
¶仏教

**秀田等栄　しゅうでんとうえい**
元徳2(1330)年～応永14(1407)年6月19日
室町時代の臨済宗僧侶。
¶埼玉人

**周道(1)　しゅうどう**
→東洲周道(とうしゅうしゅうどう)

**周道(2)　しゅうどう**
生没年不詳
江戸時代中期の浄土真宗の僧。
¶国書

**秀道　しゅうどう**
寛永8(1631)年～宝永4(1707)年3月11日
江戸時代前期～中期の浄土宗の僧。智恩院42世。
¶国書，仏教

**周徳　しゅうとく**
→惟馨周徳(いけいしゅうとく)

**周頓　しゅうとん**
天文13(1544)年～元和9(1623)年10月28日
安土桃山時代～江戸時代前期の浄土宗の僧。
¶仏教

**宗頓　しゅうとん**
→悟渓宗頓(ごけいそうとん)

**周南円旦　しゅうなんえんたん**
？ ～正保4(1647)年9月23日
江戸時代前期の臨済宗の僧。
¶国書

**終南浄寿　しゅうなんじょうじゅ**
正徳1(1711)年1月5日～明和4(1767)年8月22日
㊙天年浄寿(てんねんじょうじゅ)
江戸時代中期の黄檗宗の僧。
¶黄檗，国書(天年浄寿　てんねんじょうじゅ)

**修入　しゅうにゅう**
生没年不詳
平安時代中期の天台宗の僧。
¶日人，仏教

**秀如　しゅうにょ**
延宝3(1675)年～享保14(1729)年12月6日
江戸時代前期～中期の浄土真宗の僧。
¶国書

**住如　じゅうにょ**
延宝1(1673)年10月10日～元文4(1739)年8月6日
江戸時代中期の浄土真宗の僧。西本願寺15世。
¶仏教

し

**従如　じゅうにょ**
享保5(1720)年6月17日～宝暦10(1760)年7月11日
江戸時代中期の浄土真宗の僧。東本願寺18世。
¶仏教

**重如　じゅうにょ**
嘉禄2(1226)年～正安1(1299)年5月18日
鎌倉時代後期の真言宗の僧。
¶仏教

**十如房　じゅうにょぼう**
生没年不詳
南北朝時代～室町時代の天台宗の僧。
¶国書

**修仁　しゅうにん**
生没年不詳
平安時代中期の真言宗の僧。
¶仏教

**重忍　じゅうにん**
生没年不詳
江戸時代中期の真言宗の僧。
¶国書

**周伯恵雍　しゅうはくえよう**
天文19(1550)年～？
戦国時代の西禅寺の住持。後、岩国永興寺住持。
¶全戦

**宗範　しゅうはん**
長元1(1028)年～応徳1(1084)年7月　㊙宗範(そうはん)
平安時代中期の天台宗の僧。
¶国書(そうはん　生没年不詳)，仏教

**宗般玄芳　しゅうはんげんぽう**
嘉永1(1848)年～大正11(1922)年12月23日
明治～大正期の僧。
¶世紀，日人，明大1

**宗弼　しゅうひつ**
→授翁宗弼(じゅおうそうひつ)

**周馥　しゅうふく**
生没年不詳
室町時代の国府町の安国寺の僧。
¶飛騨

**十仏(1)　じゅうぶつ**
鎌倉時代後期の仏師。
¶埼玉人(生没年不詳)，美建

**十仏**(2) **じゅうぶつ**
→坂十仏(さかじゅうぶつ)

**周文 しゅうぶん**
生没年不詳　㊞越渓周文(えっけいしゅうぶん),周文(しうぶん),天章周文(てんしょうしゅうぶん)
室町時代の画僧。相国寺の都官。
¶朝日,岩史,角史,鎌室(越渓周文　えっけいしゅうぶん),鎌室(天章周文　てんしょうしゅうぶん),京都,京都大,国史(天章周文　てんしょうしゅうぶん),古中(天章周文　てんしょうしゅうぶん),コン改,コン4,コン5,史人,思想史,重要,人書94,新潮,人名,姓氏京都(天章周文　てんしょうしゅうぶん),世人(越渓周文　えっけいしゅうぶん),世人,世百,全書,対外(天章周文　てんしょうしゅうぶん),大百,茶道(天章周文　てんしょうしゅうぶん),中世,伝記(天章周文　てんしょうしゅうぶん),日史,日人,美家,美術,百科,仏教(天章周文　てんしょうしゅうぶん),仏史(天章周文　てんしょうしゅうぶん),平日,室町,名画(しうぶん),山川小,歴大

**宗遍 しゅうへん**
仁平3(1153)年～＊　㊞宗遍(そうへん)
平安時代後期～鎌倉時代前期の真言宗の僧。
¶仏教(㊚建久9(1198)年),密教(そうへん　㊚1198年?)

**什弁 じゅうべん**
文応1(1260)年～正平6/観応2(1351)年4月23日
鎌倉時代後期～南北朝時代の天台宗の僧。
¶仏教

**周鳳 しゅうほう**
→瑞渓周鳳(ずいけいしゅうほう)

**宗彭 しゅうほう**
→沢庵宗彭(たくあんそうほう)

**秀峰 しゅうほう**
?　～文化12(1815)年11月19日
江戸時代中期～後期の浄土宗の僧。
¶国書

**秀峰存岱 しゅうほうそんたい**
生没年不詳
室町時代～戦国時代の曹洞宗の僧。
¶日人,仏教

**周鳳通祥尼 しゅうほうつうしょうに**
?　～寛政1(1789)年6月28日
江戸時代中期～後期の黄檗宗の尼僧。
¶黄檗

**秀峰繁俊 しゅうほうはんしゅん**
?　～永正5(1508)年　㊞繁俊(はんしゅん)
戦国時代の曹洞宗の僧。
¶人名,戦人(繁俊　はんしゅん),日人,仏教(㊚永正5(1508)年10月3日,(異説)永正15(1518)年10月3日)

**宗峰妙超**(宗峯妙超) **しゅうほうみょうちょう**
弘安5(1282)年～延元2/建武4(1337)年12月22日
㊞宗峰妙超(そうほうみょうちょう),大灯国師(だいとうこくし),妙超(みょうちょう),大灯(だいとう)
鎌倉時代後期～南北朝時代の僧。京都紫野の龍宝山大徳寺の開山。
¶朝日(㊚建武4/延元2年12月22日(1338年1月13日)),岩史(㊐弘安5(1282)年12月),神奈川人,鎌倉(そうほうみょうちょう),鎌倉新(㊚建武4(延元2)(1337)年12月22日),鎌室,京都,京都大,国史(宗峯妙超),国書(㊐弘安5(1282)年12月),古中(宗峯妙超),コン改,コン4,コン5,史人(㊐1282年12月),思想史,人書94,新潮,人名(そうほうみょうちょう),姓氏京都,世人(宗峯妙超),世百(妙超　みょうちょう),全書,大百,茶道,中世,伝記,日思,日史(㊐弘安5(1282)年12月),日人(㊐1283年　㊚1338年),美術,百科,兵庫人(大灯国師　だいとうこくし),仏教,仏史(宗峯妙超),仏人(妙超　みょうちょう),名僧(宗峯妙超),歴大

**鷲峰霊源 しゅうほうれいげん**
～昭和2(1927)年11月28日
昭和期の僧。丹生川村の正宗寺14世で同村の長寿寺の開基。
¶飛騨

**秀木 しゅうぼく**
→如実秀本(にょじつしゅうほん)

**宗命 しゅうみょう**
元永2(1119)年～承安1(1171)年7月10日　㊞宗命(そうみょう)
平安時代後期の真言宗の僧。理性院流宗命方の祖。
¶国書,古人(そうみょう),仏教,平史(そうみょう),密教

**岹岷 しゅうみん**
→南山砦岷(なんざんちょうみん)

**秀茂 しゅうも**
生没年不詳
戦国時代の曹洞宗の僧。
¶国書

**十文字古青 じゅうもんじこせい★**
天保13(1842)年～明治37(1904)年
江戸時代後期～明治期の神官。
¶三重

**十文字重光 じゅうもんじしげみつ**
天保13(1842)年～明治37(1904)年
明治期の神官。伊勢神宮内宮権禰宜。皇學館助教、神宮主典などを歴任。
¶維新,神人,人名,日人

**重愉 じゅうゆ**
永長1(1096)年～長寛2(1164)年1月5日　㊞重愉(ちょうゆ)
平安時代後期の天台宗の僧。天台座主51世。
¶古人(ちょうゆ),仏教,平史(ちょうゆ)

し

**宗融** しゅうゆう
→松雲宗融(しょううんそうゆう)

**秀幽** しゅうゆう
生没年不詳
江戸時代後期の僧侶。
¶国書

**秀雄** しゅうゆう
*～天保11(1840)年11月24日
江戸時代後期の大原流天台の声明家。
¶多摩(㊥天正1(1573)年), 日音(㊥天明8(1788)年)

**重祐** じゅうゆう
生没年不詳
南北朝時代～室町時代の真言宗の僧。
¶国書

**秀誉** しゅうよ
天正16(1588)年～寛文6(1666)年6月6日
江戸時代前期の浄土宗の僧。
¶仏教

**周楊** しゅうよう
生没年不詳
戦国時代の画僧。
¶日人

**周養** しゅうよう
→慶光院周養(けいこういんしゅよう)

**周良** しゅうりょう
→策彦周良(さくげんしゅうりょう)

**周良策彦** しゅうりょうさくげん
→策彦周良(さくげんしゅうりょう)

**周麟** しゅうりん
→景徐周麟(けいじょしゅうりん)

**秀嶺** しゅうれい
? ～嘉永5(1852)年9月
江戸時代末期の浄土真宗の僧。
¶国書, 仏教

**秀蓮** しゅうれん
生没年不詳
戦国時代の浄土真宗の僧・連歌作者。
¶国書

**住蓮** じゅうれん
? ～承元1(1207)年
鎌倉時代前期の浄土宗の僧。法然の弟子、承元法難で斬罪。
¶鎌室, 国史, 古人(㊥?), 古中, コン改, コン4, コン5, 史人(㊦1207年2月), 新潮(㊦承元1(1207)年2月), 人名(㊥1181年 ㊦1219年), 姓氏京都, 日音(㊦承元1(1207)年2月9日), 日人, 仏教(㊦建永2(1207)年2月9日), 仏史, 平史

**宗朗** しゅうろう
? ～安永7(1778)年
江戸時代中期の浄土真宗の僧。
¶国書(㊦安永7(1778)年7月19日), 日人, 仏教

**寿雲良椿** じゅうんりょうちん
? ～永正13(1516)年5月4日
戦国時代の曹洞宗の僧。
¶国書

**守恵** しゅえ
? ～正安1(1299)年7月7日
鎌倉時代後期の真言宗の僧。東寺長者85世。
¶仏教

**宗叡** しゅえい
→宗叡(しゅうえい)

**修栄** しゅえい
→修栄(しゅうえい)

**寿栄(1)** じゅえい
生没年不詳
戦国時代の尼僧。尼僧。
¶島根歴

**寿栄(2)** じゅえい
江戸時代中期の女性。尼僧。
¶女性(生没年不詳), 人名

**寿栄尼** じゅえいに
生没年不詳
江戸時代中期の尼僧。
¶朝日, 江表(寿栄尼(愛知県)), 日人

**修円** しゅえん
→修円(しゅうえん)

**寿遠** じゅえん
宝亀2(771)年～承和5(838)年12月 ㊞寿遠(じゅおん)
平安時代前期の法相宗の僧。
¶古人(じゅおん), 埼玉人(じゅおん), 日人, 仏教, 平史(じゅおん)

**寿円禅師** じゅえんぜんじ
? ～正平9/文和3(1354)年
鎌倉時代後期～南北朝時代の僧侶。
¶姓氏山口

**授翁宗弼** じゅおうしゅうひつ
→授翁宗弼(じゅおうそうひつ)

**寿応碩静** じゅおうせきじょう
天保5(1834)年～明治37(1904)年
明治期の禅僧。
¶神奈川人

**授翁宗弼** じゅおうそうひつ
永仁4(1296)年～天授6/康暦2(1380)年3月28日 ㊞授翁宗弼(じゅおうしゅうひつ), 宗弼(しゅうひつ, そうひつ), 円鑑国師(えんかんこくし), 円鑑禅師(えんかんぜんじ)
鎌倉時代後期～南北朝時代の僧。臨済宗京都妙心寺2世。
¶朝日(㊦康暦2/天授6年3月28日(1380年5月3日)), 鎌室, 国史, 古中, コン改, コン4, コン5, 史人, 新潮, 人名(じゅおうしゅうひつ),

姓氏京都，世人，全書，大百，日人，仏教，仏史，仏人（宗弼　しゅうひつ）

**主恩** しゅおん
承平3（933）年～永祚1（989）年
平安時代中期の法相宗の僧。
¶人名，日人，仏教（㊚永延3（989）年6月11日）

**寿遠** じゅおん
→寿遠（じゅえん）

**主海** しゅかい
生没年不詳
江戸時代前期～中期の天台宗の僧。
¶国書

**衆鎧** しゅがい
享保12（1727）年～文化6（1809）年1月16日　㊗衆鎧（しゅうがい）
江戸時代中期～後期の浄土真宗の僧。
¶国書（しゅうがい），人名（㊐1725年　㊚1807年），日人，仏教

**寿海** じゅかい
長寛2（1164）年頃～安貞2（1228）年2月28日
平安時代後期～鎌倉時代前期の僧。三宝院阿闍梨。
¶密教

**守覚** しゅかく
→守覚法親王（しゅかくほっしんのう）

**修覚** しゅかく
正応1（1288）年～興国4/康永2（1343）年6月24日
鎌倉時代後期～南北朝時代の浄土宗の僧。
¶日人，仏教

**寿岳景椿** じゅがくけいちん
生没年不詳
室町時代の曹洞宗の僧。
¶人名，日人，仏教

**守覚親王** しゅかくしんのう
→守覚法親王（しゅかくほっしんのう）

**守覚法親王** しゅかくほうしんのう
→守覚法親王（しゅかくほっしんのう）

**守覚法親王** しゅかくほっしんのう
久安6（1150）年3月4日～建仁2（1202）年8月25日　㊗守覚（しゅうかく，しゅかく），守覚親王（しゅかくしんのう），守覚法親王（しゅかくほうしんのう）
平安時代後期～鎌倉時代前期の真言宗の僧（仁和寺御室）。後白河天皇の第2皇子。
¶朝日（㊐久安6年3月4日（1150年4月3日）　㊚建仁2年8月25日（1202年9月12日）），岩史，鎌室，教育（しゅかくほうしんのう），国史，国書（守覚親王　しゅかくしんのう），古人，古中，コン改（しゅかくほうしんのう），コン4（しゅかくほうしんのう），コン5（しゅかくほうしんのう），史人，諸系（しゅかくほうしんのう），新潮，人名（しゅかくほうしんのう），姓氏京都，世人（しゅかくほうしんのう　㊐久安6（1150）年3月　㊚建仁2（1202）年8月26日），天皇（しゅかくほうしんのう），内乱，日音（㊚建仁2（1202）年8月26日），日史，日人（しゅかくほうしんのう），仏教（守覚　しゅかく），仏史，平家，平史（しゅかくほうしんのう），密教（守覚　しゅうかく），名僧，歴大（守覚　しゅかく），和俳

**修観** しゅかん
生没年不詳
鎌倉時代の浄土宗の僧。
¶仏教

**樹岩見山** じゅがんけんざん
室町時代の画家、もと明の僧。
¶人名，日人（生没年不詳）

**珠厳道珍** しゅがんどうちん
？～元中4/嘉慶1（1387）年
南北朝時代の僧。
¶鎌室，人名，姓氏石川（㊚1389年），日人，仏教（㊚至徳4/元中4（1387）年3月3日）

**守慶** しゅきょう
生没年不詳　㊗守慶（しゅけい）
江戸時代前期の浄土宗の僧。
¶国書（しゅけい），仏教

**寿教** じゅきょう
生没年不詳
江戸時代後期～明治期の僧。青森新町の安定寺7世。
¶青森人（㊐文化　㊚明治初期）

**寿暁** じゅぎょう
生没年不詳
鎌倉時代の僧侶・歌人。
¶国書

**叔英宗播** しゅくえいしゅうはん
→叔英宗播（しゅくえいそうは）

**叔英宗播** しゅくえいそうは
？～嘉吉1（1441）年9月19日　㊗叔英宗播（しゅくえいしゅうはん），叔英宗播（しゅくえいそうばん）
室町時代の僧。
¶鎌室，国書，人名（叔英宗播　しゅくえいしゅうはん），日人（しゅくえいそうばん），仏教（しゅくえいそうばん）

**叔英宗播** しゅくえいそうばん
→叔英宗播（しゅくえいそうは）

**叔悦禅懌** しゅくえつぜんえき
*～天文4（1535）年　㊗叔悦禅懌（しゃくえつぜんえき）
戦国時代の臨済宗の僧。円覚寺150世。
¶神奈川人，国書（しゃくえつぜんえき　㊐宝徳1（1449）年　㊚天文4（1535）年7月16日），埼玉人（㊐不詳　㊚天文4（1535）年7月16日），戦辞（㊐宝徳1（1449）年　㊚天文4年7月16日（1535年8月14日）），仏教（㊐？　㊚天文4（1535）年7月13日）

**叔応文伯** しゅくおうぶんぱく
？～天正10（1582）年

安土桃山時代の曹洞宗の僧。
¶武田

**叔京妙祁** しゅくきょうみょうき
文中1/応安5(1372)年～永享8(1436)年12月26日
南北朝時代～室町時代の臨済宗の僧。
¶国書

**叔衡覚権** しゅくこうかくけん
生没年不詳
室町時代の五山文学僧。
¶高知人

**叔山** しゅくざん
文政6(1823)年6月3日～明治6(1873)年5月28日
江戸時代末期の臨済宗僧侶。
¶埼玉人

**叔芳周仲** しゅくほうしゅうちゅう
正平13/延文3(1358)年～永享4(1432)年
南北朝時代～室町時代の臨済宗の僧。建仁寺102世、南禅寺119世、天竜寺74世。
¶日人，仏教(㊀永享4(1432)年11月30日)

**叔苗玄芳** しゅくみょうげんぼう
？　～明和5(1768)年
江戸時代中期の曹洞宗の僧。
¶国書

**樹下某(成行カ)** じゅげ
江戸時代末期～明治期の神職。旧日吉神社神主。
¶華請(樹下某)

**守恵** しゅけい
？　～天授4/永和4(1378)年
南北朝時代の僧、日光山第33世別当。
¶栃木歴

**守慶** しゅけい
→守慶(しゅきょう)

**寿桂** じゅけい
→月舟寿桂(げっしゅうじゅけい)

**樹下一雄** じゅげかずお
嘉永4(1851)年～明治9(1876)年
江戸時代後期～明治期の神職。
¶神人

**樹下茂国** じゅげしげくに
文政5(1822)年～明治17(1884)年10月4日
江戸時代末期～明治期の神官。太政官御用掛。神仏分離令が出ると、仏像、経巻など焼却した。
¶維新，神人，人名，日人，幕末，幕末大

**樹下友弘** じゅげともひろ
生没年不詳
戦国時代の神職・連歌作者。
¶国書

**樹下成行** じゅげなりゆき
江戸時代末期～明治期の神職。旧日吉神社神主。
¶華請

**殊賢** しゅけん
生没年不詳
戦国時代の画僧。
¶日人

**守源** しゅげん
生没年不詳
江戸時代末期～明治期の天台宗の僧。
¶国書

**寿玄** じゅげん
平安時代中期の僧侶・歌人。
¶国書(生没年不詳)，古人

**子瑜元瑾** しゆげんきん
生没年不詳
室町時代の臨済宗の僧。
¶国書

**寿興** じゅこう
奈良時代～平安時代前期の僧。
¶古人，古代，古代普，日人(生没年不詳)

**寿広(1)** じゅこう
宝亀5(774)年～？
平安時代前期の法相宗の僧。
¶古人，人名(㊐783年　㊀842年)，日人，仏教

**寿広(2)** じゅこう
生没年不詳
平安時代前期の法相宗の僧。
¶姓氏愛知

**珠光院梅点** しゅこういんばいてん
生没年不詳
江戸時代後期の歌僧。
¶東三河

**就山永崇** じゅざんえいそう
寛正3(1462)年～永正5(1508)年12月5日
室町時代～戦国時代の臨済宗の僧。
¶国書

**寿山元峋** じゅさんげんしゅん
生没年不詳
江戸時代前期の黄檗宗の僧。
¶国書

**寿春妙永** じゅしゅんみょうえい
生没年不詳
戦国時代の臨済宗の僧。
¶国書

**守助** しゅじょ
仁治1(1240)年～永仁2(1294)年5月5日
鎌倉時代後期の真言宗の僧。東寺長者78世。
¶仏教

**寿証** じゅしょう
生没年不詳
鎌倉時代の僧侶・歌人。
¶国書

し

**寿常** じゅじょう
平安時代前期の僧。
¶古人，古代，古代普，日人（生没年不詳）

**寿章尼** じゅしょうに
慶長14（1609）年～延宝5（1677）年3月5日
江戸時代前期の女性。尼僧。
¶女性

**主真** しゅしん
？ ～享保20（1735）年
江戸時代中期の新義真言宗の僧。
¶国書（㉒享保20（1735）年閏3月14日），仏教（㉒享保20（1735）年3月14日）

**寿信** じゅしん
生没年不詳
戦国時代の臨済宗の僧・連歌作者。
¶国書

**樹心** じゅしん
*～天和3（1683）年
江戸時代前期の浄土真宗の僧。
¶姓氏石川（㊐？），仏教（㊐慶安2（1649）年）

**守水老** しゅすいろう
→寺野守水老（てらのしゅすいろう）

**ジュスチノ・メオサン**
生没年不詳
安土桃山時代の京都のキリシタン。
¶姓氏京都

**守拙** しゅせつ
生没年不詳
室町時代の画僧。
¶日人

**守仙** しゅせん
→彭叔守仙（ほうしゅくしゅせん）

**守禅** しゅぜん
生没年不詳
鎌倉時代後期の真言宗の僧・歌人。
¶国書

**寿全** じゅぜん
？ ～元和4（1618）年2月15日
安土桃山時代～江戸時代前期の浄土宗の僧。
¶国書（生没年不詳），仏教

**寿仙時保** じゅせんじほう
慶応2（1866）年～昭和31（1956）年
明治～昭和期の禅僧。
¶神奈川人

**守琮** しゅそう
→泰雲守琮（たいうんしゅそう）

**寿窓元貞** じゅそうげんてい
寛永7（1630）年～正徳5（1715）年　㊀寿窓元貞尼（じゅそうげんていに）
江戸時代前期～中期の黄檗宗の尼僧。
¶朝日（㉒正徳5年11月21日（1715年12月16日）），黄檗（寿窓元貞尼　じゅそうげんていに　㉒正徳5（1714）年11月21日），日人（寿窓元貞尼　じゅそうげんていに）

**寿窓元貞尼** じゅそうげんていに
→寿窓元貞（じゅそうげんてい）

**守脱** しゅだつ
→中川守脱（なかがわしゅだつ）

**修多羅亮延** しゅたらりょうえん
天保13（1842）年～大正6（1917）年
明治～大正期の僧侶。天台宗の高僧。
¶人名，日人，明大1（㊐天保12（1841）年12月5日　㉒大正6（1917）年10月17日）

**樹端** じゅたん
元和9（1623）年～天和3（1683）年3月30日
江戸時代前期の時宗の僧。清浄光寺18世。
¶仏教

**守中** しゅちゅう
→代賢守中（だいけんしゅちゅう）

**手中明王太郎景直** しゅちゅうみょうおうたろうかげなお★
享保14（1729）年～天明6（1786）年
江戸時代中期の大山の宮大工棟梁。
¶江神奈（手中明王太郎景直・景元）

**手中明王太郎景元** しゅちゅうみょうおうたろうかげもと★
文政2（1819）年～明治39（1906）年
江戸時代後期～明治期の大山の宮大工棟梁。
¶江神奈（手中明王太郎景直・景元）

**守寵** しゅちょう
延暦3（784）年～承和8（841）年12月
平安時代前期の法相宗の僧。
¶人名，日人（㉒842年），仏教

**守朝(1)** しゅちょう
承平3（933）年～？
平安時代中期の法相宗の僧。
¶国書，人名，日人，仏教，平史（㊐932年）

**守朝(2)** しゅちょう★
平安時代中期の法相宗の僧。
¶三重続

**寿長** じゅちょう
？ ～寛平8（896）年
平安時代前期の真言宗の僧、高野山金剛峰寺初代座主。
¶朝日，古人（㊐827年），コン改（生没年不詳），コン4（生没年不詳），コン5，人名，日人，仏教，平史（㊐827年）

**守澄法親王** しゅちょうほっしんのう
寛永11（1634）年～延宝8（1680）年
江戸時代前期の僧、初代輪王寺宮門跡（第55世日光山門主）。
¶栃木歴

**出三** しゅっさん
? ～文政8(1825)年
江戸時代後期の僧。
¶人名，日人

**守哲** しゅてつ
→代翁守哲(だいおうしゅてつ)

**修哲** しゅてつ
? ～天長8(831)年　㊊修哲(しゅうてつ)
平安時代前期の僧。
¶古人(しゅうてつ　㊤?)，古代，古代普(㊤?)，日人，平史(しゅうてつ)

**寿徹** じゅてつ
? ～明暦3(1657)年4月25日
江戸時代前期の浄土宗の僧。
¶仏教

**受天栄祐** じゅてんえいゆう
寛正5(1464)年～天文13(1544)年
戦国時代の曹洞宗の僧。
¶人名，日人，仏教(㊦天文13(1544)年11月6日)

**守道** しゅどう
生没年不詳
江戸時代末期の天台宗の僧。
¶国書

**首藤周三** しゅとうしゅうぞう
→首藤周三(すどうしゅうぞう)

**珠徳院** しゅとくいん
? ～慶長19(1614)年
江戸時代前期の高野山行人領僧侶。
¶和歌山人

**受頓** じゅとん
慶長3(1598)年～万治3(1660)年8月12日
江戸時代前期の浄土宗の僧。
¶仏教

**修那羅大天武** しゅならだいてんぶ
寛政7(1795)年～明治5(1872)年
江戸時代後期の修験者。
¶姓氏長野，長野歴

**朱梅** しゅばい
? ～元和2(1616)年11月9日
安土桃山時代～江戸時代前期の浄土宗の僧。
¶仏教

**守鑁** しゅばん
応永23(1416)年～文明15(1483)年12月21日
室町時代の真言宗の僧。東寺長者182世。
¶仏教

**珠盤浄冏** しゅばんじょうけい
享保2(1717)年～安永9(1780)年10月27日
江戸時代中期の黄檗宗の僧。
¶黄檗

**守敏** しゅびん
平安時代前期の僧。
¶古人，古代，古代普，人名，姓氏京都(生没年不詳)，日人(生没年不詳)，仏教(生没年不詳)，平史(生没年不詳)

**守遍** しゅへん
生没年不詳
南北朝時代の天台宗の僧・歌人・漢詩人。
¶国書

し

**守邦** しゅほう
→仲翁守邦(ちゅうおうしゅほう)

**寿法院〈宮崎県〉** じゅほういん★
元和6(1620)年～寛文10(1670)年
江戸時代前期の女性。宗教。西方村の元高鍋藩藩士内田外記の娘。
¶江表(寿法院(宮崎県))

**寿峰元福** じゅほうげんぷく
生没年不詳
江戸時代前期の黄檗宗の僧。
¶国書

**寿保尼〈奈良県〉** じゅほに★
～文化9(1812)年
江戸時代後期の女性。宗教。摂津平野村に生まれる。
¶江表(寿保尼(奈良県))

**守瑜** しゅゆ
生没年不詳
鎌倉時代後期の真言宗の僧。東寺長者89世。
¶仏教

**崇祐** しゅゆう
→寂門崇祐(じゃくもんすうゆう)

**守誉** しゅよ
建長1(1249)年～嘉元2(1304)年5月19日
鎌倉時代前期～後期の真言宗の僧・歌人。
¶国書

**授誉** じゅよ
弘治2(1556)年～元和1(1615)年12月2日
安土桃山時代～江戸時代前期の浄土宗の僧。
¶仏教

**ジュリアおたあ**
→おたあジュリア

**寿霊** じゅりょう
生没年不詳　㊊寿霊(じゅれい)
奈良時代～平安時代前期の東大寺僧。「華厳五教章指事記」の著者。
¶国史，国書(じゅれい)，古人(じゅれい)，古代，古代普，古中，日人，仏教(じゅれい)，仏史

**周麟** しゅりん
→景徐周麟(けいじょしゅうりん)

**珠林宗珊** しゅりんそうさん
生没年不詳
戦国時代の臨済宗の僧。
¶仏教

**寿霊** じゅれい
→寿霊（じゅりょう）

**樹朗** じゅろう
生没年不詳
平安時代後期の三論宗の僧。
¶仏教

**俊阿** しゅんあ
生没年不詳
南北朝時代以前の僧侶・歌人。
¶国書

し

**順阿** じゅんあ
生没年不詳
江戸時代中期の歌僧。
¶国書，人名，日人

**俊意** しゅんい
慶長9（1604）年～延宝2（1674）年8月1日
江戸時代前期の浄土真宗の僧。粟生光明寺32世。
¶仏教

**潤為** じゅんい
生没年不詳
南北朝時代の僧侶・歌人。
¶国書

**俊恵** しゅんえ
永久1（1113）年～？ ㊀俊恵（すんえ）
平安時代後期の歌人。源俊頼の子。
¶朝日，鎌室（生没年不詳），国史，国書，古人，古中，詩歌，史人，新潮，新文，人名，世人（生没年不詳），全書，日史，日人，日文（しゅんえ・すんえ），百科，仏教，文学，平史，歴大，和俳

**舜恵**(1) しゅんえ
正和3（1314）年～弘和2/永徳2（1382）年2月9日
南北朝時代の天台宗の僧。
¶国書，仏教

**舜恵**(2) しゅんえ
生没年不詳
江戸時代後期の天台宗の僧。
¶国書

**純恵** じゅんえ
天明3（1783）年～安政4（1857）年8月
江戸時代後期の画僧。
¶仏教

**俊栄** しゅんえい
生没年不詳
室町時代の真言宗の僧・歌人。
¶国書

**俊英** しゅんえい
生没年不詳
鎌倉時代の画僧。
¶日人，仏教

**俊睿** しゅんえい
正平19/貞治3（1364）年～？
南北朝時代～室町時代の社僧。
¶国書

**舜悦** しゅんえつ
→随翁舜悦（ずいおうしゅんえつ）

**俊円** しゅんえん
嘉承2（1107）年～仁安1（1166）年8月28日
平安時代後期の天台宗の僧。天台座主53世。
¶国書（生没年不詳），古人，仏教，平史

**俊雄** しゅんおう
*～永正13（1516）年8月2日
戦国時代の真言宗の僧。
¶国書（㊐康正1（1455）年），仏教（㊐？）

**春応**(1) しゅんおう
慶長5（1600）年～貞享3（1686）年
江戸時代前期の浄土宗の僧。
¶仏教

**春応**(2) しゅんおう
？ ～元禄14（1701）年3月28日
江戸時代前期～中期の浄土宗の僧。
¶仏教

**春翁** しゅんおう
江戸時代後期の僧。
¶人名

**順応**(1) じゅんおう
？ ～明暦1（1655）年9月7日
江戸時代前期の浄土宗の僧。
¶仏教

**順応**(2) じゅんおう
天正13（1585）年～正保2（1645）年1月3日
江戸時代前期の浄土宗の僧。
¶仏教（㊀正保2（1645）年1月3日，（異説）1月2日？）

**春鶯廓元** しゅんおうかくげん
生没年不詳
江戸時代中期の僧。
¶日人

**順翁慶随** じゅんおうきょうずい
→順翁慶随（じゅんのうけいずい）

**春応禅悦** しゅんおうぜんえつ
安永2（1773）年～弘化2（1845）年
江戸時代後期の臨済宗の僧。
¶日人，仏教

**峻翁令山** しゅんおうれいざん
？ ～応永15（1408）年3月6日 ㊀峻翁令山（しゅんのうれいさん）
南北朝時代～室町時代の臨済宗の僧。
¶神奈川人（㊀1399年），国書（しゅんのうれいさん），埼玉人，仏教

**俊屋桂彦** しゅんおくけいげん
文安1（1444）年～天文8（1539）年
戦国時代の曹洞宗の僧。
¶人名，武田（㊐嘉吉3（1443）年），日人，仏教

（㊀天文8（1539）年1月25日）

**春屋宗園** しゅんおくしゅうおん
→春屋宗園（しゅんおくそうえん）

**春屋宗園** しゅんおくそうえん
享禄2（1529）年～慶長16（1611）年 ㊀宗園（そうえん,そうおん）,春屋宗園（しゅんおくしゅうおん,しゅんおくそうおん）,春屋（しゅんおく）,大宝円鑑国師（たいほうえんかんこくし）
戦国時代～安土桃山時代の臨済宗の僧。
¶朝日（㊀慶長16年2月9日（1611年3月23日）），京都，京都大，国書（㊀享禄3（1530）年 ㊀慶長17（1612）年2月9日），コン4，コン5，新潮（㊀慶長16（1611）年2月9日），人名（しゅんおくしゅうおん），姓氏京都，世人，戦人（宗園 そうえん ㊀慶長17（1612）年），戦補（宗園 そうおん），茶道（しゅんおくそうおん），日人，仏教（㊀慶長16（1611）年2月9日）

**春屋宗園** しゅんおくそうおん
→春屋宗園（しゅんおくそうえん）

**春屋妙葩** しゅんおくみょうは
応長1（1311）年～元中5/嘉慶2（1388）年 ㊀妙葩（みょうは），智覚普明国師（ちかくふみょうこくし），普明国師（ふみょうこくし）
南北朝時代の臨済宗の僧、五山文学僧。
¶朝日（㊀嘉慶2/元中5年8月12日（1388年9月12日）），岩史（㊀応長1（1311）年12月22日 ㊀嘉慶2（1388）年8月12日），角史，神奈川人（㊀1313年），鎌倉，鎌倉新（㊀応長1（1311）年12月22日 ㊀嘉慶2（元中5）（1388）年8月12日），鎌室，京都，京都大，京都府，国史，国書（㊀嘉慶2（1388）年8月12日），古中，コン改，コン4，コン5，詩歌，史人（㊀1311年12月22日 ㊀1388年8月12日），思想史，重要（㊀元中5/嘉慶2（1388）年8月3日），新潮（㊀応長1（1311）年12月22日 ㊀嘉慶2/元中5（1388）年8月12日），人名，姓氏京都，世人（㊀元中5/嘉慶2（1388）年8月3日），世百，全書，対外，大百，茶道，中世，伝記，徳島歴（㊀延慶3（1310）年 ㊀元中4（1387）年），内乱，日音，日思，日史（㊀応長1（1311）年12月22日 ㊀嘉慶2/元中5（1388）年8月12日），日人（㊀1312年），百科，仏教（㊀嘉慶2/元中5（1388）年8月12日），仏史，仏人（妙葩 みょうは ㊀1385年），平日（㊀1311 ㊀1388），室町，名僧，山川小（㊀1311年12月22日 ㊀1388年8月12日），山梨百（妙葩 みょうは ㊀嘉慶2（1388）年8月13日），歴大，和俳

**俊賀**(1) しゅんが
生没年不詳 ㊀宅磨俊賀（たくましゅんが），託磨俊賀（たくましゅんが），詫磨俊賀（たくましゅんが）
鎌倉時代の画家。
¶朝日（詫磨俊賀 たくましゅんが），鎌室，京都大（宅磨俊賀 たくましゅんが），古人，コン改，コン4，コン5，新潮（託磨俊賀 たくましゅんが），人名，日人（宅磨俊賀 たくましゅんが），仏教（託磨俊賀 たくましゅんが），平史，名画

**俊賀**(2) しゅんが
？ ～応永4（1397）年5月5日
南北朝時代の真言宗の僧。
¶国書，仏教

**春雅** しゅんが
生没年不詳
鎌倉時代後期の天台宗の僧。
¶国書

**純雅** じゅんが
？ ～寛政8（1796）年8月29日
江戸時代中期～後期の真言宗の僧。
¶国書

**俊快** しゅんかい
生没年不詳
鎌倉時代の天台宗の僧・歌人。
¶国書

**俊海**(1) しゅんかい
生没年不詳
鎌倉時代前期の僧。
¶国書，人名，日人

**俊海**(2) しゅんかい
享和1（1801）年～明治16（1883）年6月7日
江戸時代末期～明治期の新義真言宗僧侶。
¶埼玉人，仏教，仏人

**春海** しゅんかい
応永10（1403）年～？
室町時代の天台宗の僧。
¶国書

**舜海** しゅんかい
生没年不詳
戦国時代の天台宗の僧。
¶国書

**準海** じゅんかい
寛文1（1661）年～元文6（1741）年1月9日
江戸時代中期の融通念仏宗の僧。
¶国書，仏教

**順海** じゅんかい
？ ～寛政6（1794）年
江戸時代中期～後期の僧侶。
¶姓氏群馬

**峻厓東佺** しゅんがいとうせん
生没年不詳
江戸時代後期～末期の臨済宗の僧。
¶国書

**俊覚** しゅんかく
平安時代後期の天台宗園城寺僧。
¶古人（㊀1052年 ㊀1111年），古人（㊀1057年 ㊀1103年），平史（㊀1052年 ㊀1111年），平史（㊀1057年 ㊀1103年）

**春岳** しゅんがく
？ ～貞享3（1686）年9月15日
江戸時代前期の浄土宗の僧。

し

¶仏教

**純覚** じゅんかく
生没年不詳
江戸時代後期の天台宗の僧。
¶仏教

**順覚** じゅんかく
文永5(1268)年～?
鎌倉時代後期の連歌師、僧。
¶国書，日人，俳文

し

**舜岳玄光** しゅんがくげんこう
生没年不詳
安土桃山時代～江戸時代前期の臨済宗の僧。
¶国書

**俊岳照哲** しゅんがくしょうてつ
享保9(1724)年～寛政8(1796)年9月22日
江戸時代中期～後期の黄檗宗の僧。
¶黄檗

**俊寛** しゅんかん
*～治承3(1179)年
平安時代後期の僧。後白河院の近習僧、法勝寺執行。
¶朝日(生没年不詳)，岩史(生没年不詳)，浮絵，角史(生没年不詳)，鎌室(㊀康治2(1143)年)，京都(㊀?)，京都大(㊀康治1(1142)年　㊁治承3(1179)年?)，郷土奈良(㊀1142年　㊁1178年)，国史(生没年不詳)，古人(㊀1143年)，古中(生没年不詳)，コン改(㊀康治1(1142)年)，コン4(㊀康治1(1142)年)，コン5(㊀康治1(1142)年)，史人(生没年不詳)，重要(㊀康治1(1142)年?)，諸系(生没年不詳)，新潮(㊀康治2(1143)年　㊁治承3(1179)年3月2日)，人名，姓氏鹿児島，姓氏京都(生没年不詳)，世人(㊀?　㊁治承3(1179)年9月)，世百，全書(㊀?)，大百(㊀?)，中世，伝記(㊀?　㊁1179年?)，内乱，日史(㊀康治2(1143)年?　㊁治承3(1179)年?)，日人(生没年不詳)，百科(㊀康治2(1143)年?　㊁治承3(1179)年?)，仏教(㊀康治1(1142)年　㊁治承3(1179)年9月)，仏史(生没年不詳)，平家，平史(生没年不詳)，平日(㊀1143?　㊁1179?)，名僧(生没年不詳)，山川小，歴大(生没年不詳)

**俊観** しゅんかん
生没年不詳
鎌倉時代前期の真言宗の僧。
¶仏教

**春巌** しゅんがん
正平6(1351)年～応永21(1414)年
室町時代の大洲渓寿寺(曹洞宗)の開祖。
¶愛媛

**春厳** しゅんがん
正平9/文和3(1354)年～応永21(1414)年10月28日
南北朝時代～室町時代の僧。曹洞宗開祖道元禅師7世の法孫。
¶愛媛百

**淳岩** しゅんがん
生没年不詳
戦国時代の曹洞宗の僧。
¶国書

**淳寛** じゅんかん，しゅんかん
康和3(1101)年～久安6(1150)年
平安時代後期の真言宗の僧。
¶仏教(生没年不詳)，密教(しゅんかん　㊁1150年以後)

**春巌祖東** しゅんがんそとう
正平7/文和1(1352)年～応永21(1414)年
南北朝時代～室町時代の曹洞宗の僧。
¶人名，日人，仏教(㊁応永21(1414)年10月28日)

**舜義** しゅんぎ
慶長13(1608)年～貞享3(1686)年
江戸時代前期の僧。鎌倉宝戒寺38世、のち即身仏(妙法寺。
¶仏人

**俊鏡** しゅんきょう
生没年不詳
鎌倉時代後期の僧侶。
¶国書

**俊堯** しゅんぎょう
元永1(1118)年～文治2(1186)年
平安時代後期の天台僧。
¶古人，平史

**順教** じゅんきょう
生没年不詳
鎌倉時代後期の浄土宗の僧。
¶国書，仏教

**順暁** じゅんぎょう
生没年不詳
奈良時代～平安時代前期の僧。
¶古代，古代普，古中，史人，日人，仏史

**淳家** じゅんけ
生没年不詳
鎌倉時代後期以前の僧侶・歌人。
¶国書

**俊慶** しゅんけい
応永22(1415)年～文明15(1483)年10月16日
室町時代の真言宗の僧。
¶仏教

**春慶** しゅんけい
?～明応8(1499)年8月6日
室町時代～戦国時代の仏師。
¶美建，仏教

**舜慶** しゅんけい
生没年不詳
南北朝時代の仏師。
¶国書，新潮，日人，美建，仏教

**順慶** じゅんけい
？ ～明応5(1496)年
室町時代～戦国時代の僧。加賀国石川郡大桑村に善福寺を創立。
¶姓氏石川

**順継** じゅんけい
文応1(1260)年～？
鎌倉時代後期の新義真言宗の僧。
¶国書，人名，日人，仏教

**諄慶** じゅんけい
～宝暦9(1759)年3月22日
江戸時代中期の僧侶。
¶庄内

**順芸** じゅんげい
*～弘化4(1847)年
江戸時代後期の浄土真宗の僧。
¶国書(㊐安永4(1775)年 ㊞弘化4(1847)年9月29日)，日人(㊐1785年)，仏教(㊐明和4(1767)年？ ㊞弘化4(1847)年9月23日)

**俊憲**(1) しゅんけん
延慶2(1309)年～？
鎌倉時代後期～南北朝時代の天台宗の僧。
¶国書

**俊憲**(2) しゅんけん
？ ～応永9(1402)年5月
南北朝時代～室町時代の真言宗の僧。
¶国書(生没年不詳)，仏教

**俊源** しゅんげん
生没年不詳
鎌倉時代前期の天台宗の僧。
¶仏教

**俊玄** しゅんげん
→善如(ぜんにょ)

**准玄** じゅんげん
天正17(1589)年～慶安1(1648)年5月16日
江戸時代前期の浄土真宗の僧。本願寺初代能化職。
¶国書，仏人

**純固** じゅんこ
寛永3(1626)年～延宝2(1674)年
江戸時代前期の浄土宗の僧。
¶国書，仏教

**順故** じゅんこ
*～寛政3(1791)年1月21日
江戸時代中期の浄土宗の僧。
¶国書(㊐享保6(1721)年)，仏教(㊐享保17(1732)年)

**俊光** しゅんこう
永正14(1517)年～文禄2(1591)年7月
戦国時代～安土桃山時代の浄土宗の僧。
¶仏教

**春興** しゅんこう
？ ～貞観17(875)年3月6日
平安時代前期の法相宗の僧。
¶仏教

**春幸** しゅんこう
奈良時代の香山薬師寺の僧。
¶古人

**俊豪**(1) しゅんごう
？ ～永久3(1115)年8月15日
平安時代後期の天台宗の僧。
¶仏教

**俊豪**(2) しゅんごう
生没年不詳
南北朝時代～室町時代の真言宗の僧。
¶仏教

**舜豪** しゅんごう
生没年不詳
戦国時代～安土桃山時代の天台宗の僧。
¶国書

**順高** じゅんこう
建保6(1218)年～？
鎌倉時代前期の華厳宗の僧。
¶国書，仏教

**諄香** じゅんこう
元禄14(1701)年～？
江戸時代中期の天台宗の僧。
¶国書

**春光院〈東京都〉** しゅんこういん★
～延宝9(1681)年
江戸時代前期の女性。寺院開基。近江彦根藩藩士石居九郎兵衛道種の娘。井伊直孝の側室。
¶江表(春光院(東京都))

**春岡慧成** しゅんこうえじょう
？ ～明応5(1496)年11月3日
室町時代の曹洞宗の僧。
¶仏教

**春江紹蓓** しゅんこうしょうばい
→紹蓓(しょうばい)

**春岡楊富** しゅんこうようふ
文明12(1480)年～天文14(1545)年9月8日
戦国時代の曹洞宗の僧。
¶仏教

**春国** しゅんこく
戦国時代の禅僧。京都妙心寺48世住持。
¶山梨百

**春谷永蘭** しゅんこくえいらん
生没年不詳
鎌倉時代後期～南北朝時代の臨済宗の僧。
¶仏教

**春国光新** しゅんこくこうしん
戦国時代の府中長禅寺2世住職。
¶武田

**舜国洞授** しゅんこくとうじゅ,しゅんこくどうじゅ
？ ～慶長13（1608）年
安土桃山時代～江戸時代前期の曹洞宗の僧。
¶人名（しゅんこくどうじゅ），日人，仏教（㊀慶長13（1608）年2月28日）

**春湖宗范** しゅんこそうはん
生没年不詳
室町時代の臨済宗の僧。
¶仏教

**俊厳**(1) しゅんごん
？ ～建長6（1254）年11月29日
鎌倉時代前期の真言宗の僧。
¶仏教

**俊厳**(2) しゅんごん
寛喜1（1229）年～？
鎌倉時代前期～後期の僧侶。
¶国書

**俊才** しゅんさい,しゅんざい
正元1（1259）年～正平8/文和2（1353）年10月2日
㊿十達（じったつ），十達俊才（じったつしゅんさい,じったつしゅんざい）
鎌倉時代後期～南北朝時代の僧。東大寺戒壇院の長老。
¶鎌室，国史（しゅんざい），国書，古中（しゅんざい），コン改（十達　じったつ），コン4（十達　じったつ），コン5（十達　じったつ），新潮，人名（十達　じったつ），人名，世人（十達俊才　じったつしゅんさい　㊐正嘉2（1258）年　㊀正平7/文和1（1352）年），日人，仏教，仏史（しゅんざい）

**遵西** じゅんさい
？ ～承元1（1207）年　㊿安楽（あんらく）
鎌倉時代前期の浄土宗の僧。法然の弟子、承元法難で斬罪。
¶鎌室（安楽　あんらく），鎌室，京都大，国史（安楽　あんらく），古人（安楽　あんらく　㊐？），古中（安楽　あんらく），コン改，コン4，コン5，史人（安楽　あんらく　㊀1207年2月），新潮（㊀承元1（1207）年2月），人名（安楽　あんらく），姓氏京都（安楽　あんらく），世人，中世（安楽　あんらく　㊐？），日音（安楽　あんらく　㊀承元1（1207）年2月9日），日人，仏教（㊀建永2（1207）年2月9日），仏史（安楽　あんらく），歴大（安楽　あんらく）

**順西** じゅんさい
安土桃山時代～江戸時代前期の真宗大谷派の僧。
¶姓氏石川

**春作禅興** しゅんさくぜんこう
生没年不詳
南北朝時代～室町時代の臨済宗の僧。
¶国書

**俊山** しゅんざん
？ ～寛永2（1625）年1月19日
安土桃山時代～江戸時代前期の浄土宗の僧。
¶国書

**峻山** しゅんざん
江戸時代の僧。
¶人名，日人（生没年不詳）

**春山** しゅんざん
元禄8（1695）年～宝暦6（1756）年　㊿春山士蘭（しゅんざんしらん）
江戸時代中期の歌僧。
¶国書（春山士蘭　しゅんざんしらん　㊀宝暦6（1756）年8月9日），人名，日人（春山士蘭　しゅんざんしらん），和俳

**峻山元広** しゅんざんげんこう
延宝2（1674）年～享保19（1734）年12月22日
江戸時代中期の黄檗宗の僧。
¶黄檗，国書

**春山士蘭** しゅんざんしらん
→春山（しゅんざん）

**春山真香** しゅんざんしんこう
？ ～天保11（1840）年10月23日
江戸時代後期の黄檗宗の僧。
¶黄檗

**俊山仙猊** しゅんざんせんげい
生没年不詳
室町時代の高山市の栄鏡院の開基。
¶飛騨

**春山宗胤** しゅんざんそういん
生没年不詳
戦国時代の曹洞宗の僧。
¶仏教

**舜山補沢** しゅんざんほたく
寛永6（1629）年～元禄10（1697）年3月15日
江戸時代前期～中期の曹洞宗の僧。
¶仏教

**俊秀**(1) しゅんしゅう
生没年不詳
平安時代後期の天台宗の僧・歌人。
¶国書，古人，平史

**俊秀**(2) しゅんしゅう
→山内首藤俊秀（やまのうちすどうとしひで）

**准秀** じゅんしゅう
慶長12（1607）年～万治3（1660）年
江戸時代前期の浄土真宗の僧。興生寺19世。
¶人名（㊐1608年），日人，仏教（㊐慶長12（1607）年閏4月5日　㊀万治3（1660）年10月12日）

**順崇** じゅんしゅう
→順崇（じゅんそう）

**潤宗寂雲** じゅんしゅうじゃくうん
寛文7（1667）年～延享3（1746）年11月24日
江戸時代前期～中期の曹洞宗の僧。
¶国書

**春助** しゅんじょ
乾元1（1302）年～嘉暦3（1328）年

鎌倉時代後期の僧。
¶北条

**俊承** しゅんしょう
生没年不詳
鎌倉時代前期の天台宗の僧。
¶国書，仏教

**俊証** しゅんしょう
嘉承1(1106)年～建久3(1192)年3月17日
平安時代後期～鎌倉時代前期の僧。
¶鎌室，古人，新潮，日人，仏教，平史

**俊晴** しゅんしょう
→俊晴(しゅんぜい)

**俊盛** しゅんしょう
生没年不詳 ㊞俊盛(しゅんせい)
平安時代後期の法相宗の僧・歌人。
¶国書，古人(しゅんせい)，平史(しゅんせい)

**舜倡** しゅんしょう
生没年不詳
安土桃山時代～江戸時代前期の天台宗の僧。
¶国書

**俊盛** しゅんじょう
→俊盛(しゅんぜい)

**俊聖** しゅんじょう
延応1(1239)年～弘安10(1287)年 ㊞一向(いっこう)，一向俊聖(いっこうしゅんじょう)，一向上人(いっこうしょうにん)
鎌倉時代後期の念仏僧。一向上人。
¶朝日(㊀延応1年1月1日(1239年2月6日) ㊁弘安10年11月18日(1287年12月24日))，神奈川人(一向 いっこう)，鎌倉(一向俊聖 いっこうしゅんじょう)，鎌古，国史，古中，新潮(一向俊聖 いっこうしゅんじょう ㊁弘安10(1287)年11月18日)，日人，仏教(㊁弘安10(1287)年11月18日)，仏史，仏人(一向俊聖 いっこうしゅんじょう)，名僧，山形百(一向上人 いっこうしょうにん)，歴大(一向俊聖 いっこうしゅんじょう)

**俊芿** しゅんじょう
永万2(1166)年8月10日～嘉禄3(1227)年閏3月8日 ㊞月輪大師(がちりんだいし，げつりんたいし)，大興正法国師(だいこうしょうぼうこくし)，不可棄(ふかき)
平安時代後期～鎌倉時代前期の僧。戒律復興を行い、京都泉涌寺を開山。
¶朝日(㊀仁安1年8月10日(1166年9月6日) ㊁安貞1年閏3月8日(1227年4月25日))，岩史，角史，鎌倉，鎌倉新，鎌室，京都大，国史，国書，古人，古中，コン改，コン4，コン5，史人，思想史，重要(㊀仁安1(1166)年3月8日)，新潮，人名，姓氏京都，世人(㊀仁安1(1166)年3月8日)，世百，全書，対外，大百，中世，伝記，日思，日史，日人，美術，百科，仏教，仏史，仏人，名僧，山川小，歴大

**舜昌** しゅんじょう
建長7(1255)年～建武2(1335)年1月14日
鎌倉時代後期の浄土宗の僧。知恩院第9世。
¶国史，国書，古中，日人，仏教，仏史，名僧

**順証** じゅんしょう
元徳1(1329)年～元中7/明徳1(1390)年6月16日
南北朝時代の浄土真宗の僧。専修寺7世。
¶仏教

**順性** じゅんしょう
元文2(1737)年～享和2(1802)年8月6日
江戸時代中期～後期の天台宗の僧。
¶国書

し

**順正** じゅんしょう
? ～天明7(1787)年8月?
江戸時代中期の浄土真宗の僧。
¶国書

**純成** じゅんじょう
享保20(1735)年～宝暦7(1757)年1月3日
江戸時代中期の浄土宗の僧。
¶仏教

**俊丈碩英** しゅんじょうせきえい
? ～文化4(1807)年
江戸時代後期の曹洞宗の僧。
¶長野歴

**俊乗房重源** しゅんじょうぼうちょうげん
→重源(ちょうげん)

**純信** じゅんしん
江戸時代末期～明治期の僧。妙高寺麓の娘と恋愛。関所破りの罪で伊予に流される。
¶朝日(純信・お馬 じゅんしん・おうま)，高知人(㊀1819年)，高知百(㊀1829年)，コン改(純信・お馬 じゅんしん・おうま)，コン4(純信・お馬 じゅんしん・おうま)，コン5(純信・お馬 じゅんしん・おうま)，日人(純信・お馬 じゅんしん・おうま)，幕末(㊀1818年 ㊁1887年)，幕末大(㊀文政2(1819)年10月10日 ㊁?)

**順信** じゅんしん
? ～建長2(1250)年3月10日
鎌倉時代前期の浄土真宗の僧。親鸞の直弟。
¶国書，仏教

**俊瑞** しゅんずい
? ～天保12(1841)年5月17日
江戸時代後期の浄土宗の僧。
¶国書

**順水** じゅんすい
元禄8(1695)年～安永1(1772)年11月24日
江戸時代中期の浄土真宗の僧・俳人。
¶国書

**俊盛** しゅんせい
→俊盛(しゅんしょう)

**春盛** しゅんせい
生没年不詳
安土桃山時代～江戸時代前期の真言宗の僧・連歌

作者。
¶国書

**春誓** しゅんせい
生没年不詳
鎌倉時代の天台宗の僧・歌人。
¶国書

**俊晴** しゅんぜい
生没年不詳　㊎俊晴（しゅんしょう）
平安時代後期〜鎌倉時代前期の新義真言宗の僧。
¶古人（しゅんしょう），仏教，平史（しゅんしょう）

し

**俊盛** しゅんぜい
慶長17（1612）年〜延宝8（1680）年3月26日　㊎俊盛（しゅんじょう）
江戸時代前期の新義真言宗の僧。長谷寺10世。
¶仏教（しゅんじょう），仏人

**淳誓** じゅんせい
天文4（1535）年〜文禄3（1594）年
戦国時代〜安土桃山時代の僧。尾張戸田村西照寺の住職。
¶姓氏愛知

**順誓** じゅんせい
応永11（1404）年〜永正3（1506）年
室町時代〜戦国時代の真宗西派の僧。
¶姓氏石川

**春暹** しゅんせん
昌泰3（900）年〜康保1（964）年
平安時代前期〜中期の天台宗延暦寺僧。
¶古人，平史

**順専** じゅんせん
江戸時代前期の画僧。
¶人名，日人（生没年不詳）

**春素** しゅんそ
生没年不詳
平安時代中期の天台宗の僧。
¶仏教

**俊宗** しゅんそう
生没年不詳
平安時代後期の僧侶・歌人。
¶国書，古人，平史

**春叢** しゅんそう
＊〜天保11（1840）年
江戸時代後期の京都妙心寺の禅僧。
¶人名（㊤？　㊦1835年），徳島百（㊤宝暦1（1751）年　㊦天保11（1840）年2月1日），徳島歴（㊤宝暦2（1752）年）

**春荘** しゅんそう
室町時代の僧、五山文学者。
¶人名

**俊増** しゅんぞう
元中7/明徳1（1390）年〜康正2（1456）年8月26日
室町時代の真言宗の僧。
¶仏教

**順崇** じゅんそう
？　〜享和2（1802）年　㊎順崇（じゅんしゅう）
江戸時代中期〜後期の浄土真宗の僧。越後無為信寺を再興。
¶国書（じゅんしゅう），新潟百（生没年不詳）

**馴窓** じゅんそう
生没年不詳
戦国時代の僧侶・歌人。
¶国書

**春叢紹珠** しゅんそうしょうじゅ
宝暦1（1751）年〜天保6（1835）年
江戸時代後期の臨済宗の僧。妙心寺470世。
¶日人，仏教（㊦天保6（1835）年10月25日）

**順叟宗助** じゅんそうそうじょ
寛永10（1633）年〜元禄13（1700）年6月28日
江戸時代前期〜中期の臨済宗の僧。大徳寺231世。
¶仏教

**春荘宗椿** しゅんそうそうちん
長禄2（1458）年〜＊
室町時代〜戦国時代の僧。
¶国書（㊦永正9（1512）年12月），日人（㊦1513年）

**準叟宗範** じゅんそうそうはん
？　〜慶長3（1598）年11月24日
戦国時代〜安土桃山時代の臨済宗の僧。大徳寺127世。
¶仏教

**准尊** じゅんそん
天正13（1585）年10月7日〜元和8（1622）年4月14日
江戸時代前期の浄土真宗の僧。興生寺18世。
¶仏教

**峻諦** しゅんたい
寛文4（1664）年〜享保6（1721）年1月5日
江戸時代中期の浄土真宗の僧。
¶国書，人名，日人，仏教

**春沢永恩** しゅんたくえいおん
？　〜＊
安土桃山時代の臨済宗の僧。建仁寺287世。
¶国書（㊤永正8（1511）年　㊦天正2（1574）年8月16日），人名（㊦1574年），日人（㊦1592年），仏教（㊦天正20（1592）年3月6日，（異説）天正1（1573）年8月16日）

**春沢宗晃** しゅんたくそうこう
慶長18（1613）年〜元禄7（1694）年閏5月4日
江戸時代前期〜中期の臨済宗の僧。
¶国書

**俊智** しゅんち
長治2（1105）年〜？
平安時代後期の天台宗園城寺僧。
¶古人（㊦？），平史

**俊澄** しゅんちょう
？ ～慶安3(1650)年
江戸時代前期の尼僧。
¶日人

**俊朝** しゅんちょう
平安時代後期の天台宗延暦寺僧。
¶古人，平史(生没年不詳)

**俊長** しゅんちょう
平安時代後期の園城寺の悪僧。
¶平家

**春朝** しゅんちょう
生没年不詳
平安時代中期の法華持経者。
¶人名，日人，仏教

**春長** しゅんちょう
生没年不詳
戦国時代の僧。富士浅間宮の四和尚職をつとめる。
¶戦辞

**順長** じゅんちょう
慶長5(1600)年～延宝4(1676)年10月23日
江戸時代前期の浄土宗の僧。金戒光明寺33世。
¶仏教

**俊澄尼** しゅんちょうに
？ ～慶安3(1650)年
江戸時代前期の縁切寺満徳寺の中興開山。
¶群馬人

**春貞**(1) しゅんてい
元和4(1618)年～延宝8(1680)年3月28日
江戸時代前期の浄土宗の僧。
¶仏教

**春貞**(2) しゅんてい
元文5(1740)年～文化3(1806)年
江戸時代中期～後期の浄土真宗の僧。
¶国書

**春庭** しゅんてい
生没年不詳
室町時代～戦国時代の曹洞宗の僧。
¶仏教

**春庭見芳** しゅんていけんぽう
建徳1/応安3(1370)年～永享12(1440)年
室町時代の曹洞宗の僧。
¶人名，日人，兵庫百，仏教([没]永享12(1440)年1月8日)

**俊伝** しゅんでん
生没年不詳
江戸時代中期の真言宗の僧。
¶国書

**春登** しゅんと
安永2(1773)年～天保7(1836)年　[別]春登(しゅんとう)
江戸時代後期の時宗の僧。
¶神奈川人，国書(しゅんとう　[生]安永2(1773)年8月28日　[没]天保7(1836)年10月18日)，人名(しゅんとう　[生]1769年)，姓氏神奈川，日人(しゅんとう)，仏教，山梨百(しゅんとう)

**春登** しゅんとう
→春登(しゅんと)

**春東** しゅんとう
？ ～享保10(1725)年
江戸時代前期～中期の浄土真宗の僧。
¶国書

**俊道** しゅんどう
？ ～明治15(1882)年
江戸時代後期～明治期の僧。玖珂郡須川村古江の江竜寺15代住職。
¶姓氏山口

**詢道** じゅんどう
寛政2(1790)年～慶応4(1868)年8月18日
江戸時代後期～末期の浄土真宗の僧。
¶国書

**春登上人** しゅんとうしょうにん
安永2(1773)年8月28日～天保7(1836)年10月18日
江戸時代後期の文人僧。
¶富嶽，町田歴

**舜堂僊玉** しゅんどうせんぎょく
？ ～安政6(1859)年
江戸時代後期～末期の曹洞宗の僧。
¶国書

**春徳** しゅんとく
？ ～貞観12(870)年10月22日
平安時代前期の法相宗の僧。
¶仏教

**舜徳** しゅんとく
→雲岡舜徳(うんこうしゅんとく)

**春徳寿陽** しゅんとくじゅよう
生没年不詳
安土桃山時代の飛州安国寺の僧。
¶飛驒

**春和啓誾** しゅんなけいぎん
→春和啓誾(しゅんわけいぎん)

**淳祐** しゅんにゅう，じゅんにゅう
寛平2(890)年～天暦7(953)年7月2日　[別]淳祐(しゅんゆう，じゅんゆう)，淳佑(しゅんゆう，じゅんゆう)，石山内供(いしやまのないく)
平安時代中期の真言宗の僧。
¶岩史，国史，国書(しゅんゆう)，古人(じゅんゆう)，古中，コン改(じゅんゆう)，コン4(じゅんゆう)，コン5(じゅんゆう)，新潮，人名(じゅんゆう)，世人(しゅんゆう)，日人(じゅんにゅう)，仏教，仏史，仏人，平史(しゅんゆう)，和歌山人

**准如** じゅんにょ
天正5(1577)年7月19日～寛永7(1630)年11月30

日　㊍光昭(こうしょう),本願寺准如(ほんがんじじゅんにょ)
安土桃山時代〜江戸時代前期の僧、本願寺第12世宗主。
¶朝日(㊐天正5年7月19日(1577年8月3日)　㊱寛永7年11月30日(1631年1月2日)),京都大,近世,国史,国書(光昭　こうしょう),コン改,コン4,コン5,史人,新潮,人名,姓氏京都(㊱1631年),戦人,戦武(本願寺准如　ほんがんじじゅんにょ　㊱寛永8(1631)年),日人(㊱1631年),仏教,仏史,仏人,歴大

し

**順如** じゅんにょ
嘉吉2(1442)年〜文明15(1483)年9月29日　㊍光助(こうじょ)
室町時代の僧。浄土真宗本願寺派第12世。
¶国史,古中,史人,戦人,日人,仏教,仏史

**俊忍** しゅんにん
？〜元文3(1738)年3月21日
江戸時代中期の新義真言宗智山派の声明家。
¶日音

**純仁** じゅんにん
弘化3(1846)年1月16日〜明治36(1903)年2月18日
江戸時代末期〜明治期の真言宗僧侶、陸軍軍人。仁和寺30世、元帥。
¶仏教

**順忍**(1) じゅんにん
文永2(1265)年11月27日〜嘉暦1(1326)年8月10日
鎌倉時代後期の律宗の僧。
¶伊豆,鎌倉新,新潮,日人(㊐1266年)

**順忍**(2) じゅんにん
天明4(1784)年〜？
江戸時代中期〜後期の天台宗の僧。
¶国書

**潤恵** じゅんね
弘安5(1282)年〜？
鎌倉時代後期の真言声明相応院流菩提院方の声明家。
¶日音

**俊然** しゅんねん
元亨3(1323)年〜貞治7(1368)年1月6日
鎌倉時代後期〜南北朝時代の真言宗の僧。
¶国書

**俊雄** しゅんのう
生没年不詳
江戸時代前期〜中期の浄土宗の僧。
¶仏教

**舜応** しゅんのう
？〜安政2(1855)年2月12日
江戸時代末期の僧。道仙寺住職。
¶岡山歴

**順翁慶随** じゅんのうけいずい
？〜大永5(1525)年　㊍順翁慶随(じゅんおうきょうずい)
戦国時代の曹洞宗の僧。
¶人名(じゅんおうきょうずい),日人,仏教(㊱大永5(1525)年6月20日)

**春翁圭陽** しゅんのうけいよう
？〜永禄13(1570)年2月6日
戦国時代の曹洞宗の僧。
¶仏教

**峻翁令山** しゅんのうれいさん
→峻翁令山(しゅんおうれいざん)

**俊把** しゅんぱ
慶長2(1597)年4月8日〜明暦3(1657)年6月11日
江戸時代前期の浄土宗の僧。
¶仏教

**春把** しゅんぱ
天正19(1591)年〜延宝7(1679)年5月19日
江戸時代前期の浄土宗の僧。
¶仏教

**順波** じゅんぱ
慶長14(1609)年〜万治4(1661)年2月29日
江戸時代前期の浄土宗の僧。
¶仏教

**春範** しゅんはん
奈良時代の大安寺の僧。
¶古人

**俊範** しゅんぱん,しゅんはん
生没年不詳
鎌倉時代前期の天台宗の僧。
¶鎌室,国書,古人,人名(しゅんはん),姓氏京都,日人,仏教,歴大

**俊鳳** しゅんぽう
正徳4(1714)年4月15日〜天明7(1787)年10月21日
江戸時代中期の浄土宗の僧。
¶国書

**俊峯元英** しゅんぽうげんえい
？〜享保5(1720)年8月1日
江戸時代前期〜中期の黄檗宗の僧。
¶黄檗

**春浦宗凞** しゅんぽうしゅうき
→春浦宗熙(しゅんぽそうき)

**潤甫周玉** じゅんぽしゅうぎょく
永正1(1504)年〜天文18(1549)年6月23日
戦国時代の臨済宗の僧・歌人。
¶国書

**春浦宗熙**(春浦胸熙,春浦宗凞,春浦宗煕) しゅんぽそうき
応永16(1409)年〜明応5(1496)年1月14日　㊍春浦宗凞(しゅんぽうしゅうき)
室町時代〜戦国時代の臨済宗の僧。大徳寺40世。
¶鎌室(春浦宗熙　㊐応永13(1406)年),国書(春浦胸熙),人名(春浦宗凞　しゅんぽうしゅ

うき)，姓氏京都([生]1416年)，茶道(春浦宗熈)，日人([生]1409年,(異説)1416年)，仏教

**春命** しゅんみょう
生没年不詳
平安時代中期の天台宗の僧。
¶日人，仏教

**春明師透** しゅんみょうしとう
? ～永正17(1520)年4月3日
戦国時代の曹洞宗の僧。
¶仏教

**春益** しゅんやく
? ～貞享1(1684)年
江戸時代前期の浄土宗の僧。
¶仏教

**純瑜** じゅんゆ
大永1(1521)年～天正10(1582)年6月16日
戦国時代～安土桃山時代の真言宗の僧。
¶国書，仏教，仏人

**舜宥** しゅんゆう
生没年不詳
戦国時代～安土桃山時代の天台宗の僧。
¶国書

**舜雄**(1) しゅんゆう
永正11(1514)年～?
戦国時代の天台宗の僧。
¶国書

**舜雄**(2) しゅんゆう
? ～元禄14(1701)年5月28日
江戸時代前期～中期の天台宗の僧。
¶国書

**淳祐** しゅんゆう,じゅんゆう
→淳祐(しゅんにゅう)

**俊誉** しゅんよ
? ～正安3(1301)年11月26日
鎌倉時代後期の真言宗の僧。
¶国書，仏教

**春誉** しゅんよ
天文1(1532)年～慶長19(1614)年1月12日
安土桃山時代～江戸時代前期の浄土宗の僧。
¶仏教

**純誉**(1) じゅんよ
? ～寛永19(1642)年8月14日
江戸時代前期の浄土宗の僧。
¶仏教

**純誉**(2) じゅんよ
文禄4(1595)年～延宝5(1677)年8月27日
江戸時代前期の浄土宗の僧。
¶仏教

**順耀** じゅんよう
生没年不詳
平安時代後期の天台宗の僧。
¶国書，仏教

**春庸宗恕** しゅんようそうじょ
? ～天文9(1540)年3月5日
戦国時代の臨済宗の僧。
¶国書

**俊鷹道青** しゅんようどうせい
? ～応仁1(1467)年
室町時代の曹洞宗の僧。
¶日人，仏教([没]応仁1(1467)年3月8日)

**遵誉貴屋** じゅんよきおく
→貴屋(きおく)

**俊頼** しゅんらい
平安時代後期の仏師。
¶古人，美建，平史(生没年不詳)

**順了** じゅんりょう
延享3(1746)年～文政11(1828)年9月17日
江戸時代中期～後期の浄土真宗の僧。浅草光円寺住職。
¶庄内，仏人

**順良** じゅんりょう
? ～寛永7(1630)年11月15日
江戸時代前期の浄土宗の僧。
¶仏教

**春林宗俶** しゅんりんそうしゅく
→宗俶(そうしゅく)

**俊嶺**(1) しゅんれい
? ～元文(1736～1741)年
江戸時代中期の浄土真宗の僧。
¶仏教([没]元文年間(1736～1741年))

**俊嶺**(2) しゅんれい
→中臣俊嶺(なかとみしゅんれい)

**峻嶺** しゅんれい
正保3(1646)年～元文3(1738)年
江戸時代前期～中期の僧侶。
¶高知人

**筍霊** じゅんれい
*～慶安5(1652)年3月29日
江戸時代前期の浄土宗の僧。
¶姓氏石川([生]?)，仏教([生]慶長18(1613)年)

**春嶺通善尼** しゅんれいつうぜんに
文化2(1805)年～明治10(1877)年6月30日
江戸時代末期～明治期の黄檗宗僧侶。長陽庵第6代住持。
¶黄檗

**春和啓誾** しゅんわけいぎん
生没年不詳　[別]春和啓誾(しゅんなけいぎん)
戦国時代の臨済宗の僧。
¶国書(しゅんなけいぎん)，仏教

**ジョアンそう庵** じょあんそうあん
? ～慶長1(1596)年　[別]ヨハネそう庵(よはねそうあん)

戦国時代～安土桃山時代のキリシタン。日本二十六聖人。
¶長崎歴（じょあんよはねそうあん）

**ジョアン又右衛門**　じょあんまたえもん
生没年不詳
江戸時代のキリシタン殉教者。
¶福岡百

**如一**　じょいち
→即非如一（そくひにょいち）



**慈養**　じよう
天文18（1549）年～寛永14（1637）年10月27日
安土桃山時代～江戸時代前期の浄土真宗の僧。錦織寺11世。
¶仏教

**照阿**　しょうあ
生没年不詳
鎌倉時代の律宗の僧。
¶仏教

**称阿**(1)　しょうあ
生没年不詳
鎌倉時代後期～南北朝時代の時宗の僧・連歌作者。
¶国書

**称阿**(2)　しょうあ
生没年不詳
江戸時代後期の浄土宗の僧。
¶国書

**生阿**　しょうあ
生没年不詳
鎌倉時代の僧侶・歌人。
¶国書

**聖阿**　しょうあ
生没年不詳
江戸時代後期の浄土真宗の僧・歌人。
¶国書

**乗阿**　じょうあ
享禄4（1531）年～元和5（1619）年7月19日　[別]一華堂乗阿（いっかどうじょうあ）
安土桃山時代～江戸時代前期の時宗の僧、国文学者。
¶国書（一華堂乗阿　いっかどうじょうあ），国書5（生没年不詳），静岡百（一華堂乗阿　いっかどうじょうあ），静岡歴（一華堂乗阿　いっかどうじょうあ），姓氏静岡（一華堂乗阿　いっかどうじょうあ），戦辞（[生]？　[没]元和5年7月19日（1619年8月28日）），戦人，日人（生没年不詳），仏教（[生]天文9（1540）年）

**浄阿**(1)　じょうあ
→真観（しんかん）

**浄阿**(2)　じょうあ
？　～天文19（1550）年9月21日
戦国時代の時宗の僧。
¶国書

**成阿**　じょうあ
生没年不詳
鎌倉時代前期の浄土宗の僧。
¶仏教

**定阿**　じょうあ
永正2（1505）年～？
戦国時代の時宗の僧。
¶国書

**浄阿〔2代〕**（代数なし）じょうあ
嘉元2（1304）年～正平15/延文5（1360）年8月25日
鎌倉時代後期～南北朝時代の僧、連歌師。
¶国書，日人，俳文（代数なし）

**浄阿〔4代〕**　じょうあ
文保1（1317）年～天授5/康暦1（1379）年1月26日
鎌倉時代後期～南北朝時代の時宗の僧・歌人。
¶国書

**浄阿真観**　じょうあしんかん
建治1（1275）年～興国2/暦応4（1341）年
鎌倉時代後期の時宗の僧。
¶姓氏京都

**浄阿坊**　じょうあぼう★
天明2（1782）年～安政5（1858）年
江戸時代後期の旅僧。
¶秋田人2

**浄阿弥陀仏**　じょうあみだぶつ
建治2（1276）年～興国2/暦応4（1341）年6月2日
鎌倉時代後期～南北朝時代の僧。時宗四条派の祖。
¶岩史

**浄阿弥陀仏真観**　じょうあみだぶつしんかん
→真観（しんかん）

**性庵**　しょうあん
室町時代の画僧。
¶人名，日人（生没年不詳）

**性俊**　しょうあん
→千呆性俊（せんばいしょうあん）

**常安**　じょうあん
生没年不詳
飛鳥時代の僧。
¶仏教

**静安**　じょうあん
延暦9（790）年～承和11（844）年
平安時代前期の法相宗の僧。仏名会を広めた。
¶朝日（[没]承和11年3月3日（844年3月25日）），国史，古人，古代（[生]？），古代普（[生]？），古中，コン改（生没年不詳），コン4（生没年不詳），コン5，史人（[没]844年3月3日），新潮（[没]承和11（844）年3月3日），人名（[生]？　[没]878年），日人，仏教，仏史

**昌庵悛丰**（昌庵悛丰）　しょうあんこうほう，しょうあんこうぼう
？　～嘉吉1（1441）年
室町時代の曹洞宗の僧。総持寺81世。

¶人名(昌庵悛丰　しょうあんこうぼう), 日人, 仏教([没]嘉吉1(1441)年8月23日)

**松菴宗栄** しょうあんしゅうえい
応永30(1423)年〜永正1(1504)年　[別]松庵宗栄(しょうあんそうえい)
室町時代〜戦国時代の曹洞宗の僧、下総乗国寺開山。
¶人名, 日人(松庵宗栄　しょうあんそうえい)

**定庵殊禅**(定菴殊禅)　じょうあんしゅぜん
文中2/応安6(1373)年〜永享4(1432)年
南北朝時代〜室町時代の曹洞宗の僧。
¶人名(定菴殊禅), 日人, 仏教([没]永享4(1432)年3月27日)

**邵庵全雍** しょうあんぜんよう
生没年不詳
室町時代の臨済宗の僧。
¶国書

**松庵宗栄** しょうあんそうえい
→松菴宗栄(しょうあんしゅうえい)

**茸庵祖濃** じょうあんそのう
生没年不詳
室町時代の曹洞宗の僧。
¶仏教

**照庵智鑑**(照菴智鑑)　しょうあんちかん, しょうあんちがん
南北朝時代の曹洞宗の僧。
¶人名(照菴智鑑　しょうあんちがん), 姓氏石川, 日人(生没年不詳), 仏教(生没年不詳)

**勝庵伯奇** しょうあんはくき
生没年不詳
室町時代の臨済宗の僧。
¶仏教

**常庵竜崇** じょうあんりゅうすう
→竜崇(りゅうそう)

**常庵竜崇** じょうあんりゅうそう
→竜崇(りゅうそう)

**勝位** しょうい
奈良時代の僧。
¶古人, 古代, 古代普, 日人(生没年不詳)

**勝謂** しょうい
生没年不詳
南北朝時代の僧侶・連歌作者。
¶国書

**昌伊** しょうい
? 〜慶長18(1613)年
安土桃山時代〜江戸時代前期の僧。足利氏家臣。
¶戦東

**照意** しょうい
承応2(1653)年〜宝暦2(1752)年1月22日
江戸時代前期〜中期の浄土真宗の僧。
¶国書

**性威** しょうい
生没年不詳
南北朝時代の僧侶・歌人。
¶国書

**性意** しょうい
生没年不詳
鎌倉時代の僧。親鸞の門弟。
¶福島百

**正為** しょうい
? 〜正平23/応安1(1368)年
南北朝時代の僧。
¶鎌室, 人名, 日人, 仏教([没]応安1/正平23(1368)年8月21日)

**乗伊** じょうい
文永11(1274)年〜延元3/暦応1(1338)年11月15日
鎌倉時代後期の天台宗の僧。
¶国書, 仏教

**浄意** じょうい
生没年不詳
鎌倉時代前期の僧侶・歌人。
¶国書

**成意** じょうい
? 〜延喜17(917)年
平安時代前期の僧。
¶古人([生]?), 古代, 古代普, 日人(生没年不詳), 仏教(生没年不詳), 平史

**静伊** じょうい
生没年不詳
平安時代後期の天台宗の僧・歌人。
¶国書

**静意** じょうい
延久1(1069)年〜仁平1(1151)年
平安時代後期の真言宗の僧。
¶古人, 仏教([没]仁平1(1151)年7月22日), 平史, 密教([没]1151年7月20日, 7月22日)

**定伊** じょうい
生没年不詳
南北朝時代の天台宗の僧・歌人。
¶国書

**定位** じょうい
文永6(1269)年〜?
鎌倉時代後期の真言宗の僧。
¶国書

**定意** じょうい
生没年不詳
鎌倉時代後期の天台宗の僧・歌人。
¶国書

**定為** じょうい
生没年不詳
室町時代の山城醍醐寺の僧、歌人。
¶国書, 人名, 日人, 和俳

**聖一** しょういち
生没年不詳
奈良時代の律宗の僧。
¶仏教

**浄一** じょういち
？ ～永享10(1438)年
室町時代の僧。
¶福井百

**聖一国師** しょういちこくし，しよういちこくし
→円爾弁円(えんにべんえん)



**松陰** しょういん
永享8(1436)年～永正15(1518)年
室町時代～戦国時代の僧。
¶郷土群馬，埼玉人(㊣永正15(1518)年6月15日)，人名，姓氏群馬(生没年不詳)，日人

**証印** しょういん
長治2(1105)年～文治3(1187)年7月15日
平安時代後期の真言宗の僧。証印方の祖。
¶国書，仏教

**清胤** しょういん
天慶6(943)年～長徳1(995)年5月8日　㊀清胤(せいいん)
平安時代中期の天台宗の僧・歌人。
¶国書(㊤天慶7(944)年)，古人(せいいん)，平史(せいいん)

**紹印** じょういん
→木山紹印(きやましょういん)

**乗印** じょういん
大治4(1129)年～建保1(1213)年
平安時代後期～鎌倉時代前期の醍醐寺の学僧。
¶密教(㊣1213年以後)

**乗因** じょういん
天和3(1683)年～元文4(1739)年
江戸時代中期の天台宗延暦寺の僧。
¶近世，国史，国書，思想史(㊤天和2(1682)年)，神史，長野歴(㊤天和2(1682)年)，日人(㊤1682年)

**常胤** じょういん
天文17(1548)年3月9日～元和7(1621)年6月11日
㊀常胤親王(じょういんしんのう)，常胤法親王(じょういんほうしんのう)，妙法院常胤法親王(みょうほういんじょういんほつしんのう)
安土桃山時代～江戸時代前期の天台宗の僧。天台座主170世。
¶国書(常胤親王　じょういんしんのう)，人名(常胤法親王　じょういんほうしんのう)，茶道(妙法院常胤法親王　みょうほういんじょういんほつしんのう)，日人(常胤法親王　じょういんほうしんのう)，仏教

**浄因(1)** じょういん
建保5(1217)年～文永8(1271)年12月12日
鎌倉時代前期の律宗の僧。
¶仏教

**浄因(2)** じょういん
享保15(1730)年～文化1(1804)年7月14日
江戸時代中期～後期の浄土真宗の僧。
¶秋田人2，国書

**静胤** じょういん
生没年不詳
鎌倉時代前期の天台宗の僧。
¶国書

**貞允** じょういん
生没年不詳
鎌倉時代前期の真言宗の僧。
¶仏教

**定胤** じょういん
？ ～天慶2(939)年
平安時代前期～中期の石清水八幡宮の僧。
¶古人(㊤？)，平史

**松蔭玄棟** しょういんげんとう
正保1(1644)年～正徳1(1711)年6月27日
江戸時代前期～中期の臨済宗の僧。
¶国書

**松蔭常宗** しょういんじょうそう
？ ～応永14(1407)年3月1日
南北朝時代～室町時代の臨済宗の僧。
¶国書

**常胤親王** じょういんしんのう
→常胤(じょういん)

**常胤法親王** じょういんほうしんのう
→常胤(じょういん)

**昌雲** しょううん
平安時代後期～鎌倉時代前期の天台僧。
¶古人，平史(生没年不詳)

**松雲(1)** しょううん
慶長15(1610)年～寛文4(1664)年
江戸時代前期の僧。
¶人名

**松雲(2)** しょううん
→松雲元慶(しょううんげんけい)

**祥雲** しょううん
？ ～享保16(1731)年4月3日
江戸時代中期の真言宗の僧。
¶国書

**正運** しょううん
＊～文政13(1830)年8月18日
江戸時代中期～後期の浄土真宗の僧。大坂善行寺住職。
¶国書(㊤寛延2(1749)年)，仏人(㊤1748年)

**聖云** しょううん
生没年不詳
南北朝時代の僧侶。
¶国書

**承雲** じょううん
平安時代前期の僧。
¶古代，古代普，日人（生没年不詳）

**乗運** じょううん
？ 〜元中3/至徳3（1386）年4月27日
江戸時代中期の真宗の僧。
¶国書（生没年不詳），姓氏石川，仏教

**成運** じょううん
生没年不詳
鎌倉時代後期の天台宗の僧・歌人。
¶国書

**静雲** じょううん
？ 〜弘仁12（821）年？
平安時代前期の華厳宗の僧。東大寺16世。
¶古人（㊐？），仏教（㊍弘仁12（821）年11月），平史

**松雲元慶** しょううんげんけい
慶安1（1648）年〜宝永7（1710）年7月11日　㊊元慶（がんぎょう，げんきょう，げんけい），松雲（しょううん）
江戸時代前期〜中期の仏師。大坂瑞龍寺の鉄眼道光の弟子。
¶朝日（㊍宝永7年7月11日（1710年8月5日）），江戸東，黄檗，近世，国史，国書（元慶　げんけい　生没年不詳），史人，新潮，人名（元慶　げんけい），人名（松雲　しょううん），世人（元慶　げんけい），日史，日人，美建，美術，百科，仏教，仏史，仏人（元慶　げんきょう），平史（元慶　がんぎょう　生没年不詳）

**笑雲瑞訢** しょううんずいきん
生没年不詳
室町時代の禅僧。
¶角史，国書

**笑雲清三** しょううんせいさん，しょううんせいざん
室町時代の僧、五山文学者。
¶国書（生没年不詳），人名，日人（しょううんせいざん　生没年不詳），三重続

**松雲宗融** しょううんそうゆう
慶長14（1609）年〜寛文4（1664）年　㊊宗融（しゅうゆう）
江戸時代前期の曹洞宗の僧。
¶黄檗（㊍寛文4（1664）年1月4日），国書（㊍寛文4（1664）年1月4日），日人，仏教（㊍寛文4（1664）年1月4日，（異説）寛文5（1665）年1月4日），仏人（宗融　しゅうゆう）

**勝恵** しょうえ
宝治2（1248）年〜永仁7（1299）年2月8日
鎌倉時代後期の真言宗の僧。東寺長者84世。
¶仏教

**勝慧** しょうえ
？ 〜永禄2（1559）年
戦国時代の浄土真宗の僧。
¶国書（生没年不詳），戦人

**承恵** しょうえ
生没年不詳
南北朝時代の僧侶・歌人。
¶国書

**昭慧**（照慧） しょうえ
？ 〜建徳2/応安4（1371）年
南北朝時代の華厳宗の僧。
¶人名（照慧），日人，仏教（㊍応安4/建徳2（1371）年11月2日）

**証慧**（証恵） しょうえ
建久6（1195）年〜文永1（1264）年5月3日　㊊道観（どうかん）
鎌倉時代前期の僧。浄土宗西山四流の一つ嵯峨流の祖。
¶国史，国書（証恵），古中，日人，仏教（㊐建久6（1195）年，（異説）元久2（1205）年），仏史

**正慧** しょうえ
生没年不詳
鎌倉時代後期の真言宗の僧。
¶仏教

**乗恵** じょうえ
延喜8（908）年〜永観2（984）年
平安時代中期の天台宗延暦寺僧。
¶古人，平史

**浄慧**(1) じょうえ
生没年不詳
江戸時代中期の浄土真宗の僧。
¶国書，仏教

**浄慧**(2) じょうえ
元禄7（1694）年〜？
江戸時代中期の浄土真宗の僧。
¶国書

**成恵** じょうえ
→成慧（せいえ）

**定恵**(1)（定慧） じょうえ
皇極2（643）年〜天智4（665）年
飛鳥時代の僧。藤原鎌足の長男。
¶朝日（㊍天智4年12月23日（666年2月2日）），岩史（㊍天智4（665）年12月23日），国史，古史，古人（㊐643年　㊍665年），古代，古代普（㊐643年　㊍665年），古中，コン改，コン4，コン5，諸系（㊍666年），新潮（㊍天智4（665）年12月23日），人名（㊐？　㊍714年），世人（定慧），対外（㊐643年　㊍665年），日人（㊍666年），仏教（㊐皇極2（643）年，（異説）大化1（645）年　㊍天智4（665）年12月23日，（異説）和銅7（714）年6月12日），仏史

**定恵**(2) じょうえ
平安時代中期の仏師。
¶古人，平史（生没年不詳）

**定慧**（定恵） じょうえ
永仁4（1296）年〜建徳1/応安3（1370）年11月12日
鎌倉時代後期〜南北朝時代の浄土宗の僧。鎌倉光

明寺3世。
¶国書(定恵)，仏教

**勝叡** しょうえい
奈良時代の僧、元興寺寺主。
¶古人

**正叡** しょうえい
徳治1(1306)年～正平16/康安1(1361)年
鎌倉時代後期～南北朝時代の天台・浄土僧。
¶国書

し

**静栄** じょうえい
文明7(1475)年～？
戦国時代の天台宗の僧。
¶国書

**浄永寺敬西** じょうえいじけいさい
～弘治2(1556)年11月4日
安土桃山時代の僧。古川町の浄永寺の開基。
¶飛驒

**浄永寺浄専** じょうえいじじょうせん
生没年不詳
戦国時代の僧。古川町の浄永寺の開基。
¶飛驒

**松英真竜** しょうえいしんりゅう
文明12(1480)年～大永8(1528)年
戦国時代の相国寺松泉軒主の禅僧。
¶兵庫百

**松裔宗佺** しょうえいそうせん
→宗佺(そうせん)

**性易** しょうえき
→戴曼公(たいまんこう)

**聖恵法親王** しょうえほうしんのう
嘉保1(1094)年～保延3(1137)年2月11日　㊞聖恵(しょうけい)，聖恵親王(しょうけいしんのう)，聖恵法親王(しょうえほっしんのう，しょうけいほうしんのう，しょうけいほっしんのう)
平安時代後期の白河天皇の第5皇子。華蔵院流の祖。
¶国史(しょうけいほっしんのう)，国書(聖恵親王　しょうけいしんのう)，古人(しょうえほっしんのう)，古中(しょうけいほっしんのう)，コン改，コン4，コン5，史人(しょうけいほっしんのう)，人名，天皇，日人(しょうけいほうしんのう)，仏教(聖恵　しょうけい)，仏史(しょうけいほっしんのう)，平史

**聖恵法親王** しょうえほっしんのう
→聖恵法親王(しょうえほうしんのう)

**勝円(1)** しょうえん
平安時代後期の仏師。長円の孫。
¶古人，日人(生没年不詳)，美建，平史(生没年不詳)

**勝円(2)** しょうえん
生没年不詳
鎌倉時代前期の真言宗の僧・連歌作者。
¶国書

**勝延(1)** しょうえん
生没年不詳
奈良時代の女性。尼僧。
¶女性

**勝延(2)** しょうえん
天長4(827)年～昌泰4(901)年2月10日
平安時代前期～中期の真言・天台兼宗の僧・歌人。
¶国書，古人，平史

**承円** しょうえん
治承4(1180)年～嘉禎2(1236)年
鎌倉時代前期の天台宗の僧。延暦寺座主。
¶国史，古中，日人，仏教(㊞嘉禎2(1236)年10月16日)，仏史

**照遠(1)** しょうえん
生没年不詳
鎌倉時代の律宗の僧。
¶仏教

**照遠(2)** しょうえん
嘉元2(1304)年～？
南北朝時代の律宗の僧。
¶国書，仏教

**祥延** しょうえん
寛平3(891)年～康保3(966)年
平安時代前期～中期の法相宗の僧。
¶古人，平史

**証演** しょうえん
生没年不詳
奈良時代の女性。尼僧。
¶女性

**性円(1)** しょうえん
→性円法親王(しょうえんほっしんのう)

**性円(2)** しょうえん
→独照性円(どくしょうしょうえん)

**性演** しょうえん
慶長15(1610)年～延宝2(1674)年11月27日
江戸時代前期の真言宗の僧。
¶国書

**聖宴** しょうえん
？～文永11(1274)年
鎌倉時代前期の僧。
¶鎌室，新潮，日人

**声淵** しょうえん
生没年不詳
奈良時代の天台宗の僧。
¶国書

**乗円(1)** じょうえん
生没年不詳
南北朝時代の円派の仏師。
¶朝日，日人，美建，福島百，仏教

**乗円**(2) **じょうえん**
寛永5(1628)年～延宝1(1673)年
江戸時代前期の新義真言宗の僧。
¶人名([生]1613年 [没]1675年)，日人，仏教([没]寛文13(1673)年5月21日)，仏人

**城円 じょうえん**
生没年不詳
南北朝時代の僧。島津氏6代氏久の援助で坊津一乗院を再興。
¶薩摩

**常円 じょうえん**
生没年不詳
江戸時代前期の修験僧。
¶国書

**浄円**(1) **じょうえん**
生没年不詳
南北朝時代の真言宗の僧・連歌作者。
¶国書

**浄円**(2) **じょうえん**
？ ～寛文5(1665)年3月9日
江戸時代前期の浄土宗の僧。
¶仏教

**浄円**(3) **じょうえん**
生没年不詳
江戸時代中期の社僧。
¶国書

**浄円**(4) **じょうえん**
寛政3(1791)年～嘉永3(1850)年
江戸時代後期の僧。
¶日人

**静円 じょうえん**
長和5(1016)年～延久6(1074)年
平安時代中期～後期の僧、歌人。
¶国書([没]延久6(1074)年5月11日)，古人，日人，平史

**静縁 じょうえん**
生没年不詳
平安時代後期～鎌倉時代前期の天台宗の僧・歌人。
¶国書，古人，平史

**静衍 じょうえん**
嘉暦1(1326)年～元中2/至徳2(1385)年2月8日
南北朝時代の天台宗の僧。
¶仏教

**定円**(1) **じょうえん**
康平1(1058)年～保安4(1123)年
平安時代後期の興福寺僧。
¶古人，平史

**定円**(2) **じょうえん**
生没年不詳
鎌倉時代の天台宗の僧・歌人。
¶国書

**定円**(3) **じょうえん**
生没年不詳
鎌倉時代前期の仏師。
¶鎌室，古人，新潮，世人，日人，美建，仏教，平史

**定宴 じょうえん**
生没年不詳 [別]真行房定宴(しんぎょうぼうじょうえん)
鎌倉時代の荘官。東寺領を経営。
¶朝日，岩史，鎌室，国史，古中，コン改(真行房定宴 しんぎょうぼうじょうえん)，コン4(真行房定宴 しんぎょうぼうじょうえん)，コン5(真行房定宴 しんぎょうぼうじょうえん)，史人，新潮，日史，日人，歴大

**定縁 じょうえん**
生没年不詳
鎌倉時代の僧侶・歌人。
¶国書

**常円院日源 じょうえんいんにちげん**
→日源(6)(にちげん)

**聖円寺専西 しょうえんじせんせい**
生没年不詳
安土桃山時代の宮川村の聖円寺の開基。もと広瀬山城守の家臣。
¶飛驒

**浄円寺了願 じょうえんじりょうがん**
明和3(1766)年～文政5(1822)年12月2日
江戸時代後期の学僧。
¶東三河

**浄円寺了実 じょうえんじりょうじつ**
天明3(1783)年～弘化元(1844)年
江戸時代後期の歌僧。
¶東三河

**浄円寺了游 じょうえんじりょうゆう**
文化11(1814)年～慶応元(1865)年
江戸時代末期の歌僧。
¶東三河

**浄円坊 じょうえんぼう**
寛政3(1791)年～嘉永1(1848)年
江戸時代後期の僧。
¶京都府

**性円法親王 しょうえんほうしんのう**
→性円法親王(しょうえんほっしんのう)

**性円法親王 しょうえんほっしんのう**
正応5(1292)年～正平2/貞和3(1347)年 [別]性円(しょうえん)，性円法親王(しょうえんほうしんのう)
鎌倉時代後期～南北朝時代の真言宗の僧。
¶鎌室，人名(しょうえんほうしんのう)，天皇(しょうえんほうしんのう [生]？ [没]貞和3(1347)年3月7日)，日人(しょうえんほうしんのう)，仏教(性円 しょうえん)

し

**称往** しょうおう
？ ～慶長10(1605)年5月25日
安土桃山時代の浄土宗の僧。
¶仏教(㊀慶長10(1605)年5月25日,(異説)慶長12(1607)年5月25日)

**聖応** しょうおう
？ ～天明7(1787)年
江戸時代中期の僧。
¶大阪人(㊀天明7(1787)年4月), 国書(㊀天明7(1787)年4月29日), 日人

**乗応** じょうおう
享保20(1735)年～寛政7(1795)年12月15日
江戸時代中期～後期の浄土真宗の僧。
¶国書

**浄往** じょうおう
元亀3(1572)年～寛永18(1641)年10月28日
安土桃山時代～江戸時代前期の浄土宗の僧。
¶仏教

**浄応** じょうおう
生没年不詳
江戸時代中期の浄土真宗の僧。
¶国書

**照応慧照** しょうおうえしょう
？ ～大永3(1523)年12月12日
戦国時代の曹洞宗の僧。
¶仏教

**紹屋昌隆** しょうおくしょうりゅう
？ ～元和1(1615)年
安土桃山時代～江戸時代前期の曹洞宗の僧。
¶人名, 姓氏石川, 日人, 仏教(㊀慶長20(1615)年4月1日)

**祥屋清吉** しょうおくせいきつ
天文2(1533)年～慶長4(1599)年2月13日
戦国時代～安土桃山時代の曹洞宗の僧。
¶仏教

**性屋宗清** しょうおくそうせい
生没年不詳
戦国時代～安土桃山時代の曹洞宗の僧。
¶仏教

**春屋宗能** しょうおくそうのう
弘和2/永徳2(1382)年～康正2(1456)年
室町時代の曹洞宗の僧。
¶姓氏神奈川(㊐？), 日人, 仏教(㊀康正2(1456)年3月19日)

**乗恩** じょうおん
享保10(1725)年～天明5(1785)年10月29日
江戸時代中期の浄土真宗の僧。
¶国書, 仏教

**常音** じょうおん
安永6(1777)年～嘉永6(1853)年4月27日
江戸時代後期の浄土真宗の僧。
¶国書, 富山百(㊐安永5(1776)年), 仏教

**浄音** じょうおん
→法興(ほうこう)

**盛音** じょうおん
生没年不詳
戦国時代の天台宗の僧。
¶国書

**性嘉** しょうか
生没年不詳
江戸時代前期の黄檗宗の僧。
¶国書

**勝賀** しょうが
→宅磨勝賀(たくましょうが)

**乗雅** じょうが
生没年不詳
鎌倉時代の真言宗の僧・歌人。
¶国書

**浄賀** じょうが
建治1(1275)年～正平11/延文1(1356)年10月13日　㊀康楽寺浄賀(こうらくじじょうが)
鎌倉時代後期の画僧。
¶角史, 鎌室(生没年不詳), 京都大(生没年不詳), 国書, コン改(生没年不詳), コン4(生没年不詳), コン5, 新潮(生没年不詳), 人名, 世人, 長野歴(生没年不詳), 日人, 美家, 仏教, 名画(康楽寺浄賀　こうらくじじょうが)

**浄雅** じょうが
正元1(1259)年～文保3(1319)年4月7日
鎌倉時代後期の天台宗の僧。
¶仏教

**盛賀** じょうが
平安時代後期～鎌倉時代前期の仏師。
¶古人, 美建, 平史(生没年不詳)

**定賀** じょうが
平安時代後期～鎌倉時代前期の仏師。
¶古人, 美建, 平史(生没年不詳)

**少仮庵其山坊** しょうかあんきさんぼう
？ ～文化10(1813)年
江戸時代中期～後期の玖珂郡新庄村良照寺9世住職仙外和尚。
¶姓氏山口

**勝快** しょうかい
？ ～天永3(1112)年
平安時代後期の清水寺別当。
¶古人(㊐？), 平史

**勝海** しょうかい
元暦1(1184)年～建保5(1217)年2月4日
平安時代後期～鎌倉時代前期の僧。勝倶胝院々主。
¶密教

**昌海** しょうかい
生没年不詳
平安時代前期の法相宗の僧。
¶国書, 人名, 日人, 仏教

**照海** しょうかい
天文21(1552)年〜元和2(1616)年2月13日
安土桃山時代〜江戸時代前期の新義真言宗の僧。
¶国書(生没年不詳), 仏教

**性海**(1) しょうかい
平安時代前期の僧。
¶古人, 古代, 古代普, 日人(生没年不詳)

**性海**(2) しょうかい
→性海霊見(しょうかいれいけん)

**性海**(3) しょうかい
生没年不詳
江戸時代中期の浄土真宗の僧。
¶国書

**性海**(4) しょうかい
貞享1(1684)年〜明和1(1764)年8月2日
江戸時代中期の新義真言宗の僧。長谷寺25世。
¶国書(生没年不詳), 仏教, 仏人

**性海**(5) しょうかい
明和2(1765)年〜天保9(1838)年1月21日
江戸時代後期の浄土真宗の僧。
¶国書, 富山百, 仏教, 仏人

**政海** しょうかい
寛喜3(1231)年〜?　[別]政海(せいかい)
鎌倉時代の天台宗の僧。
¶国書, 日人(せいかい), 仏教(生没年不詳)

**正楷** しょうかい
生没年不詳
江戸時代中期の浄土真宗の僧。
¶国書

**聖快** しょうかい
生没年不詳
鎌倉時代後期の僧。
¶鎌室, 国書, 諸系, 人名, 日人, 仏教

**聖戒** しょうかい,じょうかい
弘長1(1261)年〜元亨3(1323)年2月15日
鎌倉時代後期の僧。時宗六条派の祖。
¶岩史, 愛媛(じょうかい), 鎌室(生没年不詳), 国史, 国書, 古中, コン5([没]元亨2(1322)年), 史人, 人名, 姓氏京都, 日人, 仏教, 仏史, 仏人, 名僧

**乗海**(1) じょうかい
永久4(1116)年〜治承2(1178)年5月4日
平安時代後期の真言宗の僧。醍醐寺19世。
¶古人, 仏教, 平史, 密教

**乗海**(2) じょうかい
生没年不詳
南北朝時代〜室町時代の天台宗の僧。
¶国書

**乗海**(3) じょうかい
生没年不詳
戦国時代〜安土桃山時代の天台宗の僧。
¶国書

**乗海**(4) じょうかい
?　〜慶長4(1599)年6月19日
戦国時代〜安土桃山時代の社僧。
¶国書

**性海** じょうかい
→千輪性海(ちわしょうかい)

**静槐** じょうかい
生没年不詳
平安時代後期の真言宗の僧。
¶仏教

**貞海**(1) じょうかい
生没年不詳
鎌倉時代後期〜南北朝時代の三論宗の僧。
¶国書

**貞海**(2) じょうかい
生没年不詳
南北朝時代の天台宗の僧。
¶国書

**定戒** じょうかい
生没年不詳
奈良時代の女性。尼僧。
¶女性

**定海**(1) じょうかい
生没年不詳
奈良時代の女性。尼僧。
¶国書, 女性

**定海**(2) じょうかい
承保1(1074)年〜久安5(1149)年4月12日
平安時代後期の真言宗の僧。右大臣源顕房の子。
¶朝日([生]承保1年1月3日(1074年2月1日)　[没]久安5年4月12日(1149年5月20日)), 岩史([生]延久6(1074)年1月3日), 国史, 国書([生]延久6(1074)年1月3日), 古人, 古中, コン改([生]承保2(1075)年), コン4([生]承保2(1075)年), コン5([生]承保2(1075)年), 史人([生]1074年1月3日), 新潮, 人名([生]1075年), 姓氏京都, 日人, 仏教([生]延久6(1074)年1月3日), 仏史, 平史, 密教, 歴大

**象海恵湛** しょうかいけいたん
→象海恵湛(ぞうかいえたん)

**性海見拙** しょうかいけんせつ
生没年不詳
江戸時代前期の曹洞宗の僧。
¶国書

**松崖洪蔭** しょうがいこういん
生没年不詳
室町時代の僧。
¶日人

**正海慈孝** しょうかいじこう
?　〜寛正7(1466)年1月28日
室町時代の曹洞宗の僧。
¶仏教

**象外禅鑑** しょうがいぜんかん
→象外禅鑑（ぞうがいぜんかん）

**貞戒尼師** じょうかいにし
生没年不詳
奈良時代の女性。尼僧。
¶女性

**性海霊見** しょうかいりょうけん
→性海霊見（しょうかいれいけん）

**性海霊見** しょうかいれいけん
正和4（1315）年～応永3（1396）年3月21日　[別]性海（しょうかい），性海霊見（しょうかいりょうけん）
南北朝時代の臨済宗の僧。東福寺40世、天竜寺17世。
¶国書，詩歌，人名，世人（性海　しょうかい），長野百，長野歴（しょうかいりょうけん），日人（[生]？），仏教（[生]？），和俳

**勝覚**(1) しょうかく
天喜5（1057）年～大治4（1129）年4月1日
平安時代後期の真言宗の僧。左大臣源俊房の子。
¶朝日（[生]康平1（1058）年　[没]大治4年4月1日（1129年4月21日）），岩史（[生]康平1（1058）年），国史（[生]1058年），国書，古人，古中，コン改，コン4，コン5，諸系（[生]1057年，（異説）1058年），新潮，人名，姓氏京都，日人（[生]1057年，（異説）1058年），仏教，仏史（[生]1058年），平史，密教

**勝覚**(2) しょうかく
治暦1（1065）年～承徳1（1097）年
平安時代後期の園城寺の僧。
¶古人

**承覚** しょうかく
養和1（1181）年～宝治2（1248）年11月13日
鎌倉時代前期の天台宗の僧。
¶仏教

**昭覚** しょうかく，しょうがく
？　～元中1/至徳1（1384）年　[別]円龕昭覚（えんがんしょうがく）
南北朝時代の僧。
¶鎌室（しょうがく），人名，日人（円龕昭覚　えんがんしょうがく），仏教（円龕昭覚　えんがんしょうがく　[没]至徳1/元中1（1384）年9月11日），仏人

**照覚** しょうかく
生没年不詳
南北朝時代の僧侶・歌人。
¶国書

**証覚** しょうかく
生没年不詳
江戸時代中期の画僧。
¶人名，日人，仏教

**性覚** しょうかく
生没年不詳
江戸時代中期の天台宗の僧。
¶国書

**正覚** しょうかく
生没年不詳
鎌倉時代前期の曹洞宗の尼僧。道元の弟子。
¶朝日

**清覚** しょうかく
生没年不詳
南北朝時代～室町時代の天台宗の僧。
¶国書

**聖覚** しょうかく，しょうがく
→聖覚（せいかく）

**相覚** しょうかく
延久2（1070）年～天治1（1124）年
平安時代後期の天台宗の僧。
¶古人，平史

**章岳** しょうがく
生没年不詳
戦国時代の臨済宗の禅僧。
¶戦辞

**正覚** しょうがく
？　～保元2（1157）年
平安時代後期の天台宗の僧。
¶仏教

**静覚** じょうかく
万寿1（1024）年～永保3（1083）年
平安時代中期～後期の僧。
¶古人，日人，平史

**貞覚** じょうかく
久寿2（1155）年～？
平安時代後期～鎌倉時代前期の天台宗延暦寺僧。
¶古人（[没]？），平史

**定覚**(1) じょうかく
平安時代後期の東寺の僧。
¶古人

**定覚**(2) じょうかく
平安時代後期の興福寺の僧。
¶古人

**定覚**(3) じょうかく
永承1（1046）年～永久5（1117）年
平安時代後期の天台宗園城寺僧。
¶古人，平史

**定覚**(4) じょうかく
生没年不詳
平安時代後期の真言宗の僧。
¶仏教

**定覚**(5) じょうかく，じょうがく
生没年不詳
鎌倉時代前期の仏師。運慶の弟。
¶朝日，鎌室（じょうがく），国史，古人，古中，史人，新潮，人名（じょうがく），日人，美建，

仏教（じょうがく），仏史，平史，山川小

**定覚(6)** じょうかく
生没年不詳
鎌倉時代後期以前の僧侶・歌人。
¶国書

**上覚** じょうがく，じょうかく
久安3（1147）年～嘉禄2（1226）年
鎌倉時代前期の歌学者。
¶国書（じょうかく），人名

**正覚院** しょうがくいん
生没年不詳
江戸時代中期の修験者。
¶飛驒

**紹岳堅隆** しょうがくけんりゅう
？ ～文明17（1485）年11月29日
室町時代～戦国時代の曹洞宗の僧。
¶人名，日人（㊀1486年），仏教

**正覚寺正心** しょうがくじしょうしん
～慶長19（1614）年10月5日
江戸時代前期の朝日村の正覚寺の開基。
¶飛驒

**浄覚寺浄曜** じょうかくじじょうよう
～明治9（1876）年2月1日
明治期の国府町の浄覚寺の開基。
¶飛驒

**浄覚寺善慶** じょうかくじぜんけい
生没年不詳
戦国時代の高山市の浄覚寺の開基。
¶飛驒

**松岳紹長** しょうがくしょうちょう
天文23（1554）年～寛永3（1626）年3月1日
安土桃山時代～江戸時代前期の臨済宗の僧。大徳寺137世。
¶仏教

**松岳宗繕** しょうがくそうぜん
生没年不詳
戦国時代の臨済宗の僧。妙心寺15世。
¶仏教

**嘯岳鼎虎** しょうがくていこ
？ ～慶長4（1599）年
安土桃山時代の僧、南禅寺主、五山文学者。
¶国書（㊀慶長4（1599）年10月5日），人名，日人

**正覚尼** しょうがくに
生没年不詳
鎌倉時代前期の尼僧。道元の外護者。
¶日人，仏教

**正覚房道邃** しょうかくぼうどうすい
？ ～保元2（1157）年
平安時代後期の姫路山称名寺（のちに正明寺と改む）開山、増位山随願寺第17代長吏。
¶兵庫百

**松花堂昭乗** しょうかどうしょうじょう
天正12（1584）年～寛永16（1639）年9月18日
㊊昭乗（しょうじょう），松花堂（しょうかどう）
江戸時代前期の学僧、書画家。
¶朝日（㊀寛永16年9月18日（1639年10月14日）），岩史，江人，角史，京都，郷土奈良（昭乗 しょうじょう），京都府，近世，国史，国書，コン改（㊐天正10（1582）年，（異説）1584年），コン4（㊐天正10（1582）年，（異説）1584年），コン5（㊐天正10（1582年，1584）年），史人，新潮，人名，姓氏京都，世人，世百（昭乗 しょうじょう），全書，戦人（昭乗 しょうじょう），大百，茶道，日史，日人，美家，美術（㊐天正12（1584）年？），百科，仏教，名画，歴大（㊐1582年），和俳

**勝観** しょうかん
生没年不詳
平安時代中期の僧侶・歌人。
¶国書，古人，平史，北条

**昌寛** しょうかん
平安時代後期～鎌倉時代前期の僧。京都成勝寺の執行。源頼朝の右筆的存在。
¶鎌室（生没年不詳），古人，内乱，日人（生没年不詳），平家

**証観** しょうかん
平安時代後期の天台宗の僧。
¶国書（㊐治暦3（1067）年 ㊀保延3（1137）年2月11日），古人（㊐1065年 ㊀1137年），コン改（㊐？ ㊀保延2（1136）年），コン4（㊐？ ㊀保延2（1136）年），コン5（㊐？ ㊀保延2（1136）年），新潮（㊐治暦3（1067）年 ㊀保延3（1137）年2月11日），人名（㊐1067年 ㊀1137年），日人（㊐1067年 ㊀1136年，（異説）1137年），仏教（㊐治暦3（1067）年 ㊀保延2（1136）年2月11日，（異説）保延3年2月12日），平史（㊐1065年 ㊀1137年）

**正観** しょうかん
？ ～弘化3（1846）年5月
江戸時代後期の浄土真宗の僧。
¶国書，仏教

**聖観(1)** しょうかん
生没年不詳
鎌倉時代の画僧。
¶日人

**聖観(2)** しょうかん
弘安10（1287）年～正平24/応安2（1369）年6月1日
鎌倉時代後期～南北朝時代の浄土宗の僧。
¶国書，仏教

**聖観(3)** しょうかん
応永21（1414）年～文明11（1479）年 ㊊音誉聖観（おんよしょうかん）
室町時代の僧。
¶戦辞（音誉聖観 おんよしょうかん ㊀文明11年7月2日（1479年7月20日）），戦人，仏教（㊐応永21（1414）年2月18日 ㊀文明11（1479）年7月2日）

**聖観(4)　しょうかん**
延享2(1745)年～享和2(1802)年
江戸時代後期の国学者。
¶大阪人([生]延享1(1744)年　[没]享和2(1802)年12月)，大阪墓([没]享和2(1802)年12月14日)，人名，日人([没]1803年)

**正含　しょうがん**
元禄2(1689)年～明和6(1769)年10月2日
江戸時代中期の浄土宗の僧。
¶国書

**常観(1)　じょうかん**
？～寛永5(1628)年　[別]自息軒常観(じそくけんじょうかん)
江戸時代前期の真言宗の僧。
¶人名(自息軒常観　じそくけんじょうかん)，日人，仏教([没]寛永5(1628)年1月21日)

**常観(2)　じょうかん**
生没年不詳
江戸時代後期～末期の天台宗の僧。
¶国書

**常観(3)　じょうかん**
生没年不詳
密教僧。
¶日人，仏教

**浄観(1)　じょうかん**
寛延3(1750)年～文化3(1806)年1月
江戸時代中期～後期の行者、儒学者。
¶仏教

**浄観(2)　じょうかん**
文政3(1820)年～明治19(1886)年2月7日
江戸時代後期～明治期の僧侶。
¶真宗

**浄観(3)　じょうかん**
文政11(1828)年～明治13(1880)年1月21日
江戸時代末期～明治期の真言宗の僧。
¶国書(生没年不詳)，仏教

**静観　じょうかん**
応徳2(1085)年～保元2(1157)年
平安時代後期の真言僧。
¶古人，平史

**定観　じょうかん**
生没年不詳
平安時代中期の真言宗の僧。高野山検校3世。
¶仏教

**浄厳　じょうがん**
→浄厳(1)(じょうごん)

**清厳　じょうがん**
→清厳(せいがん)

**定厳　じょうがん**
嘉永4(1851)年～大正3(1914)年
江戸時代末期～大正期の僧。飯山忠恩寺住職。
¶長野歴

**笑巌慧忻　しょうがんえきん**
正平22/貞治6(1367)年～宝徳2(1450)年　[別]笑巌慧忻(しょうがんえごん)
室町時代の曹洞宗の僧。
¶人名(しょうがんえごん)，日人，仏教([没]宝徳2(1450)年2月22日)

**笑巌慧忻　しょうがんえごん**
→笑巌慧忻(しょうがんえきん)

**松巌元操　しょうがんげんそう**
生没年不詳
江戸時代中期の黄檗宗の僧。
¶国書

**松岸旨淵　しょうがんしえん**
？～正平18/貞治2(1363)年6月5日
鎌倉時代後期～南北朝時代の曹洞宗の僧。
¶人名，富山百，日人，仏教

**浄願寺浄西　じょうがんじじょうさい**
～長享2(1488)年3月12日
戦国時代の丹生川村の浄願寺の開基。
¶飛騨

**笑巌宗誾　しょうがんしゅうぎん**
→笑巌宗誾(しょうがんそうぎん)

**祥巌秀麟　しょうがんしゅうりん**
生没年不詳
戦国時代の曹洞宗の僧。
¶仏教

**笑顔正忻　しょうがんしょうきん**
？～天文5(1536)年
戦国時代の曹洞宗の僧。
¶日人，仏教([没]天文5(1536)年7月17日)

**嘯巌全虎　しょうがんぜんこ**
生没年不詳
室町時代の曹洞宗の僧。
¶日人，仏教

**笑巌宗誾　しょうがんそうぎん**
？～慶長3(1598)年7月25日　[別]笑巌宗誾(しょうがんしゅうぎん)
戦国時代～安土桃山時代の曹洞宗の僧。
¶国書(しょうがんしゅうぎん)，人名(しょうがんしゅうぎん)，日人，仏教

**勝巌宗殊　しょうがんそうしゅ**
→宗殊(そうしゅ)

**承顔智順　しょうがんちじゅん**
生没年不詳
室町時代の曹洞宗の僧。
¶日人，仏教

**嘯巌如震　しょうがんにょしん**
文化2(1805)年～安政3(1857)年2月3日
江戸時代末期の黄檗宗の僧。
¶黄檗

**紹喜** しょうき,じょうき
→快川紹喜(かいせんじょうき)

**性喜** しょうき
生没年不詳
鎌倉時代後期の尼僧。宮城郡岩切の東光寺を創建した。
¶姓氏宮城

**性機** しょうき
→慧林性機(えりんしょうき)

**清基** しょうき
生没年不詳　㊊清基(せいき)
平安時代中期の僧侶・歌人。
¶国書，古人(せいき)，平史(せいき)

**聖基** しょうき
元久1(1204)年～文永4(1267)年12月9日
鎌倉時代前期の三論宗・真言宗兼学の僧。東大寺103世。
¶国書，日人，仏教

**聖奇** しょうき
生没年不詳
南北朝時代の真言宗の僧。
¶国書

**勝義** しょうぎ
康平6(1063)年～長承1(1132)年
平安時代後期の僧。
¶古人，平史

**昌義** しょうぎ
生没年不詳
南北朝時代の僧侶・歌人。
¶国書

**正義** しょうぎ
平安時代前期の僧。
¶古代，古代普，仏教(生没年不詳)

**乗基** じょうき
生没年不詳
鎌倉時代の真言宗の僧・歌人。
¶国書

**常輝** じょうき
百済・威徳王33(586)年～？
飛鳥時代の渡来僧。
¶仏教

**浄煕** じょうき
→仁叟浄煕(にんそうじょうき)

**静基** じょうき
生没年不詳
鎌倉時代後期の真言宗の僧。
¶国書

**定基**(1) じょうき
天延3(975)年～長元6(1033)年
平安時代中期の園城寺僧。
¶古人，平史

**定基**(2) じょうき
平安時代後期の園城寺の僧。法成寺執行長吏。
¶古人

**定煕** じょうき
生没年不詳
南北朝時代～室町時代の僧侶・歌人。
¶国書

**常巍** じょうぎ
生没年不詳
奈良時代の律宗の僧。
¶仏教

**性菊** しょうきく
→仙林性菊(せんりんしょうきく)

**松丘** しょうきゅう
明和2(1765)年～天保4(1833)年
江戸時代後期の僧侶。
¶和歌山人

**章救** しょうきゅう
平安時代後期の僧。
¶平家

**常久** じょうきゅう
保延6(1140)年～建暦3(1213)年3月14日
平安時代後期～鎌倉時代前期の天台宗の僧。
¶仏教

**勝久寺円通** しょうきゅうじえんづう
生没年不詳
戦国時代の高山市の勝久寺の開基。
¶飛騨

**勝久寺善阿** しょうきゅうじぜんあ
～文政2(1819)年1月6日
江戸時代後期の高山市の勝久寺の僧。
¶飛騨

**正慶** しょうきょう
安永4(1775)年～嘉永4(1851)年8月15日
江戸時代後期の浄土真宗の僧。越中円満寺住職。
¶国書，仏人

**聖慶**(1) しょうきょう
久寿1(1154)年～安元1(1175)年3月6日　㊊聖慶(しょうけい)
平安時代後期の三論宗の僧。
¶コン改，コン4，コン5，新潮，人名，日人(しょうけい　㊐1153年)，仏教(しょうけい　㊐仁平3(1153)年)

**聖慶**(2) しょうきょう
生没年不詳
南北朝時代～室町時代の浄土宗の僧。
¶仏教

**勝暁** しょうぎょう
生没年不詳
奈良時代の学僧。
¶仏教

し

**承教** じょうきょう
奈良時代の僧。
¶古人

**静経** じょうきょう
? ～仁平2(1152)年
平安時代後期の徳大寺の僧。
¶古人(㊤?), 平史

**貞慶** じょうきょう
→貞慶(2)(じょうけい)

し

**浄教** じょうきょう★
～乾元2(1303)年4月12日
鎌倉時代後期の秋田真宗の最古参。
¶秋田人2

**常暁**(1) じょうぎょう
? ～貞観8(866)年11月30日
平安時代前期の真言宗の僧。入唐八家の一人、太元帥法を伝えた。
¶朝日(㊦貞観8年11月30日(867年1月9日)), 岩史, 国史, 国書, 古人(㊤?), 古代, 古代普(㊤?), 古中, コン4, コン5, 史人, 人名(㊦865年), 姓氏京都, 対外(㊤?), 日人(㊦867年), 仏教, 仏史, 仏人, 平史, 歴大

**常暁**(2) じょうぎょう
生没年不詳
南北朝時代の僧侶・連歌作者。
¶国書

**浄業** じょうぎょう
→曇照(どんしょう)

**貞暁** じょうぎょう
文治2(1186)年～寛喜3(1231)年2月22日 ㊐貞暁(ていぎょう)
鎌倉時代前期の真言宗の僧。
¶鎌倉, 鎌倉新(㊤文治2(1186)年2月26日), 鎌室(ていぎょう), 古人, 古人(ていぎょう), 諸系, 新潮(㊤文治2(1186)年2月26日), 日人, 仏教, 平史, 和歌山人

**定暁** じょうぎょう
*～嘉暦2(1327)年10月23日
鎌倉時代後期の真言宗の僧。妙法院流の祖。
¶国書(㊤正嘉2(1258)年), 仏教(㊤?)

**正行房** しょうぎょうぼう
生没年不詳
鎌倉時代前期の浄土宗の僧。
¶仏教

**勝均** しょうきん
生没年不詳
奈良時代の法相宗の僧。
¶国書, 仏教

**承均** しょうきん
生没年不詳 ㊐承均(そうく)
平安時代前期の歌僧。
¶国書, 古人(そうく), 仏教, 平史(そうく)

**紹瑾** しょうきん,じょうきん
→瑩山紹瑾(けいざんじょうきん)

**性均** しょうきん
天和1(1681)年～宝暦7(1757)年8月14日
江戸時代中期の浄土真宗の僧。
¶国書(㊤延宝7(1679)年), 日人, 仏教

**聖欽** しょうきん
? ～長享1(1487)年11月24日
室町時代の真言宗の僧。
¶仏教

**聖吟** しょうぎん
? ～元和5(1619)年2月21日
安土桃山時代～江戸時代前期の浄土宗の僧。
¶仏教

**聖救** しょうく
延喜9(909)年～長徳4(998)年
平安時代中期の天台宗の僧。
¶古人, 日人, 仏教(㊦長徳4(998)年8月1日), 平史

**勝虞** しょうぐ
→勝虞(しょうご)

**性愚** しょうぐ
生没年不詳
江戸時代前期～中期の浄土宗の僧。
¶国書, 仏教

**聖弘** しょうぐ
平安時代後期の興福寺僧。得業。
¶古人, 平史(生没年不詳)

**丈愚** じょうぐ
生没年不詳
江戸時代前期～中期の浄土真宗の僧。
¶国書

**彰空** しょうくう
生没年不詳
鎌倉時代後期の浄土宗の僧・歌人。
¶国書

**承空**(1) しょうくう
鎌倉時代の僧。京都西山往生院第5世長老。
¶栃木歴

**承空**(2) しょうくう
生没年不詳
鎌倉時代後期の浄土宗の僧・歌人。
¶国書

**照空** しょうくう
生没年不詳
鎌倉時代後期の浄土宗の僧・歌人。
¶国書

**証空**(1) しょうくう
生没年不詳
平安時代中期の天台宗の僧。
¶古人, 日人, 仏教, 平史

し

**証空**(2) しょうくう
治承1(1177)年11月9日～宝治1(1247)年11月26日 ㊕鑑知国師(かんちこくし),鑑智国師(かくちこくし),善慧房(ぜんえぼう)
鎌倉時代前期の浄土宗の僧(西山派の派祖)。法然の高弟。
¶朝日(㊤治承1年11月9日(1177年11月30日) ㊥宝治1年11月26日(1247年12月24日)),岩史,角史,鎌室,京都大,京都府,国史,国書,古史,古人,古中,コン改,コン4,コン5,史人,思想史,重要,新潮,人名,姓氏京都,世人,全書,大百,中世,長野歴,日思,日史,日人,百科,兵庫百,仏教,仏史,仏人,名僧,歴大

**性空**(1) しょうくう
*～寛弘4(1007)年3月10日 ㊕書写上人(しょしゃしょうにん,しょしゃのしょうにん)
平安時代中期の僧。姫路市の天台宗寺院、書写山円経寺の開基。
¶朝日(㊤? ㊥寛弘4年3月10日(1007年3月31日)),岩史(㊤?),角史(㊤?),国史(㊤?),国書(㊤延喜10(910)年),古史(㊤910年?),古人(㊤?),古中(㊤?),コン改(㊤延喜10(910)年),コン4(㊤延喜10(910)年),コン5(㊤延喜10(910)年),史人(㊤?),新潮(㊤延喜10(910)年),人名(㊤910年),世人(㊤延喜10(910)年),世百(㊤910年),全書(㊤910年),大百(㊤928年?),日史(㊤延喜10(910)年?),日人(㊤910年),百科(㊤延喜10(910)年),仏教(㊤延喜10(910)年?),仏史(㊤?),仏人(㊤910年),平史(㊤?),歴大(㊤?)

**性空**(2) しょうくう
延喜22(922)年～長保4(1002)年
平安時代中期の僧。霧島山信仰に影響を与えた。
¶宮崎百

**性空**(3) しょうくう
延長6(928)年～寛弘4(1007)年3月13日 ㊕性空上人(しょうくうしょうにん)
平安時代中期の僧。姫路市の天台宗寺院、書写山円経寺の開基。
¶兵庫人(性空上人 しょうくうしょうにん),兵庫百

**正空** しょうくう
宝徳3(1451)年～永正16(1519)年3月19日
戦国時代の浄土宗の僧。鎌倉光明寺10世。
¶仏教

**清空** しょうくう
生没年不詳
南北朝時代の浄土宗の僧・歌人。
¶国書

**乗功** じょうくう
生没年不詳
南北朝時代の僧侶・歌人。
¶国書

**浄空** じょうくう
元禄6(1693)年10月10日～安永4(1775)年10月28日
江戸時代中期の新義真言宗の僧。智積院20世。
¶国書,埼玉人,埼玉百,人名,日人,仏教,仏人

**貞空** じょうくう
生没年不詳
鎌倉時代後期の浄土宗の僧・歌人。
¶国書

**上宮寺信祐** じょうぐうじしんゆう
天文10(1541)年～天正2(1574)年
戦国時代～安土桃山時代の僧。三河三か寺の一つ上宮寺第35世。
¶姓氏愛知

**性空上人** しょうくうしょうにん
→性空(3)(しょうくう)

**少薫梵紶** しょうくんぼんき
生没年不詳
室町時代の臨済宗の僧。相国寺87世。
¶仏教

**将軍万福** しょうぐんまんぷく
生没年不詳
奈良時代の仏師。興福寺西金堂本尊丈六釈迦集会像を造像。
¶朝日,新潮,日史,日人,美建,美術,百科,仏教

**昌継** しょうけい
文中2/応安6(1373)年～長禄5(1461)年
室町時代の僧、日光山第42世別当(座禅院権別当)。
¶栃木歴

**松兄** しょうけい
明和4(1767)年～文化4(1807)年7月25日
江戸時代中期～後期の俳人。
¶国書,日人,俳諧(㊤?),俳句,俳文,和俳(㊤?)

**松谿** しょうけい
室町時代の水墨画家。
¶朝日(生没年不詳),人名,日人(生没年不詳),美家

**祥啓** しょうけい
→浄定行者(きよさだぎょうじゃ)

**証慶** しょうけい
嘉応2(1170)年～寛元4(1246)年9月10日
鎌倉時代前期の天台宗の僧。
¶仏教

**性慶** しょうけい
寛文7(1667)年1月23日～元文2(1737)年6月6日
江戸時代中期の天台宗寺門派の僧。
¶近世,国史,国書,人名(㊤1668年),日人,仏教,仏史,仏人

し

**性瑩** しょうけい
→独湛性瑩（どくたんしょうけい）

**正慶** しょうけい
生没年不詳
戦国時代の天台宗の僧。
¶国書

**清慶** しょうけい
寛永15（1638）年～？
江戸時代前期の法相宗の僧。
¶国書

**聖恵** しょうけい
→聖恵法親王（しょうえほうしんのう）

**聖慶(1)** しょうけい
→聖慶(1)（しょうきょう）

**聖慶(2)** しょうけい
平安時代後期～鎌倉時代前期の仏師。
¶古人，平史（生没年不詳）

**聖冏** しょうげい
興国2/暦応4（1341）年～応永27（1420）年9月27日
㊙了誉聖冏（りょうよしょうきょう，りょうよしょうげい），酉蓮社了誉（ゆうれんじゃりょうりょ），了誉（りょうよ）
南北朝時代～室町時代の浄土宗の僧。浄土宗鎮西派の第7祖。
¶朝日（㊤暦応4/興国2年10月15日（1341年11月24日）　㊦応永27年9月27日（1420年11月3日）），角史（了誉聖冏　りょうよしょうげい），鎌室（了誉聖冏　りょうよしょうきょう），国史，国書（㊤暦応4（1341）年1月25日），古中，史人（㊤1341年10月15日），思想史，重要（了誉聖冏　りょうよしょうげい），神人（㊤興国2（1341）年1月25日），新潮（了誉聖冏　りょうよしょうきょう），人名，世人，世人（了誉聖冏　りょうよしょうげい），全書，大百，日思，日史（㊤暦応4/興国2（1341）年10月15日），日人，百科，仏教（㊤暦応4/興国2（1341）年1月25日），仏史，仏人，名僧，歴大

**浄慶** じょうけい
生没年不詳
平安時代後期～鎌倉時代前期の仏師。
¶古人，戦辞，美建，仏教，平史

**静慶** じょうけい
久安6（1150）年～寛元1（1243）年3月16日　㊙信恵（しんえ）
鎌倉時代前期の律宗の僧。
¶仏教，密教（信恵　しんえ）

**静継** じょうけい
？　～文久3（1863）年
江戸時代後期～末期の真宗大谷派の僧。
¶姓氏石川

**貞慶(1)** じょうけい
＊～天慶7（944）年7月8日
平安時代前期～中期の真言宗の僧。
¶郷土岐阜（㊤874年），国書（㊤貞観8（866）年　㊦？），仏教（㊤貞観15（873）年）

**貞慶(2)** じょうけい
久寿2（1155）年5月21日～建暦3（1213）年2月3日
㊙貞慶（じょうきょう），解脱（げだつ），解脱上人（げだつしょうにん），笠置上人（かさぎのしょうにん）
平安時代後期～鎌倉時代前期の法相宗の学僧。藤原信西の孫。法然の専修念仏を排撃する旧仏教の代表的存在。戒律の復興に努め「興福寺奏状」では浄土宗を批判し、専修念仏の禁止を朝廷に求めた。
¶朝日（㊤久寿2年5月21日（1155年6月22日）　㊦建保1年2月3日（1213年2月24日）），岩史，角史，鎌室，京都府，国史，国書，古人，古中，コン改（じょうきょう），コン4（じょうきょう），コン5（じょうきょう），史人，思想史，重要，神人，新潮，人名（じょうきょう　㊦1212年），姓氏京都，世人（じょうきょう　㊦建暦2（1212）年2月3日），全書，大百，中世，伝記，日思，日史，日人，百科（㊦建暦2（1212）年），仏教，仏史，仏人，平史，平日（㊤1155　㊦1213），名僧，山川小，歴大

**定慶〔越前法橋〕** じょうけい
寛元4（1246）年～？
鎌倉時代後期の仏師。
¶角史（――〔代数なし〕　生没年不詳），新潮（――〔代数なし〕　生没年不詳），人名（――〔越前法橋定慶〕），世人（――〔代数なし〕　生没年不詳），全書（生没年不詳），大百（――〔越前法橋定慶〕），日史（生没年不詳），日人（――〔代数なし〕），美建（代数なし），美術（――〔代数なし〕　生没年不詳），百科（――〔代数なし〕），仏教（――〔代数なし〕）

**定慶〔大仏師法師〕** じょうけい
生没年不詳
鎌倉時代の仏師。奈良仏師康慶の一門。
¶朝日（――〔代数なし〕），岩史（――〔代数なし〕），角史（――〔代数なし〕），鎌室（――〔代数なし〕），国史（――〔代数なし〕），古人（代数なし），古中（――〔代数なし〕），コン改（――〔代数なし〕），コン4（――〔代数なし〕），コン5（代数なし），史人（――〔代数なし〕），新潮（――〔代数なし〕），人名（――〔大仏師法師定慶〕），世人（――〔代数なし〕），全書（――〔法師〕），大百（――〔大仏師法師定慶〕），日史，日人（――〔代数なし〕），美建（代数なし），美術（――〔代数なし〕），百科（――〔代数なし〕），仏教（――〔代数なし〕），仏史（――〔代数なし〕），山川小（代数なし），歴大（――〔代数なし〕）

**定慶〔肥後法眼〕** じょうけい
元暦1（1184）年～？
鎌倉時代前期の仏師。
¶朝日（――〔代数なし〕），角史（――〔代数なし〕），京都大（――〔代数なし〕　㊤寿永1（1182）年），国史（――〔代数なし〕），古中（――〔代数なし〕），コン改（――〔代数な

し〕），コン4（――〔代数なし〕），コン5（代数なし），史人（――〔代数なし〕），新潮（――〔代数なし〕），人名（――〔肥後法眼定慶〕），姓氏京都（――〔代数なし〕），世人（――〔代数なし〕），全書（生没年不詳），大百（――〔肥後法眼定慶〕），日史，日人（――〔代数なし〕），美建（代数なし），美術（――〔代数なし〕　生没年不詳），百科（――〔代数なし〕），兵庫百（――〔代数なし〕），仏教（――〔代数なし〕），仏史（――〔代数なし〕），平史（――〔代数なし〕　生没年不詳），歴大（――〔代数なし〕）

**定渓恵鎮　じょうけいえちん**
生没年不詳
江戸時代後期～明治期の禅僧。
¶神奈川人

**浄慶寺浄智　じょうけいじじょうち**
生没年不詳
江戸時代前期の古川町の浄慶寺の開基。
¶飛騨

**小渓紹怤　しょうけいしょうふ，しょうけいじょうふ**
→紹怤（じょうふ）

**聖恵親王　しょうけいしんのう**
→聖恵法親王（しょうえほうしんのう）

**正慶尼　しょうけいに**
→正慶尼（せいけいに）

**聖恵法親王　しょうけいほうしんのう**
→聖恵法親王（しょうえほうしんのう）

**聖恵法親王　しょうけいほっしんのう**
→聖恵法親王（しょうえほうしんのう）

**浄月　じょうげつ**
生没年不詳
江戸時代後期の僧侶・歌人。
¶国書

**定月　じょうげつ**
貞享4（1687）年～明和8（1771）年12月3日
江戸時代中期の浄土宗の僧。増上寺46世。
¶国書，仏教

**松月院　しょうげついん**
慶長8（1603）年～寛文11（1671）年7月7日
江戸時代前期の唐通事陳道秀・黄檗僧鉄心道胖の母。
¶黄檗

**浄月律師　じょうげつりつし**
宝暦3（1753）年～天保5（1834）年
江戸時代中期～後期の歌僧。
¶多摩

**松月林昌　しょうげつりんしょう**
～宝徳1（1449）年12月4日
室町時代の上宝村の新福寺の僧。
¶飛騨

**勝賢　しょうけん**
保延4（1138）年～建久7（1196）年6月22日
平安時代後期～鎌倉時代前期の真言宗の僧。藤原通憲の子。
¶朝日（㊀建久7年6月22日（1196年7月19日）），岩史（㊤保延4（1138）年2月18日），鎌室（㊤長承1（1132）年），国史，国書（㊤保延4（1138）年2月18日），古人（㊤1132年），古中，コン改（㊤長承1（1132）年　㊀建久1（1190）年），コン4（㊤長承1（1132）年　㊀建久1（1190）年），コン5（㊤長承1（1132）年　㊀建久1（1190）年），史人，諸系，新潮（㊤保延4（1138）年2月18日），人名，姓氏京都，日音，日人，仏教，仏史，平史，密教

し

**尚堅　しょうけん**
寛永4（1627）年～宝永7（1710）年11月19日
江戸時代前期～中期の天台宗の僧。
¶国書

**承憲　しょうけん**
生没年不詳
鎌倉時代の律宗の僧。
¶国書，仏教

**昌顕　しょうけん**
？～大永3（1523）年6月26日
戦国時代の日光山権別当。
¶戦辞，栃木歴

**証賢　しょうけん**
文永2（1265）年～興国6/貞和1（1345）年6月2日
㊎向阿（こうあ），是心（ぜしん）
鎌倉時代後期～南北朝時代の浄土宗の僧。一条派の確立者。
¶朝日（㊀貞和1/興国6年6月2日（1345年7月1日）），鎌室（向阿　こうあ），国史，国書（向阿　こうあ　生没年不詳），国書，古中，新潮，人名（向阿　こうあ　㊤1263年），世人，日人，仏教（㊤弘長3（1263）年），仏史，仏人

**賞賢　しょうけん**
？～延享1（1744）年9月10日
江戸時代中期の浄土真宗の僧。
¶国書

**性憲(1)　しょうけん**
永治1（1141）年～？
平安時代後期の天台宗の僧・歌人。
¶国書，古人（㊀？），平史

**性憲(2)　しょうけん**
生没年不詳
鎌倉時代の律宗の僧。
¶仏教

**性憲(3)　しょうけん**
正保3（1646）年～享保4（1719）年11月21日
江戸時代前期～中期の浄土宗の僧。
¶国書，思想史，日人，仏教

**政憲　しょうけん**
生没年不詳
南北朝時代の新義真言宗の僧。
¶仏教

**清顕** しょうけん
*～正平22/貞治6(1367)年12月13日
鎌倉時代後期～南北朝時代の天台宗の僧。
¶国書(㊐弘安7(1284)年)，仏教(㊐正応1(1288)年)

**聖兼** しょうけん
仁治3(1242)年～永仁1(1293)年9月11日
鎌倉時代後期の学僧。
¶鎌室，国書，諸系，日人，仏教

し

**聖憲**(1) しょうけん
生没年不詳
鎌倉時代前期の天台宗の僧・歌人。
¶国書

**聖憲**(2) しょうけん
生没年不詳
鎌倉時代後期の真言宗の僧。
¶国書，仏教

**聖憲**(3) しょうけん
徳治2(1307)年～元中9/明徳3(1392)年
鎌倉時代後期～南北朝時代の真言宗の僧。新義派の密教哲学を大成。
¶朝日(㊎明徳3/元中9年5月29日(1392年6月20日))，鎌室，国史，国書(㊎明徳3(1392)年5月30日)，古中，人書94，人名，日人，仏教(㊎明徳3/元中9(1392)年5月30日)，仏史，仏人

**聖賢** しょうけん
永保3(1083)年～久安3(1147)年1月4日
平安時代後期の真言宗の僧。金剛王院流の祖。
¶国史，国書，古人，古中，日人，仏教，仏史，平史(生没年不詳)，密教

**尚玄** しょうげん
鎌倉時代後期の日蓮宗の僧。
¶姓氏石川，仏教(生没年不詳)

**尚彦** しょうげん
寛文6(1666)年～元文1(1736)年5月1日
江戸時代中期の新義真言宗の僧。長谷寺20世。
¶国書，仏教，仏人

**昌元** しょうげん
生没年不詳
明治期の旅の僧。
¶飛騨

**昌源** しょうげん
永享2(1430)年～*
室町時代～戦国時代の日光山権別当。
¶戦辞(㊎文亀3(1503)年?)，栃木歴(㊎?)

**昭玄** しょうげん
天正13(1585)年10月7日～元和6(1620)年4月14日
安土桃山時代～江戸時代前期の浄土真宗の僧。
¶国書

**照源**(1) しょうげん
生没年不詳
鎌倉時代の三論宗の僧。
¶仏教

**照源**(2) しょうげん
永仁6(1298)年～正平23/応安1(1368)年5月
㊙明導照源(みょうどうしょうげん)
鎌倉時代後期～南北朝時代の僧。
¶鎌室(明導照源　みょうどうしょうげん　生没年不詳)，国書，人名，日人，仏教

**照玄** しょうげん
正安3(1301)年～正平13/延文3(1358)年
鎌倉時代後期～南北朝時代の華厳宗の僧。
¶人名，日人，仏教(㊎延文3/正平13(1358)年6月5日)

**章玄** しょうげん
保安4(1123)年～承元2(1208)年
平安時代後期～鎌倉時代前期の法相宗興福寺僧。
¶古人，平史

**証玄** しょうげん
承久2(1220)年～正応5(1292)年
鎌倉時代後期の律宗の僧。
¶鎌室，人名，日人，仏教(㊎正応5(1292)年8月14日)

**性源** しょうげん
→独本性源(どくほんしょうげん)

**正元** しょうげん
生没年不詳　㊙地蔵坊正元(じぞうぼうしょうげん)
江戸時代中期の僧。
¶新潮，日人

**正玄** しょうげん
生没年不詳
江戸時代中期の浄土真宗の僧。
¶国書

**成賢** じょうけん，じょうげん
→成賢(せいけん)

**盛憲** じょうけん
生没年不詳
南北朝時代の僧侶・連歌作者。
¶国書

**静見** じょうけん
正和3(1314)年～弘和3/永徳3(1383)年12月6日
鎌倉時代後期～南北朝時代の浄土宗の僧。
¶国書

**静賢**(静憲) じょうけん
天治1(1124)年～?
平安時代後期の僧。藤原通憲の子。
¶朝日，鎌室(生没年不詳)，国書，古人(静憲)，諸系，新潮(生没年不詳)，内乱，日人，平家(静憲)，平史(静憲)

**貞兼** じょうけん
→貞兼(ていけん)

**定兼**(1) じょうけん
嘉承1(1106)年～元暦1(1184)年
平安時代後期の真言宗の僧。
¶鎌室(㊀?)，古人，新潮(㊀?　㊁元暦1(1184)年8月25日)，仏教，平史

**定兼**(2) じょうけん
康和3(1101)年～*
平安時代後期～鎌倉時代前期の鶴岡八幡宮の供僧。
¶古人(㊀?　㊁1184年)，日人(生没年不詳)，仏教(㊁保延6(1140)年8月24日)，平史(生没年不詳)

**定堅** じょうけん
生没年不詳
戦国時代の丹生川村の千光寺の僧。
¶飛騨

**定憲** じょうけん
?　～文永1(1264)年
鎌倉時代前期の僧。
¶鎌室，国書(生没年不詳)，日人

**定賢** じょうけん
万寿1(1024)年～康和2(1100)年
平安時代後期の真言宗の僧。東寺長者33世、醍醐寺13世。
¶古人，仏教(㊁康和2(1100)年10月6日)，平史，密教(㊁1100年10月7日，10月6日)

**定顕**(1) じょうけん
康元1(1256)年～元徳2(1330)年2月14日
鎌倉時代後期の天台宗の僧。
¶国書，仏教

**定顕**(2) じょうけん
応永23(1416)年～寛正5(1464)年5月24日
室町時代の浄土真宗の僧。専修寺9世。
¶国書(生没年不詳)，仏教

**常元** じょうげん
生没年不詳
南北朝時代の僧侶・歌人。
¶国書

**浄眼**(1) じょうげん
生没年不詳
奈良時代の女性。尼僧。
¶女性

**浄眼**(2) じょうげん
明和5(1768)年～弘化2(1845)年9月2日
江戸時代中期～後期の浄土真宗の僧。
¶国書

**成源** じょうげん
生没年不詳
鎌倉時代の天台宗の僧・歌人。
¶国書

**盛玄** じょうげん
生没年不詳
戦国時代の天台宗の僧。
¶国書

**定玄** じょうげん
興国5/康永3(1344)年～応永22(1415)年8月24日
南北朝時代～室町時代の浄土宗の僧。金戒光明寺9世、清浄華院9世。
¶仏教

**生源寺某** しょうげんじ
江戸時代末期～明治期の神職。旧日吉神社神主。
¶華請

**生源寺希徳** しょうげんじまれのり
明治期の神職。
¶華請，神人

**正虎** しょうこ
奇僧。
¶人名

**勝虞**(勝悟) しょうご
天平4(732)年～弘仁2(811)年　㊇勝虞(しょうぐ)
奈良時代～平安時代前期の法相宗の僧。
¶朝日(しょうぐ　㊁弘仁2年6月6日(811年6月29日))，国史(しょうぐ)，古人(しょうぐ)，古人(勝悟)，古代(勝悟)，古代普(勝悟)，古中(しょうぐ)，コン改(㊀天平5(733)年)，コン4(㊀天平5(733)年)，コン5(㊀天平5(733)年)，新潮(しょうぐ　㊀天平5(733)年　㊁弘仁2(811)年6月6日)，人名，徳島歴(勝悟)，日人(しょうぐ)，仏教(勝悟　㊁弘仁2(811)年6月)，仏史(しょうぐ)，平史(しょうぐ)，平史(勝悟)

**省吾** しょうご
延慶3(1310)年～明・洪武14(1381)年　㊇無我省吾(むがしょうご)
南北朝時代の臨済宗の僧。
¶国書(無我省吾　むがしょうご　㊀延慶3(1310)年1月11日　㊁明の洪武14(1381)年2月15日)，仏教(無我省吾　むがしょうご　㊁明・洪武14(1381)年2月)，仏人

**聖護** しょうご
生没年不詳
鎌倉時代の浄土宗の僧。
¶国書，仏教

**聖護院道興** しょうごいんどうこう
永享2(1430)年～文亀3(1503)年9月23日
室町時代～戦国時代の歌僧。
¶山梨百

**聖護院道増** しょうごいんどうぞう
→道増(どうぞう)

**勝皎** しょうこう
弘仁3(812)年～寛平2(890)年5月22日
平安時代前期の華厳宗の僧。東大寺32世。
¶古人，仏教，平史

**松興** しょうこう
平安時代中期の真言宗の僧。

¶古人，平史（生没年不詳）

**祥光** しょうこう
寛文7（1667）年～元禄14（1701）年6月25日
江戸時代前期～中期の真言宗の僧。
¶国書

**正広** しょうこう
応永19（1412）年～*
室町時代～戦国時代の歌人。
¶鎌室（[没]明応4（1495）年），国書（[没]明応2（1493）年），詩作（[没]？），人名（[没]1495年），日人（[没]1493年，（異説）1494年），和俳（[没]明応4（1495）年）



**盛弘** しょうこう
生没年不詳
鎌倉時代前期以前の僧侶・歌人。
¶国書

**聖光** しょうこう
→弁長（べんちょう）

**聖皐** しょうこう
正中1（1324）年～応永9（1402）年
南北朝時代～室町時代の僧。
¶鎌室，国書（[没]応永9（1402）年6月27日），人名，日人，仏教（[没]応永9（1402）年6月21日）

**勝豪** しょうごう
康平2（1059）年～久安3（1147）年
平安時代後期の天台僧。
¶古人，平史

**常弘** じょうこう
寛正2（1461）年～永正10（1513）年8月28日
戦国時代の真言宗の僧。
¶戦人，仏教

**浄光**(1) じょうこう
生没年不詳
鎌倉時代前期の遠江の僧。定光とも書かれ、鎌倉の大仏を作った中心人物。
¶鎌倉新

**浄光**(2) じょうこう
享保14（1729）年～享和3（1803）年9月15日
江戸時代中期～後期の新義真言宗の僧。智積院26世。
¶鎌倉（生没年不詳），国書，仏教

**浄宏** じょうこう
生没年不詳
南北朝時代の絵仏師。
¶神奈川人，仏教

**貞弘** じょうこう
建久5（1194）年～？
鎌倉時代前期の法相宗の僧。
¶仏教

**定興** じょうこう
？～延暦24（805）年12月
平安時代前期の華厳宗の僧。東大寺12世。
¶古人（[生]？），仏教，平史

**浄業** じょうごう
→曇照（どんしょう）

**定豪** じょうごう
仁平2（1152）年～暦仁1（1238）年9月24日
鎌倉時代前期の真言僧。東寺長者。
¶神奈川人，鎌倉新，鎌室，国史，古人，古中，新潮，人名，日人，仏教，仏史，仏人（[生]1153年），歴大

**常光浩然** じょうこうこうねん
→常光浩然（つねみつこうねん）

**常光寺空西** じょうこうじくうさい
生没年不詳
戦国時代の久々野の有道にあった常光寺の開基。
¶飛騨

**松岡寺蓮綱** しょうこうじれんこう
宝徳2（1450）年～享禄4（1531）年
戦国時代の賀州三カ寺の僧。本願寺8代宗主蓮如の3男。
¶ふる

**勝剛長柔** しょうごうちょうじゅう
？～康正2（1456）年12月13日　[別]勝剛長柔（しょうごうちょうにゅう）
室町時代の僧。
¶鎌室，国書，島根歴，人名（しょうごうちょうにゅう），日人（[没]1457年），仏教

**勝剛長柔** しょうごうちょうにゅう
→勝剛長柔（しょうごうちょうじゅう）

**樵谷惟僊** しょうこくいせん
生没年不詳　[別]樵谷惟遷（しょうこくゆいせん）
鎌倉時代後期の臨済宗の僧。
¶郷土長野，人名（樵谷惟遷　しょうこくゆいせん），姓氏長野，長野百，長野歴，日人，仏教

**浄国院頼快** じょうこくいんらいかい
寛永1（1624）年～寛永17（1640）年6月23日
江戸時代前期の鎌倉鶴岡の浄国院の僧。宰相法印頼任の直弟。
¶武田

**浄国院頼任** じょうこくいんらいにん
慶長9（1604）年～元禄2（1689）年11月10日
江戸時代前期～中期の鎌倉浄国院の住持。
¶武田

**樵谷惟遷** しょうこくゆいせん
→樵谷惟僊（しょうこくいせん）

**鐘谷利聞** しょうこくりもん
生没年不詳
室町時代の臨済宗の僧。
¶仏教

**勝国良尊** しょうこくりょうそん，しょうこくりょうぞん
生没年不詳
江戸時代前期の曹洞宗の僧。
¶国書（しょうこくりょうぞん），仏教

**正根** しょうこん
生没年不詳
戦国時代の華厳宗の僧・連歌作者。
¶国書

**勝厳** しょうごん
平安時代後期の仏師。
¶古人，美建，平史(生没年不詳)

**昭厳** しょうごん
享保5(1720)年4月1日～天明7(1787)年8月13日
江戸時代中期の浄土真宗の僧。
¶国書

**性厳** しょうごん
生没年不詳
南北朝時代の僧侶・歌人。
¶国書

**盛金** じょうこん
生没年不詳
南北朝時代の天台宗の僧。
¶国書

**浄厳**(1)(浄嚴) じょうごん
寛永16(1639)年11月～元禄15(1702)年6月27日
㊕覚彦(かくげん)，浄厳(じょうがん)
江戸時代前期～中期の真言宗の僧。
¶朝日(㊙元禄15年6月27日(1702年7月21日))，江人，大阪墓，香川人，近世，国史，国書(㊐寛永16(1639)年11月23日)，コン改(浄嚴 じょうがん)，コン4(浄嚴 じょうがん)，コン5(浄嚴 じょうがん)，史人(覚彦 かくげん)，人書94，新潮(浄嚴)，人名，世人，全書，大百，日人，仏教，仏史，仏人，名僧

**浄厳**(2) じょうごん
？ ～文久1(1861)年4月10日
江戸時代末期の浄土宗の僧。鎌倉光明寺93世。
¶国書，仏教(㊙文久1(1861)年4月10日，(異説)4月16日？)

**成厳** じょうごん
生没年不詳
鎌倉時代前期の真言宗の僧。
¶仏教

**盛厳** じょうごん
生没年不詳
戦国時代の天台宗の僧。
¶国書

**静厳**(1) じょうごん
永承7(1052)年～？
平安時代後期の法相宗の僧・歌人。
¶国書，古人

**静厳**(2) じょうごん
*～正安1(1299)年
鎌倉時代後期の真言宗の僧。東寺長者79世。
¶日人(㊐1243年)，仏教(㊐仁治3(1242)年 ㊙永仁7(1299)年1月7日)，平史(生没年不詳)

**定厳** じょうごん
？ ～仁平3(1153)年8月23日
平安時代後期の真言宗の僧。
¶国書(生没年不詳)，仏教

**昌佐** しょうさ
？ ～天正6(1578)年7月20日
戦国時代～安土桃山時代の法相宗の僧・連歌作者。
¶国書

し

**生西**(1) しょうさい
保元3(1158)年～承安2(1172)年
平安時代後期の真言宗の僧。通憲の子。
¶仏教(生没年不詳)，密教(㊐1158年以前 ㊙1172年以後)

**生西**(2) しょうさい
生没年不詳 ㊕生西(せいざい)
鎌倉時代後期～南北朝時代の医師。
¶国書(せいざい)，日人

**生西**(3) しょうさい
？ ～天正12(1584)年9月29日
安土桃山時代の浄土宗の僧。
¶仏教

**生西**(4) しょうさい
江戸時代の医僧。
¶人名

**常済** じょうさい
㊕常済(じょうぜい)
平安時代前期の僧。
¶古代(じょうぜい)，古代普(じょうぜい)，人名，日人(生没年不詳)，仏教(生没年不詳)

**定済** じょうさい
承久2(1220)年～弘安5(1282)年10月3日 ㊕定済(じょうぜい)
鎌倉時代後期の僧。
¶鎌室，国書(じょうぜい)，人名，日人，仏教(じょうぜい)

**性才法心** しょうさいほうしん
？ 年？ ～文永10(1273)年 ㊕法心(ほっしん)
鎌倉時代後期の臨済宗の僧。
¶茨城歴(法心 ほっしん ㊐？)，人名(法心 ほっしん)，日人(生没年不詳)，仏教(生没年不詳)

**城崎進** じょうざきすすむ
大正13(1924)年3月26日～
昭和～平成期の神学者、聖書学者。関西学院大学教授。
¶現情

**松颯** しょうさつ
康正1(1455)年～天文3(1534)年4月17日
戦国時代の浄土宗の僧。
¶仏教

**正察** しょうさつ
～延徳3(1491)年2月25日
室町時代～戦国時代の僧侶。

¶庄内

**勝算** しょうさん
天慶2(939)年～寛弘8(1011)年
平安時代中期の天台宗の僧。
¶朝日(㊀寛弘8年10月29日(1011年11月26日)),古人,コン改,コン4,コン5,新潮(㊀寛弘8(1011)年10月29日),人名,日人,仏教(㊀寛弘8(1011)年8月22日,(異説)10月29日?),平史

し

**昌算** しょうさん
生没年不詳
南北朝時代の僧侶・歌人。
¶国書

**性山** しょうさん,しょうざん
? ～天明5(1785)年12月2日
江戸時代中期の天台宗の僧。
¶人名(しょうざん),日人(㊀1786年),仏教

**正三** しょうさん
→鈴木正三(すずきしょうさん)

**正算** しょうさん
延喜19(919)年～正暦1(990)年
平安時代中期の天台宗延暦寺僧。
¶古人,平史

**清算** しょうさん
*～正平17/貞治1(1362)年11月14日
鎌倉時代後期～南北朝時代の真言律宗の僧。西大寺長老10世。
¶国書(㊁正応1(1288)年),仏教(㊁永仁6(1298)年)

**鐘山** しょうさん★
～元禄5(1692)年11月25日
江戸時代前期・中期の秋田市臨済宗応供寺3世。
¶秋田人2

**笑山** しょうざん
延元1/建武3(1336)年～弘和3/永徳3(1383)年5月17日 ㊇笑山周璵(しょうざんしゅうこう)
南北朝時代の僧。
¶徳島百(笑山周璵 しょうざんしゅうこう),徳島歴

**賞山** しょうざん
寛文5(1665)年～享保11(1726)年
江戸時代中期の時宗の僧。
¶国書,仏教

**成算** じょうさん
長和1(1012)年～承保1(1074)年
平安時代中期の真言宗の僧。
¶仏教

**盛算**(1) じょうさん
*～長和4(1015)年 ㊇盛算(せいさん)
平安時代中期の真言僧。東寺二長者。
¶国史(㊁?),古人(㊁931年),古中(㊁?),日人(せいさん ㊁932年),仏教(せいさん ㊁承平2(932)年 ㊀長和4(1015)年8月5日),仏史(㊁?),平史(㊁931年)

**盛算**(2) じょうさん
応和1(961)年～
平安時代中期の東大寺の僧。
¶対外

**定算** じょうさん
? ～永仁4(1296)年2月29日
鎌倉時代後期の法相宗の僧。
¶仏教

**勝算元妙** しょうさんげんみょう
寛文3(1663)年～元文4(1739)年3月17日
江戸時代中期の黄檗宗の僧。
¶黄檗

**章山睨雯** しょうざんこうもん
? ～永正10(1513)年9月16日
室町時代～戦国時代の曹洞宗の僧。
¶仏教

**称賛寺道意** しょうさんじどうい
～寛文9(1669)年9月17日
江戸時代前期の高山市の称賛寺の開基。仙台候の臣で飛騨へ亡命した。
¶飛騨

**定山寂而** じょうざんじゃくじ
延宝4(1676)年～元文1(1736)年7月4日
江戸時代前期～中期の臨済宗の僧。
¶国書

**笑山宗誾** しょうざんしゅうぎん
? ～永禄12(1569)年
安土桃山時代の曹洞宗の僧。
¶武田

**笑山周璵** しょうざんしゅうこう
→笑山(しょうざん)

**笑山周兪** しょうざんしゅうよ
生没年不詳
南北朝時代の臨済宗の僧。
¶国書

**祥山瑞禎** しょうざんずいてい
? ～天正12(1584)年
安土桃山時代の曹洞宗の僧。
¶日人,仏教(㊀天正12(1584)年5月8日)

**常山澨** じょうざんせん
～大永1(1521)年10月5日
戦国時代の萩原町の大覚寺開基。
¶飛騨

**松山禅英** しょうざんぜんえい
? ～文政3(1820)年5月27日
江戸時代後期の臨済宗の僧。方広寺448世。
¶仏教

**松山宗珊** しょうざんそうさん
? ～寛文10(1670)年9月2日
江戸時代前期の黄檗宗の僧。

¶黄檗

**祥山宗瑞** しょうざんそうずい
元和5(1619)年～元禄6(1693)年12月16日　[別]宗瑞(しゅうずい)
江戸時代前期の臨済宗の僧。大徳寺214世。
¶人名(宗瑞　しゅうずい), 日人([没]1694年), 仏教

**定山祖禅**(1) じょうざんそぜん
永仁6(1298)年～文中3/応安7(1374)年11月26日　[別]定山祖禅(ていざんそぜん), 祖禅(そぜん)
南北朝時代の臨済宗の僧。
¶角史([生]?), 鎌室, 国書, 新潮, 人名, 姓氏京都, 世人, 日人, 仏教(ていざんそぜん　[生]?)

**定山祖禅**(2) じょうざんそぜん
→美泉定山(みいずみじょうざん)

**定山泰禅** じょうざんたいぜん
天保8(1837)年～大正7(1918)年
江戸時代末期～大正期の僧。九戸郡長興寺村の鳳朝山長興寺25世、岩手郡葛巻村の天井山宝積寺21世。
¶姓氏岩手

**成山台明** じょうざんたいみょう
?　～寛政4(1792)年12月6日
江戸時代中期の臨済宗の僧。永平寺48世。
¶仏教([没]寛政4(1792)年12月6日, (異説)寛政6(1794)年8月6日)

**匠山長哲** しょうざんちょうてつ
永正14(1517)年～天正10(1582)年
戦国時代～安土桃山時代の甲斐広厳院の7世住職。
¶武田

**蔣山仁禎** しょうざんにんてい
正和4(1315)年～?
鎌倉時代後期～南北朝時代の臨済宗の僧。大徳寺6世。
¶仏教

**定山坊** じょうざんぼう
→美泉定山(みいずみじょうざん)

**省山妙悟** しょうざんみょうご
?　～元中8/明徳2(1391)年8月1日
南北朝時代の曹洞宗の僧。
¶仏教

**象山問厚** しょうざんもんこう
?　～安永5(1776)年4月6日
江戸時代中期の曹洞宗の僧。
¶国書

**嶂山融硅**(嶂山融珪, 璋山融珪) しょうざんゆうけい
?　～応永23(1416)年
室町時代の曹洞宗の僧。
¶人名(嶂山融珪), 長野歴(璋山融珪　[生]建武1(1334)年), 日人, 仏教([没]応永23(1416)年10月13日)

**定山良光** じょうざんりょうこう
?　～元文1(1736)年6月3日
江戸時代中期の曹洞宗の僧。
¶国書

**紹師** しょうし
平安時代中期の高僧。
¶人名

**常慈** じょうじ
延享1(1744)年9月5日～文政2(1819)年5月13日
江戸時代後期の浄土真宗の僧。錦織寺15世。
¶仏教

**浄慈院覚禅** じょうじいんかくぜん
文政元(1818)年10月14日～明治20(1887)年4月24日
江戸時代後期～明治期の学僧・歌人・小学校訓導。
¶東三河

**浄慈院貫道** じょうじいんかんどう
明治元(1868)年11月24日～明治39(1906)年9月27日
江戸時代後期～明治期の画・俳僧。
¶東三河

**庄司鍾五郎**(荘司鐘五郎) しょうじしょうごろう
明治2(1869)年～昭和11(1936)年10月31日
明治～昭和期の神学者、満鉄社員。神学を学ぶためロシアに留学。ロシア語学校を開設。
¶海越, 海越新, 人満(荘司鐘五郎　[生]明治3(1870)年4月)

**章実** しょうじつ
平安時代後期の天台宗の僧。
¶古人, 平史(生没年不詳)

**証実** しょうじつ
生没年不詳
室町時代の真言宗の僧。
¶神奈川人

**相実** しょうじつ
→相実(そうじつ)

**乗実** じょうじつ
平安時代後期の僧。
¶古人, 平史(生没年不詳)

**成実** じょうじつ
生没年不詳
江戸時代後期の真言宗の僧。
¶国書

**貞実** じょうじつ
生没年不詳
室町時代の真言宗の僧。
¶仏教

**少室慶芳** しょうしつきょうほう
→少室慶芳(しょうしつけいほう)

**少室慶芳** しょうしつけいほう
?　～弘和1/永徳1(1381)年　[別]少室慶芳(しょうしつきょうほう)

し

南北朝時代の臨済宗の僧。建長寺55世、円覚寺44世。
¶人名(しょうしつきょうほう)，日人，仏教(㊣永徳1/弘和1(1381)年12月10日)

**少室通量** しょうしつつうりょう
？ ～応永16(1409)年9月29日
南北朝時代～室町時代の臨済宗の僧。
¶国書

し

**性寂** しょうじゃく
？ ～享保2(1717)年10月27日
江戸時代中期の真言宗の僧、国学者。
¶仏教，仏人

**常寂** じょうじゃく
正暦1(990)年～延久6(1074)年4月13日
平安時代中期の真言宗の僧。
¶仏教，密教

**性守**(1) しょうしゅ
？ ～正中2(1325)年5月21日
鎌倉時代後期の天台宗の僧。天台座主113世。
¶仏教

**性守**(2) しょうしゅ
文明7(1475)年～享禄3(1530)年
戦国時代の僧。
¶諸系，日人

**聖守** しょうしゅ
*～正応4(1291)年11月27日　㊊寛通(かんどう)，中道(ちゅうどう)
鎌倉時代の学僧。東大寺真言宗中興の祖。
¶岩史(㊐承久1(1219)年)，角史(㊐建保6(1218)年)，鎌室(㊐建保6(1218)年)，国史(㊐1215年)，国書(㊐承久1(1219)年)，古中(㊐1215年)，コン改(㊐承久1(1219)年)，コン4(㊐承久1(1219)年)，コン5(㊐承久1(1219)年)，史人(㊐1215年)，新潮(㊐建保3(1215)年)，人名(㊐1219年)，世人(㊐建保6(1218)年)，日史(㊐建保3(1215)年)，日人(㊐1219年)，仏教(㊐承久1(1219)年)，仏史(㊐1215年)，名僧(㊐1215年)，歴大(㊐1215年)

**昌寿** しょうじゅ
安土桃山時代の僧。足利氏家臣。
¶戦東

**清寿**(1) しょうじゅ
天徳3(959)年～長和5(1016)年　㊊清寿(せいじゅ)
平安時代中期の真言宗の僧。東大寺58世。
¶国書(㊣長和5(1016)年4月21日)，古人(せいじゅ)，仏教(㊣長和5(1016)年4月27日)，平史(せいじゅ)

**清寿**(2) しょうじゅ
生没年不詳
鎌倉時代の僧侶・歌人。
¶国書

**貞寿** じょうじゅ
生没年不詳
平安時代中期の真言宗の僧。
¶仏教

**証秀** しょうしゅう
天文4(1535)年～永禄12(1568)年
戦国時代の浄土真宗の僧。
¶戦人

**昌住** しょうじゅう
生没年不詳
平安時代前期～中期の僧。
¶国書，古人，新潮，日人，仏教，平史

**照什** しょうじゅう
寛文3(1663)年～元文1(1736)年10月13日
江戸時代中期の真言宗の僧。
¶国書，人名，日人，仏教

**定修** じょうしゅう
？ ～嘉禎1(1235)年
鎌倉時代前期の天台宗の僧・歌人。
¶国書

**定秀** じょうしゅう
長和2(1013)年～承保3(1076)年3月3日
平安時代中期の天台宗の僧。
¶仏教

**静什** じょうじゅう
生没年不詳
南北朝時代の天台宗の僧。
¶国書

**浄秀寺顕秀** じょうしゅうじけんしゅう
室町時代の僧。加賀国能美郡一ツ屋村浄秀寺の住職。
¶姓氏石川

**条周存** じょうしゅうぞん
明治31(1898)年12月18日～昭和46(1971)年3月22日　㊊条周存(こえだしゅうぞん)
明治～昭和期の僧侶。
¶真宗，兵庫百(こえだしゅうぞん)

**証宗道革** しょうしゅうどうかく
？ ～元禄14(1701)年12月5日
江戸時代前期～中期の黄檗宗の僧。
¶黄檗

**正宗竜統** しょうしゅうりゅうとう，しょうじゅうりゅうとう
→正宗竜統(しょうしゅうりょうとう)

**正宗竜統** しょうしゅうりょうとう
正長1(1428)年～明応7(1498)年　㊊正宗竜統(しょうしゅうりゅうとう，しょうじゅうりゅうとう)，竜統(りゅうとう)
室町時代～戦国時代の臨済宗黄竜派の僧。
¶鎌室(しょうじゅうりゅうとう)，郷土岐阜(㊐？)，国史(しょうじゅうりゅうとう)，国書(しょうじゅうりゅうとう　㊐永享1(1429)年　㊣明応7(1498)年1月23日)，古中(しょう

じゅうりゅうとう)，諸系(しょうじゅうりゅうとう)，人名(しょうしゅうりゅうとう [生]?)，戦辞(竜統 りゅうとう [没]明応7年1月23日(1498年2月14日))，戦人(竜統 りゅうとう)，日人(しょうじゅうりゅうとう)，仏教(しょうじゅうりゅうとう [没]明応7(1498)年1月23日)，仏史(しょうじゅうりゅうとう)

**盛叔宗唐** じょうしゅくそうとう
明・嘉靖26(1547)年～慶長15(1610)年11月27日
安土桃山時代～江戸時代前期の臨済宗の僧。
¶仏教

**勝授寺侗睡** しょうじゅじとうすい
天保6(1835)年～明治5(1872)年
江戸時代後期～明治期の浄土真宗の僧。
¶福井百

**正受老人** しょうじゅろうじん
寛永19(1642)年～享保6(1721)年
江戸時代中期の禅僧。
¶信州人

**承俊** しょうしゅん，じょうしゅん
? ～延喜5(905)年12月7日
平安時代前期～中期の僧。
¶古人(じょうしゅん [生]?)，古代，古代普([生]?)，姓氏京都(じょうしゅん)，日人([没]906年)，仏教，平史(じょうしゅん)

**昌俊**(1) しょうしゅん
→土佐房昌俊(とさぼうしょうしゅん)

**昌俊**(2) しょうしゅん
永享5(1433)年～?
室町時代～戦国時代の僧。宝戒寺(天台宗)第22世、成就寺第18世、法勝寺第28世。
¶戦辞

**性俊** しょうしゅん
宝暦12(1762)年～文化9(1812)年11月30日
江戸時代中期～後期の真言宗の僧。
¶人名，日人([没]1813年)，仏教

**政春** しょうしゅん
生没年不詳
平安時代後期の天台宗の僧。
¶国書

**韶舜** しょうしゅん
文政8(1825)年4月1日～明治19(1886)年3月30日
[別]唯我韶舜(ゆいがしょうしゅん)
江戸時代末期～明治期の天台宗僧侶。浅草寺住職、大僧正。
¶国書，島根人(唯我韶舜 ゆいがしょうしゅん)，島根百(唯我韶舜 ゆいがしょうしゅん)，島根歴(唯我韶舜 ゆいがしょうしゅん)，人名(唯我韶舜 ゆいがしょうしゅん [生]1821年)，日人，仏教，仏人，明大1

**昌淳** しょうじゅん
? ～慶長12(1607)年5月5日
安土桃山時代～江戸時代前期の日光山権別当。
¶戦辞，栃木歴

**昭淳** しょうじゅん
文明18(1486)年～?
戦国時代の天台宗の僧。
¶国書

**昭順** しょうじゅん
安土桃山時代の真宗の僧、山形専称寺第5世。
¶人名

**成潤** しょうじゅん
室町時代の僧。第41世日光山別当、鎌倉勝長寿院門主。
¶栃木歴

**正純** しょうじゅん
文政4(1821)年～明治1(1868)年9月13日
江戸時代末期の浄土真宗の僧。
¶国書，仏教([生]文政4(1821)年9月4日 [没]明治1(1868)年9月13日，(異説)9月14日?)

**聖淳** しょうじゅん
? ～永享6(1434)年
室町時代の僧。後村上天皇の孫。
¶鎌室([没]永享5(1433)年)，人名，日人

**聖遵** しょうじゅん
生没年不詳
室町時代以前の僧侶・歌人。
¶国書

**上俊** じょうしゅん
生没年不詳
鎌倉時代の律宗の僧。
¶仏教

**成俊** じょうしゅん
生没年不詳 [別]成俊(せいしゅん)
南北朝時代の国学者、三井寺の権少僧都。
¶人名，姓氏長野，長野百(せいしゅん)，長野歴，日人

**盛俊** じょうしゅん
生没年不詳
戦国時代の天台宗の僧。
¶国書

**貞舜** じょうしゅん
→貞舜(ていしゅん)

**定俊** じょうしゅん
元弘3/正慶2(1333)年～?
南北朝時代の真言宗の僧。根来山大伝法院学頭。
¶仏人

**定春** じょうしゅん
生没年不詳
鎌倉時代前期の三論宗の僧。
¶国書，仏教

**定舜** じょうしゅん
? ～寛元2(1244)年
鎌倉時代前期の律宗の僧。泉涌寺第3世長老。
¶国史，古中，徳島歴(生没年不詳)，日人，仏教([没]寛元2(1244)年3月5日，(異説)寛元3

(1245)年), 仏史

**定順** じょうじゅん
元中6/康応1(1389)年～康正3(1457)年1月28日
室町時代の浄土真宗の僧。専修寺8世。
¶仏教

**少汝** しょうじょ
宝暦9(1759)年～*
江戸時代中期～後期の俳人。浄土真宗の僧。
¶国書([没]文政3(1820)年6月2日), 俳文([没]文政2(1819)年6月2日)

し

**聖助** しょうじょ
寛永6(1629)年～?
江戸時代前期の真言宗の僧。
¶仏教

**成助** じょうじょ
→成助(せいじょ)

**定助**(1) じょうじょ
仁和4(888)年～天徳1(957)年
平安時代中期の真言宗の僧。醍醐寺6世。
¶古人, 日人, 仏教([没]天暦11(957)年4月13日), 平史

**定助**(2) じょうじょ
平安時代後期の絵仏師。
¶古人, 平史(生没年不詳)

**定助**(3) じょうじょ
弘長3(1263)年～正平1/貞和2(1346)年11月2日
鎌倉時代後期～南北朝時代の僧。
¶鎌室, 国書, 日人, 仏教

**城ジョアン** じょうじょあん
? ～寛永9(1632)年
江戸時代前期のキリシタン。
¶コン改, コン4, コン5, 新潮, 日人([生]1550年 [没]?)

**小松** しょうしょう
南北朝時代の医僧。
¶人名, 日人(生没年不詳)

**尚清** しょうしょう
→山井尚清(やまいしょうせい)

**昌勝** しょうしょう
室町時代の僧。第39世日光山権別当。
¶栃木歴

**昭清** しょうしょう
承安4(1174)年～天福1(1233)年10月2日
平安時代後期～鎌倉時代前期の社僧・歌人。
¶国書

**性証** しょうしょう
文治5(1189)年～文永2(1265)年4月25日
鎌倉時代前期の浄土真宗の僧。親鸞の直弟。
¶仏教

**聖勝** しょうしょう
生没年不詳
鎌倉時代前期の真言宗の僧・歌人。
¶国書

**聖承** しょうしょう
生没年不詳
南北朝時代の僧侶・歌人。
¶国書

**聖昭** しょうしょう
生没年不詳
平安時代後期の天台宗の僧。
¶国書, 仏教

**聖照** しょうしょう
生没年不詳
平安時代中期～後期の真言宗の僧。
¶仏教

**聖証** しょうしょう
生没年不詳
奈良時代の女性。尼僧。
¶女性

**勝乗** しょうじょう
安永8(1779)年～天保11(1840)年9月10日
江戸時代後期の浄土真宗の僧。
¶国書, 仏教

**勝成** しょうじょう
長承1(1132)年～承元3(1209)年6月24日
平安時代後期～鎌倉時代前期の天台宗の僧。
¶仏教

**昭乗** しょうじょう
→松花堂昭乗(しょうかどうしょうじょう)

**証定** しょうじょう
建久5(1194)年～?
鎌倉時代前期の華厳宗の僧。
¶国書, 仏教

**性承** しょうじょう
寛永14(1637)年1月18日～延宝6(1678)年 [別]性承入道親王(しょうじょうにゅうどうしんのう), 性承法親王(しょうじょうほうしんのう,せいしょうほうしんのう), 周敦親王(なりあつしんのう)
江戸時代前期の真言宗の僧。仁和寺22世。
¶人名(性承法親王 しょうじょうほうしんのう), 天皇(性承法親王 せいしょうほうしんのう [没]延宝6(1678)年2月27日), 日人(性承入道親王 しょうじょうにゅうどうしんのう), 仏教([没]延宝6(1678)年2月29日)

**性盛** しょうじょう
→性盛(しょうせい)

**清成** しょうじょう
寛弘7(1010)年～治暦3(1067)年7月13日 [別]清成(せいじょう,せいせい)
平安時代中期～後期の社僧・歌人。
¶大分歴(せいせい), 国書, 古人(せいじょう), 平史(せいじょう)

**紹清** じょうしょう
生没年不詳
戦国時代～安土桃山時代の浄土宗の僧。
¶国書

**常照**(1) じょうしょう
→浪化(ろうか)

**常照**(2) じょうしょう
生没年不詳
江戸時代中期～後期の浄土真宗の僧。
¶国書，仏教

**常照**(3) じょうしょう
生没年不詳
天台宗の僧。
¶仏教

**浄勝** じょうしょう
？ ～＊
南北朝時代の浄土宗の僧。
¶国書(㊀延文4(1359)年2月13日)，仏教(㊀文和3/正平9(1354)年2月13日)

**浄清** じょうしょう
＊～明和2(1765)年
江戸時代中期の浄土宗の僧。
¶日人(㊐1703年)，仏教(㊐宝永3(1706)年 ㊀明和2(1765)年9月13日)

**成清** じょうしょう
大治4(1129)年～正治1(1199)年8月27日 ㊞成清(じょうせい)
平安時代後期～鎌倉時代前期の社僧・歌人。
¶国書，古人(じょうせい)，姓氏京都(じょうせい ㊐1122年)，平史(じょうせい)

**静昭** じょうしょう
？ ～長保5(1003)年1月8日
平安時代中期の天台宗の僧・歌人。
¶国書，平史

**静照**(1) じょうしょう
→無象静照(むしょうじょうしょう)

**静照**(2) じょうしょう
文化13(1816)年～明治2(1869)年3月22日 ㊞井上静照(いのうえせいしょう)
江戸時代後期～明治期の僧、『真覚寺日記』著者。
¶高知人，高知百，幕末大(井上静照 いのうえせいしょう)

**静性** じょうしょう
生没年不詳
南北朝時代～室町時代の天台宗の僧。
¶国書

**定勝**(1) じょうしょう
生没年不詳
鎌倉時代前期の僧。
¶鎌室，日人

**定勝**(2) じょうしょう
寛元3(1245)年～＊
鎌倉時代後期の僧。
¶鎌室(㊀？)，仏教(㊀弘安6(1283)年11月9日)

**定照**(1)(定昭) じょうしょう
延喜6(906)年～天元6(983)年3月21日
平安時代中期の法相宗・真言宗の僧。
¶朝日(㊀永観1年3月21日(983年5月6日))，岩史(定昭 ㊐？)，国史(定昭)，国書(定昭)，古人(定昭)，古中(定昭)，コン改(㊐延喜11(911)年)，コン4，コン5，史人(定昭)，新潮(定昭 ㊐延喜8(908)年，(異説)延喜12(912)年)，人名(㊐901年)，日人(定昭)，仏教，仏史(定昭)，平史(定昭)

**定照**(2) じょうしょう
生没年不詳
鎌倉時代前期の天台宗の僧。嘉禄法難のきっかけを作った人物。
¶群馬人，国史，国書，古中，日人，仏教，仏史

**定紹** じょうしょう
応永8(1401)年～文正1(1466)年4月9日
室町時代の真言宗の僧。
¶国書

**定性** じょうしょう
鎌倉時代の仏師。
¶埼玉人(生没年不詳)，美建

**定清** じょうしょう
→田中定清(たなかじょうせい)

**常照寺了西** じょうしょうじりょうさい
生没年不詳
戦国時代の朝日村の常照寺の開基。もとは武士。
¶飛驒

**性承入道親王** しょうじょうにゅうどうしんのう
→性承(しょうじょう)

**性承法親王** しょうじょうほうしんのう
→性承(しょうじょう)

**浄正房素了** じょうしょうぼうそりょう
治承2(1178)年～嘉禎4(1238)年10月24日
鎌倉時代前期の高山市の願正寺の開基。
¶飛驒

**庄司隆円** しょうじりゅうえん
元治1(1864)年9月2日～昭和18(1943)年11月8日
明治～昭和期の僧侶。
¶庄内

**勝信** しょうしん
嘉禎1(1235)年～弘安10(1287)年
鎌倉時代後期の真言宗の僧。東大寺108世、東寺長者95世。
¶諸系，日人，仏教(㊀弘安10(1287)年7月4日)

**勝心** しょうしん
生没年不詳
鎌倉時代前期の真言声明南山進流の声明家。
¶日音，仏教

し

**承信** しょうしん
生没年不詳
鎌倉時代の三論宗の僧。
¶仏教

**承真** しょうしん
*～天保12(1841)年 ㊊承真法親王(しょうしんほうしんのう)
江戸時代後期の天台宗の僧。天台座主220・222・224・226世。
¶人名(承真法親王 しょうしんほうしんのう ㊐1787年), 天皇(承真法親王 しょうしんほうしんのう ㊐天明6(1786)年12月29日 ㊍天保12(1841)年1月7日), 日人(承真法親王 しょうしんほうしんのう ㊐1787年), 仏教(㊐天明6(1786)年12月29日 ㊍天保12(1841)年1月12日)



**昌信** しょうしん
生没年不詳
南北朝時代以前の僧侶・連歌作者。
¶国書

**証信** しょうしん
*～建長3(1251)年
鎌倉時代前期の浄土真宗の僧。親鸞の直弟。
¶日人(㊐1184年), 仏教(㊐元暦1(1184)年? ㊍建長3(1251)年10月13日)

**証真** しょうしん
鎌倉時代前期の天台宗の僧。駿河守平説定の子。
¶朝日(生没年不詳), 鎌室(生没年不詳), 国史(生没年不詳), 国書(生没年不詳), 古人, 古中(生没年不詳), 思想史, 人名, 姓氏京都(生没年不詳), 日思(㊐? ㊍?), 日人(生没年不詳), 仏教(生没年不詳), 仏史(生没年不詳), 仏人(生没年不詳), 平史(生没年不詳), 歴大(㊐1153年? ㊍1215年?)

**性信**(1) しょうしん
寛弘2(1005)年～応徳2(1085)年9月27日 ㊊師明親王(もろあきらしんのう), 性信親王(しょうしんしんのう), 性信入道親王(しょうしんにゅうどうしんのう), 性信法親王(しょうしんほうしんのう, しょうしんほっしんのう), 大御室(おおおむろ)
平安時代中期～後期の真言宗の僧。三条天皇の第4子。
¶朝日(性信法親王 しょうしんほっしんのう ㊐寛弘2年8月1日(1005年9月7日) ㊍応徳2年9月27日(1085年10月18日)), 岩史(性信入道親王 しょうしんにゅうどうしんのう ㊐寛弘2(1005)年8月1日), 国史(性信入道親王 しょうしんにゅうどうしんのう), 国書(性信親王 しょうしんしんのう ㊐寛弘2(1005)年8月1日), 古人, 古中(性信入道親王 しょうしんにゅうどうしんのう), コン改(性信法親王 しょうしんほうしんのう), コン4(性信法親王 しょうしんほうしんのう), コン5(性信法親王 しょうしんほうしんのう), 史人(性信入道親王 しょうしんにゅうどうしんのう ㊐1005年8月1日), 諸系(性信入道親王 しょうしんにゅうどうしんのう), 新潮(性信入道親王 しょうしんにゅうどうしんのう), 人名(性信法親王 しょうしんほうしんのう), 姓氏京都(性信入道親王 しょうしんにゅうどうしんのう), 世百(性信親王 しょうしんしんのう), 全書, 天皇(師明親王 もろあきらしんのう ㊐寛弘2(1005)年6月1日), 日史, 日人(性信入道親王 しょうしんにゅうどうしんのう), 百科, 仏教(㊐寛弘2(1005)年8月1日), 仏史(性信入道親王 しょうしんにゅうどうしんのう), 平史, 歴大(性信入道親王 しょうしんにゅうどうしんのう), 和歌山人

**性信**(2) しょうしん
文治3(1187)年～建治1(1275)年7月17日
鎌倉時代前期の真宗の僧。親鸞の高弟。
¶朝日(㊍建治1年7月17日(1275年8月9日)), 鎌室, 郷土群馬, 国史, 国書, 古人, 古中, コン4, コン5, 史人, 新潮, 人名, 姓氏群馬, 日人, 仏教, 仏史, 仏人(㊐1186年), 歴大

**性心** しょうしん
弘安10(1287)年～正平12/延文2(1357)年
鎌倉時代後期～南北朝時代の真言宗の僧。
¶国書, 仏教, 仏人

**性真**(1) (性心) しょうしん
? ～永仁7(1299)年2月7日 ㊊唱阿(しょうあ)
鎌倉時代後期の僧。浄土宗鎮西義藤田流の祖。
¶鎌室(生没年不詳), 国史(生没年不詳), 国書(性心), 古中(生没年不詳), 埼玉人(性心 ㊍永仁7(1299)年2月7日?), 埼玉百, 人名, 日史, 日人(性心), 仏教(性心), 仏史(生没年不詳)

**性真**(2) しょうしん
寛永16(1639)年～元禄9(1696)年 ㊊性真入道親王(しょうしんにゅうどうしんのう), 性真法親王(しょうしんほうしんのう)
江戸時代前期～中期の真言宗の僧。
¶人名(性真法親王 しょうしんほうしんのう), 日人(性真入道親王 しょうしんにゅうどうしんのう), 仏教(㊐寛永16(1639)年4月28日 ㊍元禄9(1696)年1月4日)

**正進** しょうしん, しょうじん
? ～貞観16(874)年
平安時代前期の僧。
¶古人(㊐?), 古代, 古代普(㊐?), 人名(しょうじん), 日人, 仏教, 平史

**清心** しょうしん
? ～永享5(1433)年
室町時代の法相宗の僧。
¶仏教

**聖信** しょうしん
天文13(1544)年～文禄1(1592)年
安土桃山時代の琉球の王。
¶諸系, 戦人, 日人, 仏教(㊍天正20(1592)年3月8日)

**聖心** **しょうしん**
生没年不詳
平安時代後期～鎌倉時代前期の高野山の僧。「十念極楽易往集」を撰集。
¶国史，国書，古人，古中，仏史，密教(㊀1149年以前　㊁1194年閏8月2日以後)

**性深** **しょうじん**
生没年不詳
室町時代の僧。
¶諸系，日人

**聖深** **しょうじん**
？～長禄2(1458)年1月9日
室町時代の浄土宗の僧。金戒光明寺12世、清浄華院13世。
¶仏教(㊁長禄2(1458)年1月9日，(異説)享徳2(1453)年8月9日)

**聖尋** **しょうじん**
生没年不詳
鎌倉時代後期～南北朝時代の真言宗の僧。東寺長者。
¶鎌室，郷土奈良，国史，古中，コン改，コン4，コン5，新潮，人名，日人，仏教，仏史

**乗信** **じょうしん**
生没年不詳
鎌倉時代の法相宗の僧。
¶国書

**乗心** **じょうしん**
生没年不詳
鎌倉時代の律宗の僧。
¶仏教

**浄心**(1) **じょうしん**
承徳2(1098)年～永万2(1166)年7月13日
平安時代後期の真言宗の僧。
¶仏教

**浄心**(2) **じょうしん**
鎌倉時代前期の大原流天台の声明家。
¶日音

**浄心**(3) **じょうしん**
生没年不詳
鎌倉時代後期の僧侶・連歌作者。
¶国書

**浄真** **じょうしん**
鎌倉時代前期の真言宗の僧。
¶国書(㊀？　㊁慶応1(1865)年9月28日)，仏教(㊀？　㊁仁治1(1240)年10月18日)，仏教(㊀寛政7(1795)年　㊁慶応1(1865)年9月28日)，密教(㊀1190年　㊁1240年閏10月28日)

**成信** **じょうしん**
生没年不詳
鎌倉時代後期の浄土宗の僧。
¶仏教

**成真** **じょうしん**
平安時代中期の大仏師。
¶美建，平史(生没年不詳)

**静真**(1) **じょうしん**
平安時代中期の天台宗の僧。
¶古人，平史(生没年不詳)

**静真**(2) **じょうしん**
平安時代後期の仏師。
¶古人，美建，平史(生没年不詳)

**定信** **じょうしん**
生没年不詳
鎌倉時代の浄土真宗の僧。親鸞の直弟。
¶仏教

**定深** **じょうしん，じょうじん**
永承3(1048)年～天仁1(1108)年
平安時代中期～後期の真言宗の僧。
¶国書(じょうじん　生没年不詳)，古人，平史

**定真**(1) **じょうしん**
長元5(1032)年～天永1(1110)年
平安時代中期～後期の興福寺僧。
¶古人，平史

**定真**(2) **じょうしん**
承安4(1174)年～建長2(1250)年
平安時代後期～鎌倉時代前期の真言宗の僧。
¶国書

**定親** **じょうしん**
建仁3(1203)年～＊
鎌倉時代前期の真言僧。
¶神奈川人(㊁1265年)，鎌室(㊀建仁3(1203)年？　㊁文永2(1265)年，(異説)文永3(1266)年)，仏教(㊁文永3(1266)年9月9日)，歴大(㊁1266年)

**成尋**(1) **じょうじん，しょうじん**
寛弘8(1011)年～南宋・元豊4(1081)年　㊇善慧大師(ぜんえだいし)
平安時代中期～後期の入宋僧。藤原貞叙の子。
¶朝日(㊁元豊4年10月6日(1081年11月9日))，岩史(㊁宋・元豊4(1081)年10月6日)，角史，京都，京都大，国史，国書，古人，古中，コン改，コン4，コン5，詩歌，史人(㊁1081年10月6日)，思想史，新潮，人名，姓氏京都，世人，世百，全書，対外，大百，日史(㊁永保1(1081)年10月6日)，日人，百科，仏史，仏人，平史，名僧，山川小(㊁1081年10月6日)，歴大(しょうじん)，和俳

**成尋**(2) **じょうじん**
生没年不詳　㊇中条成尋(ちゅうじょうじょうじん)
鎌倉時代前期の武士、僧。
¶鎌室，新潮，日人

**貞尋** **じょうじん**
長暦1(1037)年～元永1(1118)年
平安時代中期～後期の天台僧。
¶古人，平史

**性信親王** しょうしんしんのう
→性信(1)(しょうしん)

**性信入道親王** しょうしんにゅうどうしんのう
→性信(1)(しょうしん)

**性真入道親王** しょうしんにゅうどうしんのう
→性真(2)(しょうしん)

**承真法親王** しょうしんほうしんのう
→承真(しょうしん)

**性信法親王** しょうしんほうしんのう
→性信(1)(しょうしん)

**性真法親王** しょうしんほうしんのう
→性真(2)(しょうしん)

**性信法親王** しょうしんほっしんのう
→性信(1)(しょうしん)

**祥蘂**(祥瑞) しょうずい
寛延3(1750)年～文政6(1823)年11月19日
江戸時代後期の真言宗の僧。
¶国書，徳島百(祥瑞)，徳島歴(祥瑞)，日人，仏教(㊐?)

**祥水海雲** しょうすいかいうん
元文3(1738)年～文政10(1827)年
江戸時代中期～後期の僧、漢詩人。
¶国書(㊀文政10(1827)年4月)，日人

**貞崇** じょうすう
→鳥栖寺貞崇(とりすでらていそう)

**勝成** しょうせい
生没年不詳
平安時代後期の真言宗の僧。
¶国書

**勝清** しょうせい
天永3(1112)年～承安1(1171)年
平安時代後期の石清水八幡宮祠官。
¶古人，平史

**祥勢**(詳勢) しょうせい
弘仁2(811)年～寛平7(895)年
平安時代前期の僧。
¶古人，古人(詳勢)，古代，古代普，仏教(㊐延暦22(803)年)，平史

**祥盛** しょうせい
生没年不詳
室町時代の僧侶・連歌作者。
¶国書

**性盛** しょうせい
天文6(1537)年～慶長14(1609)年7月16日　㊕性盛(しょうじょう)
安土桃山時代～江戸時代前期の真言宗の僧。
¶国書，人名(しょうじょう)，戦人，日人，仏教，仏人

**聖清** しょうせい
延長3(925)年～長和2(1013)年
平安時代中期の社僧。
¶古人，日人，平史

**聖済** しょうぜい
生没年不詳
鎌倉時代後期の真言宗の僧。
¶仏教

**乗清** じょうせい
文永10(1273)年～?
鎌倉時代後期の僧。
¶北条

**成清** じょうせい
→成清(じょうしょう)

**定清**(1) じょうせい
平安時代中期の僧。
¶古人，平史(生没年不詳)

**定清**(2) じょうせい
? ～長元3(1030)年
平安時代中期の石清水八幡宮第18代別当。
¶古人(㊐?)，平史

**定清**(3) じょうせい
文治1(1185)年～弘安3(1280)年8月26日
鎌倉時代前期の真言宗の僧。定清方の祖。
¶国書，仏教，密教

**定西** じょうせい
平安時代後期の仏師。
¶古人，美建，平史(生没年不詳)

**常済** じょうぜい
→常済(じょうさい)

**定済** じょうぜい
→定済(じょうさい)

**勝詮** しょうせん
天永2(1111)年～正治2(1200)年
平安時代後期～鎌倉時代前期の法相宗の僧。
¶古人，平史

**勝暹** しょうせん
生没年不詳
平安時代後期の華厳宗の僧。
¶仏教

**承詮** しょうせん
建保5(1217)年～?
鎌倉時代前期～後期の天台宗の僧。
¶国書

**昌宣** しょうせん
応永15(1408)年～文明8(1476)年
室町時代の僧、第43世日光山権別当。
¶栃木歴

**湘澶** しょうせん
? ～享保14(1729)年
江戸時代中期の禅僧。
¶姓氏石川

**性潜** しょうせん
→竜渓性潜(りゅうけいしょうせん)

**聖詮** しょうせん
生没年不詳
平安時代後期～鎌倉時代前期の華厳宗の僧。
¶国書, 仏教

**勝禅** しょうぜん
平安時代後期の仏師。
¶古人, 美建, 平史(生没年不詳)

**昌膳** しょうぜん
*～?
戦国時代の日光山権別当。
¶戦辞(㊐永正15(1518)年), 栃木歴(㊐永正15(1518)年?)

**樵禅** しょうぜん
寛政10(1798)年10月25日～明治8(1875)年7月10日
江戸時代後期～明治期の庶民教育に徹した学僧。
¶愛媛, 愛媛百

**性善**(1) しょうぜん
応永34(1427)年9月～文明1(1469)年5月17日
室町時代の浄土真宗の僧。
¶仏教(㊍文明1(1469)年5月17日, (異説)5月11日?)

**性善**(2) しょうぜん
元和2(1616)年～寛文5(1665)年
江戸時代前期の黄檗宗の僧。山城東林庵開山。
¶仏人

**性善**(3) しょうぜん
延宝4(1676)年～宝暦13(1763)年10月24日
江戸時代中期の真言宗の僧。
¶国書, 仏教, 仏人

**性全** しょうぜん
→梶原性全(かじわらしょうぜん)

**性禅** しょうぜん
生没年不詳
鎌倉時代後期の曹洞宗の尼僧。能登永光寺の開基祖忍の母。
¶朝日

**正善** しょうぜん
生没年不詳
鎌倉時代前期の浄土宗の僧。
¶国書, 仏教

**聖然** しょうぜん
→聖然(1)(しょうねん)

**聖全** しょうぜん
平安時代中期の仏師僧。
¶古人, 美建, 平史(生没年不詳)

**聖禅** しょうぜん
建仁2(1202)年～?
鎌倉時代前期の三論宗の僧。
¶国書, 仏教

**乗専** じょうせん
弘安8(1285)年～正平12/延文2(1357)年
鎌倉時代後期～南北朝時代の真宗の僧。真宗出雲路派本山毫摂寺の開基。
¶国史, 国書(㊐永仁3(1295)年 ㊍?), 古中, 日人, 仏教(㊐文永11(1274)年, (異説)永仁3(1295)年 ㊍延文2/正平12(1357)年6月5日), 仏史, 仏人(㊐1274年), 歴大

し

**乗船** じょうせん
生没年不詳
南北朝時代の僧。
¶飛驒

**成専** じょうせん
文暦1(1234)年～正和2(1313)年
鎌倉時代前期～後期の乗永寺の開基。
¶姓氏富山

**静泉** じょうせん
建長1(1249)年～元徳2(1330)年11月21日
鎌倉時代後期の天台宗の僧。
¶仏教

**静暹** じょうせん
平安時代後期の園城寺の破戒僧。
¶古人, 平史(生没年不詳)

**定専** じょうせん
文保1(1317)年8月～正平24/応安2(1369)年7月11日
南北朝時代の浄土真宗の僧。専修寺5世。
¶仏教

**定泉** じょうせん
文永10(1273)年～?
鎌倉時代後期の真言律宗の僧。
¶国書, コン改, コン4, コン5, 日人, 仏教

**定暹**(1) じょうせん
生没年不詳
平安時代中期の天台宗園城寺の僧。
¶国書, 古人, 平史

**定暹**(2) じょうせん
永承2(1047)年～保安3(1122)年
平安時代中期～後期の東大寺僧。
¶古人, 平史

**常全** じょうぜん
弘仁9(818)年～延喜1(901)年
平安時代前期～中期の僧。
¶古人, 平史

**盛全** じょうぜん
宝徳1(1449)年～永正2(1505)年8月15日
室町時代～戦国時代の天台真盛宗の僧。西教寺2世。
¶仏教

**貞禅**(1) じょうぜん
? ～嘉保2(1095)年

平安時代後期の興福寺僧。
¶古人([生]?)，平史

**貞禅(2)　じょうぜん**
生没年不詳
鎌倉時代の三論宗の僧。
¶仏教

**貞禅(3)　じょうぜん**
応永33(1426)年～?
室町時代の天台宗の僧。
¶国書



**定禅　じょうぜん**
平安時代後期の絵仏師。
¶古人，平史(生没年不詳)

**勝善寺順西　しょうぜんじじゅんせい**
戦国時代～安土桃山時代の勝善寺の僧。
¶武田

**樵禅禅鎧　しょうぜんぜんがい**
寛政10(1798)年～明治8(1875)年7月10日
江戸時代後期～明治期の臨済宗の僧。
¶国書

**承先道欽　しょうせんどうきん**
正和1(1312)年～元中2/至徳2(1385)年12月6日
南北朝時代の臨済宗の僧。円覚寺49世。
¶仏教

**性禅尼　しょうぜんに**
生没年不詳
鎌倉時代の尼僧。
¶日人

**象先文岑　しょうせんぶんしん**
建治1(1275)年～興国3/康永1(1342)年　[別]象先文岑(ぞうせんもんしん)
鎌倉時代後期～南北朝時代の臨済宗の僧。
¶神奈川人，日人(ぞうせんもんしん)，仏教([没]康永1/興国3(1342)年10月8日)

**尚祚　しょうそ**
?　～寛元3(1245)年11月25日
鎌倉時代前期の真言宗の僧。
¶国書，仏教

**松窓　しょうそう**
文化2(1805)年～明治10(1877)年
江戸時代後期～明治期の臨済宗の僧・俳人。
¶国書

**松叟　しょうそう**
?　～文政3(1820)年
江戸時代後期の常瑞寺の僧、俳人。
¶俳諧，俳句([没]安政3(1856)年6月2日)，和俳

**聖聡　しょうそう**
正平21/貞治5(1366)年～永享12(1440)年7月18日　[別]大蓬社酉誉(たいれんじゃゆうよ，だいれんしゃゆうよ)，酉誉(ゆうよ)，酉誉聖聡(ゆうよしょうそう)
南北朝時代～室町時代の浄土宗の僧。浄土宗鎮西派の第8祖。
¶朝日([生]貞治5/正平21年7月10日(1366年8月16日)　[没]永享12年7月18日(1440年8月15日))，鎌室，国史，国書，古中，人書94，新潮，人名，世人，全書，大百([没]1429年)，日人，仏教([生]貞治5/正平21(1366)年7月10日)，仏史，仏人，歴大

**紹琮　じょうそう**
→玉甫紹琮(ぎょくほじょうそう)

**常操　じょうそう**
宝永6(1709)年～明和2(1765)年3月12日
江戸時代中期の真言宗の僧。
¶国書

**定宗(1)　じょうそう**
生没年不詳
鎌倉時代の僧侶・歌人。
¶国書

**定宗(2)　じょうそう**
生没年不詳
南北朝時代の僧侶・歌人。
¶国書

**定聡　じょうそう**
生没年不詳
鎌倉時代の真言宗の僧。
¶仏教

**浄蔵　じょうぞう**
寛平3(891)年～康保1(964)年11月21日　[別]三善浄蔵(みよしじょうぞう)
平安時代中期の天台宗の僧。三善清行の子。
¶朝日([没]康保1年11月21日(964年12月27日))，京都(三善浄蔵　みよしじょうぞう)，京都大(三善浄蔵　みよしじょうぞう)，国書，古人，コン改，コン4，コン5，史人，諸系，新潮，人名，姓氏京都，太宰府，日音，日史，日人，百科，仏教，平史，歴大，和歌山人，和俳

**盛増　じょうぞう**
生没年不詳
戦国時代の社僧。
¶国書

**松窓律師　しょうそうりっし**
文化2(1805)年～明治10(1877)年
江戸時代末期～明治期の僧(真言宗)、俳人。
¶高知人

**勝尊　しょうそん**
生没年不詳
鎌倉時代前期の真言宗の僧。醍醐寺34世。
¶日人，仏教，密教([生]1209年　[没]1253年以後)，山形百

**清尊　しょうそん**
応永34(1427)年～?
室町時代の天台宗の僧。
¶国書

し

**聖尊(1)　しょうそん**
生没年不詳
平安時代後期の真言宗の僧。
¶仏教

**聖尊(2)　しょうそん**
*～建徳1/応安3（1370）年9月27日　(別)聖尊親王（しょうそんしんのう），聖尊法親王（しょうそんほうしんのう，せいそんほうしんのう）
鎌倉時代後期～南北朝時代の真言声明醍醐流の声明家。
¶国書（聖尊親王　しょうそんしんのう　(生)嘉元1（1303）年），人名（聖尊法親王　しょうそんほうしんのう　(生)1303年），天皇（聖尊法親王　せいそんほうしんのう　(生)乾元1（1302）年），日音（(生)嘉元1（1303）年），日人（聖尊法親王　しょうそんほうしんのう　(生)1304年），仏教（(生)嘉元2（1304）年）

**乗存　じょうそん**
？～元和5（1619）年
安土桃山時代～江戸時代前期の僧侶。
¶姓氏群馬

**常尊　じょうそん**
慶長9（1604）年～寛文11（1671）年7月2日
江戸時代前期の天台宗の僧。
¶国書

**浄尊(1)　じょうそん**
建暦1（1211）年～建長7（1255）年
鎌倉時代の真言宗の僧。
¶仏教（生没年不詳），密教（(生)1211年以前　(没)1255年以後）

**浄尊(2)　じょうそん**
正平3/貞和4（1348）年～元中9/明徳3（1392）年6月7日
南北朝時代の天台宗の僧。
¶仏教

**浄尊(3)　じょうそん**
生没年不詳
栴陀羅の法師。
¶平史

**成尊　じょうそん**
→成尊（せいそん）

**盛尊　じょうそん**
→盛尊（せいそん）

**定尊(1)　じょうそん**
生没年不詳
平安時代後期の真言宗の僧。
¶国書，仏教

**定尊(2)　じょうそん**
生没年不詳
鎌倉時代前期の僧。
¶国書，仏教

**定尊(3)　じょうそん**
生没年不詳
鎌倉時代前期の僧。善光寺仏鋳造者。
¶姓氏長野，長野歴

**定尊(4)　じょうそん**
生没年不詳
南北朝時代の僧。
¶鎌室，諸系，戦辞，日人

**定尊(5)　じょうそん**
生没年不詳
室町時代の僧侶。
¶神奈川人

**聖尊親王　しょうそんしんのう**
→聖尊(2)（しょうそん）

**聖尊法親王　しょうそんほうしんのう**
→聖尊(2)（しょうそん）

**承兌　しょうだ**
→西笑承兌（せいしょうじょうたい）

**承兌　しょうたい，じょうたい**
→西笑承兌（せいしょうじょうたい）

**乗体　じょうたい**
元文5（1740）年～文化4（1807）年1月10日
江戸時代後期の真言宗の僧。
¶国書，仏教

**正太寺澄山　しょうたいじちょうざん**
寛延元（1748）年～文化6（1809）年7月15日
江戸時代後期の画僧。
¶東三河

**正太寺晩翠　しょうたいじばんすい**
弘化2（1845）年～大正10（1921）年10月18日
明治・大正期の画僧。
¶東三河

**正太寺蘭阿　しょうたいじらんあ**
～文化10（1813）年3月26日
江戸時代後期の華僧。
¶東三河

**紹宅　じょうたく**
→木山惟久（きやまこれひさ）

**聖達　しょうたつ**
生没年不詳
鎌倉時代前期の僧。浄土宗西山派の祖証空の弟子。
¶国史，古中，日人，仏教，仏史

**浄達　じょうたつ**
生没年不詳
飛鳥時代～奈良時代の留学僧。
¶日人，仏教

**常湛　じょうたん**
生没年不詳
江戸時代中期～後期の天台宗の僧。
¶国書

**勝智** しょうち
永保2(1082)年～？
平安時代後期の仏師。
¶古人([没]？)，美建，平史

**性智** しょうち
生没年不詳
鎌倉時代後期の臨済宗の僧。
¶国書

**正智** しょうち
？～永久5(1117)年
平安時代後期の高野山の僧。
¶古人([生]？)，平史

**常智** じょうち
？～文中3/応安7(1374)年5月19日
南北朝時代の僧侶・連歌作者。
¶国書

**定智**(1) じょうち
生没年不詳
平安時代の画僧。
¶朝日，国史，古人，史人，新潮，世人，日史，日人，美家，美術，百科，仏教，仏史，仏人，平史，名画

**定智**(2) じょうち
正平12/延文2(1357)年～？
南北朝時代～室町時代の天台宗の僧。
¶国書

**小地川竹園** しょうちかわちくえん★
文化5(1808)年～明治5(1872)年
江戸時代後期～明治期の神官。
¶三重続

**常智祚天** じょうちそてん
？～寛永8(1631)年7月26日
江戸時代前期の曹洞宗の僧。永平寺22世。
¶仏教

**聖忠** しょうちゅう
文永5(1268)年～元応1(1319)年
鎌倉時代後期の僧。
¶鎌室，国書([没]元応1(1319)年7月12日)，諸系，人名，日人，仏教(生没年不詳)

**静忠** じょうちゅう
建久1(1190)年～弘長3(1263)年10月2日
鎌倉時代前期の天台宗の僧。園城寺60世。
¶仏教

**定忠** じょうちゅう
生没年不詳
室町時代の真言宗の僧。醍醐寺72世。
¶諸系，日人，仏教

**正仲彦貞** しょうちゅうげんてい
生没年不詳
南北朝時代の臨済宗の僧。
¶国書

**聖中周光** しょうちゅうしゅうこう
建徳2/応安4(1371)年～寛正6(1465)年9月2日
室町時代の臨済宗の僧。
¶仏教

**如仲天誾** じょうちゅうてんぎん
→如仲天誾(じょちゅうてんぎん)

**勝超** しょうちょう
治暦1(1065)年～？
平安時代後期の僧侶・歌人。
¶国書，古人([没]？)，平史

**承澄** しょうちょう，じょうちょう
元久2(1205)年～弘安5(1282)年10月22日
鎌倉時代後期の天台密教の僧。
¶朝日(じょうちょう　[没]弘安5年10月22日(1282年11月23日))，鎌室([生]？)，京都大，京都府，国書，新潮(じょうちょう)，人名，日人，仏教

**昌澄** しょうちょう
生没年不詳
戦国時代の天台宗の僧。
¶国書

**昭超** しょうちょう
慶長12(1607)年閏4月5日～万治3(1660)年12月12日
江戸時代前期の浄土真宗の僧。
¶国書

**性澂** しょうちょう
→霊潭(1)(れいたん)

**正澄** しょうちょう
→清拙正澄(せいせつしょうちょう)

**韶澄** しょうちょう
生没年不詳
江戸時代後期の天台宗の僧。
¶国書

**成朝** じょうちょう
→成朝(せいちょう)

**静澄** じょうちょう
生没年不詳
鎌倉時代後期の天台宗の僧・歌人。
¶国書

**定澄** じょうちょう
承平5(935)年～長和4(1015)年
平安時代中期の興福寺僧。
¶古人，平史

**定朝** じょうちょう
？～天喜5(1057)年8月1日
平安時代中期の仏師。康尚の子または弟子。
¶朝日([没]天喜5年8月1日(1057年9月2日))，岩史，角史，京都，京都大，国史，古史，古人([生]？)，古中，コン改，コン4，コン5，史人，重要，人書94，新潮，人名，姓氏京都，世人，世百，全書，大百，伝記，日史，日人，美建，美術，百科，仏教，仏史，仏人，平史，平日

（㊀1057），山川小（㊀？），歴大

**定超** じょうちょう
？〜正平18/貞治2（1363）年7月25日
南北朝時代の真言声明醍醐流の声明家。
¶国書，日音（生没年不詳）

**承鎮** しょうちん
生没年不詳　㊀承鎮法親王（しょうちんほうしんのう）
鎌倉時代後期の天台宗の僧。天台座主115世。
¶人名（承鎮法親王　しょうちんほうしんのう），日人（承鎮法親王　しょうちんほうしんのう），仏教

**照珍(1)** しょうちん
弘和1/永徳1（1381）年〜？
南北朝時代〜室町時代の天台宗の僧。
¶国書

**照珍(2)** しょうちん
弘治1（1555）年〜寛永5（1628）年12月6日
安土桃山時代〜江戸時代前期の律宗の僧。
¶国書，仏教

**聖珍** しょうちん
平安時代中期の敦明親王の王子、三条天皇の皇孫。
¶人名，日人（生没年不詳）

**定珍** じょうちん
天文3（1534）年〜慶長8（1603）年
戦国時代〜安土桃山時代の僧。
¶国書（㊀慶長8（1603）年1月28日），戦辞（㊀？），日人

**承鎮親王** しょうちんしんのう
生没年不詳
鎌倉時代後期〜南北朝時代の百十四代天台座主。
¶国書

**承鎮法親王** しょうちんほうしんのう
→承鎮（しょうちん）

**聖通** しょうつう
応永4（1397）年〜応永34（1427）年8月4日
室町時代の真言宗の僧。
¶国書

**祥貞** しょうてい
→天英祥貞（てんえいしょうてい）

**浄諦** じょうてい
生没年不詳
平安時代中期の修験僧。
¶国書

**紹滴** しょうてき，じょうてき
→一凍紹滴（いっとうしょうてき）

**正徹** しょうてつ
弘和1/永徳1（1381）年〜長禄3（1459）年5月9日
㊀清巌正徹（せいがんしょうてつ）
室町時代の臨済宗の僧、歌人。
¶朝日（清巌正徹　せいがんしょうてつ　㊀長禄3年5月9日（1459年6月9日）），岩史，岡山人（㊀康暦2（1380）年　㊀長禄2（1458）年），岡山百，岡山歴，角史，鎌室（清巌正徹　せいがんしょうてつ），京都大，国史，国書，古中，コン改（清巌正徹　せいがんしょうてつ），コン4（清巌正徹　せいがんしょうてつ），コン5（清巌正徹　せいがんしょうてつ），詩歌，詩作，史人，人書79，人書94（清巌正徹　せいがんしょうてつ），新潮（清巌正徹　せいがんしょうてつ），新文，人名（㊀1380年　㊀1458年），世人（清巌正徹　せいがんしょうてつ　㊀天授6/康暦2（1380）年　㊀長禄2（1458）年5月9日），世百，全書，大百，茶道（清巌正徹　せいがんしょうてつ），中世，伝記，日史，日人（清巌正徹　せいがんしょうてつ），日文，百科，仏教（清巌正徹　せいがんしょうてつ），文学，歴大（清巌正徹　せいがんしょうてつ），和俳

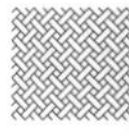
し

**承天** しょうてん，じょうてん
奈良時代の僧。
¶古人（じょうてん），古代，古代普，日人（生没年不詳）

**聖伝** しょうでん
？〜慶長15（1610）年1月18日
安土桃山時代〜江戸時代前期の浄土宗の僧。知恩寺32世。
¶仏教

**成典** じょうてん
→成典（せいてん）

**性天含虚** しょうてんがんきょ
生没年不詳
江戸時代前期〜中期の臨済宗の僧。
¶国書

**衝天元統** しょうてんげんとう
寛文6（1666）年〜享保15（1730）年12月11日
江戸時代中期の黄檗宗の僧。
¶黄檗，国書

**少伝宗誾** しょうでんしゅうぎん
→少伝宗誾（しょうでんそうぎん）

**少伝宗誾** しょうでんそうぎん
？〜天文10（1541）年　㊀少伝宗誾（しょうでんしゅうぎん）
戦国時代の浄土宗の僧。
¶人名（しょうでんしゅうぎん），日人，仏教（㊀天文10（1541）年10月3日，（異説）10月13日？）

**笑伝宗咄** しょうでんそうせつ
安土桃山時代の曹洞宗雲岫派の僧。甲斐都留郡主小山田氏墓所、谷村の長生寺6世住職。
¶武田

**承天則地** じょうてんそくち，しょうてんそくち
？〜延享1（1744）年6月14日
江戸時代中期の曹洞宗の僧。永平寺39世。
¶国書（しょうてんそくち），仏教

**性天智円** しょうてんちえん
生没年不詳
江戸時代前期の曹洞宗の僧。
¶国書

**性瑫** しょうとう
→木庵性瑫(もくあんしょうとう)

**聖統** しょうとう
生没年不詳
南北朝時代の僧侶・歌人。
¶国書



**勝道** しょうどう
天平7(735)年～弘仁8(817)年　[別]勝道上人(しょうどうしょうにん)
奈良時代～平安時代前期の僧。日光山輪王寺・中禅寺の開山。
¶朝日([没]弘仁8年3月1日(817年3月22日)), 岩史, 郷土栃木(勝道上人　しょうどうしょうにん), 国史, 古人, 古代, 古代普, 古中, コン改([生]天平9(737)年), コン4([生]天平9(737)年), コン5([生]天平9(737)年), 埼玉人, 史人([生]735年4月21日　[没]817年3月1日), 神人, 新潮, 人名([生]737年), 姓氏群馬([生]?　[没]814年), 世人([生]天平7(735)年4月21日　[没]弘仁8(817)年3月1日), 栃木歴(勝道上人　しょうどうしょうにん　[生]?), 日人, 仏教, 仏史, 仏人, 平史, 名僧, 歴大([没]817年?)

**承道** しょうどう
→承道法親王(しょうどうほっしんのう)

**昇道**(1) しょうどう
?　～文化8(1811)年3月11日
江戸時代中期～後期の僧侶・歌人。
¶国書

**昇道**(2) しょうどう
?　～明治2(1869)年6月
江戸時代後期～明治期の僧侶。
¶国書, 真宗, 仏教

**昌堂** しょうどう
?　～天和1(1681)年
江戸時代前期の浄土宗の僧。
¶国書

**祥道** しょうどう
文化3(1806)年～安政3(1856)年12月5日
江戸時代後期～末期の真言宗の僧。
¶国書

**笑童** しょうどう
享保3(1718)年～安永6(1777)年
江戸時代中期の禅僧。
¶徳島歴

**正堂** しょうどう
正応元(1288)年～文中2/応安6(1373)年9月21日
鎌倉時代後期～南北朝時代の臨済宗の僧。
¶愛媛, 愛媛百

**常騰** じょうとう
天平12(740)年～弘仁6(815)年
奈良時代～平安時代前期の学僧。永厳に師事。
¶朝日([没]弘仁6年9月4日(815年10月9日)), 国史, 国書([没]弘仁6(815)年9月3日), 古人, 古代, 古代普, 古中, コン改, コン4, コン5, 史人([没]815年9月4日), 人名, 日人, 仏教([没]弘仁6(815)年9月3日), 仏史, 平史

**浄道** じょうどう
生没年不詳
鎌倉時代後期の僧侶・歌人。
¶国書

**松東院〈長崎県〉** しょうとういん★
天正2(1574)年～明暦2(1656)年
安土桃山時代～江戸時代前期の女性。宗教。大村藩藩主大村純忠の娘。
¶江表(松東院(長崎県))

**性堂慧果** しょうどうえが, しょうどうえか
寛保1(1741)年～文政2(1819)年4月3日　[別]性堂慧杲(しょうどうえこう)
江戸時代後期の臨済宗の僧。
¶国書(性堂慧杲　しょうどうえこう), 日人(しょうどうえか), 仏教

**性堂慧杲** しょうどうえこう
→性堂慧果(しょうどうえが)

**証道元雄** しょうどうげんゆう
?　～元文2(1737)年12月18日
江戸時代中期の黄檗宗の僧。
¶黄檗

**松堂高盛** しょうどうこうせい
永享3(1431)年～永正2(1505)年
室町時代～戦国時代の僧。
¶鎌室, 国書([没]永正2(1505)年2月11日), 静岡歴, 人名, 姓氏静岡, 戦辞, 日人, 仏教([没]永正2(1505)年2月11日)

**笑堂常訢** しょうどうじょうきん
正平17/貞治1(1362)年～応永18(1411)年7月9日
南北朝時代～室町時代の臨済宗の僧。
¶仏教

**勝道上人** しょうどうしょうにん
→勝道(しょうどう)

**承道親王** しょうどうしんのう
→承道法親王(しょうどうほっしんのう)

**松堂宗植** しょうどうそうしょく
寛永18(1641)年～正徳4(1714)年9月10日
江戸時代前期～中期の臨済宗の僧。
¶国書

**承道法親王** しょうどうほうしんのう
→承道法親王(しょうどうほっしんのう)

**承道法親王** しょうどうほっしんのう
応永15(1408)年8月20日～享徳2(1453)年9月10日　[別]承道(しょうどう), 承道親王(しょうどう

しんのう), 承道法親王(しょうどうほうしんのう)
室町時代の僧。
¶鎌室, 国書(承道親王　しょうどうしんのう), 諸系(しょうどうほうしんのう), 人名(しょうどうほうしんのう), 日人(しょうどうほうしんのう), 仏教(承道　しょうどう)

**浄徳寺願正** じょうとくじがんしょう
〜文亀3(1503)年8月2日
戦国時代の古川町の浄徳寺の開基。
¶飛騨

**常徳寺諦教** じょうとくじていきょう
生没年不詳
江戸時代中期の白川村の常徳寺の住職。
¶飛騨

**聖徳太子** しょうとくたいし
敏達天皇3(574)年〜推古天皇30(622)年2月22日
㊀厩戸皇子(うまやどのおうじ, うまやどのみこ), 豊聡耳皇子(とよとみみのおうじ)
飛鳥時代の用明天皇の子。推古天皇の摂政として蘇我馬子と協力して政治にあたる。冠位十二階、十七条憲法、遣隋使などの業績があり、法隆寺を建立したことも有名。
¶朝日(㊀推古30年2月22日(622年4月8日)), 岩史, 愛媛, 大阪人, 角史, 教育, 郷土奈良(㊀573年), 国史, 国書, 古史, 古人(㊀574年 ㊀622年), 古代, 古代普(㊀574年 ㊀622年), 古中, 古物(㊀574年 ㊀622年), コン改, コン4, コン5, 詩歌, 詩作(㊀敏達天皇3(574)年1月1日), 史人, 思想史(㊀敏達3(574)年 ㊀推古30(622)年), 重要, 諸系, 人書79, 人書94, 人情, 新潮, 人名(㊀?), 姓氏京都, 世人, 世百, 全書, 対外(㊀574年 ㊀622年), 大百, 伝記(㊀574年?), 天皇(㊀敏達天皇3(574)年?, 敏達天皇4年?), 日思, 日史(㊀574年?), 日人, 美術(㊀?), 百科(㊀?), 冨嶽, 仏教, 仏史, 仏人, 平家, 平日(㊀574? ㊀622), 万葉, 名僧, 山川小(㊀574年 ㊀622年2月22日), 山梨人, 歴大, 和俳

**松頓** しょうとん
生没年不詳
江戸時代前期の曹洞宗の僧。
¶仏教

**性激** しょうとん
→高泉性激(こうせんしょうとん)

**性曇** しょうどん
正平23/応安1(1368)年〜永享10(1438)年12月4日
南北朝時代〜室町時代の浄土真宗の僧。仏光寺11世。
¶仏教

**正曇** しょうどん
→天海正曇(てんかいしょうどん)

**湘南** しょうなん
〜寛永14(1637)年
安土桃山時代〜江戸時代前期の僧。山内一豊の義子。
¶高知人, 高知百

**湘南宗沅** しょうなんそうげん
慶安4(1651)年〜享保14(1729)年1月9日
江戸時代前期〜中期の臨済宗の僧。大徳寺260世。
¶国書, 仏教

し

**少弐** しょうに
室町時代の仏師。
¶栃木歴, 美建

**象耳泉奘** しょうにせんしょう
→泉奘(せんしょう)

**昭日** しょうにち
仁和2(886)年〜天徳4(960)年
平安時代前期〜中期の天台宗延暦寺僧。
¶古人, 平史

**証入** しょうにゅう
建久7(1196)年〜寛元3(1245)年 ㊀観鏡(かんきょう)
鎌倉時代前期の僧。浄土宗東山流の流祖。
¶鎌室(㊀? ㊀寛元2(1244)年), 国史, 古中, 新潮(㊀寛元3(1245)年7月7日), 人名(㊀? ㊀1244年), 日人, 仏教(㊀建久7(1196)年, (異説)建久6(1195)年 ㊀寛元3(1245)年7月7日, (異説)寛元2(1244)年7月7日), 仏史

**聖入** しょうにゅう
生没年不詳
江戸時代前期の曹洞宗の僧。
¶仏教

**誠入** じょうにゅう
? 〜貞享3(1686)年8月25日
江戸時代前期の浄土宗の僧。
¶仏教

**証如**(1) (勝如) しょうにょ
天応1(781)年〜貞観9(867)年
平安時代前期の僧。
¶古人(勝如), 古代, 古代普, 人名, 日人(勝如), 仏教(勝如 ㊀天応1(781)年4月5日 ㊀貞観9(867)年8月15日), 平史(勝如)

**証如**(2) しょうにょ
永正13(1516)年〜天文23(1554)年8月13日
㊀光教(こうきょう), 証如光教(しょうにょこうきょう), 本願寺証如(ほんがんじしょうにょ)
戦国時代の真宗の僧、本願寺10世。
¶朝日(㊀永正13年11月20日(1516年12月13日) ㊀天文23年8月13日(1554年9月9日)), 石川百, 岩史, 大阪人(㊀天文23(1554)年8月), 角史, 京都, 京都大, 国史, 国書(光教　こうきょう ㊀永正13(1516)年11月20日), 古中, コン改, コン4, コン5, 史人(㊀1516年11月20日), 重要, 新潮, 人名, 姓氏石川, 姓氏京都(証如光教　しょうにょこうきょう), 世人, 戦合, 戦辞(証如光教　しょうにょこうきょう ㊀永正13年11月20日(1516年12月13日) ㊀天文23年8月13日(1554年9月9日)), 戦人, 戦武(本願

寺証如　ほんがんじしょうにょ），日史（㊀永正13（1516）年11月20日），日人，仏教（㊀永正13（1516）年11月20日），仏史，仏人（㊀1515年），名僧，山川小（㊀1516年11月20日），歴大

**証如(3)　しょうにょ**
延宝6（1678）年9月27日～宝暦11（1761）年7月2日
江戸時代中期の浄土真宗の僧。本願寺10世。
¶仏教

**乗如　じょうにょ**
延享1（1744）年11月9日～寛政4（1792）年2月24日
江戸時代中期の浄土真宗の僧。東本願寺19世。
¶仏教

**常如　じょうにょ**
寛永18（1641）年～元禄7（1694）年
江戸時代前期の浄土真宗の僧。東本願寺15世。
¶日人，仏教（㊀寛永18（1641）年5月4日　㊁元禄7（1694）年5月22日）

**浄如　じょうにょ**
嘉禎2（1236）年～応長1（1311）年
鎌倉時代後期の浄土真宗の僧。証誠寺3世。
¶日人，仏教（㊀嘉禎2（1236）年12月2日　㊁応長1（1311）年9月5日，（異説）暦応3/興国1（1340）年8月14日）

**静如　じょうにょ**
享保7（1722）年～寛政8（1796）年7月16日
江戸時代中期の浄土真宗の僧。
¶仏教

**証如光教　しょうにょこうきょう**
→証如(2)（しょうにょ）

**承仁　しょうにん**
→承仁法親王（しょうにんほっしんのう）

**照忍　しょうにん**
寛文12（1672）年～元文5（1740）年
江戸時代前期～中期の浄土真宗の僧。
¶国書

**証忍　しょうにん**
生没年不詳
鎌倉時代の浄土宗の僧。
¶国書

**聖仁　しょうにん**
康平1（1058）年～保延5（1139）年
平安時代後期の真言宗の僧。高野山検校18世。
¶仏教

**成忍　じょうにん**
生没年不詳　㊈恵日房成忍（えにちぼうじょうにん），恵日房（えにちぼう）
平安時代後期～鎌倉時代前期の画僧。明恵上人の弟子。
¶朝日，角史，京都大，国史，古人，古中，史人，重要，新潮，人名（恵日房成忍　えにちぼうじょうにん），人名，世人，日史，日人，美家，美術，仏教，名画，山川小

**定仁　じょうにん**
？～嘉応3（1171）年3月15日
平安時代後期の真言宗の僧。
¶仏教

**定任　じょうにん**
弘長2（1262）年～延慶2（1309）年8月20日
鎌倉時代後期の真言宗の僧。醍醐寺53世。
¶国書，仏教

**定忍　じょうにん**
南北朝時代の仏師。
¶岡山歴，美建

**承仁親王　しょうにんしんのう**
→承仁法親王（しょうにんほっしんのう）

**常仁入道親王　じょうにんにゅうどうしんのう**
宝暦1（1751）年12月22日～安永1（1772）年　㊈常仁法親王（つねひとほうしんのう）
江戸時代中期の有栖川宮第5代職仁親王の第6王子。
¶人名，天皇（常仁法親王　つねひとほうしんのう　㊁明和9（1771）年4月23日），日人（㊀1752年）

**承仁法親王　しょうにんほうしんのう**
→承仁法親王（しょうにんほっしんのう）

**承仁法親王　しょうにんほっしんのう**
嘉応1（1169）年～建久8（1197）年4月27日　㊈承仁（しょうにん），承仁親王（しょうにんしんのう），承仁法親王（しょうにんほうしんのう）
平安時代後期の天台宗の僧（天台座主）。後白河天皇の皇子。
¶鎌室，国書（承仁親王　しょうにんしんのう），古人，コン改（しょうにんほうしんのう），コン4（しょうにんほうしんのう），コン5（しょうにんほうしんのう），諸系（しょうにんほうしんのう），新潮，人名（しょうにんほうしんのう），天皇（しょうにんほうしんのう　㊀仁安2（1167）年），日人（しょうにんほうしんのう），仏教（承仁　しょうにん），平家，平史（しょうにんほうしんのう）

**称念　しょうねん**
永正10（1513）年3月～天文23（1554）年
戦国時代の浄土宗の僧。捨世派の祖。
¶朝日（㊁天文23年7月19日（1554年8月17日）），国書（㊁天文23（1554）年1月19日），埼玉人（㊁天文23（1554）年7月19日），日人，仏教（㊁天文23（1554）年7月19日），仏人

**正念(1)　しょうねん**
生没年不詳
鎌倉時代の浄土宗の僧。
¶仏教

**正念(2)　しょうねん**
→大休正念（だいきゅうしょうねん）

**聖然(1)　しょうねん**
？～正和1（1312）年　㊈聖然（しょうぜん）
鎌倉時代後期の僧。
¶鎌室，国書（㊁正和1（1312）年8月15日），人名，

日人，仏教（しょうぜん　㊀正和1（1312）年8月）

**聖然(2)** しょうねん
永享8（1436）年～永正6（1509）年10月24日
室町時代～戦国時代の浄土宗の僧。知恩寺21世。
¶仏教

**乗然** じょうねん
生没年不詳
鎌倉時代後期の浄土真宗の僧。親鸞の直弟。
¶仏教

**成然** じょうねん
治承2（1178）年～文永2（1265）年
鎌倉時代前期の僧。
¶鎌室，古人，人名，日人，仏教

**静然** じょうねん
生没年不詳
平安時代後期の天台宗の僧。
¶仏教

**静念(1)** じょうねん
生没年不詳
平安時代後期の僧侶・歌人。
¶国書

**静念(2)** じょうねん
生没年不詳
平安時代後期～鎌倉時代前期の天台宗の僧。
¶国書

**定然** じょうねん
生没年不詳
鎌倉時代の真言宗の僧。
¶仏教

**浄念寺浄念** じょうねんじじょうねん
生没年不詳
戦国時代の荘川村の浄念寺開基。
¶飛驒

**浄念尼** じょうねんに
生没年不詳
鎌倉時代の女性。尼僧。
¶女性，人名，日人

**盛能** じょうのう
？～明応4（1495）年3月12日
室町時代の天台真盛宗の僧。
¶仏教

**庄野琳真** しょうのりんしん
明治12（1879）年3月1日～昭和47（1972）年3月9日
明治～昭和期の僧。
¶徳島百，徳島歴

**昌派** しょうは
生没年不詳
戦国時代の越後国広泰寺住持。
¶戦辞，新潟百

**性派** しょうは
→南源性派（なんげんしょうは）

**紹巴** じょうは
→里村紹巴（さとむらじょうは）

**貞把** じょうは
→貞把（ていは）

**紹蓓** しょうばい
応永27（1420）年～明応8（1499）年3月26日　㊁春江紹蓓（しゅんこうしょうばい），春江（しゅんこう）
室町時代～戦国時代の臨済宗の僧。
¶戦人，仏教（春江紹蓓　しゅんこうしょうばい）

し

**勝範** しょうはん
長徳2（996）年～承暦1（1077）年
平安時代中期の僧。天台座主。
¶国史，国書（㊀承保4（1077）年1月28日），古人，古中，コン改，コン4，コン5，新潮（㊀承暦1（1077）年1月27日），人名，日人，仏教（㊀承保4（1077）年1月18日，（異説）1月28日？），仏史，平史

**承範** しょうはん
嘉元3（1305）年～？
鎌倉時代後期～南北朝時代の天台宗の僧。
¶国書

**昌範** しょうはん
鎌倉時代の修験者。建徳院中興の祖。
¶岡山歴

**聖範** しょうはん
寿永2（1183）年～？
平安時代後期～鎌倉時代前期の真言僧・華厳僧。
¶国書

**乗範** じょうはん
寛喜2（1230）年～？
鎌倉時代後期の法相宗の僧。
¶国書，仏教

**浄範** じょうはん
平安時代後期の興福寺の僧。成務天皇陵を壊した罪により伊豆へ配流。
¶伊豆

**成範** じょうはん
文明9（1477）年～？
戦国時代の真言宗の僧。
¶国書

**静範** じょうはん
生没年不詳
平安時代後期の興福寺の僧。
¶国書，古人，平史

**定範(1)** じょうはん
永万1（1165）年～元仁2（1225）年2月25日
平安時代後期～鎌倉時代前期の僧。
¶鎌室，国書，古人，日人，仏教，密教

**定範(2)** じょうはん
生没年不詳
鎌倉時代後期の高野山の僧。
¶徳島歴

**紹怤** じょうふ
文明7(1475)年～天文5(1536)年7月28日 ㊀小渓紹怤(しょうけいしょうふ，しょうけいじょうふ)，小渓(しょうけい)
戦国時代の臨済宗の僧。
¶国書(小渓紹怤 しょうけいじょうふ)，戦人，仏教(小渓紹怤 しょうけいしょうふ)



**定豊** じょうぶ
平安時代中期の絵仏師。
¶古人，平史(生没年不詳)

**成福院** じょうふくいん
？ ～天正10(1582)年4月3日
安土桃山時代の僧。元は将軍足利義昭の使僧。甲斐に留まっていた。
¶武田

**成福寺** じょうふくじ
生没年不詳
戦国時代の一向宗の僧。北条氏の使者を務めた。
¶戦辞

**浄福寺西善** じょうふくじさいぜん
生没年不詳
戦国時代の小坂町の浄福寺の開基。
¶飛騨

**春夫宗宿** しょうふそうしゅく
生没年不詳
室町時代の臨済宗の僧。
¶仏教

**証仏** しょうぶつ
鎌倉時代後期の浄土宗西山派の僧。京都安養寺を復興。
¶岡山歴，仏教(生没年不詳)

**生仏** しょうぶつ
生没年不詳
鎌倉時代前期の浄土宗の僧。
¶仏教

**正文月江** しょうぶんげつこう
→月江正文(げっこうしょうもん)

**勝遍** しょうへん
大治5(1130)年～建久3(1192)年12月14日
平安時代後期～鎌倉時代前期の真言宗の僧。勝遍方の祖。
¶仏教(㊐大治5(1130)年，(異説)長承3(1134)年)

**照遍** しょうへん
→上田照遍(うえだしょうへん)

**紹弁** しょうべん
生没年不詳
南北朝時代の僧侶・歌人。
¶国書

**乗遍** じょうへん
*～元暦1(1184)年
平安時代後期の真言宗の僧。
¶国書(㊐？ ㊍元暦1(1184)年9月)，密教(㊐1175年以前 ㊍1184年9月4日)

**盛遍** じょうへん
生没年不詳
鎌倉時代の真言宗の僧。
¶仏教

**静遍** じょうへん
仁安1(1166)年～貞応3(1224)年4月20日
平安時代後期～鎌倉時代前期の真言宗の僧。平頼盛の子。
¶朝日(㊍元仁1年4月20日(1224年5月9日))，国史，国書，古人，古中，日人，仏教，仏史，仏人(㊐1165年 ㊍1223年)，密教，和歌山人

**定遍** じょうへん
長承2(1133)年～文治1(1185)年12月18日
平安時代後期の僧。忍辱山流定遍方の祖。
¶鎌室，国史，古人，古中，新潮(㊍文治1(1185)年12月28日)，人名，日音，日人(㊍1186年)，仏教，仏史，平史

**浄弁** じょうべん
生没年不詳
鎌倉時代後期～南北朝時代の歌僧。勅撰集に21首入集。
¶角史，鎌室(㊍延文1/正平11(1356)年)，国史，国書，古中，コン改(㊍正平11/延文1(1356)年)，コン4(㊍延文1/正平11(1356)年)，コン5(㊍正平11/延文1(1356)年)，詩歌(㊍1356年)，詩作，史人，新潮，人名(㊍1356年)，全書，日史，日人，日文，百科，和俳

**成弁** じょうべん
慶長3(1598)年～寛文12(1672)年4月13日
江戸時代前期の浄土宗の僧。
¶仏教

**勝宝** しょうほう
生没年不詳
奈良時代の女性。尼僧。
¶女性

**証宝** しょうほう
生没年不詳
奈良時代の女性。尼僧。
¶女性

**樵峰** しょうほう★
～文化8(1811)年6月28日
江戸時代後期の禅者。
¶秋田人2

**聖宝** しょうぼう，しょうほう，しょうぼう
天長9(832)年～延喜9(909)年7月6日 ㊀聖宝(せいほう)，理源大師(りげんだいし)
平安時代前期～中期の真言宗の僧。醍醐寺の開山。
¶朝日(㊍延喜9年7月6日(909年7月25日))，岩

史，岡山人（せいほう），香川人（しょうぽう），香川百（しょうほう），角史，京都大，京都府，国史，国書，古史，古人，古代，古代普，古中，コン改，コン4，コン5，史人，思想史，人書94，新潮，人名，姓氏京都，世人（しょうほう），世百，全書，大百，日思，日史，日人，百科，仏教，仏史，仏人，平史，名僧，歴大

**聖法**　しょうぼう
？～弘安9（1286）年2月15日
鎌倉時代後期の浄土宗の僧。
¶仏教

**紹芳**　じょうほう
室町時代の臨済宗の僧・連歌作者。
¶国書（生没年不詳），俳文

**成宝**　じょうほう
平治1（1159）年～安貞1（1227）年12月17日　㊞成宝（せいほう）
平安時代後期～鎌倉時代前期の僧。
¶鎌室，国書（せいほう），古人，人名，日人（せいほう　㊀1228年），仏教（せいほう），平家，平史，密教（せいほう）

**貞芳**　じょうほう
？～貞元2（977）年
平安時代中期の石清水八幡宮寺の僧。
¶古人（㊀？），平史

**定宝**　じょうほう
生没年不詳
南北朝時代の真言宗の僧。
¶仏教

**常法院自心**　じょうほういんじしん
生没年不詳
安土桃山時代の修験者。萩原町の久津八幡宮別当。
¶飛騨

**浄法軒**　じょうほうけん
→養方軒パウロ（ようほうけんぱうろ）

**祥鳳弘天尼**　しょうほうこうてんに
生没年不詳
江戸時代中期の黄檗宗の尼僧。
¶黄檗

**正法寺了証**　しょうほうじりょうしょう
文政4（1821）年～明治27（1894）年12月4日
江戸時代後期～明治期の歌僧。
¶東三河

**祥鳳禅瑞**　しょうほうぜんずい
享保2（1717）年4月8日～安永6（1777）年7月12日
江戸時代中期の臨済宗の僧。
¶国書

**笑彭宗久**　しょうほうそうきゅう
？～寛政2（1790）年8月24日
江戸時代中期の臨済宗の僧。
¶仏教

**勝法房**　しょうほうぼう
生没年不詳
鎌倉時代前期の画僧。
¶仏教

**象匏文雅**　しょうほうもんが
安永8（1779）年～天保11（1840）年　㊞象匏文雅（ぞうほうもんが）
江戸時代後期の臨済宗の僧。
¶人名（ぞうほうもんが　㊀1774年　㊀1835年），日人（ぞうほうもんが），仏教（㊀天保11（1840）年7月23日）

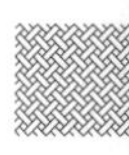
し

**聖僕義諦**　しょうぼくぎたい
生没年不詳
江戸時代中期の臨済宗の僧。
¶国書

**聖僕妙諦**　しょうぼくみょうたい
生没年不詳
江戸時代中期の臨済宗の僧。
¶仏教

**聖梵**　しょうぼん
生没年不詳
平安時代中期の東大寺の僧・歌人。『後拾遺和歌集』に載る。
¶国書，古人，平史

**庄松**　しょうま
寛政11（1799）年～明治4（1871）年　㊞庄松（しょうまつ）
江戸時代後期～明治期の浄土真宗の篤信者・妙好人。
¶香川人，香川百，郷土香川，真宗（しょうまつ　㊀寛政12（1800）年　㊀明治4（1872）年3月4日）

**庄松**　しょうまつ
→庄松（しょうま）

**昌曼**　しょうまん
生没年不詳
戦国時代の天台宗の僧。
¶国書

**勝命**　しょうみょう
天永3（1112）年～？
鎌倉時代の歌僧。
¶国書，古人（㊀？），人名，日人，平史，和俳（生没年不詳）

**唱名**　しょうみょう
文永8（1271）年～正平14/延文4（1359）年9月15日
鎌倉時代後期～南北朝時代の浄土宗の僧。
¶埼玉人，仏教

**昌明**　しょうみょう
生没年不詳　㊞昌明（しょうめい），常陸房昌明（ひたちぼうしょうみょう）
平安時代後期～鎌倉時代前期の僧。
¶鎌室，古人，新潮，日人，平家（しょうめい），平史

**祥明** しょうみょう
文政7(1824)年～明治14(1881)年10月14日
江戸時代末期～明治期の真宗高田派学僧。伊勢青巌寺住職、権少教正。
¶真宗(生文政7(1824)年6月12日)，仏教

**紹明** しょうみょう, じょうみょう
→南浦紹明(なんぽしょうみょう)

**乗明** じょうみょう
生没年不詳
鎌倉時代後期～南北朝時代の真言宗の僧。
¶仏教

**常明**(1) じょうみょう
生没年不詳
平安時代後期の絵仏師。
¶古人，新潮，世人，日人，仏教，平史

**常明**(2) じょうみょう
元禄15(1702)年～天明4(1784)年3月18日
江戸時代中期の新義真言宗の僧。
¶仏教，仏人

**浄明** じょうみょう
鎌倉時代前期の高僧。
¶人名

**静明**(1) じょうみょう
長暦3(1039)年～天永2(1111)年
平安時代中期～後期の天台宗の僧。
¶古人，平史

**静明**(2) じょうみょう
生没年不詳
鎌倉時代前期の天台宗の僧。
¶国書，日人，仏教

**称名寺休円** しょうみょうじきゅうえん
生没年不詳
戦国時代の白川郷尾神にあった称名寺の開基。
¶飛驒

**浄明尼** じょうみょうに
宝暦2(1752)年～文化9(1812)年3月15日
江戸時代中期～後期の融通念仏宗の尼僧。
¶仏教

**紹明** じょうみん
→南浦紹明(なんぽしょうみょう)

**浄夢院跨空** じょうむいんこくう
～明治3(1870)年4月20日
江戸時代後期～明治期の歌僧。
¶東三河

**聖武天皇** しょうむてんのう
大宝1(701)年～天平勝宝8(756)年5月2日　別首皇子(おびとのおうじ, おびとのみこ)
奈良時代の第45代の天皇(在位724～749)。文武天皇の皇子。仏教に帰依し、国分寺や東大寺の大仏を造営。
¶朝日(没天平勝宝8年5月2日(756年6月4日))，岩史，大阪人，角史，郷土奈良，京都府，国史，国書，古史，古人(没757年)，古代，古代普，古中，コン改，コン4，コン5，詩歌，史人，思想史，重要，諸系，人書94，新潮，人名，世人，世百，全書，大百，伝記，天皇，日思，日史，日人，日文，百科，仏教，仏史，平日(生701 没756)，万葉，山川小，歴大，和歌山人

**城村五百樹** じょうむらいおき
→城村五百樹(しろむらいおき)

**正村富男** しょうむらとみお
昭和10(1935)年～平成12(2000)年
昭和～平成期のキリスト教徒。
¶平和

**昌明** しょうめい
→昌明(しょうみょう)

**城生安治** じょうやすじ
明治4(1871)年～昭和18(1943)年
明治～昭和期のキリスト教の牧師。
¶福島百

**昌瑜** しょうゆ
室町時代の僧。第38世日光山権別当。
¶栃木歴

**性瑜** しょうゆ
生没年不詳
鎌倉時代後期の僧。
¶鎌室，国書，人名，日人，仏教

**聖瑜** しょうゆ
生没年不詳
戦国時代の新義真言宗の僧。
¶仏教

**成瑜** じょうゆ
生没年不詳
鎌倉時代後期の僧侶・歌人。
¶国書

**勝猷** しょうゆう
平安時代前期の僧。
¶古人，古代，古代普，日人(生没年不詳)

**勝祐**(1) しょうゆう
室町時代の真宗の僧。
¶姓氏石川

**勝祐**(2) しょうゆう
？　～天正2(1574)年
戦国時代～安土桃山時代の僧。岡崎市上宮寺の住職。
¶姓氏愛知

**承祐**(承裕) しょうゆう, じょうゆう
～康正2(1456)年12月
室町時代の僧、連歌師。
¶日人(生没年不詳)，俳句(承裕)，俳文(じょうゆう)

**昭祐** しょうゆう
生没年不詳
南北朝時代の僧侶・歌人。

¶国書

**性融** しょうゆう
生没年不詳
鎌倉時代の律宗の僧。
¶仏教

**正猷** しょうゆう
天授6/康暦2(1380)年～寛正2(1461)年 ㊊竹居正猷(ちくごしょうゆう)
室町時代の曹洞宗の僧。総持辞41世。
¶日人(竹居正猷 ちくごしょうゆう), 仏教(竹居正猷 ちくごしょうゆう ㊗寛正2(1461)年10月25日), 仏人

**聖融** しょうゆう
生没年不詳
室町時代の新義真言宗の僧。
¶国書, 仏教

**浄祐** じょうゆう
嘉吉2(1442)年～永正3(1506)年
室町時代～戦国時代の浄土真宗の僧。
¶戦人

**成雄** じょうゆう
弘和1/永徳1(1381)年～宝徳3(1451)年5月8日 ㊊成雄(せいおう)
室町時代の僧。
¶鎌室, 国書(せいおう), 人名, 日人(せいおう), 仏教(せいおう)

**定祐**(1) じょうゆう
生没年不詳
鎌倉時代前期の天台宗の僧、仏師。
¶仏教

**定祐**(2) じょうゆう
室町時代の仏師。
¶岡山歴, 国書(生没年不詳), 美建

**松誉** しょうよ
慶長1(1596)年～延宝8(1680)年10月7日
江戸時代前期の浄土宗の僧。
¶仏教

**称誉** しょうよ
元和3(1617)年～元禄4(1691)年10月1日
江戸時代前期の浄土宗の僧。
¶仏教

**清誉** しょうよ
→清誉(1)(せいよ)

**聖誉**(1) しょうよ
? ～仁安2(1167)年2月29日
平安時代後期の真言宗の僧。
¶仏教

**聖誉**(2) しょうよ
生没年不詳
戦国時代の新義真言宗の僧。
¶仏教

**聖誉**(3) しょうよ
? ～延宝9(1681)年2月13日
江戸時代前期の浄土宗の僧。
¶仏教

**相誉** しょうよ
天正13(1585)年? ～正保3(1646)年1月8日
安土桃山時代～江戸時代前期の僧。津山大信寺開祖。
¶岡山歴

し

**常誉** じょうよ
生没年不詳
江戸時代中期の浄土宗の僧。
¶国書

**盛誉**(1) じょうよ
文永10(1273)年～正平17/貞治1(1362)年1月21日 ㊊盛誉(せいよ)
鎌倉時代後期～南北朝時代の華厳宗の僧。
¶国書, 人名(せいよ ㊐?), 日人, 仏教

**盛誉**(2) じょうよ
安土桃山時代～江戸時代前期の社僧・連歌作者。
¶国書(生没年不詳), 俳文

**静誉** じょうよ
生没年不詳 ㊊静誉(せいよ)
平安時代後期の真言宗の僧。
¶国書(せいよ), 人名, 日人, 仏教

**定誉**(1) じょうよ
→祈親(きしん)

**定誉**(2) じょうよ
治承3(1179)年～寛元2(1244)年7月3日
鎌倉時代前期の天台宗の僧。
¶仏教

**松葉** しょうよう
生没年不詳
室町時代の僧。
¶日人

**照陽** しょうよう
生没年不詳
室町時代～戦国時代の画僧。
¶日人, 仏教

**浄耀** じょうよう
永仁1(1293)年～建徳1/応安3(1370)年
鎌倉時代後期～南北朝時代の絵仏師。
¶日人

**定耀** じょうよう
? ～嘉暦3(1328)年2月14日
鎌倉時代後期の真言宗の僧。
¶国書

**韶陽以遠** しょうよういおん
生没年不詳
室町時代の曹洞宗の僧。
¶人名, 日人, 仏教

**韶陽長遠**　しょうようちょうおん
？～明徳4（1393）年11月17日
南北朝時代～室町時代の臨済宗の僧。
¶国書

**証誉雲臥**　しょうようんが
寛永19（1642）年～宝永7（1710）年
江戸時代前期～中期の浄土宗の僧。長谷寺中興。
¶姓氏神奈川

**乗誉了本**　じょうよりょうほん
？～
室町時代の僧。八戸来迎寺の中興開山。
¶青森人

**勝楽**　しょうらく
？～天平勝宝3（751）年
奈良時代の高麗国の僧で、高麗王若光に従い高麗郡に来住。
¶埼玉人

**浄楽寺浄西**　じょうらくじじょうさい
生没年不詳
戦国時代の僧。白川村の浄楽寺の開基。
¶飛騨

**上藍天中**　じょうらんてんちゅう
延享3（1746）年2月～文政1（1818）年5月17日
江戸時代中期～後期の曹洞宗の僧。
¶国書

**相李田次麻呂**　しょうりのたすきまろ
[別]相李田次万呂（しょうりのたつぎまろ）
奈良時代の絵師、仏師。
¶朝日（相李田次万呂　しょうりのたつぎまろ　生没年不詳），古人，古代，古代普，日人（生没年不詳），美家（相李田次万呂　しょうりのたつぎまろ）

**相李田次万呂**　しょうりのたつぎまろ
→相李田次麻呂（しょうりのたすきまろ）

**性隆**　しょうりゅう
応永29（1422）年～明応2（1493）年
室町時代の禅僧。
¶新潟百

**正隆**　しょうりゅう
正徳3（1713）年～寛政4（1792）年4月29日　[別]蘭山正隆（らんざんしょうりゅう）
江戸時代中期の臨済宗の僧。
¶国書（蘭山正隆　らんざんしょうりゅう），日人（蘭山正隆　らんざんしょうりゅう），仏教（蘭山正隆　らんざんしょうりゅう），仏人（[生]1712年）

**敞隆**　しょうりゅう
生没年不詳
江戸時代中期の新義真言宗の僧。
¶国書，仏教

**紹良**　しょうりょう
生没年不詳
平安時代中期の天台宗の僧。
¶古人，人名，日人，仏教，平史

**正亮**　しょうりょう
生没年不詳
江戸時代中期の律宗の僧。
¶国書

**正楞元芳**　しょうりょうげんほう
室町時代の僧、五山文学者。
¶人名

**松嶺道秀**　しょうりょうどうしゅう
→松嶺道秀（しょうれいどうしゅう）

**盛林**　じょうりん
天文14（1545）年～元和3（1617）年11月21日
[別]祖阿（ちょうあ）
安土桃山時代～江戸時代前期の僧。
¶戦人，仏教

**静林**　じょうりん
寛永14（1637）年～？
江戸時代前期の歌人・僧侶。
¶国書

**松林院〈長崎県〉**　しょうりんいん★
江戸時代中期の女性。宗教。吉田藩主松平信綱の娘。平戸藩主松浦棟の室。
¶江表（松林院（長崎県））

**少林桂萼**　しょうりんけいがく
生没年不詳
南北朝時代の臨済宗の僧。
¶仏教

**定林玄智**　じょうりんげんち
生没年不詳
室町時代～戦国時代の曹洞宗の僧。
¶仏教

**正琳寺恵鮮**　しょうりんじえせん
文政11（1828）年～明治36（1903）年5月11日
江戸時代後期～明治期の僧。渥美郡吉田垉六町（豊橋市花園町）裂網山正琳寺14世。
¶東三河

**正琳寺秀慶**　しょうりんじしゅうけい
生没年不詳
江戸時代後期の僧。渥美郡吉田垉六町（豊橋市花園町）裂網山正琳寺。
¶東三河

**少林踏雲**（小林踏雲）　しょうりんとううん
嘉永2（1849）年～明治44（1911）年
明治期の僧。臨済宗の荒廃した寺の再興に尽力。
¶高知人，高知百（小林踏雲），人名，日人，明大1（[没]明治44（1911）年9月）

**少林如春**　しょうりんにょしゅん
？～応永18（1411）年
室町時代の臨済宗の僧。建長寺83世、円覚寺62世。
¶日人，仏教（[没]応永18（1411）年4月5日）

**松嶺昌寿**　しょうれいしょうじゅ
生没年不詳

戦国時代の古河公方の奉行人。
¶神奈川人，埼玉人，戦辞

**笑嶺宗訢** しょうれいそうきん
→宗訢（そうそ）

**笑嶺宗訢** しょうれいそうきん
延徳2（1490）年～永禄11（1568）年　㊊宗訢（しゅうきん）
戦国時代の臨済宗の僧。
¶国書（㊌永正2（1505）年　㊍天正11（1583）年11月29日），姓氏京都，日人，仏教（㊍永禄11（1568）年11月29日），仏人（宗訢　しゅうきん）

**松嶺智義** しょうれいちぎ
？～嘉暦1（1326）年
鎌倉時代後期の臨済宗の僧。後深草天皇の皇子。
¶人名，日人，仏教（㊍嘉暦1（1326）年10月11日）

**松嶺道秀** しょうれいどうしゅう
元徳2（1330）年2月3日～応永24（1417）年2月14日
㊊松嶺道秀（しょうりょうどうしゅう），道秀（どうしゅう）
南北朝時代～室町時代の臨済宗の僧。
¶鎌室，国書（しょうりょうどうしゅう），埼玉人，新潮，人名，日人，仏教，仏人（道秀　どうしゅう）

**彰蓮** しょうれん
？～永仁5（1297）年1月29日
鎌倉時代後期の真言宗の僧。
¶国書

**祥蓮** しょうれん
生没年不詳
平安時代の天台宗の僧。
¶仏教

**性蓮** しょうれん
生没年不詳
真言宗の僧。
¶仏教

**青蓮** しょうれん
生没年不詳
平安時代後期の真言宗の僧。
¶仏教

**乗蓮** じょうれん
？～長久1（1040）年
平安時代中期の僧。
¶諸系，日人

**盛蓮** じょうれん
生没年不詳
鎌倉時代後期の浄土宗の僧。
¶仏教

**誠蓮** じょうれん
？～天授1/永和1（1375）年5月25日
南北朝時代の僧。
¶仏教

**静蓮** じょうれん
生没年不詳
平安時代後期の真言宗の僧・歌人。
¶国書，古人，平史

**青蓮院宮** しょうれんいんのみや
→朝彦親王（あさひこしんのう）

**照蓮寺一乗** しょうれんじいちじょう
延宝8（1680）年～宝永1（1704）年6月1日
江戸時代中期の僧。高山市の照蓮寺17世。
¶飛驒

し

**常蓮寺周城** じょうれんじしゅうじょう
～弘化2（1845）年4月15日
江戸時代後期の船津永常院番僧。
¶飛驒

**照蓮寺宣明** しょうれんじせんみょう
永禄8（1565）年～寛永18（1642）年9月19日
江戸時代前期の高山照蓮寺の開基。白川照蓮寺から数えれば13世。不遠寺の開基でもある。
¶飛驒

**常楼** じょうろう
天平13（741）年～弘仁5（814）年10月
奈良時代～平安時代前期の僧。
¶国書，古人，古代，古代普，人名，日人，仏教，平史

**如雲舎紫笛** じょうんしゃしてき
享保3（1718）年～安永8（1779）年
江戸時代中期の臨済宗の僧、狂歌師。
¶大阪人（㊍安永8（1779）年8月），岡山歴（㊌享保1（1716）年　㊍安永8（1779）年8月16日），国書（㊍安永8（1779）年8月16日），人名，日人，和俳

**如淵** じょえん
？～天正18（1590）年
安土桃山時代の臨済宗の僧・儒者。長宗我部元親の家臣。
¶高知人（生没年不詳），世人，戦西，戦人（生没年不詳）

**助翁永扶** じょおうえいふ
？～天文17（1548）年
戦国時代の曹洞宗の僧。
¶人名，日人，仏教（㊍天文17（1548）年10月26日）

**助翁玄輔** じょおうげんぽ
生没年不詳
戦国時代の曹洞宗の僧。
¶仏教

**恕覚** じょかく
生没年不詳
江戸時代中期の天台宗の僧。
¶国書

**恕岳文忠** じょがくぶんちゅう
寛正3（1462）年～天文17（1548）年　㊊恕岳文忠（じょがくもんちゅう）

戦国時代の曹洞宗の僧。
¶日人(じょがくもんちゅう)，仏教([没]天文17(1548)年11月15日)

**恕岳文忠** じょがくもんちゅう
→恕岳文忠(じょがくぶんちゅう)

**助慶** じょけい
生没年不詳
平安時代中期の天台宗の僧。
¶仏教



**如月寿印** じょげつじゅいん
生没年不詳
戦国時代の臨済宗の僧。
¶国書

**助憲** じょけん
生没年不詳
平安時代前期～中期の僧。
¶仏教

**処斎** しょさい
→平心処斉(へいしんしょせい)

**助三** じょさん
？　～宝永2(1705)年
江戸時代前期～中期の浄土宗の僧。
¶仏教

**助参** じょさん
寛永20(1643)年～宝永7(1710)年12月16日
江戸時代前期～中期の浄土宗の僧。
¶国書

**如春尼** じょしゅんに
→如春尼(にょしゅんに)

**恕信** じょしん
生没年不詳
江戸時代中期の浄土宗の僧。
¶国書

**如心** じょしん
生没年不詳
南北朝時代の僧侶・連歌作者。
¶国書

**如心中恕** じょしんちゅうじょ
→如心中恕(にょしんちゅうじょ)

**如水宗淵** じょすいそうえん
生没年不詳　[別]宗淵(そうえん)，如水宗淵(にょすいそうえん)
室町時代～戦国時代の画僧。鎌倉円覚寺の蔵主。雪舟に師事。
¶朝日，角史(宗淵　そうえん)，神奈川人，鎌倉，鎌倉新，鎌室，国史，古中，コン改，コン4，コン5，新潮，人名(宗淵　そうえん)，世人，日史(宗淵　そうえん)，日人(にょすいそうえん)，美家，美術(宗淵　そうえん)，百科(宗淵　そうえん)，仏教(にょすいそうえん)，仏史，名画，歴大(宗淵　そうえん)，和俳

**如拙** じょせつ
生没年不詳　[別]大巧如拙(たいこうじょせつ)，如拙(にょせつ)
室町時代の相国寺の画僧。周文の師。
¶朝日，岩史，角史，鎌室，京都，京都大，国史(大巧如拙　たいこうじょせつ)，古中(大巧如拙　たいこうじょせつ)，コン改，コン4，コン5，史人，重要，人書94，新潮，人名，姓氏京都(大巧如拙　たいこうじょせつ)，世人，世百，全書，茶道，中世，伝記(大巧如拙　たいこうじょせつ)，日史，日人(大巧如拙　たいこうじょせつ)，美家，美術，仏教(大巧如拙　たいこうじょせつ)，名画，山川小，歴大

**如雪文巌** じょせつぶんがん
慶長6(1601)年～寛文11(1671)年4月18日　[別]如雪文巌(にょせつぶんがん，にょせつもんがん)，文巌如雪(ぶんがんにょせつ)
江戸時代前期の臨済宗の僧。永源寺81世。
¶黄檗(にょせつぶんがん)，人名(文巌如雪　ぶんがんにょせつ)，日人(にょせつもんがん)，仏教

**曙蔵主** しょぞうす
生没年不詳
鎌倉時代後期～南北朝時代の僧。
¶日人

**汝岱** じょたい
→若霖(じゃくりん)

**如竹** じょちく
元亀1(1570)年～明暦1(1655)年　[別]日章(にっしょう)，泊如竹(とまりじょちく)
江戸時代前期の日蓮宗の僧。
¶新潮，人名(泊如竹　とまりじょちく)，世人([没]明暦1(1655)年5月15日)，日人(日章　にっしょう)，藩臣7，仏教(日章　にっしょう　[没]明暦1(1655)年5月15日)，三重続

**如仲天誾** じょちゅうけむぎむ
→如仲天誾(じょちゅうてんぎん)

**如仲天誾** じょちゅうてんぎん
正平20/貞治4(1365)年～＊　[別]天誾(てんぎん)，如仲天誾(じょうちゅうてんぎん，じょちゅうけむぎむ，にょちゅうてんぎん)
南北朝時代～室町時代の曹洞宗の禅僧。
¶朝日([生]貞治4/正平20年9月5日(1365年9月20日)　[没]永享12年2月5日(1440年3月8日))，鎌室([没]永享9(1437)年)，国書([生]貞治4(1365)年9月5日　[没]永享9(1437)年2月4日)，静岡歴([没]永享11(1439)年)，新潮([没]永享9(1437)年2月4日)，人名(にょちゅうてんぎん　[没]1437年)，姓氏静岡([没]1439年)，姓氏長野(じょうちゅうてんぎん　[没]1430年)，長野百(じょちゅうけむぎむ　[生]1362年　[没]1430年)，長野歴([没]永享2(1430)年)，日人([没]1437年)，仏教([生]貞治4/正平20(1365)年9月5日　[没]永享9(1437)年2月4日，(異説)永享12(1440)年2月5日)，仏人(天誾　てんぎん　[没]1440年)

**汝南慧徹** じょなんえてつ
？ ～永正4（1507）年5月27日
戦国時代の臨済宗の僧。東福寺183世。
¶仏教

**助念** じょねん
生没年不詳
安土桃山時代の浄土宗の僧。
¶国書

**除風**（如風） じょふう
？ ～延享3（1746）年1月13日
江戸時代中期の倉敷真言寺の僧、俳人。
¶岡山人，岡山百，岡山歴，国書（[生]寛文7（1667）年），人名，日人（[生]1666年，（異説）1667年），俳諧，俳句（如風　[没]延享3（1746）年1月12日），俳文，和俳

**如風** じょふう
？ ～宝永2（1705）年
江戸時代前期～中期の俳人、僧。尾張鳴海如意寺6世。
¶人名，日人，俳諧，俳句（[没]宝永2（1705）年9月21日），俳文（[没]宝永2（1705）年9月21日），和俳

**汝霖** じょりん
→汝霖良佐（じょりんりょうさ）

**汝霖妙佐** じょりんみょうさ
→汝霖良佐（じょりんりょうさ）

**汝霖良佐** じょりんりょうさ
生没年不詳　[別]汝霖（じょりん），汝霖妙佐（じょりんみょうさ），汝霖良佐（にょりんりょうさ）
南北朝時代の臨済宗の僧。
¶鎌室，国書（汝霖妙佐　じょりんみょうさ），詩歌（汝霖妙佐　じょりんみょうさ），新潮，人名，姓氏静岡（にょりんりょうさ），世人（汝霖　じょりん），日人，仏教，和俳

**白井永二** しらいえいじ
大正4（1915）年12月10日～
昭和期の神官。鶴岡八幡宮宮司。
¶現情

**白井永川** しらいえいせん
明治17（1884）年3月2日～昭和17（1942）年4月17日
明治～昭和期の日本画家。
¶日画，美家

**白井慶吉** しらいけいきち
明治15（1882）年5月15日～昭和60（1985）年6月2日
明治～昭和期の牧師。東京神学社教授、日本基督教団総会議長。
¶キリ

**白石喜之助** しらいしきのすけ
明治3（1870）年8月15日～昭和17（1942）年2月9日
明治～昭和期の日本メソジスト教会牧師。非戦論者。社会主義行商伝道など社会主義の啓蒙宣伝を支援した田舎牧師の一人。
¶朝日（[生]明治3年8月15日（1870年9月10日）），キリ（[生]明治4年8月15日（1871年9月29日）[没]昭和18（1943）年2月9日），コン5，静岡歴（[生]明治4（1871）年　[没]昭和18（1943）年），社史（[生]明治3年8月15日（1870年9月10日）），世紀，日人，平和，明大1

**白石賢海** しらいしけんかい
明治45（1912）年～
昭和期の僧侶。
¶群馬人

**白石虎月** しらいしこげつ
？ ～昭和29（1954）年
大正～昭和期の歴史研究家。愛媛県伊予郡下灘村（現双見町）明光寺住職。宗教史（禅宗史）を研究。
¶史研，昭人（[没]昭和29（1954）年1月29日）

**白石つぎ** しらいしつぎ
明治35（1902）年～昭和51（1976）年6月14日
昭和期のキリスト教青年運動指導者。東京YMCAキャンプを創設。ジャパンタイムズ社の第一線記者として活躍。
¶埼玉人（[生]明治35（1902）年5月17日），女性（[生]明治35（1902）年頃），女性普

**白井為治郎** しらいためじろう
明治5（1872）年7月1日～昭和17（1942）年6月10日
明治～昭和期の牧師。
¶庄内

**白尾義天** しらおぎてん
明治期の僧侶。
¶国際，真宗

**白尾義夫** しらおぎふ
安政3（1856）年10月18日～昭和5（1930）年4月23日
明治～昭和期の僧。5か国語に通じ通訳官として日露戦争に従軍。東本願寺の監正部長。
¶飛騨

**白神新一郎〔1代〕**（白神新一郎） しらがしんいちろう
→白神新一郎（しらかみしんいちろう）

**白神新一郎** しらかみしんいちろう，しらがみしんいちろう
文政1（1818）年5月25日～明治15（1882）年4月24日　[別]白神新一郎〔1代〕（しらがしんいちろう），白神新一郎（しらがしんいちろう）
江戸時代末期～明治期の初期金光教の布教功労者。
¶朝日（しらがしんいちろう　[生]文政1年5月25日（1818年6月28日）），維新（しらがみしんいちろう），岡山人（しらがしんいちろう），岡山百，岡山歴，コン改（しらがしんいちろう），コン4（しらがしんいちろう），コン5（しらがしんいちろう），人書94，日人（しらがしんいちろう），幕末，幕末大，明大1

**白川顕邦王** しらかわあきくにおう
延元3/暦応1（1338）年～＊
南北朝時代の神祇伯。非参議・神祇伯白川資英王の長男。

し

¶公卿（㊀明徳4（1393）年3月13日），公卿普（㊀明徳4（1393）年3月13日），公家（顕邦王〔白川家〕　あきくにおう　㊀明徳4（1393）年3月13日？），神人（㊀明徳5（1394）年）

**白川顕成王　しらかわあきなりおう**
天正2（1574）年～元和4（1618）年
安土桃山時代～江戸時代前期の神祇伯。父は神祇伯雅朝王。
¶神人

**白川慈弁　しらかわじべん**
？　～明治10（1877）年9月1日
江戸時代後期～明治期の僧侶。
¶真宗

し

**白川俊一郎　しらかわしゅんいちろう**
天保2（1831）年～？
江戸時代後期～明治期の神道転向の指導者。
¶姓氏愛知

**白川資顕　しらかわすけあき**
→白川資顕王（しらかわすけあきおう）

**白川資顕王　しらかわすけあきおう**
享保16（1731）年8月26日～天明5（1785）年1月6日　㊀白川資顕（しらかわすけあき）
江戸時代中期の神祇伯。非参議・神祇伯白川雅富王の次男。
¶公卿，公卿普，公家（資顕王〔白川家〕　すけあきおう），国書（白川資顕　しらかわすけあき），神人

**白川資氏　しらかわすけうじ**
→白川資氏王（しらかわすけうじおう）

**白川資氏王　しらかわすけうじおう**
康正2（1456）年～永正1（1504）年4月14日　㊀白川資氏（しらかわすけうじ）
戦国時代の神祇伯。非参議・神祇伯白川資益王の子。
¶公卿，公卿普，公家（資氏王〔白川家〕　すけうじおう），国書（白川資氏　しらかわすけうじ　㊀享徳1（1452）年），神人（㊀享徳1（1452）年）

**白川資方王　しらかわすけかたおう**
？　～応永5（1398）年
南北朝時代～室町時代の神祇伯。顕方朝臣の子。
¶公卿，公卿普，公家（資方王〔王家（絶家）〕　すけかたおう　㊀？）

**白川資清　しらかわすけきよ**
→白川資清王（しらかわすけきよおう）

**白川資清王　しらかわすけきよおう**
正応2（1289）年～元徳2（1330）年5月11日　㊀白川資清（しらかわすけきよ）
鎌倉時代後期の神祇伯。非参議・神祇伯白川業顕王の子。
¶公卿，公卿普，公家（資清王〔白川家〕　すけきよおう），国書（白川資清　しらかわすけきよ），神人

**白川資邦　しらかわすけくに**
→白川資邦王（しらかわすけくにおう）

**白川資邦王　しらかわすけくにおう**
*～永仁6（1298）年12月2日　㊀白川資邦（しらかわすけくに）
鎌倉時代後期の神祇伯。非参議・神祇伯白川業資王の孫。
¶公卿（㊀？），公卿普（㊀？），公家（資邦王〔白川家〕　すけくにおう　㊀？），国書（白川資邦　しらかわすけくに　㊀天福1（1233）年），神人（㊀天福1（1233）年）

**白川資茂王　しらかわすけしげおう**
仁治3（1242）年～嘉暦2（1327）年8月18日
鎌倉時代後期の神祇伯。非参議・神祇伯白川資緒王の子。
¶公卿，公卿普，公家（資茂王〔王家（絶家）〕　すけしげおう　㊀？）

**白川資忠　しらかわすけただ**
→白川資忠王（しらかわすけただおう）

**白川資忠王　しらかわすけただおう**
文中1/応安5（1372）年～永享12（1440）年1月21日　㊀白川資忠（しらかわすけただ）
南北朝時代～室町時代の神祇伯。非参議・神祇伯白川顕邦王の子。
¶公卿，公卿普，公家（資忠王〔白川家〕　すけただおう），国書（白川資忠　しらかわすけただ），神人

**白川資継王　しらかわすけつぐおう**
永仁4（1296）年～建徳2/応安4（1371）年4月24日
鎌倉時代後期～南北朝時代の神祇伯。非参議・神祇伯白川資茂王の子。
¶公卿，公卿普，公家（資継王〔王家（絶家）〕　すけつぐおう　㊀1299年）

**白川資緒王　しらかわすけつぐおう**
建長2（1250）年～？
鎌倉時代後期の神祇伯。非参議・神祇伯白川資基王の長男。
¶公卿，公卿普，公家（資緒王〔王家（絶家）〕　すけつぐおう　㊀？）

**白川資訓　しらかわすけとし**
→白川資訓（しらかわすけのり）

**白川資延　しらかわすけのぶ**
→白川資延王（しらかわすけのぶおう）

**白川資延王　しらかわすけのぶおう**
明和7（1770）年～文政7（1824）年1月13日　㊀白川資延（しらかわすけのぶ）
江戸時代後期の神祇伯。非参議・神祇伯白川資顕王の子。
¶公卿（㊀明和7（1770）年2月19日），公卿普（㊀明和7（1770）年2月19日），公家（資延王〔白川家〕　すけのぶおう　㊀明和7（1770）年11月10日），国書（白川資延　しらかわすけのぶ　㊀明和7（1770）年11月10日），神人

**白川資訓　しらかわすけのり**
天保12(1841)年11月15日〜明治39(1906)年12月7日　[別]白川資訓王(しらかわすけのりおう),白川資訓(しらかわすけとし)
江戸時代末期〜明治期の神祇伯。非参議・神祇伯白川資延王の曽孫。
¶維新，公卿(白川資訓王　しらかわすけのりおう　[没]明治39(1906)年12月)，公卿普(白川資訓王　しらかわすけのりおう　[没]明治39(1906)年12月)，公家(資訓王〔白川家〕　すけのりおう)，国書，神人(白川資訓王　しらかわすけのりおう)，姓氏京都(しらかわすけとし)，幕末，幕末大，明大1

**白川資訓王　しらかわすけのりおう**
→白川資訓(しらかわすけのり)

**白川資英王　しらかわすけひでおう**
延慶2(1309)年〜正平21/貞治5(1366)年5月26日
鎌倉時代後期〜南北朝時代の神祇伯。非参議・神祇伯白川資清王の子。
¶公卿，公卿普，公家(資英王〔白川家〕　すけひでおう)，神人([没]貞治5(1362)年)

**白川資益　しらかわすけます**
→白川資益王(しらかわすけますおう)

**白川資益王　しらかわすけますおう**
応永24(1417)年〜文明16(1484)年8月21日
[別]白川資益(しらかわすけます)
室町時代〜戦国時代の神祇伯。非参議・神祇伯白川雅兼王の子。
¶公卿，公卿普，公家(資益王〔白川家〕　すけますおう)，国書(白川資益　しらかわすけます)，神人

**白川資宗王　しらかわすけむねおう**
建久2(1191)年〜？
鎌倉時代前期の神祇伯。非参議・神祇伯白川仲資王の次男。
¶公卿，公卿普，公家(資宗王〔王家(絶家)〕　すけむねおう)，神人([没]建長1(1249)年)

**白川資基王　しらかわすけもとおう**
嘉禄2(1226)年〜文永1(1264)年12月7日
鎌倉時代前期の神祇伯。非参議・神祇伯白川資宗王の子。
¶公卿，公卿普，公家(資基王〔王家(絶家)〕　すけもとおう)

**白川忠富　しらかわただとみ**
→白川忠富王(しらかわただとみおう)

**白川忠富王　しらかわただとみおう**
正長1(1428)年〜永正7(1510)年2月1日　[別]白川忠富(しらかわただとみ)
室町時代〜戦国時代の神祇伯。非参議・神祇伯白川資益王の次男。
¶公卿，公卿普，公家(忠富王〔白川家〕　ただとみおう)，国書(白川忠富　しらかわただとみ)，神人

**白川仲資　しらかわなかすけ**
→白川仲資王(しらかわなかすけおう)

**白川仲資王　しらかわなかすけおう**
？〜承久4(1222)年　[別]白川仲資(しらかわなかすけ)
鎌倉時代前期の神祇伯。花山天皇の皇子清仁親王の曽孫。
¶公卿，公卿普，公家(仲資王〔白川家〕　なかすけおう　[生]？)，国書(白川仲資　しらかわなかすけ)

**白川業顕王　しらかわなりあきおう**
文永3(1266)年〜元応2(1320)年12月27日　[別]白川業顕(しらかわなりあきら),白川業顕王(しらかわなりあきらおう)
鎌倉時代後期の神祇伯。非参議・神祇伯白川資邦王の子。
¶公卿，公卿普，公家(業顕王〔白川家〕　なりあきおう)，国書(白川業顕　しらかわなりあきら)，神人(しらかわなりあきらおう)

**白川業顕　しらかわなりあきら**
→白川業顕王(しらかわなりあきおう)

**白川業顕王　しらかわなりあきらおう**
→白川業顕王(しらかわなりあきおう)

**白川業定王　しらかわなりさだおう**
？〜応永28(1421)年11月
室町時代の神祇伯。非参議白川業清王の子。
¶公卿，公卿普，公家(業定王〔白川家(絶家)〕　なりさだおう　[生]？)

**白川業資　しらかわなりすけ**
→白川業資王(しらかわなりすけおう)

**白川業資王　しらかわなりすけおう**
元暦1(1184)年〜元仁1(1224)年閏7月15日
[別]業資王(なりすけおう),白川業資(しらかわなりすけ)
鎌倉時代前期の神祇伯。非参議・神祇伯白川仲資王の長男。
¶公卿，公卿普，公家(業資王〔白川家〕　なりすけおう)，国書(白川業資　しらかわなりすけ)，神人(業資王　なりすけおう)

**白川雅兼王　しらかわまさかねおう**
室町時代の神祇伯。非参議・神祇伯白川資忠王の子。
¶公卿(生没年不詳)，公卿普，公家(雅兼王〔白川家〕　まさかねおう)，神人(生没年不詳)

**白川雅喬　しらかわまさたか**
→白川雅喬王(しらかわまさたかおう)

**白川雅喬王　しらかわまさたかおう**
元和6(1620)年12月26日〜元禄1(1688)年10月15日　[別]白川雅喬(しらかわまさたか)
江戸時代前期の神祇伯。非参議・神祇伯白川雅陳王の子。
¶公卿，公卿普，公家(雅喬王〔白川家〕　まさたかおう)，国書(白川雅喬　しらかわまさたか)，神人

**白川雅陳王** しらかわまさつらおう
文禄1(1592)年～寛文3(1663)年2月16日 ㊊白川雅陳(しらかわまさのぶ)
江戸時代前期の神祇伯。権中納言高倉永孝の次男。
¶公卿，公卿普，公家(雅陳王〔白川家〕 まさのぶおう)，国書(白川雅陳 しらかわまさのぶ ㊐天正20(1592)年3月20日)

**白川雅辰王** しらかわまさときおう
享保12(1727)年～延享4(1747)年
江戸時代中期の神祇伯。父は神祇伯白川雅富王。
¶神人

**白川雅富王** しらかわまさとみおう
元禄15(1702)年3月12日～宝暦9(1759)年5月17日
江戸時代中期の神祇伯。権中納言梅渓通条の次男。
¶公卿，公卿普，公家(雅富王〔白川家〕 まさとみおう)，神人

**白川雅業** しらかわまさなり
→雅業王(まさなりおう)

**白川雅業王** しらかわまさなりおう
→雅業王(まさなりおう)

**白川雅陳** しらかわまさのぶ
→白川雅陳王(しらかわまさつらおう)

**白川雅冬** しらかわまさふゆ
延宝7(1679)年～享保19(1734)年11月9日 ㊊白川雅冬王(しらかわまさふゆおう)
江戸時代中期の神祇伯。非参議・神祇伯白川雅喬王の次男。
¶近世，公卿(白川雅冬王 しらかわまさふゆおう ㊐延宝7(1679)年1月12日)，公卿普(白川雅冬王 しらかわまさふゆおう ㊐延宝7(1679)年1月12日)，公家(雅冬王〔白川家〕 まさふゆおう ㊐延宝7(1679)年1月12日)，国史，国書(㊐延宝7(1679)年1月15日)，神人(白川雅冬王 しらかわまさふゆおう)，日人

**白川雅冬王** しらかわまさふゆおう
→白川雅冬(しらかわまさふゆ)

**白川雅光** しらかわまさみつ
→白川雅光王(しらかわまさみつおう)

**白川雅光王** しらかわまさみつおう
万治3(1660)年12月16日～宝永3(1706)年10月10日 ㊊白川雅光(しらかわまさみつ)
江戸時代前期～中期の神祇伯。非参議・神祇伯白川雅喬王の長男。
¶公卿，公卿普，公家(雅光王〔白川家〕 まさみつおう)，国書(白川雅光 しらかわまさみつ)，神人

**白木欽松** しらききんしょう
明治24(1891)年10月～昭和40(1965)年9月11日
明治～昭和期の住職。玉泉寺住職。
¶日エ

**白木沢大淵** しらきざわだいえん
慶応2(1866)年～昭和33(1958)年
明治～昭和期の真宗大谷派僧侶。
¶姓氏宮城

**白坂大学坊** しらさかだいがくぼう
？ ～万治1(1658)年
江戸時代前期の大隅国帖佐の修験者。
¶姓氏鹿児島

**白鳥永徳** しらとりえいとく
讃岐白鳥の僧。
¶人名

**白鳥円竜** しらとりえんりゅう
天保3(1832)年～明治37(1904)年
江戸時代後期～明治期の僧職で学者。
¶姓氏富山

**白鳥鼎三** しらとりていざん
文化2(1805)年1月28日～明治25(1892)年11月28日 ㊊白鳥鼎三(しらとりていぞう，はくちょうていざん)
江戸時代末期～明治期の曹洞宗の僧。
¶国書，人書94(しらとりていぞう)，姓氏愛知(はくちょうていざん)，仏教

**白鳥鼎三** しらとりていぞう
→白鳥鼎三(しらとりていざん)

**白土わか** しらとわか
大正8(1919)年～
昭和期の仏教学者。大谷大学教授。
¶現執1期

**白野夏雲** しらのかうん
文政10(1827)年～明治32(1899)年9月8日 ㊊白野夏雲(しらのなつくも)
江戸時代末期～明治期の静岡藩士，物産研究家。明治時代初の近代的魚図鑑「麑海魚譜」を編纂。
¶北墓，郷土(㊐文政10(1827)年閏6月26日 ㊎明治33(1900)年9月8日)，札幌(㊐文政10年6月26日)，人書94，神人(しらのなつくも ㊎明治33(1900)年9月8日)，新潮(㊐文政10(1827)年閏6月26日 ㊎明治33(1900)年9月8日)，人名(㊎1900年)，日人(㊎1900年)，幕末大(㊐文政10(1827)年6月26日)，北海道歴，明治史，明大2(㊐文政10(1827)年閏6月26日 ㊎明治33(1900)年9月8日)，洋学

**白野夏雲** しらのなつくも
→白野夏雲(しらのかうん)

**白比丘尼** しらびくに
全国を旅した伝説上の長寿の比丘尼。
¶歴大

**調雲集** しらべうんしゅう，しらべうんじゅう
文政2(1819)年～明治32(1899)年8月17日 ㊊雲集(うんしゅう)
江戸時代末期～明治期の真宗大谷派学僧。福岡栄久寺住職，講師。
¶国書(雲集 うんしゅう)，真宗(㊐文化14(1817)年7月13日)，仏教(しらべうんじゅう ㊐文政2(1819)年7月13日)

**調竜叡** しらべりゅうえい
明治8(1875)年6月30日～昭和22(1947)年10月28日
明治～昭和期の浄土真宗本願寺派因通寺住職、司教。
¶佐賀百

**白松青象** しらまつせいぞう
文化9(1812)年1月29日～明治27(1894)年3月15日
江戸時代後期～明治期の僧侶。
¶真宗

**白柳誠一** しらやなぎせいいち
昭和3(1928)年6月17日～
昭和～平成期のカトリック聖職者。日本カトリック司教協議会会長。
¶キリ，現情，世紀，平和

**慈隆** じりゅう
文化12(1815)年～明治5(1872)年
江戸時代末期～明治期の天台宗僧侶。相馬中村藩に学問所を興し子弟を教育。二宮仕法を理解し推進に尽力。
¶維新，近現，近世，国史，人名([生]1819年)，日人，仏教([生]文政2(1819)年 [没]明治5(1872)年12月24日)

**慈麟玄趾** じりんげんし
元禄3(1690)年～明和1(1764)年10月9日
江戸時代中期の曹洞宗の僧。
¶国書([生]元禄3(1690)年11月22日)，仏教

**獅林碩億** しりんせきおく
生没年不詳
江戸時代中期の臨済宗の僧。
¶国書

**師錬** しれん
→虎関師錬(こかんしれん)

**城井寿章** しろいひさあき
天保11(1840)年～？
江戸時代後期～末期の神職。
¶国書，神人

**四郎左衛門** しろうざえもん
？ ～寛永20(1643)年
安土桃山時代～江戸時代前期の高遠藩キリシタン騒動での処刑者。
¶長野歴

**白兎の尼僧** しろうさぎのにそう
生没年不詳
戦国時代の女性。尼僧。
¶女性

**白銀賢瑞** しろがねけんずい
明治20(1887)年～昭和43(1968)年
明治～昭和期の教員、住職、考古学研究家。
¶新潟百

**白木源蔵** しろきげんぞう
大正2(1913)年5月27日～平成11(1999)年1月2日
昭和～平成期の宮大工。
¶美建，飛騨，名工

**代神六** しろしんろく
生没年不詳
戦国時代の隠岐国水若酢社神主。
¶島根歴

**治郎兵衛** じろべえ
江戸時代中期の仏師。
¶人名，日人(生没年不詳)，美建

**城村五百樹** しろむらいおき
文政9(1826)年～明治23(1890)年 [別]城村五百樹(じょうむらいおき)
江戸時代末期の国学者、厳島神社の神職。
¶人名，日人(じょうむらいおき)

**城守勇道** しろもりゆうどう
明治25(1892)年～昭和47(1972)年
大正～昭和期の僧。名取郡岩沼町東安寺の住職。
¶姓氏宮城

**信阿** しんあ
平安時代後期の真言宗の僧。
¶仏教(生没年不詳)，密教

**心阿**(1) しんあ
生没年不詳
鎌倉時代後期の僧侶・歌人。
¶国書

**心阿**(2) しんあ
？ ～慶長7(1602)年9月22日
安土桃山時代の浄土宗の僧。
¶仏教

**心阿**(3) しんあ
生没年不詳
江戸時代前期の浄土宗の僧。
¶国書

**心阿**(4) しんあ
生没年不詳
江戸時代後期の俳人。時宗の僧。
¶国書

**真阿**(1) しんあ
生没年不詳
鎌倉時代前期の浄土宗の僧。
¶鎌室，新潮

**真阿**(2) しんあ
*～永享12(1440)年
鎌倉時代前期の浄土宗の僧。
¶鎌室([生]永和1/天授1(1375)年)，人名([生]1375年)，日人([生]1385年)，仏教([生]至徳2/元中2(1385)年 [没]永享12(1440)年7月2日)

**真阿**(3) しんあ
？ ～永仁4(1296)年
鎌倉時代後期の浄土宗の僧。浄光明寺開山。
¶神奈川人，鎌倉，鎌倉新([生]？)，日人

し

**真阿(4)　しんあ**
生没年不詳
南北朝時代の僧侶・連歌作者。
¶国書

**真阿(5)　しんあ**
天明6(1786)年1月25日～安政6(1859)年
江戸時代中期～末期の天台宗の僧。
¶国書([没]安政6(1859)年8月27日)，三重

**真阿(6)　しんあ**
安永9(1780)年～嘉永3(1850)年11月
江戸時代後期の古刹坂松山一心寺の傑僧。
¶大阪人

**心阿　しんあ★**
生没年不詳
江戸時代後期の歌僧。土崎港の浄土宗善導寺11世。
¶秋田人2

**真阿弥陀仏　しんあみだぶつ**
仁安3(1168)年～天福1(1233)年
平安時代後期～鎌倉時代前期の僧。勝倶胝院々主。
¶密教([生]1168年以前　[没]1233年以後)

**心庵盛悦　しんあんせいえつ**
天正1(1573)年～明暦3(1657)年
江戸時代の禅僧。
¶京都府

**深有　じんう**
生没年不詳
南北朝時代の真言宗の僧。
¶仏教

**神吽　じんうん**
寛喜3(1231)年～正和3(1314)年
鎌倉時代後期の社僧。
¶大分歴，国書(生没年不詳)

**信恵(1)　しんえ**
→静慶(じょうけい)

**信恵(2)(信慧)　しんえ**
*～弘化3(1846)年7月24日
江戸時代後期の新義真言宗の僧。長谷寺46世。
¶国書(信慧　[生]天明1(1781)年)，仏教([生]安永5(1776)年)

**信慧(1)(信恵)　しんえ**
生没年不詳
平安時代後期の真言宗の僧。
¶古人(信恵)，日人，仏教，平史(信恵)

**信慧(2)　しんえ**
元久2(1205)年～弘安4(1281)年11月29日
鎌倉時代後期の浄土宗の僧。知恩寺3世。
¶仏教

**心恵　しんえ**
平安時代前期の僧。
¶古人，古代，古代普，仏教(生没年不詳)

**心慧　しんえ**
→智海(2)(ちかい)

**深恵　しんえ**
生没年不詳
鎌倉時代の僧。
¶日人

**真恵(真慧)　しんえ**
→真恵(しんけい)

**真慧(1)　しんえ**
平安時代前期の僧。
¶古人，古代，古代普，日人(生没年不詳)

**真慧(2)　しんえ**
～長保2(1000)年
平安時代中期の延暦寺の僧。真恵とも。
¶古人

**真慧(3)　しんえ**
生没年不詳
鎌倉時代の律宗の僧。
¶仏教

**真慧(4)　しんえ**
→真慧(しんね)

**親慧　しんえ**
永仁5(1297)年～正平15/延文5(1360)年5月14日
鎌倉時代後期～南北朝時代の真言宗の僧。
¶仏教

**神恵　じんえ**
生没年不詳
平安時代前期～中期の天台宗の僧。
¶仏教

**信叡　しんえい**
生没年不詳
平安時代前期の真言宗の僧。
¶国書，仏教

**真栄　しんえい**
寛永12(1635)年～享保7(1722)年9月7日
江戸時代前期～中期の真言宗の僧・書家。
¶国書

**真永　しんえい**
生没年不詳
安土桃山時代の僧侶・連歌作者。
¶国書

**神叡　しんえい，じんえい**
？　～天平9(737)年
奈良時代の法相宗の僧。法相六祖の一人。
¶朝日，国史，古人(じんえい　[生]？)，古代，古代普([生]？)，古中，コン改(生没年不詳)，コン4(生没年不詳)，コン5，史人，人名，対外([生]？)，日人，仏教，仏史(生没年不詳)

**神英　しんえい**
生没年不詳
奈良時代の法相宗の僧。

¶国書

**神栄宣郷** しんえいのりさと
明治31(1898)年～昭和46(1971)年
大正～昭和期の播磨郷土史研究家、的形湊神社前宮司。
¶兵庫百

**心慧智海** しんえちかい
→智海心慧(ちかいしんえ)

**心越** しんえつ
→心越興儔(しんえつこうちゅう)

**心越興儔** しんえつこうちゅう
明・崇禎12(1639)年～元禄8(1695)年 [別]興儔心越(こうちゅうしんえつ),心越(しんえつ),東皐心越(とうこうしんえつ),興儔(こうちゅう),東皐(とうこう)
江戸時代前期の来日禅僧。曹洞宗心越派の祖。
¶朝日([生]崇禎12年8月21日(1639年9月18日) [没]元禄8年9月30日(1695年11月6日)),茨城歴(東皐心越 とうこうしんえつ),江神奈(東皐心越 とうこうしんえつ),角史,鎌倉新(東皐心越 とうこうしんえつ [没]元禄8(1695)年9月29日),近世,群馬人(東皐心越 とうこうしんえつ [生]? [没]元禄9(1696)年),群馬百(東皐心越 とうこうしんえつ [生]? [没]1696年),国史,国書([生]明の崇禎12(1639)年8月21日 [没]元禄8(1695)年9月30日),コン改(東皐心越 とうこうしんえつ),コン4(東皐心越 とうこうしんえつ),コン5(東皐心越 とうこうしんえつ),思想史,新潮(東皐心越 とうこうしんえつ [生]明・崇禎12(1639)年8月21日 [没]元禄8(1695)年9月29日),人名(興儔心越 こうちゅうしんえつ [生]1640年 [没]1696年),姓氏群馬(東皐心越 とうこうしんえつ [生]? [没]1696年),世人([生]1640年 [没]元禄9(1696)年9月30日),対外,日音(心越 しんえつ [没]元禄8(1695)年9月30日),日人,仏教([生]明・崇禎12(1639)年8月21日 [没]元禄8(1695)年9月30日,(異説)元禄9(1696)年9月30日),仏史,仏人(心越 しんえつ [没]1696年),名画(心越 しんえつ)

**新右衛門** しんえもん
? ～明暦3(1657)年9月2日
江戸時代前期のキリシタン。
¶埼玉人

**信円** しんえん
仁平3(1153)年～貞応3(1224)年11月19日
平安時代後期～鎌倉時代前期の僧。
¶鎌室,国書,古人,史人,人名,日人,仏教,平史

**信縁** しんえん
応徳1(1084)年～保延4(1138)年
平安時代後期の法相宗の僧。
¶古人,平史

**心円** しんえん
生没年不詳
鎌倉時代の僧侶・歌人。
¶国書

**真円(1)** しんえん
生没年不詳
平安時代前期の真言宗の僧。
¶仏教

**真円(2)** しんえん
永久5(1117)年～元久1(1204)年
平安時代後期～鎌倉時代前期の天台宗寺門派の僧。
¶古人,平史

**真円(3)** しんえん
*～慶安1(1648)年11月30日
江戸時代前期の僧。
¶長崎歴([生]万暦6/天正6(1578)年),仏教([生]明・万暦7(1579)年)

**真延** しんえん
生没年不詳
平安時代中期の僧侶・歌人。
¶国書,古人,平史

**真縁** しんえん
生没年不詳
鎌倉時代の僧侶・歌人。
¶国書

**真円** しんえん★
天保2(1831)年10月10日～大正9(1920)年
江戸時代後期～大正期の天台宗の僧。
¶三重続

**尋円(1)** じんえん
貞元2(977)年～長元4(1031)年
平安時代中期の天台僧。
¶古人,平史

**尋円(2)** じんえん
? ～天正9(1581)年1月14日
戦国時代～安土桃山時代の法相宗の僧。
¶国書

**信応** しんおう
? ～寛政12(1800)年11月29日
江戸時代中期～後期の新義真言宗の僧。
¶国書,仏教

**真応(1)** しんおう
安永3(1774)年12月～?
江戸時代中期～後期の天台宗の僧。
¶国書

**真応(2)** しんおう
生没年不詳
江戸時代後期の僧侶・和算家。
¶国書

**真翁** しんおう
永享12(1440)年～永正13(1516)年5月24日
室町時代～戦国時代の慈照寺開山。
¶山梨百

**深応** しんおう
延徳1 (1489) 年～元亀4 (1573) 年7月7日
戦国時代の真言宗の僧。
¶仏教

**真翁宗見** しんおうしゅうけん
→真翁宗見 (しんおうそうけん)

**真翁宗竜** しんおうしゅうりゅう
→真翁宗竜 (しんのうそうりゅう)

**真翁宗見** しんおうそうけん
？ ～永正13 (1516) 年 〈別〉真翁宗見 (しんおうしゅうけん)
戦国時代の曹洞宗の僧。
¶人名 (しんおうしゅうけん), 武田 (しんおうしゅうけん 〈生〉永享12 (1440) 年 〈没〉永正13 (1516) 年5月4日), 日人, 仏教 (〈没〉永正13 (1516) 年5月24日)

**津翁道要** しんおうどうよう
？ ～享禄3 (1530) 年
戦国時代の曹洞宗の僧、周防渓月院主。
¶人名, 日人

**真遠** しんおん
生没年不詳
平安時代の天台宗の僧。
¶日人, 仏教

**信雅** しんが
生没年不詳
鎌倉時代後期の天台宗の僧・歌人。
¶国書

**心賀** しんが
寛元1 (1243) 年～？
鎌倉時代前期～後期の天台宗の僧。
¶国書

**真雅** しんが
延暦20 (801) 年～元慶3 (879) 年1月3日 〈別〉貞観寺僧正 (じょうがんじのそうじょう), 法光大師 (ほうこうだいし)
平安時代前期の真言宗の僧。空海の実弟。
¶朝日 (〈没〉元慶3年1月3日 (879年1月28日)), 岩史, 香川人, 香川百, 角史, 芸能, 国史, 国書, 古史, 古人, 古代, 古代普, 古中, コン改, コン4, コン5, 史人, 新潮, 人名, 姓氏京都, 世人, 世百, 全書, 大百, 日音, 日史, 日人, 百科, 仏教, 仏史, 仏人, 平史, 歴大

**親雅** しんが
生没年不詳
鎌倉時代の僧。
¶北条

**信快** しんかい
生没年不詳
南北朝時代の僧侶・歌人。
¶国書

**信海**(1) しんかい
生没年不詳
鎌倉時代の画僧。藤原信実の第4子。
¶朝日, 角史, 鎌室, 京都大, 国史, 国書, 古中, コン改, コン4, コン5, 史人, 諸系, 新潮, 世人, 日史, 日人, 美家, 美術, 百科, 仏教, 名画

**信海**(2) しんかい
生没年不詳
戦国時代の神岡町の瑞岩寺の開山。
¶飛驒

**信海**(3) しんかい
→豊蔵坊信海 (ほうぞうぼうしんかい)

**信海**(4) しんかい
慶長18 (1613) 年～延宝6 (1678) 年2月21日
江戸時代前期の真言宗の僧。
¶戦人, 仏教, 仏人

**信海**(5) しんかい
生没年不詳
江戸時代後期の天台宗の僧。
¶国書

**信海**(6) しんかい
天明3 (1783) 年～安政3 (1856) 年
江戸時代後期の新義真言宗の僧。知積院37世。
¶国書 (〈没〉安政3 (1856) 年2月22日), 仏教 (〈没〉安政3 (1856) 年1月22日), 仏人

**信海**(7) しんかい
文政4 (1821) 年～安政6 (1859) 年
江戸時代末期の勤王僧。
¶維新, 人名, 全幕, 日人, 仏教 (〈没〉安政6 (1859) 年3月18日)

**審海** しんかい
寛喜1 (1229) 年～嘉元2 (1304) 年
鎌倉時代前期～後期の金沢称名寺開山。
¶神奈川人, 鎌倉, 鎌倉新, 栃木歴 (〈生〉貞永1 (1232) 年)

**心海** しんかい
生没年不詳
鎌倉時代前期の真言声明醍醐流の声明家。
¶沖縄百, 国書, 姓氏沖縄, 日音, 日人, 仏教

**晋海** しんかい
？ ～慶長16 (1611) 年3月2日
安土桃山時代～江戸時代前期の真言宗の僧。
¶仏教

**深海** しんかい
貞永1 (1232) 年～延慶1 (1308) 年
鎌倉時代後期の臨済宗の僧。法照禅師。
¶仏人

**真快** しんかい
平安時代後期の仏師。
¶古人, 美建, 仏教 (生没年不詳), 平史 (生没年不詳)

**真海**(1) しんかい
平安時代後期の園城寺の僧。系譜未詳。
¶平家

**真海**(2) **しんかい**
元永2(1119)年頃～元暦1(1184)年3月21日
平安時代後期の僧。
¶人名，日人(生没年不詳)，仏教(生没年不詳)，密教

**真海**(3) **しんかい**
生没年不詳
室町時代～戦国時代の天台宗の僧。
¶国書

**真海**(4) **しんかい**
文明8(1476)年～？
戦国時代の天台宗の僧。
¶国書

**親快 しんかい**
建保3(1215)年～建治2(1276)年5月26日
鎌倉時代前期の真言宗の僧。
¶鎌室(㊤？)，国書，新潮(㊤？)，人名(㊤？)，日人，仏教，仏人

**親海 しんかい**
？～正平14/延文4(1359)年1月6日
南北朝時代の真言宗の僧。
¶仏教

**琛海 しんかい**
→月船琛海(げっせんしんかい)

**深快 じんかい**
生没年不詳
鎌倉時代後期の真言宗の僧。
¶仏教

**仁海 じんかい**
*～明治29(1896)年2月14日
江戸時代末期～明治期の僧。
¶岡山人(㊤天保9(1838)年)，岡山歴(㊤天保7(1836)年2月9日)

**尋海 じんかい**
仁安3(1168)年～？
鎌倉時代前期の真言宗の僧。
¶国書，仏教

**心海空月 しんかいくうげつ**
鎌倉時代前期の戒律僧。
¶人名

**新海宗松 しんかいそうまつ**
弘化3(1846)年～明治32(1899)年8月28日
江戸時代後期～明治期の仏師。
¶美建

**心戒房 しんかいぼう**
生没年不詳
鎌倉時代前期の僧。
¶国史，古中，仏史

**信覚 しんかく**
寛弘8(1011)年～応徳1(1084)年
平安時代中期～後期の真言宗の僧。東大寺70世、東寺長者32世。
¶古人，コン改，コン4，コン5，諸系，人名，日人，仏教(㊦応徳1(1084)年9月15日)，平史

**心覚**(1) **しんかく，しんがく**
永久5(1117)年～*
平安時代後期の真言宗の僧。密教の白描図像研究家。
¶朝日(㊦？)，鎌室(㊤？　㊦養和2(1182)年)，京都大(㊤？　㊦治承4(1180)年)，国史(㊦1182年)，国書(㊦治承4(1180)年6月24日)，古人(㊤？　㊦1182年)，古中(㊦1182年)，コン改(㊤？　㊦養和1(1181)年)，コン4(㊤？　㊦養和1(1181)年)，コン5(㊤？　㊦養和1(1181)年)，新潮(㊤？　㊦治承4(1180)年6月24日，(異説)養和2(1182)年6月24日)，人名(㊤？　㊦1182年)，全書(㊦1180年)，日人(㊦1180年，(異説)1182年)，仏教(しんがく　㊦治承4(1180)年6月24日，(異説)養和2(1182)年6月24日)，仏史(㊦1182年)，仏人(㊦1180年)，平史(㊦1182年)，密教(㊦1180年6月24日)

し

**心覚**(2) **しんかく**
元永2(1119)年～寿永1(1182)年6月24日
平安時代後期の天台宗の僧・歌人。
¶国書，古人，平史(生没年不詳)

**真廓 しんかく**
文化3(1806)年～明治3(1870)年5月20日
江戸時代後期～明治期の僧侶。
¶真宗

**真覚**(1) **しんかく**
嘉祥3(850)年～延喜15(915)年
平安時代前期～中期の興福寺の僧。
¶古人，平史

**真覚**(2) **しんかく**
？～永久4(1116)年
平安時代後期の僧。
¶古人(㊤？)，平史

**真覚**(3) **しんかく**
文永7(1270)年～？
鎌倉時代後期の宗尊親王の第2王子、後嵯峨天皇の皇孫。
¶人名，日人

**真覚**(4) **しんかく**
生没年不詳
南北朝時代の僧侶・歌人。
¶国書

**親覚 しんかく**
保元1(1156)年～建暦3(1213)年9月29日
平安時代後期～鎌倉時代前期の真言宗の僧。
¶国書，仏教

**真覚 しんがく**
生没年不詳
平安時代中期の天台宗の僧。
¶日人，仏教

**深覚**(1)　じんかく，しんかく，しんがく，じんがく
天暦9(955)年～長久4(1043)年9月14日
平安時代中期の真言宗の僧。東寺長者。
¶国史，国書，古人(しんかく)，古中，諸系(じんがく)，日人(じんがく)，仏教，仏史，平史(しんがく)

**深覚**(2)　じんかく
？～貞享1(1684)年12月4日
江戸時代前期の真言宗の僧。
¶国書

し

**尋覚**　じんかく
弘安5(1282)年～文保2(1318)年　㊀大乗院尋覚(だいじょういんじんかく)
鎌倉時代後期の僧。
¶鎌室，諸系，日人

**心岳通知**　しんがくつうち
？～＊
室町時代の臨済宗の僧。東福寺75世。
¶国書(㊀応永25(1418)年5月10日)，仏教(㊀応永20(1413)年5月10日，(異説)応永25(1418)年5月10日)

**真化玄淳**　しんかげんじゅん
→真化玄淳(しんけげんじゅん)

**心華乗芳**　しんかじょうほう
生没年不詳
室町時代の曹洞宗の僧。
¶仏教

**深寛**　しんかん，じんかん
嘉禄2(1226)年～弘安10(1287)年1月17日
鎌倉時代後期の真言僧。
¶鎌室，仏教(じんかん)

**真観**　しんかん
＊～興国2/暦応4(1341)年6月2日　㊀浄阿(じょうあ)，浄阿弥陀仏真観(じょうあみだぶつしんかん)
鎌倉時代後期～南北朝時代の僧。時宗四条派の祖。
¶角史(㊀建治2(1276)年　㊀？)，鎌室(㊀建治2(1276)年)，国史(㊀1275年)，古中(㊀1275年)，コン改(㊀建治2(1276)年)，コン4(㊀建治2(1276)年)，コン5(㊀建治2(1276)年)，史人(㊀1275年)，新潮(㊀建治2(1276)年)，人名(㊀1276年)，世人(㊀建治2(1276)年)，日史(㊀文永5(1268)年)，日人(㊀1276年)，百科(㊀文永5(1268)年)，仏教(浄阿　じょうあ　㊀建治1(1275)年)，仏史(㊀1275年)，名僧(㊀1275年)，歴大(浄阿弥陀仏真観　じょうあみだぶつしんかん　㊀1268年)

**信願**　しんがん
建久2(1191)年～文永5(1268)年3月15日
鎌倉時代前期の浄土真宗の僧。親鸞の直弟。
¶仏教

**心岩**　しんがん
正保4(1647)年～宝永3(1706)年
江戸時代前期～中期の浄土宗の僧。
¶石川百，国書(㊀宝永3(1706)年8月26日)，姓氏石川(㊀？)，仏教(㊀正保4(1647)年5月12日　㊀宝永3(1706)年8月29日)

**真願**(1)　しんがん
寛徳2(1045)年～永久3(1115)年
平安時代中期～後期の興福寺の僧。
¶古人，平史

**真願**(2)　しんがん
承元2(1208)年～正応3(1290)年6月17日
鎌倉時代前期～後期の僧侶・歌人。
¶国書

**深観**　じんかん，しんかん
＊～永承5(1050)年
平安時代中期の真言宗の僧。東大寺64世、東寺長者27世。
¶国書(㊀長保3(1001)年　㊀永承5(1050)年6月15日)，古人(しんかん　㊀1003年)，天皇(しんかん　㊀長保5(1003)年)，日人(㊀1001年，(異説)1003年)，仏教(㊀寛弘7(1010)年，(異説)寛弘5(1008)年　㊀天喜5(1057)年6月15日)，平史(しんかん　㊀1003年)

**心巌元統**　しんがんげんとう
生没年不詳
室町時代の曹洞宗の僧。
¶仏教

**審巌正察**　しんがんしょうさつ
？～延徳3(1491)年
室町時代の曹洞宗の僧。
¶日人，仏教(㊀延徳3(1491)年2月25日)

**心関清通**　しんかんせいつう
天授1/永和1(1375)年～宝徳1(1449)年8月29日
室町時代の臨済宗の僧。天竜寺99世。
¶仏教

**真巌道空**　しんがんどうくう
文中3/応安7(1374)年～宝徳1(1449)年
室町時代の曹洞宗の僧。
¶日人，仏教(㊀宝徳1(1449)年8月15日)

**心巌良信**　しんがんりょうしん
応永3(1396)年～応仁2(1468)年7月21日
室町時代の曹洞宗の僧。
¶仏教

**真喜**(1)　しんき
延長5(927)年～長保2(1000)年
平安時代中期の法相宗の僧。興福寺19世。
¶古人，人名(㊀931年　㊀999年)，日人，仏教(㊀承平2(932)年　㊀長保2(1000)年2月7日)，平史

**真喜**(2)　しんき★
平安時代中期の法相宗の僧。興福寺19世。
¶三重続

**真義**　しんぎ
生没年不詳
飛鳥時代の僧。
¶仏教

**真休** しんきゅう
平安時代前期の高僧。
¶人名

**信救**(1) しんぎゅう
生没年不詳
平安時代後期の華厳宗の僧。
¶国書

**信救**(2) しんぎゅう
→覚明(1)(かくみょう)

**真牛** しんぎゅう★
文化6(1809)年～明治15(1882)年2月17日
江戸時代末期・明治期の僧。書家。
¶秋田人2

**信及前豚** しんぎゅうぜんとん
生没年不詳
室町時代の曹洞宗の僧。
¶仏教

**信教** しんきょう
生没年不詳
鎌倉時代後期の浄土宗の僧。
¶国書，仏教

**信慶** しんきょう
延長6(928)年～？ ㊥信慶(しんけい)
平安時代後期の法相宗の僧。
¶古人(しんけい ㊀？)，仏教(生没年不詳)，平史(しんけい)

**信敬** しんきょう
？ ～長承1(1132)年
平安時代後期の天台宗の僧。
¶古人(㊐？)，人名，日人，仏教(㊀天承2(1132)年6月)，平史

**心教** しんきょう
生没年不詳
戦国時代の真言宗の僧・連歌作者。
¶国書

**真境** しんきょう
生没年不詳
平安時代前期の真言宗の僧。
¶日人，仏教

**真教** しんきょう
嘉禎3(1237)年～元応1(1319)年 ㊥他阿(たあ)，他阿上人(たあしょうにん)，他阿真教(たあしんきょう)，他阿弥陀仏(たあみだぶつ)
鎌倉時代後期の時宗の僧。第2代遊行上人。
¶朝日(他阿 たあ ㊀元応1年1月27日(1319年2月17日))，岩史(他阿弥陀仏 たあみだぶつ ㊀文保3(1319)年1月27日)，大分歴(他阿上人 たあしょうにん ㊐嘉禎2(1236)年)，角史(他阿真教 たあしんきょう)，神奈川人，鎌室(他阿 たあ)，郷土神奈川(他阿真教 たあしんきょう)，郷土福井(他阿 たあ)，国史，国書(㊀文保3(1319)年1月27日)，古中，コン改(他阿 たあ)，コン4(他阿 たあ)，コン5(他阿 たあ)，埼玉人(㊀文保3(1319)年1月27日)，史人(㊀1319年1月27日)，思想史，新潮(他阿 たあ ㊀元応1(1319)年1月28日)，人名，姓氏神奈川，姓氏京都(他阿真教 たあしんきょう)，姓氏静岡，世人(他阿 たあ ㊀元応1(1319)年1月28日)，中世(他阿 たあ)，長野歴(他阿真教 たあしんきょう)，日史(㊀元応1(1319)年1月27日)，日人，百科，仏教(㊀文保3(1319)年1月27日)，仏史，仏人，ふる，名僧，山梨百(他阿 たあ)，歴大(他阿真教 たあしんきょう)，和俳

**真鏡** しんきょう
寛政3(1791)年～慶応3(1867)年
江戸時代後期～末期の浄土真宗の僧。
¶国書(㊀慶応3(1867)年2月)，三重続(㊐寛政3年5月18日)

**真慶** しんきょう
元久1(1204)年～弘安3(1280)年3月12日
鎌倉時代前期の天台宗の僧。
¶仏教

**信楽** しんぎょう
生没年不詳
鎌倉時代後期の浄土真宗の僧。親鸞の直弟。
¶仏教

**信暁** しんぎょう
安永3(1774)年～安政5(1858)年6月14日
江戸時代後期の浄土真宗の僧。
¶国書，仏教(㊐安永3(1774)年8月1日)，仏人

**信行** しんぎょう
生没年不詳 ㊥信行(しんこう)
奈良時代の元興寺法相宗の学僧。
¶国史，国書，古代(しんこう)，古代普(しんこう)，古中，日人，仏教，和歌山人

**心敬** しんぎょう
→心敬(しんけい)

**真暁** しんぎょう
平安時代前期の真言宗の僧。
¶古人，古代，古代普，仏教(生没年不詳)

**信行寺教円** しんぎょうじきょうえん
生没年不詳
戦国時代の古川町の信行寺の開基。
¶飛騨

**真行尼** しんぎょうに
天文1(1532)年？ ～文禄3(1594)年10月18日
戦国時代の尼僧。
¶埼玉人

**真行房定宴** しんぎょうぼうじょうえん
→定宴(じょうえん)

**心行北山** しんぎょうほくざん
生没年不詳
江戸時代中期の神道家。
¶国書

し

**信空(1)** しんくう
久安2(1146)年～安貞2(1228)年9月9日　㊞法蓮房(ほうれんぼう)
平安時代後期～鎌倉時代前期の僧。浄土宗諸行衆の流祖。
¶鎌室，国史，国書，古人，古中，史人，人名，姓氏京都，日人，仏教，仏史，歴大

**信空(2)** しんくう
生没年不詳
鎌倉時代後期以前の僧侶・歌人。
¶国書

し

**信空(3)** しんくう
寛喜3(1231)年～正和5(1316)年1月26日
鎌倉時代後期の律宗の僧。
¶鎌室，国書，人名，日人，仏教

**心空** しんくう
元応1(1319)年～応永8(1401)年閏1月6日
鎌倉時代後期～室町時代の天台宗の僧。
¶国書

**真空(1)** しんくう
元久1(1204)年～文永5(1268)年7月8日
鎌倉時代前期の三論・真言・律・浄土宗兼学の僧。
¶鎌室，国史，国書，古中，人名，日人，仏教，仏史，仏人，密教

**真空(2)** しんくう
？　～正平6/観応2(1351)年10月25日
鎌倉時代後期～南北朝時代の僧。「應天座」の通称をもつ。
¶愛媛(㊐？)，愛媛百

**真空(3)** しんくう
寛永5(1628)年～延宝5(1677)年2月6日
江戸時代前期の浄土宗の僧。
¶仏教

**尋空** じんくう
？　～長元8(1035)年
平安時代中期の僧。
¶人名，日人

**新宮数馬** しんぐうかずま
生没年不詳
江戸時代後期の大住郡大山阿夫利神社祠官。
¶神奈川人

**新宮高平** しんぐうこうへい
→新宮高平(しんぐうたかひら)

**神宮寺梧水** じんぐうじごすい
享保11(1726)年9月5日～寛政9(1797)年2月12日
江戸時代後期の俳僧。
¶東三河

**新宮高平** しんぐうたかひら
寛政6(1794)年～明治6(1873)年　㊞新宮高平(しんぐうこうへい)
江戸時代末期～明治期の郷土史家。
¶国書(㊀明治6(1873)年8月)，人名(しんぐうこうへい)，姓氏静岡，日人

**新宮正清** しんぐうまさきよ
？　～
戦国時代～安土桃山時代の駿河府中浅間社の富士新宮神主。
¶武田

**新宮昌忠** しんぐうまさただ
戦国時代～安土桃山時代の駿河府中浅間社の富士新宮神主。
¶武田

**真空妙応** しんくうみょうおう，しんぐうみょうおう
？　～正平6/観応2(1351)年10月25日
鎌倉時代後期～南北朝時代の臨済宗の僧。
¶国書(しんぐうみょうおう)，人名，日人，仏教

**信慶(1)** しんけい
長元5(1032)年～元永1(1118)年
平安時代中期～後期の天台宗園城寺の僧。
¶古人，平史

**信慶(2)** しんけい
→信慶(しんきょう)

**信慶(3)** しんけい
承暦4(1080)年～保元2(1157)年
平安時代後期の僧。
¶古人，平史

**信敬** しんけい
生没年不詳
南北朝時代の僧侶・連歌作者。
¶国書

**心敬** しんけい
応永13(1406)年～文明7(1475)年4月16日　㊞心敬(しんぎょう)
室町時代の連歌師、十住心院の住持。
¶朝日(㊀文明7年4月16日(1475年5月20日))，岩史，角史，神奈川人(しんぎょう)，鎌室，京都，国史，国書，古中，コン改，コン4，コン5，埼玉人，詩歌，史人，思想史，人書94，新潮(㊀文明7(1475)年4月12日)，新文，人名(しんぎょう)，姓氏神奈川(しんぎょう)，世人(㊀文明7(1475)年4月12日)，世百，戦辞(㊀文明7年4月12日(1475年5月16日))，全書，大百，中世，伝記，日思，日史，日人，日文，俳句，俳文，百科，仏教，文学，歴大，和歌山人，和俳

**真恵** しんけい
長寛1(1163)年～暦仁2(1239)年1月21日　㊞真恵(しんえ)，真慧(しんえ)
平安時代後期～鎌倉時代前期の僧。
¶鎌室，古人(しんえ)，仏教(真慧　しんえ)

**真慶** しんけい
生没年不詳
鎌倉時代の真言宗の僧。
¶国書，仏教

**真敬** しんけい
→一乗院宮真敬法親王(いちじょういんのみやしんけ

いほうしんのう)

**信冏** しんげい
宝暦5(1755)年7月20日～文政3(1820)年11月12日
江戸時代後期の浄土宗の僧。
¶国書，仏教

**秦冏** しんげい,しんけい
寛政5(1793)年～安政5(1858)年9月9日
江戸時代末期の浄土宗の僧。
¶国書，人名(しんけい)，日人，仏教

**尋慶** じんけい
？ ～徳治3(1308)年1月2日
鎌倉時代後期の浄土宗の僧。
¶仏教

**尋継** じんけい
生没年不詳
室町時代以前の僧侶・歌人。
¶国書

**真敬親王** しんけいしんのう
→一乗院宮真敬法親王(いちじょういんのみやしんけいほうしんのう)

**心渓宗安** しんけいそうあん
天文12(1543)年～元和2(1616)年11月29日
安土桃山時代～江戸時代前期の臨済宗の僧。大徳寺136世。
¶仏教

**真敬入道親王** しんけいにゅうどうしんのう
→一乗院宮真敬法親王(いちじょういんのみやしんけいほうしんのう)

**真敬法親王** しんけいほうしんのう
→一乗院宮真敬法親王(いちじょういんのみやしんけいほうしんのう)

**真恵明道** しんけいみょうどう
？ ～明治15(1882)年
江戸時代後期～明治期の僧。真言宗福楽寺の住職。
¶姓氏山口

**真化玄淳** しんけげんじゅん
[別]真化玄淳(しんかげんじゅん)
室町時代の曹洞宗の僧。総持寺64世。
¶姓氏石川，仏教(しんかげんじゅん　生没年不詳)

**心華元棣** しんげげんたい
→心華元棣(しんげげんてい)

**心華元棣** しんげげんてい
延元4/暦応2(1339)年～？　[別]心華元棣(しんげげんたい)
室町時代の臨済宗の僧。
¶国書，人名(しんげげんたい)，日人，仏教(生没年不詳)

**心月** しんげつ
～慶長3(1598)年
江戸時代前期の曹洞宗の僧。
¶神奈川人

**信堅** しんけん
正元1(1259)年～元亨2(1322)年12月16日
鎌倉時代後期の真言僧。
¶鎌室，国書，人名，日人([没]1323年)，仏教，仏人

**信憲** しんけん
久安1(1145)年～嘉禄1(1225)年9月11日
平安時代後期～鎌倉時代前期の法相宗の僧。興福寺50世、大安寺54世。
¶仏教

**真賢** しんけん
？ ～正徳2(1712)年9月21日
江戸時代中期の真言宗の僧。
¶国書，仏教

**親兼** しんけん
鎌倉時代の修験者。児島五流の一つ伝法院中興の祖。
¶岡山歴

**心源** しんげん
生没年不詳
南北朝時代～室町時代の天台宗の僧。
¶国書

**深元** しんげん
生没年不詳
江戸時代中期の真言宗の僧。
¶国書

**深源** しんげん
生没年不詳
南北朝時代の僧侶・歌人。
¶国書

**深玄** しんげん
元禄6(1693)年～寛延2(1749)年10月9日
江戸時代中期の真言律宗の僧。
¶国書

**真源**(1) しんげん
康平7(1064)年～保延2(1136)年
平安時代後期の天台宗の僧。
¶国書

**真源**(2) しんげん
康治1(1142)年～建保2(1214)年8月19日
平安時代後期～鎌倉時代前期の僧。上醍醐寂静院々主。
¶密教

**真源**(3) しんげん
宝永2(1705)年～享保17(1732)年4月14日
江戸時代中期の天台宗の僧。
¶国書，仏教

**真源**(4) しんげん
*～宝暦8(1758)年6月19日
江戸時代中期の真言声明南山進流の声明家。
¶国書([生]元禄3(1690)年)，日音([生]元禄3

し

(1690)年)，仏教([生]元禄2(1689)年)，仏人([生]1689年)

**親源** しんげん
生没年不詳
鎌倉時代後期の天台宗の僧。天台座主110世。
¶国書，仏教

**親玄** しんげん
建長1(1249)年～元亨2(1322)年
鎌倉時代後期の真言宗の僧。醍醐寺覚洞院親快の弟子。
¶朝日([没]元亨2年3月16日(1322年4月3日))，岩史([没]元亨2(1322)年3月16日)，鎌室，国書([没]元亨2(1322)年2月17日)，コン4，コン5，諸系，人名，日人，仏教([没]元亨2(1322)年2月17日)

**深賢**(1) じんけん
嘉保2(1095)年～長寛2(1164)年
平安時代後期の僧。上醍醐准胝堂阿闍梨。
¶密教([没]1164年以後)

**深賢**(2) じんけん，しんけん
？～弘長1(1261)年9月14日
鎌倉時代前期の真言宗の僧。醍醐寺地蔵院の開祖。
¶国史，国書，古中，日人，仏教，仏史，密教([生]1179年)，名画(しんけん)

**尋憲** じんけん
享禄2(1529)年～＊
戦国時代～安土桃山時代の僧。
¶国書([没]天正13(1585)年11月20日)，日人([没]1586年)

**尋源**(1) じんげん
平安時代中期の東寺の僧。長暦3年広沢別当。
¶古人

**尋源**(2) じんげん
治安2(1022)年～承暦3(1079)年
平安時代中期～後期の僧。
¶平史

**尋源**(3) じんげん
生没年不詳
南北朝時代の僧侶・歌人。
¶国書

**心源希徹** しんげんきてつ
？～応永10(1403)年10月13日
南北朝時代～室町時代の臨済宗の僧。建長寺70世。
¶仏教

**信弘** しんこう
？～文中3/応安7(1374)年
南北朝時代の真言宗の僧。
¶仏教

**信行** しんこう
→信行(しんぎょう)

**真興** しんこう，しんごう
＊～寛弘1(1004)年10月23日　[別]子島先徳(こじまのせんとく)
平安時代中期の南都の僧。子島流の祖。
¶朝日([生]承平5(935)年　[没]寛弘1年10月23日(1004年12月7日))，岩史(しんごう　[生]承平4(934)年)，国史(しんごう　[生]935年)，国書(しんごう　[生]承平5(935)年)，古人([生]934年)，古中(しんごう　[生]935年)，コン改([生]承平4(934)年)，コン4([生]承平4(934)年)，コン5([生]承平4(934)年)，史人(しんごう　[生]935年)，人書94([生]934年)，新潮([生]承平4(934)年)，人名([生]938年　[没]1008年)，日史(しんごう　[生]承平5(935)年)，日人(しんごう　[生]934年)，仏教(しんごう　[生]承平5(935)年　[没]寛弘1(1004)年10月23日，(異説)10月14日？)，仏史(しんごう　[生]935年)，平史([生]934年)，歴大(しんごう　[生]934年？)

**真光** しんこう
＊～元弘3/正慶2(1333)年
鎌倉時代後期の僧。時宗当麻派の祖。
¶神奈川人([生]1280年)，国史([生]1277年)，古中([生]1277年)，日人([生]1280年)，仏教([生]弘安3(1280)年　[没]正慶2/元弘3(1333)年5月8日)，仏史([生]1277年)

**真幸** しんこう
生没年不詳
平安時代後期の真言宗の僧。
¶仏教

**真広** しんこう
？～応長1(1311)年5月2日
鎌倉時代後期の日蓮宗の僧。
¶仏教

**諶厚** しんこう
→彦坂諶厚(ひこさかじんこう)

**心豪** しんごう
生没年不詳
戦国時代の天台宗の僧。
¶国書

**尋光** じんこう
天禄2(971)年～長暦2(1038)年
平安時代中期の天台僧。
¶古人，平史

**神興** じんごう
→南条神興(なんじょうじんこう)

**新弘謙** しんこうけん
天保7(1836)年7月7日～明治39(1906)年5月21日
江戸時代後期～明治期の法楽寺中興の高僧。
¶兵庫人

**真光寺願順** しんこうじがんじゅん
生没年不詳
戦国時代の高山市の真光寺の開基。
¶飛驒

**信厳** しんごん
生没年不詳
奈良時代の法相宗の僧。

¶仏教

**親厳** しんごん
仁平1(1151)年～嘉禎2(1236)年11月2日
平安時代後期～鎌倉時代前期の僧。
¶鎌室，国書，古人，人名，日人，飛騨(㊐？)，仏教

**真際**(1) しんさい
生没年不詳
平安時代前期の真言宗の僧。
¶日人，仏教

**真際**(2) しんさい
？ ～元文5(1740)年7月
江戸時代中期の天台宗の僧。
¶国書

**神サダ** じんさだ
大正3(1914)年～平成1(1989)年7月26日
昭和期の宗教家。赤倉山神社教祖。
¶女性，女性普

**新貞老** しんさだおい
→新貞老(あたらしさだお)

**真察** しんさつ
寛文10(1670)年～延享2(1745)年4月4日
江戸時代中期の浄土宗の僧。知恩院49世。
¶国書，人名，日人，仏教

**新里彦二郎** しんざとひこじろう
明治38(1905)年～平成2(1990)年
昭和～平成期の法師。
¶姓氏沖縄

**心山** しんざん
生没年不詳
江戸時代前期～中期の天台宗の僧。
¶国書

**尋算** じんさん
安貞2(1228)年～嘉元4(1306)年2月15日
鎌倉時代後期の律宗の僧。
¶仏教

**深山正虎** しんざんしょうこ
生没年不詳
鎌倉時代後期の臨済宗の僧。
¶日人，仏教

**神子栄尊** しんしえいそん，じんしえいそん
建久6(1195)年～文永9(1272)年12月28日 ㊙栄尊(えいそん)
鎌倉時代前期の天台兼修の臨済宗の僧。
¶大分歴(じんしえいそん)，鎌室，国史(じんしえいそん)，古中(じんしえいそん)，佐賀百(㊐建久3(1192)年)，新潮(㊐建久6(1195)年6月26日)，人名(栄尊 えいそん)，対外(じんしえいそん)，日史，日人(じんしえいそん ㊡1273年)，福岡百(㊐建久6(1195)年6月26日)，仏教，仏史(じんしえいそん)，仏人(栄尊 えいそん ㊐1193年)

**心地覚心** しんじかくしん
→覚心(5)(かくしん)

**神識** じんしき
？ ～慶応1(1865)年
江戸時代後期～末期の浄土真宗の僧。
¶国書

**信実** しんじつ
平安時代後期の興福寺の僧。
¶古人，平史(生没年不詳)

**信寂**(1) しんじゃく
生没年不詳
平安時代中期の天台宗の僧・歌人。
¶国書，古人，平史

**信寂**(2) しんじゃく
？ ～寛元2(1244)年
鎌倉時代前期の浄土宗の僧。法然の弟子。
¶国史，国書(㊡寛元2(1244)年3月3日)，古中，日人，仏教(㊡寛元2(1244)年8月9日)，仏史

**心寂**(1) しんじゃく
？ ～元久1(1204)年
平安時代後期～鎌倉時代前期の浄土宗の僧。
¶仏教

**心寂**(2) しんじゃく
？ ～寛喜3(1231)年
鎌倉時代前期の医僧。
¶人名，日人

**深秀** しんしゅう
生没年不詳
安土桃山時代～江戸時代前期の真言宗の僧。
¶国書

**真洲** しんしゅう
生没年不詳
江戸時代中期の天台宗の僧。
¶国書

**仁秀** じんしゅう
→仁秀(1)(にんしゅう)

**真宗寺祐念** しんしゅうじゆうねん
～文亀2(1502)年12月18日
戦国時代の古川町の真宗寺の開基。
¶飛騨

**神叔**(神寂) しんしゅく
～？
江戸時代中期の神道家・俳人。
¶俳句(神寂)，俳文

**信叔紹允** しんしゅくしょういん
生没年不詳
戦国時代の臨済宗の僧。
¶仏教

**仁岫宗寿** じんしゅそうじゅ
→仁岫宗寿(にんしゅうそうじゅ)

し

**信俊** しんしゅん
生没年不詳
室町時代～戦国時代の天台宗の僧。
¶国書

**真俊(1)** しんしゅん
生没年不詳
平安時代後期～鎌倉時代前期の天台宗の僧。
¶国書，仏教

**真俊(2)** しんしゅん
生没年不詳
南北朝時代の僧侶・歌人。
¶国書

**心純** しんじゅん
永禄9（1566）年～寛永9（1632）年8月17日
安土桃山時代～江戸時代前期の浄土宗の僧。
¶仏教

**真淳** しんじゅん
元文1（1736）年10月23日～文化4（1807）年
江戸時代後期の浄土真宗の僧。
¶国書（㊀文化4（1807）年5月29日），仏教（㊀文化4（1807）年5月），仏人，三重続

**真純** しんじゅん
生没年不詳
江戸時代後期の天台宗の僧。
¶国書

**信助** しんじょ
永仁5（1297）年～延元2/建武4（1337）年7月19日
鎌倉時代後期～南北朝時代の真言宗の僧。
¶国書，仏教

**信恕** しんじょ
→信恕（しんにょ）

**真助** しんじょ
寛治5（1091）年～保元2（1157）年1月24日
平安時代後期の真言宗の僧。
¶仏教

**深助** じんじょ
生没年不詳
鎌倉時代の真言宗の僧。
¶仏教

**信勝** しんしょう
生没年不詳
奈良時代の女性。尼僧。
¶女性

**信承** しんしょう
生没年不詳
鎌倉時代後期の浄土宗の僧。
¶国書，仏教

**信昭(1)** しんしょう
建長5（1253）年～弘安9（1286）年
鎌倉時代後期の僧。
¶諸系，日人

**信昭(2)** しんしょう
生没年不詳
鎌倉時代後期～南北朝時代の連歌師。
¶国書，日人，俳文

**信証** しんしょう
承徳2（1098）年～永治2（1142）年4月8日
平安時代後期の真言宗の僧。西院流の祖。
¶国史，国書（㊐寛治2（1088）年），古人（㊐1096年），古中，人名，日人，仏教（㊐寛治2（1088）年），仏史，平史（㊐1096年）

**信性** しんしょう
享保8（1723）年～？
江戸時代中期の僧。
¶日人

**信生** しんしょう
？　～宝治2（1248）年
鎌倉時代前期の僧、歌人。
¶国書（㊐承安4（1174）年頃　㊀嘉禎3（1237）年），諸系，人名，長野歴（生没年不詳），日人，和俳（生没年不詳）

**審祥** しんしょう，しんじょう
生没年不詳
奈良時代の僧。入唐し法蔵について華厳を学ぶ。
¶朝日（しんじょう），角史（しんじょう），国史（しんじょう），国書（しんじょう），古人（しんじょう），古代，古代普，古中（しんじょう），コン改，コン4，コン5，史人（しんじょう），新潮，人名（㊀742年），世人（㊀天平14（742）年），対外（しんじょう），日人（しんじょう），仏教（しんじょう），仏史（しんじょう），仏人（㊀742年）

**心昭** しんしょう
→源翁心昭（げんのうしんしょう）

**真昭** しんしょう
正治1（1199）年～建長3（1251）年5月5日
鎌倉時代前期～後期の僧侶・歌人。
¶国書

**真照(1)** しんしょう
生没年不詳
鎌倉時代前期の律宗の僧。
¶鎌室，国史，人名，対外，仏教

**真照(2)** しんしょう
生没年不詳
鎌倉時代前期の律宗の僧。
¶古中，日人，仏教，仏史

**真証(1)** しんしょう
生没年不詳
奈良時代の女性。尼僧。
¶女性

**真証(2)** しんしょう
宝永4（1707）年～宝暦12（1762）年9月14日
江戸時代中期の浄土真宗の僧。
¶国書，仏教

**真性(1)** しんしょう
仁安2(1167)年～寛喜2(1230)年
平安時代後期～鎌倉時代前期の僧。以仁王の王子。
¶鎌室，古人，人名，日人，仏教([没]寛喜2(1230)年6月14日)，平史

**真性(2)** しんしょう
嘉禎2(1236)年～嘉元2(1304)年2月1日
鎌倉時代後期の律宗の僧。
¶国書(生没年不詳)，仏教

**真生** しんしょう
生没年不詳
戦国時代の天台宗の僧。
¶国書

**親性** しんしょう
生没年不詳
鎌倉時代前期の天台宗の僧。
¶仏教

**信乗** しんじょう
生没年不詳
鎌倉時代後期の律宗の僧。
¶仏教

**信浄** しんじょう
生没年不詳
平安時代後期の真言宗の僧。
¶仏教

**信盛** しんじょう
→信盛(しんぜい)

**審詳** しんじょう
生没年不詳
奈良時代の華厳宗の学僧。
¶日史，百科

**真紹** しんじょう，しんしょう
延暦16(797)年～貞観15(873)年　[別]石山僧都(いしやまのそうず)，禅林寺僧都(ぜんりんじのそうず)
平安時代前期の真言宗の僧。禅林寺の開山。
¶朝日([没]貞観15年7月7日(873年8月3日))，国史，国書(しんしょう　[没]貞観15(873)年7月7日)，古人(しんしょう　[生]795年)，古代，古代普，古中，姓氏京都(しんしょう　[生]795年)，日人(しんしょう)，仏教(しんしょう　[没]貞観15(873)年7月7日)，仏史，仏人(しんしょう)，平史(しんしょう　[生]795年)

**真乗** しんじょう
生没年不詳
鎌倉時代の律宗の僧。
¶仏教

**真常** しんじょう
享保4(1719)年～享和2(1802)年
江戸時代中期～後期の真言宗の僧。
¶仏教，仏人

**真浄** しんじょう
建長3(1251)年～正安1(1299)年12月5日
鎌倉時代後期の律宗の尼僧。嵯峨光台寺の開山。
¶朝日，国書(生没年不詳)

**真盛** しんじょう
→真盛(しんせい)

**真静** しんじょう
→真静(しんせい)

**真儆** しんじょう
？～文永8(1271)年12月14日
鎌倉時代前期の真言宗の僧。
¶仏教

**深勝** じんしょう
天永1(1110)年～康治1(1142)年
平安時代後期の僧。上醍醐別当(准胝堂別当)。
¶密教([生]1110年以前　[没]1142年以後)

**尋清** じんしょう
→尋清(じんせい)

**尋静** じんじょう
生没年不詳
平安時代中期の天台宗の僧。
¶人名，日人，仏教

**心昭空外** しんしょうくうがい
元徳1(1329)年～＊
鎌倉時代前期～後期の禅僧。
¶神奈川人([没]1279年)，鎌倉新([没]応永7(1400)年1月7日)

**真浄元苗** しんじょうげんびょう
→真浄元苗(しんじょうげんみょう)

**真浄元苗** しんじょうげんみょう
安永1(1772)年～天保12(1841)年7月25日　[別]真浄元苗(しんじょうげんびょう)
江戸時代後期の臨済宗の僧。建長寺218世。
¶神奈川人(しんじょうげんびょう)，鎌倉(しんじょうげんびょう)，鎌倉新(しんじょうげんびょう)，国書，姓氏神奈川(しんじょうげんびょう)，仏教

**信称寺西円** しんしょうじさいえん
生没年不詳
江戸時代前期の白川村の信称寺の開基。
¶飛驒

**真照寺鷺十** しんしょうじろじゅう
→鷺十(ろじゅう)

**信勝尼** しんしょうに
生没年不詳
奈良時代の尼僧。
¶朝日，女史，日人

**針水** しんすい
→原口針水(はらぐちしんすい)

**信瑞** しんずい
？～弘安2(1279)年　[別]敬西房(きょうさいぼう，けいさいぼう)
鎌倉時代前期の浄土宗の僧。「明義進行集」の

著者。
¶国史，国書（[没]弘安2（1279）年11月22日），古中，神人，新潮，世人（[没]弘安2（1279）年10月），日人，仏教（[没]弘安2（1279）年11月22日），仏史，名僧

**真瑞** しんずい
安永1（1772）年～天保14（1843）年
江戸時代後期の浄土真宗の僧。
¶国書（[没]天保14（1843）年12月12日），仏教（[没]天保14（1843）年12月13日）



**信誓** しんせい，しんぜい
生没年不詳
平安時代中期の法華持経者。
¶古人（しんぜい），日人，仏教

**真政** しんせい
→円忍（えんにん）

**真盛** しんせい，しんぜい
嘉吉3（1443）年1月28日～明応4（1495）年2月30日　[別]真盛（しんじょう），円戒国師（えんかいこくし），慈摂大師（じせつだいし）
室町時代～戦国時代の天台宗の僧。天台宗真盛派の開祖。
¶朝日（[生]嘉吉3年1月28日（1443年2月27日）[没]明応4年2月30日（1495年3月26日）），岩史，角史，鎌室，京都（しんぜい），郷土滋賀，京都大，京都府，郷土福井，国史，国書，古中，コン4，コン5，滋賀百，史人，思想史，新潮，人名（しんぜい），姓氏京都（しんぜい），世人（しんぜい），全書（しんぜい），大百（しんぜい），中世，日思，日史，日人，百科（しんぜい），福井百，仏教，仏史，仏人（しんじょう），三重，名僧，歴大

**真静** しんせい
？～天慶3（940）年　[別]真静（しんじょう）
平安時代の僧、歌人。
¶国書（しんじょう　生没年不詳），古人（しんじょう　[生]？），人名，日人（しんじょう　生没年不詳），平史（しんじょう）

**信盛** しんぜい
元和6（1620）年～元禄6（1693）年1月8日　[別]信盛（しんじょう）
江戸時代前期の新義真言宗の僧。智積院8世。
¶国書（しんじょう），仏教（しんじょう），仏人

**真済** しんぜい
延暦19（800）年～貞観2（860）年2月25日　[別]紀僧正（きのそうじょう），高雄僧正（たかおそうじょう）
平安時代前期の真言宗の僧。空海十大弟子の一人。
¶朝日（[没]貞観2年2月25日（860年3月21日）），岩史，京都大，国史，国書（[没]貞観2（860）年2月26日），古人，古代，古代普，古中，コン改，コン4，コン5，史人，思想史，新潮，人名，姓氏京都，世人，世百，全書，大百，日史，日人，百科，仏教，仏史，仏人，平家，平史，名画，名僧，山形百，歴大，和俳

**尋清** じんせい
貞元1（976）年～永承6（1051）年6月18日　[別]尋清（じんしょう）
平安時代中期～後期の真言僧。
¶古人，仏教（じんしょう　[生]天延2（974）年），平史

**真政円忍** しんせいえんにん
→円忍（えんにん）

**信専** しんせん
生没年不詳
鎌倉時代後期の僧侶・歌人。
¶国書

**真仙** しんせん
生没年不詳
鎌倉時代前期の天台宗の僧。
¶国書

**真詮** しんせん
生没年不詳
江戸時代中期の浄土真宗の僧。
¶国書

**心前** しんぜん
？～天正17（1589）年？
安土桃山時代の連歌師。
¶国書（[没]天正17（1589）年11月16日？），人名，日人，和俳（生没年不詳）

**心禅** しんぜん
生没年不詳
鎌倉時代前期～後期の僧侶。
¶姓氏群馬

**真然** しんぜん
*～寛平3（891）年9月11日　[別]真然（しんねん）
平安時代前期の真言宗の僧。空海の甥。
¶朝日（しんねん　[生]延暦23（804）年　[没]寛平3年9月11日（891年10月17日）），岩史（[生]？），京都大（[生]延暦23（804）年），国史（[生]？），国書（[生]延暦23（804）年），古人（[生]？），古代（[生]？），古代普（[生]？），古中（[生]？），コン4（[生]延暦23（804）年？），コン5（[生]延暦23（804）年？），史人（[生]？），新潮（しんねん　[生]？），人名（しんねん　[生]804年），姓氏京都（[生]？），世人（[生]延暦23（804）年），日人（[生]804年，（異説）812年），仏教（[生]延暦23（804）年，（異説）弘仁3（812）年），仏史（[生]？），仏人（[生]804年），平史（[生]？），歴大（[生]804年，（異説）811年），和歌山人（[生]804年）

**尋禅**(1) じんぜん
天慶6（943）年～正暦1（990）年　[別]慈忍（じにん）
平安時代中期の天台宗の僧（天台座主，藤原師輔の10男）。
¶朝日（[没]正暦1年2月17日（990年3月16日）），岩史（[没]永祚2（990）年2月17日），国史，国書（[没]永祚2（990）年2月17日），古人，古中，コン改，コン4，コン5，諸系，新潮（[没]正暦1（990）年2月17日），人名，日人，仏教（[没]永祚2（990）年2月17日，（異説）永祚1（989）年9月28日），仏

史，平史，歴大

**尋禅**(2) **じんぜん**
生没年不詳
鎌倉時代前期の僧。
¶仏教

**信聡** **しんそう**
生没年不詳
南北朝時代の僧侶・歌人。
¶国書

**心聡** **しんそう**
生没年不詳
南北朝時代の天台宗の僧。
¶国書

**深聡** **しんそう**
生没年不詳
江戸時代後期の浄土真宗の僧。
¶国書

**真宗** **しんそう**
生没年不詳
戦国時代の天台宗の僧・連歌作者。
¶国書

**神宗** **しんそう**
？ ～寛政4(1792)年4月3日
江戸時代中期～後期の僧。津山本源寺第11世。
¶岡山歴

**真宗宜詳** **しんそうぎしょう**
明和1(1764)年～文政10(1827)年 ㊐真宗宜詳尼(しんそうぎしょうに)
江戸時代中期～後期の臨済宗の尼僧。陸奥国浜生まれ。
¶朝日(㊁文政10年8月19日(1827年10月9日))，日人(真宗宜詳尼 しんそうぎしょうに)，仏教(真宗宜詳尼 しんそうぎしょうに ㊁文政10(1827)年8月19日)

**真宗宜詳尼** **しんそうぎしょうに**
→真宗宜詳(しんそうぎしょう)

**心窓宗伝** **しんそうそうでん**
応永28(1421)年～明応5(1496)年
室町時代の曹洞宗の僧。
¶日人，仏教(生没年不詳)

**信尊**(1) **しんそん**
生没年不詳
鎌倉時代前期の天台宗の僧。武蔵河田谷に泉福寺を開いた。
¶国書，埼玉人，仏教

**信尊**(2) **しんそん**
慶長4(1599)年～延宝4(1676)年4月3日
安土桃山時代～江戸時代前期の法相宗の僧。
¶国書

**真存** **しんそん，しんぞん**
戦国時代の僧侶・連歌作者。
¶国書(生没年不詳)，俳文(しんぞん)

**親尊** **しんそん**
嘉禎2(1236)年～？
鎌倉時代前期の真言宗の僧。
¶国書，仏教(生没年不詳)

**尋尊** **じんそん**
永享2(1430)年～永正5(1508)年5月2日 ㊐大乗院尋尊(だいじょういんじんそう，だいじょういんじんそん)
室町時代～戦国時代の法相宗の僧。父は一条兼良。
¶朝日(㊀永享2年8月7日(1430年8月25日) ㊁永正5年5月2日(1508年5月31日))，岩史(㊀永享2(1430)年8月7日)，角史，鎌室，国史，国書(㊀永享2(1430)年8月7日)，古中，コン改(大乗院尋尊 だいじょういんじんそん)，コン4(大乗院尋尊 だいじょういんじんそん)，コン5(大乗院尋尊 だいじょういんじんそん)，史人(㊀1430年8月)，思想史，重要，諸系，新潮(㊀永享2(1430)年8月)，人名，世人，世百，戦人，中世(大乗院尋尊 だいじょういんじんそん)，内乱，日史(㊀永享2(1430)年8月)，日人，百科，仏教(㊀永享2(1430)年8月7日)，仏史，名僧，山川小(㊀1430年8月)，歴大

し

**真体** **しんたい**
生没年不詳
平安時代前期の真言宗の僧。
¶日人，仏教

**真泰** **しんたい**
生没年不詳
平安時代前期の真言宗の僧。
¶仏教

**神退** **しんたい**
生没年不詳
平安時代前期の僧侶・歌人。
¶国書，平史

**神泰** **じんたい**
生没年不詳
飛鳥時代の三論宗の僧。
¶仏教

**諶泰** **じんたい**
生没年不詳
江戸時代前期の天台宗の僧。
¶国書

**新谷法雲** **しんたにほううん**
明治期の僧侶。
¶真宗

**真智** **しんち**
永正1(1504)年～天正13(1585)年7月4日 ㊐常磐井宮(ときわいのみや)
戦国時代～安土桃山時代の浄土真宗の僧。
¶郷土福井，戦人，福井百，仏教

**神智** **じんち**
生没年不詳
江戸時代中期の真言宗の僧。
¶国書

**尋智** じんち
平安時代後期の興福寺僧。
¶古人，平史（生没年不詳）

**心地覚心** しんちかくしん，しんぢかくしん
→覚心(5)（かくしん）

**信忠(1)** しんちゅう
奈良時代の僧。
¶古人，古代，古代普，日人（生没年不詳）

**信忠(2)** しんちゅう
*～元亨2（1322）年
鎌倉時代後期の僧。
¶神奈川人（㊤1266年），鎌室（㊤？），仏教（㊤弘長2（1262）年）

**信中以篤**（信仲以篤） しんちゅういとく
*～宝徳3（1451）年10月1日　㊙信仲明篤（しんちゅうみょうとく）
室町時代の臨済宗の僧。東福寺130世、南禅寺156世、天竜寺104世。
¶国書（信仲明篤　しんちゅうみょうとく　㊤永和3（1377）年），人名（信仲以篤　㊤？），日人（㊤1377年），仏教（㊤？）

**信中永篤** しんちゅうえいとく
？～延徳4（1492）年7月9日
室町時代の曹洞宗の僧。
¶仏教

**心忠賢孝** しんちゅうけんこう
生没年不詳
室町時代の曹洞宗の僧。
¶仏教

**信中自敬**（信仲自敬） しんちゅうじけい
生没年不詳
南北朝時代の僧。
¶鎌室，人名（信仲自敬），日人，仏教

**信仲明篤** しんちゅうみょうとく
→信中以篤（しんちゅういとく）

**信澄** しんちょう
元禄2（1689）年～寛延1（1748）年12月3日
江戸時代中期の新義真言宗豊山派の声明家。
¶国書（生没年不詳），日音

**真超**（真迢） しんちょう
→日迢（にっちょう）

**真昶** しんちょう
大同2（807）年～元慶4（880）年
平安時代前期の僧。
¶古人，古代，古代普，日人，平史

**聖通** しんつう
延慶2（1309）年～元中6/康応1（1389）年
室町時代の真言宗の僧。
¶姓氏京都

**真禎** しんてい
嘉応1（1169）年～？
平安時代後期～鎌倉時代前期の僧。後白河天皇の第11皇子。
¶鎌室，古人（㊦？），人名，天皇，日人，仏教，平史

**真滴** しんてき
永正15（1518）年～元亀2（1571）年9月8日
戦国時代の日蓮宗の僧。
¶仏教

**真徹** しんてつ
？～寛延3（1750）年1月29日
江戸時代中期の浄土宗の僧。
¶国書

**信天** しんてん
生没年不詳
江戸時代中期の浄土真宗の僧。
¶国書

**心田清播** しんでんしょうばん
→心田清播（しんでんせいは）

**心田清播** しんでんせいは
天授1/永和1（1375）年～文安4（1447）年　㊙心田清播（しんでんしょうばん，しんでんせいはん），清播（せいは），聴雨（ちょうう）
南北朝時代～室町時代の臨済宗の僧、五山文学僧。
¶朝日，鎌室，国史，国書，古中，コン改（しんでんせいはん），コン4（しんでんせいはん），コン5（しんでんせいはん），詩歌（しんでんせいはん），史人，新潮（しんでんせいはん），人名（しんでんしょうばん），日人，仏教，仏史，和俳

**心田清播** しんでんせいはん
→心田清播（しんでんせいは）

**真統** しんとう
生没年不詳
天台宗の僧。
¶仏教

**真導** しんどう
文化2（1805）年6月19日～弘化2（1845）年1月12日
江戸時代後期の浄土真宗の僧。
¶国書

**真童** しんどう★
文政1（1818）年6月28日～明治39（1906）年
江戸時代後期～明治期の学僧。
¶三重

**進藤官太夫** しんどうかんだゆう
承応3（1654）年～享保3（1718）年4月5日
江戸時代前期～中期の神職。
¶庄内

**進藤香塢** しんどうこうう
文化5（1808）年～明治9（1876）年
江戸時代末期～明治期の詩僧。
¶国書（㊦明治9（1876）年6月27日），人名，日人

**進藤重記** しんどうしげき
→進藤重記（しんどうしげのり）

**進藤重記** しんどうしげのり
宝永6(1709)年2月～明和6(1769)年4月10日
別進藤重記(しんどうしげき, しんどうじゅうき)
江戸時代中期の神職。
¶国書, 庄内(しんどうしげき), 山形百(しんどうじゅうき)

**進藤重記** しんどうじゅうき
→進藤重記(しんどうしげのり)

**進藤曽太夫** しんどうそうだゆう
天和1(1681)年～正徳3(1713)年1月26日
江戸時代前期～中期の神職。
¶庄内

**陣内儀道** じんないぎどう
弘化1(1844)年～明治33(1900)年
江戸時代後期～明治期の僧侶・教育者。
¶姓氏群馬

**信日**(1) しんにち
仁治2(1241)年～?
鎌倉時代前期～後期の真言宗の僧。
¶国書

**信日**(2) しんにち
? ～徳治2(1307)年
鎌倉時代後期の真言宗の僧。
¶人名, 日人, 仏教(没徳治2(1307)年2月24日)

**神日** じんにち, しんにち
貞観2(860)年～延喜16(916)年
平安時代前期～中期の真言宗の僧。
¶国書(没延喜16(916)年10月27日), 古人(しんにち 生851年), 人名, 日人, 仏教(没延喜16(916)年11月27日), 平史(しんにち 生851年)

**真意尼** しんにに
嘉永3(1850)年12月26日～大正13(1924)年5月19日
江戸時代後期～大正期の尼僧。
¶真宗

**信恕** しんにょ
貞享2(1685)年～宝暦13(1763)年12月19日
別信恕(しんじょ)
江戸時代中期の新義真言宗の僧。長谷寺24世。
¶国書(しんじょ), 埼玉人, 仏教(しんじょ), 仏人

**信如** しんにょ
建暦1(1211)年～? 別信如尼(しんにょに)
鎌倉時代前期の尼僧。中宮寺中興開山。
¶朝日, 女史(没?), 日人(信如尼 しんにょに), 歴大

**真如**(1) しんにょ
延暦18(799)年～* 別高岳親王(こうがくしんのう, たかおかしんのう), 高丘親王(たかおかしんのう), 真如親王(しんにょしんのう)
平安時代前期の真言宗の僧。平城天皇の第3皇子。
¶朝日(没貞観7(865)年?), 岩史(生没年不詳), 角史(高岳親王 たかおかしんのう 生没年不詳), 国史(生没年不詳), 国書(生? 没貞観7(865)年頃), 古史(高丘親王 たかおかしんのう 生没年不詳), 古人(高丘親王 たかおかしんのう 生799年? 没865年?), 古代, 古代普, 古中(生没年不詳), コン改(真如親王 しんにょしんのう 没貞観7(865)年), コン4(真如親王 しんにょしんのう 没貞観7(865)年), コン5(真如親王 しんにょしんのう 没貞観7(865)年), 史人(高岳親王 たかおかしんのう 生799年? 没865年?), 諸系(没865年?), 新潮(生延暦18(799)年? 没貞観7(865)年?), 人名(高丘親王 たかおかしんのう), 世人(高岳親王 たかおかしんのう 没貞観7(865)年), 世百(高丘親王 たかおかしんのう), 全書(生? 没865年?), 対外, 大百(真如親王 しんにょしんのう 没865年), 天皇(高岳親王 たかおかしんのう 生延暦18(799)年? 没貞観7(865)年?), 日史(高岳親王 たかおかしんのう 生没年不詳), 日人(没865年?), 飛騨(没元慶5(881)年10月3日), 百科(高岳親王 たかおかしんのう 生没年不詳), 仏教(生没年不詳), 仏史(生没年不詳), 仏人(生? 没881年頃), 平史(高丘親王 たかおかしんのう 生没年不詳), 山川小(高岳親王 たかおかしんのう 生799年? 没865年?), 歴大(没865年)

**真如**(2) しんにょ
天和2(1682)年2月10日～延享1(1744)年10月2日
江戸時代中期の浄土真宗の僧。東本願寺17世。
¶仏教

**仁如集堯** じんにょしゅうぎょう
→仁如集堯(にんじょしゅうぎょう)

**真如親王** しんにょしんのう
→真如(1)(しんにょ)

**信如尼** しんにょに
→信如(しんにょ)

**信忍** しんにん
生没年不詳
鎌倉時代前期の真言宗の僧。
¶仏教

**真仁親王** しんにんしんのう
→真仁法親王(しんにんほうしんのう)

**真仁入道親王** しんにんにゅうどうしんのう
→真仁法親王(しんにんほうしんのう)

**真仁法親王** しんにんほうしんのう
明和5(1768)年6月7日～文化2(1805)年8月9日
別真仁親王(しんにんしんのう), 真仁入道親王(しんにんにゅうどうしんのう), 真仁法親王(しんにんほっしんのう), 周翰親王(ちかもとしんのう)
江戸時代後期の閑院宮典仁親王(慶光天皇)の第5王子。
¶京都大, 国書(真仁親王 しんにんしんのう), 人名, 姓氏京都(しんにんほっしんのう), 天皇, 日人(真仁入道親王 しんにんにゅうどう

しんのう)

**真仁法親王** しんにんほっしんのう
→真仁法親王(しんにんほうしんのう)

**真慧** しんね
永享6(1434)年～永正9(1512)年 [別]真慧(しんえ)
室町時代～戦国時代の真宗の僧。高田派中興の祖。
¶朝日([没]永正9年10月22日(1512年11月30日)),鎌室,国史,国書([没]永正9(1512)年10月22日),古中,新潮([没]永正9(1512)年10月22日),人名,世人(しんえ [没]永正9(1512)年10月22日),戦辞([没]永正9年10月22日(1512年11月30日)),全書(しんえ),戦人,大百,日人,仏教([没]永正9(1512)年10月22日),仏史,仏人(しんえ),三重,歴大



**尋慧** じんね
弘安9(1286)年～?
鎌倉時代後期の三論宗の僧。
¶国書

**真然** しんねん
→真然(しんぜん)

**真念** しんねん
生没年不詳
江戸時代前期の真言僧。
¶愛媛,愛媛百,徳島歴([没]元禄4(1691)年)

**真然比丘尼** しんねんびくに
寛正1(1460)年～長享2(1488)年
室町時代～戦国時代の尼僧。真盛の弟子。
¶朝日

**心王** しんのう
生没年不詳
南北朝時代の臨済宗の僧。
¶日人,仏教

**真応** しんのう
元和5(1619)年～元禄11(1698)年
江戸時代前期～中期の僧。国分金剛寺住職。
¶姓氏鹿児島

**真能** しんのう
永禄5(1562)年～寛永4(1627)年9月11日
安土桃山時代～江戸時代前期の浄土真宗の僧。
¶国書

**心応空印** しんのうくういん
享保1(1716)年～安永9(1780)年6月7日
江戸時代中期の曹洞宗の僧。
¶国書

**辰応性寅** しんのうしょういん
永享12(1440)年～永正8(1511)年
室町時代～戦国時代の曹洞宗の僧。
¶戦辞([没]永正8年9月11日(1511年10月2日)),仏教([没]永正8(1511)年9月)

**真翁宗竜** しんのうそうりゅう
? ～慶長8(1603)年 [別]真翁宗竜(しんおうしゅうりゅう)
安土桃山時代の曹洞宗の僧。
¶人名(しんおうしゅうりゅう),日人,仏教([没]慶長8(1603)年4月7日)

**心翁等安** しんのうとうあん
宝徳2(1450)年～大永3(1523)年1月3日
室町時代～戦国時代の臨済宗の僧。
¶国書

**信培**(信倍) しんばい
延宝3(1675)年12月10日～延享4(1747)年2月19日 [別]湛慧(たんえ,たんね)
江戸時代中期の浄土宗律僧。
¶近世,国史,国書,人名([生]1676年),日人([生]1676年),仏教,仏史,仏人(信倍)

**信範** しんばん,しんぱん
貞応2(1223)年～?
鎌倉時代前期の真言宗の僧、韻学者。「韻鏡」盛行のさきがけ。
¶国史,国書(しんぱん),古中,日人([没]1296年?),仏史

**真範**(1) しんぱん,しんはん
寛和2(986)年～天喜2(1054)年12月5日
平安時代中期の法相宗の僧。興福寺24世。
¶古人,人名(しんはん),日人([生]986年,(異説)987年 [没]1055年),仏教,平史

**真範**(2) しんぱん
→真範比丘尼(しんはんびくに)

**尋範** じんはん,じんぱん
康和3(1101)年～承安4(1174)年
平安時代後期の僧。
¶国書([没]承安4(1174)年4月9日),古人(じんぱん),日人,平史(じんぱん)

**真範比丘尼** しんはんびくに
[別]真範(しんぱん)
戦国時代の尼僧。真盛の弟子。
¶朝日([生]文明6(1474)年 [没]明応4(1495)年),女史(真範 しんぱん [生]1473年? [没]1495年?)

**信福尼師** しんぷくにし
生没年不詳
奈良時代の女性。尼僧。
¶女性

**真仏**(1) しんぶつ
建久6(1195)年～弘長1(1261)年
鎌倉時代前期の浄土真宗の僧。親鸞の直弟。
¶コン改,コン4,コン5,日人,仏教([没]弘長1(1261)年6月15日)

**真仏**(2) しんぶつ
承元3(1209)年～正嘉2(1258)年3月8日
鎌倉時代前期の浄土真宗の僧。親鸞の直弟。
¶鎌室,郷土栃木([没]1256年),国史,国書([生]承元3(1209)年2月10日),古中,コン改,コン4,コン5,史人,新潮,人名,世人([生]承元3

（1209）年2月10日），栃木歴，日人，仏教，仏史，仏人，歴大

**新兵衛** しんべえ
？ 〜享保2（1717）年
江戸時代前期〜中期のキリシタン類族。
¶埼玉人

**信弁** しんべん
生没年不詳
江戸時代前期の僧侶。最上氏の遺臣といわれる。
¶国書，庄内

**真弁** しんべん
？ 〜弘長1（1261）年
鎌倉時代前期の真言宗の僧。高野山検校56・58世。
¶国書（生没年不詳），仏教

**信遍** しんぺん
慶長11（1606）年〜寛文6（1666）年1月28日
江戸時代前期の真言宗の僧。東寺長者195世。
¶国書，仏教

**神保青定** じんぼあおさだ
文政4（1821）年〜明治22（1889）年
江戸時代後期〜明治期の歌人・神官。
¶東三河

**信法** しんぽう
生没年不詳
奈良時代の女性。尼僧。
¶女性

**神保日慈** じんぼうにちじ
→神保日慈（じんぼにちじ）

**神保重昌** じんぼしげまさ
生没年不詳
江戸時代中期の国学者・神官。
¶東三河

**神保重梁** じんぼじゅうりょう
〜文化7（1810）年
江戸時代後期の国学者・神官。
¶東三河

**仁甫聖寿** じんぼしょうじゅ
生没年不詳
室町時代の臨済宗の僧。
¶国書

**神保達元** じんぼたつげん
明治期の僧侶。
¶真宗

**神保日慈** じんぼにちじ
明治2（1869）年〜昭和12（1937）年2月27日 ㊊神保日慈（じんぼうにちじ）
明治〜昭和期の僧。日蓮宗管長を務めた。
¶昭人，人名（じんぼうにちじ），世紀，日人

**神保如天** じんぼにょてん
明治13（1880）年〜昭和19（1944）年
明治〜昭和期の曹洞宗の僧。豊山長谷寺第19世。
¶仏人

**真保竜敞** しんぽりゅうしょう
昭和9（1934）年〜
昭和期の密教学者、僧侶。善養寺住職。
¶現執1期

**深本** しんぽん，しんぼん
？ 〜文化6（1809）年
江戸時代後期の僧侶。
¶神奈川人，姓氏神奈川（しんぽん）

**新見宏** しんみひろし
大正12（1923）年4月5日〜昭和54（1979）年12月5日
昭和期の神学者、牧師。日本聖書協会総主事、青山学院大学教授。
¶キリ，現執1期

**真妙** しんみょう
生没年不詳
鎌倉時代の法華寺の尼僧。
¶朝日

**新村佐七** しんむらさしち
文化9（1812）年〜明治17（1884）年8月9日
江戸時代末期〜明治期の筑後三池藩御用宮大工。
¶藩臣7，美建

**心明** しんめい
生没年不詳
南北朝時代〜室町時代の天台宗の僧。
¶国書

**信瑜**(1) しんゆ
生没年不詳
鎌倉時代後期の天台宗の僧。
¶国書

**信瑜**(2) しんゆ
元弘3/正慶2（1333）年〜弘和2/永徳2（1382）年
南北朝時代の僧、書写蒐集家。
¶国史，国書（㊣弘和2（1382）年8月7日），古中，神史，日人，仏史

**親瑜** しんゆ
生没年不詳
室町時代の真言宗の僧・歌人。
¶国書

**信有** しんゆう
万治4（1661）年3月18日〜享保8（1723）年12月15日
江戸時代中期の新義真言宗の僧。長谷寺19世。
¶仏教，仏人

**真祐** しんゆう
大永6（1526）年〜？
戦国時代〜安土桃山時代の天台宗の僧。
¶国書

**親宥** しんゆう
承和11（844）年〜延長6（928）年8月28日
平安時代前期〜中期の華厳宗の僧。
¶仏教

**親祐** しんゆう
生没年不詳
南北朝時代の僧侶・連歌作者。
¶国書

**神融(1)** じんゆう
→泰澄（たいちょう）

**神融(2)** じんゆう
生没年不詳
奈良時代の僧。
¶新潟百

し

**尋祐** じんゆう
生没年不詳
平安時代後期の僧。
¶日人，仏教

**信誉(1)** しんよ
？ ～永禄1（1558）年7月29日
戦国時代の浄土宗の僧。
¶仏教

**信誉(2)** しんよ
？ ～正保3（1646）年
江戸時代前期の浄土宗の僧。
¶仏教

**信誉(3)** しんよ
永禄5（1562）年～寛永12（1635）年
江戸時代前期の浄土宗の僧。紀伊光恩寺開山。
¶和歌山人

**心誉(1)** しんよ
天徳1（957）年～長元2（1029）年
平安時代中期の天台宗の僧。園城寺長吏。
¶朝日（㊤天禄2（971）年 ㊦長元2年8月12日（1029年9月22日）），国史（㊦1045年），古人（㊤971年），古中（㊦1045年），コン改，コン4，コン5，新潮（㊤天禄2（971）年 ㊦長元2（1029）年8月12日），人名（㊦1045年），日人（㊤971年），仏教（㊦寛徳2（1045）年8月12日），仏史（㊦1045年），平史（㊤971年）

**心誉(2)** しんよ
生没年不詳
江戸時代前期の浄土宗の僧。
¶仏教

**真誉(1)** しんよ
延久1（1069）年～保延3（1137）年1月15日
平安時代後期の僧。真言宗持明院流の祖。
¶国史，国書，古人，古中，コン改（㊤？ ㊦保延4（1138）年），コン4（㊤？ ㊦保延4（1138）年），コン5（㊤？ ㊦保延4（1138）年），新潮（㊤延久2（1070）年 ㊦保延4（1138）年1月15日），人名（㊤？ ㊦1138年），日人，仏教，仏史，平史，和歌山人（㊤？）

**真誉(2)** しんよ
保延2（1136）年～？
平安時代後期の鳥羽天皇の第8皇子。
¶人名，日人

**親誉** しんよ
？ ～慶長16（1611）年6月
安土桃山時代～江戸時代前期の浄土宗の僧。
¶仏教

**深誉** じんよ
延元3/暦応1（1338）年～明徳4（1393）年10月29日
南北朝時代～室町時代の真言宗の僧。
¶国書

**真陽** しんよう
寛永4（1627）年～明暦2（1656）年
江戸時代前期の天台宗の僧。
¶国書

**津要玄梁** しんようげんりょう
延宝8（1680）年～延享2（1745）年
江戸時代中期の僧。
¶青森人，人名，日人

**進誉愚耕** しんよぐこう
？ ～天正5（1577）年8月15日
戦国時代～安土桃山時代の浄土宗僧。
¶戦辞

**人誉専公** じんよせんこう
天文13（1544）年～元和1（1615）年
安土桃山時代・江戸時代前期の浄土宗の僧。
¶戦房総

**真頼** しんらい
生没年不詳
平安時代中期の真言宗の僧。
¶古人，日人，仏教，平史

**新羅実禅** しんらじつぜん
文政9（1826）年～明治32（1899）年
江戸時代後期～明治期の禅僧。
¶高知人

**親鸞** しんらん
承安3（1173）年～弘長2（1262）年11月28日 ㊐親鸞聖人（しんらんしょうにん），見真大師（けんしんたいし，けんしんだいし），善信（ぜんしん），範宴（はんえん），綽空（しゃくくう，しゃっくう）
鎌倉時代前期の僧。浄土真宗の開祖。見真大師。その思想は「教行信証」「悪人正機説」「歎異抄」に詳しい。
¶朝日（㊦弘長2年11月28日（1263年1月9日）），石川百，茨城百，茨城歴，岩史，江戸（親鸞聖人 しんらんしょうにん），角史，神奈川人，神奈川百，鎌古，鎌室，教育，京都，郷土茨城，郷土群馬，京都大，郷土栃木，群新百，群馬人，群馬百，国史，国書，古人，古中，コン改，コン4，コン5，埼玉人，詩歌，史人，思想史，重要（㊤承安3（1173）年4月1日），諸系（㊦1263年），女史，人書79，人書94，人情5，神人（㊤承安3（1173）年4月1日），新潮，新文，人名，姓氏京都，姓氏群馬，世人（㊤承安3（1173）年4月1日），世百，全書，大百，中世，伝記，栃木百，栃木歴，富山百（㊤承安3（1173）年4月1日），長野歴，新潟百，日音（㊤承安3（1173）年4月1日），日思，日史，日人（㊦1263年），濃飛（親

鸞，蓮如　しんらん，れんにょ)，百科，冨嶽，福井百，仏教，仏史，仏人，文学，平日（[生]1173　[没]1262)，名僧，山川小，歴大

**親鸞聖人　しんらんしょうにん**
→親鸞(しんらん)

**真流　しんりゅう**
正徳1(1711)年〜?　[別]円耳真流(えんにしんりゅう)
江戸時代中期の僧。
¶近世，国史，国書，思想史(円耳真流　えんにしんりゅう)，日人，仏史

**神竜　しんりゅう**
天明5(1785)年〜嘉永3(1850)年4月17日
江戸時代中期〜後期の浄土真宗の僧。
¶国書，新潟百

**震竜景春　しんりゅうけいしゅん**
長禄2(1458)年〜天文8(1539)年12月2日
戦国時代の曹洞宗の僧。
¶埼玉人，仏教

**神竜寂驤　しんりゅうじゃくじょう**
天保3(1832)年1月7日〜明治38(1905)年
江戸時代末期〜明治期の黄檗宗の僧。
¶黄檗，国書

**信竜　しんりょう**
元和2(1616)年〜元禄9(1696)年9月8日
江戸時代前期〜中期の真言宗の僧。
¶国書

**真梁　しんりょう**
→石屋真梁(せきおくしんりょう)

**辰亮　しんりょう**
→月峰(げっぽう)

**津梁　しんりょう**
?　〜嘉永6(1853)年4月20日
江戸時代後期の浄土真宗の僧。
¶国書

**深励　じんれい**
寛延2(1749)年〜文化14(1817)年7月8日
江戸時代中期〜後期の真宗の僧。東本願寺宗学の大成者。
¶朝日([生]寛延2年9月3日(1749年10月13日)　[没]文化14年7月8日(1817年8月20日))，近世，国史，国書([生]寛延2(1749)年9月3日)，人名，世人，日人，仏教([生]寛延2(1749)年9月3日)，仏史，仏人

**心霊牛道　しんれいぎゅうどう**
?　〜明暦1(1655)年　[別]心霊牛道(しんれいごどう)
江戸時代前期の曹洞宗の僧。
¶鎌古([生]?)，人名，日人(しんれいごどう)，仏教([没]明暦1(1655)年11月13日)

**心霊牛道　しんれいごどう**
→心霊牛道(しんれいぎゅうどう)

**心蓮　しんれん**
?　〜治承5(1181)年4月18日
平安時代後期の真言宗の僧。
¶国書，古人([生]?)，仏教，平史

**親蓮　しんれん**
生没年不詳
鎌倉時代前期の浄土宗の僧。
¶仏教

**真朗　しんろう**
生没年不詳
平安時代前期の真言宗の僧。
¶仏教

## 【す】

**邃印　すいいん**
?　〜元禄12(1699)年5月17日
江戸時代前期の浄土真宗の僧。
¶仏教

**垂雲軒澄月　すいうんけんちょうげつ**
→澄月(3)(ちょうげつ)

**瑞雲悟芳　ずいうんごほう**
寛政10(1798)年〜明治2(1869)年4月16日
江戸時代末期〜明治期の黄檗宗の僧。万福寺34世。
¶黄檗，国書，仏教

**瑞雲紹宥　ずいうんじょうゆう**
生没年不詳
安土桃山時代〜江戸時代前期の臨済宗の僧。
¶国書

**随慧　ずいえ**
享保7(1722)年〜天明2(1782)年7月6日
江戸時代中期の浄土真宗の僧。東本願寺高倉学寮の講師。
¶国書，兵庫百，仏教

**随縁寺了善　ずいえんじりょうぜん**
〜明応8(1499)年9月20日
戦国時代の高山市の随縁寺の開基。
¶飛騨

**遂翁　すいおう**
享保2(1717)年〜寛政1(1789)年
江戸時代中期〜後期の禅僧。
¶静岡百，静岡歴，姓氏静岡

**随応(1)　ずいおう**
天正15(1587)年〜寛永19(1642)年6月8日
江戸時代前期の浄土宗の僧。
¶仏教

**随応(2)　ずいおう**
?　〜明治1(1868)年9月15日
江戸時代後期〜末期の浄土宗の僧。
¶国書

す

**遂翁元廬**（遂翁元盧）　すいおうげんろ
享保2（1717）年～寛政1（1789）年　[別]元廬（げんろ）
江戸時代中期の臨済宗妙心寺派の僧。
¶近世（遂翁元盧），国史，国書（遂翁元盧　[没]寛政1（1789）年12月20日），日人（[没]1790年），仏教（遂翁元盧　[没]寛政1（1789）年12月），仏史（遂翁元盧）

**随翁舜悦**　ずいおうしゅんえつ
永正4（1507）年～寛永3（1626）年　[別]舜悦（しゅんえつ），随翁（ずいおう）
戦国時代～安土桃山時代の曹洞宗の僧。
¶人名，戦辞，戦人（舜悦　しゅんえつ），日人，仏教（[生]永正4（1507）年2月5日　[没]寛永3（1626）年10月26日）

**瑞翁俊鷟**　ずいおうしゅんさく
？　～慶長1（1596）年
戦国時代～安土桃山時代の曹洞宗の僧。
¶人名，日人，仏教（[没]文禄5（1596）年6月29日）

**瑞応聖麟**　ずいおうしょうりん
享保17（1732）年～文化13（1816）年
江戸時代中期の曹洞宗の僧、水内郡栃原村大昌寺の9世住職。
¶長野歴

**睡翁白竜**　すいおうはくりゅう
？　～享保10（1725）年
江戸時代前期～中期の曹洞宗の僧。
¶国書

**水音**　すいおん
生没年不詳
江戸時代中期の俳人。月窓寺住職。
¶福井俳

**随音**　ずいおん
文化5（1808）年～明治18（1885）年
明治期の僧侶。
¶神奈川人

**翠巌**　すいがん
生没年不詳
江戸時代中期の天竜寺の僧、漢詩人。
¶姓氏京都

**翠岩**　すいがん
～延享2（1745）年3月24日
江戸時代中期の黄檗宗の僧。武蔵安光寺住職。
¶大阪墓，国書（生没年不詳）

**随巌**　ずいがん
？　～寛永13（1636）年12月19日
江戸時代前期の浄土宗の僧。
¶仏教

**瑞巌**　ずいがん
？　～明和4（1767）年11月11日
江戸時代中期の浄土宗の僧。
¶国書

**瑞巌義麟**　ずいがんぎりん
？　～元中4/嘉慶1（1387）年2月8日
南北朝時代の臨済宗の僧。東福寺46世。
¶仏教

**瑞巌光**　ずいがんこう
～正平5/観応1（1350）年8月11日
南北朝時代の国府町の安国寺の開基。
¶飛騨

**瑞巌韶麟**　ずいがんしょうりん
興国4/康永2（1343）年～？
南北朝時代の曹洞宗の僧。総持寺13世。
¶国書，人名，姓氏石川，日人，仏教

**瑞巌宗頊**　ずいがんそうぎょく
享保16（1731）年～寛政7（1795）年7月21日
江戸時代中期～後期の臨済宗の僧。
¶国書

**翠巌宗珉**　すいがんそうみん
慶長13（1608）年～寛文4（1664）年
江戸時代前期の臨済宗の僧。
¶朝日（[没]寛文4年7月23日（1664年9月12日）），コン改，コン4，コン5，新潮（[没]寛文4（1664）年7月23日），茶道，日人，仏教（[没]寛文4（1664）年7月23日）

**瑞巌曇現**　ずいがんどんげん
？　～正平18/貞治2（1363）年2月28日
南北朝時代の臨済宗の僧。東福寺34世。
¶仏教

**随願房**　ずいがんぼう
生没年不詳
鎌倉時代後期の浄土宗の僧。
¶仏教

**瑞巌唯諾**　ずいがんゆいだく
享保5（1720）年～寛政9（1797）年2月11日
江戸時代中期～後期の臨済宗の僧。
¶国書

**瑞巌竜惺**　ずいがんりゅうしょう
→瑞巌竜惺（ずいがんりゅうせい）

**瑞巌竜惺**　ずいがんりゅうせい
元中1/至徳1（1384）年～長禄4（1460）年閏9月5日
[別]瑞巌竜惺（ずいがんりゅうしょう），中建竜惺（ちゅうけんりゅうせい），竜惺（りゅうしょう），仲建竜惺（ちゅうけんりゅうせい）
室町時代の僧。
¶鎌室（ずいがんりゅうしょう），国書，人名（[生]1385年），人名（中建竜惺　ちゅうけんりゅうせい），日人，仏教，仏人（竜惺　りゅうしょう）

**瑞渓周鳳**　ずいけいしゅうほう
元中8/明徳2（1391）年～文明5（1473）年5月8日
[別]周鳳（しゅうほう），臥雲山人（がうんさんじん）
室町時代の臨済宗の僧。
¶朝日（[没]文明5年5月8日（1473年6月3日）），岩史，角史，鎌室，京都大，国史，国書（[生]明徳2

(1391)年12月8日)，古中，コン改，コン4，コン5，詩歌，史人，思想史，新潮，人名，姓氏京都，世人([生]元中8/明徳2(1391)年12月8日)，全書，対外，大百，日史，日人([生]1392年)，百科，仏教，仏史，仏人(周鳳　しゅうほう [生]1392年)，名僧，歴大，和俳

**水月(1)** すいげつ
？～明暦1(1655)年
江戸時代前期の黄檗宗の僧。
¶国書

**水月(2)** すいげつ
生没年不詳
江戸時代前期～中期の僧侶。
¶国書

**水月(3)** すいげつ
生没年不詳
江戸時代後期の僧侶・歌人。
¶国書

**瑞見** ずいけん
？～永正15(1518)年6月21日　[別]桃岳瑞見(とうがくずいけん)，桃岳(とうがく)
戦国時代の曹洞宗の僧。
¶戦人，仏教(桃岳瑞見　とうがくずいけん)

**瑞玄** ずいげん
生没年不詳
江戸時代前期～中期の僧侶。
¶国書

**蘂源** ずいげん
宝徳3(1451)年～大永4(1524)年
室町時代の禅僧。
¶姓氏宮城，新潟百

**瑞光(1)** ずいこう
生没年不詳
江戸時代中期の新義真言宗の僧。
¶国書，仏教

**瑞光(2)** ずいこう
生没年不詳
江戸時代中期の浄土宗の僧。
¶国書

**瑞岡珍牛** ずいこうちんぎゅう
寛保3(1743)年～文政5(1822)年　[別]珍牛(ちんぎゅう)
江戸時代中期～後期の曹洞宗の僧。
¶国書([生]寛保3(1743)年1月6日　[没]文政5(1822)年4月10日)，人名(珍牛　ちんぎゅう)，姓氏長野(珍牛　ちんぎゅう)，長崎遊，日人，仏教

**瑞谷穆応** ずいこくぼくおう
？～安政4(1857)年1月2日
江戸時代後期～末期の曹洞宗の僧。
¶国書

**瑞山** ずいざん
寛永3(1626)年～宝永4(1707)年7月2日
江戸時代前期の浄土宗の僧。
¶国書，仏教(生没年不詳)

**翠山浄秀** すいざんじょうしゅう
貞享4(1687)年1月20日～宝暦4(1760)年9月26日
江戸時代中期の黄檗宗の僧。
¶黄檗，国書

**随真** ずいしん
生没年不詳
江戸時代中期の天台宗の僧。
¶国書

**瑞禅** ずいぜん
生没年不詳
室町時代の天台宗の僧・歌人。
¶国書

**瑞泉寺桃化** ずいせんじとうか
→桃化(とうか)

**瑞潭** ずいたん
→菊隠瑞潭(きくいんずいたん)

**瑞澄** ずいちょう
文政10(1827)年～文久2(1862)年
江戸時代末期の志士。
¶徳島歴，幕末，幕末大

**随的** ずいてき
？～正保4(1647)年9月7日
江戸時代前期の浄土宗の僧。
¶仏教

**随天** ずいてん
生没年不詳
江戸時代中期の浄土宗の僧。
¶国書

**瑞藤〈京都府〉** ずいとう★
寛永17(1640)年～享保15(1730)年
江戸時代前期～中期の女性。宗教・国文。臨済宗の尼。
¶江表(瑞藤(京都府))

**随道** ずいどう
生没年不詳
江戸時代前期の天台宗の僧。
¶国書

**水藤真** すいとうまこと
昭和20(1945)年3月17日～
昭和～平成期の中世庶民信仰研究者。国立歴史民俗博物館歴史研究部助教授。
¶現執3期，現執4期

**随如** ずいにょ
寛永18(1641)年～享保6(1721)年
江戸時代前期～中期の浄土真宗の僧。仏光寺20世。
¶人名，日人，仏教([生]寛永18(1641)年2月10日　[没]享保6(1721)年7月17日)

**随波** ずいは
永禄6(1563)年～寛永12(1635)年
安土桃山時代～江戸時代前期の浄土宗の僧。増上

す

寺18世。
¶日人，仏教（㊀寛永12（1635）年9月10日）

**随範** ずいはん
生没年不詳
江戸時代中期の天台宗の僧。
¶国書

**瑞範** ずいはん
生没年不詳
天台宗の僧。
¶国書

す

**瑞方** ずいほう
→面山瑞方（めんざんずいほう）

**瑞鳳** ずいほう
生没年不詳
江戸時代中期の真言宗の僧。
¶国書

**瑞宝** ずいぼう，ずいほう
元禄8（1695）年～明和5（1768）年7月17日
江戸時代中期の真言宗の僧。讃岐大護寺2世。
¶国書（ずいほう），仏人

**瑞鳳元聚** ずいほうげんしゅう
？ ～享保14（1729）年2月7日
江戸時代中期の黄檗宗の僧。
¶黄檗

**瑞峰元祥** ずいほうげんしょう
？ ～享保9（1724）年10月8日
江戸時代前期～中期の黄檗宗の僧。
¶黄檗

**翠峰浄春** すいほうじょうしゅん
生没年不詳
江戸時代前期の黄檗宗の僧。
¶国書

**瑞峰太奇** ずいほうたいき
？ ～元文2（1737）年
江戸時代中期の曹洞宗の僧。
¶国書

**翠峰明覚** すいほうみょうかく
*～延宝4（1676）年6月22日
江戸時代前期の黄檗宗の僧。
¶黄檗（㊐元和2（1616）年2月3日？），国書（㊐元和2（1616）年2月3日）

**瑞明** ずいめい
天明4（1784）年～安政4（1857）年2月5日
江戸時代末期の僧。
¶岡山人，岡山歴

**随誉** ずいよ
寛永6（1629）年～元禄7（1694）年11月29日
江戸時代前期の浄土宗の僧。
¶仏教

**瑞璵** ずいよ
→玉崗瑞璵（ぎょくこうずいよ）

**随庸** ずいよう
寛永11（1634）年～元禄2（1689）年
江戸時代前期の浄土真宗の僧。仏光寺19世。
¶人名，日人，仏教（㊐寛永11（1634）年6月15日 ㊀元禄2（1689）年3月29日）

**随流** ずいりゅう
永禄1（1558）年～寛永13（1636）年10月20日
安土桃山時代～江戸時代前期の浄土宗の僧。鎌倉光明寺32世。
¶国書，仏教

**瑞竜院** ずいりゅういん
→日秀尼（にっしゅうに）

**瑞竜院尼** ずいりゅういんに
→日秀尼（にっしゅうに）

**瑞麟元聖** ずいりんげんしょう
万治3（1660）年～元文3（1738）年7月16日
江戸時代中期の黄檗宗の僧。
¶黄檗，国書

**随倫宗宜** ずいりんそうぎ
天正4（1576）年～慶安3（1650）年6月4日
江戸時代前期の臨済宗の僧。大徳寺175世。
¶仏教

**随蓮** ずいれん
？ ～建保2（1214）年
鎌倉時代前期の浄土宗の僧。
¶仏教

**枢翁妙環**（枢翁妙環） すうおうみょうかん
文永10（1273）年～正平9/文和3（1354）年
鎌倉時代後期～南北朝時代の臨済宗の僧。建長寺30世、円覚寺21世。
¶鎌倉，鎌倉新（㊀正平9（文和3）（1354）年2月18日），国書（㊀文和3（1354）年2月18日），人名（枢翁妙環），日人，仏教（㊀文和3/正平9（1354）年2月18日）

**崇喜** すうき
→見山崇喜（けんざんすうき）

**崇暁** すうぎょう
生没年不詳
鎌倉時代後期の僧。
¶北条

**枢蹊** すうけい
生没年不詳
江戸時代後期の日蓮宗の僧。
¶国書

**崇金** すうこん
生没年不詳
鎌倉時代後期以前の僧侶・歌人。
¶国書

**崇山居中**（嵩山居中） すうざんきょちゅう
建治3（1277）年～興国6/貞和1（1345）年2月6日
㊞居中（きょちゅう，こちゅう），嵩山居中（すうざんこちゅう）

鎌倉時代後期～南北朝時代の臨済宗の僧。2度にわたり入元。
¶鎌倉（嵩山居中），鎌室（嵩山居中），京都府（嵩山居中），国史（嵩山居中），国書（嵩山居中），古中（嵩山居中），コン改，コン4，コン5，史人，新潮，人名，対外（嵩山居中），日人（嵩山居中　すうざんこちゅう），仏教（嵩山居中　すうざんこちゅう），仏史（嵩山居中），仏人（居中　こちゅう　[生]1278年　[没]1346年）

**嵩山居中** すうざんこちゅう
→崇山居中（すうざんきょちゅう）

**崇芝性岱** すうししょうたい
応永21（1414）年～明応5（1496）年　[別]崇芝性岱（そうししょうたい）
室町時代の曹洞宗の僧。
¶国書（[没]明応5（1496）年10月27日），静岡歴（そうししょうたい　[生]応永22（1415）年），人名（[生]1312年　[没]1394年），姓氏静岡（そうししょうたい　[生]1415年），戦辞（そうししょうたい　[没]明応5年10月27日（1496年12月1日）），日人，仏教（[没]明応5（1496）年10月27日）

**崇心寺正翁** すうしんじしょうおう
～明治7（1874）年
江戸時代後期～明治期の歌僧。
¶東三河

**崇世** すうせい
生没年不詳
南北朝時代の僧侶・連歌作者。
¶国書

**崇伝** すうでん
→以心崇伝（いしんすうでん）

**崇孚** すうふ
→太原崇孚（たいげんすうふ）

**崇六** すうろく
→嶺南崇六（れいなんすうろく）

**末木文美士** すえきふみひこ
昭和24（1949）年9月6日～
昭和～平成期の仏教学者。東京大学助教授。
¶現執2期，現執3期，現執4期

**季女** すえじょ
生没年不詳
江戸時代の女性。尼僧、谷中善光寺住職。
¶女性

**末田百千** すえだももち
天保14（1843）年～大正10（1921）年
江戸時代後期～大正期の神職。
¶神人

**末永茂世** すえながしげつぐ
天保8（1837）年～大正4（1915）年1月29日
明治～大正期の歌人、福岡藩士。歌道の振興に尽力。編著に「筑紫名寄」「袖のちはい」など。
¶神人，人名，日人，明大2（[生]天保8（1837）年5月）

**末広愛邦** すえひろあいほう
明治33（1900）年11月20日～平成3（1991）年6月28日
昭和期の僧侶。
¶真宗

**末広雲華** すえひろうんげ
→雲華（うんげ）

**末広照啓** すえひろしょうけい
明治7（1874）年12月～大正14（1925）年12月14日
明治～大正期の僧。曹洞宗大学講師、天台宗大学教授などを歴任。
¶人名，世紀，日人，明大1

**末光信三** すえみつしんぞう
明治18（1885）年11月12日～昭和46（1971）年9月16日　[別]末光信三（すえみつのぶぞう）
明治～昭和期の教育者。
¶愛媛（すえみつのぶぞう），愛媛百（すえみつのぶぞう），渡航，日Y

**末光信三** すえみつのぶぞう
→末光信三（すえみつしんぞう）

**菅井吉郎** すがいきちろう
明治18（1885）年～昭和41（1966）年　[別]菅井吉郎（すがいよしろう）
明治～昭和期の宗教家、著述家。高崎教会牧師。
¶群新百（すがいよしろう），群馬人，社史（[生]1885年10月14日　[没]1967年7月12日）

**須貝止** すがいとどむ
明治16（1883）年8月10日～昭和22（1947）年8月14日
大正～昭和期の日本聖公会主教、聖書学者。
¶キリ，渡航，平和

**菅井文十郎** すがいぶんじゅうろう
慶応2（1866）年～昭和2（1927）年
江戸時代後期の宮大工。
¶姓氏宮城（生没年不詳），姓氏宮城，美建

**菅井吉郎** すがいよしろう
→菅井吉郎（すがいきちろう）

**菅儀一** すがぎいち
明治22（1889）年6月28日～昭和27（1952）年10月18日
明治～昭和期のYMCA会員、牧師。
¶日Y

**菅広州** すがこうしゅう
天保11（1840）年～明治40（1907）年
明治期の僧侶。京都紫野大徳寺管長を務めた。
¶人名，日人，明大1（[生]天保11（1840）年1月9日　[没]明治40（1907）年8月15日）

**菅洪範** すがこうはん
*～昭和8（1933）年
明治～昭和期の僧。大田市川合町善性寺住職。
¶島根百（[生]文久2（1862）年），真宗（[生]文久1（1861）年　[没]昭和8（1933）年2月17日）

す

**菅深明** すがじんみょう
明治～昭和期の僧。大典寺住職。
¶沖縄百([生]明治5(1872)年1月2日 [没]昭和26(1951)年7月28日),姓氏沖縄([生]1876年 [没]?)

**菅瀬芳英** すがせほうえい
明治5(1872)年7月12日～大正6(1916)年4月5日
明治～大正期の僧侶。
¶真宗

**菅沼晃** すがぬまあきら
昭和9(1934)年4月5日～
昭和～平成期のインド哲学者。東洋大学学長。
¶群馬人,現執1期,現執3期,現執4期

**菅沼正長** すがぬままさなが
弘化2(1845)年3月22日～大正7(1918)年12月
江戸時代後期～大正期の弓道家、神官。
¶弓道

**菅沼元之助** すがぬまもとのすけ
慶応3(1867)年9月～大正11(1922)年1月29日
江戸時代末期～大正期の信徒伝道者、通訳。長崎YMCA副理事長。
¶日Y

**菅野降順** すがのこうじゅん★
大正13(1924)年7月29日～平成25(2013)年1月7日
昭和・平成期の勝泉院住職。
¶栃木人

**菅原長好** すがはらながよし
文化9(1812)年9月23日～明治38(1905)年8月9日
[別]菅原長好(すがわらながよし),菅長好(かんながよし)
江戸時代後期～明治期の尊皇家、神職。
¶維新(菅長好 かんながよし),愛媛(すがわらながよし),国書(すがわらながよし),神人

**菅原春蔭** すがはらはるかげ
文久12(1815)年～明治20(1887)年
江戸時代後期～明治期の神職、歌人。
¶神人

**菅政友** すがまさとも
→菅政友(かんまさとも)

**菅本精覚** すがもとしょうかく
→菅本精覚(すがもとせいかく)

**菅本精覚** すがもとせいかく
明治19(1886)年11月20日～* [別]菅本精覚(すがもとしょうかく)
明治～大正期の僧侶。
¶島根歴(すがもとしょうかく [没]昭和43(1968)年),真宗([没]?)

**菅森潔** すがもりきよし
～明治19(1886)年
江戸時代後期～明治期の神職。
¶神人

**菅谷正貫** すがやしょうかん
*～昭和58(1983)年9月23日
昭和期の仏教学者。
¶埼玉人([生]大正3(1914)年),仏人([生]1913年)

**菅了法** すがりょうほう
安政4(1857)年2月7日～昭和11(1936)年7月26日
明治～昭和期の評論家、僧侶。衆議院議員。著書に「哲学論網」など。
¶海越([生]安政4(1857)年2月),海越新([生]安政4(1857)年2月),鹿児島百,近文,国際,島根歴,世紀,政治,姓氏鹿児島,哲学,渡航,明治史,明大2

**菅原篤** すがわらあつし
昭和4(1929)年～
昭和～平成期の僧侶、文化史研究者。
¶YA

**菅原栄海** すがわらえいかい
明治21(1888)年2月16日～昭和50(1975)年11月14日
大正～昭和期の僧。日光山輪王寺門跡、天台座主。栃木県社会福祉協議会会長をつとめるなど福祉事業にもつくした。
¶郷土栃木([生]1887年),世紀,栃木歴,日人

**菅原古堂** すがわらこどう
天保10(1839)年～明治42(1909)年
江戸時代後期～明治期の僧侶。
¶姓氏群馬

**菅原時保** すがわらじほう
慶応2(1866)年4月2日～昭和31(1956)年8月29日
[別]菅原時保(すがわらときやす)
明治～昭和期の臨済宗建長寺派僧侶。建長寺236世。
¶鎌倉(すがわらときやす [生]慶応3(1867)年),鎌倉新(すがわらときやす [生]慶応3(1867)年),現情,人名7,世紀,日人,仏教,仏人,明大1

**菅原信円** すがわらしんえん
生没年不詳
江戸時代中期の社僧。
¶国書

**菅原清根** すがわらすがね
寛政1(1789)年～文久2(1862)年8月6日
江戸時代後期～末期の社僧。
¶国書

**菅原碩成** すがわらせきじょう
? ～大正6(1917)年7月14日
明治～大正期の僧侶。
¶真宗

**菅原千年** すがわらちとせ
生没年不詳
江戸時代中期の神職。
¶国書

**菅原道顕** すがわらどうけん
大正1(1912)年～

昭和期の僧侶。
¶社史

**菅原藤太** すがわらとうた
弘化4(1847)年～大正4(1915)年3月
江戸時代後期～大正期の宮大工。
¶庄内，美建

**菅原時保** すがわらときやす
→菅原時保(すがわらじほう)

**菅原豊直** すがわらとよなお
生没年不詳
江戸時代末期の神職。
¶国書

**菅原長好** すがわらながよし
→菅原長好(すがはらながよし)

**菅原竜憲** すがわらりゅうけん
昭和15(1940)年～
昭和～平成期の僧侶。
¶平和

**杉井親倫** すぎいちかとも
生没年不詳
江戸時代前期～中期の神道家。
¶国書

**杉井孫右衛門** すぎいまごえもん★
文政7(1824)年～明治40(1907)年
江戸時代後期～明治期の神官、歌人。
¶三重続

**杉浦義道** すぎうらぎどう
元治1(1864)年4月15日～昭和5(1930)年11月6日
明治～昭和期の日本聖公会深川真光教会牧師。
¶キリ

**杉浦旭順** すぎうらきょくじゅん
生没年不詳
江戸時代後期の僧侶。
¶姓氏愛知

**杉浦国頭** すぎうらくにあきら
延宝6(1678)年～元文5(1740)年
江戸時代中期の歌人、浜松諏訪神社の神主。
¶朝日(㊐延宝6年8月12日(1678年9月27日)　㊦元文5年6月4日(1740年6月27日))，近世，国史，国書(㊐延宝6(1678)年8月23日　㊦元文5(1740)年6月4日)，静岡百，静岡歴，神史，神人(㊐延宝6(1678)年8月12日　㊦元文5(1740)年6月4日)，人名，姓氏静岡，日人，平史，和俳

**杉浦国満** すぎうらくにまろ
正徳5(1715)年～明和3(1766)年
江戸時代中期の歌人。
¶国書(㊐正徳5(1715)年5月11日　㊦明和3(1766)年1月24日)，静岡歴，人名，姓氏静岡，日人

**杉浦貞二郎** すぎうらさだじろう
明治3(1870)年～昭和22(1947)年4月24日　㊞杉浦貞二郎(すぎうらていじろう)
明治～昭和期の神学者。立教大学学長。
¶郷土福井(すぎうらていじろう)，キリ(㊐明治3年10月26日(1870年12月18日))，昭人(㊐明治3(1870)年10月26日)，渡航(㊐1870年12月18日)，明大2(㊐明治3(1870)年10月26日)

**杉浦大学** すぎうらだいがく
天保1(1830)年～明治6(1873)年7月6日
江戸時代末期～明治期の神職。靖国神社社司。報国隊を結成して東征軍に参加。
¶維新，神人(㊐天保1(1830)年5月23日)，人名，日人，幕末，幕末大(㊐文政13(1830)年5月23日)

す

**杉浦貞二郎** すぎうらていじろう
→杉浦貞二郎(すぎうらさだじろう)

**杉浦比隈満** すぎうらひくままろ
文化10(1813)年～慶応1(1865)年6月23日　㊞杉浦比隈満(すぎうらひくまろ)
江戸時代後期～末期の神職・国学者。
¶国書，東三河(すぎうらひくまろ　㊐文化10(1813)年10月2日)

**杉浦比隈満** すぎうらひくまろ
→杉浦比隈満(すぎうらひくままろ)

**榲江玄栄** すぎえげんえい
生没年不詳
明治期の僧、私塾教師。
¶姓氏愛知

**杉尾玄有** すぎおげんゆう
昭和期の宗教学者。
¶現執2期

**杉木普斎** すぎきふさい
寛永5(1628)年～宝永3(1706)年　㊞盧牧(ろぼく)
江戸時代前期～中期の茶人。宗旦四天王の一人、伊勢神宮外宮の御師。
¶朝日(㊦宝永3年6月11日(1706年7月20日))，岩史(㊦宝永3(1706)年6月11日)，近世，国史，国書(㊦宝永3(1706)年6月21日)，コン4，コン5，人名，全書，大百，茶道(㊦1708年)，日人，俳文(盧牧　ろぼく　㊦宝永3(1706)年6月21日)，三重続(㊐寛永3年　㊦宝永1年6月21日)，歴大

**杉木正友** すぎきまさとも
→正友(まさとも)

**杉木光貞** すぎきみつさだ
生没年不詳
江戸時代前期の神職。
¶国書

**杉木吉昵** すぎきよしちか
生没年不詳
江戸時代後期の神職。
¶国書

**杉崎蔵人** すぎざきくらんど
生没年不詳

明治期の高座郡赤羽根村神明宮神主。
¶神奈川人

**杉瀬祐** すぎせゆう
大正14(1925)年〜
昭和期の牧師、キリスト教神学者。同志社女子大学教授。
¶現執1期

**杉田潮** すぎたうしお
安政3(1856)年〜大正14(1925)年
明治〜大正期の牧師。
¶群新百, 姓氏群馬



**杉田喜兵衛** すぎたきへい
→杉田喜兵衛(すぎたきへえ)

**杉田喜兵衛** すぎたきへえ
宝暦13(1763)年〜天保7(1836)年1月19日 ㊿杉田喜兵衛(すぎたきへい)
江戸時代中期〜後期の宮大工。
¶埼玉人, 多摩(すぎたきへい ㊤明和1(1764)年), 美建

**杉田千蔭** すぎたちかげ
文政7(1824)年9月19日〜明治22(1889)年2月22日
江戸時代後期〜明治期の神職。宮崎宮禰宜。
¶神人

**杉田藤太夫** すぎたとうだゆう
享保19(1734)年〜文化7(1810)年1月19日 ㊿杉田政永(すぎたまさなが)
江戸時代中期〜後期の宮大工。
¶埼玉人, 多摩(杉田政永 すぎたまさなが), 美建

**杉渓言長**(杉溪言長) すぎたにことなが
慶応1(1865)年〜昭和19(1944)年10月30日
江戸時代末期〜昭和期の男爵、政治家。貴族院議員。
¶華畫(杉溪言長 ㊤慶応1(1865)年閏5月3日), 男爵(杉溪言長 ㊤慶応1(1865)年閏5月13日)

**杉田日布** すぎたにっぷ
安政2(1856)年〜昭和5(1930)年12月7日
明治〜昭和期の僧。
¶世紀(㊤安政2(1856)年11月29日), 日人, 明大1(㊤安政2(1855)年11月29日)

**杉谷斉** すぎたにひとし
天保14(1843)年〜大正10(1921)年
江戸時代後期〜大正期の神職。
¶神人

**杉谷正隆** すぎたにまさたか
慶応1(1865)年〜昭和20(1945)年
江戸時代末期〜昭和期の神職。
¶神人

**杉田政永** すぎたまさなが
→杉田藤太夫(すぎたとうだゆう)

**杉田密信** すぎたみつしん
生没年不詳
明治期の僧侶。密蔵院住職。私立の身の上相談所の始まりとして煩悶慰安・平和協会を開設。
¶先駆

**杉戸大角** すぎとたいかく
明治期の神職。
¶神人

**杉野近江** すぎのおうみ
天保7(1836)年〜大正6(1917)年11月21日
明治・大正期の国学者・神官。
¶東三河

**杉原錦江** すぎはらきんえ
明治21(1888)年12月11日〜昭和59(1984)年2月11日
明治〜昭和期のキリスト教活動指導者。東京神学大学理事。銀座教会の教会幹事を経て、日本基督教団常議員、東京都民生委員などを歴任。
¶女性, 女性普

**杉原茂夫** すぎはらしげお
昭和2(1927)年8月24日〜
昭和期の宮大工。
¶飛騨

**杉原成義** すぎはらなりよし
明治3(1870)年3月9日〜?
明治期の牧師。
¶渡航

**杉村家友** すぎむらいえとも
宝永1(1704)年〜明和3(1766)年12月17日
江戸時代中期の神職・俳人。
¶国書

**杉村宗悦** すぎむらそうえつ
明治32(1899)年〜昭和58(1983)年
大正〜昭和期の僧。鹿野町の漢陽寺住職。
¶姓氏山口, 山口人

**杉村哲夫** すぎむらてつお★
明治26(1893)年11月6日〜昭和22(1947)年10月3日
大正・昭和期の僧。青松寺42世の住職。
¶秋田人2

**杉村宗友** すぎむらむねとも
? 〜安政5(1858)年10月8日
江戸時代後期〜末期の神職。
¶国書

**杉村祐善** すぎむらゆうぜん
明治11(1878)年9月5日〜昭和20(1945)年12月28日
明治〜昭和期の真言宗豊山派の僧侶。
¶埼玉人

**杉本左近** すぎもとさこん
生没年不詳
江戸時代中期の美濃郡上藩士、前大野郡の神頭職。
¶朝日, 国書(㊤天明6(1786)年 ㊦天保9

(1838)年3月28日), 日人, 藩臣3

**杉本信雄** すぎもとしんゆう
大正9(1920)年～昭和44(1969)年12月9日
昭和期の僧侶。
¶真宗

**杉本隆重〔16代〕** すぎもとたかしげ★
文政10(1827)年2月17日～明治16(1883)年
江戸時代後期～明治期の伊勢山田外宮神職。
¶三重続

**杉本哲郎** すぎもとてつお
→杉本哲郎(すぎもとてつろう)

**杉本哲郎** すぎもとてつろう
明治32(1899)年5月25日～昭和60(1985)年3月20日　[別]杉本哲郎(すぎもとてつお)
大正・昭和期の宗教画家。
¶郷土滋賀(すぎもとてつお), 近美, 現情, 滋賀文, 世紀, 日画, 日人(すぎもとてつお), 美家

**杉本道山** すぎもとどうざん,すぎもとどうさん
弘化4(1847)年～昭和4(1929)年
明治～昭和期の僧。曹洞宗大本山鶴見総持寺貫主を務めた。
¶人名, 姓氏愛知(すぎもとどうさん), 日人, 明大1([没]昭和4(1929)年10月16日)

**杉本初栄** すぎもとはつえ
嘉永7(1854)年5月27日～?
明治～大正期のキリスト教伝道師。不幸の中でよく耐え、関西学院寄宿舎聖明寮寮母として学生らに尽くした。
¶女性

**杉本ゆり** すぎもとゆり
文化10(1813)年～明治26(1893)年10月4日
江戸時代末期～明治期の女性。「キリスト信者発見」を実現させた最初の発言者。
¶朝日, 女性, 女性普, 日人

**椙山林継** すぎやましげつぐ
昭和15(1940)年1月21日～
昭和期の神道考古学者。国学院大学日本文化研究所教授。
¶現執2期

**杉山重義** すぎやましげよし
安政4(1857)年～昭和2(1927)年
明治～大正期の牧師、教育者。早稲田大学教授。
¶社史([生]安政4年6月27日(1857年8月16日)), 福島百([没]?), 明治史, 明大1([生]安政4(1857)年6月27日　[没]昭和2(1927)年1月24日)

**杉山辰子** すぎやまたつこ
慶応4(1868)年7月28日～昭和7(1932)年6月27日
明治～昭和期の宗教家。大乗教教祖。
¶愛知女, 女性, 女性普, 明大1

**杉山令肇** すぎやまれいじょう
大正11(1922)年10月7日～
昭和～平成期の政治家。参議院議員、順勝寺住職、聖徳学園名誉理事長。
¶現政, 政治

**勝呂信静** すぐろしんじょう
大正14(1925)年5月1日～
昭和～平成期の仏教学者、僧侶。立正大学教授。
¶現執3期

**資氏王** すけうじおう
享徳1(1452)年～永正1(1504)年
戦国時代の神主・神官。
¶戦人

**助川秋蔵** すけがわしゅうぞう
明治41(1908)年10月1日～平成2(1990)年6月22日
大正～平成期の宮大工。
¶美建

**祐貞** すけさだ
天明1(1781)年～天保6(1835)年2月25日
江戸時代中期～後期の平野神社禰宜。
¶公家

**祐寿** すけとし
元禄12(1699)年～安永7(1778)年閏7月21日
江戸時代中期の平野神社禰宜。
¶公家

**菅野鋭** すげのえい
明治17(1884)年～昭和18(1943)年12月1日
[別]菅野鋭(すげのとし)
昭和期の牧師。
¶神奈川人(すげのとし), 神奈川百(すげのとし), 社史([生]?)

**菅野鋭** すげのとし
→菅野鋭(すげのえい)

**祐信** すけのぶ
鎌倉時代後期の真言宗の僧。
¶島根百

**祐昌** すけまさ
延享3(1746)年～文化5(1808)年6月8日
江戸時代中期～後期の平野神社禰宜。
¶公家

**菅生哲雄** すごうてつお
? ～昭和57(1982)年11月2日
昭和期の仏教エスペランティスト。
¶日エ

**菅生古麻呂** すごうのこまろ
奈良時代の神祇官人。
¶古人

**須佐樵堂** すさしょうどう
嘉永1(1848)年3月3日～明治43(1910)年8月23日
江戸時代後期～明治期の僧侶。
¶群馬人

**須佐建啓** すさたけあき
明治27(1894)年2月13日～昭和47(1972)年1月25日　[別]須佐建啓(すさたけひろ)
大正～昭和期の神職。

¶島根百（すさたけひろ），島根歴

**須佐建啓** すさたけひろ
→須佐建啓（すさたけあき）

**頭室伊天** ずしついてん
大永3（1523）年～慶長5（1600）年 ㊋頭室伊天（とうしついてん）
戦国時代～安土桃山時代の曹洞宗の僧。
¶人名，日人（とうしついてん），仏教（㊀慶長5（1600）年7月1日）

す

**鈴江純浄** すずえじゅんじょう
安政1（1854）年～大正7（1918）年
明治～大正期の僧。日露戦争に率先して国債の募集に応じた。
¶高知人，高知百，人名，世紀（㊐嘉永7（1854）年9月8日 ㊀大正7（1918）年12月27日），日人

**鈴鹿千代乃** すずかちよの
昭和期の神道研究者、神道史研究者。
¶現執2期

**鈴鹿連胤** すずかつらたね
寛政7（1795）年10月29日～明治3（1870）年11月20日
江戸時代後期の国学者。
¶京都大，国書（㊀明治4（1871）年1月5日），神史（㊀1871年），神人，新潮，人名，姓氏京都，日人（㊀1871年）

**鈴鹿秀満** すずかひでまろ
寛政9（1797）年～明治10（1877）年
江戸時代末期～明治期の歌人、祠官。
¶人名，日人，和俳

**鈴鹿正路** すずかまさみち
天明1（1781）年～弘化4（1847）年
江戸時代後期の神官・歌人。
¶姓氏京都

**鈴川散人** すずかわさんじん
生没年不詳
江戸時代中期の神職。
¶国書

**鈴木壱岐守** すずきいきのかみ
生没年不詳
江戸時代中期の塩竈神社左宮二の禰宜。
¶神人

**鈴木岩美** すずきいわみ
明治41（1908）年～昭和40（1965）年
昭和期の横浜八幡神社宮司。
¶青森人

**鈴木慧淳** すずきえじゅん
明治期の僧侶。
¶真宗

**鈴木恵照** すずきえしょう
明治2（1869）年～昭和3（1928）年12月25日 ㊋鈴木恵照（すずきけいしょう）
明治～昭和期の僧。大和信貴山成福院主となり社会事業に貢献。
¶人名，世紀，徳島歴（すずきけいしょう ㊀昭和3（1928）年5月25日），日人，明大1

**鈴木嘉吉** すずきかきち
昭和3（1928）年12月23日～
昭和～平成期の官僚、歴史学者（建築史）。奈良国立文化財研究所長。
¶現執1期，現執2期，現執3期，現執4期

**鈴木寛山** すずきかんざん
明治23（1890）年～昭和26（1951）年
大正～昭和期の僧、政治家。深浦町議会議員、同町長。
¶青森人

**鈴木吉権** すずききちけん
戦国時代の仏師。伊豆国の人。出羽守。
¶伊豆，後北（吉権〔鈴木（16）〕 きちけん？）

**鈴木空如** すずきくうにょ
明治6（1873）年2月25日～昭和21（1946）年7月21日
明治～昭和期の仏画家。
¶秋田人2，秋田百，昭人，美家

**鈴木恵照** すずきけいしょう
→鈴木恵照（すずきえしょう）

**鈴木愿太** すずきげんた
慶応1（1865）年10月28日～昭和20（1945）年
江戸時代末期～昭和期の伝道者。
¶渡航，宮城百

**鈴木玄雄** すずきげんゆう
明治9（1876）年～昭和17（1942）年
明治～昭和期の僧・郷土史家。
¶姓氏宮城

**鈴木浩二** すずきこうじ
明治18（1885）年9月11日～昭和32（1957）年12月24日
明治～昭和期の牧師。日本基督教団総務局長。
¶キリ，兵庫百

**鈴木悟** すずきさとる
明治25（1892）年2月3日～昭和61（1986）年3月14日
明治～昭和期の僧侶。
¶真宗

**鈴木佐内** すずきさない
昭和9（1934）年～
昭和期の僧侶、高校教師、日本文学研究者。
¶現執1期

**鈴木重実** すずきしげざね
文化9（1812）年～明治8（1875）年
江戸時代後期～明治期の国学者・神官。
¶東三河

**鈴木重生** すずきしげなり
～天保6（1835）年4月
江戸時代後期の歌人・神官。

¶東三河

**鈴木重野** すずきしげの
明和3 (1766) 年～天保4 (1833) 年
江戸時代後期の歌人、三河吉田熊野神社社司。
¶人名，日人 (㊀1834年)，東三河 (㊀明和3 (1766) 年5月　㊀天保4 (1833) 年12月1日)，和俳

**鈴木重安** すずきしげやす
享保16 (1731) 年～文化14 (1817) 年　㊀鈴木梁満 (すずきやなまろ)
江戸時代中期～後期の国学者、三河吉田熊野神社の祠官。
¶国書 (鈴木梁満　すずきやなまろ　㊀文化14 (1817) 年11月12日)，人名，日人 (鈴木梁満　すずきやなまろ)

**鈴木習之** すずきしげゆき
明治27 (1894) 年1月24日～昭和43 (1968) 年6月5日
明治～昭和期のフランシスコ会員。
¶新カト

**鈴木重行** すずきしげゆき
宝永6 (1709) 年～天明8 (1788) 年
江戸時代中期～後期の神職。
¶国書，庄内

**鈴木重良** すずきしげよし
天保2 (1831) 年～明治27 (1894) 年
江戸時代後期～明治期の和算家。
¶庄内 (㊀明治27 (1894) 年12月7日)，数学

**鈴木実蔵** すずきじつぞう
嘉永4 (1851) 年～明治42 (1909) 年8月19日
江戸時代後期～明治期の天理教忍町分教会初代会長。
¶埼玉人

**鈴木宗音** すずきしゅうおん
昭和5 (1930) 年3月31日～
昭和～平成期の日蓮宗僧侶。法音寺住職。
¶現情

**鈴木修学** すずきしゅうがく
明治35 (1902) 年～昭和37 (1962) 年
昭和期の仏教者、社会事業家。
¶姓氏愛知

**鈴木重教** すずきじゅうきょう
天保7 (1836) 年～明治初 (1868) 年
江戸時代後期～明治期の神官・国学者。
¶東三河

**鈴木俊隆** すずきしゅんりゅう
明治37 (1904) 年～昭和46 (1971) 年
大正～昭和期の僧侶。林叟院住職。
¶民学

**鈴木正光** すずきしょうこう
天保2 (1831) 年～明治34 (1901) 年
江戸時代後期～明治期の曹洞宗の高僧。
¶長野歴

**鈴木正三** すずきしょうさん，すずきしょうざん
天正7 (1579) 年～明暦1 (1655) 年6月25日　㊀正三 (しょうさん)，鈴木正三 (すずきしょうぞう，すずきまさみつ)
安土桃山時代～江戸時代前期の仮名草紙作者。
¶朝日 (㊀明暦1年6月25日 (1655年7月28日))，岩史 (㊀天正7 (1579) 年1月10日)，江人 (すずきしょうぞう)，江戸東 (すずきまさみつ)，角史，教育 (すずきしょうぞう)，近世，熊本人，熊本百，国史，国書，コン改，コン4，コン5，史人，思想史，人書94，人情3，新潮，新文，人名，姓氏愛知，世人 (㊀天正7 (1579) 年1月10日)，世百，全書 (すずきしょうぞう)，大百 (すずきしょうぞう)，徳川将，日思，日史，日人，日文 (正三　しょうさん)，百科 (すずきしょうざん)，仏教，仏史，仏人，文学，歴大

**鈴木尚綏** すずきしょうすい
生没年不詳
江戸時代後期の神職。
¶神奈川人

**鈴木正三** すずきしょうぞう
→鈴木正三 (すずきしょうさん)

**鈴木信教** すずきしんきょう，すずきしんきよう
天保14 (1843) 年～明治25 (1892) 年
江戸時代末期～明治期の僧侶。如宝寺住職。貧困児育成事業に尽力した。
¶維新，日人，風土 (すずきしんきよう　㊀天保13 (1842) 年)，福島百，明大1 (㊀天保14 (1843) 年3月25日　㊀明治25 (1892) 年10月2日)，山形百新

**鈴木神左衛門尉** すずきしんざえもんのじょう
戦国時代の大宮浅間神社の社人。境内末社七之宮の禰宜。
¶武田

**鈴木真順** すずきしんじゅん
明治20 (1887) 年～昭和15 (1940) 年
明治～昭和期の浄土宗僧侶。東海中学校長。
¶仏人

**鈴木菅守** すずきすがもり
文化6 (1809) 年～
江戸時代後期の歌人・神官。
¶東三河

**鈴木泰** すずきたい
明治22 (1889) 年～昭和2 (1927) 年10月24日
明治～昭和期の僧侶。真宗大谷派僧侶、乗願寺住職。
¶日エ

**鈴木諦教** すずきたいきょう
元治1 (1864) 年～昭和12 (1937) 年
大正～昭和期の僧侶。新京極誓願寺住職。浄土宗西山流深草派総管長を務めた。
¶人名，世紀 (㊀昭和12 (1937) 年5月11日)，日人

**鈴木泰山** すずきたいざん
明治40 (1907) 年～平成8 (1996) 年

昭和期の歴史学者、僧侶。曹洞宗師家。仏教史(曹洞宗史)を研究。専門は中世禅宗教団史。
¶郷土([生]明治40(1907)年3月19日　[没]平成8(1996)年9月22日), 現執1期, 史研

**鈴木大拙** すずきだいせつ,すずきたいせつ
明治3(1870)年10月18日～昭和41(1966)年7月12日
明治～昭和期の仏教哲学者、禅思想家、宗教家。円覚寺に参禅。米国で仏教書の著訳をする。著書に「禅と日本文化」など。
¶石川百, 岩史, 角史, 神奈川人, 神奈川百, 鎌倉, 鎌倉新(すずきたいせつ), 近現, 近文, 現朝([生]明治3年10月18日(1870年11月11日)), 現執1期, 現情, 現人, 現日, 広7, 国史, コン改, コン4, コン5, 史人, 思想, 思想史, 昭人, 新カト, 真宗, 新潮, 新文, 人名7, 精医, 世紀, 姓氏石川, 世人, 世百, 世百新, 全書, 大百, 哲学, 伝記, 渡航(鈴木大拙・鈴木貞太郎 すずきだいせつ・すずきさだたろう), 図人, 夏目, 日思, 日史, 日人, 日想, 日中(すずきたいせつ　[生]明治3(1870)年10月18日), 日本, 俳文, 百科, 仏教, 仏人, ふる, 文学, 北陸20, ポプ人, 民学, 明治史, 明大2, 山川小, 履歴, 履歴2, 歴大



**鈴木孝雄** すずきたかお
明治2(1869)年10月29日～昭和39(1964)年1月29日
明治～大正期の陸軍軍人。大将。大日本青少年団長、靖国神社宮司などを歴任。
¶郷土群馬([生]1870年), コン改, コン5, 社教, 昭人, 神人, 人名7, 世紀, 渡航([没]1964年12月9日), 日人, 明大1, 陸海

**鈴木高鞆** すずきたかとも
文化9(1812)年～万延1(1860)年
江戸時代後期の松崎天満宮(今松崎神社)の祠官。
¶国書([没]万延1(1860)年4月4日), 人名, 姓氏山口([生]1811年), 日人

**鈴木高宮** すずきたかみや
文政2(1819)年～明治33(1900)年
江戸時代後期～明治期の神職・寺子屋師匠。
¶姓氏岩手

**鈴木竜六** すずきたつろく
嘉永1(1848)年7月6日～明治43(1910)年4月20日
江戸時代後期～明治期の幕臣。
¶静岡歴, 幕末大

**薄田以貞** すすきだもちさだ
?　～宝永2(1705)年9月15日
江戸時代前期～中期の兵法家・神道家。
¶国書

**鈴木丹宮** すずきたんぐ
文政1(1818)年～?
江戸時代後期の仏師。
¶神奈川人, 美建

**鈴木親長** すずきちかなが
天保1(1830)年～明治25(1892)年
江戸時代後期～明治期のキリスト教伝道者。
¶郷土長野, 長野歴

**鈴木筑後守** すずきちくごのかみ
生没年不詳
江戸時代後期の神職。
¶国書

**鈴木智弁** すずきちべん
明治7(1874)年12月1日～昭和42(1967)年
明治～昭和期の声明家。大僧正、神奈川県大磯町東寺派宝積院住職。
¶神奈川人([生]1876年), 新芸([没]昭和42(1967)年2月14日), 日音([没]昭和42(1967)年2月25日)

**鈴木頂行** すずきちょうぎょう
安永8(1779)年～文政8(1825)年
江戸時代中期～後期の神道家。
¶国書

**鈴木経勲** すずきつねのり
嘉永6(1853)年～昭和13(1938)年
江戸時代後期～昭和期の探検家。
¶静岡歴, 姓氏静岡, 幕末大([生]嘉永6(1853)年12月12日　[没]昭和13(1938)年12月11日), 民学, 明大2

**鈴木貞次郎** すずきていじろう
天保14(1843)年～大正9(1920)年2月6日
江戸時代後期～大正期の神職。
¶神人

**鈴木哲雄** すずきてつお
昭和9(1934)年5月31日～
昭和期の仏教学者。愛知学院大学教授。
¶現執1期, 現執2期

**鈴木天敬** すずきてんけい
文政8(1825)年～明治39(1906)年
江戸時代末期～明治期の僧侶。
¶神奈川人

**鈴木天山** すずきてんざん
文久3(1863)年～昭和16(1941)年
明治～昭和期の曹洞宗の僧。曹洞宗16代管長、密伝慈性禅師。
¶仏人

**鈴木伝助** すずきでんすけ
明治19(1886)年7月25日～昭和52(1977)年7月29日
明治～昭和期の牧師、政治家。日本基督教会浪花中会議長。
¶愛媛百, 岡山歴, キリ

**鈴木藤右衛門尉** すずきとうえもんのじょう
生没年不詳
戦国時代の仏師。伊豆の南部で活動。
¶戦辞

**鈴木亨** すずきとおる
明治24(1891)年12月16日～昭和20(1945)年11月24日

大正・昭和期の満州朝日村開拓団長・同村の幽渓寺住職。
¶飛騨

**鈴木宣明** すずきのぶあき
昭和4(1929)年〜
昭和期のカトリック司祭、神学者。
¶現執1期

**鈴木信比古** すずきのぶひこ
嘉永2(1849)年〜大正10(1921)年
江戸時代後期〜大正期の神職。
¶神人

**鈴木憲雄** すずきのりお
明治6(1873)年5月10日〜昭和37(1962)年2月20日
明治〜昭和期の僧侶。
¶真宗

**鈴木範久** すずきのりひさ
昭和10(1935)年1月7日〜
昭和〜平成期の日本宗教史研究者。立教大学教授。
¶現執1期, 現執2期, 現執3期, 現執4期

**鈴木パウロ** すずきぱうろ
→パウロ鈴木(ぱうろすずき)

**鈴木ビアトリス** すずきびあとりす
明治11(1878)年4月21日〜昭和14(1939)年7月16日
明治〜昭和期の宗教学者。
¶神奈女

**鈴木秀子** すずきひでこ
昭和7(1932)年1月10日〜
昭和〜平成期のシスター、近代日本文学者。聖心女子大学教授、スタンフォード大学客員教授。
¶現執1期, 現執2期, 現執4期

**鈴木兵庫** すずきひょうご
生没年不詳
江戸時代後期の大住郡大山阿夫利神社祠官。
¶神奈川人

**鈴木広視** すずきひろみ
明和2(1765)年〜文政9(1826)年8月1日
江戸時代中期〜後期の神職・歌人。
¶国書

**鈴木弘** すずきひろむ
明治23(1890)年12月15日〜昭和31(1956)年4月17日
明治〜昭和期の僧侶。
¶真宗

**鈴木蓬山** すずきほうざん
慶応2(1866)年10月5日〜昭和14(1939)年4月10日
明治〜昭和期の僧。曹洞宗花咲山法泉寺の開基住職。
¶根千

**鈴木法琛** すずきほうしん
→鈴木法琛(すずきほうちん)

**鈴木法琛** すずきほうちん
嘉永5(1852)年〜昭和10(1935)年 ㊊鈴木法琛(すずきほうしん, すずきほっちん)
江戸時代末期〜昭和期の僧侶。
¶真宗(㊐嘉永5(1852)年2月18日 ㊍昭和10(1935)年5月30日), 兵庫人(すずきほうしん), 兵庫百(すずきほっちん)

す

**鈴木法琛** すずきほっちん
→鈴木法琛(すずきほうちん)

**鈴木孫左衛門** すずきまござえもん
? 〜正保1(1644)年
江戸時代前期の隠れキリシタン。
¶姓氏富山, 富山百

**鈴木正久** すずきまさひさ
大正1(1912)年8月7日〜昭和44(1969)年7月14日
昭和期の牧師。日本基督教団議長。日本基督教団の成立とその後の国家順応を自己批判した。
¶キリ, 現朝, 現情, 現人, 広7, コン改, コン4, コン5, 社史, 新潮, 世紀, 哲学, 日人, 平和, 民学, 歴大

**鈴木正三** すずきまさみつ
→鈴木正三(すずきしょうさん)

**鈴木雅之** すずきまさゆき
天保8(1837)年〜明治4(1871)年4月21日
江戸時代末期〜明治期の国学者、神道学者、歌人。著書に「撞賢木」「日本書記名物正訓」「天津祝詞考」など。
¶維新, 角史, 郷土千葉, 近現, 近世, 近文, 国史, 国書, コン改(㊐天保9(1838)年 ㊍明治5(1872)年), コン4(㊐天保9(1838)年 ㊍明治5(1872)年), コン5(㊐天保9(1838)年 ㊍明治5(1872)年), 史人, 思想, 思想史, 神史, 人書79(㊐1838年 ㊍1872年), 神人(㊐天保8(1837)年4月), 新潮, 人名(㊐1838年 ㊍1872年), 千葉百, 哲学(㊐1838年), 日思, 日史(㊍明治4(1872)年4月21日), 日人, 幕末(㊍1871年6月8日), 幕末大, 百科(㊐天保9(1838)年 ㊍明治5(1872)年), 風土, 明治史, 歴大

**鈴木真重** すずきましげ
宝暦元(1751)年〜文化8(1811)年12月20日
江戸時代後期の歌人・神官。
¶東三河

**鈴木光重** すずきみつしげ
江戸時代後期〜末期の神職・国学者。
¶国書(㊐天保8(1837)年 ㊍?), 東三河(㊐天保9(1838)年 ㊍明治12(1879)年3月17日)

**鈴木宗忠** すずきむねただ
明治14(1881)年7月28日〜昭和38(1963)年7月31日
明治〜昭和期の宗教学者、哲学者。東北帝国大学教授。大乗仏教の宗教学的研究。

¶昭人，世紀，哲学，仏教，仏人

**鈴木弥太郎** すずきやたろう
？ ～正和3（1314）年
鎌倉時代後期の座間市入谷の日蓮宗円教寺の開基。
¶姓氏神奈川

**鈴木八束** すずきやつか
天保9（1838）年～大正9（1920）年
明治～大正期の歌人。廻文の名手。詠歌は「千種の花」「かざしの花」などに採録。
¶伊豆，人名，日人，明大2（㊐天保9（1838）年1月23日 ㊎大正9（1920）年6月9日）



**鈴木梁満(1)** すずきやなまろ
→鈴木重安（すずきしげやす）

**鈴木梁満(2)** すずきやなまろ
享保16（1731）年～文化14（1817）年11月12日
江戸時代中期～後期の吉田魚町熊野権現の神主。
¶姓氏愛知，東三河

**鈴木義道** すずきよしみち
明治33（1900）年～昭和54（1979）年
大正～昭和期の僧。奈川村の林照寺18世住職。
¶姓氏長野

**鈴木吉満** すずきよしみつ
明治14（1881）年7月4日～昭和20（1945）年7月24日
明治～昭和期のキリスト教徒。
¶渡航

**鈴木能幸** すずきよしゆき
生没年不詳
江戸時代後期の橘樹郡堀之内村山王社神職。
¶神奈川人

**鈴野善太夫** すずのぜんだいう
生没年不詳
江戸時代後期の大住郡大山阿夫利神社祠官。
¶神奈川人

**鈴村荊叢** すずむらけいそう
文政1（1818）年～明治8（1875）年
江戸時代末期～明治期の僧侶。円覚寺201世住職になる。
¶神奈川人，幕末，幕末大

**勧山弘** すすやまひろむ
大正8（1919）年8月24日～
昭和～平成期の僧侶。真楽寺住職、全国アイバンク運動協議会顧問。
¶現執3期

**周田順応** すだじゅんおう
明治39（1906）年4月18日～昭和30（1955）年12月24日
大正・昭和期の社会事業家。浄土宗大徳寺第7世住職。
¶根千

**須田清基** すだせいき
明治27（1894）年8月21日～昭和56（1981）年2月20日
大正～昭和期のキリスト教伝道者。軍籍離脱届を出したキリスト者。著書に「唯一の神イエス」など。
¶群新百，群馬人，現朝，現情，現人，世紀，日人

**隅田武彦** すだたけひこ
明治29（1896）年6月26日～昭和56（1981）年9月26日
大正～昭和期の科学者、教育者、宗教家。
¶岡山歴，科学

**須田道輝** すだどうき
昭和4（1929）年5月30日～
昭和～平成期の曹洞宗の僧。天祐寺住職。著書に「因縁」「仏教ヒューマニズム」など。
¶現執3期

**須田直太郎** すだなおたろう
大正期の神職。
¶神人

**須藤衛** すどうえい
？ ～
昭和期の僧侶。
¶社史

**須藤喚月** すとうかんげつ
明治37（1904）年～昭和55（1980）年
昭和期の僧、長勝寺41世住職。
¶青森人

**須藤吉之祐** すどうきちのすけ
明治9（1876）年12月19日～昭和31（1956）年10月2日
明治～昭和期の聖公会伝道師。
¶渡航

**須藤重富** すどうしげとみ
？ ～元禄10（1697）年2月2日
江戸時代前期～中期の伊予国周布郡高鴨神社神主。
¶神人

**首藤周三** すどうしゅうぞう
文政12（1829）年12月28日～大正5（1916）年
㊕首藤周三（しゅとうしゅうぞう）
江戸時代末期～明治期の志士、官吏、神官。
¶大分歴（しゅとうしゅうぞう），人名，日人（㊐1830年），明大1（㊎大正5（1916）年10月28日）

**首藤俊秀** すどうとしひで
→山内首藤俊秀（やまのうちすどうとしひで）

**須藤内膳** すどうないぜん
文政9（1826）年～？
江戸時代後期～末期の神職。
¶神奈川人（生没年不詳），国書

**須藤安吉** すどうやすよし★
明治3（1870）年2月～大正3（1914）年6月9日
明治・大正期の牧師。
¶秋田人2

**須藤隆仙** すどうりゅうせん
昭和4(1929)年11月28日～
昭和～平成期の浄土宗僧侶、郷土史家。函館称名寺住職、南北海道史研究会会長。北海道史、日本文化史を研究。著書に「日本仏教の北限」「北海道の伝説」など。
¶郷土，現執3期，現執4期，北海道文

**砂川竹蔵** すながわたけぞう
明治1(1868)年～昭和20(1945)年
明治～昭和期の牧師。
¶高知人

**角南作吾** すなみさくご
文政7(1824)年7月13日～明治24(1891)年8月
江戸時代後期～明治期の大里正・宗教家。
¶岡山歴

**砂本貞吉** すなもとていきち
安政3(1856)年9月30日～昭和13(1938)年5月7日
江戸時代末期～昭和期の牧師、教育者。
¶学校，広島百，明大1

**須原秀文** すはらひでぶみ
明治21(1888)年～昭和42(1967)年
大正～昭和期の西筑摩郡大桑村須原出身の臨済宗妙心寺派の僧。
¶姓氏長野

**住岡夜晃** すみおかやこう
明治28(1895)年2月15日～昭和24(1949)年10月10日
明治～昭和期の真宗光明団運動の創始者。
¶真宗

**住宅顕信** すみたくけんしん
昭和36(1961)年3月21日～昭和62(1987)年2月7日
昭和期の僧侶。
¶現俳，詩作，俳文

**住田智見**(住田知見) すみだちけん，すみたちけん
明治1(1868)年11月23日～昭和13(1938)年7月1日
明治～昭和期の仏教学者、真宗大谷派僧侶。同朋大学創設者、大谷大学学長。
¶愛知百，昭人，真宗(すみたちけん)，姓氏愛知(住田知見 [没]1943年)，仏教

**隅田好枝** すみだよしえ
大正6(1917)年～
昭和期のキリスト教徒・灯台社事件の犠牲者。
¶近女，女運

**住友政友**(住友正友) すみともまさとも
天正13(1585)年～承応1(1652)年
江戸時代前期の住友家初代、涅槃宗の僧、のち還俗。
¶朝日([生]天正13年11月11日(1585年12月31日) [没]承応1年8月15日(1652年9月17日))，大阪墓([没]承応1(1652)年8月15日)，京近江(蘇我理右衛門・住友政友)，国書([生]天正13(1585)年11月11日 [没]慶安5(1652)年8月15日)，コン改，コン4，コン5，姓氏京都(住友正友)，日人

**炭谷小梅** すみやこうめ
*～大正9(1920)年11月17日
明治～大正期の社会事業家。孤児院事業に協力し、岡山孤児院の母と呼ばれた。また婦人伝道師として全国を奔走。
¶岡山人([生]嘉永2(1849)年)，岡山歴([生]嘉永3(1850)年12月23日)，近女([生]嘉永2(1849)年)，社史([生]嘉永3年12月23日(1851年1月14日))，女運([生]1851年1月14日)，女史([生]1851年)，女性([生]嘉永3(1850)年)，女性普([生]嘉永3(1850)年)，明大1([生]嘉永3(1850)年12月23日)

**住谷天来** すみやてんらい
明治2(1869)年2月16日～昭和19(1944)年1月27日
明治～昭和期の宗教家、キリスト教社会主義者。甘楽教会牧師。群馬のキリスト教平和主義者。月刊「神の国」「聖化」を刊行。
¶朝日([生]明治2年2月16日(1869年3月28日))，アナ，郷土群馬，キリ([生]明治2年2月16日(1869年3月28日))，群新百，群馬人([没]昭和19(1944)年1月21日)，群馬百，詩作，社史([没]1944年1月21日)，昭人，世紀，姓氏群馬，日人，風土，平和，歴大

**住吉如慶** すみよしじょけい
慶長4(1599)年～寛文10(1670)年 [別]住吉広通(すみよしひろみち)
江戸時代前期の画家。佐吉派の祖。
¶朝日([没]寛文10年6月2日(1670年7月18日))，浮絵([生]慶長3(1598)年)，角史，京都大，近世，国史，国書([没]寛文10(1670)年6月2日)，コン改，コン4，コン5，史人([没]1670年6月2日)，重要，植物([没]寛文10年6月2日(1670年7月18日))，新潮([没]寛文10(1670)年6月2日)，人名，姓氏京都，世人([没]寛文10(1670)年6月20日)，茶道，日史([没]寛文10(1670)年6月2日)，日人，美家([没]寛文10(1670)年6月2日)，美術，百科，平日([生]1599 [没]1670)，名画，山川小([没]1670年6月2日)，和歌山人

**陶山務** すやまつとむ
明治28(1895)年11月27日～昭和49(1974)年9月28日
明治～昭和期の哲学者、宗教学者。著書に「魂は哲学する」「信心銘新講」など。
¶近文，世紀，哲学

**諏訪円忠** すわえんちゅう
永仁3(1295)年～正平19/貞治3(1364)年 [別]円忠(えんちゅう)
鎌倉時代後期～南北朝時代の北条氏の被官。
¶角史，国書(円忠 えんちゅう)，信州人，姓氏長野，長野百([生]? [没]1354年)，長野歴

**諏訪熊太郎** すわくまたろう
明治23(1890)年5月23日～昭和50(1975)年1月26日
明治～昭和期の農民伝道者。
¶キリ，庄内

せ

**諏方賢聖** すわけんしょう
戦国時代の諏訪仏法寺の僧。信濃国諏訪郡の人物。諏方満隆の子。
¶武田

**諏訪信** すわしん
明治41(1908)年6月6日～昭和45(1970)年1月23日
昭和期の医師、無教会伝道者。昭和医科大学教授。
¶キリ

**諏訪忠誠** すわただまさ
文政4(1821)年5月8日～明治31(1898)年2月19日
江戸時代末期～明治期の高島藩主、芝東照宮・芝大神宮祠官。
¶諸系，姓氏長野，全幕，長野百，長野歴，日人，幕末大，藩主2

**諏訪方祐** すわまさすけ
正保3(1646)年～寛保1(1741)年5月
江戸時代前期～中期の神職・歌人。
¶国書

**諏訪方親** すわまさちか
明和4(1767)年～文化4(1807)年6月
江戸時代中期～後期の神職。
¶国書

**諏訪与一郎** すわよいちろう
弘化1(1844)年2月14日～明治33(1900)年
江戸時代後期～明治期の神職。
¶神人

**諏訪頼固** すわよりかた
明治～大正期の神職。旧諏訪神社大祝職・高島神社社掌。
¶華請

**俊恵** すんえ
→俊恵(しゅんえ)

## 【せ】

**是阿(1)** ぜあ
治承1(1177)年～?
平安時代後期～鎌倉時代前期の法相宗の僧。
¶国書

**是阿(2)** ぜあ
生没年不詳
平安時代後期～鎌倉時代前期の法相宗の僧。
¶島根歴

**是庵** ぜあん
文明18(1486)年～天正9(1581)年
戦国時代～安土桃山時代の画僧。
¶新潮(㊀天正9(1581)年1月4日)，日人

**誓阿** せいあ
永仁5(1297)年～文中3/応安7(1374)年7月19日
鎌倉時代後期～南北朝時代の浄土宗の僧。知恩院12世。
¶仏教

**清庵宗冑** せいあんしゅうちゅう
→清庵宗冑(せいあんそうちゅう)

**清庵宗冑** せいあんそうい
→清庵宗冑(せいあんそうちゅう)

**清庵宗冑** せいあんそうちゅう
文明16(1484)年～永禄5(1562)年7月30日 ㊊清庵宗冑(せいあんそうい)，清庵宗冑(せいあんしゅうちゅう)
戦国時代の臨済宗の僧。大徳寺93世。
¶国書(清庵宗冑　せいあんそうい)，人名(せいあんしゅうちゅう　㊐?)，日人，仏教

**西庵中蓮** せいあんちゅうれん
? ～寛正6(1465)年6月15日
室町時代の臨済宗の僧。
¶国書

**清胤(1)** せいいん
→清胤(しょういん)

**清胤(2)** せいいん
大永2(1522)年～慶長5(1600)年10月10日
戦国時代～安土桃山時代の高野山無量光院第3世。
¶戦辞，新潟百(生没年不詳)

**清蔭音竺** せいいんおんじく
? ～文政13(1830)年12月9日
江戸時代中期～後期の僧。
¶鎌倉，国書(㊐明和4(1767)年)，日人(㊀1831年)

**西胤俊承** せいいんしゅんしょう，せいいんしゅんじょう
正平13/延文3(1358)年～応永29(1422)年11月5日 ㊊西胤俊承(さいいんしゅんしょう)
室町時代の臨済宗の僧。
¶鎌室(さいいんしゅんしょう)，国書(せいいんしゅんじょう)，コン改，コン4，コン5，詩歌，新潮，人名(さいいんしゅんしょう)，日人(さいいんしゅんしょう)，仏教(さいいんしゅんしょう)，和俳

**清隠祖淳** せいいんそじゅん
寛政9(1797)年～明治2(1869)年3月7日
江戸時代末期の臨済宗の僧。妙心寺528世。
¶仏教

**青雲** せいうん
丹波の医僧。
¶人名

**成慧** せいえ
寛元1(1243)年～正和4(1315)年12月23日 ㊊成恵(じょうえ)
鎌倉時代後期の真言宗の僧。東寺長者97世。
¶国書(成恵　じょうえ)，仏教

**清恵** せいえ
? ～天保13(1842)年
江戸時代後期の真宗大谷派の僧。

¶姓氏石川

**清悦** せいえつ
陸奥磐井郡衣川七里の僧。
¶人名，姓氏岩手，日人

**勢縁** せいえん
？ ～承保（1074～1077）年間8月18日
平安時代中期の真言宗の僧。
¶島根百，仏教（㉞承保年間（1074～1077年）8月18日）

**誓円** せいえん
文政11（1828）年～明治43（1910）年　㊿誓円尼公（せいえんにこう）
江戸時代後期～明治期の善光寺大本願住職の久我誓円上人。
¶姓氏長野，長野百（誓円尼公　せいえんにこう），長野歴（㊤文政12（1829）年）

**誓円尼公** せいえんにこう
→誓円（せいえん）

**成雄** せいおう
→成雄（じょうゆう）

**棲霞** せいか
生没年不詳
江戸時代末期の浄土真宗の僧。
¶国書

**成賀** せいが
鎌倉時代の僧。
¶姓氏鹿児島

**清賀** せいが
生没年不詳
奈良時代の僧侶。
¶福岡百

**政海** せいかい
→政海（しょうかい）

**清海**(1) せいかい
？ ～寛仁1（1017）年
平安時代中期の法相宗の僧。
¶古人（㊤？），人名，日人，仏教（㉞寛仁1（1017）年10月7日），平史

**清海**(2) せいかい
寛政8（1796）年～明治5（1872）年2月5日
平安時代中期の法相宗の僧。
¶庄内

**誓海** せいかい
文永3（1266）年2月10日～正和5（1316）年5月26日
鎌倉時代後期の浄土真宗の僧。仏光寺5世、興生寺5世。
¶神奈川人，仏教

**誓鎧** せいがい
宝暦3（1753）年～＊
江戸時代中期～後期の浄土真宗の僧。
¶国書（㉞文政12（1829）年11月23日），島根歴（㉞文化15（1818）年）

**青海実東** せいかいじっとう
正保2（1645）年～？
江戸時代前期～中期の黄檗宗の僧。
¶黄檗，国書

**政覚** せいかく
享徳2（1453）年～明応3（1494）年3月16日
室町時代～戦国時代の法相宗の僧。
¶国書

せ

**清覚** せいかく
永保3（1083）年～元永2（1119）年
平安時代後期の天台宗延暦寺僧。
¶古人，平史

**聖覚** せいかく
仁安2（1167）年～文暦2（1235）年3月5日　㊿聖覚（しょうかく，しょうがく）
平安時代後期～鎌倉時代前期の天台宗の僧。藤原通憲の孫。
¶朝日（㉞嘉禎1年3月5日（1235年3月25日）），岩史，鎌室，教育（しょうかく　㊤？），国史，国書，古人（しょうかく），古中，コン改（しょうがく），コン4（しょうがく），コン5（しょうがく），史人，思想史（しょうかく），諸系，新潮，人名（しょうかく　㊤？），姓氏京都，世人（㉞嘉禎1（1235）年3月2日），世人（しょうかく　㊤嘉応1（1169）年　㉞嘉禎3（1237）年），内乱（せいかく（しょうかく）），日史（しょうかく），日人，仏教，仏史，平史（しょうかく），名僧，歴大

**清岳** せいがく
天正7（1579）年～正保1（1644）年
安土桃山時代～江戸時代前期の禅僧。
¶姓氏宮城

**青岳**(1) せいがく
→青岳尼（せいがくに）

**青岳**(2) せいがく
生没年不詳
江戸時代中期の浄土真宗の僧。
¶国書

**清岳宗拙** せいがくそうせつ
天正7（1579）年～寛永21（1644）年8月12日
安土桃山時代～江戸時代前期の臨済宗の僧。
¶仏教

**青岳尼** せいがくに
生没年不詳　㊿青岳（せいがく）
戦国時代～安土桃山時代の女性、尼僧。臨済宗太平寺住持。還俗し安房国里見義弘の妻。
¶朝日（青岳　せいがく），神奈川人，女性（㊤天文16（1547）年頃　㉞天正4（1576）年），戦辞，戦房総，日人（青岳　せいがく）

**清閑** せいかん
生没年不詳
安土桃山時代～江戸時代前期の天台宗の僧。
¶国書

せ

**清韓** せいかん
→文英清韓(ぶんえいせいかん)

**清厳** せいがん
? ～天正20(1592)年 ㊊清厳(じょうがん),総誉清厳(そうよせいがん)
安土桃山時代の浄土宗の僧。
¶国書(じょうがん 生没年不詳),埼玉人(㊀天正20(1592)年6月27日),埼玉百,人名,戦辞(総誉清厳 そうよせいがん ㊀文禄1年6月27日(1592年8月4日)),日人,仏教(㊀天正20(1592)年6月27日)

**清眼** せいがん
→馬島清眼(まじませいがん)

**西岸** せいがん
元亀2(1571)年～寛永19(1642)年
安土桃山時代～江戸時代前期の天台宗の僧。
¶日人,仏教(㊀寛永19(1642)年9月19日)

**誓岩** せいがん
? ～慶長8(1603)年7月14日
安土桃山時代の浄土宗の僧。
¶仏教

**青岩** せいがん
生没年不詳
上代の中国梁出身の僧。
¶会津

**青巌** せいがん★
生没年不詳
神岡町神宮寺宝蔵院の僧。
¶秋田人2

**誓願寺恵由** せいがんじけいゆう
生没年不詳
江戸時代中期の高山市の誓願寺の開基。
¶飛騨

**西礀子曇**(西澗子曇) せいかんしどん
南宋・淳祐9(1249)年～徳治1(1306)年10月28日
㊊子曇(しどん),西礀子曇(さいかんしどん,せいかんすどん,せいけんしどん),西澗子曇(さいかんしどん)
鎌倉時代後期の臨済宗松源派の渡来禅僧。
¶朝日(西澗子曇 ㊀徳治1年10月28日(1306年12月4日)),角史,鎌倉新(せいかんすどん),鎌室,国史(西澗子曇),国書(西澗子曇),古中(西澗子曇),コン改(西澗子曇),コン4(西澗子曇),コン5(西澗子曇),史人(西澗子曇),新潮,人名(さいかんしどん),世人(さいかんしどん),全書(せいけんしどん),対外,大百,茶道(せいかんすどん),日人(西澗子曇),仏教,仏史(西澗子曇),仏人(子曇 しどん),名画(子曇 しどん)

**西岸寺任口** せいがんじにんこう
→任口(にんこう)

**清厳宗渭** せいがんしゅうい
→清厳宗渭(せいがんそうい)

**青巌周陽** せいがんしゅうよう
? ～天文11(1542)年
戦国時代の曹洞宗の僧。
¶人名,日人,仏教(㊀天文11(1542)年7月18日)

**清巌正徹** せいがんしょうてつ
→正徹(しょうてつ)

**西礀子曇** せいかんすどん
建長1(1249)年～*
鎌倉時代前期～後期の宋の禅僧。
¶神奈川人(㊀1308年),鎌倉(㊀徳治1(1306)年)

**西礀子曇** せいかんすどん
→西礀子曇(せいかんしどん)

**清厳宗渭**(清厳宗謂) せいがんそうい
天正16(1588)年～寛文1(1661)年11月21日
㊊清厳宗渭(せいがんしゅうい)
江戸時代前期の臨済宗の僧。大徳寺170世。
¶江人(清厳宗謂),国書,人名(せいがんしゅうい),全書(清厳宗謂),茶道,日人(㊀1662年),仏教

**誠岩道明** せいがんどうみょう
寛永6(1629)年～正徳4(1714)年11月1日
江戸時代前期～中期の黄檗宗の僧。
¶黄檗

**誓願房正定** せいがんぼうせいじょう
生没年不詳
鎌倉時代の真言宗の僧(越前国豊原寺)。
¶朝日,日人

**晴喜** せいき
生没年不詳
鎌倉時代後期の社僧。
¶国書

**清基** せいき
→清基(しょうき)

**青牛** せいぎゅう
→栽松青牛(さいしょうしょうご)

**政経** せいきょう
万寿2(1025)年～嘉保1(1094)年
平安時代中期～後期の天台宗園城寺僧。
¶古人,平史

**誓行徳山** せいぎょうとくさん
? ～天保3(1832)年
江戸時代後期の宗教家。
¶姓氏神奈川

**清玉** せいぎょく
永正3(1506)年～天正13(1585)年9月15日
戦国時代～安土桃山時代の浄土宗の僧。
¶仏教

**清渓** せいけい
? ～弘和2/永徳2(1382)年
南北朝時代の臨済宗の尼僧。畠山家国の娘。

¶朝日（㊀永徳2/弘和2年6月4日（1382年7月15日）），日人

**清渓通徹** せいけいつうてつ
正安2（1300）年～元中2/至徳2（1385）年11月24日
鎌倉時代後期～南北朝時代の僧。
¶鎌室，国書，人名，日人，仏教

**正慶尼** せいけいに
生没年不詳 ㊁正慶尼（しょうけいに），奴の小万（やっこのこまん）
江戸時代中期～後期の女性。尼僧。
¶朝日，女性（しょうけいに），新潮（奴の小万 やっこのこまん ㊐享保7（1722）年 ㊀文化3（1806）年）

**清渓尼** せいけいに
～弘和2/永徳2（1382）年
南北朝時代の尼僧。
¶神奈川人

**清家堅庭**（清家賢庭） せいけかたにわ
文化11（1814）年～明治10（1877）年 ㊁清家堅庭（せいけけんてい）
江戸時代末期～明治期の伊予の神職。
¶愛媛，人名（清家賢庭 ㊐1804年），長崎遊（せいけけんてい），日人，幕末大

**清家堅庭** せいけけんてい
→清家堅庭（せいけかたにわ）

**成賢** せいけん，せいげん
応保2（1162）年～寛喜3（1231）年9月19日 ㊁成賢（じょうけん，じょうげん）
平安時代後期～鎌倉時代前期の真言宗の僧。成賢流の祖。
¶岩史（じょうげん），鎌室，国史（じょうげん），国書（じょうけん），古人（じょうげん），古中（じょうげん），コン4（じょうげん），コン5（じょうげん），新潮，人名，姓氏京都（せいげん），日史（じょうけん），日人（せいげん），仏教（せいげん），仏史（じょうげん），仏人（せいげん），平史（じょうげん），密教（せいげん）

**清見** せいけん
生没年不詳
奈良時代の僧。
¶富山百，日人，万葉

**誓謙** せいけん
安永3（1774）年～文政9（1826）年8月2日
江戸時代中期の浄土真宗の僧。越中明楽寺14世。
¶国書（生没年不詳），富山百

**清玄** せいげん
慶長18（1613）年～延宝3（1675）年
江戸時代前期の鯵ケ沢の真宗大谷派来生寺開基。
¶青森人

**精元** せいげん
生没年不詳
江戸時代前期の真言宗の僧。
¶国書

**西磵子曇** せいけんしどん
→西磵子曇（せいかんしどん）

**済高** せいこう
→済高（さいこう）

**青郊** せいこう
延享1（1744）年～文化7（1810）年
江戸時代中期～後期の足利学校第18世庠主、臨済宗の僧。
¶栃木歴

せ

**棲梧宝岳** せいごほうがく
明治8（1875）年～昭和17（1942）年
明治～昭和期の僧侶。
¶神奈川人

**西湖良景** せいこりょうけい
？ ～文亀2（1502）年3月25日
室町時代～戦国時代の曹洞宗の僧。
¶仏教

**清厳** せいごん
寛元1（1243）年～正安1（1299）年
鎌倉時代後期の真言宗の僧。
¶人名

**生西** せいざい
→生西(2)（しょうさい）

**盛算(1)** せいさん
→盛算(1)（じょうさん）

**盛算(2)** せいさん
生没年不詳
戦国時代の真言宗の僧・連歌作者。
¶国書

**青山慈永** せいざんじえい
乾元1（1302）年～正平24/応安2（1369）年 ㊁慈永（じえい）
鎌倉時代後期～南北朝時代の僧。
¶鎌室，国書（㊀応安2（1369）年10月9日），人名，日人，仏教（㊀応安2/正平24（1369）年10月9日，（異説）至徳2/元中2（1385）年10月9日），仏人（慈永 じえい）

**青山性秀** せいざんしょうしゅう
生没年不詳
室町時代の曹洞宗の僧。総持寺24世。
¶仏教

**青山韶秀** せいざんしょうしゅう
室町時代の曹洞宗の僧。
¶姓氏石川

**清珠** せいじゅ
宝暦1（1751）年～文政7（1824）年1月12日
江戸時代中期～後期の浄土真宗の僧。
¶国書

**清寿** せいじゅ
→清寿(1)（しょうじゅ）

**斉秀** せいしゅう
元禄14(1701)年～宝暦9(1759)年12月3日
江戸時代中期の僧。浮穴郡菅生山大宝寺中興4世。
¶愛媛，愛媛百

**政祝** せいしゅく
南北朝時代～室町時代の真言宗の僧。尾張真福寺宝生院4世。
¶国書([生]応安1(1368)年　[没]?)，仏人([生]1366年　[没]1439年以後)

**靖叔徳林** せいしゅくとくりん
明応6(1497)年～天正2(1574)年2月16日
戦国時代～安土桃山時代の臨済宗の僧。
¶国書

**成俊** せいしゅん
→成俊(じょうしゅん)

**政舜** せいしゅん
生没年不詳
戦国時代～安土桃山時代の天台宗の僧。
¶国書

**正純** せいじゅん
生没年不詳
室町時代の天台宗の僧。
¶国書

**清順** せいじゅん
→佐野清順(さのせいじゅん)

**生順** せいじゅん
天正15(1587)年～明暦2(1656)年3月28日
安土桃山時代～江戸時代前期の僧。目黒龍泉寺住職。
¶岡山歴

**清淳** せいじゅん★
文化14(1817)年～慶応1(1865)年11月21日
江戸時代末期の実相院僧。
¶秋田人2

**静処** せいしょ
安永6(1777)年～万延1(1860)年6月
江戸時代中期～末期の禅僧。
¶徳島歴

**成助** せいじょ
永仁5(1297)年～?　[別]成助(じょうじょ)
鎌倉時代後期～南北朝時代の真言宗の僧。東寺長者117・121世。
¶国書(じょうじょ)，仏教

**政助** せいじょ
*～嘉元1(1303)年
鎌倉時代後期の東寺系の僧。
¶神奈川人([生]1275年)，北条([生]文永2(1265)年)

**清昭** せいしょう
?　～長元6(1033)年
平安時代中期の延暦寺の僧、歌人。
¶古人([生]?)，平史

**星定** せいじょう
文化13(1816)年～明治14(1881)年
江戸時代後期～明治期の僧侶。
¶伊豆，静岡歴，姓氏静岡

**栖城** せいじょう
寛政5(1793)年～文久1(1861)年7月16日
江戸時代末期の浄土真宗の僧。
¶国書，仏教，仏人([生]1792年)

**清成** せいじょう
→清成(しょうじょう)

**星定元志** せいじょうげんし
文化13(1816)年～明治14(1881)年6月12日
江戸時代末期～明治期の臨済宗僧侶。
¶仏教

**青松寺実善** せいしょうじじつぜん
～文化3(1806)年8月24日
江戸時代後期の青松寺の住僧。
¶飛騨

**西笑承兌** せいしょうじょうたい，せいしょうしょうたい
天文17(1548)年～慶長12(1607)年12月27日
[別]承兌(しょうたい，しょうだ，じょうたい)，西笑(さいしょう)，西笑承兌(さいしょうしょうたい，さいしょうしょうだい，さいしょうしょうだ，さいしょうじょうたい)，南陽(なんよう)，豊光寺承兌(ほうこうじしょうたい)，兌長老(たいちょうろう)
安土桃山時代～江戸時代前期の臨済宗夢窓派の僧。
¶岩史(せいしょうしょうたい)，角史(せいしょうしょうたい)，京都(さいしょうしょうだい)，京都大(さいしょうじょうたい)，近世，国史，国書，コン4(せいしょうしょうたい)，コン5(せいしょうしょうたい)，思想史，新潮，人名(さいしょうしょうだ)，姓氏京都(さいしょうじょうたい)，世人(承兌　しょうたい)，世人(さいしょうしょうたい)，戦国(西笑　さいしょう　[生]1549年)，戦辞([没]慶長12年12月27日(1608年2月13日))，戦人(承兌　しょうたい)，全戦(せいしょうしょうたい)，対外，茶道(さいしょうしょうたい)，日史(せいしょうしょうたい)，日人([没]1608年)，百科(承兌　しょうだ)，仏教，仏史，仏人(承兌　しょうたい)，名僧，歴大(さいしょうしょうたい)，和俳

**成上人** せいしょうにん
生没年不詳
室町時代の土佐出身の僧。
¶高知人

**性承法親王** せいしょうほうしんのう
→性承(しょうじょう)

**制心** せいしん
?　～慶応2(1866)年1月23日
江戸時代末期の浄土真宗の僧。
¶国書，姓氏愛知([生]1798年)，仏教

**勢深** せいしん
平安時代後期の仏師。
¶古人，美建，平史（生没年不詳）

**誓真** せいしん
寛保2（1742）年～寛政12（1800）年
江戸時代中期～後期の浄土宗の僧。
¶人名，日人，仏教（[没]寛政12（1800）年8月6日）

**済信** せいじん
→済信（さいしん）

**青岑珠鷹** せいしんしゅよう
正平17/貞治1（1362）年～文明4（1472）年
室町時代の曹洞宗の僧。
¶人名，日人，仏教（[没]文明4（1472）年9月14日）

**清成** せいせい
→清成（しょうじょう）

**性西法心** せいせいほっしん
元暦1（1184）年～文永11（1274）年　[別]法身（ほっしん，ほつしん）
平安時代後期～鎌倉時代後期の名僧，瑞巌寺開山。
¶姓氏宮城（法身　ほっしん），宮城百

**誠拙** せいせつ
→誠拙周樗（せいせつしゅうちょ）

**誠拙周樗** せいせつしゅうちょ
延享2（1745）年～文政3（1820）年6月28日　[別]周樗（しゅうちょ），誠拙（せいせつ）
江戸時代中期～後期の臨済宗の僧。
¶江神奈，愛媛百（誠拙　せいせつ　[生]延享2（1745）年6月29日），神奈川人（[生]1746年），神奈川百（[没]1821年），鎌倉（[生]寛延2（1749）年），鎌倉新（[生]延享2（1745）年6月29日），近世，国史，国書（[生]延享2（1745）年6月30日），人名，姓氏神奈川，茶道（誠拙　せいせつ　[生]1746年），日人，仏教，仏史，仏人（周樗　しゅうちょ　[生]1746年）

**清拙正澄** せいせつしょうちょう
南宋・咸淳10（1274）年～延元4/暦応2（1339）年1月17日　[別]正澄（しょうちょう），清拙正澄（せいせつせいちょう）
鎌倉時代後期～南北朝時代の臨済宗破庵派の渡来禅僧。日本禅宗大鑑派の祖。
¶朝日（[生]咸淳10年1月3日（1274年2月11日）[没]暦応2/延元4年1月17日（1339年2月26日）），岩史（[生]南宋咸淳10（1274）年1月3日），神奈川人，神奈川百，鎌倉（せいせつしょう（せい）ちょう），鎌倉新，鎌室，京都大，国史，国書（[生]宋の咸淳10（1274）年1月3日），古中，コン改，コン4，コン5，詩歌，史人（[生]1274年1月3日），思想史，新潮，人名，姓氏長野，世人，全書，対外，茶道，長野歴，日史（[生]1274年1月3日），日人，百科，仏教（[生]南宋・咸淳10（1274）年1月3日），仏史，仏人（正澄　しょうちょう），名僧，歴大，和俳

**清拙正澄** せいせつせいちょう
→清拙正澄（せいせつしょうちょう）

**聖宣** せいせん
？～安元2（1176）年
平安時代後期の僧，日光山第16世別当。
¶栃木歴

**斉詮** せいせん
？～元慶1（877）年？　[別]斉詮（さいせん）
平安時代前期の僧。
¶古人（さいせん），古代，古代普，日人

**成禅** せいぜん
生没年不詳
平安時代中期の真言宗の僧。
¶仏教

**在先希譲** ぜいせんきじょう
→在先希譲（ざいせんきじょう）

**性仙禅尼** せいせんぜんに
→入江殿（いりえどの）

**西川宗洵** せいせんそうじゅん
→西川宗洵（さいせんそうじゅん）

**盛禅洞奭** せいぜんどうしゃく
永享6（1434）年～永正15（1518）年　[別]盛禅洞奭（せいぜんとうせき）
室町時代～戦国時代の曹洞宗の僧。
¶人名，姓氏愛知（せいぜんとうせき），日人，仏教（[生]永享6（1434）年2月　[没]永正15（1518）年2月8日）

**盛禅洞奭** せいぜんとうせき
→盛禅洞奭（せいぜんどうしゃく）

**性仙尼** せいせんに
→入江殿（いりえどの）

**勢増** せいぞう
平安時代後期の仏師。
¶古人，美建，仏教（生没年不詳），平史（生没年不詳）

**成尊** せいそん，せいぞん
長和1（1012）年～延久6（1074）年1月7日　[別]成尊（じょうそん）
平安時代中期の真言宗の僧。覚鑁以前の真言教相の学者。
¶朝日（[没]承保1年1月7日（1074年2月5日）），国史，国書（せいぞん），古人（じょうそん），古中，人名，日人（せいぞん），仏教（せいぞん），仏史，仏人（せいぞん），平史（じょうそん），密教（せいぞん　[生]1012年，1016年）

**清尊** せいそん
？～延元1/建武3（1336）年
室町時代の天台宗の僧。
¶山口百

**盛尊** せいそん
？～文化1（1804）年5月9日　[別]盛尊（じょうそん）
江戸時代中期～後期の新義真言宗の僧。長谷寺36世。

¶国書（じょうそん　生没年不詳），仏教

**聖尊法親王** せいそんほうしんのう
→聖尊(2)（しょうそん）

**勢多伽** せいたか
？～承久3（1221）年
鎌倉時代前期の僧。
¶内乱



**誓達** せいたつ
生没年不詳
江戸時代前期の浄土宗の僧。
¶仏教

**棲智慧開** せいちえかい
？～安永4（1775）年
江戸時代中期の曹洞宗の僧。
¶国書

**成朝** せいちょう
生没年不詳　[別]成朝（じょうちょう）
平安時代後期の仏師。康助の孫で康朝の子。
¶朝日，神奈川人，神奈川百，鎌倉，鎌室，国史，古人（じょうちょう），古中，コン改，コン4，コン5，史人，新潮，世人，全書，日史，日人，美建，美術，仏教，仏史，平史（じょうちょう）

**清超** せいちょう
生没年不詳
戦国時代の真言宗の僧・連歌作者。
¶国書

**清長** せいちょう
生没年不詳
戦国時代の僧。
¶戦辞

**盛朝** せいちょう
？～正応5（1292）年
鎌倉時代後期の僧。
¶北条

**正挺** せいてい
→天倫正挺（てんりんしょうてい）

**成典** せいてん
*～寛徳1（1044）年　[別]成典（じょうてん）
平安時代中期の真言宗の僧。
¶古人（じょうてん　[生]959年），人名（[生]961年），日人（[生]958年），仏教（[生]天徳2（958）年　[没]長久5（1044）年10月28日），平史（じょうてん　[生]959年）

**盛典** せいてん，せいでん
寛文3（1663）年～延享4（1747）年
江戸時代中期の真言宗の僧。
¶国書（せいでん　[没]延享4（1747）年10月28日），埼玉人，人名，日人，仏教（[没]？）

**清伝** せいでん
天文22（1553）年～寛永1（1624）年10月17日
安土桃山時代～江戸時代前期の浄土宗の僧。
¶埼玉人，仏教

**清徳尼** せいとくに
？～貞享1（1684）年10月6日
江戸時代前期～中期の女性。熊野の尼僧。
¶女性

**清如** せいにょ
生没年不詳
江戸時代中期の真言宗の僧。
¶国書

**清仁** せいにん
？～延久5（1073）年
平安時代中期～後期の清水寺の僧。
¶古人（[生]？），平史

**済仁親王** せいにんしんのう
→済仁（さいにん）

**清寧妙祐** せいねいみょうゆう
生没年不詳
室町時代の曹洞宗の僧。
¶仏教

**清野日量** せいのにちりょう
大正3（1914）年10月3日～昭和60（1985）年9月2日
昭和期の僧。日蓮宗龍王山本覚寺、中興第3世住職。
¶根千

**勢範** せいはん
承和3（836）年～延喜5（905）年1月11日
平安時代前期～中期の華厳宗の僧。
¶国書

**政範** せいはん
慶安4（1651）年～宝永6（1709）年5月28日
江戸時代前期～中期の真言宗の僧侶・笠岡大仙院の開祖。
¶岡山歴

**清範** せいはん
応和2（962）年～長保1（999）年
平安時代中期の法相宗の僧。清水寺別当。
¶朝日（[没]長保1年閏3月22日（999年5月10日）），国書（[没]長保1（999）年閏3月22日），古人，コン改（[生]？），コン4（[生]？），コン5（[生]？），新潮（[没]長保1（999）年閏3月22日），人名，日人，平史

**西範** せいはん
生没年不詳
平安時代後期の板野郡大山寺の僧。
¶徳島歴

**誓般** せいはん
？～慶長7（1602）年6月20日
安土桃山時代の浄土宗の僧。
¶埼玉人，仏教

**政遍** せいへん
天文3（1534）年～慶長19（1614）年4月3日
安土桃山時代～江戸時代前期の真言宗の僧。高野山検校210世。
¶国書，仏教

**盛弁** せいべん
暦仁1(1238)年～永仁1(1293)年
鎌倉時代前期～後期の鶴岡八幡宮供僧。
¶北条

**成宝** せいほう
→成宝(じょうほう)

**聖宝** せいほう
→聖宝(しょうぼう)

**清峰慶梵** せいほうけいぼん
生没年不詳
室町時代の曹洞宗の僧。
¶仏教

**勢祐** せいゆう
寛平5(893)年～応和1(961)年
平安時代前期～中期の園城寺僧。
¶古人，平史

**正友** せいゆう
→正友(まさとも)

**勢誉** せいよ
*～慶長17(1612)年
安土桃山時代～江戸時代前期の真言宗の僧。
¶朝日(㊤天文18(1549)年 ㊦慶長17年3月23日(1612年4月23日))，近世(㊤?)，国史(㊤?)，戦人(㊤天文18(1549)年)，戦補(㊤1547年)，日人(㊤1549年)，仏教(㊤天文18(1549)年 ㊦慶長17(1612)年3月23日)，仏史(㊤?)

**晴誉** せいよ
? ～天明6(1786)年
江戸時代中期の僧、下総行徳徳岸寺の開基。
¶人名

**清誉(1)** せいよ
生没年不詳 ㊋清誉(しょうよ)
鎌倉時代後期の天台宗の僧・歌人。
¶国書(しょうよ)

**清誉(2)** せいよ
生没年不詳
戦国時代～安土桃山時代の僧、連歌師。
¶国書，日人，俳文

**盛誉** せいよ
→盛誉(1)(じょうよ)

**誓誉** せいよ
? ～延宝2(1674)年7月10日
江戸時代前期の真言宗の僧。
¶国書(生没年不詳)，仏教

**静誉** せいよ
→静誉(じょうよ)

**西誉空遠** せいよくうおん
戦国時代の浄土宗の僧。
¶武田

**勢誉愚底** せいよぐてい
→愚底(1)(ぐてい)

**聖誉貞安** せいよじょうあん
? ～元和1(1615)年
安土桃山時代の浄土宗の僧。
¶姓氏京都

**清懶徽猷** せいらいきゆう
～延宝7(1679)年4月26日
江戸時代前期の丹生川村の慈雲寺の開基。
¶飛騨

**青竜寺円寿** せいりゅうじえんじゅ
～安政3(1856)年6月13日
江戸時代後期の歌僧。
¶東三河

**青竜寺古道** せいりゅうじこどう
～嘉永5(1852)年10月16日
江戸時代後期の歌僧・国学者。
¶東三河

**青竜寺隆典** せいりゅうじりゅうてん
文政9(1826)年～明治14(1881)年1月14日
江戸時代後期～明治期の歌僧。
¶東三河

**清亮** せいりょう
文化4(1807)年～明治3(1870)年
江戸時代後期～明治期の画僧。
¶日人

**青蓮** せいれん★
文化8(1811)年～明治17(1884)年2月13日
江戸時代末期・明治期の俳人。大館市の日蓮宗・妙法山蓮荘寺の17世の住職。
¶秋田人2

**是雲** ぜうん
慶長5(1600)年～延宝4(1676)年10月7日
江戸時代前期の浄土宗の僧。
¶仏教

**瀬川浅** せがわあさし
嘉永6(1853)年～大正15(1926)年11月25日
明治～大正期の日本基督教会牧師。
¶キリ(㊤嘉永6(1853)年1月14日)，渡航(㊤1853年2月21日)，日Y(㊤嘉永6(1853)年7月15日)

**瀬川学進** せがわがくしん
明治15(1882)年3月2日～昭和36(1961)年1月13日
明治～昭和期の僧侶・社会事業家。
¶岡山歴

**瀬川礫** せがわさざれ
天保6(1835)年～明治42(1909)年10月23日
江戸時代末期～明治期の歌人、神学者。霧島神宮禰宜。霧島神宮協会を設立、神道活動を進める。
¶幕末，幕末大

せ

**瀬川秀栄**　せがわしゅうえい
嘉永1(1848)年～明治20(1887)年
江戸時代後期～明治期の僧。聞称寺11代住職。
¶姓氏岩手

**瀬川四郎**　せがわしろう
？　～大正8(1919)年7月9日
明治～大正期の神学者。
¶渡航

**瀬川八十雄**　せがわやそお
明治23(1890)年9月21日～昭和52(1977)年7月28日
明治～昭和期の伝道家、社会福祉家。救世軍士官、全国婦人保護施設連合会長。
¶キリ

**石庵旨明**　せきあんしみょう
生没年不詳
鎌倉時代後期の臨済宗の僧。
¶日人，仏教

**石庵周鑑**　せきあんしゅうかん
？　～大永4(1524)年　㊔周鑑(しゅうかん)
戦国時代の曹洞宗の僧。
¶人名(周鑑　しゅうかん)，日人，仏教(㊀大永4(1524)年6月5日)

**世木氏公**　せきうじひろ
大正期の神職。旧伊勢神宮外宮神主。
¶華請

**石雲道如**　せきうんどうにょ
元和8(1622)年～宝永3(1706)年3月19日
江戸時代前期～中期の黄檗宗の僧。
¶黄檗，国書

**石雲融仙**　せきうんゆうせん
生没年不詳
江戸時代前期の曹洞宗の僧。
¶国書

**石翁関鉄**　せきおうかんてつ
？　～
江戸時代前期の僧。八戸の広沢寺2世。
¶青森人

**碩翁宗胖**　せきおうそうはん
寛永11(1634)年～元禄10(1697)年12月29日
江戸時代前期～中期の臨済宗の僧。大徳寺233世。
¶仏教

**石屋**(1)　せきおく
平安時代後期の医僧。
¶人名，日人(生没年不詳)

**石屋**(2)　せきおく
→石屋真梁(せきおくしんりょう)

**石屋真梁**　せきおくしんりょう
興国6/貞和1(1345)年～応永30(1423)年5月11日
㊔真梁(しんりょう)，石屋(せきおく)
南北朝時代～室町時代の曹洞宗の僧。通幻寂霊の高弟。
¶朝日(㊀応永30年5月11日(1423年6月19日))，鎌室，郷土千葉(石屋　せきおく)，国史，古中，コン改，コン4，コン5，薩摩(㊐正平4(1349)年　㊀正長1(1428)年)，史人(㊐1345年7月17日)，新潮(㊐貞和1/興国6(1345)年7月17日)，人名，姓氏鹿児島(㊐1349年　㊀1428年)，日人，仏教，仏史，仏人(真梁　しんりょう)

**赤岩寺英弘**　せきがんじえいこう
～明治35(1902)年6月1日
江戸時代後期～明治期の歌僧。八名郡多米(豊橋市)の赤岩寺(法言寺)住職。多米北脇の尾崎幸一家出身で赤岩寺中興の祖。
¶東三河

**赤岩寺映雪**　せきがんじえいせつ
生没年不詳
江戸時代後期の俳僧。
¶東三河

**赤岩寺遊石**　せきがんじゆうせき
生没年不詳
江戸時代前期の俳僧。
¶東三河

**石澗亮珉**　せきかんりょうみん
天保8(1837)年～明治7(1874)年5月20日
江戸時代後期～明治期の臨済宗の僧。
¶国書

**石牛天梁**　せきぎゅうてんりょう
寛永15(1638)年～正徳4(1714)年3月6日
江戸時代中期の曹洞宗の僧。永平寺37世。
¶仏教

**積空実乗**　せきくうじつじょう
生没年不詳
江戸時代後期の僧。円盛寺住職。
¶姓氏愛知

**関口真大**　せきぐちしんだい
明治40(1907)年～昭和61(1986)年
昭和期の天台宗学者。大正大学教授。
¶郷土栃木，現執1期，栃木歴

**関薫山**　せきくんざん
文化11(1814)年～明治22(1889)年
江戸時代後期～明治期の僧侶。
¶姓氏群馬

**石敬**　せきけい
文化6(1809)年～明治11(1878)年　㊔石敬碩敬(せきけいせきけい)
江戸時代末期～明治期の僧侶。鎌倉建長寺住持、建長寺派初代管長を兼任。
¶神奈川人(石敬碩敬　せきけいせきけい)，幕末(石敬碩敬　せきけいせきけい)，幕末大(せきけい(せきけい))

**積桂自徳**　せきけいじとく
→自徳(じとく)

**石敬碩敬**　せきけいせきけい
→石敬(せきけい)

**石源通祚尼** せきげんつうそに
寛政4(1792)年～天保4(1833)年8月13日
江戸時代後期の黄檗宗の尼僧。
¶黄檗

**関縈巓** せきごうてん
文化11(1814)年～明治24(1891)年
江戸時代後期～明治期の臨済宗の僧。
¶姓氏愛知

**赤山明神** せきさんみょうじん
平安時代前期の天台宗の護法三十番神の一つ。
¶角史，思想史，全書，対外，平家

**石室孝暢** せきしつこうちょう
→石室孝暢(いしむろこうちょう)

**石室善玖**(石室善久) せきしつぜんきゅう
永仁2(1294)年～元中6/康応1(1389)年9月25日
㊊石室善玖(せきしつぜんく)
鎌倉時代後期～南北朝時代の臨済宗の五山禅僧。
¶朝日(㊐永仁1(1293)年 ㊍康応1/元中6年9月25日(1389年10月14日))，角史，神奈川人，鎌倉(石室善久)，鎌室，国書，コン改，コン4，コン5，埼玉人，埼玉百，詩歌，新潮，人名，世人，茶道，日人，福岡百(せきしつぜんく)，仏教(㊐永仁1(1293)年)，山梨百

**石室善玖** せきしつぜんく
→石室善玖(せきしつぜんきゅう)

**関実叢** せきじつそう
嘉永4(1851)年～明治37(1904)年
明治期の僧侶。臨済宗妙心寺派管長を務めた。
¶人名，日人，明大1(㊐嘉永4(1851)年1月1日 ㊍明治37(1904)年10月21日)

**石車戒輗**(石車戒轎) せきしゃかいげい
正徳5(1715)年～天明4(1784)年3月22日
江戸時代中期の黄檗宗の僧。
¶黄檗，国書(石車戒轎)

**石城** せきじょう
? ～元治1(1864)年12月18日
江戸時代末期の僧。
¶維新，新潮，人名，日人(㊍1865年)

**石丈元高** せきじょうげんこう
寛永8(1631)年～元禄4(1691)年7月29日
江戸時代前期～中期の黄檗宗の僧。
¶黄檗

**赤城真景尼** せきじょうしんけいに
宝暦6(1756)年～文化4(1807)年12月20日
江戸時代中期～後期の黄檗宗の尼僧。
¶黄檗

**石心** せきしん
? ～天文8(1539)年5月10日
戦国時代の曹洞宗竜安寺の開山。
¶山梨百

**碩岑見髄** せきしんけんずい
? ～享保12(1727)年5月22日
江戸時代前期～中期の曹洞宗の僧。
¶国書

**石心宗玖** せきしんそうく
戦国時代～安土桃山時代の曹洞宗雲岫派の僧。
¶武田

**石水** せきすい
寛永7(1630)年～元禄2(1689)年
江戸時代前期の臨済宗の僧。
¶人名，日人，仏教(㊐寛永6(1629)年 ㊍元禄2(1689)年1月29日)

**関精拙** せきせいせつ
明治10(1877)年～昭和20(1945)年10月2日
明治～昭和期の臨済宗天竜寺派僧侶。天竜寺240世。
¶昭人，日人(㊐明治10(1877)年1月18日)，仏教

**石泉元澄** せきせんげんちょう
生没年不詳
江戸時代前期の黄檗宗の僧。
¶国書

**石窓** せきそう
→石窓衍劫(せきそうえんごう)

**石窓衍劫** せきそうえんきょう
→石窓衍劫(せきそうえんごう)

**石窓衍劫** せきそうえんごう，せきそうえんこう
享保9(1724)年～寛政11(1799)年9月28日 ㊊石窓(せきそう)，石窓衍劫(せきそうえんきょう)，衍劫(えんこう)
江戸時代中期の黄檗宗の僧。万福寺24世。
¶黄檗，岡山人(石窓 せきそう)，岡山百(せきそうえんこう)，岡山歴(石窓 せきそう)，人名(衍劫 えんこう)，長野歴(せきそうえんきょう)，仏教(㊍寛政11(1799)年9月16日)

**石叟円柱** せきそうえんちゅう
元中6/康応1(1389)年～長禄1(1457)年
室町時代の曹洞宗の僧。
¶戦辞(㊐康応1年9月9日(1389年9月28日) ㊍長禄1年7月8日(1457年7月29日))，仏教(㊐康応1/元中6(1389)年9月9日 ㊍康正3(1457)年7月8日)

**石叟徹周** せきそうてっしゅう
? ～明和5(1768)年10月4日
江戸時代中期の曹洞宗の僧。
¶国書

**石窓道鏗** せきそうどうこう，せきぞうどうこう
寛永12(1635)年～宝永1(1704)年5月5日
江戸時代前期～中期の黄檗宗の僧。
¶黄檗(㊐寛文15(1638)年)，静岡歴，姓氏静岡(せきぞうどうこう)

**石霜竜菖** せきそうりゅうしょう
延宝6(1678)年～享保13(1728)年6月14日
江戸時代前期～中期の臨済宗の僧。
¶国書

**関諦観** せきたいかん
文政3（1820）年9月13日～明治24（1891）年1月18日
江戸時代後期～明治期の僧侶。
¶真宗

**関竹三郎** せきたけさぶろう
明治4（1871）年～大正9（1920）年
明治～大正期のロシア正教徒、神学者。
¶伊豆，静岡歴，姓氏静岡

せ

**寂湛** せきたん★
明和7（1770）年～安政1（1854）年
江戸時代中期～末期の僧侶。
¶三重続

**石潭道顕** せきたんどうけん
？ ～延宝3（1675）年
江戸時代前期の黄檗宗の僧。
¶黄檗

**世木親喜** せきちかよし
明治期の神職。旧伊勢神宮外宮神主。
¶華請

**石宙永珊** せきちゅうえいさん
？ ～長享1（1487）年
室町時代の曹洞宗の僧。
¶戦辞（㉒長享1年1月26日（1487年2月19日）），仏教（㉒文明19（1487）年1月26日）

**石天童麟** せきてんどうりん
？ ～文政8（1825）年7月8日
江戸時代中期～後期の曹洞宗の僧。
¶国書

**関藤政信** せきとうまさのぶ
宝暦1（1751）年～文化5（1808）年7月8日
江戸時代中期～後期の医者・神職。
¶岡山歴，国書

**関根大見** せきねたいけん
明治5（1872）年～昭和20（1945）年
明治～昭和期の僧侶。
¶神奈川人

**関根大仙** せきねたいせん
明治35（1902）年～昭和49（1974）年
昭和期の僧侶。
¶神奈川人

**関根仁応** せきねにんのう
？ ～昭和18（1943）年9月17日
明治～昭和期の僧侶。
¶真宗

**関根秀演** せきねひでのぶ
江戸時代末期～明治期の僧侶。元興福寺学侶・春日大社新社司。
¶華請

**関根正雄** せきねまさお
大正1（1912）年8月14日～平成12（2000）年9月9日
昭和期の聖書学者。著書に「イスラエル宗教文化史」「旧約聖書文学史」など。
¶キリ，現朝，現執1期，現執2期，現情，コン改，コン4，コン5，新カト，新潮，世紀，日人

**関場理一** せきばりいち
昭和13（1938）年10月19日～
昭和～平成期の宗教運動家。
¶現情，平和

**関秀英** せきひでとし
江戸時代末期～明治期の僧侶。元興福寺学侶・春日大社新社司。
¶華請

**石屏子介** せきびょうしかい
？ ～弘和1/永徳1（1381）年 ㊗石屏子介（しっぺいしかい，しっぺいすかい）
南北朝時代の臨済宗の僧。
¶熊本百（しっぺいすかい），国書（しっぺいしかい 生没年不詳），姓氏山口（しっぺいしかい 生没年不詳），仏教

**関平右衛門** せきへいえもん
弘化2（1845）年～大正10（1921）年
江戸時代末期～大正期の名主。鎌倉宮宮司となる。日本実業銀行創設。
¶神奈川人，幕末，幕末大

**関牧翁** せきぼくおう
明治36（1903）年4月15日～平成3（1991）年2月13日
昭和期の宗教家。臨済宗天竜寺派管長を務める。
¶郷土群馬，群馬人，現情，現人，世紀，姓氏群馬，日人，仏教

**関目琴季** せきめことすえ
昭和期の神職。
¶神人

**関本素康** せきもとそこう
明治14（1881）年～昭和9（1934）年
明治～昭和期の教育者。
¶静岡歴，姓氏静岡

**関本諦承** せきもとたいしょう
万延1（1860）年～昭和13（1938）年
明治～昭和期の浄土宗西山派僧侶。粟生光明寺70世。
¶学校，郷土和歌山，昭人，仏教，明大1，和歌山人

**関本天山** せきもとてんざん
明治14（1881）年7月10日～昭和9（1934）年12月25日
明治～昭和期の僧。青竜寺住職。
¶伊豆

**関守一** せきもりかず
天保1（1830）年12月13日～明治15（1882）年3月4日
江戸時代末期～明治期の神官。神仏分離、神道理念の普及に尽力。
¶維新，国書，神人，姓氏富山，幕末（㊤1831年1月26日），幕末大（㊤天保1（1831）年12月13

日），明大1

**関守次　せきもりつぐ**
明治26（1893）年～昭和40（1965）年
大正～昭和期の神職。
¶神奈川人

**関文奕　せきもんえき**
文政2（1819）年8月1日～明治31（1898）年12月31日　[別]文奕（もんえき），文奕無学（もんえきむがく），無学文奕（むがくぶんえき）
江戸時代末期～明治期の臨済宗僧侶。妙心寺派管長。
¶岐阜百（文奕無学　もんえきむがく　[生]1815年），中濃（文奕無学），仏教（無学文奕　むがくぶんえき），仏人（[生]1818年　[没]1897年），仏人（文奕　もんえき），明大1

**石門海竜　せきもんかいりゅう**
延宝2（1674）年12月6日～寛延1（1748）年10月6日
江戸時代中期の黄檗宗の僧。
¶黄檗，国書

**石門元通　せきもんげんつう**
生没年不詳
江戸時代前期～中期の黄檗宗の僧。
¶黄檗

**石門慈昭　せきもんじしょう**
天保3（1832）年～明治37（1904）年
江戸時代後期～明治期の僧。
¶日人，明大1（[生]天保3（1832）年2月15日　[没]明治37（1904）年9月20日）

**石門宗硬　せきもんそうこう**
？　～元和4（1618）年
安土桃山時代～江戸時代前期の大光山聖寿寺の中興開山。
¶青森人

**関屋綾子　せきやあやこ**
大正4（1915）年9月12日～平成14（2002）年10月13日
昭和期の平和運動家。日本YWCA会長。ビキニ水爆実験以来、キリスト教信者の立場から反核・平和運動に携わる。
¶現朝，新宿女，世紀，日人，平和

**関谷出雲　せきやいずも**
？　～天保12（1841）年
江戸時代後期の宮大工。
¶群馬人，美建

**関屋正彦　せきやまさひこ**
明治37（1904）年11月13日～平成6（1994）年8月27日
明治～平成期のYMCA会員、聖公会司祭。FOR（友和会）書記長。
¶日Y

**関山盛衆　せきやませいしゅう**
明治6（1873）年～昭和27（1952）年
明治～昭和期の川崎で興した新興宗教、新明国上教の教祖。
¶姓氏神奈川

**施暁　せぎょう**
？　～延暦23（804）年
平安時代前期の僧。
¶古人（[生]？），人名，日人，仏教，平史

**石蘭崖　せきらんがい**
文政3（1820）年～明治16（1883）年
江戸時代後期～明治期の僧。高山浄林寺住職14世。
¶姓氏山口

**石梁仁恭　せきりょうにんきょう**
文永3（1266）年～＊
鎌倉時代後期の僧。
¶鎌室（[没]建武1（1334）年），長野歴（[没]正中1（1324）年），日人（[没]1335年），仏教（[没]建武1（1334）年12月18日）

**是空　ぜくう**
寛文11（1671）年～享保13（1728）年
江戸時代前期～中期の浄土真宗の僧。
¶国書

**世毫**（世豪）**　せごう**
承保3（1076）年～仁平3（1153）年5月4日
平安時代後期の真言宗の僧。
¶古人（世豪），仏教，平史（世豪）

**世古直紹　せこなおつぐ**
生没年不詳
江戸時代中期の神職。
¶国書

**是算　ぜさん**
？　～寛仁2（1018）年
平安時代中期の天台宗の僧。
¶古人（[生]？），姓氏京都，平史

**是山　ぜざん**
享保17（1732）年2月15日～＊
江戸時代中期～後期の僧侶。
¶秋田人2（[没]文化8年7月15日），秋田百（[没]文化9（1812）年）

**施秀　せしゅう**
平安時代前期の東大寺僧。
¶古人，平史（生没年不詳）

**是性　ぜしょう**
生没年不詳
鎌倉時代後期の僧侶・連歌作者。
¶国書

**瀬成世眼　せじょうせげん**
安政2（1855）年～昭和6（1931）年2月24日　[別]瀬成世眼（せなりせげん）
江戸時代末期～昭和期の僧侶。
¶真宗，姓氏富山（せなりせげん）

**是信　ぜしん**
？　～文永3（1266）年10月14日
鎌倉時代前期の浄土真宗の僧。親鸞の直弟。
¶仏教

せ

**是真　ぜしん**
寛政7(1795)年～明治5(1872)年
江戸時代末期～明治期の歌僧。
¶国書([生]寛政7(1795)年1月1日　[没]明治5(1872)年8月19日)，人名，日人，和俳

**是信房　ぜしんぼう**
承安2(1172)年～正嘉2(1258)年
平安時代後期～鎌倉時代後期の僧。親鸞の弟子。
¶岩手人，岩手百，姓氏岩手



**是湛　ぜたん**
江戸時代中期の浄土宗の僧。
¶国書([生]延宝6(1678)年　[没]宝暦11(1761)年7月22日)，仏教([生]寛文6(1666)年　[没]寛延2(1749)年)

**切阿　せつあ**
生没年不詳
南北朝時代の僧侶・連歌作家。
¶国書

**拙庵　せつあん**
宝暦1(1751)年～天保1(1830)年
江戸時代後期の高僧。
¶人名

**雪庵宗圭　せつあんそうけい**
慶長2(1597)年～延宝3(1675)年
江戸時代前期の臨済宗の僧。大徳寺182世。
¶国書([没]延宝3(1675)年10月4日)，仏教([没]延宝3(1675)年10月)

**雪庵素潤　せつあんそじゅん**
生没年不詳
江戸時代中期の僧侶。
¶国書

**節庵良筠　せつあんりょういん**
長禄2(1458)年～天文10(1541)年11月23日
[別]節菴良筠(せつあんりょうきん)，良筠(りょうきん)
戦国時代の曹洞宗の僧。
¶国書，埼玉人([生]長禄2(1458)年4月15日　[没]天文13(1544)年10月28日)，人名(節菴良筠　せつあんりょうきん)，日人，仏教([生]長禄2(1458)年4月15日)，仏人(良筠　りょうきん)

**節菴良筠　せつあんりょうきん**
→節庵良筠(せつあんりょういん)

**雪円　せつえん**
生没年不詳
戦国時代の画僧。
¶日人

**雪欧　せつおう★**
～文久3(1863)年
江戸時代後期～末期の僧、書家。
¶三重続

**絶外　ぜつがい**
？　～元禄14(1701)年11月9日
江戸時代前期～中期の護国山曹源寺の開山。
¶岡山歴

**絶崖宗卓　ぜつがいしゅうたく**
→絶崖宗卓(ぜつがいそうたく)

**絶崖宗卓　ぜつがいそうたく**
？　～建武1(1334)年　[別]絶崖宗卓(ぜつがいしゅうたく)
鎌倉時代後期の僧。
¶鎌室，人名(ぜつがいしゅうたく)，日人，仏教([没]建武1(1334)年6月27日)

**絶海祖船　ぜっかいそせん**
？　～文政3(1820)年
江戸時代中期～後期の曹洞宗の僧。
¶国書

**絶海中津　ぜっかいちゅうしん**
建武3/延元1(1336)年～応永12(1405)年4月5日
[別]中津(ちゅうしん)，蕉堅道人(しょうけんどうにん)，浄印翊聖国師(じょういんいきしょうこくし)，絶海(ぜっかい)，仏智広照国師(ぶっちこうしょうこくし)，要関中津(ようかんちゅうしん)
南北朝時代～室町時代の臨済宗の僧、五山文学僧。義堂周信とならぶ五山文学の双璧。
¶朝日([生]建武3/延元1年11月13日(1336年12月16日)　[没]応永12年4月5日(1405年5月3日))，岩史([生]建武3(1336)年11月13日)，角史，鎌倉，鎌倉新([没]応永12(1405)年4月3日)，鎌室([生]建武1(1334)年)，京都，京都大，高知人，高知百，国史，国書([生]建武3(1336)年11月13日)，古中，コン改，コン4，コン5，詩歌，詩作([生]建武3(1336)年11月13日)，史人([生]1336年11月13日)，思想史，重要([生]延元1/建武3(1336)年1月15日)，新潮([没]応永12(1405)年4月3日)，人名，姓氏京都，世人([生]延元1/建武3(1336)年1月15日)，全書，対外，大百，茶道，中世，徳島百，徳島歴([没]応永8(1401)年)，内乱([生]建武2(1335)年)，日思，日史([生]建武3/延元1(1336)年11月13日)，日人，百科，仏教([生]建武3/延元1(1336)年11月13日)，仏史，仏人(中津　ちゅうしん)，平日([生]1336　[没]1405)，室町([生]建武1(1334)年)，名僧，山川小([生]1336年11月13日)，山梨百([生]建武3(1336)年1月15日)，歴大，和俳

**節外万貞　せつがいばんてい**
？　～安永2(1773)年8月27日
江戸時代中期の曹洞宗の僧。
¶国書

**絶学了為　ぜつがくりょうい**
？　～享保11(1726)年1月6日
江戸時代前期～中期の曹洞宗の僧。
¶国書

**拙巌**(拙嵓)　**せつがん**
寛政3(1791)年～万延1(1860)年6月23日
江戸時代末期の浄土真宗の僧。
¶国書，人名(拙嵓　[生]？)，日人，仏教，仏人([生]1790年)

**雪巌** せつがん
宝暦(1751〜1764)年〜？
江戸時代中期〜後期の浄土真宗の僧、漢詩人。
¶国書(生没年不詳)，人名，日人(生没年不詳)，仏教([生]宝暦年間(1751〜1764年))

**絶巌運奇** ぜつがんうんき
生没年不詳
南北朝時代の臨済宗の僧。
¶日人，仏教

**雪関紹珠** せっかんしょうじゅ
明和3(1766)年〜天保6(1835)年2月3日
江戸時代中期〜後期の臨済宗の僧。
¶仏教

**節巌道円** せつがんどうえん
慶長12(1607)年〜延宝3(1675)年5月13日
江戸時代前期の臨済宗の僧。
¶仏教

**雪巌侑松** せつがんゆうしょう
？ 〜文明18(1486)年
室町時代の曹洞宗の僧。
¶日人，仏教([没]文明18(1486)年5月24日)

**赤脚子** せっきゃくし
室町時代の画僧。明兆の弟子。
¶朝日(生没年不詳)，人名，日人(生没年不詳)，美家

**質休宗文** ぜっきゅうそうもん
寛永10(1633)年〜貞享3(1686)年11月28日
江戸時代前期の臨済宗の僧。大徳寺239世。
¶仏教

**雪岑** せつぎん
大永2(1522)年〜？　[別]津興(しんこう)
戦国時代の僧。
¶沖縄百，戦人

**積桂自徳** せっけいじとく
→自徳(じとく)

**折桂全衷** せっけいぜんちゅう
？ 〜天文9(1540)年
戦国時代の曹洞宗の僧。
¶日人，仏教([没]天文9(1540)年2月14日)

**雪渓宗雪** せっけいそうせつ
慶長17(1612)年〜寛文9(1669)年3月23日
江戸時代前期の臨済宗の僧。大徳寺213世。
¶仏教

**雪广** せっけん
→雪广海潤(せっけんかいじゅん)

**雪广海潤** せっけんかいじゅん，せつげんかいじゅん
慶安2(1649)年〜宝永5(1708)年　[別]雪广(せっけん)
江戸時代前期〜中期の黄檗宗の僧。
¶愛媛(雪广　せっけん)，愛媛百(雪广　せっけん)，長崎歴(せつげんかいじゅん)，仏教([没]宝永5(1708)年1月6日)

**雪航孜純** せっこうしじゅん
文化3(1806)年〜明治4(1871)年7月8日
江戸時代末期〜明治期の臨済宗僧侶。
¶仏教

**雪江宗深** せっこうしゅうじん
→雪江宗深(せっこうそうしん)

**石耕俊山** せっこうしゅんざん
万延1(1860)年〜大正7(1918)年
明治〜大正期の僧。朝見郷の古刹・長松寺の第15世住職。
¶大分歴

**雪江真悼** せっこうしんとう
生没年不詳
江戸時代後期の黄檗宗の僧。
¶国書

**雪江宗深** せっこうそうしん，せっこうそうじん
応永15(1408)年〜文明18(1486)年6月2日　[別]宗深(しゅうじん，そうしん，そうじん)，雪江宗深(せっこうしゅうじん)
室町時代〜戦国時代の僧。臨済宗京都妙心寺の中興。
¶朝日([没]文明18年6月2日(1486年7月3日))，鎌室，国史，国書，古中，コン改，コン4，コン5，史人，新潮([没]文明18(1486)年6月24日)，人名(せっこうしゅうじん)，姓氏京都，世人(せっこうそうじん)，全書，戦人(宗深　そうしん)，大百(せっこうそうじん)，日史，日人，百科，仏教，仏史，仏人(宗深　しゅうじん)

**雪江道熹** せっこうどうき
寛永15(1638)年〜正徳3(1713)年5月26日
江戸時代前期〜中期の黄檗宗の僧。
¶黄檗

**節香徳忠** せっこうとくちゅう
*〜永禄13(1570)年2月15日
戦国時代の曹洞宗の僧。
¶郷土長野([生]1476年)，国書([生]文明7(1475)年)，人名，姓氏長野([生]1474年)，長野百([生]？)，長野歴([生]文明6(1474)年)，日人([生]1475年)，仏教([生]文明7(1475)年)

**雪光良訓** せっこうりょうくん
生没年不詳
戦国時代の曹洞宗の僧。
¶仏教

**雪斎** せっさい
→太原崇孚(たいげんすうふ)

**説三** せっさん
生没年不詳
戦国時代の僧。円光院開山。
¶山梨百

**節山**(1) せつざん
生没年不詳
江戸時代中期の浄土真宗の僧。
¶仏教

**節山(2) せつざん**
？ ～文政4（1821）年
江戸時代中期～後期の臨済宗妙心寺派の僧、漢詩人。下野英厳寺和尚。
¶栃木歴

**説三恵燦 せっさんえさん**
戦国時代の府中円光院住職。
¶武田

**雪山鶴曇 せっさんかくどん**
？ ～慶安2（1649）年
江戸時代前期の曹洞宗の僧。
¶日人，仏教（㊀慶安2（1649）年9月10日）

**説山宗璨 せっさんそうさん**
生没年不詳
室町時代～戦国時代の臨済宗の僧。
¶仏教

**雪子元鶴 せっしげんかく**
？ ～延宝9（1681）年4月25日
江戸時代前期の黄檗宗の僧。
¶黄檗，国書

**雪舟 せっしゅう**
→雪舟等楊（せっしゅうとうよう）

**拙宗 せつしゅう**
室町時代の画僧。
¶岡山歴

**絶宗 ぜつしゅう★**
宝永6（1709）年～寛政7（1795）年8月14日
江戸時代中期・後期の曹洞宗の名僧。
¶秋田人2

**雪岫瑞秀 せっしゅうずいしゅう**
生没年不詳
室町時代の臨済宗の僧。
¶国書

**雪岫宗秀 せっしゅうそうしゅう**
生没年不詳
室町時代～戦国時代の臨済宗の僧。
¶仏教

**雪舟等楊 せっしゅうとうよう，せつしゅうとうよう**
応永27（1420）年～永正3（1506）年 ㊕拙宗等揚（せっそうとうよう），雪舟（せっしゅう）
室町時代～戦国時代の僧、画家。明に渡り山水画を学び、日本の水墨画を完成させた。
¶朝日（㊀永正3（1506）年？），岩史（㊀永正3（1506）年？），大分百（雪舟 せっしゅう ㊀？），大分歴，岡山，岡山人（雪舟 せっしゅう），岡山歴（雪舟 せっしゅう ㊀永正3（1506）年？），角史（雪舟 せっしゅう），京都，京都大，京都府，国史（㊀？），国書（㊀永正3（1506）年2月18日），古中（㊀？），コン改，コン4，コン5，史人（雪舟 せっしゅう ㊀1502年，（異説）1506年），思想史（㊀永正3（1506）年？），島根人（雪舟 せっしゅう），島根百，島根歴，重要（雪舟 せっしゅう ㊀永正3（1506）年8月8日），人書79，人書94，新潮（拙宗等揚 せっそうとうよう 生没年不詳），新潮（雪舟 せっしゅう），人名，姓氏京都（せつしゅうとうよう），姓氏山口（雪舟 せっしゅう），世人（㊀永正3（1506）年8月8日），世百，全書（雪舟 せっしゅう），戦人（雪舟 せっしゅう），対外（㊀？），大百，茶道，中世（雪舟 せっしゅう ㊀？），伝記，日思（雪舟 せっしゅう），日史（雪舟 せっしゅう），日人（拙宗等揚 せっそうとうよう 生没年不詳），日人，美家（㊀？），美術（雪舟 せっしゅう ㊀永正3（1506）年？），百科（雪舟 せっしゅう ㊀永正3（1506）年頃），仏教，仏史（㊀？），仏人（雪舟 せっしゅう），平日（雪舟 せっしゅう ㊐1420 ㊀1506），室町（雪舟 せっしゅう ㊀？），名画，山川小（雪舟 せっしゅう ㊀1502年，1506年），山口百（雪舟 せっしゅう），歴大（雪舟 せっしゅう ㊀1506年ころ）

**摂受吐月 せつじゅとげつ**
文化8（1811）年～明治27（1894）年2月21日
江戸時代後期～明治期の僧侶。
¶真宗

**絶照智光 ぜっしょうちこう**
生没年不詳
室町時代の臨済宗の僧。
¶仏教

**摂信 せっしん**
→華園摂信（はなぞのせっしん）

**雪心 せっしん**
～文明3（1471）年
室町時代の曹洞宗の僧。
¶高知人

**説心慈宣 せっしんじせん**
？ ～寛永3（1626）年10月2日
安土桃山時代～江戸時代前期の臨済宗の僧。
¶国書

**雪心真昭 せっしんしんしょう**
？ ～応永2（1395）年11月1日
南北朝時代の曹洞宗の僧。
¶仏教

**雪心白痴 せっしんはくち**
*～寛保1（1741）年6月9日
江戸時代前期～中期の曹洞宗の僧。
¶国書（㊐延宝3（1675）年9月），姓氏石川（㊐？）

**雪岑梵崟 せっしんぼんきん**
？ ～寛文3（1663）年3月30日
江戸時代前期の臨済宗の僧。
¶国書5

**雪窓(1) せっそう**
→雪窓鳳積（せっそうほうせき）

**雪窓(2) せっそう**
天正17（1589）年～慶安2（1649）年
安土桃山時代～江戸時代前期の臼杵城下多福寺の住僧。長崎でキリスト教排斥活動を行った。

¶大分歴

**雪象** **せつぞう**
？ ～天保12（1841）年
江戸時代後期の浄土真宗の僧。
¶国書

**雪叟一純** **せっそういちじゅん**
天授3/永和3（1377）年～康正1（1455）年
室町時代の曹洞宗の僧。
¶日人，仏教（[没]享徳4（1455）年4月15日）

**雪巣元泰** **せっそうげんたい**
寛文6（1666）年～寛保1（1741）年8月26日
江戸時代中期の黄檗宗の僧。
¶黄檗

**雪叟紹立** **せっそうしょうりゅう**
生没年不詳
室町時代の臨済宗の僧。
¶仏教

**雪窓宗崔** **せっそうそうさい**
天正17（1589）年～慶安2（1649）年
江戸時代前期の僧。豊後直入郡生まれ。
¶朝日（[没]慶安2年3月25日（1649年5月6日）），岩史（[没]慶安2（1649）年3月25日），国書（[没]慶安2（1649）年3月25日），コン4，コン5，思想史，日人

**拙宗等揚** **せっそうとうよう**
→雪舟等楊（せっしゅうとうよう）

**雪窓鳳積** **せっそうほうしゃく**
→雪窓鳳積（せっそうほうせき）

**雪窓鳳積** **せっそうほうせき**
？ ～天文7（1538）年 [別]雪窓（せっそう），雪窓鳳積（せっそうほうしゃく），鳳積（ほうしゃく）
戦国時代の曹洞宗の僧。
¶人名，戦辞（[没]天文7年8月13日（1538年9月6日）），戦人（雪窓 せっそう），日人（せっそうほうしゃく），仏教（[没]天文7（1538）年8月13日）

**雪窓祐補** **せっそうゆうほ，せつそうゆうほ**
？ ～天正4（1576）年
戦国時代の曹洞宗の僧。
¶姓氏石川（せつそうゆうほ），日人，仏教（[没]天正4（1576）年4月14日）

**雪村** **せっそん**
→雪村周継（せっそんしゅうけい）

**雪村周継** **せっそんしゅうけい，せつそんしゅうけい**
永正1（1504）年～？ [別]雪村（せっそん）
戦国時代～安土桃山時代の禅僧、画家。
¶会津，朝日（生没年不詳），茨城歴（生没年不詳），岩史（生没年不詳），角史（雪村 せっそん 生没年不詳），神奈川人，鎌倉新（生没年不詳），郷土茨城（せつそんしゅうけい 生没年不詳），京都大，国史（生没年不詳），国書（生没年不詳），古中（生没年不詳），コン改（生没年不詳），コン4（生没年不詳），コン5，史人（雪村 せっそん 生没年不詳），思想史，人書79，人書94（生没年不詳），新潮（生没年不詳），人名，世人（[生]永正1（1504）年？），世百，戦辞（生没年不詳），全書（雪村 せっそん），戦人（雪村 せっそん 生没年不詳），大百，茶道，日史（雪村 せっそん），日人，美家，美術（雪村 せっそん 生没年不詳），百科（雪村 せっそん 生没年不詳），福島百，仏教（[生]永正1（1504）年？），平日（雪村 せっそん [生]1504），名画，山川小（雪村 せっそん），歴大（生没年不詳）

**雪村道香** **せっそんどうこう**
承応1（1652）年～享保3（1718）年10月12日
江戸時代前期～中期の黄檗宗の僧。
¶黄檗，国書

**雪村友梅** **せっそんゆうばい**
正応3（1290）年～正平1/貞和2（1346）年12月2日
[別]友梅（ゆうばい），宝覚真空禅師（ほうかくしんくうぜんじ）
鎌倉時代後期～南北朝時代の臨済宗の僧。一山一寧の法嗣。
¶朝日（[没]貞和2/正平1年12月2日（1347年1月14日）），岩史，角史，神奈川人，鎌室，京都（[生]正応2（1289）年），京都大，国史，国書，古中，コン改，コン4，コン5，詩歌，詩作（[没]正平1（1347）年12月2日），史人，新潮，人名，姓氏京都，姓氏長野，世人，世百，全書，対外，大百，茶道，長野百，長野歴，日史，日人（[没]1347年），百科，兵庫百，仏教，仏史，仏人（友梅 ゆうばい），室町，歴大，和俳

**雪丹** **せったん**
生没年不詳
戦国時代の画僧。
¶日人

**雪潭紹璞** **せったんしょうぼく**
*～明治6（1873）年9月18日
江戸時代末期～明治期の臨済宗の僧。
¶国書（[生]享和1（1801）年），人名（[生]1796年 [没]1868年），日人（[生]1801年），仏教（[生]文化9（1812）年）

**雪譚豊玉** **せったんほうぎょく**
生没年不詳
江戸時代前期の臨済宗の僧。
¶国書

**説通智幢** **せっつうちどう**
？ ～嘉吉2（1442）年3月9日
室町時代の曹洞宗の僧。
¶岡山歴，仏教

**雪鼎** **せってい**
享保1（1716）年～？
江戸時代中期の山城円徳寺の僧。
¶国書（生没年不詳），人名

**雪庭春積** **せっていしゅんせき**
生没年不詳
江戸時代前期の曹洞宗の僧。

¶国書

**雪田** せつでん
文明17(1485)年～永禄11(1568)年1月9日
戦国時代～安土桃山時代の僧侶。
¶山梨百

**雪田宗岳** せつでんそうがく
？ ～永禄11(1568)年
安土桃山時代の曹洞宗の僧。
¶武田

せ

**雪濤** せっとう
宝暦12(1762)年～天保14(1843)年5月6日
江戸時代後期の僧。
¶岡山人，岡山歴

**説道** せつどう
天正7(1579)年～万治2(1659)年4月11日
江戸時代前期の浄土宗の僧。
¶仏教

**雪堂** せつどう
？ ～元禄8(1695)年11月23日
江戸時代前期～中期の臨済宗の僧。
¶国書

**拙堂** せつどう★
～元禄6(1693)年
江戸時代前期～中期の僧侶。
¶三重続

**雪堂海瓊** せつどうかいけい
明・永暦5(1651)年～貞享3(1686)年2月16日
江戸時代前期の黄檗宗の僧。
¶仏教

**拙堂元刮** せつどうげんかつ
？ ～嘉永5(1852)年12月16日
江戸時代末期の臨済宗の僧。建長寺221世。
¶仏教

**拙堂元劼** せつどうげんかつ
？ ～嘉永6(1853)年
江戸時代後期の僧。
¶日人

**雪洞玄岩** せつどうげんがん
元文1(1736)年～文化8(1811)年
江戸時代中期～後期の僧侶・俳人。
¶多摩

**拙堂元劫** せつどうげんこう
寛政5(1793)年～嘉永5(1852)年
江戸時代後期の僧。建長寺の221世住持。
¶神奈川人，鎌倉

**拙堂宗清** せつどうそうせい
寛永8(1631)年～宝永1(1704)年6月22日
江戸時代前期～中期の臨済宗の僧。大徳寺230世。
¶仏教

**節堂祖忠** せつどうそちゅう
生没年不詳
室町時代の曹洞宗の僧。
¶日人，仏教

**拙道道徴** せつどうどうちょう
元和3(1617)年～寛文10(1670)年8月23日
江戸時代前期の黄檗宗の僧。
¶黄檗

**拙堂如雲** せつどうにょうん
享保6(1721)年～安永8(1779)年8月16日
江戸時代中期の狂歌僧。
¶黄檗

**雪念** せつねん
天正2(1574)年～寛永17(1640)年9月18日
安土桃山時代～江戸時代前期の浄土宗の僧。増上寺20世。
¶仏教

**雪鳳** せつほう★
享保9(1724)年～寛政6(1794)年11月2日
江戸時代中期・後期の僧。曹洞禅風を全国に広めた。
¶秋田人2

**雪峯元瑞** せっぽうげんずい
生没年不詳
江戸時代前期の黄檗宗の僧。
¶黄檗

**絶方祖脩**(絶峰祖脩) ぜっぽうそちょう
？ ～文亀2(1502)年9月5日
室町時代～戦国時代の曹洞宗の僧。
¶国書(絶峰祖脩)，人名，長野歴，日人，仏教

**摂門** せつもん
天明2(1782)年～天保10(1839)年8月6日
江戸時代後期の浄土宗の僧。
¶仏教

**雪聞** せつもん
生没年不詳
江戸時代中期の曹洞宗の僧。
¶国書

**雪門元亨** せつもんげんこう
寛永15(1638)年～享保10(1725)年3月21日
江戸時代前期～中期の黄檗宗の僧。
¶黄檗，国書

**雪嶺永瑾** せつれいえいきん
文安4(1447)年～天文6(1537)年　㊀永瑾(えいきん)，識盧(しきろ)，雪嶺(せつれい)
戦国時代の臨済宗の僧。
¶国書(㊀天文6(1537)年9月8日)，人名(㊀？)，戦人(永瑾　えいきん　生没年不詳)，日人，仏教(生没年不詳)

**是哲** ぜてつ
天正7(1579)年～明暦2(1656)年12月7日
江戸時代前期の浄土宗の僧。
¶仏教

**是徹** ぜてつ
? ～延元3/暦応1 (1338) 年3月1日
鎌倉時代後期～南北朝時代の臨済宗僧侶。
¶埼玉人

**是伝** ぜでん
? ～寛文6 (1666) 年12月18日
江戸時代前期の浄土宗の僧。
¶仏教

**瀬戸内寂聴** せとうちじゃくちょう
大正11 (1922) 年5月15日～? ㊊瀬戸内晴美 (せとうちはるみ), 三谷晴美 (みたにはるみ)
昭和期の小説家、尼僧。寂庵庵主、天台寺住職、天台宗権大僧都。
¶京都文, 近女, 近文 (瀬戸内晴美　せとうちはるみ), 現朝, 現執1期 (瀬戸内晴美　せとうちはるみ), 現執2期 (瀬戸内晴美　せとうちはるみ), 現執3期, 現執4期, 現情 (瀬戸内晴美　せとうちはるみ), 現人 (瀬戸内晴美　せとうちはるみ), 現日 (瀬戸内晴美　せとうちはるみ), 現文 (瀬戸内晴美　せとうちはるみ), コン4, コン5, 作家 (瀬戸内晴美　せとうちはるみ), 滋賀文, 四国文, 少女 (三谷晴美　みたに (せとうち) はるみ), 小説, 女文 (瀬戸内晴美　せとうちはるみ (じゃくちょう)), 新潮 (瀬戸内晴美　せとうちはるみ), 新文 (瀬戸内晴美　せとうちはるみ), 世紀, 全書 (瀬戸内晴美　せとうちはるみ), 短歌, 東北近, 奈良文 (瀬戸内晴美　せとうちはるみ), 日児, 日女, 日人, 文学 (瀬戸内晴美　せとうちはるみ), 平和, 北海道文 (瀬戸内晴美　せとうちはるみ), ポプ人, マス89 (瀬戸内晴美　せとうちはるみ), 履歴, 履歴2

**瀬戸内晴美** せとうちはるみ
→瀬戸内寂聴 (せとうちじゃくちょう)

**瀬成世眼** せなりせげん
→瀬成世眼 (せじょうせげん)

**瀬沼永真** せぬまえいしん
大正6 (1917) 年3月10日～平成15 (2003) 年2月9日
昭和～平成期の僧侶、政治家。小平市長、延命寺住職。
¶現政

**瀬沼恪三郎** せぬまかくさぶろう, せぬまかくざぶろう
慶応4 (1868) 年6月27日～昭和20 (1945) 年8月
明治～昭和期の神学者。トルストイと文通し、尾崎紅葉とともに「アンナ＝カレーニナ」を翻訳。
¶海越, 海越新, キリ (せぬまかくざぶろう　㊐昭和28 (1953) 年7月), 世紀, 渡航 (㊐1953年7月), 日人, 明大2

**瀬野勇** せのいさむ
明治17 (1884) 年2月8日～昭和58 (1983) 年9月30日
明治～昭和期のカトリック教徒。札幌教区3代目教区長。
¶新カト

**妹尾義郎** せのおぎろう
明治22 (1889) 年12月16日～昭和36 (1961) 年8月4日 ㊊妹尾義郎 (せのおよしお)
大正～昭和期の仏教社会運動家。新興仏教青年同盟を結成。仏教社会主義同盟を結成。共産党に入党。
¶革命, 神奈川人 (せのおよしお), 近現, 近文, 現朝, 現情, 現人, 国史, コン改, コン4, コン5, 史人, 思想史, 社運 (㊀1890年), 社史, 昭人, 新潮, 世紀, 世百新, 哲学, 日エ, 日史, 日人, 日本, 百科, 広島百, 仏教, 仏人, 平和, 民学, 履歴, 履歴2, 歴大

せ

**妹尾義郎** せのおよしお
→妹尾義郎 (せのおぎろう)

**妹尾良彦** せのおよしひこ
明治19 (1886) 年～昭和16 (1941) 年
明治～昭和期の中学教師、神職。
¶神人

**施平** せひょう
? ～天長9 (832) 年 ㊊施平 (せへい)
平安時代前期の法相宗の僧。
¶古人 (せへい　㊀?　㊐833年), 人名 (せへい), 日人, 仏教, 平史 (せへい)

**施平** せへい
→施平 (せひょう)

**是法** ぜほう
生没年不詳
鎌倉時代後期～南北朝時代の浄土宗の僧。
¶国書, 仏教

**是夢** ぜむ
生没年不詳
江戸時代末期の俳人。天台宗の僧。
¶国書

**施薬院全宗** せやくいんぜんそう
→施薬院全宗 (やくいんぜんそう)

**世良利貞** せらとしさだ
文化13 (1816) 年～明治11 (1878) 年3月17日
江戸時代末期～明治期の国学者、故実家。供膳の故実に詳しい。大教院における教典編集に携わる。
¶国書, 新潮, 人名, 日人, 幕末, 幕末大

**芹沢浩** せりざわひろし
? ～昭和8 (1933) 年
大正期のキリスト教牧師。
¶社史

**仙阿** せんあ
生没年不詳
鎌倉時代の僧。時宗奥谷派の祖。
¶国史, 古中, 日人, 仏史

**善阿** ぜんあ
生没年不詳 ㊊善阿 (ぜんな)
鎌倉時代後期の連歌師。
¶朝日 (ぜんな　㊐正和1 (1312) 年, (異説) 正和2 (1313) 年), 国史, 国書, 古中, 史人 (ぜんな),

人名，姓氏京都，世人，全書，大百（ぜんな㊀1313年），日人，俳句（ぜんな），俳文（ぜんな），歴大（ぜんな），和俳（㊀正和2（1313）年）

**然阿** ぜんあ
→良忠(2)（りょうちゅう）

**専阿弥陀仏** せんあみだぶつ
生没年不詳
鎌倉時代前期の絵師。藤原信実の子。
¶史人，重要，美家

せ

**全庵一蘭** ぜんあんいちりん
？～文明1（1469）年
室町時代の曹洞宗の僧。
¶日人，仏教（㊀応仁3（1469）年2月14日）

**宣安明言** せんあんみょうげん
永正5（1508）年～慶長2（1597）年　㊀宣安明言（せんあんみょうごん）
戦国時代～安土桃山時代の曹洞宗の僧。
¶人名（せんあんみょうごん），日人，仏教（㊀？㊀慶長2（1597）年7月3日）

**宣安明言** せんあんみょうごん
→宣安明言（せんあんみょうげん）

**善庵良置** ぜんあんりょうち
？～天正5（1577）年
安土桃山時代～江戸時代前期の曹洞宗の僧。
¶埼玉人，仏教（生没年不詳）

**専意** せんい
生没年不詳
江戸時代前期の天台宗の僧。
¶国書

**善以** ぜんい
生没年不詳
江戸時代中期の浄土真宗の僧。
¶国書

**善偉** ぜんい
元徳2（1330）年～応永2（1395）年7月20日
南北朝時代の浄土宗の僧。
¶仏教

**善意(1)** ぜんい
？～大治4（1129）年2月15日
平安時代後期の天台宗の僧。
¶古人（㊀？），仏教，平史

**善意(2)** ぜんい
元禄11（1698）年～安永4（1775）年2月23日
江戸時代中期の浄土真宗の僧。
¶国書（㊀正徳5（1715）年），仏教，ふる

**善為** ぜんい
生没年不詳
南北朝時代以前の僧侶・歌人。
¶国書

**禅意(1)** ぜんい
？～寛治3（1089）年
平安時代中期の天台宗の僧。
¶仏教

**禅意(2)** ぜんい
慶長1（1596）年～寛永13（1636）年1月6日
安土桃山時代～江戸時代前期の社僧・連歌作者。
¶国書

**泉一** せんいち
元弘1/元徳3（1331）年～元中7/明徳1（1390）年12月22日
南北朝時代の天台宗の僧。
¶仏教

**禅音** ぜんいん
生没年不詳
平安時代中期の群馬郡をほど寺の僧侶。
¶姓氏群馬

**禅雲** ぜんうん
大治4（1129）年～？
奈良時代～平安時代前期の華厳宗の僧。東大寺9世。
¶古人，栃木歴，仏教（生没年不詳），平史（生没年不詳）

**千恵** せんえ
生没年不詳
鎌倉時代後期の僧侶・歌人。
¶国書

**専慧** せんえ
文治2（1186）年～弘安2（1279）年12月12日
鎌倉時代前期の浄土真宗の僧。
¶仏教

**泉恵** せんえ
弘安8（1285）年～正平16/康安1（1361）年12月10日
鎌倉時代後期～南北朝時代の天台宗の僧。
¶国書，仏教

**詮慧** せんえ
生没年不詳　㊀詮慧（せんね）
鎌倉時代前期の僧。
¶鎌室，国書，人名，日人（せんね），仏教（せんね）

**禅恵(1)** ぜんえ
生没年不詳
平安時代後期の真言宗の僧。
¶日人，仏教，密教（㊀1100年以前　㊀1131年以後）

**禅恵(2)** ぜんえ
生没年不詳
室町時代の真言宗の僧。高野山検校119世。
¶仏教

**禅慧** ぜんえ
生没年不詳
鎌倉時代後期の僧。
¶鎌室，人名，仏教

**仙英** せんえい
*〜元治1(1864)年 ㊊仏洲仙英(ぶっしゅうせんえい)
江戸時代後期の吉祥院住職。
¶維新(㊐1782年), 国書(仏洲仙英 ぶっしゅうせんえい ㊐寛政6(1794)年 ㊥元治1(1864)年10月4日), 人名(仏洲仙英 ぶっしゅうせんえい ㊐1791年), 日人(仏洲仙英 ぶっしゅうせんえい ㊐1794年), 幕末(㊐1798年), 幕末大(㊐寛政6(1794)年)

**専英** せんえい
文治3(1187)年〜?
鎌倉時代前期の法相宗の僧。
¶国書, 仏教

**詮栄** せんえい
生没年不詳
江戸時代後期の天台宗の僧。
¶国書

**善栄**(1) ぜんえい
奈良時代の僧。
¶古代, 古代普, 仏教(生没年不詳)

**善栄**(2) ぜんえい
寛永9(1632)年〜元禄3(1690)年6月5日
江戸時代前期の浄土宗の僧。
¶仏教

**全栄** ぜんえい
〜寛政4(1792)年4月8日
江戸時代中期〜後期の僧侶。
¶庄内

**禅永** ぜんえい
弘治1(1555)年〜文禄4(1595)年
戦国時代〜安土桃山時代の社僧・連歌作者。
¶国書, 俳文

**禅睿** ぜんえい
平安時代後期の僧。
¶古人, 平史(生没年不詳)

**千英弘則尼** せんえいこうそくに
天明8(1788)年1月9日〜慶応2(1866)年4月27日
江戸時代後期の黄檗宗の尼僧。
¶黄檗

**仙英禅師** せんえいぜんじ
寛政3(1791)年〜元治1(1864)年
江戸時代後期〜末期の僧侶。
¶鳥取百

**善慧尋得** ぜんえじんとく
生没年不詳
江戸時代中期の僧侶。
¶国書

**善悦** ぜんえつ
生没年不詳
戦国時代の浄土宗の僧。
¶国書, 仏教

**宣円** せんえん
安元2(1176)年〜?
平安時代後期〜鎌倉時代前期の仏師。
¶古人(㊥?), 美建, 平史

**泉円** せんえん
生没年不詳
戦国時代の仏師。
¶神奈川人, 鎌倉, 戦辞, 美建

せ

**善円** ぜんえん
建久8(1197)年〜正嘉2(1258)年 ㊊善慶(ぜんけい)
鎌倉時代前期の仏師。善慶と同一人物。
¶朝日, 鎌室(生没年不詳), 鎌室(善慶 ぜんけい 生没年不詳), 国史(善慶 ぜんけい), 古人(㊥?), 古中(善慶 ぜんけい), 史人(善慶 ぜんけい), 新潮(生没年不詳), 新潮(善慶 ぜんけい ㊥正嘉2(1258)年7月), 人名, 人名(善慶 ぜんけい), 全書(生没年不詳), 大百, 日人(㊥?), 日人(善慶 ぜんけい), 美建(㊥正嘉2(1258)年7月), 仏教(㊥?), 仏教(善慶 ぜんけい), 仏史(善慶 ぜんけい), 平史(㊥?)

**詮雄** せんおう
慶長12(1607)年〜貞享4(1687)年
江戸時代前期の浄土宗の僧。鎌倉光明寺46世、増上寺28世。
¶仏教(㊥貞享4(1687)年7月8日), 三重続

**善往** ぜんおう
? 〜和銅4(711)年
飛鳥時代の僧。
¶古代, 古代普(㊐?), 仏教

**全応** ぜんおう
生没年不詳
江戸時代前期の天台宗の僧。
¶国書

**宣雅** せんが
鎌倉時代後期〜南北朝時代の真言声明仁和寺相応院流西方院方の声明家。
¶日音

**暹賀** せんが
延喜14(914)年〜長徳4(998)年
平安時代中期の天台宗の僧。
¶古人, コン改, コン4, コン5, 新潮(㊐延喜17(917)年, (異説)延喜14(914)年 ㊥長徳4(998)年8月1日), 人名(㊐917年), 日人, 仏教(㊥長徳4(998)年8月1日, (異説)長徳3年8月1日), 平史

**仙海** せんかい
生没年不詳
戦国時代の天台宗の僧。
¶国書

**宣界** せんかい
→藤井宣界(ふじいせんかい)

**専戒** せんかい
寛永17(1640)年～宝永7(1710)年6月24日
江戸時代前期～中期の新義真言宗の僧。智積院10世。
¶国書，仏教，仏人

**専海**(1) せんかい
生没年不詳
鎌倉時代前期の浄土真宗の僧。
¶仏教

せ

**専海**(2) せんかい
生没年不詳
室町時代の僧侶・連歌作者。
¶国書

**洗懐** せんかい
？～天保12(1841)年9月6日
江戸時代後期の浄土宗の僧。
¶国書

**詮海** せんかい
天明6(1786)年～万延1(1860)年10月1日
江戸時代後期の融通念仏宗の僧。
¶郷土奈良，国書([生]天明6(1786)年6月)，人名，日人，仏教([生]天明6(1786)年10月16日)，仏人

**荐海** せんかい
生没年不詳
江戸時代後期の華厳宗の僧。
¶国書

**仙厓** せんがい
→仙厓義梵(せんがいぎぼん)

**千獃** せんがい
寛永13(1636)年～宝永2(1705)年
江戸時代前期～中期の僧。黄檗山萬福寺第6代住持。
¶郷土長崎([生]1635年)，長崎百，長崎歴

**旃崖** せんがい
→諸岳奕堂(もろたけえきどう)

**善海**(1) ぜんかい
文安5(1448)年～？
室町時代～戦国時代の天台宗の僧。
¶国書

**善海**(2) ぜんかい
生没年不詳
江戸時代前期の浄土宗の僧。
¶仏教

**全海** ぜんかい
→不動院全海(ふどういんぜんかい)

**禅海** ぜんかい
生没年不詳
江戸時代中期の僧。
¶朝日，大分歴([生]貞享4(1687)年　[没]安永3(1774)年)，近世，国史，コン改，コン4，コン5，史人，新潮，人名，世人，茶道，日人([生]1687年　[没]1774年)，藩臣7([生]元禄4(1691)年　[没]安永3(1774)年)，仏史，仏人([生]1686年　[没]1774年)

**善愷** ぜんがい
生没年不詳
平安時代前期の法隆寺僧。
¶国史，古人，古代，古代普，古中，日人，平史

**栴崖奕堂**(旃崖奕堂) せんがいえきどう
→諸岳奕堂(もろたけえきどう)

**仙厓義梵**(仙崖義梵) せんがいぎぼん
寛延3(1750)年～天保8(1837)年10月7日　[別]仙厓(せんがい)，仙厓義梵和尚(せんがいぎぼんおしょう)，義梵(ぎぼん)
江戸時代中期～後期の臨済宗妙心寺の僧。
¶朝日([生]寛延3(1750)年4月　[没]天保8年10月7日(1837年11月4日))，江人(仙厓　せんがい)，岐阜百(仙崖義梵　[生]1751年)，郷土岐阜(仙崖義梵　[生]1751年)，近世(仙崖義梵)，国史，国書([生]寛延3(1750)年4月)，コン改，コン4，コン5，史人([生]1750年4月)，人書94，新潮([生]寛永3(1750)年4月)，人名(仙崖義梵　[生]1751年)，全書(仙厓　せんがい)，大百(仙厓　せんがい)，太宰府(仙厓義梵和尚　せんがいぎぼんおしょう)，茶道，中濃，日史(仙厓　せんがい)，日人，美術(仙厓　せんがい)，百科(仙厓　せんがい)，福岡百(仙厓　せんがい　[没]天保8(1837)年10月8日)，仏教([生]寛延3(1750)年4月)，仏史，名画(仙厓　せんがい)，名僧，和俳

**仙厓義梵和尚** せんがいぎぼんおしょう
→仙厓義梵(せんがいぎぼん)

**千呆性侒** せんがいしょうあん
→千呆性侒(せんばいしょうあん)

**禅海宗俊** ぜんかいそうしゅん
生没年不詳
江戸時代前期の高山市の大隆寺の開基。
¶飛驒

**仙覚** せんかく
建長2(1250)年～？
鎌倉時代前期～後期の真言宗の僧。
¶国書

**千覚** せんかく
康和3(1101)年～？
平安時代後期の法相宗興福寺僧。
¶古人([没]？)，平史

**暹覚**(1) せんかく
平安時代後期の天台宗延暦寺僧。
¶古人，平史(生没年不詳)

**暹覚**(2) せんかく
永承1(1046)年～保延6(1140)年
平安時代後期の大和崇敬寺僧。
¶コン改，コン4，コン5，人名，日人

**仙覚** せんがく，せんかく
建仁3(1203)年～？

鎌倉時代前期の天台宗の僧、万葉学者、歌人。
¶朝日（㊀文永9（1272）年以後？），茨城百（㊀1272年？），茨城歴（㊀文永9（1272）年），岩史，神奈川人（せんかく），神奈川百（せんかく），鎌倉，鎌倉新，鎌室（せんかく），郷土神奈川，国史，国書，古中，コン改（せんかく），コン4（せんかく），コン5（せんかく），埼玉人，埼玉百，詩歌（せんかく），史人，思想史，重要，新潮（せんかく），新文，人名（せんかく），世人，世百（せんかく），全書，大百（せんかく），中世（㊀？），日史，日人，百科，仏教，文学（せんかく），山川小（㊀？），歴大（㊀1272年ころ），和俳

**宣覚** せんがく，せんかく
生没年不詳
鎌倉時代後期の真言宗の僧。
¶仏教，北条（せんかく）

**顓学** せんがく
？ ～天保14（1843）年
江戸時代後期の真宗大谷派の僧。
¶姓氏石川

**善覚** ぜんかく
天文16（1547）年～寛永5（1628）年9月13日
安土桃山時代～江戸時代前期の浄土宗の僧。
¶仏教

**禅覚**(1) ぜんかく
承安4（1174）年～承久2（1220）年10月7日
平安時代後期～鎌倉時代前期の真言宗の僧。
¶国書

**禅覚**(2) ぜんかく
康治2（1143）年～建保2（1214）年2月13日
鎌倉時代前期の天台宗の僧。
¶国書，仏教（㊀建保2（1214）年2月13日，（異説）2月11日？）

**先覚周恬** せんがくしゅうてん
文保2（1318）年～文中2/応安6（1373）年1月2日
南北朝時代の臨済宗の僧。
¶仏教

**千岳宗仞** せんがくそうじん
生没年不詳
江戸時代前期の臨済宗の僧。
¶国書

**仙岳宗洞** せんがくそうとう
天文14（1545）年～文禄4（1595）年10月2日
戦国時代～安土桃山時代の臨済宗の僧。大徳寺122世。
¶茶道，仏教

**千岳道止** せんがくどうし
正保1（1644）年～元禄13（1700）年5月14日
江戸時代前期～中期の黄檗宗の僧。
¶黄檗，国書

**仙岳堂鳳山** せんがくどうほうざん
安永6（1777）年～文久2（1862）年
江戸時代中期～末期の僧、青家。
¶姓氏岩手

**千亀〈鹿児島県〉** せんかめ★
～明治11（1878）年
江戸時代末期～明治時代の女性。宗教。薩摩谷山の船問屋で貿易商是枝源左衛門の妻。
¶江表（千亀（鹿児島県））

せ

**千観** せんかん
延喜18（918）年～永観1（983）年12月13日
平安時代中期の天台宗の僧。橘敏貞の子。
¶朝日（㊀永観1年12月13日（984年1月18日）），岩史，京都府（㊀永観2（984）年），国史，国書，古人，古中，コン改（㊀延喜14（914）年 ㊀安和2（969）年），コン4（㊀延喜14（914）年），コン5，史人（㊀983年12月13日，（異説）984年12月13日），新潮，人名，姓氏京都，世人，日人（㊀984年），仏教（㊀永観2（984）年8月27日，（異説）永観1年12月13日），仏史，仏人，平史，歴大，和俳

**仙巌** せんがん
生没年不詳
江戸時代前期の時宗の僧・連歌作者。
¶国書

**仙岩** せんがん
生没年不詳
戦国時代の僧。円覚寺6代の住持。
¶沖縄百

**禅観** ぜんかん
生没年不詳
鎌倉時代前期の律宗の僧。
¶鎌室，人名，日人，仏教

**禅鑑** ぜんかん
生没年不詳
鎌倉時代の僧。沖縄に最初に仏教を伝えた。
¶沖縄百，コン改，コン4，コン5，姓氏沖縄，日人

**善願** ぜんがん
文永2（1265）年～嘉暦元（1326）年 ㊗善願順忍（ぜんがんじゅんにん），忍公（にんこう）
鎌倉時代後期の極楽寺第3世長老。
¶伊豆，鎌倉（忍公 にんこう），静岡歴，姓氏静岡（善願順忍 ぜんがんじゅんにん）

**潜巌観機** せんがんかんき
？ ～宝暦5（1755）年1月24日
江戸時代中期の曹洞宗の僧。
¶秋田人2（㊀？），国書

**仙岩元嵩**（仙巌元嵩） せんがんげんすう
貞享1（1684）年～宝暦13（1763）年8月28日
江戸時代中期の黄檗宗の僧。万福寺19世。
¶黄檗（仙巌元嵩），国書（仙巌元嵩），日人（仙巌元嵩），仏教

**禅関元青** ぜんかんげんせい
生没年不詳
江戸時代前期～中期の黄檗宗の僧。
¶国書

せ

**禅巌元密** ぜんがんげんみつ
生没年不詳
江戸時代前期の黄檗宗の僧。
¶国書

**専願寺五道** せんがんじごどう
天保4（1833）年～明治37（1904）年1月19日
江戸時代後期～明治期の華僧。
¶東三河

**善願順忍** ぜんがんじゅんにん
→善願（ぜんがん）

**千巌宗般** せんがんそうはん
元和2（1616）年～元禄16（1703）年8月17日
江戸時代前期～中期の傑僧、楠公墳墓再建者。
¶兵庫人

**全巌東純** ぜんがんとうじゅん
？ ～明応4（1495）年
室町時代の曹洞宗の僧。
¶人名，日人，仏教（㊣明応4（1495）年12月10日）

**仙巌能範** せんがんのうはん
生没年不詳
南北朝時代～室町時代の曹洞宗の僧。総持寺65世。
¶日人，仏教

**全巌林盛** ぜんがんりんせい
？ ～明和2（1765）年
江戸時代中期の曹洞宗の僧。
¶国書

**宣基** せんき
生没年不詳
南北朝時代の大和西大寺系の律僧。
¶京都府

**禅喜** ぜんき
貞観16（874）年～天暦9（955）年6月9日
平安時代中期の天台宗の僧。
¶国書，古人，コン改，コン4，コン5，人名，日人，仏教，平史

**禅徽** ぜんき
？ ～正暦5（994）年
平安時代中期の三論宗東大寺僧。
¶古人（㊤？），平史

**善議** ぜんぎ
天平1（729）年～弘仁3（812）年
奈良時代～平安時代前期の僧。三論宗の学匠。
¶国史，古人，古代，古代普，古中，コン改，コン4，コン5，人名，対外，日人，仏教（㊣弘仁3（812）年8月13日），仏史，平史

**禅休** ぜんきゅう
生没年不詳
南北朝時代の僧侶・歌人。
¶国書

**禅牛** ぜんぎゅう
生没年不詳
安土桃山時代～江戸時代前期の三論宗の僧。
¶仏教

**全久院華月** ぜんきゅういんかげつ
～明治9（1876）年4月24日
江戸時代後期～明治期の茶人・画僧。
¶東三河

**宣教** せんきょう
奈良時代の僧。
¶古代，古代普，日人（生没年不詳）

**禅興** ぜんきょう
㊞禅興（ぜんこう）
安土桃山時代の社僧・連歌作者。
¶国書（㊤？ ㊣慶長6（1601）年1月30日），俳文（ぜんこう ㊤永正3（1506）年 ㊣文禄3（1594）年）

**禅暁** ぜんぎょう
？ ～承久2（1220）年
鎌倉時代前期の僧。鎌倉幕府2代将軍源頼家の子。
¶朝日（㊣承久2年4月15日（1220年5月18日）），鎌倉，鎌室，諸系，新潮（㊣承久2（1220）年4月11日），日人

**善教寺了正** ぜんきょうじりょうせい
生没年不詳
戦国時代の河合村の善教寺の開基。
¶飛驒

**仙旭** せんきょく
？ ～寛政9（1797）年
江戸時代中期～後期の浄土宗の僧。
¶国書

**禅旭** ぜんきょく
生没年不詳
江戸時代中期の臨済宗の僧。
¶国書

**亘虚道常** せんきょどうじょう
江戸時代前期の黄檗宗の僧。
¶姓氏静岡

**専吟** せんぎん
生没年不詳
江戸時代前期の僧、俳人。
¶日人

**暹救** せんく
生没年不詳
平安時代中期の天台宗の僧。
¶仏教

**専空** せんくう
正応5（1292）年～興国4/康永2（1343）年12月18日
鎌倉時代後期の浄土真宗の僧。専修寺4世。
¶国書（㊤正応5（1292）年5月5日），仏教

**瞻空** せんくう
建久4（1193）年～建暦2（1212）年
鎌倉時代前期の僧侶・歌人。世尊寺伊行の男。
¶国書（生没年不詳），密教（㊤1193年以前 ㊣1212年以後）

**善空** ぜんくう
応永20(1413)年～明応1(1492)年8月9日
室町時代～戦国時代の浄土宗の僧。
¶国書

**漸空** ぜんくう
延応1(1239)年～嘉元2(1304)年4月26日
鎌倉時代前期～後期の浄土宗の僧・歌人。
¶国書

**然空** ぜんくう
→礼阿(らいあ)

**禅空** ぜんくう
生没年不詳
鎌倉時代の浄土宗の僧・歌人。
¶国書

**仙珪** せんけい
天保6(1837)年～大正1(1912)年
江戸時代後期～明治期の僧侶。禅宗花岳寺住職。
¶神人

**仙慶** せんけい
平安時代中期の僧・歌人。
¶古人，平史(生没年不詳)

**仙渓** せんけい
戦国時代の画僧。
¶人名

**先啓** せんけい
享保4(1719)年～寛政9(1797)年
江戸時代中期の浄土真宗の僧。
¶国書(㊐享保5(1720)年 ㊚寛政9(1797)年9月14日)，日人，仏教(㊚寛政9(1797)年4月14日)

**千慶** せんけい
生没年不詳
平安時代の僧侶・歌人。
¶国書

**千渓** せんけい
享保7(1722)年～寛政7(1795)年
江戸時代中期～後期の足利学校第17世庠主、臨済宗の僧。
¶栃木歴

**専慶** せんけい
永禄9(1566)年～寛永13(1636)年12月1日
安土桃山時代～江戸時代前期の浄土宗の僧。
¶仏教

**善恵** ぜんけい
生没年不詳
鎌倉時代前期の浄土宗開祖の法然の高弟。
¶飛騨

**善慶**(1) ぜんけい
→善円(ぜんえん)

**善慶**(2) ぜんけい
？ ～慶長8(1603)年3月8日
安土桃山時代の浄土宗の僧。
¶仏教

**善慶**(3) ぜんけい
？ ～正徳4(1714)年7月25日
江戸時代中期の浄土宗の僧。
¶仏教

**禅慶**(1) ぜんけい
生没年不詳
平安時代の僧侶・歌人。
¶国書

**禅慶**(2) ぜんけい
生没年不詳
戦国時代の社僧。
¶国書

**禅慶**(3) ぜんけい
生没年不詳
戦国時代の天台宗の僧。
¶国書

**禅芸** ぜんげい
延喜2(902)年～天元2(979)年
平安時代中期の園城寺僧。
¶古人，平史

**禅渓祇円** ぜんけいしえん
寛永13(1636)年～正徳3(1713)年
江戸時代前期～中期の曹洞宗の僧。
¶国書

**潜渓処謙** せんけいしょけん
？ ～元徳2(1330)年5月2日 ㊀普円国師(ふえんこくし)
鎌倉時代後期の僧。
¶鎌室，国書，人名，日人，兵庫百，仏教

**仙渓僧才** せんけいそうさい
生没年不詳
戦国時代の画僧。
¶日人

**仙渓宗春** せんけいそうしゅん
慶長10(1605)年～貞享1(1684)年11月25日
江戸時代前期の臨済宗の僧。大徳寺189世。
¶仏教

**千家尊澄** せんげたかずみ，せんげたかすみ
*～明治11(1878)年8月21日
江戸時代末期～明治期の国学者。出雲大社宮司。国造職を継ぎ神寿詞奏上の古儀を再興した。
¶華請(㊐文化13(1816)年)，国書(せんげたかすみ ㊐文化7(1810)年)，コン改(㊐文化8(1811)年)，コン4(㊐文化8(1811)年)，コン5(㊐文化8(1811)年)，島根人(㊐寛政12(1800)年)，島根百(㊐文化7(1810)年9月20日)，島根歴(㊐文化7(1810)年)，諸系(㊐1816年)，神人(せんげたかすみ ㊐文化8(1811)年)，新潮(㊐文化7(1810)年)，人名(㊐1810年)，日人(㊐1816年)，明大1(㊐文化7(1810)年)，和俳(㊐文化7(1810)年)

せ

せ

**千家尊福**（千家尊福）　**せんげたかとみ，せんけたかとみ**
弘化2（1845）年8月6日～大正7（1918）年1月3日
明治期の神道家、政治家。東京府知事、西園寺内閣法相。神道大社派を結成、初代管長。
¶朝日（㊊弘化2年8月6日（1845年9月7日）），維新，華畫，華請，近現，近史3，近文，芸能，国史，コン改，コン5，埼玉人，埼玉百（せんけたかとみ　㊦1917年），史人，島根人，島根百，島根文（㊦大正7（1918）年1月），島根歴，重要，諸系，神史，神人，新潮，人名（㊦1917年），世紀，政治，世人（せんけたかとみ），全書，大百，太宰府，男爵（千家尊福），哲学（㊦1917年），日思，日史，日人，日本，幕末，幕末大，明治1，明治史，明大1，履歴，履歴2

**千家尊宣**　**せんげたかのぶ**
明治31（1898）年9月19日～昭和47（1972）年10月30日
大正～昭和期の神職・教育者。
¶島根百，島根歴

**千家尊紀**　**せんげたかのり**
万延1（1860）年6月～明治44（1911）年11月
江戸時代末期～明治期の神職。出雲大社宮司。
¶神人

**千家尊孫**　**せんげたかひこ**
寛政8（1796）年～明治6（1873）年
江戸時代末期～明治期の国学者。
¶国書（㊊寛政8（1796）年3月13日　㊦明治6（1873）年1月1日），島根人（㊊寛政4（1792）年　㊦明治5（1872）年），島根百（㊊寛政8（1796）年3月13日　㊦明治6（1873）年1月1日），島根文，島根歴，諸系，神人（㊊寛政8（1796）年3月　㊦明治6（1873）年1月），人名（㊊1793年　㊦1872年），日人

**千家孝宗**　**せんけたかむね，せんげたかむね**
生没年不詳　㊕千家孝宗（せんげのりむね）
南北朝時代の豪族。
¶鎌室，諸系（せんげのりむね），人名（せんげたかむね），日人（せんげのりむね）

**千家尊統**　**せんげたかむね**
明治18（1885）年6月15日～昭和43（1968）年11月23日
明治～昭和期の第82代出雲国造・出雲大社宮司。
¶島根人（㊊明治16（1883）年），島根百，島根歴

**千家尊有**　**せんげたかもち**
明治23（1890）年～昭和29（1954）年
大正～昭和期の神職。出雲大社教管長。
¶島根人

**禅傑**　**ぜんけつ**
応永26（1419）年～永正3（1506）年9月10日　㊕特芳禅傑（とくほうぜんけつ，どくほうぜんけつ），特芳（とくほう）
室町時代～戦国時代の臨済宗の僧。
¶国書（特芳禅傑　とくほうぜんけつ），人名（特芳禅傑　とくほうぜんけつ），戦人，日人（特芳禅傑　どくほうぜんけつ），仏教（特芳禅傑　どくほうぜんけつ）

**千家俊信**　**せんげとしざね**
明和1（1764）年～天保2（1831）年　㊕千家俊信（せんげとしのぶ）
江戸時代後期の国学者。
¶近世，国史，国書（㊊宝暦14（1764）年1月16日　㊦天保2（1831）年5月7日），コン改，コン4，コン5，思想史，島根人，島根百（せんげとしのぶ　㊦天保2（1831）年5月7日），島根文，島根歴，諸系，神史，神人，人名，日人，三重続，歴大，和俳

**千家俊信**　**せんげとしのぶ**
→千家俊信（せんげとしざね）

**千家孝宗**(1)　**せんげのりむね**
→千家孝宗（せんけたかむね）

**千家孝宗**(2)　**せんげのりむね**
生没年不詳
南北朝時代の神職。
¶諸系

**千家達彦**　**せんげみちひこ**
大正11（1922）年11月23日～
昭和～平成期の神官。出雲大社教統、出雲大社教管長。
¶現情

**千家義広**　**せんげよしひろ**
？　～文禄5（1596）年
戦国時代の神主・神官。
¶島根歴，諸系，戦人（生没年不詳），戦補

**宣源**　**せんげん**
生没年不詳
平安時代後期の僧侶・歌人。
¶国書，古人，平史

**暹玄**　**せんげん**
生没年不詳
平安時代後期～鎌倉時代前期の天台宗の僧。
¶仏教

**全賢**　**ぜんけん**
鎌倉時代前期の真言宗の僧。
¶仏教（㊊寿永3（1184）年　㊦貞永2（1233）年1月28日），密教（㊊1175年？　㊦1224年1月28日）

**禅顕**　**ぜんけん**
生没年不詳
南北朝時代以前の僧侶・連歌作者。
¶国書

**善源**　**ぜんげん**
生没年不詳
鎌倉時代後期の僧侶・歌人。
¶国書

**全玄**　**ぜんげん**
永久1（1113）年～建久3（1192）年12月13日
平安時代後期～鎌倉時代前期の僧。
¶鎌室（㊊天永3（1112）年），国書，古人，新潮（㊊天永3（1112）年），日人（㊦1193年），仏教，平史

**禅元** ぜんげん
生没年不詳
戦国時代の社僧・連歌作者。
¶国書

**禅源** ぜんげん
生没年不詳
南北朝時代以前の僧侶・連歌作者。
¶国書

**宣光** せんこう
生没年不詳
戦国時代の浄土宗の僧・歌人・連歌作者。
¶国書

**暹斅** せんこう
生没年不詳
平安時代後期の天台宗の僧。
¶人名，日人，仏教

**善光** ぜんこう
生没年不詳
奈良時代の女性。尼僧。
¶女性

**禅興** ぜんこう
→禅興(ぜんきょう)

**禅光** ぜんこう
生没年不詳
戦国時代の社僧。
¶国書

**善光寺玄貞** ぜんこうじげんてい
生没年不詳
江戸時代前期の高山市の善光寺の開基。
¶飛騨

**仙石景章** せんごくけいしょう
昭和30(1955)年1月1日～
昭和期の僧侶、中国仏教研究者。駒沢大学非常勤講師。
¶現執2期

**千石剛賢** せんごくたけよし
大正12(1923)年7月12日～平成13(2001)年12月11日
昭和～平成期の宗教家。イエスの方舟主宰。信者の家族と対立し「イエスの方舟事件」を起こすが、不起訴。晩年は一般市民らの人生相談を続ける。
¶現朝，現日，世紀，日人

**宣厳** せんごん
？ ～建長3(1251)年8月27日
鎌倉時代前期の真言宗の僧。
¶仏教

**禅厳** ぜんごん
生没年不詳
南北朝時代以前の僧侶・歌人。
¶国書

**瞻西**(贍西) せんさい
？ ～大治2(1127)年　㊊瞻西(せんせい)
平安時代後期の雲居寺の僧。
¶朝日(せんせい　㊱大治2年6月20日(1127年7月30日))，岩史(せんせい　㊱大治2(1127)年6月20日)，国史，国書(㊱大治2(1127)年6月20日)，古人(瞻西　㊤？)，古中，コン改(せんせい　生没年不詳)，コン4(せんせい　生没年不詳)，コン5(せんせい)，人名，日人，仏教(生没年不詳)，仏史，平史

せ

**禅材** ぜんざい
→古月禅材(こげつぜんざい)

**千山道梁** せんざいどうりょう
？ ～元禄9(1696)年3月17日
江戸時代前期～中期の黄檗宗の僧。
¶黄檗

**千崎如幻** せんざきにょげん
明治9(1876)年10月5日～昭和33(1958)年5月7日
明治～昭和期の僧侶。
¶青森人，昭人，世紀，日人

**善作** ぜんさく
天文23(1554)年～寛永14(1637)年5月14日
安土桃山時代～江戸時代前期の浄土宗の僧。
¶仏教

**泉察** せんさつ
天文12(1543)年～元和7(1621)年8月11日
安土桃山時代～江戸時代前期の浄土宗の僧。
¶埼玉人，仏教

**詮察** せんさつ
寛永15(1638)年～享保2(1717)年3月18日
江戸時代前期～中期の浄土宗の僧。鎌倉光明寺55世、増上寺37世。
¶国書，仏教

**仙算** せんさん
享徳3(1454)年～？
戦国時代の仏師。
¶美建，仏教

**千山** せんざん，せんさん
生没年不詳
江戸時代前期の浄土宗の僧。
¶国書，仏教(㊤天正8(1580)年　㊱寛永2(1625)年12月9日，(異説)寛永3年12月9日)，和俳(せんさん)

**善算** ぜんさん
和銅1(708)年～神護景雲3(769)年
奈良時代の僧。
¶国書(生没年不詳)，古代，古代普，日人

**千山慧単** せんざんえたん
明和6(1769)年～文化10(1813)年7月17日
江戸時代中期～後期の臨済宗の僧。
¶国書

**禅山界円** ぜんざんかいえん
寛文9(1669)年1月10日～宝暦7(1757)年12月20日
江戸時代中期の曹洞宗の僧。

¶仏教

**千山玄松** せんざんげんしょう
慶長8 (1603) 年～延宝3 (1675) 年8月6日
江戸時代前期の臨済宗の僧。
¶黄檗

**泉識坊** せんしきぼう
？ ～天正10 (1582) 年
戦国時代の僧侶。
¶和歌山人



**全室** ぜんしつ
生没年不詳
僧。鯵ケ沢湊の高沢寺を米町に再建した。
¶青森人

**旃室周馥** せんしつしゅうふく
生没年不詳
室町時代の僧。
¶鎌室，国書，人名，日人

**禅室宗案** ぜんしつそうあん
生没年不詳
室町時代の曹洞宗の僧。総持寺61世。
¶日人，仏教

**禅室珍目** ぜんしつちんもく
応永14 (1407) 年～文明5 (1473) 年
室町時代の曹洞宗の僧。
¶人名，日人，仏教 (㊀文明5 (1473) 年3月3日)

**善謝** ぜんしゃ
神亀1 (724) 年～延暦23 (804) 年
奈良時代～平安時代前期の僧。
¶郷土岐阜，古人，古代，古代普，日人，仏教 (㊀延暦23 (804) 年5月11日，(異説) 5月18日？)，平史

**仙寂** せんじゃく
生没年不詳
南北朝時代の僧侶・連歌作者。
¶国書

**禅寂** ぜんじゃく
生没年不詳
鎌倉時代の僧。
¶国書，日人

**宣守** せんしゅ
生没年不詳
室町時代の真言宗の僧。
¶国書

**専寿** せんじゅ
享保11 (1726) 年～安永9 (1780) 年7月14日
江戸時代中期の浄土宗の僧。
¶国書

**禅守** ぜんしゅ
元弘3/正慶2 (1333) 年～？
南北朝時代の真言宗の僧。東寺長者147世。
¶国書 (生没年不詳)，人名，日人，仏教 (生没年不詳)

**善珠** ぜんじゅ，せんしゅ，ぜんしゅ
養老7 (723) 年～延暦16 (797) 年4月21日
奈良時代～平安時代前期の興福寺法相宗の僧。玄昉の弟子。
¶朝日 (㊀延暦16年4月21日 (797年5月21日))，岩史，国史，国書，古人 (ぜんしゅ)，古代，古代普，古中，コン改 (㊀延暦17 (798) 年)，コン4 (㊀延暦17 (798) 年)，コン5 (㊀延暦17 (798) 年)，史人 (ぜんしゅ)，思想史，新潮，人名 (せんしゅ)，世人，日史 (ぜんしゅ)，日人，百科 (ぜんしゅ)，仏教，仏史，平史，名僧，歴大 (ぜんしゅ)

**禅寿** ぜんじゅ
平安時代後期の真言宗の僧。
¶古人，平史 (生没年不詳)

**暹秀** せんしゅう
生没年不詳
鎌倉時代後期以前の僧侶・歌人。
¶国書

**善修** ぜんしゅう
生没年不詳
平安時代前期の法相宗の僧。
¶国書

**全宗** ぜんしゅう
→施薬院全宗 (やくいんぜんそう)

**禅秀** ぜんしゅう
正応4 (1291) 年～？
鎌倉時代後期の真言宗の僧。
¶仏教 (生没年不詳)，北条

**善従** ぜんじゅう
応永6 (1399) 年～長享2 (1488) 年
室町時代の浄土真宗の僧。
¶戦人

**千秋季国** せんしゅうすえくに
生没年不詳
室町時代の神職・連歌作者。
¶国書

**千秋季隆** せんしゅうすえたか
明治8 (1875) 年10月10日～昭和16 (1941) 年
明治～昭和期の男爵、貴族院議員。
¶華畫，神人 (㊤明治8 (1875) 年10月　㊀昭和16 (1941) 年5月)，男爵 (㊀昭和16 (1941) 年5月12日)，図人

**千秋季光** せんしゅうすえみつ，せんじゅうすえみつ
？ ～*
戦国時代の神主・神官。
¶戦人 (㊀天文16 (1547) 年)，戦補 (せんじゅうすえみつ　㊀1544年)

**千秋親昌** せんしゅうちかまさ
生没年不詳
南北朝時代の神官。
¶鎌室，コン改，コン4，コン5，神人，新潮，人名，室町

**千秋範直** せんしゅうのりなお
生没年不詳
鎌倉時代前期の熱田大宮司。
¶神人

**千秋秀忠** せんしゅうひでただ
? ～永禄3(1560)年
戦国時代の神主・神官、武将。
¶戦人

**千秋昌能** せんしゅうまさよし
生没年不詳
南北朝時代の熱田大宮司。
¶神人

**千秋満範** せんしゅうみつのり
生没年不詳
室町時代の神職・連歌作者。
¶国書

**専宗廊誉** せんしゅうろうよ
生没年不詳
江戸時代前期の高山市の洞雲院の開基。
¶飛騨

**全祝** ぜんしゅく
→北高全祝(ほっこうぜんしゅく)

**全珠奪叟** ぜんじゅだっそう
享禄1(1528)年～寛永19(1642)年
戦国時代～安土桃山時代の僧。
¶人名

**宣舜** せんしゅん
生没年不詳
室町時代の天台宗の僧。
¶国書

**詮舜** せんしゅん
天文9(1540)年～慶長5(1600)年
戦国時代～安土桃山時代の天台宗の僧。
¶郷土滋賀(生没年不詳),人名,日人,仏教([没]慶長5(1600)年2月19日)

**暹俊** せんしゅん
生没年不詳
平安時代後期の天台宗の僧。
¶仏教

**仙順** せんじゅん
生没年不詳
江戸時代中期の天台宗の僧。
¶国書

**宣淳** せんじゅん
元仁1(1224)年～?
鎌倉時代前期～後期の法相僧。
¶国書

**宣順** せんじゅん
明和1(1764)年～?
江戸時代中期～後期の天台宗の僧。
¶国書

**専順** せんじゅん
応永18(1411)年～文明8(1476)年3月20日 [別]池坊専順(いけのぼうせんじゅん)
室町時代の連歌師。頂法寺の僧で法眼位。
¶朝日([没]文明8年3月20日(1476年4月14日)),鎌室([生]応永25(1418)年 [没]延徳1(1489)年),国史,国書,古中,史人,思想史,人書94,新潮,人名([生]1418年 [没]1489年),世人(池坊専順 いけのぼうせんじゅん [生]?),全書,日史,日人(池坊専順 いけのぼうせんじゅん),俳句,俳文,百科,和俳

**善俊(1)** ぜんしゅん
生没年不詳
奈良時代の律宗の僧。
¶仏教

**善俊(2)** ぜんしゅん
建保2(1214)年～弘安5(1282)年3月3日
鎌倉時代後期の浄土真宗の僧。
¶仏教([没]弘安5(1282)年3月3日,(異説)3月2日?)

**善春** ぜんしゅん
生没年不詳
鎌倉時代後期の仏師。善円の子。
¶朝日,日人,美建,仏教

**全春祖英** ぜんしゅんそえい
生没年不詳
江戸時代中期の曹洞宗の僧。
¶国書

**善春房** ぜんしゅんぼう
生没年不詳
戦国時代の修験愛宕別当正善院の僧。
¶戦房総

**禅助** ぜんじょ
宝治1(1247)年～元徳2(1330)年
鎌倉時代後期の真言宗の僧。東寺長者。
¶鎌室,国史,国書([没]元徳2(1330)年2月11日),古中,諸系,日人,仏教([没]元徳2(1330)年2月12日),仏史

**仙承** せんしょう
生没年不詳
江戸時代後期の天台宗の僧。
¶国書

**宣正** せんしょう
文化11(1814)年～明治12(1879)年5月1日
江戸時代後期～明治期の浄土真宗の僧。
¶国書

**泉奘** せんしょう
永正15(1518)年～天正16(1588)年5月18日
[別]象耳泉奘(しょうにせんしょう)
戦国時代の律宗の僧。
¶国書,戦辞([没]天正16年5月18日(1588年6月11日)),全戦(象耳泉奘 しょうにせんしょう),仏教

せ

**千丈**(1) せんじょう
→千丈実巌(せんじょうじつがん)

**千丈**(2) せんじょう★
〜天明4(1784)年1月20日
江戸時代中期の雄勝郡羽後町赤袴の少林寺(曹洞宗)の11世。
¶秋田人2

**善性**(1) ぜんしょう
? 〜正応2(1289)年
鎌倉時代後期の浄土真宗の僧。親鸞の直弟。
¶仏教(㊣正応2(1289)年,(異説)承久2(1220)年,文永5(1268)年)

**善性**(2) ぜんしょう
慶長14(1609)年3月13日〜寛永14(1637)年8月12日
江戸時代前期の浄土真宗の僧。専照寺14世。
¶仏教

**全性** ぜんしょう
生没年不詳
平安時代後期の僧侶・歌人。
¶国書

**禅昌** ぜんしょう
元亀2(1571)年〜寛永8(1631)年
安土桃山時代〜江戸時代前期の社僧・連歌作者。
¶国書

**禅性** ぜんしょう
生没年不詳
鎌倉時代前期の真言宗の僧・歌人。
¶国書,古人,平史

**善譲** ぜんじょう
→松島善譲(まつしまぜんじょう)

**全成** ぜんじょう
→阿野全成(あのぜんじょう)

**専勝寺西了** せんしょうじさいりょう
生没年不詳
戦国時代の河合村の専勝寺の開基。
¶飛騨

**専勝寺善国** せんしょうじぜんこく
生没年不詳
鎌倉時代後期の河合村の専勝寺の開基。もと吉城郡小鷹利の郷士。
¶飛騨

**千丈実巌** せんじょうじつがん
享保7(1722)年〜享和2(1802)年3月22日 ㊊千丈(せんじょう)
江戸時代中期〜後期の曹洞宗の僧。
¶国書,姓氏長野(千丈 せんじょう),長野百,長野歴,仏教

**先照瑞初** せんしょうずいしょ
生没年不詳
戦国時代の臨済宗の僧。
¶仏教

**千丈道巌** せんじょうどうがん
寛永2(1625)年〜元禄9(1696)年12月12日
江戸時代前期〜中期の黄檗宗の僧。
¶黄檗

**善清房** ぜんしょうぼう
生没年不詳 ㊊善清房(ぜんせいぼう)
戦国時代の安房岡本の修験愛宕別当正善院の僧。
¶戦房総(ぜんしょう(せい)ぼう)

**禅勝房** ぜんしょうぼう
承安4(1174)年〜正嘉2(1258)年11月4日
鎌倉時代前期の僧。
¶国史,国書,古中,静岡歴,姓氏静岡,日人,仏教,仏史

**仙心** せんしん
生没年不詳
南北朝時代以前の僧侶・連歌作者。
¶国書

**先晋** せんしん
安永1(1772)年〜弘化4(1847)年12月17日
江戸時代後期の新義真言宗の僧。智積院35世。
¶国書,埼玉人,仏教(㊣弘化4(1847)年12月7日)

**専滲** せんしん
生没年不詳
江戸時代後期の僧侶。
¶国書

**善心** ぜんしん
生没年不詳
奈良時代の女性。尼僧。
¶女性

**全真** ぜんしん
仁平1(1151)年〜?
平安時代後期の天台宗の僧・歌人。
¶国書,古人,平家,平史(生没年不詳)

**禅信** ぜんしん
応永7(1400)年〜応仁1(1467)年11月8日
室町時代の真言宗の僧。東寺長者157・163・165・174・175世。
¶国書,仏教

**禅心** ぜんしん
生没年不詳
南北朝時代の僧侶・歌人。
¶国書

**禅親** ぜんしん
生没年不詳
室町時代の社僧。
¶国書

**善信尼** ぜんしんに
*〜? ㊊善信尼(ぜんしんのあま)
飛鳥時代の女性。日本最初の尼僧。鞍部村主司馬達等の娘。
¶朝日(生没年不詳),岩史(生没年不詳),国史,古史(生没年不詳),古人(ぜんしんのあま),

せ

古代（ぜんしんのあま），古代普（ぜんしんのあま），古中，古物（ぜんしんのあま），コン改（㊐欽明27（566）年？），コン4（㊐欽明27（566）年？），コン5（㊐欽明27（566）年？），史人（生没年不詳），女史，女性（生没年不詳），新潮（生没年不詳），人名，世人（生没年不詳），全書（㊐568年，（異説）574年），対外，大百（㊐574年），日史（㊐574年），日人（㊐568年，（異説）574年），飛騨（生没年不詳），百科（㊐574年？），仏教（生没年不詳），仏史，仏人（㊐590年），歴大（生没年不詳）

**善心尼** ぜんしんに
生没年不詳
奈良時代の尼僧。
¶朝日，日人

**善信尼** ぜんしんのあま
→善信尼（ぜんしんに）

**仙瑞広光** せんずいこうこう
生没年不詳
江戸時代中期の黄檗宗の僧。
¶国書

**瞻西** せんせい
→瞻西（せんさい）

**全成** ぜんせい
→阿野全成（あのぜんじょう）

**禅盛** ぜんせい
生没年不詳
室町時代の社僧・連歌作者。
¶国書

**善清房** ぜんせいぼう
→善清房（ぜんしょうぼう）

**善節** ぜんせつ
生没年不詳
南北朝時代～室町時代の僧侶・歌人。
¶国書

**宣増** せんぞう
生没年不詳
戦国時代の法印権大僧都、真性院。
¶戦辞

**全宗** ぜんそう
→施薬院全宗（やくいんぜんそう）

**全宋** ぜんそう
生没年不詳
江戸時代前期の僧。曹洞宗大泉（仙）寺住職。
¶和歌山人

**全象** ぜんぞう
生没年不詳
江戸時代後期の浄土真宗の僧。
¶国書，仏教

**禅蔵** ぜんぞう
上代の我が国最初の尼僧。
¶人名

**川僧慧済** せんそうえさい
？～文明7（1475）年　㊙慧済（えさい）
室町時代～戦国時代の曹洞宗の僧。
¶国書（㊀文明7（1475）年7月9日），姓氏静岡（㊐1410年），戦辞（㊐応永17（1410）年），戦人（慧済　えさい　㊐応永17（1410）年），日人，仏教（㊀文明7（1475）年7月9日），仏人（慧済えさい）

せ

**詮叟宗註** せんそうそうちゅう
元文2（1737）年～寛政2（1790）年12月24日
江戸時代中期～後期の臨済宗の僧。
¶国書

**禅蔵尼** ぜんぞうに
生没年不詳　㊙禅蔵尼（ぜんぞうのあま）
飛鳥時代の女性。尼僧。
¶古代（ぜんぞうのあま），古代普（ぜんぞうのあま），女性，日人，仏教

**禅蔵尼** ぜんぞうのあま
→禅蔵尼（ぜんぞうに）

**宣存** せんそん，せんぞん
寛永16（1639）年～宝永5（1708）年3月17日
江戸時代前期～中期の天台宗の僧。
¶国書，仏教（せんぞん），仏人

**泉尊** せんそん
正応1（1288）年～正平24/応安2（1369）年12月25日
鎌倉時代後期～南北朝時代の天台宗の僧。
¶国書，仏教

**専存** せんぞん
生没年不詳
戦国時代の天台宗の僧・連歌作者。
¶国書

**善第** ぜんだい
生没年不詳
奈良時代の女性。尼僧。
¶女性

**闡提正具** せんだいしょうぐ
？～元徳1（1329）年
鎌倉時代後期の臨済宗の僧。
¶日人，仏教（㊀元徳1（1329）年9月2日）

**禅宅** ぜんたく
天明5（1785）年～嘉永4（1851）年2月16日
江戸時代後期の新義真言宗の僧。智積院34世。
¶仏教

**善達** ぜんたつ
生没年不詳
江戸時代前期の浄土宗の僧。
¶仏教

**牷沓** ぜんたつ
寛文6（1666）年～寛延2（1749）年
江戸時代前期～中期の高僧。
¶宮城百

**善智**(禅智) **ぜんち**
平安時代前期の僧。
¶古人，古代，古代普，日人(生没年不詳)，平史(禅智　生没年不詳)

**禅智**(1) **ぜんち**
平安時代後期の園城寺の僧。嘉応1年法印大和尚位。
¶古人

**禅智**(2) **ぜんち**
生没年不詳
江戸時代前期の社僧・連歌作者。
¶国書

せ

**仙忠**(1) **せんちゅう**
承和5(838)年～延喜5(905)年
平安時代前期～中期の法相宗興福寺僧。
¶古人，平史

**仙忠**(2) **せんちゅう**
生没年不詳
江戸時代前期の天台宗の僧。
¶国書

**善仲** **ぜんちゅう**
和銅1(708)年～神護景雲2(768)年
奈良時代の僧。
¶古代，古代普，人名，日人，仏教(㊤和銅1(708)年1月15日　㊦神護景雲2(768)年2月15日)

**善忠** **ぜんちゅう**
？　～応永2(1395)年8月28日
南北朝時代の浄土宗の僧。
¶仏教

**禅中** **ぜんちゅう**
元文5(1740)年～文政4(1821)年9月16日
江戸時代中期～後期の僧侶。
¶庄内

**善忠院豊道** **ぜんちゅういんほうどう**
文政10(1827)年～明治32(1899)年12月1日
江戸時代後期～明治期の歌僧。
¶東三河

**禅中禅門** **ぜんちゅうぜんもん**
？　～天授6/康暦2(1380)年
南北朝時代の薩摩国鶴田郷柏原郡山の僧。
¶姓氏鹿児島

**仙朝** **せんちょう**
建仁2(1202)年～弘安1(1278)年12月14日
鎌倉時代前期の天台宗の僧。
¶仏教

**宣澄**(1) **せんちょう**
？　～応仁2(1468)年
室町時代の戸隠山の僧。天台宗大先達。
¶姓氏長野，長野歴

**宣澄**(2) **せんちょう**
寛永4(1627)年～延宝8(1680)年11月25日
江戸時代前期の浄土真宗の僧。
¶国書

**善超** **ぜんちょう**
天明5(1785)年1月1日～安政2(1855)年7月13日
江戸時代後期の浄土真宗の僧。
¶国書，日人，仏教

**全長** **ぜんちょう**
延宝7(1679)年～延享4(1747)年1月
江戸時代前期～中期の浄土宗の僧。
¶国書

**善長寺寛令** **ぜんちょうじかんれい**
→寛令(かんれい)

**禅長寺顕材** **ぜんちょうじけんざい**
生没年不詳
戦国時代の禅長寺住持。
¶戦辞

**善貞** **ぜんてい**
慶長6(1601)年～延宝5(1677)年4月2日
江戸時代前期の浄土宗の僧。
¶埼玉人，仏教

**全貞** **ぜんてい**
？　～元和2(1616)年
安土桃山時代～江戸時代前期の浄土宗の僧。
¶仏教

**全禎** **ぜんてい**
寛永4(1627)年～元禄5(1692)年6月29日
江戸時代前期～中期の浄土真宗の僧。
¶国書

**善的** **ぜんてき**
*～宝暦8(1758)年11月15日
江戸時代中期の浄土宗の僧。
¶岡山歴(㊤？)，仏教(㊤貞享1(1684)年)

**千到** **せんとう**
*～正暦1(990)年
平安時代中期の法相宗の僧。
¶人名(㊤920年)，日人(㊤919年)，仏教(㊤延喜18(918)年　㊦永祚1(989)年12月3日)

**禅洞** **ぜんどう**
～文明17(1485)年
飛鳥時代の伝説上の初代熊野別当。
¶新潟百，仏教

**牷牷行寧** **ぜんとうぎょうねい**
寛文9(1669)年3月28日～寛延2(1749)年10月8日
江戸時代中期の曹洞宗の僧。
¶仏教

**禅棟元柱** **ぜんとうげんちゅう**
生没年不詳
江戸時代中期の黄檗宗の僧。
¶黄檗

**禅統真紹** **ぜんとうしんしょう**
文政3(1820)年～明治9(1876)年11月16日
江戸時代末期～明治期の黄檗宗の僧。

¶黄檗，国書

**善徳** ぜんとく
生没年不詳　㊙善徳尼（ぜんとくに）
飛鳥時代の女性。尼僧。
¶朝日（善徳尼　ぜんとくに），コン改，コン4，コン5，女性，新潮，人名，日人（善徳尼　ぜんとくに）

**善徳尼** ぜんとくに
→善徳（ぜんとく）

**禅訥** ぜんとつ
生没年不詳
江戸時代後期の臨済宗の僧。
¶国書

**千那** せんな
→三上千那（みかみせんな）

**善阿** ぜんな
→善阿（ぜんあ）

**善名秀三** ぜんなひでぞう
明治15（1882）年7月3日～昭和25（1950）年1月12日
明治～昭和期の学校長・神職。
¶飛驒

**禅爾** ぜんに
建長4（1252）年～正中2（1325）年1月8日
鎌倉時代後期の華厳・律宗兼学の学僧。東大寺戒壇院中興第3代長老。
¶鎌室（㊐建長5（1253）年），国史，国書（㊐建長5（1253）年），古中，人名（㊐1253年），日人，仏教，仏史，歴大

**千日尼** せんにちあま
→千日尼（せんにちに）

**千日太夫** せんにちだゆう
世襲名　鎌倉時代前期以来の飯縄権現の神官。
¶姓氏長野，長野歴

**千日大夫** せんにちだゆう
戦国時代の信濃・飯縄権現神社神主。仁科甚十郎と称す。
¶武田

**千日尼** せんにちに
生没年不詳　㊙千日尼（せんにちあま）
鎌倉時代の女性。日蓮の弟子となった尼僧。
¶朝日，鎌室，女性，新潮，人名，世人，新潟百，日人，山梨百（せんにちあま）

**宣如**(1) せんにょ
慶長9（1604）年～万治1（1658）年
江戸時代前期の浄土真宗の僧。東本願寺13世。
¶人名（㊐1594年），日人，仏教（㊐慶長9（1604）年2月21日　㊏万治1（1658）年7月25日）

**宣如**(2) せんにょ
慶応2（1866）年8月6日～明治30（1897）年1月22日
明治期の真宗三門徒派僧侶。専照寺25世。
¶仏教

**善如** ぜんにょ
元弘3/正慶2（1333）年2月2日～元中6/康応1（1389）年2月29日　㊙俊玄（しゅんげん）
南北朝時代の真宗の僧（本願寺4世）。
¶朝日（㊐正慶2/元弘3年2月2日（1333年2月16日）　㊏康応1/元中6年2月29日（1389年3月27日）），鎌室，国史，国書（俊玄　しゅんげん），古中，新潮，人名，日人，仏教，仏史

せ

**禅仁** ぜんにん
康平5（1062）年～保延5（1139）年
平安時代後期の天台宗の僧。
¶古人，人名，日人，仏教（㊏保延5（1139）年1月19日），平史

**禅忍** ぜんにん
保延4（1138）年～？
平安時代後期の仏師。
¶古人（㊏？），美建，平史

**詮慧** せんね
→詮慧（せんえ）

**善念**(1) ぜんねん
建仁1（1201）年～弘安8（1285）年10月18日
鎌倉時代後期の浄土真宗の僧。親鸞の直弟。
¶国書（生没年不詳），仏教

**善念**(2) ぜんねん
生没年不詳
戦国時代の法相宗の僧。
¶国書

**禅念** ぜんねん
？　～延喜8（908）年
平安時代前期～中期の僧、真言宗随心院流禅念方の祖。
¶国書（㊏延喜8（908）年7月21日），人名，日人

**専念寺明堅** せんねんじみょうけん
長享2（1488）年～天正10（1582）年7月25日
安土桃山時代の高山市の専念寺の開基。
¶飛驒

**千呆性侒** せんばいしょうあん，せんぱいしょうあん
明・崇禎9（1636）年～宝永2（1705）年2月1日
㊙性侒（しょうあん），千呆性侒（せんがいしょうあん）
江戸時代前期の黄檗宗の僧。
¶国書（せんがいしょうあん），人名（せんぱいしょうあん），姓氏京都，日人（せんがいしょうあん），仏教（せんがいしょうあん），仏人（性侒　しょうあん）

**浅白庵照庭** せんぱくあんてるにわ
江戸時代後期の神官、狂歌師。
¶人名，日人（生没年不詳）

**銭場佐太郎** せんばさたろう
慶応3（1867）年4月13日～昭和6（1931）年10月3日
明治～昭和期の宗教家。天理教春安分教会2代会長、埼玉教区初代主事、埼玉県連盟会副会長。
¶埼玉人

せ

**前場幸治** ぜんばゆきじ
昭和8(1933)年～
昭和～平成期の宮大工。前場工務店会長、古代相模古瓦研究所主宰。
¶現執4期

**千攀** せんはん
延喜10(910)年～天元3(980)年1月4日
平安時代中期の真言宗の僧。
¶古人，仏教，平史

**仙範** せんぱん，せんばん
平安時代後期の天台宗の僧。
¶古人(せんばん)，平史(生没年不詳)

**善範** ぜんぱん
平安時代後期の修行僧。
¶古人，平史(生没年不詳)

**善福(1)** ぜんぷく
生没年不詳
奈良時代の女性。尼僧。
¶女性

**善福(2)** ぜんぷく
平安時代前期の悪僧。
¶古人，平史(生没年不詳)

**仟遍** せんべん，せんぺん
享徳3(1454)年～永正13(1516)年5月11日
室町時代～戦国時代の真言宗の僧。
¶国書，人名(せんぺん)，日人，仏教

**宣峰** せんぽう
寛延1(1748)年～天保6(1835)年
江戸時代中期～後期の僧侶。
¶姓氏群馬

**善報** ぜんぽう
奈良時代の僧、東大寺三綱上座大法師。
¶古人

**全報** ぜんぽう
生没年不詳
鎌倉時代の浄土宗の僧。
¶国書

**禅峰** ぜんぽう
貞享3(1686)年～享保17(1732)年7月16日
江戸時代中期の浄土宗の僧。
¶仏教，仏人

**禅芳** ぜんぽう
？　～永禄7(1564)年2月26日
戦国時代の浄土宗の僧。鎌倉光明寺19世。
¶仏教

**善法寺成清** ぜんぽうじじょうせい
保安3(1122)年～正治1(1199)年
鎌倉時代前期の僧。
¶鎌室，古人，新潮([没]正治1(1199)年8月27日)，日人

**善法寺祐清** ぜんぽうじすけきよ
→善法寺祐清(ぜんぽうじゆうせい)

**善法寺宋清** ぜんぽうじそうせい
？　～宝徳4(1452)年
室町時代の僧。
¶鎌室，姓氏京都([生]1379年)，日人

**善法寺通清** ぜんぽうじみちきよ
永仁4(1296)年～興国2/暦応4(1341)年
鎌倉時代後期～南北朝時代の石清水八幡宮の祠官。
¶京都府

**善法寺宮清** ぜんぽうじみやきよ
嘉禄2(1226)年～建治2(1276)年　[別]宮清(ぐうせい)
鎌倉時代前期～後期の石清水八幡宮の祠官。
¶京都府，姓氏京都(宮清　ぐうせい)

**善法寺祐清** ぜんぽうじゆうせい
？　～承久3(1221)年　[別]善法寺祐清(ぜんぽうじすけきよ)
鎌倉時代前期の僧。
¶鎌室，京都府(ぜんぽうじすけきよ　[生]仁安1(1166)年)，古人([生]？)，日人

**善法寺了清** ぜんぽうじりょうせい
？　～*
南北朝時代の僧。
¶鎌室([没]至徳1/元中1(1384)年)，日人([没]1385年)

**旋峰宗右** せんぽうそうゆう
寛永7(1630)年～元禄4(1691)年3月7日
江戸時代前期の臨済宗の僧。大徳寺223世。
¶仏教

**千峰本立** せんぽうほんりゅう
生没年不詳
南北朝時代の臨済宗の僧。
¶日人，仏教

**千畝周竹** せんほしゅうちく
*～長禄2(1458)年閏1月25日　[別]千畝周竹(せんみょうしゅうちく)
室町時代の臨済宗の僧。
¶京都府(せんみょうしゅうちく　[生]永和4(1378)年)，国書([生]？)

**先甫宗賢** せんぽそうけん
大永7(1527)年～慶長6(1601)年8月25日
戦国時代～安土桃山時代の臨済宗の僧。大徳寺124世。
¶仏教

**千松大八郎** せんまつだいはちろう
戦国時代の伝説的なキリスト教布教者。大篭地方に南蛮流の砂鉄精錬法を伝えた。
¶岩手百，姓氏岩手(生没年不詳)

**仙命** せんみょう
長和3(1014)年～永長1(1096)年
平安時代中期～後期の天台宗の僧。
¶古人，人名，日人，仏教([没]嘉保3(1096)年8月

13日)，平史

**宣明**　せんみょう
寛延3(1750)年～文政4(1821)年5月17日
江戸時代後期の浄土真宗の僧。
¶石川百(㊌1749年)，国書(㊌寛延3(1750)年3月5日)，人名(㊌1736年　㊎1807年)，富山百，日人，仏教(㊌寛延3(1750)年3月5日)，仏人

**暹明**　せんみょう
平安時代後期の仏師。
¶古人，美建，平史(生没年不詳)

**全苗月湛**　ぜんみょうげったん
享保13(1728)年～享和3(1803)年6月20日
江戸時代中期～後期の曹洞宗の僧。
¶国書，日人，仏教

**千畝周竹**　せんみょうしゅうちく
→千畝周竹(せんほしゅうちく)

**暹明祖韜**　せんみょうそとう
？　～天明5(1785)年
江戸時代中期の曹洞宗の僧。
¶国書

**仙門浄寿**　せんもんじょうじゅ
？　～享保2(1717)年？
江戸時代中期の黄檗宗の僧。
¶黄檗，国書(生没年不詳)

**宣瑜**　せんゆ
仁治1(1240)年～正中2(1325)年　㊞浄覚(じょうかく)
鎌倉時代後期の西大寺流の律宗の僧、第3代西大寺長老。
¶朝日(㊎正中2年2月29日(1325年4月12日))，国史，古中，日人，仏教(㊎正中2(1325)年3月29日)，仏史，北条(生没年不詳)

**禅愉**(1)　ぜんゆ
平安時代中期の天台宗延暦寺僧。
¶古人，平史(生没年不詳)

**禅愉**(2)　ぜんゆ
→亀年禅愉(きねんぜんゆ)

**仙祐**　せんゆう
生没年不詳
江戸時代前期の僧侶。
¶国書

**善祐**(1)　ぜんゆう
生没年不詳
平安時代前期の僧。
¶伊豆，古人，平史

**善祐**(2)　ぜんゆう
平安時代中期の僧。
¶静岡歴(生没年不詳)，姓氏静岡

**善祐**(3)　ぜんゆう
生没年不詳
戦国時代の天台宗の僧。
¶国書

**善祐**(4)　ぜんゆう
生没年不詳
戦国時代の天台宗の僧。
¶精医

**全宥**　ぜんゆう
生没年不詳
室町時代の真言宗の僧。
¶国書

せ

**禅祐**　ぜんゆう
？　～慶長6(1601)年4月18日
安土桃山時代の社僧・連歌作者。
¶国書

**専誉**　せんよ
享禄3(1530)年～慶長9(1604)年
戦国時代～安土桃山時代の新義真言宗の学僧。真言宗豊山派の開祖。
¶朝日(㊎慶長9年5月5日(1604年6月2日))，近世，国史，思想史，人書79，人名，全書，戦人，日人，仏教(㊎慶長9(1604)年5月5日)，仏史，仏人，歴大，和歌山人

**暹与**　せんよ
？　～永万1(1165)年12月16日
平安時代後期の真言宗の僧。
¶仏教

**禅予**　ぜんよ
*～明応3(1494)年1月14日
室町時代～戦国時代の社僧・連歌作者。
¶国書(㊌宝徳2(1450)年)，俳文(㊌？)

**禅誉**　ぜんよ
康平1(1058)年～大治1(1126)年3月17日
平安時代後期の真言宗の僧。
¶古人，仏教，平史

**闡揚**　せんよう
元文2(1737)年8月3日～寛政7(1795)年10月10日
江戸時代中期～後期の浄土真宗の僧。
¶国書

**善養**　ぜんよう
元文1(1736)年～文政12(1829)年11月11日
江戸時代中期～後期の浄土真宗の僧。
¶国書

**全曜**　ぜんよう
生没年不詳
奈良時代の女性。尼僧。
¶女性

**禅要**　ぜんよう
生没年不詳
南北朝時代以前の僧侶・歌人。
¶国書

**禅陽**　ぜんよう
生没年不詳
南北朝時代の社僧・連歌作者。

¶国書

**闡誉教音** せんよきょうおん
寛政9(1797)年～慶応3(1867)年10月17日
江戸時代末期の僧。江戸の増上寺71世。
¶飛騨

**善鸞** ぜんらん
承元4(1210)年～正応5(1292)年 ㊀慈信房(じしんぼう)
鎌倉時代後期の真宗の僧。親鸞の実子。
¶朝日(㊐建保5(1217)年 ㊚弘安9年3月6日(1286年4月1日)), 神奈川人(生没年不詳), 鎌室(㊐建保5(1217)年? ㊚弘安9(1286)年), 国史(生没年不詳), 古中(生没年不詳), コン改, コン4, コン5, 史人(生没年不詳), 思想史, 新潮(生没年不詳), 人名, 世人, 全書(生没年不詳), 中世(㊐1212年 ㊚?), 日史(生没年不詳), 日人(生没年不詳), 福島百, 仏教(㊐? ㊚弘安9(1286)年,(異説)永仁4(1296)年), 仏史(生没年不詳), 歴大(生没年不詳)

**禅利智外** ぜんりちがい
享保9(1724)年6月15日～享和2(1802)年2月25日
江戸時代中期～後期の曹洞宗の僧。
¶国書

**潜竜** せんりゅう
生没年不詳
江戸時代中期の浄土真宗の僧。
¶国書

**善立** ぜんりゅう
生没年不詳
奈良時代の女性。興福寺の尼僧。
¶女性

**善竜** ぜんりゅう
→箸蔵善竜(はしくらぜんりゅう)

**禅隆** ぜんりゅう
生没年不詳
鎌倉時代後期の僧侶・歌人。
¶国書

**潜竜慧湛** せんりゅうえたん
? ～永禄9(1566)年
戦国時代の曹洞宗の僧。
¶日人, 仏教(㊚永禄9(1566)年10月23日)

**泉良** せんりょう
生没年不詳
江戸時代前期の浄土宗の僧。
¶仏教

**暹亮** せんりょう
貞享3(1686)年2月8日～寛延4(1751)年4月11日
江戸時代中期の天台宗の僧。
¶国書, 仏教

**善了** ぜんりょう
生没年不詳
南北朝時代以前の僧侶・歌人。
¶国書

**僊林恵椿** せんりんえちん
生没年不詳
戦国時代の曹洞宗の僧。
¶戦辞

**仙林性菊** せんりんしょうきく
? ～永正13(1516)年 ㊀性菊(しょうきく)
室町時代～戦国時代の曹洞宗の僧。
¶人名(性菊 しょうきく), 日人, 仏教(㊚永正13(1516)年5月8日)

**千林宗桂** せんりんそうけい
文明10(1478)年～天文12(1543)年2月15日
戦国時代の臨済宗の僧。
¶仏教

**仙林祖玄** せんりんそげん
生没年不詳
江戸時代中期の曹洞宗の僧。
¶国書

**千林尼** せんりんに
*～明治2(1869)年
江戸時代末期～明治期の女性。尼僧。
¶朝日(㊐? ㊚明治2(1869)年5月12日), 江表(千林尼(山口県)), 女性(㊐文化7(1810)年 ㊚明治2(1869)年5月12日), 女性普(㊐文化7(1810)年 ㊚明治2(1869)年5月12日), 日人(㊐1810年?), 幕末(㊐1806年 ㊚1869年6月21日), 幕末大(㊐文化3(1806)年 ㊚明治2(1869)年5月12日), 仏人(㊐1810年?), 山口百(㊚1869年頃)

**善林坊** ぜんりんぼう
生没年不詳
江戸時代中期の僧侶。
¶国書

**仙霊** せんれい
元文2(1737)年～寛政9(1797)年2月4日
江戸時代中期～後期の浄土宗の僧。
¶国書

**全蓮** ぜんれん
平安時代後期の僧。平家方の悪僧。
¶平家

## 【そ】

**曽阿** そあ
生没年不詳
鎌倉時代の時宗の僧・連歌作者。
¶国書

**祖意** そい
生没年不詳
鎌倉時代後期の僧侶・歌人。
¶国書

**素意 そい**
? ～寛治8(1094)年
平安時代後期の歌人。
¶国書([没]寛治8(1094)年2月29日), 古人([生]?), 日人, 平史, 和歌山人

**宗阿 そうあ**
*～弘化5(1848)年2月10日
江戸時代中期～後期の真言宗の僧。
¶国書([生]明和8(1771)年), 姓氏宮城([生]1771年?)

**相阿 そうあ**
生没年不詳
南北朝時代～室町時代の連歌師。
¶国書, 日人, 俳文

**宗安 そうあん**
大永4(1524)年～?
戦国時代～安土桃山時代の日光山桜本坊の住持。
¶戦辞

**草庵恵中 そうあんえちゅう**
→恵中(えちゅう)

**宗偉 そうい**
→雲英宗偉(うんえいそうい)

**宗意 そうい**
承保1(1074)年～久安4(1148)年5月19日 [別]宗意(しゅうい)
平安時代後期の僧。真言宗安祥寺流の祖。
¶国史(しゅうい), 国書, 古中(しゅうい), コン改(生没年不詳), コン4, コン5, 人名, 人名, 日人, 仏教, 仏史(しゅうい)

**宗雲 そううん**
平安時代後期の僧。
¶古人, 平史(生没年不詳)

**増運(1) ぞううん**
生没年不詳
南北朝時代の僧侶・歌人。
¶国書

**増運(2) ぞううん**
永享6(1434)年～明応2(1493)年11月26日
室町時代～戦国時代の天台宗の僧・連歌作者・歌人。
¶国書

**増吽 ぞううん**
正平21/貞治5(1366)年3月5日～享徳1(1452)年
南北朝時代～室町時代の真言宗の僧。
¶香川人, 香川百, 国書([没]宝徳4(1452)年5月5日), 仏教

**蔵雲慧密 ぞううんえみつ**
? ～享保18(1733)年8月27日
江戸時代中期の曹洞宗の僧。
¶国書

**増吽僧正 ぞううんそうじょう★**
貞治5(1366)年～享徳元(1452)年
室町時代の勧進僧。
¶讃岐

**宗恵 そうえ**
生没年不詳
南北朝時代の僧侶・歌人。
¶国書

**宗慧 そうえ**
生没年不詳
江戸時代中期の浄土真宗の僧。
¶国書

**増恵 ぞうえ**
正応5(1292)年～元亨1(1321)年
鎌倉時代後期の天台宗の僧。僧正。惟康親王の第2王子。
¶人名, 日人

**宗裔 そうえい**
生没年不詳
室町時代の曹洞宗の僧。
¶国書

**僧叡 そうえい**
宝暦12(1762)年～文政9(1826)年3月4日
江戸時代後期の浄土真宗の僧。
¶国書, 日人, 広島百, 仏教, 仏人

**僧穎 そうえい**
? ～嘉永2(1849)年
江戸時代後期の浄土真宗の僧。
¶仏教

**聡栄 そうえい**
生没年不詳
南北朝時代～室町時代の天台宗の僧。
¶国書

**宗永大年 そうえいたいねん**
江戸時代の伯耆瑞仙寺の禅僧。
¶人名

**宗悦(1) そうえつ**
→怡雲宗悦(いうんそうえつ)

**宗悦(2) そうえつ**
? ～享禄2(1529)年11月7日
戦国時代の浄土宗の僧。
¶国書(生没年不詳), 仏教

**惣右衛門 そうえもん**
生没年不詳
戦国時代の相賀高山禰宜。
¶戦辞

**宗円(1) そうえん**
平安時代後期の僧。藤原兼房の子。
¶古人, 平史(生没年不詳)

**宗円(2) そうえん**
永暦1(1160)年～?
平安時代後期～鎌倉時代前期の僧侶・歌人。
¶国書, 古人([没]?), 平史

そ

そ

**宗円**(3) **そうえん**
→宗円(1)(しゅうえん)

**宗園** **そうえん**
→春屋宗園(しゅんおくそうえん)

**宗延** **そうえん**
平安時代後期の延暦寺僧。
¶古人，平史(生没年不詳)

**宗演** **そうえん**
→釈宗演(しゃくそうえん)

**宗縁** **そうえん**
長禄2(1458)年～大永1(1521)年11月21日？
戦国時代の曹洞宗の僧。
¶仏教(㊤長禄2(1458)年，(異説)長禄1年)

**宗淵**(1) **そうえん**
→如水宗淵(じょすいそうえん)

**宗淵**(2) **そうえん**
→宗淵(しゅうえん)

**宗淵**(3) **そうえん**
→中川宋淵(なかがわそうえん)

**宋延** **そうえん**
生没年不詳
平安時代後期の法相宗の僧・歌人。
¶国書

**宋縁** **そうえん**
生没年不詳
南北朝時代の真言宗の僧・歌人。
¶国書

**増延** **ぞうえん**
？～永万1(1165)年10月25日
平安時代後期の真言宗の僧。
¶仏教

**蔵縁** **ぞうえん**
奈良時代の行者。
¶人名，日人，仏教

**相応** **そうおう**
天長8(831)年～延喜18(918)年11月3日
平安時代前期～中期の天台宗の僧。天台修験の開祖。
¶朝日(㊦延喜18年11月3日(918年12月8日))，岩史，郷土滋賀，国史，国書，古人，古代，古代普，古中，コン改，コン4，コン5，滋賀百，史人，新潮，人名，姓氏京都，世人，日史，日人，百科，仏教，仏史，仏人，平史，歴大

**増応** **ぞうおう**
生没年不詳
江戸時代後期～末期の真言宗の僧。
¶国書

**宗乙** **そうおつ**
→虎哉(こさい)

**宗園** **そうおん**
→春屋宗園(しゅんおくそうえん)

**僧温** **そうおん**
天明8(1788)年～明治2(1869)年9月27日
江戸時代後期の浄土真宗の僧。
¶国書，仏教，仏人

**僧音** **そうおん**
宝暦9(1759)年2月～天保13(1842)年7月3日
江戸時代中期～後期の浄土真宗の僧。
¶国書

**宗可** **そうか**
生没年不詳
鎌倉時代後期の曹洞宗の僧。
¶日人，仏教

**増賀**(1) **ぞうが**
→増賀(2)(ぞうが)

**増賀**(2) **ぞうが，そうが**
延喜17(917)年～長保5(1003)年6月9日　㊙増賀(ぞうが)
平安時代中期の天台宗の僧。橘恒平の子。
¶朝日(㊦長保5年6月9日(1003年7月10日))，岩史(そうが)，国史，国書，古人(ぞ(そ)うが)，古中，コン改，コン4，コン5，史人，思想史，新潮，人名，姓氏京都，全書，大百，日史，日人，百科，仏教，仏史，仏人，平史，歴大

**宗海** **そうかい**
→宗海(1)(しゅうかい)

**僧海** **そうかい**
生没年不詳
鎌倉時代の曹洞宗の僧。
¶日人，仏教

**曹海** **そうかい**
貞享2(1685)年～宝暦11(1761)年　㊙華厳曹海(けごんそうかい)
江戸時代中期の曹洞宗の僧。近江長福寺開基。
¶国書(華厳曹海　けごんそうかい　㊤貞享2(1685)年12月4日　㊦宝暦11(1761)年9月4日)，日人(華厳曹海　けごんそうかい)，仏人

**相海** **そうかい**
？～寛文2(1662)年2月22日
江戸時代前期の僧侶。
¶埼玉人

**聡海** **そうかい**
生没年不詳
南北朝時代の社僧・連歌作者。
¶国書

**僧鎧** **そうがい**
明和6(1769)年～天保11(1840)年6月21日
江戸時代中期～後期の浄土真宗の僧。
¶国書

**蔵海**(1) **ぞうかい**
建長5(1253)年～？

鎌倉時代後期の僧侶。
¶国書

**蔵海(2) ぞうかい**
? ～天保6(1835)年
江戸時代後期の僧侶。
¶香川人，香川百

**蔵界 ぞうかい**
生没年不詳
浄土真宗の僧。
¶国書

**象海恵湛**(象海慧湛) **ぞうかいえたん**
天和2(1682)年～享保18(1733)年7月12日 別象海恵湛(しょうかいけいたん)
江戸時代中期の臨済宗の僧。
¶岡山人(しょうかいけいたん)，国書(象海慧湛)，人名，日人，仏教

**滄海宜運 そうかいぎうん**
享保7(1722)年～寛政6(1794)年2月2日
江戸時代中期～後期の臨済宗の僧。
¶国書

**蔵海性珍 ぞうかいしょうちん**
建武2(1335)年～応永16(1409)年
南北朝時代～室町時代の僧。
¶鎌室(生没年不詳)，人名，日人，仏教(没応永16(1409)年6月11日)

**象外禅鑑 ぞうがいぜんかん**
弘安2(1279)年～正平10/文和4(1355)年 別象外禅鑑(しょうがいぜんかん)，禅鑑(ぜんかん)
鎌倉時代後期～南北朝時代の僧。
¶鎌倉(しょうがいぜんかん)，鎌室，人名，日人，仏教(生? 没文和4/正平10(1355)年11月18日)

**蔵海無尽 ぞうかいむじん**
生没年不詳
南北朝時代～室町時代の臨済宗の僧。
¶仏教

**宗廓 そうかく**
天正9(1581)年～寛文3(1663)年10月25日
江戸時代前期の浄土宗の僧。
¶仏教

**宗覚(1) そうかく**
嘉保1(1094)年～元暦1(1184)年
平安時代後期の法相宗の僧。
¶古人，平史

**宗覚(2) そうかく**
生没年不詳
南北朝時代の僧侶・歌人。
¶国書

**宗覚(3) そうかく**
寛永16(1639)年～享保5(1720)年3月8日
江戸時代前期～中期の真言宗の僧。
¶大阪墓，国書(生寛永16(1639)年5月9日)，地理，仏教

**宗鶴 そうかく**
永正9(1512)年～慶長1(1596)年
戦国時代～安土桃山時代の僧。春日山林泉寺第9世。
¶新潟百

**崇廓 そうかく**
享保14(1729)年～天明6(1786)年10月18日
江戸時代中期の浄土宗の僧。
¶国書，仏教，仏人(生?)

そ

**相覚 そうかく**
正平7/文和1(1352)年～元中9/明徳3(1392)年3月29日
南北朝時代の真言宗の僧。
¶国書

**総覚(1) そうかく**
貞観2(860)年～延長8(930)年9月21日
平安時代前期～中期の僧侶。
¶国書

**総覚(2) そうがく,そうかく**
正応2(1289)年～?
鎌倉時代後期の僧。
¶鎌室，人名，日人(生没年不詳)，仏教(そうかく 生没年不詳)

**増覚 ぞうかく**
平安時代後期の天台宗の僧・歌人。
¶国書(生康平2(1059)年 没保安2(1121)年5月28日)，古人(生1060年? 没1122年)，平史(生没年不詳)

**寒川大海 そうがわたいかい**
文政11(1828)年～明治26(1893)年10月11日
江戸時代末期～明治期の神官。製糸法改善、養蚕奨励に尽力。神社復興に尽くす。
¶幕末，幕末大(生文政11(1829)年12月21日)，風土，和歌山人

**宗観(1) そうかん**
? ～文安4(1447)年
室町時代の僧。
¶鎌室，日人

**宗観(2) そうかん**
生没年不詳
戦国時代の画僧。
¶日人

**相閑 そうかん**
? ～天和3(1683)年2月20日
江戸時代前期の浄土宗の僧。
¶仏教

**宗厳 そうがん**
? ～寛永2(1625)年3月14日
安土桃山時代～江戸時代前期の浄土宗の僧。
¶仏教

**宗器 そうき**
文明15(1483)年～天文2(1533)年3月11日 別伝庵宗器(でんあんそうき)

戦国時代の臨済宗の僧。
¶戦人，仏教(伝庵宗器　でんあんそうき)

**宗熙　そうき**
応永23(1416)年～明応5(1496)年　[別]宗熙(しゅうき)，春浦(しゅんぽ)
室町時代～戦国時代の臨済宗の僧。
¶戦人，仏人(しゅうき　生没年不詳)

**増基(1)　ぞうき**
生没年不詳　[別]増基法師(ぞうきほうし)
平安時代中期の僧、歌人。中古歌仙三十六人の一人。
¶国史，国書，国書，古人，古中，詩歌，詩作(増基法師　ぞうきほうし)，史人，人名，日人，日文，仏教，平史，和歌山人，和俳

**増基(2)　ぞうき**
弘安5(1282)年～正平7/文和1(1352)年
鎌倉時代後期～南北朝時代の天台宗の僧。園城寺88世。
¶諸系，日人，仏教([没]観応3/正平7(1352)年7月21日)

**増基法師　ぞうきほうし**
→増基(1)(ぞうき)

**宗久　そうきゅう**
生没年不詳
南北朝時代の僧、歌人。
¶国書，埼玉人，姓氏宮城，日人

**宗球　そうきゅう**
永享9(1437)年～文亀2(1502)年9月28日　[別]天琢宗球(てんたくそうきゅう)
室町時代～戦国時代の臨済宗の僧。
¶国書(天琢宗球　てんたくそうきゅう)，戦人，仏教(天琢宗球　てんたくそうきゅう)

**宗九　そうきゅう**
文明12(1480)年～弘治2(1556)年　[別]徹岫宗九(てっしゅうしゅうく，てっしゅうそうきゅう，てっしゅうそうく)，徹岫(てっしゅう)，普応大満国師(ふおうたいまんこくし)
戦国時代の臨済宗の僧。
¶人名(徹岫宗九　てっしゅうしゅうく　[生]1481年　[没]1557年)，戦辞(徹岫宗九　てっしゅうそうく　[生]文明13(1481)年　[没]弘治3年4月13日(1557年5月11日))，戦人，日人(徹岫宗九　てっしゅうそうきゅう)，仏教(徹岫宗九　てっしゅうそうきゅう　[没]弘治2(1556)年4月13日)

**双救　そうきゅう**
生没年不詳
南北朝時代の僧侶・歌人。
¶国書

**僧牛　そうぎゅう**
生没年不詳
江戸時代中期の修験僧。
¶国書

**巣居　そうきょ**
？～文化10(1813)年
江戸時代中期～後期の僧侶・俳人。陸前清光院10世。
¶国書，姓氏宮城(生没年不詳)

**宗鏡　そうきょう**
正応4(1291)年～文中3/応安7(1374)年1月5日
鎌倉時代後期～南北朝時代の臨済宗の僧・歌人。
¶国書

**相玉長伝　そうぎょくちょうでん**
生没年不詳
戦国時代の僧侶・歌人。
¶国書

**承均　そうく**
→承均(しょうきん)

**聡空　そうくう**
生没年不詳
江戸時代前期の天台宗の僧。
¶国書

**増空　ぞうくう**
応永20(1413)年～？
室町時代の天台宗の僧。
¶国書

**宗慶　そうけい**
生没年不詳　[別]宗慶(しゅうけい)
鎌倉時代前期の慶派仏師。
¶国史，古中，埼玉人(しゅうけい)，史人，日人，美建，仏史

**宗芸　そうげい**
生没年不詳
室町時代～戦国時代の法相宗の僧。
¶国書

**増慶　ぞうけい**
？～延長3(925)年
平安時代前期～中期の僧。
¶古人([生]？)，平史

**雑華蔵海　ぞうけぞうかい**
→雑華蔵海(ざっけぞうかい)

**窓月　そうげつ**
？～慶安4(1651)年8月15日
江戸時代前期の浄土宗の僧。
¶仏教

**像外法全　ぞうげほうぜん★**
～明治4(1871)年
江戸時代末期・明治期の寺子屋の師匠をつとめた禅僧。
¶江神奈

**宗謙　そうけん**
？～永禄13(1570)年2月10日　[別]益翁宗謙(やくおうしゅうけん，やくおうそうけん)
戦国時代の曹洞宗の僧。
¶国書(益翁宗謙　やくおうしゅうけん)，戦辞(益翁宗謙　やくおうしゅうけん　[生]文亀2(1502)年　[没]永禄12年2月10日(1569年2月25

日))，戦人，日人（益翁宗謙　やくおうそうけん），仏教（益翁宗謙　やくおうそうけん）

**宗賢(1)　そうけん**
？～元暦1（1184）年9月13日　㊞宗賢（しゅうけん）
平安時代後期の真言宗の僧。
¶コン改，コン4，コン5，新潮，人名，日人（しゅうけん　㊐1097年　㊍1178年，（異説）1184年），仏教（しゅうけん　㊍治承2（1178）年3月10日，（異説）元暦1（1184）年9月13日）

**宗賢(2)　そうけん**
元和2（1616）年～元禄10（1697）年
江戸時代前期～中期の画僧。
¶日人

**宗顕(1)　そうけん**
寛元1（1243）年～？
鎌倉時代前期～後期の華厳宗の僧。
¶国書

**宗顕(2)　そうけん**
→江隠宗顕（こういんそうけん）

**宗源(1)　そうげん**
仁安3（1168）年～建長3（1251）年　㊞乗願房（じょうがんぼう）
鎌倉時代前期の浄土宗の僧。
¶国史，古中，日音，日人，仏教（㊍建長3（1251）年7月3日），仏史

**宗源(2)　そうげん**
→双峰宗源（そうほうそうげん）

**宗源(3)　そうげん**
生没年不詳
江戸時代前期の天台宗の僧。
¶国書

**宗彦　そうげん**
安永1（1772）年～安政7（1860）年　㊞大綱宗彦（だいこうそうげん）
江戸時代後期の京の僧、歌人（大徳寺住持）。
¶国書（大綱宗彦　だいこうそうげん　㊍安政7（1860）年2月16日），人名，茶道（大綱宗彦　だいこうそうげん），日人（大綱宗彦　だいこうそうげん），和俳

**曹源(1)　そうげん**
→曹源滴水（そうげんてきすい）

**曹源(2)　そうげん**
生没年不詳
江戸時代中期の曹洞宗の僧。
¶国書

**相源　そうげん**
平安時代後期の天台僧。
¶古人，平史（生没年不詳）

**増賢　ぞうけん**
延久2（1070）年～元永1（1118）年
平安時代後期の天台宗寺門派の僧。
¶古人，平史

**曹源滴水　そうげんてきすい**
寛文1（1661）年5月7日～享保2（1717）年4月11日
㊞曹源（そうげん）
江戸時代中期の曹洞宗の僧。
¶国書，島根人（曹源　そうげん　㊐享保頃），島根百，島根歴，仏教

そ

**宗胡　そうこ**
→月舟宗胡（げっしゅうそうこ）

**宗吾　そうご**
康永2/興国4（1343）年～応永13（1406）年
南北朝時代～室町時代の曹洞宗の僧。
¶仏教（㊐康永2/興国4（1343）年，（異説）文和1/正平7（1352）年）

**宗悟　そうご**
寛延2（1749）年～天明8（1788）年
江戸時代中期～後期の真言宗の僧。
¶国書

**増護　ぞうご**
？～明治8（1875）年11月12日
江戸時代末期～明治期の真言宗僧侶。東寺長者238世。
¶仏教

**宗孝　そうこう**
～天文2（1533）年
戦国時代の禅僧。
¶神奈川人

**宗香　そうこう**
？～天文14（1545）年5月23日　㊞梅屋宗香（ばいおくしゅうこう，ばいおくそうこう）
戦国時代の僧。
¶国書（梅屋宗香　ばいおくそうこう），戦人，茶道（梅屋宗香　ばいおくしゅうこう）

**宗亘　そうこう**
→古岳宗亘（こがくそうこう）

**増恒　ぞうこう**
昌泰1（898）年～天延3（975）年
平安時代前期～中期の天台宗延暦寺僧。
¶古人，平史

**増皇　ぞうこう**
生没年不詳
平安時代中期の僧侶。
¶和歌山人

**桑厳　そうごん**
文化5（1808）年5月～慶応3（1867）年11月29日
江戸時代末期の浄土真宗の僧。
¶国書，仏教，仏人

**宗厳(1)　そうごん**
天喜4（1056）年～元永2（1119）年
平安時代後期の天台宗の僧。
¶古人，平史

**宗厳(2)　そうごん**
安土桃山時代の茶人（千利休門）。
¶国書（生没年不詳），茶道

**崇言　そうごん**
？　～安政5（1858）年2月26日　(別)崇言（しゅうげん）
江戸時代末期の浄土真宗の僧。
¶国書，庄内（しゅうげん　(生)寛政3（1791）年　(没)安政3（1856）年2月26日），仏教

**宗真彦　そうさねひこ**
→宗真彦（そうまひこ）

**相山　そうざん**
？　～元禄3（1690）年10月3日
江戸時代前期～中期の浄土宗の僧。
¶仏教

**蔵山　ぞうざん**
正徳2（1712）年～天明8（1788）年10月7日
江戸時代中期～後期の僧侶・書家。
¶愛媛百

**蔵山順空　ぞうざんじゅんくう，ぞうさんじゅんくう**
貞永2（1233）年1月1日～徳治3（1308）年5月9日
鎌倉時代後期の臨済宗の僧。聖一派下の永明門派の祖。
¶朝日（(生)天福1年1月1日（1233年2月11日）　(没)延慶1年5月9日（1308年5月29日）），鎌室，国史，国書，古中，コン改（ぞうさんじゅんくう），コン4（ぞうさんじゅんくう），コン5（ぞうさんじゅんくう），佐賀百，新潮，人名，対外，日人，仏教，仏史

**象山徐芸　ぞうざんじょうん**
？　～元和5（1619）年
安土桃山時代～江戸時代前期の曹洞宗の僧。
¶人名（(没)1615年），姓氏石川，日人，仏教（(没)元和5（1619）年5月24日）

**草山祖芳　そうざんそほう**
享保7（1722）年～文化3（1806）年3月12日
江戸時代中期～後期の臨済宗の僧。
¶国書

**相山良永　そうざんりょうえい**
*～元中3/至徳3（1386）年
南北朝時代の僧。
¶鎌室（(生)元徳2（1330）年），人名（(生)1330年），日人（(生)1319年，（異説）1330年），仏教（(生)元応1（1319）年　(没)至徳3/元中3（1386）年8月5日，（異説）12月2日）

**蔵山良機　ぞうざんりょうき**
？　～享保14（1729）年
江戸時代中期の曹洞宗の僧。
¶国書，仏教

**宗治　そうじ**
生没年不詳
安土桃山時代～江戸時代前期の真言律宗の僧・連歌作者。
¶国書

**僧慈　そうじ**
生没年不詳
江戸時代中期～後期の天台宗の僧。
¶国書

**惣持　そうじ**
天福1（1233）年～正和1（1312）年
鎌倉時代前期～後期の律宗の僧。
¶歴大

**総持　そうじ**
生没年不詳
鎌倉時代の真言律宗の僧。
¶国書，仏教

**捴持正傑尼　そうじしょうけつに**
生没年不詳
南北朝時代の尼僧。
¶大分歴

**崇芝性岱　そうししょうたい**
→崇芝性岱（すうししょうたい）

**宗実(1)　そうじつ**
文治2（1186）年～建保1（1213）年
平安時代後期～鎌倉時代前期の僧。勧修寺あるいは醍醐寺の画技に優れた僧。
¶密教（(生)1186年以前　(没)1213年以後）

**宗実(2)　そうじつ**
生没年不詳
江戸時代中期の臨済宗の僧。
¶国書

**相実　そうじつ**
寛治2（1088）年～永万1（1165）年7月7日　(別)相実（しょうじつ）
平安時代後期の天台宗の僧。
¶国書，古人（しょうじつ），日人（(生)1081年），仏教，平史（しょうじつ）

**増実　ぞうじつ**
？　～大治1（1126）年
平安時代後期の延暦寺僧。
¶古人（(生)？），平史

**宗殊　そうしゅ**
生没年不詳　(別)勝巌宗殊（しょうがんそうしゅ），勝嵓（しょうがん）
戦国時代の臨済宗の僧。
¶戦人，仏教（勝巌宗殊　しょうがんそうしゅ）

**宗受　そうじゅ**
？　～永正9（1512）年1月11日　(別)天縦宗受（てんしょうそうじゅ），天縦（てんしょう，てんじゅう）
戦国時代の臨済宗の僧。
¶戦人，仏教（天縦宗受　てんしょうそうじゅ）

**宗寿　そうじゅ**
生没年不詳
戦国時代の臨済宗の僧。
¶戦人

**増守** そうしゅ
平安時代中期の天台僧。
¶古人，平史（生没年不詳）

**桑洲** そうしゅう
生没年不詳
江戸時代中期の浄土真宗の僧。
¶国書

**宗秀** そうしゅう
生没年不詳 ㊊宗秀（しゅうしゅう）
戦国時代の天台宗の僧。
¶国書（しゅうしゅう）

**宗琇** そうしゅう
→玉仲宗琇（ぎょくちゅうそうしゅう）

**蔵秀** ぞうしゅう
承安1（1171）年～承久3（1221）年
平安時代後期～鎌倉時代前期の僧。法琳寺別当（大元阿闍梨）。
¶密教（㊦1221年以後）

**曹州卍源** そうしゅうまんげん
生没年不詳
江戸時代後期の曹洞宗の僧。
¶国書

**宗俶** そうしゅく
長享2（1488）年～永禄7（1564）年12月28日 ㊊春林宗俶（しゅんりんそうしゅく），春林（しゅんりん）
戦国時代の臨済宗の僧。
¶国書（春林宗俶 しゅんりんそうしゅく），戦人，仏教（春林宗俶 しゅんりんそうしゅく）

**宗俊**(1) そうしゅん
生没年不詳
鎌倉時代後期の時宗の僧。
¶国書，仏教

**宗俊**(2) そうしゅん
応永24（1417）年～文明18（1486）年
戦国時代の曹洞宗の僧。
¶姓氏神奈川

**僧濬** そうしゅん
→鳳潭（ほうたん）

**相俊** そうしゅん
生没年不詳
鎌倉時代前期の天台宗の僧。
¶仏教

**宗順** そうじゅん
生没年不詳
戦国時代の天台宗の僧。
¶国書

**宗詢** そうじゅん
嘉吉1（1441）年～永正6（1509）年
室町時代～戦国時代の知久氏出身の真言宗の高僧、文永寺6世住持。
¶姓氏長野，長野歴

**僧純** そうじゅん
寛政3（1791）年～明治5（1872）年4月8日
江戸時代後期～明治期の僧侶。
¶国書，真宗

**僧遵** そうじゅん
生没年不詳
江戸時代中期の浄土真宗の僧。
¶国書

そ

**宋順** そうじゅん
生没年不詳
室町時代の浄土宗の僧・歌人・連歌作者。
¶国書

**増俊** ぞうしゅん
応徳1（1084）年～永万1（1165）年2月11日
平安時代後期の僧。真言宗随心院流の祖。
¶国史，古人，古中，新潮，人名，日人，仏教，仏史，平史，密教（㊤1084年，1086年 ㊦1165年2月11日，9日）

**増春** ぞうしゅん
生没年不詳
平安時代中期の僧侶。
¶国書

**蔵俊** ぞうしゅん
長治1（1104）年～治承4（1180）年9月27日
平安時代後期の興福寺法相宗の学僧。
¶岩史，鎌室（㊤康和5（1103）年），国史，国書，古人（㊤1103年），古中，コン改（生没年不詳），コン4（生没年不詳），コン5，史人，新潮（㊦治承4（1180）年5月27日），人名，日人，仏教，仏史，平史

**宗諄女王** そうじゅんじょおう
文化13（1816）年11月27日～明治23（1890）年6月13日 ㊊宗諄女王（そうじゅんにょおう）
江戸時代末期～明治期の尼僧。霊鑑寺権大教正。紫衣を勅許。
¶女性，女性普，人名（そうじゅんにょおう），天皇，日人（㊤1817年）

**宗俊泰雲** そうしゅんたいうん
永禄6（1563）年～寛永20（1643）年
安土桃山時代～江戸時代前期の阿波徳島藩士、禅僧。
¶藩臣6

**宗諄女王** そうじゅんにょおう
→宗諄女王（そうじゅんじょおう）

**宋助** そうじょ
生没年不詳
鎌倉時代後期の僧侶・歌人。
¶国書

**相助** そうじょ
？ ～正暦4（993）年
平安時代中期の天台宗の僧。
¶仏教

**宗昭　そうしょう**
→覚如(3)(かくにょ)

**宗性　そうしょう**
建仁2(1202)年～弘安1(1278)年6月8日　(別)宗性(しゅうしょう)
鎌倉時代後期の学僧。東大寺華厳宗の代表者、藤原隆兼の子。
¶朝日((没)弘安1年6月8日(1278年6月29日)), 角史, 鎌室((没)正応5(1292)年), 国史, 国書, 古中, コン改((没)正応5(1292)年), コン4, コン5, 史人, 思想史, 人書79((没)1292年), 人書94((没)1292年), 新潮, 人名((没)1292年), 世人((没)正応5(1292)年), 世百((没)1292年), 中世(しゅうしょう　(没)1292年), 日思, 日史((没)正応5(1292)年6月8日), 日人, 百科((没)正応5(1292)年), 仏教, 仏史, 名僧, 歴大((没)1292年)

**宗清　そうしょう**
→田中宗清(たなかそうせい)

**宗翔　そうしょう**
宝徳1(1449)年～大永2(1522)年11月2日　(別)竜江宗翔(りゅうこうそうしょう), 竜江(りゅうこう)
室町時代～戦国時代の臨済宗の僧。
¶戦人, 仏教(竜江宗翔　りゅうこうそうしょう)

**僧照　そうしょう**
生没年不詳
飛鳥時代の僧。
¶仏教

**宗承　そうじょう**
嘉吉3(1443)年～?
室町時代～戦国時代の真言宗の僧。
¶国書

**蔵称　ぞうしょう**
宝暦8(1758)年～文化7(1810)年
江戸時代中期～後期の僧侶。
¶徳島歴

**巣松道人　そうしょうどうじん**
戦国時代の詩僧。
¶人名, 日人(生没年不詳)

**僧正遍昭　そうじょうへんじょう**
→遍昭(へんじょう)

**象初中爻　ぞうしょちゅうこう**
元中2/至徳2(1385)年～享徳2(1453)年3月11日
室町時代の臨済宗の僧。
¶仏教

**宗信　そうしん**
生没年不詳　(別)宗信(しゅうしん)
南北朝時代の僧。
¶国書, 日人, 仏教(しゅうしん)

**宗深　そうしん,そうじん**
→雪江宗深(せっこうそうしん)

**宗真(1)　そうしん**
→実伝宗真(じつでんそうしん)

**宗真(2)　そうしん**
?　～永正15(1518)年12月29日
戦国時代の浄土宗の僧。
¶戦人, 仏教

**宗真(3)　そうしん**
生没年不詳
安土桃山時代～江戸時代前期の社僧・連歌作者。
¶国書

**宗親　そうしん**
生没年不詳
江戸時代前期の法相宗の僧。
¶国書

**宗津　そうしん**
→天祐宗津(てんゆうそうしん)

**僧斟　そうしん**
生没年不詳
江戸時代中期の浄土真宗の僧。
¶国書

**宋親　そうしん**
生没年不詳
南北朝時代の僧侶・歌人。
¶国書

**相真　そうしん**
生没年不詳
鎌倉時代後期の僧侶・歌人。
¶国書

**宗尋　そうじん**
生没年不詳
南北朝時代の僧侶・歌人。
¶国書

**宗仭　そうじん**
?　～寛永11(1634)年11月10日　(別)宗仭(そうにん)
江戸時代前期の僧。
¶岡山人(そうにん), 岡山歴

**造真　ぞうしん**
生没年不詳
天台宗の僧。
¶国書

**増仁　ぞうじん**
乾元1(1302)年～正平23/応安1(1368)年
鎌倉時代後期～南北朝時代の僧。
¶鎌室, 日人

**宗済　そうせい**
生没年不詳
鎌倉時代前期の僧侶・歌人。
¶国書

**宗清　そうせい**
→以天宗清(いてんそうせい)

**宗碩　そうせき**
明応2（1493）年～永禄3（1560）年　[別]大室（たいしつ）
戦国時代の臨済宗の僧。
¶戦人

**宗拙　そうせつ**
元文5（1740）年10月17日～？
江戸時代中期～後期の臨済宗の僧。
¶仏教

**宗設　そうせつ**
生没年不詳　[別]謙道宗設（けんどうそうせつ）
戦国時代の外交僧。
¶朝日，国史（謙道宗設　けんどうそうせつ），国書（謙道宗設　けんどうそうせつ），古中（謙道宗設　けんどうそうせつ），コン改，コン4，コン5，史人（謙道宗設　けんどうそうせつ），新潮，世人，対外（謙道宗設　けんどうそうせつ），日人（謙道宗設　けんどうそうせつ）

**宗泉　そうせん**
生没年不詳
室町時代の画僧。
¶日人

**宗詮　そうせん**
生没年不詳
鎌倉時代後期の天台宗の僧。
¶国書

**宗佺　そうせん**
明応1（1492）年～天文21（1552）年　[別]松裔宗佺（しょうえいそうせん），松裔（しょうえい）
戦国時代の臨済宗の僧。
¶戦辞（松裔宗佺　しょうえいそうせん　[生]延徳3（1491）年　[没]天文21年5月14日（1552年6月7日）），戦人，仏教（松裔宗佺　しょうえいそうせん　[没]天文21（1552）年5月14日）

**宗禅(1)　そうぜん**
生没年不詳
室町時代の律宗の僧。
¶国書

**宗禅(2)　そうぜん**
生没年不詳
江戸時代前期の社僧。
¶国書

**象先　ぞうせん**
生没年不詳
室町時代の画僧。
¶日人

**増詮　ぞうせん**
生没年不詳
室町時代の僧。
¶鎌室

**増善　ぞうぜん**
平安時代後期の仏師。
¶古人，美建，平史（生没年不詳）

**増全　ぞうぜん**
承和4（837）年～延喜6（906）年1月6日
平安時代前期～中期の天台宗の僧。
¶古人，仏教，平史

**象先元歴　ぞうせんげんれき**
寛文8（1668）年～寛延2（1749）年6月5日
江戸時代中期の黄檗宗の僧。
¶黄檗

**蔵泉紹泰　ぞうせんしょうたい**
寛政11（1799）年～文久3（1863）年11月24日
江戸時代後期～末期の臨済宗の僧。
¶国書

**象先浄歴　ぞうせんじょうれき**
延宝4（1676）年～延享5（1748）年6月5日
江戸時代中期の黄檗宗の僧。
¶仏教

**象先文岑　ぞうせんもんしん**
→象先文岑（しょうせんぶんしん）

**宗訴　そうそ**
永正2（1505）年～天正11（1583）年　[別]笑嶺宗訴（しょうれいそうきん）
戦国時代～安土桃山時代の臨済宗の僧。大徳寺107世。
¶戦補，茶道（笑嶺宗訴　しょうれいそうきん）

**蔵叟朗誉　ぞうそうろうよ**
建久5（1194）年～建治3（1277）年
鎌倉時代前期の臨済宗の僧。
¶鎌室，群馬人（[生]建久7（1196）年　[没]建治2（1276）年），人名，日人，仏教（[没]建治3（1277）年6月4日）

**宗尊　そうそん**
生没年不詳
南北朝時代～室町時代の日蓮宗の僧。
¶国書

**宗存　そうぞん**
生没年不詳
安土桃山時代～江戸時代前期の天台宗の僧。
¶国書

**蔵尊　ぞうそん**
承元2（1208）年～貞永1（1232）年
鎌倉時代前期の上醍醐円光院の供僧。
¶密教（[生]1208年以前　[没]1232年以後）

**霜村澄海　そうそんちょうかい★**
明治36（1903）年9月30日～平成3（1991）年4月17日
昭和・平成期の定願寺住職。
¶栃木人

**宗琢　そうたく**
文明17（1485）年～元亀2（1571）年
戦国時代～安土桃山時代の鎌倉の仏師。
¶神奈川人，鎌倉（生没年不詳），後北，戦辞（[生]？　[没]元亀2（1571）年？），美建

**宗湛** そうたん
→小栗宗湛(おぐりそうたん)

**増智** ぞうち
承暦2(1078)年～保延1(1135)年
平安時代後期の天台宗の僧。
¶古人，日人，仏教([没]保延1(1135)年9月23日)，平史

**佐八定潔** そうちさだきよ
明治期の神職。旧伊勢神宮内宮神主。
¶華請



**宗仲** そうちゅう
生没年不詳
南北朝時代の僧侶・歌人。
¶国書

**宗儔** そうちゅう
？ ～慶長2(1597)年
戦国時代～安土桃山時代の画僧。
¶日人

**増忠**(1) ぞうちゅう
*～永仁6(1298)年
鎌倉時代後期の僧。
¶鎌室([生]？)，諸系([生]1233年)，日人([生]1233年)，仏教([生]文暦1(1234)年 [没]永仁6(1298)年1月24日)

**増忠**(2) ぞうちゅう
応仁2(1468)年～？
戦国時代の天台宗の僧。
¶国書

**宗澄**(1) そうちょう
江戸時代の国学者、僧。
¶国書(生没年不詳)，人名

**宗澄**(2) そうちょう
生没年不詳
江戸時代中期の黄檗宗の僧。
¶国書

**宗朝** そうちょう
康正1(1455)年～永正15(1518)年11月20日
[別]東海宗朝(とうかいそうちょう)，東海(とうかい)
戦国時代の臨済宗の僧。
¶国書(東海宗朝 とうかいそうちょう)，戦人，仏教(東海宗朝 とうかいそうちょう [没]永正15(1518)年11月20日，(異説)11月27日？)

**宗陳** そうちん
→古渓宗陳(こけいそうちん)

**増珍**(1) ぞうちん
長元9(1036)年～天仁2(1109)年
平安時代中期～後期の天台宗園城寺の僧。
¶古人，平史

**増珍**(2) ぞうちん
？ ～応永20(1413)年
室町時代の僧。
¶鎌室，国書(生没年不詳)，人名，日人

**総通** そうつう
慶長8(1603)年～延宝1(1673)年
江戸時代前期の浄土宗の僧。
¶仏教

**宗貞**(1) そうてい
生没年不詳
鎌倉時代の臨済宗の僧。
¶国書

**宗貞**(2) そうてい
生没年不詳
安土桃山時代の仏師。
¶朝日，日人，美建，仏教

**増鉄** ぞうてつ
？ ～宝暦4(1754)年
江戸時代中期の備中国分寺の再建僧。
¶岡山歴

**宗典** そうてん
応永33(1426)年～永正14(1517)年4月22日
室町時代～戦国時代の真言宗の僧。
¶国書

**桑田道海** そうでんどうかい
？ ～延慶2(1309)年
鎌倉時代後期の僧。
¶鎌室，人名，日人，仏教([没]延慶2(1309)年1月8日)

**宗套** そうとう
→大林宗套(だいりんそうとう)

**宗棟** そうとう
？ ～大永2(1522)年10月25日 [別]鄧林宗棟(とうりんそうとう)，鄧林(とうりん)
戦国時代の臨済宗の僧。
¶戦人，仏教(鄧林宗棟 とうりんそうとう)

**操堂** そうどう
生没年不詳
南北朝時代の臨済宗の僧。大徳寺9世。
¶仏教

**宗道臣** そうどうしん
明治44(1911)年2月10日～昭和55(1980)年5月12日
昭和期の宗教家、教育家。
¶岡山百，岡山歴，香川人，郷土香川，現情([生]1911年4月2日)，世紀([生]明治44(1911)年4月2日)，日人，日人

**草堂得芳** そうどうとくほう
生没年不詳
南北朝時代の臨済宗の僧。
¶仏教

**草堂林芳** そうどうりんぽう
生没年不詳
南北朝時代の臨済宗の僧。建長寺50世。
¶仏教

**宗徳** **そうとく**
生没年不詳
江戸時代中期の僧侶。
¶国書

**僧徳一** **そうとくいち**
天応1(781)年～承和9(842)年？
平安時代前期の法相宗の僧。藤原仲麻呂の子といわれる。
¶郷土茨城

**宗頓** **そうとん**
→悟渓宗頓(ごけいそうとん)

**宗鈍** **そうどん**
→鉄山宗鈍(てっさんそうどん)

**宗仭** **そうにん**
→宗仭(そうじん)

**僧忍** **そうにん**
生没年不詳
飛鳥時代の留学僧。
¶仏教

**宗珀** **そうはく**
→玉室宗珀(ぎょくしつそうはく)

**僧巴文** **そうはぶん**
生没年不詳
江戸時代中期の俳僧。
¶東三河

**宗範**(1) **そうはん**
→宗範(しゅうはん)

**宗範**(2) **そうはん**
生没年不詳
江戸時代中期の黄檗宗の僧。
¶国書

**僧尾** **そうび**
？ ～寛政5(1793)年1月1日
江戸時代中期～後期の浄土宗の僧。
¶国書

**宗弼** **そうひつ**
→授翁宗弼(じゅおうそうひつ)

**僧敏** **そうびん**
安永5(1776)年～嘉永4(1851)年9月9日
江戸時代後期の天台宗の僧。
¶国書，仏教，仏人

**僧旻** **そうびん**
→旻(みん)

**崇孚** **そうふ**
→太原崇孚(たいげんすうふ)

**宗分別伝** **そうぶんべつでん**
→別伝宗分(べつでんそうぶん)

**宗遍** **そうへん**
→宗遍(しゅうへん)

**増弁** **ぞうべん**
宝暦6(1756)年～文化7(1810)年3月9日
江戸時代中期～後期の真言宗の僧侶。
¶岡山歴

**宗甫** **そうほ**
？ ～慶長3(1598)年11月17日
戦国時代～安土桃山時代の浄土宗の僧。知恩院28世。
¶仏教

**聡保** **そうほ**
？ ～万治4(1661)年4月24日
江戸時代前期の浄土宗の僧。
¶仏教

**宗彭** **そうほう**
→沢庵宗彭(たくあんそうほう)

**双峰宗源** **そうほうしゅうげん**
→双峰宗源(そうほうそうげん)

**双峰宗源**(双峯宗源) **そうほうそうげん**
弘長3(1263)年～建武2(1335)年11月22日 [別]宗源(しゅうげん，そうげん)，双峰宗源(そうほうしゅうげん)
鎌倉時代後期の臨済宗の僧。桂昌門派の祖。
¶鎌倉，鎌室，国史(双峯宗源)，国書，古中(双峯宗源)，思想史，新潮，人名(そうほうしゅうげん)，姓氏京都，日史(双峯宗源)，日人，仏教([没]建武2(1335)年11月21日，(異説)11月26日？)，仏史，仏人(宗源 しゅうげん)

**宗峰妙超** **そうほうみょうちょう**
→宗峰妙超(しゅうほうみょうちょう)

**象匏文雅** **ぞうほうもんが**
→象匏文雅(しょうほうもんが)

**僧樸** **そうぼく**
享保4(1719)年～宝暦12(1762)年9月23日
江戸時代中期の浄土真宗本願寺派の学僧。
¶近世，国史，国書，人名，日人，仏教，仏史，仏人([生]1718年)

**相馬観梁** **そうまかんりょう**
？ ～明治41(1908)年
江戸時代末期～明治期の僧侶。
¶真宗

**相馬信夫** **そうまのぶお**
大正5(1916)年6月21日～平成9(1997)年10月6日
昭和期のカトリック司教。日本カトリック名古屋教区長、名古屋いのちの電話理事長。
¶新カト，世紀，日人

**宗真彦** **そうまひこ**
文久1(1861)年～大正8(1919)年 [別]宗真彦(そうさねひこ)
明治～大正期の神職。
¶神奈川人(そうさねひこ)，神人

**宗マリア** **そうまりあ**
？ ～慶長10(1605)年 [別]宗義智室(そうよしと

ししつ)
安土桃山時代の女性、キリシタン。宗義智の室。
¶戦人

**宗万　そうまん**
寛正4(1463)年～*　[別]休翁宗万(きゅうおうそうまん),休翁(きゅうおう)
戦国時代の臨済宗の僧。
¶戦人([没]天文3(1534)年?),仏教(休翁宗万　きゅうおうそうまん　[没]大永6(1526)年2月,(異説)天文3(1534)年12月26日)



**蔵満　ぞうまん**
生没年不詳
平安時代中期の三論宗の僧。
¶仏教

**宗命　そうみょう**
→宗命(しゅうみょう)

**相命　そうみょう**
応徳1(1084)年～保元3(1158)年
平安時代後期の天台僧。
¶古人,平史

**増命　ぞうみょう**
承和10(843)年～延長5(927)年　[別]静観僧正(じょうかんそうじょう)
平安時代前期～中期の天台宗の僧。左大史桑内安峰の子。
¶朝日([没]延長5年11月11日(927年12月7日)),角史,国史,国書([没]延長5(927)年11月11日),古人,古代,古代普,古中,コン改,コン4,コン5,史人([没]927年11月11日),新潮([没]延長5(927)年11月11日),人名,世人,日人,仏教([没]延長5(927)年11月11日),仏史,平史

**宗珉　そうみん**
?　～永正16(1519)年11月30日　[別]玉浦宗珉(ぎょくほそうみん),玉浦(ぎょくほ)
戦国時代の臨済宗の僧。
¶戦人,仏教(玉浦宗珉　ぎょくほそうみん)

**僧旻　そうみん**
→旻(みん)

**宗無　そうむ**
?　～元和3(1617)年2月3日
安土桃山時代～江戸時代前期の浄土宗の僧。
¶仏教

**宗六翁　そうむつお**
明治期の神職。
¶神人

**宗明(1)　そうめい**
生没年不詳
鎌倉時代後期の僧侶。
¶国書

**宗明(2)　そうめい**
生没年不詳
南北朝時代～室町時代の日蓮宗の僧。
¶国書

**窓明　そうめい**
生没年不詳
江戸時代中期の歌僧。
¶大阪人

**宗牧(1)　そうもく**
享徳3(1454)年～永正14(1517)年4月19日　[別]東渓宗牧(とうけいそうぼく,とうけいそうもく),宗牧(そうぼく),東渓(とうけい)
戦国時代の臨済宗の僧。
¶国書(東渓宗牧　とうけいそうぼく),戦人,仏教(東渓宗牧　とうけいそうもく)

**宗牧(2)　そうもく**
?　～天文4(1535)年10月4日　[別]養拙宗牧(ようせつしゅうぼく),養拙(ようせつ)
戦国時代の曹洞宗の僧。
¶戦人,仏教(養拙宗牧　ようせつしゅうぼく)

**僧黙　そうもく**
生没年不詳
江戸時代中期の浄土真宗の僧。
¶国書

**増瑜(1)　ぞうゆ**
建保3(1215)年～?
鎌倉時代前期～後期の真言僧。
¶仏史

**増瑜(2)　ぞうゆ**
生没年不詳
南北朝時代の僧侶・歌人。
¶国書

**宗友　そうゆう**
→只山宗友(しざんそうゆう)

**宗祐　そうゆう**
生没年不詳
南北朝時代の僧侶・歌人。
¶国書

**相有　そうゆう**
生没年不詳
江戸時代中期の天台宗の僧。
¶国書

**総融　そうゆう**
?　～元中3/至徳3(1386)年
南北朝時代の学僧。
¶鎌室,人名,日人,仏教([没]至徳3/元中3(1386)年4月21日)

**増祐(1)　ぞうゆう**
平安時代中期の僧。薬師寺の別当。
¶古人,平史(生没年不詳)

**増祐(2)　ぞうゆう**
?　～貞元1(976)年
平安時代中期の天台宗の僧。
¶古人([生]?),日人,兵庫百(生没年不詳),仏教([没]天延4(976)年1月30日),平史

**蔵有** ぞうゆう
*〜承久3(1221)年11月9日
鎌倉時代前期の真言宗の僧。
¶仏教(㊐?),密教(㊐1142年)

**増誉**(1) ぞうよ
長元5(1032)年〜永久4(1116)年
平安時代中期〜後期の天台宗の僧。一乗寺僧正。
¶朝日(㊣永久4年1月29日(1116年2月14日)),国史,古人,古中,コン改(㊐康平5(1062)年),コン4,コン5,史人(㊣1116年1月29日),諸系,新潮(㊣永久4(1116)年1月29日),人名,姓氏京都,世人,日史(㊣永久4(1116)年1月29日),日人,百科,仏教(㊣永久4(1116)年2月19日),仏史,平史,歴大(㊐?),和歌山人

**増誉**(2) ぞうよ
? 〜宝永4(1707)年7月2日
江戸時代前期〜中期の真言宗の僧・兵学者。
¶国書

**僧鎔** そうよう
享保8(1723)年〜天明3(1783)年10月2日 ㊞雪山僧鎔(ゆきやまそうよう)
江戸時代中期の浄土真宗本願寺派の学僧。空華轍の祖。
¶近世,国史,国書,人名,姓氏富山(雪山僧鎔 ゆきやまそうよう),富山百,日人,仏教,仏史,仏人,ふる

**宗曄曇栄** そうようどんえい
→曇栄宗曄(どんえいそうよう)

**総誉清厳** そうよせいがん
→清厳(せいがん)

**増利** ぞうり
*〜延長6(928)年
平安時代前期〜中期の興福寺の学僧。
¶古人(㊐835年,836年?),古代(㊐835年,(異説)836年),古代普(㊐835年,836年),人名(㊐836年),日人(㊐836年),仏教(㊐承和4(837)年 ㊣延長6(928)年7月13日),平史(㊐836年)

**宗立** そうりつ
→江雪宗立(こうせつそうりゅう)

**宗立** そうりゅう
→江雪宗立(こうせつそうりゅう)

**宗隆** そうりゅう
→景川宗隆(けいせんそうりゅう)

**僧隆** そうりゅう
生没年不詳
飛鳥時代の渡来僧。
¶日人,仏教

**僧竜** そうりゅう
安永2(1773)年〜天保13(1842)年2月12日
江戸時代中期〜後期の真言宗の僧。
¶国書,徳島歴

**宗竜** そうりゅう★
〜慶長10(1605)年9月5日
江戸時代前期の曹洞宗の名僧。
¶秋田人2

**僧隆**(増隆) ぞうりゅう
→高岡増隆(たかおかぞうりゅう)

**桑梁** そうりょう
生没年不詳
江戸時代後期の浄土真宗の僧。
¶国書

**僧亮**(1) そうりょう
? 〜文政13(1830)年5月28日
江戸時代後期の浄土真宗の僧。
¶国書

**僧亮**(2) そうりょう
文化6(1809)年〜安政6(1859)年9月21日
江戸時代末期の浄土真宗の僧。
¶国書,仏教

**僧梁** そうりょう
天保12(1841)年〜大正11(1922)年11月15日
江戸時代後期〜大正期の僧侶。
¶国書,真宗

**聡林** そうりん
応永14(1407)年〜明応3(1494)年7月16日
室町時代〜戦国時代の浄土宗の僧。
¶仏教

**宗蓮** そうれん
生没年不詳
鎌倉時代前期の天台宗の僧。
¶国書

**僧朗** そうろう
明和6(1769)年〜嘉永4(1851)年10月27日
江戸時代後期の浄土真宗の僧。
¶国書(㊐明和6(1769)年5月),仏教,仏人

**副島知一** そえじまちいち
明治7(1874)年9月29日〜昭和34(1959)年6月11日
明治〜昭和期の神職。
¶佐賀百

**添田戒光** そえだかいこう
明治4(1871)年〜昭和3(1928)年
明治〜昭和期の律宗僧侶。雲照寺住職。
¶仏人

**添田弥一郎** そえたやいちろう
天保10(1839)年〜大正11(1922)年
江戸時代後期〜大正期の宮大工。
¶栃木歴,美建

**祖円** そえん
→規庵祖円(きあんそえん)

**祖覚** そかく
生没年不詳

江戸時代中期の臨済宗の僧。
¶国書

**素覚** そかく
生没年不詳
安土桃山時代～江戸時代前期の浄土宗の僧。
¶国書，仏教（㊀慶長17（1612）年3月25日），平史

**素岳元禎** そがくげんてい
生没年不詳
江戸時代前期の黄檗宗の僧。
¶国書

そ

**曽我蛇足** そがじゃそく
生没年不詳　㊀蛇足（じゃそく），曽我蛇足（そがだそく，そがのだそく）
室町時代～戦国時代の曽我派の画家。
¶朝日，鎌室（そがだそく），京都（そがだそく），京都大（そがだそく），国史（蛇足　じゃそく），古中（蛇足　じゃそく），コン改（そがだそく），コン4（そがだそく），コン5（そがだそく），史人（蛇足　じゃそく），人書94，新潮，人名（㊀1483年），世人（そがだそく），世百（㊀1483年），全書，大百（そがだそく　㊀1483年），茶道（㊀1483年），日史，日人，美家，百科，仏教（そがだそく），名画（そがのだそく　㊀1483年），歴大

**曽我是精** そがぜしょう
大正9（1920）年～昭和38（1963）年
昭和期の宗教家。
¶山口人

**曽我禅師** そがぜんじ
安元2（1176）年～建久4（1193）年
平安時代後期～鎌倉時代前期の僧侶。仇討で有名な曾我祐成、時致の弟。
¶新潟百

**曽我蛇足** そがだそく
→曽我蛇足（そがじゃそく）

**蘇我稲目** そがのいなめ
？～欽明31（570）年　㊀蘇我稲目宿禰（そがのいなめのすくね）
飛鳥時代の官人（大臣）。孝元天皇の後裔。欽明朝の大臣。崇仏論争では物部尾輿と対立し、仏教を保護した。
¶朝日（㊀欽明31年3月1日（570年3月22日）），岩史（㊀欽明31（570）年3月1日），角史，公卿（㊀欽明31（570）年3月），公卿普（㊀欽明天皇31（570）年3月），国史，古史，古人（㊀？　㊀570年），古代（蘇我稲目宿禰　そがのいなめのすくね），古代普（蘇我稲目宿禰　そがのいなめのすくね　㊀？　㊀570年），古中，古物（㊀？　㊀570年），コン改，コン4，コン5，史人（㊀570年3月1日），思想史，重要（生没年不詳），諸系，新潮（㊀欽明31（570）年3月1日），人名，世人，世百（㊀506年？），全書，対外，大百，日史（㊀欽明31（570）年3月1日），日人，百科，仏教（㊀欽明31（570）年3月1日），平日（㊀570），山川小（㊀？　㊀570年3月1日），歴大

**蘇我稲目宿禰** そがのいなめのすくね
→蘇我稲目（そがのいなめ）

**曽我蛇足** そがのだそく
→曽我蛇足（そがじゃそく）

**曽我部俊雄** そがべしゅんのう
明治6（1873）年～昭和24（1949）年
明治～昭和期の僧侶。
¶和歌山人

**曽我量深**（曾我量深） そがりょうじん
明治8（1875）年～昭和46（1971）年6月20日
明治～昭和期の仏教学者、真宗大谷派学僧。東洋大学教授、大谷大学教授。曽我教学を確立。「精神界」の編集に尽力。
¶京都大，現朝（㊀1875年3月20日），現執1期，現情（㊀1875年3月10日），現人，コン改，コン4，コン5，史人（㊀1875年3月10日，（異説）3月15日），思想史（曾我量深），真宗（㊀明治8（1875）年9月5日），新潮（㊀明治8（1875）年3月10日），人名7，世紀（㊀明治8（1875）年3月10日），全書，哲学，新潟百，日人（㊀明治8（1875）年3月20日），仏教（㊀明治8（1875）年3月1日），仏人

**十川嘉太郎** そがわかたろう
→十川嘉太郎（とがわよしたろう）

**祖看** そかん
生没年不詳
江戸時代前期の浄土宗の僧。
¶国書

**素観** そかん
生没年不詳
南北朝時代の僧侶・歌人。
¶国書

**素眼** そがん
→素眼（そげん）

**素願** そがん
生没年不詳
南北朝時代の僧侶・連歌作者。
¶国書

**祖関円密** そかんえんみつ
*～文政5（1822）年5月30日
江戸時代中期～後期の黄檗宗の僧。
¶黄檗（㊀元文4（1738）年），仏教（㊀元文4（1739）年）

**祖眼元明** そがんげんみょう
延宝1（1673）年～宝暦7（1757）年1月27日
江戸時代中期の黄檗宗の僧。
¶黄檗，仏教

**祖機** そき
至徳1/元中1（1384）年～文安2（1445）年5月2日
室町時代の曹洞宗の僧。
¶仏教（㊀至徳1/元中1（1384）年，（異説）至徳2/元中2（1385）年）

**祖岌** そきゅう
？～承応1(1652)年
安土桃山時代～江戸時代前期の浄土宗の僧。
¶埼玉人，仏教

**祚玖** そきゅう
享禄3(1530)年～慶長15(1610)年1月22日
安土桃山時代～江戸時代前期の浄土宗の僧。永平寺19世。
¶仏教([生]享禄3(1530)年，(異説)享禄4(1531)年　[没]慶長15(1610)年1月22日，(異説)1月24日？)

**祖牛** そぎゅう
生没年不詳
江戸時代中期の僧侶。
¶庄内

**祖京** そきょう
寛文7(1667)年～正徳2(1712)年10月29日
江戸時代中期の天台宗の僧。
¶仏教

**祖暁** そぎょう
寛文7(1667)年～享保16(1731)年11月7日
江戸時代前期～中期の僧。
¶山梨百

**即菴宗覚** そくあんしゅうがく
→即庵宗覚(そくあんそうかく)

**即菴宗心** そくあんしゅうしん
鎌倉時代の僧、筑前崇福寺主。
¶人名

**即庵宗覚** そくあんそうかく
応永14(1407)年～文明16(1484)年　[別]即菴宗覚(そくあんしゅうがく)
室町時代～戦国時代の曹洞宗の僧。
¶人名(即菴宗覚　そくあんしゅうがく)，戦辞([没]文明16年12月13日(1484年12月30日))，日人，仏教([没]文明16(1484)年12月13日)

**足庵宗鑑** そくあんそうかん
生没年不詳
室町時代の臨済宗の僧。大徳寺27世。
¶仏教

**即庵宗心** そくあんそうしん
生没年不詳
鎌倉時代の僧。
¶鎌室，日人，仏教

**塞淵** そくえん
寛政12(1800)年～万延2(1861)年1月22日
江戸時代末期の浄土真宗の僧。
¶国書，仏教

**即厭** そくえん
享保3(1718)年～寛政2(1790)年
江戸時代中期～後期の僧。浄土宗西要寺住職。
¶和歌山人

**足翁永満** そくおうえいまん
永享7(1435)年～永正2(1505)年3月8日
室町時代～戦国時代の曹洞宗の僧。
¶仏教

**続翁宗伝** ぞくおうそうでん
？～文禄3(1594)年
安土桃山時代の曹洞宗の僧。
¶日人，仏教([没]文禄3(1594)年2月)

**即空道立** そくくうどうりゅう
→即空道立(そっくうどうりゅう)

**足室円給** そくしつえんきゅう
弘和2/永徳2(1382)年～長禄2(1458)年2月17日
室町時代の曹洞宗の僧。
¶仏教

**速成** そくじょう
生没年不詳
江戸時代中期の浄土真宗の僧。
¶国書

**則中**(即中) そくちゅう
？～元禄8(1695)年
江戸時代中期の浄土宗の僧。
¶国書(即中　[没]元禄8(1695)年4月19日)，日人，仏教(生没年不詳)

**即伝** そくでん
生没年不詳
戦国時代の行者。
¶国書，思想史，日人，百科，仏教

**速伝宗販** そくでんそうへん
戦国時代～安土桃山時代の信濃伊那郡の名刹開善寺の住持。武田勝頼の数学の師。
¶武田

**即同** そくどう
？～文化9(1812)年9月19日
江戸時代後期の新義真言宗の僧。
¶埼玉人，仏教([没]文化9(1812)年9月19日，(異説)9月24日？)

**速入寺乗空** そくにゅうじじょうくう
～永正14(1517)年3月22日
戦国時代の高山市の速入寺の開基。
¶飛騨

**息梅** そくばい
生没年不詳
室町時代の画僧。
¶日人

**即非** そくひ
→即非如一(そくひにょいち)

**即非如一** そくひにょいち
明・万暦44(1616)年～寛文11(1671)年　[別]即非(そくひ)，即非如一(そくひにょいつ)，如一(じょいち，にょいち，にょいつ)
江戸時代前期の黄檗宗の渡来僧。隠元の門下僧。
¶朝日(そくひにょいつ　[生]万暦44年5月14日

(1616年6月27日)　㊀寛文11年5月20日(1671年6月26日))，京都大，郷土長崎(即非　そくひ)，京都府，近世，国史，国書(そくひにょいつ　㊀明の万暦44(1616)年5月14日　㊀寛文11(1671)年5月20日)，コン改，コン4，コン5，史人(㊀1616年5月14日　㊀1671年5月20日)，新潮(㊀寛文2(1671)年1月20日)，人名，世人(㊀寛文11(1671)年1月20日)，世人(如一にょいち)，全書，対外，茶道，長崎百(即非そくひ)，日人，福岡百(即非　そくひ　㊀元和2(1616)年5月14日　㊀寛文11(1671)年5月20日)，仏教(㊀明・万暦44(1616)年5月14日㊀寛文11(1671)年5月6日)，仏史，仏人(如一にょいち)，名僧(そくひにょいつ)

そ

**即非如一**　そくひにょいつ
→即非如一(そくひにょいち)

**速満**　そくまん
文化9(1812)年～明治19(1886)年1月2日
江戸時代後期～明治期の浄土真宗の僧。
¶国書

**即明**　そくめい
宝暦4(1754)年～文政5(1822)年3月7日
江戸時代中期～後期の真言律宗の僧。
¶国書

**則祐**　そくゆう
→赤松則祐(あかまつのりすけ)

**則誉守西**　そくよしゅさい
?　～
江戸時代前期の僧。八戸十六日町天聖寺の8世住職。
¶青森人

**祖慶**　そけい
生没年不詳
室町時代の禅僧。
¶新潟百

**祖継大智**　そけいだいち
正応3(1290)年～正平21/貞治5(1366)年
鎌倉時代後期～南北朝時代の曹洞宗の僧。
¶姓氏石川

**祖渓徳濬**　そけいとくえい
→祖渓徳濬(そけいとくしゅん)

**祖渓徳濬**　そけいとくしゅん
生没年不詳　㊀祖渓徳濬(そけいとくえい)
室町時代の僧。
¶鎌室，国書，人名(そけいとくえい)，徳島百，徳島歴，日人(そけいとくえい)，仏教

**祖月**　そげつ
生没年不詳
南北朝時代の僧侶・歌人。
¶国書

**素月坊**　そげつぼう
?　～天正13(1585)年
戦国時代～安土桃山時代の修験者。
¶徳島歴

**素謙**　そけん
生没年不詳
江戸時代中期の曹洞宗の僧。
¶国書

**祖元**　そげん
→無学祖元(むがくそげん)

**祖玄**　そげん
弘治2(1556)年～寛永19(1642)年8月14日
安土桃山時代～江戸時代前期の浄土宗の僧。
¶国書(生没年不詳)，仏教

**素眼**　そげん
生没年不詳　㊀素眼(そがん)
南北朝時代の時宗の僧。
¶国書(そがん)，日人(そがん)，仏教

**十河信善**　そごうしんぜん
大正5(1916)年～昭和57(1982)年　㊀明光寺宏
昭和期の僧侶。
¶香川人，香川百，社史(㊀1915年)

**素光道充**　そこうどうじゅう
寛永2(1625)年～貞享2(1685)年9月24日
江戸時代前期の黄檗宗の僧。
¶黄檗

**曽沢太吉**　そざわたきち
明治42(1909)年10月17日～
昭和期の中古文学者。奈良女子大学教授、仏教美術協会理事長。
¶現情

**祖山(1)**　そざん
生没年不詳
江戸時代前期の浄土宗の僧。伊勢樹敬寺住職。
¶仏教

**祖山(2)**　そざん
宝暦9(1759)年～
江戸時代後期の※の僧。光星寺18世住職。
¶庄内

**祖山(3)**　そざん
明和4(1767)年～嘉永1(1848)年
江戸時代後期の※の僧。
¶姓氏岩手

**素山**　そざん
生没年不詳
戦国時代の僧侶・歌人。
¶国書

**蘇山玄喬**　そざんげんきょう
寛政11(1799)年～明治1(1868)年
江戸時代末期の臨済宗の僧。妙心寺535世。
¶熊本百(㊀明治1(1868)年12月15日)，人名，日人(㊀1869年)，仏教(㊀明治1(1868)年12月14日)

**祖山法忍** そざんほうにん
寛文12(1672)年〜元文5(1740)年3月1日
江戸時代前期〜中期の臨済宗の僧。
¶国書

**祖山輔教** そざんほきょう
寛文4(1664)年〜寛保3(1743)年
江戸時代中期の曹洞宗の僧。
¶国書(㊀寛保3(1743)年閏4月12日), 仏教(㊀寛保3(1743)年4月12日)

**楚州如宝** そしゅうにょほう, そじゅうにょほう
寛政3(1791)年8月24日〜嘉永3(1850)年9月17日
江戸時代末期の黄檗宗の僧。万福寺32世。
¶黄檗, 国書, 静岡歴(そじゅうにょほう), 長崎遊, 仏教

**楚俊**(1) そしゅん
→明極楚俊(みんきそしゅん)

**楚俊**(2) そしゅん
生没年不詳
戦国時代の曹洞宗の僧。
¶国書

**素純** そじゅん
？ 〜享禄3(1530)年
戦国時代の僧侶・歌人。
¶国書(㊀享禄3(1530)年6月5日), 戦辞(㊀享禄3年6月5日(1530年6月29日))

**祖春元回** そしゅんげんかい
明暦3(1657)年5月16日〜享保9(1724)年8月10日
江戸時代前期〜中期の黄檗宗の僧。
¶黄檗, 国書

**素性** そしょう
→素性(そせい)

**祖常楚岷** そじょうそみん
生没年不詳
江戸時代中期の臨済宗の僧。
¶国書

**祖心** そしん
→祖心尼(そしんに)

**素深** そしん
生没年不詳
江戸時代中期の浄土真宗の僧。
¶国書

**素真** そしん
生没年不詳
江戸時代中期の天台宗の僧。
¶国書

**祖振衍定** そしんえんじょう
寛保1(1741)年〜文政1(1818)年8月18日
江戸時代中期〜後期の黄檗宗の僧。
¶黄檗

**祖心紹越** そしんじょうえつ
？ 〜永正16(1519)年
戦国時代の禅僧。
¶仏史

**祖心禪尼** そしんぜんに
→祖心尼(そしんに)

**祖心尼** そしんに
天正16(1588)年〜延宝3(1675)年 ㊊祖心(そしん), 祖心禪尼(そしんぜんに), 祖心禅尼(そしんぜんに)
江戸時代前期の女性。尼僧。
¶会津, 朝日, 江表(祖心尼(東京都)), 国書(祖心 そしん ㊀延宝3(1675)年3月11日), 女性(祖心禪尼 そしんぜんに ㊀延宝3(1675)年3月11日), 人名(祖心 そしん), 徳川将, 日人

そ

**素性** そせい
生没年不詳 ㊊素性(そしょう), 素性法師(そせいほうし)
平安時代前期〜中期の僧、歌人。三十六歌仙の一人。
¶朝日(㊐嘉祥3(850)年以前 ㊀延喜9(909)年以後), 角史, 郷土奈良(素性法師 そせいほうし), 国史, 国書, 古史, 古人(㊐844年？), 古代, 古代普, 古中, コン改, コン4, コン5, 詩歌, 詩作(素性法師 そせいほうし), 史人, 新潮, 新文, 人名, 姓氏京都, 全書, 日史(素性法師 そせいほうし), 日人, 百科(素性法師 そせいほうし), 仏教, 仏人(そしょう), 文学, 平史, 歴大, 和俳(㊐嘉祥3(850)年以前)

**素性法師** そせいほうし
→素性(そせい)

**楚石浄宝** そせきじょうほう
？ 〜寛政10(1798)年7月3日
江戸時代中期〜後期の黄檗宗の僧。
¶黄檗

**楚仙** そせん
？ 〜文禄2(1593)年10月1日
戦国時代〜安土桃山時代の浄土宗の僧・連歌作者。
¶国書

**素暹** そせん
鎌倉時代前期の僧侶・歌人・連歌作者。
¶国書(生没年不詳), 俳文

**素暹法師** そせんほうし
生没年不詳
鎌倉時代前期の歌僧。
¶郷土神奈川

**曽田達円** そたたつえん
明治3(1870)年〜昭和5(1930)年
明治〜昭和期の大念寺住職、布教師。
¶島根歴

**素中** そちゅう
生没年不詳
江戸時代中期の浄土宗の僧。
¶国書

そ

**祖珍　そちん**
生没年不詳
江戸時代後期の臨済宗の僧。
¶国書

**即空　そっくう**
*～元禄11(1698)年1月6日
江戸時代前期の僧。
¶岡山人(㊀元和9(1623)年)，岡山歴(㊀元和1(1615)年)

**即空道立　そっくうどうりゅう**
元和9(1623)年～元禄11(1698)年1月6日　㊎即空道立(そくくうどうりゅう)
江戸時代前期～中期の黄檗宗の僧。
¶黄檗，国書(そくくうどうりゅう)

**祖貞　そてい**
延徳3(1491)年～永禄1(1558)年3月1日
戦国時代の浄土宗の僧。
¶仏教

**祖的(1)　そてき**
？～元和3(1617)年8月6日
安土桃山時代～江戸時代前期の浄土宗の僧。
¶仏教

**祖的(2)　そてき**
天文15(1546)年～寛永2(1625)年9月27日
安土桃山時代～江戸時代前期の浄土宗の僧。
¶仏教

**祚棟　そとう**
？～永禄3(1560)年10月5日
戦国時代の曹洞宗の僧。
¶仏教

**祖洞　そどう**
？～弘治3(1557)年　㊎鎮誉祖洞(ちんよそどう)
戦国時代の浄土宗の僧。
¶戦辞(鎮誉祖洞　ちんよそどう　㊁弘治3年1月25日(1557年2月24日))，戦人，仏教(㊁弘治3(1557)年1月25日)

**祖道　そどう**
生没年不詳
江戸時代中期の曹洞宗の僧。
¶国書

**祖道穏達　そどうおんだつ**
→穏達(おんたつ)

**祖道宗心　そどうしゅうしん**
→祖道宗心(そどうそうしん)

**祖道宗心　そどうそうしん**
寛永15(1638)年～天和3(1683)年　㊎祖道宗心(そどうしゅうしん)
江戸時代前期の曹洞宗の僧。
¶人名(そどうしゅうしん)，日人，仏教(㊁天和3(1683)年8月25日)

**祖忍　そにん**
鎌倉時代の曹洞宗の尼僧。
¶姓氏石川

**祖能　そのう**
→大拙祖能(だいせつそのう)

**園頭広周　そのがしらひろちか**
大正7(1918)年2月20日～
昭和～平成期の宗教家。国際正法協会会長。生長の家の要職、時局対策宗教者会議事務局長、GLAの西日本本部長を務める。
¶現執3期

**薗実円　そのじつえん**
明治20(1887)年～昭和38(1963)年
明治～昭和期の僧侶。
¶群馬人，姓氏群馬

**薗田稲太郎　そのだいねたろう**
明治5(1872)年～昭和24(1949)年
明治～昭和期の神職。
¶埼玉人，神人

**薗田香勲　そのだこうくん**
明治38(1905)年3月25日～昭和44(1969)年4月9日
昭和期のドイツ文学者。大阪府立大学教授。ゲーテ、ドイツ文学における東方憧憬の研究。
¶真宗，世紀，姓氏京都(㊁1966年)，哲学，日人，仏人

**薗田成家　そのだしげいえ**
→智明坊(ちみょうぼう)

**園田重賢　そのだしげかた**
生没年不詳
明治期の牧師。
¶社史

**薗田宗恵　そのだしゅうえ**
→薗田宗恵(そのだそうえ)

**薗田守夏　そのだしゅか★**
寛文8(1668)年～享保9(1724)年
江戸時代前期～中期の神官。
¶三重続

**薗田宗恵　そのだそうえ**
文久3(1863)年7月27日～大正11(1922)年1月3日　㊎薗田宗恵(そのだしゅうえ)
明治～大正期の真宗本願寺派の僧、仏教学者。龍谷大学学長。サンフランシスコに赴き白人伝道に成果を上げる。
¶朝日(そのだしゅうえ　㊀文久2(1862)年)，コン改(㊀1862年)，コン5(㊀文久2(1862)年)，真宗(そのだしゅうえ)，新潮(そのだしゅうえ　㊁大正11(1922)年1月5日)，人名(そのだしゅうえ)，世紀(そのだしゅうえ)，姓氏京都(㊀1862年)，哲学(そのだしゅうえ)，渡航(そのだしゅうえ　㊀1862年7月27日)，日人(そのだしゅうえ　㊀1862年)，仏教(そのだしゅうえ　㊀文久3(1863)年9月9日)，仏人(そのだしゅうえ)，明大1(そのだしゅうえ)，

和歌山人（そのだしゅうえ）

**薗田知明坊** そのだちめいぼう
承安3（1173）年～宝治1（1247）年
平安時代後期～鎌倉時代前期の武将・出家僧。
¶郷土群馬

**薗田成家** そのだなりいえ
→智明房（ちみょうぼう）

**園田南涯** そのだなんがい
天保5（1834）年～*
江戸時代後期～明治期の僧、私塾経営者。
¶大分百（㊀1894年），大分歴（㊀明治30（1897）年）

**薗田稔** そのだみのる
昭和11（1936）年4月27日～
昭和～平成期の神官、宗教学者。京都大学教授、秩父神社宮司。著書に「祭りの現象学」など。
¶現執3期，現執4期

**薗田守晨** そのだもりあさ
→荒木田守晨（あらきだもりとき）

**薗田守相** そのだもりすけ
→荒木田守相（あらきだもりあい）

**薗田守胤** そのだもりたね
文政2（1819）年～明治26（1893）年
江戸時代後期～明治期の神職。旧伊勢神宮内宮神主。
¶華請

**薗田守浮** そのだもりちか
→荒木田守浮（あらきだもりうき）

**薗田守諸** そのだもりつら
宝暦8（1758）年～文化9（1812）年8月13日
江戸時代中期～後期の神職。
¶国書

**薗田守晨** そのだもりとき
→荒木田守晨（あらきだもりとき）

**薗田守祀** そのだもりとし
寛政6（1794）年～？
江戸時代後期の神職。
¶国書

**薗田守富** そのだもりとみ
生没年不詳
江戸時代中期の神職。
¶国書

**薗田守朝** そのだもりとも
永享9（1437）年～永正2（1505）年1月29日
室町時代～戦国時代の神職。
¶国書

**薗田守夏** そのだもりなつ
→荒木田守夏（あらきだもりなつ）

**薗田守宣** そのだもりのぶ
文政6（1823）年11月12日～明治20（1887）年
㊟荒木田守宣（あらきだもりのぶ）
江戸時代後期～明治期の神職。
¶維新，華請，公卿（荒木田守宣　あらきだもりのぶ　㊀明治20（1887）年2月），公卿普（荒木田守宣　あらきだもりのぶ　㊀明治20（1887）年2月），公家（守宣〔伊勢内宮禰宜荒木田氏〕もりのぶ　㊀明治20（1887）年3月10日），国書（㊀明治20（1887）年1月25日），神人（荒木田守宣　あらきだもりのぶ　㊐文政6（1823）年11月　㊀明治20（1887）年1月），人名，日人，三重（荒木田守宣）

そ

**薗田守憲** そのだもりのり
明治期の神職。旧伊勢神宮内宮神主。
¶華請

**薗田守秀** そのだもりひで
→荒木田守秀（あらきだもりひで）

**薗田守洪** そのだもりひろ
→荒木田守洪（あらきだもりこう）

**薗田守理** そのだもりまさ
大正期の神職。旧伊勢神宮内宮神主。
¶華請

**薗田守拙** そのだもりみ
文化8（1811）年12月24日～明治11（1878）年8月1日
江戸時代後期～明治期の神職。
¶国書

**薗田守通** そのだもりみち
大永1（1521）年～慶長6（1601）年7月25日
戦国時代～安土桃山時代の神職。
¶国書

**薗田守宗** そのだもりむね
→荒木田守宗（あらきだもりむね）

**薗田守賀** そのだもりよし
生没年不詳
江戸時代後期の神宮祠官。
¶神人

**薗田守敬** そのだもりよし
→荒木田守敬（あらきだもりたか）

**薗田守是** そのだもりよし
天文4（1535）年～慶長13（1608）年9月15日
戦国時代～江戸時代前期の神職。
¶国書

**薗田守良** そのだもりよし
天明5（1785）年11月19日～天保11（1840）年
㊟荒木田守良（あらきだもりよし）
江戸時代後期の神道学者。荒木田守諸の子。
¶朝日（㊐天明5年11月19日（1785年12月20日）㊀天保11年6月18日（1840年7月16日）），角史，近世，国史，国書（㊀天保11（1840）年6月18日），コン改，コン4，コン5，史人（㊀1840年6月18日），思想史，神史，人書79，神人（㊀天保11（1840）年6月18日），新潮（㊀天保11（1840）年6月18日），人名，世人，日人，平史，三重，

歴大（[没]1841年）

**薗田行保**　そのだゆきやす
安永6（1777）年～嘉永7（1854）年
江戸時代後期の女子教育家。
¶国書（[没]嘉永7（1854）年8月），埼玉人，人名，日人

**園地実康**　そのちさねやす
明治期の神職。
¶神人



**園原旧富**　そのはらきゅうふ
元禄13（1700）年～安永5（1776）年　[別]園原旧富（そのはらひさとみ，そのはらふるとみ）
江戸時代の国学者。
¶国書（そのはらひさとみ　[没]安永5（1776）年7月2日），人名，姓氏長野（そのはらふるとみ　[生]1703年），長野歴（そのはらふるとみ），日人（そのはらひさとみ）

**園原旧富**　そのはらひさとみ
→園原旧富（そのはらきゅうふ）

**園原舊富**　そのはらひさとみ
生没年不詳
江戸時代の神道家。木曽三留野神社神主。
¶神人

**園原旧富**　そのはらふるとみ
→園原旧富（そのはらきゅうふ）

**園文英**　そのぶんえい
慶長14（1609）年～延宝8（1680）年　[別]円光院（えんこういん）
江戸時代前期の女性。円通寺の尼僧。
¶朝日（円光院　えんこういん　[没]延宝8年11月11日（1680年12月31日）），朝日（[没]延宝8年11月11日（1680年12月31日）），コン改，コン4，コン5，女史（円光院　えんこういん），女性（[没]延宝8（1680）年11月11日），新潮，人名，日人

**園部不二夫**　そのべふじお
明治42（1909）年11月6日～昭和52（1977）年1月7日
昭和期のキリスト教神学者、牧師。明治学院大学教授。キリスト教聖書神学を研究。
¶キリ，世紀，哲学

**園八尋**　そのやひろ
天保5（1834）年11月21日～明治33（1900）年4月27日
江戸時代末期～明治期の国学者。詠歌が「秋草集」「千草の花」などに採録。
¶神人，人名，日人，明大2

**側垣基雄**　そばがきもとお
明治13（1880）年～昭和40（1965）年
明治～昭和期の牧師。
¶兵庫百

**祖白**　そはく
生没年不詳
戦国時代の浄土宗の僧。
¶仏教

**曽原吉直**　そはらよしなお
生没年不詳
江戸時代前期の神職。
¶国書

**素範**　そはん
？　～天明5（1785）年6月23日
江戸時代中期の融通念仏宗の僧。
¶国書

**素風**　そふう
？　～文政11（1828）年
江戸時代後期の浄土真宗大谷派の僧。
¶姓氏石川

**祖父江省念**　そぶえしょうねん
明治38（1905）年9月18日～平成8（1996）年1月2日
昭和期の浄土真宗僧侶。
¶真宗（[生]明治41（1908）年9月18日　[没]平成7（1995）年1月2日），世紀，日人

**祖芳**　そほう
安政3（1856）年10月5日～明治38（1905）年11月24日
明治期の僧。
¶岡山人，岡山歴

**祖芳聯山**　そほうれんざん
安永4（1775）年～弘化4（1847）年1月12日
江戸時代中期～後期の曹洞宗の僧。
¶国書

**曽宮衛吉**　そみやえいきち
明治33（1900）年～昭和58（1983）年
大正～昭和期の宮大工。
¶大分歴，美建

**素妙**　そみょう
生没年不詳
鎌倉時代後期の曹洞宗の尼僧。
¶朝日，日人

**素明**　そみょう
天授2/永和2（1376）年～嘉吉1（1441）年4月3日
南北朝時代～室町時代の僧侶・歌人。
¶国書

**素明衍聡**　そみょうえんそう
宝暦10（1760）年～天保2（1831）年4月6日
江戸時代中期～後期の黄檗宗の僧。
¶黄檗

**染野光海**　そめのこうかい
明治25（1892）年12月～昭和29（1954）年8月18日
明治～昭和期の僧侶。
¶真宗

**祖文通章**　そもんつうしょう
？　～明治4（1871）年9月2日
江戸時代末期～明治期の黄檗宗僧侶。龍雲寺第11代住持。
¶黄檗

**素文道壁**　そもんどうへき
生没年不詳
江戸時代中期の黄檗宗の僧。
¶黄檗

**曽谷教信**　そやきょうしん
元仁1(1224)年〜正応4(1291)年　㊊日礼(にちれい)
鎌倉時代後期の日蓮宗の僧。
¶千葉百，仏教(㊣正応4(1291)年5月5日)

**反田松太夫**　そりだまつだいう
生没年不詳
江戸時代後期の大住郡大山阿夫利神社祠官。
¶神奈川人

**祖琳**　そりん
生没年不詳
江戸時代後期の僧侶。
¶国書

**祖連**　それん
生没年不詳
江戸時代前期の臨済宗の僧。
¶国書

**素練**　それん
延享1(1744)年〜享和2(1802)年8月19日
江戸時代中期〜後期の俳人・僧侶。
¶国書

**祚蓮**　それん
飛鳥時代の薬師寺の開祖。
¶古代，古代普，人名，日人(生没年不詳)，仏教(生没年不詳)

**曽呂一**　そろいち
生没年不詳
江戸時代中期〜後期の僧。座頭城象に郁田流箏曲を伝えた。
¶青森人

**曽和慎八郎**　そわしんぱちろう
明治期の神職。
¶神人

**存阿**　そんあ
生没年不詳
南北朝時代の僧侶・連歌作者。
¶国書

**尊阿**　そんあ
生没年不詳
南北朝時代の僧侶・連歌作者。
¶国書

**遜阿**　そんあ
生没年不詳
江戸時代後期の僧侶・俳人。
¶国書

**尊意**　そんい
貞観8(866)年〜天慶3(940)年2月24日　㊊尊意(そんえ)
平安時代前期〜中期の天台宗の僧。
¶朝日(㊣天慶3年2月24日(940年4月4日))，国史，国書(㊐貞観8(866)年2月)，古人，古代，古代普，古中，史人，新潮，人名(そんえ)，世人，日人，仏教(㊐貞観8(866)年2月)，仏史，仏人，平史

**存易**　ぞんい
→存易(ぞんえき)

そ

**尊雲**(1)　そんうん
生没年不詳
鎌倉時代前期の天台宗の僧。
¶人名，日人，仏教

**尊雲**(2)　そんうん
→護良親王(もりよししんのう)

**尊依**　そんえ
？　〜永禄2(1559)年9月24日
戦国時代の真言宗の僧。
¶国書

**尊意**　そんえ
→尊意(そんい)

**尊恵**(1)　そんえ
平安時代の僧。もと比叡山の僧。『冥途蘇生記』や『平家物語』に尊恵蘇生譚がある。
¶古人，平家

**尊恵**(2)　そんえ
生没年不詳
鎌倉時代の法華寺の尼僧。
¶朝日，日人，平史

**尊栄**　そんえい
慶長18(1613)年〜元禄3(1690)年
江戸時代前期〜中期の天台宗の僧。
¶国書

**尊睿**　そんえい
平安時代中期の僧、多武峯第8代座主。
¶古人

**存栄**(1)　ぞんえい
天正1(1573)年〜寛永12(1635)年4月11日
安土桃山時代〜江戸時代前期の浄土宗の僧。
¶仏教

**存栄**(2)　ぞんえい
？　〜慶安1(1648)年10月18日
江戸時代前期の浄土宗の僧。
¶仏教

**尊英親王**　そんえいしんのう
→尊英法親王(そんえいほうしんのう)

**尊英入道親王**　そんえいにゅうどうしんのう
→尊英法親王(そんえいほうしんのう)

**尊英法親王**　そんえいほうしんのう
元文2(1737)年12月27日〜宝暦2(1752)年7月20日　㊊尊英親王(そんえいしんのう)，尊英入道親王(そんえいにゅうどうしんのう)

江戸時代中期の伏見宮貞建親王の第3王子。
¶国書（尊英親王　そんえいしんのう），人名，天皇，日人（尊英入道親王　そんえいにゅうどうしんのう　[生]1738年）

**存易** **ぞんえき**
天文8（1539）年～慶長19（1614）年　[別]存易（ぞんい）
安土桃山時代～江戸時代前期の浄土宗の僧。
¶近世，国史，日人，仏教（ぞんい　[生]天文1（1532）年，（異説）天文8（1539）年　[没]慶長19（1614）年9月14日），仏史

そ

**尊円(1)** **そんえん**
生没年不詳
平安時代後期の天台宗の僧・歌人。
¶国書，古人，平史

**尊円(2)** **そんえん**
→尊円入道親王（そんえんにゅうどうしんのう）

**尊衍** **そんえん**
建治1（1275）年～興国2/暦応4（1341）年1月14日
鎌倉時代後期～南北朝時代の天台宗の僧。
¶仏教

**尊円親王** **そんえんしんのう**
→尊円入道親王（そんえんにゅうどうしんのう）

**尊円入道親王** **そんえんにゅうどうしんのう**
永仁6（1298）年8月1日～正平11/延文1（1356）年9月23日　[別]尊円（そんえん），尊円親王（そんえんしんのう），尊円法親王（そんえんほうしんのう，そんえんほっしんのう），守彦親王（もりひこしんのう），尊彦親王（たかひこしんのう）
鎌倉時代後期～南北朝時代の僧。伏見天皇の第6皇子。能書家。
¶朝日（[生]永仁6年8月1日（1298年9月7日）　[没]延文1/正平11年9月23日（1356年10月17日）），岩史，角史（尊円親王　そんえんしんのう），鎌室，教育（尊円法親王　そんえんほうしんのう），京都（尊円法親王　そんえんほうしんのう），国史，国書（尊円親王　そんえんしんのう），古中，コン改（尊円法親王　そんえんほうしんのう），コン4（尊円法親王　そんえんほうしんのう），コン5（尊円法親王　そんえんほうしんのう），史人，重要（尊円法親王　そんえんほっしんのう），諸系，新潮，人名，姓氏京都，世人（尊円法親王　そんえんほうしんのう），世百（尊円親王　そんえんしんのう），全書（尊円法親王　そんえんほうしんのう），大百（尊円法親王　そんえんほうしんのう），伝記（尊円親王　そんえんしんのう），天皇（尊円法親王　そんえんほうしんのう），日史（尊円親王　そんえんしんのう），日人，美術（尊円親王　そんえんしんのう），百科（尊円親王　そんえんしんのう），仏教（尊円　そんえん），山川小，歴大（尊円親王　そんえんしんのう）

**尊円法親王** **そんえんほうしんのう**
→尊円入道親王（そんえんにゅうどうしんのう）

**尊円法親王** **そんえんほっしんのう**
→尊円入道親王（そんえんにゅうどうしんのう）

**尊応(1)** **そんおう**
奈良時代の僧。
¶古代，古代普

**尊応(2)** **そんおう**
？　～承応2（1653）年
江戸時代前期の僧。
¶姓氏長野

**存応** **ぞんおう**
→慈昌（じしょう）

**損翁宗益** **そんおうしゅうえき**
→損翁宗益（そんのうそうえき）

**尊賀** **そんが**
生没年不詳
南北朝時代の天台宗の僧。
¶国書

**尊雅(1)** **そんが**
生没年不詳
戦国時代の浄国院（仏乗坊）の供僧。
¶戦房総

**尊雅(2)** **そんが**
生没年不詳
安土桃山時代の天台宗の僧・連歌作者。
¶国書

**村我** **そんが**
生没年不詳
南北朝時代の僧侶・連歌作者。
¶国書

**尊快** **そんかい**
→尊快入道親王（そんかいにゅうどうしんのう）

**尊海(1)** **そんかい**
生没年不詳
鎌倉時代の僧侶・歌人。
¶国書

**尊海(2)** **そんかい**
建長5（1253）年～元弘2/正慶1（1332）年
鎌倉時代後期の天台宗の僧。
¶国書（[没]正慶1（1332）年11月），埼玉人（[没]元弘2/正慶1（1332）年11月20日），埼玉百，日人，仏教

**尊海(3)** **そんかい**
鎌倉時代後期の僧。
¶岡山歴

**尊海(4)** **そんかい**
→芝尊海（しばそんかい）

**尊海(5)** **そんかい**
文明4（1472）年～天文12（1543）年
戦国時代の真言宗の僧。
¶国書（[生]文明4（1472）年9月7日　[没]天文12

(1543)年11月4日)，諸系，人名，戦辞([生]文明4年7月9日(1472年8月13日)　[没]天文12年11月4日(1543年11月30日))，戦人，日人，仏教([生]文明4(1472)年9月7日　[没]天文12(1543)年11月4日)

**尊海(6)　そんかい**
生没年不詳
戦国時代の僧。大願寺住持。
¶広島百

**尊海(7)　そんかい**
生没年不詳
戦国時代の僧。玉姫の一条家降嫁に同行した。
¶高知人

**尊海(8)　そんかい**
寛永2(1625)年～元禄8(1695)年6月2日
江戸時代前期の真言宗の僧。
¶国書，仏教

**尊海(9)　そんかい**
慶長13(1608)年～天和3(1683)年12月15日
[別]如雲尊海(にょうんそんかい)
江戸時代前期の曹洞宗の僧。永平寺31世。
¶仏教(如雲尊海　にょうんそんかい)，仏人

**存海(1)　ぞんかい**
生没年不詳
室町時代の天台宗の僧。
¶仏教

**存海(2)　ぞんかい**
生没年不詳
安土桃山時代～江戸時代前期の浄土真宗の僧。
¶国書，日人，仏教([生]天正5(1577)年3月　[没]元和4(1618)年8月5日)

**尊快親王　そんかいしんのう**
→尊快入道親王(そんかいにゅうどうしんのう)

**尊快入道親王　そんかいにゅうどうしんのう**
元久1(1204)年～寛元4(1246)年4月2日　[別]尊快(そんかい)，尊快親王(そんかいしんのう)，尊快法親王(そんかいほうしんのう)
鎌倉時代前期の後高倉天皇の第7皇子。天台座主。
¶鎌室，国書(尊快親王　そんかいしんのう　[生]元久1(1204)年4月2日)，人名，天皇(尊快法親王　そんかいほうしんのう　[生]元久1(1204)年4月2日)，日人，仏教(尊快　そんかい)

**尊快法親王　そんかいほうしんのう**
→尊快入道親王(そんかいにゅうどうしんのう)

**尊覚(1)　そんかく**
寛弘6(1009)年～康平7(1064)年
平安時代中期～後期の天台宗園城寺僧。
¶古人，平史

**尊覚(2)　そんかく**
平安時代後期の東寺の僧。長承3年法勝寺金堂供養に讃衆として奉仕。
¶古人

**尊覚(3)　そんかく**
？　～安元2(1176)年
平安時代後期の天台宗園城寺僧。
¶古人([生]？)，平史

**尊覚(4)　そんかく**
慶長13(1608)年～寛文1(1661)年　[別]尊覚入道親王(そんかくにゅうどうしんのう)，尊覚法親王(そんかくほうしんのう)
江戸時代前期の法相宗の僧。興福寺212・213世。
¶人名(尊覚法親王　そんかくほうしんのう)，日人(尊覚入道親王　そんかくにゅうどうしんのう)，仏教([生]慶長13(1608)年2月22日　[没]寛文1(1661)年7月26日)

**存覚　ぞんかく，ぞんがく**
正応3(1290)年6月4日～文中2/応安6(1373)年2月28日　[別]光玄(こうげん)，存覚光玄(ぞんかくこうげん)
鎌倉時代後期～南北朝時代の真宗の僧。本願寺第3世覚如の娘との子。
¶朝日([生]正応3年6月4日(1290年7月11日)　[没]応安6/文中2年2月28日(1373年3月22日))，岩史，角史(存覚光玄　ぞんかくこうげん)，鎌室，国史，国書(光玄　こうげん)，古中，史人，思想史，人書94，神人，新潮，人名，姓氏京都，世人(存覚光玄　ぞんかくこうげん　[没]文中2/応安6(1373)年2月27日)，日史，日人，百科，仏教，仏史，仏人(光玄　こうげん)，仏人(そんがく)，歴大

**存覚光玄　ぞんかくこうげん**
→存覚(ぞんかく)

**尊覚入道親王　そんかくにゅうどうしんのう**
→尊覚(4)(そんかく)

**尊覚法親王　そんかくほうしんのう**
→尊覚(4)(そんかく)

**尊観(1)　そんかん**
延応1(1239)年～正和5(1316)年3月14日
鎌倉時代の浄土宗の僧。鎮西派名越流の祖。
¶鎌室，国史，国書，古中，人名([生]？)，日人，仏教，仏史，仏人

**尊観(2)　そんかん**
正平4/貞和5(1349)年～応永7(1400)年　[別]尊観親王(そんかんしんのう)
南北朝時代～室町時代の時宗の僧。時宗遊行12代。
¶神奈川百，国史，古中，コン改，コン4，コン5，人名，日人，仏教([没]応永7(1400)年10月24日)，仏史，山梨百(尊観親王　そんかんしんのう　[生]？)

**尊観親王　そんかんしんのう**
→尊観(2)(そんかん)

**尊観良弁　そんかんりょうべん**
延応1(1239)年～正和5(1316)年
鎌倉時代前期～後期の浄土宗の僧。
¶神奈川人

そ

**村基** そんき
生没年不詳
南北朝時代～室町時代の僧侶・歌人。
¶国書

**存牛** ぞんぎゅう
文明1 (1469) 年～天文18 (1549) 年12月20日
㊊超誉存牛 (ちょうよぞんぎゅう)
戦国時代の浄土宗の僧。
¶姓氏愛知 (超誉存牛　ちょうよぞんぎゅう), 戦辞 (超誉存牛　ちょうよぞんぎゅう　㊀文明1 (1469) 年4月　㊁天文18年12月20日 (1550年1月7日)), 戦人, 日人 (㊁1550年), 仏教 (㊀応仁3 (1469) 年4月5日)

**尊教** そんきょう
生没年不詳
鎌倉時代後期の僧。
¶鎌室 (㊀宝治2 (1248) 年), 諸系, 人名, 日人, 仏教

**尊敬** そんきょう
生没年不詳
平安時代中期の天台宗の僧。
¶仏教

**尊暁** そんぎょう
？ ～承元3 (1209) 年
平安時代後期～鎌倉時代前期の天台宗の僧。
¶神奈川人, 鎌室, 日人

**存慶** ぞんきょう
？ ～天和2 (1682) 年7月25日
江戸時代前期の浄土宗の僧。
¶仏教

**尊行院** そんぎょういん
室町時代の興福尊行院の僧。
¶茶道, 日人 (生没年不詳)

**尊空**(1) そんくう
生没年不詳
鎌倉時代の律宗の僧。
¶仏教

**尊空**(2) そんくう
慶長18 (1613) 年～元禄1 (1688) 年11月7日
江戸時代前期の浄土宗の僧。
¶国書 (生没年不詳), 仏教

**尊家** そんけ
生没年不詳
鎌倉時代の天台宗の僧・歌人。
¶国書

**尊契** そんけい
文明6 (1474) 年～天文6 (1537) 年
戦国時代の天台宗の僧。
¶国書

**尊慶**(1) そんけい
生没年不詳
戦国時代の天台宗の僧。
¶国書

**尊慶**(2) そんけい
天正8 (1580) 年～承応1 (1652) 年12月19日
江戸時代前期の真言宗の僧。
¶埼玉人 (㊀天正3 (1575) 年), 戦人, 仏教, 仏人

**尊瓊** そんけい
生没年不詳
江戸時代中期の僧侶。
¶国書

**存冏** ぞんげい
？ ～明応8 (1499) 年3月4日
室町時代～戦国時代の浄土宗の僧。
¶仏教

**尊賢**(1) そんけん
興国6/貞和1 (1345) 年～応永23 (1416) 年
南北朝時代～室町時代の真言僧。
¶神奈川人 (㊀1346年), 鎌室, 日人

**尊賢**(2) そんけん
寛延2 (1749) 年～文政12 (1829) 年11月1日
江戸時代中期～後期の真言宗の僧。
¶国書, 仏教

**尊顕** そんけん
永仁5 (1297) 年～天授6/康暦2 (1380) 年6月25日
鎌倉時代後期～南北朝時代の天台宗の僧。
¶仏教

**尊源** そんげん
天文3 (1534) 年～？
戦国時代～安土桃山時代の天台宗の僧。
¶国書

**尊玄**(1) そんげん
康治2 (1143) 年～*
平安時代後期～鎌倉時代前期の華厳宗の僧。
¶国書 (㊁？), 仏教 (㊁貞応2 (1223) 年？)

**尊玄**(2) そんげん
建武1 (1334) 年～？
南北朝時代の僧。
¶鎌室, 国書, 日人

**尊光** そんこう
生没年不詳
江戸時代後期の真言宗の僧。
¶国書

**尊皓** そんこう
応永34 (1427) 年～明応5 (1496) 年7月18日
室町時代～戦国時代の時宗の僧・連歌作者。
¶国書

**存耕祖黙** そんこうそもく
？ ～応仁1 (1467) 年
室町時代の臨済宗の僧。東福寺134世、南禅寺186世。
¶人名, 日人, 仏教 (㊁文正2 (1467) 年2月14日, (異説) 2月22日？)

**存察** ぞんさつ
生没年不詳

江戸時代前期の浄土宗の僧。
¶仏教

**尊実(1) そんじつ**
嘉承1(1106)年～？
平安時代後期の真言宗仁和寺僧。
¶古人(㊱？), 平史

**尊実(2) そんじつ**
永正16(1519)年～天正15(1587)年
戦国時代～安土桃山時代の天台宗の僧。
¶国書

**尊寂 そんじゃく**
生没年不詳
鎌倉時代後期～南北朝時代の僧侶・連歌作者。
¶国書

**尊守 そんしゅ**
生没年不詳
南北朝時代の天台宗の僧・歌人。
¶国書

**存樹 ぞんじゅ**
？ ～延宝8(1680)年10月28日
江戸時代前期の浄土宗の僧。
¶仏教

**尊寿院 そんじゅいん**
江戸時代～明治期の僧、数寄者、作陶家。
¶茶陶

**尊秀 そんしゅう**
生没年不詳
戦国時代の天台宗の僧。
¶国書

**尊什 そんじゅう**
生没年不詳
鎌倉時代後期の天台宗の僧・歌人。
¶国書

**村重 そんじゅう**
生没年不詳
南北朝時代の僧侶・連歌作者。
¶国書

**存俊 そんしゅん**
生没年不詳
戦国時代の天台宗の僧。
¶国書

**尊俊 そんしゅん**
生没年不詳
戦国時代の真言宗の画僧。
¶国書, 日人, 仏教

**尊舜 そんしゅん**
宝徳3(1451)年～永正11(1514)年
戦国時代の天台宗の僧。
¶国書(㊱永正11(1514)年10月19日), 仏教

**尊純(1) そんじゅん**
→尊純法親王(そんじゅんほっしんのう)

**尊純(2) そんじゅん**
天保4(1833)年～明治44(1911)年
江戸時代末期～明治期の僧。
¶日人, 明大1(㊱明治44(1911)年7月31日)

**尊順 そんじゅん**
生没年不詳
天台宗の僧。
¶国書

そ

**尊純親王 そんじゅんしんのう**
→尊純法親王(そんじゅんほっしんのう)

**尊純法親王 そんじゅんほうしんのう**
→尊純法親王(そんじゅんほっしんのう)

**尊純法親王 そんじゅんほっしんのう**
天正19(1591)年10月16日～承応2(1653)年5月26日 ㊿尊純(そんじゅん), 尊純親王(そんじゅんしんのう), 尊純法親王(そんじゅんほうしんのう)
江戸時代前期の天台宗の僧。青蓮院門跡。
¶朝日(㊐天正19年10月16日(1591年12月1日) ㊱承応2年5月26日(1653年6月21日)), 国書(尊純親王 そんじゅんしんのう), コン改(そんじゅんほうしんのう), コン4(そんじゅんほうしんのう), コン5(そんじゅんほうしんのう), 新潮, 人名(そんじゅんほうしんのう), 日人(そんじゅんほうしんのう), 仏教(尊純 そんじゅん)

**尊助 そんじょ**
→尊助法親王(そんじょほっしんのう)

**尊照 そんしょう**
永禄5(1562)年～元和6(1620)年6月25日
安土桃山時代～江戸時代前期の浄土宗の僧。知恩院中興の祖。
¶近世, 国史, 人名, 戦人, 日史, 日人, 百科, 仏教, 仏史, 仏人, 歴大

**尊証 そんしょう**
慶安4(1651)年2月10日～元禄7(1694)年10月15日 ㊿尊証親王(そんしょうしんのう), 尊証入道親王(そんしょうにゅうどうしんのう), 尊証法親王(そんしょうほうしんのう)
江戸時代前期～中期の天台宗の僧。天台座主184・187世。
¶国書(尊証親王 そんしょうしんのう), 人名(尊証法親王 そんしょうほうしんのう), 日人(尊証入道親王 そんしょうにゅうどうしんのう), 仏教

**尊賞 そんしょう**
元禄12(1699)年11月22日～延享3(1746)年 ㊿尊賞親王(そんしょうしんのう), 尊賞入道親王(そんしょうにゅうどうしんのう), 尊賞法親王(そんしょうほうしんのう)
江戸時代中期の法相宗の僧。興福寺217世。
¶国書(尊賞親王 そんしょうしんのう ㊱延享3(1746)年10月10日), 人名(尊賞法親王 そんしょうほうしんのう), 天皇(尊賞法親王 そんしょうほうしんのう ㊱延享3(1746)年9月24日, 10月9日), 日人(尊賞入道親王 そん

しょうにゅうどうしんのう　㊐1700年），仏教（㊏延享3（1746）年10月9日）

**尊性　そんしょう**
→尊性法親王（そんしょうほっしんのう）

**尊聖　そんしょう**
天授1/永和1（1375）年～永享4（1432）年
南北朝時代～室町時代の真言宗の僧。
¶人名，日人，仏教（㊐？　㊏永享4（1432）年7月4日）

そ

**尊紹　そんじょう**
生没年不詳
戦国時代の僧。
¶戦辞

**尊做　そんじょう**
生没年不詳
戦国時代の僧。鶴岡八幡宮若宮別当（雪下殿）。
¶戦辞，戦房総，内乱

**尊証親王　そんしょうしんのう**
→尊証（そんしょう）

**尊賞親王　そんしょうしんのう**
→尊賞（そんしょう）

**尊性親王　そんしょうしんのう**
→尊性法親王（そんしょうほっしんのう）

**尊証入道親王　そんしょうにゅうどうしんのう**
→尊証（そんしょう）

**尊賞入道親王　そんしょうにゅうどうしんのう**
→尊賞（そんしょう）

**尊証法親王　そんしょうほうしんのう**
→尊証（そんしょう）

**尊賞法親王　そんしょうほうしんのう**
→尊賞（そんしょう）

**尊性法親王　そんしょうほうしんのう**
→尊性法親王（そんしょうほっしんのう）

**尊性法親王　そんしょうほっしんのう**
建久5（1194）年～延応1（1239）年9月3日　㊊尊性（そんしょう），尊性親王（そんしょうしんのう），尊性法親王（そんしょうほうしんのう）
鎌倉時代前期の後高倉院の王子。
¶鎌室，国書（尊性親王　そんしょうしんのう），人名（そんしょうほうしんのう），姓氏京都，日人（そんしょうほうしんのう），仏教（尊性　そんしょう）

**尊助親王　そんじょしんのう**
→尊助法親王（そんじょほっしんのう）

**尊助法親王　そんじょほうしんのう**
→尊助法親王（そんじょほっしんのう）

**尊助法親王　そんじょほっしんのう**
建保5（1217）年～正応3（1290）年12月1日　㊊尊助（そんじょ），尊助親王（そんじょしんのう），尊助法親王（そんじょほうしんのう）
鎌倉時代後期の天台宗の僧。土御門上皇の子。
¶朝日（㊏正応3年12月1日（1291年1月2日）），鎌室（㊐建保4（1216）年），国史，国書（尊助親王　そんじょしんのう），古中，新潮，人名（そんじょほうしんのう），世人（そんじょほうしんのう　㊐建保4（1216）年），天皇（そんじょほうしんのう　㊐建保4（1216）年），日人（そんじょほうしんのう　㊏1291年），仏教（尊助　そんじょ　㊐建保4（1216）年），仏史

**尊信⑴　そんしん，そんじん**
嘉禄2（1226）年～弘安6（1283）年　㊊大乗院尊信（だいじょういんそんしん）
鎌倉時代前期の僧。興福寺別当。
¶鎌室，国史（そんじん　㊐1228年），古中（そんじん　㊐1228年），コン改（大乗院尊信　だいじょういんそんしん），コン4（大乗院尊信　だいじょういんそんしん），コン5（大乗院尊信　だいじょういんそんしん），諸系，新潮（㊏弘安6（1283）年7月13日），人名，世人（大乗院尊信　だいじょういんそんしん），日人，仏教（㊏弘安6（1283）年7月12日），仏史（そんじん　㊐1228年）

**尊信⑵　そんしん**
？～天正16（1588）年6月2日
戦国時代～安土桃山時代の真言宗の僧。
¶国書

**尊深　そんしん**
生没年不詳
鎌倉時代後期の僧侶・歌人。
¶国書

**尊真　そんしん**
寛保4（1744）年1月19日～文政7（1824）年　㊊尊真親王（そんしんしんのう），尊真入道親王（そんしんにゅうどうしんのう），尊真法親王（そんしんほうしんのう）
江戸時代中期～後期の天台宗の僧。天台座主212・214・217・219世。
¶国書（尊真親王　そんしんしんのう　㊏文政7（1824）年3月18日），人名（尊真法親王　そんしんほうしんのう），天皇（尊真法親王　そんしんほうしんのう　㊏文政7（1824）年3月17日），日人（尊真入道親王　そんしんにゅうどうしんのう），仏教（㊏文政7（1824）年3月17日）

**尊親　そんしん**
生没年不詳
鎌倉時代後期の僧侶・歌人。
¶国書

**尊信　そんじん，そんしん**
正中1（1324）年～天授6/康暦2（1380）年　㊊尊信法親王（そんしんほうしんのう）
南北朝時代の京都勧修寺の僧、亀山天皇の皇孫。
¶国史，古中，人名（尊信法親王　そんしんほうしんのう），日人（尊信法親王　そんしんほうしんのう），仏教（そんしん　㊏康暦2/天授6（1380）年4月22日），仏史

**存心** そんしん
生没年不詳
安土桃山時代の天台宗の僧。
¶国書

**尊真親王** そんしんしんのう
→尊真(そんしん)

**尊真入道親王** そんしんにゅうどうしんのう
→尊真(そんしん)

**尊信法親王** そんしんほうしんのう
→尊信(そんじん)

**尊真法親王** そんしんほうしんのう
→尊真(そんしん)

**尊勢** そんせい
永禄6(1563)年～元和2(1616)年5月3日
安土桃山時代～江戸時代前期の僧侶・連歌作者。
¶国書

**尊増** そんぞう
応永20(1413)年～文明6(1474)年4月21日
室町時代～戦国時代の僧侶。
¶庄内

**存則** ぞんそく
? ～天正14(1586)年8月20日
安土桃山時代の浄土宗の僧。
¶仏教

**村存** そんぞん
生没年不詳
南北朝時代の僧侶・連歌作者。
¶国書

**尊体寺界誉** そんたいじかいよ
戦国時代の尊体寺の2世住持。武田信虎の弟という。
¶武田

**尊智** そんち
生没年不詳
鎌倉時代前期の絵仏師。
¶朝日，角史，鎌室，国史，古人，古中，新潮，世人，日史，日人，美術，百科，仏教，平史，名画

**尊智玄寿** そんちげんじゅ
天文22(1553)年～寛永13(1636)年
戦国時代～江戸時代前期の日向国志布志宝満寺の住職、奈良西大寺の長老。
¶姓氏鹿児島

**尊忠** そんちゅう
生没年不詳
戦国時代の天台宗の僧。
¶国書

**尊澄** そんちょう
平安時代後期の延暦寺僧。
¶古人，平史(生没年不詳)

**尊朝** そんちょう
→尊朝法親王(そんちょうほっしんのう)

**尊長** そんちょう
? ～嘉禄3(1227)年
鎌倉時代前期の僧、公卿、承久の乱の中枢。
¶岩史([没]嘉禄3(1227)年6月8日)，角史，コン5([生]仁安1(1166)年)，庄内(生没年不詳)，姓氏京都，中世([生]?)，内乱，日史([没]安貞1(1227)年6月7日)

**尊朝親王** そんちょうしんのう
→尊朝法親王(そんちょうほっしんのう)

**尊朝法親王** そんちょうほうしんのう
→尊朝法親王(そんちょうほっしんのう)

**尊朝法親王** そんちょうほっしんのう
天文21(1552)年8月20日～慶長2(1597)年2月13日 [別]尊朝(そんちょう)，尊朝親王(そんちょうしんのう)，尊朝法親王(そんちょうほうしんのう)
安土桃山時代の天台宗の僧(天台座主)。
¶近世，国史，国書(尊朝親王 そんちょうしんのう)，新潮，人名(そんちょうほうしんのう)，世人(そんちょうほうしんのう)，全書，日人(そんちょうほうしんのう)，仏教(尊朝 そんちょう)

**尊通**(1) そんつう
応永34(1427)年～永正13(1516)年
室町時代～戦国時代の天台宗の僧。
¶国書([没]永正13(1516)年8月2日)，仏教

**尊通**(2) そんつう
寛永17(1640)年～元禄8(1695)年5月11日
江戸時代前期の時宗の僧。
¶国書，仏教

**存貞** ぞんてい
大永2(1522)年3月～天正2(1574)年5月18日
[別]感誉存貞(かんよぞんてい)
戦国時代～安土桃山時代の僧。
¶神奈川人，鎌古，国書，後北，埼玉人，埼玉百，戦辞(感誉存貞 かんよぞんてい [没]天正2年5月18日(1574年6月7日))，戦人，仏教

**存的** ぞんてき
慶長6(1601)年～万治3(1660)年
江戸時代前期の浄土宗の僧。
¶仏教

**存哲** ぞんてつ
天正18(1590)年～寛文1(1661)年7月20日
江戸時代前期の浄土宗の僧。
¶仏教

**存徹** ぞんてつ
? ～元和3(1617)年6月9日
安土桃山時代～江戸時代前期の浄土宗の僧。
¶仏教

**尊統** そんとう
元禄9(1696)年～正徳1(1711)年 [別]尊統入道親王(そんとうにゅうどうしんのう)
江戸時代中期の浄土宗の僧、仏教天文学者。
¶人名(尊統入道親王 そんとうにゅうどうしん

のう），日人（尊統入道親王　そんとうにゅうどうしんのう），仏教（[生]元禄9（1696）年9月9日　[没]正徳1（1711）年5月18日）

**存統　ぞんとう**
？　～天保3（1832）年7月11日
江戸時代後期の浄土宗の僧。
¶国書，仏教

**存道　ぞんどう**
永禄3（1560）年～寛永15（1638）年1月8日
安土桃山時代～江戸時代前期の浄土宗の僧。
¶仏教

**尊統入道親王　そんとうにゅうどうしんのう**
→尊統（そんとう）

**尊如(1)　そんにょ**
生没年不詳
鎌倉時代の律宗の尼僧、京都東山東林寺長老。
¶朝日，日人，歴大

**尊如(2)　そんにょ**
元和8（1622）年～貞享1（1684）年3月6日
江戸時代前期の新義真言宗の僧。
¶高知人，仏教，仏人

**存如　ぞんにょ**
応永3（1396）年～長禄1（1457）年　[別]円兼（えんけん）
室町時代の真宗の僧。本願寺第7世宗主。6世巧如の子。
¶朝日（[生]応永3年7月10日（1396年8月13日）　[没]長禄1年6月18日（1457年7月9日）），石川百，国史，古中，姓氏石川，姓氏京都，日音（[生]応永3（1396）年7月10日　[没]長禄1（1457）年6月18日），日人，仏教（[生]応永3（1396）年7月10日　[没]康正3（1457）年3月28日），仏史，ふる

**尊任　そんにん**
寛永2（1625）年～元禄4（1691）年　[別]他阿尊任（たあそんにん）
江戸時代前期の時宗の僧。清浄光寺19世。諸国を遊行し時宗の体制を確立。
¶江神奈（他阿尊任　[生]1624年），神奈川人（他阿尊任　たあそんにん），国書（[没]元禄4（1691）年9月15日），人名，姓氏神奈川，日人，仏教（[没]元禄4（1691）年9月15日）

**尊応　そんのう**
永享4（1432）年～永正11（1514）年1月4日
室町時代～戦国時代の天台宗の僧・連歌作者。
¶国書

**尊能　そんのう**
天正10（1582）年～元和7（1621）年5月18日
安土桃山時代～江戸時代前期の社僧。
¶国書

**存応　ぞんのう**
→慈昌（じしょう）

**損翁宗益　そんのうそうえき**
慶安2（1649）年12月27日～宝永2（1705）年5月24日　[別]損翁宗益（そんおうしゅうえき）
江戸時代前期～中期の曹洞宗の僧。
¶国書，人名（そんおうしゅうえき），日人（[生]1650年），仏教

**尊応法親王　そんのうほうしんのう**
→朝彦親王（あさひこしんのう）

**存把　ぞんぱ**
天文4（1535）年～慶長9（1604）年10月21日
安土桃山時代の浄土宗の僧。
¶仏教

**尊遍　そんぺん**
治承1（1177）年～？
鎌倉時代前期の真言宗仁和寺新相応院流の声明家。
¶朝日，日音，日人

**尊弁鏡寛　そんべんきょうかん**
江戸時代中期の真言宗智山派の僧侶。
¶埼玉人（生没年不詳），埼玉百

**存保　ぞんほ**
？　～天正19（1591）年8月15日
戦国時代～安土桃山時代の浄土宗の僧。
¶仏教

**尊法　そんほう★**
生没年不詳
亀田祈願所総持院住職。
¶秋田人2

**尊満　そんまん**
→足利尊満（あしかがそんまん）

**存妙　ぞんみょう**
生没年不詳
江戸時代後期の曹洞宗の僧。
¶国書

**存牟　そんむ**
～元和1（1615）年11月
安土桃山時代～江戸時代前期の僧。坂松山一心寺の中興の祖。
¶大阪人

**尊明　そんめい**
生没年不詳
江戸時代中期の真言宗の僧。
¶国書

**存茂　ぞんも**
永禄10（1567）年～元和5（1619）年7月16日
安土桃山時代～江戸時代前期の浄土宗の僧。
¶仏教

**存也　ぞんや**
享禄3（1530）年～慶長10（1605）年1月27日
戦国時代～安土桃山時代の浄土宗の僧。
¶埼玉人，仏教

**尊猷　そんゆう**
弘安6（1283）年～正平24/応安2（1369）年3月28日
鎌倉時代後期～南北朝時代の真言宗の僧。

¶国書

**尊由** **そんゆう**
→大谷尊由(おおたにそんゆ)

**尊祐**(1) **そんゆう**
生没年不詳
室町時代〜戦国時代の天台宗の僧。
¶国書

**尊祐**(2) **そんゆう**
正保2(1645)年〜享保2(1717)年4月18日
江戸時代前期〜中期の新義真言宗の僧。
¶国書，人名，日人，仏教，仏人

**尊祐**(3) **そんゆう**
元禄11(1698)年9月25日〜延享4(1747)年 ㊗尊祐親王(そんゆうしんのう)，尊祐入道親王(そんゆうにゅうどうしんのう)，尊祐法親王(そんゆうほうしんのう)
江戸時代中期の天台宗の僧。天台座主197・200・203・206世。
¶国書(尊祐親王 そんゆうしんのう ㊦延享4(1747)年9月16日)，人名(尊祐法親王 そんゆうほうしんのう ㊤1697年)，天皇(尊祐法親王 そんゆうほうしんのう ㊦延享4(1747)年10月7日)，日人(尊祐入道親王 そんゆうにゅうどうしんのう ㊤1697年)，仏教(㊦延享4(1747)年9月16日)

**尊雄**(1) **そんゆう**
延元2/建武4(1337)年〜正平21/貞治5(1366)年8月9日
南北朝時代の僧侶・連歌作者。
¶国書

**尊雄**(2) **そんゆう**
〜寛永9(1632)年2月18日
江戸時代前期の丹生川村の千光寺と高山市の国分寺の僧。
¶飛驒

**尊融** **そんゆう**
→朝彦親王(あさひこしんのう)

**尊祐寿玄** **そんゆうじゅげん**
? 〜慶長9(1604)年9月14日
安土桃山時代〜江戸時代前期の僧。佐々木上宮寺11世。
¶戦辞

**尊祐親王** **そんゆうしんのう**
→尊祐(3)(そんゆう)

**尊祐入道親王** **そんゆうにゅうどうしんのう**
→尊祐(3)(そんゆう)

**尊祐法親王** **そんゆうほうしんのう**
→尊祐(3)(そんゆう)

**尊誉**(1) **そんよ**
平安時代後期の僧。藤原宗能の子。大僧都に至る。
¶古人

**尊誉**(2) **そんよ**
? 〜元中4/嘉慶1(1387)年
鎌倉時代後期〜南北朝時代の浄土宗の僧。
¶姓氏群馬

**尊誉**(3) **そんよ**
? 〜寛永10(1633)年9月22日
安土桃山時代〜江戸時代前期の浄土宗の僧。
¶埼玉人，仏教

**村誉** **そんよ**
生没年不詳
南北朝時代の僧侶・連歌作者。
¶国書

**尊隆** **そんりゅう**
生没年不詳
南北朝時代〜室町時代の天台宗の僧。
¶国書

**存竜** **ぞんりゅう**
? 〜慶安2(1649)年5月7日
江戸時代前期の浄土宗の僧。
¶仏教

**尊量** **そんりょう**
? 〜慶長19(1614)年4月15日
安土桃山時代〜江戸時代前期の羽黒山の学頭。
¶庄内，山形百

**尊蓮** **そんれん**
? 〜元慶2(878)年3月4日
平安時代前期の天台宗の僧。
¶国書

た

## 【た】

**他阿** **たあ**
→真教(しんきょう)

**他阿一念** **たあいちねん**
→一念(2)(いちねん)

**他阿上人** **たあしょうにん**
→真教(しんきょう)

**他阿真教**(1) **たあしんきょう**
→真教(しんきょう)

**他阿真教**(2) **たあしんきょう**
嘉禎3(1237)年〜文保3(1319)年
鎌倉時代後期の時宗教団の大成者。
¶富嶽

**他阿尊覚** **たあそんかく**
文政2(1819)年〜明治36(1903)年
江戸時代末期〜明治期の高僧。
¶人名，新潟百，日人，明大1(㊤文政2(1819)年9月5日 ㊦明治36(1903)年6月28日)

**他阿尊任** **たあそんにん**
→尊任(そんにん)

**他阿普光** たあふこう
→普光(ふこう)

**他阿普光上人** たあふこうしょうにん★
〜寛永3(1626)年5月22日
江戸時代前期の僧。藤沢遊行寺32世。
¶秋田人2

**他阿弥陀仏** たあみだぶつ
→真教(しんきょう)

**他阿弥陀仏真寂** たあみだぶつしんじゃく
明応9(1500)年〜天文17(1548)年7月2日
戦国時代の時宗遊行上人第27代。
¶戦辞



**他阿弥陀仏託何** たあみだぶつたくが
→託何(たくが)

**他阿弥陀仏呑海** たあみだぶつどんかい
→呑海(1)(どんかい)

**泰** たい
生没年不詳
平安時代前期の僧。空海の弟子。
¶仏教

**太愛** たいあい
生没年不詳
江戸時代前期の浄土真宗の僧。
¶国書

**大安** だいあん
? 〜享和3(1803)年5月
江戸時代中期〜後期の浄土真宗の僧。
¶国書, 仏教

**大安阿立** だいあんありゅう
生没年不詳
室町時代の僧。
¶鎌室, 日人

**大庵須益**(大菴須益) だいあんしゅえき
応永13(1406)年〜文明5(1473)年 [別]大菴須益(だいあんすやき)
室町時代の僧。
¶鎌室, 人名(大菴須益 だいあんすやき), 日人(大菴須益), 仏教

**大安浄桃** だいあんじょうとう
生没年不詳
江戸時代中期の黄檗宗の僧。
¶黄檗, 国書

**大菴須益** だいあんすやき
→大庵須益(だいあんしゅえき)

**泰庵文賢** たいあんぶんけん
? 〜永禄7(1564)年5月18日
戦国時代の曹洞宗の僧。
¶仏教

**太安梵守** たいあんぼんしゅ
応永14(1407)年〜文明14(1482)年
室町時代〜戦国時代の僧。
¶鎌室, 人名, 戦辞([没]文明14年7月5日(1482年7月20日)), 日人, 仏教([没]文明14(1482)年7月5日)

**体庵明全** たいあんみょうぜん
? 〜明応9(1500)年8月25日
室町時代〜戦国時代の曹洞宗の僧。
¶仏教

**太安養康** だいあんようこう, たいあんようこう
文安5(1448)年〜天文18(1549)年4月22日
室町時代〜戦国時代の曹洞宗の僧。
¶埼玉人(たいあんようこう), 日人(たいあんようこう), 仏教

**泰庵了運** たいあんりょううん
生没年不詳
南北朝時代〜室町時代の曹洞宗の僧。
¶仏教

**大寅** だいいん
天明5(1785)年〜*
江戸時代後期の僧。
¶幕末([没]1859年1月27日), 幕末大([生]天明5(1785)年10月 [没]安政5(1858)年12月24日)

**大隠妙雄** だいいんみょうゆう
慶長16(1611)年〜寛文9(1669)年8月21日
江戸時代前期の臨済宗の僧。
¶仏教

**大有有諸** たいううしょう
→大有有諸(だいゆうゆうしょ)

**大有理有** だいうりう
→大有理有(だいゆうりゆう)

**帯雲** たいうん
江戸時代末期の画僧。
¶人名, 日人(生没年不詳)

**泰運** たいうん
生没年不詳
江戸時代中期の浄土真宗の僧。
¶国書

**泰雲**(1) たいうん
永禄6(1563)年〜*
安土桃山時代〜江戸時代前期の禅僧。
¶徳島百([没]寛永20(1643)年1月6日), 徳島歴([没]寛永15(1638)年)

**泰雲**(2) たいうん
? 〜寛政11(1799)年7月18日
江戸時代中期〜後期の浄土真宗の僧。
¶国書

**大運** だいうん
宝暦7(1757)年〜寛政12(1800)年1月6日
江戸時代後期の浄土真宗の僧。
¶国書, 仏教

**大雲**(1) だいうん
生没年不詳

江戸時代中期の真言宗の僧。
¶国書

**大雲(2)** だいうん
寛保2(1742)年～文化10(1813)年3月8日
江戸時代中期～後期の真言律宗の僧。
¶国書

**大雲(3)** だいうん
文化14(1817)年～明治9(1876)年2月1日
江戸時代末期～明治期の浄土宗の僧。
¶国書，仏教

**大雲永瑞** だいうんえいずい，たいうんえいずい
文明14(1482)年～永禄5(1562)年4月22日
戦国時代の曹洞宗の僧。
¶国書，人名(たいうんえいずい)，日人，仏教

**大雲義休** だいうんぎきゅう
寛永15(1638)年～元禄15(1702)年4月26日
江戸時代前期～中期の臨済宗の僧。
¶仏教

**大雲玄広** だいうんげんこう
生没年不詳
戦国時代の曹洞宗の僧。
¶仏教

**泰雲守琮** たいうんしゅそう
永享5(1433)年～文亀1(1501)年 ㊞守琮(しゅそう)
室町時代～戦国時代の曹洞宗の僧。
¶人名(守琮 しゅそう ㊤1438年)，日人，仏教(㊦文亀1(1501)年10月24日)

**大雲祥岳** だいうんしょうがく
～享和3(1803)年6月20日
江戸時代中期～後期の僧侶。
¶庄内

**大雲神竜** だいうんしんりゅう
？ ～慶長9(1604)年
戦国時代～安土桃山時代の曹洞宗の僧。
¶仏教

**大雲宗珠** だいうんそうじゅ
？ ～永禄12(1569)年2月19日
戦国時代～安土桃山時代の曹洞宗の僧。
¶国書

**泰雲徳興** たいうんとくこう
享保13(1728)年6月16日～？
江戸時代中期の黄檗宗の僧。
¶黄檗

**大雲文竜** だいうんぶんりゅう
？ ～元和3(1617)年 ㊞大雲文竜(だいうんもんりゅう)
安土桃山時代～江戸時代前期の曹洞宗の僧。
¶埼玉人(㊦元和3(1617)年1月8日)，埼玉百(だいうんもんりゅう ㊤1545年)，人名(だいうんもんりゅう)，日人，仏教(㊦元和3(1617)年1月18日)

**大雲文竜** だいうんもんりゅう
→大雲文竜(だいうんぶんりゅう)

**泰運了啓** たいうんりょうけい
元禄3(1690)年～明和8(1771)年10月2日
江戸時代中期の曹洞宗の僧。
¶国書，仏教

**大慧** たいえ，だいえ
→痴兀大慧(ちこつたいえ)

**大恵** だいえ
？ ～享和3(1803)年2月30日
江戸時代中期～後期の真言宗の僧。
¶仏教

た

**題恵** だいえ
生没年不詳
奈良時代の僧。
¶仏教

**大瀛** だいえい
宝暦9(1759)年1月2日～文化1(1804)年5月4日
江戸時代後期の浄土真宗本願寺派の学匠。三業惑乱に活躍。
¶近世，国史，国書，思想史，人名(㊤1760年)，日人，広島百，仏教(㊤宝暦10(1760)年1月2日)，仏史，仏人

**大英祖俊** だいえいそしゅん
宝暦7(1757)年～文化11(1814)年10月18日
江戸時代後期の玉竜寺住職。美濃南部に布教巡錫し7つの寺を再興。晩年は大垣の法幢寺住職。
¶飛驒

**大英通春尼** だいえいつうしゅんに
享和1(1801)年5月12日～明治15(1882)年12月1日
江戸時代末期～明治期の黄檗宗僧侶。鉄樹庵第6代住持。
¶黄檗

**大英梵策** だいえいぼんさく
生没年不詳
戦国時代の曹洞宗の僧。
¶仏教

**太易** たいえき
？ ～天和3(1683)年
江戸時代前期の臨済宗の僧。
¶愛媛百

**太易道先** たいえきどうせん
元和4(1618)年～天和3(1683)年2月24日
江戸時代前期の臨済宗の僧。
¶仏教

**太悦** たいえつ
？ ～貞享3(1686)年11月21日
江戸時代前期の浄土宗の僧。
¶国書

**泰円** たいえん
江戸時代前期の僧。日新寺8世住持。

¶姓氏鹿児島

**泰延** たいえん
生没年不詳
室町時代の天台宗の僧・連歌作者。
¶国書

**泰演(1)** たいえん
? ～天平8(736)年
飛鳥時代～奈良時代の僧。
¶日人

**泰演(2)** たいえん
奈良時代～平安時代前期の僧。
¶古人，古代，古代普，日人(生没年不詳)，仏教(生没年不詳)



**大円(1)** だいえん
? ～享和2(1802)年
江戸時代中期の浄土真宗の僧。
¶国書(生没年不詳)，姓氏石川

**大円(2)** だいえん
文化6(1809)年～明治13(1880)年12月10日
江戸時代後期～明治期の浄土真宗の僧。
¶国書

**大円還道** だいえんげんどう
? ～安永5(1776)年
江戸時代中期の曹洞宗の僧。
¶国書

**大焉広椿** だいえんこうちん
? ～正保4(1647)年
江戸時代前期の曹洞宗の僧。
¶日人，仏教([没]正保4(1647)年2月21日)

**泰円守見** たいえんしゅけん
天文4(1535)年～?
戦国時代～安土桃山時代の曹洞宗の僧。
¶国書

**大円正密** だいえんしょうみつ
? ～永禄3(1560)年
戦国時代～安土桃山時代の曹洞宗の僧。
¶国書

**大円禅師(1)** だいえんぜんじ
→鏡堂覚円(きょうどうかくえん)

**大円禅師(2)** だいえんぜんじ
戦国時代～安土桃山時代の僧。甲府・長興院住職。
¶武田

**大円禅雄** だいえんぜんゆう
? ～応永19(1412)年?
室町時代の僧。
¶鎌室(生没年不詳)，国書(生没年不詳)，人名，姓氏石川，日人(生没年不詳)，仏教

**大円智碩** だいえんちせき
生没年不詳
室町時代の僧。
¶鎌室，人名，日人，仏教

**大円仏通** だいえんぶっつう
? ～文政8(1825)年2月16日
江戸時代後期の曹洞宗の僧。
¶仏教

**大円宝鑑** だいえんほうかん
? ～寛政1(1789)年7月20日
江戸時代中期～後期の曹洞宗の僧。
¶国書

**大淵文刹** だいえんもんさつ
? ～寛永13(1636)年4月8日
江戸時代前期の曹洞宗の僧。
¶国書，仏教(生没年不詳)

**大円良胤** だいえんりょういん
→良胤(りょういん)

**体応** たいおう
文政1(1818)年7月27日～明治19(1886)年2月25日
江戸時代末期～明治期の新義真言宗僧侶。智山派管長、少教正。
¶仏教

**泰応** たいおう
慶長14(1609)年～万治1(1658)年10月14日
江戸時代前期の浄土宗の僧。
¶仏教

**泰翁慶岳** たいおうけいがく
明応9(1500)年～天正2(1574)年1月13日
戦国時代～安土桃山時代の浄土宗僧。
¶戦辞

**大応玄徹** だいおうげんてつ
? ～文明10(1478)年
室町時代の曹洞宗の僧。
¶日人，仏教([没]文明10(1478)年6月2日)

**代翁守哲** だいおうしゅてつ
永禄9(1566)年～寛永4(1627)年 [別]守哲(しゅてつ)
安土桃山時代～江戸時代前期の曹洞宗の僧。
¶人名(守哲 しゅてつ)，日人，仏教([没]寛永4(1627)年1月17日)

**泰翁宗安** たいおうそうあん
? ～天正19(1591)年11月
戦国時代の相模の僧。早雲寺12世。
¶埼玉人，武蔵人([生]?)

**大鷹宗俊** だいおうそうしゅん
寛正4(1463)年～天文6(1537)年8月4日
戦国時代の曹洞宗の僧。
¶仏教

**大応知有** だいおうちゆう
? ～寛政2(1790)年3月21日
江戸時代中期～後期の曹洞宗の僧。
¶国書

**泰翁徳陽** たいおうとくよう
文明9(1477)年～弘治1(1555)年11月20日

戦国時代の曹洞宗の僧。
¶岡山人（[生]文明5（1473）年），人名，日人（[没]1556年），仏教

**大応民瑞** だいおうみんずい
生没年不詳
江戸時代中期の僧侶。
¶姓氏長野

**泰温**(1) たいおん
？ ～延徳3（1491）年2月28日
室町時代～戦国時代の天台宗の僧・連歌作者。
¶国書

**泰温**(2) たいおん
生没年不詳
江戸時代末期の天台宗の僧。
¶国書

**大音** だいおん
生没年不詳
江戸時代後期の浄土真宗の僧。
¶国書

**大恩寺成全** だいおんじじょうぜん
～明治32（1899）年11月29日
江戸時代後期～明治期の詩僧。
¶東三河

**大我** だいが
宝永6（1709）年～天明2（1782）年8月15日 [別]孤立（こりつ）
江戸時代中期の浄土宗学僧。
¶近世，国史，国書，思想史，人名，日人，仏教，仏史

**泰覚** たいかく
生没年不詳
鎌倉時代前期の天台宗の僧・歌人。
¶国書，古人，平史

**大覚** だいがく，だいかく
永仁5（1297）年～正平19/貞治3（1364）年4月3日
[別]大覚大僧正（だいかくだいそうじょう），大覚妙実（だいかくみょうじつ，だいがくみょうじつ），妙実（みょうじつ）
鎌倉時代後期～南北朝時代の日蓮宗の僧。「備前法華」の基を築いた。
¶朝日（[没]貞治3/正平19年4月3日（1364年5月5日）），岡山人（大覚大僧正 だいかくだいそうじょう），岡山歴（大覚大僧正 だいかくだいそうじょう），鎌室（だいかく），国史（妙実 みょうじつ），古中（妙実 みょうじつ），コン改，コン4，コン5，新潮，姓氏京都（妙実 みょうじつ），世人（だいかく），日人，兵庫百（大覚妙実 だいかくみょうじつ），仏教（妙実 みょうじつ），仏史（妙実 みょうじつ），仏人（妙実 みょうじつ），歴大（大覚妙実 だいがくみょうじつ）

**大覚院雄峯** だいかくいんゆうほう
文化7（1810）年～慶応2（1866）年
江戸時代後期～末期の修験者。
¶神人

**泰岳穏禅** たいがくおんぜん
？ ～寛政10（1798）年
江戸時代中期～後期の曹洞宗の僧。
¶国書

**泰岳弘安尼** たいがくこうあんに
寛政3（1791）年～弘化2（1845）年6月24日
江戸時代後期の黄檗宗の尼僧。
¶黄檗

**大覚寺義昭** だいかくじぎしょう
→足利義昭（あしかがぎしょう）

**大岳周崇**（太岳周崇） だいがくしゅうすう，たいがくしゅうすう
興国6/貞和1（1345）年～応永30（1423）年9月14日
[別]周崇（しゅうすう，しゅうそう），大岳周崇（たいがくしゅうそう，だいがくしゅうそう）
南北朝時代～室町時代の臨済宗の僧。
¶朝日（[没]応永30年9月14日（1423年10月18日）），鎌倉（たいがくしゅうそう），鎌室，国史（だいがくしゅうそう），国書，古中（だいがくしゅうそう），コン改（太岳周崇 たいがくしゅうすう），コン4（太岳周崇 たいがくしゅうすう），コン5（太岳周崇 たいがくしゅうすう），史人（だいがくしゅうそう），新潮（太岳周崇 たいがくしゅうすう），人名（太岳周崇 たいがくしゅうすう），世人（たいがくしゅうそう），徳島百（たいがくしゅうそう），徳島歴（たいがくしゅうそう [没]応永3（1396）年9月14日），日人，仏教，仏史（だいがくしゅうそう），仏人（周崇 しゅうすう）

**大岳周崇** たいがくしゅうそう，だいがくしゅうそう
→大岳周崇（だいがくしゅうすう）

**大覚禅師** だいかくぜんじ，だいがくぜんじ
→蘭渓道隆（らんけいどうりゅう）

**大岳祖益** だいがくそえき
？ ～文亀3（1503）年
戦国時代の曹洞宗の僧。
¶人名（[没]1502年），日人，仏教（[没]文亀3（1503）年4月18日）

**大覚大僧正** だいかくだいそうじょう
→大覚（だいがく）

**泰岳道高** たいがくどうこう
生没年不詳
江戸時代前期～中期の黄檗宗の僧。
¶黄檗

**大岳文禎** だいかくぶんてい，だいがくぶんてい
寛正5（1464）年～大永7（1527）年
戦国時代の曹洞宗の僧。
¶人名（だいがくぶんてい），日人，仏教（[没]大永7（1527）年2月25日）

**大覚妙実** だいかくみょうじつ，だいがくみょうじつ
→大覚（だいがく）

**大雅耑匡** たいがたんきょう, だいがたんきょう
？ ～永正15（1518）年4月26日
室町時代～戦国時代の曹洞宗の僧。
¶国書（だいがたんきょう），仏教

**大活元用** だいかつげんよう
生没年不詳
江戸時代前期の黄檗宗の僧。
¶国書

**大歇勇健** たいかつゆうけん, だいかつゆうけん
元徳1（1329）年～＊ ㊞大歇勇健（だいけつゆうけん），勇健（ゆうけん）
南北朝時代の五山禅僧。
¶鎌室（だいかつゆうけん ㊤建武1（1334）年 ㊦至徳3/元中3（1386）年），人名（㊦1383年），姓氏長野（だいけつゆうけん ㊦1386年），長野百（だいけつゆうけん ㊦1386年），長野歴（だいけつゆうけん ㊦至徳3（1386）年），日人（㊤1331年 ㊦1383年），仏教（㊤元徳3/元弘1（1331）年 ㊦永徳3/弘和3（1383）年9月4日），仏人（勇健 ゆうけん ㊦1383年）

**大歇了心** だいかつりょうしん, たいかつりょうしん
生没年不詳 ㊞大歇了心（たいけつりょうしん，だいけつりょうしん）
鎌倉時代の僧。
¶鎌室，国書（だいけつりょうしん），人名（たいかつりょうしん），日人，仏教（たいけつりょうしん）

**大観** たいかん
明和3（1766）年～天保13（1842）年
江戸時代後期の僧侶。
¶京都府

**諦観** たいかん
生没年不詳
江戸時代中期の真言宗の僧。
¶国書

**泰巌**(1) たいがん
正徳1（1711）年～宝暦13（1763）年
江戸時代中期の浄土真宗の僧。
¶人名，日人，仏教（㊦宝暦13（1763）年9月16日），仏人

**泰巌**(2) たいがん
享和2（1802）年～明治1（1868）年10月5日
江戸時代末期の浄土真宗の僧。
¶国書，仏教

**大含** たいがん, だいがん
→雲華（うんげ）

**岱巌元策** たいがんげんさく
生没年不詳
江戸時代中期の黄檗宗の僧。
¶黄檗

**大巌宗梅** たいがんそうばい
？ ～文亀2（1502）年6月4日
室町時代～戦国時代の曹洞宗の僧。
¶仏教

**太巌祖仙** たいがんそせん
享保16（1731）年～文化8（1811）年
江戸時代中期～後期の曹洞宗の尼僧。
¶朝日（㊦文化8年7月15日（1811年9月2日）），日人

**大観梵奕** だいかんぼんえき
生没年不詳
室町時代の臨済宗の僧。
¶仏教

**大観文珠** だいかんもんじゅ
明和3（1766）年～天保13（1842）年3月28日
江戸時代中期～後期の臨済宗の僧。
¶国書，仏教

**大器** たいき
？ ～慶安5（1652）年8月10日
江戸時代前期の禅僧。
¶山梨百

**大基** だいき
天明5（1785）年～明治3（1870）年2月25日
江戸時代中期～明治期の浄土宗の僧。
¶国書

**大頎匡道** たいぎきょうどう
宝永1（1704）年～明和3（1766）年
江戸時代中期の僧。盛岡聖寿寺13世。
¶姓氏岩手

**大喜清豪** だいききよたか
生没年不詳
江戸時代後期～末期の神職。
¶国書

**大喜松祝** たいきしょうしゅく
万治3（1660）年～寛延1（1748）年
江戸時代前期～中期の僧。雪舟廟大喜庵を建立。
¶島根歴

**大機真活** だいきしんかつ
？ ～明治4（1871）年9月7日
江戸時代末期～明治期の黄檗宗の僧。
¶黄檗，国書

**大義宗孝** だいぎそうこう
？ ～寛延3（1750）年1月16日
江戸時代中期の曹洞宗の僧。
¶国書

**大義祖勤** だいぎそきん
天保12（1841）年～明治27（1894）年2月22日
江戸時代末期・明治期の玉竜寺16世住職、妙心寺549世住持職。
¶飛騨

**大輝祖璨** だいきそさん
？ ～応永27（1420）年12月21日
南北朝時代～室町時代の臨済宗の僧。
¶仏教

**大機祖全** だいきそぜん
正保4(1647)年～元禄12(1699)年閏9月22日
江戸時代前期～中期の臨済宗の僧。
¶黄檗，国書

**大機智碩** だいきちせき
？ ～建徳2/応安4(1371)年
南北朝時代の僧。
¶鎌室

**大機道範** だいきどうはん
生没年不詳
江戸時代前期の黄檗宗の僧。
¶国書

**大喜法忻**(大喜法昕) だいきほうきん
？ ～応安1(1368)年9月24日
南北朝時代の臨済宗の僧。建長寺40世。
¶神奈川人(大喜法昕)，鎌倉新(㊐正和5(1316)年)，諸系，人名，日人，仏教

**大牛永覚** だいぎゅうえいかく
慶長11(1606)年～貞享1(1684)年
江戸時代前期の僧侶。
¶高知人

**大休慧昉**(大休恵昉) たいきゅうえぼう，だいきゅうえぼう
*～安永3(1774)年
江戸時代中期の臨済宗の僧。
¶岡山百(大休恵昉 ㊐正徳4(1714)年)，岡山歴(大休恵昉 だいきゅうえぼう ㊐正徳4(1714)年 ㊍安永3(1774)年6月3日)，日人(だいきゅうえぼう ㊐1715年)，仏教(㊐正徳5(1715)年 ㊍安永3(1774)年6月3日)

**大休海燁** だいきゅうかいよう
寛永17(1640)年11月29日～享保5(1720)年9月26日
江戸時代前期～中期の黄檗宗の僧。
¶黄檗

**大休宗休** たいきゅうしゅうきゅう
→大休宗休(だいきゅうそうきゅう)

**大休正念** だいきゅうしょうねん，たいきゅうしょうねん
南宋・嘉定8(1215)年～正応2(1289)年11月30日
㊊正念(しょうねん)，仏源禅師(ぶつげんぜんじ)
鎌倉時代後期の臨済宗松源派の渡来禅僧。日本禅宗の仏源派の祖。
¶朝日(㊍正応2年11月29日(1290年1月11日))，岩史(㊍正応2(1289)年11月29日)，神奈川人，鎌倉(たいきゅうしょうねん)，鎌倉新，鎌古，鎌室，国史，国書，古中，コン4，コン5，新潮，人名，世人(正念 しょうねん ㊍正応2(1289)年11月29日)，全書，対外，茶道，日史(㊍正応2(1289)年11月29日)，日人(㊍1290年)，仏教，仏史，歴大

**大休善遊** だいきゅうぜんゆう
生没年不詳
江戸時代前期の曹洞宗の僧。
¶国書

**大休宗休** だいきゅうそうきゅう，たいきゅうそうきゅう
応仁2(1468)年～天文18(1549)年8月24日 ㊊大休宗休(たいきゅうしゅうきゅう)，円満本光国師(えんまんほんこうこくし)
戦国時代の臨済宗妙心寺派の僧。
¶岩史，鎌室，国史，国書，古中，コン改(たいきゅうそうきゅう)，コン4(たいきゅうそうきゅう)，コン5(たいきゅうそうきゅう)，史人，新潮，人名(たいきゅうしゅうきゅう)，姓氏京都，世人(たいきゅうそうきゅう)，茶道(たいきゅうしゅうきゅう)，日人，仏教，仏史

た

**大久坊** だいきゅうぼう
江戸時代前期の山伏。
¶大坂

**諦鏡** たいきょう
生没年不詳
奈良時代の真言宗の僧。
¶日人，仏教

**大慶**(1) だいきょう
享保17(1732)年～文化15(1818)年
江戸時代中期～後期の本願寺派の学僧。
¶国書(㊍文化15(1818)年3月)，人名(㊐1731年)，日人

**大慶**(2) だいきょう
生没年不詳
江戸時代後期の浄土真宗の僧。
¶国書

**大暁** だいぎょう
文永11(1274)年～正平12/延文2(1357)年3月
鎌倉時代後期～南北朝時代の臨済宗の僧。
¶愛媛百

**大鏡寛嶺** だいきょうかんれい
？ ～文化7(1810)年
江戸時代中期～後期の曹洞宗の僧。
¶国書

**大行満願海** だいぎょうまんがんかい
→願海(がんかい)

**大虚喝玄** だいきょかつげん
→大虚喝玄(たいこかつげん)

**太極**(大極) たいきょく，たいぎょく，だいきょく
応永28(1421)年～？ ㊊雲泉太極(うんぜんたいきょく)
室町時代～戦国時代の臨済宗の僧。
¶朝日(たいぎょく)，角史(たいぎょく)，鎌室(大極 だいきょく 生没年不詳)，国史(たいぎょく)，国書(㊐応永28(1421)年1月16日)，古中(たいぎょく)，コン改(㊍文明18(1486)年？)，コン4(㊍文明18(1486)年？)，コン5(㊍文明18(1486)年？)，新潮(㊐応永28(1421)年1月16日)，世人，日人，仏史(たいぎょく)，名僧(たいぎょく)，歴大(雲泉太極 うんぜんたいきょく)

た

**太虚元寿** たいきょげんじゅ
生没年不詳　㊞太虚元寿（たいこげんじゅ）
南北朝時代の臨済宗の僧。
¶人名，日人（たいこげんじゅ），仏教

**太虚道清** たいきょどうせい
寛永6（1629）年～延宝1（1673）年5月15日
江戸時代前期の黄檗宗の僧。
¶黄檗，国書

**大輝霊曜** だいきりょうよう
弘和3/永徳3（1383）年～文安3（1446）年4月15日
室町時代の曹洞宗の僧。総持寺80世。
¶仏教

**太空** たいくう
天授1/永和1（1375）年～永享11（1439）年
南北朝時代～室町時代の時宗の僧。清浄光寺8世。
¶神奈川人，日人，仏教（㊀永享11（1439）年11月14日）

**大空玄虎** だいくうげんこ
正長1（1428）年～永正2（1505）年
室町時代～戦国時代の僧。
¶鎌室（㊀？），国書（㊀永正2（1505）年7月23日），人名（㊀？），戦辞（㊀永正2年7月23日（1505年8月22日）），日人，仏教（㊀正長1（1428）年，（異説）応永31（1424）年　㊀永正2（1505）年7月23日，（異説）永正1年）

**大愚衍操** だいぐえんそう
元文3（1738）年～文政7（1824）年9月18日
江戸時代中期～後期の黄檗宗の僧。
¶黄檗，国書

**大愚宗築** たいぐしゅうちく
→宗築（しゅうちく）

**大愚性智** たいぐしょうち，だいぐしょうち
？～永享11（1439）年6月30日
室町時代の僧。
¶鎌室，国書（だいぐしょうち），人名（だいぐしょうち），日人（だいぐしょうち），仏教

**大愚宗築** たいぐそうちく，だいぐそうちく
→宗築（しゅうちく）

**大愚良寛** だいぐりょうかん
→良寛（りょうかん）

**泰敬** たいけい
生没年不詳
鎌倉時代後期の曹洞宗の僧。
¶国書

**泰景** たいけい
天平宝字8（764）年～仁寿1（851）年
奈良時代～平安時代前期の僧。
¶古人，古代，古代普，日人，平史

**大渓** たいけい
？～慶長14（1609）年
安土桃山時代の禅僧。
¶京都府

**泰芸** たいげい
文安1（1444）年～？
室町時代～戦国時代の天台宗の僧。
¶国書

**大渓浄高** だいけいじょうこう
？～宝暦7（1757）年10月16日
江戸時代中期の黄檗宗の僧。
¶黄檗，国書，仏教

**大圭紹琢** だいけいしょうたく
生没年不詳
戦国時代の臨済宗の僧。
¶国書，仏教

**大圭宗价** だいけいそうかい
？～文明2（1470）年
室町時代～戦国時代の臨済宗の僧。
¶国書

**大歇宗用** たいけつそうゆう
明応7（1498）年～永禄12（1569）年4月21日
戦国時代の臨済宗の僧。大徳寺106世。
¶仏教（㊀永禄12（1569）年4月21日，（異説）永禄11（1568）年4月21日）

**大歇勇健** だいけつゆうけん
→大歇勇健（たいかつゆうけん）

**大歇了心** たいけつりょうしん，だいけつりょうしん
→大歇了心（だいかつりょうしん）

**太賢** たいけん
？～慶応3（1867）年11月
江戸時代後期～末期の真言宗の僧。
¶国書

**体堅** たいけん
？～永禄1（1558）年
戦国時代の僧。伝竜山大光寺再興。
¶姓氏岩手

**大賢** たいけん，だいけん
安永6（1777）年～文政9（1826）年
江戸時代後期の学僧。
¶国書（だいけん　㊀文政9（1826）年10月21日），人名，日人

**泰玄** たいげん
＊～明治12（1879）年
江戸時代末期～明治期の真宗高田派学僧。教導職権少教正。
¶真宗（㊀文化8（1811）年　㊀明治12（1879）年1月18日），仏教（㊀文化10（1813）年　㊀明治12（1879）年1月1日），三重

**大賢**(1) だいけん
生没年不詳
江戸時代の浄土真宗の僧。
¶国書

**大賢**(2) だいけん
生没年不詳
江戸時代後期の僧侶。

¶国書

**大玄(1)** だいげん
延宝8(1680)年～宝暦6(1756)年8月4日
江戸時代中期の浄土宗の僧。増上寺45世。
¶国書，人名，日人，仏教([生]延宝8(1680)年5月23日)，仏人

**大玄(2)** だいげん
？～明治4(1871)年5月3日
江戸時代末期～明治期の浄土真宗の僧。
¶国書，仏教

**太玄慧超** たいげんえちょう
享保6(1721)年～天明4(1784)年3月13日
江戸時代中期の黄檗宗の僧。
¶黄檗

**大建巨幢** たいけんきょどう
生没年不詳
室町時代の臨済宗の僧。
¶仏教

**大堅元用** だいけんげんよう
延宝4(1676)年～延享1(1744)年5月20日
江戸時代中期の黄檗宗の僧。
¶黄檗

**太元孜元** たいげんしげん
明和6(1769)年～天保8(1837)年8月9日
江戸時代後期の臨済宗の僧。妙心寺479世。
¶国書，仏教(生没年不詳)

**代賢守中** だいけんしゅちゅう
永正12(1515)年～天正12(1584)年 [別]守中(しゅちゅう)
戦国時代～安土桃山時代の曹洞宗の僧。
¶人名(守中 しゅちゅう)，日人，仏教([没]天正12(1584)年2月15日)

**太元真倪** たいげんしんげい
？～文正1(1466)年3月17日
室町時代の臨済宗の僧。
¶仏教

**太原崇孚**(太源崇孚) たいげんすうふ
明応5(1496)年～弘治1(1555)年 [別]崇孚(すうふ，そうふ)，雪斎(せっさい)，太原崇孚(たいげんそうふ)，太原雪斎(たいげんせっさい，たいげんせつさい)，太原(たいげん)
戦国時代の臨済宗妙心寺派の僧。今川義元の軍師。
¶朝日([没]弘治1年閏10月10日(1555年11月23日))，角史，国史(たいげんそうふ)，国書(たいげんそうふ [没]天文24(1555)年10月10日)，古中(たいげんそうふ)，コン改([生]？)，コン4([生]？)，コン5([生]？)，史人(たいげんそうふ [没]1555年10月10日)，静岡百，静岡歴，新潮([没]弘治1(1555)年10月10日)，人名(雪斎 せっさい)，人名([生]？)，姓氏静岡(太原雪斎 たいげんせつさい)，世人(雪斎 せっさい)，世人，戦合(たいげんそうふ)，戦国(雪斎 せっさい [生]？)，戦辞(たいげんそうふ [没]弘治1年閏10月10日(1555年11月23日))，全書，戦人(崇孚 すうふ)，全戦(たいげんそうふ)，戦東(太原雪斎 たいげんせっさい)，戦武，日史([没]弘治1(1555)年10月10日)，日人(たいげんそうふ)，百科，仏教(たいげんそうふ [没]天文24(1555)年10月10日)，仏史(たいげんそうふ)，山梨百(太源崇孚 [生]？ [没]弘治1(1555)年10月10日)，歴大(たいげんそうふ)

**太原雪斎** たいげんせっさい，たいげんせつさい
→太原崇孚(たいげんすうふ)

**大見禅竜** だいけんぜんりゅう
元中8/明徳2(1391)年～康正2(1456)年1月11日
室町時代の曹洞宗の僧。
¶仏教

**太源宗真**(大源宗真) たいげんそうしん
？～建徳1/応安3(1370)年 [別]宗真(そうしん)
南北朝時代の曹洞宗の僧。普蔵院、加賀仏陀寺を開創。
¶朝日([没]応安4/建徳2年11月20日(1371年12月27日))，鎌室([没]応安4/建徳2(1371)年)，国史，古中，コン改(大源宗真)，コン4(大源宗真)，コン5(大源宗真)，新潮([没]応安4/建徳2(1371)年11月20日)，人名，姓氏石川([没]1371年)，日人，仏教([没]応安4/建徳2(1371)年11月20日，(異説)応安3/建徳1(1370)年11月20日)，仏史

**太原崇孚** たいげんそうふ
→太原崇孚(たいげんすうふ)

**大肩普勤** だいけんふぎん
？～安永8(1779)年9月14日
江戸時代中期の黄檗宗の僧。
¶黄檗

**大賢鳳樹** だいけんほうじゅ
宝暦8(1758)年2月5日～文政5(1822)年6月27日
江戸時代中期～後期の曹洞宗の僧。
¶国書

**体光** たいこう
文亀1(1501)年～永禄5(1562)年12月4日
戦国時代～安土桃山時代の僧。清浄光寺29代遊行上人。
¶国書，庄内，戦辞([没]永禄5年12月4日(1569年12月29日))

**大綱** たいこう
安永1(1772)年～万延1(1860)年
江戸時代後期の禅僧。
¶京都大

**大衡** たいこう
明・永暦5/慶安4(1651)年～正徳5(1715)年
江戸時代前期～中期の僧。崇福寺の3代目の住職で千呆の弟子。
¶長崎歴

**大江** だいこう
文禄1(1592)年～寛文11(1671)年3月4日
江戸時代前期の浄土宗の僧。
¶国書，仏教

**大光院尊為** たいこういんそんい
→平田尊為（ひらたそんい）

**大光院尊閑** たいこういんそんかん
→平田尊閑（ひらたそんかん）

**大晃越宗** だいこうえっしゅう
？ ～宝暦8（1758）年4月24日
江戸時代中期の曹洞宗の僧。永平寺44世。
¶仏教

**大功円忠** たいこうえんちゅう，だいこうえんちゅう
？ ～文明5（1473）年3月27日
室町時代の曹洞宗の僧。
¶岡山歴（㊀文明3（1471）年3月27日），国書（だいこうえんちゅう），仏教（だいこうえんちゅう）

**大衡海権** だいこうかいけん
→大衡海権（だいこうかいごん）

**大衡海権** だいこうかいごん
明・永暦5（1651）年3月3日～正徳5（1715）年12月28日　㊁大衡海権（だいこうかいけん）
江戸時代前期～中期の黄檗宗の渡来僧。
¶黄檗（だいこうかいけん），国書（だいこうかいけん），仏教

**大綱帰整** たいこうきせい，だいこうきせい
生没年不詳
南北朝時代～室町時代の臨済宗の僧。建長寺81世。
¶人名（だいこうきせい），日人（だいこうきせい），仏教

**退耕行勇** たいこうぎょうゆう
長寛1（1163）年～仁治2（1241）年　㊁行勇（ぎょうゆう）
平安時代後期～鎌倉時代前期の臨済宗黄竜派の僧。真言密教と禅を融合。
¶朝日（行勇　ぎょうゆう　㊀仁治2年7月5日（1241年8月13日）），岩史（㊀仁治2（1241）年7月15日），神奈川人，鎌倉，鎌倉新（㊀仁治2（1241）年7月15日），鎌古，鎌室，国史，古人，古中，コン改，コン4，コン5，史人（㊀1241年7月5日，（異説）7月15日），新潮（㊀仁治2（1241）年7月15日），人名，姓氏山口（行勇　ぎょうゆう　㊐？），世人（行勇　ぎょうゆう　㊐？），世人（㊐？　㊀仁治2（1241）年7月5日），日史（㊀仁治2（1241）年7月5日），日人，百科，仏教（㊀仁治2（1241）年7月5日，（異説）10月21日？），仏史，仏人（行勇　ぎょうゆう　㊐1157年），歴大（行勇　ぎょうゆう），和歌山人

**大耕国元** だいこうこくげん
？ ～寛政5（1793）年10月29日
江戸時代後期の曹洞宗の僧。永平寺49世。
¶仏教

**大光寂照** だいこうじゃくしょう
万治3（1660）年～享保11（1726）年5月2日
江戸時代中期の曹洞宗の僧。
¶国書，仏教

**大巧如拙** たいこうじょせつ
→如拙（じょせつ）

**大綱宗彦** だいこうそうげん
→宗彦（そうげん）

**大江東儀** たいこうとうぎ
？ ～
江戸時代中期の僧。八戸城下の臥龍山禅源寺の4世。
¶青森人

**大業徳基** だいごうとくき
延元2/建武4（1337）年～応永21（1414）年10月14日
南北朝時代～室町時代の臨済宗の僧。
¶国書

**大綱明宗** だいこうみょうしゅう，たいこうみょうじゅう
正平18/貞治2（1363）年～永享9（1437）年
南北朝時代～室町時代の僧。
¶神奈川人，鎌室（たいこうみょうじゅう　㊐？），人名（㊐？），日人，仏教（㊀永享9（1437）年1月14日）

**大興隆城** だいこうりゅうじょう
安政5（1858）年～大正11（1922）年
明治～大正期の僧。愛知郡岩崎村妙仙寺第24世。
¶姓氏愛知

**太虚契充** たいこかいじゅう
正和2（1313）年～天授6/康暦2（1380）年7月30日
南北朝時代の曹洞宗の僧。円覚寺43世。
¶仏教

**大虚喝玄** たいこかつげん
？ ～享保21（1736）年2月5日　㊁大虚喝玄（だいきょかつげん）
江戸時代中期の曹洞宗の僧。永平寺40世。
¶国書（だいきょかつげん），埼玉人，仏教

**大国寺明通** だいこくじみょうつう
～貞和1（1345）年10月25日
南北朝時代の神岡町の大国寺の開基。
¶飛驒

**太虚元寿** たいこげんじゅ
→太虚元寿（たいきょげんじゅ）

**大虚自円** だいこじえん
？ ～延徳1（1489）年11月10日
室町時代～戦国時代の曹洞宗の僧。
¶仏教

**太古世源** たいこせいげん
天福1（1233）年～元亨1（1321）年　㊁太古世源（たいこせげん）
鎌倉時代後期の僧。
¶鎌室，人名（たいこせげん），日人，仏教（㊐寛喜3（1231）年　㊀元亨1（1321）年9月25日）

**太古世源** たいこせげん
→太古世源（たいこせいげん）

**台巌** だいごん
文政12（1829）年～明治42（1909）年
江戸時代末期～明治期の日蓮宗の僧。
¶京都大

**大含** だいごん
安永2（1773）年～嘉永3（1850）年
江戸時代後期の真宗の僧。
¶京都大，姓氏京都

**大厳** だいごん
寛政3（1791）年～安政3（1856）年9月13日
江戸時代末期の曹洞宗の僧。永平寺40世。
¶国書，島根百，仏教

**大察** だいさつ
宝暦10（1760）年～享和2（1802）年
江戸時代中期～後期の浄土宗の僧。
¶国書

**台山(1)** たいざん
天文23（1554）年～寛永10（1633）年7月1日
安土桃山時代～江戸時代前期の浄土宗の僧。
¶仏教

**台山(2)** だいざん
？　～慶安1（1648）年9月17日
江戸時代前期の浄土宗の僧。
¶仏教

**泰山雲堯** たいさんうんぎょう，たいざんうんぎょう
天正2（1574）年～慶安1（1648）年
安土桃山時代～江戸時代前期の浄土宗の僧。
¶人名（たいざんうんぎょう），姓氏石川（[生]？），日人（たいざんうんぎょう），仏教（たいざんうんぎょう　[没]正保5（1648）年1月27日）

**太山如元** たいざんにょげん，たいさんにょげん
生没年不詳
南北朝時代の僧。
¶鎌室，国書（たいさんにょげん），人名，日人，仏教

**泰山任超** たいざんにんちょう
宝永4（1707）年～安永6（1777）年
江戸時代中期の僧。秋葉寺第38世住職。
¶静岡歴，姓氏静岡

**大翅元翀** だいしげんちゅう
寛文4（1664）年～享保10（1725）年12月5日
江戸時代中期の黄檗宗の僧。
¶黄檗

**大而宗竜** だいじそうりゅう
～寛政1（1789）年8月13日　[別]大而宗竜（だいにそうりゅう）
江戸時代中期～後期の曹洞宗の僧。
¶新潟百別，飛騨（だいにそうりゅう）

**泰実** たいじつ
平安時代後期の僧。最勝金剛院執行。
¶古人，平史（生没年不詳）

**大室永廓** だいしつえいかく
？　～慶長10（1605）年
安土桃山時代～江戸時代前期の曹洞宗の僧。
¶人名，日人，仏教（[没]慶長10（1605）年2月19日）

**太室玄昭** たいしつげんしょう
享保11（1726）年～寛政8（1796）年8月7日
江戸時代中期～後期の臨済宗の僧。
¶国書

**泰室清安** たいしつせいあん
？　～慶安3（1650）年
江戸時代前期の臨済僧。
¶長崎歴

**泰室宗慧** たいしつそうえ
？　～天正7（1579）年
戦国時代～安土桃山時代の曹洞宗の僧。
¶人名，日人，仏教（[没]天正7（1579）年1月4日）

**大室宗碩** だいしつそうせき，たいしつそうせき
*～永禄3（1560）年
戦国時代の臨済宗の僧。大徳寺95世。
¶神奈川人，戦辞（[生]明応1（1492）年　[没]永禄3年1月22日（1560年2月18日）），仏教（たいしつそうせき　[生]明応2（1493）年　[没]永禄3（1560）年1月22日）

**大室総芳** だいしつそうほう
生没年不詳
戦国時代の曹洞宗の僧。
¶仏教

**大室祖圭** だいしつそけい，たいしつそけい
？　～文亀2（1502）年
戦国時代の僧。
¶鎌室，人名（たいしつそけい）

**大質祖圭** だいしつそけい
？　～永正12（1515）年
戦国時代の曹洞宗の僧。
¶日人，仏教（[没]永正12（1515）年3月3日）

**大寂** だいじゃく
寛延1（1748）年～文政2（1819）年
江戸時代中期～後期の新義真言宗の僧。
¶国書，埼玉人，仏教，仏人（[生]1740年　[没]1821年）

**大寂界仙** だいじゃくかいせん
寛文2（1662）年10月9日～享保6（1721）年4月1日
江戸時代中期の曹洞宗の僧。
¶仏教

**大寂道吾** だいじゃくどうご
生没年不詳
江戸時代後期の僧侶。
¶姓氏長野

**大樹** たいじゅ
正徳4（1714）年12月6日～天明4（1784）年2月24日
江戸時代中期の高僧。
¶兵庫人

**諦濡** たいじゅ
宝暦1(1751)年～文政13(1830)年9月20日
江戸時代中期～後期の真言宗の僧。
¶国書，日人，仏教

**大樹庵梅年** だいじゅあんばいねん
生没年不詳
明治期の俳僧。
¶東三河

**大舟** たいしゅう
～天明7(1787)年
江戸時代中期の僧、中蒲原郡茨曽根永安寺の住職。
¶新潟百

た

**諦住** たいじゅう
？～寛政11(1799)年5月10日
江戸時代後期の浄土真宗の僧。
¶国書，人名，日人，仏教，仏人

**諦充** たいじゅう
？～明治34(1901)年
江戸時代末期～明治期の真宗大谷派の僧。
¶姓氏石川

**大周**(1) だいしゅう
生没年不詳
江戸時代後期の浄土宗の僧。
¶国書

**大周**(2) だいしゅう
→牧野大周(まきのだいしゅう)

**大住院以信** だいじゅういんいしん
*～元禄9(1696)年
江戸時代前期の僧、名人立花師と称された、京都本能寺の塔頭高俊院4世。
¶朝日(㊀慶長12(1607)年)，岩史(㊀慶長12(1607)年)，京都大(㊀？)，近世(㊀1605年)，国史(㊀1605年)，国書(㊀慶長10(1605)年 ㊁元禄9(1696)年9月18日)，コン4(㊀慶長12(1607)年)，コン5(㊀慶長12(1607)年)，史人(㊀1607年)，人書94(㊀1608年)，新潮(㊀慶長13(1608)年 ㊁元禄9(1696)年9月18日)，姓氏京都(㊀1605年)，世人(㊀慶長13(1608)年)，全書(㊀1607年)，大百(㊀1607年)，日人(㊀1605年)，歴大(㊀？ ㊁1696年？)

**大宗玄弘** だいしゅうげんこう
→玄弘(げんこう)

**泰宗元雄** たいしゅうげんゆう
正保1(1644)年6月12日～享保2(1717)年6月13日
江戸時代前期～中期の黄檗宗の僧。
¶黄檗

**泰州広基** たいしゅうこうき
？～正徳3(1713)年5月29日
江戸時代中期の曹洞宗の僧。
¶埼玉人

**泰洲弘恭** たいしゅうこうきょう
文化6(1806)年～明治10(1877)年8月5日
江戸時代末期～明治期の黄檗宗の僧。
¶黄檗(㊀文化6(1806)年8月19日)，国書(㊀文化3(1806)年8月19日)

**諦洲至信**(諦州至信) たいしゅうししん
安永3(1774)年～嘉永2(1849)年7月23日
江戸時代後期の臨済宗の僧。東福寺295世、南禅寺320世。
¶国書(諦州至信)，仏教

**大周周奝** だいしゅうしゅうちょう
正平3/貞和4(1348)年～応永26(1419)年
南北朝時代～室町時代の僧。
¶鎌室，国書(㊁応永26(1419)年7月24日)，人名，日人

**大州是歓** たいしゅうぜかん
生没年不詳
室町時代の臨済宗僧侶。
¶埼玉人

**泰秀宗韓** たいしゅうそうかん
？～天文20(1551)年11月15日
戦国時代の臨済宗の僧。
¶国書，仏教

**太岫宗初** たいしゅうそうしょ
？～天正2(1574)年12月26日
戦国時代～安土桃山時代の臨済宗の僧。大徳寺114世。
¶仏教

**大岫宗般** だいしゅうそうはん
元禄16(1703)年～明和7(1770)年7月20日
江戸時代中期の臨済宗の僧。
¶国書

**大淑** だいしゅく
生没年不詳
江戸時代中期の浄土宗の僧。
¶国書

**大樹正棟** だいじゅしょうとう
？～天文8(1539)年
戦国時代の僧。八戸大慈寺の4世。
¶青森人

**大寿真仙尼** だいじゅしんせんに
宝暦9(1759)年～文化7(1801)年6月28日
江戸時代中期～後期の黄檗宗の尼僧。
¶黄檗

**大寿宗彭** だいじゅそうほう，たいじゅそうほう
？～*
室町時代の曹洞宗の僧。総持寺68世。
¶日人(たいじゅそうほう ㊁1430年)，仏教(㊁永享1(1429)年12月25日)

**泰舜** たいしゅん
元慶1(877)年～天暦3(949)年
平安時代中期の真言宗の僧。東寺長者14世、高野山座主8世。
¶古人，人名，日人，仏教(㊁天暦3(949)年12月3日)，平史

**大俊** たいしゅん
→鵜飼大俊（うがいだいしゅん）

**苔順** たいじゅん
生没年不詳
江戸時代前期の浄土宗の僧。
¶仏教

**諦順** たいじゅん
生没年不詳
江戸時代中期の天台宗の僧。
¶国書

**大淳** だいじゅん
生没年不詳
江戸時代後期の僧。観音山見道寺の中興。
¶青森人

**大順** だいじゅん
正徳1（1711）年～安永8（1779）年3月5日
江戸時代中期の浄土宗の僧。
¶国書，仏教

**大春元貞** だいしゅんげんてい
？ ～享保2（1717）年11月9日
江戸時代中期の臨済宗の僧。
¶黄檗

**太淳宗古** たいじゅんそうこ
元禄13（1700）年～安永6（1777）年5月16日
江戸時代中期の曹洞宗の僧。
¶国書

**大聖**$_{(1)}$ だいしょう
？ ～寛治（1087～1094）年
平安時代中期～後期の真言宗の僧。
¶仏教（[没]寛治年間（1087～1094年））

**大聖**$_{(2)}$ だいしょう
生没年不詳
鎌倉時代の真言宗の僧。
¶仏教

**大乗**$_{(1)}$ だいじょう
宝暦1（1751）年～文政6（1823）年1月22日
江戸時代中期～後期の浄土真宗の僧。
¶国書，人名，日人，仏教

**大乗**$_{(2)}$ だいじょう
享和3（1803）年～安政5（1858）年2月
江戸時代後期～末期の曹洞宗の僧。
¶国書

**大成** だいじょう
？ ～明治20（1887）年？
江戸時代末期～明治期の真言宗画僧。
¶仏教

**大乗院経覚** だいじょういんきょうがく
→経覚$_{(2)}$（きょうかく）

**大成院慶徳** だいじょういんけいとく
～安政7（1860）年2月12日
江戸時代末期の修験者・高山の大成院8世。
¶飛騨

**大乗院実尊** だいじょういんじっそん
→実尊$_{(1)}$（じっそん）

**大乗院尋尊** だいじょういんじんそう
→尋尊（じんそん）

**大乗院尋尊** だいじょういんじんそん
→尋尊（じんそん）

**大聖院宗心** だいしょういんそうしん
生没年不詳
戦国時代の僧。
¶大分歴，系西，戦人

**大成院祖慶** だいじょういんそけい
生没年不詳
江戸時代後期の高山の修験者。
¶飛騨

**大乗院尊信** だいじょういんそんしん
→尊信$_{(1)}$（そんしん）

**大成照漢** だいじょうしょうかん
清・康熙48（1709）年7月29日～天明4（1784）年2月10日
江戸時代中期～後期の黄檗宗の僧。万福寺21世。
¶国書，仏教

**大乗寺良一** だいじょうじりょういち
明治12（1879）年～昭和44（1969）年
明治～昭和期の上杉神社宮司。
¶山形百

**大成宗林** だいじょうそうりん，たいじょうそうりん
生没年不詳　[別]大成宗林（たいせいそうりん）
室町時代の曹洞宗の僧。総持寺32世。
¶人名（たいせいそうりん），日人（たいじょうそうりん），仏教

**大鐘良賀** だいしょうりょうが
？ ～慶長19（1614）年1月28日
安土桃山時代～江戸時代前期の曹洞宗の僧。
¶埼玉人，仏教

**大初継覚**（太初継覚） だいしょけいかく，たいしょけいがく
興国6/貞和1（1345）年～応永20（1413）年
南北朝時代～室町時代の僧。
¶鎌室，人名，日人（たいしょけいがく），仏教（太初継覚　たいしょけいがく　[没]応永20（1413）年9月4日）

**大初啓原** たいしょけいげん，だいしょけいげん
元弘3/正慶2（1333）年～応永14（1407）年3月1日
南北朝時代～室町時代の臨済宗の僧。
¶国書（だいしょけいげん），仏教

**泰信** たいしん
奈良時代～平安時代前期の唐僧。
¶古人，平史（生没年不詳）

**泰深** たいしん
？ ～文政13（1830）年6月21日

江戸時代後期の真言宗の僧。
¶国書，平史

**逮神** たいしん
？ ～明和2(1765)年4月28日
江戸時代中期の真言律宗の僧。
¶国書

**泰諶** たいじん
？ ～永正15(1518)年5月5日
戦国時代の天台宗の僧・連歌作者。
¶国書

た

**大震** だいしん
→大震慧旦(だいしんえたん)

**大臻** だいしん
元文5(1740)年～＊
江戸時代中期～後期の浄土宗の僧、西山派本山光明寺第53世。
¶人名([没]1819年)，日人([没]1820年)

**大震慧旦** だいしんえたん
寛政4(1792)年～明治3(1870)年8月17日　[別]大震(だいしん)，大震慧旦(だいしんけいたん，だいしんけんたん)
江戸時代末期～明治期の臨済宗僧侶。
¶徳島百(大震　だいしん)，徳島歴(だいしんけんたん　[生]？)，幕末(だいしんけいたん)，幕末大(だいしんけいたん　[没]明治3(1870)年7月21日)，仏教

**大心義統** だいしんぎとう
明暦3(1657)年～享保15(1730)年6月7日　[別]義統(ぎとう)
江戸時代中期の臨済宗の僧。大徳寺273世。
¶国書，人名(義統　ぎとう)，茶道，日人，仏教

**大震慧旦** だいしんけいたん
→大震慧旦(だいしんえたん)

**大信元諦** だいしんげんたい
寛文3(1663)年～享保15(1730)年11月25日
江戸時代中期の黄檗宗の僧。
¶黄檗

**大震慧旦** だいしんけんたん
→大震慧旦(だいしんえたん)

**太清宗渭** たいしんしゅうい
→大清宗渭(たいせいそうい)

**大進弥忠** だいしんみちゅう
生没年不詳
鎌倉時代後期の臨済宗の僧。
¶仏教

**大随道機** だいずいどうき
承応1(1652)年11月28日～享保2(1717)年9月23日
江戸時代前期～中期の黄檗宗の僧。
¶黄檗，国書

**泰清** たいせい
平安時代後期の石清水僧。
¶古人，平史(生没年不詳)

**台星子痴嚢** だいせいしちのう
江戸時代の狂歌師、下野日光山安養院の僧。
¶人名

**大清宗渭**(太清宗渭) たいせいそうい
元亨1(1321)年～元中8/明徳2(1391)年6月19日
[別]宗渭(しゅうい)，太清宗渭(たいしんしゅうい)
南北朝時代の僧。
¶鎌室，国書(太清宗渭　[生]元亨1(1321)年6月29日)，人名(太清宗渭　たいしんしゅうい)，日人(太清宗渭)，仏教(太清宗渭)，仏人(宗渭　しゅうい)

**大成宗林** たいせいそうりん
→大成宗林(だいじょうそうりん)

**泰成亮運** たいせいりょううん
寛延2(1749)年～文政10(1827)年
江戸時代中期～後期の僧。春江院住職。
¶姓氏愛知

**大拙元錬** だいせつげんれん
生没年不詳
江戸時代中期の黄檗宗の僧。
¶黄檗，国書

**大拙承演** だいせつしょうえん
寛政9(1797)年～安政2(1855)年10月21日
江戸時代末期の臨済宗の僧。
¶国書，仏教

**大秙紹典** だいせつじょうてん
明治27(1894)年～昭和17(1942)年
大正～昭和期の僧。天恩寺第20代住職。
¶姓氏愛知

**大拙真雄** だいせつしんゆう
？ ～延徳2(1490)年
室町時代～戦国時代の曹洞宗の僧。
¶仏教

**大拙祖能** だいせつそのう
正和2(1313)年～天授3/永和3(1377)年　[別]祖能(そのう)
南北朝時代の臨済宗幻住派の僧。
¶朝日([生]正和2年3月3日(1313年3月30日)　[没]永和3/天授3年8月20日(1377年9月23日))，神奈川人，鎌倉，鎌室，群馬人，群馬百，国史，古中，コン改，コン4，コン5，史人([生]1313年3月3日　[没]1377年8月20日)，新潮([生]正和2(1313)年3月3日　[没]永和3/天授3(1377)年9月13日)，人名，姓氏群馬，世人，対外，日人，仏教([没]永和3/天授3(1377)年8月20日)，仏史，仏人(祖能　そのう)

**泰仙** たいせん
平安時代前期の僧。
¶古人，古代，古代普，日人(生没年不詳)

**太禅** たいぜん
生没年不詳
室町時代～戦国時代の僧侶・連歌作者。

¶国書

**泰善(1)** たいぜん
生没年不詳
平安時代前期の平城元興寺三論宗の学僧。
¶国史，古中，日人，仏史

**泰善(2)** たいぜん
生没年不詳
平安時代中期の天台宗の僧。
¶国史，古人，古中，日人，仏教，仏史，平史

**泰禅** たいぜん
寛保1（1741）年～享和1（1801）年
江戸時代中期～後期の天台宗の僧侶。
¶岡山歴

**大仙** だいせん
生没年不詳
江戸時代前期の浄土真宗の僧。
¶国書

**大宣** だいせん
? ～文久3（1863）年5月26日
江戸時代末期の浄土真宗の僧。
¶仏教

**大川** だいせん
㊞大川（おおかわ）
安土桃山時代の僧、高松法泉寺の開祖、豊臣秀吉の帰依僧。
¶人名，戦辞（おおかわ　生没年不詳）

**大善** だいぜん
平安時代後期の医僧。
¶人名，日人（生没年不詳）

**大全一雅** だいぜんいちが，たいぜんいちが
興国2/暦応4（1341）年～応永2（1395）年
南北朝時代の僧。
¶鎌室（たいぜんいちが），人名，日人，仏教（㊀応永2（1395）年9月26日）

**大川音竜** だいせんおんりゅう
元和6（1620）年～元禄2（1689）年4月6日
江戸時代前期の曹洞宗の僧。
¶仏教（㊀元禄2（1689）年4月6日，（異説）元禄4年10月3日）

**大尖淳甫** だいせんじゅんぽ
? ～永禄8（1565）年3月18日
戦国時代の曹洞宗の僧。
¶仏教

**大川紹偽** だいせんじょうい
生没年不詳
安土桃山時代の僧。
¶日人

**大川長益** だいせんちょうえき
? ～元和3（1617）年　㊞長益大川（ちょうやくだいせん）
安土桃山時代～江戸時代前期の曹洞宗の僧。
¶人名（長益大川　ちょうやくだいせん），日人，仏教（㊀元和3（1617）年9月23日）

**大川通衍** だいせんつうえん
? ～応永28（1421）年12月22日
室町時代の臨済宗の僧。東福寺81世。
¶仏教（㊀応永28（1421）年12月22日，（異説）応永18（1411）年12月20日）

**大仙道覚** だいせんどうかく
? ～享保8（1723）年11月2日
江戸時代中期の黄檗宗の僧。
¶黄檗

**大川道通** たいせんどうつう，だいせんどうつう
文永2（1265）年～延元4/暦応2（1339）年
鎌倉時代後期～南北朝時代の臨済宗の僧。
¶神奈川人（だいせんどうつう），人名（だいせんどうつう　㊐？），日人（だいせんどうつう），仏教（㊀暦応2/延元4（1339）年2月1日，（異説）建武5/延元3（1338）年2月2日）

た

**大僊道竜** だいせんどうりゅう
明暦3（1657）年～元文3（1738）年11月17日
江戸時代前期～中期の黄檗宗の僧。
¶黄檗，国書

**大善勉強** たいぜんべんきょう
文政3（1820）年～明治35（1902）年1月13日
江戸時代後期～明治期の僧侶。
¶庄内

**大仙良碩** だいせんりょうせき
? ～長禄2（1458）年
室町時代の曹洞宗の僧。
¶国書

**泰宗** たいそう
? ～慶安2（1649）年6月11日
江戸時代前期の浄土宗の僧。
¶仏教

**大宗玄弘** たいそうげんこう
→玄弘（げんこう）

**大象宗嘉** だいぞうそうか
生没年不詳
南北朝時代～室町時代の臨済宗の僧。大徳寺13世。
¶仏教

**泰叟宗愈** たいそうそうゆ
永享1（1429）年～文明11（1479）年
室町時代の臨済宗の僧。大徳寺50世。
¶仏教

**泰叟妙康** たいそうみょうこう
応永13（1406）年～文明17（1485）年　㊞妙康（みょうこう）
室町時代の曹洞宗の僧。
¶国書（㊀文明17（1485）年11月4日），埼玉人（㊀文明17（1485）年11月4日），戦辞（㊀文明17年11月4日（1485年12月10日）），戦人（妙康　みょうこう），仏教（㊀文明17（1485）年11月4日，（異説）文明5年11月4日）

**太素宗謁** たいそそうえつ
天文2(1533)年～文禄3(1594)年4月15日
戦国時代～安土桃山時代の臨済宗の僧。
¶国書

**大蘇智玲** だいそちれい
？～寛政5(1793)年7月19日
江戸時代中期～後期の臨済宗の僧。
¶国書

**大智** だいち
正応3(1290)年～正平21/貞治5(1366)年12月10日　㊙祖継(そけい)
鎌倉時代後期～南北朝時代の曹洞宗の僧。肥後宇土郡長崎の人。
¶朝日(㊀貞治5/正平21年12月10日(1367年1月10日))，角史，鎌室，国史，国書，古中，コン改，コン4，コン5，詩歌，史人，人書94，新潮，人名，世人，長崎百(㊐正応2(1289)年)，日史，日人(㊀1367年)，百科，仏教，仏史，歴大，和俳

た

**大痴為学** だいちいがく
？～文明1(1469)年5月19日
室町時代の臨済宗の僧。東福寺153世。
¶仏教

**大智元極** だいちげんきょく
生没年不詳
江戸時代中期の黄檗宗の僧。
¶国書

**大痴堅諄** だいちけんじゅん
文明17(1485)年～天文21(1552)年8月6日
戦国時代の臨済宗の僧。
¶国書

**大知女王** だいちじょおう
→文智女王(ぶんちじょおう)

**大知文秀** だいちぶんしゅう
天保14(1843)年～大正15(1926)年2月14日
江戸時代末期～明治期の尼僧。円照寺第6世。伏見宮邦家親王の娘。皇族最後の尼門跡。和歌に優れた才を持ち、日記や旅行記も残す。
¶朝日(㊐天保14年1月29日(1843年2月27日))，明大1(㊐天保14(1843)年1月29日)

**袋中** たいちゅう
天文21(1552)年～寛永16(1639)年1月21日
㊙良定(りょうじょう)，袋中良定(たいちゅうりょうじょう)
安土桃山時代～江戸時代前期の浄土宗の僧。「琉球神道記」の著者。
¶朝日(㊀寛永16年1月21日(1639年2月23日))，沖縄百，角史，京都府(良定　りょうじょう)，近世(良定　りょうじょう)，国史(良定　りょうじょう)，国書(良定　りょうじょう)，コン改，コン4，コン5，史人，思想史，新潮，人名(良定　りょうじょう　㊐1544年)，姓氏沖縄，世人(㊐天文13(1544)年)，全書，戦人(良定りょうじょう)，日史(㊐天文21(1552)年1月)，日人，百科，仏教(良定　りょうじょう)，仏史(良定　りょうじょう)，仏人(良定りょうじょう)，名僧(良定　りょうじょう)

**大虫**(1) だいちゅう
→大虫宗岑(だいちゅうそうしん)

**大虫**(2) だいちゅう★
生没年不詳
僧。秋田蛇野・闐信寺第12世。
¶秋田人2

**大中一介** だいちゅういっかい
文安4(1447)年～天文1(1532)年
室町時代～戦国時代の高僧。
¶姓氏愛知

**大虫宗岑** だいちゅうしゅうぎん
→大虫宗岑(だいちゅうそうしん)

**大虫宗岑** だいちゅうしゅうしん
→大虫宗岑(だいちゅうそうしん)

**大中善益** だいちゅうぜんえき
生没年不詳
室町時代の臨済宗の僧。建仁寺71世、南禅寺60世。
¶仏教

**大虫全岑** だいちゅうぜんしん
？～応永18(1411)年
南北朝時代～室町時代の僧。
¶日人

**大仲宗澙** だいちゅうそうい
元和2(1616)年～元禄7(1694)年2月28日
江戸時代前期の臨済宗の僧。大徳寺208世。
¶仏教

**大虫宗岑** だいちゅうそうしん
㊙大虫(だいちゅう)，大虫宗岑(だいちゅうしゅうぎん，だいちゅうしゅうしん)
戦国時代の臨済宗の僧。
¶愛媛百(大虫　だいちゅう　㊐？　㊀貞治1(1362)年7月19日)，郷土愛媛(だいちゅうしゅうぎん　㊐1275年　㊀1362年)，国書(㊐？　㊀慶長5(1600)年4月)，人名(だいちゅうしゅうしん)，戦辞(㊐永正9(1512)年　㊀慶長4年5月4日(1599年6月26日))，戦房総，日人(㊐1512年　㊀1599年)

**大虫超虎** だいちゅうちょうこ
天授5/康暦1(1379)年～文明2(1470)年7月7日
室町時代の曹洞宗の僧。総持寺67世。
¶仏教

**泰澄** たいちょう
天武天皇11(682)年～神護景雲1(767)年　㊙神融(じんゆう)
飛鳥時代～奈良時代の山岳修行者。白山の開山者と伝えられる行者。
¶朝日(㊀神護景雲1年3月18日(767年4月20日))，石川百，岩史，鎌古，郷土岐阜，郷土福井，国史(生没年不詳)，古史，古人(神融　じんゆう)，古人(㊐682年)，古代，古代普(㊐682年)，古中(生没年不詳)，コン改，コン

4，コン5，史人（㊤682年6月11日 ㊦767年3月18日），神史（生没年不詳），神人（㊤天武天皇11（683）年），新潮（㊦神護景雲1（767）年3月18日），人名（㊤683年），姓氏石川（㊤？），世人（㊦神護景雲1（767）年3月18日），全書（生没年不詳），大百，日史，日人，濃飛，百科，福井百，仏教（㊤天武11（682）年6月11日 ㊦天平神護3（767）年3月18日），仏史（生没年不詳），仏人，ふる（㊤682年），名僧（生没年不詳），歴大

**大潮(1) たいちょう，だいちょう**
→大潮元皓（だいちょうげんこう）

**大潮(2) だいちょう**
大正5（1916）年～昭和18（1943）年1月6日
昭和期の俳人、僧侶。雑誌「句道場」を刊行。没後「大潮句集月の光」などが刊行。
¶俳諧，俳句

**大潮元皓 だいちょうげんこう，たいちょうげんこう**
延宝4（1676）年～明和5（1768）年8月22日 ㊊月枝元皓（げっしげんこう），元皓（げんこう），大潮（たいちょう，だいちょう）
江戸時代中期の黄檗僧。肥前国松浦の人。
¶朝日（㊤延宝4年1月6日（1676年2月19日） ㊦明和5年8月22日（1768年10月2日）），黄檗（㊤延宝6（1678）年1月6日），近世（月枝元皓 げっしげんこう ㊤1678年），国史（月枝元皓 げっしげんこう），国書（㊤延宝6（1678）年1月6日），コン改，コン4，コン5，佐賀百（たいちょうげんこう ㊦明和5（1768）年8月23日），詩歌，思想史（㊤延宝6（1678）年），新潮（月枝元皓 げっしげんこう），人名，世人，長崎遊，日人，藩臣7（大潮 たいちょう），仏教（㊤延宝4（1676）年1月6日），仏史（月枝元皓 げっしげんこう ㊤1678年 ㊦1770年），仏人（元皓 げんこう），和俳

**大朝宗賀 だいちょうしゅうが**
→大朝宗賀（だいちょうそうが）

**大朝宗賀 だいちょうそうが**
？～享禄1（1528）年 ㊊大朝宗賀（だいちょうしゅうが）
戦国時代の曹洞宗の僧。
¶人名（だいちょうしゅうが），日人，仏教（㊦大永8（1528）年5月13日）

**大椿周亨 だいちんしゅうこう**
生没年不詳
室町時代の臨済宗の僧。南禅寺63世。
¶人名，日人，仏教

**大珍彭仙（大珍彭僊） だいちんほうせん**
寛延1（1748）年～文政3（1820）年
江戸時代後期の僧。
¶国書（大珍彭僊 ㊦文政3（1820）年10月22日），人名，日人（大珍彭僊）

**胎通 たいつう**
享保5（1720）年～寛政10（1798）年
江戸時代中期の新義真言宗の僧。智積院24世。
¶人名，日人，仏教（㊦寛政10（1798）年2月24日），仏人

**大通(1) だいつう**
応永5（1398）年～長享3（1489）年1月10日 ㊊大通令為（だいつうれいい），令為（れいい）
室町時代の臨済宗の僧。
¶戦人，仏教（大通令為 だいつうれいい）

**大通(2) だいつう**
慶安1（1648）年～享保1（1716）年
江戸時代前期～中期の融通念仏宗の僧。46世山主。
¶大阪人，仏人

た

**大通元信 だいつうげんしん**
天和2（1682）年～寛保3（1741）年？
江戸時代中期の黄檗宗の僧。
¶黄檗

**大通沢舟 だいつうたくしゅう**
正保1（1644）年～正徳5（1715）年11月23日
江戸時代前期～中期の曹洞宗の僧。
¶国書

**大通令為 だいつうれいい**
→大通(1)（だいつう）

**大鼎禅圭 だいていぜんけい**
生没年不詳
江戸時代中期の臨済宗の僧。
¶国書

**大哲 だいてつ**
生没年不詳
江戸時代前期の浄土宗の僧。
¶仏教

**大鉄 だいてつ**
？～文政12（1829）年
江戸時代後期の浄土真宗の僧。
¶国書（㊦文政12（1829）年8月5日），仏教（㊦文政12（1829）年8月5日，（異説）天保2（1831）年2月14日）

**大徹 だいてつ★**
～明治44（1911）年
明治期の高僧。
¶三重

**大徹宗令 だいてつそうりょう**
→大徹宗令（だいてつそうれい）

**大徹宗令 だいてつそうれい**
元弘3/正慶2（1333）年～応永15（1408）年 ㊊大徹宗令（だいてつそうりょう）
室町時代の禅僧。越中立川寺を開山。
¶鎌室，人名（だいてつそうりょう），姓氏石川，姓氏富山（だいてつそうりょう ㊤1330年），日人，仏教（㊦応永15（1408）年1月25日，（異説）応永12（1405）年1月25日），ふる（㊦1405（1408説も）年）

**大徹仁応 だいてつにんのう**
生没年不詳
江戸時代後期の曹洞宗の僧。

¶国書

**大典** だいてん
→梅荘顕常(ばいそうけんじょう)

**大顛** だいてん
→大顛梵千(だいてんぼんせん)

**大典顕常** だいてんけんじょう,だいてんげんじょう
→梅荘顕常(ばいそうけんじょう)

**大巓性愚** だいてんしょうぐ
生没年不詳
江戸時代中期の曹洞宗の僧。
¶国書

た

**大巓宗碩** だいてんそうせき
享保20(1735)年～寛政10(1798)年1月25日
江戸時代中期の臨済宗の僧。
¶国書，仏教

**大顛梵千**(大巓梵千) だいてんぼんせん
寛永6(1629)年～貞享2(1685)年 [別]幻吁(げんく),大顛(だいてん)
江戸時代前期の臨済宗の僧。円覚寺164世。
¶伊豆(大顛 だいてん [没]貞享2(1685)年1月4日)，神奈川人，鎌倉新([没]貞享2(1685)年1月3日)，国書([没]貞享2(1685)年1月4日)，静岡百(大顛 だいてん)，静岡歴(大顛 だいてん)，人名(大巓梵千)，日人(大巓梵千)，俳句(幻吁 げんく [没]貞享2(1685)年1月7日)，俳文(幻吁 げんく [没]貞享2(1685)年1月3日)，仏教([没]貞享2(1685)年4月4日,(異説)4月3日?)

**大田霊用** だいでんれいゆう
生没年不詳
室町時代の曹洞宗の僧。
¶仏教

**泰道** たいどう
生没年不詳
江戸時代中期の天台宗の僧。
¶国書

**大濤** だいとう
? ～文政9(1826)年
江戸時代後期の真宗本願寺派の学僧。
¶人名，日人

**大同** だいどう
享保16(1731)年～天明6(1786)年
江戸時代中期～後期の浄土真宗の僧。
¶国書([没]天明6(1786)年4月)，日人，仏教(生没年不詳)

**大道** だいどう
明和5(1768)年～天保11(1840)年
江戸時代中期の僧、地方開発者。
¶郷土福井，国書(生没年不詳)，人名，日人，福井百

**大道一以** だいどういちい,たいどういちい
正応5(1292)年～建徳1/応安3(1370)年2月26日 [別]一以(いちい)
鎌倉時代後期～南北朝時代の僧。
¶鎌室(たいどういちい)，国書([生]正応5(1292)年7月23日)，島根人(一以 いちい)，島根百，島根歴，人名，徳島歴(一以 いちい)，日人，仏教，仏人(一以 いちい)

**大等一祐** だいとういちゆう
? ～応永22(1415)年
南北朝時代～室町時代の曹洞宗の僧。
¶人名，日人，仏教([没]応永22(1415)年5月24日)

**大透圭徐** だいとうけいじょ
大永5(1525)年～慶長3(1598)年 [別]大透圭徐(だいとうけいじょう)
戦国時代～安土桃山時代の曹洞宗の僧。
¶人名(だいとうけいじょう)，日人，仏教([没]慶長3(1598)年9月20日)，ふる

**大透圭徐** だいとうけいじょう
→大透圭徐(だいとうけいじょ)

**大灯源智** だいとうげんち
生没年不詳
鎌倉時代後期の律宗の僧。
¶神奈川人，鎌倉

**大灯国師** だいとうこくし
→宗峰妙超(しゅうほうみょうちょう)

**太藤順海** たいとうじゅんかい
慶応1(1865)年～大正8(1919)年
明治～大正期の僧侶。
¶真宗

**大洞正桃** だいとうしょうとう
? ～慶長10(1605)年
安土桃山時代～江戸時代前期の曹洞宗の僧。
¶国書

**大道生安** だいどうせいあん
寛永11(1634)年～元禄13(1700)年
江戸時代前期～中期の僧。盛岡聖寿寺9世。
¶姓氏岩手

**大透宗的** だいとうそうてき
? ～永禄8(1565)年5月18日
戦国時代の曹洞宗の僧。
¶仏教([没]永禄8(1565)年5月18日,(異説)永禄2(1559)年5月17日)

**大洞存長**(大同存長，大洞存竜) だいとうそんちょう,だいどうそんちょう
? ～永正16(1519)年
戦国時代の曹洞宗の僧。
¶埼玉人([没]永正16(1519)年10月17日)，人名(大洞存竜 だいどうそんちょう)，戦辞(大同存長 だいどうそんちょう [没]永正16年10月17日(1519年11月9日))，日人，仏教([没]永正16(1519)年10月17日)

**大道長安** だいどうちょうあん
天保14(1843)年4月1日～明治41(1908)年6月15日
明治期の仏教運動家。救世教を創始。東京に本部

会館設立、孤児院経営等の社会事業を行う。
¶朝日（[生]天保14年4月1日（1843年4月30日）），近現，国史，コン改，コン5，史人，人書94，新潮，人名，哲学，新潟百別，日人，仏教，仏人，明大1

**大藤信基** だいとうのぶもと，だいどうのぶもと
[別]大藤信基（おおふじのぶもと）
戦国時代の紀伊国高野山根来寺の僧。栄永。金谷斎。北条氏綱・氏康の家臣。
¶伊豆（だいどうのぶもと），神奈川人（[生]1463年 [没]1526年），後北（信基〔大藤〕　のぶもと [没]天文20年3月21日），姓氏神奈川（おおふじのぶもと　[生]？　[没]1552年）

**大道久之** たいどうひさゆき
文久3（1863）年～昭和4（1929）年4月17日
明治～昭和期の神職。大阪天満天神宮の社家養子となり神社に奉仕。
¶人名，世紀，日人，明大1

**大道文可** だいどうぶんか
延宝8（1680）年～宝暦2（1752）年4月5日
江戸時代前期～中期の臨済宗の僧。
¶国書

**大棟法本** だいとうほうほん
？　～天保10（1839）年6月25日
江戸時代後期の曹洞宗の僧。
¶国書

**大同妙喆** だいどうみょうてつ
生没年不詳
鎌倉時代後期の臨済宗の僧。
¶人名，日人，仏教

**大徳寺宗意** だいとくじそうい
生没年不詳
江戸時代前期の高根村の大徳寺の開基。
¶飛驒

**大弐** だいに
→三橋宗慶（みつはしそうけい）

**大而宗竜** だいにそうりゅう
→大而宗竜（だいじそうりゅう）

**大日能忍** だいにちのうにん
生没年不詳　[別]能忍（のうにん），大日房（だいにちぼう）
平安時代後期の僧。達磨宗開祖。
¶朝日，鎌室，国史（能忍　のうにん），古人（能忍　のうにん　[没]1196年？），古中（能忍　のうにん），コン改（[没]文治5（1189）年），コン4（[没]文治5（1189）年），コン5（[没]文治5（1189）年），史人（能忍　のうにん　[没]1195年？），新潮，人名（能忍　のうにん），世人，世百（能忍のうにん），全書（[没]1194年，（異説）1195年），対外（能忍　のうにん），日史，日人，百科，仏教，仏史（能忍　のうにん），平史（能忍　のうにん　[没]1196年？），歴大

**大日房能忍** だいにちぼうのうにん
～？
平安時代後期の僧。禅宗の一派達磨宗の開祖。
¶大阪人

**体如** たいにょ
生没年不詳
江戸時代中期の天台宗の僧。
¶国書

**大忍** たいにん
～文化8（1811）年
江戸時代中期～後期の詩僧。
¶新潟百

**諦忍(1)** たいにん
宝永2（1705）年6月22日～天明6（1786）年6月10日
[別]妙竜（みょうりゅう）
江戸時代中期の真言律僧。尾張八事山興正寺第5世。
¶近世（妙竜　みょうりゅう），国史（妙竜　みょうりゅう），国書（妙竜　みょうりゅう），コン改，コン4，コン5，史人（妙竜　みょうりゅう），思想史，人書94，新潮，人名（妙竜　みょうりゅう），日人（妙竜　みょうりゅう），仏教（妙竜　みょうりゅう），仏史（妙竜　みょうりゅう）

**諦忍(2)** たいにん
→道隠（どうおん）

**大任** だいにん
生没年不詳
江戸時代後期の浄土宗の僧。
¶国書，仏教

**大忍国仙** だいにんこくせん，たいにんこくせん
享保8（1723）年～寛政3（1791）年3月18日
江戸時代中期の曹洞宗の僧。
¶埼玉人（たいにんこくせん），人書94，仏教（[生]？），町田歴

**大忍魯仙** だいにんろせん
天明1（1781）年～文化8（1811）年5月9日
江戸時代中期～後期の曹洞宗の僧。
¶国書

**大寧了忍** だいねいりょうにん
享徳元（1452）年～永正2（1505）年
戦国時代の僧。
¶伊豆，鎌室，人名，日人，仏教（[生]享徳1（1452）年8月15日　[没]永正2（1505）年10月9日）

**泰然(1)** たいねん
生没年不詳
安土桃山時代～江戸時代前期の曹洞宗の僧。陸奥長泉寺に住した。
¶姓氏宮城

**泰然(2)** たいねん
生没年不詳
江戸時代前期の天台宗の僧。
¶国書

**諦然** たいねん
？　～文政8（1825）年7月6日

た

江戸時代中期～後期の浄土真宗の僧。
¶国書

**太年浄椿** たいねんじょうちん
永享6（1434）年～永正10（1513）年
室町時代～戦国時代の曹洞宗の僧侶。鶴岡善宝寺を再興。
¶庄内

**大年祥椿** だいねんしょうちん
永享6（1434）年～永正10（1513）年4月14日
室町時代～戦国時代の曹洞宗の僧。遠江時山寺4世。
¶仏教



**大年祥登** だいねんしょうとう
？～応永15（1408）年
南北朝時代～室町時代の臨済宗の僧。建仁寺68世、大徳寺58世。
¶人名，日人，仏教（[没]応永15（1408）年5月）

**大年宗永** だいねんそうえい，たいねんそうえい
？～永正2（1505）年
室町時代～戦国時代の曹洞宗の僧。
¶日人（たいねんそうえい），仏教（[没]永正2（1505）年7月17日）

**大年法延** だいねんほうえん
？～正平18/貞治2（1363）年10月2日
南北朝時代の僧。
¶鎌室，国書，人名，日人，仏教

**田結庄是義** たいのしょうこれよし
？～天正3（1575）年
戦国時代～安土桃山時代の僧。
¶戦人，全戦，戦武

**大梅** だいばい
→大日向大梅（おびなたたいばい）

**大梅天常** たいばいてんじょう
寛文3（1663）年～延享3（1746）年7月
江戸時代前期～中期の曹洞宗の僧。
¶国書

**大梅法璟** たいばいほうせん
天和2（1682）年1月29日～宝暦7（1757）年9月29日
[別]圭立法璟（けいりつほうせん，けいりゅうほうせん），法璟（ほうせん）
江戸時代中期の曹洞宗の僧。正安寺第16代住持。
¶近世，国史，国書（圭立法璟　けいりつほうせん），日人（圭立法璟　けいりゅうほうせん），仏教（圭立法璟　けいりゅうほうせん），仏史

**太白克酔** たいはくこくすい
？～元禄13（1700）年
江戸時代前期の僧。
¶国書（[没]元禄13（1700）年10月24日），人名，日人

**泰伯国康** たいはくこっこう
生没年不詳
室町時代の曹洞宗の僧。
¶仏教

**太白真玄** たいはくしんげん
？～応永22（1415）年8月22日
南北朝時代～室町時代の僧。
¶鎌室，国書，人名，日人（[生]1357年），仏教（[生]延文2/正平12（1357）年）

**泰範** たいはん
宝亀9（778）年～？
平安時代前期の真言宗の僧。空海十大弟子あるいは四哲の一人。
¶朝日，角史，国史，古史，古人（[没]？），古代（[没]858年？），古代普（[没]858年？），古中，コン改，コン4，コン5，史人，新潮，人名，姓氏京都，日人，仏教，仏史，仏人（[没]837年以後），平史

**大眉性善** だいびしょうぜん
明・万暦44（1616）年2月14日～延宝1（1673）年10月18日
江戸時代前期の黄檗宗の渡来僧。
¶国書，人名，日人，仏教

**太平妙準** たいへいみょうじゅん
生没年不詳
鎌倉時代後期～南北朝時代の僧。
¶鎌倉新（[生]弘安1（1278）年　[没]嘉暦2（1327）年閏9月14日），鎌室，人名，日人，仏教

**大弁正訥** だいべんしょうとつ
生没年不詳
室町時代の臨済宗の僧。
¶日人，仏教

**大弁正納** だいべんしょうのう
南北朝時代の画僧。
¶人名

**大弁了訥** だいべんりょうとつ
生没年不詳
南北朝時代～室町時代の曹洞宗の僧。
¶人名，日人，仏教

**大鵬** たいほう
室町時代の画僧。
¶人名

**大宝** だいほう
→中川守脱（なかがわしゅだつ）

**大宝院清永** たいほういんせいえい
明和2（1765）年～天保2（1831）年
江戸時代中期～後期の僧。玉造郡大口村の本山派大宝院12世。
¶姓氏宮城

**大方元恢** だいほうげんかい，たいほうげんかい
？～正平23/応安1（1368）年
南北朝時代の僧。
¶鎌室，人名，日人（たいほうげんかい），仏教（たいほうげんかい　[没]応安1/正平23（1368）年6月9日）

**大方源用** だいほうげんよう
正和3（1314）年～元中7/明徳1（1390）年7月13日

南北朝時代の臨済宗の僧。東福寺50世。
¶仏教

**大方韶勲** だいほうしょうくん
生没年不詳
南北朝時代の曹洞宗の僧。
¶仏教

**泰峰浄高** たいほうじょうこう
元禄10（1697）年～享保6（1721）年1月18日
江戸時代中期の黄檗宗の僧。
¶黄檗

**大鵬正鯤** たいほうしょうこん
清・康熙30（1691）年～安永3（1774）年10月25日
江戸時代中期の黄檗宗の僧。万福寺15・18世。
¶国書，長崎歴，日人，仏教

**大法大闡** だいほうだいせん
徳治1（1306）年～元中1/至徳1（1384）年
南北朝時代～室町時代の僧。
¶鎌室（㊊正中2（1325）年　㊋応永10（1403）年），人名，日人，仏教（㊋至徳1/元中1（1384）年9月24日）

**大宝坊宗信** だいほうぼうそうしん
生没年不詳
戦国時代の清水寺の僧侶。
¶島根歴

**大芳融真** だいほうゆうしん
生没年不詳
室町時代の曹洞宗の僧。
¶仏教

**大朴玄素** たいぼくげんそ，だいぼくげんそ
正応1（1288）年～正平1/貞和2（1346）年　㊔大朴玄素（たいぼくげんそう）
鎌倉時代後期～南北朝時代の臨済宗の僧。
¶人名（たいぼくげんそう　㊊1290年　㊋1348年），日人（だいぼくげんそ），仏教（㊋貞和2/興国7（1346）年1月28日）

**大朴玄素** たいぼくげんそう
→大朴玄素（たいぼくげんそ）

**大蒲正睦** だいほしょうぼく
？～天文1（1532）年8月10日
戦国時代の曹洞宗の僧。
¶仏教

**泰本** たいほん
？～大永7（1527）年8月7日
戦国時代の天台宗の僧・連歌作者。
¶国書

**大本良中** だいほんりょうちゅう，たいぼんりょうちゅう
正中2（1325）年～正平23/応安1（1368）年11月20日
南北朝時代の臨済宗の僧。
¶鎌室，国書，人名，日人，仏教（たいぼんりょうちゅう）

**田井正一** たいまさかず
嘉永1（1848）年～昭和2（1927）年4月6日
明治～昭和期の日本聖公会司祭。
¶キリ（㊊嘉永1年2月18日（1848年3月22日）），埼玉人（㊊嘉永1（1848）年2月18日）

**戴曼公** たいまんこう
明・万暦24（1596）年2月19日～寛文12（1672）年11月6日　㊔性易（しょうえき），独立（どくりゅう），独立性易（どくりつしょうえき，どくりゅうしょうえき）
江戸時代前期の明からの渡来医。抗州仁和県生まれ。
¶朝日（㊊万暦24年2月19日（1596年3月17日）㊋寛文12年11月6日（1672年12月24日）），近世（独立性易　どくりゅうしょうえき），国史（独立性易　どくりゅうしょうえき），国書（独立性易　どくりゅうしょうえき），コン改，コン4，コン5，詩歌（㊊1597年），新潮，人名（㊊1597年），世百，全書（独立　どくりゅう），対外（独立性易　どくりゅうしょうえき），日人（独立性易　どくりゅうしょうえき），仏教（独立性易　どくりゅうしょうえき），仏史（独立性易　どくりゅうしょうえき），仏人（性易　しょうえき），歴大（独立性易　どくりつしょうえき）

た

**大夢** だいむ，たいむ
寛政6（1794）年～明治7（1874）年　㊔直山大夢（なおやまたいむ）
江戸時代後期の美濃の詩僧。
¶日人（直山大夢　なおやまたいむ），俳句（たいむ　㊋明治7（1874）年2月16日），俳文（たいむ　㊋明治7（1874）年2月17日），飛騨（生没年不詳）

**大冥恵団** たいめいえだん
生没年不詳
江戸時代後期の臨済宗の僧。
¶国書

**大模宗範** だいもそうはん
生没年不詳
室町時代の臨済宗の僧。
¶仏教

**台屋** たいや
永禄12（1569）年～慶安1（1648）年8月27日
安土桃山時代～江戸時代前期の浄土宗の僧。
¶仏教

**太益** たいやく
生没年不詳
江戸時代前期の浄土宗の僧。
¶仏教

**泰瑜** たいゆ
弘安2（1279）年～？
鎌倉時代後期の園城寺の僧。
¶北条

**泰幽** たいゆう
元慶7（883）年～天暦1（947）年
平安時代前期～中期の真言宗の僧。

¶古人，平史

**大用慧堪**　だいゆうえかん
文永5（1268）年～正平2/貞和3（1347）年　[別]大用慧湛（だいようえたん）
鎌倉時代後期～南北朝時代の臨済宗の僧。
¶人名（大用慧湛　だいようえたん　[生]？），日人，仏教（[没]貞和3/正平2（1347）年5月25日）

**大用慧照**　だいゆうえしょう
寛文5（1665）年2月1日～享保14（1729）年12月2日
江戸時代中期の曹洞宗の僧。
¶国書，仏教

**大雄魏健**　だいゆうぎけん
安永5（1776）年～天保11（1840）年
江戸時代中期～後期の曹洞宗の僧。
¶姓氏静岡



**大有康甫**　だいゆうこうほ
天文4（1535）年～元和4（1618）年9月10日
安土桃山時代～江戸時代前期の臨済宗の僧。
¶仏教

**大用全用**　たいゆうぜんゆう，だいゆうぜんゆう
→大用全用（たいようぜんよう）

**大用宗俊**　だいゆうそうしゅん
？～天文22（1553）年　[別]大用宗俊（だいようしゅうしゅん）
戦国時代の曹洞宗の僧。
¶佐賀百（だいようしゅうしゅん　[没]天文22（1553）年3月25日），仏教（[没]天文22（1553）年1月25日）

**大有有諸**（大用有諸）　だいゆうゆうしょ
生没年不詳　[別]大有有諸（たいううしょう）
南北朝時代の僧。
¶鎌室，国書，人名（たいううしょう），日人，仏教（大用有諸）

**大有理有**　だいゆうりゆう
？～元中8/明徳2（1391）年　[別]大有理有（だいうりう）
南北朝時代の僧。
¶鎌室，人名（だいうりう），日人（生没年不詳），仏教（生没年不詳）

**大用竜存**　だいゆうりゅうぞん
天正8（1580）年～寛文5（1665）年10月2日　[別]大用竜存（だいようりゅうそん）
江戸時代前期の曹洞宗の僧。
¶黄檗（だいようりゅうそん），日人，仏教

**大有良栄**　だいゆうりょうえい
文安5（1448）年～明応7（1498）年6月12日
室町時代～戦国時代の曹洞宗の僧。
¶仏教

**大雄亮膺**　だいゆうりょうどん
生没年不詳
戦国時代の曹洞宗の僧。
¶仏教

**大誉**　だいよ
生没年不詳
江戸時代前期の浄土宗の僧。
¶仏教

**太陽**　たいよう★
寛文12（1672）年10月5日～享保16（1731）年4月25日
江戸時代中期の秋田市天徳寺22世。曹洞僧。
¶秋田人2

**大陽**　だいよう
南北朝時代の僧侶。
¶伊豆

**大陽一鴒**　たいよういちれい
？～永禄12（1569）年9月28日
戦国時代の曹洞宗の僧。
¶仏教（[没]永禄12（1569）年9月28日，（異説）大永7（1527）年9月28日）

**大用慧湛**　だいようえたん
→大用慧堪（だいゆうえかん）

**大陽観月**　だいようかんげつ
寛文12（1672）年10月5日～享保16（1731）年4月25日
江戸時代前期～中期の曹洞宗の僧。
¶国書

**大陽義冲**（大陽義沖）　たいようぎちゅう，だいようぎちゅう
弘安5（1282）年～正平7/文和1（1352）年　[別]義冲（ぎちゅう）
鎌倉時代後期～南北朝時代の臨済宗の僧。
¶朝日（[生]弘安9（1286）年　[没]延文1/正平11年1月11日（1356年2月12日）），鎌倉，鎌室（だいようぎちゅう），コン改，コン4，コン5，新潮（[没]文和1/正平7（1352）年1月11日），人名（だいようぎちゅう），世人（義冲　ぎちゅう），日人，仏教（大陽義沖　[没]観応3/正平7（1352）年1月11日，（異説）文和5/正平11（1356）年1月11日）

**大用宗俊**　だいようしゅうしゅん
→大用宗俊（だいゆうそうしゅん）

**大養淳享**　だいようじゅんきょう
室町時代の曹洞宗の僧。
¶姓氏石川

**大養淳亨**　たいようじゅんこう
？～明応5（1496）年9月26日
室町時代～戦国時代の曹洞宗の僧。
¶仏教

**大用全用**　たいようぜんよう
生没年不詳　[別]大用全用（たいゆうぜんゆう，だいゆうぜんゆう）
南北朝時代の僧。
¶鎌室，人名，日人（たいゆうぜんゆう），仏教（だいゆうぜんゆう）

**大用宗存**　だいようそうぞん
？～元亀1（1570）年12月10日

安土桃山時代の竜華院の4世住持。
¶武田

**太容梵清** たいようぼんせい
? ～応永34(1427)年8月1日
室町時代の曹洞宗の僧。総持寺45世。
¶京都府，国書，仏教

**大陽明中** たいようみょうちゅう
生没年不詳
南北朝時代～室町時代の曹洞宗の僧。
¶仏教

**大用無用** だいようむよう
生没年不詳
室町時代の臨済宗の僧・漢詩人。
¶国書

**大用竜存** だいようりゅうそん
→大用竜存(だいゆうりゅうぞん)

**平舎景** たいらいえかげ
享保8(1723)年～?
江戸時代中期の神道家。
¶国書

**平舎熊** たいらいえくま
享保9(1724)年～享和1(1801)年3月
江戸時代中期～後期の神職。飛騨一宮水無神社大宮司。
¶神人

**平円如** たいらえんにょ
慶応3(1867)年～昭和9(1934)年7月19日
江戸時代末期～昭和期の僧侶。
¶真宗

**平良修** たいらおさむ
昭和6(1931)年12月15日～
昭和～平成期の牧師、平和運動家。日本基督教団うふざと教会牧師、キリスト教学院短期大学学長。沖縄良心的軍事費拒否の会代表、一坪反戦地主会代表世話人。著書に「沖縄にこだわり続けて」など。
¶現朝，現情，現人，世紀，日人，平和

**平景審** たいらかげあきら
寛政6(1794)年～明治5(1872)年11月
江戸時代後期～明治期の神職。飛騨一宮水無神社大宮司。
¶神人

**平景敬** たいらかげたか
生没年不詳
江戸時代中期の神職。
¶国書

**平光如** たいらこうにょ
天保13(1842)年9月5日～明治7(1874)年5月19日
江戸時代後期～明治期の僧侶。
¶真宗

**平寿如** たいらじゅにょ
明治37(1904)年4月19日～平成3(1991)年2月20日
昭和期の僧侶。
¶真宗

**平宣如** たいらせんにょ
慶応2(1866)年8月6日～明治30(1897)年1月22日
江戸時代末期～明治期の僧侶。
¶真宗

**平親範** たいらちかのり
→平親範(たいらのちかのり)

**平時和** たいらときかず
生没年不詳
江戸時代中期の神道家。
¶国書

た

**平親範** たいらのちかのり
保延3(1137)年～承久2(1220)年9月28日 ㊞金子親範(かねこちかのり)，平親範(たいらちかのり)
平安時代後期～鎌倉時代前期の武士。
¶朝日(㊡承久2年9月28日(1220年10月25日))，鎌室(たいらちかのり)，公卿，公卿普，公家(親範〔平家(絶家)2〕 ちかのり)，国書(たいらちかのり)，古人(㊤?)，古人，古中，諸系，新潮，日人(金子親範 かねこちかのり ㊤?)，日人，平家(金子親範 かねこちかのり)，平家(たいらちかのり)，平史(㊤?)，平史

**平直実** たいらのなおざね
→熊谷直実(くまがいなおざね)

**平宗親** たいらのむねちか
生没年不詳 ㊞平宗親(たいらむねちか)
鎌倉時代前期の聖。平宗盛の養子。
¶朝日，諸系，日人，平家(たいらむねちか)

**平康頼** たいらのやすより
生没年不詳 ㊞平康頼(たいらやすより)
平安時代後期～鎌倉時代前期の歌人、後白河院近習。仏教説話集「宝物集」の編者か。
¶朝日，岩史，鎌室(たいらやすより)，国史，国書(たいらやすより)，古人，古中，コン改，コン4，コン5，史人，重要，新潮，人名，姓氏愛知，姓氏京都，全書，大百，徳島百，徳島歴(たいらやすより)，内乱，日史，日人，百科，仏教，平家(たいらやすより)，平史，歴大，和俳

**平六代** たいらのろくだい
承安3(1173)年～建久9(1198)年 ㊞平六代(たいらろくだい)，六代(ろくだい)，六代御前(ろくだいごぜん)
平安時代後期～鎌倉時代前期の僧。平重盛の嫡男維盛と藤原成親の娘の嫡男。平家の嫡流だが文覚に庇護された。のち文覚が流罪になると召し出されて斬られた。
¶朝日(六代 ろくだい 生没年不詳)，鎌倉(㊤嘉応1(1169)年)，鎌室(たいらろくだい)，国史(生没年不詳)，古史(生没年不詳)，古人，古人(六代 ろくだい ㊡?)，古中(生没年不詳)，コン改，コン改(六代 ろくだい ㊤承安

4(1174)年？　㊀正治1(1199)年,(異説)1203年),コン4(㊐承安4(1174)年？　㊀正治1(1199)年,(異説)1203年),コン5(㊐承安4(1174)年？　㊀正治1(1199年,1203)年),史人(生没年不詳),諸系,新潮(㊀建久9(1198)年2月5日),人名,姓氏京都(生没年不詳),世人(六代　ろくだい　生没年不詳),内乱(六代　ろくだい),日人,平家(六代　ろくだい　㊐承安4(1174)年？　㊀建久9(1198)年？),平史(六代　ろくだい　㊀？),歴大(㊐？)

**平宗親**　たいらむねちか
→平宗親(たいらのむねちか)

**平聞如**　たいらもんにょ
文化8(1811)年8月4日～明治21(1888)年1月7日
江戸時代後期～明治期の僧侶。
¶真宗

**平康頼**　たいらやすより
→平康頼(たいらのやすより)

**平六代**　たいらろくだい
→平六代(たいらのろくだい)

**大竜(1)**　だいりゅう
文禄4(1595)年～寛文13(1673)年2月4日
江戸時代前期の浄土宗の僧。
¶仏教

**大竜(2)**　だいりゅう
正徳3(1713)年～安永8(1779)年10月18日
江戸時代中期の真言律宗の僧。
¶国書

**大竜寺麟岳**　だいりゅうじりんがく
？～天正10(1582)年3月1日
安土桃山時代の大竜寺の住持。武田信廉の子。
¶武田

**太竜禅驪**　たいりゅうぜんれい
万治4(1661)年1月15日～享保6(1721)年閏7月29日
江戸時代前期～中期の臨済宗の僧。
¶国書

**大竜宗丈**　だいりゅうそうじょう
元禄7(1694)年～寛延4(1751)年3月16日
江戸時代中期の臨済宗の僧。大徳寺341世。
¶仏教

**大竜存守**　だいりゅうそんしゅ
？～天正7(1579)年12月5日
戦国時代～安土桃山時代の曹洞宗の僧。
¶仏教

**泰竜文彙**　たいりゅうぶんい
文政10(1827)年～明治13(1880)年12月
江戸時代末期～明治期の臨済宗僧侶。
¶仏教

**太呂**　たいりょ
明和8(1771)年～天保7(1836)年5月24日
江戸時代中期～後期の修験僧・俳人。
¶国書

**岱梁**　たいりょう
～宝永6(1709)年
江戸時代前期～中期の僧侶。
¶高知人

**泰亮**　たいりょう
生没年不詳
江戸時代中期の僧侶。郷土史家。
¶郷土群馬,群新百,群馬人,人名,姓氏群馬

**大領義猷**　たいりょうぎゆう
？～元禄3(1690)年
江戸時代前期～中期の高僧。
¶宮城百

**泰亮愚海**　たいりょうぐかい
生没年不詳
江戸時代中期の僧。
¶国書,日人

**大了愚門**　だいりょうぐもん
慶長18(1613)年～貞享4(1687)年12月1日
江戸時代前期の曹洞宗の僧。永平寺32世。
¶国書,仏教

**大梁弘和尼**　だいりょうこうわに
文政4(1821)年10月～慶応1(1865)年7月13日
江戸時代末期の黄檗宗の尼僧。
¶黄檗

**大梁祖教**　だいりょうそきょう
寛永15(1638)年～元禄1(1688)年8月27日
江戸時代前期の臨済宗の僧。
¶黄檗

**太嶺独笑**　たいりょうどくしょう
？～天明4(1784)年
江戸時代中期の禅僧。
¶長野歴

**大亮尼**　だいりょうに
？～寛政3(1791)年
江戸時代中期～後期の女性。尼僧。
¶女性

**泰麟**　たいりん
？～寛政2(1790)年
江戸時代中期の僧、浅草永見寺17代住職。
¶栃木歴

**大麟**　だいりん
生没年不詳
江戸時代中期の浄土真宗の僧。
¶国書

**泰林光心**　たいりんこうしん
寛文7(1667)年～享保13(1728)年2月12日
江戸時代前期～中期の曹洞宗の僧。
¶国書

**大林宗套**　だいりんしゅうとう
→大林宗套(だいりんそうとう)

**大琳韶珍** だいりんしょうちん
生没年不詳
室町時代の曹洞宗の僧。
¶仏教

**大林正通** だいりんしょうつう
応永1（1394）年～文明16（1484）年
室町時代の曹洞宗の僧。
¶戦辞（㊀文明16年4月19日（1484年5月13日））、仏教（㊀文明16（1484）年4月19日）

**大林善育** だいりんぜんいく
*～文中1/応安5（1372）年
鎌倉時代後期～南北朝時代の僧。
¶鎌室（㊐？），人名（㊐？），日人（㊐1291年），仏教（㊐正応4（1291）年　㊀応安5/文中1（1372）年12月3日）

**大麟全索** だいりんぜんさく
？　～慶長13（1608）年9月1日
安土桃山時代～江戸時代前期の曹洞宗の僧。
¶仏教

**大林宗套** だいりんそうとう
文明12（1480）年～永禄11（1568）年　㊊宗套（そうとう），大林宗套（だいりんしゅうとう），正覚普通国師（しょうかくふつうこくし），大林（たいりん）
戦国時代の臨済宗の僧。
¶朝日（㊀永禄11年1月27日（1568年2月24日）），国史，国書（㊀永禄11（1568）年1月27日），古中，コン改，コン4，コン5，新潮（㊀永禄11（1568）年1月27日），人名（だいりんしゅうとう），世人，戦人（宗套　そうとう），茶道，日人，仏教（㊀永禄11（1568）年1月27日，（異説）弘治2（1556）年4月13日），仏史

**大輪祖心** だいりんそしん
生没年不詳
室町時代の臨済宗の僧。
¶仏教

**台嶺** たいれい
→石川台嶺（いしかわたいれい）

**諦霊** たいれい
文政1（1818）年～文久2（1862）年
江戸時代後期～末期の浄土真宗の僧。
¶国書

**大嶺** だいれい
？　～明治36（1903）年6月21日
江戸時代末期～明治期の浄土真宗の僧。
¶国書（生没年不詳），真宗

**大霊** だいれい
生没年不詳
江戸時代後期の浄土真宗の僧。
¶国書

**大令宗覚** だいれいそうかく
～天保13（1842）年2月3日
江戸時代後期の僧侶。
¶庄内

**泰嶺如珽** たいれいにょてい
慶安4（1651）年～元禄3（1690）年5月19日
江戸時代前期～中期の黄檗宗の僧。
¶黄檗

**大廉** だいれん
明和4（1767）年3月～天保15（1844）年9月29日
江戸時代後期の浄土真宗の僧。
¶国書，仏教

**大魯** だいろ
明和5（1768）年～天保7（1836）年10月2日
江戸時代中期～後期の浄土真宗の僧。智洞門下八僧の一人。
¶国書，仏人

た

**大路一遵** だいろいちじゅん
応永6（1399）年～永正15（1518）年　㊊一遵（いちじゅん）
室町時代の曹洞宗の僧。
¶鎌室，人名，戦辞（㊀永正15年4月6日（1518年5月15日）），戦人（一遵　いちじゅん），日人，仏教（㊀永正15（1518）年4月6日）

**田内逸有** たうちはやあり
慶応1（1865）年～昭和19（1944）年
江戸時代末期～昭和期の神職。
¶神人

**田永精一** たえいせいいち
明治44（1911）年～昭和47（1972）年
昭和期の僧侶。
¶社史

**高井稜威雄** たかいいつお
明治31（1898）年～昭和52（1977）年
大正～昭和期の神官。
¶群馬人

**尊家** たかいえ
？　～文永10（1273）年
鎌倉時代前期の天台宗の僧。鎌倉勝長寿院別当、日光山第26世別当。鎌倉幕府の祈禱僧。
¶栃木歴

**高井勝房** たかいかつふさ
寛政6（1794）年～慶応1（1865）年
江戸時代後期～末期の神職。
¶国書

**高井観海** たかいかんかい
*～昭和28（1953）年1月9日
大正～昭和期の真言宗智山派僧侶、仏教学者。大正大学教授、智積院55世、智山派管長となった。著書に「小乗仏教概論」「即身成仏義講義」など。
¶現情（㊐1885年7月1日），昭人（㊐明治17（1884）年7月1日），人名7（㊐1884年），世紀（㊐明治18（1885）年7月1日），日人（㊐明治17（1884）年7月1日），仏教（㊐明治17（1884）年7月1日），仏人（㊐1885年），和歌山人（㊐1885年）

**高井三喜** たかいさんき
江戸時代前期の神職。加賀国河北郡山上村の春日

神社の神主。
¶姓氏石川

**高井東一** たかいとういち
安政3(1856)年〜昭和15(1940)年
江戸時代末期〜昭和期の神職。
¶神人

**高内真足** たかうちまたり
生没年不詳
江戸時代後期の神職。
¶国書

**高岳親王**(高丘親王) たかおかしんのう
→真如(1)(しんにょ)

た

**高岡増隆** たかおかぞうりゅう
文政6(1823)年〜明治26(1893)年4月30日　㊞僧隆(ぞうりゅう),増隆(ぞうりゅう)
江戸時代末期〜明治期の真言宗僧侶。高野山無量寿院住職、寺務検校法印、権大僧正。
¶大阪人(増隆　ぞうりゅう　㉘明治26(1893)年4月),国書(僧隆　ぞうりゅう),人名(増隆　ぞうりゅう),日人,仏教(㊐文政6(1823)年3月15日),仏人,明大1(㊐文政6(1823)年3月15日)

**高岡智照** たかおかちしょう
明治29(1896)年4月22日〜平成6(1994)年10月22日　㊞高岡智照尼(たかおかちしょうに)
大正〜昭和期の尼僧。京都祇王寺の庵主。
¶近女,現朝,現情,現人(高岡智照尼　たかおかちしょうに),昭人,女史,世紀,日人

**高岡智照尼** たかおかちしょうに
→高岡智照(たかおかちしょう)

**高岡隆円** たかおかりゅうえん
安政6(1859)年〜昭和8(1933)年
明治〜昭和期の僧侶。
¶庄内

**高岡隆心** たかおかりゅうしん
慶応2(1866)年12月15日〜昭和14(1939)年10月19日
明治〜昭和期の高野山真言宗僧侶。古義真言宗管長・金剛峰寺座主。
¶昭人,人名7,世紀(㊐慶応2(1867)年12月15日),新潟百(㊐1862年),日人(㊐1867年),仏教,仏人

**高雄義堅** たかおぎけん
明治21(1888)年2月25日〜昭和47(1972)年8月20日
大正〜昭和期の浄土真宗本願寺派の学僧。
¶真宗(㊐明治21(1988)年2月25日),姓氏富山,富山百

**高尾佐中** たかおすけなか
生没年不詳
江戸時代後期の大住郡大山阿夫利神社祠官。
¶神奈川人

**高尾利数** たかおとしかず
昭和5(1930)年4月23日〜
昭和〜平成期の神学者。法政大学教授。
¶現執1期,現執2期,現執4期

**鷹谷俊之** たかがいしゅんし
明治24(1891)年12月1日〜昭和45(1970)年6月20日　㊞鷹谷俊之(たかがいとしゆき)
明治〜昭和期の浄土真宗本願寺派僧侶、仏教教育者。武蔵野女子学院創設者。
¶現情,真宗,人名7,世紀,日人,仏教(たかがいとしゆき),仏人(たかがいとしゆき)

**鷹谷俊之** たかがいとしゆき
→鷹谷俊之(たかがいしゅんし)

**高垣勣次郎** たかがきせきじろう
明治17(1884)年1月19日〜昭和32(1957)年7月6日
明治〜昭和期の神学者。
¶渡航

**高神覚昇** たかがみかくしょう
明治27(1894)年10月28日〜昭和23(1948)年2月26日
大正〜昭和期の真言宗智山派僧侶、仏教学者。大正大学教授。マスコミを通して仏教の大衆化につとめる。
¶現情,昭人,人名7,世紀,哲学,日人,仏教,仏人

**高神信也** たかがみしんや
昭和5(1930)年8月26日〜
昭和期の僧侶。竜泉寺住職。
¶現執2期

**高木悦郎** たかぎえつろう
大正9(1920)年2月3日〜
昭和期の神職。金山町吏員。『金山小唄』『金山音頭』の復活に努め、保存会を発足。柯柄八幡、白田両神社宮司。
¶飛驒

**高木快雅** たかぎかいが
慶応1(1865)年〜昭和19(1944)年
明治〜昭和期の僧侶。
¶神奈川人,姓氏神奈川

**高木喜内** たかぎきない
生没年不詳
明治期の大住郡今泉村八幡大神神主。
¶神奈川人

**高木きよ子** たかぎきよこ
大正7(1918)年6月23日〜
昭和期の宗教学者。お茶の水女子大学教授、東洋大学教授。
¶現執2期

**高木契則** たかぎけいそく
明治期の僧侶。
¶真宗

**高木玄旨** たかぎげんし
明治15(1882)年3月15日～昭和32(1957)年11月9日
明治～昭和期の弓道家、心光院十三世住職。
¶弓道

**高木源太郎** たかぎげんたろう
安政2(1855)年～昭和6(1931)年2月17日
江戸時代末期～昭和期のカトリック司祭。高木仙右衛門の次男。
¶新カト

**高木顕明** たかぎけんみょう
元治1(1864)年5月21日～大正3(1914)年6月24日
㊙高木顕明(たかぎけんめい)
明治～大正期の僧侶。反抗、排宗派、非戦、階級打破などを唱える。
¶アナ，社運，社史(㊤元治1年5月21日(1864年6月24日))，真宗，世紀，哲学(たかぎけんめい)，日人，仏人(たかぎけんめい　㊦?)，明治史，明大1

**高木顕明** たかぎけんめい
→高木顕明(たかぎけんみょう)

**高木賢立** たかぎけんりゅう
?　～明治20(1887)年
江戸時代後期～明治期の僧侶。
¶姓氏愛知

**高木習道** たかぎしゅうどう
弘化1(1844)年～明治37(1904)年
明治期の僧侶。天台宗の高僧。善光寺大勧進正住職などを務めた。
¶人名，日人，明大1(㊦明治37(1904)年12月3日)

**高木俊一** たかぎしゅんいち
明治7(1874)年1月29日～昭和17(1942)年3月5日
明治～昭和期の僧侶。
¶真宗

**高木順冏** たかぎじゅんけい
慶応3(1867)年～昭和30(1955)年
明治～昭和期の僧。成田山福安講社を設立。
¶姓氏岩手

**高木仙右衛門** たかぎせんえもん
文政7(1824)年～明治32(1899)年4月13日
江戸時代末期～明治期の社会福祉家。潜伏キリシタンの中心人物。自宅を赤痢療養所や孤児院として教導、福祉に献身。
¶朝日(㊤文政7年2月12日(1824年3月12日))，キリ(㊤文政3(1820)年)，近現，近世，広7，国史，史人(㊤1824年2月12日)，新カト(㊤文政3(1820)年)，長崎百，日人，明治史，明大1(㊤文政7(1824)年2月12日)，歴大

**高木宗監** たかぎそうかん
明治37.8(1904)年～平成16(1989)年2月15日
昭和・平成期の建長寺派の僧侶。
¶鎌倉新

**高木台岳** たかぎたいがく
文久3(1863)年～大正11(1922)年
明治～大正期の禅僧。
¶京都府

**高木獣鳳** たかぎどくほう
元治1(1864)年6月10日～昭和30(1955)年10月27日
明治～昭和期の臨済宗永源寺派僧侶。永源寺派管長、永源寺141世。
¶現情，昭人，人名7，世紀，日人，仏教，仏人

た

**高木敏雄** たかぎとしお
明治9(1876)年4月11日～大正11(1922)年12月18日
明治～大正期の神話学者。東京高等師範学校教授。独自の神話学を築く。日本の近代的神話学の建設者。
¶熊本近，熊本人，熊本百(㊤明治9(1876)年5月11日)，史研，児文，世紀，日史，日児，明大2

**高木真蔭** たかぎまかげ
天保8(1837)年～明治11(1878)年7月24日
江戸時代後期～明治期の医者・神道家。
¶国書

**高木政勝** たかぎまさかつ
弘化4(1847)年～大正5(1916)年3月16日
明治期の仏教徒。真宗の信者。護法会・是真会を起こし全国を巡歴。
¶人名，世紀，代言，日人，明大1

**高木幹太** たかぎみきお
大正15(1926)年4月25日～
昭和～平成期の牧師。単立・小羊教会牧師。著書に「こころを蘇らせ、指針を与える名言集」「文学における神探求」など。
¶現執3期

**高木壬太郎** たかぎみずたろう
元治1(1864)年5月20日～大正10(1921)年1月27日
明治～大正期の神学者、牧師。青山学院院長。築地協会牧師。「基督教大辞典」の編纂事業完成。
¶朝日(㊤元治1年5月20日(1864年6月23日))，海越新，キリ，近現，国史，コン改，コン5，史人，静岡歴，新カト，新潮，人名，世紀，姓氏静岡，世百，哲学，渡航(㊤1864年5月)，日人，明治史，明大2，歴大

**高木豊** たかぎゆたか
昭和3(1928)年8月18日～
昭和～平成期の歴史学者。立正大学教授。日本仏教史を研究。著者に「日蓮とその門弟」「平安時代法華仏教史研究」など。
¶現執1期，現執3期

**高木竜淵** たかぎりゅうえん
天保13(1842)年10月7日～大正7(1918)年9月11日
明治～大正期の僧。臨済宗の僧。天龍寺派管長を務めた。
¶人名，世紀，日人，明大1

**高久孝吉** たかくこうきち
慶応1(1865)年～昭和5(1930)年
明治～昭和期のキリスト教伝道師。
¶会津，福島百

**高楠順次郎** たかくすじゅんじろう
慶応2(1866)年5月17日～昭和20(1945)年6月28日
明治～昭和期のインド学者、仏教学者。東京帝国大学教授、東京外国語学校校長。東京帝国大学で初代梵語学講座担任教授となる。
¶海越，海越新，学校，角史，近現，近史4，現朝(㊤慶応2年5月17日(1866年6月29日) ㊦1945年6月21日)，現人，広7，国史，御殿場，コン改，コン5，史人，思想，思想史，出版，出文，昭人，真宗，新潮(㊦昭和20(1945)年6月21日)，人名7，世紀，世人(㊤慶応2(1866)年5月)，世百，先駆(㊦昭和20(1945)年6月21日)，全書，大百，哲学，渡航(㊤1866年5月 ㊦1945年6月21日)，日エ(㊤慶応2(1866)年5月17日)，日史，日人，日中(㊤慶応2(1866)年5月17日)，日本，百科，兵庫人(㊤慶応2(1866)年5月)，広島百，仏教，仏人，明治史，明大2，履歴，履歴2，歴大

た

**高口恭行** たかぐちやすゆき
昭和15(1940)年～
昭和～平成期の建築家、僧侶。
¶現執1期

**高倉徹** たかくらとおる
大正5(1916)年9月24日～
昭和期の牧師。日本基督教団総幹事。
¶現情，現人，世紀

**高倉徳太郎** たかくらとくたろう
明治18(1885)年4月23日～昭和9(1934)年4月3日
大正～昭和期の牧師、神学者。東京神学社校長。戸山教会、日本神学校を設立。著書に「福音的基督教」。
¶石川百，キリ，近現，現朝，広7，国史，コン改，コン5，史人，思想史，昭人，新カト，新潮，人名，世紀，姓氏京都，世百，全書，哲学，日人，百科，歴大

**高桑師道** たかくわしどう
文化12(1815)年～明治18(1885)年1月23日
江戸時代後期～明治期の僧侶。
¶真宗(㊤文化12(1815)年2月)，富山百(㊤文化12(1815)年2月10日)

**高桑守二** たかくわもりじ
明治27(1894)年～昭和55(1980)年8月18日
明治～昭和期の牧師。
¶日エ

**高崎直道** たかさきじきどう
大正15(1926)年9月6日～
昭和～平成期の僧侶。静勝寺(曹洞宗)住職、東京大学教授。インドのプーナ大学に留学、印度哲学を研究。著書に英文の「宝性論研究」など。
¶現執1期，現執3期，現執4期，現情，世紀，日人

**高崎毅** たかさきたけし
大正5(1916)年4月5日～昭和48(1973)年6月29日
昭和期の牧師、実践神学者。東京神学大学学長。
¶キリ，現情，世紀

**高崎親広** たかさきちかひろ
文政2(1819)年～明治10(1877)年6月26日
江戸時代後期～明治期の武士、神職。
¶維新，人名，姓氏鹿児島，日人，幕末，幕末大(㊤文政2(1819)年8月)，藩臣7

**高崎裕士** たかさきひろし
昭和6(1931)年2月4日～
昭和～平成期の牧師。日本基督教団曽根教会牧師。曽根教会牧師就任以後、“永遠の生命のホームページ”を発信し、インターネット伝道に励む。
¶現朝，現執2期，世紀，日人

**高崎能樹** たかさきよしき
明治17(1884)年6月19日～昭和33(1958)年2月17日
明治～昭和期の牧師。日本基督教会日曜学校局主事。
¶キリ

**高沢信一郎** たかさわしんいちろう
明治41(1908)年6月21日～平成10(1998)年4月17日
昭和期の神職、神道研究者。儀礼文化会会長。
¶弓道，現朝，現情，世紀，日人

**高沢瑞信** たかざわみずのぶ
弘化1(1844)年～大正4(1915)年
明治期の神官。
¶姓氏富山

**高沢瑞穂** たかざわみずほ
文政5(1822)年～明治30(1897)年
江戸時代末期～明治期の神官。
¶姓氏富山

**高塩背山** たかしおはいざん
明治15(1882)年1月30日～昭和31(1956)年5月30日
明治～昭和期の歌人。歌集に「狭間」。
¶近文，現情，世紀，栃木文，栃木歴

**高志広覚** たかしこうかく
万延1(1860)年～大正3(1914)年8月10日
明治～大正期の僧侶。
¶真宗

**高志大了** たかしだいりょう，たかしたいりょう
天保5(1834)年7月11日～明治31(1898)年8月25日
江戸時代末期～明治期の新義真言宗僧侶。長谷寺55世、根来寺中興5世。
¶愛媛，愛媛百(たかしたいりょう)，仏教，仏人，明大1

**高階幸造** たかしなこうぞう
元治1(1864)年～大正11(1922)年1月
明治～大正期の神職。全国神社会の創立に関与。

官幣大社広田神社宮司などを務めた。
¶神人（㊀大正10（1921）年），人名，世紀（㊒元治1（1864）年8月），日人，明大1（㊒元治1（1864）年8月）

**高階岑緒** たかしなみねお
生没年不詳
平安時代前期の神祇伯。
¶神人

**高階瓏仙** たかしなろうせん
明治9（1876）年12月15日～昭和43（1968）年1月19日
大正～昭和期の僧侶。曹洞宗、曹洞宗大学教授。宗会の特選議員などを歴任。
¶現情，コン改，コン4，コン5，静岡歴，昭人，人名7，世紀，日人，福岡百（㊒明治9（1876）年10月14日），仏教，仏人

**高島玄旦** たかしまげんたん
戦国時代～安土桃山時代の妙国寺の僧、茶人。
¶茶道，日人（生没年不詳）

**高嶋米峰**（高島米峰，高島米峯，高嶋米峯） たかしまべいほう
明治8（1875）年1月15日～昭和24（1949）年10月25日
明治～昭和期の実践的な評論家。
¶アナ（高島米峯），教育，教人，近現（高島米峰），近文，現情，広7（高島米峰），国史（高島米峰），コン改，コン4，コン5（高島米峰），史人（高島米峰），思想史（高島米峰），社教（高島米峰），社史（高島米峰），出版，出文，昭人，真宗（高島米峰），新潮（高島米峰），新文，人名7（高島米峰），世紀，全書（高島米峰），大百（高島米峰），帝書（高島米峰 ㊒明治8（1875）年1月），哲学（高島米峰），新潟人，新潟百（高嶋米峯），日史，日人（高島米峰），百科，仏教（高島米峰），仏人（高島米峰），文学，民学（高島米峰），明治史，明大1，履歴，履歴2

**高須観亮** たかすかんりょう
文政2（1819）年～明治41（1908）年
江戸時代後期～明治期の水戸藩士。真言宗海円寺住職。
¶姓氏宮城

**高瀬弘一郎** たかせこういちろう
昭和11（1936）年6月8日～
昭和～平成期の日本史学者。キリシタンを研究、慶応義塾大学文学部史学科教授を務める。
¶現執1期，現執2期，現執3期，現執4期，現情，世紀，日人

**高瀬祐太郎** たかせすけたろう
文政5（1822）年～明治22（1889）年
江戸時代後期～明治期の宮大工。
¶姓氏富山，美建

**高瀬孝信** たかせたかのぶ
昭和期の西本願寺の截金仏画師。
¶名工

**高田彰** たかたあきら
明治44（1911）年9月22日～平成22（2010）年2月1日
明治～平成期の日本基督教団牧師、YMCA会員。
¶日Y

**高田運応** たかだうんおう
享保1（1716）年～文化1（1804）年3月12日
江戸時代中期～後期の仏師。
¶栃木歴，美建

**高田穎哉** たかだえいさい
慶応1（1865）年～昭和14（1939）年
明治～昭和期の僧侶。
¶神奈川人

た

**高田恵忍** たかだえにん
明治16（1883）年6月～昭和12（1937）年5月29日
明治～昭和期の僧侶（日蓮宗）。立正大学教授。
¶昭人

**高田儀光** たかだぎこう
明治8（1875）年～昭和48（1973）年
明治～昭和期の教育者、僧。田沼町・本光寺44世。
¶栃木歴

**高田好胤** たかだこういん
大正13（1924）年3月30日～平成10（1998）年6月22日
昭和期の僧侶。薬師寺住職。著書に「心 第1集・第2集」「道」「観音経法話」など。
¶現朝，現執1期，現執2期，現執3期，現情，現人，現日，コン改，コン4，コン5，世紀，日人

**高田慈眼** たかだじげん
昭和21（1946）年8月4日～
昭和期の仏師。
¶飛騨

**高田集蔵** たかたしゅうぞう，たかだしゅうぞう
明治12（1879）年10月1日～昭和35（1960）年10月10日
明治～大正期の思想家、宗教家。多様な宗教の帰一・統一に尽力。
¶アナ，近文，現朝（たかだしゅうぞう），社史（たかだしゅうぞう），世紀，日エ（たかだしゅうぞう），日人，平和（たかだしゅうぞう）

**高田真快** たかだしんかい
昭和12（1937）年3月31日～
昭和～平成期の真言宗僧侶。唐泉寺住職、江戸川不動尊山主。著書に「ガン封じ寺和尚の死ぬに死ねない」「四国遍路で生まれ変る」など。
¶現執3期

**高田真次** たかだしんじ
嘉永1（1848）年～明治9（1876）年
江戸時代後期～明治期の神職。
¶神人

**高田栖岸** たかたせいがん
明治期の真宗の僧侶。香港を中心に布教活動を行った。

¶人名，日人

**高田武泰** たかたたけやす，たかだたけやす
明和2（1765）年～天保4（1833）年
江戸時代後期の国学者。
¶国書（たかだたけやす　[没]天保4（1833）年2月25日），人名，日人，三重続

**田形哲円** たがたてつえん
明治31（1898）年～？
昭和期の僧侶。
¶社史

**高田道見** たかだどうけん
安政5（1858）年11月9日～大正12（1923）年4月16日
明治～大正期の曹洞宗の僧。
¶仏教，仏人，明大1

**高田秀信** たかだひでのぶ
弘化1（1844）年～明治9（1876）年
江戸時代後期～明治期の神職。
¶神人

**高田又四郎** たかだまたしろう
弘化4（1847）年～大正4（1915）年
江戸時代後期～大正期の仏師。
¶美建，福岡百（生没年不詳），明大2

**高田吉近** たかだよしちか
文化4（1807）年～明治9（1876）年
江戸時代末期～明治期の宮司、豊前小倉藩士。
¶国書（[没]明治9（1876）年7月21日），人名，日人

**高田隆成** たかだりゅうせい
大正9（1920）年～昭和56（1981）年
昭和期の僧侶、郷土史家。
¶郷土

**高田良信** たかだりょうしん
昭和16（1941）年2月22日～
昭和～平成期の聖徳宗僧侶。法隆寺執事長、実相院住職などを務める。著書に「法隆寺のなぞ」「法隆寺子院の研究」など。
¶現執3期

**高千穂有綱** たかちほありつな
安政3（1856）年～明治15（1882）年
江戸時代末期～明治期の神職。英彦山神社神主。
¶華請

**高千穂教有** たかちほきょうゆう
文政7（1824）年～明治5（1872）年　[別]高千穂教有（たかちほのりあり）
江戸時代後期～明治期の修験者、神職。
¶維新，神人（たかちほのりあり　[生]文政6（1823）年），人名，日人，幕末（[没]1868年9月13日），幕末大（[没]明治5（1872）年8月11日），藩臣7

**高千穂徹乗** たかちほてつじょう
明治32（1899）年～昭和50（1975）年12月24日
明治～昭和期の僧侶。
¶熊本百（[生]明治32（1899）年9月12日），真宗

**高千穂宣麿**（高千穗宣麿） たかちほのぶまろ
元治1（1864）年～昭和25（1950）年12月23日
[別]高千穂宣麿（たかちほのりまろ）
明治～昭和期の神職、男爵、昆虫学者。高千穂昆虫学実験所所長。
¶華畫（高千穗宣麿　[生]元治1（1864）年12月15日），科学（[生]元治1（1864）年12月），神人（たかちほのりまろ　[没]昭和26（1951）年），男爵（高千穂宣麿　[生]元治1（1864）年12月15日），明大1（[生]元治1（1864）年12月）

**高千穂教有** たかちほのりあり
→高千穂教有（たかちほきょうゆう）

**高千穂宣麿** たかちほのりまろ
→高千穂宣麿（たかちほのぶまろ）

**高千穂正史** たかちほまさふみ
昭和8（1933）年～平成17（2005）年
昭和・平成期の僧。熊本市の仏厳寺前住職。熊本日日新聞に「受語問答」を長期連載した。
¶熊本人

**高津運記** たかつうんき
天保13（1842）年～明治9（1876）年
江戸時代末期～明治期の神風連の士。
¶神人（[生]天保12（1841）年），人名，日人

**鷹司輔煕**（鷹司輔凞，鷹司輔凞，鷹司輔煕） たかつかさすけひろ
文化4（1807）年11月7日～明治11（1878）年7月9日
江戸時代末期～明治期の神祇官知事。
¶朝日（[生]文化4年11月7日（1807年12月5日）），維新（鷹司輔凞），京都大，近現，近世，公卿（鷹司輔煕　[没]明治11（1878）年7月），公卿普（鷹司輔煕　[没]明治11（1878）年7月），公家（輔煕〔鷹司家〕　すけひろ），国史，国書，コン改，コン4，コン5，史人，諸系，新潮，人名，姓氏京都，世人，日人，幕末（鷹司輔凞），幕末大（鷹司輔凞），幕末大（鷹司輔凞），明治史，歴大

**高津正道**（高津正道） たかつせいどう
明治26（1893）年4月20日～昭和49（1974）年1月9日　[別]高津正道（たかつまさみち）
大正～昭和期の社会運動家、政治家。衆議院議員。共産党創立に参加。社会党結成に参加。
¶アナ，革命，近文，現朝，現情，コン改，コン4，コン5，社運，社史，昭人，真宗（たかつまさみち），新潮，人名7，世紀，政治，世人，世百新，帝書（高津正道），日エ，日史，日人，百科，広島百，平和，歴大

**高津柏樹** たかつはくじゅ
天保7（1836）年4月7日～大正14（1925）年9月1日
江戸時代末期～明治期の禅僧。万福寺住職にして黄檗宗管長。
¶視覚，人名，世紀，日人，明大1

**高津正道** たかつまさみち
→高津正道（たかつせいどう）

**高戸要** たかどかなめ
昭和7（1932）年～平成14（2002）年

昭和～平成期の劇作家、宗教家。
¶平和

**鷹取健次郎** たかとりけんじろう
明治29(1896)年3月27日～＊
大正～昭和期の新聞人。新聞社社長・宗教家。
¶姓氏富山([没]？)，戦新2，富山百([没]昭和28(1953)年5月30日)

**高取正男** たかとりまさお
大正15(1926)年3月16日～昭和56(1981)年1月3日
昭和期の宗教民俗学者。京都女子大学教授・図書館長。著書に「民俗のこころ」「民間信仰史の研究」など。
¶現執2期，史研，世紀，日人，仏教

**高梨一具** たかなしいちぐ
→一具(いちぐ)

**高梨右近** たかなしうこん
生没年不詳
江戸時代後期の大住郡下島村鎮守八幡宮神職。
¶神奈川人

**高根政次郎** たかねまさじろう
明治15(1882)年～昭和10(1935)年
明治～昭和期の神職。
¶神人

**高野義太郎** たかのぎたろう
明治9(1876)年～昭和25(1950)年
明治～昭和期の神職。
¶神人

**高野定信** たかのさだのぶ
生没年不詳
明治期の牧師。
¶社史

**高野清純** たかのせいじゅん
昭和5(1930)年10月24日～
昭和～平成期の心理学者。筑波大学教授。専門は教育心理学、児童心理学。著書に「愛他心の発達心理学」「帰宅療法」など。
¶現執1期，現執3期，現執4期，心理

**高野友治** たかのともじ
明治42(1909)年7月11日～
昭和期の宗教評論家、天理教学者。天理大学教授。
¶現執2期

**高野柳蔵** たかのりゅうぞう
？ ～大正2(1913)年4月17日
明治～大正期の天理教大沢分教会初代会長。
¶埼玉人

**高橋有胤** たかはしありたね
？ ～万延1(1860)年9月26日
江戸時代後期～末期の神職。
¶国書

**高橋勇夫** たかはしいさお
大正9(1920)年3月11日～
昭和～平成期の日蓮本宗僧侶。正福寺住職。著書に「法華百話」「日蓮聖人遺文百話」「法華経のあらまし」など。
¶現執3期

**高橋市蔵** たかはしいちぞう★
慶応4(1868)年1月13日～昭和20(1945)年3月15日
明治～昭和期の宮大工。
¶秋田人2

**高橋宇吉** たかはしうきち
明治1(1868)年～昭和9(1934)年
江戸時代末期～昭和期の神職。
¶神人

**高橋恵性** たかはしえしょう
？ ～大正4(1915)年10月31日
明治～大正期の僧侶。
¶真宗

**高橋和夫** たかはしかずお
昭和21(1946)年12月5日～
昭和～平成期の哲学者、宗教学者。文化女子大学文学部教授・文学部長。
¶現執4期

**高橋兼吉** たかはしかねきち
弘化2(1845)年～明治27(1894)年7月5日
江戸時代末期～明治期の堂宮大工。代表作に「善宝寺五重塔」のほか、鶴岡警察署など洋風建築も手がける。
¶朝日，庄内([生]弘化2(1845)年12月22日)，日人，幕末([生]1846年1月19日)，幕末大([生]弘化3(1846)年1月19日)，美建([生]弘化2(1845)年12月22日)，山形百，歴大

**高橋兼文** たかはしかねぶみ
生没年不詳
戦国時代の神職。
¶国書

**高橋寛丈** たかはしかんじょう
明治22(1889)年～昭和54(1979)年
大正～昭和期の英文学者・僧侶。
¶群馬人，島根歴

**高橋勘太郎** たかはしかんたろう
明治2(1869)年～昭和12(1937)年
明治～昭和期の行動的仏教者。
¶岩手百，姓氏岩手

**高橋健二** たかはしけんじ
明治32(1899)年～昭和20(1945)年
大正～昭和期の牧師。
¶兵庫百

**高橋玄旦** たかはしげんたん
生没年不詳
安土桃山時代～江戸時代前期の茶人。日蓮宗の僧。
¶国書

**高橋弘次** たかはしこうじ
昭和9(1934)年～

昭和～平成期の浄土教思想研究者。
¶現執1期

**高橋幸輔** たかはしこうすけ
生没年不詳
江戸時代後期の神職。
¶国書

**高橋言延** たかはしことのぶ
天文10(1541)年～?
戦国時代～安土桃山時代の神職。
¶国書

**高橋茂樹** たかはししげき
嘉永6(1853)年6月～昭和10(1935)年6月
江戸時代末期～昭和期の神職。大須伎神社神官。
¶愛媛，神人

**高橋重幸** たかはししげゆき
昭和7(1932)年11月17日～
昭和期のカトリック司祭。トラピスト修道院修練長。
¶現執2期

**高橋慈本** たかはしじほん
明治12(1879)年8月25日～昭和20(1945)年5月23日
明治～昭和期の僧侶・社会事業家。
¶岡山歴

**高橋秀栄** たかはししゅうえい
昭和17(1942)年～
昭和期の天台宗史研究者。神奈川県立金沢文庫勤務。
¶現執1期

**高橋順天** たかはしじゅんてん
明治期の僧侶。
¶真宗

**高橋庄五郎** たかはししょうごろう
弘化1(1844)年4月18日～明治40(1907)年1月1日
江戸時代後期～明治期の天理教立野堀大教会初代会長。
¶埼玉人

**高橋成通** たかはしじょうつう
明治38(1905)年～昭和59(1984)年
昭和期の高野山真言宗僧侶。
¶仏人

**高橋壮** たかはしそう
昭和16(1941)年3月20日～
昭和～平成期の仏教学者。名城大学教授。インド仏教学、比較宗教学を研究。
¶日人

**高橋宗阿** たかはしそうあ
弘化2(1845)年～明治44(1911)年
明治期の茶僧。
¶茶道

**高橋楯雄** たかはしたてお
明治4(1871)年11月13日～昭和20(1945)年3月9日
明治～昭和期の牧師。
¶渡航

**高橋的門** たかはしてきもん
文化5(1808)年～明治22(1889)年1月4日 ㊙的門(てきもん)
江戸時代末期～明治期の浄土宗僧侶。
¶国書(的門 てきもん ㊐文化5(1808)年3月5日)，人名(的門 てきもん)，富山百，日人，仏教(㊐文化5(1808)年3月5日)

**高橋鉄之丞** たかはしてつのじょう
明治2(1869)年～?
明治期の神職。
¶神人

**高橋道仙** たかはしどうせん
明治13(1880)年7月5日～昭和19(1944)年4月2日
明治～昭和期の僧侶。
¶群馬人

**高橋富枝** たかはしとみえ
天保10(1839)年10月28日～大正10(1921)年
江戸時代末期～大正期の宗教家。金光教。女性の救済に尽力。
¶岡山人，岡山百(㊡大正10(1921)年4月20日)，岡山歴(㊡大正10(1921)年4月20日)，近女，女性，女性普，日人，明大1(㊡大正10(1921)年4月20日)

**高橋直春** たかはしなおはる
生没年不詳
江戸時代中期の修験者。
¶国書

**高橋兵部** たかはしひょうぶ
慶長14(1609)年～?
江戸時代前期の仏師。
¶神奈川人，美建

**高橋広精** たかはしひろきよ
文化5(1808)年～明治2(1869)年6月20日
江戸時代後期～明治期の神職。
¶国書

**高橋不可得** たかはしふかとく
享和4(1804)年～明治18(1885)年4月6日
江戸時代末期～明治期の住職。修験と顕密教を修める。大重院、高野山西室院の住職。
¶郷土群馬(㊐1808年)，群新百，群馬人，群馬百，姓氏群馬，幕末(㊐1808年)，幕末大(㊐文化5(1808)年)

**高橋文蔵** たかはしぶんぞう
明治34(1901)年11月10日～昭和48(1973)年3月22日
大正～昭和期の牧師、教誨師。神戸拘置所教誨師会長。
¶キリ

**高橋平明** たかはしへいめい
明治14(1881)年12月4日～昭和3(1928)年8月24日

明治～昭和期の天理教立野堀大教会3代会長。
¶埼玉人

**高橋鳳雲** たかはしほううん
文化7(1810)年～安政5(1858)年
江戸時代末期の仏師。
¶鎌倉，人名，日人，美建

**高橋宝山** たかはしほうざん
江戸時代末期の仏師。
¶人名，日人(生没年不詳)，美建

**高橋昌郎** たかはしまさお
大正10(1921)年3月13日～
昭和～平成期の宗教学者。日本のキリスト教史を研究。著書に「中村敬宇」「島田三郎」など。
¶現執3期

**高橋正雄** たかはしまさお
明治20(1887)年5月5日～昭和40(1965)年5月25日
明治～昭和期の宗教家。金光教教監。
¶岡山歴，民学

**高橋虔** たかはしまさし
明治36(1903)年2月18日～平成4(1992)年
昭和期の聖書学者。同志社大学教授。
¶キリ，図人

**高橋賢陳** たかはしまさのぶ
明治42(1909)年～
昭和期の哲学・仏教学者。岡山商科大学教授。
¶現執1期

**高橋三右衛門** たかはしみつえもん
生没年不詳
江戸時代前期のキリシタン。
¶和歌山人

**高橋貢** たかはしみつぐ
明治34(1901)年5月5日～昭和50(1975)年2月19日
昭和期の天理教立野堀大教会4代会長。
¶埼玉人

**高橋光頼** たかはしみつより
？ ～宝永1(1704)年
江戸時代前期～中期の越後国・弥彦神社祠官。
¶神人

**高橋茂久平** たかはしもくへい
慶応2(1866)年9月9日～昭和4(1929)年3月23日
明治～昭和期の宗教家・金光教教師。
¶岡山歴

**高橋保行** たかはしやすゆき
昭和23(1948)年1月23日～
昭和～平成期の神父。日本ハリストス正教会東京復活大聖堂長司祭。著書に「キリストの体」「イコンのこころ」など。
¶現執3期，現執4期

**高橋大和守** たかはしやまとのかみ
？ ～
江戸時代中期の神職。安藤昌益の門弟。
¶青森人

**高橋宥順** たかはしゆうじゅん
明治37(1904)年12月18日～平成4(1992)年12月3日
大正～平成期の声明家。
¶音人，音人2，芸能，新芸，世紀，日音

**鷹羽浄典** たかばじょうてん
文政6(1823)年～慶応2(1866)年
江戸時代末期の英彦山修験。
¶維新，神人(㊐文政5(1822)年)，人名，日人

た

**高橋良臣** たかはしよしおみ
昭和20(1945)年5月15日～
昭和～平成期の牧師、獣医、臨床心理士。登校拒否文化医学研究所代表。著書に「登校拒否児と生きて」「登校拒否のカルテ」など。
¶現執3期，現執4期

**高橋吉平** たかはしよしへい
天保12(1841)年～大正12(1923)年
明治～大正期の政治家、神職。
¶姓氏愛知

**高橋藍川** たかはしらんせん
明治39(1906)年9月19日～昭和61(1986)年
昭和期の僧侶、漢詩作家。成道寺住持。
¶紀伊文(㊱昭和61年2月24日)，詩歌，詩作，和歌山人

**高階隆道** たかはしりゅうどう
明治16(1883)年～昭和23(1948)年1月3日
昭和期の僧侶。
¶社史

**高橋渉** たかはしわたる
昭和13(1938)年7月16日～
昭和期の宗教学者、宗教史学者。宮城学院女子大学教授。
¶現執2期

**高畠寛我** たかはたかんが
明治22(1889)年10月19日～昭和56(1981)年12月17日
大正～昭和期の浄土宗僧侶、仏教学者。総本山知恩院門跡、仏教大学教授。
¶現情(㊐1899年10月19日)，世紀，仏人

**高畠米積** たかばたけよねつみ
？ ～明治10(1877)年
江戸時代後期～明治期の多太神社・小坂神社の祠官。
¶姓氏石川

**高幢竜暢**(高幡竜暢) たかはたりゅうちょう
文政10(1827)年～大正1(1912)年9月2日
江戸時代末期～明治期の高僧。嵯峨大覚寺派管長、のち真言宗各派連合総裁を務めた。
¶香川人(高幡竜暢)，香川百(高幡竜暢)，人名，日人(㊐1828年)，幕末(高幡竜暢)，幕末大(高幡竜暢)，明大1(㊐文政10(1827)年12月18日)

**高林方朗** たかばやしみちあきら
明和6 (1769) 年～弘化3 (1846) 年12月14日
江戸時代後期の国学者。
¶国書 (㊐明和6 (1769) 年8月15日), コン改, コン4, コン5, 静岡百, 静岡歴, 人名, 姓氏静岡, 日人 (㊀1847年)

**高原美忠** たかはらよしただ
明治25 (1892) 年3月16日～平成1 (1989) 年6月12日
大正～昭和期の神職。京都八坂神社名誉宮司、皇学館大学学長。
¶岡山歴

た

**高松悟峰** たかまつごほう
慶応2 (1856) 年1月1日～昭和14 (1936) 年7月2日
江戸時代末期～昭和期の僧侶。
¶真宗

**高松悟峯** たかまつごほう
慶応2 (1866) 年1月1日～昭和14 (1939) 年7月2日
明治～昭和期の浄土真宗の学僧。
¶広島百

**高松重房** たかまつしげふさ
江戸時代の仏師。
¶栃木歴, 美建

**高松信英** たかまつしんえい
昭和9 (1934) 年8月12日～
昭和～平成期の真宗大谷派僧侶。飯田女子短期大学学長、善勝寺住職。著書に「青い麦のように―歎異抄のこころ」「赤石にはぐくまれて」など。
¶現執3期

**高松誓** たかまつせい
安政2 (1855) 年～明治36 (1903) 年8月4日
明治期の僧侶。南清布教総監として廈門別院を主宰。
¶人名, 日人, 日中, 明大1

**高松孝治** たかまつたかはる
明治20 (1887) 年7月27日～昭和21 (1946) 年2月13日
大正～昭和期の神学者、伝道師。日本聖公会司祭。
¶キリ

**高松主殿** たかまつとのも
生没年不詳
明治期の高座郡鵠沼村神明宮神主。
¶神奈川人

**高松了慧** たかまつりょうえ
文政9 (1826) 年9月26日～明治44 (1911) 年5月28日
江戸時代後期～明治期の僧侶。
¶真宗

**高見善八** たかみぜんぱち
? ～寛政2 (1790) 年
江戸時代後期の宮大工。
¶長野歴, 美建

**田上太秀** たがみたいしゅう
昭和10 (1935) 年10月25日～
昭和～平成期の仏教学者。駒沢大学教授。インド仏教学、禅思想について研究。著書に「禅の思想」「道元の宗教」など。
¶現執2期, 現執3期, 現執4期

**高見武夫** たかみたけお
明治1 (1868) 年～明治27 (1894) 年10月26日
明治期の国士。
¶岡山人, 岡山歴

**高光大船** たかみつだいせん
明治12 (1879) 年5月11日～昭和26 (1951) 年9月15日
明治～昭和期の真宗大谷派僧侶。
¶アナ (㊀昭和28 (1953) 年), 石川百, 社史 (㊐1880年 ㊀1953年), 昭人, 真宗, 世紀, 日人, 仏教, ふる, 北陸20

**高見敏弘** たかみとしひろ
大正15 (1926) 年9月30日～
昭和～平成期の牧師。NGO活動センター理事長、アジア学院院長。アジア学院創設者。開発途上国の農村リーダーを招き、農業技術の指導や人材育成に尽力。
¶世紀, 日人

**高峰秀海** たかみねしゅうかい
明治26 (1893) 年～昭和60 (1985) 年3月9日
大正～昭和期の高野山金剛峰寺の第450世座主。
¶岡山百, 岡山歴 (㊐明治26 (1893) 年4月19日)

**高峯了州** たかみねりょうしゅう
明治31 (1898) 年2月3日～昭和52 (1977) 年6月25日
昭和期の華厳教学者。龍谷大学教授。
¶現執1期, 真宗, 姓氏富山 (㊐1899年), 富山百

**高宮正路** たかみやせいじ
生没年不詳
江戸時代末期～明治期の神職。
¶大阪人

**高宮信房** たかみやのぶふさ
? ～昭和25 (1950) 年
明治～昭和期の神職。
¶神人

**高向秀実** たかむくひでみ
嘉永1 (1848) 年～大正10 (1921) 年
江戸時代後期～大正期の神職。
¶神人

**高向朝臣公輔** たかむこのあそんきみすけ
弘仁8 (817) 年～元慶4 (880) 年 ㊙高向公輔 (たかむこのきみすけ, たかむこのきんすけ)
平安時代前期の僧。
¶古人 (高向公輔 たかむこのきみすけ), 古代, 古代普, 日人 (高向公輔 たかむこのきみすけ), 平史 (高向公輔 たかむこのきんすけ)

**高向公輔** たかむこのきみすけ
→高向朝臣公輔（たかむこのあそんきみすけ）

**高向公輔** たかむこのきんすけ
→高向朝臣公輔（たかむこのあそんきみすけ）

**高村栄蔵** たかむらえいぞう
慶応1（1865）年～昭和7（1932）年
明治～昭和期の科学染色の開発者、宗教家。
¶静岡歴，姓氏静岡

**高村東雲** たかむらとううん
文政9（1826）年～明治12（1879）年9月23日
江戸時代末期～明治期の仏師。伝統的木彫を制作。高村光雲の師匠。
¶維新，重要（[生]文政9（1816）年），人名，世人（[生]文化9（1826）年），日人，幕末，幕末大，美建，明大2

**高村昌澄** たかむらまさずみ
天保8（1837）年～明治23（1890）年
明治期の神主。
¶御殿場

**高村昌保** たかむらまさやす
江戸時代後期の小山町菅沼の日吉神社第14代宮司。
¶御殿場

**高森明勅** たかもりあきのり
昭和32（1957）年～
昭和～平成期の神道・日本古代史研究家。国学院大学講師、麗沢大学講師、新しい歴史教科書をつくる会理事。
¶現執4期

**高森昭** たかもりあきら
昭和3（1928）年～
昭和期のキリスト教神学者。関西学院大学教授。
¶現執1期

**高屋近文** たかやちかぶみ
天和1（1681）年～享保4（1719）年
江戸時代中期の神学者。
¶高知人，国書（[没]享保4（1719）年6月14日），人名，日人

**高柳伊三郎** たかやなぎいさぶろう
明治31（1898）年4月26日～昭和59（1984）年10月21日
大正～昭和期の新約聖書学者。日本女子神学院教授、青山学院大学教授。
¶キリ

**高柳俊一** たかやなぎしゅんいち
昭和7（1932）年3月31日～
昭和～平成期の英文学者、司祭。上智大学教授。組織神学も研究。著書に「英文学入門」「精神史のなかの英文学」など。
¶現執1期，現執2期，現執3期，現執4期

**高柳信之** たかやなぎのぶゆき
安永1（1772）年～文政12（1829）年4月20日　[別]菜英（さいえい）
江戸時代中期～後期の俳人・神道家。
¶国書，埼玉人，埼玉百，俳文（菜英　さいえい）

**高山右近** たかやまうこん
天文21（1552）年～慶長20（1615）年1月8日　[別]高山重友（たかやましげとも），高山長房（たかやまながふさ），南坊（なんぼう）
安土桃山時代～江戸時代前期のキリシタン、大名。高山飛騨守図書の嫡男。高槻・明石の城主だったが、信仰を理由に秀吉に領地を没収された。のち江戸幕府の禁教令によりマニラに追放された。
¶朝日，石川百（[没]1614年），岩史（[生]天文21（1552）年？　[没]慶長20（1615）年1月8日），江人（[生]1552年？），織田（[生]天文12（1553）年？），織田2（高山重友　たかやましげとも　[生]天文21（1552）年？），角史，郷土奈良（[没]1614年），キリ（[生]天文21（1552）年？），近世，国史，古中，コン改（高山長房　たかやまながふさ　[生]？），コン4（高山長房　たかやまながふさ　[生]？），コン5（高山長房　たかやまながふさ　[生]？），史人，思想史，重要（[生]天文21（1552）年？），人書94（[没]1614年），新潮（高山長房　たかやまながふさ　[生]天文21（1552）年？　[没]元和1（1615）年1月8日），人名（高山長房　たかやまながふさ　[生]？　[没]1614年），姓氏石川，姓氏富山，世人（[没]慶長19（1614）年），世百（[生]1553年？），戦合，戦国（高山重友　たかやましげとも　[生]1554年），全書（[生]1552年？），戦人（高山重友　たかやましげとも），全戦（高山重友　たかやましげとも　[生]天文22（1553）年），戦武（高山重友　たかやましげとも），対外，大百（[没]1614年），茶道（[生]1553年），中世，伝記（[没]1614年），徳川将，富山百（[没]慶長20（1615）年2月3日），長崎歴（[没]慶長19（1614）年），なにわ，日史，日人，藩臣3，飛騨（[没]慶長20（1615）年1月8日），百科，兵庫百，ふる，平日（[生]1552　[没]1615），山川小，歴大（[生]1552年ころ）

**高山茂樹** たかやましげき
天保6（1835）年～明治29（1896）年
明治期の地方教育家。上毛地方最初の小学校を設立、教導にあたる。
¶神人，人名，日人

**高山重友** たかやましげとも
→高山右近（たかやまうこん）

**高山ジュスタ** たかやまじゅすた
生没年不詳　[別]高山右近室（たかやまうこんしつ）
安土桃山時代～江戸時代前期の女性、キリシタン。高山右近の室。
¶戦人

**高山図書** たかやまずしょ
？～慶長1（1596）年　[別]高山飛騨守（たかやまひだのかみ），沢フランシスコ（さわふらんしすこ）
安土桃山時代のキリシタン、武将。高山右近の父。
¶朝日，織田（高山飛騨守　たかやまひだのかみ　[没]文禄4（1595）年頃），織田2（高山飛騨守　たかやまひだのかみ　[没]文禄4（1595）年），キリ，近世，国史，コン改（[没]文禄4（1595）年），コン4，コン5，史人，新潮，世人（[没]文禄4（1595）

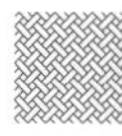

年)，戦合，対外(㊐？)，日人

**高山たつ**(高山辰) **たかやまたつ**
文化10(1813)年～明治9(1876)年7月16日
江戸時代末期～明治期の女性。不二道の信者。女人禁制の富士山の初めての登頂者。
¶朝日，江表(たつ(東京都))，近女(高山辰)，コン4，コン5，女史，女性，女性普，日人，冨嶽(㊐1808年)

**高山藤四郎** **たかやまとうしろう**
？ ～建長6(1254)年
鎌倉時代前期～後期の日置八幡宮高山家初代。日置八幡宮大宮司職。
¶姓氏山口

た

**高山長房** **たかやまながふさ**
→高山右近(たかやまうこん)

**高山昇**(高山昇) **たかやまのぼる**
元治1(1864)年～昭和25(1950)年
明治～昭和期の神官。
¶郷土群馬(高山昇)，群馬人，神人(高山昇)

**高山飛驒守** **たかやまひだのかみ**
→高山図書(たかやまずしょ)

**高山マリア** **たかやままりあ**
生没年不詳
戦国時代の女性、キリシタン。高山右近の母。
¶戦人

**高山保次郎** **たかやまやすじろう**
天保9(1838)年～明治40(1907)年
明治期の神官、歌人。官幣大社枚岡神社に出仕。歌会始の撰者に加わる。
¶人名，日人

**高谷道男** **たかやみちお**
明治24(1891)年10月12日～平成6(1994)年
大正～昭和期の教育者、日本プロテスタント史家。明治学院大学教授、桜美林大学経済学部長。
¶キリ，日Y

**宝野** **たからの**
684年～？
飛鳥時代～奈良時代の僧。
¶日人

**田川建三** **たがわけんぞう**
昭和10(1935)年7月27日～
昭和～平成期の聖書学者。大阪女子大学教授、ザイール国立大学神学部教授。学位論文「奇蹟と福音」で注目され、大学で新約聖書学を講じる。「イエスという男」で有名。
¶現執1期，現執2期，現執3期，現執4期，現情，現人，世紀，日人

**多菊胡三郎** **たぎくこさぶろう**
天保9(1838)年～大正2(1913)年
江戸時代末期～大正期の宗教家。
¶群馬百

**滝口入道**(1) **たきぐちにゅうどう**
→斎藤時頼(さいとうときより)

**滝口入道**(2) **たきぐちにゅうどう**
生没年不詳
平安時代後期の武士、僧侶。
¶京都大

**滝口入道時頼** **たきぐちにゅうどうときより**
→斎藤時頼(さいとうときより)

**滝口・横笛** **たきぐち・よこぶえ**
→斎藤時頼(さいとうときより)

**滝沢景満** **たきざわかげみつ**
永治1(1141)年～天福1(1233)年
平安時代後期～鎌倉時代前期の神官。中渡八幡宮を創設。
¶青森人

**滝沢克己** **たきざわかつみ**
明治42(1909)年3月8日～昭和59(1984)年6月26日
大正～昭和期の宗教哲学者。弁証法的神学を学ぶ。著書に「私の大学論争」など。
¶革命，キリ，現朝，現執1期，現執2期，現情，現人，広7，思想，新カト，世紀，栃木歴，日人，マス89

**滝沢四郎** **たきざわしろう**
明治28(1895)年～昭和45(1970)年
大正～昭和期のキリスト教宣教師。
¶姓氏長野，長野歴

**滝沢唯念** **たきざわゆいねん**
寛政3(1791)年～明治13(1880)年
江戸時代後期～明治期の浄土宗系の専修念仏行者。
¶静岡歴，姓氏静岡

**滝沢有徳** **たきざわゆうとく**
弘化4(1847)年～大正10(1921)年
江戸時代後期の神道家、書家。
¶長野歴

**滝承天** **たきしょうてん**
嘉永6(1853)年～昭和16(1941)年
明治～昭和期の宗教家。
¶姓氏愛知

**滝善教** **たきぜんきょう**
弘化2(1845)年～大正13(1924)年
江戸時代末期～大正期の僧。曼陀羅寺59世住職。
¶姓氏愛知

**滝平主殿** **たきだいらとのも**
天保8(1837)年～慶応1(1865)年 ㊊滝平主殿(たきひらとのも)，滝川平太郎(たきがわへいたろう)
江戸時代末期の神官。
¶維新，人名(たきひらとのも)，日人(たきひらとのも)，幕末(㊀1865年3月1日)，幕末大(㊀元治2(1865)年2月4日)

**滝谷琢宗** たきたにたくしゅう
→滝谷琢宗（たきやたくしゅう）

**滝田融智** たきたゆうち
天保8（1837）年～大正1（1912）年
江戸時代末期～明治期の曹洞宗の僧。渡清し天竜山に宝塔を建立。
¶人名，日人，明大1

**滝谷寺道雅** たきだんじどうが
文化9（1812）年～慶応2（1866）年
江戸時代後期～末期の僧。真言宗滝谷寺43世。
¶福井百

**多紀道忍** たきどうにん
明治23（1890）年1月24日～昭和24（1949）年10月26日
大正～昭和期の声明家。
¶音楽，音人，現情，昭人，人名7，世紀，日音，日人，仏教，仏人

**滝波稷山** たきなみしょくざん
元治1（1864）年6月～明治27（1894）年9月24日
明治期の書家。
¶岡山人，岡山歴

**滝平主殿** たきひらとのも
→滝平主殿（たきだいらとのも）

**滝水薫什**（滝水薫汁） たきみずくんじゅう
天保11（1840）年6月15日～明治39（1906）年10月26日
江戸時代後期～明治期の宗教家・殖産事業家。
¶姓氏富山（滝水薫汁），富山百

**滝本幸吉郎** たきもとこうきちろう
文久2（1862）年～昭和20（1945）年
明治～昭和期の牧師。
¶和歌山人

**滝本深達** たきもとじんたつ
嘉永3（1850）年～大正5（1916）年9月2日
江戸時代末期～大正期の声明家。
¶日音

**滝本坊乗淳** たきもとぼうじょうじゅん
生没年不詳
江戸時代前期の書家。
¶国書，日人

**滝夜叉** たきやしゃ
→如蔵尼（にょぞうに）

**滝夜叉姫** たきやしゃひめ
→如蔵尼（にょぞうに）

**滝谷琢宗** たきやたくしゅう
天保7（1836）年12月22日～明治30（1897）年1月31日　㊊滝谷琢宗（たきたにたくしゅう）
江戸時代末期～明治期の曹洞宗学僧。永平寺63世、曹洞宗管長。
¶長岡，新潟百（㊌1837年　㊍1898年），仏教，仏人（たきたにたくしゅう），明大1

**滝山義浄** たきやまぎじょう
文化14（1817）年～明治19（1886）年3月1日　㊊義浄（ぎじょう）
江戸時代後期～明治期の僧侶。
¶真宗（義浄　ぎじょう），真宗，姓氏富山（義浄　ぎじょう），富山百

**託阿**（詫阿） たくあ
→託何（たくが）

**沢庵** たくあん
→沢庵宗彭（たくあんそうほう）

**沢庵禅師** たくあんぜんじ
→沢庵宗彭（たくあんそうほう）

た

**沢庵宗彭**（沢庵宗澎） たくあんそうほう
天正1（1573）年12月1日～正保2（1645）年12月11日　㊊宗彭（しゅうほう，そうほう），沢庵（たくあん），沢庵禅師（たくあんぜんじ），普光国師（ふこうこくし）
安土桃山時代～江戸時代前期の臨済宗の僧。但馬国出石生まれ。
¶朝日（㊌天正1年12月1日（1573年12月24日）㊍正保2年12月11日（1646年1月27日）），岩史，江人（沢庵　たくあん），江戸（沢庵宗澎），科学，角史，鎌倉（㊍正保2（1646）年），教育，京都大，近世，国史，国書，コン改，コン4，コン5，詩歌，史人，思想史，重要（㊌天正1（1573）年12月），食文（㊍正保2年12月11日（1646年1月16日）），人書94，新潮，人名，姓氏京都（㊍1646年），世人（㊌天正1（1573）年12月），世百，戦国（宗彭　そうほう），全書（沢庵　たくあん），戦人，全戦，大百（沢庵　たくあん），茶道，伝記，徳川将，日思，日史（沢庵　たくあん　㊍正保2（1645）年11月29日），日人（㊍1646年），百科（沢庵　たくあん），兵庫人（沢庵　たくあん），兵庫百，仏教，仏史，仏人（沢庵　たくあん），平日（沢庵　たくあん　㊌1573　㊍1645），名僧，山形百（沢庵禅師　たくあんぜんじ），山川小，歴大，和俳

**卓盈** たくえい
生没年不詳
江戸時代中期の修験僧。
¶国書

**濯纓** たくえい
生没年不詳
江戸時代後期の浄土真宗の僧。
¶国書

**琢翁東珉** たくおうとうみん
明治8（1875）年～昭和39（1964）年
明治～昭和期の僧侶。
¶神奈川人

**託何** たくが
弘安8（1285）年～正平9/文和3（1354）年8月20日　㊊他阿弥陀仏託何（たあみだぶつたくが），託阿（たくあ），詫阿（たくあ）
鎌倉時代後期～南北朝時代の僧。時宗七祖、時宗教学の大成者。

¶鎌室(詫阿　たくあ　㊐弘安6(1283)年), 国史, 国書, 古中, 史人, 新潮(詫阿　たくあ　㊐弘安6(1283)年), 人名(託阿　たくあ), 世人, 日人, 俳文(託阿　たくあ　㊐建治3(1277)年), 仏教, 仏人, 歴大(他阿弥陀仏託何　たあみだぶつたくが)

**卓岩道活**(卓巌道活)　**たくがんどうかつ**
生没年不詳
江戸時代中期の臨済宗の僧。
¶黄檗(卓巌道活), 仏教

た

**卓玄**　**たくげん**
寛永10(1633)年～元禄17(1704)年1月25日
江戸時代前期～中期の新義真言宗の僧。長谷寺13世。
¶国書, 人名(㊐1632年), 日人(㊐1632年), 仏教, 仏人

**沢彦宗恩**　**たくげんそうおん**
？～天正15(1587)年10月2日
戦国時代～安土桃山時代の臨済宗の僧。
¶思想史, 仏教

**琢玄宗璋**　**たくげんそうしょう**
慶長2(1597)年～貞享2(1685)年4月17日
江戸時代前期の臨済宗の僧。大徳寺183世。
¶仏教

**沢山**　**たくざん**
天正17(1589)年～寛文6(1666)年11月
江戸時代前期の浄土宗の僧。
¶仏教(㊀寛文6(1666)年11月, (異説)12月)

**沢秀**　**たくしゅう**
慶安2(1649)年～宝永4(1707)年6月1日
江戸時代前期～中期の浄土宗の僧。知恩院42世。
¶仏教

**琢宗**　**たくしゅう★**
天保5(1834)年～明治37(1904)年
江戸時代後期～明治期の僧侶。
¶三重続

**卓洲胡僊**(卓洲胡遷)　**たくじゅうこせん, たくしゅうこせん**
宝暦10(1760)年～天保4(1833)年8月28日　㊕胡僊(こせん)
江戸時代後期の臨済宗妙心寺派の僧。
¶近世, 国史, 国書, 人名(卓洲胡遷　たくしゅうこせん), 日人, 仏教, 仏人(胡僊　こせん)

**琢成**　**たくじょう**
生没年不詳
江戸時代後期の浄土真宗の僧。
¶国書

**沢水長茂**　**たくすいちょうも**
？～元文5(1740)年7月
江戸時代中期の臨済宗の僧。
¶国書, 仏教

**卓善**　**たくぜん**
生没年不詳
江戸時代中期の浄土宗の僧。
¶国書

**田口秀全**　**たぐちしゅうぜん**
安政4(1857)年7月15日～昭和6(1931)年5月13日
明治～昭和期の修験者。美濃上麻生の宝生寺の住職。
¶飛騨

**田口昌竜**　**たぐちしょうりゅう**
嘉永2(1849)年～大正8(1919)年
江戸時代末期～大正期の僧、私塾経営者。
¶大分百, 大分歴

**田口富蔵**　**たぐちとみぞう★**
明治19(1886)年3月～
明治～昭和期のキリスト者。神国基督教協会牧師、百貨店三洋公司主。
¶人満

**田口日勝**　**たぐちにっしょう**
昭和18(1943)年2月1日～
昭和～平成期の宗教家。日勝会創立者。布教活動に従事。著書に「観音力の奇蹟」「会社の厄年」など。
¶現執3期

**田口円覚**　**たぐちのえんかく**
平安時代前期の入唐僧。
¶古代, 古代普

**田口秀実**　**たぐちひでさね, たぐちひでざね**
文政11(1828)年～明治25(1892)年4月27日
江戸時代末期～明治期の神官。大洗神社神官。私塾を開いて村内子弟の教育にあたる。
¶神人, 幕末(たぐちひでざね), 幕末大(たぐちひでざね)

**田口汎**　**たぐちひろし**
昭和10(1935)年～
昭和～平成期のプロデューサー、日蓮宗僧侶。スタジオ梵代表、龍桜院住職。仏教・美術史を研究。著書に「ナイルとガンジスの狭間で」「法華経パワー」など。
¶現執3期

**田口豊州**　**たぐちほうしゅう**
明治40(1907)年～昭和46(1971)年
昭和期の僧。南宗寺住職。
¶青森人

**田口母山**　**たぐちぼざん**
文政12(1829)年～明治17(1884)年
江戸時代後期～明治期の僧。
¶大分歴

**田口方一**　**たぐちまさかず**
昭和11(1936)年6月20日～
昭和期の学校長・神職。
¶飛騨

**田口通正**　**たぐちみちまさ**
明治41(1908)年3月24日～昭和57(1982)年4月29日

大正・昭和期の学校長・神職。
¶飛驒

**卓中** たくちゅう
明和1(1764)年9月～文政12(1829)年1月22日
江戸時代後期の浄土宗の僧。
¶国書，仏教

**田口芳五郎** たぐちよしごろう
明治35(1902)年7月20日～昭和53(1978)年2月23日
昭和期のカトリック聖職者。駐日ローマ教皇使節の秘書、大阪大司教、枢機卿などを歴任。
¶学校，郷土長崎，キリ，現情，新カト，新潮，人名7，世紀，日人，履歴(㊐明治35(1902)年2月23日)，履歴2(㊐明治35(1902)年2月23日)

**琢典** たくてん
？ ～延宝2(1674)年8月7日
江戸時代前期の浄土宗の僧。
¶国書

**啄同玄機** たくどうげんき
明和5(1768)年～天保8(1837)年8月17日
江戸時代中期～後期の臨済宗の僧。
¶国書

**琢如** たくにょ
寛永2(1625)年～寛文11(1671)年
江戸時代前期の浄土真宗の僧。東本願寺14世。
¶人名，日人，仏教(㊐寛永2(1625)年7月2日 ㊀寛文11(1671)年4月4日)，仏人

**卓然宗立** たくねんしゅうりゅう
→卓然宗立(たくねんそうりゅう)

**卓然宗立** たくねんそうりゅう
？ ～元中2/至徳2(1385)年12月2日 ㊊卓然宗立(たくねんしゅうりゅう)
南北朝時代の僧。
¶鎌室，人名(たくねんしゅうりゅう)，日人(㊀1386年)，仏教

**卓峰元泰** たくほうげんたい
生没年不詳
江戸時代前期～中期の黄檗宗の僧。
¶黄檗

**卓峰道秀** たくほうどうしゅう
承応1(1652)年～正徳4(1714)年6月18日
江戸時代前期～中期の黄檗宗の僧。
¶黄檗

**田窪桜戸** たくぼおうこ
嘉永6(1853)年～明治42(1909)年
江戸時代末期・明治期の神職・歌人。
¶愛媛

**田久保周誉** たくぼしゅうよ
明治39(1906)年3月9日～昭和54(1979)年10月6日
昭和期の仏教学者、真言宗豊山派僧侶。
¶仏教，仏人

**琢甫宗璘** たくほそうりん
永禄8(1565)年～元和10(1624)年1月16日
安土桃山時代～江戸時代前期の臨済宗の僧。大徳寺149世。
¶仏教

**田窪千秋** たくぼちあき
明治8(1875)年～昭和18(1943)年
明治～昭和期の神職。
¶神人

**田窪八束** たくぼやつか
明治19(1886)年～昭和19(1944)年
明治～昭和期の神職・歌人。
¶愛媛

**宅磨俊賀**(詫磨俊賀，詑磨俊賀) たくましゅんが
→俊賀(1)(しゅんが)

**宅磨勝賀**(拓磨勝賀，詫磨勝賀，詑磨勝賀) たくましょうが
生没年不詳 ㊊勝賀(しょうが)，宅磨勝賀(たくまのしょうが)，宅磨為基(たくまのためもと)
鎌倉時代前期の託磨派の画家。
¶朝日(詑磨勝賀)，角史(勝賀 しょうが)，鎌室，京都大，国史(勝賀 しょうが)，国書(拓磨勝賀)，古人(勝賀 しょうが)，古中(勝賀 しょうが)，コン改，コン4，コン5，史人，新潮(詫磨勝賀)，人名(詫磨勝賀)，世人，日史(たくまのしょうが)，日人，美家，美術，百科，仏教(詫磨勝賀)，平史(勝賀 しょうが)，名画

**宅間浄宏**(詑磨浄宏) たくまじょうこう
生没年不詳
南北朝時代の仏師。
¶鎌倉，埼玉人(詑磨浄宏)

**宅磨澄賀**(詫磨澄賀) たくまちょうが
鎌倉時代前期の絵仏師。
¶鎌室(生没年不詳)，新潮(詫磨澄賀)，人名

**宅磨勝賀** たくまのしょうが
→宅磨勝賀(たくましょうが)

**宅磨了尊** たくまりょうそん
？ ～嘉暦2(1327)年
鎌倉時代後期の絵仏師。
¶名画

**沢文如豹** たくもんにょひょう
明和1(1764)年～文政7(1824)年3月13日
江戸時代後期の黄檗宗の僧。
¶黄檗

**託竜** たくりゅう
享保13(1728)年～宝暦11(1761)年6月2日
江戸時代中期の浄土宗の僧。
¶国書，仏教

**宅亮** たくりょう
生没年不詳
江戸時代中期の浄土宗の僧。
¶国書

**沢良** たくりょう
？ ～慶長17（1612）年
安土桃山時代～江戸時代前期の浄土宗の僧。
¶国書

**武石彰夫** たけいしあきお
昭和4（1929）年3月31日～
昭和～平成期の仏教文学者。聖徳大学教授。仏教文化研究所所長なども務める。
¶現執1期，現執2期，現執3期

**武居重晴** たけいしげはる
？ ～正平2/貞和3（1347）年
鎌倉時代後期～南北朝時代の木曽御嶽神社の禰宜。
¶姓氏長野



**竹石耕善** たけいしこうぜん
明治7（1874）年～昭和44（1969）年
大正～昭和期の僧侶。
¶神奈川人

**武市之進** たけいちのしん
生没年不詳
江戸時代後期の大住郡大山阿夫利神社祠官。
¶神奈川人

**竹市文成** たけいちぶんじょう
明治44（1911）年～
昭和期の政治家。群馬県議会議員、僧侶。
¶群馬人

**武井哲応** たけいてつおう
明治43（1910）年～昭和62（1987）年
昭和期の僧。足利市高福寺住職、曹洞宗大本山総持寺総都管。
¶栃木歴

**武内明久** たけうちあきひさ
長享1（1487）年～永禄1（1558）年12月11日
戦国時代の神職。
¶国書

**武内義淵** たけうちぎえん
万延1（1860）年～昭和2（1927）年2月10日
江戸時代末期～昭和期の僧侶。
¶真宗

**竹内宜啓** たけうちぎけい
慶応3（1867）年～昭和11（1936）年3月3日
江戸時代末期～昭和期の僧侶。
¶真宗

**竹内宜聞** たけうちぎもん
文政8（1825）年～明治41（1908）年3月12日
江戸時代後期～明治期の僧侶。
¶真宗

**岳内恭諄** だけうちきょうじゅん
弘化4（1847）年～大正13（1924）年
明治～大正期の政治家・僧侶。
¶姓氏宮城

**竹内三太夫** たけうちさんだいう
生没年不詳
江戸時代後期の高座郡羽鳥村西宮蛭児社神職。
¶神奈川人

**竹内式部** たけうちしきぶ
→竹内式部（たけのうちしきぶ）

**竹内寿庵** たけうちじゅあん
寛文10（1670）年～宝暦5（1755）年1月21日
江戸時代前期～中期の医者。浄土真宗の僧。
¶国書

**竹内武雄** たけうちたけお
明治31（1898）年～昭和38（1963）年
大正～昭和期の神職。
¶神奈川人

**竹内称** たけうちたたえ
天保8（1837）年～明治40（1907）年
江戸時代後期～明治期の神官。
¶姓氏長野，長野歴

**武内忠国** たけうちただくに
生没年不詳
戦国時代の神職・連歌作者。
¶国書

**竹内道説** たけうちどうせつ
明治21（1888）年～昭和46（1971）年
昭和期の曹洞宗の僧。
¶仏人

**竹内利道** たけうちとしみち
明治期の神職。
¶神人

**竹内正温** たけうちまさあつ
生没年不詳
江戸時代後期の神職。
¶国書

**竹内道雄** たけうちみちお
大正11（1922）年5月7日～
昭和期の僧侶、仏教学者。愛知学院大学教授、神宮寺住職。
¶現執1期，現執2期

**竹内八十吉** たけうちやそきち
文化10（1813）年～明治31（1898）年
江戸時代後期～明治期の彫刻家、宮大工。
¶姓氏長野，長野百，長野歴，美建

**武内義範** たけうちよしのり
大正2（1913）年2月2日～平成14（2002）年4月12日
昭和～平成期の宗教哲学者。
¶現執1期，現情，世紀，日人

**武内了温** たけうちりょうおん
明治24（1891）年12月20日～昭和43（1968）年1月15日
大正～昭和期の宗教家。差別問題に取り組む。
¶現朝，社史，昭人，真宗，世紀，日史，日人

**武尾卯三郎** たけおうさぶろう
文久2（1862）年～昭和9（1934）年
明治～昭和期の宗教家。

¶神奈川人

**竹岡の尼**(竹岡尼)　たけおかのあま
生没年不詳
平安時代中期の女性。播磨国の尼僧、元遊女。
¶女性，日人(竹岡尼)

**竹岡範男**　たけおかのりお
大正3(1914)年〜
昭和期の作家。宝福寺住職、幕末記念館館長。
¶伊豆

**竹尾茂樹**　たけおしげき
文化3(1806)年〜慶応元(1865)年11月28日
江戸時代末期の歌人・神官。
¶東三河

**竹尾茂永**　たけおしげなが
宝暦6(1756)年〜文政9(1826)年3月10日
江戸時代後期の華人・神官。
¶東三河

**竹尾茂穀**　たけおしげよし
天保元(1830)年〜明治16(1883)年
江戸時代後期〜明治期の歌人・神官。
¶東三河

**竹尾二郎左衛門尉**　たけおじろうざえもんのじょう
生没年不詳
戦国時代の神職。
¶戦辞

**竹尾善筑**　たけおぜんちく
天明2(1782)年〜天保10(1839)年8月6日
江戸時代中期〜後期の故実家。浄土宗の僧。
¶国書

**武尾近三郎**　たけおちかさぶろう
天保4(1833)年〜大正12(1923)年
明治〜大正期の宗教家。
¶神奈川人

**竹尾正胤**　たけおまさたね
天保4(1833)年〜明治7(1874)年
江戸時代末期〜明治期の歌人。
¶国書(㊐天保4(1833)年7月　㊍明治7(1874)年9月17日)，神史，神人(㊐天保4(1833)年7月　㊍明治7(1874)年9月17日)，人名，姓氏愛知，日人，歴大，和俳

**竹尾正鞆**　たけおまさとも
天明1(1781)年〜文久2(1862)年1月23日
江戸時代中期〜末期の神職。
¶国書

**竹生昌信**　たけおまさのぶ
文化8(1811)年〜明治11(1878)年
江戸時代後期〜明治期の国学者・神官。
¶東三河

**竹生昌寿**　たけおまさひさ
弘化3(1846)年〜明治41(1908)年
江戸時代後期〜明治期の国学者・神官。
¶東三河

**竹尾正久**　たけおまさひさ
天保5(1834)年3月28日〜明治37(1904)年8月23日
江戸時代後期〜明治期の神職・歌人。
¶国書，東三河

**竹尾正寛**　たけおまさひろ
文化3(1806)年〜安政4(1857)年8月16日
江戸時代後期〜末期の神職。
¶国書

**岳尾来尚**　たけおらいしょう
慶応3(1867)年〜昭和20(1945)年
明治〜昭和期の僧侶。
¶大分歴

た

**竹川菅子**　たけがわすがこ
天明4(1784)年〜天保15(1844)年9月21日
江戸時代中期〜後期の歌人。
¶江表(菅子(三重県))，国書

**武邦保**　たけくにやす
昭和8(1933)年12月5日〜
昭和期の牧師、宗教学者。同志社女子大学教授、日本基督教団京都西大路教会牧師。
¶現執1期，現執2期

**竹子屋権七郎**　たけこやごんしちろう
慶長8(1603)年〜元和9(1623)年10月13日
江戸時代前期のキリシタン。
¶埼玉人

**竹子屋彦四郎**　たけこやひこしろう
元和8(1622)年〜元和9(1623)年11月3日
江戸時代前期のキリシタン。
¶埼玉人

**竹崎五郎**　たけざきごろう
明治19(1886)年〜昭和43(1968)年
明治〜昭和期の社寺研究家。
¶高知人

**竹崎八十雄**　たけざきやそお
明治8(1875)年10月5日〜昭和25(1950)年5月11日
明治〜昭和期の教育者、牧師。同志社宗教主任、大江高等女学校校長。
¶キリ

**竹沢寛三郎**　たけざわかんざぶろう
→新田邦光(にったくにてる)

**竹志田熊雄**　たけしたくまお
弘化3(1846)年〜文久3(1863)年　㊇真鍋寿七郎(まなべじゅしちろう)
江戸時代末期の神職。
¶維新(㊐1843年)，新潮(㊍文久3(1863)年9月16日)，人名，日人

**武田巌雄**　たけだいわお
天保4(1833)年〜明治26(1893)年
明治期の祠官。典籍を蒐集し産神天満宮に文庫を設けた。
¶人名，日人

**武田雲室** たけだうんしつ
→雲室(2)(うんしつ)

**竹田益州** たけだえきしゅう
明治29(1896)年7月10日～平成1(1989)年6月20日
昭和期の臨済宗の僧。建仁寺派管長。大仙院住職、大徳寺執事長など努める。著書に「栄西禅師と建仁寺」。
¶大分百([生]1898年), 大分歴, 現情, 新潮, 世紀, 日人



**武田慧宏** たけだえこう
明治5(1872)年7月7日～昭和27(1952)年4月25日
明治～昭和期の僧侶。
¶真宗

**武田勝三** たけだかつみつ
生没年不詳
安土桃山時代の僧。
¶諸系, 人名, 日人

**武田鏡村** たけだきょうそん
昭和22(1947)年2月15日～
昭和～平成期の宗教評論家、歴史作家。日本歴史宗教研究所所長。仏教・歴史などについて執筆。著書に「禅入門」「日本の名僧入門」など。
¶現執3期, 現執4期

**武田行忠** たけだぎょうちゅう
文化14(1817)年～明治23(1890)年5月29日
[別]行忠(ぎょうちゅう)
江戸時代末期～明治期の真宗大谷派学僧。
¶国書(行忠　ぎょうちゅう　[没]明治23(1890)年5月9日), 真宗, 人名, 日人, 仏教, 明大1

**武田香竜** たけだこうりゅう
明治37(1904)年9月17日～昭和37(1962)年11月16日
大正～昭和期の僧侶。
¶真宗

**武田五兵衛** たけだごひょうえ
永禄12(1569)年～慶長8(1603)年　[別]武田五兵衛(たけだごへえ)
安土桃山時代の武士。加藤氏家臣。
¶コン改, コン4, コン5, 新潮([没]慶長8(1603)年11月7日), 戦人(たけだごへえ), 日人

**武田五兵衛** たけだごへえ
→武田五兵衛(たけだごひょうえ)

**竹田俊造** たけだしゅんぞう
明治6(1873)年12月26日～昭和25(1950)年11月21日
明治～昭和期のキリスト教伝道者。
¶キリ

**武田宗智** たけだそうち
戦国時代の僧。甲斐国守護武田信虎の子。
¶武田

**武田宗伝** たけたそうでん
文久2(1862)年～昭和13(1938)年
明治～昭和期の僧侶。
¶大分歴

**武忠** たけただ
生没年不詳
平安時代中期の神職・歌人。
¶国書

**武田沢心** たけだたくしん
安政2(1855)年8月2日～昭和11(1936)年2月24日
江戸時代末期～昭和期の僧侶。
¶真宗

**武田達誓** たけだたっせい
明治18(1885)年1月6日～昭和42(1967)年10月27日
明治～昭和期の僧侶。
¶真宗

**竹田聴洲**(武田聴洲) たけだちょうしゅう
大正5(1916)年1月29日～昭和55(1980)年9月6日
昭和期の僧侶。仏教大学教授、同志社大学教授。
¶現執1期, 史研, 世紀, 姓氏京都, 哲学, 日人, 仏教(武田聴洲), 仏人

**竹田暢典** たけだちょうてん
昭和3(1928)年～
昭和期のインド哲学・仏教学者。大正大学教授。
¶現執1期

**武田道快** たけだどうかい
→顕了道快(けんりょうどうかい)

**武田篤初** たけだとくしょ
天保18(1847)年～明治38(1905)年2月12日
[別]竹田篤初(たけだとくはつ)
江戸時代末期～明治期の僧。西本願寺に出仕。日露開戦後重要使命をもって北京に渡航。
¶真宗([没]明治38(1905)年3月12日), 人名, 渡航, 日人, 日中([生]弘化4(1847)年11月1日), 幕末(竹田篤初　たけだとくはつ　[生]1852年), 幕末大(竹田篤初　たけだとくはつ　[生]嘉永5(1852)年), 明大1([生]弘化4(1847)年4月)

**竹田篤初** たけだとくはつ
→武田篤初(たけだとくしょ)

**武田信縄娘** たけだのぶつなむすめ
室町時代～戦国時代の女性。竹岩山浄林寺の中興開基。
¶武田

**武田信道** たけだのぶみち
?～元和1(1615)年
安土桃山時代～江戸時代前期の僧。
¶人名

**武田範之** たけだのりゆき
→武田範之(たけだはんし)

**武田範之** たけだはんし
文久3(1863)年～明治44(1911)年6月23日　[別]武田範之(たけだのりゆき)
明治期の僧侶。越後顕聖寺住職、韓国十三道仏寺

総顧問。閔妃殺害事件に関与して投獄された。一進会と共に日韓併合に尽力。
¶朝日（[生]文久3年11月23日（1864年1月2日）），近現，近史1，国史，史人（[生]1863年6月），人名，世紀（[生]文久3（1864）年11月23日），日史（[生]文久3（1863）年6月），日人，仏教（[生]文久3（1863）年6月），仏人，明治史，明大1（[生]文久3（1863）年11月23日），履歴（たけだのりゆき　[生]文久3（1863）年11月23日），履歴2（たけだのりゆき　[生]文久3（1864）年11月23日）

**武田仏磨**　たけだぶつま
文政10（1827）年～明治25（1892）年1月24日
[別]武田文国（たけだぶんこく），仏磨（ぶつまろ），仏麿（ぶつまろ）
江戸時代末期～明治期の曹洞宗の僧。円通寺住職。
¶維新（仏磨　ぶつまろ　生没年不詳），維新（仏麿　ぶつまろ　生没年不詳），国書（武田文国　たけだぶんこく　生没年不詳），人名，姓氏宮城（武田文国　たけだぶんこく　[生]1841年　[没]1902年），日人，幕末（仏麿　ぶつまろ　[生]？），幕末大（仏麿　ぶつまろ），仏教

**武田文国**　たけだぶんこく
→武田仏磨（たけだぶつま）

**武田松姫**　たけだまつひめ
永正13（1516）年～慶長2（1597）年
戦国時代～安土桃山時代の尼僧。
¶多摩

**武田無著尼**　たけだむちゃくに
？　～昭和2（1927）年12月23日
明治～昭和期の尼僧。宝鏡山吉祥寺建立、郷土仏教会の発展に尽力。著書に「無著遺詠」。
¶高知人（[生]1860年　[没]1928年），高知百，女性，女性普

**竹田黙雷**　たけだもくらい
嘉永7（1854）年7月2日～昭和5（1930）年11月15日
明治～大正期の仏教家。建仁寺官長。寺勢の振興に尽力。
¶コン改，コン5，人名（[没]1932年），世紀（[生]安政1（1855）年），全書，大百（[没]1932年），長崎百，日人，仏教，仏人，明大1

**武田物外**　たけだもつがい
→物外不遷（もつがいふせん）

**武田芳三郎**　たけだよしさぶろう
万延2（1861）年～大正11（1922）年
明治～大正期の牧師、教育者。
¶静岡歴

**竹田ヨハンナ**　たけだよはんな
？　～慶長8（1603）年12月9日
安土桃山時代～江戸時代前期の女性。キリシタン、殉教者。
¶女性

**武田竜栖**　たけだりゅうせい
明治10（1877）年11月12日～昭和17（1942）年3月31日
明治～昭和期の僧侶。
¶真宗

**武田了然尼**　たけだりょうねんに
江戸時代中期の尼僧。黄檗宗泰雲寺を創建。
¶江戸東

**武田和三郎**　たけだわさぶろう
文化3（1806）年～明治31（1898）年
江戸時代末期・明治期の宗教家。
¶愛媛

**武智勝丸**　たけちかつまる
文久3（1863）年～昭和3（1928）年3月24日
江戸時代末期～昭和期の神職。石鎚神社社司。
¶愛媛，神人

**武智二鶴**　たけちにかく
安政5（1858）年～大正13（1924）年
明治・大正期の神職、俳人。
¶愛媛

**高市真国**　たけちのまくに
奈良時代の仏師、東大寺大仏の鋳造者。
¶人名，美建

**竹中慧照**　たけなかえしょう
昭和期の僧侶。
¶真宗

**竹中茂丸**　たけなかしげまる
明治3（1870）年10月1日～昭和18（1943）年4月19日
明治～昭和期の僧侶。
¶真宗

**竹中彰元**　たけなかしょうげん
慶応3（1867）年10月3日～昭和20（1945）年10月21日
江戸時代末期～昭和期の僧侶。
¶昭人，平和

**竹中信常**　たけなかしんじょう
大正2（1913）年～
昭和期の宗教学者。大正大学教授。
¶現執1期

**竹中所孝**　たけなかのぶたか
大正2（1913）年～昭和61（1986）年6月12日
昭和期の神官。
¶郷土，山口人

**竹中正夫**　たけなかまさお
大正14（1925）年9月6日～平成18（2006）年8月17日
昭和～平成期のキリスト教神学者。同志社大学教授。近代日本のキリスト教と社会問題を実証的に研究。著書に「真人の共同体」「聖書とことば」など。
¶現執1期，現執2期，現執3期，現執4期，現情，現人，世紀，日Y

**竹貫元勝**　たけぬきげんしょう
昭和20（1945）年1月1日～
昭和～平成期の歴史学者。花園大学教授。中世

史、仏教史学を研究。著書に「近世黄檗宗末寺帳集成」「日本禅宗史」など。
¶現執3期，現執4期

**竹内式部** たけのうちしきぶ
正徳2(1712)年～明和4(1767)年12月5日　別竹内式部(たけうちしきぶ)
江戸時代中期の尊王思想家、垂加神道家。宝暦事件、明和事件に連座して流罪となった。
¶朝日(没明和4年12月5日(1768年1月24日))，岩史，江人，角史，京都，京都大，近世，国史，国書，コン改，コン4，コン5，史人，思想史，重要，神史，神人(たけうちしきぶ)，新潮，人名，姓氏京都，世人，世百，全書，大百，徳川将，新潟人，新潟百，日思，日史，日人(没1768年)，百科，平日(生1712　没1767)，三重，山川小，歴大

**竹内春栄** たけのうちしゅんえい
明治～大正期の神職。
¶神人

**竹野新太夫** たけのしんだいう
生没年不詳
明治期の神職。江ノ島神社祠職。
¶神奈川人

**竹林浜二** たけばやしはまじ
安政1(1854)年～昭和8(1933)年
江戸時代末期～昭和期の神職。
¶神人

**竹原吉助** たけはらきちすけ
明治25(1892)年～昭和61(1986)年6月23日
大正～昭和期の宮大工。
¶美建，名工，和歌山人

**竹原竹次郎** たけはらたけじろう
～昭和63(1988)年11月5日
昭和期の宮大工。文化財建造物保存技術者。
¶美建

**竹部教雄** たけべのりお
大正11(1922)年12月13日～平成2(1990)年8月29日
昭和～平成期の宗教家・図書館長。
¶岡山歴，図人

**武見日恕** たけみにちじょ
嘉永6(1853)年10月2日～大正6(1917)年7月3日
明治～大正期の僧。
¶世紀，日人，履歴，履歴2

**武宮隼人** たけみやはやと
明治33(1900)年2月19日～昭和55(1980)年11月28日
明治～昭和期のイエズス会員。
¶新カト

**竹村教智** たけむらきょうち★
明治29(1896)年9月10日～平成2(1990)年4月26日
昭和・平成期の真言宗智山派管長・出流山満願寺住職。
¶栃木人

**武村秀学** たけむらしゅうがく
明治期の僧侶。
¶江戸東

**武邑尚邦** たけむらしょうほう
大正3(1914)年11月20日～
昭和～平成期の仏教学者。龍谷大学教授、真教寺住職。
¶郷土滋賀，現執1期，現情，滋賀文

**竹村牧男** たけむらまきお
昭和23(1948)年2月25日～
昭和～平成期の仏教学者。専門は大乗仏教思想。著書に「良寛の詩と道元禅」「唯識の構造」など。
¶現執3期

**武本喜代蔵** たけもときよぞう
明治5(1872)年11月16日～昭和31(1956)年6月26日
明治～昭和期の牧師。
¶キリ

**竹森満佐一** たけもりまさいち
明治40(1907)年10月18日～
昭和期の牧師、聖書学者。ハイデルベルク大学客員教授、東京神学大学学長。
¶キリ

**竹矢信昌** たけやのぶまさ
～安政1(1854)年
江戸時代後期～末期の富田八幡宮司。
¶島根人

**武若侃一** たけわかかんいち
昭和期の神職。
¶神人

**田坂融峰** たざかゆうほう
文化8(1811)年～明治15(1882)年
江戸時代末期～明治期の僧侶。
¶神奈川人

**田崎健作** たざきけんさく
明治18(1885)年9月21日～昭和50(1975)年3月22日
明治～昭和期の牧師。日本基督教団社会部長。
¶キリ

**田沢康三郎** たざわやすさぶろう
大正3(1914)年4月9日～平成9(1997)年1月22日
昭和期の宗教家。松緑神道大和山教主、新日本宗教団体連合会理事長。
¶学校，現執1期，現執2期

**田近陽一郎** たじかよういちろう
→田近陽一郎(たぢかよういちろう)

**多治比文子** たじひのあやこ
生没年不詳
平安時代の巫女。北野天満宮の創祀者。
¶朝日，京都，京都大，古史，古人，女史，姓氏京都，太宰府，日人，平史

**多治比継兄** たじひのつぐえ
? ～大同4(809)年
奈良時代～平安時代前期の神祇伯。
¶古人(㊐?), 神人(生没年不詳), 平史

**丹福成** たじひのふくなり
㊞丹福成(たんふくせい)
平安時代前期の最澄が入唐した際の従者。
¶古人, 古代, 古代普, 日人(たんふくせい 生没年不詳)

**但馬** たじま
生没年不詳
戦国時代の仏師。
¶戦辞

**田島瑞泰** たじまずいたい
明治42(1909)年2月25日～昭和47(1972)年4月5日
昭和期の僧侶。平和運動に参加、各地の基地闘争や原水爆禁止運動に精力的に加わる。
¶現情, 現人, 世紀, 平和

**田島豊蔭** たじまとよかげ
明治43(1910)年2月11日～平成2(1990)年10月5日
昭和・平成期の神職。飛騨総社宮司。
¶飛騨

**田島仲稲** たじまなかいね
生没年不詳
南北朝時代～室町時代の神職・連歌作者。
¶国書

**田島仲奉** たじまなかとも
生没年不詳
戦国時代の神職・連歌作者。
¶国書

**田島仲道** たじまなかみち
天保12(1841)年～大正5(1916)年
江戸時代末期～大正期の神職。
¶姓氏愛知

**田島柏堂** たじまはくどう
大正2(1913)年12月11日～
昭和期の宗教学者。愛知学院大学教授。
¶現執1期, 現執2期

**田島柏葉** たじまはくよう
明治33(1900)年4月7日～昭和30(1955)年1月7日
大正～昭和期の俳人。
¶昭人, 俳文

**田島隆純**(田嶋隆純) たじまりゅうじゅん
明治25(1892)年1月9日～*
大正～昭和期の真言宗豊山派僧侶、仏教学者。大正大学教授、大僧正。巣鴨拘置所の教誨師を務め、戦犯の助命運動に尽力。著書に「大日経の研究」など。
¶現朝(田嶋隆純 ㊀1957年7月24日), 現情(㊀1958年7月24日), 昭人(㊀昭和33(1958)年7月24日), 人名7(㊀1958年), 世紀(㊀昭和33(1958)年7月24日), 栃木人(田嶋隆純 ㊀昭和32(1957)年7月24日), 栃木歴(田嶋隆純 ㊀昭和32(1957)年), 日人(㊀昭和32(1957)年7月24日), 仏教(㊀昭和33(1958)年7月24日), 仏人(㊀1957年)

**多常** たじょう
生没年不詳
飛鳥時代の渡来僧。
¶仏教

**田尻種博** たじりたねひろ
? ～明治34(1901)年
明治期の神官。戊辰戦争に藩大隊長として奥羽で活躍。
¶維新, 人名, 日人

**田尻務** たじりつとむ
江戸時代末期の薩摩藩士。
¶神人(生没年不詳), 姓氏鹿児島, 幕末(生没年不詳), 幕末大

**田代栄山** たしろえいざん
安政5(1858)年～明治35(1902)年
江戸時代後期の足柄上郡狩野村民。
¶神奈川人(生没年不詳), 姓氏神奈川

**田代清秋** たしろきよあき
文政3(1820)年～明治10(1877)年
江戸時代末期～明治期の歌人。桂園派の歌人。
¶神人, 人名, 日人, 幕末(㊐? ㊀1877年6月26日), 幕末大(㊐? ㊀明治10(1877)年6月26日), 和俳

**田代俊孝** たしろしゅんこう
昭和27(1952)年12月16日～
昭和～平成期の仏教学者。専門は真宗学。死そして生を考える研究会代表も務める。著書に「親鸞の生と死」など。
¶現執3期, 現執4期

**田代尚光** たしろしょうこう
明治36(1903)年3月1日～昭和63(1988)年12月2日
昭和期の融通念仏宗学僧。
¶仏教

**田代荘十郎** たしろそうじゅうろう★
文久3(1863)年～昭和20(1945)年1月
明治～昭和期のプロテスタント信者。
¶秋田人2

**田代正道** たしろまさみち
嘉永4(1851)年～明治9(1876)年
明治期の神風連の士。国事に志し、敬神党に属す。
¶人名, 日人

**多田勘解由** ただかげゆ
生没年不詳
江戸時代後期の大住郡粟久保村鎮守第六天社神主。
¶神奈川人

**多田鼎** ただかなえ
明治8(1875)年10月3日～昭和12(1937)年12月7

日
明治〜昭和期の真宗大谷派学僧。大谷派伝導院初代院長。法名慶悟。精神主義運動を展開。千葉教院を開く。
¶近現，国史，史人，昭人，真宗，世紀，日人，仏教，明治史

**多田賢住** ただけんじゅう
天保2(1830)年〜明治43(1910)年3月22日
江戸時代末期〜明治期の浄土真宗本願寺派僧侶。東京築地真光寺住職。
¶真宗，仏人

**多田孝正** ただこうしょう
昭和13(1938)年2月〜
昭和期の仏教学者。大正大学教授、命徳寺住職。
¶現執2期



**多田順映** ただじゅんえい，ただじゆんえい
文久1(1861)年4月〜大正12(1923)年7月19日
明治〜大正期の社会事業家。
¶岐阜百，郷土岐阜，世紀，日人，風土(ただじゆんえい)，明大1

**多田素** ただしろし
慶応3(1867)年〜昭和16(1941)年3月23日
明治〜昭和期の日本基督教会牧師。
¶キリ(㊀慶応3年8月26日(1867年9月23日))，高知人，高知百，渡航(㊀1867年8月26日)

**多田親愛** ただしんあい
天保11(1840)年〜明治38(1905)年4月18日
江戸時代末期〜明治期の書家、神主。仮名書道の古典研究会の難波津会の中心的な会員として、仮名書道の上代様復帰を推進。
¶朝日，史人，人名，全書，大百，日人，明治史，明大2

**多田専浄** ただせんじょう
文政13(1830)年〜大正5(1916)年11月3日
江戸時代後期〜大正期の僧侶。
¶真宗

**多田孝泉** ただたかみつ
生没年不詳
江戸時代末期〜明治期の天台宗の僧。
¶国書

**多田等観** ただとうかん
明治23(1890)年7月7日〜昭和42(1967)年2月18日
明治〜昭和期のチベット・ラマ教学者。著書に「西蔵大蔵経総目録」「西蔵撰述仏典目録」など。
¶秋田人2(㊀明治23年7月1日)，秋田百，岩手人，現朝(㊀1890年7月1日)，現情，広7，コン改，コン4，コン5，新潮，人名7，世紀，姓氏岩手，世百新(㊀明治24(1891)年)，全書，哲学，日人，百科(㊀明治24(1891)年)，仏教，仏人，宮城百

**多田南嶺** ただなんれい
元禄11(1698)年〜寛延3(1750)年 ㊀多田義俊(ただよしとし)，南嶺子(なんれいし)
江戸時代中期の神道家、国学者、故実家、浮世草紙作者。
¶朝日(㊀寛延3年9月12日(1750年10月11日))，江人，大阪人(㊀寛延3(1750)年9月)，京都大，近世(多田義俊 ただよしとし ㊀？)，国史(多田義俊 ただよしとし ㊀？)，国書(㊀寛延3(1750)年9月13日)，コン改，コン4，コン5，史人(多田義俊 ただよしとし ㊀1750年9月12日)，思想史，神史(多田義俊 ただよしとし ㊀？)，神人(多田義俊 ただよしとし ㊀元禄9(1696)年)，新潮(㊀寛延3(1750)年9月12日)，人名，姓氏京都，世人(㊀寛延3(1750)年9月12日)，世百，全書，日人，百科，和俳(㊀寛延3(1750)年9月12日)

**只野淳** ただのじゅん
明治27(1894)年8月〜昭和53(1978)年12月3日
明治〜昭和期のキリシタン史研究家、民俗学研究家。
¶郷土

**多田法俊** ただほうしゅん
明治13(1880)年〜昭和22(1947)年
明治〜昭和期の宗教家。
¶大分歴

**多田義俊** ただよしとし
→多田南嶺(ただなんれい)

**多々羅文雅** たたらぶんが
文政3(1820)年〜明治28(1895)年
江戸時代末期〜明治期の僧侶。
¶人名，日人

**田近長陽** たちかながはる
→田近陽一郎(たぢかよういちろう)

**田近陽一郎** たぢかよういちろう，たじかよういちろう
天保7(1836)年〜明治34(1901)年4月7日 ㊀田近長陽(たちかながはる)
江戸時代末期〜明治期の国学者。尊皇攘夷運動に参加。藩立国学校司業、豊後西寒田神社宮司などを務める。
¶維新，大分歴，神人(たじかよういちろう ㊀天保7(1839)年 ㊀明治34(1901)年3月1日)，新潮(㊀天保7(1836)年11月3日)，人名(田近長陽 たちかながはる)，日人，幕末(たじかよういちろう)，幕末大(㊀天保7(1836)年11月3日)，藩臣7

**立川乙吉** たちかわおときち
江戸時代後期の仏師。
¶神奈川人(生没年不詳)，美建

**立川運** たちかわはこぶ
弘化4(1847)年〜明治9(1876)年
江戸時代後期〜明治期の神職。
¶神人

**立川福治** たちかわふくじ
明治42(1909)年〜昭和61(1986)年9月
大正〜昭和期の仏師。
¶埼玉人，美建(㊀明治42(1909)年1月12日)

**立木兼善** たちきかねよし
明治期の神職。
¶神人

**舘登** たちとおる
？ ～昭和14（1939）年8月28日
明治～昭和期の僧侶。
¶真宗

**橘在列** たちばなありつら
→橘在列（たちばなのありつら）

**橘義天** たちばなぎてん
文化12（1815）年～明治8（1875）年 [別]義天（ぎてん）
江戸時代末期～明治期の公益家、僧侶。
¶国書（義天 ぎてん），島根人，島根百，島根歴，人名，日人

**橘定栄** たちばなさだよし
文化10（1813）年～？
江戸時代後期の神官（梅宮神主）。
¶公卿，公卿普，公家（定栄〔梅宮社神主橘氏橋本家〕 さだひで [生]1810年 [没]？）

**橘俊道** たちばなしゅんどう，たちばなしゅんとう
大正6（1917）年～平成1（1989）年
昭和期の僧侶、仏教研究者。光福寺住職。
¶史研，姓氏神奈川（たちばなしゅんとう）

**立花俊道** たちばなしゅんどう
明治10（1877）年10月17日～昭和30（1955）年4月2日
明治～昭和期の仏教学者。駒沢大学教授。駒澤大学学長。著書に「巴利語文典」「原始仏教と禅宗」。
¶コン改，コン4，コン5，昭人，世紀，全書，渡航，日人，仏人

**橘瑞超** たちばなずいちょう
明治23（1890）年1月7日～昭和43（1968）年11月4日
明治～大正期の浄土真宗本願寺派僧侶。大谷探検隊に参加、ウイグル文字による仏典などを発掘、その解読に成功。
¶現朝，現情（[没]1968年11月14日），広7，コン改（[生]1889年），コン4（[生]明治22（1889）年），コン5（[生]明治22（1889）年），史人，真宗（[生]明治22（1889）年 [没]昭和43（1968）年1月14日），新潮，人名7，世紀，姓氏愛知，世百新，日人，百科，仏教（[没]昭和43（1968）年11月14日），仏人，平日，民学，明治史，明大2

**橘専澄** たちばなせんちょう
明治8（1875）年1月17日～昭和20（1945）年5月19日
明治～昭和期の僧侶。
¶真宗

**橘専明** たちばなせんみょう
文政11（1828）年8月12日～明治36（1903）年1月3日
江戸時代後期～明治期の僧侶。
¶真宗

**立花大亀** たちばなだいき
明治32（1899）年12月22日～
大正～昭和期の禅僧。臨済宗大徳寺派宗務総長、花園大学学長。如意庵を復興し閑棲。
¶現朝，現情，世紀，日人

**橘智隆** たちばなちりゅう
明治期の僧侶。
¶真宗

**橘経亮** たちばなつねすけ
→橋本経亮（はしもとつねあきら）

**立花照夫**（立花照天） たちばなてるお
安政2（1855）年～大正11（1922）年
明治～大正期の神職。全国神社会を組織し、敬神崇祖の道を宣伝。
¶神人，人名（立花照天），世紀（[生]安政2（1855）年11月5日 [没]大正11（1922）年10月15日），長崎歴，日人，明大1（[生]安政2（1855）年11月5日 [没]大正11（1922）年10月15日）

**橘在列** たちばなのありつら
生没年不詳 [別]橘在列（たちばなありつら）
平安時代中期の漢詩人。
¶朝日，国史，国書（たちばなありつら [没]天暦8（954）年），古人，古中，史人，諸系，日人，平史，和俳

**橘定玄** たちばなのじょうげん
→玄清法印（げんせいほういん）

**橘春行** たちばなのはるゆき
生没年不詳
平安時代前期の神祇伯。
¶神人

**橘順福** たちばなまさとみ
明和7（1770）年～嘉永1（1848）年1月5日
江戸時代後期の神官（梅宮神主）。
¶公卿，公卿普，公家（順福〔梅宮社神主橘氏橋本家〕 まさとみ）

**橘三喜**（橘三善） たちばなみつよし
寛永12（1635）年～元禄16（1703）年3月7日 [別]橘三喜（たちばなみよし）
江戸時代前期～中期の神道家。橘神道を創唱。
¶朝日（[没]元禄16年3月7日（1703年4月22日）），江文，近世，国史，国書，コン改（[没]宝永1（1704）年），コン4（[没]宝永1（1704）年），コン5（[没]宝永1（1704）年），埼玉人，埼玉百（たちばなみよし），史人，思想史，神史，神人，新潮（[没]宝永1（1704）年），人名（[没]1704年），世人（橘三善 [没]宝永1（1704）年），全書，日人，藩臣4（生没年不詳），飛騨，冨嶽

**橘三喜** たちばなみよし
→橘三喜（たちばなみつよし）

**立羽妙閑** たちばみょうかん
生没年不詳
江戸時代の女性。俳人立羽不角（松月堂）の後妻。
¶江戸東，女性，和俳

**辰市祐斐** たついちひろあや
天保9(1838)年～明治36(1903)年
江戸時代後期～明治期の神職。旧春日大社神主。
¶華請

**達英** たつえい
文化9(1812)年～明治19(1886)年
江戸時代後期～明治期の僧侶。
¶真宗

**竜岡英巌** たつおかえいがん
天保13(1842)年～大正15(1926)年
江戸時代末期～大正期の僧侶。大本山万福寺の第四十五代貫首。同寺蔵版の有名な鉄眼の一切経を復元。
¶藩臣7

**立神勝彦** たつかみかつひこ
明治1(1868)年12月20日～昭和22(1947)年4月28日
江戸時代末期～昭和期の郷土史家、神官。
¶岡山歴，郷土

**竜川賢随** たつかわけんずい
明治期の僧侶。
¶真宗

**立木種清** たつぎたねきよ
天保3(1832)年～明治41(1908)年
江戸時代後期～明治期の宮大工、彫刻師。
¶姓氏長野，美建

**達空道有** たっくうどうゆう
？～元禄16(1703)年2月1日
江戸時代前期～中期の黄檗宗の僧。
¶黄檗

**達言** たつげん
生没年不詳
江戸時代中期の浄土真宗の僧。
¶国書

**達厳** たつごん
応永2(1395)年～寛正4(1463)年6月20日
室町時代の浄土真宗の僧。
¶国書

**竜沢芳流** たつざわほうりゅう
文化10(1813)年～明治37(1904)年8月12日
江戸時代後期～明治期の僧侶。
¶真宗，富山百

**達秀** たつしゅう
生没年不詳
江戸時代後期の浄土真宗の僧。
¶国書

**脱心** だっしん
尚豊12(1632)年～尚貞29(1697)年　[別]脱心祖穎(だっしんそえい)
江戸時代前期の琉球の僧。
¶沖縄百([没]尚貞29(1697)年8月18日)，人名，日人(脱心祖穎　だっしんそえい)

**脱心祖穎** だっしんそえい
→脱心(だっしん)

**奪叟全珠** だつそうぜんじゅ
天正16(1588)年～寛永19(1642)年
江戸時代前期の曹洞宗の僧。
¶日人，仏教([没]寛永19(1642)年6月24日)

**立田英山** たつたえいざん
明治26(1893)年7月6日～
昭和期の禅者。人間禅教団総裁。両忘禅協会師家となり、戦後同会解散後人間禅教団を創立。
¶新潮

**立田万年** たつたまんねん
明治1(1868)年12月18日～昭和15(1940)年5月12日
明治～昭和期の石刻の名人・神職。
¶飛驒

**竜塚忍誠** たつづかにんじょう
文政4(1821)年～明治27(1894)年11月2日
江戸時代後期～明治期の僧侶。
¶真宗，富山百

**達等** たつとう
→司馬達等(しばたっと)

**達道** たつどう
生没年不詳
江戸時代前期の浄土宗の僧。
¶仏教

**達如** たつにょ
安永9(1780)年～慶応1(1865)年
江戸時代後期の浄土真宗の僧。
¶人名，日人，仏教([生]安永9(1780)年1月20日　[没]慶応1(1865)年11月4日)，仏人([生]1779年)

**竜野熙近**(竜野凞近，竜野凞近) たつのひろちか
元和2(1616)年～元禄6(1693)年　[別]竜熙近(りゅうひろちか)，竜煕近(りゅうひろちか)
江戸時代前期の外宮祇官、伊勢神道家。
¶近世(竜熙近　りゅうひろちか)，国史(竜熙近　りゅうひろちか)，国書(竜熙近　りゅうひろちか　[没]元禄6(1693)年8月2日)，コン改，コン4，コン5，思想史(竜熙近　りゅうひろちか)，神史(竜熙近　りゅうひろちか)，神人(竜野凞近)，新潮([没]元禄6(1693)年8月2日)，人名(竜野凞近)，日人(竜熙近　りゅうひろちか)

**立野良道** たつのよしみち
寛政4(1792)年～明治9(1876)年　[別]立野良道(たてのよしみち，たてのりょうどう)
江戸時代末期～明治期の国学者、神官。
¶江文，国書([生]寛政4(1792)年10月18日　[没]明治9(1876)年7月27日)，人名，千葉百(たてのよしみち)，日人，風土(たてのりょうどう)

**田積麦禅** たづみばくぜん
明治44(1911)年1月29日～
昭和～平成期の俳人、僧侶。
¶奈良文

**達文正宗** たつもんしょうじゅう
明和5(1768)年～弘化4(1847)年4月9日
江戸時代後期の黄檗宗の僧。
¶黄檗

**竜山慈影** たつやまじえい
→竜山慈影(たつやまじよう)

**竜山慈影** たつやまじよう
天保8(1837)年11月27日～大正10(1921)年1月4日 ㊙竜山慈影(たつやまじえい), 龍山慈影(たつやまじえい)
江戸時代末期～明治期の真宗大谷派学僧。真宗大学教授、大谷派講師。
¶真宗(たつやまじえい), 日人, 仏教, 明大1

**竜山親祇** たつやまちかまさ
安政1(1854)年～昭和8(1933)年
明治～昭和期の神職。
¶神奈川人, 姓氏神奈川

**達亮** たつりょう
宝暦1(1751)年～文政6(1823)年1月30日
江戸時代中期～後期の浄土宗の僧。
¶仏教

**伊達長丸** だておさまる
～明治40(1907)年8月8日
明治期の僧。生年不詳～明治40(1907)8・8。
¶飛騨

**立川清正** たてかわきよまさ
享保8(1723)年～天明2(1782)年
江戸時代中期の神宮。
¶岡山人

**立川琢斎** たてかわたくさい
文化14(1817)年～明治21(1888)年
江戸時代後期～明治期の彫刻師、宮大工。
¶姓氏長野, 美建

**立川富重**(立川冨重) たてかわとみしげ
文化12(1815)年～明治6(1873)年
江戸時代後期～明治期の宮大工、彫刻師。
¶姓氏長野(立川冨重), 美建

**立川富昌**(立川冨昌) たてかわとみまさ
天明2(1782)年～安政3(1856)年 ㊙立川和四郎富昌(たてかわわしろうとみまさ)
江戸時代後期の彫刻師、宮大工。
¶姓氏長野(立川冨昌), 長野百, 長野歴(立川和四郎富昌 たてかわわしろうとみまさ), 藩臣3, 美建, 飛騨

**立川富棟** たてかわとみむね
延享1(1744)年～文化4(1807)年 ㊙立川和四郎富棟(たてかわわしろうとみむね)
江戸時代中期～後期の彫刻師、宮大工。
¶郷土長野, 姓氏長野(立川和四郎富棟 たてかわわしろうとみむね), 長野百, 長野歴(立川和四郎富棟 たてかわわしろうとみむね), 藩臣3, 美建, 山梨百

**立川和四郎富昌** たてかわわしろうとみまさ
→立川富昌(たてかわとみまさ)

**立川和四郎富棟** たてかわわしろうとみむね
→立川富棟(たてかわとみむね)

**竪野永俊** たてのえいしゅん
天正2(1574)年～慶安2(1649)年9月8日
安土桃山時代～江戸時代前期の女性。キリシタン。小西行長の侍女。
¶女性

た

**立野良道** たてのよしみち
→立野良道(たつのよしみち)

**立野良道** たてのりようどう
→立野良道(たつのよしみち)

**立松翠濤** たてまつすいとう
明治2(1869)年～大正11(1922)年
明治～大正期の僧、画家。
¶姓氏愛知

**館松千足** たてまつちたる
天保5(1834)年～明治30(1897)年
江戸時代後期～明治期の国学者・神官。
¶姓氏長野

**伊達幸春** だてゆきはる
江戸時代末期～明治期の僧侶。元興福寺学侶・春日大社新社司。
¶華請

**田所千秋** たどころちあき
天保7(1836)年～明治44(1911)年5月28日
江戸時代末期～明治期の歌人。海神社、生田神社宮司を歴任。
¶国書(㊤天保7(1836)年10月26日), 人名, 日人, 幕末, 幕末大, 藩臣5, 和俳

**田所出羽** たどころでわ
生没年不詳
江戸時代中期の神職。
¶国書

**田中有年** たなかありとし
安政6(1859)年～明治19(1886)年
江戸時代末期～明治期の神職。石清水八幡宮社務職。
¶華請

**田中市作** たなかいちさく
天保10(1839)年4月5日～明治30(1897)年1月8日
江戸時代後期～明治期の宗教家。天理教埼玉分教会初代会長。
¶埼玉人

**田中逸平** たなかいっぺい
明治15(1882)年～昭和9(1934)年9月15日
大正期のイスラム教帰依者。大東文化学院教授。アジア復興を志しメッカに赴きイスラム教帰依者となる。
¶コン改, コン5, 昭人, 新潮, 人名, 世紀, 日人(㊤明治15(1882)年2月2日)

**田中岩之助** たなかいわのすけ
明治27(1894)年1月25日～昭和60(1985)年2月19日
大正～昭和期の宗教家。天理教慈林分教会2代会長。
¶埼玉人

**田中右近次郎** たなかうこんじろう
生没年不詳
戦国時代の上総国一宮玉前神社(長生郡一宮町)の神主。
¶戦房総

た

**田中英吉** たなかえいきち
明治35(1902)年6月6日～昭和58(1983)年5月20日
昭和期のカトリック司教。
¶愛媛百，香川人，香川百，新カト

**田中円蔵** たなかえんぞう
安永3(1774)年～嘉永4(1851)年
江戸時代中期～後期の宮大工。
¶姓氏長野，美建

**田中海応** たなかかいおう
明治11(1878)年5月29日～昭和44(1969)年2月21日
明治～昭和期の仏教学者、真言宗豊山派僧侶。
¶昭人，仏教，仏人

**田中勝三郎** たなかかつさぶろう
宝暦11(1761)年～没(1816)年不詳4月
江戸時代後期の国学者・神官。
¶東三河(㊀没年不詳(文化13(1816)年4月以降没))

**田中貫成** たなかかんじょう
明治42(1909)年11月12日～昭和52(1977)年12月19日
昭和期の僧。養運寺住職。「町田市花とみどりの会」副会長。
¶町田歴

**田中雁峯** たなかがんぽう
天保6(1835)年～明治18(1885)年3月31日
江戸時代後期～明治期の俳人・神官。
¶東三河

**田中橘亘** たなかきつぎ
明和5(1768)年～文化13(1816)年
江戸時代後期の華人・神官。
¶東三河

**田中橘宣** たなかきっせん
寛延3(1750)年～天明6(1786)年3月
江戸時代中期の国学者・神官。
¶東三河

**田中公明** たなかきみあき
昭和30(1955)年～
昭和～平成期の仏教学研究者。東方研究会研究員。
¶現執4期

**田中教清** たなかきょうせい
→田中教清(たなかのりきよ)

**田中吟竜** たなかぎんりゅう
明治33(1900)年7月～昭和42(1967)年9月20日
大正～昭和期の僧侶。
¶群馬人

**田中敬信** たなかけいしん
昭和8(1933)年12月7日～
昭和期の曹洞宗学者。
¶現執2期

**田中慶清** たなかけいせい
大治5(1130)年～文治3(1187)年12月28日　㊊慶清(きょうせい),田中慶清(たなかのけいせい)
平安時代後期の石清水八幡宮寺別当。
¶鎌室，古人(慶清　きょうせい)，古人(たなかのけいせい)，新潮，日人(㊀1188年)，平家(慶清　きょうせい)，平史(慶清　きょうせい)

**田中賢順** たなかけんじゅん
明治33(1900)年～
大正～昭和期の僧侶。
¶群馬人

**田中顕道** たなかけんどう
明治38(1905)年～昭和25(1950)年3月20日
明治～昭和期の僧侶。
¶日エ

**田中剛二** たなかごうじ
明治32(1899)年～昭和56(1981)年
大正～昭和期の牧師。
¶兵庫百

**田中三郎** たなかさぶろう★
明治18(1885)年10月～昭和24(1949)年10月7日
明治～昭和期の牧師。
¶秋田人2

**田中重久**(たなかしげひさ)　たなかしげひさ
明治38(1905)年～昭和54(1979)年
大正～昭和期の美術史家。京都府立洛北高等学校教諭。仏教美術史を研究。
¶現執1期(たなかしげひさ)，考古(㊤明治38(1905)年7月17日　㊀昭和54(1979)年5月24日)，史研

**田中治吾平** たなかじごへい
明治20(1887)年12月26日～昭和48(1973)年5月9日
大正～昭和期の神道家。
¶現情，昭人，人名7，世紀，哲学，日人(㊤明治19(1886)年12月26日)

**田中舎身** たなかしゃしん
文久2(1862)年～昭和9(1934)年9月2日
明治～昭和期の仏教運動家。大乗会会長。大乗会創始者。大日本国粋会顧問。
¶コン改，コン5，人名，世紀，日人(㊤1863年)，日中(㊤文久2(1863)年12月3日)，明大1(㊤文久2(1862)年12月3日)

**田中秀順** たなかしゅうじゅん
明治5(1872)年～昭和28(1953)年
明治～昭和期の僧侶。
¶群馬人

**田中秀穂** たなかしゅうほ
生没年不詳
江戸時代後期～末期の尾張津島神社の神官。
¶姓氏愛知

**田中祥雲** たなかしょううん
元治2(1865)年～大正6(1917)年
明治～大正期の仏師。
¶大阪人，美建

**田中松慶** たなかしょうけい
生没年不詳
江戸時代後期の京都の仏師。
¶飛驒

**田中定清** たなかじょうせい
元応1(1319)年～正平21/貞治5(1366)年？
㊍定清(じょうしょう)
南北朝時代の石清水八幡宮寺別当。
¶鎌室，国書(定清　じょうしょう　㊀貞治5(1366)年6月1日)，新潮，人名(㊀1366年)，日人

**田中勝道** たなかしょうどう
慶応3(1867)年～昭和11(1936)年
明治～昭和期の僧侶。
¶高知人

**田中成明** たなかじょうみょう
昭和22(1947)年7月18日～
昭和～平成期の真言宗僧侶。曼荼羅寺住職。
¶現執3期

**田中千弥** たなかせんや
文政9(1826)年～明治31(1898)年
明治期の神官。椋神社社司。見聞を編述した「秩父暴動雑録」は秩父地方史、秩父事件研究の基礎史料として貴重。
¶朝日(㊐文政9年5月3日(1826年6月8日)　㊀明治31(1898)年11月30日)，埼玉人(㊐文政9(1826)年5月3日　㊀明治32(1899)年11月30日)，埼玉百，神人，日人

**田中宗清**(田中宗晴) たなかそうせい
建久1(1190)年～嘉禎3(1237)年　㊍宗清(そうしょう)，田中宗晴(たなかのそうせい)
鎌倉時代前期の石清水八幡宮寺別当。
¶鎌室(田中宗晴)，国書(宗清　そうしょう　㊐建久1(1190)年8月10日　㊀嘉禎3(1237)年6月9日)，古人(田中宗晴　たなかのそうせい)，神人，新潮(㊀嘉禎3(1237)年6月9日)，日人

**田中忠雄** たなかただお
明治38(1905)年9月13日～平成3(1991)年5月30日
昭和期の宗教家。生長の家政治連合会長。毎年禅に関する著書を出し、戦後保守主義の独自の理論家として活動。
¶現執1期，現情，現人，世紀

**田中智学** たなかちがく
文久1(1861)年11月13日～昭和14(1939)年11月17日
明治～昭和期の仏教者。蓮華会を興し日蓮主義を鼓舞。主張は戒壇論が中心。
¶神奈川人，鎌倉新，近現，近史4，近文，現朝(㊐文久1年11月13日(1861年12月14日))，現日(㊀1939年11月16日)，国史，コン改，コン5，史人，思想，思想史，新潮，新文，人名7，世紀，姓氏神奈川，全書，大百，哲学，日思，日史，日人，百科，仏教，仏人，文学，民学，明治史，明大1，履歴，履歴2

た

**田中超清** たなかちょうせい
元応2(1320)年～弘和1/永徳1(1381)年　㊍超清(ちょうしょう)
南北朝時代の石清水八幡宮寺の別当・検校。
¶鎌室(㊐元亨1(1321)年)，国書(超清　ちょうしょう　㊀永徳1(1381)年11月4日)，日人

**田中直達** たなかちょくたつ
明治期の神職。明治41年宮崎宮宮司に就任、大正13年退職。
¶神人

**田中輝義** たなかてるよし
生没年不詳
南北朝時代の神職。
¶国書

**田中道清** たなかどうせい
嘉応1(1169)年～建永1(1206)年　㊍田中道清(たなかのどうせい)，道清(どうしょう，どうせい)
鎌倉時代前期の石清水八幡宮寺別当。
¶鎌室，国書(道清　どうしょう　㊀元久3(1206)年1月3日)，古人(たなかのどうせい)，古人(道清　どうせい)，神人(㊐安元2(1176)年)，新潮(㊀建永1(1206)年1月3日)，日人，平史(道清　どうせい)

**田中登志** たなかとし
大正5(1916)年～平成8(1996)年
昭和～平成期の川柳人、僧。
¶島根歴

**田中俊清** たなかとしきよ
明治1(1868)年～昭和22(1947)年
江戸時代末期～昭和期の神職。旧石清水八幡宮社務職。
¶華請

**田中年彦** たなかとしひこ
天保12(1841)年7月22日～明治37(1904)年3月17日
江戸時代末期・明治期の茬名神社の神官。
¶飛驒

**田中俊光** たなかとしみつ
生没年不詳
戦国時代の神職。

¶国書

**田中兎毛** たなかとも
元治1(1864)年10月10日～昭和9(1934)年
明治～昭和期の北光教会初代牧師。
¶札幌

**田中尚房** たなかなおふさ
天保10(1839)年11月22日～明治24(1891)年12月7日
江戸時代末期～明治期の故実家。日本服飾史初の統一的叙述書「歴世服飾考」などを著す。
¶考古，人名，日人，明大1

**田中日晨** たなかにっしん
明治32(1899)年～昭和59(1984)年
昭和期の僧侶。
¶仏人

**田中慶清** たなかのけいせい
→田中慶清(たなかけいせい)

**田中宗晴** たなかのそうせい
→田中宗清(たなかそうせい)

**田中道清** たなかのどうせい
→田中道清(たなかどうせい)

**田中教清** たなかのりきよ
㊙田中教清(たなかきょうせい)
戦国時代の神主・神官。
¶戦人(生没年不詳)，戦補(たなかきょうせい)

**田中秀善** たなかひでよし
弘化3(1846)年～
明治期の神職。
¶神人

**田中広道** たなかひろみち
寛政8(1796)年～？
江戸時代後期の神職。
¶国書

**田中弘之** たなかひろゆき
文久2(1862)年～昭和9(1934)年
江戸時代末期～昭和期の仏教運動家、国家主義運動家。
¶明治史

**田中仏心** たなかぶっしん,たなかぶつしん
慶応3(1867)年～大正3(1914)年
明治～大正期の僧。
¶郷土福井(たなかぶつしん)，世紀(㊤慶応3(1867)年4月10日　㊦大正3(1914)年8月9日)，日人，福井百

**田中文男** たなかふみお
昭和7(1932)年1月10日～平成22(2010)年8月9日
昭和～平成期の宮大工。真木建設社長。
¶美建

**田中文清** たなかふみきよ
明治38(1905)年4月17日～
昭和期の神官。石清水八幡宮宮司、神社本庁長老。
¶現情

**田中理夫** たなかまさお
明治36(1903)年～昭和38(1963)年
昭和期の神学者、ヘブライ語・ギリシア語学者、牧師。大坂基督教大学教授、日本基督教団浜寺教会牧師。
¶哲学

**田中真佐志** たなかまさし
明治期の神職。
¶神人

**田中昌文** たなかまさふみ
昭和期の宮大工。100棟を超える文化財の修理にあたった。
¶名工

**田中宗景** たなかむねかげ
生没年不詳
室町時代の神職。
¶国書

**田中守平** たなかもりへい
明治17(1884)年9月8日～昭和3(1928)年12月7日
明治～昭和期の宗教家。太霊道教祖。宇宙霊学寮を開設、宗教活動を開始、霊子術は世間の注目を浴びたが、突然の死で消滅。
¶朝日，世紀，日人，明大1

**田中紋阿** たなかもんあ
文政3(1820)年～明治17(1884)年
江戸時代末期～明治期の仏師。
¶京都大，姓氏京都，日人

**田中主水** たなかもんど
安政4(1857)年～大正6(1917)年3月
江戸時代末期～大正期の仏師。
¶大阪人，美建

**田中義衛** たなかよしえ
明治22(1889)年～昭和41(1966)年
明治～昭和期の宮大工。
¶姓氏長野，美建

**田中義能** たなかよしとう
明治5(1872)年9月12日～昭和21(1946)年3月4日
㊙田中義能(たなかよしとお)
明治～昭和期の神道学者。国学院大学教授。神道学会設立に尽力。神道哲学に関する著書多数。
¶近現，現情，国史，昭人，神史，神人，新潮，人名7，世紀，哲学，日人，明治史，明大2，山口人，山口百(たなかよしとお)

**田中義能** たなかよしとお
→田中義能(たなかよしとう)

**田中佳政** たなかよしまさ
？～享保8(1723)年
江戸時代中期の和算家。
¶国書(生没年不詳)，人名，数学，日人

**田中頼庸** たなかよりつね
天保7(1836)年5月～明治30(1897)年4月10日
㊙田中頼庸(たなかよりやす,たなからいよう)
明治期の神道家。神宮宮司、神道神宮教管長。神

道界の祭神論争の際には伊勢派の代表格として出雲派の千家尊福と対立。
¶朝日，近現，国史，コン改，コン5，薩摩（たなかよりやす），神史，神人，人名，日人，幕末（たなからいよう　[没]1880年），幕末大（たなからいよう），明治史，明大1

**田中宣房**　たなかよりふさ
正徳3（1713）年～寛政8（1796）年
江戸時代中期～後期の田中明神神主。
¶姓氏岩手

**田中頼庸**　たなかよりやす
→田中頼庸（たなかよりつね）

**田中頼庸**　たなからいよう
→田中頼庸（たなかよりつね）

**田中良昭**　たなかりょうしょう
昭和8（1933）年3月3日～
昭和～平成期の曹洞宗の僧。駒沢大学教授、正林寺住職。
¶現執1期，現執2期，現執3期

**田辺和子**　たなべかずこ
昭和19（1944）年～
昭和～平成期の仏教文学者。
¶YA

**田辺義道**　たなべぎどう
明治26（1893）年5月15日～昭和41（1966）年11月25日　[別]田辺義道（たなべよしみち）
昭和期の僧侶、社会運動家。隆法寺住職。戦後、中央農地委員、昭和村長、郡築村長などを歴任。
¶アナ，熊本百（たなべよしみち），社運，社史

**田辺正英**　たなべしょうえい
大正12（1923）年～
昭和期の宗教学・倫理学者。富山医科薬科大学教授。
¶現執1期

**田辺鉄定**　たなべてつじょう
明治3（1870）年～昭和24（1949）年
明治～昭和期の曹洞宗の僧。
¶群新百

**田辺豊矩**　たなべとよのり
生没年不詳
江戸時代中期の神道家。
¶国書

**田辺義道**　たなべよしみち
→田辺義道（たなべぎどう）

**棚守房顕**　たなもりふさあき
明応4（1495）年～天正18（1590）年
戦国時代の厳島神社の神官。
¶広島百

**谷合秀夫**　たにあいひでお
昭和期の宮大工・数寄屋大工棟梁。構造材を組み合わせる「武者立ち」の名人。
¶名工

**谷内正順**　たにうちしょうじゅん
明治19（1886）年4月25日～昭和43（1968）年1月24日　[別]谷内正順（やちしょうじゅん）
明治～昭和期の真宗大谷派僧侶、同派教学研究所長。
¶石川現九，石川百，姓氏石川（やちしょうじゅん）

**渓英順**　たにえいじゅん
文政1（1818）年1月8日～明治16（1883）年10月19日
江戸時代後期～明治期の僧侶。
¶真宗

**谷覚立**　たにかくりゅう
明治期の僧侶。
¶真宗

**谷川士清**　たにかわことすが，たにがわことすが
宝永6（1709）年2月26日～安永5（1776）年10月10日
江戸時代中期の国学者、神道家。
¶朝日（[生]宝永6年2月26日（1709年4月5日）[没]安永5年10月10日（1776年11月20日）），江人，角史（たにがわことすが），近世，考古，国史，国書（たにがわことすが），古史，コン改，コン4，コン5，詩歌，史人，思想史，神史，人書79，神人（たにがわことすが　[没]安永5（1776）年10月），新潮，人名，世人（たにがわことすが），世百（たにがわことすが），全書，大百，太宰府（たにがわことすが），日思（たにがわことすが），日史，日人，百科，三重，歴大，和俳

**谷川真海**　たにがわしんかい
大正2（1913）年7月1日～昭和55（1980）年12月9日
昭和期の日本キリスト教団牧師。
¶埼玉人

**谷堯昭**　たにぎょうしょう
明治34（1901）年～
大正～昭和期の僧侶。
¶群馬人

**谷玉仙**　たにぎょくせん
大正9（1920）年～平成1（1989）年
昭和期の尼僧。
¶山口人

**谷口義教**　たにぐちぎきょう
文政13（1830）年～明治42（1909）年1月9日
江戸時代後期～明治期の僧侶。
¶真宗

**谷口菊三郎**　たにぐちきくさぶろう
？　～天正11（1583）年
戦国時代～安土桃山時代の尾張新居村の禰宜。
¶姓氏愛知

**谷口左近**　たにぐちさこん
江戸時代中期の仏師。
¶栃木歴，美建

**谷口茂雄**　たにぐちしげお
生没年不詳

江戸時代末期～明治期の神官。
¶姓氏愛知

**谷口庄松** たにぐちしょうまつ★
寛政11(1799)年～明治4(1871)年
江戸時代末期・明治期の勝覚寺門徒。真宗妙好人の代表。
¶讃岐

**谷口清超** たにぐちせいちょう
大正8(1919)年10月23日～
昭和～平成期の著述家、宗教家。生長の家総裁。
¶現執1期，現執2期，現執3期

**谷口節道** たにぐちせつどう
明治34(1901)年6月29日～昭和61(1986)年5月1日
大正～昭和期の僧、ルンビニ園創立者。曹洞宗霊眼寺4世住職。
¶姓氏富山，富山百，ふる

**谷口法春** たにぐちほうしゅん
江戸時代中期の尼僧。
¶江戸

**谷口雅春** たにぐちまさはる
明治26(1893)年11月22日～昭和60(1985)年6月17日
昭和期の宗教家。
¶近現，近文，現朝，現執1期，現執2期，現情，現人，幻想，現日，国史，コン改，コン4，コン5，史人，出版，出文，神史，新潮，世紀，世人(㊀昭和60(1958)年6月17日)，世百新，全書，大百，日史，日人，日本，百科，兵庫百，兵庫文，仏教，民学，履歴，履歴2，歴大

**谷重遠** たにしげとお
→谷秦山(たにしんざん)

**谷篠山** たにじょうざん
天保13(1842)年～明治33(1900)年
明治期の国漢学者、神職者。敦篤堂を設立した。
¶人名，日人

**谷信讃** たにしんさん
明治11(1878)年～昭和37(1962)年
明治～昭和期の僧侶。
¶高知人，高知百

**谷秦山** たにしんざん，たにじんざん
寛文3(1663)年3月11日～享保3(1718)年6月30日
㊞谷重遠(たにしげとお)
江戸時代中期の儒学者、神道家。
¶朝日(㊐寛文3年3月11日(1663年4月18日)㊀享保3年6月30日(1718年7月27日))，岩史(たにじんざん)，江人，角史(たにじんざん)，近世(たにじんざん)，高知人(たにじんざん)，高知百(たにじんざん)，国史(たにじんざん)，国書(たにじんざん)，コン改，コン4，コン5，史人(たにじんざん)，思想史(たにじんざん)，神史(たにじんざん)，人書94，神人(谷重遠　たにしげとお)，新潮，人名(谷重遠　たにしげとお)，世人，全書，大百，日史(谷重遠　たにしげとお)，日人(たにじんざん)，藩臣6(たにじんざん)，百科(谷重遠　たにしげとお)，山川小(たにじんざん)，歴大(たにじんざん)

**谷省吾** たにせいご
大正10(1921)年9月21日～
昭和期の神道史学者、日本史学者。神道史学会代表、皇学館大学学長。
¶現執1期，現執2期

**谷善之丞** たにぜんのじょう
明治32(1899)年～昭和51(1976)年
大正～昭和期の僧侶、実業家。仏教タイムス社社長、銀座三笠会館社長。
¶仏人

**谷忠澄** たにただずみ，たにただすみ
天文3(1534)年～慶長5(1600)年
安土桃山時代の武士。
¶高知人，高知百，戦西(㊐？)，戦人，全戦，戦武(たにただすみ)，日人

**谷田勉** たにだつとむ
昭和2(1927)年2月21日～
昭和期の神職。八幡宮々司。
¶飛騨

**谷徳淳** たにとくじゅん
明治16(1883)年～昭和41(1966)年1月15日
明治～昭和期の僧侶。
¶真宗

**谷野一栢** たにのいっぱく
生没年不詳
戦国時代の南都の僧医。
¶郷土福井，福井百

**谷村久次郎** たにむらひさじろう
明治期の真宗大谷派の信者。
¶真宗

**谷村光義** たにむらみつよし
？～寛延3(1750)年
江戸時代中期の歌人、山城石清水の社司。
¶国書(㊀寛延3(1750)年6月14日)，人名，日人

**谷本清** たにもときよし
明治42(1909)年6月27日～昭和61(1986)年9月28日
昭和期の牧師。
¶広島文，平和

**谷本重清** たにもとしげきよ
明治41(1908)年9月14日～昭和63(1988)年11月12日
昭和期の僧侶。修徳高校校長。
¶社史

**谷山弘蔵** たにやまこうぞう
明治34(1901)年11月25日～平成12(2000)年11月22日
明治～平成期の住職。光明山正蓮寺住職。
¶日エ

**谷了然** たにりょうねん
天保15(1844)年10月10日～大正8(1919)年8月1日
江戸時代末期～大正期の真宗大谷派の僧。
¶姓氏石川，日中

**種田諦円** たねだたいえん
？ ～大正3(1914)年3月
明治～大正期の僧侶。
¶真宗

**種谷俊一** たねたにしゅんいち
昭和2(1927)年6月16日～
昭和～平成期の牧師。学園闘争の高校生を保護、犯人隠匿罪に問われた(種谷事件)が、宗教的行為とされ無罪。
¶現朝，現情，現人，世紀，平和

**種子田八雲** たねだやくも
明治18(1885)年～昭和53(1978)年
明治～昭和期の新田神社の宮司、鹿児島県神社庁長。
¶姓氏鹿児島

**太年尼** だねんに
生没年不詳
戦国時代の女性。臨済宗の尼僧。
¶女性

**田原煙波** たはらえんぱ
明治15(1882)年8月5日～昭和9(1934)年11月7日
明治～昭和期の俳人、真教寺住職。
¶沖縄百

**田原親虎** たはらちかとら
→田原親虎(たわらちかとら)

**田原法水** たはらほうすい，たばらほうすい
天保14(1843)年～昭和2(1927)年2月15日
明治～大正期の宗教家。僧侶、長崎県少林寺住職。一向宗を琉球で開教した。
¶維新(たばらほうすい)，沖縄百([生]天保14(1843)年12月15日)，国際，コン改，コン4，コン5，社史([生]1843年12月15日)，真宗(たばらほうすい　[生]天保14(1843)年12月5日)，世紀，姓氏沖縄，日人([生]1844年)，幕末([没]1927年2月1日)，幕末大，明大1([生]天保14(1843)年12月15日)

**田渕耘煙斎** たぶちうんえんさい
天保8(1837)年8月5日～明治39(1906)年3月20日
江戸時代後期～明治期の宮大工。
¶岡山百，岡山歴，美建，明大2

**田淵静縁** たぶちせいえん
明治期の僧侶。
¶真宗

**玉井日亮** たまいにちりょう
明治5(1872)年～昭和29(1954)年
昭和期の僧侶。
¶山口人

**玉井春枝** たまいはるしげ
文政6(1823)年～明治4(1871)年12月
江戸時代後期～明治期の神道家・歌人。
¶愛媛，愛媛百

**玉井礼一郎** たまいれいいちろう
昭和7(1932)年7月27日～
昭和～平成期の著述家、宗教家。たまいらぼ代表、妙法蓮華宗開創者。
¶現執3期

**玉岡厳城** たまおかごんじょう
文化3(1806)年～明治18(1885)年8月17日
江戸時代後期～明治期の高僧。
¶兵庫人

**玉置韜晃** たまおきとうこう
明治21(1888)年9月10日～昭和28(1953)年1月4日
明治～昭和期の僧侶。
¶真宗

**玉木愛子** たまきあいこ
明治20(1887)年12月28日～昭和44(1969)年
大正～昭和期のキリスト教徒。
¶視覚

**玉木葦斎** たまきいさい
？ ～元文1(1736)年
江戸時代中期の神道家、歌人。
¶人名，姓氏京都，和俳

**玉城康四郎** たまきこうしろう
大正4(1915)年7月29日～平成11(1999)年1月14日
昭和期の仏教学者。東京大学教授、日本大学教授。
¶熊本人，現執1期，現執2期，現執3期，現情，世紀，日人

**玉置諦聴** たまきたいちょう
明治8(1875)年7月18日～昭和19(1944)年10月2日
明治～昭和期の僧侶。
¶真宗

**玉置韜光** たまきとうこう
明治21(1888)年～昭和28(1953)年
大正～昭和期の僧侶。
¶和歌山人

**玉木正英** たまきまさひで
寛文10(1670)年12月7日～元文1(1736)年7月8日
江戸時代中期の神道家。橘家神道の祖。
¶近世，国史，国書，史人，思想史，神史，神人，日思，日人([生]1671年)

**玉田永教** たまだえいきょう
→玉田永教(たまだながのり)

**玉田敬次** たまだけいじ
昭和6(1931)年4月17日～平成12(2000)年11月2日
昭和～平成期の伝道師、牧師。
¶視覚

**玉田永鷹** たまだながたか
天明2（1782）年～文久1（1861）年8月14日
江戸時代中期～末期の神道家。
¶国書

**玉田永教** たまだながのり
宝暦6（1756）年～天保7（1836）年　[別]玉田永教（たまだえいきょう）
江戸時代後期の神道家。
¶近世（生没年不詳），国史（生没年不詳），国書（生没年不詳），史人（生没年不詳），思想史，神史（生没年不詳），神人（生没年不詳），徳島百（[没]天保7（1836）年9月17日），徳島歴（[没]天保7（1836）年9月17日），日史（[生]宝暦6（1756）年？　[没]天保7（1836）年9月16日），日人，百科（たまだえいきょう　[生]宝暦5（1755）年？）

**玉祖惟高** たまのおやこれたか
→玉祖惟高（たまのやこれたか）

**玉祖惟高** たまのやこれたか
生没年不詳　[別]玉祖惟高（たまのおやこれたか）
平安時代中期の神職、周防玉祖神社宮司。
¶人名，姓氏山口（たまのおやこれたか），日人（たまのおやこれたか）

**玉日** たまひ
生没年不詳
鎌倉時代の女性。浄土真宗開祖親鸞の妻と伝承される。
¶朝日，日人

**玉村竹二** たまむらたけじ
明治44（1911）年10月9日～平成15（2003）年11月11日
昭和期の日本史学者。日本禅宗史の実証的体系的研究に取り組む。
¶現朝，現執1期，現執2期，世紀，日人

**圭室諦成** たまむろたいじょう
明治35（1902）年3月8日～昭和41（1966）年5月15日
昭和期の歴史学者。熊本女子大学教授。仏教史、熊本県史を研究。
¶郷土，現情，史研，人名7，世紀，日人，仏教，仏人

**圭村諦成** たまむろたいじょう
明治35（1902）年～昭和41（1966）年
大正・昭和期の仏教史研究家。
¶熊本人

**圭室文雄** たまむろふみお
昭和10（1935）年8月17日～
昭和～平成期の宗教史学者。明治大学教授。
¶現執1期，現執3期，現執4期，現情，世紀

**玉屋** たまや
戦国時代の上吉田の産土神諏訪明神の神主。富士山御師も兼ねた。佐藤氏。
¶武田

**玉代勢法雲** たまよせほううん
明治13（1880）年2月29日～昭和30（1955）年5月6日
明治～昭和期の仏教開教使、マカレー東本願寺住職。
¶沖縄百

**田丸慶忍** たまるきょうにん
文化13（1816）年9月27日～明治16（1883）年3月7日　[別]慶忍（けいにん），田丸慶忍（たまるけいにん）
江戸時代末期～明治期の浄土真宗本願寺派学僧。勧学。
¶国書，真宗，人名（たまるけいにん），日人，仏教，仏人（慶忍　けいにん），仏人（[生]1817年），明大1

**田丸慶忍** たまるけいにん
→田丸慶忍（たまるきょうにん）

**田丸健長** たまるけんちょう
安永3（1774）年～弘化3（1846）年　[別]田丸健良（たまるけんりょう）
江戸時代後期の医僧。
¶国書（田丸健良　たまるけんりょう　[生]安永3（1774）年5月12日　[没]弘化3（1846）年9月21日），人名，日人（田丸健良　たまるけんりょう）

**田丸健良** たまるけんりょう
→田丸健長（たまるけんちょう）

**田丸道隠** たまるどういん
→道隠（どうおん）

**田丸道忍** たまるどうにん
明治26（1893）年10月11日～昭和41（1966）年11月9日
明治～昭和期の僧侶。
¶大分歴，真宗

**田丸徳善** たまるのりよし
昭和6（1931）年2月26日～
昭和～平成期の宗教学者。東京大学教授。
¶現執1期，現執2期，現執3期，現執4期

**田宮正路** たみやしょうじ
天保12（1841）年～
江戸時代後期～明治期の神職。
¶大阪人

**田村円澄** たむらえんちょう
大正6（1917）年1月2日～
昭和～平成期の仏教史学者。九州大学教授。
¶現執1期，現執2期，現執3期，現執4期，現情，世紀

**田村貫雄** たむらかんお
明治27（1894）年～昭和50（1975）年
大正～昭和期の僧侶。
¶和歌山人

**田村清年** たむらきよとし
生没年不詳
江戸時代末期の神職。
¶国書

**田村晃祐** たむらこうゆう
昭和6(1931)年2月5日～
昭和～平成期の仏教学者。東洋大学教授。
¶現執3期

**田村重次** たむらしげつぐ
元治1(1864)年～昭和7(1932)年
江戸時代末期～昭和期の神職。
¶神人

**田村静明** たむらじょうみょう
明治25(1892)年～昭和21(1946)年
大正～昭和期の政治家。群馬県議会議員、僧侶。
¶群馬人，姓氏群馬

**田村全有** たむらぜんゆう
大正期の僧侶。
¶真宗

**田村太心** たむらたいしん
文政3(1820)年～明治20(1887)年
江戸時代後期～明治期の曹洞宗の僧侶。
¶姓氏長野

**田村貞一** たむらていいち
明治26(1893)年～昭和42(1967)年10月18日
昭和期の牧師。
¶アナ，社史

**田村知興** たむらともおき
～大正5(1916)年
明治～大正期の神職。
¶神人

**田村直臣** たむらなおおみ
安政5(1858)年8月9日～昭和9(1934)年1月7日
[別]田村直臣(たむらなおみ)
明治～昭和期のプロテスタント牧師。日本の日曜学校事業の先駆者。著書に「信仰50年史」。
¶海越新，大阪人，近現(たむらなおみ)，現朝([生]安政5年8月9日(1858年9月15日))，国史(たむらなおみ)，コン改([没]1935年)，コン5，史人，児文，新潮，人名，世紀，世百，渡航(たむらなおみ)，日史，日児([生]安政5(1858)年9月15日)，日人，日Y([生]安政5(1858)年9月15日)，百科([没]昭和10(1935)年)，明治史(たむらなおみ)，明大1，歴大

**田村直臣** たむらなおみ
→田村直臣(たむらなおおみ)

**田村八兵衛** たむらはちべえ
江戸時代中期の宮大工。
¶群馬人(生没年不詳)，美建

**田村晴胤** たむらはるたね
大正～昭和期の神職。
¶神人

**田村弥平** たむらやひら
文政9(1826)年～明治19(1886)年
江戸時代末期～明治期の薬商。弥彦神社権宮司。維新の際進んで新政府軍に入り加越地方に転戦。
¶幕末([没]1886年3月)，幕末大([没]明治19(1886)年3月24日)

**田村芳朗** たむらよしろう
大正10(1921)年4月11日～平成1(1989)年3月20日
昭和期の仏教学者。東京大学教授。
¶現執1期，現執2期，現情，史研，世紀，仏教

**田村林蔵院** たむらりんぞういん
江戸時代前期の高野山の僧坊衆。戦後、本多忠刻、松平忠明に仕え、大和郡山で死去。
¶大坂

**為貞櫟** ためさだいちい
生没年不詳
江戸時代末期の神職。
¶神人

**為貞元臣** ためさだもとおみ
明治26(1893)年～昭和19(1944)年
明治～昭和期の神職。
¶神人

**田母野秀顕** たものひであき
嘉永2(1849)年～明治16(1883)年11月29日
明治期の自由民権家。自由党福島部結成。「福島自由新聞」創刊。
¶朝日，近現，国史，コン改，コン5，史人([生]1849年2月)，ジ人1，社史([生]嘉永3(1850)年)，新潮，人名，政治，日人，幕末，幕末大，明治史，明大1

**多門速明** たもんそくみょう
文政3(1820)年11月1日～明治23(1890)年9月2日
江戸時代後期～明治期の宗教家。
¶佐賀百

**多門坊長真** たもんぼうちょうしん
生没年不詳
戦国時代の神職。駿河国須津荘中里の八幡宮別当。
¶戦辞

**多屋弘** たやひろむ
明治32(1899)年11月13日～昭和54(1979)年2月29日
明治～昭和期の僧侶。
¶真宗

**多屋頼俊** たやらいしゅん
明治35(1902)年5月3日～平成2(1990)年7月8日
大正～昭和期の真宗大谷派僧侶、国文学者。大谷大学教授、法栄寺住職。
¶真宗，仏教

**垂井光清** たるいこうせい
→光清(こうしょう)

**多留玄蕃允** たるげんばのじょう
戦国時代の神職。三嶋大明神の社人。
¶後北(玄蕃允〔多留〕 げんばのじょう)，戦辞(生没年不詳)

**太郎館季賢** たろうだちすえかた
文政2(1819)年2月4日～明治28(1895)年9月16日

江戸時代後期～明治期の神職。
¶国書

**田原親虎** たわらちかとら
永禄3(1560)年～？　[別]田原親虎(たはらちかとら)
安土桃山時代のキリシタン、武将。豊後大友氏の家臣。
¶大分百(たはらちかとら　[生]1561年)，国史，古中，戦合，戦西，戦人([生]永禄5(1562)年？)，日史，日人

**単阿** たんあ
生没年不詳
江戸時代中期の浄土宗の僧。
¶国書

**弾阿** だんあ
寛永13(1636)年～元禄7(1694)年
江戸時代前期～中期の仏師。
¶姓氏神奈川，美建

**淡雲** たんうん
→安国淡雲(やすくにだんうん)

**湛慧** たんえ
生没年不詳
鎌倉時代の臨済宗の僧。
¶仏教

**湛睿** たんえ
→湛睿(たんえい)

**湛睿**(堪睿，湛叡) たんえい
文永8(1271)年～正平1/貞和2(1346)年11月30日
[別]湛睿(たんえ)
鎌倉時代後期～南北朝時代の学僧。律僧で華厳学の大家。
¶朝日([没]貞和2/正平1年11月30日(1347年1月12日))，岩史，角史，神奈川人，鎌倉(湛叡)，鎌室，国史，国書，古中，コン改([没]建武1(1334)年)，コン4，コン5，埼玉人，史人，新潮(堪睿)，人名(たんえ　[没]1347年)，世人，千葉百(生没年不詳)，中世，日史，日人([没]1347年)，仏教，仏史，名僧，歴大

**湛奕** たんえき
？～万治3(1660)年
江戸時代前期の浄土宗の僧。
¶国書

**堪円** たんえん
→堪円(かんえん)

**湛快** たんかい
康和1(1099)年～承安4(1174)年
平安時代後期の熊野山別当。
¶朝日，岩史，鎌室，国史，古人，古中，コン4，コン5，史人，神史，新潮，人名，日人，仏教，仏史，平史，歴大([生]1098年)，和歌山人

**湛海**(1) たんかい
生没年不詳
鎌倉時代前期の律宗の僧。
¶国史，古中，史人，対外，日人，仏教，仏史

**湛海**(2) たんかい
寛永6(1629)年～正徳6(1716)年1月16日　[別]宝山(ほうざん)
江戸時代前期～中期の修験僧。奈良生駒山に宝山寺を開いた。
¶朝日([生]寛永6年2月1日(1629年2月23日)　[没]享保1年1月16日(1716年2月9日))，岩史([生]寛永6(1629)年2月1日)，角史，近世，国史，コン改，コン4，コン5，史人，新潮([生]寛永6(1629)年2月1日)，人名，世人，全書，大百，日史([生]寛永6(1629)年2月1日)，日人，美術，百科，仏教([生]寛永6(1629)年2月1日)，仏史，仏人

**湛海**(3) たんかい
宝暦10(1760)年～天保3(1832)年
江戸時代後期の天台宗の僧。
¶岡山人，岡山歴，国書(生没年不詳)

**琛海** たんかい
→月船琛海(げっせんしんかい)

**丹海** たんかい★
～文政1(1818)年10月25日
江戸時代後期の仏師。
¶秋田人2

**断鎧** だんがい
？～明治2(1869)年1月24日
江戸時代後期～明治期の僧侶。
¶国書，真宗，仏教

**湛海義淵坊** たんかいぎえんぼう
生没年不詳
平安時代後期の僧侶。
¶姓氏長野

**断崖玄初** だんがいげんしょ
寛永18(1641)年～？
江戸時代前期の臨済宗の僧。
¶国書

**潭海玄昌** たんかいげんしょう
文化8(1811)年～明治31(1898)年3月27日
江戸時代末期～明治期の臨済宗僧侶。妙心寺541世。
¶仏教

**湛覚** たんかく
平安時代後期の社僧。熊野別当湛快の子。
¶古人，平史(生没年不詳)

**但観** たんかん
生没年不詳
江戸時代中期の真言宗の僧。
¶国書

**談義者トマス** だんぎしゃとます
？～慶長1(1596)年
戦国時代～安土桃山時代のキリシタン。日本二十六聖人。
¶長崎歴

**堪久** たんきゅう
→堪久（かんきゅう）

**単岌** たんきゅう
？ ～延宝3（1675）年4月29日
江戸時代前期の浄土宗の僧。
¶仏教

**湛久** たんきゅう
生没年不詳 ㊊湛久（たんく）
平安時代前期の華厳宗の僧。
¶古人（たんく），仏教，平史（たんく）

**湛教** たんきょう
平安時代後期の念仏聖。
¶古人，平史（生没年不詳）

**湛久** たんく
→湛久（たんきゅう）

**湛空** たんくう
安元2（1176）年～建長5（1253）年7月27日 ㊊正信（しょうしん）
鎌倉時代前期の浄土宗の僧。法然の門弟。
¶鎌室，国史，国書，古人，古中，人名，姓氏京都，日人，仏教，仏史

**澹空** たんくう
元文5（1740）年～文政5（1822）年10月10日
江戸時代中期～後期の浄土宗の僧・画家。
¶国書

**湛空** たんくう★
～明治23（1890）年
明治期の僧。
¶三重

**湛契** たんけい
弘仁8（817）年～元慶4（880）年10月19日
平安時代前期の天台宗の僧・官人。
¶国書

**湛慶** たんけい
承安3（1173）年～康元1（1256）年
鎌倉時代前期の仏師。運慶の長男。東寺の造像・修理に参加。
¶朝日（㊀康元1年5月19日（1256年6月13日）），岩史，角史，鎌室，京都大，国史，古人，古中，コン改，コン4，コン5，史人，重要（㊀康元1（1256）年5月19日），新潮（㊀康元1（1256）年5月19日），人名，世人，世百，全書，大百，中世，日史，日人，美建（㊀康元1（1256）年5月19日），美術，百科，仏教（㊀建長8（1256）年5月19日），仏史，仏人，平史，山川小，歴大

**端倪元弁** たんげいげんべん
？ ～安永3（1774）年5月25日
江戸時代中期の黄檗宗の僧。
¶黄檗，国書

**檀渓心涼**（檀溪心凉） だんけいしんりょう
*～文中3/応安7（1374）年
鎌倉時代後期～南北朝時代の臨済宗の僧。
¶鎌室（㊐？），人名（㊐？），日人（檀渓心凉 ㊐1302年），仏教（㊐乾元1（1302）年 ㊀応安7/文中3（1374）年8月8日）

**潭月** たんげつ
生没年不詳
江戸時代中期の浄土真宗の僧。
¶国書

**湛月紹円** たんげつしょうえん
*～寛文12（1672）年5月15日
江戸時代前期の臨済宗の僧。
¶黄檗（㊐1607年），国書（㊐慶長13（1608）年）

た

**丹下得喜** たんげとき
明治4（1871）年5月22日～昭和22（1947）年1月16日
明治～昭和期の日本聖公会伝道師。
¶キリ

**湛元** たんげん
？ ～安政2（1855）年8月
江戸時代後期～末期の臨済宗の僧。
¶国書

**端愿元珠** たんげんげんしゅ
正保1（1644）年12月20日～？
江戸時代前期～中期の黄檗宗の僧。
¶黄檗，国書

**湛元自澄** たんげんじちょう
？ ～元禄12（1699）年
江戸時代前期～中期の曹洞宗の僧。
¶国書，仏教

**探源上人** たんげんしょうにん
安政4（1857）年～明治12（1879）年
江戸時代末期～明治期の孤高独居の高僧。
¶兵庫人

**湛好** たんこう
？ ～天明7（1787）年4月10日
江戸時代中期の浄土宗の僧。
¶国書

**湛幸** たんこう
鎌倉時代後期の仏師。
¶美建，仏教（生没年不詳）

**潭光** たんこう
正徳4（1714）年～宝暦13（1763）年
江戸時代中期の僧。浄土宗太立寺15世。
¶和歌山人

**湛斅** たんごう
平安時代後期の念仏聖。
¶平家

**湛江衍原** たんこうえんげん
元禄15（1702）年～安永4（1775）年1月2日
江戸時代中期の黄檗宗の僧。
¶黄檗，国書

**断江周恩** だんこうしゅうおん
？ ～明応4（1495）年

室町時代〜戦国時代の曹洞宗の僧。
¶日人，仏教（[没]明応4（1495）年7月8日）

**丹山** たんざん
天明5（1785）年〜弘化4（1847）年　[別]上野丹山（うえのたんざん）
江戸時代後期の学僧。
¶郷土福井（上野丹山　うえのたんざん），人名，福井百

**団芝清麿** だんししょうどん
？〜永禄6（1563）年　[別]団芝清馨（だんしせいけい）
戦国時代の曹洞宗の僧。
¶人名（団芝清馨　だんしせいけい），日人，仏教（[没]永禄6（1563）年4月10日）



**団芝清馨** だんしせいけい
→団芝清麿（だんししょうどん）

**丹治経雄** たんじつねお
天保12（1841）年〜明治41（1908）年2月27日
江戸時代末期〜明治期の岩代国稲荷神社宮司。福島県民営新聞の先駆として「信夫新聞」をつくる。
¶神人，幕末，幕末大

**湛秀** たんしゅう
治暦3（1067）年〜保安3（1122）年1月15日
平安時代後期の法相宗の僧。
¶国書，古人，平史

**潭住** たんじゅう
江戸時代中期の僧。瑞光寺4代住職。
¶大阪人

**湛助** たんじょ
生没年不詳
南北朝時代の社僧・歌人。
¶国書

**但唱** たんしょう
？〜寛永18（1641）年
江戸時代前期の天台宗の僧、仏師。
¶長野歴（[生]天正7（1579）年），日人，美建，仏教（生没年不詳）

**単清** たんしょう
生没年不詳
相模国小田原の念仏僧。
¶仏教

**湛昭**（湛照） たんしょう
延喜9（909）年〜永延1（987）年
平安時代中期の法相宗の僧。
¶古人（湛照），仏教，平史（湛照）

**湛照** たんしょう
寛喜3（1231）年〜*
鎌倉時代の律宗の僧。
¶岡山人（[没]正応4（1291）年），仏教（[没]？）

**丹生祐篤** たんじょうゆうとく
嘉永1（1848）年10月10日〜大正6（1917）年8月30日
江戸時代末期〜大正期の僧。長船町正通寺第11世。
¶岡山歴

**淡水** たんすい★
〜大正6（1917）年
明治〜大正期の僧。
¶三重続

**檀随** だんずい
？〜延宝8（1680）年11月14日
江戸時代前期の浄土宗の僧。
¶仏教

**弾誓** たんぜい，たんせい，だんせい
*〜慶長18（1613）年
安土桃山時代〜江戸時代前期の浄土宗の僧。
¶神奈川人（だんせい　[生]1551年），近世（[生]1551年），国史（[生]1551年），思想史（たんせい　[生]天文21（1552）年），人名（だんせい　[生]1573年），姓氏神奈川（だんせい　[生]1551年），姓氏長野（たんせい　[生]1551年），長野歴（たんせい　[生]天文21（1552）年），日人（[生]1552年），仏教（[生]天文21（1552）年4月15日　[没]慶長18（1613）年5月25日），仏史（[生]1551年），仏人（[生]1552年），山梨百（[生]？）

**担雪** たんせつ
元治元（1864）年〜昭和19（1944）年
明治〜昭和期の小松仏心寺（臨済宗）の僧。
¶愛媛，愛媛百

**湛増** たんぞう，たんそう
大治5（1130）年〜建久9（1198）年5月8日
平安時代後期〜鎌倉時代前期の僧。熊野第21代別当。第18代別当湛快の子。
¶朝日（[生]？　[没]正治2（1200）年？），岩史，角史（生没年不詳），鎌室，郷土和歌山（[生]1129年），国史，古史，古人，古中，コン改（[没]？），コン4（[没]？），コン5（[没]？），史人，新潮，人名（たんそう　[没]？），世人（[没]？），世百（[没]？），全書（生没年不詳），中世，内乱，日史（生没年不詳），日人，百科（生没年不詳），仏教，仏史，平家（[生]大治4（1129）年），平史，歴大（[生]1129年），和歌山人

**湛智** たんち
長寛1（1163）年〜嘉禎3（1237）年？
平安時代後期〜鎌倉時代前期の天台宗の声明家。家寛の弟子智俊の門下。
¶朝日，音楽，国書（[没]？），日音，日人，仏教

**湛澄** たんちょう
慶安4（1651）年〜正徳2（1712）年　[別]染問（せんもん）
江戸時代中期の浄土宗の学僧。京都報恩寺14世。
¶近世，国史，国書（[没]正徳2（1712）年2月30日），人名，日人，仏教（[没]正徳2（1712）年2月29日，（異説）2月30日？），仏史

**檀通** だんつう
？〜延宝2（1674）年
江戸時代前期の浄土宗の僧。
¶人名，日人

**単伝** たんでん
*〜寛永15(1638)年1月10日
江戸時代前期の京都妙心寺の僧。
¶秋田人2([生]天文12年)，秋田百([生]天文11(1542)年)

**単伝文清** たんでんぶんせい
寛永16(1639)年〜享保11(1726)年
江戸時代前期〜中期の曹洞宗の僧。
¶人名([生]1634年)，日人，仏教([没]享保11(1726)年3月2日)

**湛堂円澄** たんどうえんちょう
？〜宝永1(1704)年7月20日
江戸時代前期〜中期の曹洞宗の僧。
¶国書

**湛堂元丈** たんどうげんじょう
元文5(1740)年〜文化3(1806)年5月20日
江戸時代中期〜後期の臨済宗の僧。
¶神奈川人，国書，仏教

**端堂紹粛** たんどうしょうしゅく
寛永7(1630)年〜正徳3(1713)年10月26日
江戸時代前期〜中期の臨済宗の僧。大徳寺226世。
¶仏教

**湛堂超然** たんどうちょうねん
正保3(1646)年〜享保13(1728)年
江戸時代中期の曹洞宗の僧、筑前東林寺主。
¶国書([没]享保13(1728)年1月14日)，人名，日人

**檀特教遵** だんとくきょうじゅん
弘化2(1845)年〜昭和2(1927)年1月23日
江戸時代末期〜昭和期の僧侶。
¶真宗

**湛如** たんにょ
享保1(1716)年6月27日〜寛保1(1741)年6月7日
江戸時代中期の浄土真宗の僧。
¶仏教

**湛然** たんねん
？〜延宝8(1680)年11月10日
江戸時代前期の禅僧。
¶佐賀百

**湛然元皎** たんねんげんこう
天和3(1683)年〜宝暦13(1763)年
江戸時代中期の黄檗宗の僧。
¶黄檗，国書([没]宝暦13(1763)年3月25日)

**湛然道寂** たんねんどうじゃく
寛永6(1629)年3月7日〜延宝7(1679)年7月22日
江戸時代前期の黄檗宗の僧。
¶黄檗，国書

**団野弘行**(團野弘行) だんのひろゆき
明治44(1911)年〜平成12(2000)年
明治〜平成期の曹洞宗陽谷山龍宝寺住職。横浜国立大学図書館事務長、鶴見大学文学部教授。
¶図人(團野弘行)

**丹波全宗** たんばぜんそう
→施薬院全宗(やくいんぜんそう)

**丹波弥十郎** たんばやじゅうろう
生没年不詳
江戸時代前期の上方出身のキリシタン、鉱山師。
¶姓氏岩手

**丹福成** たんふくせい
→丹福成(たじひのふくなり)

**丹峯** たんぽう
生没年不詳
室町時代の臨済宗の僧。
¶国書

**昰峰海晧**(昰峰海皓) たんぽうかいこう
寛文9(1669)年〜寛保3(1743)年6月18日
江戸時代中期の黄檗宗の僧。
¶黄檗，国書(昰峰海皓)

**湛益** たんやく
？〜万治3(1660)年12月20日
江戸時代前期の浄土宗の僧。
¶仏教

**単誉** たんよ
慶長3(1598)年〜天和4(1684)年2月3日
江戸時代前期の浄土宗の僧。
¶仏教

**探誉** たんよ
生没年不詳
江戸時代後期の浄土宗の僧。
¶国書

**湛誉** たんよ
生没年不詳
平安時代中期の僧侶。
¶和歌山人

**丹誉** たんよ★
生没年不詳
江戸時代後期の仏師。
¶秋田人2

**団誉** だんよ
慶長13(1608)年〜寛文12(1672)年7月27日
江戸時代前期の浄土宗の僧。
¶仏教

**団竜** だんりゅう
？〜延宝7(1679)年5月20日
江戸時代前期の浄土宗の僧。
¶仏教

**団了** だんりょう
？〜天和2(1682)年3月
江戸時代前期の浄土宗の僧。
¶埼玉人，仏教

**単霊** たんれい
？〜安永9(1780)年7月10日
江戸時代中期の浄土宗の僧。

¶国書

**湛霊** たんれい
？ ～嘉永4(1851)年
江戸時代末期の浄土宗西山派の僧、紀伊総持寺の住職。
¶人名

**丹嶺祖衷** たんれいそちゅう
寛永1(1624)年11月7日～宝永7(1710)年7月16日
江戸時代前期～中期の曹洞宗の僧。
¶黄檗，国書，人名，日人，仏教



## 【ち】

**智威** ちい
生没年不詳
奈良時代の渡来僧。
¶仏教

**智雲** ちうん
？ ～永正13(1516)年8月14日
戦国時代の浄土宗の僧。増上寺6世。
¶仏教

**智運禅察** ちうんぜんさつ
文化8(1811)年～明治27(1894)年？
江戸時代後期～明治期の田沼・普應山興聖寺住職、私塾指導者。
¶栃木歴

**智雲尼** ちうんに
生没年不詳
江戸時代の尼僧。元京都島原の遊女。
¶女性

**知影** ちえい
宝暦12(1762)年～文政8(1825)年9月24日
江戸時代中期～後期の声明家、浄土真宗本願寺派僧。
¶国書，日音(㊐宝暦13(1763)年)，仏教

**智栄** ちえい
生没年不詳
江戸時代中期の曹洞宗の僧。
¶国書

**智瑛** ちえい
？ ～安永2(1773)年2月25日
江戸時代中期の浄土宗の僧。増上寺48世。
¶仏教

**崔麟** ちぇいん
李朝・高宗14(1878)年12月23日～？
明治期の朝鮮の宗教家。
¶日人

**智円**(1) ちえん
生没年不詳
飛鳥時代の僧。
¶仏教

**智円**(2) ちえん
？ ～嘉永4(1851)年
江戸時代後期の浄土真宗大谷派の僧。
¶姓氏石川

**智演** ちえん
→澄円(2)(ちょうえん)

**智淵**(1) ちえん
？ ～大宝2(702)年12月
飛鳥時代の法相宗の僧。
¶仏教

**智淵**(2) ちえん
元慶6(882)年～応和3(963)年
平安時代前期～中期の天台僧。
¶古人，平史

**智淵**(3) ちえん
生没年不詳
江戸時代中期の天台宗の僧。
¶国書

**智応** ちおう
享和3(1803)年～安政4(1857)年10月24日
江戸時代後期～末期の真言律宗の僧。
¶国書

**智翁永宗** ちおうえいしゅう
文中1/応安5(1372)年～応永33(1426)年
南北朝時代～室町時代の曹洞宗の僧。
¶鎌室，人名，日人，仏教(㊣応永33(1426)年10月22日)

**致遠** ちおん
元禄9(1696)年～宝暦11(1761)年11月13日
江戸時代中期の浄土真宗の僧。
¶国書

**智海**(1) ちかい
生没年不詳
鎌倉時代前期の天台宗の僧・歌人。
¶国書

**智海**(2) ちかい
？ ～嘉元4(1306)年4月27日 ㊕心慧(しんえ)，道照(どうしょう)
鎌倉時代後期の律宗の僧。鎌倉覚園寺開山。
¶鎌古(心慧 しんえ ㊐？)，鎌室(生没年不詳)，国史(心慧 しんえ)，国書，古中(心慧 しんえ)，人書94(生没年不詳)，新潮(生没年不詳)，人名，日人，仏教，仏史(心慧 しんえ)

**智涯** ちがい
生没年不詳
江戸時代中期の浄土真宗の僧。
¶国書

**智鎧**(智愷) ちがい
＊～延長7(929)年
平安時代前期～中期の華厳宗の僧。東大寺38世。
¶古人(智愷 ㊐842年？)，日人(㊐842年)，仏教(㊐嘉祥2(849)年，(異説)承和12(845)年

[没]延長7(929)年8月8日,(異説)延長8(930)年8月8日),平史(智愷　[生]842年)

**智海心慧** ちかいしんえ
？ ～徳治1(1306)年　[別]心慧智海(しんえちかい)
鎌倉時代後期の律宗の僧。鎌倉覚園寺開山。
¶神奈川人(心慧智海　しんえちかい),鎌倉,鎌倉新([生]？),姓氏神奈川

**智海宗徹** ちかいそうてつ
生没年不詳
室町時代～戦国時代の曹洞宗の僧。
¶仏教

**智外鉄忍** ちがいてつにん
生没年不詳
江戸時代中期の曹洞宗の僧。
¶国書

**智郭** ちかく
享保2(1717)年～寛政1(1789)年
江戸時代中期～後期の宗教家。
¶姓氏岩手

**痴学大猊** ちがくだいげい
生没年不詳
江戸時代中期の曹洞宗の僧。
¶国書

**近角常観** ちかずみじょうかん
明治3(1870)年3月24日～昭和16(1941)年12月3日
明治～大正期の真宗大谷派僧侶。国家の宗教統制を批判。親鸞信仰の宣揚教化に務めた。
¶郷土滋賀([生]1869年　[没]1931年),近現,近文,現朝,国史,コン改,コン5,滋賀百([生]1869年　[没]1931年),滋賀文,史人,思想史,昭人([生]明治3(1870)年3月24日),真宗,新潮,人名7,世紀([生]明治3(1870)年3月24日),哲学,渡航,日人,仏教,仏人,民学,明治史

**千勝重次** ちかつしげつぐ
大正5(1916)年5月13日～昭和47(1972)年1月31日
昭和期の国文学者、歌人、神官。
¶短歌

**親徳** ちかのり
寛政12(1800)年～慶応1(1865)年2月29日
江戸時代後期～末期の薩摩国鹿児島諏方大明神神主。
¶公家

**近松摂真** ちかまつせつしん
享和1(1801)年2月9日～明治14(1881)年11月5日
江戸時代後期～明治期の僧侶。
¶真宗

**近松尊定** ちかまつそんじょう
元治1(1864)年～大正6(1917)年
明治～大正期の僧。
¶真宗([生]元治1(1864)年2月20日　[没]大正6(1917)年6月3日),世紀([没]大正6(1917)年5月31日),日人

**知鑑** ちかん
慶長11(1606)年～延宝6(1678)年3月6日
江戸時代前期の浄土宗の僧。鎌倉光明寺40世、知恩院37世。
¶国書,日人,仏教

**智侃** ちかん
→直翁智侃(じきおうちかん)

**智寛** ちかん
生没年不詳
江戸時代中期の天台宗の僧。
¶国書

**智観** ちかん
宝永7(1710)年～？
江戸時代中期の天台宗の僧。
¶国書

**智関** ちかん
？ ～明治1(1868)年
江戸時代後期～末期の子女教育に尽くした尼僧。
¶姓氏長野,長野歴

**智観〈東京都〉** ちかん★
江戸時代末期の尼僧。教育。安政年間長崎村金剛院で私塾を開く。
¶江表(智観(東京都))

**智巌** ちがん
生没年不詳
江戸時代中期の曹洞宗の僧。
¶国書

**智関禅尼** ちかんぜんに
？ ～慶応4(1868)年2月26日
江戸時代後期～末期の女性。尼僧。
¶女性

**智顔白逢** ちがんはくほう
元禄9(1696)年～天明7(1787)年
江戸時代中期の曹洞宗の僧。
¶国書

**智暉** ちき
享保2(1717)年～天明4(1784)年12月15日
江戸時代中期の真言宗の僧。
¶国書,日人([没]1785年),仏教

**智教(1)** ちきょう
永正15(1518)年～慶長2(1597)年12月2日
戦国時代～安土桃山時代の浄土宗の僧。
¶埼玉人

**智教(2)** ちきょう
正徳5(1715)年～寛政3(1791)年7月11日
江戸時代中期～後期の浄土真宗の僧。
¶国書

**智鏡** ちきょう
生没年不詳　[別]月翁智鏡(げつおうちきょう),月翁(げつおう),明観(みょうかん)

鎌倉時代前期の僧。
¶鎌室(月翁智鏡　げつおうちきょう), 鎌室, 国史, 国書, 古中, 新潮, 人名, 対外, 日人, 仏教, 仏史

**智教院知来** ちきょういんちらい
生没年不詳
江戸時代末期の歌僧。
¶東三河

**千木良昌庵** ちぎらしょうあん
天保13(1842)年～明治12(1879)年
江戸時代末期・明治期のキリスト者。安中教会初代信者。
¶群新百

ち

**竹庵大縁** ちくあんだいえん
正平17/貞治1(1362)年～永享11(1439)年
南北朝時代～室町時代の臨済宗の僧。建仁寺129世、東福寺114世、南禅寺128世、天竜寺73世。
¶国書([没]永享11(1439)年4月23日), 仏教([没]永享11(1439)年4月23日, (異説)文正1(1466)年12月)

**竹院** ちくいん
→竹院昌筠(ちくいんしょういん)

**竹院昌筠** ちくいんしょういん
寛政8(1796)年～慶応3(1867)年　[別]竹院(ちくいん)
江戸時代末期の僧。
¶神奈川人, 鎌倉, 新潮([没]慶応3(1867)年3月28日), 日人, 幕末(竹院　ちくいん　[没]1867年5月1日), 幕末大(竹院　ちくいん　[没]慶応3(1867)年3月27日)

**知空(1)** ちくう
南北朝時代の大原流天台の声明家。
¶国書(生没年不詳), 日音

**知空(2)** ちくう
元和3(1617)年～延宝8(1680)年5月18日　[別]唯称(ゆいしょう)
江戸時代前期の浄土宗西山派の僧。壬生派の祖。
¶近世, 国史, 国書, 人名, 日人, 仏教([生]元和2(1616)年11月), 仏史

**知空(3)** ちくう
寛永11(1634)年～享保3(1718)年8月13日
江戸時代前期～中期の浄土真宗本願寺派の学匠。
¶近世, 国史, 国書, 人名, 日人, 仏教, 仏史, 仏人

**智空** ちくう
生没年不詳
江戸時代中期の天台宗の僧。
¶国書

**痴空** ちくう
→慧澄(えちょう)

**逐翁元蘆** ちくおうげんろ
享保1(1716)年～寛政1(1789)年
江戸時代中期～後期の僧、画人。
¶姓氏岩手

**竹翁宗松** ちくおうそうしょう
？ ～明応8(1499)年
室町時代～戦国時代の曹洞宗の僧。
¶岡山百([没]明応5(1496)年5月5日), 日人, 仏教

**竹澗宗紋** ちくかんそうもん
大永7(1527)年～慶長4(1599)年12月5日
戦国時代～安土桃山時代の臨済宗の僧。大徳寺123世。
¶仏教

**竹巌道貞** ちくがんどうてい
寛永15(1638)年～元禄2(1699)年1月22日
江戸時代前期～中期の黄檗宗の僧。
¶黄檗

**竹渓周休** ちくけいしゅうきゅう
安永4(1775)年～嘉永5(1852)年
江戸時代中期～後期の僧侶・詩人。
¶群馬人, 姓氏群馬

**竺原超西** ちくげんちょうさい
南北朝時代の曹洞宗の僧。
¶姓氏石川

**竹居正猷** ちくごしょうゆう
→正猷(しょうゆう)

**千草如元** ちぐさにょげん
安土桃山時代の篤信家。皇太神宮祭主大中臣慶忠に三重郡黒田領家米成半分を寄進。
¶織田2

**竺山得仙** ちくさんとくせん
→竺山得仙(じくさんとくせん)

**竹処** ちくしょ
寛政6(1794)年～嘉永6(1853)年
江戸時代末期の僧。
¶岡山人, 岡山百([生]寛政5(1793)年), 岡山歴([没]嘉永6(1853)年2月6日)

**竹処崇園** ちくしょすうえん
～応永19(1412)年
室町時代の僧。中呂の円通寺の開基。
¶飛驒

**竹窓智厳** ちくそうちげん
？ ～応永30(1423)年　[別]竹窓智厳(ちくそうちごん)
室町時代の曹洞宗の僧。
¶鎌室, 国書(ちくそうちごん　[没]応永30(1423)年8月9日), 人名, 日人(ちくそうちごん), 飛驒([生]？　[没]応永30(1423)年8月9日), 仏教(ちくそうちごん　[没]応永30(1423)年8月5日)

**竹窓智厳** ちくそうちごん
→竹窓智厳(ちくそうちげん)

**竹端** ちくたん
貞享4(1687)年～宝暦6(1756)年1月15日
江戸時代中期の浄土宗の僧。
¶仏教

**竹堂東雅** ちくどうとうが
正保4(1647)年～宝永3(1706)年
江戸時代前期～中期の僧。臨済宗禅月山慈明寺第1世。
¶姓氏宮城

**竹堂利賢** ちくどうりけん
？ ～弘治3(1557)年8月21日
戦国時代の曹洞宗の僧。
¶仏教

**竺堂了源** ちくどうりょうげん
生没年不詳
南北朝時代の曹洞宗の僧。
¶仏教

**竹馬光篤** ちくばこうとく
応永26(1419)年～文明3(1471)年 ㊙竹馬光篤(ちくまこうとく)
室町時代の僧。
¶鎌室，人名，日人(ちくまこうとく)，仏教(ちくまこうとく ㊥文明3(1471)年9月27日)

**竺芳宗仙** ちくほうそうせん
生没年不詳
室町時代の曹洞宗の僧。
¶仏教

**竹間清臣** ちくまきよおみ
文久3(1863)年～大正12(1923)年
明治～大正期の神職。
¶神人

**竹馬光篤** ちくまこうとく
→竹馬光篤(ちくばこうとく)

**竹林** ちくりん
宝暦10(1760)年～寛政12(1800)年
江戸時代中期～後期の真言僧。
¶香川人，香川百，人名(㊤？)

**竹林坊光映** ちくりんぼうこうえい
文政2(1819)年12月19日～明治28(1895)年8月15日 ㊙光映(こうえい)，赤松光映(あかまつこうえい)
江戸時代末期～明治期の僧。
¶維新，大分歴，国書(光映 こうえい)，人名，日人(赤松光映 あかまつこうえい ㊤1820年)，幕末，幕末大(㊤文政2(1820)年12月19日)，仏教(赤松光映 あかまつこうえい)，仏人(光映 こうえい ㊥1885年)，明大1

**智慶**(1) ちけい
生没年不詳
鎌倉時代の浄土宗の僧。
¶仏教

**智慶**(2) ちけい
？ ～慶長17(1612)年
安土桃山時代～江戸時代前期の僧。善光寺大本願の中興開山、甲斐善光寺3世。
¶長野歴

**智憬** ちけい
生没年不詳
奈良時代の東大寺の僧。良弁直系の弟子。
¶国史，国書，古人，古代，古代普，古中，日人，仏史

**致敬** ちけい
生没年不詳
江戸時代中期の浄土真宗の僧。
¶国書

**智慧諦定** ちけいたいじょう
文政12(1829)年～明治38(1905)年
江戸時代末期～明治期の尼僧。関東尼僧取締。寺子屋で村の児童の教育を行い、僧、尼の指導、僧俗教化に尽力。
¶朝日(㊥明治38(1905)年6月23日)，日人

ち

**遅月庵空阿** ちげつあんくうあ
→如日(にょにち)

**知元** ちげん
？ ～享保17(1732)年
江戸時代中期の出羽国の僧侶。
¶姓氏鹿児島

**智眼**(1) ちげん
建久6(1195)年～？
鎌倉時代前期の僧。
¶和歌山人

**智眼**(2) ちげん
？ ～慶長2(1597)年3月27日
安土桃山時代の浄土宗の僧。
¶仏教

**智眼**(3) ちげん
寛政10(1798)年～明治1(1868)年
江戸時代後期～末期の浄土真宗西派の学僧。
¶姓氏富山

**智幻** ちげん
？ ～貞享1(1684)年9月9日
江戸時代前期の浄土宗の僧。
¶仏教

**智玄** ちげん
鎌倉時代前期の名医。
¶人名，日人(生没年不詳)

**智現** ちげん
？ ～天保6(1835)年1月14日
江戸時代後期の浄土真宗の僧。
¶国書，仏教，仏人

**知幻元成** ちげんげんじょう
生没年不詳
江戸時代前期～中期の黄檗宗の僧。
¶黄檗，国書

**智興** ちこう
寛文1(1661)年11月23日～享保13(1728)年6月18日
江戸時代中期の真言宗の僧。智積院14世。

¶国書，仏教，仏人（[生]1662年）

**智光** ちこう
和銅2（709）年～＊
奈良時代の僧。
¶朝日（生没年不詳），国史（生没年不詳），国書（[生]和銅2（709）年頃　[没]？），古人（[生]？　[没]744年），古代（[没]？），古代普（[没]？），古中（[没]？），コン改（生没年不詳），コン4（生没年不詳），コン5，史人（[生]709年？　[没]？），思想史，新潮（生没年不詳），人名，世人（生没年不詳），全書（生没年不詳），大百，日思（[没]宝亀年間頃（80？）年），日史（生没年不詳），日人（[没]780年？），美術（生没年不詳），百科（生没年不詳），仏教（[没]宝亀年間（770～780年）？），仏史（生没年不詳），仏人（[没]780年頃），名僧（生没年不詳），歴大（生没年不詳）



**智好(1)** ちこう
生没年不詳
江戸時代前期の僧侶。
¶国書

**智好(2)** ちこう
正徳1（1711）年～安永9（1780）年11月24日
江戸時代中期の真言宗の僧。
¶国書

**智広** ちこう
？　～明治12（1879）年11月
江戸時代後期～明治期の僧侶。
¶真宗

**智弘** ちこう
生没年不詳
平安時代前期の真言宗の僧。
¶仏教

**智光浄透** ちこうじょうとう
元禄14（1701）年～安永1（1772）年11月23日
江戸時代中期の黄檗宗の僧。
¶黄檗

**智光上人** ちこうしょうにん
～承和2（835）年
平安時代前期の真言僧。
¶高知人

**智轂(1)** ちこく
明和3（1766）年～天保5（1834）年3月9日
江戸時代中期～後期の真言宗の僧。
¶国書，島根百，島根歴，仏教

**智轂(2)** ちこく
生没年不詳
江戸時代後期の浄土真宗の僧。
¶国書

**痴兀** ちこつ
寛喜元（1229）年～正和元（1312）年
鎌倉時代後期の西条保国寺（臨済宗東福寺派）の中興開山。
¶愛媛

**痴兀大慧** ちこつたいえ，ちこつだいえ
寛喜1（1229）年～正和1（1312）年11月22日　[別]大慧（たいえ，だいえ）
鎌倉時代後期の臨済宗の僧。東福寺9世。
¶国書（ちこつだいえ），世人，日人（ちこつだいえ），仏教（ちこつだいえ），仏人（大慧　だいえ），三重続（大慧）

**智厳** ちごん
生没年不詳
江戸時代中期の天台宗の僧。
¶国書

**智察** ちさつ
→以安智察（いあんちさつ）

**痴山** ちざん
生没年不詳
江戸時代前期の天台宗の僧。
¶国書

**知嗣妙田** ちしみょうでん
生没年不詳
江戸時代後期の曹洞宗の僧。
¶国書

**知周** ちしゅう
～寛保3（1743）年9月21日
江戸時代中期の僧侶。
¶庄内

**智周** ちしゅう
万治2（1659）年～寛保3（1743）年9月21日
江戸時代中期の天台宗の僧。
¶国書，日人，仏教

**智宗** ちしゅう
[別]智宗（ちそう）
飛鳥時代の大唐学問僧。
¶古代（ちそう），古代普（ちそう），日人（ちそう　生没年不詳），仏教（生没年不詳）

**知俊** ちしゅん
延宝8（1680）年～宝暦5（1755）年8月6日
江戸時代前期～中期の浄土宗の僧。
¶国書

**智舜** ちしゅん
生没年不詳
鎌倉時代の三論宗の僧。
¶仏教

**智準** ちじゅん
生没年不詳
江戸時代後期の浄土真宗の僧。
¶国書

**智順(1)** ちじゅん
生没年不詳
平安時代後期の絵仏師。
¶朝日，古人，新潮，日史，日人，美術，百科，仏教，平史，名画

**智順(2)　ちじゅん**
享禄3(1530)年～元和4(1618)年10月1日
安土桃山時代～江戸時代前期の浄土宗の僧。
¶仏教([没]元和4(1618)年10月1日,(異説)10月2日?)

**致淳　ちじゅん**
生没年不詳
江戸時代後期の浄土真宗の僧。
¶国書

**智照　ちしょう**
建長6(1254)年～?
鎌倉時代後期の華厳宗の僧。
¶国書,仏教

**智璋　ちしょう**
生没年不詳
江戸時代後期の浄土真宗の僧。
¶国書

**智韶　ちしょう**
?～延享5(1748)年2月3日
江戸時代中期の天台宗の僧。
¶国書

**智浄　ちじょう**
?～永禄10(1567)年
戦国時代の信濃善光寺の尼僧。
¶朝日,日人

**智定　ちじょう**
生没年不詳
江戸時代前期の黄檗宗の僧。
¶国書

**智照元珠　ちしょうげんしゅ**
生没年不詳
江戸時代中期の黄檗宗の僧。
¶国書

**知乗尼**(智乗尼)　**ちじょうに**
→森知乗尼(もりちじょうに)

**千々石ミゲル　ちじわみげる**
→千々石ミゲル(ちぢわみげる)

**智真(1)　ちしん**
?～正治2(1200)年
平安時代後期～鎌倉時代前期の高野山僧。
¶古人([生]?),平史

**智真(2)　ちしん**
→一遍(いっぺん)

**知真庵　ちしんあん**
生没年不詳
江戸時代後期の心学者。真言宗の僧。
¶国書

**智酔　ちすい★**
～宝暦3(1753)年7月15日
江戸時代中期の僧。秋田藩士。
¶秋田人2

**痴絶伝心　ちぜつでんしん**
慶安1(1648)年～宝永5(1708)年　[別]伝心痴絶(でんしんちぜつ)
江戸時代前期～中期の曹洞宗の僧。
¶人名(伝心痴絶　でんしんちぜつ),日人,仏教([没]宝永5(1708)年10月13日)

**知闡　ちせん**
?～延宝3(1675)年4月27日
江戸時代前期の浄土宗の僧。
¶仏教

**智仙　ちせん**
生没年不詳
江戸時代後期の恩名村一乗尼寺の尼僧。
¶姓氏神奈川

**智川　ちせん**
元禄11(1698)年～?
江戸時代中期の天台宗の僧。
¶国書

**智泉(1)　ちせん**
延暦8(789)年～天長2(825)年
平安時代前期の真言宗の僧。空海十大弟子の一人。
¶朝日([生]延暦8年2月14日(789年3月15日) [没]天長2年2月14日(825年3月7日)),国史,古人,古代,古代普,古中,コン改,コン4,コン5,新潮([没]天長2(825)年2月14日,(異説)5月14日),人名,日人,仏教([生]延暦8(789)年2月14日　[没]天長2(825)年2月14日,(異説)5月14日),仏史,仏人,平史,和歌山人

**智泉(2)　ちせん**
→智泉聖通(ちせんしょうつう)

**智詮　ちせん**
平安時代後期～鎌倉時代前期の僧。
¶古人,平史(生没年不詳)

**智暹　ちせん**
元禄15(1702)年～明和5(1768)年5月14日
江戸時代中期の浄土真宗本願寺派の学匠。
¶近世,国史,国書,人名([生]1690年),日人,兵庫百([生]元禄3(1690)年　[没]?),仏教([生]元禄15(1702)年10月),仏史,仏人([生]1690年)

**知善〈東京都〉ちぜん★**
～安政3(1856)年
江戸時代末期の女性。宗教。出自不明。禊教門中三浦隼人の妻。
¶江表(知善(東京都))

**智泉聖通　ちせんしょうつう**
延慶2(1309)年～元中5/嘉慶2(1388)年　[別]智泉(ちせん)
鎌倉時代後期～南北朝時代の女性。尼僧。尊雅王の王女。
¶朝日([没]嘉慶2/元中5年11月25日(1388年12月24日)),鎌室,女性(智泉　ちせん　[没]元中5(1388)年11月25日),人名(智泉　ちせん),日人

**知聡** ちそう
飛鳥時代の大唐学問僧。
¶古代，古代普

**智宗** ちそう
→智宗（ちしゅう）

**智聡(1)** ちそう
生没年不詳
飛鳥時代の留学僧。
¶仏教

**智聡(2)** ちそう
？ ～天文14（1545）年4月3日
戦国時代の浄土宗の僧。鎌倉光明寺15世。
¶日人（生没年不詳），仏教



**智蔵(1)** ちぞう
生没年不詳
飛鳥時代の三論宗の学僧。わが国三論の第2伝。
¶国史，古代，古代普，古中，詩歌，人名，全書，大百，日人，仏教，仏史，和俳

**智蔵(2)** ちぞう
飛鳥時代の三論宗の僧。
¶古人，思想史，対外，仏教（生没年不詳）

**智蔵(3)** ちぞう
生没年不詳
江戸時代中期の天台宗の僧。
¶国書

**智蔵(4)** ちぞう
寛保3（1743）年～文化9（1812）年7月6日
江戸時代中期～後期の浄土真宗の僧。
¶国書

**智荘厳院応政** ちそうげんいんおうせい
～慶長20（1615）年
江戸時代前期の高野山僧徒。真田信繁の招聘により大坂城に籠り、木村重成の手に属した。
¶大坂

**知足(1)** ちそく
生没年不詳
江戸時代中期の天台宗の僧。
¶国書

**知足(2)** ちそく
生没年不詳
江戸時代中期の日蓮宗の僧。
¶国書

**知足軒** ちそくけん
生没年不詳
江戸時代前期の浄土真宗の僧。
¶国書

**智存** ちそん
？ ～文化12（1815）年
江戸時代中期～後期の僧・俳人。
¶姓氏神奈川

**智尊** ちそん
万寿4（1027）年～永久2（1114）年
平安時代中期～後期の興福寺僧。
¶古人，平史

**智沢浄深** ちたくじょうしん
？ ～宝暦10（1760）年7月5日
江戸時代中期の黄檗宗の僧。
¶黄檗，国書

**智達(1)** ちたつ
生没年不詳
飛鳥時代の法相宗の学僧。わが国法相宗の第2伝。
¶国史，古代，古代普，古中，コン改，コン4，コン5，人名，対外，日人，仏教，仏史

**智達(2)** ちたつ
明和8（1771）年～文政5（1822）年閏1月17日
江戸時代中期～後期の浄土真宗の僧。
¶国書

**知脱** ちだつ
？ ～安永9（1780）年12月21日
江戸時代中期の真言宗の僧。
¶国書

**智短** ちたん
？ ～永禄6（1563）年3月15日
戦国時代の浄土宗の僧。
¶仏教

**智端** ちたん
生没年不詳
江戸時代前期の真言宗の僧。
¶国書

**千々岩清左衛門** ちぢいわせいざえもん
→千々石ミゲル（ちぢわみげる）

**千々石清左衛門** ちぢわせいざえもん
→千々石ミゲル（ちぢわみげる）

**千々和直信** ちぢわなおのぶ
天和2（1682）年～宝暦13（1763）年
江戸時代中期の国学者、筑前遠賀郡香月村の神職。
¶人名，日人

**千々石ミゲル** ちぢわみげる，ちじわみげる
*～？　㊞千々岩清左衛門（ちぢいわせいざえもん），千々石清左衛門（ちぢわせいざえもん），ドン・ミゲル
安土桃山時代～江戸時代前期の天正遣欧少年使節の一人。
¶朝日（千々石清左衛門　ちぢわせいざえもん　㊤元亀1（1570）年），岩史（㊤1569（永禄12）年頃），海越（ちじわみげる　㊤永禄12（1569）年），海越新（㊤永禄12（1569）年），角史（㊤永禄12（1569）年？），郷土長崎（千々石清左衛門　ちぢわせいざえもん　生没年不詳），キリ（㊤元亀1（1570）年頃　㊦元和9（1623）年以降），近世（㊤1570年），国史（㊤1570年），コン改（千々石清左衛門　ちぢわせいざえもん　生没年不詳），コン4（千々石清左衛門　ちぢわ

せいざえもん　生没年不詳），コン5（千々石清左衛門　ちぢわせいざえもん），史人（[生]1569年，（異説）1570年），重要（生没年不詳），新潮（[生]永禄12（1569）年頃），人名（千々石清左衛門　ちぢわせいざえもん），世人（生没年不詳），世百，戦国（千々岩清左衛門　ちぢいわせいざえもん），全書（[生]1569年，（異説）1570年），戦人（生没年不詳），全戦（[生]元亀1（1570）年），対外（[生]1570年　[没]？），大百，中世（[生]1570年　[没]？），日史（[生]元亀1（1570）年），日人（[生]1570年？），藩臣7（[生]永禄12（1569）年頃），藩臣7（千々石清左衛門　ちぢわせいざえもん　[生]永禄12（1569）年？），百科（[生]元亀1（1570）年），平日（[生]1570？），山川小（[生]1569年，1570年　[没]？），歴大（[生]1569年）

**智通(1)　ちつう**
生没年不詳
飛鳥時代の法相宗の僧。わが国法相宗の第1伝あるいは第2伝。
¶国史，古人，古代，古代普，古中，コン改，コン4，コン5，史人，新潮，人名，世人，全書，対外，日人，仏教，仏史

**智通(2)　ちつう**
正和3（1314）年～応永10（1403）年5月1日　[別]光居（こうご）
南北朝時代～室町時代の浄土宗西山派の僧。美濃立政寺の開山。
¶鎌室，国史，国書，古中，新潮，世人，日人，仏教，仏史

**知哲　ちてつ**
慶長7（1602）年～寛文9（1669）年8月10日
江戸時代前期の浄土宗の僧。
¶国書，仏教

**知徹　ちてつ★**
文政4（1821）年7月～明治16（1883）年2月
江戸時代末期・明治期の生保内東源寺の僧。
¶秋田人2

**智典　ちてん**
？　～文久3（1863）年
江戸時代後期～末期の僧。
¶日人

**知伝　ちでん**
？　～寛文7（1667）年
江戸時代前期の浄土宗の僧。
¶仏教

**知電　ちでん**
生没年不詳
江戸時代中期の浄土真宗の僧。
¶国書

**智伝　ちでん**
延宝8（1680）年9月～延享2（1745）年9月27日
江戸時代前期～中期の浄土真宗の僧。
¶国書

**智灯　ちとう**
生没年不詳
江戸時代前期の真言宗の僧。
¶国書

**知童　ちどう**
天正2（1574）年3月～寛永16（1639）年1月9日
安土桃山時代～江戸時代前期の浄土宗の僧。増上寺19世。
¶仏教

**知道(1)　ちどう**
生没年不詳
鎌倉時代の僧。「好夢十因」の著者。
¶国史，国書，古中，姓氏京都，歴大

**知道(2)　ちどう**
生没年不詳
江戸時代後期の僧侶。
¶国書

**智堂　ちどう**
享保11（1726）年3月～寛政12（1800）年5月16日
江戸時代中期～後期の浄土宗の僧。増上寺53世。
¶国書，仏教

**智洞(1)　ちどう**
生没年不詳
江戸時代前期～中期の僧侶。
¶国書

**智洞(2)　ちどう**
享保13（1728）年～安永8（1779）年
江戸時代中期の浄土真宗の僧。
¶国書（[没]安永8（1779）年10月28日），姓氏石川（[生]？），日人，仏教（[生]享保13（1728）年，（異説）享保5（1720）年）

**智洞(3)　ちどう，ちとう**
元文1（1736）年～文化2（1805）年10月22日
江戸時代中期～後期の浄土真宗本願寺派の学僧。西本願寺第7代能化。
¶朝日（[没]文化2年10月22日（1805年12月12日）），近世，国史，国書，コン改（生没年不詳），コン4（生没年不詳），コン5，史人，思想史，新潮，人名（ちとう　[生]？　[没]1806年），日人，仏教，仏史，仏人

**智道（知道）　ちどう**
？　～元治1（1864）年7月13日
江戸時代末期の浄土真宗の僧。
¶国書（知道），仏教

**智幢(1)　ちどう**
安永9（1780）年～天保4（1833）年11月22日
江戸時代後期の浄土真宗の僧。
¶国書，仏教

**智幢(2)　ちどう**
享和2（1802）年～明治2（1869）年
江戸時代末期の僧。
¶維新，長崎遊

ち

**智灯照玄** ちとうしょうげん
寛文5（1665）年9月25日～元文4（1739）年11月28日
江戸時代中期の曹洞宗の僧。
¶仏教

**智得** ちとく
弘長1（1261）年～元応2（1320）年7月1日
鎌倉時代後期の時宗の僧。
¶神奈川人，国書，埼玉人，仏教

**千歳俊田** ちとせしゅんでん
明治37（1904）年～昭和57（1982）年
昭和期の僧。天台宗千歳山平泉寺住職。
¶山形百

**千載万香美** ちとせまかみ
明治30（1897）年11月17日～昭和61（1986）年3月21日
昭和期の宗教家。革真宗教日本教を開創。
¶女性，女性普

**千鳥祐春** ちどりすけはる
→中臣祐春（なかとみすけはる）

**痴鈍空性** ちどんくうしょう
？～正安3（1301）年6月28日
鎌倉時代後期の臨済宗の僧。建仁寺14世、建長寺8世。
¶仏教（㉒正安3（1301）年6月28日，（異説）正安2（1300）年7月28日）

**千野於菟** ちのおと
生没年不詳
江戸時代末期の神職。
¶神人

**千乃裕子** ちのゆうこ
昭和9（1934）年1月26日～
昭和期の宗教家。
¶現執2期

**千葉篤胤** ちばあつたね
生没年不詳
江戸時代中期の神職。
¶国書

**智白** ちはく
生没年不詳
江戸時代前期～中期の浄土宗の僧。
¶仏教

**千葉康之** ちばこうし
明治10（1877）年3月28日～昭和25（1950）年9月5日
明治～昭和期の僧侶。
¶佐賀百，真宗

**千葉佐惣治** ちばさそうじ★
安政5（1858）年9月17日～昭和5（1930）年3月22日
明治～昭和期のギリシャ正教普及者。
¶秋田人2

**千葉真明** ちばさねあき
生没年不詳
江戸時代末期の神職。
¶神人

**千葉秀薫** ちばしゅうくん
明治18（1885）年～昭和15（1940）年
明治～昭和期の僧。薬王院住職、毛越寺副住職。
¶姓氏岩手

**千葉省一** ちばしょういち
明治33（1900）年～昭和63（1988）年
大正～昭和期の僧侶。
¶姓氏宮城

**千葉照源** ちばしょうげん
明治40（1907）年～
昭和期の僧侶。
¶群馬人

**千葉乗隆** ちばじょうりゅう
大正10（1921）年5月4日～
昭和～平成期の仏教学者、真宗僧侶。龍谷大学教授。
¶現執1期，現情

**千葉胤香** ちばたねか
生没年不詳
江戸時代後期の瀬戸明神社神主。
¶神奈川人

**千葉智城** ちばちじょう
寛政4（1792）年～明治4（1871）年
江戸時代後期～明治期の僧。今村宝蓮寺12世住職。
¶姓氏愛知

**千葉文山** ちばぶんざん
文政9（1826）年～明治39（1906）年
江戸時代後期～明治期の僧。気仙郡盛町洞雲寺の住職。
¶姓氏岩手

**千葉満定** ちばまんじょう
文久2（1862）年7月25日～昭和15（1940）年7月25日
明治～昭和期の声明家。
¶日音

**千葉倭人** ちばやまと
嘉永5（1852）年～
明治期の神職。
¶神人

**千葉勇五郎** ちばゆうごろう
明治3（1870）年8月13日～昭和21（1946）年4月21日
明治～昭和期の牧師。関東学院長。バプテスト教会牧師。著書に「イエス研究」「パウロ研究」など。
¶海越新，神奈川人，神奈川百，キリ（㊐明治3年8月13日（1870年9月8日）），近現，現情，国史，コン改，コン4，コン5，史人，昭人，新潮，人名7，世紀，哲学，渡航（㊐1870年9月8日），日人，日Y，明治史

**千原豊太** ちはらとよた
明治18（1885）年～昭和19（1944）年
明治～昭和期の郷土史家、神官。
¶大分歴，郷土

**千葉良導** ちばりょうどう
明治15（1882）年1月15日～昭和31（1956）年5月20日
明治～昭和期の浄土宗僧侶。京都金戒光明寺住職。
¶昭人，世紀，日人

**智範**(1) ちはん
平安時代後期の小仏師。
¶古人，美建，平史（生没年不詳）

**智範**(2) ちはん
生没年不詳
江戸時代末期の僧。高山の人。
¶飛騨

**知弁**(1) ちべん
飛鳥時代の入唐僧。
¶古代，古代普

**知弁**(2) ちべん
？ ～寛永7（1630）年9月15日
安土桃山時代～江戸時代前期の浄土宗の僧。
¶仏教

**智鳳** ちほう
生没年不詳
奈良時代の法相宗の僧。わが国法相宗の第3伝。
¶国史，古人，古代，古代普，古中，史人，新潮，対外，日人，仏教，仏史

**智芳秀全** ちほうしゅうぜん
元禄16（1703）年～元文3（1738）年
江戸時代中期の僧侶。
¶姓氏岩手

**知本衍妙** ちほんえんみょう
？ ～寛延3（1750）年6月
江戸時代中期の黄檗宗の僧。
¶黄檗

**智明**(1) ちみょう
奈良時代の僧、香山薬師寺小寺主。
¶古人

**智明**(2) ちみょう
元文3（1738）年～文化10（1813）年2月12日
江戸時代中期～後期の真言宗の僧。
¶国書，埼玉人，仏教

**智明**(3) ちみょう
？ ～文化7（1810）年5月1日
江戸時代後期の真言宗の僧。
¶国書，仏教

**智明坊** ちみょうぼう
承安4（1174）年～宝治2（1248）年 [別]薗田成家（そのだしげいえ）
鎌倉時代前期の浄土僧。
¶人名，中世（薗田成家 そのだしげいえ），日人

**智明房** ちみょうぼう
承安4（1174）年～宝治2（1248）年 [別]薗田成家（そのだなりいえ）
鎌倉時代の念仏信者。
¶群新百，群馬人（生没年不詳），群馬百，姓氏群馬（薗田成家 そのだなりいえ [生]？）

**千村五郎** ちむらごろう
？ ～明治20（1887）年
明治期の牧師。アメリカに留学。
¶海越，海越新，渡航（千村五郎・木曽五郎 ちむらごろう・きそごろう [没]1903年10月）

**智明** ちめい
平安時代後期の僧。
¶平家

**ちやうけい**
生没年不詳
南北朝時代の仏師。
¶鎌倉

**嫡宗田承** ちゃくしゅうでんしょう
生没年不詳
江戸時代前期の曹洞宗の僧。
¶日人，仏教

**北谷長老** ちゃたんちょうろう
？ ～尚質5（1652）年11月5日
江戸時代前期の臨済宗の僧。
¶沖縄百，姓氏沖縄

**茶谷竜城** ちゃやりゅうじょう
嘉永5（1852）年～昭和11（1936）年
明治～昭和期の医師、僧。
¶世紀（[生]嘉永5（1852）年3月11日 [没]昭和11（1936）年2月29日），日人

**智踰** ちゆ
生没年不詳
飛鳥時代の僧。
¶日人，仏教

**知有** ちゆう
生没年不詳
室町時代の臨済宗の僧。
¶国書

**智幽** ちゆう
寛文6（1666）年1月30日～宝暦2（1752）年5月13日
江戸時代中期の僧。比叡山安楽律院中興、三大和尚の一人。
¶近世，国史，国書，日史，日人，百科，仏教，仏史，仏人

**智祐** ちゆう
生没年不詳
江戸時代中期の天台宗の僧。
¶国書

**智雄**(1) ちゆう
生没年不詳
奈良時代の法相宗の僧。わが国法相宗の第3伝。
¶国史，古人，古代，古代普，古中，史人，対外，

ち

日人，仏教，仏史

**智雄**(2)　**ちゆう**
寛政4（1792）年～明治5（1872）年8月3日
江戸時代後期～明治期の僧侶。
¶国書，真宗

**仲安真康**　**ちゅうあんしんこう**
生没年不詳
室町時代の画僧。
¶神奈川人，鎌倉，鎌倉新，新潮，姓氏神奈川，日人

**仲安梵師**　**ちゅうあんぼんし**
天竜寺の禅僧。
¶日人（生没年不詳），名画

ち

**仲胤**　**ちゅういん**
生没年不詳
平安時代後期の延暦寺の僧。権中納言藤原季仲と賀茂神主成助の娘の子。
¶朝日，古人，日人，平家，平史

**忠運**　**ちゅううん**
寛永7（1630）年？～貞享3（1686）年
江戸時代前期の僧。
¶新潮（[没]貞享3（1686）年8月27日），日人

**忠雲**(1)　**ちゅううん**
？～文治1（1185）年
平安時代後期の延暦寺僧。
¶古人（[生]？），平史

**忠雲**(2)　**ちゅううん**
生没年不詳
南北朝時代の天台宗の僧・歌人。
¶国書

**忠恵**　**ちゅうえ**
奈良時代の僧。
¶古人，古代，古代普，日人（生没年不詳），仏教（生没年不詳）

**忠慧**　**ちゅうえ**
生没年不詳
奈良時代の律宗の僧。
¶仏教

**忠右衛門の妻**　**ちゅうえもんのつま**
生没年不詳
江戸時代前期の女性。出羽秋田藩のキリシタン。
¶女性

**忠円**(1)　**ちゅうえん**
平安時代後期の仏師。
¶古人，美建，平史（生没年不詳）

**忠円**(2)　**ちゅうえん**
生没年不詳
鎌倉時代後期の浄土僧。
¶鎌室，人名，姓氏京都，新潟百，日人

**忠延**　**ちゅうえん**
生没年不詳
平安時代前期の真言宗の僧。空海十大弟子の一人。
¶朝日，国史，古人，古代，古代普，古中，日人，仏教，仏史，平史

**忠縁**　**ちゅうえん**
長暦2（1038）年～永久3（1115）年3月26日
平安時代中期～後期の真言の声明家。
¶古人，日音，仏教，平史

**忠円〔1代〕**　**ちゅうえん**
江戸時代前期～中期の仏師。
¶黄檗（生没年不詳），美建

**忠円〔2代〕**　**ちゅうえん**
江戸時代中期の仏師。
¶黄檗（生没年不詳），美建

**仲応**　**ちゅうおう**
？～天暦4（950）年
平安時代中期の真言僧。
¶古人（[生]？），平史

**仲翁**　**ちゅうおう**
康暦元（1379）年～文安2（1445）年6月6日
南北朝時代～室町時代の曹洞宗の僧。
¶愛媛，愛媛百，姓氏鹿児島（[生]？）

**仲翁守邦**　**ちゅうおうしゅほう**
天授5/康暦1（1379）年～文安2（1445）年　[別]守邦（しゅほう）
室町時代の僧。
¶鎌室，人名（守邦　しゅほう），日人，仏教（[没]文安2（1445）年6月6日），仏人（守邦　しゅほう）

**忠我**　**ちゅうが**
応永29（1422）年？～？
室町時代の真言宗の声明家。
¶日音

**忠快**(1)　**ちゅうかい**
生没年不詳
平安時代後期の天台宗の僧・歌人。
¶国書

**忠快**(2)（仲快）　**ちゅうかい**
平治1（1159）年～嘉禄3（1227）年3月16日　[別]小川法印（おがわのほういん）
平安時代後期～鎌倉時代前期の天台宗の僧。平教盛の子。
¶朝日（[没]安貞1年3月16日（1227年4月3日）），伊豆，鎌室，国史，国書，古人（仲快），古中，新潮，人名（[生]？），内乱（[生]平治1（1159）年，永暦1（1160）年），日史，日人，仏教（[生]平治1（1159）年，（異説）永暦1（1160）年），仏史，平家（[生]平治1（1159）年？），平史（[生]1162年），歴大

**仲覚**　**ちゅうかく**
生没年不詳
平安時代後期の真言宗の僧、修験者。
¶国書，仏教

**中華珪法** ちゅうかけいほう
＊～寛文3（1663）年9月21日
江戸時代前期の曹洞宗の僧。
¶熊本百（[生]？），仏教（[生]天正16（1588）年）

**中観**(1) ちゅうかん
江戸時代末期～明治期の真宗大谷派学僧。嗣講。
¶真宗，仏教（生没年不詳）

**中観**(2) ちゅうかん
生没年不詳
江戸時代末期～明治期の浄土真宗の僧。
¶国書，仏教

**中瓘** ちゅうかん
平安時代前期～中期の僧。
¶古人，古代，古代普，日人（生没年不詳），平史（生没年不詳）

**中巌円月**（中岩円月） ちゅうがんえんげつ
正安2（1300）年～永和1（1375）年1月8日　[別]円月（えんがつ，えんげつ）
鎌倉時代後期～南北朝時代の臨済宗の僧。五山文学僧。
¶朝日（[生]正安2年1月6日（1300年1月28日）[没]永和1/天授1年1月8日（1375年2月9日）），角史，神奈川人（中岩円月），鎌倉（中岩円月），鎌倉新（[生]正安2（1300）年1月6日），鎌室，京都大，群新百，群馬人，国史，国書（[生]正安2（1300）年1月6日），古中，コン改，コン4，コン5，詩歌，詩作（[生]正安2（1300）年1月6日），史人（[生]1300年1月6日），思想史，人書79，新潮（[生]正安2（1300）年1月6日），人名（円月　えんげつ），姓氏京都，姓氏群馬，世人，世百，全書，対外，大百（[生]1306年），茶道，中世，日史（[生]正安2（1300）年1月6日），日人，百科，仏教，仏史，仏人（円月　えんがつ），名僧，山川小（[生]1300年1月6日），歴大，和俳

**中岩中本** ちゅうがんちゅうほん
生没年不詳
鎌倉時代の臨済宗の僧。
¶国書

**中観澄禅** ちゅうかんちょうぜん
安貞1（1227）年～徳治2（1307）年2月2日　[別]澄禅（ちょうぜん）
鎌倉時代後期の律宗の僧。
¶鎌室，国書（澄禅　ちょうぜん），人名，日人（澄禅　ちょうぜん），仏教（澄禅　ちょうぜん），仏人（澄禅　ちょうぜん）

**忠義**(1) ちゅうぎ
建徳2/応安4（1371）年～嘉吉3（1443）年7月23日
南北朝時代～室町時代の真言宗の僧。
¶国書

**忠義**(2) ちゅうぎ
応永33（1426）年～明応7（1498）年10月23日
室町時代～戦国時代の真言宗の僧。
¶仏教

**中忻** ちゅうきん
生没年不詳
南北朝時代以前の僧侶・歌人。
¶国書

**仲継**（中継） ちゅうけい
？～承和10（843）年
平安時代前期の法相宗の僧。
¶国史，古代（中継），古代普（中継　[生]？），古中，コン改（生没年不詳），コン4（生没年不詳），コン5，人名，日人，仏教，仏史

**忠慶** ちゅうけい
生没年不詳
南北朝時代～室町時代の天台宗の僧。
¶国書

**仲顕** ちゅうけん
生没年不詳
南北朝時代の僧侶・歌人。
¶国書

**忠源**(1) ちゅうげん
生没年不詳
鎌倉時代の僧。
¶北条

**忠源**(2) ちゅうげん
生没年不詳
鎌倉時代の僧。
¶北条

**忠源**(3) ちゅうげん
＊～元応1（1319）年閏7月3日
鎌倉時代前期～後期の天台宗の僧・歌人。
¶国書（[生]？），北条（[生]寛元4（1246）年）

**忠源**(4) ちゅうげん
生没年不詳
鎌倉時代後期の僧。
¶北条

**忠玄** ちゅうげん
保延3（1137）年～文治1（1185）年
平安時代後期の天台宗延暦寺僧。
¶古人，平史

**中建竜惺** ちゅうけんりゅうせい
→瑞巌竜惺（ずいがんりゅうせい）

**忠豪** ちゅうごう
？～慶長14（1609）年
安土桃山時代～江戸時代前期の僧。
¶新潮（[没]慶長14（1609）年8月），日人

**重厚** ぢゅうこう
→井上重厚（いのうえじゅうこう）

**忠厳** ちゅうごん
生没年不詳
江戸時代前期の曹洞宗の僧。
¶国書

ち

**仲珊** ちゅうさん
→瑚海仲珊（こかいちゅうさん）

**忠算** ちゅうさん
平安時代後期の絵仏師。
¶古人，平史（生没年不詳）

**仲算**（中算） ちゅうざん，ちゅうさん
承平5（935）年～貞元1（976）年
平安時代中期の法相宗の僧。興福寺空晴の弟子。
¶朝日（生没年不詳），岩史（㊀貞元1（976）年10月19日），国史（生没年不詳），国書（㊀貞元1（976）年10月19日），古人（中算　ちゅうさん），古人（ちゅうさん），古中（生没年不詳），コン4（生没年不詳），コン5，人名，日人，仏教（㊐承平5（935）年，（異説）昌泰2（899）年 ㊀貞元1（976）年10月19日，（異説）安和2（969）年10月19日），仏史（生没年不詳），仏人（ちゅうさん　㊐？　㊀969年），平史（中算　ちゅうさん），和歌山人（ちゅうさん　㊐？　㊀976年？）

**忠残** ちゅうざん
天正9（1581）年～寛文11（1671）年
江戸時代前期の浄土宗の僧。
¶仏教

**中山法穎** ちゅうざんほうえい
文保1（1317）年～＊
南北朝時代の臨済宗の僧。建長寺56世、南禅寺47世、天竜寺21世。
¶神奈川人（㊀1389年），鎌倉（㊐？　㊀元中6/康応1（1389）年），国書5（㊀明徳1（1390）年11月7日），仏教（㊀明徳1/元中7（1390）年11月7日）

**籌山了運** ちゅうざんりょううん
＊～永享4（1432）年8月28日
南北朝時代～室町時代の曹洞宗の僧。
¶姓氏石川（㊐？），仏教（㊐観応1/正平5（1350）年）

**忠室** ちゅうしつ
～天文2（1533）年1月
戦国時代の僧侶、初島の人。
¶伊豆

**忠室宗孝** ちゅうしつしゅうこう
→忠室宗孝（ちゅうしつそうこう）

**忠室宗孝** ちゅうしつそうこう
？～天文2（1533）年　㊍忠室宗孝（ちゅうしつしゅうこう）
戦国時代の曹洞宗の僧。
¶人名（ちゅうしつしゅうこう），日人，仏教（㊀天文2（1533）年1月9日）

**忠俊** ちゅうしゅん
生没年不詳
鎌倉時代の新義真言宗の僧。
¶仏教

**忠春** ちゅうしゅん
承徳2（1098）年～久安5（1149）年
平安時代後期の僧。
¶古人，日人，平史

**忠淳** ちゅうじゅん
生没年不詳
戦国時代の天台宗の僧。
¶国書

**忠助** ちゅうじょ
？～正応3（1290）年　㊍忠助法親王（ちゅうじょほうしんのう）
鎌倉時代の天台宗の僧。
¶人名（忠助法親王　ちゅうじょほうしんのう），天皇（忠助法親王　ちゅうじょほうしんのう），日人（忠助法親王　ちゅうじょほうしんのう），仏教（㊀正応3（1290）年8月18日）

**忠承** ちゅうしょう
生没年不詳
戦国時代の天台宗の僧。
¶国書

**忠性** ちゅうしょう
正応2（1289）年～正平11/延文1（1356）年
鎌倉時代後期～南北朝時代の天台宗の僧・歌人。
¶国書

**中正蔵主** ちゅうしょうぞうす
室町時代の僧。
¶茶道

**忠助法親王** ちゅうじょほうしんのう
→忠助（ちゅうじょ）

**中津** ちゅうしん
→絶海中津（ぜっかいちゅうしん）

**忠尋**（中尋） ちゅうじん
治暦1（1065）年～保延4（1138）年10月14日
平安時代後期の天台宗の僧。土佐守源忠季の子。
¶朝日（㊀保延4年10月14日（1138年11月18日）），岩史，国史，国書，古人，古中，コン4，コン5，史人，人名（中尋），姓氏京都，日史，日人，百科，仏教，仏史，平史，歴大

**忠善** ちゅうぜん
生没年不詳
戦国時代の浅草寺大木屋住僧。
¶戦辞

**忠禅** ちゅうぜん
生没年不詳
鎌倉時代後期の僧。
¶北条

**中叟顕正** ちゅうそうけんしょう
？～康正2（1456）年11月26日
室町時代の臨済宗の僧。建長寺155世。
¶仏教

**中叟良鑑** ちゅうそうりょうかん
正平9/文和3（1354）年～永享9（1437）年5月8日
南北朝時代～室町時代の臨済宗の僧。
¶国書

**忠尊** ちゅうそん
？ ～寛永16（1639）年
江戸時代前期の僧。
¶新潮（㊣寛永16（1639）年11月13日），日人

**中庭宗可** ちゅうていそうか
？ ～元中1/至徳1（1384）年
南北朝時代の僧。
¶日人

**中道** ちゅうどう
文化9（1812）年～明治6（1873）年
江戸時代後期～明治期の僧侶。
¶国書（㊣明治6（1873）年1月5日），真宗（㊤文化9（1812）年9月）

**仲孚正巽** ちゅうふしょうい
生没年不詳
室町時代の曹洞宗の僧。
¶仏教

**忠芬** ちゅうふん
平安時代前期の僧。
¶古人，平史（生没年不詳）

**忠遍** ちゅうへん
嘉応2（1170）年～？
鎌倉時代前期の真言宗の僧。
¶仏教

**仲方円伊** ちゅうほうえんい
正平9/文和3（1354）年～応永20（1413）年8月15日
㊛円伊（えんい）
南北朝時代～室町時代の臨済宗大覚派の僧。
¶鎌室，国史，国書，古中，人名，日人，仏教，仏史

**宙宝宗宇** ちゅうほうそうう
宝暦10（1760）年～天保9（1838）年
江戸時代後期の臨済宗の僧。大徳寺418世。
¶茶道

**仲芳仲正** ちゅうほうちゅうしょう
文中2/応安6（1373）年～宝徳3（1451）年1月
室町時代の臨済宗の僧。
¶仏教

**中峰梵契** ちゅうほうぼんけい
安永7（1778）年～安政6（1859）年8月
江戸時代後期の臨済宗の僧。
¶仏教

**仲圃桃屋** ちゅうほとうおく
江戸時代前期の僧、薩摩福全院の住職。
¶人名

**忠命** ちゅうみょう
寛和2（986）年～天喜2（1054）年3月1日
平安時代中期～後期の天台宗の僧・歌人。
¶国書，古人，平史

**中明栄主** ちゅうみょうえいしゅ
？ ～大永1（1521）年10月27日
戦国時代の曹洞宗の僧。
¶仏教

**中明見方** ちゅうみょうけんぽう
？ ～永享12（1440）年3月25日
室町時代の曹洞宗の僧。総持寺26世。
¶長野歴，仏教

**中雄宗孚** ちゅうゆうそうふ
生没年不詳
戦国時代の曹洞宗の僧。
¶仏教

**忠誉** ちゅうよ
享保7（1722）年11月5日～天明8（1788）年4月11日
㊛中誉法親王（ちゅうよほうしんのう），忠誉入道親王（ちゅうよにゅうどうしんのう），忠誉法親王（ちゅうよほうしんのう）
江戸時代中期～後期の天台宗の僧。
¶人名（中誉法親王　ちゅうよほうしんのう），天皇（忠誉法親王　ちゅうよほうしんのう），日人（忠誉入道親王　ちゅうよにゅうどうしんのう），仏教

ち

**忠誉入道親王** ちゅうよにゅうどうしんのう
→忠誉（ちゅうよ）

**中誉法親王**（忠誉法親王） ちゅうよほうしんのう
→忠誉（ちゅうよ）

**中立一鶚** ちゅうりついちがく
生没年不詳
室町時代の臨済宗の僧。
¶国書

**趙庵宗諗** ちょうあんそうしん
生没年不詳
室町時代～戦国時代の臨済宗の僧。
¶仏教

**重怡** ちょうい
→重怡（じゅうい）

**澄意**(1) ちょうい
建長2（1250）年～弘安9（1286）年4月11日
鎌倉時代後期の修験者。
¶岡山歴

**澄意**(2) ちょうい
寛永14（1637）年～享保10（1725）年6月26日
江戸時代前期～中期の社僧。
¶国書

**澄意**(3) ちょうい
生没年不詳
江戸時代中期の真言宗の僧。
¶国書

**澄意**(4) ちょうい
生没年不詳
日蓮宗の僧。
¶仏教

**暢意** ちょうい
建徳2/応安4（1371）年～永享10（1438）年6月27日

南北朝時代～室町時代の浄土宗の僧。
¶国書

**朝意　ちょうい**
永正15(1518)年～慶長4(1599)年10月19日
戦国時代～安土桃山時代の真言宗南山進流の声明家。
¶朝日(㊀慶長4年10月19日(1599年12月6日)), 国書, 日音

**長意　ちょうい**
承和3(836)年～延喜6(906)年7月3日
平安時代前期の僧。天台座主。
¶国史, 国書, 古人, 古代, 古代普, 古中, 人名, 日人, 仏教, 仏史, 平史



**澄一　ちょういち**
→澄一(ちょういつ)

**澄一　ちょういつ**
生没年不詳　㊀澄一(ちょういち)
江戸時代前期～中期の明からの渡来医僧。
¶国書(ちょういち), 日人

**澄胤　ちょういん**
→古市澄胤(ふるいちちょういん)

**朝印　ちょういん**
永禄2(1559)年～元和5(1619)年4月28日
安土桃山時代～江戸時代前期の真言宗の僧。
¶仏教

**長胤　ちょういん**
生没年不詳
平安時代前期の真言宗の僧。
¶仏教

**澄雲　ちょううん**
天仁1(1108)年～？
平安時代後期の延暦寺僧。
¶古人(㊀？), 平史

**超運　ちょううん**
？～寛永17(1640)年1月4日
江戸時代前期の浄土宗の僧。
¶仏教

**澄慧(1)　ちょうえ**
？～嘉応1(1169)年8月22日
平安時代後期の真言宗の僧。
¶仏教

**澄慧(2)　ちょうえ**
永享4(1432)年～永正13(1516)年8月6日
室町時代～戦国時代の真言宗の僧。
¶国書, 仏教

**朝恵(1)　ちょうえ**
生没年不詳
平安時代後期の法相宗の僧・歌人。
¶国書, 古人, 平史

**朝恵(2)　ちょうえ**
生没年不詳
南北朝時代の天台宗の僧。
¶国書

**超会　ちょうえ**
平安時代中期の僧。
¶古人, 平史(生没年不詳)

**長恵(1)　ちょうえ**
？～天長3(826)年
平安時代前期の僧。
¶古人(㊀？), 古代, 古代普, 日人, 平史

**長恵(2)　ちょうえ**
生没年不詳
鎌倉時代前期の華厳宗の僧・歌人。
¶国書

**長恵(3)　ちょうえ**
長禄2(1458)年～大永4(1524)年11月2日
戦国時代の真言声明南山進流の声明家。
¶国書, 日音

**重永　ちょうえい**
？～寛永9(1632)年12月29日
安土桃山時代～江戸時代前期の天台宗僧侶。
¶埼玉人

**澄栄　ちょうえい**
天正14(1586)年～慶安3(1650)年
江戸時代前期の真言宗の僧。
¶国書(㊀慶安3(1650)年閏10月23日), 仏教(㊀慶安3(1650)年10月23日)

**澄睿　ちょうえい**
？～弘仁8(817)年
平安時代前期の三論宗の僧。
¶日人, 仏教(㊀弘仁8(817)年3月)

**朝栄　ちょうえい**
室町時代の仏師。
¶鎌倉(生没年不詳), 美建

**長栄　ちょうえい**
平安時代後期の僧。
¶古人, 平史(生没年不詳)

**潮越　ちょうえつ**
？～貞享2(1685)年10月29日
江戸時代前期の浄土宗の僧。
¶仏教

**長悦(1)　ちょうえつ**
生没年不詳
戦国時代の金山町の長福寺の開基。
¶飛騨

**長悦(2)　ちょうえつ**
？～寛文7(1667)年3月10日
江戸時代前期の浄土宗の僧。
¶仏教

**重円(1)　ちょうえん**
応保2(1162)年～建長1(1249)年6月22日
鎌倉時代の天台宗の僧。

¶国書，仏教

**重円**(2) **ちょうえん**
生没年不詳
南北朝時代～室町時代の天台宗の僧。
¶国書

**澄円**(1) **ちょうえん**
建保6(1218)年～？
鎌倉時代前期～後期の天台宗の僧。
¶国書

**澄円**(2) **ちょうえん**
正応3(1290)年～建徳2/応安4(1371)年 ㊞智演(ちえん)
鎌倉時代後期～南北朝時代の浄土宗の僧。堺に旭蓮社大阿弥陀経寺を創立。
¶朝日(㊐正応3(1290)年？ ㊥応安4/建徳2年7月27日(1371年9月6日))，鎌室(㊐弘安6(1283)年 ㊥応安5/文中1(1372)年)，国史，国書(㊥応安4(1371)年7月27日)，古中，コン改(㊐弘安6(1283)年 ㊥文中1/応安5(1372)年)，コン4(㊐弘安6(1283)年 ㊥応安5/文中1(1372)年)，コン5(㊐弘安6(1283)年 ㊥文中1/応安5(1372)年)，新潮(㊐弘安6(1283)年 ㊥応安5/文中1(1372)年7月25日)，人名(智演 ちえん ㊐1283年 ㊥1372年)，対外，日人，仏教(㊐正応3(1290)年，(異説)弘安5(1282)年 ㊥応安4/建徳2(1371)年7月27日，(異説)応安5/文中1(1372)年7月22日)，仏史，仏人，歴大

**朝円** **ちょうえん**
元亨3(1323)年～応永10(1403)年2月10日
南北朝時代の天台宗の僧。
¶国書(生没年不詳)，仏教

**長円**(1) **ちょうえん**
？ ～長久(1040～1044)年
平安時代中期の僧。比叡山、熊野、金峰山で修行。
¶日人(生没年不詳)，仏教(㊥長久年間(1040～1044年))

**長円**(2) **ちょうえん**
？ ～久安6(1150)年
平安時代後期の円派系の仏師。円勢の長男。
¶朝日，角史，京都大，国史，古史，古人(㊐？)，古中，コン改，コン4，コン5，史人，新潮，人名，姓氏京都，世人，日人，美建，仏教，仏史，平史

**長円**(3) **ちょうえん**
生没年不詳
平安時代後期の法相宗の僧。
¶国書

**長円**(4) **ちょうえん**
生没年不詳
鎌倉時代の僧侶・歌人。
¶国書

**長円**(5) **ちょうえん**
生没年不詳
江戸時代前期の天台宗の僧。
¶国書

**長宴** **ちょうえん**
長和5(1016)年～永保1(1081)年4月2日
平安時代中期～後期の天台宗の僧。
¶国史，国書，古人，古中，日人，仏教，仏史，平史

**長円寺源慶** **ちょうえんじげんけい**
～長元7(1034)年10月13日
平安時代中期の朝日村の長円寺の開基。
¶飛騨

ち

**長円立** **ちょうえんりゅう**
天保8(1837)年～明治18(1885)年8月10日
江戸時代後期～明治期の僧侶。
¶真宗

**潮音**(1) **ちょうおん**
→潮音道海(ちょうおんどうかい)

**潮音**(2) **ちょうおん**
？ ～明和4(1767)年11月12日
江戸時代中期の曹洞宗の僧。
¶国書

**潮音**(3) **ちょうおん**
天明3(1783)年～天保7(1836)年1月1日
江戸時代後期の浄土真宗の僧。
¶思想史，仏教

**潮音道海** **ちょうおんどうかい**
寛永5(1628)年11月10日～元禄8(1695)年8月24日 ㊞潮音(ちょうおん)，道海(どうかい)
江戸時代前期～中期の黄檗宗の僧。
¶江人，黄檗，近世，群馬人，国史，国書，佐賀百(潮音 ちょうおん)，思想史，人名，姓氏群馬，姓氏長野(㊐1627年 ㊥1692年)，全書，中濃続，長崎遊，日人，仏教，仏史，仏人(道海 どうかい)

**澄雅** **ちょうが**
生没年不詳
平安時代後期の真言宗の僧。
¶仏教

**長雅** **ちょうが**
？ ～応永17(1410)年
室町時代の僧。
¶鎌室，諸系，日人

**澄海**(1) **ちょうかい**
生没年不詳
鎌倉時代の浄土宗の僧。
¶仏教

**澄海**(2) **ちょうかい**
生没年不詳
鎌倉時代の真言宗の僧。
¶仏教

**澄海**(3) **ちょうかい**
～元治1(1864)年8月11日

江戸時代後期～末期の僧。
¶庄内

**聴海　ちょうかい**
生没年不詳
南北朝時代以前の僧侶・連歌作者。
¶国書

**超海　ちょうかい**
生没年不詳
江戸時代中期の真言宗の僧。
¶国書



**長快(1)　ちょうかい**
長暦1(1037)年～保安3(1122)年
平安時代後期の僧、熊野新宮別当。
¶古人，人名(生?)，日人(没1123年)，平史

**長快(2)　ちょうかい**
生没年不詳
鎌倉時代の仏師。
¶朝日，日人，美建，仏教

**長懐　ちょうかい**
*～応永3(1396)年
南北朝時代の僧。
¶鎌室(生?)，日人(生1342年)

**長海(1)　ちょうかい**
生没年不詳
江戸時代前期の真言宗の僧・連歌作者。
¶国書

**長海(2)　ちょうかい**
?　～天保1(1830)年
江戸時代後期の僧。佐久郡山部村の津金寺住職。
¶姓氏長野

**鳥海雪堂　ちょうかいせつどう**
天明2(1782)年～嘉永6(1853)年
江戸時代後期の浄土真宗願専寺住職。
¶庄内(没嘉永6(1853)年6月11日)，長崎遊，日音

**澄覚　ちょうかく**
→澄覚法親王(ちょうかくほっしんのう)

**長覚(1)　ちょうかく**
?　～応徳1(1084)年
平安時代中期～後期の天台山門派の僧。
¶古人(生?)，平史

**長覚(2)　ちょうかく**
永承3(1048)年～嘉承1(1106)年
平安時代中期～後期の天台宗園城寺の僧。
¶古人，平史

**長覚(3)　ちょうかく**
生没年不詳
平安時代後期の真言宗の僧・歌人。
¶国書，古人，平史

**長覚(4)　ちょうかく**
*～応永23(1416)年
南北朝時代～室町時代の真言宗の僧。高野山の密教哲学研究の第一人者。
¶朝日(生暦応3/興国1(1340)年8月　没応永23年11月15日(1416年12月4日))，鎌室(生貞和2/正平1(1346)年)，国史(生?)，国書(生貞和2(1346)年　没応永23(1416)年11月15日)，古中(生?)，庄内(生正平1(1346)年)，人名(生1346年)，日人(生1340年)，仏教(生暦応3/興国1(1340)年　没応永23(1416)年11月15日)，仏史(生?)，仏人(生1340年)，和歌山人(生1346年)

**澄覚親王　ちょうかくしんのう**
→澄覚法親王(ちょうかくほっしんのう)

**澄覚法親王　ちょうかくほうしんのう**
→澄覚法親王(ちょうかくほっしんのう)

**澄覚法親王　ちょうかくほっしんのう**
承久1(1219)年～正応2(1289)年　別澄覚(ちょうかく)，澄覚親王(ちょうかくしんのう)，澄覚法親王(ちょうかくほうしんのう)
鎌倉時代後期の天台宗の僧。雅成親王の子。後鳥羽天皇の孫。
¶朝日(没正応2年4月28日(1289年5月19日))，鎌室(生建保6(1218)年?)，国史，国書(澄覚親王　ちょうかくしんのう　没正応2(1289)年4月18日)，史人(没1289年4月18日，(異説)4月28日)，新潮(没正応2(1289)年4月28日)，人名(ちょうかくほうしんのう　生1218年)，世人(ちょうかくほうしんのう)，日人(ちょうかくほうしんのう)，仏教(澄覚　ちょうかく　没正応2(1289)年4月18日，(異説)4月28日?)，仏史

**超果元衍　ちょうかげんえん**
?　～寛延2(1749)年3月16日
江戸時代中期の黄檗宗の僧。
¶黄檗

**朝鑑　ちょうかん**
?　～長徳4(998)年
平安時代中期の神職。石清水八幡宮別当。
¶古人(生?)，平史

**長感　ちょうかん**
?　～寛永1(1624)年9月13日
安土桃山時代～江戸時代前期の浄土宗の僧。
¶国書

**長鑑　ちょうかん**
生没年不詳
戦国時代の鎌倉の仏師。
¶戦辞

**聴願　ちょうがん**
生没年不詳
鎌倉時代の浄土宗の僧。
¶仏教

**長厳田悦　ちょうがんでんえつ**
?　～慶長15(1610)年
安土桃山時代～江戸時代前期の曹洞宗の僧。

¶日人，仏教（没慶長15（1610）年8月30日）

**澄基** ちょうき
生没年不詳
鎌倉時代後期の僧侶・歌人。
¶国書

**長菊松** ちょうきくまつ
天正1（1573）年～？
安土桃山時代の僧、加賀心蓮社開基。長綱連の末子。
¶全戦

**長久寺淳雅** ちょうきゅうじじゅんが
生没年不詳
江戸時代後期の高山の八幡神社別当・長久寺の僧。
¶飛騨

**長久寺良賢** ちょうきゅうじりょうけん
～文化13（1816）年8月9日
江戸時代後期の権大僧都。高山の桜山八幡神社々僧で長久寺10世・松泰寺の中興。
¶飛騨

**澄経** ちょうきょう
生没年不詳
南北朝時代の僧侶・歌人。
¶国書

**長慶(1)** ちょうきょう
？～正平15/延文5（1360）年7月
南北朝時代の天台宗の僧。
¶国書，仏教

**長慶(2)** ちょうきょう
生没年不詳
南北朝時代～室町時代の天台宗の僧。
¶国書

**長勤** ちょうきん
生没年不詳　別長勤（ちょうごん）
室町時代の仏師。
¶神奈川人（ちょうごん），埼玉人

**長訓** ちょうきん
→長訓（ちょうくん）

**澄空(1)** ちょうくう
生没年不詳
鎌倉時代の浄土宗の僧。
¶仏教

**澄空(2)** ちょうくう
元応1（1319）年～？
鎌倉時代後期～南北朝時代の天台宗の僧。
¶国書

**超空** ちょうくう
生没年不詳
南北朝時代の浄土宗の僧・歌人。
¶国書

**長空** ちょうくう
？～文永6（1269）年8月20日
鎌倉時代の浄土宗の僧。
¶仏教（没文永6（1269）年8月20日，（異説）4月18日？）

**長訓** ちょうくん
宝亀5（774）年～斉衡2（855）年　別長訓（ちょうきん）
平安時代前期の僧。
¶古人（ちょうくん（きん）），古代（ちょうきん），古代普（ちょうきん），人名，日人，仏教（没斉衡2（855）年9月22日），平史

**重慶** ちょうけい
生没年不詳　別重慶（じゅうけい）
鎌倉時代前期の僧。
¶神奈川人，鎌室，国書（じゅうけい），日人

**兆渓** ちょうけい
生没年不詳
江戸時代前期の黄檗宗の画僧。
¶仏人

**朝慶** ちょうけい
生没年不詳
戦国時代の仏師。
¶戦辞

**長慶** ちょうけい
？～延久5（1073）年
平安時代中期～後期の僧。
¶古人（生？），平史

**脩芸** ちょうげい
？～元亀2（1571）年1月24日
戦国時代～安土桃山時代の天台宗の僧。
¶国書（生没年不詳），埼玉百，戦辞

**兆渓元明** ちょうけいげんみょう
？～＊
江戸時代前期～中期の黄檗宗の僧。
¶黄檗（没享保19（1734）年？），日人（没1734年）

**澄月(1)** ちょうげつ
生没年不詳
鎌倉時代後期の僧侶・歌人。
¶国書

**澄月(2)** ちょうげつ
生没年不詳
南北朝時代以前の僧侶・連歌作者。
¶国書

**澄月(3)** ちょうげつ
正徳4（1714）年～寛政10（1798）年5月2日　別垂雲軒澄月（すいうんけんちょうげつ）
江戸時代中期の僧、歌人。平安和歌四天王の一人。
¶岡山人，岡山歴，近世，国史，国書，詩歌，詩作，史人，人書94，新潮，人名，姓氏京都，世人，全書，大百，長野歴（垂雲軒澄月　すいうんけんちょうげつ），日人，百科，仏教（生正徳5（1715）年　没寛政11（1799）年5月2日），和俳

**釣月** ちょうげつ
万治2（1659）年～享保14（1729）年

江戸時代前期～中期の歌僧。
¶国書（㊥承応2（1653）年　㊦享保14（1729）年2月23日），人名，日人，和俳

**澄憲　ちょうけん**
大治1（1126）年～建仁3（1203）年8月6日　㊊安居院法印（あぐいのほういん），藤原澄憲（ふじわらのちょうけん）
平安時代後期～鎌倉時代前期の天台宗の僧。唱導の大家。
¶朝日（㊦建仁3年8月6日（1203年9月12日）），岩史，鎌室，芸能，国史，国書，古人，古中，コン改，コン4，コン5，史人，思想史，諸系，新潮，人名（㊥？），姓氏京都，世人，全書（㊥1126年？），内乱，日音，日史（㊥？），日人，百科（㊥？），仏教（㊥大治1（1126）年？），仏史，仏人（㊥？），平家，平史，歴大

ち

**澄賢　ちょうけん**
？～保元3（1158）年3月11日
平安時代後期の真言宗の僧。
¶仏教

**朝賢　ちょうけん**
㊊観音寺朝賢（かんのんじちょうけん）
安土桃山時代の僧。近江芦浦観音寺住職。
¶戦国

**超賢　ちょうけん**
戦国時代～安土桃山時代の僧。信濃越後本誓寺住持10世。
¶戦辞（㊥永正9（1512）年　㊦慶長8年5月19日（1603年6月28日）），新潟百（㊥1510年　㊦1602年）

**長賢　ちょうけん**
生没年不詳
平安時代前期の三論宗の僧。
¶仏教

**長験　ちょうけん**
？～正平14/延文4（1359）年3月28日
鎌倉時代後期～南北朝時代の真言宗の僧・歌人・連歌作者。
¶国書

**重源　ちょうげん**
保安2（1121）年～建永1（1206）年　㊊俊乗房重源（しゅんじょうぼうちょうげん），俊乗坊重源（しゅんじょうぼうちょうげん），俊乗房（しゅんじょうぼう）
平安時代後期～鎌倉時代前期の僧。東大寺再建の勧進上人。
¶朝日（㊦建永1年6月4日（1206年7月11日）），岩史（㊦建永1（1206）年6月5日），岡山人，岡山百（俊乗房重源　しゅんじょうぼうちょうげん），岡山歴（俊乗房重源　しゅんじょうぼうちょうげん　㊦建永1（1206）年6月5日），角史，鎌室，郷土奈良，京都府，国史，国書（㊦建永1（1206）年6月5日），古史，古人，古中，コン改（㊥？　㊦建久6（1195）年），コン4，コン5，史人（㊦1206年6月5日？），思想史，重要（㊦建永1（1206）年6月4日），人書79，人書94，神人（㊦建永1（1206）年6月4日），新潮（㊦建永1（1206）年6月5日），人名，姓氏京都，姓氏山口（俊乗房重源　しゅんじょうぼうちょうげん），世人（㊦建永1（1206）年6月4日），全書，対外，大百，中世，伝記，内乱，長野歴，日思，日史（㊦建永1（1206）年6月5日），日人，美術，百科，兵庫百，仏教（㊦建永1（1206）年6月5日），仏史，仏人，平家，平史，平日（㊥1121　㊦1206），密教（㊦1206年6月4日，5日），名僧，山川小（㊦1206年6月5日？），歴大，和歌山人

**澄玄　ちょうげん**
天明7（1787）年～嘉永4（1851）年8月6日
江戸時代中期～後期の浄土真宗の僧。
¶国書

**朝源　ちょうげん**
康保1（964）年～永承5（1050）年5月9日
平安時代中期の真言宗の僧。
¶仏教，北条（生没年不詳）

**長厳　ちょうげん**
*～安貞2（1228）年
平安時代後期～鎌倉時代前期の天台宗園城寺の僧。尊真の弟子。刑部僧正と称した。
¶朝日（㊥仁平2（1152）年　㊦安貞2年7月16日（1228年8月17日）），鎌室（㊥？），古人（㊥？），新潮（㊥？　㊦安貞2（1228）年7月16日），姓氏京都（㊥1152年），内乱，日人（㊥1152年），仏教（㊥？　㊦安貞2（1228）年7月16日）

**長源　ちょうげん**
平安時代前期の僧。
¶古人，古代，古代普，日人（生没年不詳），仏教（生没年不詳）

**澄固　ちょうこ**
安永8（1779）年～弘化2（1845）年7月12日
江戸時代中期～後期の社僧。
¶国書

**朝幸　ちょうこう**
弘安9（1286）年～正平16/康安1（1361）年10月16日
鎌倉時代後期～南北朝時代の天台宗の僧。
¶国書，仏教

**長幸　ちょうこう**
康和4（1102）年～承安3（1173）年8月13日
平安時代後期の真言宗の僧。
¶古人，仏教，平史

**澄豪(1)　ちょうごう**
永承4（1049）年～長承2（1133）年
平安時代後期の天台宗の僧。
¶国書（㊦長承2（1133）年8月21日），古人，日史（㊦長承2（1133）年8月21日），日人，百科，仏教（㊥永承3（1048）年），平史

**澄豪(2)　ちょうごう**
正元1（1259）年～正平5/観応1（1350）年1月27日
㊊法円（ほうえん）
鎌倉時代後期～南北朝時代の僧。

¶鎌室，国書，人名，日人，百科，仏教

**長光寺竜護　ちょうこうじりゅうご**
＊～安政3(1856)年9月　[別]竜護(りゅうご)，龍護(りゅうご)
江戸時代後期～末期の僧侶。
¶大阪人(竜護　りゅうご　[生]寛政5(1793)年)，姓氏山口([生]1792年)

**朝谷是暾　ちょうこくぜとん**
？～慶長7(1602)年12月24日
安土桃山時代の曹洞宗の僧。
¶埼玉人，仏教

**長鯤　ちょうこん**
生没年不詳
江戸時代の新義真言宗の僧。
¶国書5，仏教

**長勤(1)　ちょうごん**
→長勤(ちょうきん)

**長勤(2)　ちょうごん**
？～元亀2(1571)年？
戦国時代～安土桃山時代の仏師。
¶戦辞，美建

**超済　ちょうさい**
？～応永23(1416)年10月3日
室町時代の真言宗の僧。東寺長者149世。
¶仏教

**長歳　ちょうさい**
生没年不詳
平安時代前期の華厳宗の僧。
¶古人，仏教，平史

**長済　ちょうさい**
万寿1(1024)年～永保2(1082)年4月　[別]長済(ちょうせい)
平安時代中期～後期の三論宗の僧・歌人。
¶国書，古人(ちょうせい)，平史(ちょうせい)

**長西　ちょうさい**
元暦1(1184)年～＊　[別]覚明房(かくみょうぼう)
鎌倉時代前期の浄土宗の僧。九品寺義の祖。
¶岩史([没]？)，鎌室([没]安貞2(1228)年)，国史([没]？)，国書([没]文永3(1266)年1月6日)，古人([没]1228年)，古中([没]？)，コン改([没]安貞2(1228)年)，コン4([没]文永3(1266)年)，コン5([没]文永3(1266)年)，史人([没]？)，新潮([没]安貞2(1228)年)，姓氏京都([没]1228年)，世人([没]安貞2(1228)年)，中世(ちょうさい(かくみょう)　[没]1266年)，日史([没]文永3(1266)年1月6日)，日人([没]1266年)，仏教([没]文永3(1266)年1月6日)，仏史([没]？)，仏人([没]1266年)，歴大([没]1266年)

**長察　ちょうさつ**
？～延宝3(1675)年5月9日
江戸時代前期の浄土宗の僧。
¶仏教

**長算　ちょうさん**
正暦3(992)年～天喜5(1057)年
平安時代中期の天台宗の僧。
¶国書([没]天喜5(1057)年9月3日)，古人，人名([生]991年)，日人，仏教([生]正暦2(991)年 [没]天喜5(1057)年，(異説)天喜4(1056)年6月3日)，平史

**朝山　ちょうざん**
生没年不詳
江戸時代前期の曹洞宗の僧。
¶国書

**超山誾越　ちょうざんぎんえつ**
天正9(1581)年～寛文12(1672)年5月3日
江戸時代前期の曹洞宗の僧。
¶仏教

**朝山日乗　ちょうざんにちじょう**
→朝山日乗(あさやまにちじょう)

**朝山芳暾　ちょうざんほうとん**
文明7(1475)年～永禄1(1558)年　[別]芳暾朝山(ほうとんちょうざん)
戦国時代の曹洞宗の僧。
¶人名(芳暾朝山　ほうとんちょうざん)，日人，仏教([没]永禄1(1558)年4月1日)

**長実　ちょうじつ**
生没年不詳
平安時代後期の天台宗の僧。
¶国書

**澄守　ちょうしゅ**
生没年不詳
鎌倉時代後期の僧侶・歌人。
¶国書

**長守　ちょうしゅ**
正暦3(992)年～治暦4(1068)年
平安時代中期～後期の園城寺僧。
¶古人，平史

**寵寿　ちょうじゅ**
？～仁和2(886)年1月28日
平安時代前期の真言宗の僧。
¶国書，古人，仏教，平史(生没年不詳)

**朝寿(1)　ちょうじゅ**
？～寛仁1(1017)年
平安時代中期の僧。
¶古人([生]？)，平史

**朝寿(2)　ちょうじゅ**
康保3(966)年～長暦3(1039)年5月28日
平安時代中期の真言宗の僧。
¶仏教

**長秀　ちょうしゅう**
生没年不詳
平安時代中期の唐からの渡来僧。
¶日人

**超宗如格** ちょうしゅうにょかく
寛永15(1638)年5月21日～享保2(1717)年10月11日
江戸時代前期～中期の黄檗宗の僧。
¶黄檗, 国書

**重舜** ちょうしゅん
正平23/応安1(1368)年～応永28(1421)年6月19日
南北朝時代～室町時代の天台宗の僧。
¶仏教

ち

**澄俊** ちょうしゅん
生没年不詳
鎌倉時代前期の僧。
¶鎌室, 国書, 日人

**澄舜(1)** ちょうしゅん
生没年不詳
鎌倉時代の天台宗の僧・歌人。
¶国書

**澄舜(2)** ちょうしゅん
生没年不詳
戦国時代～安土桃山時代の天台宗の僧。
¶国書

**長俊** ちょうしゅん
? ～長承3(1134)年1月23日
平安時代後期の仏師。
¶古人([生]?), 新潮, 日人, 美建, 平史

**長舜(1)** ちょうしゅん
生没年不詳
鎌倉時代の歌人。
¶国書, 日人

**長舜(2)** ちょうしゅん
天養1(1144)年～嘉禄2(1226)年4月9日
鎌倉時代前期の天台宗の僧。
¶仏教

**長舜(3)** ちょうしゅん
生没年不詳
戦国時代の天台宗の僧。
¶国書

**澄順** ちょうじゅん
生没年不詳
鎌倉時代後期の天台宗の僧。
¶仏教

**長順(1)** ちょうじゅん
平安時代後期の仏師。
¶古人, 美建, 平史(生没年不詳)

**長順(2)** ちょうじゅん
文化14(1817)年～慶応3(1867)年5月
江戸時代後期～末期の修験者。
¶徳島歴

**澄助** ちょうじょ
? ～正平1/貞和2(1346)年6月20日
鎌倉時代後期～南北朝時代の天台宗の僧。天台座主111世。
¶仏教

**長助(1)** ちょうじょ
平安時代後期の仏師。
¶古人, 美建, 平史(生没年不詳)

**長助(2)** ちょうじょ
弘安1(1278)年～嘉元2(1304)年
鎌倉時代後期の僧。
¶北条

**奝助** ちょうじょ
建保5(1217)年～正応3(1290)年12月26日
鎌倉時代後期の僧。
¶鎌室, 国書, 日人([没]1291年), 仏教

**超清(1)** ちょうしょう
建久9(1198)年～嘉禎2(1236)年
鎌倉時代前期の社僧・歌人。
¶国書

**超清(2)** ちょうしょう
→田中超清(たなかちょうせい)

**長昭** ちょうしょう
→長昭(ちょしょう)

**長清** ちょうしょう
生没年不詳
戦国時代～安土桃山時代の社僧。
¶国書

**奝昭** ちょうしょう
生没年不詳
安土桃山時代～江戸時代前期の天台宗の僧。
¶国書

**長乗** ちょうじょう
寛元2(1244)年～元亨3(1323)年11月5日
鎌倉時代後期の天台宗の僧。
¶仏教

**長松寺叔叢** ちょうしょうじしゅくそう
天明4(1784)年～安政4(1857)年5月20日
江戸時代後期の詩文家・禅僧。
¶東三河

**長松寺樵渓** ちょうしょうじしょうけい
～明治25(1892)年11月16日
江戸時代後期～明治期の歌僧。
¶東三河

**澄照良源** ちょうしょうりょうげん
正平9/文和3(1354)年1月18日～応永34(1427)年9月20日
南北朝時代～室町時代の曹洞宗の僧。
¶仏教

**澄心** ちょうしん
天慶2(939)年～長和3(1014)年2月25日
平安時代中期の三論宗の僧。
¶古人, コン改, コン4, コン5, 新潮, 人名, 姓氏石川([生]?), 日人, 仏教, 平史

**澄真** ちょうしん
延久1(1069)年～永長1(1096)年
平安時代後期の天台僧。
¶古人，平史

**潮心** ちょうしん
生没年不詳
江戸時代前期の浄土宗の僧。
¶仏教

**長信** ちょうしん
長和3(1014)年～延久4(1072)年9月30日
平安時代中期の真言宗の僧。東寺長者29世。
¶古人，仏教，平史

**長審** ちょうしん
平安時代前期の僧。
¶古人，古代，古代普，日人(生没年不詳)

**長真** ちょうしん
天養1(1144)年～？
平安時代後期の天台宗の僧・歌人。
¶国書，古人([没]？)，平史

**澄尋** ちょうじん
生没年不詳
鎌倉時代の天台宗の僧。
¶国書

**長水道濬** ちょうすいどうしゅん
寛永9(1632)年～宝永3(1706)年4月6日
江戸時代前期～中期の黄檗宗の僧。
¶黄檗

**澄世** ちょうせい
生没年不詳
鎌倉時代後期の僧侶・歌人。
¶国書

**澄成** ちょうせい
長久1(1040)年～永久5(1117)年
平安時代後期の真言宗の僧・歌人。
¶国書(生没年不詳)，古人，平史(生没年不詳)，密教([生]1040年，1043年　[没]1117年以後)

**朝晴** ちょうせい
？　～治安1(1021)年
平安時代中期の三論宗の僧。
¶古人([生]958年)，コン改，コン4，コン5，新潮([生]天徳2(958)年　[没]治安1(1021)年3月30日)，人名，日人，仏教([没]治安1(1021)年4月1日)，平史([生]958年)

**長済** ちょうせい
→長済(ちょうさい)

**長勢** ちょうせい
寛弘7(1010)年～寛治5(1091)年11月9日
平安時代中期～後期の仏師。定朝の弟子、円勢の父または師。
¶朝日([没]寛治5年11月9日(1091年12月21日))，角史，京都大，国史，古史，古人，古中，コン改，コン4，コン5，史人，重要，新潮，人名，姓氏京都，世人，全書，大百，日史，日人，美建，美術，百科，仏教，仏史，平史

**長盛**(1) ちょうせい
生没年不詳
室町時代後期の仏師。
¶神奈川人，鎌倉，美建

**長盛**(2) ちょうせい
生没年不詳
江戸時代前期の深川富岡八幡別当初代。
¶新潮，日人，仏教

**長盛**(3) ちょうせい
？　～安政2(1855)年2月6日
江戸時代後期～末期の真言宗の僧・俳人。
¶国書

**重泉** ちょうせん
正平10/文和4(1355)年～応永17(1410)年8月11日
南北朝時代～室町時代の天台宗の僧。
¶仏教

**聴仙** ちょうせん
生没年不詳
戦国時代の僧。
¶戦辞

**長泉** ちょうせん
生没年不詳
戦国時代の篤信家。鶴岡八幡宮内の神宮寺造営費勧進の本願主。
¶戦辞

**澄禅**(1) ちょうぜん
→中観澄禅(ちゅうかんちょうぜん)

**澄禅**(2) ちょうぜん
慶長18(1613)年～延宝8(1680)年6月12日
江戸時代前期の新義真言宗の僧。
¶国書，日人，仏教，仏人([生]？)

**澄禅**(3) ちょうぜん
承応1(1652)年～享保6(1721)年2月4日
江戸時代前期～中期の浄土宗の僧。
¶仏教

**朝宗** ちょうそう
生没年不詳
江戸時代後期の曹洞宗の僧。
¶国書，北条

**聴聡** ちょうそう
生没年不詳
南北朝時代の天台宗の僧。
¶国書

**長宗**(1) ちょうそう
応保2(1162)年～文治2(1186)年
平安時代後期の勧修寺・石山寺の僧。
¶密教([生]1162年以前　[没]1186年以後)

**長宗**(2) ちょうそう
平安時代後期～鎌倉時代前期の園城寺僧。

¶古人，平史（生没年不詳）

**超尊** ちょうそん
生没年不詳
江戸時代中期の浄土真宗の僧。
¶国書

**長尊(1)** ちょうそん
平安時代後期の仏師。
¶古人，美建，平史（生没年不詳）

**長尊(2)** ちょうそん
平安時代後期の仏師。
¶古人，美建，平史（生没年不詳）



**長尊(3)** ちょうそん
生没年不詳
鎌倉時代前期以前の僧侶・歌人。
¶国書

**長尊(4)** ちょうそん
生没年不詳
室町時代の僧。
¶日人

**澄存** ちょうぞん
？ ～承応1（1652）年
江戸時代前期の僧、若王寺中興の祖。
¶諸系，人名，戦辞（㊤天正7（1579）年　㊦承応1年8月23日（1652年9月25日）），日人

**長連竜** ちょうつらたつ
天文15（1546）年～元和5（1619）年2月3日
安土桃山時代～江戸時代前期の加賀藩士。
¶朝日（㊦元和5年2月3日（1619年3月18日）），石川百，織田，織田2，近世，国史，史人，新潮，人名，姓氏石川，世人，戦合，戦国，戦人，全戦，戦武，日人，藩臣3

**長哲匠山** ちょうてつしょうざん
戦国時代の曹洞宗雲岫派の僧。
¶武田

**長典** ちょうてん
生没年不詳
江戸時代前期～中期の新義真言宗の僧。
¶国書，仏教

**長伝** ちょうでん
？ ～延宝6（1678）年9月19日
江戸時代前期の浄土宗の僧。
¶仏教

**暢道** ちょうどう
寛延1（1748）年～寛政2（1790）年1月12日
江戸時代中期～後期の浄土真宗の僧。
¶国書

**鳥道恵忠** ちょうどうえちゅう
生没年不詳
江戸時代中期の臨済宗の僧。
¶仏教

**潮呑** ちょうどん
天正7（1579）年～慶安3（1650）年4月13日
安土桃山時代～江戸時代前期の僧。
¶国書，埼玉人，戦人，仏教

**長呑(1)** ちょうどん
？ ～応永21（1414）年3月
室町時代の浄土宗の僧。
¶埼玉人，仏教

**長呑(2)** ちょうどん
？ ～万治1（1658）年
江戸時代前期の浄土宗の僧。
¶埼玉人，仏教

**長南年恵** ちょうなんとしえ
明治1（1868）年～明治40（1907）年10月29日
明治期の宗教家。神のお告げによる病気の治療をし、評判になる。
¶庄内，女性，女性普

**澄仁** ちょうにん
治暦2（1066）年～元永1（1118）年
平安時代後期の僧。
¶古人，平史

**長任** ちょうにん
元中8/明徳2（1391）年～文明15（1483）年
室町時代の僧侶。
¶和歌山人

**長忍有厳** ちょうにんうごん
→有厳（うごん）

**澄然** ちょうねん
生没年不詳
江戸時代中期の天台宗の僧。
¶国書

**超然(1)** ちょうねん
明・隆慶1（1567）年～寛永21（1644）年9月8日
安土桃山時代～江戸時代前期の黄檗宗の渡来僧。
¶思想史，仏教

**超然(2)** ちょうねん
？ ～享保2（1717）年4月3日
江戸時代前期～中期の浄土宗の僧。
¶国書

**超然(3)** ちょうねん
寛政4（1792）年～慶応4（1868）年2月29日　㊎深慨隠士（しんがいおんし）
江戸時代後期の浄土真宗本願寺派の学匠。
¶近世，国史，国書（㊤寛政4（1792）年12月23日），コン改，コン4，コン5，史人，思想史，人書79，新潮（㊤寛政4（1792）年12月23日），人名，日人（㊤1793年），仏教，仏史，和俳

**奝然** ちょうねん
承平8（938）年1月24日～長和5（1016）年3月16日
平安時代中期の東大寺の僧。
¶朝日（㊤天慶1年1月24日（938年2月25日）㊦長和5年3月16日（1016年4月25日）），岩史，

角史，京都（[生]天慶元頃），国史，国書，古史，古人，古中，コン改，コン4，コン5，史人，思想史，人書94，新潮，人名（[生]？），姓氏京都，世人（[生]？），全書，対外，大百（[生]？），日史，日人，美術，百科，仏教，仏史，仏人（[生]？），平史，山川小，歴大

**長年寺受連　ちょうねんじじゅれん**
戦国時代の上野国室田郷の長年寺住職。
¶武田

**奝然の母　ちょうねんのはは**
延喜22（922）年～
平安時代中期の女性。賢母として知られる。
¶女史

**朝範　ちょうはん**
？　～承暦2（1078）年1月7日
平安時代中期～後期の天台宗の僧・歌人。
¶国書，古人（[生]？），平史

**長範　ちょうはん**
？　～永治1（1141）年
平安時代後期の僧。
¶古人（[生]？），日人，平史

**長遍　ちょうへん**
貞応2（1223）年～正安4（1302）年
鎌倉時代後期の僧。
¶鎌室，日人，仏教（[没]正安4（1302）年7月9日）

**長弁　ちょうべん**
生没年不詳
鎌倉時代の僧。
¶北条

**長保　ちょうほ**
天暦9（955）年～長元7（1034）年11月28日
平安時代中期の法相宗の僧。
¶仏教

**重命　ちょうみょう**
生没年不詳
鎌倉時代の絵仏師。尊智の弟子。
¶朝日，日人

**長明　ちょうみょう**
？　～＊　[別]長明（ちょうめい）
平安時代中期の天台宗の僧。
¶国書（ちょうめい　生没年不詳），古人，長野歴（ちょうめい　[没]康保3（966）年），日人（生没年不詳），仏教（[没]永保年間（1081～1084年）），平史（生没年不詳）

**蝶夢　ちょうむ**
享保17（1732）年～寛政7（1795）年12月24日
[別]五升庵蝶夢（ごしょうあんちょうむ）
江戸時代中期の俳人。
¶朝日（[没]寛政7年12月24日（1796年2月2日）），京都府，近世，国史，国書，コン改，コン4，コン5，詩歌，詩作，史人，人書79，新潮，人名，姓氏京都，世人，全書，大百，長野歴（五升庵蝶夢　ごしょうあんちょうむ），日人（五升庵蝶夢　ごしょうあんちょうむ　[没]1796年），俳諧（[生]？），俳句（[没]寛政7（1795）年12月23日），俳文，百科，仏教，仏史，和俳

**長明　ちょうめい**
→長明（ちょうみょう）

**潮也　ちょうや**
？　～慶安5（1652）年6月19日
江戸時代前期の浄土宗の僧。
¶仏教

**長益大川　ちょうやくだいせん**
→大川長益（だいせんちょうえき）

**重愉　ちょうゆ**
→重愉（じゅうゆ）

**澄有　ちょうゆう**
鎌倉時代の山伏。
¶岡山歴

**澄融　ちょうゆう**
生没年不詳
江戸時代末期の天台宗の僧。
¶国書

**朝猷　ちょうゆう**
平安時代後期の宇治平等院の供僧。
¶古人，平史（生没年不詳）

**朝祐　ちょうゆう**
？　～応永33（1426）年
南北朝時代～室町時代の仏師。
¶神奈川人，鎌倉，美建，仏教（生没年不詳）

**長勇　ちょうゆう**
延喜5（905）年～天元5（982）年
平安時代中期の天台僧。
¶古人，平史

**鳥友　ちょうゆう**
生没年不詳
江戸時代前期の天台宗の僧。
¶国書

**重誉　ちょうよ**
生没年不詳
平安時代後期の三論宗の僧。
¶国書，古人，仏教，平史

**朝誉　ちょうよ**
寛喜1（1229）年～？
鎌倉時代前期～後期の天台宗の僧。
¶国書

**超誉　ちょうよ**
寛永2（1625）年～元禄9（1696）年8月
江戸時代前期～中期の僧。「願生寺」の中興の住職。
¶大阪人

**長誉　ちょうよ**
？　～応永30（1423）年7月14日
室町時代の真言宗の僧。
¶国書，日人，仏教

**朝陽** ちょうよう
生没年不詳
江戸時代前期の僧侶。
¶国書

**超誉存牛** ちょうよぞんぎゅう
→存牛（ぞんぎゅう）

**長利** ちょうり
飛鳥時代の僧。
¶古代，古代普，姓氏群馬（生没年不詳），日人（生没年不詳）

**潮竜** ちょうりゅう
永禄4（1561）年～寛永7（1630）年11月9日
安土桃山時代～江戸時代前期の浄土宗の僧。
¶戦人，仏教（㊀寛永7（1630）年11月9日，（異説）12月9日）

**長林寺空善** ちょうりんじくうぜん
生没年不詳
戦国時代の清見村の長林寺の開基。
¶飛驒

**長朗** ちょうろう
延暦22（803）年～元慶3（879）年
平安時代前期の僧。
¶古人，古代，古代普，日人，仏教（生没年不詳）

**直庵啓端** ちょくあんけいたん
～応永31（1424）年
南北朝時代～室町時代の僧侶。
¶多摩

**直翁宗謙** ちょくおうそうけん
明暦1（1655）年～宝永2（1705）年10月20日
江戸時代前期～中期の臨済宗の僧。
¶国書

**直翁智侃** ちょくおうちかん
→直翁智侃（じきおうちかん）

**直翁道侃** ちょくおうどうかん
→直翁道侃（じきおうどうかん）

**千代崎秀雄** ちよざきひでお
昭和3（1928）年6月12日～
昭和～平成期の牧師。日本ホーリネス教団正教師、東京聖書学院教授。
¶現執3期

**杼山瑞芳** ちょざんずいほう
安永1（1772）年～文政12（1829）年
江戸時代中期～後期の曹洞宗の僧。
¶国書

**長昭** ちょしょう
寛仁2（1018）年～延久5（1073）年　㊊長昭（ちょうしょう）
平安時代中期～後期の僧。
¶古人（ちょうしょう），平史

**智鸞** ちらん
生没年不詳
奈良時代の法相宗の僧。わが国法相宗の第3伝。
¶国史，古人，古代，古代普，古中，史人，新潮，対外，日人，仏教，仏史

**智隆**(1) ちりゅう
生没年不詳
飛鳥時代の留学僧。
¶仏教

**智隆**(2) ちりゅう
文化13（1816）年～慶応1（1865）年　㊊堀内勇次（ほりうちゆうじ）
江戸時代末期の勤王僧。堕胎・嬰児殺し撲滅に挺身。
¶近世，高知人，国史，コン改（㊐文化12（1815）年），コン4（㊐文化12（1815）年），コン5（㊐文化12（1815）年），新潮，人名，日人，幕末（㊀1865年11月14日），幕末大（㊀慶応1（1865）年9月25日），仏教（㊀慶応1（1865）年7月26日，（異説）9月26日），仏人

**智了**(1) ちりょう
？～享保12（1727）年
江戸時代中期の浄土宗の僧。
¶仏教

**智了**(2) ちりょう
宝永7（1710）年～安永9（1780）年8月23日
江戸時代中期の浄土宗の僧。
¶仏教

**智輪** ちりん
→釈智輪（しゃくちりん）

**智令** ちれい
明治期の僧侶。
¶真宗

**智礼** ちれい
生没年不詳
江戸時代中期の浄土真宗の僧。
¶国書

**知蓮**（智蓮） ちれん
長禄3（1459）年～永正10（1513）年5月8日
戦国時代の時宗の遊行上人。
¶国書，戦辞（㊀永正10年5月8日（1513年6月11日）），戦人，仏教（智蓮）

**千輪慧** ちわさとし
大正8（1919）年5月3日～平成3（1991）年11月17日
昭和期の僧侶。
¶真宗

**千輪性海** ちわしょうかい，ちわじょうかい
安政5（1858）年1月1日～大正1（1912）年11月5日
㊊性海（じょうかい）
明治期の僧、社会事業家。
¶岡山人（性海　じょうかい），岡山人（ちわじょうかい），岡山百，岡山歴（ちわじょうかい），日人，明大1（ちわじょうかい）

**千輪清海** ちわせいかい
明治21（1888）年～昭和42（1967）年

大正～昭和期の僧・教育者。
¶岡山人

**陳阿** ちんあ
安永7(1778)年～嘉永6(1853)年1月4日
江戸時代中期～後期の浄土宗の僧。
¶国書

**澄一道亮** ちんいどうりょう
明・万暦36(1608)年～元禄4(1691)年4月8日
江戸時代前期～中期の黄檗宗の僧。
¶仏教

**珍恵** ちんえ
生没年不詳
南北朝時代以前の僧侶・連歌作者。
¶国書

**鎮栄** ちんえい
生没年不詳
室町時代の修験僧。
¶国書

**珍海**(1) ちんかい
寛治5(1091)年～仁平2(1152)年11月23日
平安時代後期の三論宗の僧。宮廷画家藤原基光の子。
¶朝日(㊦仁平2年11月23日(1152年12月20日)), 角史, 郷土奈良, 国史, 国書, 古人, 古中, 史人, 思想史, 新潮, 人名, 世人(㊦?), 日史, 日人, 美家, 百科, 仏教, 仏史, 仏人(㊤?), 平史, 密教(㊤1091・2年 ㊦1152年11月22・23日), 名画, 歴大

**珍海**(2) ちんかい
生没年不詳
戦国時代の僧。那智山滝本執行。
¶戦辞

**珍海**(3) ちんかい
文亀2(1502)年～?
戦国時代の天台宗の僧。
¶国書

**鎮海** ちんかい
～天授1/永和1(1375)年
南北朝時代の僧侶。
¶多摩

**珍覚** ちんかく
生没年不詳
鎌倉時代前期の法相宗の僧・歌人。
¶国書

**珍牛** ちんぎゅう
→瑞岡珍牛(ずいこうちんぎゅう)

**沈空** ちんくう
生没年不詳
南北朝時代の浄土宗の僧。
¶国書

**珍慶** ちんけい
平安時代後期の天台宗の僧。
¶古人, 平史(生没年不詳)

**鎮冏** ちんげい
天正6(1578)年～寛永21(1644)年5月25日
安土桃山時代～江戸時代前期の浄土宗の僧。
¶仏教

**珍兼** ちんけん
平安時代後期の天台宗の僧。
¶古人, 平史(生没年不詳)

**珍玄** ちんげん
保元3(1158)年～建仁4(1204)年2月19日
平安時代後期～鎌倉時代前期の天台宗の僧。
¶仏教

**鎮源** ちんげん
生没年不詳
平安時代中期の天台宗の僧。「大日本国法華教験記」の選者。
¶朝日, 国史, 国書, 古人, 古中, 日人, 日文, 仏教, 仏史, 平史

**陳玄興**(陳元興) ちんげんこう
正保4(1647)年～元禄16(1703)年
江戸時代前期～中期の文人。
¶黄檗, 群新百, 日人(陳元興 ㊤1648年)

**珍山源照** ちんざんげんしょう
生没年不詳
鎌倉時代後期の僧。
¶鎌室, 人名, 日人, 仏教

**琛洲道祐**(琛州道祐) ちんしゅうどうゆう
? ～宝永3(1706)年1月28日
江戸時代中期の黄檗宗の僧。
¶黄檗, 国書(琛州道祐 生没年不詳)

**珍西** ちんせい
? ～保延2(1136)年3月15日
平安時代後期の天台宗の僧。
¶仏教

**鎮西清宣** ちんぜいきよのぶ
寛政4(1792)年～明治7(1874)年3月23日
江戸時代後期～明治期の神職・国学者。
¶国書

**鎮西清浜** ちんぜいきよはま
享保19(1734)年～文化5(1808)年
江戸時代中期の神官、文人。
¶長野歴

**鎮増** ちんぞう
天授1/永和1(1375)年～?
南北朝時代～室町時代の天台宗の僧。
¶国書

**椿叟宗寿** ちんそうそうじゅ
嘉吉1(1441)年～永正1(1504)年8月15日
室町時代～戦国時代の臨済宗の僧。大徳寺59世。
¶仏教

**陳叟明遵** ちんそうみょうじゅん
?　〜永正4(1507)年
室町時代〜戦国時代の曹洞宗の僧。
¶人名，日人，仏教(没永正4(1507)年7月4日)

**鎮大安** ちんたいあん
生没年不詳
江戸時代中期の天台宗の僧。
¶国書

**鎮朝** ちんちょう
元慶8(884)年〜康保1(964)年10月5日
平安時代中期の天台宗の僧。
¶古人，仏教(生?)，平史



**椿庭海寿** ちんていかいじゅ
文保2(1318)年〜応永8(1401)年　別海寿(かいじゅ)，海寿椿庭(かいじゅちんてい)，椿庭(ちんてい)
南北朝時代の臨済宗古林派の僧、南禅寺第46世住持。
¶鎌室，国史，国書(没応永8(1401)年閏1月12日)，古中，新潮(没応永8(1401)年閏1月12日)，人名(生1322年)，世人(海寿椿庭　かいじゅちんてい)，対外，日人，仏教(没応永8(1401)年1月12日)，仏史，仏人(海寿　かいじゅ)

**珍祐**(1) ちんゆう
応永5(1398)年〜?
室町時代の社僧。
¶国書(生没年不詳)，神人，戦辞

**珍祐**(2) ちんゆう
?　〜寛永20(1643)年
室町時代の社僧。
¶姓氏愛知

**珍祐**(3) ちんゆう
?　〜永正1(1504)年
戦国時代の浄土真宗の僧。
¶姓氏石川

**鎮宥** ちんゆう
生没年不詳
戦国時代の天台宗の僧。
¶国書

**鎮祐** ちんゆう
生没年不詳
江戸時代中期の天台宗の僧。
¶国書

**珍誉** ちんよ
生没年不詳
鎌倉時代前期の歌僧。
¶国書，人名，日人

**鎮誉祖洞** ちんよそどう
→祖洞(そどう)

**珍蓮** ちんれん
生没年不詳
平安時代中期の天台宗の僧。
¶仏教

## 【つ】

**立木一空** ついきいっくう
〜享保7(1722)年11月20日
江戸時代中期の僧。
¶飛驒

**通庵浩達** つうあんこうたつ
生没年不詳
戦国時代の曹洞宗の僧。
¶仏教

**通円** つうえん
生没年不詳
安土桃山時代の茶人。
¶国書，日人

**通翁鏡円** つうおうきょうえん
*〜正中2(1325)年　別鏡円(きょうえん)
鎌倉時代後期の臨済宗大応派の僧。南禅寺第8世住持。
¶鎌室(生正嘉1(1257)年　没正中1(1324)年)，国史(生1258年)，古中(生1258年)，新潮(生正嘉1(1257)年　没正中1(1324)年1月27日)，人名(鏡円　きょうえん　生1257年　没1324年)，世人(鏡円　きょうえん　生?)，日人(生1258年)，仏教(生正嘉2(1258)年　没正中2(1325)年1月27日)，仏史(生1258年)，仏人(鏡円　きょうえん　生1257年　没1324年)

**通海**(1) つうかい
文暦1(1234)年〜嘉元3(1305)年12月5日
鎌倉時代前期〜後期の真言宗の僧。
¶国書，歴大

**通海**(2) つうかい
生没年不詳
鎌倉時代後期の真言宗の僧・歌人。
¶国書

**通海良義** つうかいりょうぎ
生没年不詳
南北朝時代〜室町時代の曹洞宗の僧。
¶仏教

**通覚** つうかく
天授1/永和1(1375)年〜応永35(1428)年2月13日
南北朝時代〜室町時代の天台宗の僧。
¶仏教

**通寛** つうかん
宝暦7(1757)年〜文化14(1817)年2月16日
江戸時代中期〜後期の僧侶。
¶庄内

**通観** つうがん，つうかん
奈良時代の僧。
¶人名(つうかん)，日人(生没年不詳)，仏教(生没年不詳)，万葉(つうかん)

**通賢** つうけん
生没年不詳
室町時代の真言宗の僧。
¶仏教

**通元(1)** つうげん
生没年不詳
鎌倉時代後期以前の僧侶・歌人。
¶国書

**通元(2)** つうげん
生没年不詳
江戸時代中期の浄土真宗の僧。
¶国書，人名，日人，仏教，仏人(㊤1704年頃)

**通玄(1)** つうげん
寛永12(1635)年～宝永1(1704)年
江戸時代前期～中期の高僧。
¶宮城百

**通玄(2)** つうげん
明暦2(1656)年～享保16(1731)年
江戸時代中期の真言宗の僧。
¶国書(㊦享保16(1731)年6月25日)，仏教(㊦享保16(1731)年4月25日)，仏人

**通玄元聡** つうげんげんそう
？ ～安永10(1781)年3月2日
江戸時代中期～後期の臨済宗の僧。
¶神奈川人，仏教

**通幻寂霊** つうげんじゃくれい
元亨2(1322)年～元中8/明徳2(1391)年5月5日
㊐寂霊(じゃくれい)
南北朝時代の曹洞宗の僧。曹洞宗教団の一大門派を形成。
¶朝日(㊦明徳2/元中8年5月5日(1391年6月7日))，鎌室，国史，国書，古中，コン改，コン4，コン5，史人，人書94，新潮，人名，姓氏石川，世人，全書，日史，日人，百科，兵庫百，仏教，仏史，歴大

**通玄法達** つうげんほうたつ
寛永12(1635)年9月13日～宝永1(1704)年
江戸時代前期～中期の臨済宗の僧。妙心寺265世。
¶国書(㊦宝永1(1704)年5月25日)，仏教

**通故** つうこ
→山田通故(やまだつうこ)

**通孝** つうこう
→山田通孝(やまだつうこう)

**通済** つうさい
天明8(1788)年～明治5(1872)年10月18日
江戸時代末期～明治期の新義真言宗の僧。
¶国書，仏教

**通助** つうじょ
生没年不詳
室町時代の僧侶・歌人。
¶国書

**通蔵主** つうぞうす
？ ～嘉吉3(1443)年
室町時代の僧。
¶鎌室，新潮，人名，日人

**通天** つうてん
生没年不詳
安土桃山時代の禅僧。
¶新潟百

**通天存達** つうてんそんたつ
？ ～天正20(1590)年4月9日
安土桃山時代の曹洞宗の僧。越後・塩沢郷の雲洞院13世住職。
¶武田

つ

**通同** つうどう
生没年不詳
江戸時代後期～末期の天台宗の僧。
¶国書

**通方明道** つうほうみょうどう
？ ～応永2(1395)年5月8日
南北朝時代～室町時代の臨済宗の僧。
¶国書

**通夢** つうむ
安永6(1777)年～嘉永3(1850)年
江戸時代中期～後期の僧、書家、寺子屋師匠。
¶姓氏長野

**司守海** つかさもりうみ
享保17(1732)年～文化10(1813)年4月14日
江戸時代後期の国学者・神官。
¶東三河

**司守富** つかさもりとみ
文政12(1829)年3月1日～明治20(1887)年10月23日
江戸時代後期～明治期の歌人・神官。
¶東三河

**司守綏** つかさもりやす
寛政元(1789)年12月16日～安政元(1854)年8月22日
江戸時代後期の歌人・神官。
¶東三河

**塚田理** つかだおさむ
昭和4(1929)年12月31日～
昭和期の司祭、キリスト教神学者。日本聖公会司祭、立教学院院長。
¶現執2期

**塚田渓山** つかだけいざん
文政7(1824)年～明治32(1899)年
江戸時代末期～明治期の僧侶。
¶神奈川人

**塚田三碩** つかださんせき
生没年不詳
江戸時代末期～明治期の医者、神官。
¶姓氏愛知

**冢田慈延** つかだじえん
→慈延(2)(じえん)

**塚田菅彦** つかだすがひこ
安政1(1854)年〜大正7(1918)年
明治〜大正期の神職。
¶神人

**塚田大愚**(冢田大愚) つかだたいぐ
→慈延(2)(じえん)

**塚田隆雄** つかだたかお
大正期の僧侶。正覚院住職。
¶アナ，社史(生没年不詳)

つ

**塚原大応** つかはらだいおう
文久3(1863)年〜昭和6(1931)年10月3日
明治〜昭和期の僧侶。大阪四天王寺貫主、大僧正。
¶昭人，人名，世紀，日人

**塚本啓祥** つかもとけいしょう
昭和4(1929)年7月24日〜
昭和〜平成期の文学者、仏教史学者。立正大学教授、東北大学教授。
¶現執1期，現執2期，現執3期，現執4期

**塚本賢暁** つかもとけんぎょう
明治13(1880)年〜昭和22(1947)年
明治〜昭和期の僧侶。
¶群馬人

**塚本善隆** つかもとぜんりゅう
明治31(1898)年2月8日〜昭和55(1980)年1月30日
大正〜昭和期の中国仏教史学者。京都大学教授。北魏や隋唐の仏教史を研究。
¶京都大，近現，現朝，現執1期，現情，史学，史研，世紀，姓氏京都，世百新，哲学，日人，百科，仏教，仏人

**塚本虎二** つかもととらじ
明治18(1885)年8月2日〜昭和48(1973)年9月9日
昭和期のキリスト教無教会派伝道者、新約聖書学者。新約聖書口語訳を完成。
¶キリ，現朝，現情，現人，コン改，コン4，コン5，史人，思想史，新カト，新潮，人名7，世紀，世百新，全書，哲学，日人，百科，民学，履歴，履歴2，歴大

**津川日済** つがわにっさい
文化8(1811)年〜明治33(1900)年
江戸時代末期〜明治期の日蓮宗京都妙顕寺僧侶。
¶人名，日人

**津川良蔵** つがわりょうぞう
明治期の牧師。県費留学生としてアメリカに渡る。
¶海越(生没年不詳)，海越新，国際，渡航

**月岡帯刀** つきおかたてわき
天保3(1832)年〜明治5(1872)年4月4日
江戸時代後期〜明治期の僧侶。
¶真宗

**月地重誓** つきじじゅうせい
→月地重誓(つきぢじゅうせい)

**月地重誓** つきぢじゅうせい，つきじじゅうせい
？ 〜明治37(1904)年
江戸時代末期〜明治期の浄土真宗僧。
¶宮城百(つきじじゅうせい)

**月輪賢隆** つきのわけんりゅう
明治21(1888)年5月25日〜昭和44(1969)年8月25日
明治〜昭和期の浄土真宗本願寺派僧侶、仏教学者。高野山大学教授。
¶秋田人2，秋田百，現情，昭人，真宗，人名7，世紀，日人，仏教，仏人

**月輪真成** つきのわしんせい
？ 〜昭和20(1945)年11月9日
明治〜昭和期の僧侶。
¶真宗

**月見覚了** つきみかくりょう
元治1(1864)年11月11日〜大正12(1923)年3月7日
明治〜大正期の僧侶。
¶真宗

**築山定誉** つきやまじょうよ
明治41(1908)年6月14日〜
昭和期の真言宗豊山派僧侶。23代目管長。
¶現情

**筑紫従門** つくしよりかど
天和2(1682)年〜延享元(1744)年
江戸時代前期〜中期の幕臣・神道家。
¶伊豆，国書(㊇延享1(1744)年6月3日)

**佃又右衛門**(佃田又右衛門，佃又衛門) つくだまたえもん
生没年不詳
安土桃山時代の武士。
¶国書(佃田又右衛門)，コン改，コン4，コン5，新潮，人名，戦国，戦人(佃又衛門)，日人

**筑土鈴寛** つくどれいかん
明治34(1901)年9月28日〜昭和22(1947)年2月12日
昭和期の日本史学者。大正大学教授。国文学を研究。
¶史研，史人(㊇1946年2月11日)，昭人

**筑波常遍** つくばじょうへん
昭和10(1935)年4月5日〜
昭和〜平成期の真言宗山階派僧侶。管長。
¶現情

**筑波藤麿** つくばふじまろ
明治38(1905)年2月25日〜昭和53(1978)年3月20日
昭和期の神職、歴史研究家。侯爵、靖国神社宮司。古代史を研究。
¶史研，昭人，履歴，履歴2

**柘植不知人** つげふじと
明治6(1873)年12月12日～昭和2(1927)年3月20日
明治～昭和期の伝道者。
¶キリ

**辻顕高** つじけんこう
文政7(1824)年～明治23(1890)年12月27日
江戸時代末期～明治期の曹洞宗の僧。曹洞宗大学林初代総監。
¶仏教，仏人

**辻田玄粲** つじたげんさい
明治27(1894)年～昭和36(1961)年
大正～昭和期の宗教家。宗教誌『法苑』を発刊。
¶姓氏山口

**辻坊頼真** つじのぼうらいしん
生没年不詳
戦国時代の僧。村山浅間社別当。
¶戦辞

**辻橋見直** つじはしみなお
～明治9(1876)年
江戸時代後期～明治期の神職。
¶神人

**辻密太郎** つじみつたろう
万延1(1860)年～昭和20(1945)年
明治～昭和期の移民伝道者。
¶兵庫百

**辻村泰円** つじむらたいえん
大正8(1919)年～昭和53(1978)年
昭和期の真言律宗僧侶、仏教民族学者、社会福祉事業家。奈良大学理事長。
¶現情(㊀1919年1月18日　㊁1978年5月26日)，人名7，世紀(㊀大正8(1919)年1月18日　㊁昭和53(1978)年5月26日)，日人(㊀大正8(1919)年1月8日　㊁昭和53(1978)年5月27日)，仏教(㊀大正8(1919)年1月8日　㊁昭和53(1978)年5月27日)，仏人

**辻村豊宣** つじむらとよのぶ
～昭和22(1947)年
明治～昭和期の神職。
¶神人

**辻村正朋** つじむらまさとも
生没年不詳
江戸時代末期の国学者・歌人・神官。
¶東三河

**辻村正平** つじむらまさひら
生没年不詳
江戸時代末期の歌人・神官。
¶東三河

**辻本英太郎** つじもとえいたろう
明治41(1908)年～
昭和期の新興仏教青年同盟大阪支部長。
¶社史

**辻本干也** つじもとかんや
大正10(1921)年9月16日～平成10(1998)年2月15日
昭和～平成期の仏師。美術院国宝修理所副所長。
¶美建

**辻本源治郎** つじもとげんじろう
昭和4(1929)年4月26日～平成6(1994)年3月11日
昭和～平成期の宗教法人代表。辻原商工社長、龍神総宮社祭主、庚申会代表役員。
¶現執3期，世紀，マス89

つ

**辻本喜次** つじもとよしつぐ
大正2(1913)年～昭和62(1987)年5月23日
昭和期の宮大工。
¶美建，名工，和歌山人

**津城寛文** つしろひろふみ
昭和31(1956)年8月～
昭和～平成期の宗教学者。城西大学女子短期大学部助教授。
¶現執3期，現執4期

**津田長興** つだおさおき
～明治42(1909)年
明治期の神職。
¶神人

**津田真一** つだしんいち
昭和13(1938)年10月2日～
昭和～平成期の僧侶。国際仏教学大学院大学仏教学研究科教授、真福寺(真言宗豊山派)住職、真言宗豊山派勧学。
¶現執4期

**津田真一郎** つだしんいちろう
→津田真道(つだまみち)

**蔦田二雄** つただつぎお
明治39(1906)年3月19日～昭和46(1971)年7月25日
昭和期のキリスト教伝道者。イムマヌエル綜合伝道団総理。
¶キリ

**津田徳之進** つだとくのしん
天保11(1840)年～明治44(1911)年
江戸時代後期～明治期のハリストス正教伝道師。
¶姓氏宮城

**津田白印** つだはくいん
文久2(1862)年4月1日～昭和21(1946)年2月15日
明治～昭和期の日本画家。
¶岡山人，岡山百，岡山歴，学校，昭人，世紀，日画，日人，美家

**津田真道** つだまさみち
→津田真道(つだまみち)

**津田真道**(津田眞道) つだまみち
文政12(1829)年6月25日～明治36(1903)年9月3日　㊕津田真道(つだまさみち)，津田明導(つだみょうどう)，津田真一郎(つだしんいちろう)
明治期の官僚、啓蒙思想家。貴族院議員。法制関

係の官職歴任。明六社同人として啓蒙的論説多数。
¶朝日（[生]文政12年6月25日（1829年7月25日）），維新，岩史，海越，海越新，江文，岡山，岡山人，岡山百（つだまさみち），岡山歴，華請，角史，近現，近史1，近世，近文，広7，国際，国史（つだまさみち），国書，コン改（[没]1902年），コン4，コン5，史人，ジ人1，静岡百，静岡歴，思想，思想史，重要，女史，真宗（津田明導　つだみょうどう　[生]文久2（1862）年4月1日　[没]昭和21（1946）年2月15日），新潮，新文，人名（つだまさみち），政治，姓氏静岡（津田真一郎　つだしんいちろう），世人（[生]文政12（1829）年6月），世百，全書，男爵（津田眞道），哲学，徳川臣，渡航，日史，日史語（つだまみち（しんいちろう）），日人，日本，幕末（[没]1900年9月3日），幕末大，藩臣6，百科，文学，ポプ人，明治史，明大2，山川小，洋学，履歴，履歴2，歴大

**津田美歌子**　つだみかこ
文政11（1828）年4月22日～明治43（1910）年12月30日
明治期の宗教家。プロテスタント信者。伝導当初における指導的役割。岡山県天城教会の礎になる。天城基督教会受洗者試験委員。
¶女性，女性普

**津田明導**　つだみょうどう
→津田真道（つだまみち）

**土川善澂**（土川善徴）　つちかわぜんちょう
元治1（1864）年9月4日～昭和5（1930）年3月3日
明治～昭和期の僧侶。浄土宗の高僧。知恩院住職を務めた。
¶昭人，人名（土川善徴），世紀，日人，明大1

**槌田孝玄**　つちだこうげん★
明治12（1879）年5月～
明治～昭和期の仏教家。日蓮宗満州教会所主任。
¶人満

**土橋秀高**　つちはししゅうこう
大正3（1914）年～
昭和期の中国仏教思想研究者。龍谷大学教授。
¶現執1期

**土橋八千太**　つちはしやちた
慶応2（1866）年10月28日～昭和40（1965）年3月11日
明治～昭和期の天文学者、カトリック司祭。上智大学長。最初のイエズス会士。著書に「邦暦西暦対照表」。
¶海越新（[没]昭和40（1907）年3月11日），科学，キリ（[生]慶応2年4月12日（1866年5月26日）　[没]昭和40（1965）年11月3日），近現，現情，国史，史人，新カト（[生]慶応2（1866）年5月26日），新潮，人名7，世紀，渡航，長野歴，日人，明大2

**土屋出雲守**　つちやいずものかみ
戦国時代～安土桃山時代の甲斐・熊野村の熊野神社の神主。
¶武田

**土屋伊予**　つちやいよ
？　～文政9（1826）年
江戸時代中期～後期の山梨郡上栗原村白山神社の神主。
¶山梨百

**土屋観山**　つちやかんざん
明治期の僧侶。
¶真宗

**土屋寛秀**　つちやかんしゅう
明治11（1878）年7月21日～昭和23（1948）年5月2日
明治～昭和期の僧。日蓮宗龍王山本覚寺を創立、開山した住職。
¶根千

**土屋詮教**　つちやせんきょう
明治5（1872）年7月16日～？
明治期の僧侶。
¶真宗

**土屋彦六**　つちやひころく
安政3（1856）年～昭和5（1930）年4月16日　[別]杉山彦六（すぎやまひころく）
明治～昭和期の牧師。
¶キリ（[生]安政3（1856）年5月25日），日エ（[生]安政3（1856）年5月25日）

**土山沢暎**（土山沢映）　つちやまたくえい
*～明治39（1906）年
明治期の僧。
¶真宗（土山沢映　[生]弘化1（1844）年1月18日　[没]明治39（1906）年1月24日），日人（[生]1845年）

**土山鉄次**　つちやまてつじ
明治18（1885）年10月15日～昭和21（1946）年3月14日
明治～昭和期の日本自由メソヂスト教会牧師。
¶キリ，渡航

**土屋祐堅**　つちやゆうけん
生没年不詳
江戸時代後期の教育者、僧侶。
¶姓氏群馬

**土屋勇三**　つちやゆうぞう
明治42（1909）年～昭和36（1961）年
大正～昭和期の宮大工、彫刻家。
¶姓氏長野，美建

**筒井伊賀守定次**　つついいがのかみさだつぐ
→筒井定次（つついさだつぐ）

**筒井英俊**　つついえいしゅん
明治25（1892）年2月19日～昭和48（1973）年
大正～昭和期の宗教家。
¶郷土奈良，奈良文

**筒井定次**　つついさだつぐ
永禄5（1562）年～元和1（1615）年3月5日　[別]筒井伊賀守定次（つついいがのかみさだつぐ），伊賀侍従（いがじじゅう），小泉四郎（こいずみしろう）
安土桃山時代～江戸時代前期のキリシタン、大

名。伊賀上野藩主。
¶近世，系西(筒井伊賀守定次　つついいがのかみさだつぐ)，国史，コン改，コン4，コン5，史人，諸系，新潮，人名，世人，戦合，戦国，戦人，全戦，対外，茶道(㊀1614年)，日人，藩主3(㊐永禄5(1562)年5月5日)

**筒井順永** つついじゅんえい
応永26(1419)年～文明8(1476)年
室町時代の武将。大和筒井荘の国人。順覚の子。
¶朝日(㊐応永27(1420)年　㊀文明8年4月5日(1476年4月28日))，鎌室，コン改(㊐応永27(1420)年)，コン4，コン5，諸系，新潮(㊀文明8(1476)年4月5日)，人名(㊐1423年)，内乱，日人，仏教(㊀文明8(1476)年4月5日)，室町，歴大

**筒井浄妙** つついじょうみょう
生没年不詳
平安時代後期の僧。
¶日人

**筒井酉治** つついゆうじ
天保8(1837)年8月～明治26(1893)年10月20日
江戸時代後期～明治期の神職。
¶庄内

**都筑玄妙** つづきげんみょう
明治37(1904)年～昭和63(1988)年
昭和期の僧侶。
¶郷土群馬，群馬人，姓氏群馬，姓氏長野，長野歴

**都竹峰仙** つづくほうせん
明治44(1911)年2月24日～平成11(1999)年3月11日
昭和・平成期の仏師。
¶飛騨

**堤玄立** つつみげんりゅう
大正13(1924)年1月25日～昭和60(1985)年
昭和期の真宗高田派学僧。龍谷大学図書館部長。
¶真宗(㊀昭和60(1985)年9月18日)，仏教(㊀昭和60(1985)年4月17日)

**堤盛言** つつみせいげん★
弘化1(1844)年3月18日～明治44(1911)年
江戸時代後期～明治期の禰宜。
¶三重

**堤弘業** つつみひろなり
生没年不詳
江戸時代末期の神職。
¶国書

**堤盛員** つつみもりかず
→荒木田盛員(あらきだもりかず)

**堤盛徴** つつみもりずみ
→荒木田盛徴(あらきだもりずみ)

**堤盛衡** つつみもりひら
？　～宝暦10(1760)年
江戸時代中期の神職・国学者。
¶国書

**津戸最** つどまさる
昭和8(1933)年～
昭和期の谷保天満宮宮司。
¶多摩

**綱島佳吉** つなじまかきち，つなしまかきち
万延1(1860)年～昭和11(1936)年6月27日
明治～昭和期の日本組合基督教会牧師。
¶海越新(㊐万延1(1860)年6月23日)，岡山人，岡山歴(つなしまかきち　㊐万延1(1860)年6月24日)，キリ(つなしまかきち　㊐万延1(1860)年6月23日)，人名，世紀(㊐万延1(1860)年6月)，渡航(つなしまかきち　㊐1860年6月)，日人，福島百(つなしまかきち)，明治史(つなしまかきち)，明大1(㊐万延1(1860)年6月24日)

**綱島梁川** つなしまりょうせん，つなじまりょうせん
明治6(1873)年5月27日～明治40(1907)年9月14日
明治期の宗教思想家、評論家。「早稲田文学」編集、文芸・美術評論執筆。宗教的思索から見神体験を語る。
¶朝日，岩史，岡山，岡山人(つなじまりょうせん)，岡山百，岡山歴，角史，キリ，近現，近文，広7，国史，コン改(つなじまりょうせん)，コン5(つなじまりょうせん)，史人(つなじまりょうせん)，思想，思想史，社史，新宿，新潮，新文，人名(つなじまりょうせん)，世紀，世人，世百，全書(つなじまりょうせん)，大百(つなじまりょうせん)，哲学(つなじまりょうせん)，日史，日人，日本，文学，明治史，明大2，履歴，履歴2(㊀昭和40(1965)年9月14日)，歴大(つなじまりょうせん)

**綱脇竜妙** つなわきりゅうみょう
明治9(1876)年1月24日～昭和45(1970)年12月5日
明治～昭和期の社会事業家、僧侶。
¶近医，世紀，日人，山梨百

**恒岡安首座** つねおかあんすそ
安土桃山時代の武蔵国平林寺の僧。泰翁宗安。太田氏資、のち北条氏政の家臣。
¶後北(安首座〔恒岡〕　あんすそ)

**常子〈大分県〉** つねこ★
江戸時代前期の女性。宗教。丹波亀山藩主松平康信の娘。『英信寺縁起』によると、弟英信が明暦2年、23歳の若さで亡くなった際、その悲しみから菩提を弔うため、弟の木像を紫雲院に納めた。
¶江表(常子(大分県))

**常八** つねはち
享和2(1802)年～明治13(1880)年
江戸時代後期～明治期の僧侶。
¶姓氏愛知

**常仁法親王** つねひとほうしんのう
→常仁入道親王(じょうにんにゅうどうしんのう)

**常光浩然** つねみつこうねん
明治24(1891)年5月12日～昭和48(1973)年11月

29日 ㊙常光浩然（じょうこうこうねん）
昭和期の仏教家、ジャーナリスト。仏教タイムス社社長、世界仏教徒会議事務局長。「仏教タイムス」を創刊。著書に「日本仏教渡米史」など。
¶現情，ジ人2，真宗（㊡昭和48（1972）年11月29日），新潮，人名7，世紀，哲学，日人，仏教，仏人（じょうこうこうねん）

**常本憲雄** つねもとのりお
明治39（1906）年～昭和54（1979）年7月28日
大正～昭和期の僧侶。
¶真宗

つ

**角井監物** つのいけんもつ
生没年不詳
江戸時代後期の神職。
¶国書

**津野五三二** つのごぞう
天保7（1836）年5月1日～明治23（1890）年11月12日
江戸時代末期・明治期の神職・糸問屋。
¶飛驒

**角田栄** つのださかえ
明治34（1901）年4月14日～昭和62（1987）年4月3日
大正～昭和期の政治家、宗教家、福祉事業家。
¶岡山歴

**角田三郎** つのださぶろう
大正14（1925）年8月29日～
昭和期の牧師、歴史学者。日本基督教団正教師。
¶現執2期

**角田俊徹** つのだしゅんてつ
明治11（1878）年10月2日～昭和20（1945）年11月12日
明治～昭和期の住職。極楽寺住職。
¶日エ

**角田忠守** つのだただもり
文化7（1810）年～明治27（1894）年3月10日
江戸時代後期～明治期の神職。
¶国書，姓氏長野，長野百，長野歴

**角田忠行** つのだただゆき
天保5（1834）年11月6日～大正7（1918）年12月15日
江戸時代末期～明治期の志士。賀茂・熱田神宮宮司。歌集に「伊吹舎歌集」など。
¶愛知百，維新，岩史，郷土長野，近現，近世，国史，国書，コン4，コン5，史人，思想史，神史，神人（㊤天保5（1834）年11月），新潮，人名，姓氏愛知，姓氏京都，姓氏長野，長野百，長野歴，日人，幕末，幕末大，明治史，明大1，歴大

**都野巽** つのたつみ
文政11（1828）年～明治27（1894）年3月11日
㊙有福新輔（ありふくしんすけ），有福槌三郎（ありふくつちさぶろう）
江戸時代末期～明治期の周防岩国藩士。
¶維新，神人，人名（㊡1895年），日人（㊡1895年），幕末，幕末大（㊤文政11（1828）年6月㊡明治27（1894）年3月18日），藩臣6，明大1（㊤文政11（1828）年6月）

**角田信道** つのだのぶみち
弘化3（1846）年～明治17（1884）年
江戸時代後期～明治期の信州岩村田藩士、神職。
¶神人

**角田無幻** つのだむげん
寛保3（1743）年～文化6（1809）年
江戸時代中期～後期の書家。
¶郷土群馬，群新百，群馬人，群馬百，姓氏群馬

**津戸三郎為守** つのとさぶろうためもり
久寿4（1154）年～仁治3（1242）年
平安時代後期～鎌倉時代前期の神官。
¶多摩

**都野保重** つのやすしげ
生没年不詳
室町時代の都野郷領主、多鳩神社神主。
¶島根歴

**椿宏道** つばきこうどう
大正2（1913）年～昭和56（1981）年
昭和期の歌人、曹洞宗住職。
¶島根歴

**椿原了義** つばきはらりょうぎ
天保3（1832）年～明治12（1879）年10月25日
江戸時代後期～明治期の僧侶。
¶真宗

**都布年**（つぶね） つぶね
？ ～嘉永4（1851）年
江戸時代後期の俳僧。
¶神奈川人，姓氏神奈川（つぶね）

**坪井俊映** つぼいしゅんえい
大正3（1914）年10月2日～
昭和期の宗教家。金戒光明寺法主、仏教大学教授。
¶現執1期，現執2期

**坪井不昧** つぼいふまい
明治16（1883）年～昭和35（1960）年
明治～昭和期の僧侶。
¶群馬人

**坪内真佐得** つぼうちまさえ
生没年不詳
江戸時代中期の神道家。
¶国書，神人

**津曲十助** つまがりじゅうすけ
天保7（1836）年～大正9（1920）年
江戸時代末期～大正期の浄土真宗の信者。真宗教線拡張の功労者。
¶鹿児島百，薩摩，姓氏鹿児島

**津曲平兵衛** つまがりへいべえ
文政12（1829）年～明治30（1897）年
江戸時代後期～明治期の本願寺開教の恩人の1人。
¶鹿児島百，姓氏鹿児島

**妻木梧渓** つまきごけい
寛政5(1793)年～天保8(1837)年
江戸時代後期の浄土真宗の僧侶。
¶和歌山人

**妻木直良** つまぎじきりょう,つまきじきりょう
明治6(1873)年～昭和9(1934)年11月23日
明治～昭和期の僧侶。
¶真宗,和歌山人(つまきじきりょう)

**積良徹** つむらとおる
明治40(1907)年～平成1(1989)年
昭和期の僧、医師、農政家。
¶姓氏富山

**津守有基** つもりありもと
? ～保延1(1135)年 ㊞津守有基(つもりのありもと)
平安時代後期の神職・歌人。
¶国書,古人(つもりのありもと ㊐?),平史(つもりのありもと)

**津守氏昭** つもりうじあき
生没年不詳
室町時代～戦国時代の神職。
¶国書

**津守快栄** つもりかいえい
文政5(1822)年～明治27(1894)年7月5日
江戸時代末期～明治期の声明家。
¶日音

**津守景基** つもりかげもと
生没年不詳 ㊞津守景基(つもりのかげもと)
平安時代後期の神職・歌人。
¶国書,古人(つもりのかげもと),平史(つもりのかげもと)

**津守量夏** つもりかずなつ
生没年不詳
南北朝時代の神職・歌人。
¶国書

**津守国昭** つもりくにあき
嘉吉1(1441)年～?
室町時代～戦国時代の神職。
¶国書

**津守国礼** つもりくにあや
→津守国礼(つもりくによし)

**津守国条** つもりくにえだ
享保2(1717)年～宝暦13(1763)年8月14日 ㊞津守国条(つもりくになが)
江戸時代中期の神官(住吉神社神主)。非参議・住吉神社神主津守国輝の子。
¶公卿,公卿普,公家(国条〔住吉神社神主津守家〕 くにえだ),国書(つもりくになが)

**津守国夏** つもりくにか
→津守国夏(つもりくになつ)

**津守国量** つもりくにかず
? ～応永9(1402)年
南北朝時代～室町時代の神官(住吉神社神主)。
¶鎌室,公卿,公卿普,公家(国量〔住吉神社神主津守家〕 くにかず ㊐?),国書(㊐暦応1(1338)年 ㊎応永9(1402)年1月27日),日人(㊐1338年)

**津守国実** つもりくにざね
? ～正平7/文和1(1352)年8月25日
鎌倉時代後期～南北朝時代の神職・歌人。
¶国書

**津守国助** つもりくにすけ
仁治3(1242)年～正安1(1299)年
鎌倉時代後期の神官、歌人。
¶大阪人,鎌室,国書(㊎永仁7(1299)年3月19日),人名,日人,和俳

つ

**津守国貴** つもりくにたか
興国1/暦応3(1340)年～応永7(1400)年7月7日
南北朝時代～室町時代の神職・歌人。
¶国書

**津守国輝** つもりくにてる
元禄8(1695)年～宝暦7(1757)年7月2日
江戸時代中期の神官(住吉神社神主)。
¶公卿,公卿普,公家(国輝〔住吉神社神主津守家〕 くにてる)

**津守国敏** つもりくにとし
明治期の神職。
¶神人

**津守国豊** つもりくにとよ
応永6(1399)年～文安1(1444)年7月7日
室町時代の神職・歌人。
¶国書

**津守国栄** つもりくになが
明治～大正期の神職。
¶神人

**津守国条** つもりくになが
→津守国条(つもりくにえだ)

**津守国夏** つもりくになつ
弘安11(1288)年～正平7/文和1(1352)年 ㊞津守国夏(つもりくにか)
鎌倉時代後期～南北朝時代の歌人。
¶大阪人(つもりくにか ㊎正平8(1353)年),国書(㊐正応2(1289)年 ㊎文和2(1353)年5月11日),人名,日人,和俳

**津守国教** つもりくにのり
江戸時代中期の神官(住吉神社神主)。
¶公卿(㊐寛文8(1668)年 ㊎享保15(1736)年11月3日),公卿普(㊐寛文8(1668)年 ㊎元文1(1736)年11月3日),公家(国教〔住吉神社神主津守家〕 くにのり ㊐1662年 ㊎享保15(1730)年11月3日),国書(㊐寛文2(1662)年 ㊎享保15(1730)年11月3日)

**津守国久** つもりくにひさ
正平13/延文3(1358)年～応永4(1397)年10月9日
南北朝時代～室町時代の神職・歌人。

¶国書

**津守国平** つもりくにひら
承元2（1208）年～弘安8（1285）年3月27日
鎌倉時代前期～後期の神職・歌人。
¶国書

**津守国博** つもりくにひろ
応永28（1421）年～文安1（1444）年7月7日
室町時代の神職・歌人。
¶国書

**津守国福** つもりくにふく
[別]津守国福（つもりくによし）
江戸時代後期の神官（住吉神社神主）。
¶公卿（[生]享和1（1801）年　[没]？），公卿普（[生]享和1（1801）年　[没]？），公家（国福〔住吉神社神主津守家〕　くにふく　[生]1800年　[没]明治1（1868）年10月14日），国書（つもりくによし　[生]寛政12（1800）年5月26日　[没]明治1（1868）年10月14日）



**津守国藤** つもりくにふじ
生没年不詳
鎌倉時代後期～南北朝時代の神職・歌人。
¶国書

**津守国冬** つもりくにふゆ
文永7（1270）年～＊
鎌倉時代後期の神官、歌人。
¶鎌室（[没]？），国書（[生]文永7（1270）年6月6日　[没]元応2（1320）年6月17日），詩歌，人名，日人（[没]1320年），和俳（[没]？）

**津守国道** つもりくにみち
建治3（1277）年～嘉暦3（1328）年
鎌倉時代後期の神官、歌人。
¶鎌室，国書（[没]嘉暦3（1328）年8月25日），人名，日人，和俳

**津守国光** つもりくにみつ
生没年不詳　[別]津守国光（つもりのくにみつ）
平安時代後期の神職・歌人。
¶国書，古人（つもりのくにみつ），平史（つもりのくにみつ）

**津守国基** つもりくにもと
→津守国基（つもりのくにもと）

**津守国美**（津守國美） つもりくによし
天保1（1830）年～明治34（1901）年5月8日
江戸時代末期～明治期の神官（住吉神社神主）。
¶華請，公卿（[没]？），公卿普（[没]？），公家（国美〔住吉神社神主津守家〕　くによし），国書（[生]文政13（1830）年5月11日），神人，男爵（津守國美　[生]天保1（1830）年5月11日）

**津守国福** つもりくによし
→津守国福（つもりくにふく）

**津守国礼** つもりくによし
安永2（1773）年～弘化3（1846）年8月14日　[別]津守国礼（つもりくにあや）
江戸時代後期の神官（住吉神社神主）。
¶公卿，公卿普，公家（国礼〔住吉神社神主津守家〕　くにあや），国書（つもりくにあや）

**津守嶋麻呂** つもりしままろ
生没年不詳
奈良時代の神職。
¶国書

**津守経国** つもりつねくに
文治5（1185）年～安貞2（1228）年　[別]津守経国（つもりのつねくに）
鎌倉時代前期の神官、歌人。
¶鎌室，国書（[没]安貞2（1228）年10月25日），古人（つもりのつねくに），人名，日人，和俳

**津守長盛** つもりながもり
→津守長盛（つもりのながもり）

**津守有基** つもりのありもと
→津守有基（つもりありもと）

**津守景基** つもりのかげもと
→津守景基（つもりかげもと）

**津守国光** つもりのくにみつ
→津守国光（つもりくにみつ）

**津守国基** つもりのくにもと
治安3（1023）年～康和4（1102）年7月7日　[別]津守国基（つもりくにもと）
平安時代中期～後期の歌人、住吉社第39代神主。勅撰集に20首入集。
¶大阪人（つもりくにもと），国史，国書（つもりくにもと），古人（[生]1026年），古中，コン改（[生]？　[没]康和5（1103）年），コン4（[生]？　[没]康和5（1103）年），コン5（[生]？　[没]長保5（1103）年），詩歌（つもりくにもと　[生]？　[没]1103年），詩作（[没]康和4（1102）年7月17日），史人，神史，新潮，人名（つもりくにもと　[生]？　[没]1103年），日史，日人，百科，平史（[生]1026年），和俳

**津守経国** つもりのつねくに
→津守経国（つもりつねくに）

**津守得重** つもりのとくしげ
平安時代後期の神祇官人。
¶古人

**津守長盛** つもりのながもり
保延5（1139）年～承久2（1220）年　[別]津守長盛（つもりながもり）
平安時代後期～鎌倉時代前期の神官。
¶古人，平家（つもりながもり），平史

**津守宣平** つもりのぶひら
建長6（1254）年～正安1（1299）年頃
鎌倉時代後期の神職・歌人。
¶国書

**津守客人** つもりまろうど
生没年不詳
奈良時代の神職。
¶国書

**津守棟国** つもりむねくに
建長5(1253)年～？
鎌倉時代後期の神職・歌人。
¶国書

**津山玄道** つやまげんどう
明治23(1890)年～昭和47(1972)年
大正～昭和期の僧侶。
¶姓氏富山

**津山昌** つやましょう
大正14(1925)年1月17日～平成4(1992)年11月28日
昭和～平成期の美術評論家・僧侶。
¶富山百，富山文

**露無文治** つゆむぶんじ
慶応2(1866)年～昭和16(1941)年
江戸時代末期～昭和期の渡航者。
¶愛媛百(㊤慶応2(1866)年1月4日　㊦昭和16(1941)年2月24日)，渡航(㊤1866年2月18日　㊦1941年2月22日)

**都留仙次** つるせんじ
明治17(1884)年1月20日～昭和39(1964)年1月20日
明治～昭和期の教育家、旧約聖書学者。横浜フェリス女学院院長。キリスト教教育および学校経営に貢献。聖書の現代語訳を完成。
¶大分歴，キリ，世紀(㊦昭和39(1964)年1月21日)，哲学，渡航

**鶴田伍一郎** つるたごいちろう
文政12(1829)年～明治9(1876)年
江戸時代末期～明治期の熊本神風連の一人。
¶人名，日人

**鶴田雅二** つるたまさじ
明治22(1889)年7月15日～昭和50(1975)年6月19日
大正～昭和期の無教会伝道者。
¶キリ

**鶴田正恭** つるたまさやす
戦国時代～安土桃山時代の甲斐山梨郡八幡北村の窪八幡神社の大宮司。
¶武田

**鶴原五郎** つるはらごろう
安政6(1859)年5月5日～大正1(1912)年10月21日
明治～大正期の信徒伝道者。
¶キリ，社史(㊤？)，日Y(㊤安政6(1859)年6月5日)，福岡百

**鶴藤幾太** つるふじいくた
明治23(1890)年～昭和49(1974)年
明治～昭和期の神道家。神宮皇学館教授。
¶神人

**鶴牧信雄** つるまきしんゆう
大正7(1918)年～
昭和期の僧侶。
¶群馬人

## 【て】

**底阿** ていあ
嘉元3(1305)年～弘和1/永徳1(1381)年1月8日
鎌倉時代後期～南北朝時代の時宗の僧・連歌作者。
¶国書

**貞安**(1) ていあん
？～天文21(1552)年4月19日
戦国時代の浄土宗の僧。
¶仏教

**貞安**(2) ていあん
天文8(1539)年～元和1(1615)年
安土桃山時代～江戸時代前期の浄土宗の僧。
¶角史，国書(㊤天文8(1539)年3月7日　㊦元和1(1615)年7月17日)，思想史，人名，世人，戦人，日人，仏教(㊤天文8(1539)年3月7日　㊦元和1(1615)年7月17日)

**鼎庵宗梅**(鼎菴宗梅) ていあんそうばい
？～文明13(1481)年
室町時代の曹洞宗の僧。
¶人名(鼎菴宗梅)，日人，仏教(生没年不詳)

**ディエゴき斎** でぃえごきさい
天文2(1533)年～慶長1(1596)年　㊞ヤコボき斎(やこぼきさい)
戦国時代～安土桃山時代のイエズス会員。日本二十六聖人。
¶長崎歴

**貞円** ていえん
生没年不詳
戦国時代の天台宗の僧。
¶国書

**貞憶** ていおく
寛永10(1633)年5月2日～正徳5(1715)年6月11日
江戸時代前期～中期の浄土宗の僧。
¶国書

**貞厳** ていがん
→貞厳昌永(ていがんしょうえい)

**庭岸** ていがん
元和1(1615)年～貞享4(1687)年10月30日
江戸時代前期の浄土宗の僧。
¶仏教

**貞厳昌永** ていがんしょうえい
？～元亀3(1572)年　㊞貞厳(ていがん)
戦国時代～安土桃山時代の臨済禅僧。
¶埼玉人，埼玉百(貞厳　ていがん)，戦辞

**貞紀** ていき
寛文11(1671)年～寛延3(1750)年12月7日
江戸時代前期～中期の真言宗の僧。
¶国書

て

**貞暉** ていき
？ ～宝永6(1709)年
江戸時代前期～中期の浄土宗の僧。
¶国書

**禎喜** ていき
康和1(1099)年～寿永2(1183)年10月1日
平安時代後期の僧。
¶鎌室，古人，新潮，日人，仏教，平史

**貞暁** ていぎょう
→貞暁(じょうぎょう)

て

**貞兼** ていけん
応永10(1403)年～宝徳4(1452)年　[別]貞兼(じょうけん)
室町時代の僧。
¶鎌室，国書(じょうけん　[没]宝徳4(1452)年4月8日)，日人

**貞源** ていげん
生没年不詳
鎌倉時代の山門系の僧。
¶北条

**貞極** ていごく
延宝5(1677)年～宝暦6(1756)年
江戸時代中期の浄土宗の僧。
¶近世，国史，国書([没]宝暦6(1756)年6月2日)，人名，日人，仏史，仏人

**貞厳** ていごん
？ ～文政10(1827)年6月18日
江戸時代中期～後期の浄土宗の僧。
¶国書

**貞残**(1) ていざん
？ ～寛永14(1637)年8月8日
安土桃山時代～江戸時代前期の浄土宗の僧。
¶仏教

**貞残**(2) ていざん
？ ～万治2(1659)年9月28日
江戸時代前期の浄土宗の僧。
¶仏教

**禎山** ていざん
生没年不詳
江戸時代中期の臨済宗の僧。
¶国書

**定山祖禅** ていざんそぜん
→定山祖禅(1)(じょうざんそぜん)

**鼎山存彝**(鼎山存彜) ていざんそんい
？ ～延徳2(1490)年
室町時代～戦国時代の曹洞宗の僧。
¶日人(鼎山存彜)，仏教

**提室智闡** ていしつちせん
寛正2(1461)年～天文5(1536)年
戦国時代の曹洞宗の僧。
¶人名，姓氏石川([生]？)，日人，仏教([没]天文5(1536)年4月2日)

**諦洲** ていしゅう
安永3(1774)年～嘉永3(1850)年
江戸時代中期～後期の臨済宗の僧。
¶大分歴

**鼎州** ていしゅう
？ ～明治7(1874)年11月30日
江戸時代末期～明治期の僧侶。征長総督徳川慶勝に征長戦の無血解決の良策を進言。
¶維新，幕末，幕末大

**提宗慧全** ていじゅうえぜん
天正20(1592)年～寛文8(1668)年6月
江戸時代前期の黄檗宗の僧。
¶黄檗，国書

**鼎宗元彝** ていしゅうげんい
貞享3(1686)年～明和4(1767)年5月5日
江戸時代中期の黄檗宗の僧。
¶黄檗

**堤洲禅恕** ていしゅうぜんじょ
生没年不詳
江戸時代中期の臨済宗の僧。
¶国書

**貞叔宗廉** ていしゅくそうれん
生没年不詳
戦国時代の臨済宗の僧。大徳寺84世。
¶仏教

**貞舜** ていしゅん
建武1(1334)年～応永29(1422)年1月　[別]貞舜(じょうしゅん)
南北朝時代～室町時代の天台宗の僧。成菩提院中興。
¶鎌室，国史(じょうしゅん)，国書(じょうしゅん)，古中(じょうしゅん)，人名，日人(じょうしゅん)，仏教(じょうしゅん)，仏史(じょうしゅん)

**定瞬** ていしゅん
享和1(1801)年～明治8(1875)年
江戸時代後期～明治期の大僧都。
¶姓氏愛知

**亭順** ていじゅん
大永3(1523)年～慶長5(1600)年
戦国時代～安土桃山時代の天台宗の僧。
¶国書

**貞準** ていじゅん
寛永4(1627)年～貞享2(1685)年3月21日
江戸時代前期の浄土宗の僧。
¶国書，仏教

**定助** ていじょ
*～元徳1(1329)年
鎌倉時代後期の真言宗の僧、山城醍醐山第7代の座主。
¶人名([生]1281年)，北条([生]？)

**貞昭** ていしょう
永仁6(1298)年～？

鎌倉時代後期～南北朝時代の僧。
¶北条

**渟城毅** ていじょうつよし★
明治23(1890)年12月17日～昭和27(1952)年6月18日
大正・昭和期の八幡神社宮司。
¶秋田人2

**貞心** ていしん
？～天正16(1588)年
戦国時代～安土桃山時代の僧。相模下溝村天応院の中興開基。
¶姓氏神奈川

**貞信尼** ていしんに
文政12(1829)年～明治44(1911)年3月7日
江戸時代後期～明治期の浄土真宗の尼僧。
¶江表(貞信尼(新潟県)), 真宗

**貞崇** ていすう
→鳥栖寺貞崇(とりすでらていそう)

**貞存** ていぞん
？～寛永5(1628)年2月2日
安土桃山時代～江戸時代前期の浄土宗の僧。
¶仏教

**貞伝** ていでん
元禄3(1690)年～享保16(1731)年
江戸時代中期の僧侶。
¶青森人

**貞鈍** ていどん
？～元亀2(1571)年7月8日
戦国時代の浄土宗の僧。
¶仏教

**貞把** ていは
永正12(1515)年～天正2(1574)年12月7日　㊕貞把(じょうは), 道誉貞把(どうよていは)
戦国時代の僧。浄土宗道誉流の祖。
¶国史(じょうは), 国書(㊤永正12(1515)年9月20日), 古中(じょうは), 人名, 戦辞(道誉貞把　どうよていは　㊦天正2年12月7日(1575年1月18日)), 戦人, 千葉百, 日人(㊦1575年), 仏教(㊤永正12(1515)年9月20日), 仏史(じょうは), 仏人

**禎範** ていはん
寛弘8(1011)年～寛治5(1091)年
平安時代中期～後期の天台宗園城寺の僧。
¶古人, 平史

**貞弁** ていべん
元徳1(1329)年～天授6/康暦2(1380)年7月24日
南北朝時代の天台宗の僧。
¶仏教

**廷用宗器** ていゆうそうき
生没年不詳
南北朝時代の臨済宗の僧。南禅寺86世。
¶仏教

**廷用文珪** ていゆうもんけい
生没年不詳
南北朝時代の臨済宗の僧。
¶仏教

**貞誉**(1) ていよ
生没年不詳
安土桃山時代～江戸時代前期の浄土宗の僧。
¶仏教

**貞誉**(2) ていよ
？～寛永14(1637)年3月29日
江戸時代前期の浄土宗の僧。
¶仏教

て

**適庵法順** てきあんほうじゅん
生没年不詳
南北朝時代の臨済宗の僧。
¶仏教

**的翁文中** てきおうぶんちゅう
？～天正13(1585)年8月17日
戦国時代～安土桃山時代の曹洞宗の僧。
¶埼玉人

**的翁文仲** てきおうぶんちゅう
生没年不詳
戦国時代～安土桃山時代の曹洞宗の僧。
¶仏教

**的山**(1) てきざん
天正16(1588)年～寛文3(1663)年12月19日
江戸時代前期の浄土宗の僧。
¶仏教

**的山**(2) てきざん
寛永3(1626)年～元禄7(1694)年10月11日
江戸時代前期の浄土宗の僧。
¶仏教

**的道** てきどう
慶長4(1599)年～延宝1(1673)年10月27日
江戸時代前期の浄土宗の僧。
¶仏教

**適然** てきねん
生没年不詳
鎌倉時代の律宗の僧。
¶仏教

**的門** てきもん
→高橋的門(たかはしてきもん)

**的林融中** てきりんゆうちゅう
生没年不詳
南北朝時代～室町時代の曹洞宗の僧。
¶仏教

**出口伊佐男** でぐちいさお
明治36(1903)年1月15日～昭和48(1973)年5月6日　㊕出口宇知麿(でぐちうちまる, でぐちうちまろ)
大正～昭和期の宗教家(大本教)。世界連邦世界協会理事。エスペラントの普及、諸宗教との交流

に尽力。大本総長、人類愛善会会長などを歴任。
¶現情，社史（出口宇知麿　でぐちうちまろ），人名7，世紀，日エ（出口宇知麿　でぐちうちまる），日人

**出口宇知麿** でぐちうちまる
→出口伊佐男（でぐちいさお）

**出口宇知麿** でぐちうちまろ
→出口伊佐男（でぐちいさお）

**出口王仁三郎** でぐちおにさぶろう
明治4（1871）年～昭和23（1948）年1月19日　㊀出口王仁三郎（でぐちわにさぶろう）
昭和期の宗教家。大本教主として布教と国際化を図る。
¶朝日（㊐明治4年7月12日（1871年8月27日）），岩史（㊐明治4（1871）年7月12日），角史，京都府，京都文（㊐明治4（1871）年7月12日（新暦8月27日）），近現，現朝（㊐明治4年8月22日（1871年10月6日）），現情（㊐明治4（1871）年8月22日），現人，現日（㊐1871年8月12日 ㊍1946年1月19日），広7，国史，コン改，コン4，コン5，史人（㊐1871年7月12日），思想（㊐明治4（1871）年7月12日），思想史，社史（㊐1871年10月6日），重要（でぐちわにさぶろう　㊐明治4（1871）年8月22日），昭人（㊐明治4（1871）年7月12日），神史，神人（㊐明治4（1871）年8月22日），新潮（㊐明治4（1871）年8月22日），人名7，世紀（㊐明治4（1871）年7月12日），世人（でぐちわにさぶろう　㊐明治4（1871）年8月22日），世百（でぐちわにさぶろう），全書，大百（でぐちわにさぶろう），短歌（㊐1871年8月22日　㊍1948年1月18日），茶道，哲学，伝記，陶工（でぐちわにさぶろう），日エ（㊐明治4（1871）年7月12日），日思，日史（㊐明治4（1871）年7月12日），日人（でぐちわにさぶろう　㊐明治4（1871）年7月12日），日中（㊐明治4（1871）年7月12日），日本，百科，平和，ポプ人，民学，明治史，明大1（㊐明治4（1871）年7月12日），履歴（㊐明治4（1871）年7月12日），履歴2（㊐明治4（1871）年7月12日），歴大

**出口京太郎** でぐちきょうたろう
昭和11（1936）年8月2日～
昭和～平成期の宗教家。大本なにわ別院長、大本教総長。
¶現情

**出口常順** でぐちじょうじゅん
明治33（1900）年11月7日～
昭和～平成期の和宗僧侶、インド哲学者。総本山四天王寺管長。
¶現情

**出口すみ** でぐちすみ
明治16（1883）年2月3日～昭和27（1952）年3月31日　㊀出口すみ子（でぐちすみこ）
大正～昭和期の宗教家。大本教2代教主。大本は2度の弾圧を受けたが、愛善苑の名で再建した。著書に「おさながたり」。
¶朝日，京都府（㊍昭和26（1951）年），昭人，女性（㊐明治16（1883）年2月8日），女性普，世紀，日人（出口すみ子　でぐちすみこ），平和（出口すみ子　でぐちすみこ），明大1

**出口すみ子** でぐちすみこ
→出口すみ（でぐちすみ）

**出口なお**（出口なを，出口ナオ） でぐちなお，でぐちなを
天保7（1836）年12月16日～大正7（1918）年11月6日
明治～大正期の宗教家。大本教開祖。大日本修斎会を大正5年皇道大本と改称。
¶朝日（㊐天保7年12月16日（1837年1月22日）），岩史，角史，京都府（出口なを　でぐちなを），近現，近女，国史，コン改（出口なを），コン5（出口なを），史人，思想史，重要（㊍大正7（1918）年11月），女史，女性，女性普，神史，神人，新潮（出口ナオ），人名（出口なを），世紀（出口なを　㊐天保7（1837）年12月16日），世人（出口なを　㊐天保7（1836）年1月3日 ㊍大正7（1918）年11月1日），先駆，全書（出口ナオ），日思（㊐天保7（1837）年），日史，日人（㊐1837年），百科，風土，平日，民学，明治史，明大1（出口なを），山川小，歴大

**出口直日** でぐちなおひ
明治35（1902）年3月7日～平成2（1990）年
昭和期の宗教家。大本教3代目教主。
¶現情，陶工，日エ（㊍平成2（1990）年9月23日）

**出口延経** でぐちのぶつね
→度会延経（わたらいのぶつね）

**出口延佳** でぐちのぶよし
→度会延佳（わたらいのぶよし）

**出口王仁三郎** でぐちわにさぶろう
→出口王仁三郎（でぐちおにさぶろう）

**手仕事屋きち兵衛** てしごとやきちべえ
昭和24（1949）年12月31日～
昭和～平成期の仏師、木彫師、シンガー・ソングライター。
¶テレ

**出島明雅** でじまあきまさ
→出島竹斎（でじまちくさい）

**手島郁郎** てしまいくろう
明治43（1910）年8月26日～昭和48（1973）年12月25日
昭和期の教師、伝道者。
¶キリ，熊本人，履歴，履歴2

**出島甚太郎** でじまじんたろう
→出島竹斎（でじまちくさい）

**手島季隆** てしますえたか
文化11（1814）年～明治30（1897）年9月4日
江戸時代後期～明治期の武士、神職。
¶維新，高知人，国書（㊐文化11（1814）年10月16日），人名，長崎遊，日人，幕末，幕末大（㊐文化11（1814）年10月16日），藩臣6

**出島竹斎** でじまちくさい
文化13（1816）年～明治20（1887）年　㊀出島甚太

郎（でじまじんたろう），出島明雅（でじまあきまさ）
江戸時代末期～明治期の駿河国の勤王の志士。民政に協力。宮司。皇学舎を設けて子弟の教育にあたった。
¶静岡歴，人名（出島明雅　でじまあきまさ），姓氏静岡（出島甚太郎　でじまじんたろう），日人，幕末，幕末大

**弟子丸泰仙　でしまるたいせん**
大正3（1914）年11月29日～昭和57（1982）年4月30日
昭和期の僧侶。ヨーロッパ禅協会会長。
¶現朝，現情，現人，佐賀百，世紀，長野歴，日人，仏教，仏人

**鉄菴道生**（鉄庵道生）　**てつあんどうしょう**
弘長2（1262）年～元弘1/元徳3（1331）年　㊙鉄庵道生（てったんどうしょう）
鎌倉時代後期の僧。
¶鎌室，国書（鉄庵道生　てったんどうしょう　㊣元徳3（1331）年1月6日），詩歌（鉄庵道生），人名，日人（鉄庵道生），和俳

**徹翁　てつおう**
→徹翁義亨（てっとうぎこう）

**鉄翁　てつおう**
→鉄翁祖門（てっとうそもん）

**徹翁義亨　てつおうぎこう**
→徹翁義亨（てっとうぎこう）

**徹外　てつがい**
生没年不詳
江戸時代後期の僧侶。
¶国書

**鉄崖　てつがい**
→鉄崖道空（てつがいどうくう）

**鉄崖道空　てつがいどうくう**
寛永3（1626）年～元禄16（1703）年　㊙鉄崖（てつがい）
江戸時代前期～中期の黄檗宗の僧。
¶黄檗（㊣元禄16（1703）年7月10日），国書（㊣元禄16（1703）年7月10日），人書94（鉄崖　てつがい），徳島百（鉄崖　てつがい　㊤？　㊣元禄16（1703）年9月9日），徳島歴（鉄崖　てつがい　㊤寛永5（1628）年）

**鉄外呑鷟　てつがいどんさく**
文禄1（1592）年～延宝7（1679）年7月23日
安土桃山時代～江戸時代前期の曹洞宗の僧。
¶国書

**鉄崖普願　てつがいふがん**
？～延享4（1747）年12月27日
江戸時代中期の曹洞宗の僧。
¶国書

**手塚儀一郎　てづかぎいちろう**
明治19（1886）年1月3日～昭和42（1967）年12月30日
明治～昭和期の旧約聖書学者。日本基督教神学専門学校教授、青山学院大学教授。
¶キリ

**手塚縫蔵　てづかぬいぞう**
明治12（1879）年2月12日～昭和29（1954）年8月16日
明治～昭和期の教育者。
¶郷土長野，キリ，世紀，姓氏長野，長野百，長野歴，日人（㊤明治12（1879）年1月12日），明治史

**哲顔　てつがん**
元禄7（1694）年～宝暦4（1754）年
江戸時代中期の浄土宗の僧。
¶仏教

**鉄関元参　てっかんげんさん**
？～享保20（1735）年7月29日
江戸時代中期の黄檗宗の僧。
¶黄檗，国書

**哲巌祖濬　てつがんそえい**
正中1（1324）年～応永12（1405）年8月17日　㊙哲巌祖濬（てつがんそしゅん）
南北朝時代の臨済宗の僧。
¶鎌室（てつがんそしゅん），新潮，人名，日人（てつがんそしゅん），仏教（てつがんそしゅん）

**哲巌祖濬　てつがんそしゅん**
→哲巌祖濬（てつがんそえい）

**鉄牛(1)　てつぎゅう**
生没年不詳
室町時代の臨済宗相国寺の画僧。
¶日人

**鉄牛(2)　てつぎゅう**
？～観応2（1351）年　㊙鉄牛継印（てつぎゅうけいいん）
室町時代の臨済宗東福寺派の画僧。
¶愛媛（㊤？），愛媛百，郷土愛媛（鉄牛継印　てつぎゅうけいいん）

**鉄牛(3)　てつぎゅう**
→鉄牛道機（てつぎゅうどうき）

**鉄牛円心　てつぎゅうえんしん**
建長6（1254）年～嘉暦1（1326）年9月24日
鎌倉時代後期の僧。
¶鎌室（㊤弘安3（1280）年　㊣？），国書（㊤建長6（1254）年9月），人名（㊤1280年　㊣？），太宰府，日人，仏教

**鉄牛景印**（鉄牛継印）　**てつぎゅうけいいん**
南北朝時代の僧。
¶鎌室（鉄牛継印　生没年不詳），人名（㊤1321年　㊣？），日人（鉄牛継印　㊤？　㊣1351年），仏教（生没年不詳）

**鉄牛継印　てつぎゅうけいいん**
→鉄牛(2)（てつぎゅう）

**鉄牛道機　てつぎゅうどうき**
寛永5（1628）年～元禄13（1700）年　㊙鉄牛（てつ

て

ぎゅう)，大慈普応禅師(だいじふおうぜんじ)，道機(どうき)
江戸時代前期～中期の黄檗僧。干拓・開墾事業に従事。
¶朝日(生寛永5年7月26日(1628年8月25日) 没元禄13年8月20日(1700年10月2日))，岩史(生寛永5(1628)年7月26日　没元禄13(1700)年8月20日)，黄檗(生寛永5(1628)年7月26日 没元禄13(1700)年8月20日)，角史，神奈川百(鉄牛　てつぎゅう)，京都大，近世，国史，国書(生寛永5(1628)年7月26日　没元禄13(1700)年8月20日)，コン改，コン4，コン5，史人(生1628年7月26日　没1700年8月20日)，島根人(鉄牛　てつぎゅう)，島根百(生寛永5(1628)年2月16日　没元禄13(1700)年8月)，島根歴，新潮(生寛永5(1628)年2月16日　没元禄13(1700)年8月2日)，人名，姓氏京都，姓氏宮城(鉄牛　てつぎゅう)，世人(没元禄13(1700)年8月2日)，長崎遊，日人，仏教(生寛永5(1628)年7月2日　没元禄13(1700)年8月2日)，仏史，仏人(鉄牛　てつぎゅう)，宮城百(鉄牛　てつぎゅう　生寛永7(1630)年)

**徹空俊玉**　**てつくうしゅんぎょく**
文化5(1808)年～明治14(1881)年
江戸時代後期～明治期の僧。禅林寺第71世管長。
¶姓氏愛知

**鉄眼**　**てつげん**
→鉄眼道光(てつげんどうこう)

**鉄眼道光**　**てつげんどうこう**
寛永7(1630)年1月1日～天和2(1682)年　別鉄眼(てつげん)，道光(どうこう)
江戸時代前期の黄檗宗の僧。
¶朝日(生寛永7年1月1日(1630年2月12日) 没天和2年3月20日(1682年4月27日))，岩史(没天和2(1682)年3月20日)，江人，江戸東，黄檗(没天和2(1682)年3月22日)，大阪人(鉄眼　てつげん)，大阪墓(没天和2(1682)年3月22日)，角史，京都大，京都府，近世，熊本人，熊本百(没天和2(1682)年3月22日)，国史，国書(没天和2(1682)年3月22日)，コン改，コン4，コン5，史人(没1682年3月20日)，思想史，人書94，新潮(没天和2(1682)年3月22日)，人名，姓氏京都，世人(没天和2(1682)年2月22日)，世百，全書，大百，長崎遊，日史(鉄眼　てつげん　没天和2(1682)年3月20日)，日人，百科(鉄眼　てつげん)，仏教(没天和2(1682)年3月22日)，仏史，仏人(鉄眼　てつげん)，名僧，山川小(没1682年3月20日)，歴大

**鉄山士安**　**てつさんしあん，てつざんしあん**
寛元4(1246)年～建武3/延元1(1336)年
鎌倉時代後期～南北朝時代の僧。
¶鎌室，人名(てつざんしあん)，日人，仏教(没建武3(1336)年2月12日)

**徹山旨廓**　**てつさんしかく**
?　～天授2/永和2(1376)年7月10日
鎌倉時代後期～南北朝時代の曹洞宗の僧。
¶仏教

**鉄山宗鈍**　**てつざんしゅうどん**
→鉄山宗鈍(てっさんそうどん)

**鉄山宗鈍**　**てっさんそうどん，てつさんそうどん，てつざんそうどん**
天文1(1532)年～元和3(1617)年10月8日　別宗鈍(そうどん)，鉄山宗鈍(てつざんしゅうどん)
安土桃山時代～江戸時代前期の臨済宗妙心寺派の僧。
¶近世，国史，国書(てっさんそうどん)，埼玉人(てつざんそうどん)，埼玉百(てつざんそうどん)，人名(てつざんしゅうどん)，武田(てつざんそうどん　生?)，日人(てつざんそうどん)，仏教(てつざんそうどん)，仏史，仏人(宗鈍　そうどん)，山梨百(生享禄4(1531)年)

**哲秀**　**てっしゅう**
生没年不詳
江戸時代前期の浄土宗の僧。
¶仏教

**徹周**　**てっしゅう**
→佐々木徹周(ささきてっしゅう)

**鉄舟元英**　**てっしゅうげんえい**
→鉄舟元英(てっしゅげんえい)

**徹岫宗九**　**てっしゅうしゅうく**
→宗九(そうきゅう)

**徹岫宗九**　**てっしゅうそうきゅう**
→宗九(そうきゅう)

**徹岫宗九**　**てっしゅうそうく**
→宗九(そうきゅう)

**鉄舟宗鈍**　**てっしゅうそうどん**
慶長19(1614)年～貞享2(1685)年4月27日
江戸時代前期の臨済宗の僧。大徳寺207世。
¶仏教

**鉄舟徳済**　**てっしゅうとくさい，てっしゅうとくざい**
?　～正平21/貞治5(1366)年9月15日　別円通大師(えんつうだいし)，徳済(とくさい)
南北朝時代の僧、画家。円通大師。
¶朝日(没貞治5/正平21年9月15日(1366年10月19日))，鎌室，国史，国書，古中，新潮，人名(生1394年　没?)，対外(生?)，徳島歴(生没年不詳)，栃木歴，日史，日人，美家，美術，百科，仏教，仏史，名画(てっしゅうとくざい　生1394年　没?)

**鉄舟元英**　**てっしゅげんえい**
正保3(1646)年～延宝7(1719)年　別鉄舟元英(てっしゅうげんえい)
江戸時代前期～中期の黄檗宗の僧。
¶黄檗(没延宝7(1719)年7月22日)，国書(てっしゅうげんえい　没享保4(1719)年4月8日)

**徹定上人**　**てつじょうしょうにん**
文化11(1814)年3月15日～明治24(1891)年3月15日
江戸時代末期・明治期の漢詩人、宗教家。
¶町田歴

**哲真** てっしん
正保2(1645)年～享保20(1735)年3月23日
江戸時代前期～中期の学僧。
¶徳島百

**哲辰** てっしん
生没年不詳
江戸時代中期の曹洞宗の僧。
¶国書

**鉄心** てっしん
→鉄心道胖(てっしんどうはん)

**徹心** てっしん★
～文化12(1815)年5月14日
江戸時代後期の僧侶。
¶秋田人2

**鉄心御州** てっしんぎょしゅう, てつしんぎょしゅう
? ～寛文4(1664)年7月28日
江戸時代前期の曹洞宗の僧。
¶埼玉人(てつしんぎょしゅう), 仏教

**鉄心道印** てっしんどういん
文禄2(1593)年～延宝8(1680)年1月28日 ㊐道印(どういん)
江戸時代前期の曹洞宗の僧。伯耆の人。
¶朝日(㊀延宝8年1月28日(1680年2月28日)), 黄檗, 近世, 国史, コン改, コン4, コン5, 新潮, 人名, 姓氏石川(㊍?), 長崎遊, 日人, 仏教, 仏史

**鉄心道胖** てっしんどうはん
*～正徳2(1712)年 ㊐鉄心(てっしん)
江戸時代前期～中期の黄檗僧。長崎の人。
¶朝日(㊍寛永18年10月24日(1641年11月26日) ㊀宝永7年10月3日(1710年11月23日)), 黄檗(㊍寛永18(1641)年10月24日 ㊀宝永7(1710)年9月3日), 郷土長崎(鉄心 てっしん ㊍1631年), 国書(㊍寛永18(1641)年10月24日 ㊀宝永7(1710)年10月3日), コン改(㊍寛永8(1631)年), コン4(㊍寛永8(1631)年), コン5(㊍寛永8(1631)年), 新潮(㊍明・崇禎4(1631)年), 人名(鉄心 てっしん ㊍1633年), 長崎百(鉄心 てっしん ㊍寛永18(1641)年 ㊀宝永7(1710)年), 長崎歴(鉄心 てっしん ㊍寛永18(1641)年 ㊀宝永7(1710)年), 日人(㊍1641年 ㊀1710年), 仏教(㊍寛永10(1633)年10月24日 ㊀正徳2(1712)年10月3日)

**鉄船宗熙** てっせんそうき
生没年不詳
室町時代～戦国時代の臨済宗の僧。
¶仏教

**鉄船宗柏** てっせんそうはく
永享9(1437)年～文明10(1478)年
室町時代の臨済宗の尼僧。赤松満祐の娘。
¶朝日, 日人

**鉄禅道広** てつぜんどうこう
寛永9(1632)年9月10日～宝永3(1706)年10月4日
江戸時代前期～中期の黄檗宗の僧。
¶黄檗, 国書

**哲僧** てっそう, てつそう
? ～明治16(1883)年7月20日
江戸時代末期～明治期の浄土真宗の僧。
¶国書(てつそう), 仏教

**鉄叟景秀** てっそうけいしゅう, てつそうけいしゅう
明応5(1496)年～天正8(1580)年
戦国時代～安土桃山時代の臨済宗の僧。建仁寺288世、南禅寺263世。
¶人名(てつそうけいしゅう ㊍?), 日人, 仏教(㊀天正8(1580)年11月18日)

て

**鉄宗元脈** てっそうげんみゃく
生没年不詳
江戸時代中期の黄檗宗の僧。
¶国書

**鉄帚宗州** てっそうそうしゅう
寛永8(1631)年10月5日～享保1(1716)年5月2日
江戸時代前期～中期の臨済宗の僧。
¶黄檗, 国書

**鉄村玄鷟** てっそんげんさく
永禄10(1567)年～寛永15(1638)年10月12日
安土桃山時代～江戸時代前期の曹洞宗の僧。
¶仏教

**鉄庵道生** てったんどうしょう
→鉄菴道生(てつあんどうしょう)

**鉄団徳団** てつだんとくだん
元文2(1737)年～安永2(1773)年12月21日
江戸時代中期の黄檗宗の僧。
¶黄檗

**鉄柱道剛** てっちゅうどうごう
元和4(1618)年～延宝7(1679)年5月18日
江戸時代前期の黄檗宗の僧。
¶黄檗

**徹通義介** てっつうぎかい, てつつうぎかい
建保7(1219)年2月2日～延慶2(1309)年9月14日
㊐義介(ぎかい), 義价(ぎかい)
鎌倉時代後期の曹洞宗の僧。永平寺の第3世。
¶朝日(㊍承久1年2月2日(1219年2月18日) ㊀延慶2年9月14日(1309年10月18日)), 石川百, 岩史, 角史, 鎌室(義介 ぎかい), 鎌室, 郷土福井(義介 ぎかい), 国史, 国書, 古中, コン改, コン4, コン5, 史人, 新潮, 人名, 姓氏石川(てつつうぎかい), 世人(義介 ぎかい), 世人, 全書, 対外, 大百, 日史, 日人, 百科, 福井百(義介 ぎかい), 仏教, 仏史, 仏人(義价 ぎかい), ふる, 歴大

**徹伝** てつでん
? ～延宝5(1677)年
江戸時代前期の臨済宗の僧侶。八幡浜地方で活躍した。
¶愛媛(㊍?), 愛媛百

て

**徹伝玄興** てつでんげんこう
? ～延宝5（1677）年10月10日
江戸時代前期の臨済宗の僧。
¶国書

**哲道**(1) てつどう
享禄2（1529）年～慶長11（1606）年6月14日
戦国時代～安土桃山時代の浄土宗の僧。
¶仏教

**哲道**(2) てつどう
生没年不詳
江戸時代前期の浄土宗の僧。
¶仏教

**徹堂寛洪** てつどうかんこう
生没年不詳
江戸時代中期の曹洞宗の僧。
¶国書

**徹翁義亨**（徹翁義亭） てっとうぎこう，てつとうぎこう
永仁3（1295）年～正平24/応安2（1369）年5月15日 ㊞徹翁（てつおう），徹翁義亨（てつおうぎこう）
鎌倉時代後期～南北朝時代の臨済宗の僧。大徳寺1世。
¶朝日（㊎応安2/正平24年5月15日（1369年6月19日）），鎌室（てつとうぎこう），京都大（てつとうぎこう），国史，国書，古中，コン改，コン4，コン5，史人，島根人（徹翁　てつおう），島根百（てつとうぎこう），島根歴，新潮，人名（てつおうぎこう），姓氏京都（徹翁義亭），世人（てつおうぎこう　㊐正応3（1290）年　㊎正平24/応安2（1369）年4月15日），世百，全書，大百，茶道（てつおうぎこう），日史，日人，百科，仏教，仏史，名僧，歴大（てつおうぎこう）

**鉄翁祖門** てっとうそもん
寛政3（1791）年～明治4（1871）年 ㊞鉄翁（てつおう），日高鉄翁（ひたかてつおう，ひだかてつおう）
江戸時代末期～明治期の画僧。春徳寺住職。長崎三大文人画家の一人。蘭図を得意とした。
¶朝日（㊐寛政3年2月10日（1791年3月14日）㊎明治4（1872）年12月15日），維新（鉄翁　てつおう），画家（日高鉄翁　ひだかてつおう　㊎明治4（1871）年12月7日），郷土長崎（日高鉄翁　ひだかてつおう），近美（日高鉄翁　ひだかてつおう　㊐寛政2（1790）年　㊎明治4（1871）年12月15日），コン改，コン4，コン5，新潮，人名（日高鉄翁　ひたかてつおう），長崎百（鉄翁　てつおう），日人（㊎1872年），幕末（日高鉄翁　ひだかてつおう　㊎1872年1月24日），幕末大（日高鉄翁　ひだかてつおう　㊎明治4（1872）年12月15日），美家（㊐寛政3（1791）年2月10日　㊎明治4（1871）年12月15日），仏教（㊐寛政3（1791）年2月10日　㊎明治4（1871）年12月7日），名画（日高鉄翁　ひだかてつおう）

**鉄堂道融** てつどうどうゆう
寛永7（1630）年～元禄15（1702）年9月23日
江戸時代前期～中期の黄檗宗の僧。
¶黄檗

**鉄梅道香** てつばいどうこう
明暦2（1656）年4月17日～享保20（1735）年5月11日
江戸時代前期～中期の黄檗宗の僧。
¶黄檗，国書

**鉄文道樹** てつぶんどうじゅ
宝永7（1710）年～天明1（1781）年 ㊞鉄文道樹（てつもんどうじゅ）
江戸時代中期の僧。
¶国書（てつもんどうじゅ　㊐宝永7（1710）年5月5日　㊎天明1（1781）年8月27日），人名（㊎？），長野歴（てつもんどうじゅ），日人

**鉄鞭広暹** てつべんこうせん
生没年不詳
江戸時代前期の黄檗宗の僧。
¶国書

**鉄面寂錬** てつめんじゃくれん
万治1（1658）年～享保17（1732）年閏5月7日
江戸時代前期～中期の黄檗宗の僧。
¶黄檗，国書

**鉄文** てつもん
→鉄文道智（てつもんどうち）

**鉄門** てつもん
～明和8（1771）年10月26日
江戸時代中期の僧侶。
¶庄内

**鉄門海** てつもんかい
江戸時代中期～後期の出羽湯殿山の即身仏。注蓮寺に祀られる。
¶朝日（㊐明和5（1768）年頃　㊎文政12年12月8日（1830年1月2日）），庄内（㊐宝暦8（1758）年　㊎文政12（1829）年12月8日），日人（㊐1768年　㊎1830年），仏教（㊐？　㊎文政12（1829）年12月8日），仏人（㊐1768年　㊎1829年），山形百（㊐寛延1（1748）年　㊎文政2（1819）年）

**鉄文道樹** てつもんどうじゅ
→鉄文道樹（てつぶんどうじゅ）

**鉄文道智** てつもんどうち
寛永11（1634）年閏7月9日～元禄1（1688）年9月13日 ㊞鉄文（てつもん）
江戸時代前期の黄檗宗の僧侶。
¶黄檗，国書，長崎遊，藩臣7（鉄文　てつもん）

**鉄竜海** てつりゅうかい
*～明治14（1881）年10月28日
明治期の修験者。出羽湯殿山奥の院近くの仙人沢山篭修行が成就。最後の即身仏。
¶秋田人2（㊐文政初年），朝日（生没年不詳），庄内（㊐文政3（1820）年5月），日人（㊐？），幕末（㊐1820年6月），幕末大（㊐文政3（1820）年5月），仏人（㊐1815年　㊎1877年頃），山形百（㊐？）

**出縄雪雄** でなわゆきお
生没年不詳
明治期の淘綾郡国府新宿六所宮神主。

¶神奈川人

**転法輪行念** てぼりぎょうねん
明治1(1868)年〜昭和17(1942)年
明治〜昭和期の僧侶。
¶神奈川人

**寺井種臣** てらいたねおみ
明治6(1873)年〜昭和24(1949)年
明治〜昭和期の神職。
¶神人

**寺井種清** てらいたねきよ
文政9(1826)年〜明治35(1902)年
江戸時代末期〜明治期の歌人、大坂天満宮の社司。
¶大阪人，国書(㊀明治35(1902)年8月19日)，人名，日人(㊐1825年)，和俳(㊐文政8(1825)年)

**寺内大吉** てらうちだいきち
大正10(1921)年10月6日〜平成20(2008)年9月6日
昭和〜平成期の小説家、スポーツ評論家。増上寺(浄土宗大本山)法主、大吉寺住職。大衆文学、プロレスなどの評論を書く。著書に「はぐれ念仏」。浄土宗宗務総長に就任。
¶近文，現朝，現執2期，現執3期，現執4期，現情，作家，小説，新文，世紀，日人，マス2，マス89

**寺尾賢英** てらおけんえい
？　〜明治35(1902)年
江戸時代末期〜明治期の真宗大谷派の僧。
¶姓氏石川

**寺川俊昭** てらかわしゅんしょう
昭和3(1928)年7月28日〜
昭和〜平成期の僧侶。西願寺住職、大谷大学教授。
¶現執1期，現執2期，現執4期

**寺崎清賢** てらざきせいけん
安政5(1858)年〜昭和5(1930)年
明治〜昭和期の僧。普賢院住職。
¶姓氏岩手

**寺沢精一** てらさわせいいち
文久2(1862)年11月15日〜大正14(1925)年7月1日
明治〜大正期の教育者・牧師。
¶群馬人

**寺沢英海**(寺澤英海) てらさわひでみ★
昭和期の人。樺太大泊町法華寺住職。
¶外図(寺澤英海)

**寺島実仁** てらしまじつじん
明治39(1906)年1月22日〜昭和19(1944)年6月5日
昭和期の哲学者、真言宗智山派僧侶。ドイツ現代哲学を通して時間の問題を研究。
¶昭人，哲学

**寺田楯臣** てらだたておみ
天保12(1841)年〜明治9(1876)年
江戸時代後期〜明治期の神職。
¶神人

**寺田福寿** てらだふくじゅ
？　〜明治27(1894)年5月30日
江戸時代末期〜明治期の僧侶。
¶真宗

**寺田やお** てらだやお
生没年不詳
明治期の宗教家。キリスト教伝道者。故郷の秋田で伝道。
¶秋田人2，女性，女性普

**寺永法専** てらながほうせん
明治1(1868)年2月26日〜昭和7(1932)年
江戸時代末期〜昭和期の僧侶。
¶札幌，真宗(㊀昭和7(1932)年12月26日)

て

**寺野守水** てらのしゅすい
→寺野守水老(てらのしゅすいろう)

**寺野守水老** てらのしゅすいろう
天保7(1836)年〜明治40(1907)年4月10日　㊕寺野守水(てらのしゅすい)，守水老(しゅすいろう)
明治期の俳人。著書に「五十韻宇比学」「和加南草」など。
¶近文，現俳(㊐1836年6月1日)，人名，姓氏富山(寺野守水　てらのしゅすい)，富山百(㊐天保7(1836)年6月1日)，富山文(㊐天保7(1836)年6月10日)，日人，俳諧(守水老　しゅすいろう)，俳句(守水老　しゅすいろう)，俳文(㊐天保7(1836)年6月10日)，ふる，明大2(㊐天保7(1836)年6月10日)

**寺野竹湍** てらのちくたん
明治期の僧、俳人。
¶姓氏富山

**寺林峻** てらばやししゅん
昭和14(1939)年8月8日〜
昭和〜平成期の小説家、僧侶。薬上寺住職。
¶現執3期，現執4期，滋賀文，兵庫文

**寺部光魚** てらべこうぎょ
生没年不詳
江戸時代中期の国学者・神官。
¶東三河

**寺部親光** てらべちかみつ
天保14(1843)年〜明治31(1898)年2月10日
江戸時代後期〜明治期の歌人・神官。
¶東三河

**寺部宣光** てらべのぶみつ
文化8(1811)年〜明治15(1882)年3月17日
江戸時代後期〜明治期の国学者・歌人・神官。
¶東三河

**寺本婉雅** てらもとえんが
明治5(1872)年3月21日〜昭和15(1940)年12月19日
明治〜昭和期の仏教学者。大谷大学教授。北清事変に従軍しチベット語文献を初めて大量に日本に紹介した。

¶真宗，世紀，日人，日中，百科，仏教，明大2

**寺家宰相** てらやさいしょう
江戸時代前期の高僧、梶井宮の坊官。
¶人名，日人（生没年不詳）

**暉峻普瑞** てるおかふずい
天保14（1843）年～昭和3（1928）年
明治期の僧。志布志金剛寺の開基。
¶鹿児島百，姓氏鹿児島

**照屋寛範** てるやかんぱん
明治25（1892）年4月26日～昭和43（1968）年4月28日
大正～昭和期の牧師。沖縄バプテスト連盟理事長。
¶沖縄百，社史，姓氏沖縄

て

**照山正巳**（照山正己） てるやままさみ
明治31（1898）年11月30日～大正13（1924）年5月21日
大正期の社会運動家。
¶アナ，社運，社史（照山正己），日人，広島百

**出羽勘七** でわのかんしち
世襲名　江戸時代の宮大工、彫刻師。
¶山形百

**天愛** てんあい
生没年不詳
江戸時代中期の天台宗の僧。
¶国書

**天庵懐義** てんあんえぎ
？～正平16/康安1（1361）年3月16日
南北朝時代の曹洞宗の僧。
¶仏教

**天菴懐義** てんあんえぎ
永仁3（1295）年～建徳2/応安4（1371）年3月
鎌倉時代後期～南北朝時代の曹洞宗の僧。
¶熊本百

**天庵玄彭** てんあんげんぽう
？～明応9（1500）年　㊊天庵玄彭（てんなんげんぽう）
戦国時代の曹洞宗の僧。
¶鎌室，人名，日人（てんなんげんぽう），仏教（てんなんげんぽう　㊦明応9（1500）年8月）

**天庵禅曙** てんあんぜんしょ
→天庵禅曙（てんなんぜんしょ）

**伝庵宗器** でんあんそうき
→宗器（そうき）

**天庵宗篤** てんあんそうとく
寛文9（1669）年～享保7（1722）年4月12日
江戸時代中期の臨済宗の僧。
¶仏教

**天意** てんい
生没年不詳
江戸時代前期の浄土宗の僧。
¶仏教

**天一坊**(1) てんいちぼう
→天一坊改行（てんいちぼうかいぎょう）

**天一坊**(2) てんいちぼう
＊～享保14（1729）年4月21日
江戸時代中期の修験者。源氏坊天一と名乗る。
¶朝日（㊤？　㊦享保14（1729）年4月），岩史（㊤？），近世（㊤？），国史（㊤？），コン改，コン4，新潮（㊤宝永2（1705）年），人名（㊤1705年），世人（㊤宝永2（1705）年3月15日），世百（㊤1705年），大百（㊤1705年），日史（㊤？），日人（㊤1705年），歴大（㊤？）

**天一坊改行** てんいちぼうかいぎょう
元禄12（1699）年～享保14（1729）年　㊊天一坊（てんいちぼう）
江戸時代中期の修験者。
¶江戸東，和歌山人（天一坊　てんいちぼう）

**天蔭徳樹** てんいんとくじゅ
＊～明応9（1500）年9月23日　㊊天陰竜沢（てんいんりゅうたく，てんいんりょうたく）
戦国時代の臨済宗の僧。妙心寺18世。
¶兵庫人（天陰竜沢　てんいんりょうたく　㊤文明1（1469）年），兵庫百（天陰竜沢　てんいんりゅうたく　㊤応永30（1423）年），仏教（㊤？　㊦大永6（1526）年4月16日）

**天陰竜沢** てんいんりゅうたく
→天蔭徳樹（てんいんとくじゅ）

**天隠竜沢** てんいんりゅうたく
応永29（1422）年～明応9（1500）年9月23日　㊊天隠竜沢（てんいんりょうたく），天隠龍沢（てんいんりょうたく），龍沢（りゅうたく）
室町時代～戦国時代の臨済宗の僧、五山文学僧。
¶朝日（㊦明応9年9月23日（1500年10月16日）），角史，鎌室，国史，国書，古中，コン改，コン4，コン5，詩歌（㊤1423年），史人，新潮，人名（てんいんりょうたく），世人（㊤文明1（1469）年），日史，日人，仏教，仏史，名僧，和俳

**天陰竜沢** てんいんりょうたく
→天蔭徳樹（てんいんとくじゅ）

**天隠竜沢** てんいんりょうたく
→天隠竜沢（てんいんりゅうたく）

**天運** てんうん
生没年不詳
戦国時代～安土桃山時代の僧侶。
¶庄内

**天慧** てんえ
享和2（1802）年～明治9（1876）年4月9日
江戸時代後期～明治期の僧侶。
¶国書（生没年不詳），真宗

**天英祥貞** てんえいしょうてい
？～永正8（1511）年　㊊祥貞（しょうてい）
戦国時代の曹洞宗の僧。
¶鎌室，人名，戦人（祥貞　しょうてい），長野歴，日人，仏教（㊦永正8（1511）年3月24日）

**天永琳達** てんえいりんたつ
天文4(1535)年～元和2(1616)年8月11日
安土桃山時代～江戸時代前期の曹洞宗の僧。
¶仏教

**田翁牛甫** でんおうぎゅうほ
？ ～享保9(1724)年
江戸時代前期～中期の曹洞宗の僧。
¶国書

**天翁秀梅** てんおうしゅうばい
～慶長13(1608)年4月21日
安土桃山時代の僧。素玄寺、林昌寺、円城寺の開基とされるが事実上の開基は2世。
¶飛騨

**伝翁祖心** でんおうそしん
？ ～明治7(1874)年12月3日
江戸時代末期～明治期の曹洞宗の僧。時台寺25世。
¶仏教(㉝明治7(1874)年12月3日,(異説)明治6(1873)年10月3日)

**伝翁品騰** でんおうほんとう
応永31(1424)年～明応1(1492)年
室町時代～戦国時代の僧。
¶日人

**典海(1)** てんかい
元文4(1739)年～文政1(1818)年
江戸時代中期～後期の浄土宗の僧。
¶コン改(㊐享保15(1730)年　㉝文化6(1809)年),コン4,コン5,新潮(㉝文政1(1818)年12月1日),人名(㊐1730年　㉝1809年),日人(㉝1819年),仏教(㉝文政1(1818)年12月10日)

**典海(2)** てんかい
享保10(1725)年～文化1(1804)年
江戸時代中期～後期の浄土宗の僧。
¶和歌山人

**天海** てんかい
天文5(1536)年～寛永20(1643)年10月2日　㉚南光坊天海(なんこうぼうてんかい),慈眼大師(じげんだいし),随風(ずいふう),南光坊(なんこうぼう)
安土桃山時代～江戸時代前期の天台宗の僧。東叡山の創始者。
¶会津(㊐？),朝日(㉝寛永20年10月2日(1643年11月13日)),岩史(㊐天文5(1536)年？),江人,江戸東(南光坊天海　なんこうぼうてんかい),角史(㊐？),鎌倉(南光坊天海　なんこうぼうてんかい),郷土群馬,京都大,郷土栃木,近世(㊐？),群新百,群馬人,群馬百,国史(㊐？),国書,コン改(㊐天文5(1536)年？),コン4(㊐天文5(1536)年？),コン5(㊐天文5(1536)年？),埼玉人,埼玉百,史人(㊐1536年？),静岡歴,思想史,神史(㊐？),神人,新潮,人名,姓氏京都(㊐？),姓氏群馬(㊐？),世人,世百,戦合(㊐？),戦国,全書,戦人,全戦(南光坊天海　なんこうぼうてんかい),大百,伝記,徳川将,栃木歴,日思,日史,日人,百科,福島百,仏教(㊐天文5年(1536)1月1日？),仏史(㊐？),仏人,平日(㊐1536　㉝1643),名僧(㊐？),山川小(㊐1536年？),歴大(㊐？)

**天岸慧広** てんがいえこう
→天岸慧広(てんがんえこう)

**天海希曇** てんかいきどん
？ ～応永28(1421)年6月17日
室町時代の曹洞宗の僧。
¶国書,仏教

て

**天海空広** てんかいくうこう
正平3/貞和4(1348)年～応永23(1416)年2月15日
南北朝時代～室町時代の曹洞宗の僧。
¶国書,仏教

**天崖玄夷** てんがいげんい
生没年不詳
江戸時代後期の臨済宗の僧。
¶国書

**天外志高** てんがいしこう
弘安6(1283)年～興国4/康永2(1343)年
南北朝時代の臨済宗の僧。
¶神奈川人

**天海舜政** てんかいしゅんせい
応仁2(1468)年～大永7(1527)年6月27日
戦国時代の曹洞宗の僧。
¶仏教

**天海正曇** てんかいしょうどん
？ ～慶長7(1602)年12月20日　㉚正曇(しょうどん)
安土桃山時代の曹洞宗の僧。
¶人名(正曇　しょうどん),日人(㉝1603年),仏教

**伝外禅灯** でんがいぜんとう
？ ～宝暦12(1762)年
江戸時代中期の禅僧。
¶姓氏山口

**伝外宗左** でんがいそうさ
慶長13(1608)年～延宝3(1675)年4月3日
江戸時代前期の臨済宗の僧。大徳寺196世。
¶仏教

**天海泰稟** てんかいたいりん
～安政5(1858)年3月7日
江戸時代後期の僧。正眼寺と善久寺の住職。永平寺の監院職。
¶飛騨

**天海董元** てんかいとうげん
？ ～天明6(1786)年1月17日
江戸時代中期～後期の曹洞宗の僧。永平寺47世。
¶仏教

**天外梵舜** てんがいぼんしゅん
→梵舜(2)(ぼんしゅん)

**天海良義**　てんかいりょうぎ
？～慶安3(1650)年10月4日
江戸時代前期の曹洞宗の僧。永平寺26世。
¶仏教([没]慶安3(1650)年10月4日，(異説)10月3日？)

**伝廓(1)**　でんかく
？～慶安2(1649)年10月17日
江戸時代前期の浄土宗の僧。
¶仏教

**伝廓(2)**　でんかく
慶長15(1610)年～寛文5(1665)年4月9日
江戸時代前期の浄土宗の僧。
¶仏教



**天関**　てんかん
～宝永5(1708)年8月6日
江戸時代前期～中期の僧侶。
¶庄内

**天岸慧広**　てんがんえこう
文永10(1273)年～建武2(1335)年3月8日　[別]慧広(えこう)，天岸慧広(てんがいえこう)
鎌倉時代後期～南北朝時代の臨済宗の僧。
¶朝日([没]建武2年3月8日(1335年4月2日))，神奈川人，鎌倉，鎌倉新，鎌古，鎌室，国史，国書，古中，埼玉人(てんがいえこう)，新潮，対外，日人，仏教，仏史，仏人(慧広　えこう)

**天岩円長**　てんがんえんちょう
？～寛延1(1748)年
江戸時代中期の曹洞宗の僧。
¶国書

**天関瑞冲**　てんかんずいちゅう
元弘1/元徳3(1331)年～元中2/至徳2(1385)年2月5日
南北朝時代の臨済宗の僧。
¶仏教

**天巌宗越**　てんがんそうおつ
生没年不詳
南北朝時代～室町時代の曹洞宗の僧。総持寺25世。
¶富山百，仏教

**天岸宗玄**　てんがんそうげん
寛永12(1635)年～天和4(1684)年2月1日
江戸時代前期の臨済宗の僧。大徳寺235世。
¶仏教

**天巌祖暁**　てんがんそぎょう
寛文7(1667)年10月22日～享保16(1731)年11月7日
江戸時代中期の曹洞宗の僧。
¶国書，仏教

**天巌祖麟**　てんがんそりん
？～文政11(1828)年
江戸時代後期の曹洞宗の僧。
¶国書

**天鑑存円**(天鑑存圓)　てんかんそんえん，てんかんぞんえん，てんがんぞんえん
？～*
南北朝時代～室町時代の臨済宗の僧。
¶鎌倉(てんがんぞんえん　[没]応永3(1396)年)，鎌室([没]応永3(1396)年)，新潮(てんかんぞんえん　[没]応永3(1396)年4月11日)，人名(天鑑存圓　てんかんぞんえん)，姓氏神奈川(てんかんぞんえん　[没]1401年)，日人([没]1401年)，仏教([没]応永8(1401)年4月11日)

**天岩道超**　てんがんどうちょう
？～享保12(1727)年
江戸時代前期～中期の黄檗宗の僧。
¶黄檗，国書

**天嵓梵童**　てんがんぼんどう
？～文政6(1823)年2月11日
江戸時代後期の曹洞宗の僧。
¶仏教

**天機**　てんき
生没年不詳
戦国時代の浄土宗の僧。
¶仏教

**典牛**　てんぎゅう
永禄10(1567)年？～寛永14(1637)年
安土桃山時代～江戸時代前期の浄土宗の僧。
¶仏教

**伝教大師**　でんきょうだいし，でんぎょうだいし
→最澄(さいちょう)

**天境霊致**　てんきょうりょうち
→天境霊致(てんきょうれいち)

**天境霊致**　てんきょうれいち
正応4(1291)年～弘和1/永徳1(1381)年11月18日
[別]天境霊致(てんきょうりょうち)
鎌倉時代後期～南北朝時代の僧。
¶鎌室，国書([生]正安3(1301)年)，人名，日人，仏教(てんきょうりょうち)

**天旭**　てんきょく
生没年不詳
江戸時代前期の浄土真宗の僧。
¶国書

**天誾**　てんぎん
→如仲天誾(じょちゅうてんぎん)

**天空**　てんくう
寛永15(1638)年～正徳6(1716)年2月28日
江戸時代前期～中期の浄土宗の僧。
¶仏教

**伝空**　でんくう
生没年不詳
天台宗の僧。
¶国書

**天啓**　てんけい
？～永禄5(1562)年8月18日
戦国時代の浄土宗の僧。増上寺8世。

¶仏教

**天桂**　てんけい
→天桂伝尊（てんけいでんそん）

**天荊**　てんけい
生没年不詳
安土桃山時代の僧。京都花園妙心寺の僧。
¶朝日，近世，国史，国書，対外，日人，歴大

**天芸**　てんげい
？～延宝1（1673）年
江戸時代前期の禅僧。青森市本町曹洞宗青森山常光寺を開く。
¶青森人（[没]延宝1（1673）年，（異説）貞享1（1684）年）

**天倪**　てんげい
？～寛政1（1789）年3月21日
江戸時代中期～後期の浄土真宗の僧。
¶国書

**天冏**　てんげい
？～寛文3（1663）年7月12日
江戸時代前期の浄土宗の僧。
¶埼玉人，仏教

**天桂雲堯**　てんけいうんぎょう
？～明暦3（1657）年4月20日
江戸時代前期の曹洞宗の僧。
¶仏教

**天猊慧謙**　てんげいえけん
生没年不詳
江戸時代中期の臨済宗の僧。
¶国書，仏教

**天桂玄長**　てんけいげんちょう
戦国時代の臨済宗妙心寺派の僧侶。
¶武田，山梨百（生没年不詳）

**天霓高憧**　てんげいこうどう
生没年不詳
江戸時代中期の僧。霊泉寺と松倉観音堂の住持。
¶飛驒

**天渓碩祐**　てんけいせきゆう
寛保1（1741）年～文化2（1805）年
江戸時代中期～後期の僧侶。
¶姓氏神奈川

**天啓禅祚**　てんけいぜんそ
生没年不詳
江戸時代中期の臨済宗の僧。
¶国書，仏教

**天桂禅長**　てんけいぜんちょう
寛正3（1462）年～大永4（1524）年
戦国時代の曹洞宗の僧。
¶人名，武田（[生]嘉吉1（1441）年），日人，仏教（[没]大永4（1524）年9月29日），山梨百（[没]大永4（1524）年9月29日）

**天啓宗歅**　てんけいそういん
文明18（1486）年～天文20（1551）年4月28日
戦国時代の臨済宗の僧。
¶仏教

**天桂宗杲**　てんけいそうこう
？～元弘2/正慶1（1332）年8月27日
鎌倉時代後期の臨済宗の僧。東福寺14世。
¶仏教

**天鶏祖暁**　てんけいそぎょう
？～寛政7（1795）年1月
江戸時代中期～後期の曹洞宗の僧。
¶国書

**天桂伝尊**　てんけいでんそん
慶安1（1648）年～享保20（1735）年12月10日
[別]天桂（てんけい），伝尊（でんそん）
江戸時代前期～中期の曹洞宗の僧。
¶朝日（[没]享保20年12月10日（1736年1月22日）），近世，国史，国書（[生]慶安1（1648）年5月5日），コン改，コン4，コン5，史人，思想史，新潮（[生]慶安1（1648）年5月5日），人名，姓氏静岡，全書，大百，徳島百（天桂　てんけい），徳島歴，日人（[没]1736年），仏教（[生]慶安1（1648）年5月5日），仏史，仏人（伝尊　でんそん），和歌山人（伝尊　でんそん）

**伝古**　でんこ
生没年不詳
江戸時代前期の画僧。
¶日人

**伝察**　でんさつ
永禄4（1561）年～寛永9（1632）年1月1日
安土桃山時代～江戸時代前期の浄土宗の僧。増上寺16世、鎌倉光明寺33世。
¶神奈川人，国書，仏教

**天産慧苗**　てんさんえみょう
？～享和3（1803）年4月9日
江戸時代中期～後期の曹洞宗の僧。
¶国書

**天山真竜**　てんざんしんりゅう
享保5（1720）年～天明6（1786）年9月3日
江戸時代中期の曹洞宗の僧。
¶国書

**天産霊苗**　てんさんれいびょう
延宝4（1676）年1月2日～寛保3（1743）年5月1日
[別]天産霊苗（てんさんれいみょう）
江戸時代中期の曹洞宗の僧。
¶黄檗，国書（てんさんれいみょう）

**天産霊苗**　てんさんれいみょう
→天産霊苗（てんさんれいびょう）

**天室**(1)　てんしつ
？～天正2（1574）年6月17日
戦国時代～安土桃山時代の浄土宗の僧。
¶仏教

**天室**(2)　てんしつ
？～元和1（1615）年
安土桃山時代～江戸時代前期の臨済宗の僧。

¶世人，仏教（生没年不詳）

**天質**　てんしつ
〜元和9（1623）年
安土桃山時代〜江戸時代前期の禅僧。
¶高知人，高知百

**天室伊堯**　てんしついぎょう
？　〜元和8（1622）年　㊍伊堯（いぎょう）
安土桃山時代〜江戸時代前期の曹洞宗の僧。
¶群馬人（伊堯　いぎょう），人名（伊堯　いぎょう），日人，仏教（㊡元和8（1622）年1月21日）

**天室光育**　てんしつこういく
明応1（1492）年？　〜＊
戦国時代〜安土桃山時代の曹洞宗の僧。
¶戦辞（㊡永禄6年6月23日（1563年7月13日）），新潟百（㊡1562年）

**天室禅睦**　てんしつぜんぼく
？　〜天正12（1584）年8月2日
戦国時代〜安土桃山時代の曹洞宗の僧。
¶埼玉人，人名，日人，仏教

**天室宗竺**　てんしつそうじく
慶長10（1605）年〜寛文7（1667）年
江戸時代前期の臨済宗の僧。大徳寺190世。
¶人名（㊤1601年　㊡1663年），茶道，日人，仏教（㊡寛文7（1667）年8月26日）

**天釈禅弥**　てんしゃくぜんみ
生没年不詳
室町時代の僧。
¶日人

**典寿**　てんじゅ
？　〜文化12（1815）年7月23日
江戸時代中期〜後期の浄土宗の僧。
¶仏教

**天従**　てんじゅう
安永7（1778）年〜天保9（1838）年閏4月19日
江戸時代中期〜後期の浄土宗の僧。
¶国書

**伝秀**　でんしゅう
生没年不詳
江戸時代中期の浄土宗の僧。
¶国書

**天洲道充**　てんしゅうどうじゅう
生没年不詳
江戸時代中期の黄檗宗の僧。
¶黄檗

**天秀尼**（天秀法泰尼）　てんしゅうに
慶長14（1609）年〜正保2（1645）年　㊍天秀法泰（てんしゅうほうたい），天秀法泰尼（てんしゅうほうたいに）
江戸時代前期の女性。尼僧。豊臣秀頼の娘。
¶朝日（天秀法泰　てんしゅうほうたい　㊡正保2年2月7日（1645年3月4日）），江神奈（天秀法泰尼　㊤慶長12（1607）年），江表（天秀尼（神奈川県）　㊤慶長12（1607）年），大阪人（㊡正保2（1645）年2月），神奈川人（天秀法泰　てんしゅうほうたい），鎌倉（天秀法泰　てんしゅうほうたい　㊤慶長9（1604）年），鎌倉新，近世，国史，コン改，コン4，コン5，史人（㊡1645年2月7日），諸系（天秀法泰尼　てんしゅうほうたいに），女性，新潮，世人，戦人，日人（天秀法泰尼　てんしゅうほうたいに），歴大

**天秀法泰**　てんしゅうほうたい
→天秀尼（てんしゅうに）

**天秀法泰尼**　てんしゅうほうたいに
→天秀尼（てんしゅうに）

**天湫法澧**　てんしゅうほうれい
万治2（1659）年〜享保20（1735）年6月29日
江戸時代前期〜中期の曹洞宗の僧。
¶国書

**天叔宗眼**　てんしゅくそうげん
天文1（1532）年〜元和6（1620）年2月21日
安土桃山時代〜江戸時代前期の臨済宗の僧。大徳寺129世。
¶国書，仏教

**天序**　てんじょ
生没年不詳
南北朝時代の飛州安国寺の住持。
¶飛騨

**天恕**　てんじょ
寛文7（1667）年〜元禄15（1702）年12月26日
江戸時代中期の浄土宗の僧。
¶国書，仏教

**伝序**　でんじょ
生没年不詳
江戸時代前期の浄土宗の僧。
¶仏教

**天章**　てんしょう
→天章慈英（てんしょうじえい）

**転乗**　てんじょう
？　〜嘉祥2（849）年
平安時代前期の法華持経者。
¶古人（㊤？），コン改，コン4，コン5，人名，日人，仏教，平史

**天祥一麟**　てんしょういちりん
→一庵一麟（いちあんいちりん）

**天章慈英**　てんしょうじえい
文化12（1815）年〜明治4（1871）年　㊍慈英（じえい），天章（てんしょう）
江戸時代末期〜明治期の臨済宗の僧。建仁寺住職。洛西鳴滝の妙光寺で暗殺される。
¶国書（㊡明治4（1871）年7月9日），人名（天章　てんしょう），日人，幕末（天章　てんしょう　㊡1871年8月24日），幕末大（天章　てんしょう　㊡明治4（1871）年7月9日），仏教（㊤文政7（1824）年　㊡明治9（1876）年），仏人（慈英　じえい　㊤1824年　㊡1876年）

**天章周文** てんしょうしゅうぶん
→周文（しゅうぶん）

**天縦宗受** てんしょうそうじゅ
→宗受（そうじゅ）

**天章澄彧** てんしょうちょういく
天授5/康暦1（1379）年～？
南北朝時代～室町時代の僧、漢詩人。
¶国書，日人

**天性融石** てんしょうゆうせき
？ ～応永34（1427）年
南北朝時代～室町時代の曹洞宗の僧。
¶国書

**天初蘂源** てんしょずいげん
宝徳3（1451）年～大永4（1524）年
戦国時代の曹洞宗の僧。
¶日人，仏教（㊀大永4（1524）年5月14日）

**天心** てんしん
生没年不詳
江戸時代中期の浄土宗の僧。
¶国書

**天真** てんしん
天明2（1782）年～天保15（1844）年6月1日
江戸時代中期～後期の僧侶。
¶庄内

**天真自性** てんしんじしょう
？ ～応永20（1413）年1月13日
南北朝時代～室町時代の曹洞宗の僧。
¶仏教

**天真集膺** てんしんしゅうよう
元文4（1739）年～文化8（1811）年
江戸時代中期～後期の臨済宗の僧。
¶仏教

**天真乗運** てんしんじょううん
？ ～興国5/康永3（1344）年
鎌倉時代後期～南北朝時代の僧。村久野荘に曼陀羅寺の前身である円福寺を創建。
¶姓氏愛知

**天心宗球** てんしんそうきゅう
戦国時代～安土桃山時代の木曽家の菩提寺定勝寺住持。千村重政の弟。
¶武田

**天真宗昇** てんしんそうしょう
生没年不詳
室町時代～戦国時代の臨済宗の僧。
¶仏教

**伝心宗的** でんしんそうてき
寛永1（1624）年～元禄10（1697）年1月3日
江戸時代前期の臨済宗の僧。大徳寺215世。
¶仏教

**伝心痴絶** でんしんちぜつ
→痴絶伝心（ちぜつでんしん）

**天真融適** てんしんゆうてき
？ ～応永20（1413）年8月20日
南北朝時代～室町時代の曹洞宗の僧。
¶仏教

**天瑞** てんずい
生没年不詳
江戸時代後期の天台宗の僧。
¶国書

**伝随** でんずい
？ ～延宝6（1678）年10月7日
江戸時代前期の浄土宗の僧。
¶仏教

**天瑞円照** てんずいえんしょう
生没年不詳
江戸時代前期～中期の僧。興正寺開山。
¶姓氏愛知

**天瑞悟英** てんずいごえい
生没年不詳
江戸時代後期の黄檗宗の僧。
¶国書

**天瑞守選** てんずいしゅせん
宝暦6（1756）年～文政6（1823）年9月7日
江戸時代中期～後期の臨済宗の僧。
¶国書

**天瑞泰亮** てんずいたいりょう
宝暦8（1758）年～天保9（1838）年
江戸時代中期～後期の僧侶。
¶姓氏岩手

**天瑞通光** てんずいつうこう
？ ～弘化3（1846）年7月24日
江戸時代後期の黄檗宗の僧。
¶黄檗，仏教

**天然** てんぜん
文化10（1813）年～明治8（1875）年3月26日
江戸時代後期～明治期の僧。漢詩人。
¶徳島百，徳島歴

**天先祖命** てんせんそみょう
正平22/貞治6（1367）年～長禄2（1458）年
南北朝時代～室町時代の曹洞宗の僧。
¶人名，日人，仏教（㊀貞治6/正平22（1367）年？ ㊀長禄2（1458）年8月4日）

**典宗** てんそう
天文12（1543）年11月15日～慶長15（1610）年11月25日
安土桃山時代～江戸時代前期の浄土宗の僧。
¶仏教

**天叟順孝** てんそうじゅんこう
？ ～天文1（1532）年
戦国時代の曹洞宗の僧。
¶人名，日人，仏教（㊀享禄5（1532）年7月17日）

**伝叟紹印** でんそうじょういん
永禄12（1569）年～寛永4（1627）年12月2日

安土桃山時代～江戸時代前期の臨済宗の僧。
¶仏教

**天叟善長** てんそうぜんちょう
生没年不詳
安土桃山時代の曹洞宗の僧。
¶仏教

**天叟祖寅** てんそうそいん
？ ～応仁1(1467)年
室町時代の曹洞宗の僧。
¶仏教

**天叟宗訓** てんそうそうくん
生没年不詳
戦国時代の曹洞宗の僧。
¶仏教

**伝尊** でんそん
→天桂伝尊(てんけいでんそん)

**天巽慶順** てんそんきょうじゅん
→天巽慶順(てんそんけいじゅん)

**天巽慶順** てんそんけいじゅん
㊙天巽慶順(てんそんきょうじゅん)
室町時代～戦国時代の沼田市迦葉山龍華院弥勒寺の僧。
¶群馬人(㊤？　㊦文明17(1485)年)，仏教(てんそんきょうじゅん　㊤応永19(1412)年　㊦明応7(1498)年3月4日)

**天琢玄球** てんたくげんきゅう
延慶3(1310)年～天授3/永和3(1377)年
南北朝時代の臨済宗の僧。
¶日人，仏教(㊦永和3/天授3(1377)年6月26日)

**天沢崇春** てんたくすうしゅん
永正6(1509)年～永禄12(1569)年
戦国時代の臨済宗の僧。
¶仏教

**天琢宗球** てんたくそうきゅう
→宗球(そうきゅう)

**天中**(1) てんちゅう
延享3(1746)年～？
江戸時代中期の僧。神蔵寺6代目住職。
¶姓氏愛知

**天中**(2) てんちゅう
江戸時代後期の肥後天草の僧。
¶人名，日人(生没年不詳)

**天忠** てんちゅう
江戸時代中期の美濃谷汲郷長洞村常楽院の住僧。
¶国書(生没年不詳)，人名，日人

**天頂** てんちょう
生没年不詳
江戸時代中期の浄土宗の僧。
¶国書

**恬澄** てんちょう
？ ～文政10(1827)年6月10日
江戸時代後期の浄土宗の僧。
¶国書，仏教

**伝長** でんちょう
？ ～宝永5(1708)年
江戸時代前期～中期の京都浄福寺竹林院の僧。
¶人名，日人

**天徳曇貞** てんとくどんてい
元弘2/正慶1(1332)年～永享1(1429)年
南北朝時代～室町時代の僧。
¶鎌室，人名，日人，仏教(㊦永享1(1429)年9月6日)

**天庵玄彭** てんなんげんぽう
→天庵玄彭(てんあんげんぽう)

**天南松薫** てんなんしょうくん
天正1(1573)年～寛永17(1640)年9月17日
江戸時代前期の曹洞宗の僧。
¶国書，人名，日人，仏教(㊤？)

**天庵全堯** てんなんぜんぎょう
天正5(1577)年～正保1(1644)年　㊙天竜全堯(てんりゅうぜんぎょう)
安土桃山時代～江戸時代前期の曹洞宗の僧。
¶人名(天竜全堯　てんりゅうぜんぎょう)，日人，仏教

**天庵禅曙** てんなんぜんしょ
生没年不詳　㊙天庵禅曙(てんあんぜんしょ)
南北朝時代～室町時代の曹洞宗の僧。
¶人名(てんあんぜんしょ)，日人，仏教

**天爾** てんに
寛永17(1640)年～？
江戸時代前期の天台宗の僧。
¶国書

**天日仁太郎** てんにちにたろう
明治3(1870)年～昭和28(1953)年
明治～昭和期の宮大工。
¶美建

**天如** てんにょ
宝暦2(1752)年9月7日～文政10(1827)年閏6月15日
江戸時代中期～後期の真言宗の僧。
¶国書

**天然** てんねん
嘉吉2(1442)年～永正3(1506)年
室町時代の僧。
¶大分歴

**天年浄寿** てんねんじょうじゅ
→終南浄寿(しゅうなんじょうじゅ)

**天王左衛門大夫** てんのうさえもんのだいぶ
安土桃山時代の上野国群馬郡柴崎天王社の神主。
¶武田

**天翁全播** てんのうぜんはん
？ ～永禄9(1566)年
戦国時代の曹洞宗の僧。

¶仏教

**伝奥禅同** でんのくぜんどう
～慶長8(1603)年9月11日
安土桃山時代の大幢寺の開基。雲竜寺(高山市)10世。
¶飛驒

**天白文智** てんぱくぶんち
？ ～明治23(1890)年2月26日
江戸時代後期～明治期の僧侶。
¶真宗

**天甫昌円** てんぽしょうえん
弘治2(1556)年～寛永7(1630)年
江戸時代前期の禅僧。
¶神奈川人

**天甫存佐** てんぽそんさ
宝徳1(1449)年～永正14(1517)年
戦国時代の曹洞宗の僧。
¶人名，日人，仏教

**天目** てんもく
生没年不詳
鎌倉時代後期の日蓮宗の僧。日蓮の高弟。
¶神奈川人(㊀1308年)，国史，国書，古中，史人(㊀1245年　㊀1308年4月26日，(異説)1337年4月26日)，仏教(㊀寛元3(1245)年　㊀延慶1(1308)年4月26日，(異説)建武4/延元2(1337)年4月26日)，仏史

**天門** てんもん
江戸時代の儒僧。
¶人名，日人(生没年不詳)

**伝也** でんや
？ ～明暦2(1656)年3月20日
江戸時代前期の浄土宗の僧。
¶仏教

**天宥** てんゆう
*～延宝2(1674)年
江戸時代前期の天台宗の僧。
¶国書(㊀文禄2(1593)年1月18日　㊀延宝2(1674)年10月24日)，庄内(㊀文禄4(1595)年　㊀延宝3(1675)年2月24日)，仏教(㊀慶長11(1606)年)，山形百(㊀？)

**天祐**(1) てんゆう
建徳1/応安3(1370)年～長享1(1487)年11月11日
南北朝時代～室町時代の浄土宗の僧。
¶仏教

**天祐**(2) てんゆう
？ ～*
江戸時代前期～中期の天台宗の僧。
¶国書(㊀宝永5(1708)年11月8日)，栃木歴(㊀宝永6(1709)年)

**天祐**(3) てんゆう
慶安4(1651)年～延享4(1747)年12月
江戸時代中期の天台宗の僧。
¶岡山歴

**伝祐** でんゆう
生没年不詳
室町時代の天台宗の僧。
¶国書

**伝雄**(1) でんゆう
享保11(1726)年10月18日～寛政11(1799)年7月5日
江戸時代中期の真言宗の僧。高野山竜光院52世。
¶国書，仏人

**伝雄**(2) でんゆう
？ ～文政1(1818)年6月5日
江戸時代中期～後期の社僧。
¶国書5

て

**天祐海信** てんゆうかいしん
生没年不詳
江戸時代前期～中期の黄檗宗の僧。
¶黄檗

**天猷玄喝** てんゆうげんかつ
生没年不詳
江戸時代後期の臨済宗の僧。
¶仏教

**天祐思順** てんゆうしじゅん
生没年不詳
鎌倉時代の臨済宗の僧。
¶人名(㊀1249年)，日人，仏教

**天祐紹杲** てんゆうじょうこう
天正14(1586)年～寛文6(1666)年9月21日
江戸時代前期の臨済宗の僧。
¶茶道，仏教

**天祐宗津** てんゆうそうしん
寛正3(1462)年～天文1(1532)年　㊀宗津(そうしん)，天祐(てんゆう)
戦国時代の曹洞宗の僧。
¶人名，戦人(宗津　そうしん)，日人，仏教(㊀享禄5(1532)年2月4日)

**天祐梵嘏**(天祐梵嘏) てんゆうぼんか
生没年不詳
室町時代の臨済宗の僧。
¶国書，人名(天祐梵嘏)，日人，仏教

**伝誉**(1) でんよ
？ ～承応2(1653)年6月26日
江戸時代前期の浄土宗の僧。
¶仏教

**伝誉**(2) でんよ
天正15(1587)年～慶安4(1651)年
江戸時代前期の浄土宗の僧。
¶長崎歴

**天陽一朝** てんよういっちょう
？ ～天文18(1549)年9月8日
戦国時代の曹洞宗の僧。
¶仏教

**天用院** てんよういん
戦国時代の僧。北条氏康の使僧。
¶後北，戦辞（生没年不詳）

**伝葉善迦** でんようぜんか
生没年不詳
室町時代の曹洞宗の僧。
¶人名，日人，仏教

**天鷹祖祐** てんようそゆう
延元1/建武3（1336）年3月8日～応永20（1413）年1月2日
南北朝時代～室町時代の曹洞宗の僧。
¶国書，兵庫百（㊤建武4（1337）年　㊦応永21（1414）年），仏教



**天与清啓**（天誉清啓） てんよせいけい
生没年不詳　㊞清啓（せいけい）
室町時代の臨済宗の僧。
¶朝日，角史，鎌室，郷土長野，国史，国書，古中，コン改，コン4，コン5，史人，新潮，人名（天誉清啓），姓氏長野，世人，対外，長野百，長野歴，日人，仏教，仏史

**天誉了聞** てんよりょうぶん
？　～永正2（1505）年
室町時代～戦国時代の僧。浄土宗増上寺の第5世。
¶長野歴

**天竜** てんりゅう
？　～
江戸時代前期の僧。十三（市浦村）湊迎寺を開山した。
¶青森人

**天竜全堯** てんりゅうぜんぎょう
→天庵全堯（てんなんぜんぎょう）

**天鱗**（天麟） てんりん
文化4（1807）年～明治24（1891）年　㊞河野天鱗（かわのてんりん，こうのてんりん）
江戸時代末期～明治期の三論宗僧侶。
¶島根人（天麟），島根百（河野天鱗　こうのてんりん　㊦明治24（1891）年12月），島根歴（河野天鱗　こうのてんりん），真宗（河野天鱗　かわのてんりん　㊤文化4（1807）年1月27日　㊦明治24（1891）年12月26日），人名，日人

**天倫正挺** てんりんしょうてい
応永24（1417）年～文亀1（1501）年　㊞正挺（せいてい）
室町時代～戦国時代の曹洞宗の僧。
¶人名（正挺　せいてい），日人，仏教（㊦明応10（1501）年2月22日）

**天倫宗忽** てんりんそうこつ
寛永3（1626）年～元禄10（1697）年6月22日
江戸時代前期の臨済宗の僧。
¶国書，人名，日人，仏教

**典嶺** てんれい
？　～万治2（1659）年2月29日
江戸時代前期の浄土宗の僧。
¶仏教

**天嶺** てんれい
寛文6（1666）年～元文1（1736）年
江戸時代前期～中期の高僧。
¶宮城百

**天嶺性空** てんれいしょうくう
寛文9（1669）年～元文5（1740）年4月23日
江戸時代前期～中期の臨済宗の僧。
¶国書

**天嶺呑補** てんれいどんぽ，てんれいどんほ
永正6（1509）年～天正16（1588）年10月16日
戦国時代～安土桃山時代の曹洞宗の僧。
¶国書，人名（てんれいどんほ），日人，仏教

**天露大暁** てんろだいぎょう
生没年不詳
江戸時代後期の曹洞宗の僧。
¶国書

## 【と】

**土井佐次郎** どいさじろう
弘化1（1844）年～大正6（1917）年
江戸時代末期～大正期の宗教家。
¶姓氏岩手

**土井忠生** どいただお
明治33（1900）年3月16日～平成7（1995）年3月15日
大正～昭和期の国語学者。広島女子大学学長。中世末期のキリシタン資料の研究の権威。
¶現朝，現情，コン改，コン4，コン5，史研，世紀，日人

**土井辰雄** どいたつお
明治25（1892）年12月22日～昭和45（1970）年2月21日
明治～昭和期のカトリック聖職者。カトリック枢機卿。東京カテドラル建設。日本初のカトリック枢機卿。
¶神奈川人，キリ，現朝，現情，現人，広7，コン改，コン4，コン5，昭人，新カト，新潮，人名7，世紀，姓氏宮城（㊦1969年），全書，日人，宮城百，履歴，履歴2

**土井忠雄** どいちゅうゆう
明治41（1908）年10月9日～平成6（1994）年3月25日
昭和期の僧侶。
¶真宗

**土井普応** どいふおう
弘化2（1845）年7月9日～大正6（1917）年8月5日
明治・大正期の高山市の勝久寺の住職。
¶飛騨

**土井方斎** どいほうさい★
明治5（1872）年9月12日～昭和7（1932）年

明治～昭和期の神職者。
¶三重続

**土居真俊** どいまさとし
明治40（1907）年10月24日～
昭和期の牧師、組織神学者。同志社大学教授、日本キリスト教協議会宗教研究所長。
¶キリ

**土居水也** どいみずや
？ ～承応3（1654）年
江戸時代前期の宇和郡宮下村三島大名神の神官で『清良記』の編者。
¶愛媛（㊐？），愛媛百，国書

**土肥隆一** どいりゅういち
昭和14（1939）年2月11日～
昭和～平成期の牧師、政治家。衆議院議員。
¶現政

**冬阿** とうあ
生没年不詳
江戸時代中期の僧侶。
¶国書

**東庵** とうあん
生没年不詳
江戸時代前期のキリシタン。準修道士。
¶群新百，群馬人，姓氏群馬

**桃菴** とうあん
生没年不詳
安土桃山時代の僧。
¶戦人

**桃庵禅洞** とうあんぜんどう，とうあんぜんとう
？ ～文明17（1485）年
室町時代～戦国時代の僧。
¶鎌室，人名，日人（とうあんぜんとう），仏教（とうあんぜんとう ㊀文明17（1485）年3月12日）

**東庵宗暾** とうあんそうとん
永正12（1515）年～天正19（1591）年5月15日
戦国時代～安土桃山時代の臨済宗の僧。
¶仏教

**道意**(1) どうい
文永7（1270）年～嘉暦3（1328）年5月8日
鎌倉時代後期の浄土宗の僧。
¶仏教

**道意**(2) どうい
正応3（1290）年～正平11/延文1（1356）年
鎌倉時代後期～南北朝時代の僧。
¶鎌室，国書（㊀延文1（1356）年11月17日），諸系，日人，仏教（㊐文永8（1271）年 ㊀建武3/延元1（1336）年11月17日）

**道意**(3) どうい
正平9/文和3（1354）年～永享1（1429）年10月15日
室町時代の僧。
¶鎌室（㊐？），国書，諸系（㊐1354年，（異説）1358年），日人（㊐1354年，（異説）1358年），仏教（㊐？）

**東胤** とういん
？ ～慶長15（1610）年12月26日
安土桃山時代～江戸時代前期の浄土宗の僧。
¶仏教

**道因** どういん
寛治4（1090）年～？ ㊊藤原敦頼（ふじわらあつより，ふじわらのあつより，ふじわらのありより）
平安時代後期の歌人。
¶朝日，鎌室（藤原敦頼 ふじわらあつより 生没年不詳），国史，国書（㊀寿永1（1182）年頃），古人（藤原敦頼 ふじわらのあつより），古中，詩歌，新潮（藤原敦頼 ふじわらのあつより 生没年不詳），人名，日人，平史（藤原敦頼 ふじわらのありより），和俳

と

**道隠** どういん
→道隠（どうおん）

**桃隠玄朔** とういんげんさく
生没年不詳 ㊊玄朔（げんさく）
室町時代の臨済宗大応派の禅僧。
¶鎌室，国史，国書（㊀寛正2（1461）年），古中，新潮，人名（㊐1429年），日人（㊀1461年），仏教

**棠陰玄召** とういんげんしょう
文禄1（1592）年～寛永20（1643）年4月29日
安土桃山時代～江戸時代前期の臨済宗の僧。
¶国書

**桃隠正寿** とういんせいじゅ
戦国時代の僧。甲斐国下山の南松院の開山。
¶武田

**等運** とううん
生没年不詳
江戸時代前期～中期の天台宗の僧。
¶国書

**洞雲** どううん
？ ～寛文12（1672）年6月22日
江戸時代前期の浄土宗の僧。
¶仏教

**道雲** どううん
慶長5（1600）年～寛文11（1671）年9月29日
安土桃山時代～江戸時代前期の真言宗の僧。
¶国書

**桃雲宗源** とううんそうげん
嘉吉2（1442）年～永正13（1516）年3月19日
室町時代～戦国時代の臨済宗の僧。
¶仏教

**洞雲髑冲** とううんどくちゅう
元禄2（1689）年～元文5（1740）年1月9日
江戸時代中期の曹洞宗の僧。
¶国書

**等恵** とうえ
生没年不詳 ㊊等恵（とうけい）
戦国時代の連歌師。
¶鎌室，国書，人名，日人，俳文（とうけい），和俳

**道恵　どうえ**
→道恵法親王（どうえほっしんのう）

**道栄(1)　どうえい**
生没年不詳
奈良時代の渡来僧。
¶仏教

**道栄(2)　どうえい**
？　～寛文5（1665）年3月15日
江戸時代前期の日蓮宗の僧。
¶仏教

**道栄(3)　どうえい**
？　～嘉永5（1852）年
江戸時代後期の僧。大宰寺2世住職。地域開発の功労者。
¶静岡歴，姓氏静岡

**道盈　どうえい**
寛延2（1749）年～？
江戸時代中期～後期の真言宗の僧。
¶国書

**道英　どうえい**
生没年不詳
南北朝時代の僧侶・歌人。
¶国書

**道永通昌　どうえいつうしょう**
天保7（1836）年～明治44（1911）年2月6日
江戸時代末期～明治期の黄檗宗僧侶。万福寺38世。
¶黄檗，日人，仏教，明大1

**等悦　とうえつ**
→雲峰等悦（うんぽうとうえつ）

**道恵法親王**（道慧法親王）　**どうえほうしんのう**
→道恵法親王（どうえほっしんのう）

**道恵法親王　どうえほっしんのう**
長承1（1132）年～仁安3（1168）年　別⃝道恵（どうえ），道恵法親王（どうえほうしんのう），道慧法親王（どうえほうしんのう）
平安時代後期の天台宗寺門派の僧。鳥羽上皇の第6皇子。
¶朝日（没⃝仁安3年4月25日（1168年6月2日）），鎌室，古人，新潮（没⃝仁安3（1168）年4月25日），人名（どうえほうしんのう），天皇（道慧法親王　どうえほうしんのう），日人（どうえほうしんのう），仏教（道恵　どうえ　没⃝仁安3（1168）年4月25日），平史（どうえほうしんのう）

**道円(1)　どうえん**
？　～嘉応2（1170）年
平安時代後期の天台宗寺門派の僧。
¶古人（生⃝？），平史

**道円(2)**（道圓）　**どうえん**
文治2（1186）年～寛元3（1245）年
鎌倉時代の浄土真宗の僧。
¶人名（道圓），日人，仏教

**道円(3)　どうえん**
→道円法親王（どうえんほっしんのう）

**道円(4)　どうえん**
生没年不詳
室町時代の曹洞宗の僧。
¶仏教

**道淵　どうえん**
徳治2（1307）年～元中1/至徳1（1384）年12月6日
鎌倉時代後期～南北朝時代の僧。
¶鎌室，日人（没⃝1385年），仏教（生⃝？）

**道円法親王　どうえんほうしんのう**
→道円法親王（どうえんほっしんのう）

**道円法親王　どうえんほっしんのう**
元仁1（1224）年～弘安4（1281）年　別⃝道円（どうえん），道円法親王（どうえんほうしんのう）
鎌倉時代前期の土御門天皇の皇子。
¶鎌室（生没年不詳），人名（どうえんほうしんのう），戦辞（道円　どうえん　生没年不詳），天皇（どうえんほうしんのう），日人（どうえんほうしんのう），仏教（道円　どうえん　生⃝貞応2（1223）年？　没⃝弘安4（1281）年閏7月15日）

**道応(1)　どうおう**
生没年不詳
平安時代前期の僧。
¶姓氏群馬

**道応(2)　どうおう**
生没年不詳
南北朝時代以前の僧侶・歌人。
¶国書

**道応(3)　どうおう**
応仁1（1467）年～永正7（1510）年　別⃝道応法親王（どうおうほうしんのう）
戦国時代の天台宗の僧。
¶人名（道応法親王　どうおうほうしんのう），日人（道応法親王　どうおうほうしんのう），仏教（没⃝永正7（1510）年6月15日）

**道応(4)　どうおう**
文化3（1806）年～明治8（1875）年4月28日
江戸時代後期～明治期の真言宗の僧。
¶国書

**道雄　どうおう**
→道雄(1)（どうゆう）

**道応法親王　どうおうほうしんのう**
→道応(3)（どうおう）

**桃屋仲圃　とうおくちゅうほ**
生没年不詳
江戸時代前期の曹洞宗の僧。
¶日人，仏教

**道隠　どうおん**
寛保1（1741）年～文化10（1813）年6月4日　別⃝諦忍（たいにん），田丸道隠（たまるどういん），道隠（どういん）

江戸時代中期～後期の浄土真宗本願寺派の学僧。空華三師の一人、堺空華の祖。
¶大分歴（どういん），近世（諦忍　たいにん），国史（諦忍　たいにん），国書（諦忍　たいにん），コン改，コン4，コン5，史人（諦忍　たいにん），新潮，人名（田丸道隠　たまるどういん），人名，日人，仏教，仏史（諦忍　たいにん），仏人（㊐1740年）

**道音　どうおん**
元弘2/正慶1（1332）年～元中8/明徳2（1391）年9月14日
南北朝時代の融通念仏宗の僧。大念仏寺14世。
¶仏教

**桃化（桃花）　とうか**
元禄9（1696）年～延享2（1745）年　㊊瑞泉寺桃化（ずいせんじとうか）
江戸時代中期の俳人。
¶人名，富山文，日人（瑞泉寺桃化　ずいせんじとうか），俳諧（㊐？），俳句（桃花　㊍延享2（1745）年4月25日），和俳

**道我(1)　どうが**
建長3（1251）年～？
鎌倉時代の真言宗の僧。
¶仏教

**道我(2)　どうが**
弘安7（1284）年～興国4/康永2（1343）年
鎌倉時代後期～南北朝時代の僧、歌人。
¶国書（㊍康永2（1343）年10月19日），日人

**道雅　どうが**
文化9（1812）年～＊
江戸時代末期の僧。
¶維新（㊍1865年），郷土福井（㊍1856年），幕末（㊍1866年1月18日），幕末大（㊍慶応1（1866）年12月2日）

**等海(1)　とうかい**
生没年不詳
南北朝時代の天台宗の僧。
¶国書

**等海(2)　とうかい**
正平9/文和3（1354）年～？
南北朝時代～室町時代の天台宗の僧。
¶国書

**等海(3)　とうかい**
生没年不詳
江戸時代前期の天台宗の僧。
¶国書

**道快　どうかい**
生没年不詳
室町時代の僧。
¶鎌室

**道海　どうかい**
→潮音道海（ちょうおんどうかい）

**道契(1)　どうかい**
？～弘化3（1846）年3月29日
江戸時代後期の曹洞宗の僧。
¶国書

**道契(2)　どうかい**
→道契（どうけい）

**東海義易　とうかいぎえき**
？～明応6（1497）年
室町時代～戦国時代の曹洞宗の僧。
¶日人，仏教（㊍明応6（1497）年3月29日）

と

**東海竺源　とうかいじくげん**
文永7（1270）年～興国5/康永3（1344）年
鎌倉時代後期～南北朝時代の僧。
¶鎌室（㊐弘安10（1287）年　㊍康安1/正平16（1361）年），人名（㊐1287年　㊍1361年），日人，仏教（㊍康永3/興国5（1344）年10月16日），和歌山人

**東海周洋　とうかいしゅうよう**
長禄2（1458）年～永正12（1515）年4月24日
戦国時代の曹洞宗の僧。
¶国書，仏教

**東海昌晙　とうかいしょうしゅん**
？～慶応1（1865）年
江戸時代後期～末期の僧。
¶神奈川人（㊐1795年），鎌倉，国書（㊍元治2（1865）年3月4日），日人

**灯外紹伝　とうがいしょうでん**
慶長6（1601）年～延宝4（1676）年6月20日
江戸時代前期の臨済宗の僧。大徳寺188世。
¶仏教

**灯外師聯　とうがいしれん**
生没年不詳
江戸時代中期の曹洞宗の僧。
¶国書

**東海宗朝　とうかいそうちょう**
→宗朝（そうちょう）

**灯外素継　とうがいそけい**
？～明和7（1770）年3月2日
江戸時代中期の曹洞宗の僧。
¶国書

**道海大信　どうかいだいしん**
？～天保15（1844）年8月5日
江戸時代後期の曹洞宗の僧。
¶仏教

**東海宝鼎　とうかいほうてい**
享保11（1726）年～享和2（1802）年
江戸時代中期～後期の曹洞宗の画僧。
¶日人，仏教（㊍享和2（1802）年10月3日）

**東海猷禅　とうかいゆうぜん**
天保12（1841）年4月8日～大正6（1917）年5月1日
江戸時代後期～大正期の僧侶。臨済宗妙心寺派管長。江南山梅林寺住職。

¶夏目

**等覚** とうかく
生没年不詳
浄土真宗の僧。
¶国書

**東岳** とうがく
天文23(1554)年～寛永11(1634)年
安土桃山時代～江戸時代前期の僧。
¶徳島百([没]寛永11(1634)年12月4日), 徳島歴, 藩臣6

と

**道覚**(1) どうかく
平安時代後期の園城寺僧。
¶古人, 平史(生没年不詳)

**道覚**(2) どうかく
→道覚入道親王(どうかくにゅうどうしんのう)

**道覚**(3) どうかく
生没年不詳
鎌倉時代後期の僧。
¶飛驒

**道覚**(4) どうかく
→了翁道覚(りょうおうどうかく)

**道覚浄弁** どうかくじょうべん
生没年不詳
鎌倉時代後期～南北朝時代の浄土宗の僧侶。龍水山善福寺開山。
¶姓氏群馬

**道覚親王** どうかくしんのう
→道覚入道親王(どうかくにゅうどうしんのう)

**桃岳瑞見** とうがくずいけん
→瑞見(ずいけん)

**道覚入道親王** どうかくにゅうどうしんのう
元久1(1204)年～建長2(1250)年1月11日　[別]道覚(どうかく), 道覚親王(どうかくしんのう), 道覚法親王(どうかくほうしんのう), 朝仁親王(あさひとしんのう)
鎌倉時代前期の僧。後鳥羽天皇の皇子。
¶鎌室, 国書(道覚親王　どうかくしんのう　[生]元久1(1204)年7月), 人名, 天皇(道覚法親王　どうかくほうしんのう　[生]元久1(1204)年7月), 日人, 仏教(道覚　どうかく)

**東岳文昱** とうがくぶんいく
?　～応永23(1416)年
室町時代の禅僧。
¶神奈川人, 鎌倉

**道覚法親王** どうかくほうしんのう
→道覚入道親王(どうかくにゅうどうしんのう)

**洞岳魯宗** とうがくろしゅう, どうがくろしゅう
＊～明治17(1884)年12月
江戸時代後期～明治期の曹洞宗の僧。
¶国書([生]文政4(1821)年6月), 長野歴(どうがくろしゅう　[生]文政6(1823)年)

**等観**(1) とうかん
生没年不詳
江戸時代後期の浄土真宗の僧。
¶国書

**等観**(2) とうかん
文化12(1815)年～安政4(1857)年6月16日
江戸時代後期の真言宗の僧、書家。
¶岡山人, 岡山歴

**道感** どうかん
?　～慶安(1648～1652)年間10月15日
江戸時代前期の浄土教の僧。
¶仏教([没]慶安年間(1648～1652年)10月15日)

**道観** どうかん
生没年不詳
飛鳥時代の留学僧。
¶仏教

**東巌慧安**(東厳恵安) とうがんえあん
嘉禄1(1225)年～建治3(1277)年11月3日　[別]慧安(えあん), 宏覚禅師(こうかくぜんじ)
鎌倉時代前期の播磨国の臨済宗の僧。
¶朝日([没]建治3年11月3日(1277年11月29日)), 岩史, 角史, 鎌倉, 鎌室, 京都府, 国史, 国書, 古中, コン改, コン4, コン5, 史人, 新潮, 人名, 姓氏京都, 世人, 日史, 日人, 兵庫百(東厳恵安), 仏教, 仏史, 山川小, 歴大

**洞巌玄鑑** とうがんげんかん, どうがんげんかん
南北朝時代～室町時代の曹洞宗の僧。
¶姓氏静岡(どうがんげんかん　[生]1347年　[没]1407年), 仏教([生]暦応4/興国2(1341)年　[没]応永16(1409)年7月6日)

**道寛親王** どうかんしんのう
→道寛入道親王(どうかんにゅうどうしんのう)

**東岸宗卉** とうがんそうき
永暦2(1648)年～元禄1(1688)年8月19日
江戸時代前期～中期の黄檗宗の僧。
¶黄檗

**透関祖玄** とうかんそげん
宝永6(1709)年～寛政6(1794)年2月
江戸時代中期～後期の曹洞宗の僧。
¶国書

**東岩曇春** とうがんどんしゅん
?　～応永15(1408)年2月20日
南北朝時代～室町時代の臨済宗の僧。
¶仏教

**道寛入道親王** どうかんにゅうどうしんのう
正保4(1647)年～延宝4(1676)年　[別]道寛親王(どうかんしんのう)
江戸時代前期の僧。聖護院門主。後水尾天皇の皇子。
¶国書(道寛親王　どうかんしんのう　[生]正保4(1647)年4月28日　[没]延宝4(1676)年3月8日), 人名, 日人

**東観音寺鉄巌** とうかんのんじてつげん
～天和2(1682)年11月10日
江戸時代前期の詩僧。
¶東三河

**東暉**(1) とうき
元和9(1623)年～天和2(1682)年2月18日
江戸時代前期の浄土宗の僧。
¶国書

**東暉**(2) とうき
? ～天保5(1834)年10月19日
江戸時代後期の浄土真宗の僧。
¶仏教

**等貴**(1) とうき
奈良時代の東大寺の僧。
¶古人

**等貴**(2) とうき
寛正5(1464)年～大永6(1526)年 ㊙宗山等貴(しゅうざんとうき)
戦国時代の伏見宮貞常親王の王子。
¶人名，日人(宗山等貴 しゅうざんとうき)

**等凞**(等熙) とうき
応永3(1396)年～寛正3(1462)年6月11日 ㊙僧任(そうにん)，仏立慧照国師(ぶつりゅうえしょうこくし)
室町時代の浄土宗一条派の僧。清浄華院第10世。
¶国史(等熙)，国書(等熙 ㊐応永3(1396)年11月)，古中(等熙)，日人(等熙)，仏教，仏史(等熙)，仏人

**道喜** どうき
文亀3(1503)年～享禄3(1530)年
戦国時代の後柏原天皇の第4皇子。
¶国書(生没年不詳)，人名，天皇，日人

**道基** どうき
生没年不詳
南北朝時代～室町時代の僧。聖護院門跡。
¶鎌室，国書

**道義** どうぎ
天長10(833)年～延喜5(905)年
平安時代中期の華厳宗の僧。東大寺35世。
¶国書(生没年不詳)，古人，人名(㊐837年 ㊣902年)，日人，仏教(㊐承和7(840)年)，平史

**東輝永杲** とうきえいこう
? ～天文11(1542)年8月
戦国時代の臨済宗の僧。
¶国書

**東帰光松** とうきこうしょう
? ～文亀3(1503)年2月26日
室町時代～戦国時代の臨済宗の僧。
¶仏教

**等貴宗山** とうきしゅうざん
戦国時代の臨済宗の僧。京都南禅寺。
¶人名

**東輝中啓** とうきちゅうけい
生没年不詳
室町時代の臨済宗の僧。
¶仏教

**桃牛寺畊雲** とうぎゅうじこううん
生没年不詳
江戸時代中期の俳僧。
¶東三河

**導御**(道御) どうぎょ
→導御(どうご)

と

**道教**(1) どうきょう
生没年不詳
鎌倉時代の浄土宗の僧。
¶仏教

**道教**(2) どうきょう
正治2(1200)年～嘉禎2(1236)年5月26日
鎌倉時代前期の真言僧。三宝院流道教方の祖。
¶国史，国書，古中，日人，仏教，仏史，密教

**道教**(3) どうきょう
? ～元中8/明徳2(1391)年3月12日
南北朝時代の浄土宗の僧。
¶国書(生没年不詳)，仏教

**道鏡** どうきょう
? ～宝亀3(772)年 ㊙弓削道鏡(ゆげどうきょう,ゆげのどうきょう)，道鏡禅師(どうきょうぜんじ)
奈良時代の政治家、僧、法王。孝謙上皇の寵臣となり、その権勢は藤原仲麻呂をもしのぐ。太政大臣禅師、法王となったのち、宇佐八幡神託を理由に皇位簒奪を企てたが失敗。称徳天皇(孝謙重祚)の死とともに失脚した。
¶朝日，岩史，角史，郷土栃木(弓削道鏡 ゆげのどうきょう)，公卿(弓削道鏡 ゆげのどうきょう ㊣宝亀3(772)年4月28日)，公卿普(弓削道鏡 ゆげのどうきょう ㊣宝亀3(772)年4月28日)，国史，古史，古人(㊐?)，古代，古代普(㊐?)，古中，コン改，コン4，コン5，史人(㊣772年4月7日)，思想史，重要(㊣宝亀3(772)年4月7日)，女史(㊐?)，人書79，人書94，新潮(㊣宝亀3(772)年4月)，人名(弓削道鏡 ゆげのどうきょう)，世人(㊣宝亀3(772)年4月7日)，世百，全書，大百，伝記，栃木歴，日思，日史(㊣宝亀3(772)年4月)，日人，百科，仏教，仏史，仏人，平日(㊣772)，山川小(㊐? ㊣772年4月7日)，歴大

**道慶**(1) どうきょう
嘉応1(1169)年? ～?
平安時代後期～鎌倉時代前期の三論宗の僧。
¶仏教

**道慶**(2) どうきょう
→道慶(どうけい)

**道暁** どうぎょう
→無住道暁(むじゅうどうぎょう)

**道行**(1) **どうぎょう**
生没年不詳
飛鳥時代の僧。
¶日人

**道行**(2) **どうぎょう**
生没年不詳
奈良時代の僧。新羅僧とも。
¶朝日，コン改，コン4，コン5，日人，仏教

**道鏡慧端** **どうきょうえたん**
寛永19(1642)年～享保6(1721)年　[別]慧端(えたん)
江戸時代前期～中期の臨済宗の僧。
¶近世，国史，思想史，人書94，人名，茶道，日人，仏教([没]享保6(1721)年10月6日)

**道誾** **どうぎん**
生没年不詳
安土桃山時代の天台宗の僧。
¶国書

**道久** **どうく**
生没年不詳
飛鳥時代の僧。
¶仏教

**淘空** **とうくう**
宝暦5(1755)年～文政10(1827)年11月25日
江戸時代中期～後期の浄土宗の僧。
¶国書

**等空**(1) **とうくう**
？～安永6(1777)年6月1日
江戸時代中期の新義真言宗の僧。智積院21世。
¶仏教

**等空**(2) **とうくう**
延享2(1745)年～文化13(1816)年10月14日
江戸時代中期～後期の真言宗の僧。
¶国書，仏教，仏人

**等空**(3) **とうくう**
享和3(1803)年～安政4(1857)年10月24日
江戸時代末期の真言宗の僧。
¶埼玉人，仏教

**導空** **どうくう**
宝治2(1248)年～元弘2/正慶1(1332)年
鎌倉時代後期の僧。
¶神奈川人

**道空**(1) **どうくう**
？～正和4(1315)年6月25日
鎌倉時代の浄土宗の僧。
¶国書(生没年不詳)，仏教

**道空**(2) **どうくう**
寛文6(1666)年～寛延4(1751)年3月20日
江戸時代中期の新義真言宗の僧。
¶国書，仏教

**桃渓** **とうけい**
延宝3(1675)年～享保20(1735)年
江戸時代中期の学僧。
¶神奈川人

**等恵** **とうけい**
→等恵(とうえ)

**道圭** **どうけい**
生没年不詳
江戸時代前期の黄檗宗の僧。
¶国書

**道契** **どうけい**
文化13(1816)年～明治9(1876)年7月23日　[別]竺道契(じくどうかい，じくどうけい)，道契(どうかい)
江戸時代末期～明治期の真言宗僧侶。廃仏毀釈に際して仏教復興に尽力。著書に「続日本高僧伝」。
¶岡山人，岡山百(竺道契　じくどうかい　[没]明治9(1876)年7月)，岡山歴(竺道契　じくどうかい)，近現(どうかい)，近世(どうかい)，国史(どうかい)，国書，人名(どうかい)，日人，幕末(竺道契　じくどうけい)，幕末，幕末大(竺道契　じくどうけい)，幕末大，仏教，仏史(どうかい)，名僧(どうかい)，明大1(どうかい)

**道慶** **どうけい**
？～弘安8(1285)年6月28日　[別]道慶(どうきょう)
鎌倉時代後期の天台宗の僧。
¶鎌室，国書(どうきょう　[生]元久2(1205)年)，諸系(どうきょう)，日人(どうきょう)，仏教(どうきょう　[生]元久2(1205)年)

**東渓宗牧** **とうけいそうぼく**
→宗牧(1)(そうもく)

**東渓宗牧** **とうけいそうもく**
→宗牧(1)(そうもく)

**桃渓徳悟** **とうけいとくご**
仁治1(1240)年～徳治1(1306)年12月6日
鎌倉時代後期の臨済宗の僧。
¶神奈川人，鎌倉，鎌室([生]？)，新潮，人名([生]1279年　[没]？)，日人([没]1307年)，仏教

**道家祖看** **どうけそかん**
生没年不詳
江戸時代前期の僧。
¶姓氏京都

**道家大門** **どうけだいもん**
天保1(1830)年～明治23(1890)年12月14日
[別]道家大門(どうけひろかど)
江戸時代末期～明治期の国学者、勤王家。作楽神社創建を建白、初代祠官となる。
¶岡山人，岡山百([生]天保1(1830)年12月10日)，岡山歴(どうけひろかど　[生]天保1(1830)年12月10日)，思想([生]天保2(1831)年)，神人，幕末，幕末大

**洞月** **どうげつ**
享保2(1717)年～*
江戸時代中期～後期の曹洞宗の僧。

¶国書（㊍文化1（1804）年4月16日），長野歴（㊍文化5（1808）年）

**道家大門** **どうけひろかど**
→道家大門（どうけだいもん）

**東源** **とうげん**
生没年不詳
江戸時代前期の天台宗の僧。
¶国書

**道憲** **どうけん**
生没年不詳
鎌倉時代の律宗の僧。
¶仏教

**道謙** **どうけん**
生没年不詳
南北朝時代の僧侶・歌人。
¶国書

**道賢** **どうけん**
→日蔵（にちぞう）

**道顕**(1) **どうけん**
生没年不詳
飛鳥時代の高句麗僧。
¶国書，古代，古代普，日人，仏教

**道顕**(2) **どうけん**
和銅1（708）年～？
飛鳥時代～奈良時代の渡来僧。
¶人名，仏教（生没年不詳）

**道顕**(3) **どうけん**
保延1（1135）年～文治5（1189）年
平安時代後期の天台宗の僧。
¶鎌室，古人，人名，日人，平史

**道顕**(4) **どうけん**
生没年不詳
鎌倉時代後期の天台宗寺門派の僧。
¶北条

**道顕**(5) **どうけん**
→隠之道顕（いんしどうけん）

**道元** **どうげん，とうげん**
正治2（1200）年1月2日～建長5（1253）年8月28日 ㊀永平道元（えいへいどうげん），希玄道元（きげんどうげん），希元道元（きげんどうげん），希玄（きげん），承陽大師（しょうようだいし，じょうようだいし），仏性伝東国師（ぶっしょうでんとうこくし）
鎌倉時代前期の僧。日本曹洞宗の宗祖。号は希玄。天台の教義に疑問をもち、宋に渡り曹洞禅を学ぶ。帰国後は京都を離れ、越前の永平寺に禅を中心とした修行の道場をつくる。著作に「正法眼蔵」がある。
¶朝日（㊐正治2年1月2日（1200年1月19日）㊍建長5年8月28日（1253年9月22日）），岩史，角史，神奈川百，鎌倉，鎌倉新，鎌古，鎌室，京都，京都府，郷土福井，国史，国書，古中，コン改（永平道元　えいへいどうげん），コン4（永平道元　えいへいどうげん），コン5（永平道元　えいへいどうげん），詩歌，詩作，史人，思想史，重要，食文，諸系，女史，人書79，人書94，人情，人情5，新潮，新文，人名（希玄道元　きげんどうげん），姓氏京都，世人，世百，全書，対外，大百，中世，伝記，日思，日史，日人，美術，百科，福井百，仏教，仏史（とうげん），仏人，文学，平日（㊐1200　㊍1253），名僧，山川小，歴大，和俳

**道玄**(1) **どうげん**
生没年不詳
鎌倉時代の律宗の僧。
¶仏教

**道玄**(2) **どうげん**
嘉禎3（1237）年～嘉元2（1304）年
鎌倉時代後期の僧。
¶鎌室（㊐嘉禎2（1236）年），国書（㊍嘉元2（1304）年11月13日），諸系，人名（㊐？），日人，仏教（㊍嘉元2（1304）年11月3日）

**道玄**(3) **どうげん**
生没年不詳
鎌倉時代後期～南北朝時代の華厳宗の僧。
¶国書，人名（㊐1321年），日人，仏教

**桃源周岳** **とうげんしゅうがく**
～弘治2（1556）年7月20日
安土桃山時代の神岡町の両全寺の開基。
¶飛驒

**桃源瑞仙** **とうげんずいせん**
永享2（1430）年6月17日～延徳1（1489）年10月28日 ㊀蕉雨（しょうう），瑞仙（ずいせん）
室町時代～戦国時代の臨済宗夢窓派の僧。「史記抄」の著者。
¶鎌室（㊐永享5（1433）年），国史，国書，古中，詩歌，思想史，人書94，新潮（㊐永享5（1433）年），人名（㊐1433年），世人，世百，日史，日人，仏教，仏史，名僧，和俳

**弢玄道収** **とうげんどうしゅう**
明・崇禎7（1634）年～寛文6（1666）年1月28日
㊀暁堂道収（ぎょうどうどうしゅう）
江戸時代前期の黄檗宗の僧。
¶黄檗，国書（暁堂道収　ぎょうどうどうしゅう）

**道元の母**（道元母） **どうげんのはは**
？～承元1（1207）年
平安時代後期～鎌倉時代前期の女性。曹洞宗開祖の母。
¶朝日，女性，日人（道元母）

**東湖** **とうこ**
？～元文5（1740）年
江戸時代中期の僧。
¶日人

**洞庫** **どうこ**
？～天正14（1586）年2月18日
安土桃山時代の浄土宗の僧。
¶仏教

と

**導御** どうご
貞応2(1223)年〜応長1(1311)年 ㊙導御(どうぎょ),道御(どうぎょ)
鎌倉時代後期の律宗の僧。京都法金剛院、壬生寺の中興開山。
¶朝日(㊀応長1年9月29日(1311年11月10日)),角史(どうぎょ),姓氏京都(どうぎょ),日人(道御 どうぎょ)

**道興**(1) どうこう
奈良時代の唐僧。
¶古代,古代普,日人(生没年不詳)

**道興**(2) どうこう
永享2(1430)年〜文亀1(1501)年9月23日 ㊙道興准后(どうこうじゅこう,どうこうじゅごう)
室町時代〜戦国時代の天台宗の僧。園城寺長吏。
¶江戸東(道興准后 どうこうじゅごう),神奈川人(㊀1527年),群馬人,国史(㊐?),国書(㊐?),古中(㊐?),埼玉百(道興准后 どうこうじゅごう),思想史,諸系(㊐?),姓氏群馬(㊐1423年 ㊀1521年),姓氏宮城(㊀1513年),世人(㊀大永1(1501)年7月7日),戦辞(㊀文亀1年9月23日(1501年11月3日)),多摩(道興准后 どうこうじゅこう),栃木歴(道興准后 どうこうじゅごう ㊀大永7(1527)年),新潟百,日史,日人(㊐?),俳文(㊐?),百科,富嶽,仏教(㊐?),仏史(㊐?),町田歴(㊐?)

**道光**(1) どうこう
? 〜持統8(694)年?
飛鳥時代の僧。わが国戒律研究の先駆者。
¶国史(生没年不詳),国書,古人,古代,古代普,古中(生没年不詳),史人(生没年不詳),対外,日人(生没年不詳),仏教(㊀持統8(694)年4月?),仏史(生没年不詳)

**道光**(2) どうこう
寛元1(1243)年〜元徳2(1330)年 ㊙了慧(りょうえ)
鎌倉時代後期の浄土宗の僧。
¶朝日(㊐建長3(1251)年 ㊀元徳2年3月29日(1330年4月17日)),鎌室(生没年不詳),鎌室(了慧 りょうえ),国史(㊀?),国書(㊀元徳2(1330)年3月29日),古中(㊀?),新潮(了慧 りょうえ ㊀元徳2(1330)年3月29日),人名(㊐? ㊀1290年),世人(了慧 りょうえ ㊀元徳2(1330)年3月29日),日人,仏教(㊀元徳2(1330)年3月29日,(異説)元徳3/元弘1(1331)年7月19日),仏史(㊀?),仏人

**道光**(3) どうこう
生没年不詳
室町時代の僧・連歌作者。
¶国書

**道光**(4) どうこう
延享3(1746)年〜文政12(1829)年 ㊙道光上人日謙(どうこうしょうにんにっけん)
江戸時代後期の僧。日蓮宗法恩寺12世。
¶島根人(㊐延享2(1745)年),島根百(㊀文政12(1829)年5月),島根百(道光上人日謙 どうこうしょうにんにっけん ㊀文政12(1829)年5月8日)

**道公** どうこう
平安時代前期の僧。
¶古代,古代普,日人,仏教(生没年不詳)

**道晃**(1) どうこう
→道晃法親王(どうこうほうしんのう)

**道晃**(2) どうこう
→前原道晃(まえばらどうこう)

**道皎** どうこう
→月林道皎(げつりんどうこう)

**東岡希杲** とうこうきこう
生没年不詳
南北朝時代の臨済宗の僧。
¶国書

**桐岡桂嶧** とうこうけいえき
生没年不詳
室町時代の曹洞宗の僧。
¶仏教

**道興准后** どうこうじゅこう,どうこうじゅごう
→道興(2)(どうこう)

**道光上人日謙** どうこうしょうにんにっけん
→道光(4)(どうこう)

**東皐心越** とうこうしんえつ
→心越興儔(しんえつこうちゅう)

**道晃親王** どうこうしんのう
→道晃法親王(どうこうほうしんのう)

**道晃入道親王** どうこうにゅうどうしんのう
→道晃法親王(どうこうほうしんのう)

**道香梅谷** どうこうばいこく
? 〜延宝1(1673)年
江戸時代前期の僧、大和王竜寺の開山(黄檗宗)。
¶人名

**道晃法親王**(道光法親王) どうこうほうしんのう
慶長17(1612)年〜延宝6(1678)年 ㊙道晃(どうこう),道晃親王(どうこうしんのう),道晃入道親王(どうこうにゅうどうしんのう),道晃法親王(どうこうほっしんのう)
江戸時代前期の僧。後陽成天皇の第13皇子。
¶近世(道晃入道親王 どうこうにゅうどうしんのう ㊀1679年),国史(道晃入道親王 どうこうにゅうどうしんのう ㊀1679年),国書(道晃親王 どうこうしんのう ㊐慶長17(1612)年10月12日 ㊀延宝7(1679)年6月18日),コン改(道光法親王),コン4(道光法親王),コン5(道光法親王),諸系(㊀1679年),新潮(どうこうほっしんのう ㊐慶長17(1612)年3月8日 ㊀延宝6(1678)年6月18日),人名,茶道(㊐1611年),日人(㊀1679年),仏教(道晃 どうこう ㊐慶長17(1612)年3月8日,(異説)10月12日? ㊀延宝7(1679)年6月18日),

和俳

**道晃法親王** どうこうほっしんのう
→道晃法親王（どうこうほうしんのう）

**韜谷** とうこく
文化9（1812）年10月28日～明治19（1886）年12月27日
江戸時代末期～明治期の僧侶。
¶維新，愛媛，愛媛百

**道黒** どうこく
生没年不詳
江戸時代前期の曹洞宗の僧。
¶国書

**桃谷衍瑤** とうこくえんよう
延享3（1746）年～文化9（1812）年1月
江戸時代中期～後期の黄檗宗の僧。
¶黄檗

**東谷直伝** とうこくじきでん
生没年不詳
江戸時代中期の曹洞宗の僧。
¶国書

**東谷宗杲** とうこくそうこう，とうこくそうごう
？ ～文禄3（1594）年1月15日
戦国時代～安土桃山時代の臨済宗の僧。
¶武田（とうこくそうごう），仏教

**東呉如江** とうごにょこう
？ ～天保13（1842）年
江戸時代後期の黄檗宗の僧。
¶黄檗

**童五丸** どうごまる
？ ～寛永17（1640）年11月28日
江戸時代前期の浄土宗の僧。
¶仏教

**道欣** どうこん
生没年不詳
飛鳥時代の渡来僧。
¶仏教

**等歳** とうさい
生没年不詳
戦国時代の画僧。
¶日人

**道西** どうさい
応永6（1399）年～長享2（1488）年
室町時代～戦国時代の蓮如の支援者。金森の道西坊の開山。
¶滋賀百

**藤定房** とうさだふさ
元禄7（1694）年～享保17（1732）年
江戸時代中期の対馬藩士。
¶国書（[没]享保17（1732）年8月），コン改，コン4，コン5，日人，藩臣7

**道讃** どうさん
正暦4（993）年～永承7（1052）年
平安時代中期～後期の興福寺僧。
¶古人，平史

**道山** どうざん
？ ～寛永4（1627）年3月25日
安土桃山時代～江戸時代前期の浄土宗の僧。
¶仏教

**道残** どうざん
？ ～文禄2（1593）年
安土桃山時代の浄土宗の僧。
¶国書（[没]文禄2（1593）年9月29日），人名（[生]1536年），戦人，日人，仏教

**東山周朝** とうざんしゅうちょう
*～安永7（1778）年
江戸時代中期の僧。円覚寺184世住持。
¶神奈川人（[生]1735年），鎌倉（[生]？）

**東山崇忍** とうざんすうにん
生没年不詳
南北朝時代の臨済宗の僧。
¶国書

**東山湛照** とうざんたんしょう
寛喜3（1231）年～正応4（1291）年8月8日
鎌倉時代後期の臨済宗の僧。宝覚禅師。
¶朝日（[没]正応4年8月8日（1291年9月2日）），岡山人，鎌室，国書，新潮，人名，日人，仏教

**道慈** どうじ
？ ～天平16（744）年10月2日
奈良時代の僧。俗姓は額田氏。
¶朝日（[没]天平16年10月2日（744年11月10日）），岩史，角史，郷土奈良，国史，国書，古史，古人（[生]？），古代，古代普（[生]？），古中，コン改，コン4，コン5，史人，思想史，新潮，人名，世人，全書，対外（[生]？），大百，日史，日人，百科，仏教，仏史，仏人，山川小（[生]？），歴大，和俳

**道実** どうじつ
元和6（1620）年～元禄5（1692）年3月13日 [別]惟一道実（ういどうじつ）
江戸時代前期の黄檗宗の僧。隠元とともに来朝。
¶黄檗（惟一道実 ういどうじつ），国書（惟一道実 ういどうじつ [生]明の万暦48（1620）年1月21日），仏人

**頭室伊天** とうしついてん
→頭室伊天（ずしついてん）

**棟室建梁** とうしつけんりょう
天文4（1535）年～慶長18（1613）年9月15日
安土桃山時代～江戸時代前期の曹洞宗の僧。
¶仏教

**道者** どうしゃ
慶長4（1599）年～寛文3（1663）年
安土桃山時代～江戸時代前期の唐僧。
¶長崎歴

と

**道寂**(1) **どうじゃく**
？ ～＊
平安時代中期～後期の天台宗の僧。
¶人名(㊀1087年), 日人(生没年不詳), 仏教(㊀寛治年間(1087～1094年))

**道寂**(2) **どうじゃく**
？ ～久安3(1147)年
平安時代後期の僧。大和長谷寺、のち元興寺で参禅。
¶古人(㊤1068年), 人名, 日人, 仏教(㊀久安3(1147)年12月), 平史(㊤1068年)

**道者超元 どうしゃちょうげん, どうじゃちょうげん**
＊～万治3(1660)年 ㊞南山(なんざん)
江戸時代前期の渡来僧。雪峰の亘信行弥の法を嗣ぐ。
¶朝日(㊤万暦30(1602)年 ㊀康熙1(1662)年), 近世(㊤？), 国史(㊤？), 対外(㊤？), 日人(どうじゃちょうげん ㊤1602年 ㊀1663年), 仏教(どうじゃちょうげん ㊤明・万暦30(1602)年 ㊀清・康熙1(1662)年11月26日), 仏史(㊤？)

**道種 どうしゅ**
生没年不詳
江戸時代前期の律宗の僧。
¶仏教

**登洲 とうしゅう**
生没年不詳
江戸時代中期の浄土真宗の僧。
¶国書

**道宗**(1) **どうしゅう**
？ ～正平15/延文5(1360)年8月29日
鎌倉時代後期～南北朝時代の浄土宗の僧。
¶仏教(㊀延文5/正平15(1360)年8月29日, (異説)8月25日)

**道宗**(2) **どうしゅう**
？ ～永正13(1516)年 ㊞赤尾の道宗(あかおのどうしゅう), 赤尾道宗(あかおどうしゅう, あかおのどうしゅう)
戦国時代の真宗篤信家。蓮如の門弟。
¶国史, 国書(赤尾道宗 あかおどうしゅう 生没年不詳), 古中, 史人, 姓氏富山(赤尾道宗 あかおどうしゅう ㊤1462年), 世人, 富山百(赤尾道宗 あかおのどうしゅう ㊤寛正3(1462)年), 富山文(赤尾の道宗 あかおのどうしゅう ㊀永正13(1516)年5月), 日人(赤尾の道宗 あかおのどうしゅう ㊤1452年, (異説)1462年), 飛騨(赤尾道宗 あかおどうしゅう ㊤寛正3(1462)年), 仏教(赤尾の道宗 あかおのどうしゅう ㊤享徳1(1452)年, (異説)寛正3(1462)年), 仏史, ふる(赤尾道宗 あかおのどうしゅう ㊤1462年), 歴大

**道秀 どうしゅう**
→松嶺道秀(しょうれいどうしゅう)

**東洲円郢 とうじゅうえんえい**
生没年不詳
鎌倉時代後期～南北朝時代の曹洞宗の僧。
¶国書

**東洲至道 とうしゅうしどう**
生没年不詳
鎌倉時代の僧。
¶日人

**東洲周道 とうしゅうしゅうどう**
永享11(1439)年～大永1(1521)年 ㊞周道(しゅうどう)
室町時代～戦国時代の曹洞宗の僧。
¶人名(周道 しゅうどう), 日人, 仏教(㊀永正18(1521)年7月23日)

**東洲浄勝 とうしゅうじょうしょう**
？ ～寛政2(1790)年7月16日
江戸時代中期の黄檗宗の僧。
¶黄檗, 国書

**東洲至遼 とうしゅうしりょう**
生没年不詳
鎌倉時代後期～南北朝時代の曹洞宗の僧。
¶人名(㊤1335年), 日人, 仏教

**洞叔寿仙 とうしゅくじゅせん**
生没年不詳
江戸時代前期の臨済宗の僧。
¶国書

**唐叔宗堯 とうしゅくそうぎょう**
慶長8(1603)年～万治3(1660)年9月9日
江戸時代前期の臨済宗の僧。大徳寺186世。
¶仏教

**道樹鉄文 どうじゅてつもん**
宝永7(1710)年～天明1(1781)年
江戸時代中期の青山村千松寺中興の開山。曹洞宗中興の名僧。
¶姓氏愛知

**東晙 とうしゅん**
正徳4(1714)年～安永8(1779)年 ㊞高峰東晙(こうほうとうしゅん)
江戸時代中期の臨済宗の僧。建仁寺335世。
¶国書(高峰東晙 こうほうとうしゅん), 仏教(高峰東晙 こうほうとうしゅん), 仏人

**東純 とうじゅん**
～明応4(1495)年12月10日
室町時代～戦国時代の僧侶。
¶庄内

**等順 とうじゅん**
寛保2(1742)年～文化1(1804)年
江戸時代中期～後期の善光寺別当、大勧進住職、大僧正。
¶姓氏長野, 長野百(㊤？ ㊀1806年), 長野歴

**道俊 どうしゅん**
寛喜1(1229)年～延慶2(1309)年
鎌倉時代後期の僧。
¶鎌室, 日人, 仏教(㊀延慶2(1309)年2月8日)

**道淳**(1)　どうじゅん
生没年不詳
鎌倉時代後期の真言宗の僧。
¶仏教，和歌山人

**道淳**(2)　どうじゅん
安永1(1772)年～天保6(1835)年
江戸時代後期の画僧。
¶新潟百

**道潤**　どうじゅん
文永3(1266)年～？
鎌倉時代後期の天台宗の僧。
¶国書，仏教(生没年不詳)

**道純**　どうじゅん
生没年不詳
江戸時代前期～中期の僧侶。
¶国書

**道順**(1)　どうじゅん
？　～元亨1(1321)年12月28日
鎌倉時代後期の真言宗の僧。醍醐寺座主。
¶鎌室，国書，日人(㊀1322年)，仏教

**道順**(2)　どうじゅん
安永6(1777)年～弘化3(1846)年1月2日
江戸時代後期の真言宗の僧。
¶国書，仏教

**道助**　どうじょ
→道助入道親王(どうじょにゅうどうしんのう)

**道恕**　どうじょ
寛文8(1668)年～享保18(1733)年11月15日
江戸時代中期の真言宗の僧。
¶国書，人名，日人，仏教

**登照**　とうしょう
平安時代中期の易僧。
¶古人，人名，日人(生没年不詳)，平史(生没年不詳)

**等定**　とうじょう
養老5(721)年～延暦19(800)年
奈良時代～平安時代前期の東大寺の僧。
¶古人，古代，古代普，日人(㊐721年？)，仏教(㊐？　㊀延暦19(800)年7月)，平史

**道勝**　どうしょう
貞応1(1222)年～文永10(1273)年7月13日
鎌倉時代の真言宗の僧。東寺長者69世。
¶国書(生没年不詳)，仏教

**道昌**(1)　どうしょう
延暦17(798)年～貞観17(875)年2月9日
平安時代前期の真言宗の僧。
¶朝日(㊀貞観17年2月9日(875年3月20日))，国史，古人，古代，古代普，古中，コン改，コン4，コン5，史人，思想史，新潮，人名，姓氏京都，日人，仏教(㊐延暦17(798)年3月8日)，仏史，仏人，平史

**道昌**(2)　どうしょう
生没年不詳
鎌倉時代後期～南北朝時代の僧侶・歌人。
¶国書

**道昭**(1)　どうしょう
舒明1(629)年～文武天皇4(700)年
飛鳥時代の僧。道照とも。
¶朝日(㊀文武4年3月10日(700年4月3日))，岩史(㊀文武4(700)年3月10日)，大阪人(㊐舒明天皇2(630)年　㊀大宝4(704)年3月)，角史，国史，古史，古人(㊐629年　㊀700年)，古代，古代普(㊐629年　㊀700年)，古中，古物(㊐629年？　㊀700年)，コン改，コン4，コン5，史人(㊀700年3月10日)，思想史，新潮(㊀文武4(700)年3月10日)，人名，姓氏京都，世人(㊀文武4(700)年8月10日)，世百，全書，対外(㊐629年　㊀700年)，大百，日史(㊀文武4(700)年3月10日)，日人，百科，仏教，仏史，仏人(㊐628年)，平日(㊐629　㊀700)，山川小(㊐629年　㊀700年3月10日)，歴大

と

**道昭**(2)　どうしょう
弘安4(1281)年～正平10/文和4(1355)年
鎌倉時代後期～南北朝時代の僧。天皇の護持僧。一条家経の子。
¶朝日(㊀文和4/正平10年12月22日(1356年1月24日))，国史，国書(㊀文和4(1355)年12月22日)，古中，諸系(㊀1356年)，人名(㊐1280年　㊀1354年)，日人(㊀1356年)，仏教(㊀文和4/正平10(1355)年12月22日，(異説)文和3/正平9(1354)年12月22日)，仏史

**道照**　どうしょう
生没年不詳
鎌倉時代の律宗の僧。
¶仏教

**道証**(1)　どうしょう
天平勝宝8(756)年～弘仁7(816)年11月
奈良時代～平安時代前期の学僧。
¶国書，古代，古代普，人名，徳島歴(㊀弘仁2(811)年)，日人，仏教

**道証**(2)　どうしょう
永久2(1114)年～文治1(1185)年
平安時代後期の天台寺門派の僧。
¶古人，平史

**道証**(3)　どうしょう
生没年不詳
室町時代の臨済宗の尼僧。
¶朝日

**道性**(1)　どうしょう
嘉応2(1170)年～文治3(1187)年
平安時代後期の以仁王の第3王子。
¶国書(㊀文治3(1187)年2月10日)，古人，人名，日人，平史

**道性**(2)　どうしょう
承久1(1219)年～永仁5(1297)年
鎌倉時代後期の真宗の僧、誠照寺派本山の第2世。

¶人名，日人（生没年不詳）

**道性(3)**　どうしょう
弘安1（1278）年～？
鎌倉時代後期～南北朝時代の真言宗の僧。亀山天皇皇子。
¶国書，人名，天皇，日人，仏教

**道性(4)**　どうしょう
生没年不詳
南北朝時代の浄土真宗の僧。山元派本山証誠寺開基。
¶郷土福井，福井百

**道正**　どうしょう
→道正隆英（どうしょうりゅうえい）

**道清**　どうしょう
→田中道清（たなかどうせい）

**道生**　どうしょう
生没年不詳
鎌倉時代の連歌師。
¶国書，日人，俳文

**道乗(1)**　どうじょう
生没年不詳
平安時代中期の僧。
¶日人

**道乗(2)**　どうじょう
建保3（1215）年～文永10（1273）年12月11日
鎌倉時代前期の僧。後鳥羽天皇の孫。
¶鎌室，人名，日人（(没)1274年），仏教

**道乗(3)**　どうじょう
建保6（1218）年～弘安7（1284）年7月21日
鎌倉時代前期の僧。※。
¶岡山人，岡山歴

**道場**　どうじょう
→道場法師（どうじょうほうし）

**道成**　どうじょう
生没年不詳
南北朝時代の僧侶・歌人。
¶国書

**道正庵隆英**　どうしょうあんたかひで
→道正隆英（どうしょうりゅうえい）

**道正庵隆英**　どうしょうあんりゅうえい
→道正隆英（どうしょうりゅうえい）

**東条義門(1)**　とうじょうぎもん
天明6（1786）年～天保14（1843）年
江戸時代中期～後期の国語学者。
¶郷土福井，福井百

**東条義門(2)**　とうじょうぎもん
→義門（ぎもん）

**東条光顕**　とうじょうこうこう
大正6（1917）年～
昭和～平成期の日本画家。無量寺住職。日本作家協会の結成に参加。作品に「菩薩の不在」など。
¶近美，日人（(生)大正6（1917）年11月15日）

**東沼周嚴**（東沼周巌）　とうしょうしゅうがん
→東沼周厳（とうしょうしゅうげん）

**東沼周厳**（東沼周嚴，東沼周巌）　とうしょうしゅうげん
元中8/明徳2（1391）年～寛正3（1462）年1月2日
(別)東沼周嚴（とうしょうしゅうがん），東沼周巌（とうしょうしゅうがん）
室町時代の臨済宗の僧。
¶鎌室，国書（東沼周巌），人名（東沼周嚴　(生)1393年），日人（東沼周巌　とうしょうしゅうがん），仏教（東沼周嚴　とうしょうしゅうがん）

**道青俊鷹**　どうしょうしゅんよう
室町時代の丹波永沢寺（曹洞宗）の禅僧。
¶人名

**道場法師**　どうじょうほうし
(別)道場（どうじょう）
飛鳥時代の僧。
¶古代，古代普，コン改，コン4，コン5，史人（生没年不詳），日史，日人（道場　どうじょう　生没年不詳），百科，仏教（道場　どうじょう　生没年不詳），歴大

**東条逢伝**　とうじょうほうでん
明治期の僧侶。
¶真宗

**道正隆英**　どうしょうりゅうえい
承安1（1171）年～宝治2（1248）年7月24日　(別)県山道正（けんざんどうしょう），道正（どうしょう），道正庵隆英（どうしょうあんたかひで，どうしょうあんりゅうえい），隆英（りゅうえい）
鎌倉時代前期の曹洞宗の僧。父は京極顕盛、母は源仲家の娘。
¶朝日（道正庵隆英　どうしょうあんりゅうえい　(没)宝治2年7月24日（1248年8月14日）），岩史（道正庵隆英　どうしょうあんたかひで），鎌室（(生)？），国史（道正庵隆英　どうしょうあんりゅうえい），古中（道正庵隆英　どうしょうあんりゅうえい），コン4（道正庵隆英　どうしょうあんりゅうえい），コン5（道正庵隆英　どうしょうあんりゅうえい），史人（道正庵隆英　どうしょうあんりゅうえい），新潮（(生)？），人名（(生)？），対外（道正庵隆英　どうしょうあんりゅうえい），日人（道正　どうしょう），仏教（県山道正　けんざんどうしょう），仏史（道正庵隆英　どうしょうあんりゅうえい）

**東寔**　とうしょく
→愚堂東寔（ぐどうとうしょく）

**東寔愚堂**　とうしょくぐどう
→愚堂東寔（ぐどうとうしょく）

**道助親王**　どうじょしんのう
→道助入道親王（どうじょにゅうどうしんのう）

**道助入道親王**　どうじょにゅうどうしんのう
建久7（1196）年10月16日～宝治3（1249）年　(別)道

助（どうじょ），道助親王（どうじょしんのう），道助法親王（どうじょほうしんのう，どうじょほっしんのう），長仁親王（ながひとしんのう）
鎌倉時代前期の僧（仁和寺8世）。後鳥羽天皇の第2皇子。
¶岩史（㊀宝治3（1249）年1月16日），鎌室，国史（道助　どうじょ），国史，国書（道助親王　どうじょしんのう　㊀宝治3（1249）年1月15日），古中，コン4，コン5，諸系，新潮（㊀建長1（1249）年1月15日，（異説）1月16日），人名，姓氏京都（道助法親王　どうじょほっしんのう），天皇（道助法親王　どうじょほうしんのう　㊀建長1（1249）年1月16日），内乱（道助法親王　どうじょほっしんのう），日人，仏教（道助　どうじょ　㊀宝治3（1249）年1月15日），仏史

**道助法親王**　どうじょほうしんのう
→道助入道親王（どうじょにゅうどうしんのう）

**道助法親王**　どうじょほっしんのう
→道助入道親王（どうじょにゅうどうしんのう）

**道信**　どうしん
生没年不詳
飛鳥時代の僧。
¶人名，日人，仏教

**道振**　どうしん
安永2（1773）年～文政7（1824）年1月28日
江戸時代後期の浄土真宗の僧。
¶国書，人名，日人，仏教

**道深**(1)　どうしん，どうじん
上代の百済の渡来僧。
¶コン改，コン4，コン5，人名，仏教（どうじん　生没年不詳）

**道深**(2)　どうじん
→道深法親王（どうしんほっしんのう）

**道甚**　どうじん
生没年不詳
南北朝時代以前の僧侶・歌人。
¶国書

**道深親王**　どうじんしんのう
→道深法親王（どうしんほっしんのう）

**道深法親王**　どうしんほうしんのう
→道深法親王（どうしんほっしんのう）

**道深法親王**　どうしんほっしんのう，どうじんほっしんのう
建永1（1206）年9月4日～建長1（1249）年7月28日
㊈道深（どうじん），道深親王（どうじんしんのう），道深法親王（どうしんほうしんのう）
鎌倉時代前期の僧。後高倉院の第2王子。
¶鎌室，国書（道深親王　どうじんしんのう），人名（どうしんほうしんのう），姓氏京都（どうじんほっしんのう），日人（どうしんほうしんのう），仏教（道深　どうじん）

**東水**　とうすい
江戸時代前期の修験僧・俳人。
¶国書（生没年不詳），俳文

**桃水**　とうすい
→桃水雲渓（とうすいうんけい）

**洞水**(1)　どうすい
江戸時代中期の僧、地福寺開山。
¶人書94（㊐1664年　㊀1747年），姓氏富山（㊐1727年　㊀1803年）

**洞水**(2)　どうすい
？～文政11（1828）年11月1日
江戸時代後期の浄土真宗の僧。
¶仏教（㊀文政11（1828）年11月1日，（異説）10月1日）

と

**道粋**　どうすい
正徳3（1713）年～明和1（1764）年12月26日
江戸時代中期の浄土真宗の僧。
¶国書，庄内（㊀明和1（1764）年閏12月26日），仏教，仏人（㊐1712年）

**道邃**　どうずい
？～保元2（1157）年4月15日
平安時代後期の天台宗の僧。
¶国書

**桃水雲渓**（洞水雲渓）　とうすいうんけい
慶長17（1612）年～天和3（1683）年9月19日　㊈雲渓（うんけい），桃水（とうすい），酢屋道全（すやどうぜん）
江戸時代前期の曹洞宗の僧。
¶黄檗，近世，国史，国書（洞水雲渓），人名（桃水　とうすい　㊐1605年），全書（㊐？），大百（㊐？），日人，仏史，仏人（雲渓　うんけい）

**洞水東初**　とうすいとうしょ
慶長13（1605）年～寛文11（1671）年
江戸時代前期の臨済宗の僧。
¶黄檗

**道政**　どうせい
生没年不詳
南北朝時代以前の僧侶・歌人。
¶国書

**道清**　どうせい
→田中道清（たなかどうせい）

**等碩**　とうせき
生没年不詳
戦国時代の画僧。
¶日人

**等膳**　とうぜん
→鳳山等膳（ほうざんとうぜん）

**嗒然**　とうぜん
寛政8（1796）年～文久1（1861）年
江戸時代後期～末期の大山寺僧。
¶鳥取百

**道詮**　どうせん
？～貞観18（876）年
平安時代前期の三論宗の僧。

¶朝日（㊀貞観15年3月2日（873年4月2日）），岩史（㊀貞観15（873）年3月2日），角史，郷土奈良（㊀797年），国史（生没年不詳），国書（㊀貞観18（876）年10月2日），古人（㊀？），古代，古代普（㊀？），古中（生没年不詳），コン4（㊀貞観15（873）年？），コン5（㊀貞観15（873）年？），埼玉人（㊀延暦16（797）年　㊀貞観18（876）年10月2日），史人（㊀873年3月2日，（異説）876年10月2日），新潮（㊀貞観15（873）年3月2日），人名，世人，日人，仏教（㊀延暦16（797）年　㊀貞観18（876）年10月2日，（異説）貞観15（873）年3月2日），仏史（生没年不詳），平史，歴大（㊀873年）

と

**道璿** どうせん
唐・嗣聖19（702）年～天平宝字4（760）年閏4月18日
奈良時代の唐の渡来僧。
¶朝日（㊀天平宝字4年4月18日（760年5月7日）），角史，国史，国書，古人（㊀699年　㊀757年），古代（㊀699年　㊀757年），古代普（㊀699年　㊀757年），古中，コン改（㊀文武3（699）年　㊀天平宝字1（757）年），コン4（㊀文武3（699）年　㊀天平宝字1（757）年），コン5（㊀文武3（699）年　㊀天平宝字1（757）年），史人，新潮（㊀唐・嗣聖16（699）年，（異説）唐・嗣聖19（702）年　㊀天平宝字1（757）年4月，（異説）天平宝字4（760）年閏4月），人名，世人，対外，日人，仏教，仏史

**道善** どうぜん
？～建治2（1276）年3月16日
鎌倉時代の真言宗の僧。
¶仏教

**道全** どうぜん
生没年不詳
鎌倉時代後期～南北朝時代の僧侶・歌人。
¶国書

**道禅**(1) どうぜん
嘉応1（1169）年～建長8（1256）年8月8日
平安時代後期～鎌倉時代前期の天台宗の僧。
¶鎌室，国書，古人，日人，仏教

**道禅**(2) どうぜん
建久1（1190）年～嘉禎1（1235）年
鎌倉時代前期の真言僧。
¶鎌室（㊀正治1（1199）年），国書（㊀嘉禎1（1235）年11月16日），人名，日人，仏教（㊀嘉禎1（1235）年11月16日），密教（㊀1235年11月15日，16日）

**道泉源** どうせんげん
生没年不詳
鎌倉時代後期の上宝村の本覚寺の開基。
¶飛騨

**東漸健易** とうぜんけんえき
興国5/康永3（1344）年～応永30（1423）年4月17日
南北朝時代～室町時代の僧。
¶鎌室，国書，人名，日人，仏教

**洞仙寺良悦** どうせんじりょうえつ
生没年不詳　㊀良悦（りょうえつ）
江戸時代前期の僧（牡鹿郡桃浦洞仙寺）。植林事業に貢献。
¶朝日，近世，国史，日人

**東漸宗震** とうぜんそうしん
天文1（1532）年～慶長7（1602）年3月23日
戦国時代～安土桃山時代の臨済宗の僧。妙心寺71世。
¶仏教

**道叟** どうそう★
～康暦1（1379）年9月13日
南北朝時代の曹洞名僧。
¶秋田人2

**道増** どうぞう
永正5（1508）年～元亀2（1571）年　㊀聖護院道増（しょうごいんどうぞう）
戦国時代の僧。
¶国書（㊀元亀2（1571）年3月1日），諸系，新潮，世人（聖護院道増　しょうごいんどうぞう），戦辞（㊀永正5年4月4日（1508年5月3日）），日人

**道蔵** どうぞう
640年？～？
飛鳥時代の百済僧。
¶国書（生没年不詳），古代，古代普，古中（生没年不詳），史人，人名，対外，日人（生没年不詳），仏教（生没年不詳），仏史（生没年不詳）

**道叟道愛** どうそうどうあい
？～天授5/康暦1（1379）年
南北朝時代の僧。
¶青森人（㊀正中2（1325）年　㊀天授1（1375）年），鎌室，人名，日人，仏教（㊀康暦1/天授5（1379）年9月13日）

**道尊**(1) どうそん
生没年不詳
平安時代後期～鎌倉時代前期の以仁王の子、歌人。
¶鎌室，諸系，日人

**道尊**(2) どうそん
安元1（1175）年～安貞2（1228）年
鎌倉時代前期の真言僧。仁和寺御流の一派安井御流の祖。
¶朝日（㊀安貞2年8月5日（1228年9月4日）），鎌室，古人，新潮（㊀安元1（1175）年，（異説）承安4（1174）年　㊀安貞2（1228）年8月5日），人名，日人，仏教（㊀安貞2（1228）年8月5日），平家，平史

**道荐** どうそん
？～正応2（1289）年
鎌倉時代の曹洞宗の僧。
¶人名，日人，仏教（㊀正応2（1289）年7月）

**藤珍彦** とうたかひこ
天保6（1835）年～明治19（1886）年
江戸時代末期～明治期の神官。筑前香椎神社、肥前田島神社の宮司ををを歴任。

¶藩臣7

**道坦** どうたん
→万仞道坦(ばんじんどうたん)

**道知** どうち
天文11(1542)年～？
安土桃山時代～江戸時代前期の浄土真宗の僧。
¶戦人，仏教，仏人

**道智**(1) どうち
生没年不詳
鎌倉時代前期の僧侶・歌人。
¶国書

**道智**(2) どうち
建保5(1217)年～文永6(1269)年
鎌倉時代前期の僧。
¶鎌室，人名，日人，仏教([没]文永6(1269)年3月3日)

**道智**(3) どうち
生没年不詳
室町時代の真言宗の僧。出羽大日寺中興の祖。
¶庄内

**道智**(4) どうち
→有馬道智(ありまどうち)

**道忠**(1) どうちゅう
生没年不詳
奈良時代～平安時代前期の律宗の僧。鑑真より持戒第一を称された。
¶郷土群馬，群馬人，国史，古人，古代([生]735年？　[没]800年？)，古代普([生]735年？　[没]800年？)，古中，コン改，コン4，コン5，埼玉人，埼玉百，人名，姓氏群馬，日人，仏教，仏史，平史

**道忠**(2) どうちゅう
？～弘安4(1281)年1月29日
鎌倉時代前期の僧。
¶鎌室，国書，人名，日人，仏教

**道忠**(3) どうちゅう
→無著道忠(むじゃくどうちゅう)

**動潮** どうちょう
宝永6(1709)年～寛政7(1795)年12月7日
江戸時代中期の新義真言宗の僧。智積院22世。
¶国書，埼玉人，埼玉百([生]1707年)，日人([没]1796年)，仏教，仏人([生]1705年)

**道澄** どうちょう
天文13(1544)年～慶長13(1608)年
安土桃山時代～江戸時代前期の真言宗の僧。園城寺140世。
¶国書([没]慶長13(1608)年6月28日)，諸系，人名，戦辞([生]大永5(1525)年　[没]慶長13年6月28日(1608年8月8日))，日人，俳文，仏教([没]慶長13(1608)年6月28日)

**道朝** どうちょう
生没年不詳
鎌倉時代の真言宗の僧。
¶仏教

**等珍** とうちん
？～寛正5(1464)年6月6日
室町時代～戦国時代の浄土宗の僧。清浄華院16世、金戒光明寺13世。
¶仏教([没]寛正5(1464)年6月6日，(異説)文亀1(1501)年)

**道珍**(1) どうちん
生没年不詳
平安時代前期の真言宗の僧。
¶国書，仏教，仏人([生]825年頃)

**道珍**(2) どうちん
文永7(1270)年～延慶2(1309)年8月12日
鎌倉時代後期の天台宗の僧。
¶国書，仏教

**東滴** とうてき
？～文化4(1807)年10月
江戸時代中期～後期の臨済宗の僧・漢詩人。
¶国書

**到徹** とうてつ
？～文政13(1830)年11月23日
江戸時代後期の浄土真宗の僧。
¶国書，仏教

**透天** とうてん
享保18(1733)年～文化14(1817)年
江戸時代中期～後期の良福寺の僧。
¶姓氏愛知

**洞天** とうてん
？～安永6(1777)年9月15日
江戸時代中期の時宗の僧。
¶国書

**等伝** とうでん
生没年不詳
江戸時代前期の画僧。
¶日人

**洞天恵水** とうてんえすい
→洞天恵水(どうてんけいすい)

**洞天恵水** どうてんけいすい
*～宝永7(1710)年1月12日　[別]洞天恵水(とうてんえすい)
江戸時代前期～中期の臨済宗の僧。多福寺開山。
¶国書(とうてんえすい　[生]寛永11(1634)年)，埼玉人([生]不詳)

**滔天玄麟** とうてんげんりん
？～宝暦11(1761)年9月8日
江戸時代中期の臨済宗の僧。
¶国書

**東伝士啓** とうでんしけい
？～文中3/応安7(1374)年
南北朝時代の僧。
¶鎌室，人名，日人，仏教([没]応安7/文中3

(1374) 年4月11日)

**道登** どうと
→道登 (どうとう)

**道登** どうとう
生没年不詳　㊀道登 (どうと)
飛鳥時代の僧。高句麗留学僧か。
¶朝日，角史，京都，京都府 (どうと)，国史，古史，古人，古代，古代普，古中，コン改，コン4，コン5，史人，新潮，人名 (どうと)，姓氏京都，世人 (どうと)，対外，日史，日人，百科，仏教，仏史

と

**藤堂恭俊** とうどうきょうしゅん
大正7 (1918) 年～
昭和～平成期の浄土教思想研究者、僧侶。仏教大学教授。
¶現執1期

**導道三喜** どうどうさんき
生没年不詳
室町時代の臨済宗の僧。
¶仏教

**東等寺浄善** とうとうじじょうぜん
生没年不詳
戦国時代の高山市の東等寺の開基。
¶飛驒

**東堂周道** とうどうしゅうどう
文政8 (1825) 年～明治32 (1899) 年
江戸時代後期～明治期の僧。円立寺第13世住職。
¶姓氏山口

**藤堂祐範** とうどうゆうはん
明治9 (1876) 年7月9日～昭和20 (1945) 年7月2日
明治～昭和期の僧侶。
¶昭人，世紀，日人

**道徳** どうとく
奈良時代の僧。
¶古人，古代，古代普

**藤仲郷** とうなかさと
享保18 (1733) 年～寛政12 (1800) 年4月
江戸時代中期～後期の対馬藩士。
¶国書，藩臣7

**藤斉延** とうなりのぶ
→藤斉延 (とうまさのぶ)

**東日** とうにち
生没年不詳
江戸時代中期の浄土宗の僧。
¶国書

**道仁** どうにん
元禄2 (1689) 年7月29日～享保18 (1733) 年　㊀道仁入道親王 (どうにんにゅうどうしんのう)，道仁法親王 (どうにんほうしんのう，みちひとほうしんのう)
江戸時代中期の天台宗の僧。天台座主196・199・202世。
¶人名 (道仁法親王　どうにんほうしんのう)，天皇 (道仁法親王　みちひとほうしんのう　㊀享保18 (1733) 年5月15日)，日人 (道仁入道親王　どうにんにゅうどうしんのう)，仏教 (㊀享保18 (1733) 年5月19日)

**道仁入道親王** どうにんにゅうどうしんのう
→道仁 (どうにん)

**道仁法親王** どうにんほうしんのう
→道仁 (どうにん)

**道寧** どうねい
飛鳥時代の百済僧。
¶古代，古代普

**同念** どうねん
永正15 (1518) 年～天正15 (1587) 年
戦国時代～安土桃山時代の時宗の遊行上人。
¶戦辞 (㊀天正15年6月28日 (1587年8月2日))，戦人，仏教 (㊀天正15 (1587) 年6月28日)

**道然** どうねん
生没年不詳
鎌倉時代前期の僧侶・歌人。
¶国書

**東常縁** とうのつねより
～文明16 (1484) 年3月16日
戦国時代の金山町の昌満寺の開基・郡上の城主。
¶飛驒

**等破** とうは
戦国時代の園林寺の画僧。
¶姓氏鹿児島

**等梅** とうばい
生没年不詳
室町時代の真言宗の僧。
¶日人，仏教

**道範** どうはん
治承2 (1178) 年～建長4 (1252) 年5月22日
鎌倉時代前期の真言宗の僧、中世高野山の密教研究者。
¶朝日 (㊀建長4年5月22日 (1252年6月30日))，鎌室 (㊀元暦1 (1184) 年)，国史，国書，古人 (㊀1184年)，古中，新潮 (㊀元暦1 (1184) 年)，人名 (㊀1184年)，日人，仏教 (㊀元暦1 (1184) 年)，仏史，仏人，密教 (㊀1178年頃)，歴大

**道福** どうふく
生没年不詳
飛鳥時代の留学僧。
¶仏教

**道弁(1)** どうべん
生没年不詳
鎌倉時代前期の浄土宗の僧。
¶仏教

**道弁(2)** どうべん
生没年不詳
南北朝時代の浄土宗の僧。

¶仏教

**東鳳** とうほう
明治期の僧侶。
¶真宗

**道宝** どうほう
建保2(1214)年～弘安4(1281)年8月7日
鎌倉時代後期の真言宗の僧。
¶鎌室，国書，人名，日人，仏教

**道法** どうほう
→道法法親王(どうほうほっしんのう)

**道法親王** どうほうしんのう
→道法法親王(どうほうほっしんのう)

**道峰祖貫** どうほうそかん
？ ～永正17(1521)年11月29日
戦国時代の臨済宗僧。
¶戦辞

**東峰通川** とうほうつうせん
嘉禎1(1235)年～正平8/文和2(1353)年2月23日
鎌倉時代後期～南北朝時代の臨済宗の僧。円覚寺22世。
¶仏教

**道法法親王** どうほうほうしんのう，どうぼうほうしんのう
→道法法親王(どうほうほっしんのう)

**道法法親王** どうほうほっしんのう
仁安1(1166)年～建保2(1214)年 [別]道法(どうほう)，道法親王(どうほうしんのう)，道法法親王(どうほうほうしんのう，どうぼうほうしんのう)
平安時代後期～鎌倉時代前期の真言宗の僧。後白河上皇の第8皇子。
¶朝日([生]仁安1年11月13日(1166年12月7日) [没]建保2年11月21日(1214年12月23日))，鎌室，国書(道法親王 どうほうしんのう [生]仁安1(1166)年11月13日 [没]建保2(1214)年11月21日)，古人，諸系(どうほうほうしんのう)，新潮([生]仁安1(1166)年11月13日 [没]建保2(1214)年11月21日)，人名(どうぼうほうしんのう)，天皇(どうほうほうしんのう)，日人(どうほうほうしんのう)，仏教(道法 どうほう [生]仁安1(1166)年11月13日 [没]建保2(1214)年11月21日)，平史(どうほうほうしんのう)

**東睦** とうぼく
？ ～文政11(1828)年
江戸時代後期の僧、篆刻家。
¶人名，日人

**東木長樹** とうぼくちょうじゅ
生没年不詳
室町時代～戦国時代の曹洞宗の僧。
¶人名，日人，仏教

**董甫宗仲** とうほそうちゅう
天文18(1549)年～慶長6(1601)年4月26日
安土桃山時代の臨済宗の僧。
¶仏教

**東甫融菊** とうほゆうきく
生没年不詳
戦国時代～安土桃山時代の曹洞宗の僧。
¶仏教

**等本** とうほん
？ ～永正3(1506)年
戦国時代～安土桃山時代の臨済宗の画僧。
¶日人，仏教

**道本** どうほん
清・康熙3/寛文4(1664)年～享保16(1731)年
江戸時代前期～中期の唐僧。
¶長崎歴

**道本寂伝** どうほんじゃくでん
清・康熙3(1664)年1月28日～享保16(1731)年12月26日
江戸時代中期の黄檗宗の渡来僧。
¶国書，仏教

**当麻小太郎** とうまこたろう
明治11(1878)年～
明治～大正期の神職。
¶神人

**藤斎長**(藤斉長) とうまさなが
元禄12(1699)年～天明7(1787)年8月
江戸時代中期の対馬藩士。
¶国書(藤斉長)，藩臣7

**藤斉延**(藤斎延) とうまさのぶ
万治4(1661)年2月～元文3(1738)年11月 [別]藤原斉延(ふじわらただのぶ)，藤斉延(とうなりのぶ)
江戸時代中期の対馬藩士。
¶国書，コン改，コン4，コン5，神史(とうなりのぶ)，神人(とうなりのぶ)，人名(藤原斉延 ふじわらただのぶ)，人名(とうなりのぶ)，日人，藩臣7(藤斎延)

**藤間繁義** とうましげよし
大正15(1926)年7月5日～
昭和期の宗教学者。桃山学院大学教授。
¶現執2期

**道満** どうまん
生没年不詳
平安時代中期の法師陰陽師。
¶歴大

**道密上人** どうみつしょうにん
生没年不詳
南北朝時代の僧。
¶大分歴

**道命**(1) どうみょう
天延2(974)年～寛仁4(1020)年 [別]道命阿闍梨(どうみょうあじゃり)
平安時代中期の僧、歌人、父は藤原道綱、総持寺阿闍梨、天王寺別当。
¶朝日([没]寛仁4年7月4日(1020年7月26日))，国史，国書([没]寛仁4(1020)年7月4日)，古人，古

と

中，詩作（道命阿闍梨　どうみょうあじゃり ㊣寛仁4（1020）年7月4日），史人（㊣1020年7月4日），人名，日人，仏教（生没年不詳），平史，和俳

**道命**(2) **どうみょう**
明和8（1771）年～文化9（1812）年9月6日
江戸時代後期の浄土真宗の僧。
¶国書，仏教

**道明　どうみょう**
奈良時代の僧。
¶朝日（生没年不詳），古人，古代，古代普，日人（生没年不詳），仏教（生没年不詳）

と

**道命阿闍梨　どうみょうあじゃり**
→道命(1)（どうみょう）

**東明慧日**（東明恵日）**とうみょうえにち**
南宋・咸淳8（1272）年～興国1/暦応3（1340）年10月4日　㊀慧日（えにち），東明慧日（とうみんえにち，とうめいえにち）
鎌倉時代後期～南北朝時代の曹洞宗宏智派の渡来禅僧。
¶朝日（㊣暦応3/興国1年10月4日（1340年10月25日）），角史，神奈川人，神奈川百（東明恵日），鎌倉（とうみん（みょう）えにち），鎌倉新（㊣暦応3（興国1）（1340）年10月4日），鎌室，国史，国書（とうみんえにち），古中，コン改，コン4，コン5，新潮，人名（慧日　えにち），世人（とうみんえにち），対外，大百（とうめいえにち ㊐1271年），茶道，日史，日人，仏教，仏史，仏人（慧日　えにち），歴大（とうみんえにち）

**東明覚沅　とうみょうかくげん**
？　～宝暦8（1758）年9月16日
江戸時代中期の臨済宗の僧。
¶国書

**道明俊奘　どうみょうしゅんじょう**
慶安3（1650）年～享保9（1724）年
江戸時代中期の曹洞宗の僧。
¶仏教

**東明慧日　とうみんえにち**
→東明慧日（とうみょうえにち）

**東溟　とうめい**
天明5（1785）年～安政2（1855）年
江戸時代後期の歌僧。
¶人名，飛騨（㊐天明5（1785）年1月1日　㊣安政2（1855）年7月13日），和俳

**東明慧日　とうめいえにち**
→東明慧日（とうみょうえにち）

**東溟際鵬　とうめいさいほう**
寛文12（1672）年2月5日～？
江戸時代中期の黄檗宗の僧。
¶黄檗，国書

**東溟大舟　とうめいだいしゅう**
元禄13（1700）年～宝暦6（1756）年11月22日
江戸時代中期の曹洞宗の僧。
¶国書

**東溟弁日　とうめいべんにち**
？　～寛保3（1743）年
江戸時代中期の曹洞宗の僧。
¶国書

**到也　とうや**
天文16（1547）年～寛永9（1632）年10月3日
安土桃山時代～江戸時代前期の浄土真宗の僧。
¶仏教（㊣寛永9（1632）年10月3日，（異説）10月16日？）

**東山半之助　とうやまはんのすけ**
明治24（1891）年～昭和48（1973）年
大正～昭和期のジャーナリスト・宗教家。
¶香川人，香川百，戦新2

**道瑜**(1) **どうゆ**
康元1（1256）年～延慶2（1309）年7月2日
鎌倉時代後期の天台宗の僧・歌人。
¶神奈川人，国書

**道瑜**(2) **どうゆ**
応永29（1422）年～？
室町時代～戦国時代の真言僧。根来寺左学頭。
¶国史（生没年不詳），国書，古中（生没年不詳），人名，日人，仏教（㊣明応2（1493）年），仏史（生没年不詳）

**道猷**(1) **どうゆう**
弘安2（1279）年～正平13/延文3（1358）年12月15日
鎌倉時代後期～南北朝時代の天台宗の僧。
¶国書，仏教

**道猷**(2) **どうゆう**
寛政8（1796）年～嘉永6（1853）年
江戸時代末期の真言宗の僧。
¶国書，仏教，仏人

**道祐**(1) **どうゆう**
建仁1（1201）年～康元1（1256）年2月5日
鎌倉時代の臨済宗の僧。
¶史人，人名，世人，日人，仏教

**道祐**(2) **どうゆう**
生没年不詳
鎌倉時代後期の真言宗の僧。
¶仏教

**道祐**(3) **どうゆう**
？　～興国6/貞和1（1345）年
鎌倉時代後期～南北朝時代の浄土真宗の僧。
¶重要（生没年不詳），日人，仏教（㊣康永4/興国6（1345）年6月18日）

**道雄**(1) **どうゆう**
？　～仁寿1（851）年　㊀道雄（どうおう）
平安時代前期の真言宗の僧。空海十大弟子の一人。
¶朝日（㊣仁寿1年6月8日（851年7月10日）），京都府，国史（どうおう），古人（どうおう ㊐？），古代，古代普（㊐？），古中（どうお

う)，人名，日人（どうおう），仏教（どうおう ㊙仁寿1（851）年6月8日），仏史（どうおう），平史（どうおう）

**道雄**(2) どうゆう
生没年不詳
南北朝時代以前の僧侶・歌人。
¶国書

**道融**(1) どうゆう
生没年不詳
奈良時代の学僧。
¶古代，古代普，コン改，コン4，コン5，新潮，日人，仏教，和俳

**道融**(2) どうゆう
元仁1（1224）年～弘安4（1281）年閏7月15日
鎌倉時代後期の僧。
¶鎌室，仏教

**道祐入道親王** どうゆうにゅうどうしんのう
寛文10（1670）年～元禄3（1690）年12月18日
㊞道祐法親王（どうゆうほうしんのう）
江戸時代中期の僧（聖護院門主）。後西天皇の皇子。
¶人名，天皇（道祐法親王　どうゆうほうしんのう ㊐寛文10（1670）年9月27日），日人（㊙1691年）

**道祐法親王** どうゆうほうしんのう
→道祐入道親王（どうゆうにゅうどうしんのう）

**道勇律師** どうゆうりっし
？ ～文保3（1319）年
鎌倉時代後期の天台宗の僧。
¶大分歴

**登誉** とうよ
生没年不詳
戦国時代～安土桃山時代の浄土宗の僧。
¶仏教

**灯誉** とうよ
文明4（1472）年～弘治2（1556）年2月29日
戦国時代の浄土宗の僧。
¶国書

**等誉**(1) とうよ
生没年不詳
戦国時代の画僧。
¶日人

**等誉**(2) とうよ
天正18（1590）年～万治1（1658）年8月15日
安土桃山時代～江戸時代前期の天台宗の僧。
¶国書

**到誉** とうよ
生没年不詳
江戸時代中期の浄土宗の僧。
¶国書

**道誉**(1) どうよ
生没年不詳
鎌倉時代の律宗の僧。
¶人名（㊐1277年），日人，仏教

**道誉**(2) どうよ
治承3（1179）年～仁治1（1240）年
鎌倉時代前期の天台宗の僧。
¶人名，日人，仏教（㊙仁治1（1240）年9月5日）

**道耀** どうよう
文暦1（1234）年～嘉元2（1304）年
鎌倉時代後期の僧。
¶鎌室，日人，仏教（㊙嘉元2（1304）年12月2日），和歌山人

と

**東洋允澎** とうよういんぼう，とうよういんぽう
？ ～享徳3（1454）年　㊞允澎（いんぼう）
室町時代の臨済宗の僧。
¶角史，鎌室，国書（とうよういんぽう　㊙享徳3（1454）年5月21日），新潮（㊙享徳3（1454）年5月15日），人名（允澎　いんぽう），世人（とうよういんぽう　㊙享徳3（1454）年12月），日人（とうよういんぽう），仏教（とうよういんぽう ㊙享徳3（1454）年5月21日）

**東陽英朝**（東陽栄朝） とうようえいちょう，どうようえいちょう
正長1（1428）年～永正1（1504）年8月24日　㊞英朝（えいちょう），東陽（とうよう）
室町時代～戦国時代の臨済宗妙心寺派の僧。聖沢派の開祖。
¶鎌室，郷土岐阜（東陽栄朝），国史，国書，古中，新潮，人名，姓氏京都（どうようえいちょう），世人，戦人（英朝　えいちょう），日人，仏教，仏史，仏人（英朝　えいちょう）

**東陽円月** とうようえんげつ
文政1（1818）年～明治35（1902）年12月17日
㊞円月（えんげつ）
江戸時代末期～明治期の浄土真宗の僧。
¶大分歴，国書（円月　えんげつ　㊐文化14（1817）年），真宗，日人，仏教，仏人（㊐1817年），明大1

**東陽円成** とうようえんじょう
安政6（1859）年4月6日～大正14（1925）年2月18日
明治～大正期の浄土真宗本願寺派学僧。豊前西光寺住職。
¶仏教

**東陽原泰** とうようげんたい
文化4（1807）年～明治9（1876）年
江戸時代末期～明治期の禅僧。
¶姓氏神奈川

**東陽坊長盛** とうようぼうちょうせい
永正12（1515）年～慶長3（1598）年
戦国時代～安土桃山時代の真如堂東陽坊僧。
¶茶道，日人

**道誉貞把** どうよていは
→貞把（ていは）

**ドゥラツス**（ドゥラッス）
永禄10（1567）年？ ～？
江戸時代前期のキリシタン。

¶新潮，世人（ドゥラッス　生没年不詳）

**東欄宗沢**　とうらんそうたく
明・崇禎13（1640）年2月11日～宝永4（1707）年5月30日
江戸時代前期～中期の黄檗宗の僧。
¶国書

**東里弘会**　とうりこうえ
？～文保2（1318）年　別東里弘会（とうりこうかい）
鎌倉時代後期の臨済宗の僧。渡来僧、建長寺15世。
¶人名（とうりこうかい），日人，仏教（没文保2（1318）年8月28日）



**東里弘会**　とうりこうかい
→東里弘会（とうりこうえ）

**童竜**　どうりゅう
→臥雲童竜（がうんどうりゅう）

**道竜**(1)　どうりゅう
生没年不詳
江戸時代後期の天台宗の僧。
¶国書

**道竜**(2)　どうりゅう
文政5（1822）年～明治40（1907）年11月15日
江戸時代後期～明治期の浄土真宗の僧。
¶国書

**道了**　どうりょう
伝説上の僧。
¶日人

**東陵永璵**　とうりょうえいよ
元・至元22（1285）年～正平20/貞治4（1365）年
別東陵永璵（とうりんえいよ），永璵（えいよ）
鎌倉時代後期～南北朝時代の中国の渡来禅僧。
¶朝日（没貞治4/正平20年5月6日（1365年5月27日）），神奈川人，鎌倉，鎌室（生？），熊本百，国史（とうりんえいよ），国書（とうりんえいよ　生？　没貞治4（1365）年5月6日），古中（とうりんえいよ），新潮（生？　没貞治4/正平20（1365）年5月6日），人名（生？），全書（生？），対外（とうりんえいよ），大百（生？），茶道（生？），日人，仏教（没貞治4/正平20（1365）年5月6日），仏史（とうりんえいよ），歴大（とうりんえいよ）

**童麟**　どうりん
元文2（1737）年～文政8（1825）年7月
江戸時代後期の僧。
¶愛媛百

**道輪**　どうりん
生没年不詳
平安時代前期の僧侶。
¶姓氏群馬

**桃林安栄**　とうりんあんえい
？～文明5（1473）年
室町時代の僧画家。一休宗純に参禅。
¶国史，古中

**東陵永璵**　とうりんえいよ
→東陵永璵（とうりょうえいよ）

**等隣元云**　とうりんげんうん
文化1（1804）年～明治19（1886）年
江戸時代後期の禅僧。
¶神奈川人

**東林寺天竜**　とうりんじてんりゅう
生没年不詳
江戸時代中期の神岡町の東林寺の開基。
¶飛騨

**東林寺仁翁**　とうりんじにんおう
～明治25（1892）年2月19日
江戸時代後期～明治期の歌僧。
¶東三河

**東林寺祐西**　とうりんじゆうさい
～建長7（1255）年2月25日
鎌倉時代後期の金山町の東林寺の開基。
¶飛騨

**棠林宗寿**　とうりんしゅうじゅ
→棠林宗寿（とうりんそうじゅ）

**道林禅師**　どうりんぜんし★
江戸時代の僧侶。
¶中濃続

**棠林宗寿**　とうりんそうじゅ，どうりんそうじゅ
？～天保8（1837）年　別棠林宗寿（とうりんしゅうじゅ）
江戸時代後期の濃州の慈恩寺住職。京都の妙心寺に昇って紫衣を受ける。
¶国書（没天保8（1837）年11月10日），人名（とうりんしゅうじゅ），日人（どうりんそうじゅ），飛騨（生明和8（1771）年　没天保8（1837）年11月10日），仏教（どうりんそうじゅ）

**鄧林宗棟**　とうりんそうとう
→宗棟（そうとう）

**道林素秀**　どうりんそしゅう
慶長5（1600）年～延宝2（1674）年1月19日
江戸時代前期の黄檗宗の僧。
¶黄檗

**東林友丘**　とうりんゆうきゅう
？～正平24/応安2（1369）年
南北朝時代の臨済宗の僧。建長寺、円覚寺32世。
¶人名，日人，仏教（没応安2/正平24（1369）年8月20日）

**東嶺**　とうれい
享保6（1721）年～寛政4（1792）年
江戸時代中期の僧。
¶郷土滋賀，静岡歴，人名

**東嶺円慈**　とうれいえんじ
享保6（1721）年～寛政4（1792）年　別円慈（えんじ）
江戸時代中期の臨済宗妙心寺派の僧。
¶近世，国史，国書（生享保6（1721）年4月14日

㊥寛政4(1792)年閏2月7日), 人書94(円慈　えんじ), 日人, 飛騨, 仏教(㊤享保6(1721)年4月14日　㊥寛政4(1792)年2月7日), 仏史, 仏人(円慈　えんじ)

**東嶺宗陽** とうれいそうよう
永禄12(1569)年～寛永2(1625)年8月2日
安土桃山時代～江戸時代前期の臨済宗の僧。大徳寺151世。
¶仏教

**東嶺智旺** とうれいちおう
生没年不詳
戦国時代の臨済宗の僧。
¶神奈川人, 国書, 戦辞

**登蓮** とうれん
生没年不詳
平安時代後期の僧歌人。
¶朝日, 国史, 国書, 古人, 古中, 日人, 平家, 平史, 和俳

**道和** どうわ
？～元和4(1618)年5月11日
安土桃山時代～江戸時代前期の臨済宗の僧。大徳寺151世。
¶仏教

**遠山荷塘** とおやまかとう
寛政7(1795)年～天保2(1831)年
江戸時代後期の僧。
¶国書(㊥天保2(1831)年7月1日), 日人

**遠山参良** とおやまさぶろう
慶応2(1866)年1月13日～昭和7(1932)年10月9日
㊞遠山参良(とおやまさんりょう)
明治～昭和期の教師、牧師。九州学院初代院長。
¶海越新, 学校, キリ(とおやまさんりょう), 熊本人, 熊本百, 人名(とおやまさんりょう), 世紀, 渡航(とおやまさんりょう), 日人, 明大2

**遠山参良** とおやまさんりょう
→遠山参良(とおやまさぶろう)

**遠山信政** とおやまのぶまさ
慶長6(1601)年～寛永1(1624)年
江戸時代前期の武士、キリシタン。
¶コン改, コン4, コン5, 新潮(㊥元和9(1623)年2月16日), 日人(㊥1623年)

**遠山万里** とおやまばんり
明治44(1911)年～？
昭和期の新興仏教青年同盟中央執行委員・児童部長。
¶社史

**遠山正雄** とおやままさお
明治10(1877)年～*
明治～昭和期の神職。
¶庄内(㊤明治10(1877)年1月1日　㊥昭和16(1941)年8月2日), 神人(㊥昭和17(1942)年)

**戸賀崎熊太郎〔1代〕**(代数なし) とがさきくまたろう
延享1(1744)年～文化6(1809)年　㊞戸賀崎熊太郎暉芳(とがさきくまたろうてるよし)
江戸時代後期の神道無念流草創期の功労者。
¶江人(代数なし), 剣豪(——〔代数なし〕), 埼玉人(——〔代数なし〕　㊤延享1(1744)年1月1日　㊥文化6(1809)年5月11日), 埼玉百(戸賀崎熊太郎暉芳　とがさきくまたろうてるよし), 全書(——〔代数なし〕), 大百, 日人

**戸賀崎熊太郎〔2代〕** とがさきくまたろう
安永3(1774)年2月2日～文政1(1818)年2月28日
㊞戸賀崎熊太郎胤芳(とがさきくまたろうたねよし)
江戸時代後期の神道無念流の剣術者。
¶埼玉人(——〔代数なし〕), 埼玉百(戸賀崎熊太郎胤芳　とがさきくまたろうたねよし), 大百

と

**戸ケ崎熊太郎** とがざきくまたろう
世襲名　江戸時代後期の神道無念流道場主。
¶江戸

**戸賀崎熊太郎胤芳** とがさきくまたろうたねよし
→戸賀崎熊太郎〔2代〕(とがさきくまたろう)

**戸賀崎熊太郎暉芳** とがさきくまたろうてるよし
→戸賀崎熊太郎〔1代〕(とがさきくまたろう)

**富樫黙慧** とがしもくえ
文化3(1806)年～明治10(1877)年
江戸時代末期～明治期の真宗大谷派僧侶。加賀灯明寺住職、嗣講。
¶真宗(㊤文化3(1806)年5月1日　㊥明治10(1877)年7月12日), 仏教

**栂尾祥雲** とがのおしょううん
明治14(1881)年9月30日～昭和28(1953)年5月27日
明治～昭和期の密教学者。高野山大学学長。著書に「曼荼羅の研究」など。
¶香川人, 香川百, 現朝, 現情, 人名7, 世紀, 全書, 哲学, 日人, 仏教, 仏人

**栂尾密道** とがのおみつどう
明治22(1889)年～昭和7(1932)年
大正～昭和期の宗教家。
¶香川人, 香川百

**戸上訓礼** とがみくんれい
明治16(1883)年～昭和18(1943)年
明治～昭和期の神戸仏教連合会慈友会常務理事。
¶兵庫百

**栂森観亮** とがもりかんりょう
弘化3(1846)年10月7日～明治22(1889)年5月30日
江戸時代後期～明治期の宗教家・天文家。
¶富山百

**戸加里永因** とがりえいいん
嘉永2(1849)年～大正元(1912)年2月13日
明治期の国学者・神官。
¶東三河

**戸加里武** とがりたけし
嘉永6(1853)年～

明治期の国学者・神官。
¶東三河

**十川嘉太郎** とがわよしたろう
明治1(1868)年7月15日～昭和13(1938)年1月5日
㊊十川嘉太郎(そがわかたろう)
江戸時代末期～昭和期の技師、牧師。
¶近土(そがわかたろう),土木

**土丸** どがん
？ ～正保4(1647)年7月17日
江戸時代前期の浄土宗の僧。
¶仏教

と

**時尾克太郎** ときおかつたろう
文化14(1817)年～文久2(1862)年
江戸時代後期～末期の宗教家、黒住宗忠七高弟の1人。
¶岡山百,岡山歴(㊍文久2(1862)年12月21日)

**土岐慶静** どきけいせい
生没年不詳
昭和期の富山県高岡市専福寺住職、仏子仏教図書館設立者。
¶図人(㊤？ ㊍？)

**時子〈鹿児島県〉** ときこ★
～明治37(1904)年
江戸時代末期～明治時代の女性。宗教。薩摩藩藩士で島津御一門の日置島津家の当主久風の娘。
¶江表(時子(鹿児島県))

**土岐虎関** どきこかん
安政3(1856)年3月2日～明治37(1904)年12月30日
明治期の藤栄山白毫寺(本願寺派)2世住職。
¶根千

**富木常忍** ときじょうにん
→日常(にちじょう)

**土岐善静** ときぜんじょう
嘉永3(1850)年～明治39(1906)年
明治期の連歌師。真宗の僧で詩文、連歌、俳諧などを能くした。
¶人名,日人

**時田郇** ときたじゅん
明治36(1903)年8月17日～平成2(1990)年11月29日
昭和期の牧師。
¶植物,日Y

**富木胤継** ときたねつぐ
→日常上人(にちじょうしょうにん)

**時長六三郎** ときながろくさぶろう
安政5(1858)年10月20日～大正5(1916)年8月8日
明治～大正期の宗教家。
¶岡山歴

**富木日常** ときにちじょう
→日常(にちじょう)

**土宜法竜** ときほうりゅう,とぎほうりゅう,どきほうりゅう
安政1(1854)年8月～大正12(1923)年1月10日
明治～大正期の僧侶。仏教教学の研究に努める。仁和寺門跡御室派管長、真言宗各派連合総裁を歴任。
¶朝日,海越新,人名(とぎほうりゅう ㊤1855年),世紀,渡航(とぎほうりゅう ㊤1855年8月),日人(どきほうりゅう),仏人(どきほうりゅう),明大1

**土岐錬太郎** どきれんたろう
大正9(1920)年10月1日～昭和52(1977)年7月14日
昭和期の俳人。
¶現俳,俳文,北海道百,北海道文,北海道歴

**常磐井厳戈**(常盤井厳戈) ときわいいかしほこ
文政2(1819)年7月14日～文久3(1863)年3月13日
江戸時代末期の国学者。
¶維新,愛媛,愛媛百,郷土愛媛(常盤井厳戈),国書,神人,人名,日人,幕末(常盤井厳戈),幕末大

**常磐井堯熙**(常盤井堯凞,常盤井堯熙,常磐井堯凞) ときわいぎょうき
弘化1(1844)年12月27日～大正8(1919)年5月23日
明治～大正期の真言宗高田派僧侶。真言宗高田派管長、専修寺21世、男爵。
¶華請,諸系(常盤井堯熙 ㊤1845年),真宗(常磐井堯凞),人名(常磐井堯凞),世紀(㊤弘化1(1845)年12月27日),男爵(常磐井堯凞),日人(㊤1845年),仏教(常磐井堯凞),三重(常盤井堯凞),明大1

**常磐井堯祺** ときわいぎょうき
明治38(1905)年11月26日～平成4(1992)年5月8日
昭和期の僧侶。
¶真宗

**常磐井堯猷**(常盤井堯猷) ときわいぎょうゆう
明治5(1872)年3月～昭和26(1951)年1月27日
明治～昭和期の仏教学者、真宗高田派の僧。京都帝国大学教授、真宗高田派管長。梵文学の研究につとめ、「梵語辞典」編集。
¶海越新,現情,昭人,真宗(㊤明治5(1872)年3月15日),新潮(㊤明治5(1872)年3月15日),人名7,世紀,渡航(常盤井堯猷),日人(㊤明治5(1872)年3月15日),仏教(㊤明治5(1872)年3月15日),仏人,明大2

**常磐井精戈** ときわいくわしほこ
安政元(1854)年～明治26(1893)年
江戸時代末期・明治期の神道家。
¶愛媛

**常磐井武季** ときわいたけすえ
～平成2(1990)年1月22日
昭和～平成期の神職。福島大神宮第15代宮司。松前神楽継承者。
¶新芸

**常磐井秀太** ときわいひでた
明治4(1871)年1月20日～昭和7(1932)年8月18日
明治～昭和期の神職。福島大神宮社司。
¶神人

**常磐井守実** ときわいもりざね
？～文化14(1817)年
江戸時代中期～後期の伊予阿蔵八幡神社神主。
¶神人

**常盤木亮慎** ときわぎりょうしん
明治期の神職。旧内山永久寺山務上乗院付弟、元石上神社社務。
¶華請

**常盤木亮珍** ときわぎりょうちん
文化2(1805)年～明治5(1872)年
江戸時代後期～明治期の神職。旧内山永久寺山務上乗院住職・元石上神社社務。
¶華請

**常盤勝憲** ときわしょうけん
昭和5(1930)年2月9日～昭和63(1988)年11月11日
昭和期の僧侶、社会運動家。
¶視覚

**常盤大定** ときわだいじょう
明治3(1870)年4月8日～昭和20(1945)年5月5日
明治～昭和期の仏教学者、真宗大谷派の僧。東京帝国大学教授、東洋大学教授。仏教史跡を調査、実証的研究に道を開く。
¶現朝(㊤明治3年4月8日(1870年5月8日)), 現人, 考古, コン改, コン5, 史人, 昭人, 真宗, 新潮, 人名7, 世紀, 姓氏宮城, 世人, 全書, 哲学, 日人, 日中, 百科, 仏教, 仏人, 明治史, 明大2

**徳阿弥** とくあみ
？～天文2(1533)年？
戦国時代の藤沢の客料(寮)25人の統率者。
¶戦辞

**独庵玄光** どくあんげんこう
寛永7(1630)年～元禄11(1698)年2月11日　㊛玄光(げんこう)
江戸時代前期の曹洞宗の僧。
¶黄檗, 近世, 国史, 国書, 思想史, 新潮, 人名(玄光　げんこう), 世人, 長崎遊, 日人, 仏教, 仏史, 仏人(玄光　げんこう)

**徳井太郎右衛門** とくいたろうえもん
生没年不詳
江戸時代前期のキリシタン。
¶和歌山人

**徳一** とくいち
→徳一(とくいつ)

**徳一** とくいつ
㊛徳一(とくいち)
平安時代前期の僧、藤原仲麻呂の子とも。
¶会津(生没年不詳), 朝日(生没年不詳), 茨城百(生没年不詳), 茨城歴(㊤天平宝字4(760？)年　㊦承和7(840？)年), 岩史(㊤天平宝字4(760)年？　㊦承和7年(840年頃)？), 角史(生没年不詳), 国史(生没年不詳), 国書(生没年不詳), 古史(生没年不詳), 古人, 古代, 古代普, 古中(生没年不詳), コン改(とくいち　生没年不詳), コン4(とくいち　生没年不詳), コン5(とくいち), 史人(㊤760年？　㊦835年？), 思想史, 人書94(とくいち　㊤781年頃　㊦842年頃), 新潮(とくいち　生没年不詳), 人名(とくいち), 世人(生没年不詳), 全書(生没年不詳), 日思(㊤？　㊦？), 日史(とくいち　生没年不詳), 日人(㊤760年？　㊦840年？), 百科(とくいち　生没年不詳), 福島百(㊤天平勝宝1(749)年　㊦天長1(824)年), 仏教(生没年不詳), 仏史(生没年不詳), 仏人(㊤835年　㊦？), 平史(生没年不詳), 山形百(とくいち　生没年不詳), 山川小(㊤760年？　㊦835年？), 歴大(生没年不詳)

と

**徳岩文堯** とくいわぶんぎょう
江戸時代前期の曹洞宗の僧。
¶姓氏石川

**徳因上人** とくいんしょうにん
天明5(1785)年～天保8(1837)年
江戸時代後期の僧侶。
¶御殿場

**徳陰長沢** とくいんちょうたく
？～元文4(1739)年
江戸時代中期の僧。閉伊郡大川寺2代目住職。
¶姓氏岩手

**徳雲浄祥** とくうんじょうしょう
元和9(1623)年～正徳2(1712)年
江戸時代前期～中期の黄檗宗の僧。
¶黄檗(㊤元和9(1623)年2月10日　㊦正徳2(1712)年2月9日), 中濃続

**得雲浄竜** とくうんじょうりょう
享保4(1719)年～享和2(1802)年2月21日
江戸時代中期～後期の黄檗宗の僧。
¶黄檗

**徳円**(1) とくえん
延暦4(785)年～？
平安時代前期の天台宗の僧。
¶朝日, 国史, 国書, 古人(㊦？), 古代(㊤787年), 古代普(㊤787年　㊦？), 古中, 史人, 日人, 仏教, 仏史, 平史(生没年不詳)

**徳円**(2) とくえん
天明6(1786)年～天保13(1842)年9月2日
江戸時代中期～後期の浄土宗の僧。
¶国書

**徳応** とくおう
寛永4(1627)年～正徳5(1715)年3月26日
江戸時代前期～中期の僧、筑紫箏伝承者。
¶日音

**独雄**(1) どくおう
？～安永3(1774)年

江戸時代中期の僧侶。
¶国書

**独雄(2)** どくおう
生没年不詳
江戸時代中期～後期の曹洞宗の僧。
¶仏教

**徳翁宗碩** とくおうしゅうせき
→徳翁宗碩（とくおうそうせき）

**徳翁正呈** とくおうしょうてい
？～応永7（1400）年
南北朝時代～室町時代の曹洞宗の僧。
¶人名，姓氏富山，日人，仏教（[没]応永7（1400）年3月12日）

と

**徳翁宗碩** とくおうそうせき
生没年不詳 [別]徳翁宗碩（とくおうしゅうせき）
南北朝時代の臨済宗の僧。大徳寺11世。
¶人名（とくおうしゅうせき），日人，仏教

**禿翁妙宏** とくおうみょうこう
慶長11（1611）年～延宝9（1681）年5月7日
江戸時代前期の黄檗宗の僧。
¶黄檗

**得翁融永** とくおうゆうえい
生没年不詳
室町時代の僧。
¶日人

**徳翁良高** とくおうりょうこう
慶安2（1649）年～宝永6（1709）年2月7日 [別]良高（りょうこう）
江戸時代前期～中期の曹洞宗の僧。備中西来寺中興。
¶黄檗（[生]慶安2（1649）年8月19日），岡山人（良高 りょうこう），岡山百（良高 りょうこう），岡山歴（[生]慶安2（1649）年8月19日），近世，国史，国書（[生]慶安2（1649）年8月19日），人名，日人，仏教（[生]慶安2（1649）年8月），仏史，仏人（良高 りょうこう）

**独園** どくおん
→荻野独園（おぎのどくおん）

**独園禅諾** どくおんぜんだく
宝永7（1710）年～安永6（1777）年11月25日
江戸時代中期の臨済宗の僧。
¶国書

**得岳宗欽** とくがくそうきん
？～長享2（1488）年2月28日
室町時代～戦国時代の曹洞宗の僧。
¶仏教

**毒華蔵海** どくかぞうかい
？～明和1（1764）年
江戸時代中期の曹洞宗の僧。
¶国書

**徳川宗敬** とくがわむねよし
明治30（1897）年5月31日～平成1（1989）年5月1日
昭和期の華族、農学者、政治家。貴族院議員、参議院議員、伯爵。伊勢神宮大宮司、神社本庁統理などを務める。
¶郷土茨城，現朝，現情，コン改，コン4，コン5，昭人，植物，新潮，世紀，政治，日人，履歴，履歴2

**徳含** とくがん
文化6（1809）年～明治6（1873）年
江戸時代末期～明治期の浄土宗僧侶。
¶人名，日人，仏教（[没]明治6（1873）年11月7日）

**徳巌** とくがん
元禄10（1697）年～明和8（1771）年8月10日
江戸時代中期の浄土宗の僧。
¶仏教

**禿頑** とくがん
天文13（1544）年～寛永1（1624）年3月25日
安土桃山時代～江戸時代前期の浄土宗の僧。
¶仏教

**徳巌養存** とくがんようそん
寛永9（1632）年～元禄16（1703）年3月18日
江戸時代前期～中期の曹洞宗の僧。
¶国書

**徳義(1)** とくぎ
生没年不詳
江戸時代中期の浄土真宗の僧。
¶国書，仏教

**徳義(2)** とくぎ
寛政11（1799）年～安政2（1855）年
江戸時代後期～末期の浄土真宗の僧。
¶国書

**徳誼** とくぎ
？～元治2（1865）年3月1日
江戸時代末期の浄土真宗の僧。
¶仏教

**徳貌**（徳猊） とくげい
天明1（1781）年～安政6（1859）年12月19日
江戸時代後期の浄土真宗の僧。
¶国書（徳猊），人名（徳猊），日人（徳猊 [没]1860年），仏教

**得月庵過道** とくげつあんかどう
江戸時代末期～明治期の僧、華道家。
¶人名，日人

**徳倹** とくけん
→約翁徳倹（やくおうとくけん）

**徳見** とくけん
→竜山徳見（りゅうざんとくけん）

**徳広** とくこう
享保2（1717）年～？
江戸時代中期の天台宗の僧。
¶国書5

**徳本** とくごう
→徳本（とくほん）

**独言性聞** どくごんしょうもん
明・万暦14（1586）年3月15日～明暦1（1655）年7月27日
安土桃山時代～江戸時代前期の黄檗宗の僧。
¶国書

**徳済** とくさい
飛鳥時代の僧。
¶人名，仏教（生没年不詳）

**特山** とくざん
宝暦3（1753）年～天保8（1837）年
江戸時代中期～後期の僧、陶工。
¶日人

**独産霊苗** どくさんれいみょう
？～宝暦10（1760）年4月28日
江戸時代中期の曹洞宗の僧。
¶国書

**徳師** とくし
生没年不詳
戦国時代の時宗の僧・連歌作者。
¶国書

**徳重高嶺** とくしげこうれい
明治35（1902）年1月1日～平成12（2000）年
大正～昭和期の大本教関係者。
¶社史，平和

**独旨真明** どくししんみょう
安永5（1776）年～天保11（1840）年4月24日
江戸時代後期の黄檗宗の僧。
¶黄檗，仏教

**徳積** とくしゃく
㊥鞍作徳積（くらつくりのとくしゃく），鞍部徳積（くらつくりのとくしゃく）
飛鳥時代の僧。日本で初めて僧都となった。
¶古代（鞍部徳積　くらつくりのとくしゃく），古代普（鞍部徳積　くらつくりのとくしゃく），日人（鞍作徳積　くらつくりのとくしゃく　生没年不詳），仏教（生没年不詳）

**徳樹** とくじゅ
生没年不詳
江戸時代後期の僧侶。
¶国書

**得住** とくじゅう
寛政5（1793）年～明治7（1874）年3月
江戸時代後期～明治期の浄土真宗の僧。
¶国書

**独秀乾才** どくしゅうけんさい
？～永正11（1514）年
室町時代～戦国時代の臨済宗の僧。大徳寺66世。
¶国書（㊦永正11（1514）年8月7日），姓氏愛知，仏教（㊦永正11（1514）年8月3日）

**禿氏祐祥** とくしゆうしょう
明治12（1879）年6月24日～昭和35（1960）年9月3日
明治～昭和期の浄土真宗本願寺派僧侶、仏教学者、書誌学者。龍谷大学教授・図書館長、真宗史編纂所主監。
¶現情，昭人，真宗，人名7，世紀，日エ，日人（㊤明治12（1879）年6月14日），福井百，仏教（㊤明治12（1879）年6月14日），仏人

**徳寿軒** とくじゅけん
安土桃山時代の香山寺の僧。
¶伊豆

と

**得勝** とくしょう
→抜隊得勝（ばっすいとくしょう）

**得照** とくしょう
文化14（1817）年～慶応2（1866）年
江戸時代後期～末期の浄土真宗の僧。
¶国書

**徳昌** とくしょう
→桂林徳昌（けいりんとくしょう）

**徳成** とくじょう
明和1（1764）年～文化7（1810）年
江戸時代後期の浄土真宗の僧。
¶愛媛百，国書（生没年不詳）

**徳定** とくじょう
？～文政7（1824）年1月6日
江戸時代後期の浄土宗の僧。清浄華院58世。
¶仏教

**独照性円**（独照性圓） どくしょうしょうえん
元和3（1617）年3月3日～元禄7（1694）年7月17日
㊥性円（しょうえん）
江戸時代前期の後宇多天皇の皇子。
¶黄檗，国書，人名（独照性圓），日人，仏教，仏人（性円　しょうえん）

**徳祥正麟** とくしょうしょうりん
？～応永30（1423）年
室町時代の臨済宗の僧。天竜寺63世。
¶人名，日人，仏教（生没年不詳）

**独唱真機** どくしょうしんき
文化12（1815）年～明治22（1889）年1月17日
江戸時代末期～明治期の黄檗宗僧侶。万福寺35世。
¶黄檗，仏教

**独照祖輝** どくしょうそき
＊～建武2（1335）年
鎌倉時代後期～南北朝時代の臨済宗の僧。
¶鎌室（㊤？　㊦建武3/延元1（1336）年），人名（㊤？），日人（㊤1262年），仏教（㊤弘長2（1262）年　㊦建武2（1335）年3月24日）

**独心元寂** どくしんげんじゃく
生没年不詳
江戸時代前期の黄檗宗の僧。
¶黄檗

と

**独振性英** どくしんしょうえい
慶長15(1610)年12月9日～元禄7(1694)年閏5月6日
江戸時代前期～中期の黄檗宗の僧。
¶黄檗

**徳真道空** とくしんどうくう
元和6(1620)年～元禄5(1692)年4月16日
江戸時代前期～中期の黄檗宗の僧。
¶黄檗

**禿須美**(禿すみ) とくすみ
明治9(1876)年～昭和25(1950)年
明治～昭和期の教育者。婦人仁愛会教団を創立。仏教に根ざした女子教育に尽力。藍綬褒章受章。
¶学校，郷土福井(禿すみ)，近女(禿すみ)，女性，女性普，世紀，日人(㊎明治9(1876)年2月15日 ㊣昭和25(1950)年5月12日)，風土(禿すみ)，福井百(禿すみ)

**得清** とくせい
奈良時代の西大寺の僧。
¶古代，古代普，日人(生没年不詳)

**特泉** とくせん
生没年不詳
江戸時代中期の曹洞宗の僧。
¶国書

**得善** とくぜん
天保6(1835)年1月15日～明治40(1907)年11月4日
江戸時代末期～明治期の融通念仏宗僧侶。大念仏寺56世。
¶仏教

**徳善** とくぜん★
享保3(1718)年～天明8(1788)年9月14日
江戸時代中期の名僧。詩人としても知られた。
¶秋田人2

**徳善義和** とくぜんよしかず
昭和7(1932)年3月29日～
昭和～平成期の牧師、キリスト教神学者。日本ルーテル神学大学教授。
¶現執1期，現執2期，現執4期

**徳聡** とくそう
生没年不詳
飛鳥時代の僧。
¶日人

**徳叟** とくそう
明暦3(1657)年～享保15(1730)年 ㊕徳叟宗智(とくそうそうち)
江戸時代中期の琉球の僧。
¶人名，日人(徳叟宗智 とくそうそうち)

**徳宗** とくそう★
明治9(1876)年～昭和5(1930)年9月2日
明治～昭和期の臨済宗の僧。
¶秋田人2

**徳叟和尚** とくそうおしょう
尚質11(1658)年～尚敬18(1730)年9月23日
江戸時代前期～中期の臨済宗の僧。
¶沖縄百

**徳叟周佐** とくそうしゅうさ
正中1(1324)年～応永7(1400)年
江戸時代の京都南禅寺(臨済宗)の禅僧。
¶国書(㊣応永7(1400)年3月12日)，人名，日人

**督宗紹董** とくそうしょうとう,とくそうじょうとう
永正10(1513)年～天正3(1575)年7月11日
戦国時代の臨済宗の僧。大徳寺109世。
¶国書(とくそうじょうとう)，仏教

**徳叟宗智** とくそうそうち
→徳叟(とくそう)

**徳田寛豊** とくだかんぽう
→徳田寛豊(とくだひろとよ)

**徳武文爾** とくたけぶんじ
明治21(1888)年～昭和39(1964)年
大正～昭和期の曹洞宗の高僧。
¶長野歴

**徳田寛豊** とくだひろあつ
→徳田寛豊(とくだひろとよ)

**徳田寛豊** とくだひろとよ
天保1(1830)年4月17日～明治25(1892)年5月25日 ㊕徳田寛豊(とくだかんぽう,とくだひろあつ)
江戸時代末期～明治期の志士、宗教家。天照教教祖となる。
¶近現(とくだひろあつ)，近世，国史，コン改(とくだひろあつ)，コン4(とくだひろあつ)，コン5(とくだひろあつ)，史人，静岡百(とくだひろあつ)，静岡歴(とくだひろあつ)，神史，新潮，人名，姓氏静岡(とくだかんぽう)，日人，明治史，明大1

**独湛**(1) とくたん
～天明2(1782)年
江戸時代中期の僧侶。
¶高知人

**独湛**(2) どくたん
→独湛性瑩(どくたんしょうけい)

**独潭** どくたん
尚貞13(1681)年～尚敬37(1749)年 ㊕独潭清澄(どくたんせいちょう)
江戸時代中期の琉球の僧。
¶沖縄百(㊣尚敬37(1749)年9月24日)，人名，日人(独潭清澄 どくたんせいちょう)

**独湛性瑩** どくたんしょうえい
→独湛性瑩(どくたんしょうけい)

**独湛性瑩** どくたんしょうけい
明・崇禎1(1628)年9月27日～宝永3(1706)年1月26日 ㊕性瑩(しょうけい),独湛(どくたん),独湛性瑩(どくたんしょうえい)

江戸時代前期の黄檗僧。黄檗山万福寺4代住持。
¶近世（どくたんしょうえい），国史，国書，静岡百（独湛　どくたん），静岡歴（どくたんしょうえい），思想史，人名（どくたんしょうえい），姓氏静岡，対外，日人，仏教，仏史，仏人（性瑩　しょうけい　㊤1629年）

**独潭清澄**　どくたんせいちょう
→独潭（どくたん）

**独痴浄養**　どくちじょうよう
？～明和1（1764）年11月
江戸時代中期の黄檗宗の僧。
¶黄檗，国書

**徳冲**　とくちゅう
生没年不詳
江戸時代中期の天台宗の僧。
¶国書

**徳鼎**　とくてい
生没年不詳
室町時代の画僧。
¶仏教

**徳道**　とくどう
斉明2（656）年～？
飛鳥時代～奈良時代の僧。奈良長谷寺の開祖。
¶朝日（生没年不詳），鎌古（㊤656年　㊦？），日人，仏教，仏人（㊦735年）

**徳永大和**　とくながやまと
文政7（1824）年～明治8（1875）年
江戸時代末期・明治期の尊攘派の神官。浪士組一番組隊長。
¶幕埼

**得仁**　とくにん
明和8（1771）年～天保14（1843）年
江戸時代後期の真言宗の僧。高野山無量寿院門主。
¶国書（㊤明和8（1771）年10月22日　㊦天保14（1843）年1月5日），徳島百，徳島歴，仏人

**徳潤**(1)　とくにん
延宝3（1675）年～寛延3（1750）年6月21日
江戸時代中期の天台宗の僧。
¶仏教

**徳潤**(2)　とくにん
明和4（1767）年～文政7（1824）年8月18日
江戸時代中期～後期の浄土真宗の僧。
¶国書

**徳原一学**　とくばらいちがく
？～明治27（1894）年
江戸時代末期～明治期の上松村各神社の神官。
¶姓氏長野

**徳久克巳**　とくひさかつみ
明治43（1910）年3月20日～平成13（2001）年
昭和期の宗教家、写真家。
¶写家

**徳久秀治**　とくひさひでじ
明治14（1881）年8月30日～昭和17（1942）年6月25日
明治～昭和期の神職。
¶神人

**徳標純清**　とくひょうじゅんしょう
？～文安2（1445）年
室町時代の僧。
¶日人

**徳平憲彰**　とくひらけんしょう
明治13（1880）年11月3日～？
明治～大正期の僧侶。
¶真宗

と

**独文**　どくぶん
江戸時代中期の唐僧。
¶長崎歴

**徳弁**　とくべん
生没年不詳
江戸時代後期の天台宗の僧。
¶国書

**徳法**　とくほう
生没年不詳
江戸時代後期の天台宗の僧。
¶国書

**特芳元英**　とくほうげんえい
生没年不詳
江戸時代前期の黄檗宗の僧。
¶国書

**徳宝元長**　とくほうげんちょう
？～享保5（1720）年1月15日
江戸時代中期の黄檗宗の僧。
¶黄檗

**独芳清曇**　どくほうしょうどん
→独芳清曇（どくぼうせいどん）

**独芳清曇**　どくぼうせいどん，どくほうせいどん
？～元中7/明徳1（1390）年　㊊独芳清曇（どくほうしょうどん）
南北朝時代の僧。
¶鎌室，人名（どくほうしょうどん），日人（どくほうせいどん），仏教（どくほうせいどん　㊦明徳1/元中7（1390）年8月8日）

**特芳禅傑**　とくほうぜんけつ，どくほうぜんけつ
→禅傑（ぜんけつ）

**徳峰宗古**　とくほうそうこ
寛永2（1625）年～宝永2（1705）年7月23日
江戸時代前期～中期の臨済宗の僧。大徳寺217世。
¶仏教

**徳峰即現**（徳峯即現）　とくほうそくげん
寛文1（1661）年～延享4（1747）年
江戸時代前期～中期の曹洞宗の僧。
¶国書（㊦延享4（1747）年8月11日），庄内（徳峯即現）

**独峰存雄**（独峯存雄）　**どくほうそんゆう**
？　～天正13（1585）年1月7日
戦国時代～安土桃山時代の曹洞宗の僧。
¶国書，人名（独峯存雄），戦辞（[没]天正19年10月15日（1591年11月30日）），日人，仏教

**独放鈍聚**　**どくほうどんじゅ**
生没年不詳
室町時代～戦国時代の曹洞宗の僧。
¶仏教

**特峰妙奇**　**とくほうみょうき**
正安1（1299）年～天授4/永和4（1378）年3月8日
南北朝時代の臨済宗の僧。
¶仏教



**独歩慶順**　**どくほけいじゅん**
？　～永正8（1511）年1月13日
室町時代～戦国時代の曹洞宗の僧。
¶仏教

**独歩秀作**　**どくほしゅうさく**
？　～寛文2（1662）年12月2日
江戸時代前期の曹洞宗の僧。
¶仏教

**徳本**　**とくほん**
宝暦8（1758）年～文政1（1818）年10月6日　[別]徳本（とくごう）
江戸時代後期の浄土宗の僧。小石川一行院中興開山。
¶伊豆，角史，近世，国史，国書（[生]宝暦8（1758）年6月22日），コン改（[生]寛政1（1789）年　[没]文政2（1819）年），コン4（[生]寛政1（1789）年　[没]文政2（1819）年），コン5（[生]寛政1（1789）年　[没]文政2（1819）年），埼玉人（[生]宝暦8（1758）年6月22日），史人，思想史，新潮，人名，長野歴，日史，日人，飛騨（とくごう　[没]文政1（1818）年10月5日），百科，仏史，仏人，和歌山人

**独本性源**（独本正源）　**どくほんしょうげん**
元和4（1618）年3月24日～元禄2（1689）年8月11日
[別]性源（しょうげん）
江戸時代前期の黄檗僧。曹洞禅、臨済禅を学んだ。
¶朝日（[生]元和4年3月24日（1618年4月19日）　[没]元禄2年8月11日（1689年9月24日）），黄檗，近世，国史，国書，コン改，コン4，コン5，新潮，人名（独本正源　[生]1616年　[没]1687年），長崎遊，日人，仏教，仏史，仏人（性源　しょうげん　[生]1616年　[没]1687年）

**徳本上人**　**とくほんしょうにん**
宝暦8（1758）年6月22日～文政元（1818）年10月6日
江戸時代中期の浄土宗の僧。
¶町田歴

**徳満**　**とくまん**
生没年不詳
平安時代後期の僧。
¶日人，仏教

**独妙性微**　**どくみょうしょうみ**
慶長9（1604）年～寛文11（1671）年9月18日
江戸時代前期の黄檗宗の僧。
¶黄檗

**特無**　**とくむ**
？　～天保6（1835）年
江戸時代後期の土佐安芸浦妙山寺の僧。
¶茶道

**徳本達雄**　**とくもとたつお**
明治26（1893）年7月29日～？
明治～昭和期の僧侶。
¶真宗

**得聞**　**とくもん**
文政9（1826）年6月13日～明治39（1906）年8月12日
江戸時代後期～明治期の浄土真宗の僧。
¶国書

**独文方炳**　**どくもんほうへい**
明・永暦10（1656）年～享保10（1725）年10月8日
江戸時代中期の曹洞宗の僧。渡来僧、万福寺11世。
¶黄檗，国書，仏教（[没]享保10（1725）年10月18日）

**独雄**　**どくゆう**
宝暦10（1760）年～寛政12（1800）年
江戸時代中期～後期の僧。
¶日人

**独遊橘仙**　**どくゆうきっせん**
寛政11（1799）年～明治7（1874）年3月28日
江戸時代末期～明治期の曹洞宗の僧。
¶国書，富山百，仏教

**特雄専英**　**とくゆうせんえい**
？　～寛永12（1635）年6月25日
江戸時代前期の曹洞宗の僧。
¶仏教

**独雄宣峰**　**どくゆうせんぽう**
？　～天保6（1835）年7月4日
江戸時代後期の曹洞宗の僧。永平寺52世。
¶仏教

**土倉是空**　**とくらぜくう**
明治3（1870）年3月16日～昭和8（1933）年10月13日
明治～昭和期の僧侶。
¶真宗

**独立性易**　**どくりつしょうえき**
→戴曼公（たいまんこう）

**徳竜**　**とくりゅう**
明和9（1772）年9月26日～安政5（1858）年1月23日
江戸時代後期の真宗大谷派の学僧。
¶近世，国史，国書，思想史，人名，新潟百，日人，仏教，仏史，仏人

**独立**(1)　**どくりゅう**
*～寛文12（1672）年

安土桃山時代～江戸時代前期の禅僧。
¶郷土長崎（[生]1595年），姓氏京都（[生]1596年）

**独立(2)　どくりゅう**
→戴曼公（たいまんこう）

**独立性易(1)　どくりゅうしょうえき**
→戴曼公（たいまんこう）

**独立性易(2)　どくりゅうしょうえき**
明・万暦24（1596）年～寛文12（1672）年11月6日
江戸時代前期の黄檗宗の渡来僧。
¶埼玉人

**禿了教　とくりょうきょう**
弘化3（1846）年～昭和12（1937）年
江戸時代末期～昭和期の女子教育家、僧侶。
¶学校，福井百（[生]安政1（1854）年），明大2

**得隣　とくりん**
文政5（1822）年3月5日～明治31（1898）年11月5日
江戸時代後期～明治期の浄土真宗の僧。
¶国書

**徳霖　とくりん**
？　～慶応2（1866）年6月21日
江戸時代末期の浄土真宗の僧。
¶国書，仏教（[没]慶応2（1866）年6月21日，（異説）7月21日）

**独麟　どくりん**
生没年不詳
江戸時代中期の臨済宗の僧。
¶日人，仏教

**徳林心建　とくりんしんけん**
生没年不詳
室町時代の曹洞宗の僧。
¶仏教

**徳林富馨　とくりんふけい**
？　～明和1（1764）年8月2日
江戸時代中期の曹洞宗の僧。
¶国書

**徳令　とくれい**
享和3（1803）年8月10日～明治25（1892）年7月2日
江戸時代末期～明治期の真宗大谷派学僧。私塾修文館開設者、大講義。
¶仏教

**吐月　とげつ**
文化8（1811）年10月～明治27（1894）年2月21日
江戸時代後期～明治期の浄土真宗の僧。
¶国書

**都甲惟冬　とこういとう★**
明治22（1889）年11月～
明治～昭和期の安東神社神職、鶏冠山神社神職。
¶人満

**常世長胤　とこよながたね**
天保3（1832）年～明治19（1886）年3月19日
江戸時代末期～明治期の国学者。神宮教山形県本部長。回顧談「神教組織物語」は明治前期の神道史、宗教行政史研究の古典となっている。
¶朝日，神史，神人，日人，明治史，明大2

**戸頃重基　ところしげもと**
明治44（1911）年5月14日～昭和52（1977）年3月1日
昭和期の日本思想史家、倫理学者。金沢大学教授。日蓮を軸に鎌倉仏教の研究に従事。著書に「日蓮の思想と鎌倉仏教」など。
¶現執1期，世紀，哲学，仏人

**土佐阿闍梨道尊　とさあじやりどうそん**
生没年不詳
南北朝時代～室町時代の八葉山天台寺僧侶。
¶姓氏岩手

**都西　とさい**
天明2（1782）年～慶応1（1865）年4月21日
江戸時代中期～末期の浄土真宗の僧。
¶国書

**土佐卯之助　とさうのすけ**
安政2（1855）年6月15日～昭和3（1928）年8月6日
明治～昭和期の宗教家。
¶徳島百，徳島歴

**土佐坊昌俊　とさのぼうしゅんじゅん**
→土佐房昌俊（とさぼうしょうしゅん）

**土佐坊昌俊**（土佐房昌俊）　**とさのぼうしょうしゅん**
→土佐房昌俊（とさぼうしょうしゅん）

**土佐房昌俊**（土佐坊昌俊）　**とさぼうしょうしゅん**
？　～文治1（1185）年10月26日　[別]金王丸（こんおうまる），渋谷金王丸（しぶやこんのうまる），昌俊（しょうしゅん），土佐坊昌俊（とさのぼうしゅんじゅん，とさのぼうしょうしゅん），土佐房昌俊（とさのぼうしょうしゅん）
平安時代後期の僧。源頼朝に従った。
¶朝日（昌俊　しょうしゅん），岩史（とさのぼうしょうしゅん），江戸（渋谷金王丸　しぶやこんのうまる），鎌倉（土佐坊昌俊　とさのぼうしょうしゅん），鎌室（とさのぼうしょうしゅん　[生]康治2（1143）年），京都（土佐坊昌俊　とさのぼうしゅんじゅん），京都大（とさのぼうしょうしゅん），国史（とさのぼうしょうしゅん），国書（昌俊　しょうしゅん　生没年不詳），古人（昌俊　しょうしゅん　[生]？），古中（とさのぼうしょうしゅん），コン改（土佐坊昌俊），コン4（土佐坊昌俊），コン5（土佐坊昌俊），史人（とさのぼうしょうしゅん），新潮（[生]康治2（1143）年），人名（渋谷金王丸　しぶやこんのうまる），人名（土佐坊昌俊），姓氏京都（昌俊　しょうしゅん），世人（[没]文治1（1185）年10月17日），全書，内乱（金王丸　こんおうまる　[生]永治1（1141）年？　[没]？），内乱（昌俊　しょうしゅん），日史（土佐坊昌俊　とさのぼうしょうしゅん），日人（とさのぼうしょうしゅん），百科（土佐坊昌俊　とさのぼうしょうしゅん　生没年不詳），平家（昌俊　しょうしゅん），平史（昌俊　しょうしゅん），歴大（土佐坊昌俊　とさのぼうしょうしゅん）

**杜沢光一郎** とざわこういちろう
昭和11(1936)年2月4日～
昭和～平成期の歌人。
¶現情，埼玉文，世紀(㊐昭和11(1936)年2月11日)，短歌

**利岡中和** としおかちゅうわ
明治21(1888)年5月15日～昭和48(1973)年10月11日
明治～昭和期の軍人。コルネリオ会を創設し「コルネリオ通信」を創刊、軍人伝道に従事。
¶朝日，昭人，世紀，日人(㊀昭和46(1971)年10月11日)

と

**外島瀏** とじまふかし
明治15(1882)年～昭和22(1947)年
明治～昭和期の神職。
¶神人

**利光晧村** としみつこうそん
明治36(1903)年2月25日～昭和40(1965)年1月18日
昭和期の僧。
¶徳島百

**吐丈** とじょう
宝暦8(1758)年～文政12(1829)年8月3日
江戸時代中期～後期の俳人。浄土宗の僧。
¶国書

**兎夕** とせき
？ ～天明4(1784)年6月
江戸時代中期の俳人・僧侶。
¶国書

**渡船** とせん
嘉元3(1305)年～弘和1/永徳1(1381)年
鎌倉時代後期～南北朝時代の時宗第8代遊行上人。
¶神奈川百

**土宣法竜** どせんほうりゅう★
～大正12(1923)年
明治～大正期の高野山大学教授、高野山住職、真言宗法務所課長。
¶三重続

**戸田数馬** とだかずま
？ ～明治16(1883)年
江戸時代後期～明治期の神職。
¶姓氏石川

**戸田香園** とだこうえん
文政12(1829)年～明治37(1904)年
江戸時代後期～明治期の神職。
¶神人，栃木歴

**戸田吾雄** とだごゆう
安政5(1858)年～昭和4(1929)年9月19日
明治～昭和期の僧。
¶徳島百，徳島歴

**戸田城聖** とだじょうせい
明治33(1900)年2月11日～昭和33(1958)年4月2日
大正～昭和期の宗教家。創価学会2代目会長。「王仏冥合論」で政治進出を理論化。
¶石川百，岩史，近現，現朝，現情(㊀1957年4月2日)，現人(㊀1957年)，現日，国史，コン改，コン4，コン5，札幌，史人，社史(㊀1957年4月2日)，出文，新潮，人名7，世紀，姓氏石川，世人，世百新，全書，大百，日史，日人，日本，百科，仏教(㊀昭和32(1957)年4月2日)，仏人，ふる，平和，北陸20，北海道百，北海道歴，民学，履歴，履歴2

**戸田忠厚** とだただあつ
嘉永4(1851)年～？
江戸時代後期～明治期の日本基督教会牧師。
¶埼玉人

**戸田忠友** とだただとも
弘化4(1847)年8月22日～大正13(1924)年
江戸時代末期～明治期の宇都宮藩主、宇都宮藩知事。
¶華請，諸系，神人，世紀(㊀大正13(1924)年2月10日)，全幕，栃木歴，日人，幕末大(㊀大正13(1924)年2月2日)，藩主1(㊀大正13(1924)年2月2日)

**戸田帯刀** とだたてわき
*～昭和20(1945)年
昭和期のカトリック司祭。
¶神奈川人(㊐1897年)，昭人(㊐？ ㊀昭和20(1945)年8月18日)，新カト(㊐明治31(1898)年3月23日 ㊀昭和20(1945)年8月17日)

**度脱房** どだつぼう
生没年不詳
鎌倉時代前期の浄土宗の僧。
¶仏教

**戸谷栄** とだにさかえ
～明治31(1898)年5月21日
明治期の神職。
¶飛騨

**戸田宏文** とだひろふみ
昭和11(1936)年～
昭和期のインド仏教史研究者。
¶現執1期

**戸田猶七** とだゆうひち
嘉永3(1850)年～大正2(1913)年10月13日
江戸時代後期～大正期の真宗大谷派の篤信者。
¶真宗

**戸塚文卿** とつかぶんけい
明治25(1892)年2月11日～昭和14(1939)年8月17日
大正～昭和期のカトリック司祭、医師。聖ヨハネ汎愛病院など経営の傍ら雑誌「カトリック」を刊行。
¶神奈川百，キリ，近現，国史，コン改，コン5，史人，昭人，新カト，新潮，人名7，世紀，世百，全書，大百，日人，歴大

**戸塚録三郎** とづかろくさぶろう
安政5(1858)年10月18日～昭和20(1945)年5月25日
明治～昭和期の日本聖公会伝道師。
¶埼玉人

**戸次義一** とつぐぎいち
大正12(1923)年10月6日～平成7(1995)年7月7日
昭和～平成期の僧侶、政治家。西山町(新潟県)町長、東本願寺教導。
¶現政

**独吼性獅** どっくしょうし
明・天啓4(1624)年10月10日～元禄1(1688)年11月16日
江戸時代前期の黄檗宗の渡来僧。
¶黄檗, 国書, 人名, 日人, 仏教

**独航性安** どっこうしょうあん
? ～寛文5(1665)年3月10日
江戸時代前期の黄檗宗の僧。
¶黄檗, 国書

**独国** どっこく
宝暦12(1762)年～天保1(1830)年
江戸時代中期～後期の行者。
¶姓氏宮城

**十時キク子** とときくこ
明治7(1874)年9月28日～昭和21(1946)年9月1日
明治～昭和期のキリスト者。
¶福岡百

**斗入** とにゅう
? ～文化2(1805)年
江戸時代後期の俳僧。
¶長野歴, 俳文

**刀禰正治** とねまさはる
生没年不詳
江戸時代後期の神職。
¶国書

**外村義郎** とのむらよしろう
明治5(1872)年5月10日～昭和14(1939)年5月15日
明治～昭和期の日本基督教会牧師、医療伝道者。
¶キリ

**鳥羽重節** とばしげとき
～昭和29(1954)年
昭和期の神職。
¶神人

**鳥羽僧正(1)** とばそうじょう
→覚猷(かくゆう)

**鳥羽僧正(2)** とばそうじょう
天喜1(1053)年～保延6(1140)年 ㊙鳥羽僧正覚猷(とばそうじょうかくゆう)
平安時代後期の僧。『今昔物語』の作者とされる源隆国の子で、『鳥獣人物戯画』の作者に擬せられる。
¶京都, 郷土滋賀, 京都大, 姓氏京都(鳥羽僧正覚猷 とばそうじょうかくゆう)

**鳥羽僧上覚猷**(鳥羽僧正覚猷) とばそうじょうかくゆう
→覚猷(かくゆう)

**鳥羽僧正覚猷** とばそうじょうかくゆう
→鳥羽僧正(2)(とばそうじょう)

**富清信** とびきよのぶ
生没年不詳
戦国時代の杵築大社神官、上官富氏の祖。
¶島根歴

と

**土肥洪峰** とひこうほう
明治期の僧侶。
¶真宗

**土肥修平** どひしゅうへい
安政5(1858)年9月19日～昭和20(1945)年7月30日
明治～昭和期の純福音派伝道者。
¶キリ

**土肥法珉** どひほうみん
明治期の僧侶。
¶真宗

**土仏** どぶつ
室町時代の僧。
¶人名

**戸部隆吉** とべりゅうきち
明治19(1886)年11月23日～大正10(1921)年3月25日
明治～大正期の美術史家。日本画家、東京美術学校教師。仏教美術を担当。著書に「日本仏教美術の研究」。
¶青森美, コン改, コン5, 人名, 世紀, 日画, 日人, 美家, 明大2

**トマス荒木** とますあらき
→荒木トマス(あらきとます)

**トマス・キウニ**
天正8(1580)年～元和5(1619)年
安土桃山時代～江戸時代前期のキリシタン。肥前生月島の領主籠手田安経の孫。長崎で斬首され殉教。
¶コン改, コン4, コン5, 新潮(㊀元和5(1619)年10月22日), 日人(㊐天正6(1578)年? ㊀元和5(1619)年10月21日)

**トマス小崎** とますこざき
天正11(1583)年～慶長1(1596)年
安土桃山時代のキリシタン。日本二十六聖人。
¶長崎歴

**泊如竹** とまりじょちく
→如竹(じょちく)

**富家五十鈴** とみいえいすず
→富家五十鈴(とみやいすず)

**冨井隆信** とみいりゅうしん
明治7(1874)年～昭和13(1938)年4月

明治～昭和期の教誨師。
¶真宗

**富岡鉄斎** とみおかてっさい, とみおかてつさい
天保7(1836)年12月19日～大正13(1924)年12月31日
明治～大正期の日本画家。作品に「旧蝦夷風俗図」「安部仲磨明州望月図」。日本南画協会を設立。
¶朝日(㊤天保7年12月19日(1837年1月25日)), 維新, 画家, 角史, 京都, 京都大, 近現, 近世, 近美, 現日, 広7, 国史, 国書, コン改, コン4, コン5, 史人, 重要, 神史, 人書79, 人書94, 神人, 新潮, 人名, 世紀(㊤天保7(1837)年12月19日), 姓氏京都(㊤1837年), 世人(㊤天保7(1836)年12月), 世百, 全書, 大百, 茶道, 伝記, 陶工, 長崎遊, 日画(㊤天保7(1837)年12月19日), 日史, 日史語(とみおかてつさい), 日人(㊤1837年), 日本, 幕末, 幕末大(㊤天保7(1837)年12月19日), 美家(㊤天保7(1837)年12月19日), 美術, 百科, 兵庫百, 冨嶽, 仏教, 平日(㊤1836 ㊦1924), 北海道歴, ポプ人, 民学, 名画, 明治史, 明大2, 山川小, 履歴, 履歴2(㊤天保7(1837)年12月19日), 歴大

**富岡宣永** とみおかのぶなが
明治3(1870)年～昭和24(1949)年
明治～昭和期の神職。
¶神人

**富岡百錬** とみおかひゃくれん
明治期の神職。
¶神人

**富奥真咸** とみおくましげ
天保3(1832)年5月29日～明治45(1912)年5月20日
江戸時代末期・明治期の宮原村戸長・神職。
¶飛騨

**冨沢小左衛門** とみざわこざえもん
嘉永3(1850)年2月27日～明治45(1912)年10月2日
江戸時代後期～明治期の天理教白子分教会初代会長。
¶埼玉人

**冨沢孝彦**(冨澤孝彦) とみざわたかひこ
明治44(1911)年2月12日～平成1(1989)年3月26日
明治～昭和期の司教。カトリック札幌教区第4代教区長、札幌司教区初代司教。
¶新カト(冨澤孝彦)

**富田王部** とみたおうぶ
生没年不詳
江戸時代後期の鶴岡八幡宮の巫女。
¶神奈川人

**富田斅純** とみたこうじゅん, とみだこうじゅん
明治8(1875)年5月2日～昭和30(1955)年7月29日
㊐富田斅純(とみたじょじゅん)
明治～昭和期の真言宗豊山派僧侶、仏教学者。根来寺中興28世、豊山派管長、大僧正、豊山大学学長。
¶現情(とみたじょじゅん), 昭人, 人名7(とみたじょじゅん), 世紀, 姓氏長野, 長野百(とみだこうじゅん), 長野歴, 日人, 仏教, 仏人

**富田斅純** とみたじょじゅん
→富田斅純(とみたこうじゅん)

**富田澄右衛門** とみたすみうえもん
寛政12(1800)年～明治21(1888)年1月8日 ㊐富田澄右衛門(とみたすみえもん)
江戸時代末期～明治期の大工。成田山新勝寺本堂、筑波山神社拝殿を手がける。
¶幕末, 幕末大(とみたすみえもん), 美建

**富田澄右衛門** とみたすみえもん
→富田澄右衛門(とみたすみうえもん)

**富田智城** とみたちじょう
昭和期の僧侶。
¶真宗

**富田豊彦** とみたとよひこ
万延1(1860)年3月4日～昭和15(1940)年11月18日
明治～昭和期の国学者・神職。
¶飛騨

**富田満**(富田滿) とみたみつる
明治16(1883)年11月5日～昭和36(1961)年1月15日
明治～昭和期の牧師。日本基督教団初代統理。保守的な神学思想で教会政治に関与。著書に「冨田満説教集」。
¶キリ, 近現(富田滿), 現情, 現人, 国史(富田滿), 昭人, 世紀, 日人(富田滿)

**富田良穂** とみたよしほ
嘉永1(1848)年4月7日～大正14(1925)年
明治～大正期の歌人。歌学雑誌「さとのひかり」を刊行し和歌の振作に尽力。
¶人名, 世紀(㊦大正14(1925)年2月5日), 日人, 東三河(㊦大正14(1925)年2月4日)

**富次精斎** とみつぐせいさい
安政3(1856)年11月12日～昭和19(1944)年1月25日
明治～昭和期の宮大工。
¶島根人, 島根百, 島根歴(㊦昭和44(1969)年), 世紀, 日人, 美建

**富永三郎** とみながさぶろう
安政2(1855)年～明治9(1876)年
江戸時代末期～明治期の神職。
¶神人

**富永蝶如** とみながちょうじょ
？～
昭和期の僧侶、漢詩作家。長願寺住職、同朋大学教授。
¶詩歌

**富中務大輔** とみなかつかさたいふ
生没年不詳

戦国時代の下総国船橋郷天照大神宮の神主。
¶戦房総

**富永徳磨**(富永德磨) **とみながとくま**
明治8(1875)年10月19日～昭和5(1930)年4月13日
明治～昭和期の牧師。
¶大分歴(富永德磨),キリ

**富永徳誉の妻 とみながとくよのつま**
? ～天和4(1684)年2月17日
江戸時代前期のキリシタン信者・農婦。
¶徳島歴

**富永正高 とみながまさたか**
明和4(1767)年3月21日～文政8(1825)年3月24日
江戸時代中期～後期の神職・歌人。
¶国書

**富永守国 とみながもりくに**
天保13(1842)年～明治9(1876)年
江戸時代末期～明治期の祠官。熊本敬神党の一人。
¶熊本百([没]明治9(1876)年10月28日),神人([生]天保3(1841)年),人名,日人

**富永芳久 とみながよしひさ**
文化10(1813)年～明治13(1880)年9月6日
江戸時代末期～明治期の国学者、出雲大社の社家。
¶国書([生]文化10(1813)年1月24日),島根人,島根百,島根文続([生]文化10(1813)年1月24日),島根歴,人名([生]1814年),日人

**富森京次 とみのもりきょうじ**
明治20(1887)年4月10日～昭和29(1954)年9月1日
明治～昭和期の神学者。同志社大学教授。
¶キリ

**富森幽香 とみのもりゆか**
元治2(1865)年1月15日～昭和24(1949)年1月11日
明治～昭和期のキリスト教伝道者。同志社女学校舎官。ハワイで日本人美以教会婦人伝導師及び婦人ホーム監督を務める。
¶女性,女性普

**富元竹徳 とみもとちくとく**
? ～正徳2(1712)年12月23日
江戸時代中期の僧・筑紫箏伝承者。
¶日音

**富家五十鈴 とみやいすず**
文化3(1806)年～慶応1(1865)年 [別]富家五十鈴(とみいえいすず),富家松浦(ふけしょうほ)
江戸時代末期の書家。
¶国書(富家松浦 ふけしょうほ [没]慶応1(1865)年10月7日),人名,日人(とみいえいすず)

**冨山智海 とみやまちかい**
明治14(1881)年～昭和21(1946)年12月29日
明治～昭和期の僧侶。
¶真宗

**冨山昌徳 とみやままさのり**
明治37(1904)年11月18日～昭和34(1959)年10月7日
大正～昭和期のキリスト教伝道者。
¶キリ

**富谷由助 とみやよしすけ**
? ～弘化3(1846)年
江戸時代後期の宮大工。
¶島根人,島根歴,美建

**戸村政博 とむらまさひろ**
大正12(1923)年2月3日～平成15(2003)年2月21日
昭和～平成期の牧師。
¶現朝,現執1期,現執3期,現情,現人,世紀,日人,平和

**とも**
→日秀尼(にっしゅうに)

**友井楨 ともいこずえ**
明治22(1889)年1月13日～昭和37(1962)年2月4日
大正～昭和期の牧師。関東学院教授、日本基督教団総務部総主事。
¶神奈川人,神奈川百,キリ,日Y

**友枝速水 ともえだはやみ**
嘉永4(1851)年～大正15(1926)年
江戸時代後期～大正期の国学者、神職。
¶神人

**友清歓真 ともきよよしさね,ともきよよしざね**
明治21(1888)年～昭和27(1952)年2月15日
明治～昭和期の宗教家。神道天行居創設者。浄身鎮魂法とよばれる独自の修行法や神道思想を広めた。
¶神史,神人(ともきよよしざね),民学

**友田栄記 ともだえいき**
安政3(1856)年～明治9(1876)年
江戸時代末期～明治期の神職。
¶神人

**伴部安崇 ともべやすたか**
寛文7(1667)年～元文5(1740)年7月14日
江戸時代中期の神道家。
¶江文,国書([生]寛文7(1667)年12月1日),思想史,神史,神人([生]寛文7(1667)年12月),人名,日人([生]1668年)

**友松氏興 ともまつうじおき**
元和8(1622)年～貞享4(1687)年
江戸時代前期の儒学者、神道家。陸奥会津藩の重臣。
¶会津,近世,高知人,国史,国書([生]元和8(1622)年3月3日 [没]貞享4(1687)年2月29日),神史,人名,日人,藩臣2,福島百

**友松円諦**(友松圓諦) **ともまつえんたい**
明治28(1895)年4月1日～昭和48(1973)年11月16日
大正～昭和期の宗教家、仏教学者。全日本仏教会

初代事務総長、大正大学教授。全日本真理運動創設、機関誌「真理」創刊。神田寺創建し浄土宗離脱。
¶近現，近文，現朝，現情，現人，現日，国史，コン改，コン4，コン5，視覚，史研，史人，思想史，社史，昭人，新潮，人名7，世紀，哲学，日エ（友松圓諦），日人，仏教，仏人，民学，履歴，履歴2，歴大

**友松諦道** ともまつたいどう
大正8（1919）年～平成13（2001）年
大正～平成期の浄土宗神田寺住職、真理舎主管、真理学園理事長。
¶図人

と

**友安三冬** ともやすみふゆ
天明8（1788）年～文久2（1862）年
江戸時代後期の神官、医師。
¶香川人，香川百，国書（㊀文久2（1862）年10月10日），人名，日人，幕末（㊀1862年12月1日），幕末大（㊀文久2（1862）年10月10日），藩臣6

**友安盛員** ともやすもりかず
文禄3（1594）年～万治2（1659）年8月17日
安土桃山時代～江戸時代前期の神職。
¶国書

**友山唯然** ともやまゆいぜん
＊～明治28（1895）年2月18日　㊞友山唯然（ともやまゆいねん）
江戸時代後期～明治期の僧。婦負郡三ツ松村真通寺第15世住職。
¶真宗（ともやまゆいねん　㊤天保3（1832）年），姓氏富山（㊤1830年）

**友山唯然** ともやまゆいねん
→友山唯然（ともやまゆいぜん）

**鳥屋尾阿万** とやおおまん
江戸時代前期の出雲大社巫女、神楽の名手。
¶島根歴

**豊国覚堂** とよくにがくどう，とよくにかくどう
慶応1（1865）年～昭和29（1954）年　㊞豊国義孝（とよくによしたか）
明治～昭和期の僧、郷土史家。
¶郷土群馬（とよくにかくどう），群新百，群馬人，群馬百，考古（とよくにかくどう　㊀昭和29（1954）年2月4日），姓氏群馬（豊国義孝　とよくによしたか），日人

**豊国洞伝** とよくにどうでん
文政6（1823）年～明治39（1906）年
江戸時代後期～明治期の僧侶・教育者。
¶姓氏群馬

**豊国法師** とよくにのほうし
生没年不詳　㊞豊国法師（とよくにほうし，とよくにほっし）
飛鳥時代の僧。
¶大分百（とよくにほっし），大分歴，古代（とよくにほうし），古代普（とよくにほうし），日人，仏教

**豊国法師** とよくにほうし
→豊国法師（とよくにのほうし）

**豊国法師** とよくにほっし
→豊国法師（とよくにのほうし）

**豊国義孝** とよくによしたか
→豊国覚堂（とよくにがくどう）

**豊崎善之介** とよさきぜんのすけ
文久3（1863）年7月1日～？
明治期の牧師、ジャーナリスト。社会主義研究会幹事、「人民新聞」主筆、「実業之日本」主幹。
¶社史

**豊田重章** とよだしげあき
文政7（1824）年～明治2（1869）年
江戸時代末期～明治期の神官。
¶幕末（㊀1869年8月15日），幕末大（㊀明治2（1869）年7月8日）

**豊田毒湛** とよだどくたん
天保11（1840）年～大正6（1917）年1月9日　㊞豊田毒湛（とよだどんたん）
江戸時代末期～大正期の禅僧。
¶岐阜百（とよだどんたん　㊀1916年），郷土岐阜，人名，世紀，日人，仏教，明大1

**豊田毒湛** とよだどんたん
→豊田毒湛（とよだどくたん）

**豊田貢** とよだみつぎ，とよたみつぎ
安永3（1774）年～文政12（1829）年
江戸時代後期のキリシタン。キリスト教徒摘発事件「大坂切支丹一件」の中心人物。
¶朝日（とよたみつぎ　㊀文政12年12月5日（1829年12月30日）），近世（とよたみつぎ），国史（とよたみつぎ），コン改，コン4，コン5，史人（㊀1829年12月5日），新潮（㊀文政12（1829）年12月），姓氏京都（㊤？），世人，日史（㊀文政12（1829）年12月5日），日人（とよたみつぎ），百科，歴大

**豊田良之助** とよたよしのすけ
明治9（1877）年6月6日～？
明治～大正期の神職。沖縄・波上宮宮司。
¶神人

**樋田良秀** とよだりょうしゅう
？～安政6（1859）年
江戸時代後期～末期の僧侶。
¶姓氏長野

**豊田六郎** とよだろくろう
明治11（1878）年～昭和33（1958）年
明治～昭和期の仏師。
¶大分歴，美建

**豊原大潤** とよはらだいじゅん
明治41（1908）年11月27日～平成7（1995）年1月17日
昭和期の浄土真宗本願寺派僧侶。
¶現情，真宗

**豊福民秉** とよふくみんぺい
明治6 (1873) 年～昭和29 (1954) 年
明治～昭和期の神職。
¶神人

**豊満春洞** とよみつしゅんどう
安政4 (1857) 年～昭和6 (1931) 年
明治～昭和期の僧、仏教学者。
¶郷土滋賀，世紀（㊤安政4 (1857) 年3月7日 ㊦昭和6 (1931) 年1月10日），日人

**虎寿** とらじゅ
戦国時代の興福寺四恩院の宮大工。与次郎の弟。北条氏綱に属した。
¶後北

**都藍尼** とらんに
伝説の女性。中世霊山の女人禁制伝承とともに登場する。
¶朝日（生没年不詳），日人，仏教（生没年不詳），歴大

**止利** とり
→鞍作鳥（くらつくりのとり）

**鳥居大路治平** とりいおおじはるひら
明治期の神職。旧賀茂別雷神社神主。
¶華請

**鳥居大路詮平** とりいおおじよしひら
天文21 (1552) 年～元和5 (1619) 年8月15日
戦国時代～江戸時代前期の神職・連歌作者。
¶国書

**鳥居敬州** とりいけいしゅう
*～昭和36 (1961) 年10月17日
明治～昭和期の僧侶。
¶群馬人（㊤明治14 (1881) 年2月12日），姓氏群馬（㊤1880年）

**鳥居重栄** とりいしげよし
文化9 (1812) 年～明治39 (1906) 年
江戸時代末期～明治期の歌人。
¶人名，日人，和俳

**鳥居治之吉** とりいじのきち
明治期の真宗大谷派の信者。
¶真宗

**鳥海権頭** とりうみごんのかみ
生没年不詳
江戸時代後期の大住郡平間村鎮守神明宮神主。
¶神奈川人

**鳥栖寺貞崇** とりすでらていそう
貞観8 (866) 年～天慶7 (944) 年7月23日 ㊀貞崇（じょうすう，ていすう），鳥栖寺貞崇（とすでらていすう）
平安時代中期の真言宗の僧。醍醐寺座主。
¶岩史（貞崇 じょうすう），国史（貞崇 じょうすう），国書（貞崇 じょうすう ㊦天慶7 (944) 年7月22日），古人（貞崇 じょうすう），古中（貞崇 じょうすう），コン改，コン4，コン5，史人（貞崇 じょうすう），思想史（貞崇 じょうすう），人名，人名（貞崇 ていすう），日人（貞崇 ていすう），仏教（貞崇 じょうすう），仏史（貞崇 じょうすう），平史（貞崇 じょうすう）

**取姫** とりひめ
生没年不詳
安土桃山時代の女性。尼僧。
¶女性

**止利仏師** とりぶっし
→鞍作鳥（くらつくりのとり）

と

**鳥山栄庵** とりやまえいあん
江戸時代前期の京僧流の槍術家。
¶人名，日人（生没年不詳）

**鳥山正心** とりやましょうしん
天保4 (1833) 年2月6日～？
江戸時代後期～明治期の東京第一浸礼教会・日本独立浸礼教会牧師。
¶埼玉人

**十和田諒三** とわだりょうぞう
明治30 (1897) 年～昭和62 (1987) 年
大正～昭和期の僧侶。
¶姓氏岩手

**頓阿** とんあ
正応2 (1289) 年～文中1/応安5 (1372) 年3月13日 ㊀頓阿（とんな），頓阿弥（とんあみ），二階堂貞宗（にかいどうさだむね）
鎌倉時代後期～南北朝時代の歌人。
¶朝日（㊦応安5/文中1年3月13日 (1372年4月17日)），岩史（とんあ・とんな），角史，鎌室，京都，京都大，国史，国書，古中，コン改，コン4，コン5，詩歌，詩作，史人，思想史，重要，諸系，新潮，新文，人名，姓氏京都，世人，世百，全書，大百，中世，日音（頓阿弥 とんあみ），日史，日人，日文，俳句，俳文，百科，仏教（㊦応安5/建徳3 (1372) 年3月12日），仏人（㊤1301年 ㊦1384年），文学，歴大，和俳

**頓阿弥** とんあみ
→頓阿（とんあ）

**鈍庵慧聡**（鈍庵恵聡） どんあんえそう
？ ～永仁5 (1297) 年 ㊀慧聡（けいそう）
鎌倉時代後期の僧。
¶岡山人（慧聡 けいそう），岡山百（鈍庵恵聡），岡山歴（㊦永仁5 (1297) 年9月6日）

**曇慧** どんえ
生没年不詳
上代の百済僧。
¶朝日，コン改，コン4，コン5，新潮，人名，日人，仏教

**曇英慧応** どんえいえおう
応永31 (1424) 年12月23日～永正1 (1504) 年10月14日 ㊀恵応（えおう），慧応（えおう），慧応曇英（えおうどんえい）
室町時代～戦国時代の曹洞宗の僧。室田長年寺開山。

¶群馬人，国書，埼玉人，姓氏群馬，戦辞（㊤応永31年12月23日（1425年1月12日）　㊦永正1年10月14日（1504年11月20日）），戦人（恵応　えおう），新潟百（慧応　えおう），新潟百（慧応曇英　えおうどんえい），仏教，仏人（慧応　えおう）

**曇栄宗曄　どんえいそうよう**
寛延3（1750）年～文化13（1816）年　㊞宗曄曇栄（そうようどんえい），曇栄（どんねい）
江戸時代後期の臨済宗の僧。
¶国書，人名（宗曄曇栄　そうようどんえい），人名（曇栄　どんねい），日人，仏教

**鈍翁了愚　どんおうりょうぐ**
？～正平7/文和1（1352）年
南北朝時代の僧。
¶鎌室，人名，日人

**呑屋　どんおく**
天正15（1587）年～寛文8（1668）年
江戸時代前期の浄土宗の僧。金戒光明寺30世。
¶人名，日人，仏教（㊦寛文8（1668）年4月2日）

**頓海　とんかい**
生没年不詳
江戸時代後期の浄土宗の僧。
¶国書

**呑海(1)　どんかい**
文永2（1265）年～嘉暦2（1327）年2月18日　㊞他阿弥陀仏呑海（たあみだぶつどんかい），有阿（ゆうあ）
鎌倉時代後期の時宗の僧。清浄光寺を開いた。
¶神奈川人，神奈川百，鎌倉新，鎌古，国史，国書，古中，史人，姓氏岩手（㊤？），姓氏神奈川，姓氏京都，日史，日人，百科，仏教，仏史，仏人，名僧，歴大（他阿弥陀仏呑海　たあみだぶつどんかい）

**呑海(2)　どんかい**
生没年不詳
江戸時代中期の曹洞宗の僧。
¶国書

**呑海光麟　どんかいこうりん**
？～享和2（1802）年11月10日
江戸時代中期～後期の曹洞宗の僧。
¶国書

**曇希　どんき**
㊞曇希（どんけ）
鎌倉時代後期～南北朝時代の曹洞宗の僧。永平寺6世。
¶国書（どんけ　生没年不詳），仏教（㊤？　㊦観応1/正平5（1350）年6月17日，（異説）文和1/正平7（1352）年），仏人（㊤1297年　㊦1362年）

**呑岌　どんぎゅう**
生没年不詳
江戸時代前期の浄土宗の僧。
¶仏教

**鈍牛(1)　どんぎゅう**
～安永2（1773）年
江戸時代中期の僧。
¶高知人

**鈍牛(2)　どんぎゅう**
？～嘉永6（1853）年
江戸時代後期の僧。麻績法善寺住職。
¶姓氏長野

**曇希　どんけ**
→曇希（どんき）

**曇華(1)　どんげ**
江戸時代の豊後の僧。
¶人名

**曇華(2)　どんげ**
元禄8（1695）年～宝暦12（1762）年1月13日
江戸時代中期の浄土真宗の僧。
¶国書

**嫩桂正栄　どんけいしょうえい**
文永3（1266）年～正平8/文和2（1353）年
鎌倉時代後期～南北朝時代の僧。
¶鎌室（㊤文永2（1265）年），日人，仏教（㊦文和2/正平8（1353）年1月21日）

**嫩桂祖香　どんけいそこう**
生没年不詳
室町時代～戦国時代の曹洞宗の僧。
¶埼玉人，仏教

**嫩桂祐栄　どんけいゆうえい**
？～嘉吉3（1443）年
室町時代の曹洞宗の僧。総持寺57世。
¶人名，日人，仏教（㊦嘉吉3（1443）年11月17日）

**曇寂　どんじゃく**
延宝2（1674）年～寛保2（1742）年11月11日
江戸時代中期の真言僧。
¶近世，国史，国書，日人，仏教，仏史，仏人

**頓秀　とんしゅう**
寛文6（1666）年～元文4（1739）年10月10日
江戸時代中期の浄土宗の僧。増上寺41世。
¶仏教

**曇秀智快　どんしゅうちかい**
？～元文2（1737）年12月15日
江戸時代中期の臨済宗の僧。
¶国書

**曇秀道一　どんしゅうどういつ**
元禄11（1698）年～明和6（1769）年12月26日
江戸時代中期の曹洞宗の僧。
¶国書，仏教

**呑宿　どんしゅく**
？～元和8（1622）年1月23日
江戸時代前期の浄土宗の僧。
¶仏教

**頓乗** とんじょう
寛政11 (1799) 年〜文久2 (1862) 年7月14日
江戸時代末期の浄土真宗の僧。
¶国書，仏教

**頓成**(1) とんじょう
寛政2 (1790) 年〜？
江戸時代後期の浄土真宗の僧。
¶仏教

**頓成**(2) とんじょう
寛政7 (1795) 年〜明治20 (1887) 年
江戸時代末期〜明治期の真宗大谷派学僧。異安心事件として宗学史上の大問題を惹起した。
¶石川百，近現，近世，国史，国書(㊀明治20 (1887) 年11月19日)，真宗(㊀明治20 (1887) 年11月19日)，人名，日人，仏教(㊀明治20 (1887) 年11月)，仏史

**曇照** どんしょう
文治3 (1187) 年〜正嘉3 (1259) 年2月21日 ㊙浄業(じょうぎょう，じょうごう)
鎌倉時代前期の律宗の僧。戒光寺の開山。
¶鎌室，国史(浄業 じょうごう)，国書5(浄業 じょうごう ㊐文治3 (1187) 年6月18日)，古人，古中(浄業 じょうごう)，新潮(㊀正元1 (1259) 年2月21日，(異説) 文応1 (1260) 年2月21日，正嘉2 (1258) 年2月21日)，人名(浄業 じょうごう)，人名，姓氏京都，世人，日人(浄業 じょうごう)，仏教(浄業 じょうごう ㊐文治3 (1187) 年6月18日)，仏史(浄業 じょうごう)，仏人(浄業 じょうぎょう)，歴大(浄業 じょうごう)

**曇静** どんじょう
生没年不詳
奈良時代の渡来僧。
¶仏教

**頓乗寺願了** とんじょうじがんりょう
生没年不詳
戦国時代の萩原町の頓乗寺の開基。
¶飛驒

**嫩如全芳** どんじょぜんぽう
？ 〜永正15 (1518) 年
室町時代〜戦国時代の曹洞宗の僧。
¶埼玉人(㊀永正15 (1518) 年12月15日)，戦辞，仏教(㊀永正1 (1504) 年)

**呑水** どんすい
？ 〜享保14 (1729) 年10月4日
江戸時代中期の俳人。日蓮宗の僧。
¶国書

**曇瑞禅苗** どんずいぜんみょう
？ 〜寛政11 (1799) 年8月1日
江戸時代中期〜後期の曹洞宗の僧。
¶国書

**頓宗** とんそう
生没年不詳
南北朝時代の僧侶・歌人。
¶国書

**曇蔵** どんぞう
？ 〜文久1 (1861) 年9月26日
江戸時代後期〜末期の浄土真宗の僧。
¶国書

**呑達** どんたつ
生没年不詳
戦国時代の浄土宗の僧。
¶仏教

**曇仲道芳** どんちゅうどうほう
正平22/貞治6 (1367) 年〜応永16 (1409) 年
南北朝時代〜室町時代の臨済宗の僧。
¶国書(㊀応永16 (1409) 年閏3月29日)，日人，仏教(㊀応永16 (1409) 年3月29日)

と

**呑潮** どんちょう
慶長7 (1602) 年〜延宝9 (1681) 年4月17日
江戸時代前期の浄土宗の僧。
¶仏教

**曇徴**(曇黴) どんちょう
生没年不詳
飛鳥時代の高句麗の僧。彩色、紙墨、碾磑の製作技術を伝えた。
¶朝日，角史，国史，古史，古人，古代，古代普，古中，古物，コン改，コン4，コン5，史人，思想史，重要，新潮，人名，世人，対外(曇黴)，日人，百科，仏教，仏史，山川小，歴大

**頓導** とんどう
生没年不詳
南北朝時代以前の僧侶・連歌作者。
¶国書

**頓阿** とんな
→頓阿(とんあ)

**曇栄** どんねい
→曇栄宗曄(どんえいそうよう)

**曇栄宗曄** どんねいそうか
寛延3 (1750) 年7月1日〜文化13 (1816) 年8月13日
江戸時代末期の禅僧。
¶福岡百

**曇翁源仙** どんのうげんせん
正和3 (1314) 年〜元中3/至徳3 (1386) 年
南北朝時代の丹後国の禅僧。
¶京都府

**鈍夫全快** どんぷぜんかい，どんぶぜんかい
延慶2 (1309) 年〜元中1/至徳1 (1384) 年
鎌倉時代後期〜南北朝時代の僧。
¶鎌室，人名(どんぶぜんかい)，長野歴(㊐延慶1 (1308) 年)，日人，仏教(㊀至徳1/元中1 (1384) 年8月14日)

**曇芳周応** どんぽうしゅうおう，どんほうしゅうおう
？ 〜応永8 (1401) 年
室町時代の相模建長寺(臨済宗)の禅僧。
¶神奈川人，人名(どんほうしゅうおう)，日人

**呑茂** どんも
慶長11(1606)年～天和1(1681)年
江戸時代前期の浄土宗の僧。
¶仏教

**呑益** どんやく
？ ～元禄7(1694)年3月4日
江戸時代前期～中期の浄土宗の僧。
¶仏教

**呑竜** どんりゅう
弘治2(1556)年～元和9(1623)年 [別]然誉(ねんよ),太田呑竜(おおたのどんりゅう),呑竜上人(どんりゅうしょうにん)
安土桃山時代～江戸時代前期の浄土宗の僧。下野国太田大光院開山。
¶郷土群馬，近世，群馬人，群馬百，国史，コン改，コン4，コン5，埼玉人([生]弘治2(1556)年4月25日 [没]元和9(1623)年8月9日)，埼玉百，史人([生]1556年4月25日 [没]1623年8月9日)，新潮，人名，姓氏群馬，全書(太田呑竜 おおたのどんりゅう)，戦人，戦補(然誉 ねんよ)，大百(太田呑竜 おおたのどんりゅう)，日史([生]弘治2(1556)年4月25日 [没]元和9(1623)年8月9日)，日人，百科，仏教，仏史，仏人

**曇竜(1)** どんりゅう
享保6(1721)年～明和9(1772)年4月17日
江戸時代中期の浄土宗の僧。
¶仏教

**曇竜(2)** どんりゅう
明和6(1769)年～天保12(1841)年8月11日
江戸時代中期～後期の浄土真宗の僧。
¶国書，思想史，広島百，仏教，仏人

**呑了** どんりょう
？ ～正保4(1647)年12月15日
江戸時代前期の浄土宗の僧。
¶仏教

## 【な】

**内記竜舟** ないきりゅうせん
文久1(1861)年～大正11(1922)年2月21日
明治～大正期の僧侶。
¶真宗

**内藤存守** ないとうありもり
天保2(1831)年～明治35(1902)年9月22日
江戸時代後期～明治期の神職・国学者。
¶国書

**内藤繁子** ないとうしげこ
→充真院(じゅうしんいん)

**内藤充真院** ないとうじゅうしんいん
→充真院(じゅうしんいん)

**内藤ジュリア** ないとうじゅりあ
＊～寛永4(1627)年2月11日
安土桃山時代～江戸時代前期の女性。キリシタン。国外追放された。
¶朝日([生]永禄9(1566)年頃)，岩史([生]永禄9(1566)年頃)，キリ([生]永禄9(1566)年頃)，コン改([生]？)，コン4([生]？)，コン5([生]？)，史人([生]1566年？)，女史([生]？)，女性([生]弘治1(1555)年)，新潮([生]永禄9(1566)年頃)，戦人([生]永禄8(1565)年)，日人([生]1566年？)，歴大([生]1566年ころ)

**内藤如安**(内藤ジョアン，内藤汝安，内藤如庵) ないとうじょあん
？ ～寛永3(1626)年 [別]小西如安(こにしじょあん),小西如庵(こにしじょあん),内藤徳庵(ないとうとくあん)，ジュアン,内藤忠俊(ないとうただとし)
安土桃山時代～江戸時代前期のキリシタン、武将。
¶朝日，織田2([生]天文19(1550)年頃)，京都府，キリ(内藤汝安)，近世(小西如庵 こにしじょあん)，国史(小西如庵 こにしじょあん)，古中(小西如庵 こにしじょあん)，コン改(小西如安 こにしじょあん)，コン改([没]寛永3(1626)年,(異説)1616年)，コン4(小西如安 こにしじょあん)，コン5(小西如安 こにしじょあん)，史人(内藤如庵)，思想史，人書94，新潮，人名(内藤徳庵 ないとうとくあん [没]1616年)，姓氏石川(内藤徳庵 ないとうとくあん)，世人(小西如安 こにしじょあん [没]元和2(1616)年)，戦合(小西如庵 こにしじょあん)，戦国，戦人，対外(小西如庵 こにしじょあん [生]？)，日史，日人，藩臣3(内藤徳庵 ないとうとくあん)，百科，平日([没]1626)，歴大(内藤ジョアン)

**内藤藤一郎** ないとうとういちろう
明治29(1896)年～昭和14(1939)年5月13日
明治～昭和期の仏教美術史家。仏教美術の飛鳥朝彫刻を研究。著書に「飛鳥時代の美術」「日本仏教絵画史」など。
¶昭人，人名7，日人

**内藤徳庵** ないとうとくあん
→内藤如安(ないとうじょあん)

**内藤利明** ないとうとしあき
明治期の神職。
¶神人

**内藤正俊** ないとうまさとし
昭和20(1945)年1月31日～
昭和～平成期の牧師。宝殿イエス教会・北大阪イエス教会牧師。
¶現執3期

**直江円成** なおええんじょう
明治期の僧侶。
¶真宗

**直山大夢** なおやまたいむ
→大夢(だいむ)

**直頼高** なおよりたか
→直頼高(じくよりたか)

**永井精古** ながいあきひさ
安永1(1772)年～文政9(1826)年3月19日 ㊙永井精古(ながいあきふる,ながいきよひさ)
江戸時代後期の国学者。
¶国書(ながいきよひさ), 人名, 徳島百(ながいあきふる), 徳島歴(ながいきよひさ), 日人(ながいきよひさ)

**永井精古** ながいあきふる
→永井精古(ながいあきひさ)

**永井暁** ながいあきら
昭和期の神職。昭和15年和歌山・竈山神社宮司に就任、19年転任。
¶神人

**中居伊勢守** なかいいせのかみ
? ～
江戸時代中期の神職。安藤昌益の門弟。
¶青森人

**中居戒善** なかいかいぜん
明治12(1879)年10月7日～昭和34(1959)年11月2日
明治～昭和期の声明家。
¶日音

**永井精古** ながいきよひさ
→永井精古(ながいあきひさ)

**中井玄道** なかいげんどう
明治11(1878)年7月10日～昭和20(1945)年7月23日
明治～昭和期の浄土真宗本願寺派僧侶、布教師。仏教自動博物館設立者。
¶真宗, 日エ, 仏教

**永井宗誓** ながいしゅうせい
正保1(1644)年～享保13(1728)年
江戸時代前期～中期の僧。生地願楽寺の住職。
¶姓氏富山

**永井泰量** ながいたいりょう
明治15(1882)年3月20日～昭和49(1974)年
明治～昭和期の僧侶、教育者、政治家。
¶学校, 栃木歴

**永井隆** ながいたかし
明治41(1908)年2月3日～昭和26(1951)年5月1日
昭和期の放射線医学者。長崎医大教授。長崎原爆で重傷を負うが救護活動にあたる。著書に「この子を残して」。
¶科学, 科技, 郷土長崎, キリ, 近医, 現朝, 現情, 現人, 現日(㊣1951年1月5日), 広7, 島根人(㊀明治40(1907)年), 島根百, 島根文, 島根歴, 新カト, 新潮, 人名7, 世紀, 長崎百, 長崎歴, 日人, 日本, 平和, ポプ人, 履歴, 履歴2

**中井藤一郎** なかいとういちろう
～昭和22(1947)年
明治～昭和期の神職。
¶神人

**永井直治** ながいなおじ
元治1(1864)年1月5日～昭和20(1945)年8月17日
明治～昭和期の聖書翻訳者。
¶キリ

**中井直志** なかいなおゆき
～明治7(1874)年11月6日
江戸時代後期～明治期の弓道家、三河石巻神社の祠官。
¶弓道

**永井長門** ながいながと
生没年不詳
江戸時代後期の大住郡三之宮村比々多神社神主。
¶神奈川人

な

**長井真琴** ながいまこと
明治14(1881)年7月28日～昭和45(1970)年8月8日
明治～昭和期の仏教学者、パーリ語学者。東京帝国大学教授。律蔵注釈書の校訂者として名高い。主著に「根本仏典の研究」など。
¶現情, 昭人, 真宗, 人名7, 世紀, 全書, 哲学, 日人, 福井百, 仏教, 仏人

**永井民部** ながいみんぶ
生没年不詳
江戸時代後期の大住郡三之宮村比々多神社神主。
¶神奈川人

**長井盛艮** ながいもりとめ
天保2(1831)年～明治13(1880)年
江戸時代後期～明治期の熱田神宮の神官。
¶長野歴

**永井義憲** ながいよしのり
大正3(1914)年～
昭和期の日本仏教文学者。大妻女子大学教授。
¶現執1期

**永井立教** ながいりっきょう
明治39(1906)年～昭和39(1964)年
大正・昭和期の僧侶、社会福祉家。
¶愛媛

**永井隆正** ながいりゅうしょう
昭和23(1948)年2月4日～
昭和期の宗教教育研究者。仏教大学非常勤講師。
¶現執2期

**中井竜瑞** なかいりゅうずい
明治24(1891)年～昭和46(1971)年
大正～昭和期の僧。高野山真言宗管長、金剛峯寺座主。
¶香川人, 香川百

**中浦ジュリアノ** なかうらじゅりあの
→中浦ジュリアン(なかうらじゅりあん)

**中浦ジュリアン**(中浦寿理安) なかうらじゅりあん
*～寛永10(1633)年 ㊙中浦ジュリアノ(なかうらじゅりあの), ジュリアン, 中浦寿理安(なかうらじゅりあの)
安土桃山時代～江戸時代前期の天正遣欧少年使節

の副使。
¶朝日（㊣元亀1（1570）年　㊥寛永10年9月19日（1633年10月21日）），岩史（㊣永禄12（1569）年頃　㊥寛永10（1633）年9月19日），海越（㊣永禄11（1568）年　㊥寛永10（1633）年10月21日），海越新（㊣永禄11（1568）年　㊥寛永10（1633）年10月21日），郷土長崎（㊣1568年），キリ（中浦ジュリアノ　なかうらじゅりあの　㊣永禄11（1568）年），近世（㊣1570年），国史（㊣1570年），古中（㊣1570年），コン改（㊣永禄11（1568）年），コン4（㊣永禄11（1568）年），コン5（㊣永禄11（1568）年），史人（㊣1569年，（異説）1570年　㊥1633年9月19日），重要（㊣永禄11（1568）年），新潮（㊣永禄11（1568）年頃　㊥寛永10（1633）年9月19日），人名（㊣1568年），世百（㊣1568年），戦国（中浦寿理安　㊣？），全書（㊣1567年），戦人（㊣？），全戦（㊣？），対外（㊣1570年），大百（㊣1568年），中世（㊣1570年頃），長崎百（㊣永禄10（1567）年），日史（㊣元亀1（1570）年？　㊥寛永10（1633）年9月19日），日人（㊣1570年），百科（㊣元亀1（1570）年頃），福岡百（㊣永禄10（1567）年　㊥寛永10（1633）年10月21日），山川小（㊣1569年，1570年　㊥1633年9月19日），歴大（㊣1567年）

**長江恵**　ながえさとし
大正2（1913）年8月11日～平成10（1998）年2月11日
大正～平成期の司教。浦和教区第3代教区長、浦和司教区（現さいたま司教区）の初代司教。
¶新カト

**長江尚古**　ながえしょうこ
？　～明治5（1872）年
江戸時代後期～明治期の桃生郡鷹来村の修験者。
¶姓氏宮城

**長江頼隆**（永江頼隆）　ながえよりたか
生没年不詳
鎌倉時代前期の神官。
¶鎌室，日人（永江頼隆）

**長尾円澄**　ながおえんちょう
安政6（1859）年3月14日～大正11（1922）年1月28日
江戸時代末期～大正期の僧侶、園芸家。長福寺住職。
¶岡山人，岡山百，岡山歴，植物，世紀，日人，明大1

**中大路清為**　なかおおじきよため
永禄4（1561）年～慶長15（1610）年6月22日
安土桃山時代～江戸時代前期の神職・連歌作者。
¶国書

**中大路伊氏**　なかおおじこれうじ
元禄5（1692）年～宝暦4（1754）年11月15日
江戸時代中期の神職。
¶国書

**中大路義氏**　なかおおじよしうじ
享保16（1731）年～天明7（1787）年8月25日
江戸時代中期の神職。
¶国書

**長尾薫**　ながおかおる
明治37（1904）年～
昭和期の宗教家。
¶郷土奈良

**中岡華堂**　なかおかかどう
明治3（1870）年～昭和11（1936）年
明治～昭和期の画僧。
¶高知人

**永岡旧蟻**　ながおかきゅうぎ
生没年不詳
神職。出雲国須衛都久神社祠官。
¶神人

**長岡慶信**　ながおかけいしん
明治21（1888）年9月18日～昭和49（1974）年7月2日
大正～昭和期の真言宗豊山派の僧。東京仏教団理事長。児童問題を研究。小原国芳らと宗教教育の行脚をする。
¶群馬人，現情，新潮，人名7，世紀，日人，仏教，仏人

**長尾雅人**　ながおがじん
明治40（1907）年8月22日～
昭和～平成期の仏教学者。京都大学教授。インド仏教、特に大乗仏教の中心思想の解読に尽力。著書に「西蔵仏教研究」など。
¶現情，世紀（㊣明治40（1907）年8月24日），日人

**長岡為麿**　ながおかためまろ
正保3（1646）年～享保3（1718）年2月15日
江戸時代前期～中期の神職。
¶国書

**中岡智学**　なかおかちがく
？　～明治9（1876）年10月3日
江戸時代後期～明治期の僧侶。
¶真宗

**永岡伝吉**　ながおかでんきち
天保11（1840）年～大正6（1917）年
明治・大正期の宮大工、彫刻師。
¶伊豆（㊥大正7（1918）年10月30日），静岡歴，姓氏静岡

**永岡久宜**　ながおかひさよし
？　～天明4（1784）年11月23日
江戸時代中期の神職。
¶国書

**長岡法幢**　ながおかほうどう★
～大正1（1912）年
江戸時代末期～明治期の僧。伊勢藩の布氣清福寺住職。
¶三重続

**長尾華陽**　ながおかよう
文政7（1824）年6月～大正2（1913）年7月12日
明治・大正期の画人・茶人・神官。

¶東三河

**長尾顕慎**（長尾顯愼）　ながおけんしん★
嘉永4（1851）年9月1日～
江戸時代後期～明治期の男爵。興福寺惣珠院住職。
¶男爵（長尾顯愼）

**仲尾次政隆**　なかおしせいりゅう
尚灝7（1810）年～尚泰24（1871）年
江戸時代後期～明治期の琉球の官吏、浄土真宗の布教者。
¶朝日（㊤尚灝7年5月11日（1810年6月12日）㊥尚泰24年7月8日（1871年8月23日）），維新，沖縄百（㊤尚灝7（1810）年5月11日　㊥尚泰24（1871）年7月8日），近現，近世，国史，コン改，コン4，コン5，史人（㊤1810年5月11日　㊥1871年7月8日），新潮，姓氏沖縄，日人，幕末大（㊤文化7（1810）年5月11日　㊥明治4（1871）年7月8日），歴大

**仲尾俊博**　なかおしゅんぱく
大正10（1921）年7月26日～平成7（1995）年6月24日
昭和～平成期の印度哲学者。種智院大学教授。
¶現執1期，現執2期，真宗

**中尾大膳**　なかおだいぜん
生没年不詳
明治期の神職。大住郡今泉村諏訪明神・正八幡宮神主。
¶神奈川人

**長尾大池**　ながおだいち★
江戸時代の伊勢桑名藩藩士、喜多見院住職。
¶三重続

**長尾常良**　ながおつねよし
～大正9（1920）年
明治～大正期の神職。
¶神人

**長尾丁郎**　ながおていろう
明治24（1891）年5月9日～昭和42（1967）年4月2日
大正～昭和期の日本基督教団越谷教会牧師。
¶埼玉人

**長尾巻**　ながおまき
嘉永5（1852）年8月5日～昭和9（1934）年3月23日
明治～昭和期の日本基督教会牧師。
¶石川百，キリ，世紀，姓氏石川，日人，ふる，北陸20，明大1

**中尾宗茂**　なかおむねしげ
寛文12（1672）年～？
江戸時代前期～中期の神道家。
¶国書

**永尾了観**　ながおりょうかん
嘉永5（1852）年～明治38（1905）年
江戸時代後期～明治期の僧。皆満寺住職。
¶姓氏愛知

**中尾良信**　なかおりょうしん
昭和27（1952）年4月1日～
昭和期の仏教学者。花園大学教授。
¶現執2期

**中川興長**　なかがわおきなが
嘉永6（1853）年10月20日～大正9（1920）年
江戸時代後期～大正期の神職。
¶華畫，神人，男爵（㊥大正9（1920）年5月15日）

**中川景輝**　なかがわかげき
明治22（1889）年1月1日～昭和10（1935）年6月5日
明治～昭和期の日本基督教会牧師。
¶キリ

**中川寛**　なかがわかん
文政12（1829）年～明治38（1905）年　㊙中川寛（なかがわひろし）
江戸時代末期～明治期の神職。
¶岡山百，岡山歴（なかがわひろし　㊤文政12（1829）年12月21日　㊥明治38（1905）年10月22日），人名（なかがわひろし），日人（なかがわひろし　㊤1830年），幕末，幕末大

な

**中川貫道**　なかがわかんどう
明治43（1910）年6月22日～昭和62（1987）年7月16日
昭和期の臨済宗建長寺派僧侶。管長、建長寺住職。
¶現情

**中川教宏**　なかがわきょうこう
文化3（1806）年～？
江戸時代後期の僧、殖産家。
¶人名，日人，三重続（㊤文化3年10月3日）

**中川邦三郎**　なかがわくにさぶろう
文久2（1862）年4月15日～昭和5（1930）年2月3日
明治～昭和期の日本メソジスト教会牧師。
¶埼玉人

**中川浩文**　なかがわこうぶん
大正12（1923）年5月4日～昭和58（1983）年　㊙中川浩文（なかがわひろふみ）
昭和期の仏教学者。
¶現執1期（なかがわひろふみ），真宗（㊥昭和58（1983）年3月27日），奈良文（なかがわひろふみ），仏人（なかがわひろふみ　㊤1924年）

**中川公美**　なかがわこうみ
明治期の僧侶。
¶真宗

**中川守脱**　なかがわしゅだつ
文化1（1804）年～明治17（1884）年2月10日　㊙守脱（しゅだつ），大宝（だいほう）
江戸時代末期～明治期の天台寺門宗学僧。近江園城寺日光院住職。
¶近現（守脱　しゅだつ），近世（守脱　しゅだつ），国史（守脱　しゅだつ），国書（守脱　しゅだつ），人名（大宝　だいほう），日人，仏教，仏史（守脱　しゅだつ），仏人（大宝　だいほう），明大1

**中川善教**　なかがわぜんきょう
明治40（1907）年2月2日～平成2（1990）年3月26日
大正～昭和期の高野山派声明伝承者。

¶音楽，音人，新芸，世紀，日音，仏教

**中川宋淵** なかがわそうえん
明治40（1907）年3月19日～昭和59（1984）年3月11日　㊙宗淵（そうえん）
昭和期の禅僧、俳人。生涯を句境禅心に行動。
¶伊豆，近文，現朝，現情，現俳，世紀，日人，俳句（宗淵　そうえん），俳文，仏人，山梨文

**中川武俊** なかがわたけとし
弘化3（1846）年～？
江戸時代後期～末期の神職。
¶神人

**中川経晃** なかがわつねあき
慶安3（1650）年1月28日～享保9（1724）年　㊙中川経晃（なかがわつねてる）
江戸時代前期～中期の神官、国学者。
¶国書（なかがわつねてる　㊚享保9（1724）年11月16日），神人（なかがわつねてる　㊚享保9（1724）年11月16日），人名，日人（なかがわつねてる），三重続

**中川経晨** なかがわつねあき
？～寛文10（1670）年3月26日
江戸時代前期の神職。
¶国書

**中川経皜** なかがわつねあきら
天保4（1833）年～安政5（1858）年3月9日
江戸時代後期～末期の神職。
¶国書

**中川経林** なかがわつねしげ
→荒木田経林（あらきだつねしげ）

**中川経高** なかがわつねたか
元文1（1736）年～文化7（1810）年10月22日
江戸時代中期～後期の神職。
¶公家（経高〔伊勢内宮禰宜荒木田氏〕　つねたか），国書

**中川経雅** なかがわつねただ
→荒木田経雅（あらきだつねただ）

**中川経晃** なかがわつねてる
→中川経晃（なかがわつねあき）

**中川経豊** なかがわつねとよ
→荒木田経豊（あらきだつねとよ）

**中川経美** なかがわつねはる
→荒木田経美（あらきだつねよし）

**中川経界** なかがわつねひろ
明治期の神職。旧伊勢神宮内宮神主。
¶華請

**中川経冬** なかがわつねふゆ
→荒木田経冬（あらきだつねふゆ）

**中川経雅** なかがわつねまさ
→荒木田経雅（あらきだつねただ）

**中川経盛** なかがわつねもり
→荒木田経盛（あらきだつねもり）

**中川日史** なかがわにっし
明治19（1886）年8月18日～昭和51（1976）年3月11日
昭和期の顕本法華宗僧侶。
¶岡山歴，仏人

**中川宮朝彦親王** なかがわのみやあさひこしんのう
→朝彦親王（あさひこしんのう）

**中川秀恭** なかがわひでやす
明治41（1908）年1月1日～平成21（2009）年4月26日
大正～昭和期の哲学者、神学者。
¶キリ，現執1期，現執2期，現情，島根百，新カト，世紀，日Y

**中川寛** なかがわひろし
→中川寛（なかがわかん）

**中川浩文** なかがわひろふみ
→中川浩文（なかがわこうぶん）

**中川正文** なかがわまさふみ
大正10（1921）年1月11日～
昭和～平成期の児童文学作家、児童文化研究家。善教寺住職、大阪国際児童文学館理事長・館長。専門は児童文化論。京都女子大学の人形・影絵劇団「子どもの劇場」を主宰。著書に「児童文化」など。
¶京都文，近文，現情，滋賀文，児作，児人，児文，世紀，奈良文，日児，日人

**中川陸奥清彦** なかがわむつきよひこ
文政12（1829）年11月21日～明治39（1906）年10月23日
江戸時代後期～明治期の神職。
¶神人

**中川与志** なかがわよし
明治2（1869）年7月4日～大正11（1922）年3月22日
明治～大正期の宗教家、教育者。
¶学校，明大1

**中川吉益** なかがわよします
生没年不詳
江戸時代中期の神職。
¶国書

**中義乗** なかぎじょう
明治25（1892）年2月29日～昭和52（1977）年6月7日
明治～昭和期の声明家。
¶音人，新芸，日音

**永久保秀二郎** ながくぼしゅうじろう
嘉永2（1849）年3月3日～大正13（1924）年12月24日　㊙永久保秀次郎（ながくぼひでじろう），永久保秀二郎（ながくぼひでじろう），永久保周治郎，観潮楼主人，春湖，春湖山人
明治～昭和期の教員、伝道師。
¶社史，風土（永久保秀次郎　ながくぼひでじろ

う），北海道百（ながくぼひでじろう），北海道歴（永久保秀次郎　ながくぼひでじろう）

**永久保秀次郎**（永久保秀二郎）　ながくぼひでじろう
→永久保秀二郎（ながくぼしゅうじろう）

**長坂鑒次郎**　ながさかかんじろう
明治4（1871）年～昭和27（1952）年
明治～昭和期の牧師。
¶兵庫百

**長坂クララ**　ながさかくらら
元治1（1864）年11月25日～明治44（1911）年2月8日
明治期のキリスト教伝道者。新潟女学校教師。和服の宣教師と慕われた。植物学の研究者としても著名。
¶女性，女性普，日人

**長崎君舒**　ながさきくんじょ
？　～延享3（1746）年
江戸時代中期の僧、文人。
¶長崎百

**長崎篁斎**　ながさきこうさい
生没年不詳
高山の僧。陶画工として彦根藩で湖東焼に赤絵を描く。
¶飛驒

**長崎甚左衛門**　ながさきじんざえもん
？　～元和8（1622）年
江戸時代前期の肥前大村藩士。
¶郷土長崎，人名（㊡1621年），日人（㊤1548年？），藩臣7（生没年不詳）

**長崎法潤**　ながさきほうじゅん
昭和9（1934）年～
昭和期のインド哲学・仏教学者。
¶現執1期

**中里衛門**　なかざとえもん
江戸時代末期～明治期の宇都宮二荒山神社神官。
¶栃木歴

**中里昌競**　なかざとしょうきょう
～昭和42（1967）年4月24日
昭和期の僧侶、日本画家。
¶美家

**中里神太夫**　なかざとじんだゆう
生没年不詳
戦国時代の宇都宮大明神の神官。宇都宮氏の重臣。
¶戦辞

**中里武太郎**　なかざとたけたろう
明治期の神職。旧二荒山神社神主。
¶華請

**中里千族**　なかざとちから
天保2（1831）年～大正4（1915）年
江戸時代末期～明治期の宇都宮二荒山神社神官、歌人。
¶栃木歴

**仲里朝章**　なかざとちょうしょう
明治24（1891）年11月7日～昭和48（1973）年2月10日
大正～昭和期の牧師、教育者。沖縄キリスト教短期大学初代理事長・学長。
¶沖縄百

**中里朝忠**　なかざとともただ
江戸時代末期の真岡中村八幡の神主。
¶栃木歴

**長沢市介**　ながさわいちすけ，ながざわいちすけ
？　～天正1（1573）年3月26日
戦国時代の神主・神官。
¶織田，織田2，戦人，戦補（ながざわいちすけ）

な

**長沢雄楯**　ながさわおたて
安政5（1858）年～昭和15（1940）年
江戸時代末期～昭和期の神職。
¶神人

**中沢見明**　なかざわけんみょう
明治18（1885）年4月12日～昭和21（1946）年1月21日
大正～昭和期の浄土真宗本願寺派学僧。
¶昭人，真宗（㊤明治19（1886）年4月12日），仏教

**中沢洽樹**　なかざわこうき
大正4（1915）年11月15日～平成9（1997）年6月18日
昭和期の旧約聖書学者。立教大学教授。
¶キリ，現執1期，現情，高知人，世紀

**長沢実導**　ながさわじつどう
明治43（1910）年2月16日～昭和43（1968）年
昭和期の仏教学者、真言宗智山派僧侶。
¶栃木人（㊡昭和43（1968）年12月20日），仏教（㊡昭和43（1968）年12月19日），仏人

**中沢新一**　なかざわしんいち
昭和25（1950）年5月28日～
昭和～平成期の宗教学者、思想家。中央大学教授。専門は宗教人類学、宗教学。“ニュー・アカデミズム”派の思想家の一人。著書に「観光」など。
¶現朝，幻作，現執3期，現執4期，現情，幻想，現日，世紀，日人，マス89，履歴2

**長沢正**　ながさわただし
明治40（1907）年～
昭和期の宗教家。
¶多摩

**長沢徳玄**　ながさわとくげん★
明治5（1872）年～
明治期の僧。東叡山輪王寺門跡。
¶栃木人

**中沢隼人**　なかざわはやと
明治30（1897）年～昭和42（1967）年
昭和期の宗教家。
¶神奈川人，姓氏神奈川

**中沢松三郎**　なかざわまつさぶろう
明治4（1871）年～昭和10（1935）年

昭和期の宗教家。
¶神奈川人，姓氏神奈川

**中島仰** なかじまあおぐ
＊〜？　[別]中島仰（なかじまぎょう）
明治〜大正期の神職。
¶神人（[生]明治6（1873）年），図人（なかじまぎょう　[生]？）

**中島覚亮** なかじまかくりょう
慶応2（1866）年1月30日〜大正12（1923）年10月5日
明治〜大正期の僧侶。
¶真宗

**中島観琇** なかじまかんしゅう
嘉永1（1848）年9月22日〜大正12（1923）年2月2日
明治〜大正期の僧。
¶世紀，日人，明大1

**中島仰** なかじまぎょう
→中島仰（なかじまあおぐ）

**中島慈応** なかじまじおう
明治〜昭和期の僧侶。
¶真宗

**中島真孝** なかじましんこう
明治22（1889）年1月7日〜昭和49（1974）年3月30日
大正〜昭和期の教育家、仏教家。宗教教育学の展開に寄与。
¶世紀，哲学，仏人

**長島竹澗**（長島竹澗） ながしまちくかん
文政6（1823）年〜明治22（1889）年
江戸時代末期・明治期の僧。大聖寺住職。竜泉寺住職。竜泉寺塾を開校。
¶伊豆（[生]文政8（1825）年），静岡歴，姓氏静岡（長島竹澗）

**中島哲演** なかじまてつえん
昭和17（1942）年2月26日〜
昭和〜平成期の僧侶、原発設置反対小浜市民の会事務局長。被爆者のための平和運動に始まり、のち反原発運動に関わる。著書に「原発銀座・若狭から」など。
¶現朝，世紀，平和

**中島友文** なかじまともぶみ，なかしまともふみ
文政11（1828）年〜明治30（1897）年2月16日
江戸時代末期〜明治期の国学者。起倒流柔術を学ぶ。著に「校正万葉集通解」など。
¶愛知百（なかしまともふみ　[生]1828年1月　[没]1897年2月6日），国書（[生]文政11（1828）年1月），姓氏愛知（なかしまともふみ），幕末，幕末大

**中島ひろい** なかじまひろい
安政5（1858）年1月8日〜昭和17（1942）年
明治〜昭和期の社会教育者。仏教会館を設立。愛国婦人会会員、宮城県支部評議委員、婦人会長などを歴任。
¶女性，女性普，姓氏宮城

**中島広定** なかじまひろさだ
文政6（1823）年〜明治13（1880）年
明治期の国学師範。菊池神社の宮司。
¶熊本人

**中島博光** なかじまひろみつ
慶応1（1865）年〜昭和18（1943）年
江戸時代末期〜昭和期の神職。
¶神人

**中島広行** なかじまひろゆき
文化14（1817）年〜＊
江戸時代末期〜明治期の歌人、長崎諏訪神社宮司。
¶人名（[没]1898年），日人（[没]1900年），明大1（[没]明治33（1900）年2月8日），和俳（[没]明治31（1898）年）

**中嶋正昭** なかじままさあき
昭和3（1928）年12月2日〜平成8（1996）年10月15日
昭和〜平成期の牧師。日本基督教協議会議長。靖国神社国営化反対、南ベトナム政治犯釈放など革新的な運動を推進。
¶現朝，現情，現人，世紀，日人，平和

**中島正国** なかしままさくに
明治29（1896）年1月17日〜昭和39（1964）年3月16日
大正〜昭和期の神職。
¶島根人，島根百，島根歴

**中島匡弥** なかしままさや
明治25（1892）年〜昭和55（1980）年
大正〜昭和期の神職、政治家。益田町町長。
¶島根歴

**永島与八** ながしまよはち
明治6（1873）年3月26日〜昭和19（1944）年5月12日
明治期の農民、基督教伝道者。日本組合教会佐野教会執事。
¶郷土群馬（[生]1877年），群新百，群馬人，社史，姓氏群馬（[生]1871年），明治史

**中島力三郎** なかじまりきさぶろう
慶応3（1867）年〜昭和22（1947）年
明治〜昭和期の牧師。
¶姓氏宮城

**中条佐種** なかじょうすけたね
生没年不詳　[別]中条佐種（ちゅうじょうすけたね）
江戸時代前期の陸奥仙台藩医、キリシタン。
¶藩臣1

**中杉弘** なかすぎひろし
昭和16（1941）年9月5日〜
昭和〜平成期の僧侶。龍眼寺大僧正、正理研究会主宰。
¶現執3期

**中田羽後** なかだうご
明治29（1896）年9月9日〜昭和49（1974）年7月14日
大正〜昭和期の音楽伝道者。

¶秋田人2，キリ

**長滝一雄** ながたきかずお
明治33（1900）年～昭和50（1975）年11月11日
昭和期の宗教家。日蓮会殉教衆青年党（死なう団）幹部として活動する。
¶現人，世紀

**長田喜八郎** ながたきはちろう
生没年不詳
戦国時代の神職。三河国大浜郷熊野神社の神主。
¶戦辞

**永竹威** ながたけたけし
大正5（1916）年2月23日～昭和62（1987）年5月29日
昭和期の美術評論家、僧侶。佐賀県文化館長、有田陶磁美術館長。常福寺20世住職。肥前陶磁史を研究し、鍋島藩窯の調査、柿右衛門の窯跡の発掘などに参加。
¶現執1期，現執2期，佐賀百，世紀，日人

**永田樗船** ながたこうせん
天保5（1834）年～明治17（1884）年
江戸時代末期～明治期の禅僧。近畿東海間を往来し禅門の衰退挽回に尽力。
¶人名

**長田シゲ** ながたしげ
明治33（1900）年7月31日～昭和54（1979）年4月16日
昭和期の社会事業家。光の園白菊寮を設立。
¶大分百，大分歴，女性，女性普，新カト，世紀，日人

**中田重治** なかたしげはる，なかだしげはる
→中田重治（なかだじゅうじ）

**中田重治** なかだじゅうじ，なかたじゅうじ
明治3（1870）年～昭和14（1939）年9月24日 [別]中田重治（なかたしげはる，なかだしげはる）
明治～昭和期のキリスト教伝道者。東京ホーリネス教会初代監督。内村鑑三らと再臨運動を展開。著書に「聖書より見たる日本」。
¶朝日（[生]明治3年10月3日（1870年10月27日）），海越新（[生]明治3（1870）年10月3日），キリ（[生]明治3年10月3日（1870年10月27日）），近現（なかたしげはる），広7，国史（なかたしげはる），コン改（なかだしげはる），コン5，史人（[生]1870年10月3日），社史，昭人（[生]明治3（1870）年10月3日），新カト（[生]明治3（1870）年11月20日），新潮（[生]明治3（1870）年10月3日），人名7，世紀（[生]明治3（1870）年10月3日），世百，渡航（なかだしげはる [生]1870年10月27日），日人（[生]明治3（1870）年10月3日），百科，明治史，履歴（[生]明治3（1870）年10月27日），履歴2（[生]明治3（1870）年10月27日），歴大（なかたじゅうじ）

**永田正源** ながたしょうげん
享和3（1803）年～万延1（1860）年
江戸時代後期～末期の真宗門徒。
¶姓氏鹿児島

**中田正朔** なかだせいさく
天保12（1841）年～大正2（1913）年 [別]中田正朔（なかたまさもと）
明治期の神職。神宮皇学館館長、広田神宮宮司などを務めた。
¶神人（なかたまさもと），人名（[生]1840年），世紀（[没]大正2（1913）年1月12日），日人，三重続，明大1（[没]大正2（1913）年1月12日）

**中田天泉** なかだてんせん
明治28（1895）年5月25日～昭和48（1973）年5月26日
大正～昭和期の歌人。僧職。
¶姓氏富山，富山文

**永田尚友** ながたなおとも
～嘉永1（1848）年6月1日
江戸時代後期の富商。高山市の善応寺の中興開山。
¶飛驒

**中谷イト** なかたにいと
天保11（1840）年～大正15（1926）年7月5日
大正期の隠れキリシタン。江戸時代以来のキリシタン伝統を維持、千提寺教会建設。
¶女性，女性普

**䶒含雄** ながたにがんゆう
明治29（1896）年1月27日～昭和39（1964）年10月2日
大正～昭和期の真宗大谷派僧侶、宗教教育者。大谷大学教授、宗務総長。
¶真宗，世紀，鳥取百，日人，仏人

**中谷桑南** なかたにそうなん
文政2（1819）年～明治16（1883）年3月10日
江戸時代末期～明治期の僧。
¶科学，日人，明大1，和歌山人

**中田日阜** なかたにちふ，なかだにちふ
天保7（1836）年～明治26（1893）年8月26日 [別]中田日阜（なかだにっぷ）
江戸時代末期～明治期の日蓮宗僧侶。身延山久遠寺第76世。
¶人名（なかだにっぷ），富山百（なかだにちふ [生]天保7（1836）年5月），仏教

**䶒経丸** ながたにつねまる
明治1（1868）年6月24日～大正5（1916）年12月9日
明治～大正期の僧侶。
¶真宗，鳥取百

**中田日阜** なかだにっぷ
→中田日阜（なかたにちふ）

**中田信蔵** なかだのぶぞう
明治14（1881）年9月15日～昭和21（1946）年3月15日
明治～昭和期の無教会伝道者。
¶キリ

**中田はる** なかたはる
寛永11（1634）年～宝永7（1710）年
江戸時代前期～中期の女性。伊勢国のキリシタンの娘。

な

¶女性

**長田兵平** ながたひょうへい
天保5(1834)年～大正2(1913)年
明治期の神官。日露戦争戦勝祈願のため全国官幣社・国幣社の巡拝を行った。
¶人名，日人，明大1(㊀天保5(1834)年4月8日 ㊁大正2(1913)年10月24日)

**永田ふく** ながたふく
明治24(1891)年～昭和50(1975)年12月9日
大正～昭和期の宗教家。神道天善教会を開き、伝道布教につとめる。のちに御岳教に所属する。
¶女性，女性普



**永田法順** ながたほうじゅん
昭和10(1935)年～平成22(2010)年1月24日
昭和～平成期の琵琶法師。宮崎県指定無形文化財保持者(日向盲僧琵琶)。
¶視覚(㊀昭和10(1935)年9月9日)，新芸(㊀昭和10(1935)年9月)

**永田方正** ながたほうせい
天保15(1844)年3月1日～明治44(1911)年8月22日
明治期の教育者、アイヌ研究者。アイヌ教育の調査を行い、アイヌ語研究にかかわる。著書に「北海小文典」など。
¶朝日(㊀天保15年3月1日(1844年4月18日))，愛媛，愛媛百，キリ(㊀天保15年3月1日(1844年4月18日))，コン改(㊀1838年)，コン5(㊀天保9(1838)年)，札幌，世紀，日人，根千，風土(㊀天保9(1838)年)，北海道百(㊀天保9(1838)年)，北海道歴(㊀天保9(1838)年 ㊁明治41(1908)年)，明大2

**中田正朔** なかたまさもと
→中田正朔(なかだせいさく)

**永塚裕康** ながつかひろし
→永塚裕康(ながつかゆうこう)

**永塚裕康** ながつかゆうこう
昭和4(1929)年3月30日～ ㊔永塚裕康(ながつかひろし)
昭和～平成期の作曲家、僧侶。
¶音人2(ながつかひろし)，音人3

**中津仏丈** なかつぶつじょう
明治18(1885)年～昭和23(1948)年
明治～昭和期の俳人。
¶島根人，島根百，島根歴

**中臣俊嶺** なかとみしゅんれい
文化7(1810)年3月15日～明治21(1888)年 ㊔俊嶺(しゅんれい)
江戸時代末期～明治期の浄土真宗本願寺派学僧。勧学。
¶国書(俊嶺 しゅんれい ㊀文化7(1810)年1月 ㊁明治21(1888)年12月13日)，真宗(㊁明治21(1888)年12月23日)，日人，福井百(俊嶺 しゅんれい)，仏教(㊁明治21(1888)年12月23日)，明大1(㊁明治21(1888)年12月13日)

**中臣祐明** なかとみすけあき
天養1(1144)年～安貞3(1229)年 ㊔中臣祐明(なかとみのすけあき)
鎌倉時代前期の歌人。
¶鎌室(生没年不詳)，国書(㊁安貞3(1229)年2月25日)，古人(なかとみのすけあき)，日人(なかとみのすけあき)

**中臣祐舎** なかとみすけいえ
正保1(1644)年～元禄6(1693)年7月7日
江戸時代前期～中期の神職。
¶国書5

**中臣祐礒** なかとみすけいそ
→中臣祐礒(なかとみゆうぎ)

**中臣祐殖** なかとみすけえ
建治1(1275)年～正平7/文和1(1352)年3月24日
鎌倉時代後期～南北朝時代の神職・歌人。
¶国書

**中臣祐臣** なかとみすけおみ
*～興国3/康永1(1342)年 ㊔中臣祐臣(なかとみのすけおみ)
鎌倉時代後期～南北朝時代の歌人、神官。
¶鎌室(㊀？)，国書(㊀建治1(1275)年 ㊁康永1(1342)年11月22日)，人名(なかとみのすけおみ ㊀？)，中世(なかとみのすけおみ ㊀1275年)，日人(なかとみのすけおみ ㊀1275年)，和俳(㊀？)

**中臣祐父** なかとみすけおや
永正11(1514)年～慶長4(1599)年1月4日
戦国時代～安土桃山時代の神職。
¶国書

**中臣祐賢** なかとみすけかた
承久1(1219)年～弘安5(1282)年11月3日
鎌倉時代前期～後期の神職・歌人。
¶国書

**中臣祐金** なかとみすけかね
永正7(1510)年～天正14(1586)年5月18日
戦国時代～安土桃山時代の神職。
¶国書

**中臣祐国** なかとみすけくに
天文4(1535)年～慶長4(1599)年3月22日
戦国時代～安土桃山時代の神職。
¶国書

**中臣祐栄** なかとみすけしげ
慶長7(1602)年～万治2(1659)年10月22日
安土桃山時代～江戸時代前期の神職。
¶国書

**中臣祐重** なかとみすけしげ
→中臣祐重(なかとみのすけしげ)

**中臣祐茂** なかとみすけしげ
？～文永6(1269)年 ㊔中臣祐茂(なかとみのすけしげ)
鎌倉時代前期の歌人、神官。
¶鎌室，国書(㊀正治1(1199)年 ㊁文永6

(1269)年10月13日)，人名(なかとみのすけしげ)，中世(なかとみのすけしげ [生]?)，日人(なかとみのすけしげ [生]1199年)，和俳

**中臣祐親** なかとみすけちか
仁治1(1240)年～元亨2(1322)年2月26日
鎌倉時代前期～後期の神職・歌人。
¶国書

**中臣祐維** なかとみすけつな
文明6(1474)年～天文5(1536)年8月16日
戦国時代の神職。
¶国書

**中臣祐任** なかとみすけとう
永仁2(1294)年～正平13/延文3(1358)年6月18日
鎌倉時代後期～南北朝時代の神職・歌人。
¶国書

**中臣祐時** なかとみすけとき
正平23/応安1(1368)年～文安2(1445)年7月18日
南北朝時代～室町時代の神職。
¶国書

**中臣祐辰** なかとみすけとき
寛正2(1461)年～享禄2(1529)年11月1日
室町時代～戦国時代の神職。
¶国書

**中臣祐俊** なかとみすけとし
→中臣祐俊(なかとみのすけとし)

**中臣祐富** なかとみすけとみ
応永6(1399)年～永享11(1439)年8月18日
室町時代の神職。
¶国書

**中臣祐字** なかとみすけな
延宝6(1678)年～正徳5(1715)年9月14日
江戸時代前期～中期の神職。
¶国書

**中臣祐永** なかとみすけなが
文永3(1266)年～延元3/暦応1(1338)年1月26日
鎌倉時代後期～南北朝時代の神職。
¶国書

**中臣祐長** なかとみすけなが
文禄1(1592)年～明暦2(1656)年7月14日
安土桃山時代～江戸時代前期の神職。
¶国書

**中臣祐夏** なかとみすけなつ
生没年不詳
南北朝時代の神職・歌人。
¶国書

**中臣祐紀** なかとみすけのり
天正10(1582)年～正保2(1645)年1月15日
安土桃山時代～江戸時代前期の神職。
¶国書

**中臣祐憲** なかとみすけのり
文中3/応安7(1374)年～康正3(1457)年7月13日
南北朝時代～室町時代の神職。
¶国書

**中臣祐宣** なかとみすけのり
慶安3(1650)年～元禄10(1697)年4月1日
江戸時代前期～中期の神職。
¶国書

**中臣祐範** なかとみすけのり
天文11(1542)年～元和9(1623)年閏8月1日
戦国時代～江戸時代前期の神職・連歌作者。
¶国書

**中臣祐春** なかとみすけはる
寛元3(1245)年～正中1(1324)年 [別]千鳥祐春(ちどりすけはる)，中臣祐春(なかとみのすけはる)
鎌倉時代後期の歌人、神官。
¶鎌室，国書([没]元亨4(1324)年9月4日)，神人(なかとみのすけはる [没]正中1(1324)年9月5日)，人名(千鳥祐春 ちどりすけはる)，人名(なかとみのすけはる [生]?)，中世(なかとみのすけはる)，日人(なかとみのすけはる)，和俳

**中臣祐久** なかとみすけひさ
天文16(1547)年～慶長6(1601)年3月15日
戦国時代～安土桃山時代の神職。
¶国書

**中臣祐房** なかとみすけふさ
承暦2(1078)年～仁平2(1152)年12月24日
平安時代後期の神職。
¶国書

**中臣祐松** なかとみすけまつ
永享2(1430)年～明応8(1499)年9月22日
室町時代～戦国時代の神職。
¶国書

**中臣祐光** なかとみすけみつ
元中3/至徳3(1386)年～応永20(1413)年2月12日
南北朝時代～室町時代の神職。
¶国書

**中臣祐弥** なかとみすけみつ
永享7(1435)年～永正5(1508)年11月18日
室町時代～戦国時代の神職。
¶国書

**中臣祐根** なかとみすけもと
大永6(1526)年～天正16(1588)年5月23日
戦国時代～安土桃山時代の神職・連歌作者。
¶国書

**中臣祐用** なかとみすけゆ
→中臣祐用(なかとみのすけもち)

**中臣祐之** なかとみすけゆき
慶安3(1650)年～延宝6(1678)年12月3日
江戸時代前期の神職。
¶国書

な

**中臣祐世** なかとみすけよ
建長5(1253)年～延元4/暦応2(1339)年7月15日
鎌倉時代後期～南北朝時代の神職・歌人。
¶国書

**中臣祐恩** なかとみすけよし
→中臣祐恩(なかとみゆうおん)

**中臣祐称** なかとみすけよし
? ～天文15(1546)年3月15日
戦国時代の神職。
¶国書

**中臣遠忠** なかとみとおただ
康治1(1142)年～貞応2(1223)年3月2日
平安時代後期～鎌倉時代前期の神職。
¶国書

な

**中臣毛人** なかとみのえみし
奈良時代の神祇官人。
¶古人

**中臣伊房** なかとみのこれふさ
～長承1(1132)年
平安時代後期の春日社神主。
¶古人

**中臣祐明**(1) なかとみのすけあき
→中臣祐明(なかとみすけあき)

**中臣祐明**(2) なかとみのすけあき
寛政5(1793)年～文久1(1861)年4月23日
江戸時代末期の神官(春日社次権預)。
¶公卿，公卿普，公家(祐明〔春日神社預中臣諸家〕　すけあき　㊤1792年　㊦万延1(1860)年4月23日)

**中臣祐諄** なかとみのすけあつ
明和7(1770)年～天保9(1838)年6月14日
江戸時代末期の神官(春日社正預)。
¶公卿，公卿普，公家(祐諄〔春日神社預中臣諸家〕　すけあつ)

**中臣祐当** なかとみのすけあて
寛文2(1662)年～享保17(1732)年1月2日
江戸時代中期の神官(春日社新預)。
¶公卿，公卿普，公家(祐当〔春日神社預中臣諸家〕　すけまさ)

**中臣祐兄** なかとみのすけあに
延享2(1745)年～文化13(1816)年8月12日
江戸時代中期～後期の神官(春日社正預)。
¶公卿，公卿普，公家(祐兄〔春日神社預中臣諸家〕　すけえ)

**中臣祐臣** なかとみのすけおみ
→中臣祐臣(なかとみすけおみ)

**中臣祐処** なかとみのすけおり
宝永6(1709)年～明和2(1765)年1月2日
江戸時代中期の神官(春日社次預)。
¶公卿，公卿普，公家(祐処〔春日神社預中臣諸家〕　すけおり)

**中臣祐恩** なかとみのすけおん
→中臣祐恩(なかとみゆうおん)

**中臣祐礒** なかとみのすけぎ
→中臣祐礒(なかとみゆうぎ)

**中臣祐薫** なかとみのすけしげ
享保6(1721)年～寛政3(1791)年8月14日
江戸時代中期の神官(春日社正預)。
¶公卿，公卿普，公家(祐薫〔春日神社預中臣諸家〕　すけかお)

**中臣祐重** なかとみのすけしげ
保安4(1123)年～建久3(1192)年2月24日　㊕中臣祐重(なかとみすけしげ)
平安時代後期の神職。
¶国書(なかとみすけしげ　㊤保安3(1122)年)，古人，平史

**中臣祐茂** なかとみのすけしげ
→中臣祐茂(なかとみすけしげ)

**中臣祐嵩** なかとみのすけたか
寛政6(1794)年～天保9(1838)年6月14日
江戸時代後期の神官(春日社権預)。
¶公卿，公卿普，公家(祐嵩〔春日神社預中臣諸家〕　すけたか　㊦?)

**中臣祐俊** なかとみのすけとし
寛永5(1628)年～元禄10(1697)年9月26日　㊕中臣祐俊(なかとみすけとし)
江戸時代前期の神官(春日社正預)。
¶公卿，公卿普，公家(祐俊〔春日神社預中臣諸家〕　すけとし)，国書(なかとみすけとし)

**中臣助延** なかとみのすけのぶ
～延久1(1069)年
平安時代後期の神宮正預。
¶古人

**中臣祐延** なかとみのすけのぶ
寛政3(1791)年～嘉永2(1849)年10月11日
江戸時代後期の神官(春日社正預)。
¶公卿，公卿普，公家(祐延〔春日神社預中臣諸家〕　すけのぶ)

**中臣習宜山守** なかとみのすげのやまもり
奈良時代の伊勢神宮大宮司。
¶古人

**中臣祐至** なかとみのすけのり
寛保2(1742)年～文化3(1806)年9月22日
江戸時代中期～後期の神官(春日社神宮権預)。
¶公卿，公卿普，公家(祐至〔春日神社預中臣諸家〕　すけよし)

**中臣祐春** なかとみのすけはる
→中臣祐春(なかとみすけはる)

**中臣祐丕** なかとみのすけひろ
明和7(1770)年～天保9(1838)年6月14日
江戸時代後期の神官(春日社権預)。
¶公卿，公卿普，公家(祐丕〔春日神社預中臣諸家〕　すけひ)

**中臣祐雅**　なかとみのすけまさ
享保20(1735)年～寛政2(1790)年7月24日
江戸時代中期の神官(春日社若宮神主)。
¶公卿，公卿普，公家(祐雅〔春日神社預中臣諸家〕　すけまさ)

**中臣祐益**　なかとみのすけます
正徳1(1711)年～安永1(1772)年10月24日
江戸時代中期の神官(春日若宮神主)。
¶公卿，公卿普，公家(祐益〔春日神社預中臣諸家〕　すけます)

**中臣祐道**　なかとみのすけみち
文化12(1815)年～明治1(1868)年3月13日
江戸時代末期の神官(春日社若宮神主)。
¶公卿，公卿普，公家(祐道〔春日神社預中臣諸家〕　すけみち)

**中臣祐誠**　なかとみのすけみつ
天明2(1782)年～？
江戸時代後期の神官(春日社若宮神主)。
¶公卿，公卿普，公家(祐誠〔春日神社預中臣諸家〕　すけまさ　㊀？)

**中臣祐木**　なかとみのすけもく
宝暦6(1756)年～文政4(1821)年8月25日
江戸時代中期～後期の神官(春日社正預)。
¶公卿，公卿普，公家(祐木〔春日神社預中臣諸家〕　すけもく)

**中臣祐用**　なかとみのすけもち
明暦1(1655)年～享保5(1720)年9月3日　㊐中臣祐用(なかとみすけゆ)
江戸時代前期～中期の神官(春日社新預)。
¶公卿，公卿普，公家(祐用〔春日神社預中臣諸家〕　すけもち)，国書(なかとみすけゆ)

**中臣近助**　なかとみのちかすけ
寛徳2(1045)年～嘉承1(1106)年
平安時代中期～後期の神宮権預。
¶古人

**中臣連胤**　なかとみのつらたね
寛政7(1795)年～？
江戸時代後期の神官(吉田社権預)。
¶公卿，公卿普，公家(連胤〔吉田社権預鈴鹿家〕　つらたね　㊀？)

**中臣直親**　なかとみのなおちか
寛政6(1794)年～安政2(1855)年10月9日
江戸時代末期の神官(平野社正禰宜)。
¶公卿，公卿普，公家(直親〔平野神社禰宜鈴鹿家〕　なおちか)

**中臣直保**　なかとみのなおやす
文政1(1818)年～安政6(1859)年9月7日
江戸時代末期の神官(平野社正禰宜)。
¶公卿，公卿普，公家(直保〔平野神社禰宜鈴鹿家〕　なおやす)

**中臣並親**　なかとみのなみちか
寛延2(1749)年～文政1(1818)年6月28日
江戸時代中期～後期の神官(平野社正禰宜)。
¶公卿，公卿普，公家(並親〔平野神社禰宜鈴鹿家〕　なみちか)

**中臣延栄**　なかとみののぶしげ
元禄8(1695)年～明和4(1767)年11月14日
江戸時代中期の神官(春日社正預)。
¶公卿，公卿普，公家(延栄〔春日神社預中臣諸家〕　のぶひで)

**中臣延樹**　なかとみののぶしげ
享保5(1720)年～寛政2(1790)年7月13日
江戸時代中期の神官(春日社正預)。
¶公卿，公卿普，公家(延樹〔春日神社預中臣諸家〕　のぶき)

**中臣延相**　なかとみののぶすけ
寛永13(1636)年～元禄15(1702)年10月4日
江戸時代前期～中期の神官(春日社正預)。
¶公卿，公卿普，公家(延相〔春日神社預中臣諸家〕　のぶすけ)

な

**中臣延種**　なかとみののぶたね
慶長12(1607)年～延宝7(1679)年12月28日
江戸時代前期の神官(春日社権預)。
¶公卿，公卿普，公家(延種〔春日神社預中臣諸家〕　のぶたね　㊐1606年　㊀延宝6(1678)年12月28日)

**中臣延庸**　なかとみののぶつね
元禄5(1692)年～宝暦7(1757)年8月16日　㊐中臣延庸(なかとみのぶつね)
江戸時代中期の神官(春日社正預)。
¶公卿，公卿普，公家(延庸〔春日神社預中臣諸家〕　のぶつね)，国書(なかとみのぶつね)

**中臣延陳**　なかとみののぶつら
明和8(1771)年～文政5(1822)年10月1日
江戸時代後期の神官(春日社正預)。
¶公卿，公卿普，公家(延陳〔春日神社預中臣諸家〕　のぶのり)

**中臣延知**　なかとみののぶとも
慶長14(1609)年～延宝8(1680)年2月4日
江戸時代前期の神官(春日社正預)。
¶公卿，公卿普，公家(延知〔春日神社預中臣諸家〕　のぶとも)

**中臣延尚**　なかとみののぶなお
寛永17(1640)年～享保8(1723)年11月18日
江戸時代前期～中期の神官(春日社正預)。
¶公卿，公卿普，公家(延尚〔春日神社預中臣諸家〕　のぶなお)

**中臣延長**　なかとみののぶなが
天明6(1786)年～文久3(1863)年7月10日
江戸時代後期の神官(春日社正預)。
¶公卿，公卿普，公家(延長〔春日神社預中臣諸家〕　のぶなが　㊀文久3(1863)年7月14日)

**中臣延晴**　なかとみののぶはる
寛文9(1669)年～宝暦1(1751)年12月7日　㊐中臣延晴(なかとみのぶはる)
江戸時代中期の神官(春日社正預)。
¶公卿，公卿普，公家(延晴〔春日神社預中臣諸

家〕　のぶはる)，国書(なかとみのぶはる ㊀宝暦1(1751)年12月2日)

**中臣延英**　なかとみののぶひで
寛永15(1638)年～享保4(1719)年11月10日
㊕中臣延英(なかとみのぶひで)
江戸時代前期～中期の神官(春日社正預)。
¶公卿，公卿普，公家(延英〔春日神社預中臣諸家〕　のぶひで)，国書(なかとみのぶひで)

**中臣宣保**　なかとみののぶやす
延宝1(1673)年～宝暦8(1758)年2月25日
江戸時代中期の神官(平野社禰宜)。
¶公卿，公卿普，公家(宣保〔平野神社禰宜鈴鹿家〕　のぶやす)

**中臣延致**　なかとみののぶゆき
寛文9(1669)年～享保16(1731)年11月2日
江戸時代中期の神官(春日社権預)。
¶公卿，公卿普，公家(延致〔春日神社預中臣諸家〕　のぶむね　㊤1668年)

**中臣延雄**　なかとみののぶを
正徳5(1715)年～安永1(1772)年7月28日
江戸時代中期の神官(春日社正預)。
¶公卿，公卿普，公家(延雄〔春日神社預中臣諸家〕　のぶお)

**中臣則興**　なかとみののりおき
生没年不詳
戦国時代の鹿島社大宮司。
¶戦辞

**中臣則恒**　なかとみののりつね
生没年不詳
戦国時代の鹿島社大宮司。
¶戦辞

**中臣則久**　なかとみののりひさ
生没年不詳
戦国時代の鹿島社大宮司。
¶戦辞

**中臣則房**　なかとみののりふさ
生没年不詳
戦国時代の鹿島社大宮司。
¶戦辞

**中臣広見**　なかとみのひろみ
奈良時代の神祇伯。
¶古人，神人(生没年不詳)

**中臣信清**　なかとみのぶきよ
天延2(974)年～永承7(1052)年1月25日
平安時代中期～後期の神職。
¶国書

**中臣延庸**　なかとみのぶつね
→中臣延庸(なかとみののぶつね)

**中臣延遠**　なかとみのぶとお
永久3(1115)年～安元2(1176)年1月1日
平安時代後期の神職。
¶国書

**中臣延朝**　なかとみのぶとも
延慶2(1309)年～明徳4(1393)年11月4日
鎌倉時代後期～室町時代の神職・歌人。
¶国書

**中臣延晴**　なかとみのぶはる
→中臣延晴(なかとみののぶはる)

**中臣延英**　なかとみのぶひで
→中臣延英(なかとみののぶひで)

**中臣延秀**　なかとみのぶひで
寛喜1(1229)年～正安1(1299)年12月7日
鎌倉時代前期～後期の神職。
¶国書

**中臣延通**　なかとみのぶみち
天正9(1581)年～寛永9(1632)年10月12日
安土桃山時代～江戸時代前期の神職。
¶国書

**中臣政親**　なかとみのまさちか
→中臣政親(なかとみまさちか)

**中臣益人**　なかとみのましと
生没年不詳　㊕中臣益人(なかとみのますひと)
奈良時代の祭主。大中臣一門出身。
¶神奈川人(なかとみのますひと)，古人(なかとみのますひと)，神人

**中臣益親**　なかとみのますちか
元禄13(1700)年～宝暦10(1760)年2月20日
江戸時代中期の神官(平野社祝)。
¶公卿，公卿普，公家(益親〔平野神社禰宜鈴鹿家〕　ますちか)

**中臣益人**　なかとみのますひと
→中臣益人(なかとみのましと)

**中臣光和**　なかとみのみつかず
寛政2(1790)年～天保13(1842)年4月20日
江戸時代後期の神官(春日社正預)。
¶公卿，公卿普，公家(光和〔春日神社預中臣諸家〕　みつかず)

**中臣光知**　なかとみのみつとも
享保5(1720)年～寛政2(1790)年10月18日　㊕中臣光知(なかとみみつとも)
江戸時代中期の神官(春日社正預)。
¶公卿，公卿普，公家(光知〔春日神社預中臣諸家〕　みつとも)，国書(なかとみみつとも)

**中臣光泰**　なかとみのみつやす
延享3(1746)年～寛政9(1797)年12月20日
江戸時代中期の神官(春日社正預)。
¶公卿，公卿普，公家(光泰〔春日神社預中臣諸家〕　みつやす)

**中臣政親**　なかとみまさちか
生没年不詳　㊕中臣政親(なかとみのまさちか)
鎌倉時代前期の神官。
¶鎌室，古人(なかとみのまさちか)，新潮，日人(なかとみのまさちか)

**中臣光知** なかとみみつとも
→中臣光知（なかとみのみつとも）

**中臣光美** なかとみみつよし
天保2（1831）年～明治29（1896）年7月9日
江戸時代後期～明治期の神職。
¶国書

**中臣祐恩** なかとみゆうおん
*～永禄4（1561）年2月　㊞中臣祐恩（なかとみすけよし，なかとみのすけおん）
戦国時代の神官（春日社正預）。
¶公卿（なかとみのすけおん　㊌文明10（1478）年），公卿普（なかとみのすけおん　㊌文明10（1478）年），公家（祐恩〔春日神社預中臣諸家〕すけおき　㊌1479年），国書（なかとみすけよし　㊌長享2（1488）年　㊍永禄4（1561）年2月5日），戦人（㊌文明11（1479）年）

**中臣祐礒** なかとみゆうぎ
永正4（1507）年～？　㊞中臣祐礒（なかとみすけいそ，なかとみのすけぎ）
戦国時代の神官（春日社正預）。
¶公卿（なかとみのすけぎ），公卿普（なかとみのすけぎ），公家（祐礒〔春日神社預中臣諸家〕すけいそ　㊍？），国書（なかとみすけいそ　㊍天正11（1583）年7月28日），戦人

**長友真乗院** ながともしんじょういん
江戸時代の修験者。
¶姓氏鹿児島

**永友宗年** ながともむねとし
安政元（1854）年～昭和2（1927）年
明治期の神職。明治14年宮崎宮宮司に就任。
¶神人，宮崎百一

**中西牛郎** なかにしうしお
安政6（1859）年～昭和5（1930）年10月18日　㊞中西牛郎（なかにしうしろう，なかにしごろう）
明治～昭和期の国粋主義者、宗教思想家。雑誌「経世博義」で国粋主義を主張。天理教、桑扶教の教典を編纂。
¶海越新，近現，熊本人（なかにしうしろう），熊本百（なかにしうしろう），国史，ジ人1（㊌安政6（1859）年1月18日），昭人（㊌安政6（1859）年1月18日），人名，世紀，哲学，渡航（㊌1856年），日人，明治史（なかにしごろう），明大1（㊌安政6（1859）年1月18日）

**中西牛郎** なかにしうしろう
→中西牛郎（なかにしうしお）

**中西興譲** なかにしおきのり
明治期の神職。旧伊勢神宮外宮神主。
¶華請

**中西興之** なかにしおきゆき
生没年不詳
江戸時代後期の神職。
¶国書

**中西悟玄** なかにしごげん
元治1（1864）年～大正3（1914）年
明治～大正期の政党人・僧侶。
¶多摩

**中西悟堂** なかにしごどう
明治28（1895）年11月16日～昭和59（1984）年12月11日
明治～昭和期の歌人、詩人、野鳥研究家。歌集「唱名」詩集「東京市」を刊行。日本野鳥の会を創立。
¶アナ，石川百，石川文，岩歌，科技，近文，現朝，現詩，現執1期，現執2期，現情，現人，広7，コン改，コン4，コン5，埼玉人，埼玉文，滋賀文，島根百，島根歴，写家，社史，昭人，新潮，新文，世紀，姓氏石川，世百新，全書，短歌（㊌1895年1月16日），富山文，長野歴，日児（㊌明治28（1895）年1月16日），日人，日本，百科，ふる，文学，北陸20，北海道文（㊍昭和59（1984）年12月12日），ポプ人，マス89，民学，山梨文，履歴，履歴2

な

**中西牛郎** なかにしごろう
→中西牛郎（なかにしうしお）

**中西慈芳** なかにしじほう
嘉永2（1849）年～大正6（1917）年
江戸時代末期～大正期の僧侶。
¶和歌山人

**中西嗣興** なかにしつぐおき
文化6（1809）年8月5日～明治11（1878）年1月23日
江戸時代後期～明治期の神職・博物学者。
¶国書

**中西富嗣** なかにしとみつぐ
寛政9（1797）年～？
江戸時代後期の神職・国学者。
¶国書

**中西信慶** なかにしのぶよし
寛永8（1631）年～元禄12（1699）年
江戸時代前期の神官、国学者。
¶国書（㊍元禄12（1699）年1月17日），神史，神人，人名，日人，三重続

**中西伯圭** なかにしはくけい
宝暦13（1763）年～天保10（1839）年
江戸時代中期～後期の神職。
¶国書（㊍天保10（1839）年8月26日），三重

**中西久受** なかにしひさつぐ
文政4（1821）年3月29日～明治33（1900）年1月2日
江戸時代後期～明治期の神職。
¶国書，姓氏京都

**中西弘佐** なかにしひろすけ
享保7（1722）年～寛政2（1790）年1月17日
江戸時代中期～後期の神職。
¶国書

**中西弘縄** なかにしひろつな
文政5（1822）年2月20日～大正5（1916）年1月8日
江戸時代末期～明治期の国学者、神職。
¶国書，神史

**中西弘乗** なかにしひろのり
延宝2(1674)年～享保14(1729)年閏9月27日
江戸時代前期～中期の神職。
¶国書

**中西弘令** なかにしひろのり
享和1(1801)年5月10日～弘化2(1845)年8月19日
江戸時代後期の神職。
¶国書

**中西弘房** なかにしひろふさ
寛永15(1638)年～元禄11(1698)年12月25日
江戸時代前期～中期の神職。
¶国書

**中西弘通** なかにしひろみち
享和3(1803)年～嘉永5(1852)年8月7日
江戸時代後期の神職。
¶国書



**中西盛信** なかにしもりのぶ
慶応元(1865)年～*
明治～昭和期の神職、歌人。
¶愛媛(㉙昭和11(1936)年), 神人(㉙昭和11(1938)年)

**中西義雄** なかにしよしお
明治32(1899)年11月5日～昭和21(1946)年3月5日
明治～昭和期のエスペランティスト。仏教済世軍理事長。
¶日エ

**長沼伸吉** ながぬましんきち
明治26(1893)年9月9日～昭和49(1974)年4月5日
大正～昭和期の宗教家。立正佼成会第3支部長。
¶埼玉人

**長沼広至** ながぬまひろし
大正9(1920)年11月2日～昭和54(1979)年11月5日
昭和期の宗教家。立正佼成会理事、責任役員。
¶埼玉人

**長沼妙佼** ながぬまみょうこう
明治22(1889)年12月25日～昭和32(1957)年9月10日
昭和期の宗教家。村山日襄を会長に大日本立正佼成会を創立。
¶近現, 現朝, 現情, 現人, 国史, コン改, コン4, コン5, 埼玉人, 史人, 昭人, 女史, 女性, 女性普, 新潮, 人名7, 世紀, 全書, 大百, 日人, 仏教, 仏人

**中根環堂** なかねかんどう
明治9(1876)年8月24日～昭和34(1959)年11月18日
明治～昭和期の教育家、曹洞宗僧侶。鶴見大学理事長兼学長、駒沢大学学長。
¶神奈川人(㊐1870年), 姓氏神奈川, 渡航, 仏教, 仏人

**中濃教篤** なかのうきょうとく
→中濃教篤(なかのきょうとく)

**永野快山** ながのかいざん
江戸時代中期の僧、碁客。
¶人名, 日人(生没年不詳)

**中野義照** なかのぎしょう
明治24(1891)年10月5日～昭和52(1977)年1月31日
明治～昭和期のインド哲学者、仏教学者。高野山大学学長、密教文化研究所長。インド法制史の権威。紫綬褒章、勲三等旭日中綬章受章。
¶愛媛, 愛媛百, 外図, 現情, 人名7, 世紀, 全書(㉙1963年), 哲学, 日人, 仏教, 仏人

**中濃教篤** なかのきょうとく
大正13(1924)年3月30日～平成15(2003)年4月30日 ㊙中濃教篤(なかのうきょうとく)
昭和～平成期の日蓮宗僧侶、思想史学者。領玄寺住職。
¶現執1期, 現情, 世紀(なかのうきょうとく), 平和, マス89

**永野源三郎** ながのげんざぶろう
明治19(1886)年～昭和38(1963)年
明治～昭和期の宮大工。
¶栃木歴, 美建

**中野源蔵** なかのげんぞう
宝暦7(1757)年～文政13(1830)年7月4日
江戸時代中期～後期の僧・著述家。
¶国書, 姓氏山口

**中野玄三** なかのげんぞう
大正13(1924)年1月1日～
昭和期の仏教美術史学者。嵯峨美術短期大学教授、嵯峨美術短期大学学長。
¶現執1期, 現執2期

**中野佐柿** なかのさかき
明治18(1885)年～昭和20(1945)年
明治～昭和期の神道家。
¶神人

**長野寂静** ながのじゃくじょう
天保11(1840)年～大正5(1916)年
江戸時代末期～大正期の僧侶。
¶大分歴

**永野重太夫** ながのじゅうだいう
生没年不詳
江戸時代後期の大住郡大山阿夫利神社祠官。
¶神奈川人

**長野静恵**(長野静江) ながのじょうえ
文化3(1806)年～明治20(1887)年
江戸時代末期～明治期の真宗僧侶。
¶大分歴(長野静江), 人名, 日人

**中野隆邦** なかのたかくに
大正4(1915)年4月1日～昭和55(1980)年5月11日
大正～昭和期の僧侶、口演童話家。台東区社会福祉協議会理事長。
¶日児

**中野達慧** なかのたつえ
明治4(1871)年4月16日～昭和9(1934)年4月4日
明治～昭和期の仏教学者、浄土真宗本願寺派僧侶。
¶仏教

**長野忠恕** ながのちゅうじょ
元治1(1864)年～明治35(1902)年　[別]長野久太郎
明治期のキリスト教牧師。
¶社史

**永野鎮雄** ながのちんゆう
明治41(1908)年7月25日～昭和57(1982)年12月7日
昭和期の浄土真宗本願寺派の宗政家。
¶真宗，政治

**中野毅** なかのつよし
昭和22(1947)年11月29日～
昭和～平成期の宗教学者。創価大学教授、東洋哲学研究所主任研究員。
¶現執2期，現執4期

**中野東禅** なかのとうぜん
昭和14(1939)年1月1日～
昭和～平成期の僧侶、仏教教化学者。龍宝寺住職、曹洞宗教化研修所講師。
¶現執2期，現執3期，現執4期

**長野仁太夫** ながのにだいう
生没年不詳
江戸時代後期の大住郡大山阿夫利神社祠官。
¶神奈川人

**長野普照** ながのふしょう
天保12(1841)年～明治27(1894)年
江戸時代後期～明治期の宗教家。
¶姓氏愛知

**中野不白** なかのふはく
?　～享保15(1730)年
江戸時代中期の飯山の禅僧。
¶長野歴

**中野正幸** なかのまさゆき
生没年不詳
江戸時代中期の歌人・神官。
¶東三河

**永野万右衛門** ながのまんえもん
南北朝時代～江戸時代の宮大工。
¶栃木歴，美建

**中野与之助** なかのよのすけ
明治20(1887)年8月12日～昭和49(1974)年6月24日
大正～昭和期の宗教家。精神文化国際機構初代総裁。各国の宗教との交流を推進。
¶学校，現朝，現情，現人，神人，人名7，世紀，日人，平和

**中野亮善** なかのりょうぜん
嘉永6(1853)年7月20日～明治33(1900)年3月11日
江戸時代後期～明治期の僧侶・倉敷市円乗院第36世。
¶岡山歴

**中野良道** なかのりょうどう
大正4(1915)年～
昭和期の住職・郷土史談会長。
¶多摩

**長野浪山** ながのろうざん
明治3(1870)年～昭和34(1959)年
明治～昭和期の牧師。
¶愛知女

**永橋卓介** ながはしたくすけ
明治32(1899)年12月10日～昭和50(1975)年
明治～昭和期の宗教学者。
¶現情，高知人，世紀([没]昭和50(1975)年1月1日)，日児([没]昭和50(1975)年4月19日)

**長浜衛守** ながはまえもり
天保11(1840)年～昭和1(1926)年
江戸時代末期～大正期の硫黄島の硫黄採掘者、漁師、熊野神社神官。
¶姓氏鹿児島

**中林成昌** なかばやししげまさ
安永5(1776)年～嘉永6(1853)年
江戸時代後期の南画家・神道家。
¶思想史

**中原玄蘇** なかはらげんそ
→景轍玄蘇(けいてつげんそ)

**中原東岳** なかはらとうがく
天保12(1841)年～明治42(1909)年
明治期の禅僧。相国寺管長を務め、左伝に通じた。
¶人名，日人，明大1([生]天保12(1841)年5月10日　[没]明治42(1909)年10月19日)

**中原南天棒** なかはらなんてんぼう
天保10(1839)年～大正14(1925)年　[別]南天棒(なんてんぼう)
江戸時代末期～大正期の僧、書家。
¶佐賀百([生]天保10(1839)年4月3日　[没]大正14(1925)年2月22日)，人名(南天棒　なんてんぼう)，世紀([生]天保10(1839)年4月3日　[没]大正14(1925)年2月12日)，全書(南天棒　なんてんぼう)，大百(南天棒　なんてんぼう)，長崎遊，日人，幕末，幕末大，明大1([生]天保10(1839)年4月3日　[没]大正14(1925)年2月12日)

**中原正経** なかはらまさつね
寛政9(1797)年～明治21(1888)年
江戸時代後期～明治期の新市の権現社、角山の日吉社の神職。
¶姓氏山口

**中原正信** なかはらまさのぶ
安永5(1776)年～天保8(1837)年
江戸時代中期～後期の神職。
¶姓氏山口

**中原三治**　なかはらみはる
文化6（1809）年～慶応2（1866）年
江戸時代末期の不二教信者。
¶国書（㊀慶応2（1866）年8月22日），幕末，幕末大

**中東時庸**　なかひがしときつね
明治期の神職。旧春日大社神主。
¶華請

**永久岳水**　ながひさがくすい
昭和期の仏教学者。
¶現執1期

**永久俊雄**　ながひさしゅんゆう
明治23（1890）年～昭和56（1981）年
大正～昭和期の仏教学者、文学博士。
¶山口人，山口百

な

**永弘氏輔**　ながひろうじすけ
生没年不詳
戦国時代の神官、武士。
¶大分歴

**中牧弘允**　なかまきひろちか
昭和22（1947）年1月30日～
昭和～平成期の宗教人類学者、宗教学者。国立民族学博物館第一研究部助教授。
¶現執3期，現執4期

**長松清風**　ながまつせいふう
→長松日扇（ながまつにっせん）

**長松日扇**　ながまつにっせん
文化14（1817）年4月1日～明治23（1890）年7月17日　㊔長松清風（ながまつせいふう）
江戸時代末期～明治期の宗教家。京都で在家仏教としての本門仏立講を開く。政府からしばしば弾圧を受けた。
¶朝日（㊐文化14年4月1日（1817年5月16日）），国書，コン改，コン4，コン5，新潮，全書，大百，日思，日人，仏教（長松清風　ながまつせいふう），仏人，民学

**永見貞愛**　ながみさだよし
天正2（1574）年～慶長9（1604）年
安土桃山時代～江戸時代前期の知立神社神主。
¶姓氏愛知

**中村大館**　なかむらおおたて
文政4（1821）年～明治22（1889）年
江戸時代末期～明治期の神職。
¶人名，日人

**中村員彦**　なかむらかずひこ
安政3（1856）年～明治25（1892）年
江戸時代末期～明治期の神職。
¶神人

**中村寛澄**　なかむらかんちょう
？　～昭和19（1944）年
明治～昭和期の教育者。
¶京都大，姓氏京都，日人

**中村慶範**　なかむらけいはん
昭和期の僧侶。
¶真宗

**中村広治郎**　なかむらこうじろう
昭和11（1936）年10月30日～
昭和～平成期のイスラム学・宗教学者。
¶現執1期，現執4期

**中村しげ**　なかむらしげ
明治18（1885）年1月1日～昭和39（1964）年10月14日
大正～昭和期の宗教家。大道教を開創、教主就任。
¶女性，女性普

**中村獅雄**　なかむらししお
明治22（1889）年1月22日～昭和28（1953）年1月15日
昭和期のキリスト教哲学者。
¶キリ（㊀昭和28（1953）年1月14日），現情，昭人，人名7，世紀，日人

**中村実円**　なかむらじつえん
？　～明治8（1875）年
江戸時代後期～明治期の僧。円盛寺の第23代住職。
¶姓氏愛知

**中村勝契**　なかむらしょうけい
安政2（1855）年5月28日～昭和2（1927）年11月3日
明治～昭和期の僧。
¶世紀，姓氏愛知，日人，明大1

**中村璋八**　なかむらしょうはち
大正15（1926）年1月7日～
昭和～平成期の中国哲学者、中国宗教学者。駒沢大学教授。
¶現執2期，現執4期

**中村甚哉**　なかむらじんさい
→中村甚哉（なかむらじんや）

**中村新左衛門尉**　なかむらしんざえもんのじょう
生没年不詳
戦国時代の遠江国天宮神社の神主。
¶戦辞

**中村信蔵**　なかむらしんぞう
明治23（1890）年3月26日～昭和44（1969）年12月16日
大正～昭和期の伝道師。日本聖公会東北教区主教。
¶キリ

**中村甚哉**　なかむらじんや
明治36（1903）年1月2日～昭和20（1945）年8月20日　㊔中村甚哉（なかむらじんさい），中村福麿（なかむらふくまろ）
大正～昭和期の水平社活動家。共産主義青年同盟に参加。
¶現朝，コン改（なかむらじんさい），コン5（なかむらじんさい），社運，社史，社史（中村福麿　なかむらふくまろ　㊀？），昭人，真宗，世紀，日人，平和

**中村瑞隆** なかむらずいりゅう
大正4（1915）年2月23日～
昭和期の仏教学者。立正大学教授。
¶現執2期，現情

**中村助太郎** なかむらすけたろう
生没年不詳
戦国時代の遠江国天宮神社の神主。
¶戦辞

**中村仙巌** なかむらせんがん
→中村仙巌尼（なかむらせんがんに）

**中村仙巌尼** なかむらせんがんに
嘉永2（1849）年8月9日～昭和4（1929）年3月10日
㊕中村仙巌（なかむらせんがん）
江戸時代末期～大正期の尼僧。仙巌学園を創設。地方における女子教育の先駆者。孤児の養育や尼の教育に尽力。
¶朝日（中村仙巌　なかむらせんがん　㊐嘉永2年8月9日（1849年9月25日）），学校（中村仙巌　なかむらせんがん），女性，女性普，世紀（中村仙巌　なかむらせんがん），日人，仏人，明大1（中村仙巌　なかむらせんがん）

**中村素堂** なかむらそどう
明治34（1901）年～昭和57（1982）年
大正～昭和期の僧侶。大正大学名誉教授、貞香会創設会長、毎日書道展名誉会員。
¶仏人

**中村大膳亮** なかむらだいぜんのすけ
生没年不詳
戦国時代の神職。遠江国天宮神社の神主。
¶戦辞

**中村泰祐** なかむらたいゆう
明治19（1886）年5月7日～昭和29（1954）年1月3日
明治～昭和期の臨済宗僧侶。建仁寺派管長・建仁寺独住7世。
¶現情，昭人，人名7，世紀，日人，仏教，仏人，山口人，山口百

**中村帯刀** なかむらたてき
生没年不詳
明治期の足柄上郡遠藤村八幡大神神主。
¶神奈川人，姓氏神奈川

**中村親清** なかむらちかきよ
生没年不詳
戦国時代の神職。駿府浅間社神主。
¶戦辞

**中村忠蔵** なかむらちゅうぞう★
明治4（1871）年7月5日～昭和16（1941）年8月11日
明治～昭和期の牧師。
¶秋田人2

**中村長八** なかむらちょうはち
慶応1（1865）年～昭和15（1940）年3月14日
大正～昭和期のカトリック司祭。奄美大島で布教後、ブラジルに渡り日系人、アマゾン奥地に布教。
¶朝日（㊐慶応1年8月2日（1865年9月21日）），キリ（㊐慶応1年8月2日（1865年9月21日）），コン改，コン5，新カト（㊐慶応1（1865）年9月21日），新潮（㊐慶応1（1865）年8月2日），人名7，世紀（㊐慶応1（1865）年8月2日），日人

**中村千代松** なかむらちよまつ
安土桃山時代の遠江国周智郡天宮郷にある天宮明神社の神主。
¶武田

**中村道栄** なかむらどうえい
明治7（1874）年～昭和43（1968）年
明治～昭和期の僧。
¶岡山人

**中村友太郎** なかむらともたろう
昭和12（1937）年4月7日～
昭和期の哲学者、倫理学者、宗教学者。上智大学教授。
¶現執2期

な

**中村信男** なかむらのぶお
明治45（1912）年7月28日～昭和45（1970）年10月1日
昭和期の僧侶。弘誓社代表。「カニタイプ」の愛称で知られる点字タイプライターを製作。
¶視覚

**中村乗高** なかむらのりたか
？　～文政10（1827）年閏6月25日
江戸時代中期～後期の神職。
¶国書，静岡歴（生没年不詳），姓氏静岡

**中村元** なかむらはじめ
大正1（1912）年11月28日～平成11（1999）年10月10日
昭和～平成期のインド哲学者。著書に「東洋人の思惟方法」「原始仏教」など。
¶近現，現朝，現執1期，現執2期，現執3期，現情，現人，現日，広7，コン改，コン4，コン5，史人，思想，島根百，新潮，世紀，全書，大百，日人，日本，ポプ人，マス2，マス89，履歴，履歴2，歴大

**中村隼人** なかむらはやと
生没年不詳
明治期の大住郡曽屋村熊野社神主。
¶神奈川人

**中村久子** なかむらひさこ
明治30（1897）年11月25日～昭和43（1968）年
大正～昭和期の見世物芸人。
¶愛知女，郷土岐阜（㊞1966年），近女，女史，女性（㊐？），女性普，真宗（㊞昭和43（1968）年3月9日），世紀（㊞昭和43（1968）年3月19日），日人（㊞昭和43（1968）年3月19日），飛騨（㊞昭和43（1968）年3月19日）

**中村浩** なかむらひろし
昭和22（1947）年2月15日～
昭和～平成期の僧侶。大谷女子大学教授、河内龍泉寺副住職。
¶現執2期，現執3期，現執4期

**中村博見** なかむらひろみ
明治20(1887)年～昭和38(1963)年
明治～昭和期の神職。
¶神奈川人，姓氏神奈川

**中村福麿** なかむらふくまろ
→中村甚哉(なかむらじんや)

**中村雅彦** なかむらまさひこ
昭和33(1958)年2月22日～
昭和～平成期の神職。愛媛大学教育学部教授。
¶現執4期

**中村松太郎** なかむらまつたろう
明治27(1894)年～昭和62(1987)年
明治～昭和期の宮大工。
¶青森人，美建

な

**中村守手** なかむらもりて
文政3(1820)年～明治15(1882)年
江戸時代末期～明治期の国学者。熊野大社宮司。藩校修道館教授を務める。
¶国書(㊀文政3(1820)年2月12日 ㊁明治15(1882)年2月4日)，島根人，島根百(㊀文政3(1820)年2月 ㊁明治15(1882)年2月4日)，島根歴，人名，日人，幕末(㊁1882年2月)，幕末大(㊁明治15(1882)年2月)

**中村義治** なかむらよしはる
昭和1(1926)年2月10日～平成16(2004)年12月3日
昭和～平成期の実業家。教文館社長、日本キリスト教書販売社長。
¶現情，出文

**永持道英** ながもちみちひで
嘉永4(1851)年～明治40(1907)年
江戸時代後期～明治期の神職。
¶神人

**中森幾之進** なかもりいくのしん
明治37(1904)年～昭和56(1981)年12月6日
昭和期の日本基督教団牧師。
¶社史

**中森亮順** なかもりりょうじゅん
明治2(1869)年～昭和28(1953)年
明治～昭和期の僧侶。
¶和歌山人

**永山一雄** ながやまかずお
嘉永3(1850)年～明治9(1876)年
江戸時代後期～明治期の神職。
¶神人

**中山和敬** なかやまかずよし
明治38(1905)年～
昭和期の宮司。
¶郷土奈良

**長山金吾** ながやまきんご
→長山矩稠(ながやまのりしげ)

**長山宮内** ながやまくない
生没年不詳
江戸時代後期の神職。
¶神奈川人

**中山玄航** なかやまげんこう
文政10(1827)年10月10日～大正6(1917)年3月29日
江戸時代後期～明治期の天台宗の僧。
¶国書

**中山玄秀** なかやまげんしゅう
明治12(1879)年1月7日～昭和34(1959)年11月9日
明治～昭和期の天台宗僧侶。天台座主248世。
¶現情，人名7，世紀，日人，仏教

**中山玄親** なかやまげんしん
嘉永4(1851)年～大正7(1918)年4月15日
明治～大正期の僧侶。京都真如堂貫主。大僧正。
¶人名，世紀，日人，明大1

**中山玄雄** なかやまげんゆう
明治35(1902)年6月28日～昭和52(1977)年11月7日
大正～昭和期の僧侶、声明家。多紀道忍声明の第一人者。
¶音楽，音人，郷土滋賀，芸能，現朝，現情，滋賀百，新芸，人名7，世紀，日音，日人，仏教，仏人

**中山呉山** なかやまござん★
生没年不詳
江戸時代末期の仏師。
¶秋田人2

**中山幸彦** なかやまさちひこ
安政元(1854)年～明治33(1900)年1月15日
江戸時代後期～明治期の歌人・神官。
¶東三河

**中山繁樹** なかやましげき
文政12(1829)年～明治11(1878)年11月6日
江戸時代後期～明治期の国学者・吉田藩士・神官。
¶東三河

**修山修一** ながやましゅういち
明治31(1898)年10月9日～昭和55(1980)年4月19日
明治～昭和期の僧侶。
¶真宗

**中山将監** なかやましょうげん
? ～正保2(1645)年
江戸時代前期の備後福山藩家老。
¶戦辞(生没年不詳)，藩臣6

**中山正善** なかやましょうぜん
明治38(1905)年4月23日～昭和42(1967)年11月14日
昭和期の宗教家。天理教2代目真柱、天理大学教授。教義や原典の整備にあたり天理教発展の基礎を確立。

¶郷土奈良，近現，現朝，現情，現人，現日，国史，コン改，コン4，コン5，史人，昭人，神史，神人，新潮，人名7，世紀，図人，日人，民学，履歴，履歴2

**中山新治郎** なかやましんじろう
慶応2（1866）年～大正3（1914）年12月31日
江戸時代末期～大正期の天理教初代真柱。
¶明大1

**中山摂観** なかやませっかん
文化8（1811）年～明治15（1882）年7月23日
江戸時代末期～明治期の僧侶。権大僧都、権少教正。禁門の守衛に従事、本願寺一門を勤王に導く。
¶維新，人名（㊀1808年），日人，幕末，幕末大

**中山善衛** なかやまぜんえ
昭和7（1932）年7月7日～
昭和～平成期の宗教家。天理教3代目真柱。
¶郷土奈良，現情

**中山代三郎** なかやまだいさぶろう
生没年不詳
明治期の牧師。
¶社史

**長山内匠** ながやまたくみ
生没年不詳
江戸時代後期の神職。
¶神奈川人

**中山忠能** なかやまただやす
文化6（1809）年11月11日～明治21（1888）年6月12日
江戸時代末期～明治期の公卿。侯爵。王政復古に際し議定となり、維新後は神祇官知事、宣教長官などを歴任。
¶朝日（㊀文化6年11月11日（1809年12月17日）），維新，岩史，江人，京都大，近現，近史4，近世，公卿，公卿普，公家（忠能〔中山家〕　ただやす），国史，国書，コン改，コン4，コン5，史人，諸系，神史，神人，新潮，人名，姓氏京都，世人，全書，全幕，日史，日人，幕末，幕末大，百科，明治史，明大1，山川小，歴大

**中山通幽** なかやまつうゆう
文久2（1862）年3月21日～昭和11（1936）年5月17日
明治～昭和期の宗教家。
¶岡山人，岡山百，世紀，日人

**中山常次郎** なかやまつねじろう
享和2（1802）年～安政6（1859）年12月19日
江戸時代後期～末期の大庄屋、在方下役人、宗教家。
¶岡山歴

**中山内記** なかやまないき
生没年不詳
江戸時代後期の大住郡大山阿夫利神社祠官。
¶神奈川人

**中山長彦** なかやまながひこ
天明2（1782）年4月～弘化2（1845）年2月21日
江戸時代中期～後期の神職・国学者。
¶国書

**中山縫殿之助** なかやまぬいどののすけ
文化8（1811）年～明治15（1882）年4月17日
江戸時代後期～明治期の神職・国学者。
¶岡山歴

**長山矩稠** ながやまのりしげ
安永6（1777）年～慶応2（1866）年　㊈長山金吾（ながやまきんご）
江戸時代後期の足柄上郡柳川村工匠。
¶神奈川人，姓氏神奈川（長山金吾　ながやまきんご）

**中山平右衛門** なかやまへいえもん
生没年不詳
江戸時代中期の国学徒・神官。
¶東三河

な

**中山昌樹** なかやままさき
明治19（1886）年4月10日～昭和19（1944）年4月2日
明治～昭和期の宗教家、翻訳家、文学者。明治学院大学教授。牧師として伝道に努めたほか、ダンテの「神曲」など古典大著の翻訳事業を成し遂げた。
¶キリ，近文，昭人，人名7，世紀，世百

**中山正樹** なかやままさき
元文1（1736）年7月14日～寛政6（1794）年11月23日
江戸時代中期～後期の神職・歌人。
¶国書

**中山みき**（中山美伎） なかやまみき
寛政10（1798）年4月18日～明治20（1887）年2月18日　㊈中山美伎女（なかやまみきじょ）
江戸時代末期～明治期の宗教家。天理教の開祖。人間の平等と豊かで楽天的な陽気ぐらしを説いた。
¶朝日（㊀寛政10年4月18日（1798年6月2日）），維新，岩史，江人，江表（みき（奈良県）），角史，郷土奈良，近現，近女，近世，広7，国史，コン改，コン4，コン5，史人，思想，思想史，重要，女史，女性，女性普，神史，人書94，神人，新潮，人名（中山美伎），世人，世百（中山美伎），先駆，全書，大百，哲学（中山美伎），伝記，日思，日史，日人，日本，幕末（中山美伎　㊁1887年1月26日），幕末大（中山美伎），百科，風土（中山美伎），仏教，平日（㊀1798 ㊁1887），平和，ポプ人，三重続（中山美伎女　なかやまみきじょ　㊁明治22年2月18日），民学，明治史，山川小，歴大

**中山美伎女** なかやまみきじょ
→中山みき（なかやまみき）

**中山光五郎** なかやまみつごろう
安政4（1857）年～昭和20（1945）年
明治～昭和期の日本組合教会牧師。
¶群新百

**中山三屋** なかやまみや
天保11 (1840) 年～明治4 (1871) 年6月21日　㊊中山宮子 (なかやまみやこ), 中山三屋子 (なかやまみやこ)
江戸時代末期～明治期の歌人、尼僧。尼姿で各地の動向を中山忠能宛に書き送り、スパイとして活動したものと考えられる。
¶朝日 (㊐天保11年9月25日 (1840年10月20日) ㊍明治4 (1871) 年6月21日), 江表 (三屋 (京都府)), 国書 (中山三屋子　なかやまみやこ), 女史, 女性 (㊐天保11 (1840) 年9月), 女性普 (㊐天保11 (1840) 年9月), 姓氏京都 (中山宮子　なかやまみやこ), 姓氏山口 (中山三屋子　なかやまみやこ　㊍1874年?), 日人, 山口百 (㊍1874年), 和俳

**中山宮子** (中山三屋子)　なかやまみやこ
→中山三屋 (なかやまみや)

**中山宗礼** なかやまむねかど
嘉永3 (1850) 年～明治30 (1897) 年
江戸時代後期～明治期の神職。
¶神人

**中山吉埴** なかやまよしたね
*～天保6 (1835) 年1月29日　㊊中山吉埴 (なかやまよしはに)
江戸時代中期～後期の神職・国学者。
¶国書 (㊐宝暦4 (1754) 年), 静岡歴 (なかやまよしはに　㊐宝暦6 (1756) 年), 姓氏静岡 (なかやまよしはに　㊐1756年?)

**中山吉埴** なかやまよしはに
→中山吉埴 (なかやまよしたね)

**中山雷響** なかやまらいきょう
安政5 (1858) 年6月1日～大正13 (1924) 年11月4日　㊊中山雷響 (なかやまらいこう)
明治～大正期の僧。真宗本派より勧学職を受け安居講習会の本講を託された。
¶真宗 (なかやまらいこう　㊐安政5 (1857) 年), 人名, 世紀, 日人, 明大1

**中山雷響** なかやまらいこう
→中山雷響 (なかやまらいきょう)

**中山理々** なかやまりり
明治28 (1895) 年5月20日～昭和56 (1981) 年7月27日
明治～昭和期の真宗大谷派僧侶。日本仏教鑽仰会理事長、仏教タイムス社社長、全日本仏教徒会議創立者。
¶世紀, 日人, 仏人

**中谷無涯** なかやむがい
明治4 (1871) 年3月18日～昭和8 (1933) 年12月24日　㊊無涯 (むがい)
明治～昭和期の小説家、詩人、住職。「かるかや物語」で認められる。作品に「すひかつら」「新修歳時記」など。
¶近文, 新文, 世紀, 俳諧 (無涯　むがい), 俳句 (無涯　むがい), 文学, 明大2

**長屋基彦** ながやもとひこ
文久3 (1863) 年～昭和8 (1933) 年
江戸時代末期～昭和期の神職。
¶神人

**永吉勇雄** ながよしいさお
明治22 (1889) 年～昭和57 (1982) 年
大正～昭和期の土佐神社宮司。
¶高知人

**長柄観岳** ながらかんがく
*～明治11 (1878) 年12月28日
江戸時代後期～明治期の僧。河北郡高松村の真宗大谷派長柄山真証寺代17代住職。
¶真宗 (㊐天保14 (1843) 年), 姓氏石川 (㊐1845年)

**長川一雄** ながわいちゆう
明治42 (1909) 年～昭和60 (1985) 年12月　㊊長川一雄 (ながわかずお)
昭和期の僧侶、仏教社会運動家。新興仏教青年同盟中央委員・福岡支部長。
¶アナ, 社史 (ながわかずお)

**長川一雄** ながわかずお
→長川一雄 (ながわいちゆう)

**奈倉道隆** なぐらみちたか
昭和9 (1934) 年7月29日～
昭和～平成期の医師、僧侶。老年科、東海学園大学教授、浄土宗少僧都。
¶現執2期, 現執4期

**名越有全** なごしゆうぜん
明治14 (1881) 年9月17日～昭和33 (1958) 年2月18日
明治～昭和期の僧侶。
¶岡山人, 岡山歴

**梨木某 (祐延力)** なしのき
明治期の神職。旧賀茂御祖神社神主。
¶華請 (梨木某)

**梨木祐為** なしのきすけため
元文5 (1740) 年～享和1 (1801) 年　㊊鴨祐為 (かもすけため)
江戸時代中期～後期の歌人。下賀茂神社祠官鴨祐之の孫。正四位下上総介。
¶朝日 (㊍享和1年6月17日 (1801年7月27日)), 京都大, 近世, 国史, 国書 (鴨祐為　かもすけため　㊍享和1 (1801) 年6月17日), 神史, 人名 (鴨祐為　かもすけため　㊐?), 人名 (㊐1739年), 姓氏京都, 日人, 和俳 (㊐元文4 (1739) 年)

**梨木祐之** なしのきすけゆき
→鴨祐之 (かものすけゆき)

**梨木祐延** なしのきひろのぶ
明治期の神職。旧賀茂御祖神社神主。
¶華請

**南条文雄** なじょうぶんゆう
→南条文雄 (なんじょうぶんゆう)

**那須政隆** なすせいりゅう
明治27(1894)年8月15日～昭和62(1987)年5月31日
大正～昭和期の仏教学者、真言宗智山派僧侶。
¶仏教

**灘本愛慈** なだもとあいじ
大正11(1922)年～平成4(1992)年2月17日
昭和～平成期の僧侶。
¶真宗

**夏野右近** なつのうこん
大正15(1926)年8月14日～
昭和期の僧。清見村の満成寺10世・清見保育園長。
¶飛騨

**夏野義常** なつのぎじょう
明治43(1910)年8月24日～昭和55(1980)年5月21日 ㊕夏野義常(なつのよしつね)
大正～昭和期の声明家。
¶大阪人(なつのよしつね ㊀昭和55(1980)年5月), 音人, 新芸, 日音

**夏野義常** なつのよしつね
→夏野義常(なつのぎじょう)

**夏目藤左衛門** なつめとうざえもん
生没年不詳
江戸時代中期の国学徒・神官。
¶東三河

**名取熊野別当** なとりくまのべっとう
生没年不詳
平安時代後期の名取熊野神社の別当。
¶姓氏宮城

**名畑応順** なばたおうじゅん
明治28(1895)年11月28日～昭和52(1977)年7月9日
明治～昭和期の僧侶。
¶真宗, 飛騨

**鍋島彬智** なべしまあきとも
天保6(1835)年～明治32(1899)年
江戸時代後期～明治期の神職。祐徳稲荷神社社司。
¶神人

**生江孝之** なまえたかゆき
慶応3(1867)年～昭和32(1957)年7月31日
明治～昭和期のキリスト教社会事業家。日本女子大学教授。社会事業の研究と実践活動を行う。
¶角史, キリ(㊐慶応3年11月12日(1867年)), 近現, 近史2, 現朝(㊐慶応3年11月12日(1867年12月7日)), 現情(㊐慶応3(1867)年11月2日), 国史, コン改, コン4, コン5, 史人(㊐1867年11月12日), 新潮(㊐慶応3(1867)年11月12日), 人名7, 世紀(㊐慶応3(1867)年11月2日), 世百, 世百新, 全書, 渡航(㊐1867年12月7日), 日史(㊐慶応3(1867)年11月12日), 日人, 日Y(㊐慶応3(1867)年12月7日 ㊀昭和32(1957)年8月11日), 百科, 兵庫百(㊀昭和37(1962)年), 明治史, 明大1(㊐慶応3(1867)年11月2日), 歴大

**奈良原紀伊守** ならはらきいのかみ
戦国時代の上野国衆。
¶後北(紀伊守〔奈良原〕 きいのかみ), 戦辞(生没年不詳)

**奈良弘元** ならひろもと
昭和12(1937)年2月16日～
昭和期の日本仏教思想史学者。日本大学教授。
¶現執1期, 現執2期

**奈良主水貞親** ならもんどさだちか
? ～大永6(1526)年
戦国時代の神官。
¶青森人

**奈良康明** ならやすあき
昭和4(1929)年12月2日～
昭和～平成期の僧侶、仏教学者。駒沢大学教授。
¶現執3期, 現執4期

**楢山大典** ならやまだいてん
大正3(1914)年～平成10(1998)年
昭和～平成期の僧。曹洞宗宗務総長。
¶青森人

**業合大枝** なりあいおおえ
寛政4(1792)年～嘉永4(1851)年8月25日
江戸時代末期の国学者。
¶岡山人, 岡山百(㊐寛政3(1791)年8月25日), 岡山歴(㊐寛政3(1791)年), 国書(㊐寛政4(1792)年8月25日), 神史, 人書94(㊐1791年), 神人, 人名, 日人(㊐1791年)

**業資王** なりすけおう
→白川業資王(しらかわなりすけおう)

**成田其一** なりたきいち
明治期の神職。
¶神人

**成田契宗** なりたけいしゅう
生没年不詳
明治期の曹洞宗の僧。
¶埼玉人

**成田庄太夫** なりたしょうだいう
生没年不詳
江戸時代後期の大住郡大山阿夫利神社祠官。
¶神奈川人

**成田縫殿介** なりたぬいのすけ
生没年不詳
江戸時代後期の大住郡大山阿夫利神社祠官。
¶神奈川人

**成田保英** なりたやすひで
生没年不詳
明治期の牧師。
¶社史

**成瀬仁蔵**(成瀬仁藏) なるせじんぞう
安政5(1858)年6月23日～大正8(1919)年3月4日
㊕成瀬仁蔵(なるせにぞう)
明治～大正期の教育家。日本女子大学校を創立。

な

女子高等教育の発展に貢献。
¶朝日(㊗安政5年6月23日(1858年8月2日)), 大阪人(なるせにぞう ㊙大正8(1919)年3月), 学校, 角史, 教育, 教人(成瀬仁藏), キリ, 近現, 近史2, 近史3, 近史4, 広7, 国史, コン改, コン5, 史人, 思想史, 重要(㊙大正8(1919)年3月3日), 女史, 新潮, 人名(なるせにぞう), 世紀, 姓氏山口(なるせにぞう), 世人, 世百, 先駆, 全書, 大百, 哲学, 新潟百別, 日史, 日人, 日本, 百科, ポプ人, 民学, 明治2, 明治史, 明大2, 山口百, 履歴, 履歴2, 歴大

**成瀬仁蔵** なるせにぞう
→成瀬仁蔵(なるせじんぞう)

な

**成実随翁** なるみずいおう
明治14(1881)年〜昭和29(1954)年
大正〜昭和期の僧侶・社会事業家。
¶神奈川人

**名和宗瀛** なわしゅうえい
天保6(1835)年10月〜明治27(1894)年12月16日
江戸時代後期〜明治期の僧侶。
¶真宗

**名和長恭** なわながゆき
天保6(1835)年2月15日〜明治31(1898)年10月28日
江戸時代後期〜明治期の神職。名和長年末裔・名和神社宮司。
¶華請, 男爵

**南英謙宗** なんえいけんしゅう
→南英謙宗(なんえいけんそう)

**南英謙宗** なんえいけんそう
元中4/嘉慶1(1387)年〜寛正1(1460)年 ㊞謙宗(けんしゅう), 南英謙宗(なんえいけんしゅう)
室町時代の曹洞宗の僧。
¶会津, 岡山人, 岡山歴(㊙長禄4(1460)年5月19日), 鎌室, 国書(なんえいけんしゅう ㊙長禄3(1459)年5月19日), 庄内(㊙寛正1(1460)年5月19日), 人名, 新潟百(㊙1459年), 日人(なんえいけんしゅう), 仏教(なんえいけんしゅう ㊙長禄4(1460)年5月19日, (異説)長禄3(1459)年5月19日), 仏人(謙宗 けんしゅう)

**南英周宗** なんえいしゅうしゅう
→南英周宗(なんえいしゅうそう)

**南英周宗** なんえいしゅうそう
正平18/貞治2(1363)年〜永享10(1438)年4月15日 ㊞周宗(しゅうしゅう), 南英周宗(なんえいしゅうしゅう)
南北朝時代〜室町時代の臨済禅僧。
¶鎌室(なんえいしゅうしゅう), 国書(なんえいしゅうしゅう), 人名(㊙1432年), 日人, 仏教, 仏人(周宗 しゅうしゅう)

**南英禅茂** なんえいぜんも
生没年不詳
戦国時代の僧。
¶日人

**南英宗頓** なんえいそうとん
? 〜天正10(1582)年10月15日
戦国時代〜安土桃山時代の臨済宗の僧。大徳寺115世。
¶仏教

**南栄礼三** なんえいれいさん
? 〜寛永8(1631)年3月23日
江戸時代前期の曹洞宗の僧。
¶仏教

**南園上人** なんえんしょうにん
寛政8(1796)年〜明治14(1881)年7月
江戸時代末期〜明治期の僧侶。上野山御供所別当などをつとめ、詩僧として知られる。
¶維新, 幕末, 幕末大

**南海慧俊** なんかいけいしゅん
寛永3(1626)年〜貞享1(1684)年
江戸時代前期の僧、文人。
¶高知人

**南海宝州** なんかいほうしゅう
元亨3(1323)年〜至徳1/元中1(1384)年11月
南北朝時代の臨済宗の僧。
¶仏教(㊙至徳1/元中1(1384)年11月, (異説)永徳3/弘和3(1383)年)

**南岳** なんがく
? 〜安永7(1778)年7月26日
江戸時代中期の日蓮宗の僧。
¶国書

**南化玄興** なんかげんこう
天文7(1538)年〜慶長9(1604)年5月20日 ㊞玄興(げんこう), 宗興(しゅうこう), 南化玄興(なんげげんこう)
戦国時代〜江戸時代前期の臨済宗の僧。妙心寺58世。
¶近世, 国史, 国書, 思想史, 新潮(なんげげんこう), 世人(玄興 げんこう), 戦人(玄興 げんこう), 武田, 日人, 仏教, 仏史, 仏人(玄興 げんこう), 仏人(宗興 しゅうこう), 山梨百

**南岸** なんがん
? 〜延宝8(1680)年1月6日
江戸時代前期の浄土宗の僧。
¶仏教

**南極寿星** なんきょくじゅせい
? 〜延徳2(1490)年 ㊞南極寿星(なんごくじゅせい)
室町時代〜戦国時代の僧。
¶鎌室, 人名, 日人(なんごくじゅせい), 仏教(なんごくじゅせい ㊙延徳2(1490)年7月9日)

**南渓(1)** なんけい
文政9(1826)年〜明治13(1880)年
江戸時代後期〜明治期の画僧。
¶人名, 日人

**南渓(2)** なんけい
寛政2/天明3(1790)年〜*

江戸時代末期～明治期の浄土真宗の僧。
¶思想史(㊀寛政2(1790)年，天明3(1783)年 ㊁明治6(1873)年)，真宗(㊁明治6(1873)年8月18日)，人名(㊀？　㊁1864年)，日人(㊁1868年)，仏教(㊀寛政2(1790)年，(異説)天明3(1783)年？　㊁明治6(1873)年8月18日)，仏人(㊁1868年)

**南渓正曹** なんけいしょうそう
生没年不詳
室町時代の曹洞宗の僧。
¶仏教

**南渓瑞聞** なんけいずいもん
？ ～天正17(1589)年
戦国時代～安土桃山時代の臨済宗の僧、遠州井伊谷龍潭寺第2世。
¶静岡歴，姓氏静岡

**南化玄興** なんげげんこう
→南化玄興(なんかげんこう)

**南源** なんげん
永禄8(1565)年～元和8(1622)年
安土桃山時代～江戸時代前期の臨済宗の僧。
¶愛媛，愛媛百

**南源恭薫** なんげんきょうくん
永禄8(1565)年～元和8(1622)年
安土桃山時代～江戸時代前期の臨済宗の僧。
¶国書

**南源性派** なんげんしょうは
明・崇禎4(1631)年8月23日～元禄5(1692)年6月25日　㊙性派(しょうは)
江戸時代前期の黄檗宗の僧。
¶黄檗，国書，人名，日人，仏教，仏人(性派　しょうは)

**南光院永順** なんこういんえいじゅん
～安政5(1858)年6月7日
江戸時代後期～末期の修験者。
¶庄内

**南光院快盛** なんこういんかいせい
正保1(1644)年～宝永3(1706)年9月9日
江戸時代前期～中期の修験者。
¶徳島歴

**南江宗侃** なんこうしゅうがく
→南江宗沅(なんこうそうげん)

**南江宗沅**(南江宋沅) なんこうそうげん
元中4/嘉慶1(1387)年～寛正4(1463)年　㊙南江宗侃(なんこうしゅうがく)，宗沅(そうげん)
室町時代の臨済宗一山派の僧。
¶鎌室，国史，国書，古中，思想史(南江宋沅)，新潮，人名(南江宗侃　なんこうしゅうがく)，世人(㊀正平11/延文1(1356)年)，茶道，日人，仏史，名僧

**南光坊天海** なんこうぼうてんかい
→天海(てんかい)

**南極寿星** なんごくじゅせい
→南極寿星(なんきょくじゅせい)

**南山**(1) なんざん
元和7(1621)年～元禄5(1692)年
江戸時代前期の僧。
¶徳島百(㊁元禄5(1692)年8月19日)，徳島歴

**南山**(2) なんざん
宝暦6(1756)年～天保10(1839)年　㊙南山古梁(なんざんこりょう)
江戸時代中期～後期の僧(瑞鳳寺14世、妙心寺)。
¶神奈川人(南山古梁　なんざんこりょう)，神奈川百，郷土神奈川，国書(生没年不詳)，姓氏神奈川(南山古梁　なんざんこりょう)，姓氏宮城，藩臣1(㊀宝暦7(1757)年　㊁天保11(1840)年)，宮城百(㊀宝暦7(1757)年　㊁天保11(1840)年)

**南山雅仏** なんざんがぶつ
生没年不詳
江戸時代末期の漢学者・風流僧。
¶島根歴(㊀文化・文政期)

**南山古梁** なんざんこりょう
→南山(2)(なんざん)

**南山士雲** なんざんしうん
建長6(1254)年～建武2(1335)年10月7日　㊙士雲(しうん)
鎌倉時代後期～南北朝時代の臨済宗聖一派の僧。荘厳門派を興し、純粋禅を挙揚。
¶朝日(㊁建武2年10月7日(1335年10月24日))，角史，神奈川人，鎌倉，鎌倉新，鎌古，鎌室，国史，国書，古中，コン改，コン4，コン5，新潮，人名，世人，茶道，日人，仏教，仏史，仏人(士雲　しうん)

**南山岧岷** なんざんちょうみん
宝暦3(1753)年～天保10(1839)年　㊙岹岷(しゅうみん)
江戸時代中期～後期の山城妙心寺(臨済宗)の禅僧。
¶詩歌，人書94(岹岷　しゅうみん)，人名，和俳

**南室正頓** なんしつせいとん
？ ～慶長5(1600)年
安土桃山時代の曹洞宗の僧、大沢寺の8世。
¶長野歴

**南宗建幢** なんじゅうけんとう
生没年不詳
南北朝時代～室町時代の臨済宗の僧。
¶国書

**南洲宏海**(南州宏海) なんしゅうこうかい
？ ～嘉元1(1303)年　㊙宏海(こうかい)
鎌倉時代前期の臨済宗の僧。
¶神奈川人(南州宏海)，鎌古，鎌室(生没年不詳)，人名(宏海　こうかい)，日人，仏教(生没年不詳)

な

**南宗祖辰** なんしゅうそしん
寛永8(1631)年～正徳5(1715)年10月8日
江戸時代前期～中期の臨済宗の僧。
¶国書

**南寿慎終** なんじゅしんしゅう
生没年不詳
室町時代の曹洞宗の僧。
¶日人，仏教

**南春寺玄開** なんしゅんじげんかい
生没年不詳
室町時代の僧。国府町の南春寺の開基。
¶飛驒

**南条一雄** なんじょうかずお
明治43(1910)年～
昭和～平成期の神仏具鋳造。
¶名工

な

**南条神興** なんじょうじんこう，なんじょうしんこう
文化11(1814)年8月15日～明治20(1887)年6月28日　[別]神興(じんごう)
江戸時代末期～明治期の真宗大谷派学僧。講師、教学事務顧問・大学寮総監。
¶国書(神興　じんごう)，真宗，人名，日人，福井百，仏教，仏人(なんじょうしんこう)，明大1

**南条文雄** なんじょうふみお
→南条文雄(なんじょうぶんゆう)

**南条文雄** なんじょうぶんゆう
嘉永2(1849)年5月12日～昭和2(1927)年11月9日　[別]南条文雄(なじょうぶんゆう，なんじょうふみお)
明治～大正期の梵語学者、僧侶。真宗大学学長。著書に「南条目録」「法華経梵本」共著に「大無量寿経梵本」など。
¶岩史，海越，海越新，角史，岐阜百(なんじょうふみお)，郷土岐阜，京都大，郷土福井，近現，現朝([生]嘉永2年5月12日(1849年7月1日))，広7，国際，国史，コン改，コン5，史人，思想史，真宗，新潮，人名，世紀，世人(なんじょうふみお)，世百，先駆，全書，大百，哲学，渡航，日史，日人，日中([生]嘉永2(1849)年5月12日)，日本，百科，福井百(なんじょうふみお)，仏教，仏人([生]1848年)，明治史，明大2，履歴，履歴2，歴大(なじょうぶんゆう)

**南岑宗菊** なんしんそうきく
？　～永禄11(1568)年6月24日
戦国時代の臨済宗の僧。大徳寺110世。
¶仏教

**南楚** なんそ
文禄2(1593)年～寛文12(1672)年
安土桃山時代～江戸時代前期の僧。西山浄土宗総持寺住職。
¶和歌山人

**南叟宗安** なんそうそうあん
～寛文7(1667)年閏2月8日
江戸時代前期の僧。高山市の宗猷寺の開基。安国寺、円城寺の中興。
¶飛驒

**南仲** なんちゅう
生没年不詳
室町時代の禅僧。伊集院町の広済寺の開山。
¶薩摩

**南的** なんてき
？　～明暦4(1658)年6月15日
江戸時代前期の浄土宗の僧。
¶仏教([没]明暦4(1658)年6月15日，(異説)6月25日？)

**南天祖生** なんてんそしょう
生没年不詳
室町時代の曹洞宗の僧。総持寺84世。
¶仏教

**南天棒** なんてんぼう
→中原南天棒(なかはらなんてんぼう)

**南堂師静** なんどうしじょう
宝暦7(1757)年～文化14(1817)年10月
江戸時代中期～後期の曹洞宗の僧。
¶国書

**南洞頼中** なんとうらいちゅう
明治32(1899)年～平成6(1994)年
大正～平成期の僧。大僧正。
¶姓氏岩手

**南堂良偕** なんどうりょうかい
生没年不詳
南北朝時代の僧。
¶日人

**南裔楚雄** なんねいそゆう
～文化3(1806)年9月11日
江戸時代後期の僧。高山市の宗猷寺10世・笠ヶ岳の開山・篆書の大家。
¶飛驒

**難波十洲** なんばじっしゅう
安政2(1855)年1月15日～大正5(1916)年9月29日
明治～大正期の僧侶。
¶大分歴，真宗

**南部小三郎** なんぶこさぶろう
明治3(1870)年～昭和10(1935)年
明治～昭和期のキリスト教伝道者。
¶姓氏長野，長野歴

**南部実長** なんぶさねなが
→波木井実長(はきいさねなが)

**南仏** なんぶつ
生没年不詳
鎌倉時代後期の僧侶・連歌作者。
¶高知人，国書，俳文

**南坊宗啓** なんぼうそうけい
生没年不詳
安土桃山時代の臨済宗の僧。
¶朝日，国史，国書([没]寛永1(1624)年？)，古

中，史人，新潮，人名，世人，世百，全書，戦人，茶道，日人，仏教，歴大

**南峰妙譲** なんぽうみょうじょう
生没年不詳
南北朝時代の臨済宗の僧。
¶仏教

**南浦紹明** なんぽしょうみょう, なんぽじょうみょう
嘉禎1(1235)年～延慶1(1308)年12月29日　㊀紹明(しょうみょう, じょうみょう, じょうみん), 南浦紹明(なんぽじょうみん, なんぽしょうみん, なんぽじょうみん), 円通大応国師(えんつうたいおうこくし), 大応国師(だいおうこくし)
鎌倉時代後期の臨済宗の僧。大応派の祖。
¶朝日(なんぽじょうみん　㊁延慶1年12月29日(1309年2月9日))，岩史(なんぽじょうみん)，角史(なんぽじょうみょう)，神奈川人(なんぽじょうみん)，鎌倉新(なんぽじょうみん)，鎌古(なんぽじょうみん)，鎌室(なんぽじょうみん)，京都(なんぽじょうみょう)，京都大(なんぽじょうみょう)，京都府(なんぽじょうみょう)，国史(なんぽじょうみん)，国書(なんぽじょうみん)，古中(なんぽじょうみん)，コン改(なんぽしょうみん)，コン4(なんぽしょうみん)，コン5(なんぽしょうみん)，史人，静岡百(なんぽじょうみょう)，静岡歴(なんぽじょうみょう)，思想史(なんぽじょうみん)，人書94(なんぽしょうみん)，新潮(なんぽしょうみん)，人名，姓氏京都(なんぽじょうみょう)，姓氏静岡(なんぽじょうみょう)，世人(なんぽじょうみょう)，世百，全書(なんぽじょうみょう)，対外(なんぽじょうみん)，大百，茶道(なんぽじょうみょう)，日思(なんぽじょうみょう)，日史，日人(なんぽじょうみん　㊁1309年)，百科，福岡百(なんぽじょうみょう)，仏教(なんぽじょうみょう)，仏史(なんぽじょうみん)，仏人(紹明　しょうみょう)，名僧(なんぽじょうみん)，歴大(なんぽじょうみん)

**南浦紹明** なんぽじょうみん, なんぽしょうみん, なんぽじょうみん
→南浦紹明(なんぽしょうみょう)

**南浦文之** なんぽぶんし, なんぽぶんし
→文之玄昌(ぶんしげんしょう)

**南明東湖** なんみんとうこ
元和2(1616)年～貞享1(1684)年
江戸時代前期の臨済宗の僧。
¶国書

**南明** なんめい
元和2(1616)年～貞享元(1684)年
江戸時代前期の臨済宗の僧。
¶愛媛，愛媛百

**南溟** なんめい
生没年不詳
江戸時代中期の浄土真宗の僧。
¶国書

**南冥昌運** なんめいしょううん
嘉暦3(1328)年～応永19(1412)年
鎌倉時代後期～室町時代の僧。佛頂山楞厳禅寺開山。
¶兵庫百

**南溟紹化** なんめいしょうか
生没年不詳
室町時代～戦国時代の僧。
¶日人

**南溟得洲** なんめいとくしゅう
～弘化3(1846)年2月2日
江戸時代後期の僧。高山市の素玄寺18世。
¶飛騨

な

**南雄** なんゆう★
安永9(1780)年～文政11(1828)年11月23日
江戸時代後期の僧。秋田市大悲寺(臨済)15世。
¶秋田人2

**南要** なんよう
元中4/嘉慶1(1387)年～文明2(1470)年5月19日
室町時代の時宗の僧。清浄光寺9世。
¶仏教

**南陽紹弘** なんようしょうこう
？～尚質5(1652)年
江戸時代前期の臨済宗の僧。
¶朝日(㊁尚質5年11月5日(1652年12月5日))，コン改，コン4，コン5，思想史，新潮，日人

**南陽融薫** なんようゆうくん
建武2(1335)年～応永10(1403)年6月6日
南北朝時代～室町時代の曹洞宗の僧。
¶仏教

**南竜** なんりゅう
慶長9(1604)年～寛文10(1670)年4月6日
江戸時代前期の浄土宗の僧。
¶仏教

**南麟** なんりん
江戸時代中期の浄土真宗の僧。
¶国書(㊀元禄9(1696)年　㊁元文3(1738)年3月26日)，仏教(㊀元禄14(1701)年　㊁寛保3(1743)年3月26日)

**南隣宗頓** なんりんそうとん
天正3(1575)年～寛永3(1626)年閏4月23日
安土桃山時代～江戸時代前期の臨済宗の僧。大徳寺155世。
¶仏教

**南嶺** なんれい
？～
江戸時代中期の彫刻家、僧侶。
¶島根人，島根歴，美建

**南嶺慧詢** なんれいえじゅん
寛永6(1629)年～正徳4(1714)年
江戸時代前期～中期の臨済宗の僧。永源寺86世。
¶国書，仏教

**南嶺慶舜** なんれいけいしゅん
？ ～慶長20(1615)年1月14日
安土桃山時代～江戸時代前期の曹洞宗の僧。
¶仏教

**南嶺元勲** なんれいげんくん
寛文6(1666)年～享保20(1735)年10月3日
江戸時代中期の黄檗宗の僧。
¶黄檗，国書

**南嶺子越** なんれいしえつ
弘安8(1285)年～正平18/貞治2(1363)年9月11日
鎌倉時代後期～南北朝時代の臨済宗の僧。
¶国書，姓氏山口([生]？)，仏教

**南嶺亣寿** なんれいたいじゅ
？ ～大正8(1919)年
明治～大正期の僧。金沢天徳院26代住持。
¶姓氏石川

に

## 【に】

**新里貫一** にいさとかんいち
明治17(1884)年6月28日～昭和37(1962)年6月11日
昭和期の食料品店経営者、キリスト教徒。
¶岩手人，視覚

**新島襄** にいじまじょう，にいしまじょう，にいじまじよう
天保14(1843)年1月14日～明治23(1890)年1月23日
明治期のキリスト教主義教育家、宗教家。同志社英学校を創立。また関西に組合派の教会を設立。
¶朝日([生]天保14年1月14日(1843年2月12日))，維新，岩史(にいしまじょう)，海越，海越新，英墓，学校，角史，神奈川人，神奈川百，教育，教人，京都，郷土群馬，京都大，京都文，キリ([生]天保14年1月14日(1843年2月12日))，近現，近史1，近史3，近文，群新百，群馬人，群馬百，広7，国際，国史，コン改，コン4，コン5，詩歌，詩作，史人，思想，思想史，社史，重要，新カト([生]天保14(1843)年2月12日)，人書79，人書94，人情5，新潮，新文，人名，姓氏京都，姓氏群馬，世人，世百，先駆，全書，大百，哲学，伝記，渡航(新島襄・新島七五三太 にいじまじょう・にいじましめた [生]1843年2月12日)，日思，日史(にいしまじょう)，日史語(にいじまじよう)，日人，日露，日Y([生]天保14(1843)年2月12日)，日本，幕末，幕末大，藩臣2，百科(にいしまじょう)，風土(にいじまじよう)，文学，平日([生]1843 [没]1890)，平和，北文，北海道百，北海道歴，ポプ人，民学，明治2，明治史，明大2，山川小，履歴，履歴2，歴大

**新島八重** にいじまやえ
弘化2(1845)年～昭和7(1932)年6月14日 [別]新島八重子(にいじまやえこ)，山本八重子(やまもとやえこ)
明治～昭和期の教育家。会津若松城の戦いで銃をもって戦う。同志社の経営に参加、伝道と女子教育に尽力。
¶会津(新島八重子 にいじまやえこ)，朝日(新島八重子 にいじまやえこ)，江表(八重子(福島県))，近医，近女，女史，女性([生]弘化2(1845)年11月3日)，女性普([生]弘化2(1845)年11月3日 [没]昭和7(1931)年6月14日)，人書94，人名(新島八重子 にいじまやえこ)，世紀(新島八重子 にいじまやえこ [生]弘化2(1845)年11月3日)，全幕，日人(新島八重子 にいじまやえこ)，幕末，幕末大，福島百(新島八重子 にいじまやえこ)，明大2(新島八重子 にいじまやえこ [生]弘化2(1845)年11月3日)，歴大

**新島八重子** にいじまやえこ
→新島八重(にいじまやえ)

**新居直矩** にいなおのり
享保6(1721)年～？
江戸時代中期の神職・郷土史家。
¶国書

**新居日薩** にいにっさつ
→日薩(にっさつ)

**新居正道** にいまさみち
文政4(1821)年～明治18(1885)年3月14日
江戸時代後期～明治期の神職・国学者。
¶国書，徳島百，徳島歴

**新納立夫** にいろたつお
生没年不詳 [別]新納立夫(にひろたてお)
江戸時代末期～明治期の薩摩藩士。
¶神人(にひろたてお)，幕末，幕末大

**新納旅庵** にいろりょあん
？ ～慶長7(1602)年10月26日
安土桃山時代の武士。
¶国書([生]天文22(1553)年)，姓氏鹿児島，戦西，戦人

**二雲** にうん
→梅谷二雲(うめたににうん)

**二階堂秀雄** にかいどうしゅうゆう
明治期の僧侶。
¶真宗

**二階堂盛義の妻** にかいどうもりよしのつま
？ ～慶長7(1602)年
安土桃山時代の武家女性。伊達氏の出身。のち尼僧。
¶朝日

**二階堂勇吉** にかいどうゆうきち
宝暦6(1756)年～天保5(1834)年
江戸時代中期～後期の仏師。
¶姓氏宮城，美建

**二階堂行敦** にかいどうゆきあつ
延慶1(1308)年～？
鎌倉時代後期～南北朝時代の武士、僧。

¶諸系，日人

**二階堂亮衍** にかいどうりょうえん
宝永2(1705)年～安永1(1772)年
江戸時代中期の僧侶。
¶姓氏群馬

**二階堂若満** にかいどうわかみつ
生没年不詳
江戸時代後期の大住郡大山阿夫利神社祠官。
¶神奈川人

**日家** にけ
正嘉2(1258)年～正和4(1315)年7月10日
鎌倉時代後期の日蓮宗の僧。
¶仏教

**日向** にこう
建長5(1253)年～正和3(1314)年9月3日 ㊊日向(にちこう,にっこう)，佐渡阿闍梨(さどあじゃり)
鎌倉時代後期の僧。日蓮の六老僧の一人。
¶朝日(㊣正和3年9月3日(1314年10月12日))，角史，鎌室，郷土千葉(にっこう)，国史，国書(㊐建長4(1252)年2月16日)，古中，コン改(にっこう)，コン4(にっこう)，コン5(にっこう)，史人(㊐1253年2月16日)，新潮，人名(にっこう)，世人，全書，千葉百，日史，日人，百科，仏教(㊐建長5(1253)年2月16日)，仏史，仏人(にっこう)，山梨百(㊐建長3(1251)年)，歴大

**西有穆山** にしありぼくざん,にしありぼくさん
文政4(1821)年～明治43(1910)年
江戸時代末期～明治期の僧侶。総持寺独住三世貫首。「正法眼蔵」の参究に努めた。横浜に西有寺を開創。著書に「直心浄国禅師語録」など。
¶青森人，青森百，神奈川人，札幌，人名，全書(にしありぼくさん)，日人，風土，仏教(にしありぼくさん ㊐文政4(1821)年10月23日 ㊣明治43(1910)年12月4日)，仏人(にしありぼくさん)，北海道百，北海道歴，明大1(㊐文政4(1821)年10月23日 ㊣明治43(1910)年12月4日)

**西池氏昭** にしいけうじあき
永禄9(1566)年～寛永8(1631)年5月9日
安土桃山時代～江戸時代前期の神職・連歌作者。
¶国書

**西池重誠** にしいけしげのぶ
文化6(1809)年～安政5(1858)年9月8日
江戸時代後期～末期の神職。
¶国書

**西池季副** にしいけすえそえ
慶長4(1599)年～元禄5(1692)年12月3日
安土桃山時代～江戸時代中期の神職。
¶国書

**西池成麗** にしいけなりあきら
? ～明治22(1889)年7月28日
江戸時代後期～明治期の神職。
¶国書

**西井賢誠** にしいけんせい
文久3(1863)年4月8日～昭和12(1937)年10月7日
明治～昭和期の僧。根室管内羅臼村西向山誠諦寺初代住職。
¶根千

**西井誠誘** にしいせいゆう
明治34(1901)年2月4日～昭和55(1980)年1月30日
大正・昭和期の僧。根室管内羅臼町の西向山誠諦寺2代目住職。
¶根千

**西五辻文仲** にしいつつじあやなか
安政6(1859)年～昭和10(1935)年4月17日
江戸時代末期～明治期の社司、官吏。貴族院議員、男爵。春日神社社司、宮中祇候御歌会講頌、青山御所助務などを歴任。
¶華請，諸系，人名，政治(㊐安政6(1859)年1月7日)，男爵(㊐安政6(1859)年1月1日)，日人，明治史，明大1(㊐安政6(1859)年1月7日)

に

**西内天行** にしうちてんこう
明治5(1872)年12月～昭和21(1946)年4月
明治～昭和期の岡山孤児院教会牧師。
¶岡山歴

**西内成郷** にしうちなりさと
安政2(1855)年～明治44(1911)年
明治期の神職。高市郡下十余陵の守長や、堺県下各社の神職を歴任、橿原神宮宮司となった。
¶維新，郷土奈良，神人，日人，明大1(㊐安政2(1855)年6月2日 ㊣明治44(1911)年4月2日)

**西内藤男** にしうちふじお
生没年不詳 ㊊天行
明治期の牧師。
¶社史

**西ウルスラ** にしうるすら
弘治2(1556)年～慶長14(1609)年10月18日
安土桃山時代～江戸時代前期の女性。キリシタン。
¶女性

**西岡才兵衛** にしおかさいひょうえ
戦国時代の仏師。武田氏に仕えた。
¶武田

**西岡常一** にしおかつねかず
明治41(1908)年9月4日～平成7(1995)年4月11日
昭和期の宮大工。棟梁。3代続く法隆寺宮大工。日本の職人文化と技法を継承。
¶現朝，広7，史人，植物，世紀，日人，日本，美建，名工(㊐明治41年9月3日)，YA(㊣?)

**西岡常吉** にしおかつねきち
嘉永6(1853)年～昭和8(1933)年4月24日
江戸時代後期～昭和期の宮大工。
¶美建

**西岡楢二郎** にしおかならじろう
大正2(1913)年1月20日～昭和53(1978)年2月7日

昭和期の宮大工。
¶世紀，日人，名工

**西岡楢光**　にしおかならみつ
明治17(1884)年10月15日～昭和50(1975)年3月12日
明治～昭和期の宮大工。法隆寺大工棟梁。
¶現情，人名7，世紀，日人，美建，仏教，仏人，名工

**西岡沆**　にしおかひろし
明治41(1908)年12月15日～昭和50(1975)年11月23日
明治～昭和期の宗教家。
¶日エ

**西尾幸太郎**　にしおこうたろう
明治1(1868)年～昭和17(1942)年
明治～昭和期の宗教家。基督教日本組合教会会長。
¶鳥取百

**西尾道雲**　にしおどううん
正保2(1645)年～正徳5(1715)年
江戸時代前期～中期の僧侶。
¶姓氏愛知

**西尾麟角**　にしおりんかく
文化4(1807)年～文久1(1861)年
江戸時代末期の修験道実相院西尾家の十四代目。
¶静岡歴，姓氏静岡，幕末，幕末大

**西海杢兵衛**　にしがいもくべえ
慶長4(1599)年～万治3(1660)年
安土桃山時代～江戸時代前期の宮大工。
¶姓氏神奈川，美建

**西方円精**　にしかたえんせい
弘化4(1847)年～大正12(1923)年
明治～大正期の僧。
¶大分歴

**西片担雪**　にしかたたんせつ
大正11(1922)年～平成18(2006)年
昭和・平成期の臨済僧。見性寺住職。
¶熊本人

**西川伊織**　にしかわいおり
？　～明治2(1869)年
江戸時代後期の橘樹郡堀之内村民。
¶神奈川人，姓氏神奈川

**西川栄寛**　にしかわえいかん
文化14(1817)年～明治13(1880)年
江戸時代後期～明治期の僧。川東善光寺と呼ばれた高井山南照寺の18世住職。
¶長野歴

**西川景文**　にしかわかげふみ
→西川景文(にしかわけいぶん)

**西川景文**　にしかわけいぶん
明治26(1893)年9月9日～昭和48(1973)年11月16日　㊀西川景文(にしかわかげふみ)
昭和期の仏教学者。
¶日エ(にしかわかげふみ)，仏人

**西川須賀雄**　にしかわすがお
天保9(1838)年～＊
明治期の神職。出羽三山神社宮司として同山の神仏分離を断行。
¶国書(㊤天保9(1838)年7月7日　㊦明治39(1906)年1月25日)，庄内，神人，山形百(㊦？)

**西川徹郎**　にしかわてつろう
昭和22(1947)年9月29日～
昭和～平成期の現代俳句作家、歌人・真宗学者。
¶幻想，現俳，詩作，北文，北海道文

**西川南雲**　にしかわなうん
大正5(1916)年1月11日～平成1(1989)年10月30日
昭和期の仏師。
¶美建

**西川吉輔**　にしかわよしすけ
文化13(1816)年～明治13(1880)年5月19日
江戸時代末期～明治期の商人、社会運動家。家塾を開く。足利三代木像梟首事件に連座。のち近江日吉神社大宮司となる。
¶維新，郷土滋賀，国書(㊤文化13(1816)年7月2日)，コン改，コン4，コン5，滋賀百，神人(㊦明治13(1880)年1月19日)，新潮(㊤文化13(1816)年7月2日)，人名，日人，幕末，幕末大(㊤文化13(1816)年7月2日)，明治史，明大1

**西河原行忠**　にしがわらゆきただ
→度会行忠(わたらいゆきただ)

**西川隆範**　にしかわりゅうはん
昭和28(1953)年2月4日～
昭和～平成期の宗教学者。シュタイナー幼稚園保母養成所客員講師。
¶現執3期，現執4期

**錦戸新観**　にしきどしんかん
明治41(1908)年～平成7(1995)年4月16日
大正～平成期の仏師、僧侶。
¶美建

**西城戸正義**　にしきどまさよし
安永7(1778)年～安政6(1859)年4月16日
江戸時代中期～末期の相模守・神官。
¶国書

**西義雄**　にしぎゆう
明治30(1897)年～
昭和期のインド哲学・仏教学者。東洋大学教授。
¶現執1期

**西玄可**　にしげんか
弘治1(1555)年～慶長14(1609)年11月14日
安土桃山時代～江戸時代前期のキリシタン、殉教者。
¶近世，国史，史人(㊤1555年？)，戦合，歴大(㊤1556年ころ)

**錦織錦江** にしこおりきんこう
文政4(1821)年～*
江戸時代後期～明治期の神職、文人。
¶島根人(㊀明治13(1880)年), 島根歴(㊀明治14(1881)年)

**西阪保治** にしざかやすはる
明治16(1883)年8月16日～昭和45(1970)年1月26日
明治～昭和期の牧師、文書伝道者。大阪女学院理事長、新教出版社取締役。
¶キリ

**西三條實義** にしさんじょうさねよし
→三条西実義(さんじょうにしさねよし)

**西嶋和夫** にしじまかずお
大正8(1919)年11月29日～
昭和～平成期の僧侶、仏教学者。日本証券金融常任監査役、井田両国堂顧問。
¶現執2期, 現執3期

**西高辻信厳** にしたかつじしんげん
弘化3(1846)年～明治32(1899)年
明治期の神職。太宰府天満宮第36代宮司。
¶太宰府

**西高辻信全** にしたかつじしんぜん
文政5(1822)年～明治4(1871)年
江戸時代後期～明治期の神職。太宰府天満宮社務職。
¶華請

**西高辻信巌** にしたかつじのぶいわ
→西高辻信厳(にしたかつじのぶかね)

**西高辻信厳**(西高辻信巌, 西高辻信嚴) にしたかつじのぶかね
弘化3(1846)年9月20日～明治32(1899)年1月29日 ㊊西高辻信巌(にしたかつじのぶいわ)
江戸時代末期～明治期の華族。男爵。延壽法院信全の法燈を継いで延壽法院法眼と称す。
¶華請, 人名(西高辻信巌 にしたかつじのぶいわ), 男爵(西高辻信嚴), 日人, 明大1(西高辻信巌)

**西高辻信貞** にしたかつじのぶさだ
大正9(1920)年～昭和62(1987)年
昭和期の神職。太宰府天満宮宮司。
¶太宰府

**西高辻信雅** にしたかつじのぶまさ
明治10(1877)年～昭和27(1952)年
明治～昭和期の神職。太宰府天満宮宮司。
¶神人

**西高辻信良**(西高辻信良) にしたかつじのぶよし
昭和28(1953)年10月6日～
昭和期の神職。太宰府天満宮第39代宮司。
¶現情(西高辻信良), 太宰府

**西高辻信稚** にしたかつじのぶわか
明治10(1877)年～昭和27(1952)年
明治～昭和期の神職。第37代太宰府神社宮司。
¶太宰府

**西田天香** にしだてんこう
明治5(1872)年2月10日～昭和43(1968)年2月29日 ㊊一灯園(いっとうえん)
明治～昭和期の宗教家。一燈園創始者で、光明祈願による新生活を提唱。
¶アナ(㊐明治5(1872)年3月18日), 学校, 角史, 郷土滋賀, 京都大, 京都文, 近文, 現朝(㊐明治5年2月10日(1872年3月18日)), 現情, 現人, コン改, コン4, コン5, 滋賀百, 滋賀文, 史人, 思想, 思想史, 昭人, 新潮, 人名7, 世紀, 政治, 世人, 世百新, 全書, 大百, 哲学, 日エ(㊐明治5(1872)年2月10日), 日史, 日人, 日本, 百科, 仏教, 民学, 明治史, 明大1, 山川小, 履歴, 履歴2

に

**西田長男** にしだながお
明治42(1909)年3月31日～昭和56(1981)年3月28日
昭和期の神道学者。国学院大学教授。著書に「神道史の研究」など。
¶現朝, 現執1期, 現執2期, 現情, 史研, 神史, 世紀, 日人

**西谷順誓** にしたにじゅんせい
明治17(1884)年7月11日～昭和21(1946)年10月26日
明治～昭和期の僧侶。
¶真宗

**西谷庄一** にしたにしょういち
? ～昭和40(1965)年
大正～昭和期の社寺建築の棟梁。
¶島根歴, 美建

**西田真成** にしだまさなり
嘉永2(1849)年～明治26(1893)年2月
江戸時代末期・明治期の僧・教育者。
¶飛驒

**西田亮哉** にしだりょうや
明治42(1909)年10月29日～昭和53(1978)年4月21日
明治～昭和期の住職、教師。西方寺住職。佐野工高、岸和田産高などの教諭。
¶日エ

**西角井正一** にしつのいまさかず
弘化4(1847)年～大正3(1914)年
江戸時代後期～大正期の神職。
¶埼玉人, 神人

**西角井正慶** にしつのいまさよし
明治33(1900)年5月22日～昭和46(1971)年1月22日 ㊊見沼冬男(みぬまふゆお)
大正～昭和期の国文学者、民俗学者。国学院大学教授。「万葉集」や記紀の歌謡を研究。著書に「神楽歌研究」など。
¶音楽, 近文(見沼冬男 みぬまふゆお), 現執1期, 現情, コン改, コン4, コン5, 埼玉人, 埼玉百, 史研, 神史, 新潮, 人名7, 世紀, 全書, 短歌(㊀1970年1月22日), 日音(㊐明治33

(1900)年5月10日)，日人

**仁科円次郎** にしなえんじろう
文化3(1806)年〜明治25(1892)年
江戸時代後期〜明治期の僧侶。
¶多摩

**西野恵荘** にしのえしょう
安永7(1778)年〜嘉永2(1849)年
江戸時代中期〜後期の僧。
¶近江(㊐安永7(1778)年　㊙嘉永2(1849)年)，滋賀百，日人(㊐1780年　㊙1850年)

**西野慶応** にしのきょうおう
？　〜明治16(1883)年
江戸時代後期〜明治期の真宗西派の僧。
¶姓氏石川

に

**西野孝太郎** にしのこうたろう
天保2(1831)年〜元治1(1864)年
江戸時代末期の神官。
¶維新，幕末(㊙1864年10月25日)，幕末大(㊙元治1(1864)年9月25日)

**西洞院信愛** にしのとういんのぶなる
弘化3(1846)年〜明治37(1904)年
江戸時代末期〜明治期の公卿、宮司。子爵、平野神社宮司。武事に専心し、自邸に私立演武館を興して門弟を養成。
¶諸系，人名(㊐1844年)，日人，明大1(㊐弘化3(1846)年7月16日　㊙明治37(1904)年6月6日)

**西林国橋** にしばやしこっきょう
明和1(1764)年〜文政11(1828)年3月8日
江戸時代中期〜後期の備中の神官、国学者。
¶岡山百，岡山歴(㊐明和5(1768)年)，神人

**西原円照** にしはらえんしょう
天保11(1840)年〜明治40(1907)年
江戸時代後期〜明治期の浄土真宗本願寺派僧侶。
¶島根歴

**西原祐治** にしはらゆうじ
昭和29(1954)年1月21日〜
昭和〜平成期の僧侶。浄土真宗東京ビハーラ会長、西方寺(浄土真宗西本願寺派)住職。
¶現執4期

**西牟田砥潔** にしむたときよ
明治15(1882)年2月4日〜昭和39(1964)年8月21日
明治〜昭和期の弓道家、弓道範士、大学教授、神職。
¶弓道

**西村恵信** にしむらえしん
昭和8(1933)年7月30日〜
昭和〜平成期の僧侶、宗教哲学研究者。花園大学教授、興福寺住職。
¶現執2期，現執3期，現執4期

**西村関一** にしむらかんいち
→西村関一(にしむらせきかず)

**西村久蔵** にしむらきゅうぞう
明治31(1898)年5月11日〜昭和28(1953)年
大正〜昭和期のニシムラ洋菓子店創始者でキリスト教伝道者。
¶札幌

**西村敬一** にしむらけいいち
明治25(1892)年2月28日〜昭和47(1972)年6月9日
大正〜昭和期の牧師。日本ホーリネス教団伝道部長。
¶キリ

**西村公朝** にしむらこうちょう
大正4(1915)年6月4日〜平成15(2003)年12月2日
昭和〜平成期の仏像彫刻家、僧侶。愛宕念仏寺(天台宗)住職、東京芸術大学教授。仏像研究、文化財保存修復に従事。著書に「仏像の再発見」など。
¶現執1期，現執3期，現執4期，世紀，日人，美建

**西村自登** にしむらじとう
明治20(1887)年3月21日〜昭和42(1967)年4月10日
大正・昭和期の神職、農業。
¶高知先

**西村清雄** にしむらすがお
明治4(1871)年2月13日〜昭和39(1964)年12月25日
明治〜昭和期の教育家。
¶愛媛，愛媛百，郷土愛媛(㊙1965年)，キリ(㊐明治4年2月13日(1871年4月2日))，世紀，日人，明大2

**西村関一** にしむらせきかず
明治33(1900)年6月4日〜昭和54(1979)年8月15日　㊊西村関一(にしむらかんいち)
大正〜昭和期の政治家、牧師。衆議院議員、参議院議員。部落差別問題、原水協分裂などに関わり和解の努力をする。国際的な人権擁護に尽力。
¶郷土滋賀(にしむらかんいち)，キリ，現情，現人，滋賀百，世紀，政治，平和(にしむらかんいち)

**西村相莫** にしむらそうばく
生没年不詳
江戸時代中期の神職。
¶国書

**西村尚** にしむらひさし
昭和10(1935)年10月29日〜
昭和〜平成期の歌人、神官。
¶京都文，現情，世紀，短歌

**西村兵衛** にしむらひょうえ
大正4(1915)年1月13日〜昭和60(1985)年1月4日
昭和期の神職。
¶飛騨

**西村正雄** にしむらまさお
明治28(1895)年〜昭和42(1967)年
大正〜昭和期の僧。常光寺住職。
¶青森人

**西村泰胤** にしむらやすたね
万延1 (1860) 年～大正2 (1913) 年
明治～大正期の神職。
¶神人

**西本敦** にしもとあつし
大正13 (1924) 年1月21日～昭和37 (1962) 年4月29日
昭和期の平和活動家、僧侶。内灘米軍試射場反対闘争、砂川闘争などで活躍。日本山基地闘争の先駆者。
¶現朝，現人，世紀，日人，平和

**西元宗助** にしもとそうすけ
明治42 (1909) 年～平成2 (1990) 年12月13日
昭和期の教育学者、浄土真宗の篤信者。
¶真宗

**西本泰** にしもとゆたか
明治43 (1910) 年3月15日～
昭和期の神官。住吉大社宮司。
¶現情

**西本竜山** にしもとりゅうざん
明治21 (1888) 年3月20日～？
明治～昭和期の僧侶。
¶真宗

**西師香** にしもろか
天保5 (1834) 年～？
江戸時代後期～明治期の神職。春日大社旧社司。
¶華請

**西山徳** にしやまいさお
大正2 (1913) 年8月1日～
昭和期の神道史学者、日本思想史学者。皇学館大学教授。
¶現執2期

**西山禾山** にしやまかざん，にしやまかさん
天保8 (1837) 年～大正6 (1917) 年　[別]禾山 (かざん)
明治～大正期の臨済僧。
¶愛媛，愛媛百 (禾山　かざん)，明大1 (にしやまかさん　[生]天保8 (1837) 年12月　[没]大正6 (1917) 年4月3日)

**西山恵光** にしやまけいこう
？　～
昭和期の日蓮宗僧侶。本将寺住職。
¶社史

**西山玄鼓** にしやまげんく
天保8 (1837) 年～大正6 (1917) 年
明治～大正期の臨済宗僧侶。妙心寺住職。
¶仏人

**西山忠佐衛門** にしやまちゅうざえもん
安政5 (1858) 年～昭和6 (1931) 年
江戸時代末期～昭和期の神職。
¶神人

**西山輝夫** にしやまてるお
大正15 (1926) 年7月20日～
昭和～平成期の編集者、宗教学者。天理教道友社編集委員、国際大学客員教授。
¶現執3期

**西山豊** にしやまゆたか
明治40 (1907) 年～昭和47 (1972) 年
昭和期の教師、僧、郷土史家。
¶青森人

**二条秀暁** にじょうしゅうぎょう
明治12 (1879) 年12月5日～昭和16 (1941) 年1月17日
明治～昭和期の僧侶。
¶真宗

**二条秀源** にじょうしゅうげん
嘉永5 (1852) 年1月5日～昭和10 (1935) 年10月25日
江戸時代末期～昭和期の僧侶。
¶華請，真宗

**二条秀淳** にじょうしゅうじゅん
明治40 (1907) 年6月18日～昭和61 (1986) 年2月3日
大正～昭和期の僧侶。
¶真宗

**二条秀量** にじょうしゅうりょう
文政12 (1829) 年10月3日～明治24 (1891) 年1月11日
江戸時代後期～明治期の僧侶。
¶真宗

**二条弼基** にじょうたねもと
明治43 (1910) 年6月19日～昭和60 (1985) 年8月28日
昭和期の通信工学者。伊勢神宮神宮司庁大宮司、貴族院議員。
¶科学，現情

**二条基弘** (二條基弘)　にじょうもとひろ
安政6 (1859) 年～昭和3 (1928) 年4月4日
明治～大正期の官吏、宮司。公爵、貴族院議員。宮中顧問官、官幣大社春日神社宮司を務める。
¶華畫 (二條基弘　[生]安政6 (1859) 年10月)，諸系，神人 ([没]昭和3 (1927) 年)，人名，世紀 ([生]安政6 (1859) 年10月25日)，渡航 ([生]1859年10月25日)，日人，明治史，明大1 ([生]安政6 (1859) 年10月25日)

**西依成斎** にしよりせいさい
天正1 (1573) 年～寛文9 (1669) 年
安土桃山時代～江戸時代前期の神道家。
¶神人

**日庵一東** にちあんいっとう
生没年不詳
室町時代～戦国時代の臨済宗の僧。
¶人名 ([没]1504年)，日人，仏教

**日庵曇光** にちあんどんこう
？　～文安1 (1444) 年
室町時代の曹洞宗の僧。総持寺59世。
¶日人，仏教 ([没]嘉吉4 (1444) 年1月24日)

**日位** にちい
正嘉1(1257)年～文保2(1318)年4月23日
鎌倉時代後期の日蓮宗の僧。
¶鎌室, 国書, 人名(生?), 日人, 仏教

**日意(1)** にちい
応永28(1421)年～文明5(1473)年4月9日
室町時代の日蓮宗の僧。
¶国書, 戦辞(生応永24(1417)年　没文明5年4月9日(1473年5月5日)), 仏教, 仏人

**日意(2)** にちい
文安1(1444)年～永正16(1519)年2月3日
室町時代～戦国時代の日蓮宗の僧。
¶国書, 人名(生?), 戦人, 日人, 仏教

**日意(3)** にちい
?　～寛永5(1628)年2月4日
安土桃山時代～江戸時代前期の日蓮宗の僧。
¶国書

**日意(4)** にちい
慶長14(1609)年～元禄2(1689)年12月19日
江戸時代前期～中期の日蓮宗の僧。
¶国書

**日怡尼** にちいに
寛永2(1625)年～寛文4(1664)年2月3日
江戸時代前期の日蓮宗の尼僧。
¶仏教

**日允** にちいん
元和5(1619)年～元禄5(1692)年11月16日
江戸時代前期の日蓮宗の僧。
¶国書(生没年不詳), 仏教

**日印** にちいん
文永1(1264)年～嘉暦3(1328)年12月20日
鎌倉時代後期の日蓮宗の僧。日朗門家から分立して巡教に専心。
¶朝日(没嘉暦3年12月20日(1329年1月20日)), 神奈川人, 鎌倉, 鎌室, 国史, 国書, 古中, 新潮, 人名, 全書, 大百, 新潟百, 日人(没1329年), 仏教, 仏史, 仏人

**日因** にちいん
貞享4(1687)年～明和6(1769)年6月14日
江戸時代前期～中期の日蓮宗の僧。
¶国書

**日胤(1)** にちいん
?　～治承4(1180)年
平安時代後期の園城寺の僧。
¶国史, 古人(生?), 古中, 諸系, 日人, 仏教(生没年不詳), 平家, 平史

**日胤(2)** にちいん
?　～嘉元4(1306)年4月6日
鎌倉時代後期の日蓮宗の僧。
¶仏教

**日胤(3)** にちいん
*～享保8(1723)年1月13日
江戸時代前期～中期の日蓮宗の僧。
¶国書(生寛永20(1643)年), 仏教(生慶長9(1604)年)

**日院** にちいん
正和1(1312)年～文中2/応安6(1373)年6月25日
南北朝時代の日蓮宗の僧。久遠寺6世。
¶仏教

**日尹** にちいん
?　～文中2/応安6(1373)年4月27日
鎌倉時代後期～南北朝時代の日蓮宗の僧。
¶国書

**日有** にちう
応永16(1409)年～文明14(1482)年9月29日
室町時代～戦国時代の日蓮宗の僧。
¶国書, 戦人(生応永9(1402)年?), 仏教

**日運(1)** にちうん
?　～*
室町時代の日蓮宗の僧。妙満寺4世。
¶国書(没応永33(1426)年6月7日), 仏教(没応永32(1425)年5月1日, (異説)応永33(1426)年6月7日)

**日運(2)** にちうん
?　～享禄3(1530)年7月23日
戦国時代の日蓮宗の僧。
¶仏教

**日運(3)** にちうん
?　～*
江戸時代前期の日蓮宗の僧。
¶日人(没1687年), 仏教(没貞享3(1686)年11月25日)

**日運(4)** にちうん
?　～寛永19(1642)年2月19日
江戸時代前期の日蓮宗の僧。
¶姓氏石川, 仏教

**日運(5)** にちうん
生没年不詳
江戸時代中期の日蓮宗の僧。
¶国書

**日運(6)** にちうん
宝暦5(1755)年～天保4(1833)年7月21日
江戸時代中期～後期の日蓮宗の僧。
¶国書

**日運(7)** にちうん
享和1(1801)年～明治11(1878)年1月21日
江戸時代後期～明治期の日蓮宗の僧。
¶国書

**日会** にちえ
生没年不詳
江戸時代の日蓮宗の僧。
¶国書

**日恵(1)** にちえ
天正8(1580)年～寛永19(1642)年10月30日

江戸時代前期の日蓮宗の僧。
¶国書（生没年不詳），仏教

**日恵**(2) **にちえ**
寛永9（1632）年～元禄12（1699）年4月17日
江戸時代前期～中期の日蓮宗の僧。
¶国書

**日慧**(1) **にちえ**
？ ～応永31（1424）年3月13日
南北朝時代～室町時代の日蓮宗の僧。
¶仏教

**日慧**(2) **にちえ**
？ ～寛永1（1624）年12月5日
安土桃山時代～江戸時代前期の日蓮宗の僧。
¶仏教

**日慧**(3) **にちえ**
？ ～享保15（1730）年9月15日
江戸時代中期の日蓮宗の僧。
¶仏教

**日慧**(4) **にちえ**
文化4（1807）年～慶応4（1868）年2月12日
江戸時代後期～末期の日蓮宗の僧。
¶国書

**日叡**(1) **にちえい**
正平7/文和1（1352）年～応永7（1400）年5月7日
南北朝時代～室町時代の日蓮宗の僧。身延山久遠寺第7世。
¶鎌室（㊐文保2（1318）年），国史，国書，古中，人名（㊐1318年），日人，仏教，仏史

**日叡**(2) **にちえい**
建武1/正慶2（1334）年～応永4（1397）年11月9日
南北朝時代～室町時代の日蓮宗の僧。身延山久遠寺第7世。
¶神奈川人（㊐1333年），鎌倉，鎌倉新，鎌古，仏教

**日叡**(3) **にちえい**
？ ～宝徳3（1451）年3月7日
室町時代の日蓮宗の僧。
¶国書

**日叡**(4) **にちえい**
？ ～文明8（1476）年4月
室町時代～戦国時代の日蓮宗の僧。
¶国書

**日叡**(5) **にちえい**
？ ～享保6（1721）年6月18日
江戸時代前期～中期の日蓮宗の僧。
¶国書

**日叡**(6) **にちえい**
？ ～文政5（1822）年5月21日
江戸時代中期～後期の日蓮宗の僧。
¶国書

**日栄**(1) **にちえい**
？ ～徳治3（1308）年4月18日？
鎌倉時代後期の日蓮宗の僧。
¶仏教

**日栄**(2) **にちえい**
？ ～応永8（1401）年11月26日
南北朝時代～室町時代の日蓮宗の僧。
¶神奈川人，仏教

**日栄**(3) **にちえい**
？ ～享保7（1722）年12月19日
江戸時代前期～中期の日蓮宗の僧。
¶国書，仏教（生没年不詳）

**日永**(1) **にちえい**
？ ～寛正1（1460）年1月8日
室町時代の安房妙本寺の住職。
¶戦辞

**日永**(2) **にちえい**
正保2（1645）年～享保8（1723）年11月12日
江戸時代前期～中期の日蓮宗の僧。
¶仏教

**日英**(1) **にちえい**
*～応永30（1423）年8月10日
南北朝時代～室町時代の日蓮宗の僧。
¶神奈川人（㊐1344年 ㊥1420年），鎌倉（㊐興国5/康永3（1344）年 ㊥応永27（1420）年），鎌古（㊐1346年），国書（㊐貞和3（1347）年），埼玉人（㊐正平1/貞和2（1346）年），仏教（㊐貞和2/正平1（1346）年）

**日英**(2) **にちえい**
生没年不詳
室町時代の日蓮宗の僧。
¶仏教

**日英**(3) **にちえい**
～文亀1（1501）年
戦国時代の日蓮宗の僧。
¶飛騨

**日英**(4) **にちえい**
天正12（1584）年～正保4（1647）年1月25日
江戸時代前期の日蓮宗の僧。
¶国書，仏教

**日英**(5) **にちえい**
元和1（1615）年～延宝4（1676）年8月4日
江戸時代前期の日蓮宗の僧。妙満寺38世。
¶仏教

**日英**(6) **にちえい**
寛政5（1793）年～安政3（1856）年5月27日
江戸時代末期の日蓮宗の僧。
¶国書，仏教

**日鋭** **にちえい**
貞享4（1687）年～寛延1（1748）年10月6日
江戸時代前期～中期の日蓮宗の僧。
¶国書

**日楹** **にちえい**
安永9(1780)年～安政5(1858)年
江戸時代中期～末期の僧。久遠寺67世。
¶新潟百

**日睿** **にちえい**
延慶2(1309)年～正平24/応安2(1369)年8月5日
鎌倉時代後期～南北朝時代の日蓮宗の僧。
¶国書

**日栄女王** **にちえいにょおう**
安政2(1855)年～大正9(1920)年
江戸時代末期～大正期の尼僧。
¶近女



**日悦**(1) **にちえつ**
生没年不詳
戦国時代の日蓮宗の僧。
¶国書

**日悦**(2) **にちえつ**
慶安4(1651)年～享保11(1726)年2月11日
江戸時代前期～中期の日蓮宗の僧。
¶国書

**日悦**(3) **にちえつ**
江戸時代前期～中期の日蓮宗の僧。種子島が法華宗に改宗した時の反対者。
¶姓氏鹿児島

**日円**(1) **にちえん**
神護景雲3(769)年～唐・咸通5(864)年？
奈良時代～平安時代前期の天台宗の僧。
¶古人，仏教，平史(生没年不詳)

**日円**(2) **にちえん**
応永30(1423)年～長享3(1489)年7月29日
室町時代の日蓮宗の僧。
¶国書，仏教

**日円**(3) **にちえん**
永禄10(1567)年～慶長10(1605)年6月4日
安土桃山時代の日蓮宗の僧。
¶国書，仏教([生]永禄8(1565)年)，仏人

**日延**(1) **にちえん**
生没年不詳
平安時代中期の延暦寺の僧。符天暦を請来。
¶岩史，角史，国史，古人，古中，コン4，コン5，史人，対外，日人，平史

**日延**(2) **にちえん**
永享2(1430)年～寛正2(1461)年4月26日
室町時代の日蓮宗の僧。久遠寺10世。
¶国書，日人，仏教

**日延**(3) **にちえん**
？ ～文安1(1444)年9月8日
室町時代の日蓮宗の僧。
¶仏教

**日延**(4) **にちえん**
天正17(1589)年～寛文5(1665)年1月26日
江戸時代前期の日蓮宗の僧。
¶国書，仏教

**日延**(5) **にちえん**
生没年不詳
江戸時代後期の日蓮宗の僧。
¶国書

**日演**(1) **にちえん**
文禄4(1595)年～万治1(1658)年12月17日
江戸時代前期の日蓮宗の僧。
¶国書，仏教

**日演**(2) **にちえん**
慶長17(1612)年～延宝6(1678)年5月6日
江戸時代前期の日蓮宗の僧。
¶国書，仏教

**日演**(3) **にちえん**
慶安1(1648)年～享保13(1728)年11月7日
江戸時代前期～中期の日蓮宗の僧。
¶国書

**日縁** **にちえん**
享保11(1726)年～寛政8(1796)年1月11日
江戸時代中期～後期の日蓮宗不受不施派の僧侶。
¶岡山歴

**日淵** **にちえん**
享禄2(1529)年2月～慶長14(1609)年2月16日
戦国時代～安土桃山時代の日蓮宗の僧。
¶国書，戦人，仏教

**日衍**(1) **にちえん**
永禄2(1559)年～慶長16(1611)年10月16日
安土桃山時代～江戸時代前期の日蓮宗の僧。
¶岡山歴，仏教

**日衍**(2) **にちえん**
？ ～寛永14(1637)年
江戸時代前期の日蓮宗の僧。
¶日人，仏教

**日筵**(日莚) **にちえん**
慶長14(1609)年～延宝9(1681)年1月27日
江戸時代前期の日蓮宗の僧。久遠寺29世。
¶秋田人2(日莚)，国書，日人，仏教

**日奥** **にちおう**
永禄8(1565)年6月8日～寛永7(1630)年3月10日
安土桃山時代～江戸時代前期の日蓮宗の僧。不受不施派。
¶朝日([生]永禄8年6月8日(1565年7月5日) [没]寛永7年3月10日(1630年4月22日))，岩史，岡山人，岡山歴，角史，京都，京都大，近世，国史，国書，コン改，コン4，コン5，史人，思想史，新潮，人名，姓氏京都，世人，全書，戦人，戦補，大百，日思，日史，日人，百科，仏教，仏史，仏人，名僧，山川小，歴大

**日応**(1) **にちおう**
永享5(1433)年～永正5(1508)年9月22日
室町時代～戦国時代の日蓮宗の僧。

¶国書，戦人，仏教

**日応(2)　にちおう**
？　～慶長19（1614）年8月21日
安土桃山時代～江戸時代前期の日蓮宗の僧。
¶国書

**日応(3)　にちおう**
？　～慶長17（1612）年6月13日
安土桃山時代～江戸時代前期の日蓮宗の僧。
¶仏教

**日応(4)　にちおう**
生没年不詳
江戸時代の日蓮宗の僧。
¶仏教

**日応(5)　にちおう**
？　～明暦3（1657）年6月13日
江戸時代前期の日蓮宗の僧。
¶国書

**日応(6)　にちおう**
*～正徳4（1714）年3月10日
江戸時代前期～中期の日蓮宗の僧。妙満寺56世。
¶国書（[生]？），仏教（[生]慶安4（1651）年）

**日応(7)　にちおう**
慶安2（1649）年～享保18（1733）年7月18日
江戸時代前期～中期の日蓮宗の僧。
¶国書（生没年不詳），仏教

**日応(8)　にちおう**
生没年不詳
江戸時代中期の日蓮宗の僧。
¶国書

**日応(9)　にちおう**
？　～元文3（1738）年1月21日
江戸時代中期の日蓮宗の僧。
¶国書

**日翁　にちおう**
江戸時代前期の日蓮宗の僧。
¶姓氏石川

**日雄(1)　にちおう**
永正6（1509）年～元亀2（1571）年4月12日
戦国時代～安土桃山時代の日蓮宗の僧。
¶国書

**日雄(2)　にちおう**
慶長4（1599）年～延宝2（1674）年
江戸時代前期の真言宗の僧。
¶日人，仏教（[没]延宝2（1674）年2月15日）

**日雄(3)　にちおう**
天正10（1582）年4月8日～明暦1（1655）年9月19日
江戸時代前期の日蓮宗の僧。
¶仏教

**日雄(4)　にちおう**
万治3（1660）年～享保20（1735）年4月20日
江戸時代前期～中期の日蓮宗の僧。
¶国書

**日雄(5)　にちおう**
？　～宝暦3（1753）年12月18日
江戸時代中期の日蓮宗の僧。
¶国書

**日億　にちおく**
？　～応永29（1422）年11月8日
室町時代の日蓮宗の僧。久遠寺8世。
¶国書，仏教

**日憶　にちおく**
元禄5（1692）年～明和2（1765）年6月16日
江戸時代中期の日蓮宗不受不施派の僧侶。
¶岡山歴

**日遠　にちおん**
元亀3（1572）年～寛永19（1642）年3月5日
安土桃山時代～江戸時代前期の日蓮宗の僧。受不施派。
¶朝日（[没]寛永19年3月5日（1642年4月4日）），神奈川人，近世，国史，国書，コン改，コン4，コン5，史人，思想史，新潮，人名，世人，戦人，日音，日人，仏教，仏史，仏人，山梨百，歴大

**日恩(1)　にちおん**
天文21（1552）年～寛永6（1629）年11月23日
戦国時代～江戸時代前期の日蓮宗の僧。
¶国書

**日恩(2)　にちおん**
生没年不詳
江戸時代前期の日蓮宗の僧。
¶国書

**日穏　にちおん**
享保1（1716）年～安永3（1774）年7月3日
江戸時代中期の日蓮宗の僧。
¶国書

**日音　にちおん**
生没年不詳
戦国時代の日蓮宗の僧。
¶国書

**日荷　にちか**
*～正平8/文和2（1353）年6月13日
鎌倉時代後期～南北朝時代の日蓮宗の僧。
¶神奈川人（[生]1261年），仏教（[生]？）

**日我　にちが**
永正5（1508）年～天正14（1586）年11月11日
戦国時代～安土桃山時代の日蓮宗の僧。
¶国書，戦辞（[生]永正5年9月16日（1508年10月10日）　[没]天正14年11月11日（1586年12月21日）），戦人，戦房総，仏教

**日雅　にちが**
？　～貞享1（1684）年10月6日
江戸時代前期の日蓮宗不受不施派の僧侶。
¶岡山歴

**日海　にちかい**
文明10（1478）年～永正15（1519）年12月1日
戦国時代の日蓮宗僧。
¶戦辞

**日覚　にちかく，にちがく**
文明18（1486）年～天文19（1550）年11月16日
戦国時代の日蓮宗の僧。
¶国書（にちがく），姓氏富山，戦辞（(没)天文19年11月16日（1550年12月23日）），戦人（にちがく），富山百（にちがく　(没)？），仏教（にちがく），ふる（にちがく　(没)1560年）

**日鶴　にちかく**
？　～明和8（1771）年12月19日
江戸時代中期の日蓮宗の僧。
¶国書

**日覚(1)　にちがく，にちかく**
生没年不詳
平安時代後期の延暦寺の僧、宿曜師。
¶国史，古人，古中，史人，日人（にちかく），仏教（にちかく），仏史

**日覚(2)　にちがく**
？　～天正13（1585）年9月15日
戦国時代～安土桃山時代の日蓮宗の僧。
¶国書（生没年不詳），仏教

**日覚(3)　にちがく**
慶長17（1612）年～宝永1（1704）年9月15日
江戸時代前期～中期の日蓮宗不受不施派の僧。
¶埼玉人

**日覚(4)　にちがく**
享保1（1716）年～安永7（1778）年2月13日
江戸時代中期の日蓮宗の僧。
¶国書

**日覚(5)　にちがく**
生没年不詳
江戸時代後期の日蓮宗の僧。
¶国書

**日学　にちがく**
？　～長禄3（1459）年12月7日
室町時代の日蓮宗の僧。久遠寺9世。
¶国書，長野歴（(生)元中1（1384）年），仏教

**日覚尼　にちがくに**
？　～享保16（1731）年9月18日
江戸時代中期の日蓮宗の僧。
¶仏教

**日侃　にちかん**
大永5（1525）年3月21日～慶長6（1601）年
戦国時代～安土桃山時代の日蓮宗の僧。
¶国書（(生)大永6（1526）年　(没)慶長6（1601）年6月6日），戦辞（(没)慶長6年6月6日（1601年7月5日）），戦房総

**日完　にちかん**
天正19（1591）年～寛文8（1668）年11月24日
江戸時代前期の日蓮宗の僧。
¶仏教

**日寛(1)　にちかん**
元和3（1617）年～元禄1（1688）年9月30日
江戸時代前期の日蓮宗の僧。
¶国書，仏教

**日寛(2)　にちかん**
寛文5（1665）年8月8日～享保11（1726）年8月19日
(別)日寛（にっかん）
江戸時代中期の日蓮宗の学僧。日永に従って得度。
¶朝日（(没)享保11年8月19日（1726年9月14日）），国書，コン改（にっかん），コン4（にっかん），コン5（にっかん），思想史，新潮，日人，仏教

**日幹　にちかん**
正徳5（1715）年～明和6（1769）年3月26日
江戸時代中期の日蓮宗の僧。
¶国書，仏教

**日感(1)　にちかん**
永禄12（1569）年～寛永6（1629）年3月8日
安土桃山時代～江戸時代前期の日蓮宗の僧。
¶国書

**日感(2)　にちかん**
？　～慶安2（1649）年
江戸時代前期の日蓮宗の僧。
¶仏教

**日感(3)　にちかん**
？　～元禄11（1698）年
江戸時代前期の日蓮宗の僧。
¶仏教

**日感(4)　にちかん**
？　～宝永6（1709）年12月29日
江戸時代前期～中期の日蓮宗の僧。
¶国書

**日桓　にちかん**
？　～寛永21（1644）年11月4日
江戸時代前期の日蓮宗の僧。
¶仏教

**日歓　にちかん**
生没年不詳
江戸時代後期の日蓮宗の僧。
¶国書

**日鑑　にちかん**
文化3（1806）年～明治2（1869）年12月8日　(別)日鑑（にっかん）
江戸時代後期の日什門流の学僧。日什門流教学の大成者。
¶近世，国史，国書，日人（(没)1870年），仏教，仏史，仏人（にっかん）

**日閑(1)　にちかん**
天正4（1576）年～寛文13（1673）年7月24日
江戸時代前期の日蓮宗の僧。
¶仏教

**日閑**(2) **にちかん**
慶長15(1610)年～元禄3(1690)年2月17日
江戸時代前期の日蓮宗の僧。
¶仏教

**日閑**(3) **にちかん**
寛永18(1641)年～寛文8(1668)年6月19日 ㊙日閑(にっかん)
江戸時代前期の日蓮宗不受不施派の僧。
¶岡山人(にっかん), 岡山歴

**日韓 にちかん**
? ～文政2(1819)年6月20日
江戸時代中期～後期の日蓮宗の僧。
¶国書

**日浣 にちかん**
元和2(1616)年～延宝4(1676)年7月9日
江戸時代前期の日蓮宗の僧。
¶岡山歴, 国書

**日還 にちかん**
? ～天保10(1839)年11月19日
江戸時代後期の日蓮宗の僧。
¶国書

**日顔 にちがん**
生没年不詳
江戸時代前期の日蓮宗の僧。
¶仏教

**日玕 にちがん**
天正16(1588)年～承応1(1652)年10月23日
安土桃山時代～江戸時代前期の修験僧。
¶国書

**日巌一光 にちがんいっこう**
生没年不詳
室町時代の臨済宗の僧。
¶国書

**日輝**(1) **にちき**
天和3(1683)年～正徳3(1713)年11月18日
江戸時代中期の日蓮宗の僧。
¶仏教

**日輝**(2) **にちき**
寛政12(1800)年～安政6(1859)年 ㊙日輝(にっき)
江戸時代末期の日蓮宗の僧。近世日蓮宗学の大成者。
¶朝日(㊡安政6年2月23日(1859年3月27日)), 近世, 国史, 国書(㊤寛政12(1800)年3月26日 ㊡安政6(1859)年2月23日), コン改(にっき), コン4(にっき), コン5(にっき), 思想史, 新潮(㊤寛政12(1800)年3月26日 ㊡安政6(1859)年2月23日), 人名(にっき), 姓氏石川(にっき), 世人(にっき), 全書, 日人, 仏教(㊤寛政12(1800)年3月26日 ㊡安政6(1859)年2月23日), 仏史, 仏人(にっき ㊤1799年)

**日暉 にちき**
→物部日暉(もののべにちき)

**日宜 にちぎ**
正保2(1645)年～正徳4(1714)年3月16日
江戸時代前期～中期の日蓮宗の僧。
¶仏教

**日義**(1) **にちぎ**
? ～応永4(1397)年6月6日
南北朝時代～室町時代の日蓮宗の僧。妙満寺2世。
¶仏教

**日義**(2) **にちぎ**
? ～元禄14(1701)年
江戸時代前期～中期の僧。
¶姓氏石川

**日義**(3) **にちぎ**
享保14(1729)年～明和2(1765)年11月21日
江戸時代中期の日蓮宗の僧。
¶国書

**日義**(4) **にちぎ**
生没年不詳
江戸時代後期の僧。
¶日人

**日義**(5) **にちぎ**
享和2(1802)年～元治1(1864)年10月19日
江戸時代後期の日蓮宗不受不施派の僧。
¶岡山歴

**日耆 にちぎ**
? ～安永8(1779)年3月6日
江戸時代中期の日蓮宗の僧。
¶国書

**日顗 にちぎ**
天和1(1681)年～宝暦3(1753)年11月3日
江戸時代前期～中期の日蓮宗の僧。
¶国書

**日義尼 にちぎに**
? ～永仁6(1298)年
鎌倉時代後期の日蓮宗信者。妙円院と号す。
¶朝日, 日人, 仏教(㊡永仁6(1298)年4月12日)

**日久 にちきゅう**
寛政3(1791)年～文久3(1863)年1月22日
江戸時代後期～末期の日蓮宗の僧。
¶国書

**日境 にちきょう**
? ～天明6(1786)年11月27日
江戸時代中期の日蓮宗の僧。
¶国書

**日教**(1) **にちきょう**
弘治2(1556)年～天正6(1578)年7月24日
安土桃山時代の日蓮宗の僧。
¶国書, 仏教

**日教**(2) **にちきょう**
宝永1(1704)年～宝暦7(1757)年8月12日
江戸時代中期の日蓮宗の僧。
¶国書

に

**日教**(3) **にちきょう**
宝暦4(1754)年～天保15(1844)年11月11日
江戸時代中期～後期の日蓮宗の僧。
¶国書

**日鏡**(1) **にちきょう**
永正4(1507)年～永禄2(1559)年　別日鏡(にっきょう),日鏡上人(にちきょうしょうにん)
戦国時代の日蓮宗の僧。
¶国書(没永禄2(1559)年4月15日), 武田(日鏡上人　にちきょうしょうにん　生永正3(1506)年), 長野歴(にっきょう), 仏教(没永禄2(1559)年4月25日)

**日鏡**(2) **にちきょう**
享保9(1724)年～安永7(1778)年10月6日
江戸時代中期の日蓮宗の僧。
¶国書

**日経**(1) **にちきょう**
？～応永31(1424)年3月4日
南北朝時代～室町時代の日蓮宗の僧。
¶国書

**日経**(2) **にちきょう**
*～元和6(1620)年　別日経(にっきょう)
安土桃山時代～江戸時代前期の日蓮宗の僧。京都妙満寺27世。
¶朝日(にっきょう　生永禄3(1560)年), 近世(生1551年), 国史(生1551年), 国書(生永禄3(1560)年2月28日　没元和6(1620)年11月22日), コン改(にっきょう　生天文20(1551)年), コン4(にっきょう　生天文20(1551)年), コン5(にっきょう　生天文20(1551)年), 思想史(生永禄3(1560)年), 新潮(生天文20(1551)年　没元和6(1620)年11月22日), 人名(にっきょう　生？　没1622年), 世人(にっきょう　生永禄3(1560)年), 戦人(にっきょう　生永禄3(1560)年), 日人(生1560年), 仏教(生永禄3(1560)年　没元和6(1620)年11月22日), 仏史(生1551年)

**日凝** **にちぎょう**
寛政5(1793)年～安政3(1856)年8月21日
江戸時代後期～末期の日蓮宗の僧。
¶高知人, 国書

**日暁**(1) **にちぎょう**
生没年不詳
鎌倉時代の日蓮宗の僧。
¶仏教

**日暁**(2) **にちぎょう**
応永20(1413)年～文正11(1466)年閏2月6日
室町時代の日蓮宗の僧。
¶仏教

**日暁**(3) **にちぎょう**
慶安1(1648)年～宝永7(1710)年2月23日
江戸時代前期～中期の日蓮宗の僧。
¶国書, 仏教

**日暁**(4) **にちぎょう**
宝永4(1707)年～宝暦14(1764)年4月1日
江戸時代中期の日蓮宗の僧。
¶国書

**日暁**(5) **にちぎょう**
宝暦3(1753)年～文化13(1816)年9月
江戸時代中期～後期の日蓮宗の尼僧・歌人。『日暁禅尼集』がある。
¶江表(日暁禅尼(東京都)), 国書

**日巧** **にちぎょう**
→日巧(にちこう)

**日行**(1) **にちぎょう**
文永4(1267)年～元徳2(1330)年2月5日
鎌倉時代後期の日蓮宗の僧。
¶神奈川人(生1269年), 鎌古, 仏教

**日行**(2) **にちぎょう**
？～正平24/応安2(1369)年8月13日
鎌倉時代後期～南北朝時代の日蓮宗の僧。
¶国書

**日行**(3) **にちぎょう**
元中4/嘉慶1(1387)年～永享6(1434)年6月5日
室町時代の日蓮宗の僧。
¶仏教

**日行**(4) **にちぎょう**
天正16(1588)年～寛文4(1664)年9月9日
江戸時代前期の日蓮宗の僧。
¶仏教

**日行**(5) **にちぎょう**
元禄2(1689)年～寛保3(1743)年10月19日
江戸時代中期の日蓮宗の僧。
¶国書

**日堯**(1) **にちぎょう**
？～応永3(1396)年4月9日
南北朝時代の日蓮宗の僧。
¶国書, 仏教

**日堯**(2) **にちぎょう**
寛正3(1462)年～永正3(1506)年
戦国時代の日蓮宗の僧。
¶日人, 仏教(没永正3(1506)年5月27日)

**日堯**(3) **にちぎょう**
天文12(1543)年～慶長9(1604)年
安土桃山時代の日蓮宗の僧。
¶京都大(没元亀3(1572)年), 京都府, 国書(没慶長9(1604)年閏8月7日), 姓氏京都(没1572年), 戦人, 仏教(没慶長9(1604)年8月7日)

**日堯**(4) **にちぎょう**
永禄8(1565)年～元和6(1620)年6月26日
安土桃山時代～江戸時代前期の日蓮宗の僧。
¶国書

**日堯**(5) **にちぎょう**
元和6(1620)年～天和4(1684)年2月10日
江戸時代前期の日蓮宗の僧。
¶岡山歴，近世，国史，国書，思想史，日人，仏教，仏史

**日堯**(6) **にちぎょう**
*～元禄2(1689)年7月17日
江戸時代前期の日蓮宗の僧。
¶国書(㊐正保1(1644)年)，仏教(㊐？)

**日堯**(7) **にちぎょう**
慶長15(1610)年～元禄5(1692)年11月3日
江戸時代前期の日蓮宗の僧。
¶仏教

**日堯**(8) **にちぎょう**
江戸時代前期の日蓮宗不受不施派の僧。幕府から弾圧を受けた。
¶香川人(日堯・日了　にちぎょうにちりょう)

**日堯**(9) **にちぎょう**
？ ～元禄6(1693)年4月8日
江戸時代前期～中期の日蓮宗の僧。
¶国書

**日堯**(10) **にちぎょう**
寛永11(1634)年～正徳4(1714)年10月25日
江戸時代前期～中期の日蓮宗の僧。
¶国書，仏教，和歌山人

**日鏡上人** **にちきょうしょうにん**
→日鏡(1)(にちきょう)

**日饒上人** **にちぎょうしょうにん**
→日饒(2)(にちにょう)

**日玉尼** **にちぎょくに**
元和8(1622)年～貞享3(1686)年
江戸時代前期の日蓮宗の尼僧。摂津大坂生まれ。
¶朝日(㊀貞享3年10月25日(1686年12月10日))，日人，仏教(㊀貞享3(1686)年10月25日)

**日金** **にちきん**
？ ～応永23(1416)年1月12日　㊎日金(にちごん)
室町時代の日蓮宗の僧。
¶国書(にちごん)，仏教

**日銀** **にちぎん**
元亀3(1572)年～寛永11(1634)年9月20日
安土桃山時代～江戸時代前期の日蓮宗の僧。
¶仏教

**日求** **にちぐ**
天正4(1576)年～明暦1(1655)年8月2日
安土桃山時代～江戸時代前期の日蓮宗の僧。本禅寺10世。
¶国書，仏教

**日具** **にちぐ**
応永30(1423)年～明応10(1501)年2月12日
室町時代～戦国時代の日蓮宗の僧。妙顕寺6世。
¶岡山歴，国史，国書，古中，戦人，日人，仏教，仏史

**日久尼** **にちくに**
慶安3(1650)年～享保6(1721)年8月6日
江戸時代前期の日蓮宗の尼僧。
¶仏教

**日解** **にちげ**
元禄7(1694)年～安永4(1775)年12月21日
江戸時代中期の日蓮宗の僧。
¶国書

**日啓**(1) **にちけい**
？ ～慶安1(1648)年7月4日
江戸時代前期の日蓮宗の僧。
¶国書，仏教

**日啓**(2) **にちけい**
元和9(1623)年～元禄2(1689)年6月17日
江戸時代前期の日蓮宗の僧。
¶仏教

**日啓**(3) **にちけい**
正保4(1647)年～宝永4(1707)年11月14日
江戸時代前期～中期の日蓮宗の僧。
¶国書

**日啓**(4) **にちけい**
明暦2(1656)年～享保13(1728)年4月30日
江戸時代中期の日蓮宗の僧。
¶仏教

**日慶**(1) **にちけい**
応永4(1397)年～文明10(1478)年3月19日
室町時代の日蓮宗の僧。
¶仏教

**日慶**(2) **にちけい**
？ ～寛延3(1750)年5月4日
江戸時代中期の日蓮宗の僧。
¶国書

**日麑** **にちげい**
宝暦7(1757)年～文政7(1824)年
江戸時代後期の日蓮宗の僧。
¶国書(㊀文政7(1824)年10月19日)，日人，仏教(㊀文政7(1824)年6月5日)

**日乾** **にちけん**
→日乾(にっけん)

**日兼** **にちけん**
寛保2(1742)年～文化1(1804)年8月21日
江戸時代中期～後期の日蓮宗の僧。
¶国書

**日堅** **にちけん**
享保2(1717)年～寛政3(1791)年10月3日
江戸時代中期～後期の日蓮宗の僧。
¶国書

**日憲**(1) **にちけん**
文明6(1474)年～大永5(1525)年8月13日
戦国時代の日蓮宗の僧。

に

¶国書

**日憲(2) にちけん**
元禄7(1694)年〜明和7(1770)年8月1日
江戸時代中期の日蓮宗の僧。
¶国書

**日謙(1) にちけん**
生没年不詳
江戸時代中期の日蓮宗の僧。
¶国書

**日謙(2) にちけん**
延享3(1746)年〜文政12(1829)年5月8日 ㊀日謙(にっけん)
江戸時代中期〜後期の日蓮宗の僧。
¶国書，島根歴(にっけん)，日人，仏教

**日賢(1) にちけん**
寛元1(1243)年〜延元3(1338)年 ㊀日賢(にっけん)，淡路阿闍梨(あわじあじゃり)
鎌倉時代後期〜南北朝時代の日蓮宗の僧。
¶鎌古，人名(にっけん)，日人，仏教(㉝建武5/延元3(1338)年3月17日)

**日賢(2) にちけん**
*〜慶長4(1599)年
安土桃山時代の日蓮宗の僧。久遠寺18世。
¶国書(㊤永禄2(1559)年 ㉝慶長4(1599)年閏3月13日)，仏教(㊤永禄1(1558)年 ㉝慶長4(1599)年3月3日)

**日賢(3) にちけん**
天正11(1583)年〜寛永21(1644)年8月22日
江戸時代前期の日蓮宗の僧。
¶国書，仏教(㊤天正11(1583)年,(異説)永禄12(1569)年)

**日賢(4) にちけん**
生没年不詳
江戸時代前期の日蓮宗の僧。
¶仏教

**日賢(5) にちけん**
→日賢(2)(にっけん)

**日顕(1) にちけん**
? 〜文安5(1448)年6月8日
室町時代の日蓮宗の僧。
¶国書

**日顕(2) にちけん**
享保1(1716)年〜安永9(1780)年5月13日
江戸時代中期の日蓮宗の僧。
¶国書

**日眼(1) にちげん**
? 〜文明18(1486)年4月8日
室町時代〜戦国時代の日蓮宗の僧。
¶国書

**日眼(2) にちげん**
? 〜明暦3(1657)年12月21日
江戸時代前期の日蓮宗の僧。
¶仏教

**日元 にちげん**
? 〜建治3(1277)年1月1日
鎌倉時代前期の日蓮宗の僧。
¶仏教

**日源(1) にちげん**
? 〜正和4(1315)年
鎌倉時代後期の日蓮宗の僧。
¶鎌室，人名，日人，仏教(㉝正和4(1315)年9月13日)

**日源(2) にちげん**
建長1(1249)年〜元中3/至徳3(1386)年3月8日
鎌倉時代後期〜南北朝時代の日蓮宗の僧。
¶仏教

**日源(3) にちげん**
? 〜正平23/応安1(1368)年
鎌倉時代後期〜南北朝時代の日蓮宗の僧。
¶姓氏石川

**日源(4) にちげん**
生没年不詳
室町時代〜戦国時代の日蓮宗の僧。
¶国書

**日源(5) にちげん**
永禄6(1563)年〜元和8(1622)年2月27日
安土桃山時代〜江戸時代前期の日蓮宗の僧。
¶国書

**日源(6) にちげん**
? 〜慶長14(1609)年 ㊀常円院日源(じょうえんいんにちげん)
安土桃山時代〜江戸時代前期の日蓮宗の僧。
¶人名，藩臣7，福井百(常円院日源 じょうえんいんにちげん)，福岡百，仏教(㉝慶長14(1609)年10月14日)

**日玄(1) にちげん**
生没年不詳
安土桃山時代〜江戸時代前期の日蓮宗の僧。
¶仏教

**日玄(2) にちげん**
天正15(1587)年〜寛永16(1639)年3月4日
江戸時代前期の日蓮宗の僧。
¶仏教，和歌山人

**日玄(3) にちげん**
*〜宝永1(1704)年7月3日
江戸時代前期〜中期の日蓮宗の僧。
¶神奈川人，国書(㊤寛永10(1633)年 ㉝元禄15(1702)年1月18日)，仏教(㊤寛永11(1634)年)

**日現(1) にちげん**
長禄3(1459)年〜永正11(1514)年
室町時代〜戦国時代の日蓮宗の僧。
¶国書(㉝永正11(1514)年7月1日)，戦辞

**日現(2) にちげん**
明応5(1496)年～永禄4(1561)年7月21日
戦国時代の日蓮宗の僧。両山11世。
¶岡山歴，国史，国書，古中，戦人，日人，仏教，仏史

**日現(3) にちげん**
天正12(1584)年～寛永10(1633)年4月4日
安土桃山時代～江戸時代前期の日蓮宗の僧。
¶国書

**日現(4) にちげん**
生没年不詳
江戸時代後期の日蓮宗の僧。
¶国書

**日顕尼 にちげんに**
慶安1(1648)年～享保12(1727)年1月5日
江戸時代前期～中期の日蓮宗の尼僧。
¶仏教

**日悟(1) にちご**
天文20(1551)年～慶長19(1614)年4月24日
戦国時代～江戸時代前期の日蓮宗の僧。
¶国書

**日悟(2) にちご**
天正16(1588)年～万治2(1659)年6月15日
安土桃山時代～江戸時代前期の日蓮宗の僧。
¶国書

**日悟(3) にちご**
慶長14(1609)年～貞享3(1686)年1月4日
江戸時代前期の日蓮宗の僧。
¶仏教

**日護(1) にちご**
永享8(1436)年～天文1(1532)年9月5日
室町時代～戦国時代の日蓮宗の僧。
¶仏教

**日護(2) にちご**
天正8(1580)年5月8日～慶安2(1649)年4月15日
江戸時代前期の日蓮宗の僧、仏師。
¶国書，美建，仏教，仏人，和歌山人

**日護(3) にちご**
？ ～元禄16(1703)年
江戸時代前期～中期の僧。
¶青森人

**日亨 にちこう**
正保3(1646)年～享保6(1721)年12月26日
江戸時代前期～中期の日蓮宗の僧。久遠寺33世。
¶国書([生]正保3(1646)年6月26日)，仏教

**日興 にちこう**
→日興(にっこう)

**日向 にちこう**
→日向(にこう)

**日好(1) にちこう**
明暦1(1655)年～享保19(1734)年7月20日
江戸時代前期～中期の日蓮宗の僧。
¶国書，日人，仏教

**日好(2) にちこう**
元禄4(1691)年～宝暦11(1761)年9月20日
江戸時代中期の日蓮宗の僧。
¶国書，仏教

**日好(3) にちこう**
元文4(1739)年～文化8(1811)年12月
江戸時代中期～後期の日蓮宗の僧。
¶国書

**日孝(1) にちこう**
寛永19(1642)年～宝永5(1708)年10月18日
江戸時代前期～中期の日蓮宗の僧。
¶国書([生]寛永19(1642)年8月)，仏教

**日孝(2) にちこう**
延宝1(1673)年～寛延1(1748)年12月23日
江戸時代前期～中期の日蓮宗の僧。
¶国書

**日宏 にちこう**
生没年不詳
戦国時代の日蓮宗の僧。
¶国書

**日巧 にちこう**
享保9(1724)年～寛政7(1795)年7月26日 [別]日巧(にちぎょう)
江戸時代中期～後期の日蓮宗の僧。
¶岡山歴(にちぎょう)，国書

**日幸 にちこう**
？ ～寛政12(1800)年12月4日
江戸時代中期～後期の日蓮宗の僧。
¶国書

**日綱 にちこう**
宝暦4(1754)年～文化5(1808)年3月10日
江戸時代中期～後期の日蓮宗の僧。
¶国書

**日航 にちこう**
？ ～寛文3(1663)年6月4日 [別]日航(にっこう)
江戸時代前期の日蓮宗の僧。
¶岡山歴(にっこう)，国書，仏教

**日講 にちこう**
寛永3(1626)年～元禄11(1698)年3月10日 [別]日講(にっこう)，日講上人(にっこうしょうにん)
江戸時代前期の日蓮宗の僧。不受不施派講門派の祖。
¶朝日([没]元禄11年3月10日(1698年4月20日))，岡山人(にっこう)，岡山歴([生]寛永3(1626)年7月23日)，近世，国史，国書([生]寛永3(1626)年7月23日)，コン改(にっこう)，コン4(にっこう)，コン5(にっこう)，史人(にっこう)，新潮([生]寛永3(1626)年3月27日)，人名(にっこう)，世人，日人，藩臣7，仏教([生]寛永3(1626)年7月23日)，仏史，仏人(にっこう)，宮崎百(日講上人 にっこうしょうにん [生]寛

永3(1626)年7月23日 ㊀元禄11(1698)年3月9日)

**日高**(1) **にちこう**
正嘉1(1257)年～正和3(1314)年4月26日
鎌倉時代後期の日蓮宗の僧。
¶国書,日人,仏教

**日高**(2) **にちこう**
慶長6(1601)年～延宝5(1677)年4月30日
安土桃山時代～江戸時代前期の日蓮宗の僧。
¶国書

**日珖 にちこう**
→日珖(にっこう)

**日暐 にちこう**
延享4(1747)年～享和1(1801)年12月11日
江戸時代中期～後期の日蓮宗の僧。
¶国書

**日郷 にちごう**
永仁1(1293)年～正平8/文和2(1353)年4月25日
鎌倉時代後期～南北朝時代の日蓮宗の僧。
¶国書

**日合 にちごう**
? ～永仁1(1293)年10月11日
鎌倉時代後期の日蓮宗の僧。
¶仏教

**日豪 にちごう**
天文6(1537)年～寛永3(1626)年7月8日
安土桃山時代～江戸時代前期の日蓮宗の僧。
¶仏教

**日国上人 にちこくしょうにん**
戦国時代の法華宗寺の僧。
¶武田

**日近**(1) **にちごん**
慶長19(1614)年～元禄10(1697)年閏2月8日
江戸時代前期の日蓮宗の僧。
¶仏教

**日近**(2) **にちごん**
寛永15(1638)年～享保8(1723)年1月25日
江戸時代前期～中期の日蓮宗の僧。
¶国書,仏教

**日近**(3) **にちごん**
? ～文政13(1830)年6月19日
江戸時代前期～中期の日蓮宗の僧。
¶岡山歴

**日金 にちごん**
→日金(にちきん)

**日健**(1) **にちごん**
生没年不詳
室町時代の日蓮宗の僧。
¶国書,仏教

**日健**(2) **にちごん**
? ～慶長7(1602)年
安土桃山時代の日蓮宗の僧。妙覚院と称した。
¶青森人

**日建 にちごん**
生没年不詳
江戸時代中期の日蓮宗の僧。
¶国書

**日厳**(1) **にちごん**
? ～文安2(1445)年4月21日
室町時代の日蓮宗の僧。
¶仏教

**日厳**(2) **にちごん**
生没年不詳
戦国時代の日蓮宗の僧。
¶国書

**日厳**(3) **にちごん**
? ～天保9(1838)年11月26日
江戸時代後期の日蓮宗の僧。
¶国書

**日言**(1) **にちごん**
文明10(1478)年～弘治2(1556)年8月16日
戦国時代の日蓮宗の僧。
¶国書

**日言**(2) **にちごん**
寛永19(1642)年～宝永2(1705)年6月25日
江戸時代前期～中期の日蓮宗の僧。
¶国書,仏教

**日侃 にちごん**
永正12(1515)年～慶長3(1598)年
戦国時代～安土桃山時代の日蓮宗の僧。
¶国書(㊀慶長3(1598)年5月29日),戦辞(㊀慶長3年5月29日(1598年7月2日))

**日山 にちざん**
→日山(にっさん)

**日志 にちし**
天保4(1833)年～明治15(1882)年7月25日
江戸時代後期～明治期の日蓮宗の僧。
¶国書

**日慈**(1) **にちじ**
永正6(1509)年～文禄4(1595)年
安土桃山時代の連歌を嗜んだ僧。
¶島根人,島根歴

**日慈**(2) **にちじ**
慶長9(1604)年～寛文9(1669)年7月22日
江戸時代前期の日蓮宗の僧。
¶国書

**日慈**(3) **にちじ**
正徳2(1712)年～安永3(1774)年8月23日
江戸時代中期の日蓮宗の僧。
¶国書

**日慈**(4) **にちじ**
寛文4（1664）年〜享保20（1735）年10月22日
江戸時代中期の日蓮宗の僧。
¶仏教

**日持** **にちじ**
建長2（1250）年〜？
鎌倉時代後期の日蓮宗の僧。日蓮の六老僧の一人。
¶青森人（㊐建長ころ），朝日（生没年不詳），岩史（生没年不詳），角史，鎌室，国史（生没年不詳），国書，古中（生没年不詳），コン改，コン4，コン5，史人，静岡百，静岡歴（生没年不詳），新潮，人名，姓氏静岡，姓氏宮城（生没年不詳），世人，世百，全書，大百，日史（生没年不詳），日人，百科（生没年不詳），仏教，仏史（生没年不詳），仏人，北海道百，北海道歴，山梨百（㊐建長1（1249）年），歴大

**日治**(1) **にちじ**
？ 〜慶長10（1605）年8月21日
安土桃山時代の日蓮宗の僧。
¶姓氏石川，仏教

**日治**(2) **にちじ**
寛政9（1797）年〜明治13（1880）年8月30日
江戸時代後期〜明治期の日蓮宗の僧。
¶国書

**日実**(1) **にちじつ**
？ 〜正和3（1314）年10月23日
鎌倉時代後期の日蓮宗の僧。
¶鎌古（㊐？），仏教

**日実**(2) **にちじつ**
文保2（1318）年〜天授4/永和4（1378）年6月7日
南北朝時代の日蓮宗の僧。
¶岡山歴，神奈川人（㊀1331年），京都大，仏教

**日実**(3) **にちじつ**
生没年不詳
室町時代の日蓮宗の僧。
¶国書

**日実**(4) **にちじつ**
？ 〜長禄2（1458）年4月22日
室町時代の日蓮宗の僧。
¶国史，古中，姓氏京都，仏教

**日実**(5) **にちじつ**
生没年不詳
室町時代の日蓮宗の僧。
¶仏教

**日実**(6) **にちじつ**
寛永2（1625）年〜元禄11（1698）年1月14日
江戸時代前期の日蓮宗の僧。
¶仏教

**日慈尼** **にちじに**
元禄11（1698）年〜正徳6（1716）年4月6日
江戸時代中期の日蓮宗の尼僧。
¶仏教

**日寂**(1) **にちじゃく**
？ 〜弘安9（1286）年11月1日
鎌倉時代後期の日蓮宗の僧。
¶仏教

**日寂**(2) **にちじゃく**
嘉永5（1852）年6月〜大正5（1916）年10月16日
明治期の日蓮宗不受不施派の僧。
¶岡山歴

**日受**(1) **にちじゅ**
？ 〜*
江戸時代前期の日蓮宗の僧。
¶京都府（㊀元和8（1622）年），仏教（㊀寛永4（1627）年1月27日）

**日受**(2) **にちじゅ**
元禄5（1692）年〜安永5（1776）年7月22日
江戸時代中期の日蓮宗の僧。
¶国書，仏教

**日寿**(1) **にちじゅ**
永享3（1431）年〜宝徳4（1452）年4月4日
室町時代の日蓮宗の僧。
¶仏教

**日寿**(2) **にちじゅ**
生没年不詳
戦国時代の日蓮宗の僧。
¶国書

**日寿**(3) **にちじゅ**
寛保1（1741）年〜文化2（1805）年4月17日
江戸時代中期〜後期の日蓮宗の僧。
¶国書

**日寿**(4) **にちじゅ**
寛政1（1789）年〜嘉永6（1853）年7月24日
江戸時代後期の日蓮宗の僧。
¶国書

**日樹**(1) **にちじゅ**
生没年不詳
鎌倉時代後期〜南北朝時代の日蓮宗の僧。
¶国書，仏教

**日樹**(2) **にちじゅ**
天正2（1574）年〜寛永8（1631）年5月19日
安土桃山時代〜江戸時代前期の日蓮宗の僧。池上・比企両山16世。
¶朝日（㊀寛永8年5月19日（1631年6月18日）），岡山人，岡山歴，近世，国史，国書，コン改（㊐元亀3（1572）年），コン4（㊐元亀3（1572）年），コン5（㊐元亀3（1572）年），史人，思想史，新潮，人名（㊐？），世人，戦人，戦補（㊐1573年），長野歴，日史，日人，百科，仏教，仏史，歴大

**日樹**(3) **にちじゅ**
→日樹（にっき）

**日就** **にちじゅ**
？ 〜文化13（1816）年2月18日

に

江戸時代中期〜後期の日蓮宗の僧。
¶国書

**日修** にちしゅう
文政6 (1823) 年〜明治24 (1891) 年5月17日 ㊞三村日修 (みむらにっしゅう)
江戸時代末期〜明治期の日蓮宗僧侶。久遠寺75世、日蓮宗8代管長。
¶国書 (三村日修 みむらにっしゅう ㊤文政6 (1823) 年3月4日), 日人 (三村日修 みむらにっしゅう), 幕末, 幕末大, 仏教 (三村日修 みむらにっしゅう ㊤文政6 (1823) 年3月4日), 明大1 (三村日修 みむらにっしゅう ㊤文政6 (1823) 年3月4日)

**日什** にちじゅう
正和3 (1314) 年〜元中9/明徳3 (1392) 年2月28日
南北朝時代の日蓮宗の僧。顕本法華宗の開祖。
¶会津, 朝日 (㊦明徳3/元中9年2月28日 (1392年3月22日)), 岩史, 角史, 神奈川人, 鎌倉 (㊤元弘2/正慶1 (1332) 年), 鎌倉新, 鎌古, 鎌室, 京都, 京都大, 国史, 国書 (㊤正和3 (1314) 年4月28日), 古中, コン改 (㊦元中8/明徳2 (1391) 年), コン4 (㊦明徳2/元中8 (1391) 年), コン5 (㊦元中8/明徳2 (1391) 年), 史人 (㊤1314年4月28日), 人書94, 新潮, 人名, 姓氏京都, 世人, 全書, 大百, 日史, 日人, 百科, 仏教 (㊤正和3 (1314) 年4月28日), 仏史, 仏人, 歴大

**日住**(1) にちじゅう
応永13 (1406) 年〜文明18 (1486) 年9月16日
室町時代〜戦国時代の日蓮宗の僧。
¶国書, 姓氏京都, 戦人, 日人, 仏教

**日住**(2) にちじゅう
? 〜明暦1 (1655) 年
江戸時代前期の日蓮宗の僧。陸奥広布山蓮華寺の開基。
¶青森人

**日住**(3) にちじゅう
寛永13 (1636) 年〜宝永6 (1709) 年3月30日
江戸時代前期〜中期の日蓮宗の僧。
¶仏教

**日住**(4) にちじゅう
元文1 (1736) 年〜享和2 (1802) 年3月18日
江戸時代中期〜後期の日蓮宗の僧。
¶国書

**日充**(1) にちじゅう
? 〜慶長7 (1602) 年1月15日
安土桃山時代の日蓮宗の僧。
¶国書, 仏教

**日充**(2) にちじゅう
寛文7 (1667) 年〜寛保4 (1744) 年1月25日
江戸時代前期〜中期の日蓮宗の僧。
¶国書

**日従**(1) にちじゅう
*〜宝永5 (1708) 年12月17日
江戸時代前期〜中期の日蓮宗の僧。
¶国書 (㊤慶安3 (1650) 年), 姓氏石川 (㊤?), 仏教 (㊤慶安2 (1649) 年)

**日従**(2) にちじゅう
正徳3 (1713) 年〜安永8 (1779) 年9月8日
江戸時代中期の日蓮宗の僧・俳人。
¶国書

**日重** にちじゅう
天文18 (1549) 年〜元和9 (1623) 年8月6日
安土桃山時代〜江戸時代前期の日蓮宗の僧。仏心院日珖に師事。
¶朝日 (㊦元和9年8月6日 (1623年8月31日)), 近世, 国史, 国書, コン改, コン4, コン5, 史人, 思想史, 新潮, 人名, 世人, 戦人 (㊤天文14 (1545) 年), 戦補 (㊤1545年), 日人, 仏教, 仏史, 仏人, 歴大

**日述** にちじゅつ
*〜延宝9 (1681) 年9月1日
安土桃山時代〜江戸時代前期の日蓮宗の僧、下総平賀本土寺の住職。
¶愛媛 (㊤?), 愛媛百 (㊤慶長15 (1610) 年 ㊦延宝9 (1681) 年9月), 岡山歴 (㊤慶長16 (1611) 年5月19日), 国書 (㊤慶長16 (1611) 年5月), 人名 (㊤? ㊦1615年)

**日寿尼** にちじゅに
正保4 (1647) 年〜元禄4 (1691) 年4月29日
江戸時代前期の日蓮宗の尼僧。
¶仏教

**日淳**(1) にちじゅん
? 〜元和2 (1616) 年3月17日
安土桃山時代〜江戸時代前期の日蓮宗の僧。
¶仏教

**日淳**(2) にちじゅん
? 〜宝永5 (1708) 年
江戸時代前期の日蓮宗の僧。
¶姓氏石川

**日潤**(1) にちじゅん
万治3 (1660) 年〜享保2 (1717) 年1月27日
江戸時代中期の日蓮宗の僧。
¶仏教

**日潤**(2) にちじゅん
宝暦9 (1759) 年〜天保9 (1838) 年閏4月7日
江戸時代中期〜後期の日蓮宗の僧。
¶国書

**日純**(1) にちじゅん
文明14 (1482) 年〜天文19 (1550) 年
戦国時代の日蓮宗の僧。
¶戦辞, 仏教 (㊦天文19 (1550) 年3月21日)

**日純**(2) にちじゅん
寛永1 (1624) 年〜貞享1 (1684) 年8月21日
江戸時代前期の日蓮宗の僧。
¶国書

**日純**(3) にちじゅん
? 〜元和8 (1622) 年10月28日

江戸時代前期の日蓮宗の僧。
¶仏教

**日純(4) にちじゅん**
生没年不詳
江戸時代前期の日蓮宗の僧。
¶姓氏神奈川

**日純(5) にちじゅん**
元文1(1736)年～享和1(1801)年7月30日
江戸時代中期～後期の日蓮宗の僧。
¶国書

**日遵(1) にちじゅん**
？ ～長享1(1487)年10月20日
室町時代～戦国時代の日蓮宗の僧。
¶仏教

**日遵(2) にちじゅん**
？ ～永正18(1521)年1月2日
戦国時代の日蓮宗の僧。
¶仏教

**日遵(3) にちじゅん**
文禄1(1592)年～万治2(1659)年7月15日
江戸時代前期の日蓮宗の僧。京都本隆寺10世。
¶国書

**日遵(4) にちじゅん**
文禄1(1592)年～承応3(1654)年9月3日
江戸時代前期の日蓮宗の僧。不受不施派の根本道場として下総玉造檀林を創設。
¶国書，仏教

**日順(1) にちじゅん**
永仁2(1294)年～正平9/文和3(1354)年7月15日
鎌倉時代後期～南北朝時代の日蓮宗の僧。
¶国書

**日順(2) にちじゅん**
？ ～正平23/応安1(1368)年
鎌倉時代後期～南北朝時代の日蓮宗の僧。はじめ天台宗、のち日蓮宗となる。
¶姓氏富山，富山百(生没年不詳)

**日順(3) にちじゅん**
永享1(1429)年～永正8(1511)年9月19日
室町時代～戦国時代の日蓮宗の僧。
¶仏教

**日順(4) にちじゅん**
寛永2(1625)年～元禄1(1688)年
江戸時代前期の日蓮宗の僧。
¶和歌山人

**日順(5) にちじゅん**
寛永13(1636)年～元禄13(1700)年9月10日
江戸時代前期～中期の日蓮宗の僧。
¶仏教

**日順(6) にちじゅん**
？ ～嘉永7(1854)年6月24日
江戸時代後期～末期の日蓮宗の僧。
¶国書

**日助 にちじょ**
明応4(1495)年～天文22(1553)年
戦国時代の日蓮宗の僧。
¶仏教

**日叙 にちじょ**
大永3(1523)年～天正5(1577)年 [別]日叙上人(にちじょしょうにん)
戦国時代～安土桃山時代の日蓮宗の僧。
¶国書([没]天正6(1578)年5月22日)，戦人，武田(日叙上人 にちじょしょうにん [生]大永2(1522)年)，仏教([没]天正5(1577)年5月22日)

**日舒 にちじょ**
正保3(1646)年～正徳2(1712)年6月27日
江戸時代前期～中期の日蓮宗の僧。
¶国書

**日勝 にちしょう**
？ ～享禄3(1530)年1月13日
戦国時代の日蓮宗僧。
¶戦辞

**日承(1) にちじょう**
文亀1(1501)年～天正7(1579)年7月22日
戦国時代～安土桃山時代の日蓮宗の僧。
¶国書

**日承(2) にちじょう**
慶長19(1614)年～延宝9(1681)年8月4日
江戸時代前期の日蓮宗の僧。
¶国書

**日承(3) にちじょう**
延宝4(1676)年～元文3(1738)年10月8日
江戸時代前期～中期の日蓮宗の僧。
¶国書

**日上 にちじょう**
生没年不詳
鎌倉時代後期～南北朝時代の日蓮宗の僧。
¶仏教

**日乗(1) にちじょう**
？ ～延慶3(1310)年
鎌倉時代後期の日蓮宗の僧。
¶仏教

**日乗(2) にちじょう**
承久3(1221)年？ ～延慶2(1309)年12月19日
鎌倉時代後期の日蓮宗の僧。
¶山梨百

**日乗(3) にちじょう**
*～天授6/康暦2(1380)年6月27日
鎌倉時代後期～南北朝時代の日蓮宗の僧。
¶石川百([生]1270年)，姓氏石川([生]？)，仏教([生]文永7(1270)年)，ふる([生]1271年？)

**日乗(4) にちじょう**
→朝山日乗(あさやまにちじょう)

に

**日乗**(5) **にちじょう**
生没年不詳
戦国時代～安土桃山時代の僧。
¶古中，仏史

**日乗**(6) **にちじょう**
慶長3（1598）年～正保2（1645）年4月23日
江戸時代前期の日蓮宗の僧。
¶国書，仏教

**日乗**(7) **にちじょう**
慶安1（1648）年～元禄16（1703）年
江戸時代前期～中期の僧。
¶国書（[没]元禄16（1703）年6月7日），日人

**日常** **にちじょう**
建保4（1216）年～永仁7（1299）年3月20日　[別]富木常忍（ときじょうにん），富木日常（ときにちじょう），富木胤継（ときたねつぐ）
鎌倉時代後期の日蓮宗の僧。中山門流の開祖。
¶朝日（富木常忍　ときじょうにん　[没]正安1年3月20日（1299年4月21日）），岩史（富木常忍　ときじょうにん），角史，鎌室（[生]建保2（1214）年），国史（富木常忍　ときじょうにん），国書，古中（富木常忍　ときじょうにん），コン改（[生]？），コン4（[生]？），コン5（[生]？），史人（富木常忍　ときじょうにん），新潮（[生]？），人名，世人，中世（富木常忍　ときじょうにん），日史（富木常忍　ときじょうにん），日人（富木日常　ときにちじょう），百科，仏教（富木日常　ときにちじょう），仏史（富木常忍　ときじょうにん），歴大（富木常忍　ときじょうにん）

**日情** **にちじょう**
天明4（1784）年～慶応3（1867）年
江戸時代中期～末期の高僧。
¶新潟百

**日条** **にちじょう**
*～慶安3（1650）年9月23日
江戸時代前期の日蓮宗の僧。
¶姓氏石川（[生]？），仏教（[生]天正8（1580）年）

**日浄**(1) **にちじょう**
永禄11（1568）年～寛永11（1634）年
安土桃山時代～江戸時代前期の日蓮宗の僧。
¶仏教

**日浄**(2) **にちじょう**
？　～貞享1（1684）年6月13日
江戸時代前期の日蓮宗の僧。
¶国書

**日浄**(3) **にちじょう**
寛永13（1636）年～元禄7（1694）年10月15日
江戸時代前期の日蓮宗の僧。
¶仏教

**日譲** **にちじょう**
？　～文政11（1828）年1月17日
江戸時代後期の日蓮宗の僧。
¶国書

**日成**(1) **にちじょう**
？　～延元2/建武4（1337）年4月16日
鎌倉時代後期～南北朝時代の日蓮宗の僧。
¶仏教

**日成**(2) **にちじょう**
？　～応永22（1415）年3月21日
南北朝時代～室町時代の日蓮宗の僧。
¶国書

**日成**(3) **にちじょう**
？　～永禄7（1564）年3月1日
戦国時代の日蓮宗の僧。
¶仏教（[没]永禄7（1564）年3月1日，（異説）永禄2（1559）年2月1日）

**日成**(4) **にちじょう**
元亀1（1570）年～寛永17（1640）年6月21日
安土桃山時代～江戸時代前期の日蓮宗の僧。
¶国書

**日成**(5) **にちじょう**
寛文4（1664）年～寛保3（1743）年6月17日
江戸時代前期～中期の日蓮宗の僧。
¶国書

**日成**(6) **にちじょう**
元文3（1738）年～天明3（1783）年1月5日
江戸時代中期の日蓮宗の僧。
¶国書

**日誠**(1) **にちじょう**
文禄2（1593）年～寛文4（1664）年8月9日
安土桃山時代～江戸時代前期の日蓮宗の僧。
¶国書

**日誠**(2) **にちじょう**
生没年不詳
江戸時代中期の日蓮宗の僧。
¶国書

**日静**(1) **にちじょう**
貞応1（1222）年～正安3（1301）年6月23日
鎌倉時代後期の日蓮宗の僧。
¶新潟百，仏教

**日静**(2) **にちじょう**
永仁6（1298）年～正平24/応安2（1369）年6月27日
鎌倉時代後期～南北朝時代の日蓮宗の僧。六条門流の祖。
¶朝日（[没]応安2/正平24年6月27日（1369年7月31日）），角史，神奈川人，鎌倉，鎌古，鎌室，国史，国書，古中，コン改，コン4，コン5，史人，新潮，人名，姓氏京都，世人，日史，日人，百科，仏教，仏史

**日静**(3) **にちじょう**
慶安3（1650）年～宝永2（1705）年10月26日
江戸時代前期～中期の日蓮宗の僧。
¶国書，仏教

**日静**(4) **にちじょう**
？　～延享1（1744）年

江戸時代前期～中期の日蓮宗の僧。
¶姓氏石川

**日静(5) にちじょう**
寛保2(1742)年～天明8(1788)年7月15日
江戸時代中期～後期の日蓮宗の僧。
¶国書

**日肇 にちじょう**
寛政6(1794)年～嘉永6(1853)年10月7日
江戸時代後期の日蓮宗の僧。
¶国書

**日常上人 にちじょうしょうにん**
建保4(1216)年～正安1(1299)年 (別)富木胤継(ときたねつぐ)
鎌倉時代後期の日蓮宗の僧。中山門流の開祖。
¶千葉百(富木胤継 ときたねつぐ)，鳥取百

**日乗朝山 にちじょうちょうざん**
→朝山日乗(あさやまにちじょう)

**日叙上人 にちじょしょうにん**
→日叙(にちじょ)

**日深(1) にちじん**
→堀秀信(ほりひでのぶ)

**日深(2) にちじん**
承応1(1652)年～正徳5(1715)年3月20日 (別)日深(にっしん)
江戸時代前期～中期の日蓮宗の僧。
¶京都府(にっしん)，国書

**日深(3) にちじん**
元禄16(1703)年～寛保3(1743)年10月13日
江戸時代中期の日蓮宗の僧。
¶国書，日人，仏教

**日尋 にちじん**
？ ～天文7(1538)年3月2日
戦国時代の日蓮宗の僧。
¶仏教((没)天文7(1538)年3月2日,(異説)天文17(1548)年3月2日)

**日迅 にちじん**
？ ～寛文1(1661)年8月2日
江戸時代前期の日蓮宗の僧。
¶国書

**日陣 にちじん**
延元4/暦応2(1339)年～応永26(1419)年
南北朝時代～室町時代の日蓮宗の僧。法華宗陣門流の祖。
¶朝日((没)応永26年5月21日(1419年6月14日))，鎌室，京都大，国史，国書((生)暦応2(1339)年4月21日 (没)応永26(1419)年5月21日)，古中，新潮((没)応永26(1419)年5月21日)，人名，姓氏京都，世人，全書，大百((没)1414年)，新潟百，日人，仏教((没)応永26(1419)年5月21日)，仏史，歴大

**日尋 にちじん★**
宝徳2(1450)年～享禄1(1528)年5月18日
室町時代の日蓮宗の名僧。
¶秋田人2

**日随 にちずい**
享保13(1728)年～文化3(1806)年2月17日
江戸時代中期～後期の日蓮宗の僧。
¶国書

**日瑞 にちずい**
長禄2(1458)年～永正11(1514)年
室町時代～戦国時代の日蓮宗の僧。
¶国書((没)永正11(1514)年11月5日)，戦辞((没)永正11年11月5日(1514年11月21日))

**日是 にちぜ**
？ ～天明6(1786)年4月6日
江戸時代中期の日蓮宗の僧。
¶国書

**日晟 にちせい**
生没年不詳
室町時代の連歌師。
¶国書，日人，俳文

**日扇 にちせん**
天文4(1535)年～天正3(1575)年
戦国時代～安土桃山時代の日蓮宗僧。
¶戦辞

**日善(1) にちぜん**
弘長3(1263)年～元弘2/正慶1(1332)年9月22日
鎌倉時代後期の日蓮宗の僧。
¶仏教

**日善(2) にちぜん**
文永8(1271)年～正平1/貞和2(1346)年12月22日
鎌倉時代後期～南北朝時代の日蓮宗の僧。久遠寺4世。
¶国書，仏教

**日善(3) にちぜん**
？ ～元和3(1617)年3月20日
安土桃山時代～江戸時代前期の日蓮宗の僧。
¶国書

**日善(4) にちぜん**
天正9(1581)年～明暦2(1656)年12月19日
安土桃山時代～江戸時代前期の日蓮宗の僧。
¶国書

**日善(5) にちぜん**
慶長10(1605)年～天和3(1683)年9月6日
江戸時代前期の日蓮宗の僧。
¶仏教

**日善(6) にちぜん**
貞享3(1686)年～明和1(1764)年8月16日
江戸時代前期～中期の日蓮宗の僧。
¶国書

**日善(7) にちぜん**
？ ～延享2(1745)年1月24日
江戸時代中期の日蓮宗の僧。
¶国書

**日善(8)　にちぜん**
？　～明和3（1766）年10月15日
江戸時代中期の日蓮宗の僧。
¶国書

**日善(9)　にちぜん**
寛文10（1670）年～寛延1（1748）年8月16日
江戸時代中期の日蓮宗の僧。
¶富山百

**日善(10)　にちぜん**
寛政8（1796）年～安政6（1859）年4月9日
江戸時代後期～末期の日蓮宗の僧・国学者。
¶国書



**日全(1)　にちぜん**
？　～興国5/康永3（1344）年5月25日
鎌倉時代後期～南北朝時代の日蓮宗の僧。
¶国書，仏教

**日全(2)　にちぜん**
？　～応永16（1409）年
南北朝時代～室町時代の日蓮宗の僧。
¶国書（[没]応永16（1409）年8月6日），仏教（[没]応永16（1409）年8月）

**日全(3)　にちぜん**
？　～元和10（1624）年1月21日
江戸時代前期の日蓮宗の僧。
¶岡山歴，姓氏石川

**日全(4)　にちぜん**
？　～寛永9（1632）年1月21日
江戸時代前期の日蓮宗の僧。
¶岡山人，仏教

**日全(5)　にちぜん**
？　～文化12（1815）年2月27日
江戸時代中期～後期の日蓮宗の僧。
¶国書

**日全(6)　にちぜん**
享保11（1726）年～文化5（1808）年
江戸時代中期～後期の日蓮宗の僧。
¶新潟百

**日禅(1)　にちぜん**
生没年不詳
平安時代後期の真言宗の僧。高野山伝法院座主。
¶仏教，和歌山人

**日禅(2)　にちぜん**
文永2（1265）年～建武2（1335）年10月24日
鎌倉時代後期～南北朝時代の日蓮宗の僧。
¶仏教

**日禅(3)　にちぜん**
？　～延宝5（1677）年7月11日
江戸時代前期の日蓮宗の僧。
¶国書

**日禅(4)　にちぜん**
慶長7（1602）年～寛文10（1670）年6月27日
江戸時代前期の日蓮宗の僧。
¶仏教

**日禅(5)　にちぜん**
寛永15（1638）年～享保2（1717）年12月29日
江戸時代前期～中期の日蓮宗の僧。
¶仏教

**日像　にちぞう**
文永6（1269）年～興国3/康永1（1342）年11月13日
鎌倉時代後期～南北朝時代の日蓮宗の僧。日蓮宗最初の京都弘通を行う。
¶朝日（[没]康永1/興国3年11月13日（1342年12月11日）），石川百，岩史，角史，神奈川人，鎌倉，鎌室，京都，京都大，国史，国書（[生]文永6（1269）年8月10日），古中，コン改，コン4，コン5，史人，思想史，新潮，人名，姓氏石川，姓氏京都，世人，世百，全書，大百，日思，日史，日人，百科，仏教，仏史，仏人，名僧，山川小，歴大

**日増　にちぞう**
*～文亀3（1503）年
室町時代～戦国時代の日蓮宗の僧。
¶姓氏鹿児島（[生]？），戦人（[生]嘉吉2（1442）年）

**日蔵　にちぞう**
*～寛和1（985）年？　[別]道賢（どうけん）
平安時代中期の修験者、金峰山修験僧。
¶朝日（[生]延喜5（905）年頃　[没]康保4（967）年頃），国書（[生]延喜5（905）年　[没]寛和1（985）年），古人（[生]905年），諸系（[生]905年？），新潮（生没年不詳），人名（道賢　どうけん），日史（[生]延喜5（905）年？），日人（[生]905年？），百科（[生]延喜5（905）年？），仏教（[生]延喜5（905）年？），仏人（[生]？　[没]985年），平史（[生]905年）

**日慥　にちぞう**
宝暦6（1756）年～文政13（1830）年10月6日
江戸時代中期～後期の日蓮宗の僧。
¶国書

**日存(1)　にちぞん**
建徳1/応安3（1370）年～文安4（1447）年3月4日
南北朝時代～室町時代の日蓮宗の僧。
¶国書

**日存(2)　にちぞん**
正平24/応安2（1369）年～応永28（1421）年3月26日
南北朝時代～室町時代の日蓮宗の僧。
¶富山百，仏教

**日存(3)　にちぞん**
永享8（1436）年～文明12（1480）年4月24日
室町時代～戦国時代の日蓮宗の僧。
¶国書

**日存(4)　にちぞん**
*～寛文11（1671）年11月7日
江戸時代前期の日蓮宗の僧。
¶国書（[生]慶長5（1600）年），仏教（[生]？）

**日尊 にちぞん**
文永2(1265)年～興国6/貞和1(1345)年5月8日
㊿日尊(にっそん)
鎌倉時代後期～南北朝時代の日蓮宗の僧。
¶会津, 国書, 島根歴, 姓氏宮城(生没年不詳), 福島百(にっそん ㊷貞和2(1346)年), 仏教, 宮城百(生没年不詳)

**日代 にちだい**
永仁2(1294)年～明徳5(1394)年4月18日
鎌倉時代後期～室町時代の日蓮宗の僧。
¶国書, 姓氏静岡

**日台(1) にちだい**
元亨1(1321)年～正平21/貞治5(1366)年3月7日
南北朝時代の日蓮宗の僧。久遠寺13世。
¶国書, 長野歴, 仏教

**日台(2) にちだい**
享保4(1719)年～天明6(1786)年10月25日
江戸時代中期の日蓮宗の僧。
¶国書

**日大 にちだい**
延慶2(1309)年～正平24/応安2(1369)年2月12日
鎌倉時代後期～南北朝時代の日蓮宗の僧。
¶国書, 島根歴

**日醍 にちだい**
寛永10(1633)年～正徳4(1714)年6月24日
江戸時代前期～中期の日蓮宗の僧。
¶富山百

**日題 にちだい**
寛永10(1633)年～正徳4(1714)年6月24日
江戸時代前期～中期の日蓮宗の僧。
¶国書, 仏教

**日達(1) にちだつ**
元亀3(1572)年～元和8(1622)年4月5日
安土桃山時代～江戸時代前期の日蓮宗の僧。
¶国書

**日達(2) にちだつ**
慶安4(1651)年～宝永5(1708)年9月8日
江戸時代前期～中期の日蓮宗の僧。
¶国書

**日達(3) にちだつ**
延宝2(1674)年～延享4(1747)年2月26日 ㊿日達(にったつ)
江戸時代中期の日蓮宗の学僧。京都本圀寺26世。
¶近世, 国史, 国書, 人名(にったつ), 日人, 仏教(㊐延宝5(1677)年12月1日), 仏史, 仏人(にったつ)

**日達(4) にちだつ**
元禄3(1690)年～明和5(1768)年8月27日
江戸時代中期の日蓮宗の僧。
¶国書

**日達(5) にちだつ**
元禄4(1691)年～明和9(1772)年10月28日
江戸時代中期の日蓮宗の僧。
¶国書, 仏教

**日脱 にちだつ**
寛永3(1626)年～元禄11(1698)年9月22日
江戸時代前期の日蓮宗の僧。身延山久遠寺第31世。
¶近世, 国史, 国書, 人名, 姓氏石川(㊐?), 姓氏富山(㊐1612年), 日人, 仏教(㊐寛永4(1627)年), 仏史

**日霑 にちてん**
文化14(1817)年～明治23(1890)年6月24日
江戸時代後期～明治期の日蓮宗の僧。
¶国書

に

**日典(1) にちでん**
享禄1(1528)年～天正20(1592)年7月25日 ㊿日典(にってん)
戦国時代～安土桃山時代の日蓮宗の僧。
¶岡山人(にってん), 岡山歴, 国書(㊐大永1(1521)年), 戦人, 仏教

**日典(2) にちでん**
生没年不詳
江戸時代後期の日蓮宗の僧。
¶国書

**日伝(1) にちでん**
*～正安4(1302)年2月12日
鎌倉時代後期の日蓮宗の僧。
¶国書(㊐元仁1(1224)年), 仏教(㊐貞応1(1222)年?)

**日伝(2) にちでん**
*～興国2/暦応4(1341)年3月6日
鎌倉時代後期～南北朝時代の日蓮宗の僧。
¶国書(㊐建治3(1277)年), 新潟百(㊐1247年), 仏教(㊐建治3(1277)年), 仏人(㊐1246年)

**日伝(3) にちでん**
興国1/暦応3(1340)年～応永23(1416)年10月11日
南北朝時代～室町時代の日蓮宗の僧。
¶国書

**日伝(4) にちでん**
興国3/康永1(1342)年～応永16(1409)年4月1日
南北朝時代～室町時代の日蓮宗の僧。京都本国寺5世。
¶国史, 国書, 古中, 日人, 仏教, 仏史

**日伝(5) にちでん**
応永28(1421)年～寛正4(1463)年9月1日
室町時代の日蓮宗の僧。
¶国書

**日伝(6) にちでん**
文明14(1482)年～天文17(1548)年12月11日
㊿日伝上人(にちでんしょうにん)
戦国時代の日蓮宗の僧。
¶国書, 武田(日伝上人 にちでんしょうにん), 仏教

**日伝(7)　にちでん**
？　～寛文7(1667)年
江戸時代前期の日蓮宗の僧。
¶姓氏石川

**日奠　にちでん**
→日奠(にってん)

**日伝上人　にちでんしょうにん**
→日伝(6)(にちでん)

**日導(1)　にちどう**
文亀1(1501)年～天文24(1555)年7月26日
戦国時代の日蓮宗の僧。
¶国書

**日導(2)　にちどう**
享保9(1724)年～寛政1(1789)年7月12日
江戸時代中期の日蓮宗の僧。近世日蓮宗の宗学者。
¶朝日，熊本百，国書，コン改(㊥享保11(1726)年)，コン4(㊥享保11(1726)年)，コン5(㊥享保11(1726)年)，新潮，人名(㊥1721年)，日人，仏教，仏人

に

**日道(1)　にちどう**
弘安6(1283)年～興国2/暦応4(1341)年2月26日
鎌倉時代後期～南北朝時代の日蓮宗の僧。
¶国書

**日道(2)　にちどう**
天文21(1552)年～慶長6(1601)年閏11月12日
安土桃山時代の日蓮宗の僧。
¶仏教

**日道(3)　にちどう**
→延命院日道(えんめいいんにちどう)

**日入　にちにゅう**
？　～天和2(1682)年6月10日
江戸時代前期の日蓮宗の僧。
¶仏教

**日如(1)　にちにょ**
生没年不詳
室町時代の日蓮宗の僧。
¶国書

**日如(2)　にちにょ**
寛永5(1628)年～元禄12(1699)年
江戸時代前期の日蓮宗の僧。
¶国書(㊨元禄12(1699)年1月12日)，仏教(㊨元禄12(1699)年11月12日)

**日遶　にちにょう**
天正2(1574)年～正保4(1647)年
安土桃山時代～江戸時代前期の日蓮宗の僧。
¶仏教

**日饒(1)　にちにょう**
正平13/延文3(1358)年～正長1(1428)年9月6日
南北朝時代～室町時代の日蓮宗の僧。
¶仏教

**日饒(2)　にちにょう**
？　～＊　㊊日饒上人(にちぎょうしょうにん)
戦国時代の日蓮宗の僧。京都・妙覚寺の貫主。
¶全戦(日饒上人　にちぎょうしょうにん　㊨永禄4(1561)年？)，仏教(㊨永禄4(1561)年7月16日)

**日饒(3)　にちにょう**
天正1(1573)年～寛永21(1644)年9月22日
安土桃山時代～江戸時代前期の日蓮宗の僧。
¶国書，仏教

**日饒(4)　にちにょう**
寛永1(1624)年～貞享4(1687)年11月21日
江戸時代前期の日蓮宗の僧。
¶国書

**日如尼　にちにょに**
生没年不詳
南北朝時代の日蓮宗の尼僧。下総国平賀郷の人。
¶朝日，日人，仏教

**日仁　にちにん**
？　～応永23(1416)年5月15日
室町時代の日蓮宗の僧。
¶国書，姓氏京都，仏教

**日忍(1)　にちにん**
？　～天授5/康暦1(1379)年6月9日
南北朝時代の日蓮宗の僧。
¶国書(生没年不詳)，仏教

**日忍(2)　にちにん**
慶長6(1601)年～延宝5(1677)年8月4日
安土桃山時代～江戸時代前期の日蓮宗の僧。
¶国書

**日忍(3)　にちにん**
？　～元禄13(1700)年5月8日
江戸時代前期～中期の日蓮宗の僧。
¶仏教

**日忍(4)　にちにん**
慶安3(1650)年～享保9(1724)年6月12日
江戸時代前期～中期の日蓮宗の僧。立本寺24世。
¶仏教

**日忍(5)　にちにん**
？　～元禄12(1699)年7月12日
江戸時代前期～中期の日蓮宗の僧。
¶岡山歴

**日忍(6)　にちにん**
宝永5(1708)年～安永2(1773)年
江戸時代中期の日蓮宗の僧。
¶国書

**日忍(7)　にちにん**
元禄1(1688)年～享保10(1725)年8月1日
江戸時代中期の日蓮宗の僧。深草瑞光寺の日灯に師事。
¶仏教

**日忍(8)** にちにん
？ ～昭和17(1942)年
明治～大正期の日蓮宗の僧。下野妙音寺住職。上総智恩寺を鍋倉山麓に再建。
¶姓氏岩手

**日然(1)** にちねん
？ ～延宝7(1679)年7月18日
江戸時代前期の日蓮宗の僧。
¶国書

**日然(2)** にちねん
享保1(1716)年～宝暦4(1754)年閏2月26日
江戸時代中期の日蓮宗の僧。
¶岡山歴

**日然(3)** にちねん
寛政4(1792)年～文久2(1862)年2月9日
江戸時代後期～末期の日蓮宗の僧。
¶国書

**日念(1)** にちねん
？ ～建武1(1334)年8月27日
鎌倉時代後期の日蓮宗の僧。
¶仏教

**日念(2)** にちねん
生没年不詳
江戸時代前期の日蓮宗の僧。
¶仏教

**日念(3)** にちねん
明暦2(1656)年～享保17(1732)年
江戸時代前期～中期の日蓮宗の僧。
¶国書

**日念(4)** にちねん
寛永11(1634)年～宝永4(1707)年
江戸時代前期～中期の日蓮宗の僧。
¶仏教

**日能(1)** にちのう
応永17(1410)年～長享2(1488)年10月25日
室町時代～戦国時代の日蓮宗の僧。
¶富山百，仏教

**日能(2)** にちのう
生没年不詳
戦国時代の日蓮宗の僧。
¶国書

**日能(3)** にちのう
？ ～慶安5(1652)年2月15日
江戸時代前期の僧、俳人。
¶国書，日人，俳文，福井俳([生]？)，福井百

**日能(4)** にちのう
～？
江戸時代前期の住職・俳人。
¶俳句

**日白残夢** にちはくざんむ
？ ～天正4(1576)年 [別]残夢(ざんむ)
室町時代～戦国時代の臨済宗の僧。
¶人名(残夢 ざんむ)，日人，仏教([生]永享10(1438)年 [没]天正4(1576)年3月29日)

**日範** にちはん
建仁1(1201)年？ ～元応2(1320)年3月15日
[別]日範(にっぱん)
鎌倉時代後期の日蓮宗の僧。
¶神奈川人(にっぱん)，鎌古([生]？)，仏教

**日鑁** にちばん
？ ～明和9(1772)年10月24日
江戸時代中期の真言宗の僧。
¶国書

**日普** にちふ
正徳2(1712)年～天明5(1785)年8月8日
江戸時代中期の日蓮宗の僧。
¶国書

**日福** にちふく
天授4/永和4(1378)年～宝徳2(1450)年12月20日
室町時代の日蓮宗の僧。
¶仏教

**日仏尼** にちぶつに
寛喜3(1231)年～正安1(1299)年
鎌倉時代後期の日蓮宗の信者。妙竜寺を復興。
¶朝日([没]正安1年8月22日(1299年9月17日))，日人，仏教([没]正安1(1299)年8月22日)

**日文** にちぶん
？ ～安政3(1856)年1月4日
江戸時代後期～末期の日蓮宗の僧。
¶国書

**日弁** にちべん
延応1(1239)年～応長1(1311)年
鎌倉時代後期の日蓮宗の僧。日興に師事。
¶朝日([没]応長1年閏6月26日(1311年8月11日))，茨城百，茨城歴，鎌室([生]嘉禎2(1236)年)，国史，国書([没]応長1(1311)年閏6月26日)，古中，コン改([生]嘉禎2(1236)年)，コン4([生]嘉禎2(1236)年)，コン5([生]嘉禎2(1236)年)，新潮([生]嘉禎2(1236)年 [没]応長1(1311)年6月26日)，人名，日人，仏教([没]応長1(1311)年6月26日)，仏史

**日法** にちほう
→日法(にっぽう)

**日葆** にちほう
？ ～宝暦5(1755)年6月8日
江戸時代中期の日蓮宗の僧。
¶国書

**日穆** にちぼく
生没年不詳
南北朝時代の日蓮宗の僧。
¶国書，仏教

**日璞** にちぼく
生没年不詳
江戸時代後期の日蓮宗の僧。

¶国書

**日梵**　にちぼん
慶長7(1602)年～延宝4(1676)年6月30日
江戸時代前期の日蓮宗の僧。
¶仏教

**日満(1)**　にちまん
*～正平15/延文5(1360)年3月21日
鎌倉時代後期～南北朝時代の日蓮宗の僧。
¶鎌室(㊊建長7(1255)年　㊎康永2/興国4(1343)年)，国書(㊊文永9(1272)年)，人名(㊊1255年　㊎1343年)，日人(㊊1272年)，仏教(㊊?)

**日満(2)**　にちまん
～興国4/康永2(1343)年
鎌倉時代後期～南北朝時代の日蓮宗の僧。
¶新潟百

に

**日妙(1)**　にちみょう
?　～正安3(1301)年2月29日
鎌倉時代後期の日蓮宗の尼僧。
¶仏教

**日妙(2)**　にちみょう
建徳1/応安3(1370)年～元中4/嘉慶1(1387)年11月27日
南北朝時代の日蓮宗の僧。
¶仏教

**日妙(3)**　にちみょう
?　～文亀2(1502)年7月13日
戦国時代の日蓮宗の僧。
¶仏教

**日妙(4)**　にちみょう
?　～宝永6(1709)年10月5日
江戸時代前期～中期の日蓮宗の僧。
¶国書

**日妙(5)**　にちみょう
?　～正徳1(1711)年6月6日
江戸時代前期～中期の日蓮宗の僧。
¶国書

**日妙(6)**　にちみょう
寛永15(1638)年～宝永7(1710)年10月16日
江戸時代前期～中期の日蓮宗の僧。
¶仏教

**日妙(7)**　にちみょう
延享4(1747)年～文化13(1816)年1月2日
江戸時代中期～後期の日蓮宗の僧。
¶国書

**日命**　にちみょう
寛文7(1667)年～享保14(1729)年9月28日
江戸時代中期の日蓮宗の僧。
¶仏教

**日明(1)**　にちみょう
建長5(1253)年～文保1(1317)年3月5日
鎌倉時代後期の日蓮宗の僧。
¶仏教

**日明(2)**　にちみょう
慶長18(1613)年～貞享1(1684)年
江戸時代前期の日蓮宗の僧・不受不施悲田派の中心人物。
¶近世，国史，日人，仏史

**日明(3)**　にちみょう
?　～正保2(1645)年5月27日
江戸時代前期の日蓮宗の僧。
¶仏教

**日明(4)**　にちみょう
寛文4(1664)年～元禄3(1690)年7月28日
江戸時代前期～中期の日蓮宗の僧。
¶仏教

**日明(5)**　にちみょう
生没年不詳
江戸時代中期の日蓮宗の僧。
¶仏教

**日明(6)**　にちみょう
寛保3(1743)年～文化11(1814)年3月
江戸時代中期～後期の日蓮宗の僧。
¶国書

**日明(7)**　にちみょう
?　～文化13(1816)年3月17日
江戸時代後期の日蓮宗の僧。
¶仏教(㊎文化13(1816)年3月17日，(異説)文政11(1828)年3月17日)

**日妙尼**　にちみょうに
生没年不詳
鎌倉時代の日蓮の信者。日本第一の法華教行者。
¶朝日，日人

**日孟**　にちもう
永禄5(1562)年～寛永7(1630)年7月2日
安土桃山時代～江戸時代前期の日蓮宗の僧。
¶仏教

**日目**　にちもく
文応1(1260)年4月28日～元弘3/正慶2(1333)年11月15日
鎌倉時代後期の日蓮宗の僧。富士大石寺3世。
¶国史，国書，古中，静岡歴，姓氏静岡，姓氏宮城(㊊1261年　㊎1334年)，日人，仏教，仏史

**日門(1)**　にちもん
?　～永仁4(1296)年
鎌倉時代後期の日蓮宗の僧。
¶鎌室，人名，仏教(㊎正応6(1293)年7月20日，(異説)正応4(1291)年7月20日)

**日門(2)**　にちもん
?　～天正7(1579)年
戦国時代の日蓮宗の僧。
¶戦人，日人，仏教

**日瑜**　にちゆ
生没年不詳

戦国時代の真言宗僧。
¶戦辞

**日勇(1)** **にちゆう**
慶長9(1604)年～慶安3(1650)年12月23日
江戸時代前期の日蓮宗の僧。
¶国書，仏教

**日勇(2)** **にちゆう**
寛永16(1639)年～元禄4(1691)年4月12日
江戸時代前期～中期の日蓮宗の僧。
¶国書

**日勇(3)** **にちゆう**
*～宝暦10(1760)年
江戸時代中期の日蓮宗の僧。
¶国書(㊐宝永2(1705)年　㊍宝暦10(1760)年12月26日)，仏教(㊐？　㊍宝暦10(1760)年12月22日)

**日勇(4)** **にちゆう**
安永2(1773)年～嘉永2(1849)年2月16日
江戸時代後期の日蓮宗の僧。
¶埼玉人

**日友** **にちゆう**
元亀1(1570)年～元和5(1619)年6月14日
安土桃山時代～江戸時代前期の日蓮宗の僧。
¶国書，日人，仏教

**日宥** **にちゆう**
寛文10(1670)年～享保14(1729)年12月28日
江戸時代前期～中期の日蓮宗の僧。
¶国書

**日幽** **にちゆう**
正保2(1645)年～元文5(1740)年5月10日
江戸時代前期～中期の日蓮宗の僧。
¶国書

**日祐(1)** **にちゆう**
永仁6(1298)年～応安7(1374)年5月19日
鎌倉時代後期～南北朝時代の日蓮宗の僧。中山法華経寺の教団体制を確立。
¶朝日(㊍応安7/文中3年5月19日(1374年6月29日))，鎌倉新，鎌古，鎌室，国史，国書，古中，コン改，コン4，コン5，新潮，人名(㊐1290年　㊍1369年)，日人，仏教，仏史

**日祐(2)** **にちゆう**
文永8(1271)年～貞治3/正平19(1364)年1月14日
鎌倉時代後期～南北朝時代の日蓮宗の僧。
¶仏教(㊍貞治3/正平19(1364)年1月14日，(異説)貞治1/正平17(1362)年)

**日祐(3)** **にちゆう**
慶長15(1610)年～寛文4(1664)年5月3日
江戸時代前期の日蓮宗の僧。
¶国書，仏教

**日祐(4)** **にちゆう**
寛永17(1640)年～正徳4(1714)年6月19日
江戸時代前期～中期の日蓮宗の僧。
¶国書，仏教

**日祐(5)** **にちゆう**
寛文3(1663)年～元文2(1737)年1月8日
江戸時代前期～中期の日蓮宗の僧。
¶国書

**日祐(6)** **にちゆう**
享保11(1726)年～天明4(1784)年12月27日
江戸時代中期の日蓮宗の僧。
¶国書

**日裕** **にちゆう**
？ ～慶長11(1606)年
安土桃山時代～江戸時代前期の日蓮宗の僧。関東に小西檀林の基礎を作った。
¶朝日(㊍慶長11年10月6日(1606年11月6日))，戦人，日人，仏教(㊍慶長11(1606)年10月6日)

に

**日与** **にちよ**
応永33(1426)年～延徳3(1491)年
室町時代～戦国時代の連歌師。
¶国書(㊍延徳3(1491)年6月9日)，日人，俳文

**日誉** **にちよ**
弘治2(1556)年～寛永17(1640)年11月20日
安土桃山時代～江戸時代前期の新義真言宗の僧。智山派の祖。
¶朝日(㊍寛永17年11月20日(1641年1月1日))，国書，コン改，コン4，コン5，埼玉人，埼玉百，新潮，人名，戦人，日人(㊍1641年)，仏教，仏人

**日耀(1)** **にちよう**
文安2(1445)年～大永2(1522)年11月1日
室町時代～戦国時代の日蓮宗の僧。
¶国書

**日耀(2)** **にちよう**
？ ～弘治3(1557)年2月21日
戦国時代の日蓮宗僧。
¶戦辞

**日耀(3)** **にちよう**
*～明暦1(1655)年10月12日
江戸時代前期の日蓮宗の僧。
¶国書(㊐慶長4(1599)年)，仏教(㊐？)

**日耀(4)** **にちよう**
寛永13(1636)年～元禄10(1697)年11月20日
江戸時代前期の日蓮宗の僧。
¶国書，仏教

**日耀(5)** **にちよう**
寛文7(1667)年～元文4(1739)年6月29日
江戸時代前期～中期の日蓮宗の僧。
¶国書

**日耀(6)** **にちよう**
？ ～嘉永6(1853)年12月13日
江戸時代後期の日蓮宗の僧。
¶国書

**日耀(7)** **にちよう**
文化8(1811)年～文久3(1863)年5月8日
江戸時代後期～末期の日蓮宗の僧。
¶国書

**日要(1)** **にちよう**
永享8(1436)年～永正11(1514)年
室町時代～戦国時代の日蓮宗の僧。
¶国書(㊦永正11(1514)年11月16日)，戦辞(㊦永正11年11月16日(1514年12月2日))

**日要(2)** **にちよう**
天正3(1575)年～元和9(1623)年7月5日
安土桃山時代～江戸時代前期の日蓮宗の僧。
¶国書(㊤天正4(1576)年)，日人，仏教

**日陽(1)** **にちよう**
明応4(1495)年～天文19(1550)年
戦国時代の日蓮宗の僧。
¶日人，仏教(㊦天文19(1550)年2月15日)

**日陽(2)** **にちよう**
？　～慶長3(1598)年4月6日
安土桃山時代の日蓮宗の僧。
¶国書，仏教

**日陽(3)** **にちよう**
元亀3(1572)年～寛永15(1638)年6月9日
安土桃山時代～江戸時代前期の日蓮宗の僧。
¶国書

**日陽(4)** **にちよう**
永禄7(1564)年～寛永17(1640)年8月13日
安土桃山時代～江戸時代前期の日蓮宗の僧。
¶仏教，和歌山人

**日陽(5)** **にちよう**
天正14(1586)年～寛永20(1643)年
江戸時代前期の日蓮宗の僧。
¶戦辞，仏教(㊦寛永20(1643)年11月9日)，和歌山人

**日養(1)** **にちよう**
？　～長禄3(1459)年
室町時代の日蓮宗の僧。
¶京都府

**日養(2)** **にちよう**
永正13(1516)年～文禄5(1596)年
戦国時代～安土桃山時代の日蓮宗の僧。
¶富山百，仏教(㊦文禄5(1596)年9月15日)

**日養(3)** **にちよう**
？　～寛文11(1671)年4月16日
江戸時代前期の日蓮宗の僧。
¶姓氏石川，仏教

**日養(4)** **にちよう**
寛永2(1625)年～寛文13(1673)年2月8日
江戸時代前期の日蓮宗の僧。
¶仏教

**日養(5)** **にちよう**
？　～慶応2(1866)年
江戸時代末期の日蓮宗の僧。
¶姓氏石川

**日遙(1)** **にちよう**
天正9(1581)年～万治2(1659)年2月26日
江戸時代前期の日蓮宗の僧。
¶熊本人，熊本百，国書(生没年不詳)，仏教

**日遙(2)** **にちよう**
生没年不詳
江戸時代前期の日蓮宗の僧。
¶仏教

**日遙(3)** **にちよう**
？　～元禄9(1696)年
江戸時代前期の日蓮宗の僧。相模妙伝寺23世住職。
¶神奈川人，姓氏神奈川

**日瑤(1)** **にちよう**
天正8(1580)年～寛永16(1639)年12月18日
安土桃山時代～江戸時代前期の日蓮宗の僧。
¶国書

**日瑤(2)** **にちよう**
？　～貞享3(1686)年
江戸時代前期の日蓮宗の僧。金田妙純寺18世。
¶姓氏神奈川

**日羅** **にちら**
生没年不詳
上代期の百済の僧。坊津の一乗院竜厳寺、金峰町の金峰神社を創建。
¶薩摩

**日羅律師** **にちらりつし**
生没年不詳
上代の僧侶。
¶大分百

**日利(1)** **にちり**
慶長18(1613)年～寛文12(1672)年3月13日
江戸時代前期の日蓮宗の僧。
¶仏教

**日利(2)** **にちり**
寛永17(1640)年～元禄13(1700)年8月1日
江戸時代前期～中期の日蓮宗の僧。
¶仏教

**日理(1)** **にちり**
？　～明暦1(1655)年12月1日
江戸時代前期の日蓮宗の僧。
¶姓氏石川，仏教

**日理(2)** **にちり**
天明1(1781)年～天保15(1844)年6月25日
江戸時代中期～後期の日蓮宗の僧。
¶国書

**日理(3)** **にちり**
天明2(1782)年～文政7(1824)年9月4日

江戸時代中期〜後期の日蓮宗の僧。
¶国書

**日隆(1) にちりゅう**
文永2(1265)年〜建武1(1334)年11月1日
鎌倉時代後期の日蓮宗の僧。
¶仏教

**日隆(2) にちりゅう**
元中2/至徳2(1385)年〜寛正5(1464)年2月25日
㊙日隆上人(にちりゅうしょうにん)
室町時代の日蓮宗の僧。京都妙本寺の日霽に師事。
¶朝日(㊣寛正5年2月25日(1464年4月1日)), 岡山人(㊤元中1(1384)年), 鎌室, 京都大, 国史, 国書(㊤至徳2(1385)年10月14日), 古中, コン改(㊤元中1/至徳1(1384)年), コン4(㊤至徳1/元中1(1384)年), コン5(㊤元中1/至徳1(1384)年), 史人, 人書94(㊤1384年), 新潮(㊤至徳1/元中1(1384)年), 人名(㊤1384年), 姓氏京都, 世人, 全書, 戦人, 大百, 富山百, 日史(㊤至徳1/元中1(1384)年), 日人, 百科(㊤元中1/至徳1(1384)年), 兵庫人(日隆上人 にちりゅうしょうにん ㊤元中1(1384)年10月14日), 兵庫百, 仏教, 仏史, 仏人, 名僧, 歴大

**日隆(3) にちりゅう**
文亀2(1502)年〜永禄12(1569)年5月26日
戦国時代〜安土桃山時代の日蓮宗の僧。
¶国書

**日隆(4) にちりゅう**
寛永17(1640)年〜元禄11(1698)年3月5日
江戸時代前期の日蓮宗の僧。
¶仏教

**日隆(5) にちりゅう**
寛永10(1633)年〜宝永7(1710)年2月24日
江戸時代前期〜中期の日蓮宗の僧。
¶仏教

**日隆(6) にちりゅう**
? 〜文政10(1827)年
江戸時代後期の日蓮宗の僧。
¶姓氏石川

**日竜 にちりゅう**
文禄3(1594)年〜寛文9(1669)年9月23日
江戸時代前期の日蓮宗の僧。
¶仏教

**日隆上人 にちりゅうしょうにん**
→日隆(2)(にちりゅう)

**日隆尼 にちりゅうに**
寛永17(1640)年〜寛文12(1672)年4月2日
江戸時代前期の日蓮宗の尼僧。
¶仏教

**日了(1) にちりょう**
弘安1(1278)年〜元弘2/正慶1(1332)年
鎌倉時代後期の日蓮宗の僧。
¶仏教(㊣正慶1/元弘2(1332)年8月7日), 山梨百

**日了(2) にちりょう**
宝徳2(1450)年〜永正7(1510)年8月28日
戦国時代の日蓮宗の僧。
¶戦人, 仏教

**日了(3) にちりょう**
慶安1(1648)年〜正徳4(1714)年6月9日
江戸時代前期〜中期の日蓮宗の僧。
¶仏教

**日了(4) にちりょう**
江戸時代前期〜中期の日蓮宗の僧。
¶香川人(日堯・日了 にちぎょうにちりょう)

**日了(5) にちりょう**
寛永11(1634)年〜貞享5(1688)年8月5日
江戸時代前期〜中期の日蓮宗の僧。
¶岡山歴

**日亮(1) にちりょう**
天正1(1573)年〜正保3(1646)年6月26日
安土桃山時代〜江戸時代前期の日蓮宗の僧。
¶国書

**日亮(2) にちりょう**
? 〜享保16(1731)年
安土桃山時代〜江戸時代前期の日蓮宗の僧。
¶姓氏石川

**日良(1) にちりょう**
生没年不詳
戦国時代の日蓮宗の僧。
¶戦人

**日良(2) にちりょう**
天正18(1590)年〜万治3(1660)年7月19日
江戸時代前期の日蓮宗の僧。
¶仏教

**日良(3) にちりょう**
享保11(1726)年〜寛政3(1791)年6月19日
江戸時代中期〜後期の日蓮宗の僧。
¶国書

**日遼(1) にちりょう**
天正16(1588)年〜慶安1(1648)年3月29日
江戸時代前期の日蓮宗の僧。
¶仏教

**日遼(2) にちりょう**
? 〜元禄2(1689)年
江戸時代前期の日蓮宗の僧。
¶姓氏石川

**日量(1) にちりょう**
? 〜安永4(1775)年5月15日
江戸時代中期の日蓮宗の僧。
¶国書

**日量(2) にちりょう**
寛文1(1661)年〜正徳1(1711)年
江戸時代中期の日蓮宗の僧。
¶国書(㊣正徳1(1711)年9月20日), 仏教(㊣正

徳1(1711)年9月2日)

**日量**(3) **にちりょう**
明和8(1771)年～嘉永4(1851)年5月29日
江戸時代中期～後期の日蓮宗の僧。
¶国書

**日陵** **にちりょう**
延享2(1745)年～文政2(1819)年8月11日
江戸時代中期～後期の日蓮宗の僧。
¶国書

**日領**(1) **にちりょう**
元亀3(1572)年～慶安1(1648)年11月23日
安土桃山時代～江戸時代前期の日蓮宗の僧。
¶岡山歴，国書，仏教

**日領**(2) **にちりょう**
延宝7(1679)年～宝暦5(1755)年9月13日
江戸時代前期～中期の日蓮宗の僧。
¶国書

**日了尼** **にちりょうに**
？ ～万治2(1659)年
江戸時代前期の日蓮宗の尼僧。山城国慈雲寺本堂を新造。
¶朝日(生没年不詳)，日人，仏教(㊀万治2(1659)年5月17日)

**日臨** **にちりん**
寛政5(1793)年～文政6(1823)年9月17日
江戸時代後期の日蓮宗の僧。
¶国書，人名，日人，仏教

**日輪** **にちりん**
文永9(1272)年～正平14/延文4(1359)年4月4日
鎌倉時代後期～南北朝時代の日蓮宗の僧。両山3世。
¶国史，国書，古中，日人，仏教，仏史

**日輪当午** **にちりんとうご**
？ ～寛政1(1789)年12月23日
江戸時代中期～後期の曹洞宗の僧。
¶国書

**日礼**(1) **にちれい**
宝暦3(1753)年～文政4(1821)年7月3日
江戸時代中期～後期の日蓮宗の僧。
¶国書

**日礼**(2) **にちれい**
？ ～弘化3(1846)年9月15日
江戸時代後期の日蓮宗の僧。
¶国書

**日蓮** **にちれん**
貞応1(1222)年～弘安5(1282)年10月13日　㊎日蓮上人(にちれんしょうにん)，立正大師(りっしょうだいし)
鎌倉時代後期の僧。日蓮宗の開祖。清澄山の道善房の弟子。その著「立正安国論」は当時としては過激な宗旨のため流刑にもなったが、その後も布教に努めた。
¶朝日(㊀弘安5年10月13日(1282年11月14日))，伊豆，岩史，浮絵(日蓮上人　にちれんしょうにん)，角史，神奈川人，神奈川百，鎌倉，鎌倉新(㊐貞応1(1222)年2月16日)，鎌古，鎌室，教育，京都大，郷土千葉，群馬人，国史，国書(㊐承久4(1222)年2月16日)，古中，コン改，コン4，コン5，埼玉人(㊐承久4(1222)年2月16日)，史人，静岡百，静岡歴，思想史，重要，女史，人書79，人書94，人情，人情5，神人(㊐貞応1(1222)年2月16日)，新潮(㊐貞応1(1222)年2月16日)，新文(㊐承久4(1222)年2月16日)，人名，姓氏神奈川，姓氏静岡，世人，世百，全書，対外，大百，千葉百(㊐貞応1(1222)年2月16日)，中世(㊀1283年)，伝記，内乱，長野歴，日思，日史(㊐貞応1(1222)年2月16日)，日人，百科，冨嶽，仏教(㊐承久4(1222)年2月16日)，仏史，仏人，文学，平日(㊐1222 ㊀1282)，町田歴，名僧，山川小，山梨人，山梨百(㊐承久4(1222)年2月16日)，歴大

**日蓮上人** **にちれんしょうにん**
→日蓮(にちれん)

**日朗** **にちろう**
寛元3(1245)年～元応2(1320)年1月21日
鎌倉時代後期の日蓮宗の僧。常に日蓮に付きそった。
¶朝日(㊐寛元3年4月8日(1245年5月5日)　㊀元応2年1月21日(1320年3月1日))，岩史，角史，神奈川人，鎌倉(㊐寛元1(1243)年)，鎌倉新，鎌古，鎌室(㊐寛元1(1243)年)，京都大(㊐寛元1(1243)年)，国史，国書(㊐寛元3(1245)年4月8日)，古中，コン改(㊐寛元1(1243)年)，コン4(㊐寛元1(1243)年)，コン5(㊐寛元1(1243)年)，史人(㊐1245年4月8日)，新潮，人名，姓氏神奈川(㊐1243年)，世人(㊐寛元1(1243)年)，世百(㊐1243年)，全書，大百(㊐1243年)，中世(㊐1243年)，日史，日人，百科，仏教(㊐寛元3(1245)年4月8日)，仏史，仏人，名僧，山梨百(㊐寛元1(1243)年)，歴大

**日可** **にっか**
寛永1(1624)年～寛文1(1661)年6月6日
江戸時代前期の日蓮宗の僧。
¶国書，人名，日人，仏教

**日迦** **にっか**
天保8(1837)年～大正5(1916)年9月2日
明治・大正期の日蓮宗の僧。
¶鎌倉新

**日快** **にっかい**
生没年不詳
江戸時代中期の日蓮宗の僧。
¶国書

**日海**(1) **にっかい**
延元1/建武3(1336)年～元中6/康応1(1389)年9月8日
南北朝時代の日蓮宗の僧。
¶国書，仏教

**日海**(2) **にっかい**
？ ～元和9(1623)年

江戸時代前期の日蓮宗の僧。
¶姓氏石川

**日海**(3) **にっかい**
天保1(1830)年～明治4(1871)年
江戸時代末期の日蓮宗の僧。
¶島根歴

**日海**(4) **にっかい**
天保2(1831)年～明治42(1909)年
明治期の日蓮宗の僧。
¶島根人

**日海尼** **にっかいに**
？ ～天文19(1550)年9月14日
戦国時代の日蓮宗の尼僧。
¶仏教

**日寛** **にっかん**
→日寛(2)(にちかん)

**日観** **にっかん**
天暦6(952)年～治安1(1021)年3月28日
平安時代中期の法相宗の僧。
¶仏教

**日鑑**(1) **にっかん**
→日鑑(にちかん)

**日鑑**(2) **にっかん**
→吉川日鑑(きっかわにちかん)

**日閑** **にっかん**
→日閑(3)(にちかん)

**日鑑寿益** **にっかんじゅえき**
→日鑑寿益(にっかんじゅやく)

**日鑑寿益** **にっかんじゅやく**
？ ～寛永8(1631)年 ㊊日鑑寿益(にっかんじゅえき)
江戸時代前期の曹洞宗の僧。
¶日人(にっかんじゅえき), 仏教

**日輝** **にっき**
→日輝(2)(にちき)

**日樹** **にっき**
？ ～寛文8(1668)年 ㊊日樹(にちじゅ)
江戸時代前期の日蓮宗の僧。長遠寺開山。
¶神奈川人(にちじゅ), 仏人

**日境** **にっきょう**
*～万治2(1659)年10月28日
江戸時代前期の日蓮宗の僧。久遠寺27世。
¶国書(㊐慶長7(1602)年), 仏教(㊐慶長6(1601)年)

**日教**(1) **にっきょう**
？ ～正和2(1313)年10月24日
鎌倉時代後期の日蓮宗の僧。
¶国書

**日教**(2) **にっきょう**
正長1(1428)年～？
室町時代の日蓮宗の僧。
¶国書, 戦人

**日教**(3) **にっきょう**
応永26(1419)年～明応2(1493)年4月18日
室町時代～戦国時代の日蓮宗の僧。
¶富山百, 仏教

**日教**(4) **にっきょう**
生没年不詳
日蓮宗の僧。
¶仏教

**日鏡** **にっきょう**
→日鏡(1)(にちきょう)

**日経**(1) **にっきょう**
生没年不詳
南北朝時代の日蓮宗の僧。
¶仏教

**日経**(2) **にっきょう**
応永2(1395)年～応永18(1411)年1月12日
室町時代の日蓮宗の僧。
¶仏教

**日経**(3) **にっきょう**
？ ～元亀1(1570)年
戦国時代の日蓮宗の僧。
¶戦人

**日経**(4) **にっきょう**
→日経(2)(にちきょう)

**日竟** **にっきょう**
延宝5(1677)年～享保19(1734)年1月21日
江戸時代前期～中期の日蓮宗の僧。
¶国書

**日空** **にっくう**
寛永2(1625)年～元禄6(1693)年1月26日
江戸時代前期の日蓮宗の僧。
¶国書, 仏教

**日華** **にっけ**
建長4(1252)年11月15日～建武1(1334)年8月16日
鎌倉時代後期の日蓮宗の僧。日興の高弟。
¶国史, 国書, 古中, 史人, 日人, 仏史

**日啓** **にっけい**
江戸時代後期の僧。徳川家斉の愛妾お美代の方の父。感応寺住職。
¶江戸東

**日慶** **にっけい**
生没年不詳
江戸時代前期の日蓮宗の僧。
¶仏教

**日桂** **にっけい**
文禄2(1593)年～寛文13(1673)年7月23日
江戸時代前期の日蓮宗の僧。
¶仏教

に

**日渓** **にっけい**
→法霖(ほうりん)

**日経** **にっけい**
永禄3(1560)年2月28日～元和6(1620)年11月
安土桃山時代～江戸時代前期の日蓮宗の僧。
¶郷土千葉, 千葉百

**日逕** **にっけい**
天文16(1547)年～慶長14(1609)年2月9日
戦国時代～江戸時代前期の日蓮宗の僧。
¶国書

**日慶尼** **にっけいに**
生没年不詳
日蓮宗の尼僧。
¶仏教

に

**日乾** **にっけん**
永禄3(1560)年～寛永12(1635)年10月27日
㊞日乾(にちけん)
安土桃山時代～江戸時代前期の日蓮宗の僧。本満寺13世。
¶朝日(にちけん ㊀寛永12年10月27日(1635年12月6日)), 京都大, 近世(にちけん), 国史(にちけん), 国書(にちけん), コン改, コン4, コン5, 史人, 思想史(にちけん), 新潮(にちけん), 人名, 姓氏京都, 世人(にちけん ㊀寛永12(1635)年10月29日), 戦人, 日史, 日人(にちけん), 百科, 仏教(にちけん), 仏史(にちけん), 仏人

**日見** **にっけん**
元禄6(1693)年～明和6(1769)年
江戸時代中期の僧。久遠寺43世。
¶新潟百

**日謙** **にっけん**
→日謙(2)(にちけん)

**日賢(1)** **にっけん**
→日賢(1)(にちけん)

**日賢(2)** **にっけん**
享保20(1735)年～文化13(1816)年1月1日 ㊞日賢(にちけん)
江戸時代中期～後期の日蓮宗の僧。
¶国書(にちけん), 仏教(にちけん), 仏人

**日興** **にっこう**
寛元4(1246)年～元弘3/正慶2(1333)年2月7日
㊞日興(にちこう)
鎌倉時代後期の日蓮宗の僧。日蓮に帰依。
¶朝日(㊐寛元4年3月8日(1246年3月26日) ㊀正慶2/元弘3年2月7日(1333年2月21日)), 岩史, 角史(にちこう), 鎌室, 国史, 国書(㊐寛元4(1246)年3月8日), 古中, コン改, コン4, コン5, 埼玉人(㊐寛元4(1246)年3月8日), 史人(㊐1246年3月8日), 静岡百, 静岡歴, 人書94, 新潮, 人名(㊐1245年 ㊀1332年), 姓氏静岡, 世人, 世百(㊀1332年), 全書, 大百(㊀1332年), 中世, 日史(㊀元弘3(1333)年2月), 日人, 百科, 仏教(㊐寛元4(1246)年3月8日), 仏史, 仏人, 名僧, 山梨百, 歴大

**日光** **にっこう**
? ～宝暦2(1752)年7月20日
江戸時代中期の神官。
¶埼玉人

**日向** **にっこう**
→日向(にこう)

**日広(1)** **にっこう**
永正2(1505)年～天文22(1553)年8月25日
戦国時代の日蓮宗の僧。
¶仏教

**日広(2)** **にっこう**
? ～寛文11(1671)年10月8日
江戸時代前期の日蓮宗の僧。
¶仏教, 和歌山人

**日康** **にっこう**
享保2(1717)年～安永4(1775)年
江戸時代中期の日蓮宗の僧。
¶人名, 日人

**日耕** **にっこう**
正徳2(1712)年～安永2(1773)年9月20日
江戸時代中期の日蓮宗の僧。
¶国書

**日航** **にっこう**
→日航(にちこう)

**日講** **にっこう**
→日講(にちこう)

**日珖** **にっこう**
天文1(1532)年～慶長3(1598)年8月27日 ㊞日珖(にちこう)
戦国時代～安土桃山時代の日蓮宗の僧。
¶朝日(にちこう ㊀慶長3年8月27日(1598年9月27日)), 近世(にちこう), 国史(にちこう), 国書(にちこう), コン改, コン4, コン5, 史人, 思想史(にちこう), 新潮(にちこう), 人名, 世人, 戦人, 徳島百, 徳島歴, 日史, 日人(にちこう), 百科, 仏教(にちこう), 仏史(にちこう), 仏人, 歴大(にちこう)

**日光院賢清** **にっこういんけんせい**
～慶長13(1608)年4月18日
安土桃山時代～江戸時代前期の僧侶。
¶庄内

**日講上人** **にっこうしょうにん**
→日講(にちこう)

**日興の母** **にっこうのはは**
生没年不詳
鎌倉時代の日蓮の信者。日蓮の高弟日興の母。
¶朝日

**日国** **にっこく**
? ～享禄1(1528)年
戦国時代の日蓮宗の僧。
¶人書94

**日済上人** にっさいしょうにん
永仁2(1294)年～応安元(1368)年
鎌倉時代後期の僧侶。
¶御殿場

**日薩** にっさつ
天保1(1830)年12月26日～明治21(1888)年8月29日 ㊙新井日薩(あらいにっさつ),新居日薩(あらいにっさつ,にいにっさつ)
江戸時代後期～明治期の日蓮宗の僧。
¶朝日(新居日薩 あらいにっさつ ㊐天保1年12月26日(1831年2月8日)),維新(新井日薩 あらいにっさつ),郷土群馬(新居日薩 あらいにっさつ),近現(新井日薩 あらいにっさつ),群新百(新居日薩 あらいにっさつ),群馬人(新居日薩 あらいにっさつ),群馬百(新井日薩 あらいにっさつ),国史(新井日薩 あらいにっさつ),国書,コン改(新井日薩 あらいにっさつ),コン改(新居日薩 あらいにっさつ),コン4(新井日薩 あらいにっさつ),コン5(新井日薩 あらいにっさつ),コン5(新居日薩 あらいにっさつ),史人(新井日薩 あらいにっさつ),新潮(新井日薩 あらいにっさつ),人名(新居日薩 にいにっさつ),姓氏群馬(新居日薩 あらいにっさつ),日人(新居日薩 あらいにっさつ ㊐1831年),幕末(新居日薩 あらいにっさつ),幕末大(新居日薩 あらいにっさつ ㊐天保1(1831)年12月26日),仏教(新居日薩 あらいにっさつ),仏人(新井日薩 あらいにっさつ),民学(新居日薩 あらいにっさつ),明治史(新居日薩 あらいにっさつ),明大1(新井日薩 あらいにっさつ),山梨百

**日山** にっさん
延元3/暦応1(1338)年～弘和1/永徳1(1381)年
㊙日山(にちざん)
南北朝時代の日蓮宗の僧。
¶国書(㊣永徳1(1381)年9月7日),埼玉人(にちざん)

**日産** にっさん
永禄10(1567)年～慶長17(1612)年9月8日
安土桃山時代～江戸時代前期の日蓮宗の僧。
¶静岡歴,姓氏静岡,仏教(㊐永禄11(1568)年)

**日讃** にっさん
～寛永8(1631)年
安土桃山時代～江戸時代前期の僧侶。
¶高知人,高知百

**日山海東** にっさんかいとう
生没年不詳
江戸時代中期の曹洞宗の僧。
¶国書

**日山良旭** にっさんりょうぎょく
? ～応永33(1426)年10月25日
南北朝時代～室町時代の曹洞宗の僧。総持寺18世。
¶仏教

**日視** にっし
? ～元禄6(1693)年2月12日
江戸時代前期～中期の日蓮宗の僧。
¶国書

**日思韜光** にっしとうこう
? ～寛政9(1797)年
江戸時代中期～後期の曹洞宗の僧。
¶国書

**日守(1)** にっしゅ
? ～元禄6(1693)年8月20日
江戸時代前期の日蓮宗の僧。
¶仏教

**日守(2)** にっしゅ
弘化3(1846)年～明治39(1906)年4月8日
江戸時代後期～明治期の日蓮宗の僧。
¶国書

に

**日珠** にっしゅ
宝暦13(1763)年～文化14(1817)年12月15日
江戸時代中期～後期の日蓮宗の僧。
¶岡山百,岡山歴,国書

**日収(1)** にっしゅう
*～慶安3(1650)年10月10日
安土桃山時代～江戸時代前期の日蓮宗の僧。
¶熊本百(㊐天正7(1579)年),人名(㊐1579年),日人(㊐1578年),仏教(㊐天正6(1578)年)

**日収(2)** にっしゅう
元禄5(1692)年～宝暦5(1755)年2月24日
江戸時代中期の日蓮宗の僧。
¶国書

**日周(1)** にっしゅう
文禄4(1595)年～寛永21(1644)年4月1日
安土桃山時代～江戸時代前期の日蓮宗の僧。
¶国書

**日周(2)** にっしゅう
正保4(1647)年～享保1(1716)年10月6日
江戸時代前期～中期の日蓮宗の僧。
¶国書

**日宗** にっしゅう
? ～正応4(1291)年4月5日
鎌倉時代後期の日蓮宗の僧。
¶仏教

**日修** にっしゅう
天文1(1532)年～文禄3(1594)年11月7日
戦国時代～安土桃山時代の日蓮宗の僧。
¶国書,戦人

**日秀(1)** にっしゅう
? ～嘉暦4(1329)年
鎌倉時代後期の日蓮宗の僧。
¶国書

**日秀(2)** にっしゅう
文永2(1265)年～建武1(1334)年
鎌倉時代後期の日蓮宗の僧。妙光寺第3世。
¶国史,古中,日人(㊐1264年),仏教(㊐文永1(1264)年 ㊣元弘4(1334)年1月10日),仏史

**日秀(3)　にっしゅう**
弘和3/永徳3(1383)年～宝徳2(1450)年
室町時代の日蓮宗の僧。京都本満寺開山。
¶国史，古中，戦人，日人，仏教(生永徳3/弘和3(1383)年4月8日　没宝徳2(1450)年5月8日)，仏史

**日秀(4)　にっしゅう**
明応3(1494)年～天正2(1574)年
戦国時代の僧。琉球で布教に従事。
¶コン改，コン4，コン5，人書94

**日秀(5)　にっしゅう**
明応4(1495)年～天正5(1577)年11月12日
戦国時代の真言宗の僧。根来寺第21代学頭。
¶国史，国書，古中，戦人，日人，仏教，仏人



**日秀(6)　にっしゅう**
文亀3(1503)年～天正5(1577)年　別日秀上人(にっしゅうしょうにん)
戦国時代～安土桃山時代の僧。
¶沖縄百(日秀上人　にっしゅうしょうにん　没天正5(1577)年9月24日)，姓氏沖縄(日秀上人　にっしゅうしょうにん)，姓氏鹿児島，日人

**日秀(7)　にっしゅう**
永禄8(1565)年～元和7(1621)年7月17日
安土桃山時代～江戸時代前期の日蓮宗の僧。
¶仏教

**日秀(8)　にっしゅう**
生没年不詳
江戸時代中期の日蓮宗の僧。
¶国書

**日秀(9)　にっしゅう**
慶応1(1865)年～昭和11(1936)年
明治～昭和期の日蓮宗不受不施派僧侶。学匠。
¶仏人

**日習(1)　にっしゅう**
天正10(1582)年～承応2(1653)年6月10日
安土桃山時代～江戸時代前期の日蓮宗の僧。
¶岡山歴，国書

**日習(2)　にっしゅう**
？　～延享5(1748)年1月6日
江戸時代中期の日蓮宗の僧。
¶国書

**日祝(1)　にっしゅう**
応永34(1427)年～永正10(1513)年4月12日
別日祝(にっしゅく)
室町時代～戦国時代の日蓮宗の僧。京都頂妙寺開山。
¶国史，国書，古中，人名(にっしゅく　生1428年)，姓氏京都，戦人(生永享9(1437)年)，日人，仏教(生永享9(1437)年)，仏史

**日祝(2)　にっしゅう**
*～慶長20(1615)年5月7日
安土桃山時代～江戸時代前期の日蓮宗の僧。
¶国書(生永禄10(1567)年)，仏教(生永禄12(1569)年)

**日啁　にっしゅう**
明和8(1771)年～弘化2(1845)年5月1日
江戸時代中期～後期の日蓮宗の僧。
¶国書

**日賙　にっしゅう**
天文15(1546)年～慶長13(1608)年2月16日
戦国時代～江戸時代前期の日蓮宗の僧。
¶国書

**日秀上人　にっしゅうしょうにん**
→日秀(6)(にっしゅう)

**日秀尼　にっしゅうに**
天文2(1533)年～寛永2(1625)年　別とも，瑞竜院(ずいりゅういん)，瑞竜院尼(ずいりゅういんに)，村雲御所(むらくもごしょ)，智子(ともこ)
安土桃山時代～江戸時代前期の女性。豊臣秀吉の姉で秀次の実母。
¶朝日(没寛永2年4月24日(1625年5月30日))，諸系，女性(瑞竜院　ずいりゅういん　生天文3(1534)年　没寛永2(1625)年4月24日)，人名(瑞竜院尼　ずいりゅういんに)，戦人(瑞竜院　ずいりゅういん　生天文3(1534)年)，全戦(とも　生天文3(1534)年)，日人，仏教(没寛永2(1625)年4月24日)

**日秀妙光　にっしゅうみょうこう**
？　～慶長6(1601)年
安土桃山時代の浄土宗の尼僧。「天下の三尼上人」の一人に数えられる。
¶朝日

**日祝　にっしゅく**
→日祝(1)(にっしゅう)

**日出　にっしゅつ**
弘和1/永徳1(1381)年～長禄3(1459)年4月9日
室町時代の日蓮宗の僧。三島・鎌倉両本覚寺開山。
¶神奈川人，鎌古，国史，国書，古中，姓氏神奈川，日人，仏教，仏史

**日俊　にっしゅん**
寛永13(1636)年～元禄4(1691)年10月29日
江戸時代前期～中期の日蓮宗の僧。
¶国書

**日春(1)　にっしゅん**
寛喜2(1230)年～延慶4(1311)年3月16日
鎌倉時代後期の日蓮宗の僧。
¶国書，仏教

**日春(2)　にっしゅん**
？　～慶長16(1611)年8月20日
安土桃山時代～江戸時代前期の日蓮宗の僧。
¶国書

**日春(3)　にっしゅん**
元和8(1622)年2月16日～元禄15(1702)年1月25日
江戸時代前期～中期の日蓮宗の僧。
¶京都府，国書，姓氏石川(没1734年)，仏教

**日初** にっしょ
元禄14(1701)年～明和7(1770)年10月26日
㊀日初寂顕(にっしょじゃくけん)
江戸時代中期の僧。
¶黄檗(日初寂顕　にっしょじゃくけん),国書(日初寂顕　にっしょじゃくけん),人名,日人(日初寂顕　にっしょじゃくけん),仏教(生没年不詳)

**日匠** にっしょう
寛永4(1627)年～元禄2(1689)年6月21日
江戸時代前期の日蓮宗の僧。
¶国書,仏教

**日唱**(1) にっしょう
文治2(1186)年～文永10(1273)年5月
鎌倉時代前期の日蓮宗の僧。
¶仏教

**日唱**(2) にっしょう
享保8(1723)年～天明5(1785)年3月2日
江戸時代中期の日蓮宗の僧。
¶岡山百,岡山歴

**日将** にっしょう
生没年不詳
江戸時代中期の日蓮宗の僧。
¶国書

**日尚** にっしょう
*～安永7(1778)年9月14日
江戸時代中期の日蓮宗の僧。
¶国書(㊥享保5(1720)年),仏教(㊥?)

**日掌** にっしょう
寛政10(1798)年～明治15(1882)年2月15日
江戸時代後期～明治期の日蓮宗の僧。
¶国書

**日昇** にっしょう
天保3(1832)年～明治24(1891)年
江戸時代後期～明治期の僧。
¶日人,明大1(㊦明治24(1891)年11月30日)

**日昌**(1) にっしょう
永禄5(1562)年～元和8(1622)年4月7日
安土桃山時代～江戸時代前期の日蓮宗の僧。
¶国書

**日昌**(2) にっしょう
寛永14(1637)年～元禄6(1693)年5月6日
江戸時代前期の日蓮宗の僧。
¶国書(生没年不詳),仏教

**日昌**(3) にっしょう
江戸時代前期の日蓮宗の僧。
¶姓氏鹿児島

**日昭** にっしょう,につしょう
承久3(1221)年～元亨3(1323)年3月26日
鎌倉時代後期の日蓮宗の僧。鎌倉法華寺を開いた。
¶朝日(㊦元亨3年3月26日(1323年5月1日)),神奈川人,神奈川百(㊥1236年),鎌倉,鎌倉新,鎌古,鎌室,国史,国書(㊦元亨3(1323)年2月26日),古中,コン改(㊥嘉禎2(1236)年),コン4(㊥嘉禎2(1236)年),コン5(㊥嘉禎2(1236)年),史人,新潮,人名(㊥1236年),世人(㊥嘉禎2(1236)年),全書,中世(㊥1221年,1236年),日人,仏教,仏史(につしょう),仏人,山梨百,歴大

**日照**(1) にっしょう
?　～天保5(1834)年5月16日
江戸時代後期の僧。笠岡妙乗寺住職。
¶岡山歴

**日照**(2) にっしょう
安政1(1854)年～明治40(1907)年
江戸時代末期～明治期の日蓮宗僧。管長。正法治国論を草して、日蓮宗富士派を国教としようとした。
¶人名

に

**日省** にっしょう
寛永13(1636)年～享保6(1721)年1月13日
江戸時代前期～中期の日蓮宗の僧。久遠寺32世。
¶国書,仏教

**日祥**(1) にっしょう
慶長11(1606)年～寛文11(1671)年8月10日
江戸時代前期の日蓮宗の僧。
¶京都府,仏教

**日祥**(2) にっしょう
?　～寛政2(1790)年4月18日
江戸時代中期～後期の日蓮宗の僧。
¶国書

**日祥**(3) にっしょう
天明7(1787)年～明治5(1872)年
江戸時代中期～後期の日蓮宗の僧。久遠寺70世。
¶新潟百

**日称** にっしょう
生没年不詳
江戸時代中期の日蓮宗の僧。
¶国書

**日章** にっしょう
→如竹(じょちく)

**日紹** にっしょう
天文11(1542)年～元和8(1622)年6月25日
安土桃山時代～江戸時代前期の日蓮宗の僧。
¶岡山人,岡山百,岡山歴,国書,戦人,仏教

**日証** にっしょう
寛文10(1670)年～寛延3(1750)年12月4日
江戸時代前期～中期の日蓮宗の僧。
¶国書

**日詔** にっしょう
永禄12(1569)年～元和3(1617)年4月19日
安土桃山時代～江戸時代前期の日蓮宗の僧。
¶岡山歴,国書,仏教

**日詳** にっしょう
天和1(1681)年～享保19(1734)年8月25日
江戸時代前期～中期の日蓮宗の僧。
¶国書

**日性(1)** にっしょう
天文23(1554)年～慶長19(1614)年2月26日
安土桃山時代～江戸時代前期の日蓮宗の僧。
¶国書，日人，仏教

**日性(2)** にっしょう
？ ～慶安2(1649)年5月5日
江戸時代前期の日蓮宗の僧。
¶仏教

**日性(3)** にっしょう
元和7(1621)年～元禄11(1698)年11月15日
江戸時代前期の日蓮宗の僧。
¶仏教



**日正(1)** にっしょう
？ ～永正4(1507)年9月1日
室町時代～戦国時代の日蓮宗の僧。
¶埼玉人

**日正(2)** にっしょう
？ ～天正18(1590)年5月28日
戦国時代～安土桃山時代の日蓮宗の僧。
¶埼玉人

**日正(3)** にっしょう
生没年不詳
江戸時代末期の日蓮宗の僧。
¶国書

**日正(4)** にっしょう
→赤木日正(あかぎにっしょう)

**日清** にっしょう
慶長17(1612)年～延宝1(1673)年
江戸時代前期の日蓮宗の僧。
¶仏教

**日生(1)** にっしょう
天文22(1553)年～文禄4(1595)年7月24日
安土桃山時代の日蓮宗の僧。
¶国書，仏教，仏人

**日生(2)** にっしょう
生没年不詳
江戸時代中期の日蓮宗の僧。
¶国書

**日生(3)** にっしょう
寛保1(1741)年～天明6(1786)年2月26日
江戸時代中期の日蓮宗の僧。
¶国書

**日生(4)** にっしょう
文化14(1817)年4月11日～慶応3(1867)年3月25日
江戸時代後期～末期の日蓮宗の僧。
¶国書

**日邵** にっしょう
天文14(1545)年～元和6(1620)年8月27日
安土桃山時代～江戸時代前期の日蓮宗の僧。
¶仏教

**日証尼** にっしょうに
天正13(1585)年～万治3(1660)年
江戸時代前期の日蓮宗の信者。後陽成天皇に仕えて三位局と称される。
¶朝日([没]万治3年6月27日(1660年8月3日))，仏教([没]万治3(1660)年6月27日)

**日照坊覚潭** にっしょうぼうかくたん
生没年不詳
江戸時代の僧。炉粕町本覚寺第5代住職。
¶長崎歴

**日初寂顕** にっしょじゃくけん
→日初(にっしょ)

**日信(1)** にっしん
生没年不詳
南北朝時代～室町時代の日蓮宗の僧。
¶国書

**日信(2)** にっしん
生没年不詳
戦国時代の日蓮宗の僧。
¶国書

**日信(3)** にっしん
永禄1(1558)年～寛永3(1626)年9月23日
戦国時代～江戸時代前期の日蓮宗の僧。
¶国書

**日信(4)** にっしん
寛文3(1663)年～享保9(1724)年4月23日
江戸時代中期の日蓮宗の僧。
¶仏教

**日信(5)** にっしん
？ ～享保16(1731)年11月21日
江戸時代中期の日蓮宗の僧。
¶岡山歴([生]貞享1(1684)年)，島根百，島根歴

**日審(1)** にっしん
慶長4(1599)年6月2日～寛文6(1666)年3月15日
江戸時代前期の日蓮宗の僧。
¶国書，仏教，仏人

**日審(2)** にっしん
？ ～享保10(1725)年10月14日
江戸時代前期～中期の日蓮宗の僧。
¶国書

**日心(1)** にっしん
康元1(1256)年～興国4/康永2(1343)年9月21日
鎌倉時代後期～南北朝時代の日蓮宗の僧。
¶仏教

**日心(2)** にっしん
？ ～享保9(1724)年12月5日
江戸時代前期～中期の日蓮宗の僧。
¶国書

**日心(3) にっしん**
享保5(1720)年～寛政2(1790)年2月24日
江戸時代中期～後期の日蓮宗の僧。
¶国書

**日心(4) にっしん**
嘉永6(1853)年～明治12(1879)年1月13日
江戸時代末期～明治期の日蓮宗の僧。
¶岡山百，岡山歴

**日慎 にっしん**
*～寛保1(1741)年9月16日
江戸時代前期～中期の日蓮宗の僧。
¶岡山歴(生延宝9(1681)年8月10日)，国書(生天和2(1682)年)，島根百(生？)

**日新 にっしん**
天文4(1535)年～天正20(1592)年8月11日
安土桃山時代の日蓮宗の僧。久遠寺17世。
¶国書，仏教

**日森 にっしん**
生没年不詳
戦国時代の日蓮宗の僧。
¶仏教

**日深 にっしん**
→日深(2)(にちじん)

**日真(1) にっしん**
文安1(1444)年～享禄1(1528)年
室町時代～戦国時代の日蓮宗の僧。四条大宮に本隆寺を創建。
¶朝日(没享禄1年3月29日(1528年4月18日))，岡山人，角史，鎌室，国史，国書(没大永8(1528)年3月29日)，古中，新潮(没享禄1(1528)年3月29日)，人名，姓氏京都，世人，全書，戦人，日人，兵庫百，仏教(没大永8(1528)年3月29日)，仏史，仏人，歴大

**日真(2) にっしん**
永禄8(1565)年～寛永3(1626)年4月22日
安土桃山時代～江戸時代前期の日蓮宗の僧。
¶熊本百(生？)，国書，コン改，コン4，コン5，人名，日人，仏教，仏人

**日真(3) にっしん**
正徳4(1714)年～明和2(1765)年7月26日
江戸時代中期の日蓮宗の僧。
¶国書

**日親(1) にっしん**
応永14(1407)年～長享2(1488)年9月17日
室町時代～戦国時代の日蓮宗の僧。本法寺を建立。
¶朝日(没長享2年9月17日(1488年10月21日))，岩史，角史，神奈川人，鎌倉，鎌倉新，鎌古，鎌室，京都，京都大，郷土千葉，国史，国書(生応永14(1407)年9月13日)，古中，コン改，コン4，コン5，史人，思想史，重要，新潮，人名，姓氏神奈川，姓氏京都，世人，全書，戦人，大百，千葉百，中世，伝記，日思，日史，日人，百科，仏教，仏史，仏人，室町，名僧，山川小，歴大

**日親(2) にっしん**
？ ～大永4(1524)年1月8日
戦国時代の日蓮宗の僧。
¶国書

**日進(1) にっしん**
*～正平1/貞和2(1346)年
鎌倉時代後期の日蓮宗の僧。身延山久遠寺3世。
¶国史(生没年不詳)，国書(生建治1(1275)年 没貞和2(1346)年12月8日)，古中(生没年不詳)，日人(生1259年 没1335年)，仏教(生文永8(1271)年 没貞和2/正平1(1346)年12月8日，(異説)建武1(1334)年，元徳2(1330)年)

**日進(2) にっしん**
天正11(1583)年～寛文3(1663)年
安土桃山時代～江戸時代前期の日蓮宗の僧。
¶長野歴

**日進(3) にっしん**
？ ～元禄2(1689)年10月22日
江戸時代前期～中期の日蓮宗の僧。
¶国書

**日進(4) にっしん**
？ ～元禄11(1698)年11月4日
江戸時代前期～中期の日蓮宗の僧。
¶国書

**日進(5) にっしん**
延宝8(1680)年～寛延4(1751)年8月28日
江戸時代前期～中期の日蓮宗の僧。
¶国書

**日進(6) にっしん**
享保14(1729)年2月3日～天明7(1787)年7月18日
江戸時代中期の日蓮宗の僧。
¶国書

**日進(7) にっしん**
天明2(1782)年～嘉永6(1853)年8月17日
江戸時代中期～後期の日蓮宗の僧。
¶国書

**日進(8) にっしん**
*～文政4(1821)年11月11日
江戸時代中期～後期の日蓮宗の僧。
¶熊本百(生宝暦10(1760)年)，国書(生宝暦11(1761)年)

**日辰 にっしん**
永正5(1508)年～天正4(1576)年12月15日
戦国時代～安土桃山時代の日蓮宗の僧、茶人。
¶朝日(没天正4年12月15日(1577年1月3日))，国史，国書(生永正5(1508)年8月26日)，古中，新潮，世人，戦人，日人(没1577年)，仏教(生永正5(1508)年8月26日)，仏史

**日津 にっしん**
明暦1(1655)年～享保12(1727)年5月27日
江戸時代前期～中期の日蓮宗の僧。
¶国書

**日禛(1)** にっしん
永禄4(1561)年～元和3(1617)年8月23日
安土桃山時代～江戸時代前期の日蓮宗の僧。
¶仏教

**日禛(2)** にっしん
慶安1(1648)年～享保7(1722)年6月13日
江戸時代前期～中期の日蓮宗の僧。
¶仏教

**日新純慧** にっしんじゅんけい
天文3(1534)年～文禄1(1592)年
戦国時代～安土桃山時代の日蓮宗の僧。身延山久遠寺17世。
¶武田

に

**日新宗益** にっしんそうえき
弘治3(1557)年～元和6(1620)年1月12日
安土桃山時代～江戸時代前期の臨済宗の僧。大徳寺162世。
¶仏教

**日辰文猊** にっしんもんげい
？ ～寛文11(1671)年
江戸時代前期の曹洞宗の僧。
¶国書

**日勢** にっせい
寛永6(1629)年～寛文9(1669)年3月13日
江戸時代前期の日蓮宗不受不施派の僧侶。
¶岡山歴

**日政** にっせい
文化1(1804)年～慶応2(1866)年1月3日
江戸時代後期～末期の日蓮宗の僧。
¶国書

**日整** にっせい
文亀3(1503)年～天正6(1578)年8月20日
戦国時代～安土桃山時代の日蓮宗の僧。
¶国書，仏教

**日晴(1)** にっせい
？ ～寛文4(1664)年7月8日
江戸時代前期の日蓮宗の僧。
¶国書

**日晴(2)** にっせい
承応1(1652)年～享保11(1726)年3月23日
江戸時代前期～中期の日蓮宗の僧。
¶秋田人2，国書

**日栖(1)** にっせい
文亀2(1502)年～天正11(1583)年
戦国時代～安土桃山時代の日蓮宗の僧。
¶国書(㊀天正11(1583)年4月5日)，仏教

**日栖(2)** にっせい
慶安3(1650)年～元禄11(1698)年11月16日
江戸時代前期～中期の日蓮宗の僧。
¶国書

**日盛** にっせい
永禄6(1563)年～元和5(1619)年3月27日
安土桃山時代～江戸時代前期の日蓮宗の僧。
¶仏教

**日精(1)** にっせい
？ ～天正12(1584)年11月6日
安土桃山時代の日蓮宗の僧。
¶仏教

**日精(2)** にっせい
慶長5(1600)年～天和3(1683)年11月5日
安土桃山時代～江戸時代前期の日蓮宗の僧。
¶国書

**日精(3)** にっせい
延宝2(1674)年～元文4(1739)年2月16日
江戸時代前期～中期の日蓮宗の僧。
¶国書

**日精(4)** にっせい
安永6(1777)年～嘉永5(1852)年9月19日
江戸時代中期～後期の日蓮宗の僧。
¶国書

**日惺** にっせい
天文19(1550)年～慶長3(1598)年7月6日
安土桃山時代の日蓮宗の僧。
¶岡山人，岡山百，岡山歴，鎌古，国書，戦辞，戦房総，仏教

**日霽** にっせい
正平4/貞和5(1349)年～応永12(1405)年11月4日
南北朝時代～室町時代の日蓮宗の僧。
¶国書，姓氏京都，日人，仏教

**日整琳光** にっせいりんこう
文亀2(1502)年～天正6(1578)年
戦国時代～安土桃山時代の日蓮宗の僧。日蓮宗身延山久遠寺16世主座。
¶武田

**日仙** にっせん
～寛永18(1641)年
江戸時代前期の日蓮宗の尼僧。
¶神奈川人

**日宣(1)** にっせん
宝暦13(1763)年～弘化3(1846)年8月2日
江戸時代中期～後期の日蓮宗の僧。
¶国書

**日宣(2)** にっせん
宝暦8(1758)年～文政9(1826)年
江戸時代中期～後期の日蓮宗の僧。
¶青森人

**日専** にっせん
享保9(1724)年～寛政1(1789)年9月7日
江戸時代中期～後期の日蓮宗の僧。
¶国書

**日扇** にっせん
生没年不詳
戦国時代の僧。法華宗本山の本成寺11世。
¶飛騨

**日泉** にっせん
元文4(1739)年～寛政3(1791)年8月5日
江戸時代中期～後期の日蓮宗の僧。
¶国書

**日船(1)** にっせん
文禄2(1593)年～明暦4(1658)年4月12日
安土桃山時代～江戸時代前期の日蓮宗の僧。
¶岡山百，岡山歴

**日船(2)** にっせん
生没年不詳
江戸時代後期の日蓮宗の僧。
¶国書

**日詮(1)** にっせん
応永27(1420)年～明応9(1500)年3月4日
室町時代～戦国時代の日蓮宗の僧。
¶仏教

**日詮(2)** にっせん
*～天正7(1579)年7月25日
戦国時代～安土桃山時代の日蓮宗の僧。
¶国書(㊐大永1(1521)年)，仏教(㊐？)

**日詮(3)** にっせん
慶長17(1612)年～延宝6(1678)年8月25日
江戸時代前期の日蓮宗の僧。
¶国書

**日詮(4)** にっせん
正保2(1645)年～享保8(1723)年5月11日
江戸時代前期～中期の日蓮宗の僧。
¶仏教

**日選** にっせん
？～慶安5(1652)年9月10日
江戸時代前期の日蓮宗の僧。
¶国書，仏教

**日暹(1)** にっせん
？～嘉暦2(1327)年3月1日
鎌倉時代後期の日蓮宗の僧。
¶国書(生没年不詳)，姓氏富山，仏教

**日暹(2)** にっせん
天正14(1586)年～慶安1(1648)年5月29日
江戸時代前期の日蓮宗の僧。身延山久遠寺26世。
¶近世，国史，国書，思想史，日人，仏教，仏史

**日瞻** にっせん
寛政12(1800)年～慶応3(1867)年8月21日
江戸時代後期～末期の日蓮宗の僧。
¶国書

**日旋慧範** にっせんえはん
生没年不詳
江戸時代中期の曹洞宗の僧。
¶国書

**日宗** にっそう
正保1(1644)年～享保13(1728)年1月20日
江戸時代前期～中期の日蓮宗の僧。
¶国書，仏教

**日崇** にっそう
元和1(1615)年～元禄2(1689)年2月4日
江戸時代前期～中期の日蓮宗の僧。
¶国書

**日相(1)** にっそう
寛永12(1635)年～享保3(1718)年10月17日
江戸時代前期～中期の日蓮宗の僧。
¶国書，日人，仏教

**日相(2)** にっそう
元和4(1618)年～元禄7(1694)年5月11日
江戸時代前期～中期の日蓮宗の僧。
¶岡山歴

**日相(3)** にっそう
寛永11(1634)年～享保2(1717)年
江戸時代前期～中期の日蓮宗の僧。
¶姓氏愛知

**日相(4)** にっそう
江戸時代中期の僧。
¶国書(㊐元禄1(1688)年12月12日　㊚宝暦6(1756)年12月23日)，日人(㊐1689年　㊚1757年)

**日相(5)** にっそう
文化2(1805)年～明治7(1874)年12月19日
江戸時代後期～明治期の日蓮宗の僧。
¶国書

**日窓** にっそう
？～元禄14(1701)年
江戸時代前期～中期の日蓮宗の僧。
¶仏教

**日聡** にっそう
正平22/貞治6(1367)年～永享4(1432)年1月29日
南北朝時代～室町時代の日蓮宗の僧。
¶仏教

**日荘(1)** にっそう
？～寛政12(1800)年12月21日
江戸時代中期～後期の日蓮宗の僧。
¶国書

**日荘(2)** にっそう
安永2(1773)年～文政13(1830)年5月8日
江戸時代中期～後期の日蓮宗の僧。
¶国書

**日蒼** にっそう
安永5(1776)年～天保9(1838)年4月16日
江戸時代中期～後期の日蓮宗の僧。
¶国書

**日藻** にっそう
*～天明4(1784)年6月21日　㊎梅丸(うめまる)
江戸時代中期の日蓮宗の僧・俳人。
¶国書(㊐元文1(1736)年)，俳句(梅丸　うめまる　㊚天明5(1785)年6月11日)，俳文(梅丸　うめまる　㊐？)

に

**日琮　にっそう**
享保19(1734)年～享和3(1803)年6月14日
江戸時代中期～後期の日蓮宗の僧。
¶国書

**日相尼　にっそうに**
寛永2(1625)年～宝永2(1705)年
江戸時代前期～中期の日蓮宗の尼僧。
¶仏教

**日存　にっそん**
？　～延元3/暦応1(1338)年
南北朝時代～室町時代の日蓮宗の僧。
¶姓氏石川

**日尊(1)　にっそん**
→日尊(にちぞん)

**日尊(2)　にっそん**
*～慶長8(1603)年3月16日
安土桃山時代の日蓮宗の僧。
¶国書(生永禄1(1558)年)，仏教(生？)

**日体(1)　にったい**
元和8(1622)年～延宝2(1674)年3月21日
江戸時代前期の日蓮宗の僧。
¶仏教

**日体(2)　にったい**
寛文8(1668)年～宝永6(1709)年2月21日
江戸時代前期～中期の日蓮宗の僧。
¶国書

**日体(3)　にったい**
？　～享保18(1733)年1月16日
江戸時代中期の日蓮宗の僧。
¶国書

**日泰(1)　にったい**
永享4(1432)年～永正3(1506)年1月19日
室町時代～戦国時代の日蓮宗の僧。
¶国書(生永享4(1432)年10月14日)，戦辞(没永正3年1月19日(1506年2月11日))，戦人，仏教

**日泰(2)(日逮)　にったい**
文禄4(1595)年～寛文10(1670)年7月1日
江戸時代前期の日蓮宗の僧。
¶国書(日逮)，仏教

**日泰(3)　にったい**
寛文4(1664)年～享保16(1731)年2月22日
江戸時代中期の日蓮宗の僧。
¶仏教

**日諦(1)　にったい**
文明3(1471)年～永禄1(1558)年6月29日
戦国時代の日蓮宗の僧。
¶国書

**日諦(2)　にったい**
？　～天正13(1585)年8月21日
安土桃山時代の日蓮宗の僧。
¶国書，仏教

**日諦(3)　にったい**
？　～延宝3(1675)年11月7日
江戸時代前期の日蓮宗の僧。
¶国書

**日諦(4)　にったい**
？　～天明1(1781)年6月15日
江戸時代中期の日蓮宗の僧。
¶国書

**日諦(5)　にったい**
延宝2(1674)年～享保17(1732)年5月5日
江戸時代中期の日蓮宗の僧。
¶国書，仏教

**日諦(6)　にったい**
生没年不詳
江戸時代中期～後期の日蓮宗の僧。
¶仏教

**日禘　にったい**
？　～永正2(1505)年11月22日
戦国時代の日蓮宗の僧。
¶国書，戦人

**日迨　にったい**
寛永17(1640)年～元禄14(1701)年4月5日
江戸時代前期～中期の日蓮宗の僧。
¶仏教

**新田邦光　にったくにてる**
文政12(1829)年12月5日～明治35(1902)年11月25日　別竹沢寛三郎(たけざわかんざぶろう，ひろさぶろう)
江戸時代末期～明治期の宗教家。神道修成派の創唱者。神道修成講社を結成。
¶朝日(生文政12年12月5日(1829年12月30日))，維新，岐阜百(竹沢寛三郎　たけざわかんざぶろう)，近現，国史，国書，コン改，コン4，コン5，埼玉人，史人，思想史，神史，神人，新潮，人名，徳島百，徳島歴(竹沢寛三郎　たけざわかんざぶろう)，日人，濃飛(竹沢寛三郎　たけざわかんざぶろう，ひろさぶろう)，幕末(竹沢寛三郎　たけざわかんざぶろう　没1902年12月25日)，幕末大，飛騨(竹沢寛三郎　たけざわかんざぶろう　没明治28(1895)年11月28日)，明治史，明大1

**新田忠常　にったただつね**
→文覚(もんがく)

**日達(1)　にったつ**
？　～承応2(1653)年
江戸時代前期の日蓮宗の僧。
¶埼玉人

**日達(2)　にったつ**
→日達(3)(にちだつ)

**新田雅章　にったまさあき**
昭和11(1936)年～
昭和期の仏教学者。中京大学教授。
¶現執1期

**新田了正** にったりょうせい
明治4(1871)年～昭和16(1941)年
明治～昭和期の浄土真宗の僧侶。
¶島根歴

**日智** にっち
文政2(1819)年～嘉永7(1854)年3月29日
江戸時代末期の日蓮宗の僧。
¶国書，仏教

**日中** にっちゅう
*～元禄14(1701)年1月19日
江戸時代前期～中期の日蓮宗の僧。
¶国書([生]寛永9(1632)年)，仏教([生]寛永7(1630)年)

**日忠(1)** にっちゅう
永享10(1438)年～文亀3(1503)年9月15日
室町時代～戦国時代の日蓮宗の僧。
¶国書，仏教

**日忠(2)** にっちゅう
天文5(1536)年～元和6(1620)年8月20日
戦国時代～江戸時代前期の日蓮宗の僧。
¶岡山歴

**日忠(3)** にっちゅう
？ ～元和6(1620)年8月20日
江戸時代前期の日蓮宗の僧。筑前勝立寺を創建。
¶仏教

**日忠(4)** にっちゅう
？ ～万治3(1660)年
江戸時代前期の日蓮宗の僧。徳川光圀の招きで久昌寺開山となる。
¶国書([没]万治3(1660)年10月16日)，仏教，仏人

**日忠(5)** にっちゅう
寛永19(1642)年～正徳2(1712)年11月11日
江戸時代前期～中期の日蓮宗の僧。
¶仏教，和歌山人

**日澄(1)** にっちょう
延応1(1239)年～嘉暦1(1326)年8月1日
鎌倉時代後期の日蓮宗の僧。
¶国書，仏教，仏人

**日澄(2)** にっちょう
弘長2(1262)年～延慶3(1310)年3月14日
鎌倉時代後期の日蓮宗の僧。
¶国書，仏教

**日澄(3)** にっちょう
嘉吉1(1441)年～永正7(1510)年2月9日
室町時代～戦国時代の日蓮宗の僧。
¶神奈川人，鎌古，国書，人名，日人，仏教

**日澄(4)** にっちょう
天文15(1546)年～元和5(1619)年7月13日
戦国時代～江戸時代前期の日蓮宗の僧。
¶国書

**日徴** にっちょう
明和5(1768)年～天保9(1838)年3月27日
江戸時代中期～後期の日蓮宗の僧。
¶国書

**日朝(1)** にっちょう
？ ～弘安6(1283)年
鎌倉時代後期の日蓮宗の僧。
¶仏教([没]弘安6(1283)年，(異説)弘安10(1287)年)

**日朝(2)** にっちょう
応永1(1394)年～応仁1(1467)年10月25日
室町時代の日蓮宗の僧。
¶国書

**日朝(3)** にっちょう
応永29(1422)年～明応9(1500)年6月25日
室町時代～戦国時代の日蓮宗の僧。身延山第11世の貫主。
¶朝日([没]明応9年6月25日(1500年7月21日))，伊豆，神奈川人([生]1421年)，鎌倉，鎌倉新，鎌室，国史，国書([生]応永29(1422)年1月5日)，古中，コン改，コン4，コン5，史人，静岡歴，新潮，人名，姓氏神奈川([生]1421年)，姓氏静岡，世人，戦辞([没]明応9年6月25日(1500年7月21日))，全書，戦人，大百，長野歴([生]応永22(1415)年)，日人，仏教，仏史，仏人，町田歴([生]応永29(1422)年9月20日)，山梨百

**日潮** にっちょう
*～寛延1(1748)年9月20日
江戸時代中期の日蓮宗の僧。身延山久遠寺第36世。
¶朝日([生]延宝2(1674)年　[没]寛延1年9月20日(1748年10月12日))，国書([生]延宝2(1674)年12月18日)，コン改([生]延宝7(1679)年)，コン4([生]延宝7(1679)年)，コン5([生]延宝7(1679)年)，新潮([生]延宝7(1679)年)，日人([生]1675年)，仏教([生]延宝2(1674)年)，仏人([生]1674年)，宮城百([生]延宝2(1674)年)

**日聴** にっちょう
寛文11(1671)年～元文3(1738)年11月23日
江戸時代前期～中期の日蓮宗の僧。
¶国書

**日調** にっちょう
正長元(1428)年～文亀元(1501)年
室町時代～戦国時代の日蓮宗の僧。
¶伊豆，国書([没]文亀1(1501)年10月8日)，静岡歴，戦辞，戦房総，仏教([没]文亀1(1501)年10月8日)

**日長(1)** にっちょう
生没年不詳
鎌倉時代の日蓮宗の僧。
¶仏教

**日長(2)** にっちょう
？ ～慶長16(1611)年5月13日
安土桃山時代～江戸時代前期の日蓮宗の僧。
¶仏教

**日長(3)** にっちょう
生没年不詳

江戸時代の日蓮宗の僧。
¶仏教

**日長(4)　にっちょう**
寛文10(1670)年～享保13(1728)年12月6日
江戸時代前期～中期の日蓮宗の僧。
¶国書

**日長(5)　にっちょう**
明暦1(1655)年～享保16(1731)年1月23日
江戸時代前期～中期の日蓮宗の僧。
¶岡山歴

**日長(6)　にっちょう**
享保11(1726)年～文化6(1809)年5月25日
江戸時代中期～後期の日蓮宗の僧。
¶国書



**日頂　にっちょう**
建長4(1252)年～文保1(1317)年　[別]伊予阿闍梨(いよあじゃり)
鎌倉時代後期の日蓮宗の僧。六老僧の一人。
¶朝日([没]文保1年3月8日(1317年4月19日)), 鎌室, 国史, 国書([没]文保1(1317)年3月8日), 古中, コン改([生]?), コン4([生]?), コン5([生]?), 史人([没]1317年3月8日), 新潮([没]文保1(1317)年3月8日), 人名, 世人, 全書, 大百, 日人, 仏教([没]文保1(1317)年8月10日, (異説)嘉暦3(1328)年8月10日), 仏史, 仏人, 名僧, 山梨百([没]嘉暦3(1328)年8月10日)

**日迢　にっちょう**
慶長1(1596)年～万治2(1659)年　[別]真超(しんちょう),真迢(しんちょう)
江戸時代前期の天台宗の僧。
¶朝日(真超　しんちょう　[没]万治2年11月2日(1659年12月15日)), 近世(真迢　しんちょう), 国史(真迢　しんちょう), 国書(真迢　しんちょう　[没]万治2(1659)年11月2日), コン改(真超　しんちょう　[生]?), コン4(真超　しんちょう　[生]?), コン5(真迢　しんちょう　[生]?), 思想史(真迢　しんちょう), 新潮(真超　しんちょう　[生]?　[没]万治2(1659)年11月2日), 人名(真超　しんちょう　[生]?), 戦人, 日人(真迢　しんちょう), 仏史(真迢　しんちょう)

**日琱栄運　にっちょうえいうん**
貞享2(1685)年～元文4(1739)年
江戸時代前期～中期の僧。法華寺11世。
¶姓氏岩手

**日珍　にっちん**
生没年不詳
南北朝時代の日蓮宗の僧。越中に本叡寺を開創。
¶富山百, 仏教

**日鎮　にっちん**
?　～弘化3(1846)年5月21日
江戸時代後期の日蓮宗の僧。
¶国書

**日陳　にっちん**
延宝7(1679)年～寛保3(1743)年9月24日
江戸時代前期～中期の日蓮宗の僧。
¶国書

**日通(1)　にっつう**
天文20(1551)年～慶長13(1608)年1月16日
安土桃山時代～江戸時代前期の日蓮宗の僧。
¶国書, 戦人, 茶道([生]1555年　[没]1613年), 仏教

**日通(2)　にっつう**
慶長19(1614)年～延宝7(1679)年2月11日
江戸時代前期の日蓮宗の僧。
¶国書, 仏教

**日通(3)　にっつう**
元禄15(1702)年閏8月26日～安永5(1776)年7月3日
江戸時代中期の日蓮宗の僧。
¶国書, 仏教

**日通(4)　にっつう**
?　～寛政4(1792)年?
江戸時代中期～後期の日蓮宗の僧。
¶国書

**日通(5)　にっつう**
生没年不詳
江戸時代後期の日蓮宗の僧。
¶国書

**日通尼　にっつうに**
承応2(1653)年～寛文12(1672)年7月17日
江戸時代前期の日蓮宗の尼僧。
¶仏教

**日貞(1)　にってい**
?　～正平24/応安2(1369)年9月13日
南北朝時代の日蓮宗の僧。
¶仏教

**日貞(2)　にってい**
生没年不詳
江戸時代前期の日蓮宗の僧。
¶仏教

**日貞(3)　にってい**
?　～正徳2(1712)年11月5日
江戸時代前期～中期の日蓮宗の僧。
¶国書, 仏教

**日貞(4)　にってい**
元禄11(1698)年～明和1(1764)年10月14日
江戸時代中期の日蓮宗の僧。
¶国書

**日底　にってい**
明和3(1766)年～文政1(1818)年10月17日
江戸時代中期～後期の日蓮宗の僧。
¶国書

**日庭　にってい**
元和9(1623)年～元禄5(1692)年10月21日

江戸時代前期〜中期の日蓮宗不受不施派の僧侶。
¶岡山歴

**日廷(1)** にってい
慶長18(1613)年〜貞享1(1684)年9月9日
江戸時代前期の日蓮宗の僧。
¶仏教

**日廷(2)** にってい
元和2(1616)年〜元禄3(1690)年8月20日
江戸時代前期の日蓮宗の僧。
¶仏教

**日禎** にってい
文政2(1819)年〜明治26(1893)年6月11日
江戸時代末期〜明治期の僧侶。日蓮宗第3代管長。京都本山明覚寺53世、京都大本山本圀寺45世などを歴任。
¶幕末，幕末大

**日逞(1)** にってい
？ 〜元禄4(1691)年5月1日
江戸時代前期〜中期の日蓮宗の僧。
¶国書

**日逞(2)** にってい
？ 〜元禄5(1692)年10月12日
江戸時代前期〜中期の日蓮宗の僧。
¶国書

**日逞(3)** にってい
元文5(1740)年〜天保1(1830)年
江戸時代中期〜後期の日蓮宗の僧。久遠寺55世。
¶新潟百

**日貞尼** にっていに
？ 〜天授4/永和4(1378)年
南北朝時代の日蓮宗の信者。佐倉城主千葉大隅守貞胤の妻。
¶朝日([没]永和4/天授4年7月20日(1378年8月13日))，日人，仏教([没]永和4/天授4(1378)年7月20日)

**日典(1)** にってん
応永8(1401)年〜寛正4(1463)年
室町時代の法華宗の僧。
¶薩摩([生]？)，姓氏鹿児島([生]1400年)，日人，仏教([没]寛正4(1463)年4月21日)

**日典(2)** にってん
→日典(1)(にちでん)

**日奠** にってん
慶長6(1601)年〜寛文7(1667)年10月23日 [別]日奠(にちでん)
江戸時代前期の日蓮宗の僧。
¶国書(にちでん)，姓氏石川([生]？)，戦人(にちでん)，日人(にちでん)，仏教(にちでん)

**日登** にっとう
永禄8(1565)年〜寛永2(1625)年9月10日
安土桃山時代〜江戸時代前期の日蓮宗の僧。
¶仏教

**日塔** にっとう
宝永6(1709)年〜安永5(1776)年4月4日
江戸時代中期の日蓮宗の僧。
¶国書

**日東(1)** にっとう
天正9(1581)年〜慶安1(1648)年11月22日
江戸時代前期の日蓮宗の僧。
¶国書，仏教

**日東(2)** にっとう
慶長11(1606)年〜元禄3(1690)年4月23日
江戸時代前期〜中期の日蓮宗の僧。
¶国書

**日東(3)** にっとう
享保10(1725)年〜天明4(1784)年4月15日
江戸時代中期の日蓮宗の僧。
¶国書

**日東(4)** にっとう
延享4(1747)年〜文政7(1824)年閏8月21日
江戸時代中期〜後期の日蓮宗の僧。
¶国書

**日棟** にっとう
享保13(1728)年〜寛政12(1800)年2月26日
江戸時代中期の日蓮宗僧侶。
¶埼玉人

**日灯** にっとう
寛永19(1642)年〜享保2(1717)年9月12日
江戸時代前期〜中期の日蓮宗の僧。
¶国書([生]寛永19(1642)年7月)，仏教，仏人

**日等** にっとう
慶安4(1651)年〜享保18(1733)年12月2日
江戸時代前期〜中期の日蓮宗の僧。
¶仏教

**日答(1)** にっとう
延宝6(1678)年〜寛延3(1750)年8月15日
江戸時代前期〜中期の日蓮宗の僧。
¶国書

**日答(2)** にっとう
寛政6(1794)年〜嘉永4(1851)年1月15日
江戸時代後期の日蓮宗の僧。
¶国書

**日統(1)** にっとう
？ 〜天正7(1579)年3月7日
戦国時代〜安土桃山時代の日蓮宗の僧。
¶国書，戦人

**日統(2)** にっとう
寛永7(1630)年〜延宝5(1677)年4月1日
江戸時代前期の日蓮宗の僧。
¶国書

**日藤** にっとう
？ 〜天正10(1582)年
戦国時代〜安土桃山時代の僧。伊那郡高遠の荊口弘妙寺第9世。

¶長野歴

**日透(1)** にっとう
承応2 (1653) 年～享保2 (1717) 年3月26日
江戸時代前期～中期の日蓮宗の僧。
¶国書, 日人, 仏教, 仏人

**日透(2)** にっとう
？ ～寛政3 (1791) 年8月7日
江戸時代中期～後期の日蓮宗の僧。
¶国書

**日陶** にっとう
？ ～享保1 (1716) 年
江戸時代前期～中期の日蓮宗の僧。
¶姓氏石川

**日騰** にっとう
文化5 (1808) 年～安政2 (1855) 年10月2日
江戸時代後期～末期の日蓮宗の僧。
¶国書

**日嶝** にっとう
永禄12 (1569) 年～慶安3 (1650) 年6月22日
安土桃山時代～江戸時代前期の日蓮宗の僧。
¶仏教

**日濤** にっとう
？ ～文政8 (1825) 年6月29日
江戸時代中期～後期の日蓮宗の僧。
¶国書

**日東韶春** にっとうしょうしゅん
生没年不詳
室町時代の曹洞宗の僧。総持寺47世。
¶国書, 姓氏石川, 日人, 仏教

**日東祖旭** にっとうそぎょく
？ ～応永20 (1413) 年4月5日
南北朝時代～室町時代の臨済宗の僧。
¶仏教

**日得(1)** にっとく
文治5 (1189) 年～弘安2 (1279) 年
鎌倉時代前期の日蓮宗の僧、佐渡妙宣寺の開山。
¶人名, 新潟百

**日得(2)** にっとく
？ ～元和5 (1619) 年4月29日
安土桃山時代～江戸時代前期の日蓮宗の僧。
¶仏教

**日徳(1)** にっとく
？ ～正中2 (1325) 年12月12日
鎌倉時代後期の日蓮宗の僧。
¶埼玉人, 仏教

**日徳(2)** にっとく
寛永1 (1624) 年～寛文9 (1669) 年1月16日
江戸時代前期の日蓮宗の僧。
¶国書, 仏教

**日範** にっぱん
→日範 (にちはん)

**日富(1)** にっぷ
延宝8 (1680) 年～寛延2 (1749) 年7月30日
江戸時代前期～中期の日蓮宗の僧。
¶国書

**日富(2)** にっぷ
安永7 (1778) 年～天保11 (1840) 年4月8日
江戸時代中期～後期の日蓮宗の僧。
¶国書

**日富〈神奈川県〉** にっぷ
～明暦2 (1655) 年
江戸時代前期の女性。宗教。久良岐郡笹下領主で旗本間宮新左衛門直元の妻。
¶江表 (日富 (神奈川県))

**日福** にっぷく
延宝7 (1679) 年～宝暦3 (1753) 年
江戸時代中期の日蓮宗の僧。
¶京都府

**日逢(1)** にっぽう
？ ～享保4 (1719) 年5月25日
江戸時代前期～中期の日蓮宗の僧。駿河感応寺21世。
¶国書

**日逢(2)** にっぽう
？ ～享保4 (1719) 年5月24日
江戸時代前期～中期の日蓮宗の僧。下総松崎檀林21世。
¶国書

**日逢(3)** にっぽう
？ ～天明6 (1786) 年8月28日
江戸時代中期の日蓮宗の僧。
¶国書

**日峰(1)** にっぽう
宝暦9 (1759) 年～天保2 (1831) 年12月23日
江戸時代中期～後期の日蓮宗の僧。
¶国書

**日峰(2)** にっぽう
生没年不詳
江戸時代後期の日蓮宗の僧。
¶国書

**日方** にっぽう
慶長17 (1612) 年～延宝9 (1681) 年9月20日
江戸時代前期の日蓮宗の僧。
¶仏教

**日法** にっぽう
正元1 (1259) 年～興国2/暦応4 (1341) 年1月5日
㊊日法 (にちほう), 和泉阿闍梨 (いずみあじゃり)
鎌倉時代後期の日蓮宗の僧。日蓮の弟子、甲斐立正寺開山。
¶国史, 国書, 古中, 人名 (にちほう ㊤1252年), 日人, 仏教, 仏史

**日芳(1)** にっぽう
文明4 (1472) 年～天文3 (1534) 年10月1日

戦国時代の日蓮宗の僧。
¶国書，仏教

**日芳(2)　にっぽう**
？　～寛永17(1640)年1月6日
安土桃山時代～江戸時代前期の日蓮宗の僧。
¶国書

**日芳(3)　にっぽう**
元和6(1620)年～寛文10(1670)年7月15日
江戸時代前期の日蓮宗の僧。
¶仏教

**日芳(4)　にっぽう**
貞享4(1687)年～寛保3(1743)年10月11日
江戸時代前期～中期の日蓮宗の僧。
¶国書

**日芳(5)　にっぽう**
？　～寛延2(1749)年7月13日
江戸時代中期の日蓮宗の僧。
¶国書

**日褒　にっぽう**
元文5(1740)年～文政7(1824)年
江戸時代後期の僧。
¶岡山人

**日豊(1)　にっぽう**
慶長5(1600)年8月11日～寛文9(1669)年6月15日
江戸時代前期の日蓮宗の僧。
¶国書，仏教

**日豊(2)　にっぽう**
？　～寛文3(1663)年
江戸時代前期の日蓮宗の僧。
¶姓氏石川

**日鳳　にっぽう**
？　～*
安土桃山時代～江戸時代前期の日蓮宗の僧。
¶岡山歴(没寛永6(1629)年7月5日)，仏教(没元和3(1617)年7月20日)

**日鵬　にっぽう**
生没年不詳
江戸時代末期～明治期の日蓮宗の僧。
¶国書

**日苞　にっぽう**
？　～慶長14(1609)年
安土桃山時代～江戸時代前期の僧侶。
¶伊豆(生？)，静岡歴，姓氏静岡

**日峰伊鯨　にっぽういげい**
？　～天正9(1581)年9月21日
安土桃山時代～江戸時代前期の曹洞宗の僧。
¶埼玉人，仏教

**日峰宗舜**(日峯宗舜)　**にっぽうそうしゅん**
正平23/応安1(1368)年～文安5(1448)年1月26日
別宗俊(しゅうしゅん)，宗舜(そうしゅん)
南北朝時代～室町時代の臨済宗の僧。無因宗因に参じた。
¶朝日(没文安5年1月26日(1448年3月1日))，鎌室，国史(日峯宗舜)，国書，古中，コン改(生正平24/応安2(1369)年)，コン4，コン5，史人，新潮，人名(生1369年)，世人(生正平24/応安2(1369)年)，全書，大百，日史，日人，百科，仏教，仏史(日峯宗舜)，仏人(宗俊しゅうしゅん)

**日峰文朝　にっぽうぶんちょう**
生没年不詳　別日峰文朝(にっぽうもんちょう)
室町時代～戦国時代の曹洞宗の僧。
¶日人(にっぽうもんちょう)，仏教

**日峰文朝　にっぽうもんちょう**
→日峰文朝(にっぽうぶんちょう)

に

**新渡戸姫岳　にとべきがく**
*～文政6(1823)年4月5日
江戸時代後期の俳人。
¶岩手人(生1760年)，姓氏岩手(生1760年？)

**新渡戸涼恵　にとべすずえ**
平成期の歌手、神官。
¶テレ

**蜷川竜夫　にながわたつお**
明治9(1876)年11月15日～昭和16(1941)年12月17日
明治～昭和期の宗教家・教育者。
¶世紀，姓氏富山(没1942年)，富山百，日人

**二宮巌橿　にのみやがんきょう★**
天保3(1832)年8月17日～
江戸時代後期～明治期の熱田神宮主典、神宮皇學館教頭。
¶三重続

**二宮邦次郎　にのみやくにじろう**
万延1(1860)年1月2日～大正15(1926)年9月7日
明治～大正期の宣教師、女子教育家。
¶愛媛，愛媛百，学校，明大1

**二之宮民部　にのみやみんぶ**
生没年不詳
明治期の淘綾郡生沢村八坂大神社神主。
¶神奈川人

**二宮守恒　にのみやもりつね**
寛保3(1743)年～文政4(1821)年
江戸時代後期の神職・国学者。
¶国書(生没年不詳)，姓氏愛知

**二橋包恭　にはしかねやす**
嘉永5(1852)年7月23日～昭和4(1929)年1月24日
江戸時代末期～昭和期の弓道家、役場吏員、神職。
¶弓道

**新納立夫　にひろたてお**
→新納立夫(にいろたつお)

**新納美庫　にひろみくら**
～明治18(1885)年
江戸時代後期～明治期の神職。
¶神人

**日保　にほ**
正嘉2（1258）年7月1日～興国1/暦応3（1340）年4月12日
鎌倉時代後期～南北朝時代の日蓮宗の僧。
¶仏教

**仁本正恵　にもとしょうえ**
明治34（1901）年～昭和52（1977）年
大正～昭和期の僧。真宗本願寺派明耀山光行寺3世住職。
¶青森人

**若王子遠文　にゃくおうじふかあや★**
文政11（1828）年7月17日～明治31（1898）年2月10日
江戸時代後期～明治期の貴族院議員、聖護院院家若王子住職。
¶男爵



**入阿　にゅうあ**
正治1（1199）年～弘安4（1281）年
鎌倉時代前期の浄土宗の僧。
¶国書（没弘安4（1281）年10月2日），仏教（没弘安4（1281）年10月2日，（異説）弘安8（1285）年10月2日）

**入円　にゅうえん**
生没年不詳
平安時代中期の仏師。
¶古人，仏教，平史

**柔遠　にゅうおん**
寛保2（1742）年～寛政10（1798）年2月1日
江戸時代中期の浄土真宗の僧。
¶国書，人名，姓氏富山，日人，仏教，仏人

**入玄　にゅうげん**
元和7（1621）年～延宝2（1674）年7月12日
江戸時代前期の浄土宗の僧。
¶仏教

**入信(1)　にゅうしん**
生没年不詳
鎌倉時代の浄土真宗の僧。
¶仏教

**入信(2)　にゅうしん**
？　～建長3（1251）年3月25日
鎌倉時代の浄土真宗の僧。
¶仏教

**柔仲宗隆　にゅうちゅうそうりゅう**
生没年不詳　別柔仲宗隆（じゅうちゅうそうりゅう）
室町時代の臨済宗の僧。大徳寺44世。
¶日人（じゅうちゅうそうりゅう），仏教

**如意　にょい**
→如意尼（にょいに）

**如一(1)　にょいち**
弘長2（1262）年～元亨1（1321）年3月6日　別如空（にょくう）
鎌倉時代後期の浄土宗の僧。知恩院8世。
¶国史，国書（如空　にょくう），古中，日人，仏教，仏史，仏人

**如一(2)　にょいち**
→即非如一（そくひにょいち）

**如一　にょいつ**
→即非如一（そくひにょいち）

**如一尼　にょいつに**
生没年不詳
平安時代前期の尼僧。
¶日人

**如意尼　にょいに**
延暦22（803）年～承和2（835）年　別如意（にょい）
平安時代前期の女性。淳和天皇の妃。
¶朝日（没承和2年3月20日（835年4月21日）），コン改，コン4，コン5，女性（如意　にょい　没承和2（835）年3月20日），人名（没？），日人，仏教（没承和2（835）年3月20日）

**如雲尊海　にょうんそんかい**
→尊海(9)（そんかい）

**如円(1)　にょえん**
→如円尼(1)（にょえんに）

**如円(2)　にょえん**
→如円尼(2)（にょえんに）

**如円(3)　にょえん**
？　～正応5（1292）年
鎌倉時代後期の浄土宗の僧。
¶国書（生没年不詳），日人，仏教（没正応5（1292）年3月2日）

**如円尼(1)　にょえんに**
生没年不詳　別如円（にょえん）
平安時代前期の尼僧。
¶女性（如円　にょえん），日人

**如円尼(2)　にょえんに**
生没年不詳　別如円（にょえん）
鎌倉時代の律宗の尼僧。
¶朝日（如円　にょえん），日人

**如円尼(3)　にょえんに**
？　～寛正1（1460）年
室町時代の真宗の尼僧。本願寺7世存如の妻。
¶朝日，日人

**如海(1)　にょかい**
寛文12（1672）年～享保20（1735）年10月27日
江戸時代前期～中期の真言宗の僧。
¶国書

**如海(2)　にょかい**
？　～寛延2（1749）年
江戸時代中期の時宗の僧。
¶国書（没寛延2（1749）年1月28日），仏教

**如海**(3) **にょかい**
宝暦12(1762)年〜天保9(1838)年
江戸時代後期の浄土宗僧。平田極楽寺住職。
¶島根人，島根歴

**如覚** **にょかく**
建長2(1250)年3月7日〜応長1(1311)年5月19日
鎌倉時代後期の浄土真宗の僧。誠照寺3世。
¶郷土福井(生没年不詳)，福井百，仏教

**如環** **にょかん**
元禄8(1695)年〜宝暦11(1761)年
江戸時代中期の真言宗の僧。
¶国書

**如空** **にょくう**
→如一(1)(にょいち)

**如月** **にょげつ**
生没年不詳
南北朝時代以前の僧侶・歌人。
¶国書

**如幻**(1) **にょげん**
生没年不詳
平安時代後期〜鎌倉時代前期の華厳宗の僧。
¶日人，仏教

**如幻**(2) **にょげん**
寛永11(1634)年〜元禄7(1694)年11月26日
江戸時代前期の浄土真宗の僧。
¶国書，仏教

**如源** **にょげん**
貞元2(977)年？〜治安1(1021)年
平安時代中期の天台宗延暦寺僧。
¶古人，平史

**如幻宗悟** **にょげんそうご**
宝徳2(1450)年〜享禄3(1530)年
戦国時代の曹洞宗の僧。
¶人名(㊎1446年)，日人，仏教(㊍享禄3(1530)年5月26日)

**如幻夢庵** **にょげんむあん**
万治3(1660)年〜元文4(1739)年8月20日
江戸時代前期〜中期の臨済宗の僧。
¶国書

**如光** **にょこう**
？〜応仁2(1468)年11月1日
室町時代の浄土真宗の僧。
¶姓氏愛知(㊎1417年)，戦辞，仏教(㊍応仁1(1467)年11月1日)

**如実** **にょじつ**
生没年不詳
鎌倉時代前期の真言宗の僧。
¶国書，仏教，密教(㊎1206年　㊍1266年以後)

**如実秀本** **にょじつしゅうほん**
寛永20(1643)年〜享保2(1717)年　㊞秀木(しゅうぼく)
江戸時代前期〜中期の曹洞宗の僧。
¶人名(秀木　しゅうぼく)，日人，仏教(㊍享保2(1717)年10月26日)

**如寂**(1) **にょじゃく**
生没年不詳
鎌倉時代前期の僧侶・歌人。
¶国書

**如寂**(2) **にょじゃく**
生没年不詳
鎌倉時代後期の真言声明仁和寺菩提院流の声明家。
¶国書，日音，仏教

**如周**(1) **にょしゅう**
？〜永正6(1509)年
戦国時代の浄土真宗の僧。
¶姓氏石川

**如周**(2) **にょしゅう**
文禄3(1594)年〜正保4(1647)年2月18日
江戸時代前期の律宗の僧。
¶仏教，仏人

**如宗了派** **にょじゅうりょうは**
？〜明和2(1765)年3月27日
江戸時代中期の曹洞宗の僧。
¶国書

**如春尼** **にょしゅんに**
天文13(1544)年〜慶長3(1598)年　㊞如春尼(じょしゅんに)
安土桃山時代の僧顕如の妻。転法輪三条公頼の3女。
¶朝日(㊍慶長3年1月16日(1598年2月21日))，姓氏京都(じょしゅんに　生没年不詳)，日人

**如蕉** **にょしょう**
天保5(1834)年〜明治31(1898)年
江戸時代後期の俳人、僧侶。
¶神奈川人

**如性** **にょしょう**
生没年不詳
鎌倉時代の法相宗の僧。
¶仏教

**如乗** **にょじょう**
応永18(1411)年〜寛正1(1460)年
室町時代の僧。端泉寺2世。
¶姓氏富山

**如浄** **にょじょう**
長寛1(1163)年〜安貞2(1228)年
平安時代後期〜鎌倉時代前期の禅師。
¶国書(生没年不詳)，人書94

**如信** **にょしん**
嘉禎1(1235)年〜正安2(1300)年
鎌倉時代後期の真宗の僧。本願寺2世。
¶朝日(㊍正安2年1月4日(1300年1月26日))，茨城百(㊎1239年)，茨城歴，鎌室，国史，国書(㊍正安2(1300)年1月4日)，古中，新潮(㊍正安2(1300)年1月4日)，人名(㊎1239年)，世人，日人，福島百，仏教(㊎延応1(1239)年

に

㊀正安2(1300)年1月4日)，仏史

**如心中恕** にょしんちゅうじょ
？ ～＊ ㊀如心中恕(じょしんちゅうじょ)
室町時代の臨済宗の僧。
¶国書(じょしんちゅうじょ　生没年不詳)，詩歌(じょしんちゅうじょ)，仏教(㊀応永26(1419)年？)，和俳(㊀応永26(1419)年？)

**如水宗淵** にょすいそうえん
→如水宗淵(じょすいそうえん)

**如晴** にょせい
慶安4(1651)年～享保7(1722)年2月11日
江戸時代前期～中期の浄土真宗の僧。
¶国書

**如是観** にょぜかん
？ ～天保3(1832)年11月8日
江戸時代後期の僧。真宗本誓寺13世。
¶秋田人2(㊀？)，国書，人名，日人

**如拙如巧** にょせつにょこう
？ ～貞享4(1687)年
江戸時代前期の黄檗宗の僧。
¶黄檗

**如雪文巌** にょせつぶんがん
→如雪文巌(じょせつぶんがん)

**如雪文巌** にょせつもんがん
→如雪文巌(じょせつぶんがん)

**如禅道人** にょぜんどうじん
明和7(1770)年1月21日～？
江戸時代中期～後期の浄土宗の僧。
¶国書

**如蔵** にょぞう
→如蔵尼(にょぞうに)

**如蔵尼** にょぞうに
㊀滝夜叉(たきやしゃ)，滝夜叉姫(たきやしゃひめ)，如蔵(にょぞう)
平安時代中期の女性。平将門の3女。
¶朝日(生没年不詳)，コン改(滝夜叉姫　たきやしゃひめ)，コン4(滝夜叉姫　たきやしゃひめ)，コン5(滝夜叉姫　たきやしゃひめ)，女性(如蔵　にょぞう　生没年不詳)，新潮(滝夜叉　たきやしゃ)，大百(滝夜叉姫　たきやしゃひめ)，日人(滝夜叉姫　たきやしゃひめ)，日人(生没年不詳)，仏教(生没年不詳)

**如大尼** にょだいに
生没年不詳
戦国時代の尼僧。
¶女性

**如大無著尼** にょだいむじゃくに
仁治3(1242)年～永仁6(1298)年11月28日
鎌倉時代後期の臨済宗の尼僧。
¶仏教

**如仲天誾** にょちゅうてんぎん
→如仲天誾(じょちゅうてんぎん)

**如導** にょどう
弘安7(1284)年～正平12/延文2(1357)年5月20日
鎌倉時代後期～南北朝時代の律宗の僧。
¶仏教

**如道**(如導) にょどう
建長5(1253)年～興国1/暦応3(1340)年8月11日
鎌倉時代後期～南北朝時代の真宗の僧。三門徒派始祖。
¶朝日(㊀暦応3/興国1年8月11日(1340年9月3日))，鎌室，郷土福井(㊀1260年)，国史，国書(㊀建長5(1253)年4月8日)，古中，新潮，人名，日人，福井百(㊀文応1(1260)年ごろ)，仏教(㊀建長5(1253)年4月8日)，仏史，仏人(如導)，歴大(如導)

**如日** にょにち
寛延3(1750)年～文化9(1812)年9月15日　㊀空阿(くうあ)，遅月庵空阿(ちげつあんくうあ)
江戸時代中期～後期の真言宗の僧、俳人。
¶岡山人，岡山歴，国書(空阿　くうあ　㊀寛延3(1750)年5月)，日人(遅月庵空阿　ちげつあんくうあ)，仏教

**如々** にょにょ
～文久2(1862)年
江戸時代後期の俳人、僧侶。
¶神奈川人

**如宝** にょほう
？ ～弘仁6(815)年
平安時代前期の律宗の渡来僧。優婆塞として鑑真に従事。
¶朝日(㊀弘仁6年1月7日(815年2月19日))，国史，国書(生没年不詳)，古史(㊀726年)，古人(㊀726年)，古代，古代普(㊀？)，古中，コン改(㊀弘仁6(815)年，(異説)814年)，コン4(㊀弘仁6(815)年，(異説)814年)，コン5(㊀弘仁6(815年，814)年)，史人(㊀815年1月7日)，人名(㊀814年)，対外(㊀？)，日人，仏教(㊀弘仁5(814)年5月，(異説)弘仁6(815)年1月7日)，仏史，平史(㊀726年)

**如法** にょほう
？ ～弘和2/永徳2(1382)年8月10日
南北朝時代の浄土宗の僧。金戒光明寺8世。
¶仏教

**如無** にょむ
貞観9(867)年～天慶1(938)年8月10日
平安時代中期の法相宗の僧。
¶古人，コン改，コン4，コン5，諸系，新潮，人名，日人，仏教，平史

**如雄** にょゆう
生没年不詳
南北朝時代の僧侶・歌人。
¶国書

**如来尼** にょらいに
生没年不詳
平安時代後期～鎌倉時代前期の尼僧、医師。
¶日人

**汝霖良佐** にょりんりょうさ
→汝霖良佐(じょりんりょうさ)

**丹羽賢竜** にわけんりゅう
明治21(1888)年～昭和49(1974)年
大正～昭和期の宗教家。
¶姓氏愛知

**丹羽寂導** にわじゃくどう
文化9(1812)年～明治37(1904)年
江戸時代後期～明治期の僧。黒森山浄仙寺2世住職。
¶青森人

**丹羽ジャコベ** にわじゃこべ
天正7(1579)年～？　別ヤコブ丹羽(やこぶにわ)
安土桃山時代～江戸時代前期の日明混血のイエズス会修道士。
¶近世，国史，コン改(生没年不詳)，コン4(生没年不詳)，コン5，新潮，対外(没？)，日人(没1638年)

**丹羽清次郎** にわせいじろう
慶応1(1865)年9月3日～昭和32(1957)年3月7日
明治～昭和期の伝道者。日本YMCA総主事。
¶キリ，日Y

**庭野日敬** にわのにっきょう
明治39(1906)年11月15日～平成11(1999)年10月4日
昭和期の宗教家。立正佼成会会長。大日本立正佼成会を設立。戦後の佼成会批判を経て教義を確立。
¶現朝，現執1期，現執2期，現情，現人，現日，コン改，コン4，コン5，史人，新潮，世紀，世百新，全書，大百，日史，日人，日本，百科，平和，履歴，履歴2

**丹羽憲顕** にわのりあき
明治期の僧侶。
¶真宗

**日輪法翫** にわほうがん
明治～昭和期の僧侶。
¶真宗

**丹羽正義** にわまさよし
明治29(1896)年～
明治～昭和期の神道家。神宮皇学館教授。
¶神人

**庭山武正** にわやまたけまさ
*～大正7(1918)年12月11日
江戸時代後期～明治期の神職。
¶神人(生天保14(1843)年3月28日)，兵庫人(生？)

**丹羽与三郎** にわよさぶろう
天保11(1840)年～大正5(1916)年
明治～大正期の神職。
¶神人

**丹羽廉芳** にわれんぽう
明治38(1905)年～平成5(1993)年
昭和～平成期の宗教家。
¶伊豆，静岡歴，姓氏静岡

**任阿** にんあ
生没年不詳
江戸時代中期の浄土宗の僧。
¶国書

**忍阿** にんあ
天明7(1787)年～安政5(1858)年9月29日
江戸時代後期の浄土真宗の僧。
¶国書，仏教

**仁意** にんい
平安時代中期の仏師。
¶古人，美建，平史(生没年不詳)

に

**仁慧** にんえ
安元1(1175)年～宝治1(1247)年7月16日
鎌倉時代前期の真言宗の僧。
¶仏教

**仁英省輔** にんえいせいほ
？～天文6(1537)年2月9日
戦国時代の臨済宗の僧。
¶国書

**仁賀** にんが
生没年不詳
平安時代中期の天台宗の僧。
¶古人，仏教，平史

**忍海** にんかい
元禄9(1696)年～宝暦11(1761)年
江戸時代中期の浄土宗の僧。
¶国書(没宝暦11(1761)年6月17日)，人名，日人，仏教，名画

**仁海** にんがい，にんかい
天暦5(951)年～永承1(1046)年5月16日　別雨僧正(あめそうじょう)，小野僧正(おののそうじょう)
平安時代中期の真言宗の僧。小野流の祖。
¶朝日(没永承1年5月16日(1046年6月22日))，岩史，角史，国史，国書(生天暦8(954)年)，古人(にんかい　生954年)，古中，コン改(生天暦9(955)年)，コン4(生天暦9(955)年)，コン5(生天暦9(955)年)，史人，思想史，新潮(生天暦8(954)年頃)，人名，姓氏京都(生954年)，世人(にんかい)，世百(にんかい　生955年)，全書，大百(にんかい　生955年)，日史，日人，百科，仏教，仏史，仏人，平史(にんかい　生954年)，密教(生955年)，名画(にんかい　生953年)，歴大，和歌山人(にんかい　生？)

**忍鎧**(1) にんがい
寛文10(1670)年～宝暦2(1752)年12月17日
江戸時代前期～中期の僧侶・香道家。
¶国書

**忍鎧**(2) にんがい
延宝3(1675)年～延享4(1747)年
江戸時代前期～中期の天台宗の僧。

¶国書

**仁廓**(仁廓)　**にんかく**
寛政11(1799)年～天保6(1835)年5月21日
江戸時代後期の浄土真宗の僧。
¶国書(仁廓), 仏教

**仁覚**(1)　**にんかく**
寛徳2(1045)年～康和4(1102)年
平安時代中期～後期の天台宗の僧。
¶国書([没]康和4(1102)年3月28日), 古人, コン改, コン4, コン5, 諸系, 新潮([没]康和4(1102)年3月27日), 人名, 日人, 仏教([没]康和4(1102)年3月28日), 平史

**仁覚**(2)　**にんかく**
平安時代後期の仏師。
¶古人, 平史(生没年不詳)

に

**任覚**　**にんかく,にんがく**
天永1(1110)年～養和1(1181)年
平安時代後期の真言宗の僧。
¶鎌室, 国書(にんがく　[生]天仁1(1108)年 [没]治承5(1181)年2月12日), 古人, コン改, コン4, コン5, 新潮([没]養和1(1181)年2月11日), 日人(にんがく　[生]1108年,(異説)1110年), 仏教(にんがく　[生]天仁1(1108)年 [没]治承4(1181)年2月12日), 平史

**忍覚**　**にんがく**
宝暦11(1761)年～天保15(1844)年11月16日
江戸時代後期の真言宗の僧。
¶仏教

**仁覚**　**にんかん**
永保3(1083)年～永久2(1114)年3月23日?
平安時代後期の醍醐寺東院の僧。
¶密教([生]1083年以前)

**仁寛**　**にんかん**
生没年不詳
平安時代後期の真言宗の僧。立川流の始祖。
¶朝日, 伊豆, 岩史, 国史, 国書, 古人, 古中, コン4, コン5, 史人, 諸系, 新潮, 日人, 仏教, 仏史, 平史

**仁韓**　**にんかん**
生没年不詳
奈良時代の律宗の渡来僧。
¶仏教

**任寛**　**にんかん**
平安時代後期の僧、真言宗立川流の祖。
¶人名

**忍基**　**にんき,にんぎ**
奈良時代の僧。
¶古代(にんぎ), 古代普(にんぎ), 日人(生没年不詳), 仏教(生没年不詳)

**仁鏡**　**にんきょう**
生没年不詳
平安時代前期の浄土宗の法華持経者。
¶古人, 日人, 仏教, 平史

**仁慶**　**にんきょう**
生没年不詳　[別]仁慶(にんけい)
平安時代中期の天台宗の僧。
¶国書, 古人(にんけい), 仏教, 平史(にんけい)

**仁皎**　**にんきょう**
→仁皎(にんこう)

**忍向**　**にんきょう**
→月照(げっしょう)

**仁教**(1)　**にんぎょう**
平安時代前期の歌人・僧。
¶古人, 平史(生没年不詳)

**仁教**(2)　**にんぎょう**
→仁斅(にんこう)

**忍空**　**にんくう**
生没年不詳
鎌倉時代の律宗の僧。
¶国書, 仏教

**仁慶**　**にんけい**
→仁慶(にんきょう)

**忍継**　**にんけい**
生没年不詳
江戸時代後期の天台宗の僧。
¶国書

**任賢**(1)　**にんけん**
久寿2(1155)年? ～貞応2(1223)年
平安時代後期～鎌倉時代前期の僧。真言声明醍醐流の声明家。醍醐声明の祖師。
¶密教([没]1223年以後)

**任賢**(2)　**にんけん**
生没年不詳
鎌倉時代前期の石清水八幡宮寺三綱。
¶鎌室, 古人, 日音, 日人

**仁源**　**にんげん**
康平1(1058)年～天仁2(1109)年3月9日
平安時代後期の天台宗の僧。天台座主40世。
¶国書, 古人, 仏教([生]康平2(1059)年), 平史

**仁好**　**にんこう**
平安時代前期の天台宗僧。
¶古人, 平史(生没年不詳)

**仁孝**　**にんこう**
明和6(1769)年～天保11(1840)年
江戸時代後期の浄土宗の高僧、越前国運正寺21世。
¶長野歴

**仁康**　**にんこう**
生没年不詳
平安時代中期の祇陀林寺の僧。天台座主良源の弟子。
¶朝日, 古人, 日人, 仏教, 平史

**仁杲**　**にんこう**
生没年不詳
鎌倉時代の真言宗の僧・歌人。

¶国書

**仁皎** にんこう
貞観15(873)年～天徳3(959)年 別仁皎(にんきょう)
平安時代中期の真言宗の僧。醍醐寺7世。
¶古人(にんきょう 生?),日人,仏教(没天徳3(959)年11月23日),平史(にんきょう 生?)

**仁斅** にんこう
貞観17(875)年～天暦3(949)年 別仁教(にんぎょう)
平安時代中期の法相宗の僧。
¶国書(仁教 にんぎょう 没天暦3(949)年6月22日),古人,コン改(生没年不詳),コン4(生没年不詳),コン5,新潮(没天暦3(949)年6月22日),人名(生1112年 没1186年),日人,仏教(没天暦3(949)年6月2日),平史

**仁翺** にんこう
生没年不詳
南北朝時代以前の僧侶・連歌作者。
¶国書

**任口** にんこう
慶長11(1606)年～貞享3(1686)年4月13日 別西岸寺任口(さいがんじにんこう,せいがんじにんこう)
江戸時代前期の俳人。
¶国書,人書79(西岸寺任口 せいがんじにんこう),人名(生?),日人(西岸寺任口 さいがんじにんこう),俳諧(生?),俳句,俳文,和俳(生?)

**忍公**(1) にんこう
→善願(ぜんがん)

**忍公**(2) にんこう
文永2(1265)年11月7日～嘉暦1(1326)年8月10日
鎌倉時代後期の律宗の僧。極楽寺3世。
¶鎌倉新

**忍向** にんこう
→月照(げっしょう)

**仁豪** にんごう
永承6(1051)年～保安2(1121)年10月4日
平安時代後期の天台宗の僧。天台座主42世。
¶古人,仏教,平史

**仁谷智腆** にんこくちてん
～弘治2(1556)年9月21日
安土桃山時代の僧。萩原町の禅昌寺3世。竜泉寺中興開山で地蔵寺の開山。
¶飛騨

**仁悟法親王** にんごほうしんのう
文明14(1482)年～永正12(1515)年 別仁尊法親王(にんそんほうしんのう)
戦国時代の僧(円満院門主)。後土御門天皇の皇子。
¶人名,天皇(仁尊法親王 にんそんほうしんのう 生文明14(1482)年閏7月7日 没永正12(1515)年閏2月12日),日人

**仁厳** にんごん
永保2(1082)年～仁平2(1152)年8月29日
平安時代後期の真言宗の僧。
¶仏教

**仁済宗恕** にんさいそうじょ
生没年不詳
室町時代～戦国時代の臨済宗の僧。大徳寺62世。
¶仏教

**仁算** にんさん
平安時代前期の仏師。
¶古人,美建,平史(生没年不詳)

**仁実** にんじつ
寛治5(1091)年～天承1(1131)年
平安時代後期の天台宗の僧。天台座主45世。
¶古人,コン改,コン4,コン5,人名(生1090年),日人,仏教(没天承1(1131)年6月8日),平史

に

**忍室文勝** にんしつぶんしょう
? ～弘治2(1556)年 別忍室文勝(にんしつもんしょう)
戦国時代の曹洞宗の僧。
¶姓氏鹿児島,日人(にんしつもんしょう),仏教(没弘治2(1556)年11月28日)

**忍室文勝** にんしつもんしょう
→忍室文勝(にんしつぶんしょう)

**任守** にんしゅ
生没年不詳
鎌倉時代の天台宗の僧。
¶国書

**仁秀**(1) にんしゅう
? ～大同3(808)年 別仁秀(じんしゅう)
奈良時代～平安時代前期の僧。
¶愛媛(じんしゅう 生?),古人(生?),古代,古代普(生?),日人,仏教(没大同3(808)年3月),平史

**仁秀**(2) にんしゅう
生没年不詳
戦国時代の天台宗の僧。
¶国書

**忍州** にんしゅう
文化10(1813)年～明治4(1871)年9月29日
江戸時代末期～明治期の真宗高田派学僧。講師。
¶真宗,仏教

**忍袖** にんしゅう
生没年不詳
江戸時代中期～後期の天台宗の僧。
¶国書

**仁岫宗寿** にんしゅうそうじゅ
生没年不詳 別仁岫宗寿(じんしゅそうじゅ)
戦国時代の臨済宗の僧。妙心寺27世。
¶郷土岐阜(じんしゅそうじゅ 没1551年),国書,仏教

**仁俊** にんしゅん
生没年不詳
平安時代後期の天台宗の僧・歌人。
¶国書，古人，平史

**忍舜** にんしゅん
生没年不詳
江戸時代前期の天台宗の僧。
¶国書

**任助** にんじょ
大永5(1525)年7月22日～天正12(1584)年11月29日　㊊任助親王(にんじょしんのう)，任助入道親王(にんじょにゅうどうしんのう)，任助法親王(にんじょほうしんのう)，厳島御室(いつくしまおむろ)
戦国時代～安土桃山時代の真言宗の僧。仁和寺20世。
¶国書(任助親王　にんじょしんのう)，人名(任助法親王　にんじょほうしんのう)，日人(任助入道親王　にんじょにゅうどうしんのう)，仏教

に

**仁昭** にんしょう
生没年不詳
平安時代後期の僧侶・歌人。
¶国書，古人，平史

**仁証** にんしょう
承暦3(1079)年～長承3(1134)年
平安時代後期の天台宗園城寺の僧。
¶古人，平史

**仁性** にんしょう
久安2(1146)年～？　㊊仁性(にんせい)
平安時代後期の真言宗の僧。
¶国書(にんせい)，仏教(生没年不詳)

**仁聖** にんしょう
生没年不詳
鎌倉時代前期以降の天台宗の僧。
¶国書

**任証**(仁証) にんしょう
永久1(1113)年～文治5(1189)年6月25日
平安時代後期の真言宗の僧。
¶古人(仁証)，仏教，平史(仁証)

**忍性**(1) にんしょう
生没年不詳
鎌倉時代の真言律宗の僧。
¶仏教

**忍性**(2) にんしょう
建保5(1217)年7月16日～乾元2(1303)年7月12日
㊊良観(りょうかん)
鎌倉時代後期の僧。鎌倉極楽寺の開山長老。
¶朝日(㊤建保5年7月16日(1217年8月19日)　㊦嘉元1年7月12日(1303年8月25日))，茨城歴，岩史，大阪人，角史，神奈川人，鎌倉，鎌倉新，鎌古，鎌室，郷土奈良，国史，国書，古中，コン改，コン4，コン5，史人，思想史，重要，人書94，新潮，人名，精医，世人，世百，全書，大百，茶道，中世，伝記，日思(㊦乾元1(1302)年)，日史，日人，百科，兵庫百，仏教，仏史，仏人，平日(㊤1217　㊦1303)，名僧，山川小，歴大

**仁上** にんじょう
生没年不詳
平安時代後期の僧侶・歌人。
¶国書，古人，平史

**仁如集堯** にんじょしゅうぎょう
文明15(1483)年～天正2(1574)年7月28日　㊊仁如集堯(じんにょしゅうぎょう，にんにょしゅうぎょう)，集堯(しゅうぎょう)
戦国時代の臨済宗一山派の僧。鹿苑院塔主職。
¶国史，国書(じんにょしゅうぎょう)，古中，思想史，新潮，人名，世人，茶道，長野百，長野歴(にんにょしゅうぎょう)，日人，兵庫百，仏教，仏史

**任助親王** にんじょしんのう
→任助(にんじょ)

**任助入道親王** にんじょにゅうどうしんのう
→任助(にんじょ)

**任助法親王** にんじょほうしんのう
→任助(にんじょ)

**忍随** にんずい
生没年不詳
江戸時代後期の天台宗の僧。
¶国書

**仁済** にんせい
？～元久1(1204)年6月8日
平安時代後期～鎌倉時代前期の真言宗の僧。
¶国書，日人，仏教

**仁性** にんせい
→仁性(にんしょう)

**任清** にんせい
嘉承1(1106)年～仁平1(1151)年
平安時代後期の社僧。
¶古人，日人，平史

**任誓** にんせい
*～享保9(1724)年
江戸時代前期～中期の浄土真宗の僧。
¶石川百(㊤1657年？)，国書(㊤万治1(1658)年)，姓氏石川(㊤1657年)

**忍性** にんせい
～天正16(1588)年
安土桃山時代の僧。
¶高知人(生没年不詳)，高知百，戦西，戦人(生没年不詳)

**仁暹**(任暹) にんせん
長保2(1000)年～治暦3(1067)年
平安時代中期～後期の僧。源長経の子。
¶古人，平史(任暹)

**仁然** にんぜん
暦仁1(1238)年～文保2(1318)年7月28日
鎌倉時代後期の真言宗の僧。
¶国書，仏教

**忍善** にんぜん
生没年不詳
江戸時代後期の天台宗の僧。
¶国書

**忍仙如慧** にんせんにょけい
宝暦7(1757)年～文政4(1821)年1月27日
江戸時代中期～後期の黄檗宗の僧。
¶黄檗，国書

**仁宗** にんそう
生没年不詳
平安時代中期の興福寺の僧、宿曜師。
¶岩史，国史，古人，古中，コン4，コン5，史人，日人(㊐945年？)，仏史，歴大

**仁操** にんそう
？ ～仁平3(1153)年
平安時代後期の天台僧。
¶古人(㊐？)，平史

**忍宗** にんそう
生没年不詳
鎌倉時代後期の天台宗の僧。
¶国書

**仁増** にんぞう
平安時代後期の仏師。
¶古人，美建，平史(生没年不詳)

**仁叟浄煕** にんそうじょうき
？ ～正平19/貞治3(1364)年　[別]浄煕(じょうき)
南北朝時代の曹洞宗の僧。
¶人名(浄煕　じょうき)，日人，仏教(㊀貞治3/正平19(1364)年10月18日)

**仁尊法親王** にんそんほうしんのう
→仁悟法親王(にんごほうしんのう)

**忍達** にんたつ
元禄6(1693)年～安永9(1780)年7月6日
江戸時代中期の天台宗の僧。
¶国書

**仁忠** にんちゅう
生没年不詳
平安時代前期の天台宗の僧。最澄の弟子。
¶国史，国書，古人，古中，日人，仏史，平史

**仁忠良義** にんちゅうりょうぎ
～大永4(1524)年
室町時代の禅僧。
¶神奈川人

**仁澄(1)** にんちょう
生没年不詳
鎌倉時代後期の天台宗の僧。征夷大将軍惟康親王の王子。
¶鎌室，国書，人名，仏教

**仁澄(2)** にんちょう
？ ～文保2(1318)年
鎌倉時代後期の僧、歌人。
¶国書，日人

**仁朝** にんちょう
生没年不詳
平安時代前期の僧侶。
¶国書

**忍澂**(忍徴) にんちょう
正保2(1645)年1月8日～正徳1(1711)年11月10日
[別]信阿(しんあ)
江戸時代前期～中期の浄土宗学僧。法然院万無寺開山。
¶近世，国史，国書，思想史，人名(忍徴)，日音，日人，仏教，仏史，仏人

**仁統** にんとう
生没年不詳
平安時代中期の興福寺僧、宿曜師。
¶国史，古人，古中，史人，日人，仏史

**仁徳** にんとく
平安時代前期の天台宗の僧。
¶古人，古代，古代普，日人(生没年不詳)

**忍辱** にんにく
伝説上の英彦山の開山者。英彦山霊仙寺の第2世。
¶朝日，日人

**仁如集堯** にんにょしゅうぎょう
→仁如集堯(にんじょしゅうぎょう)

**忍然** にんねん
天保13(1842)年～明治38(1905)年3月14日
明治期の僧。
¶岡山人，岡山歴

**仁範** にんはん
？ ～天喜2(1054)年2月18日
平安時代中期～後期の天台宗の僧。
¶国書

**任弁** にんべん
生没年不詳
鎌倉時代前期以前の僧侶・歌人。
¶国書

**仁鳳** にんぽう
？ ～安政6(1859)年
江戸時代後期～末期の曹洞宗の僧。
¶姓氏石川

**仁峰元善** にんぽうげんぜん
万治1(1658)年～享保15(1730)年11月20日
江戸時代前期～中期の黄檗宗の僧。
¶黄檗，国書，仏教

**仁聞** にんもん
伝説上の僧。
¶国史，古中，日人(生没年不詳)，仏教，歴大(生没年不詳)

に

**人聞菩薩** にんもんぼさつ
生没年不詳
八幡神の応化といわれる伝説上の僧。
¶大分歴

**仁祐** にんゆう
生没年不詳
平安時代後期の天台宗の僧・歌人。
¶国書，古人，平史

**人誉** にんよ
？ ～元和4(1618)年8月6日
安土桃山時代～江戸時代前期の浄土宗の僧。
¶仏教

**仁誉** にんよ
平安時代中期の延暦寺僧。
¶古人，平史(生没年不詳)

ぬ

**忍誉** にんよ
生没年不詳
戦国時代の浄土宗僧。
¶戦辞

**仁耀**(仁燿) にんよう
養老6(722)年～延暦15(796)年
奈良時代～平安時代前期の東大寺の僧。
¶古人(仁燿)，古代，古代普，日人，仏教(㊐？ ㊍延暦15(796)年2月)，平史

**忍誉諦玄** にんよたいげん
寛政3(1791)年～嘉永6(1853)年9月25日
江戸時代後期の僧。高山市の大雄寺20世・香荘厳院1世。
¶飛騨

**仁隆** にんりゅう
天養1(1144)年～元久2(1205)年
平安時代後期～鎌倉時代前期の真言宗の僧。
¶国書(㊍元久2(1205)年1月7日)，古人，仏教(㊍元久2(1205)年1月9日)，平史

**忍了** にんりょう
？ ～延享2(1745)年4月27日
江戸時代中期の浄土宗の僧。
¶国書

**忍梁** にんりょう
生没年不詳
江戸時代後期の浄土真宗の僧。
¶国書

## 【ぬ】

**縫** ぬい
天正1(1573)年～寛永20(1643)年
安土桃山時代～江戸時代前期のキリシタン殉教者。
¶姓氏岩手

**額賀鹿之助** ぬかがかのすけ
明治12(1879)年9月12日～昭和16(1941)年9月6日
明治～昭和期の日本組合基督教会牧師。
¶キリ

**額賀大興** ぬかがひろおき
明治39(1906)年～平成2(1990)年
昭和期の日光東照宮宮司。
¶栃木歴

**額賀保羅** ぬかがぼうろ
大正6(1917)年～
昭和期の小学校教員、印刷業者。日本組合基督教会関係者。
¶社史，平和

**忽滑谷快天** ぬかりやかいてん
慶応3(1867)年12月1日～昭和9(1934)年7月11日
明治～大正期の仏教学者、宗教家。駒沢大学学長。曹洞宗大学長も務めた。著書に「禅学批判論」「禅の妙味」など。
¶コン改，コン5，埼玉人，昭人，新潮，人名，世紀，日人，仏教，仏人，明治史，明大1

**沼僧淳** ぬまそうじゅん
嘉永6(1853)年6月18日～昭和2(1927)年11月18日
江戸時代末期～昭和期の僧侶。
¶真宗

**沼田恵範** ぬまたえはん
明治30(1897)年4月12日～平成6(1994)年5月5日
昭和期の浄土真宗本願寺派の事業家、仏教聖典刊行者。
¶現情，真宗，創業

**沼野掃部** ぬまのかもん
生没年不詳
江戸時代後期の大住郡大山阿夫利神社祠官。
¶神奈川人

**沼法量**(1) ぬまほうりょう
→沼夜濤(ぬまやとう)

**沼法量**(2) ぬまほうりょう
明治12(1879)年～昭和28(1953)年6月27日
明治～昭和期の僧侶。
¶真宗

**沼夜濤** ぬまやとう
*～昭和28(1953)年6月27日 ㊙沼法量(ぬまほうりょう)，夜濤(やとう)
明治～昭和期の俳人。諷詠的で幅の広い素材を自在に詠みこなす。著書に「仏門句集」など。
¶近文(㊐1880年)，真宗(沼法量 ぬまほうりょう ㊐明治12(1879)年)，世紀(㊐明治13(1880)年4月15日)，俳諧(夜濤 やとう ㊐1881年)，俳句(夜濤 やとう)，俳文(㊐明治14(1881)年4月15日)

# 【ね】

**寧一山** ねいいっさん
→一山一寧（いっさんいちねい）

**寧山禅慧** ねいざんぜんね
安永1（1772）年～天保9（1838）年8月8日
江戸時代中期～後期の臨済宗の僧。
¶国書

**根岸権太夫** ねぎしごんだいう
生没年不詳
江戸時代後期の大住郡大山阿夫利神社祠官。
¶神奈川人

**然阿** ねんあ
→良忠(2)（りょうちゅう）

**念阿** ねんあ
保元2（1157）年～建長3（1251）年11月3日
鎌倉時代前期の浄土宗の僧。
¶国書（生没年不詳），仏教

**然阿良忠** ねんありょうちゅう
→良忠(2)（りょうちゅう）

**念海** ねんかい
？ ～文化9（1812）年8月15日
江戸時代後期の浄土宗の僧。
¶国書，仏教

**念覚** ねんかく
康保4（967）年～長元3（1030）年
平安時代中期の園城寺僧。
¶古人，平史

**拈橋** ねんきょう
生没年不詳
戦国時代の僧、景徳院開山。
¶山梨百

**拈橋倀因** ねんきょうちょういん
？ ～天正19（1591）年
安土桃山時代の曹洞宗の僧。
¶人名，武田（[生]永正3（1506）年　[没]天正19（1591）年10月15日），日人，仏教（[没]天正19（1591）年10月）

**念救** ねんぐ
平安時代後期の入宋僧。
¶高知人（生没年不詳），対外

**然空** ねんくう
→礼阿（らいあ）

**念光** ねんこう
天文16（1547）年～正保3（1646）年1月5日
安土桃山時代～江戸時代前期の浄土宗の僧。
¶神奈川人，仏教

**念西坊頼英** ねんさいぼうらいえい
？ ～
安土桃山時代の油川明行寺の僧侶。
¶青森人

**然室与廓** ねんしつよかく
永享12（1440）年～永正13（1516）年3月17日
室町時代～戦国時代の曹洞宗の僧。
¶仏教

**念秀** ねんしゅう
平安時代中期の東大寺僧。
¶古人，平史（生没年不詳）

**念照** ねんしょう
生没年不詳
平安時代後期の天台宗の僧。
¶仏教

**拈笑** ねんしょう
→拈笑宗英（ねんしょうそうえい）

**念成** ねんじょう
？ ～天保9（1838）年7月29日
江戸時代後期の浄土宗の僧。
¶国書，仏教

**拈笑宗英** ねんしょうそうえい
応永16（1409）年～文明14（1482）年10月17日
[別]拈笑（ねんしょう）
室町時代～戦国時代の曹洞宗の僧。総持寺234世。
¶武田，長野百，長野歴，仏教（[生]応永16（1409）年9月20日），山梨百（拈笑　ねんしょう）

**念信(1)** ねんしん
生没年不詳
鎌倉時代の浄土真宗の僧。
¶仏教

**念信(2)** ねんしん
？ ～寛元3（1245）年3月16日？
鎌倉時代前期の浄土真宗の僧。
¶仏教

**念潮** ねんちょう
貞享4（1687）年～宝暦9（1759）年10月25日
江戸時代中期の浄土宗の僧。
¶仏教

**然阿良忠** ねんなりょうちゅう
→良忠(2)（りょうちゅう）

**念範** ねんぱん
寛治2（1088）年～？
平安時代後期の真言宗の僧。
¶仏教

**念無** ねんむ
？ ～寛文3（1663）年
江戸時代前期の浄土宗の僧。
¶日人，仏教（[没]寛文3（1663）年8月15日）

**然誉(1)** ねんよ
？ ～天文3（1534）年6月27日

戦国時代の浄土宗の僧。
¶戦人，仏教

**然誉(2)　ねんよ**
？　～慶長13(1608)年8月4日
安土桃山時代の浄土宗の僧。
¶仏教

**然誉(3)　ねんよ**
→呑竜(どんりゅう)

**然誉(4)　ねんよ**
生没年不詳
安土桃山時代～江戸時代前期の浄土宗の僧。
¶仏教

## 【の】

**能阿　のうあ**
生没年不詳
鎌倉時代後期の僧侶・連歌作者。
¶国書

**能庵明鑑　のうあんみょうかん**
宝徳1(1449)年～大永3(1523)年7月16日
室町時代～戦国時代の曹洞宗の僧。
¶仏教

**能因　のういん**
永延2(988)年～＊　(別)能因法師(のういんほうし)
平安時代中期の歌人。中古三十六歌仙の一人。
¶古人(没1050年？)，コン5(生長徳4(998)年 没永承5(1050)年)，詩作(能因法師　のういんほうし　没？)，日文(能因法師　のういんほうし　没？)

**能因法師　のういんほうし**
→能因(のういん)

**能運　のううん**
生没年不詳
南北朝時代の天台宗の僧・歌人。
¶国書

**能恵(能得)　のうえ**
→能恵得業(のうえとくごう)

**能悦　のうえつ**
？　～寛永20(1643)年10月12日
江戸時代前期の浄土宗の僧。
¶仏教

**能恵得業　のうえとくごう**
？　～仁安4(1169)年　(別)能恵(のうえ)，能得(のうえ)
平安時代後期の僧。
¶鎌室(能得　のうえ)，コン改，コン4，コン5，人書94，新潮(能恵　のうえ　没嘉応1(1169)年11月)，人名，日人(能恵　のうえ)

**能円(1)　のうえん**
生没年不詳
平安時代後期の念仏僧。
¶仏教

**能円(2)　のうえん**
保延6(1140)年～正治1(1199)年
平安時代後期～鎌倉時代前期の天台宗の僧。平清盛に近侍。
¶朝日(没正治1年8月24日(1199年9月16日))，鎌室，古人，新潮，日人，平家，平史(生？)

**能円(3)　のうえん**
生没年不詳
鎌倉時代後期の僧侶・歌人。
¶国書

**能翁玄慧　のうおうげんえ**
？　～天授3/永和3(1377)年12月14日
南北朝時代の曹洞宗の僧。
¶仏教

**能海(1)　のうかい**
生没年不詳
鎌倉時代の真言宗の僧・歌人。
¶国書

**能海(2)　のうかい**
生没年不詳
戦国時代の天台宗の僧。
¶国書

**能覚　のうかく**
永久5(1117)年～養和2(1182)年5月12日
平安時代後期の真言声明真相応院流の祖。
¶国書，古人，日音，仏教，平史

**能閑　のうかん**
？　～元和6(1620)年
安土桃山時代～江戸時代前期の社僧・連歌作者。
¶国書

**能願　のうがん**
生没年不詳
真言宗の僧。
¶仏教

**能喜　のうき**
生没年不詳
鎌倉時代後期～南北朝時代の僧侶・歌人。
¶国書

**能慶　のうきょう**
大治2(1127)年～？　(別)能慶(のうけい)
平安時代後期の園城寺僧。
¶古人(のうけい　没？)，平史

**能金　のうきん**
？　～寛永20(1643)年8月22日
安土桃山時代～江戸時代前期の社僧・連歌作者。
¶国書

**能慶　のうけい**
→能慶(のうきょう)

**能賢** **のうけん**
生没年不詳
南北朝時代以前の僧侶・歌人。
¶国書

**能光瓦屋** **のうこうがおく**
平安時代中期の唐の碧雞坊(曹洞宗)の僧。
¶人名

**能札** **のうさつ**
？ ～元和8(1622)年
安土桃山時代～江戸時代前期の社僧・連歌作者。
¶国書，俳文

**能算** **のうさん**
？ ～嘉保1(1094)年
平安時代中期～後期の興福寺の僧、宿曜師。
¶国史，古人([生]？)，古中，史人([没]1094年6月27日)，日人，仏史，歴大

**能山聚芸** **のうざんしゅうげい**
→能山聚芸(のうざんしゅげい)

**能山聚芸** **のうざんしゅげい**
嘉吉2(1442)年～永正9(1512)年11月26日　[別]能山聚芸(のうざんしゅうげい)
室町時代～戦国時代の僧。
¶鎌室，人名(のうざんしゅうげい)，戦辞([没]永正9年11月26日(1513年1月3日))，日人([没]1513年)，仏教

**能舜**(1) **のうしゅん**
生没年不詳
室町時代の天台宗の僧。
¶国書

**能舜**(2) **のうしゅん**
生没年不詳
江戸時代前期の社僧・連歌作者。
¶国書

**能順** **のうじゅん**
→上大路能順(かみおおじのうじゅん)

**能助** **のうじょ**
弘安1(1278)年～元亨4(1324)年5月2日
鎌倉時代後期の真言宗の僧。東寺長者99世。
¶仏教

**能除** **のうじょ**
生没年不詳
上代の6世紀頃の伝説的僧。
¶歴大

**能勝** **のうしょう**
正平10/文和4(1355)年～応永34(1427)年8月7日　[別]傑堂(けつどう)
南北朝時代～室町時代の天寧寺の開祖。
¶会津(傑堂　けつどう　[没]応永30(1423)年)，庄内，新潟百

**能松** **のうしょう**
？ ～寛永12(1635)年
安土桃山時代～江戸時代前期の社僧・連歌作者。
¶国書

**能除太子** **のうじょたいし**
伝説上の人物。出羽三山の開祖とされる。
¶朝日，日人，仏教

**能信**(1) **のうしん**
正応4(1291)年～正平9/文和3(1354)年
鎌倉時代後期～南北朝時代の真言宗の僧。尾張大須観音開山。
¶仏人

**能信**(2) **のうしん**
？ ～永禄6(1563)年11月29日
戦国時代の浄土宗の僧。
¶国書(生没年不詳)，仏教

**能真** **のうしん**
万寿1(1024)年～永長1(1096)年
平安時代中期～後期の真言宗の僧。
¶仏教

**能禅** **のうぜん**
元久1(1204)年～正応2(1289)年11月16日
鎌倉時代前期の真言宗の僧。西院流能禅方の祖。
¶国書，仏教

**衲叟馴窓** **のうそうじゅんそう**
生没年不詳
戦国時代の歌僧。「雲玉和歌集」を編纂。
¶戦辞，戦房総

**能田誉重** **のうだたかしげ**
→能田誉重(よしだたかしげ)

**能長** **のうちょう**
生没年不詳
安土桃山時代～江戸時代前期の社僧・連歌作者。
¶国書

**能庭** **のうてい**
？ ～天正19(1591)年11月1日
戦国時代～安土桃山時代の社僧・連歌作者。
¶国書

**納富常天** **のうどみじょうてん**
昭和2(1927)年～
昭和期の仏教学者。
¶現執1期

**能仁** **のうにん**
？ ～久安(1445～1151)年頃
平安時代後期の真言宗の僧。
¶仏教([没]久安年間(1445～1151年)頃)

**能忍**(1) **のうにん**
→大日能忍(だいにちのうにん)

**能忍**(2) **のうにん**
生没年不詳
平安時代後期～鎌倉時代前期の禅僧。
¶姓氏京都

**能仁霊潭** **のうにんれいたん**
寛政10(1798)年～明治7(1874)年10月14日

㊐霊潭（れいたん）
江戸時代末期～明治期の浄土真宗本願寺派の僧。勧学。
¶国書（霊潭　れいたん），真宗，仏教

**能念** のうねん
？～永仁3（1295）年8月10日
鎌倉時代後期の浄土宗の僧。
¶仏教

**能範仙厳** のうはんせんがん
室町時代の僧。
¶鎌室（生没年不詳），人名

**能福** のうふく
生没年不詳
戦国時代～安土桃山時代の社僧・連歌作者。
¶国書

の

**能遍** のうへん
仁平2（1152）年～建永1（1206）年3月
平安時代後期～鎌倉時代前期の僧。仁和寺尊寿院・醍醐寺大智院々主。
¶密教

**能弁** のうべん
生没年不詳
安土桃山時代の社僧・連歌作者。
¶国書

**乃美織江** のうみおりえ
→乃美織江（のみおりえ）

**能海寛** のうみかん
→能海寛（のうみゆたか）

**能海寛**（能海豊） のうみゆたか
慶応4（1868）年5月18日～＊　㊐能海寛（のうみかん）
明治期の僧、チベット仏教研究者。
¶島根人（能海豊　㊀明治36（1903）年），島根百（㊀？），島根歴（㊀？），真宗（のうみかん　㊀明治34（1901）年），日人（㊀明治34（1901）年12月），日中（㊣慶応4（1868）年5月18日　㊀明治36（1903）年頃），仏人（のうみかん　㊀1901年），明大1（㊀明治34（1901）年12月）

**能也** のうや
生没年不詳
江戸時代前期の社僧。
¶国書

**能祐** のうゆう
？～天文21（1552）年
戦国時代の社僧・連歌作者。
¶国書

**能誉**(1) のうよ
生没年不詳
鎌倉時代の歌人。
¶国書，日人

**能誉**(2) のうよ
生没年不詳
室町時代の天台宗の僧。
¶国書

**能養** のうよう
生没年不詳
安土桃山時代～江戸時代前期の社僧・連歌作者。
¶国書

**能楽** のうらく
生没年不詳
江戸時代前期の社僧。
¶国書

**能令速満** のうりょうそくまん
文化9（1812）年～明治19（1886）年1月2日
江戸時代後期～明治期の僧侶。
¶真宗

**能蓮** のうれん
生没年不詳
平安時代後期の僧侶・歌人。
¶国書，古人，平史

**野上運海** のがみうんかい
文政12（1829）年～明治37（1904）年
江戸時代末期～明治期の僧。
¶日人，明大1（㊣文政12（1829）年3月11日　㊀明治37（1904）年12月21日）

**野上国幹** のがみくにもと
延享1（1744）年4月28日～天明5（1785）年8月22日
江戸時代中期の神職。
¶国書

**野口卯吉郎** のぐちうきちろう
？～明治19（1886）年1月13日
江戸時代後期～明治期の儒学者、神職。
¶神人

**野口円心** のぐちえんしん
享保11（1726）年～文化3（1806）年
江戸時代中期～後期の宗教家・社会事業家。
¶群馬人

**野口薫毎** のぐちくんまい
生没年不詳
江戸時代中期の国学徒・神官。
¶東三河

**野口健策** のぐちけんさく
大正12（1923）年3月9日～
昭和期の僧侶。
¶群馬人

**野口重為** のぐちしげため
安永3（1774）年2月21日～嘉永4（1851）年8月13日
江戸時代中期～後期の神職。
¶神人

**野口周善** のぐちしゅうぜん
明治12（1879）年～昭和25（1950）年
明治～昭和期の僧侶、教育家。
¶学校，群馬人，図人

**野口順教** のぐちじゅんきょう
明治期の僧侶。
¶真宗

**野口末彦** のぐちすえひこ
慶応3(1867)年3月19日～昭和25(1950)年10月11日
明治～昭和期の牧師。
¶キリ

**野口善雄** のぐちぜんゆう
大正9(1920)年1月～
昭和期の僧侶。
¶群馬人

**野口大橘** のぐちだいきつ
生没年不詳
江戸時代中期の国学徒・神官。
¶東三河

**野口道陽** のぐちどうよう
明治5(1872)年～明治40(1907)年
明治期の僧侶。
¶愛媛

**野口日主** のぐちにちしゅ
慶応2(1866)年～昭和6(1931)年
明治～昭和期の僧侶。権大僧正、京都本山寂光寺住職。海外布教の先駆者。蓮華阿闍梨日持の遺跡を探索、チノルで発見。
¶人名

**野口満雄** のぐちみつお
嘉永6(1853)年～明治9(1876)年
江戸時代後期～明治期の神職。
¶神人

**野口光凱** のぐちみつやす
文政2(1819)年～明治27(1894)年
江戸時代末期・明治期の神職。
¶愛媛

**野口祐真** のぐちゆうしん
明治5(1872)年～昭和7(1932)年8月21日
明治期の僧侶。常光寺住職、大僧都。
¶社史

**野口由松** のぐちよしまつ
明治42(1909)年10月31日～平成9(1997)年11月9日
明治～平成期の司教。第4代広島教区長、広島司教区初代司教。
¶新カト

**野坂是勇** のざかぜゆう
明治40(1907)年1月18日～昭和57(1982)年3月24日
昭和期の僧侶。
¶庄内

**野坂元定** のざかもとさだ
明治20(1887)年7月24日～昭和54(1979)年8月30日
明治～昭和期の神職。厳島神社宮司。
¶広島百

**野崎勲** のざきいさお
昭和17(1942)年9月10日～
昭和～平成期の宗教家。創価学会副会長。
¶現執2期, 現執4期

**野崎大内蔵** のざきおおくら
? ～慶応4(1868)年
江戸時代末期の僧。
¶秋田人2(㊤弘化4年3月14日 ㊦慶応4年8月13日), 幕末(㊦1868年9月29日), 幕末大(㊦慶応4(1868)年8月14日)

**野崎行満** のざきぎょうまん
明治12(1879)年～昭和15(1940)年
明治～昭和期の僧。薩摩郡宮之城町屋地の信教寺の2代住職。
¶姓氏鹿児島

**野崎流天** のざきりゅうてん
嘉永4(1851)年～大正11(1922)年9月9日
江戸時代末期～大正期の僧。宮之城信教寺開基。
¶鹿児島百, 真宗(㊤嘉永6(1853)年), 姓氏鹿児島

**野崎霊海** のざきれいかい
明治34(1901)年～昭和53(1978)年
大正～昭和期の僧。
¶青森人

**野沢和泉** のざわいずみ
文化8(1811)年～元治1(1864)年
江戸時代末期の神職。
¶維新

**野沢鉄教** のざわかねのり
文化11(1814)年～明治8(1875)年3月26日
江戸時代後期～明治期の神道家。
¶国書

**野沢俊冏** のざわしゅんげい, のざわしゅんけい
嘉永5(1852)年～昭和8(1933)年
明治～昭和期の僧。
¶世紀(㊤嘉永5(1852)年11月8日 ㊦昭和8(1933)年2月2日), 姓氏富山(のざわしゅんけい ㊤1853年), 日人

**野島無量子** のじまむりょうし
明治27(1894)年9月7日～昭和56(1981)年
大正～昭和期の俳人、宗教家。
¶奈良文

**野尻信誓** のじりしんせい
昭和期の僧侶。
¶真宗

**能勢二郎左衛門** のせじろうざえもん
→能勢直陳(のせなおのぶ)

**能勢直陳** のせなおのぶ
文政4(1821)年～明治27(1894)年8月12日 ㊍能勢二郎左衛門(のせじろうざえもん)
江戸時代末期～明治期の日向国佐土原藩士、儒学

の

者。藩政改革を推進。生麦事件補償金借用を幕府と交渉。
¶維新(能勢二郎左衛門　のせじろうざえもん), 近現, 近世, 国史, 国書(㊀文政4(1821)年10月), 神人, 人名, 全幕, 日人, 幕末, 幕末大(㊀文政4(1821)年10月26日), 藩臣7, 宮崎百(㊀文政4(1821)年10月　㊁明治27(1894)年8月)

**能勢靖一** のせやすいち
大正〜昭和期の神職。
¶神人

**野田院** のだいん
生没年不詳
江戸時代前期の修験者。
¶徳島歴

**野田菅麿**(野田菅麻呂) のだすがまろ
安政4(1857)年12月25日〜昭和20(1945)年11月10日
明治〜昭和期の宗教家。
¶岡山百, 島根人, 島根百, 島根歴, 神人(野田菅麻呂)

**野田成亮** のだせいりょう
宝暦5(1755)年3月25日〜天保6(1835)年
江戸時代中期〜後期の当山派の修験者。
¶国書, 太宰府, 仏人(㊀1756年)

**野田泉光院** のだせんこういん
*〜天保6(1835)年1月21日
江戸時代後期の修験者。
¶京都府(㊀宝暦6(1756)年), 茶道, 宮崎百(㊀宝暦5(1755)年3月25日)

**野田璞水** のだたまみ
生没年不詳
明治期の宗教家。大館市の日本キリスト教団大館教会の創立者。
¶秋田人2

**野田知常** のだちじょう
天保11(1840)年〜明治28(1895)年7月25日
江戸時代末期〜明治期の曹洞宗学僧。静岡洞慶院独住1世、曹洞宗大学林教頭。
¶仏教

**野田時助** のだときすけ
明治29(1896)年6月9日〜昭和36(1961)年10月11日
明治〜昭和期のカトリック教徒。東京公教神学校校長、新潟教区長。
¶新カト

**野田如安** のだゆきやす
明治32(1899)年1月21日〜昭和52(1977)年3月13日
明治〜昭和期のカトリック教徒。厳律シトー会燈台の聖母大修道院第2代大修道院長。
¶新カト

**野中一魯男** のなかいちろお
明治17(1884)年〜昭和26(1951)年1月
昭和期の耶蘇基督之新約教会信徒。
¶社史, 平和

**野中虎雄** のなかとらお
明治41(1908)年1月3日〜平成3(1991)年7月3日
昭和期の学生キリスト教運動唱導者。
¶社史

**野中布高** のなかのぶたか
元文4(1739)年〜文化13(1816)年
江戸時代後期の惣社の神官、剣術家。
¶栃木歴

**野中日文** のなかひふみ
昭和11(1936)年〜
昭和〜平成期の僧侶、合気道家。合気道草薙剣友会主宰。
¶現執3期

**野々上帯刀** ののうえたてわき
寛政12(1800)年〜*　㊇野々上帯刀(ののかみたてわき)
江戸時代後期〜明治期の宗教家。黒住宗忠の七高弟の1人。
¶岡山百(ののかみたてわき　㊁?), 岡山歴(㊁明治2(1869)年)

**野々上帯刀** ののかみたてわき
→野々上帯刀(ののうえたてわき)

**野々口隆正** ののぐちたかまさ
→大国隆正(おおくにたかまさ)

**野宮初枝** ののみやはつえ
明治31(1898)年1月24日〜昭和53(1978)年4月2日
大正〜昭和期のキリスト教婦人運動家。婦人国際平和自由連盟会長、国際友和会理事。非暴力主義に関心をもち平和運動に専念、国際活動をする。
¶近女, 現情, 現人, 女性, 女性普, 世紀, 日人, 平和

**野々村直太郎** ののむらなおたろう
明治4(1871)年2月7日〜昭和21(1946)年6月26日
明治〜昭和期の仏教学者。龍谷大学教授。
¶真宗, 鳥取百(㊀明治3(1870)年), 仏教, 明大2

**信国淳** のぶくにあつし
明治37(1904)年10月26日〜昭和55(1980)年2月5日
大正〜昭和期の僧侶。
¶真宗

**野辺地天馬** のへじてんま
→野辺地天馬(のべちてんま)

**野辺地天馬** のべちてんま
明治18(1885)年1月7日〜昭和40(1965)年4月24日　㊇野辺地天馬(のへじてんま)
明治〜昭和期の牧師、童話作家。「虹」を創刊。童話集に「金の鈴」「母を慕ひて」など。
¶岩手人, 岩手百(のへじてんま), 近文, 現情, 幻想, 児文(のへじてんま), 人名7, 世紀, 姓氏岩手, 東北近(㊀明治18(1885)年1月17日),

日児，日人（㊐明治18（1885）年1月17日）

**野町良夫** のまちよしお
明治41（1908）年～昭和52（1977）年
昭和期の牧師・平和運動家。
¶香川人，香川百

**野間凌空** のまりょうくう
明治期の僧侶。
¶真宗

**乃美織江** のみおりえ
文政5（1822）年～明治39（1906）年 ㊊乃美宣（のみとおる，のみのぶる），乃美織江（のうみおりえ）
江戸時代末期～明治期の長州藩士。京都留守居役として公武斡旋に努めた。のち山口藩大属。
¶維新（乃美宣 のみのぶる），神人（乃美宣 のみとおる），新潮（㊐文政5（1822）年1月28日），全幕，日人，幕末（㊀1906年7月24日），幕末大（のうみおりえ ㊐文政5（1822）年1月28日 ㊀明治39（1906）年7月24日），藩臣6

**乃美宣** のみとおる
→乃美織江（のみおりえ）

**乃美宣** のみのぶる
→乃美織江（のみおりえ）

**野村彜之介** のむらいのすけ
→野村彜之介（のむらつねのすけ）

**野村清臣** のむらきよおみ
明治14（1881）年～昭和39（1964）年
昭和期の神官。
¶山口人

**野村繁成** のむらしげなり
生没年不詳
江戸時代後期の神職。
¶国書

**野村随晃** のむらずいこう
生没年不詳
明治期の民権運動家、僧侶。
¶高知人

**野村彜之介**（野村彝之介） のむらつねのすけ
文政7（1824）年～明治21（1888）年8月2日 ㊊野村彜之介（のむらいのすけ）
江戸時代末期～明治期の武士、神職。
¶維新，コン5，コン5（野村彝之介），人名（のむらいのすけ），日人，幕末，幕末大，藩臣2

**野村鼎実** のむらていじつ
文政6（1823）年～明治21（1888）年
江戸時代後期～明治期の神職。
¶神人

**野村望東** のむらぼうとう
文化3（1806）年9月6日～慶応3（1867）年11月6日 ㊊望東尼（ぼうとうに，もとに），野村望東（のむらもとに，のむらもと），野村望東尼（のむらぼうとうに，のむらもとに），浦野もと子（うらのもとこ）
江戸時代末期の女性。歌人。
¶朝日（㊐文化3年9月6日（1806年10月17日）㊀慶応3年11月6日（1867年12月1日）），維新（のむらもとに），岩史（野村望東尼 のむらぼうとうに），江表（望東（福岡県） もと），角史（のむらもと），近世，国史，国書（野村望東尼 のむらぼうとうに），コン改，コン4，コン5，詩歌（のむらもとに），詩作（野村望東尼 のむらぼうとうに，のむらもとに），史人（野村望東尼 のむらもとに），女史（野村望東尼 のむらぼうとうに），女性，人書94（野村望東尼 のむらぼうとうに），神人（野村望東尼 のむらもとに ㊀慶応3（1867）年11月13日），新潮（野村望東尼 のむらぼうとうに），人名，姓氏山口（のむらもとに），世人（㊐文化3（1806）年9月5日 ㊀慶応3（1867）年11月13日），世百（望東尼 ぼうとうに），全書（野村望東尼 のむらもとに），全幕（野村望東尼 のむらもとに），大百，太宰府，日史（野村望東尼 のむらもとに），日女（野村望東尼 のむらもとに），日人，俳句（望東尼 ぼうとうに），幕末（野村望東尼 のむらぼうとうに ㊀1867年12月1日），幕末大（野村望東尼 のむらぼうとうに），百科（野村望東尼 のむらもとに），福岡百，仏教（野村望東尼 のむらもとに），山川小（野村望東尼 のむらもとに），山口百（のむらもとに），歴大（野村望東尼 のむらもとに），和俳

の

**野村望東尼** のむらぼうとうに
→野村望東（のむらぼうとう）

**野村望東** のむらもと
→野村望東（のむらぼうとう）

**野村熊山** のむらゆうざん
元治1（1864）年10月2日～明治35（1902）年8月10日
明治期の漢学者・宗教家。
¶岡山人，岡山歴

**野村耀昌** のむらようしょう
大正5（1916）年～
昭和期の仏教学者。立正大学教授。
¶現執1期

**乃村竜澄** のむらりゅうちょう
明治17（1884）年～昭和54（1979）年
明治～昭和期の宗教家。
¶香川人，香川百，郷土香川（㊐1883年 ㊀1977年）

**野村了祐** のむらりょうゆう
文化7（1810）年2月2日～明治22（1889）年3月23日 ㊊了祐（りょうゆう）
江戸時代末期～明治期の浄土真宗本願寺派学僧。美濃長慶寺住職、権少教正。
¶国書（了祐 りょうゆう），真宗，仏教

**野依秀市** のよりしゅういち
→野依秀市（のよりひでいち）

**野依秀市**（野依秀一） のよりひでいち
明治18（1885）年7月19日～昭和43（1968）年3月31日 ㊊野依秀市（のよりしゅういち）

明治～昭和期のジャーナリスト、政治家。衆議院議員(自民党)、帝都日日新聞社長。「仏教思想」などを創刊。「実業之世界」社長などを歴任。著書に「印度仏教史講和」など。
¶アナ，大分百，大分歴(㊀昭和42(1967)年)，現情，現人，ジ人1，出版(のよりしゅういち)，出文，昭人，真宗，新潮，人名7，世紀，政治，帝書(野依秀一　㊐明治18(1885)年7月)，日人，仏教，仏人，明治史，履歴(㊐明治18(1885)年7月29日)，履歴2(㊐明治18(1885)年7月29日)

**乗杉嘉寿** のりすぎかじゅ
→乗杉嘉寿(のりすぎよしひさ)

**乗杉嘉寿** のりすぎかず
→乗杉嘉寿(のりすぎよしひさ)

**乗杉教存** のりすぎきょうそん，のりすぎきょうぞん
明治9(1876)年6月29日～大正6(1917)年1月12日
明治～大正期の僧侶・更生保護事業の先覚者。
¶姓氏富山(のりすぎきょうぞん)，富山百，ふる

は

**乗杉嘉寿**(乗杉嘉壽，乗杉嘉壽) のりすぎよしとし
→乗杉嘉寿(のりすぎよしひさ)

**乗杉嘉寿** のりすぎよしひさ
明治11(1878)年11月19日～昭和22(1947)年2月1日　㊊乗杉嘉寿(のりすぎかじゅ，のりすぎかず，のりすぎよしとし)，乗杉嘉壽(のりすぎよしとし)，乗杉嘉壽(のりすぎよしとし)
大正～昭和期の教育行政家。東京音楽学校長。社会教育の創設に尽くし、初代文部省社会教育課長に就任。
¶教育(のりすぎよしとし)，教人(乗杉嘉壽　のりすぎよしとし)，現情，島根歴(のりすぎかじゅ)，社教，昭人，真宗(のりすぎかじゅ)，人名7，世紀，姓氏富山(のりすぎかじゅ)，図人(乗杉嘉壽　のりすぎよしとし)，富山百(のりすぎかず　㊐明治12(1879)年)，日人(のりすぎかじゅ)

**乗松雅休** のりまつまさやす
文久3(1863)年～大正10(1921)年2月12日　㊊乗松雅休(のりまつまさやつ)
明治～大正期の伝道者。日本人プロテスタント最初の海外伝道者。朝鮮民衆からは深い信頼を得た。
¶朝日(のりまつまさやつ　㊐文久3年7月12日(1863年8月25日))，キリ(㊐文久3(1863)年8月25日)，世紀(㊐文久3(1863)年7月12日)，日人，明大1(㊐文久3(1863)年7月12日)

**乗松雅休** のりまつまさやつ
→乗松雅休(のりまつまさやす)

**軌保昇証** のりやすしょうしょう
文久3(1863)年5月2日～？
明治期の僧侶。
¶真宗

**野呂芳男** のろよしお
大正14(1925)年～平成22(2010)年4月26日
昭和期のキリスト教神学者。立教大学教授、青山学院大学教授。
¶現執1期，現執2期(㊐大正14(1925)年8月2日)，日Y(㊐大正14(1925)年8月25日)

## 【は】

**唄庵義梵** ばいあんぎぼん
？～永享3(1431)年1月30日
室町時代の曹洞宗の僧。総持寺62世。
¶仏教

**梅庵通芳** ばいあんつうほう
？～嘉永3(1850)年8月30日
江戸時代末期の黄檗宗の僧。
¶黄檗

**梅印元冲** ばいいんげんちゅう
？～慶長10(1605)年7月24日
安土桃山時代～江戸時代前期の臨済宗の僧。
¶国書

**梅隠宗香** ばいいんそうこう
大永4(1524)年～天正17(1589)年11月26日
戦国時代～安土桃山時代の臨済宗の僧。大徳寺118世。
¶仏教

**梅雲承意** ばいうんじょうい
？～永正2(1505)年2月4日
室町時代～戦国時代の臨済宗の僧。
¶国書

**梅園祖欽** ばいえんそきん
享保10(1725)年10月10日～寛政12(1800)年9月5日
江戸時代中期～後期の曹洞宗の僧。
¶国書

**梅翁**(1) ばいおう
？～元和4(1618)年6月1日
安土桃山時代～江戸時代前期の浄土宗の僧。
¶仏教(㊀元和4(1618)年6月1日，(異説)2月1日)

**梅翁**(2) ばいおう
元和9(1623)年～元禄2(1689)年11月20日
江戸時代前期～中期の連歌作者・俳人。浄土真宗の僧。
¶国書，俳文

**梅屋宗香** ばいおくしゅうこう
→宗香(そうこう)

**梅屋宗香** ばいおくそうこう
→宗香(そうこう)

**梅岳恵香** ばいがくえこう
貞享2(1685)年～宝暦14(1764)年1月6日
江戸時代前期～中期の曹洞宗の僧。
¶国書

**梅岳真白** ばいがくしんぱく
明和3(1766)年8月15日～文政12(1829)年8月23日
江戸時代中期～後期の黄檗宗の僧。万福寺28世。

¶黄檗，国書，仏教（[没]文政12（1829）年9月15日）

**梅巌義東** **ばいがんぎとう**
正平15/延文5（1360）年～応永30（1423）年4月1日
南北朝時代～室町時代の曹洞宗の僧。
¶仏教

**梅巌碩文** **ばいがんせきぶん**
文化6（1809）年～明治26（1893）年
江戸時代後期～明治期の僧侶。
¶神奈川人

**梅渓融薫** **ばいけいゆうくん**
生没年不詳
戦国時代の曹洞宗の僧。
¶仏教

**梅香** **ばいこう**
生没年不詳
江戸時代後期の曹洞宗の僧。
¶国書

**佩香園〔3代〕** **はいこうえん**
明治期の狂歌師、神官。三代佩香園。三代佩香園を襲名する京都の狂歌師、京都祇園神社の神官を務める。
¶人名

**拝郷蓮茵** **はいごうれんいん**
文化5（1808）年～明治25（1892）年
江戸時代末期～明治期の歌人。
¶人名，日人，三重続

**梅国** **ばいこく**
*～享保5（1720）年
江戸時代中期の真言宗の僧。竜宝寺25世。
¶姓氏宮城（[生]1662年），藩臣1（[生]寛文6（1666）年）

**梅谷** **ばいこく**
生没年不詳
江戸時代中期の浄土真宗の僧。
¶国書

**梅谷元保** **ばいこくげんぽ**
？ ～文禄2（1593）年6月7日
戦国時代～安土桃山時代の臨済宗の僧。
¶国書

**梅谷道香** **ばいこくどうこう**
生没年不詳
江戸時代前期の黄檗宗の僧。
¶日人，仏教

**梅谷道用** **ばいこくどうよう**
寛永17（1640）年～元禄14（1701）年3月20日
江戸時代前期～中期の黄檗宗の僧。
¶黄檗

**梅茶翁**（売茶翁） **ばいさおう**
→月海元昭（げっかいげんしょう）

**梅山** **ばいさん**
明暦2（1656）年～享保10（1725）年
江戸時代中期の黄檗唐僧。
¶長崎歴

**梅山聞本** **ばいさんもんぽん，ばいさんもんほん，ばいざんもんぽん**
？ ～応永24（1417）年9月7日
室町時代の曹洞宗の僧。
¶鎌室，国史（ばいざんもんぽん），国書，古中（ばいざんもんぽん），史人（ばいざんもんぽん），人名（ばいさんもんほん），日人，仏教，仏史（ばいざんもんぽん）

**培芝正悦** **ばいししょうえつ**
嘉吉2（1442）年～大永4（1524）年
戦国時代の曹洞宗の僧。
¶戦辞（[没]大永4年1月20日（1524年2月24日）），仏教（[没]大永4（1524）年1月20日）

**梅洲実光** **ばいしゅうじっこう**
寛永16（1639）年10月1日～享保4（1719）年2月8日
江戸時代前期～中期の黄檗宗の僧。
¶黄檗，国書

**梅叔法霖** **ばいしゅくほうりん**
生没年不詳
戦国時代の臨済宗の僧。
¶国書

**梅処** **ばいしょ**
弘化2（1845）年～明治42（1909）年
江戸時代末期～明治期の尼僧。高杉晋作の妾、晋作没後尼となり東行庵を結び、菩提を弔う。
¶人名

**梅心** **ばいしん**
？ ～慶長18（1613）年7月13日
安土桃山時代～江戸時代前期の禅僧。
¶徳島百

**梅心正悟** **ばいしんしょうご**
永禄4（1561）年～慶長18（1613）年7月13日
安土桃山時代～江戸時代前期の臨済宗の僧。南禅寺271世。
¶仏教

**梅岑宗点** **ばいしんそうてん**
寛永20（1643）年～宝永5（1708）年10月19日
江戸時代前期～中期の臨済宗の僧。大徳寺250世。
¶仏教

**梅仙東逋** **ばいせんとうほ**
享禄2（1529）年～慶長13（1608）年10月27日
戦国時代～江戸時代前期の臨済宗の僧。
¶国書

**梅荘顕常** **ばいそうけんじょう**
享保4（1719）年～享和1（1801）年3月8日 [別]大典（だいてん），大典顕常（だいてんけんじょう，だいてんげんじょう），顕常（けんじょう），北禅（ほくぜん）
江戸時代中期～後期の臨済宗相国寺派の僧。
¶黄檗（[生]享保4（1720）年5月9日 [没]享和2（1802）年2月8日），近世，国史，国書（[生]享保4（1719）年5月9日 [没]享和1（1801）年2月8日），

詩歌（大典顕常　だいてんげんじょう），史人（大典　だいてん　㊤1719年5月9日），思想史，新潮，人名（大典顕常　だいてんけんじょう），姓氏京都（大典顕常　だいてんけんじょう），世人，世百（大典　だいてん），対外，日史（大典　だいてん　㊤享保4（1719）年5月9日），日人，百科（大典　だいてん），仏教（㊤享保4（1719）年5月9日），仏史，和俳

**梅叢与芬**　ばいそうよふん
文明11（1479）年～天文17（1548）年1月23日
戦国時代の曹洞宗の僧。
¶仏教

**梅叟隣香**　ばいそうりんこう
？～天正18（1590）年5月29日
安土桃山時代の曹洞宗の僧。
¶埼玉人，仏教

**梅痴**　ばいち
天明5（1785）年～安政6（1859）年9月9日
江戸時代中期～末期の学僧。
¶徳島百，徳島歴

**梅庭洞察**　ばいていとうさつ
生没年不詳
室町時代の曹洞宗の僧。
¶仏教

**梅天無明**　ばいてんむみょう
慶長12（1607）年～延宝4（1676）年5月2日
江戸時代前期の臨済宗の僧。
¶国書，人名，日人，仏教

**梅塘**　ばいとう
生没年不詳
江戸時代後期の俳人・僧侶。
¶国書

**梅峰竺信**（梅峯竺信）　ばいほうじくしん
寛永10（1633）年～宝永4（1707）年　㊐竺信（じくしん），梅峰竺信（ばいほうちくしん）
江戸時代前期～中期の曹洞宗の僧、禅定家、思想家。
¶朝日（㊦宝永4年11月19日（1707年12月12日）），大阪人（㊤寛永9（1632）年　㊦宝永4（1707）年11月），近世（梅峯竺信），国史（梅峯竺信），国書（㊤寛永10（1633）年9月10日　㊦宝永4（1707）年11月19日），コン改，コン4，コン5，新潮，人名（ばいほうちくしん　㊤1632年），世人，日人，仏教（㊦宝永4（1707）年11月19日），仏史（梅峯竺信），仏人（竺信　じくしん）

**梅峰竺信**　ばいほうちくしん
→梅峰竺信（ばいほうじくしん）

**培本**　ばいほん
？～文化8（1811）年
江戸時代中期～後期の僧。アシカ退治に龍神を勧請した。
¶島根歴

**梅聞祖芳**　ばいもんそほう
？～安永7（1778）年11月3日
江戸時代中期の曹洞宗の僧。
¶国書

**梅陽章杲**　ばいようしょうこう
生没年不詳
室町時代の臨済宗の僧。
¶国書

**貝林侑籍**　ばいりんゆうじゃく
？～応永18（1411）年9月6日
室町時代の曹洞宗の僧。
¶仏教

**梅嶺道雪**　ばいれいどうせつ
寛永18（1641）年6月11日～享保2（1717）年6月2日
江戸時代前期～中期の黄檗宗の僧。
¶黄檗，国書

**梅嶺礼忍**　ばいれいれいにん
？～永享9（1437）年12月3日
室町時代の臨済宗の僧。
¶国書

**パーヴェル沢辺**　ぱーゔぇるさわべ
→沢辺琢磨（さわべたくま）

**パウロ茨木**　ぱうろいばらぎ
？～慶長1（1596）年
戦国時代～安土桃山時代のキリシタン。日本二十六聖人。
¶長崎歴

**パウロ鈴木**　ぱうろすずき
永禄4（1561）年～慶長1（1596）年　㊐鈴木パウロ（すずきぱうろ）
安土桃山時代のキリシタン。日本二十六聖人。
¶姓氏京都（鈴木パウロ　すずきぱうろ　生没年不詳），長崎歴

**パウロ八十太夫**　ぱうろやそだゆう
生没年不詳
江戸時代前期のキリシタン殉教者。
¶兵庫百

**芳賀真咲**　はがまさき
天保14（1841）年～明治39（1906）年
江戸時代末期～明治期の国学者、神職。
¶神人（㊤天保14（1841）年1月1日　㊦明治39（1906）年5月8日），日人，宮城百，明治史

**袴田重宣**　はかまだしげのり
大正～昭和期の神職。
¶神人

**袴谷憲竜**　はかまやけんりゅう
大正4（1915）年4月24日～平成9（1997）年4月15日
昭和・平成期の僧。根室の曹洞宗和田山耕雲寺5世住職。
¶根千

**袴谷憲昭**　はかまやのりあき
昭和18（1943）年12月25日～
昭和～平成期の仏教学者。駒沢大学教授、ウィスコンシン大学客員教授。インド仏教、チベット仏

教を研究。著書に「道元と仏教」など。
¶現執3期，日人

**葉上照澄** はがみしょうちょう
明治36(1903)年8月21日～平成1(1989)年3月7日
昭和期の天台宗僧侶。
¶岡山百，岡山歴，郷土滋賀，仏教

**波木井実長** はきいさねなが
貞応1(1222)年～永仁5(1297)年 ㊀南部実長(なんぶさねなが)
鎌倉時代後期の武士。甲斐国の波木井郷の領主。
¶青森人(南部実長 なんぶさねなが)，朝日(㊀永仁5年9月25日(1297年10月12日))，岩手百(南部実長 なんぶさねなが)，鎌室，国史，国書(㊀永仁5(1297)年9月25日)，古中，コン改，コン4，コン5，史人(㊀1297年9月25日)，新潮，人名，姓氏岩手(南部実長 なんぶさねなが)，世人，中世，日人，仏教(㊀永仁5(1297)年9月25日)，山梨百(㊀永仁5(1297)年9月25日)，歴大

**波木居斉二** はぎいせいじ，はきいせいじ
明治37(1904)年3月24日～昭和57(1982)年3月17日
昭和期のキリスト教伝道者。
¶キリ(はきいせいじ)

**萩野泰円** はぎのたいえん
明治44(1911)年～？
昭和期の僧侶。
¶社史

**萩野伯斎** はぎのはくさい
文化3(1806)年～明治22(1889)年
江戸時代末期・明治期の蘭方医。八幡来宮神社(旧郷社)神職。
¶伊豆

**萩原兼従** はぎわらかねつぐ
→萩原兼従(はぎわらかねより)

**萩原兼従** はぎわらかねより
天正16(1588)年～万治3(1660)年 ㊀萩原兼従(はぎわらかねつぐ)，吉田兼従(よしだかねより)，卜部兼従(うらべかねより)
江戸時代前期の神道家。豊国社の社務職を継承。
¶朝日(㊀万治3年8月13日(1660年9月17日))，近世(㊀1590年)，国史(㊀1590年)，国書(㊀万治3(1660)年8月13日)，コン改，コン4，コン5，史人(㊀1590年 ㊀1660年8月13日)，諸系，神史(㊀1590年)，神人，新潮，人名(はぎわらかねつぐ)，戦国(はぎわらかねつぐ)，戦人，日人，歴大

**萩原正平** はぎわらしょうへい
→萩原正平(はぎわらまさひら)

**萩原竜雄** はぎわらたつお
嘉永4(1851)年～大正14(1925)年
明治期の神職。
¶神奈川人

**萩原真** はぎわらまこと
明治43(1910)年～昭和56(1981)年
昭和期の宗教団体真の道教祖。
¶幻想

**萩原正平** はぎわらまさひら
天保9(1838)年12月11日～明治24(1891)年6月7日 ㊀萩原正平(はぎわらしょうへい)
江戸時代末期～明治期の国学者。三島神社少宮司。伊豆七島式内社官社を調査、著書に「伊豆国式社考証」「三島神社考証」。
¶維新，伊豆(はぎわらしょうへい)，国書，静岡歴(はぎわらしょうへい)，神史，神人，人名，姓氏静岡(はぎわらしょうへい)，日人(㊀1839年)，明大2

**萩原モニカ** はぎわらもにか
？～寛永1(1624)年7月18日
江戸時代前期の女性。キリシタン。
¶女性

**白庵** はくあん
生没年不詳
江戸時代前期の僧。高崎山竜広寺開山。
¶藩臣2

**白庵和尚** はくあんおしょう
→白庵秀関(はくあんしゅうかん)

**白庵秀関** はくあんしゅうかん
？～慶長4(1599)年 ㊀白庵和尚(はくあんおしょう)
安土桃山時代の曹洞宗の僧。
¶群馬人(白庵和尚 はくあんおしょう)，姓氏群馬，仏教(㊀慶長4(1599)年8月22日)

**白隠** はくいん
→白隠慧鶴(はくいんえかく)

**白隠慧鶴** はくいんえかく，はくいんえがく
貞享2(1685)年12月25日～明和5(1768)年12月11日 ㊀慧鶴(えかく)，白隠(はくいん)，正宗国師(しょうじゅうこくし，しょうそうこくし)
江戸時代中期の僧。近世臨済禅中興の祖。
¶朝日(㊀明和5年12月11日(1769年1月18日))，伊豆(白隠 はくいん)，岩史，江人(白隠 はくいん)，愛媛百(白隠 はくいん)，角史，教育，郷土岐阜，京都大，近世，国史，国書，コン改，コン4，コン5，詩歌，史人，静岡百(白隠 はくいん)，静岡歴(白隠 はくいん)，思想史，島根歴，重要(白隠 はくいん)，人書94，新潮，人名，精医(㊀貞享3(2？)年 ㊀明和5(6？)年)，姓氏京都(㊀1769年)，姓氏静岡，世人(慧鶴 えかく)，世人，世百，全書(白隠 はくいん)，大百，茶道(はくいんえがく)，中濃続(㊀？)，伝記，長野百(白隠 はくいん)，長野歴，日思，日史(白隠 はくいん)，日人(㊀1686年 ㊀1769年)，美術(白隠 はくいん)，飛騨，百科(白隠 はくいん)，仏教，仏史，仏人(白隠 はくいん)，平日(白隠 はくいん ㊀1685 ㊀1768)，名僧，歴大(白隠 はくいん)

は

**白雲**(1) **はくうん**
→白雲慧暁(はくうんえぎょう)

**白雲**(2) **はくうん**
明和1(1764)年～文政8(1825)年2月8日
江戸時代中期～後期の仙北郡六郷町本覚寺の僧、洋画家。
¶秋田人2，秋田百，福島百

**白雲慧暁 はくうんえぎょう**
貞応2(1223)年～永仁5(1297)年12月25日　㊀慧暁(えぎょう)，白雲(はくうん)，仏照禅師(ぶっしょうぜんじ)
鎌倉時代後期の臨済宗の僧。密教護持にも熱心。
¶朝日(㊂永仁5年12月25日(1298年2月7日))，香川人(白雲　はくうん)，香川百(白雲　はくうん)，鎌室(㊀？)，国史，国書(㊀安貞2(1228)年)，古中，新潮，人名，世人，対外，日人(㊂1298年)，仏教，仏史，仏人(慧暁　えぎょう)

は

**白雲慧崇 はくうんえすう**
弘長3(1263)年～正平1/貞和2(1346)年　㊀恵崇(えすう)，慧崇(えすう)
鎌倉時代後期～南北朝時代の臨済宗の僧。建長寺26世、円覚寺18世。
¶鎌倉，鎌倉新(㊂興国7(貞和2)(1346)年10月30日)，群馬人(恵崇　えすう)，人名(慧崇　えすう)，仏教(㊂貞和2/興国7(1346)年10月30日)

**白雲居相常 はくうんこそうじょう**
～慶応4(1868)年2月17日
江戸時代末期の高山市の勝久寺の僧・画家。
¶飛驒

**白雲上人 はくうんしょうにん**
明和1(1764)年～文政8(1825)年
江戸時代後期の浄土宗の僧、画家。
¶名画

**白雲禅師 はくうんぜんじ**
生没年不詳
平安時代前期の僧。嵯峨天皇の皇子。
¶仏教

**伯英徳俊**(白英徳僙) **はくえいとくしゅん**
？　～応永10(1403)年8月12日
南北朝時代～室町時代の臨済宗の僧。建長寺60世、円覚寺50世、南禅寺53世、天竜寺26世。
¶鎌倉，鎌倉新(白英徳僙　㊀？)，国書，人名，日人，仏教

**白翁禅璁 はくおうぜんそう**
寛永10(1633)年～宝永5(1708)年6月22日
江戸時代前期～中期の臨済宗の僧。
¶国書

**白翁宗雲 はくおうそううん**
生没年不詳
鎌倉時代後期～南北朝時代の臨済宗の僧。大徳寺2世。
¶日人，仏教

**白華 はくか**
？　～慶応1(1865)年11月4日
江戸時代後期～末期の臨済宗の僧。
¶国書

**白獃穏貞 はくがいおんてい**
延宝3(1675)年～延享3(1746)年10月1日
江戸時代中期の曹洞宗の僧。
¶国書，仏教

**白崖宝生 はくがいほうしょう**
→白崖宝生(びゃくがいほうしょう)

**柏厳 はくがん**
～延宝6(1678)年12月22日
江戸時代前期の僧。松前藩主に首を討たれた。
¶北墓(はくがん(もんしょう))

**璞巌衍曜 はくがんえんよう**
明和4(1767)年3月28日～天保7(1836)年5月18日
㊀衍曜(えんよう)
江戸時代中期～後期の黄檗宗の僧。万福寺29世。
¶黄檗，人名(衍曜　えんよう)，日人，仏教

**白眼居士 はくがんこじ**
江戸時代中期の戯作者、京都東山の僧。
¶人名，日人(生没年不詳)

**柏巌性節 はくがんしょうせつ**
明・崇禎7(1634)年8月26日～寛文13(1673)年8月19日
江戸時代前期の黄檗宗の僧。
¶国書

**白圭信玄 はくけいしんげん**
？　～享禄3(1530)年12月18日
戦国時代の臨済宗の僧。
¶国書

**白玄 はくげん**
寛永4(1627)年～元禄13(1700)年7月2日
江戸時代前期～中期の浄土宗の僧。鎌倉光明寺52世、清浄華院51世、増上寺33世。
¶仏教

**伯元清禅 はくげんせいぜん**
正平24/応安2(1369)年～永享10(1438)年
室町時代の臨済宗の高僧。
¶長野歴

**柏玄尼〈佐賀県〉はくげんに★**
～享保6(1721)年
江戸時代中期の女性。宗教。山村助太夫の娘。
¶江表(柏玄尼(佐賀県))

**柏源万光 はくげんまんこう**
明和6(1769)年～文政13(1830)年1月22日
江戸時代中期～後期の曹洞宗の僧。
¶国書

**白支 はくし**
江戸時代前期の僧侶・俳人。
¶国書(生没年不詳)，俳文

**伯師祖稜** はくしそりょう
生没年不詳
室町時代の臨済宗の僧。建仁寺152世。
¶国書，仏教

**柏州** はくしゅう
→石沢柏州（いしざわはくしゅう）

**白秀** はくしゅう
生没年不詳
江戸時代後期の時宗の僧。
¶国書

**柏州玄定** はくしゅうげんじょう
文化2（1805）年～明治25（1892）年
江戸時代後期～明治期の勤王僧。志布志大慈寺の住職。
¶薩摩

**柏州浄秀** はくしゅうじょうしゅう
生没年不詳
江戸時代前期の黄檗宗の僧。
¶国書

**柏舟宗趙** はくしゅうそうじょう
応永23（1416）年～明応4（1495）年11月12日
室町時代～戦国時代の臨済宗の僧。
¶国書

**栢宗了香尼** はくしゅうりょうこうに
元禄15（1702）年～明和8（1771）年3月29日
江戸時代中期の黄檗宗の尼僧。
¶黄檗

**柏樹曄森** はくじゅようしん
天保7（1836）年4月7日～大正14（1925）年9月1日
江戸時代末期～大正期の黄檗宗僧侶。東京盲唖学校教授、黄檗第44代。
¶黄檗

**伯珣** はくじゅん
元禄8（1695）年～安永5（1776）年
江戸時代中期の唐僧。
¶長崎歴

**伯珣照浩** はくじゅんしょうこう
清・康熙34（1695）年3月25日～安永5（1776）年10月23日
江戸時代中期の黄檗宗の渡来僧。万福寺20世。
¶仏教

**泊如** はくじょ
慶長19（1614）年～元禄6（1693）年9月
江戸時代前期～中期の僧侶。
¶大阪人

**柏心周操** はくしんしゅうそう
元中8/明徳2（1391）年～宝徳2（1450）年
室町時代の禅僧。
¶神奈川人

**泊知** はくち
？ ～享保20（1735）年1月1日
江戸時代中期の浄土真宗の僧。
¶仏教

**朴中梵淳** はくちゅうぼんじゅん
→朴中梵淳（ぼくちゅうぼんじゅん）

**白鳥鼎三** はくちょうていざん
→白鳥鼎三（しらとりていざん）

**博通** はくつう
生没年不詳 ㊀博通法師（はくつうほうし，はくつほうし）
奈良時代の歌僧。
¶国書，人名（博通法師　はくつほうし），日人（博通法師　はくつうほうし），仏教，万葉（博通法師　はくつうほうし）

**博通法師** はくつうほうし
→博通（はくつう）

**博通法師** はくつほうし
→博通（はくつう）

**柏庭** はくてい★
～安政4（1857）年2月13日
江戸時代後期の僧。仙北郡神岡町宝蔵寺の20世。
¶秋田人2

**柏庭元意** はくていげんい
？ ～享保5（1720）年？
江戸時代中期の黄檗宗の僧。
¶黄檗

**柏庭清祖** はくていせいそ
正平9/文和3（1354）年～応永5（1398）年6月28日
南北朝時代～室町時代の臨済宗の僧。足利義詮の庶子。
¶仏教

**柏庭宗松** はくていそうしょう
永享9（1437）年～大永7（1527）年5月5日
室町時代～戦国時代の臨済宗の僧。妙心寺9世。
¶仏教

**栢堂** はくどう
尚質6（1653）年10月17日～？
江戸時代前期～中期の歌人、僧侶。
¶沖縄百，姓氏沖縄

**柏堂純栄** はくどうじゅんえい
生没年不詳
室町時代の臨済宗の僧。
¶仏教

**朴堂祖淳** はくどうそじゅん
弘和1/永徳1（1381）年～応仁1（1467）年4月24日
㊀朴堂祖淳（ぼくどうそじゅん）
南北朝時代～室町時代の臨済宗の僧。
¶国書，姓氏富山（ぼくどうそじゅん），ふる（㊐1383年）

**柏堂梵意** はくどうぼんい
正平12/延文2（1357）年～永享6（1434）年4月15日
南北朝時代～室町時代の臨済宗の僧。
¶国書

は

**白弁** はくべん★
天保1(1830)年〜明治19(1886)年
江戸時代後期〜明治期の仏教学者、高田派講師。
¶三重続

**白峰玄滴** はくほうげんてき
文禄3(1594)年〜寛文10(1670)年8月14日
江戸時代前期の曹洞宗の僧。
¶仏教

**柏峰村庭** はくほうそんてい
〜寛文7(1667)年5月29日
江戸時代前期の僧。高山市の素玄寺4世。
¶飛騨

**白蓉軒桂谿** はくようけんけいけい
? 〜天保2(1831)年1月8日
江戸時代後期の歌人・僧侶。
¶国書

**博容卍海** はくようまんかい
? 〜文政4(1821)年
江戸時代後期の曹洞宗の僧。永平寺54世。
¶仏教

**麦羅** ばくら
? 〜天明7(1787)年7月19日
江戸時代中期の俳人・修験僧。
¶国書

**羽倉信郷** はくらのぶさと,はぐらのぶさと
元文4(1739)年〜寛政12(1800)年 ㊀荷田信郷(かだのぶさと)
江戸時代中期〜後期の詩文家。
¶京都大(㊐元文2(1737)年), 国書(荷田信郷 かだのぶさと ㊍寛政12(1800)年閏4月27日), 人名(はぐらのぶさと), 姓氏京都(はぐらのぶさと ㊐1737年), 日人, 和俳(はぐらのぶさと)

**羽倉信名** はくらのぶな
貞享2(1685)年〜寛延4(1751)年4月24日
江戸時代前期〜中期の神職・歌人。
¶国書

**羽倉信度** はくらのぶのり
天保3(1832)年〜?
江戸時代後期〜明治期の神職。旧山城国稲荷神社神主。
¶華請

**羽倉信愛** はぐらのぶひで,はくらのぶひで
安永6(1777)年〜天保10(1839)年 ㊀荷田信愛(かだのぶひで)
江戸時代後期の歌人。
¶国書(荷田信愛 かだのぶひで ㊍天保10(1839)年3月13日), 人名, 日人(はくらのぶひで)

**羽倉広満** はくらひろまろ
生没年不詳
江戸時代前期の神職。
¶国書

**羽栗行道** はぐりぎょうどう
明治14(1881)年6月5日〜昭和40(1965)年1月17日
明治〜昭和期の僧侶。
¶真宗

**白竜** はくりゅう
寛文9(1669)年〜宝暦10(1760)年
江戸時代中期の曹洞宗の僧。「卍山広録」編纂者。
¶仏人

**白嶺** はくれい
生没年不詳
江戸時代中期の僧。
¶国書, 日人

**白老** はくろう
生没年不詳
江戸時代後期の真言宗の僧。
¶国書

**白話** はくわ
→大谷白話(おおたにはくわ)

**羽毛田周也** はけたしゅうや
大正11(1922)年〜
昭和期の政治家。群馬県議会議員、僧侶。
¶群馬人

**筥崎博尹**(筥埼博尹) はこざきはくいん
→筥崎博尹(はこざきひろただ)

**筥崎博尹** はこざきはくいん
文政12(1829)年〜明治30(1897)年2月24日
明治期の神職。鶴岡八幡宮初代宮司。
¶鎌倉新

**筥崎博尹** はこざきひろただ
文政12(1829)年〜明治30(1897)年 ㊀筥崎博尹(はこざきはくいん),筥埼博尹(はこざきはくいん)
江戸時代末期〜明治期の神職。
¶神奈川人(筥埼博尹 はこざきはくいん), 鎌倉(はこざきはくいん), 神人(㊐文政12(1829)年4月1日 ㊍明治30(1897)年2月24日), 人名, 姓氏神奈川(はこざきはくいん), 日人

**箱崎文応** はこざきぶんのう
明治25(1892)年4月7日〜平成2(1990)年2月6日
明治〜平成期の僧侶(天台宗)。
¶昭人

**波佐谷法船** はさたにほうせん
明治期の僧侶。
¶真宗

**硲慈弘** はざまじこう
明治28(1895)年〜昭和21(1946)年
昭和期の日本史研究者。
¶史研, 昭人(㊐明治28(1895)年6月16日 ㊍昭和21(1946)年4月16日)

**箸尾覚道** はしおかくどう
天保4(1833)年〜明治38(1905)年10月21日

江戸時代末期～明治期の真言宗僧侶。遍照尊院住職、権大僧正。
¶仏教，明大1

**橋川正** はしかわただす
明治27(1894)年1月30日～昭和6(1931)年9月6日
大正～昭和期の歴史学者。大谷大学教授。仏教史を研究。
¶史研，昭人，真宗，世紀，仏教

**箸蔵善竜** はしくらぜんりゅう
嘉永5(1852)年4月18日～昭和3(1928)年11月1日 [別]善竜(ぜんりゅう)
江戸時代末期～明治期の僧侶。管長。京都随身門跡、真言宗小野派管長を歴任。巨額の遺産を寺有財産にすると遺言を残す。
¶人名，世紀，徳島百，徳島歴(善竜　ぜんりゅう　[生]嘉永5(1852)年4月)，日人，明大1

**橋爪良全** はしづめりょうぜん
明治33(1900)年～昭和57(1982)年7月6日
大正～昭和期の僧侶。
¶群馬人

**土師原穆秀** はしはらぼくしゅう
明治10(1877)年8月29日～昭和12(1937)年1月13日
明治～昭和期の僧侶。浄土寺住職。総本山執行、古義真言宗総務などを歴任。
¶人名，世紀，日人

**橋村淳風** はしむらきよかぜ
→橋村淳風(はしむらじゅんぷう)

**橋村淳風** はしむらじゅんぷう
天保5(1834)年12月24日～明治34(1901)年3月2日 [別]橋村淳風(はしむらきよかぜ)
江戸時代後期～明治期の神職。
¶国書(はしむらきよかぜ)，神人，三重

**橋村正長** はしむらせいちょう★
寛文1(1661)年～正徳2(1712)年
江戸時代前期～中期の権禰宜。
¶三重続

**橋村痴亭** はしむらちてい★
江戸時代中期の禰宜。
¶三重

**橋村正衛** はしむらまさえ
文政10(1827)年～安政3(1856)年7月16日
江戸時代後期～末期の神職。
¶国書

**橋村正克** はしむらまさかつ
天保2(1831)年7月6日～明治8(1875)年
江戸時代後期～明治期の神職。
¶国書([没]明治8(1875)年11月28日)，三重続

**橋村正竹** はしむらまさたけ
寛永15(1638)年～正徳4(1714)年5月10日
江戸時代前期～中期の神職。
¶国書

**橋村正立** はしむらまさたつ
文化6(1809)年～明治22(1889)年10月13日
江戸時代後期～明治期の神職。
¶国書

**橋村正兌** はしむらまさとき
天明5(1785)年～天保8(1837)年 [別]度会正兌(わたらいまさとき)
江戸時代後期の神官、国学者。
¶国書([生]天明5(1785)年5月7日 [没]天保8(1837)年8月28日)，神史(度会正兌　わたらいまさとき)，神人([生]天明5(1785)年5月7日 [没]天保8(1837)年8月28日)，人名，日人，三重続

**橋村正身** はしむらまさのぶ
正徳4(1714)年～明和8(1771)年
江戸時代中期の神官、国学者。
¶国書([生]正徳4(1714)年3月26日 [没]明和8(1771)年6月22日)，神人([生]正徳4(1714)年3月6日 [没]明和8(1771)年6月22日)，人名，日人，三重続([生]正徳4年3月6日)

**橋本恵光** はしもとえこう
明治23(1890)年11月24日～昭和40(1965)年7月10日
明治～昭和期の曹洞宗師家。
¶世紀，日人，仏教

**橋本鑑** はしもとかがみ
明治36(1903)年9月24日～昭和18(1943)年3月30日
昭和期の神学者。
¶キリ

**橋本峨山** はしもとがざん
嘉永6(1853)年～明治33(1900)年
明治期の臨済宗僧侶。天竜寺238世。
¶日人，仏教([没]明治33(1900)年10月1日)，明大1([没]明治33(1900)年10月21日)

**橋本勘十郎** はしもとかんじゅうろう
? ～天正14(1586)年
戦国時代～安土桃山時代の篤信家。橋本村瑞光寺の開基。
¶姓氏神奈川

**橋本凝胤** はしもとぎょういん
明治30(1897)年4月28日～昭和53(1978)年3月25日
明治～昭和期の法相宗僧侶、仏教学者。薬師寺長老。法相宗管長。薬師寺の金堂、東塔、薬師三尊仏などの修復を行う。
¶郷土奈良，現朝，現情，現人，現日，考古，昭人，新潮，人名7，世紀，哲学，日人，仏教，仏人

**橋本玄義** はしもとげんぎ
明治2(1869)年～昭和13(1938)年
明治～昭和期の臨済宗僧侶。相国寺派管長。
¶仏人

**橋本実盛** はしもとさねもり
寛政7(1795)年1月1日～慶応4(1868)年7月23日

江戸時代後期〜末期の神職。
¶国書

**橋本順積** はしもとじゅんせき
生没年不詳
江戸時代末期の神職。
¶神人

**橋本春陵** はしもとしゅんりょう
明治23（1890）年〜昭和47（1972）年
大正〜昭和期の僧・児童福祉教育家。
¶郷土奈良

**橋本聖準** はしもとしょうじゅん
明治38（1905）年8月30日〜
昭和〜平成期の華厳宗僧侶。東大寺長老。
¶現情

**橋本昌禎** はしもとしょうてい
嘉永6（1853）年〜明治33（1900）年
明治期の臨済宗僧侶。天竜寺派管長。
¶仏人

**橋本節** はしもとせつ
大正4（1915）年〜平成8（1996）年
昭和〜平成期の医師、司祭。専門は内科、小児科。
¶近医

**橋本忠久** はしもとただひさ
生没年不詳
江戸時代後期の神職。
¶国書

**橋本多兵衛** はしもとたひょうえ
？ 〜元和5（1619）年8月30日
安土桃山時代〜江戸時代前期のキリシタン。六条河原の大殉教者。
¶キリ

**橋本周子** はしもとちかこ
昭和〜平成期の教会オルガニスト。
¶音人

**橋本経亮** はしもとつねあきら
*〜文化2（1805）年 [別]橘経亮（たちばなつねすけ），橋本経亮（はしもとつねすけ）
江戸時代中期〜後期の国学者、有識故実家。
¶朝日（[生]宝暦5年2月3日（1755年3月15日） [没]文化2年6月20日（1805年7月16日）），近世（はしもとつねすけ [生]1759年），国史（はしもとつねすけ [生]1755年），国書（[生]宝暦5（1755）年2月3日 [没]文化2（1805）年6月20日），神史（はしもとつねすけ [生]1759年），神人（[生]宝暦10（1760）年 [没]文化3（1806）年4月10日），人名（橘経亮 たちばなつねすけ [生]1760年 [没]1806年），姓氏京都（[生]1759年），日人（[生]1755年），平史（[生]1760年 [没]1806年）

**橋本経亮** はしもとつねすけ
→橋本経亮（はしもとつねあきら）

**橋本テクラ** はしもとてくら
→橋本テクル（はしもとてくる）

**橋本テクル** はしもとてくる
？ 〜元和5（1619）年 [別]橋本テクラ（はしもとてくら）
江戸時代前期の女性。キリシタン。
¶コン改，コン4，コン5，女史（橋本テクラ はしもとてくら [生]？），女性（橋本テクラ はしもとてくら [没]元和5（1619）年8月29日），新潮（[没]元和5（1619）年8月30日），人名，日人（橋本テクラ はしもとてくら）

**橋本鉄三郎** はしもとてつさぶろう
明治30（1897）年6月15日〜昭和56（1981）年
明治〜昭和期の宮大工。
¶美建

**橋本独山** はしもとどくさん，はしもとどくざん
明治2（1869）年6月11日〜昭和13（1938）年8月15日
明治〜昭和期の臨済宗僧侶。相国寺派管長・相国寺128世。
¶世紀，新潟百（はしもとどくざん），日人，仏教，明大1

**橋本芳契** はしもとほうけい
明治43（1910）年3月10日〜
昭和〜平成期の仏教学者。西田幾太郎頌徳会副会長、比較思想学会北陸支部初代支部長。
¶現執1期，現執2期，現執3期

**橋本正治** はしもとまさはる★
明治32（1899）年3月〜
明治〜昭和期の篤信家。天理村長、天理教生琉里教会長。
¶人満

**橋本峰雄** はしもとみねお
大正13（1924）年9月1日〜昭和59（1984）年3月7日
昭和期の哲学者、僧侶。神戸大学教授、法然院貫主。西洋哲学、倫理学を研究。著書に「宗教以前」「丸いメガネを返せ」など。
¶現朝，現執1期，現情，世紀，日人，仏人（[生]1925年），平和，民学

**橋本安居** はしもとやすい
宝暦2（1752）年5月20日〜寛政7（1795）年10月4日
江戸時代中期〜後期の神職・国学者。
¶国書

**橋本有幸** はしもとゆうこう
天保5（1834）年〜明治23（1890）年1月3日
江戸時代末期〜明治期の彦山修験。彦山役僧・修験者らの義挙への加担を約束し、のち捕らえられ投獄。
¶維新，人名，日人，幕末，幕末大

**橋本若狭** はしもとわかさ
文政5（1822）年〜慶応1（1865）年 [別]大坂屋豊次郎（おおさかやとよじろう）
江戸時代末期の勤王の祠官。
¶維新，剣豪，新潮（[生]文政5（1822）年12月10日 [没]元治1（1864）年7月7日，（異説）慶応1（1865）年6月4日），人名（[生]1821年 [没]1864年），日人（[生]1823年），幕末（[没]1865年7月，（異説）8月），

幕末大（㊎文政5（1823）年12月10日　㊐慶応1（1865）年6月）

**橋本亘** はしもとわたる
明治34（1901）年～昭和54（1979）年
大正～昭和期のキリスト教伝道者、海軍士官。
¶高知人

**柱本めぐみ** はしらもとめぐみ
昭和33（1958）年6月27日～
昭和～平成期の声楽家（ソプラノ）、僧侶（浄土真宗本願寺派）。
¶演奏，音人3

**蓮井雲渓** はすいうんけい
？～明治18（1885）年8月30日　㊞雲渓（うんけい）
江戸時代末期～明治期の浄土真宗の僧。
¶国書（雲渓　うんけい　㊐明治18（1885）年8月），真宗（㊎文化7（1810）年），仏教

**蓮池俊冏** はすいけしゅんげい
明治43（1910）年2月10日～
昭和期の僧侶。
¶群馬人

**蓮池弁冏** はすいけべんげい
明治14（1881）年～昭和21（1946）年5月30日
明治～昭和期の僧侶。
¶群馬人

**蓮生観善** はすおかんぜん
明治7（1874）年～昭和33（1958）年
明治～昭和期の宗教家。
¶香川人，香川百

**蓮生善隆** はすおぜんりゅう
大正4（1915）年～
昭和期の宗教家。
¶郷土香川

**羽塚啓明** はずかけいめい
→羽塚啓明（はづかけいめい）

**蓮弘鎧** はすこうがい
嘉永3（1850）年～明治45（1912）年6月16日
江戸時代後期～明治期の僧侶。
¶真宗

**蓮沢成淳** はすざわじょうじゅん
明治25（1892）年10月3日～昭和42（1967）年5月22日
大正～昭和期の浄土真宗本願寺派の仏教学者。
¶富山百

**蓮沼文範** はすぬまふみのり
大正～昭和期の僧侶。
¶真宗

**蓮見知道** はすみともみち
生没年不詳
江戸時代後期の篤信家。富士講の一派丸参講の信者。
¶埼玉人

**蓮元憲誠** はすもとけんせい
元治1（1864）年～明治15（1882）年3月21日
江戸時代末期～明治期の僧侶。
¶真宗

**蓮元慈広** はすもとじこう
天保3（1832）年3月13日～大正4（1915）年12月1日
江戸時代後期～大正期の僧侶。
¶真宗

**長谷川伊太郎** はせがわいたろう
江戸時代の宮大工。
¶伊豆

**長谷川角行** はせがわかくぎょう
天文10（1541）年～正保3（1646）年
安土桃山時代～江戸時代前期の富士行者。
¶朝日（㊎天文10年1月15日（1541年2月10日）㊐正保3年6月3日（1646年7月15日）），近世，国史，国書（生没年不詳），コン改（㊎？），コン4（㊎？），コン5（㊎？），史人（㊎1541年1月15日　㊐1646年6月3日），神史，神人，新潮（㊎天文10（1541）年1月15日　㊐正保3（1646）年6月3日），人名，世人，世百，全書，日人，富嶽（㊎1541？　㊐1646？），仏教（㊎天文10（1541）年1月15日　㊐正保3（1646）年6月3日），仏史，歴大

は

**長谷川喜十郎** はせがわきじゅうろう
明治10（1877）年～昭和10（1935）年
明治～昭和期の仏師。
¶姓氏富山，美建

**長谷川潔** はせがわきよし
弘化2（1845）年～明治29（1896）年
明治期の僧、教育者。
¶姓氏愛知

**長谷川熊平** はせがわくまへい
明治5（1872）年～大正10（1921）年
明治・大正期の鳥越・宮大工集団の棟梁。
¶長岡

**長谷川計太郎** はせがわけいたろう
明治24（1891）年6月1日～昭和48（1973）年10月25日
大正～昭和期の牧師。中央神学校教授。
¶キリ

**長谷川悟** はせがわさとる
昭和29（1954）年～
昭和～平成期の僧侶、コントラバス奏者。
¶音人

**長谷川真徹** はせがわしんてつ
慶応2（1866）年～？
江戸時代末期～大正期の天台宗僧正。
¶図人

**長谷川宗之助** はせがわそうのすけ
昭和期の仏師。
¶名工

**長谷川楚教**　はせがわそきょう
天保4(1833)年6月7日～明治20(1887)年6月29日
江戸時代後期～明治期の僧侶。
¶真宗

**長谷川達温**　はせがわたつおん
大正10(1921)年～平成1(1989)年
昭和期のねぶた絵師、僧侶。
¶青森人, 美家

**長谷川初音**　はせがわはつね
明治23(1890)年5月15日～昭和54(1979)年2月18日
明治～昭和期の牧師、教育者。神戸女学院宗教主事。日本組合基督教会伝道師。芦屋浜教会、西宮香櫨園、六甲キリスト教会などを設立。
¶近女, 昭人(㊣昭和57(1982)年2月18日), 女運, 女性, 女性普, 世紀(㊣昭和57(1982)年2月18日), 日人, 兵庫百(㊣昭和57(1982)年)

**長谷川良信**　はせがわりょうしん
明治23(1890)年10月11日～昭和41(1966)年8月4日
明治～昭和期の社会事業家、教育家。大乗淑徳学園を創設。
¶学校, 現朝, 埼玉人, 世紀, 哲学, 日人, 仏人

**長谷川路可**　はせがわろか
明治30(1897)年7月9日～昭和42(1967)年7月3日
昭和期の日本画家。「日本二十六聖人殉教図」などフレスコ、モザイク壁画を描いた。
¶画家, キリ, 近美, 現朝, 現情, 現人, 現日, 新カト(㊤明治30(1897)年9月7日), 新潮, 人名7, 世紀, 全書, 日画, 日人, 美家, 名画, 洋画

**長谷部円祁**　はせべえんき
嘉永4(1851)年～大正2(1913)年12月13日
江戸時代後期～大正期の僧侶。
¶真宗

**初瀬部候正**　はせべこうしょう
大正11(1922)年～平成18(2006)年8月18日
昭和～平成期の僧侶、郷土史家。
¶郷土

**長谷部俊一郎**　はせべしゅんいちろう
明治37(1904)年3月10日～平成8(1996)年12月13日
昭和・平成期の詩人・牧師。
¶東北近

**長谷部白雲**　はせべはくうん★
嘉永4(1851)年～大正2(1913)年
江戸時代後期～大正期の僧侶。
¶三重

**長谷部幽蹊**　はせべゆうけい
昭和4(1929)年7月7日～
昭和期の中国仏教学者。愛知学院大学教授。
¶現執2期

**長谷部隆諦**　はせべりゅうたい
明治12(1879)年～昭和3(1928)年
明治～昭和期の真言宗僧侶。高野山大学教授。
¶渡航, 仏人

**長谷宝秀**　はせほうしゅう
明治2(1869)年12月～昭和23(1948)年2月17日
明治～昭和期の真言宗学僧。
¶昭人, 仏教, 仏人

**巴泉**　はせん
生没年不詳
室町時代の画僧。
¶日人

**秦慧玉**　はたえぎょく
明治29(1896)年3月25日～昭和60(1985)年1月2日
大正～昭和期の曹洞宗の僧。永平寺貫首。仏法興隆と国際親善に尽力。
¶郷土福井, 現朝, 現情, 世紀, 日人, 仏人

**秦慧昭**　はたえしょう
文久2(1862)年～昭和19(1944)年
明治～昭和期の曹洞宗の僧。曹洞宗管長、永平寺68世貫首。
¶仏人

**幡鎌幸雄**　はたかまさちお
→幡鎌幸雄(はたかまゆきお)

**幡鎌隆俊**　はたかまたかとし
天保12(1841)年～大正7(1918)年
江戸時代末期～明治期の国学者、祠官。山名神社社司。報国隊の組織に貢献、磐田郡郷社祠官、山名神社社司を務める。
¶人名, 日人

**幡鎌幸雄**　はたかまゆきお
文化5(1808)年～明治23(1890)年　㊐幡鎌幸雄(はたかまさちお)
江戸時代末期～明治期の志士、静岡県山梨村山名神社神官。
¶静岡歴(はたかまさちお), 人名, 姓氏静岡(はたかまさちお), 日人

**波多教英**　はたきょうえい
明治9(1876)年～昭和28(1953)年8月13日
明治～昭和期の僧侶。
¶真宗

**秦公広**　はたきんひろ
延宝2(1674)年～宝暦3(1753)年4月3日
江戸時代中期の神官(稲荷下社神主)。
¶公卿, 公卿普, 公家(公広〔稲荷神社神主秦氏諸家〕　きんひろ　㊤1673年　㊣宝暦2(1752)年4月3日)

**秦公林**　はたきんもと
元文1(1736)年～寛政1(1789)年10月9日
江戸時代中期の神官(稲荷中社神主)。
¶公卿, 公卿普, 公家(公林〔稲荷神社神主秦氏諸家〕　きんよし)

**畠山市之助**　はたけやまいちのすけ★
弘化3(1846)年2月19日～大正4(1915)年4月14日
明治・大正期のギリシャ正教地方伝教者。

¶秋田人2

**畠山正秀** はたけやましょうしゅう
？～慶長2（1597）年
戦国時代～安土桃山時代の浄土真宗大谷派専念寺の僧。
¶姓氏富山

**秦栄祐** はたしげすけ
文政3（1820）年～？
江戸時代末期の神官（松尾社正禰宜）。
¶公卿，公卿普，公家（栄祐〔松尾神社神主秦氏松尾家〕　ひですけ　[没]？）

**秦栄忠** はたしげただ
宝暦3（1753）年～文化11（1814）年10月29日
江戸時代中期～後期の神官（松尾社神主）。
¶公卿，公卿普，公家（栄忠〔松尾神社神主秦氏松尾家〕　ひでただ）

**秦栄親** はたしげちか
天明8（1788）年～天保8（1837）年2月9日
江戸時代後期の神官（松尾社神主）。
¶公卿，公卿普，公家（栄親〔松尾神社神主秦氏松尾家〕　ひでちか）

**秦正流** はたしょうりゅう
大正4（1915）年4月15日～平成6（1994）年7月9日
昭和～平成期の新聞記者、宗教家。
¶郷土滋賀，滋賀文，ジ人2，世紀，日人，マス89

**秦相崇** はたすけたか
→秦相崇（はたすけただ）

**秦相崇**（秦相祟） はたすけただ
享保3（1718）年～天明1（1781）年5月17日　[別]秦相崇（はたすけたか）
江戸時代中期の神官（松尾社神主）。
¶公卿，公卿普（秦相祟），公家（相崇〔松尾神社神主秦氏松尾家〕　すけたか），国書（はたすけたか）

**秦相忠** はたすけただ
寛文1（1661）年～享保20（1735）年3月28日
江戸時代中期の神官（松尾社神主）。
¶公卿，公卿普，公家（相忠〔松尾神社神主秦氏松尾家〕　すけただ）

**秦相栄** はたすけてる
享保14（1729）年～天明8（1788）年3月23日
江戸時代中期の神官（松尾社神主）。
¶公卿，公卿普，公家（相栄〔松尾神社神主秦氏松尾家〕　すけひで）

**秦相愛** はたすけなる
天保9（1838）年～？
江戸時代末期の神官（松尾社正祝）。
¶公卿，公卿普，公家（相愛〔松尾神社神主秦氏松尾家〕　すけなる　[没]？）

**秦相道** はたすけみち
延宝4（1676）年～元文4（1739）年6月28日
江戸時代中期の神官（松尾社神主）。
¶公卿，公卿普，公家（相道〔松尾神社神主秦氏松尾家〕　すけみち）

**秦相看** はたすけみつ
正保4（1647）年～正徳5（1715）年12月29日
江戸時代前期～中期の神官（松尾社神主）。
¶公卿，公卿普，公家（相看〔松尾神社神主秦氏松尾家〕　すけみ）

**秦相村** はたすけむら
天明1（1781）年～文政12（1829）年10月29日
江戸時代後期の神官（松尾社神主）。
¶公卿，公卿普，公家（相村〔松尾神社神主秦氏松尾家〕　すけむら）

**秦相命** はたすけめい
寛政12（1800）年～？
江戸時代後期の神官（松尾社神主）。
¶公卿，公卿普，公家（相命〔松尾神社神主秦氏松尾家〕　すけなが　[没]？）

**秦相養** はたすけやす
延享4（1747）年～寛政5（1793）年9月10日
江戸時代中期の神官（松尾社神主）。
¶公卿，公卿普，公家（相養〔松尾神社神主秦氏松尾家〕　すけやす）

**秦武元** はたたけもと
→秦武元（はたのたけもと）

**秦忠絢** はたただあや
安永6（1777）年～天保9（1838）年閏4月16日
江戸時代後期の神官（稲荷下社神主）。
¶公卿，公卿普，公家（忠絢〔稲荷神社神主秦氏諸家〕　ただあや）

**秦忠熈** はたただひろ
寛延3（1750）年～文化8（1811）年7月11日
江戸時代中期～後期の神官（稲荷下社神主）。
¶公卿，公卿普，公家（忠熈〔稲荷神社神主秦氏諸家〕　ただひろ）

**秦為雄** はたためお
正徳4（1714）年～安永9（1780）年7月23日
江戸時代中期の神官（稲荷下社神主）。
¶公卿，公卿普，公家（為雄〔稲荷神社神主秦氏諸家〕　ためお）

**秦為勝** はたためかつ
享保8（1723）年～天明7（1787）年6月4日
江戸時代中期の神官（稲荷下社神主）。
¶公卿，公卿普，公家（為勝〔稲荷神社神主秦氏諸家〕　ためかつ　[生]1722年　[没]天明6（1786）年6月4日）

**秦為縞** はたためしま
天明6（1786）年～？
江戸時代後期の神官（稲荷下社神主）。
¶公卿，公卿普，公家（為縞〔稲荷神社神主秦氏諸家〕　ためしま　[没]？）

**秦為弼** はたためすけ
明和4（1767）年～文政11（1828）年12月22日
江戸時代中期～後期の神官（稲荷下社神主）。
¶公卿，公卿普，公家（為弼〔稲荷神社神主秦氏

諸家〕　ためすけ　㊐1769年）

**秦為胤** はたためたね
貞享4（1687）年～宝暦5（1755）年3月12日
江戸時代中期の神官（稲荷下社神主）。
¶公卿，公卿普，公家（為胤〔稲荷神社神主秦氏諸家〕　ためたね）

**秦為房** はたためふさ
宝暦6（1756）年～文政10（1827）年4月17日
江戸時代中期～後期の神官（稲荷下社神主）。
¶公卿，公卿普，公家（為房〔稲荷神社神主秦氏諸家〕　ためふさ）

**秦親臣** はたちかおみ
享保20（1735）年～文化3（1806）年10月29日
㊗大西親臣（おおにしちかおみ）
江戸時代中期～後期の神官（稲荷下社神主）。
¶公卿，公卿普，公家（親臣〔稲荷神社神主秦氏諸家〕　ちかおみ），国書（大西親臣　おおにしちかおみ）

は

**秦親業** はたちかかず
寛延2（1749）年～文化7（1810）年6月5日　㊗大西親業（おおにしちかなり）
江戸時代中期～後期の神官（稲荷下社神主）。
¶公卿，公卿普，公家（親業〔稲荷神社神主秦氏諸家〕　ちかなり），国書（大西親業　おおにしちかなり）

**秦親重** はたちかしげ
生没年不詳
鎌倉時代前期の神職。第19代筥崎宮大宮司。
¶神人

**秦親友** はたちかとも
寛文9（1669）年～宝暦1（1751）年閏6月29日
江戸時代中期の神官（稲荷下社神主）。
¶公卿，公卿普，公家（親友〔稲荷神社神主秦氏諸家〕　ちかとも）

**秦親憲** はたちかのり
宝暦9（1759）年～文政4（1821）年12月5日
江戸時代中期～後期の神官（稲荷中社神主）。
¶公卿，公卿普，公家（親憲〔稲荷神社神主秦氏諸家〕　ちかのり）

**秦親典** はたちかのり
寛政1（1789）年～？
江戸時代後期の神官（稲荷中社神主）。
¶公卿，公卿普，公家（親典〔稲荷神社神主秦氏諸家〕　ちかのり　㊣？）

**秦親盛** はたちかもり
元禄16（1703）年～安永7（1778）年7月11日　㊗大西親盛（おおにしちかもり）
江戸時代中期の神官（稲荷下社神主）。
¶公卿，公卿普，公家（親盛〔稲荷神社神主秦氏諸家〕　ちかもり），国書（大西親盛　おおにしちかもり）

**秦親安** はたちかやす
元禄4（1691）年～宝暦11（1761）年9月30日
江戸時代中期の神官（稲荷下社神主）。
¶公卿，公卿普，公家（親安〔稲荷神社神主秦氏諸家〕　ちかやす）

**波田伝次郎** はだでんじろう★
明治21（1888）年8月～
明治～昭和期の宗教家、天理教教士。
¶人満

**秦遠範** はたとおのり
生没年不詳
平安時代前期の神職。筥崎宮初代大宮司。
¶神人

**畑徳三郎** はたとくさぶろう
嘉永3（1850）年7月16日～昭和7（1932）年2月5日
明治～昭和期の金光教教師。
¶岡山歴

**畠中博** はたなかひろし
明治18（1885）年7月13日～昭和42（1967）年3月12日
明治～昭和期の渡航者。
¶岡山人，岡山歴，渡航，日Y，兵庫百

**羽渓四明** はたにしめい
大正8（1919）年6月25日～平成5（1993）年4月8日
昭和～平成期の日本史学者。京都女子大学教授。
¶現情，真宗

**羽渓了諦** はたにりょうたい，はだにりょうたい
明治16（1883）年8月17日～昭和49（1974）年8月13日
明治～昭和期の浄土真宗本願寺派僧侶、仏教学者。西域の仏教文化、インド仏教を研究。
¶現情，昭人，人名7，世紀，哲学，日人，福井百（はだにりょうたい），仏教

**波多野春万侶** はたのあずままろ
明治期の神職。明治24（1891）年吉野宮宮司に就任。
¶神人

**波多野屋信** はたのいえのぶ
天和3（1683）年～寛保2（1742）年4月12日
江戸時代前期～中期の神職。
¶国書，神人

**羽田埜敬雄** はたのけいゆう
→羽田野敬雄（はたのたかお）

**羽田野栄木** はたのさかき
→羽田野敬雄（はたのたかお）

**波多野幸満** はたのさちまろ
寛政11（1799）年～明治8（1875）年8月18日
江戸時代後期～明治期の神職。黒崎祇園本宮穴生鷹見権現大宮司。
¶神人

**羽田野茂雄** はだのしげお
天保12（1841）年～明治11（1878）年7月10日
江戸時代後期～明治期の国学者・神官。
¶東三河

**羽田野重樹** **はだのしげき**
宝暦6(1756)年～寛政4(1792)年5月25日
江戸時代後期の国学者・神官。
¶東三河

**波多野精一** **はたのせいいち**
明治10(1877)年7月21日～昭和25(1950)年1月17日
明治～昭和期の宗教哲学者。京都帝国大学教授。独自の宗教哲学を体系化。著書に「宗教哲学」「時と永遠」など。
¶角史，郷土長野，キリ，近現，近文，現朝，現情，現人，現日，広7，国史，コン改，コン4，コン5，史人，思想，思想史，昭人，新カト，新潮，人名7，世紀，姓氏京都，世人，世百，全書，大百，哲学，渡航，長野百，長野歴，日思，日史，日人，日本，百科，明治史，履歴，履歴2，歴大(㊤1887年)

**羽田野敬雄** **はたのたかお,はだのたかお**
寛政10(1798)年2月14日～明治15(1882)年6月1日 ㊙羽田埜敬雄(はたのけいゆう),羽田野栄木(はたのさかき)
江戸時代末期～明治期の神道家。羽田八幡宮文庫を設立し寄贈本を募る。維新後皇学所講官を務める。
¶維新(㊤享和1(1801)年2月14日)，岩史(はだのたかお)，近現，近世，国史，国書，コン4，コン5，史人，神史，神人(羽田野栄木 はたのさかき ㊤享和1(1801)年2月 ㊦明治15(1882)年6月)，新潮(羽田埜敬雄 はたのけいゆう 生没年不詳)，人名(羽田野栄木 はたのさかき ㊤1801年)，姓氏愛知，図人(はだのたかお)，日人，東三河(はだのたかお)，ポプ人(はだのたかお)，明治史，歴大(はだのたかお)

**秦武元** **はたのたけもと**
? ～承徳2(1098)年 ㊙秦武元(はたたけもと)
平安時代中期～後期の高僧。
¶国書(はたたけもと 生没年不詳)，人名，日人

**波多野伝四郎** **はたのでんしろう**
慶応2(1866)年6月15日～大正15(1926)年9月23日
明治～大正期の牧師。
¶キリ

**波多野直足** **はたのなおたり**
文政8(1825)年2月～明治35(1902)年6月
江戸時代後期～明治期の神職。岡田宮神官。
¶神人

**羽田野伯猷** **はたのはくゆう,はだのはくゆう**
明治44(1911)年7月13日～昭和60(1985)年1月9日
昭和期の仏教史学者、チベット学者。東北大学教授、チベット仏典研究所所長。
¶現情(はだのはくゆう)，世紀，日人，仏教，仏人(㊤1912年)

**波多野正秀** **はたのまさひで**
元禄7(1694)年～安永3(1774)年6月14日
江戸時代中期の神職。
¶国書

**秦部国人** **はたべのくにひと**
奈良時代の沙弥。
¶岡山歴

**畑宗正** **はたむねまさ**
*～昭和8(1933)年
江戸時代末期～昭和期の神職。
¶神奈川人(㊤1869年)，神人(㊤慶応2(1866)年)

**幡谷明** **はたやあきら**
昭和3(1928)年～
昭和期の仏教学者。大谷大学教授。
¶現執1期

**秦恭仲** **はたよしなか**
文政3(1820)年～明治34(1901)年
江戸時代後期～明治期の神職。
¶神人

は

**畑由兵衛** **はたよしべえ**
明治24(1891)年2月19日～昭和52(1977)年1月9日
大正・昭和期の宮大工。
¶飛騨

**バチェラー八重** **ばちぇらーやえ,バチェラーやえ**
→バチェラー八重子(ばちぇらーやえこ)

**バチェラー八重子** **ばちぇらーやえこ**
明治17(1884)年6月13日～昭和37(1962)年4月29日 ㊙バチェラー八重(ばちぇらーやえ,バチェラーやえ),バチラー八重子(ばちらーやえこ,バチラーやえこ)
明治～昭和期のキリスト教伝道者、歌人。生涯独身でアイヌ伝道に専念した。歌集に「若き同族に」がある。
¶岩史(バチラー八重子 ばちらーやえこ)，北墓(バチラー八重子 ばちらーやえこ)，キリ(バチラー八重子 ばちらーやえこ)，近女(バチェラー八重 ばちぇらーやえ)，現朝，コン改，コン4，コン5，社史(バチラー八重子 ばちらーやえこ)，昭人，女史，女性，女性普，新潮，世紀，全書，日人，平和，北文，民学，歴大

**八条院高倉** **はちじょういんのたかくら**
生没年不詳 ㊙空如(くうにょ)
鎌倉時代前期の女性。歌人。
¶朝日，国史，国書，古中，史人(㊤1177年?)，女史，女性，日人，歴大(空如 くうにょ)，和俳

**蜂須賀常栄** **はちすかじょうえい**
? ～天保1(1830)年
江戸時代後期の神職。
¶国書

**蜂須賀宗純** **はちすかそうじゅん**
? ～大正10(1921)年
大正期の僧侶、茶人(裏千家)。佐賀称念寺住職。
¶茶道

**蜂須賀宗順** はちすかそうじゅん
嘉永3(1850)年6月9日～大正11(1922)年7月13日
江戸時代末期～大正期の僧。佐賀市称念寺住職。
¶佐賀百

**蜂須賀彦次郎** はちすかひこじろう
慶応1(1865)年3月13日～昭和14(1939)年12月9日
明治～昭和期の宗教家。
¶徳島歴

**八田尚彦** はちだしょうげん
生没年不詳
平成期の僧。串本応挙芦雪館館長。臨済宗東福寺派無量寺の20世住職。
¶紀南

**八野明** はちのあきら
昭和22(1947)年5月16日～
昭和期の宮大工。
¶飛騨

**八野忠次郎** はちのちゅうじろう
明治41(1908)年6月22日～平成5(1993)年11月5日
昭和期の宮大工。
¶世紀，日人，美建，飛騨([没]平成5(1993)年11月6日)

**八浜徳三郎** はちはまとくさぶろう
明治4(1871)年～昭和26(1951)年10月22日
明治～昭和期の社会事業家。職業紹介事業の草分け的人物。能力差に応じた職業紹介などの必要性を主張。
¶岡山百([生]明治4(1871)年4月3日)，岡山歴([生]明治4(1871)年4月3日)，近現，現朝([生]明治4年4月3日(1871年5月21日))，国史，社史，世紀([生]明治4(1871)年5月21日)，日人([生]明治4(1871)年4月3日)，明治史，明大1([生]明治4(1871)年5月21日)

**八羽光穂** はちはみつほ
享和1(1801)年～明治4(1871)年
江戸時代後期～明治期の国学者・神職。
¶国書([生]享和1(1801)年5月24日　[没]明治4(1871)年12月27日)，三重続

**蜂屋賢喜代** はちやよしきよ
明治13(1880)年9月16日～昭和39(1964)年12月13日
明治～昭和期の僧侶。
¶真宗

**蜂屋良潤** はちやりょうじゅん
文政7(1824)年11月29日～明治37(1904)年12月2日
江戸時代後期～明治期の僧侶。
¶真宗

**バチラー八重子** ばちらーやえこ，バチラーやえこ
→バチェラー八重子(ばちぇらーやえこ)

**羽塚啓明** はづかけいめい，はずかけいめい
明治13(1880)年4月13日～昭和20(1945)年11月1日
大正～昭和期の雅楽研究家。真言大谷派寺院守綱寺住職。
¶音人(はずかけいめい)，昭人(はずかけいめい)，日音

**羽塚堅子** はづかけんし
明治26(1893)年5月1日～昭和50(1975)年6月3日
大正～昭和期の声明研究家。真宗大谷派僧侶。
¶日音

**羽塚秋楽** はづかしゅうらく
文化10(1813)年～明治20(1887)年8月14日
江戸時代末期～明治期の僧。
¶姓氏愛知，日人([生]1814年)，幕末，幕末大

**筏舟煩海** ばっしゅうぼんかい
寛政2(1790)年～慶応2(1866)年1月28日
江戸時代末期の曹洞宗の僧。
¶仏教

**法進** はっしん
→法進(ほうしん)

**抜隊** ばっすい
→抜隊得勝(ばっすいとくしょう)

**抜隊得勝** ばっすいとくしょう，ばつすいとくしょう
嘉暦2(1327)年～元中4/嘉慶1(1387)年2月20日
[別]得勝(とくしょう)，抜隊(ばっすい)，慧光大円禅師(えこうだいえんぜんじ)
南北朝時代の臨済宗法灯派の僧。臨済14派中の向岳寺派の祖。
¶朝日([生]嘉暦2年10月6日(1327年11月20日)　[没]嘉慶1/元中4年2月20日(1387年3月10日))，神奈川人，鎌室，国史，国書([生]嘉暦2(1327)年10月6日)，古中，コン改，コン4，コン5，思想史，人書79，新潮，人名，姓氏神奈川(ばつすいとくしょう)，世人，日史([生]嘉暦2(1327)年10月6日)，日人，仏教，仏史，仏人(得勝　とくしょう)，山梨百(抜隊　ばっすい)，歴大

**初瀬川雅楽** はつせがわうた
生没年不詳
明治期の高座郡打戻村神明大明神神主。
¶神奈川人

**八太舟三** はったしゅうぞう
明治19(1886)年12月～昭和9(1934)年1月30日
明治～昭和期の牧師、社会運動家。教会を思想伝導の場とし人間解放を説教。
¶アナ([生]明治19(1886)年12月11日)，現朝，コン改，コン5，思想，社運，社史，世紀，日人

**八田幸雄** はったゆきお
昭和2(1927)年3月22日～
昭和～平成期の僧侶、仏教学者。円正寺住職、関西学院大学講師。
¶現執1期，現執3期，現執4期

**服部綾雄** はっとりあやお
文久2(1862)年12月11日～大正3(1914)年4月1日
明治～大正期の教育者、政治家。岡山金光中学校校長、衆議院議員。

¶海越新（㊤文久2（1864）年12月11日），岡山人，岡山百，岡山歴，学校，静岡歴，社史（㊤文久2年（1862年12月）），世紀（㊤文久2（1863）年12月11日），姓氏静岡，渡航，日人（㊤1863年），明大2

**服部安休** はっとりあんきゅう
元和5（1619）年～天和1（1681）年 ㊙服部安休（はっとりやすよし）
江戸時代前期の儒学者、神道家。
¶会津，朝日（㊦天和1年5月29日（1681年7月14日）），江文（はっとりやすよし），近世，国史，国書（㊤元和5（1619）年4月8日 ㊦延宝9（1681）年5月29日），コン改，コン4，コン5，神史，神人，新潮，世人，日人，藩臣2

**服部茂雄** はっとりしげお
昭和期の僧侶。
¶真宗

**服部章蔵** はっとりしょうぞう
嘉永1（1848）年11月23日～大正5（1916）年1月30日
明治～大正期の牧師。
¶キリ，山口百

**服部小瓶** はっとりしょうへい★
天保11（1840）年～明治26（1893）年
江戸時代後期～明治期の伊勢外宮神官。
¶三重続

**服部甚五郎** はっとりじんごろう
天正2（1574）年～慶長13（1608）年
安土桃山時代～江戸時代前期の播磨出身の殉教キリシタン。
¶兵庫百

**服部如実** はっとりにょじつ
明治32（1899）年～昭和46（1971）年
昭和期の真言宗醍醐派僧侶。
¶仏人

**服部範嶺** はっとりはんれい
嘉永6（1853）年～大正14（1925）年
江戸時代後期～大正期の僧侶。
¶島根百，島根歴，真宗（㊤嘉永4（1851）年 ㊦大正14（1925）年1月13日）

**服部三智麿** はっとりみちまろ
明治3（1870）年～昭和19（1944）年8月23日
明治～昭和期の説教師、真宗大谷派僧侶。
¶仏教

**服部安休** はっとりやすよし
→服部安休（はっとりあんきゅう）

**服部雄州** はっとりゆうじゅう
安政2（1855）年10月～大正15（1926）年1月3日
明治～大正期の禅僧。
¶徳島百

**服部亮厳** はっとりりょうごん
文久1（1861）年～大正15（1926）年7月30日
明治～大正期の僧侶。
¶真宗

**八百比丘尼** はっぴゃくびくに
㊙八百比丘尼（やおびくに）
伝説上の人物。長命の比丘尼。
¶朝日，コン4，コン5，新潮，全書，日史，日人，飛驒（やおびくに），百科，福井百，仏教

**羽鳥明** はとりあきら
大正9（1920）年11月3日～
昭和期の牧師。日本福音同盟総務。
¶キリ

**羽鳥春隆** はとりはるたか
？ ～明治17（1884）年
江戸時代後期～明治期の津島神社の神官。
¶姓氏愛知

**花岡大学** はなおかだいがく
明治42（1909）年2月6日～昭和63（1988）年1月29日
昭和期の児童文学者、仏教文学者家。浄土真宗本願寺派の僧。
¶大阪文，郷土奈良，京都文，近文，幻作，現執2期，現情，幻想，児作，児人，児文，小説，真宗，新文，世紀，奈良文，日児，日人，仏教，ポプ人，マス89

は

**花岡安記** はなおかやすき
生没年不詳
明治期の神職。
¶庄内

**花ケ前盛明** はながさきもりあき
昭和12（1937）年11月2日～
昭和～平成期の神職。居多神社宮司。
¶現執4期

**花前盛貞** はながさきもりさだ
？ ～天正12（1584）年
戦国時代～安土桃山時代の神職。越後国居多社の社家。
¶戦辞

**華園真淳** はなぞのしんじゅん
明治17（1884）年8月3日～昭和50（1975）年1月22日
明治～昭和期の浄土真宗興正寺派僧侶。興正寺29世。
¶大阪人（㊦昭和50（1975）年1月），現情，真宗，人名7，世紀，日人，仏教，仏人

**華園摂信** はなぞのせっしん
文化5（1808）年2月16日～明治10（1877）年12月12日 ㊙摂信（せっしん）
江戸時代末期～明治期の真宗興正派僧侶。興正寺27世。
¶維新，国書，真宗，幕末，幕末大（㊤文化5（1808）年2月），仏教，仏人（摂信 せっしん），明大1

**華園沢好** はなぞのたくこう
弘化2（1845）年8月13日～明治5（1872）年3月16日
江戸時代後期～明治期の僧侶。

¶真宗

**華園沢称**（華園澤稱）　はなぞのたくしょう
嘉永5（1852）年6月8日～大正1（1912）年11月19日
江戸時代後期～明治期の僧侶。
¶華請，真宗，男爵（華園澤稱）

**花田信之**　はなだしんし
明治39（1906）年～昭和54（1979）年11月13日
明治～昭和期の教育者。浄土真宗本願寺派財務部長、鎮西女子高校長。
¶日エ

**花田凌雲**　はなだりょううん
明治6（1873）年1月5日～昭和27（1952）年11月29日
大正～昭和期の浄土真宗本願寺派、仏教学者。龍谷大学学長。著書に「仏教提要」など。
¶昭人，真宗（㊀明治6（1872）年1月5日），世紀，日人，仏教

は

**華山海応**　はなやまかいおう
→華山海応（かざんかいおう）

**花山清**　はなやまきよし
明治29（1896）年1月25日～昭和57（1982）年1月26日
大正～昭和期の社会運動家。水平運動家。全九州水平社仮本部委員長。
¶コン改，コン4，コン5，社運，社史，真宗，世紀，日人，平和

**花山勝友**　はなやましょうゆう
昭和6（1931）年9月21日～平成7（1995）年6月16日
昭和～平成期の仏教学者。武蔵野女子大教授、仏教伝道協会研究室主任。
¶現執3期，真宗

**花山信勝**　はなやましんしょう
明治31（1898）年12月3日～平成7（1995）年3月20日
大正～平成期の仏教学者、宗教家。東京大学教授。巣鴨拘置所教誨師。著書「平和の発見—巣鴨の生と死の記録」がベストセラーとなる。
¶石川百，現朝，現情，現人，現日，コン改，コン4，コン5，史研，史人，真宗，新潮，世紀，全書，日人，日本，ふる，北陸20，履歴，履歴2

**花山大安**　はなやまだいあん
元治1（1864）年12月20日～昭和11（1936）年5月8日
江戸時代末期～昭和期の僧侶。
¶真宗

**塙嘉一郎**　はなわかいちろう
明治8（1875）年8月5日～昭和15（1940）年8月16日
明治～昭和期の神官。
¶茨城百，茨城歴，神人，世紀，日人

**花輪喜久蔵**　はなわきくぞう
明治1（1868）年～昭和17（1942）年
明治～昭和期の仏師。
¶姓氏岩手，美建，明大2

**塙豊樹**　はなわとよき
安政1（1854）年～大正10（1921）年
明治～大正期の神職。
¶神人

**塙瑞比古**　はなわみずひこ
明治38（1905）年～
昭和期の笠間稲荷神社宮司。
¶郷土茨城

**土師留女**　はにしのるめ
生没年不詳
奈良時代の女性。「梵網経」に記載。
¶女性，日人

**羽根田文明**　はねだぶんめい
明治期の真宗の信者。
¶真宗

**馬場嘉市**　ばばかいち
明治25（1892）年6月20日～昭和60（1985）年2月14日
明治～昭和期の牧師、聖書学者、聖書辞典編集者。
¶キリ

**馬場左近**　ばばさこん
享保14（1729）年～寛政10（1798）年
江戸時代中期～後期の宮大工。
¶群馬人，美建

**羽原忠夫**　はばらただお
明治31（1898）年～？
昭和期の新興仏教青年同盟広島支部関係者。
¶社史

**ハビアン**（巴毗庵，巴鼻庵）
永禄8（1565）年～元和7（1621）年　㊈ハビアン不干（はびあんふかん），不干斎ハビアン（ふかんさいはびあん），不干斎ファビアン（ふかんさいふぁびあん），ファビアン
安土桃山時代～江戸時代前期の日本人イエズス会修道士。護教論『妙貞問答』と排教論『破提宇子（はだいうす）』を著した。
¶朝日（ハビアン不干　はびあんふかん　㊀永禄7（1564）年　㊁元和7（1621）年1月），岩史（㊀永禄8（1565）年頃），京都大（㊁元和7（1621）年？），近世（㊁元和7（1621）年2月末ごろ），国史，国書（㊁元和7（1621）年2月），史人（㊀1565年？　㊁1621年1月），思想史（㊀永禄8（1565）年？），新潮（ハビアン不干　はびあんふかん　㊀永禄8（1565）年頃），人名（巴毗庵　㊁？），姓氏石川（不干斎ファビアン　ふかんさいふぁびあん　㊁1621年？），姓氏京都（不干斎ハビアン　ふかんさいはびあん　㊀1565年？　㊁？），世人（生没年不詳），世百（㊀1565年？　㊁？），戦人（巴鼻庵　ばびあん　生没年不詳），戦補（巴鼻庵），対外，日思，日史（㊁元和7年1月（1621年3月）），日人（㊁元和7（1621）年1月），百科，仏教（㊀永禄8（1565）年？　㊁元和7（1621）年？），平日（㊀1565　㊁1621），歴大

**ハビアン不干**　はびあんふかん
→ハビアン

**馬仏**　ばぶつ
江戸時代中期の金沢観音院の僧。俳人。
¶姓氏石川

**祝茂仲**　はふりしげなか
寛政4(1792)年〜慶応1(1865)年2月14日
江戸時代末期の神官(日吉社司)。
¶公卿，公卿普，公家(茂仲〔日吉神社禰宜祝部生源寺・樹下家〕　しげなか)

**祝茂慶**　はふりしげよし
延享2(1745)年〜文政7(1824)年2月23日
江戸時代中期〜後期の神官(日吉社司)。
¶公卿，公卿普，公家(茂慶〔日吉神社禰宜祝部生源寺・樹下家〕　しげよし)

**祝資光**　はふりすけみつ
延宝5(1677)年〜延享2(1745)年4月4日
江戸時代中期の神官(日吉社司)。
¶公卿，公卿普，公家(資光〔日吉神社禰宜祝部生源寺・樹下家〕　すけみつ)

**祝友治**　はふりともはる
元禄15(1702)年〜宝暦12(1762)年10月14日
江戸時代中期の神官(日吉社司)。
¶公卿，公卿普，公家(友治〔日吉神社禰宜祝部生源寺・樹下家〕　ともはる)

**祝成節**　はふりなりとも
文化5(1808)年〜
江戸時代後期の神官。
¶公卿普，公家(成節〔日吉神社禰宜祝部生源寺・樹下家〕　なりよ)

**祝成範**　はふりなるのり
元文5(1740)年〜文政11(1828)年5月10日
江戸時代中期〜後期の神官(日吉社司)。
¶公卿，公卿普，公家(成範〔日吉神社禰宜祝部生源寺・樹下家〕　なりのり)

**祝成光**　はふりなるみつ
天明8(1788)年〜万延1(1860)年1月26日
江戸時代後期の神官(日吉社司)。
¶公卿，公卿普，公家(成光〔日吉神社禰宜祝部生源寺・樹下家〕　なりみつ)

**祝業明**　はふりのぶあき
天正17(1589)年〜？
江戸時代前期の神官(日吉社司)。
¶公卿，公卿普，公家(業明〔日吉神社禰宜祝部生源寺・樹下家〕　なりあき　[生]1671年　[没]？)

**祝業蕃**　はふりのぶしげ
明和8(1771)年〜天保1(1830)年1月18日　[別]祝部業蕃(はふりべなりしげ)
江戸時代後期の神官(日吉社司)。
¶公卿，公卿普，公家(業蕃〔日吉神社禰宜祝部生源寺・樹下家〕　なりしげ)，国書(祝部業蕃　はふりべなりしげ)

**祝業徳**　はふりのぶとく
元禄15(1702)年〜安永3(1774)年9月
江戸時代中期の神官(日吉社司)。
¶公卿，公卿普，公家(業徳〔日吉神社禰宜祝部生源寺・樹下家〕　なりのり)

**祝業雅**　はふりのぶまさ
寛政9(1797)年〜安政3(1856)年3月13日　[別]祝部業雅(はふりべなりまさ)
江戸時代末期の神官(日吉社司)。
¶公卿，公卿普，公家(業雅〔日吉神社禰宜祝部生源寺・樹下家〕　なりまさ　[生]1787年)，国書(祝部業雅　はふりべなりまさ)

**祝部国長**　はふりべくになが
生没年不詳
鎌倉時代の神職・歌人。
¶国書

**祝部貞長**　はふりべさだなが
生没年不詳
鎌倉時代後期の神職・歌人。
¶国書

**祝部忠長**　はふりべただなが
生没年不詳
鎌倉時代後期の神職・歌人。
¶国書

**祝部忠成**　はふりべただなり
生没年不詳
鎌倉時代の神職・歌人。
¶国書

**祝部親成**　はふりべちかなり
康治1(1142)年〜寛喜2(1230)年9月30日
平安時代後期〜鎌倉時代前期の神職。
¶国書

**祝部尚長**　はふりべなおなが
生没年不詳
南北朝時代〜室町時代の神職・歌人・連歌作者。
¶国書

**祝部永成**　はふりべながなり
享保10(1725)年〜寛政7(1795)年3月29日
江戸時代中期〜後期の神職。
¶国書

**祝部成詮**　はふりべなりあき
生没年不詳
南北朝時代〜室町時代の神職・歌人。
¶国書

**祝部成景**　はふりべなりかげ
生没年不詳
南北朝時代〜室町時代の神職・歌人。
¶国書

**祝部成賢**　はふりべなりかた
？　〜建治1(1275)年6月7日
鎌倉時代前期〜後期の神職・歌人。
¶国書

**祝部成国** はふりべなりくに
？ ～正平18/貞治2(1363)年7月
鎌倉時代後期～南北朝時代の神職・歌人。
¶国書

**祝部成前** はふりべなりさき
生没年不詳
室町時代の神職・歌人。
¶国書

**祝部成実** はふりべなりざね
生没年不詳
鎌倉時代後期の神職・歌人。
¶国書

**祝部業蕃** はふりべなりしげ
→祝業蕃(はふりのぶしげ)

**祝部成繁** はふりべなりしげ
生没年不詳
鎌倉時代前期の神職・歌人。
¶国書

は

**祝部成茂** はふりべなりしげ
→祝部成茂(はふりべのなりしげ)

**祝部成胤** はふりべなりたね
生没年不詳
南北朝時代～室町時代の神職・歌人。
¶国書

**祝部成任** はふりべなりとう
生没年不詳
南北朝時代～室町時代の神職・歌人。
¶国書

**祝部成豊** はふりべなりとよ
生没年不詳
南北朝時代～室町時代の神職・歌人。
¶国書

**祝部成仲** はふりべなりなか
→祝部成仲(はふりべのなりなか)

**祝部成良** はふりべなりなが
生没年不詳
鎌倉時代の神職・歌人。
¶国書

**祝部成久** はふりべなりひさ
生没年不詳
鎌倉時代後期の神職・歌人。
¶国書

**祝部成広** はふりべなりひろ
生没年不詳
南北朝時代～室町時代の神職・歌人。
¶国書

**祝部成藤** はふりべなりふじ
生没年不詳
南北朝時代の神職・歌人。
¶国書

**祝部業雅** はふりべなりまさ
→祝業雅(はふりのぶまさ)

**祝部成光** はふりべなりみつ
生没年不詳
南北朝時代～室町時代の神職・歌人。
¶国書

**祝部成房** はふりべのしげふさ
平安時代後期の日吉社神主。
¶古人

**祝部成茂** はふりべのなりしげ
治承4(1180)年～建長6(1254)年　㊍祝部成茂(はふりべなりしげ,はふりべのなりもち)
平安時代後期～鎌倉時代後期の神職、歌人。
¶国書(はふりべなりしげ　㊀建長6(1254)年8月),古人(はふりべのなりもち),日人,平史(はふりべのなりもち)

**祝部成仲** はふりべのなりなか
康和1(1099)年～建久2(1191)年　㊍祝部成仲(はふりべなりなか)
平安時代後期の神職、歌人。
¶国書(はふりべなりなか　㊀建久2(1191)年10月13日),古人,日人,平史

**祝部成茂** はふりべのなりもち
→祝部成茂(はふりべのなりしげ)

**祝部允仲** はふりべのまさなか
→祝部允仲(はふりべまさなか)

**祝部允仲** はふりべまさなか
生没年不詳　㊍祝部允仲(はふりべのまさなか)
平安時代後期～鎌倉時代前期の神職・歌人。
¶国書,古人(はふりべのまさなか),平史(はふりべのまさなか)

**祝部匡長** はふりべまさなが
生没年不詳
鎌倉時代後期の神職・歌人。
¶国書

**祝部行氏** はふりべゆきうじ
生没年不詳
鎌倉時代後期の神職・歌人。
¶国書

**祝部行茂** はふりべゆきしげ
承応2(1653)年～元文2(1737)年10月14日
江戸時代前期～中期の神職。
¶公家(行茂〔日吉神社禰宜祝部生源寺・樹下家〕ゆきしげ),国書

**祝部行親** はふりべゆきちか
生没年不詳
鎌倉時代後期～南北朝時代の神職・歌人・連歌作者。
¶国書

**祝部行直** はふりべゆきなお
生没年不詳
南北朝時代の神職・歌人。

¶国書

**祝部行藤**　はふりべゆきふじ
生没年不詳
南北朝時代～室町時代の神職・歌人。
¶国書

**祝部行丸**　はふりべゆきまろ
永正9(1512)年～天正20(1592)年6月25日
戦国時代～安土桃山時代の神職。
¶国書，神人

**祝希璵**　はふりまれよ
文化4(1807)年～？
江戸時代後期の神官(日吉社司)。
¶公卿，公卿普，公家(希璵〔日吉神社禰宜祝部生源寺・樹下家〕　まれよ　[没]？)

**祝希烈**　はふりまれれつ
天明6(1786)年～文久3(1863)年2月26日
江戸時代後期の神官(日吉社司)。
¶公卿，公卿普，公家(希烈〔日吉神社禰宜祝部生源寺・樹下家〕　まれつら　[生]1785年)

**祝行茂**　はふりゆきしげ
承応1(1652)年～元文2(1737)年10月14日
江戸時代前期～中期の神官(日吉社司)。
¶公卿，公卿普

**浜**　はま
生没年不詳
江戸時代前期の女性。出羽秋田藩主佐竹義宣の側室。
¶女性，日人

**浜口恵璋(1)**　はまぐちえしょう
？～明治41(1908)年
江戸時代末期～明治期の僧侶。
¶真宗

**浜口恵璋(2)**　はまぐちえしょう
明治7(1874)年～昭和41(1966)年
明治～昭和期の僧侶。
¶和歌山人

**浜崎貞敬**　はまざきさだたか
生没年不詳
江戸時代後期の神職。
¶国書

**浜島祖宗**　はまじまそそう
文化8(1811)年～明治27(1894)年
江戸時代後期～明治期の僧、教育者。
¶姓氏愛知

**浜田鉄軒**　はまだてっけん
生没年不詳　[別]浜田超道(はまだちょうどう)
明治期の牧師。
¶社史

**浜田徳太夫**　はまだとくだいう
生没年不詳
江戸時代後期の大住郡大山阿夫利神社祠官。
¶神奈川人

**浜田男麿**　はまだひこまろ
明治期の神職。
¶神人

**浜田本悠**　はまだほんゆう
明治24(1891)年4月5日～昭和46(1971)年10月3日
大正～昭和期の宗教学者。立正大学教授、宗教問題研究所所長。
¶昭人，哲学

**浜田与助**　はまだよすけ
明治23(1890)年8月5日～昭和42(1967)年7月13日
大正～昭和期の宗教哲学者。同志社大学教授、関東学院大学教授。
¶昭人，哲学，和歌山人

**浜野寿雄**　はまのひさお
明治37(1904)年6月14日～
昭和期の神職。石楯尾神社宮司、神社本庁教誨師。
¶現執2期

**葉室頼昭**　はむろよりあき
昭和2(1927)年～平成21(2009)年
昭和～平成期の形成外科医、神職。
¶近医

**早尾海雄**　はやおひろお
天保14(1843)年～
江戸時代後期～末期の神職。
¶神人

**早川喜四郎**　はやかわきしろう
慶応2(1866)年4月18日～昭和18(1943)年4月23日
明治～昭和期の司祭。平安女学院院長。
¶キリ，渡航

**早川賢牛**　はやかわけんぎゅう
明治26(1893)年9月1日～昭和48(1973)年9月12日
大正～昭和期の僧、社会事業家。曹洞宗津山千光寺住職。
¶岡山歴

**早川権弥**　はやかわごんや
文久1(1861)年6月18日～大正10(1921)年8月10日
明治～大正期の政治家、宗教家。
¶世紀，姓氏長野，長野百，長野歴，日人，明大1

**早川澄治**　はやかわすみじ
明治24(1891)年～昭和23(1948)年
大正～昭和期の神官。俳人・歌人。
¶姓氏愛知

**早川専明**　はやかわせんめい
天明3(1783)年～万延1(1860)年
江戸時代中期～末期の尼僧。下之郷村阿弥陀堂第2世。
¶姓氏愛知

**早川ちやう** はやかわちょう
安政6(1859)年〜昭和23(1948)年4月16日
江戸時代末期〜明治期の女性。仙台市長早川智寛の妻。仙台仏教会の五幹事の一人。愛国人会、日本赤十字社幹部として活躍。
¶女性，女性普

**早川仲** はやかわなか
生没年不詳
明治期の牧師。一宮教会牧師。
¶社史

**早雲高古** はやくもたかふる
享和2(1802)年〜明治4(1871)年1月13日
江戸時代末期〜明治期の阿波徳島藩士。
¶徳島百，徳島歴，藩臣6

**早坂久之助** はやさかきゅうのすけ
明治16(1883)年9月14日〜昭和34(1959)年
㊀早坂久之助(はやさかひさのすけ)
明治〜昭和期のカトリック司教。長崎教区長。日本人初の司教として叙階。長崎純心聖母会設立。
¶学校(㊥昭和34(1959)年8月3日)，キリ(はやさかひさのすけ　㊤明治22(1889)年)，現朝(㊥1959年10月26日)，現情(㊥1959年8月3日)，昭人(㊥昭和34(1959)年8月3日)，新カト(㊤明治16(1883)年9月17日　㊥昭和34(1959)年10月26日)，新潮(㊥昭和34(1959)年8月3日)，人名7，世紀(㊥昭和34(1959)年8月3日)，渡航(㊥1959年10月26日)，長崎百，長崎歴，日人(㊥昭和34(1959)年10月26日)，歴大

**早坂久之助** はやさかひさのすけ
→早坂久之助(はやさかきゅうのすけ)

**林歌子** はやしうたこ
元治1(1864)年12月14日〜昭和21(1946)年3月24日
明治〜昭和期の社会事業家。日本キリスト教婦人矯風会会頭。孤児の養育事業に献身。大阪矯風会創立。
¶市川，海越(㊤元治1(1865)年12月14日)，海越新(㊤元治1(1865)年12月14日)，大阪人(㊥昭和21(1946)年3月)，郷土福井，キリ(㊤元治1年12月14日(1865年1月11日))，近現，近女，現朝(㊤元治1年12月14日(1865年1月11日))，現情，国史，コン改，コン4，コン5，史人，社史(㊤元治1(1865)年12月14日)，昭人，女運(㊤1865年1月11日)，女史，女性，女性普，新潮，人名7，世紀(㊤元治1年12月14日(1865年1月11日))，先駆(㊤元治1(1865)年12月14日)，日人(㊤1865年)，福井百，平和(㊤元治1(1865)年)，民学，明治史，明大1，歴大

**林英俊** はやしえいしゅん
?　〜昭和10(1935)年4月
昭和期の僧侶、社会運動家。安全寺住職。
¶社運，社史

**林海州** はやしかいしゅう
文化5(1808)年〜明治11(1878)年
江戸時代後期〜明治期の僧侶。
¶姓氏愛知

**林学斎** はやしがくさい
天保4(1833)年〜明治39(1906)年7月14日
江戸時代末期〜明治期の儒者。
¶江文，国書(㊤天保4(1833)年10月1日)，諸系，人名，徳川臣，日人，明大2

**林覚潤** はやしかくじゅん
文政11(1828)年〜明治35(1902)年
江戸時代後期〜明治期の日光輪王寺大僧正。
¶姓氏長野

**林峨山** はやしがざん
天明3(1783)年〜文久2(1862)年8月5日
江戸時代中期〜末期の神職。
¶国書

**林甕臣** はやしかめおみ
→林甕臣(はやしみかおみ)

**林機先** はやしきせん
明治5(1872)年〜昭和33(1958)年
昭和期の宗教家。
¶山口人

**林彦明** はやしげんみょう
慶応4(1868)年5月5日〜昭和20(1945)年9月9日
明治〜昭和期の仏教学者、浄土宗僧侶。知恩寺69世、日華仏教研究会創設者。
¶仏教，仏人

**林孝道** はやしこうどう
慶応1(1865)年4月8日〜昭和21(1946)年12月17日
明治〜昭和期の僧。高山市の雲竜寺31世。孝道幼稚園初代園長。
¶飛驒

**林惟純** はやしこれずみ，はやしこれすみ
天保4(1833)年1月14日〜明治29(1896)年3月31日
江戸時代後期〜明治期の神官、教育者。
¶神人(はやしこれすみ)，幕末大

**林幸子** はやしさちこ
大正7(1918)年〜平成14(2002)年
昭和・平成期のキリスト教の牧師。
¶熊本人

**林実利** はやしじつかが
天保14(1843)年〜明治17(1884)年
江戸時代後期〜明治期の山伏行者。
¶歴大

**林承賢** はやししょうけん
昭和4(1929)年3月19日〜昭和31(1956)年3月7日
昭和期の僧。金閣寺に放火し、炎上させる。三島由紀夫の小説「金閣寺」のモデル。
¶現朝，世紀，日人

**林水月** はやしすいげつ
大正2(1913)年〜平成2(1990)年1月14日
昭和期の僧侶。
¶真宗

**林省三**　はやしせいぞう
明治19(1886)年9月～
昭和期の救世軍士官、林業者。
¶社史

**林蘇東**　はやしそとう
明治29(1896)年11月17日～昭和31(1956)年
明治～昭和期の心理学者。
¶心理，特教

**林孝人**　はやしたかひと
明治～大正期の神職。武内宿禰末裔・教派神道神理教神職。
¶華請

**林竹雄**　はやしたけお
明治期の神職。
¶神人

**林田光禅**　はやしだこうぜん
明治16(1883)年～昭和21(1946)年
昭和期の真言宗智山派僧侶。
¶仏人

**林達声**(松達声)　はやしたっせい
昭和3(1928)年～昭和58(1983)年
昭和期の僧侶・平和運動家。
¶平和(松達声)

**林テル**　はやしてる
嘉永7(1854)年～大正9(1920)年
明治～大正期の修道女。
¶世紀(㊎嘉永7(1854)年3月10日　㊍大正9(1920)年10月16日)，長崎百，日人

**林昇**　はやしのぼる
天保4(1833)年10月～明治39(1906)年7月
江戸時代後期～明治期の教育者・神官。
¶群馬人

**林八郎**　はやしはちろう
明治期の神職。
¶神人

**早島鏡正**　はやしまきょうしょう
大正11(1922)年9月21日～平成12(2000)年4月28日
昭和～平成期の仏教学者、僧侶。東京大学教授、浄土真宗本願寺派宣正寺住職。専門は初期仏教、浄土教、インド哲学。著書に「初期仏教と社会生活」「浄土三部経」など。
¶現執2期，現執3期，世紀，日人

**林正木**　はやしまさき
明治19(1886)年～昭和17(1942)年
明治～昭和期の大分県の地方教育会の恩人。宮司。
¶大分百，大分歴

**林正清**　はやしまさきよ
？　～宝暦3(1753)年
江戸時代中期の宮大工。
¶埼玉人，美建

**林甕臣**　はやしみかおみ
弘化2(1845)年2月3日～大正11(1922)年1月8日
㊙林甕臣(はやしかめおみ)
明治～大正期の歌人、国学者。「新式歌文雑誌」創刊、その運動を推進。著書に「日本語源学」がある。
¶維新(はやしかめおみ)，近文，コン5，神人(㊎弘化2(1845)年2月)，新文(㊎弘化3(1846)年)，世紀，幕末大，文学(㊎1846年)，民学，明治史，明大2

**林道永**　はやしみちなが★
～明治44(1911)年
明治期の僧侶。
¶三重

**林屋友次郎**　はやしやともじろう
明治19(1886)年5月15日～昭和28(1953)年12月21日
大正～昭和期の実業家、仏教学者。東京鋼材社長、駒沢大学教授。一時財界を離れ、仏教研究、著述に従事。戦後復帰し、会社整理の官選整理委員などを務める。
¶現情，昭人，人名7，世紀，哲学，日人，仏教，仏人

は

**林山玄猷**　はやしやまげんゆう
？　～明治20(1887)年
江戸時代後期～明治期の真宗大谷派の僧。
¶姓氏石川

**林養賢**　はやしようけん
昭和4(1929)年3月19日～昭和31(1956)年3月7日
昭和期の使徒僧。
¶現日

**林義子**　はやしよしこ
昭和11(1936)年8月11日～
昭和期の人間関係問題カウンセラー、ボランティア指導者。いのちの電話事務局ディレクター、カトリック援助修道会修道女。
¶現執2期

**林柳斎**　はやしりゅうさい
天保9(1838)年3月21日～大正14(1925)年5月12日
明治～大正期の敬神家、神職。
¶神人

**林隆碩**　はやしりゅうせき
明治17(1884)年～昭和47(1972)年
明治～昭和期の浄土宗僧侶、勧学。
¶島根歴

**林嶺外**　はやしれいがい
～昭和5(1930)年7月31日
昭和期の僧侶。
¶飛騨

**林霊法**　はやしれいほう
明治39(1906)年9月20日～平成12(2000)年3月7日
昭和期の僧侶。東海学園女子短期大学長、知恩寺

法主。新大乗仏教運動を展開。
¶学校(㊀明治39(1906)年9月29日), 現朝, 現執1期, 現情, 現人, 社運, 社史, 世紀(㊀明治39(1906)年9月29日), 日人, 平和

**早山茂** はやましげる
～昭和11(1936)年
明治～昭和期の神職。
¶神人

**速水重敬** はやみしげたか
明治期の神職。
¶神人

**速水侑** はやみたすく
昭和11(1936)年10月28日～
昭和～平成期の仏教学者、新興宗教学者。東海大学教授。
¶現執3期

**原戌吉** はらいぬきち
明治3(1870)年～昭和36(1961)年
明治～昭和期のジャーナリスト、宗教家。
¶高知人

**原円応** はらえんのう
慶応1(1865)年～昭和6(1931)年
明治～昭和期の僧。
¶大分歴

**原九右衛門** はらくえもん
→原重興(はらしげとも)

**原口針水** はらぐちしんすい
文化5(1808)年～明治26(1893)年6月12日　㊊針水(しんすい)
江戸時代末期～明治期の真宗本願寺派僧侶。大教院の教導職となり西本願寺の護法に努めた。
¶朝日(㊀文化5年8月3日(1808年9月22日)), 熊本人, 熊本百, 国書(針水　しんすい　㊀文化5(1808)年8月3日), コン改, コン4, コン5, 真宗(㊀文化5(1808)年8月3日), 新潮, 長崎遊, 日人, 仏教(㊀文化5(1808)年8月3日), 仏人(㊀1807年), 明大1(㊀文化5(1808)年8月3日)

**原敬常** はらけいじょう
元文1(1736)年～文化6(1809)年9月22日　㊊敬常(けいじょう)
江戸時代中期～後期の妙好人。
¶島根百(敬常　けいじょう), 島根歴

**原子基** はらこもとい
明治13(1880)年3月9日～昭和8(1933)年8月22日
明治～大正期の農民、古物商、僧侶。岩手平民会メンバー。
¶アナ, 社史

**原崎百子** はらざきももこ
昭和9(1934)年8月13日～昭和53(1978)年8月10日
昭和期の女性。牧師原崎清の妻。
¶女性, 女性普

**原重興** はらしげとも
文政10(1827)年～大正4(1915)年　㊊原九右衛門(はらくえもん)
江戸時代末期～大正期の宗教家。実行教教長、用水開発功労者。
¶姓氏長野(原九右衛門　はらくえもん), 姓氏長野, 長野歴

**原島宏治** はらしまこうじ
明治42(1909)年12月4日～昭和39(1964)年12月9日
昭和期の政治家、宗教家。公明党初代委員長、創価学会理事長。創価教育学会に入り戦後理事に就任。のち参議院議員。
¶現朝, 現情, 現人, 現日, 新潮, 人名7, 世紀, 政治, 世人, 多摩, 日人

**原島嵩** はらしまたかし
昭和13(1938)年11月10日～
昭和期の宗教家、編集者。創価学会教学部長、聖教新聞論説主幹。
¶現執2期

**原心猛** はらしんみょう
→原心猛(はらしんもう)

**原心猛**(原心孟) はらしんもう
天保4(1833)年～明治39(1906)年　㊊原心猛(はらしんみょう)
明治期の僧侶。金剛峰寺座主。真言宗古義各派統一聯合総裁就任、高野派管長として財政整理に功績がある。
¶岡山人(原心孟), 島根歴(はらしんみょう), 人名, 日人, 明大1(はらしんみょう　㊁明治39(1906)年5月6日)

**原随園**(原随円) はらずいえん
明治27(1894)年3月19日～昭和59(1984)年3月25日
明治～昭和期の歴史学者。京都大学教授。「文化史」の立場から古代ギリシャ史を研究。
¶現朝, 現執1期, 現情, コン改, コン4, コン5, 真宗(原随円), 世紀, 姓氏京都, 日人

**原田明彦** はらだあきひこ
昭和11(1936)年6月6日～平成9(1997)年9月7日
昭和・平成期の教育者・僧。古川町の慈眼寺19世。
¶飛騨

**原田アントニオ** はらだあんとにお
生没年不詳　㊊原田アントニヨ(はらだあんとによ)
江戸時代前期の国字本の出版者。
¶朝日, コン改(原田アントニヨ　はらだあんとによ), コン4(原田アントニヨ　はらだあんとによ), コン5(原田アントニヨ　はらだあんとによ), 新潮(原田アントニヨ　はらだあんとによ), 姓氏京都, 日史, 日人(原田アントニヨ　はらだあんとによ), 百科

**原田アントニヨ** はらだあんとによ
→原田アントニオ(はらだあんとにお)

**原田慧暁** はらだえきょう
天和1(1681)年～享保12(1727)年
江戸時代前期～中期の僧。大谷派本願寺講師三代。
¶姓氏富山

**原田近江** はらだきんこう
文化14(1817)年～元治1(1864)年
江戸時代後期～末期の神職。八幡宮宮司。
¶姓氏愛知

**原田重方** はらだしげかた
文化3(1806)年5月5日～慶応2(1866)年3月13日
㊙原田七郎(はらだしちろう),原田重方(はらだしげまさ)
江戸時代末期の神職。
¶維新, 国書, 日人(原田七郎　はらだしちろう), 幕末(はらだしげまさ　㊡1866年4月27日), 幕末大(原田七郎　はらだしちろう), 藩臣7, 福岡百(はらだしげまさ)

**原田重種** はらだしげたね
寛政7(1795)年7月3日～明治2(1869)年12月22日
江戸時代後期～明治期の豊前・若八幡宮神官、国学者。
¶国書, 神人

**原田重方** はらだしげまさ
→原田重方(はらだしげかた)

**原田七郎** はらだしちろう
→原田重方(はらだしげかた)

**原田季夫** はらだすえお
明治41(1908)年2月20日～昭和42(1967)年1月4日
昭和期の牧師、ハンセン病患者伝道者。
¶キリ

**原田祖岳** はらだそがく
明治4(1871)年10月13日～昭和36(1961)年12月12日
明治～昭和期の曹洞宗師家。駒沢大学教授。
¶郷土福井, 昭人, 世紀, 日人, 仏教, 仏人

**原田高恵** はらだたかしげ
寛保3(1743)年～寛政5(1793)年9月23日
江戸時代中期～後期の神職。
¶国書, 神人

**原田助** はらだたすく
文久3(1863)年～昭和15(1940)年2月21日　㊙原田助(はらだたすけ)
明治～大正期の牧師、教育者。同志社総長、ハワイ大学東洋学部部長。同志社大学を開学。その後、排日運動の中で日米関係の改善に尽力。
¶海越新(㊤文久3(1863)年11月10日), キリ(㊤文久3年11月10日(1863年12月20日)), 近現, 国史, 社史(㊤文久3年11月10日(1863年12月20日)), 人名7(はらだたすけ), 世紀(㊤文久3(1863)年11月10日), 渡航, 日人, 日Y(㊤文久3(1863)年11月10日), 兵庫人(はらだたすけ　㊡昭和15(1940)年2月), 兵庫百, 明治史, 明大2(㊤文久3(1863)年11月10日)

**原田助** はらだたすけ
→原田助(はらだたすく)

**原田敏明** はらだとしあき
明治26(1893)年11月1日～昭和58(1983)年1月17日
明治～昭和期の宗教史学者。東海大学教授。宗教民俗学を研究。全国農村を踏査し実証的に社会学を研究。
¶近現, 熊本人, 熊本百, 現執1期, 現情, 国史, 史研, 史人, 神史, 世紀, 日人

**原胤昭**(原胤明) はらたねあき
嘉永6(1853)年2月2日～昭和17(1942)年2月23日
明治期のキリスト教社会事業家。キリスト教書店十字屋創業。のち出獄人保護所を建設、厚生保護に当たった。
¶浮絵, 北墓(原胤明), キリ(㊤嘉永6年2月2日(1853年3月11日)), 近現, 現朝(㊤嘉永6年2月2日(1853年3月11日)), 国史, コン改, コン5, 史人, 出文, 新潮, 人名7, 世紀, 先駆, 全書, 徳川臣, 日史, 日人, 幕末, 幕末大, 百科, 北海道百, 北海道歴, 明治史, 明大1, 歴大

は

**原田信夫** はらだのぶお
明治42(1909)年2月4日～昭和20(1945)年4月30日
昭和期の牧師。
¶キリ

**原田八郎** はらだはちろう
明治32(1899)年～昭和59(1984)年
大正・昭和期の神職。
¶宮崎百一

**原田弘道** はらだひろみち
昭和10(1935)年3月31日～
昭和期の禅学者。駒沢大学教授・仏教経済研究所所長。
¶現執1期, 現執2期

**原田霊昌** はらだれいしょう
明治29(1896)年6月15日～昭和52(1977)年2月7日
大正・昭和期の僧。丹生川村の正宗寺16世。
¶飛騨

**原坦山** はらたんざん
文政2(1819)年10月18日～明治25(1892)年7月27日
明治期の曹洞宗の僧。蘭医学や仙術を研究。のち東大印度哲学科初代講師となる。
¶朝日(㊤文政2年10月18日(1819年12月5日)), 維新, 江戸, 角史, 神奈川人, 神奈川百, 近現, 近世, 広7, 国史, 国書, コン改, コン4, コン5, 史人, 思想史, 新潮, 人名, 世人, 世百, 全書, 大百, 哲学, 日史, 日人, 日本, 幕末, 幕末大, 百科, 福島百, 仏教, 仏人, 明治史, 明大1, 歴大

**原忠道** はらちゅうどう
明治21(1888)年2月3日～昭和48(1973)年4月18日

大正～昭和期の僧侶。
¶庄内

**原天随** はらてんずい
明治3（1870）年10月13日～昭和27（1952）年7月3日
明治～昭和期の僧侶。
¶真宗

**原時芳** はらときふさ
生没年不詳
江戸時代中期の神職。
¶国書

**原鈍丸知野** はらどんまるちの
→原マルチノ（はらまるちの）

**原野駿雄** はらのとしお
明治27（1894）年～昭和57（1982）年
大正～昭和期のキリスト教伝道者、宗教教育家、神学者。
¶兵庫百

は

**原信好** はらのぶよし
→原信好（はらまよみ）

**腹巻弘道** はらまきひろみち
生没年不詳
江戸時代末期の神職。
¶国書

**原正男** はらまさお
明治15（1882）年3月6日～昭和47（1972）年1月3日
明治～昭和期の神道研究家。
¶庄内

**原松太** はらまつた
明治18（1885）年12月24日～昭和34（1959）年5月20日
大正～昭和期の教育者、牧師。西南女学院院長。
¶キリ，福岡百

**原信好** はらまよみ
文政5（1822）年1月13日～明治17（1884）年6月26日　㊞原信好（はらのぶよし）
江戸時代末期～明治期の神官。筑摩県皇学教授。神葬祭運動を行い、平田篤胤没後の門人となる。山本学校訓導などをつとめた。
¶維新，人書94，姓氏長野（はらのぶよし），長野歴，幕末，幕末大，明大2

**原マルチノ** はらまるちの
*～寛永6（1629）年9月7日　㊞原マルティーニョ（はらまるてぃーにょ），原マルニチヨ（はらまるにちよ），原鈍丸知野（はらどんまるちの），マルチノ
安土桃山時代～江戸時代前期の天正遣欧少年使節の副使。
¶朝日（原マルティーニョ　はらまるてぃーにょ　㊀永禄11（1568）年頃），岩史（㊀永禄12（1569）年頃），海越（㊀？），海越新（㊀永禄11（1568）年　㊁寛永6（1629）年9月7日），角史（㊀永禄11（1568）年？），郷土長崎（原マルニチヨ　はらまるにちよ　㊀1580年　㊁？），キリ（㊀元亀1（1570）年頃），近世（㊀？），国史（㊀？），古中（㊀？），コン改（㊀天正8（1580）年　㊁？），コン4（㊀天正8（1580）年　㊁？），コン5（㊀天正8（1580）年　㊁？），史人（㊀1568年？），重要（㊀元亀1（1570）年？　㊁？），新潮（㊀永禄11（1568）年頃），人名（㊀1570年　㊁？），世人（原鈍丸知野　はらどんまるちの　生没年不詳），世百（㊀1580年　㊁？），戦国（㊀1570年　㊁？），全書（㊀1568年），戦人（生没年不詳），全戦（㊀？），対外（㊀？），大百（㊀1570年　㊁？），中世（㊀1568年？），長崎百（㊀永禄12（1569）年），長崎歴（㊀？），日史（㊀永禄11（1568）年？），日人（㊀1569年），百科（㊀永禄11（1568）年？），山川小（㊀1568年？），歴大（原マルティーニョ　はらまるてぃーにょ　㊀1569年）

**原マルティーニョ** はらまるてぃーにょ
→原マルチノ（はらまるちの）

**原マルニチヨ** はらまるにちよ
→原マルチノ（はらまるちの）

**婆羅門** ばらもん
奈良時代の僧。唐から来朝。
¶万葉

**婆羅門僧正** ばらもんそうじょう
→菩提僊那（ぼだいせんな）

**原主水** はらもんど
天正15（1587）年～元和9（1623）年
江戸時代前期のキリシタン、武士。
¶朝日（㊁元和9年10月13日（1623年12月4日）），江戸東，キリ（㊀？），近世，国史，コン改，コン4，コン5，埼玉人（㊀天正15（1587）年12月4日　㊁元和9（1623）年10月13日），埼玉百（㊁1615年），史人（㊁1623年10月13日），静岡歴（㊀？），新潮（㊁元和9（1623）年10月13日），人名，姓氏静岡（㊀？），世人，戦合，日人，歴大

**原主水佐** はらもんどのすけ
生没年不詳
戦国時代の武将。原佐五右衛門の子。キリシタン。
¶戦房総

**ハリス**
→ハリス，メリマン・コルバート

**ハリス，メリマン・コルバート**
弘化3（1846）年～大正10（1921）年　㊞ハリス
明治～大正期の宣教師。
¶北海道百（ハリス），北海道歴（ハリス）

**把栗** はりつ
→福田把栗（ふくだはりつ）

**針生高顕** はりゅうこうけん
天保3（1832）年～明治15（1882）年
江戸時代後期～明治期の宗教家。
¶姓氏宮城

**巴陵** はりょう
～寛政11（1799）年9月4日
江戸時代中期の僧。京都の盛林寺の住職。

¶飛騨

**巴陵寂徹** はりょうじゃくてつ
？ ～享保15(1730)年12月15日
江戸時代中期の黄檗宗の僧。
¶黄檗

**巴陵宣正** はりょうのぶまさ
明治41(1908)年～
昭和期の僧侶。日本労働組合全国協議会繊維キャップ。
¶社史

**はる**
生没年不詳
江戸時代中期の女性。キリシタン。
¶岡山歴([生]慶長16(1611)年　[没]元禄16(1703)年5月26日)，女性，日人

**春木煥光** はるきあきみつ
→春木煥光(はるきてるみつ)

**春木煥光** はるきてるみつ
[別]春木煥光(はるきあきみつ)
江戸時代中期～後期の神官、本草家。
¶国書(はるきあきみつ　[生]安永6(1777)年　[没]天保14(1843)年2月3日)，新潮([生]明和4(1767)年　[没]？)，人名(はるきあきみつ　[生]1777年　[没]1843年)，日人([生]1767年　[没]？)

**春木房光** はるきふさみつ
宝暦2(1752)年～文化5(1808)年9月26日
江戸時代中期～後期の神職。
¶国書

**春田宣徳** はるたあきのり
明治6(1873)年～昭和8(1933)年
明治～昭和期の神職。
¶神人

**春名金次** はるなきんじ
明治39(1906)年7月7日～昭和44(1969)年9月1日
昭和期の農村伝道者。
¶キリ

**春原定信** はるはらさだのぶ
→出雲路定信(いずもじさだのぶ)

**春原民部** はるはらみんぶ
慶安3(1650)年～元禄16(1703)年
江戸時代中期の神道家。
¶人名

**春海美基** はるみよしもと
～明治28(1895)年
江戸時代末期～明治期の神職。
¶神人

**春山一覚** はるやまいっかく
弘化1(1844)年～大正6(1917)年
江戸時代末期～大正期の僧。大岩山日石寺十四代。
¶姓氏富山

**鑁阿** ばんあ
→鑁阿(ばんな)

**万安英種** ばんあんえいしゅ
→万安英種(ばんなんえいしゅ)

**万庵原資** ばんあんげんし
寛文6(1666)年～元文4(1739)年1月7日
江戸時代中期の臨済宗の詩僧。
¶国書，日人，仏教([生]？)

**範伊** はんい
興国6/貞和1(1345)年～応永13(1406)年閏6月22日
南北朝時代～室町時代の天台宗の僧。
¶仏教

**半隠斎宗春** はんいんさいそうしゅん
戦国時代の政僧。畠山氏家臣。
¶姓氏石川，戦西

**範円** はんえん
久寿2(1155)年～？
平安時代後期～鎌倉時代前期の興福寺僧。
¶古人([没]？)，平史

**蟠翁文竜** ばんおうぶんりゅう
？ ～慶長19(1614)年6月8日
江戸時代前期の僧。武田信廉の子。
¶武田

**範海** はんかい
生没年不詳
江戸時代末期～明治期の天台宗僧侶。
¶仏教

**鑁海** ばんかい
？ ～天文24(1555)年4月12日
戦国時代の律宗の僧。
¶仏教

**幡涯** ばんがい
生没年不詳
江戸時代前期の浄土宗の僧。
¶仏教

**万回一線** ばんかいいっせん
？ ～宝暦6(1756)年1月23日
江戸時代中期の曹洞宗の僧。
¶国書

**範覚** はんかく
生没年不詳
戦国時代の僧。下総国小弓城主原胤隆の3男。
¶戦房総

**万機禅悦** ばんきぜんえつ
～延宝5(1677)年2月18日
江戸時代前期の僧。高山市の宗猷寺3世。
¶飛騨

**万亀文川** ばんきぶんせん
生没年不詳
江戸時代中期の僧侶・漢詩人。
¶国書

**万休永歳** **ばんきゅうえいさい**
? ～天正2(1574)年4月28日
戦国時代～安土桃山時代の曹洞宗の僧。
¶仏教

**盤玉** **ばんぎょく**
生没年不詳
江戸時代中期の浄土宗の僧。
¶国書

**範久** **はんく**
生没年不詳
平安時代の天台宗の僧。
¶仏教

**範空** **はんくう**
? ～正平8/文和2(1353)年1月16日
鎌倉時代後期～南北朝時代の浄土宗の僧・歌人。
¶国書

は

**盤珪** **ばんけい**
→盤珪永琢(ばんけいようたく)

**蟠雞** **ばんけい**
生没年不詳
鎌倉時代以降の浄土真宗の僧。
¶国書

**鑁啓** **ばんけい**
享保3(1718)年～寛政6(1794)年12月3日
江戸時代中期の新義真言宗の僧。
¶国書，仏教，仏人

**盤珪永琢**(盤珪永琢) **ばんけいえいたく**
→盤珪永琢(ばんけいようたく)

**万頃元瀛** **ばんけいげんえい**
? ～享保20(1734)年6月6日
江戸時代中期の黄檗宗の僧。
¶黄檗

**盤珪国師** **ばんけいこくし**
→盤珪永琢(ばんけいようたく)

**盤珪永琢**(磐珪永琢) **ばんけいようたく**
元和8(1622)年～元禄6(1693)年9月3日　㊙永琢(えいたく),盤珪(ばんけい),盤珪永琢(ばんけいえいたく),盤珪永琢(ばんけいえいたく,ばんけんようたく),盤珪国師(ばんけいこくし)，栄琢(えいたく),大法正眼国師(たいほうしょうげんこくし)
江戸時代前期の僧。不生禅を唱導。
¶朝日(ばんけいえいたく)，岩史(㊀元和8(1622)年3月8日)，江人，愛媛(盤珪永琢　ばんけいえいたく)，愛媛百(盤珪　ばんけい　㊀元和8(1622)年3月8日)，黄檗(㊀元和8(1622)年3月8日)，岡山人(ばんけいえいたく)，岡山歴(磐珪永琢　㊀元和8(1622)年3月8日)，京都(ばんけいえいたく)，郷土愛媛(ばんけいえいたく)，京都大，近世(ばんけいえいたく)，国史(ばんけいえいたく)，国書(㊀元和8(1622)年3月8日)，コン改，コン4，コン5，詩歌(盤珪　ばんけい)，史人(ばんけいえいたく)，思想史(㊁元禄6(1682)年)，人書79，人書94，新潮，人名(ばんけいえいたく)，姓氏京都，世人(ばんけいえいたく　㊀元和8(1622)年3月8日)，世百(盤珪　ばんけい)，全書，大百(ばんけいえいたく)，茶道(ばんけんようたく)，長崎遊(ばんけいえいたく)，日思，日史(盤珪　ばんけい)，日人，俳文(盤珪　ばんけい)，百科(盤珪　ばんけい)，兵庫人(盤珪国師　ばんけいこくし　㊀元和8(1622)年3月8日)，兵庫百，仏教(㊁元禄6(1693)年9月2日)，仏史(ばんけいえいたく)，仏人(永琢　えいたく)，歴大(ばんけいえいたく)，和俳

**範憲** **はんけん**
*～延元4/暦応2(1339)年12月17日
鎌倉時代後期～南北朝時代の僧。
¶鎌室(㊀寛元4(1246)年)，国書(㊀宝治1(1247)年)，日人(㊀1247年　㊁1340年)，仏教(㊀宝治2(1248)年)

**範賢** **はんけん**
長寛2(1164)年～元久2(1205)年
鎌倉時代前期の真言宗の僧。
¶古人，仏教(生没年不詳)，平史(生没年不詳)，密教(㊁1205年以後)

**範玄** **はんげん**
保延3(1137)年～正治1(1199)年6月1日
平安時代後期～鎌倉時代前期の法相宗の僧・歌人。
¶国書，古人，平史

**盤珪永琢** **ばんけんようたく**
→盤珪永琢(ばんけいようたく)

**万江宗程** **ばんこうそうてい**
→万江宗程(まんこうそうてい)

**繁興存栄** **はんこうそんえい**
永正11(1514)年～天正5(1577)年
戦国時代～安土桃山時代の曹洞宗の僧。
¶日人，仏教(㊁天正5(1577)年1月15日)

**磐谷祖珍** **ばんこくそちん**
～天保11(1840)年9月19日
江戸時代後期の僧。神岡町の両全寺12世。
¶飛驒

**盤察** **はんさつ**
? ～享保15(1730)年12月6日
江戸時代中期の浄土宗の僧。
¶国書，人名，日人(㊁1731年)

**万釈庵十意語** **ばんしゃくあんじゅういご**
生没年不詳
江戸時代中期の浄土宗の僧。
¶国書

**盤若院映澄** **ばんじゃくいんえいちょう**
生没年不詳
江戸時代中期の修験者。
¶長崎歴

**範洲** **はんしゅう**
宝永6(1709)年～?
江戸時代中期の天台宗の僧。

¶国書

**繁俊** はんしゅん
→秀峰繁俊(しゅうほうはんしゅん)

**範俊**(1) はんしゅん，はんじゅん
長暦2(1038)年～天永3(1112)年4月24日
平安時代中期～後期の僧。曼荼羅寺3世。
¶岩史(はんじゅん)，国史(はんじゅん)，国書(はんじゅん)，古人，古中(はんじゅん)，コン改，コン4，コン5，新潮，人名，姓氏京都(はんじゅん)，日人(はんじゅん)，仏教(はんじゅん)，仏史(はんじゅん)，仏人(はんじゅん)，平史，密教(はんじゅん)，名画，歴大(はんじゅん)

**範俊**(2) はんしゅん
生没年不詳
江戸時代中期の天台宗の僧。
¶国書

**範舜** はんしゅん
？ ～永久4(1116)年
平安時代後期の興福寺の絵仏師。
¶古人(㊤？)，平史，名画

**範淳** はんじゅん
文化11(1814)年～慶応3(1867)年
江戸時代末期の僧。
¶維新，人名，日人，幕末(㊦1867年3月13日)，幕末大(㊦慶応3(1867)年2月8日)

**範助** はんじょ
平安時代後期の仏師。
¶古人，美建，平史(生没年不詳)

**繁紹** はんしょう
宝徳1(1449)年～永正1(1504)年
室町時代～戦国時代の曹洞宗の僧。
¶姓氏静岡

**鑁清** ばんしょう
生没年不詳
江戸時代中期の修験僧。
¶国書

**万丈** ばんじょう
？ ～明治35(1902)年6月8日
江戸時代末期～明治期の黄檗宗の僧。
¶福岡百

**鑁浄** ばんじょう
？ ～延享1(1744)年4月24日
江戸時代中期の新義真言宗の僧。
¶仏教

**繁昌院行真** はんじょういんぎょうしん
文政11(1828)年1月15日～明治32(1899)年11月3日
江戸時代末期～明治期の修験者・歌人。
¶岡山歴

**版橈晃全** はんじょうこうぜん
寛永4(1627)年～元禄6(1693)年2月24日 ㊍版橈晃全(はんどうこうぜん)
江戸時代前期の曹洞宗の僧。永平寺35世。
¶国書，人名(はんどうこうぜん)，日人，仏教

**万丈悟光** ばんじょうごこう
文化12(1815)年～明治35(1902)年
江戸時代末期～明治期の黄檗宗僧侶。万福寺37世、権中教正。
¶黄檗(㊦明治35(1902)年6月8日)，日人，仏教(㊤文化12(1815)年4月12日 ㊦明治35(1902)年6月9日)，明大1(㊤文化12(1815)年4月12日 ㊦明治35(1902)年6月9日)

**範信** はんしん
平安時代後期の仏師。
¶古人，平史(生没年不詳)

**範心** はんしん
生没年不詳
鎌倉時代前期の南都系の声明家。
¶日音

は

**万仭** ばんじん
元禄11(1698)年～安永4(1775)年6月9日
江戸時代中期の曹洞宗の僧侶。
¶岡山歴

**万仞宗松** ばんじんそうしょう
？ ～天正5(1577)年6月2日
戦国時代～安土桃山時代の臨済宗の僧。大徳寺116世。
¶仏教

**万仞道坦**(万仭道坦) ばんじんどうたん
元禄11(1698)年～安永4(1775)年6月9日 ㊍道坦(どうたん)
江戸時代中期の曹洞宗明峯派の僧。
¶近世，国史，国書，人名(万仭道坦)，日人，仏教，仏史，仏人(道坦 どうたん)

**万瑞** ばんずい
生没年不詳
江戸時代後期の曹洞宗の僧。
¶国書

**鑁随** ばんずい
宝暦6(1756)年～天保13(1842)年
江戸時代後期の真言宗の僧侶・画家。
¶埼玉人

**幡随意** ばんずいい，はんずいい
天文11(1542)年10月15日～慶長20(1615)年1月5日 ㊍幡随意白道(ばんずいいはくどう)，白道(びゃくどう)
安土桃山時代～江戸時代前期の浄土宗の学僧。幡随意流。
¶神奈川人，近世，国史，国書，埼玉人，埼玉百(幡随意白道 ばんずいいはくどう ㊤1554年 ㊦1623年)，史人，新潮，人名，世人，全書，大百，日人，仏教，仏史，仏人，和歌山人(はんずいい)

**幡随意白道** ばんずいいはくどう
→幡随意(ばんずいい)

**万拙碩宜**（万拙碩誼，万拙碩諠）**ばんせつせきぎ**
元禄10（1697）年～明和6（1769）年
江戸時代中期の僧。建長寺201世住持。
¶神奈川人，鎌倉（万拙碩諠），姓氏神奈川（万拙碩諠）

**万拙知善　ばんせつちぜん**
？　～元禄10（1697）年5月25日
江戸時代前期の臨済宗の僧。
¶黄檗，国書

**万宗中淵　ばんそうちゅうえん**
建武2（1335）年～応永17（1410）年1月6日　[別]万宗中淵（まんじゅうちゅうえん）
南北朝時代～室町時代の臨済宗の僧。相国寺8世。
¶国書（まんじゅうちゅうえん），仏教

**半田孝海　はんだこうかい**
明治19（1886）年6月28日～昭和49（1974）年9月17日
明治～昭和期の僧侶。常楽寺住職。
¶心理，世紀，姓氏長野，長野百，長野歴，日人，平和

**半田元夫　はんだもとお**
大正4（1915）年2月11日～昭和52（1977）年9月12日
昭和期の歴史学者。東京学芸大学教授。キリスト教史が専門。著書に「宗教改革史」「キリスト教の成立」など。
¶キリ，現執1期，世紀，哲学

**範智　はんち**
平安時代後期の園城寺の僧。12世紀後半の人。
¶古人

**万智要門　ばんちようもん**
寛文7（1667）年閏2月13日～元文5（1740）年5月28日
江戸時代前期～中期の曹洞宗の僧。
¶国書

**版橈晃全　はんどうこうぜん**
→版橈晃全（はんじょうこうぜん）

**坂東性純　ばんどうしょうじゅん**
昭和7（1932）年3月13日～
昭和～平成期の仏教学者、僧侶。上野学園大学教授、報恩寺（真宗大谷派）住職。
¶現執1期，現執3期，現執4期

**范道生　はんどうせい**
明・崇禎10（1637）年～寛文10（1670）年11月2日　[別]印官（いんかん）
江戸時代前期の清国の仏師。
¶朝日（[没]寛文10年11月2日（1670年12月14日）），新潮，全書，長崎百（[生]寛永12（1635）年），日史，日人，美建，百科，仏教（[生]明・崇禎8（1635）年12月23日）

**鑁阿　ばんな**
？　～承元1（1207）年　[別]鑁阿（ばんあ）
平安時代後期～鎌倉時代前期の真言宗の僧。盲目の勧進聖で、法華経の持経者。
¶朝日（[没]承元1（1207）年頃），岩史，角史，鎌室（[没]承元2（1208）年），国史，古人（ばんな（あ）[生]？），古中，コン改，コン4，コン5，史人，新潮（[没]承元2（1208）年？），日史，日人，百科，広島百（ばんあ），仏教（ばんあ），仏史，仏人（ばん），平史（ばんあ），平日（[没]1207），歴大，和歌山人

**坂内須賀美　ばんないすがみ**
天保8（1837）年～大正3（1914）年8月2日
江戸時代末期～明治期の神官。
¶国書，神人（[生]天保9（1838）年　[没]大正2（1913）年），幕末，幕末大

**万安英種　ばんなんえいしゅ**
天正19（1591）年～承応3（1654）年　[別]英種（えいしゅ），万安英種（ばんあんえいしゅ，まんあんえいしゅ）
江戸時代前期の曹洞宗の僧。
¶朝日（[没]承応3年8月21日（1654年10月1日）），近世，国史，国書（ばんあんえいしゅ　[没]承応3（1654）年8月21日），思想史，人名（まんあんえいしゅ），日人，仏教（[没]承応3（1654）年8月21日），仏史，仏人（英種　えいしゅ）

**般若院英泉　はんにゃいんえいせん★**
正徳4（1714）年9月28日～天明2（1782）年2月4日
江戸時代中期の綴子神社の社家武内氏。神宮寺14代。
¶秋田人2

**般若院慈船　はんにゃいんじせん★**
寛政7（1795）年～嘉永5（1852）年3月23日
江戸時代後期の神職。鷹巣町綴子神宮寺17代。
¶秋田人2

**範恵　はんね**
天明8（1788）年～嘉永3（1850）年4月1日
江戸時代後期の新義真言宗の僧。智積院36世。
¶仏教

**万寧玄彙　ばんねいげんい**
寛政2（1790）年～万延1（1860）年3月
江戸時代末期の臨済宗の僧。
¶国書，人名，日人，仏教

**坂野移文　ばんのよりのり**
明治28（1895）年8月1日～昭和30（1955）年11月8日
昭和期の司祭、口演童話家。「古今聖歌集」改訂委員長。
¶日児

**番場源四郎　ばんばげんしろう**
生没年不詳
大正期の僧。神岡町の安養寺の開基。
¶飛騨

**坂広雄　ばんひろお**
天保11（1840）年～明治34（1901）年
江戸時代後期～明治期の横須賀町方の神官。
¶姓氏愛知

**鑁也** ばんや
久安5(1149)年～寛喜2(1230)年
平安時代後期～鎌倉時代前期の歌人。
¶国書([没]寛喜2(1230)年1月)，古人([生]?)，日人，平史([生]?)

**範宥** はんゆう
? ～天和4(1684)年1月6日
江戸時代前期の真言宗智山派の声明家。
¶芸能，日音

**万誉顕道** ばんよけんどう
寛政2(1790)年～安政5(1858)年5月12日
江戸時代後期～末期の浄土宗の僧。
¶富山百

**万里** ばんり
→万里集九(ばんりしゅうく)

**万里集九** ばんりしゅうきゅう
→万里集九(ばんりしゅうく)

**万里集九**(万利集九) ばんりしゅうく
正長1(1428)年9月9日～?　[別]万里(ばんり)，万里集九(ばんりしゅうきゅう,ばんりしゅく,まんりしゅうく)，集九(しゅうきゅう,しゅうく)，梅庵(ばいあん)
室町時代の臨済宗の僧、漢詩人、相国寺雲頂院、大圭宗价の弟子。
¶朝日(ばんりしゅうきゅう　[生]正長1年9月9日(1428年10月17日))，岩史，江戸，角史，神奈川人(生没年不詳)，鎌倉(まんりしゅうく　生没年不詳)，鎌倉新，鎌室，岐阜百(万利集九)，郷土岐阜(生没年不詳)，京都大，群馬人(万里　ばんり)，国史(ばんりしゅうきゅう)，国書(ばんりしゅうきゅう)，古中(ばんりしゅうきゅう)，コン改，コン4，コン5，埼玉人，史人，思想史(ばんりしゅうきゅう)，重要([生]正長1(1428)年9月9日?)，新潮，人名(万里　ばんり)，姓氏神奈川(生没年不詳)，姓氏群馬(生没年不詳)，世人，戦辞([生]正長1年9月9日(1428年10月17日))，中世([没]?)，富山百，内乱，新潟百，日史，日人(ばんりしゅうきゅう)，俳文，飛驒(ばんりしゅうきゅう　[生]正長1(1429)年9月9日　[没]?)，百科，仏教，仏史(ばんりしゅうきゅう)，平日([生]1428)，武蔵人([没]?)，名僧(ばんりしゅうきゅう)，山川小([没]?)，歴大(ばんりしゅく)，和俳

**万里集九** ばんりしゅく
→万里集九(ばんりしゅうく)

**播隆**(播隆上人) ばんりゅう
天明2(1782)年～天保11(1840)年　[別]播隆上人(ばんりゅうしょうにん)
江戸時代後期の山岳修行僧。槍ヶ岳の開山者。
¶朝日，岐阜百(播隆上人　ばんりゅうしょうにん)，郷土長野，コン改，コン4，コン5，史人，信州人(播隆上人　ばんりゅうしょうにん)，人書94，新潮，姓氏長野，全書，中濃(播隆上人　[生]天明6(1786)年)，富山文([没]天保11(1840)年10月21日)，長野百，長野歴，日史，日人，飛驒，百科，ふる

**播隆上人** ばんりゅうしょうにん
→播隆(ばんりゅう)

**蟠竜棟岳** ばんりゅうとうがく
生没年不詳
江戸時代後期の曹洞宗の僧。
¶国書

**播竜道人** ばんりゅうどうじん
江戸時代中期の僧、槍ケ岳開山。
¶人名

**万林覚英** ばんりんかくえい
承応4(1655)年1月～享保21(1736)年2月21日
江戸時代前期～中期の曹洞宗の僧。
¶国書

**繁林瑞春** はんりんずいしゅん
? ～永正15(1518)年12月19日
戦国時代の曹洞宗の僧。
¶仏教

**万浪玄達** ばんろうげんたつ
享保18(1733)年～寛政12(1800)年12月16日
江戸時代中期～後期の黄檗宗の僧。
¶黄檗

## 【ひ】

**美叡** びえい
弘仁5(814)年～寛平4(892)年
平安時代前期の薬師寺の僧。
¶古人

**稗田雪崖** ひえだせつがい
慶応1(1865)年～昭和21(1946)年
昭和期の僧侶。
¶山口人

**日吉廼舎照信** ひえのやてるのぶ
生没年不詳
江戸時代後期の天台宗の僧・狂歌作者。
¶国書

**日置風水** ひおきふうすい
? ～宝永6(1709)年9月19日
江戸時代中期の俳人、歌人、神道家。
¶島根人，島根文続([生]?)，島根歴

**日置黙仙** ひおきもくせん
弘化4(1847)年1月23日～大正9(1920)年9月2日
[別]日置黙仙(へきもくせん)
明治～大正期の曹洞宗の僧。永平寺貫主、曹洞宗管長。タイへ派遣、日暹寺仏骨塔を建立。ほかに米国の万国仏教大会に参列などした。
¶朝日([生]弘化4年1月23日(1847年3月9日))，コン改(へきもくせん)，コン5(へきもくせん)，新潮，人名(へきもくせん)，世紀，全書，大百，鳥取百，日人，兵庫人([生]弘化4(1847)年1月　[没]大正9(1920)年6月2日)，兵庫百，仏教，仏人，明治史，明大1

**檜垣章尚** ひがきあきひさ
生没年不詳
南北朝時代の神職。
¶国書

**檜垣清澄** ひがききよずみ
大正～昭和期の神職。旧伊勢神宮外宮神主。
¶華請

**檜垣俱尚** ひがきぐしょう★
室町時代の伊勢山田の外宮権禰宜。
¶三重続

**檜垣貞晨** ひがきさだあき
慶長18(1613)年～慶安4(1651)年2月5日
江戸時代前期の神職。
¶国書

**檜垣貞舎** ひがきさだいえ
享保12(1727)年～天明8(1788)年12月8日
江戸時代中期～後期の神職。
¶国書

**檜垣貞兄** ひがきさだえ
元禄16(1703)年～安永6(1777)年10月26日
江戸時代中期の神職。
¶国書

**檜垣貞蔭** ひがきさだかげ
正応2(1289)年～延元4/暦応2(1339)年4月21日
鎌倉時代後期～南北朝時代の神職。
¶国書

**檜垣貞和** ひがきさだかず
元和6(1620)年～寛文7(1667)年6月12日
江戸時代前期の神職。
¶国書

**檜垣貞晋** ひがきさだしげ
享保18(1733)年～天明7(1787)年7月11日
江戸時代中期の神職。
¶国書

**檜垣貞親** ひがきさだちか
寛永8(1631)年～承応2(1653)年6月28日
江戸時代前期の神職。
¶国書

**檜垣貞次** ひがきさだつぐ
天正18(1590)年～寛文11(1671)年8月7日
安土桃山時代～江戸時代前期の神職。
¶国書

**檜垣貞俊** ひがきさだとし
文政2(1819)年～？
江戸時代後期～末期の神職。
¶国書

**檜垣貞成** ひがきさだなり
？　～天正18(1590)年5月24日
戦国時代～安土桃山時代の神職。
¶国書

**檜垣貞董** ひがきさだのぶ
文化4(1807)年～明治11(1878)年4月29日
江戸時代後期～明治期の神職。
¶国書

**檜垣貞命** ひがきさだのぶ
→度会貞命(わたらいさだめい)

**檜垣貞度** ひがきさだのり
→度会貞度(わたらいさだのり)

**檜垣貞徳** ひがきさだのり
生没年不詳
安土桃山時代の神職。
¶国書

**檜垣貞盈** ひがきさだみつ
→度会貞盈(わたらいさだみつ)

**檜垣貞根** ひがきさだもと
→度会貞根(わたらいさだね)

**檜垣貞吉** ひがきさだよし
嘉永1(1848)年～大正9(1920)年
江戸時代後期～大正期の神官。
¶華請，神人

**檜垣常晨** ひがきつねあき
天正10(1582)年～寛文2(1662)年
江戸時代前期の神主。
¶国書(㊀寛文2(1662)年5月14日)，人名，日人

**檜垣常有** ひがきつねあり
→度会常有(わたらいつねあり)

**檜垣常生** ひがきつねお
寛永10(1633)年～寛文12(1672)年4月29日
江戸時代前期の神職。
¶国書

**檜垣常伯** ひがきつねおさ
*～？
明治期の神官。
¶華請(㊐安政5(1858)年)，神人(㊐安政3(1856)年)

**檜垣常和** ひがきつねかず
→度会常和(わたらいつねかず)

**檜垣常郷** ひがきつねさと
？　～永正6(1509)年
戦国時代の神主。
¶人名，日人，三重続(㊐文明14年11月)

**檜垣常真** ひがきつねざね
文明9(1477)年～天正1(1573)年
戦国時代の神主。
¶国書(㊀天正1(1573)年9月19日)，諸系，人名，日人

**檜垣常副** ひがきつねすけ
寛永16(1639)年～元禄2(1689)年7月29日
江戸時代前期～中期の神職。
¶国書

**檜垣常名** ひがきつねな
→度会常名（わたらいつねな）

**檜垣常信** ひがきつねのぶ
生没年不詳
戦国時代の神職。
¶国書

**檜垣常典** ひがきつねのり
→度会常典（わたらいつねのり）

**檜垣常尚** ひがきつねひさ
建長3（1251）年～正和5（1316）年8月17日
鎌倉時代後期の神職。
¶国書

**檜垣常古** ひがきつねふる
→度会常古（わたらいつねふる）

**檜垣常昌** ひがきつねまさ
→度会常昌（わたらいつねよし）

**檜垣常基** ひがきつねもと
？～寛文10（1670）年11月7日
江戸時代前期の神職。
¶国書

**檜垣常安** ひがきつねやす
安永3（1774）年～天保13（1842）年11月4日
江戸時代中期～後期の神職。
¶国書

**檜垣常昌**（檜垣常良） ひがきつねよし
→度会常昌（わたらいつねよし）

**檜垣常善** ひがきつねよし
→度会常善（わたらいつねよし）

**檜垣常之** ひがきつねよし
→度会常之（わたらいつねゆき）

**檜垣常倚** ひがきつねより
→度会常倚（わたらいつねよる）

**檜垣秀俊** ひがきひでとし
文化1（1804）年～天保13（1842）年6月25日
江戸時代後期の神職。
¶国書

**東某（相愛カ）** ひがし
明治期の神職。旧松尾神社神主。
¶華請（東某）

**東朝倉景規** ひがしあさくらかげのり
江戸時代末期～明治期の僧侶。元興福寺学侶・春日大社新社司。
¶華請

**東一水** ひがしいっすい
嘉永4（1851）年～
明治期の神職。
¶神人

**干河岸桜所** ひがしおうしょ
→干河岸貫一（ひがしかんいち）

**東尾吉三郎** ひがしおきちさぶろう
明治21（1888）年5月23日～ [別]東尾吉雄
昭和期の宗教教団幹部。大本教統理補・総務内事課長。
¶社史

**干河岸貫一** ひがしかんいち
*～昭和5（1930）年3月4日 [別]干河岸桜所（ひがしおうしょ）
江戸時代末期～昭和期の僧侶。
¶ジ人1（干河岸桜所 ひがしおうしょ [生]？），真宗（[生]弘化4（1847）年 [没]昭和5（1930）年3月），日児（干河岸桜所 ひがしおうしょ [生]嘉永1（1848）年9月14日），明治史（[生]弘化5（1848）年）

**東相愛** ひがしすけなる
天保9（1838）年～明治34（1901）年
江戸時代後期～明治期の神職。旧松尾神社神主。
¶華請

**東角井楯臣** ひがしつのいたておみ
明治11（1878）年～昭和24（1949）年
明治～昭和期の神職。
¶埼玉人，神人

**東角井福臣** ひがしつのいふくおみ
→東角井福臣（ひがしつのいよしとみ）

**東角井福臣** ひがしつのいよしとみ
嘉永6（1853）年～昭和17（1942）年 [別]東角井福臣（ひがしつのいふくおみ）
江戸時代末期～昭和期の神職。
¶埼玉人（ひがしつのいふくおみ），神人

**東野利孝** ひがしのとしたか
明治13（1880）年？～大正14（1925）年
明治～大正期の図書館人、僧侶。慶應義塾大学図書館主任、円照寺住職。
¶図人

**東弘門** ひがしひろと
明治17（1884）年～昭和21（1946）年
明治～昭和期の神職。
¶神人

**東元慶喜** ひがしもとけいき
明治45（1912）年1月11日～平成5（1993）年3月2日
明治～平成期の仏教学者。
¶日エ

**東山天華** ひがしやまてんか
文化3（1806）年～明治14（1881）年
江戸時代末期～明治期の僧侶。永観堂禅林寺住職。和歌山総持寺、京都安養寺住職等を歴任。維新後、京都癲狂院創立に尽力。
¶洋学

**東山女房** ひがしやまにょうぼう
～正応3（1290）年？
鎌倉時代後期の若狭国太良荘の預所。
¶女史

**東吉貞** ひがしよしさだ
*～明治45(1912)年
江戸時代後期～明治期の神宮禰宜。
¶神人(㊐弘化3(1846)年), 三重(㊐弘化2年)

**比嘉静観** ひがせいかん
明治20(1887)年8月7日～昭和60(1985)年7月3日
大正～昭和期の牧師。ハワイ日本移民社会の指導者。ハワイ島で黎明教会を設立して布教。
¶現朝, 社史(㊀1985年7月4日), 世紀, 姓氏沖縄, 日人

**比嘉保彦** ひがやすひこ
明治1(1867)年～昭和12(1937)年12月11日
明治～昭和期の教育者、聖職者。日本メソジスト読谷山教会牧師。
¶社史(㊐明治1年(1867年))

**氷川内記** ひかわないき
生没年不詳
江戸時代の神官。
¶埼玉人

**疋田運猷** ひきたうんゆう
明治2(1869)年～昭和38(1963)年
明治～昭和期の真言宗智山派僧侶。白石市延命寺住職、多摩寺第1世。
¶学校, 姓氏宮城, 仏人(㊀1962年)

**疋田以正**(匹田以正) ひきたこれまさ
生没年不詳　㊊匹田以正(ひきたもちまさ)
江戸時代前期の神道学者。
¶国書(匹田以正　ひきたもちまさ), 人名, 日人(匹田以正)

**疋田棟隆** ひきたとうりゅう
→疋田棟隆(ひきたむねたか)

**疋田棟隆** ひきたむねたか
文化4(1807)年～明治17(1884)年4月9日　㊊疋田棟隆(ひきたとうりゅう)
江戸時代末期～明治期の国学者。帝陵廃跡の調査をし、「山陵外史徴按」「柏原御陵探索書」を編纂。
¶京都大(ひきたとうりゅう), 国書, 新潮, 人名, 姓氏京都, 日人, 明大2

**匹田以正** ひきたもちまさ
→疋田以正(ひきたこれまさ)

**比企能本** ひきよしもと
建仁2(1202)年～文永2(1265)年
鎌倉時代前期の日蓮宗本山の開基大旦那。比企能員の子。
¶武蔵人

**比丘至脱** びくしだつ
南北朝時代の僧侶。
¶岡山歴

**樋口進** ひぐちすすむ
昭和20(1945)年4月10日～
昭和～平成期の牧師。日本基督教団室町教会牧師。
¶現執4期

**樋口忠延** ひぐちただのぶ
明治19(1886)年～
明治～大正期の神職。
¶神人

**樋口艶之助** ひぐちつやのすけ
明治3(1870)年4月16日～昭和6(1931)年10月9日
明治～昭和期の神学者。陸軍大学教授。神学を修めるためロシアに留学。樺太条約締結の通訳。
¶海越, 海越新, 渡航(㊐1870年5月16日)

**樋口てう** ひぐちてう
明治13(1880)年6月30日～昭和48(1973)年7月29日
明治～昭和期の文書伝道者、幼児教育者。上諏訪幼稚園園長。
¶キリ

**樋口竜温** ひぐちりゅうおん
寛政12(1800)年4月～明治18(1885)年7月12日
㊊竜温(りゅうおん)
江戸時代末期～明治期の真宗大谷派学僧。権少教正。
¶国書(竜温　りゅうおん), 思想史(竜温　りゅうおん), 真宗(㊀明治18(1885)年7月10日), 人名, 日人, 仏教, 仏人, 明大1

**美月軒古道〔1代〕** びげつけんこどう
宝永5(1708)年～安永5(1776)年　㊊美笑軒古道(びしょうけんこどう)
江戸時代中期の華道師範、神職。
¶人名, 日人(美笑軒古道　びしょうけんこどう)

**彦坂諶厚**(彦坂甚厚) ひこさかじんこう
天保5(1834)年～明治31(1898)年7月5日　㊊諶厚(しんこう)
江戸時代末期～明治期の天台宗の僧。
¶朝日(㊐天保5年1月25日(1834年3月5日)), 維新, 郷土栃木(㊀1897年), コン改, コン4, コン5, 人名, 栃木歴, 長野歴(彦坂甚厚), 日人(㊐1833年　㊀1897年), 幕末, 幕末大, 仏教(㊐天保4(1833)年1月25日　㊀明治30(1897)年7月5日), 仏人(諶厚　しんこう　㊀1897年), 明大1(㊐天保4(1833)年1月25日　㊀明治30(1897)年7月5日)

**彦坂常征** ひこさかつねまさ
→彦坂常征(ひこさかつねゆき)

**彦坂常保** ひこさかつねやす
生没年不詳
江戸時代中期の国学者・神官。
¶東三河

**彦坂常征** ひこさかつねゆき
元禄5(1692)年～明和2(1765)年8月27日　㊊彦坂常征(ひこさかつねまさ)
江戸時代中期の神職。
¶国書, 東三河(ひこさかつねまさ　㊐元禄5(1692)年7月4日)

**彦成王** ひこなりおう
承久1(1219)年2月15日？　～？

鎌倉時代前期の僧。順徳天皇の皇子。
¶鎌室（生没年不詳），人名，天皇，日人（生没年不詳）

**久岡幸昌** ひさおかゆきまさ
明治22（1889）年～
昭和期の職工。新興仏教青年同盟中央委員・横浜支部長。
¶社史

**久助里あん** ひさすけりあん
生没年不詳
江戸時代前期のキリシタン絵師。
¶姓氏京都

**久田登高** ひさだなりたか
文政11（1828）年6月3日～明治23（1890）年11月16日
江戸時代後期～明治期の郷土史家・神官。
¶東三河

**久津媛** ひさつひめ
上代の巫女。豊後国の人。
¶女性，日人

**久長興仁** ひさながおきひと
→久長興仁（ひさながこうにん）

**久長興仁** ひさながこうにん
明治39（1906）年9月25日～昭和46（1971）年1月15日　㊍久長興仁（ひさながおきひと）
昭和期の民俗学者。
¶島根百（ひさながおきひと），島根歴

**久松真一** ひさまつしんいち
明治22（1889）年6月5日～昭和55（1980）年2月27日
明治～昭和期の宗教哲学者、仏教学者。京都帝国大学教授、龍谷大学教授。東洋哲学、仏教思想、日本思想を研究。著書に「東洋的無」「禅と美術」など。
¶郷土岐阜，現朝，現執1期，現情，現人，コン改，コン4，コン5，思想，思想史，真宗，新潮，世紀，姓氏京都（㉒1960年），全書，日人，仏教，仏人，マス89

**美笑軒月指** びしょうけんげっし
正保1（1644）年～元文5（1740）年
江戸時代前期～中期の華道師範、美笑流宗家4世、京都大徳寺の僧。
¶人名，日人

**美笑軒古道** びしょうけんこどう
→美月軒古道〔1代〕（びげつけんこどう）

**備瀬知恒** びせちこう
？～明治11（1878）年8月24日
江戸時代後期～明治期の浄土真宗の布教者。
¶沖縄百，姓氏沖縄

**ビセンテ**
*～慶長14（1609）年5月　㊍ビセンテ洞院（びせんてとういん），ヴィセンテ，ヴィセンテ洞院（うぃせんてとういん），ヴィンセンテ
安土桃山時代～江戸時代前期のキリシタン、文学者。
¶朝日（ヴィセンテ洞院　うぃせんてとういん），近世（㊤天文9（1540）年ごろ），国史（㊤？），コン改（ヴィンセンテ　生没年不詳），コン4（ヴィンセンテ　生没年不詳），コン5（ヴィンセンテ），史人（ビセンテ洞院　びせんてとういん　㊤1540年？），世人（ヴィセンテ　生没年不詳），対外（㊤？），日人（㊤天文9（1540）年ごろ）

**ビセンテ洞院** びせんてとういん
→ビセンテ

**日高新左衛門** ひだかしんざえもん
弘化4（1847）年～明治30（1897）年
江戸時代後期～明治期の僧。清月寺住職、私塾の師匠。
¶姓氏鹿児島

ひ

**日高鉄翁** ひたかてつおう，ひだかてつおう
→鉄翁祖門（てっとうそもん）

**肥田春達** ひだしゅんたつ
？～弘化4（1847）年
江戸時代後期の医師、神官。
¶伊豆（㊤？），静岡歴，姓氏静岡

**常陸海存権守** ひたちかいぞんごんのかみ
戦国時代の僧。大崎氏家臣。
¶戦東

**飛驒富久** ひだとみひさ
昭和～平成期の雅楽演奏家、神官。
¶音人2，音人3

**左甚五郎** ひだりじんごろう
文禄3（1594）年～慶安4（1651）年
江戸時代前期の彫物の名手。日光東照宮の眠り猫、東京上野東照宮の竜を製作。
¶朝日，伊豆，岩史（生没年不詳），江人，江戸東，角史，郷土香川，近世（生没年不詳），国史（生没年不詳），コン改，コン4，コン5，史人（生没年不詳），新潮，人名，世人，世百，全書（生没年不詳），栃木歴（生没年不詳），日史，日人，美建，美術（生没年不詳），飛驒，百科，和歌山人（生没年不詳）

**必夢** ひつむ
生没年不詳
江戸時代前期の僧。
¶日人

**秀能井市守** ひでのいいちもり
生没年不詳
江戸時代前期の神職。
¶国書

**秀頼王** ひでよりおう
生没年不詳
平安時代中期の神祇伯。
¶古人，神人，平史

**人見綱為** ひとみつなため
文化1(1804)年～明治6(1873)年
江戸時代後期～明治期の神職。
¶国書

**雛田葵亭** ひなだきてい
天明7(1787)年～弘化3(1846)年8月
江戸時代中期～後期の神職・国学者。
¶国書

**日夏文之** ひなつふみゆき
生没年不詳
江戸時代中期の神道家。
¶国書

**毘尼薩台巌** びにさつたいがん
→毘尼薩台巌(びにさつたいごん)

**毘尼薩台巌** びにさつたいごん
文政12(1829)年～明治42(1909)年　㊀毘尼薩台巌(びにさつたいがん)
江戸時代末期～明治期の歌僧。
¶人名(びにさつたいがん)，日人，和俳(びにさつたいがん)



**檜前杉光** ひのくまのすぎみつ
生没年不詳
平安時代前期の宮大工。
¶郷土岐阜，美建，飛騨

**日野賢雄** ひのけんゆう
？ ～明治11(1878)年
江戸時代後期～明治期の真宗の僧。
¶姓氏石川

**日野資徳** ひのすけかつ
→日野資徳(ひのすけのり)

**日野資徳** ひのすけのり
嘉永1(1848)年～明治42(1909)年　㊀日野資徳(ひのすけかつ)
江戸時代末期～明治期の歌人、祠官。白山神社祠官の傍ら吟詠、家集「瓊の元」など。
¶人名(ひのすけかつ)，新潟百，日人

**日野沢依** ひのたくえ
？ ～明治30(1897)年1月22日
江戸時代末期～明治期の僧侶。
¶真宗

**日野竹塘** ひのちくとう★
天保14(1843)年～大正5(1916)年8月
明治・大正期の画僧。
¶秋田人2

**杲馨英** ひのできょうえい
文化9(1812)年11月17日～明治8(1875)年6月24日
江戸時代後期～明治期の僧侶。
¶真宗

**杲知玄** ひのでちげん
嘉永4(1851)年1月17日～大正15(1926)年10月22日
江戸時代後期～大正期の僧侶。
¶真宗

**日野西真定** ひのにししんじょう
大正13(1924)年9月2日～
昭和～平成期の僧侶、日本庶民信仰史研究者。高野山大学教授。
¶現執2期，現執3期，現執4期

**日野西光善** ひのにしみつよし
嘉永2(1849)年12月17日～大正12(1923)年
江戸時代後期～大正期の子爵、神職。
¶華畫，国書(㊁大正12(1923)年1月10日)，神人，姓氏京都，明治史

**日野原善輔** ひのはらぜんすけ
明治10(1877)年3月12日～昭和33(1958)年6月21日
明治～昭和期の牧師。
¶昭人，兵庫百

**日野法雷** ひのほうらい
嘉永6(1853)年～明治25(1902)年4月23日
江戸時代後期～明治期の僧侶。
¶真宗

**日野雅亮** ひのまさあき★
安政3(1856)年～大正8(1919)年6月23日
明治・大正期の僧。刈和野願龍寺の15世。
¶秋田人2

**日野真澄** ひのますみ
明治7(1874)年1月12日～昭和18(1943)年5月14日
明治～昭和期の神学者、教育者。
¶キリ，渡航

**日野霊瑞** ひのれいずい
文政1(1818)年8月10日～明治29(1896)年
江戸時代末期～明治期の浄土宗学僧。増上寺71・73世、知恩院77世、浄土宗管長。
¶史人(㊁1896年5月13日)，人名，長野歴，日人，仏教(㊁明治29(1896)年5月3日)，明治史，明大1(㊁明治29(1896)年5月14日)

**日幡正直** ひばたまさなお
安政4(1857)年～明治36(1903)年12月31日
江戸時代末期～明治期の備前焼陶工・伊部天津神社神官。
¶岡山歴

**日比屋モニカ** ひびやもにか
→モニカ

**日比屋了慶**(日比屋了珪，日比谷了慶) ひびやりょうけい
生没年不詳
安土桃山時代の堺の豪商、キリシタン。
¶朝日(日比屋了珪)，キリ，近世(日比屋了珪)，国史(日比屋了珪)，史人(日比屋了珪)，新潮(日比谷了慶)，人名，世人，戦人，対外(日比屋了珪)，茶道，日人(日比屋了珪)，歴大(日比屋了珪)

**氷室昭長** ひむろあきなが
明治19(1886)年～昭和11(1936)年
明治～昭和期の神職。
¶神人

**氷室銑之助** ひむろせんのすけ
元治1(1864)年～大正15(1926)年
明治～大正期の神職。
¶神人

**氷室種長** ひむろたねなが
? ～文化5(1808)年3月14日
江戸時代中期～後期の神職。
¶国書

**氷室長翁** ひむろちょうおう
→氷室長翁(ひむろながとし)

**氷室長翁** ひむろながとし
天明4(1784)年～文久3(1863)年 [別]氷室長翁(ひむろちょうおう)
江戸時代後期の歌人。
¶国書([生]天明4(1784)年閏1月23日 [没]文久3(1863)年10月1日), 神人(ひむろちょうおう), 人名, 姓氏愛知(ひむろちょうおう), 日人(ひむろちょうおう), 和俳

**氷室長冬** ひむろながふゆ
生没年不詳
江戸時代末期の神官。
¶姓氏愛知

**氷室民部** ひむろみんぶ
? ～享保13(1728)年9月29日
江戸時代前期～中期の神職。
¶国書

**姫宮大円** ひめみやだいえん
天保11(1840)年7月3日～*
江戸時代末期～明治期の浄土真宗本願寺派僧侶。学僧、勝念寺住職。
¶真宗([没]明治31(1898)年7月5日), 仏人([没]1899年)

**百叡** ひゃくえい
天明7(1787)年～明治4(1871)年3月12日
江戸時代末期～明治期の浄土真宗本願寺派学僧。権少教正。
¶京都大, 国書, 真宗, 姓氏京都, 仏教

**白翁道泰** びゃくおうどうたい
? ～天和2(1682)年7月3日
江戸時代前期の黄檗宗の僧。
¶黄檗

**白崖宝生** びゃくがいほうしょう
興国4/康永2(1343)年～応永21(1414)年 [別]白崖宝生(はくがいほうしょう), 宝生(ほうしょう)
南北朝時代～室町時代の臨済宗の禅僧。
¶朝日([没]応永21年9月7日(1414年10月20日)), 鎌室, 群新百, 群馬人(はくがいほうしょう), 国書(はくがいほうしょう [没]応永21(1414)年9月7日), コン改, コン4, コン5, 新潮([没]応永21(1414)年9月7日), 姓氏群馬(はくがいほうしょう), 日人(はくがいほうしょう), 仏教(はくがいほうしょう [没]応永21(1414)年9月), 仏人(宝生 ほうしょう)

**百島操** ひゃくしまみさお
→百島操(ももしまみさお)

**百姓善五郎** ひゃくしょうぜんごろう
? ～天正16(1588)年
安土桃山時代のキリシタン、医師。
¶人名

**白随** びゃくずい
明暦2(1656)年～享保15(1730)年6月21日
江戸時代前期～中期の浄土宗の僧。増上寺38世、鎌倉光明寺55世。
¶仏教([没]享保15(1730)年6月21日, (異説)8月20日?)

**百拙** ひゃくせつ
→百拙元養(ひゃくせつげんよう)

**百拙元養** ひゃくせつげんよう
寛文8(1668)年10月15日～寛延2(1749)年9月6日 [別]百拙(ひゃくせつ)
江戸時代中期の黄檗宗の僧。
¶黄檗, 京都(百拙 ひゃくせつ [生]寛文7(1667)年), 京都大, 国書, 人名([生]1667年), 姓氏京都, 茶道(百拙 ひゃくせつ [生]1667年), 日人, 俳句(百拙 ひゃくせつ), 仏教

**百拙如理** ひゃくせつにょり
? ～慶安2(1649)年4月18日
江戸時代前期の黄檗宗の僧。
¶黄檗

**百川** ひゃくせん
? ～嘉永1(1848)年4月
江戸時代後期の俳人。
¶徳島歴

**百泉元涌** ひゃくせんげんよう
? ～延享2(1745)年2月10日
江戸時代中期の黄檗宗の僧。
¶黄檗

**百田哲竜** ひゃくたてつりゅう
明治28(1895)年～
大正～昭和期の宗教家。
¶郷土奈良

**百痴元拙** ひゃくちげんせつ
天和3(1683)年～宝暦3(1753)年6月6日
江戸時代中期の黄檗宗の僧。万福寺16世。
¶黄檗([生]天和3(1683)年11月), 仏教([生]天和3(1683)年3月11日)

**白道** びゃくどう
寛延3(1750)年～文政8(1825)年
江戸時代中期～後期の仏師。
¶美建, 山梨百

ひ

**百非** ひゃくひ
生没年不詳
江戸時代後期の俳人・僧侶。
¶国書

**百木** ひゃくぼく
生没年不詳
江戸時代中期の俳人・僧侶。
¶国書

**白祐** びゃくゆう
? ～寛永14(1637)年10月5日
江戸時代前期の浄土宗の僧。
¶仏教

**百霊** ひゃくりょう
生没年不詳
江戸時代中期～後期の僧侶。
¶国書

**白蓮尼〈福島県〉** びゃくれんに★
江戸時代中期の女性。俳諧。空海が川から拾い上げたとされる鳥追観音で有名な野沢の如法寺の尼僧。
¶江表(白蓮尼(福島県))

**百非道覚** ひゃっぴどうかく
正保3(1646)年～享保3(1718)年9月9日
江戸時代前期～中期の黄檗宗の僧。
¶黄檗

**比屋根安定** ひやねあんてい
明治25(1892)年10月3日～昭和45(1970)年7月10日
明治～昭和期の宗教学者。青山学院大学教授。宗教史を研究、日本メゾチスト教会牧師の資格を所有。
¶沖縄百(㊀明治25(1892)年11月4日), キリ, 現朝, 現情, 史研, 社史, 人名7, 心理, 世紀, 姓氏沖縄, 哲学, 日人, 日Y, 歴大

**非有** ひゆう
戦国時代の僧。
¶高知人(生没年不詳), 高知百, 戦西, 戦人(生没年不詳), 全戦

**日向美則** ひゅうがよしのり
大正11(1922)年～
昭和～平成期の宗教家。京都修道院院長。
¶現執2期, 現執3期

**平栄** ひょうえい
→平栄(へいえい)

**平恩** ひょうおん
→平恩(へいおん)

**平救(1)** びょうぐ
平安時代の仁和寺子院池上寺の僧。『今昔物語集』に見える。
¶古人

**平救(2)** びょうぐ
天徳2(958)年～?
平安時代中期の僧。
¶古人(㊁?), 平史

**標瓊** ひょうけい
生没年不詳
奈良時代の僧。
¶仏教

**平源** ひょうげん
→平源(へいげん)

**平興** ひょうこう
平安時代中期の延暦寺僧。
¶古人, 平史(生没年不詳)

**平秀(1)** ひょうしゅう
平安時代前期の渡来僧。
¶古人, 平史(生没年不詳)

**平秀(2)** ひょうしゅう
平安時代中期の僧。延長2年東寺領丹波国大山荘の荘別当僧。
¶古人

**平崇** ひょうすう
延長4(926)年～長保4(1002)年
平安時代中期の東大寺僧。
¶古人, 平史

**平山善均** びょうせんぜんきん
生没年不詳 ㊞平山善均(へいざんぜんきん)
室町時代の臨済宗の僧。
¶日人(へいざんぜんきん), 仏教

**平智** ひょうち
→平智(へいち)

**平伝** ひょうでん
延喜21(921)年～寛弘1(1004)年
平安時代中期の興福寺僧。
¶古人, 平史

**平灯** ひょうとう
生没年不詳
平安時代中期の天台宗の僧。
¶仏教

**兵頭左近太夫元吉** ひょうどうさこんだゆうもとよし
生没年不詳
戦国時代の神主。常磐井氏。
¶神人

**兵頭式部守敬** ひょうどうしきぶもりよし
→兵頭守敬(ひょうどうもりよし)

**兵頭守敬** ひょうどうもりよし
宝永6(1709)年～宝暦7(1757)年 ㊞兵頭式部守敬(ひょうどうしきぶもりよし)
江戸時代中期の神職。
¶国書, 神人(兵頭式部守敬 ひょうどうしきぶもりよし)

**平如** ひょうにょ
生没年不詳
平安時代中期の真言宗の僧。

¶仏教

**平仁** ひょうにん
→平仁(へいにん)

**平忍**(平仁) ひょうにん
貞観1(859)年～天慶1(938)年
平安時代前期～中期の天台宗の僧。
¶古人(平仁　[生]?), 日人, 仏教, 平史(平仁　[生]?)

**平備** ひょうび
→平備(へいび)

**兵部** ひょうぶ
江戸時代前期～中期の仏師。
¶黄檗(生没年不詳), 美建

**平明** ひょうみょう
天喜1(1053)年～大治4(1129)年9月28日
平安時代後期の天台宗の僧。
¶古人, 仏教, 平史

**平耀** ひょうよう
生没年不詳
平安時代後期の真言宗の僧。
¶仏教

**日吉城一郎** ひよしじょういちろう
明治30(1897)年3月28日～昭和49(1974)年9月27日
大正～昭和期の無教会伝道者。
¶キリ

**平井清臣** ひらいきよおみ
明治期の神職。
¶神人

**平井清隆** ひらいきよたか
明治38(1905)年4月10日～平成12(2000)年4月3日
昭和期の僧侶、部落問題専門家。
¶現執1期, 滋賀文

**平井玄恭** ひらいげんきょう
大正8(1919)年～平成5(1993)年
昭和～平成期の禅僧(臨済宗)。
¶高知人

**平井俊栄** ひらいしゅんえい
昭和5(1930)年11月20日～
昭和～平成期の仏教学者。専門は中国仏教。駒沢大学の教授、学長などを歴任。
¶現執1期, 世紀, 日人

**平泉恭順** ひらいずみきょうじゅん
嘉永5(1852)年～昭和29(1954)年
明治～昭和期の僧侶。
¶群馬人

**平泉澄** ひらいずみきよし
明治28(1895)年2月15日～昭和59(1984)年2月18日
明治～昭和期の歴史学者。東京帝国大学教授。皇国史観の中心人物。右翼思想団体「朱光会」を組織。著書に「我が歴史観」など。
¶岩史, 角史, 郷土福井, 近現, 近史1, 現朝, 現執2期([生]明治28(1895)年2月16日), 現情, 現日([生]1894年), 考古, 国史, コン改, コン4, コン5, 史学, 史研, 史人, 思想史, 昭人([生]明治28(1895)年2月16日), 神史, 神人([生]明治28(1895)年2月　[没]昭和59(1984)年2月), 新潮, 世紀([生]明治28(1895)年2月16日), 世百新, 日史, 日人, 日本, 百科, 福井百, 平日, マス89([生]1894年), 山川小, 履歴, 履歴2, 歴大

**平出慶一** ひらいでけいいち
明治15(1882)年8月15日～昭和50(1975)年1月17日
明治～昭和期の牧師、日本福音基督教団創設者。
¶キリ, 渡航

**平井直房** ひらいなおふさ
大正11(1922)年12月15日～
昭和期の宗教学者。国学院大学教授。
¶現執2期

**平井庸吉** ひらいようきち
明治4(1872)年12月20日～昭和22(1947)年3月20日
明治～昭和期の牧師。女子聖学院院長。
¶キリ

**平岩玩牛** ひらいわがんぎゅう
天保4(1833)年～明治39(1906)年9月11日
江戸時代末期・明治期の僧。丹生川村の正宗寺13世。
¶飛驒

**平岩愃保** ひらいわのぶやす
→平岩愃保(ひらいわよしやす)

**平岩愃保** ひらいわよしやす
安政3(1856)年12月17日～昭和8(1933)年7月26日　[別]平岩愃保(ひらいわのぶやす)
明治～大正期のキリスト教指導者。日本メソジスト教会二代監督、教会条例制定編纂委員長。各地の教会を牧師として歴任。のち自宅で伝道、阿佐ヶ谷教会の基礎を築く。
¶朝日([生]安政3年12月17日(1857年1月12日)), 学校, キリ([生]安政3(1857)年12月17日), 近現, 国史, コン改, コン5, 史人, 静岡歴, 新潮, 世紀([生]安政3(1857)年12月17日), 姓氏静岡, 体育(ひらいわのぶやす), 日人([生]1857年), 日Y([生]安政3(1857)年1月12日), 明治史, 明大1, 山梨百, 歴大([生]1857年)

**平岡静人** ひらおかしずと
明治27(1894)年8月24日～平成6(1994)年6月20日
昭和期の僧侶。
¶学校

**平岡定海** ひらおかじょうかい
大正12(1923)年4月27日～
昭和～平成期の僧侶、日本史学者。東大寺執事長、大手前女子大学教授。
¶現執1期, 現執2期, 現執3期

**平岡徳次郎** ひらおかとくじろう
明治19(1886)年2月6日～昭和34(1959)年6月29日
明治～昭和期の牧師。
¶愛媛百

**平岡好文** ひらおかよしふみ
慶応2(1867)年～昭和8(1933)年
江戸時代末期～昭和期の神職。
¶神人

**平尾親章** ひらおちかあき
天保6(1835)年～明治30(1897)年
江戸時代後期～明治期の国学者・神官。
¶東三河

**平賀貞夫** ひらがさだお
明治34(1901)年～昭和20(1945)年
大正～昭和期の真岡クリスチャン教会牧師、農民解放運動に生涯を捧げた指導者。
¶栃木歴



**平賀忠因** ひらがただより
生没年不詳
江戸時代中期の神道家。
¶国書

**平賀主税** ひらがちから
安政1(1854)年～大正15(1926)年
明治～大正期の神職。
¶神人

**平賀徳造** ひらがとくぞう
明治27(1894)年4月21日～昭和35(1960)年4月10日
大正～昭和期の牧師、実践神学者。東京神学大学教授、日本基督教団総務局長。
¶神奈川人，神奈川百，キリ

**平川彰** ひらかわあきら
大正4(1915)年1月21日～平成14(2002)年3月31日
昭和～平成期の仏教学者。東京大学教授、早稲田大学教授。インド、中国、日本の仏教思想について研究。著書に「律蔵の研究」など。
¶現朝，現執1期，現執2期，現執3期，現情，世紀，日人

**平久保章** ひらくぼあきら
明治42(1909)年～平成6(1994)年
昭和期の仏教史研究者。
¶史研

**平子鐸嶺** ひらこたくれい
明治10(1877)年5月4日～明治44(1911)年5月10日
明治期の美術史家。東京帝室博物館嘱託兼内務省嘱託。仏教美術史に優れた業績を残した。著書に「仏教芸術の研究」。
¶近現，考古([生]明治10(1877)年5月)，国史，コン改，コン5，史研，人名，世紀([没]明治44(1911)年5月1日)，日人，明治史，明大2([没]明治44(1911)年5月1日)

**平佐帯刀** ひらさたてわき
江戸時代中期の神職。
¶人名，日人(生没年不詳)

**平沢照尊** ひらさわしょうそん
明治10(1877)年～昭和23(1948)年
昭和期の真言宗智山派僧侶。
¶仏人

**平沢東貫** ひらさわとうかん
明治26(1893)年～昭和61(1986)年
大正～昭和期の教育者、宗教家、文化人。
¶図人，山形百新

**平田篤胤** ひらたあつたね
安永5(1776)年8月24日～天保14(1843)年閏9月11日
江戸時代後期の出羽久保田藩士、備中松山藩士、国学者。国粋主義的な復古神道を大成した。
¶秋田人2，秋田百，朝日([生]安永5年8月24日(1776年10月6日)　[没]天保14年閏9月11日(1843年11月2日))，伊豆，岩史，江人，江戸東，江文，岡山人，岡山歴，角史，教育([生]1766年)，キリ([没]天保14(1843)年9月11日)，近世，考古([没]天保14年(1843年9月11日))，国史，国書，古史，コン改，コン4，コン5，埼玉人，埼玉百，詩歌，史人，思想史，重要，神史，人書79，人書94，神人，新潮，新文，人名，世人，世百，全書，大百，千葉百，伝記，徳川将，日思，日史，日人，日文，藩臣1，藩臣6，百科，文学，平史，平日([生]1776　[没]1843)，三重続，山川小，歴大，和俳

**平田鉄胤**(平田銕胤，平田鐵胤) ひらたかねたね
寛政11(1799)年～明治13(1880)年
江戸時代末期～明治期の国学者、神道家。平田篤胤の女婿。篤胤没後平田学派を率いて活動、門弟育成指導など学問維持に尽力。
¶秋田人2(平田銕胤　[生]寛政9年　[没]明治13年10月15日)，秋田百(平田銕胤)，朝日(平田銕胤　[没]明治13(1880)年10月5日)，維新(平田銕胤)，岩史([没]明治13(1880)年10月25日)，愛媛(平田銕胤)，愛媛百(平田銕胤)，江文([生]寛政13(1801)年　[没]明治15(1882)年)，教育(平田銕胤　[生]1801年　[没]1882年)，教人(平田鐵胤　[生]享和1(1801)年　[没]明治15(1882)年)，郷土愛媛，京都大，近現，近世，広7(平田銕胤)，国史，国書(平田銕胤　[生]寛政11(1799)年11月6日　[没]明治13(1880)年10月25日)，コン改(平田銕胤)，コン4(平田銕胤)，コン5(平田銕胤)，埼玉人，史人([没]1880年10月25日)，思想史(平田銕胤)，神史，神人([生]享和1(1801)年　[没]明治15(1882)年10月)，新潮(平田銕胤　[没]明治13(1880)年10月5日)，人名(平田銕胤)，姓氏京都，世百(平田銕胤　[生]1801年　[没]1882年)，千葉百(平田銕胤)，哲学(平田銕胤)，日史(平田銕胤　[没]明治13(1880)年10月5日)，日人(平田銕胤)，幕末(平田銕胤　[没]1880年10月5日)，幕末大(平田銕胤　[没]明治13(1880)年10月5日)，藩臣1(平田銕胤　[生]寛政9(1797)年)，藩臣6(平田銕胤)，百科(平田銕胤)，明治史(平田銕胤)，

履歴（[没]明治13（1880）年10月15日），履歴2（[没]明治13（1880）年10月15日），歴大

**平田貫一** ひらたかんいち
明治16（1883）年2月3日〜昭和46（1971）年1月13日
明治〜昭和期の神道家。
¶姓氏鹿児島，履歴，履歴2

**平田喜太夫** ひらたきだいう
生没年不詳
江戸時代後期の大住郡大山阿夫利神社祠官。
¶神奈川人

**平田三郎** ひらたさぶろう
大正2（1913）年8月18日〜平成19（2007）年8月5日
大正〜平成期の司教。初代大分司教、第4代福岡司教。
¶新カト

**平田精耕** ひらたせいこう
大正13（1924）年8月26日〜
昭和〜平成期の僧侶、禅学者。臨済宗天龍寺派管長、禅文化研究所長、天龍寺住職。
¶現執3期

**平田尊為** ひらたそんい
寛永1（1624）年〜宝永3（1706）年 [別]大光院尊為（たいこういんそんい），役尊為（えきたかため）
江戸時代前期〜中期の歌人、国学者。
¶国書（役尊為 えきたかため [没]宝永3（1706）年6月27日），人名，人名（役尊為 えきたかため），日人（大光院尊為 たいこういんそんい），和俳

**平田尊閑** ひらたそんかん
慶安4（1651）年〜元文2（1737）年 [別]大光院尊閑（たいこういんそんかん），役尊閑（えきたかやす），里鶯（りおう，りほう）
江戸時代中期の国学者、歌人。
¶国書（役尊閑 えきたかやす [没]元文2（1737）年8月21日），人名，人名（役尊閑 えきたかやす），人名（里鶯 りおう），日人（大光院尊閑 たいこういんそんかん），俳句（里鶯 りほう），和俳

**平田貞子** ひらたていこ
明治28（1895）年1月3日〜大正11（1922）年3月21日
大正期の救世軍士官。
¶埼玉人

**平田伝之助** ひらたでんのすけ
生没年不詳
江戸時代末期の宮大工棟梁。
¶伊豆

**平田甫** ひらたはじめ
明治26（1893）年3月4日〜昭和52（1977）年12月18日
明治〜昭和期のYMCA会員。長崎YMCA主事、組合教会牧師。
¶日Y

**平田平三** ひらたへいぞう
万延1（1860）年3月22日〜昭和8（1933）年
明治〜昭和期の牧師。
¶神奈川人，神奈川百，キリ（[没]昭和8（1933）年2月14日），渡航（平田平三・平田平蔵 ひらたへいぞう・ひらたへいぞう [没]1933年10月13日）

**平田盛胤** ひらたもりたね
文久3（1863）年8月14日〜昭和20（1945）年2月28日
江戸時代末期〜昭和期の神職。神田神社社司。
¶神人

**平田寛** ひらたゆたか
昭和6（1931）年1月3日〜
昭和〜平成期の美術史家。長崎純心大学教授、九州大学教授。専門は日本仏教美術。著書に「絵仏師の時代」「絵仏師の研究」など。
¶現執1期，現執2期，現執3期，現執4期，世紀，日人

**平田義道** ひらたよしみち
慶応2（1866）年11月10日〜昭和9（1934）年12月28日
明治〜昭和期の日本組合基督教会牧師。
¶神奈川人，神奈川百，キリ

**平塚景堂** ひらつかけいどう
昭和24（1949）年9月21日〜
昭和〜平成期の僧侶、作曲家。
¶作曲

**平塚入道** ひらつかにゅうどう
〜建長3（1251）年
鎌倉時代前期〜後期の浄土真宗の僧。
¶神奈川人

**平野伊勢** ひらのいせ
生没年不詳
江戸時代末期の神職。
¶国書

**平野恵粋** ひらのえすい
安政2（1855）年11月4日〜大正3（1914）年9月9日
明治〜大正期の僧侶。
¶真宗

**平野修** ひらのおさむ
昭和18（1943）年12月23日〜平成7（1995）年9月27日
昭和〜平成期の僧侶。
¶真宗

**平野一慧** ひらのかずえ
明治期の僧侶。
¶真宗

**平野義海** ひらのぎかい
明治37（1904）年12月4日〜昭和62（1987）年6月10日
大正・昭和期の僧。高山市の本教寺18世。
¶飛驒

**平野しげ** ひらのしげ
～昭和9(1934)年4月26日
昭和期の宗教家。
¶飛騨

**平野宗浄** ひらのそうじょう
昭和3(1928)年7月2日～平成14(2002)年7月6日
昭和～平成期の仏教学者、僧侶。花園大学教授。
¶現執1期，滋賀文

**平野素識** ひらのそしき
～明治21(1888)年9月8日
明治期の僧。高山市の速入寺19世。
¶飛騨

**平野素俊** ひらのそしゅん
～明治4(1871)年7月6日
明治期の僧。高山市の速入寺20世。
¶飛騨

**平野素超** ひらのそちょう
明治45(1912)年5月14日～平成8(1996)年11月1日
昭和・平成期の僧。高山市の速入寺23世。
¶飛騨

**平野孝国** ひらのたかくに
昭和5(1930)年4月1日～
昭和～平成期の神道学者、文化人類学者。新潟大学教授。
¶現執3期

**平野保** ひらのたもつ
大正9(1920)年6月11日～
昭和期の牧師、神学者。東京神学大学大学院教授、フェリス女学院大学理事、日本基督教団美竹教会牧師。
¶現執2期

**平野円** ひらのまどか
明治5(1872)年1月24日～昭和12(1937)年11月6日　㊙中洲
明治期の僧侶、漢詩人。専念寺住職。
¶社史

**平野聞恵** ひらのもんえ
文化6(1809)年2月25日～明治26(1893)年3月3日
江戸時代後期～明治期の僧侶。
¶真宗

**平野竜天** ひらのりゅうてん
生没年不詳
江戸時代後期の僧。戸倉村陽南寺の住職。
¶姓氏愛知

**平幡良雄** ひらはたりょうゆう
昭和10(1935)年3月26日～
昭和期の僧侶。満願寺住職、巡礼の会主宰。
¶現執2期

**平林無方** ひらばやしむほう
天明2(1782)年～天保8(1837)年
江戸時代後期の僧侶。
¶和歌山人

**平林宥高** ひらばやしゆうこう
明治35(1902)年～昭和60(1985)年
昭和期の真言宗智山派僧侶。
¶仏人

**平間泉太夫** ひらませんだゆう
？　～元和9(1623)年
安土桃山時代～江戸時代前期の平間家先祖で床舞八幡宮宮司。
¶青森人

**平松光山** ひらまつこうざん
明治33(1900)年～昭和55(1980)年
大正～昭和期の僧侶。
¶姓氏鹿児島

**平松実馬** ひらまつじつま
明治36(1903)年1月3日～昭和47(1972)年3月26日
昭和期の牧師、海外伝道者。
¶愛媛百，キリ，高知人

**平松義雄** ひらまつよしお
安政1(1854)年～
明治期の神職。
¶神人

**平松理英** ひらまつりえい
安政2(1855)年～大正5(1916)年10月21日
明治～大正期の真宗大谷派僧侶、仏教運動家。擬講。
¶真宗，人名，世紀，日人，仏教，仏人(㊗1854年)，明大1

**平松理準** ひらまつりじゅん
寛政8(1796)年～明治14(1881)年
江戸時代末期～明治期の真宗大谷派僧侶、詩人。菊池五山らについて詩作の研鑽に励む。この時期の仏教界の代表的詩人。
¶江文，コン改，コン4，コン5，真宗(㊀明治14(1881)年11月10日)，新潮，日人，仏教(㊀明治14(1881)年11月10日)，和俳

**平元徳宗** ひらもととくじゅう
明治9(1876)年～昭和5(1930)年
明治～昭和期の京都妙心寺僧堂(臨済宗)の師家(座禅の師)。
¶秋田百

**平元正時** ひらもとまさとき★
元禄8(1695)年～享保12(1727)年5月12日
江戸時代中期の詩僧。秋田藩士。
¶秋田人2

**平山郁夫** ひらやまいくお
昭和5(1930)年6月15日～平成21(2009)年12月2日
昭和～平成期の日本画家。東京芸術大学学長、日本美術院理事長。仏教説話を題材に創作。世界文化財機構設立に尽力。作品に「仏教伝来」など。
¶鎌倉新，近美，現朝，現執2期，現執3期，現執4期，現情，現人，現日，新潮，世紀，全書，大百，日人，日本，広島百(㊗昭和5(1930)年6月

5日），広島文（㊐昭和5（1930）年6月5日），平和，履歴，履歴2

**平山常陳** ひらやまじょうちん
？ ～元和8（1622）年
江戸時代前期の朱印船貿易家、キリシタン。
¶朝日（㊟元和8年7月13日（1622年8月19日）），近世，国史，対外（㊐？），日人

**平山省斎**（平山少斎） ひらやませいさい
文化12（1815）年2月19日～明治23（1890）年5月22日　㊞平山敬忠（ひらやまよしただ）
江戸時代末期～明治期の幕臣。神道大成教教祖。目付、外国奉行となり浦上キリシタン事件を処理。維新後は神道大成教を創立。
¶朝日（平山敬忠　ひらやまよしただ　㊐文化12年2月19日（1815年3月29日）），朝日（㊐文化12年2月19日（1815年3月29日）），維新（平山敬忠　ひらやまよしただ），近現，近世，国際，国史，コン改，コン4（平山敬忠　ひらやまよしただ），コン4，コン5（平山敬忠　ひらやまよしただ），コン5，埼玉人，史人（㊟1890年5月23日），静岡歴，思想史，神史，神人，新潮，人名，徳川臣（平山少斎），日人，幕末，幕末大，藩臣2（平山敬忠　ひらやまよしただ），明治史，明大1，履歴，履歴2

**平山高明** ひらやまたかあき
大正13（1924）年3月31日～
大正～平成期の司教。大分教区第2代司教。
¶新カト

**平山照次** ひらやまてるじ
明治40（1907）年10月4日～平成16（2004）年3月14日
昭和～平成期の牧師。日本基督教団東京山手教会牧師。日本基督教団東京山手教会を設立。伝道、平和運動に尽力。著書に「基督教の恋愛観」など。
¶現朝，現情，現人，世紀，日人，平和

**平山敬忠** ひらやまよしただ
→平山省斎（ひらやませいさい）

**蛭川越後** ひるかわえちご
？ ～文安2（1445）年
室町時代の僧。曹洞宗長龍寺開基。
¶姓氏神奈川

**広池千九郎** ひろいけせんくろう
→広池千九郎（ひろいけちくろう）

**広池千九郎** ひろいけちくろう
慶応2（1866）年3月29日～昭和13（1938）年6月4日
㊞広池千九郎（ひろいけせんくろう）
明治～大正期の法学者。神宮皇学館教授。東洋法制史を研究。
¶大分百，大分歴，学校，史研（ひろいけせんくろう），思想史，昭人，神人（ひろいけせんくろう　㊟？），世紀，哲学，日人，民学，明治史，明大2，履歴，履歴2

**広岩敬貞** ひろいわたかさだ
天保7（1836）年～明治35（1902）年3月16日
江戸時代後期～明治期の国学者・神官。
¶東三河

**広岩敬敏** ひろいわたかとし
文化14（1817）年～＊
江戸時代後期～末期の神職。
¶国書（㊟？），東三河（㊟明治28（1895）年）

**広岡善寿** ひろおかぜんじゅ
明治8（1875）年10月2日～昭和25（1950）年1月18日
明治～昭和期の浄土真宗本願寺派僧侶、教育者。正願寺住職。
¶郷土福井，世紀，日人，福井百

**広岡智教** ひろおかちきょう
明治21（1888）年2月10日～昭和24（1949）年5月28日
明治～昭和期の社会運動家。
¶アナ，真宗

ひ

**広陵了栄** ひろおかりょうえい
文化14（1817）年～明治33（1900）年5月8日
江戸時代後期～明治期の浄土真宗の僧。
¶国書，真宗（㊐文化14（1817）年8月28日），姓氏石川（㊐？）

**広川服膺** ひろかわふくよう
文化6（1809）年～明治7（1874）年8月16日　㊞服膺（ふくよう）
江戸時代末期～明治期の真宗大谷派学僧。越後皆応寺住職、嗣講。
¶国書（服膺　ふくよう），真宗（㊐文化3（1806）年），仏教

**広川真弘** ひろかわまさひろ
文政3（1820）年～明治19（1886）年10月
江戸時代後期～明治期の国学者・神職。
¶国書

**ひろさちや**
昭和11（1936）年7月27日～　㊞増原良彦（ますはらよしひこ）
昭和～平成期の宗教評論家、論理学者。気象大学教授。
¶現執2期，現執2期（増原良彦　ますはらよしひこ），現執3期，現執4期，世紀，マス89

**竹沢寛三郎** ひろさぶろう
→新田邦光（にったくにてる）

**寛トミ** ひろしとみ
明治42（1909）年7月3日～平成4（1992）年11月22日
明治～平成期のカトリック教徒。お告げのフランシスコ姉妹会設立協力者、初代総長。
¶新カト

**広瀬信吾** ひろせしんご
明治24（1891）年～昭和32（1957）年12月26日
大正～昭和期の神官。
¶埼玉人

**広瀬善順** ひろせぜんじゅん
明治33（1900）年4月23日～昭和59（1984）年3月

31日
大正～昭和期の尼僧。京都・阿弥陀寺住職。戦後、直指庵庵主。駆け込み寺として有名。
¶女性，女性普，世紀，日人

**広瀬泉竜** ひろせせんりゅう
明治38(1905)年6月21日～昭和57(1982)年
大正～昭和期の僧侶。
¶真宗

**広瀬大膳** ひろせだいぜん
生没年不詳
明治期の高座郡石川村佐間大明神神主。
¶神奈川人

**広瀬大虫** ひろせだいちゅう
明治11(1878)年4月17日～昭和44(1969)年10月4日
明治～昭和期の僧侶。
¶群馬人

**広瀬杲** ひろせたかし
大正13(1924)年6月22日～
昭和～平成期の仏教学者。大谷大学教授。
¶現執1期，現執2期，現情，世紀

**広瀬南雄** ひろせなんゆう
明治20(1887)年12月18日～大正15(1926)年2月9日
明治～大正期の僧侶。
¶真宗

**広瀬守一** ひろせもりかず
安政1(1854)年2月10日～？
明治期の僧侶。
¶真宗

**広瀬よし** ひろせよし
明治27(1894)年～昭和43(1968)年
昭和期の伝道者。
¶静岡女

**広田篁斎** ひろたこうさい★
文政1(1818)年3月28日～明治14(1881)年
江戸時代後期～明治期の豊受大神宮神主。
¶三重続

**広田天真** ひろたてんしん
文久2(1862)年～大正13(1924)年
明治～大正期の臨済宗の僧。
¶愛媛，愛媛百，神奈川人([生]1856年)

**広田彦麿** ひろたひこまろ
天保1(1830)年～明治29(1896)年
江戸時代末期～明治期の神官。戊辰戦争では蒼竜隊を結成し、隊長として活躍。
¶維新([生]1828年)，人名，日人，幕末([没]1896年8月)，幕末大([生]文政11(1828)年　[没]明治29(1896)年8月)，山梨百

**広田正方** ひろたまさすけ
安永7(1778)年～文久3(1863)年
江戸時代後期の祠官、伊勢外宮権禰宜。
¶人名，日人，三重続([生]安永7年閏7月8日)

**広田良親** ひろたよしちか
元禄11(1698)年～宝暦4(1754)年
江戸時代中期の宮大工。
¶飛騨

**弘津説三** ひろつせっさん
文久2(1862)年8月24日～昭和7(1932)年2月22日
明治～昭和期の曹洞宗宗政家。総持寺副監院、宗議会議長。
¶仏教，仏人

**広津藤吉**(廣津藤吉) ひろつとうきち
明治4(1871)年3月13日～昭和35(1960)年1月10日
明治～昭和期の教育者。梅光女学院院長。
¶大分歴，キリ，姓氏山口，日Y(廣津藤吉)，山口人，山口百

**広中宏雄** ひろなかこうゆう
昭和8(1933)年5月13日～
昭和～平成期のチェロ奏者、住職。
¶音人3

**広野捨二郎** ひろのすてじろう
明治31(1898)年2月9日～昭和20(1945)年3月10日
昭和期の牧師。
¶キリ

**広橋連城** ひろはしれんじょう
明治4(1871)年～昭和19(1944)年4月18日
明治～昭和期の僧侶。
¶真宗

**広幡慶人** ひろはたよしと
明治8(1875)年3月11日～？
明治～大正期の僧侶。
¶真宗

**広嶺忠胤** ひろみねただたね
大正期の神職。播磨国広峯社大別当社務職。
¶華請

**広山堯道** ひろやまぎょうどう
大正14(1925)年1月6日～平成18(2006)年3月2日
昭和～平成期の僧侶、塩業研究家。
¶郷土

**日和佐庄馬** ひわさしょうま
明治22(1889)年～昭和42(1967)年
大正～昭和期の旅館経営者。
¶高知人，高知百

**敏覚** びんかく
保安2(1121)年～養和1(1181)年10月2日
平安時代後期の三論宗の僧。東大寺82世。
¶古人，仏教([生]？)，平史

**備後僧都幸秀** びんごそうずこうしゅう
生没年不詳
鎌倉時代の僧。
¶大分歴

**保栄茂朝意** びんちょうい
？ ～明治44（1911）年6月14日
明治期の沖縄・波上宮宮司。
¶神人

**品騰伝翁** ひんとうでんおう
応永31（1424）年～明応1（1492）年
室町時代～戦国時代の僧。
¶人名

**便誉** びんよ
？ ～享禄5（1532）年3月16日
戦国時代の僧侶。
¶山梨百

## 【ふ】

**豊安** ぶあん
？ ～承和7（840）年　(別)豊安（ほうあん）
奈良時代～平安時代前期の律宗の僧。如宝に師事。
¶朝日（(没)承和7年9月13日（840年10月11日）），国史，国書（(没)承和7（840）年9月13日），古人（(生)764年），古代（ほうあん），古代普（ほうあん　(生)？），古中，史人（(没)840年9月13日），新潮（(生)天平宝字8（764）年　(没)承和7（840）年9月13日），人名（ほうあん），世人（(生)天平宝字8（764）年），日史，日人（(生)764年），百科，仏教（(生)天平宝字8（764）年　(没)承和7（840）年9月13日），仏史，平史（(生)764年）

**普一** ふいち
生没年不詳
鎌倉時代後期～南北朝時代の真言宗南山進流の声明家。「魚山集」3巻を書写。
¶朝日，日音，日人

**風外**(1) ふうがい
→風外慧薫（ふうがいえくん）

**風外**(2) ふうがい
→風外本高（ふうがいほんこう）

**風外慧薫** ふうがいえくん
永禄11（1568）年～＊　(別)慧薫（えくん），風外（ふうがい）
安土桃山時代～江戸時代前期の僧画家。
¶朝日（(没)慶安3（1650）年），伊豆（(没)承応3（1654）年），江神奈（(没)承応3（1654）年），神奈川人（慧薫　えくん　(没)1654年），神奈川百（風外　ふうがい　(没)？），郷土神奈川（風外　ふうがい　生没年不詳），群新百（(没)1654年ころ），群馬人（(没)？），静岡歴（(没)承応3（1654）年），人名，姓氏神奈川（(没)1654年），姓氏群馬（風外　ふうがい　(没)？），姓氏静岡（(没)1654年），日人（(没)1654年？），美家（(没)慶安3（1650）年），仏教（(没)承応3（1654）年？），仏人（慧薫　えくん　(没)1654年？）

**風外本高** ふうがいほんこう
安永8（1779）年～弘化4（1847）年　(別)風外（ふうがい），本高（ほんこう）
江戸時代後期の曹洞宗峨山派の画僧。
¶大阪人（風外　ふうがい　(没)弘化4（1847）年6月），近世，国史，国書（(没)弘化4（1847）年6月22日），人書94，人名（風外　ふうがい），姓氏愛知，日人，俳句（風外　ふうがい　(没)弘化3（1846）年），美家（(没)弘化4（1847）年6月22日），仏教（(没)弘化4（1847）年6月22日），仏史，仏人（本高　ほんこう），三重（風外）

**風花翁雲阿** ふうかおううんあ
～明治13（1880）年
江戸～明治期の僧・作陶家。
¶茶陶

**風喬** ふうきょう
→大谷風喬（おおたにふうきょう）

**風山慶門** ふうざんけいもん
？ ～元禄4（1691）年
江戸時代前期～中期の僧。法光寺の12世住職。
¶青森人

ふ

**風紫** ふうし
？ ～寛政11（1799）年
江戸時代中期～後期の俳人。浄土真宗の僧。
¶国書

**風水** ふうすい
？ ～宝永6（1709）年
江戸時代前期～中期の俳人・神職。
¶国書（(没)宝永6（1709）年9月22日），俳文

**風鳴** ふうめい
生没年不詳
江戸時代中期の俳人・僧侶。
¶国書

**風和** ふうわ
承応1（1652）年～正徳2（1712）年2月18日
江戸時代前期～中期の俳人・神職。
¶国書，俳句，俳文

**豊栄** ぶえい
→豊栄（ほうえい）

**フェレイラ**
→沢野忠庵（さわのちゅうあん）

**普応** ふおう
南北朝時代の僧。大和村棲雲寺開山業海本浄の師。
¶山梨百

**普応衍慈** ふおうえんじ
？ ～天保4（1833）年7月7日
江戸時代後期の黄檗宗の僧。
¶黄檗

**浮翁全槎** ふおうぜんさ
？ ～文禄1（1592）年
安土桃山時代の曹洞宗の僧。
¶日人，仏教（(没)天正20（1592）年10月8日）

**斧屋文達** ふおくぶんたつ
明応8（1499）年～弘治2（1556）年　(別)文達（ぶんたつ）

戦国時代の曹洞宗の僧。
¶国書(㊀弘治2(1556)年2月30日), 埼玉人, 仏人(文達 ぶんたつ)

**不遠寺以空** ふおんじいくう
〜宝永4(1707)年1月25日
江戸時代中期の僧。高山市の不遠寺2世。
¶飛騨

**不遠寺恵円** ふおんじええん
〜寛文4(1664)年11月11日
江戸時代前期の僧。高山市の不遠寺3世。
¶飛騨

**不遠寺教心** ふおんじきょうしん
〜元禄3(1690)年7月14日
江戸時代前期の僧。高山市の不遠寺4世。
¶飛騨

**不遠寺教明** ふおんじきょうみょう
〜天保11(1840)年4月21日
江戸時代後期の僧。高山市の不遠寺9世。
¶飛騨

**不遠寺教了** ふおんじきょうりょう
〜文政3(1820)年8月1日
江戸時代後期の僧。高山市の不遠寺8世。
¶飛騨

**布界** ふかい
生没年不詳
江戸時代後期の浄土真宗の僧。
¶国書

**孚介** ふかい
元禄15(1702)年〜?
江戸時代中期の天台宗の僧。
¶国書

**不外** ふがい
*〜大永6(1526)年5月17日
戦国時代の時宗の遊行上人。
¶戦辞(㊀寛正1(1460)年), 戦人(㊀寛正1(1460)年?)

**深井渙二** ふかいかんじ
明治〜昭和期の日本聖公会牧師。
¶新カト

**深井志道軒** ふかいしどうけん
→志道軒〔1代〕(しどうけん)

**深浦正文** ふかうらしょうぶん
→深浦正文(ふかうらせいぶん)

**深浦正文** ふかうらせいぶん
明治22(1889)年2月23日〜昭和43(1968)年7月31日 ㊀深浦正文(ふかうらしょうぶん)
明治〜昭和期の僧、仏教学者。龍谷大学教授。法相唯識学を専門とする。仏教の一般普及にも尽力。主著に「唯識学研究」など。
¶現執1期, 現情(ふかうらしょうぶん), 真宗(㊀明治23(1890)年2月23日), 人名7(ふかうらしょうぶん), 世紀, 全書(ふかうらしょうぶん), 哲学(ふかうらしょうぶん), 日人, 仏教(ふかうらしょうぶん ㊀明治23(1890)年2月23日), 仏人(ふかうらしょうぶん)

**深川照阿** ふかがわてるくま
天保4(1833)年〜大正4(1915)年
江戸時代末期〜大正期の連歌師。上野東照宮での月例連歌会の開催者、東照宮の毎年一月の連歌始の式として存続。
¶人名, 日人, 明大2(㊀大正4(1915)年2月3日)

**深河猷栄** ふかがわのりなが
元禄8(1695)年〜明和5(1768)年9月7日
江戸時代中期の神道家。
¶国書

**不覚** ふかく
〜宝暦6(1756)年
江戸時代中期の僧侶・俳人。
¶俳句

**深草元政** ふかくさげんせい
→元政(げんせい)

**深草の元政**(深草元政) ふかくさのげんせい
→元政(げんせい)

**深沢鍭吉** ふかさわけいきち
明治10(1877)年10月〜?
明治〜昭和期の神道家。神宮皇学館教授。
¶神人

**深沢心明** ふかざわしんめい
明治5(1872)年〜昭和14(1939)年
明治〜昭和期の修験行者。
¶姓氏群馬

**深沢高元** ふかざわたかもと
文化11(1815)年1月1日〜明治12(1879)年8月5日
江戸時代後期〜明治期の神職。兵庫県赤穂郡高田村・八幡神社祠官。
¶神人

**深沢常逢** ふかざわつねあい
生没年不詳
江戸時代後期の神職。
¶国書

**富賀寺隆啓** ふがじりゅうけい
享和元(1801)年〜慶応2(1866)年6月23日
江戸時代末期の歌僧。
¶東三河

**深田長治** ふかだちょうじ
明治41(1908)年3月25日〜昭和51(1976)年4月3日
昭和期の宗教家。「円応教経典」を編纂し教義の確立と体系化に尽力。
¶現朝, 現情, 現人, 人名7, 世紀, 日人, 兵庫百

**深田千代子** ふかだちよこ
明治20(1887)年10月3日〜大正14(1925)年1月6日
大正期の宗教家。天啓を受け、円応教を開き教祖

と呼ばれる。
¶女性，女性普，兵庫百

**深津文雄** ふかつふみお
明治42(1909)年11月22日～平成12(2000)年8月17日
昭和期の牧師。かにた婦人の村創設者。
¶現情，現人，世紀

**武津八千穂** ふかつやちほ
安政1(1854)年～昭和2(1927)年
明治～昭和期の神主、歌人。
¶大阪人，神人

**深堀敏** ふかほりさとし
大正13(1924)年10月8日～平成21(2009)年9月24日
大正～平成期の司教。高松教区第2代司教。
¶新カト

**深堀仙右衛門** ふかほりせんえもん
明治27(1894)年6月19日～昭和60(1985)年6月21日
明治～昭和期の司教。福岡教区第3代司教。
¶新カト

**深堀達右衛門** ふかほりたつえもん
嘉永2(1849)年～明治20(1887)年7月4日
江戸時代後期～明治期の司祭。カトリック教会復活後最初の邦人司祭の一人。
¶新カト

**深町正勝** ふかまちまさかつ
明治37(1904)年～平成2(1990)年
昭和～平成期の牧師。日本基督教団静岡教会名誉牧師、静岡英和女学院理事長。
¶静岡歴，姓氏静岡

**深見玄岱** ふかみげんたい
*～享保6(1722)年8月8日　㊊高玄岱(こうげんたい),深見天漪(ふかみてんい)
江戸時代前期～中期の漢学者。渡来僧独立に師事。
¶朝日(㊐慶安2年2月15日(1649年3月27日)　㊍享保7年8月8日(1722年9月18日))，江文(深見天漪　ふかみてんい　㊐慶安2(1649)年)，黄檗(高玄岱　こうげんたい　㊐寛永16(1639)年)，近世(㊐1648年)，国史(㊐1648年)，人書79(㊐1600年　㊍1673年)，人名(高玄岱　こうげんたい　㊐1640年)，徳川将(㊐1649年)，徳川臣(㊐1649年)，日史(㊐慶安2(1649)年)，日人(㊐1648年,(異説)1649年)，歴大(㊐1648年)，和俳(㊐慶長5(1600)年)

**深見天漪** ふかみてんい
→深見玄岱(ふかみげんたい)

**深見日円** ふかみにちえん
明治2(1869)年～昭和32(1957)年
明治～昭和期の僧侶。
¶高知人

**深見要言** ふかみようごん
生没年不詳
江戸時代後期の日蓮宗徒。
¶国書

**普寛** ふかん
享保16(1731)年～享和1(1801)年
江戸時代中期～後期の修験者、御岳講・御岳教の開祖。
¶朝日(㊍享和1年9月10日(1801年10月17日))，郷土長野，近世，国史，国書(㊍享和1(1801)年9月10日)，コン改，コン4，コン5，埼玉人，埼玉百，史人(㊍1801年9月10日)，新潮(㊍享和1(1801)年9月10日)，人名，姓氏長野，世人，長野歴，日人，仏教

**不干斎ハビアン** ふかんさいはびあん
→ハビアン

**不干斎ファビアン** ふかんさいふぁびあん
→ハビアン

ふ

**夫巌智樵** ふがんちしょう
生没年不詳
室町時代の曹洞宗の僧。
¶日人，仏教

**府貫雄道** ふかんゆうどう
享保9(1724)年～天明7(1787)年4月9日
江戸時代中期の曹洞宗の僧。
¶国書

**不羈** ふき
生没年不詳
江戸時代中期の詩僧。
¶沖縄百

**普機** ふき
生没年不詳
平安時代前期の華厳宗の僧。
¶日人，仏教

**ふき〈福島県〉**
正保2(1645)年～享保5(1720)年
江戸時代前期～中期の女性。宗教。尾張の浪人沖昌紀と久保田氏の娘。保科正之の側室。
¶江表(ふき(福島県))

**富貴原章信** ふきはらしょうしん
明治40(1907)年8月21日～*
大正～昭和期の僧侶。
¶現執1期(㊍1976年)，真宗(㊍昭和50(1975)年5月15日)

**不及** ふぎゅう
天明5(1785)年～弘化3(1846)年7月17日
江戸時代後期の浄土真宗の僧。
¶国書，仏教

**普行** ふぎょう
寛政4(1792)年～弘化1(1844)年
江戸時代後期の浄土真宗の僧。
¶国書，富山百，仏教，仏人

**浮玉** ふぎょく
→宝山浮玉(ほうざんふぎょく)

**福阿弥** ふくあみ
生没年不詳
安土桃山時代の時宗の僧、茶人。
¶戦辞，戦人，茶道

**復菴玄易** ふくあんげんい
文化2(1805)年～明治14(1881)年
江戸時代末期～明治期の僧侶。鎌倉建長寺で修行。訓導などを経て建長寺229世住山職となった。
¶神奈川人，幕末，幕末大

**復菴宗己** ふくあんそうい
→復庵宗己(ふくあんそうき)

**復庵宗己**(復菴宗己) ふくあんそうき
弘安3(1280)年～正平13/延文3(1358)年 ㊙宗己(しゅうき)，復庵宗己(ふくあんそうこ)，復菴宗己(ふくあんそうい)
南北朝時代の僧。
¶茨城百(㊤?)，茨城歴，鎌室(ふくあんそうこ)，系東，国書，新潮(㊦延文3/正平13(1358)年9月26日)，人名(復菴宗己　ふくあんそうい)，日人，福島百(復菴宗己　生没年不詳)，仏教(㊦延文3/正平13(1358)年9月26日)，仏人(宗己　しゅうき)

**復庵宗己** ふくあんそうこ
→復庵宗己(ふくあんそうき)

**福井公清** ふくいきみきよ
明和3(1766)年～寛政6(1794)年9月14日
江戸時代中期～後期の神職。
¶国書

**福井康順** ふくいこうじゅん
明治31(1898)年4月27日～平成3(1991)年1月21日
大正～平成期の歴史学者。早稲田大学教授。仏教史を研究。
¶弓道，郷土栃木，現執1期，現情，史研，世紀，栃木歴，日人，仏教(㊤明治3(1898)年4月27日)

**福井二郎** ふくいじろう
明治32(1899)年4月30日～昭和58(1983)年4月15日
大正～昭和期の牧師、中国伝道者。
¶キリ

**福井末起** ふくいすえおき
寛永13(1636)年～元禄2(1689)年12月13日
江戸時代前期～中期の神職。
¶国書

**福井末質** ふくいすえかた
元禄6(1693)年～宝暦13(1763)年12月23日
江戸時代中期の神職。
¶国書

**福井末盈** ふくいすえみつ
享保2(1717)年～寛延2(1749)年6月27日
江戸時代中期の神職。
¶国書

**福井末美** ふくいすえよし
宝暦1(1751)年～文化9(1812)年2月14日
江戸時代中期～後期の神職。
¶国書

**福井端隠** ふくいたんいん
享和1(1801)年9月1日～明治18(1885)年
江戸時代後期～明治期の篆刻家・神職。
¶国書(㊦明治18(1885)年8月22日)，三重

**福井文雅** ふくいふみまさ
昭和9(1934)年6月6日～
昭和～平成期の僧侶、東洋思想・比較文化論研究者。早稲田大学教授。
¶現執1期，現執4期

**福井孝典** ふくいよしのり
昭和22(1947)年～
昭和～平成期の僧侶、横笛奏者。
¶音人

**福井了雄** ふくいりょうゆう
明治～大正期の僧侶。
¶真宗

**福恵道貫** ふくえどうかん
嘉永6(1853)年～明治40(1907)年
江戸時代末期～明治期の僧侶。天台宗権大僧正。信州善光寺の大勧進住職、次いで権大僧正。
¶人名，日人，明大1(㊦明治40(1907)年6月12日)

**福岡文孝** ふくおかぶんこう
天明7(1787)年～弘化4(1847)年
江戸時代中期～後期の仏師。
¶姓氏岩手，美建

**福垣真応** ふくがきしんおう
明治4(1871)年～昭和3(1928)年5月27日
明治～昭和期の僧侶。真言宗西大寺管長。独力で密教教理の蘊奥を究め、西大寺管長を務める。
¶人名，世紀，日人，明大1

**福光園寺実恵** ふくこうおんじじっけい
安土桃山時代の甲斐・福光園寺の住職。
¶武田

**福崎季連** ふくざききれん
→福崎季連(ふくざきすえつら)

**福崎季連** ふくざきすえつら
*～明治43(1910)年 ㊙福崎季連(ふくざききれん)
江戸時代末期～明治期の薩摩藩士。
¶沖縄百(ふくざききれん　生没年不詳)，神人(㊤天保4(1833)年)，幕末(生没年不詳)，幕末大(㊤天保5(1834)年　㊦明治43(1910)年6月1日)

**福定無外** ふくさだむがい
明治14(1881)年～昭和18(1943)年
明治～昭和期の高僧。
¶宮城百

**福島光哉** ふくしまこうさい
昭和7(1932)年～
昭和期の仏教学者。
¶現執1期

**福島俊翁** ふくしましゅんおう
明治26(1893)年～昭和56(1981)年
昭和期の仏教学者。
¶仏人

**福島末茂** ふくしますえしげ
→渡会季茂(わたらいすえしげ)

**福島末済** ふくしますえなり
正徳2(1712)年～明和7(1770)年5月23日
江戸時代中期の神職。
¶国書

**福島正運** ふくしませいうん
嘉永2(1849)年～明治10(1877)年
江戸時代後期～明治期の神職。
¶神人

**福島大賢** ふくしまだいけん
文政12(1829)年1月22日～明治15(1882)年3月12日
江戸時代後期～明治期の僧侶。
¶真宗

**福島紀隆** ふくしまのりたか
明和2(1765)年～文化10(1813)年12月17日
江戸時代中期～後期の神職。
¶国書

**福島正雄** ふくしままさお★
明治24(1891)年11月～
明治～昭和期の宮口神社神職。
¶人満

**福島泰樹** ふくしまやすき
昭和18(1943)年3月25日～
昭和～平成期の歌人、僧侶。法昌寺(台東区)住職。同人誌「反措定」を創刊。“短歌絶叫コンサート”等で活動。歌集に「転調哀傷歌」など。
¶岩歌，現朝，現執2期，現執3期，現執4期，現情，現日，四国文，詩作，新文，世紀，短歌，日人，マス89

**福寿院** ふくじゅいん
元亀2(1571)年～慶長12(1607)年
安土桃山時代～江戸時代前期の愛宕山別当寺福寿院の僧。
¶茶道

**馥州高郁** ふくしゅうこういく
? ～元禄1(1688)年12月5日
江戸時代前期の曹洞宗の僧。永平寺34世。
¶埼玉人，仏教

**福成寺了西** ふくじょうじりょうさい
生没年不詳
戦国時代の僧。高山市の福成寺の開基。
¶飛騨

**福蔵院** ふくぞういん
江戸時代前期の奈良福蔵院の僧。
¶大坂

**福田郁彦** ふくだあやひこ
天保3(1832)年7月10日～大正7(1918)年1月18日
江戸時代末期～大正期の羽黒神社神職・歌人。
¶岡山歴

**福田規矩雄** ふくだきくお
明治17(1884)年～*
明治期の宗教家。回教運動家で、中国・南洋で活動、「東方学堂」を開設し自ら回教徒となる。
¶コン改(生没年不詳)，人名(㊀1912年)，世紀(㊀?)，日人

**福田義導** ふくだぎどう
文化2(1805)年9月9日～明治14(1881)年1月16日
㊊義導(ぎどう)
江戸時代末期～明治期の真宗大谷派学僧。嗣講。
¶国書，真宗(㊐文化1(1804)年)，人名(義導 ぎどう ㊐1804年)，新潟百(義導 ぎどう ㊐1804年)，日人，仏教，仏人，明大1

ふ

**福田堯穎**(福田堯顕) ふくだぎょうえい
慶応3(1867)年9月16日～昭和29(1954)年11月17日
明治～昭和期の天台宗僧侶、仏教学者。東京帝国大学、大正大学などにおいて天台学および密教学を講じる。
¶現情，昭人(福田堯顕)，人名7，世紀，哲学，日人，仏教，仏人

**福田行誡**(福井行誡) ふくだぎょうかい
文化6(1809)年～明治21(1888)年4月25日 ㊊行誡(ぎょうかい)
江戸時代末期～明治期の浄土宗僧侶。知恩院門主、浄土宗管長。維新後、仏教擁護、旧弊一新を唱えて活躍。「大日本校訂大蔵経」を刊行。
¶朝日，維新，岩史(㊐文化6(1809)年4月9日)，京都大(㊐文化3(1806)年)，近現，近世，近文，広7(㊐文化6(1809)年，1804(文化1)年)，国史，国書(㊐文化3(1806)年)，コン改，コン4，コン5(福井行誡)，コン5，詩歌(㊐1806年)，史人(㊐1804年4月9日，(異説)1809年)，思想史，人書79，新潮(㊐文化6(1809)年4月9日)，新文(㊐文化3(1806)年)，人名(行誡 ぎょうかい ㊐1806年)，世人(㊐文化3(1806)年)，世百(㊐1806年)，全書(㊐1804年，(異説)1807年)，大百(㊐1806年)，日人，幕末大，仏教(㊐文化6(1809)年4月9日，(異説)文化3?(1806)年)，仏人(㊐1809年?)，文学(㊐1806年)，民学(㊐文化6(1809)年?)，明治史，明大1(㊐文化3(1806)年4月9日)，歴大(㊐1809年?)，和俳(㊐文化1(1804)年)

**福田行忍** ふくだぎょうにん
天保8(1837)年10月13日～明治34(1901)年9月30日
江戸時代末期～明治期の浄土真宗本願寺派学僧。勧学、大学林教授。
¶真宗，豊前，仏教

**福田循誘** ふくだじゅんゆう
＊～大正4(1915)年2月27日
江戸時代末期～明治期の浄土宗僧。深川本誓寺に住み、書が上手く写経で高名、また古銭の鑑識に秀でる。
¶人名(㊐1849年)，世紀(㊐嘉永2(1850)年11月20日)，日人(㊐1850年)，明大1(㊐嘉永2(1849)年11月20日)

**福田錠二** ふくだじょうじ
明治期の神学生。
¶渡航

**福田誠好斎**(福田誠好斉) ふくだせいこうさい
文化9(1812)年～明治33(1900)年1月20日
江戸時代後期～明治期の神職・武芸家・医者。
¶国書(㊐文化7(1810)年)，栃木百，栃木歴(福田誠好斉)

**福田静処** ふくだせいしょ
→福田把栗(ふくだはりつ)

ふ

**福田徳郎** ふくだとくお
昭和11(1936)年10月9日～
昭和期の新聞記者、僧侶。朝日新聞出版局出版写真部編集委員、比叡山延暦寺権大僧徒。
¶現執2期

**福田把栗** ふくだはりつ
慶応元(1865)年5月27日～昭和19(1944)年9月10日　㊍把栗(はりつ)，福田静処(ふくだせいしょ)，福田静處(ふくだせいしょ)
明治～昭和期の漢詩人、俳人。漢詩集に「逍遙集」がある。
¶紀伊文(福田静処　ふくだせいしょ)，近文，コン5(福田静処　ふくだせいしょ)，世紀，俳諧(把栗　はりつ)，俳句(把栗　はりつ)，俳文，明治史(福田静処　ふくだせいしょ)

**福田正俊** ふくだまさとし
明治36(1903)年3月3日～
昭和期の牧師、神学者。東京神学大学教授。
¶キリ

**福田亮成** ふくだりょうせい
昭和12(1937)年3月10日～
昭和～平成期の僧侶、仏教学者。大正大学教授、成就院住職。
¶現執1期，現執3期，現執4期

**福富達善** ふくとみたつぜん
明治4(1871)年～昭和20(1945)年
明治～昭和期の浄土宗の僧侶。
¶島根歴

**福永盾雄** ふくながたてお
明治27(1894)年～昭和10(1935)年8月9日
明治～昭和期の牧師。日本メソジスト教会牧師。
¶日エ

**福永法源** ふくながほうげん
昭和20(1945)年4月～
昭和～平成期の宗教家。アースエイド社主、法の華三法行導師。
¶現執3期

**福永隆賢** ふくながりゅうけん
明治23(1890)年～昭和35(1960)年
昭和期の僧侶。
¶神奈川人

**福西志計子** ふくにししげこ
弘化4(1847)年～明治31(1898)年
明治期のキリスト教教育者。キリスト教婦人会の創立に尽力。キリスト教の色彩の濃い順正女学校を創立。
¶岡山，岡山人，岡山百(㊀明治31(1898)年8月21日)，岡山歴(㊐弘化4(1847)年12月　㊀明治31(1898)年8月31日)，学校(㊐弘化4(1847)年12月　㊀明治31(1898)年8月31日)，近女，女性(㊀明治31(1898)年8月21日)，女性普(㊀明治31(1898)年8月21日)，日人

**福羽美静** ふくばびせい
天保2(1831)年7月17日～明治40(1907)年8月14日　㊍福羽美静(ふくばよししず，ふくわよししず)
江戸時代末期～明治期の国学者。子爵。尊攘派として国事に奔走。維新後、神道政策推進に尽力。
¶朝日(㊐天保2年7月17日(1831年8月24日))，維新，角史，京都大，近現，近史2(ふくばよししず)，近史4，近世，近文(ふくわよししず)，国際，国史，国書，コン改，コン4，コン5，史人，思想史(ふくばよししず)，島根人，島根百(ふくばよししず)，島根文続(ふくばよししず)，島根歴(ふくばよししず)，神史，神人，新潮，人名，姓氏京都(ふくばよししず)，世人，全書，日思(ふくばよししず)，日史(ふくばよししず)，日人，幕末，幕末大，藩臣5(ふくばよししず)，明治史(ふくばよししず)，明大1，山川小，履歴(ふくばよししず)，履歴2(ふくばよししず)，歴大

**福羽美静** ふくばよししず
→福羽美静(ふくばびせい)

**福原公亮** ふくはらきみすけ
文政10(1827)年～
江戸時代後期～末期の神職。
¶神人

**福原周峰** ふくはらしゅうほう
文政10(1827)年～大正2(1913)年
明治期の神官。伊勢神宮権宮司。伊勢神宮権宮司、大鳥神社、平野神社の宮司を歴任。
¶京都大，人名，姓氏京都，三重続

**福原資孝** ふくはらすけたか
？～慶長19(1614)年2月26日
安土桃山時代～江戸時代前期の僧、地方豪族・土豪。
¶戦国，戦辞，戦人

**福原清介** ふくはらせいすけ，ふくばらせいすけ
文政10(1827)年～大正2(1913)年7月18日
江戸時代末期～明治期の武士、神職。
¶長崎遊，日人，幕末(ふくばらせいすけ)，幕末

大（ふくばらせいすけ），藩臣6

**福原堂礎** ふくはらどうそ
昭和22（1947）年〜
昭和〜平成期の仏教からみた墓づくり研究者。仏教墓塔研究会会長。
¶現執3期

**福原隆善** ふくはらりゅうぜん
昭和16（1941）年11月1日〜
昭和期の仏教学者。仏教大学教授。
¶現執2期

**福原亮厳** ふくはらりょうごん
明治42（1909）年8月15日〜
昭和〜平成期の浄土真宗本願寺派僧侶、仏教学者。龍谷大学教授。
¶現執1期，現情

**福山界珠** ふくやまかいじゅ
明治14（1881）年〜昭和18（1943）年
明治〜昭和期の僧。鶴見総持寺貫主。
¶姓氏愛知

**福山味道** ふくやまみどう
天保13（1842）年〜昭和6（1931）年
明治〜昭和期の僧。長林寺住職。
¶姓氏岩手

**福山黙堂**（福山黙童） ふくやまもくどう
天保12（1841）年〜大正5（1916）年3月30日
江戸時代末期〜大正期の僧侶。曹洞宗永平寺貫首。総持寺との融和提携、諸堂改建、植林など永平寺百年の計を立てる。
¶人名，世紀（㊤天保12（1841）年5月11日），日人，東三河，仏人（福山黙童），明大1（㊤天保12（1841）年5月11日）

**福山黙童** ふくやまもくどう
寛保1（1741）年〜文化13（1816）年
江戸時代末期〜大正期の曹洞宗の僧。曹洞宗永平寺貫首。総持寺との融和提携、諸堂改建、植林など永平寺百年の計を立てる。
¶姓氏愛知

**服膺** ふくよう
→広川服膺（ひろかわふくよう）

**福亮** ふくりょう
飛鳥時代の僧。維摩会最初の講師。
¶国史（生没年不詳），古代，古代普，古中（生没年不詳），思想史，人名，対外，日人（生没年不詳），仏教（生没年不詳），仏史（生没年不詳）

**福羽美静** ふくわよししず
→福羽美静（ふくばびせい）

**普敬** ふけい
寛永12（1635）年〜元禄7（1694）年7月23日
江戸時代前期〜中期の黄檗宗の僧。
¶黄檗

**福家守明** ふけしゅみょう
明治16（1883）年2月28日〜昭和27（1952）年12月21日
明治〜昭和期の天台寺門宗僧侶。園城寺162世、大僧正、天台宗管長、天台寺門宗管長。
¶現情，昭人，人名7，世紀，日人，仏教，仏人

**福家俊明** ふけしゅんみょう
大正11（1922）年8月28日〜
昭和〜平成期の天台宗僧侶。天台寺門宗初代管長。
¶現情

**富家松浦** ふけしょうほ
→富家五十鈴（とみやいすず）

**普眼** ふげん
生没年不詳
江戸時代後期の天台宗の僧。
¶国書

**普賢院宗然** ふげんいんそうねん
戦国時代の信濃・文永寺、安養寺の住職。
¶武田

ふ

**普賢晃寿** ふげんこうじゅ
昭和6（1931）年〜
昭和〜平成期の真宗学者。龍谷大学教授。
¶現執1期

**不言斎** ふげんさい
宝暦1（1751）年〜文政8（1825）年12月20日
江戸時代中期〜後期の僧。日蓮宗一妙院日導の弟子。
¶国書

**普賢大円** ふげんだいえん
明治36（1903）年4月16日〜昭和50（1975）年12月30日
昭和期の真宗学者。龍谷大学教授。
¶現執1期，真宗

**不見明見** ふけんみょうけん
正平2/貞和3（1347）年〜応永17（1410）年6月3日
㊀明見（みょうけん）
南北朝時代〜室町時代の曹洞宗の僧。総持寺19世。
¶島根人（明見　みょうけん），島根百，人名，日人，仏教

**扶公** ふこう
*〜長元8（1035）年
平安時代中期の法相宗の僧。興福寺22世。
¶古人（㊤969年），コン改（㊤？），コン4（㊤？），コン5（㊤？），人名（㊤？　㊦1028年），日人（㊤966年），仏教（㊤康保3（966）年　㊦長元8（1035）年7月7日），平史（㊤966年）

**普光** ふこう
天文12（1543）年〜寛永3（1626）年5月22日　㊀他阿普光（たあふこう）
江戸時代前期の藤沢市清浄光寺（遊行寺・時宗）の32代遊行上人。
¶秋田人2（㊤？），神奈川人（他阿普光　たあふこう），神奈川百，姓氏神奈川，戦辞（㊦寛永3年5月22日（1626年7月15日）），戦人，仏教

**普詁** ふこく
生没年不詳
南北朝時代の僧侶・歌人。
¶国書

**賦国** ふこく
明暦2(1656)年～正徳1(1711)年11月24日
江戸時代前期～中期の時宗の僧。
¶国書

**普厳(1)** ふごん
延享1(1744)年～?
江戸時代中期の浄土真宗の僧。
¶国書

**普厳(2)** ふごん
安永4(1775)年～天保6(1835)年10月24日
江戸時代中期～後期の浄土真宗の僧。
¶国書

**普済** ふさい
生没年不詳
江戸時代後期の浄土真宗の僧。
¶国書

**普在** ふざい
? ～天授2/永和2(1376)年
南北朝時代の禅僧。
¶徳島歴

**普済善救** ふさいぜんきゅう
正平2/貞和3(1347)年～応永15(1408)年1月12日
㊀普済善救(ふさいぜんく,ふさいぜんぐ)
南北朝時代～室町時代の曹洞宗の僧。総持寺12世。
¶石川百,国書,人名(ふさいぜんぐ ㊊1360年 ㊍1406年),姓氏石川(ふさいぜんく ㊊?),日人,仏教

**普済善救** ふさいぜんく,ふさいぜんぐ
→普済善救(ふさいぜんきゅう)

**房子内親王** ふさこないしんのう
→北白川房子(きたしらかわふさこ)

**房崎秀顕** ふさざきしゅうけん
明治29(1896)年5月7日～昭和48(1973)年3月29日
大正～昭和期の宗教家。
¶姓氏富山,富山百

**不残** ふざん
天文5(1536)年～元和3(1617)年9月3日
安土桃山時代～江戸時代前期の浄土宗の学僧。
¶埼玉人,埼玉百,戦人,仏教

**斧山玄鈯** ふざんげんとつ
? ～寛政1(1789)年9月11日
江戸時代中期～後期の曹洞宗の僧。
¶国書

**普山彭寿** ふさんほうじゅ
? ～大永6(1526)年6月1日
戦国時代の曹洞宗の僧。
¶埼玉人,日人(㊍1521年),仏教

**普山豊寿** ふざんほうじゅ
? ～大永1(1521)年
戦国時代の僧。
¶人名

**武山蘭阿坊** ぶざんらんあぼう
→蘭阿坊(らんあぼう)

**藤井晃英** ふじいあきひで
明治33(1900)年～
昭和期の大谷派僧侶。
¶社史

**藤井稜威** ふじいいず,ふじいいづ
嘉永6(1853)年～明治31(1898)年
江戸時代後期～明治期の神職。
¶神人,姓氏山口(ふじいいづ)

**藤井稜威** ふじいいづ
→藤井稜威(ふじいいず)

**藤井恵暁** ふじいえぎょう
天保5(1834)年3月3日～明治40(1907)年10月20日
江戸時代後期～明治期の僧侶。
¶真宗

**藤井恵照** ふじいえしょう
明治11(1878)年1月～昭和27(1952)年12月26日
明治～昭和期の教誨師。
¶真宗

**藤井寛清** ふじいかんせい
昭和23(1948)年3月6日～
昭和～平成期の僧侶、劇画家。
¶漫人

**藤井きよの** ふじいきよの
文政12(1829)年8月16日～明治43(1910)年4月20日
江戸時代後期～明治期の宗教家。
¶岡山歴

**藤井玄珠** ふじいげんじゅ
文化10(1813)年～明治28(1895)年9月6日
江戸時代末期～明治期の浄土真宗の僧。安芸仏護寺住職。
¶国書,真宗(㊍明治35(1902)年9月4日),仏人(㊊1812年)

**藤井高雅** ふじいこうが
→藤井高雅(ふじいたかつね)

**藤井最証** ふじいさいしょう
天保9(1838)年～明治40(1907)年
江戸時代末期～明治期の暦算家。西洋の天文と仏説の天文との相違を研究した仏説天文の最後の一人。
¶人名,日人,明大1(㊍明治40(1907)年3月23日)

**藤井重行** ふじいしげゆき
明治41(1908)年～
昭和期の新興仏教青年同盟中央委員。

¶社史

**藤井実応**　ふじいじつおう
明治31(1898)年10月23日～
昭和～平成期の浄土宗僧侶。門主、知恩院門跡、大僧正。
¶現情

**藤井深遠**　ふじいしんえん
明治28(1895)年4月2日～昭和38(1963)年2月7日
明治期の宗教家。
¶社史，姓氏沖縄

**藤井瑞叔**　ふじいずいし
慶応2(1866)年～明治38(1905)年
明治期の僧。
¶日人

**藤井晋**　ふじいすすむ
昭和期の僧侶。
¶真宗

**藤井宣界**　ふじいせんかい
文化8(1811)年～明治23(1890)年2月28日　㊊宣界(せんかい)
江戸時代末期～明治期の浄土真宗本願寺派学僧。越後光西寺住職、勧学。
¶国書(宣界　せんかい)，真宗，人名，新潟百(㊐1808年　㊍1887年)，日人，仏教，仏人(宣界　せんかい)，明大1

**藤井宣正**　ふじいせんしょう
安政6(1859)年3月2日～明治36(1903)年6月6日　㊊藤井宣正(ふじいのぶまさ)
明治期の僧、仏教学者。西本願寺文学寮教授。大谷光瑞のインド仏蹟探検隊に招かれ参加、インド全域を周遊。
¶朝日(㊐安政6年3月2日(1859年4月4日))，コン改，コン5，真宗，人名，世紀，姓氏京都，哲学，渡航(ふじいのぶまさ　㊐1861年)，長野歴，新潟百(㊐1861年)，日人，仏教，仏人，明大2

**藤井宗哲**　ふじいそうてつ
昭和16(1941)年8月8日～
昭和～平成期の僧侶、古典芸能研究家。不識庵住職、精進料理教室「禅味会」主宰。
¶現執3期，現執4期

**藤井高雅**　ふじいたかつね
文政2(1819)年～文久3(1863)年7月25日　㊊大藤高雅(おおふじたかつね)，藤井高雅(ふじいこうが，ふじいたかまさ)
江戸時代後期の国学者。
¶大阪人(ふじいこうが　㊍文久3(1863)年7月)，岡山人(ふじいたかまさ)，岡山百(大藤高雅　おおふじたかつね　㊐文政2(1819)年3月14日)，岡山歴(㊐文政2(1819)年3月19日)，国書(ふじいたかまさ　㊐文政2(1819)年3月14日)，人名(ふじいたかまさ)，日人，幕末(大藤高雅　おおふじたかつね　㊍1863年9月7日)，幕末大(大藤高雅　おおふじたかつね)

**藤井高豊**　ふじいたかとよ
寛政3(1791)年～文政8(1825)年2月12日
江戸時代後期の神職。
¶岡山人，岡山歴，国書

**藤井高尚**　ふじいたかなお
明和1(1764)年～天保11(1840)年8月15日
江戸時代中期～後期の国学者。本居宣長門下。
¶朝日(㊍天保11年8月15日(1840年9月10日))，岡山人，岡山百，岡山歴，京都大，近世，国史，国書，コン改，コン4，コン5，史人，思想史，神史，人書94，神人，新潮，人名，姓氏京都，世人，世百，全書，大百，日音，日人，百科，平史，歴大

**藤井高雅**　ふじいたかまさ
→藤井高雅(ふじいたかつね)

**藤井武**　ふじいたけし
明治21(1888)年1月15日～昭和5(1930)年7月14日
大正～昭和期のキリスト教伝道者。内村鑑三の助手となり、「聖書之研究」の編集などがある。のち伝道に尽くす。
¶石川百，キリ(㊐明治21(1888)年1月5日)，近現，近文，現朝，国史，コン改，コン5，史人，思想史，新潮(㊐明治21(1888)年1月5日)，人名，世紀，姓氏石川，世百，全書，哲学，日史，日人，百科，民学，明大1，履歴，履歴2

ふ

**藤井南洲**　ふじいなんしゅう
大正12(1923)年～
昭和～平成期の僧侶。真言宗神道派本山宝珠院統理。
¶現執3期

**藤井日静**　ふじいにちじょう
明治12(1879)年10月1日～昭和46(1971)年12月27日
大正～昭和期の僧侶。日蓮宗管長、大僧正。ハワイ真珠湾戦没者追悼会法要を執行。世界連邦平和促進宗教者大会を開き「身延宣言」を採択。
¶現情，人名7(㊍1972年)，世紀，日人，仏人(㊍1972年)，山梨百

**藤井日達**　ふじいにちたつ，ふじいにちだつ
→藤井日達(ふじいにったつ)

**藤井日達**　ふじいにったつ
明治18(1885)年8月6日～昭和60(1985)年1月9日　㊊藤井日達(ふじいにちたつ，ふじいにちだつ)
明治～昭和期の日蓮宗僧侶、宗教運動家。中国に日本最初の日本山妙法寺を開く。宗教平和運動の熱狂的指導者。
¶アナ，革命，熊本人，熊本百(ふじいにちたつ)，現朝，現情(ふじいにちだつ)，現人(㊐1886年)，コン改，コン4，コン5，思想，思想史，新潮，世紀，全書，大百，日思，日史(ふじいにちだつ)，日人，仏教，仏人，平和(ふじいにちだつ)，民学，履歴，履歴2

**藤井久任**　ふじいのひさとう
→藤井久任(ふじいひさとう)

**藤井宣正** ふじいのぶまさ
→藤井宣正(ふじいせんしょう)

**藤井幹高** ふじいのみきたか
→藤井幹高(ふじいみきたか)

**藤井伯民** ふじいはくみん
明治16(1883)年10月12日〜昭和40(1965)年4月17日
明治〜昭和期の記者。カトリック誌『聲』の記者。
¶新カト

**藤井久任** ふじいひさとう
? 〜寛治4(1090)年 ㊀藤井久任(ふじいのひさとう)
平安時代中期〜後期の神職、備中吉備津宮の祠官。
¶岡山歴(ふじいのひさとう ㊁寛治4(1090)年8月), 人名, 日人

**藤井昌幸** ふじいまさゆき
安永5(1776)年〜天保7(1836)年11月26日
江戸時代後期の神職。
¶伊豆, 国書, 人名(㊃?), 日人(㊁1837年)

**藤井幹高** ふじいみきたか
生没年不詳 ㊀藤井幹高(ふじいのみきたか)
平安時代中期の土豪。
¶古人(ふじいのみきたか), 新潮, 世人(ふじいのみきたか), 日人, 平史(ふじいのみきたか)

**藤井無為** ふじいむい★
天保2(1831)年〜大正3(1914)年
明治・大正期の僧。横手市円浄寺の15代。
¶秋田人2

**藤井宗雄** ふじいむねお
文政6(1823)年1月5日〜明治39(1906)年12月14日
江戸時代末期〜明治期の庄屋、国学者。「中御柱」をはじめとする著書で一家を成す。神道教導職、大教正等を歴任。
¶国書, 島根人(㊃安政6(1859)年), 島根百, 島根歴, 幕末, 幕末大

**藤井祐宝** ふじいゆうほう
明治17(1884)年〜昭和44(1969)年
明治〜昭和期の僧侶。
¶群馬人

**藤井行徳**(藤井行德) ふじいゆきのり
安政2(1855)年4月8日〜昭和7(1932)年3月5日
明治〜大正期の神職。
¶華畫(藤井行德), 神人, 世紀, 姓氏京都, 日人, 明大1

**藤井隆然** ふじいりゅうねん
明治21(1888)年〜昭和6(1931)年
大正〜昭和期の僧侶。
¶姓氏愛知

**藤井良蔵** ふじいりょうぞう
文化14(1817)年〜明治9(1876)年
江戸時代後期〜明治期の諏訪神社神職。
¶鹿児島百, 薩摩, 姓氏鹿児島

**藤枝和泉** ふじえだいずみ
昭和5(1930)年5月6日〜
昭和期の神職。
¶飛驒

**藤江卓三** ふじえたくぞう
弘化2(1845)年〜明治20(1887)年
江戸時代末期〜明治期の儒者、神職。
¶日人, 藩臣5

**藤枝主鈴** ふじえだしゅれい
〜明治19(1886)年12月28日
明治期の神職。飛驒宮村の水無神社権弥宜。
¶飛驒

**藤枝昌道** ふじえだしょうどう
明治40(1907)年4月1日〜昭和62(1987)年4月13日
昭和期の浄土真宗本願寺派の学僧。
¶富山百

**藤枝沢通** ふじえだたくつう
文久1(1861)年4月2日〜大正9(1920)年11月30日
明治〜大正期の僧侶。
¶真宗, 渡航

**藤枝均郎** ふじえだひとしろう
天保11(1840)年1月10日〜明治20(1887)年3月17日
江戸時代末期・明治期の神職。水無神社主典。式内社調査官。
¶飛驒

**藤枝令道** ふじえだれいどう
文化11(1814)年〜明治25(1892)年2月27日
江戸時代後期〜明治期の浄土真宗本願寺派の学僧。
¶富山百

**藤枝雅之** ふじえまさゆき
安政2(1855)年11月8日〜大正11(1922)年3月17日
江戸時代末期〜大正期の男爵。御歌所参候。旧公卿。
¶華畫, 男爵

**藤大路納親** ふじおおじのうしん★
文政10(1827)年10月6日〜明治27(1894)年1月8日
江戸時代後期〜明治期の男爵。興福寺学侶延寿院住職。
¶男爵

**藤岡覚音** ふじおかかくおん,ふじおかがくおん
文政6(1823)年10月3日〜明治40(1907)年8月23日
江戸時代後期〜明治期の僧侶。
¶熊本百(ふじおかがくおん), 真宗(㊃文化4(1821)年10月), 人名, 日人(ふじおかがくおん), 明大1(ふじおかがくおん)

**藤岡義昭** ふじおかぎしょう
明治44(1911)年3月18日〜平成11(1999)年1月23日

昭和～平成期の浄土真宗本願寺派僧侶。浄土真宗本願寺派総長。
¶現情，真宗

**藤岡潔** ふじおかきよし
明治14(1881)年3月20日～昭和39(1964)年12月16日
明治～昭和期の牧師。日本メソジスト教会出版局長。
¶キリ

**藤岡大乗** ふじおかたいじょう
天保3(1832)年～大正1(1912)年
江戸時代後期～明治期の浄土真宗の僧侶。
¶姓氏鹿児島

**藤岡敬也** ふじおかたかなり
万延1(1860)年～大正4(1915)年
明治～大正期の神官。
¶長野歴

**藤岡好古** ふじおかよしふる
弘化3(1846)年～大正6(1917)年6月17日
明治～大正期の国語学者、神官。東京府神職会長。音韻学に造詣を深めた。神宮教管長、神宮神部署主事などを歴任。
¶朝日([生]弘化3(1846)年1月)，コン改，コン5，神史，神人，人名，世紀([生]弘化3(1846)年1月)，日人，明治史，明大1([生]嘉永1(1848)年8月11日)

**藤音得忍** ふじおとくにん
明治27(1894)年6月19日～昭和47(1972)年2月29日
大正～昭和期の浄土真宗本願寺派僧侶。龍谷大学学監、本願寺派総長、京都女子大学学長。
¶大分百，大分歴，現情，真宗([没]昭和47(1972)年3月29日)，人名7，世紀，日人，仏教

**藤懸玄寧** ふじかけげんねい
? ～明治17(1884)年
江戸時代後期～明治期の真宗大谷派の僧。
¶姓氏石川

**藤懸得住** ふじかけとくじゅう
寛政4(1792)年～明治7(1874)年3月
江戸時代末期～明治期の真宗大谷派学僧。能登鹿頭常徳寺住職、講師。
¶真宗，仏教

**藤木敦直** ふじきあつなお
天正10(1582)年～慶安2(1649)年1月4日
江戸時代前期の大師流の能書家。賀茂流の始祖。
¶近世，国史，国書，史人，神史，人名，姓氏京都，世人，日人

**藤木有久** ふじきありひさ
慶長1(1596)年～寛文8(1668)年3月25日
安土桃山時代～江戸時代前期の神職。
¶国書

**藤木五百枝** ふじきいおえ
万延1(1860)年1月15日～昭和18(1943)年11月23日
明治～昭和期の神職。
¶飛騨

**藤木司直** ふじきかずなお
貞享1(1684)年12月24日～元文3(1738)年　[別]藤木司直(ふじきもりなお)
江戸時代中期の書家、賀茂社祠官。
¶国書(ふじきもりなお　[没]元文3(1738)年1月29日)，人名，日人([生]1685年)

**藤木哲顕** ふじきさちあき
正徳1(1711)年～明和5(1768)年9月12日
江戸時代中期の神職。
¶国書

**藤木茂季** ふじきしげすえ
正徳1(1711)年～宝暦11(1761)年6月22日
江戸時代中期の神職。
¶国書

**藤木相元** ふじきそうげん
大正12(1923)年1月1日～
昭和～平成期の僧侶、技術者。三輪宗大僧正、I.T.I研究所代表取締役。
¶現執3期

**不識尼** ふしきに
生没年不詳
室町時代の曹洞宗の僧。
¶仏教

**藤木宣直** ふじきのりなお
元和2(1616)年11月7日～天和3(1683)年2月27日
江戸時代前期の神職。
¶国書

**藤木司直** ふじきもりなお
→藤木司直(ふじきかずなお)

**藤木保受** ふじきやすつぐ
～大正7(1918)年
明治～大正期の神職。
¶神人

**藤木保行** ふじきやすつら
天明7(1787)年1月14日～天保13(1842)年7月28日
江戸時代中期～後期の神職。
¶国書

**藤木従直** ふじきよりなお
寛永6(1629)年～延宝6(1678)年5月18日
江戸時代前期の神職。
¶国書

**藤光雲** ふじこううん
慶応2(1866)年～昭和17(1942)年
明治～昭和期の書家・僧侶。
¶北海道百，北海道歴

**藤光曜** ふじこうよう
明治28(1895)年4月20日～昭和57(1982)年7月27日
明治～昭和期の僧侶。

¶真宗

**藤沢公英**　ふじさわきんひで
江戸時代末期〜明治期の僧侶。元興福寺学侶・春日大社新社司。
¶華請

**藤沢武義**　ふじさわたけよし
明治37(1904)年6月〜昭和61(1986)年
昭和期の無教会主義基督教信者。
¶社史，平和

**藤沢量正**　ふじさわりょうしょう
大正12(1923)年10月29日〜
昭和〜平成期の僧侶。
¶滋賀文

**富士山中宮神主**　ふじさんちゅうぐうかんぬし
戦国時代の中宮神社神主。実名未詳。富士御室浅間神社の摂社の神主。
¶武田



**富士重本**　ふじしげもと
文政9(1826)年〜明治30(1897)年　㊙富士亦八郎(ふじまたはちろう)
江戸時代末期〜明治期の神職司。富士浅間神社宮司、陸軍監獄長。駿州赤心隊を結成し官軍に従って江戸に進撃。西南戦争にも従軍。
¶維新(富士亦八郎　ふじまたはちろう)，静岡百，静岡歴，人名，姓氏静岡，日人，幕末，幕末大，風土

**藤下宗誠**　ふじしたしょうじょう
明治23(1890)年11月〜昭和48(1973)年3月5日
明治〜昭和期の僧侶。
¶真宗

**藤島達朗**　ふじしまたつろう
明治40(1907)年1月16日〜昭和60(1985)年1月24日
昭和期の日本浄土教史・真宗史研究者。奈良大学教授。
¶現執1期，真宗

**藤島了穏**　ふじしまりょうおん
嘉永5(1852)年8月15日〜大正7(1918)年11月12日
明治〜大正期の浄土真宗本願寺派学僧。寺法編纂委員、勧学。
¶海越新，京都大，真宗，世紀，姓氏京都，渡航(㊤1853年)，日人，仏教，明大1

**藤秀璻**　ふじしゅうすい
明治18(1885)年1月27日〜昭和58(1983)年4月2日
昭和期の浄土真宗本願寺派僧侶。徳応寺住職。
¶現執1期，真宗

**藤白徳太郎**　ふじしろとくたろう
明治39(1906)年3月21日〜平成4(1992)年2月16日
昭和・平成期の宮大工・欄間彫刻工。
¶飛騨

**藤末了然**　ふじすえりょうねん
万延1(1860)年9月13日〜大正15(1926)年10月29日
明治〜大正期の僧侶。
¶真宗

**藤善慶**　ふじぜんきょう
天保10(1839)年12月24日〜大正6(1917)年3月10日
江戸時代後期〜大正期の僧侶。
¶真宗

**藤善聴**　ふじぜんちょう
元治1(1864)年5月4日〜大正9(1920)年1月10日
明治〜大正期の僧侶。
¶華請，真宗

**藤田顕蔵**　ふじたあきぞう
→藤田顕蔵(ふじたけんぞう)

**藤田价浩**　ふじたかいこう
大正13(1924)年5月31日〜
昭和〜平成期の臨済宗僧侶。西芳寺貫主。
¶現情

**藤田寛雅**　ふじたかんが
明治43(1910)年〜昭和26(1951)年
昭和期の日本史研究者。
¶史研，昭人(㊤明治43(1910)年5月21日　㊦昭和26(1951)年5月4日)

**藤田行善**　ふじたぎょうぜん
文政9(1826)年11月25日〜明治23(1890)年9月3日
江戸時代後期〜明治期の僧侶。
¶真宗

**藤田清**　ふじたきよし
明治40(1907)年〜
昭和期の仏教カウンセリング専門家。四天王寺女子大学教授。
¶現執1期

**藤田渓山**　ふじたけいざん★
明治36(1903)年3月16日〜昭和59(1984)年8月4日
大正・昭和期の僧、文化活動家。
¶秋田人2

**藤田顕蔵**　ふじたけんぞう
*〜文政12(1829)年　㊙藤田顕蔵(ふじたあきぞう)
江戸時代後期の阿波徳島藩の蘭方医。キリシタン。
¶大阪人(㊤明和8(1771)年　㊦文政12(1829)年12月)，近世(㊤1770年)，国史(㊤1770年)，コン改(㊤天明1(1781)年)，コン4(㊤天明1(1781)年)，コン5(㊤天明1(1781)年)，史人(㊤1781年?)，新潮(㊤天明1(1781)年)，世人(㊤天明1(1781)年)，徳島歴(㊤明和9(1772)年　㊦文政11(1828)年)，日人(㊤1770年，(異説)1781年)，藩臣6(ふじたあきぞう　㊤安永1(1772)年)，洋学(㊤明和7(1770)年)

**藤田好堅** ふじたこうけん
文化6（1823）年12月28日〜明治35（1902）年2月24日
江戸時代後期〜明治期の僧侶。
¶真宗

**藤田宏達** ふじたこうたつ
昭和3（1928）年3月24日〜
昭和〜平成期の仏教学者。札幌大谷短期大学学長、北海道大学教授。専門はインド哲学および仏教学。著書に「原始仏典 ブッタの詩」など。
¶現執1期，現執4期，現情，世紀，日人

**藤田葆** ふじたしげる
*〜大正10（1921）年4月19日
江戸時代末期〜明治期の周防岩国藩士。
¶神人（[生]天保1（1830）年8月8日），幕末（[生]1829年），幕末大（[生]文政12（1829）年），山口百（[生]1830年）

**藤田順道** ふじたじゅんどう
明治2（1869）年〜昭和22（1947）年
明治〜昭和期の僧侶。
¶神奈川人

**藤田森山** ふじたしんざん
〜明治5（1872）年5月
江戸時代後期〜明治期の僧侶。
¶庄内

**藤田匡** ふじたただし
安政6（1859）年〜昭和15（1940）年11月1日　[別]藤田匡（ふじたただす）
明治〜昭和期の伝道者。
¶キリ（ふじたただす　[生]安政6年1月20日（1859年2月22日）），視覚（[生]安政6（1859）年1月20日）

**藤田匡** ふじたただす
→藤田匡（ふじたただし）

**藤田鉄椎** ふじたてっつい
弘化3（1846）年〜大正4（1915）年4月30日
江戸時代末期〜大正期の僧侶・教育者。
¶愛媛百

**藤田尚徳** ふじたなおのり
→藤田尚徳（ふじたひさのり）

**藤谷雲晴** ふじたにうんせい
安政3（1856）年〜大正10（1921）年
明治〜大正期の照明寺住職、果樹園経営者。
¶姓氏鹿児島

**藤谷一海** ふじたにかずみ
明治33（1900）年3月19日〜平成5（1993）年8月3日
昭和・平成期の僧。滋賀県犬上郡の念称寺住職。同朋大学教授。
¶飛騨

**藤谷還由** ふじたにげんゆう
文久1（1861）年4月21日〜大正14（1925）年11月9日
明治〜大正期の真宗大谷派学僧。
¶富山百

**藤谷秀道** ふじたにしゅうどう
明治27（1894）年11月4日〜昭和58（1983）年5月30日
明治〜昭和期の僧侶。
¶真宗

**藤谷峻岱** ふじたにしゅんたい
明治6（1873）年〜昭和14（1939）年
明治〜昭和期の僧。浄土真宗西本願寺派心光寺の住職。
¶姓氏鹿児島

**藤谷大円** ふじたにだいえん
明治41（1908）年11月1日〜平成3（1991）年12月5日
昭和・平成期の僧。守口市の覚了寺住職。
¶飛騨

**藤谷俊雄** ふじたにとしお
大正1（1912）年7月2日〜平成7（1995）年2月11日
昭和期の日本史学者、僧侶。部落問題研究所長。国家神道の科学的研究に先鞭をつける。
¶現朝，現執1期，現執2期，現執3期，史研，社史，真宗，世紀，平和

ふ

**藤田尚徳** ふじたひさのり
明治13（1880）年10月30日〜昭和45（1970）年7月23日　[別]藤田尚徳（ふじたなおのり）
大正〜昭和期の海軍軍人、侍従長。大将。天皇制の維持に粉骨砕身した。
¶青森人，青森百，近現，近史3，現朝，現情，現日（[生]1880年10月29日　[没]1970年7月25日），国史，コン改，コン4，コン5，昭人，神人（[生]明治10（1877）年），人名7，世紀，姓氏愛知（ふじたなおのり），日人，陸海，歴大

**藤田文蔵** ふじたぶんぞう
文久1（1861）年8月6日〜昭和9（1934）年4月9日
明治〜昭和期の彫刻家。彫塑を学び、「陸奥宗光像」など肖像彫刻を得意とする。女子美術学校を創立。
¶朝日（[生]文久1年8月6日（1861年9月10日）[没]昭和9（1934）年3月9日），学校，キリ（[生]文久1年8月6日（1861年9月10日）），近美，新潮（[没]昭和9（1934）年3月9日），人名，世紀，鳥取百，日エ（[生]文久1（1861）年8月6日），日人，美建，明治史，明大2

**藤田霊斎** ふじたれいさい
明治1（1868）年〜昭和32（1957）年
明治〜昭和期の僧侶、健康法指導者。
¶民学

**藤塚式部** ふじつかしきぶ，ふじづかしきぶ
→藤塚知明（ふじづかちめい）

**藤塚図書** ふじつかずしょ
？〜天明1（1781）年4月4日
江戸時代中期の神職。
¶国書

**藤塚知明**　ふじづかちめい
元文2(1737)年～寛政11(1799)年7月3日　[別]藤塚式部(ふじつかしきぶ,ふじづかしきぶ),藤塚知明(ふじつかともあき)
江戸時代中期の神道家。
¶考古(ふじつかともあき),国書(ふじつかともあき),神人(ふじつかともあき),新潮,人名(ふじつかともあき),姓氏宮城(ふじつかともあき　[生]1738年　[没]1800年),日人(ふじつかともあき),藩臣1(藤塚式部　ふじつかしきぶ),宮城百(藤塚式部　ふじづかしきぶ　[生]元文12(1738)年　[没]寛政12(1800)年)

**藤塚知明**　ふじつかともあき
→藤塚知明(ふじづかちめい)

**藤塚知直**　ふじつかともなお
正徳5(1715)年～安永7(1778)年8月11日
江戸時代中期の神道家。
¶国書,思想史,姓氏宮城

**藤塚知能**　ふじつかともよし
？～文政7(1824)年3月29日
江戸時代中期～後期の神職。
¶国書

**藤等雲**　ふじとううん
嘉永5(1852)年～明治37(1904)年
江戸時代後期～明治期の僧。加世田市顕証寺の開基住職。
¶鹿児島百

**藤等影**　ふじとうえい
明治10(1877)年～昭和25(1950)年
明治～昭和期の僧。浄土真宗本願寺派顕証寺の住職。
¶姓氏鹿児島

**藤永清徹**　ふじながしょうてつ
明治22(1889)年～昭和53(1978)年
昭和期の仏教学者。
¶山口人

**藤永彰隆**　ふじながしょうりゅう★
明治10(1877)年5月～
明治～昭和期の奉天東本願寺住職。
¶人満

**藤波朝忠**　ふじなみあさただ
→藤波朝忠(ふじなみともただ)

**藤波氏朝**　ふじなみうじあさ
享和3(1803)年～明治8(1875)年4月24日
江戸時代後期～明治期の神職。
¶国書

**藤波氏興**　ふじなみうじおき
建徳2/応安4(1371)年～宝徳3(1451)年4月30日
南北朝時代～室町時代の神職。
¶国書

**藤波氏胤**　ふじなみうじたね
？～延宝3(1675)年7月
江戸時代前期の神職。
¶国書

**藤波氏経(1)**　ふじなみうじつね
→荒木田氏経(2)(あらきだうじつね)

**藤波氏経(2)**　ふじなみうじつね★
応永9(1402)年～長享1(1487)年
室町時代～戦国時代の内宮禰宜。
¶三重続

**藤波氏貫**　ふじなみうじつら
生没年不詳
南北朝時代～室町時代の神職。
¶国書

**藤波氏秀**　ふじなみうじつら
文明10(1478)年～天文23(1554)年9月25日
戦国時代の神職・連歌作者。
¶国書

**藤波氏富**　ふじなみうじとみ
慶長12(1607)年～貞享4(1687)年9月2日
江戸時代前期の神職。
¶国書

**藤波氏命**　ふじなみうじなが
文政8(1825)年4月24日～明治37(1904)年6月8日
江戸時代後期～明治期の神職。
¶国書

**藤波氏宣**　ふじなみうじのぶ
大正期の神職。元伊勢神宮内宮神主家。
¶華請

**藤波氏彦**　ふじなみうじひこ
→荒木田氏彦(あらきだうじひこ)

**藤波氏勝**　ふじなみうじまさ
？～寛文8(1668)年11月25日
江戸時代前期の神職。
¶国書

**藤波氏守**　ふじなみうじもり
生没年不詳
江戸時代前期の神職・歌人。
¶国書

**藤波氏養**　ふじなみうじもり
→荒木田氏養(あらきだうじやす)

**藤波景忠**　ふじなみかげただ
正保4(1647)年4月16日～享保12(1727)年5月11日　[別]大中臣景忠(おおなかとみのかげただ)
江戸時代前期～中期の公家(非参議)。正五位下・祭主・権少副藤波種忠の孫。
¶公卿,公卿普,公家(景忠〔藤波家〕　かげただ),国書,諸系,神人(大中臣景忠　おおなかとみのかげただ)

**藤波和忠**　ふじなみかずただ
宝永4(1707)年1月9日～明和2(1765)年12月6日
江戸時代中期の公家(非参議)。非参議藤波徳忠の子。
¶公卿,公卿普,公家(和忠〔藤波家〕　かずた

だ)，神人

**藤波清国** ふじなみきよくに
→大中臣公義(おおなかとみのきみよし)

**藤波清忠** ふじなみきよただ
→大中臣清忠(おおなかとみのきよただ)

**藤波清世** ふじなみきよよ
→大中臣清世(おおなかとみのすがよ)

**藤波伊忠** ふじなみこれただ
→大中臣伊忠(おおなかとみのこれただ)

**藤波定忠** ふじなみさだただ
→大中臣定忠(おおなかとみのさだただ)

**藤波定世** ふじなみさだよ
→大中臣定世(おおなかとみのさだよ)

**藤波季忠** ふじなみすえただ
元文4(1739)年1月26日～文化10(1813)年2月15日
江戸時代中期～後期の茶人、公家(非参議)。権大納言冷泉宗家の次男。
¶公卿，公卿普，公家(季忠〔藤波家〕　すえただ)，国書，諸系，神人，人名，茶道，日人

**藤波亮麿** ふじなみすけまろ
明治期の神職。元伊勢神宮内宮神主家。
¶華請

**藤波大超** ふじなみだいちょう
明治27(1894)年10月6日～平成5(1993)年3月8日
昭和期の郷土史家。
¶郷土，世紀，日人

**藤波隆通** ふじなみたかみち
→大中臣隆通(おおなかとみたかみち)

**藤波隆世** ふじなみたかよ
→大中臣隆世(おおなかとみのたかよ)

**藤波親章** ふじなみちかあき
→大中臣親章(おおなかとみのちかあき)

**藤波親隆** ふじなみちかたか
→大中臣親隆(おおなかとみのちかたか)

**藤波時綱** ふじなみときつな
慶安1(1648)年～享保2(1717)年　[別]真野時綱(まのときつな)
江戸時代中期の神道家。尾張の津島神社神官。
¶近世(真野時綱　まのときつな)，国史(真野時綱　まのときつな)，国書(真野時綱　まのときつな　[没]享保2(1717)年11月6日)，コン改，コン4，コン5，神史(真野時綱　まのときつな)，神人(真野時綱　まのときつな　[没]享保2(1717)年11月)，新潮([生]慶安1(1648)年，(異説)正保2(1645)年　[没]享保2(1717)年11月6日)，人名，姓氏愛知(真野時綱　まのときつな)，日人(真野時綱　まのときつな)

**藤波徳忠** ふじなみとくただ
寛文10(1670)年4月4日～享保12(1727)年　[別]藤波徳忠(ふじなみのりただ)
江戸時代中期の公家(非参議)。非参議藤波景忠の子。
¶公卿([没]享保12(1727)年3月23日)，公卿普([没]享保12(1727)年3月23日)，公家(徳忠〔藤波家〕　のりただ　[没]享保12(1727)年3月22日)，神人(ふじなみのりただ　[生]寛文14(1674)年　[没]享保12(1727)年3月)

**藤波朝忠** ふじなみともただ
明応7(1498)年～元亀1(1570)年11月26日　[別]大中臣朝忠(おおなかとみのともただ)，藤波朝忠(ふじなみあさただ)
戦国時代の公卿(非参議)。非参議藤波伊忠の子。
¶公卿(ふじなみあさただ)，公卿普(ふじなみあさただ)，公家(朝忠〔藤波家〕　あさただ)，諸系(大中臣朝忠　おおなかとみのともただ)，神人(大中臣朝忠　おおなかとみのともただ　[生]明応6(1497)年　[没]元亀1(1569)年)，戦人

**藤波名彦** ふじなみなひこ
明治期の神職。元伊勢神宮内宮神主家。
¶華請

**藤波教忠** ふじなみなりただ
→藤波教忠(ふじなみのりただ)

**藤波教忠** ふじなみのりただ
文政6(1823)年8月19日～明治24(1891)年1月31日　[別]藤波教忠(ふじなみなりただ)
江戸時代末期～明治期の公家。伊勢権守。条約幕府委任反対の八十八卿列参に参加。
¶維新(ふじなみなりただ)，公卿([没]明治24(1891)年1月)，公卿普([没]明治24(1891)年1月)，公家(教忠〔藤波家〕　のりただ)，国書([生]文政7(1824)年閏8月19日)，諸系，神人，幕末(ふじなみなりただ)，幕末大(ふじなみなりただ)

**藤波徳忠** ふじなみのりただ
→藤波徳忠(ふじなみとくただ)

**藤波秀忠** ふじなみひでただ
→大中臣秀忠(おおなかとみのひでただ)

**藤波寛忠** ふじなみひろただ
宝暦9(1759)年1月25日～文政7(1824)年11月24日
江戸時代中期～後期の公家(非参議)。非参議藤波季忠の子。
¶公卿，公卿普，公家(寛忠〔藤波家〕　ひろただ)，国書，神人

**藤波親忠** ふじなみむつただ
→大中臣親忠(おおなかとみのちかただ)

**藤波親世** ふじなみむつよ
→大中臣親世(おおなかとみのちかよ)

**藤波能隆** ふじなみよしたか
→大中臣能隆(おおなかとみのよしたか)

**藤波伊忠** ふじなみよしただ
→大中臣伊忠(おおなかとみのこれただ)

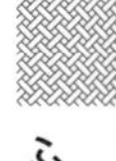

**藤波慶忠** ふじなみよしただ
永禄1(1558)年～慶長3(1598)年3月29日
戦国時代～安土桃山時代の神職。
¶国書

**藤野斎** ふじのいつき
天保2(1831)年～明治36(1903)年5月11日
江戸時代末期～明治期の志士。山国神社神官から義兵山国隊を組織、組頭として江戸に転戦、会津へ出陣。
¶維新，京都府，コン改，コン4，コン5，新潮(㊤天保2(1831)年3月15日)，人名，全幕，日人，幕末，幕末大(㊤天保2(1831)年3月15日)

**富士上人** ふじのしょうにん
平安時代後期の僧。
¶古人，平史(生没年不詳)

**富士信忠** ふじのぶただ
？ ～天正11(1583)年8月8日
安土桃山時代の武士。今川氏家臣。
¶後北(信忠〔富士〕 のぶただ)，静岡歴(㊥永禄12(1569)年)，姓氏静岡(㊥1569年)，戦辞(㊥天正11年8月8日(1583年9月23日))，戦人，全戦，戦東，武田

**富士信通** ふじのぶみち
？ ～元和5(1619)年10月27日
戦国時代～安土桃山時代の神主・神官。今川氏家臣、武田氏家臣。
¶後北(信通〔富士〕 のぶみち)，姓氏静岡，戦辞(㊥元和5年10月27日(1619年12月2日))，戦人(生没年不詳)，戦東，戦補，武田

**藤範晃誠** ふじのりこうじょう
→藤範晃誠(ふじのりこうせい)

**藤範晃誠** ふじのりこうせい
明治32(1899)年～昭和53(1978)年11月5日
㊍藤範晃誠(ふじのりこうじょう)
大正～昭和期の僧侶、部落改善運動家。
¶社史(㊤1899年4月28日)，真宗，和歌山人(ふじのりこうじょう)

**藤場俊基** ふじばとしき
昭和29(1954)年～
昭和～平成期の真宗学研究家。
¶石川文

**藤原璋夫** ふじはらあきお
明治20(1887)年～昭和43(1968)年
明治～昭和期の医師、キリスト教伝道に献身。
¶島根歴

**伏原宣長** ふしはらのぶたり
→伏原宣足(ふしはらのぶたる)

**伏原宣足** ふしはらのぶたる
弘化2(1845)年5月27日～昭和5(1930)年2月19日
㊍伏原宣足(ふせはらのぶたる)，伏原宣長(ふしはらのぶたり)
明治～昭和期の華族、神職。
¶華畫(ふせはらのぶたる)，諸系，神人(伏原宣長 ふしはらのぶたり)，世紀，姓氏京都，日人，明大1

**富士常陸守** ふじひたちのかみ
戦国時代～安土桃山時代の官人大宮浅間神社の大宮司。相模国久野城城主北条幻庵の家臣。
¶伊豆，後北(常陸守〔富士〕 ひたちのかみ)

**藤巻多聞之助** ふじまきたもんのすけ
生没年不詳
江戸時代中期の神職。
¶神人

**藤巻正之** ふじまきまさゆき
明治10(1877)年9月30日～昭和43(1968)年3月28日
明治～昭和期の宮司。
¶岡山歴

**富士又十郎** ふじまたじゅうろう
戦国時代～安土桃山時代の大宮浅間神社の案主。
¶武田

**富士亦八郎** ふじまたはちろう
→富士重本(ふじしげもと)

**藤村叡運** ふじむらえいうん
嘉永1(1848)年～大正6(1917)年
江戸時代末期～明治期の僧侶。園珠庵住職。和歌に秀で、門人多数。
¶人名，世紀(㊥大正6(1917)年12月31日)，日人

**藤村密応** ふじむらみつおう
天保13(1842)年7月4日～大正4(1915)年
江戸時代末期～大正期の僧侶。
¶三重，和歌山人

**藤本浄彦** ふじもときよひこ
昭和19(1944)年3月6日～
昭和～平成期の僧侶、宗教哲学者。仏教大学教授、浄土宗三宝寺住職。
¶現執2期，現執3期

**藤本幸邦** ふじもとこうほう
明治43(1910)年8月29日～
昭和～平成期の僧侶、社会運動家。円福寺住職、世界法民太陽学園長。曹洞宗北信越管区教化センター統監等歴任。世界一家を唱し、戦災孤児救済やアジア難民救援の活動を推進。
¶世紀，日人

**藤本寿作** ふじもとじゅさく
明治6(1873)年1月2日～昭和44(1969)年8月10日
明治～昭和期のキリスト教伝道者、教誨師。日本聖公会主教。
¶キリ

**藤本善右衛門** ふじもとぜんうえもん
明治38(1905)年5月24日～？ ㊍藤本善右衛門(ふじもとぜんえもん)
昭和期のキリスト教伝道者。戦中は非転向を貫き、戦後は静岡、川崎、東京で伝道や保育事業にあたった。
¶現朝(ふじもとぜんえもん)，現情，現人，社史(ふじもとぜんえもん)，世紀(ふじもとぜんえ

もん), 平和 (ふじもとぜんえもん)

**藤本善右衛門** ふじもとぜんえもん
→藤本善右衛門 (ふじもとぜんうえもん)

**藤本与喜** ふじもとともよし
安政6 (1859) 年～昭和19 (1944) 年
明治～昭和期の教育者、宗教家。
¶鳥取百

**藤本延賢** ふじもとのぶかた
延宝4 (1676) 年～宝暦3 (1753) 年12月13日
江戸時代前期～中期の神職。
¶国書

**藤本正高** ふじもとまさたか
明治37 (1904) 年2月27日～昭和42 (1967) 年6月5日
大正～昭和期の無教会伝道者。
¶キリ

**藤本了泰** ふじもとりょうたい
明治25 (1892) 年3月4日～昭和20 (1945) 年3月16日
大正～昭和期の僧侶、仏教学者。東京帝国大学史料編纂所史料編纂官補。仏教史 (浄土教史) を研究。
¶史研, 昭人, 世紀, 日人

**不二門智光** ふじもんちこう
天保12 (1841) 年～大正7 (1918) 年4月11日 ㊀不二門智光 (ふにもんちこう)
明治～大正期の僧侶。比叡山延暦寺座主。因州吉祥院を創設、徳源院中理教寺を再設し観音寺と改称、勉学寮の復建など貢献。
¶人名, 世紀, 鳥取百 (ふにもんちこう), 日人, 明大1

**普寂** ふじゃく
宝永4 (1707) 年～天明1 (1781) 年10月14日 ㊀道光 (どうこう)
江戸時代中期の浄土宗律僧。華厳学の大家。
¶近世, 国史, 国書, コン改, コン4, コン5, 史人 (㊤1707年8月15日), 思想史, 新潮 (㊤宝永4 (1707) 年8月15日), 人名, 世人, 日人, 仏教 (㊤宝永4 (1707) 年8月15日), 仏史, 仏人, 三重続 (㊤延宝4年8月15日)

**藤山衛門** ふじやまえもん
天保2 (1831) 年～元治1 (1864) 年
江戸時代末期の彦山修験僧。
¶維新, 神人 (㊤天保1 (1830) 年 ㊦元治1 (1864) 年7月20日), 人名, 日人, 幕末 (㊦1864年8月22日), 幕末大 (㊦元治1 (1864) 年7月21日)

**布州東播** ふしゅうとうは
明応2 (1493) 年～天正1 (1573) 年12月29日 ㊀布州東播 (ふしゅうとうはん)
戦国時代の曹洞宗の僧。
¶埼玉人, 人名, 日人 (ふしゅうとうはん ㊦1574年), 仏教

**布州東播** ふしゅうとうはん
→布州東播 (ふしゅうとうは)

**普潤** ふじゅん
→岩佐普潤 (いわさふにん)

**普照** ふしょう
生没年不詳
奈良時代の興福寺僧。
¶朝日, 古人, 古代, 古代普, 古中, コン改, コン4, コン5, 史人, 新潮, 人名, 世人, 対外, 日史, 日人, 百科, 仏教, 仏史, 仏人 (㊤8世紀)

**普定** ふじょう
生没年不詳
江戸時代前期の黄檗宗の渡来僧。
¶仏教

**藤吉慈海** ふじよしじかい
大正4 (1915) 年3月26日～
昭和～平成期の僧侶、仏教思想研究家。花園大学教授、大本山光明寺法主。
¶現執1期, 現執2期, 現執3期

ふ

**富士能通** ふじよしみち
元亀3 (1572) 年～承応1 (1652) 年
安土桃山時代～江戸時代前期の公文職。
¶戦辞 (㊦承応1年5月22日 (1652年6月27日)), 武田 (㊦承応1 (1652) 年9月22日)

**富士万** ふじよろず
天保9 (1838) 年～明治38 (1905) 年
江戸時代後期～明治期の国学者、神道家。
¶伊豆, 静岡歴, 姓氏静岡

**藤原暉昌** ふじわらあきまさ
→森暉昌 (もりてるまさ)

**藤原篤如** ふじわらあつゆき
平安時代中期の神職。税所氏の祖。
¶姓氏鹿児島

**藤原敦頼** ふじわらあつより
→道因 (どういん)

**藤原金次郎** ふじわらきんじろう
天保7 (1836) 年～大正8 (1919) 年
江戸時代後期～大正期の宮大工。
¶姓氏岩手, 美建

**藤原国右衛門尉** ふじわらくにえもんじょう
鎌倉時代の宮大工。
¶岡山百 (生没年不詳), 美建

**藤原幸章** ふじわらこうしょう
大正4 (1915) 年～平成11 (1999) 年1月13日
昭和期の僧侶。
¶真宗

**藤原豪信** ふじわらごうしん
→豪信 (ごうしん)

**藤原重全** ふじわらしげまさ
延享2 (1745) 年～文政6 (1823) 年8月1日
江戸時代中期～後期の神職・書肆。

¶国書

**藤原重邑** ふじわらしげむら
元禄8(1695)年～明和8(1771)年10月20日
江戸時代中期の神職・書肆。
¶国書

**藤原季範** ふじわらすえのり
→藤原季範(ふじわらのすえのり)

**藤原善瑩** ふじわらぜんえい
明治13(1880)年3月3日～昭和13(1938)年11月29日
明治～昭和期の僧侶。
¶真宗

**藤原善敬** ふじわらぜんけい
明治42(1909)年2月6日～昭和59(1984)年5月18日
昭和期の僧侶。
¶真宗



**藤原善住** ふじわらぜんじゅう
嘉永5(1852)年8月11日～大正10(1921)年10月17日
江戸時代後期～大正期の僧侶。
¶真宗

**藤原善融** ふじわらぜんゆう
文化9(1812)年7月15日～明治28(1895)年12月27日
江戸時代後期～明治期の僧侶。
¶真宗

**藤原宗璨** ふじわらそうさん
永徳3(1383)年～長禄元(1457)年
室町時代の禅僧。
¶伊豆，静岡歴，姓氏静岡

**藤原敬武** ふじわらたかたけ
生没年不詳
江戸時代後期の神職。
¶国書

**藤原斉延** ふじわらただのぶ
→藤斉延(とうまさのぶ)

**藤原鉄乗** ふじわらてつじょう
明治12(1879)年1月27日～昭和50(1975)年2月16日
明治～昭和期の仏教運動家、真宗大谷派僧侶。旅人社創設、嗣講。
¶石川百，世紀，姓氏石川([生]1880年)，日人，仏教，ふる

**藤原東演** ふじわらとうえん
昭和19(1944)年11月24日～
昭和～平成期の僧侶。臨済宗妙心寺派本山布教師、宝泰寺副住職。
¶現執3期

**藤原友広** ふじわらともひろ
生没年不詳
室町時代～戦国時代の神職。
¶国書

**藤原長房** ふじわらながふさ
→藤原長房(ふじわらのながふさ)

**藤原日迦** ふじわらにっか
天保8(1837)年10月3日～大正5(1916)年9月2日
江戸時代末期～大正期の僧侶。日蓮宗管長。相州片瀬の龍口寺住職を務めた。
¶人名，世紀，日人，明大1

**藤原敦頼** ふじわらのあつより
→道因(どういん)

**藤原敦頼** ふじわらのありより
→道因(どういん)

**藤原邦隆** ふじわらのくにたか
生没年不詳
平安時代前期の神祇伯。
¶神人

**藤原豪信** ふじわらのごうしん
→豪信(ごうしん)

**藤原季範** ふじわらのすえのり
寛治4(1090)年～久寿2(1155)年　[別]藤原季範(ふじわらすえのり,ふじわらのとしのり),熱田大宮司季範(あつただいぐうじすえのり)
平安時代後期の熱田大宮司。藤原季兼の子。
¶朝日([没]久寿2年12月2日(1155年12月27日))，岩史(熱田大宮司季範　あつただいぐうじすえのり　[没]久寿2(1155)年12月2日)，鎌倉，国史(熱田大宮司季範　あつただいぐうじすえのり)，古人，古中(熱田大宮司季範　あつただいぐうじすえのり)，コン改，コン4，コン5，史人(熱田大宮司季範　あつただいぐうじすえのり)，諸系(熱田大宮司季範　あつただいぐうじすえのり)，神人(ふじわらすえのり)，新潮([没]久寿2(1155)年12月2日)，人名(熱田大宮司季範　あつただいぐうじすえのり)，姓氏愛知(ふじわらのとしのり)，世人(熱田大宮司季範　あつただいぐうじすえのり　[没]久寿2(1155)年12月2日)，全書(熱田大宮司季範　あつただいぐうじすえのり)，日史([没]久寿2(1155)年12月2日)，日人(熱田大宮司季範　あつただいぐうじすえのり)，百科，平史

**藤原忠常** ふじわらのただつね
→文覚(もんがく)

**藤原為経** ふじわらのためつね
永久3(1115)年頃～？　[別]寂超(じゃくちょう)，藤原為隆(ふじわらのためたか)
平安時代後期の歌人。「後葉集」を選する。
¶朝日([生]永久3(1115)年頃)，国書(寂超　じゃくちょう　[生]永久1(1113)年頃？)，古人(寂超　じゃくちょう)，詩歌(寂超　じゃくちょう)，諸系(生没年不詳)，人名，日史(生没年不詳)，日人(生没年不詳)，日文，百科(生没年不詳)，平史(寂超　じゃくちょう　生没年不詳)，和俳

**藤原為業** ふじわらのためなり
生没年不詳　[別]寂念(じゃくねん)

平安時代後期の歌人。常盤三寂と呼ばれる。
¶朝日(㊤永久2(1114)年頃)，国史，国書(寂念　じゃくねん　㊤永久1(1113)年頃？)，古人(寂念　じゃくねん)，古中，詩歌(寂念　じゃくねん)，史人，諸系，人名，日史，日人，百科，仏教，平史(寂念　じゃくねん)，和俳(㊤永久2(1114)年頃)

**藤原時経女**　ふじわらのときつねのむすめ
平安時代後期の堀河天皇の皇子。
¶天皇

**藤原時頼**　ふじわらのときより
→斎藤時頼(さいとうときより)

**藤原季範**　ふじわらのとしのり
→藤原季範(ふじわらのすえのり)

**藤原長親**　ふじわらのながちか
→花山院長親(かざんいんながちか)

**藤原長房**　ふじわらのながふさ
嘉応2(1170)年～寛元1(1243)年　㊊覚真(かくしん)，藤原長房(ふじわらながふさ)，藤原憲頼(ふじわらのりより)
鎌倉時代前期の公卿(参議)。参議藤原光長の長男。
¶朝日(㊦寛元1年1月16日(1243年2月6日))，鎌室(ふじわらながふさ)，公卿(㊤仁安3(1168)年　㊦？)，公卿普(㊤仁安3(1168)年　㊦？)，公家(長房〔海住山家(絶家)〕　ながふさ　㊤1168年　㊦？)，古人，新潮(㊦寛元1(1243)年1月16日)，日人，仏教(覚真　かくしん　㊦仁治4(1243)年1月16日)

**藤原信綱**　ふじわらののぶつな
→叡覚(えいかく)

**藤原昌能**　ふじわらのまさよし
→熱田大宮司昌能(あつたのだいぐうじまさよし)

**藤原諸久曽**　ふじわらのもろくそ
鎌倉時代後期～南北朝時代の女性。初期の武雄神社(佐賀県武雄市)の女大宮司。
¶女史

**藤原師光**　ふじわらのもろみつ
→西光(さいこう)

**藤原芳子**　ふじわらのよしこ
平安時代中期の内裏女房。
¶古人，平史(生没年不詳)

**藤原頼業**　ふじわらのよりなり
生没年不詳　㊊寂然(じゃくせん，じゃくぜん，じゃくねん)，寂念(じゃくねん)，藤原頼業(ふじわらよりなり)
平安時代後期～鎌倉時代前期の歌人。
¶朝日(㊤元永頃(1118～1120年頃))，鎌室(ふじわらよりなり)，国書(寂然　じゃくぜん)，古人(寂念　じゃくねん)，詩歌(寂然　じゃくねん)，詩作(寂然　じゃくぜん，じゃくせん)，史人，諸系(寂然　じゃくぜん)，人名，全書(寂然　じゃくねん)，日史，日人(寂然　じゃくぜん)，百科，仏教(寂然　じゃくねん)，平史(寂然　じゃくねん)，和俳

**藤原隆源**　ふじわらのりゅうげん
→隆源(1)(りゅうげん)

**藤原広造**　ふじわらひろぞう
生没年不詳
明治期の大住郡平塚宿春日大明神神主。
¶神奈川人

**藤原正常**　ふじわらまさつね
生没年不詳
江戸時代中期の神職。
¶国書

**藤原政教**　ふじわらまさのり
生没年不詳
江戸時代末期の神職。
¶国書

**藤原政治**　ふじわらまさはる
生没年不詳
戦国時代の一宮水無神社の神主。
¶飛騨

**藤原昌能**　ふじわらまさよし
→熱田大宮司昌能(あつたのだいぐうじまさよし)

**藤原政慶**　ふじわらまさよし
生没年不詳
戦国時代の一宮神主。
¶飛騨

**藤原宗算**　ふじわらむねかず
生没年不詳
江戸時代中期の神職。
¶国書

**藤原師光**　ふじわらもろみつ
→西光(さいこう)

**藤原猶雪**　ふじわらゆうせつ
明治24(1891)年1月2日～昭和33(1958)年7月3日
大正～昭和期の仏教学者。東洋大学学長。仏教史・中世史を研究。
¶現情，史研，真宗，人名7，世紀，図人，日人，仏教，仏人

**藤原義友**　ふじわらよしとも
生没年不詳
江戸時代後期の神職。
¶国書

**藤原頼業**　ふじわらよりなり
→藤原頼業(ふじわらのよりなり)

**藤原了義**　ふじわらりょうぎ
天保3(1832)年～明治38(1905)年
江戸時代後期～明治期の僧。西川端新田西源寺の住職。
¶姓氏愛知

**藤原凌雪**　ふじわらりょうせつ
明治38(1905)年9月15日～平成10(1998)年5月

17日
昭和期の真宗学者。龍谷大学教授。
¶現執1期，真宗

**藤原了然** ふじわらりょうねん
明治44（1911）年～昭和55（1980）年
昭和期の仏教学者。
¶仏人

**無尽道証** ぶじんどうしょう
文暦1（1234）年～正和2（1313）年
鎌倉時代前期～後期の地蔵寺の開山。
¶姓氏愛知

**普随** ふずい
生没年不詳
江戸時代中期の浄土真宗の僧。
¶国書

**布施浄戒** ふせじょうかい
明治34（1901）年9月9日～昭和46（1971）年7月28日
大正～昭和期の声明家。大正大学講師。
¶音人，新芸，日音



**不説達聞** ふせつたつもん
？ ～宝暦8（1758）年
江戸時代中期の曹洞宗の僧。
¶国書

**伏原宣足** ふせはらのぶたる
→伏原宣足（ふしはらのぶたる）

**布施三河守** ふせみかわのかみ
生没年不詳
戦国時代の神職。六所明神社神主。
¶戦辞

**布施吉知** ふせよしとも
生没年不詳
江戸時代後期の神職。
¶国書

**ふせり行者** ふせりぎょうじゃ
奈良時代の行者。泰澄大師の弟子。
¶福井百

**不遷** ふせん
→物外不遷（もつがいふせん）

**溥泉** ふせん
生没年不詳
江戸時代中期の八宗兼学の高僧。
¶郷土奈良

**不遷** ふせん★
～寛政3（1791）年6月25日
江戸時代中期・後期の僧。由利郡象潟町の蚶満寺18世。
¶秋田人2

**不遷法序** ふせんほうじょ
正和2（1313）年～弘和3/永徳3（1383）年
南北朝時代の僧、南禅寺主、五山文学者。
¶国書（[没]永徳3（1383）年1月），人名（[生]1311年 [没]1381年），日人

**不蔵庵竜渓** ふぞうあんりゅうけい
宝暦11（1761）年～天保13（1842）年6月27日
江戸時代後期の曹洞宗の僧。洞雲寺住持。
¶姓氏愛知，茶道，東三河

**不蔵可直** ふぞうかじき
生没年不詳
室町時代の曹洞宗の僧。
¶仏教

**扶桑大暾** ふそうだいとん
生没年不詳
江戸時代前期の曹洞宗の僧。
¶国書

**賦存** ふそん
天和1（1681）年～宝暦6（1756）年
江戸時代前期～中期の宗教家、遊行51代、藤沢28代上人。
¶神奈川百

**二方弾正** ふたかただんじょう
生没年不詳
江戸時代後期の神職。
¶国書

**二方兵庫助** ふたかたひょうごのすけ
生没年不詳
戦国時代の武士。佐竹氏家臣。
¶戦辞，戦人，戦東

**二神喜十** ふたがみきじゅう
明治23（1890）年5月10日～昭和56（1981）年8月11日
大正～昭和期の教育者・牧師。
¶愛媛，愛媛百

**二川一騰** ふたがわいっとう
弘化2（1845）年～昭和5（1930）年　[別]小島一騰（こじまいっとう）
明治～昭和期のプロテスタント、受難者。
¶キリ（[生]弘化2（1845）年，（異説）嘉永1（1848）年　[没]昭和5（1930）年，（異説）昭和9（1934）年）

**不琢玄珪** ふたくげんけい
天授6/康暦2（1380）年8月15日～宝徳1（1449）年8月15日
室町時代の曹洞宗の僧。
¶仏教

**両児舜礼** ふたごしゅんれい
＊～明治24（1891）年
江戸時代後期～明治期の僧。手袋の祖。
¶香川人（[生]嘉永6（1853）年），郷土香川（[生]1861年）

**二葉憲香** ふたばけんこう
大正5（1916）年3月8日～平成7（1995）年11月15日
昭和期の日本史学者。龍谷大学学長、京都女子学園理事長。仏教史を研究。

¶現執1期，現情，史研，真宗，世紀

**二見景賢** ふたみかげかた
文政12（1829）年～明治37（1904）年
江戸時代後期～明治期の淘綾郡山西村川匂神社35代神主。
¶神奈川人

**二見景房** ふたみかげふさ
天明5（1785）年～明治2（1869）年
江戸時代後期の淘綾郡山西村二ノ宮明神社34代神主。
¶神奈川人

**二見定員** ふたみさだかず
文化14（1817）年～？
江戸時代後期～末期の神職。
¶国書

**二見清六** ふたみせいろく
*～明治23（1890）年
江戸時代後期～明治期の神職。
¶岩手人（㊀1827年　㊁1890年8月23日），神人（㊀文政9（1826）年）

**二見忠知** ふたみただとも
寛文6（1666）年～元文4（1739）年4月7日
江戸時代前期～中期の神職。
¶国書

**補陀洛海雲**（補陀落海雲） ふだらくかいうん
文政8（1825）年～明治24（1891）年12月9日　㊇補陀洛海雲（ほだらくかいうん）
江戸時代末期～明治期の僧侶。各地の住職を歴任。宗教論争が起こった際、仏教界を代表して論陣を張った。
¶高知人（補陀落海雲），高知百（補陀落海雲），幕末（ほだらくかいうん　㊁1888年12月9日），幕末大（㊀文政8（1825）年4月4日）

**補陀落天俊**（補陀洛天狻，補佗落天俊） ふだらくてんしゅん
嘉永6（1853）年～明治42（1909）年　㊇補陀洛天狻（ほだらくてんしゅん）
明治期の僧侶。権大僧正。足摺山金剛福寺住持となり、伽藍荒廃の本堂、客殿を新築し多宝塔を築く。
¶高知人，高知百，人名（補佗落天俊），日人，幕末（補陀洛天狻　ほだらくてんしゅん　㊁1909年2月23日），幕末大（補陀洛天狻　㊀嘉永6（1853）年5月2日　㊁明治42（1909）年2月22日），明大1（㊀嘉永6（1853）年5月2日　㊁明治42（1909）年2月23日）

**補陀落天籥** ふだらくてんしょう
天保11（1840）年～大正4（1915）年
江戸時代末期～大正期の仏教復興運動指導者。
¶高知人

**淵泉義臣** ふちいずみよしおみ
天保6（1835）年4月1日～？
江戸時代後期～明治期の神官。
¶埼玉人

**不中秀的** ふちゅうしゅうてき
元和7（1621）年～延宝5（1677）年
江戸時代前期の曹洞宗の僧。
¶人名，日人，仏教（㊀慶長16（1611）年　㊁延宝5（1677）年9月18日）

**淵脇了公** ふちわきりょうこう
生没年不詳
戦国時代の僧（妙音寺常薬院31代）。盲僧琵琶から薩摩琵琶を創始。
¶朝日，日音，日人

**仏庵祖雄**（仏菴祖雄） ぶつあんそゆう
明和8（1771）年3月5日～天保9（1838）年7月20日
江戸時代後期の曹洞宗の僧。
¶国書（仏菴祖雄），仏教

**弗隠** ふついん
宝暦13（1763）年～天保8（1837）年11月
江戸時代中期～後期の真言宗の僧。
¶国書

**仏応禅師** ぶつおうぜんじ
建治2（1276）年～嘉暦2（1327）年
鎌倉時代後期の臨済僧、那須雲巌寺2世。
¶栃木歴

**仏海**(1) ぶっかい
宝永7（1710）年～明和6（1769）年
江戸時代中期の修行僧。
¶愛媛

**仏海**(2) ぶっかい
文政11（1828）年～明治36（1903）年3月20日
㊇近藤仏海（こんどうぶつかい）
江戸時代末期～明治期の修験者。木食行を生涯続け、入滅のちミイラ化されて観音寺に即身仏として祀られた。
¶朝日（㊀文政11年5月9日（1828年6月20日）），庄内（近藤仏海　こんどうぶつかい　㊀文政11（1828）年5月），新潟百，日人，明大1（㊀文政11（1828）年5月9日）

**物外** ぶつがい
→物外不遷（もつがいふせん）

**仏海一音** ぶっかいいっとん
？～明和6（1769）年4月29日
江戸時代中期の曹洞宗の僧。
¶国書

**仏海寰中** ぶっかいかんちゅう
天明8（1788）年～安政2（1855）年11月10日
江戸時代後期の曹洞宗の僧。
¶仏教

**仏海慈舟** ぶっかいじしゅう
延享2（1745）年～文政5（1822）年3月28日
江戸時代中期～後期の曹洞宗の僧。
¶国書，仏教

**物外性応** ぶつがいしょうおう
→物外性応（もつがいしょうおう）

ふ

**仏海浄蔵**　ぶつかいじょうぞう
生没年不詳
江戸時代中期の黄檗宗の僧。
¶国書

**仏海上人**　ぶっかいしょうにん★
文政11(1828)年～明治36(1903)年3月
明治期の僧。観音寺住職。
¶新潟人

**仏海如心**　ぶっかいじょしん
宝永7(1710)年～明和6(1769)年
江戸時代中期の真言宗の僧。
¶人書94

**物外不遷**　ぶつがいふせん
→物外不遷(もつがいふせん)

**仏肝浄空**　ぶっかんじょうくう
？ ～明和1(1764)年8月21日
江戸時代中期の黄檗宗の僧。
¶黄檗，国書



**仏鑑禅師無準師範**　ぶつかんぜんじぶじゅんしはん
治承2(1178)年～宝治3(1249)年
鎌倉時代前期の僧。中国南宋の臨済宗の禅僧。
¶太宰府

**仏猊**　ぶつげい
宝暦12(1762)年4月8日～寛政4(1792)年12月27日
江戸時代中期の天台宗の僧。
¶国書，日人([没]1793年)，仏教，仏人

**仏光房**　ぶつこうぼう
平安時代後期の仏師。康助の弟子。
¶古人

**仏国**　ぶっこく★
文政12(1829)年～明治28(1895)年10月
江戸時代末期・明治期の僧。由利郡象潟町蚶満寺の36世。
¶秋田人2

**仏国国師**　ぶっこくこくし
→高峰顕日(こうほうけんにち)

**仏厳**　ぶつごん
生没年不詳
鎌倉時代前期の医僧。
¶古人，日人，仏教

**仏朔**　ぶっさく
？ ～天保14(1843)年12月5日
江戸時代後期の社僧。
¶国書

**仏山海印**　ぶっさんかいいん
～享和2(1802)年3月29日
江戸時代後期の僧。高山市の雲竜寺24世。
¶飛騨

**仏山秀察**　ぶっさんしゅうさつ
？ ～寛永18(1641)年2月1日
江戸時代前期の曹洞宗の僧。永平寺23世。
¶埼玉人，仏教

**仏師国経**　ぶっしくにつね
→国経(くにつね)

**仏師民部**　ぶっしみんぶ
明暦3(1657)年～？　[別]民部(みんぶ)
江戸時代中期の仏師。
¶人名，日人(民部　みんぶ)，美建(民部　みんぶ)，仏教(民部　みんぶ)

**仏洲仙英**　ぶっしゅうせんえい
→仙英(せんえい)

**仏樹房明全**　ぶつじゅぼうみょうぜん
→明全(みょうぜん)

**仏性**　ぶっしょう
生没年不詳
飛鳥時代の僧。
¶日人

**仏定**　ぶつじょう
享保19(1734)年～寛政12(1800)年
江戸時代中期～後期の浄土真宗の僧。
¶国書([没]寛政12(1800)年11月22日)，仏教([生]享保19(1734)年9月　[没]寛政12(1800)年11月23日)，仏人([没]1799年)

**仏星為戒**　ぶっしょういかい
寛保2(1742)年～文政1(1818)年　[別]仏星為戒(ぶっせいいかい)
江戸時代中期～後期の曹洞宗の僧。永平寺53世。
¶人名(ぶっせいいかい)，日人([没]1818年，(異説)1828年)，仏教([没]文政1(1818)年9月4日，(異説)文政11(1828)年9月4日)

**仏乗慈僊**　ぶつじょうじせん
寛政10(1798)年～明治3(1870)年10月19日
江戸時代末期～明治期の曹洞宗の僧。
¶国書([生]寛政10(1798)年9月9日)，仏教([生]寛政10(1798)年9月)

**仏心**　ぶっしん★
～寛政11(1799)年11月
江戸時代中期・後期の僧。蚶満寺20世頓宗大蔵寺15世の中興。
¶秋田人2

**仏星為戒**　ぶっせいいかい
→仏星為戒(ぶっしょういかい)

**仏先海鳩**　ぶっせんかいきゅう
→物先海旭(ぶっせんかいぎょく)

**物先海旭**　ぶっせんかいぎょく
元文1(1736)年～文化14(1817)年5月15日　[別]仏先海鳩(ぶっせんかいきゅう)，物先海旭(もっせんかいぎょく)
江戸時代中期～後期の臨済宗の僧。
¶国書(もっせんかいぎょく)，人名(仏先海鳩　ぶっせんかいきゅう)，日人，仏教

**仏僧** ぶっそう
生没年不詳
鎌倉時代の曹洞宗の僧。
¶仏教

**仏地覚晏** ぶっちかくあん
→覚晏(かくあん)

**仏頂** ぶっちょう,ぶつちょう
寛永19(1642)年～正徳5(1715)年12月28日
江戸時代前期～中期の俳人(芭蕉参禅の師)。
¶栃木歴([生]寛永20(1643)年),俳諧,俳句,俳文(ぶつちょう),和俳

**仏通** ぶっつう
寛喜1(1229)年～正和1(1312)年
鎌倉時代前期～後期の臨済宗の僧。
¶愛媛百

**仏哲**(仏徹) ぶってつ
生没年不詳
奈良時代の渡来僧。
¶朝日,岩史,角史,国史,古人(仏徹),古代,古代普,古中,コン改,コン4,コン5,史人,重要,新潮,人名,世人,対外,大百,日音,日人,仏教,仏史,山川小,歴大

**仏天** ぶってん
長享1(1487)年～元亀2(1571)年9月25日
戦国時代の時宗の遊行上人。
¶戦辞,戦人

**仏灯越州**(仏灯越宗) ぶっとうおっしゅう,ぶっとうおつしゅう
? ～寛政8(1796)年5月26日
江戸時代中期の曹洞宗の僧。神岡町の洞雲寺10世。
¶国書(仏灯越宗 ぶっとうおつしゅう),飛騨([生]?)

**物堂宗接** ぶつどうそうせつ★
慶長14(1609)年～天和元(1682)年
江戸時代前期の禅僧。
¶中濃

**仏忍** ぶつにん
平安時代後期の仏師。
¶古人,美建,平史(生没年不詳)

**仏磨**(仏麿) ぶつまろ
→武田仏磨(たけだぶつま)

**仏蓮** ぶつれん
生没年不詳
真言宗の僧。
¶日人,仏教

**普徹** ふてつ
生没年不詳
江戸時代後期の日蓮宗の僧。
¶国書

**不鉄桂文** ふてつけいぶん
永禄6(1563)年～寛永13(1636)年12月23日
安土桃山時代～江戸時代前期の曹洞宗の僧。
¶国書,仏教

**不転** ふてん
*～弘化2(1845)年8月15日
江戸時代中期～後期の俳人・僧侶。
¶国書([生]安永9(1780)年),俳文([生]?)

**普天**(1) ふてん
天明7(1787)年～嘉永4(1851)年8月6日
江戸時代後期の浄土真宗の僧。
¶仏教

**普天**(2) ふてん
? ～嘉永6(1853)年7月13日
江戸時代末期の浄土真宗の僧。
¶国書,仏教

**普天玄佐** ふてんげんさ
安土桃山時代の臨済宗妙心寺派の僧。
¶武田

**普伝日門** ふでんにちもん
? ～天正7(1579)年
安土桃山時代の日蓮宗の僧。
¶姓氏京都

**不動院快元** ふどういんかいげん
生没年不詳
江戸時代前期の真言僧。
¶長崎歴

**不動院光玉** ふどういんこうぎょく
江戸時代中期の僧侶、仏師。
¶栃木歴,美建

**不動院全海** ふどういんぜんかい
文政6(1823)年～元治1(1864)年 [別]全海(ぜんかい)
江戸時代末期の僧。
¶維新(全海 ぜんかい),幕末([没]1864年12月18日),幕末大([没]元治1(1864)年11月20日)

**不動院頼長** ふどういんらいちょう
? ～慶長2(1597)年4月13日
戦国時代～安土桃山時代の僧。不動院第2代門主。
¶埼玉人(生没年不詳),戦辞

**船岡芳勝** ふなおかほうしょう
天保11(1840)年1月20日～明治29(1896)年11月5日
江戸時代末期～明治期の新義真言宗の僧。
¶国書,新潟百,仏教,仏人,明大1

**船岡芳信** ふなおかほうしん
明治1(1868)年～大正10(1921)年
明治～大正期の僧侶。
¶高知人

**船岡誠** ふなおかまこと
昭和21(1946)年～
昭和～平成期の日本仏教史学者。放送大学講師。
¶現執3期

**船越霊戒**　ふなこしれいかい
明治7(1874)年〜昭和22(1947)年
明治〜昭和期の僧、日本画家。
¶青森美

**船坂真楫**　ふなさかまかじ
安政4(1857)年3月7日〜大正3(1914)年10月13日
明治・大正期の衆議院議員・神職。
¶飛騨

**舟坂与太夫**　ふなさかよだゆう
江戸時代前期の宮大工。
¶京都府(生没年不詳)，美建

**舟橋一哉**　ふなはしいっさい
明治42(1909)年〜
昭和期の原始仏教学者、僧侶。大谷大学教授。
¶現執1期

**舟橋水哉**　ふなはしすいさい
明治7(1874)年〜昭和20(1945)年
明治〜昭和期の僧侶。
¶真宗

**舟橋尚哉**　ふなはしなおや
昭和11(1936)年8月7日〜
昭和期のインド大乗仏教学者。大谷大学助教授。
¶現執1期，現執2期

**船橋了要**　ふなはしりょうよう
文化9(1826)年6月6日〜明治33(1900)年7月15日
江戸時代後期〜明治期の僧侶。
¶真宗

**船曳磐主**　ふなびきいわぬし
→船曳鉄門(ふなびきかねと)

**船曳鉄門**　ふなびきかねと
文政6(1823)年〜明治28(1895)年2月10日　㊀船曳鉄門(ふなびきてつもん)，船曳磐主(ふなびきいわぬし)
江戸時代末期〜明治期の神官、歌人。筑前香椎宮宮司、筑後高良神社権宮司などを歴任。福岡県から筑後国史・地誌の編集を命じられ、多くの考古学上の発見をする。
¶国書(船曳磐主　ふなびきいわぬし　㊊文政6(1823)年12月4日)，神人，人名，長崎遊，日人(㊊1824年)，幕末(ふなびきてつもん)，幕末大(ふなびきてつもん)，藩臣7(ふなびきてつもん)

**船曳鉄門**　ふなびきてつもん
→船曳鉄門(ふなびきかねと)

**船曳衛**　ふなびきまもる
安政5(1858)年〜大正7(1932)年
江戸時代末期〜昭和期の神官。
¶神人

**船水衛司**　ふなみずえいじ
大正6(1917)年2月24日〜
昭和期の牧師、旧約聖書神学者。東京神学大学教授、城南ヨハネ伝導所担任牧師。
¶現執2期

**船本弘毅**　ふなもとひろき
昭和9(1934)年9月8日〜
昭和期の牧師、神学者、キリスト教倫理学者。東京女子大学学長、日本基督教団正教師。
¶現執1期，現執2期

**無難**　ぶなん
→至道無難(しどうぶなん)

**不二門智光**　ふにもんちこう
→不二門智光(ふじもんちこう)

**普寧**(1)　ふねい
→兀庵普寧(ごったんふねい)

**普寧**(2)　ふねい
生没年不詳
江戸時代前期の真言宗の僧。
¶国書

**豊然**　ぶねん
→豊然(ほうねん)

**不能**　ふのう
?　〜宝暦12(1762)年8月24日
江戸時代中期の浄土宗の僧。
¶国書

**不白**　ふはく
生没年不詳
江戸時代末期の胆沢郡前沢の僧侶。
¶姓氏岩手

**扶邦**　ふほう
寛和2(986)年〜
平安時代中期の興福寺・元興寺の僧。
¶古人

**普峰京順**　ふほうきょうじゅん
元和6(1620)年〜元禄8(1695)年5月28日
江戸時代前期の曹洞宗の僧。
¶黄檗，仏教

**冨峰如巓**　ふほうにょてん
天明1(1781)年〜安政4(1857)年閏5月27日
江戸時代末期の黄檗宗の僧。
¶黄檗

**不昧奥志**　ふまいおうし
生没年不詳
鎌倉時代後期〜南北朝時代の臨済宗の僧。
¶仏教

**不昧紹省**　ふまいしょうせい
?　〜慶安5(1652)年7月27日
江戸時代前期の臨済宗の僧。
¶国書

**文雄**　ふみお
江戸時代中期の俳人・神職。
¶国書(生没年不詳)，俳文

**普明**　ふみょう
元文2(1737)年〜文化2(1805)年
江戸時代中期〜後期の浄土真宗の僧。

¶国書(㊣文化2(1805)年7月7日), 仏教(㊣文化2(1805)年10月,(異説)7月7日)

**普文** ふもん
生没年不詳
南北朝時代～室町時代の天台宗の僧。
¶国書

**普聞** ふもん
文化9(1812)年～明治9(1876)年12月24日
江戸時代後期～明治期の浄土真宗の僧。
¶国書

**普門(1)** ふもん
→無関普門(むかんふもん)

**普門(2)** ふもん
生没年不詳
安土桃山時代の禅僧、白鹿城下の曹洞宗常福寺住僧。
¶島根歴

**普門(3)** ふもん
寛永13(1636)年～元禄5(1692)年
江戸時代前期の浄土真宗の僧。
¶国書(㊣元禄5(1692)年9月3日), 人名(㊤1634年), 日人, 仏教(㊣元禄5(1692)年9月3日), 三重続

**普門(4)** ふもん
生没年不詳
江戸時代前期の浄土真宗の僧。
¶仏教

**普門(5)** ふもん
生没年不詳
江戸時代後期の僧。
¶仏教

**不聞契聞** ふもんかいもん
㊕契聞(けいもん)
南北朝時代の臨済宗の僧。
¶鎌室(㊤正安3(1301)年 ㊣応安1/正平23(1368)年), 国書(㊤正安3(1301)年12月8日 ㊣応安1(1368)年7月12日), 埼玉人(㊤乾元1(1302)年12月8日 ㊣正平24/応安2(1369)年7月12日), 新潮(㊤正安3(1301)年 ㊣応安1/正平23(1368)年7月12日), 人名(契聞 けいもん ㊤1301年 ㊣1368年), 日人(㊤1302年 ㊣1369年), 仏教(㊤乾元1(1302)年12月8日 ㊣応安2/正平24(1369)年7月12日,(異説)応安1/正平23年7月12日), 仏人(契聞 けいもん ㊤1302年 ㊣1369年)

**普門元三** ふもんげんさん
生没年不詳
南北朝時代の曹洞宗の僧。総持寺38世。
¶仏教

**普門元照** ふもんげんしょう
正保1(1644)年～宝永2(1705)年2月12日
江戸時代前期～中期の臨済宗の僧。
¶国書

**普門寺義円** ふもんじぎえん
～天保12(1841)年12月29日
江戸時代後期の歌僧。
¶東三河

**普門寺義覚** ふもんじぎかく
生没年不詳
江戸時代後期の歌僧。
¶東三河

**普雄** ふゆう
延宝3(1675)年～寛保3(1743)年10月30日
江戸時代前期～中期の僧侶・歌人。
¶徳島百

**芙蓉浄淳** ふようじょうじゅん
明治18(1885)年6月7日～昭和30(1955)年9月20日
明治～昭和期の真言宗智山派の僧侶。
¶埼玉人

**芙蓉良順** ふようりょうじゅん
明治33(1900)年12月13日～昭和58(1983)年7月17日
昭和期の仏教学者、真言宗豊山派僧侶。
¶埼玉人, 仏教, 仏人

ふ

**父幼老卵** ふようろうらん
享保9(1724)年～文化2(1805)年11月2日
江戸時代中期～後期の曹洞宗の僧。
¶国書

**フランシスコ**
? ～慶長1(1596)年
戦国時代～安土桃山時代のキリシタン。日本二十六聖人。
¶長崎歴

**古泉真紹** ふるいずみしんしょう★
～大正8(1919)年
明治～大正期の僧侶。
¶三重続

**古市義秀** ふるいちぎしゅう
明治29(1896)年11月3日～昭和60(1985)年2月15日
大正～昭和期の天台真盛宗僧侶。天台真盛宗管長、総本山西教寺第40世貫主。
¶世紀, 日人, 仏人

**古市澄胤** ふるいちすみたね
→古市澄胤(ふるいちちょういん)

**古市大円** ふるいちだいえん
延享1(1744)年～享和2(1802)年
江戸時代中期の僧。
¶岡山人

**古市澄胤** ふるいちちょういん
享徳1(1452)年～永正5(1508)年 ㊕古市澄胤(ふるいちすみたね), 澄胤(ちょういん), 倫勧房(りんかんぼう)
戦国時代の大和国国人、興福寺衆徒。胤仙の子。
¶朝日, 岩史, 京都府, 国史, 国書(㊣永正5

(1508) 年7月26日), 古中, コン改, コン4, コン5, 史人([没]1508年7月25日), 新潮([没]永正5 (1508) 年7月), 人名(ふるいちすみたね), 戦合, 戦人(ふるいちすみたね), 茶道([生]1459年), 日史([没]永正5 (1508) 年7月), 日人, 俳文(澄胤　ちょういん　[没]永正5 (1508) 年7月25日), 室町, 歴大

**古江宣教** ふるえせんきょう
安政1 (1854) 年～昭和9 (1934) 年2月9日
江戸時代末期～昭和期の僧侶。
¶真宗

**古河勇** ふるかわいさむ
明治4 (1871) 年6月3日～明治32 (1899) 年11月15日
明治期の仏教運動家、評論家。仏教改革に関する評論を執筆。近代仏教形成に貢献。
¶近現, 国史, 真宗, 明治史

**古川堯道** ふるかわぎょうどう
明治5 (1872) 年～昭和36 (1961) 年
明治～昭和期の僧侶。
¶神奈川人, 島根人, 島根歴

**古川玉応** ふるかわぎょくおう
文化4 (1807) 年～明治19 (1886) 年
江戸時代後期～明治期の高畑村の八幡社の神官・画家。
¶姓氏愛知

**古川古松軒** (古河古松軒) ふるかわこしょうけん
享保11 (1726) 年～文化4 (1807) 年11月10日
[別]古川子曜(ふるかわしよう)
江戸時代中期～後期の地理学者。「東遊雑記」を著す。
¶朝日([生]享保11 (1726) 年8月　[没]文化4年11月10日 (1807年12月8日)), 岩史([生]享保11 (1726) 年8月), 岩手人, 岩手百, 江人, 大分百([生]1723年), 大分歴(古河古松軒), 岡山, 岡山人, 岡山百, 岡山歴, 角史, 近世, 熊本人, 考古([没]文化4年 (1807年11月14日)), 国史, 国書([生]享保11 (1726) 年8月), コン改, コン4, コン5, 史人([生]1726年8月), 思想史, 新潮([生]享保11 (1726) 年8月), 人名(古川子曜　ふるかわしよう), 姓氏岩手, 世人, 全書, 太宰府(古河古松軒), 多摩(古河古松軒　[生]享保2 (1717) 年　[没]文化3 (1806) 年), 地理, 長崎遊, 日史([生]享保11 (1726) 年8月), 日人, 平日([生]1726　[没]1807), 北海道百, 北海道文(古河古松軒　[没]文化4 (1807) 年11月), 北海道歴, 洋学, 歴大

**古川左京** ふるかわさきょう
明治21 (1888) 年1月15日～昭和45 (1970) 年3月7日
大正～昭和期の神官。日光東照宮宮司。
¶現情, 徳島歴

**古川子曜** ふるかわしよう
→古川古松軒(ふるかわこしょうけん)

**古川大航** ふるかわだいこう, ふるかわたいこう
明治4 (1871) 年5月10日～昭和43 (1968) 年10月26日
明治～昭和期の宗教家、僧侶。臨済宗妙心寺派管長。朝鮮、中国で布教。アメリカで禅ブームを巻き起こした。
¶現情(ふるかわたいこう), 現人, 埼玉人(ふるかわたいこう), 静岡歴(ふるかわたいこう), 世紀, 姓氏静岡(ふるかわたいこう), 仏教(ふるかわたいこう), 仏人(ふるかわたいこう)

**古川泰竜** ふるかわたいりゅう
大正9 (1920) 年～平成12 (2000) 年8月25日
昭和～平成期の僧侶、死刑廃止運動家。
¶現朝([生]1920年8月23日), 現執3期([生]大正9 (1920) 年8月18日), 現人, 世紀([生]大正9 (1920) 年8月18日), 日人([生]大正9 (1920) 年8月23日)

**古川為猛** ふるかわためたけ
明和7 (1770) 年～天保7 (1836) 年
江戸時代中期～後期の神職。羽束師高御産日神社神主。
¶神人

**古川隼人** ふるかわはやと
明治22 (1889) 年10月20日～昭和49 (1974) 年1月31日
大正～昭和期の金光教教師。
¶岡山歴

**古川躬行** ふるかわみつら
→古川躬行(ふるかわみゆき)

**古川躬行** ふるかわみゆき
文化7 (1810) 年～明治16 (1883) 年　[別]古川躬行(ふるかわみつら)
江戸時代末期～明治期の国学者、神官。大神神社大宮司。黒川春村の「考古画譜」を改訂編纂。琴平神社で神官教導。
¶朝日([生]文化7年5月25日 (1810年6月26日)　[没]明治16 (1883) 年5月6日), 江文, 近現, 近世, 国史, 国書(ふるかわみつら　[生]文化7 (1810) 年5月25日　[没]明治16 (1883) 年5月6日), 神史, 神人(ふるかわみつら), 日人, 明治史(ふるかわみつら)

**古河老川** ふるかわろうせん
明治4 (1871) 年6月3日～明治32 (1899) 年11月15日
明治期の評論家。新仏教運動を推進。作品に「懐疑時代に入れり」など。
¶近文, 哲学, 日人, 仏教([生]明治4 (1871) 年6月5日), 仏人, 明大1, 和歌山人

**古木志摩之亮** ふるきしまのすけ
?　～慶応3 (1867) 年
江戸時代後期～末期の漢学者、神主。
¶島根歴

**古田覚念** ふるたかくねん
明治22 (1889) 年6月20日～昭和28 (1953) 年8月22日

大正・昭和期の僧。高山市の恩林寺11世。
¶飛騨

**古田行雲** ふるたぎょううん
文化9(1812)年～明治28(1895)年7月13日
江戸時代後期～明治期の僧侶。
¶真宗

**古田紹欽** ふるたしょうきん
明治44(1911)年5月22日～平成13(2001)年1月31日
昭和～平成期の仏教学者。北海道大学教授、日本大学教授。
¶現執1期，現執2期，現執3期，現情，世紀

**古田梵仙** ふるたぼんせん
*～明治32(1899)年
明治期の曹洞宗の僧。曹洞宗専門本校学監。
¶姓氏長野(㊀1834年)，仏人(㊀？)

**古田宗行** ふるたむねゆき
生没年不詳
江戸時代後期の国学者・神官。
¶東三河

**古野清人** ふるのきよと
明治32(1899)年10月6日～昭和54(1979)年3月1日
大正～昭和期の宗教人類学者。九州大学教授。宗教人類学説を体系的に紹介。
¶現朝，現執1期，現情，現人，史研，新カト，心理，世紀，全書，哲学，日人，福岡百

**古海深志** ふるみふかし
嘉永2(1849)年～大正5(1916)年
明治・大正期の神職、歌人。
¶愛媛

**古屋宮内少輔** ふるやくないしょうすけ
戦国時代～安土桃山時代の甲斐一宮村の一宮浅間明神社の神主。
¶武田

**古屋真章** ふるやさねあき
享保14(1729)年～文化3(1806)年3月17日　㊋古屋真章(ふるやしんしょう)
江戸時代中期～後期の国学者。
¶国書，人名，日人，山梨百(ふるやしんしょう)

**古屋重盛** ふるやしげもり
戦国時代の甲斐国一宮浅間神社の神主。
¶武田

**古屋周斎** ふるやしゅうさい
享和1(1801)年～明治12(1879)年
江戸時代末期～明治期の神職。
¶人名，日人

**古屋真章** ふるやしんしょう
→古屋真章(ふるやさねあき)

**古屋蜂谷** ふるやほうこく
？～明治4(1871)年10月11日
江戸時代後期～明治期の神職、私塾経営者。
¶山梨百

**古屋孫次郎** ふるやまごじろう
明治13(1880)年12月25日～昭和33(1958)年9月9日
明治～昭和期の牧師。
¶キリ

**古屋安雄** ふるややすお
大正15(1926)年9月13日～
昭和～平成期の神学者、宗教学者。国際基督教大学教授。
¶現執4期，現情

**古屋義之** ふるやよしゆき
明治33(1900)年2月9日～平成3(1991)年2月2日
明治～平成期のカトリック司教。初代京都司教。
¶新カト

**フレイタス**
天文11(1542)年～元和8(1622)年8月5日
安土桃山時代～江戸時代前期の女性。キリシタン。
¶女性

**不破惟益** ふわこれます
生没年不詳
江戸時代前期の神職。
¶国書

**不破唯次郎** ふわただじろう
*～大正8(1919)年8月13日
明治・大正期のキリスト教牧師。
¶群新百(㊀1857年)，福岡百(㊀？)

**不破義幹** ふわよしもと
明治44(1911)年～昭和51(1976)年10月5日
昭和期の神官、歌人。
¶郷土

**文英** ぶんえい
→一華文英(いっかぶんえい)

**文英清韓** ぶんえいせいかん
？～元和7(1621)年3月25日　㊋清韓(せいかん)
安土桃山時代～江戸時代前期の臨済宗の僧。伊勢の無量寿寺に住する。
¶朝日(㊀永禄11(1568)年　㊁元和7年3月25日(1621年5月16日))，角史，熊本百(清韓　せいかん)，国書，史人(㊀1568年)，新潮，人名(清韓　せいかん)，姓氏京都(㊀1568年)，世人，戦国(清韓　せいかん)，戦人(清韓　せいかん)，日史，日人，百科，仏人(清韓　せいかん)，三重続(清韓)

**文英尼〈京都府〉** ぶんえいに★
江戸時代前期の女性。寺院開基。公卿園基任の娘。延宝6年円通寺を開山した。
¶江表(文英尼(京都府))

**文淵宗殊** ぶんえんそうじゅ
生没年不詳
戦国時代の臨済宗の僧。
¶仏教

**文瓜** ぶんか
生没年不詳
江戸時代中期の僧侶・俳人。
¶国書

**文海**(1) ぶんかい
？ ～正平10/文和4（1355）年4月7日
鎌倉時代後期～南北朝時代の真言宗の僧。
¶国書

**文海**(2) ぶんかい
生没年不詳
江戸時代後期の日蓮宗の僧。
¶国書

**文雅慶彦** ぶんがけいげん
元和7（1621）年～元禄11（1698）年12月29日
江戸時代前期の臨済宗の僧。
¶仏教

ふ

**文巌如雪** ぶんがんにょせつ
→如雪文巌（じょせつぶんがん）

**文暁** ぶんぎょう,ぶんきょう
享保20（1735）年～文化13（1816）年3月3日
江戸時代中期～後期の浄土真宗の僧、俳人。
¶熊本人（生1734年），国書，コン改，コン4，コン5，新潮（ぶんきょう），人名，日人，俳諧（生？），俳句（ぶんきょう），俳文，和俳

**文挙契選** ぶんきょかいせん
生没年不詳
室町時代の曹洞宗の僧。
¶国書

**文芸** ぶんげい
安土桃山時代の曹洞宗の僧侶。
¶姓氏富山

**文江** ぶんこう
明和3（1766）年～天保13（1842）年8月12日
江戸時代中期～後期の臨済宗の僧。
¶国書

**文国** ぶんこく
天保12（1841）年～明治35（1902）年
明治期の僧。芝長徳寺住職。
¶埼玉人，埼玉百

**文国元柱** ぶんこくげんちゅう
天保12（1841）年～明治35（1902）年
明治期の僧侶。
¶神奈川人

**文山等勝** ぶんざんとうしょう
生没年不詳
戦国時代の邦高親王の王子。
¶国書，日人

**文山梅英** ぶんさんばいえい
生没年不詳
江戸時代中期の曹洞宗の僧。
¶国書

**文之** ぶんし
→文之玄昌（ぶんしげんしょう）

**文之玄昌** ぶんしげんしょう
弘治1（1555）年～元和6（1620）年9月30日　別玄昌（げんしょう），南浦文之（なんぽぶんし，なんぽぶんし），文之（ぶんし），南浦（なんぽ）
安土桃山時代～江戸時代前期の臨済宗の僧、儒僧。薩南学派の一人。
¶朝日（没元和6年9月30日（1620年10月25日）），岩史，沖縄百（南浦文之　なんぽぶんし），鹿児島百（文之　ぶんし），角史，近世，国史，国書（生弘治2（1556）年），コン改（南浦文之　なんぽぶんし　生弘治2（1556）年），コン4（南浦文之　なんぽぶんし　生弘治2（1556）年），コン5（南浦文之　なんぽぶんし　生弘治2（1556）年），薩摩（南浦文之　なんぽぶんし　没？），史人，新潮，人名，姓氏鹿児島（南浦文之　なんぽぶんし　生1556年），世人（南浦文之　なんぽぶんし　生弘治2（1556）年），世百，日史，日人，藩臣7（文之　ぶんし），仏教，仏史，仏人（玄昌　げんしょう），宮崎百（南浦文之　なんぽぶんし），名僧，山川小，歴大（南浦文之　なんぽぶんし）

**文室慧才** ぶんしつえさい
？ ～天文5（1536）年7月4日
戦国時代の曹洞宗の僧。
¶仏教

**文室宗周** ぶんしつそうしゅう
元亀3（1572）年～寛永17（1640）年
安土桃山時代～江戸時代前期の臨済宗の僧。大徳寺166世。
¶仏教

**文宗浄明** ぶんしゅうじょうみょう
元禄2（1689）年3月5日～明和5（1768）年7月11日
江戸時代中期の黄檗宗の僧。
¶黄檗

**文叔瑞郁** ぶんしゅくずいいく
*～天文4（1535）年12月2日
室町時代～戦国時代の臨済宗の僧。
¶戦辞（生応仁1（1467）年？），長野歴（生応仁1（1467）年）

**蚊丈** ぶんじょう
文政3（1820）年～明治14（1881）年4月
江戸時代後期～明治期の俳人・神職。
¶国書

**文常** ぶんじょう
？ ～明治4（1871）年11月22日
江戸時代後期～明治期の禅僧。
¶徳島歴

**文敞真染** ぶんしょうしんぜん
享保8（1723）年～寛政9（1797）年
江戸時代中期～後期の真言宗の僧侶。
¶岡山歴

**聞崇** ぶんすう
奈良時代の新薬師寺の僧。
¶古人

**文達** ぶんたつ
→斧屋文達(ふおくぶんたつ)

**文智女王** ぶんちじょおう
元和5(1619)年～元禄10(1697)年　[別]大知女王(だいちじょおう),梅宮(うめのみや),梅宮皇女(うめのみやこうじょ),文智女王(ぶんちにょおう),文智尼(ぶんちに)
江戸時代前期～中期の女性。後水尾天皇の第1皇女。円照寺の開基。
¶朝日([生]元和5年6月20日(1619年7月30日)　[没]元禄10年1月13日(1697年2月4日)),江表(文智(奈良県)),京都(ぶんちにょおう),近世,国史,国書([生]元和5(1619)年6月20日　[没]元禄10(1697)年1月13日),コン改(ぶんちにょおう),コン4(ぶんちにょおう),コン5(ぶんちにょおう),史人([生]1619年6月20日　[没]1697年1月13日),諸系,女性(大知女王　だいちじょおう　[生]元和5(1619)年6月　[没]元禄10(1697)年1月),女性([生]元和5(1619)年6月20日　[没]元禄10(1697)年1月13日),新潮(大知女王　だいちじょおう),新潮([生]元和5(1619)年6月20日　[没]元禄10(1697)年1月13日),人名(ぶんちにょおう),姓氏京都(梅宮　うめのみや),天皇(梅宮皇女　うめのみやこうじょ　[没]元禄10(1697)年1月18日),日人,歴大(文智尼　ぶんちに)

**文智尼** ぶんちに
→文智女王(ぶんちじょおう)

**文智女王** ぶんちにょおう
→文智女王(ぶんちじょおう)

**豊道春海** ぶんどうしゅんかい
明治11(1878)年9月1日～昭和45(1970)年9月26日
大正～昭和期の書家、天台宗大僧正。瑞雲書道会を主宰。日本書道美術院創立や日展五科創設に尽力。六朝風の書風に特徴。
¶郷土栃木([没]1971年),近現,現朝,現情,現人,現日,国史,コン改,コン4,コン5,新潮,人名7,世紀,世百,世百新,全書,大百,栃木歴,日人,日本,美術,百科,仏教,仏人,明治史

**文如** ぶんにょ
延享1(1744)年～寛政11(1799)年6月14日　[別]文如(もんにょ)
江戸時代中期の浄土真宗本願寺派の僧。
¶新潮,人名,茶道(もんにょ),日人(もんにょ),仏教(もんにょ　[生]延享1(1744)年4月19日)

**文翁智政** ぶんのうちせい
～文化3(1806)年
江戸時代中期の蝦夷(北海道)厚岸国泰寺開山。
¶神奈川人

**蚊野大嶺** ぶんのだいれい
文化13(1816)年～明治36(1903)年6月21日
江戸時代後期～明治期の僧侶。
¶真宗

**文妙** ぶんみょう
生没年不詳
江戸時代後期の日蓮宗の僧。
¶国書

**文明** ぶんめい
江戸時代の僧。松山山越の曹洞宗龍泰寺の住職。
¶愛媛百

**文雄** ぶんゆう
→文雄(もんのう)

**分竜** ぶんりゅう
?　～寛永17(1640)年
江戸時代前期の浄土真宗の僧。
¶富山百,仏教([没]寛永17(1640)年4月20日)

**文隣(1)** ぶんりん
寛政12(1800)年～文久3(1863)年9月13日
江戸時代後期～末期の僧侶。
¶庄内

**文隣(2)** ぶんりん
→玉竜寺文隣(ぎょくりゅうじぶんりん)

## 【へ】

**平栄** へいえい
[別]平栄(ひょうえい)
奈良時代の東大寺の僧。
¶古人,古代,古代普,史人(ひょうえい　生没年不詳),日人(生没年不詳),万葉

**平恩** へいおん
?　～寛平1(889)年　[別]平恩(ひょうおん)
平安時代前期の西大寺の僧。
¶古人(ひょうおん　[生]?),古代(ひょうおん),古代普(ひょうおん　[生]?),日人(ひょうおん),仏教([没]仁和5(889)年1月26日),平史(ひょうおん)

**平願** へいがん
生没年不詳
平安時代中期の天台宗の僧。
¶人名,日人,兵庫百,仏教

**平源** へいげん
貞観3(861)年～天暦3(949)年　[別]平源(ひょうげん)
平安時代前期～中期の法相宗の僧。
¶古人(ひょうげん),日人,仏教([没]天暦3(949)年5月3日,(異説)5月2日?),平史(ひょうげん),三重続

**平山善均** へいざんぜんきん
→平山善均(びょうせんぜんきん)

**瓶山祖仙** へいざんそせん
〜明治21(1888)年10月6日
明治期の僧。高山市の雲竜寺28世。
¶飛騨

**平心処斎**(平心処斉) へいしんしょさい
→平心処斉(へいしんしょせい)

**平心処斉** へいしんしょせい
弘安10(1287)年〜正平24/応安2(1369)年12月29日 ㊙処斎(しょさい),平心処斎(へいしんしょさい),平心処斉(へいしんしょさい)
鎌倉時代後期〜南北朝時代の臨済宗の僧。
¶鎌室, 国書, 新潮, 人名(へいしんしょさい), 日人(平心処斎 へいしんしょさい ㊦1370年), 仏教(平心処斎 へいしんしょさい), 仏人(処斎 しょさい)

**平石道樹** へいせきどうじゅ
? 〜正徳6(1716)年3月16日
江戸時代前期〜中期の黄檗宗の僧。
¶黄檗

**平泉道均** へいせんどうきん
生没年不詳
南北朝時代の臨済宗の僧。大徳寺5世。
¶仏教

**平川礼浚** へいせんれいしゅん
? 〜長禄2(1458)年6月6日
室町時代の臨済宗の僧。
¶仏教

**平智** へいち
延暦19(800)年〜元慶7(883)年8月17日 ㊙平智(ひょうち)
平安時代前期の法相宗の僧。
¶古人(ひょうち), 仏教(㊤延暦20(801)年), 平史(ひょうち)

**平忠** へいちゅう
? 〜天暦10(956)年
平安時代中期の僧。
¶日人

**平仲中衡** へいちゅうちゅうこう
生没年不詳
室町時代の僧。
¶鎌室, 人名, 日人

**平珍** へいちん
生没年不詳
平安時代中期の僧。
¶日人, 仏教

**平田慈均** へいでんじきん
? 〜正平19/貞治3(1364)年9月16日
南北朝時代の僧。
¶鎌室, 国書, 人名, 日人, 仏教

**平仁** へいにん
㊙平仁(ひょうにん)
奈良時代の僧。
¶古代, 古代普, 日人(ひょうにん 生没年不詳), 仏教(生没年不詳)

**平備** へいび
生没年不詳 ㊙平備(ひょうび)
平安時代前期の法相宗の僧。
¶国書(ひょうび), 仏教

**碧厳亭莞翁** へきがんていかんおう
明治11(1878)年〜昭和16(1941)年
明治〜昭和期の僧。国府町の安国寺48世。
¶飛騨

**碧湖元達** へきこげんたつ
正保3(1646)年2月8日〜宝永6(1709)年8月5日
江戸時代前期〜中期の黄檗宗の僧。
¶黄檗, 国書

**碧山** へきざん
*〜承応2(1653)年11月8日
江戸時代前期の浄土宗の僧。
¶埼玉人(㊤慶長9(1604)年), 仏教(㊤?)

**碧山瑞泉** へきざんずいせん
? 〜天正14(1586)年
安土桃山時代の曹洞宗の僧。
¶人名, 日人, 仏教(㊦天正14(1586)年2月21日)

**碧湛** へきたん
生没年不詳
江戸時代の禅僧。淡路の地誌『淡国通記』の著者。
¶兵庫百

**碧潭周皎** へきたんしゅうこう
正応4(1291)年〜文中3/応安7(1374)年1月5日
㊙周皎(しゅうきょう,しゅうこう)
南北朝時代の臨済宗夢窓派の僧。
¶鎌室, 国史, 古中, 新潮, 人名, 日人, 仏教, 仏史

**碧潭宗清** へきたんそうせい
寛正1(1460)年〜天文3(1534)年
戦国時代の曹洞宗の僧。
¶仏教

**碧峰道仟** へきほうどうせん
正保1(1644)年12月30日〜元禄13(1700)年12月21日
江戸時代前期〜中期の黄檗宗の僧。
¶黄檗

**日置黙仙** へきもくせん
→日置黙仙(ひおきもくせん)

**碧門如透** へきもんにょとう
寛永9(1632)年〜宝永1(1704)年5月25日
江戸時代前期〜中期の黄檗宗の僧。
¶黄檗

**壁立弘仭** へきりゅうこうじん
? 〜明治28(1895)年9月2日
江戸時代末期〜明治期の黄檗宗僧侶。龍雲寺第13代住持。
¶黄檗

**別眼** べつがん
生没年不詳
江戸時代中期の曹洞宗の僧。
¶国書

**別源円旨** べつげんえんし
永仁2（1294）年～正平19/貞治3（1364）年10月10日 [別]円旨（えんし）
鎌倉時代後期～南北朝時代の曹洞宗の禅僧。
¶朝日（[生]永仁2年10月24日（1294年11月13日）[没]貞治3/正平19年10月10日（1364年11月4日）），鎌倉，鎌室，国史，国書（[生]永仁2（1294）年10月24日），古中，コン5，詩作（円旨 えんし [生]永仁2（1294）年10月24日），新潮，人名，世人，対外，日人，仏教（[生]永仁2（1294）年10月24日），仏史，仏人（円旨 えんし）

**別源宗甄** べつげんそうけん
寛永5（1628）年～宝永6（1709）年9月17日
江戸時代前期～中期の臨済宗の僧。大徳寺224世。
¶仏教

**別山道徹** べっさんどうてつ
？ ～延宝6（1678）年5月23日
江戸時代前期の黄檗宗の僧。
¶黄檗

**鼈山呑江** べつざんどんこう
？ ～天明4（1784）年
江戸時代中期の曹洞宗の僧。
¶国書

**別宗祖縁** べっしゅうそえん
→別宗祖縁（べっそうそえん）

**別所梅之助** べっしょうめのすけ
明治4（1871）年12月12日～昭和20（1945）年3月1日
明治～昭和期の牧師、文筆家。青山学院教授。メソジスト教会牧師を歴任。「護教」主筆。「賛美歌集」の編集に当たる。
¶キリ，近文，現朝（[生]明治4年12月12日（1872年1月21日）），埼玉人，昭人，新潮，人名7，世紀（[生]明治4（1872）年12月12日），世百，全書，大百，哲学，日人（[生]明治4（1872）年12月12日），百科，民学，明大2，歴大（[生]1872年）

**別所栄厳** べっしょえいごん
→栄厳（えいごん）

**別所弘因** べっしょこういん
大正4（1915）年4月19日～昭和59（1984）年4月19日
昭和期の真言宗智山派の僧侶。
¶埼玉人

**別宗祖縁** べつそうそえん
万治1（1658）年～正徳4（1714）年 [別]別宗祖縁（べっしゅうそえん）
江戸時代前期～中期の僧。
¶国書（べっしゅうそえん [没]正徳4（1714）年5月1日），姓氏石川（[没]？），日人（べっしゅうそえん）

**別伝宗分** べつでんそうぶん，べつでんそうふん
慶長3（1598）年12月20日～寛文8（1668）年7月24日 [別]宗分別伝（そうぶんべつでん）
江戸時代前期の臨済宗の僧。
¶国書，人名（宗分別伝 そうぶんべつでん），日人（べつでんそうふん [生]1599年），仏教

**別伝道経** べつでんどうきょう
寛永12（1635）年～正徳2（1712）年
江戸時代前期～中期の黄檗宗の僧。
¶黄檗，国書

**別伝妙胤**（別伝妙胤） べつでんみょういん
？ ～正平3/貞和4（1348）年
室町時代の臨済宗の僧。
¶鎌室（生没年不詳），人名（別伝妙胤），日人，仏教（生没年不詳）

**別道紹伝** べつどうしょうでん
享保3（1718）年～天明2（1782）年1月3日
江戸時代中期の臨済宗の僧。大徳寺387世。
¶仏教

**別峰大殊**（別峰大珠） べっぽうだいじゅ，べっぽうだいしゅ
元亨1（1321）年～応永9（1402）年8月2日 [別]円光禅師（えんこうぜんし）
南北朝時代～室町時代の僧。
¶鎌室（べっぽうだいしゅ），国書（べっぽうだいしゅ），人名（別峰大珠），日人（べっぽうだいしゅ），仏教

**辺泥五郎** ぺてごろう
明治11（1878）年10月9日～昭和29（1954）年4月23日
明治～昭和期のキリスト教伝道師。
¶社史，北海道百，北海道歴

**ペテロカスイ岐部** ぺてろかすいきべ
天正15（1587）年～寛永16（1639）年
江戸時代前期の宣教師。
¶大分百，大分歴（ペトロ岐部カスイ ぺとろきべかすい）

**ペドロ・カスイ・岐部** ぺどろ・かすい・きべ
→カスイ岐部（かすいきべ）

**ペトロ助四郎** ぺとろすけしろう
？ ～慶長1（1596）年
戦国時代～安土桃山時代のキリシタン。日本二十六聖人。
¶長崎歴

**紅粉屋用助** べにやようすけ
～寛永6（1629）年8月28日
江戸時代前期の神岡町の洞雲寺の開基檀那。
¶飛騨

**ベルナルド**
？ ～弘治3（1557）年 [別]鹿児島のベルナルド（かごしまのべるなるど）
戦国時代の鹿児島のキリシタン。最初にヨーロッパを訪れた日本人。

¶朝日（㊀1557年1月），海越（鹿児島のベルナルド　かごしまのべるなるど），海越新（鹿児島のベルナルド　かごしまのべるなるど），薩摩（㊤？），日人

**弁阿** べんあ
→弁長（べんちょう）

**片雲** へんうん
安永7（1778）年～弘化4（1847）年4月7日
江戸時代中期～後期の浄土真宗の僧。
¶国書

**弁円**(1) べんえん
→円爾弁円（えんにべんえん）

**弁円**(2) べんえん
元暦1（1184）年～建長3（1251）年
鎌倉時代前期の浄土真宗の僧。親鸞門下。
¶鎌室，古人，人名，中世

**弁円円爾** べんえんえんに
→円爾弁円（えんにべんえん）

へ

**弁翁忍性** べんおうにんしょう
室町時代の曹洞宗の僧。
¶姓氏石川

**弁雅** べんが
保延1（1135）年～建仁1（1201）年2月17日
平安時代後期～鎌倉時代前期の天台宗の僧。天台座主64世。
¶古人，仏教，平史

**遍覚** へんがく
昌泰2（899）年～天暦8（954）年
平安時代中期の真言宗の僧。
¶仏教

**弁覚**(1) べんかく
？～建長3（1251）年
鎌倉時代の行者。日光山座主。
¶郷土栃木，古人，栃木歴，仏教（生没年不詳）

**弁覚**(2) べんかく，べんがく
天授3/永和3（1377）年～？
南北朝時代～室町時代の天台宗の僧。
¶国書，平史（べんがく　生没年不詳）

**弁覚**(3) べんがく，べんかく
平安時代後期～鎌倉時代前期の僧。
¶古人（べんかく），平史（生没年不詳）

**弁基**(1) べんき
生没年不詳
奈良時代の歌僧、官人。
¶国書，仏教

**弁基**(2) べんき
正安1（1299）年～？
鎌倉時代後期～南北朝時代の僧。
¶北条

**鞭牛** べんぎゅう
宝永7（1710）年～天明2（1782）年　㊞鞭牛和尚（べんぎゅうおしょう），牧庵鞭牛（ぼくあんべんぎゅう）
江戸時代中期の閉伊街道開削者。
¶岩手人（㊀1782年9月2日），岩手百（鞭牛和尚　べんぎゅうおしょう），姓氏岩手，日人（牧庵鞭牛　ぼくあんべんぎゅう）

**鞭牛和尚** べんぎゅうおしょう
→鞭牛（べんぎゅう）

**弁教** べんきょう
生没年不詳
南北朝時代の僧侶・歌人。
¶国書

**弁暁** べんぎょう
平安時代後期～鎌倉時代前期の華厳宗の僧。東大寺89世。
¶国書（㊤保延5（1139）年　㊀建仁2（1202）年7月11日），古人（㊤1151年　㊀1214年），仏教（㊤保延5（1139）年　㊀正治2（1200）年7月11日），平史（㊤1151年　㊀1214年）

**弁玉** べんぎょく
→大熊弁玉（おおくまべんぎょく）

**遍救** へんぐ，へんく
*～長元3（1030）年10月12日
平安時代中期の天台宗の僧。
¶国書（㊤応和2（962）年），古人（へんく　㊤962年），コン改（生没年不詳），コン4（生没年不詳），コン5，新潮（㊤？），人名，日人（へんく　㊤962年），仏教（へんく　㊤？），平史（へんく　㊤？）

**弁空** べんくう
興国5/康永3（1344）年～？
南北朝時代の天台宗の僧。
¶国書

**弁慶** べんけい
？～文治5（1189）年　㊞武蔵坊弁慶（むさしぼうべんけい）
平安時代後期の僧。源義経の腹心の郎従。
¶朝日（㊀文治5年4月29日？（1189年5月16日？）），岩史，岩手百（武蔵坊弁慶　むさしぼうべんけい），江戸（武蔵坊弁慶　むさしぼうべんけい），角史，鎌古（㊤？），鎌室，京都，京都大，郷土和歌山（武蔵坊弁慶　むさしぼうべんけい　㊤1151年），国史，古人（㊤？　㊀1189年？），古中，コン改，コン4，コン5，史人（㊀1189年閏4月？），島根人（武蔵坊弁慶　むさしぼうべんけい　㊤仁平1（1151）年），島根歴（武蔵坊弁慶　むさしぼうべんけい　生没年不詳），重要（㊀文治5（1189）年閏4月），人書94，新潮，人名，姓氏岩手（武蔵坊弁慶　むさしぼうべんけい　生没年不詳），姓氏京都，世人，世百，全書，大百，中世（㊤？），内乱，日史，日人，百科，福井百，仏教（㊀文治5（1189）年？），平家，平史，平日（㊀？），山川小（㊤？　㊀1189年閏4月？），歴大，和歌山人（生没年不詳）

**遍斅** へんこう
延喜2(902)年～天延4(976)年6月29日
平安時代中期の天台宗の僧。
¶古人，仏教(㊀天延4(976)年6月29日，(異説)貞元2(977)年6月29日)，平史

**弁才** べんさい
明和7(1770)年～文政7(1824)年1月18日
江戸時代中期～後期の浄土宗の僧。
¶国書

**弁宗** べんしゅう
生没年不詳
奈良時代の僧。
¶仏教

**弁秀** べんしゅう
元禄10(1697)年～明和9(1772)年7月29日
江戸時代中期の浄土宗の僧。増上寺47世。
¶仏教

**弁住** べんじゅう
生没年不詳
戦国時代の天台宗の僧。
¶国書

**遍昭**(遍照) へんじょう
弘仁7(816)年～寛平2(890)年1月19日 ㊁僧正遍昭(そうじょうへんじょう)，良岑宗貞(よしみねのむねさだ)，花山僧正(かざんそうじょう)，僧正遍照(そうじょうへんじょう)，良峯宗貞(よしみねのむねさだ)
平安時代前期の官人、僧、歌人。六歌仙、三十六歌仙の一人。
¶朝日(㊀寛平2年1月19日(890年2月12日))，岩史，角史，京都，京都大，郷土奈良(僧正遍昭 そうじょうへんじょう)，国史(遍照)，国書，古史，古人(遍照)，古代(遍照)，古代普(遍照)，古中(遍照)，コン改，コン4，コン5，詩歌，詩作(良岑宗貞 よしみねのむねさだ)，史人(遍照)，重要，諸系，新潮，新文，人名(僧正遍昭 そうじょうへんじょう ㊐815年)，姓氏京都(遍照)，世人，世百，全書，大百(遍照)，日音(良岑宗貞 よしみねのむねさだ)，日史，日人，日文(遍照)，百科，仏教，仏史(遍照)，文学，平史(遍照)，平日(㊐816 ㊀890)，山川小(遍照)，歴大，和俳

**弁照** べんしょう
生没年不詳
飛鳥時代の僧。
¶仏教

**弁正** べんしょう，べんじょう
飛鳥時代～奈良時代の入唐僧。秦氏。玄宗皇帝に賞遇され、唐に客死。
¶国史(生没年不詳)，古人，古代(べんじょう)，古代普(べんじょう)，古中(生没年不詳)，人名，対外，日人(生没年不詳)，仏教(生没年不詳)，仏史(生没年不詳)

**弁成** べんじょう
生没年不詳
江戸時代中期の日蓮宗の僧。
¶国書

**弁正** べんじょう，べんしょう
？ ～天平8(736)年
飛鳥時代～奈良時代の入唐僧。
¶国史(べんしょう)，古人(べんしょう ㊐？)，古代，古代普(㊐？)，古中(べんしょう)，対外(べんしょう ㊐？)，日人，仏教，仏史(べんしょう)

**遍照坊智専** へんしょうぼうちせん
？ ～明和7(1770)年
江戸時代中期の義民。遍照坊住職。
¶朝日(㊀明和7年3月21日(1770年4月16日))，日人

**弁瑞** べんずい
？ ～文政8(1825)年
江戸時代中期～後期の浄土宗の僧。
¶国書

へ

**弁聡** べんそう
飛鳥時代の僧。
¶古代，古代普，日人(生没年不詳)

**遍澄** へんちょう
享和2(1802)年～明治9(1876)年
江戸時代後期～明治期の僧。良寛の法弟。
¶新潟百

**弁長** べんちょう
応保2(1162)年5月6日～嘉禎4(1238)年閏2月29日 ㊁聖光(しょうこう)，弁阿(べんあ)，聖光房(しょうこうぼう)，聖光房弁長(しょうこうぼうべんちょう)，鎮西上人(ちんぜいしょうにん)
平安時代後期～鎌倉時代前期の僧。浄土宗鎮西派の2祖。
¶朝日(㊐応保2年5月6日(1162年6月20日) ㊀暦仁1年閏2月29日(1238年4月15日))，岩史，角史，鎌室(聖光 しょうこう)，鎌室，熊本百(弁阿 べんあ)，国史，国書，古人(聖光 しょうこう)，古人，古中，コン改，コン4，コン5，史人，重要(聖光 しょうこう ㊐応保2(1162)年5月)，新潮，人名(聖光 しょうこう)，世人(㊐応保2(1162)年5月)，世百，全書，大百，日思(聖光 しょうこう)，日史，日人，百科，福岡百，仏教，仏史，仏人(聖光 しょうこう)，仏人，平日(㊐1162 ㊀1238)，名僧，歴大

**弁通** べんつう
飛鳥時代～奈良時代の僧。
¶古人，仏教(生没年不詳)

**偏典** へんてん
生没年不詳
江戸時代後期の天台宗の僧。
¶国書

**偏道** へんどう
生没年不詳
江戸時代末期～明治期の天台宗の僧。

¶国書

**弁日**　べんにち
平安時代前期の天台僧。
¶古人，平史(生没年不詳)

**弁恵**　べんね
生没年不詳
鎌倉時代の真言宗の僧。
¶仏教

**弁円円爾**　べんねんえんに
→円爾弁円(えんにべんえん)

**逸見仲三郎**　へんみなかさぶろう
安政6(1859)年12月16日～昭和3(1928)年9月2日
江戸時代末期～昭和期の神職。
¶神人

**逸見梅栄**　へんみばいえい
明治24(1891)年5月11日～昭和52(1977)年11月14日
大正～昭和期の仏教美術学者。多摩美術大学教授。滞印しインド仏教美術を研究。日中戦争中は中国のラマ廟を調査・研究。
¶現情，コン改，コン4，コン5，新潮，世紀，日人，山形百新



**逸見民部**　へんみみんぶ
生没年不詳
江戸時代後期の大住郡大山阿夫利神社祠官。
¶神奈川人

**弁明**　べんみょう
生没年不詳
江戸時代中期の浄土真宗の僧。
¶国書

**逸見義広**　へんみよしひろ
文政13(1830)年3月15日～明治37(1904)年11月13日
江戸時代後期～明治期の神職。
¶国書

**偏明**　へんめい
生没年不詳
江戸時代中期の天台宗の僧。
¶国書

**弁誉霊印**　べんよれいいん
？　～天文20(1551)年
戦国時代の浄土宗の僧。
¶武田

**遍竜**　へんりゅう
生没年不詳
画僧。
¶仏教

**弁竜**　べんりゅう
生没年不詳
江戸時代中期の浄土宗の僧。
¶仏教

**弁良**　べんりょう
？　～元文4(1739)年
江戸時代中期の浄土宗の僧。
¶仏教

## 【ほ】

**母阿**　ぼあ
生没年不詳
南北朝時代の時宗の僧・連歌作者。
¶国書

**帆足長秋**　ほあしちょうしゅう
宝暦7(1757)年12月8日～文政5(1822)年1月14日
[別]帆足長秋(ほあしながあき)
江戸時代中期～後期の神社神職。
¶熊本人(ほあしながあき)，熊本百，国書(ほあしながあき)，人名(ほあしながあき)，日人(ほあしながあき　[生]1758年)，藩臣7

**帆足長秋**　ほあしながあき
→帆足長秋(ほあしちょうしゅう)

**蒲庵古渓**　ほあんこけい
→古渓宗陳(こけいそうちん)

**蒲庵浄英**　ほあんじょうえい
享保7(1722)年～寛政8(1796)年10月1日
江戸時代中期の黄檗宗の僧。万福寺23世。
¶黄檗，仏教

**蒲庵宗陳**　ほあんそうちん
→古渓宗陳(こけいそうちん)

**蒲庵宗睦**　ほあんそうぼく
元中6/康応1(1389)年～文明11(1479)年9月21日
室町時代の曹洞宗の僧。
¶仏教

**穂井田忠友**　ほいだただとも，ほいたただとも
寛政4(1792)年～弘化4(1847)年9月19日
江戸時代後期の国学者、考古学者、歌人。
¶朝日([生]寛政3年1月23日(1791年2月25日)　[没]弘化4年9月19日(1847年10月27日))，岩史([生]寛政3(1791)年1月23日)，大阪人，岡山人，岡山歴([生]寛政3(1791)年1月23日)，京都大，近世([生]1791年)，考古(ほいたただとも)，国史([生]1791年)，国書([生]寛政3(1791)年1月23日)，古史([生]1791年)，コン改，コン4，コン5，史人([生]1791年1月23日)，人書94，神人，新潮，人名，姓氏京都，世人，日人([生]1791年)，百科，歴大([生]1791年)，和俳

**法阿**　ほうあ
天文1(1532)年～慶長9(1604)年
戦国時代～安土桃山時代の時宗の僧。
¶戦人

**豊安**　ほうあん
→豊安(ぶあん)

**鳳庵英麟** **ほうあんえいりん**
？ ～明応5(1496)年閏2月7日
室町時代～戦国時代の曹洞宗の僧。
¶仏教

**芳庵祖厳** **ほうあんそごん**
？ ～応永25(1418)年4月23日
室町時代の曹洞宗の僧。
¶仏教

**鳳庵存竜** **ほうあんぞんりゅう**
安土桃山時代の信濃国佐久郡岩村田の曹洞宗寺院・竜雲寺の住職。
¶武田

**法位(1)** **ほうい**
？ ～正平12/延文2(1357)年3月30日
南北朝時代の浄土宗の僧。
¶仏教

**法位(2)** **ほうい**
明和3(1766)年～天明2(1782)年7月14日
江戸時代中期の浄土真宗の僧。
¶仏教

**法員** **ほういん**
生没年不詳
飛鳥時代の僧。
¶仏教

**法印快伝** **ほういんかいでん**
江戸時代前期の揖宿郡指宿郷の僧侶。
¶姓氏鹿児島

**法印性海** **ほういんしょうかい**
～安政7(1860)年
江戸時代後期～末期の僧侶・俳人。
¶多摩

**宝雲** **ほううん**
寛政3(1791)年～弘化4(1847)年7月6日
江戸時代後期の浄土真宗の僧。
¶国書，人名，日人，仏教，仏人

**法運** **ほううん**
？ ～延宝7(1679)年2月12日
江戸時代前期の浄土宗の僧。
¶仏教

**法雲(1)** **ほううん**
寛永15(1638)年1月27日～宝永3(1706)年9月10日
江戸時代前期～中期の禅宗黄檗派僧。
¶福岡百

**法雲(2)** **ほううん**
文化6(1809)年～明治3(1870)年11月
江戸時代末期～明治期の浄土宗僧侶。筑前長源寺住持、勧学。
¶真宗，仏教(生没年不詳)

**法雲(3)** **ほううん**
？ ～慶応3(1867)年
江戸時代末期～明治期の浄土真宗の僧。
¶国書(㊀慶応3(1867)年11月24日)，日人，仏教(生没年不詳)

**鵬雲東搏** **ほううんとうはく**
？ ～元禄16(1703)年
江戸時代前期～中期の高僧。
¶宮城百

**法雲明洞** **ほううんみょうどう**
寛永13(1638)年1月27日～宝永3(1706)年9月10日
江戸時代前期～中期の黄檗宗の僧。
¶黄檗，国書

**方裔** **ほうえい**
→偉仙方裔(いせんほうえい)

**法栄** **ほうえい**
奈良時代の医僧。
¶古人，古代，古代普，人名，日人(生没年不詳)，仏教(生没年不詳)

**芳英** **ほうえい**
明和1(1764)年～文政11(1828)年4月13日
江戸時代中期～後期の浄土真宗の僧。
¶仏教

**豊栄** **ほうえい**
弘仁2(811)年～元慶8(884)年 ㊙豊栄(ぶえい)
平安時代前期の興福寺の僧。
¶古人(ぶえい)，古代，古代普，日人，仏教，平史(ぶえい)

**方悦正喜** **ほうえつしょうき**
？ ～宝永6(1709)年7月3日
江戸時代前期～中期の黄檗宗の僧。
¶黄檗

**峰延(峯延)** **ほうえん**
承和8(841)年～延喜20(920)年
平安時代前期～中期の僧。
¶古人(峯延)，古代(㊐843年 ㊀922年)，古代普(㊐843年 ㊀922年)，日人，仏教(㊀延喜20(920)年閏6月20日)，平史(峯延)

**方円** **ほうえん**
江戸時代後期の僧、陶工。
¶人名，日人(生没年不詳)

**法円(1)** **ほうえん**
天徳4(960)年～寛弘7(1010)年2月4日
平安時代中期の真言宗の僧。
¶国書，古人，仏教(生没年不詳)，平史

**法円(2)** **ほうえん**
治承2(1178)年～寛喜3(1231)年
鎌倉時代前期の以仁王の王子。
¶鎌室，古人，人名，日人，平史

**法縁** **ほうえん**
延喜9(909)年～天元4(981)年
平安時代中期の三論宗・真言宗兼学の僧。東大寺48世、醍醐寺10世。
¶古人，日人，仏教(㊀天元4(981)年10月)，平史

**房円** **ぼうえん**
建久1(1190)年～弘安3(1280)年5月25日
鎌倉時代前期の真言宗の僧。東寺長者66世。
¶仏教

**房演** **ぼうえん**
寛文7(1667)年～元文1(1736)年12月9日
江戸時代中期の真言宗の僧。醍醐寺83世。
¶国書，仏教

**宝円寺法円** **ほうえんじほうえん**
生没年不詳
安土桃山時代の僧。高山市の宝円寺の開基。
¶飛騨

**峰翁祖一** **ほうおうそいち**
文永11(1274)年～正平12/延文2(1357)年3月
鎌倉時代後期～南北朝時代の臨済宗の僧。
¶鎌室，国書，人名，日人，仏教

**宝屋玉長老** **ほうおくぎょくちょうろう**
室町時代～戦国時代の女性、竜岩山海島寺の開山。武田信虎の伯母。
¶武田

ほ

**報恩** **ほうおん**
？～延暦14(795)年
奈良時代～平安時代前期の法相宗の僧。金峰山の開創者。
¶朝日([没]延暦14年6月28日(795年7月18日))，岡山人，岡山百，岡山歴，古人([生]？)，古代，古代普([生]？)，人名，日人，仏教([没]延暦14(795)年6月28日)，平史

**法音** **ほうおん**
→法音尼(ほうおんに)

**法音尼** **ほうおんに**
生没年不詳　[別]法音(ほうおん)
平安時代後期～鎌倉時代前期の女性。尼僧。
¶朝日(法音　ほうおん)，鎌室，古人，女性，日人

**報恩陽徳** **ほうおんようとく**
生没年不詳
南北朝時代の僧。退養寺開山。
¶姓氏愛知

**法顆** **ほうか**
生没年不詳
奈良時代の律宗の渡来僧。
¶仏教

**法海**(1) **ほうかい**
生没年不詳
奈良時代の僧。
¶仏教

**法海**(2) **ほうかい**
明和5(1768)年～天保5(1834)年8月7日
江戸時代中期～後期の浄土真宗の僧。
¶大分歴，国書，仏教，仏人

**房快** **ぼうかい**
生没年不詳
鎌倉時代の僧。
¶北条

**房海**(1) **ぼうかい**
生没年不詳
鎌倉時代の真言宗の僧。
¶国書，仏教，密教([生]1161年　[没]1237年2月10日)

**房海**(2) **ぼうかい**
*～正和5(1316)年8月3日
鎌倉時代後期の天台宗の僧。
¶神奈川人([生]1245年)，仏教([生]？)

**方涯元圭** **ほうがいげんけい**
？～弘和3/永徳3(1383)年
鎌倉時代後期～南北朝時代の臨済宗の僧。建長寺47世。
¶人名，日人，仏教(生没年不詳)

**法海坊** **ほうかいぼう**
承応1(1652)年～宝永5(1708)年7月25日
江戸時代前期～中期の僧侶。
¶庄内

**法界坊** **ほうかいぼう**
宝暦1(1751)年～文政12(1829)年　[別]穎玄(えいげん)，了海(りょうかい)
江戸時代後期の僧。
¶江戸，郷土滋賀(了海　りょうかい)，近世(穎玄　えいげん)，国史(穎玄　えいげん)，コン改，コン4，コン5，滋賀百(了海　りょうかい)，史人(穎玄　えいげん　[没]1829年1月24日)，新潮，世人，日人(穎玄　えいげん)，仏教(穎玄　えいげん　生没年不詳)，仏史(穎玄　えいげん)

**豊岳** **ほうがく**
？～元和9(1623)年11月19日
安土桃山時代～江戸時代前期の浄土宗の僧。
¶仏教

**房覚**(1) **ぼうかく**
平安時代後期の醍醐寺・壺坂寺の学僧。
¶密教

**房覚**(2) **ぼうかく**
康和4(1102)年～元暦1(1184)年
平安時代後期の天台僧。
¶古人，平家，平史

**宝月**(1) **ほうがつ**
元文2(1737)年～文化2(1805)年
江戸時代中期～後期の学僧。
¶大分歴

**宝月**(2) **ほうがつ**
文化11(1814)年～元治1(1864)年7月23日
江戸時代末期の浄土真宗の僧。
¶国書，仏教

**宝観** **ほうかん**
文化9(1812)年4月14日〜明治14(1881)年11月16日
江戸時代後期〜明治期の浄土真宗の僧。
¶国書

**邦諫** **ほうかん**
生没年不詳
戦国時代の浄土宗の僧・連歌作者。
¶国書

**鳳冠** **ほうかん**
寛政7(1795)年〜慶応3(1867)年7月11日
江戸時代末期の浄土真宗の僧。
¶国書，仏教

**法岸** **ほうがん**
延享1(1744)年5月4日〜文化12(1815)年12月5日
㊿性如(しょうにょ)
江戸時代中期〜後期の浄土宗の捨世僧。大日比流祖。
¶近世，国史，国書，コン改，コン4，コン5，史人，新潮，人名，姓氏山口，日人(㊦1816年)，仏教，仏史，仏人

**法厳** **ほうがん**
？ 〜安政4(1857)年
江戸時代後期〜末期の真宗大谷派の僧。
¶姓氏石川

**法眼** **ほうがん**
江戸時代前期〜中期の黄檗宗の僧、摂津法福寺の開山。
¶人名

**法願** **ほうがん**
文化2(1805)年〜安政5(1858)年6月1日
江戸時代後期〜末期の真言律宗の僧。
¶国書

**房観** **ぼうかん**
生没年不詳
鎌倉時代の天台宗の僧・歌人。
¶国書

**宝厳興隆** **ほうがんこうりゅう**
→興隆(1)(こうりゅう)

**法厳紹典** **ほうがんしょうてん**
安永7(1778)年〜天保8(1837)年6月5日
江戸時代後期の臨済宗の僧。大徳寺441世。
¶仏教

**方巌祖永** **ほうがんそえい**
宝暦2(1752)年〜文政11(1828)年2月5日
江戸時代中期〜後期の臨済宗の僧。
¶国書，仏教

**芳巌祖聯** **ほうがんそれん**
？ 〜享保15(1730)年5月8日
江戸時代中期の曹洞宗の僧。
¶国書

**奉基** **ほうき**
弘仁7(816)年〜寛平9(897)年3月11日
平安時代前期の法相宗の僧。
¶仏教

**方貴峰** **ほうきほう**
？ 〜寛文5(1665)年11月15日
江戸時代前期の仏師。
¶黄檗，長崎歴，美建

**放牛** **ほうぎゅう**
〜享保17(1732)年
江戸時代中期の僧侶。
¶熊本人

**放牛光林** **ほうぎゅうこうりん**
？ 〜文中2/応安6(1373)年8月9日
南北朝時代の臨済宗の僧。建仁寺33世、天竜寺5世、南禅寺26世。
¶仏教

ほ

**宝篋(1)** **ほうきょう**
文治5(1189)年〜＊
平安時代後期〜鎌倉時代前期の真言宗の僧。
¶国書(㊦？)，密教(㊦1235年以後)

**宝篋(2)** **ほうきょう**
1270年〜？
鎌倉時代後期の真言宗の僧。三輪流の祖。
¶仏教(生没年不詳)，仏人(㊤1270年頃)

**法鏡** **ほうきょう**
生没年不詳
飛鳥時代の僧。
¶仏教

**邦教** **ほうきょう**
元禄15(1702)年〜宝暦11(1761)年9月26日
江戸時代中期の天台宗の僧。
¶国書，埼玉人

**房暁** **ぼうぎょう**
仁治2(1241)年〜延慶2(1309)年10月2日
鎌倉時代後期の天台宗の僧。
¶仏教

**宝形院観蓮** **ほうぎょういんかんれん**
明和3(1766)年〜文化4(1807)年11月17日
江戸時代後期の歌僧。
¶東三河

**宝形院彭僊** **ほうぎょういんほうせん**
〜文化13(1816)年11月11日
江戸時代後期の歌僧。
¶東三河

**芳郷光隣** **ほうきょうこうりん**
？ 〜天文5(1536)年6月14日 ㊿芳郷光隣(ほうごうこうりん)
戦国時代の臨済宗の僧。東福寺200世。
¶国書，人名(ほうごうこうりん)，日人，仏教

**法勤** **ほうきん**
生没年不詳

奈良時代の女性。尼僧。
¶女性

**芳誾** ほうぎん
明和4(1767)年～天保8(1837)年11月7日
江戸時代中期～後期の浄土真宗の僧。
¶仏教

**法空**(1) ほうくう
生没年不詳
平安時代後期の法華持経者。
¶日人，仏教

**法空**(2) ほうくう
生没年不詳
鎌倉時代後期の僧侶。
¶国書

**宝景**(鳳景) ほうけい
延享3(1746)年～文政11(1828)年9月17日
江戸時代後期の真宗の学僧。宗名問題に尽力。
¶秋田人2(鳳景)，近世，国史，国書，日人，仏教，仏史，仏人

**鳳景** ほうけい
江戸時代中期の真宗の僧。
¶人名

**鳳渓** ほうけい
生没年不詳
江戸時代中期の浄土真宗の僧。
¶国書

**宝月元光** ほうげつげんこう
？～寛保3(1743)年7月4日
江戸時代中期の黄檗宗の僧。
¶黄檗，国書

**法賢** ほうけん
明和7(1770)年～嘉永2(1849)年10月13日
江戸時代中期～後期の浄土真宗の僧。
¶国書，姓氏石川

**鳳健** ほうけん
？～嘉永7(1854)年8月19日
江戸時代末期の新義真言宗の僧。
¶国書，仏教

**法源** ほうげん
生没年不詳
鎌倉時代後期～南北朝時代の僧侶・歌人。
¶国書

**房源** ぼうげん
承元2(1208)年～弘安9(1286)年9月5日
鎌倉時代の天台宗の僧。
¶仏教

**房玄** ぼうげん
？～正平6/観応2(1351)年10月15日
南北朝時代の真言宗の僧。地蔵院流房玄方の祖。
¶国書，仏教

**法眼道印**(法源道印) ほうげんどういん
慶安4(1651)年～享保15(1730)年2月28日
江戸時代前期～中期の黄檗宗の僧。
¶黄檗(法源道印)，国書(法源道印)，日人，仏教

**方壺** ほうこ
生没年不詳
江戸時代の僧。
¶日人，仏教

**法護** ほうご
元文1(1736)年～享和1(1801)年3月29日
江戸時代中期～後期の真言宗の僧。
¶国書

**峯斅** ほうこう
承和2(835)年～延喜8(908)年
平安時代前期～中期の真言宗の僧。
¶古人，平史

**法興** ほうこう
建仁1(1201)年～文永8(1271)年　㊞浄音(じょうおん)，法興(ほっこう)
鎌倉時代前期の浄土宗の僧。
¶朝日(浄音　じょうおん　㊀文永8年5月22日(1271年6月30日))，鎌室(㊀建仁2(1202)年)，国史(浄音　じょうおん)，国書(ほっこう　㊀文永8(1271)年5月22日)，古中(浄音　じょうおん)，新潮(㊀建仁2(1202)年　㊀文永8(1271)年5月)，人名(㊀1202年)，姓氏京都(浄音　じょうおん)，世人(㊀建仁2(1202)年)，日人(浄音　じょうおん)，仏教(浄音　じょうおん　㊀文永8(1271)年5月22日)，仏史(浄音　じょうおん)，歴大(浄音　じょうおん)

**法光** ほうこう
平安時代前期の越後国分尼寺の僧。
¶古人，平史(生没年不詳)

**法高** ほうこう
元文2(1737)年8月3日～寛政7(1795)年10月10日
江戸時代中期の浄土真宗の僧。興正寺24世。
¶仏教

**房光** ぼうこう
永久2(1114)年～治承2(1178)年8月23日
平安時代後期の真言宗の僧。高野山検校25世。
¶古人，仏教，平史，和歌山人

**芳郷光隣** ほうごうこうりん
→芳郷光隣(ほうきょうこうりん)

**法光坊日栄** ほうこうぼうにちえい
戦国時代～安土桃山時代の法華宗の僧。甲斐・常在寺住職。
¶武田

**芳谷宗陳** ほうこくそうちん
～天明2(1782)年7月22日
江戸時代中期の僧。萩原村の禅昌寺16世。
¶飛騨

**宝厳**(1) **ほうごん**
元禄16(1703)年〜宝暦3(1753)年11月8日
江戸時代中期の真言律宗の僧。
¶国書

**宝厳**(2) **ほうごん**
生没年不詳
江戸時代中期の真言律宗の僧。
¶香川人

**宝厳**(3) **ほうごん**
生没年不詳
江戸時代後期の真言宗の僧。
¶国書，仏教

**宝厳**(4) **ほうごん**
寛政5(1793)年〜文久3(1863)年2月15日
江戸時代後期〜末期の真言律宗の僧。
¶国書

**房厳 ぼうごん**
生没年不詳
鎌倉時代後期の僧侶・歌人。
¶国書

**法載 ほうさい**
和銅2(709)年〜宝亀9(778)年
奈良時代の中国僧。
¶古人，古代，古代普，日人(生没年不詳)，仏教(生没年不詳)

**芳山 ほうざん**
元禄11(1698)年〜安永4(1775)年2月23日
江戸時代中期の俳人。
¶姓氏富山，富山百

**鳳山**(1) **ほうざん**
安土桃山時代〜江戸時代前期の※の僧。
¶姓氏鹿児島

**鳳山**(2) **ほうざん**
寛政8(1796)年〜天保5(1834)年2月20日
江戸時代後期の融通念仏宗の僧。
¶国書，仏教(㊓寛政8(1796)年12月16日)

**宝山 ほうざん★**
寛永6(1629)年2月2日〜享保1(1716)年
江戸時代前期〜中期の高僧。
¶三重

**房算 ぼうさん**
昌泰2(899)年〜康保4(967)年
平安時代前期〜中期の園城寺僧。
¶古人，平史

**宝山検校**(1) **ほうざんけんぎょう**
生没年不詳
平安時代後期の僧。地神盲僧19代。
¶薩摩

**宝山検校**(2) **ほうざんけんぎょう**
? 〜文応1(1260)年
鎌倉時代前期の盲僧琵琶。
¶芸能，日音

**鳳山元瑞 ほうざんげんずい**
*〜享保5(1720)年10月20日
江戸時代前期〜中期の黄檗宗の僧。
¶黄檗(㊓慶安1(1647)年)，国書(㊓慶安1(1648)年)

**峯山光雪**(峰山光雪) **ほうざんこうせつ**
? 〜享保18(1733)年
江戸時代中期の曹洞宗の僧。
¶青森人(峰山光雪)，国書

**宝山正弥 ほうざんしょうや**
生没年不詳
室町時代の僧。八戸大慈寺中興開山。
¶青森人

**蓬山真仙 ほうざんしんせん**
文政3(1820)年〜明治37(1904)年11月26日
江戸時代末期〜明治期の黄檗宗僧侶。黄檗第42代。
¶黄檗

**宝山崇珍 ほうざんすうちん**
生没年不詳
室町時代の曹洞宗の僧。
¶仏教

**宝山宗珍 ほうざんそうちん**
? 〜応永2(1395)年
南北朝時代の曹洞宗の僧。
¶秋田人2(㊓? ㊗応永2年3月23日)，人名(㊗1357年)，日人，仏教(㊗応永2(1395)年3月23日，(異説)延文2/正平12(1357)年春)

**宝山湛海 ほうざんたんかい**
? 〜明和8(1771)年5月27日
江戸時代中期の曹洞宗の僧。永平寺45世。
¶仏教

**鳳山等膳 ほうざんとうぜん**
? 〜天正18(1590)年 ㊙等膳(とうぜん)，鳳山等膳(ほうせんとうぜん)，鳳山(ほうざん)
安土桃山時代の曹洞宗の僧。駿河など四国の僧録職。
¶近世，国史，人名，戦辞(ほうせんとうぜん ㊗天正18年5月21日(1590年6月22日))，戦人(等膳 とうぜん)，武田，日人，仏教(㊗天正18(1590)年5月21日)

**宝山尼〈徳島県〉ほうざんに★**
文化6(1809)年〜明治27(1894)年
江戸時代後期〜明治時代の女性。和歌。宮倉の阿弥陀堂の尼僧。
¶江表(宝山尼(徳島県))

**宝山浮玉 ほうざんふぎょく**
嘉元2(1304)年〜弘和3/永徳3(1383)年3月24日
㊙浮玉(ふぎょく)
鎌倉時代後期〜南北朝時代の臨済宗の僧。
¶鎌室，新潮，人名，富山百(㊓乾元2(1303)年)，日人(㊓1303年)，仏教(㊓嘉元1(1303)年)，仏人(浮玉 ふぎょく)

**宝山黙招 ほうざんもくしょう**
生没年不詳

江戸時代後期の曹洞宗の僧。
¶国書

**法師** ほうし
僧。万葉歌人。
¶万葉

**蓬茨祖運** ほうしそうん
明治41(1908)年5月30日～昭和63(1988)年9月20日
大正・昭和期の浄土真宗僧。賢隆寺住職。
¶石川現九

**奉実** ほうじつ
天平9(737)年～弘仁11(820)年
奈良時代～平安時代前期の僧。
¶古人，古代，古代普，人名，日人，仏教

**宝樹** ほうじゅ
文化13(1816)年～明治14(1881)年3月23日
江戸時代末期～明治期の真言宗僧侶。讃岐高松大護寺住持。
¶仏教

ほ

**法寿** ほうじゅ
生没年不詳
平安時代中期の天台宗の僧。
¶古人，日人，仏教，平史

**法樹** ほうじゅ
安永5(1776)年～嘉永7(1854)年3月12日
江戸時代後期の真言宗の僧。
¶国書，仏教

**芳樹** ほうじゅ
明和1(1764)年～文政11(1828)年4月13日
江戸時代中期～後期の浄土真宗の僧。
¶国書

**宝洲**(1) ほうしゅう
南北朝時代の臨済宗の僧。東福寺の住持。
¶郷土群馬(㊐1317年　㊡1385年)，仏人(㊐1321年　㊡1383年)

**宝洲**(2) ほうしゅう
正保1(1644)年～享保4(1719)年12月
江戸時代前期～中期の僧。瑞龍寺住職。
¶大阪人

**方秀** ほうしゅう
→岐陽方秀(ぎようほうしゅう)

**法州**(法洲) ほうしゅう，ほうじゅう
明和2(1765)年4月14日～天保10(1839)年7月13日
江戸時代中期～後期の浄土宗の僧。
¶国書(法洲　ほうじゅう)，姓氏山口，仏教(法洲　ほうじゅう)，仏人

**法秀** ほうしゅう
生没年不詳
平安時代中期の天台宗の僧。
¶仏教

**鳳洲** ほうしゅう
生没年不詳
江戸時代中期の浄土真宗の僧。
¶国書

**宝洲**(1) ほうじゅう，ほうしゅう
？～元文3(1738)年2月15日
江戸時代中期の浄土宗の僧。
¶国書(ほうしゅう)，仏教

**宝洲**(2) ほうじゅう
享和1(1801)年～元治1(1864)年2月27日
江戸時代後期～末期の真言宗の僧。
¶国書

**法住**(1) ほうじゅう
応永4(1397)年～文明11(1479)年
室町時代の浄土真宗の僧。
¶戦人

**法住**(2) ほうじゅう
享保8(1723)年～寛政12(1800)年
江戸時代中期～後期の真言宗の僧。豊山派最大の学匠。
¶朝日(㊐享保8年5月6日(1723年6月8日)　㊡寛政12年5月10日(1800年7月1日))，近世，国史，国書(㊡寛政12(1800)年5月10日)，日人，仏教(㊡寛政12(1800)年5月10日)，仏史，仏人，和歌山人(㊐1724年)

**法住**(3) ほうじゅう
文化3(1806)年～明治7(1874)年8月20日
江戸時代末期～明治期の真宗大谷派学僧。講師。
¶国書，真宗，仏教

**法住**(4) ほうじゅう
享和2(1802)年～明治9(1876)年
江戸時代末期～明治期の真宗大谷派の学僧。
¶新潟百

**方充紹佗** ほうじゅうしょうた，ほうじゅうじょうた
慶長10(1605)年～貞享5(1688)年
江戸時代前期の臨済宗の僧。大徳寺191世。
¶国書(ほうじゅうじょうた　㊡貞享5(1688)年9月23日)，仏教(㊡貞享5(1688)年9月22日)

**蓬洲禅苗** ほうしゅうぜんみょう
享和2(1802)年～明治5(1872)年10月
江戸時代後期～明治期の臨済宗の僧。
¶国書

**芳充祖俊** ほうじゅうそしゅん
？～天明3(1783)年2月5日
江戸時代中期の曹洞宗の僧。
¶国書

**宝洲道聡** ほうしゅうどうそう
正保1(1644)年～享保4(1719)年12月22日
江戸時代前期～中期の黄檗宗の僧。
¶国書

**法秀尼〈神奈川県〉** ほうしゅうに★
～嘉永5(1852)年

江戸時代後期の女性。宗教。相模鎌倉の東慶寺の尼。
¶江表(法秀尼(神奈川県))

**峰宿**(峯宿) **ほうしゅく**
生没年不詳
平安時代中期の真言宗の僧。高野山検校1世。
¶古人(峯宿), コン改, コン4, コン5, 人名, 日人, 仏教, 平史(峯宿)

**峯宿 ほうしゅく**
生没年不詳
平安時代中期の僧侶。
¶和歌山人

**彭叔守仙 ほうしゅくしゅせん**
延徳2(1490)年〜天文24(1555)年10月12日
[別]守仙(しゅせん), 瓢庵(ひょうあん), 膨叔(ほうしゅく)
戦国時代の臨済宗聖一派の禅僧。
¶国史, 国書, 古中, 思想史, 新潮, 人名(守仙 しゅせん), 世人, 戦人(守仙 しゅせん), 日人, 仏教, 仏史, 名僧

**宝叔宗珍 ほうしゅくそうちん**
天文23(1554)年〜元和3(1617)年6月6日
安土桃山時代〜江戸時代前期の臨済宗の僧。大徳寺135世。
¶仏教

**邦叔宗楨 ほうしゅくそうてい**
生没年不詳
戦国時代の臨済宗の僧。
¶仏教

**鳳宿麟芳 ほうしゅくりんぽう**
〜明応8(1499)年12月8日
戦国時代の僧。上宝村の永昌寺の中興。
¶飛驒

**鳳樹大賢 ほうじゅだいけん**
宝暦8(1758)年2月5日〜文政5(1822)年8月27日
江戸時代中期〜後期の曹洞宗の僧。
¶仏教

**豊春 ほうしゅん**
生没年不詳
江戸時代中期の新義真言宗の僧。
¶仏教

**法順 ほうじゅん**
生没年不詳
奈良時代の女性。尼僧。
¶女性

**芳純 ほうじゅん**
戦国時代の連歌作者。
¶国書(生没年不詳), 俳文

**芳順 ほうじゅん**
生没年不詳
江戸時代中期の天台宗の僧。
¶国書

**房淳 ほうじゅん**
建武3/延元1(1336)年〜応永8(1401)年2月21日
南北朝時代〜室町時代の天台宗の僧。
¶仏教

**芳春院季竜周興 ほうしゅんいんきりゅうしゅうこう**
生没年不詳
戦国時代の禅僧。
¶戦房総

**芳春院周興 ほうしゅんいんしゅうこう**
? 〜天正7(1579)年8月18日
戦国時代の禅僧。
¶埼玉人

**芳春院松嶺昌寿 ほうしゅんいんしょうれいしょうじゅ**
生没年不詳
戦国時代の禅僧。
¶戦房総

**法助 ほうじょ**
安貞1(1227)年〜弘安7(1284)年11月21日
鎌倉時代後期の真言僧。
¶鎌室, 国書([生]嘉禄3(1227)年閏3月5日), 諸系, 人名, 日人, 仏教([生]嘉禄3(1227)年3月5日)

**宝生 ほうしょう**
→白崖宝生(びゃくがいほうしょう)

**法性 ほうしょう**
? 〜寛元3(1245)年10月21日 [別]法性(ほっしょう)
鎌倉時代前期の高野山の僧。
¶鎌室, 国書(ほっしょう), 人名, 日人(ほっしょう), 仏教(ほっしょう), 和歌山人

**宝城 ほうじょう**
生没年不詳
南北朝時代〜室町時代の僧侶・歌人。
¶国書

**宝浄 ほうじょう**
生没年不詳
奈良時代の女性。尼僧。
¶女性

**宝成 ほうじょう**
生没年不詳
江戸時代後期の浄土真宗の僧。
¶国書

**法成 ほうじょう**
[別]法成(ほうせい)
奈良時代の僧、鑑真の弟子。
¶古代(ほうせい), 古代普(ほうせい), 日人(生没年不詳), 仏教(生没年不詳)

**法定**(1) **ほうじょう**
生没年不詳
飛鳥時代の渡来僧。7世紀頃高句麗より来日。
¶国史, 古人, 古中, 仏教, 仏史

**法定**(2)　**ほうじょう**
安永2(1773)年～天保11(1840)年
江戸時代後期の浄土真宗の僧。
¶国書(㊀天保11(1840)年7月30日)，仏教(㊀天保11(1840)年7月，(異説)6月30日)，仏人(㊐1772年)

**房聖**　**ぼうしょう**
元亨2(1322)年5月23日～応永3(1396)年11月14日
南北朝時代の天台宗の僧。
¶仏教

**北条靄山**　**ほうじょうあいざん**
安政3(1856)年～明治44(1911)年
明治期の詩僧。大森厳正寺住職。巡回教師として関西、南越、北海道に巡教、詩文集に「匏盧遺稿」。
¶人名，日人，明大1(㊀明治44(1911)年1月13日)

ほ

**北条瓊州**　**ほうじょうえいしゅう**
～明治27(1894)年4月14日
明治期の僧。上宝村の永昌寺14世。
¶飛驒

**北条義雄**　**ほうじょうぎゆう**
安政1(1854)年12月28日～昭和14(1939)年2月15日
明治～昭和期の僧。
¶徳島百，徳島歴

**北条幻庵**　**ほうじょうげんあん**
明応2(1493)年～天正17(1589)年11月1日　㊎北条宗哲(ほうじょうそうてつ)，北条長綱(ほうじょうながつな)
戦国時代～安土桃山時代の別当、大名北条氏の武将。
¶朝日(㊐明応2(1493)年？)，系東，国書，後北(宗哲〔北条〕　そうてつ)，史人(㊐1493年？　㊀1589年11月1日？)，戦辞(生没年不詳)，戦人，全戦(北条宗哲　ほうじょうそうてつ　㊐？)，戦東，戦武，戦補，日人，室町(北条長綱　ほうじょうながつな)，歴大(生没年不詳)

**北条賢三**　**ほうじょうけんぞう**
昭和4(1929)年3月1日～
昭和期の印度哲学者、僧侶。大正大学教授、東光寺住職、ひかり幼稚園長。
¶現執2期

**法正寺全聴**　**ほうしょうじぜんちょう**
～慶応1(1865)年10月22日
江戸時代末期の僧。朝日村の法正寺5世。
¶飛驒

**法正寺徳恩**　**ほうしょうじとくおん**
生没年不詳
戦国時代の僧。朝日村の法正寺の開基。
¶飛驒

**法正寺祐浄**　**ほうしょうじゆうじょう**
～天明7(1787)年11月11日
江戸時代中期の僧。朝日村の法正寺の中興で8世。
¶飛驒

**北条宗哲**　**ほうじょうそうてつ**
→北条幻庵(ほうじょうげんあん)

**北条洞之**　**ほうじょうどうし**
明治35(1902)年～昭和55(1980)年
昭和期の僧侶。
¶群馬人

**北条主殿**　**ほうじょうとのも**
生没年不詳
明治期の鎌倉郡江ノ島江ノ島神社神主。
¶神奈川人

**北条長綱**　**ほうじょうながつな**
→北条幻庵(ほうじょうげんあん)

**北条春光**　**ほうじょうはるみつ**
明治31(1898)年5月4日～昭和46(1971)年9月14日
昭和期の法医学者。九州帝国大学教授。法医学的現場検査の権威で、著書に「犯罪捜査の法医学」など。
¶科学，近医，現情，埼玉人(㊐明治31(1898)年5月)，人名7，世紀，日エ，日人

**北条秀雄**　**ほうじょうひでお**
明治39(1906)年7月28日～昭和58(1983)年12月9日
大正・昭和期の僧。高山市の了泉寺18世。
¶飛驒

**北条浩**　**ほうじょうひろし**
大正12(1923)年7月11日～昭和56(1981)年7月18日
昭和期の宗教家、政治家。公明党副委員長、参議院議員(公明党)。池田大作名誉会長のあとを受け創価学会第4代会長に就任。
¶郷土神奈川，現朝，現情，現日，コン4，コン5，世紀，政治，日人

**北条弁旭**　**ほうじょうべんきょく**
天保14(1843)年8月15日～大正7(1918)年3月22日
明治～大正期の僧侶。大本山百萬遍智恩院大僧正。管長代理として満韓を巡化、増上寺の再建に尽力。
¶人名，世紀，日人，明大1

**北条政顕男**　**ほうじょうまさあきだん**
生没年不詳
鎌倉時代後期の僧。
¶北条

**宝心**　**ほうしん**
寛治6(1092)年～承安4(1174)年9月1日
平安時代後期の真言宗の僧。理性院流宝心方の祖。
¶国書，仏教，密教

**法進**　**ほうしん，ほうじん**
唐・景竜3(709)年～宝亀9(778)年9月29日
㊎法進(はっしん，ほっしん)
奈良時代の律宗の渡来僧。鑑真に師事。
¶朝日(㊀宝亀9年9月29日(778年10月23日))，

国史（はっしん），国書（はっしん），古人（ほっしん），古代，古代普，古中（はっしん），史人，人名（ほうじん），対外（はっしん），日史，日人，仏教，仏史（はっしん），仏人

**房深　ほうしん**
嘉暦3（1328）年～応永7（1400）年7月27日
南北朝時代～室町時代の天台宗の僧。
¶仏教

**法甚坊恵広　ほうじんぼうけいこう**
？　～貞享1（1684）年
江戸時代前期の僧。八戸藩の豊山寺一世。
¶青森人

**法瑞　ほうずい**
宝永5（1708）年～寛政1（1789）年1月27日
江戸時代中期～後期の真言律宗の僧。
¶国書

**豊水楽勝　ほうすいらくしょう**
明治9（1876）年5月2日～昭和30（1955）年8月27日
明治～昭和期の僧侶。
¶真宗

**法勢　ほうせ**
→法勢（ほうせい）

**法勢　ほうせい**
㊞法勢（ほうせ，ほっせい）
平安時代前期の天台宗の僧。
¶古人，古代（ほっせい），古代普（ほっせい），人名（ほうせ），日人（生没年不詳），仏教（生没年不詳），平史（生没年不詳）

**法成　ほうせい**
→法成（ほうじょう）

**鳳栖玄梁　ほうせいげんりょう**
戦国時代の臨済宗妙心寺派の僧。岐秀・希庵の法兄。
¶武田

**宝船　ほうせん**
？　～弘化1（1844）年
江戸時代後期の僧。曹源寺住職。
¶岡山歴

**法宣　ほうせん**
寛政2（1790）年～慶応3（1867）年3月3日
江戸時代末期の浄土真宗の僧。
¶国書，仏教（㊀寛政2（1790）年，（異説）享和2（1802）年　㊁慶応3（1867）年3月3日，（異説）4月3日）

**鳳千　ほうせん**
？　～天保11（1840）年4月22日
江戸時代後期の浄土真宗の僧。
¶国書，仏教

**峰禅　ほうぜん**
斉衡1（854）年～延長3（925）年6月11日
平安時代前期～中期の真言宗の僧。高野山座主3世。
¶仏教

**房仙　ぼうせん**
弘安11（1288）年2月26日～正平19/貞治3（1364）年閏1月24日
鎌倉時代後期～南北朝時代の天台宗の僧。
¶仏教

**報扇智恩　ほうせんちおん**
生没年不詳
室町時代の曹洞宗の僧。
¶仏教

**鳳山等膳　ほうせんとうぜん**
→鳳山等膳（ほうざんとうぜん）

**宝蔵　ほうぞう**
生没年不詳
奈良時代の女性。尼僧。
¶女性

ほ

**法蔵(1)　ほうぞう**
生没年不詳
飛鳥時代の百済の渡来僧。陰陽博士。
¶国史，古人，古代，古代普，古中，人名，日人，仏教，仏史

**法蔵(2)　ほうぞう**
奈良時代の勧進僧。
¶古代，古代普

**法蔵(3)　ほうぞう**
奈良時代の東大寺の僧。
¶古代，古代普

**法蔵(4)　ほうぞう**
奈良時代の僧、鑑真の弟子。
¶古人，古代，古代普

**法蔵(5)　ほうぞう**
奈良時代の僧。
¶古人

**法蔵(6)　ほうぞう**
延喜5（905）年～安和2（969）年
平安時代中期の法相・真言宗の僧。東大寺別当。
¶角史（㊀？），国史（㊀？），国書（㊁安和2（969）年2月3日），古人，古中（㊀？），コン4（㊀？），コン5（㊀？），史人（㊀905年，（異説）908年　㊁969年1月3日，（異説）2月3日），人名，日人，仏教（㊁安和2（969）年1月3日，（異説）2月3日），仏史（㊀？），平史

**法蔵(7)　ほうぞう**
東大寺法相宗の僧。僧都。
¶古人

**宝蔵院　ほうぞういん**
上白岩村に存在した当山派修験。
¶伊豆

**宝蔵院胤栄　ほうぞういんいんえい**
大永1（1521）年～慶長12（1607）年　㊞胤栄（いんえい），覚禅坊（かくぜんぼう）

戦国時代～安土桃山時代の宝蔵院槍術の祖。興福寺宝蔵院主覚禅房印胤栄。
¶朝日(㊣慶長12年8月26日(1607年10月16日)), 近世, 国史, 国書(㊣慶長12(1607)年8月26日), コン改, コン4, コン5, 史人(㊣1607年8月26日), 新潮(㊣慶長12(1607)年8月26日?), 人名(胤栄　いんえい), 人名, 世人, 戦合, 戦国(㊤1522年), 戦人, 全戦, 日人, 百科, 仏教(胤栄　いんえい　㊣慶長12(1607)年1月2日), 歴大

**宝蔵院胤憲** ほうぞういんいんけん
→胤憲(いんけん)

**宝蔵院胤舜** ほうぞういんいんしゅん
天正17(1589)年～正保5(1648)年1月12日　㊞胤舜(いんしゅん)
江戸時代前期の槍術家。宝蔵院第2世。
¶近世, 国史, 国書, 史人, 人名, 戦合, 日人, 仏教(胤舜　いんしゅん)

**宝蔵院胤清** ほうぞういんいんせい
→胤清(いんせい)

**宝蔵院胤風** ほうぞういんいんぷう
→胤風(いんぷう)

**宝蔵院照寛** ほうぞういんしょうかん
生没年不詳
江戸時代前期の天台僧。
¶長崎歴

**宝蔵寺源西** ほうぞうじげんさい
生没年不詳
江戸時代中期の僧。荘川村の宝蔵寺13世。
¶飛驒

**宝蔵寺道悦** ほうぞうじどうえつ
生没年不詳
室町時代の僧。荘川村の宝蔵寺の開基。
¶飛驒

**豊蔵坊孝仍** ほうぞうぼうこうじょう
?　～正保1(1644)年
江戸時代前期の僧、書家。
¶日人

**豊蔵坊信海** ほうぞうぼうしんかい
寛永3(1626)年～元禄1(1688)年　㊞信海(しんかい)
江戸時代前期の狂歌師。
¶朝日(㊣元禄1年9月13日(1688年10月6日)), 国書(㊣貞享5(1688)年9月13日), 新潮(㊣貞享3(1686)年9月13日), 人名(㊤1635年), 大百(㊤1635年), 茶道(㊤1635年), 日人, 俳句(信海　しんかい), 俳文(信海　しんかい　㊣貞享5(1688)年9月13日), 百科, 和俳(㊤寛永12(1635)年)

**法尊** ほうそん
*～応永25(1418)年　㊞足利法尊(あしかがほうそん)
室町時代の真言宗の僧。
¶諸系(㊤1397年), 人名(足利法尊　あしかがほうそん　㊤1396年), 日人(㊤1397年), 仏教(㊤応永3(1396)年12月30日　㊣応永25(1418)年2月15日)

**芳沢祖恩** ほうたくそおん
?　～寛永1(1624)年4月17日
安土桃山時代～江戸時代前期の臨済宗の僧。妙心寺82世。
¶仏教

**祝田禰宜** ほうだねぎ
生没年不詳
戦国時代の神職。蜂前神社神主。
¶戦辞

**鳳潭**(鳳潭) ほうたん
万治2(1659)年～元文3(1738)年　㊞僧濬(そうしゅん)
江戸時代前期～中期の華厳宗の学僧。
¶朝日(㊣元文3年2月26日(1738年4月14日)), 大阪人(㊤明暦3(1657)年), 近世(僧濬　そうしゅん), 国史(僧濬　そうしゅん), 国書(僧濬　そうしゅん　㊤万治2(1659)年2月15日　㊣元文3(1738)年2月26日), コン改(㊤承応3(1654)年), コン4(㊤承応3(1654)年), コン5(㊤承応3(1654)年), 思想史, 新潮(㊤明暦3(1657)年,(異説)承応3(1654)年　㊣元文3(1738)年2月26日), 人名(㊤1654年), 姓氏富山(㊤1650年), 世人, 全書, 大百(㊤1654年?), 長崎遊(僧濬　そうしゅん), 日思(㊤明暦3(1657)年), 日史(㊤万治2(1659)年2月15日　㊣元文3(1738)年2月26日), 日人, 百科, 仏教(㊤万治2(1659)年2月15日　㊣元文3(1738)年2月26日), 仏史(僧濬　そうしゅん), 仏人(僧濬　そうしゅん　㊤1654年), ふる(㊤1654年), 平日(鳳潭　㊤1659　㊣1738)

**法智** ほうち
奈良時代の僧、鑑真の弟子。
¶古人, 古代, 古代普, 日人(生没年不詳)

**豊智** ほうち
弘仁12(821)年～?
平安時代前期の僧。
¶古人(㊣?), 古代, 古代普(㊣?), 日人

**宝冑** ほうちゅう
生没年不詳
江戸時代中期の真言宗の僧。
¶国書

**房忠**(1) ぼうちゅう
天長9(832)年～寛平5(893)年
平安時代前期の興福寺の僧。
¶古人, 古代, 古代普, 日人, 仏教(㊣寛平5(893)年7月21日,(異説)7月27日?), 平史

**房忠**(2) ぼうちゅう
?　～元弘1/元徳3(1331)年
鎌倉時代後期の僧。
¶北条

**房朝** **ほうちょう**
生没年不詳
鎌倉時代後期の僧。
¶北条

**方長老** **ほうちょうろう**
天正15(1587)年～万治4(1661)年
戦国時代～江戸時代前期の僧。「柳川事件」の首謀者の一人。
¶岩手人, 岩手百(㊀1537年), 姓氏岩手

**宝積玄承** **ほうづみげんしょう**
昭和12(1937)年～
昭和～平成期の僧侶。東光寺(臨済宗妙心寺派)住職、臨済宗水月道場主管。
¶現執4期

**芳庭法菊** **ほうていほうきく**
？ ～建徳1/応安3(1370)年
南北朝時代の臨済宗の僧。
¶仏教

**鳳天廓瑞** **ほうてんかくずい**
生没年不詳
江戸時代前期の曹洞宗の僧。
¶国書

**法天竜雲** **ほうてんりゅううん**
安永3(1774)年～天保12(1841)年
江戸時代中期～後期の曹洞宗の僧。
¶国書

**宝幢** **ほうとう★**
生没年不詳
増田町満福寺の僧。
¶秋田人2

**法道**(1) **ほうどう**
飛鳥時代の仙人。播磨一乗寺に住した。孝徳天皇の病を治したとされる。
¶仏教

**法道**(2) **ほうどう**
文化1(1804)年8月25日～文久3(1863)年3月23日
江戸時代末期の浄土宗の僧。西円寺住職。
¶国書, 古中, 思想史, 姓氏山口(㊁1862年), 日人, 仏教, 仏人

**法幢**(1) **ほうどう**
生没年不詳
江戸時代中期の浄土真宗の僧侶。美濃妙円寺住職。
¶国書

**法幢**(2) **ほうどう**
生没年不詳
江戸時代後期の浄土真宗の僧。
¶仏教

**法幢**(3) **ほうどう**
文化10(1813)年～明治13(1880)年
江戸時代後期～明治時代の浄土真宗の僧。真岡の本誓寺第2代住職。
¶栃木歴

**宝幢院**(1) **ほうとういん**
本立野村在住の当山派修験。
¶伊豆

**宝幢院**(2) **ほうとういん**
蓮台寺村在住の当山派修験。
¶伊豆

**宝憧院増円** **ほうどういんぞうえん**
戦国時代～安土桃山時代の大宮浅間神社の別当宝憧院の住持。
¶武田

**鳳桐寺** **ほうとうじ**
生没年不詳
戦国時代の古河公方の使僧。
¶戦辞

**望東尼** **ぼうとうに**
→野村望東(のむらぼうとう)

**芳暾朝山** **ほうとんちょうざん**
→朝山芳暾(ちょうざんほうとん)

ほ

**法爾** **ほうに**
永禄6(1563)年～寛永17(1640)年10月29日
安土桃山時代～江戸時代前期の時宗の僧。
¶国書, 仏教

**法邇** **ほうに**
生没年不詳
奈良時代の女性。尼僧。
¶女性

**法如** **ほうにょ**
宝永4(1707)年10月9日～寛政1(1789)年10月24日
江戸時代中期～後期の浄土真宗の僧。西本願寺17世。
¶仏教, 仏人

**法仁** **ほうにん**
生没年不詳
奈良時代の女性。尼僧。
¶女性

**法忍**(1) **ほうにん**
生没年不詳
飛鳥時代の僧。
¶仏教

**法忍**(2) **ほうにん**
？ ～長徳1(995)年
平安時代中期の天台山門派の僧。
¶古人(㊀？), 平史

**法忍**(3) **ほうにん**
天保4(1833)年～明治19(1886)年
江戸時代後期～明治期の真言宗の僧。
¶岡山百, 岡山歴

**法然** **ほうねん**
長承2(1133)年4月7日～建暦2(1212)年1月25日
㊐源空(げんくう), 法然房源空(ほうねんぼうげ

んくう)，円光大師(えんこうだいし)，慧成大師(えじょうだいし)，弘覚大師(こうかくだいし)，黒谷上人(くろだにしょうにん)，慈教大師(じきょうだいし)，東漸大師(とうぜんだいし)，法然上人(ほうねんしょうにん)，法然房(ほうねんぼう)，明照大師(みょうしょうだいし)
平安時代後期～鎌倉時代前期の浄土宗の開祖。初め天台に学ぶが、のち専修念仏を唱え浄土宗を開く。旧仏教からの反発により流罪となったが、多くの信者により教義は広まった。著作に「選択本願念仏集」がある。
¶朝日(㊐長承2年4月7日(1133年5月13日) ㊀建暦2年1月25日(1212年2月29日))，岩史，岡山，岡山人，岡山百，岡山歴(法然房源空 ほうねんぼうげんくう)，香川人，香川百，角史，鎌倉(源空 げんくう)，鎌室(源空 げんくう)，教育，京都，郷土香川(法然房源空 ほうねんぼうげんくう)，京都大，群馬人，国史(源空 げんくう)，国書(源空 げんくう)，古史，古人，古中(源空 げんくう)，コン改，コン4，コン5，詩歌，史人，思想史，重要，女史，人書79，人書94，新潮，新文，人名，姓氏京都(源空 げんくう)，世人，世百，全書(源空 げんくう)，大百(源空 げんくう)，中世，伝記，内乱，日音，日思，日史，日人，百科，仏教(源空 げんくう)，仏史(源空 げんくう)，仏人，文学，平家(㊀建暦1(1211)年)，平史，平日(㊐1133 ㊀1212)，名僧(源空 げんくう)，山川小，歴大，和俳

**豊然 ほうねん**
生没年不詳 ㊞豊然(ぶねん)
平安時代前期の真言宗の僧。
¶郷土岐阜(ぶねん)，古人(ぶねん)，人名，日人，仏教，平史(ぶねん)

**本然性海 ほうねんしょうかい**
寛保2(1742)年～文化9(1812)年
江戸時代中期～後期の真言宗僧。
¶姓氏山口

**法然房源空 ほうねんぼうげんくう**
→法然(ほうねん)

**房能 ぼうのう**
文中3/応安7(1374)年～宝徳2(1450)年2月20日
南北朝時代～室町時代の天台宗の僧。
¶国書，仏教

**法穆 ほうぼく**
→霊岳法穆(れいがくほうぼく)

**宝密 ほうみつ**
生没年不詳
室町時代の僧侶・歌人。
¶国書

**法明(1) ほうみょう**
→法明尼(2)(ほうみょうに)

**法明(2) ほうみょう**
生没年不詳 ㊞法明尼(ほうみょうに)
飛鳥時代の女性。高麗の比丘尼。
¶朝日，国史(法明尼 ほうみょうに)，古代，古代普，古中(法明尼 ほうみょうに)，女性，日人(法明尼 ほうみょうに)，仏史(法明尼 ほうみょうに)

**法明(3) ほうみょう**
弘安2(1279)年～正平4(1349)年6月
鎌倉時代後期～南北朝時代の念仏宗の僧侶。
¶大阪人

**法明尼(1) ほうみょうに**
→法明(2)(ほうみょう)

**法明尼(2) ほうみょうに**
生没年不詳 ㊞法明(ほうみょう)
飛鳥時代の女性。尼僧。
¶朝日，国史，古代(法明 ほうみょう)，古代普(法明 ほうみょう)，古中，女性，人名(法明 ほうみょう)，日人，仏教，仏史，仏人(㊀760年頃)

**鳳鳴閣思文 ほうめいかくしぶん**
生没年不詳
江戸時代後期の僧、狂歌師。
¶国書，人名，日人

**法穆 ほうもく**
→霊岳法穆(れいがくほうぼく)

**芳猷 ほうゆう**
生没年不詳
江戸時代中期の浄土真宗の僧。
¶国書

**法誉 ほうよ**
生没年不詳
安土桃山時代～江戸時代前期の浄土宗の僧。
¶戦人

**房誉 ぼうよ**
興国3/康永1(1342)年～応永27(1420)年12月15日
南北朝時代～室町時代の天台宗の僧。
¶仏教

**鳳来寺円潭 ほうらいじえんたん**
～明治16(1883)年10月13日
江戸時代後期～明治期の歌僧。
¶東三河

**鳳来寺成実 ほうらいじじょうじつ**
生没年不詳
江戸時代後期の詩僧。
¶東三河

**鳳来寺善慧 ほうらいじぜんえ**
生没年不詳
江戸時代中期の学僧。
¶東三河

**鳳来寺湛猷 ほうらいじたんゆう**
生没年不詳
江戸時代中期の歌僧。
¶東三河

**鳳来寺巴竜** ほうらいじはりゅう
生没年不詳
江戸時代中期の俳僧。
¶東三河

**鳳来寺亮禅** ほうらいじりょうぜん
生没年不詳
江戸時代末期の歌僧。
¶東三河

**鳳来寺亮仁** ほうらいじりょうにん
生没年不詳
江戸時代末期の歌僧。
¶東三河

**蓬莱尚賢** ほうらいなおかた★
元文4(1739)年9月18日～天明8(1788)年
江戸時代中期～後期の神主。
¶三重

**蓬莱尚賢** ほうらいひさかた
→荒木田尚賢(あらきだひさかた)

**蓬莱尚広** ほうらいひさひろ
文化13(1816)年～文久1(1861)年8月29日
江戸時代後期～末期の神職。
¶国書

**法蘭** ほうらん
享保10(1725)年～寛政6(1794)年
江戸時代中期の僧。
¶大分歴

**祝某** ほうり
明治期の神職。旧宇佐八幡宮祝職。
¶華請

**法竜** ほうりゅう
生没年不詳
江戸時代末期の天台宗の僧。
¶国書

**峯隆** ほうりゅう★
～昭和4(1929)年
明治～昭和期の僧。伊勢白子山子安観音寺住職。
¶三重続

**法梁** ほうりょう
天明8(1788)年～嘉永7(1854)年8月17日
江戸時代後期の浄土真宗の僧。
¶国書，仏教

**祝儀麿** ほうりよしまろ
明治期の神職。
¶神人

**法霖** ほうりん
元禄6(1693)年～寛保1(1741)年10月17日 ㊀日渓(にっけい)
江戸時代中期の浄土真宗本願寺派の学僧。西本願寺第4代能化。
¶朝日(㊀寛保1年10月17日(1741年11月24日))，近世，国史，国書，コン改，コン4，コン5，史人，思想史，新潮，人名(日渓 にっけい)，人名，世人，日人，仏教，仏史，仏人，和歌山人

**宝林寺修了** ほうりんじしゅうりょう
生没年不詳
戦国時代の僧。宮川村の宝林寺の開基。
¶飛騨

**法輪小院** ほうりんしょういん
平安時代中期の仏師。
¶古人，美建，平史(生没年不詳)

**鳳林承章** ほうりんじょうしょう，ほうりんしょうしょう
文禄2(1593)年～寛文8(1668)年
江戸時代前期の臨済宗の僧。寛永文化の担い手。
¶朝日(㊤文禄2年1月22日(1593年2月23日) ㊀寛文8年8月24日(1668年9月30日))，京都(ほうりんしょうしょう ㊤天正20(1592)年)，京都大，国書(㊀寛文8(1668)年8月28日)，新潮(㊀寛文8(1668)年8月24日)，姓氏京都，茶道(ほうりんしょうしょう ㊤1592年)，日人，仏教(㊀寛文8(1668)年8月24日)

**宝林寺了恵** ほうりんじりょうけい
～明治36(1903)年12月
明治期の僧。宮川村の宝林寺12世。
¶飛騨

**宝林曄果** ほうりんようか
文政10(1827)年8月15日～明治24(1891)年8月7日
江戸時代末期～明治期の黄檗宗僧侶。崇福寺第12代住持。
¶黄檗

**鳳嶺** ほうれい
寛延1(1748)年～文化13(1816)年9月7日
江戸時代中期～後期の浄土真宗の僧。
¶国書，仏教

**法蓮**(1) ほうれん
生没年不詳
飛鳥時代～奈良時代の医僧。
¶大分歴，古代，古代普，人書94(㊤660年頃 ㊀730年)，人名，日人，福岡百，仏教，歴大

**法蓮**(2) ほうれん
法華持経者。
¶日人，仏教(生没年不詳)

**宝蓮寺恵覚** ほうれんじえかく
～明治36(1903)年9月29日
明治期の僧。朝日村の宝蓮寺13世。
¶飛騨

**宝蓮寺義覚** ほうれんじぎかく
～文化9(1812)年3月24日
江戸時代後期の僧。朝日村の宝蓮寺9世。
¶飛騨

**法蓮寺勝歎** ほうれんじしょうたん
生没年不詳
戦国時代の僧。白川村の法蓮寺の開基。
¶飛騨

ほ

**宝蓮寺法城**　ほうれんじほうじょう
生没年不詳
江戸時代後期の僧。宝蓮寺義覚の5男。
¶飛騨

**宝蓮寺明秀**　ほうれんじみょうしゅう
延徳3(1491)年～天文20(1551)年3月29日
戦国時代の僧。朝日村の宝蓮寺の開基。
¶飛騨

**外薗幸一**　ほかぞのこういち
昭和23(1948)年3月15日～
昭和期の倫理学者、教育哲学者、仏教学者。鹿児島経済大学教授。
¶現執2期

**卜阿**　ぼくあ
？～嘉永2(1849)年
江戸時代後期の僧。
¶人名，日人

ほ

**朴庵宗堯**　ぼくあんそうぎょう
生没年不詳
室町時代の華厳宗の僧。
¶仏教

**牧庵鞭牛**　ぼくあんべんぎゅう
→鞭牛(べんぎゅう)

**墨隠**　ぼくいん
？～天明6(1786)年
江戸時代中期～後期の画僧。
¶日人，仏教(㊦天明6(1786)年8月20日)

**墨雲**　ぼくうん
文政7(1824)年～明治25(1892)年
江戸時代後期～明治期の僧、南画家。
¶高知人

**穆雲元輝**　ぼくうんげんき
寛文3(1663)年～享保13(1728)年4月7日
江戸時代中期の黄檗宗の僧。
¶黄檗

**牧翁性欽**　ぼくおうしょうきん
元中1/至徳1(1384)年～康正1(1455)年12月19日
室町時代の曹洞宗の僧。
¶人名，日人(㊦1456年)，仏教

**朴艾思淳**　ぼくがいしじゅん
弘安1(1278)年～正平18/貞治2(1363)年
鎌倉時代後期～南北朝時代の律宗の僧。
¶神奈川人

**北巌寅嘯**　ほくがんいんしゅう
→北巌寅嘯(ほくがんいんしょう)

**北巌寅嘯**　ほくがんいんしょう
？～寛文2(1662)年12月25日　㊙北巌寅嘯(ほくがんいんしゅう)
江戸時代前期の曹洞宗の僧。
¶国書(ほくがんいんしゅう)，姓氏石川(ほくがんいんしゅう)，仏教

**木峆恵倹**　ぼくかんえけん
寛文4(1664)年～延享1(1744)年12月2日
江戸時代前期～中期の臨済宗の僧。
¶国書

**穆巌宗穆**　ぼくがんそうぼく
正保3(1646)年～正徳6(1716)年2月16日
江戸時代前期～中期の臨済宗の僧。大徳寺256世。
¶仏教

**朴巌祖淳**　ぼくがんそじゅん
生没年不詳
江戸時代後期の名古屋の僧侶、古瓦の収集家。
¶姓氏愛知

**北岸良頓**　ほくがんりょうとん
天正14(1586)年～慶安1(1648)年6月15日
江戸時代前期の曹洞宗の僧。永平寺25世。
¶仏教

**墨斎**(1)　ぼくさい
→没倫紹等(ぼつりんじょうとう)

**墨斎**(2)　ぼくさい
～明治9(1876)年2月4日
江戸時代後期～明治期の僧侶。
¶庄内

**墨斎没倫**　ぼくさいぼつりん
→没倫紹等(ぼつりんじょうとう)

**北山**　ほくざん
明和4(1767)年～弘化2(1845)年10月28日
江戸時代中期～後期の浄土真宗の僧。
¶国書

**木而**　ぼくじ
寛文9(1669)年～寛延4(1751)年1月4日
江戸時代前期～中期の俳人。浄土宗の僧。
¶国書

**北州門渚**　ほくしゅうもんしょ
？～万治3(1660)年3月18日
江戸時代前期の曹洞宗の僧。永平寺28世。
¶仏教

**穆浄**　ぼくじょう★
生没年不詳
江戸時代後期の僧侶。
¶秋田人2

**卜星**　ぼくしん
生没年不詳
安土桃山時代の僧。大洲市西山根大禅寺再興の祖。
¶愛媛，愛媛百

**北禅禅秀**　ほくぜんぜんしゅう
慶長10(1605)年5月～延宝6(1678)年5月23日
江戸時代前期の臨済宗の僧。
¶国書

**牧中正授**　ぼくちゅうしょうじゅ
？～永正8(1511)年
室町時代～戦国時代の曹洞宗の僧。

¶人名，日人，仏教（㊀永正8（1511）年6月14日）

**朴中梵淳** ほくちゅうぼんじゅん
？ ～永享5（1433）年12月30日 ㊁朴中梵淳（はくちゅうぼんじゅん）
室町時代の臨済宗の僧。建長寺137世、円覚寺98世。
¶鎌倉新（㊤？），国書（はくちゅうぼんじゅん 生没年不詳），仏教

**北天** ほくてん
享保19（1734）年～文化1（1804）年11月8日
江戸時代中期～後期の浄土真宗の僧。
¶国書

**牧堂草牛** ぼくどうそうぎゅう
生没年不詳
江戸時代後期の学僧。
¶姓氏群馬

**朴堂宗淳** ぼくどうそうじゅん
？ ～慶長10（1605）年
安土桃山時代の曹洞宗の僧。
¶日人，仏教（㊀慶長10（1605）年1月10日）

**朴堂祖淳** ぼくどうそじゅん
→朴堂祖淳（はくどうそじゅん）

**北楊** ほくよう★
～享保10（1725）年1月30日？
江戸時代中期の権大僧都。
¶秋田人2

**朴竜自興** ぼくりゅうじこう
？ ～宝暦10（1760）年
江戸時代中期の禅僧。
¶京都府

**保坂玉泉** ほさかぎょくせん
明治20（1887）年5月15日～昭和39（1964）年8月28日
明治～昭和期の曹洞宗の僧、仏教学者。駒沢大学第17代学長。
¶現情，昭人，人名7，世紀，新潟百，日人，仏人

**保坂俊司** ほさかしゅんじ
昭和31（1956）年～
昭和～平成期の比較宗教学者。麗沢大学国際経済学部教授。
¶現執4期

**保山** ほざん
生没年不詳
江戸時代前期の浄土宗の僧。
¶仏教

**星合広城** ほしあいこうじょう
明治23（1890）年～昭和9（1934）年2月12日
明治～昭和期の僧侶。
¶真宗

**星川清晃** ほしかわきよあきら
文政13（1830）年～明治27（1894）年
江戸時代末期～明治期の国学者、神職。権大教正。出羽三山の宮司となり神徳宣揚、頑民指導に尽力、神道の興隆に貢献。
¶国書（㊤文政13（1830）年2月18日 ㊀明治27（1894）年11月11日），庄内（㊤天保1（1830）年2月18日 ㊀明治27（1894）年11月11日），神人，人名，日人，山形百

**星川法沢** ほしかわほうたく
天保4（1833）年～明治6（1873）年6月23日
江戸時代末期～明治期の僧侶。真宗大谷派集会を主宰し、信徒農民らと鷲塚騒動を起こし捕らえられた。
¶維新，姓氏愛知（㊤1835年），幕末，幕末大

**星谷慶縁** ほしたにけいえん
明治37（1904）年5月3日～昭和47（1972）年8月19日
大正～昭和期の僧侶。
¶真宗

ほ

**星徹定** ほしてつじょう
明治3（1870）年～昭和19（1944）年
明治～昭和期の僧侶。
¶神奈川人

**保科近悳** ほしなちかのり
文政13（1830）年閏3月24日～明治36（1903）年4月28日
江戸時代後期～明治期の藩士・神職。
¶国書，栃木歴

**星野勘蔵** ほしのかんぞう
嘉永5（1852）年～昭和8（1933）年
明治～昭和期の丸藤講先達。富士講の聖地「吉田胎内」の発見者。
¶富嶽

**星野清重** ほしのきよしげ
弘化2（1845）年～大正10（1921）年
江戸時代末期～大正期の神官・教育家。
¶多摩

**星野元豊** ほしのげんぽう
明治42（1909）年～
昭和期の仏教・宗教学者、真宗本願寺派僧侶。龍谷大学教授。
¶現執1期

**星野幸右衛門** ほしのこうえもん
延享2（1745）年～天保6（1835）年
江戸時代中期～後期の宮大工。
¶群馬人，美建

**星野光多** ほしのこうた
→星野光多（ほしのみつた）

**星野三郎** ほしのさぶろう
明治5（1872）年～昭和10（1935）年
明治～昭和期の神職。
¶神人

**星野全竜** ほしのぜんりゅう
慶応2（1866）年～昭和1（1926）年
明治～大正期の僧。曹洞宗布教師。雲谷寺20世

住職。
¶姓氏群馬

**星野輝興** ほしのてるおき
明治15(1882)年1月15日～昭和32(1957)年10月14日
明治～昭和期の宮内官僚。大正天皇の大葬儀、昭和の御大礼に奉仕。
¶近現，国史，昭人，神史，神人，世紀，新潟百，日人，明治史

**星野光多** ほしのみつた
万延1(1860)年5月18日～昭和7(1932)年7月7日
[別]星野光多(ほしのこうた)
明治～昭和期の日本基督教会牧師。
¶キリ，群新百，群馬人，群馬百(ほしのこうた)，姓氏群馬，渡航

**星野頼孝** ほしのよりたか
明治26(1893)年～
大正～昭和期の神官。
¶多摩



**星野亮勝** ほしのりょうしょう
明治38(1905)年～
昭和期の住職・政治家。
¶多摩

**星野るい** ほしのるい
天保11(1840)年2月10日～昭和11(1936)年12月13日
明治期のキリスト教伝道者。ヘボンの講義を聞き受洗。
¶群新百，女性，女性普

**星見天海** ほしみてんかい
天保4(1833)年～大正2(1913)年
江戸時代末期～大正期の禅僧。
¶神奈川人，新潟人，新潟百

**星山成季** ほしやまなりすえ
生没年不詳
江戸時代中期の神職。
¶国書

**慕秀** ぼしゅう
？～寛永15(1638)年3月15日
江戸時代前期の浄土宗の僧。
¶仏教

**甫叔** ほしゅく
享禄1(1528)年～天正14(1586)年6月2日
戦国時代～安土桃山時代の浄土宗の僧。粟生光明寺27世。
¶国書，仏教

**補準石天** ほじゅんせきてん
寛政5(1793)年～慶応1(1865)年閏5月16日
江戸時代後期～末期の曹洞宗の僧。
¶国書

**輔静** ほじょう
天禄1(970)年～長暦1(1037)年
平安時代中期の薬師寺の僧。
¶古人

**穂積耕雲** ほずみこううん
明治期の神職。
¶神人

**甫雪等禅** ほせつとうぜん
生没年不詳
室町時代の画僧。
¶日人

**細井祥瑞** ほそいしょうずい
？～慶応3(1867)年
江戸時代末期の浄土宗の僧、江戸小石川伝通院内所祥院住職。
¶人名

**細井照道** ほそいしょうどう
明治25(1892)年～昭和57(1982)年
大正～昭和期の宗教家。
¶香川人，香川百

**細井日達** ほそいにったつ
明治35(1902)年4月15日～昭和54(1979)年7月22日
大正～昭和期の日蓮正宗僧侶。
¶仏教

**細井友晋** ほそいゆうしん
明治39(1906)年～平成3(1991)年
昭和期の僧侶。
¶平和

**細川英道** ほそかわえいどう
明治20(1887)年～昭和50(1975)年
明治～昭和期の宗教家。
¶香川人，香川百

**細川ガラシア** ほそかわがらしあ
→細川ガラシャ(ほそかわがらしゃ)

**細川ガラシャ**(細川ガラシヤ) ほそかわがらしゃ，ほそかわがらしや
永禄6(1563)年～慶長5(1600)年　[別]ガラシャ，細川ガラシア(ほそかわがらしあ)，細川忠興妻(ほそかわただおきのつま)，細川忠興室(ほそかわただおきしつ)，ガラシャ夫人(がらしゃふじん)，玉子(たまこ)，秀光院(しゅうこういん)
安土桃山時代の女性。丹後国宮津城主細川忠興の正室。キリシタン。明智光秀の次女。
¶朝日(細川ガラシア　ほそかわがらしあ　[没]慶長5年7月17日(1600年8月25日))，岩史(細川ガラシア　ほそかわがらしあ　[没]慶長5(1600)年7月17日)，江表(ガラシャ(熊本県))，大阪人([没]慶長5(1600)年7月17日)，大阪墓(細川ガラシア　ほそかわがらしあ　[没]慶長5(1600)年7月16日)，角史，京都府，近世，熊本人，熊本百，国史，古中，コン改(細川ガラシア　ほそかわがらしあ)，コン4(細川ガラシア　ほそかわがらしあ)，コン5(細川ガラシア　ほそかわがらしあ)，史人([没]1600年7月17日)，思想史，重要(細川ガラシア　ほそかわがらしあ)，諸系，女史，女性(細川ガラシヤ　ほそかわがら

しゃ ㊀慶長5(1600)年7月17日), 人書94(細川ガラシア ほそかわがらしあ), 新潮(細川ガラシア ほそかわがらしあ ㊀慶長5(1600)年7月16日), 人名(細川忠興妻 ほそかわただおきのつま), 姓氏京都, 世人(細川ガラシヤ), 世百(細川ガラシヤ ほそかわがらしや ㊤1562年), 戦国(細川忠興室 ほそかわただおきしつ ㊤1568年), 全書(㊤1562年?), 戦人, 全戦, 大百(細川ガラシヤ ほそかわがらしや), 中世(ガラシャ), なにわ, 日史(㊀慶長5(1600)年7月16日), 日人, 百科, 平日(㊤1563 ㊀1600), 山川小(㊀1600年7月17日), 歴大(細川ガラシア ほそかわがらしあ)

**細川行信** ほそかわぎょうしん
大正15(1926)年2月18日〜
昭和期の真宗学者。大谷大学教授。
¶現執1期, 現執2期

**細川瀏** ほそかわきよし
㊀細川瀏(ほそかわりゅう)
明治期の民権運動家。
¶神奈川人(ほそかわりゅう ㊤1855年 ㊀1932年), 高知人(㊤1856年 ㊀1934年), 社史(生没年不詳)

**細川憲寿** ほそかわけんじゅ
明治22(1889)年〜昭和20(1945)年
明治〜昭和期の僧侶。徳円寺住職。大谷大幹事、学監。
¶日エ

**細川千巌** ほそかわせんがん
天保5(1834)年1月25日〜明治30(1897)年11月25日
江戸時代末期〜明治期の真宗大谷派学僧。学階講師。
¶真宗, 仏教, 仏人, 明大1

**細川卓静** ほそかわたくじょう
文久4(1864)年1月9日〜昭和15(1940)年5月7日
明治〜昭和期の僧。根室の清隆寺住職(真言宗智山派)。
¶根千

**細川忠興室** ほそかわただおきしつ
→細川ガラシャ(ほそかわがらしゃ)

**細川忠興妻** ほそかわただおきのつま
→細川ガラシャ(ほそかわがらしゃ)

**細川桃陰** ほそかわとういん
〜明治36(1903)年5月11日
明治期の僧。高山市の勝久寺13世・詩人。
¶飛驒

**細川藤孝室** ほそかわふじたかしつ
→細川マリア(ほそかわまりあ)

**細川マリア** ほそかわまりあ
天文13(1544)年〜元和4(1618)年 ㊀光寿院(こうじゅいん), 細川マリヤ(ほそかわまりや), 細川藤孝室(ほそかわふじたかしつ)
安土桃山時代〜江戸時代前期の女性。細川忠興の母。キリシタンを保護した。
¶朝日(光寿院 こうじゅいん), 江表(麝香(熊本県) じゃこう), コン改, コン4, コン5, 史人(細川マリヤ ほそかわまりや ㊀1618年7月26日), 諸系, 女性(光寿院 こうじゅいん ㊀元和4(1618)年7月26日), 新潮(㊀元和4(1618)年6月5日), 戦国(細川藤孝室 ほそかわふじたかしつ), 戦人, 日人

**細川マリヤ** ほそかわまりや
→細川マリア(ほそかわまりあ)

**細川瀏** ほそかわりゅう
→細川瀏(ほそかわきよし)

**細谷琳瑞** ほそやりんずい
→琳瑞(りんずい)

**菩提** ぼだい
→菩提僊那(ぼだいせんな)

ほ

**菩提僊那**(菩提遷那) ぼだいせんな
慶雲1(704)年〜天平宝字4(760)年2月25日
㊀婆羅門僧正(ばらもんそうじょう), 菩提(ぼだい), 波羅門僧正(ばらもんそうじょう)
奈良時代の渡来インド人僧。波羅門僧正と呼ばれる。
¶朝日(㊀天平宝字4年2月25日(760年3月16日)), 岩史(菩提遷那), 大阪人, 古史, 古人(菩提 ぼだい), 古代, 古代普, 古中, コン改, コン4, コン5, 史人, 重要(菩提 ぼだい ㊤慶雲1(704)年?), 新潮(㊤?), 世人(㊤700年), 全書(㊤?), 対外, 大百, 日音(婆羅門僧正 ばらもんそうじょう 生没年不詳), 日史, 日人, 百科, 仏教, 仏史, 仏人, 山川小, 歴大

**補陀洛海雲** ほだらくかいうん
→補陀洛海雲(ふだらくかいうん)

**補陀洛天狻** ほだらくてんしゅん
→補陀落天俊(ふだらくてんしゅん)

**墨渓** ぼっけい
? 〜文明5(1473)年
室町時代の僧、画家。曽我派の始祖。
¶朝日, 日人, 美家

**法華寺日在** ほっけじにちざい
〜天保3(1832)年8月20日
江戸時代後期の僧。高山市の法華寺19世。
¶飛驒

**法華寺日曩** ほっけじにちのう
〜天正8(1580)年8月18日
安土桃山時代の僧。
¶飛驒

**法華堂祐源** ほっけどうゆげん
戦国時代の信濃国佐久郡岩村田の大井法華堂の住職。
¶武田

**堀家正樹** ほっけまさき
→堀家正樹(ほりけまさき)

**法興** ほっこう
→法興（ほうこう）

**北高全祝**（北高禅祝） ほっこうぜんしゅく
永正4（1507）年～天正14（1586）年 [別]全祝（ぜんしゅく），北高（ほくこう）
戦国時代～安土桃山時代の曹洞宗の僧。
¶国書（[没]天正14（1586）年12月2日），人名，姓氏長野（[生]？），戦辞（[没]天正14年12月2日（1587年1月10日）），戦人（全祝 ぜんしゅく），武田（[没]天正14（1586）年12月），長野百（[生]？），長野歴（[生]？），新潟百（全祝 ぜんしゅく），日人（[没]1587年），仏教（北高禅祝 [没]天正14（1586）年12月20日）

**法性** ほっしょう
→法性（ほうしょう）

**法性寺基外** ほっしょうじきがい
？ ～貞享3（1686）年
江戸時代前期の豊前中津藩士、僧。
¶藩臣7

ほ

**法性宥鑁** ほっしょうゆうばん
万延1（1860）年～昭和4（1929）年11月10日
明治～昭和期の僧。
¶世紀，新潟人，日人，明大1

**法心** ほっしん
→性才法心（しょうさいほうしん）

**法身** ほっしん，ほつしん
→性西法心（せいせいほっしん）

**法進** ほっしん
→法進（ほうしん）

**法身国師** ほっしんこくし
文治5（1189）年～文永10（1273）年
平安時代後期～鎌倉時代後期の僧。池福山法連寺開山。
¶青森人

**法勢** ほっせい
→法勢（ほうせい）

**堀田恵灯** ほったえとう
生没年不詳
江戸時代の僧。勝幡村福応寺の住職。
¶姓氏愛知

**堀田広海** ほったこうかい
明治35（1902）年～昭和62（1987）年
昭和期の僧侶。
¶和歌山人

**堀田貞子** ほったさだこ
寛政7（1795）年～明治8（1875）年
江戸時代後期～明治期の国学者。津島神社の神官堀田年足の妻。
¶姓氏愛知

**堀田真快** ほったしんかい
明治23（1890）年～昭和59（1984）年
大正～昭和期の僧侶。
¶和歌山人

**堀立壱岐守** ほったていきのかみ
生没年不詳
安土桃山時代の杜屋神社大宮司職。
¶姓氏山口

**堀田之邑** ほったゆきむら
宝永3（1706）年～安永2（1773）年5月4日
江戸時代中期の神職。
¶国書

**堀田和成** ほったわせい
大正15（1926）年～
昭和～平成期の宗教者。偕和会主宰。著書に「八正道のこころ」「彼岸への道」など。
¶現執2期，現執3期

**没倫紹等** ぼつりんじょうとう
？ ～明応1（1492）年 [別]墨斎（ぼくさい），墨斎没倫（ぼくさいぼつりん），没倫紹等（もつりんしょうとう，もつりんじょうとう）
室町時代～戦国時代の僧。一休宗純の法嗣。
¶朝日（墨斎 ぼくさい [没]明応1年5月16日（1492年6月10日）），鎌室，国史（もつりんしょうとう），古中（もつりんしょうとう），史人（もつりんしょうとう [没]1492年5月16日），新潮（[没]明応1（1492）年5月16日），人名（墨斎没倫 ぼくさいぼつりん [没]1496年），茶道，日人（もつりんじょうとう），仏教（もつりんじょうとう [没]明応5（1496）年5月16日），仏史（もつりんじょうとう），名画（墨斎 ぼくさい [没]1496年）

**慕哲竜攀** ぼてつりゅうはん
生没年不詳
室町時代の臨済宗の僧。
¶国書

**甫天俊昶** ほてんしゅんちょう
生没年不詳
江戸時代中期～後期の曹洞宗の僧。
¶国書

**ボナヴェンツラ**
？ ～慶長1（1596）年
戦国時代～安土桃山時代のキリシタン。日本二十六聖人。
¶長崎歴

**補永茂助** ほながしげすけ
明治14（1881）年6月20日～昭和7（1932）年10月20日 [別]補永茂助（ほながもすけ）
明治～昭和期の神道学者。外国人の神道観検討において権威的業績を残す。
¶昭人，神史（ほながもすけ），神人，人名，世紀，哲学，日人

**補永茂助** ほながもすけ
→補永茂助（ほながしげすけ）

**慕南宗瑞** ぼなんそうずい
生没年不詳
戦国時代の臨済宗の僧。

¶仏教

**帆山惟念** ほやまいねん
→帆山惟念（ほやまゆいねん）

**帆山惟念**（帆山唯念） ほやまゆいねん
＊～明治27（1894）年　㊞惟念（ゆいねん），帆山惟念（ほやまいねん）
江戸時代末期～明治期の画家、真宗高田派僧侶。伊勢輪崇寺住職。
¶真宗（帆山唯念　㊐文政10（1827）年　㊀明治28（1895）年4月17日），人名（ほやまいねん　㊐1823年），日人（㊐1823年），仏教（惟念　ゆいねん　㊐文政10（1827）年8月10日　㊀？），三重（帆山唯念）

**堀池春峰** ほりいけしゅんぽう
大正7（1918）年12月8日～平成13（2001）年8月31日
昭和期の仏教芸術・南都仏教史研究者。奈良大学教授。
¶現執1期，考古

**堀井三友** ほりいさんゆう
明治18（1885）年4月10日～昭和17（1942）年5月31日
明治～昭和期の仏教美術研究者。
¶郷土，姓氏富山，富山考，富山百，日人

**堀一郎** ほりいちろう
明治43（1910）年3月19日～昭和49（1974）年8月10日
大正～昭和期の宗教学者。東京大学教授。宗教民族学を提唱、エリアーデを紹介。著書に「民間信仰」など。
¶現朝，現執1期，現情，現人，現日，考古，史研，新カト，新潮，人名7，世紀，全書，哲学，日人，仏教，宮城百

**堀内寛仁** ほりうちかんじん
大正1（1912）年～
昭和期のインド哲学者、僧侶。高野山大学教授。
¶現執1期

**堀内貫夫** ほりうちかんふ
明治38（1905）年～
昭和期の僧侶。
¶群馬人

**堀内四郎** ほりうちしろう
明治20（1887）年3月20日～昭和43（1968）年2月29日
大正・昭和期の日本バプテスト根室教会牧師。
¶根千

**堀内天嶺** ほりうちてんれい
明治36（1903）年～昭和57（1982）年
大正・昭和期の宗教美術家。
¶御殿場

**堀内延保** ほりうちのぶやす
正徳4（1714）年～寛政6（1794）年7月8日
江戸時代中期～後期の神職。
¶国書

**堀内文一** ほりうちぶんいち
明治8（1875）年8月1日～昭和15（1940）年1月13日
明治～昭和期の伝道者。
¶キリ

**堀内宥盛** ほりうちゆうせい
明治7（1874）年～昭和27（1952）年
明治～昭和期の僧侶。
¶群馬人

**堀雲厳** ほりうんげん
明治6（1873）年～昭和17（1942）年
明治～昭和期の僧侶。
¶和歌山人

**堀江慶了** ほりえけいりょう
？～明治29（1896）年
江戸時代末期～明治期の浄土真宗の僧。
¶国書

ほ

**堀尾貫務** ほりおかんむ
文政11（1828）年1月7日～大正10（1921）年4月25日
江戸時代末期～明治期の浄土宗僧侶、東京芝増上寺第66世。
¶人名，世紀，日人，明大1

**堀川観阿**（堀河観阿） ほりかわかんあ
？～明治13（1880）年1月14日
江戸時代末期～明治期の浄土真宗本願寺派学僧。京都専修寺住職、勧学。
¶真宗，仏教（堀河観阿）

**堀川教阿** ほりかわきょうあ
明治期の西本願寺僧侶。イギリスに留学し語学を学ぶ。日本で最初に渡欧した僧侶。
¶海越（生没年不詳），海越新，渡航

**堀川乗経** ほりかわじょうきょう
文政7（1824）年～明治11（1878）年6月25日
江戸時代末期～明治期の僧侶。西本願寺函館別院初代輪番。北海道布教の先駆者。救貧院を創設、傷病兵や困窮民を収容。
¶青森人，朝日，北墓，コン改，コン4，コン5，人名，日人，幕末，幕末大，仏教，北海道建，北海道百，北海道歴，明大1

**堀川全明** ほりかわぜんめい
明治23（1890）年～昭和37（1962）年
大正～昭和期の尼僧。
¶高知人

**堀口義一** ほりぐちぎいち
明治29（1896）年～昭和43（1968）年
大正～昭和期の僧侶。
¶群馬人

**堀口貞利** ほりぐちさだとし
嘉永3（1850）年～明治43（1910）年
明治期の政治家。群馬県議会議員、実業家・神官。
¶群馬人

**堀口専正** ほりぐちせんしょう
生没年不詳

昭和期の僧侶。小倉永万寺住職。
¶社史

**堀家正樹** ほりけまさき
？～明治9(1876)年　㊞堀家正樹(ほっけまさき)
江戸時代末期の神道家。
¶岡山人(ほっけまさき)，岡山歴

**堀賢雄** ほりけんゆう
明治13(1880)年12月5日～*
明治～大正期の渡航者。
¶渡航(㊀？)，富山百(㊀昭和24(1949)年9月20日)

**堀越弥三郎** ほりこしやさぶろう
天保9(1838)年～明治31(1898)年
明治期の公共事業家、神職。
¶埼玉人，埼玉百，神人(㊀？)，日人

**堀込中** ほりごめなか
明治42(1909)年7月8日～　㊞山村道一，正信
昭和期の僧侶。
¶社史

**堀重信** ほりしげのぶ
明治期の神職。
¶華請，神人

**堀至徳** ほりしとく
明治9(1876)年10月10日～明治36(1903)年
明治期の宗教研究家。
¶郷土奈良，日人

**堀秀成** ほりしゅうせい
→堀秀成(ほりひでなり)

**堀四郎** ほりしろう
文政2(1819)年～明治29(1896)年3月17日　㊞堀政材(ほりまさき，ほりまさたき，ほりまさたね)
江戸時代末期～明治期の加賀藩士。旧藩史の編纂に従事。郡奉行、世子前田慶寧の近習を歴任。
¶石川百(堀政材　ほりまさたね　㊀1820年？　㊀1897年)，維新，人名，姓氏石川(堀政材　ほりまさき　㊀？)，日人，幕末(堀政材　ほりまさたね)，幕末大(堀政材　ほりまさたき)

**堀信元** ほりしんげん
明治36(1903)年～昭和24(1949)年
昭和期の曹洞宗の僧。
¶仏人

**堀新造** ほりしんぞう
大正2(1913)年5月13日～平成8(1996)年9月5日
昭和・平成期の宮大工。
¶飛騨

**堀善証** ほりぜんしょう
安政1(1854)年3月～明治43(1910)年1月9日
江戸時代末期～明治期の傑僧。
¶兵庫人

**堀慥甫** ほりぞうじ
→堀秀成(ほりひでなり)

**堀慥甫** ほりぞうほ
→堀秀成(ほりひでなり)

**堀貞一** ほりていいち
文久3(1863)年1月4日～昭和18(1943)年8月26日
明治～昭和期の宗教家、教育者。前橋教会牧師、共愛女学校校長。
¶キリ，群新百(㊀1861年)，群馬人，群馬百，社史，姓氏群馬

**堀鉄翁** ほりてつおう
明治39(1906)年3月18日～昭和38(1963)年8月1日
大正・昭和期の僧。国府町の安国寺50世。
¶飛騨

**堀之内稔** ほりのうちみのる
昭和13(1938)年1月10日～
昭和期の宮大工。
¶飛騨

**堀之内由雄** ほりのうちよしお
昭和10(1935)年12月23日～
昭和期の神職。
¶飛騨

**堀之内良眼** ほりのうちりょうげん
生没年不詳
江戸時代中期の宮司。
¶藩臣7

**堀秀成** ほりひでなり
文政2(1819)年～明治20(1887)年　㊞堀秀成(ほりしゅうせい)，堀慥甫(ほりぞうじ，ほりぞうほ)
江戸時代後期～明治期の国学者、神職。
¶維新，江文，香川人，香川百，国書(㊀文政2(1819)年12月6日　㊀明治20(1887)年10月3日)，コン5，神史，人書94，神人(㊀文政2(1819)年12月6日　㊀明治20(1887)年10月3日)，人名，日人(㊀1820年)，幕末(㊀1887年10月3日)，幕末(堀慥甫　ほりぞうほ　㊀1887年7月)，幕末大(㊀文政2(1819)年12月6日　㊀明治20(1887)年10月3日)，幕末大(堀慥甫　ほりぞうほ　㊀明治20(1887)年7月)，藩臣3(堀慥甫　ほりぞうじ)，平史，明治史，山梨百(ほりしゅうせい　㊀明治20(1887)年12月)

**堀秀信** ほりひでのぶ
*～寛永4(1627)年12月28日　㊞日深(にちじん)
江戸時代前期の武士。徳川氏家臣。
¶国書(日深　にちじん　㊀天正2(1574)年)，戦国(㊀1587年)，戦人(㊀天正15(1587)年)，仏教(日深　にちじん　㊀天正1(1573)年)

**堀部妙海** ほりべみょうかい
江戸時代中期の尼僧。
¶江戸東

**堀政材** ほりまさき
→堀四郎(ほりしろう)

**堀政材** ほりまさたき
→堀四郎(ほりしろう)

**堀政材** ほりまさたね
→堀四郎(ほりしろう)

**堀密成** ほりみつじょう
明治1(1868)年～昭和2(1927)年
明治～昭和期の曹洞宗の僧。
¶姓氏愛知

**堀六郎** ほりろくろう
明治5(1872)年2月～？
明治期の牧師。
¶徳島歴

**本阿** ほんあ
生没年不詳
南北朝時代の僧侶・連歌作者。
¶国書

**梵阿** ぼんあ
[別]梵阿(ぼんな)
室町時代の僧、連歌師。
¶日人(生没年不詳)，俳文(ぼんな)

**本因坊算砂** ほんいんぼうさんさ
永禄1(1558)年～元和9(1623)年5月16日　[別]本因坊算砂(ほんいんぼうさんしゃ)，本因坊算妙(ほんいんぼうさんみょう)
安土桃山時代～江戸時代前期の囲碁棋士。初代本因坊。囲碁中興の祖。
¶朝日([生]永禄2(1559)年5月　[没]元和9年5月16日(1623年6月13日))，岩史([生]永禄2(1559)年5月)，角史([生]永禄2(1559)年)，京都，京都大，国書([生]永禄2(1559)年)，コン改，コン4，コン5，史人([生]1559年)，新潮，人名，姓氏京都(本因坊算妙　ほんいんぼうさんみょう)，世人([生]永禄1(1558)年5月)，戦人，戦補，茶道(ほんいんぼうさんしゃ)，中世，日人，百科，仏教，山川小([生]1559年)

**本因坊算砂** ほんいんぼうさんしゃ
→本因坊算砂(ほんいんぼうさんさ)

**本因坊算妙** ほんいんぼうさんみょう
→本因坊算砂(ほんいんぼうさんさ)

**品慧**(品恵) ほんえ
天平16(744)年～弘仁9(818)年　[別]品慧(ほんね)
奈良時代～平安時代前期の僧。
¶古人(品恵)，古代(品恵)，古代普(品恵)，人名，日人(ほんね)，仏教(ほんね)

**本円** ほんえん
正安3(1301)年～？
鎌倉時代後期～南北朝時代の真言宗の僧。
¶国書

**本覚** ほんかく
安永8(1779)年～天保9(1838)年閏4月8日
江戸時代後期の浄土宗の僧。
¶仏教

**本覚寺覚然** ほんがくじかくぜん
生没年不詳
江戸時代前期の僧。白川村の本覚寺の開基。
¶飛騨

**本覚寺椿原** ほんがくじちんげん
～嘉永6(1853)年
江戸時代後期の僧。上宝村の本覚寺の住職。
¶飛騨

**本覚寺諦善** ほんがくじていぜん
生没年不詳
江戸時代後期の僧。白川村の本覚寺17世。
¶飛騨

**本覚坊暹好** ほんかくぼうせんこう
安土桃山時代の天台宗の僧。
¶茶道

**本覚霊照** ほんがくれいしょう
生没年不詳
室町時代の僧。金山町の昌満寺の開基。
¶飛騨



**本願寺教如** ほんがんじきょうにょ
→教如(1)(きょうにょ)

**本願寺顕如** ほんがんじけんにょ
→顕如(けんにょ)

**本願寺准如** ほんがんじじゅんにょ
→准如(じゅんにょ)

**本願寺証如** ほんがんじしょうにょ
→証如(2)(しょうにょ)

**本教寺宗円** ほんきょうじそうえん
～寛永3(1626)年5月14日
江戸時代前期の僧。高山市の本教寺の開基。
¶飛騨

**本行坊巴陵** ほんぎょうぼうはりょう
～寛政11(1799)年9月4日
江戸時代中期の僧。高山御坊の輪番。京都六条の盛林寺の住職。
¶飛騨

**梵珪元璋** ぼんけいげんしょう
？～延享1(1744)年4月17日
江戸時代中期の黄檗宗の僧。
¶国書

**本光** ほんこう
→瞎道本光(かつどうほんこう)

**本孝** ほんこう
？～元禄8(1695)年9月2日
江戸時代前期～中期の天台宗の僧。
¶国書

**本高** ほんこう
→風外本高(ふうがいほんこう)

**本光寺教了** ほんこうじきょうりょう
生没年不詳
戦国時代の僧。古川町の本光寺の開基。
¶飛騨

**本光寺了冠**　ほんこうじりょうかん
文政10(1827)年4月28日～明治18(1885)年8月22日
江戸時代末期・明治期の僧。古川町の本光寺16世。
¶飛騨

**本光寺了泉**　ほんこうじりょうせん
～文久1(1861)年4月9日
江戸時代末期の僧。古川町の本光寺14世。
¶飛騨

**本光寺亮雄**　ほんこうじりょうゆう
～安政4(1857)年11月23日
江戸時代後期の僧。古川町の本光寺15世。
¶飛騨

**本光坊天竜**　ほんこうぼうてんりゅう
生没年不詳
江戸時代後期の僧。下呂町の桂林教会の開基。
¶飛騨

ほ

**本光坊了顕**　ほんこうぼうりょうけん
文安5(1448)年～文明6(1474)年
室町時代～戦国時代の浄土真宗本願寺派の僧、美山町市波本向寺の第5世。
¶福井百

**本実**　ほんじつ
生没年不詳
南北朝時代～室町時代の日蓮宗の僧。
¶国書

**本寂**　ほんじゃく
天和2(1682)年～享保19(1734)年3月2日
江戸時代前期～中期の真言宗の僧。
¶国書

**梵守**　ぼんしゅ
応永14(1407)年～文明14(1482)年
室町時代の禅僧。
¶新潟百

**本宗**　ほんしゅう
延宝1(1673)年～延享4(1747)年
江戸時代前期～中期の禅僧。
¶徳島歴

**本宗祖陳**　ほんしゅうそちん
延宝1(1673)年～延享4(1747)年6月6日
江戸時代前期～中期の臨済宗の僧。
¶国書

**本住坊**　ほんじゅうぼう
㊀本住坊(ほんじゅぼう)
安土桃山時代の僧。
¶戦人(生没年不詳)，茶道(ほんじゅぼう)

**本秀幽蘭**　ほんしゅうゆうらん
？～弘化4(1847)年10月5日
江戸時代後期の曹洞宗の僧。
¶国書

**本住坊**　ほんじゅぼう
→本住坊(ほんじゅうぼう)

**本純**　ほんじゅん
元禄15(1702)年～明和6(1769)年4月17日
江戸時代中期の天台宗の僧。
¶国書，日人，仏教

**梵舜**(1)　ぼんしゅん
天文22(1553)年～寛永9(1632)年11月18日
安土桃山時代～江戸時代前期の神道家、僧。
¶朝日(㉝寛永9年11月18日(1632年12月29日))，岩史，角史，京都，京都大，近世，国史，国書(㊤天文22(1553)年7月3日)，コン改，コン4，コン5，史人，思想史，諸系，神史，神人(㉝寛永9(1632)年1月18日)，新潮，人名，姓氏京都，全書，全戦，戦補(㊤1552年)，徳川将，日史，日人，百科，歴大

**梵舜**(2)　ぼんしゅん
？～承応2(1653)年　㊀天外梵舜(てんがいぼんしゅん)
江戸時代前期の僧。
¶人名(天外梵舜　てんがいぼんしゅん)，世人，世百，戦人，日人(天外梵舜　てんがいぼんしゅん)，仏教(天外梵舜　てんがいぼんしゅん　㉝承応2(1653)年8月2日)

**本初**　ほんじょ
享保4(1719)年～天明8(1788)年11月6日
江戸時代中期～後期の真言宗の僧。
¶国書

**梵初**　ぼんしょ
生没年不詳
室町時代の曹洞宗の僧。
¶国書

**梵恕**　ぼんじょ
生没年不詳
戦国時代の臨済宗の僧。
¶国書

**本照**(1)　ほんしょう
生没年不詳
南北朝時代の僧侶・連歌作者。
¶国書

**本照**(2)　ほんしょう
文化1(1804)年～明治10(1877)年9月1日
江戸時代後期～明治期の浄土真宗の僧。
¶国書

**本性**　ほんしょう
生没年不詳
鎌倉時代後期～南北朝時代の僧。
¶日人，仏教

**梵韶**　ぼんしょう
生没年不詳
江戸時代中期の天台宗の僧。
¶国書

**本荘堅宏**　ほんじょうけんこう
文久3(1863)年～昭和9(1934)年12月20日
明治～昭和期の僧、教育家。東亜先覚者で、日露

郵報社を設立、セミヨノフ将軍を援助してシベリア独立を画策。
¶人名, 世紀, 日人, 明大1

**本庄貞居** ほんじょうさだすえ
? ～明和7(1770)年
江戸時代中期の神道学者。
¶人名, 日人

**本城昌平** ほんじょうしょうへい
元治1(1864)年5月3日～昭和20(1945)年5月8日
[別]本城昌平(もときしょうへい)
江戸時代末期～昭和期の司祭。東京・本所教会主任司祭。
¶新カト

**本城千代子** ほんじょうちよこ
明治35(1902)年1月22日～昭和32(1957)年9月25日
昭和期の宗教家。心理実行会を結成。
¶女性, 女性普

**本城徹心** ほんじょうてっしん
明治6(1873)年～1935? 年?
明治～昭和期の僧侶・社会福祉家。
¶愛媛([没]昭和10(1935?)年?)

**本城文雄** ほんじょうふみお
明治13(1880)年12月16日～昭和25(1950)年6月20日
明治～昭和期の僧。根室の本城寺(真言宗高野山南院の直末寺)2代目住職。
¶根千

**本性坊** ほんしょうぼう
南北朝時代の大和般若寺(法相宗)の僧。
¶人名

**本荘了寛** ほんじょうりょうかん
弘化4(1847)年～大正9(1920)年3月7日
明治～大正期の僧。「北溟雑誌」を発行し郷党の知見開発に尽力、佐渡物産陳列会を設け殖産に貢献。
¶人名, 世紀, 新潟百, 日人, 明大1

**梵随** ぼんずい★
文政9(1826)年～明治30(1897)年5月8日
江戸時代末期・明治期の曹洞僧。
¶秋田人2

**梵僊** ぼんせん
→竺仙梵僊(じくせんぼんせん)

**本泉寺蓮悟** ほんせんじれんご
応仁2(1468)年～天文12(1543)年
戦国時代の僧。一向一揆を指揮した。
¶ふる

**本多恵隆** ほんだえりゅう
明治9(1876)年10月30日～昭和19(1944)年5月18日
明治～昭和期の僧侶。
¶真宗, 姓氏長野

**本多応之助** ほんだおうのすけ
文政8(1825)年～明治4(1871)年
江戸時代末期～明治期の黒住教教師。鶴田騒動の介添人として関与、逮捕され獄死。
¶岡山人, 岡山百([生]文政8(1825)年6月6日 [没]明治4(1871)年1月), 岡山歴([生]? [没]明治4(1871)年9月1日), 幕末([没]1871年1月), 幕末大([没]明治3(1871)年12月)

**本田義英** ほんだぎえい
明治21(1888)年8月10日～昭和28(1953)年7月29日
明治～昭和期の仏教学者、日蓮宗僧侶。京都帝国大学教授、印度文化研究所所長。
¶現情, 昭人, 人名7, 世紀, 日人, 仏教, 仏人

**本田九郎平親徳** ほんだくろうへいちかのり★
生没年不詳
江戸時代末期の宗教歌。
¶薩摩

**本田慶俊** ほんだけいしゅん
室町時代の山伏。
¶姓氏鹿児島

**本多源三** ほんだげんぞう
文久2(1862)年5月18日～昭和15(1940)年
明治～昭和期の標津村標津神社の神官。
¶根千

**本多綱祐** ほんだこうゆう
明治13(1880)年～昭和43(1968)年
明治～昭和期の僧侶。
¶群馬人

**本多主馬** ほんだしづま
→本多主馬(ほんだしゅめ)

**本多主馬** ほんだしゅめ
明治6(1873)年9月6日～昭和13(1938)年2月3日
[別]本多主馬(ほんだしづま)
明治～昭和期の僧侶、教育家。大谷大学学長、権僧正。天台教学の権威。日蓮宗の教義に通暁。
¶昭人, 真宗(ほんだしづま), 人名, 世紀, 日人, 明大1

**本多正観** ほんだしょうかん
天明2(1782)年～弘化2(1845)年
江戸時代中期～後期の藺草栽培と畳表製造普及者。
¶伊豆, 静岡歴, 姓氏静岡

**本多清之助** ほんだせいのすけ
慶応3(1867)年～?
明治期の神職。
¶神人

**本多碓春** ほんだたいしゅん
明治2(1869)年1月12日～昭和11(1936)年8月18日
明治～昭和期の僧。高山市の笠曲寺の開山。
¶飛騨

**本田隆宣** ほんだたかのぶ
? ～大正13(1924)年

明治～大正期の神職。
¶神人

**本多匡** ほんだただす
文政12(1829)年～明治9(1876)年1月27日
江戸時代後期～明治期の国府の修道館教授、教部省編纂係。
¶姓氏愛知，東三河

**本多為昞** ほんだためあきら
文化9(1812)年～明治5(1872)年
江戸時代後期～明治期の歌人・神官。
¶東三河

**本多澄雲** ほんだちょううん
明治期の僧侶。
¶真宗

**誉田束稲** ほんだつかね
弘化4(1847)年～明治4(1871)年
江戸時代末期～明治期の神職。招魂社社司。国学を学んで尊王攘夷家となり、鳥羽・伏見の変で官軍に従軍。
¶静岡歴，姓氏静岡，幕末，幕末大



**本多徳蔵** ほんだとくぞう
→本多庸一(ほんだよういつ)

**本多日生** ほんだにっしょう
慶応3(1867)年3月13日～昭和6(1931)年3月16日
[別]本多日生(ほんだにっせい)
明治～昭和期の法華宗僧侶。顕本法華宗管長。近代日蓮教団の国家主義傾向を体現。著書に「大蔵経要義」。
¶近現，国史，世紀，日人，兵庫百(ほんだにっせい)，仏教，仏人，民学，明治史，明大1

**本多日生** ほんだにっせい
→本多日生(ほんだにっしょう)

**本田秀道** ほんだひでみち
大正12(1923)年10月～平成10(1998)年1月31日
昭和～平成期の弓道家、僧侶、弓道教士。
¶弓道

**本多弘之** ほんだひろゆき
昭和13(1938)年7月12日～
昭和～平成期の真宗学者、真宗大谷派僧侶。
¶現執1期，現執4期

**本多芳寿** ほんだほうじゅ
明治20(1887)年～昭和14(1939)年1月7日
明治～昭和期の僧侶。
¶庄内

**本多正憲** ほんだまさのり
嘉永2(1849)年～昭和12(1937)年
江戸時代末期～明治期の長尾藩主、長尾藩知事、貴族院議員、子爵。
¶諸系，神人，世紀([生]嘉永2(1849)年6月11日 [没]昭和12(1937)年5月3日)，日人，藩主2([生]嘉永2(1849)年6月21日 [没]昭和12(1937)年5月)，明大1([生]嘉永2(1849)年6月11日 [没]昭和12(1937)年5月3日)

**本田瑞穂** ほんだみずほ
天保13(1842)年～明治39(1906)年
明治期の宗教家。
¶御殿場

**本多光臣** ほんだみつおみ
享和3(1803)年～明治7(1874)年7月11日
江戸時代後期～明治期の国学者・神官。
¶東三河

**本多庸一** ほんだよういち
→本多庸一(ほんだよういつ)

**本多庸一**(本田庸一) ほんだよういつ
嘉永1(1848)年12月13日～明治45(1912)年3月26日 [別]本多庸一(ほんだよういち)，本多徳蔵(ほんだとくぞう)
明治期のキリスト教指導者。日本メソジスト教会初代監督。弘前公会を設立、自由民権運動にも関与。東京英和学校(のちの青山学院)校長。
¶青森人(ほんだよういち)，青森百(ほんだよういち)，朝日([生]嘉永1年12月13日(1849年1月7日))，維新(ほんだよういち)，海越新([生]嘉永1(1850)年12月13日)，学校，教育(ほんだよういち)，教人(ほんだよういち)，キリ([生]嘉永1(1849)年12月13日)，近現，国史，コン改(ほんだよういち)，コン4，コン5，史人，社史，新カト，人書79(ほんだよういち)，新潮，人名(ほんだよういち)，世紀([生]嘉永1(1849)年12月13日)，世人(ほんだよういち)，世百(ほんだよういち)，全書，哲学(ほんだよういち)，渡航，日史，日人([生]1849年)，日Y([生]嘉永1(1849)年1月7日)，日本(本田庸一)，幕末(ほんだよういち)，幕末大(ほんだよういち [生]嘉永1(1849)年12月13日)，藩臣1(本多徳蔵 ほんだとくぞう)，百科，風土(ほんだよういち)，明治史，明大1，履歴(ほんだよういち [生]嘉永1(1848)年11月18日)，履歴2(ほんだよういち [生]嘉永1(1848)年11月18日)，歴大

**梵仲** ぼんちゅう
南北朝時代の皇胤、玉河宮の末孫。
¶人名，日人(生没年不詳)

**梵丁竺洲** ぼんちょうちくしゅう
生没年不詳
江戸時代後期の曹洞宗の僧。
¶国書

**梵貞**(1) ぼんてい
生没年不詳
戦国時代の曹洞宗の僧。
¶戦房総

**梵貞**(2) ぼんてい
生没年不詳
江戸時代前期～中期の浄土宗の僧。
¶仏教

**梵灯** ぼんとう
→朝山梵灯庵(あさやまぼんとうあん)

**梵灯庵**　ほんとうあん
→朝山梵灯庵（あさやまぼんとうあん）

**梵灯庵主**　ぼんとうあんしゅ
→朝山梵灯庵（あさやまぼんとうあん）

**梵阿**　ぼんな
→梵阿（ぼんあ）

**本如**(1)　ほんにょ
生没年不詳
鎌倉時代後期の僧侶・歌人。
¶国書

**本如**(2)　ほんにょ
安永7（1778）年10月24日～文政9（1826）年12月12日　[別]光摂（こうしょう，こうせつ）
江戸時代後期の真宗の僧。西本願寺第19世。
¶近世，国史，国書（光摂　こうせつ），茶道，日人（[没]1827年），仏教，仏史，仏人（光摂　こうせつ）

**品慧**　ほんね
→品慧（ほんえ）

**本慧**　ほんね
生没年不詳
鎌倉時代の浄土宗の僧。
¶仏教

**本仏**　ほんぶつ
天明3（1783）年？　～安政5（1858）年1月22日
江戸時代後期の浄土宗の僧。
¶仏教

**本弁**　ほんべん
？　～嘉永1（1848）年
江戸時代後期の僧。
¶和歌山人

**本保伊作**　ほんぼいさく
明治25（1892）年～昭和26（1951）年
明治～昭和期の仏師。
¶美建

**梵芳**　ぼんぽう
→玉畹梵芳（ぎょくえんぼんぽう）

**本保喜作〔1代〕**（本保喜作）　ほんぼきさく
弘化1（1844）年～大正11（1922）年
江戸時代後期～大正期の仏師。
¶美建（本保喜作〔1代〕），美建（本保喜作〔1代目〕）

**本保吉次郎**　ほんぼきちじろう
元治1（1864）年12月15日～昭和18（1943）年11月24日
明治～昭和期の仏師。
¶富山百，美建

**本保義平**　ほんぼぎへい
弘化4（1847）年～大正14（1925）年
江戸時代後期～大正期の仏師。
¶美建

**本保善次郎**　ほんぼぜんじろう
明治20（1887）年～昭和23（1948）年　[別]本保喜作〔2代〕（ほんぼきさく）
明治～昭和期の仏師。
¶美建

**本保兵右衛門**　ほんぼへいうえもん
天保13（1842）年～明治40（1907）年
江戸時代後期～明治期の仏師。
¶美建

**本保兵吉**　ほんぼへいきち
嘉永6（1853）年～昭和9（1934）年
江戸時代後期～昭和期の仏師。
¶美建

**本保兵太郎**　ほんぼへいたろう
明治17（1884）年～昭和28（1953）年
明治～昭和期の仏師。
¶美建

**本間快浄**　ほんまかいじょう
文政11（1828）年～明治33（1900）年
江戸時代末期～明治期の真言宗僧侶。
¶人名

**本間光泰**　ほんまこうたい
天保12（1841）年～明治20（1887）年11月11日
江戸時代後期～明治期の神職。
¶庄内

**本間重慶**　ほんましげよし
安政3（1856）年～昭和8（1933）年8月24日
明治～昭和期の日本組合基督教会牧師。
¶キリ（[生]？），史人，明治史

**本間正樹**　ほんままさき
昭和27（1952）年10月23日～
昭和～平成期のフリーライター、児童文学作家。口承文芸のほか児童文学に関心が深い。著書に「ソンゴクウ銀いろの雲にのる」「日本の伝説を探る」など。
¶現執3期，現執4期

**本明海**　ほんみょうかい
元和9（1623）年～天和3（1683）年
江戸時代前期の出羽湯殿山の最古の即身仏。本明寺に祀られる。
¶朝日（[生]元和9（1623）年頃　[没]天和3年閏5月8日（1683年7月2日）），日人，仏人

**本無**　ほんむ
？　～元徳1（1329）年10月3日
鎌倉時代後期の律宗の僧。
¶仏教

**梵無**　ぼんむ
？　～慶安5（1652）年6月8日
江戸時代前期の浄土宗の僧。
¶仏教

**本誉**　ほんよ
？　～慶長16（1611）年
安土桃山時代～江戸時代前期の浄土宗の僧、江戸

千日谷一行院の開基。
¶人名

**梵竜** ぼんりゅう
生没年不詳
江戸時代前期の僧。高山市の雲竜寺12世。能州の本山・総持寺の輪住職。
¶飛驒

**本竜寺願昌** ほんりゅうじがんしょう
嘉永4(1851)年9月20日～
明治期の僧。古川町の本竜寺8世。
¶飛驒

**本竜寺顕道** ほんりゅうじけんどう
生没年不詳
戦国時代の僧。古川町の本竜寺の開基。
¶飛驒

**本蓮** ほんれん
文治2(1186)年～正嘉1(1257)年6月11日
鎌倉時代前期の僧。
¶国書(生没年不詳), 仏教

## 【ま】

**晦翁宝暠** まいおうほうこう
→晦翁宝暠(かいおうほうこう)

**晦巌** まいがん
寛政10(1798)年～明治5(1872)年8月23日 別晦巌道廓(かいがんどうかく, まいがんどうかく), 晦巌(かいがん)
江戸時代末期～明治期の僧。
¶維新, 愛媛, 愛媛百, 郷土愛媛(晦巌道廓 まいがんどうかく), 国書(晦巌道廓 かいがんどうかく), 人名(かいがん), 日人(晦巌道廓 まいがんどうかく), 幕末(生1792年), 幕末大, 仏教(晦巌道廓 まいがんどうかく)

**晦巌玄育** まいがんげんいく
寛政10(1798)年～明治5(1872)年8月23日
江戸時代末期の臨済僧。
¶鎌倉新

**晦巌道廓** まいがんどうかく
→晦巌(まいがん)

**売茶翁** まいさおう
→月海元昭(げっかいげんしょう)

**毎田周一** まいだしゅういち, まいたしゅういち
明治39(1906)年9月22日～昭和42(1967)年2月27日
大正～昭和期の仏教思想家。信州真正仏教大学を設立。
¶石川百, 現執1期, 世紀, 姓氏石川(まいたしゅういち), 姓氏長野, 哲学, 長野百, 長野歴, 日人, 仏人

**真板安貞** まいたやすさだ
生没年不詳
江戸時代後期の津久井県日連村鎮守蔵王権現社神主。
¶神奈川人

**真乙姥** まいつば
生没年不詳
戦国時代の女性。長田大主の妹。
¶沖縄百, 姓氏沖縄

**前川清彦** まえかわきよひこ
天保7(1836)年2月1日～明治35(1902)年4月28日
江戸時代後期～明治期の神官。
¶岡山人, 岡山歴

**前嶋信次** まえじましんじ
明治36(1903)年7月20日～昭和58(1983)年6月3日
大正～昭和期の東洋史学者。慶応義塾大学教授。長年イスラム史研究の指導者として活躍。著書に「東西文化交流の諸相」など。
¶現朝, 現執1期, 現執2期, 現情, 現日, 史学, 新潮, 世紀, 日人, マス89(生1904年), 山梨人, 山梨百

**前島誠** まえじままこと
昭和8(1933)年12月25日～
昭和～平成期のキリスト教学者。玉川大学教授。著書に「うしろ姿のイエス」「自分をひろげる生き方」など。
¶現執3期

**前島正弼** まえしままさみ
享和1(1801)年～元治1(1864)年
江戸時代後期の神官。
¶長野歴

**前島宗甫** まえじまむねとし
昭和12(1937)年3月12日～
昭和～平成期の牧師。関西学院大学キリスト教と文化研究センター教授、日本基督教団正教師。日本ネグロス・キャンペーン委員会結成。無農薬バナナの輸入に取り組む。
¶現朝, 世紀, 日人, 平和

**前田慧雲** まえだえうん, まえたえうん
安政4(1857)年1月14日～昭和5(1930)年4月29日
明治～大正期の仏教学者。高輪仏教大学学長、東洋大学学長。「大日本続蔵経」を刊行。
¶朝日(生安政4年1月14日(1857年2月8日)), 近現, 広7, 国史, コン改(まえたえうん), コン5(まえたえうん), 史人, 真宗, 新潮, 人名, 世紀, 全書, 大百, 哲学, 日史, 日人, 百科, 仏教, 仏人(生1855年), 三重続(生安政4年4月), 明治史, 明大2

**前田恵学** まえだえがく
昭和1(1926)年11月29日～
昭和～平成期の僧侶。愛知学院大学客員教授、速念寺住職。パーリ語の専門家。「原始仏教聖典の成立史研究」で学士院恩賜賞受賞。文化功労者。
¶現執1期, 現情, 世紀, 日人

**前田清秋**　まえだきよあき
～明治12(1879)年
江戸時代後期～明治期の神職。
¶神人

**前田金蔵**　まえだきんぞう
明治10(1877)年3月8日～？
明治～大正期の栃木市の画家(截金仏画)、栃木県文化功労者。
¶栃木人(㊀？)，栃木歴

**前田鴻**　まえだこう
文久元(1861)年2月19日～大正4(1915)年11月7日
明治・大正期の金刀比羅神社社司、漢詩人。
¶根千

**前田護郎**　まえだごろう
大正4(1915)年6月17日～昭和55(1980)年4月17日
昭和期の聖書学者。西洋古典学、聖書学を講じ、日本における新約聖書学の基礎をつくった。
¶キリ，現朝，現情，世紀，哲学，日人

**前田茂勝**　まえだしげかつ
→前田主膳(まえだしゅぜん)

**前田主膳**　まえだしゅぜん
天正7(1579)年～？　㊙前田茂勝(まえだしげかつ)
安土桃山時代～江戸時代前期の大名、キリシタン。丹波国八上城主。
¶近世，国史，コン改，コン4，コン5，新潮，戦合，日人(前田茂勝　まえだしげかつ)

**前田泰一**　まえだたいいち
→前田泰一(まえだやすいち)

**前田諦信**　まえだたいしん
明治2(1869)年～昭和13(1938)年2月16日
明治～昭和期の僧。高山市の大雄寺27世。
¶飛驒

**前田聴瑞**　まえだちょうずい
明治22(1889)年～昭和29(1954)年
昭和期の仏教学者。
¶仏人

**前田長太**　まえだちょうた
慶応3(1867)年1月30日～昭和14(1939)年11月1日
明治～昭和期の哲学者、キリスト教学者。キリスト教関係の翻訳、著作に従事。
¶新カト，心理，哲学，新潟百別(㊤1866年)

**前田徳水**　まえだとくすい
明治10(1877)年～昭和14(1939)年3月19日
明治～昭和期の僧侶。
¶真宗(㊤明治10(1877)年1月9日)，人満(㊤明治10(1877)年1月)

**前田日延**　まえだにちえん
明治20(1887)年～昭和51(1976)年
大正期の僧。光悦寺住職。
¶姓氏京都

**前田黙堂**　まえだもくどう
明治5(1872)年～昭和33(1958)年
明治～昭和期の僧、書家。
¶高知人

**前田泰一**　まえだやすいち
弘化3(1846)年～明治17(1884)年　㊙前田泰一(まえだたいいち)
江戸時代末期・明治期のキリスト教事業家。
¶日児(まえだたいいち　㊀明治17(1884)年9月13日)，兵庫百(まえだたいいち)，兵庫文(㊤嘉永1(1848)年　㊀明治17(1884)年9月19日)

**前野慎水**　まえのしんすい
生没年不詳
江戸時代中期の神道家。
¶神人

**前原勝吉**　まえはらかつよし
生没年不詳
江戸時代前期の神職。
¶国書

ま

**前原至剛**　まえはらしごう
明治20(1887)年～昭和47(1972)年
明治～昭和期の僧。光明寺住職。
¶姓氏鹿児島

**前原弾部**　まえはらだんしょう
大正9(1920)年2月17日～
昭和～平成期の僧侶、政治家。深田村(熊本県)村長。
¶現政

**前原道晃**　まえばらどうこう
文化11(1814)年～明治16(1883)年2月7日　㊙道晃(どうこう)
江戸時代末期～明治期の浄土真宗本願寺派学僧。肥後善正寺住職、勧学。
¶国書(道晃　どうこう)，真宗，仏教

**前原寛臣**　まえはらひろおみ
明治27(1894)年～昭和46(1971)年
大正～昭和期の神官。
¶群馬人，姓氏群馬

**前原美春**　まえはらよしはる
文化1(1804)年～明治13(1880)年10月20日
江戸時代後期～明治期の神職。
¶国書

**真岡湛海**　まおかたんかい
明治6(1873)年～大正8(1919)年8月5日
明治～大正期の僧侶。
¶真宗

**真門道厳**　まかどどうごん
元治1(1864)年～昭和18(1943)年6月8日
明治～昭和期の浄土真宗本願寺派学僧。
¶富山百

**真壁太陽** まかべたいよう
文化6 (1809) 年～明治20 (1887) 年
江戸時代後期～明治期の僧。瑞巌寺122世。
¶姓氏宮城

**真川本雄** まがわもとお
文政11 (1828) 年～明治35 (1902) 年2月
江戸時代末期～明治期の神道家。
¶大阪人，人名

**真木和泉** まきいずみ
文化10 (1813) 年3月7日～元治1 (1864) 年7月21日
㊣真木保臣（まきやすおみ），真木和泉守（まきいずみのかみ）
江戸時代末期の尊攘派志士。
¶朝日（㊤文化10年3月7日（1813年4月7日）㊦元治1年7月21日（1864年8月22日）），維新，岩史（真木保臣　まきやすおみ），江人，角史，京都大，近世（真木保臣　まきやすおみ），国史（真木保臣　まきやすおみ），国書（真木保臣　まきやすおみ），コン改（真木保臣　まきやすおみ），コン4（真木保臣　まきやすおみ），コン5（真木保臣　まきやすおみ），詩歌（真木保臣　まきやすおみ），史人，思想史，重要，神史（真木保臣　まきやすおみ），人書79，人書94，神人（真木保臣　まきやすおみ），新潮，人名（真木保臣　まきやすおみ），姓氏京都，世人（真木保臣　まきやすおみ　㊤文化10 (1813) 年2月7日），世人，世百（真木保臣　まきやすおみ），全書，全幕，大百，日史，日人，幕末（㊦1864年8月22日），幕末大，藩臣7（真木保臣　まきやすおみ），百科，福岡百，平日（㊤1813 ㊦1864），山川小，歴大，和俳

**牧尾良海** まきおりょうかい
大正2 (1913) 年8月31日～
昭和期の東洋哲学者、真言宗智山派僧侶。東光院住職、大正大学教授。
¶現情

**牧ケ野唯乗** まきがのゆいじょう
嘉吉1 (1441) 年～文亀3 (1503) 年
戦国時代の僧。荘川村の遊浄寺の開基。
¶飛騨

**牧口常三郎** まきぐちつねさぶろう
明治4 (1871) 年6月6日～昭和19 (1944) 年11月18日
明治～昭和期の宗教家、教育者。創価教育学会会長。創価教育学会を創立し全国的に布教活動を行う。
¶岩史，角史，近現，現朝（㊤明治4年6月6日（1871年7月23日）），現日，国史，コン改，コン5，札幌，史人，思想，思想史，社史，昭人，新潮，人名7，世紀，世人，全書，大百，地理近代1，哲学，新潟人（㊦昭和19年11月），新潟百，日史，日人，百科，仏教，仏人，平日，平和，北海道百，北海道歴，民学，明治史，山川小，履歴，履歴2

**真木主馬** まきしゅめ
天保6 (1835) 年～明治34 (1901) 年5月3日
江戸時代末期～明治期の神官。水天宮祠官。父の意を受け、肥前地方に遊説。久留米・三潴両県に奉職。
¶維新，幕末，幕末大（㊤天保6 (1836) 年11月27日）

**牧田諦亮** まきたたいりょう
大正1 (1912) 年～
昭和期の仏教学者、僧侶。京都大学教授。
¶現執1期

**牧田滝蔵** まきたたきぞう
万延1 (1860) 年～昭和8 (1933) 年
明治～昭和期の大工棟梁。
¶栃木歴，美建

**蒔田誠** まきたまこと
明治23 (1890) 年11月1日～昭和37 (1962) 年4月26日
大正～昭和期の牧師。日本聖公会北関東教区主教、日本聖公会東京教区主教。
¶キリ

**牧野円泰** まきのえんたい
慶安3 (1650) 年～享保14 (1729) 年
江戸時代中期の惣社の神官、剣術家。
¶栃木歴

**牧野再竜** まきのさいりゅう
文政4 (1821) 年～明治22 (1889) 年
江戸時代末期～明治期の曹洞宗の僧。
¶群馬人，国書（生没年不詳）

**牧野神爽** まきのじんそう
弘化2 (1845) 年～明治41 (1908) 年
明治期の真宗大谷派僧侶。布教僧、定専坊住職。
¶仏人

**牧野大周** まきのだいしゅう
文化5 (1808) 年～明治16 (1883) 年5月25日　㊣大周（だいしゅう）
江戸時代末期～明治期の浄土真宗本願寺派の浄土真宗本願寺派僧侶。学僧、大性寺住職。
¶国書，真宗（㊤文化5 (1808) 年1月15日），人名（大周　だいしゅう），日人，仏人

**牧野虎次** まきのとらじ
明治4 (1871) 年7月3日～昭和39 (1964) 年2月1日
明治～昭和期の牧師、教育者。同志社大学総長。「基督教世界」を編集。
¶京都大，キリ（㊤明治4年7月3日（1871年8月18日）），近現，現朝（㊤明治4年7月3日（1871年8月18日）），現情，国史，滋賀百，昭人，人名7，世紀，姓氏京都，渡航（㊤1871年8月18日），日人，明治史

**馬来伸** まきのぶる
明治期の神職。
¶神人

**牧野実枝治** まきのみえじ
明治24 (1891) 年12月3日～昭和55 (1980) 年8月29日
大正～昭和期の牧師、無教会伝道者。

¶キリ

**牧野紋吉**　まきのもんきち★
慶応1 (1865) 年3月9日～昭和15 (1940) 年5月19日
明治～昭和期の宮大工。
¶秋田人2

**牧村兵部**　まきむらひょうぶ
天文14 (1545) 年～文禄2 (1593) 年　[別]牧村政治（まきむらまさはる）
安土桃山時代の大名、茶人、キリシタン。
¶朝日（[没]文禄2年7月10日（1593年8月6日）），京都大，近世（牧村政治　まきむらまさはる），国史（牧村政治　まきむらまさはる），諸系（牧村政治　まきむらまさはる），新潮（牧村政治　まきむらまさはる），姓氏京都，戦合（牧村政治　まきむらまさはる），全戦，茶道，日人（牧村政治　まきむらまさはる）

**牧村政治**　まきむらまさはる
→牧村兵部（まきむらひょうぶ）

**真木保臣**　まきやすおみ
→真木和泉（まきいずみ）

**牧安純**　まきやすずみ
文化13 (1816) 年11月～明治21 (1888) 年11月
江戸時代末期・明治期の医師・神官。
¶飛騨

**牧山望**　まきやまのぞむ
明治33 (1900) 年～昭和63 (1988) 年
大正～昭和期の神職。神社本庁神職位正階。
¶姓氏鹿児島

**満久紅雨**　まくこうう
*～昭和22 (1947) 年5月9日
大正～昭和期の歌人。
¶姓氏富山（[生]1889年），富山文（[生]明治23 (1890) 年2月6日）

**マグダレナ**
？～寛永1 (1624) 年12月18日
江戸時代前期の女性。キリシタン。
¶女性

**孫右衛門**　まごえもん
生没年不詳
江戸時代前期のキリスト教信者。浦上キリシタン潜伏組織の創始者。
¶長崎百

**孫福公裕**　まごふくきみひろ
寛政3 (1791) 年3月12日～嘉永6 (1853) 年7月26日
江戸時代後期の神職。
¶国書

**孫福弘坦**　まごふくこうたん
嘉永2 (1849) 年～
江戸時代後期～末期の神官。
¶神人

**孫福弘運**　まごふくひろかず
寛政12 (1800) 年～慶応2 (1866) 年8月7日
江戸時代後期～末期の神職。
¶国書

**孫福弘孚**　まごふくひろざね
文政13 (1830) 年8月29日～明治38 (1905) 年12月19日
江戸時代後期～明治期の神職。
¶国書

**正井観順**　まさいかんじゅん
*～大正2 (1913) 年
明治～大正期の僧侶。比叡山に登り回峰三千日天台未曽有の苦行をなし、30年間草鞋を解かなかった。
¶青森人（[生]万延1 (1860) 年），人名（[生]？），日人（[生]？），明大1（[生]万延1 (1860) 年　[没]大正2 (1913) 年9月18日）

**政池仁**　まさいけじん
明治33 (1900) 年11月20日～昭和60 (1985) 年4月3日　[別]政池仁（まさいけめぐむ）
大正～昭和期の独立伝道者。静岡高等学校教授。
¶キリ，社史，世紀（[生]明治33 (1900) 年11月），平和（まさいけめぐむ）

**政池仁**　まさいけめぐむ
→政池仁（まさいけじん）

**正景**　まさかげ★
文化14 (1817) 年～明治19 (1886) 年4月
江戸時代末期・明治期の僧。久保田寺町真宗浄弘寺11世の住職。
¶秋田人2

**間崎梅次**　まさきうめじ
文久1 (1861) 年12月11日～昭和11 (1936) 年12月5日
明治～昭和期の宮大工。
¶高知人，美建

**昌木晴雄**　まさきはるお
文政4 (1821) 年～元治1 (1864) 年
江戸時代末期の志士。
¶神人（[生]文政3 (1820) 年　[没]元治1 (1864) 年9月17日），人名，日人

**正木護**（正木譲）　まさきまもる
江戸時代末期～明治期の本願寺派僧侶、諜者。キリシタン探索を務める。
¶近現（正木譲），近世（生没年不詳），国史（生没年不詳），日人，明治史

**正谷亮太郎**　まさたにりょうたろう
元治1 (1864) 年～昭和8 (1933) 年3月17日
明治～昭和期のカトリック信者・歌人。
¶富山百

**益富政助**　まさとみまさすけ
→益富政助（ますとみまさすけ）

**正友**　まさとも
慶長2 (1597) 年～延宝4 (1676) 年7月4日　[別]杉木正友（すぎきまさとも），正友（せいゆう）
安土桃山時代～江戸時代前期の俳人。

ま

¶国書，日人（杉木正友　すぎきまさとも），俳句（㊀延宝3（1675）年），俳句（せいゆう），俳文

**雅業王** まさなりおう
長享2（1488）年～永禄3（1560）年9月12日　㊀白川雅業（しらかわまさなり），白川雅業王（しらかわまさなりおう）
戦国時代の神祇伯。非参議・神祇伯白川資氏王の子。
¶公卿（白川雅業王　しらかわまさなりおう），公卿普（白川雅業王　しらかわまさなりおう），公家，国書（白川雅業　しらかわまさなり），神人（白川雅業王　しらかわまさなりおう），戦人，戦補

**正本秀雄** まさもとひでお
大正6（1917）年2月11日～
昭和～平成期の僧侶、政治家。武蔵町（大分県）町長。
¶現政

ま

**摩島有教** まじまありのり
？～寛保4（1744）年2月4日
江戸時代中期の隠れキリシタン。
¶富山百

**馬島清眼**（馬嶋清眼） まじませいがん
？～康暦1（1379）年3月19日　㊀清眼（せいがん），馬嶋清眼（まじませいげん），清眼僧都（せいがんそうづ）
南北朝時代の僧医。わが国眼科医の草分け。
¶朝日（馬嶋清眼　まじませいげん　㊀康暦1/天授5年3月19日（1379年4月6日）），鎌室（清眼　せいがん），鎌室，眼科（馬嶋清眼），国史，古中，史人，新潮，人名，世人，日史，日人，百科

**馬嶋清眼** まじませいげん
→馬島清眼（まじませいがん）

**増山正同** ましやままさとも
天保14（1843）年～明治20（1887）年　㊀増山正同（ますやままさと）
江戸時代末期～明治期の長島藩主、長島藩知事。
¶諸系，神人（ますやままさと　生没年不詳），日人，藩主3（㊀天保14（1843）年2月29日　㊀明治20（1887）年4月22日）

**増子懐永** ますこかいえい
明治11（1878）年～
明治～大正期の神宮皇学館教授。
¶神人

**升崎外彦** ますざきそとひこ
明治25（1892）年4月12日～昭和51（1976）年4月22日
大正～昭和期の牧師、農・漁村伝道者。
¶郷土和歌山，キリ，和歌山人

**鱒沢功** ますざわこう
明治8（1875）年～昭和3（1928）年
明治～昭和期の神職。
¶神人

**益田四郎時貞** ますだしろうときさだ
→益田時貞（ますだときさだ）

**増田垂穂** ますだたるほ
享和2（1802）年～明治21（1888）年8月
江戸時代後期～明治期の神職。
¶国書

**増田藤太郎** ますだとうたろう
明治8（1875）年～昭和22（1947）年
明治～昭和期の神官。
¶姓氏鹿児島

**益田時貞** ますだときさだ
＊～寛永15（1638）年　㊀益田四郎時貞（ますだしろうときさだ），天草四郎（あまくさしろう），天草四郎時貞（あまくさしろうときさだ），ジェロニモ，天草時貞（あまくさときさだ）
江戸時代前期の島原・天草一揆の指導者。
¶朝日（㊀寛永1（1624）年？　㊀寛永15年2月28日（1638年4月12日）），岩史（天草四郎時貞　あまくさしろうときさだ　㊀元和8（1622）年頃　㊀寛永15（1638）年2月28日），江人（天草四郎　あまくさしろう　㊀1623・24年），角史（益田四郎時貞　ますだしろうときさだ　㊀元和7（1621）年？），郷土長崎（㊀1621年），キリ（天草四郎　あまくさしろう　㊀元和9（1623）年），近世（㊀？），熊本人（天草四郎時貞　あまくさしろうときさだ　㊀1621年？），国史（㊀？），コン改（㊀元和7（1621）年），コン4（㊀元和7（1621）年），コン5（㊀元和7（1621）年），史人（㊀1623年？　㊀1638年2月28日），思想史（天草四郎　あまくさしろう　㊀元和8（1622）年？），重要（天草四郎時貞　あまくさしろうときさだ　㊀元和7（1621）年　㊀寛永15（1638）年2月28日），人書94（㊀1623年頃），新潮（㊀元和7（1621）年頃　㊀寛永15（1638）年2月28日），人名（天草四郎　あまくさしろう　㊀？），世人（益田四郎時貞　ますだしろうときさだ　㊀元和7（1621）年），世百（㊀1620年），戦合（㊀？），戦国（㊀1622年），全書（天草四郎　あまくさしろう　㊀1623年，（異説）1624年），戦人（㊀？），戦武（天草四郎　あまくさしろう　㊀元和9（1623）年？），対外（㊀？），大百（天草四郎　あまくさしろう　㊀？），伝記（天草四郎　あまくさしろう　㊀？），長崎百（天草四郎時貞　あまくさしろうときさだ　㊀元和8（1622）年），長崎歴（天草四郎時貞　あまくさしろうときさだ　㊀元和8（1622）年），日思（天草四郎　あまくさしろう　㊀元和8（1622頃）年），日史（㊀元和9（1623）年？　㊀寛永15（1638）年2月28日？），日人（天草四郎　あまくさしろう　㊀？），百科（㊀元和9（1623）年？），平日（㊀1623？　㊀1638），山川小（㊀1623年？　㊀1638年2月28日），歴大（天草四郎　あまくさしろう　㊀1622年ころ）

**真隅田成則** ますだなるのり
寛政9（1797）年～明治6（1873）年
江戸時代後期～明治期の赤城神社の神官。
¶姓氏群馬

**増谷修一**　ますたにしゅういち
昭和～平成期の尺八奏者、虚無僧。
¶音人2

**益谷末寿**　ますたにすえほぎ
→荒木田末寿（あらきだすえほぎ）

**増田日遠**　ますだにちおん
明治26（1893）年9月26日～昭和44（1969）年4月29日
大正～昭和期の日蓮宗僧侶。久遠寺85世、立正大学財団理事長。
¶現情，人名7，世紀，日人，仏教

**増谷文雄**　ますたにふみお
明治35（1902）年2月16日～昭和62（1987）年12月6日
大正～昭和期の宗教学者。東京外国語大学教授。宗教史を研究。
¶近文，現朝，現執1期，現執2期，現情，史研，世紀，日人，福岡文，仏教

**益田直金鐘**　ますだのあたいこんしょう
→金鐘（こんしゅ）

**益田金鐘**　ますだのこんしょう
生没年不詳
飛鳥時代の仏教信者。
¶日人

**増田正勝**　ますだまさかつ
昭和12（1937）年9月19日～
昭和期のドイツ経営学者、カトリック経営思想研究者。山口大学教授、広島大学教授。
¶現執2期

**益富政助**　ますとみまさすけ
*～昭和51（1976）年　㊙益富政助（まさとみまさすけ）
明治～昭和期の団体役員。東京YMCA主事、鉄道キリスト教青年会理事長。
¶キリ（㊤明治12（1879）年7月7日　㊦昭和51（1976）年4月17日），日Y（まさとみまさすけ　㊤明治11（1878）年7月7日　㊦昭和51（1976）年4月27日）

**升巴陸竜**　ますともりくりゅう
→升巴陸竜（ますともりくりょう）

**升巴陸竜**　ますともりくりょう
明治15（1882）年～大正8（1919）年1月4日　㊙升巴陸竜（ますともりくりゅう）
明治～大正期の浄土真宗西本願寺の布教師。太陽通信社長。八幡製鉄所長官押川則吉の汚職事件に連座。
¶大分歴（ますともりくりゅう），人名（㊤？），世紀，日人（㊤明治13（1880）年），明大1

**増永霊鳳**　ますながれいほう
明治35（1902）年～昭和56（1981）年
昭和期の曹洞宗の僧、仏教学者。
¶福井百

**増原良彦**　ますはらよしひこ
→ひろさちや

**増穂残口**　ますほざんこう
明暦1（1655）年～寛保2（1742）年9月26日　㊙増穂残口（ますほのこぐち）
江戸時代前期～中期の神道家。「異理和理合鏡」「神路手引草」などを刊行。
¶青森人，朝日（㊦寛保2年9月26日（1742年10月24日）），角史，京都大，近世，国史，国書（㊤承応4（1655）年4月8日），コン改，コン4，コン5，史人，思想史，女史，神史，神人，新潮，人名，姓氏京都，世人，全書，日思，日史（ますほのこぐち），日人，百科（ますほのこぐち），歴大

**増穂残口**　ますほのこぐち
→増穂残口（ますほざんこう）

**真清田清円**　ますみだきよつら
延宝8（1680）年～明和2（1765）年
江戸時代前期～中期の神職、郷土史家。
¶姓氏愛知

ま

**増山顕珠**　ますやまけんじゅ
明治20（1887）年10月27日～昭和44（1969）年3月19日
明治～昭和期の浄土真宗本願寺派僧侶、仏教学者。皇恩寺住職、北米開教総長、勧学、龍谷大学学長。
¶現情，真宗，人名7，世紀，日人，仏教，仏人

**増山正同**(1)　ますやままさと
→増山正同（ましやままさとも）

**増山正同**(2)　ますやままさと
明治期の神職。
¶神人

**真渓涙骨**　またにるいこつ
明治2（1869）年1月27日～昭和31（1956）年4月14日
明治～昭和期の宗教ジャーナリスト。中外日報創立者。
¶ジ人1，昭人，明大2

**町田寿安**　まちだじゅあん
？～寛永8（1632）年　㊙町田宗加（まちだそうか，まちだそうが）
江戸時代前期のキリシタン。長崎の町年寄の一人。
¶朝日（町田宗加　まちだそうか　㊦寛永8年12月18日（1632年2月8日）），コン改，コン4，コン5，史人（生没年不詳），新潮，日人，歴大（町田宗加　まちだそうが　生没年不詳）

**町田宗加**　まちだそうか，まちだそうが
→町田寿安（まちだじゅあん）

**町田久成**　まちだひさすみ
→町田久成（まちだひさなり）

**町田久成**　まちだひさなり
天保9（1838）年～明治30（1897）年9月15日　㊙町田久成（まちだひさすみ）
江戸時代末期～明治期の鹿児島藩士、官僚、僧侶。初代帝国博物館館長。外国事務局判事、外務

大丞などを歴任後、内務省に博物局を創設。
¶朝日（[生]天保9年1月2日（1838年1月27日）），維新，海越（[生]天保9（1838）年1月），海越新（[生]天保9（1838）年1月），鹿児島百，華請（まちだひさすみ），近現，近世，考古（[没]明治39（1906）年9月15日），国際，国史，コン改，コン4，コン5，薩摩，史人（まちだひさすみ　[生]1838年1月），新潮，人名，姓氏鹿児島，渡航（町田久成・上野良太郎　まちだひさなり・うえのりょうたろう　[生]1838年1月　[没]1897年9月13日），図人，日人，幕末（[没]1897年9月13日），幕末大（[生]天保9（1838）年1月），藩臣7，風土，明治史，明大1（[生]天保9（1838）年1月2日），履歴（[生]天保9（1838）年1月2日），履歴2（[生]天保9（1838）年1月2日）

**町田兵部**　まちだひょうぶ
享保14（1729）年～享和2（1802）年
江戸時代中期～後期の宮大工。
¶群馬人，姓氏群馬，美建

**町田練秀**　まちだれんしゅう
明治20（1887）年～昭和13（1938）年
明治～昭和期の久本寺住職、私立向丘図書館設立者。
¶図人



**マチヤス**
？～慶長1（1596）年　[別]マタイ
戦国時代～安土桃山時代のキリシタン。日本二十六聖人。
¶長崎歴（まちやす（またい））

**松井恵戒**　まついえかい
明治14（1881）年11月13日～昭和39（1964）年2月15日
明治～昭和期の教育家、宗教家。
¶岡山百，岡山歴

**松井円戒**　まついえんかい
大正3（1914）年3月20日～昭和62（1987）年8月24日
昭和期の教育者・僧侶。
¶岡山歴

**松井角平〔5代〕〔5代〕**（松井角平）まついかくへい
明治2（1869）年4月10日～大正11（1922）年1月4日
明治～大正期の宮大工。
¶世紀（松井角平〔5代〕），姓氏富山（松井角平），富山人（松井角平　[生]明治2（1869）年2月24日），日人（松井角平），美建（松井角平〔5代目〕）

**松井閑花**　まついかんか
大正12（1923）年4月10日～昭和57（1982）年7月10日
昭和期の能楽師。金春流シテ方。
¶熊本百，芸能，新芸，能狂言

**松井康成**　まついこうせい
昭和2（1927）年5月20日～平成15（2003）年4月11日
昭和～平成期の陶芸家、僧侶。茨城工芸会会長、月崇寺住職。僧侶の傍ら月崇寺焼を復興。練上手と象嵌を研究し、練上嘯裂文、堆瓷などの装飾スタイルを確立。
¶茨城歴，郷土茨城，現情，国宝，世紀，陶芸最，陶工，日人，美工，名工

**松井幸三〔1代〕**　まついこうぞう
？～文政11（1828）年8月21日　[別]島地島三（しまじとうぞう）
江戸時代後期の歌舞伎作者。寛政10年～文化12年頃に活躍。
¶歌舞（[生]安永7年），歌舞新（[生]安永7（1778）年），歌舞大（[没]？），歌舞大，近世（生没年不詳），国史（生没年不詳），国書（生没年不詳），コン改，コン4，コン5，新潮（[没]文化12（1815）年），人名，日人

**松井寿郎**　まついじゅろう
？～明治18（1885）年7月24日
明治期の神学者。神学を学ぶためにロシアに留学。同地で客死。
¶海越，海越新

**松井乗運**　まついじょううん
文化12（1815）年～明治20（1887）年7月
江戸時代後期～明治期の仏師。
¶石川百，姓氏石川，美建，ふる

**松井庄五郎**　まついしょうごろう
明治2（1869）年12月～昭和6（1931）年11月29日
明治～昭和期の融和運動家。大和同志会を結成、全国各地の同志会結成を呼びかけた。教育や生活改善事業に関与。
¶朝日，社史，真宗（[生]明治2（1869）年12月23日），世紀（[生]明治2（1870）年12月），日史，日人（[生]明治2（1870）年12月），明大1

**松井正才**　まついしょうさい
生没年不詳
戦国時代の越後の僧侶。
¶戦辞

**松井乗順**　まついじょうじゅん
～明治36（1903）年8月17日
明治期の僧。善行寺住職。
¶飛騨

**松井智定**　まついともさだ
嘉永5（1852）年1月3日～昭和6（1931）年5月9日
明治～昭和期の僧侶。
¶岩手人

**松井日宏**　まついにっこう
明治26（1893）年～昭和60（1985）年
昭和期の本門法華宗僧侶。本能寺貫主。
¶仏人

**松井矩路**　まついのりみち
～明治15（1882）年
明治期の神職。
¶神奈川人

**松井憲之**　まついのりゆき
明治20（1887）年1月2日～*

明治～昭和期の弓道家。
¶弓道([没]昭和44(1969)年10月2日)，熊本百([没]昭和39(1964)年5月2日)

**松井芳順**　まついほうじゅん
大正2(1913)年1月5日～平成3(1991)年5月3日
昭和・平成期の僧。河合村の願教寺19世。
¶飛驒

**松井米太郎**　まついよねたろう
明治2(1869)年4月13日～昭和21(1946)年10月16日
明治～昭和期の牧師。日本聖公会主教。東京教区の統一に尽力。
¶大阪人，キリ([生]明治2年4月13日(1869年5月24日))，近現，現情，国史，昭人，人名7，世紀，日人，明治史

**松井寮忍**　まついりょうにん
～昭和14(1939)年5月21日
昭和期の僧。古川町の万福寺の開基。
¶飛驒

**松浦一秀**　まつうらいっしゅう
明治20(1887)年～昭和22(1947)年
明治～昭和期の僧、社会教育家。
¶島根歴

**松浦行真**　まつうらこうしん
大正12(1923)年1月24日～
昭和期の小説家。浄土宗出版室長、産経新聞論説委員。
¶現執2期

**松浦斌**　まつうらさかる
嘉永4(1851)年8月22日～明治23(1890)年1月17日
明治期の神職、公共事業家。
¶島根人，島根百，島根歴，日人，明大1

**松浦勝道**　まつうらしょうどう
大正4(1915)年3月4日～昭和61(1986)年2月4日
昭和期の臨済宗僧侶。
¶埼玉人

**松浦僧梁**　まつうらそうりょう
天保12(1841)年～大正11(1922)年
江戸時代後期～大正期の僧侶。
¶島根百([生]天保12(1841)年2月21日　[没]大正11(1922)年11月25日)，島根歴，真宗([没]大正11(1922)年11月15日)

**松浦信辰**　まつうらのぶたつ
→松浦信辰(まつらのぶたつ)

**松浦亮一**　まつうらりょういち
明治32(1899)年9月11日～昭和54(1979)年5月31日
大正～昭和期の政治家。群馬県議会議員、僧侶。
¶群馬人

**松尾葦辺**　まつおあしべ
弘化4(1847)年～明治9(1876)年
江戸時代後期～明治期の神職。
¶神人

**松尾綾平**　まつおあやひら
文化13(1816)年3月16日～明治19(1886)年12月6日
江戸時代後期～明治期の国学者・神職。
¶国書

**松岡雄淵**　まつおかおぶち
→松岡仲良(まつおかちゅうりょう)

**松岡喝山**　まつおかかつさん
明治9(1876)年～昭和9(1934)年
明治～昭和期の臨済宗大学学長。
¶姓氏愛知

**松岡清海**　まつおかきよみ
生没年不詳
江戸時代末期の宗教家。
¶岡山百

**松岡慶哉**　まつおかけいさい
文政9(1826)年5月13日～明治26(1893)年10月17日
江戸時代末期・明治期の僧。高山市の西蓮寺14世・東本願寺再建示談方。
¶飛驒

**松岡スミ**　まつおかすみ
明治17(1884)年～昭和41(1966)年9月25日
昭和期の新興仏教青年同盟山口県大津郡地区メンバー。
¶社史

**松岡仲良**　まつおかちゅうりょう
元禄14(1701)年～天明3(1783)年　[別]松岡雄淵(まつおかおぶち，まつおかゆうえん)
江戸時代中期の神道家。垂加流神道の諸伝を伝授される。
¶朝日([生]元禄14年8月24日(1701年9月26日)　[没]天明3年11月13日(1783年12月6日))，近世，国史，国書(松岡雄淵　まつおかおぶち　[生]元禄14(1701)年8月24日　[没]天明3(1783)年11月13日)，史人([生]1701年8月24日？　[没]1783年11月13日)，思想史(松岡雄淵　まつおかゆうえん)，神史，神人(松岡雄淵　まつおかゆうえん)，人名，姓氏京都(松岡雄淵　まつおかおぶち)，日思(松岡雄淵　まつおかゆうえん(おぶち))，日人

**松岡時懋**　まつおかときしげ
文政9(1826)年～明治16(1883)年　[別]松岡時懋(まつおかときよし)
江戸時代末期～明治期の祠官。
¶神人，人名(まつおかときよし)，日人

**松岡時懋**　まつおかときよし
→松岡時懋(まつおかときしげ)

**松岡利紀**　まつおかのりひさ
明治期の神職。
¶神人

ま

**松岡寛道** まつおかひろみち
天明5 (1785) 年7月～慶応3 (1867) 年2月10日
江戸時代中期～末期の神職。
¶国書

**松岡孫四郎** まつおかまごしろう
明治20 (1887) 年3月20日～昭和55 (1980) 年8月6日
明治～昭和期の司祭。初代名古屋司教。
¶新カト

**松岡調** (松岡御調) まつおかみつぎ, まつおかみつき
天保1 (1830) 年～明治37 (1904) 年12月　㊎松岡調 (まつおかみつぐ)
江戸時代末期～明治期の国学者、禰宜。金比羅神社禰宜などを務める。また、郷土の歴史を研究し多和文庫を創設。
¶維新, 香川人 (まつおかみつぐ), 香川百 (まつおかみつぐ), 近現, 国書 (松岡御調　まつおかみつき), 神史, 神人, 人名, 図人, 日人, 幕末 (まつおかみつぐ), 幕末大 (まつおかみつぐ), 藩臣6 (まつおかみつぐ), 明大2

**松岡調** まつおかみつぐ
→松岡調 (まつおかみつぎ)

**松岡雄淵** まつおかゆうえん
→松岡仲良 (まつおかちゅうりょう)

**松尾剛次** まつおけんじ
昭和29 (1954) 年2月14日～
昭和～平成期の宗教社会学・日本中世史研究者。山形大学教授。
¶現執4期, YA

**松尾正真** まつおしょうしん
明治31 (1898) 年～昭和57 (1982) 年
大正～昭和期の僧。時宗教浄寺住職。
¶姓氏岩手

**松尾相** まつおたすく
明治36 (1903) 年3月3日～昭和13 (1938) 年2月27日
昭和期の神学者。
¶キリ

**松尾俊応** まつおとしお
明治11 (1878) 年～昭和37 (1962) 年
明治～昭和期の教育者・僧侶。
¶群馬人

**松尾伯耆** まつおほうき
文政12 (1829) 年～明治12 (1879) 年11月13日
江戸時代末期～明治期の非蔵人。宮内権少丞。国事御用掛として活躍していたが、文久政変で参朝停止。神祇官権判事などを歴任。
¶維新, 幕末, 幕末大

**松尾造酒蔵** まつおみきぞう
明治23 (1890) 年3月1日～昭和60 (1985) 年1月20日
大正～昭和期の牧師、教育者。女子神学校校長、横須賀学院院長。
¶キリ

**松ケ江賢哲** まつがえけんてつ
安政5 (1858) 年頃～?
江戸時代末期～明治期の真宗大谷派 (東本願寺) 僧侶。
¶日中

**松蔭宣竜** まつかげせんりゅう
弘化3 (1846) 年～大正12 (1923) 年
明治期の僧侶。
¶神奈川人

**松川道文** まつかわどうぶん
安土桃山時代の信濃国安曇郡松川の土豪。仁科氏の被官。
¶武田, 長野歴 (生没年不詳)

**松木宅彦** まつきいえひこ
宝暦8 (1758) 年～文政1 (1818) 年9月1日
江戸時代中期～後期の神職。
¶国書

**松樹五十鈴** まつきいすず
～明治24 (1891) 年5月24日
明治期の神職。日枝神社の祠掌。
¶飛騨

**松木邑彦** まつきくにひこ
宝永6 (1709) 年～延享1 (1744) 年7月23日
江戸時代中期の神職。
¶国書

**松木栄彦** まつきさかひこ
→度会栄彦 (わたらいしげひこ)

**松木茂彦** まつきしげひこ
文政10 (1827) 年～?
江戸時代後期～末期の神職。
¶国書

**松木治三郎** まつきじさぶろう
明治39 (1906) 年2月21日～平成6 (1994) 年5月24日
昭和～平成期の牧師。関西学院大学教授。
¶キリ, 現情, 世紀

**松木大弐俊章** まつきだいにとしあき
文化1 (1804) 年～嘉永1 (1848) 年
江戸時代後期の夜須郡弥永村大己貴神社の祠官。
¶福岡百

**松木高彦** まつきたかひこ
貞享3 (1686) 年～宝暦3 (1753) 年8月8日
江戸時代前期～中期の神職。
¶公家 (高彦〔伊勢外宮禰宜度会氏〕　たかひこ), 国書

**松木忠彦** まつきただひこ
?　～元亀3 (1572) 年1月3日
戦国時代～安土桃山時代の神職。
¶国書

**松木品彦** まつきただひこ
文化2 (1805) 年～弘化2 (1845) 年8月29日
江戸時代後期の神職。

¶国書

**松木集彦** まつきためひこ
慶長6(1601)年～寛文2(1662)年6月24日
安土桃山時代～江戸時代前期の神職。
¶国書

**松木継彦** まつきつぎひこ
寛永16(1639)年～元禄13(1700)年6月27日
江戸時代前期～中期の神職。
¶国書

**松木卓彦** まつきつねひこ
宝永7(1710)年～明和9(1772)年6月19日
江戸時代中期の神職。
¶国書

**松木時彦** まつきときひこ
安政5(1858)年～昭和9(1934)年
江戸時代末期～昭和期の神職。旧伊勢神宮外宮神主。
¶華請

**松木晨彦** まつきときひこ
? ～永禄10(1567)年9月26日
戦国時代～安土桃山時代の神職。
¶国書

**松木貴彦** まつきとしひこ
永正16(1519)年～文禄2(1593)年7月22日
戦国時代～安土桃山時代の神職。
¶国書

**松樹友鍋** まつきともなべ
文化10(1813)年～
江戸時代後期の神職。最後の松樹院別当。日枝神社祢宜。
¶飛驒

**松木智彦** まつきともひこ
→度会智彦(わたらいともひこ)

**松木備彦** まつきともひこ
文明15(1483)年～永禄6(1563)年12月11日
戦国時代～安土桃山時代の神職。
¶国書

**松木智彦** まつきともひこ★
～宝暦2(1752)年
江戸時代中期の禰宜。
¶三重

**松木並彦** まつきなみひこ
寛文10(1670)年12月4日～宝暦9(1759)年6月19日
江戸時代前期～中期の神職。
¶国書

**松木言彦** まつきのぶひこ
→度会言彦(わたらいことひこ)

**松木範彦** まつきのりひこ
→度会範彦(わたらいのりひこ)

**松木命彦** まつきのりひこ
享保18(1733)年～寛政10(1798)年6月3日
江戸時代中期～後期の神職。
¶国書

**松木満彦** まつきみつひこ
元和2(1616)年～天和2(1682)年4月5日
江戸時代前期の神職。
¶国書

**松木盛彦** まつきもりひこ
天正16(1588)年～寛文6(1666)年3月7日
安土桃山時代～江戸時代前期の神職。
¶国書

**松木慶彦** まつきよしひこ
元和2(1616)年～天和3(1683)年2月17日
江戸時代前期の神職。
¶国書

**松木美彦** まつきよしひこ
嘉永3(1850)年12月12日～明治38(1905)年3月20日
明治期の神職、華族。
¶華請, 諸系(㊤1851年), 男爵

**松倉悦郎** まつくらえつろう
昭和21(1946)年1月24日～
昭和～平成期の僧侶、アナウンサー。
¶テレ

**松倉源雄** まつくらげんゆう
大正4(1915)年11月28日～
昭和期の僧侶。
¶群馬人

**松坂帰庵** まつざかきあん
明治24(1891)年4月5日～昭和34(1959)年8月23日
明治～昭和期の真言宗僧侶。法界院住持。
¶世紀, 日人

**松坂旭信** まつさかきょくしん
明治25(1892)年～昭和34(1959)年
大正～昭和期の僧・書家。
¶岡山人

**松坂重澄** まつさかしげずみ
文政10(1827)年～明治36(1903)年2月3日
江戸時代後期～明治期の歌人・神官。
¶東三河

**松崎我蝶** まつざきがちょう
文政5(1822)年～明治24(1891)年
江戸時代後期～明治期の俳人・僧侶。
¶姓氏長野

**松沢敦** まつざわあつし★
生没年不詳
明治期～昭和期の基督教会派(ディサイプルス)牧師。
¶秋田人2

ま

**松沢よね** まつざわよね
明治21(1888)年1月25日〜昭和22(1947)年9月2日
大正〜昭和期の立正佼成会松沢支部長。
¶埼玉人

**末山通松** まっさんつうしょう
寛政3(1791)年〜安政4(1857)年6月20日
江戸時代末期の黄檗宗の僧。
¶黄檗, 国書

**松下器外** まつしたきがい
〜大正4(1915)年10月7日
明治・大正期の僧。高山市の正雲寺2世。
¶飛騨

**松下清岑** まつしたきよみね
文久1(1861)年〜昭和7(1932)年
江戸時代末期〜昭和期の神職。旧賀茂別雷神社神主。
¶華請

ま

**松下舜孝** まつしたしゅんこう
明治26(1893)年〜昭和30(1955)年
大正〜昭和期の僧侶。
¶姓氏愛知

**松下績雄** まつしたせきお
明治23(1890)年〜昭和38(1963)年
大正〜昭和期の聖書学者。
¶兵庫百

**松下千代** まつしたちよ
寛政11(1799)年〜明治5(1872)年
江戸時代末期〜明治期の不二道指導者。燃料の節約できる「お千代竈」を工夫、種もみなども改良。
¶江表(千代(長野県)), 郷土長野, 女性(㊐寛政11(1799)年10月12日　㊍明治5(1872)年2月7日), 長野百, 長野歴, 日人

**松下述久** まつしたのぶひさ
生没年不詳
安土桃山時代〜江戸時代前期の神職・連歌作者。
¶国書

**松下教久** まつしたのりひさ
生没年不詳
江戸時代前期の神職・蹴鞠家。
¶国書

**松下矩久** まつしたのりひさ
慶長7(1602)年〜貞享2(1685)年6月13日
安土桃山時代〜江戸時代前期の神職。
¶国書

**松下順久** まつしたまさひさ
慶安4(1651)年〜享保5(1720)年5月7日
江戸時代前期〜中期の神職。
¶公家(順久〔賀茂社社家賀茂県主〕　よりひさ), 国書

**松下径久** まつしたみちひさ
文化12(1815)年〜明治27(1894)年
江戸時代後期〜明治期の神職。旧賀茂別雷神社神主。
¶華請

**松下以久** まつしたゆきひさ
?　〜承応2(1653)年8月28日
江戸時代前期の神職・蹴鞠家。
¶国書

**松下聾秋** まつしたろうしゅう
明治11(1878)年〜昭和元(1926)年9月12日
明治〜昭和期の俳人・宗教家。
¶東三河

**松島晃良** まつしまあきよし
明治37(1904)年〜?
昭和期の新興仏教青年同盟本部メンバー。
¶社史

**松島浅之助** まつしまあさのすけ
昭和期の神職。
¶神人

**松島毅美夫** まつしまきびお
明治29(1896)年1月30日〜昭和26(1951)年11月3日　㊊松島毅美夫(まつしまきみお)
大正〜昭和期の歌人。
¶岡山人, 岡山歴(まつしまきみお)

**松島毅美夫** まつしまきみお
→松島毅美夫(まつしまきびお)

**松島善海** まつしまぜんかい
安政2(1855)年6月2日〜大正12(1923)年
明治〜大正期の本願寺派僧。龍谷大学財団理事長。立教七百年記念慶讃事務理事長を務める。
¶真宗(㊍大正12(1923)年3月20日), 人名, 世紀(㊍大正12(1923)年3月23日), 日人, 明大1(㊍大正12(1923)年3月23日)

**松島善譲** まつしまぜんじょう
文化3(1806)年7月15日〜明治19(1886)年7月6日
㊊善譲(ぜんじょう)
江戸時代末期〜明治期の浄土真宗本願寺派学僧。西本願寺学林安居監事、中教正。
¶国書(善譲　ぜんじょう), 真宗, 人名(㊐?), 日人, 仏教, 仏人, 仏人(善譲　ぜんじょう)

**松島博** まつしまひろし
大正2(1913)年10月6日〜平成6(1994)年12月3日
昭和期の神官。
¶郷土

**末宗瑞曷** まっしゅうずいかつ
天文4(1535)年〜慶長14(1609)年
戦国時代〜江戸時代前期の僧。
¶日人, 山梨百(㊍慶長14(1609)年7月17日)

**松代幸太郎** まつしろこうたろう
大正10(1921)年〜
昭和期のキリスト教書翻訳家。
¶現執1期

**松園尚嘉** まつぞのひさよし
天保11(1840)年〜明治36(1903)年

江戸時代末期～明治期の神職。男爵。春日神社神職、丹生川神社大宮司などを歴任。
¶諸系，人名，男爵（[生]天保11（1840）年4月7日 [没]明治36（1903）年6月30日），日人，明大1（[生]天保11（1840）年4月8日 [没]明治36（1903）年6月29日）

**松田明三郎** まつだあけみろう
明治27（1894）年1月1日～昭和50（1975）年2月9日
大正～昭和期の旧約学者、牧師。関西学院教授、東京神学大学教授。
¶キリ，兵庫百

**末代** まつだい
生没年不詳
平安時代後期の山岳修行者。富士山の開山者、富士上人、伝説上の人物。
¶朝日，静岡百，静岡歴，姓氏静岡，日人，仏教

**松平惟太郎** まつだいらいたろう
明治39（1906）年12月12日～昭和62（1987）年9月15日
昭和期の日本聖公会川越キリスト教会司祭。
¶埼玉人

**松平容保** まつだいらかたもり
天保6（1835）年12月29日～明治26（1893）年12月5日
江戸時代末期～明治期の会津藩主。日光東照宮宮司。尊攘派一掃の策で新撰組を配下に幕末の京都を警護。禁門の変で長州征討。
¶会津，朝日（[生]天保6年12月29日（1836年2月15日）），維新，岩史，英墓，江人，角史，京都，京都大，近現，近世，広7，国史，コン改，コン4，コン5，史人，重要，諸系（[生]1836年），人書94，神人，新潮，人名，姓氏京都，世人，世百，全書，全幕，大百，伝記，徳川将，徳川松，栃木歴，日史，日史語，日人（[生]1836年），日本，幕末，幕末大（[生]天保6（1836）年12月29日），藩主1，百科，福島百，平日（[生]1835 [没]1893），ポプ人，明治史，山川小，履歴2，歴大

**松平定敬** まつだいらさだあき
弘化3（1846）年12月2日～明治41（1908）年7月21日 [別]松平定敬（まつだいらさだたか）
江戸時代末期～明治期の大名、華族。
¶朝日（[生]弘化3年12月2日（1847年1月18日）），維新，海越新（[生]弘化3（1848）年12月2日），京都大，近現，近世，国史，コン4，コン5，史人（[生]1848年12月2日），諸系（[生]1847年），神人，新潮，人名，姓氏京都，全幕（まつだいらさだあき（さだたか）），徳川将，徳川松，渡航（[没]1908年7月20日），日人（[生]1847年），幕末，幕末大，藩主3，明治史

**松平定敬** まつだいらさだたか
→松平定敬（まつだいらさだあき）

**松平静** まつだいらしずか
大正～昭和期の神職。
¶神人

**松平実亮** まつだいらじつりょう
明治16（1883）年～昭和38（1963）年
明治～昭和期の僧。真言宗智山派管長。
¶姓氏愛知

**松平健雄** まつだいらたけお
生没年不詳
明治期の宮司。石垣いちごの先駆者。
¶先駆

**松平永芳** まつだいらながよし
大正4（1915）年3月21日～平成17（2005）年7月10日
昭和期の靖国神社宮司。
¶福井百，履歴，履歴2

**松平竜海** まつだいらりゅうかい
？ ～明治12（1879）年
江戸時代後期～明治期の僧。梅森眺景寺の12世。
¶姓氏愛知

**松平竜舟** まつだいらりゅうしゅう
？ ～大正11（1922）年
明治～大正期の僧。梅森眺景寺第13世。
¶姓氏愛知

**松田月嶺** まつだげつれい
明治13（1880）年12月10日～大正8（1919）年1月22日 [別]月嶺（げつれい）
大正期の俳人。大須賀乙字に学び、三幹竹編「月嶺句集」一冊がある。
¶人名，世紀，日人，俳諧（月嶺 げつれい），俳句（月嶺 げつれい），明大2

**松田式部丞** まつだしきぶのじょう
戦国時代の武将。武田家臣。八幡神主。
¶姓氏長野（生没年不詳），姓氏山梨

**松田照応** まつだしょうおう
明治36（1903）年3月25日～昭和61（1986）年10月7日
大正～昭和期の真言宗智山派僧侶。成田山新勝寺貫主、大僧正、成田山仏教研究所開設者。
¶現情，世紀，仏教

**松田青針** まつだせいしん
明治13（1880）年～昭和37（1962）年
明治～昭和期の僧侶。
¶新潟百

**松田雪柯** まつだせっか
文政6（1823）年3月5日～明治14（1881）年
江戸時代後期～明治期の書家。
¶国書（[没]明治14（1881）年9月3日），日人，三重

**松田太右衛門** まつだたえもん
～延享3（1746）年4月27日
江戸時代中期の寺社大工。
¶飛騨

**松田敏足** まつだとしたる
江戸時代後期～大正期の神道家。
¶国書（[生]天保9（1838）年 [没]大正2（1913）年6月19日），神人（[生]天保5（1834）年 [没]大正2

(1923)年)

**松田直兄** まつだなおえ
天明3(1783)年～安政1(1854)年
江戸時代後期の歌学者。
¶京都大，国書(㊀天明3(1783)年8月3日　㊁嘉永7(1854)年2月20日)，詩歌，人名，姓氏京都，日人，和俳

**松谷久六** まつたにきゅうろく
江戸時代前期の浄土真宗の僧侶。
¶姓氏富山

**松田秀次郎** まつだひでじろう
天保2(1831)年～明治29(1896)年8月30日
江戸時代末期～明治期の志士。弥彦神社宮司。勤王主義で、同志と北越鎮静のため各地で転戦。
¶維新，神人(㊀天保3(1832)年)，新潮，人名，新潟百，日人，幕末，幕末大

**松田ミゲル** まつだみげる
*～寛永10(1633)年
安土桃山時代～江戸時代前期のイエズス会宣教師。
¶朝日(㊀天正6(1578)年　㊁寛永10年8月27日(1633年9月30日))，コン改(㊀天正12(1584)年)，コン4(㊀天正12(1584)年)，コン5(㊀天正12(1584)年)，新潮(㊀天正6(1578)年)，日人(㊀1578年)，歴大(㊀1580年)

**松田盛直** まつだもりなお
生没年不詳
安土桃山時代の武士。上杉氏家臣。
¶姓氏長野，戦人，長野歴

**松永希久夫** まつながきくお
昭和8(1933)年5月11日～
昭和～平成期のキリスト教学者。東京神学大学教授。著書に「『史的イエス』像考察」「歴史の中のイエス像」など。
¶現執3期，現執4期

**松永昇道** まつながしょうどう
慶応2(1866)年～昭和17(1942)年12月1日
明治～昭和期の真言宗僧侶。東寺長者251世、東寺派管長、大僧正。
¶飛騨(㊀慶応2(1866)年1月15日)，仏教(㊀慶応2(1866)年5月15日)

**松永呑舟** まつながどんしゅう
江戸時代の僧、下総香取根本寺(新義真言宗)の住職。
¶人名，日人(生没年不詳)

**松長有慶** まつながゆうけい
昭和4(1929)年7月21日～
昭和～平成期の僧侶。高野山大学教授。密教学、密教史が専門で、サンスクリットの「秘密集会タントラ」を初めて解き明かした。
¶現執1期，現執2期，現執3期，現執4期，現情，世紀，マス89

**松長友見** まつながゆうけん
明治14(1881)年～昭和20(1945)年
明治～昭和期の密教学者。
¶香川人

**松永亮逸** まつながりょういつ
明治32(1899)年5月15日～昭和55(1980)年12月26日
大正～昭和期の僧侶、口演童話家。法華寺住職。
¶日児

**松濤弘道** まつなみこうどう
昭和8(1933)年3月24日～
昭和～平成期の僧侶。上野学園大学短期大学部教授。主著に「人生に勝つ」「仏教のわかる本(正・続)」。
¶現執3期，現執4期

**松濤誠廉** まつなみせいれん
明治36(1903)年～昭和54(1979)年
昭和期の仏教学者。
¶仏人

**松濤泰巌** まつなみたいがん
明治16(1883)年6月18日～昭和37(1962)年6月25日
明治～昭和期の教育学者。教育方法論を研究。
¶現情，昭人，人名7，世紀，哲学，日人，仏人

**松濤誠達** まつなみよしひろ
昭和11(1936)年9月8日～
昭和期の仏教学者、インド哲学者。大正大学学長。
¶現執2期

**松野菊太郎** まつのきくたろう
慶応4(1868)年1月23日～昭和27(1952)年1月25日
明治～昭和期の牧師。教文館総主事。麻布クリスチャン教会牧師。困窮した結核患者のため報恩会を発足。
¶海越新，キリ(㊀慶応4年1月23日(1868年2月16日))，近現，国史，昭人，世紀，渡航(㊀1868年2月16日)，日人，明治史

**松野自得** まつのじとく
明治23(1890)年2月17日～昭和50(1975)年7月7日
明治～昭和期の俳人。
¶郷土群馬，群新百，群馬人，群馬百，現俳，姓氏群馬，俳文

**松野聖意** まつのしょうい
文化11(1814)年～明治12(1879)年6月28日
江戸時代後期～明治期の僧侶。
¶真宗

**松野正遵** まつのしょうじゅん
文政4(1821)年9月4日～明治28(1895)年
江戸時代後期～明治期の僧侶。
¶真宗

**松野真維** まつのしんい
→松野真維(まつのまつな)

**松野智照** まつのちしょう
明治10(1877)年～昭和15(1940)年5月8日
明治～昭和期の僧、社会事業家、済世顧問。

¶岡山歴

**松野梅山** まつのばいざん
天明3 (1783) 年～安政4 (1857) 年
江戸時代後期の画家。
¶人名，日人，名画 (㊥1773年)

**松野尚嘉** まつのひさよし
生没年不詳
江戸時代末期の奈良県出身の神職。
¶神人

**松信定雄** まつのぶじょうゆう
明治20 (1887) 年1月20日～昭和45 (1970) 年12月2日
明治～昭和期の僧侶、教育者。
¶佐賀百，真宗，世紀，日人

**松野真維** まつのまつな
*～明治43 (1910) 年　㊔松野真維 (まつのしんい)
明治期の祠官、国学者。金比羅宮宮司、大和丹生川上神宮宮司などを歴任。
¶神人 (まつのしんい)，人名 (㊥1837年)，日人 (㊥1838年)

**松林孝純** まつばやしこうじゅん
安政3 (1856) 年頃～？
江戸時代末期～明治期の僧侶。
¶日中

**松林宗恵** まつばやししゅうえ
大正9 (1920) 年7月7日～平成21 (2009) 年8月15日　㊔松林宗恵 (まつばやししゅうえい)
昭和期の映画監督、僧侶。
¶映監，映人，監督 (まつばやししゅうえい)，現情，島根百，島根文続

**松林宗恵** まつばやししゅうえい
→松林宗恵 (まつばやししゅうえ)

**松林松陵** まつばやししょうりょう
文化14 (1817) 年～明治13 (1880) 年
江戸時代末期～明治期の真宗大谷派碩学。
¶人名，日人

**松林得聞** まつばやしとくもん
？～明治19 (1886) 年12月8日
江戸時代後期～明治期の僧侶。
¶真宗

**松林了英** まつばやしりょうえい
文化13 (1816) 年12月2日～明治13 (1880) 年2月1日
江戸時代後期～明治期の浄土真宗の僧侶。
¶埼玉人，埼玉百

**松原恭譲** まつばらきょうじょう
明治1 (1868) 年12月13日～昭和15 (1940) 年9月8日
江戸時代末期～昭和期の僧侶。
¶真宗

**松原言登彦** まつばらことひこ
明治39 (1906) 年3月19日～平成12 (2000) 年5月27日
明治～平成期の宗教家。天祖光教大司教。
¶日エ

**松原三郎** まつばらさぶろう
大正7 (1918) 年9月4日～
昭和期の中国仏教彫刻史学者。実践女子大学教授。
¶現執1期，現執2期

**松原至文** まつばらしぶん
明治17 (1884) 年10月29日～昭和20 (1945) 年9月10日　㊔松原致遠 (まつばらちおん)
明治～昭和期の宗教家、評論家。著書に「親鸞聖人言行録」「新時代の仏教」など。
¶紀伊文，近文，現情 (㊥1884年10月)，昭人 (松原致遠　まつばらちおん)，真宗 (松原致遠　まつばらちおん)，新宿，世紀

**松原将監** まつばらしょうげん
生没年不詳
江戸時代中期の神職、大庄屋。
¶姓氏山口

ま

**松原深諦** まつばらじんたい
嘉永5 (1852) 年7月10日～昭和6 (1931) 年12月22日
江戸時代末期～昭和期の僧侶。
¶真宗

**松原泰道** まつばらたいどう
明治40 (1907) 年11月23日～
昭和～平成期の僧侶。龍源寺住職、南無の会会長。坐禅堂・日月庵を建立。経典の啓蒙活動で知られ、著書に「般若心経入門」など。
¶現朝，現執1期，現執3期，現情，世紀，日人，マス2，マス89

**松原貴速** まつばらたかはや
明治期の神職。
¶神人

**松原致遠** まつばらちおん
→松原至文 (まつばらしぶん)

**松原哲明** まつばらてつみょう
昭和14 (1939) 年11月3日～
昭和～平成期の臨済宗妙心寺派僧侶。テレビや講演でも活躍。著書に「無明」「心の眼を開く―今をよりよく生きる知恵」など。
¶現執3期，現執4期

**松原日治** まつばらにちじ
昭和10 (1935) 年9月10日～
昭和期の僧侶、社会福祉家。平等山福祉寺奥之院住職。
¶現執2期

**松原幡竜** まつばらばんりゅう
嘉永1 (1848) 年～昭和10 (1935) 年
明治～昭和期の僧。瑞巌寺中興28世。
¶宮城百

**松原光法** まつばらみつのり
昭和15 (1940) 年2月21日～

昭和〜平成期の仏教研究者。
¶現執4期

**松原祐善** まつばらゆうぜん
明治39(1906)年12月25日〜平成3(1991)年1月7日
昭和期の真宗大谷派学僧。大谷大学学長。
¶郷土福井，真宗，福井百，仏教

**松久宗琳** まつひさそうりん
大正15(1926)年2月14日〜平成4(1992)年3月16日
昭和〜平成期の仏師。仏像彫刻研究所所長。作品に大阪・四天王寺「昭和の丈六阿弥陀仏」、成田山新勝寺五大明王など。
¶世紀，日人，美建(㊀平成4(1992)年3月15日)

**松久朋琳** まつひさほうりん
明治34(1901)年8月15日〜昭和62(1987)年9月1日
大正〜昭和期の仏師。京都仏像彫刻研究所主宰。
¶美建

**松帆諦円** まつほたいえん
万延1(1860)年2月15日〜昭和18(1943)年2月4日
明治〜昭和期の声明家。
¶音人，新芸，日音，明大2

**松前意仙** まつまえいせん
〜元禄14(1701)年
江戸時代前期〜中期の僧侶。
¶多摩

**松見善月** まつみぜんげつ
明治期の僧侶。
¶真宗

**松村以一** まつむらいいち
明治7(1874)年〜昭和29(1954)年
明治〜昭和期の僧侶。
¶姓氏群馬

**松村介石** まつむらかいせき
安政6(1859)年〜昭和14(1939)年11月29日
明治〜大正期のキリスト教指導者、牧師。「基督教新聞」編集、YMCAの精神講話担当。のち日本教会を創立。
¶朝日(㊐安政6年10月15日(1859年11月9日))，角史，キリ(㊐安政6年10月16日(1859年11月10日))，近現，近文，国史，コン改，コン5，史人(㊐1859年10月15日)，思想史，社史(㊐安政6年10月15日(1859年11月9日))，新潮(㊐安政6(1859)年10月16日)，新文(㊐安政6(1859)年10月16日)，人名7，世紀(㊐安政6(1859)年10月16日)，世人，全書，哲学，新潟百別，日史(㊐安政6(1859)年10月15日)，日人，百科，兵庫人(㊐安政5(1858)年)，兵庫百，文学，明治2(㊐1869年)，明治史，明大1(㊐安政6(1859)年10月16日)，履歴(㊐安政6(1859)年10月15日)，履歴2(㊐安政6(1859)年10月15日)，歴大

**松村一男** まつむらかずお
昭和28(1953)年7月19日〜
昭和〜平成期の研究者。和光大学表現学部イメージ文化学科教授。
¶現執4期

**松村克己** まつむらかつみ
明治41(1908)年4月1日〜平成3(1991)年2月18日
昭和期の牧師、神学者。関西学院大学教授。
¶キリ，現執1期，現情，世紀，日Y

**松村清人** まつむらきよと
明治期の神職。
¶神人

**松村里子** まつむらさとこ
明治6(1873)年9月18日〜昭和10(1935)年4月18日
大正〜昭和期のキリスト教伝道者。日本基督教矯風会佐世保支部の創設した海軍軍人ホームの舎母として、海軍軍人に伝道。
¶女性，女性普，世紀，日人，福岡百

**松室松峡** まつむろしょうこう
元禄5(1692)年〜延享4(1747)年
江戸時代中期の神職、儒者。
¶国書(㊐元禄5(1692)年1月8日　㊀延享4(1747)年10月2日)，姓氏京都，日人

**松本耿郎** まつもとあきろう
昭和19(1944)年〜
昭和期のイスラム学者。英知大学大学院教授、中東研究所主任研究員。
¶現執2期

**松本雲松** まつもとうんしょう
寛政8(1796)年〜明治7(1874)年
江戸時代末期・明治期の仏師。伊豆半島で創作活動。
¶伊豆

**松本文** まつもとかのう
大正8(1919)年3月8日〜
昭和期の司祭、公害反対運動家。日本聖公会銚子諸聖徒司祭。
¶革命，現情，現人，世紀

**松本悟心** まつもとごしん★
正徳3(1713)年〜天明5(1785)年
江戸時代中期の徳僧。
¶三重

**松本才治** まつもとさいじ
〜昭和59(1984)年8月1日
昭和期の宮大工、文化財建造物修理技術者。
¶美建，名工

**松本滋** まつもとしげる
昭和8(1933)年3月4日〜
昭和〜平成期の宗教学者。聖心女子大学教授。著書に「宗教心理学」「本居宣長の思想と心理」など。
¶現執2期，現執3期，現執4期

**松本実道**　まつもとじつどう
明治37（1904）年5月22日～
昭和期の真言律宗僧侶。管長、宝山寺貫主。
¶郷土奈良，現情

**松本史朗**　まつもとしろう
昭和25（1950）年～
昭和期の仏教学者。駒沢大学教授。
¶現執2期

**松本川斎**　まつもとせんさい
生没年不詳
江戸時代中期の神道家。
¶国書

**松本そめ**　まつもとそめ
寛政10（1798）年～明治6（1873）年2月12日
江戸時代後期～明治期の仏師。
¶女性，女性普，日人

**松本大円**　まつもとだいえん
大正11（1922）年8月5日～
昭和～平成期の北法相宗僧侶。管長、清水寺貫主。
¶現情

**松本卓夫**　まつもとたくお
明治21（1888）年6月19日～昭和61（1986）年
大正～昭和期の新約学者。青山学院教授、広島女学院院長。
¶キリ，平和

**松本胤雄**　まつもとたねお
天保10（1839）年～
江戸時代後期～末期の神職。
¶神人

**松本常石麿**　まつもとときわまろ
嘉永3（1850）年～昭和2（1927）年
江戸時代末期～昭和期の神職。
¶神人

**松本徳成**　まつもととくじょう
明治2（1869）年～昭和11（1936）年
明治～昭和期の僧、南画家。
¶高知人

**松本徳明**　まつもととくめい
明治31（1898）年5月13日～昭和56（1981）年2月27日　[別]松本徳明（まつもとのりあき）
大正～昭和期の仏教思想家。日本科学振興財団理事長。現代にこたえる仏教提唱、国際秩序などの問題を研究。
¶世紀，哲学，仏人（まつもとのりあき）

**松本日宗**　まつもとにっそう
明治39（1906）年3月6日～平成4（1992）年7月8日
明治～平成期の法華宗僧侶、大僧正。
¶日エ

**松本徳明**　まつもとのりあき
→松本徳明（まつもととくめい）

**松本白華**　まつもとはっか
天保9（1838）年～昭和1（1926）年　[別]松本白華（まつもとひゃくか）
明治～大正期の真宗大谷派僧侶。大谷派宗政改革を促した。梵語研究の大成に尽力。
¶石川百，海越新（まつもとひゃくか　[生]天保9（1839）年12月13日　[没]大正15（1926）年2月25日），近現，国史，真宗（[生]天保9（1838）年12月13日　[没]大正15（1926）年2月5日），姓氏石川，渡航（[生]1839年），日人，日中（[生]天保9（1839）年12月13日　[没]大正15（1926）年2月5日），明治史，明大1（[没]大正15（1926）年2月5日）

**松本備前守**　まつもとびぜんのかみ
応仁2（1468）年～大永4（1524）年
戦国時代の鹿島神宮の神職。
¶大百

**松本秀業**　まつもとひでなり
天保9（1838）年4月29日～大正6（1917）年
江戸時代後期～明治期の神職。
¶国書

**松本白華**　まつもとひゃくか
→松本白華（まつもとはっか）

**松本文三郎**　まつもとぶんざぶろう
明治2（1869）年5月～昭和19（1944）年12月18日
明治～昭和期のインド哲学者、仏教学者。京都帝国大学学長、東方文化研究所所長。インド文化および仏教美術史研究の先駆的開拓者。学会の重鎮。
¶考古，昭人，人名7，世紀，姓氏京都（[没]？），全書，哲学，渡航，日人，仏教，仏人，明治史，明大2

**松本分柳**　まつもとぶんりゅう
明和8（1771）年～天保14（1843）年
江戸時代中期の埼玉郡南河原村の修験者。
¶埼玉人

**松本正夫**　まつもとまさお
明治43（1910）年7月14日～平成10（1998）年3月20日
大正～平成期の哲学者。日本哲学会会長。スコラ哲学の伝統の上に独自の存在感を展開。
¶現朝，現執1期，現情，現人，コン改，コン4，コン5，新カト，世紀，日人

**松本政武**　まつもとまさたけ
天保13（1842）年～大正13（1924）年
江戸時代後期～大正期の神職。
¶神人

**松本昌親**　まつもとまさちか
大正15（1926）年12月24日～平成16（2004）年2月22日
昭和・平成期の長野県神社庁副庁長。諏訪大社宮司。
¶石川現九

**松本益吉**　まつもとますきち
明治3（1870）年～大正14（1925）年12月17日
明治～大正期の神学者。関西学院副院長。
¶キリ（[生]明治3年8月19日（1870年9月14日）），渡航（[生]1870年8月19日）

**松本八十吉** まつもとやそきち
嘉永2(1849)年12月18日～大正12(1923)年8月12日
江戸時代末期～大正期の金光教浦和教会教師。
¶埼玉人

**松本隆信** まつもとりゅうしん
大正15(1926)年3月11日～
昭和期の僧侶、日本文学研究者。徳正寺住職、慶応義塾大学斯道文庫教授・文庫長。
¶現執2期

**松本良山** まつもとりょうざん
享和1(1801)年～明治5(1872)年
江戸時代末期～明治期の仏師。江戸時代後期仏師四名人の一人。代表作は成田山旧本堂の堂羽目の五百羅漢。
¶人名，日人，幕末(㊀1872年9月3日)，幕末大(㊀明治5(1872)年8月1日)，美建(㊀明治5(1872)年9月3日)

**松山観覚** まつやまかんがく
天保14(1843)年～明治42(1909)年2月10日
江戸時代後期～明治期の天台宗の僧・歌人。
¶国書

ま

**松山大現** まつやまたいげん
安政5(1858)年～大正1(1912)年10月15日
江戸時代末期～明治期の僧侶。
¶真宗

**松山高吉** まつやまたかよし
弘化3(1847)年12月10日～昭和10(1935)年1月4日
明治～昭和期の牧師、聖書翻訳家。日本最初の賛美歌の編纂に参加、自ら作詞もした。日本最初のプロテスタントの一人。
¶朝日，キリ，近現，国史，史人(㊐1846年12月10日)，新カト(㊐弘化5(1848)年1月26日)，世紀(㊐弘化3(1847)年12月10日)，新潟百別(㊐1846年)，日人，日Y，兵庫百(㊐弘化3(1846)年)，明治史(㊐弘化3(1846)年)，明大1(㊐弘化3(1846)年12月10日)

**松山鉄夫** まつやまてつお
昭和9(1934)年3月20日～
昭和～平成期の仏教美術史学者。三重大学教授。著書に「日本古代金銅仏の研究・薬師寺篇」。
¶現執2期，現執3期

**松山忍成** まつやまにんじょう
文政5(1822)年12月24日～明治15(1882)年6月8日
江戸時代末期～明治期の真宗高田派学僧。伊勢上品寺住職、講師。
¶真宗，仏教，仏人(㊐1821年)

**松山忍明** まつやまにんみょう
文久1(1861)年～昭和7(1932)年2月3日
江戸時代末期～昭和期の僧侶。
¶真宗

**松山万密** まつやまばんみつ
明治41(1908)年8月28日～
昭和期の臨済宗妙心寺派僧侶。管長。
¶現情

**松山英胤** まつやまひでたね
弘化4(1847)年～明治37(1904)年
江戸時代後期～明治期の神職。
¶神人

**松山令仙** まつやまれいせん
天保5(1834)年～明治22(1889)年
江戸時代末期～明治期の僧、漢詩人。木曽福島興禅寺の住職を務め、武居用拙と攻玉吟社を結び社律を講じた。
¶人名，日人

**松浦信辰** まつらのぶたつ
慶長2(1597)年～寛永15(1638)年 ㊙松浦信辰(まつうらのぶたつ，まつらのぶとき)
江戸時代前期のキリシタン。
¶コン改，コン4，コン5，諸系(まつらのぶとき)，新潮(㊀寛永15(1638)年9月2日)，日人(まつらのぶとき)

**松浦信辰** まつらのぶとき
→松浦信辰(まつらのぶたつ)

**松浦マンシャ** まつらまんしゃ
*～明暦2(1656)年 ㊙松浦メンシャ(まつらめんしゃ)，大村メンシア(おおむらめんしあ)，大村メンシヤ(おおむらめんしや)，松浦マンシャ(まつうらまんしゃ)
安土桃山時代～江戸時代前期の女性。キリシタン。
¶近世(松浦メンシャ まつらめんしゃ ㊐？)，国史(松浦メンシャ まつらめんしゃ ㊐？)，コン改(㊐元亀2(1571)年)，コン4(㊐元亀2(1571)年)，コン5(㊐元亀2(1571)年)，諸系(松浦メンシャ まつらめんしゃ ㊐？ ㊀1657年)，女性(大村メンシヤ おおむらめんしや ㊐天正2(1574)年 ㊀明暦2(1656)年11月25日)，新潮(㊐元亀2(1571)年)，人名(大村メンシア おおむらめんしあ)，対外(松浦メンシャ まつらめんしゃ ㊐？)，日人(松浦メンシャ まつらめんしゃ ㊐？ ㊀1657年)

**松浦メンシャ** まつらめんしゃ
→松浦マンシャ(まつらまんしゃ)

**間中冨士子** まなかふじこ
大正2(1913)年～
昭和期の中世思想・仏教文学研究者。鶴見大学教授。
¶現執1期

**真鍋豊平** まなべとよひら
文化6(1809)年9月10日～明治32(1899)年4月13日 ㊙真鍋豊平(まなべとよへい)
江戸時代末期～明治期の一絃琴奏者。
¶愛媛(まなべとよへい ㊐文化1(1804)年)，愛媛人，愛媛百，大阪人(まなべとよへい ㊐文化11(1814)年 ㊀明治37(1904)年4月)，芸能，国書(㊀明治32(1899)年4月14日)，新芸，

日音，日人

**真鍋豊平**　まなべとよへい
→真鍋豊平（まなべとよひら）

**真鍋頼一**　まなべよりいち
明治20（1887）年5月7日～昭和46（1971）年11月19日　[別]真鍋頼一（まなべらいいち）
明治～昭和期の日本基督教団牧師。
¶キリ（まなべらいいち），現情，人名7，世紀，日人

**真鍋頼一**　まなべらいいち
→真鍋頼一（まなべよりいち）

**真野時縄**　まのじじょう★
江戸時代の尾張津島神社祠官。
¶三重続

**真野正順**　まのしょうじゅん
明治25（1892）年6月6日～昭和37（1962）年12月29日
大正～昭和期の宗教学者、浄土宗僧侶。比較宗教学、宗教哲学を研究。
¶現情，人名7，世紀，哲学，日人，仏教，仏人

**間野闡門**　まのせんもん
慶応3（1867）年3月3日～大正13（1924）年1月17日
明治～大正期の僧侶。
¶真宗

**真野時綱**　まのときつな
→藤波時綱（ふじなみときつな）

**真野豊綱**　まのとよつな
？～寛政6（1794）年7月23日
江戸時代中期～後期の神職・俳人。
¶国書

**真彦**　まひこ
生没年不詳
江戸時代後期の俳人、神職。
¶宮崎百

**間宮英宗**　まみやえいしゅう
明治4（1871）年10月1日～昭和20（1945）年3月21日　[別]間宮英宗（まみやえいそう）
明治～昭和期の臨済宗僧侶。方広寺525世。
¶姓氏愛知（まみやえいそう），仏教

**間宮英宗**　まみやえいそう
→間宮英宗（まみやえいしゅう）

**間宮玄蕃**　まみやげんば
生没年不詳
明治期の神職。鎌倉郡江ノ島江ノ島神社祠職。
¶神奈川人

**間宮永好**　まみやながよし
文化2（1805）年～明治5（1872）年
江戸時代末期～明治期の国学者。国学を小山田与清に学び、神祇権大史に任じられた。著書に「万葉長歌部類」など。
¶維新，江文，国書（[没]明治5（1872）年1月3日），神人（[生]文化2（1805）年8月8日　[没]明治5（1872）年1月3日），人名，日人，幕末（[没]1872年2月11日，（異説）2月19日），幕末大（[没]明治5（1872）年1月11日），平史，和俳

**真弓慧光**　まゆみえこう
明治22（1889）年2月14日～昭和59（1984）年1月23日
明治～昭和期の僧侶。
¶真宗

**真弓常忠**　まゆみつねただ
大正12（1923）年3月6日～
昭和～平成期の神官。八坂神社宮司、皇学館大学教授。著書に「日本古代祭祀の研究」「日本古代祭祀と鉄」など。
¶現執3期，現執4期

**丸岡興舜**　まるおかこうしゅん
明治33（1900）年～
大正～昭和期の僧侶。
¶群馬人

**丸岡民部大輔**　まるおかみんぶたゆう
生没年不詳
戦国時代～安土桃山時代の神主・神官。
¶戦人

**丸尾俊介**　まるおしゅんすけ
昭和1（1926）年11月28日～
昭和～平成期の牧師。愛農消費者の会主宰。著書に「語りかけるシベリヤ」など。
¶現朝，世紀，平和

**丸野房雄**　まるのふさお
明治期の神職。
¶神人

**丸山顕徳**　まるやまあきのり
昭和21（1946）年9月21日～
昭和～平成期の研究者。花園大学文学部国文学科教授、臨済宗東福寺派神務寺蔵主。
¶現執4期

**丸山岩雄**　まるやまいわお
明治14（1881）年～昭和24（1949）年
明治～昭和期の日蓮信者、瑞穂精舎の開設者。
¶姓氏長野，長野歴

**円山恵正**　まるやまえじょう
明治15（1882）年～昭和1（1926）年
明治～大正期の西尾市家武町の浄土宗浄顕寺住職で俳人。
¶姓氏愛知

**円山達音**　まるやまたつおん
文政2（1819）年4月～明治23（1890）年5月19日
江戸時代後期～明治期の曹洞宗の僧侶・言語学者。
¶岡山歴

**丸山通一**　まるやまつういち
明治2（1869）年8月25日～昭和13（1938）年1月7日
[別]丸山通一（まるやまみちかず）
明治～昭和期の牧師、教育家。普及福音協会において中心的役割を果たす。

ま

¶キリ（まるやまみちかず），世紀，哲学，日エ（㊀明治2（1869）年8月25日），明大2

**丸山照雄**　まるやまてるお
昭和7（1932）年4月27日～
昭和～平成期の宗教評論家。日蓮研究会主宰。自由な立場での宗教活動、評論活動に入る。著書に「教団とは何か」「闘う仏教」など多数。
¶現朝，現執1期，現執2期，現執3期，現執4期，現情，世紀，日人，平和，マス89

**丸山通一**　まるやまみちかず
→丸山通一（まるやまつういち）

**丸山要太輔**　まるやまようだいすけ
生没年不詳
江戸時代後期の大住郡大山阿夫利神社祠官。
¶神奈川人

**まん**
寛永6（1629）年～正徳元（1711）年
江戸時代中期の讃岐のキリシタン。
¶讃岐

**万安**　まんあん★
～文化7（1810）年4月6日
江戸時代後期の臨済僧。
¶秋田人2

**万安英種**　まんあんえいしゅ
→万安英種（ばんなんえいしゅ）

**卍菴士顔**（卍庵士顔）　まんあんしがん
弘安6（1283）年～正平11/延文1（1356）年
鎌倉時代後期～南北朝時代の臨済宗の僧。東福寺26世。
¶鎌室，人名，日人（卍庵士顔），仏教（卍庵士顔 ㊁延文1/正平11（1356）年7月7日）

**蹣庵宗成**　まんあんそうせい
？～文明3（1471）年5月6日
室町時代の臨済宗の僧。
¶仏教

**満意**　まんい
元中3/至徳3（1386）年～寛正6（1465）年7月16日
南北朝時代～室町時代の天台宗の僧・歌人・連歌作者。
¶国書

**満海**　まんかい
生没年不詳
戦国時代の僧侶。
¶姓氏宮城

**卍凱**　まんがい
～元治1（1864）年12月14日
江戸時代後期～末期の僧侶。
¶庄内

**卍海宗珊**　まんかいそうさん
宝永3（1706）年12月27日～明和4（1767）年
江戸時代中期の僧。
¶国書（㊁明和4（1767）年1月11日），人名，日人（㊀1707年）

**万巻**　まんがん，まんかん
養老4（720）年～弘仁7（816）年
奈良時代～平安時代前期の僧。箱根山の開創者。
¶神奈川人，姓氏神奈川（まんかん），仏教（㊁弘仁9（818）年）

**満願**　まんがん
生没年不詳
奈良時代の僧。地方に仏教を伝播。
¶朝日，岩史，国史，古人（㊀720年　㊁816年），古中，史人，思想史，神史，日人（㊀720年　㊁816年），仏史，平史（㊀720年　㊁816年），歴大（㊁816年）

**満願社**　まんがんじゃ
生没年不詳
鎌倉時代の浄土宗の僧。
¶仏教

**万巌普白**　まんがんふはく
生没年不詳
江戸時代中期の曹洞宗の僧。
¶国書

**万喜お福**　まんきのおふく，まんぎのおふく
生没年不詳
鎌倉時代後期の女性。巫女。
¶女性，日人（まんぎのおふく）

**万休**　まんきゅう
？～天正4（1576）年6月6日
戦国時代～安土桃山時代の浄土宗の僧。
¶仏教

**万空**(1)　まんくう
？～延宝6（1678）年6月
江戸時代前期の浄土宗の僧。
¶仏教

**万空**(2)　まんくう
安永4（1775）年～天保2（1831）年
江戸時代中期～後期の僧。伊賀八幡領内伊賀村浄土宗昌光律寺の第7世住職。
¶姓氏愛知

**満空**（万空）　まんくう
享保4（1719）年7月11日～寛政8（1796）年7月9日
江戸時代中期の浄土宗の僧。鎌倉光明寺72世、増上寺51世。
¶国書，人名（万空），日人，仏教

**慢空**　まんくう
平安時代中期の仏師。
¶古人，美建，平史（生没年不詳）

**万元**　まんげん
万治2（1659）年～享保3（1718）年
江戸時代前期～中期の国上寺の高僧。
¶新潟百

**卍元師蛮**　まんげんしばん
寛永3（1626）年～宝永7（1710）年2月12日　㊙師

蛮(しばん)
江戸時代前期～中期の臨済宗の僧。僧伝を編纂。
¶朝日([没]宝永7年2月12日(1710年3月11日)), 近世, 国史, 国書, コン改(師蛮　しばん　[生]?), コン4(師蛮　しばん　[生]?), コン5(師蛮　しばん　[生]?), 史人, 思想史, 新潮, 人名, 世人(師蛮　しばん　[生]?), 全書, 大百, 日史, 日人, 百科, 仏教, 仏史, 仏人(師蛮　しばん), 名僧

**万源灯瑞** まんげんとうずい
生没年不詳
江戸時代中期の曹洞宗の僧。
¶国書

**満悟** まんご
天文12(1543)年～慶長17(1612)年2月27日
安土桃山時代～江戸時代前期の時宗の遊行上人。
¶国書, 戦人

**万江宗程** まんこうしゅうてい
→万江宗程(まんこうそうてい)

**万江宗程** まんこうそうてい
天文11(1542)年～慶長19(1614)年　[別]万江宗程(ばんこうそうてい, まんこうしゅうてい)
安土桃山時代～江戸時代前期の臨済宗の僧。大徳寺134世。
¶人名(まんこうしゅうてい), 茶道(ばんこうそうてい), 日人(ばんこうそうてい), 仏教([没]慶長19(1614)年7月8日)

**万国宗春** まんこくそうしゅん
?　～宝暦4(1754)年
江戸時代中期の曹洞宗の僧。
¶国書

**万極良寿** まんごくりょうじゅ
生没年不詳
安土桃山時代～江戸時代前期の曹洞宗の僧。
¶国書, 仏教

**満済** まんさい
天授4/永和4(1378)年～永享7(1435)年6月13日　[別]三宝院満済(さんぼういんまんさい), 満済准后(まんさいじゅごう), 満済(まんせい)
室町時代の僧。足利義満の猶子。宗教界に君臨。
¶朝日([没]永享7年6月13日(1435年7月8日)), 岩史([生]永和4(1378)年2月), 鎌室, 京都, 京都大, 国史, 国書([生]永和4(1378)年2月), 古中, コン改(満済准后　まんさいじゅごう), コン4(満済准后　まんさいじゅごう), コン5(満済准后　まんさいじゅごう), 史人([生]1378年2月), 思想史, 新潮, 人名, 姓氏京都, 世人, 世百, 全書(満済准后　まんさいじゅごう), 大百, 中世(三宝院満済　さんぼういんまんさい), 内乱, 日史, 日人, 百科, 仏教, 仏史, 平日([生]1378　[没]1435), 室町, 名僧, 歴大

**満済准后** まんさいじゅごう
→満済(まんさい)

**卍山** まんざん
→卍山道白(まんざんどうはく)

**卍山道白** まんざんどうはく
寛永13(1636)年～正徳5(1715)年8月19日　[別]卍山(まんざん), 卍山道白(まんぜんどうはく), 道白(どうはく)
江戸時代前期～中期の曹洞宗の僧。宗統復古運動を推進し成就。
¶朝日([生]寛永13年1月13日(1636年2月19日)　[没]正徳5年8月19日(1715年9月16日)), 石川百, 黄檗([生]寛永13(1636)年1月13日), 角史, 近世, 国史, 国書([生]寛永13(1636)年1月13日), コン改, コン4, コン5, 史人, 思想史(まんぜんどうはく), 人書94, 新潮([生]寛永13(1636)年1月13日), 人名, 世人, 全書, 大百([生]1635年　[没]1714年), 日人, 広島百([没]正徳4(1714)年8月19日), 仏教([生]寛永13(1636)年1月13日), 仏史, 仏人(卍山　まんざん), 名僧

**卍空大綱** まんじくうだいこう
延宝8(1680)年～宝暦6(1756)年
江戸時代前期～中期の曹洞宗の僧。
¶姓氏愛知

**卍室祖价** まんしつそかい
?　～延宝9(1681)年1月8日
江戸時代前期の曹洞宗の僧。
¶国書

**満秋** まんしゅう
?　～寛文8(1668)年1月27日
江戸時代前期の浄土宗の僧。
¶仏教

**万宗中淵** まんじゅうちゅうえん
→万宗中淵(ばんそうちゅうえん)

**卍定** まんじょう
生没年不詳
江戸時代後期の曹洞宗の僧。
¶国書

**満成寺善永** まんじょうじぜんえい
生没年不詳
戦国時代の清見村の満成寺の開基。
¶飛騨

**マンショ小西** まんしょこにし
→小西マンショ(こにしまんしょ)

**万助** まんすけ
生没年不詳
江戸時代後期の妙好人。
¶島根百

**万成** まんせい
?　～安政2(1855)年
江戸時代後期～末期の僧、漢詩人。
¶姓氏愛知

**満誓** まんせい, まんぜい
→笠麻呂(かさのまろ)

**曼碩** まんせき
生没年不詳
江戸時代後期の浄土真宗の僧。
¶国書，仏教

**万説** まんせつ
？ ～正保4（1647）年10月21日
江戸時代前期の浄土宗の僧。
¶仏教

**卍山道白** まんぜんどうはく
→卍山道白（まんざんどうはく）

**万宗** まんそう
鎌倉時代前期の画僧。
¶人名，日人（生没年不詳）

**万的** まんてき
？ ～明暦2（1656）年3月4日
江戸時代前期の浄土宗の僧。
¶仏教

**政所有緜** まんどころありやす
→政所有緜（まんどころゆうめん）

**政所有緜** まんどころゆうべん
→政所有緜（まんどころゆうめん）

**政所有緜** まんどころゆうめん
文政4（1821）年～慶応2（1866）年 [別]政所有緜（まんどころありやす，まんどころゆうべん），有綿（ゆうめん），有緜（ゆうめん）
江戸時代末期の修験者。豊前英彦山修験座主代。
¶朝日（[没]慶応2年8月1日（1866年9月9日）），維新，神人（まんどころゆうべん [生]文政2（1819）年 [没]慶応2（1866）年8月），人名（まんどころありやす），日人，幕末（[没]1866年9月9日），幕末大（[没]慶応2（1866）年8月1日），藩臣7（まんどころゆうべん），仏教（有綿 ゆうめん），仏人（有緜 ゆうめん [生]1820年 [没]1865年）

**万年** まんねん
寛保1（1741）年～文化13（1816）年閏8月10日
江戸時代中期～後期の臨済宗の僧。
¶国書

**万福寺教雅** まんぷくじきょうが
→教雅（きょうが）

**万福寺玄亨** まんぷくじげんきょう
生没年不詳
江戸時代末期の歌僧。
¶東三河

**満米** まんべい
→満米（まんまい）

**満米** まんまい
[別]満米（まんべい）
平安時代前期の僧。
¶古代（まんべい），古代普（まんべい），日人（まんべい 生没年不詳），仏教（生没年不詳）

**万無** まんむ
慶長12（1607）年～天和1（1681）年 [別]心阿（しんあ）
江戸時代前期の浄土宗の僧。知恩院38世。
¶近世，国史，日人，仏教（[没]延宝9（1681）年6月25日），仏史

**万誉** まんよ
？ ～安政5（1858）年
江戸時代末期の浄土宗の僧。
¶人名

**満耀** まんよう
奈良時代の元興寺の僧。
¶古人，古代，古代普

**満誉尊照** まんよそんしょう
永禄5（1562）年～元和6（1620）年
江戸時代前期の浄土宗僧。
¶姓氏京都

**万里集九** まんりしゅうく
→万里集九（ばんりしゅうく）

**万竜** まんりゅう
？ ～寛保3（1743）年9月19日
江戸時代中期の浄土宗の僧。金戒光明寺40世。
¶仏教

**万量** まんりょう
？ ～延宝4（1676）年9月25日
江戸時代前期の浄土宗の僧。鎌倉光明寺47世。
¶仏教

**満霊** まんれい
文禄1（1592）年～延宝8（1680）年1月23日
江戸時代前期の浄土宗の僧。知恩寺39世。
¶埼玉人（生没年不詳），仏教

## 【み】

**三明磊堂** みあけらいどう
明治27（1894）年～昭和24（1949）年
大正～昭和期の僧、漢詩人。
¶島根歴

**美泉定山** みいずみじょうざん
文化12（1815）年～明治10（1877）年11月4日
[別]定山祖禅（じょうざんそぜん），定山坊（じょうざんぼう）
江戸時代後期～明治期の修験者。
¶岡山歴（[生]文化2（1805）年1月7日），北墓，札幌（[生]文化2年1月7日），人書94（定山祖禅 じょうざんそぜん），人情5（定山坊 じょうざんぼう），日人，北海道建（[生]文化2（1805）年1月7日），北海道百（[没]明治11（1878）年），北海道歴（[没]明治11（1878）年），明大1（[生]文化2（1805）年1月7日）

**三井道郎** みいどうろう
→三井道郎（みいみちろう）

**三井道郎** みいみちろう
安政5（1858）年7月2日～昭和15（1940）年 [別]三

井道郎（みいどうろう）
明治〜昭和期の日本ハリストス正教会長司祭。
¶海越（みいどうろう　㊀昭和15（1940）年1月14日），海越新（みいどうろう　㊀昭和15（1940）年1月14日），キリ（㊐安政5年7月2日（1858年8月10日）　㊀昭和15（1940）年1月8日），昭人（㊀昭和15（1940）年1月4日），世紀（㊐安政5年7月2日（1858年8月10日）　㊀昭和15（1940）年1月4日），渡航（㊀1940年1月8日），日人，明大1（㊀昭和15（1940）年1月4日）

**三浦アンナ**　みうらあんな
明治27（1894）年11月13日〜昭和42（1967）年11月6日
大正〜昭和期の神学者、キリスト教美術史家。立教大学教授。ドイツ初の女性神学博士。キリスト教図像学を最初に日本に紹介した。
¶キリ，女性，女性普，世紀，哲学，日人

**三浦功**　みうらいさお
昭和5（1930）年12月2日〜
昭和期のカトリック神父。著書に「人生を導く知恵」「この不安な時代に」など。
¶現執2期，現執3期

**三浦豕**　みうらいのこ
明治19（1886）年9月7日〜昭和39（1964）年7月9日
明治〜昭和期の牧師。九州女学院院長。
¶キリ

**三浦関造**　みうらかんぞう
明治16（1883）年7月15日〜昭和35（1960）年3月30日
明治〜昭和期の牧師、翻訳家。「二人の苦行者」など多くの著訳書がある。タゴール研究家でもある。
¶近文，現情，昭人，世紀，福岡文

**三浦義薫**　みうらぎくん
明治34（1901）年8月29日〜
昭和期の天台宗僧侶。延暦寺一山仏乗院住職、大僧正。
¶郷土長野，現情

**三浦参玄洞**　みうらさんげんどう
明治17（1884）年12月15日〜昭和20（1945）年6月16日
明治〜昭和期の僧侶。
¶真宗

**三浦重寛**　みうらしげひろ
大正3（1914）年〜昭和47（1972）年
昭和期の島根中央信用金庫理事長、神職。
¶島根歴

**三浦秀宥**　みうらしゅうゆう
大正10（1921）年2月28日〜平成2（1990）年9月27日
昭和〜平成期の郷土史家。
¶岡山歴，郷土

**三浦沌一**　みうらじゅんいち
明治期の神職。
¶神人

**三浦正造**　みうらしょうぞう
*〜明治20（1887）年7月2日
江戸時代後期〜明治期の神職、郷土史家。
¶島根人（㊐文政2（1819）年），島根百（㊐文政11（1828）年12月22日）

**三浦章夫**　みうらしょうふ
明治28（1895）年8月12日〜昭和46（1971）年2月19日
大正〜昭和期の僧侶・仏教史家。
¶愛媛百

**三浦清一**　みうらせいいち
明治28（1895）年5月20日〜昭和37（1962）年7月10日
大正〜昭和期の社会事業家、政治家。神戸愛隣館館長、兵庫県議会議員。
¶キリ，熊本人，日Y，兵庫百

**三浦鉄造**　みうらてつぞう
慶応2（1866）年〜昭和8（1933）年9月22日
明治〜昭和期の牧師。
¶庄内

**三浦道明**　みうらどうみょう
昭和9（1934）年11月9日〜
昭和〜平成期の僧侶。円満院門跡、大津絵美術館長。開かれた寺を提唱。応挙研究や古大津絵の蒐集でも知られる。「おやじ帝王学」など著書多数。
¶現執2期，現執3期，滋賀文

**三浦徹**　みうらとおる
嘉永3（1850）年〜大正14（1925）年9月30日
明治〜大正期の牧師。両国教会初代牧師。宣教師ミラー夫妻が発行した「喜の音」の編集を担当。静岡教会、三島教会牧師を務める。
¶朝日（㊐嘉永3年9月17日（1850年10月22日）），岩手人，キリ（㊐嘉永3年9月17日（1850年10月22日）），コン改，コン5，埼玉人（㊐嘉永3（1850）年9月17日），静岡歴，世紀（㊐嘉永3（1850）年9月17日），姓氏静岡，日人，明大1（㊐嘉永3（1850）年9月17日）

**三浦弘夫**　みうらひろお
天保3（1832）年〜大正2（1913）年11月
江戸時代末期〜明治期の神官、国学者。大蔵御祖神社初代宮司。後年古文典を講じ歌学の普及に捧げた。
¶人名，世紀，日人，明大1

**三浦正道**　みうらまさみち
文政12（1829）年〜明治20（1887）年
江戸時代末期〜明治期の神職。
¶日人

**三浦ミツ**　みうらみつ
→三浦光子（みうらみつこ）

**三浦光子**　みうらみつこ
明治21（1888）年2月20日〜昭和43（1968）年10月21日　㊙三浦ミツ（みうらみつ）
大正〜昭和期の社会事業家。石川啄木の妹。夫の設立した救貧施設愛隣館に勤務。著書に「悲しき

み

兄啄木」など。
¶岩手人，キリ，熊本人，女性（三浦ミツ　みうらみつ），姓氏岩手（[没]1967年），日人，兵庫百

**三浦了覚** みうらりょうがく
弘化4（1847）年～昭和16（1941）年
明治～昭和期の僧。曹洞宗竜雲山洞興寺住職。
¶山形百

**三枝樹正道** みえきしょうどう
明治30（1897）年～昭和50（1975）年
昭和期の仏教学者。
¶仏人

**見垣左衛門** みがきさえもん
文政1（1818）年～明治6（1873）年6月12日
江戸時代後期～明治期の神職。
¶岡山歴

**未角** みかく
享保12（1727）年～寛政5（1793）年
江戸時代中期～後期の俳人。浄土真宗の僧。
¶国書（[没]寛政5（1793）年3月29日），俳句

**三蔭顕成** みかげけんじょう
寛政11（1799）年～安政6（1859）年9月1日
江戸時代後期～末期の歌人。浄土真宗の僧。
¶国書

**三ケ島義信** みかじまよしのぶ，みかしまよしのぶ
寛政4（1792）年～安政2（1855）年
江戸時代後期～末期の神職。
¶国書（[生]寛政4（1792）年9月16日　[没]安政2（1855）年10月27日），埼玉人，埼玉百（みかしまよしのぶ）

**三方** みかた
→三方沙弥（みかたのしゃみ）

**三方沙弥** みかたのさみ
→三方沙弥（みかたのしゃみ）

**三方沙弥** みかたのしゃみ
[別]三方（みかた），三方沙弥（みかたのさみ）
奈良時代の万葉歌人。
¶国書（三方　みかた　生没年不詳），古代，古代普，日人（生没年不詳），日文（みかたのさみ），万葉（みかたのさみ）

**御巫清直** みかなぎきよなお
文化9（1812）年2月15日～明治27（1894）年7月4日
[別]御巫清直（みかんなぎきよなお）
江戸時代末期～明治期の神官、国学者。「葬儀類証」を著し神道葬祭の本義を解明。
¶維新，近現（みかんなぎきよなお），国史（みかんなぎきよなお），国書（みかんなぎきよなお），神史（みかんなぎきよなお），神人，人名，日人，幕末，幕末大，平史，三重，明治史（みかんなぎきよなお），明大1

**三上角上** みかみかくじょう
延宝3（1675）年～延享4（1747）年
江戸時代前期～中期の僧、俳人。
¶日人

**三上七十郎** みかみしちじゅうろう
安政4（1857）年5月6日～大正11（1922）年2月9日
明治～大正期の民権運動家・出版業者。
¶埼玉人，新カト

**三上善海** みかみぜんかい
明治27（1894）年～昭和46（1971）年
大正～昭和期の宗教家。
¶島根歴

**三上千那** みかみせんな
慶安4（1651）年～享保8（1723）年4月17日　[別]千那（せんな）
江戸時代前期～中期の俳人。松尾芭蕉に入門。「白馬蹄」「白馬紀行」の著者。
¶朝日（[生]慶安4年4月17日（1651年6月5日）[没]享保8年4月27日（1723年5月31日）），郷土滋賀（千那　せんな），国書（千那　せんな），コン改，コン4，コン5，滋賀百，史人（千那　せんな），新潮（千那　せんな），人名，世人，日人，俳諧（千那　せんな　[生]？），俳句（千那　せんな），俳文（千那　せんな），仏教（千那　せんな），和俳

**三上超順** みかみちょうじゅん
天保6（1835）年～明治元（1868）年
江戸時代末期～明治期の僧。
¶北墓（[没]明治1（1868）年11月15日），人名（[生]？），日人，幕末，幕末大（[没]明治1（1868）年11月15日），藩臣1

**三上東満** みかみとうまん
文久2（1862）年4月3日～昭和10（1935）年7月12日
江戸時代末期～昭和期の神職。
¶神人

**三上曇蔵** みかみどんぞう
安永7（1778）年～文久1（1861）年
江戸時代後期の真宗の僧。
¶人名，日人

**三上永人** みかみながと
明治30（1897）年3月25日～昭和44（1969）年1月31日
大正～昭和期の神官、田唄研究家。
¶島根百，島根歴

**三上よりあきら** みかみよりあきら
生没年不詳
江戸時代後期の神職。
¶国書

**美甘政和** みかもまさかず
→美甘政知（みかもまさとも）

**美甘政知** みかもまさとも
天保6（1835）年～大正7（1918）年12月9日　[別]美甘政和（みかもまさかず）
江戸時代末期～大正期の勤王家、神職。尊王論を唱え、国学を修めた。中山神社宮司を歴任。著書に「天地組織之原理」。
¶岡山人（美甘政和　みかもまさかず），岡山百（[生]天保6（1835）年4月24日），幕末，幕末大

**甕依姫** **みかよりひめ**
上代の巫女。
¶古代，古代普，日人

**三河彦治** **みかわひこじ**
明治期の神職。
¶神人

**御巫清富** **みかんなぎきよとみ**
宝暦11（1761）年～文政5（1822）年7月29日
江戸時代中期～後期の神職。
¶国書

**御巫清直** **みかんなぎきよなお**
→御巫清直（みかなぎきよなお）

**御巫清生** **みかんなぎきよなり**
天保13（1842）年5月9日～明治44（1911）年
江戸時代後期～明治期の神職。
¶国書（[没]明治44（1911）年1月24日），三重

**三木恵教** **みきえきょう**
明治11（1878）年1月11日～昭和11（1936）年6月20日
明治～昭和期の僧侶。長円寺住職。大阪光明会創立者の一人。
¶日エ

**三木照国** **みきしょうこく**
昭和7（1932）年～
昭和期の真宗学者。
¶現執1期

**三木整** **みきただし**
天保3（1832）年～明治28（1895）年5月31日
江戸時代後期～明治期の国学者。神官。
¶徳島百，徳島歴

**御木徳一** **みきとくいち**
→御木徳一（みきとくはる）

**御木徳近** **みきとくちか**
明治33（1900）年4月8日～昭和58（1983）年2月2日
昭和期の宗教家。新日本宗教団体連合会理事長。ひとのみち教団教主。教団解散後は、PL教団を開教。
¶愛媛，愛媛百，大阪人（[没]昭和58（1983）年2月），大阪文，現朝，現執1期，現情，現人，現日（[没]1983年2月3日），コン改，コン4，コン5，史人，新潮，世紀，世人，世百新，全書，日史，日人，百科，仏教，平和，民学

**御木徳一** **みきとくはる**
明治4（1871）年1月27日～昭和13（1938）年7月6日
[別]御木徳一（みきとくいち）
大正～昭和期の宗教家。神道徳光教を布教、ひとのみち教団を組織するが弾圧、解散となる。
¶学校，現朝（[生]明治4年1月27日（1871年3月17日）），コン改（みきとくいち），コン5（みきとくいち），史人，昭人，新潮，世紀，全書，日人，平和，民学，履歴，履歴2

**三木パウロ** **みきぱうろ**
永禄7（1564）年～慶長1（1597）年12月19日 [別]三木ポウロ（みきぽうろ），三木ポオロ（みきぽおろ）
安土桃山時代のイエズス会修士。日本二十六聖人の一人。
¶教育（三木ポウロ　みきぽうろ），キリ，近世（[生]？　[没]1596年），国史（[生]？），新潮（[没]慶長1（1596）年12月19日），人名（[生]1565年），世人（三木ポウロ　みきぽうろ），世百，全書（パウロ三木　ぱうろみき　[生]1564年頃），戦人（[没]慶長1（1596）年），戦補（三木ポオロ　みきぽおろ　[没]1596年），対外（[生]？），徳島百（パウロ三木　ぱうろみき　[生]？　[没]慶長1（1596）年2月5日），徳島歴（パウロ三木　ぱうろみき　[生]？　[没]慶長1（1596）年2月5日），長崎歴（パウロ・三木　ぱうろみき　[没]慶長1（1596）年），日人

**三木広隆** **みきひろたか**
生没年不詳
江戸時代後期の神道家。
¶国書

**三木ポウロ** **みきぽうろ**
→三木パウロ（みきぱうろ）

**三木ポオロ** **みきぽおろ**
→三木パウロ（みきぱうろ）

**三雲四月若麿** **みぐもうずきわかまろ**
→三雲四月若麿（みぐもうづきわかまろ）

**三雲四月若麿** **みぐもうづきわかまろ，みくもうづきわかまろ，みぐもうずきわかまろ**
天保9（1838）年～明治25（1892）年
江戸時代後期～明治期の神職。
¶神人（みぐもうずきわかまろ），姓氏鹿児島（みくもうづきわかまろ）

**ミゲル小崎** **みげるこざき**
天文21（1552）年～慶長1（1596）年
戦国時代～安土桃山時代のキリシタン。日本二十六聖人。
¶長崎歴

**神子上恵生** **みこがみえしょう**
昭和10（1935）年2月21日～
昭和期の仏教学者。龍谷大学教授。
¶現執2期

**神子上恵竜** **みこがみえりゅう**
明治35（1902）年7月9日～昭和64（1989）年1月4日
昭和期の真宗学者。龍谷大学教授。
¶現執1期，真宗

**三崎葦芽** **みさきいが★**
～明治20（1887）年
江戸時代後期～明治期の伊勢桑名の神官。
¶三重続

**三崎民樹** **みさきたみき**
文久2（1862）年～昭和6（1931）年
江戸時代末期～昭和期の神職。
¶神人

**三崎良泉** みさきりょうせん
明治25 (1892) 年11月8日〜昭和51 (1976) 年11月13日
大正〜昭和期の天台宗の僧侶。
¶埼玉人

**三沢貫宗** みさわかんじゅう
文化9 (1812) 年〜明治13 (1880) 年
江戸時代後期〜明治期の僧侶。
¶神奈川人

**三沢震道** みざわしんどう,みさわしんどう
文化5 (1808) 年〜*
江戸時代後期〜明治期の僧。浄土真宗善徳寺第12世住職。
¶島根百 (みさわしんどう ㊀明治26 (1893) 年), 島根歴 (㊀明治25 (1892) 年)

**三沢智雄** みさわともお
明治31 (1898) 年〜昭和42 (1967) 年
大正〜昭和期の宗教教育家。
¶長野歴

**三沢昌弘** みさわまさひろ
? 〜延慶2 (1309) 年
鎌倉時代後期の日蓮宗の大檀越。
¶姓氏静岡

**三島春洞** みしましゅんどう
慶応3 (1867) 年〜大正10 (1921) 年
明治・大正期の僧侶。
¶愛媛

**三嶋神社東太夫** みしまじんじゃとうたゆう
三嶋神社の宮司の1家。
¶伊豆

**三島教信** みしまたかのぶ
生没年不詳
室町時代の高山市の真蓮寺の開基。
¶飛騨

**三島初江** みしまはつえ
明治40 (1907) 年6月21日〜
昭和期の宗教学者、フランス文学者。
¶現情

**三島安俊** みしまやすとし
生没年不詳
鎌倉時代後期の神官。
¶鎌室, 日人

**三島安久** みしまやすひさ
大正4 (1915) 年8月30日〜昭和57 (1982) 年10月31日
昭和期の神官。
¶愛媛, 愛媛百

**三島良純** みしまりょうじゅん
明治40 (1907) 年〜
昭和期の禅僧。
¶郷土岐阜

**三島良忠** みしまりょうちゅう
明治期の編集者。カトリック月刊誌『天主之番兵』公友社代表、発行・編集人。
¶新カト

**御正山円盛** みしょうやまのりもり
安永7 (1778) 年〜天保14 (1843) 年
江戸時代後期の本山派修験僧侶。
¶埼玉人, 埼玉百

**水月哲英** みずきてつえい
→水月哲英 (みづきてつえい)

**劉無着** みずきむちゃく
? 〜明治4 (1871) 年
江戸時代末期の漢学者、僧侶。
¶島根人, 島根歴

**水茎玉菜** みずくきたまな
文政4 (1821) 年〜明治18 (1885) 年
江戸時代後期〜明治期の八剣宮神主田島家20代権守方吉の三男。
¶姓氏愛知

**水茎磐樟** みずぐきばんしょう
安政2 (1855) 年〜明治40 (1907) 年
明治期の故実家。平安神宮禰宜。八坂神社禰宜、建勲神社禰宜などを歴任。「平安通志」の編纂を嘱託。
¶人名, 日人

**水科五郎** みずしなごろう
弘化4 (1847) 年5月15日〜明治25 (1892) 年3月7日
明治期の伝道者。
¶キリ

**水島清充** みずしまきよみつ
生没年不詳
江戸時代中期の神職。
¶国書

**水嶋剣城** みずしまけんじょう
明治30 (1897) 年10月18日〜昭和54 (1979) 年10月1日
大正〜昭和期の僧侶。
¶福岡百

**水島随順** みずしまずいじゅん
明治8 (1875) 年〜昭和21 (1946) 年
明治〜昭和期の僧侶。
¶神奈川人

**水島守信** みずしまもりのぶ
南北朝時代の白山本宮の大宮司。
¶姓氏石川

**水谷幸正** みずたにこうしょう
昭和3 (1928) 年4月1日〜
昭和〜平成期の仏教学者。仏教大学教授。
¶現情

**水谷左門** みずたにさもん
弘化1 (1844) 年〜元治1 (1864) 年
江戸時代末期の彦山修験。

み

¶維新，神人（㊀天保14（1843）年　㊁元治1（1864）年7月19日），人名，日人，幕末（㊁1864年8月20日），幕末大（㊁元治1（1864）年7月19日）

**水谷仁海** みずたににんかい
天保7（1836）年～明治29（1896）年
江戸時代末期～明治期の僧侶。天台宗叡山派。平常仏教の弊風を嘆じ、各宗の統一を唱道。
¶人名

**水沼寛厚** みずぬまかんこう
明治10（1877）年～昭和16（1941）年4月7日
明治～昭和期の僧侶。
¶真宗

**水野くら子** みずのくらこ
大正8（1919）年12月1日～平成1（1989）年2月2日
昭和期の宗教家。
¶女性，女性普，世紀，日人

**水野軍記** みずのぐんき
？～文政8（1825）年
江戸時代後期のキリシタン。
¶近世（㊁1824年），国史，コン改，コン4，コン5，新潮（㊁文政7（1824）年12月），世人，日人

**水野弘元** みずのこうげん
明治34（1901）年11月19日～
昭和期の仏教学者。駒沢大学総長。
¶現執1期，現執2期

**水野常倫** みずのじょうりん
→水野常倫尼（みずのじょうりんに）

**水野常倫尼** みずのじょうりんに
嘉永1（1848）年11月5日～昭和2（1927）年5月5日
㊞水野常倫（みずのじょうりん）
明治～昭和期の尼僧。全国尼僧取締役。私立尼僧学林を開く。尼教育に尽くし、近代尼の地位を築く。
¶愛知女（水野常倫　みずのじょうりん），朝日（水野常倫　みずのじょうりん　㊀嘉永1年11月5日（1848年11月30日）），女性，女性普，世紀（水野常倫　みずのじょうりん），姓氏愛知（水野常倫　みずのじょうりん），日人，仏人，明大1（水野常倫　みずのじょうりん）

**水野禅山** みずのぜんざん
*～明治20（1887）年3月21日
江戸時代後期～明治期の禅僧。
¶庄内（㊀文化10（1813）年），山形百（㊀文化8（1811）年）

**水野丹波** みずのたんば
文政11（1828）年～明治14（1881）年
江戸時代末期～明治期の神官。西洋砲術を学ぶ。馬関戦争、鳥羽・伏見の戦い、偽官軍に参加。
¶維新，長野歴，幕末，幕末大（㊀文政11（1828）年12月7日　㊁明治14（1881）年9月）

**水野梅暁** みずのばいぎょう
明治10（1877）年～昭和24（1949）年11月21日
大正～昭和期の禅僧。曹洞宗。中国に僧学堂を創立。日本仏教の中国開教の先達。
¶コン改，コン5，昭人，世紀，日人（㊀明治10（1877）年1月2日），日中（㊀明治11（1878）年1月2日），仏教（㊀明治10（1877）年1月2日），仏人

**水野晴雄** みずのはるお，みずのはるを
天保2（1831）年～明治44（1911）年
江戸時代後期～明治期の神職。
¶高知人（みずのはるを），高知先，明大1

**水野房** みずのふさ
明治16（1883）年～昭和45（1970）年7月24日
明治～昭和期の宗教家。神示をうけ令照教会を開教。教団管長。
¶女性（㊀明治16（1883）年11月25日），女性普（㊀明治16（1883）年11月25日），世紀（㊀明治16（1883）年1月25日），日人（㊀明治16（1883）年1月25日）

**水野三春** みずのみはる
寛政12（1800）年～文久2（1862）年2月25日
江戸時代後期～末期の神職。
¶国書，神人（㊀寛政12（1800）年3月5日），姓氏石川（㊀？）

み

**水野弥穂子** みずのやおこ
大正10（1921）年10月15日～
昭和～平成期の国語学者。東京女子大学教授。大学退官後、道元禅師の現代語訳と註解に従事、仏教文化に貢献。
¶現執3期，現執4期

**水野芳之助** みずのよしのすけ
生没年不詳
明治期の牧師。
¶社史

**水野良春** みずのよしはる
？～文中2/応安6（1373）年
鎌倉時代後期～南北朝時代の新居城主、退養寺の開基。
¶姓氏愛知

**水原堯栄** みずはらぎょうえい
明治23（1890）年1月10日～昭和40（1965）年9月25日
昭和期の真言宗僧侶。高野山真言宗管長。清浄心院、宝寿院門主などを歴任。学識が深く著書多数。
¶郷土和歌山，現情，新潮，人名7，世紀，日人，仏教，仏人，和歌山人

**水原宗梁** みずはらむねはり
生没年不詳
江戸時代後期～末期の神職。
¶国書

**水原立華** みずはらりっか
寛政12（1800）年～明治10（1877）年11月1日
江戸時代後期～明治期の真言宗の僧・医師。
¶国書，長野歴

**瑞穂春海** みずほしゅんかい
明治44（1911）年3月22日～平成7（1995）年

昭和期の映画監督、僧侶。蓮華院住職。
¶映監，映人（[没]平成7（1995）年6月19日），監督

**水原宏遠** みずもとこうおん
文化5（1808）年12月5日～明治23（1890）年6月21日
江戸時代末期～明治期の浄土真宗本願寺派学僧。勧学。
¶真宗，仏教，仏人，明大1

**水原慈音** みずもとじおん
天保6（1835）年～明治41（1908）年1月12日
江戸時代末期～明治期の浄土真宗本願寺派僧侶。円照寺住職、岐阜笠松両別院内事局長。
¶真宗（[生]天保6（1835）年1月19日），日人，仏人，明大1（[生]天保6（1835）年1月）

**弥山良須** みせんりょうす
元禄9（1696）年～明和8（1771）年11月28日
江戸時代中期の曹洞宗の僧。永平寺46世。
¶仏教

**溝口駒造** みぞぐちこまぞう
昭和期の神道学者。
¶神人



**溝口靖夫** みぞぐちやすお
明治39（1906）年9月2日～昭和53（1978）年4月14日
昭和期の神戸女学院大学学長・文学博士。
¶岡山歴，兵庫百

**聖園テレジア** みそのてれじあ
明治23（1890）年12月～昭和40（1965）年9月14日
明治～昭和期の社会事業家、教育者。ドイツ生まれ。教会聖心愛子会を開設。御園学園短期大学の基礎をつくる。
¶秋田百，学校，神奈川人（[生]1891年），神奈川百，キリ（[生]1890年12月3日），女性，女性普，新カト（[生]明治23（1890）年12月3日），世紀，日人（[生]1890年12月3日）

**岳山将監** みたけしょうげん
生没年不詳
明治期の神職。高座郡俣野村御嶽大明神神主。
¶神奈川人

**三武春吉** みたけはるきち
弘化2（1845）年～大正4（1915）年
明治～大正期の宗教家。
¶神奈川人

**三谷隆正** みたにたかまさ
明治22（1889）年2月6日～昭和19（1944）年2月17日
大正～昭和期のキリスト教育者、法哲学者。ヒルティ、カントを学ぶ。著書に「信仰の論理」「幸福論」など。
¶神奈川百，キリ，近現，近文，現朝，国史，コン改，コン5，史人，思想，思想史，昭人，新潮，人名7，世紀，姓氏神奈川，全書，哲学，日史，日人，百科，履歴，履歴2

**三谷種吉** みたにたねきち
明治1（1868）年～昭和20（1945）年
明治～昭和期の福音唱歌作者、伝道者。
¶キリ

**三谷民子** みたにたみこ
明治6（1873）年2月16日～昭和20（1945）年4月1日
明治～昭和期のキリスト教女子教育家。女子学院校長。英語・西洋史・聖書を指導。
¶キリ，近女，現朝，現人，昭人，女性，女性普，世紀，渡航，日人

**美多実** みたみのる
大正1（1912）年～平成7（1995）年
昭和期の郷土史家。
¶郷土（[生]大正1（1912）年8月3日　[没]平成7（1995）年3月11日），史研，島根歴

**三田村上介** みたむらじょうすけ★
天保8（1837）年～大正1（1912）年
江戸時代後期～明治期の伊賀上野出身の政治家、神官。
¶三重続

**三田了一** みたりょういち
明治25（1892）年12月19日～昭和58（1983）年5月29日
大正～昭和期の宗教家。イスラム・センター・ジャパン顧問。イスラム教徒として初めて「コーラン」の日本語完訳を果たした。
¶現情，現人，人満（[生]明治25（1892）年12月），世紀

**道重信教** みちしげしんきょう
安政3（1856）年3月4日～昭和9（1934）年1月29日
明治～昭和期の高徳家。
¶人名，世紀，日人，仏人，明大1，山口百

**道端良秀** みちはたりょうしゅう
明治36（1903）年3月4日～平成5（1993）年7月10日
昭和期の仏教学者。光華女子大学教授。
¶現執1期，現情，真宗

**道仁法親王** みちひとほうしんのう
→道仁（どうにん）

**密庵古道** みつあんこどう
生没年不詳
江戸時代後期～末期の曹洞宗の僧。
¶国書

**三井淳弁** みついじゅんべん
明治14（1881）年11月1日～昭和14（1939）年3月1日
明治～昭和期の僧侶。
¶真宗

**三井蓮純** みついれんじゅん
寛政8（1796）年～明治14（1881）年2月24日
江戸時代末期～明治期の真宗高田派僧侶。学僧、万福寺住職。
¶国書，真宗，姓氏愛知，幕末，幕末大，仏人

**密雲　みつうん**
～明治17（1884）年
江戸時代後期～明治期の僧。永平寺管長。
¶新潟百

**密雲彦契　みつうんげんかい**
元禄16（1703）年～寛延2（1749）年10月11日
江戸時代中期の曹洞宗の僧。
¶国書，仏教

**密応　みつおう**
文政11（1828）年～明治33（1900）年9月5日
江戸時代末期の僧。
¶岡山人，岡山歴

**光応智覚　みつおうちかく**
明治11（1878）年～大正9（1920）年12月19日
㊿光応智覚（みつおかちかく）
明治～大正期の僧侶。永万寺第6世住職。
¶社史（みつおかちかく），真宗

**光応智覚　みつおかちかく**
→光応智覚（みつおうちかく）

**三木一二良　みつきいちじろう**
明治32（1899）年2月11日～昭和54（1979）年9月19日
大正・昭和期の神職。東照宮などの宮司。
¶飛驒

**三木一弘　みつきかずひろ**
昭和7（1932）年11月26日～
昭和期の神職。飛驒東照宮などの宮司。
¶飛驒

**三木三沢　みつきさんたく**
～天正13（1585）年閏8月17日
安土桃山時代の山下城主。もと水無神社の神主。
¶飛驒

**水月哲英　みづきてつえい，みずきてつえい**
明治1（1868）年～昭和23（1948）年
江戸時代末期～昭和期の宗教家、教育者。
¶学校（みずきてつえい），福岡百（㊤慶応4（1868）年2月5日　㊦昭和23（1948）年4月21日）

**三桐慈海　みつぎりじかい**
昭和9（1934）年1月28日～
昭和期の仏教学者。大谷大学教授。
¶現執2期

**密源　みつげん**
？　～元文2（1737）年9月21日
江戸時代中期の真言律宗の僧。
¶国書

**密厳(1)　みつごん**
康和2（1100）年～元暦1（1184）年9月9日
平安時代後期の真言宗の僧。
¶仏教

**密厳(2)　みつごん**
平安時代後期～鎌倉時代前期の律宗の僧。
¶人名，仏教（生没年不詳）

**密厳(3)　みつごん**
宝暦13（1763）年～文政2（1819）年
江戸時代中期～後期の僧。
¶日人

**密厳(4)　みつごん**
天明1（1781）年～弘化2（1845）年12月8日
江戸時代中期～後期の真言宗の僧。
¶国書

**光定　みつさだ**
戦国時代の連歌作者。伊勢神宮御師高向二頭大夫家。
¶俳文

**密山元顒　みっさんげんぐう**
寛文10（1670）年～元文3（1738）年5月19日
江戸時代中期の黄檗宗の僧。
¶黄檗

**密山正厳　みっさんしょうごん，みつさんしょうごん**
？　～長享3（1489）年7月24日
室町時代～戦国時代の曹洞宗の僧。
¶埼玉人（みつさんしょうごん），仏教

**密山照修　みっさんしょうしゅう**
？　～文化13（1816）年3月21日
江戸時代中期～後期の黄檗宗の僧。
¶黄檗

**密山道顕　みつざんどうけん，みっさんどうけん**
承応1（1652）年～元文1（1736）年10月12日
江戸時代前期～中期の曹洞宗の僧。
¶国書，姓氏石川（㊤？），仏教（みっさんどうけん）

**密室守厳　みっしつしゆごん，みっしつしゅごん**
鎌倉時代後期の臨済宗の僧。
¶神奈川人（みっしつしゅごん　生没年不詳），鎌古

**密成　みつじょう**
*～嘉永5（1852）年9月9日
江戸時代末期の僧。
¶岡山人（㊤安永4（1775）年），岡山歴（㊤安永6（1777）年）

**光瀬俊明　みつせとしあき**
明治32（1899）年9月25日～昭和49（1974）年5月17日
大正～昭和期の小説家、宗教家。小説および戯曲集として「造られたもの」「親」など。
¶近文，現情，世紀

**密蔵　みつぞう**
寛政7（1795）年～明治3（1870）年1月24日
江戸時代後期～明治期の僧侶。
¶真宗

**三津田弁光　みつだべんこう**
天保14（1843）年～大正9（1920）年
江戸時代末期～大正期の僧侶。

¶群馬人

**三津田弁秀** みつだべんしゅう
大正10(1921)年～
昭和期の僧侶。
¶群馬人

**光田恵然** みつだよしなり
? ～明治6(1873)年
明治期の僧侶。欧米宗教界の視察のためアメリカに渡る。
¶海越(生没年不詳), 海越新

**三土修平** みつちしゅうへい
昭和24(1949)年2月16日～
昭和～平成期の理論経済学者、僧侶。経済企画庁勤務を経て、愛媛大学教授。著書に「基礎経済学」があるほか、筆名で宗教小説も著す。
¶現執3期, 現執4期

**密道** みつどう
? ～天正18(1590)年
戦国時代～安土桃山時代の浄土宗の僧。
¶神奈川人, 姓氏神奈川

み

**三橋永助** みつはしえいすけ
生没年不詳
江戸時代後期の仏師。
¶神奈川人, 姓氏神奈川, 美建

**三橋左京** みつはしさきょう
江戸時代前期の仏師。
¶神奈川人(生没年不詳), 美建

**三橋薩摩** みつはしさつま
江戸時代前期の仏師。
¶神奈川人(生没年不詳), 美建

**三橋宗慶** みつはしそうけい
元亀2(1571)年～? [別]大弐(だいに)
安土桃山時代の仏師。
¶神奈川人, 鎌倉(大弐 だいに), 姓氏神奈川, 美建

**三橋但馬** みつはしたじま
慶長12(1607)年～?
江戸時代前期の仏師。
¶神奈川人, 美建

**三橋某** みつはしなにがし
安土桃山時代の仏師。北条氏に属した御用仏師。
¶伊豆, 後北(某〔三橋(1)〕 なにがし)

**三橋靭負** みつはしゆきえ★
生没年不詳
江戸時代前期の鎌倉仏師。
¶江神奈

**三星茂信** みつほししげのぶ
文化7(1810)年～明治23(1890)年
江戸時代後期～明治期の医師、神職。
¶神人

**三俣俊二** みつまたしゅんじ
昭和7(1932)年4月21日～
昭和～平成期のキリスト教史家、随筆家。
¶滋賀文

**三松永成** みつまつえいじょう
文久1(1861)年～昭和7(1932)年 [別]三松永成(みまつえいじょう)
江戸時代末期～昭和期の僧侶。
¶真宗([没]昭和7(1932)年12月3日), 富山百(みまつえいじょう [没]昭和7(1932)年5月12日)

**三森言融** みつもりげんゆう
→三森言融(みつもりごんゆう)

**三森言融** みつもりごんゆう
*～昭和51(1976)年2月6日 [別]三森言融(みつもりげんゆう)
昭和期の山形県ボーイスカウト運動の先達、宗教家。
¶真宗(みつもりげんゆう [生]明治40(1907)年), 山形百([生]明治39(1906)年)

**密門** みつもん
生没年不詳
江戸時代中期の僧侶。
¶徳島歴

**密門宥範** みつもんゆうはん
天保14(1843)年5月25日～大正9(1920)年1月12日
明治～大正期の高野山真言宗僧侶。金剛峰寺383世、古義各派連合総裁。
¶仏教, 仏人

**密雄** みつゆう
江戸時代末期の僧。
¶岡山人

**三津理山** みつりざん
寛政11(1799)年5月21日～明治10(1877)年1月2日
江戸時代末期～明治期の僧侶。
¶国書, 真宗, 人名, 日人

**密林志稠** みつりんしちょう
生没年不詳
鎌倉時代後期の僧。
¶北条

**弥天永釈** みてんえいしゃく
→弥天永釈(みてんようしゃく)

**弥天永釈** みてんようしゃく
? ～応永13(1406)年6月5日 [別]弥天永釈(みてんえいしゃく)
南北朝時代～室町時代の臨済宗の僧。
¶国書, 人名(みてんえいしゃく), 日人(みてんえいしゃく), 仏教

**南小柿州吾** みながきしゅうご
弘化2(1845)年～大正6(1917)年
明治期の牧師。
¶神奈川人

**水口いそ** みなぐちいそ
明治4（1871）年3月～昭和43（1968）年3月25日
明治～昭和期の救世軍活動家。
¶埼玉人

**水無瀬豊経** みなせとよつね
文化11（1814）年～明治30（1897）年
江戸時代末期～明治期の神官、歌人。
¶長野歴

**南淵請安** みなぶちしょうあん
→南淵請安（みなぶちのしょうあん）

**南淵漢人請安** みなぶちのあやひとしょうあん
→南淵請安（みなぶちのしょうあん）

**南淵請安** みなぶちのしょうあん，みなふちのじょうあん，みなぶちのじょうあん
生没年不詳 ㊐南淵漢人請安（みなぶちのあやひとしょうあん），南淵請安（みなぶちしょうあん，みなみぶちしょうあん，みなみぶちのしょうあん）
飛鳥時代の僧。遣隋使小野妹子らに従って隋へ留学。大化改新に協力した。
¶朝日，岩史，角史，国史（みなぶちのじょうあん），古史，古人（みなふちのじょうあん），古代（南淵漢人請安 みなぶちのあやひとしょうあん），古代普（南淵漢人請安 みなぶちのあやひとしょうあん），古中（みなぶちのじょうあん），古物，コン改（みなみぶちしょうあん），コン4（みなみぶちしょうあん），コン5（みなみぶちしょうあん），史人，思想史，重要，新潮，人名（みなぶちしょうあん），世人，世百，全書（みなみぶちのしょうあん），対外（みなぶちのじょうあん），大百，日史，日人，百科，仏教（みなみぶちのしょうあん），平日，山川小，歴大

**南某（勝栄力）** みなみ
明治期の神職。旧松尾神社神主。
¶華請（南某）

**南井忠文** みなみいただふみ
江戸時代末期～明治期の僧侶。元興福寺学侶・春日大社新社司。
¶華請

**南勝太郎** みなみかつたろう
生没年不詳
明治期の牧師。
¶社史

**南勝栄** みなみかつひで
安政3（1856）年～明治44（1911）年
江戸時代末期～明治期の神職。旧松尾神社神主。
¶華請

**南月渓** みなみげっけい
文政5（1822）年～明治15（1882）年6月26日
江戸時代末期～明治期の僧侶、士族。田野浄土寺や安芸町妙山寺の住職。
¶高知人，幕末，幕末大（㊊文政5（1822）年5月5日）

**三並五郎左衛門** みなみごろうざえもん
永禄11（1568）年？ ～慶長8（1603）年11月6日
安土桃山時代のキリシタン。
¶史人

**南曇城** みなみどんじょう
文政5（1822）年8月15日～明治40（1907）年8月19日
江戸時代後期～明治期の僧侶。
¶真宗，富山百

**三並良** みなみはじめ
慶応元（1865）年～昭和15（1940）年10月27日
明治～昭和期のキリスト教思想家。普及福音協会の牧師。著書に「日本に於ける自由基督教と其先駆者」。
¶愛媛，愛媛百（㊊慶応1（1865）年10月13日），キリ（㊊慶応1（1865）年10月3日），近現，国史，世紀（㊊慶応3（1867）年10月3日 ㊋昭和51（1976）年10月27日），哲学（㊊1867年），日人，明治史

み

**南淵請安** みなみぶちしょうあん
→南淵請安（みなぶちのしょうあん）

**南淵請安** みなみぶちのしょうあん
→南淵請安（みなぶちのしょうあん）

**南村梅軒** みなみむらばいけん
生没年不詳 ㊐南村梅軒（なんそんばいけん）
戦国時代の儒学者。大内義隆に仕える。
¶朝日，岩史，角史，高知人，高知百，国史，古中，コン改，コン4，コン5，史人，思想史，重要，新潮，人名，世人，世百，全書，戦人，大百，中世，日人，山川小，歴大

**源慶安** みなもとけいあん
→源慶安（みなもとよしやす）

**源俊** みなもとすぐる
→源俊（げんしゅん）

**源忠季** みなもとただすえ
生没年不詳 ㊐源忠季（みなもとのただすえ）
平安時代後期の歌人。
¶国書，古人（みなもとのただすえ），平史（みなもとのただすえ）

**源忠良** みなもとただよし
生没年不詳 ㊐源忠良（みなもとのただよし）
江戸時代中期の神道家。
¶国書，平史（みなもとのただよし）

**源哲勝** みなもとてっしょう
明治25（1892）年4月18日～昭和49（1974）年11月21日
明治～昭和期の僧侶。
¶島根百，真宗

**源仲之** みなもとなかゆき
生没年不詳
江戸時代前期の神職。
¶国書

**源顕重**　**みなもとのあきしげ**
生没年不詳
平安時代後期の神官。村上源氏雅俊の子。
¶神人

**源俊**　**みなもとのすぐる**
→源俊（げんしゅん）

**源忠季**　**みなもとのただすえ**
→源忠季（みなもとただすえ）

**源忠良**　**みなもとのただよし**
→源忠良（みなもとただよし）

**源趁**　**みなもとのちん**
→安法（あんぽう）

**源経方**　**みなもとのつねまさ**
天喜2（1054）年～永久3（1115）年
平安時代後期の佐々木宮神主。
¶古人

**源勝**　**みなもとのまさる**
？　～仁和2（886）年
平安時代前期の官人、学僧。竹田禅師と称される。
¶朝日（㉙仁和2年7月4日（886年8月7日）），古人（㊐？），コン改，コン4，コン5，人名，天皇（㉙仁和2（886）年7月4日），日人，平史

み

**源光成女**　**みなもとのみつなりのむすめ**
平安時代後期の女性。狛宮大僧都尊恵の生母。
¶天皇

**源義兼**　**みなもとのよしかね**
→足利義兼（あしかがよしかね）

**源頼全**　**みなもとのらいぜん**
→源頼全（みなもとらいぜん）

**源義兼**　**みなもとよしかね**
→足利義兼（あしかがよしかね）

**源慶安**　**みなもとよしやす**
慶安1（1648）年～享保14（1729）年　㊞慶安（けいあん），源慶安（みなもとけいあん）
江戸時代前期～中期の両部神道家、暦学者。「両部神道口決鈔」「本朝天文」の著者。
¶朝日（㉙享保14年5月9日（1729年6月5日）），科学（㉙享保14（1729）年5月9日），国書（みなもとけいあん　㉙享保14（1729）年5月9日），人名，日人，俳文（慶安　けいあん）

**源頼全**　**みなもとらいぜん**
？　～建仁3（1203）年　㊞源頼全（みなもとのらいぜん）
平安時代後期～鎌倉時代前期の僧。
¶鎌室，古人（みなもとのらいぜん　㊐？），日人（みなもとのらいぜん）

**見沼冬男**　**みぬまふゆお**
→西角井正慶（にしつのいまさよし）

**峯尾節堂**（峰尾節堂，峯尾節道）　**みねおせつどう**
明治18（1885）年4月1日～大正8（1919）年3月6日
明治期の社会運動家、僧侶。大逆事件で無期懲役となるが獄死。獄中手記「我懺悔の一節」がある。
¶アナ，コン改（峰尾節堂），コン5（峰尾節堂），社運，社史，新潮（峰尾節堂），世紀，日人（峰尾節堂），明治史，明大1，和歌山人（峯尾節道）

**峰尾大休**　**みねおだいきゅう**
万延1（1860）年4月24日～昭和29（1954）年2月26日
明治～昭和期の臨済宗の僧侶。
¶埼玉人，埼玉百

**峯岸応哉**　**みねぎしおうさい**
大正5（1916）年～
昭和期の僧侶。
¶群馬人

**峯堅雅**　**みねけんが**
明治16（1883）年～昭和47（1972）年
大正～昭和期の僧侶・教育者。
¶神奈川人，姓氏神奈川

**峰専治**　**みねせんじ**
明治32（1899）年3月16日～昭和30（1955）年9月13日
大正～昭和期の小説家、僧侶。「左様なら」「赤靴鳥になれ」で注目される。晩年郷土文学の育成に尽力。
¶近文，滋賀百，滋賀文，世紀

**嶺藤亮**　**みねふじりょう**
大正3（1914）年9月15日～平成2（1990）年8月15日
昭和期の僧侶。
¶真宗

**箕曲在一**　**みのわありかず**
文化10（1813）年～明治1（1868）年10月23日
江戸時代後期～末期の神職。
¶国書

**蓑輪英章**　**みのわえいしょう**
大正2（1913）年～昭和51（1976）年2月4日
昭和期の僧侶。
¶真宗

**蓑輪顕量**　**みのわけんりょう**
昭和35（1960）年3月19日～
昭和～平成期の仏教学者。愛知学院大学文学部日本文科学科助教授。
¶現執4期

**蓑輪対岳**　**みのわたいがく**
天保9（1838）年～明治12（1879）年3月6日
江戸時代後期～明治期の僧侶。
¶真宗

**三原勝英**　**みはらかつひで**
明治26（1893）年～昭和43（1968）年
大正～昭和期の僧。那珂郡丸亀町富屋の善照寺住職。
¶香川人，香川百

**壬生氏女**　**みぶうじのおんな**
鎌倉時代後期の御岳神社の信者。
¶多摩

**壬生照順** みぶしょうじゅん
明治41(1908)年1月30日～昭和62(1987)年2月18日
昭和期の僧、仏教平和運動家。天台宗大僧正。一般人への仏教布教に地道に活動。
¶革命，郷土長野，現朝，現情，現人，社運，社史，昭人，世紀，日人，平和

**壬生台舜** みぶたいしゅん
大正2(1913)年9月24日～
昭和～平成期の仏教学者。大正大学教授。
¶現情

**壬生大膳** みぶだいぜん
生没年不詳
明治期の神職。鎌倉郡江ノ島江ノ島神社神主。
¶神奈川人

**壬生基修** みぶともなが
→壬生基修(みぶもとなが)

**壬生昌延** みぶのまさのぶ
→壬生昌延(みぶまさのぶ)

**壬生久吉** みぶひさよし
戦国時代の松崎町岩科の国柱命神社の禰宜。
¶伊豆

**壬生昌延** みぶまさのぶ
天保10(1839)年～明治42(1909)年 ㊊壬生昌延(みぶのまさのぶ)
江戸時代後期～明治期の神職。
¶神奈川人，神人，姓氏神奈川(みぶのまさのぶ)

**壬生基修** みぶもとおさ
→壬生基修(みぶもとなが)

**壬生基修** みぶもとなが
天保6(1835)年3月7日～明治39(1906)年 ㊊壬生基修(みぶともなが，みぶもとおさ)
江戸時代末期～明治期の公卿。伯爵。尊王攘夷派として活躍。東京府知事、元老院議官などを歴任。
¶維新，華請(みぶもとおさ)，角史，京都大，近現，国史，コン改，コン4，コン5，史人(みぶもとおさ ㊡1906年3月6日)，神人(みぶもとおさ)，新潮(㊡明治39(1906)年3月6日)，人名，政治(㊡明治39(1906)年3月5日)，姓氏京都，全幕，太宰府，新潟百別(みぶともなが)，日人，幕末(㊡1906年3月5日)，幕末大(㊡明治39(1906)年3月5日)，明治史(みぶもとおさ)，明大1(㊡明治39(1906)年3月5日)

**弥峰円基** みほうえんき
享保15(1730)年～文化14(1817)年6月17日
江戸時代中期～後期の黄檗宗の僧。
¶黄檗，仏教

**弥芳浄桂** みほうじょうけい
元禄1(1688)年～明和1(1764)年10月11日
江戸時代中期の黄檗宗の僧。
¶黄檗

**御牧碩太郎** みまきせきたろう
明治3(1870)年8月15日～昭和24(1949)年5月22日
明治～昭和期の牧師。「霊の糧」編集責任者。
¶キリ

**三松永成** みまつえいじょう
→三松永成(みつまつえいじょう)

**三村日修** みむらにっしゅう
→日修(にちしゅう)

**三村実** みむらみのる
明治期の神職。
¶神人

**三室戸和光** みむろとかずみつ
天保13(1843)年～？
江戸時代後期～末期の子爵、神宮大宮司。
¶神人

**宮岡守之** みやおかもりゆき
安土桃山時代の班峰富士浅間社神主。民部大輔。滝山城城主北条氏照に属した。武蔵国北谷中の村の人。
¶後北(守之〔宮岡〕 もりゆき)

み

**宮尾詮** みやおせん
明治9(1876)年～
明治～大正期の神職。
¶神人

**宮川勇** みやがわいさむ
明治22(1889)年～昭和20(1945)年
明治～昭和期の牧師、賛美歌作詞者。
¶キリ

**宮川一宗** みやがわいっそう
天保11(1840)年～明治39(1906)年
明治期の神職。
¶神奈川人

**宮川経輝** みやがわけいき
→宮川経輝(みやがわつねてる)

**水谷川忠起**(水谷川忠起) みやがわただおき
嘉永1(1848)年～大正12(1923)年
江戸時代後期～大正期の神職。
¶華請，神人，男爵(水谷川忠起 ㊀嘉永1(1848)年3月17日 ㊡大正12(1923)年5月25日)

**宮川丹後** みやがわたんご
生没年不詳
江戸時代後期の大住郡片岡村鎮守雷電社神主。
¶神奈川人

**宮川経輝** みやがわつねてる
安政4(1857)年～昭和11(1936)年3月2日 ㊊宮川経輝(みやがわけいき)
明治～昭和期の牧師。花岡山の奉教結盟の中心人物。
¶朝日(㊀安政4年1月17日(1857年2月11日) ㊡昭和11(1936)年2月2日)，大阪人，キリ(㊀安政4年1月17日(1857年2月11日))，近現，熊本人，熊本百(㊀安政4(1857)年1月18日)，国史，コン改，コン5，史人(㊀1857年1月17

日），社史，新カト（[生]安政4（1857）年2月19日），新潮（[生]安政4（1857）年1月17日），人名，世紀（[生]安政4（1857）年1月17日　[没]昭和11（1936）年2月2日），世百，日史（[生]安政4（1857）年1月18日），日人，日Y（[生]安政4（1857）年1月18日），幕末（みやがわけいき），幕末大（[生]安政4（1857）年1月18日），百科，明治史，明大1（[生]安政4（1857）年1月17日　[没]昭和11（1936）年2月2日），歴大

**宮川友之助** みやがわとものすけ
生没年不詳
明治期の西宮教会牧師。
¶社史

**宮川量** みやかわはかる，みやがわはかる
明治38（1905）年1月26日〜昭和24（1949）年9月3日
大正〜昭和期のキリスト教徒。ハンセン病療養所に献身。
¶日エ，飛驒（みやがわはかる）

**宮川巳作** みやがわみさく★
明治8（1875）年5月〜
明治〜昭和期の大連基督教会牧師。
¶人満

**宮川宗徳** みやがわむねのり
明治19（1886）年12月12日〜昭和37（1962）年1月18日
明治〜昭和期の官吏。
¶熊本人，熊本百

**宮川宗保** みやがわむねやす
嘉永6（1853）年〜昭和8（1933）年
江戸時代末期〜昭和期の神職。
¶神人

**宮城春意** みやぎしゅんい
生没年不詳
江戸時代前期の神道家、儒者。
¶愛媛百，国書，神人，日人

**宮城信範** みやぎしんぱん
明治23（1890）年10月26日〜昭和30（1955）年12月28日
大正〜昭和期の教育者、宗教家、法曹人。新城小学校校長、桃林寺住職代理、石垣治安裁判所判事。
¶沖縄百，社史，姓氏沖縄

**宮城孚** みやぎたかし
生没年不詳
江戸時代前期の神道家。
¶江文

**宮城ツル** みやぎつる
文久3（1863）年？ 〜
昭和期の宗教団体幹部。
¶社史

**宮木康政** みやきやすまさ
大正4（1915）年5月24日〜昭和37（1962）年11月26日
昭和期の歌人。神職。
¶富山文

**三宅荒毅** みやけあらき
→三宅荒毅（みやけこうき）

**三宅英慶** みやけえいけい
明治2（1869）年〜昭和7（1932）年
明治〜昭和期の東大寺別当。
¶図人

**三宅凹山** みやけおうざん
*〜明治43（1910）年12月6日
江戸時代後期〜明治期の学僧・教育家。
¶姓氏愛知（[生]？），東三河（[生]文政12（1829）年）

**三宅快運** みやけかいうん
天保6（1835）年〜明治23（1890）年
江戸時代後期〜明治期の宗教家。
¶姓氏愛知

**三宅荒毅** みやけこうき
慶応1（1865）年〜明治35（1902）年8月24日　[別]三宅荒毅（みやけあらき）
江戸時代末期〜明治期の渡航者。
¶渡航（[生]1865年8月20日），日Y（みやけあらき　[生]慶応1（1865）年10月13日）

**三宅重武** みやけしげたけ
生没年不詳
江戸時代末期〜明治期の神職。
¶国書

**宮家準** みやけひとし
昭和8（1933）年9月22日〜
昭和〜平成期の宗教学者。慶応義塾大学教授。専門は修験道。著書に「修験道儀礼の研究」「生活の中の宗教」など。
¶現執1期，現執2期，現執3期，現執4期

**三宅均** みやけひとし
文政12（1829）年〜明治43（1910）年
江戸時代後期〜明治期の真言宗の僧、教育者。
¶静岡歴，姓氏静岡

**都田恒太郎** みやこだつねたろう
明治30（1897）年〜昭和58（1983）年11月16日
大正〜昭和期の牧師。日本聖書協会総主事、敬愛寮理事長。
¶キリ

**宮坂清通** みやさかきよみち
大正3（1914）年〜昭和60（1985）年10月8日
昭和期の郷土史家。
¶郷土，長野歴

**宮坂秀円** みやさかしゅうえん
文政3（1820）年〜明治25（1892）年
江戸時代後期〜明治期の神官、書家。
¶長野歴

**宮坂喆宗**（宮坂哲宗） みやさかてっしゅう
明治20（1887）年〜昭和48（1973）年
明治〜昭和期の曹洞宗の僧侶、硯水寺住職。
¶姓氏長野（宮坂哲宗），長野歴

み

**宮坂宥勝** みやさかゆうしょう
大正10 (1921) 年5月20日～
昭和～平成期の仏教学者。真言宗智山派管長、名古屋大学教授。著書に「仏教の起源」など。エッセイ集「密教への誘い」や伝記小説「月輪の聖者」などもある。
¶現執1期，現執2期，現執3期，現執4期，現情，世紀，日人，マス89

**宮崎伊予** みやざきいよ
生没年不詳
江戸時代後期の津久井県寸沢嵐村日天宮神主。
¶神奈川人

**宮崎英修** みやざきえいしゅう
大正2 (1913) 年～
昭和～平成期の僧侶、インド哲学者。立正大学教授。
¶現執1期

**宮崎円遵** みやざきえんじゅん
明治39 (1906) 年10月10日～昭和58 (1983) 年2月14日
昭和期の歴史学者。龍谷大学教授。仏教史（浄土真宗史）を研究。
¶現執1期，史研，真宗，世紀，日人，仏教，仏人

**宮崎大門** みやざきおおかど
文化2 (1805) 年～文久1 (1861) 年6月27日
江戸時代後期～末期の神官。
¶福岡百

**宮崎湖処子** みやざきこしょし
元治1 (1864) 年9月20日～大正11 (1922) 年8月9日
明治～大正期の詩人、小説家。本郷森川町教会牧師、聖学院神学校教授。作品に「帰省」「湖処子詩集」など。
¶朝日（[生]元治1年9月20日（1864年10月20日）），角史，キリ（[生]元治1年9月20日（1864年10月20日）），近現，近文，現詩，広7，国史，コン改，コン5，史人，社史（[生]文久3年9月20日（1863年11月1日）），小説（[生]元治1年9月20日（1864年11月1日）），新カト，新潮，新文，人名，世紀，世百，全書，大百，哲学，日史，日児（[生]元治1（1864）年10月20日），日人，百科，福岡百，福岡文，文学，平和，明治史（[生]文久3（1863）年），明大2，歴大

**宮崎春長** みやざきしゅんちょう
戦国時代～安土桃山時代の大宮浅間神社の供僧。四宮仕家の1つ、代々春長坊を称した。
¶武田

**宮崎乗雄** みやざきじょうゆう
明治39 (1906) 年2月10日～昭和40 (1965) 年10月6日
大正～昭和期の僧侶。
¶真宗

**宮崎四郎** みやざきしろう
明治7 (1874) 年3月14日～昭和18 (1943) 年9月11日
明治～昭和期の神職。
¶神人，徳島百，徳島歴

**宮崎清長** みやざきせいちょう
戦国時代～安土桃山時代の大宮浅間神社の供僧。四宮仕家の1つ、代々清長坊を称した。
¶武田

**宮崎虎之助** みやざきとらのすけ
明治5 (1872) 年～昭和4 (1929) 年
明治～昭和期の宗教家。
¶日エ

**宮崎忍海** みやざきにんかい
明治22 (1889) 年4月15日～昭和50 (1975) 年3月24日
大正～昭和期の学僧。
¶徳島百，徳島歴

**宮崎忍勝** みやざきにんしょう
大正11 (1922) 年10月19日～
昭和～平成期の僧侶。著書に「現代人の般若心経」、「大日経に聞く」など。
¶現執3期

**宮崎信敦** みやざきのぶあつ
安永5 (1776) 年～文久1 (1861) 年8月5日
江戸時代後期の神官、国学者。
¶幕末（[没]1861年9月9日），幕末大，藩臣7，福岡百（[生]安永5（1776）年3月）

**宮崎信友** みやざきのぶとも
嘉永1 (1848) 年～明治19 (1886) 年
江戸時代末期～明治期の神官。諏訪神社の宮司をつとめる。
¶姓氏長野，藩臣3

**宮崎博視** みやざきひろし
明治30 (1897) 年～昭和32 (1957) 年
昭和期の神官。
¶山口人

**宮崎フアン** みやざきふあん
？～寛永10 (1633) 年
江戸時代前期のフランシスコ会の日本人司祭。殉教者。
¶朝日（[没]寛永10年9月7日（1633年10月9日）），日人

**宮崎真澄** みやざきますみ
文化2 (1805) 年～？
江戸時代後期の神職。
¶国書

**宮崎元胤** みやざきもとたね
*～明治33 (1900) 年
江戸時代末期～明治期の神官。従五位下大和守から高祖神社、志登神社の祠官となる。
¶人名（[生]？），日人（[生]1832年）

**宮崎元彦** みやざきもとひこ
天明5 (1785) 年～慶応1 (1865) 年
江戸時代中期～末期の神職・教育者。
¶姓氏群馬

**宮崎康斐** みやさきやすあや, みやざきやすあや
嘉永4(1851)年～明治35(1902)年
江戸時代後期～明治期の神職。
¶神人(みやざきやすあや), 図人

**宮崎安右衛門** みやざきやすえもん
明治21(1888)年2月20日～昭和38(1963)年1月16日
明治～昭和期の詩人、宗教家。詩集に「永遠の幻児」「聖心」など。
¶アナ, 近文, 現情, 世紀

**宮沢大道** みやざわおおみち
弘化2(1845)年～大正4(1915)年
江戸時代後期～大正期の神職。
¶神人

**宮沢清房** みやざわきよふさ
安永7(1778)年～元治1(1864)年
江戸時代後期の神官、国学者。
¶長野歴

**宮沢説音** みやざわせつおん
文久1(1861)年～?
江戸時代末期～明治期の僧。浄土宗大僧正。
¶長野歴

み

**宮沢春文** みやざわはるふみ, みやざわはるぶみ
*～昭和9(1934)年
明治～昭和期の神職。
¶庄内(みやざわはるぶみ　㊤明治7(1874)年9月12日　㊦昭和9(1934)年11月13日), 神人(㊤?)

**宮沢安道** みやざわやすみち
安永3(1774)年～嘉永5(1852)年
江戸時代中期～後期の神官・文人。
¶多摩

**宮沢善喜** みやざわよしき
?　～大正14(1925)年
明治～大正期の神職。
¶神人

**宮治昭** みやじあきら
昭和20(1945)年2月7日～
昭和～平成期のインド・中央アジア美術史学者。名古屋大学教授。
¶現執3期, 現執4期

**宮地厳夫** みやじいずお, みやぢいずお
弘化4(1847)年9月3日～大正7(1918)年6月15日
江戸時代末期～明治期の国学者。勤王運動に加わり国事に奔走。維新後は神道界に入り中央で活躍。
¶高知人(㊤1846年), 神史, 神人, 人名(みやぢいずお), 世紀, 日人(㊤1846年), 幕末(㊤1846年), 幕末大(㊤弘化3(1846)年9月3日), 明大2

**宮地堅磐** みやじかきわ
嘉永5(1852)年11月8日～明治37(1904)年3月2日　㊙宮地水位(みやじすいい)
明治期の神道家。
¶高知人, 高知百, 神史(宮地水位　みやじすいい), 神人, 日人, 明大1

**宮地義天** みやじぎてん
→宮地義天(みやぢぎてん)

**宮地水位** みやじすいい
→宮地堅磐(みやじかきわ)

**宮路宗海** みやじそうかい
安政3(1856)年～大正12(1923)年
明治～大正期の僧侶。
¶神奈川人

**宮下舜達** みやしたしゅんたつ
弘化4(1847)年～昭和15(1940)年
江戸時代後期～昭和期の僧侶。
¶神奈川人

**宮下八十二郎** みやしたやそじろう
文久1(1861)年～昭和17(1942)年
明治期の神職、私塾桃源義塾の師範。
¶長野歴

**宮地常磐** みやじときわ, みやぢときわ
文政2(1819)年～明治23(1890)年1月15日
江戸時代末期～明治期の神主。潮江天満宮の神主。剣、弓、砲術いずれも師範。
¶高知人, 神人(㊤文政2(1819)年11月15日), 人名(みやぢときわ), 日人, 幕末, 幕末大(㊤文政2(1819)年11月15日)

**宮地直一** みやじなおいち
→宮地直一(みやじなおかず)

**宮地直一** みやじなおかず
明治19(1886)年1月24日～昭和24(1949)年5月16日　㊙宮地直一(みやじなおいち, みやぢなおいち)
明治～昭和期の歴史学者。東京帝国大学教授。神道史を研究。著書に「神祇史」「神祇史大系」など。
¶近現, 現情(みやじなおいち), 考古, 高知人, 国史, コン改(みやぢなおいち), コン4(みやぢなおいち), コン5(みやぢなおいち), 史研, 史人, 思想史, 昭人, 神史, 神人(㊤明治19(1886)年1月　㊦昭和24(1949)年5月), 新潮(みやじなおいち), 人名7(みやぢなおいち), 世紀(みやじなおいち), 全書, 哲学(みやぢなおいち), 長野歴(みやじなおいち), 日史(㊤明治19(1886)年2月24日), 日人, 履歴, 履歴2

**宮階勉** みやしなつとむ
明治34(1901)年～昭和49(1974)年
大正～昭和期のキリスト教者。
¶神奈川人

**宮嶋資夫** みやじますけお
明治19(1886)年8月1日～昭和26(1951)年2月19日
大正～昭和期の小説家、僧。著書に「坑夫」、共著「文芸批評」など。
¶アナ(㊦昭和26(1951)年2月16日), 京都文, 近現, 近文, 現朝, 現情, 国史, コン改, コン4, コン5, 滋賀文, 児文, 社運, 社史(㊦1951

年2月19日？），昭人，小説，新宿，新潮，新文，人名7，世紀，世百新，全書，大百，日史，日児，日人，百科，文学，平和

**宮地益躬** みやじますみ
→宮地益躬（みやぢますみ）

**宮地守遠** みやじもりとお
→宮地守遠（みやぢもりとお）

**宮後朝勝** みやじりともかつ
生没年不詳
南北朝時代の神職・歌人。
¶国書

**宮後朝貞** みやじりともさだ
慶長1（1596）年～天和2（1682）年5月10日
安土桃山時代～江戸時代前期の神職。
¶国書

**宮後朝喬** みやじりともたか
→度会朝喬（わたらいともたか）

**宮後朝雄** みやじりともたけ
元亀1（1570）年～寛永21（1644）年11月17日
安土桃山時代～江戸時代前期の神職。
¶国書

**宮後朝昌** みやじりともまさ
明治期の神職。旧伊勢神宮外宮神主。
¶華請

**宮後朝棟** みやじりともむね
文永6（1269）年～興国2/暦応4（1341）年8月17日
鎌倉時代後期～南北朝時代の神職・歌人。
¶国書

**宮田篤親** みやたあつちか
文政4（1821）年～明治29（1896）年3月11日
江戸時代末期～明治期の神官。水戸藩大久保郷校の館守。著書に「潜行紀聞」など。
¶維新，幕末，幕末大（[生]文政4（1821）年12月25日）

**宮武実相** みやたけじつそう
宝暦6（1756）年～文政7（1824）年
江戸時代中期～後期の僧侶・寺子屋師匠。
¶姓氏群馬

**宮谷三連** みやたにさんれん
→宮谷三連（みやたにみつら）

**宮谷包含** みやたにほうがん
*～昭和37（1962）年1月1日
明治～昭和期の僧。真宗大谷派正法寺住職。
¶真宗（[生]明治15（1882）年），福井百（[生]明治14（1881）年）

**宮谷三連** みやたにみつら
天保11（1840）年～明治32（1899）年 [別]宮谷三連（みやたにさんれん）
江戸時代末期～明治期の国学者。宮崎県神道分局長。和歌及び書道を能くした。
¶神人（みやたにさんれん），人名，日人

**宮谷宣史** みやたによしちか
昭和11（1936）年8月1日～
昭和期の神学者。関西学院大学教授。
¶現執2期

**宮田泰好** みやたやすよし
生没年不詳
江戸時代中期の神職。
¶国書

**宮地厳夫** みやぢいずお
→宮地厳夫（みやじいずお）

**宮地義天** みやぢぎてん，みやじぎてん
文政10（1827）年～明治22（1889）年4月17日
[別]義天（ぎてん）
江戸時代末期～明治期の真宗大谷派学僧。講師。
¶国書（義天　ぎてん），真宗（みやじぎてん），富山百（みやじぎてん），仏教（みやじぎてん），仏人（みやじぎてん　[生]1826年），明大1（みやじぎてん）

**宮地再来** みやぢさいらい
嘉永5（1852）年～明治38（1905）年
明治期の神道家。出雲大社教管長。国学及び神仙の学に精通。
¶人名

**宮地常磐** みやぢときわ
→宮地常磐（みやじときわ）

**宮地直一** みやぢなおいち
→宮地直一（みやじなおかず）

**宮地益躬** みやぢますみ，みやじますみ
享和2（1802）年～文久3（1863）年
江戸時代末期の国学者。
¶高知人（みやじますみ），国書（みやじますみ　[生]享和2（1802）年11月21日　[没]文久3（1863）年3月29日），人名，日人（みやじますみ）

**宮地守遠** みやぢもりとお，みやじもりとお
文政5（1822）年～安政5（1858）年
江戸時代後期の神主。
¶高知人（みやじもりとお）

**宮永真琴** みやながまこと
天保8（1837）年1月1日～明治41（1908）年9月25日
江戸時代末期～明治期の神職。本庄古墳群の調査に従事した。皇典講究係なども務めた。
¶維新，考古，宮崎百，宮崎百一

**宮永保親** みやながやすちか
文政2（1819）年～明治19（1886）年5月
江戸時代末期～明治期の神官、国学者。私塾敬神塾を開く。著書に「国考証」など。
¶国書（[生]文政2（1819）年1月21日　[没]明治19（1886）年5月17日），幕末，幕末大，福岡百（[生]文政2（1819）年1月）

**宮成公勳** みやなりきみのり
→宮成公勳（みやなりこうくん）

み

**宮成公勲** みやなりこうくん
明治5(1872)年～昭和31(1956)年　[別]宮成公勲(みやなりきみのり),宮成公勲(みやなりきみのり)
明治～昭和期の神職。
¶華畫(宮成公勳　みやなりきみのり　[生]明治5(1872)年8月12日),神人

**宮西邦維** みやにしくにしげ
天保9(1838)年～明治43(1910)年
江戸時代後期～明治期の神職。
¶神人

**宮西惟助** みやにしこれすけ
明治6(1873)年～昭和14(1939)年
明治～昭和期の神職。
¶神人

**宮西仲友** みやにしなかとも
→宮西諸助(みやにしもろすけ)

**宮西諸助** みやにしもろすけ
文化14(1817)年～明治13(1880)年　[別]宮西仲友(みやにしなかとも)
江戸時代末期～明治期の国学者。
¶江文,国書(宮西仲友　みやにしなかとも　[没]明治13(1880)年7月30日),神人([生]文政5(1822)年),人名,日人([生]1822年)

**宮野宥智** みやのゆうち
文久3(1863)年～昭和21(1946)年2月17日
明治～昭和期の声明家。金剛峰寺法会部主任。
¶日音

**宮林嘉憲** みやばやしよしのり
文政11(1828)年～
江戸時代後期の国学徒・神官。田尻神明社(豊橋市)の神主。
¶東三河

**宮原正喬** みやはらまさたか
元治1(1864)年～
明治期の神職。
¶神人

**宮部円成** みやべえんじょう
安政1(1854)年～昭和9(1934)年
明治～昭和期の説教師、真宗大谷派僧侶。愛知豊橋円竜寺住職。
¶真宗,仏教([没]昭和9(1934)年10月22日)

**美山貫一** みやまかんいち
弘化4(1847)年～昭和11(1936)年7月29日
明治～昭和期の牧師。
¶海越([生]?　[没]昭和10(1935)年7月20日),海越新([生]弘化4(1847)年10月25日),キリ,世紀([生]弘化4(1847)年10月25日),渡航([生]1847年10月24日),日人,明大1([生]弘化4(1847)年10月25日)

**宮本池臣** みやもといけおみ
江戸時代末期～明治期の神職。但馬朝来郡の諏訪神社祠官。生野の挙兵に助力。
¶維新([生]1798年　[没]1878年),国書([生]文化5(1808)年5月10日　[没]明治21(1888)年7月2日),人名([生]1808年　[没]1888年),日人([生]1808年　[没]1888年),幕末([生]1798年　[没]1878年7月2日),幕末大([生]寛政10(1798)年　[没]明治11(1878)年7月2日)

**宮本神主** みやもとかんぬし
安土桃山時代の信濃国筑摩郡青柳の神官。
¶武田

**宮本蔵助** みやもとくらのすけ
安土桃山時代の信濃国筑摩郡青柳の神官か。
¶武田

**宮本検校** みやもとけんぎょう
安土桃山時代の信濃国筑摩郡青柳の神官。
¶武田

**宮本玄哲** みやもとげんてつ
文久2(1862)年～昭和33(1958)年
明治～昭和期の宗教家。
¶大分歴

**宮本重胤** みやもとしげたね
明治14(1881)年～昭和34(1959)年
明治～昭和期の二所山田神社宮司。
¶姓氏山口,山口人

**宮本治部** みやもとじぶ
安土桃山時代の信濃国筑摩郡青柳の神官か。
¶武田

**宮本主馬之介** みやもとしゅめのすけ
文政12(1829)年～明治7(1874)年1月15日
江戸時代末期～明治期の神官。尊攘派の立場で活躍。各地で諸生派追討に働く。
¶幕末,幕末大

**宮本正尊** みやもとしょうそん
明治26(1893)年10月1日～昭和58(1983)年11月30日
大正～昭和期の仏教学者。東京大学教授。空観と中道思想を研究。
¶現朝,現執1期,現情,コン改,コン4,コン5,世紀,全書,日人,仏教,仏人

**宮本末彦** みやもとすえひこ
明治33(1900)年～平成3(1991)年
大正～平成期の大分市春日神社宮司。
¶大分歴

**宮本武之助** みやもとたけのすけ
明治38(1905)年7月11日～昭和30(1955)年2月5日
昭和期の宗教哲学者、キリスト教思想史家。東京神学大学教授、東京女子大学学長。
¶キリ,現執1期,日Y([生]明治1(1868)年9月6日)

**宮本環** みやもとたまき
文政8(1825)年～明治29(1896)年12月11日
江戸時代末期～明治期の神官。那珂湊で幕府軍、水戸城兵と戦うが、榊原新左衛門の降伏で幽囚される。
¶幕末,幕末大

み

**宮本幡司** みやもとばんじ
明治2 (1869) 年～大正15 (1926) 年
明治～大正期の神職。
¶神人

**宮本彦雄** みやもとひこお
嘉永5 (1852) 年～昭和3 (1928) 年
江戸時代末期～昭和期の神職。
¶神人

**宮本平太夫** みやもとへいだいう
生没年不詳
江戸時代後期の大住郡大山阿夫利神社祠官。
¶神奈川人

**宮本ミツ** みやもとみつ
明治33 (1900) 年4月14日～昭和59 (1984) 年3月28日
大正～昭和期の宗教家。法華信仰に忍善、懺悔、感謝を柱とする独自の教義を唱えた。
¶現朝，現情，現人，現日，女性，女性普，世紀，日人 (㊥明治33 (1900) 年4月15日)，仏人

**宮本六郎太郎** みやもとろくろうたろう
戦国時代～安土桃山時代の戸倉郷小宮三島明神社神主。武蔵国滝山城城主大石綱周、のち北条氏照の家臣。
¶後北 (六郎太郎〔宮本〕 ろくろうたろう)

**宮良永将** みやらえいしょう
？ ～元和8 (1622) 年
江戸時代前期の琉球のキリシタン。
¶新潮，世人

**宮良永定** みやらえいじょう
生没年不詳
江戸時代前期のキリシタン。石垣永将の弟。八重山キリシタン事件に連座して処刑された。
¶沖縄百，姓氏沖縄

**宮栗園** みやりつえん
寛政8 (1796) 年～弘化4 (1847) 年12月23日
江戸時代後期の神職・国学者。
¶国書

**宮脇志摩** みやわきしま
寛政9 (1797) 年～天保8 (1837) 年2月20日
江戸時代後期の大塩の乱参加者。
¶大阪人，大阪墓

**妙阿** みょうあ
生没年不詳
南北朝時代の女性。陸奥国津軽郡の人。
¶国書，女性

**妙安** みょうあん
→惟高妙安 (いこうみょうあん)

**妙庵** みょうあん
生没年不詳
江戸時代前期の僧。
¶日人

**妙菴** みょうあん
延享2 (1745) 年～文政6 (1823) 年
江戸時代中期～後期の黄檗宗の僧。
¶愛媛百

**明庵栄西**(1) みょうあんえいさい
→栄西 (えいさい)

**明庵栄西**(2) みょうあんえいさい
永治1 (1141) 年～建保3 (1215) 年
鎌倉時代前期の日本臨済宗の開祖。
¶鎌古

**明庵宗鑑** みょうあんそうかん
？ ～天正13 (1585) 年
安土桃山時代の甲斐・長生寺五世住職。
¶武田

**明菴哲了** みょうあんてつりょう
宝永2 (1705) 年3月4日～安永8 (1779) 年8月2日
江戸時代中期の曹洞宗の僧。
¶国書

み

**妙庵普最** みょうあんふさい
延享2 (1745) 年7月22日～文政4 (1821) 年10月17日
江戸時代中期～後期の黄檗宗の僧。万福寺26世。
¶黄檗，国書，仏教

**明庵栄西** みょうあんようさい
→栄西 (えいさい)

**明庵竜徳** みょうあんりゅうとく
生没年不詳
江戸時代後期の曹洞宗の僧。
¶国書

**妙意慈雲** みょういじうん
→慈雲妙意 (じうんみょうい)

**明一** みょういち
神亀5 (728) 年～延暦17 (798) 年3月27日 ㊗明一 (みょういつ, めいいつ)
奈良時代～平安時代前期の東大寺法相宗の学僧。
¶岩史 (みょういつ)，国史 (みょういつ)，国書 (みょういつ)，古人 (みょういつ)，古代 (めいいつ)，古代普 (めいいつ)，古中 (みょういつ)，コン改，コン4，コン5，史人 (みょういつ)，新潮，人名，世人，日人，仏教，仏史 (みょういつ)，平史 (みょういつ)

**妙一尼** みょういちに
生没年不詳
鎌倉時代の日蓮の信者。弁阿闍梨日昭の母。
¶朝日，日人

**明一** みょういつ
→明一 (みょういち)

**明逸** みょういつ
→明月 (めいげつ)

**明胤** みょういん
生没年不詳

平安時代後期の天台宗の僧。
¶国書

**明院祖芳** みょういんそほう
戦国時代〜安土桃山時代の南松院の2世住職。
¶武田

**明雲** みょううん
永久3(1115)年〜寿永2(1183)年11月19日　㊀明雲(めいうん)
平安時代後期の天台宗の僧。後白河天皇、平清盛の戒師。
¶朝日(㊀寿永2年11月19日(1184年1月3日)), 伊豆, 岩史, 鎌室, 京都大(㊐永久2(1114)年), 国史, 国書(めいうん), 古人, 古中, コン改(㊐?), コン4(㊐?), コン5(㊐?), 史人, 諸系(㊀1184年), 新潮, 人名(㊐?), 姓氏京都, 世百, 中世, 内乱(めいうん(みょううん)), 日史, 日人(㊀1184年), 百科, 仏教, 仏史, 平家(めいうん), 平史, 歴大

**妙恵** みょうえ
? 〜永仁6(1298)年
鎌倉時代後期の僧。
¶北条

み

**明懐** みょうえ
→明懐(みょうかい)

**明恵**(明慧) みょうえ
承安3(1173)年1月8日〜寛喜4(1232)年1月19日
㊀高弁(こうべん), 明恵上人(みょうえしょうにん), 栂尾上人(とがのおのしょうにん)
鎌倉時代前期の華厳宗の学僧。法然に反発、旧仏教界の改革者。
¶朝日(㊐承安3年1月8日(1173年2月21日) ㊀貞永1年1月19日(1232年2月11日)), 岩史, 角史, 鎌倉(㊐長寛1(1163)年 ㊀貞応1(1222)年), 鎌室, 京都, 京都大, 郷土和歌山, 国史, 国書(高弁　こうべん), 古人, 古中, コン改, コン4, コン5, 詩歌, 史人, 思想史, 重要, 植物(㊐承安3年1月8日(1173年2月21日) ㊀貞永1年1月19日(1232年2月11日)), 食文(明恵上人　みょうえしょうにん), 人書79, 人書94, 人情5, 新潮, 人名, 姓氏京都(高弁　こうべん), 世人, 世百, 全書, 大百, 茶道, 中世, 伝記, 内乱, 日音, 日思, 日史, 日人, 日文, 百科, 仏教(㊀寛喜4(1232)年1月10日), 仏史, 仏人(明慧), 平家, 平史, 平日(㊐1173 ㊀1232), 名画, 名僧, 山川小, 歴大, 和歌山人, 和俳

**明恵上人** みょうえしょうにん
→明恵(みょうえ)

**明円**(1) みょうえん
生没年不詳
平安時代中期の天台宗の僧・歌人。
¶国書

**明円**(2) みょうえん
? 〜正治1(1199)年　㊀明円(めいえん)
平安時代後期〜鎌倉時代前期の円派系の仏師。
¶朝日(㊀正治1(1199)年頃), 鎌室(めいえん), 京都大, 国史(めいえん　生没年不詳), 古人(㊐?), 古中(めいえん　生没年不詳), 史人(生没年不詳), 新潮(㊀正治1(1199)年頃), 人名, 姓氏京都(㊀1199年?), 世人(めいえん), 全書, 日史, 日人, 美建, 美術, 百科, 仏教(㊀正治1(1199)年頃), 仏史(めいえん　生没年不詳), 平史

**妙円尼〈東京都〉** みょうえんに
〜文化14(1817)年
江戸時代後期の尼僧。境村新田の百姓六右衛門の娘。
¶江表(妙円尼(東京都)), 多摩(——〔代数なし〕)

**明円房** みょうえんぼう
平安時代後期の仏師。
¶古人, 美建, 平史(生没年不詳)

**明応** みょうおう
→空谷明応(くうこくみょうおう)

**妙音** みょうおん
生没年不詳
平安時代後期の天台宗の僧。
¶国書, 日人, 仏教

**明遠宗智** みょうおんそうち
? 〜永享11(1439)年
室町時代の臨済宗の僧。大徳寺27世。
¶仏教

**妙音比丘尼** みょうおんびくに
生没年不詳
室町時代の遊行の尼僧。信濃国の人。
¶朝日

**猛火** みょうか
正徳6(1716)年〜天明8(1788)年5月29日　㊀猛火(もうか)
江戸時代中期の浄土真宗の僧。
¶国書(もうか　㊐正徳6(1716)年6月11日), 仏教(㊐正徳6(1716)年6月1日)

**妙海** みょうかい
正応3(1290)年〜?
鎌倉時代後期の仏師。
¶姓氏長野, 長野百(㊐?), 長野歴, 美建, 仏教(生没年不詳)

**明快** みょうかい
寛和1(985)年〜延久2(1070)年3月18日
平安時代中期の僧。天台座主。
¶国史, 国書, 古人, 古中, コン改(㊐永延1(987)年), コン4(㊐永延1(987)年), コン5(㊐永延1(987)年), 新潮, 人名(㊐987年), 姓氏京都, 世人(㊐永延1(987)年), 日人, 仏教(㊐永延1(987)年, (異説)寛和1(985)年), 仏史, 平史

**明懐** みょうかい
*〜延久4(1072)年　㊀明懐(みょうえ)
平安時代中期の法相宗の僧。興福寺26世。
¶古人(みょうえ　㊐990年), 日人(㊐988年),

仏教（㊐永祚1（989）年　㊞延久4（1072）年8月2日），平史（みょうえ　㊐990年）

**明海** みょうかい
＊～文久3（1863）年
江戸時代末期の湯殿山の即身仏。
¶朝日（㊐文政3（1820）年頃　㊞文久3年3月5日（1863年4月22日）），日人（㊐1820年？），仏人（㊐1821年）

**妙海尼** みょうかいに
＊～安永7（1778）年
江戸時代中期の女性。尼僧。堀部安兵衛の許嫁と称した。
¶女史（㊐1686年？），女性（㊐貞享3（1686）年　㊞安永3（1774）年2月25日），日人（㊐1688年）

**明覚(1)** みょうかく，みょうがく
→明覚（めいかく）

**明覚(2)** みょうかく
～安政6（1859）年
江戸時代後期の天台密教の行者。乗鞍岳中興の人。
¶飛騨

**明岳** みょうがく
永禄3（1560）年～寛永9（1632）年6月23日
安土桃山時代～江戸時代前期の僧侶。
¶徳島歴

**妙覚寺巧便** みょうかくじぎょうべん
→巧便（ぎょうべん）

**妙覚寺智元** みょうかくじちげん
生没年不詳
戦国時代の萩原町の妙覚寺の開基。
¶飛騨

**妙観(1)** みょうかん
奈良時代の僧、仏師。
¶美建，仏教（生没年不詳）

**妙観(2)** みょうかん
？～正平16/康安1（1361）年6月16日
鎌倉時代後期～南北朝時代の浄土宗の僧。
¶国書

**名喚** みょうかん
？～天明1（1781）年10月8日
江戸時代中期の僧侶。
¶国書

**明観** みょうかん
天暦7（953）年～治安1（1021）年
平安時代中期の真言宗の僧。
¶古人（㊞？），日人，仏教（㊐天暦8（954）年　㊞治安1（1021）年10月8日），平史（㊞？）

**明巌鏡照**（明嚴鏡昭） みょうがんきょうしょう
元弘1/元徳3（1331）年～応永17（1410）年11月21日
南北朝時代～室町時代の曹洞宗の僧。
¶岡山歴，仏教（明嚴鏡昭）

**妙観玄道** みょうかんげんどう
生没年不詳
江戸時代後期の曹洞宗の僧。
¶国書

**明巌志宣** みょうがんしせん
？～永正12（1515）年4月11日　㊍明巌志宣（めいがんしせん）
戦国時代の曹洞宗の僧。醍醐寺11世。
¶国書（めいがんしせん），仏教

**明巌正因** みょうがんしょういん
？～正平24/応安2（1369）年4月8日
南北朝時代の臨済宗の僧。建長寺34世、円覚寺24世。
¶仏教

**明軌** みょうき
生没年不詳
奈良時代の女性。尼僧。
¶女性

**妙喜庵功叔** みょうきあんこうしゅく
→功叔（こうしゅく）

**妙喜宗績** みょうきそうせき
安永3（1774）年～嘉永1（1848）年7月1日
江戸時代後期の臨済宗の僧。
¶国書，仏教

**妙佶**（妙吉） みょうきつ
生没年不詳
鎌倉時代後期～南北朝時代の仏光派の僧。大休寺の開山。
¶朝日，内乱（妙吉），日人（妙吉），歴大

**妙喜尼** みょうきに
生没年不詳
江戸時代中期の女性。尼僧。
¶女性

**明教** みょうきょう
生没年不詳
鎌倉時代前期の天台宗の僧・歌人。
¶国書

**妙堯尼** みょうぎょうに
？～天正11（1583）年
安土桃山時代の日蓮宗の信者。本蓮寺の檀越。
¶朝日，日人，仏教（㊞天正11（1583）年11月13日）

**明救** みょうぐ，みょうく
天慶9（946）年～寛仁4（1020）年
平安時代中期の天台宗の僧。延暦寺阿闍梨。
¶朝日（㊞寛仁4年7月5日（1020年7月27日）），国史（みょうく），古人，古中（みょうく），コン改，コン4，コン5，諸系，新潮（㊞寛仁4（1020）年7月5日），人名，日人，仏教（みょうく　㊞寛仁4（1020）年7月5日），仏史（みょうく），平史

**妙空** みょうくう
生没年不詳
平安時代中期の天台宗の僧。

み

¶仏教

**明空(1)** みょうくう,みょうぐう
生没年不詳
鎌倉時代の声曲、早歌の大成者。「選要目録」の著者。
¶朝日，芸能，国書，史人(みょうぐう)，日音，日史，日人，百科

**明空(2)** みょうくう
貞応2(1223)年～永仁5(1297)年2月13日
鎌倉時代後期の浄土真宗の僧。
¶仏教

**明空(3)** みょうくう
興国1/暦応3(1340)年～？
南北朝時代の天台僧・浄土僧。
¶国書

**明空(4)** みょうくう
正保2(1645)年～享保15(1730)年1月25日
江戸時代前期～中期の浄土宗の僧。
¶国書

**妙空尼** みょうくうに
慶安1(1648)年～享保5(1720)年1月15日
江戸時代前期～中期の日蓮宗の僧。
¶仏教

**妙慶** みょうけい
応永29(1422)年～明応2(1493)年12月26日
㊀快庵妙慶(かいあんみょうきょう,かいあんみょうけい),快菴明慶(かいあんみょうきょう)，快庵(かいあん)
室町時代～戦国時代の曹洞宗の僧。
¶国書(快庵妙慶　かいあんみょうきょう)，人名(快菴明慶　かいあんみょうきょう)，戦辞(快庵妙慶　かいあんみょうけい　㊁明応2年12月26日(1494年2月2日))，戦人，日人(快庵妙慶　かいあんみょうけい　㊁1494年)，仏教(快庵妙慶　かいあんみょうけい)

**明渓光聞** みょうけいこうもん
生没年不詳
南北朝時代～室町時代の僧。
¶日人

**明憲** みょうけん
天慶4(941)年～治安1(1021)年10月14日
平安時代中期の法相宗の僧。
¶古人，仏教，平史

**明見** みょうけん
→不見明見(ふけんみょうけん)

**明賢(1)** みょうけん
生没年不詳
鎌倉時代の真言宗の僧。高野山検校45世。
¶仏教

**明賢(2)** みょうけん
生没年不詳
室町時代の天台宗の僧。
¶国書

**明賢(3)** みょうけん
？～明治5(1872)年9月24日
江戸時代末期～明治期の浄土宗僧侶。鎌倉光明寺96世、増上寺68世、大講義。
¶仏教

**明顕** みょうけん
文安2(1445)年～永正6(1509)年
室町時代～戦国時代の浄土真宗の僧。
¶仏教

**明元** みょうげん
治承1(1177)年～嘉禎4(1238)年1月18日
鎌倉時代前期の天台宗の僧。
¶仏教

**明源** みょうげん
生没年不詳
南北朝時代の浄土宗の僧。
¶仏教

**明玄** みょうげん
生没年不詳
鎌倉時代前期の武将。
¶系東，国書

**妙玄寺義門** みょうげんじぎもん
→義門(ぎもん)

**妙瑚** みょうこ
生没年不詳
戦国時代の禅僧。越後守護上杉房定に仕えた。
¶戦辞

**妙光** みょうこう
飛鳥時代の女性。尼僧。百済の人。
¶古代，古代普，女性(生没年不詳)，日人(生没年不詳)

**妙宏** みょうこう
天明5(1785)年～天保13(1842)年
江戸時代後期の僧。
¶国書(㊁天保13(1842)年8月4日)，人名，日人

**妙康** みょうこう
→泰叟妙康(たいそうみょうこう)

**明光** みょうこう
→明光(めいこう)

**明豪** みょうごう
？～長保4(1002)年
平安時代中期の天台僧。
¶古人(㊀？)，平史

**明江徳舜** みょうこうとくしゅん
？～永正2(1505)年　㊀明江徳舜(みんこうとくしゅん)
戦国時代の曹洞宗の僧。
¶武田(みんこうとくしゅん)，仏教(㊁永正2(1505)年12月22日)

**明済** みょうさい
？～応永20(1413)年　㊀明済(めいさい)

室町時代の東寺の僧。供僧方の所務代官。
¶朝日（めいさい　㊀応永20年8月11日（1413年9月6日）），コン改（生没年不詳），コン4（生没年不詳），コン5，世人（生没年不詳），日人

**明算** みょうさん
→明算（めいざん）

**明山春察** みょうざんしゅんさつ
生没年不詳
戦国時代の曹洞宗の僧。
¶仏教

**妙旨** みょうし
生没年不詳
安土桃山時代の日蓮宗の僧。
¶国書，仏教

**明之永誠** みょうしえいせい
生没年不詳
戦国時代～安土桃山時代の臨済宗の僧。
¶仏教

**妙実** みょうじつ
→大覚（だいがく）

**明実** みょうじつ
*～寛治7（1093）年
平安時代中期～後期の天台宗の僧。
¶人名（㊤？），日人（㊤1028年），仏教（㊤長元1（1028）年　㊀寛治7（1093）年7月13日，（異説）寛治6（1092）年7月12日），名画（㊤？）

**明室覚証** みょうしつかくしょう
？～文明7（1475）年5月6日
室町時代の曹洞宗の僧。
¶仏教

**明室義見** みょうしつぎけん
？～康正2（1456）年7月21日
室町時代の曹洞宗の僧。
¶仏教

**明室玄浦** みょうしつげんぽ
生没年不詳
戦国時代の曹洞宗の僧。
¶仏教

**明室梵亮** みょうしつぼんりょう
生没年不詳
南北朝時代～室町時代の僧。
¶鎌室，人名，日人

**明寂** みょうじゃく
生没年不詳
平安時代後期の真言宗の僧。
¶仏教

**明珠庵釣月** みょうじゅあんちょうげつ
万治2（1659）年～享保14（1729）年2月23日
江戸時代前期～中期の歌人。
¶島根人（㊤承応2（1653）年），島根百，島根歴

**明宗** みょうしゅう
文明1（1469）年～天文9（1540）年6月6日
戦国時代の浄土真宗の僧。
¶国書

**明秀(1)** みょうしゅう
生没年不詳
平安時代中期の天台宗の僧。
¶古人，仏教，平史

**明秀(2)** みょうしゅう
応永10（1403）年～文明19（1487）年6月10日
室町時代～戦国時代の浄土宗の僧。
¶国書，仏教

**妙什** みょうじゅう
生没年不詳
南北朝時代の僧。東禅寺開祖。
¶姓氏岩手

**明州珠心** みょうしゅうしゅしん
？～享保9（1724）年
江戸時代前期～中期の曹洞宗の僧。
¶姓氏石川

**明叔慶浚** みょうしゅくけいしゅん
？～天文21（1552）年　㊈慶浚（けいしゅん），明叔（めいしゅく），明叔慶浚（みんしゅくきょうしゅん，みんしゅくけいしゅん，めいしゅくけいしゅん）
戦国時代の臨済宗の僧。禅昌寺中興開山。
¶郷土岐阜，国書（めいしゅくけいしゅん　㊀天文21（1552）年8月21日），戦辞（みんしゅくきょうしゅん　㊀天文21年8月27日（1552年9月15日）），戦人（慶浚　けいしゅん），武田（みんしゅくけいしゅん），飛驒（㊤？　㊀天文21（1552）年8月7日），仏教（㊀天文21（1552）年8月27日，（異説）8月21日？），山梨百（明叔　めいしゅく　㊀天文21（1552）年8月27日）

み

**明叔宗哲** みょうしゅくそうてつ
享禄3（1530）年～慶長10（1605）年6月16日
戦国時代～安土桃山時代の臨済宗の僧。大徳寺121世。
¶仏教

**明俊** みょうしゅん
寛正4（1463）年～天文20（1551）年
戦国時代の浄土真宗の僧。
¶戦人

**明春** みょうしゅん
平安時代後期の仏師。
¶古人，美建，平史（生没年不詳）

**妙順** みょうじゅん
生没年不詳
戦国時代の熊野比丘尼。
¶朝日，日人

**明順(1)**（明舜） みょうじゅん，みょうしゅん
？～元永1（1118）年
平安時代後期の絵仏師。
¶古人（明舜　みょうしゅん　㊤？），平史（明舜　みょうしゅん），名画

**明順**(2)　みょうじゅん
生没年不詳
戦国時代の浄土真宗の僧。
¶国書

**明順**(3)　みょうじゅん
〜天文3(1534)年8月15日
戦国時代の浄土真宗の僧。蓮如の弟子。浄福寺を創建。
¶庄内

**妙順尼**(1)　みょうじゅんに
承応2(1653)年〜享保8(1723)年2月7日
江戸時代前期〜中期の日蓮宗の僧。
¶仏教

**妙順尼**(2)　みょうじゅんに
生没年不詳
江戸時代中期〜後期の女性。加賀国金沢の尼僧。
¶女性

**妙清**　みょうしょう
延応1(1239)年6月11日〜嘉元3(1305)年10月4日
鎌倉時代前期〜後期の社僧。
¶国書

み

**明照**　みょうしょう
生没年不詳
鎌倉時代後期の曹洞宗の尼僧。能登円通院の庵主。
¶朝日

**明請**　みょうしょう
生没年不詳
平安時代中期の天台宗の僧。
¶古人，仏教，平史

**明詔**　みょうしょう
？　〜慶長13(1608)年1月1日
安土桃山時代〜江戸時代前期の律宗の僧。
¶仏教

**妙静**　みょうじょう
生没年不詳
室町時代の浄土宗の僧。
¶仏教

**明貞**　みょうじょう
生没年不詳
戦国時代の天台宗の僧。
¶国書

**明定**　みょうじょう
平安時代中期の仏師。
¶古人，美建，平史(生没年不詳)

**明正寺竹叟**　みょうしょうじちくそう
安永3(1774)年〜天保11(1840)年
江戸時代中期〜後期の僧。
¶日人

**明照尼**　みょうしょうに
生没年不詳
鎌倉時代後期〜南北朝時代の曹洞宗の僧。
¶日人，仏教

**妙定尼**　みょうじょうに
？　〜正長1(1428)年7月1日
室町時代の日蓮宗の尼僧。関白一条経嗣の娘。
¶仏教

**妙心**　みょうしん
*〜文化14(1817)年
江戸時代後期の富士行者の即身仏。横蔵寺に祀られる。
¶朝日(㊐天明1(1781)年)，日人(㊐1779年㊍1815年)，仏人(㊐1780年)

**妙真**　みょうしん
生没年不詳　㊕妙真尼(みょうしんに)
鎌倉時代前期の尼僧。法然房源空に入門。
¶朝日，日人(妙真尼　みょうしんに)，仏教(妙真尼　みょうしんに)

**明信**(1)　みょうしん
長承1(1132)年〜建久5(1194)年7月24日
平安時代後期の真言宗の僧。高野山検校30世。
¶古人，仏教，平史，和歌山人

**明信**(2)　みょうしん
？　〜寛喜3(1231)年
鎌倉時代前期の浄土宗の僧。
¶仏教

**明信**(3)　みょうしん
生没年不詳
江戸時代中期の浄土真宗の僧。
¶国書

**明心**　みょうしん
長享1(1487)年〜享禄4(1531)年7月19日
戦国時代の浄土真宗の僧。
¶仏教

**明真**　みょうしん
享保5(1720)年〜安永6(1777)年12月12日
江戸時代中期の浄土真宗の僧。
¶仏教

**妙心寺海山**　みょうしんじかいざん
明和6(1769)年〜弘化3(1846)年
江戸時代後期の学僧。
¶東三河

**妙真尼**　みょうしんに
→妙真(みょうしん)

**妙心法師**　みょうしんほうし
安永8(1779)年〜文化12(1815)年
江戸時代後期の御正体山開山者。
¶富嶽

**明神政義**　みょうじんまさよし
明治35(1902)年2月19日〜平成8(1996)年7月19日
大正〜平成期の社寺建築技術者。
¶高知人，美建

**妙瑞**(1)　みょうずい
？　〜天明7(1787)年2月25日

江戸時代中期の浄土宗の僧。
¶国書，仏教

**妙瑞(2)** みょうずい
元禄9(1696)年～明和1(1764)年12月5日
江戸時代中期の真言宗の僧。
¶国書，仏教，仏人

**妙誠** みょうせい
正安2(1300)年～元中1/至徳1(1384)年
鎌倉時代後期～南北朝時代の禅僧。
¶徳島歴

**命清** みょうせい
康治1(1142)年～？
平安時代後期の石清水僧。
¶古人(㊀？)，平史

**明誓** みょうせい
延徳3(1491)年～永禄3(1560)年4月24日
戦国時代の浄土真宗の僧。
¶国書，戦人(㊀天文16(1547)年)，仏教

**妙千** みょうせん
生没年不詳
南北朝時代の僧侶・連歌作者。.
¶国書

**明専** みょうせん
慶長8(1603)年～慶安5(1652)年6月14日
安土桃山時代～江戸時代前期の浄土真宗の僧。
¶国書

**明泉** みょうせん
生没年不詳
室町時代の浄土宗の僧。
¶仏教

**明洗** みょうせん
生没年不詳
江戸時代後期の天台宗の僧、俳人。
¶仏教

**明詮** みょうせん
延暦8(789)年～貞観10(868)年5月16日
平安時代前期の法相宗の僧。
¶郷土奈良(㊤809年)，国史(㊤？)，国書，古人(㊤809年)，古代，古代普，古中(㊤？)，コン改，コン4，コン5，史人(㊤789年？)，新潮，人名，世人，日人，仏教，仏史(㊤？)，仏人，平史(㊤809年)

**明暹(1)** みょうせん
→明暹(めいせん)

**明暹(2)** みょうせん
承保3(1076)年～嘉応1(1169)年6月15日
平安時代後期の真言宗の僧。
¶古人，仏教，平史

**命禅** みょうぜん
応和3(963)年～長久1(1040)年　㊞命禅(めいぜん)
平安時代中期の真言宗の僧。
¶郷土奈良(めいぜん)，仏教

**明全** みょうぜん
元暦1(1184)年～南宋・宝慶1(1225)年　㊞仏樹房明全(ぶつじゅぼうみょうぜん)，明全仏樹(みょうぜんぶつじゅ)，仏樹房(ぶつじゅぼう)
鎌倉時代前期の臨済宗黄竜派の僧。無際了派。
¶朝日(㊀宝慶1年5月27日(1225年7月4日))，鎌倉，鎌室，国史，古人，古中，史人(㊀1225年5月27日)，新潮(㊀嘉禄1(1225)年5月5日)，人名(明全仏樹　みょうぜんぶつじゅ)，姓氏京都，対外，中世，日人，仏教(仏樹房明全　ぶつじゅぼうみょうぜん　㊀南宋・宝慶1(1225)年5月27日)，仏史，三重続(明全仏樹)

**明禅** みょうぜん
仁安2(1167)年～仁治3(1242)年5月2日
鎌倉時代前期の僧。
¶鎌室，国史，国書，古人，古中，史人，諸系，人名，姓氏京都，日人，仏教，仏史，平史(㊤1166年)

**明善寺玄西** みょうぜんじげんせい
生没年不詳
江戸時代中期の僧。白川村の明善寺の開基。
¶飛騨

み

**妙泉寺日還** みょうせんじにっかん
文政元(1818)年～明治19(1886)年7月5日
江戸時代後期～明治期の歌・俳僧。
¶東三河

**妙船尼** みょうせんに
生没年不詳
江戸時代の女性。尼僧。
¶女性，日人，仏教

**妙善尼** みょうぜんに
元治1(1864)年～昭和38(1963)年2月21日
明治～昭和期の社会福祉事業家・僧侶。
¶岡山歴

**明全仏樹** みょうぜんぶつじゅ
→明全(みょうぜん)

**妙宗** みょうそう
生没年不詳
南北朝時代の僧侶・歌人。
¶国書

**明増** みょうぞう
元文2(1737)年～？
江戸時代中期の浄土真宗の僧。
¶国書，日人，仏教

**明叟彦洞** みょうそうげんどう
生没年不詳　㊞明叟彦洞(みんそうげんとう)
南北朝時代の臨済宗の僧。南禅寺163世、建仁寺150世。
¶国書(みんそうげんとう)，仏教

**明叟斎哲**(明叟斉哲) みょうそうさいてつ
？～正平2/貞和3(1347)年　㊞明叟斉哲(めいそうせいてつ)

鎌倉時代後期～南北朝時代の僧。
¶鎌室(明叟斉哲　めいそうせいてつ), 人名, 日人(明叟斉哲), 仏教([没]貞和3/正平2(1347)年7月2日)

**明窓宗鑑** みょうそうしゅうかん
→明窓宗鑑(めいそうそうかん)

**明窓宗鑑** みょうそうそうかん
→明窓宗鑑(めいそうそうかん)

**明叟宗普** みょうそうそうふ
*～天正18(1590)年4月15日　[別]明叟和尚(めいそうおしょう)
戦国時代～安土桃山時代の臨済宗の僧。大徳寺113世。
¶姓氏神奈川([生]1515年), 戦辞([生]永正12(1515)年　[没]天正18年4月15日(1590年5月8日)), 兵庫人(明叟和尚　めいそうおしょう　[生]永正13(1516)年), 仏教([生]永正13(1516)年)

**明窓妙光** みょうそうみょうこう
正平5/観応1(1350)年～応永22(1415)年6月22日
南北朝時代～室町時代の曹洞宗の僧。総持寺21世。
¶仏教

み

**妙尊** みょうそん
生没年不詳
平安時代の真言宗の僧。
¶日人, 仏教

**明尊** みょうそん
天禄2(971)年～康平6(1063)年　[別]志賀僧正(しがそうじょう)
平安時代中期の天台宗寺門派の僧。歌人。八宗総博士。
¶朝日([没]康平6年6月26日(1063年7月24日)), 国史, 国書([没]康平6(1063)年6月26日), 古人, 古中, コン改, コン4, コン5, 新潮([没]康平6(1063)年6月26日), 人名, 姓氏京都, 世人, 全書, 大百, 日人, 仏教([没]康平6(1063)年6月26日, (異説)6月16日?), 仏史, 仏人, 平史

**妙沢** みょうたく
→竜湫周沢(りゅうしゅうしゅうたく)

**妙達** みょうたつ
?　～*
平安時代中期の天台宗の僧。
¶古人, 庄内(生没年不詳), 日人(生没年不詳), 仏教([没]天暦1(947)年), 平史(生没年不詳), 山形百([没]天徳2(958)年)

**明達** みょうたつ
元慶1(877)年～天暦9(955)年
平安時代前期～中期の天台宗の僧。平将門、藤原純友の乱で調状の祈禱を行った。
¶朝日([生]貞観13(871)年　[没]天暦9年9月22日(955年10月10日)), 国書([生]?　[没]天暦9(955)年9月22日), 古人([生]?), コン改, コン4, コン5, 人名, 日人, 仏教([生]元慶3(879)年　[没]天暦9(955)年9月22日), 平史([生]?)

**妙智** みょうち
生没年不詳
南北朝時代の僧侶・連歌作者。
¶国書

**妙超** みょうちょう
→宗峰妙超(しゅうほうみょうちょう)

**妙珍** みょうちん
?　～興国5/康永3(1344)年8月1日
鎌倉時代後期～南北朝時代の日蓮宗の僧。
¶仏教

**明珍** みょうちん
貞観13(871)年～天暦8(954)年1月21日
平安時代中期の三論宗の僧。東大寺43世。
¶古人, 仏教([生]元慶5(881)年), 平史

**明通** みょうつう
生没年不詳
南北朝時代の僧侶・歌人。
¶国書

**妙適** みょうてき
?　～元文3(1738)年
江戸時代中期の真言宗の僧。
¶仏教

**明哲** みょうてつ
?　～貞観10(868)年12月1日
平安時代前期の華厳宗の僧。
¶仏教

**妙哲行者** みょうてつぎょうじゃ
天保7(1836)年～明治40(1907)年
江戸時代後期～明治期の芳賀郡市塙の尼僧、念仏行者。
¶栃木歴

**妙哲尼〈栃木県〉** みょうてつに★
天保7(1836)年～明治40(1907)年
江戸時代後期～明治時代の女性。宗教。紀州藩藩士大原善左衛門の長女とされる。
¶江表(妙哲尼(栃木県))

**明伝** みょうでん
生没年不詳
江戸時代前期の浄土真宗の僧。
¶国書

**命天慶受** みょうてんけいじゅ
?　～明応4(1595)年9月16日
戦国時代～安土桃山時代の曹洞宗の僧。
¶戦辞

**妙藤** みょうとう
生没年不詳
南北朝時代の僧侶・歌人。
¶国書

**明道(1)** みょうどう
宝暦12(1762)年～?
江戸時代中期の真言宗の僧。
¶国書, 仏教

**明道₍₂₎　みょうどう**
生没年不詳
江戸時代中期の真言宗の僧。高野山検校324世。
¶仏教

**明導照源　みょうどうしょうげん**
→照源₍₂₎（しょうげん）

**明堂正智　みょうどうしょうち**
寛永12（1635）年～延宝1（1673）年8月6日
江戸時代前期の曹洞宗の僧。
¶黄檗，仏教

**明堂禅師　みょうどうぜんじ**
明和5（1768）年～天保8（1837）年9月26日
江戸時代中期～後期の高僧。
¶兵庫人

**明堂宗宣　みょうどうそうせん**
明和5（1768）年～天保8（1837）年
江戸時代中期～後期の丹波篠山藩士、禅僧。
¶藩臣5

**明道宗詮　みょうどうそうせん**
元文3（1738）年～寛政8（1796）年2月4日
江戸時代中期の臨済宗の僧。大徳寺401世。
¶国書，仏教

**妙童智厳　みょうどうちごん**
？　～元文1（1736）年
江戸時代中期の曹洞宗の僧。
¶国書

**明任　みょうにん**
久安4（1148）年～寛喜1（1229）年11月10日
平安時代後期～鎌倉時代前期の真言宗の僧。高野山検校39世。
¶仏教（㉒寛喜1（1229）年11月10日，（異説）5月6日？）

**明忍　みょうにん**
天正4（1576）年～慶長15（1610）年
江戸時代前期の律宗の僧。
¶近世，国史，新潮（㉒慶長15（1610）年6月7日），人名，世人，全書，戦人，大百，日人，仏教，仏史，仏人

**妙葩　みょうは**
→春屋妙葩（しゅんおくみょうは）

**明範　みょうはん**
生没年不詳
鎌倉時代の真言宗の僧。
¶仏教

**明普　みょうふ**
？　～寛弘3（1006）年4月7日
平安時代中期の天台宗の僧。
¶仏教

**明福　みょうふく**
宝亀9（778）年～嘉祥1（848）年
平安時代前期の興福寺の僧。
¶古人，古代，古代普，人名，日人，仏教（㉒嘉祥1（848）年8月），平史

**明遍　みょうへん**
康治1（1142）年～貞応3（1224）年6月16日
平安時代後期～鎌倉時代前期の高野山の僧。
¶朝日（㉒元仁1年6月16日（1224年7月4日）），岩史，鎌室，国史，国書，古人，古中，コン改，コン4，コン5，史人，諸系，新潮，人名，新潟百，日人，仏教，仏史，仏人，平史，和歌山人

**妙峰（妙峯）　みょうほう**
明和1（1764）年～文政12（1829）年4月9日
江戸時代末期の僧。
¶岡山人，岡山歴（妙峯）

**妙法₍₁₎　みょうほう**
生没年不詳　㉚妙法尼（みょうほうに）
平安時代中期～後期の女性。尼僧。
¶古人（妙法尼　みょうほうに），女性，日人，平史（妙法尼　みょうほうに）

**妙法₍₂₎　みょうほう**
万寿3（1026）年～嘉承2（1107）年
平安時代中期～後期の尼僧。
¶人名，日人

み

**明宝院　みょうほういん**
？　～宝暦4（1754）年
江戸時代中期の大原村東岳院の修験者。
¶姓氏岩手

**妙法院常胤法親王　みょうほういんじょういんほつしんのう**
→常胤（じょういん）

**妙峰玄実　みょうほうげんじつ**
明和1（1764）年～文政12（1829）年4月9日
江戸時代中期～後期の臨済宗の僧。東福寺217世。
¶仏教

**明峰素哲　みょうほうそてつ**
→明峰素哲（めいほうそてつ）

**妙法尼₍₁₎　みょうほうに**
→妙法₍₁₎（みょうほう）

**妙法尼₍₂₎　みょうほうに**
～徳治1（1306）年
鎌倉時代後期の禅僧。
¶神奈川人

**妙文　みょうもん**
建治1（1275）年～正平13/延文3（1358）年3月3日
鎌倉時代後期～南北朝時代の日蓮宗の僧。
¶仏教

**妙融　みょうゆう**
→無著妙融（むじゃくみょうゆう）

**明祐₍₁₎　みょうゆう**
元慶2（878）年～応和1（961）年
平安時代前期～中期の華厳宗の僧。
¶古人，人名，日人，仏教（㉒応和1（961）年2月18日），平史

**明祐(2)** みょうゆう
生没年不詳
室町時代の学僧。
¶徳島百

**妙立** みょうりゅう
→慈山(じざん)

**妙竜** みょうりゅう
→諦忍(1)(たいにん)

**明隆** みょうりゅう
? ～弘安4(1281)年9月
鎌倉時代前期の浄土真宗の僧。
¶仏教

**妙立慈山** みょうりゅうじざん
→慈山(じざん)

**妙享** みょうりょう
生没年不詳
鎌倉時代後期の禅僧。
¶徳島歴

**明了(1)** みょうりょう
生没年不詳
鎌倉時代前期の真言宗の僧。
¶仏教

**明了(2)** みょうりょう
～元禄8(1695)年12月12日
江戸時代前期の高山市の観喜寺の開基。
¶飛騨

**明林宗哲** みょうりんそうてつ
生没年不詳
室町時代の曹洞宗の僧。
¶仏教

**命蓮** みょうれん
生没年不詳
平安時代中期の僧。
¶古人, 日人, 仏教, 平史

**明蓮(1)** みょうれん
生没年不詳
平安時代後期の僧。
¶日人, 仏教

**明蓮(2)** みょうれん
応永25(1418)年～明応9(1500)年
室町時代～戦国時代の浄土真宗の僧。
¶戦人

**妙蓮尼** みょうれんに
? ～長承3(1134)年1月20日
平安時代後期の尼僧。
¶仏教

**三好維堅** みよしこれかた
弘化4(1847)年～大正8(1919)年1月15日
江戸時代後期～大正期の神官、官吏。
¶静岡歴, 姓氏静岡, 幕末大

**三好小竹笛** みよしささえ
文久1(1861)年～大正4(1915)年
明治～大正期の神職、歌人。
¶島根歴

**三善浄蔵** みよしじょうぞう
→浄蔵(じょうぞう)

**三好祐直** みよしすけなお
弘化4(1847)年1月5日～昭和14(1939)年1月21日
明治～昭和期の基督教篤信家。
¶愛媛百

**三好清徳** みよしせいとく
安政2(1855)年～明治27(1894)年
江戸時代末期～明治期の神職。
¶神人

**三吉務**(三好務) みよしつとむ
明治11(1878)年～昭和50(1975)年7月
明治～昭和期の牧師、説教者。
¶キリ(㊐明治11(1878)年7月1日), 人満(三好務　㊐明治11(1878)年7月)

**身禄** みろく
→食行身禄(じきぎょうみろく)

**弥勒寺音次郎** みろくじおとじろう
寛政11(1799)年～明治2(1869)年
江戸時代後期～明治期の宮大工、彫工。
¶群馬人(㊐寛政8(1796)年), 姓氏群馬, 美建

**三輪磐根** みわいわね
明治31(1898)年～昭和56(1981)年
大正～昭和期の諏訪大社宮司、長野県神社庁庁長。
¶姓氏長野, 長野歴

**三輪勝房** みわかつふさ
? ～正平3/貞和4(1348)年
鎌倉時代後期～南北朝時代の大神神社の大神主。
¶神人

**三輪謙光** みわけんこう
安政3(1856)年～大正7(1918)年3月21日
明治～大正期の幸院潤住職。甲信連合仏教伝道会を組織するなど仏教思想の普及を図る。
¶山梨百

**三輪多名** みわさわな
生没年不詳
神職、画家。
¶姓氏長野

**三輪田高房** みわだたかふさ, みわたたかふさ
文政6(1823)年～明治43(1910)年11月5日
江戸時代末期～明治期の神官。藩主松平定昭の侍講、藩校明教館の教授、久邇宮朝彦親王の侍講となる。
¶愛媛, 神人(みわたたかふさ), 人名(みわたたかふさ), 日人, 幕末, 幕末大

**三輪頼母** みわたのも
江戸時代前期の人。日向国臼杵郡三輪村の農夫の子。初め仏日山願成寺の小僧。砲術の達人。

¶大坂

**三輪田米山** みわだべいざん,みわたべいざん
文政4(1821)年～明治41(1908)年11月3日
江戸時代末期～明治期の神官、書家。とくに王羲之の書に傾到し、米山の書を完成させた。
¶愛媛(みわたべいざん),愛媛人,愛媛百(㊤文政4(1821)年1月10日),郷土愛媛(みわたべいざん),国書(みわたべいざん　㊤文政4(1821)年1月10日),人書94(みわたべいざん),日人,幕末,幕末大,明大2(㊤文政4(1821)年1月10日)

**三輪田元綱** みわだもとつな,みわたもとつな
文政11(1828)年6月21日～明治12(1879)年1月14日
江戸時代末期～明治期の国学研究家。足利三代木造梟首事件に連座、幽閉となる。
¶朝日(㊤文政11年6月21日(1828年8月1日)),維新,愛媛,愛媛百,角史,郷土愛媛(みわたもとつな),近現(みわたもとつな),近世(みわたもとつな),国史(みわたもとつな),国書(みわたもとつな),コン改,コン4,コン5,神人,新潮(みわたもとつな),日人,幕末大,明治史

**三輪寿雄** みわとしお
明治29(1896)年12月3日～昭和55(1980)年2月8日
明治～昭和期の僧侶、口演童話家。
¶日児

**三輪伴蔭** みわともかげ
文化5(1808)年～明治16(1883)年
江戸時代後期～明治期の国学者、神官。
¶徳島歴

**神太郎丸** みわのたろうまる
生没年不詳
平安時代中期の近江国(滋賀県)の比良宮禰宜神良種の子。
¶太宰府

**神良種** みわのよしたね
生没年不詳
平安時代中期の近江比良宮の禰宜。
¶姓氏京都

**旻** みん
? ～白雉4(653)年6月　㊙新漢人旻(いまきのあやひとみん),新漢人日文(いまきのあやひとにちもん),新漢人旻(いまきのあやひとみん),僧旻(そうびん,そうみん),旻法師(みんほうし),日文(にちもん)
飛鳥時代の僧。
¶朝日,岩史(僧旻　そうみん),角史,国史,古史(旻法師　みんほうし),古人(㊤?),古代(新漢人日文　いまきのあやひとにちもん),古代普(新漢人日文　いまきのあやひとにちもん　㊤?),古中,古物(㊤?),コン改,コン4,コン5,史人,思想史,重要,新潮,人名(僧旻　そうびん),世人,世百(僧旻　そうびん),全書(㊦652年),対外(㊤?),大百(僧旻　そうびん),日史(新漢人旻　いまきのあやひとみん),日人,百科(新漢人旻　いまきのあやひとみん),仏教,仏史,仏人(僧旻　そうびん),平日(新漢人旻　いまきのあやひとみん　㊦653),名僧,山川小(㊤?),歴大

**珉恵** みんえ
生没年不詳
江戸時代後期の曹洞宗の僧。
¶国書

**明極聡愚** みんきそうぐ
弘長2(1262)年? ～延元2/建武4(1337)年
鎌倉時代後期～南北朝時代の名僧。
¶姓氏宮城(生没年不詳),宮城百

**明極楚俊** みんきそしゅん
南宋・景定3(1262)年～延元1/建武3(1336)年9月27日　㊙楚俊(そしゅん),錟慧禅師(えんねぜんじ)
鎌倉時代後期～南北朝時代の臨済宗松源派の五山禅僧。
¶朝日(㊦建武3/延元1年9月27日(1336年11月1日)),大分歴,角史,神奈川人,鎌倉,鎌室,国史,国書,古中,コン改,コン4,コン5,詩歌,史人,思想史,新潮,人名,世人,全書(㊤1264年　㊦1338年),対外,茶道,日史,日人,百科,仏教,仏史,仏人(楚俊　そしゅん),歴大,和俳

み

**明江徳舜** みんこうとくしゅん
→明江徳舜(みょうこうとくしゅん)

**明叔慶浚** みんしゅくきょうしゅん
→明叔慶浚(みょうしゅくけいしゅん)

**明叔慶浚** みんしゅくけいしゅん
→明叔慶浚(みょうしゅくけいしゅん)

**明叟彦洞** みんそうげんとう
→明叟彦洞(みょうそうげんどう)

**明窓宗鑑** みんそうそうかん
→明窓宗鑑(めいそうそうかん)

**明兆** みんちょう
正平7/文和1(1352)年～永享3(1431)年8月20日
㊙吉山(きちざん),吉山明兆(きちさんみんちょう,きちざんみょうちょう,きちざんみんちょう,きっさんみんちょう),兆殿司(ちょうでんす),明兆吉山(みんちょうきっさん)
南北朝時代～室町時代の画僧。
¶朝日(㊦永享3年8月20日(1431年9月26日)),角史,鎌倉(吉山明兆　きちざんみんちょう),鎌倉新(吉山明兆　きちざんみょうちょう),鎌室(㊤?),京都大(㊤観応2(1351)年),国史(吉山明兆　きちざんみんちょう),古中(吉山明兆　きちざんみんちょう),コン改(吉山明兆　きっさんみんちょう),コン改,コン4(吉山明兆　きっさんみんちょう),コン5(吉山明兆　きっさんみんちょう),史人,重要,人書94,新潮(吉山明兆　きちざんみんちょう),人名,姓氏京都,世人,世百,全書(㊤1351年),大百,茶道(吉山明兆　きちざんみんちょう　㊤1351年),中世,伝記(吉山明

兆　きちざんみんちょう），日史，日人，美家，美術，百科，兵庫人，仏教（吉山明兆　きっさんみんちょう），仏史（吉山明兆　きちざんみんちょう），仏人（吉山　きちざん），平日（㊀1352　㊁1431），名画，山川小，歴大

**明徹** みんてつ
？～寛文12（1672）年
江戸時代前期の足利学校第11世庠主、臨済宗の僧。
¶栃木歴

**明庵栄西** みんなんえいさい
→栄西（えいさい）

**明遠俊哲** みんのんしゅんてつ
元中3/至徳3（1386）年～享徳4（1455）年5月7日
南北朝時代～室町時代の臨済宗の僧。
¶国書

**民部** みんぶ
→仏師民部（ぶっしみんぶ）

**旻法師** みんほうし
→旻（みん）

む

## 【む】

**無庵雲居** むあんうんご
？～文政10（1827）年5月18日
江戸時代後期の曹洞宗の僧。
¶仏教

**無為庵如黙** むいあんじょもく
→無為庵如黙（むいあんにょもく）

**無為庵如黙**（無為庵如嘿） むいあんにょもく
寛永4（1627）年～元禄4（1691）年11月17日　㊕無為庵如黙（むいあんじょもく）
江戸時代前期の臨済宗の僧。
¶会津（むいあんじょもく（にょもく）），国書（無為庵如嘿），日人（無為庵如嘿　㊁1692年），藩臣2，福島百，仏教（無為庵如嘿　生没年不詳）

**無為昭元** むいしょうげん
*～応長1（1311）年
鎌倉時代後期の僧。
¶鎌室（㊀？），人名（㊀？），日人（㊀1245年），仏教（㊀寛元3（1245）年　㊁応長1（1311）年5月16日）

**無為信** むいしん
→無為信房（むいしんぼう）

**無為真** むいしん
生没年不詳
鎌倉時代の僧。親鸞の弟子。
¶福島百

**無為信房** むいしんぼう
文治2（1186）年～文永1（1264）年　㊕無為信（むいしん）
鎌倉時代前期の親鸞二十四輩の一。
¶鎌室，古人，人名，日人（無為信　むいしん），仏教（無為信　むいしん　㊁文永1（1264）年10月23日）

**無隠徳吾** むいとくご
？～応仁3（1469）年1月1日
室町時代～戦国時代の臨済宗の僧。
¶国書

**無隠円範** むいんえんぱん，むいんえんはん
寛喜2（1230）年～徳治2（1307）年
鎌倉時代後期の僧。
¶鎌室，人名（むいんえんはん），日人，仏教（㊁徳治2（1307）年11月13日）

**無隠元晦** むいんげんかい
？～正平13/延文3（1358）年　㊕元晦（げんかい）
南北朝時代の臨済宗幻住派の僧。
¶朝日（㊁延文3/正平13年10月17日（1358年11月18日）），角史，鎌倉，鎌室，国史，国書（㊁延文3（1358）年10月17日），古中，コン改，コン4，コン5，新潮（㊁延文3/正平13（1358）年10月17日），人名，世人，対外（㊀？），日人，福岡百（㊀弘安7（1284）年），仏教（㊁延文3/正平13（1358）年10月17日），仏史

**無因宗因** むいんそういん
嘉暦1（1326）年～応永17（1410）年6月4日
南北朝時代～室町時代の臨済宗の僧。妙心寺3世。
¶姓氏京都，兵庫百，仏教

**無隠宗喜** むいんそうき
元和4（1618）年～寛文12（1672）年3月11日
江戸時代前期の臨済宗の僧。大徳寺210世。
¶仏教

**無隠道費** むいんどうひ
貞享5（1688）年4月8日～宝暦6（1756）年　㊕道費（どうひ）
江戸時代中期の曹洞宗の僧。
¶近世，国史，国書（㊁宝暦6（1756）年11月26日），日人，仏教（㊁宝暦7（1757）年），仏史

**無隠法爾** むいんほうに
生没年不詳
南北朝時代の臨済宗の僧。
¶国書

**無雲義天** むうんぎてん
正応3（1290）年～正平22/貞治6（1367）年
鎌倉時代後期～南北朝時代の臨済宗の僧。
¶鎌室，国書（㊁貞治6（1367）年5月27日），新潮（㊁貞治6/正平22（1367）年6月27日），人名，日人，仏教（㊁貞治6/正平22（1367）年5月27日）

**無依如空** むえにょくう
慶長15（1610）年～元禄7（1694）年7月14日
江戸時代前期の黄檗宗の僧。
¶黄檗

**無外** むがい
？～明暦3（1657）年10月13日
江戸時代前期の浄土宗の僧。
¶仏教

**無涯(1)** むがい
→菊地無涯(きくちむがい)

**無涯(2)** むがい
→中谷無涯(なかやむがい)

**無外円照** むがいえんしょう
応長1(1311)年～弘和1/永徳1(1381)年
南北朝時代の曹洞宗の僧。
¶鎌室，人名，日人，仏教([没]永徳1/弘和1(1381)年12月6日)

**無外円方** むがいえんぽう
？～応永15(1408)年5月5日
南北朝時代～室町時代の曹洞宗の僧。
¶仏教

**無外珪言** むがいけいごん
永享8(1436)年～永正4(1507)年10月26日
室町時代～戦国時代の曹洞宗の僧。
¶仏教

**向正運** むかいしょううん
慶応3(1867)年～昭和19(1944)年1月
明治～昭和期の仏師。
¶石川百，姓氏石川，美建

**無外承広** むがいしょうこう
生没年不詳
室町時代の僧。
¶日人

**無涯禅海** むがいぜんかい
？～正平7/文和1(1352)年7月18日
南北朝時代の臨済宗の僧。東福寺19世。
¶仏教

**無涯智洪** むがいちこう
？～正平6/観応2(1351)年5月9日
南北朝時代の曹洞宗の僧。
¶姓氏石川，仏教

**無外爾然** むがいにねん
生没年不詳
鎌倉時代の臨済宗の僧。
¶人名，日人，仏教

**無外如大** むがいにょだい
貞応2(1223)年～永仁6(1298)年　[別]無外如大尼(むがいにょだいに)
鎌倉時代前期の女性。尼僧。
¶朝日(生没年不詳)，思想史(無外如大尼　むがいにょだいに)，女史，女性，日人(生没年不詳)

**無外如大尼** むがいにょだいに
→無外如大(むがいにょだい)

**無涯仁浩** むがいにんこう
永仁2(1294)年～正平14/延文4(1359)年1月5日
鎌倉時代後期～南北朝時代の臨済宗の僧。
¶鎌室，国書，人名，日人，仏教

**向井山雄** むかいやまお
明治23(1890)年5月19日～昭和36(1961)年2月24日
昭和期のキリスト教伝道師。北海道アイヌ協会理事長、伊達町議会議員、有珠聖公会司祭。
¶社史，世紀，日人，北海道百，北海道歴

**無涯亮倪** むがいりょうげい
生没年不詳
室町時代の臨済宗大応派の僧。
¶角史

**無学愚禅** むがくぐぜん
享保18(1733)年8月15日～文政12(1829)年3月1日
江戸時代中期～後期の曹洞宗の僧。
¶国書，埼玉人，姓氏石川，仏教

**無学宗棼** むがくしゅうふん
→無学宗棼(むがくそうふん)

**無学絶宗** むがくぜっしゅう
宝永6(1709)年～寛政7(1795)年8月14日
江戸時代中期～後期の曹洞宗の僧。
¶国書

**無学宗衍** むがくそうえん
享保6(1721)年～寛政3(1791)年
江戸時代中期の臨済宗の僧。大徳寺378世。
¶仏教

**無学宗棼** むがくそうふん
？～天正5(1577)年　[別]無学宗棼(むがくしゅうふん)
戦国時代～安土桃山時代の曹洞宗の僧。
¶国書，戦辞(むがくしゅうふん　生没年不詳)，仏教

**無学祖元**(無学租元) むがくそげん，むかくそげん
南宋・宝慶2(1226)年～弘安9(1286)年9月3日
[別]祖元(そげん)，円満常照国師(えんまんじょうしょうこくし)，子元(しげん)，仏光国師(ぶっこうこくし)，仏光禅師(ぶっこうぜんじ)
鎌倉時代後期の南宋の渡来僧。円覚寺の開山。
¶朝日([没]弘安9年9月3日(1286年9月22日))，岩史，角史，神奈川人，神奈川百，鎌倉，鎌倉新，鎌古，鎌室，京都，京都大，国史，国書(無学租元)，古中，コン改，コン4，コン5，詩作(祖元　そげん)，史人，思想史，重要，新潮，人名，姓氏神奈川，世人，世百，全書，対外，中世(むかくそげん)，内乱，日思，日史，日人，美術，百科，仏教，仏史，仏人(祖元　そげん)，平日([生]1226　[没]1286)，名僧，山川小([没]1289年9月3日)，歴大

**無学頓了** むがくとんりょう
明和5(1768)年～弘化4(1847)年1月24日
江戸時代中期～後期の曹洞宗の僧。
¶国書

**無学文奕** むがくぶんえき
→関文奕(せきもんえき)

**無我省吾** むがしょうご
→省吾(しょうご)

**無関**　むかん
→無関普門（むかんふもん）

**夢巌**　むがん
→夢巌祖応（むがんそおう）

**無関玄悟**　むかんげんご
→無関普門（むかんふもん）

**夢巌祖応**（夢岩祖応）　むがんそおう
？　～文中3/応安7（1374）年11月2日　[別]夢巌（むがん）
南北朝時代の臨済宗の僧。
¶鎌室（夢岩祖応），国書，島根人（夢巌　むがん），島根百（夢岩祖応），島根歴（夢岩祖応），新潮（夢岩祖応），人名，全書，大百，日人，仏教

**無関仏心**　むかんぶっしん
→無関普門（むかんふもん）

**無関普門**　むかんふもん
建暦2（1212）年～正応4（1291）年12月12日　[別]普門（ふもん），無関（むかん），無関玄悟（むかんげんご），無関仏心（むかんぶっしん），玄悟（げんご），大明国師（だいみんこくし）
鎌倉時代後期の臨済宗聖一派の僧。越後華報寺を開創。
¶朝日（[没]正応4年12月12日（1292年1月3日）），角史，鎌室（[生]建暦2（1211）年），京都，京都大，郷土長野，国史（無関玄悟　むかんげんご），古中（無関玄悟　むかんげんご），コン改，コン4，コン5，史人，新潮，人名（普門　ふもん），姓氏京都（無関玄悟　むかんげんご），姓氏長野，世人，世百，全書，対外（無関玄悟　むかんげんご），大百，茶道（無関玄悟　むかんげんご），中世（普門　ふもん），長野百（[生]1213年），長野歴，新潟百（普門　ふもん），新潟百（無関仏心　むかんぶっしん），日史，日人（無関玄悟　むかんげんご　[没]1292年），百科，仏教，仏史，仏人（無関　むかん），歴大



**無己道聖**　むきどうしょう
？　～元中8/明徳2（1391）年10月29日
南北朝時代の臨済宗の僧。
¶国書

**無求周伸**　むきゅうしゅうしん
元弘3/正慶2（1333）年～応永20（1413）年12月18日　[別]無求周伸（むぐしゅうしん）
南北朝時代～室町時代の臨済宗の僧。南禅寺66世、相国寺12世。
¶国書（むぐしゅうしん），仏教

**無及徳詮**　むぎゅうとくせん，むきゅうとくせん
生没年不詳
鎌倉時代後期の臨済宗の僧。
¶神奈川人（むきゅうとくせん），仏教

**無極慧徹**　むきょくえてつ，むぎょくえてつ
→無極慧徹（むごくえてつ）

**無極志玄**　むきょくしげん
弘安5（1282）年～正平14/延文4（1359）年2月16日　[別]志玄（しげん），無極志玄（むごくしげん），仏慈禅師（ぶつじぜんじ）
鎌倉時代後期～南北朝時代の臨済宗夢窓派の僧。天竜寺2世。
¶鎌室，国史，国書，古中，コン改，コン4，コン5，史人，新潮，人名（むごくしげん），世人（むごくしげん），日人（むごくしげん），仏教（むごくしげん　[没]延文4/正平14（1359）年2月16日，（異説）3月16日），仏史，仏人（志玄　しげん）

**無空**　むくう
？　～延喜18（918）年
平安時代前期～中期の真言宗の僧。真然に師事。金剛峰寺座主。
¶朝日（[没]延喜16年6月26日（916年7月28日）），国史（[没]916年），古人（[生]？　[没]916年），古中（[没]916年），コン改，コン4，コン5，新潮（[没]延喜18（918）年6月26日，（異説）延喜16（916）年6月26日，延喜21（921）年6月26日），人名，日人，仏教（[没]延喜18（918）年6月26日，（異説）延喜16年6月26日），仏史（[没]916年），平史（[没]916年），和歌山人

**無求周伸**　むぐしゅうしん
→無求周伸（むきゅうしゅうしん）

**椋本竜海**　むくもとりゅうかい
→椋本竜海（むくもとりょうかい）

**椋本竜海**　むくもとりょうかい
明治2（1869）年8月5日～昭和25（1950）年1月16日　[別]椋本竜海（むくもとりゅうかい）
明治～昭和期の真言宗僧侶。真言宗泉涌寺派管長、大僧正。
¶現情（むくもとりゅうかい），昭人，人名7，世紀，日人，仏教，仏人，明大1

**無倪**　むげい★
～文化8（1811）年
江戸時代中期～後期の勢州松阪の僧侶。
¶三重続

**無礙妙謙**（無礙妙謙）　むげみようけん，むげみょうけん
？　～正平24（1369）年
南北朝時代の臨済宗の僧。
¶鎌古（[生]？），鎌室（むげみょうけん），人名（無礙妙謙　むげみょうけん），日人（むげみょうけん），仏教（むげみょうけん　[没]応安2/正平24（1369）年7月13日）

**無幻**　むげん
寛保3（1743）年4月15日～文化6（1809）年7月23日
江戸時代中期～後期の修験僧・書家。
¶国書

**無絃**　むげん
？　～寛永17（1640）年7月6日
江戸時代前期の浄土宗の僧。
¶国書，仏教

**無絃徳韶**　むげんとくしょう
生没年不詳
鎌倉時代の僧。

¶日人

**無功周功** むこうしゅうこう
南北朝時代の僧、五山文学者。
¶人名，日人（生没年不詳）

**無功天功** むこうてんこう
生没年不詳
室町時代の曹洞宗の僧。
¶仏教

**無極** むごく
？ ～寛文11（1671）年2月10日
江戸時代前期の浄土宗の僧。
¶仏教

**無極慧徹** むごくえてつ
正平5/観応1（1350）年～永享2（1430）年12月28日
㊞慧徹（えてつ），無極慧徹（むきょくえてつ，むぎょくえてつ），無極慧徹禅師（むごくけいてつぜんし）
南北朝時代～室町時代の曹洞宗の僧。補陀寺の開山。
¶群馬人（むぎょくえてつ），国書（むきょくえてつ），埼玉人，埼玉百，多摩（無極慧徹禅師　むごくけいてつぜんし），仏教，仏人（慧徹　えてつ），町田歴

**無極慧徹禅師** むごくけいてつぜんし
→無極慧徹（むごくえてつ）

**無極志玄** むごくしげん
→無極志玄（むきょくしげん）

**無言昌謹** むごんしょうきん
生没年不詳
南北朝時代～室町時代の僧。
¶日人

**無際純証** むさいじゅんしょう
？ ～弘和1/永徳1（1381）年4月21日
南北朝時代の曹洞宗の僧。総持寺4世。
¶仏教

**無才智翁** むさいちおう
生没年不詳
鎌倉時代後期の臨済宗の僧。
¶仏教

**武蔵多利丸** むさしのたりまる
㊞武蔵多利丸（むさしのたりまろ）
奈良時代～平安時代前期の仏師。
¶古人（むさしのたりまる（ろ）），美建，平史（生没年不詳）

**武蔵多利丸** むさしのたりまろ
→武蔵多利丸（むさしのたりまる）

**武蔵坊弁慶** むさしぼうべんけい
→弁慶（べんけい）

**無雑融純** むざつゆうじゅん
延元3/暦応1（1338）年～応永31（1424）年11月27日
南北朝時代～室町時代の曹洞宗の僧。
¶仏教

**無参** むさん
天明2（1782）年～嘉永4（1851）年　㊞無参禅師（むさんぜんし，むさんぜんじ）
江戸時代後期の曹洞宗の僧。西郷隆盛や大久保利通などの禅の師。
¶維新，鹿児島百（無参禅師　むさんぜんじ），国書，薩摩（無参禅師　むさんぜんし），姓氏鹿児島，幕末，幕末大

**無参禅師** むさんぜんし，むさんぜんじ
→無参（むさん）

**武者一雄** むしゃかずお
大正5（1916）年～
昭和期の児童文学作家。群馬ペンクラブ理事。
¶群馬人，児人

**無著** むじゃく
生没年不詳
江戸時代後期の浄土真宗の僧。
¶国書

む

**無著道忠** むじゃくどうちゅう
承応2（1653）年～延享1（1744）年　㊞道忠（どうちゅう），無著道忠（むちゃくどうちゅう）
江戸時代前期～中期の臨済宗の僧。
¶朝日（㊊承応2年7月25日（1653年9月16日）㊀延享1年12月23日（1744年1月25日）），江人，黄檗（㊀延享1（1744）年12月23日），近世，国史，国書（㊊承応2（1653）年7月25日　㊀延享1（1744）年12月23日），コン改（むちゃくどうちゅう），コン4（むちゃくどうちゅう），コン5（むちゃくどうちゅう），新潮，人名，世人，全書，大百，日人（㊀1745年），仏教（むちゃくどうちゅう　㊊承応2（1653）年7月25日），仏人（道忠　どうちゅう），名僧，和俳

**無著妙融** むじゃくみょうゆ
→無著妙融（むじゃくみょうゆう）

**無著妙融** むじゃくみょうゆう
元弘3/正慶2（1333）年～明徳4（1393）年8月12日
㊞妙融（みょうゆう），無著妙融（むじゃくみょうゆ），無著妙融（むちゃくみょうゆう）
南北朝時代の曹洞宗の僧。
¶大分歴（むちゃくみょうゆう　㊊建武2（1335）年），鎌室，国史，国書，古中，新潮，人名（無著妙融　むじゃくみょうゆ），世人，日人，仏教（㊊正慶2/元弘3（1333）年2月25日），仏史，仏人（妙融　みょうゆう）

**無著良縁**（無着良縁） むじゃくりょうえん
生没年不詳　㊞無著良縁（むちゃくりょうえん）
鎌倉時代後期の臨済宗の僧。
¶鎌室，国書，新潮，人名，世人（無着良縁），日人，仏教（むちゃくりょうえん）

**無住**(1) むじゅう
→無住道暁（むじゅうどうぎょう）

**無住**(2) むじゅう
？ ～正保4（1647）年8月10日

江戸時代前期の浄土宗の僧。
¶愛媛百（生没年不詳），国書

**無住一円**　むじゅういちえん
→無住道暁（むじゅうどうぎょう）

**無住思賢**　むじゅうしけん
生没年不詳
南北朝時代の僧。
¶鎌室，人名，日人，仏教

**無住道暁**　むじゅうどうぎょう
嘉禄2（1226）年12月28日～正和1（1312）年10月10日　[別]一円（いちえん），一円道暁（いちえんどうぎょう），道暁（どうぎょう），無住（むじゅう），無住一円（むじゅういちえん）
鎌倉時代後期の長母寺の中興開山。
¶愛知百（無住　むじゅう），朝日（無住一円　むじゅういちえん　[生]嘉禄2年12月28日（1227年1月17日）　[没]正和1年10月10日（1312年11月9日）），岩史（無住　むじゅう），角史（無住　むじゅう），神奈川人，鎌倉（一円道暁　いちえんどうぎょう），鎌倉新，鎌室，教育（無住一円　むじゅういちえん），郷土神奈川（無住一円　むじゅういちえん），国史，国書，古中，コン改（無住一円　むじゅういちえん），コン4（無住一円　むじゅういちえん），コン5（無住一円　むじゅういちえん），埼玉人，詩歌（一円　いちえん），史人（無住　むじゅう），思想史，重要（無住　むじゅう），人書94（無住一円　むじゅういちえん），新潮，新文（無住　むじゅう），人名（一円　いちえん），姓氏愛知（無住　むじゅう），姓氏神奈川，世人（一円　いちえん），世人（無住一円　むじゅういちえん），全書（無住　むじゅう），中世（無住　むじゅう），日史（無住　むじゅう），日人（[生]1227年），百科（無住　むじゅう），仏教，仏史，仏人（道暁　どうぎょう），文学（無住　むじゅう），平日（無住　むじゅう　[生]1226　[没]1312），名僧，山川小（無住　むじゅう），歴大

**無住道立**　むじゅうどうりゅう
正保1（1644）年～元禄12（1699）年2月22日
江戸時代前期～中期の黄檗宗の僧。
¶黄檗

**無生**　むしょう
生没年不詳
鎌倉時代の僧、連歌師。
¶国書，日人，俳文

**無象静照**　むしょうじょうしょう，むしょうしょうじょう
文暦1（1234）年～徳治1（1306）年5月15日　[別]静照（じょうしょう），無象静照（むぞうじょうしょう）
鎌倉時代の臨済宗の僧。
¶神奈川人（むぞうじょうしょう），鎌倉，鎌倉新（むしょうしょうじょう），国書（むぞうじょうしょう），新潮，人名，日人（むぞうじょうしょう），仏教（むぞうじょうしょう），仏人（静照　じょうしょう），北条

**無上性尊**　むじょうしょうそん
明・崇禎4（1631）年～万治3（1660）年5月16日
江戸時代前期の黄檗宗の僧。
¶国書

**無所得**　むしょとく
生没年不詳
江戸時代中期の真言宗の僧。
¶国書

**無尽**　むじん
文永3（1266）年～元中3/至徳3（1386）年　[別]無尽和尚（むじんおしょう）
鎌倉時代後期～南北朝時代の僧。臨済宗東禅寺開山。
¶岩手百（無尽和尚　むじんおしょう），姓氏岩手

**無尽和尚**　むじんおしょう
→無尽（むじん）

**無塵省灯**　むじんしょうとう
生没年不詳
室町時代の臨済宗の僧。
¶国書，仏教

**夢嵩良真**　むすうりょうしん
生没年不詳
鎌倉時代後期の臨済宗の僧。
¶鎌室，人名，日人，仏教

**無禅**　むぜん
～弘化3（1846）年9月13日
江戸時代後期の僧侶。
¶庄内

**無染浄善**　むせんじょうぜん
元禄6（1693）年～宝暦14（1764）年5月17日
江戸時代中期の黄檗宗の僧。
¶黄檗

**夢窓**　むそう
→夢窓疎石（むそうそせき）

**無相**　むそう
?　～文政8（1825）年11月4日
江戸時代後期の新義真言宗の僧。
¶国書（[生]宝暦7（1757）年　[没]文政8（1825）年11月3日），埼玉人，仏教

**夢窓国師**　むそうこくし
→夢窓疎石（むそうそせき）

**無象静照**　むぞうじょうしょう
→無象静照（むしょうじょうしょう）

**夢窓疎石**　むそうそせき
建治1（1275）年～正平6/観応2（1351）年9月30日　[別]夢窓（むそう），夢窓国師（むそうこくし），玄猷国師（げんゆうこくし），正覚国師（しょうがくこくし），正覚心宗国師（しょうかくしんそうこくし），疎石（そせき），大円国師（だいえんこくし），普済国師（ふさいこくし），仏統国師（ぶっとうこくし）
鎌倉時代後期～南北朝時代の臨済宗の僧。足利尊氏の帰依をうけ天竜寺を開山。

む

¶朝日（㊦観応2/正平6年9月30日（1351年10月20日）），茨城百（夢窓国師　むそうこくし），茨城歴（夢窓国師　むそうこくし），岩史，角史，神奈川人，神奈川百，鎌倉，鎌倉新，鎌古，鎌室，京都，郷土岐阜，京都大，京都府，高知人，高知百，国史，国書，古中，コン改，コン4，コン5，史人，静岡歴，思想史，重要，人書94，新潮，人名，姓氏京都，姓氏静岡，世人，世百，全書，大百，茶道，伝記，徳島百（㊦観応2（1351）年9月29日），徳島歴（㊤建治2（1276）年　㊦観応2（1351）年9月），内乱，長野歴，日思，日史，日人，俳文，美術，百科，仏教，仏史，仏人（夢窓　むそう），平日（㊤1275　㊦1351），三重（疎石　㊤建治1年11月），室町，名僧，山川小，山梨人，山梨百，歴大

**無相文雄** むそうもんおう
元禄13（1700）年～宝暦13（1763）年
江戸時代中期の僧侶。
¶京都府

**無相良真** むそうりょうしん
？　～延元4/暦応2（1339）年
鎌倉時代後期～南北朝時代の臨済宗の僧。
¶鎌室，人名，日人

**無端祖環** むたんそかん
？　～元中4/嘉慶1（1387）年2月24日
南北朝時代の曹洞宗の僧。
¶姓氏石川，仏教

**無着成恭** むちゃくせいきょう
昭和2（1927）年3月31日～
昭和～平成期の教育者。点数廃止連合会会長、南無の会道場首管、曹洞宗国際ボランティア会理事。心にとどく教育を実践、原点の教育をめざす。著書に「詩の授業」「教育をさがせ」など。
¶近文，現朝，現執1期，現執2期，現執3期，現執4期，現情，現人，現日，児人，児文，新潮，世紀，東北近，日人，平和，マス89

**無著道忠** むちゃくどうちゅう
→無著道忠（むじゃくどうちゅう）

**無著妙融** むちゃくみょうゆう
→無著妙融（むじゃくみょうゆう）

**無著良縁** むちゃくりょうえん
→無著良縁（むじゃくりょうえん）

**六雄沢慶** むつおたくきょう
安政2（1855）年10月1日～大正8（1919）年9月28日
明治～大正期の僧侶。
¶真宗

**無底良韶** むていりょうしょう
正和2（1313）年～正平16/康安1（1361）年
南北朝時代の曹洞宗の僧。
¶岩手百，鎌室，人名（㊤1312年），姓氏石川（㊤1312年），姓氏岩手（㊤1312年？），日人，仏教（㊦康安1/正平16（1361）年6月14日）

**無敵高健** むてきこうけん
生没年不詳
戦国時代の曹洞宗の僧。
¶仏教

**夢伝** むでん
文禄2（1593）年～寛文2（1662）年11月13日
江戸時代前期の浄土宗の僧。
¶仏教

**無伝聖禅** むでんしょうぜん
嘉禄2（1226）年～建武2（1335）年1月
鎌倉時代後期～南北朝時代の臨済宗の僧。
¶仏教

**無伝正灯** むでんしょうとう
生没年不詳
室町時代の臨済宗の僧。
¶人名，日人，仏教

**無伝仁公尼** むでんにこうに
生没年不詳
南北朝時代の尼僧。
¶大分歴

む

**無等**(1) むとう
？　～宝暦14（1764）年3月12日
江戸時代中期の新義真言宗の僧。
¶国書，埼玉人，仏教

**無等**(2) むとう★
生没年不詳
南北朝時代の僧。秋田市松原の補陀寺2世。
¶秋田人2

**無等**(3) むとう★
安永8（1779）年～慶応1（1865）年2月25日
江戸時代末期の浄応寺11世住職。
¶秋田人2

**無等以倫** むとういりん
生没年不詳
室町時代の臨済宗の僧。五山文学僧。
¶国書，仏教

**無等慧崇** むとうえすう
生没年不詳
南北朝時代の曹洞宗の僧。
¶仏教

**武藤加守衛** むとうかずえ
天保9（1838）年12月26日～明治27（1894）年2月21日
江戸時代後期～明治期の勤王の志士・牧師。
¶愛媛百

**武藤一雄** むとうかずお
大正2（1913）年8月2日～平成7（1995）年6月27日
昭和～平成期の宗教哲学者。京都大学教授。
¶現執1期，現執2期，現情，世紀

**武藤儀亮** むとうぎりょう★
明治21（1888）年8月19日～昭和25（1950）年8月22日
大正・昭和期の本荘市東林寺の31世住職。学習院教授。

¶秋田人2

**無東際醒** むとうさいせい
寛保1(1741)年～文化7(1810)年
江戸時代中期～後期の中国・清代の僧。
¶全書

**武藤左近** むとうさこん
生没年不詳
江戸時代後期の大住郡大山阿夫利神社祠官。
¶神奈川人

**無等周位** むとうしゅうい
生没年不詳
南北朝時代の画僧。夢窓国師の侍者。
¶国史，古中，日人，美家，名画

**武藤善友** むとうぜんゆう
明治33(1900)年1月19日～昭和46(1971)年7月23日
大正～昭和期の歌人・僧侶。
¶北海道百，北海道文，北海道歴

む

**武藤健** むとうたけし
明治26(1893)年11月28日～昭和49(1974)年12月18日
大正～昭和期の日本基督教団牧師。
¶青森人，キリ，現情，人名7，世紀，日人

**武藤藤太** むとうとうた
江戸時代後期～明治期の神官。
¶幕末(㊀？ ㊁1866年)，幕末大(㊀文政10(1827)年11月6日 ㊁明治23(1890)年6月10日)

**武藤富男** むとうとみお
明治37(1904)年2月20日～平成10(1998)年2月7日
大正～昭和期のキリスト教事業家。教文館社長、明治学院学長。L.L.ラクーアの音楽伝道を推進。
¶キリ，現朝，現執1期，現情，現人，御殿場(㊁？)，昭人，人満(㊀明治37(1904)年2月)，世紀，日人，平和，履歴，履歴2

**武藤良由** むとうながよし
寛政4(1792)年～？
江戸時代後期の国学者・神官。
¶多摩

**武藤ヒデ** むとうひで
*～昭和34(1959)年
大正～昭和期のキリスト教伝道者。千葉教会初期の婦人会育成に尽力。千葉教会での賛美歌伴奏の草分け。
¶女性(㊀？)，女性普(㊀？)，世紀(㊀明治11(1878)年4月1日 ㊁昭和34(1959)年3月31日)，日人(㊀明治11(1878)年4月1日 ㊁昭和34(1959)年3月31日)

**武藤昌通** むとうまさみち
寛政12(1800)年～慶応4(1868)年8月16日
江戸時代後期～末期の神職。
¶国書

**無等良雄** むとうりょうゆう
？ ～正平17/貞治1(1362)年10月10日
南北朝時代の曹洞宗の僧。
¶国書，仏教

**無徳至孝** むとくしこう
弘安7(1284)年～正平18/貞治2(1363)年
鎌倉時代後期～南北朝時代の僧。
¶鎌室，人名(㊀1266年 ㊁1345年)，日人，仏教(㊁貞治2/正平18(1363)年1月11日)

**無得良悟** むとくりょうご
慶安4(1651)年～寛保2(1742)年5月23日
江戸時代前期～中期の曹洞宗の僧。
¶黄檗，国書(㊀慶安4(1651)年5月22日)，姓氏石川，仏教

**六人部雅楽** むとべうた
明治期の神職。山城向日社祠官などを務める。
¶維新

**六人部節香** むとべときか
？ ～弘化2(1845)年
江戸時代末期の歌人・医家。向日神社神官節篤の2男。
¶京都府

**六人部節克** むとべときかつ
元禄12(1699)年～明和6(1769)年
江戸時代中期の向日神社の神官。
¶京都府

**六人部是香** むとべよしか
文化3(1806)年～文久3(1863)年11月28日
江戸時代末期の国学者、神道家、歌学者。平田派関西の重鎮。
¶朝日(㊁文久3年11月28日(1864年1月7日))，岩史，京都大(㊀寛政10(1798)年)，京都府(㊀寛政10(1798)年)，近世，国史，国書，コン改，コン4，コン5，史人，思想史，神史，神人，新潮，人名，姓氏京都(㊀1803年)，世人(㊀寛政10(1798)年)，日思(㊀寛政10(1798)年)，日人(㊁1864年)，百科(㊀寛政10(1798)年)，歴大，和俳

**六人部是愛** むとべよしちか
天保11(1840)年～明治2(1869)年
明治期の神職。山城向日社祠官などを務める。
¶京都府，神人(㊁明治2(1869)年1月19日)，日人

**宗像氏男** むなかたうじお
？ ～天文20(1551)年
戦国時代の神職、宗像神社大宮司。
¶諸系，人名，日人

**宗像氏国** むなかたうじくに
生没年不詳
鎌倉時代前期の神官。
¶鎌室，古人，諸系，人名，日人

**宗像氏貞** むなかたうじさだ
*～天正14(1586)年

安土桃山時代の神主・神官。大内氏家臣。
¶諸系（㊤1545年），神人（㊤天文6（1537）年 ㊦天正14（1568）年），新潮（㊤天文6（1537）年 ㊦天正14（1586）年3月4日），人名（㊤？），世人（㊤天文6（1537）年　㊦天正14（1586）年3月4日），戦人（㊤？），全戦（㊤天文14（1545）年），日人（㊤1545年），福岡百（㊤天文6（1537）年 ㊦天正14（1586）年4月6日）

**宗像氏郷**　むなかたうじさと
生没年不詳
室町時代の神職。
¶国書

**宗像氏続**　むなかたうじつぐ
生没年不詳
室町時代の神職、宗像神社大宮司。
¶諸系，人名，日人

**宗像氏経**　むなかたうじつね
生没年不詳
鎌倉時代前期の神官。
¶鎌室

**宗像氏俊**　むなかたうじとし
？ ～文中1/応安5（1372）年
南北朝時代の神官。
¶鎌室（生没年不詳），国書（生没年不詳），諸系，日人，室町

**宗像氏弘**　むなかたうじひろ
生没年不詳
室町時代の神官。
¶鎌室，諸系，人名，日人

**宗像氏盛**　むなかたうじもり
生没年不詳
鎌倉時代後期の筑前宗像神社の大宮司。「宗像氏事書」を発布。
¶朝日，国書，諸系，日人

**宗像氏能**　むなかたうじよし
平安時代中期の第4代筑前京像宮司。父は清氏。
¶古人

**宗像興氏**　むなかたおきうじ
？ ～永正8（1511）年
室町時代の神職、宗像神社大宮司。
¶諸系，人名，日人

**宗形朝臣鳥麻呂**　むなかたのあそんとりまろ
㊙宗形鳥麻呂（むなかたのとりまろ）
奈良時代の豪族。
¶古代，古代普，日人（宗形鳥麻呂　むなかたのとりまろ　生没年不詳）

**宗形鳥麻呂**　むなかたのとりまろ
→宗形朝臣鳥麻呂（むなかたのあそんとりまろ）

**棟方唯一**　むなかたゆいいち
明治4（1871）年～昭和18（1943）年
明治～昭和期の僧。更生保護運動の草分け。
¶青森人

**無南**　むなん
生没年不詳
江戸時代中期の僧。
¶日人

**無難**　むなん
→至道無難（しどうぶなん）

**棟貞王**　むねさだおう
生没年不詳
平安時代前期の桓武天皇皇子葛井親王の王子。
¶神人，人名，日人，平史

**宗沢文山**　むねざわぶんざん
文久1（1861）年～昭和6（1931）年
明治～昭和期の僧。安楽寺住職。
¶姓氏神奈川

**棟近諳**　むねちかさとる
明治42（1909）年～
昭和期の新興仏教青年同盟・中央執行委員。
¶社史

**懐古王**　むねふるおう
生没年不詳
平安時代中期の神祇伯。
¶神人

む

**無能**　むのう
天和3（1683）年～享保4（1719）年1月2日　㊙学運（がくうん）
江戸時代中期の浄土宗の僧。
¶近世，国史，国書，思想史，人名，日人，福島百（㊤？），仏教，仏史

**無能唱元**　むのうしょうげん
昭和14（1939）年～
昭和～平成期の宗教家、神秘学研究家。唯心円成会主宰。
¶現執3期，現執4期

**無比単況**　むひたんきょう
生没年不詳
南北朝時代の臨済宗の僧。
¶国書，人名，日人，仏教

**無辺**　むへん
？ ～天正8（1580）年
安土桃山時代の僧。
¶戦人，戦補

**無夢一清**　むぼういっせい
？ ～正平23/応安1（1368）年5月24日　㊙無夢一清（むむいちせい，むむいっせい）
鎌倉時代後期～南北朝時代の臨済宗の僧。東福寺30世。
¶岡山歴（むむいっせい），人名（むむいちせい），日人（㊤1294年），仏教

**無方実至**　むほうじっし
寛永6（1629）年～延宝8（1680）年10月21日
江戸時代前期の黄檗宗の僧。
¶黄檗

**無本覚心** むほんかくしん
→覚心(5)(かくしん)

**無夢一清** むむいちせい
→無夢一清(むぼういっせい)

**無夢一清** むむいっせい
→無夢一清(むぼういっせい)

**無門原真** むもんげんしん
元和4(1627)年～貞享3(1686)年4月26日
江戸時代前期の臨済宗の僧。
¶黄檗，国書

**無文元選** むもんげんせん
元亨3(1323)年～元中7/明徳1(1390)年　㊐元選(げんせん),元選王(げんせんおう)，円明大師(えんみょうだいし),聖鑑国師(しょうかんこくし)
南北朝時代の臨済宗の僧。後醍醐天皇の皇子。
¶朝日(㊡明徳1/元中7年閏3月22日(1390年5月7日))，角史，鎌室(元選　げんせん)，鎌室，国史，国書(㊡康応2(1390)年閏3月22日)，古中，コン改，コン4，コン5，史人(㊤1323年2月15日　㊡1390年閏3月22日)，静岡百，静岡歴，諸系，新潮(㊤元亨3(1323)年？　㊡明徳1/元中7(1390)年閏3月22日)，人名(元選　げんせん)，姓氏静岡，世人，対外，天皇(元選王　げんせんおう)，日人，仏教(㊤元亨3(1323)年2月15日　㊡元中7/明徳1(1390)年閏3月22日)，仏史，仏人(元選　げんせん)

**無聞聖音** むもんしょうおん
生没年不詳
室町時代の曹洞宗の僧。総持寺75世。
¶仏教

**村井競** むらいきそう
生没年不詳
明治期のキリスト教牧師。
¶社史

**村井与三吉** むらいよさきち
安政5(1858)年～大正14(1925)年
明治～大正期のキリスト教伝道者。
¶姓氏愛知

**村岡空** むらおかくう
昭和10(1935)年～
昭和期の真言宗僧侶、詩人。
¶現執1期

**村岡左衛門尉** むらおかさえもんのじょう
戦国時代の神職。駿府浅間社社家、流鏑馬奉行。
¶戦辞(生没年不詳)，武田

**村岡文竜** むらおかぶんりゅう
生没年不詳
明治期の僧侶。栄泰寺住職。
¶社史

**村尾昇一** むらおしょういち
明治22(1889)年12月14日～昭和40(1965)年2月5日
大正～昭和期の神学者。東京YMCA総主事、日本聖公会主教。
¶キリ

**村上英司** むらかみえいじ★
昭和3(1928)年6月9日～昭和61(1986)年5月8日
昭和期の日本基督教団秋南教会牧師。
¶秋田人2

**村上和男** むらかみかずお
大正8(1919)年12月19日～
昭和期の神学者。明治学院大学教授。
¶現執1期，現執2期

**村上我石** むらかみがせき
弘化2(1845)年5月16日～大正3(1914)年7月22日
明治～大正期の僧。東洋絵画会を発起、理事長となる。のち寶蓮寺住職。
¶人名，世紀，日人，明大1

**村上源吾** むらかみげんご
明治36(1903)年～昭和55(1980)年
大正～昭和期の宮大工。
¶栃木歴，美建

**村上光清** むらかみこうせい
*～宝暦9(1759)年
江戸時代中期の富士行者。
¶朝日(㊤天和2年12月29日(1683年1月26日)　㊡宝暦9年9月17日(1759年11月6日))，近世(㊤1682年)，国史(㊤1682年)，コン改(㊤天和1(1681)年)，コン4(㊤天和1(1681)年)，コン5(㊤天和1(1681)年)，新潮(㊤天和1(1681)年　㊡宝暦9(1759)年9月17日)，日人(㊤1683年)，富嶽(㊤1682年)，仏史(㊤1682年)，歴大(㊤1682年)

**村上巧宣** むらかみこうせん
明治27(1894)年10月15日～昭和44(1969)年5月22日
大正～昭和期の僧、歌人。
¶富山文

**村上宏林** むらかみこうりん
明治16(1883)年～昭和29(1954)年
明治～昭和期の僧。遠谷の福昌院住職。
¶姓氏山口

**村上貞男** むらかみさだお
昭和14(1939)年8月29日～
昭和期の一位一刀彫師、神職。
¶飛騨

**村上慈海** むらかみじかい
明治35(1902)年5月11日～昭和60(1985)年8月12日
昭和期の臨済宗相国寺派僧侶。鹿苑寺住職。
¶現情

**村上式部** むらかみしきぶ
生没年不詳
江戸時代後期の大住郡堀山下村八幡宮神主。
¶神奈川人

**村上重良** むらかみしげよし
昭和3（1928）年10月10日～平成3（1991）年2月11日
昭和～平成期の宗教学者。閣僚の靖国神社公式参拝を厳しく指弾する。著書に「天皇の祭祀」「国家神道と民衆宗教」など。
¶現朝，現執1期，現執2期，現情，現人，現日，史研，神史，世紀，日人，平和，マス89，YA

**村上信夫** むらかみしのぶ
天保11（1840）年～？
江戸時代後期～末期の神職。
¶神人

**村上俊吉** むらかみしゅんきち
弘化4（1847）年～大正5（1916）年
明治期の牧師、編集人。日本最初のキリスト教週刊誌「七一雑報」を創刊編集。
¶キリ（㊐弘化4年7月10日（1847年8月20日）㊍大正5（1916）年6月14日），近現，国史，世紀（㊐弘化4（1847）年7月10日　㊍大正5（1916）年5月6日），日人，兵庫人（生没年不詳），兵庫百，明治史，明大1（㊐弘化4（1847）年7月10日㊍大正5（1916）年5月6日）

**村上照海** むらかみしょうかい
大正11（1922）年4月1日～平成6（1994）年11月15日
昭和～平成期の弓道家、僧侶、弓道錬士。
¶弓道

**村上真完** むらかみしんかん
昭和7（1932）年7月25日～
昭和～平成期の仏教学者。東北大学助教授、聖和学園短期大学教授。
¶現執1期，現執2期，現執4期

**村上専精** むらかみせんしょう，むらかみせんじょう
嘉永4（1851）年4月2日～昭和4（1929）年10月31日
明治～大正期の仏教史学者。大谷大学学長。仏教史研究を導き、大乗非仏論を提唱。
¶岩史，学校，角史（むらかみせんじょう），近現（むらかみせんじょう），近文（㊍1928年），現朝（㊐嘉永4年4月2日（1851年5月2日）），広7（むらかみせんじょう），国史（むらかみせんじょう），コン改（むらかみせんじょう），コン5（むらかみせんじょう），史研（むらかみせんじょう　㊐嘉永4（1851）年4月1日），史人（㊐1851年4月1日），思想，思想史，真宗，新潮，人名（むらかみせんじょう），世紀，姓氏愛知（むらかみせんじょう），姓氏京都（むらかみせんじょう），世人（むらかみせんじょう），全書，大百，哲学，日思（むらかみせんじょう），日人，日本（むらかみせんじょう），兵庫人（むらかみせんじょう　㊍昭和2（1927）年10月31日），兵庫百，仏教，仏人，明治史（むらかみせんじょう），明大2，歴大

**村上速水** むらかみそくすい
大正8（1919）年～
昭和期の真宗学者、僧侶。龍谷大学教授。
¶現執1期

**村上素道** むらかみそどう
明治8（1875）年9月14日～昭和39（1964）年11月30日
明治～昭和期の菊池の名僧、鳳儀山聖護寺の再興者。
¶熊本人，熊本百

**村上俊** むらかみたかし
明治44（1911）年5月4日～昭和23（1948）年12月2日
昭和期の神学者。同志社大学助教授。
¶キリ

**村上智真** むらかみちしん
昭和21（1946）年1月9日～
昭和～平成期の声楽家、僧侶。
¶音人2，音人3

**村上東洲** むらかみとうしゅう
？　～文政3（1820）年
江戸時代の画僧。
¶日人，名画

**村上直長** むらかみなおなが
生没年不詳
江戸時代後期の神職。
¶神奈川人

**村上秀久** むらかみひでひさ
明治17（1884）年～昭和49（1974）年
明治～昭和期の盛岡聖公会牧師。
¶姓氏岩手

**村上伸** むらかみひろし
昭和5（1930）年5月4日～
昭和～平成期の牧師。
¶現執3期

**村上学** むらかみまなぶ
昭和11（1936）年3月12日～
昭和～平成期の文学者、僧侶。名古屋工業大学教授、名古屋大学教授、真宗大谷派入覚寺住職。
¶現執2期，現執4期

**村上弥天** むらかみみてん
明治30（1897）年～昭和54（1979）年
大正～昭和期の宗教家、保護司。
¶青森人

**村上義雄** むらかみよしお
安政2（1855）年5月14日～大正8（1919）年
明治期の官吏、神官。石川県知事、大國魂神社宮司。台中、台北、新竹各県知事として新領土開拓に尽力。
¶人名，徳島歴（㊍大正8（1919）年6月12日），日人（㊐1845年），明大1

**村岸清彦** むらぎしきよひこ
明治22（1889）年9月2日～昭和36（1961）年10月9日
大正～昭和期の牧師、宗教家。日本基督教団設立に際し、要職につく。敗戦後戦争協力を恥じ、指導的立場を去る。

¶現情，現人，昭人，世紀

**村雲日栄** むらくもにちえい
安政2（1855）年2月17日～大正9（1920）年3月22日
明治～大正期の尼僧。尼門跡村雲瑞竜寺第10世、日本赤十字京都支部篤志看護婦支会長。村雲門跡保存会、村雲婦人会を設立し、寺院経営に尽力。
¶朝日（㊐安政2年2月17日（1855年4月3日）），史人，女性（㊋大正9（1920）年3月），女性普，人名，世紀，日人，明治史，明大1

**村越鉄喜** むらこしてつき
→村越鉄善（むらこしてつぜん）

**村越鉄善** むらこしてつぜん
文政8（1825）年～明治41（1908）年　㊞村越鉄喜（むらこしてつき）
江戸時代末期～明治期の神道家。
¶人名（村越鉄喜　むらこしてつき），日人

**村瀬玄妙** むらせげんみょう
大正2（1913）年1月17日～昭和63（1988）年2月13日
昭和期の禅僧。著書「転んだら起きればよい」など。
¶現朝，現情，世紀，姓氏長野，長野歴，日人

**村瀬乗信** むらせじょうしん
元治1（1864）年～大正12（1923）年7月8日
明治～大正期の僧侶。
¶真宗

**村瀬俊夫** むらせとしお
昭和4（1929）年～
昭和期の牧師、聖書学者。
¶現執1期

**村瀬彦兵衛** むらせひこべえ
生没年不詳
江戸時代前期の神道家。
¶国書

**村田景秋** むらたかげあき
文政7（1824）年～明治43（1910）年
江戸時代後期～明治期の竈戸八幡宮の神官。
¶姓氏山口

**村田弘道** むらたこうどう
～平成13（2001）年4月27日
昭和～平成期の陶芸家、僧侶。
¶美工

**村田寂順** むらたじゃくじゅん
天保9（1838）年～明治38（1905）年10月29日
江戸時代末期～明治期の天台宗僧侶。天台座主238世、大僧正、三千院門跡、妙法院門跡。
¶維新，島根人，島根百，島根歴（㊐天保8（1837）年），人名，日人，幕末，幕末大（㊐天保9（1838）年7月27日），仏教，仏人，明大1

**村田静照** むらたじょうしょう
安政2（1855）年～昭和7（1932）年11月7日
江戸時代末期～昭和期の僧侶。
¶真宗（㊐安政2（1855）年4月1日），明大1

**村田四郎** むらたしろう
明治20（1887）年9月2日～昭和46（1971）年2月7日
明治～昭和期の神学者、教育家。キリスト教神学の研究と布教、キリスト教教育に貢献。
¶神奈川人，神奈川百，キリ，現情，人名7，世紀，哲学，渡航，日人

**村田正夫**（村田正雄） むらたまさお
*～昭和15（1940）年
明治～昭和期の神職。
¶神人（㊐？），人満（村田正雄　㊐明治23（1890）年5月）

**村田良穂** むらたよしほ
文政11（1828）年～明治17（1884）年11月8日
㊞村田良穂（むらたりょうほ）
江戸時代末期～明治期の国学者、厳島神社の禰宜。同社の宝物の保存、神社経営にあたり、国学教育に力をそそぐ。
¶国書，人名，日人，幕末，幕末大，藩臣6（むらたりょうほ）

**村田良穂** むらたりょうほ
→村田良穂（むらたよしほ）

**村中祐生** むらなかゆうしょう
昭和7（1932）年5月15日～
昭和～平成期の仏教学者、僧侶。
¶現執1期，現執4期

**村野俊光** むらのしゅんこう
明治37（1904）年～
昭和期の僧侶。
¶群馬人

**村松きみ** むらまつきみ
明治7（1874）年11月4日～昭和22（1947）年2月21日
明治～昭和期の社会事業家。救世軍士官。
¶愛知女，近女，社史，明大1

**村松弾正** むらまつだんじょう
安土桃山時代の山梨郡上小河原村の熊野神社神主。
¶武田

**村松智道** むらまつちどう
文久1（1861）年～昭和9（1934）年
明治～昭和期の僧。真言宗豊山派の管長。
¶長野歴

**村本一生** むらもとかずお
大正3（1914）年3月27日～昭和60（1985）年1月8日
昭和期のキリスト教徒。軍隊内で兵役を拒否した。
¶熊本人，現朝，現人，社史，昭人，世紀，日人，平和

**村山喜三郎** むらやまきさぶろう
生没年不詳
江戸時代後期の宮大工。
¶飛驒

**村山秋安** むらやましゅうあん
？ ～元和5（1619）年
江戸時代前期のキリシタン。

む

¶コン改, コン4, コン5, 新潮, 長崎歴, 日人

**村山大仙** むらやまだいせん
明治8(1875)年～昭和9(1934)年
明治～大正期の社会事業家・僧侶。
¶神奈川人

**村山鳥逕** むらやまちょうけい
明治10(1877)年～?
明治期の小説家、牧師。「明星」に投稿。宗教小説に「ささにごり」。
¶近文, 新宿(㊀?), 世紀

**村山等安**(村山東安, 村山東庵, 村山当安) むらやまとうあん
*～元和5(1619)年
安土桃山時代～江戸時代前期の商人、長崎代官。キリシタンの保護者。
¶朝日(㊐永禄5(1562)年頃 ㊀元和5年10月26日(1619年12月1日)), 岩史(㊐永禄5(1562)年頃 ㊀元和5(1619)年10月26日), 郷土長崎(㊐1569年), 近世(㊐?), 国史(㊐?), 古中(㊐?), コン改(㊐永禄12(1569)年?), コン4(㊐永禄12(1569)年?), コン5(㊐永禄12(1569)年?), 史人(㊐1561年? ㊀1619年10月26日), 新潮(㊐永禄12(1569)年?), 人名(村山東庵 ㊐1565年 ㊀1615年), 世人(㊐永禄12(1569)年), 世百(村山東庵 ㊐? ㊀1616年), 全書(村山当安 ㊐1562年?), 戦人(㊐永禄9(1566)年), 戦補(村山東安 ㊐1566年), 対外(㊐?), 大百(㊐1569年?), 徳川代(㊐?), 長崎百(㊐永禄9(1566)年), 長崎歴(㊐永禄9(1566)年), 日史(㊐永禄9(1566)年 ㊀元和5(1619)年10月26日), 日人(㊐?), 百科(㊐永禄9(1566)年), 歴大(㊐1562年)

**村山徳庵** むらやまとくあん
? ～元和5(1619)年
安土桃山時代～江戸時代前期の篤信家。長崎代官村山等安の長男。ドミニコ会の神父をかくまい、火刑により殉教。
¶長崎歴

**村山フランシスコ** むらやまふらんしすこ
? ～元和1(1615)年
安土桃山時代～江戸時代前期の司祭。村山等安の三男。。
¶長崎歴

**村山松根** むらやままつね
文政5(1822)年～明治15(1882)年1月4日
江戸時代末期～明治期の国学者、歌人、鹿児島藩士。西郷隆盛らと国事に奔走。維新後は祠官となる。
¶維新, 鹿児島百, 薩摩(㊀明治15(1822)年), 新潮(㊐文政5(1822)年9月), 人名, 姓氏鹿児島, 日人, 幕末(㊐1821年), 幕末大(㊐文政5(1822)年9月), 藩臣7, 和俳

**村山マリア** むらやままりあ
天正17(1589)年～元和8(1622)年
江戸時代前期の女性。キリシタン。
¶女性(㊀元和8(1622)年8月5日), 戦人(㊐?), 日人

**無了** むりょう
天明4(1784)年～安政2(1855)年11月15日
江戸時代後期の新義真言宗の僧。
¶国書, 仏教

**無倫** むりん
明暦1(1655)年～享保8(1723)年2月29日
江戸時代前期～中期の僧侶・俳人。
¶国書, 俳句, 俳文

**無倫大愚** むりんだいぐ
元禄1(1688)年～寛保3(1743)年
江戸時代前期～中期の曹洞宗の僧。
¶国書

**無漏田遠慶** むろたおんきょう
寛政12(1800)年～明治13(1880)年
江戸時代後期～明治期の僧。真光寺第10世住職。
¶姓氏山口

**室野玄一** むろのげんいち
昭和期の日本キリスト教団の牧師。農民道場聖労学園を創設。
¶伊豆

**牟婁沙弥** むろのさや
生没年不詳
奈良時代の僧侶。
¶和歌山人

**室伏見誠** むろふしけんじょう
明治36(1903)年2月20日～昭和43(1968)年12月13日
大正～昭和期の弓道家、僧侶、弓道錬士。
¶弓道

め

## 【め】

**明一** めいいつ
→明一(みょういち)

**明雲** めいうん
→明雲(みょううん)

**明栄〈東京都〉** めいえい★
1801年～
江戸時代後期の女性。教育。尼僧。
¶江表(明栄(東京都) ㊐享和1(1801)年頃)

**明円** めいえん
→明円(2)(みょうえん)

**明覚** めいかく
天喜4(1056)年～? ㊇明覚(みょうかく,みょうがく)
平安時代後期の天台宗の僧、音韻学者。
¶国史, 国書(みょうがく), 古人(みょうがく ㊀1106年), 古中, 史人(みょうがく), 姓氏石川(みょうかく ㊀1106年), 全書(㊀1122年以

後），大百（みょうがく ㊀1112年？），日人（みょうかく），仏教（みょうかく ㊀嘉承1（1106）年），仏史，仏人（みょうかく），平史（みょうがく ㊀1106年）

**明厳志宣** めいがんしせん
→明厳志宣（みょうがんしせん）

**明極即証** めいきょくそくしょう
貞享1（1684）年3月27日～明和4（1767）年5月21日
江戸時代前期～中期の曹洞宗の僧。
¶国書

**茗渓法師** めいけいほうし
寛政1（1789）年～天保6（1835）年
江戸時代後期の狂歌師、僧。
¶人名

**明月** めいげつ
享保12（1727）年8月15日～寛政9（1797）年7月23日 ㊞明逸（みょういつ），明月上人（めいげつしょうにん）
江戸時代中期～後期の浄土真宗の僧侶。
¶愛媛，郷土愛媛，国書（明逸 みょういつ），日人，仏教（明逸 みょういつ），山口百（明月上人 めいげつしょうにん）

め

**明月上人** めいげつしょうにん
→明月（めいげつ）

**明厳祖麟** めいげんそりん
？ ～安永9（1780）年
江戸時代中期の臨済宗の僧。
¶姓氏静岡

**明光** めいこう
＊～正平8/文和2（1353）年5月16日 ㊞明光（みょうこう）
鎌倉時代後期～南北朝時代の浄土真宗の僧。仏光寺6世、興正寺6世。
¶神奈川人（みょうこう ㊤1285年），島根百（生没年不詳），仏教（㊤弘安9（1286）年6月）

**明済** めいさい
→明済（みょうさい）

**明算** めいざん
治安1（1021）年～嘉承1（1106）年11月11日 ㊞明算（みょうさん）
平安時代中期～後期の僧。真言宗中院流の祖。
¶岩史，国史，古人（みょうさん），古中，コン改（みょうさん），コン4（みょうさん），コン5（みょうさん），史人，新潮（みょうさん），人名（みょうさん），全書，日人，仏教，仏史，仏人，平史（みょうさん），和歌山人

**明室昌暾** めいしつしょうとん
生没年不詳
室町時代の曹洞宗の僧。
¶仏教

**明秀** めいしゅう
平安時代後期の僧。
¶平家

**明叔** めいしゅく
→明叔慶浚（みょうしゅくけいしゅん）

**明叔慶浚** めいしゅくけいしゅん
→明叔慶浚（みょうしゅくけいしゅん）

**明暹** めいせん
康平2（1059）年～保安4（1123）年9月23日 ㊞興福寺明暹（こうふくじめいせん），明暹（みょうせん）
平安時代後期の僧、雅楽家。横笛の名手。
¶国史，国書，古人（みょうせん），古中，史人，諸系，人名（興福寺明暹 こうふくじめいせん），日人

**命禅** めいぜん
→命禅（みょうぜん）

**明叟和尚** めいそうおしょう
→明叟宗普（みょうそうそうふ）

**明叟斉哲** めいそうせいてつ
→明叟斎哲（みょうそうさいてつ）

**明窓宗鑑** めいそうそうかん
文暦1（1234）年～文保2（1318）年 ㊞明窓宗鑑（みょうそうしゅうかん，みょうそうそうかん，みんそうそうかん）
鎌倉時代後期の僧。
¶鎌室，人名（みょうそうしゅうかん ㊤？），日人（みょうそうそうかん），仏教（みんそうそうかん ㊀文保2（1318）年7月20日）

**明潭** めいたん
→月窓明潭（げっそうみょうたん）

**迷堂** めいどう
→尾崎迷堂（おざきめいどう）

**盟堂継主** めいどうけいしゅ
生没年不詳
室町時代の曹洞宗の僧。
¶仏教

**明峰素哲**（明峯素哲） めいほうそてつ
建治3（1277）年～正平5/観応1（1350）年 ㊞明峰素哲（みょうほうそてつ），素哲（そてつ）
鎌倉時代後期～南北朝時代の曹洞宗の僧。曹洞宗第4祖瑩山紹瑾の一番弟子。
¶朝日（㊀観応1/正平5年3月28日（1350年5月5日）），石川百，鎌室，国史（明峯素哲），国書（㊀観応1（1350）年3月28日），古中（明峯素哲），コン改，コン4，コン5，新潮（㊀観応1/正平5（1350）年3月28日），人名（みょうほうそてつ），姓氏石川，姓氏石川（みょうほうそてつ ㊤？），姓氏富山，日人，仏教（㊀観応1/正平5（1350）年3月28日），仏史（明峯素哲），ふる（明峯素哲），山梨百（みょうほうそてつ）

**明猷** めいゆう
生没年不詳
室町時代の社僧・連歌作者。
¶国書

**明蓮** めいれん
寛平9(897)年～延長8(930)年
平安時代前期の法相宗の僧、信貴山歓喜院朝護孫子寺の中興。
¶姓氏長野，長野歴

**目黒久太夫** めぐろきゅうだいう
生没年不詳
江戸時代後期の大住郡大山阿夫利神社祠官。
¶神奈川人

**目黒和三郎** めぐろわさぶろう
慶応1(1865)年～大正12(1923)年10月23日
明治～大正期の神職。国学院大学主事などを歴任。のち官幣大社大神神社宮司となる。
¶神奈川人，神人([没]大正13(1924)年)，人名，世紀([生]慶応1(1865)年6月14日)，姓氏神奈川，日人，明大1([生]慶応1(1865)年6月14日)

**馬蹄** めたい
生没年不詳
江戸時代前期～中期の曹洞宗の僧。
¶仏教

**滅宗宗興** めっしゅうしゅうこう
→滅宗宗興(めつじゅうそうこう)

**滅宗宗興** めつじゅうそうこう,めっしゅうそうこう,めっじゅうそうこう,めつしゅうそうこう
延慶3(1310)年～弘和2/永徳2(1382)年 [別]滅宗宗興(めっしゅうしゅうこう)
南北朝時代の臨済宗大応派の僧。
¶愛知百(めっしゅうそうこう [没]1382年7月11日)，鎌倉新(めっじゅうそうこう [没]永徳2(弘和2)(1382)年7月11日)，鎌室，国史，古中，新潮([没]永徳2/弘和2(1382)年7月11日)，人名(めっしゅうしゅうこう)，日人(めつしゅうそうこう)，仏教(めつしゅうそうこう [没]永徳1/弘和1(1381)年7月11日)，仏史

**目時金吾** めどききんご★
元治1(1864)年2月26日～昭和15(1940)年11月25日
明治～昭和期の鹿角地方にハリストス正教を普及した人。長司祭。
¶秋田人2

**綿谷周瓞** めんこくしゅうてつ
応永13(1406)年～文明4(1472)年 [別]周瓞(しゅうてつ)
室町時代の臨済宗夢窓派の僧、五山文学僧。
¶鎌室，国史([生]1405年)，古中([生]1405年)，新潮([没]文明4(1472)年2月22日)，人名，世人，日人([生]1405年)，仏教([没]文明4(1472)年2月22日)，仏史([生]1405年)，仏人(周瓞 しゅうてつ)

**面山瑞方**(面山瑞芳) めんざんずいほう
天和3(1683)年～明和6(1769)年 [別]瑞方(ずいほう)
江戸時代中期の曹洞宗の僧。道元の祖風の宣揚に努めた。
¶朝日([生]天和3年11月5日(1683年12月22日) [没]明和6年9月17日(1769年10月16日))，江人，黄檗([没]明和6(1769)年9月17日)，近世，熊本百([没]明和6(1769)年9月16日)，国史，国書([生]天和3(1683)年11月5日 [没]明和6(1769)年9月16日)，思想史，人書94(面山瑞芳)，新潮(面山瑞芳 [没]明和6(1769)年9月16日)，人名(面山瑞芳)，世人(面山瑞芳 [没]明和6(1769)年9月16日)，大百，日人，仏教([没]明和6(1769)年9月17日)，仏史，仏人(瑞方 ずいほう)

## 【も】

**茂庵樹繁** もあんじゅはん
生没年不詳
戦国時代の曹洞宗の僧。
¶仏教

**模庵宗範** もあんそうはん
? ～明応6(1497)年8月10日
室町時代～戦国時代の曹洞宗の僧。
¶仏教

**猛火** もうか
→猛火(みょうか)

**猛覚魔卜仙** もうかくまぼくせん
伝説上の豊前求菩提山の開創者。
¶仏教

**蒙山智明** もうざんちみょう
建治3(1277)年～正平21/貞治5(1366)年 [別]蒙山智明(もうざんちみん,もうざんちめい)，智明(ちみょう)
鎌倉時代後期～南北朝時代の臨済宗の僧。
¶鎌室，国書(もうざんちみん [没]貞治5(1366)年8月30日)，新潮(もうざんちめい [没]貞治5/正平21(1366)年8月20日)，人名([生]1292年)，日人，仏教([没]貞治5/正平21(1366)年8月30日)

**蒙山智明** もうざんちみん
→蒙山智明(もうざんちみょう)

**蒙山智明** もうざんちめい
→蒙山智明(もうざんちみょう)

**盲僧菊一** もうそうきくいち
生没年不詳
戦国時代の僧。日州加久藤郷三徳院住持。
¶宮崎百

**毛利茂** もうりいかし
文政10(1827)年3月12日～明治40(1907)年2月27日
江戸時代末期・明治期の神職。水無神社の大宮司。権祢宜。桜山八幡神社の祠掌。
¶飛騨

**毛利衛守** もうりえもり
文久3(1863)年11月20日～昭和13(1938)年2月14日

明治～昭和期の神職。高山の桜山八幡神社の社司で高山東山の白山、神明両社などの社司を兼務。
¶飛驒

**毛利景審** もうりかげあき
寛政7(1795)年～明治5(1872)年11月19日
江戸時代後期～明治期の神職。水無神社の大宮司。
¶飛驒

**毛利官治** もうりかんじ
慶応2(1866)年～昭和15(1940)年2月19日
明治～昭和期の日本基督教会牧師。
¶神奈川人，神奈川百，キリ([生]慶応2(1866)年10月4日)，渡航([生]1866年10月24日)

**毛利正春** もうりまさはる
文化7(1810)年2月9日～明治11(1878)年1月11日
江戸時代後期～明治期の祠官。
¶国書，神人

**毛利正守** もうりまさもり
昭和18(1943)年7月27日～
昭和期の白山・神明両神社と小屋名八幡神社の宮司。大阪市立大学文学部教授。
¶現執1期，現執2期，現執4期，飛驒

も

**毛利竜一** もうりりゅういち
昭和期の神職。
¶神人

**模外惟俊** もがいいしゅん
？～天文10(1541)年　[別]模外惟俊(もがいゆいしゅん)
戦国時代の曹洞宗の僧。
¶人名(もがいゆいしゅん)，日人，仏教([没]天文10(1541)年11月30日)

**模外惟俊** もがいゆいしゅん
→模外惟俊(もがいいしゅん)

**木庵** もくあん
→木庵性瑫(もくあんしょうとう)

**黙庵** もくあん
→黙庵霊淵(もくあんれいえん)

**木庵玄稜** もくあんげんりょう
生没年不詳
室町時代～戦国時代の曹洞宗の僧。
¶仏教

**黙庵周諭**(黙菴周瑜) もくあんしゅうゆ
文保2(1318)年～文中2/応安6(1373)年6月17日
南北朝時代の臨済宗の僧。
¶国書，人名(黙菴周瑜)，日人，仏教

**木庵性瑫**(木菴性瑫) もくあんしょうとう
明・万暦39(1611)年～天和4(1684)年1月20日
[別]性瑫(しょうとう)，木庵(もくあん)
江戸時代前期の黄檗宗の渡来僧。
¶朝日([生]万暦39年2月3日(1611年3月16日)[没]貞享1年1月20日(1684年3月6日))，角史，京都大，郷土長崎(木庵　もくあん)，近世，国史，国書([生]明の万暦39(1611)年2月3日)，コン改(木菴性瑫)，コン4(木菴性瑫)，コン5(木菴性瑫)，新潮，人名(木菴性瑫)，姓氏京都，世人，全書，対外，長崎百(木庵　もくあん)，日人，仏教([生]明・万暦39(1611)年2月3日)，仏史，仏人(性瑫　しょうとう)，名僧

**黙庵霊淵** もくあんれいえん
？～元・至正5(1345)年　[別]黙庵(もくあん)
鎌倉時代後期～南北朝時代の僧、画家。
¶朝日，岩史(生没年不詳)，角史(黙庵　もくあん　[没]貞和1・興国6(1345)年？)，鎌室(生没年不詳)，国史(生没年不詳)，古中(生没年不詳)，コン4(生没年不詳)，コン5，史人(生没年不詳)，思想史，重要(黙庵　もくあん　[没]興国6/貞和1(1345)年？)，人書94([没]1345年頃)，新潮(生没年不詳)，人名(黙庵　もくあん)，世人(生没年不詳)，世百，全書(生没年不詳)，茶道，日史，日人(生没年不詳)，美家，美術，百科，仏教([没]元・至正5(1345)年頃)，仏史(生没年不詳)，平日(黙庵　もくあん　[没]1345ころ)，名画，山川小，歴大(生没年不詳)

**目云** もくうん
天明4(1784)年～天保12(1841)年9月2日
江戸時代中期～後期の浄土真宗の僧。
¶国書

**木雲素欣** もくうんそきん
？～正徳4(1714)年
江戸時代前期～中期の禅僧。
¶姓氏山口

**黙慧** もくえ
生没年不詳
江戸時代後期の浄土真宗の僧。
¶国書

**黙翁宗淵** もくおうそうえん
天正18(1590)年～慶安1(1648)年4月23日
江戸時代前期の華厳宗の僧。大徳寺178世。
¶仏教

**黙翁妙誡** もくおうみょうかい
応長1(1311)年～元中1/至徳1(1384)年
南北朝時代の僧。
¶鎌室，国書，人名，日人，仏教(生没年不詳)

**黙巌為契** もくがんいかい
？～大永2(1522)年
戦国時代の曹洞宗の僧。
¶人名，日人，仏教([没]大永2(1522)年8月28日)

**黙岩際契** もくがんさいけい
延宝5(1677)年～寛延2(1752)年
江戸時代中期の黄檗宗の僧。
¶黄檗([没]寛延2(1752)年3月28日)，国書([没]宝暦2(1752)年12月2日)

**黙玄元寂** もくげんげんじゃく
寛永6(1629)年9月12日～延宝8(1680)年6月2日
江戸時代前期の曹洞宗の僧。
¶黄檗，仏教

**穆算** もくさん
天慶7(944)年～寛弘5(1008)年
平安時代中期の天台宗の僧。園城寺16世。
¶古人，仏教(㊤承平4(934)年 ㊦長徳4(998)年12月16日)，平史

**黙山元轟** もくざんげんごう，もくさんげんごう
天和3(1683)年10月29日～宝暦13(1763)年11月5日 ㊞元轟(げんごう)
江戸時代中期の曹洞宗の僧。
¶秋田人2(黙山)，国書(もくさんげんごう)，埼玉人，仏教(もくさんげんごう)，仏人(元轟 げんごう)

**木喰**(木食) もくじき
→木喰五行(もくじきごぎょう)

**木喰応其**(木食応其) もくじきおうご
→応其(おうご)

**木食応其** もくじきおうご
天文5(1536)年～慶長13(1608)年 ㊞木食上人応其(もくじきしょうにんおうご)
戦国時代～安土桃山時代の真言宗の僧。
¶郷土滋賀(木食上人応其 もくじきしょうにんおうご)，京都大，姓氏京都

**木喰観正** もくじきかんしょう
江戸時代後期の真言宗遊行上人。
¶伊豆

**木食観正** もくじきかんしょう
宝暦4(1754)年～文政12(1829)年
江戸時代後期の僧侶。
¶神奈川人，兵庫百

**木喰行道** もくじきぎょうどう
→木喰五行(もくじきごぎょう)

**木喰五行**(木食五行) もくじきごぎょう
享保3(1718)年～文化7(1810)年 ㊞五行(ごぎょう)，行道(ぎょうどう)，木喰(もくじき)，木喰五行上人(もくじきごぎょうしょうにん)，木喰五行明満(もくじきごぎょうみょうまん)，木喰五行明満上人(もくじきごぎょうみょうまんしょうにん)，木喰行道(もくじきぎょうどう)，木喰上人(もくじきしょうにん)，木喰明満仙人(もくじきみょうまんせんにん)，木食(もくじき)，木食五行明満(もくじきごぎょうみょうまん)
江戸時代中期～後期の修行僧。
¶青森人(木食 もくじき)，朝日(木食五行 ㊦文化7年6月5日(1810年7月6日))，伊豆，岩史(木食五行 ㊦文化7(1810)年6月5日)，角史(木喰上人 もくじきしょうにん)，神奈川百(木食五行)，郷土長野(木食五行)，近世(五行 ごぎょう)，群馬人(木食五行)，国史(五行 ごぎょう)，国書(行道 ぎょうどう ㊦?)，コン改(木食五行)，コン4(木食五行)，コン5(木食五行)，史人(木食五行)，静岡百，静岡歴，人書94(木食五行)，新潮(木食五行)，人名(木食五行)，姓氏静岡，姓氏長野(木食五行 ㊤1728年?)，世人(木食五行)，世百(木食五行)，栃木歴(木喰行道 もくじきぎょうどう)，長野百(㊤1728年 ㊦1800年)，長野歴(木食五行 ㊤享保13(1728)年)，新潟百(木喰五行明満上人 もくじきごぎょうみょうまんしょうにん)，日史(木食五行明満 もくじきごぎょうみょうまん)，日人(行道 ぎょうどう)，美建(木食五行 ㊦文化7(1810)年6月5日)，美術(木喰五行明満 もくじきごぎょうみょうまん)，百科(木喰五行明満 もくじきごぎょうみょうまん)，富嶽(木喰行道 もくじきぎょうどう)，仏教(行道 ぎょうどう)，仏史(五行 ごぎょう)，北海道歴(木喰行道 もくじきぎょうどう)，宮崎百(木喰上人 もくじきしょうにん)，名僧(五行 ごぎょう)，山口百(木喰五行上人 もくじきごぎょうしょうにん)，山梨人(木喰上人 もくじきしょうにん)，山梨百(木喰明満仙人 もくじきみょうまんせんにん ㊦文化7(1810)年6月)，歴大(木喰 もくじき)

**木喰五行上人** もくじきごぎょうしょうにん
→木喰五行(もくじきごぎょう)

**木喰五行明満**(木食五行明満) もくじきごぎょうみょうまん
→木喰五行(もくじきごぎょう)

も

**木喰五行明満上人** もくじきごぎょうみょうまんしょうにん
→木喰五行(もくじきごぎょう)

**木食山居故信** もくじきさんきょこしん
明暦1(1655)年～享保9(1724)年
江戸時代前期～中期の木食僧、弾誓寺6世の住職。
¶姓氏長野(㊤1655年，(異説)1657年?)，長野歴

**木喰上人**(1) もくじきしょうにん
→応其(おうご)

**木喰上人**(2) もくじきしょうにん
→木喰五行(もくじきごぎょう)

**木食上人** もくじきしょうにん★
慶長7(1602)年～延宝6(1678)年
江戸時代前期の秋田市八橋帰命寺の開山。
¶秋田人2

**木食上人栄昶** もくじきしょうにんえいちょう
延宝8(1680)年～宝暦4(1754)年
江戸時代前期～中期の僧侶。
¶会津

**木食上人応其** もくじきしょうにんおうご
→木食応其(もくじきおうご)

**木食誓阿** もくじきせいあ
文化11(1814)年～安政5(1858)年
江戸時代後期～末期の京都浄土宗西山深草派本山誓願寺大勧進職。
¶姓氏愛知

**木食僧弾誓** もくじきそうだんせい★
天文21(1552)年～慶長18(1613)年
安土桃山時代・江戸時代前期の塔之沢阿弥陀寺を中興した僧。

¶江神奈

**木食白道** もくじきびゃくどう
宝暦5(1755)年～文政8(1825)年
江戸時代後期の木食僧。
¶富嶽

**木喰明満仙人** もくじきみょうまんせんにん
→木喰五行(もくじきごぎょう)

**木食養阿** もくじきようあ
? ～宝暦13(1763)年 ㊎養阿(ようあ), 木食上人(もくじきしょうにん)
江戸時代中期の木食僧。念仏聖の活動に専念。
¶朝日(養阿　ようあ ㉞宝暦13年11月21日(1763年12月25日)), 近世(養阿　ようあ), 国史(養阿　ようあ), コン改, コン4, コン5, 史人(㉞1763年11月21日), 新潮, 世人, 日人(養阿　ようあ), 仏史(養阿　ようあ)

**木食遼天** もくじきりょうてん
享保20(1735)年～享和3(1803)年
江戸時代中期～後期の僧。補陀寺住職。
¶姓氏宮城

も

**黙子素淵**(黙旨素淵) もくしそえん
寛文13(1673)年3月3日～延享3(1746)年6月20日
江戸時代中期の曹洞宗の僧。
¶岡山人(黙旨素淵), 国書, 人名(黙旨素淵), 日人, 仏教

**黙室焉智** もくしつえんち
慶安4(1651)年～正徳2(1712)年1月11日
江戸時代前期～中期の曹洞宗の僧。
¶黄檗, 国書, 仏教(㊐?)

**黙室良要** もくしつりょうよう
→良要(りょうよう)

**黙洲素漸** もくしゅうそぜん
延享1(1744)年～天明8(1788)年11月19日
江戸時代中期～後期の臨済宗の僧。
¶国書

**黙笑** もくしょう★
明治28(1895)年1月5日～昭和11(1936)年1月1日
大正・昭和期の僧。
¶秋田人2

**杢真蔵** もくしんぞう
明治34(1901)年～昭和52(1977)年2月23日
大正～昭和期の宮大工。田辺建築業組合組合長。
¶美建, 和歌山人

**黙子如定** もくすにょじょう
明・万暦25(1597)年5月23日～明暦3(1657)年11月30日
江戸時代前期の黄檗宗の渡来僧。
¶長崎百, 長崎歴, 仏教

**穆千** もくせん
養和1(1181)年～弘長3(1263)年9月13日
鎌倉時代前期の天台宗の僧。
¶仏教

**黙叟真契** もくそうしんけい
生没年不詳
江戸時代後期の黄檗宗の画僧。
¶黄檗

**木鎮** もくちん
南北朝時代の僧侶・連歌作者。
¶国書(生没年不詳), 俳文

**黙伝宗璞** もくでんそうはく
? ～天保8(1837)年9月17日
江戸時代後期の臨済宗の僧。
¶仏教

**黙堂誾契** もくどうぎんかい
? ～天文7(1538)年4月12日
戦国時代の曹洞宗の僧。
¶埼玉人

**黙堂寿昭** もくどうじゅしょう
生没年不詳
戦国時代の臨済禅僧。
¶戦辞

**黙堂道轟** もくどうどうごう
慶安4(1651)年12月8日～享保20(1735)年10月5日
江戸時代前期～中期の黄檗宗の僧。
¶黄檗, 国書

**黙譜祖忍** もくふそにん
生没年不詳 ㊎黙譜祖忍尼(もくふそにんに)
鎌倉時代後期の曹洞宗の尼僧。瑩山紹瑾に師事。
¶朝日, 日人, 仏教(黙譜祖忍尼　もくふそにんに)

**黙譜祖忍尼** もくふそにんに
→黙譜祖忍(もくふそにん)

**黙耀** もくよう
生没年不詳
江戸時代中期～後期の浄土真宗の僧。
¶仏教

**黙要地雷** もくようちらい
生没年不詳
江戸時代中期の曹洞宗の僧。
¶国書

**黙雷** もくらい
→島地黙雷(しまじもくらい)

**黙了** もくりょう
? ～弘化2(1845)年
江戸時代後期の真宗大谷派の僧。
¶姓氏石川

**茂源紹柏** もげんしょうはく
? ～寛文7(1667)年12月20日
江戸時代前期の臨済宗の僧。
¶国書

**茂彦善叢** もげんぜんそう, もげんせんそう
? ～天文10(1541)年

戦国時代の僧、五山文学者、東福寺主。
¶国書（もげんせんそう [生]寛正1（1460）年 [没]天文10（1541）年12月14日），人名，日人

**茂産** もさん
生没年不詳
江戸時代前期の浄土宗の僧。
¶仏教

**茂叔集樹** もしゅくしゅうじゅ
？ ～大永2（1522）年4月24日
戦国時代の臨済宗の僧。
¶国書

**茂田井教亨** もたいきょうこう
明治37（1904）年10月12日～平成12（2000）年5月11日
昭和期の僧、仏教学者。立正大学教授。
¶現執1期，世紀，日人

**望月歓厚** もちずきかんこう
→望月歓厚（もちづきかんこう）

**望月信亨** もちずきしんこう
→望月信亨（もちづきしんこう）

**持田治部少輔** もちだじぶしょうゆう
生没年不詳 [別]持田治部少輔（もったじぶしょうゆう，もったじぶのしょう）
戦国時代～安土桃山時代の神主・神官。結城氏家臣。
¶戦辞（もったじぶのしょう），戦人，戦東（もったじぶしょうゆう）

**持田若佐**（持田若狭） もちたわかさ，もちだわかさ
万延1（1860）年9月～昭和6（1931）年2月28日
明治期の政治家、都賀郡高椅の神官。
¶政治（持田若狭 もちだわかさ），栃木歴，明大1（持田若狭 もちだわかさ）

**望月一憲** もちづきいっけん
大正3（1914）年～
昭和期の日本仏教史研究者。東京医科歯科大学教授。
¶現執1期

**望月海音** もちづきかいおん
文化11（1814）年6月10日～明治15（1882）年10月8日 [別]海音（かいおん）
江戸時代末期～明治期の浄土真宗本願寺派学僧。勧学、大教校教授、履信教校教授。
¶国書（海音 かいおん），真宗（[没]明治15（1882）年1月8日），仏教

**望月歓厚** もちづきかんこう，もちずきかんこう
明治14（1881）年8月12日～昭和42（1967）年11月28日
明治～昭和期の日蓮宗僧侶、仏教学者。大正大学学長、日蓮教学研究所所長。
¶現情，昭人（もちずきかんこう），人名7，世紀，日人，仏教，仏人

**望月義庵** もちづきぎあん
明治3（1870）年～昭和38（1963）年
明治～昭和期の僧。
¶熊本人

**望月華山** もちづきけざん
明治30（1897）年～昭和48（1973）年
大正～昭和期の僧侶。
¶神奈川人

**望月信亨** もちづきしんこう，もちずきしんこう
明治2（1869）年9月24日～昭和23（1948）年7月13日
明治～昭和期の仏教学者、浄土宗僧侶。大正大学長。「法然上人全集」を編集、「仏教大辞典」を編纂。
¶郷土福井，近現，現朝（[生]明治2年9月24日（1869年10月28日）），現情（[生]明治2（1869）年10月28日），国史，コン改，コン4，コン5，史研，史人，昭人（もちずきしんこう），新潮，人名7，世紀，哲学，日人，福井百，仏教，仏人，明治史，歴大

**望月日滋** もちづきにちじ
明治34（1901）年12月18日～昭和57（1982）年2月1日
大正～昭和期の僧。身延山88世法主。
¶山梨百

**望月祐存** もちづきゆうそん
文化3（1806）年～明治10（1877）年8月23日
江戸時代後期～明治期の高僧。
¶兵庫人

**物外** もつがい
→物外不遷（もつがいふせん）

**物外可什** もつがいかじゅう
弘安9（1286）年～正平18/貞治2（1363）年12月8日 [別]可什（かじゅう）
鎌倉時代後期～南北朝時代の臨済宗大応派の僧。建長寺首座。
¶鎌倉，鎌室（[生]？），国史，国書，古中，新潮（[生]？），人名（可什 かじゅう [生]？ [没]1351年），対外，多摩（[生]弘安3（1280）年），茶道（[生]？ [没]1341年），日人（[没]1364年），仏教（[生]？ [没]観応2/正平6（1351）年12月8日，（異説）貞治2/正平18（1363）年12月8日），仏史

**物外性応** もつがいしょうおう
？ ～長禄2（1458）年 [別]物外性応（ぶつがいしょうおう），性応（しょうおう）
室町時代の曹洞宗の僧。遠江海蔵寺の開山。
¶鎌室，国史，古中，新潮，人名（ぶつがいしょうおう），長野歴，日人，仏教（[没]長禄2（1458）年2月22日）

**物外不遷** もつがいふせん
*～慶応3（1867）年 [別]不遷（ふせん），武田物外（たけだもつがい），物外（ぶつがい，もつがい），物外不遷（ぶつがいふせん），拳骨和尚（げんこつおしょう）
江戸時代末期の曹洞宗の僧、武術家。幕府と長州（萩）藩との調停に尽力。
¶朝日（武田物外 たけだもつがい [生]寛政7

(1795)年 ㊦慶応3年11月25日(1867年12月20日)),維新(物外 もつがい ㊤1794年),江人(㊤1794年),愛媛(物外 もつがい ㊤寛政6(1794ころ)年ころ),大阪墓(㊤寛政7(1795)年 ㊦慶応3(1867)年11月),近世(㊤1794年),国史(㊤1794年),コン改(㊤寛政7(1795)年),コン4(㊤寛政7(1795)年),コン5(㊤寛政7(1795)年),史人(㊤1794年 ㊦1867年11月25日),島根歴(ぶつがいふせん ㊤寛政6(1794)年),新潮(㊤寛政7(1795)年 ㊦慶応3(1867)年11月),人名(㊤1795年),世人(㊤寛政7(1795)年),全書(㊤1794年),大百(㊤1795年),日人(㊤1794年),俳句(物外 ぶつがい ㊦慶応3(1867)年11月25日),広島百(物外 もつがい ㊤寛政6(1794)年 ㊦慶応3(1867)年11月25日),仏教(㊤天明5(1785)年 ㊦慶応3(1867)年11月),仏史(㊤1794年),仏人(不遷 ふせん ㊤1785年),和俳(㊤寛政7(1795)年)

**木橋澄円** もっきょうちょうえん
慶安4(1651)年1月19日～享保16(1731)年9月13日
江戸時代前期～中期の曹洞宗の僧。
¶国書

**牧谿**(木谿) もっけい
生没年不詳 ㊙牧渓法常(もっけいほうじょう),牧谿法常(もっけいほうじょう)
鎌倉時代後期の画僧。中国・南宋末から元初の禅僧。鎌倉時代末期以来珍重され、日本の水墨画に多大な影響を与えた。
¶岩史(牧谿法常 もっけいほうじょう),角史(木谿),鎌室(牧渓法常 もっけいほうじょう),京都(牧渓法常 もっけいほうじょう),古中(牧渓法常 もっけいほうじょう),史人,思想史(牧谿法常 もっけいほうじょう),世人(牧渓法常 もっけいほうじょう),山川小

**牧渓法常**(牧谿法常) もっけいほうじょう
→牧谿(もっけい)

**物先海旭** もっせんかいぎょく
→物先海旭(ぶっせんかいぎょく)

**物先元機** もっせんげんき
明暦1(1655)年～享保2(1717)年
江戸時代前期～中期の曹洞宗の僧。
¶国書

**物先周格** もっせんしゅうかく
元弘1/元徳3(1331)年～応永4(1397)年8月19日
鎌倉時代後期～室町時代の臨済宗の僧。
¶国書

**持田治部少輔** もったじぶしょうゆう
→持田治部少輔(もちだじぶしょうゆう)

**持田治部少輔** もったじぶのしょう
→持田治部少輔(もちだじぶしょうゆう)

**持田若狭守** もったわかさのかみ
戦国時代の高橋神社の社守。結城氏家臣。
¶戦辞(生没年不詳),戦東

**没倫紹等** もつりんしょうとう,もつりんじょうとう
→没倫紹等(ぼつりんじょうとう)

**茂木平三郎** もてぎへいざぶろう
嘉永3(1850)年～明治35(1902)年
江戸時代末期・明治期の日本組合教会伝道者。
¶群新百

**茂典** もてん
? ～承応3(1654)年
江戸時代前期の浄土宗の僧。
¶仏教

**模堂** もどう
～永正4(1507)年8月16日
戦国時代の曹洞宗の僧。
¶伊豆

**模堂永範** もどうえいはん
嘉吉4(1444)年1月1日～永正4(1507)年8月16日
室町時代～戦国時代の曹洞宗の僧。
¶仏教

**元城佐太郎** もときさたろう
生没年不詳
明治期の牧師。
¶社史

**元田作之進** もとださくのしん
文久2(1862)年～昭和3(1928)年4月16日
明治～昭和期の牧師、教育者。立教大学学長、日本聖公会初代邦人主教。16歳で小学校校長。宗教教育禁令では当局の認可前提で課外宗教教育の存続を図る。
¶朝日(㊤文久2年2月22日(1862年3月22日)),海越新(㊤文久2(1862)年2月22日),キリ(㊤文久2年2月23日(1862年3月23日)),近現,国史,史人(㊤1862年2月22日),社史(㊤文久2年2月22日(1862年3月22日)),新カト(㊤文久2(1862)年3月23日),人名,世紀(㊤文久2(1862)年2月22日),世百,渡航(㊤1862年2月12日),日史(㊤文久2(1862)年2月22日),日人,日Y(㊤文久2(1862)年3月23日),百科,福岡百(㊤文久2(1862)年2月22日),明治史,明大1(㊤文久2(1862)年2月22日),歴大

**望東尼** もとに
→野村望東(のむらぼうとう)

**本仁親王** もとひとしんのう
→覚性法親王(かくしょうほうしんのう)

**本山キヌエ** もとやまきぬえ
明治42(1909)年3月13日～昭和49(1974)年4月25日
昭和期の宗教家。小豆島で神を感得、神言を取次ぐ。豊玉照妙光之神と称する。
¶女性,女性普

**本山茂任** もとやましげとう
文政9(1826)年～明治20(1887)年8月28日 ㊙本山茂伍(もとやまもご),本山只一郎(もとやまただいちろう)
江戸時代末期～明治期の官吏、宮司。海防のため

の訓兵や砲台構築に尽力。春日社、加茂社などの宮司をつとめた。
¶朝日（本山只一郎　もとやまただいちろう），維新（本山只一郎　もとやまただいちろう），愛媛，高知人，神人（本山茂伍　もとやまもご[生]？），人名（生没年不詳），全幕（本山只一郎　もとやまただいちろう），日人，幕末（[生]1825年），幕末大

**本山只一郎** もとやまただいちろう
→本山茂任（もとやましげとう）

**本山茂伍** もとやまもご
→本山茂任（もとやましげとう）

**モニカ**
天文18（1549）年～天正5（1577）年　[別]日比屋モニカ（ひびやもにか）
安土桃山時代の女性。キリシタン。
¶朝日，日人（日比屋モニカ　ひびやもにか），歴大（日比屋モニカ　ひびやもにか　[没]1571年）

**物種吉兵衛** ものだねきちべえ
享和3（1803）年～明治13（1880）年6月1日
江戸時代後期～明治期の真宗の篤信者、妙好人。
¶真宗

**物部醒満** もののべすがまろ
→物部醒満（ものべすがまろ）

**物部日暉** もののべにちき
文政10（1827）年4月7日～明治10（1877）年9月11日　[別]日暉（にちき）
江戸時代末期～明治期の日蓮宗の僧。
¶国書（日暉　にちき），仏教

**物部頼季** もののべよりすえ
平安時代後期の検非違使。
¶古人

**物部義肇** ものべぎちょう
文政5（1822）年8月9日～明治26（1893）年4月13日
江戸時代後期～明治期の僧侶。
¶真宗

**物部醒満** ものべすがまろ
天保11（1840）年～明治33（1900）年6月11日
[別]物部醒満（もののべすがまろ）
江戸時代末期～明治期の神官。宇和津彦神社などにつとめ、東南北宇和郡長、神宮教職など歴任。
¶愛媛（もののべすがまろ），幕末，幕末大，藩臣6

**桃井日威** ももいにちい
天保14（1843）年～大正5（1916）年1月25日
明治～大正期の僧。
¶世紀，日人，明大1

**百島操** ももしまみさお
明治13（1880）年～昭和40（1965）年　[別]百島操（ひゃくしまみさお）
大正～昭和期の牧師、書店主。
¶アナ，社史（ひゃくしまみさお），日エ（[没]昭和40（1965）年3月28日）

**百瀬文晃** ももせふみあき
昭和15（1940）年7月30日～
昭和～平成期のカトリック司祭。上智大学教授。
¶現執2期，現執3期，現執4期

**百瀬魯忠** ももせろちゅう
文政9（1826）年～明治35（1902）年11月23日
江戸時代後期～明治期の僧侶。
¶庄内

**桃井保教** もものいやすのり
万治1（1658）年～享保15（1730）年
江戸時代前期の諏訪神社下社の神官で国学者。
¶長野歴

**茂蘭** もらん
正徳3（1713）年～安永8（1779）年
江戸時代中期の僧、俳人。
¶人名，日人，俳諧（[生]？），俳句（[没]安永8（1779）年9月8日），俳文（[没]安永8（1779）年9月8日），和俳

**茂蘭〔2代〕** もらん
？　～寛政2（1790）年11月23日
江戸時代中期～後期の俳人。真言宗の僧。
¶国書

**森明** もりあきら
明治21（1888）年5月12日～大正14（1925）年3月6日
明治～大正期の神学者、牧師。青年へのキリスト教伝道に尽力。
¶キリ，世紀，哲学，明大1

**森伊勢** もりいせ
～安永3（1774）年12月5日
江戸時代中期の飛騨一之宮神主。
¶飛騨

**森栄俊** もりえいしゅん
明治44（1911）年2月2日～平成7（1995）年10月17日
昭和期の僧侶。
¶真宗

**森英介** もりえいすけ
大正6（1917）年3月13日～昭和26（1951）年2月8日
昭和期のカトリック派の詩人。
¶東北近，山形百

**森量久** もりかずひさ
生没年不詳
室町時代の神職。
¶国書

**森一弘** もりかずひろ
昭和13（1938）年10月12日～
昭和～平成期のカトリック司教。
¶現執2期，現執3期，現執4期

**森勝四郎** もりかつしろう
明治6（1873）年3月9日～大正9（1920）年4月20日
明治～大正期の渡航者。
¶高知人，高知百，渡航

**森金為蔵**(森金為造)　**もりかねためぞう**
文政4(1821)年～明治13(1880)年
江戸時代後期～明治期の宗教家。黒住宗忠の七高弟の一人。
¶岡山百(森金為造)，岡山歴([生]文政4(1821)年1月)

**森川章尹**　**もりかわあきただ**
*～宝暦12(1762)年10月22日
江戸時代前期～中期の神職・歌人。
¶国書([生]寛文10(1670)年6月18日)，姓氏京都([生]1672年)

**森川智徳**　**もりかわちとく**
明治13(1880)年9月17日～昭和45(1970)年9月24日
明治～昭和期の浄土真宗本願寺派僧侶、仏教学者。龍谷大学名誉教授、仏教伝道教会理事長などを歴任。
¶現情，真宗，人名7，世紀，哲学，日人，兵庫百，仏教，仏人

**森川正雄**　**もりかわまさお**
明治32(1899)年～昭和22(1947)年
大正・昭和期の宗教学者。
¶群新百

**森川弥助**　**もりかわやすけ**
～大正8(1919)年10月3日
明治・大正期の神職。郷社栗原神社の祠官。
¶飛騨

**森寛紹**　**もりかんしょう**
明治32(1899)年5月31日～
昭和～平成期の高野山真言宗僧侶。宝厳寺住職、管長。
¶現情

**護城慧猛**　**もりきえみょう**
明治8(1875)年～昭和3(1928)年
明治～昭和期の僧侶。
¶大分歴

**森愚一**　**もりぐいち**
天保1(1830)年～明治43(1910)年
江戸時代後期～明治期の僧。
¶日人，明大1([生]文政13(1830)年5月25日　[没]明治43(1910)年10月30日)

**森口恵徹**　**もりぐちけいてつ**
安政4(1857)年7月～
江戸時代末期～大正期の仏教家。曹洞宗特派布教師。
¶人満

**森口奈良吉**　**もりぐちならきち**
明治8(1875)年6月18日～昭和43(1968)年2月4日
明治～昭和期の教育者、神職。春日大社宮司。
¶郷土奈良，世紀，日人

**森維久**　**もりこれひさ**
→賀茂維久(かものこれひさ)

**森下景端**　**もりしたかげなお**
→森下景端(もりしたけいたん)

**森下景端**(森下景瑞)　**もりしたけいたん**
文政7(1824)年～明治24(1891)年1月1日　[別]森下景端(もりしたかげなお)
江戸時代末期～明治期の黒住教副管長。各地に布教し、黒住教の発展に貢献。
¶維新，大分百(もりしたかげなお)，大分歴(もりしたかげなお)，岡山人([生]文政8(1825)年)，岡山百，岡山歴，神人([生]文政7(1824)年4月)，人名([生]1825年)，全幕，日人，幕末，幕末大([生]文政7(1824)年4月)，藩臣6，明治史(森下景瑞)，明大1

**森諦円**　**もりたいえん**
明治34(1901)年5月27日～平成2(1990)年7月30日
大正～昭和期の真言宗僧侶。大僧正、仁和寺最高顧問、種智院大学教授。仁和寺教学部長、執行長などを歴任。
¶郷土香川，現情，世紀，日人

**森卓明**　**もりたくみょう**
明治30(1897)年10月5日～昭和62(1987)年10月24日
明治～昭和期の僧侶。永正寺住職。超中根式速記の創始者。
¶日エ

**守武**　**もりたけ**
→荒木田守武(あらきだもりたけ)

**森武雄**　**もりたけお**
大正7(1918)年～
昭和期の宮司。
¶郷土奈良

**森田悟由**　**もりたごゆう**
天保5(1834)年1月1日～大正4(1915)年2月9日
明治期の禅僧。曹洞宗。仏教界の泰斗。永平寺第64世貫主。
¶京都府，コン改，コン5，史人，人名，姓氏愛知，全書，大百，日人，仏教，仏人，明治史，明大1

**森田俊恭**　**もりたしゅんきょう**
明治44(1911)年～
昭和期の僧侶。
¶群馬人

**森田桑陽**　**もりたそうよう**
文化7(1810)年～明治28(1895)年
江戸時代後期～明治期の真宗僧、文人。
¶高知人

**森達立**　**もりたつりゅう**
安政5(1858)年～大正7(1918)年7月16日
明治～大正期の僧侶。
¶真宗

**森田梅嶺**　**もりたばいれい**
文政3(1820)年～明治26(1893)年
江戸時代後期～明治期の禅僧。
¶姓氏鹿児島

**森田光忠** もりたみつただ
生没年不詳
江戸時代後期の歌人・神官。
¶東三河

**森田光尋** もりたみつつね
文政8(1825)年～明治31(1898)年10月5日 [別]森田光尋(もりたみつひろ)
江戸時代後期～明治期の神職・国学者。
¶国書, 東三河(もりたみつひろ)

**森田光尋** もりたみつひろ
→森田光尋(もりたみつつね)

**森田実** もりたみのる
明治8(1875)年～*
明治～昭和期の教育者。神宮皇学館館長。
¶神人([没]昭和28(1953)年), 渡航([生]1875年10月 [没]?)

**森田行拓** もりたゆきひろ
明治45(1912)年1月21日～昭和62(1987)年6月9日
昭和期の弓道家、神職、弓道教士。
¶弓道

**森田雷死久** もりたらいしきゅう
明治5(1872)年1月26日～大正3(1914)年6月8日
明治～大正期の俳人。
¶愛媛, 愛媛百, 四国文, 植物, 俳文, 明大2

**森田竜僊** もりたりゅうせん
明治11(1878)年9月8日～昭和23(1948)年4月9日
大正～昭和期の仏教学者、高野山真言宗僧侶。
¶仏教

**森知乗** もりちじょう
→森知乗尼(もりちじょうに)

**森知乗尼** もりちじょうに
天明7(1787)年～弘化4(1847)年 [別]森知乗(もりちじょう), 知乗尼(ちじょうに), 智乗尼(ちじょうに)
江戸時代後期の女性。歌人。
¶江表(知乗尼(岡山県)), 国書(知乗尼 ちじょうに [没]弘化4(1847)年6月10日), 女性([没]弘化4(1847)年6月10日), 人名(智乗尼 ちじょうに), 日人(森知乗 もりちじょう), 和俳

**森津常正** もりつつねまさ
*～大正5(1916)年
江戸時代後期～明治期の神職。
¶岡山人([生]天保11(1840)年), 神人([生]天保15(1844)年)

**森連久** もりつらひさ
承応2(1653)年～?
江戸時代前期～中期の神職。
¶国書

**森暉昌** もりてるまさ
貞享2(1685)年～宝暦2(1752)年 [別]藤原暉昌(ふじわらあきまさ)
江戸時代中期の国学者、遠江曳馬五社神主。
¶静岡百, 静岡歴, 人名, 人名(藤原暉昌 ふじわらあきまさ), 姓氏静岡, 日人

**森永杉洞** もりながさんどう
明治33(1900)年4月13日～昭和50(1975)年3月4日
大正～昭和期の僧、道号湛堂。
¶佐賀百

**護良親王**(護良親皇) もりながしんのう
→護良親王(もりよししんのう)

**森野善右衛門** もりのぜんえもん
昭和3(1928)年12月7日～
昭和～平成期の牧師。東北学院大学教授。
¶現執2期, 現執3期

**森寿五郎** もりひさごろう
明治～大正期のキリスト教伝道者。
¶岡山歴

**森日向** もりひゅうが
宝暦7(1757)年～天保13(1842)年
江戸時代中期～後期の幕末肥前杵島郡芦原熊野神社祠官。
¶神人

**守部盛朝** もりべもりとも
? ～元亨2(1322)年
鎌倉時代後期の白山本宮の神主。
¶姓氏石川

**森昌胤** もりまさたね
*～天明5(1785)年7月
江戸時代中期の神道家。
¶国書([生]享保1(1716)年), 姓氏京都([生]1714年)

**森雅秀** もりまさひで
昭和37(1962)年3月25日～
昭和～平成期の研究者。金沢大学文学部助教授。
¶現執4期

**森政弘** もりまさひろ
昭和2(1927)年2月12日～
昭和～平成期のロボット工学者。自在研究所所長、東京工業大学教授。著書に「『非まじめ』のすすめ」「ロボコン博士のもの作り遊論」など。
¶現朝, 現執1期, 現執2期, 現執3期, 現執4期, 現情, 現人, 現日, 新潮, 世紀, 日人, マス89

**森松次郎** もりまつじろう
天保6(1835)年～明治35(1902)年2月26日
江戸時代末期～明治期の伝道師。五島キリシタンの復活を主導。
¶キリ([生]天保7年10月12日(1836年11月20日)), 近現, 国史, 史人([生]1835年12月1日), 新カト, 日人, 明治史, 明大1([生]天保7(1836)年10月12日), 歴大

**森盈久** もりみつひさ
慶長9(1604)年～寛文6(1666)年10月2日
江戸時代前期の神職。
¶国書

**森民部大夫**　もりみんぶだゆう
安土桃山時代の駿河国有渡郡草薙にある草薙神社の神主。
¶武田

**森村堯太**　もりむらぎょうた
文久3（1863）年～大正12（1923）年
明治・大正期の宗教家、実業家。
¶群新百

**森村正俊**　もりむらまさとし
明治～大正期の神職。
¶華請，神人

**森用久**　もりもちひさ
慶長4（1599）年～明暦1（1655）年8月27日
安土桃山時代～江戸時代前期の神職。
¶国書

**森本永派**　もりもとえいは
戦国時代～安土桃山時代の武田氏使僧。蒲庵永派。
¶武田

**森本孝順**　もりもときょうじゅん
明治35（1902）年11月17日～
昭和～平成期の律宗僧侶。管長、唐招提寺長老、講御堂寺住職。
¶現情

**森本慶三**　もりもとけいぞう
明治8（1875）年3月10日～昭和39（1964）年12月5日
明治～昭和期のキリスト教伝道者、事業家。津山基督教図書館、津山基督教学園などを創設、地域の文化向上と人材の育成に尽力。
¶朝日，岡山人，岡山歴，キリ，社史，世紀，哲学，図人，日エ，日人，平和

**森本栄樹**　もりもとさかき
明治20（1887）年11月26日～昭和40（1965）年6月20日
大正・昭和期の宗和流茶道家元・神職。日枝神社、花里天満宮などの社司・宮司。宗和流茶道の14世家元。
¶飛騨

**森本庄右衛門**　もりもとしょうえもん
生没年不詳
江戸時代末期の寺社大工。
¶飛騨

**森本省念**　もりもとしょうねん
？　～昭和59（1984）年1月23日
昭和期の仏教学者。
¶思想

**森元温**　もりもとはる
天保8（1837）年～明治17（1884）年
江戸時代末期～明治期の神職。
¶維新，人名，日人

**守屋出雲**　もりやいずも
生没年不詳
江戸時代後期の三浦郡堀内村森戸明神神主。
¶神奈川人

**守屋貫量**　もりやかんりょう
安政6（1859）年～大正13（1924）年
明治～大正期の教育者・僧侶。
¶神奈川人，姓氏神奈川

**守屋貞治**　もりやさだじ
→守屋貞治（もりやていじ）

**守矢実久**　もりやさねひさ
嘉永3（1850）年～明治34（1901）年
江戸時代後期～明治期の神職。旧諏訪神社神長官職。
¶華請

**守矢真幸**　もりやしんこう
明治16（1883）年～昭和40（1965）年
明治～昭和期の初代諏訪大社宮司。
¶姓氏長野

**森泰男**　もりやすお
昭和16（1941）年1月11日～
昭和期の神学者。西南学院大学教授。
¶現執2期

**森安忠**　もりやすただし
明治40（1907）年10月～昭和62（1987）年10月25日
大正～昭和期の弓道家、神職、弓道錬士。
¶弓道

**守屋貞治**　もりやていじ
明和2（1765）年3月3日～天保3（1832）年11月19日
㊐守屋貞治（もりやさだじ）
江戸時代中期～後期の石仏師。
¶姓氏長野（もりやさだじ），長野歴（もりやさだじ），山梨人，山梨百（もりやさだじ）

**守矢信真**　もりやのぶまさ
天文12（1543）年10月28日～元和9（1623）年10月10日
戦国時代～江戸時代前期の神職。
¶国書

**森谷ひろみ**　もりやひろみ
昭和13（1938）年8月29日～昭和50（1975）年
昭和期の神道考古学者、歴史地理学者。千葉大学助教授。
¶女性，女性普（㉝昭和50（1975）年7月7日）

**守矢房実**　もりやふさざね
戦国時代の信濃国諏訪郡の神官。
¶武田

**森山一正**　もりやまかずまさ
昭和19（1944）年1月27日～
昭和～平成期の神官、政治家。摂津市長。
¶現政

**守山甚三郎**　もりやまじんざぶろう
弘化3（1846）年～昭和7（1932）年6月9日
江戸時代末期～昭和期の浦上教徒事件によって流配された信徒。
¶新カト，歴大

**守山諦聞** もりやまていもん
弘化1(1844)年〜大正2(1913)年
江戸時代末期〜大正期の僧、教育者。
¶姓氏愛知

**森山寅之助** もりやまとらのすけ
慶応2(1866)年4月19日〜昭和17(1942)年5月26日
明治〜昭和期の牧師。彦根組合教会牧師。
¶社史

**森山崇徳** もりやまむねのり
嘉永3(1850)年8月17日〜大正5(1916)年2月20日
江戸時代後期〜大正期の弓道家、神官兼教員。
¶弓道

**守矢満実** もりやみつざね
生没年不詳
室町時代の神職。
¶国書, 戦辞

**守矢頼実** もりやよりざね
永正2(1505)年5月25日〜慶長2(1597)年9月10日 ㊐守矢頼真(もりやよりまさ)
戦国時代〜安土桃山時代の信濃国諏訪大社上社神長官。
¶国書(守矢頼真　もりやよりまさ), 戦辞(㊤永正2年5月25日(1505年6月26日)　㊦慶長2年9月10日(1597年10月20日)), 武田

**守矢頼真** もりやよりまさ
→守矢頼実(もりやよりざね)

**森祐順** もりゆうじゅん
*〜昭和3(1928)年
明治〜大正期の僧。
¶世紀(㊤安政1(1855)年　㊦昭和3(1928)年3月18日), 日人(㊤1854年)

**護良親王** もりよししんのう
延慶1(1308)年〜建武2(1335)年7月23日　㊐護良親王(もりながしんのう), 護良親皇(もりながしんのう), 尊雲(そんうん), 尊雲親王(そんうんしんのう), 尊雲法親王(そんうんほうしんのう, そんうんほっしんのう), 大塔宮(おおとうのみや, だいとうのみや)
鎌倉時代後期〜南北朝時代の後醍醐天皇の皇子。天台座主だったが還俗して後醍醐天皇の討幕を助ける。建武新政で征夷大将軍。のち足利尊氏により幽閉され殺された。
¶朝日(㊦建武2年7月23日(1335年8月12日)), 岩史, 角史, 神奈川人, 鎌倉(もりながしんのう), 鎌倉新(もりながしんのう), 鎌古(㊤?), 鎌室(もりながしんのう), 京都(もりながしんのう), 京都大(もりながしんのう), 郷土奈良(もりながしんのう), 国史(㊤?), 古中(㊤?), コン改, コン4, コン5, 史人, 重要, 諸系, 人書94(もりながしんのう), 新潮(もりながしんのう), 人名(もりながしんのう), 姓氏京都, 世人(もりながしんのう), 世百(もりながしんのう), 全書, 大百(もりながしんのう), 中世, 天皇, 内乱, 日史, 日人, 百科, 仏教(尊雲　そんうん), 平日(㊤1308 ㊦1335), 室町, 山川小, 山梨人(護良親皇　もりながしんのう), 山梨百(もりながしんのう), 歴大, 和歌山人(もりながしんのう)

**森義教** もりよしのり★
明治10(1877)年7月10日〜昭和31(1956)年3月19日
明治〜昭和期の刈和野の浮島神社宮司。
¶秋田人2

**森竜吉** もりりゅうきち
大正5(1916)年2月3日〜昭和55(1980)年3月22日
昭和期の仏教学者。龍谷大学教授。
¶現執1期, 現情, 滋賀文, 真宗, 仏教, マス2, マス89

**森梁香** もりりょうこう
昭和期の僧侶。
¶真宗

**森脇軍蔵** もりわきぐんぞう
元禄13(1700)年〜安永7(1778)年
江戸時代中期の神道家。
¶国書(㊦安永7(1778)年2月), 日人

も

**森脇三久** もりわきみつひさ
承応2(1653)年〜享保12(1727)年
江戸時代前期〜中期の神道家。
¶姓氏山口

**茂林興樹** もりんこうじゅ
?〜応永15(1408)年
南北朝時代〜室町時代の臨済宗の僧。
¶国書

**茂林芝繁** もりんしはん
明徳4(1393)年〜長享1(1487)年2月8日
室町時代の曹洞宗の僧。
¶熊本百, 仏教

**茂林秀繁** もりんしゅうはん
?〜永禄13(1570)年1月8日
戦国時代の曹洞宗の僧。
¶仏教

**茂林禅師** もりんぜんじ
戦国時代の臨済宗妙心寺派の僧。甲斐・円蔵院の住職。
¶武田

**茂林宗植** もりんそうしょく
貞享3(1686)年〜寛延2(1749)年11月21日
江戸時代中期の華厳宗の僧。大徳寺326世。
¶国書, 仏教

**茂林宗繁** もりんそうはん
生没年不詳
室町時代の華厳宗の僧。
¶仏教

**師明親王** もろあきらしんのう
→性信(1)(しょうしん)

**諸井国三郎** もろいくにさぶろう
天保11(1840)年7月20日〜大正7(1918)年6月

22日
江戸時代末期～大正期の天理教山名大教会初代会長。
¶埼玉人，静岡歴，姓氏静岡

**師岡正胤** もろおかまさたね
文政12(1829)年11月～明治32(1899)年1月23日
江戸時代末期～明治期の国学者。足利三代木像梟首事件を起こす。維新後、京都松尾神社大宮司となる。
¶維新，江文，近現，近世，国史，国書([生]文政12(1829)年11月29日)，神史，神人，新潮，長野歴，日人，幕末([生]1829年12月)，幕末大，明治史，明大2

**諸岳奕堂** もろがくえきどう
→諸岳奕堂(もろたけえきどう)

**諸岳奕堂**(諸嶽奕堂) もろたけえきどう
文化2(1805)年～明治12(1879)年8月24日 [別]諸岳奕堂(もろがくえきどう)，栴崖奕堂(せんがいえきどう)，奕堂(えきどう)，旃崖奕堂(せんがいえきどう)，旃崖(せんがい)
江戸時代末期～明治期の曹洞宗の僧。大宅寺住持、総持寺独住1世。永平寺、総持寺の抗争に際し、盟約締結に尽力。
¶朝日([生]文化2年1月1日(1805年1月31日))，近現(旃崖奕堂 せんがいえきどう)，近世(旃崖奕堂 せんがいえきどう)，国史(旃崖奕堂 せんがいえきどう)，コン改(もろがくえきどう)，コン4，コン5，新潮，人名(奕堂 えきどう)，人名(旃崖奕堂 せんがいえきどう)，日人，仏教([生]文化2(1805)年1月1日)，仏史(栴崖奕堂 せんがいえきどう)，仏史(旃崖奕堂 せんがいえきどう)，仏人，仏人(旃崖 せんがい)，明大1(諸嶽奕堂 [生]文化2(1805)年1月1日)

**諸星杢之助** もろほしもくのすけ
生没年不詳
江戸時代後期の大住郡渋沢村惣社(八幡社)神主。
¶神奈川人

**文奕** もんえき
→関文奕(せきもんえき)

**文奕無学** もんえきむがく
→関文奕(せきもんえき)

**聞悦** もんえつ
生没年不詳
江戸時代前期の浄土宗の僧。
¶仏教

**文賀** もんが
？ ～元和2(1616)年2月10日
安土桃山時代～江戸時代前期の浄土宗の僧。
¶仏教

**文愷元怡** もんがいげんい
？ ～享保5(1720)年3月15日
江戸時代中期の黄檗宗の僧。
¶黄檗

**門鶴** もんかく
？ ～元和1(1615)年9月8日
安土桃山時代～江戸時代前期の曹洞宗の僧。永平寺20世。
¶仏教

**文覚** もんがく
保延5(1139)年～建仁3(1203)年 [別]新田忠常(にったただつね)，藤原忠常(ふじわらのただつね)，文覚上人(もんがくしょうにん)，遠藤盛遠(えんどうもりとお)
平安時代後期～鎌倉時代前期の真言宗の僧。
¶朝日，伊豆(生没年不詳)，岩史(生没年不詳)，大阪人，角史(生没年不詳)，神奈川人(生没年不詳)，鎌倉(生没年不詳)，鎌倉新(生没年不詳)，鎌古，鎌室(新田忠常 にったただつね [生]仁安3(1168)年)，鎌室(生没年不詳)，京都(生没年不詳)，京都大(生没年不詳)，京都府(生没年不詳)，国史，国書(生没年不詳)，古人，古中，コン改(生没年不詳)，コン4(生没年不詳)，コン5，史人([没]1203年7月21日)，静岡歴(生没年不詳)，島根人(文覚上人 もんがくしょうにん [生]正治頃)，人書94(生没年不詳)，新潮(生没年不詳)，人名，姓氏京都(生没年不詳)，世人(生没年不詳)，世百，全書(生没年不詳)，大百，中世，内乱，新潟百(生没年不詳)，日史([没]建仁3(1203)年7月21日)，日人，飛騨，百科(生没年不詳)，仏教(生没年不詳)，仏史，仏人(生没年不詳)，平家，平史(藤原忠常 ふじわらのただつね [生]？)，平史([生]1139年？)，平日([生]1139 [没]1203)，名僧，山川小([没]1203年7月21日)，歴大，和歌山人

**文覚上人** もんがくしょうにん
→文覚(もんがく)

**文観** もんかん
弘安1(1278)年～正平12/延文2(1357)年10月9日 [別]弘真(こうしん)，文観上人(もんかんしょうにん)，文観(ぶんかん)
鎌倉時代後期～南北朝時代の真言宗の僧、律僧。立川流の大成者。
¶朝日([没]延文2/正平12年10月9日(1357年11月21日))，岩史，角史，鎌室(弘真 こうしん)，鎌室，国史，国書(弘真 こうしん)，古中，コン改，コン4，コン5，史人，新潮，人名(弘真 こうしん)，人名，姓氏京都，世人，中世，内乱，日史，日人(弘真 こうしん)，百科，兵庫人(文観上人 もんかんしょうにん)，兵庫百(文観上人 もんかんしょうにん)，仏教(弘真 こうしん)，仏史，仏人(弘真 こうしん)，平日([生]1278 [没]1357)，室町，名画，歴大

**文閑** もんかん
戦国時代の時宗の僧・連歌作者。
¶国書(生没年不詳)，俳文

**文観上人** もんかんしょうにん
→文観(もんかん)

**門及** もんきゅう
？ ～寛政8(1796)年
江戸時代中期～後期の深浦湊の荘厳寺にいた義僧。

¶青森人

**文慶(1) もんきょう**
*〜永承1(1046)年 [別]文慶(もんけい)
平安時代中期の天台宗の僧。園城寺20・22・24世。
¶古人(もんけい [生]967年), 日人([生]966年), 仏教([生]康保3(966)年 [没]永承1(1046)年7月2日), 平史(もんけい [生]967年)

**文慶(2) もんきょう**
生没年不詳
江戸時代前期の浄土宗の僧。
¶仏教

**文慶 もんけい**
→文慶(1)(もんきょう)

**文冏 もんけい★**
〜寛永1(1624)年5月18日
江戸時代前期の秋田市の浄土宗誓願寺開山。
¶秋田人2

**聞渓良聡 もんけいりょうそう**
? 〜文中1/応安5(1372)年
南北朝時代の僧。
¶鎌室, 人名, 長野歴, 日人, 仏教([没]応安5/文中1(1372)年7月5日)

**文豪 もんごう**
? 〜治暦2(1066)年5月5日
平安時代中期の僧。
¶古人([生]?), 仏教, 平史

**聞号 もんごう**
明和8(1771)年〜天保2(1831)年5月28日
江戸時代後期の浄土真宗の僧。
¶国書, 仏教

**聞谷浄抽 もんこくじょうちゅう**
*〜寛保2(1742)年12月16日
江戸時代中期の黄檗宗の僧。
¶黄檗([生]?), 国書([生]寛文6(1666)年)

**聞寂 もんじゃく**
平安時代前期の大安寺の僧。
¶古人, 古代, 古代普, 日人(生没年不詳)

**文朱 もんじゅ**
生没年不詳
江戸時代中期の僧侶。
¶庄内

**文宗(1) もんしゅう**
弘治2(1556)年〜寛永7(1630)年7月
安土桃山時代〜江戸時代前期の浄土宗の僧。
¶埼玉人, 仏教

**文宗(2) もんしゅう**
? 〜慶安2(1649)年12月8日
江戸時代前期の浄土宗の僧。知恩院34世。
¶仏教

**聞秀 もんしゅう**
? 〜天正10(1582)年10月15日
安土桃山時代の浄土宗の僧。
¶埼玉人, 仏教

**門周 もんしゅう**
寛永15(1638)年〜享保5(1720)年9月13日
江戸時代前期〜中期の浄土宗の僧。増上寺35世。
¶仏教([没]享保5(1720)年9月13日, (異説)享保6(1721)年9月13日)

**文宿 もんしゅく**
? 〜正保3(1646)年4月24日
江戸時代前期の浄土宗の僧。
¶仏教

**聞証 もんしょう**
*〜元禄1(1688)年 [別]誠観(せいかん), 聞証(ぶんしょう), 良光(りょうこう)
江戸時代前期の浄土宗の学僧。
¶近世([生]1634年), 国史([生]1634年), 国書([生]寛永11(1634)年12月15日 [没]貞享5(1688)年5月27日), コン改([生]寛永12(1635)年), コン4([生]寛永12(1635)年), コン5([生]寛永12(1635)年), 新潮([生]寛永12(1635)年 [没]元禄1(1688)年5月27日), 人名([生]1634年), 世人([生]寛永12(1635)年), 日人([生]1635年), 仏教([生]寛永11(1634)年11月15日 [没]貞享5(1688)年5月17日), 仏史([生]1634年)

**聞生 もんしょう**
寛政4(1792)年〜安政6(1859)年6月24日
江戸時代後期〜末期の浄土真宗の僧。
¶国書

**文思竜淵 もんしりゅうえん**
生没年不詳
江戸時代後期の僧侶。
¶国書

**聞随 もんずい**
生没年不詳
江戸時代後期の浄土真宗の僧。
¶国書

**門随 もんずい**
? 〜元和9(1623)年8月2日
江戸時代前期の浄土宗の僧。
¶仏教

**文宗 もんそう**
? 〜天文23(1554)年
戦国時代の浄土宗の僧。
¶仏教

**聞諦 もんたい**
生没年不詳
安土桃山時代〜江戸時代前期の浄土宗の僧。
¶国書, 仏教

**文智 もんち**
生没年不詳
鎌倉時代後期の僧侶・歌人。
¶国書

**聞中** もんちゅう
元文4(1739)年～文政12(1829)年
江戸時代中期の禅僧。
¶京都大，姓氏京都，三重(㊦文化12年9月16日)

**聞中浄復** もんちゅうじょうふく
元文4(1739)年12月18日～文政12(1829)年9月16日
江戸時代中期～後期の黄檗宗の僧。
¶黄檗，国書

**文超** もんちょう
？～寛永9(1632)年8月4日
江戸時代前期の浄土宗の僧。
¶仏教

**聞哲** もんてつ
貞享1(1684)年3月27日～明和3(1766)年7月11日
江戸時代前期～中期の僧侶。
¶国書

**門哲** もんてつ
？～延宝5(1677)年4月20日
江戸時代前期の浄土宗の僧。
¶仏教(㊦延宝5(1677)年4月20日，(異説)延宝7(1679)年4月20日)

**門庵宗関** もんなんそうかん
天文15(1546)年～元和7(1621)年11月26日
安土桃山時代～江戸時代前期の曹洞宗の僧。
¶仏教

**門庵道見** もんなんどうけん
生没年不詳
室町時代の曹洞宗の僧。
¶仏教

**文如** もんにょ
→文如(ぶんにょ)

**文雄** もんのう
元禄13(1700)年～宝暦13(1763)年　㊙文雄(ぶんゆう)，無相(むそう)，無相子(むそうし)
江戸時代中期の音韻学者。
¶朝日(㊦宝暦13年9月22日(1763年10月28日))，科学(㊦宝暦13(1763)年9月22日)，近世，国史，国書(㊦宝暦13(1763)年9月23日)，コン改(ぶんゆう)，コン4(ぶんゆう)，コン5(ぶんゆう)，思想史，新潮(ぶんゆう　㊦宝暦13(1763)年9月22日)，人名(ぶんゆう)，日人，仏教，仏史

## 【や】

**八重宮** やえのみや
→理昌女王(りしょうじょおう)

**矢追日聖** やおいにっしょう
明治44(1911)年12月23日～平成8(1996)年2月9日
昭和期の宗教家。自然神道、大倭教を開教し布教活動に務める。
¶現情，現人，世紀，民学

**八百比丘尼** やおびくに
→八百比丘尼(はっぴゃくびくに)

**埜鶴** やかく
～明治6(1873)年
江戸時代後期～明治期の僧侶。
¶島根人

**屋形諸利** やかたもろとし
生没年不詳
南北朝時代の神官武士。
¶大分歴

**八木一男** やぎかずお
明治18(1885)年8月2日～昭和42(1967)年2月17日
明治～昭和期の教育者、伝道者。日本水上学校校長。
¶キリ

**柳下織右衛門** やぎしたおううえもん
嘉永2(1849)年4月8日～明治37(1904)年12月8日
江戸時代後期～明治期の神職。
¶神人

**八木重吉** やぎじゅうきち
明治31(1898)年2月9日～昭和2(1927)年10月26日
大正期の詩人。受洗、無教会主義者。詩集に「秋の鐘」「貧しき信徒」など。
¶神奈川人，神奈川百，キリ，近現，近文，現朝，現詩，現日，広7，国史，コン改，コン5，詩歌，詩作，史人，新カト，新潮，新文，人名，世紀，姓氏神奈川，全書，大百，多摩，千葉百，奈良文，日人，日本，百科，兵庫百，兵庫文，文学，ポプ人，町田歴，歴大

**八木豊太郎** やぎとよたろう
昭和期の神職。
¶神人

**約菴徳久**(約庵徳久) やくあんとくきゅう
正和2(1313)年～天授2/永和2(1376)年　㊙約庵徳久(やくあんとっきゅう)
南北朝時代の僧。
¶鎌室，人名，日人(約庵徳久)，仏教(約庵徳久　やくあんとっきゅう　㊦明・洪武9(1376)年9月24日)

**約庵徳久** やくあんとっきゅう
→約菴徳久(やくあんとくきゅう)

**施薬院全宗** やくいんぜんそう
大永6(1526)年～慶長4(1599)年12月10日　㊙施薬院全宗(せやくいんぜんそう)，全宗(ぜんしゅう，ぜんそう)，丹波全宗(たんばぜんそう)，徳雲軒全宗(とくうんけんぜんそう)
戦国時代～安土桃山時代の医師。豊臣秀吉の侍医で、政治にも参画。
¶朝日(せやくいんぜんそう　㊦慶長4年12月10日(1600年1月25日))，岩史，眼科(せやくいんぜ

んそう　[生]大永2(1522)年，京都大(せやくいんぜんそう)，近世，国史，コン改(丹波全宗　たんばぜんそう)，コン4(丹波全宗　たんばぜんそう)，コン5(丹波全宗　たんばぜんそう)，史人(せやくいんぜんそう)，新潮(せやくいんぜんそう)，人名(全宗　ぜんしゅう　[生]1528年　[没]1596年)，人名(丹波全宗　たんばぜんそう　[生]？)，姓氏京都(せやくいんぜんそう)，世人(全宗　ぜんそう　[生]享禄1(1528)年　[没]慶長1(1596)年)，戦国([生]1529年　[没]1596年)，戦辞([没]慶長4年12月10日(1600年1月25日))，戦人(生没年不詳)，全戦，茶道([生]1525年)，日史，日人(せやくいんぜんそう　[没]1600年)，百科，仏教(全宗　ぜんしゅう　[生]享禄1(1528)年　[没]慶長1(1596)年12月10日)，歴大

**益翁宗謙　やくおうしゅうけん**
→宗謙(そうけん)

**益翁宗謙　やくおうそうけん**
→宗謙(そうけん)

**約翁徳倹(約翁徳検)　やくおうとくけん**
寛元3(1245)年～元応2(1320)年5月19日　[別]徳倹(とくけん)，約翁徳倹(やくおうとっけん)，仏灯大光国師(ぶっとうだいこうこくし)
鎌倉時代後期の臨済宗の僧。中国五山の諸師に歴参。
¶朝日(約翁徳検　[生]寛元2(1244)年　[没]元応2年5月19日(1320年6月25日))，神奈川人，鎌倉([生]寛元2(1244)年)，鎌室，国書(やくおうとっけん)，コン改，コン4，コン5，新潮，人名，日人(やくおうとっけん)，仏教(やくおうとっけん)，仏人(徳倹　とくけん　[生]1244年)

**約翁徳倹　やくおうとっけん**
→約翁徳倹(やくおうとくけん)

**薬源　やくげん**
平安時代後期の天台僧。
¶古人，平史(生没年不詳)

**薬恒　やくこう**
生没年不詳
平安時代前期～中期の天台宗の僧。
¶国書

**薬師寺育造　やくしじいくぞう**
明治3(1870)年～明治30(1897)年
明治期のキリスト教伝道者。
¶大分歴

**薬師寺要太郎　やくしじようたろう**
明治12(1879)年～昭和26(1951)年
明治～昭和期の神職。
¶神人

**益守　やくしゅ**
生没年不詳
鎌倉時代後期の真言宗の僧。東寺長者119世。
¶仏教

**益州仁海　やくしゅうにんかい**
生没年不詳
江戸時代中期の曹洞宗の画僧。
¶仏教

**益信　やくしん**
天長4(827)年～延喜6(906)年3月7日　[別]本覚大師(ほんがくだいし)
平安時代前期～中期の真言宗の僧。広沢流の始祖。
¶朝日([没]延喜6年3月7日(906年4月3日))，岩史，角史，京都大，国史，国書，古史，古人，古代，古代普，古中，コン改，コン4，コン5，埼玉人，史人，新潮，人名，姓氏京都，世人，世百，全書，大百，日史，日人，百科，仏教，仏史，仏人，平史，歴大

**薬知　やくち**
生没年不詳
平安時代中期の天台宗の僧。
¶仏教

**薬智　やくち**
生没年不詳
平安時代後期の天台宗の僧。
¶朝日，コン改，コン4，コン5，新潮，人名，日人

**役田義昭　やくでんよしあき**
昭和9(1934)年1月17日～
昭和期の宮大工。
¶飛騨

**薬仁(1)　やくにん**
？　～貞観16(874)年
平安時代前期の薬師寺の僧。
¶古人([生]？)，古代，古代普([生]？)，日人，仏教([没]貞観16(874)年8月)，平史

**薬仁(2)　やくにん**
生没年不詳
鎌倉時代の天台宗の僧。
¶国書

**益遍　やくへん**
享徳1(1452)年～明応6(1497)年9月6日
室町時代～戦国時代の真言宗の僧。太政大臣東久世通博の子。
¶仏教

**八雲円城　やぐもえんじょう**
明治32(1899)年2月25日～昭和50(1975)年11月30日
明治～昭和期の浄土真宗本願寺派の布教使。
¶真宗

**八雲数枝　やくもかずえ，やぐもかずえ**
明治13(1880)年11月18日～昭和43(1968)年9月27日
明治～昭和期の社会事業家。夫竜震と因伯保児院を創設。実子との区別なく育てる。仏教婦人会などでも活躍。
¶女性，女性普(やぐもかずえ)，世紀，鳥取百，日人

**八雲琢道　やくもたくどう**
？　～明治13(1880)年

江戸時代後期～明治期の駿府安西三丁目の八雲神社の神主。
¶姓氏静岡

**矢倉隆** やぐらたかし
明治4 (1871) 年～昭和29 (1954) 年
明治～昭和期の僧侶。
¶和歌山人

**薬蓮** やくれん
生没年不詳
平安時代後期の僧。
¶日人，仏教

**矢沢大堅** やざわだいけん
延宝4 (1676) 年～延享1 (1744) 年
江戸時代前期～中期の新田開発者・僧侶。
¶多摩

**弥七** やしち
戦国時代の奈良の宮大工の棟梁。与次郎の一族か。北条氏康に属した。
¶伊豆，後北

**矢島清文** やじまきよぶみ
大正2 (1913) 年～
昭和期の宗教家。
¶郷土栃木

や

**矢島錦蔵** やじまきんぞう
文久3 (1863) 年～大正5 (1916) 年
明治～大正期の教育家。
¶神人，心理

**矢島左近** やじまさこん
？ ～寛永17 (1640) 年
安土桃山時代～江戸時代前期の橋本村臨済宗香福寺の中興開基。
¶姓氏神奈川

**八島寿軒** やしまじゅけん
万治1 (1658) 年～享保15 (1730) 年9月19日
江戸時代前期～中期の修験者・医者。
¶国書，庄内

**矢島要人** やじまとしひと
生没年不詳
明治期の高座郡橋本村神明宮日枝社神主。
¶神奈川人

**矢島不干** やじまぶかん
生没年不詳
江戸時代後期の内牧村の南蔵院修験者。
¶埼玉人

**ヤジロー**
→アンジロー

**ヤジロウ** (弥次郎)　やじろう
→アンジロー

**八代斌助** やしろひんすけ
明治33 (1900) 年3月3日～昭和45 (1970) 年10月10日
大正～昭和期のキリスト教伝道者。世界協会一致運動に尽力。
¶学校，キリ，現朝，現情，現人，人名7，世紀，哲学，日人，日Y，兵庫百，北海道百，北海道歴

**安井清** やすいきよし
大正14 (1925) 年12月6日～平成22 (2010) 年10月30日
昭和～平成期の宮大工。やすいきよし事務所代表。
¶美建

**安井広度** やすいこうど
明治16 (1883) 年11月14日～昭和43 (1968) 年7月14日
明治～昭和期の僧侶。
¶真宗

**安井敬忠** やすいたかただ
生没年不詳
江戸時代中期の神職。
¶国書

**安井信富** やすいのぶよし
安永2 (1773) 年～弘化2 (1845) 年3月6日
江戸時代中期～後期の神職。
¶国書

**安井則之** やすいのりゆき
天保11 (1840) 年10月～明治21 (1888) 年4月26日
江戸時代後期～明治期の国学者・神職。
¶国書

**安井光雄** やすいみつお
昭和4 (1929) 年～平成4 (1992) 年
昭和期の法学者、カトリック司祭。上智大学教授。
¶青森人，現執1期

**安井吉家** やすいよしいえ
天保5 (1834) 年～明治23 (1890) 年
明治期の神道家。蒲生組講研究所設立で訓導となり、のち神宮文教会副長。
¶人名，日人

**安江和宣** やすえかずのり
昭和19 (1944) 年10月2日～
昭和期の神道祭祀学研究者。皇学館大学教授。
¶現執2期

**安江静** やすえしずか
明治期の神職。
¶神人

**安岡花芳** やすおかかほう
文政6 (1823) 年～明治39 (1906) 年
江戸時代後期～明治期の僧侶。
¶高知人

**安川浄生** やすかわじょうせい
大正14 (1925) 年4月30日～
昭和期の僧侶。北九州市役所市史編さん室長。
¶現執2期

**安川亨** やすかわとおる
？ ～明治41 (1908) 年3月30日
明治期の伝道師。

¶キリ

**安木田頼方** やすきだよりかた
天保4(1833)年～明治44(1911)年10月16日
江戸時代末期～明治期の加賀藩国学者、神職。明倫堂講師。笠間神社、松任若宮神社などの神職に就く。
¶姓氏石川([生]?), 幕末, 幕末大

**安国淡雲** やすくにだんうん
天保1(1830)年～明治38(1905)年1月6日 [別]淡雲(たんうん)
江戸時代後期～明治期の僧侶。
¶国書(淡雲 たんうん), 真宗, 真宗(淡雲 たんうん [生]天保1(1830)年11月21日)

**康資王** やすすけおう
? ～寛治4(1090)年
平安時代中期～後期の神祇伯。父は源延信。
¶古人([生]?), 神人, 平史

**安田力** やすだいさお
明治7(1874)年3月19日～昭和37(1962)年10月1日
明治～昭和期の真宗大谷派僧侶、教育者。東海同朋大学初代学長、真宗大谷派宗務総長。
¶現情, 昭人, 真宗, 人名7, 世紀, 日人, 仏教([生]明治7(1874)年9月17日), 仏人

**安田一専** やすだいっせん
文化13(1816)年11月20日～明治15(1882)年11月4日
江戸時代後期～明治期の僧侶。
¶真宗

**安武慶吉** やすたけけいきち
昭和11(1936)年11月16日～
昭和期の伝道者、社会事業家。
¶視覚

**安田久雄** やすだひさお
大正10(1921)年12月20日～平成28(2016)年4月23日
大正～平成期の司教。カトリック大阪大司教区第2代大司教。
¶新カト

**安田好三** やすだよしぞう
大正10(1921)年7月18日～昭和63(1988)年7月29日
昭和期の金光教教師。
¶岡山歴

**安田理深** やすだりじん, やすだりしん
明治33(1900)年9月1日～昭和57(1982)年2月19日
大正～昭和期の真宗大谷派学僧。雑誌「興法」主宰者。
¶現執1期(やすだりしん), 真宗, 世紀, 仏教, 民学

**安冨成中** やすとみじょうちゅう
明治19(1886)年9月2日～昭和48(1973)年8月25日
明治～昭和期の僧侶。
¶真宗

**安原豊次** やすはらとよつぐ
明治28(1895)年～昭和20(1945)年
明治～昭和期の沖縄・波上宮宮司。
¶神人

**安村三郎** やすむらさぶろう
明治24(1891)年4月23日～昭和45(1970)年4月4日
大正・昭和期の神学博士。
¶岩手人

**安之** やすゆき
生没年不詳
江戸時代前期の神職・俳人。
¶国書

**矢田家次** やたいえつぐ
安土桃山時代の僧。相光寺を創建。
¶伊豆

**矢田隆男** やだたかお
弘化4(1847)年～大正12(1923)年
江戸時代後期～大正期の神道家。
¶神人

**矢谷寿雄** やたにとしお
明治37(1904)年～昭和48(1973)年
昭和期の宗教家、音楽家。
¶鳥取百

**矢田部盛和** やたべもりかず
天文2(1533)年? ～慶長10(1605)年8月13日
戦国時代～江戸時代前期の伊豆三嶋社神主。
¶戦辞

**矢田部盛次** やたべもりつぐ
明治～大正期の神職。
¶神人

**矢田部盛治** やたべもりはる
文政7(1824)年～明治4(1871)年
江戸時代末期～明治期の志士。産業開発に尽力。伊吹隊を結成。
¶維新, 伊豆([生]文政7(1824)年3月3日 [没]明治4(1871)年9月14日), コン改, コン4, コン5, 静岡百, 静岡歴, 神人, 姓氏静岡, 日人, 幕末, 幕末大([生]文政7(1824)年3月3日 [没]明治4(1871)年9月)

**矢田了章** やたりょうしょう
昭和16(1941)年～
昭和期の仏教学者。
¶現執1期

**谷内正順** やちしょうじゅん
→谷内正順(たにうちしょうじゅん)

**八束清丈** やつかきよたけ
安政5(1858)年～大正10(1921)年
明治～大正期の神職。
¶神人

**奴の小万** やっこのこまん
→正慶尼（せいけいに）

**八束清貫** やつづかきよつら
明治18（1885）年〜昭和45（1970）年
明治〜昭和期の神道家。
¶愛媛

**八剣興寿** やつるぎおきなが
享和1（1801）年〜嘉永6（1853）年6月21日
江戸時代後期の神職。
¶国書

**八剣勝重** やつるぎかつしげ
延宝4（1676）年〜享保8（1723）年
江戸時代前期〜中期の上総国木更津八幡宮の祀職。
¶国書，神人（生没年不詳）

**夜濤** やとう
→沼夜濤（ぬまやとう）

**柳川右兵衛** やながわうへえ
？　〜天保5（1834）年
江戸時代後期の宮大工。
¶神奈川人，美建

や

**柳沢長乾** やなぎさわちょうけん
文化12（1815）年〜明治8（1875）年
江戸時代後期〜明治期の僧侶。
¶姓氏長野

**柳田懿春** やなぎたえしゅん
享和3（1803）年〜明治18（1885）年
江戸時代後期〜明治期の上三川村の私塾玉柳軒塾主、権少講議（神官）、槍術家。
¶栃木歴

**柳田聖山** やなぎだせいざん
大正11（1922）年12月19日〜平成18（2006）年11月8日
昭和〜平成期の中国哲学者。峨眉山良寛詩建碑の会代表、京都大学教授。著書に「禅思想」「一休〈狂雲集〉の世界」など。環境NGO・環境市民代表も務める。
¶現執1期，現執2期，現執3期，現執4期，現情，滋賀文，世紀，日人，マス89

**柳田暹瑛** やなぎだせんえい
大正6（1917）年7月9日〜平成12（2000）年11月10日
昭和期の歌人、僧侶。
¶滋賀文

**柳原貞次郎** やなぎはらさだじろう
明治19（1886）年6月26日〜昭和48（1973）年9月23日　㊞柳原貞次郎（やなぎはらていじろう，やなぎわらていじろう）
大正〜昭和期の日本聖公会主教。
¶大阪人（やなぎはらていじろう　㊀昭和48（1973）年9月），キリ，現情（やなぎわらていじろう），人名7（やなぎわらていじろう），心理，世紀，日人（やなぎはらていじろう）

**柳原貞次郎** やなぎはらていじろう
→柳原貞次郎（やなぎはらさだじろう）

**柳原浩夫** やなぎはらひろお
生没年不詳
明治期のキリスト教徒。山口県に信者を対象とした図書館を設立した。
¶図人（㊀？　㊁？）

**柳原貞次郎** やなぎわらていじろう
→柳原貞次郎（やなぎはらさだじろう）

**梁瀬我聞** やなせがもん
文化10（1827）年〜明治34（1901）年
明治期の僧。兵庫教校を開き英才を出す。のち本願寺大学林教授として尽力。
¶真宗（㊀文化10（1827）年5月13日　㊁明治34（1901）年10月5日），人名（㊀？），日人

**柳瀬睦男** やなせむつお
大正11（1922）年1月19日〜平成20（2008）年12月7日
昭和〜平成期の物理学者、上智大学名誉教授。専門は物理学基礎論、科学哲学。
¶科学，現朝，現執1期，現執2期，現情，世紀，日人

**簗田真教** やなだしんきょう
明治40（1907）年〜昭和50（1975）年
昭和期の僧。百石町法運寺住職。
¶青森人

**矢野猪三郎** やのいさぶろう
生没年不詳
明治期の牧師。
¶庄内

**矢野稜威雄** やのいずお
明治13（1880）年〜昭和26（1951）年
明治〜昭和期の宮司、歌人。
¶愛媛

**矢野公紀** やのきみのり
元禄16（1703）年〜天明6（1786）年8月7日
江戸時代中期の神職。
¶国書

**矢野憲一** やのけんいち
昭和13（1938）年4月10日〜
昭和〜平成期の神官、サメ研究家。伊勢神宮禰宜、神宮徴古館農業館長。
¶紀伊文，現執3期，現執4期

**矢野香園** やのこうえん
？　〜文政12（1829）年
江戸時代後期の僧。不動院の住職。
¶姓氏愛知

**矢野左倉太夫** やのさくらだゆう
生没年不詳
江戸時代後期の神職。
¶国書

**矢野大珠** やのたいしゅ
明治30(1897)年～昭和53(1978)年
大正～昭和期の教育者・宗教家。
¶香川人，香川百

**矢野豁** やのとおる
明治14(1881)年～昭和20(1945)年7月
明治～昭和期の神職。
¶神人

**矢野万太郎** やのまんたろう
嘉永6(1853)年～
明治期の神官。
¶神人

**矢野元隆** やのもとたか
*～慶応1(1865)年
江戸時代末期の日本国内での最初の日本人プロテスタント受洗者。
¶キリ([生]文化12(1815)年頃 [没]慶応1(1865)年12月5日)，近世([生]?)，国史([生]?)，新潮([生]文化12(1815)年? [没]慶応1(1865)年12月5日)，世人([生]?)，日人([生]1815年頃)

**矢野守光** やのもりみつ
江戸時代後期の神道講釈者。
¶思想史

**矢野義太郎** やのよしたろう
生没年不詳
明治期の牧師。
¶社史

**矢野隆山** やのりゅうざん
文化11(1814)年～慶応1(1865)年11月
江戸時代末期の鍼医、最初のプロテスタント信者。
¶維新，人情5([生]?)，幕末([没]1866年1月)，幕末大

**矢萩賢宗** やはぎけんしゅう★
明治19(1886)年11月20日～昭和29(1954)年3月25日
明治～昭和期の宗教功労者。
¶秋田人2

**谷萩弘道** やはぎこうどう
明治44(1911)年～
昭和期の英語・アメリカ文学者、僧侶。大正大学教授。
¶現執1期

**矢幡太刀彦** やはたたちひこ
明治期の神職。
¶神人

**矢吹慶輝** やぶきけいき
明治12(1879)年2月13日～昭和14(1939)年6月10日
明治～昭和期の宗教学者、社会事業家。宗教大学教授。勤労児童施設三輪学院を創設。
¶近現，現朝，国史，史人，昭人，真宗，世紀，哲学，日人，仏教，仏人，明大2

**矢吹幸太郎** やぶきこうたろう
明治5(1872)年5月23日～昭和27(1952)年11月5日
明治～昭和期の社会事業家。救世軍士官学校長、救世軍大佐。
¶キリ

**矢吹正則** やぶきまさのり
天保4(1833)年～明治39(1906)年10月9日
江戸時代末期～明治期の勤王家、美作津山藩士。
¶岡山人，岡山百([生]天保4(1833)年11月22日)，岡山歴([没]明治38(1905)年10月7日)，郷土([生]天保4(1833)年11月22日 [没]明治38(1905)年10月7日)，人名，日人([生]1834年)，幕末，幕末大，藩臣6，明大1([生]天保4(1833)年11月22日 [没]明治38(1905)年10月7日)

**藪重吉** やぶしげきち
明治11(1878)年～
明治～大正期の神職。
¶神人

**藪波浄慧**(薮波浄慧) やぶなみじょうえ
嘉永5(1852)年～明治39(1906)年9月1日
江戸時代後期～明治期の勧業僧。
¶姓氏富山，富山百([生]嘉永5(1852)年12月3日)，日人([生]1853年)，明大1(薮波浄慧)

**矢部喜好** やべきよし
明治17(1884)年7月4日～昭和10(1935)年8月26日
明治～昭和期の牧師。日露戦争の徴兵忌避で若松監獄に入獄。多彩な活動で農村教化に大きな足跡を残す。
¶会津，朝日，キリ，滋賀百，世紀，日人，福島百，平和，明大1，歴大

**山井尚清** やまいしょうせい
建長6(1254)年3月～元応2(1320)年 [別]尚清(しょうしょう)
鎌倉時代後期の石清水八幡宮祠官。
¶鎌室，国書(尚清 しょうしょう)，新潮，日人

**山井昇清** やまいしょうせい
嘉暦1(1326)年～正平19/貞治3(1364)年
南北朝時代の石清水八幡宮祠官。
¶鎌室，新潮([没]貞治3/正平19(1364)年6月12日)，日人

**山内一郎** やまうちいちろう
昭和10(1935)年8月11日～
昭和期の神学者、牧師。関西学院大学教授、日本基督教団正教師。
¶現執1期，現執2期

**山内恵教** やまうちえきょう
文化8(1811)年～明治21(1888)年
江戸時代後期～明治期の僧。浄休寺第11世住職。
¶姓氏愛知

**山内桂** やまうちかつら
～明治33(1900)年10月11日
明治期の神職。

¶飛騨

**山内謹三** やまうちきんざん
大正3(1914)年〜
昭和期の僧侶。
¶群馬人

**山内憲一** やまうちけんいち
明治24(1891)年〜昭和37(1962)年
大正〜昭和期の僧侶。
¶群馬人

**山内重徳** やまうちしげのり
〜慶応4(1868)年3月13日
江戸時代末期の神職。
¶飛騨

**山内舜雄** やまうちしゅんゆう
大正9(1920)年〜
昭和期の仏教学者、僧侶。駒沢大学教授。
¶現執1期

**山内晋卿** やまうちしんきょう
元治1(1864)年〜昭和20(1945)年9月9日
江戸時代末期〜昭和期の僧侶。
¶真宗

**山内甚五郎** やまうちじんごろう
文政11(1828)年〜明治36(1903)年
江戸時代末期〜明治期の武士、神職。
¶姓氏鹿児島，日人

**山内精二** やまうちせいじ
明治44(1911)年1月6日〜昭和60(1985)年11月21日
昭和期の農学校助手、牧師。農業実行組合長。
¶社史

**山内祀夫** やまうちとしお★
明治8(1875)年1月〜
明治〜昭和期の奉天神社神職。
¶人満

**山内豊章** やまうちとよなり
→山内豊章(やまのうちとよあき)

**山内真** やまうちまこと
昭和15(1940)年12月8日〜
昭和期の神学者。東京神学大学教授、東京神学大学学長。
¶現執2期

**山内流斎** やまうちりゅうさい
慶長17(1612)年〜寛文13(1673)年8月15日
江戸時代前期の武芸者。日蓮宗の僧。
¶国書

**山浦玄蕃** やまうらげんば
？ 〜承応2(1653)年12月2日 ㊙山浦光則(やまうらみつのり)
江戸時代前期のキリシタン。
¶近世，国史，コン改(㊞承応3(1654)年)，コン4(㊞承応3(1654)年)，コン5(㊞承応3(1654)年)，史人，新潮，世人(㊞承応3(1654)年)，日人(㊞1654年)，藩臣1(山浦光則 やまうらみつのり)，山形百

**山浦光則** やまうらみつのり
→山浦玄蕃(やまうらげんば)

**山岡晃英** やまおかこうえい
明治36(1903)年〜昭和52(1977)年
昭和期の僧、修験宗管長。
¶高知人

**山折哲雄** やまおりてつお
昭和6(1931)年5月11日〜
昭和〜平成期の宗教史学者。国際日本文化研究センター所長。民俗の中の宗教現象にひかれ、そこへ至る人間の体のプロセスを研究。著書に「神と仏」など。
¶現朝，現執1期，現執2期，現執3期，現執4期，現情，世紀，日人，マス89

**山蔭基央** やまかげもとひさ
大正14(1925)年3月11日〜
昭和〜平成期の古神道家。古神道山蔭流宗家。
¶現執2期，現執3期，現執4期

**山県雄杜三** やまがたおとぞう
明治4(1871)年7月19日〜昭和16(1941)年6月2日
明治〜昭和期の日本聖公会司祭、教会史家、神学者。
¶キリ，渡航

**山形孝夫** やまがたたかお
昭和7(1932)年1月3日〜
昭和〜平成期の宗教学者。宮城学院女子大学学長・宮城学院女子短期大学学長。
¶現執3期，現執4期，YA

**山形俊夫** やまがたとしお
明治44(1911)年6月1日〜
昭和期の牧師、神学者。
¶現執2期

**山県良温** やまがたりょううん
慶応2(1866)年〜昭和9(1934)年
明治〜昭和期の僧侶。
¶姓氏長野

**山鹿旗之進** やまがはたのしん
万延1(1860)年1月25日〜昭和29(1954)年4月1日
明治〜大正期の牧師、教育者。各地の教会牧師を歴任。婦人伝道者養成に尽力。
¶海越新，神奈川人，神奈川百，キリ，近現，現情，国史，人名7，世紀，渡航，日人，明治史，明大1

**山上戒全** やまがみかいぜん
？ 〜昭和22(1947)年1月29日
大正〜昭和期の融通念仏宗学僧。
¶仏教

**山上荷亭** やまかみかてい
大正1(1912)年4月27日〜昭和50(1975)年11月8日
昭和期の俳人、僧侶。

¶滋賀文

**山上曹源** やまがみそうげん, やまかみそうげん
明治11 (1878) 年10月12日～昭和32 (1957) 年3月21日
明治～昭和期の僧侶。曹洞宗大学学長。曹洞宗大学の昇格、機構整備や駒沢高等女学校の創設など宗教教育に専念。
¶現情, 佐賀百, 昭人, 人名7, 世紀, 全書 (やまかみそうげん), 渡航, 日人, 仏教, 仏人

**山鹿元次郎** やまがもとじろう
*～昭和22 (1947) 年12月31日
明治～昭和期の牧師、教育者。来徳女学校 (のち弘前女学校) 校長をへて弘前教会牧師。東奥義塾や弘前女学校の理事もつとめた。
¶青森人 (㊀安政5 (1858) 年), キリ (㊀安政5年12月30日 (1859年2月2日)), ジ人1 (㊀安政5 (1858) 年12月30日), 世紀 (㊀安政5 (1859) 年12月30日), 日人 (㊀1859年), 明大1 (㊀安政5 (1858) 年12月30日)

**山烏行淵** やまがらすぎょうえん
生没年不詳
平安時代前期の僧、銅鉱の発見者。
¶島根歴

**山川智応** やまかわちおう
明治12 (1879) 年3月16日～昭和31 (1956) 年6月2日
明治～昭和期の仏教学者。日蓮の科学的研究、法華教の思想的研究に務める。
¶大阪人, 大阪文, 神奈川人, 近現, 近文, 現情, 国史, 史人, 昭人, 人名7, 世紀, 哲学, 日人, 仏教, 仏人, 民学, 明治史

**山岸楽斎** やまぎしらくさい
天明2 (1782) 年～嘉永4 (1851) 年
江戸時代中期～後期の漢方医、僧良寛の知友。
¶新潟百

**山北多喜彦** やまきたたきひこ
明治41 (1908) 年1月1日～昭和43 (1968) 年8月17日
昭和期の牧師。世界キリスト教教育大会事務局長。
¶キリ, 日Y

**八巻穎男** やまきてるお
明治27 (1894) 年～昭和54 (1979) 年9月29日
明治～昭和期のカトリック研究家。
¶日エ

**山口愛次郎** やまぐちあいじろう
明治27 (1894) 年7月14日～昭和51 (1976) 年9月24日
明治～昭和期のカトリック長崎教区初代大司教。
¶キリ, 現情, 新カト, 人名7, 世紀, 長崎百, 日人

**山口起業** やまぐちおきなり
天保2 (1831) 年10月4日～明治19 (1886) 年2月16日　㊙山口起業 (やまぐちきぎょう)
江戸時代末期～明治期の神宮学者、国学者。
¶国書, 神史, 神人 (やまぐちきぎょう), 三重続, 明治史

**山口起業** やまぐちきぎょう
→山口起業 (やまぐちおきなり)

**山口光円** やまぐちこうえん
明治24 (1891) 年3月16日～昭和47 (1972) 年6月16日
明治～昭和期の天台宗僧侶、仏教学者。天台宗勧学院院長。
¶現情, 人名7, 世紀, 日人, 仏教, 仏人

**山口光憲** やまぐちこうけん
～昭和29 (1954) 年
大正～昭和期の僧侶。
¶岡山人

**山口巨鑑** やまぐちこかん
明治8 (1875) 年～昭和8 (1933) 年
明治～昭和期の僧。曹洞宗尼学林の学監兼教授。薬師堂住職。
¶姓氏愛知

**山口権蔵** やまぐちごんぞう
生没年不詳
明治期の宮大工。
¶飛驒

**山口定実** やまぐちさだざね
→山口定実 (やまぐちさだみ)

**山口定実** やまぐちさだみ
嘉永2 (1849) 年12月14日～昭和10 (1935) 年1月14日　㊙山口定実 (やまぐちさだざね)
明治期の神職。
¶神人, 徳島百 (やまぐちさだざね), 徳島歴 (やまぐちさだざね)

**山口鹿三** やまぐちしかぞう
明治3 (1870) 年～昭和28 (1953) 年1月15日
明治～昭和期のカトリックの神父。
¶会津, 新カト, 福島百

**山口重太郎** やまぐちじゅうたろう★
明治17 (1884) 年9月～
明治～昭和期の奉天日本基督教会牧師。
¶人満

**山口益** やまぐちすすむ
明治28 (1895) 年1月27日～昭和51 (1976) 年10月21日
昭和期の仏教学者、僧侶。大谷大学学長。真宗大谷派。大乗仏典を思想史的位置づけに貢献。
¶現朝, 現執1期, 現情, 真宗, 新潮, 人名7, 世紀, 全書, 哲学, 日人, 日本, 仏教, 仏人

**山口泉処** やまぐちせんしょ
→山口直毅 (やまぐちなおき)

**山口宅助** やまぐちたくすけ
慶応1 (1865) 年7月～昭和14 (1939) 年12月19日
明治～昭和期の神父。
¶愛媛百

**山口知息** やまぐちちそく
天保2(1831)年7月15日～大正3(1914)年12月6日
江戸時代末期～大正期の学僧。
¶徳島百

**山口貫道** やまぐちつらみち
江戸時代中期の神官、国学者。
¶人名

**山口直毅** やまぐちなおき
天保1(1830)年～明治28(1895)年12月10日
㊛山口泉処(やまぐちせんしょ)
江戸時代末期～明治期の幕臣、儒者。幕末の外交、兵制改革に尽力。維新後は神祇局に出仕、権少教となる。
¶江文(山口泉処　やまぐちせんしょ), 国書, 人名(山口泉処　やまぐちせんしょ), 日人, 幕末(㊐1828年), 幕末大(㊐文政11(1828)年)

**山口直大口** やまぐちのあたいおおくち,やまぐちのあたいおおぐち
→漢山口直大口(あやのやまぐちのあたいおおぐち)

**山口大口** やまぐちのおおくち
→漢山口直大口(あやのやまぐちのあたいおおぐち)

**山口大口費** やまぐちのおおくちのあたい,やまぐちのおおぐちのあたい
→漢山口直大口(あやのやまぐちのあたいおおぐち)

**山口日向** やまぐちひゅうが
江戸時代中期の国学者・神官。
¶神人

**山口平之進** やまぐちへいのしん
江戸時代前期の賀美郡渡瀬村のキリシタン。
¶埼玉人(生没年不詳), 埼玉百

**山口良吾** やまぐちりょうご
明治16(1883)年7月18日～昭和29(1954)年7月19日
明治～昭和期の神官。佐嘉神社宮司。佐賀史を研究。
¶郷土, 佐賀百, 史研, 世紀, 日人

**山腰天鏡** やまごしてんきょう
嘉永1(1848)年～大正3(1914)年
明治～大正期の僧。
¶世紀(㊣大正3(1914)年6月28日), 日人

**山越忍空** やまこしにんくう
明治6(1873)年～昭和9(1934)年
明治～昭和期の鑁阿寺住職、栃木県最初の私立幼稚園創始者。
¶栃木歴

**山崎一郎** やまざきいちろう
弘化3(1846)年～明治9(1876)年
江戸時代末期～明治期の祠官。
¶人名, 日人

**山崎益洲**(山崎益州) やまさきえきじゅう,やまざきえきしゅう,やまざきえきじゅう
明治15(1882)年11月3日～昭和36(1961)年12月31日
明治～昭和期の臨済宗仏通寺派僧侶。仏通寺独住4世。
¶現情(山崎益州　㊐1882年11月), 昭人, 人名7, 世紀, 日人(やまざきえきじゅう), 仏教(やまざきえきじゅう), 仏人(やまざきえきしゅう)

**山崎覚明** やまざきかくめい
安政6(1859)年～大正14(1925)年
明治～大正期の浄土宗の僧侶。
¶姓氏愛知

**山崎慶輝** やまざきけいき
大正8(1919)年1月1日～平成9(1997)年8月19日
昭和～平成期の僧侶。
¶現執1期, 真宗

**山崎兼三郎** やまざきけんざぶろう
明治期のロシア正教の伝教者。
¶伊豆

**山崎昭見** やまざきしょうけん
明治40(1907)年～平成1(1989)年8月11日
大正～昭和期の僧侶。
¶真宗

**山崎照禅** やまざきしょうぜん
享和3(1803)年～明治18(1885)年
明治期の僧。曹洞宗管長、上田陽泰寺の住職。
¶長野歴

**山崎心月** やまざきしんげつ
明治36(1903)年9月21日～
大正～昭和期の僧侶。四日市公害患者のまとめ役として尽力。公害の絶滅・患者の医療と生活保障の確立に奔走。
¶革命, 現朝, 現人, 世紀, 日人

**山崎是空** やまざきぜくう
寛政10(1798)年～明治9(1876)年
江戸時代後期～明治期の僧侶。
¶青森人

**山崎泰広** やまざきたいこう
昭和期の僧侶。常光院住職。
¶現執2期

**山崎大耕** やまざきたいこう,やまさきたいこう
明治8(1875)年9月5日～昭和41(1966)年2月7日
明治～昭和期の臨済宗相国寺派僧侶。相国寺派管長。
¶現情, 島根人(やまさきたいこう), 島根百(やまさきたいこう), 島根歴(やまさきたいこう), 昭人, 人名7, 世紀, 日人, 仏人

**山崎但馬** やまざきたじま
生没年不詳
江戸時代後期の足柄上郡湯触村御嶽社神主。
¶神奈川人

**山崎為徳** やまざきためのり,やまさきためのり
安政4(1857)年～明治14(1881)年11月9日
明治期の神学者。
¶岩手人(㊐1857年3月3日), 岩手百, キリ(㊐安

政4(1857)年9月),熊本人(やまさきためのり),姓氏岩手,日人

**山崎亨** やまざきとおる
明治40(1907)年1月1日～昭和62(1987)年6月7日
昭和期の牧師、聖書学者。同志社大学神学部長、同志社大学宗教部長。
¶キリ,日Y

**山崎得髄** やまざきとくずい
弘化4(1847)年～大正3(1914)年
江戸時代末期～大正期の書家。僧侶。
¶青森人

**山崎八峰** やまざきはちほう
→山崎八峰(やまざきはっぽう)

**山崎八峰** やまざきはっぽう
文政3(1820)年～明治27(1894)年 [別]山崎八峰(やまざきはちほう,やまざきやつお)
江戸時代末期～明治期の神職。
¶維新,静岡歴(やまざきやつお),人名(やまざきはちほう),姓氏静岡(やまざきやつお),日人(やまざきやつお [生]1821年)

**山崎宏** やまざきひろし
明治36(1903)年4月16日～
昭和期の中国宗教史研究者。東京教育大学教授。
¶現執1期,現情

**山崎弁栄** やまざきべんえい
→山崎弁栄(やまざきべんねい)

**山崎弁栄** やまざきべんねい,やまさきべんねい
安政6(1859)年～大正9(1920)年12月4日 [別]山崎弁栄(やまざきべんえい)
明治～大正期の僧。光明主義運動の提唱者。インド仏跡参拝を行い、帰国後、独自の伝道活動を展開する。
¶朝日([生]安政6年2月20日(1859年3月24日)),学校([生]安政6(1859)年2月20日),神奈川人,近現,国史,埼玉人([生]安政6(1859)年2月20日),世紀([生]安政6(1859)年2月20日),姓氏神奈川,千葉百(やまざきべんえい),哲学(やまさきべんねい),日人,幕末(やまざきべんえい),幕末大(やまざきべんえい),仏教([生]安政6(1859)年2月20日),仏人,民学,明治史,明大1([生]安政6(1859)年2月20日)

**山崎守一** やまざきもりいち
昭和23(1948)年7月5日～
昭和～平成期のインド学仏教史学者。仙台電波工業高等専門学校教授。
¶現執4期

**山崎守王** やまざきもりおう
生没年不詳
江戸時代後期の鶴岡八幡宮の巫女。
¶神奈川人

**山崎八峰** やまざきやつお
→山崎八峰(やまざきはっぽう)

**山崎豊** やまざきゆたか
嘉永1(1848)年～明治9(1876)年
江戸時代末期～明治期の神職、軍人。
¶人名,日人,明大1([没]明治9(1876)年11月24日)

**山崎弓雄** やまざきゆみお
*～明治30(1897)年1月20日
明治期の歌人・地役人・神職。
¶国書([生]天保6(1835)年11月9日),神人([生]?[没]明治30(1897)年1月),飛騨([生]?)

**山下和泉** やましたいずみ
～安永3(1774)年12月5日
江戸時代中期の神主(宮村の水無神社)。
¶飛騨

**山下鏡影** やましたきょうえい
明治12(1879)年5月13日～昭和23(1948)年1月6日
明治～昭和期の金光教教師。
¶岡山歴

**山下現有** やましたげんう
→山下現有(やましたげんゆう)

**山下現有** やましたげんゆう
天保3(1832)年～昭和9(1934)年4月11日 [別]山下現有(やましたげんう)
江戸時代末期～昭和期の浄土宗僧侶。知恩院79世、増上寺76世、浄土宗管長。
¶人名(やましたげんう),世紀([生]天保3(1832)年8月29日),姓氏愛知(やましたげんう),日人,仏教([生]天保3(1832)年8月28日),仏人,明大1([生]天保3(1832)年8月29日)

**山下三次** やましたさんじ
文久3(1863)年～
明治期の神職。
¶神人

**山下甚三郎** やましたじんざぶろう
～明治38(1905)年11月26日
明治期の雅楽管弦奏者・神職。
¶飛騨

**山下利国** やましたとしくに
生没年不詳
戦国時代の宮村の水無神社の神職。
¶飛騨

**山下知躬** やましたともみ
明治43(1910)年2月8日～平成2(1990)年8月2日
昭和期の弓道家、神職、弓道教士。
¶弓道

**山下信義** やましたのぶよし★
明治13(1880)年～昭和24(1949)年
明治～昭和期の社会教育者。福音伝道者。
¶社教

**山下政愛** やましたまさたか
天保3(1832)年～大正13(1924)年 [別]山下政愛(やましたまさよし)

や

江戸時代末期～明治期の神職。竜田神社・大神神社宮司。大神神社の境内拡張に尽力。
¶維新（やましたまさよし），神人

**山下政愛** やましたまさよし
→山下政愛（やましたまさたか）

**山路好雄** やまじよしお★
明治18（1885）年7月～
明治～昭和期の宗教家。天理教遼東宣教所権中講義。
¶人満

**山背台山** やましろたいざん
天保7（1836）年？～明治16（1883）年
江戸時代後期～明治期の西尾市の真宗大谷派善福寺住職で、画僧。
¶姓氏愛知

**山住茂辰** やまずみしげたつ
生没年不詳
江戸時代中期の磐田郡水窪町山住神社の宮司。
¶静岡百，静岡歴，姓氏静岡

**山田** やまだ
生没年不詳
平安時代中期の僧侶・歌人。
¶国書

**山田郁子** やまだいくこ
明治20（1887）年2月26日～昭和46（1971）年10月10日
大正～昭和期の日本キリスト教婦人矯風会那覇支部長。
¶社史，女運

**山田岩次郎** やまだいわじろう
文久2（1862）年～昭和21（1946）年
江戸時代末期～昭和期の神職。
¶神人

**山田右衛門作** やまだうえもさく
→山田右衛門作（やまだうえもんさく）

**山田右衛門作** やまだうえもんさく
生没年不詳　㊀山田右衛門作（やまだうえもさく，やまだえもさく，やまだよもさく）
江戸時代前期の南蛮絵師。島原の乱に参加。
¶朝日，郷土長崎（やまだえもさく），近世（やまだえもさく），国史（やまだえもさく），コン改，コン4，コン5，史人（やまだえもさく），新潮（㊀天正18（1590）年？　㊁明暦1（1655）年？），世人，長崎百（やまだよもさく），日史（やまだえもさく），日人（やまだえもさく　㊁1655年？），藩臣7（やまだえもさく），美家（㊀天正18（1590）年　㊁明暦1（1655）年），百科（やまだえもさく），名画（やまだうえもさく），歴大（やまだえもさく）

**山田恵諦** やまだえたい
明治28（1895）年12月1日～平成6（1994）年2月22日
大正～昭和期の僧侶。全国青少年教化協議会会長。比叡山サミットを開催。
¶郷土滋賀，現朝，現情，世紀，日人，平和

**山田右衛門作** やまだえもさく
→山田右衛門作（やまだうえもんさく）

**山田大路親彦** やまだおおじちかひこ
文化12（1815）年7月25日～明治2（1869）年　㊀山田大路親彦（ようだおおじちかひこ）
江戸時代後期～明治期の神職。
¶国書（ようだおおじちかひこ　㊁明治2（1869）年2月20日），神人（㊁明治2（1869）年2月），三重続

**山田大路訥斎** やまだおおじとっさい★
宝暦6（1756）年～文化7（1810）年
江戸時代中期～後期の神官。
¶三重続

**山田大路陸奥** やまだおおじむつ
文化12（1815）年～？
江戸時代後期の神宮師職。
¶維新

**山田大路元安** やまだおおじもとやす
天保14（1843）年～大正3（1914）年
江戸時代後期～大正期の神道家。
¶神人

**山田鉄道** やまだかねみち
明治13（1880）年12月4日～昭和52（1977）年5月24日
明治～昭和期の無教会伝道者、陸軍軍人。陸軍中佐。
¶キリ

**山田巌雄** やまだがんゆう
明治34（1901）年12月17日～
大正～昭和期の僧侶、口演童話家、幼児教育研究者。玉川女子短期大学教授。
¶日児

**山田義秀** やまだぎしゅう
明治42（1909）年？～平成5（1993）年2月21日
明治～平成期の教員、僧侶。
¶日エ

**山田教雄** やまだきょうゆう
明治40（1907）年～平成1（1989）年
大正～昭和期の僧侶、郷土史家。
¶郷土

**山田玉田** やまだぎょくでん
明治5（1872）年～昭和36（1961）年
明治～昭和期の宗教家。
¶姓氏愛知

**山田錦所** やまだきんしょ
宝暦12（1762）年～天保6（1835）年　㊀山田以文（やまだもちふみ）
江戸時代後期の国学者。
¶京都大（山田以文　やまだもちふみ），考古（山田以文　やまだもちふみ　㊀宝暦11年（1761年1月1日）　㊁天保6年（1835年2月24日）），国書（山田以文　やまだもちふみ　㊀宝暦11（1761）

年1月1日　㊀天保6(1835)年2月22日)，神人(山田以文　やまだもちふみ　㊀天保6(1835)年2月24日)，人名，姓氏京都，日人(山田以文　やまだもちふみ)

**山田経三　やまだけいぞう**
昭和11(1936)年12月25日〜
昭和〜平成期のカトリック司祭、神学者。上智大学教授。
¶現執3期

**山田幸三郎　やまだこうざぶろう**
明治21(1888)年7月20日〜昭和47(1972)年8月15日
大正〜昭和期の無教会伝道者。東京高等学校(現・都立大学)教授。
¶キリ

**山田孝道　やまだこうどう，やまたこうどう**
文久3(1863)年〜昭和3(1928)年2月7日
明治〜昭和期の曹洞宗の僧。曹洞宗大学林教頭。
¶島根人(やまたこうどう)，島根百，島根歴，仏人

**山田ジュスト　やまだじゅすと**
元亀1(1570)年〜寛永6(1629)年
安土桃山時代〜江戸時代前期のイエズス会司祭。コーチシナの日本町布教のため派遣。
¶朝日(㊐元亀1(1570)年頃)，日人

**山田昭全　やまだしょうぜん**
昭和4(1929)年9月5日〜
昭和〜平成期の仏教文学者。大正大学教授、埼玉学園大学教授。
¶現執1期，現執2期，現執4期

**山田新一郎　やまだしんいちろう**
元治1(1864)年〜昭和21(1946)年
江戸時代末期〜昭和期の官吏、神職。
¶神人

**山田助次郎　やまだすけじろう**
慶応4(1868)年4月17日〜昭和12(1937)年10月14日
明治〜昭和期の日本聖公会司祭。
¶キリ

**山田益　やまだすすむ**
明治28(1895)年8月14日〜昭和55(1980)年7月23日
大正〜昭和期の牧師。
¶福岡百

**山田珍苗　やまだちんみょう**
安永7(1778)年〜天保13(1842)年
江戸時代中期〜後期の和塾師匠、修験者。
¶栃木歴

**山田通故　やまだつうこ**
享保17(1732)年〜天明6(1786)年　㊗通故(つうこ)
江戸時代中期の連歌師。
¶国書(㊐享保18(1733)年　㊀天明6(1786)年11月11日)，日人，俳句(通故　つうこ　㊀天明6(1786)年11月16日)，俳文(通故　つうこ　㊀天明6(1786)年11月11日)

**山田通孝　やまだつうこう**
〜嘉永6(1853)年　㊗通孝(つうこう)
江戸時代後期の連歌師。
¶国書(生没年不詳)，日人(生没年不詳)，俳句(通孝　つうこう)，俳文(通孝　つうこう)

**山田得船　やまだとくせん**
〜昭和18(1943)年
昭和期の神岡寺の開基。
¶飛騨

**山田土佐守　やまだとさのかみ**
生没年不詳
江戸時代前期の亀岡八幡神社の神職。
¶宮城百

**山田寅之助　やまだとらのすけ**
文久1(1861)年10月19日〜昭和3(1928)年
明治〜昭和期のメソジスト教会牧師。
¶キリ

**山田日真　やまだにっしん**
明治7(1874)年7月19日〜昭和41(1966)年11月21日
明治〜昭和期の日蓮宗僧侶。日蓮宗38代管長。
¶現情，人名7，世紀，日人，仏教，仏人

や

**山田梅東　やまだばいとう**
寛政9(1797)年〜明治9(1876)年
江戸時代末期〜明治期の儒者。
¶国書(㊐寛政9(1797)年4月14日　㊀明治9(1876)年1月3日)，人名，日人

**山田春重　やまだはるしげ**
？〜慶安2(1649)年
江戸時代前期の川越総鎮守氷川神社神主。
¶埼玉人

**山田文昭　やまだぶんしょう**
明治10(1877)年12月9日〜昭和8(1933)年4月18日
明治〜昭和期の仏教史学者、真宗大谷派僧侶。真宗大学図書館館長、本願寺宗史編修所所長、大谷派講師。
¶昭人，真宗，仏教

**山田文明　やまだぶんめい**
安政7(1860)年1月11日〜大正6(1917)年4月21日
明治〜大正期の神職。
¶庄内

**山田平馬　やまだへいま**
生没年不詳
江戸時代後期の大住郡大山阿夫利神社祠官。
¶神奈川人

**山田無文**(山田無門)　**やまだむもん**
明治33(1900)年7月16日〜昭和63(1988)年12月24日
大正〜昭和期の禅僧。花園大学学長。妙心寺派管長。靖国神社国家護持論者としても著名。

¶現朝，現執1期，現執2期，現情，現人，現日（[没]1970年2月27日），コン改，コン4，コン5，新潮，世紀，姓氏愛知，日人，日本，仏教，民学（山田無門）

**山田以文** やまだもちふみ
→山田錦所（やまだきんしょ）

**山田衛居** やまだもりい
嘉永2（1849）年〜*
江戸時代後期〜明治期の神職。
¶埼玉人（[生]嘉永2（1849）年9月15日　[没]明治40（1907）年1月25日），神人（[没]明治39（1906）年）

**山田盛実** やまだもりざね
天保11（1840）年〜？
江戸時代後期〜明治期の神職。旧長門国住吉神社大宮司。
¶華請

**山田弥吉** やまだやきち
弘化1（1844）年〜明治26（1893）年
江戸時代後期〜明治期の宮大工。
¶埼玉人，美建

**山田弥十郎** やまだやじゅうろう
明治8（1875）年4月8日〜昭和10（1935）年2月25日
明治〜昭和期の自由伝道者。
¶キリ，埼玉人

**山田芳居** やまだよしい
天保1（1830）年〜明治26（1893）年
江戸時代後期〜明治期の八幡宮の神職。
¶姓氏長野

**山田吉風** やまだよしかぜ
享和4（1804）年〜文久2（1862）年10月3日　[別]山田吉風（やまだよしふう）
江戸時代後期〜末期の神職・歌人。
¶岩手人，国書，姓氏岩手（やまだよしふう）

**山田吉連** やまだよしつら
？　〜宝暦10（1760）年9月1日
江戸時代中期の神職。
¶国書

**山田吉風** やまだよしふう
→山田吉風（やまだよしかぜ）

**山田右衛門作** やまだよもさく
→山田右衛門作（やまだうえもんさく）

**山田隆一** やまだりゅういち
明治19（1886）年9月21日〜昭和25（1950）年11月6日
明治〜昭和期の弓道家、静岡の来迎院の住職。
¶弓道

**山田竜城** やまだりゅうじょう
明治28（1895）年10月24日〜昭和54（1979）年1月18日
大正〜昭和期の仏教学者。仏典研究資料を英語、ドイツ語など各国語に訳す。
¶昭人，真宗，世紀，哲学，日人，仏教，仏人，宮城百

**山田亮賢** やまだりょうけん
明治38（1905）年〜平成9（1997）年1月13日
昭和期の僧侶。
¶真宗

**山田良定** やまだりょうじょう
昭和6（1931）年10月5日〜平成14（2002）年1月30日
昭和〜平成期の彫刻家。日展理事、滋賀大学教授。子供の指導にも携わった。「開幕の刻」で日本芸術院賞を受賞。
¶世紀，日人，美建

**山田霊林** やまだれいりん
明治22（1889）年1月20日〜昭和54（1979）年7月15日
大正〜昭和期の禅思想家。駒沢大学総長。禅の生活を理論と実際にわたって指導。
¶世紀，哲学，飛騨，仏教，仏人

**山地屛岳** やまぢへいがく
文政8（1825）年〜明治30（1897）年
江戸時代末期〜明治期の僧侶。
¶人名

**大和真道**（和真道） やまとしんどう
天保4（1833）年〜明治27（1894）年4月11日
江戸時代末期〜明治期の僧侶。自坊に不老渓塾を開いて郷党を教化。
¶姓氏山口（和真道），幕末，幕末大（和真道　[生]天保4（1833）年1月28日），山口百（和真道）

**倭迹速神浅茅原目妙姫** やまととはやかんあさじはらまくわしひめ
→倭迹速神浅茅原目妙姫（やまととはやのかむあさじはらまくわしひめ）

**倭迹速神浅茅原目妙姫** やまととはやのかむあさじはらまくわしひめ
[別]倭迹速神浅茅原目妙姫（やまととはやかんあさじはらまくわしひめ）
上代の女性。巫女。
¶古代（やまととはやかんあさじはらまくわしひめ），古代普（やまととはやかんあさじはらまくわしひめ），女性

**和入鹿麻呂** やまとのいるかまろ
生没年不詳
平安時代前期の神祇伯。
¶神人

**大和の清九郎** やまとのせいくろう
延宝6（1678）年〜寛延3（1750）年8月4日
江戸時代中期の浄土真宗の門徒。
¶仏教

**大和松風** やまとまつかぜ
明治17（1884）年〜昭和41（1966）年
明治〜昭和期の松緑神道大和山教祖。
¶青森人

や

**山中笑　やまなかえみ**
→山中笑(2)(やまなかえむ)

**山中笑(1)　やまなかえむ**
→山中共古(やまなかきょうこ)

**山中笑(2)　やまなかえむ**
嘉永3(1850)年～昭和3(1928)年　[別]山中笑(やまなかえみ)
明治～昭和期の牧師。
¶静岡歴，日人，山梨百(やまなかえみ　[没]昭和3(1928)年12月10日)

**山中共古　やまなかきょうこ**
嘉永3(1850)年11月3日～昭和3(1928)年12月10日　[別]山中笑(やまなかえむ)
明治～昭和期の民俗学者。日本民俗学の先駆的業績を残す。
¶朝日([生]嘉永3年11月3日(1850年12月6日))，キリ(山中笑　やまなかえむ)，考古，人名，世紀，徳川臣(山中笑　やまなかえむ)，幕末大，民学，明治史，明大2，山梨文，歴大

**山中修理亮　やまなかしゅりのすけ**
～天正10(1582)年11月29日
戦国時代の武将。後北条氏家臣。
¶伊豆，後北(修理亮〔山中〕　しゅりのすけ)，戦東，町田歴

**山中定迎　やまなかじょうげい**
文政10(1827)年～明治22(1889)年
江戸時代後期～明治期の僧。
¶郷土滋賀，滋賀百，日人，明大1([没]明治22(1889)年10月15日)

**山中為三　やまなかためぞう**
明治38(1905)年～？
昭和期のプリマス・ブレズレン伝道者、聖書学校校長。
¶社史，平和

**山中釣青　やまなかちょうせい★**
～明治23(1890)年
江戸時代後期～明治期の神職。
¶三重

**山中宗直　やまなかむねただ**
～昭和47(1972)年
昭和期の僧侶。
¶山口人

**山中了道　やまなかりょうどう**
文化1(1804)年7月20日～明治9(1876)年10月11日
江戸時代後期～明治期の僧侶。
¶真宗

**山根清平　やまねきよひら**
天保5(1834)年～明治28(1895)年
明治期の神官、歌人。
¶島根歴

**山根信満　やまねさねまろ**
宝暦13(1763)年～？
江戸時代後期の神官。
¶国書，長崎遊([没]？)，藩臣5

**山根俊久　やまねとしひさ**
明治29(1896)年～昭和54(1979)年
明治～昭和期の郷土史家。
¶郷土，島根百([生]明治29(1896)年2月9日　[没]昭和54(1979)年4月19日)，島根歴

**山根温知　やまねはるとも**
文政5(1822)年～明治29(1896)年3月26日
江戸時代末期～明治期の神社宮司。橿原神宮初代宮司など歴任。
¶幕末，幕末大

**山井教雄　やまのいのりお**
昭和22(1947)年～
昭和～平成期の漫画家、僧侶。
¶漫人

**山内庫之助　やまのうちくらのすけ**
安政4(1857)年8月22日～昭和8(1933)年11月11日
明治～昭和期の埼玉県議会副議長・伝道師。
¶埼玉人，代言

**山内首藤俊秀　やまのうちすどうとしひで**
？～治承4(1180)年　[別]首藤俊秀(すどうとしひで)，俊秀(しゅんしゅう)
平安時代後期～鎌倉時代前期の武将。
¶鎌室，諸系，人名(首藤俊秀　すどうとしひで)，日人，平家(俊秀　しゅんしゅう)

**山内多文　やまのうちたもん**
天保11(1840)年6月23日～明治35(1902)年7月22日
江戸時代後期～明治期の神職。
¶神人

**山内豊章　やまのうちとよあき**
天保14(1843)年～大正4(1915)年　[別]山内豊章(やまうちとよなり)
江戸時代後期～大正期の神道家。
¶高知人(やまうちとよなり)，神人

**山内憲氏　やまのうちのりうじ**
天保3(1832)年～明治7(1874)年6月4日
江戸時代末期～明治期の奇人、志士。下谷神社祠官。のち熊本県社寺係となった。神体を玩弄したとして新風連に暗殺された。
¶人名，日人，町田歴

**山内量平　やまのうちりょうへい**
嘉永1(1848)年～大正7(1918)年11月11日
明治期の牧師。日本福音ルーテル教会最初の牧師。
¶キリ，近現，国史，世紀，日人，明治史，明大1

**山野定泰　やまのさだやす**
文政7(1824)年12月28日～明治28(1895)年11月29日
江戸時代後期～明治期の神職。
¶岡山百，岡山歴，神人([生]文政6(1823)年)

**山野ツイ　やまのつい**
明治16（1883）年4月4日～昭和48（1973）年6月28日
明治～昭和期のカトリック教徒。日本訪問童貞会（現、日本聖母訪問会）初代総長。
¶新カト

**山野虎市　やまのとらいち**
明治14（1881）年～大正14（1925）年
明治～大正期のキリスト教詩人。
¶福島百

**山端息耕　やまはたそっこう**
明治12（1879）年～昭和40（1965）年
明治～昭和期の子守教育功労者。
¶群新百，群馬人

**山辺習学　やまべしゅうがく**
明治15（1882）年11月25日～昭和19（1944）年9月12日
明治～昭和期の浄土宗大谷派僧侶、仏教学者。大谷大学学長、大谷派講師、仏教文化協会創設者。
¶昭人，真宗，人名7，世紀，日人，仏教，仏人

**山村暮鳥　やまむらぼちょう，やまむらぼちよう**
明治17（1884）年1月10日～大正13（1924）年12月8日
大正期の詩人、伝道師。詩集に「三人の処女」「聖三稜玻璃」など。
¶朝日，アナ，茨城百，茨城歴，角史，郷土茨城，郷土群馬，キリ，近現，近文，群新百，群馬人，群馬百，幻作，現詩，広7，国史，コン改，コン5，詩歌，詩作，史人，児文，社史，小説，新カト，新潮，新文，人名，世紀，姓氏群馬，世人（㊐明治17（1884）年1月18日），世百，全書，大百，千葉百，東北近，日史，日児，日人，日本，百科，風土（やまむらぼちよう），福島百，文学，ポプ人，宮城百，明治史，明大2，歴大

や

**山室悦子　やまむろえつこ**
明治19（1886）年6月2日～昭和12（1937）年2月17日
明治～昭和期の女性。救世軍日本司令官山室軍平の後妻。家庭団、愛隣団など実践的な伝道と奉仕に献身。
¶女性，女性普

**山室機恵子　やまむろきえこ**
明治7（1874）年12月5日～大正5（1916）年7月12日
明治～大正期の社会事業家。更生施設「東京婦人ホーム」の主任として婦人救済の先頭に立つ。
¶朝日，岩手人，岩手百，キリ，近女，社史，女運，女史，女性，女性普，世紀，姓氏岩手，日人，明治史，明大1

**山室軍平　やまむろぐんぺい**
明治5（1872）年～昭和15（1940）年3月13日　㊀山室軍兵衛（やまむろぐんべえ）
明治～昭和期のキリスト教伝道者。歳末慈善鍋、婦人救済などに活躍。初の日本人救世軍司令官。
¶朝日（㊐明治5年8月20日（1872年9月22日）），岩史（㊐明治5（1872）年7月29日），岡山，岡山人，岡山百（㊐明治5（1872）年9月1日），岡山歴（㊐明治5（1872）年9月1日），角史，キリ（㊐明治5（1872）年9月1日），近現，近史3，群新百，現朝（㊐明治5年8月20日（1872年9月22日）），現日（㊐1872年9月1日），広7，国史，コン改，コン5，史人（㊐1872年7月29日，（異説）8月20日），思想史，社教，重要（㊐明治5（1872）年1月），昭人（㊐明治5（1872）年8月20日），新カト（㊐明治5（1872）年9月22日），新潮（㊐明治5（1872）年8月20日），人名7，世紀（㊐明治5（1872）年8月20日），世人（㊐明治5（1872）年1月），世百，先駆（山室軍兵衛　やまむろぐんべえ　㊐明治5（1872）年8月20日），全書，大百，哲学，伝記，日思，日史（㊐明治5（1872）年8月20日），日人（㊐明治5（1872）年8月20日），日Y（㊐明治5（1872）年8月20日），日本，百科，風土，平日，ポプ人，民学，明治2，明治史，明大1（㊐明治5（1872）年8月20日），山川小（㊐明治5（1872）年/8月20日），履歴（㊐明治5（1872）年8月20日），履歴2（㊐明治5（1872）年8月20日），歴大

**山室軍兵衛　やまむろぐんべえ**
→山室軍平（やまむろぐんぺい）

**山室民子　やまむろたみこ**
明治33（1900）年9月18日～昭和56（1981）年11月14日
大正～昭和期の伝道及社会事業、キリスト教教育者。救世軍活動家で女性初の文部省視学官。
¶市川，岡山歴，近女，現朝，現情，現人，コン改，コン4，コン5，社史（㊣1981年11月4日），女史，女性，女性普，世紀，図人，日人，歴大

**山室登毛　やまむろとも**
天保3（1832）年～明治34（1901）年
江戸時代末期～明治期の女性。救世軍日本司令官山室軍平の母。
¶女性，女性普

**山本以南　やまもといなん**
元文1（1736）年～寛政7（1795）年
江戸時代中期の俳人。
¶国書（㊣寛政7（1795）年7月25日），人名（㊣1787年），新潟百，日人，和俳（㊣天明7（1787）年）

**山本雨宝　やまもとうほう**
→山本震琴（やまもとしんぎん）

**山本快竜　やまもとかいりゅう**
明治26（1893）年3月31日～昭和23（1948）年7月14日
大正～昭和期の真宗智山派僧侶、仏教学者。印度仏教学研究室主任。
¶現情，昭人，人名7，世紀，日人，仏教

**山本金木　やまもとかなぎ，やまもとかなき**
文政9（1826）年～明治39（1906）年　㊀山本金木（やまもとかねき，やまもとかねぎ）
江戸時代末期～明治期の神職。
¶伊豆（やまもとかなき），国書（やまもとかねき　㊐文政9（1826）年1月10日　㊣明治39（1906）年11月27日），静岡歴，姓氏静岡（やまもとかね

ぎ), 日人

**山本金木** やまもとかねき, やまもとかねぎ
→山本金木(やまもとかなぎ)

**山本和** やまもとかのう
明治42(1909)年11月28日〜平成7(1995)年3月8日
昭和期のプロテスタント神学者。関東学院大学教授、日本神学研究所所長。
¶キリ, 現執1期, 現執2期, 世紀

**山本簡斎** やまもとかんさい
? 〜宝永7(1710)年
江戸時代中期の神道家。
¶国書(生没年不詳), 人名

**山本暁得** やまもとぎょうとく
明治19(1886)年3月5日〜昭和7(1932)年8月7日
大正〜昭和期の鍼灸マッサージ師、僧侶。日本初の点字雑誌「仏眼」を発行。
¶視覚

**山本久二夫** やまもとくにお
昭和2(1927)年8月16日〜
昭和期の宗教学者。
¶現情

**山本玄峰** やまもとげんぽう
慶応2(1866)年1月28日〜昭和36(1961)年6月3日
明治〜昭和期の臨済宗僧侶。妙心寺派管長。東京に接心会を持ち、政財界に信者多数。
¶伊豆, 紀伊文([生]慶応2(1866)年7月28日), 郷土和歌山([生]1865年), 現朝([生]慶応2年1月28日(1866年3月14日)), 現情, 現人([生]1865年), 高知人, 高知百, コン改([生]1865年), コン4([生]慶応1(1865)年), コン5([生]慶応1(1865)年), 昭人, 新潮, 人名7, 世紀, 姓氏愛知, 全書, 日人, 仏教, 仏人, 履歴, 履歴2, 和歌山人

**山本興雲** やまもとこううん
明治6(1873)年〜昭和25(1950)年
明治〜昭和期の僧。長光寺21世住職。
¶姓氏鹿児島

**山本晃紹** やまもとこうしょう
*〜昭和51(1976)年1月18日
大正〜昭和期の浄土真宗本願寺派僧侶。龍谷大学教授。
¶真宗([生]明治29(1896)年), 世紀([生]明治31(1898)年6月28日), 日人([生]明治31(1898)年6月28日), 仏人([生]1896年)

**山本コト** やまもとこと
明治20(1887)年2月12日〜昭和53(1978)年2月13日 [別]山本琴子(やまもとことこ)
大正〜昭和期のキリスト教教育者。大阪YWCA創刊事就任、日本YWCA同盟主任幹事就任し指導者養成に尽力。
¶大分百([生]1886年), 大分歴, 昭人, 女運(山本琴子 やまもとことこ), 女性, 女性普, 世紀, 日人

**山本琴子** やまもとことこ
→山本コト(やまもとこと)

**山本佐兵衛** やまもとさへえ
文政7(1824)年3月7日〜明治39(1906)年1月11日
江戸時代後期〜明治期の宮大工。
¶庄内, 美建

**山本三和人** やまもとさわひと
明治41(1908)年1月2日〜平成12(2000)年9月9日
昭和期の牧師、反戦運動家。日本基督教団ロゴス教会牧師、ロゴス英語学校理事長。
¶現情, 現人, 世紀

**山本寂明** やまもとじゃくみょう
文化6(1809)年〜明治25(1892)年
江戸時代末期〜明治期の真言宗僧侶、真言宗布教者。
¶仏人

**山本秀順** やまもとしゅうじゅん
明治44(1911)年2月26日〜
昭和期の僧侶。高尾山住職、薬王院貫主。
¶社史, 多摩

**山本静山** やまもとじょうざん
大正5(1916)年1月8日〜平成7(1995)年4月12日
昭和期の尼僧、華道家。
¶植物

**山本震琴** やまもとしんぎん, やまもとしんきん
明治36(1903)年8月12日〜昭和63(1988)年10月8日 [別]山本雨宝(やまもとうほう)
昭和期の二弦琴奏者。
¶音人, 郷土奈良(山本雨宝 やまもとうほう), 芸能(やまもとしんきん), 新芸, 世紀, 日音(やまもとしんきん)

**山本信次郎** やまもとしんじろう
明治10(1877)年12月22日〜昭和17(1942)年2月28日
明治〜昭和期の海軍軍人。少将。カトリック青年運動促進に尽力。
¶神奈川百([生]1878年), キリ, 近現, 国史, コン改([生]1878年), コン5, 昭人, 新カト, 新潮, 世紀, 世百([生]1878年), 日人, 日露, 陸海

**山本杉** やまもとすぎ
明治35(1902)年8月19日〜平成7(1995)年9月9日
昭和期の政治家。
¶近女, 政治

**山本太玄** やまもとたいげん
文政10(1827)年〜明治36(1903)年
江戸時代後期〜明治期の禅僧。
¶高知人

**山本泰次郎** やまもとたいじろう
明治33(1900)年9月20日〜昭和54(1979)年3月26日
大正〜昭和期のキリスト教伝道者。
¶キリ

**山本忠告** やまもとただつぐ
→山本忠吉（やまもとただよし）

**山本忠告** やまもとただのり
→山本忠吉（やまもとただよし）

**山本忠吉** やまもとただよし
？～安永2（1773）年9月2日　[別]山本忠告（やまもとただつぐ,やまもとただのり）
江戸時代中期の神職、甲斐若宮八幡神社神主。
¶国書（山本忠告　やまもとただのり），神人（山本忠告　やまもとただつぐ），人名，日人（山本忠告　やまもとただつぐ）

**山本忠美** やまもとただよし
明治9（1876）年3月22日～昭和39（1964）年5月12日
明治～昭和期の牧師。長崎YMCA理事。
¶日Y

**山本智教** やまもとちきょう
明治43（1910）年1月12日～
昭和～平成期のインド仏教美術史学者。高野山大教授：高野山霊宝館館長。
¶現執1期，現執2期，現執3期

**山本忠告** やまもとちゅうこく
江戸時代中期の神官、歌人。
¶山梨百

**山本釣青** やまもとちょうせい★
天保2（1831）年～明治22（1889）年
江戸時代後期～明治期の神官。
¶三重続

**山本珍石** やまもとちんせき
大正10（1921）年～昭和62（1987）年
昭和期の希有な写経仏画家。
¶青森人

**山本哲誓堂** やまもとてつせいどう★
文化1（1804）年～明治1（1868）年
江戸時代後期～末期の高僧。
¶三重

**山本時重** やまもとときしげ
安政4（1857）年～
明治期の神官。
¶神人

**山本豊安** やまもととよやす
生没年不詳
江戸時代中期の神道家。
¶国書，神人

**山本信哉** やまもとのぶき
明治6（1873）年7月19日～昭和19（1944）年12月18日
大正～昭和期の国史・神学者。東京帝国大学史料編纂所史料編纂官。国史学・神道学を研究。著書に「神道綱要」など。
¶愛媛，愛媛百，郷土，近現，国史，史研，昭人，神史，神人，世紀，哲学，日人

**山本信成** やまもとのぶなり
弘化2（1845）年11月25日～明治33（1900）年11月7日
江戸時代後期～明治期の神職。南森八幡宮社司。
¶神人

**山本憲蔭** やまもとのりかげ
元禄4（1691）年～享保15（1730）年12月25日
江戸時代中期の神職。
¶国書

**山本秀煌** やまもとひでてる
安政4（1857）年10月30日～昭和18（1943）年11月21日
明治～昭和期の牧師。明治学院教授。日本各地で伝道。著書に「日本基督教会史」など。
¶海越，海越新，神奈川人，神奈川百，キリ，近現，現朝（[生]安政4年10月30日（1857年12月15日）　[没]1943年11月22日），国史，コン改，コン5，史研（[没]昭和18（1943）年11月22日），史人，昭人，新潮，人名7，世紀，世百，渡航，日人，百科，明治史，明大1，歴大

**山本広足** やまもとひろたり
寛永19（1642）年～宝永7（1710）年
江戸時代前期～中期の神道学者。
¶近世，高知人（生没年不詳），国史，国書（[没]宝永7（1710）年2月11日），神史，日人

**山本仏骨** やまもとぶっこつ
明治43（1910）年8月15日～平成3（1991）年2月6日
昭和期の浄土教学者、浄土真宗本願寺派僧侶。龍谷大学教授、定専坊住職。
¶現執1期，真宗

**山本三雄** やまもとみつお
明治42（1909）年3月10日～平成1（1989）年9月5日
昭和期の弓道家、弓道範士、神職。
¶弓道

**山本茂祐** やまもともすけ
江戸時代末期～明治期の仏師。
¶美建

**山本泰明** やまもとやすあき
？～明治26（1893）年
明治期の国学者。霧島神社禰宜。のち神宮教中教正となり信州上田神宮教本部の設立に尽力。
¶人名，長野歴，日人

**山本義行** やまもとよしゆき
明治26（1893）年9月4日～昭和50（1975）年8月28日
明治～昭和期の弓道家、神官、弓道教士。
¶弓道

**山森順祐** やまもりじゅんゆう
明治28（1895）年～昭和18（1943）年
大正～昭和期の浄土真宗大谷派僧侶。明星寮を設立し子供の更生指導に献身。
¶兵庫百

**山谷省吾** やまやせいご
明治22（1889）年5月31日～昭和57（1982）年6月5

日
明治～昭和期の新約聖書学者。東京神学大学教授。パウロ研究に従事、著書は「パウロの神学」「新約聖書解題」など。
¶現執1期，現情，新カト，世紀，世百新，日人，日Y，百科

**山脇宗順** **やまわきむねまさ**
明治期の住職。楠木正成末裔を称する円城寺住職。
¶華請

**也柳** **やりゅう**
生没年不詳
江戸時代中期の俳人・修験僧。
¶国書

**也廖**（也寥） **やりょう**
？ ～＊
江戸時代中期の禅師。
¶姓氏宮城（没1784年），宮城百（也寥　没天明4（1784）年？）

**八幡光瓊** **やわたみつてる**
明和8（1771）年10月22日～弘化3（1846）年9月14日
江戸時代中期～後期の神職。
¶国書

## 【ゆ】

**由阿** **ゆあ**
→由阿（ゆうあ）

**湯浅吉郎** **ゆあさきちろう**
→湯浅半月（ゆあさはんげつ）

**湯浅十郎** **ゆあさじゅうろう**
明治28（1895）年～昭和56（1981）年
大正・昭和期のブラジル伝道者。牧師。湯浅治郎・初子の子。
¶群新百

**湯浅治郎** **ゆあさじろう**
嘉永3（1850）年～昭和7（1932）年6月7日
明治～大正期のキリスト教社会事業家、政治家。衆議院議員。キリスト教図書の出版、各地の教会堂建設に尽力。
¶郷土群馬，キリ（生嘉永3年10月21日（1850年11月24日）），近現，近史3，群新百，群馬人（没昭和5（1930）年），群馬百，現朝（生嘉永3年10月21日（1850年11月24日）），国史，コン改，コン5，史人（生1850年10月21日），社史（生嘉永3年（1850年11月24日）），新潮（生嘉永3（1850）年10月21日），世紀（生嘉永3（1850）年10月21日），姓氏群馬（没1930年），図人，日史（生嘉永3（1850）年10月21日），日人，日Y（生嘉永3（1850）年11月24日），風土，平和，明治史，明大1（生嘉永3（1850）年10月21日），歴大

**湯浅真生** **ゆあさしんせい**
→湯浅真生（ゆあさまさお）

**湯浅八郎** **ゆあさはちろう**
明治23（1890）年4月29日～昭和56（1981）年8月15日
昭和期のキリスト教教育者。国際基督教大学初代総長。昆虫学を学び、京都帝国大学教授、同志社大総長などを歴任。
¶科学，郷土群馬，京都大，群新百，群馬人（没昭和56（1981）年7月15日），現朝，現情，現人，新潮，世紀，姓氏京都，姓氏群馬，日人，日Y，平和，履歴，履歴2，歴大

**湯浅半月** **ゆあさはんげつ**
安政5（1858）年2月16日～昭和18（1943）年2月4日
別湯浅吉郎（ゆあさきちろう）
明治～昭和期の詩人、聖書学者、図書館学者。詩集に「十二の石塚」「半月集」など。
¶海越新，郷土群馬，京都大，京都文，キリ（生安政5年2月16日（1858年3月30日）），近現，近文，群新百，群馬人，群馬百，現詩，国史，コン改（没1948年），コン5（没昭和23（1948）年），史人，社史（生安政5年（1858年3月30日）），昭人，新潮，新文，世紀，姓氏京都，姓氏群馬，世百，大百，渡航（生1858年3月30日），図人（湯浅吉郎　ゆあさきちろう　生安政4（1857）年），日エ（生安政5（1858）年2月16日），日人，百科，文学，明治史，明大2，歴大

**湯浅真生** **ゆあさまさお**
明治28（1895）年～昭和30（1955）年　別湯浅真生（ゆあさしんせい）
大正～昭和期の小説家、宗教家。著書に「悩ましき影像」「人間の発見」。
¶大阪人（ゆあさしんせい　没昭和30（1955）年1月），近文，世紀（生明治28（1895）年2月2日　没昭和30（1955）年1月14日）

**湯浅泰雄** **ゆあさやすお**
大正14（1925）年6月5日～
昭和～平成期の哲学者、宗教心理学者。筑波大学教授、桜美林大学教授。
¶現執1期，現執2期，現執3期，現執4期

**湯浅与三** **ゆあさよぞう**
大正・昭和期の牧師、著作家。湯浅治郎、初子の13子。
¶キリ（生明治40（1907）年5月16日　没昭和53（1978）年12月17日），群新百（生1902年　没1977年）

**唯阿** **ゆいあ**
宝暦1（1751）年～文政6（1823）年12月12日
江戸時代中期～後期の真言宗の僧。長谷寺39世。
¶国書，埼玉人，仏教

**唯一** **ゆいいち**
生没年不詳
江戸時代前期の黄檗宗の渡来僧。
¶仏教

**惟慧道定** **ゆいえどうじょう**
寛永11（1634）年1月16日～正徳3（1713）年4月25日
江戸時代前期～中期の曹洞宗の僧。

¶黄檗，仏教

**唯円**(1) **ゆいえん**
生没年不詳
鎌倉時代前期の浄土真宗の僧。親鸞の弟子二十四輩の第24。鳥喰の唯円。
¶国書，史人，日人，仏教

**唯円**(2) **ゆいえん**
貞応1（1222）年～正応2（1289）年2月6日
鎌倉時代後期の真宗の僧。親鸞の門弟、「歎異抄」の執筆者。河和田の唯円。
¶朝日（[没]正応2年2月6日（1289年2月27日）），茨城百（生没年不詳），茨城歴（生没年不詳），岩史（[生]貞応1（1222）年？），角史（生没年不詳），鎌室，郷土茨城（生没年不詳），国史（生没年不詳），国書，古中（生没年不詳），コン改（生没年不詳），コン4（生没年不詳），コン5，史人，重要（生没年不詳），新潮，人名，世人（生没年不詳），全書（[生]？　[没]1288年？），中世（[生]1222年？），日思，日人，仏教，仏史（生没年不詳），山川小，歴大（生没年不詳）

**維懐** **ゆいかい**
*～寛治4（1090）年
平安時代中期～後期の興福寺僧。
¶古人（[生]1002年？），平史（[生]？）



**維覚** **ゆいかく**
平安時代後期の延暦寺の僧。
¶古人，平史（生没年不詳）

**唯我韶舜** **ゆいがしょうしゅん**
→韶舜（しょうしゅん）

**唯観** **ゆいかん**
寛永18（1641）年～寛文12（1672）年8月25日
江戸時代前期の浄土宗の僧。
¶姓氏石川，仏教

**唯教** **ゆいきょう**
生没年不詳
鎌倉時代後期の僧侶・歌人。
¶国書

**惟暁** **ゆいぎょう**
弘仁3（812）年～承和10（843）年
平安時代前期の円仁の従僧。
¶古代，古代普，日人

**唯空** **ゆいくう**
生没年不詳
鎌倉時代前期の真言宗の僧。
¶日人，仏教

**惟賢** **ゆいけん**
*～天授4/永和4（1378）年9月15日　[別]惟賢（いけん）
鎌倉時代後期～南北朝時代の天台宗の僧。
¶神奈川人（いけん　[生]1289年），鎌倉（[生]正応2（1289）年　[没]？），鎌倉新（[生]正応2（1289）年　[没]？），鎌古（[生]1284年），国書（いけん　[生]弘安7（1284）年），仏教（[生]弘安7（1284）年）

**惟高** **ゆいこう**
→惟高妙安（いこうみょうあん）

**惟杏永哲** **ゆいこうえいてつ**
→永哲（えいてつ）

**惟高妙安** **ゆいこうみょうあん**
→惟高妙安（いこうみょうあん）

**惟首** **ゆいしゅ**
天長3（826）年～寛平5（893）年
平安時代前期の天台宗の僧。
¶国書（[没]寛平5（893）年2月29日），古人，古代（[生]825年），古代普（[生]825年），日人，仏教（[生]天長3（826）年，（異説）天長2（825）年　[没]寛平5（893）年2月25日，（異説）2月29日？），平史

**惟正** **ゆいしょう**
弘仁4（813）年～？
平安時代前期の円仁の従僧。
¶古代，古代普（[没]？），日人

**唯乗** **ゆいじょう**
？　～長承2（1133）年11月
平安時代後期の天台宗の僧。
¶仏教

**唯浄**(1) **ゆいじょう**
生没年不詳
江戸時代中期～後期の天台宗の僧。
¶国書

**唯浄**(2) **ゆいじょう**
生没年不詳
江戸時代後期の浄土真宗の僧。
¶国書

**唯信**(1) **ゆいしん**
生没年不詳
鎌倉時代の僧。二十四輩の第二十三。
¶日人

**唯信**(2) **ゆいしん**
*～弘安7（1284）年
鎌倉時代の僧。親鸞の門弟二十四輩の一人。
¶鎌室（生没年不詳），国史（[生]1200年），古中（[生]1200年），新潮（生没年不詳），人名（[生]1205年），日史（生没年不詳），日人（[生]？），仏教（[生]建仁3（1203）年　[没]弘安7（1284）年4月3日），仏史（[生]1200年）

**唯信**(3) **ゆいしん**
生没年不詳
室町時代の浄土真宗の僧。
¶福島百

**唯信**(4) **ゆいしん**
生没年不詳
戦国時代の僧。飛騨小鷹利村の善行寺の開基。
¶飛騨

**唯心**(1) **ゆいしん**
生没年不詳

鎌倉時代の真言宗の僧。
¶国書，コン改，コン4，コン5，日人，仏教

**唯心(2) ゆいしん**
生没年不詳
鎌倉時代の律宗の僧。
¶仏教

**唯心(3)（唯信） ゆいしん**
生没年不詳
鎌倉時代前期の僧、武将。
¶鎌室，仏教（唯信）

**唯心(4) ゆいしん**
？ ～宝永5（1708）年7月25日
江戸時代前期～中期の真言宗の僧。
¶国書

**惟済 ゆいせい**
→惟済（いさい）

**唯善 ゆいぜん**
文永3（1266）年～文保1（1317）年 ㊀弘雅（こうが）
鎌倉時代後期の真宗の僧。親鸞の子孫。親鸞の娘覚信尼の子。
¶朝日（㊀？），神奈川人，鎌室（㊀？），国史（㊀？），古中（㊀？），コン改（㊥建長5（1253）年），コン4（㊥建長5（1253）年），コン5（㊥建長5（1253）年），新潮（㊀？），人名（㊥1253年），日人，仏教（㊀正和6（1317）年2月2日），仏史（㊀？），仏人（㊥1253年）

**惟念 ゆいねん**
→帆山惟念（ほやまゆいねん）

**唯然 ゆいねん**
生没年不詳
江戸時代中期の天台宗の僧。
¶国書

**唯念 ゆいねん**
寛政3（1791）年～明治13（1880）年 ㊀唯念上人（ゆいねんしょうにん）
江戸時代末期～明治期の僧。
¶伊豆，御殿場（唯念上人 ゆいねんしょうにん），人書94，日人

**唯念上人 ゆいねんしょうにん**
→唯念（ゆいねん）

**維範 ゆいはん**
？ ～嘉保3（1096）年2月3日
平安時代中期～後期の真言宗の僧。高野山第11代執行検校。
¶国史，国書（㊥寛弘8（1011）年），古人（㊥？），古中，日人（㊥1011年），仏教（㊥寛弘8（1011）年），仏史，平史，和歌山人

**唯仏 ゆいぶつ**
生没年不詳
鎌倉時代前期の浄土真宗の僧。親鸞の直弟。
¶仏教

**唯了(1) ゆいりょう**
元亨2（1322）年11月～応永7（1400）年6月22日
南北朝時代～室町時代の浄土真宗の僧。仏光寺10世、興正寺10世。
¶仏教

**唯了(2) ゆいりょう★**
生没年不詳
明治期の歌人。秋田市浄願寺の僧。
¶秋田人2

**由阿 ゆうあ**
正応4（1291）年～？ ㊀由阿（ゆあ）
鎌倉時代後期～南北朝時代の和学者。「詞林采葉抄」を著す。
¶岩史，神奈川人（ゆあ），鎌室（㊀康暦1/天授5（1379）年？），国史，国書，古中，コン改（生没年不詳），コン4（生没年不詳），コン5，史人，新潮（㊀康暦1/天授5（1379）年？），人名（㊥1290年），姓氏神奈川（ゆあ），世人（㊀天授5/康暦1（1379）年？），日人，仏教，和俳

**祐阿 ゆうあ**
生没年不詳
南北朝時代の僧侶・連歌作者。
¶国書

**遊安 ゆうあん**
？ ～元禄8（1695）年1月10日
江戸時代前期の浄土宗の僧。
¶国書，人名（㊥1646年），日人，仏教

**祐意 ゆうい**
生没年不詳
戦国時代の浄土真宗の僧。
¶国書

**宥印 ゆういん**
？ ～天正19（1591）年
戦国時代～安土桃山時代の僧。
¶姓氏鹿児島，日人

**祐胤 ゆういん**
生没年不詳
江戸時代中期の浄土真宗の僧。
¶国書

**祐運 ゆううん**
永禄3（1560）年～？
安土桃山時代の天台宗の僧。
¶国書

**雄運 ゆううん**
生没年不詳
室町時代の僧侶・歌人。
¶国書

**怡雲 ゆううん**
生没年不詳
明治期の僧侶。
¶徳島百，徳島歴

**宥恵 ゆうえ**
宝暦10（1760）年～天保8（1837）年

ゆ

江戸時代中期～後期の真言宗の僧。
¶国書

**祐恵 ゆうえ**
生没年不詳
安土桃山時代～江戸時代前期の浄土真宗の僧・連歌作者。
¶国書

**融恵 ゆうえ**
永享12(1440)年～文明14(1482)年閏7月16日
室町時代～戦国時代の真言宗の僧。
¶戦辞

**宥栄 ゆうえい**
？ ～永正8(1511)年9月17日
戦国時代の修験僧。
¶国書

**祐栄 ゆうえい**
？ ～元禄2(1689)年1月10日
江戸時代前期～中期の天台宗の僧。
¶国書

**有悦 ゆうえつ**
生没年不詳
江戸時代前期の真言宗の僧。
¶国書

ゆ

**宥円 ゆうえん**
生没年不詳
江戸時代後期の真言宗の僧。
¶国書

**猷円 ゆうえん**
応保1(1161)年～貞永1(1232)年10月25日
平安時代後期～鎌倉時代前期の天台宗の僧。
¶国書，古人，仏教，平史

**祐円(1) ゆうえん**
？ ～興国4/康永2(1343)年
鎌倉時代後期～南北朝時代の絵仏師。
¶国書(生没年不詳)，島根歴，名画

**祐円(2) ゆうえん**
？ ～明治3(1870)年4月28日
江戸時代後期～明治期の真言宗の僧・歌人。
¶国書

**祐園 ゆうえん**
寛政7(1795)年～安政3(1856)年12月24日
江戸時代後期の書家・僧。
¶飛騨

**誘苑 ゆうえん**
生没年不詳
江戸時代末期の浄土真宗の僧。
¶国書，人名(㊀1807年 ㊁1867年)，日人，仏教

**雄円 ゆうえん**
生没年不詳
戦国時代の内島雅氏の子で氏理の弟。叔父にあたる白山長滝寺の権大僧都良明から経聞坊を譲られる。
¶飛騨

**雄淵 ゆうえん**
→大場雄淵(おおばおぶち)

**融円(1) ゆうえん**
平安時代後期の僧。
¶平家

**融円(2) ゆうえん**
生没年不詳
鎌倉時代後期の真言宗の僧。
¶国書

**宥雄 ゆうおう**
？ ～慶応2(1866)年7月13日
江戸時代後期～末期の僧。
¶徳島百

**祐応 ゆうおう**
生没年不詳
江戸時代中期の浄土真宗の僧。
¶国書

**祐可 ゆうか**
？ ～嘉永2(1849)年10月29日
江戸時代後期の浄土真宗の僧。
¶国書

**宥雅(1) ゆうが**
応仁1(1467)年～天文13(1544)年
戦国時代の僧侶。
¶和歌山人

**宥雅(2) ゆうが**
寛永2(1625)年～宝永4(1707)年
江戸時代前期～中期の修験道の僧。
¶国書，仏教

**有雅(1) ゆうが**
生没年不詳
南北朝時代の僧侶・歌人。
¶国書

**有雅(2) ゆうが**
寛永11(1634)年～享保13(1728)年8月1日
江戸時代前期～中期の真言宗の僧。
¶国書

**宥快 ゆうかい**
興国6/貞和1(1345)年～応永23(1416)年7月17日
南北朝時代～室町時代の真言宗の僧。「宝鏡鈔」の著者。
¶朝日(㊁応永23年7月17日(1416年8月10日))，岩史，鎌室，国史，国書，古中，コン改，コン4，コン5，史人，新潮，人名，世人，全書，大百，日人，仏教，仏史，仏人，名僧，歴大，和歌山人

**宥海 ゆうかい**
正保2(1645)年～
江戸時代前期の僧侶。
¶庄内

**祐海(1) ゆうかい**
生没年不詳
鎌倉時代後期の天台宗の僧。
¶国書

**祐海(2) ゆうかい**
生没年不詳
江戸時代前期の社僧。
¶国書

**祐海(3) ゆうかい**
？ ～元禄2(1689)年1月15日
江戸時代前期～中期の僧侶・歌人。
¶国書

**祐海(4) ゆうかい**
？ ～明和2(1765)年
江戸時代前期～中期の僧侶・歌人。布引山釈尊寺75世住職。
¶姓氏長野

**祐海(5) ゆうかい**
→愚蒙(ぐもう)

**雄海 ゆうかい**
生没年不詳
戦国時代の天台宗の僧。
¶国書

**有覚 ゆうかく**
生没年不詳
江戸時代前期の天台宗の僧。
¶国書

**祐覚 ゆうかく**
？ ～建武3/延元1(1336)年12月29日
鎌倉時代後期～南北朝時代の僧。
¶鎌室，新潮，日人(㊀1337年)，仏教(生没年不詳)，室町

**友学 ゆうがく**
寛文5(1665)年～？
江戸時代中期の仏師。
¶黄檗，美建

**宥岳 ゆうがく**
享禄1(1528)年～？
戦国時代～安土桃山時代の真言宗僧。
¶戦辞

**宥歓 ゆうかん**
？ ～慶応2(1866)年4月21日
江戸時代末期の新義真言宗の僧。長谷寺50世。
¶仏教

**有観 ゆうかん**
承暦4(1080)年～平治1(1159)年
平安時代後期の天台宗園城寺僧。
¶古人，平史

**遊観 ゆうかん**
？ ～永仁6(1298)年4月17日
鎌倉時代後期の浄土宗の僧。
¶仏教

**融観 ゆうかん，ゆうがん**
慶安2(1649)年1月8日～正徳6(1716)年2月12日
㊊忍光(にんこう)
江戸時代中期の僧。融通念仏宗第46世。
¶近世，国史，国書，コン改(㊤承応3(1654)年㊀享保6(1721)年)，コン4(㊤承応3(1654)年㊀享保6(1721)年)，コン5(㊤承応3(1654)年㊀享保6(1721)年)，新潮(㊤承応3(1654)年㊀享保6(1721)年)，人名，日人，仏教，仏史，仏人(ゆうがん)

**祐顔 ゆうがん**
生没年不詳
江戸時代中期の浄土真宗の僧。
¶国書

**幽厳 ゆうがん★**
江戸時代の僧侶。
¶三重続

**融喜 ゆうき**
生没年不詳
新義真言宗の僧。
¶仏教

**宥義 ゆうぎ**
天文15(1546)年～元和4(1618)年7月17日
安土桃山時代～江戸時代前期の真言宗の僧。
¶戦人，仏教，仏人

**祐宜 ゆうぎ**
天文5(1536)年～慶長17(1612)年11月11日
㊊祐宣(ゆうせん)
安土桃山時代～江戸時代前期の新義真言宗の僧。京都智積院2世。
¶近世，国史，国書，人名，戦人，日人(㊀1613年)，仏教，仏史，仏人(祐宣 ゆうせん)

**結城梓 ゆうきあずさ**
～明治19(1886)年8月2日
明治期の修験者・神職・郷土史家。
¶飛驒

**結城有無之助 ゆうきうむのすけ**
→結城無二三(ゆうきむにぞう)

**結城国義 ゆうきくによし**
明治29(1896)年～昭和45(1970)年
昭和期の日本基督教会メンバー。
¶社史，平和

**由木康 ゆうきこう**
明治29(1896)年4月16日～昭和60(1985)年1月27日
大正～昭和期の牧師。日本の讃美歌の改訂、編集に尽力。
¶キリ，近文，現執1期，現情，世紀，日人

**結城左衛門尉 ゆうきさえもんのじょう**
天文3(1534)年～永禄8(1565)年
戦国時代の武士。
¶コン改，コン4，コン5，新潮，戦人，日人

ゆ

**結城繁樹** ゆうきしげき
〜明治41(1908)年2月10日
明治期の神職・歌人。
¶飛騨

**結城秀伴** ゆうきしゅうはん
→結城秀伴(ゆうきひでとも)

**結城忠正** ゆうきただまさ
生没年不詳　[別]アンリケ
戦国時代の大名、キリシタン。畿内キリシタン宗門の発展に寄与。
¶朝日，織田，織田2，キリ([生]明応9(1500)年頃)，国史，古中，コン改，コン4，コン5，史人，新潮，世人，戦人，戦補，日人

**結城ディエゴ** ゆうきでぃえご
*〜寛永13(1636)年1月10日　[別]結城ディオゴ(ゆうきでぃおご)
安土桃山時代〜江戸時代前期のイエズス会日本人神父。殉教者。
¶朝日([生]天正2(1574)年)，コン改([生]天正5(1577)年?)，コン4([生]天正5(1577)年?)，コン5([生]天正5(1577)年?)，史人([生]1574年?)，新潮([生]天正3(1575)年頃)，日史(結城ディオゴ　ゆうきでぃおご　[生]天正3(1575)年?)，日人([生]1574年)，百科(結城ディオゴ　ゆうきでぃおご　[生]天正3(1575)年頃)

ゆ

**結城ディオゴ** ゆうきでぃおご
→結城ディエゴ(ゆうきでぃえご)

**結城秀伴** ゆうきひでとも
*〜明治30(1897)年　[別]結城秀伴(ゆうきしゅうはん)
江戸時代末期〜明治期の筑後守。尊攘派公家による久我建通らの排斥運動に側面協力。維新後岡山県郡長など。
¶維新([生]1820年)，岡山人([生]文政7(1824)年)，岡山百([生]文政7(1824)年　[没]明治30(1897)年9月7日)，神人(ゆうきしゅうはん　[生]文政6(1823)年)，人名([生]1824年)，日人([生]1824年)，幕末([生]1820年　[没]1897年9月)，幕末大([生]文政3(1820)年　[没]明治30(1897)年9月)

**結城無二三** ゆうきむにぞう
弘化2(1845)年4月17日〜大正1(1912)年5月17日
[別]結城有無之助(ゆうきうむのすけ)
江戸時代末期〜大正期の新撰組隊士。七条油小路における伊東甲子太郎襲撃の一員。
¶朝日([生]弘化2年4月17日(1845年5月22日))，維新，新撰(結城有無之助　ゆうきうむのすけ)，新隊，日人，幕末，幕末大，明大1，山梨百

**結城弥平治**(結城弥平次) ゆうきやへいじ
天文13(1544)年〜?
安土桃山時代〜江戸時代前期のキリシタン、武将。
¶織田(結城弥平次　[生]天文14(1545)年頃)，織田2(結城弥平次　[生]天文13(1544)年?)，近世，国史，姓氏京都(生没年不詳)，戦合，日人，歴大(結城弥平次)

**有慶** ゆうきょう
寛和2(986)年〜延久3(1071)年2月21日　[別]有慶(うきょう，ゆうけい)
平安時代中期の三論宗の僧。東大寺66・69世、元興寺36世。
¶国書(ゆうけい)，古人(ゆうけい)，諸系，人名(うきょう　[生]983年　[没]1070年)，日人，仏教，平史(ゆうけい)

**由木義文** ゆうきよしふみ
昭和19(1944)年12月2日〜
昭和〜平成期の評論家、仏教思想研究家。慶応義塾大学講師。
¶現執3期，現執4期

**結城了悟** ゆうきりょうご
大正11(1922)年10月17日〜
昭和〜平成期のカトリック神父。長崎市イエズス会修道院長、日本二十六聖人記念館長。
¶郷土長崎，現執3期，現執4期

**結城令聞** ゆうきれいもん
明治35(1902)年4月2日〜平成4(1992)年8月28日
昭和期の仏教学者。東京大学教授。
¶現情，真宗，世紀，日人

**友琴** ゆうきん
→円悶(えんげい)

**猶空** ゆうくう
生没年不詳
鎌倉時代後期の浄土宗の僧。
¶国書

**宥圭** ゆうけい
文化3(1806)年〜?
江戸時代後期の真言宗の僧。
¶国書

**宥慶** ゆうけい
生没年不詳
室町時代の真言宗僧侶。
¶埼玉人，長崎歴

**有慶**(1) ゆうけい
→有慶(ゆうきょう)

**有慶**(2) ゆうけい
宝永6(1709)年〜安永4(1775)年9月20日
江戸時代中期の新義真言宗の僧。長谷寺28世。
¶国書，仏教，仏人

**祐慶** ゆうけい
平安時代後期の比叡山延暦寺西塔の悪僧。系譜未詳。
¶平家

**酉悶** ゆうげい
?〜永正4(1507)年1月15日
戦国時代の浄土宗の僧。
¶戦人，仏教

**祐月** ゆうげつ
?〜天明4(1784)年

江戸時代中期の僧。知恩院58代住持。
¶長野歴

**遊月 ゆうげつ**
生没年不詳
鎌倉時代後期の曹洞宗の僧。
¶国書

**勇健 ゆうけん**
→大歇勇健（たいかつゆうけん）

**宥健 ゆうけん**
永禄1（1558）年～元和6（1620）年
戦国時代～江戸時代前期の僧侶。
¶姓氏岩手

**猷憲 ゆうけん**
天長4（827）年～寛平6（894）年
平安時代前期の僧。天台座主。
¶国史，古人，古中，人名，日人，仏教（㊀弘仁12（821）年，（異説）天長4（827）年　㊁寛平6（894）年8月22日），仏史，平史

**祐賢 ゆうけん**
生没年不詳
戦国時代の天台宗の僧。
¶国書

**宥源(1) ゆうげん**
生没年不詳
安土桃山時代の社僧・連歌作者。
¶国書

**宥源(2) ゆうげん**
天文19（1550）年～元和3（1617）年7月28日
安土桃山時代～江戸時代前期の僧。羽黒山を再興。
¶庄内

**祐厳 ゆうげん**
？ ～享徳1（1452）年　㊞祐厳（ゆうごん）
室町時代の真言僧。
¶鎌室（生没年不詳），日人（ゆうごん）

**祐源 ゆうげん**
長承3（1134）年～保元1（1156）年
平安時代後期の真言宗の僧。
¶仏教（生没年不詳），密教（㊀1134年以前　㊁1156年以後）

**融源 ゆうげん**
保安1（1120）年～建保5（1217）年
平安時代後期～鎌倉時代前期の真言宗の僧。
¶国史，国書（生没年不詳），古中，コン改（生没年不詳），コン4（生没年不詳），コン5，人名，日人（㊁1218年），仏教（㊀？　㊁久安3（1147）年11月2日？），仏史，和歌山人（生没年不詳）

**由己 ゆうこ**
→大村由己（おおむらゆうこ）

**酉仰 ゆうこう**
応永25（1418）年～長禄3（1459）年9月15日
室町時代の浄土宗の僧。江戸増上寺2世。
¶国史，国書（㊀応永25（1418）年7月），古中，戦人，日人，仏教，仏史

**有杲 ゆうこう**
生没年不詳
鎌倉時代前期の僧侶・歌人。
¶国書

**融光 ゆうこう**
生没年不詳
江戸時代前期の浄土宗の僧。
¶国書

**楢谷寺善宗 ゆうこくじぜんしゅう**
応永29（1422）年～明応3（1494）年1月28日
戦国時代の清見村の楢谷寺の開基。
¶飛騨

**幽谷晩馨 ゆうこくばんけい**
文化5（1808）年～明治17（1884）年
江戸時代後期～明治期の僧。延命寺・正法寺を創建。
¶姓氏愛知

**有厳 ゆうごん**
→有厳（うごん）

**祐厳(1) ゆうごん**
→祐厳（ゆうげん）

**祐厳(2) ゆうごん**
正徳1（1711）年～天明6（1786）年8月2日
江戸時代中期の真言宗の僧。
¶国書

**祐察 ゆうさつ**
元和8（1622）年～延宝9（1681）年7月9日
江戸時代前期の浄土宗の僧。
¶国書，仏教

**宥算 ゆうさん**
？ ～元禄2（1689）年7月15日
江戸時代前期～中期の真言宗の僧。
¶国書

**友山 ゆうざん**
生没年不詳
江戸時代前期～中期の仏師。
¶黄檗，国書，美建

**融山 ゆうざん**
延徳2（1490）年～永禄6（1563）年8月5日
戦国時代～安土桃山時代の僧。相模の箱根権現別当、金剛王院の院主。
¶戦辞

**友山思偲**（友山士偲）**ゆうざんしさい**
正安3（1301）年～建徳1/応安3（1370）年6月1日
㊞思偲（しさい），友山士偲（ゆうざんしし）
南北朝時代の臨済宗の僧。
¶鎌室（友山士偲），国書（友山士偲），新潮，人名（友山士偲　ゆうざんしし），世人，日人（友山士偲），仏教（友山士偲），仏人（思偲　しさい）

ゆ

**友山士偲** **ゆうざんしし**
→友山思偲(ゆうざんしさい)

**雄山千峰** **ゆうさんせんぽう**
生没年不詳
江戸時代の曹洞宗の僧。
¶国書

**融山宗祝** **ゆうざんそうしゅく**
？ ～天文14(1545)年
戦国時代の曹洞宗雲岫派の禅僧。谷村の長生寺の三世住職。
¶武田

**有自瑞承** **ゆうじずいしょう**
？ ～大永6(1526)年7月25日
戦国時代の臨済宗の僧。
¶国書

**宥寿** **ゆうじゅ**
生没年不詳
南北朝時代の真言宗の僧。
¶国書

**猷秀** **ゆうしゅう**
室町時代の比叡山延暦寺の僧。
¶内乱

ゆ

**祐秀(1)** **ゆうしゅう**
永正5(1508)年～？
戦国時代の天台宗の僧。
¶国書，戦辞(生没年不詳)

**祐秀(2)** **ゆうしゅう**
享和3(1803)年～明治6(1873)年8月11日
江戸時代末期～明治期の浄土真宗の僧。播磨西勝寺住職。
¶国書，仏人

**融宗** **ゆうしゅう**
生没年不詳
江戸時代前期の黄檗宗の僧。
¶黄檗

**融秀** **ゆうしゅう**
生没年不詳
南北朝時代の新義真言宗の僧。
¶仏教

**祐重** **ゆうじゅう**
生没年不詳
室町時代の真言宗僧侶。
¶埼玉人

**宥俊** **ゆうしゅん**
天正8(1580)年～万治4(1661)年4月4日
安土桃山時代～江戸時代前期の羽黒山執行・別当。
¶庄内，山形百

**宥舜** **ゆうしゅん**
生没年不詳
戦国時代の天台宗の僧。
¶国書

**有俊** **ゆうしゅん**
生没年不詳
戦国時代の天台宗の僧。
¶国書

**祐俊** **ゆうしゅん**
慶長6(1601)年～天和2(1682)年11月1日
江戸時代前期の浄土真宗の僧。
¶国書，仏教

**祐舜** **ゆうしゅん**
生没年不詳
戦国時代の天台宗の僧。
¶国書

**雄舜** **ゆうしゅん**
生没年不詳
南北朝時代の僧侶・歌人。
¶国書

**融舜** **ゆうしゅん**
？ ～大永3(1523)年11月18日
戦国時代の浄土宗の僧。
¶国書，仏教

**有淳** **ゆうじゅん**
生没年不詳
南北朝時代の僧侶・歌人。
¶国書

**祐順** **ゆうじゅん**
生没年不詳
江戸時代後期の僧侶・歌人。
¶姓氏群馬

**有助** **ゆうじょ**
建治3(1277)年～元弘3/正慶2(1333)年
鎌倉時代後期の僧。
¶神奈川人，鎌室，日人，北条，歴大

**猷助** **ゆうじょ**
生没年不詳
戦国時代の天台宗の僧。
¶国書

**酉性** **ゆうしょう**
？ ～永享1(1429)年9月11日
室町時代の浄土宗の僧。
¶仏教

**宥祥** **ゆうしょう**
生没年不詳
鎌倉時代後期の真言宗の僧。
¶国書，仏教，仏人

**宥証** **ゆうしょう**
正徳5(1715)年～天明8(1788)年7月21日
江戸時代中期～後期の真言宗の僧。
¶国書

**宥性** **ゆうしょう**
→金剛宥性(こんごうゆうしょう)

**祐性** ゆうしょう
生没年不詳
室町時代の僧侶・歌人。
¶国書

**祐盛** ゆうしょう,ゆうじょう
元永1(1118)年～?
平安時代後期の天台宗の僧・歌人。
¶国書,古人(ゆうじょう),平史(ゆうじょう 生没年不詳)

**陽勝** ゆうしょう
→陽勝(ようしょう)

**宥貞** ゆうじょう
→宥貞(ゆうてい)

**祐乗** ゆうじょう
戦国時代の真宗大谷派の僧。
¶姓氏石川

**祐常** ゆうじょう
享保8(1723)年～安永2(1773)年
江戸時代中期の僧、画家。円満院第37世門跡。
¶国書(㊐享保8(1723)年9月6日 ㊎安永2(1773)年10月28日),人名,日人,名画

**祐誠** ゆうじょう
生没年不詳
江戸時代中期の修験僧。
¶国書

**遊浄寺祐乗** ゆうじょうじゆうじょう
生没年不詳
戦国時代の荘川村の遊浄寺開基。
¶飛驒

**勇心** ゆうしん
享保6(1721)年～享和2(1802)年3月11日
江戸時代中期～後期の真言律宗の僧。
¶国書

**友心** ゆうしん
慶長16(1611)年～寛文12(1672)年12月3日
江戸時代前期の浄土宗の僧。
¶仏教

**宥信**(1) ゆうしん
? ～永享4(1432)年
南北朝時代～室町時代の僧。
¶国書(㊎永享4(1432)年10月5日),日人

**宥信**(2) ゆうしん
生没年不詳
江戸時代前期の僧侶。
¶国書

**宥真** ゆうしん
生没年不詳
安土桃山時代の真言宗の僧。
¶国書

**幽真** ゆうしん
文化9(1812)年～明治9(1876)年12月 ㊗古岳(こがく)
江戸時代末期～明治期の七絃琴の名手。
¶国書(㊎明治9(1876)年11月5日),幕末,幕末大,和歌山人(生没年不詳)

**有真** ゆうしん
天仁2(1109)年～文治5(1189)年
平安時代後期の仁和寺僧。
¶古人,平史

**由信** ゆうしん
? ～寛文13(1673)年4月25日
江戸時代前期の日蓮宗の僧。
¶仏教

**祐信** ゆうしん
? ～弘安10(1287)年
鎌倉時代後期の真言宗の僧。
¶仏教

**祐心** ゆうしん
? ～寛永2(1625)年
江戸時代前期の歌僧。
¶国書,仏教(生没年不詳)

**祐真**(1) ゆうしん
建久8(1197)年～弘安9(1286)年
鎌倉時代前期の真言声明南山進流の声明家。
¶日音

ゆ

**祐真**(2) ゆうしん
文化4(1807)年～明治16(1883)年
江戸時代後期～明治期の僧侶。
¶岡山百(㊎明治16(1883)年4月12日),岡山歴(㊎明治16(1883)年4月17日)

**祐水** ゆうすい
? ～文化12(1815)年11月17日
江戸時代中期～後期の浄土宗の僧。
¶国書

**宥盛** ゆうせい
永禄5(1562)年～寛永16(1639)年11月2日
安土桃山時代～江戸時代前期の真言宗の僧。
¶戦人,仏教

**祐済** ゆうせい
生没年不詳
室町時代の天台宗の僧・連歌作者。
¶国書

**祐成** ゆうせい
元中3/至徳3(1386)年～?
南北朝時代～室町時代の僧侶。
¶国書

**祐清** ゆうせい
? ～寛正4(1463)年8月25日
室町時代の律宗の僧、京都東寺領備中国新見荘の直務代官。
¶岡山歴,国史,古中,史人,内乱

**祐盛**(1) ゆうせい
延慶2(1309)年～?

鎌倉時代後期～南北朝時代の僧侶。
¶国書

**祐盛(2) ゆうせい**
生没年不詳
鎌倉時代後期～南北朝時代の僧侶。
¶姓氏群馬

**祐盛(3) ゆうせい**
生没年不詳
室町時代の天台宗の僧。
¶国書

**雄盛 ゆうせい**
天文2(1533)年～慶長10(1605)年7月24日
戦国時代～江戸時代前期の天台宗の僧。
¶国書

**融碩 ゆうせき**
？ ～長元6(1033)年
平安時代中期の興福寺僧。
¶古人([生]?)，平史

**有節瑞保 ゆうせつずいほ**
→有節瑞保(うせつずいほう)

**宥仟 ゆうせん**
生没年不詳
安土桃山時代～江戸時代前期の真言宗の僧。
¶国書

ゆ

**幽仙 ゆうせん**
承和3(836)年～昌泰3(900)年2月27日
平安時代前期の天台宗の僧。
¶国書，古人，仏教([生]承和2(835)年 [没]昌泰2(899)年12月14日，(異説)昌泰3(900)年2月27日)，平史

**有詮 ゆうせん**
生没年不詳
江戸時代前期の修験僧。
¶国書

**祐仙 ゆうせん**
生没年不詳
江戸時代後期の天台宗の僧。
¶国書

**祐宣 ゆうせん**
→祐宣(ゆうぎ)

**有禅 ゆうぜん**
応徳1(1084)年～大治1(1126)年8月16日
平安時代後期の法相宗の僧・歌人。
¶国書，古人，平史

**祐全 ゆうぜん**
生没年不詳
江戸時代中期の浄土宗の僧。
¶国書

**雄禅宗虎 ゆうぜんそうこ**
宝暦13(1763)年6月5日～安政4(1857)年3月9日
江戸時代中期～末期の臨済宗の僧。
¶国書

**宥宗 ゆうそう**
生没年不詳
江戸時代前期の真言宗の僧。
¶国書

**祐崇 ゆうそう**
応永33(1426)年～永正6(1509)年11月8日 [別]観誉祐崇(かんよゆうすう，かんよゆうそう)
室町時代～戦国時代の浄土宗の僧。光明寺中興およびお十夜初祖。
¶神奈川人(観誉祐崇 かんよゆうすう)，鎌倉新([生]?)，国書([生]?)，姓氏神奈川(観誉祐崇 かんよゆうそう)，戦辞(観誉祐崇 かんよゆうそう [生]? [没]永正6年11月8日(1509年12月19日))，戦人，日音(観誉祐崇 かんよゆうそう [生]応永31(1424)年，(異説)永享6(1434)年)，日人，仏教

**宥増 ゆうぞう★**
元和7(1621)年9月29日～
江戸時代前期の一乗院の僧。
¶秋田人2([生]元和7年9月29日遷化。10月30日行方不明という伝えもある)

**酉尊 ゆうそん**
元和2(1616)年～貞享2(1685)年8月29日
江戸時代前期の浄土宗の僧。金戒光明寺34世。
¶国書，仏教

**宥尊 ゆうそん**
？ ～承応4(1655)年
江戸時代前期の真言宗智山派の僧侶。
¶埼玉人

**猷尊 ゆうそん**
治承2(1178)年～建長4(1252)年
鎌倉時代前期の僧。
¶鎌室，古人，日人，仏教([没]建長4(1252)年7月18日)

**祐尊(1) ゆうそん**
久安3(1147)年～貞応1(1222)年
平安時代後期～鎌倉時代前期の僧。
¶鎌室，古人，日人，仏教([没]貞応1(1222)年5月27日)

**祐尊(2) ゆうそん**
元徳1(1329)年～応永19(1412)年
南北朝時代～室町時代の東寺の僧。高井法眼。
¶朝日([没]応永19年10月5日(1412年11月9日))，鎌室，コン改([生]?)，コン4([生]?)，コン5([生]?)，新潮([没]応永19(1412)年10月5日)，日人

**祐存 ゆうそん★**
嘉永1(1848)年2月～明治10(1877)年8月31日
明治期の浄土宗名僧。
¶秋田人2

**勇大 ゆうだい**
生没年不詳
江戸時代前期の浄土宗の僧。

¶国書

**游湛** ゆうたん
寛永16(1639)年〜宝永7(1710)年5月12日
江戸時代前期〜中期の真言律宗の僧。
¶国書

**宥智** ゆうち
永正16(1519)年〜永禄12(1569)年6月14日
戦国時代〜安土桃山時代の真言宗の僧。
¶国書

**有中** ゆうちゅう
生没年不詳
江戸時代中期の俳人。浄土真宗の僧。
¶国書

**祐朝** ゆうちょう
生没年不詳
鎌倉時代の天台宗の僧。
¶国書

**祐長** ゆうちょう
？ 〜寛永5(1628)年9月21日
江戸時代前期の真言宗智山派の僧侶。
¶埼玉人

**雄長老** ゆうちょうろう
→英甫永雄(えいほえいゆう)

**宥鎮** ゆうちん
生没年不詳
室町時代の新義真言宗僧侶。
¶埼玉人

**宥貞** ゆうてい
文禄1(1592)年〜寛文4(1664)年　㊙宥貞(ゆうじょう)
江戸時代前期の新義真言宗の僧。京都智積院6世。
¶近世，国史，人名(ゆうじょう)，戦人，日人，仏教(㊀寛文4(1664)年5月6日)，仏史，仏人

**勇哲** ゆうてつ
生没年不詳
江戸時代後期の浄土真宗の僧。
¶国書

**祐天** ゆうてん
寛永14(1637)年〜享保3(1718)年7月15日　㊙祐天上人(ゆうてんしょうにん)，愚心(ぐしん)，顕誉(けんよ)，明蓮社顕誉(めいれんしゃけんよ)
江戸時代前期〜中期の浄土宗の僧。奈良の大仏、鎌倉の大仏修補を行なう。
¶朝日(㊐寛永14年4月8日(1637年5月31日)㊀享保3年7月15日(1718年8月11日))，岩史(㊐寛永14(1637)年4月8日)，江人，江戸(祐天上人　ゆうてんしょうにん)，角史，神奈川人，近世，群馬人，国史，国書(㊐寛永14(1637)年4月8日)，コン改，コン4，コン5，史人(㊐1637年4月8日)，新潮，人名，世人，全書，大百，日人，仏教(㊐寛永14(1637)年4月8日)，仏史，仏人，名画

**融天** ゆうてん
？ 〜享保18(1733)年7月25日
江戸時代中期の融通念仏宗の僧。
¶仏教

**宥伝** ゆうでん
応永4(1397)年〜文明2(1470)年4月9日
室町時代の真言宗の僧。
¶仏教

**祐天上人** ゆうてんしょうにん
→祐天(ゆうてん)

**祐登** ゆうと
天保8(1837)年〜明治34(1901)年
江戸時代後期〜明治期の僧侶。
¶姓氏岩手

**宥道** ゆうどう
生没年不詳
江戸時代前期の真言僧。
¶長崎歴

**融道** ゆうどう
*〜寛政7(1795)年
江戸時代中期の新義真言宗の僧。
¶国書(㊐享保8(1723)年　㊀寛政7(1795)年8月28日)，仏教(㊐？)

ゆ

**祐徳尼** ゆうとくに
？ 〜寛永21(1644)年10月14日
江戸時代前期の女性。熊野の尼僧。
¶女性

**融頓** ゆうとん
→一庭融頓(いっていゆうとん)

**西念** ゆうねん
？ 〜慶長3(1598)年7月22日
安土桃山時代の浄土宗の僧。
¶仏教

**祐念** ゆうねん
生没年不詳
室町時代の僧。高山市の神通寺と古川町の真宗寺の開基。
¶飛騨

**悠然道永** ゆうねんどうえい
寛永17(1640)年〜元禄10(1697)年12月24日
江戸時代前期〜中期の黄檗宗の僧。
¶黄檗

**祐念坊常観** ゆうねんぼうじょうかん
〜永正3(1506)年11月23日
戦国時代の僧。宮川村の祐念坊の開基。
¶飛騨

**祐念坊誠諦** ゆうねんぼうじょうたい
〜文化4(1807)年11月27日
江戸時代後期の僧。宮川村の祐念坊の中興の祖。
¶飛騨

**祐能** ゆうのう
？ ～慶長7(1602)年2月28日
安土桃山時代の天台宗の僧。
¶国書

**友梅** ゆうばい
→雪村友梅(せっそんゆうばい)

**宥範** ゆうはん,ゆうばん
文永7(1270)年～正平7/文和1(1352)年7月1日
鎌倉時代後期～南北朝時代の真言宗の僧。善通寺の中興の祖。
¶朝日(㊀文和1/正平7年7月1日(1352年8月11日)),香川人(ゆうばん),香川百(ゆうばん),鎌室,国史,国書(ゆうばん),古中,コン改,コン4,コン5,史人,新潮,人名,世人,徳島歴(生没年不詳),日人,仏教(ゆうばん),仏史,仏人

**祐範** ゆうはん
平安時代後期の僧。
¶古人,平史(生没年不詳)

**宥鑁**(1) ゆうばん
生没年不詳
江戸時代前期の天台僧・修験僧。
¶国書

ゆ

**宥鑁**(2)(宥鍐) ゆうばん
寛永1(1624)年～元禄15(1702)年7月19日
江戸時代前期～中期の新義真言宗の僧。智積院9世。
¶人名,日人,仏教,仏人,山梨百(宥鍐)

**融鑁** ゆうばん
生没年不詳
江戸時代前期の修験僧。
¶国書

**宥遍** ゆうへん
生没年不詳
江戸時代前期の僧。
¶日人

**祐遍**(1) ゆうへん
生没年不詳
鎌倉時代後期の真言宗の僧。高野山検校59世。
¶人名,日人,仏教,和歌山人

**祐遍**(2) ゆうへん
？ ～寛永4(1627)年　㊞祐遍(ゆうへんおしょう)
安土桃山時代～江戸時代前期の僧侶。
¶宮崎百

**宥弁** ゆうべん
生没年不詳
江戸時代前期の真言宗の僧。
¶国書

**宥忭** ゆうべん
生没年不詳
江戸時代後期の真言宗の僧。
¶国書

**融弁** ゆうべん
嘉吉3(1443)年～大永4(1524)年8月1日
室町時代～戦国時代の真言宗の僧。
¶戦辞

**宥豊** ゆうほう
*～文政6(1823)年6月14日
江戸時代中期～後期の新義真言宗の僧。
¶国書(㊐宝暦9(1759)年),仏教(㊐宝暦10(1760)年)

**祐宝** ゆうほう
明暦2(1656)年～*
江戸時代前期～中期の真言宗の僧。
¶国書(㊀？),仏教(㊀享保12(1727)年)

**雄峰宗韓** ゆうほうそうかん
永禄3(1560)年～慶長17(1612)年11月27日
安土桃山時代～江戸時代前期の臨済宗の僧。大徳寺157世。
¶仏教

**宥峰宗恕** ゆうほうそうじょ
寛永11(1634)年～元禄2(1689)年5月18日
江戸時代前期の臨済宗の僧。大徳寺240世。
¶国書,仏教

**友峰等益** ゆうほうとうやく
嘉暦2(1327)年～応永12(1405)年
南北朝時代～室町時代の臨済宗の僧。建長寺68世。
¶人名,日人,仏教(㊀応永12(1405)年1月22日)

**融峰本祝** ゆうほうほんしゅく
？ ～元禄13(1700)年5月14日
江戸時代前期～中期の曹洞宗の僧。永平寺36世。
¶仏教

**有綿**(有緜) ゆうめん
→政所有緜(まんどころゆうめん)

**宥雄** ゆうゆう
慶長8(1603)年～？
安土桃山時代～江戸時代前期の真言宗の僧。
¶国書

**宥竜** ゆうりゅう
生没年不詳
江戸時代後期～末期の真言宗の僧。
¶国書

**融隆** ゆうりゅう
？ ～文禄4(1595)年
戦国時代～安土桃山時代の浄土宗の僧。
¶国書

**有林** ゆうりん
→有隣徳(うりんとく)

**祐倫**(1) ゆうりん
生没年不詳
室町時代の連歌師、尼僧。
¶国書,日人,俳文

**祐倫(2)　ゆうりん**
文化2(1805)年〜安政3(1856)年7月11日
江戸時代後期〜末期の浄土宗の僧・歌人。
¶国書

**遊林　ゆうりん**
生没年不詳
江戸時代中期の浄土真宗の僧。
¶国書

**遊麟　ゆうりん**
戦国時代の武田氏の家臣。武田晴信初期の使僧とみられる。
¶武田

**有和寿筠　ゆうわじゅいん**
生没年不詳
安土桃山時代の臨済宗の僧。
¶国書

**瑜珈教如　ゆかきょうにょ**
弘化4(1847)年〜昭和3(1928)年
明治〜昭和期の僧、北蒲原郡乙の人。
¶新潟百

**瑜伽教如　ゆがきょうにょ**
→教如(2)(きょうにょ)

**湯川浄暢　ゆかわじょうちょう**
明治14(1881)年〜昭和8(1933)年
明治〜昭和期の僧侶。
¶和歌山人

**由木内匠助　ゆぎたくみのすけ**
戦国時代の番匠。吉良頼康、上田朝直に属した。鎌倉鶴岡八幡宮に属した宮大工の棟梁。
¶後北(内匠助〔由木(2)〕　たくみのすけ)

**行友耻堂　ゆきともちどう**
文化11(1814)年〜明治32(1899)年6月16日
江戸時代末期〜明治期の神官。私塾時習館で子弟教育にあたる。
¶幕末，幕末大

**雪下殿尊僘　ゆきのしたどのそんじょう**
生没年不詳
室町時代の僧侶。
¶埼玉人

**行弘正貞　ゆきひろまささだ**
安永3(1774)年〜天保11(1840)年
江戸時代中期〜後期の神職。
¶神人

**幸村法輪　ゆきむらほうりん**
明治33(1900)年12月30日〜昭和26(1951)年2月10日
大正〜昭和期の僧侶。
¶真宗

**雪山僧鎔　ゆきやまそうよう**
→僧鎔(そうよう)

**雪山隆弘　ゆきやまたかひろ**
昭和15(1940)年7月12日〜平成2(1990)年9月17日
昭和〜平成期の児童劇研究家。
¶姓氏富山，富山文

**遊行独朗　ゆぎょうどくろう**
元和1(1615)年〜寛文7(1667)年
江戸時代前期の遊行41代他阿上人独朗、時宗。
¶島根百

**行吉哉女　ゆきよしかなめ**
明治36(1903)年12月17日〜平成15(2003)年10月7日
昭和期の教育者。行吉学園学園長、神戸女子大学学長。著書に「洋装研究」「基礎代謝の季節変化の人種的差異に関する研究」など。
¶学校，近女，現情，世紀，日人，兵庫百

**弓削道鏡　ゆげどうきょう**
→道鏡(どうきょう)

**弓削等薩　ゆげとうさつ**
永正13(1516)年〜？
室町時代の画僧。
¶人名，日人

**弓削道鏡　ゆげのどうきょう**
→道鏡(どうきょう)

**由性　ゆしょう**
承和8(841)年〜延喜14(914)年2月　[別]由性(ゆせい)
平安時代前期〜中期の天台宗の僧。
¶古人(ゆせい)，仏教，平史(ゆせい)

**湯次了栄　ゆすきりょうえい**
明治5(1872)年1月5日〜昭和18(1943)年2月2日
明治〜昭和期の僧侶。
¶真宗

**楪大仙　ゆずりはたいせん**
元治1(1864)年〜昭和3(1928)年
明治〜昭和期の曹洞禅僧、洞光寺35世。
¶島根人，島根歴

**由性　ゆせい**
→由性(ゆしょう)

**湯田豊　ゆだゆたか**
昭和6(1931)年5月15日〜
昭和〜平成期の印度哲学者、宗教学者。神奈川大学教授。
¶現執2期，現執3期，現執4期

**弓波瑞明　ゆばずいみょう**
慶応3(1867)年〜昭和6(1931)年1月25日　[別]弓波瑞明(ゆみなみずいみょう)
明治〜昭和期の浄土真宗本願寺派僧侶。龍谷大学学長、勝光寺住職。
¶昭人([生]慶応3(1867)年4月)，真宗(ゆみなみずいみょう　[生]慶応3(1867)年4月2日)，世紀([生]慶応3(1867)年4月)，姓氏石川(ゆみなみずいみょう)，日人，仏人

ゆ

**弓波瑞明** **ゆみなみずいみょう**
→弓波瑞明(ゆばずいみょう)

**湯本文彦** **ゆもとふみひこ**
天保14(1843)年6月7日～大正10(1921)年9月25日
明治～大正期の神官、地方史研究家。京都帝室博物館学芸委員。京都・鳥取史を研究。
¶郷土，京都大，史研，姓氏京都，鳥取百，日人，明大2

**熊野清樹** **ゆやきよき**
明治23(1890)年10月3日～昭和46(1971)年9月18日
明治～昭和期の牧師。西南学院大学教授、日本バプテスト連盟理事長。
¶キリ，熊本人

**湯谷紫苑** **ゆやしおん**
元治1(1864)年8月20日～昭和16(1941)年7月7日
明治～昭和期の詩人、宗教家。女学雑誌社に入り編集に従事、同誌に「亡き妻」など詩編を発表。
¶近文，世紀，兵庫文，明治史，明大2

**湯谷基守** **ゆやもともり**
嘉永3(1850)年～大正12(1923)年
明治～大正期の国学者、神道家。中津町に神宮教会所を建て、経営につとめ権大教正となった。
¶神人，人名，世紀(㊐嘉永3(1850)年8月5日 ㊍大正12(1923)年2月24日)，日人

**由良御前** **ゆらごぜん**
？ ～保元4(1159)年
平安時代後期の源頼朝の生母。
¶愛知，古人(㊐？)，平史

**由良日正** **ゆらにっしょう**
文化14(1817)年～明治19(1886)年2月25日
江戸時代末期～明治期の僧侶、歌人、伊予松山藩士。百姓一揆を説得して沈静させ、「強訴日記」としてまとめた。
¶岡山人(㊐文政2(1819)年 ㊍明治18(1885)年)，岡山百(㊐文化14(1817)年2月11日)，岡山歴(㊐文化14(1817)年2月11日)，幕末，幕末大

**由良霊松** **ゆられいしょう**
文政4(1821)年～明治18(1885)年
江戸時代末期～明治期の神官。
¶群馬人，人名(㊍1886年)，姓氏群馬，日人

**由理宜牧** **ゆりぎぼく**
→由利適水(ゆりてきすい)

**由利適水**(由利滴水) **ゆりてきすい**
文政5(1822)年～明治32(1899)年1月20日 ㊿宜牧(ぎもく)，由理宜牧(ゆりぎぼく)，滴水宜牧(てきすいぎぼく)
江戸時代末期～明治期の臨済宗の僧。天竜寺派管長。
¶朝日(㊐文政5年4月8日(1822年5月28日))，維新，京都府(由利滴水)，人名(由利滴水)，日人(由利滴水)，仏教(由理宜牧 ゆりぎぼく)，仏人(宜牧 ぎもく)，明大1(㊐文政5(1822)年4月8日)

**涌蓮** **ゆれん**
？ ～安永3(1774)年 ㊿涌蓮(ようれん)
江戸時代中期の浄土真宗の隠逸僧。
¶京都大(ようれん)，人名，姓氏京都(ようれん)，三重

**由蓮** **ゆれん**
？ ～仁和2(886)年7月
平安時代前期の僧。嵯峨天皇の皇子。
¶仏教

## 【よ】

**ヨアキム榊原** **よあきむさかきばら**
？ ～慶長1(1596)年
戦国時代～安土桃山時代のキリシタン。日本二十六聖人。
¶長崎歴

**与市** **よいち**
生没年不詳
平安時代前期の猟師。一畑寺薬師堂の開基とされる。
¶島根歴

**養阿**(1) **ようあ**
生没年不詳
鎌倉時代の念仏僧。善光寺療病院の開祖。
¶姓氏長野，長野歴

**養阿**(2) **ようあ**
→木食養阿(もくじきようあ)

**陽庵融悦** **ようあんゆうえつ**
生没年不詳
戦国時代の曹洞宗の僧。
¶仏教

**永意** **ようい**
平安時代後期の延暦寺の僧。
¶古人，平史(生没年不詳)

**永胤** **よういん**
→永胤(えいいん)

**永雲** **ようえん**
平安時代後期の延暦寺の僧。
¶古人，平史(生没年不詳)

**曜慧** **ようえ**
生没年不詳
江戸時代後期の浄土真宗の僧。
¶国書

**栄叡** **ようえい**
→栄叡(えいえい)

**栄睿** **ようえい**
？ ～天平勝宝1(749)年

飛鳥時代～奈良時代の高僧。
¶郷土岐阜

**永円** ようえん
→永円（えいえん）

**永縁** ようえん
永承3（1048）年～天治2（1125）年4月5日 [別]永縁（えいえん）
平安時代中期～後期の女性。尼僧。
¶朝日（[没]天治2年4月5日（1125年5月9日）），郷土奈良（えいえん），国史，国書，古人，古中，詩歌（えいえん），詩作（ようえん，えいえん），史人，女性，新潮（えいえん），人名（えいえん），日人，仏教，仏史，平家，平史，和俳

**陽宴** ようえん
生没年不詳
平安時代後期の天台宗の僧。
¶国書

**陽翁** ようおう
永禄3（1560）年～元和8（1622）年11月19日
安土桃山時代～江戸時代前期の日蓮宗の僧・兵法家。
¶国書

**永賀** ようが
鎌倉時代前期の仏師。
¶古人，美建，平史（生没年不詳）

**栄海** ようかい
→栄海（えいかい）

**永覚(1)** ようかく
→永覚(1)（えいかく）

**永覚(2)** ようがく
平安時代後期の僧。奈良七大寺・十五大寺きっての悪僧。系譜未詳。
¶平家

**鷹岳** ようがく
応永18（1411）年～明応1（1492）年11月12日
室町時代～戦国時代の用津院開山。
¶山梨百

**鷹岳宗俊** ようがくそうしゅん
応永17（1410）年～明応1（1492）年11月12日
室町時代～戦国時代の曹洞宗の僧。
¶仏教

**永観** ようかん
長元6（1033）年～天永2（1111）年11月2日 [別]永観（えいかん）
平安時代中期～後期の浄土教の僧。法然に先立ち専修称名を唱えた。
¶朝日（えいかん [没]天永2年11月2日（1111年12月4日）），岩史，角史，京都大，国史，国書，古史，古人（[生]1032年），古中，コン改（えいかん [生]天喜1（1053）年 [没]長承1（1132）年），コン4（えいかん [没]長承1（1132）年），コン5（えいかん [没]長承1（1132）年），史人，思想史（えいかん），新潮，人名（えいかん [生]1032年），姓氏京都，世人（えいかん [生]長元5（1032）年），全書，大百，日音（[生]長元5（1032）年，（異説）長元6（1033）年），日思，日史，日人，仏教，仏史，仏人，平史（[生]1032年），名僧，歴大（えいかん）

**陽関** ようかん
安永4（1775）年～安政4（1857）年
江戸時代中期～末期の僧侶。
¶徳島百（[没]安政4（1857）年8月7日），徳島歴（[没]安政4（1857）年8月）

**陽関東英** ようかんとうえい
*～安政4（1857）年8月7日
江戸時代中期～後期の臨済宗の僧。妙心寺501世。
¶国書（[生]安永4（1775）年），仏教（[生]宝暦5（1755）年）

**陽救** ようきゅう
生没年不詳
平安時代後期の天台宗の僧。
¶国書

**㘦牛恵仁** ようぎゅうえにん
生没年不詳
鎌倉時代後期の中国からの渡来僧。
¶長野歴

**杳旭** ようぎょく
明和1（1764）年～天保9（1838）年4月24日
江戸時代中期～後期の浄土真宗の僧。
¶国書，仏教

**永金阿闍梨** ようきんあじやり
鎌倉時代の僧。
¶姓氏鹿児島

**耀空** ようくう
生没年不詳
鎌倉時代の浄土宗の僧・歌人。
¶国書

**永慶** ようけい
→永慶（えいきょう）

**楊渓** ようけい
生没年不詳
室町時代～戦国時代の画僧。
¶日人

**楊月** ようげつ
生没年不詳
戦国時代の画僧。
¶薩摩，新潮，日人，名画

**永厳** ようげん
承保2（1075）年～仁平1（1151）年8月14日 [別]永厳（えいごん，ようごん）
平安時代後期の真言宗の僧。保寿院流の祖。
¶国史，国書（ようごん），古人，古中，史人，日人（ようごん），仏教（ようごん），仏史，平史（ようごん），和歌山人

**永源　ようげん**
→永源（えいげん）

**永愿　ようげん**
元和6（1620）年～貞享1（1684）年3月21日
江戸時代前期の真言宗の僧。
¶国書

**用健周乾　ようけんしゅうけん**
→周健周乾（しゅうけんしゅうかん）

**永興　ようこう**
→永興（えいこう）

**永興寺周端　ようこうじしゅうたん**
生没年不詳
戦国時代～安土桃山時代の僧。永興寺49世住職。
¶姓氏山口

**陽谷賢春　ようこくけんしゅん**
生没年不詳
室町時代の曹洞宗の僧。
¶仏教

**暘谷乾幢**（暘谷乾瞳，暘谷乾疃）　**ようこくけんとう**
？　～天文2（1533）年12月11日
戦国時代の臨済宗の僧。
¶神奈川人，鎌倉，国書（暘谷乾瞳），新潮，日人（暘谷乾疃）

よ

**洋乎乾栄　ようこけんえい**
永正5（1508）年～
室町時代の禅僧。
¶神奈川人

**永厳**(1)　**ようごん**
㊀永厳（えいごん）
奈良時代の興福寺の僧。
¶古人，古代（えいごん），古代普（えいごん），仏教（生没年不詳）

**永厳**(2)　**ようごん**
→永厳（ようげん）

**栄西　ようさい**
→栄西（えいさい）

**暘山　ようざん**
安永7（1778）年～安政6（1859）年
江戸時代後期の僧侶。
¶京都府

**容山可允　ようざんかいん**
？　～正平15/延文5（1360）年4月23日
南北朝時代の臨済宗の僧。円覚寺28世。
¶仏教（㊀延文5/正平15（1360）年4月23日，（異説）4月18日）

**庸山景庸　ようざんけいよう**
永禄2（1559）年～寛永3（1626）年　㊀景庸（けいよう）
安土桃山時代～江戸時代前期の臨済宗の僧。妙心寺86世。
¶人名，姓氏京都（㊀1625年　㊀1690年），日人，仏教（㊀寛永3（1626）年7月17日），仏人（景庸けいよう）

**暘山楚軾　ようざんそしょく**
安永7（1778）年3月13日～安政6（1859）年9月13日
江戸時代中期～末期の臨済宗の僧。
¶国書

**永実**(1)　**ようじつ**
→永実(1)（えいじつ）

**永実**(2)　**ようじつ**
→永実(2)（えいじつ）

**陽室融慶　ようしつゆうけい**
生没年不詳
戦国時代の曹洞宗の僧。
¶仏教

**永秀　ようしゅう**
仁平3（1153）年～？
平安時代後期～鎌倉時代前期の仏師。
¶古人（㊀？），美建，平史

**陽州　ようしゅう**
元和8（1622）年～延宝7（1679）年
江戸時代前期の禅僧。
¶徳島歴

**陽洲　ようしゅう**
天正5（1577）年～寛永20（1643）年
安土桃山時代～江戸時代前期の浄土宗の僧。
¶仏教

**揚宗浄栄　ようしゅうじょうえい**
元禄13（1700）年～宝暦7（1757）年7月8日
江戸時代中期の黄檗宗の僧。
¶黄檗

**養叔融供　ようしゅくゆうぐ**
生没年不詳
戦国時代の曹洞宗の僧。
¶仏教

**永俊　ようしゅん**
奈良時代の僧、興福寺寺主。
¶古人

**陽春主諾　ようしゅんしゅだく**
？　～享保20（1735）年5月1日
江戸時代中期の臨済宗の僧。
¶国書

**陽舜祖秀　ようしゅんそしゅう**
元禄7（1694）年～寛保3（1743）年12月27日
江戸時代中期の臨済宗の僧。
¶国書

**永助　ようじょ**
→永助（えいじょ）

**永昭　ようしょう**
→永昭（えいしょう）

**耀清** ようしょう
建仁2(1202)年〜建長7(1255)年3月1日
鎌倉時代前期〜後期の社僧・歌人。
¶国書

**陽勝** ようしょう
貞観11(869)年〜？　㊿陽勝(ゆうしょう)
平安時代前期〜中期の天台宗の僧、仙人。
¶古人(㊀901年？), 人名(ゆうしょう), 日人, 仏教, 仏人(㊍868年), 平史(㊀901年？)

**陽生**(陽性) ようしょう
*〜正暦1(990)年
平安時代中期の天台宗の僧。
¶伊豆(㊍延喜6(906)年　㊀正暦4(993)年), 古人(㊍907年　㊀993年), コン改(陽性　㊍延喜4(904)年), コン4(陽性　㊍延喜4(904)年), コン5(陽性　㊍延喜5(904)年), 静岡百(㊍？), 静岡歴(㊍？　㊀正暦4(993)年), 新潮(㊍？　㊀正暦4(993)年,(異説)正暦1(990)年), 人名(㊍911年), 姓氏静岡(㊍？　㊀993年), 日人(㊍？　㊀990年,(異説)993年), 仏教(㊍延喜4(904)年　㊀永祚2(990)年10月28日), 平史(㊍907年　㊀993年)

**永成** ようじょう
→永成(1)(えいじょう)

**用章如憲** ようしょうじょけん
？〜寛正4(1463)年11月29日
室町時代の臨済宗の僧。
¶国書

**永真** ようしん
平安時代前期の真言僧。大法師、初代東寺執行。
¶古人, 平史(生没年不詳)

**楊慎** ようしん
生没年不詳
江戸時代前期の渡来僧、画僧。
¶日人, 仏教

**永尋** ようじん
→永尋(えいじん)

**陽岑宗昕** ようしんそうきん
承応3(1654)年〜宝永1(1704)年11月16日
江戸時代前期〜中期の臨済宗の僧。大徳寺264世。
¶仏教

**永清** ようせい
長元6(1033)年〜保安1(1120)年
平安時代中期〜後期の天台宗延暦寺僧。
¶古人, 平史

**養拙宗牧** ようせつしゅうぼく
→宗牧(2)(そうもく)

**永仙** ようせん
奈良時代の僧、山階寺佐官僧。
¶古人

**永暹** ようせん
→永暹(えいせん)

**栄全** ようぜん
保安4(1123)年〜？
平安時代後期の比叡山の僧。
¶古人(㊀？), 平史

**養仙坊** ようせんぼう
安土桃山時代の僧。
¶茶道

**養叟宗頤** ようそうそうい
天授2/永和2(1376)年〜長禄2(1458)年6月27日
㊿養叟宗頤(ようそうそうき), 宗頤(そうい)
南北朝時代〜室町時代の臨済宗の僧。徹翁派下の主流。
¶朝日(㊀長禄2年6月27日(1458年8月6日)), 岩史, 鎌室, 京都大, 国史, 国書, 古中, 新潮, 人名(ようそうそうき), 姓氏京都, 世人, 日人, 仏教, 仏史

**養叟宗頤** ようそうそうき
→養叟宗頤(ようそうそうい)

**山田大路親彦** ようだおおじちかひこ
→山田大路親彦(やまだおおじちかひこ)

**山田大路元長** ようだおおじもとなが
元中9/明徳3(1392)年〜？
南北朝時代〜室町時代の神職。
¶国書

よ

**永智** ようち
延文1/正平11(1356)年〜永享12(1440)年3月20日　㊿永智(えいち)
平安時代後期の僧。入宋僧成尋を見送る。
¶古人, 仏教(えいち　㊍延文1/正平11(1356)年,(異説)延文2/正平12(1357)年), 平史(生没年不詳)

**永忠** ようちゅう
→永忠(えいちゅう)

**要中通玄** ようちゅうつうげん
安永7(1778)年〜天保10(1839)年7月
江戸時代後期の黄檗宗の僧。
¶黄檗, 国書

**永朝** ようちょう
平安時代中期の仏師。
¶古人, 美建, 平史(生没年不詳)

**永超** ようちょう
→永超(えいちょう)

**用通** ようつう
生没年不詳
南北朝時代の社僧・連歌作者。
¶国書

**用堂尼** ようどうに
〜応永3(1396)年
南北朝時代の禅尼僧。
¶神奈川人

**用堂明機** ようどうめいき
嘉元2(1304)年〜元中1/至徳1(1384)年

鎌倉時代後期〜南北朝時代の漢陽寺開山。
¶姓氏山口

**栄仁　ようにん**
→栄仁（えいにん）

**永念　ようねん**
奈良時代〜平安時代前期の東大寺僧。
¶古人，平史（生没年不詳）

**永範　ようはん**
平安時代後期の仏師。
¶古人，美建，平史（生没年不詳）

**楊富　ようふ**
生没年不詳
室町時代〜戦国時代の画僧。
¶日人

**羊歩　ようぶ**
慶長13（1608）年〜？
江戸時代前期の浄土真宗の僧。
¶国書

**永弁　ようべん**
康和5（1103）年〜？
平安時代後期の延暦寺僧。
¶古人（㊀？），平史

よ

**養方軒パウロ　ようほうけんぱうろ**
？〜慶長1（1596）年　㊕浄法軒（じょうほうけん），養甫軒（ようほけん），養甫軒パウロ（ようほけんぱうろ），バルトロメオ，パウロ
戦国時代〜安土桃山時代のキリシタン。若狭生まれの医師。
¶朝日（㊐永正5（1508）年頃），近世（㊀1595年），国史（㊀1595年），国書（㊐永正5（1508）年頃？　㊀文禄4（1595）年），史人（㊐1508年？　㊀1595年），新潮（㊐永正11（1514）年頃），人名（浄法軒　じょうほうけん），世人，世百（養甫軒パウロ　ようほけんぱうろ），戦人（養甫軒　ようほけん），戦補（養甫軒　ようほけん），対外（㊐？　㊀1595年），日人（㊀1595年）

**陽峰宗韶　ようほうそうしょう**
永享2（1430）年〜永正9（1512）年7月26日
室町時代〜戦国時代の臨済宗の僧。大徳寺70世。
¶仏教

**瑤甫恵瓊　ようほえけい**
→安国寺恵瓊（あんこくじえけい）

**養甫軒　ようほけん**
→養方軒パウロ（ようほうけんぱうろ）

**養甫軒パウロ　ようほけんぱうろ**
→養方軒パウロ（ようほうけんぱうろ）

**要明寺　ようみょうじ**
生没年不詳
戦国時代の越後国要明寺住持。
¶戦辞

**用明天皇　ようめいてんのう**
？〜用明天皇2（587）年　㊕橘豊日尊（たちばなのとよひのみこと）
飛鳥時代の第31代の天皇。欽明天皇の子。仏教受容を宣言。
¶朝日（㊀用明2年4月9日（587年5月21日）），岩史（㊀用明2（587）年4月9日），角史，国史，古史，古人（㊐？　㊀587年），古代，古代普（㊐？　㊀587年），古中，古物（㊐欽明天皇1（540）年　㊀用明天皇2（587）年4月9日），コン改，コン4，コン5，史人，重要，諸系，新潮（㊀用明2（587）年4月9日），人名，世人，全書，大百（㊐540年），天皇（㊐？　㊀587年），日史，日人，百科，仏教（㊀用明2（587）年4月9日），山川小，歴大

**瑤林院〈和歌山県〉　ようりんいん★**
慶長6（1601）年〜寛文6（1666）年
安土桃山時代〜江戸時代前期の女性。宗教。肥後熊本藩初代藩主加藤清正と正室清浄院の娘。
¶江表（瑤林院（和歌山県））

**瑤林宗玖　ようりんそうきゅう**
永禄1（1558）年〜慶長18（1613）年7月4日
安土桃山時代〜江戸時代前期の臨済宗の僧。大徳寺148世。
¶仏教

**用林梵材　ようりんぼんざい**
文安4（1447）年〜文明15（1483）年5月
室町時代〜戦国時代の臨済宗の僧。
¶国書

**涌蓮　ようれん**
→涌蓮（ゆれん）

**与可心交　よかしんこう**
？〜永享9（1437）年6月27日
室町時代の臨済宗の僧。
¶国書

**横川峰月　よかわほうげつ**
→横川峰月（よこかわほうげつ）

**余慶　よぎょう**
→余慶（よけい）

**谷翁道空　よくおうどうくう**
生没年不詳　㊕谷翁道空（こくおうどうくう）
鎌倉時代後期の臨済宗の僧。
¶人名（こくおうどうくう），日人，仏教

**余慶　よけい**
延喜19（919）年〜正暦2（991）年　㊕余慶（よぎょう），智弁（ちべん）
平安時代中期の天台宗の僧。円珍流の興隆に努めた。
¶朝日（㊀正暦2年閏2月18日（991年4月5日）），岩史（㊀正暦2（991）年閏2月18日），国史，国書（㊀正暦2（991）年閏2月18日），古人（㊐919年？），古中，コン改，コン4，コン5，史人（㊀991年閏2月18日），新潮（よぎょう　㊀正暦2（991）年閏2月18日），人名，姓氏京都（㊐？），世人，大百，日人，仏教（㊀正暦2（991）年閏2月9日），仏史，歴大

**横井金谷** よこいきんこく
宝暦11(1761)年～天保3(1832)年1月10日 ㊀金谷(きんこく),金谷斧叟(かなやふそう)
江戸時代中期～後期の行者。
¶江戸, 岡山歴, 郷土滋賀, 郷土千葉(金谷 きんこく), 滋賀百, 人情5(㊁1834年), 人名(金谷斧叟 かなやふそう), 日史, 日人, 東三河, 美術, 百科, 仏教

**横井時雄** よこいときお
安政4(1857)年10月17日～昭和2(1927)年9月13日 ㊀伊勢時雄(いせときお)
明治～大正期の牧師、政治家、教育家。同志社社長、衆議院議員。今治教会を設立、のち本郷教会牧師となる。
¶朝日(㊐安政4年10月17日(1857年12月3日)), 海越新, 岡山歴, 華請, 京都大(㊁昭和3(1928)年), 京都文, キリ(㊐安政4年10月17日(1857年12月3日) ㊁昭和3(1928)年9月13日), 近現, 近文, 国史, コン改(㊁1928年), コン5, 史人(㊁1928年9月13日), ジ人1, 社史(㊐安政4年10月17日(1857年12月3日)), 新潮(㊁昭和3(1928)年9月13日), 世紀, 政治, 姓氏京都, 世人(㊁昭和3(1928)年), 全書(㊁1928年), 哲学(㊁1928年), 渡航(㊐1857年12月3日), 日史, 日人, 百科, 明治2, 明治史, 明大1, 履歴, 履歴2, 歴大

**横井時常** よこいときつね
明治39(1906)年2月19日～平成10(1998)年1月27日
大正～平成期の神職。
¶履歴2

**横井博史** よこいひろし
昭和期の宮大工。金閣寺再建などに従事。
¶名工

**横井隆俊** よこいりゅうしゅん
明治44(1911)年11月15日～昭和55(1980)年2月26日
昭和期の僧侶、社会事業家。法蔵寺住職。
¶世紀, 日人

**誉好** よこう
延喜22(922)年～永祚1(989)年
平安時代中期の僧。
¶古人, 平史

**横尾賢宗** よこおけんしゅう
*～大正9(1920)年
明治～大正期の曹洞宗の僧。曹洞宗第一中学林長。
¶姓氏宮城(㊐1853年?), 仏人(㊐1851年)

**横川峰月** よこかわほうげつ, よこがわほうげつ
弘化4(1847)年1月10日～明治41(1908)年3月21日 ㊀横川峰月(よかわほうげつ)
明治期の浄土真宗本願寺派学僧。司教。
¶真宗, 仏教(よかわほうげつ), 明大1(よこがわほうげつ)

**横沢将監** よこざわしょうげん, よこさわしょうげん
生没年不詳
安土桃山時代～江戸時代前期の切支丹武士。
¶姓氏宮城(よこさわしょうげん), 宮城百

**横田織衛** よこたおりえ
江戸時代後期の神職。
¶国書(生没年不詳), 神人

**横田真雄** よこたまさお
嘉永6(1853)年～明治9(1876)年
江戸時代後期～明治期の神職。
¶神人

**横山伊都喜** よこやまいつき
嘉永3(1850)年～昭和5(1930)年
江戸時代末期～昭和期の神職。
¶神人

**横山清丸** よこやまきよまる
明治6(1873)年～昭和11(1936)年
明治～昭和期の神職。
¶島根人, 島根百(㊐明治6(1873)年4月16日 ㊁昭和11(1936)年12月4日), 島根歴, 神人

**横山錦柵** よこやまきんさく
明治期の日本聖公会司祭。
¶埼玉人(生没年不詳), 渡航

よ

**横山紘一** よこやまこういつ
昭和15(1940)年～
昭和～平成期の仏教学者。立教大学教授。
¶現執3期

**横山惣太夫** よこやまそうだいう
生没年不詳
江戸時代後期の大住郡大山阿夫利神社祠官。
¶神奈川人

**横山祖道** よこやまそどう
明治40(1907)年～昭和55(1980)年
昭和期の草笛の和尚さんと親しまれた禅僧。
¶長野歴

**横山徳馨** よこやまとくけい
→横山亮之助(よこやまりょうのすけ)

**横山英男** よこやまひでお
明治27(1894)年11月24日～昭和49(1974)年12月27日
大正～昭和期の日本基督教団牧師。
¶埼玉人

**横山亮之助** よこやまりょうのすけ
天保7(1836)年～元治1(1864)年 ㊀横山徳馨(よこやまとくけい), 東山亮介(ひがしやまりょうすけ)
江戸時代末期の神官。
¶維新, 人名(横山徳馨 よこやまとくけい), 日人(横山徳馨 よこやまとくけい), 幕末(㊁1864年10月6日), 幕末大(㊁元治1(1864)年9月6日)

**横谷三男** よこやみつお
大正9(1920)年7月～平成9(1997)年9月14日
昭和～平成期の弓道家、神職、弓道教士。

¶弓道

**与謝野礼厳** よさのれいげん
→与謝野礼厳（よさのれいごん）

**与謝野礼厳** よさのれいごん
文政6（1823）年9月13日～明治31（1898）年8月17日　[別]与謝野礼厳（よさのれいげん）
江戸時代末期～明治期の僧侶、歌人。勤王僧として活躍。のち教育施設設立、鉱業・養蚕業の奨励に尽力。
¶維新，京都府，京都文，近文，詩歌，真宗，人書79，新潮，新文，人名（よさのれいげん），日人，幕末，幕末大，福井百，仏人，文学，明治史，和俳

**与三郎** よさぶろう
戦国時代の興福寺四恩院の宮大工。与次郎の嫡男。北条氏綱に属した。
¶後北

**依網吾彦男垂見** よさみのあびこおたるみ
上代の神主。
¶古代，古代普

**吉泉禅教** よしいずみぜんきょう
～大正4（1915）年1月17日
明治～大正期の僧侶。
¶庄内

よ

**吉井良晃** よしいよしあきら
慶応3（1867）年～昭和27（1952）年
明治～昭和期の神道家。
¶神史，神人

**吉井良信** よしいよしのぶ
延宝3（1675）年～寛保2（1742）年5月
江戸時代前期～中期の三社の神主。
¶兵庫人

**吉井良秀** よしいよしひで
嘉永6（1853）年～
明治期の神職。
¶神人

**吉海良作** よしうみりょうさく
天保8（1837）年～明治9（1876）年
江戸時代末期～明治期の敬神党の士。
¶人名，日人，明大1（[没]明治9（1876）年10月）

**与二右衛門** よじえもん
慶長4（1599）年～寛文5（1665）年7月3日
安土桃山時代～江戸時代前期のキリシタン殉教者。
¶岡山歴

**吉岡伊勢** よしおかいせ
生没年不詳
江戸時代後期の愛甲郡温水村吾妻権現社祠官。
¶神奈川人

**吉岡弘毅** よしおかこうき
弘化4（1847）年9月12日～昭和7（1932）年9月12日
明治～昭和期の日本基督教会牧師。
¶キリ（[生]弘化4（1847）年5月26日），履歴，履歴2

**吉岡倭文麿** よしおかしずまろ
嘉永2（1849）年～明治30（1897）年
江戸時代後期～明治期の勤王家、神職。
¶島根歴，神人

**吉岡誠明** よしおかせいめい
明治6（1873）年5月4日～昭和15（1940）年10月19日
明治～昭和期の日本メソジスト教会牧師。
¶キリ，渡航

**吉金利兵衛** よしかねりへい
？～昭和11（1936）年
明治～昭和期の堂宮大工。
¶姓氏山口，美建

**吉川一水** よしかわいっすい
明治14（1881）年～昭和21（1946）年
明治～昭和期の宗教家。
¶日エ

**吉川英蔵** よしかわえいぞう
生没年不詳
江戸時代後期の大住郡神戸村木陰明神神主。
¶神奈川人

**吉川喜善(1)** よしかわきぜん
明治36（1903）年6月18日～昭和31（1956）年10月30日
大正～昭和期の画家、僧侶。
¶美家

**吉川喜善(2)** よしかわきぜん
→吉川清（よしかわきよし）

**吉川清** よしかわきよし
明治36（1903）年～昭和31（1956）年　[別]吉川喜善（よしかわきぜん）
昭和期の洋画家。
¶神奈川人（吉川喜善　よしかわきぜん），姓氏神奈川，洋画

**芳川顕雄** よしかわけんゆう
明治27（1894）年5月10日～昭和33（1958）年9月20日
大正～昭和期の白馬山願成寺39世和尚。
¶岩手人，岩手百

**吉川孝一** よしかわこういち
明治38（1905）年～
昭和期の童謡詩人、童謡作曲家、僧侶。仏教児童文化運動を推進。「たかい たかい」を作曲。
¶児文

**吉川惟足** よしかわこれたり
元和2（1616）年～元禄7（1694）年11月16日　[別]吉川惟足（きっかわこれたり，きっかわこれたる，きつかわこれたり，きつかわこれたる，よしかわこれたる）
江戸時代前期の神道学者。吉川神道を創唱。
¶会津，朝日（[没]元禄7年11月16日（1695年1月1日）），岩史（[生]元和2（1616）年2月28日），江人，江文，角史，神奈川人（きっかわこれた

り），鎌倉（きつかわこれたり），鎌倉新（きっかわこれたり ㊐元和2（1616）年1月28日），教育（きっかわこれたる），京都大，近世（よしかわこれたる），国史（よしかわこれたる），国書（よしかわこれたる ㊐元和2（1616）年2月28日），コン改，コン4，コン5，史人（㊐1616年2月28日），思想史，重要，神史（よしかわこれたる），神人（よしかわこれたる ㊐元和2（1616）年2月28日），新潮（㊐元和2（1616）年1月28日），人名（きっかわこれたる ㊐1615年），姓氏神奈川（きつかわこれたる），姓氏京都（よしかわこれたる ㊍1695年），世人（きっかわこれたり），世百（よしかわこれたる），全書，大百（よしかわこれたる），茶道（きっかわこれたり ㊐1615年），日思（よしかわこれたる），日史（㊐元和2（1616）年1月28日），日人（㊍1695年），藩臣2，百科，福島百，平日（よしかわこれたる ㊐1616 ㊍1694），山川小（㊐1616年2月28日），歴大（よしかわこれたる）

**吉川惟足** よしかわこれたる
→吉川惟足（よしかわこれたり）

**吉川下総** よしかわしもうさ
？ ～文禄1（1592）年
戦国時代～安土桃山時代の上相原村曹洞宗昌泉寺の開基。
¶姓氏神奈川

**吉川影英** よしかわしょうえい
大正6（1917）年4月23日～昭和62（1987）年2月23日
昭和期の弓道家、僧職、弓道教士。
¶弓道

**吉川卓爾** よしかわたくじ
明治31（1898）年～昭和54（1979）年
大正～昭和期の浄土真宗本願寺派僧侶、教誨師。西本願寺尾崎別院輪番、正善寺住職。
¶真宗，仏人

**吉川天浦** よしかわてんぽ
江戸時代後期～末期の神職。
¶国書（㊐文政2（1819）年 ㊍安政5（1858）年11月1日），日人（㊐1816年 ㊍1859年）

**吉川亀** よしかわひさし
安政4（1857）年～昭和3（1928）年
明治～昭和期のバプテスト派牧師。
¶兵庫百

**吉川正文** よしかわまさふみ
明治41（1908）年9月20日～
昭和～平成期の神職、郷土史家、歌人。
¶富山文

**吉川従長** よしかわよりなが
承応3（1654）年～享保15（1730）年10月6日
江戸時代前期～中期の神道家。
¶江文，国書，思想史

**吉川従安** よしかわよりやす
宝永1（1704）年～明和7（1770）年
江戸時代中期の神道学者。
¶江文

**吉沢義道** よしざわぎどう
嘉永2（1849）年～昭和2（1927）年
明治～昭和期の僧侶。
¶姓氏長野

**吉沢直江** よしざわなおえ
文久3（1864）年12月1日～昭和19（1944）年12月6日
明治～昭和期の日本聖公会司祭。
¶キリ

**慶滋保胤** よししげのやすたね
？ ～長保4（1002）年 ㊐慶滋保胤（よししげやすたね），寂心（じゃくしん）
平安時代中期の下級官人、文人。「日本往生極楽記」の著者。
¶朝日（㊍長保4年10月21日（1002年11月27日）），岩史（㊍長保4（1002）年10月21日），角史，京都，京都大，国史，国書（よししげやすたね ㊍長保4（1002）年10月21日），古史，古人（㊐？），古中，コン改，コン4，コン5，詩歌（㊐934年，（異説）935年 ㊍997年），史人（㊍1002年10月21日），思想史，重要（㊍長保4（1002）年？），諸系，新潮（㊍長保4（1002）年12月9日），新文（㊐承平3（933）年頃），人名，姓氏京都，世人，世百，全書，大百（㊍997年），太宰府（㊐？），日思（㊐承平4？（934？）年），日史（㊐承平4（934）年？ ㊍長保4（1002）年？），日人，日文，百科（よししげやすたね ㊐承平1（931）年？），兵庫百（寂心 じゃくしん 生没年不詳），仏教（㊐承平1（931）年？），仏史，文学（㊐931年？），平史，平日，名僧，山川小（㊐？ ㊍1002年10月21日），歴大（㊐931年ころ ㊍1002年？），和俳

**慶滋保胤** よししげやすたね
→慶滋保胤（よししげのやすたね）

**吉津知夫** よしずともお
→吉津知夫（よしづともお）

**吉住礼助** よしずみらいすけ
文政4（1821）年3月一日～明治13（1880）年8月16日
江戸時代末期・明治期の官吏、神職。高山県権大属、水無神社宮司。梅村騒動の暴民を操った黒幕の1人とされる。
¶飛驒

**吉津宜英** よしずよしひで
→吉津宜英（よしづよしひで）

**吉田兼章** よしだかねあき
→卜部兼章（うらべかねあき）

**吉田兼敦** よしだかねあつ
正平23/応安1（1368）年～応永15（1408）年6月26日 ㊐卜部兼敦（うらべかねあつ）
南北朝時代～室町時代の神道家。神祇官人。
¶鎌室，国史，国書（卜部兼敦 うらべかねあつ），古中，諸系，神史，神人，日人

よ

**吉田兼雄** よしだかねお
宝永2(1705)年～天明7(1787)年8月20日　㊇吉田良延(よしだよしのぶ)
江戸時代中期の公家(非参議)。非参議吉田兼敬の孫。
¶近世，公卿(吉田良延　よしだよしのぶ　㊀宝永2(1705)年1月14日)，公卿普(吉田良延　よしだよしのぶ　㊀宝永2(1705)年1月14日)，公家(良延〔吉田家〕　よしのぶ　㊀宝永2(1705)年1月14日)，国史，国書(吉田良延　よしだよしのぶ　㊀宝永2(1705)年1月24日)，諸系，神史，神人，日人

**吉田兼起** よしだかねおき
→卜部兼起(うらべかねおき)

**吉田兼和** よしだかねかず
→吉田兼見(よしだかねみ)

**吉田兼方** よしだかねかた
→卜部兼方(うらべかねかた)

**吉田兼右**(吉田兼佑) よしだかねすけ
永正13(1516)年4月20日～天正1(1573)年1月10日　㊇吉田兼右(よしだかねみぎ)，卜部兼右(うらべかねみぎ)
戦国時代の神道家、公卿(非参議)。非参議船橋宣賢の次男。
¶京都大，公卿，公卿普，公家(兼右〔吉田家〕　かねみぎ)，国史(よしだかねみぎ)，国書(よしだかねみぎ)，古中(よしだかねみぎ)，後北(兼右〔吉田(2)〕　かねみぎ)，思想史(よしだかねみぎ)，諸系(よしだかねみぎ)，神史(よしだかねみぎ)，神人(よしだかねみぎ)，新潮，人名，世人(吉田兼佑)，戦辞(よしだかねみぎ　㊀永正13年4月20日(1516年5月21日)　㊁天正1年1月10日(1573年2月12日))，全書，戦人(よしだかねみぎ)，日史(よしだかねみぎ)，日人(よしだかねみぎ)

**吉田兼連** よしだかねつら
江戸時代前期の神道家、皇典講究家。
¶人名

**吉田兼富** よしだかねとみ
？～永享10(1438)年10月28日　㊇卜部兼富(うらべかねとみ)
室町時代の神祇官人。
¶国書(卜部兼富　うらべかねとみ)，神人

**吉田兼倶** よしだかねとも
永享7(1435)年～永正8(1511)年2月19日　㊇卜部兼倶(うらべかねとも，うらべのかねとも)，吉田兼敏(よしだかねとし)
室町時代～戦国時代の神道家、公卿(非参議)。非参議吉田兼名の子。
¶朝日(㊁永正8年2月19日(1511年3月18日))，岩史，角史，鎌室，京都，京都大，公卿，公卿普，公家(兼倶〔吉田家〕　かねとも)，国史，国書，古中，コン改，コン4，コン5，史人，思想史，重要，諸系，神史，神人，新潮，人名(卜部兼倶　うらべかねとも)，姓氏京都，世人，世百(卜部兼倶　うらべかねとも)，全書(卜部兼倶　うらべかねとも)，戦人，大百(卜部兼倶　うらべかねとも)，中世，伝記，日思，日史，日人，百科，平日(㊀1435　㊁1511)，室町，山川小，歴大

**吉田兼名** よしだかねな
？～寛正1(1460)年10月28日　㊇卜部兼名(うらべかねな)
室町時代の公卿(非参議)。大副吉田兼富の子。
¶公卿，公卿普，公家(兼名〔吉田家〕　かねな　㊀？)，国書(卜部兼名　うらべかねな)，神人

**吉田兼永** よしだかねなが
→卜部兼永(うらべかねなが)

**吉田兼隆** よしだかねなが
→吉田良倶(よしだよしとも)

**吉田兼業** よしだかねなり
→吉田良連(よしだよしつれ)

**吉田兼延** よしだかねのぶ
生没年不詳　㊇卜部兼延(うらべかねのぶ，うらべのかねのぶ)
平安時代中期の祠官。宗家吉田家の基礎を築く。
¶朝日(卜部兼延　うらべのかねのぶ)，国書(卜部兼延　うらべかねのぶ)，古人(卜部兼延　うらべのかねのぶ)，コン改，コン4，コン5，諸系(卜部兼延　うらべかねのぶ)，神人(卜部兼延　うらべかねのぶ)，人名，日人(卜部兼延　うらべかねのぶ)

**吉田兼敬** よしだかねのり
→吉田兼敬(よしだかねゆき)

**吉田兼治** よしだかねはる
永禄8(1565)年～元和2(1616)年
安土桃山時代～江戸時代前期の神道家。
¶国書(㊀永禄8(1565)年3月9日　㊁元和2(1616)年6月5日)，諸系，神人(㊀永禄8(1565)年3月9日　㊁元和2(1616)年6月5日)，戦辞(㊁元和2年6月5日(1616年7月18日))，日人

**吉田兼英** よしだかねひで
文禄4(1595)年～寛文11(1671)年11月20日
安土桃山時代～江戸時代前期の吉田神道の神祇管領長上。
¶神人

**吉田兼熙**(吉田兼煕) よしだかねひろ
正平3/貞和4(1348)年～応永9(1402)年5月3日　㊇卜部兼熙(うらべかねひろ)
南北朝時代～室町時代の公卿(非参議)。正四位上・大副・刑部卿吉田兼豊の子。
¶鎌室，公卿(吉田兼煕)，公卿普(吉田兼煕)，公家(兼熙〔吉田家〕　かねひろ)，国史，国書(卜部兼熙　うらべかねひろ)，古中，史人，諸系，神史，神人(卜部兼熙　うらべかねひろ　㊀正平2(貞和3年)(1347)年)，新潮，内乱，日史，日人，百科

**吉田兼見** よしだかねみ
天文4(1535)年～慶長15(1610)年9月2日　㊇吉

よ

田兼和（よしだかねかず）
安土桃山時代～江戸時代前期の公家（非参議）。非参議吉田兼右の子。
¶京都大，近世，公卿（[生]天文6（1537）年7月5日），公卿普（[生]天文6（1537）年7月5日），公家（兼見〔吉田家〕　かねみ），国史，国書，古中，後北（兼和〔吉田（2）〕　かねかず），史人，思想史，諸系，神史，神人，新潮，姓氏京都，戦国（[生]1552年　[没]1611年），戦辞（吉田兼和　よしだかねかず　[没]慶長15年9月2日（1610年10月18日）），戦人，全戦，日史，日人

**吉田兼右** よしだかねみぎ
→吉田兼右（よしだかねすけ）

**吉田兼満** よしだかねみつ
文明17（1485）年～享禄1（1528）年11月3日　[別]卜部兼満（うらべかねみつ）
戦国時代の公卿（非参議）。非参議吉田兼倶の孫。
¶公卿，公卿普，公家（兼満〔吉田家〕　かねみつ），国書（卜部兼満　うらべかねみつ），神人，戦人（[生]明応4（1495）年）

**吉田兼致** よしだかねむね
長禄2（1458）年～明応8（1499）年7月24日
戦国時代の神道家。神祇官人。
¶国史，国書，古中，史人，諸系，神史，神人，日人

**吉田兼敬** よしだかねゆき
承応2（1653）年10月22日～享保16（1731）年12月17日　[別]吉田兼敬（よしだかねのり）
江戸時代前期～中期の公家（非参議）。従五位下・刑部少輔・神祇少副吉田兼起の子。
¶近世，公卿（よしだかねのり），公卿普（よしだかねのり），公家（兼敬〔吉田家〕　かねゆき），国史，国書，史人，諸系（[没]1732年），神史，神人，日人（[没]1732年）

**吉鷹正信** よしたかまさのぶ
天保8（1837）年～明治34（1901）年
江戸時代末期～明治期の祠官、教育者。
¶人名，日人，三重続（[生]天保8年4月6日）

**吉田亀太郎** よしだかめたろう
安政5（1858）年～昭和6（1931）年
明治～昭和期の日本基督教会牧師。
¶岩手人，埼玉人（[生]安政5（1858）年9月20日　[没]昭和6（1931）年12月26日），姓氏宮城，福島百

**吉田久一** よしだきゅういち
大正4（1915）年9月10日～
昭和期の日本社会事業史学者、日本近代仏教史学者。日本女子大学教授、東洋大学教授。
¶現執1期，現執2期

**吉田敬太郎** よしだけいたろう
明治32（1899）年5月～昭和63（1988）年7月28日
大正～昭和期の政治家。衆議院議員、若松市長、バプテスト連盟牧師。
¶昭人，政治

**吉田源応** よしだげんおう
嘉永2（1849）年6月10日～昭和2（1927）年7月25日
[別]吉田源応（よしだげんのう）
明治～昭和期の僧侶、社会事業家。天台座主。延暦寺および四天王寺管主となり、天王寺の大梵鐘を作った。社会事業にも尽力。
¶学校，人名，世紀，姓氏愛知（よしだげんのう），日人，明大1

**吉田兼好** よしだけんこう
弘安6（1283）年？　～＊　[別]兼好（けんこう），卜部兼好（うらべかねよし，うらべけんこう，うらべのかねよし），兼好法師（けんこうほうし）
鎌倉時代後期～南北朝時代の歌人、随筆家。「徒然草」の著者。
¶朝日（[生]弘安6（1283）年頃　[没]文和1/正平7（1352）年以後），岩史（[没]？），大阪人（[生]弘安6（1283）年），角史（兼好　けんこう　生没年不詳），神奈川百（生没年不詳），鎌倉（卜部兼好　うらべのかねよし　[生]弘安6（1283）年　[没]正平5/観応1（1350）年），鎌倉新（[生]弘安6（1238）年　[没]？），鎌室（生没年不詳），京都（[生]弘安6（1283）年　[没]観応1（1350）年），郷土神奈川（[生]1282年　[没]1350年），京都大（[没]正平5/観応1（1350）年？），国史（生没年不詳），国書（兼好　けんこう　[生]弘安6（1283）年頃　[没]？），古中（卜部兼好　うらべけんこう　生没年不詳），コン改（[没]正平5/観応1（1350）年？），コン4（[没]観応1/正平5（1350）年？），コン5（[没]正平5/観応1（1350）年？），詩歌（兼好　けんこう　[没]1352年以後），詩作（[生]弘安6（1283）年　[没]？），史人（[没]1352年？），思想史（[没]文和1/正平7（1352）年？），重要（[生]弘安6（1283）年　[没]正平5/観応1（1350）年？），諸系（[生]1283年頃　[没]？），人書79（[没]1350年？），人書94（[生]1283年頃　[没]1350年頃），新潮（[没]文和1/正平7（1352）年以後？），新文（兼好　けんこう　[生]弘安6（1283）年頃　[没]観応3（1352）年以後），人名（[生]1283年　[没]1350年），姓氏京都（卜部兼好　うらべけんこう　[没]1350年？），世人（[生]弘安6（1283）年　[没]正平5/観応1（1350）年4月8日），世百（兼好　けんこう　[没]1352年？），全書（兼好　けんこう　[没]1352年？），大百（[没]1362年？），中世（卜部兼好　うらべけんこう　[没]1352年？），伝記（[没]1352年？），内乱（[没]文和2（1353）年？），日史（[没]文和2/正平8（1353）年？），日人（[生]1283年頃　[没]？），日文（卜部兼好　うらべかねよし），俳句（兼好　けんこう　[没]観応1（1350）年2月15日），百科（[没]正平8/文和2（1353）年？），仏教（[没]文和2/正平8（1353）年？），仏史（兼好　けんこう　生没年不詳），文学（兼好　けんこう），平日（[生]1283？　[没]1353），三重続（[没]正平5年2月15日），室町，山川小（[没]1352年？），歴大（卜部兼好　うらべのかねよし　[生]1283年　[没]1352年？），和俳（[生]弘安6（1283）年　[没]観応1/正平5（1350）年）

**吉田源治郎** よしだげんじろう
明治24（1891）年10月2日～昭和59（1984）年1月8日

明治〜昭和期のキリスト教牧師、社会事業家、翻訳者、児童文学者。
¶紀伊文

**吉田源応** よしだげんのう
→吉田源応（よしだげんおう）

**吉田玄蕃** よしだげんば
文政5（1822）年〜明治31（1898）年10月28日
㊀吉田黙（よしだしずか）
江戸時代末期〜明治期の曇華院侍。
¶維新，神人（㊤文政5（1831）年11月28日），人名（吉田黙　よしだしずか），日人（吉田黙　よしだしずか　㊤1823年），幕末，幕末大（㊤文政5（1822）年11月28日）

**吉田作弥** よしださくや
安政5（1858）年頃〜昭和4（1929）年12月26日
明治〜昭和期の伝道者。
¶キリ

**吉田定顕** よしださだあき
生没年不詳
江戸時代中期の神職。
¶国書

よ

**吉田定俊** よしださだとし
生没年不詳
江戸時代前期の神道家。
¶国書，神史

**吉田証** よしださとし
大正14（1925）年5月10日〜
昭和〜平成期の僧侶、同和教育研究家。本福寺住職、大谷派同和関係寺院協議会会長、丹波文化研究所長。
¶現執3期

**吉田左門** よしださもん
宝暦5（1755）年〜文政5（1822）年
江戸時代後期の仏師。
¶人名，日人，美建（㊦文政5（1822）年6月24日），福島百

**吉田黙** よしだしずか
→吉田玄蕃（よしだげんば）

**吉田修夫** よしだしゅうふ
明治12（1879）年〜大正8（1919）年1月21日
明治〜大正期の密教学者。
¶世紀，日人

**吉田順道** よしだじゅんどう
明治期の僧侶。
¶姓氏鹿児島

**吉田正太夫** よしだしょうだゆう
生没年不詳
江戸時代前期の神職。
¶国書

**吉田正道** よしだしょうどう
昭和15（1940）年2月22日〜年
昭和期の臨済宗の僧、建長寺現管長（240世）。
¶鎌倉新

**葭田真斎** よしだしんさい
明治36（1903）年〜昭和53（1978）年
昭和期の神官、書家、教育者。
¶栃木歴

**吉田信静** よしだしんじょう
〜昭和19（1944）年2月2日
大正・昭和期の信善光寺初代の尼僧。
¶北墓

**吉田助右衛門** よしだすけうえもん
文政6（1823）年〜明治27（1894）年7月23日　㊀吉田助右衛門（よしだすけえもん），吉田豊辰（よしだとよとき）
江戸時代末期〜明治期の備後福山藩家老。
¶弓道（吉田豊辰　よしだとよとき　㊤文政7（1824）年），日人（よしだすけえもん　㊤1824年），幕末（よしだすけえもん），幕末大（よしだすけえもん），藩臣6

**吉田助右衛門** よしだすけえもん
→吉田助右衛門（よしだすけうえもん）

**吉田清太郎** よしだせいたろう
文久3（1863）年7月1日〜昭和25（1950）年1月22日
明治〜昭和期の牧師。
¶愛媛，愛媛百，キリ（㊤文久3年（1863年7月？日）），明大1

**能田誉重** よしだたかしげ
嘉永3（1850）年9月27日〜大正8（1919）年9月3日
㊀能田誉重（のうだたかしげ）
明治〜大正期の神職。徳島県神道分局長。万葉集に注釈を入れ全二十巻を浄写製本した。
¶人名（㊤1849年），世紀（のうだたかしげ），日人（のうだたかしげ），明大2（のうだたかしげ）

**吉田暢喜** よしだちょうき
？　〜明治27（1894）年9月18日
江戸時代末期〜明治期の僧侶。
¶真宗

**吉田恒三** よしだつねぞう
明治5（1872）年2月3日〜昭和32（1957）年5月16日
明治〜昭和期の音楽教育家、声明研究家。京都地方音楽教育の先駆者。天台宗大原声明を研究し成果をあげた。
¶音人，京都大（㊤明治4（1871）年），現朝（㊤明治5年2月3日（1872年3月11日）），現情，新潮，人名7，世紀，姓氏京都（㊤1871年），日音，日人，福井百，仏教

**吉田道興** よしだどうこう
昭和17（1942）年7月10日〜
昭和期の禅定思想史学者、曹洞宗宗学者。愛知学院大学教授。
¶現執2期

**吉田豊作** よしだとよさく
生没年不詳
明治期の牧師。江尻美普教会牧師。
¶社史

**吉田豊辰**　よしだとよとき
→吉田助右衛門（よしだすけうえもん）

**吉田良義**　よしだなかよし, よしだながよし
天保8（1837）年3月9日～明治23（1890）年3月4日
㊙吉田良義（よしだよしぎ, よしだよしのり）
江戸時代末期～明治期の公家。条約幕府委任反対の八十八卿列参に参加。
¶維新（よしだよしのり），公卿（よしだよしぎ　㉝明治23（1890）年3月），公卿普（よしだよしぎ　㉝明治23（1890）年3月），公家（良義〔吉田家〕　なかよし），国書（よしだながよし），諸系，神人（よしだながよし），人名（よしだながよし　㊐？），日人，幕末（よしだよしのり），幕末大（よしだよしのり），明大1（よしだよしのり）

**吉谷覚寿**　よしたにかくじゅ
天保14（1843）年8月20日～大正3（1914）年3月16日
明治～大正期の真宗学者。明治期における代表的宗学者。
¶真宗，人名，世紀，哲学，日人，仏教（㊐天保13（1842）年8月20日），仏人，明大2

**吉田則員**　よしだのりかず
生没年不詳
南北朝時代の玉若酢神社神主、隠岐国造。
¶島根歴

**吉田泰**　よしだひろし
昭和3（1928）年8月25日～
昭和期の牧師、宗教史学者。明治学院大学教授、日本バプテスト同盟西谷キリスト教会牧師。
¶現執2期

**吉田正直**　よしだまさなお
元文5（1740）年6月23日～文化4（1807）年8月25日
江戸時代中期～後期の神道家。
¶国書

**吉田光長**　よしだみつなが
明治10（1877）年～昭和19（1944）年
明治～昭和期の神職。
¶神人

**吉田嘿**　よしだもく
文政5（1822）年～？
江戸時代後期～末期の神職。
¶神人

**吉田靭負**　よしだゆきえ
江戸時代中期の神道家。
¶神人

**吉田豊**　よしだゆたか
明治4（1871）年1月～大正11（1922）年1月24日
明治～大正期の祠官、国学者。神宮皇学館教授。官幣大社大和神社宮司、鶴岡八幡宮宮司等を経て官幣大社香椎宮宮司。
¶神人，人名，日人，明大1

**吉田良義**　よしだよしぎ
→吉田良義（よしだなかよし）

**吉田良連**　よしだよしつれ
宝暦12（1762）年12月16日～文化10（1813）年6月12日　㊙吉田兼業（よしだかねなり），卜部良連（うらべながつら）
江戸時代中期～後期の公家（非参議）。非参議吉田良倶の子。
¶公卿，公卿普，公家（良連〔吉田家〕　よしつら），国書（卜部良連　うらべながつら），神人（吉田兼業　よしだかねなり　㉝文化10（1813）年6月5日）

**吉田良倶**　よしだよしとも
元文4（1739）年12月19日～寛政8（1796）年2月24日　㊙吉田兼隆（よしだかねなが）
江戸時代中期の公家（非参議）。非参議吉田兼雄の子。
¶公卿，公卿普，公家（良倶〔吉田家〕　よしとも），国書（㉝寛政8（1796）年2月25日），神人（吉田兼隆　よしだかねなが　㉝寛政8（1796）年2月22日）

**吉田良長**　よしだよしなが
寛政4（1792）年9月10日～天保11（1840）年11月26日　㊙卜部良長（うらべよしおさ）
江戸時代後期の公家（非参議）。非参議吉田良連の子。
¶公卿，公卿普，公家（良長〔吉田家〕　よしなが），国書（卜部良長　うらべよしおさ），神人

**吉田良延**　よしだよしのぶ
→吉田兼雄（よしだかねお）

**吉田良義**　よしだよしのり
→吉田良義（よしだなかよし）

**吉田良凞**（吉田良煕）　よしだよしひろ
文化7（1810）年5月11日～明治1（1868）年4月2日
江戸時代末期の公家（非参議）。非参議吉田良長の子。
¶維新，公卿（吉田良煕），公卿普（吉田良煕），公家（良煕〔吉田家〕　よしひろ），神人（㉝慶応4（1868）年4月），幕末（㉝1868年4月24日），幕末大

**吉田義政**　よしだよしまさ★
明治32（1899）年9月～
明治～昭和期の宗教家。開原浄土宗教会所主任。
¶人満

**吉続豊明**　よしつぐほうめい
明治42（1909）年9月28日～昭和39（1964）年3月25日
昭和期の僧りょ、舞踊家。
¶庄内，山形百

**吉津知夫**　よしづともお, よしずともお
生没年不詳
明治期の僧侶。住職。
¶社史（よしずともお）

**吉津宜英**　よしづよしひで, よしずよしひで
昭和18（1943）年12月17日～
昭和～平成期の仏教学者。駒沢大学助教授を経て

教授。
¶現執1期，現執2期（よしずよしひで），現執3期（よしずよしひで），現執4期，世紀，日人

**善連法彦** よしつらほうげん
元治1（1864）年4月25日～明治26（1893）年7月9日
江戸時代末期～明治期の僧侶。
¶真宗

**吉永卯太郎** よしながうたろう
明治14（1881）年8月26日～昭和39（1964）年4月29日
明治～昭和期の郷土史家・黄檗宗史研究家。
¶福岡百

**吉永正義** よしながせいぎ
大正14（1925）年～
昭和期の牧師、キリスト教神学者。
¶現執1期

**吉永直雄** よしながなおたけ
？ ～天保10（1839）年10月11日
江戸時代後期の国学者・神職。
¶国書

**吉成高好** よしなりたかよし
？ ～文化15（1818）年
江戸時代後期の神官、歌人。
¶国書（[没]文化15（1818）年1月），人名，日人，和俳



**吉成好謙** よしなりよしかた
寛政11（1799）年～文久2（1862）年閏8月
江戸時代後期～末期の神職。
¶国書

**吉成好信** よしなりよしのぶ
？ ～明治32（1899）年
江戸時代末期～明治期の国学者。
¶人名，日人

**吉野かん子** よしのかんこ
明治8（1875）年2月2日～？
明治～大正期の華道家。仏教幼稚園の保母長。小原流盛花教授、裏千家茶道教授、洗足高等女学校講師、小原流国風会審査員幹事。
¶女性，女性普

**吉野重泰** よしのしげやす
生没年不詳
江戸時代後期の神職。
¶国書

**吉野末昭** よしのすえあき
生没年不詳
江戸時代中期の神職。
¶国書

**吉野末益** よしのすえます
生没年不詳
江戸時代前期の神職。
¶国書

**吉野直人** よしのなおと
明治10（1877）年～昭和19（1944）年
明治～昭和期の神職。
¶神人

**吉野秀政** よしのひでまさ
*～天明8（1788）年5月3日
江戸時代中期～後期の神職。壱岐の郷土史研究の先覚者。
¶国書（[生]享保9（1724）年），長崎百（[生]正徳3（1713）年）

**吉野マセ子** よしのませこ
？ ～明治35（1902）年6月
江戸時代末期～明治期の救世軍活動家。
¶埼玉人

**能範** よしのり★
江戸時代の僧侶。
¶三重続

**吉原瑩覚** よしはらえいかく
明治43（1910）年8月7日～
昭和期の密教哲学者、比較哲学者。神戸商船大学教授。
¶現執1期，現執2期

**吉原古城** よしはらこじょう
？ ～昭和7（1932）年
明治～昭和期の宮司。
¶大分歴

**吉原浩人** よしはらひろと
昭和30（1955）年7月17日～
昭和～平成期の僧侶。早稲田大学文学部教授。
¶現執4期

**吉藤智水** よしふじちすい
明治42（1909）年5月20日～昭和19（1944）年2月15日　[別]吉藤貞一
昭和期の仏教救世軍メンバー。
¶社史

**吉堀慈恭** よしぼりじきょう
弘化1（1844）年～明治23（1890）年
明治期の真言宗智山派僧侶。真言宗第二大会議主任、真言宗宗制編纂委員。
¶仏人

**吉松繁** よしまつしげる
昭和7（1932）年11月3日～
昭和～平成期の牧師。「在日韓国人『政治犯』を支援する会全国会議」事務局長。在日韓国人“政治犯”の救援活動を続ける。著書に「在日韓国人『政治犯』と私」。
¶現朝，世紀，日人

**吉松武志** よしまつたけし
明治17（1884）年～昭和31（1956）年
明治～昭和期の霧島神宮総代・産業組合長、温泉旅館蓬泉館経営者。
¶姓氏鹿児島

**吉見円忠**　よしみえんちゅう
生没年不詳
鎌倉時代後期～南北朝時代の僧侶。
¶埼玉人

**吉見資鎮**　よしみすけやす
文政5(1822)年～？
江戸時代後期～明治期の神職。北野天満宮神主(元同社徳勝院)。
¶華請

**吉水玄信**　よしみずげんしん
文政12(1829)年～明治20(1887)年
江戸時代末期～明治期の僧。
¶日人，明大1(㊤文政12(1829)年9月17日　㊦明治20(1887)年7月17日)

**吉水信雄**　よしみずのぶお
？～
昭和期の真言宗僧侶。明王寺住職。
¶社史

**吉見恒幸**　よしみつねゆき
寛永18(1641)年～元禄10(1697)年6月17日
江戸時代前期～中期の神職。
¶国書

**吉満義彦**　よしみつよしひこ
明治37(1904)年10月13日～昭和20(1945)年10月23日
大正～昭和期のカトリック哲学者。「スコラ哲学序説」を翻訳、日本の代表的カトリック思想家。
¶鹿児島百，キリ，近現，現朝，現人，広7，国史，薩摩，思想，思想史，昭人，新カト，人名7，世紀，姓氏鹿児島，世百，世百新，全書，大百，哲学，日人，百科，風土

**良岑宗貞**　よしみねのむねさだ
→遍昭(へんじょう)

**吉見幸和**　よしみゆきかず
寛文13(1673)年9月15日～宝暦11(1761)年4月26日　㊐吉見幸和(よしみよしかず)
江戸時代中期の神道家。「五部書説弁」の著者。
¶愛知百(㊤1672年)，朝日(㊤延宝1年9月15日(1673年10月24日)　㊦宝暦11年4月26日(1761年5月30日))，角史，近世，国史，国書(よしみよしかず)，コン改，コン4，コン5，史人，思想史(よしみよしかず)，神史，神人(よしみよしかず)，新潮，人名，姓氏愛知(よしみよしかず)，世人，世百，全書(よしみよしかず)，大百，日思，日史，日人，百科，歴大(よしみよしかず)

**吉見幸勝**　よしみゆきかつ
元和1(1615)年～延宝4(1676)年5月4日　㊐吉見幸勝(よしみよしかつ)
江戸時代前期の藩士・神職。
¶国書，姓氏愛知(よしみよしかつ)

**吉見幸寛**　よしみゆきひろ
寛文10(1670)年～享保2(1717)年1月13日
江戸時代前期～中期の神道家。
¶国書

**吉見幸混**　よしみゆきむら
正徳5(1715)年3月5日～宝暦13(1763)年12月9日
㊐吉見幸混(よしみよしひろ)
江戸時代中期の神職。
¶国書，姓氏愛知(よしみよしひろ)

**吉見幸和**　よしみよしかず
→吉見幸和(よしみゆきかず)

**吉見幸勝**　よしみよしかつ
→吉見幸勝(よしみゆきかつ)

**吉見幸混**　よしみよしひろ
→吉見幸混(よしみゆきむら)

**芳村修基**　よしむらしゅうき
明治41(1908)年2月20日～昭和46(1971)年8月16日
昭和期の僧侶。
¶真宗

**吉村清享**　よしむらせいきょう
大正期の神職。
¶神人

**吉村春樹**　よしむらはるき
天保13(1842)年～＊
明治期の神職。
¶国書(㊤天保13(1842)年11月15日　㊦大正9(1920)年5月18日)，神人，三重続(㊦大正8年)

よ

**芳村正秉**(芳村正乗)　よしむらまさもち
天保10(1839)年～大正4(1915)年
明治～大正期の宗教家。神習教教祖。山岳修行を行い、神習講を結成。著書に「宇宙の精神」。
¶朝日(㊤天保10年9月19日(1839年10月25日)　㊦大正4(1915)年1月21日)，岡山人(芳村正乗)，岡山百(㊤天保10(1839)年9月19日　㊦明治42(1909)年12月28日)，岡山歴(㊤天保10(1839)年9月19日　㊦明治42(1909)年12月18日)，近現，国史，神史，神人(㊤天保10(1839)年9月19日)，日人，幕末(㊦1909年12月28日)，幕末大(㊦明治42(1909)年12月28日)，明治史，明大1(㊤天保10(1839)年9月19日　㊦大正4(1915)年1月21日)

**吉村善夫**　よしむらよしお
明治43(1910)年3月13日～
昭和期の神学者、日本近代文学研究者。信州大学教授。
¶キリ

**吉本道堅**　よしもとどうけん
明治27(1894)年～昭和47(1972)年
昭和期の教育者・僧侶。
¶神奈川人

**霊山諦念**　よしやまたいねん
天保5(1834)年8月15日～明治44(1911)年1月23日
江戸時代後期～明治期の僧侶。
¶真宗

**吉山登** よしやまのぼる
昭和2(1927)年11月4日～
昭和～平成期の神学者。上智大学教授、レデンプトール会管区長。
¶現執3期

**与世盛智郎** よせもりちろう
明治27(1894)年～昭和62(1987)年？
大正～昭和期の僧。久米島に久米本願寺を建立。
¶姓氏沖縄

**与惣左衛門** よそざえもん
生没年不詳
戦国時代の国府町の南春寺の開基。
¶飛騨

**依田貞鎮** よださだしず
天和1(1681)年～宝暦14(1764)年3月17日　㊙依田徧無為(いだへんむい)，依田貞鎮(いださだかね)
江戸時代中期の神道家。「旧事大成経」の研究者。
¶朝日(㊐天和1年3月13日(1681年5月1日)　㊏明和1年3月17日(1764年4月17日))，江文，近世，国史，国書(㊐延宝9(1681)年3月13日)，コン改，コン4，コン5，思想史，神史，神人(依田徧無為　いだへんむい)，新潮，人名，世人，日人

よ

**四辻賢祐** よつつじけんゆう
？　～明治18(1885)年
江戸時代後期～明治期の真宗大谷派の僧。金沢恵光寺の住持四辻賢什の子。
¶姓氏石川

**四辻賢霊** よつつじけんれい
？　～明治14(1881)年
江戸時代後期～明治期の真宗大谷派の僧。
¶姓氏石川

**四辻公賢** よつつじこうけん
嘉永4(1851)年～明治41(1908)年
江戸時代後期～明治期の真宗大谷派の僧。
¶姓氏石川

**米沢智洞** よねざわちどう
文化15(1818)年4月15日～明治22(1889)年10月9日
江戸時代後期～明治期の僧侶。
¶真宗

**米沢尚三** よねざわなおぞう
明治9(1876)年～昭和11(1936)年
明治～昭和期の牧師。
¶兵庫百

**米沢英雄** よねざわひでお
明治42(1909)年5月31日～平成3(1991)年3月3日
昭和期の医師、仏教研究家。内科。
¶近医，現執2期，真宗

**米谷くに** よねたにくに
明治22(1889)年8月3日～昭和49(1974)年10月3日
昭和期の宗教家。神一条の教祖。天理三輪講教祖勝ヒサノに師事。天照神一条打開場を開く。
¶女性，女性普

**米田範真** よねだはんしん
明治20(1887)年～昭和55(1980)年
明治～昭和期の宗教家。
¶鳥取百

**米田雄郎** よねだゆうろう
明治24(1891)年11月1日～昭和34(1959)年3月5日
明治～昭和期の歌人。平明素朴な境涯の歌を特色とする。歌集「日没」など。
¶郷土滋賀，郷土奈良，近文，現情，滋賀百，滋賀文，世紀，短歌，奈良文

**米田豊** よねだゆたか
明治17(1884)年4月25日～昭和51(1976)年4月9日
明治～昭和期の牧師。東京聖書学院教授。ホーリネス協会の機関誌「きよめの友」を編集。
¶キリ，現朝，現情(㊏1976年4月30日)，現人，昭人，世紀，日人，平和

**米原尋源** よねはらじんげん
明治37(1904)年～昭和40(1965)年
昭和期の僧侶。
¶群馬人

**米村常吉** よねむらつねきち
文久2(1862)年4月18日～昭和15(1940)年3月5日
明治～大正期の牧師。
¶社史

**米村霊瑞** よねむられいずい
文化10(1813)年4月17日～明治24(1891)年5月29日
江戸時代後期～明治期の僧侶。
¶真宗

**与村弘正**(1) よむらひろまさ
弘治2(1554)年～
戦国時代～安土桃山時代の祠官。
¶神人

**与村弘正**(2) よむらひろまさ
？　～万治2(1659)年8月3日
江戸時代前期の神職。
¶国書

**頼富実毅** よりとみじつき
弘化3(1846)年～大正5(1916)年6月21日
明治～大正期の僧侶。山科大本山勧修寺新門跡。真言宗勧修寺派。高野山大学の建築、本山寺五重大塔の建築などに尽力。
¶人名，世紀，日人，明大1

**頼富本宏** よりとみもとひろ
昭和20(1945)年4月14日～
昭和～平成期の僧侶、密教学者。種智院大学仏教学部教授、実相寺住職。
¶現執1期，現執2期，現執3期，現執4期

**依道** よりみち
伝説上の伯耆大山開創者。
¶仏教

**依光亦義** よりみつまたよし
明治42(1909)年6月30日～昭和60(1985)年9月16日
昭和期の歌人。
¶高知人，四国文

## 【ら】

**礼阿** らいあ
? ～永仁5(1297)年8月11日 ㊀然空(ぜんくう，ねんくう)，然空礼阿(ねんくうらいあ)
鎌倉時代後期の浄土宗の僧。鎮西流一条派の祖。
¶岩史，鎌室，国史，国書(然空 ねんくう)，古中，コン改(㊀永仁2(1294)年)，コン4(㊀永仁2(1294)年)，コン5(㊀永仁2(1294)年)，新潮，人名，世人，日人(然空 ねんくう)，仏教(然空 ねんくう)，仏史

**雷庵性隆** らいあんしょうりゅう
応永29(1422)年～明応2(1493)年1月13日
室町時代～戦国時代の曹洞宗の僧。
¶仏教

**嬾庵大淳** らいあんたいじゅん
→嬾庵大淳(らんあんだいじゅん)

**頼意**(1) らいい
生没年不詳
南北朝時代の僧。
¶鎌室，国書

**頼意**(2) らいい
慶長18(1613)年～延宝3(1675)年
江戸時代前期の新義真言宗の僧。長谷寺9世。
¶高知人(㊀1614年)，人名，日人，仏教(㊀延宝3(1675)年7月22日)，仏人

**頼印** らいいん
元亨3(1323)年～元中9/明徳3(1392)年4月26日
南北朝時代の真言宗の僧。霊力を駆使した。
¶朝日(㊀元亨3年4月14日(1323年5月19日) ㊀?)，鎌室(㊀元亨2(1322)年)，郷土群馬，群馬人，国書(㊀元亨3(1323)年4月14日)，埼玉人(㊀元亨3(1323)年4月14日)，新潮(㊀元亨2(1322)年)，日人

**雷雨** らいう
? ～明治12(1879)年4月7日
江戸時代末期～明治期の浄土宗の僧。
¶国書，仏教

**頼恵** らいえ
仁安3(1168)年～文暦2(1235)年 ㊀頼恵(らいけい)
平安時代後期～鎌倉時代前期の僧。
¶鎌室，古人，日人，仏教(㊀文暦2(1235)年閏6月28日)

**頼英** らいえい
生没年不詳
南北朝時代の僧侶・歌人。
¶国書

**頼円**(1) らいえん
生没年不詳
平安時代後期の天台宗の僧・歌人。俊恵の子、源俊頼の孫。
¶国書，古人，平史

**頼円**(2) らいえん
生没年不詳
平安時代後期の絵仏師。大和内山永久寺真言堂の両界曼陀羅を描いた。
¶国史，古中，日人

**頼円**(3) らいえん
生没年不詳
平安時代後期の絵仏師。頼源の長男。
¶国史，古中，日人

**頼円**(4) らいえん
生没年不詳
平安時代後期～鎌倉時代前期の絵仏師。重要文化財「華厳海会善知識曼荼陀羅図」を図絵。
¶国史，古中，日人，名画

**頼円**(5) らいえん
生没年不詳
鎌倉時代の法相宗の僧。興福寺71世。
¶仏教

**頼円**(6) らいえん
建保2(1214)年～?
鎌倉時代前期の僧。
¶鎌室(生没年不詳)，諸系，人名，日人，仏教

**頼円**(7) らいえん
? ～応永10(1403)年10月5日
南北朝時代～室町時代の真言宗の僧。
¶国書，和歌山人

**頼宴** らいえん
文永9(1272)年～正中2(1325)年11月22日
鎌倉時代後期～室町時代の僧侶。
¶岡山人，岡山歴

**頼縁** らいえん
平安時代後期の入宋僧。
¶古人，平史(生没年不詳)

**雷淵** らいえん
～正徳3(1713)年6月6日
江戸時代前期～中期の僧侶。
¶庄内

**来応** らいおう
? ～寛永12(1635)年12月4日
江戸時代前期の浄土宗の僧。
¶仏教

**萊翁黙仙** らいおうもくせん
生没年不詳

ら

江戸時代中期の曹洞宗の僧。
¶国書

**雷音元博** らいおんげんぱく
明・永暦10(1656)年～宝永7(1710)年6月13日
江戸時代前期～中期の黄檗宗の渡来僧。
¶黄檗，国書，仏教([没]宝永7(1710)年6月13日，(異説)正徳1(1711)年6月13日)

**頼我** らいが
嘉元2(1304)年～天授5/康暦1(1379)年4月22日
鎌倉時代後期～南北朝時代の真言宗の僧。東寺勧学院学頭。
¶国書，仏人

**頼覚(1)** らいかく
長元5(1032)年～寛治2(1088)年
平安時代中期～後期の延暦寺僧。
¶古人，平史

**頼覚(2)** らいかく
？ ～元徳2(1330)年
鎌倉時代後期の僧。
¶北条

**頼覚(3)** らいかく
生没年不詳
戦国時代の駿河大津郷慶寿寺の住持。
¶戦辞

**頼観** らいかん
長元5(1032)年～康和4(1102)年
平安時代中期～後期の真言宗の僧。東寺長者34世。
¶古人，日人，仏教([没]康和4(1102)年4月6日)，平史([生]1023年)

**雷巌広音** らいがんこうおん
元禄12(1699)年～明和2(1765)年6月1日
江戸時代中期の黄檗宗の僧。
¶黄檗，国書

**頼基** らいき
永承6(1051)年～長承3(1134)年10月21日
平安時代後期の天台宗の僧・歌人。
¶国書，古人，平史

**頼暁** らいぎょう
治承3(1179)年～弘長3(1263)年
鎌倉時代前期の僧。
¶鎌室，古人，日人

**頼慶(1)** らいけい
生没年不詳
平安時代中期の天台宗の僧・歌人。
¶国書，古人，平史

**頼慶(2)** らいけい
生没年不詳
戦国時代の越後国居多神社の30代社務(神官)。
¶戦辞

**頼慶(3)** らいけい
永禄5(1562)年～慶長15(1610)年
安土桃山時代～江戸時代前期の真言宗の学僧。高野山で密教を修学。
¶朝日([没]慶長15年10月14日(1610年11月29日))，近世，国史，国書([没]慶長15(1610)年10月14日)，人名，戦人，日人，仏教([没]慶長15(1610)年10月14日)，仏史，仏人，歴大，和歌山人

**頼景** らいけい
寛永2(1625)年～寛文6(1666)年4月28日
江戸時代前期の真言宗の僧。
¶国書

**頼兼** らいけん
文治2(1186)年～弘長1(1261)年
鎌倉時代前期の天台宗の僧。
¶日人，仏教([没]弘長1(1261)年7月17日，(異説)7月18日？)

**頼賢(1)** らいけん
長保4(1002)年～永承7(1052)年
平安時代中期～後期の延暦寺僧。
¶古人，平史

**頼賢(2)** らいけん
嘉禄2(1226)年～＊
鎌倉時代の法華経の行者。
¶姓氏宮城([没]？)，宮城百([没]徳治2(1307)年)

**頼賢(3)** らいけん
建久7(1196)年～文永10(1273)年12月7日
鎌倉時代前期の僧。真言宗意教流の祖。
¶神奈川百，鎌室，国史，国書，古中，新潮，人名，世人，日人([没]1274年)，仏教，仏史，仏人，密教，歴大

**頼験** らいけん
生没年不詳
鎌倉時代後期の真言声明醍醐流の声明家。
¶国書，日音

**頼厳** らいげん
生没年不詳
平安時代後期の僧。求菩提山中興の祖。
¶福岡百

**頼源(1)** らいげん
？ ～寿永2(1183)年
平安時代後期の代表的な絵仏師。二人目の法印となる。
¶鎌室，国史，古人([生]？)，古中，史人([没]1183年2月24日)，新潮([没]寿永2(1183)年2月)，世人，日人，仏教([没]寿永2(1183)年2月24日)，平史，名画

**頼源(2)** らいげん
生没年不詳
南北朝時代の天台宗の僧。
¶鎌室，コン改，コン4，コン5，島根人([生]建武頃)，島根歴，新潮，人名，日人

**頼玄(1)** らいげん
鎌倉時代の真言律宗の僧。
¶人名，仏教(生没年不詳)

**頼玄**(2)　らいげん
生没年不詳
鎌倉時代後期の真言宗の僧。
¶国書，日人，仏教

**頼玄**(3)　らいげん
永正3(1506)年～天正12(1584)年8月17日
戦国時代～安土桃山時代の真言宗の学僧。
¶国史，国書，古中，人名，姓氏石川(㊊?)，戦人，日人，仏教，仏史，仏人，和歌山人

**頼光**　らいこう
生没年不詳
奈良時代の僧。
¶日人

**礼光**　らいこう
生没年不詳
奈良時代の三論宗の僧。
¶仏教

**頼豪**(1)　らいごう
寛弘1(1004)年～応徳1(1084)年
平安時代中期～後期の天台宗園城寺の僧。阿闍梨。
¶朝日(㊊長保5(1003)年　㊋応徳1年11月4日(1084年12月4日))，国史，古人，古中，コン改(㊊長保4(1002)年)，コン4(㊊長保4(1002)年)，コン5(㊊長保4(1002)年)，史人(㊊1002年　㊋1084年5月4日，(異説)11月4日)，諸系，新潮(㊊寛弘1(1004)年，(異説)長保4(1002)年　㊋応徳1(1084)年11月4日)，人名(㊊1002年)，世人(㊊?)，全書，大百(㊊1002年)，日人，仏教(㊊長保4(1002)年　㊋応徳1(1084)年5月4日)，仏史，平家，平史

**頼豪**(2)　らいごう
弘安5(1282)年～?
鎌倉時代後期～南北朝時代の真言宗の僧。
¶国史，国書，古中，日人(㊋1360年)，仏教(㊋延文5/正平15(1360)年)，仏史

**頼厳**(1)　らいごん
永承5(1050)年～承徳3(1099)年1月23日
平安時代中期～後期の法相宗の僧。
¶仏教，平史(生没年不詳)

**頼厳**(2)　らいごん
平安時代後期の仏師。丹波国講師。
¶古人

**頼済**　らいさい
生没年不詳
鎌倉時代後期の真言宗の僧。
¶国書

**頼西**　らいさい
治暦4(1068)年～仁平1(1151)年11月5日
平安時代後期の真言宗の僧。
¶仏教(㊋仁平1(1151)年11月5日，(異説)仁安2(1167)年11月5日)

**頼算**　らいさん
生没年不詳
平安時代後期の僧侶・歌人。
¶国書，古人，平史

**頼実**　らいじつ
永承4(1049)年～康治1(1142)年
平安時代中期～後期の興福寺僧。
¶古人，平史

**頼寿**　らいじゅ
永延2(988)年～長久2(1041)年
平安時代中期の天台僧。
¶古人，平史

**頼重**　らいじゅう
?　～琉球・察度35(1384)年
南北朝時代の真言宗の僧。琉球の護国寺の開山住持。
¶朝日(㊋察度35年8月21日(1384年9月6日))，コン改，コン4，コン5，日人

**雷洲惟黙**　らいしゅういもく
→雷洲惟黙(らいしゅうゆいもく)

**雷洲道亨**　らいしゅうどうこう
寛永18(1641)年～延宝6(1678)年12月22日
江戸時代前期の黄檗宗の僧。
¶黄檗，国書

**頼重法印**　らいじゅうほういん
?　～琉球・察度35(1384)年8月21日
南北朝時代の真言宗の僧。
¶沖縄百

**雷洲惟黙**　らいしゅうゆいもく
元禄4(1691)年2月1日～宝暦7(1757)年5月6日
㊔雷洲惟黙(らいしゅういもく)
江戸時代中期の曹洞宗の僧。
¶国書(雷洲惟黙　らいしゅういもく)，仏教

**頼俊**　らいしゅん
生没年不詳
南北朝時代の社僧・歌人。
¶国書

**頼舜**　らいしゅん
生没年不詳
平安時代後期の真言宗の僧。
¶国書，仏教

**頼淳**　らいじゅん
生没年不詳
鎌倉時代後期の真言宗の僧。
¶国書

**頼助**(1)　らいじょ
平安時代後期の絵仏師。
¶古人，平史(生没年不詳)

**頼助**(2)　らいじょ
天喜2(1054)年～元永2(1119)年
平安時代後期の奈良仏師。興福寺を中心に奈良で活躍。
¶朝日(㊋元永2年6月9日(1119年7月18日))，国史，古人，古中，コン改(㊊寛徳1(1044)年)，

コン4(生寛徳1(1044)年)，コン5(生寛徳1(1044)年)，史人(没1119年6月9日)，新潮，日人，美建(没元永2(1119)年6月9日)，仏教(没元永2(1119)年6月9日)，仏史，平史

**頼助**(3) **らいじょ**
*～永仁4(1296)年
鎌倉時代後期の真言宗の僧。鎌倉鶴岡八幡宮別当。
¶朝日(生寛元4(1246)年　没永仁4年2月28日(1296年4月2日))，神奈川人(生1245年)，鎌室(生？)，新潮(生？　没永仁4(1296)年2月28日)，日史(生寛元4(1246)年　没永仁4(1296)年2月28日)，日人(生1246年)，百科(生寛元4(1246)年)，仏教(生寛元4(1246)年　没永仁5(1297)年2月28日)，北条(生寛元2(1244)年　没永仁4(1295)年)，歴大(生1245年)

**頼照**(頼昭) **らいしょう**
康平4(1061)年～長治1(1104)年
平安時代中期の真言宗の僧。
¶仏教(生没年不詳)，密教(頼昭　生1061年以前　没1104年以後)

**頼聖** **らいしょう**
平安時代中期の絵仏師。
¶古人，平史(生没年不詳)

**羅城** **らいじょう**
→円珠庵羅城(えんしゅあんらじょう)

**頼乗**(1) **らいじょう**
生没年不詳
南北朝時代の僧。
¶鎌室，諸系，日人

**頼乗**(2) **らいじょう**
？～明和2(1765)年7月17日
江戸時代中期の真言宗の僧侶・倉敷村の地蔵院の住職(9世)。
¶岡山歴

**頼信** **らいしん**
寛弘7(1010)年～承保3(1076)年
平安時代中期の法相宗の僧。
¶古人，コン改(生？)，コン4(生？)，コン5(生？)，新潮(没承保3(1076)年6月27日)，人名，日人，仏教(没承保3(1076)年6月21日)，平史

**頼審** **らいしん**
生没年不詳
鎌倉時代後期～南北朝時代の真言宗の僧。高野山検校97世。
¶仏教，和歌山人

**頼心** **らいしん**
生没年不詳
南北朝時代の真言宗の僧。
¶国書

**頼深** **らいしん**
生没年不詳
平安時代中期の真言宗の僧。
¶仏教

**頼申** **らいしん**
生没年不詳
真言宗の僧。
¶国書，仏教

**頼真**(1) **らいしん**
仁平1(1151)年～文治2(1186)年9月14日
平安時代中期の真言宗の僧。
¶日人，仏教

**頼真**(2) **らいしん**
生没年不詳
天台宗の僧。
¶仏教

**頼尋**(1) **らいじん**
平安時代中期の真言宗の僧。
¶古人，仏教(生没年不詳)

**頼尋**(2) **らいじん**
長和4(1015)年～寛治6(1092)年
平安時代中期～後期の天台宗の僧。
¶古人，平史

**頼勢**(1) **らいせい**
平安時代後期の仏師。
¶古人，美建，平史(生没年不詳)

**頼勢**(2) **らいせい**
天正4(1576)年～正保5(1648)年閏1月10日
安土桃山時代～江戸時代前期の真言宗の僧。
¶国書

**頼成** **らいせい**
絵仏師法眼頼源の子。
¶日人(生没年不詳)，名画

**頼正** **らいせい**
？～延宝1(1673)年8月27日
江戸時代前期の新義真言宗智山派の声明家。
¶日音

**頼清**(1) **らいせい**
長暦3(1039)年～康和3(1101)年
平安時代中期～後期の石清水の僧。
¶古人，平史

**頼清**(2) **らいせい**
寛永9(1632)年～
江戸時代前期の鎌倉鶴岡八幡宮供僧。
¶神奈川人

**頼暹**(1) **らいせん**
平安時代後期の絵仏師。
¶古人，平史(生没年不詳)

**頼暹**(2) **らいせん**
？～元中2/至徳2(1385)年
南北朝時代の僧侶。
¶和歌山人

**頼全** **らいぜん**
平安時代後期の絵仏師。
¶古人，平史(生没年不詳)

**頼増**(1) **らいぞう**
？ ～承暦2（1078）年5月
平安時代中期の天台宗の僧。
¶国書（生没年不詳），仏教

**頼増**(2) **らいぞう**
生没年不詳
平安時代後期の絵仏師。
¶日人

**頼尊**(1) **らいそん**
平安時代中期～後期の興福寺の僧。
¶国書（㊊万寿2（1025）年 ㊥寛治5（1091）年4月28日），古人（㊊1026年 ㊥1100年），仏教（㊊万寿2（1025）年 ㊥寛治5（1091）年4月28日），平史（㊊1026年 ㊥1100年）

**頼尊**(2) **らいそん**
長徳4（998）年～康平7（1064）年8月10日
平安時代中期～後期の天台宗の僧。
¶国書

**礼智阿** **らいちあ**
建長5（1253）年～正中2（1325）年1月15日
鎌倉時代後期の時宗の僧。
¶国書

**頼仲** **らいちゅう**
文永3（1266）年～正平10/文和4（1355）年10月2日
鎌倉時代後期～南北朝時代の社僧・歌人。
¶神奈川人，国書

**頼忠** **らいちゅう**
生没年不詳
戦国時代の僧。遍照光寺住持。
¶戦辞

**頼澄** **らいちょう**
鎌倉時代前期の天台宗の声明家。
¶日音

**頼超** **らいちょう**
生没年不詳
平安時代後期の華厳宗の僧。
¶国書

**頼如** **らいにょ**
享和1（1801）年～文久2（1862）年8月24日
江戸時代末期の新義真言宗の僧。智積院38世。
¶国書，人名，日人，仏教

**頼仁**(1) **らいにん**
？ ～永禄7（1564）年3月27日
戦国時代～安土桃山時代の真言宗の僧。
¶国書

**頼仁**(2) **らいにん**
生没年不詳
江戸時代中期の新義真言宗智山派の声明家。
¶日音

**頼任**(1) **らいにん**
生没年不詳
鎌倉時代の僧。
¶北条

**頼任**(2) **らいにん**
生没年不詳
鎌倉時代後期の僧。
¶北条

**頼任**(3) **らいにん**
生没年不詳
安土桃山時代の真言宗の僧。
¶国書

**頼範** **らいはん**
寛弘3（1006）年～＊
平安時代中期～後期の天台僧。
¶古人（㊥1081年？），平史（㊥1081年）

**頼遍** **らいへん**
寛永14（1637）年～？
江戸時代前期の真言宗の僧。
¶仏教

**頼宝** **らいほう**
弘安2（1279）年～元徳2（1330）年
鎌倉時代後期の真言宗の僧。東寺三宝の一人。
¶国史，国書（㊥元徳2（1330）年7月9日），古中，日人，仏教（㊥元徳2（1330）年7月9日？），仏史，仏人

**雷峰妙霖** **らいほうみょうりん**
生没年不詳
室町時代の臨済宗の僧。
¶長野歴，仏教

**頼瑜** **らいゆ**
嘉禄2（1226）年～嘉元2（1304）年1月1日
鎌倉時代後期の真言宗の僧。新義真言宗中興の祖。
¶朝日（㊥嘉元2年1月1日（1304年2月7日）），岩史，鎌室，国史，国書，古中，コン4，コン5，人書94，新潮，人名，世人，全書，大百，日人，仏教，仏史，仏人，名僧，歴大，和歌山人

**来誉** **らいよ**
天文4（1535）年～慶長6（1601）年2月5日
安土桃山時代の浄土宗の僧。
¶仏教

**頼与** **らいよ**
平安時代後期の仏師。
¶古人，美建，平史（生没年不詳）

**頼誉**(1) **らいよ**
？ ～弘安3（1280）年
鎌倉時代前期の僧。
¶鎌室，諸系，日人，仏教（㊥弘安3（1280）年12月7日）

**頼誉**(2) **らいよ**
長禄3（1459）年～享禄4（1531）年12月4日
戦国時代の真言宗の僧。根来寺学頭。
¶国史（生没年不詳），国書，古中（生没年不詳），人名，日人（㊥1532年），仏教，仏史（生没年不詳），仏人

**裸行** らぎょう
伝説上の熊野那智山開創者。
¶日人，仏教

**楽阿** らくあ
生没年不詳
南北朝時代の社僧・歌人・連歌作者。
¶国書

**櫟隠儻鑢** らくいんとうれい
？～元禄5（1692）年1月21日
江戸時代前期～中期の黄檗宗の僧。
¶黄檗

**楽翁秀村** らくおうしゅうそん
～寛永20（1643）年4月20日
江戸時代前期の高山市の素玄寺3世で神岡町の光円寺、宮川村の観音寺、丹生川村の善久寺などの開基。
¶飛驒

**楽翁正吉** らくおうしょうきつ
享禄4（1531）年～慶長16（1611）年11月15日
戦国時代～江戸時代前期の曹洞宗の僧。
¶国書

**楽西** らくさい
平安時代後期の天台宗の僧。
¶人名，仏教（生没年不詳）

**楽樹** らくじゅ
天明3（1783）年～天保12（1841）年8月6日
江戸時代中期～後期の真言宗の僧。
¶国書

**楽崇正続** らくすうしょうぞく
生没年不詳
戦国時代の越後国種月寺（曹洞宗）住持。
¶戦辞

**羅山元磨** らさんげんま，らざんげんま
文化12（1815）年～慶応3（1867）年2月16日
江戸時代末期の臨済宗の僧。妙心寺524世。
¶国書（らざんげんま），人名（らざんげんま [生]1811年），日人，仏教

**羅城** らじょう
→円珠庵羅城（えんしゅあんらじょう）

**瀾阿〈山口県〉** らんあ
江戸時代後期の女性。俳諧。長門松屋の常元寺の尼僧。田上菊舎の文政6年の長府での俳諧記録「実る秋」に載る。
¶江表（瀾阿（山口県））

**蘭阿坊** らんあぼう
寛政1（1789）年～＊　[別]武山蘭阿坊（ぶざんらんあぼう）
江戸時代後期～末期の俳人・僧侶。
¶国書（[生]寛政3（1791）年　[没]安政1（1854）年），島根人（[没]安政1（1854）年），島根百（[没]安政3（1856）年），島根歴（武山蘭阿坊　ぶざんらんあぼう　[没]安政3（1856）年）

**嬾庵大淳** らんあんだいじゅん
＊～天明1（1781）年12月5日　[別]嬾庵大淳（らいあんたいじゅん）
江戸時代中期の曹洞宗の僧。
¶国書（[生]？），長野歴（らいあんたいじゅん [生]宝永3（1706）年）

**懶牛希融** らんぎゅうきゆう
？～延元2/建武4（1337）年1月27日
鎌倉時代後期～南北朝時代の臨済宗の僧。
¶国書

**藍玉長老** らんぎょくちょうろう
？～尚豊10（1630）年
安土桃山時代～江戸時代前期の臨済宗の僧侶。
¶沖縄百，姓氏沖縄

**蘭渓(1)** らんけい
→蘭渓道隆（らんけいどうりゅう）

**蘭渓(2)** らんけい★
～明治43（1910）年11月12日
明治期の天徳寺50世の僧。
¶秋田人2

**鸞芸** らんげい
元中4/嘉慶1（1387）年～文安4（1447）年5月15日
室町時代の浄土真宗の僧。
¶仏教

**蘭桂正香** らんけいしょうこう
寛保3（1743）年～文政6（1823）年1月2日
江戸時代中期～後期の黄檗宗の僧。
¶黄檗，国書

**藍渓宗瑛** らんけいそうえい
元亀1（1570）年～万治1（1658）年10月20日
安土桃山時代～江戸時代前期の臨済宗の僧。
¶国書，仏教

**蘭渓道光** らんけいどうこう
？～宝永4（1707）年10月
江戸時代前期～中期の黄檗宗の僧。
¶仏教

**蘭渓道隆** らんけいどうりゅう
南宋・嘉定6（1213）年～弘安1（1278）年7月24日
[別]大覚禅師（だいかくぜんじ，だいがくぜんじ），蘭渓（らんけい），道隆（どうりゅう）
鎌倉時代前期の渡来僧。臨済宗楊岐派のうち松源派。
¶朝日（[没]弘安1年7月24日（1278年8月13日）），岩史，大分歴，角史，神奈川人，神奈川百，鎌倉，鎌倉新，鎌古，鎌室，郷土神奈川，京都大，国史，国書，古中，コン改，コン4，コン5，史人，思想史，重要，食文，人書94，新潮，人名，姓氏神奈川，姓氏京都，姓氏宮城（大覚禅師　だいかくぜんじ），世人，世百，全書，対外，大百，茶道，中世，内乱，長野歴，日思，日史，日人，美術，百科，福岡百，仏教，仏史，仏人（蘭渓　らんけい），平日（[生]1213　[没]1278），名僧，山川小，山梨人，山梨百（蘭渓　らんけい），歴大

**蘭谷元定** らんこくげんじょう
承応2(1653)年8月15日～宝永4(1707)年5月1日
江戸時代前期～中期の黄檗宗の画僧。
¶黄檗

**蘭山** らんざん
享保3(1718)年～寛政9(1797)年4月29日
江戸時代中期～後期の小倉の禅僧。
¶福岡百

**鸞山** らんざん
? ～寛政3(1791)年5月24日
江戸時代中期の浄土宗の僧。
¶国書，日人，仏教

**蘭山正隆** らんざんしょうりゅう
→正隆(しょうりゅう)

**蘭山道昶** らんざんどうちょう
? ～宝暦6(1756)年
江戸時代中期の僧。
¶国書，日人

**蘭室玄森** らんしつげんしん
生没年不詳
江戸時代前期の臨済宗の僧。
¶国書

**蘭室宗佐** らんしつそうさ
? ～天正19(1591)年10月23日
戦国時代～安土桃山時代の駿河安倍郡慈悲尾増善寺の住持。
¶戦辞

**鸞洲** らんしゅう
安永1(1772)年～天保14(1843)年4月19日
江戸時代後期の浄土宗の僧。
¶国書，仏教

**蘭洲浄芳** らんしゅうじょうほう
? ～天明5(1785)年
江戸時代中期の黄檗宗の僧。
¶黄檗

**蘭洲道秀** らんしゅうどうしゅう
生没年不詳
江戸時代前期の黄檗宗の僧。
¶国書

**蘭洲良芳**(蘭州良芳) らんしゅうりょうほう
嘉元3(1305)年～元中1/至徳1(1384)年12月6日
㊞良芳(りょうほう)
南北朝時代の臨済宗一山派の僧。雪村友梅の法嗣、南禅寺第41世住持。
¶鎌室，国史，国書，古中，新潮，人名，日人(蘭州良芳 ㊙1385年)，仏教(蘭州良芳 ㊙至徳1/元中1(1384)年12月2日，(異説)12月6日)，仏史，仏人(良芳 りょうほう)

**鸞宿** らんしゅく，らんじゅく
天和2(1682)年～寛延3(1750)年10月15日
江戸時代中期の浄土宗の学僧。知恩院50世。
¶近世，国史，国書，人名(らんじゅく ㊐?)，日人，仏教，仏史

**蘭叔玄秀** らんしゅくげんしゅう
安土桃山時代の僧、「酒茶論」の著者。
¶国書(生没年不詳)，茶道

**蘭叔宗秀** らんしゅくそうしゅう
? ～慶長4(1599)年8月13日
戦国時代～安土桃山時代の新義真言宗の僧。島津義久の子。大徳寺140世。
¶仏教

**蘭瑞** らんずい
安永1(1772)年～文政13(1830)年3月
江戸時代中期～後期の浄土真宗の僧。
¶国書

**嬾睡照覚** らんすいしょうかく
生没年不詳
江戸時代中期の黄檗宗の僧。
¶黄檗

**懶禅舜融** らんぜんしゅんゆう
慶長18(1613)年～寛文12(1672)年4月3日
江戸時代前期の曹洞宗の僧。
¶国書，仏教

**蘭台** らんだい
延享3(1746)年～寛政5(1793)年
江戸時代中期の僧、俳人。越中井波瑞泉寺14代。
¶人名，富山文，日人，俳諧(㊐?)，俳句(㊙寛政5(1793)年8月7日)，俳文(㊙寛政5(1793)年8月7日)，和俳

ら

**藍田恵青** らんでんえじょう
? ～天正10(1582)年4月3日
戦国時代～安土桃山時代の僧。甲府・東光寺の中興開山。
¶武田，山梨百

**藍田素瑛** らんでんそえい
? ～宝徳3(1451)年
室町時代の僧。
¶日人

**蘭恕従賀** らんにょしょうが
? ～天文5(1536)年5月6日
室町時代～戦国時代の曹洞宗の僧。
¶仏教

**懶翁** らんのう
慶長17(1612)年～延宝4(1676)年
江戸時代前期の臨済宗の僧。
¶愛媛百

**蘭坡景茝**(蘭坡景茞) らんぱけいし，らんばけいし
応永26(1419)年～明応10(1501)年2月28日
㊞景茝(けいし)，蘭坡景茝(らんはけいしん)，蘭坡景茝(らんはけいしん，らんぱけいしん)，雪樵(せっしょう)，蘭坡(らんぱ)
室町時代～戦国時代の臨済宗の僧。五山文学僧。臨済宗夢窓派。
¶朝日(㊙文亀1年2月28日(1501年3月17日))，国史，国書，古中，コン改(らんぱけいしん ㊐応永24(1417)年)，コン4(らんぱけいし

ん)，コン5(らんぱけいしん)，史人(㊤1417年，(異説)1419年)，思想史(らんぱけいし)，新潮(㊤応永26(1419)年，(異説)応永24(1417)年)，人名(蘭坡景茝　らんはけいしん ㊤？)，世人(蘭坡景茝　らんぱけいし ㊤？)，戦人(景茝　けいし)，日史，日人，百科，仏教，仏史，名僧，和俳

**蘭坡景茝**(蘭坡景茞)　**らんはけいしん，らんぱけいしん**
→蘭坡景茝(らんぱけいし)

**蘭融存芝**　**らんゆうぞんし**
？～元禄7(1694)年4月15日
江戸時代前期～中期の曹洞宗の僧。
¶国書

**蘭陵越宗**　**らんりょうおっしゅう**
？～安永8(1779)年7月25日
江戸時代中期の曹洞宗の僧。
¶国書

## 【り】

**理円**　**りえん**
寛文2(1662)年～寛延4(1751)年8月10日
江戸時代前期～中期の浄土真宗の僧。
¶国書

**里鶯**　**りおう**
→平田尊閑(ひらたそんかん)

**利覚**　**りかく**
？～慶長16(1611)年
安土桃山時代～江戸時代前期の浄土宗の僧。
¶日人，仏教(㊦慶長16(1611)年3月5日)

**理覚**　**りかく**
生没年不詳
南北朝時代の浄土宗の僧。
¶仏教

**理寛**　**りかん**
？～明和4(1767)年8月15日
江戸時代中期の浄土真宗の僧。
¶仏教

**理観**　**りかん**
寛永12(1635)年～元禄6(1693)年1月25日
江戸時代前期の真言宗の僧。
¶国書，仏教

**理願**　**りがん**
？～天平7(735)年　㊙理願尼(りがんに)
奈良時代の女性。新羅から渡来した尼僧。
¶朝日，コン改，コン4，コン5，女史(㊤？)，女性，人名，日人(理願尼　りがんに)，仏教(理願尼　りがんに)，万葉

**理観上人**　**りかんしょうにん**
寛永12(1635)年～元禄6(1693)年1月25日
江戸時代前期～中期の高僧。
¶兵庫人

**理願尼**　**りがんに**
→理願(りがん)

**力精**　**りきしょう**
→釈氏力精(しゃくしりきしょう)

**力久辰斎**　**りきひさたつさい，りきひさたっさい**
明治39(1906)年10月28日～昭和52(1977)年9月29日　㊙力久辰斎(りきひさたっせい)
昭和期の宗教家。善隣会教主。北寒山に行場を作り修行。
¶現朝(りきひさたっさい)，現情(りきひさたっせい)，現人，コン改，コン4，コン5，人名7(りきひさたっさい)，世紀，日人

**力久辰斎**　**りきひさたっせい**
→力久辰斎(りきひさたつさい)

**利慶**　**りきょう**
？～永長2(1097)年8月12日
平安時代中期～後期の天台宗の僧。
¶仏教

**理慶尼**　**りきょうに**
→理慶尼(りけいに)

**理玉**　**りぎょく**
生没年不詳
鎌倉時代後期の天台宗の僧。
¶愛媛百

**六如**　**りくじょ**
→六如(りくにょ)

**六如**　**りくにょ**
享保19(1734)年～享和1(1801)年3月10日　㊙慈周(じしゅう)，六如(りくじょ，ろくにょ)
江戸時代中期～後期の漢詩人、天台宗の僧。
¶角史，郷土滋賀，京都大(慈周　じしゅう)，近世(慈周　じしゅう)，国史(慈周　じしゅう)，国書(慈周　じしゅう)，コン改(㊤？)，コン4(㊤？)，コン5(㊤？)，詩歌(りくじょ)，詩作，史人(慈周　じしゅう)，思想史，人書94(ろくにょ)，新潮，人名(㊤1737年)，姓氏京都(慈周　じしゅう)，世人(㊤？)，世百(㊤1737年)，全書，日人，百科(㊤享保9(1724)年)，仏教(慈周　じしゅう)，仏史(慈周　じしゅう)，和俳

**理慶**　**りけい**
→理慶尼(りけいに)

**理慶尼**　**りけいに**
？～慶長16(1611)年　㊙理慶(りけい)，理慶尼(りきょうに)，慶樹尼(けいじゅに)
安土桃山時代～江戸時代前期の女性。戦記文学作者。
¶朝日(理慶　りけい　㊤享禄3(1530)年　㊦慶長16年8月17日(1611年9月23日))，国書(㊦慶長16(1611)年8月17日)，諸系(㊤1530年)，女性，戦辞(㊦慶長16年8月17日(1611年9月23日))，戦人，日人(㊤1530年)，仏教(りきょうに　㊦慶長16(1611)年8月)

り

**理賢 りけん**
永久5(1117)年～建久1(1190)年10月11日
平安時代後期の真言宗の僧。高野山検校29世。
¶古人，仏教，平史，和歌山人

**離言 りげん**
生没年不詳
江戸時代中期の真言宗の僧。
¶国書

**吏舡 りこう**
寛延2(1749)年5月～文政2(1819)年2月3日
江戸時代中期～後期の神職・俳人。
¶国書

**理光 りこう**
生没年不詳
平安時代の天台宗の僧。
¶仏教

**利山 りざん**
生没年不詳
江戸時代前期～中期の僧、浄土宗善知鳥山一念寺の開基。
¶青森人

**理秀 りしゅう**
→理秀女王(りしゅうにょおう)

**理秀女王 りしゅうじょおう**
→理秀女王(りしゅうにょおう)

**理秀尼 りしゅうに**
→理秀女王(りしゅうにょおう)

**理秀女王 りしゅうにょおう**
享保10(1725)年11月5日～明和1(1764)年11月30日 [別]逸巌理秀(いつげんりしゅう),理秀(りしゅう),理秀女王(りしゅうじょおう),理秀尼(りしゅうに)
江戸時代中期の臨済宗の尼僧。中御門天皇の第4皇女。
¶朝日(逸巌理秀 いつげんりしゅう [生]享保10年11月1日(1725年12月5日) [没]明和1年11月30日(1764年12月22日))，江表(理秀尼(京都府))，コン改，コン4，コン5，新潮(りしゅうじょおう)，人名，天皇(理秀 りしゅう)，日人(りしゅうじょおう)，仏教(理秀尼 りしゅうに)

**理聖 りしょう**
？ ～享禄3(1530)年7月26日
戦国時代の浄土宗の僧。金戒光明寺17世。
¶仏教

**理昌女王 りしょうじょおう**
寛永8(1631)年～明暦2(1656)年1月8日 [別]久巌理昌(きゅうがんりしょう),八重宮(やえのみや),理昌女王(りしょうにょおう)
江戸時代前期の女性。尼僧。後水尾天皇の第5皇女。
¶朝日(久巌理昌 きゅうがんりしょう [生]寛永8年1月2日(1631年2月2日) [没]明暦2年1月8日(1656年2月3日))，コン改(りしょうにょおう)，コン4(りしょうにょおう)，コン5(りしょうにょおう)，女性([生]寛永8(1631)年10月2日)，新潮([生]寛永8(1631)年1月2日)，人名(りしょうにょおう)，天皇(八重宮 やえのみや)，日人

**理昌女王 りしょうにょおう**
→理昌女王(りしょうじょおう)

**理真 りしん**
？ ～正応3(1290)年5月28日
鎌倉時代後期の浄土宗の僧。
¶仏教

**履善 りぜん**
宝暦4(1754)年～文政2(1819)年7月8日
江戸時代中期～後期の浄土真宗の僧。
¶国書，島根人([没]文政11(1828)年)，島根百，島根歴，仏教([生]宝暦4(1754)年10月15日)，仏人

**履仲元礼 りちゅうげんらい**
→履仲元礼(りちゅうげんれい)

**履仲元礼**(履中元礼) **りちゅうげんれい**
？ ～応永20(1413)年 [別]履仲元礼(りちゅうげんらい)
室町時代の僧。
¶鎌室，人名(りちゅうげんらい)，日人(履中元礼)，仏教(履中元礼 [没]応永20(1413)年2月10日)

**理忠女王 りちゅうじょおう**
寛永18(1641)年～元禄2(1689)年 [別]義山理忠(ぎざんりちゅう),理忠女王(りちゅうにょおう)
江戸時代前期～中期の女性。尼僧。後水尾天皇の第15皇女。
¶朝日(義山理忠 ぎざんりちゅう [生]寛永18年8月22日(1641年9月26日) [没]元禄2年8月26日(1689年10月9日))，コン改(りちゅうにょおう)，コン4(りちゅうにょおう)，コン5(りちゅうにょおう)，女性([生]寛永18(1641)年8月22日 [没]元禄2(1689)年2月26日)，新潮([生]寛永18(1641)年8月22日 [没]元禄2(1689)年8月26日)，人名(りちゅうにょおう)，日人

**理忠女王 りちゅうにょおう**
→理忠女王(りちゅうじょおう)

**利朝 りちょう**
生没年不詳
平安時代中期の真言宗の僧。
¶仏教

**栗柯亭木端 りっかていぼくたん,りつかていぼくたん**
→栗柯亭木端(りっかていもくたん)

**栗柯亭木端**(栗果亭木端) **りっかていもくたん**
宝永7(1710)年～安永2(1773)年 [別]栗柯亭木端(りっかていぼくたん,りつかていぼくたん)
江戸時代中期の狂歌師,浄土真宗の僧。
¶大阪人(りっかていぼくたん [没]安永2(1773)年7月)，大阪墓(栗果亭木端 [没]安永2(1773)年7月7日)，国書(りつかていぼくたん [没]安永2(1773)年7月7日)，人書94，人名，日人

(りっかていぼくたん), 百科(りっかていぼくたん), 和俳

**立詮 りっせん**
→立詮(りゅうせん)

**立法院〈熊本県〉りっぽういん★**
～元禄4(1691)年
江戸時代中期の女性。宗教。熊本藩士加来佐右衛門の娘。
¶江表(立法院(熊本県))

**立誉 りつよ**
寛政1(1789)年～安政5(1858)年
江戸時代後期～末期の僧。伝通院58世。
¶姓氏富山

**利的 りてき**
？ ～寛永7(1630)年2月15日
江戸時代前期の浄土宗の僧。
¶仏教

**利天(1) りてん**
生没年不詳
江戸時代前期の浄土宗の僧。
¶仏教

**利天(2) りてん**
寛文1(1661)年～享保20(1735)年2月9日
江戸時代中期の浄土宗の僧。鎌倉光明寺60世。
¶仏教

り

**利天玄説 りてんげんせつ**
～慶安4(1651)年1月8日
江戸時代前期の高山市の雲竜寺12世。洞雲寺開基。
¶飛驒

**理等 りとう**
生没年不詳
室町時代の律宗の尼僧。
¶朝日

**利導 りどう**
？ ～寛永3(1626)年9月15日
江戸時代前期の浄土宗の僧。
¶仏教

**利道 りどう**
永禄7(1564)年～寛永3(1626)年5月10日
安土桃山時代～江戸時代前期の浄土宗の僧。
¶国書(生没年不詳), 仏教

**理然 りねん**
生没年不詳
鎌倉時代の法相宗の僧。
¶日人, 仏教

**離碧 りへき**
？ ～正保3(1646)年8月24日
江戸時代前期の浄土宗の僧。
¶仏教

**理峰(理峯) りほう**
延宝5(1677)年～宝暦8(1758)年5月4日
江戸時代中期の真言声明南山進流の声明家。
¶国書(理峯), 日音(理峯), 仏教

**里鶯 りほう**
→平田尊閑(ひらたそんかん)

**利峰東鋭 りほうとうえい**
？ ～寛永20(1643)年7月24日
安土桃山時代～江戸時代前期の臨済宗の僧。
¶国書

**理満 りまん**
生没年不詳
平安時代中期の持経者。社会事業家。
¶人名, 日人, 仏人

**理益 りやく**
？ ～寛永10(1633)年6月25日
江戸時代前期の浄土宗の僧。
¶仏教

**李由 りゆう**
寛文2(1662)年～宝永2(1705)年 ㊊河野李由(こうのりゆう)
江戸時代前期～中期の真宗の僧、俳人。近江明照寺住職。松尾芭蕉に入門。
¶郷土滋賀, 国書(㊀宝永2(1705)年6月22日), 滋賀百(㊐1660年), 人名(河野李由 こうのりゆう), 日人(河野李由 こうのりゆう), 俳諧(㊐？), 俳句(㊀宝永2(1705)年6月22日), 俳文, 和俳(河野李由 こうのりゆう)

**隆阿 りゅうあ**
応永20(1413)年～文明13(1481)年
室町時代～戦国時代の浄土宗の僧。知恩院19世。
¶人名, 日人, 仏教(㊀文明13(1481)年9月7日)

**流安 りゅうあん**
？ ～延宝7(1679)年5月20日
江戸時代前期の浄土宗の僧。
¶仏教

**柳意 りゅうい**
寛文5(1665)年～元文1(1736)年6月
江戸時代前期～中期の浄土真宗の僧。
¶国書

**竜雲 りゅううん**
？ ～寛永4(1627)年
安土桃山時代～江戸時代前期の僧。志布志大慈寺45世。
¶姓氏鹿児島

**竜雲院の尼 りゅううんいんのあま**
文化7(1810)年～明治24(1891)年4月27日
江戸時代末期～明治期の尼僧。林子平を慕い竜雲院で供養。
¶女性, 女性普

**竜運寺学丈 りゅううんじがくじょう**
嘉永元(1848)年～大正10(1921)年10月19日
明治・大正期の華僧。
¶東三河

**隆恵(1)　りゅうえ**
平安時代前期の僧。興福寺別当。承和年間の人。
¶古人

**隆恵(2)　りゅうえ**
生没年不詳
平安時代後期の天台宗の僧・歌人。
¶国書，古人，平史

**隆栄(1)　りゅうえい**
大治2(1127)年～建久6(1195)年6月
平安時代後期～鎌倉時代前期の真言宗の僧。
¶仏教

**隆栄(2)　りゅうえい**
文化6(1809)年～慶応3(1867)年7月17日
江戸時代末期の新義真言宗の僧。智積院39世。
¶国書，人名，日人，仏教，仏人

**隆英　りゅうえい**
文政3(1820)年～明治36(1903)年9月3日
江戸時代後期～明治期の浄土真宗の僧。
¶国書

**隆円(1)　りゅうえん**
天元3(980)年～長和4(1015)年
平安時代中期の僧。
¶古人，諸系，日人，平史

**隆円(2)　りゅうえん**
平安時代後期の仏師。承安4年土製光背を造る。
¶古人

**隆円(3)　りゅうえん**
生没年不詳
平安時代後期の僧。
¶平史

**隆円(4)　りゅうえん**
生没年不詳
鎌倉時代の仏師。
¶朝日，新潮，日人，美建，仏教

**隆円(5)　りゅうえん**
生没年不詳
鎌倉時代の僧。
¶国書，日人

**隆円(6)　りゅうえん**
嘉応2(1170)年～嘉禄2(1226)年
鎌倉時代前期の天台宗の僧。
¶鎌室(㊤?　㊦嘉禄1(1225)年)，古人(㊤1171年)，諸系，日人，仏教(㊦嘉禄1(1225)年12月5日)

**隆円(7)　りゅうえん**
生没年不詳
南北朝時代の真言宗の僧・連歌作者。
¶国書

**隆円(8)　りゅうえん**
?　～天保5(1834)年12月25日
江戸時代後期の浄土宗の僧。
¶国書，思想史，仏教

**隆縁(1)　りゅうえん**
平安時代後期の天台宗の僧・歌人。
¶国書(生没年不詳)，古人

**隆縁(2)　りゅうえん**
生没年不詳
南北朝時代の僧侶・歌人。
¶国書，平史

**隆淵　りゅうえん**
生没年不詳
鎌倉時代後期の僧侶・歌人。
¶国書

**竜淵(1)　りゅうえん**
安永1(1772)年～天保8(1837)年
江戸時代後期の僧。立山大縁起や立山曼荼羅を改訂。
¶ふる

**竜淵(2)　りゅうえん**
江戸時代後期の高野山華蔵院の僧侶。
¶姓氏富山

**隆雄　りゅうおう**
?　～天明6(1786)年10月26日
江戸時代中期の新義真言宗の僧。
¶国書，仏教

**竜王院堯忍　りゅうおういんぎょうにん**
文化14(1817)年～明治16(1883)年
江戸時代後期～明治期の僧。
¶日人

**竜屋　りゅうおく**
天正3(1575)年～明暦3(1657)年8月9日
江戸時代前期の浄土宗の僧。
¶仏教

**竜温　りゅうおん**
→樋口竜温(ひぐちりゅうおん)

**竜音　りゅうおん**
生没年不詳
江戸時代後期の浄土真宗の僧。
¶国書

**隆賀　りゅうが**
生没年不詳
平安時代後期の僧。
¶仏教

**隆雅(1)　りゅうが**
?　～正平12/延文2(1357)年6月28日
南北朝時代の僧。
¶鎌室，国書，日人，仏教

**隆雅(2)　りゅうが**
室町時代の僧。
¶鎌室(㊤康応1/元中6(1389)年　㊦応仁1(1467)年)，日人(㊤1388年　㊦1466年)

り

**竜駕** **りゅうが**
延享1(1744)年〜文化9(1812)年
江戸時代中期〜後期の画僧。
¶人名，日人

**流海** **りゅうかい**
生没年不詳
江戸時代後期の浄土真宗の僧。
¶国書

**隆快** **りゅうかい**
生没年不詳
室町時代の真言宗の僧。
¶国書，仏教

**隆海**(1) **りゅうかい，りゅうがい**
弘仁6(815)年〜仁和2(886)年
平安時代前期の元興寺の僧。
¶国書([没]仁和2(886)年7月12日)，古人，古代，古代普，コン改，コン4，コン5，人名(りゅうがい)，日人，仏教([没]仁和2(886)年7月22日)，平史

**隆海**(2) **りゅうかい**
保安1(1120)年〜安元3(1177)年4月18日
平安時代後期の真言宗の僧。
¶国書，仏教，和歌山人

**隆海**(3) **りゅうかい**
生没年不詳
室町時代〜戦国時代の天台宗の僧。
¶国書



**竜海**(1) **りゅうかい**
生没年不詳
鎌倉時代以降の浄土真宗の僧。
¶国書

**竜海**(2) **りゅうかい**
永正15(1518)年〜慶長11(1606)年5月1日
戦国時代〜安土桃山時代の真言宗の僧。高野山検校209世。
¶仏教

**竜海**(3) **りゅうかい**
生没年不詳
江戸時代前期の浄土真宗の僧。
¶国書

**竜海**(4) **りゅうかい**
宝暦6(1756)年〜文政3(1820)年5月20日
江戸時代中期〜後期の真言宗の僧。
¶国書，仏教

**竜海**(5) **りゅうかい**
生没年不詳
江戸時代後期の浄土真宗の僧。
¶国書

**竜海**(6) **りゅうかい**
?　〜安政6(1859)年
江戸時代後期〜末期の僧。与願寺23世。
¶姓氏愛知

**竜界古恬** **りゅうかいこてん**
宝暦10(1760)年〜文化9(1812)年3月7日
江戸時代中期〜後期の臨済宗の僧。
¶仏教

**隆覚**(1) **りゅうかく**
平安時代後期の僧侶・歌人。源隆国の子、藤原隆忠の子とも。
¶国書(生没年不詳)，古人

**隆覚**(2) **りゅうかく**
*〜保元3(1158)年
平安時代後期の法相宗の僧。薬師寺38世、興福寺35・38世。
¶古人([生]1075年)，コン改(生没年不詳)，コン4(生没年不詳)，コン5，人名，日人([生]1074年)，仏教([生]承保1(1074)年　[没]保元3(1158)年6月4日)，平史([生]1075年)

**隆覚**(3) **りゅうかく**
生没年不詳
平安時代後期の僧、歌人。
¶平史

**隆覚**(4) **りゅうかく**
生没年不詳
平安時代後期の真言宗の僧。
¶仏教

**竜岳宗劉** **りゅうがくそうりゅう**
弘治3(1557)年〜寛永5(1628)年
安土桃山時代〜江戸時代前期の臨済宗の僧。大徳寺164世。
¶国書([没]寛永5(1628)年11月28日)，仏教([没]寛永5(1628)年10月28日，(異説)11月28日)

**竜岳道門** **りゅうがくどうもん**
永正11(1514)年〜文禄3(1594)年3月19日
戦国時代〜安土桃山時代の臨済宗の僧。
¶仏教

**滝覚坊** **りゅうかくぼう**
〜延元2(1337)年3月
鎌倉時代後期の僧・楠木正成の師。和田朝盛の末子。
¶飛騨

**隆寛**(1) **りゅうかん**
生没年不詳
平安時代後期の真言宗の僧。
¶仏教

**隆寛**(2) **りゅうかん**
久安4(1148)年〜安貞1(1227)年12月13日　[別]無我(むが)
平安時代後期〜鎌倉時代前期の浄土宗の僧。法然門下。
¶朝日([没]安貞1年12月13日(1228年1月21日))，岩史，鎌室，京都大，国史，国書，古人，古中，コン4，コン5，史人，新潮，人名，姓氏京都，世人，全書，中世，日史，日人([没]1228年)，百科，福島百，仏教，仏史，仏人，平史，名僧，歴大

**隆寛**(3) **りゅうかん**
天授3/永和3(1377)年～正長2(1429)年3月13日
室町時代の真言宗の僧。
¶仏教

**隆観**(1) **りゅうかん**
生没年不詳
飛鳥時代～奈良時代の方技官人。
¶古代，古代普，日人，飛驒，平史

**隆観**(2) **りゅうかん**
平安時代後期の興福寺の僧。藤原為房の子。
¶古人

**竜巌慧水** **りゅうがんえすい**
貞享2(1685)年5月15日～享保18(1733)年7月21日
江戸時代中期の曹洞宗の僧。
¶仏教

**竜巌宗棟** **りゅうがんそうとう**
寛文4(1664)年～元文6(1741)年2月6日
江戸時代中期の臨済宗の僧。大徳寺287世。
¶仏教

**隆暁** **りゅうぎょう**
保延1(1135)年～建永1(1206)年2月1日
平安時代後期～鎌倉時代前期の僧。
¶鎌室(㊐長承3(1134)年)，古人(㊐1134年)，コン改，コン4，コン5，新潮(㊐長承3(1134)年)，日人，仏教

**隆堯** **りゅうぎょう**
正平24/応安2(1369)年1月25日～宝徳1(1449)年12月12日
南北朝時代～室町時代の僧。
¶鎌室，国書，新潮，人名，日人(㊀1450年)，仏教

**竜暁**(1) **りゅうぎょう**
生没年不詳
江戸時代末期の浄土真宗の僧。
¶国書

**竜暁**(2) **りゅうぎょう**
天保9(1838)年～大正3(1914)年
明治～大正期の真言宗僧侶。真言宗長者、泉涌寺長老、東寺住職。
¶仏人

**竜華** **りゅうけ**
生没年不詳
江戸時代後期の浄土真宗の僧。
¶国書

**隆慶**(1) **りゅうけい**
生没年不詳
鎌倉時代の浄土宗の僧。
¶仏教

**隆慶**(2) **りゅうけい**
→清水隆慶(しみずりゅうけい)

**隆慶**(3) **りゅうけい**
慶安2(1649)年4月24日～享保4(1719)年8月6日
江戸時代中期の新義真言宗の僧。護国院住持。
¶近世，国史，国書，日人，仏教，仏史，仏人

**隆渓** **りゅうけい**
宝徳元(1449)年～永正元(1504)年
戦国時代の伊豆修禅寺の住職。総持寺住職。
¶伊豆

**竜渓**(1) **りゅうけい**
→竜渓性潜(りゅうけいしょうせん)

**竜渓**(2) **りゅうけい**
生没年不詳
江戸時代中期の浄土真宗の僧。
¶国書

**竜冏** **りゅうけい**
？ ～天明2(1782)年
江戸時代中期の浄土宗の僧。
¶国書

**柳渓契愚** **りゅうけいけいぐ**
生没年不詳
鎌倉時代後期の臨済宗の僧。
¶仏教

**竜渓性潜** **りゅうけいしょうせん**
慶長7(1602)年～寛文10(1670)年8月23日 ㊊性潜(しょうせん)，竜渓(りゅうけい)，竜渓性潜(りゅうけいせいせん，りょうけいしょうせん)，竜谿性潜(りょうけいしょうせん)
江戸時代前期の僧。黄檗派開立の中心人物。
¶朝日(りょうけいしょうせん ㊐慶長7年7月30日(1602年9月15日) ㊀寛文10年8月23日(1670年10月6日))，黄檗(りょうけいしょうせん ㊐慶長7(1602)年7月30日)，大阪人(竜渓 りゅうけい)，大阪墓(りゅうけいせいせん)，京都府(竜谿性潜 りょうけいしょうせん)，近世，国史，国書(りょうけいしょうせん ㊐慶長7(1602)年7月30日)，コン改，コン4，コン5，史人(㊐1602年7月30日)，思想史，新潮(㊐慶長7(1602)年7月20日)，人名，世人，日人，仏教(㊐慶長7(1602)年7月30日)，仏史，仏人(性潜 しょうせん)

**隆慶上人** **りゅうけいしょうにん**
大化5(649)年3月5日～養老5(721)年8月18日
㊊龍渓(りゅうけい)
飛鳥時代～奈良時代の三論宗の僧。
¶福岡百

**竜渓性潜** **りゅうけいせいせん**
→竜渓性潜(りゅうけいしょうせん)

**隆渓繁紹** **りゅうけいはんじょう**
宝徳1(1449)年～永正1(1504)年
室町時代～戦国時代の曹洞宗の僧。
¶戦辞(㊀永正1年8月7日(1504年9月15日))，仏教(㊀永正1(1504)年8月7日)

り

**隆憲(1)　りゅうけん**
仁平2（1152）年～承元2（1208）年
平安時代後期～鎌倉時代前期の僧。
¶鎌室，古人，日音（[没]承元2（1208）年6月3日），日人

**隆憲(2)　りゅうけん**
興国1/暦応3（1340）年～正平14/延文4（1359）年
南北朝時代の僧。
¶鎌室，国書（生没年不詳），日人，平史（生没年不詳）

**竜賢　りゅうけん**
？　～元禄13（1700）年3月1日
江戸時代前期～中期の真言宗の僧。
¶国書

**隆賢　りゅうげん**
仁平1（1151）年～養和1（1181）年10月6日
平安時代後期の僧。三宝院阿闍梨。
¶密教（[生]1151年以前）

**隆厳(1)　りゅうげん**
生没年不詳
平安時代後期～鎌倉時代前期の真言宗の僧。安祥寺流隆厳方の祖。
¶仏教

**隆厳(2)　りゅうげん**
→隆厳（りゅうごん）

**隆源(1)　りゅうげん**
生没年不詳　[別]藤原隆源（ふじわらのりゅうげん）
平安時代後期の歌人、寺門派の僧。勅撰集に10首入集。
¶国史，国書，古人，古中，人名（藤原隆源　ふじわらのりゅうげん），人名，日人，仏教，平史，和俳

**隆源(2)　りゅうげん**
南北朝時代～室町時代の僧。
¶鎌室（[生]暦応4/興国2（1341）年　[没]？），国書（[生]暦応4（1341）年　[没]応永32（1425）年3月29日），日人（[生]1342年　[没]1426年），仏教（[生]康永1/興国3（1342）年　[没]応永33（1426）年3月29日）

**竜玄　りゅうげん**
文安2（1445）年～永正17（1520）年12月13日
室町時代～戦国時代の浄土真宗の僧。
¶戦人，仏教

**竜護　りゅうご**
→長光寺竜護（ちょうこうじりゅうご）

**立綱　りゅうこう**
宝暦13（1763）年～文政7（1824）年4月1日
江戸時代中期～後期の浄土真宗の僧、国学者。
¶江文，国書，人名，日人，仏教

**隆光(1)　りゅうこう**
弘仁3（812）年～寛平2（890）年
平安時代前期の薬師寺の僧。
¶古人，古代，古代普，日人，仏教（[生]？　[没]寛平3（891）年1月5日）

**隆光(2)　りゅうこう**
慶安2（1649）年～享保9（1724）年6月7日　[別]護持院隆光（ごじいんりゅうこう），護持院大僧正（ごじいんだいそうじょう）
江戸時代前期～中期の新義真言宗の僧。豊山派興隆の功労者。
¶朝日（[生]慶安2年2月8日（1649年3月20日）　[没]享保9年6月7日（1724年7月26日）），岩史（[生]慶安2（1649）年2月8日），江人，江戸東（護持院隆光　ごじいんりゅうこう），大阪墓，角史，近世，国史，国書（[生]慶安2（1649）年2月8日），コン改，コン4，コン5，史人（[生]1649年2月8日），思想史，新潮，人名，世人，世百，全書，大百，徳川将，日史，日人，百科，仏教（[生]慶安2（1649）年2月8日），仏史，仏人，名僧，山川小（[生]1649年2月8日），歴大

**竜光　りゅうこう**
生没年不詳
江戸時代中期の真言宗の僧。
¶国書

**竜剛　りゅうごう**
元禄14（1701）年～天明8（1788）年11月15日
江戸時代中期～後期の真言宗の僧。
¶国書

**竜興院柯月　りゅうこういんかげつ**
天保5（1834）年～明治41（1908）年4月10日
江戸時代後期～明治期の華僧。
¶東三河

**竜興院指月　りゅうこういんしげつ**
天明4（1784）年～万延元（1860）年6月5日
江戸時代末期の華僧・詩僧。
¶東三河

**竜光元津　りゅうこうげんしん**
？　～宝暦13（1763）年
江戸時代中期の黄檗宗の僧。
¶黄檗

**竜光寺萍子　りゅうこうじへいし**
生没年不詳
江戸時代後期の俳僧。
¶東三河

**竜江宗翔　りゅうこうそうしょう**
→宗翔（そうしょう）

**竜国　りゅうこく★**
～寛永15（1638）年8月25日
江戸時代前期の曹洞宗の奇僧で神通力によって世に知られた。
¶秋田人2

**隆厳　りゅうごん**
文永2（1265）年～建武3/延元1（1336）年9月23日
[別]隆厳（りゅうげん）
鎌倉時代後期の四天王寺・醍醐寺の声明家。
¶国書（りゅうげん　生没年不詳），日音

**竜厳** りゅうごん
？ 〜元和8(1622)年
安土桃山時代〜江戸時代前期の僧侶。
¶香川人

**竜厳** りゅうごん
生没年不詳
江戸時代前期の真言宗の僧。
¶国書

**隆済** りゅうさい
応永16(1409)年〜文明2(1470)年9月5日
室町時代の真言宗の僧。東寺長者180世。
¶国書，仏教

**竜貞玄** りゅうさだはる
寛永1(1624)年〜正徳1(1711)年8月22日
江戸時代前期〜中期の神職。
¶国書

**隆山** りゅうざん
*〜享和1(1801)年12月27日
江戸時代中期〜後期の真言宗の僧。
¶仏教(㊐？)，仏人(㊐1741年)

**竜山**(1) りゅうざん
→竜山徳見(りゅうざんとくけん)

**竜山**(2) りゅうざん
？ 〜正保4(1647)年8月10日
江戸時代前期の浄土宗の僧。
¶仏教

**竜山**(3) りゅうざん
？ 〜嘉永3(1850)年
江戸時代後期の浄土真宗の僧。
¶国書

**竜山**(4) りゅうざん
宝暦10(1760)年〜天保3(1832)年
江戸時代後期の僧、書家。
¶人名

**竜山徳見** りゅうざんとくけん
弘安7(1284)年〜正平13/延文3(1358)年 ㊎徳見(とくけん)，竜山(りゅうざん)，竜山徳見(りゅうざんとっけん)
鎌倉時代後期〜南北朝時代の臨済宗黄竜派の僧。
¶朝日(㊐弘安6(1283)年 ㊍延文3/正平13年11月13日(1358年12月14日))，角史，鎌室，国書(㊐弘安7(1284)年11月23日 ㊍延文3(1358)年11月13日)，コン改，コン4，コン5，詩歌，新潮(㊍延文3/正平13(1358)年11月12日)，人名，世人(竜山 りゅうざん ㊍正平13(1358)年11月13日)，日人(りゅうざんとっけん)，仏教(りゅうざんとっけん ㊐弘安6(1283)年 ㊍延文3/正平13(1358)年11月13日)，仏人(徳見 とくけん)，和俳

**竜山徳見** りゅうざんとっけん
→竜山徳見(りゅうざんとくけん)

**竜室宗章** りゅうしつそうしょう
天文17(1548)年〜慶長19(1614)年11月14日
安土桃山時代〜江戸時代前期の臨済宗の僧。大徳寺154世。
¶仏教

**隆室智丘** りゅうしつちきゅう
？ 〜永禄11(1568)年2月25日
戦国時代の曹洞宗の僧。
¶仏教

**竜室道淵** りゅうしつどうえん
生没年不詳
室町時代の僧。
¶鎌室，日人

**竜室良従** りゅうしつりょうじゅう
→良従(りょうじゅう)

**竜湫周沢** りゅうしゅうしゅうたく
延慶1(1308)年〜元中5/嘉慶2(1388)年9月9日
㊎妙沢(みょうたく)，竜湫周沢(りょうしゅうしゅうたく)，周沢(しゅうたく)
南北朝時代の臨済宗夢窓派の僧。南禅寺住持。
¶岩史，角史，鎌室，郷土岐阜(りょうしゅうしゅうたく ㊐1307年 ㊍1387年)，国史(りょうしゅうしゅうたく)，国書(りょうしゅうしゅうたく)，古中(りょうしゅうしゅうたく)，コン4，コン5，詩歌，思想史，新潮，人名，世人，日史，日人，百科，仏教，仏史(りょうしゅうしゅうたく)，名画(妙沢 みょうたく)，和俳

り

**竜州文海** りゅうしゅうもんかい
文明12(1480)年〜天文19(1550)年8月5日
戦国時代の曹洞宗の僧。
¶仏教

**隆俊** りゅうしゅん
生没年不詳
室町時代の僧。
¶鎌室

**隆舜** りゅうしゅん
弘安3(1280)年〜正平8/文和2(1353)年
鎌倉時代後期〜南北朝時代の真言僧。
¶鎌室，日人，仏教(㊍文和2/正平8(1353)年1月14日)

**隆助** りゅうじょ
建保1(1213)年〜弘安1(1278)年
鎌倉時代前期の真言僧。
¶鎌室，諸系，日人，仏教(㊍弘安1(1278)年7月9日)

**隆汝** りゅうじょ
生没年不詳
平安時代前期〜中期の法相宗の僧。
¶仏教

**隆勝**(1) りゅうしょう
寛治2(1088)年〜保元3(1158)年10月4日
平安時代後期の真言宗の僧。
¶仏教

**隆勝**(2) りゅうしょう
文永1(1264)年〜正和3(1314)年11月26日

鎌倉時代後期の真言宗の僧。
¶国書，仏教

**隆昭** りゅうしょう
生没年不詳
鎌倉時代の真言宗の僧・歌人。
¶国書

**隆性** りゅうしょう
? ～文政2(1819)年
江戸時代中期～後期の浄土真宗の僧。
¶国書

**隆盛** りゅうしょう
享和1(1801)年～明治5(1872)年11月18日
江戸時代末期～明治期の新義真言宗僧侶。長谷寺52世、大教正。
¶仏教

**隆聖** りゅうしょう
生没年不詳
平安時代後期～鎌倉時代前期の僧侶・歌人。
¶国書

**竜惺** りゅうしょう
→瑞巌竜惺(ずいがんりゅうせい)

**竜乗** りゅうじょう
安永3(1774)年～天保15(1844)年8月29日
江戸時代中期～後期の真言宗の僧。
¶国書

り

**竜正院** りゅうしょういん
宮内村在住の当山派修験。
¶伊豆

**竜湫玄朔** りゅうしょうげんさく
? ～永禄9(1566)年8月8日
戦国時代の曹洞宗の僧。
¶仏教

**竜尚舎** りゅうしょうしゃ★
元和2(1616)年～元禄6(1693)年
江戸時代前期～中期の神道学者。
¶三重続

**竜松素渓** りゅうしょうそけい
鎌倉時代後期～南北朝時代の曹洞宗の僧。
¶姓氏石川，仏教(生没年不詳)

**立信**(隆信) りゅうしん
建保1(1213)年～弘安7(1284)年4月18日 ㊎円空(えんくう)
鎌倉時代前期の僧。浄土宗西山派深草流の祖。
¶鎌室，国史，国書，古中，新潮，人名(隆信)，世人(㊐?)，日人，仏教，仏史

**隆信** りゅうしん
天喜3(1055)年～長承1(1132)年
平安時代後期の興福寺僧。
¶古人，平史

**隆真** りゅうしん
生没年不詳
平安時代後期の真言宗の僧。
¶仏教

**竜睡愚穏** りゅうすいぐおん
? ～元禄1(1688)年
江戸時代前期の曹洞宗の僧。金沢天徳院の2代住持。
¶姓氏石川

**竜水宗賁** りゅうすいそうひ
? ～明治6(1873)年8月21日
江戸時代末期～明治期の臨済宗僧侶。方広寺512世。
¶仏教

**柳水亭種清** りゅうすいていたねきよ
文政6(1823)年10月15日～明治40(1907)年3月20日
江戸時代末期～明治期の戯作者。「児雷也豪傑譚」「白縫譚」など合巻を多数制作。
¶朝日(㊐文政6年10月15日(1823年11月17日))，維新(㊐1821年)，近文(㊐1821年)，幻想，国書，新潮，人名(㊐1822年 ㊍1908年)，日人，幕末(㊐1821年 ㊍1907年3月)，幕末大(㊐文政4(1821)年 ㊍明治40(1907)年3月)，飛騨，明大2

**竜水如得** りゅうすいにょとく
? ～天明7(1787)年4月25日
江戸時代中期の曹洞宗の僧。
¶国書

**隆成** りゅうせい
生没年不詳
平安時代後期の真言宗の僧。
¶仏教

**隆政** りゅうせい
仁治2(1241)年～弘長3(1263)年
鎌倉時代前期～後期の僧。
¶北条

**竜石** りゅうせき
生没年不詳
江戸時代の俳人。
¶国書，俳諧，和俳

**立詮** りゅうせん
慶長3(1598)年～寛文3(1663)年8月12日 ㊎立詮(りっせん)
江戸時代前期の真言宗の僧。
¶国書(りっせん)，戦人，仏教

**隆宣** りゅうせん
鎌倉時代の僧。鎌倉鶴岡八幡宮供僧、日光山第18世別当。
¶栃木歴

**隆専** りゅうせん
生没年不詳
鎌倉時代の天台宗の僧・歌人。
¶国書

**隆暹** りゅうせん
永承2(1047)年～永久4(1116)年1月26日

平安時代中期～後期の天台宗の僧。
¶仏教

**隆善　りゅうぜん**
宝永4（1707）年～寛政3（1791）年3月24日
江戸時代中期の浄土宗の僧。増上寺50世。
¶長野歴，仏教

**隆禅(1)　りゅうぜん**
長暦2（1038）年～康和2（1100）年
平安時代中期～後期の法相宗の僧。円縁に師事。
¶朝日（㊀康和2年7月14日（1100年8月21日）），国史，古人，古中，コン改，コン4，コン5，史人（㊀1100年7月10日，（異説）7月14日，7月24日），人名，日人，仏教（㊀康和2（1100）年7月14日），仏史，平史

**隆禅(2)　りゅうぜん**
生没年不詳
鎌倉時代の僧。
¶北条

**隆禅(3)　りゅうぜん**
鎌倉時代の山伏。
¶岡山歴

**隆禅(4)　りゅうぜん**
文応1（1260）年～？
鎌倉時代後期の天台宗の僧。
¶国書

**嬬姪喜之　りゅうぜんきの**
宝暦6（1756）年～文政9（1826）年　㊀きの，一尊如来きの（いっそんにょらいきの），如来教教祖喜之（にょらいきょうきょうそきの）
江戸時代中期～後期の女性。宗教家。如来教一尊集団の開祖。
¶朝日（㊀文政9年5月2日（1826年6月7日）），江表，角史（嬬姪如来喜之　りゅうぜんにょらいきの），コン4（一尊如来きの　いっそんにょらいきの），コン5（一尊如来きの　いっそんにょらいきの），女史（如来教教祖喜之　にょらいきょうきょうそきの），女性（㊀文政9（1826）年5月1日），人情5（嬬姪きの　㊀？），姓氏愛知（嬬姪如来きの），日思（嬬姪如来喜之　りゅうぜんにょらいきの），日人，仏教（きの　㊀宝暦6（1756）年2月2日　㊀文政9（1826）年5月2日）

**竜泉令淬　りゅうせんりょうさい**
→竜泉令淬（りゅうせんれいさい）

**竜泉令淬**（竜泉冷淬）　**りゅうせんりょうずい**
→竜泉令淬（りゅうせんれいさい）

**竜泉令淬**（竜泉冷淬）　**りゅうせんれいさい**
？～正平20/貞治4（1365）年12月11日　㊀竜泉令淬（りゅうせんりょうさい，りゅうせんりょうずい，りゅうせんれいさん，りょうせんりょうずい），竜泉冷淬（りゅうせんりょうずい）
南北朝時代の臨済宗の僧。
¶朝日（竜泉冷淬　㊀貞治4/正平20年12月11日（1366年1月22日）），鎌室，国書（りょうせんりょうずい），コン改，コン4，コン5，詩歌（りゅうせんりょうずい），新潮，人名（りゅうせんりょうさい），世人（りゅうせんれいさん），日人（竜泉冷淬　りゅうせんりょうずい　㊀1366年），仏教（竜泉冷淬），和俳

**竜泉令淬　りゅうせんれいさん**
→竜泉令淬（りゅうせんれいさい）

**竜崇　りゅうそう**
文明2（1470）年～天文5（1536）年9月5日　㊀常庵竜崇（じょうあんりゅうすう，じょうあんりゅうそう），角虎道人（かくこどうじん），常庵（じょうあん），寅闇（いんあん）
戦国時代の臨済宗の僧。
¶国書（常庵竜崇　じょうあんりゅうそう），諸系（常庵竜崇　じょうあんりゅうそう），人名（常庵竜崇　じょうあんりゅうすう　㊀？），戦人（㊀？），日人（常庵竜崇　じょうあんりゅうそう），仏教（常庵竜崇　じょうあんりゅうそう）

**隆増　りゅうぞう**
生没年不詳
室町時代の真言宗の僧。
¶国書，仏教

**竜蔵院　りゅうぞういん**
本郷村在住の当山派修験。
¶伊豆

**隆尊(1)　りゅうそん**
慶雲3（706）年～天平宝字4（760）年
奈良時代の元興寺僧。義淵の七上足の一人。
¶国史，古人（㊀？），古代，古代普，古中，史人（㊀760年閏4月18日），新潮（㊀天平宝字4（760）年4月），人名，世人（㊀慶雲3（701）年　㊀天平宝字4（750）年），日人，仏教（㊀大宝2（702）年　㊀天平宝字4（760）年閏4月18日），仏史

**隆尊(2)　りゅうそん**
長元1（1028）年～天永1（1110）年
平安時代中期～後期の天台宗寺門派の僧。
¶古人，平史

**隆尊(3)　りゅうそん**
元禄2（1689）年～宝暦14（1764）年4月18日
江戸時代中期の法相宗の僧。
¶国書

**竜台　りゅうだい**
宝暦1（1751）年～天保14（1843）年
江戸時代中期～後期の僧侶（真言宗）。
¶高知人

**竜大夫　りゅうたゆう**
生没年不詳
戦国時代の伊勢神宮（外宮）の代表的な御師。
¶戦房総

**竜潭　りゅうたん**
生没年不詳
江戸時代中期の僧侶。
¶国書

り

**竜池密雄　りゅうちみつおう**
→竜池密雄(りゅうちみつゆう)

**竜池密雄　りゅうちみつゆう**
天保14(1843)年～昭和9(1934)年3月4日　㊀竜池密雄(りゅうちみつおう)，龍池密雄(りゅうちみつおう)
明治～昭和期の僧侶。廃仏毀釈運動に抗した。のち真言宗高野派管長。
¶人名，世紀(りゅうちみつおう)，日人，幕末(りゅうちみつおう)，幕末大(りゅうちみつおう　㊀昭和8(1933)年3月4日)，明大1(りゅうちみつおう)

**隆澄　りゅうちょう**
養和1(1181)年～文永3(1266)年11月17日
鎌倉時代前期の真言僧。
¶鎌室，国書，古人，日人，仏教，密教(㊀1181年，1189年？　㊀1266年11月17日，1274年10月27日？)

**隆長　りゅうちょう**
天正14(1586)年～明暦2(1656)年
江戸時代前期の真言宗の僧。
¶人名，戦人，日人，仏教(㊀明暦2(1656)年10月9日)，仏人

**竜重旭泉　りゅうちょうきょくせん**
享保4(1719)年～寛政10(1798)年11月22日
江戸時代中期～後期の曹洞宗の僧。
¶国書

**隆鎮　りゅうちん**
天明3(1783)年～嘉永7(1854)年8月25日
江戸時代中期～末期の真言宗の僧。
¶国書

**劉貞謙　りゅうていけん**
弘化2(1845)年～明治40(1907)年6月21日
江戸時代後期～明治期の僧侶。
¶真宗

**柳亭種彦〔2代〕　りゅうていたねひこ**
文化3(1806)年～明治1(1868)年　㊀高橋広道(たかはしひろみち)
江戸時代末期の神官、戯作者。
¶維新

**劉貞諒　りゅうていりょう**
文政1(1818)年～明治22(1889)年1月15日
江戸時代後期～明治期の僧侶。
¶真宗

**竜的　りゅうてき**
？　～慶安1(1648)年6月19日
江戸時代前期の浄土宗の僧。
¶仏教

**竜哲　りゅうてつ**
生没年不詳
江戸時代前期の浄土宗の僧。
¶国書

**竜鉄(1)　りゅうてつ**
？　～寛文3(1663)年11月21日
江戸時代前期の浄土宗の僧。
¶仏教

**竜鉄(2)　りゅうてつ**
天正14(1586)年～寛永14(1637)年9月1日
江戸時代前期の浄土宗の僧。
¶仏教

**竜天(1)　りゅうてん**
？　～延宝5(1677)年11月6日
江戸時代前期の浄土宗の僧。
¶仏教

**竜天(2)　りゅうてん**
延宝5(1677)年～明和4(1767)年
江戸時代中期の新義真言宗の僧。智積院17世。
¶人名，日人，仏教(㊀明和4(1767)年2月6日)，仏人

**流伝　りゅうでん**
？　～寛文7(1667)年7月21日
江戸時代前期の浄土宗の僧。
¶仏教

**竜統(1)　りゅうとう**
→正宗竜統(しょうしゅうりょうとう)

**竜統(2)　りゅうとう**
寛文3(1663)年～延享3(1746)年9月
江戸時代前期～中期の黄檗宗の禅僧、黄檗山万福寺の第14世住職。
¶大阪人

**立道　りゅうどう**
宝暦5(1755)年～天保7(1836)年1月8日
江戸時代中期～後期の浄土宗の僧。
¶国書，仏教

**竜堂　りゅうどう**
生没年不詳
江戸時代中期の天台宗の僧。
¶国書

**竜道(1)　りゅうどう**
？　～寛永12(1635)年5月2日
安土桃山時代～江戸時代前期の浄土宗の僧。
¶国書

**竜道(2)　りゅうどう**
生没年不詳
江戸時代後期の天台宗の僧。
¶国書

**竜統元棟　りゅうとうげんとう**
→竜統元棟(りょうとうげんとう)

**竜頓　りゅうとん**
元和1(1615)年～貞享5(1688)年9月16日
江戸時代前期の浄土宗の僧。知恩院40世。
¶仏教

り

**竜呑** りゅうどん
？ ～正保2(1645)年
江戸時代前期の僧。浄土宗名越派無量山正覚寺の開基。
¶青森人

**柳呑和尚** りゅうどんおしょう
江戸時代の僧侶。
¶江戸

**流念** りゅうねん
天文21(1552)年～寛永7(1630)年1月24日
安土桃山時代～江戸時代前期の浄土宗の僧。
¶仏教

**隆然** りゅうねん
正嘉2(1258)年～興国2/暦応4(1341)年
鎌倉時代後期～南北朝時代の真言声明南山進流覚証院方の声明家。
¶国書，日音(㊀？)，仏教

**竜拈寺素童** りゅうねんじそどう
天保12(1841)年～大正9(1920)年11月16日
明治・大正期の学僧。
¶東三河

**竜拈寺洞流** りゅうねんじどうりゅう
～明治4(1871)年12月8日
江戸時代後期～明治期の歌僧。
¶東三河

**竜拈寺彭僊** りゅうねんじほうせん
延享4(1747)年～文政3(1820)年10月22日
江戸時代後期の学僧。
¶東三河

**竜波** りゅうは
生没年不詳
戦国時代の曹洞宗の僧。
¶戦辞

**竜伯広瑞** りゅうはくこうずい
生没年不詳
室町時代の曹洞宗の僧。
¶仏教

**竜派禅珠** りゅうはぜんしゅ，りゅうはぜんじゅ
天文18(1549)年～寛永13(1636)年4月20日
㊞寒松(かんしょう)，禅珠(ぜんしゅ)
安土桃山時代～江戸時代前期の五山派の僧。足利学校の庠主。
¶神奈川人，近世，国史，国書(りゅうはぜんじゅ)，埼玉人，史人，新潮，世人(寒松　かんしょう)，戦辞(㊀寛永13年4月20日(1636年5月24日))，栃木歴(寒松　かんしょう　㊐天文19(1550)年)，日人，仏教，仏史，仏人(寒松　かんしょう)，武蔵人，名僧，歴大(寒松　かんしょう)

**竜蟠松雲** りゅうばんしょううん
慶長11(1606)年～天和2(1682)年11月1日　㊞竜蟠松雲(りょうばんしょううん)
江戸時代前期の曹洞宗の僧。
¶黄檗(りょうばんしょううん)，仏教

**竜熙近** りゅうひろちか
→竜野熙近(たつのひろちか)

**隆遍**(1) りゅうへん
久安1(1145)年～元久2(1205)年12月17日
平安時代後期～鎌倉時代前期の真言宗の僧。
¶鎌室，国書，古人，新潮，日人(㊀1206年)，仏教，平史

**隆遍**(2) りゅうへん
生没年不詳
平安時代後期～鎌倉時代前期の僧。
¶鎌室，諸系，日人

**竜遍** りゅうへん
？ ～天保11(1840)年2月2日
江戸時代後期の真言宗の僧。
¶国書

**隆弁**(1) りゅうべん
正治2(1200)年～？
鎌倉時代前期の華厳宗の僧。
¶国書

**隆弁**(2) りゅうべん
承元2(1208)年～弘安6(1283)年8月15日
鎌倉時代後期の寺門派僧。歌人。鶴岡八幡宮別当。
¶朝日(㊀弘安6年8月15日(1283年9月7日))，神奈川人，鎌室，国書，諸系，新潮，日人，仏教(㊐建永1(1206)年)，歴大，和俳

り

**竜甫** りゅうほ
生没年不詳
江戸時代前期の浄土真宗の僧。
¶国書

**隆法** りゅうほう
生没年不詳
南北朝時代～室町時代の真言宗の僧。
¶国書

**竜峰宏雲** りゅうほうこううん
？ ～延元2/建武4(1337)年6月3日
鎌倉時代後期～南北朝時代の臨済宗の僧。
¶仏教

**竜龐道海** りゅうほうどうかい
明和1(1764)年9月8日～文政13(1830)年3月16日
江戸時代中期～後期の曹洞宗の僧。
¶国書

**隆明** りゅうみょう
*～長治1(1104)年　㊞隆明(りゅうめい)
平安時代中期～後期の天台宗の僧。白河、堀河天皇の護持僧。
¶朝日(㊐寛仁3(1019)年　㊀長治1年9月14日(1104年10月4日))，国史(㊐1016年)，国書(㊐寛仁3(1019)年　㊀長治1(1104)年9月14日)，古人(㊐1019年)，古中(㊐1019年)，コン改(㊐寛仁4(1020)年)，コン4(㊐寛仁4(1020)年)，コン5(㊐寛仁4(1020)年)，新潮(㊐寛仁3(1019)年　㊀長治1(1104)年9月14日)，人名

(㊤1020年), 日人(㊤1020年), 仏教(㊤寛仁4(1020)年　㊦長治1(1104)年9月15日), 仏史(㊤1019年), 平史(りゅうめい　㊤1019年)

**隆明** りゅうめい
→隆明(りゅうみょう)

**竜門円舒** りゅうもんえんじょ
宝暦4(1754)年～文政11(1828)年5月2日
江戸時代中期～後期の博多承天寺の僧。
¶福岡百

**竜門元沢** りゅうもんげんたく
生没年不詳
江戸時代中期の黄檗宗の僧。
¶国書

**竜文広鼎** りゅうもんこうてい
？～天明1(1781)年7月22日
江戸時代中期の黄檗宗の僧。
¶黄檗

**竜門韶薫** りゅうもんしょうくん
生没年不詳
戦国時代の曹洞宗の僧。
¶仏教

**竜門承猷** りゅうもんしょうゆう
享保19(1734)年～寛政12(1800)年2月26日
江戸時代中期～後期の臨済宗の僧。
¶国書5

り

**竜也** りゅうや
天正17(1589)年～寛文6(1666)年7月12日
江戸時代前期の浄土宗の僧。
¶仏教

**隆瑜** りゅうゆ
安永2(1773)年～嘉永3(1850)年4月3日
江戸時代後期の新義真言宗の僧。智積院33世。
¶国書, 人名, 日人, 仏教, 仏人

**隆誉**(1) りゅうよ
？～明応1(1492)年
室町時代～戦国時代の僧、増上寺第4世。
¶人名

**隆誉**(2) りゅうよ
承応2(1653)年～宝永8(1711)年1月2日
江戸時代前期～中期の真言宗の僧。
¶国書

**竜陽** りゅうよう
寛政8(1796)年～安政2(1855)年
江戸時代後期～末期の文学僧。
¶高知人

**竜霊瑞** りゅうれいずい
元文5(1740)年～文化1(1804)年　㊀霊瑞(れいずい)
江戸時代中期～後期の僧。
¶国書(㊤元文5(1740)年4月8日　㊦文化1(1804)年6月21日), 日人(霊瑞　れいずい)

**了阿** りょうあ
生没年不詳
南北朝時代の僧侶・連歌作者。
¶国書

**亮阿** りょうあ
寛政12(1800)年1月1日～明治15(1882)年3月15日
江戸時代末期～明治期の天台宗の僧、国学者。
¶国書, 仏教, 仏人

**良阿** りょうあ
生没年不詳
江戸時代前期の浄土宗の僧。清浄華院40世。
¶国書, 日人, 仏教(㊦寛永15(1638)年11月7日)

**陵阿** りょうあ
生没年不詳
南北朝時代の僧侶・歌人。
¶国書

**良安**(1) りょうあん
？～慶長9(1604)年3月9日
安土桃山時代の浄土宗の僧。清浄華院43世。
¶仏教

**良安**(2) りょうあん
？～寛永9(1632)年10月24日
江戸時代前期の浄土宗の僧。
¶仏教

**了庵慧済** りょうあんえさい
？～文明7(1575)年7月9日
戦国時代～安土桃山時代の曹洞宗の僧。
¶戦辞

**了庵慧明**(了菴慧明) りょうあんえみょう
延元2/建武4(1337)年～応永18(1411)年3月27日
㊀慧明(えみょう)
南北朝時代～室町時代の曹洞宗の僧。了庵派の派祖。
¶朝日(㊦応永18年3月27日(1411年4月20日)), 神奈川人, 鎌倉(了菴慧明), 鎌室, 国史, 国書, 古中, 新潮, 人名, 姓氏神奈川, 世人, 日人, 仏教, 仏史

**了庵桂悟**(了菴桂悟) りょうあんけいご
応永32(1425)年～永正11(1514)年9月15日
㊀桂悟(けいご), 桃渓(とうけい), 仏日禅師(ぶつにちぜんじ), 了庵(りょうあん)
室町時代～戦国時代の臨済宗の僧。
¶朝日(㊦永正11年9月15日(1514年10月3日)), 岩史, 角史, 鎌室, 国史, 国書(㊤応永32(1425)年2月5日), 古中, コン改(了菴桂悟), コン4(了菴桂悟), コン5(了菴桂悟), 詩歌, 史人, 思想史, 新潮, 人名(了菴桂悟), 世人, 全書, 戦人(桂悟　けいご), 対外, 大百, 茶道, 日史, 日人, 百科, 仏教(㊦永正11(1514)年9月), 仏史, 歴大

**了意**(1) りょうい
生没年不詳
戦国時代の浄土真宗の僧。本願寺教団三河三ヵ寺

の一つ、針崎勝鬘寺の住持。
¶戦辞

**了意(2)　りょうい**
→浅井了意(あさいりょうい)

**良意(1)　りょうい**
長元7(1034)年～康和5(1103)年
平安時代中期～後期の天台宗の僧。
¶古人，人名([生]1035年)，日人，仏教([没]康和5(1103)年11月15日)，平史

**良意(2)　りょうい**
生没年不詳
江戸時代前期の浄土宗の僧。
¶仏教

**良意(3)　りょうい**
慶長12(1607)年～延宝9(1681)年9月4日
江戸時代前期の真言宗の学僧。
¶戦人，仏教

**良懿　りょうい**
？　～天文13(1544)年7月13日
戦国時代の浄土宗の僧。
¶国書，仏教

**令扆　りょうい**
→令扆(れいい)

**了胤　りょういん**
寛延3(1750)年～文化9(1812)年9月13日
江戸時代中期～後期の浄土真宗の僧。
¶仏教

**良印　りょういん**
生没年不詳
鎌倉時代前期の真言僧。
¶鎌室，国書，日人

**良因　りょういん**
生没年不詳
室町時代の画僧。
¶日人，仏教

**良胤　りょういん**
建暦2(1212)年～正応4(1291)年5月26日　[別]大円良胤(だいえんりょういん)，大円(だいえん)
鎌倉時代の真言宗の僧。
¶鎌室(大円良胤　だいえんりょういん　[生]建暦1(1211)年)，鎌室([生]建暦1(1211)年)，国史，国書([生]建暦2(1212)年12月22日)，古中，コン改(大円良胤　だいえんりょういん)，コン4(大円良胤　だいえんりょういん)，コン5(大円良胤　だいえんりょういん)，新潮([生]建暦1(1211)年12月)，人名([生]1211年)，世人(大円良胤　だいえんりょういん)，日人([生]1213年)，仏教([生]建暦1(1211)年)，仏史，密教([生]1212年，1214年)

**良隠　りょういん**
寛延1(1748)年～寛政9(1797)年8月21日
江戸時代中期～後期の篆刻家。曹洞宗の僧。
¶国書

**了因寺法明　りょういんじほうめい**
文安1(1444)年～永正13(1516)年10月1日
戦国時代の清見村の了因寺の開基。
¶飛驒

**了運　りょううん**
文亀3(1503)年？　～？
戦国時代の真言宗の僧。
¶戦人，仏教(生没年不詳)

**了雲(1)　りょううん**
生没年不詳
鎌倉時代後期～南北朝時代の僧侶・歌人。
¶国書

**了雲(2)　りょううん**
生没年不詳
江戸時代中期の浄土真宗の僧。
¶国書

**亮運　りょううん**
生没年不詳
江戸時代前期の天台宗の僧。
¶国書

**亮吽　りょううん**
生没年不詳
江戸時代中期～後期の天台宗の僧。
¶国書

**凌雲　りょううん**
→凌雲和尚(りょううんおしょう)

**良運　りょううん**
寛永12(1635)年～宝永1(1704)年
江戸時代前期～中期の天台宗の僧。
¶国書

**良雲　りょううん**
生没年不詳
鎌倉時代後期の僧侶・歌人。
¶国書

**霊雲　りょううん**
生没年不詳　[別]霊雲(れいうん)
飛鳥時代の留学僧。
¶人名(れいうん)，日人，仏教

**凌雲和尚　りょううんおしょう**
生没年不詳　[別]凌雲(りょううん)
江戸時代中期の僧侶。
¶沖縄百，姓氏沖縄(凌雲　りょううん)

**竜雲元騰　りょううんげんとう**
生没年不詳
江戸時代中期の黄檗宗の僧。
¶黄檗

**凌雲道体　りょううんどうたい**
寛永9(1632)年～元禄16(1703)年11月25日
江戸時代前期～中期の黄檗宗の僧。
¶黄檗，日人([没]1704年)，仏教

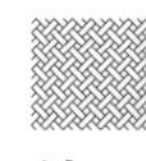

**了恵　りょうえ**
生没年不詳
南北朝時代の天台宗の僧。
¶国書

**了慧　りょうえ**
→道光(2)(どうこう)

**亮恵　りょうえ**
生没年不詳
江戸時代後期の浄土真宗の僧。
¶国書

**亮慧(1)(亮恵)　りょうえ**
承徳2(1098)年～*
平安時代後期の真言宗の僧。
¶仏教(没?)，密教(亮恵　没1186年5月28日)

**亮慧(2)　りょうえ**
延徳2(1490)年～永禄9(1566)年11月18日
戦国時代の真言宗の僧。
¶仏教

**良懐　りょうえ**
？　～文安2(1445)年10月7日
室町時代の浄土宗の僧。
¶仏教

**良恵(1)　りょうえ**
奈良時代の東大寺の僧。
¶古人



**良恵(2)　りょうえ**
別良恵(りょうけい)
平安時代後期の僧。
¶鎌室(生没年不詳)，古人

**良恵(3)　りょうえ**
寛治3(1089)年～久安4(1148)年4月3日　別厳賢(ごんけん)
平安時代後期の融通念仏の行者。融通念仏宗第2世。
¶国史，国書，古中，日人，仏教，仏史

**良恵(4)(良慧)　りょうえ**
建久3(1192)年～文永5(1268)年11月24日
鎌倉時代前期の真言宗の僧。
¶鎌室，諸系(良慧)，新潮，人名(良慧)，日人(良慧)，仏教(良慧)

**良恵(5)　りょうえ**
？　～正和5(1316)年7月14日
鎌倉時代後期の浄土宗の僧。
¶仏教

**良恵(6)　りょうえ**
慶長4(1599)年～延宝2(1674)年　別舜空(しゅんくう)
江戸時代前期の融通念仏宗の僧。大念仏寺43世。
¶大阪人(没延宝2(1674)年7月)，国書(没延宝2(1674)年7月4日)，人名，日人，仏教(没延宝2(1674)年7月4日)

**良恵(7)　りょうえ**
生没年不詳
江戸時代前期の真言宗の僧。
¶仏教

**了恵　りょうえ★**
生没年不詳
明治期の能代白竜寺の僧。
¶秋田人2

**亮叡　りょうえい**
？　～天正15(1587)年12月14日
安土桃山時代の浄土宗の僧。清浄華院30世。
¶仏教

**亮英　りょうえい**
生没年不詳
江戸時代中期～後期の天台宗の僧。
¶国書

**良栄　りょうえい**
興国3/康永1(1342)年5月17日～正長1(1428)年
南北朝時代～室町時代の浄土宗の僧。
¶国書(没正長1(1428)年6月2日)，栃木歴(生正平2/貞和3(1347)年)，仏教(没正長1(1428)年6月2日，(異説)応永30(1423)年6月2日)

**良永　りょうえい**
天正13(1585)年～正保4(1647)年
江戸時代前期の真言宗の僧。槇尾西明寺の慧雲に入門。
¶朝日(没正保4(1647)年6月)，コン改，コン4，コン5，新潮，人名，世人，戦人，日人，仏教(没正保4(1647)年6月)

**了悦　りょうえつ**
生没年不詳
江戸時代前期の浄土宗の僧。
¶仏教

**了円(1)　りょうえん**
生没年不詳
鎌倉時代の浄土宗の僧。
¶仏教

**了円(2)　りょうえん**
生没年不詳
室町時代の浄土宗の僧。
¶仏教

**良円(1)　りょうえん**
永観1(983)年～永承5(1050)年
平安時代中期の僧。
¶古人，諸系，日人，平史

**良円(2)　りょうえん**
生没年不詳
平安時代後期の円派の仏師。
¶国史，古人，古中，日人，美建，平史

**良円(3)　りょうえん**
平安時代後期の仏師。
¶古人，平史(生没年不詳)

**良円**(4) **りょうえん**
生没年不詳
鎌倉時代の僧。
¶日人

**良円**(5) **りょうえん**
治承2(1178)年～承久2(1220)年
鎌倉時代前期の僧。
¶鎌室，古人，諸系，日人

**良円**(6) **りょうえん**
生没年不詳
鎌倉時代後期の僧。
¶鎌室

**良円**(7) **りょうえん**
生没年不詳
鎌倉時代後期の天台宗の僧。
¶仏教

**良円**(8) **りょうえん**
生没年不詳
南北朝時代の画僧。
¶日人

**良円**(9) **りょうえん**
？　～寛永16(1639)年2月22日
江戸時代前期の浄土宗の僧。
¶仏教

**良円**(10) **りょうえん**
慶長11(1606)年～承応3(1654)年
江戸時代前期の浄土宗の僧。
¶仏教

**良縁**(1) **りょうえん**
正平21/貞治5(1366)年～応永28(1421)年
南北朝時代～室町時代の修験僧。
¶国書

**良縁**(2) **りょうえん**
大永7(1527)年～天正17(1589)年3月26日
戦国時代～安土桃山時代の浄土宗の僧。
¶仏教

**良縁**(3) **りょうえん**
文禄2(1593)年～万治3(1660)年4月20日
江戸時代前期の浄土宗の僧。
¶仏教

**良衍** **りょうえん**
？　～正中2(1325)年9月27日
鎌倉時代後期の天台宗の僧。
¶仏教

**了翁** **りょうおう**
寛永7(1630)年～宝永4(1707)年
江戸時代前期～中期の黄檗宗の名僧。
¶秋田百

**了昍** **りょうおう**
宝暦6(1756)年～文政9(1826)年
江戸時代中期～後期の浄土真宗の僧。
¶国書([没]文政9(1826)年7月1日)，姓氏石川([生]？)，仏教([没]文政9(1826)年1月5日)

**良応**(1) **りょうおう**
生没年不詳
江戸時代前期の浄土宗の僧。
¶国書，仏教

**良応**(2) **りょうおう**
？　～天明6(1786)年
江戸時代中期の真言宗の僧。
¶国書

**良翁** **りょうおう**
生没年不詳
江戸時代後期の真言宗の僧。
¶国書

**良雄**(1) **りょうおう**
生没年不詳
戦国時代～安土桃山時代の浄土宗の僧。
¶仏教

**良雄**(2) **りょうおう**
寛永12(1635)年～元禄6(1693)年9月10日
江戸時代前期の天台宗の僧。
¶仏教

**良雄**(3) **りょうおう**
延享3(1746)年～文化12(1815)年
江戸時代中期～後期の真言宗の僧。
¶日人，仏教

**良雄**(4) **りょうおう**
→良雄(りょうゆう)

**了翁道覚**(了翁) **りょうおうどうかく**
寛永7(1630)年3月18日～宝永4(1707)年　[別]道覚(どうかく)
江戸時代前期～中期の黄檗僧。公開図書館を造営。
¶秋田人2(了翁　[没]宝永4年5月22日)，朝日([生]寛永7年3月18日(1630年4月30日)　[没]宝永4年5月22日(1707年6月21日))，黄檗([没]宝永4(1707)年5月22日)，近世，国史，国書([没]宝永4(1707)年5月12日)，コン改，コン4，コン5，新潮([没]宝永4(1707)年5月12日)，人名，世人，長崎遊，日人，仏教([没]宝永4(1707)年5月22日，(異説)5月12日？)，仏史，仏人(道覚どうかく)

**了音** **りょうおん**
生没年不詳
鎌倉時代後期の浄土宗の僧。
¶国書，仏教

**亮恩** **りょうおん**
？　～明治4(1871)年8月14日
江戸時代後期～明治期の僧侶。
¶国書

**良穏** **りょうおん**
享禄4(1531)年～天正18(1590)年3月25日
戦国時代～安土桃山時代の浄土宗の僧。
¶仏教

**了可** りょうか
生没年不詳
鎌倉時代の浄土真宗の僧。
¶国書

**良可** りょうか
生没年不詳
戦国時代の浄土宗の僧。
¶仏教

**綾河** りょうが
？ ～嘉永2（1849）年
江戸時代後期の禅僧。
¶徳島歴

**良迦** りょうが
永正4（1507）年～天正13（1585）年8月19日
戦国時代～安土桃山時代の浄土宗の僧。
¶仏教

**良賀** りょうが
仏画家。
¶国書（生没年不詳），名画

**良雅** りょうが
寛治3（1089）年～保安3（1122）年4月14日
平安時代後期の真言宗の僧。勧修寺流良雅方の祖。
¶仏教（生没年不詳），密教（[生]1089年以前）

**了海(1)** りょうかい
→了海房（りょうかいぼう）



**了海(2)** りょうかい
生没年不詳
鎌倉時代後期の真言宗の僧。
¶仏教

**了海(3)** りょうかい
生没年不詳
鎌倉時代後期の浄土真宗の僧。
¶仏教

**了海(4)** りょうかい
？ ～延宝2（1674）年3月25日
江戸時代前期の浄土真宗の僧。
¶国書，仏教

**了海(5)** りょうかい
*～享保4（1719）年
江戸時代前期～中期の浄土宗の僧。
¶大阪人（[生]寛文2（1662）年　[没]享保4（1719）年1月），国書（[生]寛文3（1663）年　[没]享保4（1719）年1月2日）

**了海(6)** りょうかい
→法界坊（ほうかいぼう）

**亮快** りょうかい
寛文1（1661）年～延享3（1746）年
江戸時代中期の新義真言宗の僧。
¶国書（[没]延享3（1746）年6月13日），仏教

**亮海(1)** りょうかい
嘉暦1（1326）年～応永6（1399）年
鎌倉時代後期～室町時代の天台宗の僧。
¶国書

**亮海(2)** りょうかい
生没年不詳
江戸時代前期の天台宗の僧。
¶国書

**亮海(3)** りょうかい
正保4（1647）年～？
江戸時代前期の天台宗の僧。
¶国書

**亮海(4)** りょうかい
元禄11（1698）年～宝暦5（1755）年10月14日
江戸時代中期の新義真言宗の僧。
¶国書，仏教

**亮海(5)** りょうかい
宝永5（1708）年～？
江戸時代中期の天台宗の僧。
¶国書

**亮海(6)** りょうかい
宝暦3（1753）年～文政11（1828）年3月14日
江戸時代中期～後期の新義真言宗の僧。智積院31世。
¶仏教

**亮海(7)** りょうかい
生没年不詳
江戸時代後期の天台宗の僧。
¶国書

**良快** りょうかい
文治1（1185）年～仁治3（1242）年12月17日
鎌倉時代前期の僧。
¶鎌室，国書，古人，諸系（[没]1243年），姓氏京都，日人（[没]1243年），仏教

**良海(1)** りょうかい
生没年不詳
平安時代後期～鎌倉時代前期の僧侶・歌人。
¶国書

**良海(2)** りょうかい
*～建保6（1218）年8月29日
鎌倉時代前期の僧。
¶鎌室（[生]文治3（1187）年），古人（[生]1187年），諸系（[生]1197年），日人（[生]1197年），仏教（[生]建久8（1197）年），密教（[生]1187年）

**良海(3)** りょうかい
生没年不詳
南北朝時代の後家尼僧。
¶鎌室

**良海(4)** りょうかい
応永18（1411）年～明応5（1496）年
室町時代～戦国時代の僧、唐招提寺54世。
¶人名，日人

**良海(5)** りょうかい
生没年不詳

江戸時代前期の浄土宗の僧。
¶仏教

**寥海** りょうかい
？ ～慶長16（1611）年
安土桃山時代～江戸時代前期の律宗の僧。
¶人名，日人，仏教

**量外衍機** りょうがいえんき
享保3（1718）年～享和1（1801）年8月25日
江戸時代中期～後期の黄檗宗の僧。
¶黄檗

**量外頑器** りょうがいがんき
慶安2（1649）年～＊
江戸時代前期～中期の曹洞宗の僧。
¶日人（[没]1722年），仏教（[没]享保6（1721）年12月）

**量外寛江** りょうがいかんこう
？ ～文化2（1805）年？
江戸時代中期～後期の曹洞宗の僧。
¶国書（生没年不詳），仏教

**竜海実珠** りょうかいじっしゅ
生没年不詳
江戸時代中期の黄檗宗の僧。
¶黄檗，国書

**量外聖寿** りょうがいしょうじゅ
？ ～応永23（1416）年
南北朝時代～室町時代の曹洞宗の僧。
¶姓氏鹿児島，仏教（生没年不詳）

**了海房** りょうかいぼう
延応1（1239）年～元応2（1320）年　[別]了海（りょうかい）
鎌倉時代の僧。真宗仏光寺派および興正派の第4世、親鸞六老僧の一人。
¶鎌室，国史（了海　りょうかい　生没年不詳），国書（了海　りょうかい　[生]延応1（1239）年7月15日　[没]元応2（1320）年1月28日），古中（了海　りょうかい　生没年不詳），人名（[生]1200年　[没]1293年），日人（了海　りょうかい　[没]1319年），仏教（了海　りょうかい　[没]元応2（1320）年1月26日，（異説）永仁1（1293）年11月16日），仏史（了海　りょうかい　生没年不詳）

**綾河義完** りょうがぎかん
天明5（1785）年～嘉永2（1849）年10月
江戸時代後期の臨済宗の僧。
¶仏教

**良覚**(1) りょうかく
平安時代後期の仏師。
¶古人，美建，平史（生没年不詳）

**良覚**(2) りょうかく
？ ～正元1（1259）年
鎌倉時代前期の僧。
¶鎌室，人名，日人，仏教（[没]正元1（1259）年7月26日），和歌山人

**良覚**(3) りょうかく
正応5（1292）年～元弘3/正慶2（1333）年
鎌倉時代後期の僧。
¶鎌室，日人

**良覚**(4) りょうかく
？ ～応永4（1397）年7月25日
南北朝時代～室町時代の天台宗の僧。
¶仏教

**良覚**(5) りょうかく，りょうがく
生没年不詳
江戸時代前期の浄土宗の僧。
¶国書（りょうがく），日人，仏教（[没]正保3（1646）年2月21日）

**良曜** りょうかく
永禄5（1562）年～元和7（1621）年9月20日
安土桃山時代～江戸時代前期の浄土宗の僧。
¶仏教

**了学** りょうがく
天文18（1549）年～寛永11（1634）年2月13日
安土桃山時代～江戸時代前期の浄土宗の僧。
¶戦人，仏教

**梁岳** りょうがく
寛延1（1748）年～文政4（1821）年1月7日
江戸時代中期～後期の歌人・僧侶。
¶国書

**良岳** りょうがく
生没年不詳
戦国時代の浄土宗の僧。
¶仏教

**亮廓普宗** りょうかくふしゅう
宝永6（1709）年3月17日～明和6（1769）年10月19日
江戸時代中期の曹洞宗の僧。
¶国書，仏教

**了感**(1) りょうかん
？ ～天正11（1583）年2月21日
戦国時代～安土桃山時代の浄土宗の僧。
¶仏教

**了感**(2) りょうかん
？ ～元和3（1617）年9月3日
安土桃山時代～江戸時代前期の浄土宗の僧。
¶仏教

**了観** りょうかん
生没年不詳
鎌倉時代後期の浄土宗の僧。
¶仏教

**了鑑** りょうかん
康応1/元中6（1389）年～康正3（1457）年7月28日
室町時代の曹洞宗の僧。永平寺12世。
¶仏教（[生]康応1/元中6（1389）年，（異説）明徳1/元中7（1390）年　[没]康正3（1457）年7月28日，（異説）6月2日？）

**亮寛　りょうかん**
生没年不詳
江戸時代中期の天台宗の僧。
¶国書

**亮桓　りょうかん**
生没年不詳
江戸時代中期の天台宗の僧。
¶国書

**亮歓　りょうかん**
生没年不詳
江戸時代中期の天台宗の僧。
¶国書

**良冠　りょうかん**
？～正長1(1428)年
室町時代の浄土宗の僧。
¶仏教

**良寛　りょうかん**
宝暦8(1758)年～天保2(1831)年1月6日　[別]大愚良寛(だいぐりょうかん)，大愚(たいぐ)
江戸時代中期～後期の歌人、漢詩人。
¶朝日([生]？　[没]天保2年1月6日(1831年2月18日))，岩史([生]宝暦8(1758)年12月)，江人([生]1757・58年)，岡山，岡山人，岡山百，岡山歴([生]宝暦8(1758)年12月)，角史，教育([生]1757年)，近世，国史([生]？)，国書([生]宝暦8(1758)年12月)，コン改，コン4，コン5，詩歌，詩作，史人([生]1758年12月)，思想史，重要，人書79，人書94，人情，人情3，人情5，新潮([生]宝暦8(1758)年12月)，新文，人名，世人，世百，全書([生]1757年，(異説)1758年)，大百，茶道，伝記，長岡，新潟人，新潟百([生]1757年)，日思，日史([生]宝暦8(1758)年12月)，日人([生]1757年，(異説)1758年)，日文，俳句，美術，百科，仏教(大愚良寛　だいぐりょうかん　[生]宝暦8(1758)年10月2日)，仏史([生]？)，仏人，文学，平日([生]1758　[没]1831)，名僧，山川小([生]1758年12月)，歴大([生]1756年)，和俳

**良観(1)　りょうかん**
生没年不詳
南北朝時代～室町時代の天台宗の僧。
¶国書

**良観(2)　りょうかん**
生没年不詳
江戸時代中期の天台宗の僧。
¶国書

**良観(3)　りょうかん**
浄土系の念仏行者。
¶伊豆

**良鑑　りょうかん**
？～文安2(1445)年2月28日
室町時代の浄土宗の僧。
¶仏教

**良鑒　りょうかん**
平安時代後期の仏師。
¶古人，美建，平史(生没年不詳)

**量観　りょうかん**
生没年不詳
江戸時代後期の真言宗の僧。
¶国書

**了願　りょうがん**
明和3(1766)年～文政5(1822)年12月2日
江戸時代中期～後期の浄土真宗の僧。
¶国書

**良含　りょうがん**
生没年不詳
鎌倉時代の天台宗の僧。
¶国書

**霊巌道昭　りょうがんどうしょう**
生没年不詳　[別]霊巌道昭(れいがんどうしょう)
鎌倉時代後期の臨済宗の僧。
¶人名(れいがんどうしょう)，日人(れいがんどうしょう)，仏教

**霊岩妙英　りょうがんみょうえい**
正平1/貞和2(1346)年～応永14(1407)年4月16日
南北朝時代～室町時代の臨済宗の僧。
¶仏教

**亮輝　りょうき**
～慶長20(1615)年1月15日
江戸時代前期の丹生川村の千光寺を再興したとされる塔頭・普門院の僧。
¶飛騨

**良喜(1)　りょうき**
久安6(1150)年～寛喜3(1231)年
鎌倉時代前期の鶴岡八幡宮の供僧。
¶神奈川人

**良喜(2)　りょうき**
？～永仁6(1298)年
鎌倉時代後期の真言僧。
¶鎌室，国書(生没年不詳)，日人，平史(生没年不詳)

**良喜(良基)　りょうき**
平安時代後期の天台宗山門派の僧。藤原通基の子。
¶古人(良喜)

**良基(1)　りょうき**
？～文永3(1266)年
鎌倉時代前期の僧。
¶鎌室，新潮，日人

**良基(2)　りょうき**
享和3(1803)年～明治10(1877)年11月16日
江戸時代末期～明治期の僧。
¶岡山人([生]享和2(1802)年)，岡山百([生]享和2(1802)年)，岡山歴，国書，幕末，幕末大，仏教，仏人，明大1

**良季　りょうき**
建長3(1251)年～？
鎌倉時代後期の真言宗の僧。

¶国書

**了義**(1)　りょうぎ
正和4（1315）年～？
鎌倉時代後期～南北朝時代の天台宗の僧。
¶国書

**了義**(2)　りょうぎ
天保3（1832）年～明治12（1879）年10月25日
江戸時代後期～明治期の浄土真宗の僧。
¶国書

**良義**　りょうぎ
？～明和5（1768）年8月5日
江戸時代中期の浄土宗の僧。
¶国書

**李容九**　りようきゅう
明治1（1868）年～大正1（1912）年
江戸時代末期～明治期の政治家、宗教家。
¶明治史

**亮恭**　りょうきょう
延享2（1745）年～文政12（1829）年6月24日
江戸時代中期～後期の新義真言宗の僧。長谷寺40世。
¶仏教

**良恭**　りょうきょう
享保5（1720）年～寛政11（1799）年1月16日
江戸時代中期の新義真言宗の僧。
¶国書，仏教

**良教**　りょうきょう
天文3（1534）年～寛永1（1624）年4月
安土桃山時代～江戸時代前期の浄土宗の僧。
¶仏教

**良慶**　りょうきょう
→良慶(5)（りょうけい）

**良経**　りょうきょう
天正11（1583）年～明暦4（1658）年4月
江戸時代前期の浄土宗の僧。
¶仏教

**了教**　りょうきょう★
～安政1（1854）年
江戸時代後期の能代市浄明寺の僧。歌人。
¶秋田人2

**了暁**　りょうぎょう
？～文明15（1483）年5月27日
室町時代～戦国時代の浄土宗の僧。
¶国書，戦人（生没年不詳），仏教

**亮顒**　りょうぎょう
生没年不詳
江戸時代中期の天台宗の僧。
¶国書

**良暁**(1)　りょうぎょう
建長3（1251）年～嘉暦3（1328）年3月1日　㊊寂慧（じゃくえ）
鎌倉時代後期の僧。浄土宗鎮西派白旗流の祖。
¶神奈川百（㊀？），鎌室，国史，国書，古中，新潮，人名，世人，日人，仏教，仏史，仏人，名僧

**良暁**(2)　りょうぎょう
弘安8（1285）年～？
鎌倉時代後期の僧。
¶鎌室，日人

**良暁**(3)　りょうぎょう
永禄9（1566）年～承応1（1652）年
安土桃山時代～江戸時代前期の浄土宗の僧。
¶仏教

**良堯**　りょうぎょう
生没年不詳
室町時代の浄土宗の僧。
¶仏教

**了暁慶善**　りょうぎょうけいぜん
？～文明15（1483）年？
戦国時代の浄土僧。
¶姓氏愛知

**良玉**(1)　りょうぎょく
生没年不詳
室町時代の浄土宗の僧。
¶仏教

**良玉**(2)　りょうぎょく
生没年不詳
江戸時代前期の浄土宗の僧。
¶仏教

り

**亮謹**　りょうきん
生没年不詳
江戸時代後期の天台宗の僧。
¶国書

**良筠**　りょうきん
→節庵良筠（せつあんりょういん）

**了吟**　りょうぎん
享保13（1728）年～享和2（1802）年3月28日
江戸時代中期～後期の浄土宗の僧。
¶国書，仏教

**良吟**　りょうぎん
生没年不詳
江戸時代前期の浄土宗の僧。
¶仏教

**良休**　りょうく
？～天正16（1588）年　㊊専与（せんよ）
安土桃山時代の僧。
¶戦人

**良求**　りょうぐ
？～寛文6（1666）年8月
江戸時代前期の浄土宗の僧。
¶仏教

**良弘**　りょうぐ
？～文明3（1471）年3月16日

室町時代の浄土宗の僧。
¶仏教

**了空(1)** りょうくう
生没年不詳
室町時代の曹洞宗の僧。
¶仏教

**了空(2)** りょうくう
生没年不詳
江戸時代中期の浄土真宗の僧。
¶国書

**了空(3)** りょうくう
寛延3(1750)年～文化11(1814)年
江戸時代中期～後期の浄土真宗の僧。
¶国書

**亮空** りょうくう
? ～天保2(1831)年2月14日
江戸時代後期の浄土真宗の僧。
¶国書，仏教

**良空(1)** りょうくう
? ～永仁5(1297)年　㊞慈心(じしん)
鎌倉時代後期の浄土宗の僧。鎮西流木幡派の祖。
¶国史，古中，日人，仏教(㊣永仁5(1297)年7月8日)，仏史

**良空(2)** りょうくう
生没年不詳
南北朝時代の浄土宗の僧・歌人。
¶国書

**良空(3)** りょうくう
生没年不詳
南北朝時代の僧侶。
¶国書

**良空(4)** りょうくう
寛文9(1669)年～享保18(1733)年
江戸時代中期の浄土真宗の僧。
¶国書，仏教

**亮隅** りょうぐう
寛文2(1662)年～宝永2(1705)年6月22日
江戸時代前期～中期の浄土真宗の僧。
¶仏教

**良薫(1)** りょうくん
天文7(1538)年～慶長11(1606)年
安土桃山時代～江戸時代前期の浄土宗の僧。
¶仏教

**良薫(2)** りょうくん
生没年不詳
江戸時代前期の浄土宗の僧。
¶仏教

**良訓** りょうくん
生没年不詳
江戸時代中期の僧侶。
¶国書

**亮慶** りょうけい
? ～貞享2(1685)年
江戸時代前期の天台宗の僧。
¶国書

**良慶(1)** りょうけい
嘉承2(1107)年～建久2(1191)年2月29日
平安時代後期の天台宗の僧。
¶仏教

**良慶(2)** りょうけい
生没年不詳
鎌倉時代後期の比叡山延暦寺の僧。
¶朝日，鎌室，コン改，コン4，コン5，新潮，日人

**良慶(3)** りょうけい
文永6(1269)年～延元1/建武3(1336)年6月27日
鎌倉時代後期～南北朝時代の浄土宗の僧。
¶国書

**良慶(4)** りょうけい
正応4(1291)年～正平15/延文5(1360)年
鎌倉時代後期～南北朝時代の僧、悪党。
¶鎌室，諸系，日人，仏教(㊣延文5/正平15(1360)年8月，(異説)12月)

**良慶(5)** りょうけい
生没年不詳　㊞良慶(りょうきょう)
戦国時代～安土桃山時代の浄土宗の僧。
¶戦人，仏教(りょうきょう)

**良慶(6)** りょうけい
生没年不詳
江戸時代後期の真言宗の僧。
¶仏教

**良桂** りょうけい
生没年不詳
南北朝時代の日蓮宗の僧。
¶仏教

**良継** りょうけい
元暦1/寿永3(1184)年～?
鎌倉時代前期の法相宗の僧。
¶仏教

**良芸** りょうげい
正平8/文和2(1353)年～?
南北朝時代～室町時代の天台宗の僧。
¶国書

**良冏(1)** りょうげい
? ～天正5(1577)年3月5日
戦国時代～安土桃山時代の浄土宗の僧。
¶仏教

**良冏(2)** りょうげい
生没年不詳
江戸時代前期の浄土宗の僧。
¶仏教

**竜渓性潜**(竜谿性潜) りょうけいしょうせん
→竜渓性潜(りゅうけいしょうせん)

**了月**(1) **りょうげつ**
？～永正1（1504）年3月1日
戦国時代の浄土宗の僧。
¶国書，仏教

**了月**(2) **りょうげつ**
貞享2（1685）年～宝暦8（1758）年
江戸時代中期の浄土宗の僧。
¶日人，仏教（[没]宝暦8（1758）年10月17日）

**両月玄恵 りょうげつげんけい**
永正2（1505）年～天正6（1578）年9月28日
戦国時代～安土桃山時代の僧。深向院の3世。跡部勝資の叔父。
¶武田

**竜剣 りょうけん**
生没年不詳
鎌倉時代前期の真言声明南山進流の声明家。
¶日音

**了賢**(1) **りょうけん，りょうげん**
弘安2（1279）年～正平2/貞和3（1347）年
鎌倉時代後期～南北朝時代の真言宗の僧。
¶国書，仏教（りょうげん），仏人

**了賢**(2) **りょうけん**
？～延徳4（1492）年　[別]喜六大夫（きろくだゆう）
室町時代～戦国時代の浄土真宗の僧。
¶戦人

**了顕 りょうけん**
？～文明6（1474）年3月28日
室町時代の浄土真宗の僧。
¶仏教

**亮憲 りょうけん**
天文8（1539）年～元和3（1617）年11月8日
安土桃山時代～江戸時代前期の天台宗の僧。
¶国書，仏教

**亮研 りょうけん**
寛永3（1626）年～元禄4（1691）年12月30日
江戸時代前期～中期の天台宗の僧。
¶国書

**亮賢 りょうけん**
慶長16（1611）年～貞享4（1687）年3月7日
江戸時代前期の新義真言宗の僧。江戸護国寺の開山。
¶近世，国史，史人，新潮，人名，日人，仏教，仏史，歴大

**良兼 りょうけん**
元中2/至徳2（1385）年～応永21（1414）年
室町時代の僧。
¶鎌室，国書（生没年不詳），諸系，日人

**良憲**(1) **りょうけん**
？～慶長15（1610）年2月20日
安土桃山時代～江戸時代前期の浄土宗の僧。
¶国書（生没年不詳），仏教

**良憲**(2) **りょうけん**
？～寛永12（1635）年
安土桃山時代～江戸時代前期の僧。筑摩郡上生坂村真言宗照明寺の25世住職。
¶姓氏長野

**良賢**(1) **りょうけん**
生没年不詳
鎌倉時代前期の僧。
¶鎌室

**良賢**(2) **りょうけん**
天授2/永和2（1376）年～応仁1（1467）年7月16日
南北朝時代～室町時代の浄土宗の僧。
¶日人（生没年不詳），仏教

**良賢**(3) **りょうけん**
生没年不詳
江戸時代前期の浄土宗の僧。
¶仏教

**竜厳 りょうげん**
生没年不詳
江戸時代前期の真言宗の僧。
¶徳島歴

**了源 りょうげん**
永仁3（1295）年～＊　[別]空性（くうしょう）
鎌倉時代後期～南北朝時代の真宗の僧。仏光寺派の始祖。
¶朝日（[生]弘安8（1285）年　[没]建武3/延元1年1月8日（1336年2月20日）），神奈川人（[生]1285年　[没]1335年），鎌室（[没]建武3/延元1（1336）年），国史（空性　くうしょう　[没]1335年），国書（空性　くうしょう　[生]永仁3（1295）年5月1日　[没]建武2（1335）年12月8日），古中（空性　くうしょう　[没]1335年），新潮（[没]建武3/延元1（1336）年1月8日），人名（[没]1336年），姓氏京都（[没]1335年），世人（[生]永仁2（1294）年　[没]建武2（1335）年），日人（[没]1336年），仏教（[生]永仁3（1295）年5月1日　[没]建武3/延元1（1336）年），仏史（空性　くうしょう　[没]1335年），歴大（[生]1285年　[没]1336年）

**了玄 りょうげん**
天明6（1786）年～慶応2（1866）年2月26日
江戸時代中期～末期の浄土真宗の僧。
¶国書

**亮元 りょうげん**
寛永8（1631）年～宝永3（1706）年
江戸時代前期～中期の真言宗の僧。
¶国書

**良元 りょうげん**
平安時代後期の仏師。
¶古人，美建，平史（生没年不詳）

**良源 りょうげん**
延喜12（912）年～永観3（985）年1月3日　[別]元三大師（がんさんたいし，がんさんだいし，がんざんだいし），元三大師良源（がんざんたいしりょうげん），慈恵（じえ），角大師（つのだいし），慈恵大師

（じえたいし，じえだいし），慈慧大師（じえたいし，じえだいし）
平安時代中期の天台宗の僧。比叡山中興の祖。
¶朝日（[生]延喜12年9月3日（912年10月15日）[没]寛和1年1月3日（985年1月26日）），岩史，江戸（元三大師　がんさんだいし），近江（元三大師良源　がんざんたいしりょうげん），角史，京都，郷土滋賀，京都大，郷土福井，群新百（元三大師　がんざんだいし），国史，国書（[生]延喜12（912）年9月3日），古史，古人，古中，コン改，コン4，コン5，埼玉人（[生]延喜12（912）年9月3日），滋賀百（[生]913年），史人（[生]912年9月3日），思想史，重要，人書79，人書94，新潮，人名，姓氏京都，世人，世百，全書，大百，日音（[生]延喜12（912）年9月3日），日思，日史（[生]延喜12（912）年9月3日），日人，百科，仏教（[生]延喜12（912）年9月3日），仏史，仏人，平家（慈恵　じえ），平史，平日（[生]912 [没]985），名僧，歴大

**良玄**　りょうげん
享保15（1730）年～天明5（1785）年2月11日
江戸時代中期の曹洞宗の僧。
¶岡山歴，国書

**令玄**　りょうげん
安永4（1775）年～嘉永2（1849）年8月21日　[別]令玄（れいげん）
江戸時代後期の浄土真宗の僧。
¶国書，富山百（れいげん），仏教

り

**霊玄**　りょうげん
→霊玄（れいげん）

**了故**　りょうこ
天文10（1541）年～寛永4（1627）年10月17日
安土桃山時代～江戸時代前期の浄土宗の僧。
¶仏教

**良故**(1)　りょうこ
生没年不詳
江戸時代前期の浄土宗の僧。
¶仏教

**良故**(2)　りょうこ
？　～延宝7（1679）年1月10日
江戸時代前期の浄土宗の僧。清浄華院43世。
¶仏教

**了悟**　りょうご
生没年不詳
鎌倉時代の僧侶。
¶国書

**亮幸**　りょうこう
生没年不詳
江戸時代中期の天台宗の僧。
¶国書

**良興**(1)　りょうこう
奈良時代の僧。天平宝字5年少僧都で東大寺第二別当。
¶古人

**良興**(2)　りょうこう
？　～天正11（1583）年8月29日
安土桃山時代の浄土宗の僧。
¶仏教

**良興**(3)　りょうこう
生没年不詳
江戸時代前期の浄土宗の僧。
¶仏教

**良光**　りょうこう
？　～元和4（1618）年7月20日
安土桃山時代～江戸時代前期の浄土宗の僧。清浄華院36世。
¶国書（生没年不詳），仏教

**良広**　りょうこう
？　～文禄3（1594）年2月4日
安土桃山時代の浄土宗の僧。
¶国書（生没年不詳），仏教

**良弘**(1)　りょうこう
生没年不詳
平安時代後期の真言宗の僧。
¶仏教

**良弘**(2)　りょうこう
康治1（1142）年～？
平安時代後期～鎌倉時代前期の僧。
¶鎌室（生没年不詳），古人（[没]？），日人，平史

**良高**　りょうこう
→徳翁良高（とくおうりょうこう）

**良杲**　りょうこう
？　～慶長17（1612）年6月1日
安土桃山時代～江戸時代前期の浄土宗の僧。
¶仏教

**了厳**　りょうごん
文化8（1811）年～慶応2（1866）年5月9日
江戸時代後期～末期の浄土真宗の僧。
¶国書

**亮厳**(1)　りょうごん
生没年不詳
江戸時代中期の天台宗の僧。
¶国書

**亮厳**(2)　りょうごん
寛政11（1799）年～明治4（1871）年
江戸時代中期の天台宗の僧。僧正。
¶姓氏岩手

**良欣**(1)　りょうごん
永正5（1508）年～元亀4（1573）年5月
戦国時代の浄土宗の僧。
¶仏教

**良欣**(2)　りょうごん
慶長11（1606）年～寛文3（1663）年8月2日
江戸時代前期の浄土宗の僧。
¶仏教

**良厳** りょうごん
寛保2(1742)年～文化11(1814)年7月29日
江戸時代中期～後期の天台宗の僧。
¶国書，仏教，仏人

**亮済** りょうさい
生没年不詳
江戸時代前期の真言宗の僧。
¶国書

**良哉元明** りょうさいげんみょう
宝永3(1706)年3月13日～天明6(1786)年5月14日
江戸時代中期の臨済宗の僧。
¶国書

**了策** りょうさく
生没年不詳
江戸時代後期の鎌倉円覚寺の僧。
¶神奈川人

**良察** りょうさつ
？ ～応仁2(1468)年4月26日
室町時代の浄土宗の僧。
¶仏教

**良算**(1) りょうさん
平安時代の法華経信者。
¶古人，平史(生没年不詳)

**良算**(2) りょうさん
生没年不詳
鎌倉時代前期の天台宗の僧・歌人。
¶国書

**良讃**(1) りょうさん
天授5/康暦1(1379)年～永享7(1435)年6月29日
室町時代の天台宗の僧。
¶仏教

**良讃**(2) りょうさん
永禄10(1567)年～正保2(1645)年11月20日
安土桃山時代～江戸時代前期の浄土宗の僧。
¶仏教

**了山**(1) りょうざん
？ ～貞享3(1686)年12月7日
江戸時代前期の浄土宗の僧。
¶仏教

**了山**(2) りょうざん
？ ～元禄12(1699)年1月25日
江戸時代前期の浄土宗の僧。
¶仏教

**亮山** りょうざん
生没年不詳
戦国時代の僧。箱根権現別当、金剛王院の院主。
¶戦辞

**良算** りょうざん，りょうさん
元亀2(1571)年～寛永9(1632)年5月15日
安土桃山時代～江戸時代前期の真言宗の僧。
¶国書(りょうさん　生没年不詳)，仏教

**霊山** りょうざん
生没年不詳
江戸時代中期の浄土宗の僧。
¶国書

**領山英頓** りょうざんえいとん
永正17(1520)年～慶長2(1597)年5月21日
戦国時代～安土桃山時代の曹洞宗の僧。
¶仏教

**綾山宜禎** りょうざんぎてい
文化3(1806)年～明治7(1874)年5月22日
江戸時代後期～明治期の臨済宗の僧。
¶国書

**了山元見** りょうざんげんけん
？ ～寛保1(1741)年10月19日
江戸時代中期の黄檗宗の僧。
¶黄檗，国書

**梁山元秀** りょうざんげんしゅう
生没年不詳
江戸時代前期の黄檗宗の僧。
¶国書

**竜山元騰** りょうざんげんとう
生没年不詳
江戸時代前期の黄檗宗の僧。
¶国書

**霊山道隠** りょうざんどういん
宋の宝祐3(1255)年～正中2(1325)年3月2日
㊀霊山道隠(りょうぜんどういん，りんざんどういん，れいざんどういん)
鎌倉時代後期の臨済宗の僧。
¶鎌倉(㊐嘉禄1(1225)年)，鎌倉新，鎌室(りんざんどういん)，国書(りんざんどういん)，新潮，人名(れいざんどういん)，日人(りんざんどういん)，仏教(りょうぜんどういん)

**量山繁応** りょうざんはんおう
弘治1(1555)年～元和8(1622)年3月15日
安土桃山時代～江戸時代前期の曹洞宗の僧。
¶仏教

**良慈** りょうじ
享保5(1720)年4月1日～天明7(1787)年8月13日
江戸時代中期の浄土真宗の僧。錦織寺14世。
¶仏教

**了実** りょうじつ
嘉元2(1304)年～元中3/至徳3(1386)年11月3日
鎌倉時代後期～南北朝時代の僧。浄土宗六祖。
¶国史，国書(㊐嘉元1(1303)年)，古中，日人，仏教(㊐嘉元1(1303)年)，仏史

**良実**(1) りょうじつ
寛治3(1089)年～長承1(1132)年
平安時代後期の真言僧。
¶古人，平史

**良実**(2) りょうじつ
？ ～明暦3(1657)年7月27日
江戸時代前期の浄土宗の僧。

り

¶仏教

**良室栄欣** りょうしつえいきん
？ ～永禄2(1559)年5月3日
戦国時代の曹洞宗の僧。
¶仏教

**嶺室禅鷲** りょうしつぜんじゅ
天正7(1579)年～寛永13(1636)年11月9日
安土桃山時代～江戸時代前期の曹洞宗の僧。
¶仏教(㉛寛永13(1636)年11月9日,(異説)寛永5(1628)年11月9日)

**良寂道明** りょうじゃくどうみょう
元和8(1622)年2月14日～元禄2(1689)年3月10日
江戸時代前期～中期の黄檗宗の僧。
¶黄檗，国書，長野歴

**良守(1)** りょうしゅ
生没年不詳
鎌倉時代前期の天台宗の僧・歌人。
¶国書

**良守(2)** りょうしゅ
生没年不詳
南北朝時代の真言宗の僧・歌人。
¶国書

**良守(3)** りょうしゅ
？ ～天正7(1579)年1月12日
戦国時代～安土桃山時代の浄土宗の僧。
¶仏教

り

**良寿** りょうじゅ
天文6(1537)年～元和2(1616)年1月
安土桃山時代～江戸時代前期の浄土宗の僧。
¶仏教

**良授** りょうじゅ
？ ～永禄7(1564)年2月8日
戦国時代の浄土宗の僧。
¶仏教

**霊樹院〈佐賀県〉** りょうじゅいん★
～正徳3(1713)年
江戸時代中期の女性。宗教。佐賀藩士執行宗全の娘。
¶江表(霊樹院(佐賀県))

**了秀** りょうしゅう
？ ～宝永7(1710)年1月15日
江戸時代中期の浄土宗の僧。清浄華院47世。
¶国書，仏教

**亮周** りょうしゅう
生没年不詳
江戸時代中期～後期の天台宗の僧。
¶国書

**良修** りょうしゅう
承保3(1076)年～？
平安時代後期の天台宗園城寺僧。
¶古人(㉛？)，平史

**良秀(1)** りょうしゅう
寛弘1(1004)年～承保2(1075)年
平安時代中期～後期の天台僧。
¶古人，平史

**良秀(2)** りょうしゅう
生没年不詳
平安時代後期の絵仏師。
¶日人，仏教

**良秀(3)** りょうしゅう
応永21(1414)年～？
室町時代の天台宗の僧。
¶国書

**良秀(4)** りょうしゅう
生没年不詳
室町時代の浄土宗の僧。
¶仏教

**良秀(5)** りょうしゅう
生没年不詳
戦国時代の新義真言宗僧侶。
¶埼玉人

**良秀(6)** りょうしゅう
？ ～慶長5(1600)年
安土桃山時代の浄土宗の僧。
¶仏教

**了重** りょうじゅう
～宝暦2(1752)年10月23日
江戸時代中期の僧侶。
¶庄内

**良拾** りょうじゅう
？ ～慶長6(1601)年2月26日
安土桃山時代の浄土宗の僧。
¶仏教

**良什** りょうじゅう
？ ～寛正1(1460)年
室町時代の僧。
¶鎌室(生没年不詳)，諸系，日人

**良従** りょうじゅう
永享9(1437)年～永正10(1513)年12月5日 [別]竜室良従(りゅうしつりょうじゅう)
室町時代～戦国時代の曹洞宗の僧。
¶仏教(竜室良従 りゅうしつりょうじゅう)，仏人

**良重(1)** りょうじゅう
？ ～延徳3(1491)年2月14日
室町時代～戦国時代の真言宗の僧。
¶国書

**良重(2)** りょうじゅう
生没年不詳
戦国時代の真言宗の僧。
¶姓氏群馬

**了宗寺明西** りょうしゅうじめいさい
生没年不詳

戦国時代の荘川村の了宗寺の開基。
¶飛騨

**竜湫周沢** りょうしゅうしゅうたく
→竜湫周沢(りゅうしゅうしゅうたく)

**竜洲真瑞** りょうしゅうしんずい
生没年不詳
江戸時代後期の黄檗宗の僧。
¶黄檗

**竜洲文海** りょうしゅうもんかい
文明12(1480)年～天文10(1541)年8月5日
戦国時代の曹洞宗の僧。
¶国書

**良俊(1)** りょうしゅん
平安時代後期の仏師。大仏師。頼俊とともに観世音寺(筑前)の観音菩薩像を造る。
¶古人

**良俊(2)** りょうしゅん
康和2(1100)年～文治1(1185)年
平安時代後期の天台宗園城寺僧。
¶古人，平史

**良俊(3)** りょうしゅん
長寛1(1163)年～嘉禎3(1237)年2月14日
平安時代後期～鎌倉時代前期の天台宗の僧。
¶仏教，平史(生没年不詳)

**良俊(4)** りょうしゅん
? ～文政4(1821)年1月21日
江戸時代中期～後期の真言宗の僧。
¶国書

**良春** りょうしゅん
生没年不詳
南北朝時代の僧侶・歌人。
¶国書

**良舜(1)** りょうしゅん
生没年不詳
平安時代後期の僧侶。
¶国書

**良舜(2)** りょうしゅん
生没年不詳
戦国時代～安土桃山時代の天台宗の僧。
¶国書

**了順** りょうじゅん
生没年不詳
江戸時代の浄土真宗の僧。
¶国書

**亮淳** りょうじゅん
天文6(1537)年～慶長7(1602)年10月4日
安土桃山時代の真言宗の僧。
¶国書，仏教

**亮順** りょうじゅん
生没年不詳
鎌倉時代後期の真言僧。
¶神奈川人

**良潤** りょうじゅん
生没年不詳
江戸時代後期の浄土真宗の僧。
¶国書

**良順(1)** りょうじゅん
元徳1(1329)年～応永16(1409)年5月26日
南北朝時代～室町時代の浄土宗の僧。鎌倉光明寺4世。
¶国書(㊤嘉暦3(1328)年)，埼玉人，仏教

**良順(2)** りょうじゅん
天授4/永和4(1378)年～応永28(1421)年
室町時代の僧。
¶鎌室，日人

**良順(3)** りょうじゅん
寛正4(1463)年～?
室町時代～戦国時代の浄土宗の僧。
¶国書

**良順(4)** りょうじゅん
生没年不詳
安土桃山時代～江戸時代前期の浄土宗の僧。
¶仏教

**良処** りょうしょ
? ～延徳2(1490)年2月2日
室町時代～戦国時代の浄土宗の僧。
¶仏教

**亮恕** りょうじょ
生没年不詳
江戸時代中期の真言宗の僧。
¶国書

**良恕** りょうじょ
天正2(1574)年～寛永20(1643)年7月15日 ㊕良恕親王(りょうじょしんのう)，良恕入道親王(りょうじょにゅうどうしんのう)，良恕法親王(りょうじょほうしんのう)
安土桃山時代～江戸時代前期の天台宗の僧。天台座主172世。
¶国書(良恕親王 りょうじょしんのう)，人名(良恕法親王 りょうじょほうしんのう)，日人(良恕入道親王 りょうじょにゅうどうしんのう)，仏教

**了祥** りょうしょう
天明8(1788)年～天保13(1842)年4月8日
江戸時代後期の浄土真宗の僧。
¶国書，仏教

**了性** りょうしょう
文禄1(1592)年～慶安2(1649)年
江戸時代前期の京都の戒律僧。
¶近世，国史，人名，日人，仏教(㊣慶安2(1649)年10月25日)，仏史

**亮照** りょうしょう
弘和2/永徳2(1382)年～?
南北朝時代～室町時代の天台宗の僧。

¶国書

**亮性** りょうしょう
→亮性法親王(りょうしょうほっしんのう)

**梁清** りょうしょう
生没年不詳
鎌倉時代後期〜南北朝時代の社僧・歌人。
¶国書

**良勝**(1) りょうしょう
生没年不詳
平安時代初期の薬師寺の僧。
¶国書，古人，日人，仏教，平史

**良勝**(2) りょうしょう
承暦3(1079)年〜応保2(1162)年
平安時代後期の真言宗の僧。小野流良勝方の祖。
¶仏教(生没年不詳)，密教([没]1162年以後)

**良勝**(3) りょうしょう
生没年不詳
鎌倉時代前期の幕府護持僧。
¶鎌室

**良勝**(4) りょうしょう
？　〜応永19(1412)年
室町時代の浄土宗の僧。
¶鎌室，日人，仏教([没]応永19(1412)年3月1日)

**良尚** りょうしょう
→良尚入道親王(りょうしょうにゅうどうしんのう)

**良昭** りょうしょう
正平18/貞治2(1363)年〜応永9(1402)年
南北朝時代〜室町時代の興福寺の僧。
¶鎌室，諸系，日人，平史(生没年不詳)

**良照** りょうしょう
生没年不詳
鎌倉時代の律宗の僧。
¶仏教

**良証** りょうしょう
生没年不詳
室町時代〜戦国時代の天台宗の僧。
¶国書

**良性** りょうしょう
？　〜承応3(1654)年9月12日
江戸時代前期の浄土宗の僧。
¶仏教

**良清**(1) りょうしょう
正嘉2(1258)年5月12日〜永仁7(1299)年4月11日
鎌倉時代後期の社僧。
¶国書

**良清**(2) りょうしょう
生没年不詳
江戸時代前期の浄土宗の僧。
¶仏教

**良聖**(1) りょうしょう
正安1(1299)年〜？
鎌倉時代後期〜南北朝時代の天台宗の僧・歌人。
¶国書

**良聖**(2) りょうしょう
生没年不詳
江戸時代前期の浄土宗の僧。
¶国書，仏教

**聆照** りょうしょう
生没年不詳
飛鳥時代の渡来僧。
¶仏教

**亮譲** りょうじょう
生没年不詳
江戸時代後期の天台宗の僧。
¶国書

**良乗**(1) りょうじょう
正平5/観応1(1350)年〜永享1(1429)年
南北朝時代〜室町時代の興福寺の僧。
¶鎌室

**良乗**(2) りょうじょう
天文20(1551)年〜寛永9(1632)年10月15日
安土桃山時代〜江戸時代前期の浄土宗の僧。
¶仏教

**良成** りょうじょう
→良成(りょうせい)

**良静** りょうじょう
？　〜承応3(1654)年5月3日
江戸時代前期の浄土宗の僧。
¶仏教

**良定** りょうじょう
→袋中(たいちゅう)

**亮性親王** りょうしょうしんのう
→亮性法親王(りょうしょうほっしんのう)

**良尚親王** りょうしょうしんのう
→良尚入道親王(りょうしょうにゅうどうしんのう)

**良尚入道親王** りょうしょうにゅうどうしんのう
元和8(1622)年12月16日〜元禄6(1693)年7月5日
[別]良尚(りょうしょう)，良尚親王(りょうしょうしんのう)，良尚法親王(りょうしょうほうしんのう，りょうしょうほっしんのう)
江戸時代前期の天台宗の僧。曼殊院第29世。
¶朝日([生]元和8年12月16日(1623年1月16日) [没]元禄6年7月5日(1693年8月6日))，京都(良尚法親王　りょうしょうほうしんのう)，京都大(良尚法親王　りょうしょうほうしんのう)，近世，国史，国書(良尚親王　りょうしょうしんのう)，コン改(良尚法親王　りょうしょうほうしんのう)，コン4(良尚法親王　りょうしょうほうしんのう)，コン5(良尚法親王　りょうしょうほうしんのう)，史人，諸系([生]1623年)，新潮(良尚法親王　りょうしょうほっしんのう)，人名(良尚法親王　りょうしょうほうし

んのう），姓氏京都（良尚法親王　りょうしょうほっしんのう　㊤1623年），日人（㊤1623年），仏教（良尚　りょうしょう），和俳

**了祥比丘尼**　りょうしょうびくに
生没年不詳
鎌倉時代の律宗の尼僧。道明寺を復興。
¶朝日

**亮性法親王**　りょうしょうほうしんのう
→亮性法親王（りょうしょうほっしんのう）

**良尚法親王**　りょうしょうほうしんのう
→良尚入道親王（りょうしょうにゅうどうしんのう）

**亮性法親王**　りょうしょうほっしんのう
文保2（1318）年～正平18/貞治2（1363）年1月30日
㊙亮性（りょうしょう），亮性親王（りょうしょうしんのう），亮性法親王（りょうしょうほうしんのう）
南北朝時代の皇族。後伏見天皇の皇子。
¶鎌室（㊤？），国書（亮性親王　りょうしょうしんのう　㊤？），人名（りょうしょうほうしんのう），姓氏京都，天皇（りょうしょうほうしんのう　㊤？　㊦康安2/貞治1（1362）年1月30日），日人（りょうしょうほうしんのう），仏教（亮性　りょうしょう）

**良尚法親王**　りょうしょうほっしんのう
→良尚入道親王（りょうしょうにゅうどうしんのう）

**良恕親王**　りょうじょしんのう
→良恕（りょうじょ）

**良恕入道親王**　りょうじょにゅうどうしんのう
→良恕（りょうじょ）

**良恕法親王**　りょうじょほうしんのう
→良恕（りょうじょ）

**了心**　りょうしん
？～寛永19（1642）年8月8日
江戸時代前期の浄土宗の僧。
¶国書（生没年不詳），仏教

**亮信**　りょうしん
天文4（1535）年～*
戦国時代～安土桃山時代の天台宗の僧。
¶国書（㊦天正19（1591）年），戦辞（㊦文禄1年10月2日（1592年11月5日））

**良信(1)**　りょうしん
承安3（1173）年～建長5（1253）年
鎌倉時代前期の幕府護持僧。
¶鎌室，古人，日人

**良信(2)**　りょうしん
弘安1（1278）年～元徳1（1329）年
鎌倉時代後期の興福寺の僧。
¶鎌室，国書（㊤建治3（1277）年　㊦嘉暦4（1329）年2月9日），諸系，日人

**良信(3)**　りょうしん
生没年不詳
室町時代の医僧。
¶仏教

**良信(4)**　りょうしん
？～応永32（1425）年1月25日
室町時代の浄土宗の僧。
¶仏教

**良信(5)**　りょうしん
生没年不詳
安土桃山時代の天台宗の僧。
¶国書

**良信(6)**　りょうしん
永禄4（1561）年～寛永16（1639）年5月12日
安土桃山時代～江戸時代前期の浄土宗の僧。
¶仏教

**良信(7)**　りょうしん
慶長1（1596）年～寛文9（1669）年
江戸時代前期の浄土宗の僧。
¶仏教

**良信(8)**　りょうしん
生没年不詳
江戸時代中期の浄土宗の僧。
¶国書

**良心(1)**　りょうしん
生没年不詳
鎌倉時代の僧侶・歌人・連歌作者。
¶国書

**良心(2)**　りょうしん
？～正和3（1314）年6月5日
鎌倉時代後期の浄土宗の僧。
¶国書，埼玉人，埼玉百，仏教

**良心(3)**　りょうしん
戦国時代の医僧。
¶人名，日人（生没年不詳）

**良深**　りょうしん
万寿2（1025）年～承暦1（1077）年
平安時代中期の真言宗の僧。花山天皇の皇子中務親王照登の子。東寺長者31世。
¶古人，日人，仏教（㊦承保4（1077）年8月24日），平史

**良真(1)**　りょうしん
*～永長1（1096）年
平安時代中期～後期の天台宗の僧。天台座主。
¶朝日（㊤治安2（1022）年　㊦永長1年5月13日（1096年6月6日）），古人（㊤1022年），コン改（㊤万寿1（1024）年），コン4（㊤万寿1（1024）年），コン5（㊤万寿1（1024）年），新潮（㊤治安2（1022）年，（異説）万寿1（1024）年，万寿3（1026）年　㊦永長1（1096）年5月13日），人名（㊤1026年），日人（㊤1022年），仏教（㊤万寿4（1027）年　㊦嘉保3（1096）年5月13日，（異説）永長2（1097）年5月13日），平史（㊤1022年）

**良真(2)**　りょうしん
生没年不詳
鎌倉時代前期の僧。
¶鎌倉新

**良真(3) りょうしん**
永正16(1519)年～天文5(1536)年
戦国時代の僧。今川氏親の3男。駿河国遍照光寺の住持。
¶姓氏静岡

**良諶 りょうしん**
正徳3(1713)年～享和3(1803)年6月25日
江戸時代中期～後期の天台宗の僧。
¶国書

**良尋 りょうじん**
生没年不詳
南北朝時代の僧侶・連歌作者。
¶国書

**了心寺了善 りょうしんじりょうぜん**
生没年不詳
戦国時代の高山市の了心寺の開基。
¶飛驒

**了随 りょうずい**
天正8(1580)年～承応4(1655)年3月17日
江戸時代前期の浄土宗の僧。
¶仏教

**亮邃 りょうずい**
生没年不詳
江戸時代後期の天台宗の僧。
¶国書

り

**良随(1) りょうずい**
? ～寛永2(1625)年7月19日
江戸時代前期の浄土宗の僧。京都清浄華院37世。
¶仏教

**良随(2) りょうずい**
? ～寛永2(1625)年3月15日
江戸時代前期の浄土宗の僧。陸奥欣浄寺を開創。
¶仏教([没]寛永2(1625)年3月15日,(異説)2月15日)

**霊瑞 りょうずい**
→霊瑞(2)(れいずい)

**亮盛(1) りょうせい**
生没年不詳
江戸時代中期の真言宗の僧。
¶国書

**亮盛(2) りょうせい**
享保8(1723)年8月28日～享和3(1803)年3月8日
江戸時代中期の真言宗豊山派の僧。
¶埼玉人

**良済 りょうせい**
永仁6(1298)年～?
鎌倉時代後期～南北朝時代の真言宗の僧。
¶国書

**良勢 りょうせい**
生没年不詳
平安時代中期の天台宗の僧・歌人。
¶国書,古人,平史

**良成 りょうせい**
生没年不詳 [別]良成(りょうじょう)
平安時代後期の仏師。
¶古人(りょうじょう),新潮,日人,美建,平史(りょうじょう)

**良盛(1) りょうせい**
建久7(1196)年～弘長2(1262)年
鎌倉時代前期の興福寺の僧。
¶鎌室,日人

**良盛(2) りょうせい**
? ～慶長11(1606)年9月8日
安土桃山時代～江戸時代前期の浄土宗の僧。
¶仏教

**良誓 りょうせい**
? ～天正1(1573)年7月
戦国時代の浄土宗の僧。
¶仏教

**了碩 りょうせき**
生没年不詳
江戸時代中期の僧。
¶日人

**亮碩 りょうせき**
宝暦10(1760)年～寛政4(1792)年1月3日
江戸時代中期の天台宗の僧。
¶国書,仏教,仏人

**了専 りょうせん**
生没年不詳
室町時代の浄土宗の僧。鎌倉光明寺6世。
¶仏教

**良仙 りょうせん**
生没年不詳
江戸時代前期の浄土宗の僧。
¶国書,仏教

**良潜 りょうせん**
? ～永禄11(1568)年11月26日
戦国時代の浄土宗の僧。
¶仏教

**霊仙 りょうせん**
生没年不詳 [別]霊仙(れいせん)
奈良時代～平安時代前期の密教僧。入唐し「三蔵」号を与えられた。
¶朝日(れいせん [生]天平宝字3(759)年 [没]天長4(827)年),岩史,国史,古史,古人,古代(れいせん [没]826年?),古代普(れいせん [没]826年?),古中,コン4,コン5,滋賀百(れいせん),史人,人書94(れいせん [生]759年 [没]827年),人名,対外,日史,日人,百科,仏教,仏史,平史

**了専 りょうせん★**
～永正15(1518)年5月22日
戦国時代の僧侶。秋田湊に一向宗寺院を建立。
¶秋田人2

**了善 りょうぜん**
生没年不詳
戦国時代の宮川村の宝林寺の開基。
¶飛騨

**了禅 りょうぜん**
承久3(1221)年〜?
鎌倉時代前期〜後期の真言僧。
¶仏史

**亮山 りょうぜん**
生没年不詳
江戸時代後期の僧。妙楽寺13世。知多新四国霊場を開いた。
¶姓氏愛知

**亮禅(1) りょうぜん**
正嘉2(1258)年〜興国2/暦応4(1341)年7月26日
鎌倉時代後期〜南北朝時代の真言宗の僧。
¶国書,仏教

**亮禅(2) りょうぜん**
生没年不詳
戦国時代の天台宗の僧。
¶国書

**良詮 りょうぜん,りょうせん**
鎌倉時代後期の絵仏師。
¶国書(りょうせん　生没年不詳),名画

**良善(1) りょうぜん**
生没年不詳
室町時代の浄土宗の僧。
¶仏教

**良善(2) りょうぜん**
? 〜寛文12(1672)年
江戸時代前期の浄土宗の僧。願行寺創建者。
¶青森人

**良全 りょうぜん**
生没年不詳　㊐可翁良全(かおうりょうせん)
鎌倉時代後期の京都東福寺の僧。絵仏師。
¶朝日,鎌室,国史,古中,史人,女性,新潮,姓氏京都(㊤1507年　㊦1531年),世人,対外,茶道,日史,日人,美家,美術,百科,名画(可翁良全　かおうりょうせん),歴大

**良禅(1) りょうぜん**
永承3(1048)年〜保延5(1139)年2月21日
平安時代中期〜後期の真言宗の僧。第17代高野山執行検校。
¶国史,国書,古人,古中,日人,仏教,仏史,平史,和歌山人

**良禅(2) りょうぜん**
? 〜応永5(1398)年9月29日
南北朝時代〜室町時代の天台宗の僧。
¶仏教

**良暹(1) りょうぜん,りょうせん**
? 〜康平7(1064)年頃　㊐良暹法師(りょうぜんほうし)
平安時代の僧歌人。
¶朝日(生没年不詳),国書(生没年不詳),古人(りょうせん),詩歌,詩作(りょうぜん,りょうせん),人名(良暹法師　りょうぜんほうし),日人,平史(りょうせん　生没年不詳),和俳(生没年不詳)

**良暹(2) りょうぜん**
生没年不詳
平安時代後期〜鎌倉時代前期の僧。
¶日人

**良善 りょうぜん★**
生没年不詳
江戸時代中期の也柳の子、秋田城下の修験者。
¶秋田人2

**了泉寺浄玄 りょうせんじじょうげん**
応永10(1403)年〜長享2(1488)年4月16日
戦国時代の高山市の了泉寺の開基。
¶飛騨

**霊山道隠 りょうぜんどういん**
→霊山道隠(りょうざんどういん)

**良暹法師 りょうぜんほうし**
→良暹(1)(りょうぜん)

**竜泉令淬 りょうせんりょうずい**
→竜泉令淬(りゅうせんれいさい)

り

**亮素 りょうそ**
生没年不詳
江戸時代後期の天台宗の僧。
¶国書

**良宋 りょうそう**
生没年不詳
鎌倉時代後期の僧侶・歌人。
¶国書

**良相 りょうそう**
天文14(1545)年〜寛永4(1627)年3月
安土桃山時代〜江戸時代前期の浄土宗の僧。
¶仏教

**了尊(1) りょうそん**
生没年不詳
鎌倉時代後期の僧侶。
¶国書

**了尊(2) りょうそん**
天正10(1582)年7月26日〜寛永15(1638)年1月18日
江戸時代前期の浄土真宗の僧。
¶国書,戦人

**亮尊 りょうそん**
弘治3(1557)年〜寛文6(1666)年4月14日
戦国時代〜江戸時代前期の天台宗の僧。
¶国書

**良尊(1) りょうそん**
文治5(1189)年〜寛元4(1246)年3月12日

鎌倉時代前期の僧。
¶鎌室，古人，諸系，新潮，日人，仏教

**良尊(2)　りょうそん**
弘安2(1279)年～正平4/貞和5(1349)年　㊞法明房(ほうみょうぼう)
鎌倉時代後期～南北朝時代の民間念仏僧。融通念仏宗本山大念仏寺中祖。
¶朝日(㊀貞和5/正平4年6月13日(1349年6月29日))，鎌室，国史，古中，新潮(㊀貞和5/正平4(1349)年6月13日)，人名，日人，仏教(㊁弘安2(1279)年10月10日　㊀貞和5/正平4(1349)年6月13日)，仏史，仏人，歴大

**良尊(3)　りょうそん**
生没年不詳
室町時代の真言宗の僧。
¶国書

**良尊(4)　りょうそん**
大永2(1522)年～慶長7(1602)年
戦国時代～安土桃山時代の真言宗の僧。
¶国書

**良尊(5)　りょうそん**
？　～元和2(1616)年9月16日
安土桃山時代～江戸時代前期の真言宗の僧。
¶国書

**良尊(6)　りょうそん**
寛永8(1631)年8月6日～延宝8(1680)年3月9日
江戸時代前期の浄土真宗の僧。興正寺20世。
¶仏教

り

**良存　りょうそん★**
～正保3(1646)年8月12日
江戸時代前期の浄土僧。秋田市当福寺12世。善昌寺の開祖。京都清浄華院法主。
¶秋田人2

**亮太　りょうた**
延享4(1747)年～天保7(1836)年3月9日
江戸時代中期～後期の浄土真宗の僧。
¶国書，仏教

**亮汰　りょうたい**
元和8(1622)年～延宝8(1680)年
江戸時代前期の新義真言宗の僧。長谷寺教学の基礎を築いた。
¶近世，国史，国書(㊀延宝8(1680)年11月7日)，人書94，人名，日人，仏教(㊀延宝8(1680)年11月10日)，仏史，仏人

**良諦　りょうたい**
天文17(1548)年～寛永11(1634)年4月2日
安土桃山時代～江戸時代前期の浄土宗の僧。
¶仏教

**良大　りょうだい**
？　～永正11(1514)年6月1日
戦国時代の浄土宗の僧。
¶仏教

**了達　りょうたつ**
天正12(1584)年～寛文9(1669)年9月8日
江戸時代前期の浄土宗の僧。
¶仏教

**良達　りょうたつ**
永禄7(1564)年～明暦1(1655)年
安土桃山時代～江戸時代前期の浄土宗の僧。
¶仏教

**亮湛　りょうたん**
？　～寛永9(1632)年1月17日
安土桃山時代～江戸時代前期の天台宗の僧。
¶国書

**良諶　りょうたん**
～元禄15(1702)年3月15日
江戸時代前期～中期の僧侶。
¶庄内

**竜潭衍穏　りょうたんえんおん**
？　～天明4(1784)年11月20日
江戸時代中期の黄檗宗の僧。
¶黄檗

**竜潭道珠　りょうたんどうしゅ**
？　～元禄7(1694)年5月24日
江戸時代前期～中期の黄檗宗の僧。
¶黄檗

**了知　りょうち**
？　～宝徳4(1452)年2月24日
室町時代の浄土宗の僧。
¶仏教

**了智(1)　りょうち**
生没年不詳
鎌倉時代前期の僧。信濃松本正行寺の開基。
¶国史，古中，姓氏長野，仏教(㊀建保2(1214)年11月)，仏史

**了智(2)　りょうち**
生没年不詳
江戸時代前期の浄土宗の僧。
¶国書

**了知院　りょうちいん**
文政初(1818)年頃～明治4(1871)年
江戸時代末期～明治期の僧。
¶幕末(㊁文政初年　㊀1871年9月4日)，幕末大(㊀明治4(1871)年7月20日)

**亮忠　りょうちゅう**
？　～天授1/永和1(1375)年7月30日
南北朝時代の真言宗の僧。
¶国書

**良忠(1)　りょうちゅう**
生没年不詳
鎌倉時代の華厳宗の僧。
¶日人，仏教

**良忠(2)　りょうちゅう**
正治1(1199)年～弘安10(1287)年7月6日　㊞然

阿（ぜんあ, ねんあ）, 然阿良忠（ねんありょうちゅう, ねんなりょうちゅう）, 記主弾師（きしゅぜんじ）
鎌倉時代前期の浄土宗の僧。浄土宗鎮西派第3祖。
¶朝日（[生]正治1年7月27日（1199年8月20日）[没]弘安10年7月6日（1287年8月16日））, 岩史（[生]正治1（1199）年7月27日）, 角史（然阿良忠　ねんありょうちゅう）, 神奈川人, 神奈川百, 鎌倉新, 鎌室, 国史, 国書（[生]正治1（1199）年7月27日）, 古中, コン改, コン4, コン5, 埼玉人（[生]正治1（1199）年7月27日）, 埼玉百, 史人（然阿良忠　ねんありょうちゅう　[生]1199年7月27日）, 島根人, 島根百（然阿良忠　ねんなりょうちゅう）, 島根歴, 新潮, 人名（然阿　ねんあ）, 姓氏神奈川（然阿良忠　ねんなりょうちゅう）, 世人（然阿良忠　ねんありょうちゅう）, 全書, 大百（[生]1200年　[没]1289年）, 千葉百, 日思, 日史（然阿良忠　ねんありょうちゅう）, 日人, 百科（然阿良忠　ねんありょうちゅう）, 仏教（[生]正治1（1199）年7月27日）, 仏史, 仏人, 名僧, 歴大

**良忠(3)　りょうちゅう**
生没年不詳
鎌倉時代後期の天台宗延暦寺の延暦寺の僧。
¶姓氏京都

**良忠如隆　りょうちゅうにょりゅう**
寛政5（1793）年5月5日～明治1（1868）年10月10日
江戸時代末期の黄檗宗の僧。万福寺33世。
¶黄檗, 国書, 仏教

**良澄　りょうちょう**
元亀2（1571）年～寛永19（1642）年
江戸時代前期の天台宗の僧。
¶国書（生没年不詳）, 人名

**良長　りょうちょう**
生没年不詳
安土桃山時代～江戸時代前期の天台宗の僧。
¶国書

**良肇(1)　りょうちょう**
奈良時代の弘福寺の僧。
¶古人

**良肇(2)　りょうちょう**
？　～永享10（1438）年5月12日
室町時代の浄土宗の僧。
¶仏教

**良肇(3)　りょうちょう**
僧。唐招提寺の客僧。
¶古人

**聊朝　りょうちょう**
生没年不詳
江戸時代前期の修験僧。
¶国書

**亮珍　りょうちん**
万治3（1660）年～寛保1（1741）年4月27日
江戸時代前期～中期の天台宗の僧。
¶国書

**良珍　りょうちん**
生没年不詳
鎌倉時代の天台宗の僧・歌人。
¶国書

**良鎮(1)　りょうちん**
？　～寿永1（1182）年10月5日
平安時代後期の融通念仏宗の僧。
¶仏教

**良鎮(2)　りょうちん**
生没年不詳
南北朝時代～室町時代の融通念仏宗の僧。
¶仏教

**良鎮(3)　りょうちん**
？　～永正13（1516）年10月4日
戦国時代の天台宗の僧・歌人。
¶国書

**良椿　りょうちん**
→華庭良椿（かていりょうちん）

**了貞　りょうてい**
生没年不詳
江戸時代後期の浄土真宗の僧。
¶国書

**亮貞　りょうてい**
慶安1（1648）年～享保4（1719）年9月17日
江戸時代中期の新義真言宗の僧。江戸護国寺5世。
¶近世, 国史, 国書, 日人, 仏教, 仏史, 仏人

**了的　りょうてき**
？　～寛永7（1630）年9月15日　[別]導故（どうこ）
安土桃山時代～江戸時代前期の浄土宗の僧。増上寺14世。
¶近世, 国史, 国書, 戦人（[生]永禄10（1567）年）, 日人（[生]1567年）, 仏教, 仏史, 仏人

**亮徹　りょうてつ**
元禄6（1693）年～寛保2（1742）年2月25日
江戸時代中期の浄土宗の僧。
¶国書, 仏教

**良哲　りょうてつ**
元弘3/正慶2（1333）年～応永21（1414）年2月28日
南北朝時代～室町時代の浄土宗の僧。
¶仏教

**了典　りょうてん**
寛政13（1801）年～明治9（1876）年
江戸時代末期・明治期の僧。光楽寺住職。
¶熊本人

**亮典　りょうてん**
慶長12（1607）年～承応1（1652）年
江戸時代前期の真言宗の僧。
¶近世, 国史, 国書（[生]慶長12（1607）年4月15日　[没]慶安5（1652）年8月12日）, 人名, 日人, 仏教（[没]慶安5（1652）年8月12日）, 仏史, 三重続（[生]慶長12年4月15日）

り

**亮天** りょうてん
～宝暦10(1760)年8月4日
江戸時代中期の僧侶。
¶庄内

**遼天** りょうてん
享保13(1728)年～享和3(1803)年
江戸時代中期～後期の僧侶。
¶姓氏岩手

**良殿** りょうでん
文永1(1264)年～建武3/延元1(1336)年
鎌倉時代後期～南北朝時代の僧。
¶鎌室，人名，日人，仏教([没]建武3/延元1(1336)年9月5日)

**涼菟**(涼菟) りょうと
万治2(1659)年～享保2(1717)年4月28日 [別]岩田涼菟(いわたりょうと)，岩田涼菟(いわたりょうと)
江戸時代前期～中期の俳人。伊勢神宮の下級神職。伊勢派の創始者。
¶朝日(岩田涼菟 いわたりょうと [没]享保2年4月28日(1717年6月7日))，国書(涼菟)，コン改(岩田涼菟 いわたりょうと [生]寛文1(1661)年)，コン4(岩田涼菟 いわたりょうと [生]寛文1(1661)年)，コン5(岩田涼菟 いわたりょうと [生]寛文1(1661)年)，詩歌，詩作(岩田涼菟 いわたりょうと)，史人(涼菟)，新潮(涼菟)，人名(岩田涼菟 いわたりょうと [生]1661年)，世人(岩田涼菟 いわたりょうと [生]寛文1(1661)年)，世人([生]寛文1(1661)年)，全書(涼菟)，大百，日人(岩田涼菟 いわたりょうと)，俳諧([生]?)，俳句(涼菟)，俳文(涼菟)，百科(涼菟)，和俳

**良灯** りょうとう
? ～寛文1(1661)年9月22日
江戸時代前期の浄土宗の僧。
¶仏教

**了道**(1) りょうどう
生没年不詳
戦国時代の僧。高山市の福成寺の開基。
¶飛騨

**了道**(2) りょうどう
弘治1(1555)年～元和7(1621)年11月11日
安土桃山時代～江戸時代前期の浄土宗の僧。
¶戦人，仏教

**了道**(3) りょうどう
文化1(1804)年～明治9(1876)年10月11日
江戸時代後期～明治期の浄土真宗の僧。
¶国書

**亮堂** りょうどう
元禄16(1703)年～宝暦5(1755)年5月9日
江戸時代中期の天台宗の僧。
¶国書

**良道**(1) りょうどう
生没年不詳
江戸時代前期の曹洞宗の僧。
¶国書

**良道**(2) りょうどう
生没年不詳
江戸時代中期の天台宗の僧。
¶国書

**竜統元棟** りょうとうげんとう
寛文3(1663)年～延享3(1746)年9月16日 [別]竜統元棟(りゅうとうげんとう)
江戸時代中期の黄檗宗の僧。万福寺14世。
¶黄檗，国書，人名(りゅうとうげんとう)，日人，仏教

**了堂元当** りょうどうげんとう
? ～元文1(1736)年8月27日
江戸時代中期の黄檗宗の僧。
¶黄檗

**了堂真覚** りょうどうしんかく，りょうどうしんがく
元徳2(1330)年～応永6(1399)年7月2日
南北朝時代～室町時代の曹洞宗の僧。
¶国書，飛騨(りょうどうしんがく [生]?)，仏教

**了堂素安** りょうどうそあん
正応5(1292)年～正平15/延文5(1360)年
鎌倉時代後期～南北朝時代の臨済宗の僧。
¶鎌倉，鎌倉新([没]延文5(正平15)(1360)年10月20日)，鎌室，新潮([没]延文5/正平15(1360)年10月20日)，人名，日人，仏教([没]延文5/正平15(1360)年10月20日)

**良堂宗温** りょうどうそうおん
寛文7(1667)年～享保18(1733)年11月28日
江戸時代中期の臨済宗の僧。大徳寺293世。
¶仏教

**竜堂如珠** りょうどうにょしゅ
寛永18(1641)年～正徳5(1715)年9月15日
江戸時代前期～中期の黄檗宗の僧。
¶黄檗，国書

**良徳** りょうとく
生没年不詳
室町時代～戦国時代の浄土宗の僧。
¶仏教

**了徳寺了専** りょうとくじりょうせん
～寛正5(1464)年3月18日
室町時代の清見村の了徳寺の開基とされる人。
¶飛騨

**良頓** りょうとん
? ～永享4(1432)年10月9日
室町時代の浄土宗の僧。
¶仏教

**梁南禅棟** りょうなんぜんとう
天文21(1552)年～寛永15(1638)年2月10日
戦国時代～江戸時代前期の臨済宗の僧。
¶国書

**良日** りょうにち
正和3(1314)年～弘和3/永徳3(1383)年12月6日
南北朝時代の浄土宗の僧。
¶仏教(㊐正和3(1314)年,(異説)延慶1(1308)年)

**良如**(1) りょうにょ
興国5/康永3(1344)年～応永19(1412)年2月3日
南北朝時代～室町時代の浄土宗の僧。
¶国書,福井百,仏教

**良如**(2) りょうにょ
慶長17(1612)年12月7日～寛文2(1662)年9月7日
江戸時代前期の僧。浄土真宗本願寺派第13世。
¶近世,国史,史人,人名,姓氏京都,日人(㊐1613年),仏教,仏史

**亮潤** りょうにん
寛文8(1668)年～寛延3(1750)年8月2日
江戸時代中期の天台宗の僧。
¶国書,仏教

**良忍** りょうにん
延久5(1073)年～長承1(1132)年 ㊞光静房(こうじょうぼう),聖応大師(しょうおうたいし,しょうおうだいし)
平安時代後期の浄土教の僧。融通念仏宗の開祖。天台大原魚山声明中興の祖。
¶愛知百(㊐1072年),朝日,岩史(㊐延久5(1073)年1月1日 ㊏長承1(1132)年2月1日),大阪人,角史,京都(㊐延久4(1072)年),京都大(㊐延久4(1072)年),国史,国書(㊐延久5(1073)年1月1日 ㊏天承2(1132)年2月1日),古史,古人(㊐1073年?),古中,コン改(㊐延久4(1072)年),コン4(㊐延久4(1072)年),コン5(㊐延久4(1072)年),史人(㊐1072年1月1日,(異説)1073年1月1日 ㊏1132年2月1日),思想史,重要(㊐延久4(1072)年),人書94(㊐1072年),新潮(㊏長承1(1132)年2月1日),人名(㊐1072年),姓氏愛知(㊐1072年 ㊏1133年),姓氏京都,世人,世百,全書(㊐1072年),大百(㊐1072年),日音(㊏長承1(1132)年2月1日),日思,日史(㊏長承1(1132)年2月1日),日人,百科,仏教(㊐延久4(1072)年1月1日 ㊏天承2(1132)年2月1日),仏史,仏人(㊐1072年),平史(㊐1073年?),名僧,歴大

**霊仁** りょうにん
生没年不詳
奈良時代の三論宗の僧。
¶国書

**了然**(1) りょうねん
生没年不詳 ㊞了然尼(りょうねんに)
鎌倉時代の曹洞宗の尼僧。
¶朝日,国書,日人(了然尼 りょうねんに)

**了然**(2) りょうねん
→元総尼(げんそうに)

**良然**(1) りょうねん
文亀3(1503)年～永禄10(1567)年3月10日
戦国時代の浄土宗の僧。
¶仏教

**良然**(2) りょうねん
生没年不詳
江戸時代前期の浄土宗の僧。
¶仏教

**良然**(3) りょうねん
? ～元和8(1622)年4月10日
江戸時代前期の浄土宗の僧。
¶仏教

**良然**(4) りょうねん
文禄1(1592)年～寛永17(1640)年7月5日
江戸時代前期の浄土宗の僧。
¶仏教

**良然**(5) りょうねん
天保13(1842)年～明治9(1876)年
江戸時代末期～明治期の僧。
¶国書,日人

**良念** りょうねん
天文12(1543)年～慶長13(1608)年
安土桃山時代～江戸時代前期の浄土宗の僧。
¶仏教

**了然永超** りょうねんえいちょう
文明3(1471)年～天文20(1551)年8月10日
戦国時代の曹洞宗の僧。
¶国書,仏教

**了然元総** りょうねんげんそう
→元総尼(げんそうに)

**了然元総尼**(了然元聡尼) りょうねんげんそうに
→元総尼(げんそうに)

**了然尼**(1) りょうねんに
→了然(1)(りょうねん)

**了然尼**(2) りょうねんに
→元総尼(げんそうに)

**了然法明** りょうねんほうみょう
生没年不詳
鎌倉時代前期の曹洞宗の渡来僧。
¶庄内,仏教

**了把** りょうは
? ～元禄14(1701)年1月11日
江戸時代前期～中期の浄土宗の僧。
¶仏教

**良白** りょうはく
? ～正保2(1645)年2月
江戸時代前期の浄土宗の僧。
¶仏教

**了般** りょうはん
? ～延享4(1747)年10月8日
江戸時代中期の浄土宗の僧。鎌倉光明寺62世。
¶仏教

**亮範(1) りょうはん**
生没年不詳
江戸時代中期の天台宗の僧。
¶国書

**亮範(2) りょうはん**
寛文10(1670)年～元文4(1739)年9月27日
江戸時代中期の新義真言宗の僧。智積院15世。
¶国書，人名，日人，仏教，仏人

**亮範(3) りょうはん**
？ ～嘉永5(1852)年7月29日
江戸時代末期の浄土宗の僧。粟生光明寺57世。
¶国書，仏教

**良範(1) りょうはん**
生没年不詳
平安時代中期の天台宗の僧。
¶仏教

**良範(2) りょうはん**
生没年不詳
平安時代後期の真言宗の僧。
¶仏教

**良範(3) りょうはん**
？ ～延慶1(1308)年？
鎌倉時代後期の僧。
¶鎌室，人名，日人(生没年不詳)，仏教(生没年不詳)

り

**良範(4) りょうはん**
？ ～嘉吉2(1442)年
室町時代の僧。
¶姓氏鹿児島

**良範(5) りょうはん**
？ ～寛永2(1625)年5月24日
安土桃山時代～江戸時代前期の天台宗の僧。
¶国書

**良鑁 りょうばん**
生没年不詳
安土桃山時代～江戸時代前期の浄土宗の僧。
¶仏教

**竜蟠松雲 りょうばんしょううん**
→竜蟠松雲(りゅうばんしょううん)

**良敏 りょうびん**
生没年不詳
鎌倉時代前期の僧。
¶鎌室，人名，日人，仏教

**良富 りょうふ**
生没年不詳
室町時代～戦国時代の画僧。
¶日人

**了風 りょうふう**
天和3(1683)年～宝暦9(1759)年
江戸時代中期の浄土宗の僧。鎌倉光明寺65世、知恩院52世。
¶日人，仏教(㊀宝暦9(1759)年9月3日)

**了遍 りょうへん**
貞応2(1223)年～応長1(1311)年
鎌倉時代後期の僧。
¶鎌室，人名，日人，仏教(㊀元仁1(1224)年 ㊀延慶4(1311)年3月25日)

**亮遍 りょうへん**
？ ～永正14(1517)年1月26日
戦国時代の真言宗の僧。
¶国書

**良遍(1) りょうへん**
久安6(1150)年～貞永1(1232)年8月21日
平安時代後期～鎌倉時代前期の僧。
¶鎌室，古人，新潮，日人，仏教

**良遍(2) りょうへん**
建久5(1194)年～建長4(1252)年8月28日 ㊀信願(しんがん)，生駒僧都(いこまのそうず)
鎌倉時代前期の僧。
¶鎌室，国史(㊀1196年)，国書(㊀建久7(1196)年)，古人(㊀？)，古中(㊀1196年)，新潮，人名，日思，日史(㊀元暦1(1184)年)，日人，百科(㊀元暦1(1184)年)，仏教，仏史(㊀1196年)，仏人，平史(㊀？)，歴大

**了弁 りょうべん**
生没年不詳
江戸時代中期の天台宗の僧。
¶国書

**亮弁 りょうべん**
生没年不詳
安土桃山時代の天台宗の僧。
¶国書

**良弁 りょうべん**
→良弁(ろうべん)

**良補 りょうほ**
？ ～元和1(1615)年9月
安土桃山時代～江戸時代前期の浄土宗の僧。
¶仏教

**亮豊 りょうほう**
～安永7(1778)年11月19日
江戸時代中期の僧侶。
¶庄内

**良宝 りょうほう**
生没年不詳
鎌倉時代の真言宗の僧・歌人。
¶国書

**良芳 りょうほう**
→蘭洲良芳(らんしゅうりょうほう)

**良邦 りょうほう**
生没年不詳
江戸時代後期の曹洞宗の僧。
¶国書

**令法 りょうぼう**
？ ～文政10(1827)年10月1日

江戸時代後期の新義真言宗の僧。長谷寺41世。
¶仏教

**霊峰道悟 りょうほうどうご**
寛永13(1636)年～宝永6(1709)年4月24日 ㊀霊峰道悟(れいほうどうご)
江戸時代前期～中期の黄檗宗の僧。
¶黄檗(れいほうどうご)，仏教

**良卜 りょうぼく**
生没年不詳
江戸時代前期の浄土宗の僧。
¶仏教

**良本(1) りょうほん**
応永15(1408)年～文明19(1487)年6月4日
室町時代～戦国時代の浄土宗の僧。
¶仏教

**良本(2) りょうほん**
天文10(1541)年～慶長3(1598)年9月
安土桃山時代の浄土宗の僧。
¶仏教

**亮明 りょうみょう**
～文政9(1826)年11月15日
江戸時代中期～後期の僧侶。
¶庄内

**良明 りょうみょう**
? ～承安2(1172)年
平安時代後期の天台宗の僧。
¶古人(㊐?)，仏教(生没年不詳)，平史

**了明尼 りょうみょうに**
永仁2(1294)年3月～天授2/永和2(1376)年
鎌倉時代後期～南北朝時代の真宗の尼僧。同宗仏光寺派8世宗主。
¶朝日(㊍永和2/天授2年1月23日(1376年2月13日))，日人，仏教(㊍永和2/天授2(1376)年1月23日)

**了眠衍月 りょうみんえんげつ**
延宝3(1675)年～宝暦5(1755)年 ㊀了眠衍月尼(りょうみんえんげつに)
江戸時代中期の黄檗宗の尼僧。白毫山中に鉄樹庵を開いた。
¶朝日(㊍宝暦5年2月6日(1755年3月18日))，黄檗(了眠衍月尼 りょうみんえんげつに ㊍宝暦5(1755)年2月6日)，日人(了眠衍月尼 りょうみんえんげつに)

**了眠衍月尼 りょうみんえんげつに**
→了眠衍月(りょうみんえんげつ)

**了聞(1) りょうもん**
? ～*
戦国時代の浄土宗の僧。増上寺5世。
¶埼玉人(㊍永正5(1508)年7月8日)，仏教(㊍永正2(1505)年7月8日)

**了聞(2) りょうもん**
? ～寛永17(1640)年4月8日
江戸時代前期の浄土宗の僧。
¶仏教

**良聞 りょうもん**
元和9(1623)年～天和2(1682)年2月18日
江戸時代前期の浄土宗の僧。
¶仏教

**竜門如珠 りょうもんにょしゅ**
? ～文政3(1820)年
江戸時代後期の黄檗宗の僧。
¶黄檗

**了也 りょうや**
寛永6(1629)年～宝永5(1708)年
江戸時代前期～中期の浄土宗の僧。増上寺32世。
¶国書(㊐寛永6(1629)年12月 ㊍宝永5(1708)年4月3日)，仏教

**亮輸 りょうゆ**
生没年不詳
南北朝時代の天台宗の僧。
¶国書

**良瑜 りょうゆ**
元徳2(1330)年～応永4(1397)年8月21日
南北朝時代～室町時代の園城寺の僧。
¶鎌室，国書(㊐?)，諸系，日人，仏教(㊐正慶2/元弘3(1333)年)

**了祐 りょうゆう**
→野村了祐(のむらりょうゆう)

**亮雄 りょうゆう**
元文5(1740)年～享和2(1802)年10月17日
江戸時代中期～後期の天台宗の僧。
¶国書

**良勇 りょうゆう**
斉衡2(855)年～延喜23(923)年3月6日
平安時代前期～中期の天台宗の僧。天台座主11世、園城寺6世。
¶古人，仏教，平史

**良猷 りょうゆう**
生没年不詳
江戸時代中期の真言宗の僧。
¶国書

**良祐(1) りょうゆう**
平治1(1159)年～寛喜3(1231)年
平安時代後期～鎌倉時代前期の僧。
¶岡山人

**良祐(2) りょうゆう**
生没年不詳
鎌倉時代の僧。
¶国書，日人

**良祐(3) りょうゆう**
生没年不詳
鎌倉時代の僧。
¶日人

**良祐(4)　りょうゆう**
＊～仁治3(1242)年　[別]安覚良祐(あんかくりょうゆう)，色定法師(しきじょうほっし)
鎌倉時代前期の僧。筑前宗像社の第1宮座主。
¶鎌室([生]平治1(1159)年)，国史(安覚良祐　あんかくりょうゆう　[生]1160年)，古人([生]1159年)，新潮([生]永暦1(1160)年　[没]仁治3(1242)年11月6日)，人名，日人(安覚良祐　あんかくりょうゆう　[生]1160年)，仏教(安覚良祐　あんかくりょうゆう　[生]平治1(1159)年　[没]寛喜3(1231)年2月，(異説)仁治3(1242)年11月6日)，仏史(安覚良祐　あんかくりょうゆう　[生]1160年)，仏人([生]1159年　[没]1231年)

**良祐(5)　りょうゆう**
生没年不詳
鎌倉時代前期の僧。
¶鎌室

**良雄　りょうゆう**
＊～天保10(1839)年7月20日　[別]良雄(りょうおう)
江戸時代後期の浄土真宗の僧。
¶国書([生]安永9(1780)年)，人名(りょうおう　[生]1778年)，日人([生]1778年)，仏教([生]安永9(1780)年)

**梁有智膏　りょうゆうちこう**
？　～宝暦12(1762)年
江戸時代中期の僧。気仙沼補陀寺住職。
¶姓氏宮城



**良誉(1)　りょうよ**
生没年不詳
南北朝時代の真言宗の僧。
¶仏教

**良誉(2)　りょうよ**
天正18(1590)年～明暦3(1657)年9月1日
江戸時代前期の新義真言宗の僧。長谷寺6世。
¶国書，仏教，仏人

**量与　りょうよ**
生没年不詳
江戸時代中期の僧侶。
¶和歌山人

**良耀　りょうよう**
生没年不詳
鎌倉時代後期～南北朝時代の真言宗の僧。
¶仏教

**良要　りょうよう**
安永4(1775)年～天保4(1833)年5月6日　[別]黙室良要(もくしつりょうよう)
江戸時代後期の曹洞宗の僧。永源寺住職。
¶国書(黙室良要　もくしつりょうよう)，仏人

**良誉定慧　りょうよじょうえ**
永仁4(1296)年～建徳1/応安3(1370)年
鎌倉時代後期～南北朝時代の僧。光明寺第3世住持。
¶鎌倉

**了誉聖冏　りょうよしょうきょう**
→聖冏(しょうげい)

**了誉聖冏　りょうよしょうげい**
→聖冏(しょうげい)

**寥々山観山　りょうりょうざんかんざん**
享保1(1716)年～天明5(1785)年12月
江戸時代中期の茶人、僧侶。
¶大阪人

**良林　りょうりん**
天文1(1532)年～慶長20(1615)年5月
安土桃山時代～江戸時代前期の浄土宗の僧。
¶仏教

**緑巌厳柳　りょくがんごんりゅう**
？　～正徳6(1716)年4月3日
江戸時代中期の曹洞宗の僧。永平寺38世。
¶仏教

**臨阿　りんあ**
生没年不詳
室町時代の時宗の僧・連歌作者。
¶国書

**臨阿弥陀仏　りんあみだぶつ**
？　～元中1/至徳1(1384)年
南北朝時代の丹後の時宗僧。
¶京都府

**林安儀道　りんあんぎどう**
？　～
江戸時代前期の僧、八戸新井田村の対泉院3世。
¶青森人

**林懐　りんえ**
→林懐(りんかい)

**林英宗甫　りんえいそうほ**
？　～享禄4(1531)年10月12日
戦国時代の曹洞宗の僧。
¶仏教

**倫円　りんえん**
＊～元久1(1204)年3月11日
平安時代後期～鎌倉時代前期の天台宗の僧。
¶国書([生]永久4(1116)年)，古人([生]1117年)，仏教([生]永久4(1116)年)，平史([生]1117年)

**林応　りんおう**
？　～延宝8(1680)年8月5日
江戸時代前期の浄土宗の僧。
¶仏教

**麟翁永祥　りんおうえいしょう**
応永11(1404)年3月3日～文明7(1475)年10月18日
室町時代の曹洞宗の僧。
¶仏教

**霖翁禅霈　りんおうぜんはい**
天和3(1683)年～寛保1(1741)年4月7日
江戸時代前期～中期の臨済宗の僧。

¶国書

**琳賀 りんが**
？ ～久安6（1150）年
平安時代後期の僧。
¶日人

**林懐 りんかい**
天暦5（951）年～万寿2（1025）年 ㊥林懐（りんえ）
平安時代中期の法相宗の僧。興福寺別当。
¶朝日（㊦万寿2年4月4日（1025年5月3日）），古人，コン改（りんえ ㊤？），コン4（りんえ ㊤？），コン5（りんえ ㊤？），新潮（㊦万寿2（1025）年4月4日），人名（りんえ ㊤？），日人，仏教（㊦万寿2（1025）年4月4日），平史，三重続

**琳海 りんかい**
生没年不詳
鎌倉時代の律宗の僧。摂津尼崎に大覚寺を建立。
¶兵庫百，仏教

**林覚(1) りんかく**
治暦4（1068）年～保延1（1135）年6月21日
平安時代中期～後期の真言宗の僧。
¶仏教（生没年不詳），密教

**林覚(2) りんかく**
？ ～寛永10（1633）年4月29日
江戸時代前期の浄土宗の僧。
¶仏教

**林喬 りんきょう**
生没年不詳
南北朝時代の僧侶・連歌作者。
¶国書

**臨空 りんくう**
生没年不詳
室町時代の天台宗の僧。
¶国書

**倫芸 りんげい**
生没年不詳
鎌倉時代後期の天台宗の僧。
¶仏教

**林冏 りんげい**
生没年不詳
江戸時代前期～中期の浄土宗の僧。
¶仏教

**琳冏 りんげい**
？ ～天保5（1834）年
江戸時代後期の浄土宗の僧。
¶国書（㊦天保5（1834）年4月），三重

**琳賢(1) りんけん**
生没年不詳
平安時代後期の天台宗の僧・歌人。橘義済の子。
¶国書，古人，平史

**琳賢(2) りんけん**
承保1（1074）年～久安6（1150）年8月14日
平安時代後期の真言宗の僧。高野山検校19世。
¶国書，古人（㊤？），人名，日人，仏教，和歌山人

**琳厳 りんげん**
鎌倉時代前期の仏師。
¶美建，仏教（生没年不詳）

**林篁 りんこう**
享保9（1724）年～天明7（1787）年6月4日
江戸時代中期の俳人。浄土真宗の僧。
¶国書，俳文

**稟公 りんこう**
生没年不詳
江戸時代前期～中期の天台宗の僧。
¶国書

**林豪 りんごう**
長元6（1033）年～康和1（1099）年
平安時代中期～後期の天台宗の僧。
¶古人，日人，仏教（㊦承徳3（1099）年7月1日），平史

**林光院梵圭 りんこういんぼんけい**
天保4（1833）年～元治1（1864）年 ㊥大川梵圭（おおかわぼんけい）
江戸時代末期の僧。相国寺塔頭林光院。
¶維新

**林作 りんさく**
？ ～寛永6（1629）年3月7日
江戸時代前期の浄土宗の僧。
¶仏教

**林残 りんざん**
慶長5（1600）年～寛文3（1663）年3月19日
江戸時代前期の浄土宗の僧。
¶仏教

**淋山 りんざん**
生没年不詳
江戸時代後期の俳人・僧侶。
¶国書

**霊山道隠 りんざんどういん**
→霊山道隠（りょうざんどういん）

**琳助 りんじょ**
永保3（1083）年～平治1（1159）年12月21日
平安時代後期の真言宗の僧。
¶仏教

**臨招 りんしょう**
生没年不詳
室町時代の浄土宗の僧・連歌作者。
¶国書

**林常房快道 りんじょうぼうかいどう**
宝暦1（1751）年～文化7（1810）年
江戸時代中期～後期の学僧。
¶群馬人

**琳瑞** りんずい
天保1 (1830) 年〜慶応3 (1867) 年　㊙細谷琳瑞（ほそやりんずい）
江戸時代末期の浄土宗の勤王僧。
¶維新（細谷琳瑞　ほそやりんずい），近世，国史，コン改，コン4，コン5，新潮（㊤天保1 (1830) 年10月　㊦慶応3 (1867) 年10月18日），人名（㊦？），世人，日人，幕末大（細谷琳瑞　ほそやりんずい　㊤文政13 (1830) 年10月27日　㊦慶応3 (1867) 年10月19日）

**林叟** りんそう
？〜明治23 (1890) 年
江戸時代末期の禅僧。
¶京都府

**林叟道益** りんそうどうえき
文禄4 (1595) 年〜寛文7 (1667) 年3月7日
江戸時代前期の黄檗宗の僧。
¶黄檗

**林叟徳瓊** りんそうとくけい
建長3 (1251) 年〜元亨1 (1321) 年　㊙林叟徳瓊（りんそうとっけい）
鎌倉時代後期の僧。
¶鎌室（生没年不詳），人名，日人（りんそうとっけい），仏教（生没年不詳）

**林叟徳瓊** りんそうとっけい
→林叟徳瓊（りんそうとくけい）

る

**輪智** りんち
？〜文禄3 (1594) 年11月8日
安土桃山時代の浄土宗の僧。
¶仏教

**林長** りんちょう
？〜寛永10 (1633) 年11月4日
江戸時代前期の浄土宗の僧。
¶仏教

**輪超(1)** りんちょう
？〜延宝6 (1678) 年10月27日
江戸時代前期の浄土宗の僧。
¶国書，仏教

**輪超(2)** りんちょう
？〜貞享5 (1688) 年4月15日
江戸時代前期の浄土宗の僧。
¶仏教

**林貞** りんてい
天文5 (1536) 年〜慶長19 (1614) 年6月5日
安土桃山時代〜江戸時代前期の浄土宗の僧。
¶仏教

**林哲** りんてつ
文禄2 (1593) 年〜寛永15 (1638) 年8月23日
江戸時代前期の浄土宗の僧。
¶仏教

**輪応** りんのう
生没年不詳
江戸時代中期の真言宗の僧。
¶国書

**琳猷** りんゆう
生没年不詳
平安時代後期〜鎌倉時代前期の僧侶。
¶高知人

**林来** りんらい★
生没年不詳
江戸時代後期の俳人。僧。
¶秋田人2

**霖竜** りんりゅう
文化2 (1805) 年11月7日〜明治16 (1883) 年12月29日　㊙霖竜如沢（りんりゅうじょたく，りんりゅうにょたく）
江戸時代末期〜明治期の僧。
¶黄檗（霖竜如沢　りんりゅうにょたく），国書（霖竜如沢　りんりゅうにょたく），幕末，幕末大，仏教（霖竜如沢　りんりゅうじょたく）

**霖竜如沢** りんりゅうじょたく
→霖竜（りんりゅう）

**霖竜如沢** りんりゅうにょたく
→霖竜（りんりゅう）

**ルイサ**
？〜元和5 (1619) 年
安土桃山時代〜江戸時代前期の女性キリシタン。
¶大分歴

**ルシア＝デ＝フレイタス**
天文11 (1542) 年〜元和8 (1622) 年8月5日
戦国時代〜江戸時代前期の女性キリシタン。両親は薩摩の人。宣教師の避難場所として自宅を提供。
¶日人（㊤天文11 (1542) 年ごろ）

## 【る】

**留守友信** るすとものぶ
？〜明和2 (1765) 年
江戸時代中期の儒学者、神道家。
¶コン改，コン4，コン5

**ルドビコ茨木** るどびこいばらぎ
天正13 (1585) 年〜慶長1 (1596) 年
安土桃山時代のキリシタン。日本二十六聖人。
¶長崎歴

**るひいな**
慶長11 (1606) 年〜？
江戸時代前期のキリシタン。
¶埼玉人

## 【れ】

**令扆** れいい
斉衡3 (856) 年〜天慶4 (941) 年　㊙令扆（りょう

い)
平安時代前期～中期の法相宗の僧。
¶古人，人名(りょうい)，日人，仏教([没]天慶5(942)年8月)，平史

**霊陰宗源** れいいんそうげん
～天文2(1533)年
戦国時代の僧侶。
¶多摩

**霊雲**(1) れいうん
→霊雲(りょううん)

**霊雲**(2) れいうん
生没年不詳
江戸時代前期の浄土宗の僧。
¶国書

**霊雲寺祐覚** れいうんじゆうかく
～寛文5(1665)年5月8日
江戸時代前期の高山市の霊雲寺の開基。
¶飛驒

**霊益** れいえき
元和3(1617)年～貞享4(1687)年1月17日
江戸時代前期の浄土宗の僧。
¶仏教

**霊円** れいえん
？ ～貞享3(1686)年12月2日
江戸時代前期の浄土宗の僧。鎌倉光明寺48世。
¶仏教

**嶺翁** れいおう
永禄1(1558)年～寛永16(1639)年4月18日
安土桃山時代～江戸時代前期の浄土宗の僧。
¶仏教

**霊応** れいおう
？ ～安永6(1777)年12月11日
江戸時代中期の浄土宗の僧。増上寺49世。
¶岡山歴，国書，仏教

**霊晧** れいおう
安永4(1775)年～嘉永4(1851)年8月15日
江戸時代後期の浄土真宗の僧。
¶人名，姓氏富山，富山百，日人([生]1776年)，仏教([生]安永4(1775)年12月28日)

**霊屋恵禅** れいおくえぜん
生没年不詳
江戸時代の曹洞宗の僧。
¶国書

**霊岳恵源** れいがくえげん
享保3(1718)年～文化6(1809)年3月14日
江戸時代中期～後期の曹洞宗の僧。永平寺51世。
¶仏教

**霊岳洞源** れいがくとうげん
？ ～延徳3(1491)年2月15日
室町時代～戦国時代の曹洞宗の僧。
¶仏教

**霊岳法穆** れいがくほうぼく
正応2(1289)年～正平16/康安1(1361)年12月13日 [別]法穆(ほうぼく，ほうもく)
鎌倉時代後期～南北朝時代の僧。
¶岡山人(法穆 ほうぼく)，岡山歴，鎌室，人名，日人([没]1362年)，仏教，仏人(法穆 ほうもく)

**霊鑑** れいかん
？ ～正徳4(1714)年10月27日
江戸時代中期の浄土宗の僧。
¶仏教

**霊巌** れいがん
天文23(1554)年～寛永18(1641)年9月1日 [別]雄誉霊巌(おうによれいがん)，松風(しょうふう)
安土桃山時代～江戸時代前期の浄土宗の僧。
¶朝日([生]天文23年4月8日(1554年5月9日) [没]寛永18年9月1日(1641年10月5日))，江人，郷土千葉，近世，国史，国書([生]天文23(1554)年4月8日)，コン改，コン4，コン5，史人([生]1554年4月8日)，新潮，人名，姓氏京都(雄誉霊巌 おうによれいがん)，世人，全書，戦人，大百，千葉百，日人，仏教([生]天文23(1554)年4月8日)，仏史，仏人，歴大

**嶺巌英峻** れいがんえいしゅん
？ ～延宝2(1674)年4月12日 [別]高国英峻(こうこくえいしゅん)
江戸時代前期の曹洞宗の僧。
¶国書(高国英峻 こうこくえいしゅん)，埼玉人，仏教

**霊感応伝** れいかんおうでん
～元文3(1738)年9月3日
江戸時代中期の僧侶。
¶庄内

**玲巌玄玻** れいがんげんぱ
？ ～天文24(1555)年5月23日
戦国時代の曹洞宗の僧。
¶仏教

**霊巌寺為拙** れいがんじいせつ
延享元(1744)年～天保元(1830)年3月22日
江戸時代後期の詩僧。
¶東三河

**霊巌道昭** れいがんどうしょう
→霊巌道昭(りょうがんどうしょう)

**嶺休** れいきゅう
生没年不詳
室町時代の僧。正方寺8世。
¶姓氏岩手

**嶺休良鷲** れいきゅうりょうじゅ
？ ～天文24(1555)年7月12日
戦国時代の曹洞宗の僧。
¶仏教

**励慶** れいきょう
？ ～安政6(1859)年

江戸時代後期～末期の真宗大谷派の僧。
¶姓氏石川

**霊鏡竜湖　れいきょうりゅうこ**
？～元禄9（1696）年
江戸時代前期～中期の宮古山常安寺第7世住職・浄土ケ浜の命名者。
¶姓氏岩手

**霊極　れいぎょく**
？～正保2（1645）年1月22日
江戸時代前期の浄土宗の僧。
¶仏教

**霊吟　れいぎん**
生没年不詳
江戸時代前期の浄土宗の僧。
¶仏教

**霊空　れいくう**
承応1（1652）年～元文4（1739）年10月4日　(別)光謙（こうけん），霊空光謙（れいくうこうけん）
江戸時代前期～中期の天台宗の僧。安楽律の大成者。大小兼学運動に参加。
¶朝日（(没)元文4年10月4日（1739年11月4日）），岩史（霊空光謙　れいくうこうけん），近世（光謙　こうけん），国史（光謙　こうけん），国書（光謙　こうけん），コン改，コン4，コン5，思想史，新潮，人名，全書，大百，日思（霊空光謙　れいくうこうけん），日史（光謙　こうけん），日人，百科（光謙　こうけん），仏教，仏史（光謙　こうけん），仏人（光謙　こうけん　(没)1738年），歴大



**霊空光謙　れいくうこうけん**
→霊空（れいくう）

**霊月　れいげつ**
？～寛永6（1629）年6月1日
安土桃山時代～江戸時代前期の浄土宗の僧。
¶仏教

**令玄　れいげん**
→令玄（りょうげん）

**霊玄　れいげん**
元和5（1619）年～元禄11（1698）年　(別)霊玄（りょうげん）
江戸時代前期の浄土宗の僧。増上寺30世。
¶大阪人（りょうげん），国書（(没)元禄11（1698）年5月6日），人名（りょうげん），日人，仏教（(没)元禄11（1698）年5月9日，（異説）5月5日？），三重続（(生)元和1年）

**霊彦　れいげん**
→希世霊彦（きせいれいげん）

**霊源慧桃　れいげんえとう**
享保6（1721）年～天明5（1785）年3月9日
江戸時代中期の臨済宗の僧。
¶国書，日人，仏教

**霊源海脈　れいげんかいみゃく**
明・永暦6（1652）年12月8日～享保2（1717）年5月18日
江戸時代前期～中期の黄檗宗の僧。万福寺9世。
¶仏教

**霊源素皎　れいげんそこう**
元禄12（1699）年9月17日～宝暦13（1763）年4月10日
江戸時代中期の曹洞宗の僧。
¶国書

**霊江周徹　れいこうしゅうてつ**
生没年不詳
室町時代の臨済宗の僧。
¶日人，仏教

**霊彩　れいさい**
生没年不詳
室町時代の画僧。朝鮮の世祖に白衣観音図を贈る。
¶朝日，史人，日史，日人，美家，百科，名画

**令山　れいざん**
？～応永6（1399）年
南北朝時代～室町時代の臨済宗の僧。武蔵国済寺開山。
¶仏人

**令山竣翁　れいざんしゅんおう**
～応永26（1419）年
南北朝時代～室町時代の僧侶。
¶多摩

**霊山道隠　れいざんどういん**
→霊山道隠（りょうざんどういん）

**齢山麿寿　れいざんどんじゅ**
生没年不詳
安土桃山時代～江戸時代前期の曹洞宗の僧。
¶仏教

**霊寿院勝縁　れいじゅいんしょうえん**
安政3（1856）年7月23日～大正13（1924）年3月19日
明治・大正期の僧。長浜別院・大通寺の住職で高山照蓮寺の住職を兼任。
¶飛驒

**霊秀　れいしゅう**
？～文政1（1818）年
江戸時代中期～後期の浄土真宗の僧。
¶国書

**霊順(1)　れいじゅん**
生没年不詳
江戸時代前期の曹洞宗の僧。
¶仏教

**霊順(2)　れいじゅん**
？～宝暦1（1751）年12月14日
江戸時代中期の浄土宗の僧。
¶国書

**霊勝　れいしょう**
生没年不詳
江戸時代前期の浄土真宗の僧。

¶国書

**霊沼** **れいしょう**
宝暦12(1762)年～嘉永5(1852)年
江戸時代中期～後期の真宗大谷派の僧。
¶姓氏石川

**霊照**(1) **れいしょう**
延宝7(1679)年～寛延3(1750)年12月3日
江戸時代前期～中期の真言律宗の僧。
¶国書

**霊照**(2) **れいしょう**
生没年不詳
江戸時代後期の浄土真宗の僧。
¶国書

**霊城** **れいじょう**
＊～明治1(1868)年12月8日
江戸時代後期～末期の浄土真宗の僧。
¶国書(㊤寛政1(1789)年), 姓氏石川(㊤?)

**霊随** **れいずい**
明和1(1764)年～天保6(1835)年
江戸時代中期～後期の僧。時宗無量光寺52世。
¶姓氏神奈川

**霊瑞**(1) **れいずい**
→竜霊瑞(りゅうれいずい)

**霊瑞**(2) **れいずい**
宝暦1(1751)年～文政10(1827)年 ㊍霊瑞(りょうずい)
江戸時代中期～後期の真言宗の僧。
¶国書(㊦文政10(1827)年5月28日), 徳島歴(りょうずい)

**霊瑞**(3) **れいずい**
享保6(1721)年～文化1(1804)年5月13日
江戸時代中期～後期の真言声明南山進流の声明家。
¶国書, 人名(㊤1757年), 日音, 仏教

**冷泉為紀** **れいぜいためもと**
嘉永7(1854)年～明治38(1905)年
明治期の歌人。伯爵、伊勢神宮大宮司。詠歌は千種の宮、千歳之幾久、明治勅題歌集等に収載された。
¶京都文(㊤嘉永7(1854)年1月11日 ㊦明治38(1905)年11月24日), 諸系, 神人, 人名, 日人, 三重続, 明治史, 明大2(㊤嘉永7(1854)年1月11日 ㊦明治38(1905)年11月24日)

**嶺雪** **れいせつ★**
江戸時代の僧侶。
¶三重続

**霊仙** **れいせん**
→霊仙(りょうせん)

**霊泉慧照** **れいせんえしょう**
宝永4(1707)年～天明3(1783)年11月27日
江戸時代中期の曹洞宗の僧。
¶国書

**霊泉寿曹** **れいせんじゅそう**
生没年不詳
戦国時代の曹洞宗の僧。
¶仏教

**霊仙真寿** **れいせんしんじゅ**
天明2(1782)年～嘉永4(1851)年
江戸時代後期の黄檗宗の僧。
¶黄檗(㊦嘉永4(1851)年1月), 国書(㊦嘉永4(1851)年1月26日)

**霊沢** **れいたく**
生没年不詳
江戸時代中期の浄土宗の僧。
¶国書

**霊潭**(1) **れいたん**
延宝4(1676)年5月10日～享保19(1734)年 ㊍性澂(しょうちょう)
江戸時代中期の浄土宗の僧。
¶国書(性澂 しょうちょう ㊦享保19(1734)年11月3日), 仏教(性澂 しょうちょう ㊦享保19(1734)年11月8日), 仏人

**霊潭**(2) **れいたん**
元禄2(1689)年～明和6(1769)年
江戸時代中期の浄土真宗本願寺派の僧。
¶国書(㊦明和6(1769)年7月16日), 姓氏富山, 日人

**霊潭**(3) **れいたん**
→能仁霊潭(のうにんれいたん)

**霊潭魯竜** **れいたんろりゅう**
延享3(1746)年7月13日～文化3(1806)年7月3日
江戸時代中期～後期の曹洞宗の僧。
¶国書, 人名, 日人, 仏教

**嶺冲元漢**(嶺沖元漢) **れいちゅうげんかん**
? ～元文5(1740)年7月29日
江戸時代中期の黄檗宗の僧。
¶黄檗, 国書(嶺沖元漢)

**霊仲禅英** **れいちゅうぜんえい**
? ～応永17(1410)年
南北朝時代～室町時代の禅僧。
¶鎌室(㊤康安2/正平17(1362)年 ㊦?), 京都府, 人名, 日人, 仏教(㊦応永17(1410)年5月28日)

**霊通** **れいつう**
? ～元和3(1617)年5月5日
安土桃山時代～江戸時代前期の浄土宗の僧。
¶仏教

**霊頓** **れいとん**
慶長16(1611)年～寛文6(1666)年8月26日
江戸時代前期の浄土宗の僧。
¶埼玉人, 仏教

**嶺南秀恕** **れいなんしゅうじょ**
延宝3(1675)年～宝暦2(1752)年11月23日 ㊍秀恕(しゅうじょ)
江戸時代中期の曹洞宗の僧。

¶近世，国史，国書（[生]延宝3（1675）年1月1日），日人，仏教，仏史，名僧

**嶺南崇六** れいなんすうろく
天正11（1583）年～寛永20（1643）年 [別]崇六（すうろく）
江戸時代前期の臨済宗の僧。妙心寺117世。
¶江戸東，人名，日人，仏教（[没]寛永20（1643）年7月27日），仏人（崇六 すうろく）

**霊波** れいは
正応3（1290）年～天授3/永和3（1377）年8月15日
鎌倉時代後期～南北朝時代の僧。
¶神奈川人，鎌室（[生]？），国書，人名（[生]？），日人，仏教

**霊鳳** れいほう
元禄8（1695）年～延享1（1744）年
江戸時代中期の浄土真宗の僧。
¶国書

**霊峰慧剣** れいほうえけん
生没年不詳
鎌倉時代後期の臨済禅僧、枕木山華蔵寺開山。
¶島根歴（[生]正安ごろ）

**霊鋒慧剣**（霊峰慧剣） れいほうえけん
生没年不詳
鎌倉時代後期～南北朝時代の僧。
¶鎌室，人名，日人（霊峰慧剣），仏教（霊峰慧剣）



**霊峰元秀** れいほうげんしゅう
万治2（1659）年～延享2（1745）年4月22日
江戸時代前期～中期の黄檗宗の僧。
¶黄檗

**霊峰道悟** れいほうどうご
→霊峰道悟（りょうほうどうご）

**霊妙** れいみょう
？ ～宝暦7（1757）年7月17日
江戸時代中期の浄土宗の僧。
¶国書，仏教

**霊門** れいもん
元亀1（1570）年～寛永19（1642）年5月18日
安土桃山時代～江戸時代前期の浄土宗の僧。
¶仏教

**霊遊** れいゆう
？ ～明治2（1869）年
江戸時代末期の真宗東本願寺派の僧。仏説天文家。
¶朝日，日人

**霊曜**(1) れいよう
生没年不詳
奈良時代の渡来僧。
¶仏教

**霊曜**(2) れいよう
宝暦10（1760）年10月4日～文政5（1822）年11月7日
江戸時代中期～後期の浄土真宗の僧。
¶国書，人名（[生]？），日人，仏教

**レオ烏丸** れおからすまる
天文18（1549）年～慶長1（1596）年
戦国時代～安土桃山時代のキリシタン。日本二十六聖人。
¶長崎歴

**歴央** れきおう
天正19（1591）年～承応3（1654）年2月3日
江戸時代前期の浄土宗の僧。
¶仏教

**轢翁** れきおう
？ ～寛文9（1669）年11月5日
江戸時代前期の浄土宗の僧。
¶仏教

**暦海** れきかい
生没年不詳
平安時代前期の真言宗の僧。
¶仏教

**歴山** れきざん
？ ～寛文6（1666）年11月15日
江戸時代前期の浄土宗の僧。
¶仏教

**歴天** れきてん
慶長12（1607）年～延宝1（1673）年12月4日
江戸時代前期の浄土宗の僧。増上寺26世。
¶仏教

**轢道** れきどう
？ ～寛永10（1633）年2月15日
江戸時代前期の浄土宗の僧。
¶仏教

**蓮阿**(1) れんあ
生没年不詳
鎌倉時代前期の歌人。伊勢内宮権禰宜。
¶国書，古人，人名，日人，平史

**蓮阿**(2) れんあ
元禄13（1700）年～宝暦7（1757）年1月18日
江戸時代中期の浄土宗の僧。
¶国書

**蓮位** れんい
？ ～弘安1（1278）年 [別]蓮位（れんに）
鎌倉時代前期の浄土真宗の僧。
¶国書（[没]弘安1（1278）年7月23日），人名（れんに），日人，仏教（[没]弘安1（1278）年7月23日？）

**蓮意** れんい
？ ～長承1（1132）年9月10日
平安時代後期の真言宗の僧。
¶国書，仏教

**連意** れんい
？ ～慶安2（1649）年5月25日
江戸時代前期の浄土宗の僧。
¶仏教

**蓮胤** れんいん
→鴨長明（かものちょうめい）

**蓮雲** れんうん
生没年不詳
戦国時代の天台宗の僧。
¶仏教

**蓮翁** れんおう
生没年不詳
江戸時代後期の日蓮宗の僧。
¶国書

**蓮雅** れんが
生没年不詳
江戸時代中期の僧侶。
¶姓氏愛知

**聯海** れんかい
生没年不詳
南北朝時代の僧侶・連歌作者。
¶国書

**蓮覚** れんかく
生没年不詳
室町時代の修験僧。
¶国書

**蓮基** れんぎ
生没年不詳
平安時代後期の僧侶・医者。
¶国書

**蓮教** れんきょう, れんぎょう
宝徳3 (1451) 年～延徳4 (1492) 年5月2日 [別]経豪(きょうごう)
室町時代～戦国時代の真宗の僧。本願寺教団拡大の基をつくった。
¶朝日 ([没]明応1年5月2日 (1492年5月27日)), 鎌室 (経豪 きょうごう), 国史, 国書 ([生]宝徳3 (1451) 年1月15日), 古中, 史人 ([生]1451年1月15日), 新潮 (経豪 きょうごう), 人名 (経豪 きょうごう), 戦人 (れんぎょう), 日人 (経豪 きょうごう), 仏教 ([生]宝徳3 (1451) 年1月15日), 仏史

**蓮行** れんぎょう
生没年不詳
鎌倉時代の浄土真宗の僧。
¶国書, 日人, 仏教, 名画

**蓮欽** れんきん
文明1 (1469) 年～明応5 (1496) 年
戦国時代の僧。瑞泉寺4世。
¶姓氏富山

**蓮芸** れんげい
文明16 (1484) 年～
戦国時代の僧。姉小路基綱の娘と本願寺蓮如との間に生まれた男子。
¶飛驒

**廉渓恵蓮** れんけいえれん
～享保10 (1725) 年3月21日
江戸時代中期の金山町の林泉寺の中興開山。
¶飛驒

**蓮馨尼** れんけいに
? ～永禄10 (1567) 年8月27日
戦国時代の尼僧。
¶埼玉人

**蓮月尼** れんげつに
→大田垣蓮月 (おおたがきれんげつ)

**蓮眼** れんげん
生没年不詳
鎌倉時代の真言宗の僧。
¶仏教

**蓮悟** れんご
応仁2 (1468) 年～天文12 (1543) 年7月18日
戦国時代の浄土真宗の僧。
¶石川百, 姓氏石川, 仏教

**蓮光**(1) れんこう
? ～*
平安時代後期の天台宗の僧。紺紙金銀交書一切経の書写の責任者。
¶朝日 (生没年不詳), 古人 ([生]? [没]1155年), 日人 ([没]1155年?), 平史 (生没年不詳)

**蓮光**(2) れんこう
生没年不詳
江戸時代中期の真言律宗の僧。
¶国書

**蓮綱** れんこう
宝徳2 (1450) 年～享禄4 (1531) 年
戦国時代の浄土真宗の僧。
¶石川百, 姓氏石川, 戦人

**蓮光寺善慶** れんこうじぜんけい
生没年不詳
戦国時代の馬瀬村の蓮光寺の開基。
¶飛驒

**連察** れんさつ
寛文12 (1672) 年～宝暦5 (1755) 年4月25日
江戸時代中期の浄土宗の僧。増上寺43世。
¶仏教

**廉山** れんざん
享保20 (1735) 年～安永8 (1779) 年
江戸時代中期の僧、茶人。
¶日人

**連山交易** れんざんこうえき
→交易 (こうえき)

**蓮寂** れんじゃく
生没年不詳
法華持経者。
¶仏教

**蓮周** れんしゅう
文明14 (1482) 年～
戦国時代の僧。姉小路基綱の娘と本願寺蓮如との間に生まれた女子。
¶飛驒

**蓮洲** れんしゅう
? 〜文化2（1805）年7月6日
江戸時代後期の僧。
¶岡山歴

**蓮秀** れんしゅう
文明13（1481）年〜天文21（1552）年
戦国時代の浄土真宗の僧。
¶人名，戦人，日人，仏教（㊀文明13（1481）年3月10日 ㊁天文21（1552）年7月10日）

**連州** れんしゅう
? 〜宝暦7（1757）年2月27日
江戸時代中期の時宗の僧・連歌作者。
¶国書

**蓮舟** れんじゅう
貞観3（861）年〜承平3（933）年7月16日
平安時代前期〜中期の真言宗の僧。
¶仏教

**錬叔宗鉄** れんしゅくそうてつ
天文1（1532）年〜慶長17（1612）年2月15日
安土桃山時代〜江戸時代前期の臨済宗の僧。大徳寺131世。
¶仏教

**蓮受寺明道** れんじゅじじみょうどう
生没年不詳
戦国時代の白川村の蓮受寺の開基。
¶飛騨

れ

**蓮淳** れんじゅん
寛正5（1464）年〜天文19（1550）年8月18日 ㊞兼誉（けんよ）
戦国時代の真宗の僧。本願寺第8世蓮如の6男。
¶国史，国書（兼誉 けんよ），古中，戦人，日人，仏教，仏史

**憐昭** れんしょう
平安時代前期の天台宗の僧。
¶国書（生没年不詳），古人，古代，古代普，日人（生没年不詳）

**蓮勝** れんしょう
弘安5（1282）年〜正平17/貞治1（1362）年2月22日
鎌倉時代後期〜南北朝時代の浄土宗の僧。
¶国書，仏教，仏人

**蓮照**(1)（蓮昭） れんしょう
永延2（988）年〜永承3（1048）年2月14日
平安時代中期の天台宗の僧。
¶岡山人，古人（蓮昭），人名（㊀？），仏教

**蓮照**(2) れんしょう
生没年不詳
平安時代後期の仏教説話にみえる僧。
¶日人

**蓮照**(3) れんしょう
? 〜文亀3（1503）年
室町時代〜戦国時代の真宗大谷派の僧。
¶姓氏石川

**蓮生** れんしょう
→宇都宮頼綱（うつのみやよりつな）

**蓮上** れんじょう
長寛2（1164）年〜？
平安時代後期〜鎌倉時代前期の神職。荒木田成長の子。
¶古人（㊁？），平史

**蓮乗** れんじょう
文安3（1446）年〜永正1（1504）年
室町時代〜戦国時代の浄土真宗の僧。
¶石川百，姓氏石川，姓氏富山，戦人

**蓮城** れんじょう
生没年不詳
上代の伝説上の僧侶。
¶大分歴

**蓮浄** れんじょう
生没年不詳
鎌倉時代の律宗の僧。
¶仏教

**蓮生** れんじょう
→熊谷直実（くまがいなおざね）

**連常** れんじょう
生没年不詳
江戸時代後期の天台宗の僧。
¶国書

**蓮乗院恵教** れんじょういんえきょう
安永7（1778）年〜天保14（1843）年
江戸時代中期〜後期の清水寺御重塔再建勧進僧、茶道三斎流古門堂派開祖。
¶島根歴

**蓮勝寺円西** れんしょうじえんさい
生没年不詳
戦国時代の荘川村の蓮勝寺の開基。
¶飛騨

**蓮乗寺善海** れんじょうじぜんかい
明治7（1874）年2月8日〜昭和14（1939）年11月10日
明治〜昭和期の高山市の蓮乗寺の開基。
¶飛騨

**連城浄玉** れんじょうじょうぎょく
享保13（1728）年〜？
江戸時代中期〜後期の黄檗宗の僧。
¶黄檗

**連城三紀彦** れんじょうみきひこ
昭和23（1948）年1月11日〜
昭和〜平成期の小説家、浄土真宗僧侶。「変調二人羽織」でデビュー、「恋文」で直木賞を受賞し人気作家に。
¶石川文，京都文，現朝，幻作，現執2期，現執3期，現執4期，現情，幻想，現日，滋賀文，小説，新文，世紀，日人，マス89，ミス

**蓮随** れんずい
？ ～元和7（1621）年2月14日
江戸時代前期の浄土宗の僧。
¶仏教

**蓮生** れんせい
→熊谷直実（くまがいなおざね）

**蓮誓** れんせい
康正1（1455）年～大永1（1521）年
室町時代～戦国時代の僧。山田光教寺の初代。
¶石川百，姓氏石川，姓氏富山

**蓮禅** れんぜん
生没年不詳
平安時代後期の漢詩人。「三外往生記」の作者。
¶国史，国書，古人（㊌1084年？），古中，日史，日人，日文，福岡文，仏史，平史，和俳

**蓮崇** れんそう
→下間蓮崇（しもつまれんそう）

**蓮蔵** れんぞう
真言宗の僧。
¶日人，仏教（生没年不詳）

**蓮体** れんたい
寛文3（1663）年～享保11（1726）年
江戸時代中期の真言宗の僧。仏教説話集「鉱石集」が有名。
¶朝日（㊍享保11年8月22日（1726年9月17日）），日人，仏教（㊍享保11（1726）年8月22日），仏人

**蓮待** れんたい
長和2（1013）年～承徳2（1098）年
平安時代中期～後期の真言宗の僧。高野聖の先駆け。
¶朝日（㊍承徳2年7月8日（1098年8月7日）），高知人，コン改，コン4，コン5，人名，日人，仏教（㊍承徳2（1098）年7月8日），和歌山人（㊌1031年）

**蓮智** れんち
生没年不詳
南北朝時代の僧侶・歌人・連歌作者。
¶国書

**蓮池** れんち
？ ～正徳5（1715）年
江戸時代前期～中期の僧侶。
¶青森人

**蓮仲** れんちゅう
生没年不詳
平安時代中期の天台宗の僧・歌人。
¶国書，古人，平史

**蓮長** れんちょう
生没年不詳
平安時代の天台宗の僧。
¶仏教

**連的** れんてき
？ ～貞享2（1685）年8月7日
江戸時代前期の浄土宗の僧。
¶埼玉人，日人，仏教

**蓮堂** れんどう
元文1（1736）年～天保2（1831）年
江戸時代中期～後期の僧。安楽律院87代貫主。
¶姓氏岩手

**蓮道** れんどう
生没年不詳
南北朝時代の僧侶・歌人。
¶国書

**蓮徳寺善性** れんとくじぜんしょう
生没年不詳
戦国時代の清見村の蓮徳寺の開基。
¶飛騨

**蓮位** れんに
→蓮位（れんい）

**蓮入** れんにゅう
？ ～寛仁1（1017）年
平安時代中期の真言宗の僧。
¶人名，日人，仏教（生没年不詳）

**蓮如** れんにょ
応永22（1415）年～明応8（1499）年3月25日 ㊇兼寿（けんじゅ），蓮如兼寿（れんにょけんじゅ），慧灯大師（えとうだいし），信証院（しんしょういん）
室町時代～戦国時代の浄土真宗の僧。本願寺第8世宗主。本願寺中興の祖。
¶朝日（㊍明応8年3月25日（1499年5月5日）），石川百，岩史，大阪人（㊍明応8（1499）年3月26日），角史，鎌室，教育，京都，京都府（蓮如兼寿 れんにょけんじゅ），郷土福井，国史，国書（兼寿 けんじゅ ㊌応永22（1415）年2月25日），古中，コン改，コン4，コン5，詩歌，史人（㊌1415年2月25日），思想史，重要（㊌応永22（1415）年2月），人書79，人書94，人情5，新潮（㊌応永22（1415）年2月25日），人名，姓氏愛知，姓氏石川，姓氏京都（蓮如兼寿 れんにょけんじゅ），世人，世百，戦合，全書，戦人，大百，中世，伝記，長野歴，新潟百，日音（㊌応永22（1415）年2月25日），日思，日史（㊌応永22（1415）年2月25日），日人，濃飛（親鸞，蓮如 しんらん，れんにょ），百科，福井百，仏教（㊌応永22（1415）年2月25日 ㊍明応8（1499）年2月25日），仏史，仏人，ふる，平日（㊌1415 ㊍1499），室町，名僧，山川小（㊌1415年2月25日），歴大，和歌山人，和俳

**蓮如兼寿** れんにょけんじゅ
→蓮如（れんにょ）

**連敏** れんびん
生没年不詳
平安時代中期の僧侶・歌人。
¶国書，古人，平史

**蓮坊** れんぼう
生没年不詳
平安時代中期の天台宗の僧。

れ

¶仏教

**廉峯** れんぽう
＊～明和9(1772)年7月14日
江戸時代中期の真言声明南山進流の声明家。
¶国書(㊐享保4(1719)年)，日音(㊐享保3(1718)年)

**蓮峰衍秀** れんぽうえんしゅう
寛延3(1750)年～文政13(1830)年1月9日
江戸時代中期～後期の黄檗宗の僧。
¶黄檗

**蓮妙** れんみょう
鎌倉時代後期の仏師。
¶美建，仏教(生没年不詳)

**蓮茂** れんも
平安時代中期の僧。
¶古人，平史(生没年不詳)

**蓮輦** れんよ
平安時代中期の仏師。
¶古人

**蓮了** れんりょう
生没年不詳
江戸時代後期の社僧。
¶国書

**ロウエル**
→魯雲(ろうん)



## 【ろ】

**浪化** ろうか
寛文11(1671)年12月17日～元禄16(1703)年10月9日　㊞常照(じょうしょう)
江戸時代中期の僧、俳人。松尾芭蕉の門下。
¶朝日(㊐寛文11年12月17日(1672年1月16日)　㊣元禄16年10月9日(1703年11月17日))，近世(常照　じょうしょう)，国史(常照　じょうしょう)，国書，コン改，コン4，コン5，詩歌，史人，新潮，人名，姓氏富山，富山百，富山文，日人(㊐1672年)，俳諧，俳句，俳文，仏教，仏史(常照　じょうしょう)，ふる，和俳

**朗慶** ろうけい
？　～元亨4(1324)年
鎌倉時代後期の日蓮宗の僧。
¶富山百，仏教(㊣元亨4(1324)年2月28日)

**朗月** ろうげつ
天正5(1577)年～寛永7(1630)年4月21日
安土桃山時代～江戸時代前期の浄土宗の僧。
¶仏教

**朗源** ろうげん
嘉暦1(1326)年～天授4/永和4(1378)年
南北朝時代の日蓮宗の僧。
¶日人，仏教(㊣永和4/天授4(1378)年1月18日)

**弄幻子** ろうげんし
生没年不詳
江戸時代中期の僧。
¶国書，日人

**老杉閣芸々** ろうさんかくうんうん
文化5(1808)年～明治24(1891)年
江戸時代後期～明治期の僧。稗貫郡内川目村の岳妙泉寺31世、京都御室御所仁和寺の宝光院院跡9代を兼帯。
¶姓氏岩手

**老山要玄** ろうさんようげん
？　～享保4(1719)年
江戸時代前期～中期の曹洞宗の僧。
¶国書

**朗州道耀** ろうしゅうどうよう
？　～寛保3(1743)年2月13日
江戸時代中期の黄檗宗の僧。
¶黄檗

**弄松閣只丸(1)** ろうしょうかくしがん
→只丸(2)(しがん)

**弄松閣只丸(2)** ろうしょうかくしがん
寛永17(1640)年～正徳2(1712)年11月　㊞只丸(しがん)
江戸時代前期～中期の俳人。
¶大阪人(只丸　しがん)，大阪人，大阪墓(只丸　しがん　㊣正徳2(1712)年11月3日)

**朗善** ろうぜん
生没年不詳
平安時代前期の天台宗の僧。
¶古人，仏教，平史

**老仙元聃** ろうせんげんたん
？　～応永6(1399)年2月9日
南北朝時代～室町時代の臨済宗の僧。建長寺65世、円覚寺57世。
¶仏教

**朗湛** ろうたん
？　～天明1(1781)年11月6日
江戸時代中期の融通念仏宗の僧。宗祖。
¶国書，日人，仏教

**朗澄** ろうちょう
天承1(1131)年～承元2(1208)年5月14日
平安時代後期～鎌倉時代前期の真言宗の僧。
¶国書，古人，平史，密教(㊐1132年　㊣1208・9年5月14日)

**聾兎** ろうと
明治2(1869)年～昭和4(1929)年11月23日
明治～昭和期の俳人、僧侶。「聾兎遺稿」に俳句と漢詩が収められている。
¶俳諧，俳句

**朗然** ろうねん
寛永5(1628)年～寛文13(1673)年5月21日
江戸時代前期の真言宗の僧。
¶国書

**良敏** **ろうびん**
？ ～天平10（738）年
奈良時代の興福寺の僧。
¶古人（[生]？），古代，古代普（[生]？），日人

**良弁** **ろうべん**
持統天皇3（689）年～宝亀4（773）年　[別]良弁（りょうべん），良弁僧正（ろうべんそうじょう）
飛鳥時代～奈良時代の僧。東大寺創建の中心人物。
¶朝日（[没]宝亀4年閏11月16日（774年1月2日）），岩史（[没]宝亀4（773）年閏11月24日），角史，神奈川百，京都府，国史，古史，古人（[生]689年），古代，古代普（[生]689年），古中，コン改，コン4，コン5，滋賀百（りょうべん　[生]687年），史人（[没]773年閏11月16日），新潮（[没]宝亀4（773）年閏11月24日），人名，姓氏神奈川，世人（[没]宝亀4（773）年閏11月24日），世百，全書，大百，日思（ろうべん（りょうべん）），日史（[没]宝亀4（773）年閏11月16日），日人（[没]774年），百科，福井百（良弁僧正　ろうべんそうじょう），仏教（[没]宝亀4（773）年11月16日），仏史，仏人（りょうべん），平日（[生]689　[没]773），町田歴（[没]宝亀4（773）閏11月16日），名僧，山川小（[生]689年　[没]773年閏11月16日），歴大

**良弁僧正** **ろうべんそうじょう**
→良弁（ろうべん）

**老卵** **ろうらん**
＊～文化2（1805）年11月12日
江戸時代中期～後期の僧侶。
¶秋田人2（[生]享保8年），庄内（[生]享保10（1725）年）

**老卵無幻** **ろうらんむげん**
享保8（1723）年～文化2（1805）年
江戸時代中期～後期の僧。
¶藩臣2

**魯雲** **ろうん**
[別]ロウエル
江戸時代中期～後期のアメリカの天文学者。
¶姓氏石川（ロウエル　[生]1855年　[没]1916年），姓氏富山（[生]1743年　[没]1823年）

**盧雲憲栄** **ろうんけんえい**
生没年不詳
江戸時代中期の摂津の僧。
¶飛騨

**呂笳** **ろか**
＊～宝暦1（1751）年12月30日
江戸時代前期～中期の修験者にして俳人。
¶庄内（[生]寛文3（1663）年），山形百（[生]寛文2（1662）年）

**路廓** **ろかく**
永禄9（1566）年～寛永18（1641）年3月5日
安土桃山時代～江戸時代前期の浄土宗の僧。
¶仏教

**盧岳等都** **ろがくとうと**
？ ～文明2（1470）年2月1日
室町時代の曹洞宗の僧。
¶仏教

**露牛** **ろぎゅう**
？ ～元和8（1622）年11月
江戸時代前期の浄土宗の僧。
¶国書（生没年不詳），埼玉人，仏教

**露吟** **ろぎん**
？ ～寛文7（1667）年
江戸時代前期の浄土宗の僧。
¶仏教

**六枳** **ろくき**
→大谷六枳（おおたにりっき）

**六枳** **ろくし**
→大谷六枳（おおたにりっき）

**六代** **ろくだい**
→平六代（たいらのろくだい）

**六如** **ろくにょ**
→六如（りくにょ）

**魯公** **ろこう**
？ ～寛永8（1631）年5月11日
江戸時代前期の浄土宗の僧。知恩寺34世。
¶仏教

**蘆江海旨** **ろこうかいし**
延宝7（1679）年～？
江戸時代中期の黄檗宗の僧。
¶黄檗，国書

**魯山益主** **ろさんえきしゅ**
寛政10（1798）年～安政3（1856）年4月10日
江戸時代末期の黄檗宗の僧。
¶黄檗，国書

**魯山存策** **ろさんそんさく**
生没年不詳
江戸時代中期の曹洞宗の僧。
¶国書

**鷺十** **ろじゅう**
正徳5（1715）年～寛政2（1790）年10月　[別]真照寺鷺十（しんしょうじろじゅう）
江戸時代中期の丹後橋立真照寺の僧、俳人。
¶京都府（[生]？），国書，人名，日人（真照寺鷺十　しんしょうじろじゅう），俳諧（[生]？），俳句，俳文，和俳

**盧秀衍鐘** **ろしゅうえんしょう**
？ ～寛政1（1789）年10月4日
江戸時代中期の黄檗宗の僧。
¶黄檗

**驢雪鷹灞** **ろせつようは**
？ ～永禄1（1558）年3月30日
戦国時代の臨済宗の僧。建仁寺27世。
¶国書，人名，日人（生没年不詳），仏教（生没年不詳）

ろ

**露泉** ろせん
？～元禄12(1699)年7月14日
江戸時代前期～中期の俳人。真言宗の僧。
¶国書

**六不庵吐丈** ろっぽあんとじょう
宝暦8(1758)年～文政12(1829)年
江戸時代後期の俳人。
¶姓氏長野，長野歴

**露天** ろてん
？～延宝5(1677)年11月6日
江戸時代前期の浄土宗の僧。
¶仏教

**魯洞** ろどう
天正7(1579)年～寛文5(1665)年12月16日
安土桃山時代～江戸時代前期の浄土宗の僧。
¶仏教

**魯道** ろどう
寛政3(1791)年～天保15(1844)年8月24日
江戸時代後期の絵師。
¶庄内

**魯念** ろねん
永禄10(1567)年～慶安2(1649)年6月2日
安土桃山時代～江戸時代前期の浄土宗の僧。
¶仏教

**路念** ろねん
？～寛永19(1642)年12月11日
江戸時代前期の浄土宗の僧。
¶仏教

わ

**露白** ろはく
天正16(1588)年～寛文4(1664)年
江戸時代前期の浄土宗の僧。鎌倉光明寺40世、増上寺24世。
¶仏教

**盧牧** ろぼく
→杉木普斎(すぎきふさい)

**ロレンソ**(ロレンゾ)
大永6(1526)年～天正19(1592)年12月20日
戦国時代～安土桃山時代のイエズス会の日本人修道士。もと琵琶法師で日本人最初のイルマン。
¶朝日，京都大([没]天正19(1591)年)，近世，国史，古中，コン改，コン4，コン5，史人([没]1591年12月20日)，思想史，新潮([没]天正19(1591)年12月20日)，姓氏京都([生]？)，世人(生没年不詳)，戦人，戦補([生]1527年)，対外([没]1591年)，長崎歴(ロレンゾ)，日史，日人([没]天正19(1592)年12月20日)，百科，歴大([生]1525年)

**崘山** ろんさん
生没年不詳
江戸時代前期の浄土宗の僧。
¶仏教

## 【わ】

**和庵清順** わあんしょうじゅん
応永15(1408)年～＊　[別]和庵清順(かあんせいじゅん)
室町時代の曹洞宗の僧。
¶人名(かあんせいじゅん)，日人([没]？)，仏教([没]寛正5(1464)年11月15日)

**和菴清順** わあんせいじゅん
？～寛正5(1464)年11月15日
室町時代の曹洞宗の僧。
¶埼玉人

**和翁芝中** わおうしちゅう
生没年不詳
室町時代の臨済宗の僧。
¶仏教

**若井成章** わかいなりあき
文政5(1822)年4月15日～明治23(1890)年
江戸時代末期～明治期の尾張藩士。
¶国書([没]明治23(1890)年10月31日)，日人([生]1823年)，藩臣4

**若槻慶隆** わかつきけいりゅう
明治29(1896)年～昭和37(1962)年
大正～昭和期の僧侶。
¶群馬人

**若林成我** わかばやしじょうが
？～明治22(1889)年
江戸時代後期～明治期の真宗大谷派の僧。
¶真宗，姓氏石川

**若林随縁** わかばやしずいえん
？～明治35(1902)年6月
江戸時代末期～明治期の僧侶。
¶真宗，姓氏石川

**若林随法** わかばやしずいほう
明治期の僧侶。
¶真宗

**少林梅嶺** わかばやしばいれい
文政6(1823)年9月3日～明治32(1899)年3月3日
江戸時代後期～明治期の臨済禅僧、南禅寺派初代管長。
¶島根人，島根百，島根歴

**若林房之進** わかばやしふさのしん
？～大正15(1926)年
明治～大正期の神職。樺太神社初代宮司。
¶神人

**若林法梁** わかばやしほうりょう
明治期の僧侶。
¶真宗

**若原観瑞** わかはらかんずい
安政5(1858)年～昭和12(1937)年

明治～昭和期の僧、政治家。
¶鳥取百

**脇坂智証** わきざかちしょう
明治40（1907）年3月18日～平成11（1999）年1月26日
明治～平成期の正養寺住職。
¶日エ

**脇田浅五郎** わきたあさごろう
明治14（1881）年10月26日～昭和40（1965）年3月16日
明治～昭和期のカトリック司教。
¶神奈川人，新カト

**脇谷撝謙** わきやぎけん
明治9（1876）年～昭和13（1938）年10月11日
明治～昭和期の僧侶。
¶真宗

**脇谷諦了** わきやたいりょう
弘化1（1844）年～大正6（1917）年
江戸時代末期～大正期の僧侶。
¶大分歴

**和気宥雄** わきゆうゆう
→和気宥雄（わけゆうおう）

**和倉覚順** わくらかくじゅん
明治14（1881）年3月14日～昭和36（1961）年8月31日
明治～昭和期の僧侶。
¶真宗

**和渓宗順** わけいそうじゅん
明応5（1496）年～天正4（1576）年10月21日
戦国時代～安土桃山時代の臨済宗の僧。大徳寺103世。
¶国書，仏教

**和気宥雄** わけゆうおう
天保13（1842）年～大正9（1920）年5月29日 ㊙和気宥雄（わきゆうゆう，わけゆうゆう）
明治～大正期の僧侶。醍醐寺座主兼三宝院門跡。のち醍醐派管長、大僧正。
¶人名（わけゆうゆう），世紀，長崎遊（わけゆうゆう），日人，幕末（わきゆうゆう），幕末大（わきゆうゆう），明大1

**和気宥雄** わけゆうゆう
→和気宥雄（わけゆうおう）

**和合恒男** わごうつねお
明治34（1901）年5月10日～昭和16（1941）年5月16日
大正～昭和期の日蓮主義青年団メンバー。
¶郷土長野，社史，昭人，世紀，姓氏長野，長野百，長野歴，日人

**稙田有快** わさだゆうかい
生没年不詳
南北朝時代の僧。
¶大分歴

**和佐恒也** わさつねなり
嘉永5（1852）年6月10日～昭和14（1939）年10月8日
明治期の牧師。大牟田教会牧師。
¶社史

**鷲尾教導** わしおきょうどう
＊～昭和3（1928）年4月11日
明治～大正期の僧侶、歴史学者。本派本願寺僧侶。仏教史を研究。
¶史研（㊐明治7（1874）年8月25日），社史（生没年不詳），真宗（㊐明治8（1875）年），世紀（㊐明治7（1874）年8月25日），日人（㊐明治8（1875）年），仏教（㊐明治8（1875）年），明大1（㊐明治7（1874）年8月25日）

**鷲尾順敬**（鷲尾順教） わしおじゅんきょう
慶応4（1868）年3月18日～昭和16（1941）年1月13日
明治～昭和期の仏教史学者。東洋大学教授、東京帝国大学史料編纂官。「日本仏家人名辞書」を編纂、仏教史学会を創設。
¶幻想，考古，コン改，コン5，史研，昭人，真宗（㊐慶応4（1868）年3月1日），新潮，人名7，世紀，哲学，日人，仏教（㊐慶応4（1868）年3月1日），仏人（鷲尾順教），明治史

**鷲尾隆輝** わしおりゅうき
大正6（1917）年12月17日～
昭和期の真言宗東寺派僧侶。管長、石山寺座主。
¶郷土滋賀，現情

**鷲沢法梁** わしざわほうりょう
安政5（1858）年11月10日～大正7（1918）年2月4日
明治～大正期の僧侶。
¶真宗

わ

**輪島聞声** わじまもんしょう，わじまもんじょう
嘉永5（1852）年5月15日～大正9（1920）年4月3日
㊙輪島聞声（わじまもんせい）
明治～大正期の尼僧、教育者。東京尼衆教場教授。尼衆教場、淑徳女学校などを創設、女性教育に着眼し具体化した功績は大きい。
¶朝日（わじまもんじょう ㊐嘉永5年5月15日（1852年7月2日）），学校，コン改（わじまもんじょう），コン5（わじまもんじょう），女性（わじまもんせい），女性普（わじまもんじょう），世紀，日人，仏教，仏人，北海道百（わじまもんじょう），北海道歴（わじまもんじょう），明大1

**輪島聞声** わじまもんせい
→輪島聞声（わじまもんしょう）

**鷲見徹道** わしみてつどう
明治1（1868）年～昭和26（1951）年
明治～昭和期の安蘇郡植野村法雲庵兼東光寺住職、私学東明学院創設。
¶栃木歴

**鷲峰智恭** わしみねちきょう
安政5（1858）年2月2日～明治42（1909）年9月3日
江戸時代末期～明治期の詩僧。宝谷山金剛頂寺第10世住職。

¶岡山歴

**鷲山樹心** わしやまじゅしん
大正9(1920)年11月23日～
昭和期の日本近世文学者、仏教文学者。花園大学教授。
¶現執2期

**鷲山諦厳** わしやまたいがん
明治25(1892)年3月2日～昭和24(1949)年7月2日
明治～昭和期の僧侶。
¶真宗

**和田英一** わだえいいち
明治43(1910)年～
昭和期の僧侶。光明寺住職。
¶社史

**和田恵俊** わだえしゅん
明治26(1893)年1月28日～昭和50(1975)年10月7日
大正～昭和期の宗教者・社会福祉家。
¶岡山歴

**和田円什** わだえんじゅう
弘化2(1845)年～昭和10(1935)年
江戸時代末期～昭和期の僧侶。
¶真宗

**和田覚二** わだかくじ
明治12(1879)年8月2日～昭和37(1962)年3月9日
明治～昭和期の真言宗僧侶。高野山真言宗管長。
¶社史

**和田金吾** わだきんご
生没年不詳
江戸時代後期の大住郡大山阿夫利神社祠官。
¶神奈川人

**和田幸太郎** わだこうたろう
大正13(1924)年9月23日～昭和56(1981)年2月24日
大正～昭和期の宗教家。世界救世教本部外国課長、主任。
¶日エ

**和田呉山** わだござん
寛政12(1800)年～明治3(1870)年
江戸時代後期～明治期の僧、画家。
¶大阪人([没]明治3(1870)年8月)，画家([没]明治3(1870)年8月21日)，人名，日人，幕末([没]1870年9月16日)，幕末大([没]明治3(1870)年8月21日)，美家([没]明治3(1870)年9月16日)，名画

**和田秀豊** わだしゅうほう
嘉永7(1854)年1月24日～昭和21(1946)年7月27日 [別]和田秀豊(わだひでとよ)
明治～昭和期の牧師、社会事業家。ハンセン病患者の施設慰廃園を創立。
¶キリ(わだひでとよ)，現朝(わだひでとよ [生]嘉永7年1月24日(1854年2月21日))，現情，新潮，人名7，世紀(わだひでとよ)，日人，明大1(わだひでとよ)

**和田寿静** わだじゅせい
明治1(1868)年～昭和19(1944)年
明治～昭和期の禅僧。
¶姓氏神奈川

**和田性海** わだしょうかい，わだじょうかい
明治12(1879)年8月2日～昭和37(1962)年3月9日
明治～昭和期の真言宗僧侶、布教師。高野山真言宗管長、金剛峰寺392世。
¶現情，人名7，世紀，日人，兵庫人(わだじょうかい)，兵庫百，仏教，仏人

**海童道祖** わたずみどうそ
→海童道祖(わたつみどうそ)

**渡瀬常吉** わたぜつねよし
慶応3(1867)年～昭和19(1944)年10月14日
明治～昭和期の牧師。総督府の援助を受けて、朝鮮人の臣民化とキリスト教伝道を強力に推進。
¶朝日([生]慶応3年7月28日(1867年8月27日))，キリ([生]慶応3年(1867年7月) [没]昭和19(1944)年11月14日)，昭人([生]慶応3(1867)年7月28日)，世紀([生]慶応3(1867)年7月28日)，日人，兵庫百

**渡瀬昌雄** わたせまさお
生没年不詳
明治期の牧師、社会主義シンパ。
¶社史

**和田達源** わだたつげん
明治9(1876)年7月15日～昭和19(1944)年2月23日
明治～昭和期の真言宗僧侶。
¶日エ

**和田為盛** わだためもり
享和3(1803)年～慶応1(1865)年
江戸時代末期の神官。
¶人名，日人

**和田智満** わだちまん
天保6(1835)年5月5日～明治42(1909)年12月21日
江戸時代末期～明治期の真言宗学僧。随心院門跡、大僧正。
¶仏教，明大1

**渡津円学** わたづえんがく
→渡津円学(わたんつえんがく)

**海童道祖** わたつみどうそ，わたづみどうそ
明治44(1911)年11月20日～平成4(1992)年12月14日 [別]海童道祖(わたずみどうそ)
昭和期の普化尺八奏者。
¶音人，芸能，新芸，世紀(わたずみどうそ)，世紀，世紀(わたずみどうそ)，世紀，日音，日人(わたづみどうそ)

**和田主殿** わだとのも
生没年不詳
明治期の大住郡豊田村鶴崎八幡大神神主。
¶神奈川人

**渡辺重石丸** わたなべいかりまる
→渡辺重石丸(わたなべいかりまろ)

**渡辺重石丸** わたなべいかりまろ
天保8(1837)年～大正4(1915)年10月19日 ㊿渡辺重石丸(わたなべいかりまる)
江戸時代末期～大正期の国学者。私塾道生館を開いて子弟を教授、敬神尊皇の精神を鼓吹。著書に「固本策」。
¶朝日(㊤天保8年11月15日(1837年12月12日)), 維新(わたなべいかりまる), 大分百(㊤1836年 ㊦1917年), 近現, 近世, 国史, コン改, コン4, コン5, 思想史(㊤天保7(1836)年), 神史, 神人(㊤天保7(1836)年11月 ㊦大正4(1915)年10月), 人名, 全書, 日人, 幕末(わたなべいかりまる ㊦1917年3月), 幕末大(わたなべいかりまる ㊤天保8(1837)年11月15日), 藩臣7(わたなべいかりまる ㊤天保7(1836)年), 明治史(㊤天保7(1836)年), 明大2(㊤天保8(1837)年11月15日), 歴大(㊤1836年)

**渡辺雲照** わたなべうんしょう
→雲照(うんしょう)

**渡辺栄治** わたなべえいじ
？ ～昭和10(1935)年？
昭和期の商店店員。新興仏教青年同盟メンバー。
¶社史

**渡辺織雄** わたなべおりお
明治1(1868)年～昭和25(1950)年
江戸時代末期～昭和期の神職。
¶神人

**渡辺海旭** わたなべかいきょく, わたなべかいぎょく
明治5(1872)年1月15日～昭和8(1933)年1月26日
明治～大正期の浄土宗僧侶、仏教学者。比較宗教学を研究。教育と宗政、社会事業に尽力。
¶近現, 現朝(㊤明治5年1月15日(1872年2月23日)), 国史, コン改, コン5, 史人(㊤1872年1月5日), 思想史(わたなべかいぎょく), 昭人(わたなべかいぎょく), 新潮(わたなべかいぎょく), 人名, 世紀(わたなべかいぎょく), 全書(わたなべかいぎょく), 大百(わたなべかいぎょく), 哲学(わたなべかいぎょく), 渡航, 日人(わたなべかいぎょく), 仏教(わたなべかいぎょく), 仏人(わたなべかいぎょく), 民学(わたなべかいぎょく), 明治史(わたなべかいぎょく), 明大2(わたなべかいぎょく), 歴大

**渡辺覚十郎** わたなべかくじゅうろう
文政11(1828)年～大正2(1913)年
明治・大正期の神職。
¶御殿場

**渡辺和子** わたなべかずこ
昭和2(1927)年2月11日～
昭和～平成期の修道女、教育哲学者。ノートルダム清心学園理事長、日本カトリック学校連合会理事長。
¶近女, 現執2期, 現執3期, 現執4期, 現情, 現人, 世紀, マス89

**渡辺鑵造** わたなべかんぞう
天保8(1837)年～明治40(1907)年12月2日
明治期の社会事業家。
¶姓氏愛知, 東三河

**渡辺玄包** わたなべくろかね
→渡辺玄包(わたなべげんほう)

**渡部敬斎** わたなべけいさい
文政7(1824)年～明治38(1905)年4月26日 ㊿敬斎(けいさい)
江戸時代末期～明治期の俳人。
¶国書(敬斎 けいさい), 幕末, 幕末大

**渡部賢宗** わたなべけんしゅう
大正9(1920)年～
昭和期の曹洞宗学者。駒沢大学教授。
¶現執1期

**渡辺玄宗** わたなべげんしゅう
明治2(1869)年～昭和38(1963)年 ㊿渡辺玄宗(わたなべげんそう)
明治～昭和期の僧侶。
¶石川百, 姓氏石川(わたなべげんそう ㊤1868年), 新潟百, 仏人

**渡辺玄宗禅師** わたなべげんしゅうぜんじ
明治2(1869)年10月25日～昭和38(1963)年12月9日
明治～昭和期の禅僧。曹洞宗大本山貫首。
¶石川現九

**渡辺玄宗** わたなべげんそう
→渡辺玄宗(わたなべげんしゅう)

**渡辺憲朝** わたなべけんちょう
明治16(1883)年～昭和31(1956)年
明治～昭和期の僧侶。天台宗願興寺住職、私立中津図書館設立者。
¶図人

**渡辺玄包** わたなべげんほう, わたなべげんぽう
天保4(1833)年～明治38(1905)年1月29日 ㊿渡辺新三郎(わたなべしんざぶろう), 渡辺玄包(わたなべくろかね)
江戸時代末期～明治期の勤皇家。勤王の志あり国事に尽くした。維新後は教部省に出仕しのち検事となった。
¶維新(渡辺新三郎 わたなべしんざぶろう), 姓氏山口(わたなべげんぽう), 幕末, 幕末大(㊤天保4(1833)年1月5日), 明治史(わたなべくろかね), 山口百(わたなべげんぽう)

**渡辺香岳** わたなべこうがく
享和3(1803)年～明治19(1886)年
江戸時代末期～明治期の画僧。
¶人名, 日人

**渡辺石橋** わたなべさっきょう
明治18(1885)年～昭和40(1965)年
明治～昭和期の僧侶。
¶群馬人

**渡辺成雄** わたなべしげお
弘化1(1844)年～明治25(1982)年
江戸時代末期～昭和期の神職。
¶神人

**渡辺重豊** わたなべしげとよ
江戸時代後期の神職・歌人。
¶岡山人，岡山歴，国書(生没年不詳)

**渡辺重名** わたなべしげな
宝暦9(1759)年～天保1(1830)年12月23日
江戸時代中期～後期の国学者、豊前中津藩校進脩館教授。
¶朝日([生]宝暦9年3月16日(1759年4月13日) [没]天保1年12月23日(1831年2月5日))，大分百，大分歴，近世，国史，国書([生]宝暦9(1759)年3月16日)，コン改，コン4，コン5，神史，神人([生]宝暦9(1759)年3月16日)，新潮([生]宝暦9(1759)年3月5日，(異説)3月16日)，人名([生]1758年)，日人([没]1831年)，藩臣7，百科，和俳

**渡辺重春** わたなべしげはる
天保2(1831)年～明治23(1890)年
江戸時代末期～明治期の国学者。著書に「豊前志」「古史伝拾遺」などがある。
¶維新，大分百([没]1891年)，郷土奈良，国書([生]天保2(1831)年3月10日　[没]明治23(1890)年5月9日)，神史，神人，人名，日人，藩臣7

**渡辺松岡** わたなべしょうこう
文化14(1817)年～明治29(1896)年7月
江戸時代末期～明治期の神官。天狗派・書生派の戦いには天狗派に与して奔走。
¶幕末，幕末大



**渡辺照宏** わたなべしょうこう
明治40(1907)年2月10日～昭和52(1977)年12月27日
昭和期の仏教学者、真言宗僧侶。東洋大学教授。第二次大戦中チベット入国を試みたが敗戦により失敗。
¶現朝，現執1期，現情，現人，新潮，人名7，世紀，日エ，日人，仏教，仏人

**渡辺次郎左衛門** わたなべじろうざえもん
天文21(1552)年～慶長11(1606)年
安土桃山時代～江戸時代前期のキリシタン。
¶近世，国史，史人([生]1552年？　[没]1606年7月23日)，戦合，日人

**渡辺新三郎** わたなべしんざぶろう
→渡辺玄包(わたなべげんほう)

**渡辺資政** わたなべすけまさ
文化11(1814)年～明治25(1892)年3月9日
江戸時代末期～明治期の神社社務、国学者。大塩事件、天誅組の義挙に資金援助した。
¶大阪人，幕末，幕末大

**渡辺全愚** わたなべぜんぐ
天保5(1834)年～明治37(1904)年
江戸時代末期～明治期の僧侶。
¶日人，仏人，明大1([没]明治37(1904)年11月24日)

**渡辺善太**(渡邊善太) わたなべぜんだ
明治18(1885)年12月2日～昭和53(1978)年7月26日
明治～昭和期の聖書学者。青山学院大学教授。著書に、聖書における神の言葉の権威を論じた「聖書論」など。
¶キリ，現朝，現情，新カト(渡邊善太)，世紀([生]明治17(1884)年12月2日)，哲学，日人

**渡辺武清** わたなべたけきよ
明治15(1882)年～昭和23(1948)年
明治～昭和期の神職。
¶神人

**渡部主税** わたなべちから
生没年不詳
江戸時代中期の大阪天満宮神主。
¶国書

**渡辺主税** わたなべちから
生没年不詳
江戸時代後期の神職。
¶国書

**渡辺伝** わたなべつたえ
明治21(1888)年1月25日～昭和50(1975)年9月15日
大正～昭和期のキリスト教伝道者。
¶キリ

**渡辺綱吉** わたなべつなよし
昭和4(1929)年10月17日～
昭和期の民事訴訟法学者、仏教学者。愛知学院大学教授。
¶現執1期，現執2期

**渡辺鉄肝** わたなべてっかん
明治18(1885)年3月2日～昭和11(1936)年1月9日
明治～昭和期の僧、民間社会事業家。
¶佐賀百

**渡辺哲信** わたなべてっしん
明治7(1874)年9月12日～昭和32(1957)年3月17日　[別]渡辺哲信(わたなべてつのぶ)
明治～昭和期の探検家、浄土真宗本願寺派僧侶。中国語新聞「順天時報」社長。
¶海越新，ジ人1，真宗，世紀，渡航(わたなべてつのぶ)，日人，仏教，明大1

**渡辺哲信** わたなべてつのぶ
→渡辺哲信(わたなべてっしん)

**渡辺敏雄** わたなべとしお
弘化4(1847)年～昭和3(1928)年2月2日
江戸時代末期～明治期の国学者。阿倍野神社宮司など歴任。
¶大阪人([没]昭和3(1928)年2月)，幕末，幕末大

**渡辺トミ・マルガリーダ** わたなべとみ-まるがりーだ
明治33(1900)年10月25日～平成8(1996)年3月

12日
昭和～平成期の社会事業家。11歳でブラジルにわたりサンパウロ-カトリック日本人救済会を組織。「日系移民の母」とよばれた。
¶日人

**渡辺南隠** わたなべなんいん
天保5(1834)年～明治37(1904)年
明治期の僧。明治禅界の偉才。
¶江戸東，人名

**渡辺信夫** わたなべのぶお
大正12(1923)年5月5日～
昭和期の牧師、神学者。日本基督教会東京告白教会牧師、カルヴァン研究所主宰。
¶現執1期，現執2期

**渡辺楳雄** わたなべばいゆう
明治26(1893)年2月9日～昭和53(1978)年4月18日
明治～昭和期の曹洞宗の僧、仏教学者。仏教学を講ずる。総持寺学園園長、鶴見大学長を務める。
¶現情，島根歴，人名7，世紀，哲学，日人，仏教，仏人

**渡部元** わたなべはじめ
明治10(1877)年12月12日～昭和33(1958)年9月10日
明治～昭和期のキリスト教バプテスト教会牧師。
¶根千

**渡辺温綱** わたなべはるつな
生没年不詳
江戸時代末期の神職。
¶国書

**渡辺聖** わたなべひじり
生没年不詳
鎌倉時代前期の歌僧。
¶大阪人

**渡辺宝陽** わたなべほうよう
昭和8(1933)年3月13日～
昭和～平成期の仏教学者、法華経思想学者。立正大学教授、立正大学学長。
¶現執1期，現執2期，現執3期，現執4期

**渡辺政香** わたなべまさか
安永5(1776)年～天保11(1840)年
江戸時代後期の国学者、漢学者。
¶愛知百(㊀1840年9月28日)，朝日(㊁安永5年7月16日(1776年8月29日) ㊀天保11年9月28日(1840年10月23日))，近世，国史，国書(㊁安永5(1776)年7月16日 ㊀天保11(1840)年9月28日)，コン改，コン4，コン5，神史，新潮，姓氏愛知，日人，歴大，和俳

**渡辺真澄** わたなべますみ
文政7(1824)年～明治39(1906)年
江戸時代末期～明治期の神道家。
¶大分百(㊁1823年)，大分歴，人名，日人，明大1(㊁文政7(1824)年4月5日 ㊀明治39(1906)年2月9日)

**渡辺守順** わたなべもりみち
大正14(1925)年12月5日～
昭和～平成期の僧侶、仏教文学者。叡山学院教授、薬師寺住職。
¶現執1期，現執3期，現執4期，滋賀文

**渡部保次郎** わたなべやすじろう
明治24(1891)年2月22日～昭和45(1970)年6月22日
大正～昭和期の教会役員。
¶愛媛百

**渡辺豊** わたなべゆたか
生没年不詳
明治期の大住郡小鍋島村鶴林八幡大神神主。
¶神奈川人

**渡辺竜昇** わたなべりゅうしょう
明治41(1908)年？ ～？
昭和期の僧侶。
¶社史

**渡辺竜瑞** わたなべりゅうずい
大正3(1914)年3月18日～平成7(1995)年12月1日
昭和期の考古学者。
¶考古，日エ

**綿貫来歓** わたぬきらいかん
弘化3(1846)年4月15日～明治27(1894)年4月10日
江戸時代後期～明治期の民権運動家・僧侶。
¶埼玉人

**和田秀豊** わだひでとよ
→和田秀豊(わだしゅうほう)

**和田平八** わだへいはち
明治期のロシア正教宣教師、伝教師。
¶社史(㊁？ ㊀1893年？)，根千(㊁明治1(1868)年 ㊀明治27(1894)年)

**和多坊栄芸** わたぼうえいげい
生没年不詳
戦国時代の鰐淵寺北院の僧侶。
¶島根歴

**和田増太夫** わだますだいう
生没年不詳
江戸時代後期の大住郡大山阿夫利神社祠官。
¶神奈川人

**和田靱負** わだゆきえ
生没年不詳
江戸時代後期の大住郡大山阿夫利神社祠官。
¶神奈川人

**和田吉太郎** わだよしたろう★
明治17(1884)年2月～
明治～昭和期の宗教家。天理教東清教会長。
¶人満

**度会朝英** わたらいあさひで
生没年不詳
南北朝時代の神職・歌人。

わ

¶国書

**度会家行**（渡会家行）　**わたらいいえゆき**
康元1（1256）年～＊　[別]度会行家（わたらいゆきいえ）
鎌倉時代後期～南北朝時代の祠官。中世伊勢神道の大成者。
¶朝日（[没]？），岩史（[没]？），角史（[生]康元1（1256）年？　[没]観応2・正平6（1351）年？），鎌室（[没]観応2/正平6（1351）年），国史（[没]？），国書（生没年不詳），古中（[没]？），コン改（[没]正平17/貞治1（1362）年），コン4（[没]貞治1/正平17（1362）年），コン5（[没]正平17/貞治1（1362）年），史人（生没年不詳），思想史（[没]？），重要（[没]正平6/観応1（1351）年12月18日），諸系（[没]？），神史（[没]？），神人（生没年不詳），新潮（[没]観応2/正平6（1351）年8月28日），人名（渡会家行　[没]1351年），世人（[没]正平6/観応1（1351）年12月18日），世百（[没]1361年），全書（生没年不詳），大百（[没]1362年），中世（[没]？），伝記（[生]1256年？　[没]1351年？），日思（[生]康元1？（1256？）年　[没]正平17・貞治1？（1362？）年），日史（[生]康元1（1256）年？　[没]観応2/正平6（1351）年？），日人（[没]？），百科（[生]康元1（1256）年？　[没]正平6/観応2（1351）年？），平日（[生]1256？　[没]1351？），三重続（[没]正平4年12月18日），室町（渡会家行　[没]観応2/正平6（1351）年），山川小，歴大（[生]？　[没]1351年）

**度会条彦**　**わたらいえだひこ**
延宝3（1675）年～延享3（1746）年
江戸時代中期の神官（従三位・伊勢神宮外宮禰宜）。
¶公卿，公卿普，公家（条彦〔伊勢外宮禰宜度会氏〕　えだひこ　[没]？）

**度会意彦**　**わたらいおきひこ**
享保8（1723）年～明和4（1767）年5月26日
江戸時代中期の神官（従三位・伊勢神宮外宮二禰宜）。
¶公卿，公卿普，公家（意彦〔伊勢外宮禰宜度会氏〕　おきひこ）

**度会鶴渓**　**わたらいかくけい**
→渡会季茂（わたらいすえしげ）

**度会算彦**　**わたらいかずひこ**
明和4（1767）年～文化11（1814）年2月10日
江戸時代中期～後期の神官（従三位・伊勢神宮外宮三禰宜）。
¶公卿，公卿普，公家（算彦〔伊勢外宮禰宜度会氏〕　かずひこ）

**度会言彦**　**わたらいことひこ**
寛保3（1743）年～文化14（1817）年9月2日　[別]松木言彦（まつきのぶひこ）
江戸時代中期～後期の神官（従二位・伊勢神宮外宮一禰宜）。
¶公卿，公卿普，公家（言彦〔伊勢外宮禰宜度会氏〕　ことひこ），国書（松木言彦　まつきのぶひこ）

**度会惟光**　**わたらいこれみつ**
平安時代後期の伊勢豊受宮禰宜。正五位下。
¶古人

**度会貞董**　**わたらいさだただ**
文化4（1807）年～？
江戸時代後期の神官（従三位・伊勢神宮外宮二禰宜）。
¶公卿，公卿普，公家（貞董〔伊勢外宮禰宜度会氏〕　さだただ　[没]？）

**度会貞任**　**わたらいさだとう**
～永久1（1113）年
平安時代後期の伊勢外宮四位禰宜。
¶古人

**度会貞悳**　**わたらいさだとく**
延宝6（1680）年～寛延2（1749）年
江戸時代中期の神官（従三位・伊勢神宮外宮禰宜）。
¶公卿，公卿普，公家（貞悳〔伊勢外宮禰宜度会氏〕　さだのり）

**度会貞根**　**わたらいさだね**
享保12（1727）年～天明5（1785）年5月20日　[別]檜垣貞根（ひがきさだもと）
江戸時代中期の神官（正三位・伊勢神宮外宮一禰宜）。
¶公卿，公卿普，公家（貞根〔伊勢外宮禰宜度会氏〕　さだね），国書（檜垣貞根　ひがきさだもと）

**度会貞度**　**わたらいさだのり**
天明4（1784）年～天保2（1831）年1月23日　[別]檜垣貞度（ひがきさだのり）
江戸時代後期の神官（従三位・伊勢神宮外宮三禰宜）。
¶公卿，公卿普，公家（貞度〔伊勢外宮禰宜度会氏〕　さだのり），国書（檜垣貞度　ひがきさだのり），人名（檜垣貞度　ひがきさだのり），日人（檜垣貞度　ひがきさだのり）

**度会貞盈**　**わたらいさだみつ**
寛文5（1665）年～享保12（1727）年1月20日　[別]檜垣貞盈（ひがきさだみつ）
江戸時代中期の神官（従三位・伊勢神宮外宮禰宜）。
¶公卿，公卿普，公家（貞盈〔伊勢外宮禰宜度会氏〕　さだみつ），国書（檜垣貞盈　ひがきさだみつ）

**度会貞命**　**わたらいさだめい**
万治2（1659）年～延享3（1746）年11月24日　[別]檜垣貞命（ひがきさだのぶ）
江戸時代前期～中期の神官（従二位・伊勢神宮外宮禰宜）。
¶公卿，公卿普，公家（貞命〔伊勢外宮禰宜度会氏〕　さだなが），国書（檜垣貞命　ひがきさだのぶ）

**度会五月麻呂**　**わたらいさつきまろ**
→度会五月麻呂（わたらいのさつきまろ）

**度会五月麿** わたらいさつきまろ
生没年不詳
奈良時代～平安時代前期の神職。
¶国書

**度会栄彦** わたらいしげひこ
元文5(1740)年～寛政9(1797)年12月6日 ㊀松木栄彦(まつきさかひこ)
江戸時代中期の神官(正三位・伊勢神宮外宮一禰宜)。
¶公卿, 公卿普, 公家(栄彦〔伊勢外宮禰宜度会氏〕 ひでひこ), 国書(松木栄彦 まつきさかひこ)

**渡会季茂**(度会季茂) わたらいすえしげ
延宝3(1675)年～享保18(1733)年 ㊀度会鶴渓(わたらいかくけい), 福島末茂(ふくしますえしげ)
江戸時代中期の儒者。
¶国書(福島末茂 ふくしますえしげ ㊀享保18(1733)年7月19日), 人名, 日人(度会鶴渓 わたらいかくけい), 三重(度会季茂)

**度会末彦** わたらいすえひこ
正保1(1644)年～宝永5(1708)年1月16日
江戸時代前期～中期の神官(従三位・伊勢神宮外宮禰宜)。
¶公卿, 公卿普, 公家(末彦〔伊勢外宮禰宜度会氏〕 すえひこ)

**度会高彦** わたらいたかひこ
貞享2(1685)年～?
江戸時代中期の神官(正三位・伊勢神宮外宮禰宜)。
¶公卿, 公卿普

**度会忠房** わたらいただふさ
永承6(1051)年～大治1(1126)年
平安時代後期の伊勢外宮一禰宜。
¶古人

**度会為頼** わたらいためより
～延久4(1072)年
平安時代後期の豊受太神宮四禰宜。
¶古人

**度会親彦** わたらいちかひこ
承応1(1652)年～享保1(1716)年7月29日
江戸時代前期～中期の神官(従三位・伊勢神宮外宮禰宜)。
¶公卿, 公卿普, 公家(親彦〔伊勢外宮禰宜度会氏〕 ちかひこ)

**度会常彰** わたらいつねあきら
延宝3(1675)年～宝暦2(1752)年 ㊀久志本常彰(くしもとつねあきら)
江戸時代中期の祠官。近世伊勢神道の学者。
¶朝日(㊀宝暦2年7月4日(1752年8月13日)), 近世, 国史, 国書(久志本常彰 くしもとつねあきら ㊀宝暦2(1752)年7月4日), コン改, コン4, コン5, 神史, 神人(久志本常彰 くしもとつねあきら), 新潮(㊀宝暦2(1752)年7月4日), 人名, 日人, 三重続(久志本常彰), 歴大

**度会常有** わたらいつねあり
寛永19(1642)年～享保8(1723)年7月8日 ㊀檜垣常有(ひがきつねあり)
江戸時代前期～中期の神官(従二位・伊勢神宮外宮禰宜)。
¶公卿, 公卿普, 公家(常有〔伊勢外宮禰宜度会氏〕 つねあり), 国書(檜垣常有 ひがきつねあり)

**度会常和** わたらいつねかず
元和3(1617)年～元禄13(1700)年8月13日 ㊀檜垣常和(ひがきつねかず)
江戸時代前期～中期の神官(従二位・伊勢神宮外宮禰宜)。
¶公卿, 公卿普, 公家(常和〔伊勢外宮禰宜度会氏〕 つねかず), 国書(檜垣常和 ひがきつねかず), 人名(檜垣常和 ひがきつねかず), 日人(檜垣常和 ひがきつねかず)

**度会常代** わたらいつねしろ
寛政2(1790)年～嘉永4(1851)年12月28日
江戸時代末期の神官(従三位・伊勢神宮外宮二禰宜)。
¶公卿, 公卿普, 公家(常代〔伊勢外宮禰宜度会氏〕 つねしろ)

**度会常季** わたらいつねすえ
寛弘2(1005)年～寛治2(1088)年
平安時代中期～後期の外宮四禰宜。
¶古人

**度会常達** わたらいつねたつ
天明8(1788)年～嘉永3(1850)年9月7日
江戸時代後期の神官(従三位・伊勢神宮外宮二禰宜)。
¶公卿, 公卿普, 公家(常達〔伊勢外宮禰宜度会氏〕 つねたつ)

わ

**度会常親** わたらいつねちか
～治暦3(1067)年
平安時代後期の外宮一禰宜。
¶古人

**度会常伴** わたらいつねとも
文化14(1817)年～?
江戸時代後期の神官(従三位・伊勢神宮外宮三禰宜)。
¶公卿, 公卿普, 公家(常伴〔伊勢外宮禰宜度会氏〕 つねとも ㊀?)

**度会常名** わたらいつねな
明和2(1765)年～弘化1(1844)年11月14日 ㊀檜垣常名(ひがきつねな)
江戸時代中期～後期の神官(正三位・伊勢神宮外宮一禰宜)。
¶公卿, 公卿普, 公家(常名〔伊勢外宮禰宜度会氏〕 つねな), 国書(檜垣常名 ひがきつねな), 人名(檜垣常名 ひがきつねな), 日人(檜垣常名 ひがきつねな)

**度会常陳** わたらいつねのり
享保17(1732)年～寛政3(1791)年8月16日 ㊀久志本常陳(くしもとつねのぶ)

江戸時代中期の神官（正三位・伊勢神宮外宮一禰宜）。
¶公卿，公卿普，公家（常陳〔伊勢外宮禰宜度会氏〕 つねのぶ），国書（久志本常陳 くしもとつねのぶ）

**度会常典** わたらいつねのり
寛延3（1750）年～文化1（1804）年2月23日 ㊊檜垣常典（ひがきつねのり）
江戸時代中期～後期の神官（従三位・伊勢神宮外宮三禰宜）。
¶公卿，公卿普，公家（常典〔伊勢外宮禰宜度会氏〕 つねのり），国書（檜垣常典 ひがきつねのり）

**度会常範** わたらいつねのり
～延久1（1069）年
平安時代後期の一員禰宜。
¶古人

**度会常古** わたらいつねふる
延享4（1747）年～享和1（1801）年6月20日 ㊊檜垣常古（ひがきつねふる）
江戸時代中期～後期の神官（正三位・伊勢神宮外宮一禰宜）。
¶公卿，公卿普，公家（常古〔伊勢外宮禰宜度会氏〕 つねふる），国書（檜垣常古 ひがきつねふる）

**度会常全** わたらいつねまさ
明和8（1771）年～文政2（1819）年5月10日
江戸時代後期の神官（従三位・伊勢神宮外宮二禰宜）。
¶公卿，公卿普，公家（常全〔伊勢外宮禰宜度会氏〕 つねたけ）

わ

**度会常庸** わたらいつねもち
文化14（1817）年～？
江戸時代後期の神官（従三位・伊勢神宮外宮二禰宜）。
¶公卿，公卿普，公家（常庸〔伊勢外宮禰宜度会氏〕 つねやす ㊦？）

**度会常之** わたらいつねゆき
宝永7（1710）年～天明1（1781）年8月26日 ㊊檜垣常之（ひがきつねよし）
江戸時代中期の神官（正三位・伊勢神宮外宮一禰宜）。
¶公卿，公卿普，公家（常之〔伊勢外宮禰宜度会氏〕 つねゆき ㊤1710年？），国書（檜垣常之 ひがきつねよし）

**度会常昌**（渡会常昌） わたらいつねよし
弘長3（1263）年～延元4/暦応2（1339）年 ㊊檜垣常昌（ひがきつねまさ，ひがきつねよし），檜垣常良（ひがきつねよし）
鎌倉時代後期～南北朝時代の祠官。中世伊勢神道確立期の学者。
¶朝日（㊦暦応2/延元4年7月27日（1339年9月1日）），鎌室，鎌室（檜垣常昌 ひがきつねよし），国史，国書（檜垣常良 ひがきつねよし ㊦暦応2（1339）年7月27日），古中，コン改，コン4，コン5，史人（㊦1339年7月27日），思想史，諸系，神史（渡会常昌），神人，新潮（㊦暦応2/延元4（1339）年7月27日），人名，世人，全書（㊤1264年），大百，日史（㊦暦応2/延元4（1339）年7月27日），日人，百科，三重続，歴大

**度会常善** わたらいつねよし
享和2（1802）年～文久2（1862）年4月22日 ㊊檜垣常善（ひがきつねよし）
江戸時代末期の神官（正三位・伊勢神宮外宮一禰宜）。
¶公卿，公卿普，公家（常善〔伊勢外宮禰宜度会氏〕 つねよし），国書（檜垣常善 ひがきつねよし）

**度会常倚** わたらいつねよる
宝永4（1707）年～安永6（1777）年9月5日 ㊊檜垣常倚（ひがきつねより）
江戸時代中期の神官（従二位・伊勢神宮外宮一禰宜）。
¶公卿，公卿普，公家（常倚〔伊勢外宮禰宜度会氏〕 つねより），国書（檜垣常倚 ひがきつねより）

**度会連頼** わたらいつらより
万寿3（1026）年～
平安時代中期の六位禰宜。
¶古人

**度会朝栄** わたらいともしげ
延享2（1745）年～文政8（1825）年11月4日
江戸時代中期～後期の神官（従二位・伊勢神宮外宮一禰宜）。
¶公卿，公卿普，公家（朝栄〔伊勢外宮禰宜度会氏〕 ともひで）

**度会朝喬** わたらいともたか
天明7（1787）年～文久1（1861）年2月7日 ㊊宮後朝喬（みやじりともたか）
江戸時代後期の神官（従二位・伊勢神宮外宮一禰宜）。
¶公卿，公卿普，公家（朝喬〔伊勢外宮禰宜度会氏〕 ともたか），国書（宮後朝喬 みやじりともたか）

**度会知仲** わたらいともなか
貞享4（1687）年～？
江戸時代中期の神官（正三位・伊勢神宮外宮禰宜）。
¶公卿，公卿普，公家（知仲〔伊勢外宮禰宜度会氏〕 ともなか ㊦宝暦3（1753）年10月4日）

**度会智彦** わたらいともひこ
延宝7（1679）年～宝暦2（1752）年12月10日 ㊊松木智彦（まつきともひこ）
江戸時代中期の神官（正三位・伊勢神宮外宮禰宜）。
¶公卿，公卿普，公家（智彦〔伊勢外宮禰宜度会氏〕 ともひこ），国書（松木智彦 まつきともひこ ㊤延宝7（1679）年4月26日），諸系（松木智彦 まつきともひこ ㊦1753年），神史（松木智彦 まつきともひこ），神人（松木智彦 まつきともひこ），人名（松木智彦 まつきともひこ），日人（松木智彦 まつきともひこ

㊵1753年）

**度会朝彦** わたらいともひこ
文政10（1827）年～？
江戸時代末期の神官（従三位・伊勢神宮外宮四禰宜）。
¶公卿，公卿普，公家（朝彦〔伊勢外宮禰宜度会氏〕 ともひこ ㊵明治22（1889）年7月）

**度会朝棟** わたらいともむね
文永2（1265）年～興国2/暦応4（1341）年
鎌倉時代後期～南北朝時代の神道家。
¶鎌室，諸系，神人（㊵興国2（1341）年8月17日），新潮（㊵暦応4/興国2（1341）年8月17日），人名，日人，三重続

**度会五月麻呂** わたらいのさつきまろ
㊙度会五月麻呂（わたらいさつきまろ）
奈良時代～平安時代前期の伊勢神宮禰宜。
¶古人（わたらいさつきまろ），平史（生没年不詳）

**度会春彦** わたらいのはるひこ
→度会春彦（わたらいはるひこ）

**度会延明** わたらいのぶあき
？ ～興国5/康永3（1344）年1月26日
鎌倉時代後期～南北朝時代の神職・歌人。
¶国書

**度会延経** わたらいのぶつね
明暦3（1657）年～正徳4（1714）年 ㊙出口延経（でぐちのぶつね）
江戸時代中期の神官、神道学者。豊受太神宮の権禰宜。
¶近世，国史，国書（出口延経 でぐちのぶつね ㊐明暦3（1657）年10月17日 ㊵正徳4（1714）年8月21日），諸系（出口延経 でぐちのぶつね），神史，神人（出口延経 でぐちのぶつね ㊵正徳4（1714）年8月），人名（出口延経 でぐちのぶつね），日人，三重（㊐明暦3年10月17日）

**度会延誠** わたらいのぶとも
生没年不詳
鎌倉時代後期～南北朝時代の神職・歌人。
¶国書

**度会延佳** わたらいのぶよし
元和1（1615）年～元禄3（1690）年 ㊙出口延佳（でぐちのぶよし）
江戸時代前期の神道家。神宮の旧記や神書を収集。
¶朝日（出口延佳 でぐちのぶよし ㊐元和1年4月28日（1615年5月25日） ㊵元禄3年1月16日（1690年2月24日）），江人，角史，近世，国史，国書（出口延佳 でぐちのぶよし ㊐慶長20（1615）年4月28日 ㊵元禄3（1690）年1月16日），コン改（出口延佳 でぐちのぶよし），コン4（出口延佳 でぐちのぶよし），コン5（出口延佳 でぐちのぶよし），史人（㊐1615年4月28日 ㊵1690年1月15日），思想史，諸系（出口延佳 でぐちのぶよし），神史，神人（出口延佳 でぐちのぶよし ㊵元禄3（1690）年1月），新潮（出口延佳 でぐちのぶよし ㊐元和1（1615）年4月28日 ㊵元禄3（1690）年1月16日），人名（出口延佳 でぐちのぶよし），世人（㊵元禄3（1690）年1月18日），世百，全書，大百，日思，日史（㊐元和1（1615）年4月26日 ㊵元禄3（1690）年1月16日），日人，百科，三重（㊐元和1年4月28日），歴大

**度会光倫** わたらいのみつとも
㊙度会光倫（わたらいみつとも）
平安時代後期の豊受宮権禰宜。
¶古人（わたらいみつとも），平史（生没年不詳）

**度会範彦** わたらいのりひこ
安永2（1773）年～天保6（1835）年閏7月9日 ㊙松木範彦（まつきのりひこ）
江戸時代後期の神官（正三位・伊勢神宮外宮一禰宜）。
¶公卿，公卿普，公家（範彦〔伊勢外宮禰宜度会氏〕 のりひこ），国書（松木範彦 まつきのりひこ）

**度会春彦** わたらいはるひこ
貞観4（862）年11月～天慶7（944）年1月 ㊙度会春彦（わたらいのはるひこ）
平安時代前期～中期の伊勢外宮度会神主。松木氏の祖。
¶古人（㊐？），諸系，神人，太宰府，平史（わたらいのはるひこ ㊐？）

**度会彦常** わたらいひこつね
長久1（1040）年～
平安時代中期の外宮権禰宜。
¶古人

**度会久守** わたらいひさもり
→荒木田久守（あらきだひさもり）

**度会広雅** わたらいひろまさ
寛仁2（1018）年～寛治5（1091）年
平安時代中期～後期の外宮禰宜。
¶古人

**度会正兌** わたらいまさとき
→橋村正兌（はしむらまさとき）

**度会雅行** わたらいまさゆき
長久3（1042）年～永久2（1114）年
平安時代中期～後期の外宮一禰宜。
¶古人

**度会益弘**（渡会益弘） わたらいますひろ
寛永18（1641）年～享保17（1732）年1月8日 ㊙黒瀬益弘（くろせますひろ）
江戸時代中期の神官、神道学者。豊受太神宮の権禰宜。
¶近世，国史，国書（黒瀬益弘 くろせますひろ ㊐寛永18（1641）年7月20日），コン改，コン4，コン5，神史，神人（黒瀬益弘 くろせますひろ ㊐寛永18（1641）年7月2日），新潮（㊐寛永18（1641）年7月2日），人名（渡会益弘），日人，三重続（黒瀬益弘）

**度会通詮** わたらいみちあきら
生没年不詳
南北朝時代の神職・歌人。

わ

¶国書

**度会光親** わたらいみつちか
生没年不詳
鎌倉時代前期の神職。
¶国書

**度会光倫** わたらいみつとも
→度会光倫（わたらいのみつとも）

**度会盛光** わたらいもりみつ
？ ～延元1/建武3（1336）年
鎌倉時代後期～南北朝時代の神職。
¶国書

**度会盛行** わたらいもりゆき
生没年不詳
南北朝時代の神職・歌人。
¶国書

**度会康時** わたらいやすとき
長元1（1028）年～
平安時代中期の外宮権禰宜。
¶古人

**度会行忠** わたらいゆきただ
嘉禎2（1236）年～嘉元3（1305）年閏12月27日
[別]西河原行忠（にしがわらゆきただ）
鎌倉時代後期の祠官。中世伊勢神道形成期の学者。
¶朝日（[没]嘉元3年閏12月27日（1306年2月11日）），鎌室，国史，国書（西河原行忠 にしがわらゆきただ），古中，コン改，コン4，コン5，史人，思想史，諸系（[没]1306年），神史，神人，新潮，人名，世人（[没]嘉元3（1305）年閏12月17日），全書，大百，日史，日人（[没]1306年），百科，三重続，山川小，歴大

わ

**度会行治** わたらいゆきはる
生没年不詳
南北朝時代の神職・歌人。
¶国書

**度会行義** わたらいゆきよし
生没年不詳
南北朝時代の神職・歌人。
¶国書

**度会頼房** わたらいよりふさ
寛仁1（1017）年～寛治3（1089）年
平安時代中期～後期の外宮禰宜。
¶古人

**度会頼元** わたらいよりもと
万寿2（1025）年～嘉承2（1107）年
平安時代中期～後期の外宮一禰宜。
¶古人

**亘理乙二** わたりおつに
→乙二（おつに）

**渡浩一** わたりこういち
昭和29（1954）年1月18日～
昭和～平成期の国語学者、仏教説話研究者。明治大学講師。
¶現執3期

**和田理左衛門** わだりざえもん
？ ～明暦2（1656）年10月
江戸時代前期のトンキン在住の貿易商人。
¶朝日（[没]寛文7年7月29日（1667年9月17日）），近世，国史，史人，対外（[生]？），日人（[没]1667年）

**和田竜造** わだりゅうぞう★
明治7（1874）年4月10日～昭和8（1933）年1月6日
明治～昭和期の真宗大教授。西光寺住職。
¶秋田人2

**渡津円学** わたんつえんがく
文政11（1828）年～大正4（1915）年4月10日 [別]渡津円学（わたづえんがく）
江戸時代末期～大正期の多美河津神社社掌・菟足神社祠官。
¶姓氏愛知（わたづえんがく），東三河

**和智要人** わちとしひと
生没年不詳
明治期の津久井県名倉村月夜大明神神主。
¶神奈川人

**和甫斉忍** わほせいにん
生没年不詳
室町時代の臨済宗の僧。
¶国書

**藁井雨堂** わらいうどう
文久2（1862）年～昭和9（1934）年
明治～昭和期の漢詩人。西教寺15世住職。
¶熊本人

**和楽政高** わらくまさたか
室町時代の僧侶。
¶姓氏石川

**横川景三** わんせんけいさん
→横川景三（おうせんけいさん）

# 日本人物レファレンス事典
## 宗教篇（僧侶・神職・宗教家）

2019年10月25日　第1刷発行

発 行 者／大高利夫
編集・発行／日外アソシエーツ株式会社
〒140-0013 東京都品川区南大井6-16-16 鈴中ビル大森アネックス
電話 (03)3763-5241（代表） FAX(03)3764-0845
URL http://www.nichigai.co.jp/
発 売 元／株式会社紀伊國屋書店
〒163-8636 東京都新宿区新宿 3-17-7
電話 (03)3354-0131（代表）
ホールセール部（営業） 電話 (03)6910-0519

電算漢字処理／日外アソシエーツ株式会社
印刷・製本／株式会社平河工業社


《中性紙三菱クリームエレガ使用》

*ISBN978-4-8169-2797-3*　*Printed in Japan,2019*

本書はディジタルデータでご利用いただくことができます。詳細はお問い合わせください。